中国2010年人口普查分民族人口资料

（下）

国家统计局人口和就业统计司
国家民族事务委员会经济发展司 编

民族出版社

10-3 全国各县分性别的维吾尔族、苗族、彝族人口

单位：人

地区	维吾尔族			苗族			彝族		
	小计	男	女	小计	男	女	小计	男	女
全国	**10069346**	**5097594**	**4971752**	**9426007**	**4870328**	**4555679**	**8714393**	**4456382**	**4258011**
北京市	**6975**	**3430**	**3545**	**12957**	**6698**	**6259**	**5849**	**3418**	**2431**
市辖区	**6943**	**3416**	**3527**	**12686**	**6568**	**6118**	**5772**	**3379**	**2393**
东城区	119	68	51	201	83	118	116	57	59
西城区	191	106	85	376	199	177	234	156	78
崇文区	40	17	23	103	44	59	53	33	20
宣武区	145	85	60	278	118	160	171	93	78
朝阳区	1153	597	556	2066	986	1080	939	568	371
丰台区	141	70	71	1090	533	557	387	213	174
石景山区	180	68	112	312	143	169	167	89	78
海淀区	2314	1185	1129	3918	2110	1808	1750	944	806
门头沟区	13	11	2	51	28	23	41	23	18
房山区	219	129	90	666	351	315	221	140	81
通州区	378	153	225	630	355	275	209	118	91
顺义区	514	198	316	327	170	157	154	110	44
昌平区	1130	496	634	1477	833	644	706	429	277
大兴区	264	165	99	774	417	357	437	303	134
怀柔区	121	55	66	274	128	146	98	65	33
平谷区	21	13	8	143	70	73	89	38	51
市辖县	**32**	**14**	**18**	**271**	**130**	**141**	**77**	**39**	**38**
密云县	13	4	9	199	94	105	45	22	23
延庆县	19	10	9	72	36	36	32	17	15
天津市	**2170**	**970**	**1200**	**3751**	**2354**	**1397**	**1825**	**1217**	**608**
市辖区	**2158**	**962**	**1196**	**3321**	**2181**	**1140**	**1625**	**1111**	**514**
和平区	91	70	21	102	64	38	35	22	13
河东区	63	34	29	160	104	56	75	61	14
河西区	278	116	162	200	97	103	68	32	36
南开区	490	235	255	251	154	97	146	83	63
河北区	30	16	14	71	46	25	15	12	3
红桥区	260	127	133	125	109	16	30	24	6
东丽区	58	33	25	258	184	74	117	87	30
西青区	201	102	99	342	221	121	198	141	57
津南区	36	15	21	283	204	79	169	124	45
北辰区	130	62	68	136	80	56	44	26	18
武清区	220	10	210	256	151	105	164	112	52
宝坻区	11	5	6	251	151	100	77	41	36
滨海新区	290	137	153	886	616	270	487	346	141
市辖县	**12**	**8**	**4**	**430**	**173**	**257**	**200**	**106**	**94**
宁河县	1	1		68	33	35	97	51	46
静海县	8	4	4	137	75	62	65	43	22
蓟县	3	3		225	65	160	38	12	26
河北省	**864**	**466**	**398**	**9703**	**3726**	**5977**	**4632**	**2207**	**2425**
石家庄市	**269**	**127**	**142**	**1490**	**645**	**845**	**910**	**474**	**436**
长安区	10	6	4	149	84	65	210	173	37
桥东区	11	10	1	89	62	27	38	30	8
桥西区	31	19	12	140	90	50	67	48	19
新华区	36	21	15	160	101	59	54	28	26
井陉矿区				12	6	6	1	1	
裕华区	39	17	22	202	118	84	80	47	33
井陉县	6	3	3	56	5	51	18	5	13
正定县	6	4	2	24	6	18	23	9	14
栾城县	4	2	2	17	2	15	7		7

10-3 续表 1 单位：人

地区	维吾尔族			苗族			彝族		
	小计	男	女	小计	男	女	小计	男	女
行唐县	43	16	27	60	2	58	120	10	110
灵寿县	2	1	1	73	9	64	23	2	21
高邑县	2	2		8		8	3		3
深泽县				9	3	6	5	1	4
赞皇县	2	2					2	2	
无极县	25	9	16	18	3	15	9	1	8
平山县	1	1		174	15	159	34	5	29
元氏县	8	2	6	27	17	10	25	23	2
赵县	7	1	6	16	1	15	26	19	7
辛集市	8	3	5	18	5	13	8	3	5
藁城市	2		2	29	5	24	9	1	8
晋州市	7	1	6	5		5	7	3	4
新乐市	11	5	6	38	18	20	12	4	8
鹿泉市	8	2	6	166	93	73	129	59	70
唐山市	**60**	**25**	**35**	**1476**	**544**	**932**	**738**	**386**	**352**
路南区	4	3	1	134	107	27	64	52	12
路北区	8	3	5	63	35	28	23	18	5
古冶区	7	4	3	11	5	6	11	2	9
开平区	5	3	2	63	34	29	8	4	4
丰南区	5	5		90	36	54	42	38	4
丰润区	6	1	5	225	76	149	196	92	104
滦县	3	1	2	205	46	159	72	22	50
滦南县	1		1	144	35	109	37	12	25
乐亭县	2		2	15	6	9	11	6	5
迁西县	3		3	92	25	67	51	28	23
玉田县	6	3	3	76	27	49	57	19	38
唐海县	1	1		20	17	3	21	15	6
遵化市	3		3	170	51	119	51	32	19
迁安市	6	1	5	168	44	124	94	46	48
秦皇岛市	**46**	**22**	**24**	**436**	**194**	**242**	**151**	**51**	**100**
海港区	21	10	11	140	79	61	60	32	28
山海关区	13	7	6	9	5	4	12	8	4
北戴河区	5	3	2	16	8	8	5	1	4
青龙满族自治县				207	94	113	32	3	29
昌黎县	1		1	21	4	17	8	2	6
抚宁县	5	2	3	22	2	20	10	3	7
卢龙县	1		1	21	2	19	24	2	22
邯郸市	**32**	**24**	**8**	**260**	**133**	**127**	**123**	**55**	**68**
邯山区	8	7	1	38	23	15	20	13	7
丛台区	2	2		49	34	15	10	8	2
复兴区				26	15	11	11	7	4
峰峰矿区				8		8			
邯郸县				37	31	6	7	2	5
临漳县							1		1
成安县				3	1	2	2		2
大名县	1	1		19		19	3	1	2
涉县	9	5	4	6		6	5		5
磁县				15	3	12	6	2	4
肥乡县							1		1
永年县	7	6	1	2	1	1	1	1	
邱县				7	2	5	1		1
鸡泽县	2	1	1	4		4			
广平县							1	1	
馆陶县				3	1	2	1		1
魏县				4		4	1		1
曲周县	2	1	1						
武安市	1	1		39	22	17	52	20	32

10-3　续表 2

单位：人

地　区	维吾尔族			苗　族			彝　族		
	小计	男	女	小计	男	女	小计	男	女
邢台市	**44**	**30**	**14**	**179**	**71**	**108**	**87**	**48**	**39**
桥东区	17	13	4	20	6	14	18	12	6
桥西区	14	10	4	54	35	19	27	20	7
邢台县				11	1	10	1		1
临城县	3	1	2	13	3	10	1		1
内丘县									
柏乡县				5	1	4			
隆尧县							1		1
任县	5	3	2	3		3			
南和县				6	3	3	1		1
宁晋县	2	1	1	12	4	8	4		4
巨鹿县				5	2	3	3		3
新河县				1		1	3	2	1
广宗县				6	3	3	1		1
平乡县				1		1			
威县				1		1			
清河县				7	3	4			
临西县				1		1	2		2
南宫市	3	2	1	4		4	4	1	3
沙河市				29	10	19	21	13	8
保定市	**113**	**56**	**57**	**1374**	**600**	**774**	**733**	**353**	**380**
新市区	13	6	7	145	76	69	13	8	5
北市区	20	13	7	154	98	56	75	50	25
南市区	10	4	6	115	82	33	31	16	15
满城县	7	5	2	26	13	13	17	12	5
清苑县	2	1	1	46	15	31	23	4	19
涞水县	1		1	21	8	13	80	35	45
阜平县				23	2	21	21	9	12
徐水县	3		3	78	24	54	20	6	14
定兴县	5	1	4	102	22	80	22	8	14
唐县				21	11	10	3	2	1
高阳县	8	4	4	71	30	41	23	7	16
容城县	1		1	67	38	29	7	2	5
涞源县	1		1	7	4	3	10	6	4
望都县	2	2		11	7	4	4		4
安新县	3		3	30	16	14	5	1	4
易县	5	3	2	143	24	119	34	7	27
曲阳县				4		4	1	1	
蠡县	10	6	4	4		4	78	41	37
顺平县	1		1	13		13	6		6
博野县				1		1			
雄县	4	3	1	15	7	8	15	4	11
涿州市	10	4	6	117	45	72	46	15	31
定州市	1	1		27	10	17	13	3	10
安国市	1	1		7	1	6	3		3
高碑店市	5	2	3	126	67	59	183	116	67
张家口市	**85**	**50**	**35**	**414**	**105**	**309**	**396**	**106**	**290**
桥东区	11	9	2	49	34	15	17	8	9
桥西区	6	6		15	5	10	14	12	2
宣化区	23	13	10	17	4	13	15	11	4
下花园区				12	6	6	2	2	
宣化县	3	1	2	5		5	19	3	16
张北县	2	1	1	13	1	12	73	12	61

10-3 续表 3 单位：人

地区	维吾尔族			苗族			彝族		
	小计	男	女	小计	男	女	小计	男	女
康保县	1		1	15	4	11	25		25
沽源县				22	8	14	7	2	5
尚义县	6	2	4	2		2	12	3	9
蔚县	6	2	4	74	2	72	40	11	29
阳原县	11	7	4	33	4	29	7	1	6
怀安县				27	4	23	22		22
万全县				8	1	7	36	1	35
怀来县	8	4	4	31	12	19	38	16	22
涿鹿县	5	3	2	53	10	43	16	7	9
赤城县	3	2	1	23	6	17	12	5	7
崇礼县				15	4	11	41	12	29
承德市	**70**	**43**	**27**	**2582**	**693**	**1889**	**683**	**283**	**400**
双桥区	29	18	11	80	44	36	66	45	21
双滦区	9	8	1	73	20	53	45	11	34
鹰手营子矿区				4	1	3	9	9	
承德县	1	1		255	80	175	108	81	27
兴隆县	1	1		134	50	84	21	12	9
平泉县	5	3	2	130	59	71	25	13	12
滦平县				785	178	607	297	82	215
隆化县	6	3	3	540	114	426	36	7	29
丰宁满族自治县	4	1	3	392	79	313	40	8	32
宽城满族自治县				55	20	35	20	10	10
围场满族蒙古族自治县	15	8	7	134	48	86	16	5	11
沧州市	**47**	**26**	**21**	**311**	**136**	**175**	**297**	**154**	**143**
新华区				24	15	9			
运河区	6	4	2	12	6	6	5	3	2
沧县	1		1	21	7	14	1		1
青县	3	1	2	26	11	15	67	36	31
东光县	3	1	2	2		2	3	2	1
海兴县				5		5	3	1	2
盐山县	8	5	3	4	3	1	6	3	3
肃宁县	5	2	3	18	9	9	28	6	22
南皮县	1	1		2		2	2	1	1
吴桥县	1		1						
献县				13	3	10	12	2	10
孟村回族自治县				17	10	7	1	1	
泊头市	4	1	3	35	12	23	10	2	8
任丘市	7	5	2	82	36	46	70	34	36
黄骅市	4	3	1	26	16	10	37	21	16
河间市	4	3	1	24	8	16	52	42	10
廊坊市	**89**	**59**	**30**	**975**	**532**	**443**	**377**	**225**	**152**
安次区	19	16	3	45	21	24	26	20	6
广阳区	15	7	8	110	48	62	59	37	22
固安县	3	1	2	37	19	18	79	35	44
永清县	6	4	2	18	6	12	10	3	7
香河县	1	1		83	48	35	23	15	8
大城县				5	1	4	16	7	9
文安县	12	7	5	17	7	10	12	5	7
大厂回族自治县	1	1		18	8	10	19	11	8
霸州市				61	34	27	13	8	5
三河市	32	22	10	581	340	241	120	84	36
衡水市	**9**	**4**	**5**	**206**	**73**	**133**	**137**	**72**	**65**
桃城区	2	2		32	15	17	9	5	4
枣强县				33	21	12	9	1	8
武邑县				15	3	12	17	13	4

10-3　续表 4

单位：人

地　区	维吾尔族			苗　族			彝　族		
	小计	男	女	小计	男	女	小计	男	女
武强县				1		1	7	3	4
饶阳县	4	1	3	24	11	13	10	7	3
安平县				17	7	10	4	1	3
故城县	1		1	9	3	6	8	2	6
景县				3		3	53	34	19
阜城县	1		1	10	4	6	3	2	1
冀州市				11	2	9	2		2
深州市	1	1		51	7	44	15	4	11
山西省	**670**	**414**	**256**	**2205**	**1124**	**1081**	**2867**	**1426**	**1441**
太原市	**109**	**64**	**45**	**670**	**416**	**254**	**605**	**443**	**162**
小店区	26	14	12	153	94	59	50	30	20
迎泽区	38	22	16	65	40	25	42	26	16
杏花岭区	9	8	1	67	39	28	64	52	12
尖草坪区	8	4	4	92	64	28	48	35	13
万柏林区	12	5	7	136	87	49	111	72	39
晋源区	8	7	1	59	42	17	13	8	5
清徐县	3	2	1	17	11	6	225	190	35
阳曲县				7		7	18	14	4
娄烦县				5	2	3	25	16	9
古交市	5	2	3	69	37	32	9		9
大同市	**46**	**23**	**23**	**170**	**69**	**101**	**196**	**93**	**103**
城区	28	14	14	50	30	20	13	8	5
矿区	5	3	2	31	11	20	16	9	7
南郊区	6	2	4	32	17	15	26	15	11
新荣区				5		5	1		1
阳高县									
天镇县	1		1	15	1	14	14	5	9
广灵县				12		12	37	1	36
灵丘县									
浑源县	5	4	1	11	5	6	56	33	23
左云县									
大同县	1		1	14	5	9	33	22	11
阳泉市	**28**	**22**	**6**	**111**	**56**	**55**	**162**	**111**	**51**
城区	19	14	5	10	5	5	5	4	1
矿区				21	11	10	21	12	9
郊区	5	5		35	22	13	78	72	6
平定县	4	3	1	29	12	17	12	4	8
盂县				16	6	10	46	19	27
长治市	**66**	**47**	**19**	**143**	**76**	**67**	**115**	**56**	**59**
城区	21	15	6	61	38	23	24	14	10
郊区	5	4	1	15	9	6	4	2	2
长治县	6	4	2	8	7	1	9	1	8
襄垣县	6	4	2	12	7	5	3	1	2
屯留县	5	3	2	8	1	7	4		4
平顺县				3	2	1	18	17	1
黎城县				1		1	3		3
壶关县				5		5	5	1	4
长子县	4	2	2	4	1	3	16	8	8
武乡县	6	5	1	2	1	1	2	1	1
沁县	6	5	1				2		2
沁源县				20	9	11	25	11	14
潞城市	7	5	2	4	1	3			

10-3 续表 5

单位：人

地区	维吾尔族			苗族			彝族		
	小计	男	女	小计	男	女	小计	男	女
晋城市	**29**	**22**	**7**	**147**	**79**	**68**	**94**	**51**	**43**
城区	6	4	2	56	35	21	15	10	5
沁水县	8	7	1	13	9	4	8	2	6
阳城县	3	3		16	3	13	35	29	6
陵川县				4		4	15	2	13
泽州县	1		1	39	24	15	10	7	3
高平市	11	8	3	19	8	11	11	1	10
朔州市	**14**	**7**	**7**	**48**	**18**	**30**	**258**	**175**	**83**
朔城区	12	6	6	20	9	11	111	83	28
平鲁区	2	1	1	3	1	2	14	6	8
山阴县				8	3	5	64	38	26
应县				4	2	2	22	19	3
右玉县							3	3	
怀仁县				13	3	10	44	26	18
晋中市	**48**	**28**	**20**	**320**	**209**	**111**	**753**	**264**	**489**
榆次区	22	10	12	112	74	38	155	87	68
榆社县							1	1	
左权县	9	8	1	15	14	1	12	12	
和顺县	1		1	3	3		5	2	3
昔阳县	1		1	24	17	7	7	2	5
寿阳县	4	2	2	30	19	11	48	27	21
太谷县	2	2		44	42	2	43	28	15
祁县	6	4	2	21	15	6	16	7	9
平遥县				32	3	29	258	57	201
灵石县	1	1		28	19	9	39	33	6
介休市	2	1	1	11	3	8	169	8	161
运城市	**114**	**68**	**46**	**59**	**29**	**30**	**72**	**33**	**39**
盐湖区	10	6	4	26	23	3	14	3	11
临猗县	19	11	8	1		1	2		2
万荣县	1		1				5	1	4
闻喜县	23	14	9	3	1	2	20	16	4
稷山县	2		2	5	2	3			
新绛县	7	6	1	1		1			
绛县	8	5	3	1		1	11	1	10
垣曲县	10	8	2	7		7	6	2	4
夏县	1		1				4	1	3
平陆县	13	5	8	3	1	2			
芮城县	1	1		2		2	2	2	
永济市	10	6	4	2	1	1	8	7	1
河津市	9	6	3	8	1	7			
忻州市	**68**	**49**	**19**	**357**	**88**	**269**	**294**	**70**	**224**
忻府区	50	36	14	107	11	96	59	14	45
定襄县	2	1	1	42	5	37	15	1	14
五台县				32	2	30	17	4	13
代县	1	1		28	9	19	41	5	36
繁峙县				21	20	1	36	25	11
宁武县				7	2	5	6		6
静乐县				5		5	35	1	34
神池县				8	8				
五寨县	3	1	2				1		1
岢岚县				1		1	5		5
河曲县	3	2	1	1		1	3	1	2
保德县	1	1		13	9	4	7	3	4
偏关县				4	3	1	2		2
原平市	8	7	1	88	19	69	67	16	51

10-3　续表 6

单位：人

地　区	维吾尔族			苗　族			彝　族		
	小计	男	女	小计	男	女	小计	男	女
临汾市	**94**	**44**	**50**	**89**	**47**	**42**	**98**	**66**	**32**
尧都区	10	6	4	13	6	7	4	4	
曲沃县	12	12		2	2		7	7	
翼城县	31	8	23	1		1	5		5
襄汾县	3	1	2	8	3	5	5	2	3
洪洞县	8	2	6	3	2	1	4	1	3
古县	1	1		9	2	7	10	6	4
安泽县	4	2	2	17	12	5	23	12	11
浮山县				1	1		6	4	2
吉县				1	1				
乡宁县				3	3		2	2	
大宁县							3	3	
隰县	7	4	3	1	1				
永和县									
蒲县							13	13	
汾西县	7	2	5	4	2	2	1		1
侯马市	1	1		25	12	13	9	7	2
霍州市	10	5	5	1		1	6	5	1
吕梁市	**54**	**40**	**14**	**91**	**37**	**54**	**220**	**64**	**156**
离石区				4	1	3	13	5	8
文水县				3		3	31		31
交城县	9	6	3	10	1	9	31	23	8
兴县	1	1		3		3	12	6	6
临县	3	3		3	3		1		1
柳林县	4	3	1	1	1		8	8	
石楼县				9	9		4	4	
岚县	3	1	2	8	1	7	9		9
方山县				3		3	6	1	5
中阳县				1	1		2		2
交口县				4	1	3			
孝义市	22	16	6	25	14	11	46	13	33
汾阳市	12	10	2	17	5	12	57	4	53
内蒙古自治区	**658**	**385**	**273**	**3349**	**1953**	**1396**	**2854**	**1620**	**1234**
呼和浩特市	**169**	**100**	**69**	**696**	**390**	**306**	**516**	**217**	**299**
新城区	42	23	19	100	47	53	81	40	41
回民区	48	31	17	69	38	31	53	30	23
玉泉区	36	24	12	74	37	37	57	33	24
赛罕区	27	13	14	122	62	60	76	33	43
土默特左旗	7	5	2	206	166	40	94	35	59
托克托县	6	4	2	58	18	40	85	31	54
和林格尔县	1		1	22	8	14	17	5	12
清水河县				24	8	16	6	2	4
武川县	2		2	21	6	15	47	8	39
包头市	**96**	**48**	**48**	**642**	**352**	**290**	**380**	**217**	**163**
东河区	23	14	9	81	38	43	34	18	16
昆都仑区	37	16	21	240	137	103	114	77	37
青山区	28	15	13	188	104	84	111	82	29
石拐区				3	1	2			
白云鄂博矿区				6	4	2			
九原区	2		2	29	18	11	35	22	13
土默特右旗	4	3	1	57	37	20	38	12	26
固阳县	1		1	22	8	14	24	3	21
达尔罕茂明安联合旗	1		1	16	5	11	24	3	21
乌海市	**39**	**26**	**13**	**91**	**46**	**45**	**46**	**20**	**26**
海勃湾区	31	20	11	45	23	22	26	9	17
海南区	3	3		36	20	16	6	1	5
乌达区	5	3	2	10	3	7	14	10	4

10-3 续表 7

单位：人

地区	维吾尔族			苗族			彝族		
	小计	男	女	小计	男	女	小计	男	女
赤峰市	**60**	**41**	**19**	**234**	**106**	**128**	**157**	**74**	**83**
红山区	18	10	8	36	17	19	32	11	21
元宝山区	1	1		17	6	11	4	3	1
松山区	12	8	4	52	24	28	6	5	1
阿鲁科尔沁旗				2		2			
巴林左旗	6	6		16	11	5	3		3
巴林右旗	2	1	1	8	2	6	2	1	1
林西县	12	10	2	4	3	1	12	2	10
克什克腾旗	6	3	3	17	11	6	48	41	7
翁牛特旗				15	7	8			
喀喇沁旗	3	2	1	15	5	10	30	5	25
宁城县				17	2	15	7		7
敖汉旗				35	18	17	13	6	7
通辽市	**25**	**10**	**15**	**126**	**57**	**69**	**63**	**38**	**25**
科尔沁区	7	2	5	61	27	34	40	27	13
科尔沁左翼中旗				4	1	3	6	2	4
科尔沁左翼后旗	2		2	10	5	5			
开鲁县	10	5	5	1		1	3	2	1
库伦旗							2		2
奈曼旗				6	1	5			
扎鲁特旗	6	3	3	7	2	5	5	2	3
霍林郭勒市				37	21	16	7	5	2
鄂尔多斯市	**89**	**60**	**29**	**661**	**504**	**157**	**822**	**653**	**169**
东胜区	42	25	17	356	291	65	427	370	57
达拉特旗	13	8	5	37	23	14	111	82	29
准格尔旗	8	5	3	85	66	19	77	36	41
鄂托克前旗	6	6		15	7	8	1	1	
鄂托克旗				20	8	12	43	38	5
杭锦旗	6	5	1	61	41	20	31	21	10
乌审旗	8	5	3	9	6	3	22	16	6
伊金霍洛旗	6	6		78	62	16	110	89	21
呼伦贝尔市	**35**	**25**	**10**	**178**	**92**	**86**	**115**	**69**	**46**
海拉尔区	9	8	1	22	17	5	13	9	4
阿荣旗				3		3	2	1	1
莫力达瓦达斡尔族自治旗	2	1	1	13	7	6	2		2
鄂伦春自治旗	3	3		16	7	9	5	4	1
鄂温克族自治旗	2	2		6	1	5	20	17	3
陈巴尔虎旗				2	1	1			
新巴尔虎左旗				2	2				
新巴尔虎右旗							2	2	
满洲里市	1	1		17	7	10	39	21	18
牙克石市	15	8	7	27	15	12	5	4	1
扎兰屯市	2	1	1	28	10	18	19	7	12
额尔古纳市	1	1		35	20	15	1		1
根河市				7	5	2	7	4	3
巴彦淖尔市	**65**	**31**	**34**	**392**	**269**	**123**	**311**	**142**	**169**
临河区	36	18	18	68	31	37	74	30	44
五原县	3		3	30	10	20	60	24	36
磴口县	4	2	2	24	8	16	29	10	19
乌拉特前旗	5	3	2	201	161	40	37	16	21
乌拉特中旗	6	3	3	60	55	5	41	27	14
乌拉特后旗	5	3	2	3	3		16	13	3
杭锦后旗	6	2	4	6	1	5	54	22	32

10-3 续表 8

单位：人

地区	维吾尔族			苗族			彝族		
	小计	男	女	小计	男	女	小计	男	女
乌兰察布市	**9**	**4**	**5**	**137**	**41**	**96**	**259**	**74**	**185**
集宁区				30	7	23	26	16	10
卓资县				9	4	5	10	6	4
化德县				3	2	1	64	15	49
商都县				12	2	10	16	4	12
兴和县	1	1		5	2	3	8	1	7
凉城县	2	1	1	25	11	14	41	16	25
察哈尔右翼前旗	2		2	4		4	10	4	6
察哈尔右翼中旗				11	3	8	30	3	27
察哈尔右翼后旗	2	1	1	9	4	5	12	1	11
四子王旗	2	1	1	18	4	14	38	8	30
丰镇市				11	2	9	4		4
兴安盟	**25**	**14**	**11**	**83**	**38**	**45**	**90**	**65**	**25**
乌兰浩特市	7	4	3	12	5	7	33	28	5
阿尔山市				17	13	4	30	19	11
科尔沁右翼前旗				3	2	1	9	7	2
科尔沁右翼中旗	3	1	2	6	4	2	7	6	1
扎赉特旗	8	5	3	12	2	10	8	4	4
突泉县	7	4	3	33	12	21	3	1	2
锡林郭勒盟	**31**	**20**	**11**	**72**	**35**	**37**	**76**	**36**	**40**
二连浩特市				2	2		7	5	2
锡林浩特市	17	10	7	16	7	9	9	2	7
阿巴嘎旗									
苏尼特左旗				8	8		6	2	4
苏尼特右旗				2	2		3	1	2
东乌珠穆沁旗	12	9	3	1	1		1		1
西乌珠穆沁旗				11	11				
太仆寺旗				3		3	6	2	4
镶黄旗									
正镶白旗				1		1	1		1
正蓝旗	1		1	1		1	13	9	4
多伦县	1	1		27	4	23	30	15	15
阿拉善盟	**15**	**6**	**9**	**37**	**23**	**14**	**19**	**15**	**4**
阿拉善左旗	12	5	7	6	3	3	9	5	4
阿拉善右旗				1		1			
额济纳旗	3	1	2	30	20	10	10	10	
辽宁省	**1917**	**1081**	**836**	**3952**	**2342**	**1610**	**1693**	**1088**	**605**
沈阳市	**538**	**323**	**215**	**866**	**527**	**339**	**339**	**228**	**111**
和平区	272	162	110	103	59	44	37	22	15
沈河区	34	19	15	80	40	40	46	27	19
大东区	29	20	9	47	28	19	13	10	3
皇姑区	53	33	20	113	67	46	44	32	12
铁西区	46	29	17	78	53	25	35	22	13
苏家屯区	4	2	2	47	33	14	24	23	1
东陵区	40	27	13	119	77	42	47	35	12
沈北新区	22	11	11	103	65	38	36	22	14
于洪区	11	4	7	127	85	42	35	23	12
辽中县	1		1	8	1	7	5	2	3
康平县	8	5	3	13	6	7	5	3	2
法库县	2	2		8	2	6	2	2	
新民市	16	9	7	20	11	9	10	5	5
大连市	**847**	**452**	**395**	**886**	**530**	**356**	**424**	**264**	**160**
中山区	19	12	7	24	11	13	17	11	6
西岗区	61	38	23	23	13	10	27	20	7
沙河口区	117	75	42	107	54	53	45	29	16

10-3 续表 9　　单位：人

地区	维吾尔族			苗族			彝族		
	小计	男	女	小计	男	女	小计	男	女
甘井子区	453	235	218	279	188	91	129	88	41
旅顺口区	39	15	24	60	27	33	26	19	7
金州区	149	71	78	323	198	125	163	89	74
长海县				3	1	2			
瓦房店市	5	3	2	50	30	20	10	5	5
普兰店市	3	2	1	11	5	6	4	3	1
庄河市	1	1		6	3	3	3		3
鞍山市	**73**	**42**	**31**	**338**	**198**	**140**	**80**	**52**	**28**
铁东区	17	11	6	101	68	33	24	21	3
铁西区	4	2	2	14	8	6	12	6	6
立山区	16	9	7	25	14	11	14	9	5
千山区				96	49	47	2	1	1
台安县	1	1					6	1	5
岫岩满族自治县	2	2		52	33	19	4	2	2
海城市	33	17	16	50	26	24	18	12	6
抚顺市	**149**	**78**	**71**	**125**	**67**	**58**	**42**	**20**	**22**
新抚区	18	15	3	15	11	4	5	5	
东洲区	8	4	4	9	2	7	3	1	2
望花区	106	51	55	43	26	17	11	9	2
顺城区	12	6	6	24	13	11	7	2	5
抚顺县	1		1	6	4	2	1		1
新宾满族自治县				25	9	16	12	3	9
清原满族自治县	4	2	2	3	2	1	3		3
本溪市	**46**	**31**	**15**	**106**	**63**	**43**	**83**	**65**	**18**
平山区	13	10	3	21	9	12	1	1	
溪湖区	1	1		22	13	9	4	2	2
明山区	22	15	7	23	16	7	1		1
南芬区				4	3	1	12	10	2
本溪满族自治县				12	8	4	24	15	9
桓仁满族自治县	10	5	5	24	14	10	41	37	4
丹东市	**29**	**20**	**9**	**163**	**109**	**54**	**107**	**76**	**31**
元宝区	12	7	5	35	29	6	7	3	4
振兴区	8	6	2	47	34	13	8	6	2
振安区	1	1		13	8	5	8	5	3
宽甸满族自治县	1	1		33	19	14	30	25	5
东港市				14	9	5	34	23	11
凤城市	7	5	2	21	10	11	20	14	6
锦州市	**70**	**33**	**37**	**243**	**129**	**114**	**67**	**32**	**35**
古塔区	26	12	14	34	17	17	19	12	7
凌河区	9	2	7	33	17	16	6	4	2
太和区	8	4	4	57	37	20	16	8	8
黑山县	1		1	20	13	7	12	3	9
义县	15	7	8	29	11	18	5	1	4
凌海市	4	2	2	14	7	7	1		1
北镇市	7	6	1	56	27	29	8	4	4
营口市	**33**	**20**	**13**	**141**	**87**	**54**	**93**	**61**	**32**
站前区	12	10	2	31	22	9	19	13	6
西市区	10	5	5	7	3	4	5	1	4
鲅鱼圈区	3	1	2	39	24	15	14	9	5
老边区				11	8	3	38	33	5
盖州市	3	1	2	22	16	6	3		3
大石桥市	5	3	2	31	14	17	14	5	9
阜新市	**20**	**12**	**8**	**68**	**42**	**26**	**32**	**19**	**13**
海州区	5	2	3	4	2	2	5	4	1
新邱区							1		1

10-3　续表 10　　　　单位：人

地　区	维吾尔族			苗　族			彝　族		
	小计	男	女	小计	男	女	小计	男	女
太平区	11	8	3	2	2				
清河门区				1		1			
细河区	3	2	1	40	32	8	15	10	5
阜新蒙古族自治县				8	3	5	7	4	3
彰武县	1		1	13	3	10	4	1	3
辽阳市	**32**	**21**	**11**	**388**	**228**	**160**	**93**	**71**	**22**
白塔区	2		2	27	11	16	21	8	13
文圣区	7	5	2	12	6	6	1	1	
宏伟区				15	10	5	5	4	1
弓长岭区	3	3		15	6	9	1	1	
太子河区	1		1	53	39	14	48	48	
辽阳县	4	3	1	10	5	5	3	2	1
灯塔市	15	10	5	256	151	105	14	7	7
盘锦市	**23**	**17**	**6**	**111**	**79**	**32**	**53**	**36**	**17**
双台子区	9	8	1	1	1				
兴隆台区	14	9	5	91	65	26	44	35	9
大洼县				18	12	6	9	1	8
盘山县				1	1				
铁岭市	**23**	**14**	**9**	**217**	**110**	**107**	**70**	**35**	**35**
银州区	10	6	4	21	9	12	16	13	3
清河区				23	7	16			
铁岭县	3	2	1	35	19	16	4	2	2
西丰县	2		2	35	22	13	1	1	
昌图县	5	4	1	9	3	6	4	3	1
调兵山市	1	1		58	33	25	37	13	24
开原市	2	1	1	36	17	19	8	3	5
朝阳市	**13**	**11**	**2**	**97**	**67**	**30**	**136**	**92**	**44**
双塔区	1	1		17	11	6	16	11	5
龙城区				8	4	4	1		1
朝阳县				27	24	3	6	1	5
建平县	5	4	1	18	12	6	8	4	4
喀喇沁左翼蒙古族自治县				5		5	53	44	9
北票市							17	8	9
凌源市	7	6	1	22	16	6	35	24	11
葫芦岛市	**21**	**7**	**14**	**203**	**106**	**97**	**74**	**37**	**37**
连山区	8	2	6	43	23	20	5	2	3
龙港区				31	18	13	10	8	2
南票区				2	2				
绥中县	2		2	40	19	21	11	4	7
建昌县	4	1	3	39	13	26	13	7	6
兴城市	7	4	3	48	31	17	35	16	19
吉林省	**1127**	**517**	**610**	**1446**	**749**	**697**	**558**	**326**	**232**
长春市	**832**	**350**	**482**	**516**	**286**	**230**	**188**	**103**	**85**
南关区	571	208	363	173	99	74	44	20	24
宽城区	35	25	10	45	22	23	9	5	4
朝阳区	99	43	56	156	100	56	51	34	17
二道区	28	20	8	41	19	22	18	10	8
绿园区	64	36	28	63	33	30	24	18	6
双阳区	2	1	1	5	1	4	2	2	
农安县	17	9	8	22	9	13	19	7	12
九台市				6	2	4	4	3	1
榆树市	5	4	1	4		4	5		5
德惠市	11	4	7	1	1		12	4	8

10-3 续表 11　　单位：人

地区	维吾尔族			苗族			彝族		
	小计	男	女	小计	男	女	小计	男	女
吉林市	**38**	**16**	**22**	**290**	**138**	**152**	**81**	**37**	**44**
昌邑区	9	6	3	44	28	16	4	3	1
龙潭区	8	5	3	49	33	16	3	2	1
船营区	2	1	1	59	39	20	12	9	3
丰满区	7	3	4	30	13	17	17	9	8
永吉县				5	3	2	9	5	4
蛟河市	6	1	5	74	11	63	15	2	13
桦甸市	2		2	9	5	4	5	2	3
舒兰市				8	1	7	4	1	3
磐石市	4		4	12	5	7	12	4	8
四平市	**32**	**18**	**14**	**177**	**79**	**98**	**22**	**4**	**18**
铁西区	2		2	26	16	10	9		9
铁东区	5	4	1	13	9	4	3	1	2
梨树县	6	4	2	9	3	6	4	1	3
伊通满族自治县	9	4	5	117	45	72	2	1	1
公主岭市	6	3	3	11	6	5	4	1	3
双辽市	4	3	1	1		1			
辽源市	**17**	**10**	**7**	**24**	**12**	**12**	**4**	**2**	**2**
龙山区	12	5	7	9	6	3	1	1	
西安区	1	1					1	1	
东丰县	4	4		10	4	6	1		1
东辽县				5	2	3	1		1
通化市	**37**	**20**	**17**	**96**	**56**	**40**	**61**	**34**	**27**
东昌区	12	5	7	10	6	4	8	5	3
二道江区	5	4	1	2	1	1	1	1	
通化县	2	2		10	9	1	8	6	2
辉南县	6	3	3	14	7	7	15	4	11
柳河县	6	4	2	16	8	8	14	6	8
梅河口市	4	1	3	12	5	7	4	4	
集安市	2	1	1	32	20	12	11	8	3
白山市	**12**	**9**	**3**	**71**	**32**	**39**	**107**	**88**	**19**
浑江区	6	6		9	6	3	3		3
江源区	1		1	15	7	8	3	2	1
抚松县	3	2	1	12	6	6	73	68	5
靖宇县	1		1	12	6	6	22	17	5
长白朝鲜族自治县	1	1		12	6	6	4		4
临江市				11	1	10	2	1	1
松原市	**62**	**33**	**29**	**55**	**31**	**24**	**10**	**8**	**2**
宁江区	17	11	6	15	13	2	1	1	
前郭尔罗斯蒙古族自治县	30	16	14	18	9	9	8	7	1
长岭县	4	1	3	3	1	2			
乾安县				8	2	6			
扶余县	11	5	6	11	6	5	1		1
白城市	**31**	**21**	**10**	**63**	**37**	**26**	**21**	**16**	**5**
洮北区	18	12	6	29	18	11	7	5	2
镇赉县	11	9	2	6	3	3	7	6	1
通榆县				12	8	4	1	1	
洮南市				14	7	7	5	4	1
大安市	2		2	2	1	1	1		1
延边朝鲜族自治州	**66**	**40**	**26**	**154**	**78**	**76**	**64**	**34**	**30**
延吉市	40	25	15	67	35	32	10	6	4
图们市	1		1	14	8	6			
敦化市	9	5	4	10	5	5	10	2	8
珲春市	7	5	2	11	3	8	8	2	6
龙井市	4	2	2	10	9	1			
和龙市	3	2	1	7	4	3	24	23	1
汪清县	1		1	5	2	3	1	1	
安图县	1	1		30	12	18	11		11

10-3　续表 12　　　　单位：人

地　区	维吾尔族			苗　族			彝　族		
	小计	男	女	小计	男	女	小计	男	女
黑龙江省	**884**	**553**	**331**	**2575**	**1407**	**1168**	**730**	**428**	**302**
哈尔滨市	**484**	**315**	**169**	**705**	**399**	**306**	**252**	**155**	**97**
道里区	42	24	18	33	15	18	6	1	5
南岗区	220	145	75	223	145	78	96	67	29
道外区	107	72	35	36	29	7	15	12	3
平房区	4	3	1	13	5	8	3	1	2
松北区	1	1		58	31	27	23	16	7
香坊区	80	56	24	139	75	64	42	27	15
呼兰区	12	6	6	91	44	47	37	14	23
阿城区	6	4	2	53	29	24	20	14	6
依兰县	4	1	3	1		1	1		1
方正县	3	2	1	5	3	2	2		2
宾县				5	4	1	1	1	
巴彦县							3	1	2
木兰县				2		2	1		1
通河县	3	1	2	2		2			
延寿县				6	1	5	2	1	1
双城市	1		1	33	16	17			
尚志市				5	2	3			
五常市	1		1						
齐齐哈尔市	**71**	**42**	**29**	**195**	**120**	**75**	**58**	**28**	**30**
龙沙区	10	8	2	40	28	12	6	2	4
建华区	6	3	3	40	17	23	18	10	8
铁锋区	2	1	1	15	5	10	1	1	
昂昂溪区	4	2	2	1		1	2	1	1
富拉尔基区	3	2	1	11	4	7	1		1
碾子山区	1		1	2		2			
梅里斯达斡尔族区	2	1	1	8	6	2	1		1
龙江县	8	5	3	7	2	5	6	4	2
依安县	15	8	7	7	4	3	2		2
泰来县	6	5	1	34	32	2	5	4	1
甘南县	6	2	4	1		1	2		2
富裕县				22	19	3	7	3	4
克山县	1		1	2	1	1	2	1	1
克东县	2	1	1						
拜泉县							2	1	1
讷河市	5	4	1	5	2	3	3	1	2
鸡西市	**26**	**12**	**14**	**262**	**141**	**121**	**54**	**32**	**22**
鸡冠区	14	7	7	30	15	15	15	8	7
恒山区	2	2		3	1	2	3	1	2
滴道区				2		2			
梨树区									
城子河区				6		6			
麻山区									
鸡东县	5	2	3	15	7	8	2	2	
虎林市	1		1	196	113	83	31	18	13
密山市	4	1	3	10	5	5	3	3	
鹤岗市	**2**	**1**	**1**	**63**	**36**	**27**	**21**	**18**	**3**
向阳区				1		1			
工农区	2	1	1	9	7	2	6	5	1
南山区				2		2			
兴安区							3	2	1

10-3 续表 13

单位：人

地区	维吾尔族			苗族			彝族		
	小计	男	女	小计	男	女	小计	男	女
东山区				6	4	2	1	1	
兴山区									
萝北县				29	14	15	2	2	
绥滨县				16	11	5	9	8	1
双鸭山市	**32**	**21**	**11**	**490**	**258**	**232**	**75**	**45**	**30**
尖山区	9	5	4	3	1	2			
岭东区				5	1	4			
四方台区				3	1	2			
宝山区				2		2	1		1
集贤县	15	12	3	5	3	2	3		3
友谊县				16	9	7	2		2
宝清县	7	3	4	422	225	197	61	41	20
饶河县	1	1		34	18	16	8	4	4
大庆市	**76**	**50**	**26**	**397**	**226**	**171**	**129**	**72**	**57**
萨尔图区	13	5	8	94	64	30	45	35	10
龙凤区	18	10	8	75	45	30	35	13	22
让胡路区	27	21	6	144	73	71	28	14	14
红岗区	5	3	2	27	13	14	9	3	6
大同区				8	6	2	2	1	1
肇州县				1	1		6	3	3
肇源县				44	23	21			
林甸县							4	3	1
杜尔伯特蒙古族自治县	13	11	2	4	1	3			
伊春市	**11**	**7**	**4**	**19**	**8**	**11**	**3**		**3**
伊春区				4	3	1			
南岔区	4	3	1				1		1
友好区	1		1	1		1			
西林区									
翠峦区	1	1							
新青区				1		1			
美溪区									
金山屯区									
五营区									
乌马河区									
汤旺河区				3	1	2	1		1
带岭区									
乌伊岭区									
红星区				1		1	1		1
上甘岭区									
嘉荫县				2	2				
铁力市	5	3	2	7	2	5			
佳木斯市	**35**	**18**	**17**	**131**	**61**	**70**	**17**	**10**	**7**
向阳区	2	2		39	18	21	6	3	3
前进区	4	2	2	2	2				
东风区	7	1	6	4	1	3	1	1	
郊区	2	2		9	5	4	2	1	1
桦南县	7	3	4	27	12	15	3	1	2
桦川县	1	1		2		2			
汤原县	3	2	1	29	18	11			
抚远县				3	2	1			
同江市	3	2	1	8	2	6	4	4	
富锦市	6	3	3	8	1	7	1		1
七台河市	**11**	**7**	**4**	**37**	**22**	**15**	**15**	**9**	**6**
新兴区	7	6	1	18	12	6	5	3	2
桃山区	3	1	2	12	8	4	7	3	4
茄子河区				5	2	3	1	1	
勃利县	1		1	2		2	2	2	

10-3　续表 14

单位：人

地区	维吾尔族			苗族			彝族		
	小计	男	女	小计	男	女	小计	男	女
牡丹江市	**64**	**41**	**23**	**128**	**56**	**72**	**33**	**18**	**15**
东安区	18	13	5	6	5	1	2	1	1
阳明区	1		1	7	4	3	1		1
爱民区	11	6	5	55	26	29	7	1	6
西安区	4	1	3	20	10	10	9	6	3
东宁县	7	4	3	9	1	8	1		1
林口县	5	4	1	7	1	6			
绥芬河市	8	7	1	1	1		8	8	
海林市	10	6	4	14	4	10	3	1	2
宁安市				7	2	5	2	1	1
穆棱市				2	2				
黑河市	**36**	**23**	**13**	**88**	**57**	**31**	**47**	**28**	**19**
爱辉区	17	12	5	12	5	7	4	2	2
嫩江县	4	2	2	12	9	3	10	5	5
逊克县				19	12	7	1		1
孙吴县	6	2	4	4	1	3	2	1	1
北安市	5	4	1	22	15	7	11	8	3
五大连池市	4	3	1	19	15	4	19	12	7
绥化市	**28**	**13**	**15**	**49**	**19**	**30**	**23**	**10**	**13**
北林区	8	3	5	17	10	7	12	7	5
望奎县	1		1	11	3	8	2		2
兰西县				4		4	1		1
青冈县	2	2		1	1		1		1
庆安县	1	1		1		1			
明水县	2	2		2	1	1			
绥棱县	1		1				2	1	1
安达市	4	1	3	4	1	3			
肇东市	9	4	5				3	1	2
海伦市				9	3	6	2	1	1
大兴安岭地区	**8**	**3**	**5**	**11**	**4**	**7**	**3**	**3**	
加格达奇区	3	1	2	6	2	4	3	3	
松岭区									
新林区	1		1						
呼中区	3	2	1						
呼玛县				1		1			
塔河县	1		1	3	2	1			
漠河县				1		1			
上海市	**5254**	**2725**	**2529**	**31351**	**16418**	**14933**	**7113**	**3497**	**3616**
市辖区	**5068**	**2645**	**2423**	**30875**	**16175**	**14700**	**6885**	**3384**	**3501**
黄浦区	85	49	36	178	88	90	90	26	64
卢湾区	48	20	28	90	36	54	35	18	17
徐汇区	301	169	132	483	260	223	195	90	105
长宁区	155	100	55	337	132	205	108	52	56
静安区	94	63	31	77	32	45	34	15	19
普陀区	224	120	104	491	227	264	210	108	102
闸北区	90	49	41	300	147	153	117	59	58
虹口区	375	233	142	281	144	137	111	34	77
杨浦区	335	206	129	620	331	289	268	122	146
闵行区	911	464	447	3886	2035	1851	746	374	372
宝山区	373	167	206	1503	846	657	475	252	223
嘉定区	331	168	163	3077	1719	1358	647	335	312
浦东新区	879	433	446	8836	4530	4306	1512	712	800

10-3 续表 15 单位：人

地区	维吾尔族			苗族			彝族		
	小计	男	女	小计	男	女	小计	男	女
金山区	104	45	59	1695	900	795	422	212	210
松江区	267	110	157	3331	1699	1632	851	413	438
青浦区	244	143	101	3523	1850	1673	637	336	301
奉贤区	252	106	146	2167	1199	968	427	226	201
市辖县	**186**	**80**	**106**	**476**	**243**	**233**	**228**	**113**	**115**
崇明县	186	80	106	476	243	233	228	113	115
江苏省	**4367**	**2038**	**2329**	**49535**	**21979**	**27556**	**18896**	**8576**	**10320**
南京市	**1583**	**716**	**867**	**3242**	**1473**	**1769**	**1618**	**738**	**880**
玄武区	178	92	86	213	109	104	109	43	66
白下区	56	38	18	143	80	63	65	33	32
秦淮区	30	17	13	157	83	74	52	29	23
建邺区	18	8	10	140	82	58	61	44	17
鼓楼区	211	119	92	289	133	156	103	56	47
下关区	49	33	16	91	51	40	35	14	21
浦口区	493	159	334	340	166	174	255	111	144
栖霞区	274	121	153	278	123	155	167	95	72
雨花台区	19	14	5	224	143	81	131	90	41
江宁区	231	107	124	478	230	248	246	103	143
六合区	20	6	14	365	116	249	129	47	82
溧水县	3	2	1	273	125	148	116	42	74
高淳县	1		1	251	32	219	149	31	118
无锡市	**623**	**292**	**331**	**12546**	**6473**	**6073**	**2991**	**1540**	**1451**
崇安区	3	1	2	96	55	41	28	13	15
南长区	2	1	1	151	76	75	18	7	11
北塘区	7	5	2	198	127	71	69	53	16
锡山区	10	7	3	2326	1231	1095	262	137	125
惠山区	6	1	5	1735	921	814	375	205	170
滨湖区	523	240	283	1050	566	484	309	179	130
江阴市	59	31	28	4723	2341	2382	471	266	205
宜兴市	13	6	7	2267	1156	1111	1459	680	779
徐州市	**140**	**66**	**74**	**464**	**150**	**314**	**392**	**66**	**326**
鼓楼区	8	3	5	24	10	14	30	11	19
云龙区	8	4	4	13	4	9	12	6	6
九里区	3		3	3	1	2	4		4
贾汪区	6		6	9		9	4		4
泉山区	59	39	20	90	59	31	40	26	14
丰县	8	2	6	32	2	30	27	6	21
沛县	10	4	6	27	8	19	16	3	13
铜山县	4	1	3	94	32	62	59	3	56
睢宁县	8	1	7	62	4	58	127	4	123
新沂市	9	4	5	23	6	17	31	3	28
邳州市	17	8	9	87	24	63	42	4	38
常州市	**97**	**54**	**43**	**5435**	**2751**	**2684**	**3183**	**1647**	**1536**
天宁区	6	1	5	163	82	81	79	45	34
钟楼区	29	20	9	214	119	95	82	44	38
戚墅堰区	2	1	1	51	20	31	26	14	12
新北区	2	1	1	545	298	247	263	144	119
武进区	33	17	16	3182	1708	1474	1450	767	683
溧阳市	9	6	3	639	278	361	438	179	259
金坛市	16	8	8	641	246	395	845	454	391
苏州市	**609**	**333**	**276**	**11889**	**6214**	**5675**	**3928**	**2005**	**1923**
沧浪区	26	15	11	81	31	50	68	30	38
平江区	47	27	20	723	355	368	218	112	106
金阊区	20	12	8	86	27	59	28	15	13

10-3　续表 16　　　　单位：人

地　区	维吾尔族			苗　族			彝　族		
	小计	男	女	小计	男	女	小计	男	女
虎丘区	174	65	109	357	178	179	154	93	61
吴中区	47	30	17	1217	615	602	641	279	362
相城区	8	3	5	2478	1331	1147	287	149	138
常熟市	97	70	27	1494	858	636	507	283	224
张家港市	30	14	16	1213	603	610	275	143	132
昆山市	83	47	36	1704	921	783	632	350	282
吴江市	62	42	20	1774	892	882	910	436	474
太仓市	15	8	7	762	403	359	208	115	93
南通市	**113**	**59**	**54**	**5589**	**1681**	**3908**	**1475**	**613**	**862**
崇川区	33	21	12	751	399	352	172	92	80
港闸区	8	5	3	141	65	76	67	32	35
通州区	19	8	11	1275	464	811	348	177	171
海安县	7	4	3	658	102	556	307	82	225
如东县	12	7	5	1199	213	986	75	19	56
启东市	18	9	9	222	85	137	183	85	98
如皋市	12	4	8	833	103	730	202	51	151
海门市	4	1	3	510	250	260	121	75	46
连云港市	**61**	**28**	**33**	**485**	**83**	**402**	**494**	**63**	**431**
连云区	6	5	1	33	22	11	10	8	2
新浦区	9	4	5	37	20	17	10	4	6
海州区				11	3	8	5		5
赣榆县				38	6	32	59	9	50
东海县	44	18	26	109	17	92	263	19	244
灌云县				149	7	142	43	2	41
灌南县	2	1	1	108	8	100	104	21	83
淮安市	**41**	**19**	**22**	**783**	**183**	**600**	**409**	**103**	**306**
清河区	7	2	5	88	48	40	39	11	28
楚州区	4		4	151	28	123	68	6	62
淮阴区	12	8	4	158	15	143	55	8	47
清浦区	4	2	2	16	1	15	39	13	26
涟水县	8	3	5	101	10	91	69	21	48
洪泽县	1		1	36	15	21	22	8	14
盱眙县	5	4	1	105	27	78	81	22	59
金湖县				128	39	89	36	14	22
盐城市	**107**	**42**	**65**	**3024**	**582**	**2442**	**1056**	**294**	**762**
亭湖区	11	5	6	172	40	132	74	19	55
盐都区	26	4	22	94	17	77	55	10	45
响水县	4	2	2	68	8	60	46	19	27
滨海县	21	10	11	277	68	209	130	59	71
阜宁县	6	4	2	183	13	170	98	27	71
射阳县	9	3	6	260	53	207	182	68	114
建湖县	3		3	209	49	160	66	13	53
东台市	11	6	5	1005	123	882	246	25	221
大丰市	16	8	8	756	211	545	159	54	105
扬州市	**311**	**134**	**177**	**1068**	**345**	**723**	**844**	**369**	**475**
广陵区	8	3	5	43	23	20	29	23	6
邗江区	263	112	151	119	50	69	60	25	35
维扬区	20	13	7	89	40	49	123	70	53
宝应县	2	1	1	183	38	145	96	17	79
仪征市	1		1	245	84	161	217	129	88
高邮市	3	1	2	201	38	163	154	48	106
江都市	14	4	10	188	72	116	165	57	108
镇江市	**376**	**161**	**215**	**2291**	**1197**	**1094**	**1280**	**706**	**574**
京口区	31	17	14	307	191	116	130	79	51
润州区	8	5	3	105	71	34	23	13	10

10-3 续表 17 单位：人

地区	维吾尔族			苗族			彝族		
	小计	男	女	小计	男	女	小计	男	女
丹徒区	1		1	281	149	132	40	19	21
丹阳市	312	126	186	1055	552	503	789	422	367
扬中市	9	5	4	91	46	45	43	22	21
句容市	15	8	7	452	188	264	255	151	104
泰州市	**255**	**119**	**136**	**2064**	**693**	**1371**	**704**	**289**	**415**
海陵区	22	16	6	156	73	83	61	24	37
高港区	200	87	113	191	85	106	93	45	48
兴化市	4	1	3	370	133	237	112	33	79
靖江市	14	7	7	473	241	232	237	125	112
泰兴市	4	1	3	623	98	525	86	28	58
姜堰市	11	7	4	251	63	188	115	34	81
宿迁市	**51**	**15**	**36**	**655**	**154**	**501**	**522**	**143**	**379**
宿城区	7	6	1	160	66	94	101	20	81
宿豫区	6		6	58	8	50	98	26	72
沭阳县	22	5	17	224	56	168	185	66	119
泗阳县	8	1	7	126	13	113	64	19	45
泗洪县	8	3	5	87	11	76	74	12	62
浙江省	**5377**	**2460**	**2917**	**309064**	**167566**	**141498**	**49243**	**26212**	**23031**
杭州市	**940**	**456**	**484**	**37322**	**19812**	**17510**	**3486**	**1824**	**1662**
上城区	9	3	6	138	66	72	26	13	13
下城区	66	36	30	322	153	169	53	20	33
江干区	143	80	63	1723	1168	555	317	223	94
拱墅区	21	11	10	460	235	225	86	48	38
西湖区	502	217	285	1377	730	647	216	105	111
滨江区	24	16	8	997	558	439	87	42	45
萧山区	45	30	15	13638	7220	6418	510	272	238
余杭区	50	29	21	3617	1968	1649	883	471	412
桐庐县	6	4	2	3288	1629	1659	297	166	131
淳安县	10	10		223	88	135	77	27	50
建德市	11	5	6	645	306	339	130	50	80
富阳市	7	3	4	6396	3283	3113	512	226	286
临安市	46	12	34	4498	2408	2090	292	161	131
宁波市	**860**	**381**	**479**	**44589**	**23929**	**20660**	**5473**	**2883**	**2590**
海曙区	36	32	4	313	187	126	89	51	38
江东区	46	23	23	346	162	184	56	26	30
江北区	118	54	64	771	419	352	346	169	177
北仑区	37	24	13	4096	2212	1884	607	321	286
镇海区	40	28	12	1700	910	790	385	218	167
鄞州区	311	134	177	10249	5548	4701	1180	628	552
象山县	8	8		1484	782	702	130	76	54
宁海县	130	8	122	4760	2575	2185	314	159	155
余姚市	16	11	5	8481	4480	4001	729	373	356
慈溪市	116	58	58	10345	5569	4776	1388	739	649
奉化市	2	1	1	2044	1085	959	249	123	126
温州市	**556**	**312**	**244**	**75383**	**41730**	**33653**	**7500**	**4016**	**3484**
鹿城区	89	55	34	11088	6283	4805	1477	818	659
龙湾区	24	16	8	12199	6819	5380	955	539	416
瓯海区	281	127	154	13090	7489	5601	1142	641	501
洞头县	1	1		201	116	85	16	11	5
永嘉县	18	11	7	6076	3445	2631	493	255	238
平阳县	26	20	6	4857	2557	2300	537	265	272
苍南县	34	24	10	3070	1539	1531	489	214	275
文成县				117	38	79	27	3	24
泰顺县	4	3	1	156	59	97	23	6	17
瑞安市	54	42	12	12458	6772	5686	1053	592	461
乐清市	25	13	12	12071	6613	5458	1288	672	616

10-3　续表 18　　　　单位：人

地　区	维吾尔族			苗　族			彝　族		
	小计	男	女	小计	男	女	小计	男	女
嘉兴市	**439**	**154**	**285**	**12507**	**6362**	**6145**	**5458**	**2858**	**2600**
南湖区	30	16	14	641	314	327	310	154	156
秀洲区	248	92	156	2271	1171	1100	784	401	383
嘉善县	3	3		3115	1658	1457	808	457	351
海盐县				569	304	265	204	119	85
海宁市	106	7	99	1555	797	758	2200	1180	1020
平湖市	10	8	2	1328	664	664	350	167	183
桐乡市	42	28	14	3028	1454	1574	802	380	422
湖州市	**44**	**24**	**20**	**15359**	**7913**	**7446**	**3584**	**1970**	**1614**
吴兴区	12	10	2	2005	1064	941	317	209	108
南浔区	14	8	6	3688	1971	1717	1004	545	459
德清县	10	2	8	3194	1711	1483	1126	586	540
长兴县	4	2	2	2233	986	1247	460	238	222
安吉县	4	2	2	4239	2181	2058	677	392	285
绍兴市	**1470**	**605**	**865**	**27726**	**14693**	**13033**	**5508**	**2822**	**2686**
越城区	96	80	16	3313	1757	1556	1071	576	495
绍兴县	733	437	296	8498	4529	3969	1465	763	702
新昌县				667	303	364	147	60	87
诸暨市	25	12	13	9431	5098	4333	1224	627	597
上虞市	11	8	3	4302	2208	2094	1150	596	554
嵊州市	605	68	537	1515	798	717	451	200	251
金华市	**676**	**343**	**333**	**49494**	**27550**	**21944**	**9344**	**5209**	**4135**
婺城区	296	103	193	7019	3947	3072	581	366	215
金东区	6	3	3	3210	1790	1420	392	222	170
武义县	1	1		3743	2022	1721	1196	662	534
浦江县	12	6	6	3795	2105	1690	1121	627	494
磐安县				347	172	175	31	9	22
兰溪市	7	6	1	1250	576	674	332	148	184
义乌市	303	190	113	13034	7352	5682	2034	1158	876
东阳市	41	28	13	4804	2658	2146	753	425	328
永康市	10	6	4	12292	6928	5364	2904	1592	1312
衢州市	**63**	**44**	**19**	**2886**	**1317**	**1569**	**830**	**360**	**470**
柯城区	24	14	10	354	157	197	94	42	52
衢江区	19	15	4	671	356	315	278	106	172
常山县	7	4	3	156	74	82	49	27	22
开化县				171	21	150	72	14	58
龙游县	12	10	2	648	370	278	209	118	91
江山市	1	1		886	339	547	128	53	75
舟山市	**35**	**29**	**6**	**3089**	**1681**	**1408**	**724**	**423**	**301**
定海区	24	22	2	862	452	410	240	112	128
普陀区	5	3	2	1559	843	716	318	210	108
岱山县	5	3	2	595	357	238	151	94	57
嵊泗县	1	1		73	29	44	15	7	8
台州市	**162**	**91**	**71**	**35945**	**20232**	**15713**	**6402**	**3496**	**2906**
椒江区	21	9	12	2928	1669	1259	718	401	317
黄岩区	18	7	11	2149	1199	950	601	298	303
路桥区	41	26	15	6606	3907	2699	534	296	238
玉环县	20	12	8	7102	3957	3145	783	435	348
三门县	2	1	1	537	307	230	218	106	112
天台县	15	14	1	245	118	127	97	55	42
仙居县	3		3	729	342	387	77	24	53
温岭市	25	14	11	13102	7316	5786	2557	1445	1112
临海市	17	8	9	2547	1417	1130	817	436	381

10-3 续表 19 单位：人

地区	维吾尔族			苗族			彝族		
	小计	男	女	小计	男	女	小计	男	女
丽水市	**132**	**21**	**111**	**4764**	**2347**	**2417**	**934**	**351**	**583**
莲都区	2		2	1229	701	528	202	80	122
青田县	4	3	1	1297	693	604	184	82	102
缙云县	112	9	103	817	430	387	186	93	93
遂昌县	6	5	1	205	39	166	87	14	73
松阳县	5	3	2	256	103	153	109	32	77
云和县				534	240	294	34	11	23
庆元县	1		1	69	28	41	35	8	27
景宁畲族自治县	2	1	1	117	19	98	25	2	23
龙泉市				240	94	146	72	29	43
安徽省	**710**	**409**	**301**	**13856**	**4071**	**9785**	**6667**	**2656**	**4011**
合肥市	**231**	**139**	**92**	**1431**	**809**	**622**	**1170**	**630**	**540**
瑶海区	13	7	6	168	89	79	86	44	42
庐阳区	38	20	18	129	68	61	52	21	31
蜀山区	76	46	30	338	211	127	200	140	60
包河区	85	56	29	289	190	99	170	114	56
长丰县	3		3	90	50	40	162	63	99
肥东县	13	8	5	236	117	119	258	112	146
肥西县	3	2	1	181	84	97	242	136	106
芜湖市	**21**	**13**	**8**	**1542**	**400**	**1142**	**505**	**161**	**344**
镜湖区	12	8	4	125	50	75	47	18	29
弋江区	3	1	2	163	66	97	69	34	35
鸠江区	2	1	1	189	102	87	56	32	24
三山区				116	17	99	58	16	42
芜湖县				430	49	381	181	43	138
繁昌县	2	2		138	50	88	38	9	29
南陵县	2	1	1	381	66	315	56	9	47
蚌埠市	**23**	**11**	**12**	**186**	**55**	**131**	**178**	**66**	**112**
龙子湖区	3	3		10	4	6	5	3	2
蚌山区	7	3	4	35	19	16	29	10	19
禹会区	6	3	3	11	7	4	7	2	5
淮上区	1		1	12	1	11	22	16	6
怀远县				46	10	36	27	4	23
五河县	2	1	1	43	5	38	45	20	25
固镇县	4	1	3	29	9	20	43	11	32
淮南市	**16**	**12**	**4**	**177**	**83**	**94**	**56**	**27**	**29**
大通区	7	7		6		6	7	1	6
田家庵区	6	3	3	110	56	54	20	8	12
谢家集区				7	5	2	1	1	
八公山区				11	4	7	2	2	
潘集区				27	14	13	2	1	1
凤台县	3	2	1	16	4	12	24	14	10
马鞍山市	**17**	**10**	**7**	**747**	**145**	**602**	**225**	**73**	**152**
金家庄区	3	2	1	54	26	28	23	10	13
花山区	10	5	5	75	34	41	9	2	7
雨山区	3	3		87	31	56	38	23	15
当涂县	1		1	531	54	477	155	38	117
淮北市	**1**		**1**	**74**	**22**	**52**	**40**	**8**	**32**
杜集区				14	5	9	5	1	4
相山区	1		1	24	11	13	15	4	11
烈山区				22	6	16	7	1	6
濉溪县				14		14	13	2	11

10-3 续表 20

单位：人

地区	维吾尔族			苗族			彝族		
	小计	男	女	小计	男	女	小计	男	女
铜陵市	**10**	**6**	**4**	**179**	**57**	**122**	**68**	**29**	**39**
铜官山区	8	5	3	15	3	12	13	4	9
狮子山区	2	1	1	40	24	16	7	4	3
郊区				27	15	12	17	9	8
铜陵县				97	15	82	31	12	19
安庆市	**57**	**28**	**29**	**812**	**230**	**582**	**245**	**102**	**143**
迎江区	10	6	4	42	24	18	27	19	8
大观区	8	5	3	30	11	19	8	6	2
宜秀区	3		3	27	11	16	13	7	6
怀宁县				32	6	26	32	16	16
枞阳县	3	1	2	358	91	267	99	29	70
潜山县	6	3	3	36	7	29	19	6	13
太湖县	9	6	3	34	3	31	4	2	2
宿松县	5	2	3	65	47	18	15	14	1
望江县	7	1	6	59	11	48	6	1	5
岳西县				38	6	32	3	1	2
桐城市	6	4	2	91	13	78	19	1	18
黄山市	**7**	**2**	**5**	**764**	**161**	**603**	**184**	**62**	**122**
屯溪区				92	44	48	20	11	9
黄山区	1		1	154	26	128	19	3	16
徽州区				49	20	29	11	4	7
歙县				252	22	230	61	18	43
休宁县	3		3	123	23	100	48	14	34
黟县	3	2	1	41	5	36	10	4	6
祁门县				53	21	32	15	8	7
滁州市	**22**	**12**	**10**	**1119**	**334**	**785**	**510**	**159**	**351**
琅琊区	2	1	1	31	12	19	11	3	8
南谯区	3	3		106	57	49	55	23	32
来安县				179	52	127	150	52	98
全椒县	9	5	4	215	92	123	41	12	29
定远县	2	1	1	114	42	72	67	28	39
凤阳县	2		2	50	14	36	34	11	23
天长市	1		1	319	39	280	60	12	48
明光市	3	2	1	105	26	79	92	18	74
阜阳市	**37**	**13**	**24**	**526**	**160**	**366**	**294**	**118**	**176**
颍州区	2	1	1	30	9	21	23	11	12
颍东区	3	2	1	93	48	45	16	7	9
颍泉区	1		1	15	3	12	36	7	29
临泉县	7	4	3	58	4	54	18	2	16
太和县	5		5	81	11	70	35	16	19
阜南县	2		2	158	64	94	66	25	41
颍上县	12	3	9	72	16	56	88	49	39
界首市	5	3	2	19	5	14	12	1	11
宿州市	**42**	**19**	**23**	**306**	**67**	**239**	**219**	**23**	**196**
埇桥区	34	17	17	157	43	114	108	16	92
砀山县	3		3	23	11	12	9	2	7
萧县	3	2	1	35	2	33	23		23
灵璧县	2		2	56	6	50	39	4	35
泗县				35	5	30	40	1	39
巢湖市	**86**	**52**	**34**	**1677**	**510**	**1167**	**826**	**270**	**556**
居巢区	4	2	2	201	109	92	176	84	92
庐江县	43	25	18	372	64	308	181	61	120
无为县	28	22	6	523	185	338	204	45	159
含山县	4	1	3	108	35	73	42	21	21
和县	7	2	5	473	117	356	223	59	164

10-3 续表 21

单位：人

地区	维吾尔族			苗族			彝族		
	小计	男	女	小计	男	女	小计	男	女
六安市	**38**	**19**	**19**	**395**	**77**	**318**	**268**	**81**	**187**
金安区	2	2		42	18	24	17	8	9
裕安区	10	5	5	36	5	31	54	26	28
寿县	1		1	59	7	52	58	6	52
霍邱县	16	8	8	119	20	99	49	19	30
舒城县				67	4	63	74	19	55
金寨县	2		2	42	14	28	11	2	9
霍山县	7	4	3	30	9	21	5	1	4
亳州市	**50**	**28**	**22**	**200**	**20**	**180**	**131**	**36**	**95**
谯城区	22	12	10	36	11	25	25	8	17
涡阳县	14	6	8	40	1	39	39	16	23
蒙城县	8	6	2	47	2	45	35	8	27
利辛县	6	4	2	77	6	71	32	4	28
池州市	**6**	**2**	**4**	**391**	**100**	**291**	**126**	**48**	**78**
贵池区	1		1	141	45	96	61	23	38
东至县	4	1	3	57	11	46	27	7	20
石台县				63	8	55	3		3
青阳县	1	1		130	36	94	35	18	17
宣城市	**46**	**43**	**3**	**3330**	**841**	**2489**	**1622**	**763**	**859**
宣州区	37	36	1	1035	140	895	401	192	209
郎溪县				486	106	380	280	64	216
广德县				1226	402	824	716	407	309
泾县	1	1		234	83	151	128	59	69
绩溪县	6	4	2	43	21	22	14	4	10
旌德县				39	5	34	11	2	9
宁国市	2	2		267	84	183	72	35	37
福建省	**1159**	**632**	**527**	**88017**	**50024**	**37993**	**13536**	**7630**	**5906**
福州市	**284**	**174**	**110**	**9982**	**5612**	**4370**	**1910**	**1046**	**864**
鼓楼区	33	24	9	171	86	85	51	26	25
台江区	33	25	8	86	52	34	14	7	7
仓山区	19	10	9	1188	705	483	332	164	168
马尾区	1		1	234	127	107	46	21	25
晋安区	48	35	13	1061	567	494	128	54	74
闽侯县	101	54	47	688	437	251	122	82	40
连江县	2	1	1	898	491	407	137	74	63
罗源县	5	3	2	661	395	266	144	96	48
闽清县	10	5	5	288	141	147	42	19	23
永泰县				86	59	27	38	35	3
平潭县	6	3	3	188	127	61	30	10	20
福清市	1	1		3086	1700	1386	510	279	231
长乐市	25	13	12	1347	725	622	316	179	137
厦门市	**479**	**232**	**247**	**15618**	**8475**	**7143**	**2033**	**1080**	**953**
思明区	204	105	99	1132	589	543	185	82	103
海沧区	18	7	11	1464	839	625	257	154	103
湖里区	26	13	13	4695	2455	2240	497	230	267
集美区	108	47	61	3467	1868	1599	573	336	237
同安区	116	56	60	3459	1943	1516	377	203	174
翔安区	7	4	3	1401	781	620	144	75	69
莆田市	**28**	**17**	**11**	**3986**	**2346**	**1640**	**1244**	**685**	**559**
城厢区	7	6	1	634	396	238	134	76	58
涵江区	9	4	5	1358	762	596	600	336	264
荔城区	1	1		1532	888	644	411	209	202
秀屿区	2	2		190	135	55	27	20	7
仙游县	9	4	5	272	165	107	72	44	28

10-3 续表 22 单位：人

地区	维吾尔族			苗族			彝族		
	小计	男	女	小计	男	女	小计	男	女
三明市	**44**	**24**	**20**	**4764**	**2795**	**1969**	**657**	**380**	**277**
梅列区	4	3	1	218	110	108	43	27	16
三元区	12	7	5	205	105	100	82	42	40
明溪县	4	1	3	202	111	91	4	1	3
清流县	4	4		111	78	33	55	36	19
宁化县	1		1	27	12	15	1	1	
大田县				159	94	65	29	23	6
尤溪县	6	3	3	257	119	138	75	37	38
沙县	1		1	623	348	275	102	61	41
将乐县	8	3	5	271	177	94	98	54	44
泰宁县				47	27	20	30	23	7
建宁县				55	32	23	9	3	6
永安市	4	3	1	2589	1582	1007	129	72	57
泉州市	**144**	**82**	**62**	**39782**	**22893**	**16889**	**5330**	**3060**	**2270**
鲤城区	17	6	11	2896	1650	1246	384	224	160
丰泽区	21	12	9	2661	1518	1143	255	152	103
洛江区				1590	902	688	243	124	119
泉港区				208	107	101	24	10	14
惠安县	8	5	3	3105	1821	1284	420	251	169
安溪县				598	315	283	93	40	53
永春县	1		1	640	381	259	46	17	29
德化县	1		1	747	389	358	4	2	2
石狮市	17	11	6	4086	2309	1777	369	215	154
晋江市	51	36	15	19081	10977	8104	2523	1456	1067
南安市	28	12	16	4170	2524	1646	969	569	400
漳州市	**65**	**35**	**30**	**6270**	**3588**	**2682**	**771**	**451**	**320**
芗城区	14	11	3	1242	680	562	109	64	45
龙文区	2	2		1286	782	504	74	49	25
云霄县				23	12	11	13	8	5
漳浦县	9	4	5	155	93	62	29	12	17
诏安县	1		1	19	9	10	5	1	4
长泰县	3	2	1	633	383	250	155	87	68
东山县	1		1	94	50	44	2	2	
南靖县	1		1	249	107	142	52	41	11
平和县	4	1	3	145	58	87	27	15	12
华安县	2		2	254	102	152	58	24	34
龙海市	28	15	13	2170	1312	858	247	148	99
南平市	**58**	**36**	**22**	**4126**	**2185**	**1941**	**634**	**348**	**286**
延平区	3	1	2	606	313	293	127	50	77
顺昌县	4	3	1	648	332	316	63	29	34
浦城县	3		3	222	44	178	11	4	7
光泽县	6	3	3	251	125	126	49	26	23
松溪县	10	6	4	28	14	14	14	8	6
政和县	1	1		67	43	24	16	9	7
邵武市	7	4	3	763	448	315	96	58	38
武夷山市	10	8	2	161	76	85	61	48	13
建瓯市	4	2	2	520	299	221	52	26	26
建阳市	10	8	2	860	491	369	145	90	55
龙岩市	**36**	**23**	**13**	**2764**	**1713**	**1051**	**588**	**413**	**175**
新罗区	12	8	4	1261	803	458	382	257	125
长汀县	2	1	1	52	27	25	18	4	14
永定县				625	411	214	51	38	13
上杭县	11	9	2	176	108	68	46	41	5
武平县	8	3	5	66	45	21	3	1	2
连城县				28	17	11	2		2
漳平市	3	2	1	556	302	254	86	72	14

10-3 续表 23 单位：人

地区	维吾尔族			苗族			彝族		
	小计	男	女	小计	男	女	小计	男	女
宁德市	**21**	**9**	**12**	**725**	**417**	**308**	**369**	**167**	**202**
蕉城区	9	6	3	74	47	27	32	8	24
霞浦县	1	1		84	39	45	55	38	17
古田县				86	56	30	9	4	5
屏南县				51	27	24	22	8	14
寿宁县				24	12	12	7	3	4
周宁县	2	2		32	22	10	4	1	3
柘荣县				27	13	14	11	5	6
福安市				49	27	22	4	2	2
福鼎市	9		9	298	174	124	225	98	127
江西省	**852**	**420**	**432**	**9125**	**4369**	**4756**	**1850**	**946**	**904**
南昌市	**572**	**249**	**323**	**1469**	**803**	**666**	**463**	**251**	**212**
东湖区	14	8	6	77	35	42	22	10	12
西湖区	25	20	5	63	35	28	23	10	13
青云谱区	2		2	100	53	47	15	8	7
湾里区	140	45	95	44	17	27	3	3	
青山湖区	57	24	33	318	181	137	127	77	50
南昌县	72	28	44	307	157	150	94	46	48
新建县	262	124	138	396	228	168	163	86	77
安义县				155	91	64	16	11	5
进贤县				9	6	3			
景德镇市	**13**	**8**	**5**	**128**	**48**	**80**	**51**	**25**	**26**
昌江区	1	1		13	6	7	6	4	2
珠山区	10	6	4	16	9	7	17	11	6
浮梁县	1	1		66	26	40	16	6	10
乐平市	1		1	33	7	26	12	4	8
萍乡市	**31**	**19**	**12**	**815**	**417**	**398**	**95**	**41**	**54**
安源区	19	13	6	168	105	63	33	14	19
湘东区	7	4	3	106	53	53	5		5
莲花县				329	171	158	48	24	24
上栗县				104	42	62	8	3	5
芦溪县	5	2	3	108	46	62	1		1
九江市	**28**	**15**	**13**	**1126**	**555**	**571**	**218**	**112**	**106**
庐山区	3		3	91	39	52	47	29	18
浔阳区	6	5	1	75	29	46	25	13	12
九江县	5	4	1	34	9	25	6	1	5
武宁县	1		1	395	213	182	5		5
修水县				62	13	49	4		4
永修县	2	2		90	30	60	24	10	14
德安县	4	2	2	64	40	24	56	30	26
星子县	2		2	13	4	9	6	1	5
都昌县				30	16	14	15	9	6
湖口县				22	12	10	11	10	1
彭泽县	1	1		32	8	24	6	1	5
瑞昌市	4	1	3	218	142	76	13	8	5
新余市	**22**	**13**	**9**	**455**	**273**	**182**	**158**	**90**	**68**
渝水区	20	11	9	398	260	138	139	81	58
分宜县	2	2		57	13	44	19	9	10
鹰潭市	**31**	**20**	**11**	**188**	**74**	**114**	**81**	**44**	**37**
月湖区	14	10	4	69	37	32	38	19	19
余江县	5	3	2	45	13	32	14	8	6
贵溪市	12	7	5	74	24	50	29	17	12
赣州市	**30**	**18**	**12**	**536**	**244**	**292**	**94**	**55**	**39**
章贡区	19	14	5	126	59	67	41	24	17
赣县									

10-3　续表 24　　单位：人

地区	维吾尔族			苗族			彝族		
	小计	男	女	小计	男	女	小计	男	女
信丰县	1	1		50	25	25	1		1
大余县				25	10	15			
上犹县									
崇义县	1		1	14	1	13	3	2	1
安远县	2		2	24	13	11	6	5	1
龙南县				51	23	28	21	15	6
定南县	1		1	30	16	14	1		1
全南县				34	14	20			
宁都县				8		8			
于都县				40	30	10	6	2	4
兴国县	1	1		14	6	8	1		1
会昌县				25	10	15			
寻乌县	1		1	14	4	10			
石城县				3	1	2	1		1
瑞金市	1		1	50	23	27	4	2	2
南康市	3	2	1	28	9	19	9	5	4
吉安市	**18**	**8**	**10**	**2034**	**973**	**1061**	**192**	**101**	**91**
吉州区				50	30	20	1	1	
青原区	2	1	1	158	83	75	13	4	9
吉安县	3	1	2	121	54	67	3	1	2
吉水县	1		1	329	175	154	10	4	6
峡江县				41	12	29	21	12	9
新干县	6	2	4	80	28	52	15	3	12
永丰县	3	2	1	31	7	24			
泰和县				251	136	115	29	19	10
遂川县				30	2	28	2	1	1
万安县				18	2	16	1		1
安福县	2	1	1	116	39	77	39	25	14
永新县				750	384	366	20	8	12
井冈山市	1	1		59	21	38	38	23	15
宜春市	**42**	**36**	**6**	**1137**	**520**	**617**	**226**	**110**	**116**
袁州区	11	8	3	284	123	161	21	8	13
奉新县	6	5	1	87	38	49	37	20	17
万载县	1	1		65	11	54	9		9
上高县				43	16	27	30	13	17
宜丰县	5	5		224	120	104	14	7	7
靖安县	3	2	1	38	16	22	81	46	35
铜鼓县				69	31	38	5		5
丰城市	3	2	1	145	74	71	6	4	2
樟树市				9		9	6	2	4
高安市	13	13		173	91	82	17	10	7
抚州市	**15**	**5**	**10**	**389**	**174**	**215**	**86**	**39**	**47**
临川区	7	2	5	87	49	38	45	23	22
南城县				36	18	18	7	3	4
黎川县				5	1	4			
南丰县				70	30	40	4	3	1
崇仁县	2	1	1	7		7	1		1
乐安县	2	1	1	49	18	31	5		5
宜黄县	1		1	41	20	21	2		2
金溪县				37	12	25	4		4
资溪县	1	1		38	18	20	2		2
东乡县				5	1	4	15	10	5
广昌县	2		2	14	7	7	1		1

10-3 续表 25

单位：人

地区	维吾尔族			苗族			彝族		
	小计	男	女	小计	男	女	小计	男	女
上饶市	**50**	**29**	**21**	**848**	**288**	**560**	**186**	**78**	**108**
信州区	8	2	6	102	39	63	16	4	12
上饶县	2	2		135	65	70	37	25	12
广丰县				78	17	61	6	1	5
玉山县	5	4	1	185	51	134	16		16
铅山县	1	1		56	24	32	56	33	23
横峰县	1	1		19	12	7	5	2	3
弋阳县				33	9	24	10	1	9
余干县	12	5	7	25	1	24	12	6	6
鄱阳县	13	8	5	77	22	55	9	1	8
万年县				7	2	5	3		3
婺源县	5	4	1	55	13	42	4	1	3
德兴市	3	2	1	76	33	43	12	4	8
山东省	**4635**	**1551**	**3084**	**8414**	**3586**	**4828**	**8298**	**3422**	**4876**
济南市	**414**	**206**	**208**	**1192**	**670**	**522**	**800**	**319**	**481**
历下区	37	18	19	210	123	87	123	41	82
市中区	78	40	38	189	112	77	99	57	42
槐荫区	8	3	5	127	83	44	24	10	14
天桥区	93	45	48	128	85	43	32	20	12
历城区	121	54	67	220	108	112	223	68	155
长清区	7	2	5	121	51	70	165	72	93
平阴县	3	1	2	19	5	14	18	8	10
济阳县	2		2	28	13	15	32	3	29
商河县				15	5	10	10	3	7
章丘市	65	43	22	135	85	50	74	37	37
青岛市	**2401**	**435**	**1966**	**1860**	**936**	**924**	**1498**	**812**	**686**
市南区	49	22	27	103	65	38	64	32	32
市北区	31	18	13	123	73	50	17	6	11
四方区	235	90	145	103	72	31	52	36	16
黄岛区	115	60	55	244	149	95	184	135	49
崂山区	340	141	199	187	100	87	50	22	28
李沧区	11	4	7	246	142	104	33	19	14
城阳区	17	14	3	136	89	47	252	155	97
胶州市	791	50	741	187	82	105	94	52	42
即墨市	26	16	10	202	67	135	446	229	217
平度市	10	5	5	206	69	137	150	47	103
胶南市	6	5	1	57	13	44	45	19	26
莱西市	770	10	760	66	15	51	111	60	51
淄博市	**254**	**129**	**125**	**445**	**217**	**228**	**387**	**146**	**241**
淄川区	6	5	1	92	54	38	23	10	13
张店区	209	102	107	90	52	38	40	27	13
博山区	10	5	5	23	8	15	25	10	15
临淄区	7	4	3	45	25	20	67	18	49
周村区	15	10	5	83	51	32	42	32	10
桓台县	1		1	41	19	22	44	11	33
高青县	4	2	2	65	7	58	142	36	106
沂源县	2	1	1	6	1	5	4	2	2
枣庄市	**29**	**13**	**16**	**61**	**21**	**40**	**67**	**18**	**49**
市中区	5	3	2	15	9	6	7	1	6
薛城区	9	5	4	13	4	9	22	6	16
峄城区				2		2	4		4
台儿庄区				5		5	3		3
山亭区	2		2	13	1	12	12	2	10
滕州市	13	5	8	13	7	6	19	9	10

10-3　续表 26

单位：人

地　区	维吾尔族			苗　族			彝　族		
	小计	男	女	小计	男	女	小计	男	女
东营市	**100**	**64**	**36**	**254**	**114**	**140**	**260**	**101**	**159**
东营区	90	58	32	108	55	53	45	24	21
河口区	7	5	2	48	20	28	19	3	16
垦利县	3	1	2	23	11	12	25	9	16
利津县				9	1	8	65	35	30
广饶县				66	27	39	106	30	76
烟台市	**681**	**291**	**390**	**1048**	**575**	**473**	**884**	**461**	**423**
芝罘区	14	8	6	223	131	92	124	29	95
福山区	146	13	133	196	110	86	38	20	18
牟平区	284	109	175	11	2	9	12	1	11
莱山区	46	30	16	227	118	109	202	114	88
长岛县				4	2	2	23	12	11
龙口市	3	2	1	108	68	40	18	14	4
莱阳市	4	3	1	46	9	37	44	8	36
莱州市	30	15	15	87	60	27	312	192	120
蓬莱市	4	3	1	4	2	2	27	20	7
招远市	1		1	87	50	37	55	46	9
栖霞市	4	2	2	32	16	16	7	1	6
海阳市	145	106	39	23	7	16	22	4	18
潍坊市	**113**	**77**	**36**	**579**	**219**	**360**	**1382**	**508**	**874**
潍城区	38	34	4	49	30	19	48	20	28
寒亭区	3	2	1	30	11	19	185	66	119
坊子区	1	1		35	5	30	135	12	123
奎文区	14	5	9	97	68	29	97	47	50
临朐县	4	4		26	6	20	72	30	42
昌乐县				35	2	33	50	17	33
青州市	5	1	4	37	11	26	54	13	41
诸城市	6	1	5	47	4	43	95	45	50
寿光市	7	4	3	96	50	46	331	123	208
安丘市	6		6	62	5	57	65	26	39
高密市	22	20	2	51	24	27	150	56	94
昌邑市	7	5	2	14	3	11	100	53	47
济宁市	**98**	**63**	**35**	**229**	**76**	**153**	**239**	**84**	**155**
市中区	20	14	6	10	6	4	10	4	6
任城区	5	4	1	36	17	19	14	7	7
微山县	7	7		14	7	7	33	17	16
鱼台县				10	1	9	7		7
金乡县	13	7	6	10	3	7	27	12	15
嘉祥县	8	3	5	15	3	12	7	1	6
汶上县	2		2	14	11	3	4	1	3
泗水县	1	1		3		3	7	5	2
梁山县	11	7	4	12	4	8	11	4	7
曲阜市	8	4	4	14	3	11	18	3	15
兖州市	9	7	2	18	7	11	25	12	13
邹城市	14	9	5	73	14	59	76	18	58
泰安市	**86**	**27**	**59**	**185**	**88**	**97**	**149**	**30**	**119**
泰山区	34	20	14	89	63	26	21	8	13
岱岳区	46	4	42	36	14	22	62	15	47
宁阳县	1	1		17	5	12	25	2	23
东平县				7	1	6	4		4
新泰市	1		1	5		5	22	5	17
肥城市	4	2	2	31	5	26	15		15
威海市	**243**	**141**	**102**	**399**	**186**	**213**	**497**	**219**	**278**
环翠区	168	84	84	139	83	56	124	71	53
文登市	6	3	3	103	42	61	130	48	82
荣成市	3	1	2	96	51	45	123	77	46
乳山市	66	53	13	61	10	51	120	23	97

10-3 续表 27

单位：人

地区	维吾尔族			苗族			彝族		
	小计	男	女	小计	男	女	小计	男	女
日照市	**20**	**8**	**12**	**172**	**48**	**124**	**339**	**108**	**231**
东港区	12	6	6	72	37	35	130	73	57
岚山区	4	2	2	13	1	12	19	1	18
五莲县				25	6	19	86	17	69
莒县	4		4	62	4	58	104	17	87
莱芜市	**11**	**8**	**3**	**16**	**7**	**9**	**53**	**17**	**36**
莱城区	11	8	3	13	5	8	47	17	30
钢城区				3	2	1	6		6
临沂市	**32**	**12**	**20**	**1359**	**201**	**1158**	**735**	**172**	**563**
兰山区	4	1	3	269	129	140	111	64	47
罗庄区				10	6	4	5	1	4
河东区				60	9	51	23	2	21
沂南县	1	1		391	16	375	90	27	63
郯城县	3	1	2	81	4	77	54	3	51
沂水县	1		1	108	5	103	66	6	60
苍山县	4	1	3	17	1	16	32	3	29
费县	9	4	5	34	2	32	37	7	30
平邑县	4	2	2	38	3	35	91	14	77
莒南县	2		2	184	11	173	80	31	49
蒙阴县				20		20	7		7
临沭县	4	2	2	147	15	132	139	14	125
德州市	**11**	**4**	**7**	**113**	**40**	**73**	**140**	**72**	**68**
德城区	1		1	22	7	15	72	43	29
陵县	1		1	8	1	7	3		3
宁津县	1		1	5	3	2			
庆云县				3		3	3		3
临邑县	2	1	1	42	20	22	34	18	16
齐河县	2	1	1	9	1	8	12	7	5
平原县				10	4	6	1		1
夏津县	2		2	2	1	1	4	1	3
武城县	1	1		5	1	4			
乐陵市	1	1		2		2	1		1
禹城市				5	2	3	10	3	7
聊城市	**40**	**23**	**17**	**100**	**38**	**62**	**73**	**24**	**49**
东昌府区	12	7	5	54	29	25	30	15	15
阳谷县	7	4	3	4	1	3	3		3
莘县	10	5	5	11	4	7	3		3
茌平县	1		1	5		5	2		2
东阿县	1	1		8		8	1		1
冠县	4	3	1	6	1	5	9	2	7
高唐县	1	1		7	2	5	8	1	7
临清市	4	2	2	5	1	4	17	6	11
滨州市	**28**	**17**	**11**	**300**	**127**	**173**	**716**	**303**	**413**
滨城区	14	9	5	46	12	34	164	66	98
惠民县				26	21	5	31	15	16
阳信县				2		2	9	2	7
无棣县	4	3	1	47	24	23	27	16	11
沾化县	1		1	38	31	7	80	48	32
博兴县	4	3	1	83	20	63	288	127	161
邹平县	5	2	3	58	19	39	117	29	88
菏泽市	**74**	**33**	**41**	**102**	**23**	**79**	**79**	**28**	**51**
牡丹区	6	3	3	16	8	8	19	10	9
曹县	1		1	10		10	14	10	4
单县	3		3	13		13			
成武县	7	4	3	13	2	11	11	1	10
巨野县	1		1	12	2	10	10	2	8
郓城县	8	4	4	9		9	3		3
鄄城县	14	7	7	9	2	7	2		2
定陶县	6	3	3	2		2	2		2
东明县	28	12	16	18	9	9	18	5	13

10-3 续表 28

单位：人

地区	维吾尔族			苗族			彝族		
	小计	男	女	小计	男	女	小计	男	女
河南省	**3035**	**1646**	**1389**	**4321**	**1683**	**2638**	**1764**	**672**	**1092**
郑州市	**773**	**444**	**329**	**1174**	**631**	**543**	**409**	**184**	**225**
中原区	60	37	23	148	84	64	65	35	30
二七区	342	204	138	187	109	78	80	43	37
管城回族区	75	50	25	118	70	48	33	19	14
金水区	205	111	94	395	202	193	79	33	46
上街区	6	2	4	2		2	4	1	3
惠济区	13	6	7	37	22	15	10	3	7
中牟县	7	1	6	67	10	57	64	12	52
巩义市	8	3	5	28	19	9	4	2	2
荥阳市	2		2	25	5	20	16	3	13
新密市	1	1		32	7	25	3	1	2
新郑市	34	10	24	53	28	25	20	7	13
登封市	20	19	1	82	75	7	31	25	6
开封市	**49**	**24**	**25**	**253**	**125**	**128**	**156**	**76**	**80**
龙亭区				20	13	7	3		3
顺河回族区	2	1	1	20	8	12	12	1	11
鼓楼区	2	2		21	10	11	7	3	4
禹王台区	2		2	4	1	3	5	2	3
金明区	10	5	5	27	22	5	32	20	12
杞县	14	8	6	30	7	23	28	18	10
通许县	1		1	15	1	14	1		1
尉氏县	5	2	3	41	20	21	5	1	4
开封县	6	3	3	63	38	25	61	31	30
兰考县	7	3	4	12	5	7	2		2
洛阳市	**173**	**81**	**92**	**281**	**133**	**148**	**131**	**64**	**67**
老城区	1	1		5	2	3	4	1	3
西工区	72	30	42	33	24	9	20	14	6
瀍河回族区	32	24	8	49	25	24	14	10	4
涧西区	28	14	14	63	38	25	26	14	12
吉利区	7		7	3	2	1			
洛龙区	6	1	5	43	22	21	46	20	26
孟津县	2	1	1	5	5		2		2
新安县				10	1	9	5		5
栾川县	5	4	1	17	7	10	4	2	2
嵩县	8	2	6	15	2	13	3	1	2
汝阳县				10	1	9	5	1	4
宜阳县	6	1	5	8		8	2	1	1
洛宁县				3	1	2			
伊川县				5		5			
偃师市	6	3	3	12	3	9			
平顶山市	**184**	**67**	**117**	**285**	**89**	**196**	**160**	**40**	**120**
新华区	85	18	67	57	26	31	15	7	8
卫东区	21	14	7	26	16	10	5	1	4
石龙区				1	1		1	1	
湛河区	9	4	5	23	9	14	8	5	3
宝丰县	40	19	21	21	5	16	6	2	4
叶县	5	2	3	36	1	35	59	10	49
鲁山县	14	6	8	62	8	54	42	4	38
郏县	2		2	12	2	10	7	2	5
舞钢市	2		2	22	7	15	15	8	7
汝州市	6	4	2	25	14	11	2		2

10-3 续表 29 单位：人

地区	维吾尔族			苗族			彝族		
	小计	男	女	小计	男	女	小计	男	女
安阳市	**35**	**17**	**18**	**188**	**34**	**154**	**146**	**47**	**99**
文峰区	11	3	8	18	6	12	8	2	6
北关区	11	8	3	19	11	8	4	3	1
殷都区	6	2	4	9	5	4	6	3	3
龙安区				8	3	5	27	10	17
安阳县	1		1	26	1	25	23	8	15
汤阴县	1		1	23	1	22	6	1	5
滑县				61	6	55	43	9	34
内黄县	4	3	1	7	1	6	2	2	
林州市	1	1		17		17	27	9	18
鹤壁市	**7**	**4**	**3**	**45**	**5**	**40**	**28**	**3**	**25**
鹤山区									
山城区				3		3	1	1	
淇滨区	7	4	3	9	3	6	4	1	3
浚县				22		22	15	1	14
淇县				11	2	9	8		8
新乡市	**30**	**12**	**18**	**182**	**58**	**124**	**85**	**22**	**63**
红旗区	9	5	4	21	9	12	13	6	7
卫滨区	6	3	3	20	5	15	8		8
凤泉区				7	7		7	5	2
牧野区	10	4	6	35	19	16	15	5	10
新乡县	2		2	8	1	7	8	2	6
获嘉县				26	10	16	5	2	3
原阳县	1		1	17	1	16	5		5
延津县				4	1	3	3		3
封丘县	1		1	14	1	13	7	1	6
长垣县				11	1	10	5		5
卫辉市				11	3	8	5	1	4
辉县市	1		1	8		8	4		4
焦作市	**28**	**14**	**14**	**126**	**65**	**61**	**67**	**38**	**29**
解放区	8	7	1	37	29	8	29	24	5
中站区	3	1	2	1	1		1		1
马村区									
山阳区	11	3	8	28	17	11	19	11	8
修武县				9		9	4		4
博爱县	2	1	1	6		6	1		1
武陟县				21	8	13	3		3
温县									
沁阳市	1	1		19	10	9	2		2
孟州市	3	1	2	5		5	8	3	5
濮阳市	**39**	**15**	**24**	**142**	**37**	**105**	**42**	**10**	**32**
华龙区	5	3	2	51	19	32	17	8	9
清丰县	7	3	4	24	10	14	7	1	6
南乐县	9	4	5	9		9	4	1	3
范县	2	1	1	14		14	5		5
台前县	1		1	7		7	3		3
濮阳县	15	4	11	37	8	29	6		6
许昌市	**568**	**358**	**210**	**253**	**95**	**158**	**35**	**13**	**22**
魏都区	33	19	14	25	10	15	8	6	2
许昌县	12	1	11	175	74	101	4		4
鄢陵县	8	4	4	10	1	9			
襄城县	3	2	1	8		8	5	2	3
禹州市	7	6	1	27	7	20	8	2	6
长葛市	505	326	179	8	3	5	10	3	7

10-3　续表 30

单位：人

地　区	维吾尔族			苗　族			彝　族		
	小计	男	女	小计	男	女	小计	男	女
漯河市	**19**	**16**	**3**	**44**	**19**	**25**	**24**	**5**	**19**
源汇区	2	2		10	5	5	10	2	8
郾城区	12	12		22	11	11	11	2	9
召陵区	3	2	1	3	1	2	3	1	2
舞阳县	2		2	1		1			
临颍县				8	2	6			
三门峡市	**807**	**446**	**361**	**55**	**20**	**35**	**28**	**12**	**16**
湖滨区	20	13	7	22	11	11	11	3	8
渑池县	763	417	346	4	2	2	9	6	3
陕县	4	4		19	4	15	3	2	1
卢氏县				3		3	5	1	4
义马市	20	12	8	4	2	2			
灵宝市				3	1	2			
南阳市	**118**	**48**	**70**	**403**	**126**	**277**	**206**	**102**	**104**
宛城区	18	5	13	88	36	52	9	5	4
卧龙区	17	8	9	64	35	29	22	13	9
南召县	2		2	40	11	29	5		5
方城县	3	1	2	49	4	45	13	3	10
西峡县	6	3	3	10	5	5	5		5
镇平县	16	8	8	29	8	21	5	2	3
内乡县	10	2	8	21	5	16	21	11	10
淅川县	4	1	3	10	1	9	102	61	41
社旗县				1		1	3	1	2
唐河县	23	8	15	38	8	30	6	2	4
新野县	4	1	3	14	3	11	3	1	2
桐柏县	7	5	2	20	4	16	6	3	3
邓州市	8	6	2	19	6	13	6		6
商丘市	**50**	**24**	**26**	**122**	**39**	**83**	**65**	**16**	**49**
梁园区	16	9	7	12	2	10	10	3	7
睢阳区	5	1	4	9	6	3	4	1	3
民权县	3	1	2	8	4	4	8	2	6
睢县	11	4	7	31	18	13			
宁陵县	1	1		4	1	3	1		1
柘城县				15	2	13	7		7
虞城县	3	2	1	5	1	4			
夏邑县	3	2	1	17	3	14	5		5
永城市	8	4	4	21	2	19	30	10	20
信阳市	**21**	**13**	**8**	**385**	**112**	**273**	**61**	**12**	**49**
浉河区	3	2	1	98	57	41	11	4	7
平桥区	3	3		58	9	49	14	1	13
罗山县	1	1		55	20	35	7	3	4
光山县				26	1	25	4		4
新县				13	1	12	2		2
商城县	1		1	21	4	17	6	1	5
固始县	11	7	4	42	11	31	13	2	11
潢川县				47	7	40	3	1	2
淮滨县									
息县	2		2	25	2	23	1		1
周口市	**72**	**33**	**39**	**122**	**14**	**108**	**36**	**7**	**29**
川汇区	5	1	4	6	2	4	2		2
扶沟县	3	2	1	16	4	12			
西华县	4	2	2	31	3	28	5	1	4
商水县	2		2	19		19	2		2

10-3 续表 31 单位：人

地区	维吾尔族			苗族			彝族		
	小计	男	女	小计	男	女	小计	男	女
沈丘县				5		5	2		2
郸城县							2		2
淮阳县	29	15	14	20	3	17	12	4	8
太康县	4	2	2	7		7	4	1	3
鹿邑县	9	5	4	10	2	8	3	1	2
项城市	16	6	10	8		8	4		4
驻马店市	**49**	**26**	**23**	**230**	**62**	**168**	**78**	**18**	**60**
驿城区	12	8	4	42	16	26	15	8	7
西平县	3		3	22	2	20	13	1	12
上蔡县	7	3	4	20	2	18	21	5	16
平舆县									
正阳县	2	1	1	20	3	17	8	3	5
确山县	1		1	12	2	10	5		5
泌阳县	3	1	2	61	30	31	4		4
汝南县	1		1	25	5	20	2		2
遂平县	8	3	5	18	2	16	9	1	8
新蔡县	12	10	2	10		10	1		1
省直辖县级行政区划	**13**	**4**	**9**	**31**	**19**	**12**	**7**	**3**	**4**
济源市	13	4	9	31	19	12	7	3	4
湖北省	**2577**	**1457**	**1120**	**177490**	**94179**	**83311**	**2748**	**1434**	**1314**
武汉市	**1674**	**925**	**749**	**5608**	**3055**	**2553**	**1244**	**701**	**543**
江岸区	191	129	62	296	158	138	70	34	36
江汉区	316	143	173	185	93	92	22	10	12
硚口区	94	74	20	211	111	100	41	16	25
汉阳区	38	27	11	118	74	44	30	21	9
武昌区	225	139	86	795	417	378	132	82	50
青山区	20	12	8	175	95	80	36	25	11
洪山区	672	332	340	2379	1265	1114	645	366	279
东西湖区	41	27	14	176	95	81	26	14	12
汉南区	2	2		10	3	7	1	1	
蔡甸区	22	14	8	266	166	100	26	12	14
江夏区	34	12	22	718	385	333	192	108	84
黄陂区	19	14	5	204	150	54	23	12	11
新洲区				75	43	32			
黄石市	**32**	**25**	**7**	**428**	**195**	**233**	**87**	**44**	**43**
黄石港区	14	11	3	72	32	40	12	4	8
西塞山区	1		1	62	38	24	13	10	3
下陆区	11	9	2	74	35	39	15	9	6
铁山区	1		1	67	29	38	3	2	1
阳新县	1	1		65	22	43	8		8
大冶市	4	4		88	39	49	36	19	17
十堰市	**71**	**27**	**44**	**250**	**111**	**139**	**45**	**23**	**22**
茅箭区	10	4	6	66	37	29	10	7	3
张湾区	16	4	12	67	40	27	15	13	2
郧县	18	3	15	12	7	5	1		1
郧西县				16	2	14	2		2
竹山县				1		1			
竹溪县	11	6	5	18	3	15	7	1	6
房县	1		1	15	1	14	3		3
丹江口市	15	10	5	55	21	34	7	2	5
宜昌市	**83**	**48**	**35**	**2420**	**1269**	**1151**	**230**	**101**	**129**
西陵区	66	38	28	576	309	267	65	37	28
伍家岗区				126	63	63	13	9	4
点军区				68	36	32	7	1	6

10-3　续表 32　　　　单位：人

地区	维吾尔族			苗族			彝族		
	小计	男	女	小计	男	女	小计	男	女
猇亭区				15	9	6	1	1	
夷陵区	2	1	1	83	41	42	20	7	13
远安县				18	5	13	3		3
兴山县	2	1	1	19	6	13	4	1	3
秭归县				16	4	12	5		5
长阳土家族自治县				56	16	40	7	1	6
五峰土家族自治县				28	13	15	2		2
宜都市	7	4	3	62	27	35	5	1	4
当阳市				194	105	89	70	31	39
枝江市	6	4	2	1159	635	524	28	12	16
襄樊市	**91**	**44**	**47**	**549**	**245**	**304**	**113**	**52**	**61**
襄城区	8	2	6	109	51	58	38	22	16
樊城区	26	14	12	141	78	63	1		1
襄阳区	7	2	5	106	58	48	6	2	4
南漳县	2	1	1	15	3	12	5		5
谷城县	4	3	1	30	7	23	9	5	4
保康县	20	9	11	33	9	24	5	2	3
老河口市	4	1	3	42	14	28	10	3	7
枣阳市	6	1	5	46	14	32	3		3
宜城市	14	11	3	27	11	16	36	18	18
鄂州市	**26**	**16**	**10**	**194**	**117**	**77**	**89**	**67**	**22**
梁子湖区				4		4	2		2
华容区				80	51	29	4	3	1
鄂城区	26	16	10	110	66	44	83	64	19
荆门市	**57**	**48**	**9**	**1005**	**561**	**444**	**176**	**100**	**76**
东宝区	14	10	4	124	58	66	47	21	26
掇刀区				188	109	79	50	31	19
京山县				116	55	61	11	2	9
沙洋县	40	37	3	270	177	93	54	44	10
钟祥市	3	1	2	307	162	145	14	2	12
孝感市	**96**	**61**	**35**	**308**	**137**	**171**	**55**	**19**	**36**
孝南区	29	18	11	150	70	80	16	7	9
孝昌县				8	1	7	2	1	1
大悟县	1		1	22	7	15	5	1	4
云梦县	5	3	2	27	15	12	9	4	5
应城市				23	6	17			
安陆市	56	36	20	40	18	22	20	6	14
汉川市	5	4	1	38	20	18	3		3
荆州市	**73**	**51**	**22**	**764**	**321**	**443**	**127**	**49**	**78**
沙市区	29	24	5	162	90	72	21	11	10
荆州区	29	19	10	319	165	154	49	23	26
公安县	7	3	4	59	13	46	11	2	9
监利县	3	1	2	48	12	36	14	5	9
江陵县	3	3		30	17	13	7	3	4
石首市				55	4	51	12	4	8
洪湖市				24	7	17	2	1	1
松滋市	2	1	1	67	13	54	11		11
黄冈市	**63**	**35**	**28**	**295**	**94**	**201**	**62**	**27**	**35**
黄州区	31	17	14	92	45	47	13	6	7
团风县	5	3	2	14	2	12	3	1	2
红安县							4	4	
罗田县	5	4	1	42	9	33	23	4	19
英山县				6		6			
浠水县	8	4	4	19	3	16	3	1	2
蕲春县	10	4	6	34	4	30	3	1	2
黄梅县	2	2		56	22	34	2	1	1
麻城市				12	5	7	1		1
武穴市	2	1	1	20	4	16	10	9	1

10-3 续表 33

单位：人

地区	维吾尔族			苗族			彝族		
	小计	男	女	小计	男	女	小计	男	女
咸宁市	**50**	**38**	**12**	**287**	**114**	**173**	**79**	**34**	**45**
咸安区	22	18	4	94	33	61	47	23	24
嘉鱼县	2	2		16	3	13	14	6	8
通城县	8	7	1	45	20	25	1		1
崇阳县	3	2	1	46	6	40	12	2	10
通山县	3	1	2	14	6	8	5	3	2
赤壁市	12	8	4	72	46	26			
随州市	**15**	**11**	**4**	**102**	**35**	**67**	**16**	**5**	**11**
曾都区	8	7	1	36	11	25	6	2	4
随县				33	12	21	3		3
广水市	7	4	3	33	12	21	7	3	4
恩施土家族苗族自治州	**179**	**99**	**80**	**164844**	**87728**	**77116**	**393**	**199**	**194**
恩施市	69	31	38	5307	2594	2713	63	26	37
利川市	64	41	23	39699	21507	18192	36	13	23
建始县	2	2		6334	3421	2913	12	2	10
巴东县	12	8	4	1019	555	464	28	10	18
宣恩县	25	14	11	34905	18493	16412	218	132	86
咸丰县	1		1	22120	12172	9948	25	12	13
来凤县	5	2	3	50149	26016	24133	5	2	3
鹤峰县	1	1		5311	2970	2341	6	2	4
省直辖县级行政区划	**67**	**29**	**38**	**436**	**197**	**239**	**32**	**13**	**19**
仙桃市	6	1	5	57	20	37	6	4	2
潜江市	50	21	29	330	160	170	13	5	8
天门市	11	7	4	40	16	24	2	1	1
神农架林区				9	1	8	11	3	8
湖南省	**6716**	**3696**	**3020**	**2060426**	**1061107**	**999319**	**3183**	**1374**	**1809**
长沙市	**863**	**547**	**316**	**18438**	**8815**	**9623**	**527**	**271**	**256**
芙蓉区	85	46	39	2129	1068	1061	41	25	16
天心区	48	18	30	1870	881	989	63	34	29
岳麓区	205	109	96	4616	2094	2522	127	69	58
开福区	55	31	24	1319	701	618	23	14	9
雨花区	78	51	27	3197	1546	1651	94	53	41
长沙县	54	34	20	3275	1758	1517	96	52	44
望城县	5	1	4	902	417	485	37	17	20
宁乡县	326	253	73	688	199	489	23	3	20
浏阳市	7	4	3	442	151	291	23	4	19
株洲市	**84**	**41**	**43**	**3992**	**1925**	**2067**	**212**	**84**	**128**
荷塘区	15	6	9	805	442	363	46	26	20
芦淞区	18	13	5	612	292	320	20	12	8
石峰区	26	13	13	854	466	388	9	4	5
天元区	11	1	10	607	320	287	17	7	10
株洲县				158	32	126	12		12
攸县	4	2	2	333	144	189	49	12	37
茶陵县	6	4	2	226	121	105	9	6	3
炎陵县				115	53	62	15	10	5
醴陵市	4	2	2	282	55	227	35	7	28
湘潭市	**92**	**41**	**51**	**2947**	**1309**	**1638**	**176**	**66**	**110**
雨湖区	43	14	29	1309	668	641	83	33	50
岳塘区	17	10	7	864	486	378	26	18	8
湘潭县	4	1	3	401	83	318	37	6	31
湘乡市	24	14	10	268	57	211	26	7	19
韶山市	4	2	2	105	15	90	4	2	2

10-3　续表 34

单位：人

地　区	维吾尔族			苗　族			彝　族		
	小计	男	女	小计	男	女	小计	男	女
衡阳市	**92**	**53**	**39**	**3023**	**1499**	**1524**	**310**	**126**	**184**
珠晖区	10	4	6	581	303	278	24	14	10
雁峰区	20	17	3	371	201	170	19	14	5
石鼓区	6	5	1	338	136	202	6	2	4
蒸湘区	14	7	7	636	365	271	22	13	9
南岳区	5	3	2	11	2	9			
衡阳县	3	1	2	168	20	148	58	23	35
衡南县	9	5	4	285	161	124	82	37	45
衡山县				77	20	57	9	2	7
衡东县	3	2	1	90	33	57	19	8	11
祁东县	11	1	10	109	22	87	47	3	44
耒阳市	9	8	1	324	227	97	21	10	11
常宁市	2		2	33	9	24	3		3
邵阳市	**99**	**53**	**46**	**354267**	**184560**	**169707**	**149**	**34**	**115**
双清区	7	6	1	410	205	205	8	1	7
大祥区	15	6	9	1395	660	735	5		5
北塔区	1		1	448	155	293	6	1	5
邵东县	9	8	1	427	126	301	29	6	23
新邵县	1	1		325	55	270	7	1	6
邵阳县	4	1	3	328	53	275	16	5	11
隆回县	42	23	19	482	134	348	15	1	14
洞口县	12	6	6	1018	431	587	18	6	12
绥宁县	2		2	192466	100514	91952	6		6
新宁县	2		2	1917	916	1001	17	5	12
城步苗族自治县				148229	78056	70173	12	5	7
武冈市	4	2	2	6822	3255	3567	10	3	7
岳阳市	**61**	**25**	**36**	**2341**	**899**	**1442**	**245**	**131**	**114**
岳阳楼区	31	12	19	880	327	553	44	32	12
云溪区	2	2		178	96	82	26	18	8
君山区	6	5	1	142	104	38	25	11	14
岳阳县	2	1	1	94	40	54	16	8	8
华容县				84	30	54	11	4	7
湘阴县	2	1	1	166	37	129	28	14	14
平江县	6		6	265	30	235	31	12	19
汨罗市	7	1	6	436	189	247	63	32	31
临湘市	5	3	2	96	46	50	1		1
常德市	**4776**	**2614**	**2162**	**4547**	**2062**	**2485**	**151**	**52**	**99**
武陵区	411	201	210	1878	932	946	23	8	15
鼎城区	270	129	141	859	399	460	38	22	16
安乡县	8	3	5	85	33	52	7	3	4
汉寿县	135	74	61	472	137	335	25	3	22
澧县	6	3	3	160	36	124	11	2	9
临澧县	8	4	4	126	44	82	10	2	8
桃源县	3909	2181	1728	454	182	272	10	1	9
石门县	12	5	7	298	118	180	20	9	11
津市市	17	14	3	215	181	34	7	2	5
张家界市	**80**	**39**	**41**	**23982**	**12576**	**11406**	**51**	**20**	**31**
永定区	39	18	21	4141	2043	2098	28	13	15
武陵源区	2	1	1	282	129	153	1		1
慈利县	10	4	6	560	242	318	14	5	9
桑植县	29	16	13	18999	10162	8837	8	2	6
益阳市	**69**	**29**	**40**	**1891**	**640**	**1251**	**292**	**114**	**178**
资阳区	13	6	7	119	53	66	21	9	12
赫山区	24	6	18	630	222	408	33	13	20

10-3 续表 35

单位：人

地区	维吾尔族			苗族			彝族		
	小计	男	女	小计	男	女	小计	男	女
南县	12	6	6	369	172	197	126	60	66
桃江县	8	2	6	363	57	306	47	6	41
安化县				186	43	143	10	1	9
沅江市	12	9	3	224	93	131	55	25	30
郴州市	**66**	**36**	**30**	**2016**	**944**	**1072**	**168**	**94**	**74**
北湖区	13	6	7	339	189	150	68	47	21
苏仙区	13	6	7	392	206	186	24	11	13
桂阳县	12	7	5	123	62	61	17	9	8
宜章县	2	1	1	543	319	224	10	4	6
永兴县				48	19	29	2		2
嘉禾县	7	5	2	211	5	206			
临武县	5	3	2	58	12	46	5	1	4
汝城县	7	5	2	142	49	93	31	20	11
桂东县							1		1
安仁县				18	8	10	2		2
资兴市	7	3	4	142	75	67	8	2	6
永州市	**174**	**81**	**93**	**1991**	**882**	**1109**	**330**	**162**	**168**
零陵区	32	16	16	447	175	272	23	8	15
冷水滩区	18	7	11	244	102	142	24	14	10
祁阳县	6	3	3	116	41	75	26	9	17
东安县	6	4	2	108	40	68	17	4	13
双牌县				91	43	48	6		6
道县	2	1	1	136	68	68			
江永县	60	26	34	103	39	64	177	102	75
宁远县	8	5	3	63	20	43	20	7	13
蓝山县	3		3	39	16	23	10	8	2
新田县				5	1	4	1	1	
江华瑶族自治县	39	19	20	639	337	302	26	9	17
怀化市	**110**	**64**	**46**	**774995**	**402668**	**372327**	**307**	**132**	**175**
鹤城区	26	15	11	19542	9786	9756	107	54	53
中方县	1	1		547	222	325	2		2
沅陵县	55	30	25	186469	98286	88183	25	6	19
辰溪县				4713	2204	2509	13	7	6
溆浦县	6	4	2	2688	1528	1160	16	4	12
会同县				34040	16732	17308	25	15	10
麻阳苗族自治县	5	4	1	334784	173381	161403	3	1	2
新晃侗族自治县				16636	9624	7012	18	5	13
芷江侗族自治县	2	1	1	22469	11765	10704	12		12
靖州苗族侗族自治县	2	1	1	120786	62073	58713	42	16	26
通道侗族自治县	3	1	2	17913	9346	8567	32	17	15
洪江市	10	7	3	14408	7721	6687	12	7	5
娄底市	**107**	**49**	**58**	**2853**	**1169**	**1684**	**129**	**33**	**96**
娄星区	6	3	3	1277	572	705	30	18	12
双峰县	8	2	6	466	139	327	41	5	36
新化县	1		1	264	47	217	19	3	16
冷水江市	18	12	6	420	272	148	2		2
涟源市	74	32	42	426	139	287	37	7	30
湘西土家族苗族自治州	**43**	**24**	**19**	**863143**	**441159**	**421984**	**136**	**55**	**81**
吉首市	17	7	10	109005	54200	54805	46	15	31
泸溪县	1	1		118859	59382	59477	6	2	4
凤凰县	7	5	2	189933	97373	92560	17	11	6
花垣县				220185	113257	106928			
保靖县	7	4	3	60175	30941	29234	3		3
古丈县				60837	31656	29181			
永顺县	5	4	1	35204	18701	16503	9	1	8
龙山县	6	3	3	68945	35649	33296	55	26	29

10-3 续表 36

单位：人

地区	维吾尔族			苗族			彝族		
	小计	男	女	小计	男	女	小计	男	女
广东省	**6438**	**2602**	**3836**	**251970**	**141661**	**110309**	**36264**	**20632**	**15632**
广州市	**1456**	**771**	**685**	**22010**	**12223**	**9787**	**2663**	**1508**	**1155**
荔湾区	278	142	136	1027	545	482	86	47	39
越秀区	237	134	103	664	312	352	95	41	54
海珠区	148	66	82	985	488	497	126	61	65
天河区	214	136	78	1712	898	814	239	139	100
白云区	223	126	97	5876	3375	2501	572	328	244
黄埔区	24	15	9	1062	602	460	70	45	25
番禺区	283	117	166	4687	2535	2152	899	473	426
花都区	20	13	7	2215	1325	890	166	97	69
南沙区	6	4	2	577	349	228	68	51	17
萝岗区	13	8	5	1241	699	542	179	120	59
增城市	7	7		1565	865	700	106	67	39
从化市	3	3		399	230	169	57	39	18
韶关市	**40**	**27**	**13**	**1245**	**806**	**439**	**223**	**170**	**53**
武江区	16	15	1	131	70	61	33	21	12
浈江区	9	5	4	311	240	71	54	46	8
曲江区	5	3	2	133	75	58	19	13	6
始兴县	2		2	49	30	19	27	25	2
仁化县				70	37	33	19	6	13
翁源县	1	1		95	49	46	14	10	4
乳源瑶族自治县	3	1	2	145	85	60	1	1	
新丰县				50	31	19	7	7	
乐昌市	3	2	1	165	129	36	38	35	3
南雄市	1		1	96	60	36	11	6	5
深圳市	**1096**	**659**	**437**	**52680**	**28627**	**24053**	**9445**	**5316**	**4129**
罗湖区	184	129	55	1881	818	1063	264	147	117
福田区	272	171	101	2510	1095	1415	682	356	326
南山区	189	117	72	2665	1333	1332	378	222	156
宝安区	323	167	156	29974	16753	13221	5482	3066	2416
龙岗区	113	68	45	14997	8259	6738	2528	1465	1063
盐田区	15	7	8	653	369	284	111	60	51
珠海市	**319**	**138**	**181**	**3656**	**1907**	**1749**	**655**	**368**	**287**
香洲区	59	32	27	1683	866	817	255	144	111
斗门区	15	7	8	1228	632	596	126	72	54
金湾区	245	99	146	745	409	336	274	152	122
汕头市	**52**	**17**	**35**	**4905**	**2840**	**2065**	**579**	**356**	**223**
龙湖区	7		7	455	241	214	20	13	7
金平区	11	6	5	583	312	271	79	45	34
濠江区	1		1	133	86	47	10	6	4
潮阳区	11	4	7	1542	898	644	94	55	39
潮南区	16	5	11	1218	738	480	119	70	49
澄海区	5	1	4	950	551	399	257	167	90
南澳县	1	1		24	14	10			
佛山市	**222**	**141**	**81**	**27688**	**16211**	**11477**	**3801**	**2269**	**1532**
禅城区	41	27	14	1980	1088	892	176	96	80
南海区	87	57	30	12879	7564	5315	1463	866	597
顺德区	56	40	16	7655	4469	3186	1391	839	552
三水区	24	10	14	3356	2056	1300	566	341	225
高明区	14	7	7	1818	1034	784	205	127	78
江门市	**262**	**105**	**157**	**10993**	**6164**	**4829**	**1163**	**675**	**488**
蓬江区	237	92	145	2970	1676	1294	272	147	125
江海区	4	1	3	937	518	419	84	46	38

10-3 续表 37

单位：人

地区	维吾尔族			苗族			彝族		
	小计	男	女	小计	男	女	小计	男	女
新会区	5	4	1	2314	1315	999	146	96	50
台山市	3		3	628	326	302	34	17	17
开平市	4	4		1645	940	705	139	74	65
鹤山市	7	3	4	2126	1212	914	469	292	177
恩平市	2	1	1	373	177	196	19	3	16
湛江市	**36**	**17**	**19**	**1784**	**682**	**1102**	**333**	**138**	**195**
赤坎区	2		2	118	45	73	10	5	5
霞山区	16	10	6	507	192	315	49	22	27
坡头区	2		2	159	73	86	21	4	17
麻章区	5	4	1	147	74	73	15	4	11
遂溪县	1		1	151	45	106	15	5	10
徐闻县	3	1	2	251	119	132	37	13	24
廉江市	3	1	2	167	23	144	17	4	13
雷州市				80	37	43	1		1
吴川市	4	1	3	204	74	130	168	81	87
茂名市	**18**	**10**	**8**	**2075**	**762**	**1313**	**331**	**124**	**207**
茂南区	3		3	229	100	129	60	28	32
茂港区				127	32	95	79	36	43
电白县	1		1	202	39	163	69	5	64
高州市	8	5	3	940	348	592	84	35	49
化州市				456	217	239	32	18	14
信宜市	6	5	1	121	26	95	7	2	5
肇庆市	**198**	**94**	**104**	**3687**	**2157**	**1530**	**375**	**229**	**146**
端州区	141	71	70	731	378	353	71	41	30
鼎湖区	6	3	3	186	108	78	13	8	5
广宁县	7		7	69	28	41	11	7	4
怀集县				41	40	1	6	6	
封开县	5	3	2	29	16	13	4	2	2
德庆县	4	1	3	20	12	8	4	1	3
高要市	20	6	14	1321	762	559	66	36	30
四会市	15	10	5	1290	813	477	200	128	72
惠州市	**98**	**60**	**38**	**24176**	**13847**	**10329**	**3514**	**2004**	**1510**
惠城区	49	33	16	7707	4232	3475	1461	796	665
惠阳区	23	11	12	6575	3856	2719	1010	583	427
博罗县	21	12	9	7671	4481	3190	683	388	295
惠东县	3	2	1	1376	831	545	348	231	117
龙门县	2	2		847	447	400	12	6	6
梅州市	**14**	**6**	**8**	**292**	**174**	**118**	**38**	**23**	**15**
梅江区	12	5	7	120	94	26	19	12	7
梅县				54	29	25	15	11	4
大埔县				31	15	16			
丰顺县				35	19	16			
五华县									
平远县				19	11	8	1		1
蕉岭县	2	1	1	11	5	6	2		2
兴宁市				22	1	21	1		1
汕尾市	**4**	**1**	**3**	**397**	**195**	**202**	**71**	**45**	**26**
城区	2	1	1	77	36	41	24	17	7
海丰县	1		1	267	135	132	45	27	18
陆河县	1		1	24	9	15	2	1	1
陆丰市				29	15	14			
河源市	**5**	**5**		**1533**	**917**	**616**	**225**	**150**	**75**
源城区	3	3		799	474	325	131	84	47
紫金县				180	96	84	10	6	4
龙川县	1	1		40	27	13	3		3
连平县				72	58	14	19	19	
和平县				7	1	6			
东源县	1	1		435	261	174	62	41	21

10-3　续表 38

单位：人

地　区	维吾尔族			苗　族			彝　族		
	小计	男	女	小计	男	女	小计	男	女
阳江市	**28**	**15**	**13**	**2460**	**1298**	**1162**	**168**	**91**	**77**
江城区	9	5	4	974	511	463	19	9	10
阳西县	1	1		267	122	145	72	42	30
阳东县	10	7	3	722	423	299	33	21	12
阳春市	8	2	6	497	242	255	44	19	25
清远市	**76**	**42**	**34**	**3462**	**2054**	**1408**	**406**	**254**	**152**
清城区	11	7	4	2300	1384	916	136	86	50
佛冈县				201	119	82	45	26	19
阳山县	4	4		114	64	50	13	7	6
连山壮族瑶族自治县				58	33	25	21	17	4
连南瑶族自治县	2		2	40	25	15	13	8	5
清新县	34	18	16	335	191	144	51	30	21
英德市	20	8	12	338	203	135	116	73	43
连州市	5	5		76	35	41	11	7	4
东莞市	**2334**	**399**	**1935**	**62646**	**35285**	**27361**	**10364**	**5781**	**4583**
中山市	**142**	**80**	**62**	**15852**	**8942**	**6910**	**1504**	**893**	**611**
潮州市	**12**	**4**	**8**	**7527**	**4878**	**2649**	**244**	**147**	**97**
湘桥区	1		1	960	546	414	56	29	27
潮安县	11	4	7	6470	4288	2182	186	116	70
饶平县				97	44	53	2	2	
揭阳市	**13**	**6**	**7**	**1971**	**1154**	**817**	**103**	**54**	**49**
榕城区	5	3	2	1100	658	442	63	27	36
揭东县	3	1	2	177	124	53	30	22	8
揭西县	4	2	2	50	20	30	2	1	1
惠来县				64	25	39	1		1
普宁市	1		1	580	327	253	7	4	3
云浮市	**13**	**5**	**8**	**931**	**538**	**393**	**59**	**37**	**22**
云城区	6	2	4	353	229	124	18	14	4
新兴县	5	2	3	335	203	132	23	13	10
郁南县				71	44	27	7	7	
云安县				78	41	37	3	1	2
罗定市	2	1	1	94	21	73	8	2	6
广西壮族自治区	**1795**	**930**	**865**	**475492**	**241305**	**234187**	**9700**	**5045**	**4655**
南宁市	**576**	**298**	**278**	**9168**	**4480**	**4688**	**1027**	**553**	**474**
兴宁区	34	15	19	819	457	362	65	32	33
青秀区	46	25	21	2548	1260	1288	252	136	116
江南区	46	27	19	1029	539	490	96	49	47
西乡塘区	120	65	55	2816	1319	1497	279	137	142
良庆区	33	20	13	378	188	190	40	22	18
邕宁区	48	26	22	112	31	81	14	6	8
武鸣县	54	34	20	385	220	165	32	19	13
隆安县	12	6	6	146	73	73	35	30	5
马山县	63	26	37	96	24	72	12	1	11
上林县	51	26	25	132	53	79	24	8	16
宾阳县	38	18	20	391	195	196	120	92	28
横县	31	10	21	316	121	195	58	21	37

10-3 续表 39

单位：人

地区	维吾尔族			苗族			彝族		
	小计	男	女	小计	男	女	小计	男	女
柳州市	**85**	**57**	**28**	**240004**	**121674**	**118330**	**419**	**245**	**174**
城中区	11	9	2	2524	1288	1236	44	27	17
鱼峰区	18	13	5	2839	1398	1441	40	21	19
柳南区	21	15	6	3974	2059	1915	75	37	38
柳北区	3	3		5952	3084	2868	70	36	34
柳江县	2	1	1	1457	727	730	28	15	13
柳城县	14	7	7	2411	998	1413	13	5	8
鹿寨县	1	1		1834	904	930	49	32	17
融安县	15	8	7	8478	3748	4730	30	18	12
融水苗族自治县				155876	79294	76582	8	3	5
三江侗族自治县				54659	28174	26485	62	51	11
桂林市	**198**	**109**	**89**	**58048**	**29177**	**28871**	**538**	**246**	**292**
秀峰区	6	2	4	860	412	448	32	13	19
叠彩区	3	2	1	732	355	377	19	7	12
象山区	27	19	8	1137	488	649	57	25	32
七星区	20	12	8	1218	615	603	93	55	38
雁山区	1		1	259	80	179	52	10	42
阳朔县	13	5	8	303	157	146	5	1	4
临桂县	6	4	2	1089	403	686	44	19	25
灵川县	11	6	5	1097	520	577	42	19	23
全州县	6	4	2	661	278	383	25	10	15
兴安县	7	3	4	1118	433	685	25	14	11
永福县	7	4	3	460	174	286	26	9	17
灌阳县	9	4	5	113	25	88	13	3	10
龙胜各族自治县	24	11	13	23600	12107	11493	10	5	5
资源县	5	3	2	24299	12687	11612	14	8	6
平乐县	28	20	8	493	205	288	12	8	4
荔浦县	10	1	9	434	166	268	23	12	11
恭城瑶族自治县	15	9	6	175	72	103	46	28	18
梧州市	**3**	**2**	**1**	**1622**	**705**	**917**	**73**	**32**	**41**
万秀区				65	36	29	7	5	2
蝶山区	3	2	1	449	236	213	20	7	13
长洲区				366	206	160	17	10	7
苍梧县				62	14	48	6		6
藤县				182	53	129	16	8	8
蒙山县				179	70	109	3	2	1
岑溪市				319	90	229	4		4
北海市	**4**	**2**	**2**	**842**	**443**	**399**	**137**	**71**	**66**
海城区	2		2	299	167	132	60	31	29
银海区	2	2		313	200	113	43	27	16
铁山港区				79	45	34	10	9	1
合浦县				151	31	120	24	4	20
防城港市	**19**	**12**	**7**	**1053**	**586**	**467**	**152**	**86**	**66**
港口区	9	7	2	506	330	176	80	45	35
防城区	5	2	3	330	146	184	21	11	10
上思县				38	13	25	4	1	3
东兴市	5	3	2	179	97	82	47	29	18
钦州市	**33**	**17**	**16**	**2293**	**737**	**1556**	**298**	**136**	**162**
钦南区	12	6	6	961	475	486	175	96	79
钦北区	15	9	6	258	73	185	66	32	34
灵山县	6	2	4	901	168	733	38	6	32
浦北县				173	21	152	19	2	17
贵港市	**105**	**59**	**46**	**1118**	**385**	**733**	**99**	**53**	**46**
港北区	24	14	10	344	171	173	34	21	13
港南区	2	1	1	114	30	84	21	8	13
覃塘区	30	16	14	116	29	87	2	1	1
平南县	38	21	17	232	81	151	6	2	4
桂平市	11	7	4	312	74	238	36	21	15

10-3　续表 40　　　　单位：人

地　区	维吾尔族			苗　族			彝　族		
	小计	男	女	小计	男	女	小计	男	女
玉林市	**42**	**22**	**20**	**1915**	**549**	**1366**	**161**	**61**	**100**
玉州区	17	13	4	546	275	271	51	29	22
容县	11	3	8	307	27	280	42	14	28
陆川县	2		2	129	34	95	24	9	15
博白县	5	2	3	268	26	242	8	1	7
兴业县	4	2	2	457	170	287	17	4	13
北流市	3	2	1	208	17	191	19	4	15
百色市	**430**	**210**	**220**	**127875**	**66296**	**61579**	**5916**	**3095**	**2821**
右江区	46	17	29	672	371	301	175	86	89
田阳县	17	5	12	145	67	78	13	4	9
田东县	35	14	21	182	80	102	53	30	23
平果县	129	66	63	210	85	125	64	35	29
德保县	48	28	20	145	72	73	23	7	16
靖西县	69	36	33	519	268	251	18	10	8
那坡县	6	3	3	1861	985	876	984	472	512
凌云县				17	5	12	8	6	2
乐业县	1	1		164	76	88	8	3	5
田林县	58	31	27	1674	844	830	217	119	98
西林县	15	5	10	29073	15121	13952	753	402	351
隆林各族自治县	6	4	2	93213	48322	44891	3600	1921	1679
贺州市	**22**	**10**	**12**	**894**	**422**	**472**	**135**	**84**	**51**
八步区	10	3	7	369	175	194	65	52	13
平桂管理区	1		1	174	86	88	22	10	12
昭平县	3	2	1	100	46	54	4	1	3
钟山县	4	2	2	191	90	101	40	20	20
富川瑶族自治县	4	3	1	60	25	35	4	1	3
河池市	**30**	**12**	**18**	**23655**	**12303**	**11352**	**548**	**281**	**267**
金城江区	5	4	1	1679	888	791	92	53	39
南丹县	4	1	3	11229	6008	5221	321	175	146
天峨县				843	434	409	26	13	13
凤山县				45	15	30	6	3	3
东兰县				37	9	28	9	2	7
罗城仫佬族自治县				1780	755	1025	9	5	4
环江毛南族自治县	3		3	3645	1908	1737	21	6	15
巴马瑶族自治县	1		1	48	19	29	11	6	5
都安瑶族自治县	5		5	3224	1713	1511	13	3	10
大化瑶族自治县				67	18	49	7	2	5
宜州市	12	7	5	1058	536	522	33	13	20
来宾市	**3**	**1**	**2**	**5818**	**2975**	**2843**	**121**	**61**	**60**
兴宾区	3	1	2	2566	1310	1256	67	41	26
忻城县				1640	853	787	16	5	11
象州县				581	200	381	11	5	6
武宣县				241	96	145	15	3	12
金秀瑶族自治县				195	85	110	8	5	3
合山市				595	431	164	4	2	2
崇左市	**245**	**119**	**126**	**1187**	**573**	**614**	**76**	**41**	**35**
江州区	16	7	9	278	143	135	10	5	5
扶绥县	12	2	10	236	99	137	18	6	12
宁明县	5	4	1	100	47	53	6	3	3
龙州县	6	4	2	76	28	48	9	4	5
大新县	160	80	80	241	111	130	13	11	2
天等县	38	17	21	49	27	22	4	1	3
凭祥市	8	5	3	207	118	89	16	11	5

10-3 续表 41

单位：人

地区	维吾尔族			苗族			彝族		
	小计	男	女	小计	男	女	小计	男	女
海南省	**393**	**211**	**182**	**74482**	**37555**	**36927**	**1086**	**564**	**522**
海口市	**76**	**39**	**37**	**2791**	**1357**	**1434**	**430**	**211**	**219**
秀英区	1		1	387	220	167	34	27	7
龙华区	34	14	20	799	352	447	71	27	44
琼山区	17	11	6	731	366	365	109	56	53
美兰区	24	14	10	874	419	455	216	101	115
三亚市	**51**	**27**	**24**	**4152**	**2136**	**2016**	**99**	**48**	**51**
省直辖县级行政区划	**266**	**145**	**121**	**67539**	**34062**	**33477**	**557**	**305**	**252**
五指山市	5	3	2	5413	2734	2679	10	4	6
琼海市	6	4	2	11187	5520	5667	37	18	19
儋州市	10	5	5	2248	1118	1130	61	32	29
文昌市				400	181	219	23	8	15
万宁市	39	21	18	7190	3617	3573	90	54	36
东方市	8	3	5	1081	569	512	11	7	4
定安县	1	1		2569	1315	1254	19	12	7
屯昌县				9902	5045	4857	33	18	15
澄迈县	2	2		947	490	457	35	25	10
临高县				64	31	33	8	3	5
白沙黎族自治县	13	10	3	1849	945	904	71	33	38
昌江黎族自治县	8	3	5	269	141	128	21	10	11
乐东黎族自治县	1	1		2829	1503	1326			
陵水黎族自治县	155	81	74	722	345	377	69	41	28
保亭黎族苗族自治县	18	11	7	6997	3523	3474	38	19	19
琼中黎族苗族自治县				13872	6985	6887	31	21	10
西沙群岛									
重庆市	**1162**	**605**	**557**	**482714**	**248537**	**234177**	**6336**	**2598**	**3738**
市辖区	**1109**	**579**	**530**	**91048**	**46765**	**44283**	**4786**	**2098**	**2688**
万州区	23	18	5	846	403	443	146	66	80
涪陵区	25	9	16	2155	883	1272	135	53	82
渝中区	29	13	16	975	481	494	166	68	98
大渡口区	4		4	459	223	236	72	31	41
江北区	24	16	8	1034	551	483	162	109	53
沙坪坝区	141	81	60	2226	1159	1067	458	243	215
九龙坡区	56	40	16	1631	857	774	291	140	151
南岸区	58	41	17	1673	941	732	333	184	149
北碚区	183	86	97	1275	635	640	493	232	261
万盛区	5	4	1	1637	773	864	31	10	21
双桥区				21	11	10	11	3	8
渝北区	71	38	33	2377	1188	1189	384	173	211
巴南区	8	6	2	1250	720	530	167	60	107
黔江区				69553	36063	33490	26	6	20
长寿区	1	1		238	70	168	70	29	41
江津区	9	5	4	563	208	355	288	84	204
合川区	365	179	186	955	389	566	878	289	589
永川区	103	40	63	1520	817	703	652	298	354
南川区	4	2	2	660	393	267	23	20	3
市辖县	**53**	**26**	**27**	**391666**	**201772**	**189894**	**1550**	**500**	**1050**
綦江县	1	1		3701	1741	1960	354	144	210
潼南县	2		2	84	12	72	131	11	120
铜梁县	3	1	2	360	69	291	218	49	169

10-3 续表 42

单位：人

地　区	维吾尔族			苗　族			彝　族		
	小计	男	女	小计	男	女	小计	男	女
大足县	2		2	102	17	85	85	17	68
荣昌县	2		2	197	80	117	199	79	120
璧山县	3		3	453	191	262	243	74	169
梁平县	1		1	103	23	80	27	9	18
城口县				15	4	11	8	1	7
丰都县	7	2	5	168	63	105	69	28	41
垫江县	6	4	2	165	73	92	84	42	42
武隆县				8024	3845	4179	6	2	4
忠县	1		1	48	11	37	26	5	21
开县	2		2	11	4	7	10	3	7
云阳县	6	5	1	40	9	31	12	4	8
奉节县	2	2		41	13	28	10	3	7
巫山县	8	6	2	19	6	13	5	1	4
巫溪县	4	3	1	25	7	18	5	3	2
石柱土家族自治县				1088	591	497	15	6	9
秀山土家族苗族自治县				69445	35071	34374	18	4	14
酉阳土家族苗族自治县	2	1	1	70964	37051	33913	24	15	9
彭水苗族土家族自治县	1	1		236613	122891	113722	1		1
四川省	**1945**	**994**	**951**	**164642**	**84997**	**79645**	**2643953**	**1348832**	**1295121**
成都市	**1352**	**661**	**691**	**5786**	**3057**	**2729**	**14908**	**7654**	**7254**
锦江区	17	10	7	282	142	140	813	465	348
青羊区	73	47	26	492	263	229	1081	550	531
金牛区	118	66	52	614	336	278	1510	772	738
武侯区	493	221	272	1091	604	487	2385	1349	1036
成华区	84	56	28	313	179	134	515	301	214
龙泉驿区	16	6	10	451	227	224	1891	544	1347
青白江区	14	9	5	83	40	43	125	37	88
新都区	21	10	11	224	125	99	436	230	206
温江区	99	46	53	207	95	112	612	350	262
金堂县	14	5	9	93	25	68	263	158	105
双流县	215	81	134	754	386	368	1899	983	916
郫县	135	81	54	650	361	289	1502	922	580
大邑县	7	4	3	42	17	25	308	132	176
蒲江县	1	1		19	8	11	175	75	100
新津县	12	4	8	39	11	28	228	105	123
都江堰市	7	1	6	234	140	94	452	289	163
彭州市	5	2	3	97	50	47	243	118	125
邛崃市	12	6	6	17	9	8	140	60	80
崇州市	9	5	4	84	39	45	330	214	116
自贡市	**26**	**14**	**12**	**429**	**105**	**324**	**1301**	**509**	**792**
自流井区	15	9	6	80	38	42	142	89	53
贡井区	1	1		50	9	41	100	34	66
大安区	1		1	25	5	20	51	16	35
沿滩区	1	1		39	4	35	66	14	52
荣县	6	3	3	126	34	92	819	336	483
富顺县	2		2	109	15	94	123	20	103
攀枝花市	**32**	**26**	**6**	**3956**	**2031**	**1925**	**141669**	**70849**	**70820**
东区	6	6		527	276	251	6795	3397	3398
西区				265	129	136	4952	2586	2366
仁和区	6	5	1	325	190	135	44519	22046	22473
米易县	11	8	3	69	39	30	36924	18488	18436
盐边县	9	7	2	2770	1397	1373	48479	24332	24147

10-3 续表 43

单位：人

地区	维吾尔族			苗族			彝族		
	小计	男	女	小计	男	女	小计	男	女
泸州市	**15**	**8**	**7**	**58037**	**29999**	**28038**	**9340**	**4632**	**4708**
江阳区	6	5	1	295	111	184	272	117	155
纳溪区				50	20	30	32	15	17
龙马潭区	1	1		102	39	63	179	63	116
泸县				307	77	230	254	58	196
合江县				3008	1594	1414	361	191	170
叙永县	3	1	2	32493	16929	15564	5811	2931	2880
古蔺县	5	1	4	21782	11229	10553	2431	1257	1174
德阳市	**56**	**30**	**26**	**506**	**271**	**235**	**1031**	**530**	**501**
旌阳区	15	9	6	215	121	94	535	359	176
中江县	10	5	5	49	4	45	121	14	107
罗江县				6	1	5	59	17	42
广汉市	17	8	9	113	79	34	128	67	61
什邡市	8	4	4	59	32	27	62	26	36
绵竹市	6	4	2	64	34	30	126	47	79
绵阳市	**62**	**28**	**34**	**644**	**276**	**368**	**1982**	**1307**	**675**
涪城区	25	14	11	235	122	113	511	310	201
游仙区	8	5	3	104	54	50	848	806	42
三台县	10	2	8	41	7	34	147	23	124
盐亭县	4	1	3	38	7	31	70	4	66
安县	3	3		82	23	59	96	36	60
梓潼县	3		3	35	13	22	85	39	46
北川羌族自治县	3	1	2	29	16	13	35	12	23
平武县	1	1		8	4	4	19	9	10
江油市	5	1	4	72	30	42	171	68	103
广元市	**24**	**12**	**12**	**270**	**145**	**125**	**400**	**175**	**225**
利州区	20	10	10	80	56	24	147	99	48
元坝区	2	1	1	66	50	16	47	29	18
朝天区				21	11	10	19	7	12
旺苍县	1	1		21	9	12	36	17	19
青川县				18	5	13	32	4	28
剑阁县				36	5	31	39	9	30
苍溪县	1		1	28	9	19	80	10	70
遂宁市	**35**	**14**	**21**	**172**	**44**	**128**	**411**	**43**	**368**
船山区	2	1	1	31	16	15	54	21	33
安居区	3		3	18	1	17	104	7	97
蓬溪县	2	1	1	46	11	35	66	4	62
射洪县				32	5	27	89	2	87
大英县	28	12	16	45	11	34	98	9	89
内江市	**42**	**24**	**18**	**459**	**117**	**342**	**1122**	**241**	**881**
市中区	20	16	4	56	20	36	99	51	48
东兴区	3		3	50	17	33	131	42	89
威远县	9	5	4	138	29	109	323	104	219
资中县	5	1	4	157	33	124	467	22	445
隆昌县	5	2	3	58	18	40	102	22	80
乐山市	**38**	**23**	**15**	**1856**	**887**	**969**	**153092**	**77096**	**75996**
市中区	4	3	1	189	93	96	1686	770	916
沙湾区				25	11	14	346	139	207
五通桥区	1		1	19	4	15	178	44	134
金口河区				22	9	13	6448	3166	3282
犍为县				23	9	14	383	169	214
井研县				19		19	365	143	222
夹江县	10	6	4	27	14	13	448	158	290
沐川县	1		1	43	18	25	156	44	112
峨边彝族自治县				13	5	8	53344	27081	26263
马边彝族自治县				1374	655	719	88451	44855	43596
峨眉山市	22	14	8	102	69	33	1287	527	760

10-3　续表 44　　　　　　　　　　　　　　　　　　　　　　　　　　　　　　单位：人

地　区	维吾尔族			苗　族			彝　族		
	小计	男	女	小计	男	女	小计	男	女
南充市	**33**	**15**	**18**	**502**	**166**	**336**	**791**	**346**	**445**
顺庆区	4	3	1	176	72	104	374	188	186
高坪区	4	2	2	54	18	36	96	48	48
嘉陵区	5	2	3	56	13	43	93	60	33
南部县	10	3	7	39	8	31	59	5	54
营山县				44	7	37	7		7
蓬安县				5		5	10	2	8
仪陇县				68	26	42	58	4	54
西充县	1		1	26	8	18	19	12	7
阆中市	9	5	4	34	14	20	75	27	48
眉山市	**20**	**9**	**11**	**321**	**133**	**188**	**5817**	**2461**	**3356**
东坡区	15	9	6	107	55	52	2202	1153	1049
仁寿县	5		5	110	22	88	2310	889	1421
彭山县				55	29	26	716	330	386
洪雅县				25	13	12	319	44	275
丹棱县				10	5	5	65	6	59
青神县				14	9	5	205	39	166
宜宾市	**26**	**16**	**10**	**77741**	**40806**	**36935**	**7089**	**3452**	**3637**
翠屏区	17	13	4	359	159	200	179	100	79
宜宾县				435	196	239	177	55	122
南溪县	2	1	1	43	20	23	29	7	22
江安县				57	2	55	22	1	21
长宁县	1		1	1111	564	547	22	6	16
高县	3	2	1	2249	1134	1115	33	10	23
珙县	1		1	16771	8735	8036	43	21	22
筠连县				16060	8478	7582	232	124	108
兴文县				40575	21491	19084	21	4	17
屏山县	2		2	81	27	54	6331	3124	3207
广安市	**18**	**9**	**9**	**404**	**39**	**365**	**566**	**131**	**435**
广安区	10	6	4	82	6	76	260	97	163
岳池县	2	1	1	139	7	132	145	4	141
武胜县				56	12	44	71	8	63
邻水县	5	2	3	75	11	64	58	19	39
华蓥市	1		1	52	3	49	32	3	29
达州市	**10**	**4**	**6**	**253**	**92**	**161**	**175**	**105**	**70**
通川区	1	1		53	26	27	93	57	36
达县	1		1	35	10	25	20	12	8
宣汉县				44	19	25	9	6	3
开江县	3	2	1	21	3	18	7	3	4
大竹县	1	1		31	9	22	14	11	3
渠县				20	2	18	8	3	5
万源市	4		4	49	23	26	24	13	11
雅安市	**41**	**24**	**17**	**450**	**205**	**245**	**46360**	**23418**	**22942**
雨城区	4	2	2	108	61	47	340	128	212
名山县	7	7		38	3	35	241	45	196
荥经县	1		1	17	7	10	2405	1185	1220
汉源县	15	9	6	223	100	123	22864	11836	11028
石棉县	6	3	3	50	27	23	20126	10091	10035
天全县	7	3	4	4	2	2	296	116	180
芦山县				6	1	5	32	3	29
宝兴县	1		1	4	4		56	14	42

10-3 续表 45

单位：人

地 区	维吾尔族			苗 族			彝 族		
	小计	男	女	小计	男	女	小计	男	女
巴中市	**11**	**5**	**6**	**21**	**2**	**19**	**15**	**1**	**14**
巴州区	11	5	6	19	2	17	13		13
通江县									
南江县				2		2	2	1	1
平昌县									
资阳市	**20**	**10**	**10**	**318**	**44**	**274**	**1371**	**776**	**595**
雁江区	7	3	4	45	13	32	836	711	125
安岳县	3	1	2	129	8	121	160	11	149
乐至县	5	3	2	70	8	62	165	17	148
简阳市	5	3	2	74	15	59	210	37	173
阿坝藏族羌族自治州	**27**	**19**	**8**	**287**	**154**	**133**	**686**	**511**	**175**
汶川县	4	4		69	39	30	327	231	96
理县	1	1		37	20	17	37	29	8
茂县				19	8	11	22	8	14
松潘县				14	10	4	20	16	4
九寨沟县				16	5	11	55	40	15
金川县				11	5	6	26	19	7
小金县				40	22	18	49	38	11
黑水县				7	6	1	49	46	3
马尔康县	3	2	1	30	13	17	59	50	9
壤塘县	3	1	2	1		1	4	4	
阿坝县	12	7	5	23	16	7	17	16	1
若尔盖县	4	4		11	3	8	10	3	7
红原县				9	7	2	11	11	
甘孜藏族自治州	**11**	**8**	**3**	**227**	**161**	**66**	**29057**	**15304**	**13753**
康定县	2	2		91	70	21	808	523	285
泸定县				44	25	19	4552	2264	2288
丹巴县	2	1	1	4	3	1	13	6	7
九龙县				26	19	7	23053	12094	10959
雅江县	1	1		5	4	1	82	62	20
道孚县				9	7	2	58	34	24
炉霍县				3	3		28	18	10
甘孜县	3	2	1	9	7	2	44	23	21
新龙县				2		2	22	13	9
德格县				6	4	2	26	16	10
白玉县				1		1	46	30	16
石渠县	1		1	4	4		14	9	5
色达县				2		2	19	11	8
理塘县				10	6	4	54	21	33
巴塘县				1	1		18	12	6
乡城县	2	2		4	3	1	133	115	18
稻城县				4	3	1	70	43	27
得荣县				2	2		17	10	7
凉山彝族自治州	**46**	**35**	**11**	**12003**	**6263**	**5740**	**2226770**	**1139291**	**1087479**
西昌市	18	15	3	630	336	294	160303	82989	77314
木里藏族自治县				8261	4356	3905	37091	18982	18109
盐源县	1	1		317	166	151	177049	91169	85880
德昌县	6	4	2	51	20	31	57371	29138	28233
会理县	6	5	1	195	101	94	75872	38161	37711
会东县				421	226	195	24978	13059	11919
宁南县				73	40	33	44646	23085	21561
普格县	7	6	1	150	74	76	128181	66921	61260
布拖县	1		1	230	116	114	154039	78807	75232
金阳县				463	242	221	134558	69057	65501
昭觉县							245251	124733	120518

10-3 续表 46

单位：人

地区	维吾尔族			苗族			彝族		
	小计	男	女	小计	男	女	小计	男	女
喜德县	2	1	1	2	1	1	147775	75974	71801
冕宁县	2		2	94	46	48	139426	71073	68353
越西县	2	2		27	12	15	210639	106523	104116
甘洛县	1	1		43	26	17	146558	76057	70501
美姑县				1	1		217815	109501	108314
雷波县				1045	500	545	125218	64062	61156
贵州省	**548**	**335**	**213**	**3968400**	**2040932**	**1927468**	**834461**	**429553**	**404908**
贵阳市	**161**	**99**	**62**	**247100**	**126525**	**120575**	**43314**	**21803**	**21511**
南明区	35	26	9	35728	18332	17396	8769	4403	4366
云岩区	67	42	25	37591	19718	17873	9305	4696	4609
花溪区	16	3	13	57524	29254	28270	2819	1386	1433
乌当区	2	2		25458	12984	12474	3750	1872	1878
白云区	15	10	5	11210	5794	5416	3560	1849	1711
小河区	16	10	6	8988	4777	4211	4875	2583	2292
开阳县	1		1	14885	7510	7375	273	111	162
息烽县	2	1	1	8114	4190	3924	562	254	308
修文县	1		1	11126	5679	5447	1920	997	923
清镇市	6	5	1	36476	18287	18189	7481	3652	3829
六盘水市	**65**	**34**	**31**	**198330**	**103640**	**94690**	**251629**	**129842**	**121787**
钟山区	36	17	19	18518	9598	8920	34109	17280	16829
六枝特区	4		4	45647	23561	22086	45895	23984	21911
水城县	6	3	3	111060	58086	52974	76456	39919	36537
盘县	19	14	5	23105	12395	10710	95169	48659	46510
遵义市	**31**	**21**	**10**	**261673**	**133186**	**128487**	**3432**	**1692**	**1740**
红花岗区	6	6		7051	3673	3378	656	342	314
汇川区	8	6	2	6796	3423	3373	557	294	263
遵义县	4	1	3	5734	2857	2877	700	323	377
桐梓县				5943	2985	2958	105	33	72
绥阳县				1160	560	600	41	10	31
正安县	1		1	9475	4912	4563	29	16	13
道真仡佬族苗族自治县				58468	29442	29026	24	6	18
务川仡佬族苗族自治县	2		2	124470	62851	61619	28	13	15
凤冈县				12932	7209	5723	68	34	34
湄潭县				2504	1186	1318	72	27	45
余庆县	6	5	1	8550	4534	4016	127	56	71
习水县				4890	2439	2451	808	419	389
赤水市	1		1	3818	1903	1915	41	20	21
仁怀市	3	3		9882	5212	4670	176	99	77
安顺市	**23**	**15**	**8**	**306551**	**154207**	**152344**	**8450**	**4454**	**3996**
西秀区	7	4	3	73543	36070	37473	1723	948	775
平坝县	7	4	3	38202	19204	18998	1195	649	546
普定县	3	3		31186	15785	15401	2211	1168	1043
镇宁布依族苗族自治县	3	2	1	29578	14967	14611	556	277	279
关岭布依族苗族自治县	3	2	1	33665	17052	16613	2534	1309	1225
紫云苗族布依族自治县				100377	51129	49248	231	103	128
铜仁地区	**5**	**3**	**2**	**450786**	**236545**	**214241**	**765**	**386**	**379**
铜仁市				53618	27682	25936	218	112	106
江口县				20827	11361	9466	22	12	10
玉屏侗族自治县	2	1	1	2639	1259	1380	33	19	14
石阡县	1	1		14721	7880	6841	349	191	158
思南县				98891	51587	47304	24	11	13
印江土家族苗族自治县				34716	18851	15865	15	6	9
德江县				7344	4086	3258	21	6	15
沿河土家族自治县				1785	1022	763	13	2	11
松桃苗族自治县	2	1	1	214119	111664	102455	56	23	33
万山特区				2126	1153	973	14	4	10

10-3 续表 47 单位：人

地区	维吾尔族			苗族			彝族		
	小计	男	女	小计	男	女	小计	男	女
黔西南布依族苗族自治州	**41**	**27**	**14**	**198491**	**100704**	**97787**	**44024**	**23382**	**20642**
兴义市	23	15	8	11518	6143	5375	13182	7073	6109
兴仁县	6	4	2	21453	10794	10659	9587	5049	4538
普安县	4	3	1	20135	10133	10002	6769	3512	3257
晴隆县	2	2		52948	27161	25787	6954	3535	3419
贞丰县				20686	10247	10439	236	112	124
望谟县	2	1	1	34090	17112	16978	75	41	34
册亨县				9000	4644	4356	139	88	51
安龙县	4	2	2	28661	14470	14191	7082	3972	3110
毕节地区	**52**	**32**	**20**	**447975**	**226554**	**221421**	**469925**	**241028**	**228897**
毕节市	16	12	4	39800	19824	19976	42385	21433	20952
大方县	3	1	2	48511	24316	24195	82503	42497	40006
黔西县	6	4	2	57610	29264	28346	58109	29726	28383
金沙县	4	1	3	35328	18618	16710	22847	11954	10893
织金县	12	6	6	84124	42797	41327	31174	16162	15012
纳雍县				76450	38318	38132	38971	19859	19112
威宁彝族回族苗族自治县	7	4	3	65758	33109	32649	108695	56058	52637
赫章县	4	4		40394	20308	20086	85241	43339	41902
黔东南苗族侗族自治州	**86**	**50**	**36**	**1447257**	**751306**	**695951**	**5749**	**3125**	**2624**
凯里市	24	12	12	290107	151259	138848	983	491	492
黄平县				149499	74362	75137	70	39	31
施秉县				60551	30441	30110	470	259	211
三穗县	2	2		31025	15983	15042	41	18	23
镇远县	10	6	4	19855	9966	9889	1211	641	570
岑巩县	2	2		11900	6058	5842	53	21	32
天柱县	8	5	3	78724	41462	37262	32	14	18
锦屏县	5	2	3	60675	31569	29106	37	17	20
剑河县	3	1	2	114718	60939	53779	32	16	16
台江县				106322	55501	50821	17	8	9
黎平县	7	5	2	59325	31293	28032	714	383	331
榕江县	8	6	2	90483	46640	43843	176	97	79
从江县	3	1	2	127141	65830	61311	86	61	25
雷山县	1	1		97874	53051	44823	182	112	70
麻江县	12	7	5	55397	27826	27571	998	557	441
丹寨县	1		1	93661	49126	44535	647	391	256
黔南布依族苗族自治州	**84**	**54**	**30**	**410237**	**208265**	**201972**	**7173**	**3841**	**3332**
都匀市	54	37	17	63753	32693	31060	2723	1458	1265
福泉市	11	5	6	38628	19350	19278	1321	731	590
荔波县				7449	3838	3611	42	22	20
贵定县	3	1	2	33947	16798	17149	321	179	142
瓮安县				14031	7390	6641	520	304	216
独山县				8189	4136	4053	589	303	286
平塘县	1		1	18881	9616	9265	350	167	183
罗甸县				30154	15409	14745	34	15	19
长顺县	2	1	1	39451	20156	19295	223	136	87
龙里县	4	3	1	37254	18426	18828	585	262	323
惠水县	9	7	2	80003	40637	39366	209	110	99
三都水族自治县				38497	19816	18681	256	154	102

10-3　续表 48

单位：人

地　区	维吾尔族			苗　族			彝　族		
	小计	男	女	小计	男	女	小计	男	女
云南省	**1282**	**773**	**509**	**1202705**	**621721**	**580984**	**5041210**	**2576570**	**2464640**
昆明市	**517**	**260**	**257**	**59925**	**30758**	**29167**	**444261**	**223172**	**221089**
五华区	159	55	104	4506	2327	2179	31420	15472	15948
盘龙区	91	64	27	5253	2774	2479	26616	13680	12936
官渡区	40	25	15	2751	1507	1244	44339	23086	21253
西山区	31	17	14	3046	1622	1424	38163	19061	19102
东川区	4	2	2	2266	1217	1049	8614	4438	4176
呈贡县	2	1	1	1251	758	493	11275	5940	5335
晋宁县	91	3	88	503	256	247	20997	10169	10828
富民县	2	2		7982	3932	4050	10477	5068	5409
宜良县	13	12	1	2496	1243	1253	25410	12782	12628
石林彝族自治县	1	1		849	434	415	79636	39637	39999
嵩明县	32	32		1493	800	693	3624	1906	1718
禄劝彝族苗族自治县	4	2	2	14465	7174	7291	82799	40867	41932
寻甸回族彝族自治县	2	2		6307	3210	3097	43762	22046	21716
安宁市	45	42	3	6757	3504	3253	17129	9020	8109
曲靖市	**76**	**59**	**17**	**33518**	**16737**	**16781**	**225245**	**117316**	**107929**
麒麟区	10	9	1	1658	846	812	18745	9644	9101
马龙县				4143	2053	2090	6574	3390	3184
陆良县				113	55	58	5933	2981	2952
师宗县	2		2	11998	6073	5925	25903	13303	12600
罗平县				4328	2191	2137	38190	19778	18412
富源县	27	20	7	478	241	237	46364	24291	22073
会泽县	3	1	2	1150	567	583	18166	9714	8452
沾益县	23	23		4510	2211	2299	8992	4838	4154
宣威市	11	6	5	5140	2500	2640	56378	29377	27001
玉溪市	**55**	**42**	**13**	**10306**	**5212**	**5094**	**446997**	**224251**	**222746**
红塔区	19	15	4	928	501	427	49545	24182	25363
江川县	1	1		162	76	86	15948	7902	8046
澄江县	5	3	2	477	204	273	3400	1702	1698
通海县	10	7	3	412	225	187	19178	9216	9962
华宁县	2	2		4621	2252	2369	45089	23051	22038
易门县	2	2		1157	603	554	47821	24136	23685
峨山彝族自治县				266	154	112	87364	43243	44121
新平彝族傣族自治县	6	2	4	307	166	141	132916	67926	64990
元江哈尼族彝族傣族自治县	10	10		1976	1031	945	45736	22893	22843
保山市	**37**	**33**	**4**	**10580**	**5353**	**5227**	**81524**	**41985**	**39539**
隆阳区	25	24	1	4596	2324	2272	42320	21723	20597
施甸县	3	3		96	37	59	10990	5751	5239
腾冲县	7	5	2	239	116	123	1024	599	425
龙陵县	1	1		63	43	20	5069	2727	2342
昌宁县	1		1	5586	2833	2753	22121	11185	10936
昭通市	**22**	**15**	**7**	**172620**	**88465**	**84155**	**161527**	**85117**	**76410**
昭阳区	2	2		6642	3288	3354	19729	10112	9617
鲁甸县	5	4	1	2029	983	1046	9205	4775	4430
巧家县	3	2	1	4795	2535	2260	13912	7643	6269
盐津县				13381	6877	6504	160	48	112
大关县				11222	5746	5476	4522	2438	2084
永善县	6	4	2	9313	4761	4552	18237	9628	8609
绥江县				470	236	234	281	95	186
镇雄县				31301	16330	14971	72001	38019	33982
彝良县	3	2	1	49398	25079	24319	20819	10977	9842
威信县	1		1	40792	20995	19797	2263	1149	1114
水富县	2	1	1	3277	1635	1642	398	233	165

10-3 续表 49

单位：人

地区	维吾尔族			苗族			彝族		
	小计	男	女	小计	男	女	小计	男	女
丽江市	**81**	**49**	**32**	**6884**	**3526**	**3358**	**243400**	**125566**	**117834**
古城区	66	39	27	1757	888	869	5364	2778	2586
玉龙纳西族自治县	3	1	2	1671	890	781	8306	4335	3971
永胜县	7	5	2	908	476	432	51420	26322	25098
华坪县	4	3	1	1807	918	889	15234	7865	7369
宁蒗彝族自治县	1	1		741	354	387	163076	84266	78810
普洱市	**20**	**16**	**4**	**12727**	**6642**	**6085**	**421052**	**222644**	**198408**
思茅区	8	6	2	8259	4258	4001	40323	21035	19288
宁洱哈尼族彝族自治县	1	1		277	157	120	35726	18714	17012
墨江哈尼族自治县	1	1		59	25	34	33624	18325	15299
景东彝族自治县	1		1	557	272	285	146098	75229	70869
景谷傣族彝族自治县	2	2		138	70	68	58574	32051	26523
镇沅彝族哈尼族拉祜族自治县				174	95	79	54826	29162	25664
江城哈尼族彝族自治县				2952	1580	1372	14910	7934	6976
孟连傣族拉祜族佤族自治县	7	6	1	120	72	48	4623	2462	2161
澜沧拉祜族自治县				149	84	65	31215	17107	14108
西盟佤族自治县				42	29	13	1133	625	508
临沧市	**47**	**26**	**21**	**8856**	**4790**	**4066**	**355768**	**188313**	**167455**
临翔区	7	5	2	499	251	248	16039	8440	7599
凤庆县				4017	2096	1921	117037	61145	55892
云县	21	14	7	1433	824	609	157049	83013	74036
永德县	4	2	2	647	386	261	30443	16283	14160
镇康县	8	3	5	1702	916	786	20771	11639	9132
双江拉祜族佤族布朗族傣族自治县				118	68	50	2969	1641	1328
耿马傣族佤族自治县	4	1	3	364	212	152	9273	4961	4312
沧源佤族自治县	3	1	2	76	37	39	2187	1191	996
楚雄彝族自治州	**44**	**33**	**11**	**46295**	**23158**	**23137**	**716627**	**358448**	**358179**
楚雄市	32	26	6	1740	931	809	107546	54040	53506
双柏县				399	195	204	71865	37064	34801
牟定县				389	201	188	41823	20718	21105
南华县	4	2	2	105	62	43	86711	43231	43480
姚安县	2	2		62	35	27	51291	25336	25955
大姚县				432	222	210	87376	43624	43752
永仁县				138	61	77	57457	28893	28564
元谋县				1548	768	780	59269	29083	30186
武定县	4	1	3	23592	11841	11751	81725	40765	40960
禄丰县	2	2		17890	8842	9048	71564	35694	35870
红河哈尼族彝族自治州	**103**	**70**	**33**	**326141**	**168587**	**157554**	**1043599**	**528784**	**514815**
个旧市	31	18	13	17758	9234	8524	97594	49514	48080
开远市	38	25	13	33664	16997	16667	105628	52824	52804
蒙自市	7	7		61751	31359	30392	110172	55134	55038
屏边苗族自治县				66411	34243	32168	25833	13284	12549
建水县	19	14	5	8730	4265	4465	158428	78751	79677
石屏县				241	102	139	161379	80560	80819
弥勒县	1	1		15175	7640	7535	165788	83506	82282
泸西县	5	3	2	2991	1417	1574	31428	16270	15158
元阳县				13783	7365	6418	91061	48483	42578
红河县				36	24	12	40517	20728	19789
金平苗族瑶族傣族自治县				89007	47482	41525	40825	21635	19190
绿春县				312	176	136	9884	5431	4453
河口瑶族自治县	2	2		16282	8283	7999	5062	2664	2398
文山壮族苗族自治州	**109**	**55**	**54**	**481239**	**250381**	**230858**	**351597**	**183883**	**167714**
文山县	10	7	3	63604	32484	31120	75371	38638	36733
砚山县	21	7	14	61132	31596	29536	97481	50741	46740
西畴县				14604	7421	7183	7861	4294	3567
麻栗坡县	16	10	6	49463	25426	24037	6441	3275	3166

10-3 续表 50

单位：人

地区	维吾尔族			苗族			彝族		
	小计	男	女	小计	男	女	小计	男	女
马关县	7	5	2	80950	41594	39356	30970	16027	14943
丘北县				81036	42724	38312	82095	43288	38807
广南县	41	18	23	99856	53378	46478	39058	21431	17627
富宁县	14	8	6	30594	15758	14836	12320	6189	6131
西双版纳傣族自治州	**35**	**19**	**16**	**19055**	**10316**	**8739**	**66964**	**34638**	**32326**
景洪市	13	9	4	5999	3304	2695	30840	15634	15206
勐海县	9	4	5	674	368	306	8092	4297	3795
勐腊县	13	6	7	12382	6644	5738	28032	14707	13325
大理白族自治州	**39**	**28**	**11**	**11863**	**6228**	**5635**	**449949**	**224969**	**224980**
大理市	33	23	10	1106	651	455	21435	10516	10919
漾濞彝族自治县				1017	532	485	50894	25820	25074
祥云县				801	399	402	34283	16753	17530
宾川县				557	271	286	22121	11230	10891
弥渡县				69	32	37	26592	13145	13447
南涧彝族自治县				1484	749	735	100722	50381	50341
巍山彝族回族自治县				1605	836	769	103077	51343	51734
永平县	4	3	1	2228	1151	1077	47492	23929	23563
云龙县				1586	845	741	12958	6778	6180
洱源县				93	63	30	10642	5174	5468
剑川县				47	30	17	5824	2890	2934
鹤庆县	2	2		1270	669	601	13909	7010	6899
德宏傣族景颇族自治州	**74**	**51**	**23**	**770**	**472**	**298**	**4177**	**2400**	**1777**
瑞丽市	60	41	19	255	174	81	1036	644	392
潞西市	10	8	2	258	156	102	1846	976	870
梁河县	2	1	1	29	15	14	205	115	90
盈江县	2	1	1	163	95	68	567	359	208
陇川县				65	32	33	523	306	217
怒江傈僳族自治州	**21**	**16**	**5**	**279**	**174**	**105**	**11758**	**6254**	**5504**
泸水县	13	11	2	152	99	53	3456	1889	1567
福贡县	5	4	1	21	12	9	86	49	37
贡山独龙族怒族自治县	1	1		26	13	13	145	103	42
兰坪白族普米族自治县	2		2	80	50	30	8071	4213	3858
迪庆藏族自治州	**2**	**1**	**1**	**1647**	**922**	**725**	**16765**	**8830**	**7935**
香格里拉县	2	1	1	1516	823	693	13128	6697	6431
德钦县				41	34	7	485	425	60
维西傈僳族自治县				90	65	25	3152	1708	1444
西藏自治区	**205**	**138**	**67**	**416**	**292**	**124**	**396**	**293**	**103**
拉萨市	**66**	**34**	**32**	**155**	**82**	**73**	**116**	**76**	**40**
城关区	62	32	30	133	68	65	97	65	32
林周县	1	1					9	4	5
当雄县	1		1						
尼木县	2	1	1	2		2			
曲水县				3	2	1	5	4	1
堆龙德庆县				17	12	5	4	2	2
达孜县									
墨竹工卡县							1	1	
昌都地区	**10**	**3**	**7**	**56**	**45**	**11**	**77**	**55**	**22**
昌都县	5	2	3	29	25	4	37	31	6
江达县				5	3	2	8	7	1
贡觉县				2	1	1	1	1	
类乌齐县				3	3		1		1
丁青县				3	3		2	1	1
察雅县	5	1	4	1		1	2	1	1

10-3 续表 51 单位：人

地区	维吾尔族			苗族			彝族		
	小计	男	女	小计	男	女	小计	男	女
八宿县				3	1	2	6	1	5
左贡县							6	4	2
芒康县				5	4	1	13	8	5
洛隆县				2	2				
边坝县				3	3		1	1	
山南地区	**13**	**8**	**5**	**35**	**31**	**4**	**30**	**27**	**3**
乃东县	2	1	1	16	14	2	9	6	3
扎囊县	1	1					2	2	
贡嘎县				9	7	2	3	3	
桑日县									
琼结县									
曲松县							2	2	
措美县	2	1	1	4	4				
洛扎县									
加查县				2	2		13	13	
隆子县				2	2				
错那县				2	2				
浪卡子县	8	5	3				1	1	
日喀则地区	**7**	**2**	**5**	**66**	**49**	**17**	**52**	**45**	**7**
日喀则市	3		3	44	33	11	24	18	6
南木林县							2	2	
江孜县				2	1	1	2	2	
定日县				1	1		1	1	
萨迦县							2	2	
拉孜县				1	1				
昂仁县	1	1		2	1	1			
谢通门县				5	4	1	1	1	
白朗县									
仁布县	2	1	1	2	1	1	1	1	
康马县				1	1				
定结县							2	2	
仲巴县							2	2	
亚东县				2	2		4	3	1
吉隆县									
聂拉木县	1		1	5	3	2	11	11	
萨嘎县									
岗巴县				1	1				
那曲地区	**16**	**11**	**5**	**15**	**13**	**2**	**20**	**13**	**7**
那曲县	5	4	1	6	6		4	4	
嘉黎县							1		1
比如县	3	2	1	2	2		6	3	3
聂荣县				1	1				
安多县	2	1	1				2	1	1
申扎县	1		1				2	1	1
索县				4	2	2	3	3	
班戈县							1	1	
巴青县	1	1							
尼玛县	4	3	1	2	2		1		1
阿里地区	**92**	**80**	**12**	**28**	**26**	**2**	**28**	**26**	**2**
普兰县	22	21	1	4	4		8	8	
札达县	6	4	2	2	2				
噶尔县	29	27	2	17	15	2	14	12	2
日土县	20	14	6	1	1		5	5	
革吉县	7	7		3	3				
改则县	6	5	1	1	1				
措勤县	2	2					1	1	

10-3　续表 52

单位：人

地　区	维吾尔族			苗　族			彝　族		
	小计	男	女	小计	男	女	小计	男	女
林芝地区	**1**		**1**	**61**	**46**	**15**	**73**	**51**	**22**
林芝县	1		1	42	28	14	36	26	10
工布江达县				2	2		1	1	
米林县				4	3	1	7	5	2
墨脱县				1	1		4	2	2
波密县				9	9		10	7	3
察隅县				3	3		14	10	4
朗县							1		1
陕西省	**1570**	**725**	**845**	**2787**	**1659**	**1128**	**1644**	**988**	**656**
西安市	**1232**	**556**	**676**	**1572**	**983**	**589**	**914**	**569**	**345**
新城区	55	33	22	73	37	36	24	12	12
碑林区	61	39	22	140	104	36	73	49	24
莲湖区	62	37	25	93	53	40	30	17	13
灞桥区	10	8	2	52	38	14	53	33	20
未央区	129	63	66	247	185	62	154	95	59
雁塔区	453	219	234	443	248	195	236	142	94
阎良区	5	3	2	43	34	9	40	26	14
临潼区	19	6	13	42	25	17	23	11	12
长安区	234	108	126	317	184	133	140	80	60
蓝田县	14	10	4	68	51	17	87	68	19
周至县	2	1	1	4		4	6	3	3
户县	178	24	154	14	3	11	8	6	2
高陵县	10	5	5	36	21	15	40	27	13
铜川市	**7**	**4**	**3**	**27**	**12**	**15**	**22**	**16**	**6**
王益区	1		1	5	3	2			
印台区	4	4		11	5	6	20	16	4
耀州区	2		2	11	4	7	2		2
宜君县									
宝鸡市	**70**	**42**	**28**	**151**	**86**	**65**	**77**	**49**	**28**
渭滨区	24	16	8	51	30	21	31	19	12
金台区	10	7	3	30	19	11	7	7	
陈仓区	19	7	12	7	2	5	10	10	
凤翔县	3	2	1	8		8	2	1	1
岐山县	4	2	2	8	6	2	1	1	
扶风县				1	1		6		6
眉县	3	2	1	23	15	8	12	7	5
陇县	6	5	1						
千阳县				3	1	2			
麟游县									
凤县	1	1		14	9	5	7	3	4
太白县				6	3	3	1	1	
咸阳市	**157**	**67**	**90**	**135**	**74**	**61**	**109**	**64**	**45**
秦都区	12	7	5	30	13	17	7	5	2
杨陵区	124	53	71	71	47	24	73	45	28
渭城区	4	2	2	15	8	7	15	7	8
三原县	1		1	6	1	5	1		1
泾阳县									
乾县									
礼泉县									
永寿县							1		1
彬县				1	1		6	6	

10-3 续表 53

单位：人

地区	维吾尔族			苗族			彝族		
	小计	男	女	小计	男	女	小计	男	女
长武县	2	1	1	4	1	3	5	1	4
旬邑县									
淳化县	5		5	5	1	4	1		1
武功县									
兴平市	9	4	5	3	2	1			
渭南市	**13**	**7**	**6**	**22**	**13**	**9**	**10**	**2**	**8**
临渭区	13	7	6	22	13	9	10	2	8
华县									
潼关县									
大荔县									
合阳县									
澄城县									
蒲城县									
白水县									
富平县									
韩城市									
华阴市									
延安市	**5**	**4**	**1**	**55**	**45**	**10**	**68**	**47**	**21**
宝塔区	1	1		14	10	4	6	6	
延长县									
延川县				1	1				
子长县									
安塞县				8	7	1			
志丹县				2	1	1	33	23	10
吴起县	2	2		3	3				
甘泉县				9	8	1	8	8	
富县							1		1
洛川县	1		1	3	1	2	1		1
宜川县									
黄龙县							6		6
黄陵县	1	1		15	14	1	13	10	3
汉中市	**26**	**16**	**10**	**404**	**208**	**196**	**156**	**65**	**91**
汉台区	15	13	2	77	37	40	39	20	19
南郑县	3		3	14	8	6	11	3	8
城固县				30	9	21	39	2	37
洋县	2	1	1	14	1	13	7	1	6
西乡县				28	5	23	3		3
勉县	3		3	35	23	12	8	2	6
宁强县	3	2	1	11	2	9	7		7
略阳县				46	35	11	37	35	2
镇巴县				146	88	58	2	1	1
留坝县				3		3	1		1
佛坪县							2	1	1
榆林市	**32**	**16**	**16**	**223**	**163**	**60**	**186**	**119**	**67**
榆阳区	14	8	6	37	21	16	47	36	11
神木县	4	2	2	86	60	26	43	28	15
府谷县	2	1	1	94	77	17	52	31	21
横山县				2	2		1		1
靖边县	3	1	2				15	14	1
定边县	6	4	2	1		1	2	1	1
绥德县	1		1	2	2				
米脂县	1		1				17	8	9
佳县							8		8
吴堡县	1		1	1	1		1	1	
清涧县									
子洲县									

10-3　续表 54

单位：人

地　区	维吾尔族			苗　族			彝　族		
	小计	男	女	小计	男	女	小计	男	女
安康市	**8**	**6**	**2**	**134**	**49**	**85**	**45**	**16**	**29**
汉滨区	6	6		40	12	28	13	8	5
汉阴县				17	1	16	3	1	2
石泉县				13	5	8	3	2	1
宁陕县				2		2	1		1
紫阳县	2		2	11	5	6	3		3
岚皋县				2		2	3		3
平利县				11	2	9	5	1	4
镇坪县				4	1	3	3	1	2
旬阳县				16	8	8	8	3	5
白河县				18	15	3	3		3
商洛市	**20**	**7**	**13**	**64**	**26**	**38**	**57**	**41**	**16**
商州区	6	2	4	29	20	9	11	9	2
洛南县							1	1	
丹凤县	3	1	2	7	1	6	3		3
商南县	6	2	4	6	2	4	7	3	4
山阳县	1		1	2		2			
镇安县	3	1	2	19	2	17	33	28	5
柞水县	1	1		1	1		2		2
甘肃省	**1937**	**853**	**1084**	**1212**	**738**	**474**	**870**	**493**	**377**
兰州市	**1518**	**668**	**850**	**807**	**511**	**296**	**482**	**245**	**237**
城关区	764	332	432	190	102	88	137	74	63
七里河区	36	11	25	39	33	6	15	10	5
西固区	38	21	17	28	20	8	10	7	3
安宁区	126	52	74	79	46	33	37	11	26
红古区				8	7	1	1	1	
永登县	10	3	7	6	4	2	4	2	2
皋兰县									
榆中县	544	249	295	457	299	158	278	140	138
嘉峪关市	**13**	**5**	**8**	**15**	**12**	**3**	**11**	**1**	**10**
金昌市	**10**	**5**	**5**	**31**	**16**	**15**	**28**	**17**	**11**
金川区	7	3	4	26	12	14	16	9	7
永昌县	3	2	1	5	4	1	12	8	4
白银市	**35**	**26**	**9**	**27**	**13**	**14**	**23**	**12**	**11**
白银区	33	25	8	17	9	8	9	5	4
平川区				8	3	5	8	4	4
靖远县				1		1			
会宁县									
景泰县	2	1	1	1	1		6	3	3
天水市	**20**	**6**	**14**	**36**	**21**	**15**	**18**	**10**	**8**
秦州区	4	2	2	23	16	7	12	7	5
麦积区	7	2	5	9	5	4	5	3	2
清水县	3		3						
秦安县	1		1	3		3			
甘谷县	3	2	1						
武山县	2		2	1		1	1		1
张家川回族自治县									
武威市	**95**	**37**	**58**	**38**	**12**	**26**	**39**	**17**	**22**
凉州区	61	28	33	16	4	12	19	13	6
民勤县									
古浪县	7		7				3		3
天祝藏族自治县	27	9	18	22	8	14	17	4	13

10-3 续表 55

单位：人

地区	维吾尔族			苗族			彝族		
	小计	男	女	小计	男	女	小计	男	女
张掖市	**20**	**5**	**15**	**34**	**23**	**11**	**48**	**34**	**14**
甘州区	6	1	5	20	15	5	15	11	4
肃南裕固族自治县				2	2		7	6	1
民乐县				6	2	4	4		4
临泽县	10	2	8				2		2
高台县	4	2	2				1		1
山丹县				6	4	2	19	17	2
平凉市	**10**	**3**	**7**	**32**	**26**	**6**	**5**	**4**	**1**
崆峒区	1		1	29	26	3	4	4	
泾川县									
灵台县									
崇信县				2		2			
华亭县	7	3	4						
庄浪县	2		2						
静宁县				1		1	1		1
酒泉市	**135**	**63**	**72**	**74**	**38**	**36**	**54**	**49**	**5**
肃州区	40	25	15	3	2	1	15	15	
金塔县	6	1	5	1		1			
瓜州县	12	4	8	7	7		25	24	1
肃北蒙古族自治县	2	2		4	1	3	1	1	
阿克塞哈萨克族自治县	22	13	9				2	1	1
玉门市									
敦煌市	53	18	35	59	28	31	11	8	3
庆阳市	**2**	**2**		**30**	**14**	**16**	**32**	**17**	**15**
西峰区				16	13	3	1		1
庆城县				1		1			
环县									
华池县									
合水县				1		1	1		1
正宁县									
宁县	2	2		7		7	1		1
镇原县				5	1	4	29	17	12
定西市	**21**	**7**	**14**	**11**	**7**	**4**	**17**	**13**	**4**
安定区	3	1	2	1	1		4	3	1
通渭县									
陇西县	5	2	3	1		1	1		1
渭源县	1	1							
临洮县	4		4	1	1				
漳县	7	2	5	3	2	1	5	4	1
岷县	1	1		5	3	2	7	6	1
陇南市	**10**	**4**	**6**	**42**	**21**	**21**	**80**	**62**	**18**
武都区	4	3	1	6	4	2	32	29	3
成县	1		1	3	1	2	5	2	3
文县	2		2	11	6	5	26	24	2
宕昌县				11	10	1	6	6	
康县	3	1	2	5		5	5		5
西和县				1		1			
礼县									
徽县				3		3	3	1	2
两当县				2		2	3		3

10-3　续表 56　　　　　　　　　　　　　　　　　　　　　　　　　　　　单位：人

地　区	维吾尔族			苗　族			彝　族		
	小计	男	女	小计	男	女	小计	男	女
临夏回族自治州	**41**	**18**	**23**	**14**	**10**	**4**	**22**	**9**	**13**
临夏市	11	6	5	1		1	6	3	3
临夏县	2		2	1		1	6	3	3
康乐县	2		2	3	3				
永靖县	4	3	1	9	7	2	2	2	
广河县	7	3	4						
和政县	3		3						
东乡族自治县									
积石山保安族东乡族撒拉族自治县	12	6	6				8	1	7
甘南藏族自治州	**7**	**4**	**3**	**21**	**14**	**7**	**11**	**3**	**8**
合作市	2	1	1	7	5	2	1		1
临潭县	1		1	1		1			
卓尼县				1	1		3	1	2
舟曲县	1		1				2		2
迭部县	1	1		10	6	4	2	1	1
玛曲县				1	1		1	1	
碌曲县				1	1				
夏河县	2	2					2		2
青海省	**209**	**124**	**85**	**911**	**576**	**335**	**683**	**550**	**133**
西宁市	**85**	**54**	**31**	**566**	**362**	**204**	**306**	**220**	**86**
城东区	36	20	16	140	87	53	68	51	17
城中区	20	13	7	82	45	37	36	15	21
城西区	14	10	4	112	70	42	56	37	19
城北区	7	4	3	124	83	41	62	47	15
大通回族土族自治县				42	20	22	22	14	8
湟中县	8	7	1	63	56	7	25	21	4
湟源县				3	1	2	37	35	2
海东地区	**14**	**2**	**12**	**42**	**25**	**17**	**61**	**41**	**20**
平安县	1		1	6	5	1	3		3
民和回族土族自治县	4		4	14	12	2	19	18	1
乐都县	2		2	4	2	2	11	7	4
互助土族自治县	4	1	3	10	2	8	6	2	4
化隆回族自治县	1	1		7	4	3	20	13	7
循化撒拉族自治县	2		2	1		1	2	1	1
海北藏族自治州	**3**		**3**	**24**	**20**	**4**	**18**	**16**	**2**
门源回族自治县	3		3	21	19	2	16	14	2
祁连县							1	1	
海晏县							1	1	
刚察县				3	1	2			
黄南藏族自治州	**7**	**4**	**3**	**11**	**8**	**3**	**2**	**2**	
同仁县	3		3	2	2				
尖扎县	1	1		7	4	3			
泽库县				2	2		2	2	
河南蒙古族自治县	3	3							
海南藏族自治州	**6**	**2**	**4**	**37**	**26**	**11**	**19**	**18**	**1**
共和县	3		3	15	11	4	12	12	
同德县				4	4				
贵德县	1	1		14	9	5	4	4	
兴海县							3	2	1
贵南县	2	1	1	4	2	2			
果洛藏族自治州	**1**	**1**		**5**	**3**	**2**	**11**	**5**	**6**
玛沁县				2	1	1	6	1	5
班玛县									
甘德县	1	1					1	1	
达日县				1	1		3	2	1
久治县				1		1			
玛多县				1	1		1	1	

10-3 续表 57

单位：人

地区	维吾尔族			苗族			彝族		
	小计	男	女	小计	男	女	小计	男	女
玉树藏族自治州				**9**	**9**		**6**	**4**	**2**
玉树县				4	4		5	3	2
杂多县				1	1				
称多县				4	4				
治多县									
囊谦县									
曲麻莱县							1	1	
海西蒙古族藏族自治州	**93**	**61**	**32**	**217**	**123**	**94**	**260**	**244**	**16**
格尔木市	17	10	7	127	62	65	40	33	7
德令哈市	4	3	1	13	6	7	4	4	
乌兰县	13	13		4	3	1	89	88	1
都兰县	2	2		13	12	1	76	73	3
天峻县				23	20	3	35	34	1
芒崖行政委员会	57	33	24	30	16	14	9	7	2
柴旦行政委员会				7	4	3	5	3	2
冷湖行政委员会							2	2	
宁夏回族自治区	**613**	**272**	**341**	**1113**	**732**	**381**	**530**	**359**	**171**
银川市	**549**	**242**	**307**	**761**	**499**	**262**	**360**	**242**	**118**
兴庆区	77	42	35	226	124	102	55	38	17
西夏区	428	182	246	361	251	110	226	142	84
金凤区	33	11	22	111	77	34	26	17	9
永宁县	3	1	2	12	8	4	3	3	
贺兰县	4	4		26	19	7	20	16	4
灵武市	4	2	2	25	20	5	30	26	4
石嘴山市	**29**	**16**	**13**	**111**	**74**	**37**	**41**	**26**	**15**
大武口区	14	8	6	62	45	17	32	20	12
惠农区	13	7	6	35	20	15	7	6	1
平罗县	2	1	1	14	9	5	2		2
吴忠市	**10**	**6**	**4**	**178**	**114**	**64**	**76**	**61**	**15**
利通区	4	2	2	23	16	7	26	20	6
红寺堡区	1		1	1	1		1		1
盐池县				10	10		2	2	
同心县				5	5		2	1	1
青铜峡市	5	4	1	139	82	57	45	38	7
固原市	**15**	**4**	**11**	**29**	**26**	**3**	**8**	**5**	**3**
原州区	14	4	10	19	18	1	5	3	2
西吉县				2	2				
隆德县				3	2	1			
泾源县									
彭阳县	1		1	5	4	1	3	2	1
中卫市	**10**	**4**	**6**	**34**	**19**	**15**	**45**	**25**	**20**
沙坡头区	3	1	2	15	9	6	2	1	1
中宁县	6	3	3	3	1	2	6	1	5
海原县	1		1	16	9	7	37	23	14
新疆维吾尔自治区	**10001302**	**5064182**	**4937120**	**7626**	**4288**	**3338**	**2954**	**1756**	**1198**
乌鲁木齐市	**387878**	**190508**	**197370**	**1219**	**677**	**542**	**457**	**279**	**178**
天山区	190544	93498	97046	204	103	101	56	36	20
沙依巴克区	66369	31738	34631	213	108	105	64	34	30
新市区	53842	27047	26795	240	140	100	155	99	56
水磨沟区	35950	17156	18794	179	105	74	72	33	39

10-3　续表 58

单位：人

地　区	维吾尔族			苗　族			彝　族		
	小计	男	女	小计	男	女	小计	男	女
头屯河区	19420	9322	10098	214	120	94	60	46	14
达坂城区	2365	1290	1075	12	7	5	5	3	2
米东区	15142	8196	6946	129	78	51	33	20	13
乌鲁木齐县	4246	2261	1985	28	16	12	12	8	4
克拉玛依市	**44866**	**21638**	**23228**	**459**	**265**	**194**	**113**	**71**	**42**
独山子区	9370	4436	4934	59	27	32	11	4	7
克拉玛依区	26847	12959	13888	302	185	117	82	56	26
白碱滩区	8189	4001	4188	93	51	42	19	11	8
乌尔禾区	460	242	218	5	2	3	1		1
吐鲁番地区	**429527**	**218169**	**211358**	**121**	**95**	**26**	**233**	**187**	**46**
吐鲁番市	194225	98236	95989	80	67	13	82	75	7
鄯善县	147861	74492	73369	19	12	7	139	101	38
托克逊县	87441	45441	42000	22	16	6	12	11	1
哈密地区	**101713**	**51895**	**49818**	**82**	**58**	**24**	**74**	**53**	**21**
哈密市	91719	46821	44898	77	54	23	70	49	21
巴里坤哈萨克自治县	100	57	43	2	1	1			
伊吾县	9894	5017	4877	3	3		4	4	
昌吉回族自治州	**63606**	**32817**	**30789**	**509**	**289**	**220**	**295**	**159**	**136**
昌吉市	12730	6617	6113	123	68	55	66	33	33
阜康市	10507	5143	5364	139	70	69	51	28	23
呼图壁县	6548	3364	3184	114	70	44	43	23	20
玛纳斯县	5791	2993	2798	85	52	33	112	60	52
奇台县	17454	9149	8305	33	19	14	8	6	2
吉木萨尔县	6357	3378	2979	15	10	5	13	9	4
木垒哈萨克自治县	4219	2173	2046				2		2
博尔塔拉蒙古自治州	**59106**	**29825**	**29281**	**168**	**90**	**78**	**50**	**27**	**23**
博乐市	37251	18889	18362	112	62	50	23	10	13
精河县	18689	9370	9319	45	22	23	23	15	8
温泉县	3166	1566	1600	11	6	5	4	2	2
巴音郭楞蒙古自治州	**406942**	**206929**	**200013**	**1362**	**719**	**643**	**383**	**210**	**173**
库尔勒市	123953	61630	62323	861	446	415	141	83	58
轮台县	86764	44618	42146	12	3	9	8	3	5
尉犁县	32550	16409	16141	86	52	34	37	23	14
若羌县	12124	6173	5951	16	12	4	15	4	11
且末县	46742	23619	23123	16	13	3	4	1	3
焉耆回族自治县	40784	21531	19253	61	33	28	9	7	2
和静县	43358	22259	21099	181	97	84	62	37	25
和硕县	11436	5914	5522	115	56	59	84	42	42
博湖县	9231	4776	4455	14	7	7	23	10	13
阿克苏地区	**1799512**	**919474**	**880038**	**715**	**368**	**347**	**205**	**105**	**100**
阿克苏市	251055	126565	124490	343	189	154	95	53	42
温宿县	172943	88379	84564	161	77	84	16	7	9
库车县	387884	197943	189941	35	13	22	26	11	15
沙雅县	217179	112319	104860	30	15	15	26	12	14
新和县	159184	81075	78109	7	2	5	18	9	9
拜城县	193893	98722	95171	24	16	8	9	5	4
乌什县	181445	93245	88200	9	4	5	7	4	3
阿瓦提县	193131	99404	93727	99	49	50	8	4	4
柯坪县	42798	21822	20976	7	3	4			
克孜勒苏柯尔克孜自治州	**339926**	**172078**	**167848**	**37**	**28**	**9**	**1**	**1**	
阿图什市	189191	95884	93307	21	12	9			
阿克陶县	144726	73041	71685	15	15				
阿合奇县	1007	532	475	1	1				
乌恰县	5002	2621	2381				1	1	

10-3 续表 59

单位：人

地区	维吾尔族			苗族			彝族		
	小计	男	女	小计	男	女	小计	男	女
喀什地区	**3606779**	**1819451**	**1787328**	**146**	**67**	**79**	**34**	**18**	**16**
喀什市	396977	195876	201101	30	14	16	3	1	2
疏附县	304930	155751	149179	16	6	10	11	6	5
疏勒县	290687	146755	143932	10	3	7			
英吉沙县	257715	132323	125392	2		2			
泽普县	168465	84029	84436	24	12	12	7	5	2
莎车县	727091	368821	358270	8	6	2	4	2	2
叶城县	427652	215223	212429	9	6	3	1		1
麦盖提县	210443	105244	105199	9	3	6	5	3	2
岳普湖县	139097	69528	69569	5	1	4			
伽师县	372760	187819	184941	8	3	5			
巴楚县	308801	156956	151845	24	13	11	3	1	2
塔什库尔干塔吉克自治县	2161	1126	1035	1		1			
和田地区	**1938316**	**986005**	**952311**	**52**	**23**	**29**	**58**	**33**	**25**
和田市	279972	140646	139326	33	14	19	41	23	18
和田县	269188	136652	132536						
墨玉县	486609	248891	237718	7	3	4	1	1	
皮山县	253516	128411	125105						
洛浦县	229135	116927	112208	12	6	6	1		1
策勒县	144249	73280	70969						
于田县	244436	125362	119074				4	3	1
民丰县	31211	15836	15375				11	6	5
伊犁哈萨克自治州	**667202**	**336345**	**330857**	**376**	**205**	**171**	**166**	**118**	**48**
伊宁市	237521	117102	120419	121	59	62	20	10	10
奎屯市	1513	702	811	102	55	47	50	30	20
伊宁县	181394	92778	88616	14	9	5	2	2	
察布查尔锡伯自治县	49630	25167	24463	49	31	18			
霍城县	79384	39994	39390	16	8	8	14	6	8
巩留县	39221	19974	19247	10	6	4	5	5	
新源县	28282	14825	13457	42	28	14	4		4
昭苏县	14767	7549	7218	14	6	8	1	1	
特克斯县	16158	8259	7899	1		1	66	61	5
尼勒克县	19332	9995	9337	7	3	4	4	3	1
塔城地区	**38476**	**20046**	**18430**	**668**	**403**	**265**	**480**	**251**	**229**
塔城市	4978	2449	2529	89	50	39	15	5	10
乌苏市	16399	8867	7532	64	44	20	55	33	22
额敏县	6591	3347	3244	14	9	5	8	3	5
沙湾县	8195	4206	3989	449	276	173	390	205	185
托里县	1175	586	589	11	8	3	5	1	4
裕民县	144	66	78	22	6	16			
和布克赛尔蒙古自治县	994	525	469	19	10	9	7	4	3
阿勒泰地区	**8703**	**4586**	**4117**	**49**	**36**	**13**	**33**	**24**	**9**
阿勒泰市	4346	2224	2122	15	11	4	9	5	4
布尔津县	838	424	414	1		1			
富蕴县	1597	820	777	14	11	3	10	7	3
福海县	810	509	301	9	5	4	3	1	2
哈巴河县	344	191	153	10	9	1	10	10	
青河县	508	277	231				1	1	
吉木乃县	260	141	119						
自治区直辖县级行政区划	**108750**	**54416**	**54334**	**1663**	**965**	**698**	**372**	**220**	**152**
石河子市	7574	3567	4007	238	130	108	147	80	67
阿拉尔市	9481	4731	4750	1174	631	543	163	90	73
图木舒克市	91472	46014	45458	185	169	16	45	44	1
五家渠市	223	104	119	66	35	31	17	6	11

10-4　全国各县分性别的壮族、布依族、朝鲜族人口

单位：人

地　区	壮族			布依族			朝鲜族		
	小计	男	女	小计	男	女	小计	男	女
全　国	**16926381**	**8689488**	**8236893**	**2870034**	**1455720**	**1414314**	**1830929**	**910535**	**920394**
北京市	**14994**	**7275**	**7719**	**2768**	**1393**	**1375**	**37380**	**17437**	**19943**
市辖区	**14720**	**7151**	**7569**	**2731**	**1384**	**1347**	**36917**	**17184**	**19733**
东城区	358	209	149	56	22	34	594	264	330
西城区	624	320	304	85	42	43	800	363	437
崇文区	173	96	77	17	4	13	296	123	173
宣武区	345	167	178	43	28	15	656	279	377
朝阳区	2498	1282	1216	518	269	249	15879	7254	8625
丰台区	938	457	481	209	92	117	1871	887	984
石景山区	436	226	210	53	26	27	663	334	329
海淀区	4411	2177	2234	737	345	392	5847	2552	3295
门头沟区	79	22	57	9	3	6	68	34	34
房山区	332	152	180	240	125	115	412	208	204
通州区	709	306	403	144	89	55	3328	1627	1701
顺义区	730	318	412	44	19	25	1913	999	914
昌平区	1517	748	769	312	176	136	3059	1509	1550
大兴区	590	301	289	174	102	72	1113	541	572
怀柔区	450	256	194	28	14	14	177	87	90
平谷区	530	114	416	62	28	34	241	123	118
市辖县	**274**	**124**	**150**	**37**	**9**	**28**	**463**	**253**	**210**
密云县	238	108	130	23	6	17	233	120	113
延庆县	36	16	20	14	3	11	230	133	97
天津市	**6123**	**2608**	**3515**	**839**	**437**	**402**	**18247**	**9303**	**8944**
市辖区	**4734**	**2267**	**2467**	**686**	**386**	**300**	**17881**	**9151**	**8730**
和平区	129	60	69	39	16	23	279	126	153
河东区	204	122	82	37	21	16	1097	525	572
河西区	415	176	239	66	25	41	2030	993	1037
南开区	500	249	251	70	43	27	2678	1208	1470
河北区	118	60	58	6	1	5	329	169	160
红桥区	82	46	36	11	8	3	171	85	86
东丽区	197	127	70	44	27	17	2404	1224	1180
西青区	481	307	174	68	39	29	1859	969	890
津南区	322	258	64	47	37	10	1952	1107	845
北辰区	244	115	129	56	31	25	755	412	343
武清区	909	207	702	41	15	26	585	297	288
宝坻区	473	169	304	21	8	13	227	90	137
滨海新区	660	371	289	180	115	65	3515	1946	1569
市辖县	**1389**	**341**	**1048**	**153**	**51**	**102**	**366**	**152**	**214**
宁河县	791	157	634	12	4	8	44	16	28
静海县	54	32	22	16	8	8	244	101	143
蓟县	544	152	392	125	39	86	78	35	43
河北省	**17295**	**4780**	**12515**	**3630**	**1188**	**2442**	**11296**	**5358**	**5938**
石家庄市	**1476**	**507**	**969**	**244**	**91**	**153**	**708**	**331**	**377**
长安区	105	50	55	15	8	7	83	37	46
桥东区	92	47	45	4	2	2	88	44	44
桥西区	115	52	63	49	23	26	153	67	86
新华区	132	54	78	26	15	11	188	90	98
井陉矿区	6	1	5	7	2	5			
裕华区	292	127	165	27	13	14	119	60	59
井陉县	5	3	2	11	2	9	4	1	3
正定县	59	14	45	6	2	4	6	1	5
栾城县	28	5	23	1		1	7	3	4

10-4 续表 1

单位：人

地　区	壮　族			布依族			朝鲜族		
	小计	男	女	小计	男	女	小计	男	女
行唐县	85	15	70	15	1	14			
灵寿县	37	3	34				1		1
高邑县	6	4	2				1		1
深泽县	22	10	12	1		1	7	4	3
赞皇县	2	2							
无极县	110	23	87	5	1	4	1	1	
平山县	78	7	71	5		5	2	1	1
元氏县	25	8	17	2		2	2		2
赵县	29	10	19	2		2	7	2	5
辛集市	14	4	10	7	1	6	5	5	
藁城市	28	7	21	5		5	8	6	2
晋州市	49	24	25	2		2	5	2	3
新乐市	99	19	80	10	6	4	5	1	4
鹿泉市	58	18	40	44	15	29	16	6	10
唐山市	**6719**	**1805**	**4914**	**1548**	**389**	**1159**	**1528**	**705**	**823**
路南区	102	43	59	21	17	4	61	27	34
路北区	113	51	62	14	7	7	265	145	120
古冶区	47	16	31	10	3	7	66	27	39
开平区	68	31	37	15	5	10	369	204	165
丰南区	1146	268	878	135	25	110	68	40	28
丰润区	1372	330	1042	165	42	123	173	62	111
滦县	327	93	234	251	66	185	30	13	17
滦南县	401	79	322	420	111	309	35	14	21
乐亭县	108	19	89	5	1	4	36	14	22
迁西县	183	51	132	80	12	68	20	8	12
玉田县	1547	415	1132	20	7	13	99	42	57
唐海县	59	34	25	17	6	11	6	2	4
遵化市	1055	321	734	94	21	73	215	82	133
迁安市	191	54	137	301	66	235	85	25	60
秦皇岛市	**1444**	**344**	**1100**	**151**	**66**	**85**	**3381**	**1650**	**1731**
海港区	212	113	99	37	20	17	2083	1032	1051
山海关区	39	26	13	16	13	3	121	58	63
北戴河区	35	12	23	6	1	5	107	54	53
青龙满族自治县	83	19	64	27	8	19	375	193	182
昌黎县	436	55	381	13	8	5	85	31	54
抚宁县	57	12	45	20	4	16	586	280	306
卢龙县	582	107	475	32	12	20	24	2	22
邯郸市	**646**	**117**	**529**	**125**	**84**	**41**	**98**	**46**	**52**
邯山区	61	47	14	12	6	6	25	15	10
丛台区	38	18	20	51	43	8	35	14	21
复兴区	11	8	3	5	3	2	12	6	6
峰峰矿区	55	8	47	10	7	3	4	1	3
邯郸县	36	6	30	18	11	7	11	8	3
临漳县	43	1	42						
成安县	155	4	151						
大名县	16		16	2	1	1	3		3
涉县	48	2	46				2		2
磁县	35	12	23	7		7	1		1
肥乡县	3		3						
永年县	13	1	12	7	7		1		1
邱县							1	1	
鸡泽县	2		2				1		1
广平县	1		1	1		1			
馆陶县	2	1	1	2	1	1			
魏县	28		28	4	2	2			
曲周县	13	4	9						
武安市	86	5	81	6	3	3	2	1	1

10-4　续表 2

单位：人

地　区	壮　族			布依族			朝鲜族		
	小计	男	女	小计	男	女	小计	男	女
邢台市	**206**	**78**	**128**	**32**	**14**	**18**	**98**	**44**	**54**
桥东区	39	18	21	5	2	3	24	11	13
桥西区	57	37	20	10	8	2	49	25	24
邢台县	11	1	10				1		1
临城县	7		7	1	1				
内丘县							2	2	
柏乡县									
隆尧县	1		1						
任县	5	3	2						
南和县	9		9	1		1	1		1
宁晋县	12	4	8	2		2	1		1
巨鹿县	5		5	1		1	3	1	2
新河县	1		1						
广宗县	3		3	1		1	2		2
平乡县	4	2	2				1		1
威县	23	8	15				1		1
清河县	9		9				5	2	3
临西县	2		2	3		3	2	1	1
南宫市	9	1	8	1	1		2		2
沙河市	9	4	5	7	2	5	4	2	2
保定市	**2648**	**652**	**1996**	**726**	**263**	**463**	**1171**	**539**	**632**
新市区	28	14	14	15	7	8	98	49	49
北市区	241	143	98	46	32	14	127	65	62
南市区	111	57	54	23	13	10	81	35	46
满城县	69	19	50	42	14	28	18	7	11
清苑县	75	20	55	11	2	9	15	6	9
涞水县	70	19	51	7	1	6	27	14	13
阜平县	19	2	17	1		1			
徐水县	682	86	596	48	7	41	39	14	25
定兴县	246	33	213	71	17	54	21	8	13
唐县	26	4	22	31	29	2	3	2	1
高阳县	19	3	16	13	6	7	10	6	4
容城县	23	3	20	16	4	12	140	42	98
涞源县	3	1	2	1	1		1		1
望都县	14	4	10	40	39	1	6	3	3
安新县	53	9	44	1		1	31	9	22
易县	288	34	254	253	40	213	129	75	54
曲阳县	1		1	2		2	1		1
蠡县	15	3	12				3		3
顺平县	106	3	103	2		2	2	1	1
博野县	10	2	8	2		2			
雄县	27	5	22	4	1	3	34	11	23
涿州市	253	69	184	62	34	28	218	116	102
定州市	37	8	29	7	3	4	4	2	2
安国市	11		11	3		3	34	18	16
高碑店市	221	111	110	25	13	12	129	56	73
张家口市	**362**	**128**	**234**	**285**	**45**	**240**	**138**	**54**	**84**
桥东区	55	27	28	6		6	37	18	19
桥西区	12	5	7	9		9	19	9	10
宣化区	36	16	20	6	2	4	16	8	8
下花园区	7	3	4				1		1
宣化县	31	12	19				2		2
张北县	3	1	2				2	2	

10-4 续表 3

单位：人

地区	壮族			布依族			朝鲜族		
	小计	男	女	小计	男	女	小计	男	女
康保县	3	1	2				1	1	
沽源县	10	2	8	3	1	2	8	2	6
尚义县	6	2	4	2	1	1	1		1
蔚县	68	7	61	64	6	58	12	2	10
阳原县	8	4	4	16	2	14			
怀安县	37	8	29	1		1			
万全县	3	1	2	5	1	4	2	1	1
怀来县	21	7	14	56	12	44	18	7	11
涿鹿县	53	31	22	100	19	81	7	2	5
赤城县	7	1	6	15	1	14	10	2	8
崇礼县	2		2	2		2	2		2
承德市	**1859**	**572**	**1287**	**150**	**52**	**98**	**994**	**499**	**495**
双桥区	133	68	65	17	8	9	235	104	131
双滦区	38	13	25	13	11	2	44	21	23
鹰手营子矿区	43	39	4	1		1	6	3	3
承德县	106	31	75	10	7	3	53	19	34
兴隆县	413	137	276	34	5	29	25	8	17
平泉县	40	15	25	14	5	9	96	48	48
滦平县	678	167	511	28	7	21	15	9	6
隆化县	98	24	74	2		2	21	7	14
丰宁满族自治县	184	42	142	22	4	18	6	2	4
宽城满族自治县	83	20	63	4	3	1	214	120	94
围场满族蒙古族自治县	43	16	27	5	2	3	279	158	121
沧州市	**623**	**135**	**488**	**99**	**43**	**56**	**636**	**257**	**379**
新华区	15	9	6	23	12	11	21	7	14
运河区	26	13	13	10	5	5	53	30	23
沧县	16	2	14				30	12	18
青县	22	6	16	8	2	6	258	106	152
东光县	27	8	19	1		1	6	2	4
海兴县	8	1	7	2	1	1	16	1	15
盐山县	1	1							
肃宁县	65	11	54	15	5	10	11	3	8
南皮县	8		8				2		2
吴桥县	7		7						
献县	21	3	18	2	1	1	11	2	9
孟村回族自治县	9	6	3				28	16	12
泊头市	57	5	52	15	9	6	5	1	4
任丘市	188	47	141	10	5	5	97	45	52
黄骅市	19	10	9	4	1	3	75	23	52
河间市	134	13	121	9	2	7	23	9	14
廊坊市	**1095**	**404**	**691**	**248**	**136**	**112**	**2442**	**1183**	**1259**
安次区	95	58	37	21	8	13	83	43	40
广阳区	124	68	56	21	11	10	269	125	144
固安县	40	7	33	5	2	3	27	15	12
永清县	21	5	16	2		2	3	1	2
香河县	32	11	21	12	7	5	35	14	21
大城县	10	1	9	7	2	5	68	16	52
文安县	10	4	6	4	1	3	28	9	19
大厂回族自治县	86	21	65	7	3	4	60	37	23
霸州市	25	5	20	6		6	40	25	15
三河市	652	224	428	163	102	61	1829	898	931
衡水市	**217**	**38**	**179**	**22**	**5**	**17**	**102**	**50**	**52**
桃城区	30	8	22	4	1	3	40	22	18
枣强县	9		9	1		1	12	11	1
武邑县	4	1	3				5	2	3

10-4　续表 4　　单位：人

地　区	壮　族			布依族			朝鲜族		
	小计	男	女	小计	男	女	小计	男	女
武强县	2		2						
饶阳县	10		10	1		1	6	2	4
安平县	11	1	10	2	1	1	1	1	
故城县	19	5	14				14	5	9
景县	7	2	5	1	1		4		4
阜城县	52	5	47	1		1	10	2	8
冀州市	33	5	28	4		4			
深州市	40	11	29	8	2	6	10	5	5
山西省	**2007**	**830**	**1177**	**373**	**134**	**239**	**663**	**316**	**347**
太原市	**623**	**381**	**242**	**130**	**66**	**64**	**376**	**176**	**200**
小店区	116	64	52	24	13	11	89	43	46
迎泽区	64	34	30	20	4	16	60	24	36
杏花岭区	44	27	17	13	6	7	72	35	37
尖草坪区	102	72	30	29	17	12	49	28	21
万柏林区	239	166	73	32	22	10	98	44	54
晋源区	22	11	11	5	2	3	6	1	5
清徐县	7		7	2		2			
阳曲县	2		2	4	1	3	1	1	
娄烦县	15	1	14	1	1				
古交市	12	6	6				1		1
大同市	**106**	**46**	**60**	**24**	**9**	**15**	**56**	**27**	**29**
城区	61	33	28	4	1	3	32	12	20
矿区	10	6	4				16	11	5
南郊区	11	5	6	10	7	3	5	3	2
新荣区	13		13	4	1	3			
阳高县									
天镇县	8	1	7						
广灵县				2		2			
灵丘县									
浑源县	1		1	2		2	2	1	1
左云县									
大同县	2	1	1	2		2	1		1
阳泉市	**117**	**26**	**91**	**14**	**3**	**11**	**39**	**23**	**16**
城区	10	6	4	3	2	1	18	12	6
矿区	13	8	5	2	1	1	11	5	6
郊区	19	10	9	1		1	7	5	2
平定县	28	1	27	4		4	3	1	2
盂县	47	1	46	4		4			
长治市	**62**	**29**	**33**	**18**	**7**	**11**	**35**	**15**	**20**
城区	33	17	16	6	3	3	25	11	14
郊区	4	2	2	5	1	4	4	2	2
长治县									
襄垣县	10	5	5	1		1	3	1	2
屯留县				2	1	1	2		2
平顺县	5	3	2	2	2				
黎城县	5	1	4						
壶关县	1		1						
长子县	1		1						
武乡县	1	1							
沁县									
沁源县	2		2						
潞城市				2		2	1	1	

10-4 续表 5 单位：人

地区	壮族			布依族			朝鲜族		
	小计	男	女	小计	男	女	小计	男	女
晋城市	**50**	**24**	**26**	**28**	**10**	**18**	**20**	**12**	**8**
城区	9	5	4	14	8	6	10	5	5
沁水县	1		1	3		3	2	2	
阳城县	16	3	13	4		4	1		1
陵川县	1		1	3		3			
泽州县	12	11	1	3	2	1	1	1	
高平市	11	5	6	1		1	6	4	2
朔州市	**26**	**11**	**15**	**7**	**4**	**3**	**13**	**6**	**7**
朔城区	6	4	2	4	2	2	8	4	4
平鲁区	9	6	3				4	1	3
山阴县	1		1	1	1				
应县	1		1						
右玉县	1		1						
怀仁县	8	1	7	2	1	1	1	1	
晋中市	**102**	**43**	**59**	**39**	**21**	**18**	**53**	**26**	**27**
榆次区	56	29	27	16	9	7	22	12	10
榆社县	1		1						
左权县	4		4	1	1		1		1
和顺县	3	1	2	1		1			
昔阳县	2		2				2	1	1
寿阳县	3	1	2	4	1	3	3	1	2
太谷县	12	5	7				13	6	7
祁县	5	2	3	1		1	3	3	
平遥县	3	2	1	2	1	1	2		2
灵石县	8	2	6	2		2			
介休市	5	1	4	12	9	3	7	3	4
运城市	**206**	**101**	**105**	**15**	**3**	**12**	**39**	**15**	**24**
盐湖区	22	9	13	5	2	3	3	2	1
临猗县	25	14	11				2		2
万荣县	6		6	1		1	2	1	1
闻喜县	20	11	9	1		1	1		1
稷山县	3	2	1	1		1	1		1
新绛县	2	1	1	1		1			
绛县	3	2	1	1		1	7	4	3
垣曲县	20	10	10	3	1	2	22	7	15
夏县	27	15	12	1		1			
平陆县	17	9	8						
芮城县	16	6	10	1		1			
永济市	28	18	10						
河津市	17	4	13				1	1	
忻州市	**469**	**52**	**417**	**94**	**11**	**83**	**17**	**7**	**10**
忻府区	194	6	188	24	3	21	6	5	1
定襄县	73	2	71	1		1			
五台县	11	1	10	1		1	3	1	2
代县	7		7	9		9	1		1
繁峙县	7	3	4						
宁武县	9	3	6	4		4			
静乐县	5		5						
神池县				1		1			
五寨县				1		1			
岢岚县									
河曲县	2	2		1		1	3	1	2
保德县	2	1	1	1	1				
偏关县	1		1	2	2				
原平市	158	34	124	49	5	44	4		4

10-4　续表 6　　　　单位：人

地　区	壮　族			布依族			朝鲜族		
	小计	男	女	小计	男	女	小计	男	女
临汾市	**177**	**84**	**93**				**6**	**3**	**3**
尧都区	24	12	12				1		1
曲沃县	3	1	2						
翼城县	9	6	3						
襄汾县	48	26	22						
洪洞县	44	13	31						
古县	4	1	3						
安泽县	3	1	2						
浮山县									
吉县	1	1							
乡宁县	3	2	1						
大宁县									
隰县	1		1						
永和县									
蒲县									
汾西县	17	14	3						
侯马市	9	4	5				5	3	2
霍州市	11	3	8						
吕梁市	**69**	**33**	**36**	**4**		**4**	**9**	**6**	**3**
离石区	2	2		1		1			
文水县	1		1	2		2			
交城县	10		10				2	1	1
兴县	3	2	1						
临县	3	2	1				1	1	
柳林县	4	2	2						
石楼县									
岚县									
方山县									
中阳县									
交口县									
孝义市	20	20					6	4	2
汾阳市	26	5	21	1		1			
内蒙古自治区	**2319**	**1239**	**1080**	**537**	**260**	**277**	**18464**	**9016**	**9448**
呼和浩特市	**475**	**235**	**240**	**114**	**39**	**75**	**1249**	**606**	**643**
新城区	136	75	61	21	11	10	454	223	231
回民区	63	34	29	8	4	4	155	79	76
玉泉区	72	34	38	19	4	15	136	73	63
赛罕区	120	57	63	29	11	18	459	207	252
土默特左旗	43	19	24	7	3	4	27	14	13
托克托县	14	6	8	14	4	10	8	6	2
和林格尔县	17	7	10	4	1	3	10	4	6
清水河县				6		6			
武川县	10	3	7	6	1	5			
包头市	**452**	**248**	**204**	**111**	**49**	**62**	**699**	**341**	**358**
东河区	73	44	29	18	11	7	118	51	67
昆都仑区	197	113	84	50	28	22	342	165	177
青山区	103	51	52	16	5	11	196	99	97
石拐区	3	1	2				9	6	3
白云鄂博矿区	1		1				5	4	1
九原区	26	14	12	9	3	6	15	9	6
土默特右旗	46	24	22	3		3	9	5	4
固阳县				10		10	1	1	
达尔罕茂明安联合旗	3	1	2	5	2	3	4	1	3
乌海市	**72**	**35**	**37**	**34**	**12**	**22**	**97**	**49**	**48**
海勃湾区	38	21	17	27	11	16	68	36	32
海南区	1		1	2		2	8	1	7
乌达区	33	14	19	5	1	4	21	12	9

10-4 续表 7

单位：人

地区	壮族			布依族			朝鲜族		
	小计	男	女	小计	男	女	小计	男	女
赤峰市	**343**	**178**	**165**	**34**	**15**	**19**	**1290**	**622**	**668**
红山区	120	74	46	8	4	4	391	191	200
元宝山区	17	8	9	4	3	1	112	50	62
松山区	53	26	27	5	3	2	156	82	74
阿鲁科尔沁旗	7	4	3				84	38	46
巴林左旗	22	11	11				106	48	58
巴林右旗	6	4	2	2		2	115	63	52
林西县	4	1	3	1		1	35	8	27
克什克腾旗	17	9	8	1	1		38	25	13
翁牛特旗	23	7	16				93	44	49
喀喇沁旗	17	8	9				60	27	33
宁城县	13	6	7	1		1	65	33	32
敖汉旗	44	20	24	12	4	8	35	13	22
通辽市	**175**	**100**	**75**	**25**	**16**	**9**	**2421**	**1210**	**1211**
科尔沁区	110	68	42	18	14	4	1557	786	771
科尔沁左翼中旗	10	5	5	1		1	135	68	67
科尔沁左翼后旗	12	8	4				205	105	100
开鲁县	16	10	6	1		1	77	37	40
库伦旗	11	4	7				30	14	16
奈曼旗	3	1	2	4	2	2	99	51	48
扎鲁特旗	8	4	4	1		1	132	61	71
霍林郭勒市	5		5				186	88	98
鄂尔多斯市	**285**	**197**	**88**	**132**	**100**	**32**	**177**	**94**	**83**
东胜区	148	120	28	87	72	15	76	39	37
达拉特旗	38	30	8	5	4	1	5	3	2
准格尔旗	47	21	26	19	9	10	56	28	28
鄂托克前旗									
鄂托克旗	9	7	2	1	1		9	5	4
杭锦旗	28	12	16				11	7	4
乌审旗	3	1	2	8	7	1	6	3	3
伊金霍洛旗	12	6	6	12	7	5	14	9	5
呼伦贝尔市	**159**	**81**	**78**	**16**	**5**	**11**	**6803**	**3355**	**3448**
海拉尔区	28	14	14	3	2	1	893	440	453
阿荣旗	24	13	11	3	1	2	1236	638	598
莫力达瓦达斡尔族自治旗	10	3	7	2		2	766	399	367
鄂伦春自治旗	12	7	5	3	1	2	309	147	162
鄂温克族自治旗	7	3	4				174	83	91
陈巴尔虎旗	4	3	1				27	15	12
新巴尔虎左旗							7	2	5
新巴尔虎右旗	2	2					24	11	13
满洲里市	15	10	5	4	1	3	344	175	169
牙克石市	25	8	17				864	406	458
扎兰屯市	22	12	10	1		1	1819	878	941
额尔古纳市	3	2	1				121	55	66
根河市	7	4	3				219	106	113
巴彦淖尔市	**113**	**60**	**53**	**15**	**7**	**8**	**139**	**65**	**74**
临河区	29	14	15	6	2	4	59	31	28
五原县	13	7	6				17	4	13
磴口县	12	2	10				29	12	17
乌拉特前旗	33	20	13	4	2	2	17	7	10
乌拉特中旗	11	7	4	1		1	11	9	2
乌拉特后旗	5	4	1	3	3		3	2	1
杭锦后旗	10	6	4	1		1	3		3

10-4　续表 8

单位：人

地　区	壮　族			布依族			朝鲜族		
	小计	男	女	小计	男	女	小计	男	女
乌兰察布市	**64**	**22**	**42**	**38**	**11**	**27**	**129**	**56**	**73**
集宁区	33	16	17	6	2	4	76	34	42
卓资县	2		2	4	2	2	9	3	6
化德县							4	3	1
商都县				4	1	3	6	2	4
兴和县	7	2	5	5	1	4	5	3	2
凉城县	2		2				6	1	5
察哈尔右翼前旗	8	1	7	1		1	1		1
察哈尔右翼中旗	2		2	6	2	4	6	2	4
察哈尔右翼后旗	5	1	4	2		2	8	5	3
四子王旗	4	2	2	6	2	4	2		2
丰镇市	1		1	4	1	3	6	3	3
兴安盟	**90**	**43**	**47**				**5313**	**2533**	**2780**
乌兰浩特市	16	7	9				2959	1395	1564
阿尔山市	9	6	3				50	24	26
科尔沁右翼前旗	17	6	11				465	232	233
科尔沁右翼中旗	13	4	9				854	421	433
扎赉特旗	29	17	12				780	365	415
突泉县	6	3	3				205	96	109
锡林郭勒盟	**52**	**24**	**28**	**15**	**6**	**9**	**133**	**77**	**56**
二连浩特市	2	1	1				17	13	4
锡林浩特市	11	2	9	6	1	5	59	33	26
阿巴嘎旗	1	1							
苏尼特左旗	3	2	1				4	2	2
苏尼特右旗	6	4	2	3	3		13	8	5
东乌珠穆沁旗	2	1	1				6	3	3
西乌珠穆沁旗	6	4	2				13	7	6
太仆寺旗							10	6	4
镶黄旗	2	2							
正镶白旗	2		2				1	1	
正蓝旗							3	1	2
多伦县	17	7	10	6	2	4	7	3	4
阿拉善盟	**39**	**16**	**23**	**3**		**3**	**14**	**8**	**6**
阿拉善左旗	25	10	15	3		3	10	4	6
阿拉善右旗	2	1	1				1	1	
额济纳旗	12	5	7				3	3	
辽宁省	**4285**	**2160**	**2125**	**991**	**511**	**480**	**239537**	**118896**	**120641**
沈阳市	**1099**	**617**	**482**	**201**	**106**	**95**	**92114**	**45511**	**46603**
和平区	199	118	81	27	15	12	17282	8429	8853
沈河区	131	57	74	28	11	17	3602	1710	1892
大东区	80	42	38	7	5	2	2617	1245	1372
皇姑区	111	61	50	32	16	16	15145	7348	7797
铁西区	79	45	34	19	10	9	7379	3634	3745
苏家屯区	38	28	10	7	3	4	17608	8832	8776
东陵区	79	45	34	6	3	3	6860	3405	3455
沈北新区	76	44	32	42	30	12	5451	2757	2694
于洪区	108	75	33	23	12	11	13872	7005	6867
辽中县	79	42	37	2	1	1	204	92	112
康平县	33	24	9	4		4	96	58	38
法库县	23	11	12				58	23	35
新民市	63	25	38	4		4	1940	973	967
大连市	**1202**	**606**	**596**	**290**	**155**	**135**	**23268**	**11202**	**12066**
中山区	58	25	33	6	3	3	2680	1202	1478
西岗区	56	29	27				1237	573	664
沙河口区	161	73	88	43	24	19	3777	1727	2050

10-4 续表 9

单位：人

地区	壮族			布依族			朝鲜族		
	小计	男	女	小计	男	女	小计	男	女
甘井子区	434	255	179	53	28	25	6570	3278	3292
旅顺口区	52	22	30	20	6	14	833	354	479
金州区	369	166	203	161	90	71	7024	3396	3628
长海县	4	2	2				26	15	11
瓦房店市	42	21	21	7	4	3	639	414	225
普兰店市	15	10	5				219	107	112
庄河市	11	3	8				263	136	127
鞍山市	**210**	**117**	**93**	**58**	**25**	**33**	**8101**	**3987**	**4114**
铁东区	55	40	15	20	8	12	1303	622	681
铁西区	15	6	9	3	3		2464	1207	1257
立山区	26	17	9	13	2	11	494	247	247
千山区	8	3	5	7	5	2	2984	1482	1502
台安县	2	2		4		4	36	7	29
岫岩满族自治县	59	28	31	2	1	1	126	63	63
海城市	45	21	24	9	6	3	694	359	335
抚顺市	**193**	**96**	**97**	**21**	**10**	**11**	**38688**	**19439**	**19249**
新抚区	20	11	9	3	2	1	1503	731	772
东洲区	28	17	11	3	1	2	2256	1159	1097
望花区	43	24	19	9	5	4	8278	4219	4059
顺城区	47	24	23	4	2	2	14628	7265	7363
抚顺县	10	3	7				732	332	400
新宾满族自治县	16	1	15				8037	4058	3979
清原满族自治县	29	16	13	2		2	3254	1675	1579
本溪市	**186**	**96**	**90**	**31**	**19**	**12**	**13599**	**6870**	**6729**
平山区	51	30	21	13	7	6	865	391	474
溪湖区	18	8	10	11	8	3	920	476	444
明山区	66	43	23	1		1	1609	751	858
南芬区							53	22	31
本溪满族自治县	16	8	8	4	2	2	3093	1680	1413
桓仁满族自治县	35	7	28	2	2		7059	3550	3509
丹东市	**158**	**72**	**86**	**38**	**19**	**19**	**16974**	**8487**	**8487**
元宝区	15	6	9	2	1	1	1299	648	651
振兴区	40	20	20	18	7	11	5388	2674	2714
振安区	13	4	9	3	2	1	792	387	405
宽甸满族自治县	44	22	22	8	7	1	4291	2160	2131
东港市	13	5	8	4	1	3	2385	1226	1159
凤城市	33	15	18	3	1	2	2819	1392	1427
锦州市	**268**	**101**	**167**	**129**	**69**	**60**	**1773**	**846**	**927**
古塔区	34	15	19	18	8	10	302	136	166
凌河区	53	22	31	18	9	9	469	234	235
太和区	42	25	17	25	16	9	410	188	222
黑山县	43	17	26	8	2	6	150	69	81
义县	8	3	5	4	1	3	129	63	66
凌海市	6	1	5	43	23	20	66	30	36
北镇市	82	18	64	13	10	3	247	126	121
营口市	**159**	**77**	**82**	**36**	**27**	**9**	**9737**	**4854**	**4883**
站前区	39	22	17	20	20		1027	500	527
西市区	11	9	2	3	2	1	1233	599	634
鲅鱼圈区	35	15	20	4	2	2	2632	1327	1305
老边区	6	2	4	2	1	1	221	106	115
盖州市	29	11	18	3		3	2088	1081	1007
大石桥市	39	18	21	4	2	2	2536	1241	1295
阜新市	**72**	**28**	**44**	**24**	**7**	**17**	**713**	**355**	**358**
海州区	7	2	5	1	1		169	88	81
新邱区	5	1	4				28	20	8

10-4　续表 10

单位：人

地　区	壮　族			布依族			朝鲜族		
	小计	男	女	小计	男	女	小计	男	女
太平区	1		1	6	1	5	32	14	18
清河门区	7	5	2				7	3	4
细河区	7	5	2	11	5	6	201	103	98
阜新蒙古族自治县	22	8	14	4		4	183	87	96
彰武县	23	7	16	2		2	93	40	53
辽阳市	**212**	**80**	**132**	**16**	**10**	**6**	**4734**	**2334**	**2400**
白塔区	46	20	26	1		1	1068	499	569
文圣区	4	2	2	4	1	3	756	365	391
宏伟区	13	9	4				392	177	215
弓长岭区	7	6	1				96	57	39
太子河区	13	8	5	3	3		1218	611	607
辽阳县	57	13	44	1	1		625	315	310
灯塔市	72	22	50	7	5	2	579	310	269
盘锦市	**111**	**63**	**48**	**28**	**15**	**13**	**9912**	**5020**	**4892**
双台子区	8	3	5	3	1	2	376	186	190
兴隆台区	79	51	28	19	12	7	1426	712	714
大洼县	24	9	15	6	2	4	5144	2591	2553
盘山县							2966	1531	1435
铁岭市	**161**	**72**	**89**	**19**	**5**	**14**	**18057**	**9084**	**8973**
银州区	37	18	19	4	1	3	5345	2604	2741
清河区							1000	524	476
铁岭县	65	32	33	3		3	3487	1762	1725
西丰县	9	2	7	3		3	565	285	280
昌图县	8	2	6	2	1	1	393	189	204
调兵山市	7	4	3	6	2	4	636	337	299
开原市	35	14	21	1	1		6631	3383	3248
朝阳市	**130**	**68**	**62**	**50**	**32**	**18**	**851**	**434**	**417**
双塔区	23	15	8	9	4	5	211	108	103
龙城区	4	1	3	1	1		33	18	15
朝阳县	16	5	11	2		2	72	14	58
建平县	13	6	7	11	8	3	33	19	14
喀喇沁左翼蒙古族自治县	13	6	7	4	2	2	76	9	67
北票市	6		6				78	29	49
凌源市	55	35	20	23	17	6	348	237	111
葫芦岛市	**124**	**67**	**57**	**50**	**12**	**38**	**1016**	**473**	**543**
连山区	23	12	11	13	2	11	255	116	139
龙港区	34	21	13	2	1	1	302	166	136
南票区	3	2	1	1		1	23	8	15
绥中县	11	7	4				144	67	77
建昌县	18	8	10	10		10	58	17	41
兴城市	35	17	18	24	9	15	234	99	135
吉林省	**1547**	**738**	**809**	**362**	**191**	**171**	**1040167**	**517257**	**522910**
长春市	**649**	**321**	**328**	**171**	**88**	**83**	**52986**	**25771**	**27215**
南关区	213	84	129	64	30	34	8582	3979	4603
宽城区	47	32	15	8	5	3	5293	2788	2505
朝阳区	185	108	77	48	31	17	11266	5383	5883
二道区	51	26	25	19	9	10	5935	2860	3075
绿园区	57	31	26	6	2	4	6945	3392	3553
双阳区	17	5	12	4	1	3	5944	2918	3026
农安县	56	23	33	21	10	11	853	405	448
九台市	7	5	2	1		1	3665	1828	1837
榆树市	9	3	6				3089	1506	1583
德惠市	7	4	3				1414	712	702

10-4 续表 11

单位：人

地区	壮族			布依族			朝鲜族		
	小计	男	女	小计	男	女	小计	男	女
吉林市	**251**	**112**	**139**	**49**	**28**	**21**	**137282**	**68129**	**69153**
昌邑区	66	24	42	7	4	3	19626	9653	9973
龙潭区	57	30	27	11	6	5	17269	8606	8663
船营区	43	30	13	7	5	2	9862	4993	4869
丰满区	27	10	17	12	7	5	4519	2220	2299
永吉县	8	2	6	2	1	1	18832	9352	9480
蛟河市	21	8	13	3	2	1	20203	9872	10331
桦甸市	5		5	3	2	1	5552	2827	2725
舒兰市	4	1	3	1		1	20388	10119	10269
磐石市	20	7	13	3	1	2	21031	10487	10544
四平市	**112**	**48**	**64**	**14**	**8**	**6**	**6504**	**3246**	**3258**
铁西区	27	11	16	7	5	2	860	372	488
铁东区	9	2	7				521	265	256
梨树县	19	12	7	2	1	1	635	335	300
伊通满族自治县	27	11	16	2		2	1474	764	710
公主岭市	28	12	16	2	2		2872	1441	1431
双辽市	2		2	1		1	142	69	73
辽源市	**33**	**14**	**19**	**7**	**4**	**3**	**4522**	**2252**	**2270**
龙山区	10	6	4	3	3		1212	605	607
西安区	4	2	2				146	75	71
东丰县	11	5	6	2		2	1855	922	933
东辽县	8	1	7	2	1	1	1309	650	659
通化市	**96**	**41**	**55**	**24**	**6**	**18**	**80936**	**40851**	**40085**
东昌区	20	7	13	9	4	5	4451	2179	2272
二道江区	5	2	3	1		1	1654	846	808
通化县	15	7	8	2		2	10937	5555	5382
辉南县	11	3	8	3		3	11930	6038	5892
柳河县	13	5	8	8	2	6	16208	8252	7956
梅河口市	17	8	9	1		1	22605	11327	11278
集安市	15	9	6				13151	6654	6497
白山市	**58**	**28**	**30**	**17**	**16**	**1**	**17885**	**8971**	**8914**
浑江区	11	3	8				3728	1851	1877
江源区	10	5	5				741	373	368
抚松县	21	17	4	16	16		1471	725	746
靖宇县	6	1	5				739	380	359
长白朝鲜族自治县	8	1	7	1		1	9905	5016	4889
临江市	2	1	1				1301	626	675
松原市	**91**	**37**	**54**	**27**	**14**	**13**	**2095**	**998**	**1097**
宁江区	16	9	7	11	6	5	688	314	374
前郭尔罗斯蒙古族自治县	57	21	36				880	447	433
长岭县	9	5	4	8	5	3	139	55	84
乾安县	7	2	5	5	1	4	52	24	28
扶余县	2		2	3	2	1	336	158	178
白城市	**80**	**50**	**30**	**15**	**9**	**6**	**966**	**490**	**476**
洮北区	32	18	14	8	7	1	501	247	254
镇赉县	5	4	1	3	1	2	147	94	53
通榆县	27	16	11				88	38	50
洮南市	13	10	3	3		3	173	82	91
大安市	3	2	1	1	1		57	29	28
延边朝鲜族自治州	**177**	**87**	**90**	**38**	**18**	**20**	**736991**	**366549**	**370442**
延吉市	68	37	31	17	5	12	275078	134517	140561
图们市	1		1				71124	35374	35750
敦化市	30	8	22	4	1	3	17749	8933	8816
珲春市	18	10	8	6	5	1	74963	37649	37314
龙井市	2	1	1	4	3	1	108922	54393	54529
和龙市	13	5	8				89552	45464	44088
汪清县	42	25	17	5	2	3	62307	31487	30820
安图县	3	1	2	2	2		37296	18732	18564

10-4　续表 12

单位：人

地区	壮族			布依族			朝鲜族		
	小计	男	女	小计	男	女	小计	男	女
黑龙江省	**2070**	**1060**	**1010**	**425**	**220**	**205**	**327806**	**164200**	**163606**
哈尔滨市	**864**	**469**	**395**	**121**	**57**	**64**	**105302**	**53032**	**52270**
道里区	36	17	19	4	3	1	6463	3181	3282
南岗区	368	237	131	33	21	12	7280	3489	3791
道外区	39	26	13	4	4		5924	2991	2933
平房区	23	14	9				1587	777	810
松北区	65	31	34	23	13	10	2046	1006	1040
香坊区	158	76	82	17	4	13	9485	4673	4812
呼兰区	79	33	46	31	11	20	1847	854	993
阿城区	32	15	17	2		2	11127	5648	5479
依兰县	1		1	1	1		3732	1894	1838
方正县	6		6				2267	1135	1132
宾县	19	12	7	1		1	1150	564	586
巴彦县	11	2	9	2		2	220	119	101
木兰县	1		1				2276	1169	1107
通河县	4	1	3				2113	1001	1112
延寿县							6971	3585	3386
双城市	13	4	9	1		1	219	108	111
尚志市	7	1	6				16695	8641	8054
五常市	2		2	2		2	23900	12197	11703
齐齐哈尔市	**223**	**103**	**120**	**41**	**21**	**20**	**11957**	**5898**	**6059**
龙沙区	12	8	4				2240	1115	1125
建华区	77	36	41	17	10	7	1295	627	668
铁锋区	27	13	14				501	251	250
昂昂溪区	18	10	8	1		1	306	149	157
富拉尔基区	13	5	8	12	8	4	557	272	285
碾子山区	1		1				222	115	107
梅里斯达斡尔族区	3		3				1513	773	740
龙江县	7	1	6				1271	624	647
依安县	11	4	7	7	2	5	94	44	50
泰来县	9	6	3				1043	539	504
甘南县	8	2	6				811	409	402
富裕县	13	10	3	2		2	245	117	128
克山县	1		1				63	30	33
克东县	5	1	4				463	209	254
拜泉县	4		4				34	14	20
讷河市	14	7	7	2	1	1	1299	610	689
鸡西市	**196**	**101**	**95**	**37**	**23**	**14**	**36572**	**18167**	**18405**
鸡冠区	43	18	25	2		2	2803	1375	1428
恒山区							509	251	258
滴道区							1015	522	493
梨树区							358	173	185
城子河区	5		5				2828	1403	1425
麻山区				4	2	2	704	337	367
鸡东县	5		5				12171	5981	6190
虎林市	103	58	45	31	21	10	1822	944	878
密山市	40	25	15				14362	7181	7181
鹤岗市	**91**	**40**	**51**	**6**	**3**	**3**	**6113**	**3060**	**3053**
向阳区	1		1				173	65	108
工农区	1	1					337	182	155
南山区	5	1	4				76	34	42
兴安区							49	24	25

10-4 续表 13 单位：人

地区	壮族			布依族			朝鲜族		
	小计	男	女	小计	男	女	小计	男	女
东山区	5	4	1				1276	637	639
兴山区							60	29	31
萝北县	74	30	44	5	2	3	4064	2052	2012
绥滨县	5	4	1	1	1		78	37	41
双鸭山市	**160**	**85**	**75**	**101**	**56**	**45**	**4978**	**2496**	**2482**
尖山区	8	4	4				1116	559	557
岭东区	4	1	3				48	23	25
四方台区							29	13	16
宝山区	9	5	4				105	49	56
集贤县	6	3	3	1		1	467	222	245
友谊县	15	6	9	6	3	3	1312	653	659
宝清县	57	30	27	70	37	33	731	366	365
饶河县	61	36	25	24	16	8	1170	611	559
大庆市	**204**	**125**	**79**	**40**	**23**	**17**	**5434**	**2681**	**2753**
萨尔图区	16	11	5	12	7	5	946	493	453
龙凤区	85	57	28	11	8	3	1324	645	679
让胡路区	48	30	18	12	7	5	2085	1026	1059
红岗区	10	5	5	3		3	599	302	297
大同区	7	2	5				145	68	77
肇州县	1	1					53	23	30
肇源县	5	2	3	1		1	78	28	50
林甸县	6	2	4	1	1		28	10	18
杜尔伯特蒙古族自治县	26	15	11				176	86	90
伊春市	**12**	**2**	**10**	**4**	**3**	**1**	**7024**	**3487**	**3537**
伊春区	1		1				411	193	218
南岔区	1		1	2	1	1	228	117	111
友好区							122	59	63
西林区	1	1					90	47	43
翠峦区							41	20	21
新青区							70	38	32
美溪区							38	20	18
金山屯区	2		2				86	43	43
五营区							89	42	47
乌马河区							34	18	16
汤旺河区							23	17	6
带岭区	1	1					66	33	33
乌伊岭区							12	5	7
红星区							27	12	15
上甘岭区							47	22	25
嘉荫县	4		4				84	38	46
铁力市	2		2	2	2		5556	2763	2793
佳木斯市	**83**	**41**	**42**	**20**	**10**	**10**	**24874**	**12593**	**12281**
向阳区	10	4	6	1	1		1986	972	1014
前进区	5	4	1	1	1		786	385	401
东风区	6	3	3				1053	505	548
郊区	9	6	3	1		1	3242	1686	1556
桦南县	13	5	8	2	1	1	3345	1753	1592
桦川县	1		1	1		1	3284	1645	1639
汤原县	9	5	4				10481	5270	5211
抚远县	7	5	2	1		1	82	45	37
同江市	12	6	6	11	7	4	450	249	201
富锦市	11	3	8	2		2	165	83	82
七台河市	**23**	**5**	**18**	**10**	**4**	**6**	**7099**	**3514**	**3585**
新兴区	6	1	5	9	4	5	1055	558	497
桃山区	8	3	5				865	442	423
茄子河区	7	1	6				141	72	69
勃利县	2		2	1		1	5038	2442	2596

10-4　续表 14

单位：人

地　　区	壮　族			布依族			朝鲜族		
	小计	男	女	小计	男	女	小计	男	女
牡丹江市	**92**	**39**	**53**	**9**		**9**	**103526**	**51779**	**51747**
东安区	6	2	4				3941	2008	1933
阳明区	3	2	1				6994	3549	3445
爱民区	44	23	21	4		4	2885	1452	1433
西安区	5	2	3	1		1	20809	10344	10465
东宁县	9	4	5	2		2	6878	3471	3407
林口县	1		1	1		1	3394	1664	1730
绥芬河市	6	2	4				407	211	196
海林市	2		2	1		1	24634	12316	12318
宁安市	13	3	10				25720	12756	12964
穆棱市	3	1	2				7864	4008	3856
黑河市	**29**	**17**	**12**	**26**	**15**	**11**	**3230**	**1662**	**1568**
爱辉区	10	5	5	2	1	1	409	205	204
嫩江县	12	8	4				668	342	326
逊克县							283	135	148
孙吴县	1		1	1		1	153	89	64
北安市	4	3	1	16	9	7	1516	787	729
五大连池市	2	1	1	7	5	2	201	104	97
绥化市	**84**	**29**	**55**	**10**	**5**	**5**	**10703**	**5347**	**5356**
北林区	18	9	9	5	3	2	5034	2492	2542
望奎县	9	2	7				24	7	17
兰西县	10	2	8	1		1	24	9	15
青冈县				2	1	1	20	12	8
庆安县	7	5	2				2943	1494	1449
明水县	1	1					13	4	9
绥棱县	3	1	2	2	1	1	1865	947	918
安达市	5	2	3				107	47	60
肇东市	29	7	22				80	46	34
海伦市	2		2				593	289	304
大兴安岭地区	**9**	**4**	**5**				**994**	**484**	**510**
加格达奇区	4	1	3				395	183	212
松岭区	2	2					96	48	48
新林区							88	45	43
呼中区							39	17	22
呼玛县							55	27	28
塔河县	1		1				173	84	89
漠河县	2	1	1				148	80	68
上海市	**16219**	**7894**	**8325**	**5840**	**3043**	**2797**	**22257**	**10292**	**11965**
市辖区	**15845**	**7773**	**8072**	**5627**	**2955**	**2672**	**22232**	**10278**	**11954**
黄浦区	250	129	121	50	23	27	90	39	51
卢湾区	138	71	67	27	10	17	83	35	48
徐汇区	699	379	320	139	75	64	699	336	363
长宁区	574	277	297	143	58	85	1567	648	919
静安区	205	111	94	34	15	19	94	32	62
普陀区	596	276	320	172	98	74	531	232	299
闸北区	261	123	138	98	46	52	243	120	123
虹口区	366	207	159	122	49	73	323	137	186
杨浦区	765	381	384	219	126	93	511	243	268
闵行区	1715	888	827	635	342	293	9511	4320	5191
宝山区	726	346	380	355	191	164	533	258	275
嘉定区	981	493	488	499	269	230	362	184	178
浦东新区	2888	1474	1414	1316	666	650	3156	1455	1701

10-4 续表 15

单位：人

地区	壮族			布依族			朝鲜族		
	小计	男	女	小计	男	女	小计	男	女
金山区	1004	408	596	231	135	96	83	46	37
松江区	2133	1006	1127	673	348	325	3916	1908	2008
青浦区	1738	812	926	443	243	200	276	149	127
奉贤区	806	392	414	471	261	210	254	136	118
市辖县	**374**	**121**	**253**	**213**	**88**	**125**	**25**	**14**	**11**
崇明县	374	121	253	213	88	125	25	14	11
江苏省	**20880**	**9272**	**11608**	**16689**	**7315**	**9374**	**9525**	**4920**	**4605**
南京市	**2469**	**1281**	**1188**	**1028**	**449**	**579**	**1772**	**882**	**890**
玄武区	266	124	142	62	35	27	249	118	131
白下区	221	125	96	49	31	18	191	91	100
秦淮区	99	45	54	29	22	7	33	17	16
建邺区	200	143	57	40	23	17	123	52	71
鼓楼区	368	193	175	50	31	19	214	106	108
下关区	75	39	36	21	9	12	39	19	20
浦口区	218	98	120	103	55	48	115	63	52
栖霞区	218	114	104	68	34	34	492	270	222
雨花台区	121	80	41	50	35	15	54	25	29
江宁区	407	204	203	222	82	140	216	95	121
六合区	115	52	63	74	27	47	36	18	18
溧水县	41	18	23	195	49	146	2	1	1
高淳县	120	46	74	65	16	49	8	7	1
无锡市	**3184**	**1438**	**1746**	**3914**	**1882**	**2032**	**997**	**538**	**459**
崇安区	42	22	20	16	5	11	21	9	12
南长区	62	37	25	24	5	19	45	26	19
北塘区	85	50	35	46	24	22	56	35	21
锡山区	369	188	181	807	399	408	78	45	33
惠山区	315	147	168	125	64	61	43	23	20
滨湖区	565	222	343	263	133	130	649	338	311
江阴市	729	284	445	627	283	344	73	44	29
宜兴市	1017	488	529	2006	969	1037	32	18	14
徐州市	**307**	**138**	**169**	**260**	**65**	**195**	**137**	**59**	**78**
鼓楼区	32	21	11	11	3	8	14	9	5
云龙区	23	17	6	8	4	4	10	4	6
九里区	5	1	4	2		2	2	1	1
贾汪区	29	14	15	4		4	2	1	1
泉山区	89	50	39	33	26	7	55	27	28
丰县	26	12	14	18	2	16	8	1	7
沛县	18	3	15	34	12	22	10		10
铜山县	14	2	12	58	7	51	9	5	4
睢宁县	18	2	16	50	3	47	3	3	
新沂市	35	10	25	13	2	11	3	2	1
邳州市	18	6	12	29	6	23	21	6	15
常州市	**1932**	**911**	**1021**	**3160**	**1578**	**1582**	**443**	**244**	**199**
天宁区	123	68	55	66	40	26	61	37	24
钟楼区	75	43	32	57	38	19	53	31	22
戚墅堰区	32	11	21	68	35	33	2		2
新北区	361	199	162	296	166	130	188	103	85
武进区	946	423	523	1431	770	661	79	40	39
溧阳市	149	84	65	933	425	508	27	12	15
金坛市	246	83	163	309	104	205	33	21	12
苏州市	**7787**	**3790**	**3997**	**3144**	**1640**	**1504**	**4659**	**2421**	**2238**
沧浪区	144	76	68	32	7	25	180	79	101
平江区	520	244	276	205	99	106	1662	830	832
金阊区	87	35	52	22	12	10	68	27	41

10-4　续表 16

单位：人

地区	壮族			布依族			朝鲜族		
	小计	男	女	小计	男	女	小计	男	女
虎丘区	263	110	153	104	41	63	415	225	190
吴中区	1217	492	725	326	178	148	509	284	225
相城区	833	462	371	468	275	193	159	87	72
常熟市	1182	584	598	363	209	154	135	83	52
张家港市	365	155	210	257	125	132	367	192	175
昆山市	1020	517	503	307	166	141	771	393	378
吴江市	1941	1011	930	896	442	454	215	122	93
太仓市	215	104	111	164	86	78	178	99	79
南通市	**869**	**301**	**568**	**2209**	**950**	**1259**	**284**	**135**	**149**
崇川区	143	68	75	99	45	54	129	57	72
港闸区	47	30	17	23	11	12	6	4	2
通州区	161	50	111	571	271	300	16	10	6
海安县	133	28	105	191	27	164	31	18	13
如东县	103	34	69	96	11	85	21	7	14
启东市	80	24	56	92	32	60	34	16	18
如皋市	121	27	94	144	16	128	24	12	12
海门市	81	40	41	993	537	456	23	11	12
连云港市	**217**	**71**	**146**	**117**	**20**	**97**	**334**	**164**	**170**
连云区	17	10	7				78	37	41
新浦区	68	28	40	19	12	7	183	93	90
海州区	8	3	5	7		7	6	2	4
赣榆县	15	3	12	6		6	20	10	10
东海县	72	24	48	47	3	44	28	11	17
灌云县	17	2	15	23	4	19	2	1	1
灌南县	20	1	19	15	1	14	17	10	7
淮安市	**264**	**90**	**174**	**354**	**63**	**291**	**70**	**35**	**35**
清河区	60	39	21	47	38	9	33	16	17
楚州区	53	8	45	37	2	35	4	1	3
淮阴区	43	10	33	33	3	30	9	4	5
清浦区	20	14	6	15		15	5	4	1
涟水县	24		24	28	3	25	6	3	3
洪泽县	6	3	3	58	8	50			
盱眙县	35	8	27	72	4	68	9	4	5
金湖县	23	8	15	64	5	59	4	3	1
盐城市	**1306**	**295**	**1011**	**557**	**83**	**474**	**252**	**137**	**115**
亭湖区	141	42	99	17	8	9	174	102	72
盐都区	66	16	50	27	16	11	28	14	14
响水县	31	9	22	24		24	4	1	3
滨海县	105	24	81	36	4	32	3	1	2
阜宁县	118	24	94	93	4	89	1		1
射阳县	195	43	152	61	9	52	10	4	6
建湖县	77	24	53	84	3	81	6	3	3
东台市	253	37	216	147	22	125	11	6	5
大丰市	320	76	244	68	17	51	15	6	9
扬州市	**580**	**158**	**422**	**366**	**85**	**281**	**168**	**84**	**84**
广陵区	49	22	27	9	4	5	36	21	15
邗江区	74	24	50	61	23	38	36	19	17
维扬区	72	26	46	24	8	16	37	14	23
宝应县	93	12	81	41	9	32	4	1	3
仪征市	65	22	43	28	12	16	27	14	13
高邮市	85	15	70	125	19	106	5	2	3
江都市	142	37	105	78	10	68	23	13	10
镇江市	**958**	**493**	**465**	**686**	**249**	**437**	**231**	**130**	**101**
京口区	125	68	57	59	25	34	91	52	39
润州区	46	32	14	22	9	13	29	14	15

10-4 续表 17

单位：人

地区	壮族			布依族			朝鲜族		
	小计	男	女	小计	男	女	小计	男	女
丹徒区	58	24	34	49	12	37	7	4	3
丹阳市	528	263	265	313	142	171	75	39	36
扬中市	91	47	44	15	5	10	4	3	1
句容市	110	59	51	228	56	172	25	18	7
泰州市	**761**	**226**	**535**	**583**	**182**	**401**	**151**	**80**	**71**
海陵区	89	34	55	25	8	17	92	51	41
高港区	90	42	48	65	38	27	8	4	4
兴化市	193	33	160	98	45	53	30	18	12
靖江市	140	63	77	83	34	49	4	3	1
泰兴市	112	23	89	222	40	182	12	4	8
姜堰市	137	31	106	90	17	73	5		5
宿迁市	**246**	**80**	**166**	**311**	**69**	**242**	**27**	**11**	**16**
宿城区	54	15	39	137	51	86	13	5	8
宿豫区	48	27	21	54	10	44	9	3	6
沭阳县	64	12	52	61	5	56	1		1
泗阳县	51	17	34	43	2	41			
泗洪县	29	9	20	16	1	15	4	3	1
浙江省	**72820**	**35324**	**37496**	**125838**	**67119**	**58719**	**6496**	**3288**	**3208**
杭州市	**12199**	**5497**	**6702**	**7761**	**4065**	**3696**	**1132**	**558**	**574**
上城区	107	54	53	63	36	27	75	30	45
下城区	194	87	107	99	47	52	82	48	34
江干区	852	485	367	584	447	137	207	99	108
拱墅区	258	134	124	114	67	47	43	23	20
西湖区	599	257	342	424	226	198	286	141	145
滨江区	527	270	257	160	93	67	105	53	52
萧山区	4873	2050	2823	1489	800	689	124	67	57
余杭区	3083	1370	1713	1026	453	573	157	76	81
桐庐县	380	194	186	403	203	200	8	4	4
淳安县	88	32	56	47	10	37	6	1	5
建德市	163	63	100	360	157	203	5	3	2
富阳市	835	396	439	2518	1286	1232	21	11	10
临安市	240	105	135	474	240	234	13	2	11
宁波市	**10614**	**4710**	**5904**	**22157**	**11787**	**10370**	**580**	**303**	**277**
海曙区	162	91	71	124	85	39	86	44	42
江东区	125	50	75	89	38	51	102	49	53
江北区	275	126	149	197	93	104	28	10	18
北仑区	399	195	204	898	482	416	98	54	44
镇海区	356	192	164	683	375	308	48	29	19
鄞州区	1088	517	571	2878	1574	1304	144	73	71
象山县	82	41	41	382	191	191	6	4	2
宁海县	184	98	86	2335	1241	1094	14	9	5
余姚市	1881	901	980	4102	2142	1960	29	18	11
慈溪市	5956	2453	3503	9822	5221	4601	22	12	10
奉化市	106	46	60	647	345	302	3	1	2
温州市	**6727**	**3508**	**3219**	**20562**	**11178**	**9384**	**260**	**138**	**122**
鹿城区	1030	547	483	2746	1523	1223	96	53	43
龙湾区	835	462	373	2856	1591	1265	19	11	8
瓯海区	1185	679	506	2611	1497	1114	57	32	25
洞头县	16	4	12	45	16	29	1	1	
永嘉县	752	402	350	1681	917	764	8	6	2
平阳县	425	198	227	1636	851	785	15	5	10
苍南县	471	189	282	440	186	254	9	4	5
文成县	36	6	30	59	13	46			
泰顺县	25	4	21	70	21	49	3	1	2
瑞安市	933	510	423	3911	2148	1763	23	10	13
乐清市	1019	507	512	4507	2415	2092	29	15	14

10-4　续表 18

单位：人

地　区	壮　族			布依族			朝鲜族		
	小计	男	女	小计	男	女	小计	男	女
嘉兴市	**6907**	**3330**	**3577**	**2107**	**1034**	**1073**	**918**	**477**	**441**
南湖区	323	159	164	187	96	91	278	142	136
秀洲区	1682	853	829	458	224	234	340	184	156
嘉善县	526	275	251	231	122	109	47	23	24
海盐县	146	76	70	103	54	49	9	6	3
海宁市	1731	816	915	410	201	209	107	48	59
平湖市	1120	500	620	435	212	223	82	45	37
桐乡市	1379	651	728	283	125	158	55	29	26
湖州市	**8196**	**4200**	**3996**	**4236**	**1958**	**2278**	**85**	**45**	**40**
吴兴区	930	483	447	568	311	257	26	12	14
南浔区	2746	1405	1341	550	308	242	17	12	5
德清县	2777	1414	1363	474	212	262	15	7	8
长兴县	636	286	350	1455	550	905	10	6	4
安吉县	1107	612	495	1189	577	612	17	8	9
绍兴市	**11123**	**5003**	**6120**	**13180**	**6910**	**6270**	**1051**	**528**	**523**
越城区	1314	596	718	2448	1259	1189	183	85	98
绍兴县	5202	2409	2793	3792	1991	1801	658	330	328
新昌县	101	25	76	173	70	103			
诸暨市	1347	611	736	3194	1732	1462	162	90	72
上虞市	2937	1296	1641	3105	1632	1473	8	4	4
嵊州市	222	66	156	468	226	242	40	19	21
金华市	**7490**	**4128**	**3362**	**37353**	**20711**	**16642**	**2181**	**1088**	**1093**
婺城区	558	316	242	1873	1106	767	50	20	30
金东区	395	205	190	1575	807	768	28	12	16
武义县	893	508	385	2310	1266	1044	4	2	2
浦江县	1035	577	458	3703	2106	1597	10	8	2
磐安县	90	29	61	249	114	135			
兰溪市	184	75	109	669	246	423	2	2	
义乌市	2308	1294	1014	7518	4134	3384	2019	1010	1009
东阳市	558	323	235	6734	3730	3004	52	28	24
永康市	1469	801	668	12722	7202	5520	16	6	10
衢州市	**1170**	**478**	**692**	**2829**	**1024**	**1805**	**31**	**13**	**18**
柯城区	344	128	216	205	75	130	9	4	5
衢江区	240	112	128	575	233	342	3	2	1
常山县	61	23	38	165	70	95	4	1	3
开化县	94	15	79	73	25	48	7	3	4
龙游县	158	91	67	303	173	130	2		2
江山市	273	109	164	1508	448	1060	6	3	3
舟山市	**307**	**139**	**168**	**562**	**290**	**272**	**148**	**78**	**70**
定海区	98	52	46	183	99	84	69	37	32
普陀区	130	52	78	94	40	54	76	40	36
岱山县	46	29	17	113	75	38	3	1	2
嵊泗县	33	6	27	172	76	96			
台州市	**7162**	**3933**	**3229**	**13398**	**7409**	**5989**	**91**	**49**	**42**
椒江区	444	262	182	1043	589	454	20	12	8
黄岩区	569	293	276	1944	1060	884	7	3	4
路桥区	902	515	387	1117	630	487	5	3	2
玉环县	536	283	253	1593	877	716	12	8	4
三门县	137	65	72	91	46	45	2		2
天台县	57	20	37	227	105	122	3	1	2
仙居县	146	67	79	381	171	210	1	1	
温岭市	3903	2189	1714	5412	3074	2338	30	15	15
临海市	468	239	229	1590	857	733	11	6	5

10-4 续表 19

单位：人

地区	壮族			布依族			朝鲜族		
	小计	男	女	小计	男	女	小计	男	女
丽水市	**925**	**398**	**527**	**1693**	**753**	**940**	**19**	**11**	**8**
莲都区	298	155	143	325	151	174	6	4	2
青田县	165	60	105	272	141	131	4	1	3
缙云县	322	147	175	579	326	253			
遂昌县	28	5	23	184	23	161	1	1	
松阳县	27	3	24	146	48	98	2	1	1
云和县	5		5	60	20	40	3	3	
庆元县	20	8	12	26	11	15	2	1	1
景宁畲族自治县	9	1	8	19	1	18			
龙泉市	51	19	32	82	32	50	1		1
安徽省	**6998**	**2298**	**4700**	**3413**	**845**	**2568**	**1200**	**570**	**630**
合肥市	**1178**	**596**	**582**	**458**	**221**	**237**	**464**	**233**	**231**
瑶海区	143	72	71	64	27	37	130	70	60
庐阳区	97	54	43	37	12	25	67	33	34
蜀山区	366	202	164	150	90	60	162	80	82
包河区	332	199	133	72	37	35	78	43	35
长丰县	47	7	40	31	13	18	1	1	
肥东县	89	24	65	33	10	23	11	2	9
肥西县	104	38	66	71	32	39	15	4	11
芜湖市	**912**	**263**	**649**	**392**	**62**	**330**	**61**	**33**	**28**
镜湖区	133	44	89	15	5	10	17	11	6
弋江区	108	45	63	31	5	26	12	4	8
鸠江区	157	87	70	41	25	16	23	13	10
三山区	88	21	67	40	1	39	5	3	2
芜湖县	255	42	213	66	8	58	2	1	1
繁昌县	81	19	62	30	5	25			
南陵县	90	5	85	169	13	156	2	1	1
蚌埠市	**184**	**58**	**126**	**51**	**19**	**32**	**40**	**17**	**23**
龙子湖区	36	14	22	3	1	2			
蚌山区	65	27	38	15	9	6	23	10	13
禹会区	27	12	15	5	3	2	7	5	2
淮上区	5	2	3	5	2	3			
怀远县	22		22	13	2	11			
五河县	17		17				5	2	3
固镇县	12	3	9	10	2	8	5		5
淮南市	**123**	**58**	**65**	**77**	**36**	**41**	**41**	**20**	**21**
大通区	4	2	2	1		1	4	3	1
田家庵区	95	44	51	60	31	29	25	12	13
谢家集区	7	3	4	3	2	1			
八公山区	5	2	3	4		4	1		1
潘集区	4	1	3	5	2	3	2		2
凤台县	8	6	2	4	1	3	9	5	4
马鞍山市	**370**	**182**	**188**	**94**	**18**	**76**	**36**	**21**	**15**
金家庄区	62	33	29	8	1	7			
花山区	64	33	31	12	4	8	13	6	7
雨山区	158	89	69	21	7	14	18	13	5
当涂县	86	27	59	53	6	47	5	2	3
淮北市	**80**	**30**	**50**	**25**	**4**	**21**	**21**	**4**	**17**
杜集区	13	5	8				1	1	
相山区	53	22	31	8	3	5	16	3	13
烈山区	1	1		1		1			
濉溪县	13	2	11	16	1	15	4		4

10-4　续表 20　　　　单位：人

地　区	壮　族			布依族			朝鲜族		
	小计	男	女	小计	男	女	小计	男	女
铜陵市	**120**	**51**	**69**	**49**	**19**	**30**	**22**	**12**	**10**
铜官山区	45	19	26	2	2		14	8	6
狮子山区	40	27	13	10	5	5	8	4	4
郊区	7	1	6	9	5	4			
铜陵县	28	4	24	28	7	21			
安庆市	**660**	**160**	**500**	**156**	**33**	**123**	**50**	**18**	**32**
迎江区	60	25	35	6	1	5	10	5	5
大观区	58	19	39	7	4	3	8	3	5
宜秀区	40	18	22	16	9	7	7	2	5
怀宁县	25	4	21	9	2	7	1		1
枞阳县	225	6	219	33	3	30	2	1	1
潜山县	25	8	17	19		19	2	1	1
太湖县	59	24	35	12	1	11	2		2
宿松县	45	27	18	13	11	2	3	2	1
望江县	58	16	42	4	1	3	14	4	10
岳西县	18	2	16	11		11	1		1
桐城市	47	11	36	26	1	25			
黄山市	**248**	**72**	**176**	**168**	**51**	**117**	**200**	**114**	**86**
屯溪区	39	16	23	23	13	10	179	104	75
黄山区	40	15	25	9	3	6	8	5	3
徽州区	19	7	12	11	1	10	3	1	2
歙县	94	19	75	60	21	39	5	2	3
休宁县	32	10	22	28	2	26	3	2	1
黟县	12		12	17	3	14	1		1
祁门县	12	5	7	20	8	12	1		1
滁州市	**557**	**165**	**392**	**328**	**51**	**277**	**41**	**7**	**34**
琅琊区	87	42	45	6		6	11	3	8
南谯区	72	23	49	21	7	14	3	1	2
来安县	47	11	36	86	19	67	6		6
全椒县	80	23	57	21	4	17	4	2	2
定远县	113	16	97	20	6	14	5		5
凤阳县	29	5	24	20	1	19	5	1	4
天长市	58	16	42	129	11	118	5		5
明光市	71	29	42	25	3	22	2		2
阜阳市	**240**	**37**	**203**	**136**	**31**	**105**	**45**	**15**	**30**
颍州区	16	5	11	3	1	2	7	4	3
颍东区	25	5	20	32	16	16	7	2	5
颍泉区	18	2	16	3		3	1		1
临泉县	22	3	19	23	2	21	1		1
太和县	52	4	48	21	3	18	16	7	9
阜南县	58	6	52	17		17	4	1	3
颍上县	39	12	27	29	6	23	9	1	8
界首市	10		10	8	3	5			
宿州市	**126**	**24**	**102**	**100**	**18**	**82**	**29**	**10**	**19**
埇桥区	64	17	47	50	16	34	22	7	15
砀山县	18	4	14	6		6			
萧县	18	1	17	9		9			
灵璧县	16	2	14	14	2	12	4	1	3
泗县	10		10	21		21	3	2	1
巢湖市	**600**	**138**	**462**	**180**	**26**	**154**	**37**	**16**	**21**
居巢区	60	17	43	20	7	13	14	7	7
庐江县	221	66	155	69	12	57	5		5
无为县	125	9	116	36	2	34	14	6	8
含山县	46	8	38	33	1	32	1	1	
和县	148	38	110	22	4	18	3	2	1

10-4 续表 21 单位：人

地区	壮族			布依族			朝鲜族		
	小计	男	女	小计	男	女	小计	男	女
六安市	**238**	**75**	**163**	**112**	**19**	**93**	**18**	**9**	**9**
金安区	31	11	20	7	3	4	6	2	4
裕安区	15	8	7	9	2	7	4	2	2
寿县	50	16	34	29	6	23	3	1	2
霍邱县	39	9	30	20	3	17	3	3	
舒城县	52	15	37	25		25	1		1
金寨县	28	8	20	21	5	16	1	1	
霍山县	23	8	15	1		1			
亳州市	**146**	**40**	**106**	**56**	**3**	**53**	**28**	**13**	**15**
谯城区	48	16	32	9	2	7	12	8	4
涡阳县	33	7	26	12	1	11	6		6
蒙城县	27	7	20	16		16	6	4	2
利辛县	38	10	28	19		19	4	1	3
池州市	**173**	**53**	**120**	**167**	**37**	**130**	**15**	**7**	**8**
贵池区	76	17	59	70	19	51	4		4
东至县	34	9	25	20	5	15	6	3	3
石台县	20	7	13	4		4			
青阳县	43	20	23	73	13	60	5	4	1
宣城市	**1043**	**296**	**747**	**864**	**197**	**667**	**52**	**21**	**31**
宣州区	330	65	265	245	29	216	16	4	12
郎溪县	220	49	171	74	15	59	23	13	10
广德县	272	123	149	371	114	257	5	1	4
泾县	77	17	60	73	8	65	3	1	2
绩溪县	19	1	18	12	6	6			
旌德县	42	9	33	13	3	10			
宁国市	83	32	51	76	22	54	5	2	3
福建省	**29696**	**15037**	**14659**	**22172**	**12141**	**10031**	**2157**	**1088**	**1069**
福州市	**3516**	**1731**	**1785**	**2628**	**1477**	**1151**	**237**	**124**	**113**
鼓楼区	236	101	135	50	18	32	81	40	41
台江区	46	17	29	4	3	1	15	6	9
仓山区	442	231	211	256	152	104	23	13	10
马尾区	122	85	37	73	44	29	23	16	7
晋安区	534	249	285	185	85	100	21	10	11
闽侯县	354	202	152	100	57	43	25	10	15
连江县	253	111	142	802	454	348	10	7	3
罗源县	68	37	31	130	85	45	3	3	
闽清县	184	69	115	112	57	55			
永泰县	82	26	56	26	17	9	1		1
平潭县	55	23	32	20	4	16			
福清市	630	334	296	538	306	232	27	13	14
长乐市	510	246	264	332	195	137	8	6	2
厦门市	**5236**	**2678**	**2558**	**2948**	**1573**	**1375**	**1089**	**537**	**552**
思明区	801	330	471	213	87	126	443	204	239
海沧区	632	342	290	432	258	174	90	44	46
湖里区	1334	661	673	608	308	300	341	178	163
集美区	1198	662	536	793	453	340	140	67	73
同安区	991	550	441	617	306	311	58	36	22
翔安区	280	133	147	285	161	124	17	8	9
莆田市	**967**	**540**	**427**	**1714**	**962**	**752**	**32**	**9**	**23**
城厢区	171	92	79	84	50	34	13	3	10
涵江区	420	250	170	527	285	242	10	4	6
荔城区	263	148	115	973	553	420	7	2	5
秀屿区	63	31	32	76	44	32			
仙游县	50	19	31	54	30	24	2		2

10-4　续表 22

单位：人

地区	壮族			布依族			朝鲜族		
	小计	男	女	小计	男	女	小计	男	女
三明市	**1084**	**501**	**583**	**818**	**467**	**351**	**25**	**15**	**10**
梅列区	97	42	55	46	23	23	4	2	2
三元区	172	97	75	56	31	25	5	2	3
明溪县	14	4	10	18	9	9	2	1	1
清流县	50	27	23	11	8	3	1	1	
宁化县	29	17	12						
大田县	140	98	42	14	7	7			
尤溪县	135	23	112	46	25	21	2	1	1
沙县	110	41	69	305	173	132	1		1
将乐县	27	6	21	35	19	16			
泰宁县	27	13	14						
建宁县	81	39	42	22	7	15			
永安市	202	94	108	265	165	100	10	8	2
泉州市	**13264**	**6649**	**6615**	**10620**	**5909**	**4711**	**555**	**304**	**251**
鲤城区	701	388	313	560	322	238	30	16	14
丰泽区	870	464	406	371	222	149	112	53	59
洛江区	714	336	378	295	153	142	7	3	4
泉港区	66	25	41	62	31	31	3	2	1
惠安县	745	344	401	631	342	289	53	27	26
安溪县	1426	423	1003	629	340	289			
永春县	455	120	335	66	15	51	8	3	5
德化县	107	45	62	28	18	10			
石狮市	894	500	394	925	537	388	14	11	3
晋江市	5070	2894	2176	6437	3592	2845	186	99	87
南安市	2216	1110	1106	616	337	279	142	90	52
漳州市	**3251**	**1770**	**1481**	**2060**	**1150**	**910**	**134**	**53**	**81**
芗城区	567	319	248	284	167	117	58	23	35
龙文区	871	521	350	289	176	113	10	6	4
云霄县	23	3	20	10	2	8			
漳浦县	121	54	67	56	32	24	4	2	2
诏安县	26	3	23	5	1	4			
长泰县	194	108	86	350	191	159	2		2
东山县	12	2	10	8	2	6	2	1	1
南靖县	154	74	80	68	35	33	1	1	
平和县	60	17	43	48	22	26			
华安县	140	40	100	81	45	36			
龙海市	1083	629	454	861	477	384	57	20	37
南平市	**704**	**315**	**389**	**621**	**208**	**413**	**33**	**17**	**16**
延平区	234	80	154	78	39	39	4	3	1
顺昌县	39	12	27	40	21	19			
浦城县	48	19	29	233	9	224			
光泽县	18	7	11	18	6	12			
松溪县	13	4	9	4		4			
政和县	47	32	15	2		2			
邵武市	83	44	39	97	54	43	16	8	8
武夷山市	78	32	46	50	28	22	4	2	2
建瓯市	79	52	27	37	23	14	4	2	2
建阳市	65	33	32	62	28	34	5	2	3
龙岩市	**857**	**454**	**403**	**496**	**284**	**212**	**29**	**17**	**12**
新罗区	396	248	148	269	157	112	17	13	4
长汀县	40	9	31	11	3	8	2		2
永定县	121	70	51	59	39	20	1	1	
上杭县	98	46	52	25	13	12	2	1	1
武平县	101	41	60	4	3	1			
连城县	15	4	11	4		4	1		1
漳平市	86	36	50	124	69	55	6	2	4

10-4 续表 23　　　　单位：人

地区	壮族			布依族			朝鲜族		
	小计	男	女	小计	男	女	小计	男	女
宁德市	**817**	**399**	**418**	**267**	**111**	**156**	**23**	**12**	**11**
蕉城区	55	19	36	22	9	13	9	5	4
霞浦县	311	194	117	1		1			
古田县	66	13	53	42	17	25			
屏南县	38	7	31	24	6	18			
寿宁县	6	3	3	15	4	11			
周宁县	47	24	23	20	8	12			
柘荣县	9		9	10		10			
福安市	31	15	16	23	11	12			
福鼎市	254	124	130	110	56	54	14	7	7
江西省	**7979**	**3363**	**4616**	**2156**	**838**	**1318**	**543**	**226**	**317**
南昌市	**1857**	**947**	**910**	**425**	**211**	**214**	**278**	**114**	**164**
东湖区	150	81	69	23	14	9	36	15	21
西湖区	147	75	72	18	11	7	20	3	17
青云谱区	65	25	40	3	2	1	3	1	2
湾里区	81	21	60	12	5	7	5	2	3
青山湖区	473	251	222	105	56	49	84	48	36
南昌县	332	171	161	59	26	33	42	13	29
新建县	567	295	272	103	60	43	88	32	56
安义县	42	28	14	102	37	65			
进贤县									
景德镇市	**160**	**65**	**95**	**34**	**5**	**29**	**25**	**11**	**14**
昌江区	6		6						
珠山区	61	30	31	9	2	7	16	9	7
浮梁县	61	28	33	10	3	7	9	2	7
乐平市	32	7	25	15		15			
萍乡市	**414**	**156**	**258**	**132**	**59**	**73**	**6**	**1**	**5**
安源区	149	71	78	13	4	9	3		3
湘东区	65	20	45	10	2	8	1		1
莲花县	66	25	41	64	33	31	2	1	1
上栗县	65	19	46	8	2	6			
芦溪县	69	21	48	37	18	19			
九江市	**849**	**328**	**521**	**258**	**110**	**148**	**73**	**31**	**42**
庐山区	232	106	126	45	22	23	45	19	26
浔阳区	83	37	46	20	10	10	17	8	9
九江县	34	7	27	27	12	15	3		3
武宁县	89	26	63	12	5	7			
修水县	60	12	48	11		11			
永修县	88	38	50	65	30	35	1	1	
德安县	126	62	64	24	12	12	3	2	1
星子县	16	3	13	6	2	4			
都昌县	35	7	28	5		5	3	1	2
湖口县	16	5	11	5	1	4			
彭泽县	37	6	31	11	3	8			
瑞昌市	33	19	14	27	13	14	1		1
新余市	**574**	**314**	**260**	**86**	**42**	**44**	**10**	**5**	**5**
渝水区	466	246	220	73	39	34	10	5	5
分宜县	108	68	40	13	3	10			
鹰潭市	**194**	**86**	**108**	**71**	**27**	**44**	**24**	**7**	**17**
月湖区	74	39	35	33	17	16	5		5
余江县	55	26	29	16	7	9			
贵溪市	65	21	44	22	3	19	19	7	12
赣州市	**1175**	**490**	**685**	**158**	**66**	**92**	**54**	**20**	**34**
章贡区	383	187	196	32	23	9	46	16	30
赣县	1		1						

10-4　续表 24

单位：人

地　区	壮　族			布依族			朝鲜族		
	小计	男	女	小计	男	女	小计	男	女
信丰县	69	34	35	3	1	2			
大余县	96	68	28						
上犹县									
崇义县	49	15	34	3	1	2			
安远县	66	22	44	29	9	20	2		2
龙南县	80	29	51	18	9	9	1	1	
定南县	34	13	21	2		2			
全南县	49	11	38	19	2	17			
宁都县	7	3	4	5	1	4	1		1
于都县	77	24	53	3		3	3	2	1
兴国县	18	3	15	3		3	1	1	
会昌县	53	15	38	3	2	1			
寻乌县	23	2	21	2		2			
石城县	2	1	1						
瑞金市	33	2	31	7	4	3			
南康市	135	61	74	29	14	15			
吉安市	**1085**	**381**	**704**	**321**	**140**	**181**	**19**	**9**	**10**
吉州区	38	19	19	4	3	1	3	1	2
青原区	87	25	62	14	7	7	5	3	2
吉安县	96	43	53	7	1	6	2	2	
吉水县	48	9	39	156	82	74			
峡江县	67	11	56	10	3	7			
新干县	78	18	60	16	5	11	2		2
永丰县	50	19	31	15	4	11			
泰和县	96	24	72	22	10	12	4	2	2
遂川县	61	9	52	14	2	12			
万安县	52	7	45	14	4	10	1		1
安福县	127	32	95	17	3	14	1	1	
永新县	39	8	31	18	10	8	1		1
井冈山市	246	157	89	14	6	8			
宜春市	**849**	**340**	**509**	**223**	**90**	**133**	**14**	**9**	**5**
袁州区	180	62	118	46	12	34	5	2	3
奉新县	95	55	40	21	8	13	2	2	
万载县	59	11	48	20	2	18			
上高县	97	27	70	7	2	5			
宜丰县	131	46	85	27	17	10	1	1	
靖安县	64	30	34	18	11	7	1	1	
铜鼓县	26	15	11	9	4	5			
丰城市	19	5	14	25	18	7	2	2	
樟树市	40	5	35	8		8	1		1
高安市	138	84	54	42	16	26	2	1	1
抚州市	**223**	**78**	**145**	**62**	**23**	**39**	**16**	**6**	**10**
临川区	51	17	34	9	5	4	16	6	10
南城县	9	2	7	1		1			
黎川县									
南丰县	17	10	7	11	8	3			
崇仁县	6		6	2		2			
乐安县	28	5	23	8	1	7			
宜黄县	10		10	16	7	9			
金溪县	67	36	31	8		8			
资溪县	2		2	2	1	1			
东乡县	9	1	8	3		3			
广昌县	24	7	17	2	1	1			

10-4 续表 25

单位：人

地区	壮族			布依族			朝鲜族		
	小计	男	女	小计	男	女	小计	男	女
上饶市	**599**	**178**	**421**	**386**	**65**	**321**	**24**	**13**	**11**
信州区	73	21	52	22	6	16	7	4	3
上饶县	72	28	44	66	14	52	2	2	
广丰县	29	4	25	29	1	28	3	2	1
玉山县	56	13	43	134		134	2	1	1
铅山县	38	7	31	21	6	15			
横峰县	12	4	8	10	4	6	1	1	
弋阳县	12	3	9	14	1	13			
余干县	124	35	89	18	6	12	3		3
鄱阳县	54	20	34	34	22	12	1		1
万年县	10		10	7		7			
婺源县	37	7	30	14	1	13			
德兴市	82	36	46	17	4	13	5	3	2
山东省	**5822**	**2273**	**3549**	**1839**	**757**	**1082**	**61556**	**31229**	**30327**
济南市	**928**	**430**	**498**	**309**	**172**	**137**	**923**	**417**	**506**
历下区	194	91	103	38	20	18	223	97	126
市中区	220	113	107	60	27	33	153	68	85
槐荫区	67	34	33	39	35	4	83	43	40
天桥区	94	58	36	25	17	8	130	77	53
历城区	190	82	108	77	44	33	187	80	107
长清区	71	28	43	28	11	17	43	17	26
平阴县	16	4	12	1		1	10		10
济阳县	12	2	10	6	2	4	18	7	11
商河县	8	1	7	4		4	11	2	9
章丘市	56	17	39	31	16	15	65	26	39
青岛市	**1379**	**618**	**761**	**346**	**163**	**183**	**40015**	**20330**	**19685**
市南区	93	42	51	37	17	20	1171	521	650
市北区	62	31	31	20	7	13	954	440	514
四方区	62	32	30	21	12	9	275	132	143
黄岛区	170	115	55	84	55	29	1866	941	925
崂山区	106	53	53	40	17	23	1579	748	831
李沧区	69	32	37	25	14	11	3779	1853	1926
城阳区	79	36	43	42	20	22	19446	9940	9506
胶州市	40	18	22	15	2	13	3795	1922	1873
即墨市	231	44	187	16	5	11	4391	2346	2045
平度市	64	13	51	14	1	13	601	323	278
胶南市	344	197	147	24	13	11	1007	528	479
莱西市	59	5	54	8		8	1151	636	515
淄博市	**206**	**85**	**121**	**66**	**25**	**41**	**394**	**215**	**179**
淄川区	43	23	20	14	6	8	21	10	11
张店区	62	29	33	20	13	7	185	100	85
博山区	23	9	14	4		4	13	3	10
临淄区	13	8	5	7	1	6	81	50	31
周村区	28	15	13	8	3	5	79	46	33
桓台县	2		2	9	2	7	7	2	5
高青县	34	1	33	2		2	1		1
沂源县	1		1	2		2	7	4	3
枣庄市	**68**	**26**	**42**	**18**	**2**	**16**	**56**	**38**	**18**
市中区	28	14	14	2	1	1	23	12	11
薛城区	8	4	4	6	1	5	3	2	1
峄城区							1	1	
台儿庄区	3		3						
山亭区	10	2	8	4		4			
滕州市	19	6	13	6		6	29	23	6

10-4 续表 26

单位：人

地区	壮族			布依族			朝鲜族		
	小计	男	女	小计	男	女	小计	男	女
东营市	**202**	**95**	**107**	**59**	**32**	**27**	**167**	**90**	**77**
东营区	114	68	46	24	15	9	103	50	53
河口区	44	19	25	7	3	4	37	22	15
垦利县	21	3	18	14	6	8	11	5	6
利津县	1		1	1		1	1	1	
广饶县	22	5	17	13	8	5	15	12	3
烟台市	**459**	**192**	**267**	**134**	**70**	**64**	**7060**	**3622**	**3438**
芝罘区	58	29	29	29	12	17	1341	688	653
福山区	76	43	33	23	11	12	3434	1785	1649
牟平区	18	4	14				133	70	63
莱山区	73	38	35	34	15	19	1679	835	844
长岛县	2	1	1						
龙口市	13	7	6	5	5		105	61	44
莱阳市	26	5	21	3		3	87	47	40
莱州市	62	30	32	6	2	4	98	42	56
蓬莱市	12	2	10	3	1	2	76	38	38
招远市	16	8	8	2	2		36	17	19
栖霞市	83	15	68	23	20	3	20	10	10
海阳市	20	10	10	6	2	4	51	29	22
潍坊市	**315**	**84**	**231**	**271**	**101**	**170**	**527**	**253**	**274**
潍城区	27	13	14	13	6	7	44	30	14
寒亭区	32	11	21	4	1	3	35	25	10
坊子区	10		10	7	2	5	25	12	13
奎文区	62	23	39	16	6	10	167	83	84
临朐县	8	1	7	9		9	17	6	11
昌乐县	11		11	6		6	8	4	4
青州市	9	1	8	6	1	5	21	15	6
诸城市	17	2	15	6	3	3	69	19	50
寿光市	62	11	51	181	76	105	48	18	30
安丘市	10		10	1		1	22	9	13
高密市	62	21	41	14	3	11	54	24	30
昌邑市	5	1	4	8	3	5	17	8	9
济宁市	**565**	**143**	**422**	**180**	**54**	**126**	**182**	**87**	**95**
市中区	22	10	12	7	1	6	8	3	5
任城区	31	11	20				26	15	11
微山县	8	3	5	2	1	1	42	36	6
鱼台县	6	2	4	10	2	8	1	1	
金乡县	73	32	41	20	3	17	7	2	5
嘉祥县	31	4	27	18	1	17	10	2	8
汶上县	16	2	14	2		2	13		13
泗水县	3		3	1		1	1		1
梁山县	224	10	214	8	2	6	12	2	10
曲阜市	49	22	27	17	1	16	13	6	7
兖州市	70	35	35	10	2	8	13	3	10
邹城市	32	12	20	85	41	44	36	17	19
泰安市	**227**	**68**	**159**	**48**	**16**	**32**	**131**	**56**	**75**
泰山区	28	11	17	11	9	2	53	28	25
岱岳区	58	28	30	15	2	13	43	14	29
宁阳县	26	4	22	14	5	9	13	4	9
东平县	9	2	7	1		1	1		1
新泰市	30	7	23	4		4	18	9	9
肥城市	76	16	60	3		3	3	1	2
威海市	**164**	**69**	**95**	**75**	**26**	**49**	**11095**	**5675**	**5420**
环翠区	96	49	47	37	24	13	9292	4712	4580
文登市	28	8	20	17		17	759	414	345
荣成市	23	6	17	11	1	10	673	362	311
乳山市	17	6	11	10	1	9	371	187	184

10-4 续表 27

单位：人

地区	壮族			布依族			朝鲜族		
	小计	男	女	小计	男	女	小计	男	女
日照市	**136**	**76**	**60**	**36**	**11**	**25**	**423**	**209**	**214**
东港区	87	57	30	11	6	5	368	195	173
岚山区	14	6	8	3		3	19	5	14
五莲县	6	3	3	11	4	7	10	2	8
莒县	29	10	19	11	1	10	26	7	19
莱芜市	**36**	**14**	**22**	**2**	**1**	**1**	**25**	**12**	**13**
莱城区	21	5	16	1		1	17	7	10
钢城区	15	9	6	1	1		8	5	3
临沂市	**353**	**102**	**251**	**148**	**46**	**102**	**219**	**71**	**148**
兰山区	81	41	40	34	23	11	74	35	39
罗庄区	2		2	11	5	6	6	2	4
河东区	17		17	3		3	17	7	10
沂南县	71	13	58	7		7	11	4	7
郯城县	18	6	12	8		8	3		3
沂水县	7		7	6	1	5	17	6	11
苍山县	11	1	10	11	2	9	8	1	7
费县	51	21	30	18	6	12	18	1	17
平邑县	23	6	17	12	4	8	8		8
莒南县	52	9	43	9	1	8	39	12	27
蒙阴县	3		3	2	1	1	6		6
临沭县	17	5	12	27	3	24	12	3	9
德州市	**142**	**67**	**75**	**35**	**13**	**22**	**151**	**71**	**80**
德城区	33	17	16	5	3	2	76	40	36
陵县	9	2	7	3	2	1	9	3	6
宁津县	8		8	1		1	7	3	4
庆云县							11	7	4
临邑县	13	5	8	12	5	7	9	4	5
齐河县	49	32	17	3		3	11	5	6
平原县	6	2	4	3	2	1	6	1	5
夏津县	7	2	5				1		1
武城县	6	3	3	3		3	9	4	5
乐陵市	6	2	4	2		2	3	1	2
禹城市	5	2	3	3	1	2	9	3	6
聊城市	**233**	**78**	**155**	**29**	**9**	**20**	**80**	**32**	**48**
东昌府区	74	33	41	14	6	8	39	19	20
阳谷县	56	15	41	3		3	4		4
莘县	43	14	29	1		1	10	4	6
茌平县	2		2	2	1	1	3	1	2
东阿县	12		12	2		2	4		4
冠县	18	3	15	2		2	4	2	2
高唐县	12	7	5	2		2	6	2	4
临清市	16	6	10	3	2	1	10	4	6
滨州市	**154**	**61**	**93**	**38**	**9**	**29**	**71**	**34**	**37**
滨城区	68	31	37	8	2	6	35	16	19
惠民县	2	1	1	1		1	2		2
阳信县	1		1				4	3	1
无棣县	5		5	3		3	14	7	7
沾化县	7	4	3						
博兴县	15	4	11	5	2	3	6	3	3
邹平县	56	21	35	21	5	16	10	5	5
菏泽市	**255**	**65**	**190**	**45**	**7**	**38**	**37**	**17**	**20**
牡丹区	17	7	10	9	2	7	23	13	10
曹县	5		5	7	1	6	1	1	
单县				1		1	3		3
成武县	15	8	7	5		5			
巨野县	24	8	16	13	2	11	3	1	2
郓城县	72	9	63	3	2	1	3		3
鄄城县	25	4	21				4	2	2
定陶县	24	4	20	1		1			
东明县	73	25	48	6		6			

10-4 续表 28

单位：人

地　区	壮　族			布依族			朝鲜族		
	小计	男	女	小计	男	女	小计	男	女
河南省	**5361**	**2004**	**3357**	**5958**	**2604**	**3354**	**1457**	**664**	**793**
郑州市	**1441**	**677**	**764**	**218**	**91**	**127**	**541**	**246**	**295**
中原区	233	121	112	30	11	19	101	41	60
二七区	254	131	123	31	17	14	61	24	37
管城回族区	102	54	48	30	13	17	51	24	27
金水区	535	260	275	82	38	44	276	134	142
上街区	11	4	7				4	2	2
惠济区	40	22	18	12	4	8	10	5	5
中牟县	47	8	39	10	3	7	7	3	4
巩义市	37	13	24						
荥阳市	37	4	33	5		5	5	2	3
新密市	14	2	12	10	1	9	1	1	
新郑市	118	52	66	4	2	2	23	8	15
登封市	13	6	7	4	2	2	2	2	
开封市	**272**	**109**	**163**	**4935**	**2314**	**2621**	**77**	**41**	**36**
龙亭区	4	3	1				15	10	5
顺河回族区	18	10	8	183	83	100	17	9	8
鼓楼区	7	2	5	4637	2186	2451	1		1
禹王台区	17	8	9	3	3		16	6	10
金明区	38	18	20	1		1	25	16	9
杞县	46	24	22	91	40	51	2		2
通许县	14	3	11						
尉氏县	49	11	38	8		8			
开封县	65	27	38	9		9	1		1
兰考县	14	3	11	3	2	1			
洛阳市	**427**	**175**	**252**	**72**	**32**	**40**	**192**	**95**	**97**
老城区	19	9	10				1		1
西工区	85	44	41	7	4	3	66	36	30
瀍河回族区	19	9	10	3	3		5	3	2
涧西区	101	47	54	13	5	8	87	39	48
吉利区	6	3	3				4	3	1
洛龙区	85	40	45	30	17	13	27	12	15
孟津县	3	1	2						
新安县	21	5	16	2		2	1	1	
栾川县	17	6	11	2		2			
嵩县	15	2	13	2		2			
汝阳县									
宜阳县	25	4	21	6		6	1	1	
洛宁县	3		3						
伊川县	14	4	10	1		1			
偃师市	14	1	13	6	3	3			
平顶山市	**359**	**131**	**228**	**74**	**16**	**58**	**70**	**34**	**36**
新华区	105	55	50	13	5	8	27	16	11
卫东区	53	21	32	6	3	3	9	5	4
石龙区	7	3	4				1		1
湛河区	12	6	6	2	1	1	19	8	11
宝丰县	49	17	32	8	1	7			
叶县	32	7	25	8	1	7	4	1	3
鲁山县	46	10	36	15	2	13			
郏县	7		7	4	2	2			
舞钢市	29	6	23	6	1	5	8	4	4
汝州市	19	6	13	12		12	2		2

10-4 续表 29

单位：人

地区	壮族			布依族			朝鲜族		
	小计	男	女	小计	男	女	小计	男	女
安阳市	**194**	**56**	**138**	**64**	**6**	**58**	**72**	**28**	**44**
文峰区	44	23	21	5		5	46	17	29
北关区	14	9	5	1		1	4	1	3
殷都区	34	11	23				7	4	3
龙安区	7	2	5	1		1	2	2	
安阳县	27	4	23	7		7	2	1	1
汤阴县	14	3	11	5	2	3			
滑县	33	3	30	36	1	35	8	1	7
内黄县	13	1	12	2	1	1	3	2	1
林州市	8		8	7	2	5			
鹤壁市	**53**	**17**	**36**	**48**	**8**	**40**	**6**	**1**	**5**
鹤山区	7	3	4	10	5	5			
山城区	15	8	7	5	1	4	5	1	4
淇滨区	11	5	6	4	1	3	1		1
浚县	11		11	14		14			
淇县	9	1	8	15	1	14			
新乡市	**225**	**91**	**134**	**95**	**25**	**70**	**60**	**24**	**36**
红旗区	64	30	34	8	6	2	24	12	12
卫滨区	18	11	7	24	7	17	10	5	5
凤泉区	14	9	5				1		1
牧野区	63	28	35	11	3	8	10	3	7
新乡县	3		3	3		3	2	1	1
获嘉县	12	2	10	15	5	10	1		1
原阳县	14	5	9	6		6			
延津县	7	4	3	3		3	4	1	3
封丘县	8	1	7	5	1	4	3	1	2
长垣县	6		6	8	2	6	1		1
卫辉市	8	1	7	10	1	9	1		1
辉县市	8		8	2		2	3	1	2
焦作市	**143**	**74**	**69**	**44**	**14**	**30**	**39**	**15**	**24**
解放区	37	24	13	4	1	3	5	2	3
中站区				2		2			
马村区	4	3	1						
山阳区	66	37	29	17	8	9	27	10	17
修武县	6		6	1		1			
博爱县	4		4				1		1
武陟县	10	2	8	13	5	8	2	1	1
温县	6	4	2						
沁阳市	5	2	3	2		2	4	2	2
孟州市	5	2	3	5		5			
濮阳市	**304**	**118**	**186**	**55**	**11**	**44**	**54**	**18**	**36**
华龙区	108	57	51	21	9	12	42	15	27
清丰县	33	15	18	3		3	5	2	3
南乐县	14	3	11	1		1			
范县	55	21	34	9	1	8	2		2
台前县	45	5	40	3		3	3		3
濮阳县	49	17	32	18	1	17	2	1	1
许昌市	**194**	**57**	**137**	**23**	**5**	**18**	**83**	**37**	**46**
魏都区	67	31	36	1		1	67	29	38
许昌县	29	4	25	7		7	2	2	
鄢陵县	10	1	9						
襄城县	28	7	21	5	2	3	7	2	5
禹州市	30	5	25	3		3	7	4	3
长葛市	30	9	21	7	3	4			

10-4　续表 30

单位：人

地　区	壮族			布依族			朝鲜族		
	小计	男	女	小计	男	女	小计	男	女
漯河市	**118**	**46**	**72**	**14**	**3**	**11**	**8**	**6**	**2**
源汇区	35	21	14	2	1	1	4	3	1
郾城区	43	16	27	3	1	2	2	2	
召陵区	25	7	18	3	1	2	2	1	1
舞阳县	6	1	5						
临颍县	9	1	8	6		6			
三门峡市	**60**	**19**	**41**	**11**	**5**	**6**	**36**	**16**	**20**
湖滨区	25	9	16	4	2	2	34	15	19
渑池县	3		3						
陕县	13	6	7				1		1
卢氏县	13	2	11	2		2			
义马市				5	3	2			
灵宝市	6	2	4				1	1	
南阳市	**451**	**127**	**324**	**92**	**20**	**72**	**86**	**42**	**44**
宛城区	62	21	41	17	6	11	17	8	9
卧龙区	85	48	37	7	4	3	37	18	19
南召县	39	10	29	10	4	6	23	11	12
方城县	47	6	41	6	1	5			
西峡县	10	1	9	2		2			
镇平县	13	3	10	3		3	3	1	2
内乡县	47	10	37	3		3			
淅川县	10	2	8	8		8			
社旗县	1		1	3	1	2			
唐河县	65	17	48	11		11	2	2	
新野县	17	2	15	3		3	1		1
桐柏县	15	2	13	14	4	10	2	2	
邓州市	40	5	35	5		5	1		1
商丘市	**188**	**63**	**125**	**23**	**3**	**20**	**50**	**26**	**24**
梁园区	82	30	52	2		2	27	13	14
睢阳区	23	12	11	2	1	1	6	2	4
民权县	8	1	7	1		1			
睢县	3		3	1		1			
宁陵县	4	1	3	4	1	3	1		1
柘城县	13	2	11	2		2	8	4	4
虞城县	8	3	5						
夏邑县	13	2	11	2		2	5	5	
永城市	34	12	22	9	1	8	3	2	1
信阳市	**428**	**114**	**314**	**86**	**28**	**58**	**43**	**21**	**22**
浉河区	112	40	72	7	1	6	20	13	7
平桥区	61	17	44	22	11	11	3	1	2
罗山县	36	12	24	9	3	6	2	2	
光山县	30	7	23	3		3			
新县	15	3	12	9	3	6	4	1	3
商城县	38	5	33	9	1	8	1	1	
固始县	58	12	46	14	4	10	5	2	3
潢川县	57	15	42	9	5	4	1		1
淮滨县									
息县	21	3	18	4		4	7	1	6
周口市	**248**	**62**	**186**	**45**	**7**	**38**	**20**	**6**	**14**
川汇区	21	6	15	3	2	1	13	6	7
扶沟县	11	2	9	10	5	5			
西华县	40	4	36	8		8			
商水县	12		12	8		8			

10-4 续表 31

单位：人

地　区	壮族			布依族			朝鲜族		
	小计	男	女	小计	男	女	小计	男	女
沈丘县	5		5	1		1	1		1
郸城县				1		1			
淮阳县	84	29	55	4		4	2		2
太康县	14	3	11				1		1
鹿邑县	38	14	24	9		9	2		2
项城市	23	4	19	1		1	1		1
驻马店市	**206**	**43**	**163**	**56**	**15**	**41**	**13**	**4**	**9**
驿城区	50	14	36	18	10	8	4	2	2
西平县	40	4	36	6		6	5		5
上蔡县	21	1	20	2		2	2	1	1
平舆县									
正阳县	25	6	19	7	2	5			
确山县	8	1	7	3		3			
泌阳县				2		2			
汝南县	19	3	16	6	2	4			
遂平县	40	13	27	5		5	2	1	1
新蔡县	3	1	2	7	1	6			
省直辖县级行政区划	**50**	**25**	**25**	**3**	**1**	**2**	**7**	**4**	**3**
济源市	50	25	25	3	1	2	7	4	3
湖北省	**12240**	**5422**	**6818**	**2152**	**961**	**1191**	**1960**	**1025**	**935**
武汉市	**6652**	**3337**	**3315**	**1009**	**547**	**462**	**738**	**361**	**377**
江岸区	335	181	154	48	27	21	70	30	40
江汉区	342	191	151	21	11	10	36	17	19
硚口区	262	140	122	38	17	21	42	21	21
汉阳区	155	101	54	9	4	5	4	2	2
武昌区	1004	573	431	110	64	46	124	68	56
青山区	299	156	143	28	16	12	41	20	21
洪山区	3323	1598	1725	464	249	215	306	156	150
东西湖区	168	79	89	57	30	27	23	9	14
汉南区	18	9	9	5	4	1			
蔡甸区	120	53	67	69	44	25	33	13	20
江夏区	525	222	303	139	66	73	59	25	34
黄陂区	86	29	57	20	15	5			
新洲区	15	5	10	1		1			
黄石市	**388**	**140**	**248**	**52**	**16**	**36**	**24**	**11**	**13**
黄石港区	92	44	48	5	3	2	6	2	4
西塞山区	49	16	33	4	1	3	7	3	4
下陆区	96	48	48	8	4	4			
铁山区	25	12	13	5	3	2	11	6	5
阳新县	42	3	39	11	1	10			
大冶市	84	17	67	19	4	15			
十堰市	**369**	**159**	**210**	**39**	**9**	**30**	**72**	**33**	**39**
茅箭区	84	46	38	8	1	7	33	12	21
张湾区	109	54	55	12	2	10	32	17	15
郧县	39	10	29	4	1	3	3	2	1
郧西县	17	2	15	5	1	4			
竹山县	5	1	4						
竹溪县	67	31	36	1		1	1		1
房县	12	5	7	7	3	4	1		1
丹江口市	36	10	26	2	1	1	2	2	
宜昌市	**664**	**278**	**386**	**177**	**91**	**86**	**62**	**31**	**31**
西陵区	267	150	117	61	42	19	29	14	15
伍家岗区	53	32	21	11	9	2	12	7	5
点军区	20	9	11	9	6	3	3	1	2

10-4　续表 32

单位：人

地　区	壮　族			布依族			朝鲜族		
	小计	男	女	小计	男	女	小计	男	女
猇亭区	11	7	4				1		1
夷陵区	42	12	30	10	7	3			
远安县	16		16	2		2			
兴山县	8		8	4	1	3	1	1	
秭归县	18	4	14	9	3	6	4	3	1
长阳土家族自治县	49	16	33	17	3	14			
五峰土家族自治县	20	5	15	7	4	3			
宜都市	35	6	29	17	3	14	3	1	2
当阳市	62	18	44	16	8	8	3	1	2
枝江市	63	19	44	14	5	9	6	3	3
襄樊市	**554**	**162**	**392**	**82**	**25**	**57**	**46**	**22**	**24**
襄城区	100	40	60	18	9	9	13	8	5
樊城区	103	46	57	2	1	1	19	6	13
襄阳区	72	24	48	13	4	9	2	1	1
南漳县	33	2	31	11	2	9			
谷城县	41	11	30	4		4	2	1	1
保康县	38	8	30	3		3	3	3	
老河口市	48	9	39	9	3	6	1		1
枣阳市	64	13	51	15	6	9	2	1	1
宜城市	55	9	46	7		7	4	2	2
鄂州市	**85**	**32**	**53**	**10**	**7**	**3**	**2**		**2**
梁子湖区	6		6	1	1				
华容区	14	6	8	3	1	2			
鄂城区	65	26	39	6	5	1	2		2
荆门市	**371**	**164**	**207**	**85**	**42**	**43**	**12**	**7**	**5**
东宝区	119	49	70	40	29	11	5	2	3
掇刀区	63	38	25	2	1	1			
京山县	47	16	31	9	3	6			
沙洋县	55	34	21	24	7	17	4	4	
钟祥市	87	27	60	10	2	8	3	1	2
孝感市	**379**	**132**	**247**	**56**	**16**	**40**	**33**	**19**	**14**
孝南区	156	71	85	18	6	12	20	13	7
孝昌县	30	8	22						
大悟县	48	14	34	14	5	9	2		2
云梦县	28	9	19	8	2	6	1		1
应城市	21	5	16	6		6	3	2	1
安陆市	49	14	35	3		3	6	3	3
汉川市	47	11	36	7	3	4	1	1	
荆州市	**649**	**197**	**452**	**128**	**54**	**74**	**61**	**26**	**35**
沙市区	123	72	51	11	8	3	28	13	15
荆州区	141	55	86	28	15	13	17	7	10
公安县	132	33	99	8	2	6	2		2
监利县	55	6	49	7		7	4	2	2
江陵县	39	12	27	30	17	13	1		1
石首市	64	8	56	25	4	21	5	3	2
洪湖市	33	3	30	10	5	5			
松滋市	62	8	54	9	3	6	4	1	3
黄冈市	**461**	**174**	**287**	**63**	**13**	**50**	**18**	**7**	**11**
黄州区	63	33	30	10	5	5	3	1	2
团风县	76	34	42	8	1	7	1	1	
红安县	1		1						
罗田县	39	7	32	11	2	9			
英山县	10	1	9	1		1	2	1	1
浠水县	71	22	49	1		1			
蕲春县	72	26	46	12	1	11	7	2	5
黄梅县	87	38	49	10	3	7	1		1
麻城市	7	1	6	3	1	2			
武穴市	35	12	23	7		7	4	2	2

10-4 续表 33

单位：人

地区	壮族			布依族			朝鲜族		
	小计	男	女	小计	男	女	小计	男	女
咸宁市	**311**	**85**	**226**	**70**	**17**	**53**			
咸安区	137	53	84	24	9	15			
嘉鱼县	20		20	10	2	8			
通城县	25	2	23	7	1	6			
崇阳县	42	5	37	10		10			
通山县	24	7	17	7	2	5			
赤壁市	63	18	45	12	3	9			
随州市	**155**	**37**	**118**	**26**	**4**	**22**	**5**	**4**	**1**
曾都区	51	26	25	3		3	5	4	1
随县	46	7	39	10	1	9			
广水市	58	4	54	13	3	10			
恩施土家族苗族自治州	**1061**	**469**	**592**	**325**	**106**	**219**	**869**	**498**	**371**
恩施市	366	150	216	80	30	50	40	22	18
利川市	257	136	121	32	3	29	7	2	5
建始县	71	20	51	14	4	10	10	3	7
巴东县	43	10	33	27	4	23	9	6	3
宣恩县	148	67	81	73	19	54	8	3	5
咸丰县	47	12	35	49	25	24	722	423	299
来凤县	38	18	20	42	20	22	29	12	17
鹤峰县	91	56	35	8	1	7	44	27	17
省直辖县级行政区划	**141**	**56**	**85**	**30**	**14**	**16**	**18**	**6**	**12**
仙桃市	45	15	30	11	5	6	6	3	3
潜江市	86	38	48	12	8	4	8	2	6
天门市	1		1	4		4	1		1
神农架林区	9	3	6	3	1	2	3	1	2
湖南省	**30387**	**12964**	**17423**	**4039**	**1463**	**2576**	**1180**	**583**	**597**
长沙市	**2795**	**1377**	**1418**	**594**	**326**	**268**	**352**	**184**	**168**
芙蓉区	251	134	117	46	22	24	55	30	25
天心区	422	213	209	46	25	21	66	26	40
岳麓区	872	453	419	97	52	45	100	48	52
开福区	213	113	100	40	27	13	30	14	16
雨花区	408	198	210	133	78	55	37	22	15
长沙县	368	184	184	166	98	68	58	39	19
望城县	72	25	47	21	7	14	4	3	1
宁乡县	80	17	63	26	12	14	1	1	
浏阳市	109	40	69	19	5	14	1	1	
株洲市	**1063**	**520**	**543**	**277**	**129**	**148**	**25**	**16**	**9**
荷塘区	144	73	71	122	62	60	7	4	3
芦淞区	135	70	65	11	6	5	5	4	1
石峰区	216	121	95	18	5	13	6	4	2
天元区	168	83	85	16	11	5	3	2	1
株洲县	48	6	42	10	2	8			
攸县	127	74	53	36	11	25			
茶陵县	65	26	39	9	2	7	2		2
炎陵县	65	27	38	25	14	11	1	1	
醴陵市	95	40	55	30	16	14	1	1	
湘潭市	**633**	**294**	**339**	**148**	**68**	**80**	**59**	**24**	**35**
雨湖区	264	149	115	51	26	25	42	17	25
岳塘区	179	100	79	32	21	11	14	6	8
湘潭县	97	23	74	30	2	28	2		2
湘乡市	79	19	60	19	5	14	1	1	
韶山市	14	3	11	16	14	2			

10-4　续表 34

单位：人

地　区	壮　族			布依族			朝鲜族		
	小计	男	女	小计	男	女	小计	男	女
衡阳市	**1537**	**592**	**945**	**417**	**174**	**243**	**65**	**34**	**31**
珠晖区	275	145	130	28	14	14	5	2	3
雁峰区	136	76	60	53	33	20	4	1	3
石鼓区	73	28	45	21	10	11	6	3	3
蒸湘区	211	114	97	41	24	17	47	27	20
南岳区	12	7	5	4	2	2			
衡阳县	161	15	146	31	4	27			
衡南县	114	33	81	131	71	60			
衡山县	30	11	19	10		10	1		1
衡东县	86	11	75	20	2	18			
祁东县	116	16	100	51	4	47			
耒阳市	250	117	133	23	10	13	2	1	1
常宁市	73	19	54	4		4			
邵阳市	**1908**	**516**	**1392**	**336**	**58**	**278**	**38**	**13**	**25**
双清区	80	27	53	5	1	4	4	2	2
大祥区	114	50	64	17	5	12	9	1	8
北塔区	21	11	10	5	1	4			
邵东县	99	27	72	22	4	18			
新邵县	87	21	66	30	2	28			
邵阳县	103	13	90	42	1	41	1		1
隆回县	177	30	147	34	5	29	9	3	6
洞口县	208	45	163	37	6	31	7	4	3
绥宁县	213	53	160	43	8	35	5	3	2
新宁县	234	64	170	17	2	15	2		2
城步苗族自治县	412	140	272	37	14	23	1		1
武冈市	160	35	125	47	9	38			
岳阳市	**907**	**272**	**635**	**249**	**64**	**185**	**77**	**26**	**51**
岳阳楼区	238	113	125	23	10	13	65	19	46
云溪区	24	10	14	5	1	4	7	4	3
君山区	41	20	21	6	3	3	3	3	
岳阳县	60	16	44	34	8	26			
华容县	61	16	45	10	2	8			
湘阴县	102	22	80	25	7	18			
平江县	183	12	171	44	2	42	1		1
汨罗市	137	46	91	91	28	63	1		1
临湘市	61	17	44	11	3	8			
常德市	**1258**	**425**	**833**	**198**	**59**	**139**	**27**	**10**	**17**
武陵区	160	68	92	43	21	22	13	4	9
鼎城区	273	128	145	19	3	16	3	2	1
安乡县	29	3	26	17	5	12	1		1
汉寿县	253	53	200	42	11	31			
澧县	134	40	94	12	1	11			
临澧县	100	27	73	9	3	6	2	2	
桃源县	93	28	65	25	6	19	5	2	3
石门县	146	39	107	28	8	20	3		3
津市市	70	39	31	3	1	2			
张家界市	**458**	**139**	**319**	**122**	**82**	**40**	**324**	**175**	**149**
永定区	147	54	93	81	71	10	190	111	79
武陵源区	10	4	6	5	1	4	128	60	68
慈利县	149	16	133	21	6	15	3	2	1
桑植县	152	65	87	15	4	11	3	2	1
益阳市	**720**	**151**	**569**	**284**	**62**	**222**	**18**	**7**	**11**
资阳区	50	12	38	2		2	1	1	
赫山区	183	49	134	106	43	63	8	3	5

10-4 续表 35 单位：人

地区	壮族			布依族			朝鲜族		
	小计	男	女	小计	男	女	小计	男	女
南县	118	19	99	24	7	17	2		2
桃江县	114	12	102	97	7	90	5	3	2
安化县	111	20	91	33	4	29	1		1
沅江市	144	39	105	22	1	21	1		1
郴州市	**1294**	**425**	**869**	**157**	**58**	**99**	**21**	**7**	**14**
北湖区	223	128	95	35	21	14	5	2	3
苏仙区	256	139	117	35	17	18	11	5	6
桂阳县	69	17	52	10	4	6	1		1
宜章县	123	34	89	19	4	15			
永兴县	24	3	21	6	1	5			
嘉禾县	230	2	228						
临武县	60	10	50	7		7	1		1
汝城县	211	69	142	32	6	26	3		3
桂东县	4		4						
安仁县	6	1	5	1		1			
资兴市	88	22	66	12	5	7			
永州市	**14492**	**7045**	**7447**	**237**	**61**	**176**	**31**	**12**	**19**
零陵区	355	103	252	33	7	26	11	7	4
冷水滩区	243	106	137	42	18	24			
祁阳县	172	30	142	34	9	25			
东安县	206	56	150	19	2	17	1		1
双牌县	90	31	59	8	2	6			
道县	316	81	235	5		5	1		1
江永县	1386	649	737	30	12	18	17	4	13
宁远县	127	26	101	38	5	33	1	1	
蓝山县	134	44	90	27	6	21			
新田县	8	1	7						
江华瑶族自治县	11455	5918	5537	1		1			
怀化市	**2349**	**918**	**1431**	**622**	**232**	**390**	**51**	**28**	**23**
鹤城区	892	456	436	217	117	100	34	20	14
中方县	51	15	36	17	9	8	1	1	
沅陵县	225	55	170	37	12	25	5	2	3
辰溪县	68	20	48	18	6	12	2	1	1
溆浦县	154	46	108	51	8	43	1		1
会同县	218	62	156	49	13	36			
麻阳苗族自治县	37	12	25	11	6	5			
新晃侗族自治县	79	24	55	40	10	30			
芷江侗族自治县	103	31	72	36	5	31	8	4	4
靖州苗族侗族自治县	154	69	85	54	18	36			
通道侗族自治县	195	72	123	28	13	15			
洪江市	173	56	117	64	15	49			
娄底市	**527**	**135**	**392**	**199**	**30**	**169**	**30**	**12**	**18**
娄星区	137	47	90	44	16	28	4	3	1
双峰县	99	17	82	84	4	80	24	8	16
新化县	41	2	39	20		20			
冷水江市	44	14	30	9	3	6			
涟源市	206	55	151	42	7	35	2	1	1
湘西土家族苗族自治州	**446**	**155**	**291**	**199**	**60**	**139**	**62**	**35**	**27**
吉首市	104	44	60	30	14	16	16	8	8
泸溪县	57	18	39	59	13	46	2	2	
凤凰县	61	20	41	38	16	22	6	3	3
花垣县	18	7	11	9	1	8			
保靖县	40	12	28	4	1	3	2		2
古丈县	22	6	16	13	3	10			
永顺县	50	15	35	21	8	13	1	1	
龙山县	94	33	61	25	4	21	35	21	14

10-4　续表 36

单位：人

地　区	壮族			布依族			朝鲜族		
	小计	男	女	小计	男	女	小计	男	女
广东省	**877509**	**473900**	**403609**	**64253**	**35809**	**28444**	**17615**	**9118**	**8497**
广州市	**83315**	**46070**	**37245**	**4898**	**2868**	**2030**	**4842**	**2424**	**2418**
荔湾区	3715	2027	1688	106	69	37	120	62	58
越秀区	3779	1813	1966	102	53	49	238	122	116
海珠区	4432	2173	2259	208	127	81	391	178	213
天河区	5594	2985	2609	276	152	124	456	213	243
白云区	28012	16160	11852	1678	1045	633	2460	1241	1219
黄埔区	2992	1633	1359	111	59	52	49	28	21
番禺区	15883	8581	7302	1134	587	547	614	303	311
花都区	6450	3802	2648	385	234	151	145	74	71
南沙区	2136	1237	899	160	95	65	37	24	13
萝岗区	3575	2025	1550	268	181	87	193	105	88
增城市	5992	3257	2735	380	224	156	94	52	42
从化市	755	377	378	90	42	48	45	22	23
韶关市	**2605**	**1414**	**1191**	**271**	**182**	**89**	**48**	**30**	**18**
武江区	313	146	167	21	8	13	12	8	4
浈江区	684	503	181	95	78	17	10	6	4
曲江区	318	158	160	33	21	12	11	9	2
始兴县	131	53	78	12	8	4	5	3	2
仁化县	169	71	98	17	8	9	1		1
翁源县	237	78	159	16	10	6	1		1
乳源瑶族自治县	211	91	120	25	12	13	5	1	4
新丰县	116	53	63	11	5	6			
乐昌市	316	229	87	36	30	6	3	3	
南雄市	110	32	78	5	2	3			
深圳市	**192903**	**104429**	**88474**	**14067**	**7676**	**6391**	**6318**	**3222**	**3096**
罗湖区	3919	1878	2041	345	164	181	511	257	254
福田区	5272	2603	2669	485	214	271	1336	622	714
南山区	5433	2877	2556	481	248	233	1115	553	562
宝安区	137695	74145	63550	8044	4439	3605	2219	1199	1020
龙岗区	39119	22074	17045	4577	2543	2034	1080	563	517
盐田区	1465	852	613	135	68	67	57	28	29
珠海市	**14329**	**7532**	**6797**	**551**	**270**	**281**	**681**	**315**	**366**
香洲区	6064	3214	2850	282	134	148	512	227	285
斗门区	4423	2243	2180	151	75	76	43	28	15
金湾区	3842	2075	1767	118	61	57	126	60	66
汕头市	**7485**	**3817**	**3668**	**1262**	**728**	**534**	**93**	**44**	**49**
龙湖区	530	268	262	81	45	36	25	12	13
金平区	433	229	204	80	48	32	20	7	13
濠江区	128	40	88	18	11	7	1	1	
潮阳区	3554	1704	1850	82	49	33	4	1	3
潮南区	1803	994	809	140	85	55	21	11	10
澄海区	1017	574	443	861	490	371	22	12	10
南澳县	20	8	12						
佛山市	**132263**	**78643**	**53620**	**9463**	**5374**	**4089**	**498**	**277**	**221**
禅城区	10955	6119	4836	356	191	165	40	20	20
南海区	59175	35411	23764	2117	1257	860	199	115	84
顺德区	45773	27276	18497	6444	3576	2868	228	124	104
三水区	11890	7126	4764	373	233	140	24	14	10
高明区	4470	2711	1759	173	117	56	7	4	3
江门市	**49613**	**25445**	**24168**	**1372**	**763**	**609**	**99**	**61**	**38**
蓬江区	12017	6841	5176	510	281	229	58	35	23
江海区	3740	2066	1674	222	122	100	15	9	6

10-4 续表 37

单位：人

地区	壮族			布依族			朝鲜族		
	小计	男	女	小计	男	女	小计	男	女
新会区	7654	4202	3452	276	149	127	10	4	6
台山市	6622	1626	4996	35	11	24	3	3	
开平市	7868	4221	3647	168	92	76	7	5	2
鹤山市	10113	5810	4303	150	102	48	5	4	1
恩平市	1599	679	920	11	6	5	1	1	
湛江市	**26672**	**7782**	**18890**	**625**	**239**	**386**	**19**	**8**	**11**
赤坎区	819	485	334	49	25	24			
霞山区	1724	917	807	125	63	62	11	4	7
坡头区	400	151	249	10	1	9			
麻章区	736	359	377	31	13	18	3	2	1
遂溪县	607	144	463	61	6	55	1		1
徐闻县	4774	2402	2372	73	30	43			
廉江市	13074	1210	11864	102	17	85	1	1	
雷州市	2518	1249	1269	69	38	31			
吴川市	2020	865	1155	105	46	59	3	1	2
茂名市	**9879**	**3133**	**6746**	**436**	**148**	**288**	**9**	**1**	**8**
茂南区	1618	781	837	55	22	33	1		1
茂港区	610	91	519	19	4	15	2		2
电白县	684	123	561	39	1	38	4		4
高州市	3788	1511	2277	235	104	131			
化州市	2163	533	1630	54	16	38	1	1	
信宜市	1016	94	922	34	1	33	1		1
肇庆市	**18806**	**10583**	**8223**	**501**	**306**	**195**	**64**	**37**	**27**
端州区	1446	780	666	54	30	24	29	14	15
鼎湖区	673	421	252	15	9	6	2	1	1
广宁县	322	148	174	4	2	2	1	1	
怀集县	5181	2718	2463	11	11		1	1	
封开县	327	82	245	2		2	1	1	
德庆县	273	66	207	2	1	1	2	2	
高要市	4704	2804	1900	135	78	57	7	3	4
四会市	5880	3564	2316	278	175	103	21	14	7
惠州市	**31808**	**17847**	**13961**	**4956**	**2856**	**2100**	**1232**	**696**	**536**
惠城区	11484	6307	5177	1937	1067	870	1102	620	482
惠阳区	7408	4293	3115	1120	659	461	68	36	32
博罗县	11021	6189	4832	1592	948	644	54	34	20
惠东县	1565	927	638	285	167	118	7	6	1
龙门县	330	131	199	22	15	7	1		1
梅州市	**660**	**198**	**462**	**55**	**33**	**22**	**5**	**3**	**2**
梅江区	162	106	56	28	26	2	2	1	1
梅县	128	34	94	8	4	4	3	2	1
大埔县	50	10	40	2		2			
丰顺县	99	14	85	3		3			
五华县									
平远县	59	13	46	3	1	2			
蕉岭县	33	7	26	2	1	1			
兴宁市	129	14	115	9	1	8			
汕尾市	**1422**	**571**	**851**	**91**	**43**	**48**	**5**	**2**	**3**
城区	282	152	130	9	5	4	5	2	3
海丰县	1049	386	663	81	38	43			
陆河县	39	15	24	1		1			
陆丰市	52	18	34						
河源市	**2394**	**1267**	**1127**	**160**	**100**	**60**	**16**	**11**	**5**
源城区	685	412	273	69	42	27	7	5	2
紫金县	558	245	313	16	7	9	3	1	2
龙川县	147	95	52	5		5	1		1
连平县	190	106	84	36	30	6			
和平县	53	5	48	1		1	1	1	
东源县	761	404	357	33	21	12	4	4	

10-4　续表 38　　　　单位：人

地　区	壮　族			布依族			朝鲜族		
	小计	男	女	小计	男	女	小计	男	女
阳江市	**6272**	**3047**	**3225**	**208**	**109**	**99**	**6**	**3**	**3**
江城区	2439	1271	1168	87	44	43	4	2	2
阳西县	353	122	231	15	4	11			
阳东县	2116	1217	899	58	40	18	1	1	
阳春市	1364	437	927	48	21	27	1		1
清远市	**50257**	**26447**	**23810**	**504**	**278**	**226**	**38**	**20**	**18**
清城区	3407	1925	1482	248	143	105	14	8	6
佛冈县	467	239	228	85	45	40	2	2	
阳山县	189	49	140	8	1	7			
连山壮族瑶族自治县	41246	21899	19347	22	14	8	5	2	3
连南瑶族自治县	1029	577	452	15	7	8			
清新县	978	466	512	54	28	26	11	3	8
英德市	2325	1035	1290	60	36	24	5	4	1
连州市	616	257	359	12	4	8	1	1	
东莞市	**177144**	**96781**	**80363**	**20040**	**11098**	**8942**	**3229**	**1754**	**1475**
中山市	**59062**	**33711**	**25351**	**2539**	**1399**	**1140**	**382**	**191**	**191**
潮州市	**4254**	**2659**	**1595**	**1829**	**1101**	**728**	**20**	**11**	**9**
湘桥区	436	222	214	839	482	357	10	5	5
潮安县	3672	2424	1248	977	613	364	10	6	4
饶平县	146	13	133	13	6	7			
揭阳市	**2338**	**1030**	**1308**	**238**	**138**	**100**	**4**	**3**	**1**
榕城区	924	546	378	135	75	60	3	3	
揭东县	673	226	447	71	53	18			
揭西县	191	81	110	5		5			
惠来县	74	23	51	4		4	1		1
普宁市	476	154	322	23	10	13			
云浮市	**4028**	**1494**	**2534**	**187**	**100**	**87**	**7**	**5**	**2**
云城区	1373	783	590	96	55	41	4	3	1
新兴县	840	424	416	53	23	30			
郁南县	228	93	135	23	18	5			
云安县	224	49	175	6	3	3	1	1	
罗定市	1363	145	1218	9	1	8	2	1	1
广西壮族自治区	**14448422**	**7406315**	**7042107**	**20072**	**8094**	**11978**	**2701**	**1417**	**1284**
南宁市	**3387539**	**1733383**	**1654156**	**1809**	**787**	**1022**	**1663**	**885**	**778**
兴宁区	202223	106550	95673	94	51	43	17	11	6
青秀区	253182	125720	127462	362	184	178	395	198	197
江南区	248227	126499	121728	162	73	89	45	28	17
西乡塘区	426184	212157	214027	458	212	246	1073	578	495
良庆区	243036	128404	114632	116	70	46	109	59	50
邕宁区	243079	127596	115483	18	10	8			
武鸣县	468490	241917	226573	42	15	27	1	1	
隆安县	286574	148743	137831	52	24	28			
马山县	289602	145039	144563	52	14	38	3	2	1
上林县	267635	134930	132705	28	5	23	2		2
宾阳县	145403	72851	72552	281	87	194	9	3	6
横县	313904	162977	150927	144	42	102	9	5	4

10-4 续表 39

单位：人

地区	壮族			布依族			朝鲜族		
	小计	男	女	小计	男	女	小计	男	女
柳州市	**1321058**	**682372**	**638686**	**1779**	**890**	**889**	**134**	**65**	**69**
城中区	33993	17106	16887	111	62	49	30	14	16
鱼峰区	99159	50611	48548	234	112	122	39	18	21
柳南区	133006	68442	64564	554	271	283	30	14	16
柳北区	100086	50079	50007	278	150	128	21	8	13
柳江县	404869	209162	195707	183	93	90	5	4	1
柳城县	186605	94495	92110	86	35	51	1	1	
鹿寨县	198868	104492	94376	185	112	73	5	3	2
融安县	94433	51056	43377	88	39	49	2	2	
融水苗族自治县	52563	27862	24701	42	14	28	1	1	
三江侗族自治县	17476	9067	8409	18	2	16			
桂林市	**228287**	**119504**	**108783**	**976**	**400**	**576**	**487**	**240**	**247**
秀峰区	7011	3192	3819	66	36	30	50	22	28
叠彩区	5736	2990	2746	38	16	22	23	15	8
象山区	11298	5582	5716	111	65	46	74	33	41
七星区	19700	10907	8793	104	51	53	188	93	95
雁山区	4756	1636	3120	35	10	25	25	7	18
阳朔县	29015	15616	13399	24	8	16	5	1	4
临桂县	17614	9289	8325	78	23	55	48	22	26
灵川县	8829	4670	4159	94	53	41	23	15	8
全州县	1504	435	1069	112	28	84	3	2	1
兴安县	2847	1449	1398	36	5	31	8	2	6
永福县	23659	13048	10611	82	41	41	10	6	4
灌阳县	513	133	380	10	2	8	17	13	4
龙胜各族自治县	28467	14370	14097	12	4	8			
资源县	486	195	291	21	6	15	2	1	1
平乐县	20945	11377	9568	75	25	50	3	3	
荔浦县	40392	21747	18645	57	19	38	3	1	2
恭城瑶族自治县	5515	2868	2647	21	8	13	5	4	1
梧州市	**27298**	**13583**	**13715**	**411**	**107**	**304**	**10**	**6**	**4**
万秀区	1113	595	518	8	5	3			
蝶山区	4697	2239	2458	17	7	10	4	4	
长洲区	4032	2273	1759	30	17	13	5	2	3
苍梧县	2202	1071	1131	23	10	13			
藤县	1213	314	899	96	15	81			
蒙山县	12439	6734	5705	127	37	90	1		1
岑溪市	1602	357	1245	110	16	94			
北海市	**22727**	**11045**	**11682**	**280**	**143**	**137**	**198**	**116**	**82**
海城区	8356	4555	3801	88	51	37	152	91	61
银海区	9003	4986	4017	101	53	48	46	25	21
铁山港区	816	385	431	12	5	7			
合浦县	4552	1119	3433	79	34	45			
防城港市	**316316**	**173469**	**142847**	**176**	**89**	**87**	**8**	**3**	**5**
港口区	24442	13982	10460	61	38	23	6	3	3
防城区	93304	50470	42834	73	31	42	1		1
上思县	176822	97142	79680	14	3	11	1		1
东兴市	21748	11875	9873	28	17	11			
钦州市	**314413**	**169547**	**144866**	**504**	**185**	**319**	**28**	**18**	**10**
钦南区	77371	41631	35740	210	99	111	24	15	9
钦北区	223001	122176	100825	113	42	71	1		1
灵山县	13222	5554	7668	124	29	95	3	3	
浦北县	819	186	633	57	15	42			
贵港市	**538449**	**268508**	**269941**	**601**	**195**	**406**	**13**	**5**	**8**
港北区	199681	100815	98866	190	82	108	5	2	3
港南区	9342	2928	6414	197	61	136	2	1	1
覃塘区	218542	105973	112569	28	5	23	1	1	
平南县	16781	8617	8164	57	15	42	3	1	2
桂平市	94103	50175	43928	129	32	97	2		2

10-4　续表 40

单位：人

地　区	壮　族			布依族			朝鲜族		
	小计	男	女	小计	男	女	小计	男	女
玉林市	**31416**	**10495**	**20921**	**1389**	**292**	**1097**	**6**	**2**	**4**
玉州区	10051	4175	5876	403	181	222	5	2	3
容县	2731	290	2441	311	23	288	1		1
陆川县	2355	439	1916	89	30	59			
博白县	4247	418	3829	86	13	73			
兴业县	9040	4787	4253	265	17	248			
北流市	2992	386	2606	235	28	207			
百色市	**2668014**	**1362102**	**1305912**	**2525**	**758**	**1767**	**26**	**9**	**17**
右江区	263053	132044	131009	216	95	121	8	3	5
田阳县	279119	140329	138790	30	6	24			
田东县	299441	151663	147778	74	28	46	6	4	2
平果县	385382	196314	189068	75	29	46	1	1	
德保县	285906	149737	136169	39	15	24	3		3
靖西县	491069	254992	236077	35	20	15	6	1	5
那坡县	134786	69194	65592	5	1	4			
凌云县	59111	30601	28510	15	4	11			
乐业县	74680	38702	35978	500	134	366	1		1
田林县	133053	66983	66070	582	103	479			
西林县	88832	45150	43682	634	220	414	1		1
隆林各族自治县	173582	86393	87189	320	103	217			
贺州市	**79550**	**43632**	**35918**	**203**	**81**	**122**	**9**	**2**	**7**
八步区	29214	15457	13757	57	25	32	3	1	2
平桂管理区	13425	7589	5836	32	11	21	1	1	
昭平县	15565	8554	7011	17	3	14	2		2
钟山县	20417	11718	8699	69	33	36	1		1
富川瑶族自治县	929	314	615	28	9	19	2		2
河池市	**2237546**	**1138817**	**1098729**	**8781**	**3937**	**4844**	**101**	**55**	**46**
金城江区	228563	116918	111645	579	250	329	77	41	36
南丹县	144325	75937	68388	5115	2314	2801			
天峨县	88222	45455	42767	1098	486	612	2	1	1
凤山县	88362	44866	43496	11	3	8	6	3	3
东兰县	184592	93801	90791	29	8	21			
罗城仫佬族自治县	113825	57690	56135	46	10	36	1		1
环江毛南族自治县	191113	98627	92486	1455	686	769	2	2	
巴马瑶族自治县	151754	76661	75093	23	11	12			
都安瑶族自治县	376981	188545	188436	61	17	44	5	2	3
大化瑶族自治县	253550	128754	124796	24	7	17	5	4	1
宜州市	416259	211563	204696	340	145	195	3	2	1
来宾市	**1528576**	**776389**	**752187**	**472**	**147**	**325**	**13**	**8**	**5**
兴宾区	655796	330986	324810	205	77	128	9	5	4
忻城县	289173	147291	141882	48	10	38			
象州县	204671	104284	100387	69	20	49			
武宣县	241077	123915	117162	106	17	89			
金秀瑶族自治县	53918	27261	26657	23	9	14			
合山市	83941	42652	41289	21	14	7	4	3	1
崇左市	**1747233**	**903469**	**843764**	**166**	**83**	**83**	**5**	**3**	**2**
江州区	250296	131415	118881	28	15	13			
扶绥县	317420	166696	150724	64	41	23			
宁明县	269547	140189	129358	10	4	6	2		2
龙州县	209936	105846	104090	23	9	14			
大新县	288906	147033	141873	8	2	6	1	1	
天等县	326038	168038	158000	10	2	8			
凭祥市	85090	44252	40838	23	10	13	2	2	

10-4 续表 41

单位：人

地区	壮族			布依族			朝鲜族		
	小计	男	女	小计	男	女	小计	男	女
海南省	**45909**	**23914**	**21995**	**1789**	**971**	**818**	**973**	**456**	**517**
海口市	**9064**	**4974**	**4090**	**748**	**409**	**339**	**475**	**216**	**259**
秀英区	2629	1498	1131	171	104	67	21	7	14
龙华区	2502	1357	1145	176	94	82	124	53	71
琼山区	1595	881	714	183	97	86	95	54	41
美兰区	2338	1238	1100	218	114	104	235	102	133
三亚市	**4110**	**2356**	**1754**	**273**	**159**	**114**	**423**	**195**	**228**
省直辖县级行政区划	**32735**	**16584**	**16151**	**768**	**403**	**365**	**75**	**45**	**30**
五指山市	496	250	246	16	8	8	10	5	5
琼海市	3234	1614	1620	250	131	119	11	7	4
儋州市	3472	1763	1709	77	41	36	15	10	5
文昌市	1626	866	760	129	68	61	9	4	5
万宁市	2804	1421	1383	35	15	20	7	6	1
东方市	850	474	376	38	18	20	2	2	
定安县	680	315	365	15	9	6	7	4	3
屯昌县	2694	1309	1385	8	1	7	3	1	2
澄迈县	1608	821	787	59	41	18	2	2	
临高县	126	60	66	22	12	10			
白沙黎族自治县	2894	1501	1393	20	8	12	1		1
昌江黎族自治县	1171	639	532	37	21	16	2	1	1
乐东黎族自治县	1626	851	775	1		1			
陵水黎族自治县	567	280	287	6	2	4	1		1
保亭黎族苗族自治县	3511	1767	1744	34	17	17	5	3	2
琼中黎族苗族自治县	5371	2648	2723	21	11	10			
西沙群岛	5	5							
重庆市	**4634**	**2066**	**2568**	**3383**	**1310**	**2073**	**637**	**331**	**306**
市辖区	**3858**	**1880**	**1978**	**2535**	**1101**	**1434**	**611**	**322**	**289**
万州区	156	53	103	41	17	24	17	6	11
涪陵区	97	38	59	68	25	43	13	5	8
渝中区	219	125	94	110	51	59	48	29	19
大渡口区	36	17	19	19	11	8	18	11	7
江北区	149	75	74	80	40	40	58	29	29
沙坪坝区	628	360	268	244	130	114	102	55	47
九龙坡区	277	140	137	138	66	72	39	22	17
南岸区	390	205	185	163	82	81	71	38	33
北碚区	256	106	150	307	133	174	44	20	24
万盛区	14	5	9	54	12	42	4	3	1
双桥区	9	5	4	7	3	4			
渝北区	347	190	157	180	70	110	98	53	45
巴南区	153	83	70	116	39	77	17	9	8
黔江区	49	13	36	27	5	22	7	1	6
长寿区	47	15	32	34	8	26	3	3	
江津区	126	30	96	205	64	141	6	3	3
合川区	518	225	293	305	109	196	45	23	22
永川区	323	163	160	396	224	172	18	11	7
南川区	64	32	32	41	12	29	3	1	2
市辖县	**776**	**186**	**590**	**848**	**209**	**639**	**26**	**9**	**17**
綦江县	77	16	61	161	38	123	1		1
潼南县	43	11	32	29	3	26			
铜梁县	91	23	68	162	37	125	2		2

10-4 续表 42

单位：人

地 区	壮 族			布依族			朝鲜族		
	小计	男	女	小计	男	女	小计	男	女
大足县	33	7	26	23	2	21	2	2	
荣昌县	74	20	54	90	36	54	6	3	3
璧山县	60	20	40	145	38	107	3	2	1
梁平县	74	20	54	23	5	18	2		2
城口县	1		1	5		5			
丰都县	30	6	24	18	4	14	1		1
垫江县	26	5	21	71	25	46	2	1	1
武隆县	8		8	4	1	3			
忠县	18	6	12	11	2	9			
开县	13	2	11	3		3			
云阳县	31	6	25	5		5	2	1	1
奉节县	14		14	6		6			
巫山县	14	4	10	6		6	1		1
巫溪县	21	2	19	5		5			
石柱土家族自治县	44	14	30	23	6	17			
秀山土家族苗族自治县	65	16	49	39	8	31	4		4
酉阳土家族苗族自治县	35	6	29	16	3	13			
彭水苗族土家族自治县	4	2	2	3	1	2			
四川省	**10050**	**4781**	**5269**	**8756**	**4292**	**4464**	**1548**	**787**	**761**
成都市	**3939**	**2061**	**1878**	**1280**	**614**	**666**	**1007**	**504**	**503**
锦江区	207	111	96	63	39	24	84	41	43
青羊区	288	148	140	98	51	47	157	85	72
金牛区	552	332	220	136	66	70	126	57	69
武侯区	836	444	392	275	141	134	240	118	122
成华区	220	129	91	72	41	31	49	26	23
龙泉驿区	202	95	107	44	13	31	31	17	14
青白江区	23	10	13	10	5	5	5	4	1
新都区	116	64	52	39	21	18	20	11	9
温江区	148	61	87	45	24	21	32	12	20
金堂县	86	27	59	23	4	19	6	4	2
双流县	594	279	315	199	82	117	110	50	60
郫县	396	237	159	138	68	70	94	55	39
大邑县	43	21	22	24	12	12	17	5	12
蒲江县	17	5	12	7	3	4	2	1	1
新津县	38	23	15	22	16	6	7	6	1
都江堰市	68	35	33	39	13	26	16	5	11
彭州市	56	26	30	20	7	13	7	4	3
邛崃市	24	5	19	6		6	2	1	1
崇州市	25	9	16	20	8	12	2	2	
自贡市	**159**	**47**	**112**	**101**	**32**	**69**	**18**	**9**	**9**
自流井区	49	25	24	17	8	9	11	5	6
贡井区	22	6	16	22	6	16	1	1	
大安区	22	4	18	7	4	3	3	2	1
沿滩区	13	1	12	14	5	9			
荣县	31	6	25	17	1	16			
富顺县	22	5	17	24	8	16	3	1	2
攀枝花市	**862**	**438**	**424**	**255**	**141**	**114**	**53**	**25**	**28**
东区	527	276	251	85	44	41	40	19	21
西区	70	33	37	57	28	29	7	3	4
仁和区	204	103	101	87	60	27	1		1
米易县	33	13	20	15	4	11	2	1	1
盐边县	28	13	15	11	5	6	3	2	1

10-4 续表 43

单位：人

地区	壮族			布依族			朝鲜族		
	小计	男	女	小计	男	女	小计	男	女
泸州市	**327**	**120**	**207**	**539**	**267**	**272**	**24**	**10**	**14**
江阳区	79	34	45	41	15	26	10	3	7
纳溪区									
龙马潭区	38	18	20	35	12	23	3	1	2
泸县	67	16	51	62	11	51	3	1	2
合江县	82	44	38	359	226	133	4	3	1
叙永县	28	4	24	11	2	9	2	1	1
古蔺县	33	4	29	31	1	30	2	1	1
德阳市	**301**	**148**	**153**	**145**	**72**	**73**	**30**	**18**	**12**
旌阳区	129	80	49	73	45	28	14	7	7
中江县	62	14	48	16	3	13	2	2	
罗江县									
广汉市	63	39	24	22	12	10	7	5	2
什邡市	22	11	11	19	7	12	2	1	1
绵竹市	25	4	21	15	5	10	5	3	2
绵阳市	**584**	**245**	**339**	**191**	**82**	**109**	**105**	**49**	**56**
涪城区	197	110	87	66	35	31	69	32	37
游仙区	47	27	20	14	11	3	9	4	5
三台县	50	17	33	21	1	20	2	1	1
盐亭县	38	11	27	12	5	7	1	1	
安县	40	10	30	22	2	20	6	3	3
梓潼县	27	3	24	2		2	1	1	
北川羌族自治县	13	2	11	2	1	1	3		3
平武县	12	4	8	10	5	5			
江油市	160	61	99	42	22	20	14	7	7
广元市	**216**	**103**	**113**	**70**	**23**	**47**	**14**	**9**	**5**
利州区	81	47	34	27	13	14	10	6	4
元坝区	24	13	11	14	5	9	1	1	
朝天区	5	1	4	4	1	3	1	1	
旺苍县	30	17	13	5		5	1		1
青川县	17	5	12	1		1	1	1	
剑阁县	27	3	24	14	2	12			
苍溪县	32	17	15	5	2	3			
遂宁市	**171**	**54**	**117**	**71**	**37**	**34**	**9**	**3**	**6**
船山区	24	18	6	3	2	1			
安居区	15	3	12	5		5	2		2
蓬溪县	34	6	28	8	1	7	4	1	3
射洪县	12	1	11	45	32	13			
大英县	86	26	60	10	2	8	3	2	1
内江市	**206**	**57**	**149**	**137**	**45**	**92**	**20**	**8**	**12**
市中区	52	21	31	14	6	8	7	3	4
东兴区	25	7	18	12	2	10	7	3	4
威远县	48	12	36	30	12	18	4	1	3
资中县	35	4	31	40	7	33	1	1	
隆昌县	46	13	33	41	18	23	1		1
乐山市	**293**	**126**	**167**	**113**	**51**	**62**	**29**	**20**	**9**
市中区	107	57	50	29	13	16	17	14	3
沙湾区	9	2	7	5	5		3	2	1
五通桥区	25	4	21	13	5	8	3	1	2
金口河区	3		3				1		1
犍为县	13	5	8	3	1	2			
井研县	19	3	16	3	1	2			
夹江县	19	10	9	12	5	7			
沐川县	7	3	4	3		3			
峨边彝族自治县	14	3	11	10	3	7	1	1	
马边彝族自治县	35	16	19	5	1	4			
峨眉山市	42	23	19	30	17	13	4	2	2

10-4　续表 44

单位：人

地　　区	壮　族			布依族			朝鲜族		
	小计	男	女	小计	男	女	小计	男	女
南充市	**278**	**89**	**189**	**123**	**29**	**94**	**17**	**12**	**5**
顺庆区	60	43	17	34	15	19	7	5	2
高坪区	43	12	31	25	4	21	1	1	
嘉陵区	23	11	12	18	4	14			
南部县	44	10	34	9		9	2	1	1
营山县	30	5	25	4		4	2	2	
蓬安县	3	1	2	2		2	1	1	
仪陇县	34	1	33	19		19			
西充县	13		13	2		2			
阆中市	28	6	22	10	6	4	4	2	2
眉山市	**340**	**138**	**202**	**66**	**18**	**48**	**26**	**17**	**9**
东坡区	149	78	71	21	7	14	11	6	5
仁寿县	123	35	88	23	2	21	8	6	2
彭山县	39	16	23	11	4	7	3	3	
洪雅县	10	3	7	5	3	2	3	1	2
丹棱县	10	3	7				1	1	
青神县	9	3	6	6	2	4			
宜宾市	**303**	**101**	**202**	**148**	**43**	**105**	**19**	**13**	**6**
翠屏区	96	44	52	36	16	20	9	8	1
宜宾县	38	15	23	22	5	17	2	2	
南溪县	24	4	20	6	1	5			
江安县	29	6	23	5		5			
长宁县	11	3	8	13	1	12			
高县	27	6	21	19	12	7	5	2	3
珙县	17	3	14	9	3	6			
筠连县	14	8	6	8	2	6	2		2
兴文县	31	8	23	16	3	13	1	1	
屏山县	16	4	12	14		14			
广安市	**175**	**38**	**137**	**186**	**23**	**163**	**13**	**5**	**8**
广安区	46	12	34	41	5	36	5	2	3
岳池县	50	10	40	76	5	71	3	2	1
武胜县	13	6	7	20		20			
邻水县	42	2	40	17	5	12	5	1	4
华蓥市	24	8	16	32	8	24			
达州市	**140**	**44**	**96**	**55**	**13**	**42**	**6**	**4**	**2**
通川区	21	12	9	5	3	2	1	1	
达县	38	4	34	20	2	18	1	1	
宣汉县	12	4	8	3		3			
开江县	19	3	16	9	1	8	1	1	
大竹县	10	3	7	2		2			
渠县	7	2	5	7	3	4			
万源市	33	16	17	9	4	5	3	1	2
雅安市	**202**	**110**	**92**	**56**	**21**	**35**	**41**	**16**	**25**
雨城区	93	59	34	33	13	20	11	2	9
名山县	13	1	12	5		5			
荥经县	7	3	4	2	2				
汉源县	41	23	18	3	2	1	25	14	11
石棉县	10	6	4	6	3	3	5		5
天全县	24	10	14	4		4			
芦山县	8	4	4	1	1				
宝兴县	6	4	2	2		2			

10-4 续表 45 单位：人

地区	壮族			布依族			朝鲜族		
	小计	男	女	小计	男	女	小计	男	女
巴中市	**19**	**3**	**16**	**3**		**3**	**2**		**2**
巴州区	18	2	16	2		2	1		1
通江县									
南江县	1	1		1		1	1		1
平昌县									
资阳市	**138**	**50**	**88**	**99**	**12**	**87**	**5**	**3**	**2**
雁江区	48	28	20	10	5	5	2	1	1
安岳县	29	7	22	55	3	52	1	1	
乐至县	14	3	11	13	2	11	1		1
简阳市	47	12	35	21	2	19	1	1	
阿坝藏族羌族自治州	**113**	**68**	**45**	**42**	**25**	**17**	**34**	**18**	**16**
汶川县	35	17	18	12	8	4	3	2	1
理县	7	4	3	3	1	2			
茂县	10	5	5	2	1	1	7	4	3
松潘县	5	3	2	1		1	3	2	1
九寨沟县	13	8	5	11	9	2	9	5	4
金川县	1		1						
小金县	10	7	3	9	3	6	6	2	4
黑水县	7	6	1				2	2	
马尔康县	19	14	5	1		1	2		2
壤塘县	1	1		1	1				
阿坝县	2	2					2	1	1
若尔盖县									
红原县	3	1	2	2	2				
甘孜藏族自治州	**73**	**65**	**8**	**25**	**18**	**7**	**13**	**8**	**5**
康定县	34	33	1	16	11	5	2	2	
泸定县	13	9	4	2	1	1	2	2	
丹巴县	1	1		2	2				
九龙县	3	3							
雅江县	2	2		1	1				
道孚县	1	1					1		1
炉霍县	2	2							
甘孜县	5	4	1	1	1				
新龙县	2	1	1	1	1				
德格县	1		1				1	1	
白玉县									
石渠县									
色达县	1	1					1	1	
理塘县	2	2							
巴塘县							6	2	4
乡城县	3	3							
稻城县				1	1				
得荣县	3	3		1		1			
凉山彝族自治州	**1211**	**676**	**535**	**5051**	**2726**	**2325**	**63**	**36**	**27**
西昌市	220	127	93	179	93	86	19	12	7
木里藏族自治县	385	221	164	979	536	443	7	4	3
盐源县	164	106	58	117	69	48	1		1
德昌县	29	11	18	8	3	5	2	2	
会理县	36	20	16	18	5	13	17	9	8
会东县	159	83	76	1299	680	619	3	2	1
宁南县	9	4	5	2186	1192	994	3	1	2
普格县	96	49	47	129	75	54			
布拖县	7	2	5	2	1	1	1	1	
金阳县	25	16	9	3		3			
昭觉县	1	1		1		1			

10-4　续表 46

单位：人

地　区	壮　族			布依族			朝鲜族		
	小计	男	女	小计	男	女	小计	男	女
喜德县	6	4	2	21	14	7			
冕宁县	42	17	25	51	31	20	7	4	3
越西县	7	2	5	13	6	7	2	1	1
甘洛县	2		2	1	1		1		1
美姑县									
雷波县	23	13	10	44	20	24			
贵州省	**52577**	**26500**	**26077**	**2510565**	**1271051**	**1239514**	**664**	**318**	**346**
贵阳市	**6086**	**3220**	**2866**	**202751**	**101969**	**100782**	**315**	**140**	**175**
南明区	2007	1113	894	29272	14593	14679	68	32	36
云岩区	2022	1065	957	24578	12009	12569	84	37	47
花溪区	504	259	245	42183	20965	21218	26	12	14
乌当区	602	323	279	21381	10819	10562	37	14	23
白云区	367	175	192	17808	9050	8758	31	14	17
小河区	128	80	48	18315	9325	8990	56	28	28
开阳县	108	46	62	17665	9322	8343	1	1	
息烽县	54	20	34	1721	838	883	3		3
修文县	51	27	24	5428	2823	2605			
清镇市	243	112	131	24400	12225	12175	9	2	7
六盘水市	**1265**	**648**	**617**	**82401**	**42935**	**39466**	**59**	**26**	**33**
钟山区	633	335	298	5833	3061	2772	42	17	25
六枝特区	214	107	107	26954	13776	13178	5	3	2
水城县	103	55	48	34460	18041	16419	4	2	2
盘县	315	151	164	15154	8057	7097	8	4	4
遵义市	**1599**	**713**	**886**	**4959**	**2342**	**2617**	**49**	**26**	**23**
红花岗区	335	167	168	1317	661	656	16	11	5
汇川区	270	134	136	1211	582	629	14	4	10
遵义县	187	104	83	537	268	269	1	1	
桐梓县	67	23	44	185	56	129	2	1	1
绥阳县	56	20	36	87	26	61			
正安县	49	15	34	84	36	48	1		1
道真仡佬族苗族自治县	64	20	44	53	14	39	2		2
务川仡佬族苗族自治县	45	15	30	66	26	40			
凤冈县	91	34	57	200	86	114	7	6	1
湄潭县	139	52	87	211	81	130	4	2	2
余庆县	185	100	85	327	158	169			
习水县	40	7	33	145	62	83			
赤水市	41	10	31	60	31	29	2	1	1
仁怀市	30	12	18	476	255	221			
安顺市	**1443**	**718**	**725**	**346739**	**176769**	**169970**	**23**	**12**	**11**
西秀区	601	335	266	52914	26503	26411	19	9	10
平坝县	166	72	94	24147	12285	11862			
普定县	149	70	79	15452	7910	7542	1	1	
镇宁布依族苗族自治县	139	62	77	109121	55940	53181			
关岭布依族苗族自治县	168	75	93	71691	36758	34933	2	2	
紫云苗族布依族自治县	220	104	116	73414	37373	36041	1		1
铜仁地区	**875**	**418**	**457**	**1745**	**861**	**884**	**33**	**16**	**17**
铜仁市	206	105	101	654	351	303	6	4	2
江口县	43	19	24	81	30	51	2	1	1
玉屏侗族自治县	79	31	48	140	59	81	9	3	6
石阡县	98	58	40	379	229	150	4	4	
思南县	105	47	58	113	43	70	5	2	3
印江土家族苗族自治县	54	24	30	63	31	32			
德江县	65	29	36	41	11	30			
沿河土家族自治县	32	18	14	25	9	16			
松桃苗族自治县	159	67	92	184	70	114	5	1	4
万山特区	34	20	14	65	28	37	2	1	1

10-4 续表 47

单位：人

地　　区	壮族			布依族			朝鲜族		
	小计	男	女	小计	男	女	小计	男	女
黔西南布依族苗族自治州	**4416**	**2200**	**2216**	**773004**	**388771**	**384233**	**26**	**13**	**13**
兴义市	1984	970	1014	120715	62324	58391	13	6	7
兴仁县	287	150	137	47877	24389	23488	1		1
普安县	118	58	60	21556	10962	10594	8	4	4
晴隆县	89	40	49	59269	29742	29527			
贞丰县	283	153	130	108127	54200	53927	1	1	
望谟县	361	188	173	161457	79268	82189			
册亨县	359	177	182	139035	69330	69705			
安龙县	935	464	471	114968	58556	56412	3	2	1
毕节地区	**2336**	**1157**	**1179**	**55123**	**28413**	**26710**	**44**	**26**	**18**
毕节市	440	233	207	1196	652	544	11	6	5
大方县	906	455	451	3595	1889	1706	2	2	
黔西县	191	72	119	16708	8529	8179	2	1	1
金沙县	57	10	47	3800	1978	1822	1	1	
织金县	194	94	100	12077	6062	6015	6	2	4
纳雍县	377	203	174	7723	4051	3672	6	4	2
威宁彝族回族苗族自治县	86	45	41	7296	3850	3446	15	10	5
赫章县	85	45	40	2728	1402	1326	1		1
黔东南苗族侗族自治州	**24618**	**12838**	**11780**	**34599**	**17849**	**16750**	**58**	**29**	**29**
凯里市	923	485	438	3791	1961	1830	20	9	11
黄平县	105	53	52	305	160	145			
施秉县	59	28	31	126	62	64	3	2	1
三穗县	113	34	79	166	64	102			
镇远县	177	83	94	322	135	187	18	10	8
岑巩县	66	30	36	167	58	109	1		1
天柱县	130	36	94	104	23	81	3	2	1
锦屏县	119	35	84	130	40	90	1	1	
剑河县	61	16	45	101	31	70			
台江县	34	10	24	36	15	21	2	1	1
黎平县	1354	734	620	369	160	209	4	2	2
榕江县	688	377	311	1042	560	482	1		1
从江县	20547	10818	9729	342	219	123	1		1
雷山县	60	19	41	176	76	100	1	1	
麻江县	105	41	64	26506	13871	12635	1	1	
丹寨县	77	39	38	916	414	502	2		2
黔南布依族苗族自治州	**9939**	**4588**	**5351**	**1009244**	**511142**	**498102**	**57**	**30**	**27**
都匀市	2340	1123	1217	173012	86947	86065	26	13	13
福泉市	222	109	113	20102	10591	9511	12	8	4
荔波县	2210	1208	1002	83445	42751	40694	2	2	
贵定县	349	195	154	76779	38108	38671	1	1	
瓮安县	238	101	137	1378	661	717	6	3	3
独山县	2474	884	1590	161718	81949	79769			
平塘县	443	192	251	90648	46349	44299	6	2	4
罗甸县	778	385	393	141153	70937	70216			
长顺县	143	61	82	66246	33696	32550			
龙里县	236	108	128	31393	15688	15705	1		1
惠水县	283	119	164	118103	59841	58262	3	1	2
三都水族自治县	223	103	120	45267	23624	21643			

10-4　续表 48

单位：人

地　区	壮　族			布依族			朝鲜族		
	小计	男	女	小计	男	女	小计	男	女
云南省	**1215260**	**628603**	**586657**	**58790**	**31341**	**27449**	**1343**	**698**	**645**
昆明市	**23283**	**12723**	**10560**	**8678**	**4639**	**4039**	**802**	**422**	**380**
五华区	4681	2443	2238	1462	767	695	242	119	123
盘龙区	3859	2187	1672	1372	715	657	206	108	98
官渡区	4065	2236	1829	1144	628	516	122	62	60
西山区	3036	1631	1405	1577	852	725	108	60	48
东川区	169	77	92	1163	605	558	12	6	6
呈贡县	1668	930	738	384	207	177	38	18	20
晋宁县	486	250	236	268	133	135	17	8	9
富民县	106	54	52	123	73	50			
宜良县	638	361	277	300	163	137	11	8	3
石林彝族自治县	770	411	359	88	45	43	2	2	
嵩明县	370	220	150	105	67	38	16	9	7
禄劝彝族苗族自治县	1983	1034	949	38	19	19	5	3	2
寻甸回族彝族自治县	133	74	59	42	18	24	2	1	1
安宁市	1319	815	504	612	347	265	21	18	3
曲靖市	**30794**	**16215**	**14579**	**29941**	**15683**	**14258**	**77**	**29**	**48**
麒麟区	1185	617	568	1708	893	815	28	9	19
马龙县	74	39	35	91	48	43	6	4	2
陆良县	143	53	90	134	61	73			
师宗县	23635	12341	11294	139	58	81	2	2	
罗平县	697	300	397	26168	13784	12384	2	1	1
富源县	249	148	101	1334	647	687	14	6	8
会泽县	3065	1697	1368	84	42	42	3		3
沾益县	217	158	59	107	70	37	4	1	3
宣威市	1529	862	667	176	80	96	18	6	12
玉溪市	**2366**	**1365**	**1001**	**1568**	**854**	**714**	**51**	**33**	**18**
红塔区	984	581	403	772	403	369	21	12	9
江川县	163	81	82	166	91	75	10	8	2
澄江县	67	32	35	57	34	23			
通海县	210	107	103	242	129	113	1	1	
华宁县	104	51	53	48	29	19	2	1	1
易门县	133	87	46	75	40	35	3	1	2
峨山彝族自治县	126	75	51	108	58	50	7	5	2
新平彝族傣族自治县	190	125	65	36	22	14	2		2
元江哈尼族彝族傣族自治县	389	226	163	64	48	16	5	5	
保山市	**644**	**397**	**247**	**419**	**246**	**173**	**30**	**15**	**15**
隆阳区	311	178	133	213	125	88	9	5	4
施甸县	42	19	23	43	22	21	3	1	2
腾冲县	113	84	29	112	65	47	6	4	2
龙陵县	42	31	11	17	11	6	5	3	2
昌宁县	136	85	51	34	23	11	7	2	5
昭通市	**2943**	**1643**	**1300**	**2354**	**1240**	**1114**	**14**	**4**	**10**
昭阳区	312	167	145	106	50	56	3	1	2
鲁甸县	288	157	131	475	267	208			
巧家县	1879	1088	791	1459	784	675			
盐津县	26	7	19	21	3	18	1		1
大关县	33	12	21	53	35	18	2		2
永善县	124	61	63	29	13	16	2	1	1
绥江县	39	15	24	17	7	10	1		1
镇雄县	97	44	53	39	13	26			
彝良县	21	6	15	114	50	64			
威信县	67	52	15	10	2	8	3	2	1
水富县	57	34	23	31	16	15	2		2

10-4 续表 49

单位：人

地 区	壮族			布依族			朝鲜族		
	小计	男	女	小计	男	女	小计	男	女
丽江市	**4062**	**2187**	**1875**	**241**	**146**	**95**	**60**	**33**	**27**
古城区	572	276	296	122	64	58	52	30	22
玉龙纳西族自治县	234	131	103	17	11	6	4	2	2
永胜县	876	495	381	32	18	14	1	1	
华坪县	1207	668	539	52	39	13	1		1
宁蒗彝族自治县	1173	617	556	18	14	4	2		2
普洱市	**2145**	**1220**	**925**	**597**	**338**	**259**	**29**	**18**	**11**
思茅区	711	397	314	245	145	100	9	6	3
宁洱哈尼族彝族自治县	149	87	62	33	14	19			
墨江哈尼族自治县	130	73	57	21	10	11	4	3	1
景东彝族自治县	211	107	104	51	21	30	5	3	2
景谷傣族彝族自治县	136	81	55	41	26	15	1		1
镇沅彝族哈尼族拉祜族自治县	182	101	81	13	10	3			
江城哈尼族彝族自治县	103	65	38	45	26	19	1	1	
孟连傣族拉祜族佤族自治县	95	48	47	54	33	21			
澜沧拉祜族自治县	358	226	132	80	46	34	9	5	4
西盟佤族自治县	70	35	35	14	7	7			
临沧市	**2633**	**1686**	**947**	**587**	**326**	**261**	**33**	**9**	**24**
临翔区	412	185	227	101	58	43	3	1	2
凤庆县	279	164	115	29	15	14	8		8
云县	750	603	147	50	28	22	11	4	7
永德县	107	77	30	18	11	7	2	1	1
镇康县	151	109	42	9	5	4	8	3	5
双江拉祜族佤族布朗族傣族自治县	459	259	200	252	131	121			
耿马傣族佤族自治县	369	220	149	88	51	37	1		1
沧源佤族自治县	106	69	37	40	27	13			
楚雄彝族自治州	**1287**	**676**	**611**	**583**	**332**	**251**	**29**	**13**	**16**
楚雄市	621	342	279	254	135	119	19	8	11
双柏县	41	26	15	16	11	5	2	1	1
牟定县	39	13	26	14	7	7			
南华县	70	39	31	15	11	4			
姚安县	44	14	30	47	32	15			
大姚县	66	33	33	26	13	13	2	1	1
永仁县	39	15	24	5	2	3			
元谋县	54	28	26	33	20	13	2	1	1
武定县	96	44	52	62	38	24	1	1	
禄丰县	217	122	95	111	63	48	3	1	2
红河哈尼族彝族自治州	**111182**	**56843**	**54339**	**3891**	**2104**	**1787**	**98**	**48**	**50**
个旧市	15284	7929	7355	293	163	130	37	11	26
开远市	14968	7596	7372	310	184	126	2	2	
蒙自市	43312	22318	20994	322	201	121	34	21	13
屏边苗族自治县	3617	1837	1780	138	86	52	1	1	
建水县	978	440	538	198	111	87	7	4	3
石屏县	281	123	158	61	32	29	1	1	
弥勒县	6689	3433	3256	131	70	61	9	5	4
泸西县	2717	1321	1396	51	27	24	2	1	1
元阳县	3651	1960	1691	19	11	8	2		2
红河县	89	39	50	3	2	1			
金平苗族瑶族傣族自治县	7564	3910	3654	39	17	22	1	1	
绿春县	65	39	26	8	4	4	2	1	1
河口瑶族自治县	11967	5898	6069	2318	1196	1122			
文山壮族苗族自治州	**1027282**	**529808**	**497474**	**7257**	**3842**	**3415**	**22**	**7**	**15**
文山县	95421	48371	47050	363	193	170	11	4	7
砚山县	132743	68146	64597	104	52	52	1	1	
西畴县	25068	13027	12041	44	17	27			
麻栗坡县	34739	17945	16794	51	26	25			

10-4　续表 50

单位：人

地　区	壮　族			布依族			朝鲜族		
	小计	男	女	小计	男	女	小计	男	女
马关县	56305	28996	27309	6509	3472	3037	4	1	3
丘北县	131674	68748	62926	49	31	18			
广南县	330450	172818	157632	98	40	58	5	1	4
富宁县	220882	111757	109125	39	11	28	1		1
西双版纳傣族自治州	**2989**	**1720**	**1269**	**909**	**524**	**385**	**16**	**8**	**8**
景洪市	1301	761	540	310	193	117	12	5	7
勐海县	465	288	177	67	43	24	1	1	
勐腊县	1223	671	552	532	288	244	3	2	1
大理白族自治州	**2323**	**1250**	**1073**	**914**	**532**	**382**	**47**	**33**	**14**
大理市	875	477	398	554	318	236	20	14	6
漾濞彝族自治县	74	42	32	18	12	6	3	2	1
祥云县	91	43	48	40	22	18	1	1	
宾川县	129	70	59	117	64	53	5	4	1
弥渡县	66	36	30	17	10	7	8	6	2
南涧彝族自治县	48	22	26	19	11	8			
巍山彝族回族自治县	80	34	46	28	15	13	2	2	
永平县	87	47	40	20	16	4	2	2	
云龙县	53	39	14	26	22	4	2	2	
洱源县	25	11	14	37	22	15	1		1
剑川县	42	27	15	16	7	9	2		2
鹤庆县	753	402	351	22	13	9	1		1
德宏傣族景颇族自治州	**860**	**515**	**345**	**743**	**459**	**284**	**15**	**10**	**5**
瑞丽市	284	174	110	216	141	75	4	3	1
潞西市	345	188	157	289	160	129	3	2	1
梁河县	45	31	14	20	11	9			
盈江县	118	79	39	184	125	59	7	5	2
陇川县	68	43	25	34	22	12	1		1
怒江傈僳族自治州	**277**	**211**	**66**	**63**	**46**	**17**	**15**	**13**	**2**
泸水县	141	119	22	44	34	10	6	5	1
福贡县	20	11	9	2	1	1			
贡山独龙族怒族自治县	27	19	8	5	4	1	1	1	
兰坪白族普米族自治县	89	62	27	12	7	5	8	7	1
迪庆藏族自治州	**190**	**144**	**46**	**45**	**30**	**15**	**5**	**3**	**2**
香格里拉县	77	53	24	25	15	10	5	3	2
德钦县	57	51	6	1	1				
维西傈僳族自治县	56	40	16	19	14	5			
西藏自治区	**173**	**128**	**45**	**81**	**61**	**20**	**26**	**18**	**8**
拉萨市	**70**	**44**	**26**	**39**	**27**	**12**	**16**	**10**	**6**
城关区	65	42	23	23	16	7	15	9	6
林周县	2	1	1				1	1	
当雄县									
尼木县									
曲水县									
堆龙德庆县	2	1	1	16	11	5			
达孜县	1		1						
墨竹工卡县									
昌都地区	**13**	**12**	**1**	**11**	**9**	**2**	**2**	**2**	
昌都县	6	5	1	5	3	2	1	1	
江达县	1	1		1	1		1	1	
贡觉县				1	1				
类乌齐县									
丁青县				2	2				
察雅县									

10-4 续表 51

单位：人

地区	壮族			布依族			朝鲜族		
	小计	男	女	小计	男	女	小计	男	女
八宿县	1	1		2	2				
左贡县	1	1							
芒康县	4	4							
洛隆县									
边坝县									
山南地区	**4**	**3**	**1**	**8**	**6**	**2**			
乃东县	3	3		3	1	2			
扎囊县									
贡嘎县				1	1				
桑日县									
琼结县									
曲松县									
措美县									
洛扎县				1	1				
加查县	1		1						
隆子县				2	2				
错那县				1	1				
浪卡子县									
日喀则地区	**24**	**20**	**4**	**13**	**10**	**3**	**4**	**3**	**1**
日喀则市	11	9	2	3	2	1			
南木林县	1		1	1		1			
江孜县									
定日县									
萨迦县	1		1	1	1				
拉孜县	1	1							
昂仁县									
谢通门县	3	3		3	2	1			
白朗县				1	1				
仁布县	1	1		1	1		3	2	1
康马县									
定结县	2	2							
仲巴县	1	1							
亚东县	1	1		1	1				
吉隆县									
聂拉木县	2	2		2	2				
萨嘎县									
岗巴县							1	1	
那曲地区	**4**	**1**	**3**	**5**	**5**		**2**	**2**	
那曲县	3	1	2	1	1				
嘉黎县				1	1				
比如县							1	1	
聂荣县									
安多县				2	2		1	1	
申扎县	1		1						
索县									
班戈县				1	1				
巴青县									
尼玛县									
阿里地区	**15**	**13**	**2**	**3**	**3**				
普兰县	2	2		2	2				
札达县									
噶尔县	11	10	1	1	1				
日土县									
革吉县									
改则县	2	1	1						
措勤县									

10-4　续表 52　　　　　　　　　　　　　　　　　　　　　　　　　　单位：人

地　区	壮　族			布依族			朝鲜族		
	小计	男	女	小计	男	女	小计	男	女
林芝地区	**43**	**35**	**8**	**2**	**1**	**1**	**2**	**1**	**1**
林芝县	27	23	4	1	1		2	1	1
工布江达县									
米林县	5	3	2						
墨脱县									
波密县	1	1		1		1			
察隅县	8	6	2						
朗县	2	2							
陕西省	**3555**	**1765**	**1790**	**727**	**371**	**356**	**1129**	**534**	**595**
西安市	**1960**	**1052**	**908**	**494**	**291**	**203**	**928**	**442**	**486**
新城区	125	73	52	33	17	16	94	48	46
碑林区	220	135	85	42	25	17	169	90	79
莲湖区	138	77	61	23	14	9	101	51	50
灞桥区	80	47	33	13	4	9	21	12	9
未央区	271	149	122	56	40	16	104	50	54
雁塔区	615	326	289	170	113	57	302	133	169
阎良区	40	22	18	10	8	2	16	7	9
临潼区	64	41	23	13	8	5	15	7	8
长安区	291	132	159	92	37	55	98	40	58
蓝田县	34	24	10	24	18	6			
周至县	10		10	4	1	3			
户县	30	12	18	3	2	1	4	1	3
高陵县	42	14	28	11	4	7	4	3	1
铜川市	**28**	**12**	**16**	**14**	**9**	**5**	**5**	**5**	
王益区	10	3	7	5	3	2	2	2	
印台区	13	7	6	2	1	1	2	2	
耀州区	5	2	3	7	5	2	1	1	
宜君县									
宝鸡市	**285**	**121**	**164**	**40**	**13**	**27**	**45**	**22**	**23**
渭滨区	156	78	78	11	2	9	20	10	10
金台区	40	17	23	2	2		18	8	10
陈仓区	17	3	14	2		2			
凤翔县	18	10	8	1	1				
岐山县	6	2	4				4	1	3
扶风县	9		9	2		2	1	1	
眉县	33	10	23	16	5	11	1	1	
陇县									
千阳县				5	3	2			
麟游县	1		1						
凤县	4	1	3						
太白县	1		1	1		1	1	1	
咸阳市	**351**	**178**	**173**	**35**	**16**	**19**	**67**	**30**	**37**
秦都区	82	43	39				23	11	12
杨陵区	218	115	103	33	15	18	18	9	9
渭城区	17	12	5				17	7	10
三原县	11	4	7				8	3	5
泾阳县	2		2						
乾县									
礼泉县									
永寿县				1		1			
彬县				1	1				

10-4 续表 53 单位：人

地区	壮族			布依族			朝鲜族		
	小计	男	女	小计	男	女	小计	男	女
长武县	5	1	4				1		1
旬邑县									
淳化县									
武功县									
兴平市	16	3	13						
渭南市	**92**	**31**	**61**	**4**		**4**	**11**	**4**	**7**
临渭区	92	31	61	4		4	11	4	7
华县									
潼关县									
大荔县									
合阳县									
澄城县									
蒲城县									
白水县									
富平县									
韩城市									
华阴市									
延安市	**60**	**31**	**29**	**17**	**10**	**7**	**8**	**4**	**4**
宝塔区	11	5	6	5	3	2	7	4	3
延长县	3	1	2						
延川县									
子长县	1		1						
安塞县	1		1						
志丹县	13	13							
吴起县	1		1						
甘泉县				1		1			
富县	3		3	1		1			
洛川县	3		3						
宜川县	1		1	1	1				
黄龙县	9	4	5						
黄陵县	14	8	6	9	6	3	1		1
汉中市	**262**	**115**	**147**	**61**	**14**	**47**	**30**	**16**	**14**
汉台区	60	34	26	16	6	10	12	8	4
南郑县	16	5	11	8	2	6	7	2	5
城固县	24	5	19	4	1	3			
洋县	30	6	24	9		9	1	1	
西乡县	22	2	20	6	1	5			
勉县	32	12	20	3		3	5	2	3
宁强县	14	4	10	4		4			
略阳县	56	46	10	9	4	5	5	3	2
镇巴县	8	1	7	2		2			
留坝县									
佛坪县									
榆林市	**65**	**38**	**27**	**17**	**12**	**5**	**11**	**4**	**7**
榆阳区	16	8	8	4	4		5	3	2
神木县	5	1	4				4	1	3
府谷县	21	19	2	9	8	1			
横山县									
靖边县	4	2	2						
定边县	2	1	1	3		3	2		2
绥德县	2		2	1		1			
米脂县	3		3						
佳县	3		3						
吴堡县	2	2							
清涧县	7	5	2						
子洲县									

10-4　续表 54　　　　　　　　　　　　　　　　　　　　单位：人

地　区	壮　族			布依族			朝鲜族		
	小计	男	女	小计	男	女	小计	男	女
安康市	**135**	**33**	**102**	**34**	**3**	**31**	**19**	**4**	**15**
汉滨区	50	17	33	14	2	12	7	1	6
汉阴县	17	2	15	3		3			
石泉县	9	1	8				2	1	1
宁陕县	6	4	2	2		2			
紫阳县	10	2	8	4		4	3	1	2
岚皋县	3		3	2		2			
平利县	10	1	9	4	1	3	4		4
镇坪县	3		3	2		2	1		1
旬阳县	11	2	9				2	1	1
白河县	16	4	12	3		3			
商洛市	**317**	**154**	**163**	**11**	**3**	**8**	**5**	**3**	**2**
商州区	41	20	21	2	1	1	3	1	2
洛南县	3		3						
丹凤县	31	11	20	5		5	1	1	
商南县	20	4	16	1		1			
山阳县	6		6						
镇安县	18	3	15	2	2		1	1	
柞水县	198	116	82	1		1			
甘肃省	**1647**	**824**	**823**	**366**	**201**	**165**	**559**	**273**	**286**
兰州市	**1109**	**564**	**545**	**283**	**159**	**124**	**320**	**151**	**169**
城关区	322	172	150	63	29	34	164	77	87
七里河区	85	61	24	18	12	6	26	12	14
西固区	32	16	16	2	2		63	31	32
安宁区	112	62	50	19	10	9	17	7	10
红古区	14	5	9	2		2	6	1	5
永登县	8	5	3	3	1	2			
皋兰县	2		2						
榆中县	534	243	291	176	105	71	44	23	21
嘉峪关市	**29**	**19**	**10**	**3**	**1**	**2**	**14**	**7**	**7**
金昌市	**53**	**29**	**24**	**11**	**5**	**6**	**27**	**16**	**11**
金川区	35	22	13	11	5	6	24	14	10
永昌县	18	7	11				3	2	1
白银市	**112**	**56**	**56**	**4**	**2**	**2**	**7**	**5**	**2**
白银区	51	30	21	2	2		3	2	1
平川区	6	3	3	2		2	2	1	1
靖远县	34	13	21				1	1	
会宁县									
景泰县	21	10	11				1	1	
天水市	**56**	**23**	**33**	**14**	**8**	**6**	**17**	**10**	**7**
秦州区	37	17	20	5	2	3	3	2	1
麦积区	17	6	11	9	6	3	11	7	4
清水县	1		1				3	1	2
秦安县									
甘谷县									
武山县	1		1						
张家川回族自治县									
武威市	**100**	**57**	**43**	**4**	**3**	**1**	**16**	**6**	**10**
凉州区	94	54	40	2	1	1	15	5	10
民勤县									
古浪县									
天祝藏族自治县	6	3	3	2	2		1	1	

10-4 续表 55 单位：人

地区	壮族			布依族			朝鲜族		
	小计	男	女	小计	男	女	小计	男	女
张掖市	**53**	**31**	**22**	**7**	**2**	**5**	**15**	**8**	**7**
甘州区	30	13	17	6	1	5	14	8	6
肃南裕固族自治县	6	5	1				1		1
民乐县									
临泽县	3	1	2						
高台县	1	1		1	1				
山丹县	13	11	2						
平凉市	**8**		**8**	**6**	**4**	**2**	**10**	**1**	**9**
崆峒区	3		3	5	4	1	7	1	6
泾川县									
灵台县									
崇信县	3		3						
华亭县	1		1				2		2
庄浪县	1		1						
静宁县				1		1	1		1
酒泉市	**30**	**12**	**18**	**15**	**11**	**4**	**99**	**53**	**46**
肃州区	8	4	4	2	2		10	4	6
金塔县									
瓜州县	7	2	5	2	2		3	2	1
肃北蒙古族自治县	1	1							
阿克塞哈萨克族自治县									
玉门市							75	41	34
敦煌市	14	5	9	11	7	4	11	6	5
庆阳市	**24**	**7**	**17**	**13**	**5**	**8**	**2**	**1**	**1**
西峰区	12	4	8	4	1	3	2	1	1
庆城县									
环县									
华池县				1	1				
合水县	3	1	2						
正宁县	4	1	3	3		3			
宁县	4	1	3	1		1			
镇原县	1		1	4	3	1			
定西市	**19**	**5**	**14**	**4**	**1**	**3**	**6**	**4**	**2**
安定区	8	3	5	2	1	1	3	1	2
通渭县	4		4						
陇西县	2	1	1						
渭源县				1		1			
临洮县	2		2	1		1	1	1	
漳县	2	1	1				1	1	
岷县	1		1				1	1	
陇南市	**20**	**9**	**11**	**1**		**1**	**10**	**5**	**5**
武都区	9	4	5				2	2	
成县	2	1	1				6	3	3
文县	4		4				2		2
宕昌县	3	3		1		1			
康县									
西和县	1		1						
礼县									
徽县	1	1							
两当县									

10-4　续表 56　　　　单位：人

地　区	壮族			布依族			朝鲜族		
	小计	男	女	小计	男	女	小计	男	女
临夏回族自治州	**21**	**8**	**13**	**1**		**1**	**10**	**4**	**6**
临夏市	15	6	9				3		3
临夏县				1		1			
康乐县	1	1					6	3	3
永靖县	4	1	3						
广河县							1	1	
和政县									
东乡族自治县									
积石山保安族东乡族撒拉族自治县	1		1						
甘南藏族自治州	**13**	**4**	**9**				**6**	**2**	**4**
合作市	9	3	6				3	1	2
临潭县	1		1						
卓尼县	3	1	2						
舟曲县									
迭部县							3	1	2
玛曲县									
碌曲县									
夏河县									
青海省	**980**	**543**	**437**	**251**	**185**	**66**	**312**	**152**	**160**
西宁市	**668**	**358**	**310**	**170**	**123**	**47**	**235**	**111**	**124**
城东区	238	143	95	36	29	7	37	18	19
城中区	121	46	75	27	12	15	63	31	32
城西区	149	71	78	29	21	8	69	32	37
城北区	93	50	43	26	16	10	47	23	24
大通回族土族自治县	32	25	7	8	5	3	10	4	6
湟中县	28	20	8	44	40	4	9	3	6
湟源县	7	3	4						
海东地区	**67**	**32**	**35**	**10**	**7**	**3**	**21**	**11**	**10**
平安县	14	5	9				2	1	1
民和回族土族自治县	14	12	2	4	3	1	7	3	4
乐都县	18	7	11				4	2	2
互助土族自治县	14	4	10	4	2	2	8	5	3
化隆回族自治县	6	4	2	2	2				
循化撒拉族自治县	1		1						
海北藏族自治州	**42**	**21**	**21**	**10**	**10**		**11**	**6**	**5**
门源回族自治县	23	11	12	10	10		4	2	2
祁连县	2	1	1						
海晏县	14	7	7				7	4	3
刚察县	3	2	1						
黄南藏族自治州	**14**	**8**	**6**						
同仁县	11	6	5						
尖扎县	1		1						
泽库县									
河南蒙古族自治县	2	2							
海南藏族自治州	**35**	**21**	**14**	**4**	**3**	**1**	**5**		**5**
共和县	12	5	7	4	3	1	1		1
同德县	1		1						
贵德县	7	2	5				2		2
兴海县	11	11					2		2
贵南县	4	3	1						
果洛藏族自治州	**6**	**5**	**1**				**1**		**1**
玛沁县	3	3							
班玛县	1	1							
甘德县									
达日县	1	1							
久治县	1		1				1		1
玛多县									

10-4 续表 57

单位：人

地区	壮族			布依族			朝鲜族		
	小计	男	女	小计	男	女	小计	男	女
玉树藏族自治州				**2**	**1**	**1**			
玉树县				2	1	1			
杂多县									
称多县									
治多县									
囊谦县									
曲麻莱县									
海西蒙古族藏族自治州	**148**	**98**	**50**	**55**	**41**	**14**	**39**	**24**	**15**
格尔木市	85	49	36	19	9	10	21	12	9
德令哈市	10	5	5	6	4	2	6	3	3
乌兰县	5	2	3	2	1	1	9	6	3
都兰县	23	19	4	20	20		1	1	
天峻县	14	14		6	6				
芒崖行政委员会	4	3	1				2	2	
柴旦行政委员会	6	5	1	2	1	1			
冷湖行政委员会	1	1							
宁夏回族自治区	**977**	**495**	**482**	**183**	**98**	**85**	**403**	**207**	**196**
银川市	**717**	**347**	**370**	**156**	**87**	**69**	**308**	**164**	**144**
兴庆区	209	96	113	30	11	19	146	74	72
西夏区	383	184	199	98	63	35	86	40	46
金凤区	88	46	42	16	9	7	59	37	22
永宁县	5	4	1	1		1	3	2	1
贺兰县	15	9	6	9	4	5	8	8	
灵武市	17	8	9	2		2	6	3	3
石嘴山市	**116**	**70**	**46**	**3**	**2**	**1**	**75**	**33**	**42**
大武口区	66	39	27	2	1	1	45	22	23
惠农区	19	12	7	1	1		25	9	16
平罗县	31	19	12				5	2	3
吴忠市	**59**	**33**	**26**	**23**	**9**	**14**	**11**	**6**	**5**
利通区	23	16	7	5	2	3	5	3	2
红寺堡区									
盐池县	7	3	4	1	1		1	1	
同心县									
青铜峡市	29	14	15	17	6	11	5	2	3
固原市	**40**	**20**	**20**	**1**		**1**	**5**	**2**	**3**
原州区	37	20	17				5	2	3
西吉县									
隆德县									
泾源县									
彭阳县	3		3	1		1			
中卫市	**45**	**25**	**20**				**4**	**2**	**2**
沙坡头区	27	13	14				4	2	2
中宁县	15	10	5						
海原县	3	2	1						
新疆维吾尔自治区	**5646**	**3113**	**2533**	**797**	**516**	**281**	**1128**	**558**	**570**
乌鲁木齐市	**1220**	**612**	**608**	**179**	**93**	**86**	**630**	**316**	**314**
天山区	233	101	132	23	11	12	167	78	89
沙依巴克区	323	155	168	37	15	22	196	97	99
新市区	345	191	154	60	34	26	129	66	63
水磨沟区	150	74	76	22	14	8	58	29	29

10-4　续表 58

单位：人

地　区	壮　族			布依族			朝鲜族		
	小计	男	女	小计	男	女	小计	男	女
头屯河区	55	31	24	18	9	9	27	16	11
达坂城区	8	1	7				3	3	
米东区	93	51	42	16	8	8	48	27	21
乌鲁木齐县	13	8	5	3	2	1	2		2
克拉玛依市	**207**	**122**	**85**	**149**	**86**	**63**	**35**	**20**	**15**
独山子区	58	35	23	12	8	4	3	2	1
克拉玛依区	130	77	53	115	68	47	32	18	14
白碱滩区	15	8	7	22	10	12			
乌尔禾区	4	2	2						
吐鲁番地区	**96**	**54**	**42**	**8**	**6**	**2**	**11**	**8**	**3**
吐鲁番市	50	34	16	2	2		10	7	3
鄯善县	31	14	17	1		1			
托克逊县	15	6	9	5	4	1	1	1	
哈密地区	**160**	**87**	**73**	**17**	**10**	**7**	**19**	**9**	**10**
哈密市	138	80	58	15	9	6	18	8	10
巴里坤哈萨克自治县	3	1	2	2	1	1			
伊吾县	19	6	13				1	1	
昌吉回族自治州	**476**	**273**	**203**	**40**	**27**	**13**	**78**	**41**	**37**
昌吉市	198	104	94	22	16	6	39	19	20
阜康市	33	16	17	4	2	2	17	10	7
呼图壁县	96	61	35	5	3	2	11	5	6
玛纳斯县	109	73	36	7	5	2	5	3	2
奇台县	24	13	11				1		1
吉木萨尔县	15	6	9	1	1		5	4	1
木垒哈萨克自治县	1		1	1		1			
博尔塔拉蒙古自治州	**345**	**169**	**176**	**21**	**10**	**11**	**25**	**11**	**14**
博乐市	195	93	102	2	2		14	6	8
精河县	124	64	60	19	8	11	11	5	6
温泉县	26	12	14						
巴音郭楞蒙古自治州	**387**	**219**	**168**	**61**	**44**	**17**	**51**	**22**	**29**
库尔勒市	197	106	91	31	21	10	39	15	24
轮台县	4	2	2				2		2
尉犁县	57	38	19	12	8	4	2	1	1
若羌县	9	8	1	2	2				
且末县	9	8	1	2	2				
焉耆回族自治县	16	11	5	6	6		5	4	1
和静县	61	30	31	4	4		3	2	1
和硕县	17	11	6	4	1	3			
博湖县	17	5	12						
阿克苏地区	**277**	**132**	**145**	**25**	**10**	**15**	**48**	**22**	**26**
阿克苏市	114	61	53	12	5	7	21	7	14
温宿县	18	11	7	3	2	1	1	1	
库车县	33	11	22	6	2	4	4	2	2
沙雅县	81	36	45	2	1	1	3	2	1
新和县	13	7	6				1	1	
拜城县	8	6	2	1		1			
乌什县							10	4	6
阿瓦提县	9		9	1		1	7	5	2
柯坪县	1		1				1		1
克孜勒苏柯尔克孜自治州	**27**	**25**	**2**						
阿图什市	1		1						
阿克陶县	26	25	1						
阿合奇县									
乌恰县									

10-4 续表 59 单位：人

地区	壮族			布依族			朝鲜族		
	小计	男	女	小计	男	女	小计	男	女
喀什地区	**234**	**113**	**121**	**1**	**1**		**4**	**2**	**2**
喀什市	49	22	27						
疏附县	36	17	19				2	1	1
疏勒县	3	1	2						
英吉沙县	1		1						
泽普县	34	19	15						
莎车县	27	14	13						
叶城县	14	4	10				2	1	1
麦盖提县	9	5	4						
岳普湖县	27	14	13						
伽师县	4	1	3						
巴楚县	21	10	11	1	1				
塔什库尔干塔吉克自治县	9	6	3						
和田地区	**42**	**16**	**26**				**13**	**8**	**5**
和田市	17	6	11				3	1	2
和田县									
墨玉县	22	9	13						
皮山县									
洛浦县									
策勒县									
于田县	3	1	2				6	4	2
民丰县							4	3	1
伊犁哈萨克自治州	**766**	**385**	**381**	**50**	**26**	**24**	**73**	**32**	**41**
伊宁市	108	47	61	16	8	8	37	19	18
奎屯市	57	27	30	12	6	6	13	5	8
伊宁县	155	80	75						
察布查尔锡伯自治县	28	12	16	5	3	2			
霍城县	84	39	45	13	7	6	14	5	9
巩留县	21	6	15				3	2	1
新源县	184	98	86	2	1	1	5	1	4
昭苏县	28	18	10						
特克斯县	8	6	2						
尼勒克县	93	52	41	2	1	1	1		1
塔城地区	**527**	**318**	**209**	**63**	**52**	**11**	**54**	**26**	**28**
塔城市	83	49	34				21	11	10
乌苏市	57	36	21	9	7	2	11	4	7
额敏县	81	33	48	3	2	1	8	3	5
沙湾县	193	140	53	47	41	6	4	2	2
托里县	13	7	6				6	4	2
裕民县	93	49	44	1		1	2	1	1
和布克赛尔蒙古自治县	7	4	3	3	2	1	2	1	1
阿勒泰地区	**190**	**94**	**96**	**23**	**13**	**10**	**24**	**11**	**13**
阿勒泰市	58	24	34	10	6	4	3	1	2
布尔津县	72	38	34	11	6	5	18	10	8
富蕴县	17	12	5				3		3
福海县	24	12	12						
哈巴河县	5	2	3	1	1				
青河县	12	5	7	1		1			
吉木乃县	2	1	1						
自治区直辖县级行政区划	**692**	**494**	**198**	**160**	**138**	**22**	**63**	**30**	**33**
石河子市	228	99	129	25	9	16	47	20	27
阿拉尔市	185	148	37	41	37	4	9	8	1
图木舒克市	197	183	14	92	90	2	2	2	
五家渠市	82	64	18	2	2		5		5

10-5　全国各县分性别的满族、侗族、瑶族人口

单位：人

地　区	满　族			侗　族			瑶　族		
	小计	男	女	小计	男	女	小计	男	女
全　国	**10387958**	**5401812**	**4986146**	**2879974**	**1511959**	**1368015**	**2796003**	**1458842**	**1337161**
北京市	**336032**	**167963**	**168069**	**3774**	**1865**	**1909**	**3213**	**1511**	**1702**
市辖区	**298154**	**149178**	**148976**	**3741**	**1851**	**1890**	**3179**	**1499**	**1680**
东城区	12225	6098	6127	77	34	43	52	21	31
西城区	15347	7443	7904	122	60	62	112	56	56
崇文区	5344	2496	2848	35	17	18	23	12	11
宣武区	9962	4747	5215	102	38	64	93	43	50
朝阳区	47488	23690	23798	551	276	275	466	218	248
丰台区	30009	14573	15436	412	202	210	220	99	121
石景山区	9523	4790	4733	131	66	65	86	52	34
海淀区	49320	23908	25412	1174	560	614	1121	505	616
门头沟区	2769	1364	1405	13	6	7	12	2	10
房山区	14649	7942	6707	121	75	46	52	32	20
通州区	13196	6591	6605	169	77	92	130	55	75
顺义区	17904	9068	8836	56	30	26	170	85	85
昌平区	25285	12740	12545	472	242	230	390	189	201
大兴区	15711	8553	7158	247	135	112	151	90	61
怀柔区	27305	14122	13183	31	22	9	50	22	28
平谷区	2117	1053	1064	28	11	17	51	18	33
市辖县	**37878**	**18785**	**19093**	**33**	**14**	**19**	**34**	**12**	**22**
密云县	28012	13451	14561	17	8	9	16	4	12
延庆县	9866	5334	4532	16	6	10	18	8	10
天津市	**83624**	**43293**	**40331**	**912**	**454**	**458**	**785**	**408**	**377**
市辖区	**53062**	**27204**	**25858**	**727**	**391**	**336**	**675**	**370**	**305**
和平区	1858	901	957				15	7	8
河东区	4314	2177	2137	64	34	30	22	8	14
河西区	5653	2763	2890	68	25	43	67	30	37
南开区	6281	3068	3213	88	37	51	72	31	41
河北区	3147	1621	1526	25	11	14	20	6	14
红桥区	2366	1236	1130	9	7	2	33	23	10
东丽区	2672	1579	1093	117	69	48	23	17	6
西青区	3279	1671	1608	111	76	35	106	70	36
津南区	1864	1048	816	41	21	20	32	23	9
北辰区	2811	1419	1392	56	34	22	38	21	17
武清区	3081	1352	1729	34	11	23	51	14	37
宝坻区	2637	1405	1232	92	53	39	35	15	20
滨海新区	13099	6964	6135	22	13	9	161	105	56
市辖县	**30562**	**16089**	**14473**	**185**	**63**	**122**	**110**	**38**	**72**
宁河县	798	443	355	23	12	11	73	30	43
静海县	1540	772	768	14	7	7	4	2	2
蓟县	28224	14874	13350	148	44	104	33	6	27
河北省	**2169311**	**1128634**	**1040677**	**1451**	**584**	**867**	**1776**	**692**	**1084**
石家庄市	**26144**	**12299**	**13845**	**156**	**69**	**87**	**250**	**129**	**121**
长安区	3433	1667	1766	34	14	20	16	8	8
桥东区	2277	1260	1017	6	3	3	15	8	7
桥西区	6132	2676	3456	45	21	24	64	55	9
新华区	5382	2419	2963	14	4	10	37	17	20
井陉矿区	83	44	39						
裕华区	5160	2490	2670	24	15	9	30	16	14
井陉县	47	24	23	2	1	1	2		2
正定县	681	304	377	5	1	4	3	2	1
栾城县	303	161	142	1		1	4	2	2

10-5 续表 1

单位：人

地区	满族			侗族			瑶族		
	小计	男	女	小计	男	女	小计	男	女
行唐县	61	25	36				15	3	12
灵寿县	43	15	28				5	2	3
高邑县	19	6	13				1		1
深泽县	44	18	26				1		1
赞皇县	6	4	2						
无极县	119	56	63				6	1	5
平山县	82	31	51	7	2	5	5	1	4
元氏县	37	15	22				3	2	1
赵县	55	28	27				4		4
辛集市	300	161	139	3	2	1	5	2	3
藁城市	342	133	209				5	2	3
晋州市	82	44	38				6		6
新乐市	393	224	169				8	1	7
鹿泉市	1063	494	569	15	6	9	15	7	8
唐山市	**199347**	**103616**	**95731**	**406**	**149**	**257**	**509**	**174**	**335**
路南区	3134	1664	1470	12	8	4	19	9	10
路北区	8145	4074	4071	17	10	7	21	16	5
古冶区	1465	769	696	2	2		3		3
开平区	2253	1212	1041	73	37	36	3	2	1
丰南区	13688	7607	6081	6	3	3	44	18	26
丰润区	15921	8477	7444	51	18	33	152	32	120
滦县	6791	3687	3104	4	2	2	17	9	8
滦南县	12705	6915	5790	5	1	4	6		6
乐亭县	5624	2881	2743	1	1		11	3	8
迁西县	7009	3315	3694	17	5	12	41	16	25
玉田县	24321	13239	11082	25	7	18	88	24	64
唐海县	1565	982	583				12	11	1
遵化市	86081	43611	42470	178	47	131	72	26	46
迁安市	10645	5183	5462	15	8	7	20	8	12
秦皇岛市	**451173**	**234086**	**217087**	**53**	**19**	**34**	**175**	**49**	**126**
海港区	39589	20031	19558	32	14	18	43	19	24
山海关区	10397	5478	4919				8	5	3
北戴河区	2771	1251	1520	13	4	9	2	1	1
青龙满族自治县	382032	199648	182384	4		4	8	2	6
昌黎县	4878	2428	2450				40	4	36
抚宁县	7226	3297	3929				6	3	3
卢龙县	4280	1953	2327	4	1	3	68	15	53
邯郸市	**3244**	**1686**	**1558**	**43**	**15**	**28**	**56**	**17**	**39**
邯山区	1302	673	629	2	1	1	8	4	4
丛台区	787	422	365	11	6	5	5	2	3
复兴区	419	227	192	6	3	3	3	3	
峰峰矿区	212	114	98	4		4	4	2	2
邯郸县	164	82	82	6	4	2	4	2	2
临漳县	10	7	3						
成安县	40	22	18	3		3	1		1
大名县	39	15	24						
涉县	25	8	17				7	1	6
磁县	34	13	21	6		6	3		3
肥乡县									
永年县	73	34	39				3	1	2
邱县	8	3	5				1		1
鸡泽县	4	4							
广平县	3	2	1				1		1
馆陶县	11	4	7				1		1
魏县	4	2	2						
曲周县	9		9				9	2	7
武安市	100	54	46	5	1	4	6		6

10-5　续表 2　　　　　　　　　　　　　　　　　　　　　　　　　　　　单位：人

地区	满族			侗族			瑶族		
	小计	男	女	小计	男	女	小计	男	女
邢台市	**2537**	**1348**	**1189**	**22**	**6**	**16**	**29**	**12**	**17**
桥东区	497	278	219				5	4	1
桥西区	1533	826	707	6	5	1	5	1	4
邢台县	79	52	27	3	1	2			
临城县	19	9	10				5	4	1
内丘县	15	7	8				1		1
柏乡县	3	1	2						
隆尧县	38	13	25				6	2	4
任县	14	4	10						
南和县	10	3	7						
宁晋县	78	32	46						
巨鹿县	16	9	7	1		1			
新河县	3	2	1	1		1			
广宗县	3	1	2						
平乡县	6	4	2						
威县	7	1	6	11		11	2		2
清河县	66	35	31						
临西县	24	13	11						
南宫市	28	8	20				2	1	1
沙河市	98	50	48				3		3
保定市	**91741**	**51910**	**39831**	**212**	**109**	**103**	**234**	**86**	**148**
新市区	2871	1495	1376	9	5	4	7	5	2
北市区	7293	3932	3361	37	19	18	44	28	16
南市区	3348	1701	1647	22	16	6	9	1	8
满城县	3825	2348	1477	8	3	5	2		2
清苑县	2004	1231	773				2		2
涞水县	17427	9522	7905						
阜平县	21	7	14						
徐水县	3698	2209	1489	10	4	6	27	5	22
定兴县	12363	7366	4997				50	11	39
唐县	76	42	34	1	1		3		3
高阳县	612	343	269				2		2
容城县	1020	588	432				5	2	3
涞源县	79	33	46						
望都县	191	107	84				3	1	2
安新县	275	114	161	1		1	1		1
易县	19542	11089	8453	27	9	18	19	4	15
曲阳县	32	17	15						
蠡县	460	257	203						
顺平县	119	53	66	1		1	5	2	3
博野县	43	18	25						
雄县	6961	4290	2671	2		2	1		1
涿州市	5891	3328	2563	11	6	5	15	6	9
定州市	701	400	301				4	2	2
安国市	311	150	161				7	1	6
高碑店市	2578	1270	1308	83	46	37	28	18	10
张家口市	**19227**	**10254**	**8973**	**50**	**12**	**38**	**51**	**18**	**33**
桥东区	3409	1900	1509	6	3	3	12	6	6
桥西区	2150	1089	1061	8	5	3	6	4	2
宣化区	2555	1370	1185				3	3	
下花园区	207	113	94				1		1
宣化县	295	131	164				4		4
张北县	357	178	179	1		1	1		1

10-5 续表 3

单位：人

地区	满族			侗族			瑶族		
	小计	男	女	小计	男	女	小计	男	女
康保县	42	24	18						
沽源县	3242	1616	1626				2		2
尚义县	34	17	17						
蔚县	178	76	102	1		1	5		5
阳原县	64	22	42						
怀安县	120	43	77	1		1	2	1	1
万全县	294	135	159				5	1	4
怀来县	1911	1008	903	33	4	29	2	1	1
涿鹿县	2458	1467	991				3		3
赤城县	1393	788	605				5	2	3
崇礼县	518	277	241						
承德市	**1325151**	**685959**	**639192**	**211**	**55**	**156**	**217**	**84**	**133**
双桥区	61951	30304	31647	15	7	8	10	7	3
双滦区	33127	16825	16302	2	1	1	2	1	1
鹰手营子矿区	4657	2317	2340	1		1	2	1	1
承德县	45482	25041	20441	19	12	7	14	9	5
兴隆县	25073	12820	12253	163	35	128	66	19	47
平泉县	140865	72498	68367	5		5	14	3	11
滦平县	176036	91620	84416				62	20	42
隆化县	180149	93910	86239	4		4	5	2	3
丰宁满族自治县	237117	122189	114928	2		2	20	6	14
宽城满族自治县	192625	100482	92143				13	9	4
围场满族蒙古族自治县	228069	117953	110116				9	7	2
沧州市	**14971**	**8261**	**6710**	**39**	**20**	**19**	**50**	**23**	**27**
新华区	1555	807	748						
运河区	2935	1553	1382	8	4	4	6	4	2
沧县	4193	2799	1394						
青县	1748	936	812	1		1	1		1
东光县	89	36	53						
海兴县	46	19	27				1		1
盐山县	40	13	27						
肃宁县	225	113	112	3	2	1	7	2	5
南皮县	133	49	84						
吴桥县	34	6	28						
献县	76	28	48				5	3	2
孟村回族自治县	38	14	24				2	1	1
泊头市	144	47	97				1		1
任丘市	2466	1212	1254	18	10	8	15	11	4
黄骅市	832	465	367	5	2	3	1	1	
河间市	417	164	253	4	2	2	11	1	10
廊坊市	**34312**	**18588**	**15724**	**224**	**123**	**101**	**192**	**99**	**93**
安次区	1690	799	891	14	9	5	11	7	4
广阳区	3999	1986	2013	50	24	26	58	26	32
固安县	1968	964	1004	17	13	4	10	6	4
永清县	1037	580	457						
香河县	1814	1027	787	9	4	5			
大城县	345	130	215	4	3	1			
文安县	6473	4103	2370				1	1	
大厂回族自治县	1437	672	765	4	1	3	16	6	10
霸州市	2040	1167	873				4	2	2
三河市	13509	7160	6349	126	69	57	92	51	41
衡水市	**1464**	**627**	**837**	**35**	**7**	**28**	**13**	**1**	**12**
桃城区	850	351	499	7	4	3	6	1	5
枣强县	45	17	28				1		1
武邑县	52	17	35						

10-5　续表 4

单位：人

地　　区	满　族			侗　族			瑶　族		
	小计	男	女	小计	男	女	小计	男	女
武强县	11	4	7	3	1	2			
饶阳县	34	22	12				1		1
安平县	33	20	13						
故城县	64	16	48						
景县	46	25	21				1		1
阜城县	111	40	71				2		2
冀州市	67	27	40						
深州市	151	88	63	25	2	23	2		2
山西省	**11741**	**6314**	**5427**	**280**	**194**	**86**	**325**	**164**	**161**
太原市	**5685**	**3080**	**2605**	**98**	**71**	**27**	**149**	**85**	**64**
小店区	1163	645	518	21	14	7	32	21	11
迎泽区	1193	612	581	27	23	4	16	6	10
杏花岭区	1115	597	518	16	10	6	4	2	2
尖草坪区	780	467	313	19	16	3	31	23	8
万柏林区	1091	585	506	11	6	5	50	27	23
晋源区	177	93	84	2	2		5	2	3
清徐县	16	6	10				1		1
阳曲县	23	13	10						
娄烦县	3	1	2	2		2	2		2
古交市	124	61	63				8	4	4
大同市	**1482**	**780**	**702**	**11**	**5**	**6**	**16**	**10**	**6**
城区	882	483	399				11	8	3
矿区	203	106	97				1		1
南郊区	245	125	120						
新荣区	79	31	48				4	2	2
阳高县									
天镇县	10	2	8						
广灵县	4	2	2						
灵丘县									
浑源县	21	17	4	2		2			
左云县	8	3	5						
大同县	30	11	19	9	5	4			
阳泉市	**563**	**285**	**278**	**16**	**6**	**10**	**12**	**2**	**10**
城区	304	158	146	7	3	4			
矿区	94	41	53	3	2	1	1		1
郊区	111	63	48				4		4
平定县	38	14	24	2		2	1	1	
盂县	16	9	7	4	1	3	6	1	5
长治市	**575**	**324**	**251**	**29**	**18**	**11**	**12**	**7**	**5**
城区	300	158	142	8	4	4	6	5	1
郊区	104	60	44	3	2	1			
长治县	12	9	3	3		3			
襄垣县	58	34	24	3	2	1	1		1
屯留县	28	19	9						
平顺县	6	6							
黎城县	3	1	2	1		1	2		2
壶关县	2	2							
长子县	5	2	3	11	10	1			
武乡县	13	8	5				2	2	
沁县	8	6	2						
沁源县	6	2	4				1		1
潞城市	30	17	13						

10-5 续表 5

单位：人

地区	满族			侗族			瑶族		
	小计	男	女	小计	男	女	小计	男	女
晋城市	**235**	**126**	**109**	**17**	**9**	**8**	**16**	**5**	**11**
城区	167	85	82	12	8	4	3	3	
沁水县	8	6	2	3	1	2			
阳城县	15	10	5	2		2	10	2	8
陵川县	2	2							
泽州县	20	12	8						
高平市	23	11	12				3		3
朔州市	**355**	**186**	**169**	**3**	**1**	**2**	**5**	**3**	**2**
朔城区	148	73	75						
平鲁区	21	18	3	1		1	1	1	
山阴县	22	11	11	1		1	1		1
应县				1	1				
右玉县	114	62	52						
怀仁县	50	22	28				3	2	1
晋中市	**872**	**451**	**421**	**44**	**40**	**4**	**22**	**12**	**10**
榆次区	511	255	256	6	6		9	4	5
榆社县	10	4	6						
左权县	6	5	1				1		1
和顺县	12	12							
昔阳县	15	8	7	2	1	1	2		2
寿阳县	18	13	5	14	11	3	3	3	
太谷县	102	41	61	20	20		2	1	1
祁县	31	21	10				1	1	
平遥县	25	17	8				1		1
灵石县	76	45	31	1	1		3	3	
介休市	66	30	36	1	1				
运城市	**895**	**495**	**400**	**1**		**1**	**22**	**10**	**12**
盐湖区	116	64	52				12	6	6
临猗县	10	4	6						
万荣县	7	3	4				1		1
闻喜县	18	12	6				3	1	2
稷山县	2	1	1				1		1
新绛县	9	5	4						
绛县	176	106	70						
垣曲县	337	183	154						
夏县	5	1	4						
平陆县	22	11	11				1		1
芮城县	8	3	5						
永济市	21	15	6	1		1	2	2	
河津市	164	87	77				2	1	1
忻州市	**336**	**169**	**167**	**13**	**4**	**9**	**22**	**5**	**17**
忻府区	139	72	67	6	2	4	13	3	10
定襄县	12	5	7				3		3
五台县	32	10	22				2		2
代县	31	19	12						
繁峙县	2	1	1						
宁武县	10	4	6						
静乐县	3	1	2						
神池县	1	1							
五寨县	1		1						
岢岚县									
河曲县	59	28	31				2	1	1
保德县	10	6	4						
偏关县	2	2							
原平市	34	20	14	7	2	5	2	1	1

10-5　续表 6

单位：人

地　区	满族			侗族			瑶族		
	小计	男	女	小计	男	女	小计	男	女
临汾市	**595**	**345**	**250**				**22**	**10**	**12**
尧都区	209	110	99						
曲沃县	20	9	11						
翼城县	48	26	22				4	3	1
襄汾县	13	9	4				1	1	
洪洞县	1	1					2		2
古县	26	22	4						
安泽县	2	2							
浮山县	4	4					1		1
吉县	12	12							
乡宁县	20	19	1				2	1	1
大宁县									
隰县	6	3	3						
永和县	3	2	1						
蒲县									
汾西县	7	5	2				3	2	1
侯马市	183	101	82				2		2
霍州市	41	20	21				7	3	4
吕梁市	**148**	**73**	**75**	**48**	**40**	**8**	**27**	**15**	**12**
离石区	10	5	5						
文水县	1		1				1		1
交城县	3	2	1	41	35	6			
兴县	5	1	4	1		1			
临县	3	3							
柳林县	15	15					9	9	
石楼县	2	1	1						
岚县	6	5	1						
方山县									
中阳县	5		5						
交口县									
孝义市	60	31	29	1	1		6	5	1
汾阳市	38	10	28	5	4	1	11	1	10
内蒙古自治区	**452765**	**233007**	**219758**	**438**	**246**	**192**	**318**	**169**	**149**
呼和浩特市	**30637**	**14981**	**15656**	**136**	**66**	**70**	**62**	**35**	**27**
新城区	9685	4764	4921	25	11	14	17	13	4
回民区	5125	2409	2716	37	25	12	8	5	3
玉泉区	3743	1883	1860				7	2	5
赛罕区	9118	4456	4662	30	9	21	16	7	9
土默特左旗	1180	566	614	10	2	8	4	4	
托克托县	484	255	229	23	13	10	3	1	2
和林格尔县	1033	512	521	10	6	4	7	3	4
清水河县	49	22	27						
武川县	220	114	106	1		1			
包头市	**23165**	**11597**	**11568**	**79**	**39**	**40**	**71**	**41**	**30**
东河区	3419	1669	1750	15	7	8	10	6	4
昆都仑区	10180	5168	5012	34	18	16	46	27	19
青山区	7253	3575	3678	23	10	13	6	4	2
石拐区	101	42	59						
白云鄂博矿区	393	219	174						
九原区	721	380	341						
土默特右旗	649	312	337	7	4	3	6	3	3
固阳县	247	123	124						
达尔罕茂明安联合旗	202	109	93				3	1	2
乌海市	**4127**	**2135**	**1992**	**17**	**10**	**7**	**9**	**6**	**3**
海勃湾区	2533	1290	1243	12	8	4	9	6	3
海南区	497	261	236						
乌达区	1097	584	513	5	2	3			

10-5 续表 7

单位：人

地区	满族			侗族			瑶族		
	小计	男	女	小计	男	女	小计	男	女
赤峰市	**120715**	**62673**	**58042**	**35**	**17**	**18**	**27**	**10**	**17**
红山区	17451	8612	8839	3	1	2	8	4	4
元宝山区	10151	5133	5018				2	1	1
松山区	35528	18834	16694	6	1	5	4	2	2
阿鲁科尔沁旗	5248	2772	2476						
巴林左旗	9691	5075	4616				1		1
巴林右旗	1896	942	954	1		1	1	1	
林西县	2085	1068	1017						
克什克腾旗	1571	799	772	10	7	3	1	1	
翁牛特旗	4114	2256	1858				2		2
喀喇沁旗	22411	11702	10709	5	2	3	2		2
宁城县	5432	2720	2712	8	4	4	4	1	3
敖汉旗	5137	2760	2377	2	2		2		2
通辽市	**88316**	**45680**	**42636**	**10**	**7**	**3**	**28**	**14**	**14**
科尔沁区	48565	25096	23469	6	5	1	15	7	8
科尔沁左翼中旗	6078	3139	2939				6	3	3
科尔沁左翼后旗	5219	2689	2530				1	1	
开鲁县	8612	4563	4049				3	2	1
库伦旗	3628	1954	1674	1		1			
奈曼旗	5998	3112	2886	2	1	1			
扎鲁特旗	6287	3114	3173						
霍林郭勒市	3929	2013	1916	1	1		3	1	2
鄂尔多斯市	**5774**	**3302**	**2472**	**47**	**36**	**11**	**41**	**22**	**19**
东胜区	2524	1403	1121	21	15	6	27	15	12
达拉特旗	605	316	289	3	1	2	2		2
准格尔旗	1418	793	625	6	5	1	2	1	1
鄂托克前旗	55	42	13						
鄂托克旗	238	164	74				1	1	
杭锦旗	121	77	44	3	3		3	1	2
乌审旗	124	72	52						
伊金霍洛旗	689	435	254	14	12	2	6	4	2
呼伦贝尔市	**80794**	**41998**	**38796**	**32**	**11**	**21**	**9**	**6**	**3**
海拉尔区	8017	3887	4130	4		4	3	1	2
阿荣旗	13786	7357	6429	1	1				
莫力达瓦达斡尔族自治旗	12906	6785	6121	2		2			
鄂伦春自治旗	4455	2257	2198	3		3			
鄂温克族自治旗	2777	1488	1289				3	3	
陈巴尔虎旗	972	527	445	1	1				
新巴尔虎左旗	224	134	90	1		1			
新巴尔虎右旗	294	221	73						
满洲里市	4858	2458	2400				2	2	
牙克石市	7362	3761	3601	16	8	8	1		1
扎兰屯市	20056	10541	9515	2		2			
额尔古纳市	2511	1282	1229	1	1				
根河市	2576	1300	1276	1		1			
巴彦淖尔市	**3381**	**1752**	**1629**	**46**	**45**	**1**	**24**	**12**	**12**
临河区	1432	711	721	1	1		3	3	
五原县	329	172	157				13	5	8
磴口县	370	183	187						
乌拉特前旗	551	285	266	44	43	1	5	2	3
乌拉特中旗	317	198	119				1	1	
乌拉特后旗	120	72	48	1	1		2	1	1
杭锦后旗	262	131	131						

10-5　续表 8

单位：人

地　区	满族			侗族			瑶族		
	小计	男	女	小计	男	女	小计	男	女
乌兰察布市	**8670**	**4533**	**4137**	**10**	**2**	**8**	**13**	**4**	**9**
集宁区	2220	1107	1113	9	1	8			
卓资县	527	269	258	1	1		2	1	1
化德县	193	90	103				1		1
商都县	260	145	115						
兴和县	327	180	147				3	2	1
凉城县	3097	1682	1415						
察哈尔右翼前旗	230	109	121						
察哈尔右翼中旗	352	183	169						
察哈尔右翼后旗	208	118	90						
四子王旗	528	276	252				6	1	5
丰镇市	728	374	354				1		1
兴安盟	**62352**	**31731**	**30621**	**5**	**2**	**3**	**5**	**4**	**1**
乌兰浩特市	15367	7618	7749	1		1	4	3	1
阿尔山市	1698	858	840						
科尔沁右翼前旗	12646	6596	6050	4	2	2			
科尔沁右翼中旗	2468	1239	1229						
扎赉特旗	5904	3056	2848						
突泉县	24269	12364	11905				1	1	
锡林郭勒盟	**24002**	**12196**	**11806**	**9**	**5**	**4**	**23**	**12**	**11**
二连浩特市	449	229	220	3	3				
锡林浩特市	4901	2437	2464	3	1	2	12	9	3
阿巴嘎旗	418	235	183						
苏尼特左旗	99	51	48						
苏尼特右旗	367	194	173	1		1			
东乌珠穆沁旗	727	424	303	2	1	1			
西乌珠穆沁旗	649	406	243						
太仆寺旗	3292	1694	1598						
镶黄旗	57	42	15						
正镶白旗	453	231	222				3	1	2
正蓝旗	3230	1623	1607						
多伦县	9360	4630	4730				8	2	6
阿拉善盟	**832**	**429**	**403**	**12**	**6**	**6**	**6**	**3**	**3**
阿拉善左旗	690	349	341	3		3	4	3	1
阿拉善右旗	46	26	20	1	1				
额济纳旗	96	54	42	8	5	3	2		2
辽宁省	**5336895**	**2750732**	**2586163**	**821**	**454**	**367**	**774**	**421**	**353**
沈阳市	**430565**	**225000**	**205565**	**239**	**150**	**89**	**173**	**105**	**68**
和平区	27603	13834	13769	33	21	12	33	17	16
沈河区	40128	20010	20118	7	4	3	14	8	6
大东区	35864	18221	17643	14	9	5	10	5	5
皇姑区	37911	18953	18958	40	25	15	24	15	9
铁西区	36516	19029	17487	15	10	5	13	8	5
苏家屯区	28074	14622	13452	6	4	2	8	6	2
东陵区	57457	30275	27182	32	21	11	28	16	12
沈北新区	41393	21354	20039	44	34	10	20	16	4
于洪区	39708	21251	18457	27	13	14	17	12	5
辽中县	22654	12464	10190	3	1	2	3		3
康平县	22309	12209	10100	1	1		1	1	
法库县	13257	7224	6033	17	7	10			
新民市	27691	15554	12137				2	1	1
大连市	**299539**	**154687**	**144852**	**293**	**142**	**151**	**275**	**143**	**132**
中山区	6976	3216	3760	15	3	12	9	2	7
西岗区	5849	3096	2753	12	7	5	5	2	3
沙河口区	18020	8604	9416	33	22	11	37	17	20

10-5 续表 9

单位：人

地区	满族			侗族			瑶族		
	小计	男	女	小计	男	女	小计	男	女
甘井子区	40319	20927	19392	60	27	33	98	57	41
旅顺口区	9631	4794	4837	32	9	23	11	3	8
金州区	88306	44446	43860	138	72	66	97	53	44
长海县	933	505	428						
瓦房店市	61995	33029	28966				3	1	2
普兰店市	15604	8668	6936				9	6	3
庄河市	51906	27402	24504	3	2	1	6	2	4
鞍山市	**504202**	**260078**	**244124**	**38**	**21**	**17**	**34**	**23**	**11**
铁东区	10507	5585	4922	20	13	7	12	9	3
铁西区	3672	1954	1718	9	4	5	2	1	1
立山区	6448	3583	2865	1	1		2		2
千山区	7365	3903	3462	2	1	1			
台安县	3105	1910	1195				2	1	1
岫岩满族自治县	442045	226429	215616				12	10	2
海城市	31060	16714	14346	6	2	4	4	2	2
抚顺市	**518388**	**264721**	**253667**	**42**	**20**	**22**	**32**	**17**	**15**
新抚区	12257	6292	5965				3	2	1
东洲区	16787	8617	8170	3	1	2	7	4	3
望花区	28675	15214	13461	23	12	11	3	3	
顺城区	34808	17749	17059	11	5	6	11	8	3
抚顺县	32193	16869	15324	1	1		3		3
新宾满族自治县	202208	102416	99792				3		3
清原满族自治县	191460	97564	93896	4	1	3	2		2
本溪市	**485941**	**247605**	**238336**	**31**	**17**	**14**	**26**	**16**	**10**
平山区	28537	14589	13948	8	6	2	7	5	2
溪湖区	22995	11868	11127	7	5	2	2	1	1
明山区	49776	25164	24612	11	4	7	8	7	1
南芬区	20914	10902	10012				1	1	
本溪满族自治县	194343	100036	94307				1		1
桓仁满族自治县	169376	85046	84330	5	2	3	7	2	5
丹东市	**772484**	**390079**	**382405**	**42**	**24**	**18**	**26**	**13**	**13**
元宝区	16281	7585	8696	16	11	5			
振兴区	33282	16639	16643	10	5	5	8	6	2
振安区	29856	14112	15744	3	1	2	3	3	
宽甸满族自治县	230388	118553	111835	3	2	1	7	2	5
东港市	56318	28721	27597	6	3	3	7	1	6
凤城市	406359	204469	201890	4	2	2	1	1	
锦州市	**777785**	**403190**	**374595**	**20**	**9**	**11**	**42**	**20**	**22**
古塔区	22780	11360	11420				5	3	2
凌河区	34135	16386	17749				11	7	4
太和区	39346	19914	19432	2	2		3	1	2
黑山县	119975	63750	56225	9	5	4			
义县	135358	71014	64344	8	2	6	5	2	3
凌海市	71382	38752	32630				1		1
北镇市	354809	182014	172795	1		1	17	7	10
营口市	**122479**	**65543**	**56936**	**25**	**17**	**8**	**22**	**7**	**15**
站前区	6464	3257	3207	17	14	3	10	6	4
西市区	2148	1130	1018				3		3
鲅鱼圈区	52135	27343	24792	4	3	1	2	1	1
老边区	2435	1329	1106				1		1
盖州市	50889	27915	22974	2		2	3		3
大石桥市	8408	4569	3839	2		2	3		3
阜新市	**52410**	**27915**	**24495**	**23**	**14**	**9**	**9**	**6**	**3**
海州区	5627	2855	2772	4	1	3	1		1
新邱区	858	442	416						

10-5 续表 10

单位：人

地区	满族			侗族			瑶族		
	小计	男	女	小计	男	女	小计	男	女
太平区	2321	1225	1096	9	7	2			
清河门区	2695	1308	1387	1	1				
细河区	6682	3758	2924	2	2		8	6	2
阜新蒙古族自治县	7261	3598	3663	5	2	3			
彰武县	26966	14729	12237	2	1	1			
辽阳市	**106418**	**57909**	**48509**	**22**	**13**	**9**	**39**	**23**	**16**
白塔区	7987	3961	4026	6	3	3	21	12	9
文圣区	6363	3226	3137	3	3				
宏伟区	7527	3942	3585	2	1	1			
弓长岭区	2291	1251	1040	2	1	1			
太子河区	6584	3738	2846	3	1	2	8	6	2
辽阳县	48967	26641	22326	3	1	2	5	2	3
灯塔市	26699	15150	11549	3	3		5	3	2
盘锦市	**32700**	**16699**	**16001**	**18**	**15**	**3**	**25**	**11**	**14**
双台子区	4493	2408	2085	1		1	6	3	3
兴隆台区	16817	8542	8275	17	15	2	12	6	6
大洼县	6086	3097	2989				6	2	4
盘山县	5304	2652	2652				1		1
铁岭市	**540834**	**278810**	**262024**	**11**	**6**	**5**	**28**	**16**	**12**
银州区	18266	9157	9109	2	2		11	5	6
清河区	44895	22678	22217						
铁岭县	22646	12133	10513	1		1	4	4	
西丰县	147317	76004	71313				4	2	2
昌图县	12612	6881	5731	4	2	2	2	1	1
调兵山市	5061	2628	2433				2	2	
开原市	290037	149329	140708	4	2	2	5	2	3
朝阳市	**23235**	**12284**	**10951**	**3**	**2**	**1**	**13**	**6**	**7**
双塔区	4801	2412	2389	1		1	4	3	1
龙城区	688	375	313						
朝阳县	932	452	480						
建平县	1777	967	810	1	1		2		2
喀喇沁左翼蒙古族自治县	808	387	421						
北票市	2666	1353	1313						
凌源市	11563	6338	5225	1	1		7	3	4
葫芦岛市	**669915**	**346212**	**323703**	**14**	**4**	**10**	**30**	**15**	**15**
连山区	45048	24468	20580	7	2	5	2	2	
龙港区	24707	12956	11751						
南票区	5481	2996	2485				2	1	1
绥中县	278085	144501	133584	3		3	1		1
建昌县	5072	2588	2484				1	1	
兴城市	311522	158703	152819	4	2	2	24	11	13
吉林省	**866365**	**458840**	**407525**	**231**	**130**	**101**	**308**	**148**	**160**
长春市	**153099**	**80274**	**72825**	**103**	**61**	**42**	**143**	**75**	**68**
南关区	18427	8798	9629	36	17	19	42	20	22
宽城区	6511	3543	2968	3	1	2	1	1	
朝阳区	18698	9379	9319	46	32	14	55	32	23
二道区	15500	7899	7601	9	7	2	13	6	7
绿园区	10827	5545	5282	1	1		14	6	8
双阳区	29285	15410	13875				2	1	1
农安县	2118	1084	1034	5	2	3	2	1	1
九台市	36844	20387	16457	3	1	2	13	8	5
榆树市	11765	6657	5108						
德惠市	3124	1572	1552				1		1

10-5 续表 11

单位：人

地区	满族			侗族			瑶族		
	小计	男	女	小计	男	女	小计	男	女
吉林市	**199846**	**106606**	**93240**	**57**	**23**	**34**	**45**	**25**	**20**
昌邑区	43211	22685	20526	11	4	7	12	8	4
龙潭区	54788	28755	26033	8	5	3	10	5	5
船营区	23207	12194	11013	5	4	1	15	11	4
丰满区	15610	7739	7871	20	6	14	3		3
永吉县	24788	13573	11215	1		1	1	1	
蛟河市	8004	4367	3637	3	1	2	1		1
桦甸市	3621	2052	1569				2		2
舒兰市	14557	8320	6237	4		4			
磐石市	12060	6921	5139	5	3	2	1		1
四平市	**211636**	**109237**	**102399**				**34**	**16**	**18**
铁西区	5792	2485	3307				5	1	4
铁东区	21030	10978	10052						
梨树县	5778	3211	2567				6	1	5
伊通满族自治县	160173	82784	77389				18	12	6
公主岭市	17728	9150	8578				5	2	3
双辽市	1135	629	506						
辽源市	**71606**	**38896**	**32710**	**1**	**1**		**8**	**1**	**7**
龙山区	11079	5684	5395				2		2
西安区	3451	1931	1520						
东丰县	31149	16991	14158				3	1	2
东辽县	25927	14290	11637	1	1		3		3
通化市	**107441**	**58433**	**49008**	**5**	**2**	**3**	**14**	**3**	**11**
东昌区	10239	5245	4994				2	1	1
二道江区	4250	2262	1988				1	1	
通化县	26070	13504	12566				4		4
辉南县	10798	6012	4786				1		1
柳河县	16043	9021	7022	5	2	3	2		2
梅河口市	28934	16416	12518				2		2
集安市	11107	5973	5134				2	1	1
白山市	**15651**	**8629**	**7022**	**20**	**17**	**3**	**5**	**1**	**4**
浑江区	4610	2561	2049	6	5	1			
江源区	2287	1286	1001						
抚松县	2760	1569	1191	12	10	2	3	1	2
靖宇县	3814	2116	1698	1	1		2		2
长白朝鲜族自治县	539	264	275	1	1				
临江市	1641	833	808						
松原市	**23573**	**12766**	**10807**	**17**	**6**	**11**	**13**	**4**	**9**
宁江区	9904	5248	4656				7	3	4
前郭尔罗斯蒙古族自治县	6848	3576	3272	17	6	11	4		4
长岭县	2702	1486	1216				2	1	1
乾安县	1230	685	545						
扶余县	2889	1771	1118						
白城市	**26301**	**14049**	**12252**				**21**	**14**	**7**
洮北区	7249	3714	3535				3		3
镇赉县	2035	1120	915				12	11	1
通榆县	4588	2492	2096				1		1
洮南市	10925	5888	5037				5	3	2
大安市	1504	835	669						
延边朝鲜族自治州	**57212**	**29950**	**27262**	**28**	**20**	**8**	**25**	**9**	**16**
延吉市	9752	4909	4843	9	7	2	20	7	13
图们市	1687	906	781	3	1	2			
敦化市	8485	4566	3919	2		2	1		1
珲春市	21227	10779	10448				1	1	
龙井市	1278	741	537	2	2		1		1
和龙市	1494	842	652	3	3				
汪清县	8963	4810	4153	3	2	1	2	1	1
安图县	4326	2397	1929	6	5	1			

10-5　续表 12

单位：人

地　区	满　族			侗　族			瑶　族		
	小计	男	女	小计	男	女	小计	男	女
黑龙江省	**748020**	**414472**	**333548**	**217**	**129**	**88**	**437**	**234**	**203**
哈尔滨市	**350494**	**188787**	**161707**	**1**	**1**		**180**	**99**	**81**
道里区	10076	5413	4663				6	2	4
南岗区	23848	12494	11354				76	52	24
道外区	9506	5342	4164				8	5	3
平房区	5118	2730	2388						
松北区	2966	1666	1300				9	4	5
香坊区	16595	8877	7718	1	1		45	23	22
呼兰区	11835	6673	5162				19	5	14
阿城区	53227	28710	24517				2	2	
依兰县	7465	4459	3006						
方正县	1003	612	391						
宾县	3924	2534	1390				8	3	5
巴彦县	4746	2696	2050				3	1	2
木兰县	1688	1031	657						
通河县	717	438	279						
延寿县	2205	1378	827						
双城市	125329	66379	58950				3	2	1
尚志市	4980	2986	1994						
五常市	65266	34369	30897				1		1
齐齐哈尔市	**60543**	**34896**	**25647**	**61**	**36**	**25**	**47**	**28**	**19**
龙沙区	4496	2440	2056				1	1	
建华区	4055	2102	1953	20	10	10	12	6	6
铁锋区	4406	2581	1825						
昂昂溪区	4741	2656	2085	2	2				
富拉尔基区	2475	1369	1106				12	9	3
碾子山区	1003	575	428						
梅里斯达斡尔族区	4172	2296	1876						
龙江县	10634	6345	4289				10	4	6
依安县	1496	952	544				6	4	2
泰来县	2353	1394	959	2	2		2	2	
甘南县	1166	708	458	5		5			
富裕县	5394	2898	2496	32	22	10	2	2	
克山县	3118	1892	1226						
克东县	1643	1020	623				1		1
拜泉县	3833	2355	1478				1		1
讷河市	5558	3313	2245						
鸡西市	**19762**	**11860**	**7902**	**46**	**25**	**21**	**35**	**18**	**17**
鸡冠区	5500	3217	2283	1	1		9	6	3
恒山区	2071	1270	801				2	1	1
滴道区	1173	704	469						
梨树区	460	282	178						
城子河区	835	496	339	4		4	7		7
麻山区	876	495	381						
鸡东县	3045	1915	1130				1		1
虎林市	3000	1749	1251	29	17	12	4	4	
密山市	2802	1732	1070	12	7	5	12	7	5
鹤岗市	**10747**	**6270**	**4477**	**2**		**2**	**12**	**5**	**7**
向阳区	294	163	131						
工农区	671	404	267				4	2	2
南山区	333	185	148						
兴安区	333	182	151						

10-5 续表 13

单位：人

地区	满族			侗族			瑶族		
	小计	男	女	小计	男	女	小计	男	女
东山区	875	505	370				1		1
兴山区	121	64	57						
萝北县	2338	1322	1016	2		2	7	3	4
绥滨县	5782	3445	2337						
双鸭山市	**26043**	**15130**	**10913**	**35**	**22**	**13**	**31**	**15**	**16**
尖山区	2073	1182	891						
岭东区	497	289	208						
四方台区	838	491	347						
宝山区	907	544	363						
集贤县	4008	2478	1530						
友谊县	1720	984	736	2	1	1			
宝清县	14409	8268	6141	30	19	11	10	7	3
饶河县	1591	894	697	3	2	1	21	8	13
大庆市	**22748**	**12214**	**10534**	**29**	**18**	**11**	**45**	**27**	**18**
萨尔图区	3924	2020	1904	8	6	2	13	8	5
龙凤区	4784	2546	2238	2	1	1	11	8	3
让胡路区	6046	3150	2896				12	6	6
红岗区	1449	753	696	17	11	6			
大同区	666	367	299				1	1	
肇州县	888	555	333						
肇源县	2097	1248	849				6	4	2
林甸县	780	472	308						
杜尔伯特蒙古族自治县	2114	1103	1011	2		2	2		2
伊春市	**8613**	**4957**	**3656**	**3**	**2**	**1**	**4**	**1**	**3**
伊春区	1759	941	818						
南岔区	507	310	197						
友好区	371	218	153						
西林区	318	174	144						
翠峦区	158	93	65	2	1	1			
新青区	292	178	114						
美溪区	130	71	59						
金山屯区	130	76	54						
五营区	222	144	78						
乌马河区	238	139	99	1	1				
汤旺河区	270	156	114						
带岭区	293	174	119						
乌伊岭区	286	163	123						
红星区	174	103	71						
上甘岭区	168	94	74						
嘉荫县	1309	729	580				1		1
铁力市	1988	1194	794				3	1	2
佳木斯市	**32508**	**19439**	**13069**	**2**	**1**	**1**	**30**	**15**	**15**
向阳区	1911	1027	884				10	6	4
前进区	977	554	423				2	1	1
东风区	858	496	362						
郊区	2884	1793	1091				2	2	
桦南县	11038	6424	4614				1	1	
桦川县	1752	1062	690				1		1
汤原县	4171	2527	1644				10	3	7
抚远县	943	542	401						
同江市	3343	2093	1250	2	1	1	3	1	2
富锦市	4631	2921	1710				1	1	
七台河市	**22574**	**13175**	**9399**	**1**		**1**	**4**	**1**	**3**
新兴区	4530	2507	2023						
桃山区	4160	2351	1809	1		1	3		3
茄子河区	3891	2217	1674				1	1	
勃利县	9993	6100	3893						

10-5　续表 14

单位：人

地　区	满　族			侗　族			瑶　族		
	小计	男	女	小计	男	女	小计	男	女
牡丹江市	**68902**	**38888**	**30014**	**8**	**6**	**2**	**14**	**4**	**10**
东安区	3613	2042	1571	1	1		1		1
阳明区	4495	2486	2009				4	1	3
爱民区	4393	2194	2199	2		2	1		1
西安区	6924	3783	3141	3	3		1		1
东宁县	1488	868	620						
林口县	7780	4665	3115						
绥芬河市	1052	598	454						
海林市	8003	4643	3360				6	3	3
宁安市	28395	15935	12460	2	2				
穆棱市	2759	1674	1085				1		1
黑河市	**25253**	**14121**	**11132**	**18**	**12**	**6**	**28**	**20**	**8**
爱辉区	9622	5081	4541				8	7	1
嫩江县	3309	1964	1345	3	2	1	10	7	3
逊克县	3264	1796	1468				2	1	1
孙吴县	3753	2066	1687				5	2	3
北安市	3213	1917	1296	2	1	1	3	3	
五大连池市	2092	1297	795	13	9	4			
绥化市	**93838**	**51341**	**42497**	**1**		**1**	**6**	**1**	**5**
北林区	48547	25299	23248				3		3
望奎县	21091	11241	9850	1		1			
兰西县	1834	1156	678						
青冈县	969	619	350						
庆安县	403	246	157				1		1
明水县	6257	3805	2452						
绥棱县	569	334	235						
安达市	973	565	408				2	1	1
肇东市	2632	1633	999						
海伦市	10563	6443	4120						
大兴安岭地区	**5995**	**3394**	**2601**	**10**	**6**	**4**	**1**		**1**
加格达奇区	2120	1140	980	7	4	3	1		1
松岭区	697	418	279						
新林区	279	152	127						
呼中区	288	157	131						
呼玛县	1113	644	469	3	2	1			
塔河县	611	365	246						
漠河县	887	518	369						
上海市	**25165**	**11892**	**13273**	**7787**	**4156**	**3631**	**3627**	**1892**	**1735**
市辖区	**25000**	**11794**	**13206**	**7708**	**4109**	**3599**	**3451**	**1798**	**1653**
黄浦区	394	188	206	53	21	32	29	16	13
卢湾区	261	120	141	40	24	16	18	7	11
徐汇区	1882	885	997	201	97	104	147	77	70
长宁区	1378	589	789	137	58	79	103	40	63
静安区	373	160	213	52	25	27	44	25	19
普陀区	1766	802	964	37	18	19	132	62	70
闸北区	665	302	363	101	49	52	59	24	35
虹口区	1035	434	601	110	55	55	73	38	35
杨浦区	1888	933	955	217	106	111	181	82	99
闵行区	3527	1682	1845	2124	1158	966	430	212	218
宝山区	2500	1248	1252	277	144	133	347	191	156
嘉定区	848	442	406	537	296	241	213	120	93
浦东新区	5537	2621	2916	1062	552	510	726	399	327

10-5 续表 15

单位：人

地区	满族			侗族			瑶族		
	小计	男	女	小计	男	女	小计	男	女
金山区	330	171	159	269	141	128	61	25	36
松江区	1699	762	937	1574	817	757	458	239	219
青浦区	379	188	191	400	249	151	302	176	126
奉贤区	538	267	271	517	299	218	128	65	63
市辖县	**165**	**98**	**67**	**79**	**47**	**32**	**176**	**94**	**82**
崇明县	165	98	67	79	47	32	176	94	82
江苏省	**18074**	**8865**	**9209**	**12280**	**4889**	**7391**	**3575**	**1644**	**1931**
南京市	**6556**	**3239**	**3317**	**735**	**342**	**393**	**570**	**278**	**292**
玄武区	858	398	460	73	38	35	69	37	32
白下区	986	498	488	56	32	24	51	21	30
秦淮区	312	150	162	25	8	17	22	9	13
建邺区	413	193	220	33	15	18	29	18	11
鼓楼区	1106	534	572	108	48	60	97	54	43
下关区	284	171	113	4	1	3	8	4	4
浦口区	524	253	271	77	39	38	43	22	21
栖霞区	647	295	352	96	44	52	67	34	33
雨花台区	278	161	117	44	29	15	15	7	8
江宁区	883	451	432	94	56	38	87	42	45
六合区	222	110	112	97	21	76	43	19	24
溧水县	20	13	7	14	8	6	16	7	9
高淳县	23	12	11	14	3	11	23	4	19
无锡市	**1582**	**813**	**769**	**2279**	**1164**	**1115**	**449**	**242**	**207**
崇安区	72	38	34	17	7	10	5	2	3
南长区	96	46	50	9	4	5	15	10	5
北塘区	146	73	73	35	21	14	12	7	5
锡山区	208	123	85	314	145	169	72	34	38
惠山区	124	70	54	1383	740	643	45	21	24
滨湖区	585	264	321	109	50	59	97	52	45
江阴市	181	91	90	309	144	165	79	41	38
宜兴市	170	108	62	103	53	50	124	75	49
徐州市	**1306**	**688**	**618**	**42**	**25**	**17**	**70**	**18**	**52**
鼓楼区	121	60	61	2	1	1	5	2	3
云龙区	82	34	48	2		2			
九里区	17	11	6				2		2
贾汪区	17	9	8				1	1	
泉山区	566	342	224	19	15	4	19	9	10
丰县	23	6	17				10	3	7
沛县	129	62	67	7	4	3			
铜山县	44	18	26	5	4	1	3		3
睢宁县	14	7	7	3	1	2	6		6
新沂市	20	4	16				9	1	8
邳州市	273	135	138	4		4	15	2	13
常州市	**1202**	**588**	**614**	**1101**	**594**	**507**	**337**	**196**	**141**
天宁区	124	52	72	38	16	22	28	14	14
钟楼区	139	68	71	61	34	27	7	5	2
戚墅堰区	29	13	16	15	5	10	4	3	1
新北区	553	296	257	114	69	45	39	18	21
武进区	250	115	135	744	406	338	204	123	81
溧阳市	51	25	26	36	31	5	36	22	14
金坛市	56	19	37	93	33	60	19	11	8
苏州市	**3881**	**1951**	**1930**	**3126**	**1680**	**1446**	**1155**	**604**	**551**
沧浪区	279	146	133	54	18	36	22	8	14
平江区	893	407	486	149	85	64	94	49	45
金阊区	154	75	79	19	10	9	24	13	11

10-5 续表 16

单位：人

地区	满族			侗族			瑶族		
	小计	男	女	小计	男	女	小计	男	女
虎丘区	408	191	217	171	69	102	47	28	19
吴中区	388	190	198	228	111	117	113	52	61
相城区	162	87	75	976	554	422	127	64	63
常熟市	151	83	68	246	142	104	191	102	89
张家港市	250	122	128	204	97	107	30	15	15
昆山市	785	430	355	443	252	191	234	125	109
吴江市	198	97	101	406	226	180	175	90	85
太仓市	213	123	90	230	116	114	98	58	40
南通市	**660**	**301**	**359**	**2901**	**510**	**2391**	**338**	**104**	**234**
崇川区	294	150	144	192	97	95	24	6	18
港闸区	42	25	17	70	27	43	10	3	7
通州区	75	22	53	714	151	563	59	14	45
海安县	55	19	36	247	41	206	24	4	20
如东县	28	9	19	1267	103	1164	37	4	33
启东市	59	27	32	68	20	48	79	38	41
如皋市	89	41	48	272	31	241	56	12	44
海门市	18	8	10	71	40	31	49	23	26
连云港市	**595**	**277**	**318**	**22**	**7**	**15**	**97**	**20**	**77**
连云区	155	81	74	11	5	6	6	4	2
新浦区	287	132	155	1		1	19	9	10
海州区	63	32	31	2	1	1	3		3
赣榆县	15	3	12	1		1	3		3
东海县	59	22	37				44	6	38
灌云县	7	3	4	7	1	6	13	1	12
灌南县	9	4	5				9		9
淮安市	**230**	**100**	**130**	**15**	**3**	**12**	**43**	**14**	**29**
清河区	87	45	42	2	2		11	9	2
楚州区	26	7	19	4		4	7		7
淮阴区	22	10	12	2		2	7		7
清浦区	24	11	13				1		1
涟水县	25	11	14				9	2	7
洪泽县	7		7						
盱眙县	20	8	12	3	1	2	6	1	5
金湖县	19	8	11	4		4	2	2	
盐城市	**364**	**162**	**202**	**903**	**167**	**736**	**174**	**42**	**132**
亭湖区	112	56	56	16	3	13	18	1	17
盐都区	26	10	16				3		3
响水县	4	1	3				3	1	2
滨海县	25	8	17	55	28	27	12	2	10
阜宁县	13	5	8				38	17	21
射阳县	68	34	34	13		13	21	3	18
建湖县	27	11	16	4		4	11	2	9
东台市	50	17	33	217	20	197	38	8	30
大丰市	39	20	19	598	116	482	30	8	22
扬州市	**669**	**283**	**386**	**489**	**109**	**380**	**81**	**25**	**56**
广陵区	79	32	47				4	2	2
邗江区	128	52	76	53	21	32	7		7
维扬区	156	64	92	15	11	4	21	9	12
宝应县	28	8	20	3		3	9	1	8
仪征市	153	73	80	366	69	297	18	8	10
高邮市	26	13	13	17	4	13	5	1	4
江都市	99	41	58	35	4	31	17	4	13
镇江市	**471**	**247**	**224**	**316**	**163**	**153**	**113**	**53**	**60**
京口区	194	94	100	40	20	20	21	11	10
润州区	111	63	48	10	5	5	14	9	5

10-5 续表 17

单位：人

地区	满族			侗族			瑶族		
	小计	男	女	小计	男	女	小计	男	女
丹徒区	32	16	16	30	9	21	15	5	10
丹阳市	61	34	27	230	125	105	34	16	18
扬中市	19	11	8				12	4	8
句容市	54	29	25	6	4	2	17	8	9
泰州市	**394**	**153**	**241**	**297**	**101**	**196**	**106**	**36**	**70**
海陵区	146	59	87	25	13	12	11	6	5
高港区	34	18	16	38	19	19	22	14	8
兴化市	35	11	24	113	30	83	15	7	8
靖江市	67	36	31	47	22	25	14	4	10
泰兴市	44	12	32	65	16	49	22	1	21
姜堰市	68	17	51	9	1	8	22	4	18
宿迁市	**164**	**63**	**101**	**54**	**24**	**30**	**42**	**12**	**30**
宿城区	57	23	34	10	3	7	7	2	5
宿豫区	13	7	6	1		1	7	3	4
沭阳县	34	12	22	1		1	17	4	13
泗阳县	28	11	17	35	19	16	6		6
泗洪县	32	10	22	7	2	5	5	3	2
浙江省	**11271**	**5705**	**5566**	**88106**	**48560**	**39546**	**10710**	**5688**	**5022**
杭州市	**4046**	**1992**	**2054**	**17249**	**9155**	**8094**	**1403**	**756**	**647**
上城区	396	197	199	44	23	21	32	21	11
下城区	463	247	216	111	50	61	34	17	17
江干区	624	286	338	547	395	152	171	101	70
拱墅区	316	158	158	143	75	68	51	31	20
西湖区	955	481	474	393	188	205	140	81	59
滨江区	288	147	141	196	112	84	86	45	41
萧山区	295	153	142	4929	2709	2220	375	195	180
余杭区	400	192	208	559	302	257	221	121	100
桐庐县	78	34	44	2241	1113	1128	33	21	12
淳安县	22	10	12	30	10	20	22	7	15
建德市	45	19	26	133	77	56	89	45	44
富阳市	103	39	64	7208	3706	3502	108	51	57
临安市	61	29	32	715	395	320	41	20	21
宁波市	**1840**	**936**	**904**	**5463**	**2933**	**2530**	**1260**	**671**	**589**
海曙区	260	129	131	106	59	47	54	24	30
江东区	289	145	144	109	54	55	42	23	19
江北区	199	105	94	150	73	77	50	24	26
北仑区	349	169	180	536	289	247	119	81	38
镇海区	176	100	76	476	251	225	53	31	22
鄞州区	233	102	131	1295	714	581	176	95	81
象山县	32	14	18	316	171	145	19	10	9
宁海县	51	26	25	411	224	187	22	9	13
余姚市	86	54	32	686	389	297	212	106	106
慈溪市	134	76	58	1204	617	587	461	239	222
奉化市	31	16	15	174	92	82	52	29	23
温州市	**1007**	**520**	**487**	**31306**	**17652**	**13654**	**2251**	**1189**	**1062**
鹿城区	229	122	107	4000	2355	1645	292	157	135
龙湾区	163	101	62	2585	1497	1088	186	105	81
瓯海区	175	95	80	4103	2458	1645	309	180	129
洞头县	30	15	15	4	1	3	4	2	2
永嘉县	54	27	27	6036	3392	2644	236	131	105
平阳县	46	18	28	1370	696	674	102	47	55
苍南县	73	30	43	2969	1577	1392	731	384	347
文成县	5	1	4	66	31	35	9		9
泰顺县	4	1	3	154	67	87	25	2	23
瑞安市	99	48	51	5613	3165	2448	174	90	84
乐清市	129	62	67	4406	2413	1993	183	91	92

10-5 续表 18

单位：人

地区	满族			侗族			瑶族		
	小计	男	女	小计	男	女	小计	男	女
嘉兴市	**1065**	**521**	**544**	**1743**	**885**	**858**	**894**	**450**	**444**
南湖区	341	164	177	180	94	86	55	32	23
秀洲区	151	77	74	277	151	126	293	150	143
嘉善县	70	26	44	543	292	251	115	59	56
海盐县	165	83	82	44	26	18	13	9	4
海宁市	92	40	52	163	75	88	155	74	81
平湖市	124	68	56	220	103	117	88	43	45
桐乡市	122	63	59	316	144	172	175	83	92
湖州市	**367**	**197**	**170**	**802**	**390**	**412**	**205**	**81**	**124**
吴兴区	155	88	67	77	39	38	40	20	20
南浔区	39	25	14	132	71	61	40	15	25
德清县	50	29	21	245	110	135	49	20	29
长兴县	64	25	39	174	68	106	21	2	19
安吉县	59	30	29	174	102	72	55	24	31
绍兴市	**503**	**255**	**248**	**4435**	**2350**	**2085**	**839**	**430**	**409**
越城区	169	68	101	425	210	215	187	91	96
绍兴县	152	91	61	842	453	389	255	149	106
新昌县	13	7	6	85	43	42	32	5	27
诸暨市	97	57	40	1414	806	608	155	79	76
上虞市	47	25	22	1343	655	688	133	71	62
嵊州市	25	7	18	326	183	143	77	35	42
金华市	**1148**	**587**	**561**	**11785**	**6713**	**5072**	**1818**	**1034**	**784**
婺城区	216	107	109	1398	841	557	173	93	80
金东区	44	18	26	620	343	277	138	88	50
武义县	44	22	22	1500	833	667	115	62	53
浦江县	391	209	182	985	543	442	103	56	47
磐安县	7	1	6	8	6	2	3		3
兰溪市	19	9	10	75	39	36	60	26	34
义乌市	290	159	131	2047	1132	915	778	440	338
东阳市	69	33	36	702	392	310	197	122	75
永康市	68	29	39	4450	2584	1866	251	147	104
衢州市	**218**	**107**	**111**	**555**	**304**	**251**	**419**	**202**	**217**
柯城区	129	64	65	32	13	19	40	13	27
衢江区	12	6	6	58	26	32	32	18	14
常山县	12	5	7	43	32	11	10	7	3
开化县	8	4	4	22	5	17	13	3	10
龙游县	6	4	2	217	137	80	43	30	13
江山市	51	24	27	183	91	92	281	131	150
舟山市	**432**	**260**	**172**	**407**	**193**	**214**	**319**	**166**	**153**
定海区	190	87	103	128	72	56	45	26	19
普陀区	164	120	44	181	71	110	218	106	112
岱山县	61	42	19	89	44	45	50	32	18
嵊泗县	17	11	6	9	6	3	6	2	4
台州市	**484**	**256**	**228**	**12079**	**6793**	**5286**	**1078**	**591**	**487**
椒江区	110	58	52	303	164	139	87	41	46
黄岩区	56	30	26	2436	1357	1079	84	43	41
路桥区	43	22	21	1244	701	543	231	135	96
玉环县	50	23	27	3218	1818	1400	138	80	58
三门县	28	19	9	47	28	19	19	6	13
天台县	17	3	14	42	17	25	6	3	3
仙居县	14	8	6	205	106	99	8	5	3
温岭市	76	38	38	3628	2040	1588	370	199	171
临海市	90	55	35	956	562	394	135	79	56

10-5 续表 19

单位：人

地区	满族			侗族			瑶族		
	小计	男	女	小计	男	女	小计	男	女
丽水市	**161**	**74**	**87**	**2282**	**1192**	**1090**	**224**	**118**	**106**
莲都区	73	33	40	300	160	140	30	13	17
青田县	20	8	12	716	390	326	51	34	17
缙云县	30	17	13	248	142	106	78	44	34
遂昌县	19	10	9	43	5	38	9	1	8
松阳县	3	2	1	40	13	27	10	5	5
云和县	1		1	746	434	312	3		3
庆元县	4	1	3	36	8	28	6	1	5
景宁畲族自治县	1	1		42	1	41			
龙泉市	10	2	8	111	39	72	37	20	17
安徽省	**8516**	**4373**	**4143**	**2147**	**571**	**1576**	**1171**	**390**	**781**
合肥市	**3861**	**2151**	**1710**	**263**	**148**	**115**	**198**	**94**	**104**
瑶海区	514	260	254	22	8	14	26	10	16
庐阳区	371	179	192	30	16	14	20	8	12
蜀山区	871	473	398	32	21	11	72	39	33
包河区	666	390	276	90	55	35	47	30	17
长丰县	20	7	13	29	21	8	6	1	5
肥东县	1363	813	550	23	10	13	19	4	15
肥西县	56	29	27	37	17	20	8	2	6
芜湖市	**456**	**257**	**199**	**99**	**47**	**52**	**85**	**36**	**49**
镜湖区	145	82	63	11	1	10	15	4	11
弋江区	97	53	44	21	13	8	17	11	6
鸠江区	156	94	62	16	7	9	27	18	9
三山区	10	6	4	1		1	6	1	5
芜湖县	8	5	3	46	25	21	12		12
繁昌县	20	7	13	1		1	2	1	1
南陵县	20	10	10	3	1	2	6	1	5
蚌埠市	**325**	**142**	**183**	**26**	**14**	**12**	**26**	**9**	**17**
龙子湖区	23	12	11	3	1	2	5	3	2
蚌山区	190	80	110	13	10	3	13	6	7
禹会区	85	39	46	5	2	3	1		1
淮上区	3		3	1		1	1		1
怀远县	13	6	7	3	1	2	4		4
五河县	6		6						
固镇县	5	5		1		1	2		2
淮南市	**385**	**212**	**173**	**34**	**18**	**16**	**11**	**5**	**6**
大通区	45	32	13	1	1		2		2
田家庵区	251	133	118	33	17	16	8	5	3
谢家集区	29	16	13						
八公山区	14	5	9						
潘集区	18	12	6						
凤台县	28	14	14				1		1
马鞍山市	**632**	**332**	**300**	**545**	**61**	**484**	**115**	**23**	**92**
金家庄区	44	22	22	1		1	4	1	3
花山区	256	131	125	52	20	32	7	2	5
雨山区	278	152	126	52	17	35	37	13	24
当涂县	54	27	27	440	24	416	67	7	60
淮北市	**207**	**96**	**111**	**25**	**14**	**11**	**23**	**6**	**17**
杜集区	16	8	8				2		2
相山区	169	78	91	14	11	3	8	3	5
烈山区	13	8	5	5	1	4	12	3	9
濉溪县	9	2	7	6	2	4	1		1

10-5　续表 20

单位：人

地　区	满族			侗族			瑶族		
	小计	男	女	小计	男	女	小计	男	女
铜陵市	**255**	**143**	**112**	**64**	**35**	**29**	**14**	**10**	**4**
铜官山区	192	105	87	15	6	9	4	3	1
狮子山区	36	25	11	7	5	2	2	2	
郊区	12	7	5	10	5	5	1	1	
铜陵县	15	6	9	32	19	13	7	4	3
安庆市	**331**	**135**	**196**	**72**	**32**	**40**	**94**	**31**	**63**
迎江区	53	25	28	14	14		5	2	3
大观区	85	39	46	5	1	4	7		7
宜秀区	35	18	17	16	11	5	9	3	6
怀宁县	9	1	8				6	2	4
枞阳县	18	6	12	1		1	19	2	17
潜山县	29	8	21	9	1	8	5	2	3
太湖县	15	6	9	19	4	15	7	3	4
宿松县	14	4	10				12	7	5
望江县	31	10	21	7	1	6	5	1	4
岳西县	3	1	2	1		1	8	8	
桐城市	39	17	22				11	1	10
黄山市	**89**	**41**	**48**	**99**	**34**	**65**	**91**	**43**	**48**
屯溪区	42	17	25	15	5	10	18	6	12
黄山区	6	4	2	15	8	7	6	2	4
徽州区	8	4	4	7	3	4	10	5	5
歙县	15	8	7	26	4	22	20	6	14
休宁县	10	3	7	11	1	10	21	12	9
黟县	2	1	1	7	3	4	1	1	
祁门县	6	4	2	18	10	8	15	11	4
滁州市	**409**	**191**	**218**	**427**	**43**	**384**	**80**	**27**	**53**
琅琊区	114	43	71	9	3	6	5	3	2
南谯区	26	12	14				20	15	5
来安县	17	11	6	9	2	7	2		2
全椒县	126	70	56	4	1	3	21	4	17
定远县	28	15	13	14	4	10	10	1	9
凤阳县	32	10	22	2		2	6	1	5
天长市	38	20	18	373	26	347	10	2	8
明光市	28	10	18	16	7	9	6	1	5
阜阳市	**276**	**106**	**170**	**6**	**2**	**4**	**40**	**9**	**31**
颍州区	55	23	32	3	2	1	2		2
颍东区	46	23	23				5	1	4
颍泉区	24	7	17				6	2	4
临泉县	7		7				6	1	5
太和县	41	15	26				6	1	5
阜南县	27	7	20	3		3	10		10
颍上县	50	19	31				4	3	1
界首市	26	12	14				1	1	
宿州市	**202**	**104**	**98**	**3**	**1**	**2**	**31**	**8**	**23**
埇桥区	136	74	62	3	1	2	25	8	17
砀山县	23	12	11				1		1
萧县	6	2	4				2		2
灵璧县	22	11	11				2		2
泗县	15	5	10				1		1
巢湖市	**266**	**116**	**150**	**164**	**25**	**139**	**95**	**14**	**81**
居巢区	92	47	45	9	3	6	9	5	4
庐江县	64	24	40	15	3	12	17	2	15
无为县	62	18	44	127	17	110	35	1	34
含山县	14	9	5				4		4
和县	34	18	16	13	2	11	30	6	24

10-5 续表 21

单位：人

地区	满族			侗族			瑶族		
	小计	男	女	小计	男	女	小计	男	女
六安市	**134**	**56**	**78**	**56**	**7**	**49**	**41**	**14**	**27**
金安区	36	10	26	1	1		3	1	2
裕安区	15	6	9	1		1	3	2	1
寿县	11	6	5	13	1	12	3		3
霍邱县	31	15	16	23	2	21	10	2	8
舒城县	19	9	10	7	2	5	6	3	3
金寨县	18	10	8	8		8	5	1	4
霍山县	4		4	3	1	2	11	5	6
亳州市	**367**	**111**	**256**	**1**		**1**	**25**	**3**	**22**
谯城区	278	74	204	1		1	8	2	6
涡阳县	22	10	12				6		6
蒙城县	37	16	21				4	1	3
利辛县	30	11	19				7		7
池州市	**115**	**53**	**62**	**103**	**39**	**64**	**42**	**13**	**29**
贵池区	32	12	20	53	23	30	16	4	12
东至县	50	23	27	15	5	10	11	6	5
石台县	8	4	4	10	5	5	3	1	2
青阳县	25	14	11	25	6	19	12	2	10
宣城市	**206**	**127**	**79**	**160**	**51**	**109**	**160**	**45**	**115**
宣州区	121	90	31	63	14	49	73	14	59
郎溪县	13	6	7	7	5	2	24	9	15
广德县	23	7	16	39	14	25	39	18	21
泾县	14	10	4	14	3	11	7	1	6
绩溪县	2	1	1	1	1		1		1
旌德县	10	1	9	14	4	10	3		3
宁国市	23	12	11	22	10	12	13	3	10
福建省	**8372**	**4258**	**4114**	**15608**	**9111**	**6497**	**5669**	**3163**	**2506**
福州市	**2196**	**1094**	**1102**	**1823**	**1047**	**776**	**617**	**313**	**304**
鼓楼区	789	375	414	36	16	20	35	23	12
台江区	119	59	60	6	4	2	10	3	7
仓山区	203	98	105	281	174	107	94	54	40
马尾区	48	27	21	64	39	25	14	9	5
晋安区	419	218	201	135	67	68	106	58	48
闽侯县	142	68	74	234	141	93	60	35	25
连江县	16	10	6	168	94	74	43	22	21
罗源县	14	8	6	40	26	14	7	5	2
闽清县	15	8	7	30	18	12	63	27	36
永泰县	1	1		1		1	9		9
平潭县	14	8	6	8	4	4	8	1	7
福清市	73	33	40	588	335	253	108	46	62
长乐市	343	181	162	232	129	103	60	30	30
厦门市	**2289**	**1066**	**1223**	**3900**	**2184**	**1716**	**1030**	**562**	**468**
思明区	1136	473	663	343	158	185	166	71	95
海沧区	166	94	72	459	272	187	104	60	44
湖里区	481	221	260	1345	740	605	206	95	111
集美区	412	223	189	602	353	249	222	137	85
同安区	68	36	32	668	408	260	255	153	102
翔安区	26	19	7	483	253	230	77	46	31
莆田市	**172**	**99**	**73**	**757**	**456**	**301**	**210**	**134**	**76**
城厢区	48	23	25	148	93	55	23	13	10
涵江区	83	52	31	241	143	98	87	57	30
荔城区	17	14	3	324	197	127	79	51	28
秀屿区	6	2	4	10	6	4	5	5	
仙游县	18	8	10	34	17	17	16	8	8

10-5 续表 22

单位：人

地区	满族			侗族			瑶族		
	小计	男	女	小计	男	女	小计	男	女
三明市	**198**	**123**	**75**	**915**	**553**	**362**	**349**	**229**	**120**
梅列区	52	31	21	59	24	35	10	6	4
三元区	31	18	13	22	9	13	18	11	7
明溪县	6	3	3	13	7	6	5	3	2
清流县	7	5	2				13	6	7
宁化县	2	1	1	4	1	3	2		2
大田县	4	2	2	64	35	29	79	64	15
尤溪县	14	12	2	22	9	13	17	9	8
沙县	24	15	9	93	53	40	25	13	12
将乐县	10	6	4	27	19	8	72	49	23
泰宁县	11	3	8	2	2		11	7	4
建宁县	3	3		11	7	4	17	9	8
永安市	34	24	10	598	387	211	80	52	28
泉州市	**2530**	**1395**	**1135**	**5773**	**3345**	**2428**	**2343**	**1302**	**1041**
鲤城区	225	125	100	777	456	321	80	43	37
丰泽区	299	134	165	685	399	286	146	86	60
洛江区	44	13	31	312	178	134	51	26	25
泉港区	19	12	7	54	25	29	15	6	9
惠安县	74	43	31	460	287	173	161	93	68
安溪县	1		1	150	70	80	107	45	62
永春县	7	4	3	38	20	18	44	15	29
德化县	3	1	2	15	7	8	14	2	12
石狮市	90	50	40	795	463	332	139	86	53
晋江市	761	449	312	1899	1107	792	1220	689	531
南安市	1007	564	443	588	333	255	366	211	155
漳州市	**495**	**223**	**272**	**858**	**498**	**360**	**616**	**343**	**273**
芗城区	151	66	85	250	141	109	112	62	50
龙文区	19	8	11	348	217	131	88	54	34
云霄县	5	1	4	6	5	1	14	8	6
漳浦县	18	7	11	8	5	3	21	14	7
诏安县	6	6							
长泰县	10	4	6	114	69	45	85	45	40
东山县	2	1	1	15	4	11	12	4	8
南靖县	8	6	2	2		2	37	21	16
平和县	5		5	3	1	2	13	5	8
华安县	2		2				41	14	27
龙海市	269	124	145	112	56	56	193	116	77
南平市	**287**	**148**	**139**	**464**	**264**	**200**	**226**	**127**	**99**
延平区	66	27	39	77	35	42	34	19	15
顺昌县	13	9	4	19	13	6	14	5	9
浦城县	12	7	5	21	5	16	7	2	5
光泽县	15	5	10	43	24	19	8	3	5
松溪县	9	4	5				2	2	
政和县				2	1	1			
邵武市	75	43	32	95	69	26	37	17	20
武夷山市	37	20	17	33	23	10	25	11	14
建瓯市	15	9	6	58	32	26	43	29	14
建阳市	45	24	21	116	62	54	56	39	17
龙岩市	**121**	**59**	**62**	**1017**	**717**	**300**	**230**	**131**	**99**
新罗区	83	39	44	619	443	176	106	67	39
长汀县	4	2	2	14	7	7	6	5	1
永定县	1	1		209	150	59	48	25	23
上杭县	14	10	4	54	39	15	17	4	13
武平县	2		2	26	12	14	12	6	6
连城县	5	2	3	6	4	2	19	12	7
漳平市	12	5	7	89	62	27	22	12	10

10-5 续表 23

单位：人

地区	满族			侗族			瑶族		
	小计	男	女	小计	男	女	小计	男	女
宁德市	**84**	**51**	**33**	**101**	**47**	**54**	**48**	**22**	**26**
蕉城区	18	8	10	17	7	10	14	9	5
霞浦县	13	6	7	6	2	4	6	2	4
古田县	1		1	8	1	7	4	2	2
屏南县	7	2	5				1	1	
寿宁县	1		1	1		1			
周宁县	1		1	6	3	3	3		3
柘荣县	2	1	1	2		2	1		1
福安市	7	6	1	11	9	2	4	4	
福鼎市	34	28	6	50	25	25	15	4	11
江西省	**4942**	**2638**	**2304**	**2189**	**1170**	**1019**	**2599**	**1227**	**1372**
南昌市	**2353**	**1276**	**1077**	**727**	**424**	**303**	**361**	**179**	**182**
东湖区	377	203	174	43	22	21	42	21	21
西湖区	227	125	102	98	54	44	16	10	6
青云谱区	124	67	57	23	15	8	18	7	11
湾里区	70	23	47	31	24	7	11	4	7
青山湖区	591	351	240	153	92	61	94	43	51
南昌县	276	134	142	111	61	50	51	21	30
新建县	680	366	314	242	141	101	115	65	50
安义县	8	7	1	26	15	11	14	8	6
进贤县									
景德镇市	**270**	**131**	**139**	**3**	**3**		**99**	**47**	**52**
昌江区	5	4	1				3	2	1
珠山区	203	100	103	2	2		12	5	7
浮梁县	43	15	28	1	1		15	6	9
乐平市	19	12	7				69	34	35
萍乡市	**171**	**109**	**62**	**33**	**10**	**23**	**143**	**69**	**74**
安源区	94	48	46	4	1	3	85	51	34
湘东区	4	2	2				9	4	5
莲花县	8	4	4	12	2	10	25	14	11
上栗县	3		3	16	6	10	14		14
芦溪县	62	55	7	1	1		10		10
九江市	**681**	**333**	**348**	**160**	**69**	**91**	**173**	**72**	**101**
庐山区	250	130	120	44	27	17	34	23	11
浔阳区	246	105	141	15	5	10	19	6	13
九江县	18	10	8	14	3	11	7	3	4
武宁县	4	3	1	33	16	17	19	12	7
修水县	6	3	3	9		9	15	2	13
永修县	25	16	9	10	3	7	21	9	12
德安县	61	34	27	8	3	5	24	8	16
星子县	9	4	5	3		3	6	4	2
都昌县	2	1	1	8	4	4	2		2
湖口县	4	1	3				9	2	7
彭泽县	31	17	14	1		1	6	1	5
瑞昌市	25	9	16	15	8	7	11	2	9
新余市	**189**	**101**	**88**	**126**	**72**	**54**	**82**	**49**	**33**
渝水区	178	94	84	126	72	54	68	41	27
分宜县	11	7	4				14	8	6
鹰潭市	**188**	**99**	**89**	**19**	**8**	**11**	**32**	**15**	**17**
月湖区	54	28	26	16	8	8	15	9	6
余江县	6	5	1	2		2	9	4	5
贵溪市	128	66	62	1		1	8	2	6
赣州市	**387**	**215**	**172**	**85**	**45**	**40**	**743**	**363**	**380**
章贡区	323	185	138	40	20	20	81	37	44
赣县									

10-5 续表 24

单位：人

地区	满族			侗族			瑶族		
	小计	男	女	小计	男	女	小计	男	女
信丰县	7	1	6	4	1	3	7	3	4
大余县	1	1		2	1	1	88	66	22
上犹县									
崇义县	7	3	4				25	11	14
安远县	6	2	4				24	8	16
龙南县	3		3	2		2	24	12	12
定南县	11	5	6	13	10	3	4		4
全南县				10	6	4	411	180	231
宁都县	3	2	1	1	1		13	10	3
于都县	7	5	2	2	1	1	11	3	8
兴国县	6	4	2				4	2	2
会昌县	4	4					26	18	8
寻乌县	2	1	1	1		1	3	3	
石城县									
瑞金市				2		2	2	1	1
南康市	7	2	5	8	5	3	20	9	11
吉安市	**233**	**123**	**110**	**336**	**170**	**166**	**312**	**121**	**191**
吉州区	76	42	34	5	4	1	6	3	3
青原区	54	31	23	26	13	13	8	1	7
吉安县	13	8	5				28	8	20
吉水县	15	7	8				7	3	4
峡江县	9	5	4	175	110	65	130	60	70
新干县	11	5	6	37	15	22	16	2	14
永丰县				9	2	7	8	1	7
泰和县	10	5	5	29	10	19	36	20	16
遂川县	2		2	5	1	4	17	3	14
万安县	9	4	5	6	1	5	14	2	12
安福县	14	6	8	37	10	27	35	15	20
永新县	3	3					4	1	3
井冈山市	17	7	10	7	4	3	3	2	1
宜春市	**132**	**61**	**71**	**611**	**327**	**284**	**500**	**258**	**242**
袁州区	76	36	40	51	14	37	34	10	24
奉新县	9	5	4	15	8	7	35	13	22
万载县				6	2	4	17	1	16
上高县	2		2	91	47	44	222	133	89
宜丰县	3	1	2	382	220	162	49	22	27
靖安县	8	2	6	48	25	23	113	69	44
铜鼓县	9	3	6	1	1		10	4	6
丰城市	2	1	1	1		1	2	1	1
樟树市	14	10	4	3	1	2	4		4
高安市	9	3	6	13	9	4	14	5	9
抚州市	**111**	**70**	**41**	**47**	**22**	**25**	**47**	**12**	**35**
临川区	59	32	27	4	1	3	10	1	9
南城县	3	3		3	3		5		5
黎川县									
南丰县	17	13	4	6	3	3	7	2	5
崇仁县	1	1					1	1	
乐安县	9	7	2	6	1	5	4	1	3
宜黄县							3		3
金溪县	6	3	3	23	13	10	6		6
资溪县	13	9	4	5	1	4			
东乡县	3	2	1				1		1
广昌县							10	7	3

10-5 续表 25 单位：人

地 区	满 族			侗 族			瑶 族		
	小计	男	女	小计	男	女	小计	男	女
上饶市	**227**	**120**	**107**	**42**	**20**	**22**	**107**	**42**	**65**
信州区	67	40	27				25	15	10
上饶县	24	13	11	4		4	7	1	6
广丰县	10	7	3				4		4
玉山县	9	3	6	1		1	12	3	9
铅山县	14	7	7	16	10	6	5	3	2
横峰县	5	2	3				3	2	1
弋阳县	21	6	15				3		3
余干县	29	15	14				14	5	9
鄱阳县	6	2	4				19	10	9
万年县	7	1	6	2		2	2		2
婺源县	7	3	4				4		4
德兴市	28	21	7	19	10	9	9	3	6
山东省	**46521**	**23274**	**23247**	**867**	**453**	**414**	**878**	**353**	**525**
济南市	**6466**	**3122**	**3344**	**298**	**164**	**134**	**156**	**54**	**102**
历下区	1364	646	718	65	37	28	19	5	14
市中区	1184	584	600	71	42	29	21	7	14
槐荫区	561	287	274	8	2	6	9	5	4
天桥区	1023	518	505	39	28	11	16	9	7
历城区	1414	676	738	58	26	32	43	13	30
长清区	274	113	161	18	10	8	20	8	12
平阴县	54	20	34	6	4	2	2		2
济阳县	71	24	47	2		2	8	3	5
商河县	38	13	25	3	1	2	5	1	4
章丘市	483	241	242	28	14	14	13	3	10
青岛市	**13511**	**6809**	**6702**	**164**	**88**	**76**	**180**	**79**	**101**
市南区	1731	847	884	17	7	10	22	10	12
市北区	1639	801	838	9	2	7	12	5	7
四方区	1287	612	675	22	11	11	8	5	3
黄岛区	2063	1143	920	48	40	8	30	23	7
崂山区	791	371	420	2	1	1	35	12	23
李沧区	1828	900	928	20	8	12	15	4	11
城阳区	1122	598	524	11	6	5	11	7	4
胶州市	786	384	402	3	1	2			
即墨市	983	495	488	11	4	7	29	8	21
平度市	245	92	153	1		1	3	1	2
胶南市	844	460	384	20	8	12	7	3	4
莱西市	192	106	86				8	1	7
淄博市	**2442**	**1217**	**1225**	**91**	**48**	**43**	**55**	**23**	**32**
淄川区	250	120	130	11	10	1	7	3	4
张店区	879	459	420	25	11	14	16	8	8
博山区	146	68	78	9	1	8	21	10	11
临淄区	870	440	430	1	1		1		1
周村区	185	86	99	45	25	20	4	2	2
桓台县	64	26	38				2		2
高青县	18	7	11				4		4
沂源县	30	11	19						
枣庄市	**322**	**140**	**182**	**2**	**1**	**1**	**9**	**3**	**6**
市中区	103	50	53				3	1	2
薛城区	118	50	68						
峄城区	5	2	3						
台儿庄区	4		4						
山亭区	15	3	12				1		1
滕州市	77	35	42	2	1	1	5	2	3

10-5　续表 26

单位：人

地　区	满　族			侗　族			瑶　族		
	小计	男	女	小计	男	女	小计	男	女
东营市	**1881**	**944**	**937**	**82**	**48**	**34**	**35**	**21**	**14**
东营区	1275	638	637	50	28	22	22	16	6
河口区	317	145	172	27	19	8	7	2	5
垦利县	103	59	44	3	1	2			
利津县	24	13	11						
广饶县	162	89	73	2		2	6	3	3
烟台市	**4359**	**2230**	**2129**	**75**	**41**	**34**	**76**	**41**	**35**
芝罘区	1042	529	513	21	10	11	15	9	6
福山区	1358	734	624	14	12	2	23	16	7
牟平区	122	64	58	2		2	1		1
莱山区	668	299	369	33	16	17	15	6	9
长岛县	17	9	8						
龙口市	369	192	177						
莱阳市	110	50	60				12	6	6
莱州市	271	132	139	2	1	1	5	3	2
蓬莱市	93	56	37				1	1	
招远市	197	107	90	3	2	1	1		1
栖霞市	62	31	31				3		3
海阳市	50	27	23						
潍坊市	**4913**	**2568**	**2345**	**20**	**6**	**14**	**60**	**27**	**33**
潍城区	247	114	133	14	3	11	7	1	6
寒亭区	138	86	52				2	1	1
坊子区	124	57	67				6	3	3
奎文区	660	361	299				13	9	4
临朐县	49	23	26				2		2
昌乐县	42	13	29						
青州市	2865	1531	1334				5	1	4
诸城市	181	80	101				7	4	3
寿光市	409	224	185	5	3	2	6	1	5
安丘市	93	37	56				7	4	3
高密市	74	27	47	1		1	4	3	1
昌邑市	31	15	16				1		1
济宁市	**1150**	**533**	**617**	**12**	**2**	**10**	**43**	**12**	**31**
市中区	266	115	151						
任城区	177	85	92	3		3	3	2	1
微山县	37	28	9						
鱼台县	27	8	19	2	1	1	2		2
金乡县	62	35	27				1		1
嘉祥县	56	18	38				4		4
汶上县	29	13	16				2		2
泗水县	5	3	2						
梁山县	21	4	17				8	1	7
曲阜市	67	21	46	2	1	1	4	2	2
兖州市	164	73	91				11	7	4
邹城市	239	130	109	5		5	8		8
泰安市	**821**	**362**	**459**	**4**	**2**	**2**	**27**	**12**	**15**
泰山区	400	189	211				6	4	2
岱岳区	202	80	122	1		1	4	2	2
宁阳县	72	30	42	3	2	1	4	2	2
东平县	9	2	7						
新泰市	63	31	32				4	2	2
肥城市	75	30	45				9	2	7
威海市	**4680**	**2433**	**2247**	**68**	**27**	**41**	**33**	**12**	**21**
环翠区	2846	1512	1334	24	16	8	24	9	15
文登市	606	293	313	14	4	10	4	2	2
荣成市	966	511	455	29	7	22	3		3
乳山市	262	117	145	1		1	2	1	1

10-5 续表 27

单位：人

地区	满族			侗族			瑶族		
	小计	男	女	小计	男	女	小计	男	女
日照市	**873**	**433**	**440**	**3**		**3**	**27**	**12**	**15**
东港区	597	302	295				19	12	7
岚山区	114	69	45	1		1			
五莲县	80	32	48				3		3
莒县	82	30	52	2		2	5		5
莱芜市	**456**	**227**	**229**	**7**	**3**	**4**	**5**	**4**	**1**
莱城区	316	160	156	1	1		4	3	1
钢城区	140	67	73	6	2	4	1	1	
临沂市	**914**	**395**	**519**	**9**	**4**	**5**	**94**	**24**	**70**
兰山区	419	201	218	3	3		27	14	13
罗庄区	57	32	25	5	1	4			
河东区	57	25	32				1		1
沂南县	61	18	43				16		16
郯城县	26	12	14				5		5
沂水县	47	17	30						
苍山县	13	3	10						
费县	47	13	34				10	2	8
平邑县	65	23	42				2	1	1
莒南县	56	18	38	1		1	2	1	1
蒙阴县	14	4	10				4	4	
临沭县	52	29	23				27	2	25
德州市	**2195**	**1108**	**1087**				**14**	**8**	**6**
德城区	1726	921	805				4	4	
陵县	52	24	28				3		3
宁津县	36	14	22						
庆云县	31	6	25						
临邑县	61	25	36				4	2	2
齐河县	78	35	43				3	2	1
平原县	53	20	33						
夏津县	17	7	10						
武城县	30	14	16						
乐陵市	23	9	14						
禹城市	88	33	55						
聊城市	**535**	**245**	**290**	**1**		**1**	**21**	**8**	**13**
东昌府区	271	128	143				9	4	5
阳谷县	33	11	22				4	2	2
莘县	28	9	19	1		1	2	1	1
茌平县	48	23	25						
东阿县	20	9	11				1		1
冠县	25	13	12				4	1	3
高唐县	32	12	20						
临清市	78	40	38				1		1
滨州市	**610**	**305**	**305**	**23**	**16**	**7**	**28**	**8**	**20**
滨城区	283	139	144	21	15	6	12	3	9
惠民县	26	10	16				4	1	3
阳信县	33	19	14						
无棣县	43	13	30				1		1
沾化县	36	20	16						
博兴县	55	29	26				6	2	4
邹平县	134	75	59	2	1	1	5	2	3
菏泽市	**393**	**203**	**190**	**8**	**3**	**5**	**15**	**5**	**10**
牡丹区	79	36	43				6	3	3
曹县	72	46	26						
单县	141	82	59						
成武县	23	10	13	4	1	3			
巨野县	14	4	10				1	1	
郓城县	9	1	8	1		1			
鄄城县	25	12	13	1	1		2		2
定陶县	12	3	9						
东明县	18	9	9	2	1	1	6	1	5

10-5 续表 28

单位：人

地区	满族			侗族			瑶族		
	小计	男	女	小计	男	女	小计	男	女
河南省	**55493**	**31697**	**23796**	**558**	**254**	**304**	**763**	**276**	**487**
郑州市	**7715**	**3817**	**3898**	**263**	**127**	**136**	**235**	**117**	**118**
中原区	1681	828	853	34	20	14	40	18	22
二七区	1279	633	646	50	26	24	38	18	20
管城回族区	659	353	306	26	15	11	19	10	9
金水区	2920	1425	1495	130	56	74	86	45	41
上街区	409	213	196				9	7	2
惠济区	166	75	91	2	2		3	2	1
中牟县	142	65	77	15	4	11	5	1	4
巩义市	54	29	25				4		4
荥阳市	55	23	32				6	3	3
新密市	62	35	27	1	1		4	2	2
新郑市	260	120	140	3	1	2	20	10	10
登封市	28	18	10	2	2		1	1	
开封市	**2434**	**1235**	**1199**	**30**	**16**	**14**	**39**	**11**	**28**
龙亭区	751	409	342	4	2	2	2		2
顺河回族区	560	293	267	9	5	4	1		1
鼓楼区	191	85	106				2	1	1
禹王台区	143	62	81				9	4	5
金明区	596	294	302	13	8	5	3	2	1
杞县	43	22	21				1		1
通许县	10	6	4				1		1
尉氏县	29	7	22				13	4	9
开封县	67	33	34	1		1	7		7
兰考县	44	24	20	3	1	2			
洛阳市	**10354**	**6148**	**4206**	**64**	**31**	**33**	**67**	**26**	**41**
老城区	109	62	47	5	2	3	5	2	3
西工区	849	407	442	8	3	5	11	6	5
瀍河回族区	251	136	115	8	4	4	1	1	
涧西区	1611	824	787	19	14	5	24	10	14
吉利区	82	34	48	7		7			
洛龙区	402	197	205	12	7	5	13	3	10
孟津县	9	4	5						
新安县	12	6	6	2		2	4	3	1
栾川县	6142	3917	2225				1		1
嵩县	668	435	233				3	1	2
汝阳县	11	4	7						
宜阳县	64	36	28				1		1
洛宁县	98	65	33						
伊川县	15	6	9	1		1	2		2
偃师市	31	15	16	2	1	1	2		2
平顶山市	**5670**	**3282**	**2388**	**38**	**15**	**23**	**50**	**20**	**30**
新华区	626	307	319				18	9	9
卫东区	465	212	253	6	2	4	7	4	3
石龙区	20	11	9						
湛河区	590	304	286	2	1	1	2		2
宝丰县	548	314	234				2		2
叶县	2577	1643	934	13	4	9	7	2	5
鲁山县	439	252	187	10	6	4	2	1	1
郏县	25	16	9				1		1
舞钢市	137	75	62	7	2	5	7	4	3
汝州市	243	148	95				4		4

10-5 续表 29

单位：人

地区	满族			侗族			瑶族		
	小计	男	女	小计	男	女	小计	男	女
安阳市	**675**	**338**	**337**	**16**	**8**	**8**	**38**	**12**	**26**
文峰区	289	121	168	10	5	5	10	7	3
北关区	144	82	62	1		1	1		1
殷都区	161	97	64				2	1	1
龙安区	29	14	15				1		1
安阳县	16	6	10				13	4	9
汤阴县	14	6	8				2		2
滑县	9	4	5	2		2	5		5
内黄县	10	6	4	3	3				
林州市	3	2	1				4		4
鹤壁市	**248**	**127**	**121**	**5**	**2**	**3**	**7**	**1**	**6**
鹤山区	7	3	4						
山城区	89	56	33	1	1				
淇滨区	140	65	75	1		1	2		2
浚县	6	1	5	3	1	2	5	1	4
淇县	6	2	4						
新乡市	**1433**	**662**	**771**	**7**	**5**	**2**	**17**	**8**	**9**
红旗区	395	178	217	2	1	1	2		2
卫滨区	162	77	85	2	1	1	4	1	3
凤泉区	23	12	11	1	1		2	2	
牧野区	459	216	243				7	5	2
新乡县	19	7	12				1		1
获嘉县	76	36	40	1	1				
原阳县	111	62	49				1		1
延津县	5	2	3						
封丘县	7	4	3						
长垣县	29	11	18						
卫辉市	84	35	49						
辉县市	63	22	41	1	1				
焦作市	**739**	**389**	**350**	**15**	**6**	**9**	**17**	**9**	**8**
解放区	250	119	131				1	1	
中站区	22	12	10	2	1	1			
马村区	18	11	7	2	1	1			
山阳区	371	200	171	10	4	6	10	7	3
修武县	17	9	8				1		1
博爱县	12	6	6				1		1
武陟县	16	9	7	1		1	1		1
温县									
沁阳市	24	15	9				1		1
孟州市	9	8	1				2	1	1
濮阳市	**571**	**266**	**305**	**31**	**12**	**19**	**17**	**7**	**10**
华龙区	420	211	209	26	11	15	10	6	4
清丰县	36	15	21	4	1	3	3	1	2
南乐县	11		11	1		1	1		1
范县	28	10	18				1		1
台前县	9	4	5				1		1
濮阳县	67	26	41				1		1
许昌市	**429**	**211**	**218**	**5**	**2**	**3**	**23**	**7**	**16**
魏都区	327	158	169				11	4	7
许昌县	16	9	7	5	2	3	5	1	4
鄢陵县	7	5	2						
襄城县	22	11	11				1	1	
禹州市	13	7	6				4	1	3
长葛市	44	21	23				2		2

10-5　续表 30

单位：人

地　区	满　族			侗　族			瑶　族		
	小计	男	女	小计	男	女	小计	男	女
漯河市	**145**	**61**	**84**				**18**	**5**	**13**
源汇区	67	27	40				5	1	4
郾城区	48	18	30				6	2	4
召陵区	22	14	8				4	1	3
舞阳县									
临颍县	8	2	6				3	1	2
三门峡市	**796**	**414**	**382**	**12**	**3**	**9**	**3**	**1**	**2**
湖滨区	562	273	289	10	3	7			
渑池县	15	9	6	1		1			
陕县	21	12	9						
卢氏县	94	59	35						
义马市	25	13	12						
灵宝市	79	48	31	1		1	3	1	2
南阳市	**19728**	**12338**	**7390**	**5**	**2**	**3**	**85**	**21**	**64**
宛城区	277	115	162				15	3	12
卧龙区	734	394	340	2	1	1	14	4	10
南召县	15374	9728	5646				7	1	6
方城县	454	271	183				6	1	5
西峡县	217	124	93				1		1
镇平县	40	22	18				7	4	3
内乡县	2074	1364	710	3	1	2	14	3	11
淅川县	158	106	52						
社旗县	40	23	17						
唐河县	223	128	95				9	3	6
新野县	22	10	12				5	1	4
桐柏县	70	36	34				1		1
邓州市	45	17	28				6	1	5
商丘市	**675**	**300**	**375**	**18**	**8**	**10**	**33**	**9**	**24**
梁园区	429	182	247				18	5	13
睢阳区	108	40	68	12	6	6	3	1	2
民权县	13	5	8				2		2
睢县									
宁陵县	13	8	5	6	2	4	1	1	
柘城县	32	18	14				1		1
虞城县	4	3	1				1		1
夏邑县	15	10	5				2	1	1
永城市	61	34	27				5	1	4
信阳市	**301**	**151**	**150**	**23**	**6**	**17**	**49**	**9**	**40**
浉河区	183	78	105	2		2	9	3	6
平桥区	41	24	17	1		1	4	1	3
罗山县	7	4	3	4	1	3	16	2	14
光山县	1		1				4		4
新县	16	13	3				5	1	4
商城县	5	4	1				3		3
固始县	16	7	9	16	5	11	4		4
潢川县	20	10	10				2	1	1
淮滨县									
息县	12	11	1				2	1	1
周口市	**2896**	**1556**	**1340**	**19**	**8**	**11**	**36**	**5**	**31**
川汇区	188	81	107	12	7	5	8	1	7
扶沟县				1		1	1		1
西华县	26	12	14	2		2	8	3	5
商水县	13	4	9	2		2	1		1

10-5 续表 31

单位：人

地区	满族			侗族			瑶族		
	小计	男	女	小计	男	女	小计	男	女
沈丘县	6	2	4	1		1	2		2
郸城县							1		1
淮阳县	57	18	39				2		2
太康县	10	3	7				2	1	1
鹿邑县	2585	1430	1155				6		6
项城市	11	6	5	1	1		5		5
驻马店市	**556**	**333**	**223**	**7**	**3**	**4**	**25**	**6**	**19**
驿城区	154	93	61	2	2		5	3	2
西平县	305	205	100	3	1	2	2	1	1
上蔡县	8	1	7				2		2
平舆县	18	6	12						
正阳县	9	3	6				3		3
确山县	9		9				2		2
泌阳县	7	2	5				3		3
汝南县	6	2	4				1		1
遂平县	38	19	19	2		2	5	2	3
新蔡县	2	2					2		2
省直辖县级行政区划	**128**	**69**	**59**				**4**	**2**	**2**
济源市	128	69	59				4	2	2
湖北省	**12899**	**6762**	**6137**	**52121**	**27604**	**24517**	**2709**	**1242**	**1467**
武汉市	**5951**	**3067**	**2884**	**1112**	**599**	**513**	**1516**	**763**	**753**
江岸区	527	278	249	28	6	22	46	22	24
江汉区	246	113	133	16	8	8	28	12	16
硚口区	290	161	129	37	20	17	54	34	20
汉阳区	134	77	57	43	28	15	30	23	7
武昌区	1180	632	548	78	41	37	233	131	102
青山区	652	336	316	38	22	16	37	24	13
洪山区	2285	1145	1140	537	278	259	905	422	483
东西湖区	143	75	68	42	28	14	31	15	16
汉南区	4	1	3	8	5	3	4	3	1
蔡甸区	122	62	60	20	11	9	20	15	5
江夏区	341	175	166	257	147	110	107	52	55
黄陂区	24	10	14	1		1	20	9	11
新洲区	3	2	1	7	5	2	1	1	
黄石市	**587**	**319**	**268**	**86**	**32**	**54**	**110**	**54**	**56**
黄石港区	135	64	71	7	3	4	16	7	9
西塞山区	63	33	30	9	5	4	8	3	5
下陆区	253	137	116	29	15	14	28	16	12
铁山区	75	41	34	15	6	9	12	7	5
阳新县	2		2	12		12	24	10	14
大冶市	59	44	15	14	3	11	22	11	11
十堰市	**613**	**316**	**297**	**7**	**3**	**4**	**62**	**30**	**32**
茅箭区	176	76	100				19	13	6
张湾区	314	170	144				5	4	1
郧县	13	4	9	4	2	2	8	3	5
郧西县	2	2					7	3	4
竹山县	3	2	1	1		1	3	2	1
竹溪县	16	8	8				4		4
房县	25	20	5				1		1
丹江口市	64	34	30	2	1	1	15	5	10
宜昌市	**908**	**493**	**415**	**212**	**110**	**102**	**115**	**53**	**62**
西陵区	597	325	272	77	40	37	37	24	13
伍家岗区	121	63	58	7	5	2	15	7	8
点军区	18	11	7	1		1			

10-5　续表 32　　　　单位：人

地　区	满　族			侗　族			瑶　族		
	小计	男	女	小计	男	女	小计	男	女
猇亭区	16	9	7	11	7	4			
夷陵区	49	27	22	7	3	4	11	7	4
远安县	7	4	3	1	1		3		3
兴山县	8	6	2	2		2	3	2	1
秭归县	6	5	1	5	1	4	5	1	4
长阳土家族自治县	8	4	4	21	9	12	8		8
五峰土家族自治县	10	3	7	2		2	4	2	2
宜都市	27	17	10	14	5	9	10	4	6
当阳市	17	8	9	19	10	9	14	4	10
枝江市	24	11	13	45	29	16	5	2	3
襄樊市	**796**	**421**	**375**	**13**	**4**	**9**	**77**	**25**	**52**
襄城区	321	169	152				16	7	9
樊城区	286	146	140	3	2	1	3	2	1
襄阳区	54	32	22				9	3	6
南漳县	8	6	2	1		1	7	1	6
谷城县	7	3	4	1		1	4	1	3
保康县	33	19	14	3		3	8	3	5
老河口市	62	33	29	1		1	11	5	6
枣阳市	8	4	4				9		9
宜城市	17	9	8	4	2	2	10	3	7
鄂州市	**62**	**32**	**30**	**2**	**2**		**30**	**10**	**20**
梁子湖区							2	1	1
华容区	4	4		1	1		1		1
鄂城区	58	28	30	1	1		27	9	18
荆门市	**361**	**195**	**166**	**63**	**40**	**23**	**115**	**56**	**59**
东宝区	128	54	74	2	1	1	28	14	14
掇刀区	98	48	50	23	12	11	13	5	8
京山县	8	4	4				36	18	18
沙洋县	100	73	27	31	24	7	24	14	10
钟祥市	27	16	11	7	3	4	14	5	9
孝感市	**367**	**180**	**187**	**47**	**26**	**21**	**78**	**34**	**44**
孝南区	302	147	155	43	25	18	59	26	33
孝昌县	10	4	6						
大悟县	9	3	6	2		2	1		1
云梦县	14	10	4				1	1	
应城市	8	3	5	1		1	4	2	2
安陆市	17	11	6				6	4	2
汉川市	7	2	5	1	1		7	1	6
荆州市	**2157**	**1165**	**992**	**221**	**116**	**105**	**118**	**24**	**94**
沙市区	1316	736	580	70	35	35	19	7	12
荆州区	688	351	337	100	56	44	21	6	15
公安县	15	10	5	2		2	13	1	12
监利县	23	13	10	6	4	2	9	2	7
江陵县	12	4	8	9	5	4	11	5	6
石首市	24	10	14	1		1	15	1	14
洪湖市	39	16	23	32	16	16	3		3
松滋市	40	25	15	1		1	27	2	25
黄冈市	**158**	**84**	**74**	**35**	**20**	**15**	**89**	**25**	**64**
黄州区	70	34	36	9	7	2	24	10	14
团风县	25	15	10				7		7
红安县							3		3
罗田县	6	1	5				10	3	7
英山县							4	1	3
浠水县	15	7	8				14	5	9
蕲春县	15	8	7				10	3	7
黄梅县	15	12	3	15	8	7	3		3
麻城市	2	1	1				4	1	3
武穴市	10	6	4	11	5	6	10	2	8

10-5 续表 33

单位：人

地　区	满　族			侗　族			瑶　族		
	小计	男	女	小计	男	女	小计	男	女
咸宁市	**53**	**33**	**20**	**6**	**1**	**5**	**6**		**6**
咸安区	1		1	1		1	1		1
嘉鱼县	21	13	8	1		1	2		2
通城县	1		1	1		1	2		2
崇阳县				1		1			
通山县									
赤壁市	30	20	10	2	1	1	1		1
随州市	**60**	**22**	**38**	**23**	**6**	**17**	**22**	**8**	**14**
曾都区	42	16	26	14	6	8	9	6	3
随县	8	1	7	4		4	4	2	2
广水市	10	5	5	5		5	9		9
恩施土家族苗族自治州	**658**	**352**	**306**	**50255**	**26629**	**23626**	**338**	**145**	**193**
恩施市	249	115	134	9948	5343	4605	101	30	71
利川市	23	13	10	222	115	107	27	11	16
建始县	114	44	70	77	37	40	13	4	9
巴东县	87	79	8	27	17	10	19	6	13
宣恩县	107	58	49	38357	20178	18179	17	8	9
咸丰县	27	14	13	1383	818	565	12	6	6
来凤县	28	14	14	175	90	85	145	78	67
鹤峰县	23	15	8	66	31	35	4	2	2
省直辖县级行政区划	**168**	**83**	**85**	**39**	**16**	**23**	**33**	**15**	**18**
仙桃市	27	14	13	6	2	4	8	4	4
潜江市	128	61	67	31	13	18	22	11	11
天门市	11	8	3						
神农架林区	2		2	2	1	1	3		3
湖南省	**7566**	**3944**	**3622**	**854960**	**452380**	**402580**	**713191**	**377080**	**336111**
长沙市	**2769**	**1446**	**1323**	**5650**	**2824**	**2826**	**5425**	**2724**	**2701**
芙蓉区	424	228	196	746	398	348	783	430	353
天心区	432	236	196	627	285	342	703	332	371
岳麓区	839	396	443	1353	661	692	1513	682	831
开福区	236	128	108	395	209	186	374	174	200
雨花区	484	240	244	972	473	499	881	457	424
长沙县	299	186	113	1124	604	520	829	471	358
望城县	32	18	14	242	127	115	241	132	109
宁乡县	18	9	9	95	27	68	54	16	38
浏阳市	5	5		96	40	56	47	30	17
株洲市	**570**	**308**	**262**	**1238**	**700**	**538**	**2723**	**1476**	**1247**
荷塘区	171	86	85	297	154	143	249	129	120
芦淞区	120	68	52	167	80	87	139	55	84
石峰区	138	77	61	277	174	103	231	134	97
天元区	87	47	40	235	145	90	265	149	116
株洲县	7	3	4	39	15	24	48	14	34
攸县	10	4	6	47	36	11	96	31	65
茶陵县				68	40	28	56	31	25
炎陵县	27	17	10	45	18	27	1572	905	667
醴陵市	10	6	4	63	38	25	67	28	39
湘潭市	**557**	**302**	**255**	**793**	**436**	**357**	**1010**	**558**	**452**
雨湖区	313	161	152	425	243	182	600	336	264
岳塘区	183	109	74	202	136	66	300	183	117
湘潭县	20	13	7	71	23	48	39	15	24
湘乡市	29	15	14	89	31	58	53	15	38
韶山市	12	4	8	6	3	3	18	9	9

10-5 续表 34

单位：人

地 区	满族			侗族			瑶族		
	小计	男	女	小计	男	女	小计	男	女
衡阳市	**527**	**309**	**218**	**449**	**239**	**210**	**4360**	**2251**	**2109**
珠晖区	131	77	54	158	81	77	302	165	137
雁峰区	69	40	29	128	59	69	203	99	104
石鼓区	40	11	29	22	12	10	163	85	78
蒸湘区	212	138	74	19	7	12	389	208	181
南岳区	5	3	2				5	2	3
衡阳县	6	3	3	11		11	53	18	35
衡南县	15	9	6	8	4	4	135	74	61
衡山县	4	3	1	23	13	10	23	7	16
衡东县	12	8	4	3		3	34	4	30
祁东县	10	4	6	2		2	53	6	47
耒阳市	23	13	10	73	63	10	187	138	49
常宁市				2		2	2813	1445	1368
邵阳市	**374**	**178**	**196**	**25970**	**13803**	**12167**	**40357**	**21466**	**18891**
双清区	32	15	17	20	10	10	56	30	26
大祥区	77	42	35	217	101	116	250	135	115
北塔区	12	5	7	1		1	34	24	10
邵东县	10	5	5	58	29	29	63	18	45
新邵县	11	4	7	109	19	90	36	9	27
邵阳县	8	3	5	15		15	47	10	37
隆回县	40	12	28	99	20	79	7516	3820	3696
洞口县	45	22	23	1812	1077	735	12412	6792	5620
绥宁县	11	7	4	19760	10537	9223	1189	619	570
新宁县	1		1	343	185	158	16266	8717	7549
城步苗族自治县	120	58	62	3288	1703	1585	2363	1253	1110
武冈市	7	5	2	248	122	126	125	39	86
岳阳市	**396**	**196**	**200**	**256**	**137**	**119**	**556**	**208**	**348**
岳阳楼区	248	128	120	98	52	46	313	125	188
云溪区	65	33	32	17	9	8	51	28	23
君山区	6	5	1	9	5	4	36	19	17
岳阳县	21	7	14	63	37	26	19	4	15
华容县	5	3	2				16	4	12
湘阴县	19	6	13	33	19	14	27	8	19
平江县	6	3	3	16	6	10	57	7	50
汨罗市	16	7	9	13	6	7	19	6	13
临湘市	10	4	6	7	3	4	18	7	11
常德市	**286**	**144**	**142**	**467**	**222**	**245**	**493**	**217**	**276**
武陵区	179	91	88	214	116	98	222	120	102
鼎城区	22	9	13	16	4	12	55	19	36
安乡县	2		2	7	3	4	5	2	3
汉寿县	6	2	4	41	13	28	63	12	51
澧县	14	6	8	43	12	31	30	13	17
临澧县	14	10	4	7	5	2	15	3	12
桃源县	17	11	6	9	6	3	31	14	17
石门县	14	8	6	98	34	64	42	12	30
津市市	18	7	11	32	29	3	30	22	8
张家界市	**215**	**108**	**107**	**588**	**268**	**320**	**329**	**151**	**178**
永定区	156	83	73	326	155	171	240	114	126
武陵源区	8	2	6	21	5	16	18	12	6
慈利县	26	8	18	36	7	29	37	11	26
桑植县	25	15	10	205	101	104	34	14	20
益阳市	**144**	**72**	**72**	**266**	**93**	**173**	**373**	**146**	**227**
资阳区	12	5	7				10	6	4
赫山区	64	38	26	53	17	36	152	67	85

10-5 续表 35

单位：人

地区	满族			侗族			瑶族		
	小计	男	女	小计	男	女	小计	男	女
南县	21	10	11	119	63	56	36	12	24
桃江县	19	6	13	69	7	62	42	3	39
安化县	6	4	2	14	1	13	81	43	38
沅江市	22	9	13	11	5	6	52	15	37
郴州市	**251**	**135**	**116**	**344**	**195**	**149**	**70298**	**37229**	**33069**
北湖区	123	63	60	8	4	4	4284	2302	1982
苏仙区	71	40	31	40	22	18	2269	1180	1089
桂阳县	4	2	2	15	5	10	1813	936	877
宜章县	10	5	5	207	137	70	5074	2712	2362
永兴县							89	51	38
嘉禾县							1		1
临武县	1		1	3	1	2	924	466	458
汝城县	19	13	6	39	12	27	51935	27573	24362
桂东县				1		1	8	4	4
安仁县	1	1					16	9	7
资兴市	22	11	11	31	14	17	3885	1996	1889
永州市	**273**	**128**	**145**	**369**	**143**	**226**	**510479**	**268859**	**241620**
零陵区	66	28	38	131	48	83	3626	1797	1829
冷水滩区	49	23	26	39	14	25	1323	684	639
祁阳县	12	5	7	19	8	11	3735	1826	1909
东安县	19	10	9	37	8	29	1772	943	829
双牌县	6	3	3				7131	3972	3159
道县	5	4	1				28887	17057	11830
江永县	42	23	19	80	48	32	137243	72708	64535
宁远县	16	9	7	38	9	29	14005	7144	6861
蓝山县	2		2	1		1	17284	8947	8337
新田县				1		1	6602	3336	3266
江华瑶族自治县	56	23	33	23	8	15	288871	150445	138426
怀化市	**678**	**361**	**317**	**816481**	**432260**	**384221**	**74029**	**40331**	**33698**
鹤城区	319	164	155	12722	6184	6538	3771	1858	1913
中方县	2	2		374	145	229	2259	1211	1048
沅陵县	41	23	18	503	233	270	120	52	68
辰溪县	37	21	16	397	221	176	36205	19885	16320
溆浦县	38	17	21	5253	3037	2216	22735	12726	10009
会同县	73	42	31	170500	92729	77771	241	78	163
麻阳苗族自治县	3		3	138	62	76	16	2	14
新晃侗族自治县	28	16	12	197046	106512	90534	35	8	27
芷江侗族自治县	20	13	7	186155	97465	88690	166	54	112
靖州苗族侗族自治县	34	21	13	60602	32192	28410	227	106	121
通道侗族自治县	25	13	12	158663	81576	77087	1766	934	832
洪江市	58	29	29	24128	11904	12224	6488	3417	3071
娄底市	**158**	**75**	**83**	**552**	**291**	**261**	**408**	**194**	**214**
娄星区	82	35	47	223	121	102	262	144	118
双峰县	35	18	17	64	27	37	50	12	38
新化县	3	2	1	87	41	46	35	12	23
冷水江市	15	7	8	123	73	50	33	20	13
涟源市	23	13	10	55	29	26	28	6	22
湘西土家族苗族自治州	**368**	**182**	**186**	**1537**	**769**	**768**	**2351**	**1270**	**1081**
吉首市	220	113	107	674	374	300	486	202	284
泸溪县	8	3	5	120	51	69	51	21	30
凤凰县	42	17	25	287	109	178	45	31	14
花垣县	7	3	4	101	55	46	36	12	24
保靖县	14	4	10	51	26	25	1359	803	556
古丈县	15	8	7	42	16	26	22	14	8
永顺县	12	8	4	34	16	18	196	93	103
龙山县	50	26	24	228	122	106	156	94	62

10-5　续表 36

单位：人

地　区	满族			侗族			瑶族		
	小计	男	女	小计	男	女	小计	男	女
广东省	**29557**	**15200**	**14357**	**83574**	**46825**	**36749**	**276266**	**148395**	**127871**
广州市	**8949**	**4544**	**4405**	**7278**	**3971**	**3307**	**19180**	**10765**	**8415**
荔湾区	811	431	380	179	111	68	982	549	433
越秀区	2257	1100	1157	318	137	181	749	374	375
海珠区	1305	641	664	478	206	272	1010	517	493
天河区	1710	877	833	495	260	235	1600	837	763
白云区	1149	602	547	1963	1159	804	4830	2890	1940
黄埔区	271	158	113	286	149	137	888	502	386
番禺区	831	398	433	1583	814	769	4498	2433	2065
花都区	162	96	66	414	247	167	1373	816	557
南沙区	79	49	30	217	113	104	1158	660	498
萝岗区	153	94	59	687	398	289	888	511	377
增城市	150	63	87	520	302	218	912	516	396
从化市	71	35	36	138	75	63	292	160	132
韶关市	**374**	**212**	**162**	**327**	**229**	**98**	**33547**	**17315**	**16232**
武江区	75	38	37	43	16	27	1051	461	590
浈江区	127	71	56	159	124	35	670	415	255
曲江区	63	41	22	40	25	15	1984	1017	967
始兴县	10	6	4	6	4	2	4319	2252	2067
仁化县	5	2	3	4	3	1	1851	924	927
翁源县	18	11	7	4	2	2	1803	917	886
乳源瑶族自治县	42	21	21	5	3	2	21027	10842	10185
新丰县	3	3		3	3		36	14	22
乐昌市	26	17	9	54	46	8	780	462	318
南雄市	5	2	3	9	3	6	26	11	15
深圳市	**10963**	**5572**	**5391**	**23928**	**13065**	**10863**	**25114**	**13601**	**11513**
罗湖区	1364	671	693	616	281	335	959	423	536
福田区	3292	1536	1756	1260	585	675	1437	657	780
南山区	2371	1194	1177	1395	698	697	1320	687	633
宝安区	2260	1254	1006	13905	7666	6239	14930	8241	6689
龙岗区	1406	775	631	6318	3605	2713	6042	3357	2685
盐田区	270	142	128	434	230	204	426	236	190
珠海市	**2439**	**1208**	**1231**	**1371**	**719**	**652**	**3839**	**2119**	**1720**
香洲区	1904	920	984	781	409	372	1574	829	745
斗门区	153	89	64	278	144	134	1218	678	540
金湾区	382	199	183	312	166	146	1047	612	435
汕头市	**222**	**98**	**124**	**656**	**364**	**292**	**911**	**486**	**425**
龙湖区	67	28	39	61	27	34	108	54	54
金平区	75	35	40	104	55	49	148	84	64
濠江区	5	2	3	50	32	18	17	6	11
潮阳区	27	14	13				247	141	106
潮南区	31	10	21	326	174	152	218	114	104
澄海区	17	9	8	115	76	39	167	84	83
南澳县							6	3	3
佛山市	**1343**	**689**	**654**	**8946**	**5395**	**3551**	**22111**	**13103**	**9008**
禅城区	188	99	89	316	180	136	1974	1083	891
南海区	504	254	250	4726	2892	1834	9645	5803	3842
顺德区	493	244	249	1961	1153	808	7822	4608	3214
三水区	121	67	54	1567	941	626	1990	1196	794
高明区	37	25	12	376	229	147	680	413	267
江门市	**254**	**125**	**129**	**1659**	**953**	**706**	**8987**	**4931**	**4056**
蓬江区	157	80	77	503	286	217	1716	966	750
江海区	21	9	12	195	106	89	1196	656	540

10-5 续表 37

单位：人

地区	满族			侗族			瑶族		
	小计	男	女	小计	男	女	小计	男	女
新会区	30	17	13	284	174	110	3601	1983	1618
台山市	16	6	10	2	1	1	654	296	358
开平市	19	5	14	249	136	113	772	422	350
鹤山市	10	7	3	384	232	152	870	515	355
恩平市	1	1		42	18	24	178	93	85
湛江市	**321**	**155**	**166**	**364**	**194**	**170**	**1612**	**714**	**898**
赤坎区	62	32	30	141	81	60	75	40	35
霞山区	139	66	73	27	14	13	150	63	87
坡头区	44	23	21	5	3	2	117	76	41
麻章区	25	8	17	10	5	5	108	52	56
遂溪县				18	4	14	66	18	48
徐闻县	5	2	3	33	15	18	377	189	188
廉江市	21	7	14	69	25	44	342	87	255
雷州市	12	10	2	28	18	10	280	151	129
吴川市	13	7	6	33	29	4	97	38	59
茂名市	**120**	**55**	**65**	**151**	**63**	**88**	**1112**	**465**	**647**
茂南区	48	22	26	44	27	17	90	43	47
茂港区	5	1	4	11	1	10	42	9	33
电白县	5	2	3	24	6	18	40	9	31
高州市	31	14	17	24	10	14	556	259	297
化州市	9	6	3	48	19	29	304	134	170
信宜市	22	10	12				80	11	69
肇庆市	**276**	**156**	**120**	**1271**	**740**	**531**	**3016**	**1695**	**1321**
端州区	145	72	73	346	187	159	226	111	115
鼎湖区	26	18	8	25	16	9	211	127	84
广宁县	13	5	8	1	1		96	48	48
怀集县	1	1					751	396	355
封开县	15	9	6	2	1	1	55	24	31
德庆县	18	11	7				54	15	39
高要市	22	15	7	547	323	224	446	263	183
四会市	36	25	11	350	212	138	1177	711	466
惠州市	**1037**	**571**	**466**	**4437**	**2434**	**2003**	**12766**	**6921**	**5845**
惠城区	661	336	325	1727	926	801	2519	1336	1183
惠阳区	232	149	83	1237	717	520	1381	879	502
博罗县	91	52	39	737	403	334	1426	825	601
惠东县	34	26	8	643	340	303	374	221	153
龙门县	19	8	11	93	48	45	7066	3660	3406
梅州市	**46**	**25**	**21**	**17**	**4**	**13**	**109**	**37**	**72**
梅江区	32	17	15	1		1	26	14	12
梅县	1	1		6	2	4	10	3	7
大埔县							7	3	4
丰顺县							28	12	16
五华县									
平远县	12	7	5				12	2	10
蕉岭县							6	1	5
兴宁市	1		1	10	2	8	20	2	18
汕尾市	**12**	**3**	**9**	**189**	**97**	**92**	**189**	**95**	**94**
城区	6	1	5	32	22	10	20	5	15
海丰县	5	2	3	101	52	49	140	76	64
陆河县	1		1	3	3		13	6	7
陆丰市				53	20	33	16	8	8
河源市	**29**	**12**	**17**	**314**	**167**	**147**	**580**	**328**	**252**
源城区	20	8	12	213	120	93	268	154	114
紫金县	2		2	27	15	12	50	31	19
龙川县	1		1				9	5	4
连平县	1	1					44	28	16
和平县	1		1	2	1	1	7	1	6
东源县	4	3	1	72	31	41	202	109	93

10-5　续表 38

单位：人

地　区	满族			侗族			瑶族		
	小计	男	女	小计	男	女	小计	男	女
阳江市	**73**	**40**	**33**	**301**	**136**	**165**	**5092**	**3042**	**2050**
江城区	8	3	5	62	27	35	272	143	129
阳西县	4	1	3	35	16	19	16	1	15
阳东县	24	17	7	69	42	27	279	168	111
阳春市	37	19	18	135	51	84	4525	2730	1795
清远市	**254**	**155**	**99**	**1841**	**1057**	**784**	**95753**	**48934**	**46819**
清城区	128	74	54	1636	917	719	2936	1607	1329
佛冈县	15	11	4	54	41	13	278	178	100
阳山县	3	3		20	11	9	2992	1559	1433
连山壮族瑶族自治县	24	13	11	19	10	9	12681	6741	5940
连南瑶族自治县	10	8	2	1		1	70053	35454	34599
清新县	24	14	10	9	7	2	1205	656	549
英德市	29	20	9	86	63	23	1290	647	643
连州市	21	12	9	16	8	8	4318	2092	2226
东莞市	**2064**	**1167**	**897**	**23643**	**13266**	**10377**	**29580**	**16446**	**13134**
中山市	**623**	**329**	**294**	**4714**	**2675**	**2039**	**11500**	**6668**	**4832**
潮州市	**57**	**31**	**26**	**1220**	**745**	**475**	**482**	**286**	**196**
湘桥区	24	13	11	146	83	63	105	52	53
潮安县	31	18	13	1073	661	412	349	223	126
饶平县	2		2	1	1		28	11	17
揭阳市	**41**	**16**	**25**	**754**	**448**	**306**	**313**	**185**	**128**
榕城区	16	9	7	746	444	302	130	86	44
揭东县	1		1	3	3		40	18	22
揭西县	2		2				47	28	19
惠来县	8	2	6	2		2	8	2	6
普宁市	14	5	9	3	1	2	88	51	37
云浮市	**60**	**37**	**23**	**193**	**103**	**90**	**473**	**259**	**214**
云城区	31	21	10	72	40	32	77	50	27
新兴县	11	7	4	83	51	32	185	109	76
郁南县	2	1	1	3		3	107	69	38
云安县	4	4		3	2	1	16	5	11
罗定市	12	4	8	32	10	22	88	26	62
广西壮族自治区	**11159**	**5695**	**5464**	**305565**	**153819**	**151746**	**1493530**	**772111**	**721419**
南宁市	**3760**	**1832**	**1928**	**6399**	**2973**	**3426**	**98003**	**48534**	**49469**
兴宁区	268	139	129	673	342	331	4965	2571	2394
青秀区	1705	813	892	1943	936	1007	9823	4832	4991
江南区	362	172	190	690	311	379	5034	2509	2525
西乡塘区	1048	509	539	2171	984	1187	14772	7102	7670
良庆区	191	109	82	274	136	138	2606	1342	1264
邕宁区	16	6	10	49	19	30	463	156	307
武鸣县	14	7	7	116	55	61	2035	869	1166
隆安县	9	2	7	26	12	14	1953	1010	943
马山县	24	12	12	29	11	18	31591	15648	15943
上林县	28	14	14	44	12	32	21117	10728	10389
宾阳县	54	30	24	269	99	170	2626	1324	1302
横县	41	19	22	115	56	59	1018	443	575

10-5 续表 39

单位：人

地区	满族			侗族			瑶族		
	小计	男	女	小计	男	女	小计	男	女
柳州市	**2153**	**1180**	**973**	**236478**	**119659**	**116819**	**71703**	**37481**	**34222**
城中区	414	245	169	1722	853	869	2114	1105	1009
鱼峰区	373	197	176	3446	1746	1700	4444	2318	2126
柳南区	610	335	275	3992	2053	1939	4716	2445	2271
柳北区	548	278	270	5092	2568	2524	4871	2436	2435
柳江县	46	26	20	139	75	64	2248	1194	1054
柳城县	14	8	6	2256	801	1455	1363	677	686
鹿寨县	93	57	36	1731	803	928	8281	4510	3771
融安县	38	21	17	9282	4280	5002	5842	2985	2857
融水苗族自治县	12	8	4	45315	23549	21766	27083	14239	12844
三江侗族自治县	5	5		163503	82931	80572	10741	5572	5169
桂林市	**2376**	**1186**	**1190**	**48276**	**24125**	**24151**	**369947**	**191604**	**178343**
秀峰区	287	141	146	676	294	382	3069	1453	1616
叠彩区	212	101	111	486	208	278	3404	1606	1798
象山区	467	224	243	991	407	584	4875	2193	2682
七星区	569	291	278	1116	544	572	5966	3027	2939
雁山区	116	36	80	253	87	166	845	303	542
阳朔县	45	23	22	249	66	183	2529	1260	1269
临桂县	126	65	61	1584	562	1022	15535	7954	7581
灵川县	197	113	84	817	349	468	10761	5528	5233
全州县	46	25	21	194	61	133	24812	12546	12266
兴安县	28	15	13	168	67	101	8269	4097	4172
永福县	56	24	32	468	159	309	8454	4271	4183
灌阳县	20	12	8	107	44	63	17564	8647	8917
龙胜各族自治县	19	6	13	40394	20968	19426	27865	14263	13602
资源县	29	17	12	85	23	62	4523	2317	2206
平乐县	72	43	29	196	75	121	56231	30475	25756
荔浦县	36	19	17	416	177	239	27157	13891	13266
恭城瑶族自治县	51	31	20	76	34	42	148088	77773	70315
梧州市	**189**	**85**	**104**	**2364**	**1216**	**1148**	**31237**	**16245**	**14992**
万秀区	51	23	28	34	25	9	560	278	282
蝶山区	49	23	26	1623	884	739	1383	680	703
长洲区	48	22	26	339	206	133	1700	904	796
苍梧县	4	2	2	36	13	23	2182	1064	1118
藤县	15	5	10	97	17	80	2220	984	1236
蒙山县	12	5	7	150	47	103	22839	12204	10635
岑溪市	10	5	5	85	24	61	353	131	222
北海市	**503**	**264**	**239**	**362**	**181**	**181**	**2686**	**1343**	**1343**
海城区	362	187	175	182	94	88	817	441	376
银海区	131	72	59	100	50	50	1156	622	534
铁山港区				9	6	3	63	24	39
合浦县	10	5	5	71	31	40	650	256	394
防城港市	**200**	**112**	**88**	**1002**	**563**	**439**	**40439**	**21728**	**18711**
港口区	98	58	40	311	196	115	2499	1383	1116
防城区	57	30	27	352	184	168	23548	12599	10949
上思县	9	5	4	146	79	67	10609	5617	4992
东兴市	36	19	17	193	104	89	3783	2129	1654
钦州市	**252**	**146**	**106**	**681**	**323**	**358**	**4343**	**1795**	**2548**
钦南区	184	105	79	339	184	155	2833	1355	1478
钦北区	23	16	7	249	113	136	761	245	516
灵山县	42	24	18	60	14	46	631	182	449
浦北县	3	1	2	33	12	21	118	13	105
贵港市	**204**	**104**	**100**	**430**	**180**	**250**	**63862**	**36397**	**27465**
港北区	94	42	52	143	72	71	1342	700	642
港南区	11	5	6	49	23	26	344	130	214
覃塘区	6	4	2	42	19	23	510	123	387
平南县	46	27	19	120	40	80	58570	33951	24619
桂平市	47	26	21	76	26	50	3096	1493	1603

10-5　续表 40

单位：人

地　区	满族			侗族			瑶族		
	小计	男	女	小计	男	女	小计	男	女
玉林市	**169**	**83**	**86**	**1136**	**424**	**712**	**2847**	**908**	**1939**
玉州区	124	57	67	749	369	380	1267	532	735
容县	18	11	7	181	13	168	371	79	292
陆川县	13	8	5	37	6	31	309	112	197
博白县	7	6	1	59	13	46	399	63	336
兴业县	2		2	43	12	31	203	41	162
北流市	5	1	4	67	11	56	298	81	217
百色市	**481**	**256**	**225**	**802**	**359**	**443**	**136247**	**69885**	**66362**
右江区	150	75	75	230	101	129	12339	6319	6020
田阳县	39	25	14	32	14	18	1203	565	638
田东县	35	19	16	109	53	56	14837	7277	7560
平果县	107	51	56	234	95	139	18326	9325	9001
德保县	30	15	15	16	8	8	5420	2852	2568
靖西县	35	19	16	21	10	11	120	61	59
那坡县	8	8		8	1	7	4567	2355	2212
凌云县	1	1		3		3	42112	21964	20148
乐业县	10	7	3	99	57	42	3116	1610	1506
田林县	28	12	16	14	6	8	28516	14656	13860
西林县	29	19	10	19	10	9	5606	2852	2754
隆林各族自治县	9	5	4	17	4	13	85	49	36
贺州市	**244**	**134**	**110**	**489**	**212**	**277**	**240090**	**124408**	**115682**
八步区	106	49	57	224	87	137	26720	13215	13505
平桂管理区	18	8	10	67	28	39	23224	11964	11260
昭平县	12	6	6	40	17	23	15867	8463	7404
钟山县	95	64	31	112	68	44	34134	18050	16084
富川瑶族自治县	13	7	6	46	12	34	140145	72716	67429
河池市	**391**	**197**	**194**	**4779**	**2510**	**2269**	**357084**	**182750**	**174334**
金城江区	125	64	61	336	179	157	8039	4054	3985
南丹县	40	20	20	262	127	135	35090	17984	17106
天峨县	12	8	4	1370	828	542	3921	2041	1880
凤山县	21	12	9	9	2	7	13799	6956	6843
东兰县	12	7	5	66	46	20	9529	4795	4734
罗城仫佬族自治县	17	11	6	2157	1038	1119	3632	1858	1774
环江毛南族自治县	28	12	16	264	139	125	14183	7442	6741
巴马瑶族自治县	5	1	4	14	4	10	40952	20865	20087
都安瑶族自治县	17	9	8	38	6	32	113727	58227	55500
大化瑶族自治县	14	4	10	17	6	11	83745	42862	40883
宜州市	100	49	51	246	135	111	30467	15666	14801
来宾市	**136**	**69**	**67**	**1939**	**820**	**1119**	**68619**	**35597**	**33022**
兴宾区	78	40	38	975	453	522	9733	4923	4810
忻城县	14	9	5	74	24	50	6361	3311	3050
象州县	12	4	8	381	124	257	2621	1269	1352
武宣县	1		1	242	75	167	358	117	241
金秀瑶族自治县	19	9	10	107	52	55	47149	24576	22573
合山市	12	7	5	160	92	68	2397	1401	996
崇左市	**101**	**47**	**54**	**428**	**274**	**154**	**6423**	**3436**	**2987**
江州区	25	15	10	36	23	13	1888	1013	875
扶绥县	19	6	13	2	1	1	1250	649	601
宁明县	16	6	10	30	17	13	2008	1102	906
龙州县	11	4	7	13	4	9	229	103	126
大新县	4	2	2	2	1	1	171	77	94
天等县				8	7	1	430	220	210
凭祥市	26	14	12	337	221	116	447	272	175

10-5 续表 41

单位：人

地 区	满 族			侗 族			瑶 族		
	小计	男	女	小计	男	女	小计	男	女
海南省	**3750**	**1853**	**1897**	**1819**	**1096**	**723**	**7302**	**3833**	**3469**
海口市	**2185**	**1059**	**1126**	**479**	**254**	**225**	**1102**	**573**	**529**
秀英区	127	64	63	29	16	13	144	88	56
龙华区	750	386	364	88	46	42	399	196	203
琼山区	476	212	264	131	68	63	227	115	112
美兰区	832	397	435	231	124	107	332	174	158
三亚市	**1056**	**502**	**554**	**452**	**288**	**164**	**543**	**296**	**247**
省直辖县级行政区划	**509**	**292**	**217**	**888**	**554**	**334**	**5657**	**2964**	**2693**
五指山市	38	22	16	36	26	10	257	139	118
琼海市	73	44	29	148	105	43	336	179	157
儋州市	113	70	43	115	77	38	936	529	407
文昌市	42	12	30	61	36	25	180	81	99
万宁市	72	43	29	120	81	39	472	235	237
东方市	34	20	14	48	26	22	246	139	107
定安县	3	2	1	43	28	15	52	27	25
屯昌县	7	3	4	21	11	10	343	167	176
澄迈县	16	8	8	9	8	1	192	101	91
临高县	6	3	3	5	3	2	4	2	2
白沙黎族自治县	6	2	4	89	48	41	877	449	428
昌江黎族自治县	30	20	10	22	15	7	231	122	109
乐东黎族自治县	4	2	2	1		1	114	62	52
陵水黎族自治县	25	16	9	44	24	20	176	89	87
保亭黎族苗族自治县	21	13	8	11	5	6	457	247	210
琼中黎族苗族自治县	18	11	7	115	61	54	784	396	388
西沙群岛	1	1							
重庆市	**4571**	**2431**	**2140**	**3271**	**1724**	**1547**	**1045**	**455**	**590**
市辖区	**4359**	**2323**	**2036**	**1778**	**931**	**847**	**875**	**423**	**452**
万州区	97	52	45	102	43	59	21	6	15
涪陵区	89	53	36	17	6	11	24	5	19
渝中区	262	137	125	110	50	60	39	23	16
大渡口区	92	56	36	36	19	17	9	3	6
江北区	238	134	104	54	29	25	25	14	11
沙坪坝区	734	410	324	240	122	118	127	74	53
九龙坡区	382	211	171	135	65	70	70	37	33
南岸区	483	275	208	181	102	79	82	43	39
北碚区	337	173	164	269	139	130	73	28	45
万盛区	17	10	7	25	11	14	4	2	2
双桥区	2	1	1	3	3				
渝北区	523	258	265	37	31	6	80	43	37
巴南区	223	123	100	93	60	33	40	24	16
黔江区	23	9	14	47	15	32	12	3	9
长寿区	36	14	22				14	8	6
江津区	51	26	25	50	16	34	20	10	10
合川区	577	274	303	154	81	73	160	62	98
永川区	180	98	82	209	134	75	64	34	30
南川区	13	9	4	16	5	11	11	4	7
市辖县	**212**	**108**	**104**	**1493**	**793**	**700**	**170**	**32**	**138**
綦江县	12	7	5	34	17	17	8	1	7
潼南县	13	8	5	11	2	9	8	1	7
铜梁县	16	7	9	21	6	15	20	5	15

10-5　续表 42

单位：人

地　区	满　族			侗　族			瑶　族		
	小计	男	女	小计	男	女	小计	男	女
大足县	2	1	1	19	6	13	10	3	7
荣昌县	36	18	18	33	15	18	15	4	11
璧山县	29	19	10	29	14	15	9	2	7
梁平县	8	2	6	25	10	15	12		12
城口县				2		2	1	1	
丰都县	7	3	4				11	1	10
垫江县	7	6	1	30	6	24	9	2	7
武隆县	7	3	4	2		2			
忠县	6	2	4	2	1	1	5	1	4
开县	12	4	8	2		2	1		1
云阳县	7	3	4	1		1	7	1	6
奉节县	1	1		6	1	5	7		7
巫山县	4	1	3	4	1	3	3		3
巫溪县	1		1	10	3	7	5		5
石柱土家族自治县	7	5	2	33	16	17	9	1	8
秀山土家族苗族自治县	16	10	6	424	214	210	20	6	14
酉阳土家族苗族自治县	13	6	7	1	1		8	3	5
彭水苗族土家族自治县	8	2	6	804	480	324	2		2
四川省	**15920**	**8355**	**7565**	**2376**	**1142**	**1234**	**1795**	**770**	**1025**
成都市	**8339**	**4309**	**4030**	**1110**	**566**	**544**	**764**	**358**	**406**
锦江区	521	265	256	29	15	14	26	12	14
青羊区	1062	545	517	107	52	55	54	23	31
金牛区	1346	720	626	73	41	32	82	36	46
武侯区	1769	854	915	298	158	140	169	75	94
成华区	732	408	324	21	17	4	36	21	15
龙泉驿区	393	216	177	84	38	46	16	8	8
青白江区	51	27	24	10	6	4	3	1	2
新都区	222	136	86	25	11	14	10	3	7
温江区	266	107	159	47	19	28	53	28	25
金堂县	26	12	14	36	15	21	17	3	14
双流县	819	368	451	219	112	107	126	65	61
郫县	712	427	285	90	48	42	102	54	48
大邑县	26	18	8	7	3	4	15	4	11
蒲江县	6	3	3	1		1			
新津县	27	14	13	13	6	7	4	1	3
都江堰市	238	119	119	29	16	13	26	11	15
彭州市	65	37	28	11	4	7	13	8	5
邛崃市	22	14	8	3		3	5		5
崇州市	36	19	17	7	5	2	7	5	2
自贡市	**204**	**112**	**92**	**49**	**20**	**29**	**53**	**15**	**38**
自流井区	114	54	60	14	7	7	12	4	8
贡井区	41	32	9	15	5	10	13	4	9
大安区	17	13	4	8	4	4	2		2
沿滩区	3		3	7	3	4	6	1	5
荣县	14	5	9	3	1	2	9	2	7
富顺县	15	8	7	2		2	11	4	7
攀枝花市	**1409**	**721**	**688**	**193**	**94**	**99**	**104**	**61**	**43**
东区	779	385	394	118	56	62	59	34	25
西区	410	211	199	34	16	18	6	5	1
仁和区	177	104	73	32	20	12	35	20	15
米易县	27	13	14	2	1	1	3	2	1
盐边县	16	8	8	7	1	6	1		1

10-5 续表 43

单位：人

地区	满族			侗族			瑶族		
	小计	男	女	小计	男	女	小计	男	女
泸州市	**318**	**173**	**145**	**83**	**44**	**39**	**63**	**23**	**40**
江阳区	191	108	83	21	5	16	8	4	4
纳溪区	19	14	5						
龙马潭区	19	9	10				9	4	5
泸县	11	5	6	9	6	3	22	8	14
合江县	30	16	14	51	33	18	19	7	12
叙永县	33	14	19	2		2	2		2
古蔺县	15	7	8				3		3
德阳市	**674**	**384**	**290**	**31**	**18**	**13**	**54**	**24**	**30**
旌阳区	488	263	225	5	4	1	32	18	14
中江县	4		4	3		3	7	1	6
罗江县	1	1							
广汉市	135	98	37	17	11	6	7	3	4
什邡市	24	13	11				2		2
绵竹市	22	9	13	6	3	3	6	2	4
绵阳市	**1081**	**562**	**519**	**126**	**60**	**66**	**86**	**28**	**58**
涪城区	382	192	190	85	47	38	32	13	19
游仙区	414	216	198	8	3	5	7	4	3
三台县	27	14	13				9	2	7
盐亭县	5	2	3				6	1	5
安县	25	15	10	28	10	18	11	2	9
梓潼县	15	8	7				3		3
北川羌族自治县	13	6	7	4		4	2		2
平武县	7	1	6				4	2	2
江油市	193	108	85	1		1	12	4	8
广元市	**96**	**45**	**51**	**15**	**6**	**9**	**32**	**8**	**24**
利州区	67	24	43	4	3	1	10	6	4
元坝区	4	3	1	7	3	4	7	2	5
朝天区	9	6	3				1		1
旺苍县	3	2	1	1		1	3		3
青川县	9	8	1	2		2	1		1
剑阁县	3	1	2	1		1	10		10
苍溪县	1	1							
遂宁市	**32**	**17**	**15**	**19**	**6**	**13**	**12**	**3**	**9**
船山区	3	3		1		1	1	1	
安居区				6	4	2	1		1
蓬溪县	17	11	6	10	2	8	4		4
射洪县				1		1	1		1
大英县	12	3	9	1		1	5	2	3
内江市	**100**	**55**	**45**	**38**	**10**	**28**	**41**	**18**	**23**
市中区	28	17	11				7	6	1
东兴区	31	13	18				2		2
威远县	6	4	2	17	6	11	20	10	10
资中县	18	11	7	21	4	17	5		5
隆昌县	17	10	7				7	2	5
乐山市	**431**	**240**	**191**	**25**	**11**	**14**	**64**	**26**	**38**
市中区	225	127	98	2	2		24	13	11
沙湾区	22	11	11						
五通桥区	28	15	13	5		5	1		1
金口河区	22	16	6				2	2	
犍为县	9	4	5				2		2
井研县	2		2				14	2	12
夹江县	18	8	10	1	1		5	3	2
沐川县	1		1						
峨边彝族自治县	11	8	3	2		2	5	2	3
马边彝族自治县	7	3	4	6	2	4	9	4	5
峨眉山市	86	48	38	9	6	3	2		2

10-5　续表 44

单位：人

地　　区	满　　族			侗　　族			瑶　　族		
	小计	男	女	小计	男	女	小计	男	女
南充市	**137**	**80**	**57**	**105**	**46**	**59**	**54**	**14**	**40**
顺庆区	84	48	36	41	22	19	14	6	8
高坪区	9	7	2	30	14	16	6	2	4
嘉陵区	12	8	4	17	8	9	7	5	2
南部县	3	1	2	12	2	10	7		7
营山县	3	1	2	4		4	10		10
蓬安县				1		1	2	1	1
仪陇县	2		2				4		4
西充县	1	1							
阆中市	23	14	9				4		4
眉山市	**171**	**100**	**71**	**84**	**37**	**47**	**28**	**7**	**21**
东坡区	84	52	32	39	21	18	4	1	3
仁寿县	40	21	19	21	5	16	15	3	12
彭山县	31	17	14	13	5	8	4	1	3
洪雅县	3	2	1	4	1	3	3	2	1
丹棱县	7	5	2	5	4	1	1		1
青神县	6	3	3	2	1	1	1		1
宜宾市	**229**	**142**	**87**	**75**	**30**	**45**	**67**	**20**	**47**
翠屏区	114	66	48	42	19	23	28	12	16
宜宾县	21	11	10	1	1		8	1	7
南溪县	12	8	4				2		2
江安县	5	3	2	1		1	6	1	5
长宁县	9	4	5				3		3
高县	14	13	1	12	5	7	5	3	2
珙县	28	20	8	5	2	3	3		3
筠连县	9	7	2	4	2	2	2		2
兴文县	12	7	5	4	1	3	8	1	7
屏山县	5	3	2	6		6	2	2	
广安市	**29**	**17**	**12**	**75**	**10**	**65**	**58**	**7**	**51**
广安区	14	10	4	26	7	19	12	3	9
岳池县	10	4	6	30	2	28	15		15
武胜县	4	3	1	5		5	3		3
邻水县	1		1	12	1	11	12	4	8
华蓥市				2		2	16		16
达州市	**82**	**45**	**37**	**47**	**6**	**41**	**29**	**7**	**22**
通川区	39	16	23	1	1		4	1	3
达县	5	3	2	4		4	12	2	10
宣汉县	5	3	2	3		3	1		1
开江县	2	1	1	17	1	16	7	2	5
大竹县	9	6	3	2		2	3	1	2
渠县	3	1	2	10	3	7	1	1	
万源市	19	15	4	10	1	9	1		1
雅安市	**769**	**387**	**382**	**22**	**9**	**13**	**39**	**20**	**19**
雨城区	132	77	55	8	3	5	11	9	2
名山县	12	5	7				6		6
荥经县	8	3	5	2		2			
汉源县	570	275	295	8	4	4	11	6	5
石棉县	27	13	14	3	2	1	5	2	3
天全县	6	6					3	1	2
芦山县	8	4	4	1		1	2	2	
宝兴县	6	4	2				1		1

10-5 续表 45

单位：人

地区	满族			侗族			瑶族		
	小计	男	女	小计	男	女	小计	男	女
巴中市	**11**	**6**	**5**				**3**		**3**
巴州区	2		2				2		2
通江县									
南江县	9	6	3				1		1
平昌县									
资阳市	**61**	**29**	**32**	**23**	**5**	**18**	**24**	**5**	**19**
雁江区	40	23	17	3	1	2	6	3	3
安岳县	4	2	2	10	4	6	8		8
乐至县	1	1		3		3	5	1	4
简阳市	16	3	13	7		7	5	1	4
阿坝藏族羌族自治州	**676**	**335**	**341**	**49**	**33**	**16**	**49**	**26**	**23**
汶川县	162	78	84	7	6	1	10	6	4
理县	27	14	13	10	9	1	1		1
茂县	23	7	16	6	2	4	3	2	1
松潘县	7	5	2				1	1	
九寨沟县	61	32	29	1	1		2	1	1
金川县	20	7	13						
小金县	89	45	44	4	4		3	1	2
黑水县	23	14	9	2	2		2	1	1
马尔康县	62	29	33	10	4	6	4	2	2
壤塘县	26	13	13				14	8	6
阿坝县	129	65	64	8	4	4	5	3	2
若尔盖县	43	23	20	1	1		2		2
红原县	4	3	1				2	1	1
甘孜藏族自治州	**314**	**200**	**114**	**39**	**30**	**9**	**74**	**49**	**25**
康定县	123	101	22	8	6	2	47	32	15
泸定县	17	8	9	1		1	7	5	2
丹巴县	13	8	5	2	1	1			
九龙县	3	3					5	4	1
雅江县	9	6	3	1	1		1	1	
道孚县	3	2	1				6	2	4
炉霍县	3	1	2	1	1				
甘孜县	6	1	5	1	1		1		1
新龙县	11	6	5	1		1			
德格县	5	4	1	2	2				
白玉县	7	2	5	4	4				
石渠县	4	3	1	1		1			
色达县	9	3	6	1	1				
理塘县	54	32	22	1	1		3	3	
巴塘县	8	2	6	3	2	1			
乡城县	31	13	18	8	7	1	3	1	2
稻城县	1		1	1	1				
得荣县	7	5	2	3	2	1	1	1	
凉山彝族自治州	**757**	**396**	**361**	**168**	**101**	**67**	**97**	**51**	**46**
西昌市	454	232	222	70	45	25	32	20	12
木里藏族自治县	22	14	8	6	5	1	4	2	2
盐源县	48	23	25				2		2
德昌县	21	9	12	4	2	2	3		3
会理县	33	13	20	2		2	10	7	3
会东县	35	19	16	10	6	4	1		1
宁南县	9	7	2	1		1	1	1	
普格县	11	10	1	10	5	5			
布拖县	6	3	3	8	7	1	4	1	3
金阳县	5	3	2	20	14	6	11	8	3
昭觉县	1	1							

10-5 续表 46

单位：人

地区	满族			侗族			瑶族		
	小计	男	女	小计	男	女	小计	男	女
喜德县	6	3	3	1	1		2	2	
冕宁县	37	21	16				5	4	1
越西县	29	14	15	6	2	4	10	5	5
甘洛县	3	1	2	7	4	3			
美姑县	1	1							
雷波县	36	22	14	23	10	13	12	1	11
贵州省	**23086**	**11932**	**11154**	**1431928**	**750208**	**681720**	**40879**	**21428**	**19451**
贵阳市	**6708**	**3355**	**3353**	**32645**	**17471**	**15174**	**1236**	**665**	**571**
南明区	1734	876	858	8889	4719	4170	319	169	150
云岩区	2254	1122	1132	11033	5964	5069	365	189	176
花溪区	495	237	258	3471	1895	1576	109	61	48
乌当区	484	229	255	3661	1926	1735	81	46	35
白云区	655	346	309	2739	1448	1291	97	56	41
小河区	651	321	330	516	295	221	169	95	74
开阳县	128	68	60	413	237	176	16	6	10
息烽县	56	26	30	214	97	117	12	6	6
修文县	31	16	15	228	127	101	11	7	4
清镇市	220	114	106	1481	763	718	57	30	27
六盘水市	**1752**	**872**	**880**	**3511**	**1875**	**1636**	**210**	**112**	**98**
钟山区	905	448	457	2325	1236	1089	94	50	44
六枝特区	335	160	175	488	256	232	37	24	13
水城县	52	33	19	279	159	120	22	10	12
盘县	460	231	229	419	224	195	57	28	29
遵义市	**945**	**477**	**468**	**5895**	**2982**	**2913**	**315**	**139**	**176**
红花岗区	357	182	175	1042	570	472	78	43	35
汇川区	317	160	157	1297	643	654	81	43	38
遵义县	60	30	30	277	139	138	25	12	13
桐梓县	1		1	92	45	47	17	6	11
绥阳县	11	5	6	53	27	26	11	4	7
正安县	14	7	7	37	18	19	7	3	4
道真仡佬族苗族自治县	7	2	5	6	1	5	9	1	8
务川仡佬族苗族自治县	2	2		1		1	6	2	4
凤冈县	22	10	12	358	183	175	33	9	24
湄潭县	28	13	15	156	66	90	13	5	8
余庆县	96	51	45	2462	1233	1229	22	9	13
习水县	5	1	4	35	18	17	7	1	6
赤水市	22	14	8	41	22	19	1		1
仁怀市	3		3	38	17	21	5	1	4
安顺市	**1400**	**748**	**652**	**2560**	**1368**	**1192**	**623**	**333**	**290**
西秀区	745	399	346	1162	633	529	85	39	46
平坝县	570	307	263	574	291	283	20	10	10
普定县	22	8	14	104	52	52	24	12	12
镇宁布依族苗族自治县	29	16	13	105	53	52	14	7	7
关岭布依族苗族自治县	27	13	14	48	20	28	192	105	87
紫云苗族布依族自治县	7	5	2	567	319	248	288	160	128
铜仁地区	**435**	**229**	**206**	**361132**	**189551**	**171581**	**4058**	**2324**	**1734**
铜仁市	213	110	103	107988	56647	51341	1538	923	615
江口县	12	7	5	15022	8329	6693	119	54	65
玉屏侗族自治县	41	21	20	90265	47738	42527	27	14	13
石阡县	38	23	15	96704	49172	47532	2192	1251	941
思南县	25	9	16	753	355	398	58	29	29
印江土家族苗族自治县	20	11	9	210	107	103	6	1	5
德江县	11	7	4	74	39	35	12	9	3
沿河土家族自治县	3	2	1	98	46	52	13	9	4
松桃苗族自治县	67	36	31	14293	7985	6308	40	15	25
万山特区	5	3	2	35725	19133	16592	53	19	34

10-5 续表 47

单位：人

地　区	满族			侗族			瑶族		
	小计	男	女	小计	男	女	小计	男	女
黔西南布依族苗族自治州	**775**	**449**	**326**	**2172**	**1158**	**1014**	**2813**	**1402**	**1411**
兴义市	343	194	149	969	512	457	183	97	86
兴仁县	54	32	22	207	104	103	104	55	49
普安县	31	15	16	119	61	58	46	19	27
晴隆县	13	8	5	108	60	48	17	6	11
贞丰县	36	19	17	33	18	15	326	187	139
望谟县	14	6	8	508	285	223	2040	1001	1039
册亨县	66	37	29	57	32	25	27	12	15
安龙县	218	138	80	171	86	85	70	25	45
毕节地区	**9327**	**4942**	**4385**	**1491**	**785**	**706**	**316**	**176**	**140**
毕节市	198	98	100	431	244	187	35	19	16
大方县	1021	545	476	167	76	91	110	77	33
黔西县	5268	2797	2471	289	141	148	67	31	36
金沙县	2631	1399	1232	90	35	55	5	1	4
织金县	65	32	33	172	79	93	37	18	19
纳雍县	46	21	25	112	57	55	28	13	15
威宁彝族回族苗族自治县	39	21	18	135	88	47	19	9	10
赫章县	59	29	30	95	65	30	15	8	7
黔东南苗族侗族自治州	**637**	**335**	**302**	**1010352**	**528230**	**482122**	**21732**	**11263**	**10469**
凯里市	307	150	157	33282	16955	16327	482	245	237
黄平县	17	8	9	822	461	361	27	7	20
施秉县	12	7	5	3566	1882	1684	33	12	21
三穗县	49	28	21	68184	36229	31955	43	13	30
镇远县	93	60	33	59096	31774	27322	90	35	55
岑巩县	18	9	9	48894	26835	22059	32	11	21
天柱县	12	6	6	177845	93536	84309	30	9	21
锦屏县	13	5	8	75705	38706	36999	79	36	43
剑河县	19	9	10	50654	27101	23553	88	48	40
台江县	3	1	2	826	476	350	31	12	19
黎平县	26	14	12	268665	137427	131238	4458	2335	2123
榕江县	21	14	7	102885	53911	48974	4724	2693	2031
从江县	17	9	8	114890	60160	54730	5844	3000	2844
雷山县	5	1	4	2898	1647	1251	805	322	483
麻江县	25	14	11	825	387	438	4845	2439	2406
丹寨县				1315	743	572	121	46	75
黔南布依族苗族自治州	**1107**	**525**	**582**	**12170**	**6788**	**5382**	**9576**	**5014**	**4562**
都匀市	681	303	378	4470	2453	2017	2681	1422	1259
福泉市	56	33	23	1185	655	530	52	23	29
荔波县	31	15	16	541	269	272	5359	2821	2538
贵定县	37	22	15	417	249	168	89	51	38
瓮安县	21	12	9	452	226	226	45	17	28
独山县	38	17	21	1981	1193	788	161	60	101
平塘县	20	12	8	252	113	139	54	22	32
罗甸县	19	10	9	1109	631	478	392	207	185
长顺县	56	25	31	88	41	47	16	7	9
龙里县	71	39	32	41	22	19	28	9	19
惠水县	56	27	29	301	148	153	60	28	32
三都水族自治县	21	10	11	1333	788	545	639	347	292

10-5　续表 48　　　　　　　　　　　　　　　　　　　　　　　　　　单位：人

地　区	满　族			侗　族			瑶　族		
	小计	男	女	小计	男	女	小计	男	女
云南省	**13490**	**7161**	**6329**	**4389**	**2505**	**1884**	**219914**	**113812**	**106102**
昆明市	**5652**	**2833**	**2819**	**1720**	**951**	**769**	**2068**	**1167**	**901**
五华区	1703	802	901	477	236	241	458	256	202
盘龙区	1194	597	597	320	173	147	404	242	162
官渡区	838	452	386	316	194	122	431	231	200
西山区	1027	505	522	272	161	111	228	111	117
东川区	54	25	29	17	8	9	16	8	8
呈贡县	308	152	156	93	52	41	162	94	68
晋宁县	141	76	65	36	13	23	41	18	23
富民县	12	8	4	12	8	4	17	5	12
宜良县	42	29	13	19	10	9	66	46	20
石林彝族自治县	10	7	3	8	4	4	46	19	27
嵩明县	60	32	28	34	22	12	60	46	14
禄劝彝族苗族自治县	9	8	1	12	5	7	10	3	7
寻甸回族彝族自治县	20	13	7	6	1	5	21	8	13
安宁市	234	127	107	98	64	34	108	80	28
曲靖市	**668**	**331**	**337**	**384**	**245**	**139**	**2349**	**1275**	**1074**
麒麟区	397	191	206	244	157	87	82	44	38
马龙县	14	7	7	3	1	2	16	7	9
陆良县	14	6	8	9	5	4	6	4	2
师宗县	10	4	6	12	10	2	2101	1136	965
罗平县	20	9	11	14	8	6	18	5	13
富源县	34	18	16	18	11	7	16	10	6
会泽县	48	28	20	26	16	10	4	1	3
沾益县	64	38	26	21	18	3	31	28	3
宣威市	67	30	37	37	19	18	75	40	35
玉溪市	**263**	**152**	**111**	**196**	**127**	**69**	**297**	**174**	**123**
红塔区	169	93	76	99	57	42	79	40	39
江川县	13	9	4	16	9	7	17	14	3
澄江县	10	7	3	6	3	3	2	2	
通海县	9	4	5	44	38	6	8	7	1
华宁县	8	5	3	10	6	4	3		3
易门县	10	5	5	6	2	4	21	15	6
峨山彝族自治县	5	2	3	6	5	1	21	11	10
新平彝族傣族自治县	27	18	9	4	3	1	104	58	46
元江哈尼族彝族傣族自治县	12	9	3	5	4	1	42	27	15
保山市	**1589**	**924**	**665**	**100**	**55**	**45**	**87**	**49**	**38**
隆阳区	1413	826	587	55	33	22	35	26	9
施甸县	36	23	13	10	4	6	3		3
腾冲县	33	19	14	15	8	7	21	12	9
龙陵县	84	46	38	5	4	1	15	8	7
昌宁县	23	10	13	15	6	9	13	3	10
昭通市	**192**	**87**	**105**	**134**	**56**	**78**	**98**	**54**	**44**
昭阳区	96	43	53	33	12	21	16	9	7
鲁甸县	15	4	11	1	1		6	1	5
巧家县	11	8	3	9	3	6	2		2
盐津县	2	2		5		5	5	2	3
大关县	2		2	3	1	2	4		4
永善县	10	7	3	24	15	9	11	5	6
绥江县	8	1	7	9	2	7	13	11	2
镇雄县	6	2	4	13	5	8	8	4	4
彝良县	6	1	5	17	10	7	3	1	2
威信县	20	9	11	4	1	3	11	7	4
水富县	16	10	6	16	6	10	19	14	5

10-5 续表 49　　　　　　　　　　　　　　　　　　　　　　　　　　　　单位：人

地区	满族			侗族			瑶族		
	小计	男	女	小计	男	女	小计	男	女
丽江市	**266**	**139**	**127**	**67**	**41**	**26**	**72**	**37**	**35**
古城区	190	94	96	46	27	19	39	15	24
玉龙纳西族自治县	13	9	4	13	9	4	17	12	5
永胜县	19	14	5	3	2	1	9	5	4
华坪县	31	17	14				5	3	2
宁蒗彝族自治县	13	5	8	5	3	2	2	2	
普洱市	**919**	**495**	**424**	**226**	**130**	**96**	**11072**	**5615**	**5457**
思茅区	164	85	79	87	53	34	377	181	196
宁洱哈尼族彝族自治县	310	163	147	29	16	13	153	54	99
墨江哈尼族自治县	11	4	7	10	7	3	604	293	311
景东彝族自治县	162	88	74	27	9	18	4455	2382	2073
景谷傣族彝族自治县	164	95	69	11	6	5	289	168	121
镇沅彝族哈尼族拉祜族自治县	48	26	22	12	6	6	49	20	29
江城哈尼族彝族自治县	15	9	6	6	4	2	5048	2465	2583
孟连傣族拉祜族佤族自治县	5	1	4	17	12	5	14	7	7
澜沧拉祜族自治县	32	19	13	13	7	6	64	37	27
西盟佤族自治县	8	5	3	14	10	4	19	8	11
临沧市	**1368**	**762**	**606**	**280**	**146**	**134**	**201**	**122**	**79**
临翔区	186	85	101	41	17	24	33	20	13
凤庆县	765	433	332	10	3	7	6	1	5
云县	196	125	71	20	11	9	76	51	25
永德县	26	12	14	36	20	16	7	1	6
镇康县	85	50	35	33	18	15	19	12	7
双江拉祜族佤族布朗族傣族自治县	9	6	3	18	10	8	5	3	2
耿马傣族佤族自治县	84	43	41	82	47	35	47	28	19
沧源佤族自治县	17	8	9	40	20	20	8	6	2
楚雄彝族自治州	**341**	**178**	**163**	**136**	**82**	**54**	**470**	**253**	**217**
楚雄市	213	105	108	81	52	29	362	190	172
双柏县	5	2	3	3	1	2	9	5	4
牟定县	10	4	6				13	11	2
南华县	3	2	1	5	4	1	5	3	2
姚安县	6	6		11	6	5			
大姚县	6	3	3				6	3	3
永仁县	4	4					1	1	
元谋县	27	17	10	6	4	2	26	10	16
武定县	20	11	9	2	2		10	7	3
禄丰县	47	24	23	28	13	15	38	23	15
红河哈尼族彝族自治州	**477**	**270**	**207**	**415**	**241**	**174**	**92759**	**48486**	**44273**
个旧市	130	74	56	54	27	27	194	115	79
开远市	81	52	29	103	58	45	168	96	72
蒙自市	177	95	82	114	66	48	386	228	158
屏边苗族自治县	2	1	1				489	220	269
建水县	15	7	8	31	20	11	274	155	119
石屏县	14	9	5	5	2	3	91	43	48
弥勒县	34	20	14	16	10	6	41	15	26
泸西县	5	3	2	16	11	5	18	6	12
元阳县	1		1	4	3	1	9157	4825	4332
红河县	2		2	6	4	2	2749	1397	1352
金平苗族瑶族傣族自治县	6	2	4	22	11	11	45922	24071	21851
绿春县	1	1		3		3	9257	4813	4444
河口瑶族自治县	9	6	3	41	29	12	24013	12502	11511
文山壮族苗族自治州	**214**	**114**	**100**	**94**	**54**	**40**	**87709**	**44899**	**42810**
文山县	80	43	37	48	33	15	610	279	331
砚山县	25	14	11	5	2	3	1437	785	652
西畴县	2		2	1		1	949	450	499
麻栗坡县	8	3	5				19938	10246	9692

10-5　续表 50

单位：人

地　区	满　族			侗　族			瑶　族		
	小计	男	女	小计	男	女	小计	男	女
马关县	11	6	5	27	10	17	2038	993	1045
丘北县	18	7	11	9	7	2	3244	1720	1524
广南县	46	30	16				17446	9199	8247
富宁县	24	11	13	4	2	2	42047	21227	20820
西双版纳傣族自治州	**240**	**117**	**123**	**228**	**128**	**100**	**22266**	**11406**	**10860**
景洪市	179	85	94	155	82	73	3364	1767	1597
勐海县	22	11	11	25	13	12	156	89	67
勐腊县	39	21	18	48	33	15	18746	9550	9196
大理白族自治州	**526**	**276**	**250**	**247**	**139**	**108**	**276**	**158**	**118**
大理市	383	193	190	155	82	73	72	39	33
漾濞彝族自治县	17	11	6	6	2	4	24	12	12
祥云县	6	6		24	19	5	13	7	6
宾川县	22	18	4	10	7	3	98	64	34
弥渡县	5	2	3	14	8	6	25	13	12
南涧彝族自治县	14	7	7	2	1	1	10	8	2
巍山彝族回族自治县	10	3	7	4	2	2	5	1	4
永平县	27	13	14	10	5	5	11	5	6
云龙县	26	19	7	3	2	1	9	3	6
洱源县	4	1	3				2		2
剑川县	2	1	1	4	4		6	5	1
鹤庆县	10	2	8	15	7	8	1	1	
德宏傣族景颇族自治州	**674**	**413**	**261**	**102**	**69**	**33**	**118**	**71**	**47**
瑞丽市	77	45	32	40	28	12	49	23	26
潞西市	469	281	188	36	26	10	31	17	14
梁河县	6	3	3				8	4	4
盈江县	66	50	16	16	11	5	25	22	3
陇川县	56	34	22	10	4	6	5	5	
怒江傈僳族自治州	**44**	**33**	**11**	**42**	**31**	**11**	**33**	**19**	**14**
泸水县	27	19	8	26	21	5	13	7	6
福贡县				3	3		4	1	3
贡山独龙族怒族自治县	2	2		3	2	1	5	4	1
兰坪白族普米族自治县	15	12	3	10	5	5	11	7	4
迪庆藏族自治州	**57**	**37**	**20**	**18**	**10**	**8**	**39**	**27**	**12**
香格里拉县	45	29	16	10	6	4	32	21	11
德钦县	2	2		1		1	5	4	1
维西傈僳族自治县	10	6	4	7	4	3	2	2	
西藏自治区	**718**	**391**	**327**	**179**	**100**	**79**	**137**	**85**	**52**
拉萨市	**239**	**146**	**93**	**80**	**40**	**40**	**39**	**22**	**17**
城关区	179	117	62	48	25	23	32	18	14
林周县	14	9	5	9	2	7	2		2
当雄县	17	8	9	7	5	2	1		1
尼木县	5	2	3	8	2	6			
曲水县	2	1	1				4	4	
堆龙德庆县	8	3	5	7	6	1			
达孜县	4	1	3	1		1			
墨竹工卡县	10	5	5						
昌都地区	**210**	**105**	**105**	**9**	**7**	**2**	**46**	**25**	**21**
昌都县	38	20	18	1	1		2	1	1
江达县	5	4	1				2	1	1
贡觉县	95	41	54						
类乌齐县	6	5	1				2	1	1
丁青县	3	2	1				23	11	12
察雅县	15	3	12				14	9	5

10-5 续表 51　　　　单位：人

地区	满族			侗族			瑶族		
	小计	男	女	小计	男	女	小计	男	女
八宿县	1		1						
左贡县	8	4	4						
芒康县	27	18	9	3	3				
洛隆县	1		1						
边坝县	11	8	3	5	3	2	3	2	1
山南地区	**33**	**16**	**17**	**4**	**4**		**15**	**12**	**3**
乃东县	7	5	2				5	4	1
扎囊县	1	1					1	1	
贡嘎县	2		2	4	4				
桑日县	1		1				1	1	
琼结县	1		1						
曲松县									
措美县									
洛扎县									
加查县	1	1					1	1	
隆子县	2	1	1				1	1	
错那县	5	2	3						
浪卡子县	13	6	7				6	4	2
日喀则地区	**98**	**50**	**48**	**14**	**6**	**8**	**17**	**12**	**5**
日喀则市	16	8	8				1		1
南木林县	3	3							
江孜县	30	15	15				3	2	1
定日县	5	3	2						
萨迦县	3	2	1	11	3	8	1	1	
拉孜县	23	9	14				1	1	
昂仁县	2		2						
谢通门县									
白朗县	4	3	1				2	2	
仁布县	1	1							
康马县	4	2	2				4	3	1
定结县	1		1	2	2				
仲巴县							1		1
亚东县	1	1					1	1	
吉隆县	1		1						
聂拉木县	3	3					3	2	1
萨嘎县	1		1						
岗巴县				1	1				
那曲地区	**92**	**50**	**42**	**54**	**28**	**26**	**12**	**9**	**3**
那曲县	24	15	9	7	5	2			
嘉黎县	3	3					1	1	
比如县	54	25	29	8	3	5	10	7	3
聂荣县	1	1							
安多县				6	2	4			
申扎县	2		2	3	2	1			
索县	3	2	1	19	8	11	1	1	
班戈县	2	2							
巴青县	1		1	11	8	3			
尼玛县	2	2							
阿里地区	**3**	**3**		**12**	**11**	**1**			
普兰县				1	1				
札达县				1	1				
噶尔县	3	3		5	5				
日土县									
革吉县				3	2	1			
改则县									
措勤县				2	2				

10-5 续表 52

单位：人

地区	满族			侗族			瑶族		
	小计	男	女	小计	男	女	小计	男	女
林芝地区	**43**	**21**	**22**	**6**	**4**	**2**	**8**	**5**	**3**
林芝县	32	17	15				7	5	2
工布江达县	3		3						
米林县									
墨脱县	3	2	1						
波密县	1		1						
察隅县	2	2		4	3	1			
朗县	2		2	2	1	1	1		1
陕西省	**16291**	**8442**	**7849**	**731**	**413**	**318**	**605**	**313**	**292**
西安市	**10840**	**5485**	**5355**	**554**	**306**	**248**	**382**	**200**	**182**
新城区	1283	660	623	36	22	14	18	7	11
碑林区	1761	902	859	96	55	41	48	30	18
莲湖区	1449	728	721	22	15	7	23	16	7
灞桥区	545	290	255	13	4	9	10	7	3
未央区	1314	739	575	93	55	38	57	34	23
雁塔区	2663	1291	1372	167	85	82	119	58	61
阎良区	411	213	198	8	7	1	9	5	4
临潼区	216	114	102	5	1	4	16	8	8
长安区	977	428	549	100	55	45	65	28	37
蓝田县	14	7	7	14	7	7	3	2	1
周至县	13	5	8				2		2
户县	128	73	55				8	3	5
高陵县	66	35	31				4	2	2
铜川市	**165**	**98**	**67**	**2**	**2**		**5**	**4**	**1**
王益区	69	40	29				2	1	1
印台区	42	28	14	2	2		2	2	
耀州区	54	30	24				1	1	
宜君县									
宝鸡市	**1374**	**743**	**631**	**11**	**6**	**5**	**34**	**24**	**10**
渭滨区	780	412	368	3	2	1	10	10	
金台区	326	190	136	8	4	4	1		1
陈仓区	73	37	36				4	4	
凤翔县	58	34	24				2		2
岐山县	41	20	21				3	2	1
扶风县	5	5					1		1
眉县	53	28	25				5	3	2
陇县	1		1						
千阳县	2	2					3	3	
麟游县	1	1							
凤县	22	8	14				1		1
太白县	12	6	6				4	2	2
咸阳市	**1415**	**705**	**710**	**42**	**26**	**16**	**63**	**28**	**35**
秦都区	458	235	223						
杨陵区	398	192	206	42	26	16	54	26	28
渭城区	299	139	160				8	2	6
三原县	55	20	35						
泾阳县									
乾县									
礼泉县									
永寿县	2	1	1						
彬县									

10-5 续表 53 单位：人

地区	满族			侗族			瑶族		
	小计	男	女	小计	男	女	小计	男	女
长武县	1		1						
旬邑县									
淳化县									
武功县									
兴平市	202	118	84				1		1
渭南市	**713**	**386**	**327**	**1**		**1**	**9**	**3**	**6**
临渭区	191	98	93	1		1	9	3	6
华县	100	58	42						
潼关县	24	9	15						
大荔县	1	1							
合阳县	15	7	8						
澄城县	36	17	19						
蒲城县	5	2	3						
白水县	10	6	4						
富平县	56	30	26						
韩城市	187	106	81						
华阴市	88	52	36						
延安市	**223**	**147**	**76**	**52**	**46**	**6**	**6**	**3**	**3**
宝塔区	56	42	14				3	2	1
延长县									
延川县									
子长县	1	1							
安塞县	3	2	1						
志丹县	2	2					1		1
吴起县	10	9	1				1	1	
甘泉县									
富县	1	1							
洛川县	5	2	3						
宜川县									
黄龙县	128	71	57	1		1	1		1
黄陵县	17	17		51	46	5			
汉中市	**941**	**504**	**437**	**48**	**20**	**28**	**59**	**34**	**25**
汉台区	394	206	188	8	2	6	7	3	4
南郑县	92	36	56	1		1	2	1	1
城固县	141	76	65				5	1	4
洋县	63	37	26				3		3
西乡县	8	5	3	1		1	3		3
勉县	158	92	66				4	1	3
宁强县	8	6	2				3	2	1
略阳县	73	44	29	38	18	20	31	26	5
镇巴县							1		1
留坝县	4	2	2						
佛坪县									
榆林市	**321**	**205**	**116**	**3**	**2**	**1**	**9**	**8**	**1**
榆阳区	63	39	24				6	5	1
神木县	160	101	59						
府谷县	52	40	12	3	2	1	2	2	
横山县	11	8	3				1	1	
靖边县	16	4	12						
定边县	13	9	4						
绥德县									
米脂县	3	3							
佳县	3	1	2						
吴堡县									
清涧县									
子洲县									

10-5　续表 54

单位：人

地　区	满　族			侗　族			瑶　族		
	小计	男	女	小计	男	女	小计	男	女
安康市	**196**	**102**	**94**	**17**	**4**	**13**	**29**	**6**	**23**
汉滨区	118	57	61	4	2	2	8	2	6
汉阴县	9	7	2	7	1	6	1		1
石泉县	23	14	9				5		5
宁陕县	29	11	18				3		3
紫阳县							3		3
岚皋县									
平利县	8	5	3				3		3
镇坪县	1		1				2	1	1
旬阳县	7	7		6	1	5	4	3	1
白河县	1	1							
商洛市	**103**	**67**	**36**	**1**	**1**		**9**	**3**	**6**
商州区	54	31	23				4	3	1
洛南县	5	4	1						
丹凤县	2	2					2		2
商南县							1		1
山阳县	18	12	6						
镇安县	23	17	6	1	1		2		2
柞水县	1	1							
甘肃省	**14206**	**7444**	**6762**	**136**	**77**	**59**	**354**	**181**	**173**
兰州市	**8071**	**4127**	**3944**	**76**	**42**	**34**	**244**	**127**	**117**
城关区	3414	1659	1755	23	10	13	65	32	33
七里河区	1207	633	574	12	9	3	15	10	5
西固区	1038	555	483	11	7	4	5	3	2
安宁区	836	414	422	13	5	8	29	18	11
红古区	135	71	64				1		1
永登县	612	355	257				1		1
皋兰县	9	6	3						
榆中县	820	434	386	17	11	6	128	64	64
嘉峪关市	**661**	**360**	**301**	**6**	**3**	**3**	**2**	**1**	**1**
金昌市	**1039**	**534**	**505**	**18**	**13**	**5**	**13**	**8**	**5**
金川区	889	449	440	13	9	4	12	7	5
永昌县	150	85	65	5	4	1	1	1	
白银市	**925**	**517**	**408**	**3**	**2**	**1**	**1**		**1**
白银区	815	453	362						
平川区	53	30	23						
靖远县	20	13	7						
会宁县	3	1	2						
景泰县	34	20	14	3	2	1	1		1
天水市	**818**	**431**	**387**				**12**	**7**	**5**
秦州区	525	264	261				3	2	1
麦积区	284	160	124				9	5	4
清水县	8	6	2						
秦安县									
甘谷县									
武山县	1	1							
张家川回族自治县									
武威市	**779**	**422**	**357**	**3**	**1**	**2**	**14**	**7**	**7**
凉州区	497	279	218	1		1	12	7	5
民勤县	9	8	1						
古浪县	38	24	14				2		2
天祝藏族自治县	235	111	124	2	1	1			

10-5 续表 55 单位：人

地区	满族			侗族			瑶族		
	小计	男	女	小计	男	女	小计	男	女
张掖市	**273**	**139**	**134**	**2**		**2**	**8**	**5**	**3**
甘州区	158	67	91				6	3	3
肃南裕固族自治县	37	27	10						
民乐县	7	6	1						
临泽县	17	9	8	2		2	2	2	
高台县	10	4	6						
山丹县	44	26	18						
平凉市	**150**	**91**	**59**	**12**	**9**	**3**	**5**	**2**	**3**
崆峒区	117	76	41	9	9		3	2	1
泾川县									
灵台县	1	1							
崇信县	8	1	7						
华亭县	24	13	11				1		1
庄浪县				1		1	1		1
静宁县				2		2			
酒泉市	**533**	**317**	**216**	**5**	**3**	**2**	**15**	**9**	**6**
肃州区	227	130	97	5	3	2	5	2	3
金塔县	16	10	6				2	1	1
瓜州县	39	30	9				1	1	
肃北蒙古族自治县	10	7	3				3	2	1
阿克塞哈萨克族自治县	2	2							
玉门市	59	38	21						
敦煌市	180	100	80				4	3	1
庆阳市	**83**	**42**	**41**				**5**	**1**	**4**
西峰区	67	37	30				2	1	1
庆城县									
环县	2	1	1						
华池县	5	1	4						
合水县									
正宁县	1	1					1		1
宁县	4	1	3				1		1
镇原县	4	1	3				1		1
定西市	**123**	**74**	**49**	**3**		**3**	**4**	**1**	**3**
安定区	66	40	26				1		1
通渭县	1	1							
陇西县	19	10	9	3		3			
渭源县	8	5	3						
临洮县	22	13	9				1		1
漳县	4	4					1	1	
岷县	3	1	2				1		1
陇南市	**161**	**100**	**61**				**10**	**2**	**8**
武都区	29	16	13				2	2	
成县	51	36	15						
文县	10	8	2						
宕昌县	10	5	5						
康县	8	3	5				8		8
西和县	2	1	1						
礼县	8	3	5						
徽县	37	25	12						
两当县	6	3	3						

10-5　续表 56

单位：人

地　区	满族			侗族			瑶族		
	小计	男	女	小计	男	女	小计	男	女
临夏回族自治州	**350**	**160**	**190**	**3**	**1**	**2**	**6**	**3**	**3**
临夏市	167	75	92	1		1	5	2	3
临夏县	8	4	4						
康乐县	9	6	3						
永靖县	133	56	77	2	1	1	1	1	
广河县	11	8	3						
和政县	15	8	7						
东乡族自治县	1	1							
积石山保安族东乡族撒拉族自治县	6	2	4						
甘南藏族自治州	**240**	**130**	**110**	**5**	**3**	**2**	**15**	**8**	**7**
合作市	104	54	50	1	1				
临潭县	6	2	4						
卓尼县	33	17	16				1	1	
舟曲县	20	11	9	4	2	2			
迭部县	30	17	13				2	2	
玛曲县	9	6	3				2	1	1
碌曲县	20	13	7				2	2	
夏河县	18	10	8				8	2	6
青海省	**8029**	**4172**	**3857**	**161**	**123**	**38**	**209**	**115**	**94**
西宁市	**6395**	**3280**	**3115**	**121**	**91**	**30**	**142**	**79**	**63**
城东区	1282	672	610	10	7	3	37	24	13
城中区	1457	730	727	21	11	10	35	18	17
城西区	1198	565	633	33	25	8	35	20	15
城北区	1843	971	872	28	22	6	19	13	6
大通回族土族自治县	490	263	227	2	1	1	2	1	1
湟中县	83	57	26	27	25	2	11	3	8
湟源县	42	22	20				3		3
海东地区	**490**	**274**	**216**	**17**	**12**	**5**	**9**	**3**	**6**
平安县	85	47	38						
民和回族土族自治县	155	95	60						
乐都县	108	70	38				5	2	3
互助土族自治县	65	25	40						
化隆回族自治县	64	33	31	17	12	5	3	1	2
循化撒拉族自治县	13	4	9				1		1
海北藏族自治州	**169**	**81**	**88**	**2**	**2**		**6**	**3**	**3**
门源回族自治县	38	21	17	2	2		3	2	1
祁连县	29	16	13						
海晏县	76	29	47				2	1	1
刚察县	26	15	11				1		1
黄南藏族自治州	**105**	**47**	**58**	**1**	**1**		**20**	**11**	**9**
同仁县	57	29	28	1	1		6	4	2
尖扎县	24	9	15				12	6	6
泽库县	23	8	15				2	1	1
河南蒙古族自治县	1	1							
海南藏族自治州	**150**	**83**	**67**				**12**	**8**	**4**
共和县	89	48	41				6	4	2
同德县	8	3	5				3	2	1
贵德县	38	22	16				1	1	
兴海县	8	5	3				2	1	1
贵南县	7	5	2						
果洛藏族自治州	**26**	**18**	**8**	**2**	**1**	**1**	**2**	**2**	
玛沁县	18	14	4	1	1				
班玛县									
甘德县	1		1						
达日县	2	2					1	1	
久治县	3	1	2	1		1			
玛多县	2	1	1				1	1	

10-5 续表 57

单位：人

地区	满族			侗族			瑶族		
	小计	男	女	小计	男	女	小计	男	女
玉树藏族自治州	**10**	**5**	**5**						
玉树县	2	1	1						
杂多县	2		2						
称多县	6	4	2						
治多县									
囊谦县									
曲麻莱县									
海西蒙古族藏族自治州	**684**	**384**	**300**	**18**	**16**	**2**	**18**	**9**	**9**
格尔木市	328	174	154				9	6	3
德令哈市	126	76	50	1	1		1		1
乌兰县	27	13	14				2	1	1
都兰县	37	20	17	1	1		3	1	2
天峻县	34	23	11	12	12		2	1	1
芒崖行政委员会	81	43	38	2	1	1			
柴旦行政委员会	48	34	14	2	1	1	1		1
冷湖行政委员会	3	1	2						
宁夏回族自治区	**24902**	**12287**	**12615**	**345**	**222**	**123**	**197**	**108**	**89**
银川市	**17987**	**8829**	**9158**	**259**	**160**	**99**	**159**	**83**	**76**
兴庆区	8669	4225	4444	73	40	33	17	11	6
西夏区	3814	1883	1931	117	65	52	114	58	56
金凤区	3557	1711	1846	50	41	9	22	10	12
永宁县	782	387	395						
贺兰县	574	286	288	12	7	5	5	3	2
灵武市	591	337	254	7	7		1	1	
石嘴山市	**3927**	**1981**	**1946**	**59**	**43**	**16**	**12**	**7**	**5**
大武口区	2866	1450	1416	27	24	3	4	2	2
惠农区	835	417	418	13	4	9	5	2	3
平罗县	226	114	112	19	15	4	3	3	
吴忠市	**2052**	**1024**	**1028**	**18**	**16**	**2**	**5**	**4**	**1**
利通区	948	482	466				5	4	1
红寺堡区	24	14	10	17	15	2			
盐池县	128	75	53						
同心县	6	3	3	1	1				
青铜峡市	946	450	496						
固原市	**231**	**91**	**140**				**2**	**2**	
原州区	210	82	128				2	2	
西吉县	5	2	3						
隆德县	7	2	5						
泾源县	1	1							
彭阳县	8	4	4						
中卫市	**705**	**362**	**343**	**9**	**3**	**6**	**19**	**12**	**7**
沙坡头区	508	255	253	6	2	4	19	12	7
中宁县	173	94	79						
海原县	24	13	11	3	1	2			
新疆维吾尔自治区	**18707**	**9786**	**8921**	**753**	**501**	**252**	**942**	**534**	**408**
乌鲁木齐市	**8541**	**4345**	**4196**	**244**	**152**	**92**	**199**	**102**	**97**
天山区	1943	977	966	72	44	28	39	14	25
沙依巴克区	2054	1070	984	62	37	25	64	37	27
新市区	2429	1189	1240	58	35	23	51	30	21
水磨沟区	971	491	480	22	17	5	26	13	13

10-5　续表 58

单位：人

地　区	满　族			侗　族			瑶　族		
	小计	男	女	小计	男	女	小计	男	女
头屯河区	527	282	245	14	12	2	8	6	2
达坂城区	54	27	27						
米东区	526	287	239	16	7	9	9	2	7
乌鲁木齐县	37	22	15				2		2
克拉玛依市	**754**	**372**	**382**	**56**	**32**	**24**	**38**	**21**	**17**
独山子区	170	92	78	3	2	1	13	7	6
克拉玛依区	490	226	264	53	30	23	23	14	9
白碱滩区	89	52	37				2		2
乌尔禾区	5	2	3						
吐鲁番地区	**276**	**167**	**109**	**9**	**3**	**6**	**13**	**7**	**6**
吐鲁番市	154	95	59	4	1	3			
鄯善县	96	55	41	5	2	3	12	6	6
托克逊县	26	17	9				1	1	
哈密地区	**1175**	**634**	**541**	**9**	**6**	**3**	**14**	**8**	**6**
哈密市	1146	617	529	9	6	3	12	7	5
巴里坤哈萨克自治县	23	12	11				1		1
伊吾县	6	5	1				1	1	
昌吉回族自治州	**2264**	**1192**	**1072**	**48**	**32**	**16**	**67**	**42**	**25**
昌吉市	1065	543	522	22	16	6	33	19	14
阜康市	164	72	92	1	1		3	1	2
呼图壁县	77	42	35	6	5	1	4	3	1
玛纳斯县	145	81	64	18	9	9	10	9	1
奇台县	712	399	313				2	2	
吉木萨尔县	79	44	35	1	1		15	8	7
木垒哈萨克自治县	22	11	11						
博尔塔拉蒙古自治州	**193**	**112**	**81**	**19**	**13**	**6**	**27**	**17**	**10**
博乐市	143	85	58	18	12	6	7	2	5
精河县	36	20	16	1	1		15	11	4
温泉县	14	7	7				5	4	1
巴音郭楞蒙古自治州	**888**	**470**	**418**	**9**	**5**	**4**	**118**	**69**	**49**
库尔勒市	691	370	321				53	29	24
轮台县	31	22	9						
尉犁县	19	7	12				14	11	3
若羌县	7	3	4	4	1	3	1	1	
且末县	3	2	1	1	1		2	2	
焉耆回族自治县	58	26	32	3	3				
和静县	56	29	27				19	9	10
和硕县	7	5	2	1		1	20	12	8
博湖县	16	6	10				9	5	4
阿克苏地区	**368**	**209**	**159**	**18**	**8**	**10**	**34**	**24**	**10**
阿克苏市	179	98	81	6	2	4	14	9	5
温宿县	13	9	4	6	3	3	10	8	2
库车县	109	65	44				4	4	
沙雅县	23	14	9	2	1	1			
新和县	14	6	8						
拜城县	18	11	7	2	1	1	2	1	1
乌什县							2		2
阿瓦提县	12	6	6	2	1	1	2	2	
柯坪县									
克孜勒苏柯尔克孜自治州	**33**	**20**	**13**	**2**	**2**		**11**	**6**	**5**
阿图什市	26	13	13				1	1	
阿克陶县	3	3		2	2		2	2	
阿合奇县	2	2							
乌恰县	2	2					8	3	5

10-5 续表 59　　单位：人

地区	满族			侗族			瑶族		
	小计	男	女	小计	男	女	小计	男	女
喀什地区	**150**	**97**	**53**	**6**	**3**	**3**	**47**	**22**	**25**
喀什市							8	2	6
疏附县	6	6		1	1		1		1
疏勒县	10	3	7						
英吉沙县	2	1	1						
泽普县	28	22	6				8	4	4
莎车县	15	6	9				4	2	2
叶城县	29	16	13	4	2	2	3	2	1
麦盖提县	5	4	1	1		1	5	2	3
岳普湖县	1		1						
伽师县	20	14	6						
巴楚县	21	16	5				18	10	8
塔什库尔干塔吉克自治县	13	9	4						
和田地区	**53**	**29**	**24**				**12**	**8**	**4**
和田市	40	22	18				10	6	4
和田县									
墨玉县	3	2	1						
皮山县									
洛浦县	2	2							
策勒县									
于田县	7	2	5						
民丰县	1	1					2	2	
伊犁哈萨克自治州	**2475**	**1293**	**1182**	**22**	**11**	**11**	**106**	**46**	**60**
伊宁市	1366	695	671	4	2	2	7	3	4
奎屯市	255	129	126	1		1	10	7	3
伊宁县	194	108	86				45	15	30
察布查尔锡伯自治县	68	37	31	9	5	4			
霍城县	211	115	96	5	3	2	7	2	5
巩留县	183	104	79				4	1	3
新源县	100	49	51	2		2	24	12	12
昭苏县	5	3	2				2	2	
特克斯县	39	21	18	1	1				
尼勒克县	54	32	22				7	4	3
塔城地区	**507**	**282**	**225**	**39**	**23**	**16**	**105**	**59**	**46**
塔城市	62	40	22						
乌苏市	114	59	55	12	10	2	29	14	15
额敏县	86	47	39	2	1	1	3	1	2
沙湾县	176	103	73	25	12	13	59	36	23
托里县	27	11	16				1	1	
裕民县	17	7	10				12	6	6
和布克赛尔蒙古自治县	25	15	10				1	1	
阿勒泰地区	**200**	**113**	**87**	**23**	**12**	**11**	**22**	**13**	**9**
阿勒泰市	98	47	51	4	2	2	6	3	3
布尔津县	27	16	11	11	4	7	1	1	
富蕴县	18	14	4	1	1		1	1	
福海县	37	23	14	4	2	2	11	7	4
哈巴河县	14	8	6	3	3		1	1	
青河县	1	1					1		1
吉木乃县	5	4	1				1		1
自治区直辖县级行政区划	**830**	**451**	**379**	**249**	**199**	**50**	**129**	**90**	**39**
石河子市	620	342	278	72	50	22	27	12	15
阿拉尔市	61	36	25	91	67	24	53	33	20
图木舒克市	21	11	10	72	71	1	40	39	1
五家渠市	128	62	66	14	11	3	9	6	3

10-6　全国各县分性别的白族、土家族、哈尼族人口

单位：人

地　区	白　族			土家族			哈尼族		
	小计	男	女	小计	男	女	小计	男	女
全　国	**1933510**	**978998**	**954512**	**8353912**	**4307260**	**4046652**	**1660932**	**863370**	**797562**
北京市	**3493**	**1778**	**1715**	**23601**	**12088**	**11513**	**680**	**329**	**351**
市辖区	**3463**	**1766**	**1697**	**23310**	**11959**	**11351**	**674**	**329**	**345**
东城区	64	25	39	295	163	132	13	8	5
西城区	227	113	114	647	341	306	15	5	10
崇文区	55	28	27	191	74	117	12	8	4
宣武区	100	50	50	653	313	340	17	6	11
朝阳区	658	306	352	3447	1741	1706	124	64	60
丰台区	200	95	105	2181	1069	1112	41	12	29
石景山区	90	53	37	588	275	313	9	6	3
海淀区	1169	603	566	6126	3035	3091	199	97	102
门头沟区	7	4	3	124	53	71			
房山区	99	55	44	927	493	434	82	56	26
通州区	97	50	47	1033	544	489	21	8	13
顺义区	186	97	89	704	369	335	21	7	14
昌平区	323	188	135	2250	1176	1074	75	29	46
大兴区	164	90	74	3423	2013	1410	30	20	10
怀柔区	15	6	9	573	243	330	11	2	9
平谷区	9	3	6	148	57	91	4	1	3
市辖县	**30**	**12**	**18**	**291**	**129**	**162**	**6**		**6**
密云县	17	7	10	168	82	86	3		3
延庆县	13	5	8	123	47	76	3		3
天津市	**686**	**374**	**312**	**7052**	**4059**	**2993**	**190**	**81**	**109**
市辖区	**652**	**352**	**300**	**5400**	**3159**	**2241**	**179**	**78**	**101**
和平区				154	74	80	7		7
河东区	33	14	19	193	107	86	4	2	2
河西区	77	32	45	407	207	200	19	8	11
南开区	96	52	44	455	251	204	26	3	23
河北区	5	2	3	120	68	52	6	1	5
红桥区	8	1	7	107	54	53	1		1
东丽区	129	91	38	453	305	148	13	5	8
西青区	58	33	25	612	375	237	13	6	7
津南区	40	32	8	587	345	242	23	18	5
北辰区	52	22	30	618	349	269	7	3	4
武清区	34	17	17	242	151	91	2	1	1
宝坻区	113	51	62	195	102	93	9	4	5
滨海新区	7	5	2	1257	771	486	49	27	22
市辖县	**34**	**22**	**12**	**1652**	**900**	**752**	**11**	**3**	**8**
宁河县	4	3	1	289	184	105	1		1
静海县	28	18	10	1155	602	553	2		2
蓟县	2	1	1	208	114	94	8	3	5
河北省	**859**	**380**	**479**	**8061**	**4071**	**3990**	**387**	**109**	**278**
石家庄市	**211**	**72**	**139**	**1585**	**775**	**810**	**62**	**21**	**41**
长安区	17	7	10	153	78	75	5	2	3
桥东区	3	1	2	107	71	36	3	2	1
桥西区	15	4	11	352	172	180	4	1	3
新华区	28	22	6	209	104	105	6	2	4
井陉矿区				1		1	1		1
裕华区	12	5	7	326	198	128	3	2	1
井陉县	3		3	11		11	3		3
正定县	40	6	34	18	6	12	2	1	1
栾城县	8	3	5	17	8	9			

10-6 续表 1　　　　单位：人

地区	白族			土家族			哈尼族		
	小计	男	女	小计	男	女	小计	男	女
行唐县				29	4	25	14	3	11
灵寿县	4		4	9	3	6			
高邑县				7	2	5			
深泽县				19	4	15	1		1
赞皇县				2		2			
无极县				21	5	16	2		2
平山县	16	3	13	34	6	28	1		1
元氏县				9	2	7	5	2	3
赵县				19	11	8	1		1
辛集市	1		1	18	10	8			
藁城市				20	6	14			
晋州市				18	5	13			
新乐市				56	16	40	1		1
鹿泉市	64	21	43	130	64	66	10	6	4
唐山市	**120**	**80**	**40**	**671**	**369**	**302**	**32**	**13**	**19**
路南区	7	6	1	57	41	16	2	1	1
路北区	17	13	4	85	38	47	9	4	5
古冶区				12	7	5	2		2
开平区	10	9	1	17	12	5			
丰南区	3		3	68	38	30			
丰润区	16	4	12	116	52	64	2	1	1
滦县	2		2	26	15	11	4	3	1
滦南县	3		3	31	15	16			
乐亭县				13	12	1	1		1
迁西县	37	37		42	31	11			
玉田县	2	1	1	68	24	44	5	2	3
唐海县				22	21	1			
遵化市	8	2	6	84	50	34	7	2	5
迁安市	15	8	7	30	13	17			
秦皇岛市	**64**	**16**	**48**	**368**	**225**	**143**	**13**	**3**	**10**
海港区	34	13	21	249	161	88	5	2	3
山海关区	2		2	13	10	3	1	1	
北戴河区	3	2	1	27	14	13			
青龙满族自治县	20		20	27	22	5	3		3
昌黎县				14	7	7	3		3
抚宁县				16	5	11	1		1
卢龙县	5	1	4	22	6	16			
邯郸市	**6**	**2**	**4**	**300**	**132**	**168**	**11**	**3**	**8**
邯山区	3	2	1	91	59	32	2	1	1
丛台区				47	21	26	3	1	2
复兴区				36	17	19			
峰峰矿区				5	3	2			
邯郸县	3		3	30	14	16	1		1
临漳县									
成安县				17	9	8	2		2
大名县				6	1	5			
涉县				3		3			
磁县				15	2	13	1		1
肥乡县									
永年县				5	2	3			
邱县				1		1			
鸡泽县				8		8			
广平县				6	1	5			
馆陶县				1	1				
魏县									
曲周县				3		3			
武安市				26	2	24	2	1	1

10-6　续表 2

单位：人

地　区	白　族			土家族			哈尼族		
	小计	男	女	小计	男	女	小计	男	女
邢台市	**22**	**4**	**18**	**165**	**71**	**94**	**13**		**13**
桥东区				41	20	21			
桥西区	2	2		53	28	25	1		1
邢台县				15	7	8	2		2
临城县				3	2	1			
内丘县				2	1	1			
柏乡县				8		8			
隆尧县	1		1						
任县									
南和县				3	2	1			
宁晋县	1		1	8	2	6	1		1
巨鹿县				1		1	1		1
新河县									
广宗县				5	2	3			
平乡县									
威县	18	2	16						
清河县				6	1	5	2		2
临西县				2		2			
南宫市							4		4
沙河市				18	6	12	2		2
保定市	**84**	**38**	**46**	**1551**	**818**	**733**	**73**	**19**	**54**
新市区	10	6	4	191	102	89	1	1	
北市区	23	15	8	263	170	93	6	2	4
南市区	7	5	2	147	85	62	3	3	
满城县				47	29	18			
清苑县				73	38	35	1		1
涞水县				55	38	17	24	3	21
阜平县				10	1	9			
徐水县				52	20	32	1		1
定兴县				47	19	28	3	1	2
唐县	3	1	2	11	3	8			
高阳县	6	2	4	55	30	25			
容城县				35	20	15			
涞源县				34	26	8	2		2
望都县				2		2	3	1	2
安新县				22	11	11			
易县	15	4	11	65	19	46	6		6
曲阳县				1		1			
蠡县	3	2	1						
顺平县				14	4	10			
博野县				6		6	2		2
雄县				50	16	34	1		1
涿州市	5		5	139	59	80	10	3	7
定州市				18	8	10	2		2
安国市				13	5	8			
高碑店市	12	3	9	201	115	86	8	5	3
张家口市	**32**	**8**	**24**	**550**	**298**	**252**	**38**	**5**	**33**
桥东区	2	2		73	45	28	3	1	2
桥西区	3	2	1	20	12	8			
宣化区	3	1	2	35	16	19			
下花园区				5		5			
宣化县				11	4	7	6		6
张北县	1	1		31	17	14	2		2

10-6 续表 3

单位：人

地区	白族			土家族			哈尼族		
	小计	男	女	小计	男	女	小计	男	女
康保县				3		3			
沽源县				9	3	6			
尚义县				1		1			
蔚县	7		7	171	95	76			
阳原县	3		3	4	1	3	1		1
怀安县	5		5	35	20	15	16	1	15
万全县				14	4	10	4	2	2
怀来县	8	2	6	48	22	26	3		3
涿鹿县				66	55	11	2	1	1
赤城县				19	2	17	1		1
崇礼县				5	2	3			
承德市	**132**	**56**	**76**	**443**	**235**	**208**	**57**	**12**	**45**
双桥区	43	23	20	145	98	47	15	4	11
双滦区				9	7	2	1	1	
鹰手营子矿区									
承德县	8	4	4	72	37	35	4		4
兴隆县	8	4	4	23	14	9	4		4
平泉县	3	1	2	19	8	11	6	1	5
滦平县	48	12	36	36	11	25	9	2	7
隆化县	2		2	33	4	29	3		3
丰宁满族自治县	3		3	17	9	8	12	3	9
宽城满族自治县				70	43	27			
围场满族蒙古族自治县	17	12	5	19	4	15	3	1	2
沧州市	**42**	**8**	**34**	**824**	**369**	**455**	**28**	**4**	**24**
新华区				89	47	42			
运河区	2	1	1	68	32	36			
沧县				74	17	57	1		1
青县				44	20	24	4	1	3
东光县				4	1	3			
海兴县							1		1
盐山县									
肃宁县	12		12	10	6	4			
南皮县				1		1	9	2	7
吴桥县									
献县				7	2	5	2		2
孟村回族自治县	5	2	3	17	9	8	1		1
泊头市				18	2	16	8		8
任丘市	5	2	3	407	198	209	2	1	1
黄骅市	2	2		45	20	25			
河间市	16	1	15	40	15	25			
廊坊市	**131**	**92**	**39**	**1286**	**691**	**595**	**43**	**26**	**17**
安次区	11	7	4	66	37	29	7	4	3
广阳区	19	12	7	168	70	98	8	4	4
固安县	2	2		20	10	10	1	1	
永清县				17	8	9			
香河县	27	25	2	100	48	52	4	2	2
大城县				11	2	9			
文安县				94	59	35			
大厂回族自治县				18	10	8	3	2	1
霸州市	1		1	247	145	102	1	1	
三河市	71	46	25	545	302	243	19	12	7
衡水市	**15**	**4**	**11**	**318**	**88**	**230**	**17**	**3**	**14**
桃城区				37	17	20	4	3	1
枣强县				26	6	20			
武邑县				7		7	1		1

10-6　续表 4　　　　单位：人

地　区	白　族			土家族			哈尼族		
	小计	男	女	小计	男	女	小计	男	女
武强县	2		2						
饶阳县				8	3	5			
安平县				53	9	44	2		2
故城县				7	2	5			
景县				7	2	5			
阜城县	1		1	52	9	43			
冀州市				14	6	8	2		2
深州市	12	4	8	107	34	73	8		8
山西省	**183**	**96**	**87**	**2936**	**1858**	**1078**	**214**	**34**	**180**
太原市	**62**	**35**	**27**	**861**	**529**	**332**	**39**	**16**	**23**
小店区	10	8	2	178	100	78	7	4	3
迎泽区	4	1	3	171	114	57	2		2
杏花岭区	3	2	1	51	28	23			
尖草坪区	31	18	13	112	73	39	7	4	3
万柏林区	12	6	6	161	111	50	18	7	11
晋源区	1		1	23	17	6	2	1	1
清徐县				11	6	5			
阳曲县	1		1	6	3	3			
娄烦县				6	5	1			
古交市				142	72	70	3		3
大同市	**37**	**34**	**3**	**178**	**99**	**79**	**11**	**1**	**10**
城区	34	32	2	54	33	21			
矿区				57	30	27			
南郊区				31	18	13	3		3
新荣区				1	1				
阳高县				1		1			
天镇县				1		1	2		2
广灵县	1		1	2		2			
灵丘县									
浑源县	1	1		17	15	2	1		1
左云县									
大同县	1	1		14	2	12	5	1	4
阳泉市	**4**	**3**	**1**	**182**	**106**	**76**	**13**	**2**	**11**
城区	1		1	20	5	15	2		2
矿区	3	3		39	21	18			
郊区				91	62	29	3	2	1
平定县				15	5	10	6		6
盂县				17	13	4	2		2
长治市	**14**	**3**	**11**	**144**	**79**	**65**	**5**	**2**	**3**
城区	9	1	8	46	29	17	2	2	
郊区				9	1	8			
长治县	1		1	16	7	9			
襄垣县	3	2	1	7	7		2		2
屯留县				15	6	9			
平顺县				10	8	2			
黎城县				4	1	3			
壶关县				1	1				
长子县				10	5	5	1		1
武乡县									
沁县				2		2			
沁源县	1		1	17	8	9			
潞城市				7	6	1			

10-6 续表 5

单位：人

地区	白族			土家族			哈尼族		
	小计	男	女	小计	男	女	小计	男	女
晋城市	**1**		**1**	**190**	**128**	**62**	**21**		**21**
城区				52	24	28	3		3
沁水县				26	22	4	3		3
阳城县				35	24	11	7		7
陵川县				2	1	1	3		3
泽州县				43	39	4	1		1
高平市	1		1	32	18	14	4		4
朔州市	**9**	**3**	**6**	**95**	**61**	**34**	**4**		**4**
朔城区	1		1	23	18	5			
平鲁区				28	19	9	3		3
山阴县				28	16	12	1		1
应县	8	3	5						
右玉县				3	2	1			
怀仁县				13	6	7			
晋中市	**25**	**7**	**18**	**444**	**337**	**107**	**100**	**5**	**95**
榆次区	10	6	4	93	56	37	6	3	3
榆社县				7	5	2			
左权县				14	11	3			
和顺县				14	11	3	1		1
昔阳县				11	1	10	5		5
寿阳县	1		1	41	37	4	2	1	1
太谷县				14	7	7	3	1	2
祁县				17	17				
平遥县				17	15	2	74		74
灵石县				213	177	36	3		3
介休市	14	1	13	3		3	6		6
运城市	**2**	**1**	**1**	**78**	**39**	**39**	**5**	**3**	**2**
盐湖区	1		1	8	3	5			
临猗县				1		1			
万荣县									
闻喜县									
稷山县				2		2			
新绛县				2		2			
绛县				1	1				
垣曲县				49	26	23	1		1
夏县				2	1	1			
平陆县				1	1				
芮城县							4	3	1
永济市				2	2				
河津市	1	1		10	5	5			
忻州市	**16**	**3**	**13**	**293**	**116**	**177**	**13**	**3**	**10**
忻府区	12	2	10	142	38	104	4	2	2
定襄县	3	1	2	41	6	35	1		1
五台县	1		1	5		5	4	1	3
代县				10	3	7	1		1
繁峙县				2		2			
宁武县				5	5				
静乐县				2		2			
神池县									
五寨县				3	2	1			
岢岚县				15	14	1			
河曲县				4	4		1		1
保德县				16	12	4			
偏关县				20	19	1			
原平市				28	13	15	2		2

10-6　续表 6

单位：人

地　区	白　族			土家族			哈尼族		
	小计	男	女	小计	男	女	小计	男	女
临汾市	**10**	**6**	**4**	**340**	**264**	**76**			
尧都区				55	36	19			
曲沃县				13	12	1			
翼城县				17	11	6			
襄汾县	2		2	92	83	9			
洪洞县				5	3	2			
古县				2	2				
安泽县				33	24	9			
浮山县				57	52	5			
吉县				1	1				
乡宁县				9	9				
大宁县									
隰县									
永和县									
蒲县	2	2							
汾西县				1	1				
侯马市	6	4	2	48	24	24			
霍州市				7	6	1			
吕梁市	**3**	**1**	**2**	**131**	**100**	**31**	**3**	**2**	**1**
离石区				11	9	2			
文水县									
交城县									
兴县				9	6	3	1	1	
临县									
柳林县				10	9	1			
石楼县				32	32		1	1	
岚县				1		1			
方山县				1		1			
中阳县				3	3				
交口县				13	7	6			
孝义市				35	26	9	1		1
汾阳市	3	1	2	16	8	8			
内蒙古自治区	**443**	**194**	**249**	**3096**	**1822**	**1274**	**320**	**106**	**214**
呼和浩特市	**155**	**63**	**92**	**560**	**305**	**255**	**171**	**49**	**122**
新城区	21	11	10	141	86	55	27	18	9
回民区	11	4	7	69	34	35	9	4	5
玉泉区	4	2	2	70	39	31	14	4	10
赛罕区	41	16	25	167	104	63	12	2	10
土默特左旗	5	1	4	39	15	24	9	1	8
托克托县	45	18	27	37	18	19	52	15	37
和林格尔县	24	9	15	28	8	20	7	1	6
清水河县	3	1	2				4	2	2
武川县	1	1		9	1	8	37	2	35
包头市	**86**	**37**	**49**	**586**	**329**	**257**	**28**	**6**	**22**
东河区	10	6	4	50	27	23	1		1
昆都仑区	53	24	29	281	164	117	7	2	5
青山区	23	7	16	162	83	79	3	1	2
石拐区				3	1	2			
白云鄂博矿区				9	6	3			
九原区				42	23	19	1		1
土默特右旗				20	15	5	8	2	6
固阳县				8	3	5			
达尔罕茂明安联合旗				11	7	4	8	1	7
乌海市	**2**		**2**	**141**	**92**	**49**	**2**		**2**
海勃湾区	1		1	72	42	30			
海南区	1		1	33	26	7	2		2
乌达区				36	24	12			

10-6 续表 7

单位：人

地区	白族			土家族			哈尼族		
	小计	男	女	小计	男	女	小计	男	女
赤峰市	**37**	**18**	**19**	**145**	**78**	**67**	**28**	**11**	**17**
红山区	3	2	1	48	31	17	2	1	1
元宝山区				6	3	3	4	3	1
松山区	8	3	5	30	16	14	6	4	2
阿鲁科尔沁旗	1	1		1		1			
巴林左旗				7	2	5	2	1	1
巴林右旗				17	10	7			
林西县				3	2	1			
克什克腾旗	5	4	1	1		1	1		1
翁牛特旗									
喀喇沁旗				6	6		10	1	9
宁城县	4		4	15	3	12	1		1
敖汉旗	16	8	8	11	5	6	2	1	1
通辽市	**13**	**5**	**8**	**83**	**47**	**36**	**1**		**1**
科尔沁区	4	1	3	57	39	18	1		1
科尔沁左翼中旗				5	1	4			
科尔沁左翼后旗	3	3		3		3			
开鲁县				6	2	4			
库伦旗	2		2	1	1				
奈曼旗	2		2	4		4			
扎鲁特旗									
霍林郭勒市	2	1	1	7	4	3			
鄂尔多斯市	**64**	**35**	**29**	**603**	**459**	**144**	**38**	**28**	**10**
东胜区	17	10	7	317	247	70	20	15	5
达拉特旗	12	8	4	54	38	16			
准格尔旗	3	2	1	26	19	7	8	7	1
鄂托克前旗				2	2		3	1	2
鄂托克旗				56	41	15	3	1	2
杭锦旗	27	10	17	25	11	14	1	1	
乌审旗				9	6	3			
伊金霍洛旗	5	5		114	95	19	3	3	
呼伦贝尔市	**23**	**9**	**14**	**164**	**98**	**66**	**2**		**2**
海拉尔区	9	5	4	42	22	20	1		1
阿荣旗	7	2	5	2	1	1			
莫力达瓦达斡尔族自治旗	1		1	12	6	6	1		1
鄂伦春自治旗	2		2	7	3	4			
鄂温克族自治旗				13	9	4			
陈巴尔虎旗				3	2	1			
新巴尔虎左旗				3	2	1			
新巴尔虎右旗				1		1			
满洲里市	2	2		19	12	7			
牙克石市	2		2	16	7	9			
扎兰屯市				27	21	6			
额尔古纳市				16	11	5			
根河市				3	2	1			
巴彦淖尔市	**18**	**11**	**7**	**468**	**254**	**214**	**10**	**2**	**8**
临河区	5	3	2	95	47	48	1		1
五原县				8	3	5	1		1
磴口县				47	25	22	1		1
乌拉特前旗				225	114	111	2		2
乌拉特中旗				65	44	21	2		2
乌拉特后旗				9	9		2	2	
杭锦后旗	13	8	5	19	12	7	1		1

10-6　续表 8

单位：人

地　区	白　族			土家族			哈尼族		
	小计	男	女	小计	男	女	小计	男	女
乌兰察布市	**10**	**2**	**8**	**131**	**39**	**92**	**28**	**7**	**21**
集宁区	1		1	16	6	10	4	3	1
卓资县	3	1	2	9	1	8	2	1	1
化德县				4	1	3	1		1
商都县				14	5	9			
兴和县	4	1	3	7	3	4	1		1
凉城县				20	7	13			
察哈尔右翼前旗				4	1	3			
察哈尔右翼中旗				2		2			
察哈尔右翼后旗				2	1	1			
四子王旗	1		1	7	4	3	20	3	17
丰镇市	1		1	46	10	36			
兴安盟	**8**	**2**	**6**	**41**	**17**	**24**	**5**	**1**	**4**
乌兰浩特市	7	2	5	9	5	4	3	1	2
阿尔山市							1		1
科尔沁右翼前旗				4	1	3			
科尔沁右翼中旗	1		1	6	3	3			
扎赉特旗				15	5	10			
突泉县				7	3	4	1		1
锡林郭勒盟	**4**	**2**	**2**	**91**	**57**	**34**	**7**	**2**	**5**
二连浩特市				5	3	2			
锡林浩特市	1		1	41	24	17			
阿巴嘎旗									
苏尼特左旗				4	3	1			
苏尼特右旗				2	1	1	3	1	2
东乌珠穆沁旗	1		1	4	3	1	3	1	2
西乌珠穆沁旗				2	2				
太仆寺旗				1		1	1		1
镶黄旗	1	1		6	6				
正镶白旗				3	1	2			
正蓝旗				8	7	1			
多伦县	1	1		15	7	8			
阿拉善盟	**23**	**10**	**13**	**83**	**47**	**36**			
阿拉善左旗	23	10	13	26	16	10			
阿拉善右旗				10	3	7			
额济纳旗				47	28	19			
辽宁省	**559**	**292**	**267**	**5190**	**3185**	**2005**	**304**	**131**	**173**
沈阳市	**180**	**105**	**75**	**1507**	**885**	**622**	**62**	**34**	**28**
和平区	45	28	17	228	134	94	2		2
沈河区	13	6	7	146	79	67	3	1	2
大东区	13	5	8	56	32	24	6	3	3
皇姑区	32	24	8	187	113	74	5	3	2
铁西区	11	5	6	131	71	60	2	1	1
苏家屯区	5	3	2	114	71	43	11	8	3
东陵区	16	8	8	191	102	89	3	1	2
沈北新区	21	12	9	133	81	52	2		2
于洪区	14	10	4	277	182	95	4	1	3
辽中县				15	9	6	20	15	5
康平县				15	8	7			
法库县	10	4	6	8	2	6			
新民市				6	1	5	4	1	3
大连市	**203**	**107**	**96**	**1129**	**662**	**467**	**53**	**25**	**28**
中山区	11	2	9	48	24	24	4	2	2
西岗区	8	4	4	37	24	13	1		1
沙河口区	13	4	9	138	77	61	7	3	4

10-6 续表 9

单位：人

地区	白族			土家族			哈尼族		
	小计	男	女	小计	男	女	小计	男	女
甘井子区	61	43	18	408	265	143	14	8	6
旅顺口区	8	3	5	91	42	49			
金州区	101	50	51	353	206	147	21	9	12
长海县				1	1				
瓦房店市	1	1		24	10	14	1		1
普兰店市				13	4	9	2	1	1
庄河市				16	9	7	3	2	1
鞍山市	**10**	**6**	**4**	**282**	**167**	**115**	**37**	**25**	**12**
铁东区	9	6	3	118	73	45	22	16	6
铁西区	1		1	29	18	11	2	2	
立山区				72	41	31	11	7	4
千山区				14	8	6	1		1
台安县				1		1			
岫岩满族自治县				3	1	2			
海城市				45	26	19	1		1
抚顺市	**41**	**23**	**18**	**115**	**60**	**55**	**35**	**2**	**33**
新抚区	7	4	3	24	15	9			
东洲区				8	3	5	1		1
望花区	6	6		49	23	26	3		3
顺城区	3		3	15	6	9			
抚顺县				2	1	1			
新宾满族自治县	5	2	3	16	11	5	28	1	27
清原满族自治县	20	11	9	1	1		3	1	2
本溪市	**28**	**13**	**15**	**200**	**153**	**47**	**19**	**3**	**16**
平山区	9	5	4	11	7	4			
溪湖区				13	6	7			
明山区	8	3	5	27	15	12	2		2
南芬区				9	7	2			
本溪满族自治县				23	11	12			
桓仁满族自治县	11	5	6	117	107	10	17	3	14
丹东市	**7**	**2**	**5**	**168**	**112**	**56**	**6**	**2**	**4**
元宝区				20	8	12			
振兴区	6	1	5	43	24	19	1	1	
振安区				8	5	3	1		1
宽甸满族自治县				70	61	9	3	1	2
东港市	1	1		7	2	5			
凤城市				20	12	8	1		1
锦州市	**17**	**7**	**10**	**311**	**198**	**113**	**15**	**6**	**9**
古塔区				68	39	29	3	1	2
凌河区	5	3	2	75	47	28	6	3	3
太和区				111	77	34	2	1	1
黑山县	2	1	1	7	2	5	2		2
义县	10	3	7	17	7	10	1		1
凌海市				10	5	5			
北镇市				23	21	2	1	1	
营口市	**15**	**8**	**7**	**181**	**147**	**34**	**9**	**3**	**6**
站前区	5	4	1	83	68	15	4	2	2
西市区				4	4		2		2
鲅鱼圈区	3	2	1	15	10	5			
老边区				33	32	1			
盖州市	1		1	20	15	5	2		2
大石桥市	6	2	4	26	18	8	1	1	
阜新市	**8**	**3**	**5**	**122**	**68**	**54**	**5**	**2**	**3**
海州区	3	2	1	44	20	24	1	1	
新邱区				1		1			

10-6　续表 10

单位：人

地　区	白　族			土家族			哈尼族		
	小计	男	女	小计	男	女	小计	男	女
太平区				7	5	2			
清河门区				2	1	1			
细河区	1	1		53	36	17	1		1
阜新蒙古族自治县	1		1	13	6	7			
彰武县	3		3	2		2	3	1	2
辽阳市	**14**	**7**	**7**	**602**	**366**	**236**	**26**	**13**	**13**
白塔区				42	22	20	5	1	4
文圣区				5	2	3	2	1	1
宏伟区	5	1	4	16	10	6	2		2
弓长岭区				8	8				
太子河区	6	4	2	35	22	13	3	1	2
辽阳县				18	7	11	5	2	3
灯塔市	3	2	1	478	295	183	9	8	1
盘锦市	**6**	**4**	**2**	**188**	**127**	**61**	**4**	**1**	**3**
双台子区	1		1	6	5	1			
兴隆台区	3	3		155	108	47	4	1	3
大洼县				25	14	11			
盘山县	2	1	1	2		2			
铁岭市	**11**	**4**	**7**	**99**	**46**	**53**	**22**	**13**	**9**
银州区	3		3	10	5	5	2		2
清河区				2		2			
铁岭县				9	5	4			
西丰县				15	5	10			
昌图县				3	2	1			
调兵山市				45	22	23	19	13	6
开原市	8	4	4	15	7	8	1		1
朝阳市	**1**		**1**	**146**	**107**	**39**	**5**		**5**
双塔区				17	8	9			
龙城区				3	2	1	1		1
朝阳县				17	15	2			
建平县				19	14	5	2		2
喀喇沁左翼蒙古族自治县	1		1	13	5	8	1		1
北票市				12	3	9			
凌源市				65	60	5	1		1
葫芦岛市	**18**	**3**	**15**	**140**	**87**	**53**	**6**	**2**	**4**
连山区	3		3	25	15	10			
龙港区				51	30	21	1	1	
南票区									
绥中县	2		2	12	3	9	4	1	3
建昌县	8	1	7	1		1			
兴城市	5	2	3	51	39	12	1		1
吉林省	**276**	**148**	**128**	**1523**	**864**	**659**	**142**	**40**	**102**
长春市	**131**	**68**	**63**	**746**	**406**	**340**	**37**	**17**	**20**
南关区	20	9	11	293	136	157	12	5	7
宽城区	3	2	1	68	41	27	1	1	
朝阳区	89	47	42	217	130	87	9	4	5
二道区	6	3	3	41	14	27	1	1	
绿园区				98	73	25	2	1	1
双阳区	5	2	3	9	5	4	1	1	
农安县	3	1	2	5	1	4			
九台市	2	1	1	8	2	6	11	4	7
榆树市				6	3	3			
德惠市	3	3		1	1				

10-6 续表 11

单位：人

地区	白族			土家族			哈尼族		
	小计	男	女	小计	男	女	小计	男	女
吉林市	**54**	**31**	**23**	**271**	**151**	**120**	**34**	**5**	**29**
昌邑区	22	16	6	57	31	26			
龙潭区	10	7	3	42	28	14	1	1	
船营区	16	7	9	57	40	17	1		1
丰满区	5	1	4	66	32	34	6	3	3
永吉县				6	2	4			
蛟河市	1		1	9	3	6	22	1	21
桦甸市				9	5	4	1		1
舒兰市				6	1	5	1		1
磐石市				19	9	10	2		2
四平市	**2**	**1**	**1**	**65**	**38**	**27**	**1**	**1**	
铁西区				27	17	10			
铁东区	2	1	1	11	10	1	1	1	
梨树县				6	4	2			
伊通满族自治县				6	1	5			
公主岭市				15	6	9			
双辽市									
辽源市				**19**	**9**	**10**	**1**		**1**
龙山区				4	3	1	1		1
西安区				4	1	3			
东丰县				8	4	4			
东辽县				3	1	2			
通化市	**2**		**2**	**76**	**50**	**26**	**30**	**12**	**18**
东昌区				28	16	12			
二道江区				5	3	2			
通化县				26	19	7	14		14
辉南县									
柳河县				3	1	2			
梅河口市				6	4	2	15	12	3
集安市	2		2	8	7	1	1		1
白山市	**26**	**18**	**8**	**73**	**52**	**21**	**9**	**2**	**7**
浑江区	3	3		9	3	6	4	1	3
江源区				2	1	1			
抚松县	4	3	1	51	41	10	3		3
靖宇县	18	12	6	7	5	2	2	1	1
长白朝鲜族自治县				4	2	2			
临江市	1		1						
松原市	**34**	**18**	**16**	**51**	**18**	**33**			
宁江区				12	3	9			
前郭尔罗斯蒙古族自治县	34	18	16	36	13	23			
长岭县				1		1			
乾安县				2	2				
扶余县									
白城市	**9**	**3**	**6**	**34**	**23**	**11**	**7**	**3**	**4**
洮北区	6	3	3	18	9	9	3	1	2
镇赉县				11	11				
通榆县				1	1				
洮南市	3		3	3	2	1	4	2	2
大安市				1		1			
延边朝鲜族自治州	**18**	**9**	**9**	**188**	**117**	**71**	**23**		**23**
延吉市				84	42	42			
图们市				5	2	3			
敦化市	11	4	7	20	9	11	5		5
珲春市				11	7	4	1		1
龙井市	5	4	1	1	1				
和龙市				51	48	3			
汪清县				6	1	5			
安图县	2	1	1	10	7	3	17		17

10-6 续表 12

单位：人

地区	白族			土家族			哈尼族		
	小计	男	女	小计	男	女	小计	男	女
黑龙江省	**149**	**83**	**66**	**2175**	**1350**	**825**	**105**	**51**	**54**
哈尔滨市				**914**	**593**	**321**	**36**	**23**	**13**
道里区				25	8	17	1		1
南岗区				388	267	121	3	2	1
道外区				82	62	20			
平房区				7	5	2			
松北区				52	30	22	1	1	
香坊区				202	137	65	2	1	1
呼兰区				96	49	47	4	2	2
阿城区				34	25	9	1		1
依兰县				5		5	1		1
方正县				7	3	4			
宾县				2	1	1			
巴彦县				4	2	2			
木兰县				2	1	1			
通河县									
延寿县				2		2			
双城市				5	3	2	23	17	6
尚志市									
五常市				1		1			
齐齐哈尔市	**42**	**32**	**10**	**116**	**78**	**38**	**6**	**2**	**4**
龙沙区				21	14	7			
建华区	9	6	3	35	18	17	2	1	1
铁锋区	5	3	2	1		1			
昂昂溪区				2		2			
富拉尔基区	2	2							
碾子山区				2	2				
梅里斯达斡尔族区				3	1	2	2	1	1
龙江县				5	4	1			
依安县				1		1	1		1
泰来县	2	2		14	14				
甘南县	3	1	2						
富裕县	21	18	3	20	20				
克山县									
克东县				2		2			
拜泉县				4	1	3	1		1
讷河市				6	4	2			
鸡西市	**7**	**3**	**4**	**152**	**89**	**63**	**4**	**1**	**3**
鸡冠区	1		1	52	39	13	2		2
恒山区				4	2	2	2	1	1
滴道区				2	1	1			
梨树区									
城子河区				14	5	9			
麻山区				2	1	1			
鸡东县				13	8	5			
虎林市	6	3	3	38	18	20			
密山市				27	15	12			
鹤岗市				**58**	**32**	**26**	**27**	**16**	**11**
向阳区				1		1			
工农区				11	8	3			
南山区				2	1	1			
兴安区				2	2				

10-6 续表13 单位：人

地区	白族			土家族			哈尼族		
	小计	男	女	小计	男	女	小计	男	女
东山区				2		2			
兴山区									
萝北县				29	15	14	27	16	11
绥滨县				11	6	5			
双鸭山市	**4**	**1**	**3**	**107**	**67**	**40**	**1**		**1**
尖山区				12	6	6			
岭东区				27	25	2			
四方台区									
宝山区				1	1				
集贤县				4	2	2			
友谊县				7	4	3			
宝清县	3	1	2	39	18	21			
饶河县	1		1	17	11	6	1		1
大庆市	**18**	**3**	**15**	**387**	**231**	**156**	**5**	**3**	**2**
萨尔图区	10	3	7	74	38	36			
龙凤区				61	39	22	1	1	
让胡路区				190	120	70	3	2	1
红岗区	1		1	35	19	16			
大同区				8	3	5			
肇州县				7	4	3			
肇源县				2	2		1		1
林甸县				1	1				
杜尔伯特蒙古族自治县	7		7	9	5	4			
伊春市				**34**	**18**	**16**	**1**		**1**
伊春区				9	2	7			
南岔区									
友好区				2	1	1			
西林区									
翠峦区									
新青区									
美溪区									
金山屯区									
五营区									
乌马河区									
汤旺河区							1		1
带岭区									
乌伊岭区									
红星区									
上甘岭区									
嘉荫县				15	10	5			
铁力市				8	5	3			
佳木斯市	**1**	**1**		**117**	**71**	**46**	**2**	**2**	
向阳区				64	39	25	1	1	
前进区				9	6	3			
东风区				5	3	2			
郊区				7	5	2			
桦南县				8	4	4			
桦川县				1		1			
汤原县				10	7	3			
抚远县									
同江市	1	1		9	6	3	1	1	
富锦市				4	1	3			
七台河市				**55**	**24**	**31**	**6**	**1**	**5**
新兴区				9	5	4	2	1	1
桃山区				31	16	15			
茄子河区				10	2	8	3		3
勃利县				5	1	4	1		1

10-6　续表 14

单位：人

地区	白族			土家族			哈尼族		
	小计	男	女	小计	男	女	小计	男	女
牡丹江市	**45**	**23**	**22**	**70**	**27**	**43**	**9**	**2**	**7**
东安区				1	1				
阳明区	5	3	2	6	4	2			
爱民区				28	8	20	4	2	2
西安区				8	2	6			
东宁县	2		2	11	7	4			
林口县				3	1	2			
绥芬河市	11	4	7	1		1	1		1
海林市	27	16	11	1		1	3		3
宁安市				7	2	5	1		1
穆棱市				4	2	2			
黑河市	**15**	**11**	**4**	**132**	**98**	**34**	**2**		**2**
爱辉区				23	11	12			
嫩江县				14	7	7			
逊克县				9	3	6			
孙吴县									
北安市	2	1	1	24	21	3	1		1
五大连池市	13	10	3	62	56	6	1		1
绥化市	**14**	**7**	**7**	**24**	**14**	**10**	**4**	**1**	**3**
北林区				18	11	7			
望奎县	1		1	2	1	1	2		2
兰西县									
青冈县									
庆安县	5	3	2				1		1
明水县									
绥棱县				1	1		1	1	
安达市									
肇东市	7	4	3						
海伦市	1		1	3	1	2			
大兴安岭地区	**3**	**2**	**1**	**9**	**8**	**1**	**2**		**2**
加格达奇区	2	2		7	6	1	1		1
松岭区									
新林区				2	2		1		1
呼中区									
呼玛县									
塔河县									
漠河县	1		1						
上海市	**3893**	**1979**	**1914**	**33584**	**17648**	**15936**	**3185**	**1628**	**1557**
市辖区	**3806**	**1926**	**1880**	**33152**	**17415**	**15737**	**3120**	**1614**	**1506**
黄浦区	28	12	16	180	88	92	30	9	21
卢湾区	19	9	10	97	36	61	12	8	4
徐汇区	124	52	72	714	349	365	52	21	31
长宁区	84	33	51	486	216	270	52	30	22
静安区	23	9	14	155	90	65	18	4	14
普陀区	38	19	19	792	395	397	55	23	32
闸北区	62	21	41	316	146	170	29	8	21
虹口区	57	21	36	492	235	257	26	13	13
杨浦区	282	134	148	901	467	434	83	38	45
闵行区	353	189	164	3878	2004	1874	216	102	114
宝山区	111	55	56	2052	1178	874	140	57	83
嘉定区	1308	694	614	5968	3157	2811	201	103	98
浦东新区	594	301	293	9966	5192	4774	416	163	253

10-6 续表 15

单位：人

地区	白族			土家族			哈尼族		
	小计	男	女	小计	男	女	小计	男	女
金山区	73	37	36	810	424	386	237	117	120
松江区	332	179	153	2997	1581	1416	253	113	140
青浦区	211	105	106	1925	1078	847	1182	732	450
奉贤区	107	56	51	1423	779	644	118	73	45
市辖县	**87**	**53**	**34**	**432**	**233**	**199**	**65**	**14**	**51**
崇明县	87	53	34	432	233	199	65	14	51
江苏省	**4020**	**1723**	**2297**	**41258**	**20177**	**21081**	**2916**	**953**	**1963**
南京市	**577**	**247**	**330**	**3277**	**1811**	**1466**	**187**	**76**	**111**
玄武区	82	44	38	285	158	127	14	6	8
白下区	25	10	15	252	143	109	16	5	11
秦淮区	4	2	2	173	114	59	6	2	4
建邺区	25	10	15	114	62	52	15	7	8
鼓楼区	81	40	41	423	224	199	19	10	9
下关区	2		2	74	33	41	4		4
浦口区	50	29	21	459	269	190	25	13	12
栖霞区	80	37	43	274	131	143	22	14	8
雨花台区	19	8	11	233	146	87	11	2	9
江宁区	126	54	72	646	327	319	29	15	14
六合区	35	12	23	178	100	78	4		4
溧水县	14		14	105	61	44	6	2	4
高淳县	34	1	33	61	43	18	16		16
无锡市	**276**	**136**	**140**	**11742**	**6133**	**5609**	**351**	**173**	**178**
崇安区	8	6	2	88	61	27	2	2	
南长区	4	1	3	88	53	35	5	1	4
北塘区	16	9	7	151	86	65	15	15	
锡山区	63	34	29	3722	1947	1775	42	22	20
惠山区	20	7	13	1476	804	672	50	23	27
滨湖区	41	27	14	2459	1302	1157	30	10	20
江阴市	54	22	32	2985	1435	1550	78	39	39
宜兴市	70	30	40	773	445	328	129	61	68
徐州市	**79**	**27**	**52**	**411**	**185**	**226**	**68**	**14**	**54**
鼓楼区	1	1		38	20	18	2	2	
云龙区				15	7	8	4	1	3
九里区				8	1	7			
贾汪区				5	1	4	1		1
泉山区	20	18	2	150	104	46	8	4	4
丰县	1	1		45	4	41	8	3	5
沛县				19	8	11	4	1	3
铜山县	16	4	12	33	8	25	6		6
睢宁县	30	1	29	80	27	53	9		9
新沂市				5	2	3	15	1	14
邳州市	11	2	9	13	3	10	11	2	9
常州市	**246**	**122**	**124**	**4607**	**2321**	**2286**	**266**	**131**	**135**
天宁区	16	9	7	93	39	54	16	7	9
钟楼区	3	1	2	135	74	61	12	4	8
戚墅堰区	14	12	2	39	18	21	2		2
新北区	32	15	17	713	369	344	51	35	16
武进区	125	62	63	2149	1129	1020	139	68	71
溧阳市	13	8	5	299	191	108	10	1	9
金坛市	43	15	28	1179	501	678	36	16	20
苏州市	**1213**	**587**	**626**	**11444**	**6022**	**5422**	**551**	**284**	**267**
沧浪区	11	3	8	149	67	82	2		2
平江区	52	30	22	966	486	480	29	13	16
金阊区	5	3	2	70	24	46	6	4	2

10-6　续表 16

单位：人

地　区	白　族			土家族			哈尼族		
	小计	男	女	小计	男	女	小计	男	女
虎丘区	69	36	33	830	417	413	21	8	13
吴中区	220	86	134	1273	652	621	78	26	52
相城区	86	44	42	1434	794	640	54	33	21
常熟市	52	25	27	1516	795	721	70	36	34
张家港市	198	102	96	1430	740	690	78	39	39
昆山市	196	98	98	2217	1230	987	55	33	22
吴江市	303	154	149	774	405	369	101	59	42
太仓市	21	6	15	785	412	373	57	33	24
南通市	**360**	**70**	**290**	**3120**	**1353**	**1767**	**97**	**42**	**55**
崇川区	32	12	20	1160	613	547	11	7	4
港闸区	1	1		60	32	28	11	9	2
通州区	23	7	16	502	233	269	10	5	5
海安县	53	13	40	384	88	296	17	7	10
如东县	82	11	71	252	115	137	6	4	2
启东市	2	1	1	168	75	93	20	4	16
如皋市	143	12	131	393	92	301	15	3	12
海门市	24	13	11	201	105	96	7	3	4
连云港市	**12**	**6**	**6**	**272**	**140**	**132**	**388**	**22**	**366**
连云区	5	2	3	36	28	8	3	1	2
新浦区				85	55	30	8	3	5
海州区	4	4		62	35	27	2		2
赣榆县				5		5	11	1	10
东海县				17	4	13	193	14	179
灌云县	3		3	28	8	20	55	1	54
灌南县				39	10	29	116	2	114
淮安市	**33**	**5**	**28**	**274**	**117**	**157**	**107**	**18**	**89**
清河区	3	2	1	59	36	23	8	7	1
楚州区	1		1	16	6	10	19	1	18
淮阴区	12	2	10	30	3	27	5	1	4
清浦区				20	9	11			
涟水县	1		1	15	2	13	59	8	51
洪泽县				17	7	10			
盱眙县	10	1	9	39	17	22	11	1	10
金湖县	6		6	78	37	41	5		5
盐城市	**420**	**171**	**249**	**1400**	**270**	**1130**	**301**	**29**	**272**
亭湖区	13	1	12	241	54	187	5	1	4
盐都区				151	18	133	1		1
响水县				22	11	11	20	3	17
滨海县	278	135	143	43	8	35	28	1	27
阜宁县	21	12	9	31	4	27	158	15	143
射阳县	4	1	3	130	16	114	14		14
建湖县				70	29	41	19	1	18
东台市	13	2	11	533	70	463	34	6	28
大丰市	91	20	71	179	60	119	22	2	20
扬州市	**77**	**16**	**61**	**843**	**283**	**560**	**101**	**36**	**65**
广陵区	6	4	2	27	11	16	7	4	3
邗江区	4		4	116	52	64	7	4	3
维扬区				90	38	52	5		5
宝应县	5		5	88	27	61	15	2	13
仪征市	15	5	10	153	44	109	21	14	7
高邮市	15	2	13	134	27	107	7	2	5
江都市	32	5	27	235	84	151	39	10	29
镇江市	**106**	**62**	**44**	**1820**	**872**	**948**	**100**	**49**	**51**
京口区	14	9	5	191	111	80	11	7	4
润州区	14	10	4	42	21	21	7	4	3

10-6 续表 17

单位：人

地区	白族			土家族			哈尼族		
	小计	男	女	小计	男	女	小计	男	女
丹徒区	6	2	4	158	61	97	16	10	6
丹阳市	63	35	28	929	425	504	48	21	27
扬中市	1	1		113	52	61	9	5	4
句容市	8	5	3	387	202	185	9	2	7
泰州市	**115**	**43**	**72**	**1851**	**588**	**1263**	**94**	**37**	**57**
海陵区	10	6	4	258	125	133	7		7
高港区	12	5	7	154	51	103	6	4	2
兴化市	38	11	27	126	33	93	23	3	20
靖江市	36	17	19	484	243	241	43	27	16
泰兴市	16	3	13	633	106	527	4	1	3
姜堰市	3	1	2	196	30	166	11	2	9
宿迁市	**506**	**231**	**275**	**197**	**82**	**115**	**305**	**42**	**263**
宿城区	39	17	22	58	37	21	112	22	90
宿豫区	1		1	20	4	16	23	5	18
沭阳县				52	22	30	51	3	48
泗阳县	461	212	249	26	7	19	61	7	54
泗洪县	5	2	3	41	12	29	58	5	53
浙江省	**11685**	**5981**	**5704**	**227012**	**123951**	**103061**	**4300**	**1754**	**2546**
杭州市	**1108**	**593**	**515**	**18626**	**10023**	**8603**	**510**	**188**	**322**
上城区	18	6	12	139	62	77	3	1	2
下城区	35	17	18	275	144	131	22	4	18
江干区	133	71	62	1726	1185	541	30	11	19
拱墅区	19	12	7	413	209	204	19	7	12
西湖区	114	72	42	761	378	383	24	11	13
滨江区	82	46	36	1510	791	719	6	2	4
萧山区	379	200	179	5515	2869	2646	58	26	32
余杭区	67	33	34	1883	1049	834	49	24	25
桐庐县	61	30	31	758	395	363	14	4	10
淳安县	1		1	108	44	64	71	5	66
建德市	45	22	23	219	103	116	14	7	7
富阳市	79	38	41	4587	2454	2133	72	25	47
临安市	75	46	29	732	340	392	128	61	67
宁波市	**2198**	**1169**	**1029**	**42277**	**22628**	**19649**	**406**	**207**	**199**
海曙区	21	15	6	570	365	205	8	6	2
江东区	32	16	16	517	226	291			
江北区	224	115	109	968	520	448	15	9	6
北仑区	495	275	220	4711	2572	2139	200	107	93
镇海区	107	51	56	2488	1396	1092	15	6	9
鄞州区	499	259	240	13828	7412	6416	38	14	24
象山县	58	31	27	630	342	288	14	7	7
宁海县	126	68	58	2420	1254	1166	35	18	17
余姚市	379	199	180	7844	4160	3684	15	6	9
慈溪市	216	115	101	5713	3103	2610	47	25	22
奉化市	41	25	16	2588	1278	1310	19	9	10
温州市	**2033**	**1112**	**921**	**75540**	**41883**	**33657**	**919**	**407**	**512**
鹿城区	282	160	122	9407	5386	4021	76	42	34
龙湾区	251	133	118	15833	8807	7026	75	39	36
瓯海区	382	229	153	10557	6170	4387	168	89	79
洞头县				149	95	54	3		3
永嘉县	437	241	196	11013	6050	4963	51	24	27
平阳县	75	31	44	4019	2172	1847	57	21	36
苍南县	129	59	70	3812	1974	1838	176	63	113
文成县	8	2	6	41	16	25	10		10
泰顺县	1		1	123	54	69	9		9
瑞安市	172	99	73	10815	5885	4930	192	91	101
乐清市	296	158	138	9771	5274	4497	102	38	64

10-6　续表 18

单位：人

地　区	白　族			土家族			哈尼族		
	小计	男	女	小计	男	女	小计	男	女
嘉兴市	**745**	**404**	**341**	**17494**	**8903**	**8591**	**283**	**129**	**154**
南湖区	39	20	19	523	282	241	29	12	17
秀洲区	111	61	50	5796	2982	2814	61	30	31
嘉善县	103	70	33	2730	1420	1310	76	35	41
海盐县	29	16	13	529	278	251	26	8	18
海宁市	200	101	99	950	474	476	31	13	18
平湖市	182	99	83	2676	1358	1318	22	13	9
桐乡市	81	37	44	4290	2109	2181	38	18	20
湖州市	**521**	**271**	**250**	**3019**	**1643**	**1376**	**86**	**29**	**57**
吴兴区	47	22	25	997	608	389	6	2	4
南浔区	123	61	62	561	286	275	19	5	14
德清县	202	107	95	649	317	332	22	8	14
长兴县	65	38	27	420	228	192	22	8	14
安吉县	84	43	41	392	204	188	17	6	11
绍兴市	**1266**	**558**	**708**	**13455**	**7036**	**6419**	**341**	**177**	**164**
越城区	193	93	100	3818	2014	1804	24	13	11
绍兴县	485	207	278	3628	1972	1656	84	36	48
新昌县	63	19	44	1019	483	536	5	2	3
诸暨市	216	110	106	3319	1776	1543	139	86	53
上虞市	69	33	36	1036	504	532	56	29	27
嵊州市	240	96	144	635	287	348	33	11	22
金华市	**2024**	**1034**	**990**	**22016**	**12346**	**9670**	**598**	**280**	**318**
婺城区	215	107	108	4341	2513	1828	48	16	32
金东区	78	41	37	1133	620	513	33	12	21
武义县	186	96	90	1919	1089	830	43	16	27
浦江县	121	63	58	461	252	209	106	59	47
磐安县	14	6	8	121	60	61	9	1	8
兰溪市	25	8	17	275	135	140	27	5	22
义乌市	737	375	362	6720	3651	3069	177	93	84
东阳市	224	105	119	1911	1098	813	51	23	28
永康市	424	233	191	5135	2928	2207	104	55	49
衢州市	**142**	**77**	**65**	**1265**	**836**	**429**	**352**	**89**	**263**
柯城区	21	11	10	166	77	89	103	54	49
衢江区	34	16	18	475	355	120	194	18	176
常山县	3	2	1	70	50	20	5		5
开化县	4	1	3	44	18	26	3		3
龙游县	57	39	18	348	266	82	36	16	20
江山市	23	8	15	162	70	92	11	1	10
舟山市	**113**	**59**	**54**	**2861**	**1608**	**1253**	**85**	**52**	**33**
定海区	33	12	21	1102	604	498	17	12	5
普陀区	18	10	8	1312	728	584	20	13	7
岱山县	57	35	22	379	247	132	36	24	12
嵊泗县	5	2	3	68	29	39	12	3	9
台州市	**1281**	**592**	**689**	**27448**	**15347**	**12101**	**335**	**140**	**195**
椒江区	144	71	73	1121	664	457	52	22	30
黄岩区	63	25	38	802	424	378	45	20	25
路桥区	118	74	44	2312	1290	1022	53	33	20
玉环县	143	72	71	10671	5974	4697	23	12	11
三门县	76	10	66	279	179	100	8	2	6
天台县	15	7	8	64	28	36	7	1	6
仙居县	13	6	7	220	115	105	4		4
温岭市	280	169	111	10196	5668	4528	80	26	54
临海市	429	158	271	1783	1005	778	63	24	39

10-6 续表 19

单位：人

地区	白族			土家族			哈尼族		
	小计	男	女	小计	男	女	小计	男	女
丽水市	**254**	**112**	**142**	**3011**	**1698**	**1313**	**385**	**56**	**329**
莲都区	52	25	27	802	476	326	94	28	66
青田县	93	49	44	1001	571	430	31	8	23
缙云县	11	3	8	811	467	344	20	4	16
遂昌县	31	10	21	53	24	29	37	5	32
松阳县	43	16	27	126	67	59	113	7	106
云和县	1		1	44	30	14	9	3	6
庆元县	1		1	20	7	13	2		2
景宁畲族自治县	4	1	3	21	6	15	57		57
龙泉市	18	8	10	133	50	83	22	1	21
安徽省	**692**	**284**	**408**	**6185**	**2978**	**3207**	**1138**	**166**	**972**
合肥市	**206**	**116**	**90**	**1500**	**835**	**665**	**85**	**23**	**62**
瑶海区	15	10	5	239	129	110	11	4	7
庐阳区	6	3	3	197	105	92	11	6	5
蜀山区	73	40	33	476	295	181	13	3	10
包河区	46	31	15	304	176	128	13	7	6
长丰县				80	46	34	19	3	16
肥东县	49	23	26	58	25	33	9		9
肥西县	17	9	8	146	59	87	9		9
芜湖市	**15**	**7**	**8**	**501**	**263**	**238**	**40**	**10**	**30**
镜湖区	4	3	1	93	61	32	3	2	1
弋江区	3		3	87	45	42	4	1	3
鸠江区	3	2	1	118	69	49	10	5	5
三山区				27	12	15	2		2
芜湖县	5	2	3	98	47	51	4		4
繁昌县				43	17	26	7	1	6
南陵县				35	12	23	10	1	9
蚌埠市	**17**	**7**	**10**	**168**	**53**	**115**	**56**	**7**	**49**
龙子湖区									
蚌山区	8	6	2	65	17	48	11		11
禹会区	4	1	3	24	10	14			
淮上区	3		3	9	6	3	5	1	4
怀远县	2		2	20	7	13	3	1	2
五河县				44	12	32	2		2
固镇县				6	1	5	35	5	30
淮南市	**10**	**2**	**8**	**161**	**77**	**84**	**9**	**1**	**8**
大通区	1		1	4	1	3			
田家庵区	8	2	6	82	35	47	3	1	2
谢家集区	1		1	20	13	7			
八公山区				22	10	12	3		3
潘集区				8	3	5	2		2
凤台县				25	15	10	1		1
马鞍山市	**57**	**29**	**28**	**201**	**85**	**116**	**28**	**5**	**23**
金家庄区				34	18	16			
花山区	6	2	4	39	15	24	5	1	4
雨山区	19	13	6	62	34	28	3	1	2
当涂县	32	14	18	66	18	48	20	3	17
淮北市	**19**	**4**	**15**	**191**	**142**	**49**	**6**		**6**
杜集区				4	1	3			
相山区	14	4	10	53	21	32	3		3
烈山区	3		3	3	1	2	1		1
濉溪县	2		2	131	119	12	2		2

10-6　续表 20　　　　　　　　　　　　　　　　　　　　　　　　单位：人

地　区	白　族			土家族			哈尼族		
	小计	男	女	小计	男	女	小计	男	女
铜陵市	**4**	**3**	**1**	**77**	**45**	**32**	**30**	**3**	**27**
铜官山区	1	1		19	11	8	1		1
狮子山区	2	1	1	11	6	5	6	1	5
郊区				21	13	8	2		2
铜陵县	1	1		26	15	11	21	2	19
安庆市	**55**	**21**	**34**	**487**	**209**	**278**	**37**	**9**	**28**
迎江区	2	2		35	17	18	1		1
大观区	3	2	1	31	8	23			
宜秀区				21	7	14			
怀宁县				14	2	12	7	1	6
枞阳县	1		1	130	54	76	16	4	12
潜山县	1		1	26	10	16	1		1
太湖县	7	1	6	42	14	28			
宿松县				96	72	24	2	1	1
望江县	41	16	25	39	9	30	1	1	
岳西县				20	8	12	3	1	2
桐城市				33	8	25	6	1	5
黄山市	**28**	**8**	**20**	**306**	**163**	**143**	**69**	**5**	**64**
屯溪区	2	1	1	74	46	28	2		2
黄山区	3	2	1	45	21	24	7	1	6
徽州区	2		2	11	3	8	5	1	4
歙县	16	4	12	71	42	29	24	1	23
休宁县	3		3	42	15	27	16		16
黟县	2	1	1	11	3	8	13	1	12
祁门县				52	33	19	2	1	1
滁州市	**93**	**21**	**72**	**377**	**160**	**217**	**79**	**18**	**61**
琅琊区	3	2	1	53	23	30	3		3
南谯区	1		1	39	20	19	4	1	3
来安县	27	1	26	67	38	29	6	2	4
全椒县	3	2	1	72	24	48	21	9	12
定远县	2	1	1	48	25	23	28	5	23
凤阳县	13	7	6	20	3	17	7		7
天长市	18	3	15	40	13	27	3		3
明光市	26	5	21	38	14	24	7	1	6
阜阳市	**15**	**8**	**7**	**326**	**121**	**205**	**46**	**3**	**43**
颍州区	9	6	3	16	7	9			
颍东区				73	34	39	2		2
颍泉区	2	1	1	17	2	15			
临泉县	3	1	2	28	17	11	21	1	20
太和县	1		1	43	11	32	13	2	11
阜南县				52	16	36	1		1
颍上县				82	31	51	8		8
界首市				15	3	12	1		1
宿州市	**2**		**2**	**152**	**55**	**97**	**136**	**13**	**123**
埇桥区	2		2	102	47	55	99	10	89
砀山县				6		6	3		3
萧县				9	1	8	9	2	7
灵璧县				22	3	19	16		16
泗县				13	4	9	9	1	8
巢湖市	**35**	**12**	**23**	**316**	**124**	**192**	**212**	**23**	**189**
居巢区	8	3	5	65	28	37	31	4	27
庐江县	11	1	10	94	38	56	19	3	16
无为县	13	7	6	53	15	38	35		35
含山县				18	6	12	6		6
和县	3	1	2	86	37	49	121	16	105

10-6 续表 21 单位：人

地区	白族			土家族			哈尼族		
	小计	男	女	小计	男	女	小计	男	女
六安市	**24**	**6**	**18**	**306**	**128**	**178**	**49**	**6**	**43**
金安区				33	15	18	1		1
裕安区				40	16	24	3		3
寿县	9	3	6	55	15	40	13	1	12
霍邱县	5	2	3	115	65	50	8	2	6
舒城县	3		3	31	9	22	8	1	7
金寨县	7	1	6	23	6	17	9	2	7
霍山县				9	2	7	7		7
亳州市				**83**	**15**	**68**	**23**	**1**	**22**
谯城区				11	4	7	3		3
涡阳县				21	5	16	3	1	2
蒙城县				21	5	16	9		9
利辛县				30	1	29	8		8
池州市	**39**	**18**	**21**	**184**	**53**	**131**	**24**	**5**	**19**
贵池区	21	9	12	95	35	60	9	2	7
东至县	4	2	2	28	5	23	6	2	4
石台县	6	2	4	20	2	18	2		2
青阳县	8	5	3	41	11	30	7	1	6
宣城市	**73**	**22**	**51**	**849**	**450**	**399**	**209**	**34**	**175**
宣州区	25	5	20	153	86	67	13	2	11
郎溪县	5	2	3	142	74	68	11	1	10
广德县	11	4	7	251	136	115	38	22	16
泾县	3		3	76	37	39	18	1	17
绩溪县	1		1	28	18	10	89	3	86
旌德县	13	3	10	22	14	8	1		1
宁国市	15	8	7	177	85	92	39	5	34
福建省	**4008**	**2127**	**1881**	**89824**	**51104**	**38720**	**1373**	**749**	**624**
福州市	**513**	**303**	**210**	**7462**	**4346**	**3116**	**273**	**135**	**138**
鼓楼区	14	8	6	262	120	142	16	3	13
台江区				49	30	19	3	2	1
仓山区	130	68	62	798	517	281	25	10	15
马尾区	20	10	10	245	132	113	47	37	10
晋安区	63	34	29	928	516	412	18	6	12
闽侯县	96	76	20	403	279	124	11	6	5
连江县	8	4	4	648	369	279	14	4	10
罗源县	27	12	15	83	51	32	2		2
闽清县	3	1	2	96	46	50	4		4
永泰县	10	8	2	43	36	7	4	1	3
平潭县	1		1	54	30	24	2		2
福清市	108	61	47	2969	1715	1254	47	21	26
长乐市	33	21	12	884	505	379	80	45	35
厦门市	**647**	**334**	**313**	**19585**	**10545**	**9040**	**246**	**120**	**126**
思明区	87	38	49	2298	1128	1170	37	15	22
海沧区	57	34	23	2013	1128	885	27	19	8
湖里区	185	99	86	6880	3679	3201	84	37	47
集美区	96	46	50	4221	2325	1896	51	31	20
同安区	190	103	87	3137	1746	1391	31	12	19
翔安区	32	14	18	1036	539	497	16	6	10
莆田市	**459**	**245**	**214**	**5447**	**3163**	**2284**	**94**	**60**	**34**
城厢区	151	85	66	537	330	207	29	15	14
涵江区	185	102	83	3133	1747	1386	35	24	11
荔城区	109	51	58	1250	748	502	15	11	4
秀屿区	9	6	3	262	170	92	10	8	2
仙游县	5	1	4	265	168	97	5	2	3

10-6　续表 22

单位：人

地　　区	白　族			土家族			哈尼族		
	小计	男	女	小计	男	女	小计	男	女
三明市	**169**	**72**	**97**	**2468**	**1612**	**856**	**42**	**18**	**24**
梅列区	11	3	8	391	228	163	3	1	2
三元区				109	55	54	7	4	3
明溪县	20	10	10	93	55	38	2	1	1
清流县				195	152	43			
宁化县				24	18	6			
大田县	33	13	20	106	76	30	2		2
尤溪县	4	1	3	192	151	41	1		1
沙县	58	28	30	446	258	188	9	5	4
将乐县	2	2		117	93	24	6	4	2
泰宁县				88	69	19	3		3
建宁县	4		4	77	51	26	1		1
永安市	37	15	22	630	406	224	8	3	5
泉州市	**1484**	**796**	**688**	**44004**	**24927**	**19077**	**509**	**335**	**174**
鲤城区	122	70	52	2700	1560	1140	28	12	16
丰泽区	118	70	48	3255	1886	1369	25	15	10
洛江区	31	20	11	1057	600	457	22	14	8
泉港区	38	22	16	178	106	72	10	9	1
惠安县	199	98	101	1903	1102	801	45	29	16
安溪县	7	3	4	446	235	211	1		1
永春县	31	16	15	338	175	163	5	3	2
德化县	1		1	43	31	12			
石狮市	278	128	150	3360	1869	1491	132	107	25
晋江市	305	167	138	23002	12812	10190	212	130	82
南安市	354	202	152	7722	4551	3171	29	16	13
漳州市	**244**	**126**	**118**	**6822**	**3885**	**2937**	**61**	**25**	**36**
芗城区	63	33	30	2035	1169	866	10	3	7
龙文区	76	35	41	1315	768	547	2	2	
云霄县	2		2	21	11	10			
漳浦县	3		3	131	62	69	1		1
诏安县				5	2	3			
长泰县	54	35	19	890	512	378	11	7	4
东山县				38	15	23			
南靖县	1		1	61	30	31	2		2
平和县				97	48	49			
华安县				105	51	54	7		7
龙海市	45	23	22	2124	1217	907	28	13	15
南平市	**222**	**108**	**114**	**1192**	**729**	**463**	**71**	**29**	**42**
延平区	15	8	7	230	133	97	20	10	10
顺昌县	2		2	51	31	20	1		1
浦城县	3	1	2	82	37	45	2	1	1
光泽县	24	15	9	56	27	29			
松溪县				8	4	4			
政和县	11	5	6	50	37	13			
邵武市	29	14	15	288	170	118	19	9	10
武夷山市	25	14	11	100	83	17	12	1	11
建瓯市	55	23	32	70	37	33	4	1	3
建阳市	58	28	30	257	170	87	13	7	6
龙岩市	**208**	**118**	**90**	**2212**	**1527**	**685**	**40**	**19**	**21**
新罗区	87	51	36	1193	808	385	19	10	9
长汀县	47	19	28	18	5	13	5	1	4
永定县	47	28	19	485	342	143	9	4	5
上杭县	10	9	1	148	104	44	4	1	3
武平县	3	2	1	51	39	12			
连城县	6	4	2	25	20	5			
漳平市	8	5	3	292	209	83	3	3	

10-6 续表 23

单位：人

地区	白族			土家族			哈尼族		
	小计	男	女	小计	男	女	小计	男	女
宁德市	**62**	**25**	**37**	**632**	**370**	**262**	**37**	**8**	**29**
蕉城区	9	4	5	56	33	23	1		1
霞浦县	6	2	4	69	43	26	1		1
古田县				19	9	10	1		1
屏南县				27	14	13	1		1
寿宁县				4	1	3	2		2
周宁县	1	1		17	14	3	1		1
柘荣县	1		1	19	3	16			
福安市	6	4	2	45	34	11	7	3	4
福鼎市	39	14	25	376	219	157	23	5	18
江西省	**1621**	**815**	**806**	**4815**	**2372**	**2443**	**265**	**124**	**141**
南昌市	**963**	**496**	**467**	**1416**	**764**	**652**	**37**	**16**	**21**
东湖区	68	30	38	97	40	57	2		2
西湖区	334	162	172	75	44	31	1		1
青云谱区	5	2	3	69	32	37	4	1	3
湾里区	20	13	7	58	24	34	2	1	1
青山湖区	76	42	34	399	225	174	13	6	7
南昌县	131	68	63	163	72	91	6	4	2
新建县	328	179	149	519	308	211	9	4	5
安义县	1		1	35	18	17			
进贤县				1	1				
景德镇市	**15**	**9**	**6**	**142**	**67**	**75**	**10**	**6**	**4**
昌江区				27	17	10			
珠山区	14	9	5	59	34	25			
浮梁县	1		1	28	9	19			
乐平市				28	7	21	10	6	4
萍乡市	**45**	**19**	**26**	**294**	**131**	**163**	**8**		**8**
安源区				120	53	67	4		4
湘东区				19	7	12	1		1
莲花县	42	17	25	45	18	27	1		1
上栗县	3	2	1	77	36	41	1		1
芦溪县				33	17	16	1		1
九江市	**55**	**20**	**35**	**552**	**263**	**289**	**18**	**3**	**15**
庐山区	29	13	16	131	67	64	4	2	2
浔阳区	4	2	2	70	29	41	1	1	
九江县	2		2	56	29	27			
武宁县				62	34	28	7		7
修水县	3		3	25	4	21	3		3
永修县	4	1	3	51	30	21	3		3
德安县	1	1		44	21	23			
星子县	2		2	8	1	7			
都昌县				16	2	14			
湖口县				6		6			
彭泽县	1		1	23	7	16			
瑞昌市	9	3	6	60	39	21			
新余市	**240**	**118**	**122**	**333**	**182**	**151**	**16**	**6**	**10**
渝水区	240	118	122	274	153	121	11	3	8
分宜县				59	29	30	5	3	2
鹰潭市				**173**	**99**	**74**	**8**		**8**
月湖区				99	62	37	2		2
余江县				18	6	12	4		4
贵溪市				56	31	25	2		2
赣州市	**204**	**100**	**104**	**386**	**189**	**197**	**96**	**83**	**13**
章贡区	123	62	61	187	92	95	5	2	3
赣县									

10-6　续表 24　　　　单位：人

地　区	白　族			土家族			哈尼族		
	小计	男	女	小计	男	女	小计	男	女
信丰县	2	2		7	2	5			
大余县	1		1	10	7	3			
上犹县									
崇义县				6	1	5	1		1
安远县				6		6	2		2
龙南县				24	10	14	3	2	1
定南县	38	18	20	20	13	7			
全南县	3	2	1	14	7	7			
宁都县	27	13	14	6	1	5			
于都县				13	5	8			
兴国县				15	4	11			
会昌县				20	13	7			
寻乌县	2		2	14	9	5			
石城县				12	7	5			
瑞金市				26	15	11	14	8	6
南康市	8	3	5	6	3	3	71	71	
吉安市	**65**	**31**	**34**	**379**	**127**	**252**	**28**	**5**	**23**
吉州区				23	9	14			
青原区	14	4	10	55	21	34	1	1	
吉安县				42	13	29			
吉水县	4	2	2	18	6	12	1		1
峡江县				16	2	14			
新干县	12	8	4	27	6	21	25	4	21
永丰县				12		12			
泰和县				44	23	21			
遂川县	2	1	1	21	9	12			
万安县	6	1	5	20	4	16			
安福县	13	6	7	56	15	41	1		1
永新县				30	12	18			
井冈山市	14	9	5	15	7	8			
宜春市	**12**	**8**	**4**	**503**	**239**	**264**	**17**	**4**	**13**
袁州区	3	3		145	61	84	9	1	8
奉新县				43	19	24	3		3
万载县	1	1		22	2	20	1		1
上高县				22	11	11			
宜丰县	1	1		77	35	42	1		1
靖安县	2		2	30	18	12			
铜鼓县				29	17	12			
丰城市	3	2	1	57	32	25	1	1	
樟树市				19	4	15			
高安市	2	1	1	59	40	19	2	2	
抚州市	**10**	**10**		**190**	**102**	**88**	**4**		**4**
临川区				49	28	21	1		1
南城县				8	1	7			
黎川县									
南丰县				55	50	5			
崇仁县				5	1	4			
乐安县				20	7	13	2		2
宜黄县				8		8			
金溪县				14	4	10	1		1
资溪县	10	10		11	4	7			
东乡县				13	7	6			
广昌县				7		7			

10-6 续表 25

单位：人

地区	白族			土家族			哈尼族		
	小计	男	女	小计	男	女	小计	男	女
上饶市	**12**	**4**	**8**	**447**	**209**	**238**	**23**	**1**	**22**
信州区				89	39	50	1		1
上饶县	1		1	23	15	8			
广丰县				32	14	18			
玉山县				60	15	45	2		2
铅山县				30	16	14	2		2
横峰县				18	8	10	1		1
弋阳县				27	11	16			
余干县				15	7	8	1		1
鄱阳县				47	20	27	2		2
万年县	1		1	5	2	3			
婺源县				32	10	22	2		2
德兴市	10	4	6	69	52	17	12	1	11
山东省	**1247**	**411**	**836**	**5730**	**3188**	**2542**	**3023**	**345**	**2678**
济南市	**144**	**48**	**96**	**957**	**549**	**408**	**1249**	**104**	**1145**
历下区	27	11	16	173	98	75	20	7	13
市中区	31	17	14	209	132	77	46	7	39
槐荫区				51	31	20	10	3	7
天桥区				152	106	46	6	4	2
历城区	42	12	30	191	111	80	749	52	697
长清区	10	4	6	85	33	52	338	11	327
平阴县	12	2	10	5	1	4	4		4
济阳县	17	2	15	16	4	12	6		6
商河县				15	5	10	6	1	5
章丘市	5		5	60	28	32	64	19	45
青岛市	**133**	**40**	**93**	**1258**	**692**	**566**	**123**	**49**	**74**
市南区	12	4	8	96	47	49	4	2	2
市北区	7	3	4	78	46	32	10	3	7
四方区	14	8	6	79	41	38	8	3	5
黄岛区	23	8	15	227	151	76	23	14	9
崂山区				153	75	78	8	7	1
李沧区	9	6	3	107	58	49	3		3
城阳区				101	74	27	8	6	2
胶州市	24	1	23	51	28	23	2		2
即墨市	3	3		58	27	31	25	11	14
平度市	5	1	4	192	87	105	20	2	18
胶南市	15	4	11	99	53	46	3	1	2
莱西市	21	2	19	17	5	12	9		9
淄博市	**24**	**10**	**14**	**226**	**134**	**92**	**71**	**12**	**59**
淄川区				45	30	15	5	1	4
张店区	11	6	5	84	58	26	19	9	10
博山区	3	1	2	30	14	16	4		4
临淄区	8	3	5	32	25	7	1		1
周村区				11	1	10			
桓台县				10	2	8	1		1
高青县				7	2	5	37	2	35
沂源县	2		2	7	2	5	4		4
枣庄市	**7**	**1**	**6**	**65**	**34**	**31**	**78**	**4**	**74**
市中区	1		1	6	5	1	3		3
薛城区				7	3	4	1		1
峄城区				4		4	2		2
台儿庄区				5	1	4			
山亭区	2	1	1	5	2	3	24		24
滕州市	4		4	38	23	15	48	4	44

10-6　续表 26

单位：人

地　区	白　族			土家族			哈尼族		
	小计	男	女	小计	男	女	小计	男	女
东营市	**145**	**45**	**100**	**364**	**189**	**175**	**27**	**4**	**23**
东营区	24	18	6	188	99	89	7	1	6
河口区	5	3	2	88	43	45	1		1
垦利县	2	1	1	24	18	6	6	3	3
利津县	4		4	25	7	18	3		3
广饶县	110	23	87	39	22	17	10		10
烟台市	**198**	**94**	**104**	**1083**	**657**	**426**	**142**	**54**	**88**
芝罘区	15	6	9	273	159	114	8		8
福山区	3	2	1	125	83	42	9	6	3
牟平区	52	19	33	3	1	2	3		3
莱山区	35	9	26	129	71	58	9	2	7
长岛县				2	2				
龙口市				180	110	70	4	2	2
莱阳市	6		6	20	10	10	9	1	8
莱州市	81	53	28	182	122	60	1	1	
蓬莱市				6	2	4			
招远市				137	87	50	48	5	43
栖霞市	6	5	1	26	10	16	8	4	4
海阳市							43	33	10
潍坊市	**103**	**23**	**80**	**356**	**213**	**143**	**395**	**35**	**360**
潍城区	12	4	8	41	26	15	2	1	1
寒亭区				26	15	11	51	10	41
坊子区	4		4	15	5	10	42	4	38
奎文区				109	77	32	13	1	12
临朐县				3	2	1	12	1	11
昌乐县	14		14	8	3	5	14		14
青州市	1		1	32	16	16	23	3	20
诸城市	2		2	13	8	5	6	1	5
寿光市	54	16	38	89	57	32	193	12	181
安丘市	10		10	5	1	4	7	2	5
高密市	1		1	12	1	11			
昌邑市	5	3	2	3	2	1	32		32
济宁市	**17**	**5**	**12**	**174**	**74**	**100**	**112**	**4**	**108**
市中区				5	1	4	5		5
任城区				46	35	11			
微山县				2	1	1			
鱼台县	1		1	16	5	11	3		3
金乡县	1		1	10	3	7	2		2
嘉祥县				16	3	13	8	1	7
汶上县				6	3	3	5		5
泗水县									
梁山县	2	1	1	1		1	1	1	
曲阜市	2	1	1	14	6	8	3		3
兖州市				16	5	11	4		4
邹城市	11	3	8	42	12	30	81	2	79
泰安市	**1**	**1**		**103**	**52**	**51**	**68**	**6**	**62**
泰山区				47	27	20	13	2	11
岱岳区	1	1		22	12	10	36	3	33
宁阳县				18	10	8	10		10
东平县				2	1	1			
新泰市				5	1	4			
肥城市				9	1	8	9	1	8
威海市	**179**	**32**	**147**	**311**	**178**	**133**	**68**	**14**	**54**
环翠区	35	20	15	202	112	90	14	9	5
文登市	27	9	18	29	13	16	30	3	27
荣成市	11	2	9	57	32	25	7		7
乳山市	106	1	105	23	21	2	17	2	15

10-6 续表 27

单位：人

地区	白族			土家族			哈尼族		
	小计	男	女	小计	男	女	小计	男	女
日照市	**85**	**16**	**69**	**110**	**34**	**76**	**92**	**18**	**74**
东港区	1		1	60	24	36	31	6	25
岚山区	2		2	27	7	20	4	1	3
五莲县	22	8	14	6	1	5	15	1	14
莒县	60	8	52	17	2	15	42	10	32
莱芜市	**7**	**4**	**3**	**39**	**23**	**16**	**11**		**11**
莱城区				32	21	11	11		11
钢城区	7	4	3	7	2	5			
临沂市	**9**	**3**	**6**	**188**	**74**	**114**	**520**	**28**	**492**
兰山区	1	1		98	57	41	11	5	6
罗庄区	2	1	1	9	3	6	4		4
河东区	4	1	3	3	1	2	23	2	21
沂南县				19	2	17	11		11
郯城县				8	1	7	31	1	30
沂水县				8		8	6		6
苍山县				7		7	9		9
费县				17	6	11	18	1	17
平邑县	2		2	8	2	6	88	2	86
莒南县				7		7	13		13
蒙阴县							1		1
临沭县				4	2	2	305	17	288
德州市	**15**	**1**	**14**	**109**	**60**	**49**	**19**	**4**	**15**
德城区				37	26	11	3		3
陵县	11	1	10	6	4	2	2		2
宁津县				14	5	9	7	1	6
庆云县				4	2	2			
临邑县				22	12	10	2	2	
齐河县				7	4	3			
平原县	4		4	4	1	3	3	1	2
夏津县				1		1			
武城县				4	1	3			
乐陵市							2		2
禹城市				10	5	5			
聊城市	**31**	**12**	**19**	**76**	**28**	**48**	**11**	**1**	**10**
东昌府区	11	3	8	28	13	15	2		2
阳谷县	1	1		6	1	5	1	1	
莘县	15	6	9	4		4	3		3
茌平县	2	1	1	9	2	7	2		2
东阿县	1	1		3		3	1		1
冠县				12	5	7	1		1
高唐县				3	1	2			
临清市	1		1	11	6	5	1		1
滨州市	**36**	**18**	**18**	**243**	**173**	**70**	**23**	**4**	**19**
滨城区	9	3	6	48	24	24	8	1	7
惠民县	3	1	2	6	4	2	3		3
阳信县				14	10	4			
无棣县				73	61	12			
沾化县				47	39	8			
博兴县	16	8	8	19	10	9	3		3
邹平县	8	6	2	36	25	11	9	3	6
菏泽市	**113**	**58**	**55**	**68**	**24**	**44**	**14**	**4**	**10**
牡丹区	2	1	1	22	9	13	7	1	6
曹县	1		1	4		4	3	3	
单县	24	23	1	7	2	5			
成武县	83	33	50	3	2	1			
巨野县	1	1		5		5	1		1
郓城县				2	2		1		1
鄄城县	1		1	1		1			
定陶县				1		1	1		1
东明县	1		1	23	9	14	1		1

10-6　续表 28　　　　单位：人

地　区	白　族			土家族			哈尼族		
	小计	男	女	小计	男	女	小计	男	女
河南省	**581**	**245**	**336**	**5287**	**2642**	**2645**	**373**	**83**	**290**
郑州市	**196**	**92**	**104**	**1581**	**905**	**676**	**57**	**20**	**37**
中原区	10	4	6	245	134	111	6	2	4
二七区	39	16	23	198	101	97	5	1	4
管城回族区	15	7	8	131	68	63			
金水区	112	56	56	506	276	230	22	11	11
上街区				13	6	7			
惠济区	4	2	2	42	23	19	1		1
中牟县	2	1	1	31	13	18	10	2	8
巩义市				209	155	54	3	1	2
荥阳市	8	1	7	27	12	15	3	1	2
新密市				40	16	24	1		1
新郑市	5	5		54	26	28	4		4
登封市	1		1	85	75	10	2	2	
开封市	**9**	**3**	**6**	**182**	**79**	**103**	**9**	**2**	**7**
龙亭区				20	16	4			
顺河回族区	2	1	1	12	3	9			
鼓楼区				2	1	1			
禹王台区				13	7	6			
金明区	3	1	2	53	32	21	4	2	2
杞县				11	4	7	1		1
通许县				8	2	6			
尉氏县				12	1	11	3		3
开封县	4	1	3	14	1	13			
兰考县				37	12	25	1		1
洛阳市	**49**	**30**	**19**	**475**	**257**	**218**	**30**	**15**	**15**
老城区	3	3		10	5	5			
西工区	4		4	81	51	30	2		2
瀍河回族区				81	40	41			
涧西区	27	18	9	144	81	63	20	15	5
吉利区				11	5	6			
洛龙区	13	9	4	57	26	31	1		1
孟津县				23	17	6			
新安县				2		2			
栾川县				24	19	5			
嵩县				3		3	3		3
汝阳县				3	1	2			
宜阳县				16	5	11	2		2
洛宁县				3		3			
伊川县	1		1				2		2
偃师市	1		1	17	7	10			
平顶山市	**119**	**44**	**75**	**407**	**182**	**225**	**39**	**6**	**33**
新华区	3		3	108	48	60	2	1	1
卫东区	32	15	17	99	51	48	2		2
石龙区				8	7	1			
湛河区				35	19	16			
宝丰县				22	7	15			
叶县	30	15	15	36	5	31	17	1	16
鲁山县	26	12	14	19		19	4	1	3
郏县	3		3	18	6	12	3		3
舞钢市	22	2	20	20	6	14	4		4
汝州市	3		3	42	33	9	7	3	4

10-6 续表 29 单位：人

地区	白族			土家族			哈尼族		
	小计	男	女	小计	男	女	小计	男	女
安阳市	**10**	**1**	**9**	**193**	**75**	**118**	**19**	**9**	**10**
文峰区				72	29	43	1	1	
北关区				13	8	5			
殷都区				20	13	7	5	5	
龙安区				11	7	4	4	2	2
安阳县				10	3	7	1		1
汤阴县	4	1	3	24	5	19	1		1
滑县	6		6	30	6	24	3	1	2
内黄县				10	4	6	1		1
林州市				3		3	3		3
鹤壁市				**33**	**16**	**17**	**4**		**4**
鹤山区				1	1				
山城区				5	3	2			
淇滨区				16	11	5	1		1
浚县				7		7	3		3
淇县				4	1	3			
新乡市	**11**	**2**	**9**	**169**	**94**	**75**	**22**	**3**	**19**
红旗区	5	2	3	51	23	28	4	2	2
卫滨区				16	10	6	1		1
凤泉区				12	11	1	1	1	
牧野区				36	28	8			
新乡县	1		1	10	6	4			
获嘉县	2		2	15	9	6			
原阳县				3	1	2			
延津县				1		1			
封丘县	2		2	2		2	3		3
长垣县	1		1	11	4	7	9		9
卫辉市				7		7			
辉县市				5	2	3	4		4
焦作市	**7**	**6**	**1**	**207**	**110**	**97**	**7**	**1**	**6**
解放区				48	40	8			
中站区				2		2			
马村区				8	3	5			
山阳区	4	4		73	38	35			
修武县				34	7	27	3		3
博爱县				2		2			
武陟县	3	2	1	9	1	8	1		1
温县				8	6	2			
沁阳市				21	13	8	3	1	2
孟州市				2	2				
濮阳市	**3**	**2**	**1**	**460**	**229**	**231**	**4**		**4**
华龙区				252	116	136			
清丰县	2	1	1	65	28	37	1		1
南乐县				13	8	5			
范县				14	6	8			
台前县	1	1		5	1	4	1		1
濮阳县				111	70	41	2		2
许昌市	**3**	**1**	**2**	**133**	**74**	**59**	**8**		**8**
魏都区				47	28	19			
许昌县	3	1	2	14	4	10	1		1
鄢陵县									
襄城县				20	11	9			
禹州市				37	25	12	3		3
长葛市				15	6	9	4		4

10-6　续表 30　　　　单位：人

地　区	白　族			土家族			哈尼族		
	小计	男	女	小计	男	女	小计	男	女
漯河市	**5**	**2**	**3**	**47**	**15**	**32**	**8**	**5**	**3**
源汇区				14	5	9			
郾城区				12	3	9	6	5	1
召陵区	5	2	3	7	2	5	2		2
舞阳县				3		3			
临颍县				11	5	6			
三门峡市	**3**	**2**	**1**	**43**	**28**	**15**	**9**		**9**
湖滨区	2	2		29	21	8	2		2
渑池县				2	1	1	2		2
陕县	1		1	4	3	1	2		2
卢氏县				3	1	2	2		2
义马市									
灵宝市				5	2	3	1		1
南阳市	**3**	**1**	**2**	**683**	**281**	**402**	**39**	**8**	**31**
宛城区				219	102	117	2		2
卧龙区	2	1	1	119	63	56	1		1
南召县				12	2	10	1		1
方城县				31	12	19	7	1	6
西峡县	1		1	8	3	5	13	3	10
镇平县				34	12	22			
内乡县				17	6	11	9	4	5
淅川县				1		1			
社旗县				31	7	24			
唐河县				121	44	77	4		4
新野县				23	5	18			
桐柏县				42	18	24	2		2
邓州市				25	7	18			
商丘市	**48**	**20**	**28**	**69**	**21**	**48**	**22**	**1**	**21**
梁园区	2	1	1	26	11	15	5	1	4
睢阳区	46	19	27	11	6	5			
民权县				4		4			
睢县									
宁陵县				5	1	4			
柘城县				8		8	2		2
虞城县				4	1	3	2		2
夏邑县				1		1	2		2
永城市				10	2	8	11		11
信阳市	**31**	**9**	**22**	**285**	**121**	**164**	**30**	**4**	**26**
浉河区	3	2	1	100	44	56	2		2
平桥区				48	22	26	14		14
罗山县				35	18	17	3	2	1
光山县				18	7	11			
新县				17	5	12			
商城县				6	2	4	2	1	1
固始县	28	7	21	38	18	20	5	1	4
潢川县				14	3	11	2		2
淮滨县									
息县				9	2	7	2		2
周口市	**59**	**24**	**35**	**102**	**33**	**69**	**11**	**1**	**10**
川汇区	47	18	29	18	8	10			
扶沟县	1		1	16	8	8	1		1
西华县				23	7	16			
商水县	8	4	4	9	1	8			

10-6 续表 31 单位：人

地区	白族			土家族			哈尼族		
	小计	男	女	小计	男	女	小计	男	女
沈丘县				9	4	5	2		2
郸城县				4		4			
淮阳县	3	2	1	9	2	7	1	1	
太康县				4	1	3			
鹿邑县				7	2	5			
项城市				3		3	7		7
驻马店市	**22**	**5**	**17**	**209**	**118**	**91**	**49**	**4**	**45**
驿城区				126	92	34	5	1	4
西平县	9		9	19	4	15	3		3
上蔡县				1		1	13	1	12
平舆县				1		1	5		5
正阳县				2		2	2		2
确山县	10	5	5	12	6	6	13	1	12
泌阳县	1		1	23	8	15	4	1	3
汝南县				11	4	7			
遂平县	2		2	8	2	6	2		2
新蔡县				6	2	4	2		2
省直辖县级行政区划	**3**	**1**	**2**	**9**	**4**	**5**	**6**	**4**	**2**
济源市	3	1	2	9	4	5	6	4	2
湖北省	**6410**	**3288**	**3122**	**2100052**	**1069839**	**1030213**	**314**	**117**	**197**
武汉市	**382**	**198**	**184**	**30215**	**15645**	**14570**	**154**	**74**	**80**
江岸区	8	3	5	1584	790	794	15	7	8
江汉区	5	2	3	1059	552	507	10	4	6
硚口区	8	2	6	1674	909	765	28	11	17
汉阳区	9	6	3	1050	642	408			
武昌区	12	8	4	5054	2515	2539	10	4	6
青山区				995	542	453	7	5	2
洪山区	265	132	133	11247	5797	5450	72	37	35
东西湖区	29	20	9	1161	652	509	6	2	4
汉南区	5	4	1	119	66	53	1	1	
蔡甸区	1	1		1332	764	568	2	1	1
江夏区	40	20	20	3952	1868	2084	3	2	1
黄陂区				953	535	418			
新洲区				35	13	22			
黄石市	**49**	**23**	**26**	**1118**	**543**	**575**	**12**	**3**	**9**
黄石港区	8	3	5	409	176	233	2		2
西塞山区				102	45	57	5	3	2
下陆区	19	9	10	248	123	125	4		4
铁山区	10	5	5	86	47	39			
阳新县	1		1	75	29	46			
大冶市	11	6	5	198	123	75	1		1
十堰市	**2**	**2**		**892**	**491**	**401**	**8**	**1**	**7**
茅箭区				341	160	181	1	1	
张湾区	1	1		300	202	98			
郧县				43	21	22	1		1
郧西县				7		7			
竹山县				16	10	6			
竹溪县				29	21	8	3		3
房县				27	20	7	2		2
丹江口市	1	1		129	57	72	1		1
宜昌市	**55**	**33**	**22**	**463684**	**238191**	**225493**	**44**	**15**	**29**
西陵区	32	19	13	17250	8309	8941	18	8	10
伍家岗区	6	5	1	6156	2968	3188			
点军区				1806	534	1272	1		1

10-6　续表 32

单位：人

地　　区	白　族			土家族			哈尼族		
	小计	男	女	小计	男	女	小计	男	女
猇亭区				1325	690	635			
夷陵区	2	2		2917	1498	1419	3	1	2
远安县				159	108	51	2		2
兴山县	1		1	1298	587	711	3	2	1
秭归县	2		2	2053	740	1313	3	1	2
长阳土家族自治县	2	2		252516	131204	121312	9	3	6
五峰土家族自治县	2		2	159798	83062	76736	1		1
宜都市	7	5	2	13136	6038	7098			
当阳市	1		1	1953	961	992	2		2
枝江市				3317	1492	1825	2		2
襄樊市	**15**	**9**	**6**	**1694**	**803**	**891**	**6**		**6**
襄城区	1	1		606	292	314	2		2
樊城区	5	4	1	424	214	210			
襄阳区				116	66	50			
南漳县				35	14	21	1		1
谷城县	6	4	2	30	12	18			
保康县				31	11	20	1		1
老河口市				71	36	35	1		1
枣阳市	2		2	128	46	82	1		1
宜城市	1		1	253	112	141			
鄂州市	**6**	**4**	**2**	**474**	**219**	**255**	**1**	**1**	
梁子湖区				48	19	29			
华容区				45	22	23			
鄂城区	6	4	2	381	178	203	1	1	
荆门市	**44**	**23**	**21**	**7118**	**3908**	**3210**	**6**	**1**	**5**
东宝区	14	4	10	1166	629	537			
掇刀区	1	1		665	375	290			
京山县	2		2	1234	621	613	1		1
沙洋县	11	9	2	3096	1817	1279	2	1	1
钟祥市	16	9	7	957	466	491	3		3
孝感市	**37**	**17**	**20**	**1639**	**750**	**889**	**10**	**3**	**7**
孝南区	31	14	17	1002	460	542	6	2	4
孝昌县				80	31	49	1	1	
大悟县				39	4	35			
云梦县				59	23	36	1		1
应城市				241	146	95			
安陆市	5	3	2	71	30	41			
汉川市	1		1	147	56	91	2		2
荆州市	**30**	**14**	**16**	**20800**	**10598**	**10202**	**42**	**14**	**28**
沙市区	14	8	6	3160	1674	1486	2	2	
荆州区	7	4	3	4841	2358	2483			
公安县				1219	589	630	3		3
监利县	2		2	143	51	92	18	11	7
江陵县	2	2		953	572	381			
石首市	1		1	181	52	129	4		4
洪湖市	2		2	119	53	66			
松滋市	2		2	10184	5249	4935	15	1	14
黄冈市	**100**	**53**	**47**	**894**	**320**	**574**	**8**	**1**	**7**
黄州区	40	20	20	357	134	223	2		2
团风县	1		1	63	20	43			
红安县				11		11			
罗田县				49	10	39			
英山县				7	1	6	1		1
浠水县				43	12	31			
蕲春县				69	29	40	1		1
黄梅县	2	2		199	70	129	1		1
麻城市				17	12	5			
武穴市	57	31	26	79	32	47	3	1	2

10-6 续表 33　　　　单位：人

地区	白族			土家族			哈尼族		
	小计	男	女	小计	男	女	小计	男	女
咸宁市				**232**	**110**	**122**	**2**		**2**
咸安区				29	12	17			
嘉鱼县				79	38	41	1		1
通城县				17	7	10	1		1
崇阳县				6	1	5			
通山县									
赤壁市				101	52	49			
随州市	**8**	**4**	**4**	**280**	**123**	**157**	**1**		**1**
曾都区	2	1	1	150	73	77			
随县	4	2	2	47	13	34	1		1
广水市	2	1	1	83	37	46			
恩施土家族苗族自治州	**5639**	**2894**	**2745**	**1562948**	**794012**	**768936**	**20**	**4**	**16**
恩施市	201	99	102	287102	143936	143166	2		2
利川市	21	10	11	342920	174502	168418	5		5
建始县	35	17	18	144410	73457	70953	1		1
巴东县	6	4	2	211114	108081	103033	5		5
宣恩县	250	137	113	131800	68504	63296	3	2	1
咸丰县	17	8	9	224179	112450	111729	1		1
来凤县	13	9	4	83421	42547	40874	1	1	
鹤峰县	5096	2610	2486	138002	70535	67467	2	1	1
省直辖县级行政区划	**43**	**14**	**29**	**8064**	**4126**	**3938**			
仙桃市	42	13	29	590	232	358			
潜江市	1	1		1505	765	740			
天门市				696	342	354			
神农架林区				5273	2787	2486			
湖南省	**115678**	**59088**	**56590**	**2632452**	**1355212**	**1277240**	**1055**	**182**	**873**
长沙市	**1621**	**797**	**824**	**28832**	**13823**	**15009**	**83**	**34**	**49**
芙蓉区	229	115	114	3983	1962	2021	8	4	4
天心区	187	76	111	3021	1308	1713	11	11	
岳麓区	445	215	230	7192	3269	3923	11	4	7
开福区	117	51	66	2303	1246	1057	2	2	
雨花区	203	91	112	4715	2295	2420	3	2	1
长沙县	338	209	129	5043	2746	2297	11	4	7
望城县	66	28	38	1604	695	909	12	2	10
宁乡县	21	6	15	671	178	493	9	1	8
浏阳市	15	6	9	300	124	176	16	4	12
株洲市	**329**	**151**	**178**	**5067**	**2708**	**2359**	**199**	**29**	**170**
荷塘区	41	17	24	989	522	467	9	6	3
芦淞区	74	33	41	1026	484	542	1		1
石峰区	109	43	66	1367	783	584	3		3
天元区	66	38	28	944	505	439	2	2	
株洲县	7	4	3	112	42	70	13		13
攸县	6	4	2	110	80	30	63	14	49
茶陵县	4	2	2	131	77	54	1		1
炎陵县	6	2	4	194	136	58	1		1
醴陵市	16	8	8	194	79	115	106	7	99
湘潭市	**260**	**122**	**138**	**3962**	**1988**	**1974**	**44**	**8**	**36**
雨湖区	123	50	73	2065	1101	964	12	6	6
岳塘区	88	52	36	1196	664	532	2		2
湘潭县	14	5	9	311	88	223	17	2	15
湘乡市	35	15	20	315	111	204	10		10
韶山市				75	24	51	3		3

10-6　续表 34

单位：人

地　区	白　族			土家族			哈尼族		
	小计	男	女	小计	男	女	小计	男	女
衡阳市	**103**	**47**	**56**	**3589**	**1900**	**1689**	**317**	**21**	**296**
珠晖区	23	10	13	763	412	351	2		2
雁峰区	27	8	19	539	283	256	5	2	3
石鼓区	1		1	451	182	269			
蒸湘区	9	6	3	1045	593	452	9	6	3
南岳区				11	5	6			
衡阳县				85	19	66	18	1	17
衡南县	7	7		146	73	73	7		7
衡山县	3	2	1	38	24	14	3	3	
衡东县	5	3	2	123	64	59	2		2
祁东县	2		2	54	19	35	244	4	240
耒阳市	26	11	15	311	220	91	1		1
常宁市				23	6	17	26	5	21
邵阳市	**322**	**162**	**160**	**2253**	**1004**	**1249**	**115**	**6**	**109**
双清区				126	71	55	1		1
大祥区	32	16	16	408	202	206	6	2	4
北塔区				88	52	36			
邵东县	1		1	101	33	68	69	1	68
新邵县	2		2	96	23	73	6	1	5
邵阳县	12	5	7	54	19	35	13		13
隆回县	1		1	205	68	137	11	1	10
洞口县	159	75	84	125	38	87	1		1
绥宁县	81	52	29	696	355	341	2		2
新宁县	14	5	9	93	37	56	2	1	1
城步苗族自治县	17	8	9	171	81	90			
武冈市	3	1	2	90	25	65	4		4
岳阳市	**44**	**21**	**23**	**2829**	**1247**	**1582**	**14**	**1**	**13**
岳阳楼区	29	12	17	1507	590	917	1		1
云溪区	3	2	1	359	190	169			
君山区				308	237	71	1	1	
岳阳县	2	1	1	39	6	33	1		1
华容县				100	38	62	1		1
湘阴县	7	4	3	99	41	58	6		6
平江县	3	2	1	164	64	100	3		3
汨罗市				184	58	126	1		1
临湘市				69	23	46			
常德市	**446**	**223**	**223**	**361228**	**186663**	**174565**	**25**	**3**	**22**
武陵区	170	79	91	8022	3649	4373			
鼎城区	32	21	11	6144	2963	3181	9	2	7
安乡县	7	3	4	290	144	146			
汉寿县	5	1	4	1381	533	848	5	1	4
澧县	98	46	52	7293	3611	3682	4		4
临澧县				7917	4012	3905	1		1
桃源县	1		1	1503	751	752	1		1
石门县	99	43	56	327175	169835	157340	4		4
津市市	34	30	4	1503	1165	338	1		1
张家界市	**95372**	**48342**	**47030**	**987371**	**507936**	**479435**	**4**	**1**	**3**
永定区	5250	2669	2581	344617	174466	170151	1	1	
武陵源区	753	395	358	45709	23158	22551			
慈利县	412	227	185	352109	184521	167588	1		1
桑植县	88957	45051	43906	244936	125791	119145	2		2
益阳市	**23**	**8**	**15**	**2428**	**994**	**1434**	**25**	**3**	**22**
资阳区				160	70	90	3	2	1
赫山区	7	2	5	831	313	518	8	1	7

10-6 续表 35　　单位：人

地区	白族			土家族			哈尼族		
	小计	男	女	小计	男	女	小计	男	女
南县	7	5	2	605	272	333			
桃江县	3		3	258	65	193	1		1
安化县	2		2	131	39	92	12		12
沅江市	4	1	3	443	235	208	1		1
郴州市	**85**	**45**	**40**	**1589**	**786**	**803**	**46**	**16**	**30**
北湖区	11	4	7	450	244	206	14	12	2
苏仙区	5	3	2	617	287	330	4	1	3
桂阳县	6	3	3	139	90	49	11		11
宜章县	5	4	1	134	69	65			
永兴县				16	4	12			
嘉禾县									
临武县				44	20	24			
汝城县	41	23	18	62	22	40	5		5
桂东县				4		4			
安仁县	2		2	6	4	2			
资兴市	15	8	7	117	46	71	12	3	9
永州市	**274**	**134**	**140**	**1055**	**459**	**596**	**40**	**7**	**33**
零陵区	88	38	50	534	233	301	4	1	3
冷水滩区				120	64	56	5	3	2
祁阳县	52	22	30	90	42	48	17	2	15
东安县	90	51	39	50	22	28	2	1	1
双牌县				35	12	23	1		1
道县				27	5	22			
江永县	4	1	3	45	28	17	3		3
宁远县	37	21	16	50	13	37	1		1
蓝山县				39	16	23	1		1
新田县	3	1	2	3	2	1	6		6
江华瑶族自治县				62	22	40			
怀化市	**15261**	**8194**	**7067**	**141136**	**78686**	**62450**	**80**	**37**	**43**
鹤城区	418	199	219	7270	3645	3625	60	33	27
中方县	2	1	1	193	77	116			
沅陵县	14611	7879	6732	86076	46655	39421	4	1	3
辰溪县	43	21	22	1130	522	608			
溆浦县	15	8	7	38673	23505	15168	5		5
会同县	27	9	18	200	77	123			
麻阳苗族自治县	1		1	218	95	123			
新晃侗族自治县	55	32	23	409	154	255			
芷江侗族自治县	25	9	16	5476	3158	2318	1		1
靖州苗族侗族自治县	15	7	8	548	312	236	7	2	5
通道侗族自治县	6	5	1	151	71	80	2	1	1
洪江市	43	24	19	792	415	377	1		1
娄底市	**82**	**39**	**43**	**1812**	**932**	**880**	**48**	**13**	**35**
娄星区	51	24	27	1052	525	527	17	9	8
双峰县	8	2	6	129	49	80	11	2	9
新化县				109	37	72	4	1	3
冷水江市	4		4	268	199	69			
涟源市	19	13	6	254	122	132	16	1	15
湘西土家族苗族自治州	**1456**	**803**	**653**	**1089301**	**556086**	**533215**	**15**	**3**	**12**
吉首市	747	383	364	107976	53883	54093	3		3
泸溪县	49	31	18	45668	23572	22096	1	1	
凤凰县	31	15	16	70818	37677	33141	1		1
花垣县	34	11	23	21343	10610	10733	2		2
保靖县	46	22	24	165368	85430	79938	1		1
古丈县	25	9	16	52986	27287	25699	1	1	
永顺县	387	264	123	350787	178420	172367	2		2
龙山县	137	68	69	274355	139207	135148	4	1	3

10-6　续表 36

单位：人

地　区	白　族			土家族			哈尼族		
	小计	男	女	小计	男	女	小计	男	女
广东省	**16692**	**9419**	**7273**	**212513**	**117141**	**95372**	**5987**	**3585**	**2402**
广州市	**1736**	**944**	**792**	**24332**	**13302**	**11030**	**458**	**286**	**172**
荔湾区	41	23	18	2665	1469	1196	18	8	10
越秀区	89	46	43	1165	554	611	21	9	12
海珠区	128	72	56	1209	592	617	35	19	16
天河区	208	113	95	2123	1104	1019	41	22	19
白云区	442	220	222	5270	2971	2299	115	67	48
黄埔区	106	65	41	1268	723	545	8	5	3
番禺区	319	173	146	5092	2752	2340	104	71	33
花都区	40	23	17	1556	898	658	51	40	11
南沙区	22	13	9	673	395	278	5	4	1
萝岗区	202	121	81	1495	831	664	21	12	9
增城市	107	55	52	1361	756	605	33	26	7
从化市	32	20	12	455	257	198	6	3	3
韶关市	**37**	**27**	**10**	**1257**	**827**	**430**	**7**	**5**	**2**
武江区	8	5	3	169	78	91			
浈江区	8	6	2	432	323	109	3	3	
曲江区	9	8	1	109	62	47			
始兴县	3	3		62	32	30	2	1	1
仁化县	1		1	57	26	31			
翁源县				69	45	24			
乳源瑶族自治县				48	19	29	1		1
新丰县	5	3	2	23	14	9			
乐昌市	3	2	1	184	160	24	1	1	
南雄市				104	68	36			
深圳市	**5597**	**3133**	**2464**	**47823**	**25462**	**22361**	**1943**	**1168**	**775**
罗湖区	111	69	42	1958	902	1056	68	40	28
福田区	442	218	224	3477	1589	1888	310	195	115
南山区	334	164	170	3891	2001	1890	69	35	34
宝安区	3437	1955	1482	23986	13334	10652	1070	646	424
龙岗区	1197	685	512	13677	7170	6507	394	233	161
盐田区	76	42	34	834	466	368	32	19	13
珠海市	**504**	**302**	**202**	**5086**	**2736**	**2350**	**124**	**81**	**43**
香洲区	329	195	134	2951	1516	1435	77	52	25
斗门区	79	48	31	1009	581	428	20	9	11
金湾区	96	59	37	1126	639	487	27	20	7
汕头市	**57**	**26**	**31**	**1746**	**980**	**766**	**47**	**24**	**23**
龙湖区	5	2	3	322	176	146	2	2	
金平区	27	15	12	351	191	160	27	13	14
濠江区	10	3	7	74	41	33	1		1
潮阳区				394	222	172	1	1	
潮南区	1	1		308	182	126	4	1	3
澄海区	14	5	9	272	151	121	12	7	5
南澳县				25	17	8			
佛山市	**1967**	**1168**	**799**	**37384**	**21316**	**16068**	**493**	**319**	**174**
禅城区	199	120	79	2288	1317	971	17	10	7
南海区	462	251	211	14074	8089	5985	172	113	59
顺德区	1099	672	427	10444	5938	4506	231	151	80
三水区	94	63	31	9441	5257	4184	23	19	4
高明区	113	62	51	1137	715	422	50	26	24
江门市	**374**	**226**	**148**	**11011**	**6138**	**4873**	**110**	**73**	**37**
蓬江区	137	85	52	3549	2009	1540	32	24	8
江海区	27	18	9	1410	792	618	22	17	5

10-6 续表 37

单位：人

地区	白族			土家族			哈尼族		
	小计	男	女	小计	男	女	小计	男	女
新会区	60	37	23	1998	1069	929	19	8	11
台山市				308	150	158	5	1	4
开平市	31	16	15	1640	871	769	6	3	3
鹤山市	110	64	46	2061	1228	833	24	20	4
恩平市	9	6	3	45	19	26	2		2
湛江市	**132**	**49**	**83**	**484**	**221**	**263**	**98**	**6**	**92**
赤坎区	9		9	119	54	65	2	1	1
霞山区	6	2	4	166	80	86	6	2	4
坡头区				40	15	25	19		19
麻章区	4	2	2	30	14	16	7		7
遂溪县	9	3	6	28	11	17	1		1
徐闻县	1		1	23	10	13	3	1	2
廉江市	100	40	60	41	18	23	5	1	4
雷州市	3	2	1	16	9	7			
吴川市				21	10	11	55	1	54
茂名市	**36**	**13**	**23**	**279**	**157**	**122**	**55**	**4**	**51**
茂南区	7	3	4	93	54	39	6		6
茂港区	5		5	5	3	2	5		5
电白县	2		2	26	11	15	12		12
高州市	14	7	7	102	53	49	12	1	11
化州市	8	3	5	41	34	7	11	2	9
信宜市				12	2	10	9	1	8
肇庆市	**130**	**66**	**64**	**6198**	**3567**	**2631**	**27**	**14**	**13**
端州区	21	5	16	1561	794	767	10	5	5
鼎湖区	4	2	2	292	182	110	8	4	4
广宁县				23	12	11			
怀集县				71	70	1	1	1	
封开县	3	1	2	13	8	5			
德庆县				18	10	8			
高要市	59	30	29	768	428	340	6	3	3
四会市	43	28	15	3452	2063	1389	2	1	1
惠州市	**941**	**538**	**403**	**15944**	**8674**	**7270**	**558**	**350**	**208**
惠城区	383	223	160	8649	4589	4060	123	75	48
惠阳区	271	147	124	2356	1314	1042	205	126	79
博罗县	71	42	29	3391	1871	1520	138	89	49
惠东县	157	90	67	1027	578	449	92	60	32
龙门县	59	36	23	521	322	199			
梅州市	**3**		**3**	**211**	**114**	**97**	**8**	**2**	**6**
梅江区				119	82	37	1	1	
梅县				16	8	8	3	1	2
大埔县				27	11	16			
丰顺县				18	7	11	1		1
五华县									
平远县				11	2	9			
蕉岭县				3		3	1		1
兴宁市	3		3	17	4	13	2		2
汕尾市	**51**	**33**	**18**	**494**	**257**	**237**	**18**	**14**	**4**
城区	2	1	1	38	15	23	7	5	2
海丰县	49	32	17	435	236	199	7	6	1
陆河县				13	4	9			
陆丰市				8	2	6	4	3	1
河源市	**30**	**11**	**19**	**1096**	**671**	**425**	**23**	**17**	**6**
源城区	9	3	6	573	337	236	10	8	2
紫金县	1		1	55	30	25	1		1
龙川县				17	5	12	3	2	1
连平县	1		1	76	71	5	1	1	
和平县	6	3	3	23	20	3			
东源县	13	5	8	352	208	144	8	6	2

10-6　续表 38

单位：人

地　　区	白　族			土家族			哈尼族		
	小计	男	女	小计	男	女	小计	男	女
阳江市	**142**	**74**	**68**	**604**	**371**	**233**	**4**	**1**	**3**
江城区	25	13	12	161	84	77			
阳西县	1		1	26	10	16			
阳东县	16	14	2	181	126	55	2	1	1
阳春市	100	47	53	236	151	85	2		2
清远市	**160**	**103**	**57**	**2619**	**1582**	**1037**	**41**	**18**	**23**
清城区	42	23	19	1910	1133	777	17	5	12
佛冈县	68	51	17	132	81	51	11	7	4
阳山县	1		1	39	23	16	2		2
连山壮族瑶族自治县	16	10	6	24	9	15	3	3	
连南瑶族自治县				23	11	12			
清新县	8	7	1	198	115	83	3	1	2
英德市	2	1	1	233	173	60	3	2	1
连州市	23	11	12	60	37	23	2		2
东莞市	**3996**	**2224**	**1772**	**38879**	**21259**	**17620**	**1766**	**1074**	**692**
中山市	**669**	**406**	**263**	**12962**	**7034**	**5928**	**156**	**96**	**60**
潮州市	**90**	**49**	**41**	**2563**	**1559**	**1004**	**44**	**32**	**12**
湘桥区	14	7	7	572	307	265	4		4
潮安县	76	42	34	1962	1242	720	33	25	8
饶平县				29	10	19	7	7	
揭阳市	**37**	**26**	**11**	**718**	**430**	**288**	**5**	**1**	**4**
榕城区	31	23	8	324	197	127	2		2
揭东县				99	80	19	1		1
揭西县				14	7	7			
惠来县	5	2	3	120	64	56			
普宁市	1	1		161	82	79	2	1	1
云浮市	**3**	**1**	**2**	**823**	**484**	**339**	**2**		**2**
云城区	1	1		135	66	69	1		1
新兴县				525	302	223	1		1
郁南县				102	83	19			
云安县	2		2	20	13	7			
罗定市				41	20	21			
广西壮族自治区	**2489**	**1255**	**1234**	**9155**	**4830**	**4325**	**474**	**222**	**252**
南宁市	**852**	**412**	**440**	**2124**	**1123**	**1001**	**140**	**69**	**71**
兴宁区	81	58	23	174	110	64	5	3	2
青秀区	192	84	108	744	377	367	26	19	7
江南区	63	29	34	173	94	79	15	5	10
西乡塘区	218	92	126	695	354	341	31	17	14
良庆区	24	11	13	107	57	50	14	10	4
邕宁区				19	2	17			
武鸣县	18	4	14	23	12	11			
隆安县	3	3		11	6	5			
马山县	44	27	17	10	1	9	4	1	3
上林县	8	2	6	18	3	15	3	1	2
宾阳县	61	27	34	124	95	29	28	12	16
横县	140	75	65	26	12	14	14	1	13

10-6 续表 39

单位：人

地区	白族			土家族			哈尼族		
	小计	男	女	小计	男	女	小计	男	女
柳州市	**190**	**110**	**80**	**1915**	**1048**	**867**	**46**	**20**	**26**
城中区	25	19	6	152	78	74	5	4	1
鱼峰区	36	18	18	197	95	102	10	1	9
柳南区	46	27	19	317	171	146	11	3	8
柳北区	36	17	19	263	157	106	4	3	1
柳江县	1		1	56	36	20	4	3	1
柳城县	7	3	4	63	29	34	1		1
鹿寨县	28	21	7	120	57	63	4	3	1
融安县	2		2	79	33	46	6	3	3
融水苗族自治县	2		2	601	357	244	1		1
三江侗族自治县	7	5	2	67	35	32			
桂林市	**222**	**105**	**117**	**1925**	**981**	**944**	**90**	**39**	**51**
秀峰区	25	11	14	143	70	73			
叠彩区	3	2	1	133	72	61	3	2	1
象山区	41	28	13	300	151	149	14	4	10
七星区	41	19	22	299	166	133	10	4	6
雁山区	22	4	18	93	39	54	7	2	5
阳朔县	14	9	5	32	12	20	2	1	1
临桂县	5	2	3	116	51	65	14	2	12
灵川县	10	6	4	228	127	101	8	5	3
全州县	4		4	84	31	53			
兴安县	9	2	7	65	30	35	13	9	4
永福县	10	7	3	65	43	22	4	1	3
灌阳县	21	7	14	22	11	11	2		2
龙胜各族自治县	9	5	4	43	31	12	3	1	2
资源县	1		1	36	15	21	7	7	
平乐县	1		1	93	43	50	1		1
荔浦县	4	2	2	153	75	78	2	1	1
恭城瑶族自治县	2	1	1	20	14	6			
梧州市	**28**	**10**	**18**	**286**	**151**	**135**	**7**	**2**	**5**
万秀区	7	1	6	34	18	16			
蝶山区	8	2	6	41	27	14	3	2	1
长洲区	8	5	3	30	15	15			
苍梧县				26	7	19			
藤县	4	1	3	82	56	26			
蒙山县				42	13	29	1		1
岑溪市	1	1		31	15	16	3		3
北海市	**57**	**27**	**30**	**351**	**209**	**142**	**41**	**22**	**19**
海城区	38	17	21	247	154	93	9	4	5
银海区	10	4	6	85	45	40	24	16	8
铁山港区	5	4	1	2	1	1	2	1	1
合浦县	4	2	2	17	9	8	6	1	5
防城港市	**44**	**23**	**21**	**289**	**186**	**103**	**7**	**2**	**5**
港口区	24	15	9	191	126	65	3	1	2
防城区	8	4	4	35	19	16	1		1
上思县				14	8	6	2		2
东兴市	12	4	8	49	33	16	1	1	
钦州市	**41**	**19**	**22**	**272**	**139**	**133**	**18**	**8**	**10**
钦南区	31	15	16	176	91	85	1		1
钦北区	4	3	1	71	45	26	6	5	1
灵山县	3	1	2	14	2	12	7	2	5
浦北县	3		3	11	1	10	4	1	3
贵港市	**185**	**103**	**82**	**158**	**76**	**82**	**12**	**3**	**9**
港北区	34	16	18	65	31	34	3	2	1
港南区	27	17	10	16	9	7			
覃塘区	38	23	15	12	4	8	2	1	1
平南县	40	26	14	35	18	17	4		4
桂平市	46	21	25	30	14	16	3		3

10-6　续表 40

单位：人

地　区	白族			土家族			哈尼族		
	小计	男	女	小计	男	女	小计	男	女
玉林市	**376**	**178**	**198**	**225**	**89**	**136**	**17**	**9**	**8**
玉州区	98	48	50	104	49	55	11	7	4
容县	13	4	9	22	7	15	1		1
陆川县	56	24	32	10	1	9			
博白县	78	36	42	30	18	12	4	1	3
兴业县	11	4	7	40	9	31	1	1	
北流市	120	62	58	19	5	14			
百色市	**321**	**179**	**142**	**388**	**193**	**195**	**29**	**17**	**12**
右江区	49	30	19	88	45	43	13	11	2
田阳县	4	2	2	17	8	9			
田东县	5	2	3	37	27	10	1	1	
平果县	16	8	8	142	62	80	1		1
德保县	2	1	1	23	12	11			
靖西县	3		3	41	19	22	3	2	1
那坡县	1	1		6	3	3	7	3	4
凌云县				10	7	3			
乐业县	2	2		5	4	1			
田林县	1	1		2		2	1		1
西林县	158	88	70	3	1	2	3		3
隆林各族自治县	80	44	36	14	5	9			
贺州市	**51**	**23**	**28**	**378**	**210**	**168**	**9**		**9**
八步区	16	8	8	185	100	85	5		5
平桂管理区	16	6	10	70	46	24	1		1
昭平县	3	2	1	27	9	18	2		2
钟山县	12	5	7	61	38	23			
富川瑶族自治县	4	2	2	35	17	18	1		1
河池市	**82**	**45**	**37**	**408**	**198**	**210**	**25**	**17**	**8**
金城江区	33	20	13	56	37	19	3		3
南丹县	18	13	5	81	34	47	1	1	
天峨县				19	11	8	1	1	
凤山县				18	11	7			
东兰县				6	2	4			
罗城仫佬族自治县	7	3	4	41	10	31	1	1	
环江毛南族自治县	1		1	27	11	16			
巴马瑶族自治县				16	6	10			
都安瑶族自治县	3		3	38	14	24	2		2
大化瑶族自治县	1		1	2		2			
宜州市	19	9	10	104	62	42	17	14	3
来宾市	**34**	**19**	**15**	**257**	**137**	**120**	**7**	**2**	**5**
兴宾区	23	13	10	107	62	45	6	2	4
忻城县	1	1		50	29	21			
象州县	4	2	2	39	14	25			
武宣县	1		1	32	11	21	1		1
金秀瑶族自治县	2	1	1	15	13	2			
合山市	3	2	1	14	8	6			
崇左市	**6**	**2**	**4**	**179**	**90**	**89**	**26**	**12**	**14**
江州区	2		2	27	14	13	1		1
扶绥县	1		1	37	10	27	2	2	
宁明县				28	13	15	4	2	2
龙州县				34	21	13	8	1	7
大新县				11	5	6	2		2
天等县				13	6	7			
凭祥市	3	2	1	29	21	8	9	7	2

10-6 续表 41

单位：人

地区	白族			土家族			哈尼族		
	小计	男	女	小计	男	女	小计	男	女
海南省	**305**	**150**	**155**	**4286**	**2289**	**1997**	**154**	**70**	**84**
海口市	**165**	**80**	**85**	**1942**	**964**	**978**	**44**	**19**	**25**
秀英区	8	4	4	225	147	78	10	5	5
龙华区	28	19	9	582	255	327	7		7
琼山区	30	12	18	477	249	228	15	6	9
美兰区	99	45	54	658	313	345	12	8	4
三亚市	**58**	**34**	**24**	**662**	**372**	**290**	**23**	**13**	**10**
省直辖县级行政区划	**82**	**36**	**46**	**1682**	**953**	**729**	**87**	**38**	**49**
五指山市	6	3	3	68	42	26	1		1
琼海市	4	1	3	175	100	75	2		2
儋州市	9	6	3	285	161	124	8	2	6
文昌市	3	1	2	44	21	23	1		1
万宁市	11	6	5	374	214	160	6	1	5
东方市	4	1	3	51	34	17			
定安县	2		2	219	125	94	1		1
屯昌县	3		3	87	49	38			
澄迈县				37	23	14	4		4
临高县				18	5	13			
白沙黎族自治县	6	1	5	28	16	12	4	2	2
昌江黎族自治县	4	1	3	52	31	21			
乐东黎族自治县	1		1	23	17	6			
陵水黎族自治县	14	5	9	30	16	14			
保亭黎族苗族自治县	8	5	3	35	18	17	27	16	11
琼中黎族苗族自治县	7	6	1	155	80	75	33	17	16
西沙群岛				1	1				
重庆市	**1569**	**712**	**857**	**1398707**	**717687**	**681020**	**1398**	**365**	**1033**
市辖区	**1369**	**641**	**728**	**310919**	**159258**	**151661**	**993**	**293**	**700**
万州区	18	7	11	16403	8378	8025	14	4	10
涪陵区	16	12	4	4620	2063	2557	25	17	8
渝中区	49	16	33	2576	1230	1346	19	9	10
大渡口区	9	4	5	819	424	395	3	1	2
江北区	37	17	20	2858	1410	1448	10	5	5
沙坪坝区	226	131	95	5180	2608	2572	60	30	30
九龙坡区	100	60	40	3466	1822	1644	64	23	41
南岸区	141	72	69	3507	1895	1612	39	20	19
北碚区	192	85	107	2417	1211	1206	73	21	52
万盛区	9	4	5	203	98	105	6	1	5
双桥区				38	19	19	1		1
渝北区	14	6	8	5598	2873	2725	53	11	42
巴南区	37	11	26	1747	966	781	33	13	20
黔江区	6	3	3	256246	131513	124733	6	5	1
长寿区	1		1	511	209	302	11	2	9
江津区	45	18	27	589	282	307	48	10	38
合川区	405	155	250	987	450	537	408	71	337
永川区	63	39	24	2518	1296	1222	120	50	70
南川区	1	1		636	511	125			
市辖县	**200**	**71**	**129**	**1087788**	**558429**	**529359**	**405**	**72**	**333**
綦江县	38	10	28	273	108	165	33	12	21
潼南县	26	6	20	78	26	52	46	3	43
铜梁县	13	3	10	193	80	113	82	18	64

10-6　续表 42

单位：人

地　区	白　族			土家族			哈尼族		
	小计	男	女	小计	男	女	小计	男	女
大足县	13	3	10	70	23	47	35	5	30
荣昌县	51	26	25	284	164	120	43	9	34
璧山县	29	7	22	339	188	151	27	2	25
梁平县	3	1	2	170	66	104	3		3
城口县				89	35	54			
丰都县				935	418	517	76	9	67
垫江县	3		3	359	188	171	33	9	24
武隆县				1853	908	945			
忠县	4	2	2	7820	3893	3927	4	1	3
开县				144	50	94			
云阳县				2692	1380	1312	2	1	1
奉节县				5683	2884	2799	2		2
巫山县	6	4	2	5080	2701	2379	2		2
巫溪县	4		4	459	274	185	4	1	3
石柱土家族自治县	3	3		323458	164725	158733	5		5
秀山土家族苗族自治县				213703	110261	103442	4	2	2
酉阳土家族苗族自治县				469743	240214	229529	4		4
彭水苗族土家族自治县	7	6	1	54363	29843	24520			
四川省	**9449**	**4683**	**4766**	**59231**	**31106**	**28125**	**1566**	**469**	**1097**
成都市	**1804**	**888**	**916**	**9553**	**5076**	**4477**	**403**	**165**	**238**
锦江区	23	13	10	566	290	276	18	12	6
青羊区	152	81	71	1011	514	497	40	18	22
金牛区	98	56	42	1024	577	447	31	16	15
武侯区	618	308	310	2033	1116	917	80	31	49
成华区	39	22	17	517	286	231	14	3	11
龙泉驿区	74	38	36	851	387	464	22	11	11
青白江区	9	3	6	114	62	52	1		1
新都区	15	6	9	335	176	159	10	6	4
温江区	81	30	51	401	201	200	14	7	7
金堂县	31	11	20	105	42	63	6	1	5
双流县	282	125	157	1182	642	540	58	22	36
郫县	162	85	77	777	430	347	33	16	17
大邑县	35	27	8	31	15	16	9	2	7
蒲江县	13	5	8	12	5	7	9	1	8
新津县	60	27	33	61	33	28	4		4
都江堰市	35	15	20	285	165	120	13	8	5
彭州市	33	12	21	98	52	46	15	5	10
邛崃市	2	1	1	27	15	12	7	1	6
崇州市	42	23	19	123	68	55	19	5	14
自贡市	**40**	**19**	**21**	**358**	**158**	**200**	**76**	**9**	**67**
自流井区	15	12	3	138	75	63	3	1	2
贡井区	5	1	4	40	14	26	1		1
大安区	8	3	5	34	13	21	5	1	4
沿滩区	5	2	3	15	6	9	11	1	10
荣县	2		2	94	38	56	19	3	16
富顺县	5	1	4	37	12	25	37	3	34
攀枝花市	**2722**	**1370**	**1352**	**1658**	**846**	**812**	**62**	**27**	**35**
东区	498	251	247	919	462	457	17	9	8
西区	413	195	218	211	91	120	19	7	12
仁和区	402	210	192	357	191	166	14	6	8
米易县	592	270	322	29	13	16	8	4	4
盐边县	817	444	373	142	89	53	4	1	3

10-6 续表 43

单位：人

地区	白族			土家族			哈尼族		
	小计	男	女	小计	男	女	小计	男	女
泸州市	**79**	**33**	**46**	**633**	**342**	**291**	**166**	**34**	**132**
江阳区	27	10	17	178	94	84	35	6	29
纳溪区				31	19	12	4	3	1
龙马潭区				86	46	40	24	3	21
泸县	15	3	12	89	31	58	67	14	53
合江县	33	20	13	187	121	66	30	8	22
叙永县	1		1	41	28	13	4		4
古蔺县	3		3	21	3	18	2		2
德阳市	**13**	**4**	**9**	**616**	**357**	**259**	**42**	**13**	**29**
旌阳区	2		2	335	200	135	7	3	4
中江县	2		2	22	7	15	16	2	14
罗江县				3	1	2	1	1	
广汉市				118	72	46	4	1	3
什邡市	3	3		61	37	24	6	2	4
绵竹市	6	1	5	77	40	37	8	4	4
绵阳市	**96**	**48**	**48**	**772**	**390**	**382**	**66**	**21**	**45**
涪城区	66	33	33	289	161	128	20	7	13
游仙区	4	2	2	196	112	84			
三台县	2		2	51	18	33	15	4	11
盐亭县				17	2	15	4	1	3
安县	18	10	8	38	15	23	11	5	6
梓潼县				10	3	7	11	1	10
北川羌族自治县	6	3	3	30	10	20			
平武县				4	2	2			
江油市				137	67	70	5	3	2
广元市	**16**	**4**	**12**	**230**	**109**	**121**	**22**	**8**	**14**
利州区				89	56	33	12	8	4
元坝区	8	3	5	36	22	14	2		2
朝天区				20	11	9	1		1
旺苍县	5	1	4	23	7	16			
青川县	3		3	19	5	14	2		2
剑阁县				19	4	15	3		3
苍溪县				24	4	20	2		2
遂宁市	**66**	**10**	**56**	**72**	**21**	**51**	**110**	**9**	**101**
船山区	4	1	3	21	11	10	11	2	9
安居区	30	2	28	6	1	5	29	3	26
蓬溪县	20	5	15	26	4	22	8	1	7
射洪县	5	2	3	8	1	7	2		2
大英县	7		7	11	4	7	60	3	57
内江市	**90**	**23**	**67**	**252**	**125**	**127**	**99**	**23**	**76**
市中区				48	32	16	12	6	6
东兴区	4		4	46	25	21	11	6	5
威远县	60	20	40	63	26	37	20	1	19
资中县	26	3	23	45	18	27	32	4	28
隆昌县				50	24	26	24	6	18
乐山市	**84**	**36**	**48**	**501**	**267**	**234**	**55**	**13**	**42**
市中区	6	2	4	206	119	87	9	5	4
沙湾区	1		1	26	16	10	2		2
五通桥区	7	6	1	23	13	10	3		3
金口河区	7	2	5	25	15	10			
犍为县				5	1	4			
井研县	3		3	15	4	11	17	1	16
夹江县	5	4	1	21	10	11	1		1
沐川县	1		1	9		9	3		3
峨边彝族自治县	16	4	12	41	15	26	3	1	2
马边彝族自治县	23	10	13	24	6	18	11	3	8
峨眉山市	15	8	7	106	68	38	6	3	3

10-6　续表 44　　　　　　　　　　　　　　　　　　　　单位：人

地　区	白　族			土家族			哈尼族		
	小计	男	女	小计	男	女	小计	男	女
南充市	**38**	**12**	**26**	**471**	**204**	**267**	**56**	**34**	**22**
顺庆区	26	5	21	278	140	138	14	9	5
高坪区				10	3	7	1		1
嘉陵区	10	5	5	51	23	28	14	12	2
南部县				25	5	20	7	1	6
营山县				22	4	18	3		3
蓬安县				8	1	7	1		1
仪陇县	1	1		27	5	22	1		1
西充县				2	2		5	5	
阆中市	1	1		48	21	27	10	7	3
眉山市	**238**	**77**	**161**	**261**	**134**	**127**	**52**	**10**	**42**
东坡区	81	32	49	131	74	57	14	2	12
仁寿县	83	24	59	48	13	35	21	5	16
彭山县	14	4	10	37	21	16	4	2	2
洪雅县	11	2	9	22	13	9	6		6
丹棱县	15	3	12	6	4	2	1		1
青神县	34	12	22	17	9	8	6	1	5
宜宾市	**183**	**74**	**109**	**513**	**258**	**255**	**61**	**13**	**48**
翠屏区	85	42	43	201	102	99	17	2	15
宜宾县	6	2	4	96	72	24	3		3
南溪县	10	4	6	18	4	14	9	3	6
江安县	3	2	1	19	7	12	4		4
长宁县				24	9	15	6	1	5
高县	1	1		47	27	20	5	2	3
珙县	2		2	51	19	32	3		3
筠连县	56	21	35	11	6	5	8	3	5
兴文县	4		4	31	10	21	4	2	2
屏山县	16	2	14	15	2	13	2		2
广安市	**89**	**9**	**80**	**188**	**48**	**140**	**127**	**7**	**120**
广安区	38	4	34	55	21	34	39	1	38
岳池县	29	2	27	45	8	37	43	2	41
武胜县	11	1	10	23	7	16	14	1	13
邻水县	1		1	48	9	39	24	2	22
华蓥市	10	2	8	17	3	14	7	1	6
达州市	**16**	**5**	**11**	**40659**	**21124**	**19535**	**10**	**1**	**9**
通川区	2	2		220	116	104			
达县	1		1	81	30	51			
宣汉县				40170	20897	19273			
开江县	6	2	4	23	3	20	1		1
大竹县				62	32	30	5		5
渠县	3		3	28	14	14	3	1	2
万源市	4	1	3	75	32	43	1		1
雅安市	**439**	**221**	**218**	**525**	**330**	**195**	**12**	**3**	**9**
雨城区	1		1	236	151	85	4	2	2
名山县	6	2	4	16	1	15	2		2
荥经县	66	60	6	11	7	4	1		1
汉源县	344	146	198	183	114	69			
石棉县	21	13	8	49	39	10	3	1	2
天全县				18	13	5			
芦山县				1		1			
宝兴县	1		1	11	5	6	2		2

10-6 续表 45 单位：人

地区	白族			土家族			哈尼族		
	小计	男	女	小计	男	女	小计	男	女
巴中市				**22**	**5**	**17**			
巴州区				14	3	11			
通江县									
南江县				8	2	6			
平昌县									
资阳市	**102**	**9**	**93**	**191**	**84**	**107**	**36**	**5**	**31**
雁江区	9	1	8	41	21	20			
安岳县	55	5	50	47	14	33	24	2	22
乐至县	30	2	28	16	7	9	7	2	5
简阳市	8	1	7	87	42	45	5	1	4
阿坝藏族羌族自治州	**307**	**166**	**141**	**295**	**198**	**97**	**11**	**6**	**5**
汶川县	83	38	45	50	28	22	6	4	2
理县	5	2	3	29	22	7			
茂县	5	3	2	18	13	5			
松潘县	36	17	19	18	18		4	2	2
九寨沟县	24	12	12	33	19	14			
金川县				21	13	8			
小金县	3	3		8	4	4			
黑水县	7	5	2	15	13	2			
马尔康县	37	24	13	72	54	18			
壤塘县	8	3	5						
阿坝县	47	26	21	2	1	1	1		1
若尔盖县	52	33	19	18	5	13			
红原县				11	8	3			
甘孜藏族自治州	**799**	**486**	**313**	**352**	**276**	**76**	**37**	**34**	**3**
康定县	79	52	27	130	91	39	5	5	
泸定县	37	16	21	21	12	9	1	1	
丹巴县	9	6	3	4	2	2	8	8	
九龙县	30	19	11	35	28	7	3	2	1
雅江县	21	13	8	72	64	8	2	1	1
道孚县	29	17	12	2	2				
炉霍县	56	31	25	4	3	1	4	3	1
甘孜县	67	37	30	6	4	2			
新龙县	9	5	4						
德格县	6	3	3	1	1		1	1	
白玉县	16	9	7	6	5	1	2	2	
石渠县	64	43	21	1	1				
色达县	58	39	19	2	2				
理塘县	68	43	25	1	1		3	3	
巴塘县	36	19	17	1	1				
乡城县	106	66	40	51	48	3	8	8	
稻城县	53	31	22	9	5	4			
得荣县	55	37	18	6	6				
凉山彝族自治州	**2228**	**1189**	**1039**	**1109**	**754**	**355**	**63**	**34**	**29**
西昌市	399	221	178	448	267	181	13	6	7
木里藏族自治县	125	71	54	59	52	7	5	3	2
盐源县	49	32	17	296	263	33	6	6	
德昌县	951	521	430	11	3	8	3	1	2
会理县	217	106	111	30	19	11	10	4	6
会东县	164	88	76	94	50	44	4	2	2
宁南县	28	14	14	19	8	11	2	1	1
普格县	101	44	57	14	6	8	1	1	
布拖县	44	19	25	2		2	1	1	
金阳县	71	38	33	9	6	3	2	1	1
昭觉县				2	2		1	1	

10-6　续表 46

单位：人

地　区	白　族			土 家 族			哈 尼 族		
	小计	男	女	小计	男	女	小计	男	女
喜德县	3	1	2	4	4				
冕宁县				41	18	23	6	3	3
越西县	49	21	28	11	5	6	2	1	1
甘洛县	11	5	6	11	5	6	1		1
美姑县	3		3	1		1			
雷波县	13	8	5	57	46	11	6	3	3
贵州省	**179510**	**95923**	**83587**	**1436977**	**736526**	**700451**	**1092**	**403**	**689**
贵阳市	**16048**	**8218**	**7830**	**60076**	**31812**	**28264**	**219**	**108**	**111**
南明区	2983	1519	1464	16274	8535	7739	37	18	19
云岩区	4249	2169	2080	20734	10994	9740	79	40	39
花溪区	1160	554	606	4871	2640	2231	17	6	11
乌当区	1375	703	672	5510	2906	2604	27	17	10
白云区	1275	688	587	5458	2902	2556	4	2	2
小河区	1366	713	653	3737	2010	1727	25	15	10
开阳县	166	76	90	671	347	324	11	3	8
息烽县	110	46	64	350	176	174	4		4
修文县	134	48	86	591	290	301	5	2	3
清镇市	3230	1702	1528	1880	1012	868	10	5	5
六盘水市	**46274**	**25189**	**21085**	**4076**	**2257**	**1819**	**177**	**66**	**111**
钟山区	8380	4375	4005	2757	1517	1240	16	6	10
六枝特区	609	320	289	421	234	187	36	9	27
水城县	10060	5627	4433	227	139	88	19	4	15
盘县	27225	14867	12358	671	367	304	106	47	59
遵义市	**725**	**363**	**362**	**94154**	**50668**	**43486**	**113**	**40**	**73**
红花岗区	202	110	92	4312	2263	2049	20	9	11
汇川区	243	135	108	3454	1819	1635	10	4	6
遵义县	65	27	38	1020	498	522	8	4	4
桐梓县	52	26	26	182	81	101	11	3	8
绥阳县	19	8	11	152	66	86	16	3	13
正安县	8	1	7	290	128	162	2	1	1
道真仡佬族苗族自治县	10	4	6	16422	8702	7720	3	1	2
务川仡佬族苗族自治县				36557	19257	17300			
凤冈县	21	6	15	24417	13950	10467	13	8	5
湄潭县	37	13	24	3619	1862	1757	7	1	6
余庆县	20	13	7	3400	1894	1506	8	4	4
习水县	36	16	20	133	57	76	6		6
赤水市	4	2	2	105	49	56	5		5
仁怀市	8	2	6	91	42	49	4	2	2
安顺市	**9082**	**5045**	**4037**	**3116**	**1758**	**1358**	**78**	**24**	**54**
西秀区	6418	3602	2816	1981	1128	853	35	15	20
平坝县	945	479	466	542	318	224	11	2	9
普定县	1370	785	585	184	104	80	14	2	12
镇宁布依族苗族自治县	189	94	95	148	83	65	3	1	2
关岭布依族苗族自治县	51	30	21	137	63	74	3	1	2
紫云苗族布依族自治县	109	55	54	124	62	62	12	3	9
铜仁地区	**414**	**208**	**206**	**1229710**	**624967**	**604743**	**39**	**10**	**29**
铜仁市	122	53	69	81759	43755	38004	12	3	9
江口县	4	1	3	68551	36509	32042			
玉屏侗族自治县	17	9	8	1795	918	877	1		1
石阡县	54	36	18	4008	2116	1892	6	3	3
思南县	45	26	19	141509	73001	68508	3		3
印江土家族苗族自治县	5	2	3	204788	101806	102982	3		3
德江县				308916	155669	153247	3	1	2
沿河土家族自治县	10	6	4	405176	204494	200682	2	1	1
松桃苗族自治县	153	74	79	11895	6053	5842	9	2	7
万山特区	4	1	3	1313	646	667			

10-6 续表 47

单位：人

地区	白族			土家族			哈尼族		
	小计	男	女	小计	男	女	小计	男	女
黔西南布依族苗族自治州	**1994**	**1035**	**959**	**2737**	**1475**	**1262**	**151**	**53**	**98**
兴义市	624	327	297	1494	836	658	85	31	54
兴仁县	144	61	83	347	175	172	21	8	13
普安县	812	422	390	112	54	58	21	7	14
晴隆县	85	48	37	94	47	47	3	2	1
贞丰县	49	29	20	151	76	75	5	1	4
望谟县	63	36	27	49	22	27	1		1
册亨县	7	3	4	89	54	35	1		1
安龙县	210	109	101	401	211	190	14	4	10
毕节地区	**103422**	**55052**	**48370**	**2265**	**1218**	**1047**	**163**	**50**	**113**
毕节市	16848	8764	8084	535	304	231	21	12	9
大方县	35010	18639	16371	212	99	113	23	6	17
黔西县	15706	8147	7559	440	216	224	12	3	9
金沙县	460	258	202	233	129	104	7		7
织金县	17061	9274	7787	241	119	122	39	12	27
纳雍县	10303	5688	4615	160	79	81	37	12	25
威宁彝族回族苗族自治县	3282	1736	1546	327	206	121	19	4	15
赫章县	4752	2546	2206	117	66	51	5	1	4
黔东南苗族侗族自治州	**495**	**250**	**245**	**33676**	**18498**	**15178**	**59**	**18**	**41**
凯里市	264	129	135	3477	1827	1650	20	7	13
黄平县	10	7	3	1312	774	538	6	1	5
施秉县	16	11	5	871	460	411			
三穗县	6		6	1312	776	536	1		1
镇远县	39	25	14	10102	5482	4620	1	1	
岑巩县	23	12	11	14706	8126	6580	8	3	5
天柱县	5	3	2	255	145	110	2		2
锦屏县	25	10	15	218	107	111	2		2
剑河县	10	3	7	127	59	68			
台江县	9	5	4	13	8	5			
黎平县	23	15	8	307	200	107	9	3	6
榕江县	7	3	4	283	149	134	1	1	
从江县	22	11	11	136	97	39	1		1
雷山县	3	3		109	57	52	4	1	3
麻江县	15	7	8	317	162	155	1	1	
丹寨县	18	6	12	131	69	62	3		3
黔南布依族苗族自治州	**1056**	**563**	**493**	**7167**	**3873**	**3294**	**93**	**34**	**59**
都匀市	262	124	138	2236	1090	1146	11	2	9
福泉市	282	161	121	942	525	417	9	7	2
荔波县	35	17	18	176	115	61	4	3	1
贵定县	82	47	35	419	282	137	13	12	1
瓮安县	43	27	16	1237	667	570	22	6	16
独山县	36	17	19	171	96	75	1		1
平塘县	26	10	16	126	62	64	4		4
罗甸县	81	50	31	699	422	277	7	2	5
长顺县				201	124	77	11	1	10
龙里县	24	11	13	393	207	186	3	1	2
惠水县	182	98	84	507	256	251	7		7
三都水族自治县	3	1	2	60	27	33	1		1

10-6　续表 48

单位：人

地　区	白　族			土家族			哈尼族		
	小计	男	女	小计	男	女	小计	男	女
云南省	**1564901**	**786370**	**778531**	**5963**	**3694**	**2269**	**1629508**	**851064**	**778444**
昆明市	**82560**	**41614**	**40946**	**1237**	**722**	**515**	**25807**	**13310**	**12497**
五华区	25644	12664	12980	144	68	76	4985	2460	2525
盘龙区	11257	5733	5524	172	111	61	4134	2167	1967
官渡区	8195	4193	4002	344	198	146	4543	2487	2056
西山区	19704	9895	9809	106	60	46	3627	1901	1726
东川区	548	283	265	55	34	21	136	45	91
呈贡县	3696	1726	1970	59	33	26	2054	1163	891
晋宁县	748	348	400	36	18	18	1633	671	962
富民县	771	378	393	19	10	9	214	75	139
宜良县	354	185	169	66	45	21	701	340	361
石林彝族自治县	215	98	117	31	12	19	229	109	120
嵩明县	628	334	294	36	26	10	502	271	231
禄劝彝族苗族自治县	276	114	162	15	9	6	1241	603	638
寻甸回族彝族自治县	72	29	43	24	16	8	137	52	85
安宁市	10452	5634	4818	130	82	48	1671	966	705
曲靖市	**5259**	**2658**	**2601**	**668**	**373**	**295**	**2039**	**853**	**1186**
麒麟区	2140	1025	1115	278	153	125	701	352	349
马龙县	117	46	71	44	18	26	73	18	55
陆良县	163	70	93	33	11	22	109	37	72
师宗县	89	40	49	41	21	20	85	34	51
罗平县	371	195	176	12	9	3	118	29	89
富源县	1201	679	522	110	69	41	162	77	85
会泽县	317	141	176	38	20	18	224	57	167
沾益县	276	183	93	49	38	11	189	110	79
宣威市	585	279	306	63	34	29	378	139	239
玉溪市	**11822**	**6033**	**5789**	**275**	**185**	**90**	**130284**	**66861**	**63423**
红塔区	4144	2011	2133	82	49	33	7486	3384	4102
江川县	141	49	92	21	8	13	1070	391	679
澄江县	104	41	63	3	3		471	107	364
通海县	247	121	126	79	66	13	2898	1157	1741
华宁县	143	66	77	21	12	9	528	153	375
易门县	426	244	182	32	20	12	3384	1816	1568
峨山彝族自治县	189	95	94	5	3	2	12054	6320	5734
新平彝族傣族自治县	597	337	260	5	3	2	12878	6979	5899
元江哈尼族彝族傣族自治县	5831	3069	2762	27	21	6	89515	46554	42961
保山市	**45890**	**22877**	**23013**	**242**	**163**	**79**	**423**	**192**	**231**
隆阳区	40401	19949	20452	113	68	45	206	79	127
施甸县	923	510	413	16	10	6	42	19	23
腾冲县	3208	1653	1555	69	51	18	93	51	42
龙陵县	564	320	244	18	12	6	26	13	13
昌宁县	794	445	349	26	22	4	56	30	26
昭通市	**6467**	**3448**	**3019**	**157**	**79**	**78**	**447**	**161**	**286**
昭阳区	510	234	276	84	45	39	117	48	69
鲁甸县	77	32	45	16	7	9	21	8	13
巧家县	117	48	69	3	1	2	38	14	24
盐津县	94	35	59	3	1	2	31	2	29
大关县	35	10	25				30	10	20
永善县	131	57	74	12	9	3	99	44	55
绥江县	33	10	23				26	8	18
镇雄县	5289	2925	2364	5	2	3	29	9	20
彝良县	73	41	32	12	3	9	24	5	19
威信县	31	13	18	17	7	10	11		11
水富县	77	43	34	5	4	1	21	13	8

10-6 续表 49

单位：人

地区	白族			土家族			哈尼族		
	小计	男	女	小计	男	女	小计	男	女
丽江市	**52071**	**26233**	**25838**	**172**	**107**	**65**	**377**	**203**	**174**
古城区	25678	12796	12882	107	66	41	214	99	115
玉龙纳西族自治县	18219	9295	8924	37	25	12	72	54	18
永胜县	6833	3442	3391	24	13	11	45	25	20
华坪县	405	214	191	4	3	1	27	17	10
宁蒗彝族自治县	936	486	450				19	8	11
普洱市	**13173**	**7273**	**5900**	**461**	**310**	**151**	**454666**	**238742**	**215924**
思茅区	3439	1860	1579	214	150	64	27393	13517	13876
宁洱哈尼族彝族自治县	4112	2295	1817	58	36	22	45998	23657	22341
墨江哈尼族自治县	414	222	192	20	13	7	222174	118969	103205
景东彝族自治县	742	383	359	17	11	6	12477	6450	6027
景谷傣族彝族自治县	975	527	448	23	13	10	3483	1737	1746
镇沅彝族哈尼族拉祜族自治县	1558	868	690	6	3	3	25394	13381	12013
江城哈尼族彝族自治县	289	170	119	22	16	6	57473	29398	28075
孟连傣族拉祜族佤族自治县	391	202	189	23	14	9	9585	5003	4582
澜沧拉祜族自治县	1022	612	410	61	44	17	49715	26151	23564
西盟佤族自治县	231	134	97	17	10	7	974	479	495
临沧市	**30904**	**17331**	**13573**	**440**	**273**	**167**	**957**	**490**	**467**
临翔区	3527	1793	1734	82	49	33	226	92	134
凤庆县	4321	2412	1909	79	47	32	107	37	70
云县	13307	7567	5740	37	24	13	250	134	116
永德县	3097	1793	1304	34	25	9	121	87	34
镇康县	2432	1378	1054	39	27	12	39	21	18
双江拉祜族佤族布朗族傣族自治县	798	442	356	20	9	11	90	47	43
耿马傣族佤族自治县	2553	1415	1138	114	70	44	84	43	41
沧源佤族自治县	869	531	338	35	22	13	40	29	11
楚雄彝族自治州	**16474**	**8323**	**8151**	**349**	**219**	**130**	**6176**	**3204**	**2972**
楚雄市	5010	2416	2594	173	103	70	641	331	310
双柏县	791	421	370	10	8	2	3881	2087	1794
牟定县	211	103	108	5	4	1	126	51	75
南华县	8702	4467	4235	17	9	8	125	56	69
姚安县	208	76	132	27	16	11	87	22	65
大姚县	183	89	94	24	14	10	89	36	53
永仁县	8	6	2	11	7	4	30	11	19
元谋县	188	100	88	26	17	9	60	27	33
武定县	153	69	84	17	11	6	751	375	376
禄丰县	1020	576	444	39	30	9	386	208	178
红河哈尼族彝族自治州	**4846**	**2545**	**2301**	**630**	**406**	**224**	**789702**	**415763**	**373939**
个旧市	1396	772	624	80	44	36	28555	16667	11888
开远市	946	512	434	14	7	7	3290	1843	1447
蒙自市	1030	551	479	260	164	96	6060	3253	2807
屏边苗族自治县	35	17	18	28	23	5	672	323	349
建水县	383	190	193	68	42	26	14431	6907	7524
石屏县	177	66	111				4709	2160	2549
弥勒县	324	161	163	7	5	2	635	283	352
泸西县	121	43	78	13	7	6	353	122	231
元阳县	93	45	48	13	10	3	212439	113681	98758
红河县	46	19	27	2	1	1	231939	121182	110757
金平苗族瑶族傣族自治县	95	60	35	36	27	9	92735	48300	44435
绿春县	73	37	36	8	5	3	192309	100216	92093
河口瑶族自治县	127	72	55	101	71	30	1575	826	749
文山壮族苗族自治州	**9130**	**4765**	**4365**	**195**	**106**	**89**	**1085**	**476**	**609**
文山县	701	341	360	1	1		304	149	155
砚山县	210	114	96	2	2		144	74	70
西畴县	88	40	48	4	2	2	71	21	50
麻栗坡县				26	10	16	74	29	45

10-6 续表 50

单位：人

地区	白族			土家族			哈尼族		
	小计	男	女	小计	男	女	小计	男	女
马关县	487	231	256	21	10	11	244	73	171
丘北县	7597	4016	3581	19	11	8	76	29	47
广南县	2		2	84	44	40	110	76	34
富宁县	45	23	22	38	26	12	62	25	37
西双版纳傣族自治州	**6433**	**3499**	**2934**	**339**	**218**	**121**	**215434**	**109822**	**105612**
景洪市	4377	2391	1986	246	158	88	83704	41938	41766
勐海县	905	517	388	86	56	30	63357	33142	30215
勐腊县	1151	591	560	7	4	3	68373	34742	33631
大理白族自治州	**1112469**	**552203**	**560266**	**299**	**186**	**113**	**1485**	**609**	**876**
大理市	393818	192368	201450	230	138	92	556	275	281
漾濞彝族自治县	11529	5908	5621	9	5	4	17	9	8
祥云县	43671	21894	21777	4	3	1	268	82	186
宾川县	45335	23052	22283	12	8	4	62	21	41
弥渡县	1810	872	938	4	4		193	53	140
南涧彝族自治县	2446	1246	1200	2	1	1	130	44	86
巍山彝族回族自治县	7011	3499	3512	1	1		60	24	36
永平县	6325	3266	3059	23	16	7	63	35	28
云龙县	140008	71784	68224	1	1		48	31	17
洱源县	165788	82047	83741				48	20	28
剑川县	149805	74831	74974	10	7	3	11	7	4
鹤庆县	144923	71436	73487	3	2	1	29	8	21
德宏傣族景颇族自治州	**7754**	**4295**	**3459**	**270**	**150**	**120**	**367**	**194**	**173**
瑞丽市	1623	912	711	106	57	49	96	52	44
潞西市	2590	1366	1224	91	44	47	167	81	86
梁河县	579	322	257	7	4	3	29	16	13
盈江县	1941	1140	801	36	25	11	39	26	13
陇川县	1021	555	466	30	20	10	36	19	17
怒江傈僳族自治州	**139164**	**71885**	**67279**	**73**	**61**	**12**	**111**	**83**	**28**
泸水县	40255	20977	19278	20	18	2	52	38	14
福贡县	3961	2209	1752	4	4		7	5	2
贡山独龙族怒族自治县	1160	681	479	13	10	3	13	10	3
兰坪白族普米族自治县	93788	48018	45770	36	29	7	39	30	9
迪庆藏族自治州	**20485**	**11388**	**9097**	**156**	**136**	**20**	**148**	**101**	**47**
香格里拉县	9289	5236	4053	114	101	13	81	52	29
德钦县	1073	730	343	14	13	1	20	16	4
维西傈僳族自治县	10123	5422	4701	28	22	6	47	33	14
西藏自治区	**395**	**247**	**148**	**451**	**321**	**130**	**23**	**16**	**7**
拉萨市	**70**	**41**	**29**	**161**	**98**	**63**	**7**	**4**	**3**
城关区	51	33	18	127	73	54	5	3	2
林周县	4		4	2	2				
当雄县	4	3	1	3	1	2			
尼木县	3	1	2	3	2	1			
曲水县				7	4	3	1	1	
堆龙德庆县	6	3	3	10	10				
达孜县				9	6	3			
墨竹工卡县	2	1	1				1		1
昌都地区	**215**	**131**	**84**	**69**	**56**	**13**	**2**	**1**	**1**
昌都县	29	16	13	45	34	11	1		1
江达县				1	1				
贡觉县				5	4	1			
类乌齐县				4	3	1			
丁青县									
察雅县									

10-6 续表 51

单位：人

地区	白族			土家族			哈尼族		
	小计	男	女	小计	男	女	小计	男	女
八宿县	18	10	8	5	5				
左贡县									
芒康县	153	95	58	6	6				
洛隆县	9	5	4	1	1				
边坝县	6	5	1	2	2		1	1	
山南地区	**1**	**1**		**33**	**27**	**6**	**3**	**3**	
乃东县				11	7	4	1	1	
扎囊县				1		1			
贡嘎县	1	1		6	6		1	1	
桑日县				2	1	1			
琼结县				1	1				
曲松县				1	1				
措美县				1	1				
洛扎县				1	1				
加查县				6	6		1	1	
隆子县				1	1				
错那县				1	1				
浪卡子县				1	1				
日喀则地区	**2**	**2**		**53**	**45**	**8**	**3**	**3**	
日喀则市				31	23	8	1	1	
南木林县				1	1				
江孜县				3	3				
定日县				2	2				
萨迦县									
拉孜县				1	1				
昂仁县									
谢通门县				6	6				
白朗县									
仁布县							1	1	
康马县									
定结县	2	2		4	4				
仲巴县				1	1				
亚东县				2	2				
吉隆县									
聂拉木县				2	2		1	1	
萨嘎县									
岗巴县									
那曲地区	**48**	**32**	**16**	**13**	**10**	**3**	**2**	**1**	**1**
那曲县	6	3	3	6	6		1	1	
嘉黎县				1		1			
比如县	4	3	1	1		1			
聂荣县									
安多县	17	10	7	2	1	1	1		1
申扎县				2	2				
索县									
班戈县									
巴青县									
尼玛县	21	16	5	1	1				
阿里地区	**34**	**25**	**9**	**35**	**30**	**5**	**3**	**3**	
普兰县	8	7	1	5	5		2	2	
札达县				4	3	1			
噶尔县	25	17	8	20	17	3			
日土县				5	4	1	1	1	
革吉县				1	1				
改则县									
措勤县	1	1							

10-6　续表 52　　　　单位：人

地　区	白族			土家族			哈尼族		
	小计	男	女	小计	男	女	小计	男	女
林芝地区	**25**	**15**	**10**	**87**	**55**	**32**	**3**	**1**	**2**
林芝县				58	35	23	3	1	2
工布江达县	1		1	1		1			
米林县	3	2	1	12	7	5			
墨脱县	6	3	3	1	1				
波密县				9	7	2			
察隅县	11	8	3	5	4	1			
朗县	4	2	2	1	1				
陕西省	**486**	**276**	**210**	**3876**	**2362**	**1514**	**99**	**42**	**57**
西安市	**395**	**225**	**170**	**2279**	**1367**	**912**	**50**	**23**	**27**
新城区	25	15	10	149	93	56			
碑林区	56	35	21	331	202	129	5	1	4
莲湖区	33	16	17	166	93	73	1		1
灞桥区	20	18	2	87	53	34	5	3	2
未央区	64	45	19	413	299	114	6	4	2
雁塔区	131	71	60	613	349	264	16	7	9
阎良区				49	26	23			
临潼区	1		1	60	36	24	2	1	1
长安区	60	22	38	303	161	142	14	7	7
蓝田县	5	3	2	41	22	19			
周至县				10	2	8			
户县				18	7	11	1		1
高陵县				39	24	15			
铜川市				**84**	**66**	**18**			
王益区				15	9	6			
印台区				44	37	7			
耀州区				25	20	5			
宜君县									
宝鸡市	**3**	**2**	**1**	**242**	**132**	**110**	**11**	**4**	**7**
渭滨区				91	51	40	3	1	2
金台区	1		1	36	22	14	3	1	2
陈仓区				13	5	8			
凤翔县				10	4	6			
岐山县				12	6	6			
扶风县				5	2	3			
眉县				28	11	17	2	1	1
陇县				8	5	3	1		1
千阳县				20	12	8			
麟游县				2	2				
凤县				7	7				
太白县	2	2		10	5	5	2	1	1
咸阳市	**47**	**29**	**18**	**255**	**156**	**99**	**6**	**3**	**3**
秦都区									
杨陵区	47	29	18	147	101	46	2		2
渭城区				78	35	43	4	3	1
三原县									
泾阳县									
乾县									
礼泉县									
永寿县				6	4	2			
彬县				5	4	1			

10-6 续表 53

单位：人

地区	白族			土家族			哈尼族		
	小计	男	女	小计	男	女	小计	男	女
长武县									
旬邑县									
淳化县									
武功县									
兴平市				19	12	7			
渭南市	**17**	**4**	**13**	**24**	**13**	**11**			
临渭区	17	4	13	24	13	11			
华县									
潼关县									
大荔县									
合阳县									
澄城县									
蒲城县									
白水县									
富平县									
韩城市									
华阴市									
延安市				**183**	**143**	**40**	**3**	**2**	**1**
宝塔区				39	23	16			
延长县									
延川县									
子长县									
安塞县				3	3				
志丹县				16	11	5			
吴起县				11	10	1			
甘泉县				6	6				
富县				1	1				
洛川县				1	1				
宜川县				1	1				
黄龙县				5	2	3			
黄陵县				100	85	15	3	2	1
汉中市	**17**	**13**	**4**	**345**	**183**	**162**	**10**	**3**	**7**
汉台区	7	4	3	116	60	56	3		3
南郑县				18	6	12			
城固县	1		1	34	12	22			
洋县				17	11	6			
西乡县				20	7	13	1		1
勉县				49	21	28			
宁强县				7	2	5	3	1	2
略阳县	9	9		81	62	19	3	2	1
镇巴县				2	1	1			
留坝县									
佛坪县				1	1				
榆林市				**135**	**102**	**33**	**6**	**2**	**4**
榆阳区				40	28	12	3	1	2
神木县				38	29	9			
府谷县				28	21	7			
横山县				4	4				
靖边县				2	1	1			
定边县				11	9	2	2	1	1
绥德县				2	1	1			
米脂县				1	1				
佳县				1	1				
吴堡县				8	7	1			
清涧县									
子洲县							1		1

10-6　续表 54　　　　　　　　　　　　　　　　　　　　　　　　　　　　　单位：人

地　　区	白　族			土家族			哈尼族		
	小计	男	女	小计	男	女	小计	男	女
安康市	**7**	**3**	**4**	**186**	**96**	**90**	**8**	**3**	**5**
汉滨区				75	37	38	2		2
汉阴县	4		4	20	11	9			
石泉县	1	1		4	1	3			
宁陕县				4	1	3			
紫阳县				15	3	12	1	1	
岚皋县				7	2	5			
平利县				8	4	4	5	2	3
镇坪县				5	2	3			
旬阳县	2	2		37	28	9			
白河县				11	7	4			
商洛市				**143**	**104**	**39**	**5**	**2**	**3**
商州区				95	76	19	2		2
洛南县				3		3			
丹凤县				1		1			
商南县				4	1	3			
山阳县				2		2			
镇安县				37	27	10	3	2	1
柞水县				1		1			
甘肃省	**291**	**181**	**110**	**2092**	**1269**	**823**	**88**	**36**	**52**
兰州市	**115**	**66**	**49**	**1332**	**794**	**538**	**61**	**24**	**37**
城关区	45	27	18	376	204	172	12	4	8
七里河区	29	13	16	76	51	25	2	2	
西固区	8	3	5	55	33	22			
安宁区	11	6	5	175	110	65	2	2	
红古区				10	3	7	4	2	2
永登县				23	12	11			
皋兰县									
榆中县	22	17	5	617	381	236	41	14	27
嘉峪关市	**1**		**1**	**66**	**47**	**19**			
金昌市	**17**	**12**	**5**	**61**	**42**	**19**	**1**		**1**
金川区	17	12	5	41	24	17	1		1
永昌县				20	18	2			
白银市				**54**	**28**	**26**	**1**		**1**
白银区				39	20	19			
平川区				7	3	4	1		1
靖远县									
会宁县				1		1			
景泰县				7	5	2			
天水市	**1**		**1**	**33**	**18**	**15**			
秦州区	1		1	16	9	7			
麦积区				14	7	7			
清水县				3	2	1			
秦安县									
甘谷县									
武山县									
张家川回族自治县									
武威市				**46**	**32**	**14**	**1**		**1**
凉州区				29	18	11	1		1
民勤县									
古浪县									
天祝藏族自治县				17	14	3			

10-6 续表 55

单位：人

地区	白族			土家族			哈尼族		
	小计	男	女	小计	男	女	小计	男	女
张掖市	**3**	**3**		**47**	**28**	**19**			
甘州区				15	6	9			
肃南裕固族自治县				7	7				
民乐县				2		2			
临泽县				4		4			
高台县	3	3		1		1			
山丹县				18	15	3			
平凉市	**10**	**10**		**24**	**21**	**3**	**1**		**1**
崆峒区	10	10		11	9	2			
泾川县									
灵台县							1		1
崇信县									
华亭县				12	11	1			
庄浪县									
静宁县				1	1				
酒泉市	**6**	**5**	**1**	**189**	**100**	**89**	**11**	**9**	**2**
肃州区	6	5	1	63	30	33	9	8	1
金塔县				19	12	7			
瓜州县				14	9	5			
肃北蒙古族自治县				2	2				
阿克塞哈萨克族自治县									
玉门市				32	15	17			
敦煌市				59	32	27	2	1	1
庆阳市				**16**	**9**	**7**	**1**		**1**
西峰区				7	4	3			
庆城县				4	2	2			
环县				1	1				
华池县				1	1				
合水县									
正宁县									
宁县				2	1	1	1		1
镇原县				1		1			
定西市	**4**	**2**	**2**	**23**	**16**	**7**	**3**		**3**
安定区				15	12	3			
通渭县	2	1	1	1		1	1		1
陇西县	1		1						
渭源县									
临洮县				3		3			
漳县				2	2		1		1
岷县	1	1		2	2		1		1
陇南市				**117**	**89**	**28**	**6**	**2**	**4**
武都区				13	11	2			
成县				8	2	6			
文县				9	5	4	5	2	3
宕昌县				72	65	7			
康县				6	3	3	1		1
西和县				1		1			
礼县				1		1			
徽县				2	1	1			
两当县				5	2	3			

10-6　续表 56

单位：人

地　　区	白　族			土家族			哈尼族		
	小计	男	女	小计	男	女	小计	男	女
临夏回族自治州	**11**	**10**	**1**	**60**	**31**	**29**	**2**	**1**	**1**
临夏市				10	8	2			
临夏县				6	1	5			
康乐县				1		1			
永靖县	11	10	1	11	8	3	2	1	1
广河县				6	1	5			
和政县				6	2	4			
东乡族自治县									
积石山保安族东乡族撒拉族自治县				20	11	9			
甘南藏族自治州	**123**	**73**	**50**	**24**	**14**	**10**			
合作市	3	3		15	9	6			
临潭县				1		1			
卓尼县									
舟曲县									
迭部县	15	10	5	7	4	3			
玛曲县	3	1	2	1	1				
碌曲县	33	17	16						
夏河县	69	42	27						
青海省	**320**	**174**	**146**	**1537**	**969**	**568**	**17**	**8**	**9**
西宁市	**125**	**59**	**66**	**993**	**600**	**393**	**13**	**7**	**6**
城东区	14	6	8	286	174	112	5	3	2
城中区	30	16	14	158	72	86			
城西区	31	14	17	207	109	98			
城北区	9	2	7	169	104	65			
大通回族土族自治县	5	2	3	47	31	16	5	3	2
湟中县	36	19	17	100	90	10	3	1	2
湟源县				26	20	6			
海东地区	**44**	**20**	**24**	**51**	**25**	**26**	**1**		**1**
平安县				9	4	5			
民和回族土族自治县	6	2	4	11	5	6			
乐都县				5	1	4			
互助土族自治县				16	8	8			
化隆回族自治县	38	18	20	10	7	3	1		1
循化撒拉族自治县									
海北藏族自治州	**3**	**2**	**1**	**76**	**61**	**15**			
门源回族自治县	1		1	68	57	11			
祁连县				1	1				
海晏县				4	2	2			
刚察县	2	2		3	1	2			
黄南藏族自治州	**50**	**29**	**21**	**3**	**2**	**1**			
同仁县				1	1				
尖扎县	5	4	1	2	1	1			
泽库县	17	9	8						
河南蒙古族自治县	28	16	12						
海南藏族自治州	**17**	**12**	**5**	**63**	**51**	**12**	**1**	**1**	
共和县				44	32	12	1	1	
同德县									
贵德县				11	11				
兴海县	17	12	5	7	7				
贵南县				1	1				
果洛藏族自治州	**68**	**45**	**23**	**3**	**3**		**1**		**1**
玛沁县	47	30	17	3	3		1		1
班玛县	8	5	3						
甘德县	7	6	1						
达日县	4	3	1						
久治县	2	1	1						
玛多县									

10-6 续表 57

单位：人

地区	白族			土家族			哈尼族		
	小计	男	女	小计	男	女	小计	男	女
玉树藏族自治州	**5**	**4**	**1**	**2**	**2**				
玉树县	5	4	1	1	1				
杂多县				1	1				
称多县									
治多县									
囊谦县									
曲麻莱县									
海西蒙古族藏族自治州	**8**	**3**	**5**	**346**	**225**	**121**	**1**		**1**
格尔木市				129	85	44	1		1
德令哈市				39	24	15			
乌兰县	2	1	1	7	4	3			
都兰县				8	2	6			
天峻县				38	32	6			
芒崖行政委员会	6	2	4	26	12	14			
柴旦行政委员会				97	64	33			
冷湖行政委员会				2	2				
宁夏回族自治区	**213**	**106**	**107**	**1441**	**847**	**594**	**52**	**29**	**23**
银川市	**175**	**86**	**89**	**1051**	**635**	**416**	**43**	**25**	**18**
兴庆区	53	21	32	303	179	124	6	2	4
西夏区	80	45	35	478	303	175	25	14	11
金凤区	32	15	17	137	72	65	3	1	2
永宁县				25	16	9			
贺兰县	10	5	5	48	32	16	6	6	
灵武市				60	33	27	3	2	1
石嘴山市	**10**	**4**	**6**	**210**	**111**	**99**	**2**		**2**
大武口区	3	2	1	117	57	60			
惠农区	3	1	2	82	47	35	2		2
平罗县	4	1	3	11	7	4			
吴忠市	**26**	**16**	**10**	**102**	**53**	**49**	**2**		**2**
利通区	4	1	3	54	31	23	2		2
红寺堡区	8	6	2	3	2	1			
盐池县				4	2	2			
同心县	14	9	5	2	1	1			
青铜峡市				39	17	22			
固原市	**2**		**2**	**21**	**13**	**8**	**5**	**4**	**1**
原州区	1		1	17	9	8	3	3	
西吉县				1	1				
隆德县	1		1						
泾源县									
彭阳县				3	3		2	1	1
中卫市				**57**	**35**	**22**			
沙坡头区				20	10	10			
中宁县				28	18	10			
海原县				9	7	2			
新疆维吾尔自治区	**407**	**216**	**191**	**17850**	**9811**	**8039**	**190**	**79**	**111**
乌鲁木齐市	**154**	**78**	**76**	**2869**	**1613**	**1256**	**37**	**18**	**19**
天山区	42	21	21	448	260	188	5	3	2
沙依巴克区	31	14	17	491	262	229	7	3	4
新市区	48	28	20	731	400	331	5	4	1
水磨沟区	19	10	9	470	251	219	8	3	5

10-6 续表 58

单位：人

地区	白族			土家族			哈尼族		
	小计	男	女	小计	男	女	小计	男	女
头屯河区	5	3	2	193	110	83	1		1
达坂城区				39	26	13			
米东区	6	2	4	461	282	179	7	3	4
乌鲁木齐县	3		3	36	22	14	4	2	2
克拉玛依市	**23**	**13**	**10**	**678**	**368**	**310**	**8**	**5**	**3**
独山子区	7	6	1	192	113	79	1		1
克拉玛依区	16	7	9	381	206	175	7	5	2
白碱滩区				99	46	53			
乌尔禾区				6	3	3			
吐鲁番地区	**18**	**5**	**13**	**430**	**255**	**175**	**3**	**2**	**1**
吐鲁番市				236	147	89	3	2	1
鄯善县	18	5	13	152	86	66			
托克逊县				42	22	20			
哈密地区	**8**	**6**	**2**	**224**	**131**	**93**	**13**	**10**	**3**
哈密市	8	6	2	207	122	85	13	10	3
巴里坤哈萨克自治县				17	9	8			
伊吾县									
昌吉回族自治州	**34**	**13**	**21**	**1171**	**665**	**506**	**33**	**13**	**20**
昌吉市	20	7	13	280	160	120	9	5	4
阜康市	1		1	176	100	76	3	2	1
呼图壁县	4	4		225	130	95	7	3	4
玛纳斯县	8	1	7	327	186	141	13	3	10
奇台县				33	14	19	1		1
吉木萨尔县	1	1		127	72	55			
木垒哈萨克自治县				3	3				
博尔塔拉蒙古自治州	**7**	**5**	**2**	**267**	**142**	**125**	**1**	**1**	
博乐市	6	4	2	213	112	101	1	1	
精河县	1	1		24	13	11			
温泉县				30	17	13			
巴音郭楞蒙古自治州	**24**	**13**	**11**	**2336**	**1198**	**1138**	**12**	**2**	**10**
库尔勒市				886	438	448	4		4
轮台县				31	11	20			
尉犁县	18	9	9	117	67	50	2		2
若羌县	2	1	1	51	37	14	1		1
且末县				29	19	10			
焉耆回族自治县	4	3	1	100	56	44			
和静县				708	376	332			
和硕县				355	169	186	5	2	3
博湖县				59	25	34			
阿克苏地区	**9**	**2**	**7**	**1958**	**1071**	**887**	**6**	**1**	**5**
阿克苏市				1164	616	548	2		2
温宿县	4		4	425	234	191	1		1
库车县	3	1	2	107	66	41			
沙雅县				28	18	10			
新和县				52	32	20			
拜城县	2	1	1	21	11	10	3	1	2
乌什县				20	13	7			
阿瓦提县				141	81	60			
柯坪县									
克孜勒苏柯尔克孜自治州	**2**	**1**	**1**	**49**	**27**	**22**			
阿图什市				43	22	21			
阿克陶县									
阿合奇县				3	3				
乌恰县	2	1	1	3	2	1			

10-6 续表 59

单位：人

地　区	白　族			土家族			哈尼族		
	小计	男	女	小计	男	女	小计	男	女
喀什地区	**3**	**2**	**1**	**156**	**83**	**73**	**1**		**1**
喀什市									
疏附县				9	7	2	1		1
疏勒县				4	3	1			
英吉沙县	2	1	1	9	5	4			
泽普县				47	19	28			
莎车县				10	6	4			
叶城县				23	13	10			
麦盖提县	1	1		18	7	11			
岳普湖县				3	1	2			
伽师县				11	7	4			
巴楚县				16	11	5			
塔什库尔干塔吉克自治县				6	4	2			
和田地区	**1**		**1**	**70**	**38**	**32**			
和田市	1		1	41	21	20			
和田县									
墨玉县				17	11	6			
皮山县									
洛浦县									
策勒县				7	2	5			
于田县				5	4	1			
民丰县									
伊犁哈萨克自治州	**10**	**7**	**3**	**962**	**532**	**430**	**12**	**4**	**8**
伊宁市	2	2		255	155	100	2	1	1
奎屯市	3	1	2	202	108	94	2	1	1
伊宁县				17	9	8			
察布查尔锡伯自治县	3	2	1	65	35	30			
霍城县				157	86	71	1		1
巩留县				19	7	12			
新源县				85	44	41	5	2	3
昭苏县				85	42	43			
特克斯县	1	1		31	26	5			
尼勒克县	1	1		46	20	26	2		2
塔城地区	**48**	**30**	**18**	**1711**	**966**	**745**	**16**	**6**	**10**
塔城市				61	28	33			
乌苏市				138	83	55			
额敏县	5	5		82	46	36	2		2
沙湾县	35	21	14	1317	743	574	11	4	7
托里县	7	3	4	19	12	7			
裕民县				65	37	28			
和布克赛尔蒙古自治县	1	1		29	17	12	3	2	1
阿勒泰地区	**13**	**6**	**7**	**166**	**98**	**68**	**22**	**7**	**15**
阿勒泰市				45	24	21	8	1	7
布尔津县				40	27	13	2	1	1
富蕴县	7	3	4	5	3	2	3	1	2
福海县	6	3	3	48	30	18	5	1	4
哈巴河县				6	4	2			
青河县				2	2		4	3	1
吉木乃县				20	8	12			
自治区直辖县级行政区划	**53**	**35**	**18**	**4803**	**2624**	**2179**	**26**	**10**	**16**
石河子市	23	12	11	1500	794	706	5	1	4
阿拉尔市	7	5	2	2836	1500	1336	10	1	9
图木舒克市	15	14	1	300	246	54	5	2	3
五家渠市	8	4	4	167	84	83	6	6	

10-7　全国各县分性别的哈萨克族、傣族、黎族人口

单位：人

地　区	哈萨克族			傣　族			黎　族		
	小计	男	女	小计	男	女	小计	男	女
全　国	**1462588**	**747368**	**715220**	**1261311**	**625176**	**636135**	**1463064**	**756992**	**706072**
北京市	**1602**	**685**	**917**	**1022**	**463**	**559**	**1078**	**501**	**577**
市辖区	**1599**	**685**	**914**	**1012**	**457**	**555**	**1062**	**498**	**564**
东城区	42	19	23	38	22	16	26	13	13
西城区	48	25	23	84	59	25	33	18	15
崇文区	7	5	2	23	9	14	14	6	8
宣武区	41	22	19	30	10	20	30	13	17
朝阳区	149	54	95	153	64	89	206	78	128
丰台区	30	10	20	78	26	52	82	42	40
石景山区	36	2	34	22	6	16	37	20	17
海淀区	643	274	369	330	146	184	353	163	190
门头沟区				10	3	7	4	2	2
房山区	73	30	43	37	14	23	25	13	12
通州区	63	26	37	29	7	22	34	14	20
顺义区	85	41	44	17	6	11	17	4	13
昌平区	314	147	167	91	54	37	120	70	50
大兴区	37	24	13	61	29	32	69	39	30
怀柔区	30	6	24	8	2	6	10	3	7
平谷区	1		1	1		1	2		2
市辖县	**3**		**3**	**10**	**6**	**4**	**16**	**3**	**13**
密云县	1		1	5	2	3	7		7
延庆县	2		2	5	4	1	9	3	6
天津市	**476**	**212**	**264**	**184**	**100**	**84**	**564**	**304**	**260**
市辖区	**463**	**205**	**258**	**176**	**95**	**81**	**541**	**295**	**246**
和平区	8	4	4	7	2	5	14	10	4
河东区				9	7	2	6	3	3
河西区	79	24	55	12	3	9	83	45	38
南开区	115	55	60	19	10	9	39	17	22
河北区				6	3	3	10	2	8
红桥区	41	9	32	4	1	3	27	15	12
东丽区	30	21	9	7	5	2	47	32	15
西青区	21	10	11	18	11	7	33	13	20
津南区	2	1	1	19	13	6	34	22	12
北辰区	36	19	17	8	5	3	35	12	23
武清区	1		1	4	2	2	21	15	6
宝坻区	106	47	59	9	6	3	25	16	9
滨海新区	24	15	9	54	27	27	167	93	74
市辖县	**13**	**7**	**6**	**8**	**5**	**3**	**23**	**9**	**14**
宁河县				2	1	1	3	1	2
静海县	13	7	6	4	2	2	9	2	7
蓟县				2	2		11	6	5
河北省	**320**	**163**	**157**	**447**	**134**	**313**	**861**	**340**	**521**
石家庄市	**57**	**29**	**28**	**125**	**42**	**83**	**243**	**78**	**165**
长安区	6	4	2	9	6	3	5	1	4
桥东区				4	3	1	12	5	7
桥西区	6	2	4	5	2	3	19	6	13
新华区	1		1	4	1	3	52	21	31
井陉矿区									
裕华区	2	2		26	19	7	18	3	15
井陉县	1		1	1		1			
正定县	13	7	6	4		4	13	4	9
栾城县	1	1		2	1	1	8	3	5

10-7 续表 1

单位：人

地区	哈萨克族			傣族			黎族		
	小计	男	女	小计	男	女	小计	男	女
行唐县	4	1	3	10		10	17	3	14
灵寿县	10	8	2	1		1	10	3	7
高邑县									
深泽县				1		1	13	9	4
赞皇县									
无极县	5		5	8	1	7	33	7	26
平山县				5		5	2	1	1
元氏县				3	1	2	5	3	2
赵县							1		1
辛集市	3	2	1	1	1		13	2	11
藁城市	1		1	3		3	8	3	5
晋州市	3	2	1	1		1	9	3	6
新乐市	1		1	2	2				
鹿泉市				35	5	30	5	1	4
唐山市	**11**	**9**	**2**	**57**	**25**	**32**	**140**	**65**	**75**
路南区				7	6	1	10	8	2
路北区				11	3	8	19	16	3
古冶区							1		1
开平区				2	1	1	4	1	3
丰南区				8	4	4	6	4	2
丰润区				7	3	4	19	8	11
滦县	4	4		5	2	3	33	9	24
滦南县				4		4	6	1	5
乐亭县				1	1		13	5	8
迁西县	4	2	2	5	1	4	8	3	5
玉田县	1	1		2	1	1	4	3	1
唐海县	2	2					2	1	1
遵化市				2	1	1	6	3	3
迁安市				3	2	1	9	3	6
秦皇岛市	**18**	**10**	**8**	**29**	**10**	**19**	**33**	**11**	**22**
海港区	17	10	7	9	4	5	24	10	14
山海关区				3	3				
北戴河区				1		1	4	1	3
青龙满族自治县				6	1	5	2		2
昌黎县				2	1	1	1		1
抚宁县				8	1	7	2		2
卢龙县	1		1						
邯郸市	**3**	**1**	**2**	**20**	**4**	**16**	**17**	**9**	**8**
邯山区	2		2	5	2	3	3	3	
丛台区				4	1	3	8	4	4
复兴区	1	1		2		2	3	1	2
峰峰矿区							1		1
邯郸县							1	1	
临漳县									
成安县									
大名县									
涉县				2		2			
磁县				2		2	1		1
肥乡县									
永年县									
邱县									
鸡泽县				1		1			
广平县									
馆陶县				1		1			
魏县									
曲周县									
武安市				3	1	2			

10-7　续表 2

单位：人

地　　区	哈萨克族			傣　　族			黎　　族		
	小计	男	女	小计	男	女	小计	男	女
邢台市	**14**	**8**	**6**	**7**		**7**	**37**	**11**	**26**
桥东区				1		1	4	1	3
桥西区							13	5	8
邢台县									
临城县				2		2	3		3
内丘县									
柏乡县									
隆尧县	14	8	6				3	1	2
任县									
南和县									
宁晋县				1		1			
巨鹿县									
新河县							4	2	2
广宗县									
平乡县									
威县							7		7
清河县									
临西县				1		1			
南宫市				2		2	3	2	1
沙河市									
保定市	**148**	**85**	**63**	**52**	**13**	**39**	**145**	**65**	**80**
新市区				1		1	1		1
北市区	16	14	2	8	3	5	28	18	10
南市区	17	16	1	5	1	4	14	6	8
满城县	2	1	1	1		1			
清苑县	2	1	1	2		2	2		2
涞水县				3	1	2	2	1	1
阜平县									
徐水县				1		1	5	1	4
定兴县	1		1	2	1	1	3		3
唐县	1		1	4		4			
高阳县	15	12	3				14	4	10
容城县				2		2	5	3	2
涞源县							1	1	
望都县							1	1	
安新县							7	3	4
易县	5	5		7	1	6	20	11	9
曲阳县	5	2	3				5	3	2
蠡县	4	4					1	1	
顺平县	1		1						
博野县							3	1	2
雄县				1		1			
涿州市	56	22	34	3	2	1	17	4	13
定州市	20	7	13	5		5	12	7	5
安国市				1		1			
高碑店市	3	1	2	6	4	2	4		4
张家口市	**6**	**3**	**3**	**22**	**2**	**20**	**73**	**34**	**39**
桥东区				3		3	5	1	4
桥西区							6	3	3
宣化区	2	2					16	9	7
下花园区				1		1	1	1	
宣化县				3		3	3	2	1
张北县	1		1				1	1	

10-7 续表 3

单位：人

地区	哈萨克族			傣族			黎族		
	小计	男	女	小计	男	女	小计	男	女
康保县				1		1	4	2	2
沽源县				1	1		4	2	2
尚义县							2	1	1
蔚县	2	1	1	2		2	10	3	7
阳原县				1		1	4	2	2
怀安县				1		1	1		1
万全县				1		1	1	1	
怀来县	1		1	5	1	4	6	4	2
涿鹿县							5		5
赤城县							4	2	2
崇礼县				3		3			
承德市	**20**	**1**	**19**	**49**	**7**	**42**	**60**	**30**	**30**
双桥区	18		18	8		8	22	14	8
双滦区							2	2	
鹰手营子矿区									
承德县				2	1	1	9	7	2
兴隆县				20	3	17	3		3
平泉县				3		3	2	1	1
滦平县	1		1	10	3	7	2		2
隆化县				3		3	7	1	6
丰宁满族自治县				3		3	6	2	4
宽城满族自治县									
围场满族蒙古族自治县	1	1					7	3	4
沧州市	**28**	**10**	**18**	**22**	**5**	**17**	**22**	**6**	**16**
新华区				2		2	1		1
运河区				1	1				
沧县							1		1
青县	8	4	4	4	2	2			
东光县	7	2	5						
海兴县							2		2
盐山县									
肃宁县				4		4	3	1	2
南皮县							1		1
吴桥县							1		1
献县				1		1	2		2
孟村回族自治县									
泊头市	3		3						
任丘市				6	1	5	10	5	5
黄骅市	10	4	6				1		1
河间市				4	1	3			
廊坊市	**14**	**7**	**7**	**57**	**26**	**31**	**64**	**29**	**35**
安次区	3	2	1	6	5	1	3	3	
广阳区	9	4	5	21	8	13	21	9	12
固安县	1	1					1	1	
永清县				1		1			
香河县									
大城县							3	2	1
文安县				6		6			
大厂回族自治县				8	5	3	5	2	3
霸州市	1		1	2	1	1	6	2	4
三河市				13	7	6	25	10	15
衡水市	**1**		**1**	**7**		**7**	**27**	**2**	**25**
桃城区				2		2	20	1	19
枣强县				1		1			
武邑县									

10-7　续表 4

单位：人

地　区	哈萨克族			傣　族			黎　族		
	小计	男	女	小计	男	女	小计	男	女
武强县									
饶阳县									
安平县							1		1
故城县				2		2	1		1
景县							1		1
阜城县									
冀州市				1		1			
深州市	1		1	1		1	4	1	3
山西省	**277**	**144**	**133**	**187**	**58**	**129**	**521**	**266**	**255**
太原市	**31**	**18**	**13**	**70**	**42**	**28**	**153**	**76**	**77**
小店区	2	2		7	2	5	29	11	18
迎泽区	9	6	3	9	2	7	24	12	12
杏花岭区	7	4	3	4	3	1	12	2	10
尖草坪区	1		1	6	3	3	46	26	20
万柏林区	5	4	1	17	12	5	34	23	11
晋源区							2		2
清徐县				26	20	6			
阳曲县				1		1			
娄烦县	1		1				2		2
古交市	6	2	4				4	2	2
大同市	**4**	**2**	**2**	**9**	**2**	**7**	**70**	**38**	**32**
城区	2	1	1	1		1	41	19	22
矿区				1		1	10	4	6
南郊区				2		2	5	5	
新荣区							1	1	
阳高县									
天镇县				2		2	11	9	2
广灵县	2	1	1				1		1
灵丘县									
浑源县				1		1			
左云县									
大同县				2	2		1		1
阳泉市				**2**		**2**	**10**	**5**	**5**
城区							4	2	2
矿区							1		1
郊区							1	1	
平定县				1		1	2		2
盂县				1		1	2	2	
长治市				**17**	**3**	**14**	**16**	**10**	**6**
城区				4	2	2	8	3	5
郊区							1	1	
长治县				2		2	2	2	
襄垣县									
屯留县				2		2	2	2	
平顺县				2		2			
黎城县									
壶关县									
长子县				1		1			
武乡县							1	1	
沁县				1		1	2	1	1
沁源县				4	1	3			
潞城市				1		1			

10-7 续表 5 单位：人

地区	哈萨克族			傣族			黎族		
	小计	男	女	小计	男	女	小计	男	女
晋城市				**17**		**17**	**15**	**7**	**8**
城区				2		2	9	3	6
沁水县				2		2	1	1	
阳城县				9		9	3	1	2
陵川县									
泽州县				2		2	2	2	
高平市				2		2			
朔州市	**82**	**54**	**28**	**5**	**1**	**4**	**6**	**2**	**4**
朔城区	56	42	14	1		1	6	2	4
平鲁区	26	12	14						
山阴县									
应县									
右玉县				1		1			
怀仁县				3	1	2			
晋中市	**1**		**1**	**20**	**2**	**18**	**10**	**7**	**3**
榆次区				4		4	8	6	2
榆社县									
左权县									
和顺县									
昔阳县									
寿阳县							1	1	
太谷县				1	1				
祁县									
平遥县				4		4			
灵石县									
介休市	1		1	11	1	10	1		1
运城市	**68**	**33**	**35**	**21**	**4**	**17**	**85**	**43**	**42**
盐湖区	13	4	9	1		1	1	1	
临猗县	21	11	10	4	3	1	15	10	5
万荣县							4	2	2
闻喜县	1	1		3		3	18	10	8
稷山县	9	6	3	2	1	1	8	1	7
新绛县	1		1				4	1	3
绛县	1		1	6		6	13	7	6
垣曲县				4		4	2	1	1
夏县				1		1	9	5	4
平陆县	5	3	2				3	2	1
芮城县	1		1				2		2
永济市	16	8	8				6	3	3
河津市									
忻州市				**7**	**1**	**6**	**16**	**10**	**6**
忻府区				1	1		11	7	4
定襄县									
五台县				1		1			
代县				1		1			
繁峙县									
宁武县									
静乐县				1		1			
神池县									
五寨县									
岢岚县									
河曲县				1		1			
保德县							1	1	
偏关县									
原平市				2		2	4	2	2

10-7 续表 6

单位：人

地　区	哈萨克族			傣　族			黎　族		
	小计	男	女	小计	男	女	小计	男	女
临汾市	**89**	**36**	**53**				**130**	**63**	**67**
尧都区							5	3	2
曲沃县									
翼城县	18	4	14				84	41	43
襄汾县							19	8	11
洪洞县	3	2	1				5	2	3
古县									
安泽县	58	24	34				1	1	
浮山县	2	2					1		1
吉县									
乡宁县									
大宁县									
隰县									
永和县									
蒲县									
汾西县									
侯马市	1	1					1	1	
霍州市	7	3	4				14	7	7
吕梁市	**2**	**1**	**1**	**19**	**3**	**16**	**10**	**5**	**5**
离石区				1		1	1		1
文水县							1		1
交城县									
兴县				4	3	1			
临县									
柳林县							1	1	
石楼县									
岚县				2		2			
方山县				1		1			
中阳县	2	1	1						
交口县									
孝义市				2		2			
汾阳市				9		9	7	4	3
内蒙古自治区	**377**	**206**	**171**	**179**	**74**	**105**	**981**	**444**	**537**
呼和浩特市	**33**	**18**	**15**	**47**	**19**	**28**	**121**	**52**	**69**
新城区	6	3	3	7	2	5	21	8	13
回民区	3	2	1	2	1	1	8	6	2
玉泉区	7	3	4	1		1	16	7	9
赛罕区	7	6	1	8	5	3	44	20	24
土默特左旗	9	4	5	5		5	16	8	8
托克托县				20	10	10	9		9
和林格尔县	1		1	1	1		7	3	4
清水河县									
武川县				3		3			
包头市	**190**	**106**	**84**	**42**	**15**	**27**	**173**	**77**	**96**
东河区	81	43	38				43	18	25
昆都仑区	11	5	6	19	8	11	62	35	27
青山区	57	31	26	4	2	2	39	15	24
石拐区							3		3
白云鄂博矿区							3	1	2
九原区	5	3	2	6	1	5	6	2	4
土默特右旗	24	18	6	10	3	7	14	5	9
固阳县				1	1				
达尔罕茂明安联合旗	12	6	6	2		2	3	1	2
乌海市				**4**		**4**	**31**	**15**	**16**
海勃湾区				2		2	16	7	9
海南区							10	4	6
乌达区				2		2	5	4	1

10-7 续表 7

单位：人

地区	哈萨克族			傣族			黎族		
	小计	男	女	小计	男	女	小计	男	女
赤峰市	**5**	**1**	**4**	**22**	**10**	**12**	**199**	**101**	**98**
红山区	2		2	6	4	2	22	11	11
元宝山区				3	1	2	12	7	5
松山区	1		1	1	1		58	35	23
阿鲁科尔沁旗							21	12	9
巴林左旗	2	1	1				5		5
巴林右旗							3		3
林西县							1	1	
克什克腾旗							15	9	6
翁牛特旗							11	6	5
喀喇沁旗				10	3	7	24	11	13
宁城县				2	1	1	18	5	13
敖汉旗							9	4	5
通辽市	**4**	**2**	**2**	**11**	**6**	**5**	**93**	**38**	**55**
科尔沁区	4	2	2	8	6	2	44	16	28
科尔沁左翼中旗							3		3
科尔沁左翼后旗							2		2
开鲁县							9	3	6
库伦旗							9	6	3
奈曼旗				3		3	13	8	5
扎鲁特旗							12	5	7
霍林郭勒市							1		1
鄂尔多斯市	**105**	**61**	**44**	**17**	**11**	**6**	**70**	**34**	**36**
东胜区	8	5	3	10	9	1	29	14	15
达拉特旗				4		4	9	4	5
准格尔旗	3		3				10	4	6
鄂托克前旗							1	1	
鄂托克旗	2	1	1				10	5	5
杭锦旗	91	54	37				3	2	1
乌审旗				1		1	2	2	
伊金霍洛旗	1	1		2	2		6	2	4
呼伦贝尔市	**2**		**2**	**4**	**1**	**3**	**126**	**52**	**74**
海拉尔区				4	1	3	32	13	19
阿荣旗							5	2	3
莫力达瓦达斡尔族自治旗							12	4	8
鄂伦春自治旗							7	1	6
鄂温克族自治旗							1		1
陈巴尔虎旗							4	2	2
新巴尔虎左旗							1		1
新巴尔虎右旗									
满洲里市	2		2				13	6	7
牙克石市							14	7	7
扎兰屯市							23	11	12
额尔古纳市							4	2	2
根河市							10	4	6
巴彦淖尔市	**15**	**6**	**9**	**3**	**2**	**1**	**43**	**16**	**27**
临河区	10	2	8				20	9	11
五原县							3	2	1
磴口县							4		4
乌拉特前旗				1		1	3		3
乌拉特中旗							3	2	1
乌拉特后旗	4	4		2	2				
杭锦后旗	1		1				10	3	7

10-7　续表 8　　　　　　　　　　　　　　　　　　　　单位：人

地　区	哈萨克族			傣　族			黎　族		
	小计	男	女	小计	男	女	小计	男	女
乌兰察布市	**1**		**1**	**13**	**3**	**10**	**49**	**21**	**28**
集宁区							19	12	7
卓资县							1		1
化德县				11	3	8			
商都县							8	2	6
兴和县				1		1	3	2	1
凉城县				1		1	5	1	4
察哈尔右翼前旗	1		1				2		2
察哈尔右翼中旗							1	1	
察哈尔右翼后旗							1	1	
四子王旗							6	2	4
丰镇市							3		3
兴安盟				**9**	**4**	**5**	**54**	**27**	**27**
乌兰浩特市				2	1	1	7	4	3
阿尔山市									
科尔沁右翼前旗							7	6	1
科尔沁右翼中旗				4	2	2	11	4	7
扎赉特旗				1		1	6	3	3
突泉县				2	1	1	23	10	13
锡林郭勒盟	**20**	**11**	**9**	**4**	**2**	**2**	**15**	**9**	**6**
二连浩特市							2		2
锡林浩特市	15	8	7				7	5	2
阿巴嘎旗									
苏尼特左旗									
苏尼特右旗				1	1		1		1
东乌珠穆沁旗				2	1	1	1	1	
西乌珠穆沁旗									
太仆寺旗	1		1						
镶黄旗				1		1			
正镶白旗	2	1	1				1	1	
正蓝旗							1	1	
多伦县	2	2					2	1	1
阿拉善盟	**2**	**1**	**1**	**3**	**1**	**2**	**7**	**2**	**5**
阿拉善左旗							3	1	2
阿拉善右旗									
额济纳旗	2	1	1	3	1	2	4	1	3
辽宁省	**448**	**182**	**266**	**231**	**64**	**167**	**1765**	**846**	**919**
沈阳市	**244**	**101**	**143**	**36**	**8**	**28**	**362**	**182**	**180**
和平区	55	28	27	7	2	5	35	21	14
沈河区	135	57	78	2		2	41	19	22
大东区				3		3	29	12	17
皇姑区	11	2	9	6	1	5	49	27	22
铁西区	12	3	9	2		2	37	20	17
苏家屯区				2	1	1	15	9	6
东陵区	11	4	7	1		1	24	9	15
沈北新区	16	6	10	2		2	35	17	18
于洪区	1		1	7	3	4	24	14	10
辽中县	1		1	1		1	18	10	8
康平县	1	1					3	2	1
法库县							11	2	9
新民市	1		1	3	1	2	41	20	21
大连市	**117**	**42**	**75**	**65**	**22**	**43**	**171**	**87**	**84**
中山区	2		2	1		1	5	4	1
西岗区				2		2	3	2	1
沙河口区	14	6	8	4	2	2	14	6	8

10-7 续表 9

单位：人

地区	哈萨克族			傣族			黎族		
	小计	男	女	小计	男	女	小计	男	女
甘井子区	73	26	47	12	4	8	42	26	16
旅顺口区	3	2	1	2		2	8	2	6
金州区	25	8	17	29	8	21	74	36	38
长海县									
瓦房店市				2	2		9	3	6
普兰店市				3	3		7	3	4
庄河市				10	3	7	9	5	4
鞍山市	**30**	**16**	**14**	**14**	**4**	**10**	**40**	**16**	**24**
铁东区	1		1	3	1	2	5	3	2
铁西区				2	1	1	3	1	2
立山区	1	1		3		3	1		1
千山区				5	2	3	13	4	9
台安县							2		2
岫岩满族自治县							4		4
海城市	28	15	13	1		1	12	8	4
抚顺市	**37**	**18**	**19**	**19**	**4**	**15**	**22**	**8**	**14**
新抚区				1	1		3	1	2
东洲区	5	3	2				3	1	2
望花区	19	10	9				2		2
顺城区	11	4	7				7	4	3
抚顺县	1	1		1		1	1		1
新宾满族自治县				14	2	12	1	1	
清原满族自治县	1		1	3	1	2	5	1	4
本溪市				**21**	**6**	**15**	**119**	**59**	**60**
平山区							23	11	12
溪湖区				1		1	26	14	12
明山区				2	1	1	29	12	17
南芬区				3		3	5	2	3
本溪满族自治县				1	1		23	14	9
桓仁满族自治县				14	4	10	13	6	7
丹东市				**5**	**3**	**2**	**84**	**47**	**37**
元宝区							10	7	3
振兴区				1	1		11	10	1
振安区							6	2	4
宽甸满族自治县				3	2	1	15	7	8
东港市				1		1	30	16	14
凤城市							12	5	7
锦州市	**7**	**2**	**5**	**10**	**2**	**8**	**97**	**45**	**52**
古塔区	4		4	2		2	19	8	11
凌河区	1	1					22	14	8
太和区	1		1	1		1	14	5	9
黑山县				3	1	2	13	6	7
义县				2	1	1	18	8	10
凌海市				1		1	4	2	2
北镇市	1	1		1		1	7	2	5
营口市				**8**	**2**	**6**	**176**	**91**	**85**
站前区				6	2	4	21	10	11
西市区							10	3	7
鲅鱼圈区				1		1	111	65	46
老边区							4	1	3
盖州市				1		1	11	5	6
大石桥市							19	7	12
阜新市	**1**		**1**	**11**	**2**	**9**	**144**	**57**	**87**
海州区				2	1	1	47	22	25
新邱区							3	1	2

10-7　续表 10　　　　单位：人

地　区	哈萨克族			傣　族			黎　族		
	小计	男	女	小计	男	女	小计	男	女
太平区							32	14	18
清河门区	1		1				4	1	3
细河区				1		1	23	9	14
阜新蒙古族自治县				8	1	7	13	4	9
彰武县							22	6	16
辽阳市				**21**	**8**	**13**	**124**	**62**	**62**
白塔区				3	3		12	6	6
文圣区							9	1	8
宏伟区				1		1	19	8	11
弓长岭区							20	12	8
太子河区				3	1	2	5	2	3
辽阳县				2		2	27	18	9
灯塔市				12	4	8	32	15	17
盘锦市	**5**	**1**	**4**	**1**	**1**		**59**	**30**	**29**
双台子区							9	4	5
兴隆台区	5	1	4				34	18	16
大洼县				1	1		3	2	1
盘山县							13	6	7
铁岭市	**3**		**3**	**2**	**1**	**1**	**180**	**81**	**99**
银州区							48	27	21
清河区							5	3	2
铁岭县				1		1	25	14	11
西丰县							34	9	25
昌图县	3		3				23	9	14
调兵山市				1	1		15	9	6
开原市							30	10	20
朝阳市	**3**	**1**	**2**	**11**		**11**	**43**	**18**	**25**
双塔区				2		2	16	5	11
龙城区	1		1				11	5	6
朝阳县							1		1
建平县				4		4	7	3	4
喀喇沁左翼蒙古族自治县									
北票市	2	1	1	3		3	1		1
凌源市				2		2	7	5	2
葫芦岛市	**1**	**1**		**7**	**1**	**6**	**144**	**63**	**81**
连山区				1		1	23	11	12
龙港区				1		1	10	5	5
南票区							19	6	13
绥中县	1	1					38	18	20
建昌县				5	1	4	15	4	11
兴城市							39	19	20
吉林省	**467**	**209**	**258**	**253**	**46**	**207**	**545**	**253**	**292**
长春市	**127**	**46**	**81**	**25**	**9**	**16**	**151**	**75**	**76**
南关区	86	26	60	9	4	5	56	28	28
宽城区	7	5	2	4	1	3	5	2	3
朝阳区	20	9	11	3	2	1	38	22	16
二道区	2		2	1	1		20	13	7
绿园区	3	3		5	1	4	12	4	8
双阳区							7	2	5
农安县									
九台市							10	3	7
榆树市	9	3	6	3		3	3	1	2
德惠市									

10-7 续表 11 单位：人

地区	哈萨克族			傣族			黎族		
	小计	男	女	小计	男	女	小计	男	女
吉林市	**5**	**2**	**3**	**36**	**8**	**28**	**63**	**29**	**34**
昌邑区				1		1	10	7	3
龙潭区	2	1	1	1	1		4	1	3
船营区							19	9	10
丰满区				3		3	14	5	9
永吉县	2		2	7	2	5	3	1	2
蛟河市				18	3	15	9	4	5
桦甸市				3	2	1	1	1	
舒兰市				2		2	1		1
磐石市	1	1		1		1	2	1	1
四平市				**6**	**3**	**3**	**8**	**4**	**4**
铁西区				5	3	2	1		1
铁东区							3	2	1
梨树县									
伊通满族自治县							2		2
公主岭市				1		1	2	2	
双辽市									
辽源市				**2**	**1**	**1**	**26**	**6**	**20**
龙山区							13	4	9
西安区							2		2
东丰县				2	1	1	7	1	6
东辽县							4	1	3
通化市	**265**	**122**	**143**	**57**	**17**	**40**	**134**	**73**	**61**
东昌区	236	104	132	9	5	4	16	7	9
二道江区	2	1	1						
通化县				10	2	8	5	2	3
辉南县	16	12	4	15	9	6	7	4	3
柳河县	3	2	1	15	1	14	21	9	12
梅河口市	4	2	2	7		7	80	49	31
集安市	4	1	3	1		1	5	2	3
白山市	**8**	**6**	**2**	**24**	**1**	**23**	**12**	**5**	**7**
浑江区	5	5		2		2	3	1	2
江源区									
抚松县				18	1	17	1		1
靖宇县				3		3	3	1	2
长白朝鲜族自治县	3	1	2				1	1	
临江市				1		1	4	2	2
松原市	**48**	**24**	**24**	**3**		**3**	**70**	**24**	**46**
宁江区							9	4	5
前郭尔罗斯蒙古族自治县	30	16	14	2		2	21	6	15
长岭县	9	2	7				27	11	16
乾安县	2	2		1		1	10	2	8
扶余县	7	4	3				3	1	2
白城市	**5**	**3**	**2**	**1**		**1**	**41**	**20**	**21**
洮北区	1	1		1		1	18	10	8
镇赉县	4	2	2				9	4	5
通榆县							8	3	5
洮南市							5	3	2
大安市							1		1
延边朝鲜族自治州	**9**	**6**	**3**	**99**	**7**	**92**	**40**	**17**	**23**
延吉市	6	5	1	8	1	7	18	5	13
图们市							4	1	3
敦化市	1		1	19	2	17	7	4	3
珲春市	2	1	1	5	1	4	1	1	
龙井市				1		1	1	1	
和龙市							1	1	
汪清县				1		1	4	2	2
安图县				65	3	62	4	2	2

10-7　续表 12

单位：人

地　区	哈萨克族			傣　族			黎　族		
	小计	男	女	小计	男	女	小计	男	女
黑龙江省	**165**	**106**	**59**	**76**	**29**	**47**	**477**	**198**	**279**
哈尔滨市	**89**	**62**	**27**	**27**	**11**	**16**	**126**	**58**	**68**
道里区							5	3	2
南岗区	44	35	9	1		1	26	14	12
道外区							2	1	1
平房区									
松北区							11	4	7
香坊区	21	10	11	4	1	3	22	11	11
呼兰区	1		1	4	3	1	34	12	22
阿城区	1		1	1		1	4	3	1
依兰县									
方正县				2		2			
宾县									
巴彦县				1	1		1	1	
木兰县									
通河县							2		2
延寿县				10	6	4	1	1	
双城市	22	17	5	1		1	15	7	8
尚志市							1	1	
五常市				3		3	2		2
齐齐哈尔市	**42**	**23**	**19**	**5**	**1**	**4**	**72**	**22**	**50**
龙沙区							11	2	9
建华区	1	1					12	4	8
铁锋区	13	6	7	1	1		6	4	2
昂昂溪区									
富拉尔基区	1		1				9	2	7
碾子山区									
梅里斯达斡尔族区				1		1	4	1	3
龙江县				2		2			
依安县							4		4
泰来县							3	2	1
甘南县	15	10	5				13	2	11
富裕县	9	3	6				1	1	
克山县							1		1
克东县				1		1	2	1	1
拜泉县	3	3					2	1	1
讷河市							4	2	2
鸡西市	**7**	**4**	**3**	**13**	**6**	**7**	**35**	**13**	**22**
鸡冠区	2	1	1	2	1	1	6	3	3
恒山区							5		5
滴道区							2		2
梨树区				1		1			
城子河区				1		1	1		1
麻山区									
鸡东县							4	1	3
虎林市				1		1	2	1	1
密山市	5	3	2	8	5	3	15	8	7
鹤岗市				**3**		**3**	**7**	**2**	**5**
向阳区									
工农区							1		1
南山区									
兴安区							1		1

10-7 续表 13 单位：人

地区	哈萨克族			傣族			黎族		
	小计	男	女	小计	男	女	小计	男	女
东山区							1		1
兴山区				1		1			
萝北县				1		1	4	2	2
绥滨县				1		1			
双鸭山市				**1**	**1**		**18**	**5**	**13**
尖山区							4	2	2
岭东区									
四方台区									
宝山区									
集贤县							1		1
友谊县							3	1	2
宝清县				1	1		8	2	6
饶河县							2		2
大庆市	**8**	**6**	**2**	**3**	**2**	**1**	**60**	**24**	**36**
萨尔图区	1	1					10	2	8
龙凤区	5	4	1				9	5	4
让胡路区	1		1	2	2		10	7	3
红岗区							2	2	
大同区							3		3
肇州县							2	1	1
肇源县				1		1	13	2	11
林甸县							2	1	1
杜尔伯特蒙古族自治县	1	1					9	4	5
伊春市				**5**	**1**	**4**	**15**	**10**	**5**
伊春区							1		1
南岔区							2	2	
友好区				1		1	1	1	
西林区									
翠峦区									
新青区									
美溪区									
金山屯区				2	1	1			
五营区							1		1
乌马河区									
汤旺河区									
带岭区									
乌伊岭区				1		1			
红星区									
上甘岭区									
嘉荫县				1		1			
铁力市							10	7	3
佳木斯市	**10**	**7**	**3**	**4**	**2**	**2**	**34**	**18**	**16**
向阳区	1		1				5	4	1
前进区							2	2	
东风区	7	6	1	1	1		3	1	2
郊区							2	2	
桦南县	1		1				6	1	5
桦川县							2	1	1
汤原县							2	1	1
抚远县							1		1
同江市							7	2	5
富锦市	1	1		3	1	2	4	4	
七台河市	**1**	**1**					**2**	**1**	**1**
新兴区							1		1
桃山区							1	1	
茄子河区									
勃利县	1	1							

10-7　续表 14

单位：人

地　区	哈萨克族			傣　族			黎　族		
	小计	男	女	小计	男	女	小计	男	女
牡丹江市	**2**	**1**	**1**	**6**	**1**	**5**	**34**	**16**	**18**
东安区							6	3	3
阳明区							4	1	3
爱民区				1		1	15	9	6
西安区							3	1	2
东宁县				2		2			
林口县							4	1	3
绥芬河市	1		1	1		1			
海林市							2	1	1
宁安市	1	1		2	1	1			
穆棱市									
黑河市				**3**	**1**	**2**	**37**	**18**	**19**
爱辉区							7	3	4
嫩江县				1	1		5	3	2
逊克县							9	5	4
孙吴县							3	1	2
北安市				2		2	9	5	4
五大连池市							4	1	3
绥化市	**4**	**2**	**2**	**5**	**3**	**2**	**34**	**11**	**23**
北林区	1		1	4	3	1	8	2	6
望奎县	2	2					1		1
兰西县							7	3	4
青冈县									
庆安县				1		1	4	2	2
明水县							4	1	3
绥棱县							3	2	1
安达市							4	1	3
肇东市	1		1						
海伦市							3		3
大兴安岭地区	**2**		**2**	**1**		**1**	**3**		**3**
加格达奇区							2		2
松岭区									
新林区									
呼中区									
呼玛县	2		2	1		1			
塔河县									
漠河县							1		1
上海市	**639**	**274**	**365**	**1289**	**540**	**749**	**1725**	**676**	**1049**
市辖区	**609**	**265**	**344**	**1235**	**526**	**709**	**1688**	**658**	**1030**
黄浦区	1		1	33	16	17	13	2	11
卢湾区	3	1	2	15	4	11	44	11	33
徐汇区	34	19	15	48	16	32	63	18	45
长宁区	12	2	10	35	10	25	125	38	87
静安区	5	1	4	38	19	19	18	3	15
普陀区	11	5	6	53	21	32	72	35	37
闸北区	82	39	43	34	11	23	51	20	31
虹口区	6	4	2	20	7	13	53	11	42
杨浦区	55	21	34	64	28	36	96	42	54
闵行区	55	23	32	134	45	89	173	48	125
宝山区	59	32	27	105	48	57	109	42	67
嘉定区	26	11	15	112	61	51	112	55	57
浦东新区	95	37	58	236	93	143	274	96	178

10-7 续表 15

单位：人

地区	哈萨克族			傣族			黎族		
	小计	男	女	小计	男	女	小计	男	女
金山区	20	8	12	37	19	18	56	26	30
松江区	52	26	26	124	55	69	213	102	111
青浦区	35	16	19	63	33	30	155	83	72
奉贤区	58	20	38	84	40	44	61	26	35
市辖县	**30**	**9**	**21**	**54**	**14**	**40**	**37**	**18**	**19**
崇明县	30	9	21	54	14	40	37	18	19
江苏省	**2124**	**985**	**1139**	**2189**	**693**	**1496**	**2447**	**974**	**1473**
南京市	**243**	**75**	**168**	**237**	**63**	**174**	**351**	**139**	**212**
玄武区	28	10	18	11	1	10	35	11	24
白下区	6	2	4	20	7	13	32	12	20
秦淮区	1		1	4		4	24	12	12
建邺区	3	1	2	5	1	4	13	5	8
鼓楼区	31	15	16	17	6	11	44	16	28
下关区	1		1	7	4	3	13	6	7
浦口区	97	21	76	21	6	15	30	15	15
栖霞区	42	14	28	16	4	12	29	9	20
雨花台区				18	10	8	20	7	13
江宁区	31	9	22	23	9	14	70	35	35
六合区	3	3		11	2	9	24	5	19
溧水县				35	10	25	12	2	10
高淳县				49	3	46	5	4	1
无锡市	**83**	**19**	**64**	**188**	**93**	**95**	**295**	**124**	**171**
崇安区				4	3	1	6		6
南长区				2	1	1	8		8
北塘区				8	3	5	17	5	12
锡山区	2	1	1	20	9	11	30	15	15
惠山区	1	1		15	7	8	19	8	11
滨湖区	64	12	52	44	22	22	35	15	20
江阴市	11	3	8	43	18	25	43	17	26
宜兴市	5	2	3	52	30	22	137	64	73
徐州市	**89**	**52**	**37**	**39**	**11**	**28**	**56**	**21**	**35**
鼓楼区	5	3	2	3	2	1	4	2	2
云龙区	1	1		2		2	1		1
九里区	1		1	1		1			
贾汪区	14	11	3	2	1	1	6	3	3
泉山区	39	26	13	9	7	2	24	11	13
丰县				4		4			
沛县				1		1	5	4	1
铜山县				2		2	3		3
睢宁县	1		1	7	1	6	7		7
新沂市	25	9	16	3		3	6	1	5
邳州市	3	2	1	5		5			
常州市	**38**	**17**	**21**	**137**	**49**	**88**	**245**	**112**	**133**
天宁区				8	1	7	18	5	13
钟楼区				7		7	16	8	8
戚墅堰区							5	2	3
新北区	3	1	2	25	11	14	18	12	6
武进区	20	10	10	47	21	26	97	46	51
溧阳市	11	4	7	19	4	15	49	21	28
金坛市	4	2	2	31	12	19	42	18	24
苏州市	**589**	**303**	**286**	**515**	**246**	**269**	**416**	**181**	**235**
沧浪区	5	2	3	7	3	4	12	6	6
平江区	53	36	17	23	12	11	52	21	31
金阊区				9	2	7	4		4

10-7　续表 16

单位：人

地　区	哈萨克族			傣　族			黎　族		
	小计	男	女	小计	男	女	小计	男	女
虎丘区	35	17	18	23	11	12	18	5	13
吴中区	94	41	53	80	34	46	57	21	36
相城区	10	6	4	92	52	40	32	12	20
常熟市	26	14	12	40	15	25	21	6	15
张家港市	257	132	125	36	10	26	39	14	25
昆山市	60	35	25	38	12	26	72	37	35
吴江市	12	4	8	117	58	59	66	30	36
太仓市	37	16	21	50	37	13	43	29	14
南通市	**8**	**2**	**6**	**319**	**76**	**243**	**114**	**47**	**67**
崇川区				18	5	13	10	5	5
港闸区	2		2	6	3	3	10	8	2
通州区	1		1	43	8	35	22	10	12
海安县	2		2	23	4	19	8	3	5
如东县				24	4	20	5	1	4
启东市	1		1	17	6	11	7	4	3
如皋市				27	6	21	33	10	23
海门市	2	2		161	40	121	19	6	13
连云港市	**82**	**43**	**39**	**91**	**6**	**85**	**140**	**63**	**77**
连云区				2	1	1	3		3
新浦区	6	2	4	4		4	20	10	10
海州区	4	2	2	4	1	3	8	2	6
赣榆县	2		2	8		8	3		3
东海县	25	14	11	38	3	35	93	42	51
灌云县				10	1	9	4	2	2
灌南县	45	25	20	25		25	9	7	2
淮安市	**2**		**2**	**71**	**3**	**68**	**59**	**23**	**36**
清河区				7	2	5	25	14	11
楚州区	1		1	31		31	18	5	13
淮阴区				6		6	2		2
清浦区				1		1	1		1
涟水县	1		1	12		12	9	4	5
洪泽县				1		1	2		2
盱眙县				6		6			
金湖县				7	1	6	2		2
盐城市	**278**	**125**	**153**	**198**	**24**	**174**	**244**	**94**	**150**
亭湖区	63	25	38	6	1	5	21	6	15
盐都区	21	3	18	15	5	10	23	14	9
响水县	17	8	9	4		4	7	3	4
滨海县	4	2	2	16	5	11	21	9	12
阜宁县	114	59	55	44		44	40	17	23
射阳县	8	3	5	44	4	40	70	24	46
建湖县	15	9	6	9		9	12	4	8
东台市	27	13	14	40	6	34	24	6	18
大丰市	9	3	6	20	3	17	26	11	15
扬州市	**98**	**47**	**51**	**86**	**27**	**59**	**129**	**32**	**97**
广陵区				3	1	2	4		4
邗江区	52	26	26	5	2	3	16	5	11
维扬区	9	5	4	5		5	33	13	20
宝应县	6	4	2	12		12	23	5	18
仪征市				29	21	8	9	1	8
高邮市	7	3	4	8	1	7	15	3	12
江都市	24	9	15	24	2	22	29	5	24
镇江市	**50**	**24**	**26**	**122**	**39**	**83**	**156**	**62**	**94**
京口区	2	2		18	8	10	24	7	17
润州区				13	7	6	1	1	

10-7 续表 17

单位：人

地区	哈萨克族			傣族			黎族		
	小计	男	女	小计	男	女	小计	男	女
丹徒区				14	4	10	13	3	10
丹阳市	42	20	22	36	11	25	59	23	36
扬中市	4	2	2	5	2	3	25	14	11
句容市	2		2	36	7	29	34	14	20
泰州市	**207**	**100**	**107**	**91**	**45**	**46**	**91**	**27**	**64**
海陵区	1		1	7	4	3	20	6	14
高港区	29	14	15	17	10	7	6	4	2
兴化市	173	86	87	6	1	5	5	1	4
靖江市	3		3	26	17	9	23	7	16
泰兴市	1		1	24	11	13	24	5	19
姜堰市				11	2	9	13	4	9
宿迁市	**357**	**178**	**179**	**95**	**11**	**84**	**151**	**49**	**102**
宿城区	62	35	27	16		16	27	9	18
宿豫区	11	2	9	5		5	26	10	16
沭阳县	99	45	54	30	6	24	48	11	37
泗阳县	165	88	77	22	5	17	35	13	22
泗洪县	20	8	12	22		22	15	6	9
浙江省	**695**	**311**	**384**	**5973**	**2883**	**3090**	**9391**	**4759**	**4632**
杭州市	**81**	**29**	**52**	**331**	**134**	**197**	**1166**	**585**	**581**
上城区				10	3	7	30	11	19
下城区	2	1	1	12	4	8	26	9	17
江干区	7	1	6	29	11	18	72	43	29
拱墅区				16	5	11	17	4	13
西湖区	64	25	39	22	8	14	53	25	28
滨江区				7	3	4	24	12	12
萧山区	1		1	45	25	20	100	45	55
余杭区	1	1		46	14	32	76	44	32
桐庐县	1		1	40	21	19	43	20	23
淳安县				11	3	8	13	5	8
建德市				12	2	10	39	17	22
富阳市	1	1		40	17	23	617	326	291
临安市	4		4	41	18	23	56	24	32
宁波市	**142**	**62**	**80**	**293**	**107**	**186**	**863**	**351**	**512**
海曙区				3	3		44	20	24
江东区				4	4		105	11	94
江北区	17	5	12	9	3	6	32	5	27
北仑区	4	2	2	32	16	16	40	15	25
镇海区	54	26	28	8	2	6	50	23	27
鄞州区	59	23	36	63	23	40	143	63	80
象山县				22	2	20	12	5	7
宁海县	1	1		34	12	22	55	17	38
余姚市	3	2	1	42	13	29	126	60	66
慈溪市	2	1	1	59	24	35	242	127	115
奉化市	2	2		17	5	12	14	5	9
温州市	**75**	**25**	**50**	**590**	**254**	**336**	**2289**	**1226**	**1063**
鹿城区	5	1	4	114	69	45	107	66	41
龙湾区	1	1		43	19	24	136	78	58
瓯海区	62	20	42	77	41	36	216	103	113
洞头县				2		2	8	5	3
永嘉县				43	12	31	70	34	36
平阳县				16	8	8	162	84	78
苍南县				103	25	78	94	45	49
文成县				3		3	8	1	7
泰顺县	2		2	3		3	13	5	8
瑞安市	1		1	85	44	41	1305	713	592
乐清市	4	3	1	101	36	65	170	92	78

10-7 续表 18

单位：人

地区	哈萨克族			傣族			黎族		
	小计	男	女	小计	男	女	小计	男	女
嘉兴市	**66**	**30**	**36**	**166**	**67**	**99**	**351**	**154**	**197**
南湖区	9	2	7	15	4	11	29	13	16
秀洲区	47	20	27	23	12	11	82	36	46
嘉善县	3	3		51	26	25	47	19	28
海盐县				5		5	12	4	8
海宁市				26	10	16	61	32	29
平湖市	3	2	1	24	9	15	43	12	31
桐乡市	4	3	1	22	6	16	77	38	39
湖州市	**30**	**16**	**14**	**103**	**46**	**57**	**306**	**163**	**143**
吴兴区	6	6		11	4	7	22	16	6
南浔区	4	2	2	20	10	10	44	20	24
德清县	4	1	3	38	16	22	37	22	15
长兴县	10	4	6	15	6	9	37	15	22
安吉县	6	3	3	19	10	9	166	90	76
绍兴市	**10**	**5**	**5**	**318**	**147**	**171**	**745**	**388**	**357**
越城区	6	2	4	24	7	17	90	44	46
绍兴县				83	42	41	352	192	160
新昌县	1	1		7	1	6	19	11	8
诸暨市	1	1		149	75	74	165	85	80
上虞市	2	1	1	17	9	8	82	37	45
嵊州市				38	13	25	37	19	18
金华市	**220**	**113**	**107**	**3324**	**1822**	**1502**	**2735**	**1475**	**1260**
婺城区	143	73	70	33	12	21	102	62	40
金东区	3	2	1	13	3	10	34	16	18
武义县				22	8	14	115	61	54
浦江县	63	32	31	2878	1596	1282	1718	948	770
磐安县				5	2	3	13	2	11
兰溪市				18	6	12	38	12	26
义乌市	10	6	4	180	102	78	215	96	119
东阳市				86	50	36	204	122	82
永康市	1		1	89	43	46	296	156	140
衢州市				**31**	**11**	**20**	**138**	**80**	**58**
柯城区				3		3	26	10	16
衢江区				6	2	4	42	29	13
常山县				2		2	21	13	8
开化县				2		2	7	2	5
龙游县				14	9	5	14	13	1
江山市				4		4	28	13	15
舟山市				**213**	**67**	**146**	**58**	**20**	**38**
定海区				115	24	91	32	11	21
普陀区				60	30	30	11	3	8
岱山县				37	13	24	11	3	8
嵊泗县				1		1	4	3	1
台州市	**45**	**20**	**25**	**400**	**164**	**236**	**568**	**238**	**330**
椒江区	6	5	1	36	17	19	20	5	15
黄岩区	31	11	20	42	18	24	86	17	69
路桥区	3	2	1	36	18	18	38	20	18
玉环县	2		2	52	27	25	48	23	25
三门县	1		1	34	12	22	25	8	17
天台县				7	2	5	27	9	18
仙居县				28	3	25	15	8	7
温岭市	2	2		88	37	51	87	47	40
临海市				77	30	47	222	101	121

10-7 续表 19

单位：人

地区	哈萨克族			傣族			黎族		
	小计	男	女	小计	男	女	小计	男	女
丽水市	**26**	**11**	**15**	**204**	**64**	**140**	**172**	**79**	**93**
莲都区	7	3	4	76	31	45	69	35	34
青田县				30	14	16	27	9	18
缙云县	1	1		19	5	14	21	11	10
遂昌县	1		1	6	2	4	4	2	2
松阳县	1		1	38	6	32	9	4	5
云和县	7	5	2	6		6	9	5	4
庆元县				1		1	5	1	4
景宁畲族自治县	2		2	9	1	8	12	7	5
龙泉市	7	2	5	19	5	14	16	5	11
安徽省	**1203**	**603**	**600**	**831**	**191**	**640**	**1610**	**672**	**938**
合肥市	**186**	**108**	**78**	**79**	**23**	**56**	**293**	**142**	**151**
瑶海区	10	5	5	8	3	5	16	3	13
庐阳区	1		1	5	3	2	11	4	7
蜀山区	85	56	29	13	7	6	53	23	30
包河区	45	25	20	11	6	5	41	27	14
长丰县	2	1	1	8		8	31	15	16
肥东县	37	18	19	20	4	16	110	58	52
肥西县	6	3	3	14		14	31	12	19
芜湖市	**9**	**4**	**5**	**40**	**5**	**35**	**71**	**28**	**43**
镜湖区				11	2	9	28	12	16
弋江区	1		1				3	2	1
鸠江区	8	4	4	4	2	2	21	10	11
三山区				2		2	3	1	2
芜湖县				16	1	15	5	2	3
繁昌县				2		2	4	1	3
南陵县				5		5	7		7
蚌埠市	**13**	**7**	**6**	**12**	**2**	**10**	**21**	**7**	**14**
龙子湖区				1	1				
蚌山区	1		1	1	1		17	7	10
禹会区				5		5	1		1
淮上区									
怀远县	12	7	5	1		1	2		2
五河县				1		1			
固镇县				3		3	1		1
淮南市	**3**	**3**		**21**	**7**	**14**	**35**	**18**	**17**
大通区							2		2
田家庵区	3	3		8	3	5	16	8	8
谢家集区				5	1	4	2	2	
八公山区				3	1	2	2	2	
潘集区				2	1	1	5	3	2
凤台县				3	1	2	8	3	5
马鞍山市	**183**	**102**	**81**	**29**	**3**	**26**	**67**	**25**	**42**
金家庄区	70	41	29	3	1	2	11	5	6
花山区	61	31	30	8	1	7	19	6	13
雨山区	9	4	5	1		1	20	4	16
当涂县	43	26	17	17	1	16	17	10	7
淮北市	**5**	**5**		**12**		**12**	**54**	**27**	**27**
杜集区				1		1	1		1
相山区				1		1	29	12	17
烈山区	1	1					5	4	1
濉溪县	4	4		10		10	19	11	8

10-7　续表 20

单位：人

地　区	哈萨克族			傣　族			黎　族		
	小计	男	女	小计	男	女	小计	男	女
铜陵市	**132**	**67**	**65**	**12**	**2**	**10**	**33**	**12**	**21**
铜官山区	61	30	31	2	1	1	12	5	7
狮子山区				3		3	10	4	6
郊区				3	1	2			
铜陵县	71	37	34	4		4	11	3	8
安庆市	**50**	**17**	**33**	**51**	**6**	**45**	**84**	**21**	**63**
迎江区	12	5	7	1		1	7	3	4
大观区				6	1	5	16	2	14
宜秀区	1	1		1		1	12	4	8
怀宁县	2	1	1	5	1	4	7	1	6
枞阳县	20	6	14	10	1	9	9		9
潜山县				2		2	4		4
太湖县	1	1		2	1	1	15	5	10
宿松县	1	1		3	1	2			
望江县	11	2	9	4		4	6	3	3
岳西县							1		1
桐城市	2		2	17	1	16	7	3	4
黄山市	**2**		**2**	**15**	**7**	**8**	**11**	**2**	**9**
屯溪区							1		1
黄山区				3	1	2	3		3
徽州区				6	6		2	1	1
歙县				2		2	2		2
休宁县	1		1	2		2	3	1	2
黟县									
祁门县	1		1	2		2			
滁州市	**35**	**16**	**19**	**27**	**2**	**25**	**98**	**30**	**68**
琅琊区	31	15	16	2	1	1	24	12	12
南谯区				3		3	3	1	2
来安县				4		4	11	3	8
全椒县	1		1	3		3	7	3	4
定远县	3	1	2				19	7	12
凤阳县				4		4	17	2	15
天长市				4		4	6	1	5
明光市				7	1	6	11	1	10
阜阳市	**222**	**111**	**111**	**84**	**6**	**78**	**176**	**76**	**100**
颍州区				4	3	1	5	2	3
颍东区	18	17	1	1		1	25	11	14
颍泉区				1		1	4	2	2
临泉县	15	5	10	48	1	47	8	3	5
太和县	9	3	6	6		6	39	15	24
阜南县	58	28	30	12	1	11	33	15	18
颍上县	119	58	61	9	1	8	60	27	33
界首市	3		3	3		3	2	1	1
宿州市				**51**	**8**	**43**	**283**	**126**	**157**
埇桥区				17	1	16	133	61	72
砀山县				2		2	15	5	10
萧县				16	5	11	42	20	22
灵璧县				11	1	10	26	12	14
泗县				5	1	4	67	28	39
巢湖市	**8**	**3**	**5**	**126**	**14**	**112**	**66**	**29**	**37**
居巢区				35	2	33	11	6	5
庐江县				16	1	15	25	12	13
无为县	4	1	3	34	6	28	10	5	5
含山县	4	2	2	25	1	24	5	1	4
和县				16	4	12	15	5	10

10-7 续表 21

单位：人

地区	哈萨克族			傣族			黎族		
	小计	男	女	小计	男	女	小计	男	女
六安市	**30**	**12**	**18**	**36**	**3**	**33**	**69**	**24**	**45**
金安区				19	2	17	12	4	8
裕安区				3		3	4	3	1
寿县				3		3	7	1	6
霍邱县	30	12	18	6	1	5	12	3	9
舒城县				3		3	16	5	11
金寨县				2		2	11	5	6
霍山县							7	3	4
亳州市	**97**	**47**	**50**	**41**	**2**	**39**	**126**	**63**	**63**
谯城区	73	33	40	2		2	27	13	14
涡阳县	9	6	3	13	1	12	24	12	12
蒙城县	7	3	4	18	1	17	30	14	16
利辛县	8	5	3	8		8	45	24	21
池州市				**28**	**4**	**24**	**28**	**5**	**23**
贵池区				11	2	9	14		14
东至县				4		4	9	3	6
石台县				2	1	1	1	1	
青阳县				11	1	10	4	1	3
宣城市	**228**	**101**	**127**	**167**	**97**	**70**	**95**	**37**	**58**
宣州区	71	27	44	15	1	14	22	7	15
郎溪县	14	6	8	12	4	8	4	1	3
广德县	51	25	26	121	86	35	24	8	16
泾县				13	4	9	7	1	6
绩溪县	30	14	16	1		1	4	3	1
旌德县	12	6	6				3		3
宁国市	50	23	27	5	2	3	31	17	14
福建省	**1492**	**709**	**783**	**2401**	**1230**	**1171**	**3551**	**1660**	**1891**
福州市	**173**	**90**	**83**	**315**	**170**	**145**	**500**	**248**	**252**
鼓楼区	9	6	3	6	1	5	43	15	28
台江区				8	4	4	15	5	10
仓山区	27	10	17	33	20	13	69	46	23
马尾区	1		1	21	15	6	49	26	23
晋安区	45	23	22	30	15	15	45	21	24
闽侯县	37	27	10	30	18	12	76	41	35
连江县	1		1	15	2	13	6	1	5
罗源县	10	6	4	18	6	12	24	13	11
闽清县	26	14	12	16	9	7	13	5	8
永泰县				1		1	3	1	2
平潭县	6	1	5	6	4	2	23	10	13
福清市	3		3	94	49	45	94	49	45
长乐市	8	3	5	37	27	10	40	15	25
厦门市	**122**	**61**	**61**	**320**	**143**	**177**	**536**	**251**	**285**
思明区	29	9	20	44	12	32	80	29	51
海沧区	5	1	4	31	15	16	68	36	32
湖里区	11	7	4	46	18	28	151	54	97
集美区	30	13	17	45	23	22	93	52	41
同安区	47	31	16	134	66	68	65	38	27
翔安区				20	9	11	79	42	37
莆田市	**201**	**92**	**109**	**182**	**115**	**67**	**194**	**124**	**70**
城厢区	24	14	10	36	27	9	29	17	12
涵江区	14	5	9	85	49	36	86	59	27
荔城区	50	26	24	40	27	13	46	33	13
秀屿区	71	23	48	4	3	1	25	12	13
仙游县	42	24	18	17	9	8	8	3	5

10-7　续表 22

单位：人

地　区	哈萨克族			傣　族			黎　族		
	小计	男	女	小计	男	女	小计	男	女
三明市	**162**	**88**	**74**	**62**	**19**	**43**	**217**	**93**	**124**
梅列区	8	5	3	7	3	4	30	11	19
三元区	38	24	14	3	2	1	19	7	12
明溪县	7	2	5				14	4	10
清流县	93	50	43				15	7	8
宁化县									
大田县				1	1		11	4	7
尤溪县	1	1		21	3	18	22	9	13
沙县	1		1	2	1	1	27	12	15
将乐县	2	1	1	4	2	2	6	1	5
泰宁县	6	1	5	6		6	3	1	2
建宁县	1	1		2	1	1	6		6
永安市	5	3	2	16	6	10	64	37	27
泉州市	**329**	**142**	**187**	**973**	**552**	**421**	**1118**	**503**	**615**
鲤城区	17	12	5	32	10	22	79	41	38
丰泽区	1		1	55	21	34	103	48	55
洛江区	3	2	1	5	1	4	23	15	8
泉港区	1	1		30	14	16	80	7	73
惠安县	48	14	34	34	23	11	122	41	81
安溪县				1		1	11	6	5
永春县				13	6	7	25	14	11
德化县				18	11	7	1		1
石狮市	27	10	17	45	24	21	131	63	68
晋江市	25	10	15	691	411	280	401	202	199
南安市	207	93	114	49	31	18	142	66	76
漳州市	**174**	**81**	**93**	**170**	**101**	**69**	**306**	**137**	**169**
芗城区	10	2	8	37	26	11	30	16	14
龙文区	31	17	14	8	5	3	38	17	21
云霄县				1	1		5	1	4
漳浦县	73	44	29	23	13	10	36	20	16
诏安县	2	2		2	2		7	2	5
长泰县	1		1	52	30	22	26	16	10
东山县				7	4	3	4		4
南靖县	14	4	10	2		2	11	4	7
平和县	19	6	13				10	4	6
华安县				5	1	4	30	11	19
龙海市	24	6	18	33	19	14	109	46	63
南平市	**280**	**133**	**147**	**197**	**77**	**120**	**390**	**179**	**211**
延平区	19	8	11	64	19	45	48	23	25
顺昌县	14	5	9	16	4	12	23	11	12
浦城县	82	43	39	3		3	17	8	9
光泽县	1		1	85	45	40	5	1	4
松溪县	14	7	7				21	12	9
政和县	4	3	1	2		2	57	26	31
邵武市	57	30	27	4	1	3	14	6	8
武夷山市	37	19	18	10	4	6	38	18	20
建瓯市	46	17	29	6	1	5	143	64	79
建阳市	6	1	5	7	3	4	24	10	14
龙岩市	**51**	**22**	**29**	**99**	**45**	**54**	**215**	**104**	**111**
新罗区	6	3	3	67	36	31	102	46	56
长汀县	18	7	11	7		7	49	28	21
永定县				6	2	4	16	6	10
上杭县	5	3	2	11	5	6	20	10	10
武平县	22	9	13	1	1		17	11	6
连城县							4	1	3
漳平市				7	1	6	7	2	5

10-7 续表 23

单位：人

地区	哈萨克族			傣族			黎族		
	小计	男	女	小计	男	女	小计	男	女
宁德市				**83**	**8**	**75**	**75**	**21**	**54**
蕉城区				20	2	18	2	1	1
霞浦县				42	3	39	3	2	1
古田县				2	1	1	36	4	32
屏南县				2		2	6	2	4
寿宁县				2	1	1			
周宁县				4	1	3	1		1
柘荣县									
福安市				1		1	18	11	7
福鼎市				10		10	9	1	8
江西省	**1718**	**861**	**857**	**484**	**225**	**259**	**1536**	**699**	**837**
南昌市	**556**	**288**	**268**	**41**	**18**	**23**	**577**	**292**	**285**
东湖区	13	3	10	6	3	3	37	21	16
西湖区	36	24	12	3	1	2	22	9	13
青云谱区	3	2	1	1		1	5	3	2
湾里区	17	3	14				27	7	20
青山湖区	97	73	24	14	5	9	93	59	34
南昌县	168	80	88	4	2	2	148	71	77
新建县	222	103	119	13	7	6	215	104	111
安义县							30	18	12
进贤县									
景德镇市	**16**	**9**	**7**	**13**	**9**	**4**	**25**	**12**	**13**
昌江区									
珠山区	16	9	7	6	3	3	15	8	7
浮梁县				3	3		5	3	2
乐平市				4	3	1	5	1	4
萍乡市	**167**	**73**	**94**	**7**	**3**	**4**	**208**	**92**	**116**
安源区	38	20	18	2	1	1	49	15	34
湘东区	106	45	61				39	5	34
莲花县	1	1					95	59	36
上栗县	22	7	15	2	1	1	5		5
芦溪县				3	1	2	20	13	7
九江市	**18**	**6**	**12**	**24**	**5**	**19**	**117**	**50**	**67**
庐山区	3	1	2	5	1	4	39	20	19
浔阳区	14	5	9	5	2	3	13	5	8
九江县				2		2	1	1	
武宁县							21	4	17
修水县							3		3
永修县				6	1	5	8	4	4
德安县				1		1	14	8	6
星子县							3		3
都昌县				1		1	2		2
湖口县				1	1		1		1
彭泽县	1		1	3		3	6	4	2
瑞昌市							6	4	2
新余市	**187**	**104**	**83**	**19**	**7**	**12**	**93**	**43**	**50**
渝水区	182	100	82	17	7	10	86	42	44
分宜县	5	4	1	2		2	7	1	6
鹰潭市	**303**	**141**	**162**	**13**	**3**	**10**	**80**	**42**	**38**
月湖区	78	38	40	2		2	13	9	4
余江县	79	41	38				21	10	11
贵溪市	146	62	84	11	3	8	46	23	23
赣州市	**235**	**120**	**115**	**18**	**9**	**9**	**162**	**74**	**88**
章贡区	109	51	58	4	1	3	52	24	28
赣县									

10-7　续表 24　　　　　　　　　　　　　　　　单位：人

地　区	哈萨克族			傣　族			黎　族		
	小计	男	女	小计	男	女	小计	男	女
信丰县				2	2		11	7	4
大余县	1		1				1	1	
上犹县									
崇义县							4	1	3
安远县	86	49	37				28	13	15
龙南县							4		4
定南县				1		1	6	2	4
全南县									
宁都县	4	3	1				1		1
于都县	21	11	10	2		2	6	2	4
兴国县	3	2	1	6	4	2	4	2	2
会昌县	5	2	3				2		2
寻乌县	2		2	1	1		14	7	7
石城县							1	1	
瑞金市	3	1	2				4		4
南康市	1	1		2	1	1	24	14	10
吉安市	**144**	**73**	**71**	**249**	**138**	**111**	**89**	**30**	**59**
吉州区				1	1		3	1	2
青原区	4	2	2	1	1		22	3	19
吉安县	68	34	34	2	1	1	4	3	1
吉水县				1		1	5	1	4
峡江县				131	84	47	4		4
新干县	3	1	2	17	2	15	8	3	5
永丰县				1		1	6	3	3
泰和县	9	4	5	2	2		4		4
遂川县				2		2			
万安县	20	9	11	1		1	10	3	7
安福县							5	1	4
永新县				1		1	2	1	1
井冈山市	40	23	17	89	47	42	16	11	5
宜春市	**1**		**1**	**52**	**25**	**27**	**77**	**29**	**48**
袁州区				3	1	2	18	6	12
奉新县							15	7	8
万载县				1		1	12	5	7
上高县				39	22	17	1		1
宜丰县				2		2	7	3	4
靖安县							1	1	
铜鼓县							1	1	
丰城市				2		2	2		2
樟树市				3	1	2	11	3	8
高安市	1		1	2	1	1	9	3	6
抚州市	**36**	**18**	**18**	**13**	**4**	**9**	**19**	**9**	**10**
临川区				6	3	3	2	1	1
南城县									
黎川县									
南丰县				4	1	3	2	1	1
崇仁县	9	6	3				1	1	
乐安县							3	1	2
宜黄县				1		1	7	5	2
金溪县				1		1	2		2
资溪县							1		1
东乡县				1		1			
广昌县	27	12	15				1		1

10-7 续表 25

单位：人

地　　区	哈萨克族			傣　族			黎　族		
	小计	男	女	小计	男	女	小计	男	女
上饶市	**55**	**29**	**26**	**35**	**4**	**31**	**89**	**26**	**63**
信州区				3		3	16	1	15
上饶县				5		5	13	6	7
广丰县				2		2			
玉山县				2		2	3		3
铅山县	3	2	1	1		1	2		2
横峰县							1		1
弋阳县							3	3	
余干县	43	24	19	6	1	5	32	14	18
鄱阳县	9	3	6	5		5	6	1	5
万年县							3		3
婺源县				1		1	3		3
德兴市				10	3	7	7	1	6
山东省	**1116**	**459**	**657**	**2468**	**426**	**2042**	**1202**	**466**	**736**
济南市	**207**	**81**	**126**	**105**	**30**	**75**	**127**	**56**	**71**
历下区	17		17	11	5	6	23	11	12
市中区	11	6	5	11	2	9	21	12	9
槐荫区	2		2	4	2	2	4		4
天桥区	93	39	54	5	2	3	12	4	8
历城区	74	34	40	36	9	27	41	23	18
长清区	2		2	20	4	16	9	1	8
平阴县				7	2	5	5	3	2
济阳县	1		1	2		2	2		2
商河县							1		1
章丘市	7	2	5	9	4	5	9	2	7
青岛市	**176**	**82**	**94**	**273**	**80**	**193**	**93**	**44**	**49**
市南区	2	1	1	6	2	4	10	3	7
市北区	2	1	1	2		2	11	5	6
四方区	36	15	21	14	11	3	6	4	2
黄岛区	52	35	17	21	12	9	21	13	8
崂山区	45	12	33	17	12	5	8	7	1
李沧区	20	12	8	6	3	3	5	3	2
城阳区	15	3	12	4	2	2	8	4	4
胶州市				32	12	20	8	3	5
即墨市				24	11	13	4		4
平度市	1		1	21	1	20	8		8
胶南市	3	3		124	13	111	3	2	1
莱西市				2	1	1	1		1
淄博市	**20**	**8**	**12**	**111**	**26**	**85**	**48**	**12**	**36**
淄川区				11	4	7	2	1	1
张店区	11	4	7	12	7	5	10	3	7
博山区	3	2	1	3		3	7		7
临淄区				24	10	14	13	4	9
周村区	6	2	4	7	3	4	12	4	8
桓台县				11		11	3		3
高青县				35	2	33	1		1
沂源县				8		8			
枣庄市	**6**	**3**	**3**	**28**	**2**	**26**	**40**	**20**	**20**
市中区							4	3	1
薛城区	2		2	7		7	17	11	6
峄城区				1		1			
台儿庄区				1		1	1		1
山亭区	1		1	8		8	4	1	3
滕州市	3	3		11	2	9	14	5	9

10-7 续表 26

单位：人

地　区	哈萨克族			傣　族			黎　族		
	小计	男	女	小计	男	女	小计	男	女
东营市	**23**	**15**	**8**	**23**	**4**	**19**	**32**	**10**	**22**
东营区	22	15	7	3	2	1	16	7	9
河口区				1	1				
垦利县	1		1				12	2	10
利津县				8		8			
广饶县				11	1	10	4	1	3
烟台市	**69**	**25**	**44**	**169**	**26**	**143**	**46**	**16**	**30**
芝罘区	2	1	1				13	4	9
福山区				16	7	9	5	3	2
牟平区	54	20	34	39	6	33	2	2	
莱山区	3	1	2	8	1	7	7	1	6
长岛县									
龙口市				15	5	10	5	3	2
莱阳市				50	1	49			
莱州市				4	2	2	5	2	3
蓬莱市	10	3	7	2		2	3	1	2
招远市				5	3	2			
栖霞市				10	1	9	1		1
海阳市				20		20	5		5
潍坊市	**37**	**11**	**26**	**646**	**130**	**516**	**81**	**30**	**51**
潍城区	1	1		1		1	1		1
寒亭区				55	35	20	2		2
坊子区				7		7	5		5
奎文区	15	4	11	6	2	4	25	15	10
临朐县				17		17	2		2
昌乐县				11		11	1		1
青州市	1		1	75	3	72	9	2	7
诸城市				233	43	190	6		6
寿光市				87	31	56	3	1	2
安丘市	1		1	16		16	5	3	2
高密市	19	6	13	135	15	120	4		4
昌邑市				3	1	2	18	9	9
济宁市	**6**	**1**	**5**	**50**	**3**	**47**	**117**	**45**	**72**
市中区							4		4
任城区				3		3	8	2	6
微山县				1	1				
鱼台县							1		1
金乡县				7	1	6	19	9	10
嘉祥县							12	5	7
汶上县							21	9	12
泗水县							5	1	4
梁山县				13		13	6		6
曲阜市	3		3	5		5	6	2	4
兖州市				2	1	1	8	5	3
邹城市	3	1	2	19		19	27	12	15
泰安市	**21**	**2**	**19**	**29**	**3**	**26**	**71**	**28**	**43**
泰山区	5		5	4	1	3	8	4	4
岱岳区	14		14	13		13	48	19	29
宁阳县				1		1	6	2	4
东平县	1	1		5		5	1	1	
新泰市	1	1		2		2	7	2	5
肥城市				4	2	2	1		1
威海市	**25**	**7**	**18**	**251**	**52**	**199**	**24**	**5**	**19**
环翠区	23	7	16	52	27	25	9	2	7
文登市				51	8	43	3	1	2
荣成市				18	5	13	2	1	1
乳山市	2		2	130	12	118	10	1	9

10-7 续表 27

单位：人

地区	哈萨克族			傣族			黎族		
	小计	男	女	小计	男	女	小计	男	女
日照市	**7**	**2**	**5**	**32**		**32**	**57**	**15**	**42**
东港区	7	2	5	3		3	26	6	20
岚山区				1		1	4	2	2
五莲县				9		9	14	4	10
莒县				19		19	13	3	10
莱芜市				**7**	**1**	**6**	**9**	**4**	**5**
莱城区				5	1	4	9	4	5
钢城区				2		2			
临沂市	**51**	**22**	**29**	**662**	**57**	**605**	**195**	**84**	**111**
兰山区	6	3	3	48	25	23	40	22	18
罗庄区				3	1	2	3		3
河东区	7	4	3	6	1	5	7	5	2
沂南县	4	1	3	28	2	26	41	17	24
郯城县	7	3	4	10		10	21	9	12
沂水县				30		30	13	2	11
苍山县	3	2	1	1		1	4	1	3
费县	9	4	5	429	21	408	14	4	10
平邑县	4	1	3	64	4	60	12	4	8
莒南县	8	3	5	5		5	27	14	13
蒙阴县				17		17			
临沭县	3	1	2	21	3	18	13	6	7
德州市	**42**	**20**	**22**	**18**	**2**	**16**	**34**	**11**	**23**
德城区							4		4
陵县	37	18	19	4		4	9	3	6
宁津县				2		2	3	1	2
庆云县				2		2	2		2
临邑县				4	2	2	6	2	4
齐河县				4		4			
平原县	1		1						
夏津县	4	2	2				4	3	1
武城县							2		2
乐陵市				1		1	2	2	
禹城市				1		1	2		2
聊城市	**44**	**22**	**22**	**8**	**1**	**7**	**101**	**47**	**54**
东昌府区	7	5	2	1	1		20	10	10
阳谷县	35	15	20				13	5	8
莘县				1		1	9	3	6
茌平县	1	1					3		3
东阿县				2		2	7	3	4
冠县				2		2	10	7	3
高唐县				1		1	22	12	10
临清市	1	1		1		1	17	7	10
滨州市	**53**	**29**	**24**	**35**	**7**	**28**	**29**	**9**	**20**
滨城区	2	1	1	4		4	6	4	2
惠民县				1		1	2		2
阳信县									
无棣县	2	1	1	3		3	2		2
沾化县				1		1			
博兴县				12	4	8	1	1	
邹平县	49	27	22	14	3	11	18	4	14
菏泽市	**329**	**129**	**200**	**21**	**2**	**19**	**98**	**30**	**68**
牡丹区	29	9	20	1	1		15	7	8
曹县				8		8	3	2	1
单县	1		1						
成武县	7	3	4	2		2	10	4	6
巨野县	25	12	13				8		8
郓城县	24	9	15	2		2	12	3	9
鄄城县	20	8	12	4	1	3	13	1	12
定陶县	2		2				1		1
东明县	221	88	133	4		4	36	13	23

10-7　续表 28　　　　单位：人

地　区	哈萨克族			傣　族			黎　族		
	小计	男	女	小计	男	女	小计	男	女
河南省	**4805**	**2330**	**2475**	**511**	**105**	**406**	**1002**	**405**	**597**
郑州市	**393**	**206**	**187**	**77**	**32**	**45**	**194**	**92**	**102**
中原区	7	3	4	6	4	2	22	11	11
二七区	190	114	76	6	2	4	21	11	10
管城回族区	4	2	2	2		2	31	22	9
金水区	81	33	48	27	12	15	58	29	29
上街区				1		1	2	1	1
惠济区				7	5	2	6	1	5
中牟县	6	1	5	10		10	8	2	6
巩义市	4	1	3				12	8	4
荥阳市	1	1		2	2		4		4
新密市	1		1	2		2	2	1	1
新郑市	98	51	47	9	6	3	28	6	22
登封市	1		1	5	1	4			
开封市	**1491**	**709**	**782**	**35**	**8**	**27**	**110**	**43**	**67**
龙亭区	1		1				3		3
顺河回族区	5	3	2	11	4	7	4	3	1
鼓楼区	9	5	4	1		1	10	7	3
禹王台区	68	30	38				1		1
金明区	12	4	8	1	1		18	3	15
杞县	843	413	430	4		4	17	10	7
通许县							4	2	2
尉氏县	468	212	256	17	3	14	32	11	21
开封县	84	41	43	1		1	20	7	13
兰考县	1	1					1		1
洛阳市	**66**	**35**	**31**	**47**	**14**	**33**	**68**	**30**	**38**
老城区									
西工区	4	2	2				25	15	10
瀍河回族区							8	2	6
涧西区				8	3	5	8	2	6
吉利区							1	1	
洛龙区	3	2	1	9	3	6	9	7	2
孟津县									
新安县	8	6	2	5	1	4	1		1
栾川县	1		1	8	6	2	6	1	5
嵩县	10	6	4	5		5	3	1	2
汝阳县				5		5			
宜阳县							1		1
洛宁县				1		1			
伊川县				3		3	3		3
偃师市	40	19	21	3	1	2	3	1	2
平顶山市	**173**	**102**	**71**	**73**	**13**	**60**	**44**	**18**	**26**
新华区	69	43	26	3	2	1	12	4	8
卫东区	3	2	1	1		1	1		1
石龙区									
湛河区				4	3	1	1		1
宝丰县	66	38	28	12	4	8	5	2	3
叶县	1		1	23	2	21	6	2	4
鲁山县	7	4	3	11	2	9	2	1	1
郏县	3	1	2	1		1	2	1	1
舞钢市	24	14	10	7		7	13	7	6
汝州市				11		11	2	1	1

10-7 续表 29

单位：人

地区	哈萨克族			傣族			黎族		
	小计	男	女	小计	男	女	小计	男	女
安阳市	**69**	**37**	**32**	**21**	**5**	**16**	**22**	**8**	**14**
文峰区	54	31	23				8	5	3
北关区				1		1			
殷都区	2	2					3		3
龙安区				2		2			
安阳县	13	4	9	3	1	2	6	1	5
汤阴县				3		3	1		1
滑县				7	2	5	1	1	
内黄县				3	1	2	1		1
林州市				2	1	1	2	1	1
鹤壁市				**3**	**2**	**1**	**6**	**3**	**3**
鹤山区									
山城区				3	2	1	2	1	1
淇滨区							4	2	2
浚县									
淇县									
新乡市	**2**		**2**	**14**	**3**	**11**	**17**	**7**	**10**
红旗区							1		1
卫滨区				1	1		1		1
凤泉区				1	1		1		1
牧野区	1		1	1		1	4	3	1
新乡县				1		1	2	1	1
获嘉县				1		1	2	2	
原阳县				1		1			
延津县									
封丘县	1		1	2	1	1	1		1
长垣县				3		3	3		3
卫辉市							1	1	
辉县市				3		3	1		1
焦作市	**72**	**45**	**27**	**3**	**2**	**1**	**24**	**10**	**14**
解放区	67	43	24				8	5	3
中站区							1		1
马村区									
山阳区	1		1	1	1		9	3	6
修武县				1		1	1	1	
博爱县									
武陟县	1		1				2		2
温县	1		1						
沁阳市	2	2		1	1				
孟州市							3	1	2
濮阳市	**260**	**115**	**145**	**13**		**13**	**101**	**38**	**63**
华龙区	43	18	25	2		2	26	14	12
清丰县	23	11	12	2		2	13	6	7
南乐县							27	7	20
范县	160	71	89	3		3	3		3
台前县									
濮阳县	34	15	19	6		6	32	11	21
许昌市	**72**	**27**	**45**	**12**	**1**	**11**	**12**	**4**	**8**
魏都区	66	26	40				6	2	4
许昌县	1		1	2		2	1		1
鄢陵县									
襄城县	4		4	2	1	1	2	1	1
禹州市	1	1		6		6	2	1	1
长葛市				2		2	1		1

10-7　续表 30　　　　单位：人

地　区	哈萨克族			傣　族			黎　族		
	小计	男	女	小计	男	女	小计	男	女
漯河市	**312**	**164**	**148**	**12**		**12**	**33**	**9**	**24**
源汇区	20	9	11	2		2	8	1	7
郾城区	170	91	79	4		4	6	2	4
召陵区	72	34	38	4		4	15	4	11
舞阳县	1		1	2		2			
临颍县	49	30	19				4	2	2
三门峡市	**1**		**1**	**3**		**3**			
湖滨区	1		1						
渑池县									
陕县				1		1			
卢氏县				2		2			
义马市									
灵宝市									
南阳市	**225**	**114**	**111**	**32**	**2**	**30**	**57**	**27**	**30**
宛城区							5	4	1
卧龙区	8	3	5	3		3	5	1	4
南召县							4	3	1
方城县				3		3	6	1	5
西峡县				4	1	3			
镇平县				1	1		2	1	1
内乡县	2		2	3		3	4	1	3
淅川县									
社旗县				3		3			
唐河县	214	111	103	7		7	24	12	12
新野县									
桐柏县	1		1	7		7	4	3	1
邓州市				1		1	3	1	2
商丘市	**496**	**250**	**246**	**8**	**1**	**7**	**49**	**20**	**29**
梁园区	127	66	61				6	1	5
睢阳区	3	3					11	7	4
民权县									
睢县									
宁陵县	11	8	3				3	1	2
柘城县				1		1	2	2	
虞城县									
夏邑县	80	36	44	4	1	3	14	6	8
永城市	275	137	138	3		3	13	3	10
信阳市	**92**	**47**	**45**	**66**	**16**	**50**	**84**	**35**	**49**
浉河区				10	8	2	10	6	4
平桥区	14	8	6	25	5	20	15	6	9
罗山县	21	10	11	3		3	2	1	1
光山县				2		2	2	1	1
新县									
商城县				2		2	2	1	1
固始县	52	25	27	11	1	10	50	20	30
潢川县				1		1			
淮滨县				9	2	7			
息县	5	4	1	3		3	3		3
周口市	**925**	**409**	**516**	**18**	**1**	**17**	**102**	**38**	**64**
川汇区	204	63	141	4	1	3	24	10	14
扶沟县									
西华县	1	1		1		1			
商水县	98	45	53	2		2			

10-7 续表 31 单位：人

地区	哈萨克族			傣族			黎族		
	小计	男	女	小计	男	女	小计	男	女
沈丘县				2		2			
郸城县				1		1			
淮阳县	245	122	123	5		5	38	13	25
太康县	5	5					3	1	2
鹿邑县	15	9	6						
项城市	357	164	193	3		3	37	14	23
驻马店市	**151**	**69**	**82**	**70**	**3**	**67**	**79**	**23**	**56**
驿城区	38	21	17	13	1	12	17	8	9
西平县				9		9	13	1	12
上蔡县	11	2	9	22		22	7	1	6
平舆县	80	35	45	2		2	29	12	17
正阳县							1		1
确山县	3	1	2	7		7	1		1
泌阳县									
汝南县				2		2	3		3
遂平县	19	10	9	10	2	8	7	1	6
新蔡县				5		5	1		1
省直辖县级行政区划	**5**	**1**	**4**	**4**	**2**	**2**			
济源市	5	1	4	4	2	2			
湖北省	**2191**	**1057**	**1134**	**353**	**162**	**191**	**2709**	**1327**	**1382**
武汉市	**884**	**418**	**466**	**175**	**103**	**72**	**835**	**427**	**408**
江岸区	62	39	23	7	3	4	48	15	33
江汉区	59	21	38	6	4	2	35	19	16
硚口区	6	2	4	7	1	6	51	26	25
汉阳区	13	9	4	2	1	1	84	59	25
武昌区	115	51	64	25	14	11	100	51	49
青山区	6	4	2	3	1	2	19	7	12
洪山区	480	212	268	66	29	37	357	172	185
东西湖区	12	9	3	1	1		31	15	16
汉南区	13	8	5	1		1	1		1
蔡甸区	5	3	2	5	2	3	12	8	4
江夏区	24	11	13	51	47	4	75	40	35
黄陂区	87	48	39	1		1	21	15	6
新洲区	2	1	1				1		1
黄石市	**29**	**16**	**13**	**2**	**1**	**1**	**105**	**49**	**56**
黄石港区	4	3	1				8	1	7
西塞山区							4	1	3
下陆区	18	11	7				11	5	6
铁山区							2	2	
阳新县				1	1		6	1	5
大冶市	7	2	5	1		1	74	39	35
十堰市	**412**	**205**	**207**	**20**	**11**	**9**	**69**	**33**	**36**
茅箭区	28	17	11	1		1	24	10	14
张湾区	102	51	51	1		1	27	15	12
郧县	59	28	31	11	8	3	4		4
郧西县				3	1	2			
竹山县									
竹溪县	223	109	114				5	2	3
房县									
丹江口市				4	2	2	9	6	3
宜昌市	**36**	**17**	**19**	**18**	**3**	**15**	**78**	**36**	**42**
西陵区	35	17	18	2	1	1	27	16	11
伍家岗区							14	4	10
点军区							1		1

10-7　续表 32　　　　　　　　　　　　　　　　　　　　　　　　　　单位：人

地　区	哈萨克族			傣　族			黎　族		
	小计	男	女	小计	男	女	小计	男	女
猇亭区									
夷陵区	1		1	2	1	1	9	3	6
远安县				2		2			
兴山县									
秭归县				2	1	1	2	1	1
长阳土家族自治县				2		2	3	3	
五峰土家族自治县									
宜都市				3		3	10	6	4
当阳市				4		4	6		6
枝江市				1		1	6	3	3
襄樊市	**300**	**144**	**156**	**5**	**4**	**1**	**126**	**59**	**67**
襄城区	52	24	28	2	2		35	19	16
樊城区							1		1
襄阳区	132	60	72				19	7	12
南漳县	1		1				5	2	3
谷城县	8	4	4	1		1	29	15	14
保康县	1		1	2	2		1		1
老河口市	6	2	4				5	1	4
枣阳市	60	33	27				22	12	10
宜城市	40	21	19				9	3	6
鄂州市				**1**		**1**	**36**	**14**	**22**
梁子湖区							1		1
华容区							2	1	1
鄂城区				1		1	33	13	20
荆门市	**10**	**6**	**4**	**8**	**1**	**7**	**74**	**28**	**46**
东宝区	5	3	2	3	1	2	33	15	18
掇刀区				1		1	5	1	4
京山县	1	1					18	3	15
沙洋县				1		1	12	8	4
钟祥市	4	2	2	3		3	6	1	5
孝感市	**71**	**37**	**34**	**9**	**4**	**5**	**62**	**27**	**35**
孝南区	28	13	15	1	1		21	13	8
孝昌县	2	1	1	1	1		2		2
大悟县	16	8	8	3	1	2	4	2	2
云梦县	25	15	10	1		1	12	4	8
应城市							9	3	6
安陆市				1		1	11	4	7
汉川市				2	1	1	3	1	2
荆州市	**1**	**1**		**21**	**3**	**18**	**131**	**53**	**78**
沙市区				1		1	24	13	11
荆州区	1	1		5	2	3	45	21	24
公安县				4	1	3	26	11	15
监利县				6		6	7	3	4
江陵县				1		1	5	1	4
石首市				2		2	8	1	7
洪湖市				2		2	4	2	2
松滋市							12	1	11
黄冈市	**270**	**132**	**138**	**12**	**2**	**10**	**216**	**90**	**126**
黄州区							109	52	57
团风县	15	8	7	2	1	1	23	10	13
红安县							2		2
罗田县				2		2	6		6
英山县							1		1
浠水县	11	5	6	3		3	19	9	10
蕲春县	150	84	66	3	1	2	31	13	18
黄梅县	8	2	6	1		1	8	1	7
麻城市				1		1	1		1
武穴市	86	33	53				16	5	11

10-7 续表 33　　　　单位：人

地　区	哈萨克族			傣　族			黎　族		
	小计	男	女	小计	男	女	小计	男	女
咸宁市	**19**	**10**	**9**	**1**		**1**	**22**	**10**	**12**
咸安区									
嘉鱼县							1		1
通城县							1		1
崇阳县				1		1			
通山县									
赤壁市	19	10	9				20	10	10
随州市	**6**	**3**	**3**	**20**	**12**	**8**	**21**	**9**	**12**
曾都区				19	11	8	9	7	2
随县				1	1		6	2	4
广水市	6	3	3				6		6
恩施土家族苗族自治州	**75**	**31**	**44**	**48**	**11**	**37**	**901**	**478**	**423**
恩施市	18	7	11	13	6	7	125	58	67
利川市	9	6	3	6		6	30	14	16
建始县	7	2	5	1		1	38	14	24
巴东县	2		2	9	1	8	11	4	7
宣恩县	6	2	4	12	3	9	392	207	185
咸丰县				2		2	21	7	14
来凤县	1		1	1		1	268	166	102
鹤峰县	32	14	18	4	1	3	16	8	8
省直辖县级行政区划	**78**	**37**	**41**	**13**	**7**	**6**	**33**	**14**	**19**
仙桃市	18	9	9	9	6	3	23	12	11
潜江市	60	28	32	2	1	1	6	1	5
天门市							3	1	2
神农架林区				2		2	1		1
湖南省	**2775**	**1409**	**1366**	**837**	**208**	**629**	**2350**	**1040**	**1310**
长沙市	**160**	**86**	**74**	**77**	**32**	**45**	**324**	**146**	**178**
芙蓉区				4	1	3	28	15	13
天心区	1	1		13	7	6	57	24	33
岳麓区	64	37	27	26	12	14	89	38	51
开福区	1		1	8	3	5	12	3	9
雨花区	27	14	13	6	3	3	41	22	19
长沙县				8	3	5	64	36	28
望城县	2	1	1	3		3	10	5	5
宁乡县	65	33	32	6		6	9	2	7
浏阳市				3	3		14	1	13
株洲市	**46**	**23**	**23**	**75**	**22**	**53**	**45**	**22**	**23**
荷塘区	1		1	7	5	2	10	7	3
芦淞区	19	8	11	7	3	4	4	3	1
石峰区	17	11	6	10	6	4	8	4	4
天元区	2	2		5	1	4	6	3	3
株洲县	3	1	2	6		6	2		2
攸县	2		2	7	1	6	6	3	3
茶陵县				3		3	3	2	1
炎陵县				5	3	2	1		1
醴陵市	2	1	1	25	3	22	5		5
湘潭市	**9**	**5**	**4**	**24**	**9**	**15**	**70**	**36**	**34**
雨湖区	5	3	2	8	6	2	29	15	14
岳塘区	3	2	1	3	2	1	14	11	3
湘潭县	1		1	9	1	8	13	6	7
湘乡市				2		2	10	4	6
韶山市				2		2	4		4

10-7 续表 34

单位：人

地区	哈萨克族			傣族			黎族		
	小计	男	女	小计	男	女	小计	男	女
衡阳市	**219**	**115**	**104**	**218**	**15**	**203**	**191**	**81**	**110**
珠晖区	35	11	24	9	4	5	45	18	27
雁峰区	1	1		3	1	2	13	7	6
石鼓区	2	2		3		3	8	2	6
蒸湘区	11	11		1	1		12	1	11
南岳区									
衡阳县	1		1	5		5	6	1	5
衡南县	36	19	17	3	1	2	18	9	9
衡山县	4	3	1				2		2
衡东县	11	7	4				2		2
祁东县	43	19	24	187	8	179	27	7	20
耒阳市	36	17	19	4		4	51	33	18
常宁市	39	25	14	3		3	7	3	4
邵阳市	**293**	**142**	**151**	**66**	**9**	**57**	**332**	**176**	**156**
双清区	3		3				8	5	3
大祥区	3	1	2	3	1	2	7	3	4
北塔区				3	1	2	2	2	
邵东县	24	11	13	19	1	18	6	2	4
新邵县	9	4	5	3		3	11	1	10
邵阳县	10	7	3	13		13	9	5	4
隆回县	99	45	54	8	1	7	14	5	9
洞口县	123	61	62	3		3	10	4	6
绥宁县	13	5	8	1		1	83	40	43
新宁县				5	2	3	36	18	18
城步苗族自治县	5	4	1	6	2	4	139	90	49
武冈市	4	4		2	1	1	7	1	6
岳阳市	**55**	**35**	**20**	**18**	**3**	**15**	**152**	**64**	**88**
岳阳楼区	30	23	7	6	2	4	30	14	16
云溪区							3	2	1
君山区							4	1	3
岳阳县				3		3	20	7	13
华容县							18	7	11
湘阴县	1		1	4		4	24	10	14
平江县				1		1	9	4	5
汨罗市				4	1	3	28	14	14
临湘市	24	12	12				16	5	11
常德市	**345**	**174**	**171**	**39**	**12**	**27**	**196**	**81**	**115**
武陵区	2	1	1	4	2	2	34	17	17
鼎城区	86	51	35	10	6	4	37	17	20
安乡县	65	31	34	1		1	8	2	6
汉寿县	128	62	66	10	1	9	31	9	22
澧县	35	16	19	2		2	29	11	18
临澧县	5	2	3	1		1	8	4	4
桃源县	19	8	11	8	3	5	31	12	19
石门县				3		3	7	4	3
津市市	5	3	2				11	5	6
张家界市	**354**	**196**	**158**	**8**	**4**	**4**	**62**	**24**	**38**
永定区	78	47	31	2	1	1	24	9	15
武陵源区	3	2	1	2	1	1	2		2
慈利县	36	16	20	3	2	1	14	3	11
桑植县	237	131	106	1		1	22	12	10
益阳市	**174**	**88**	**86**	**21**	**1**	**20**	**152**	**66**	**86**
资阳区	48	21	27	1		1	43	19	24
赫山区	7	2	5	5		5	47	22	25

10-7 续表 35

单位：人

地区	哈萨克族			傣族			黎族		
	小计	男	女	小计	男	女	小计	男	女
南县	52	27	25	2		2	20	10	10
桃江县	5	2	3	6		6	14	5	9
安化县	62	36	26	1		1	24	9	15
沅江市				6	1	5	4	1	3
郴州市	**234**	**115**	**119**	**23**	**7**	**16**	**121**	**51**	**70**
北湖区	97	47	50	6	2	4	38	21	17
苏仙区	36	16	20	2	2		29	13	16
桂阳县	6	2	4	3		3	5	1	4
宜章县	2	2		2		2	6	1	5
永兴县	6		6				2		2
嘉禾县									
临武县	76	38	38	5		5	5	1	4
汝城县	4	4		3	1	2	17	7	10
桂东县	7	6	1				1		1
安仁县							3	1	2
资兴市				2	2		15	6	9
永州市	**487**	**259**	**228**	**95**	**10**	**85**	**223**	**103**	**120**
零陵区	137	76	61	4	3	1	35	15	20
冷水滩区	227	130	97	2		2	38	20	18
祁阳县	8	3	5	68	3	65	7	3	4
东安县	35	13	22	6		6	32	13	19
双牌县	39	23	16				16	4	12
道县	1	1					2	1	1
江永县	17	4	13	6	2	4	81	44	37
宁远县	6	5	1	2		2	9	2	7
蓝山县	2		2	2	1	1	1		1
新田县							2	1	1
江华瑶族自治县	15	4	11	5	1	4			
怀化市				**139**	**73**	**66**	**266**	**113**	**153**
鹤城区				105	60	45	86	43	43
中方县							28	16	12
沅陵县				7	1	6	23	3	20
辰溪县				2	1	1	10	3	7
溆浦县				6		6	10	2	8
会同县				11	9	2	33	12	21
麻阳苗族自治县							1		1
新晃侗族自治县							16	13	3
芷江侗族自治县							11	2	9
靖州苗族侗族自治县							17	6	11
通道侗族自治县				1	1		8	4	4
洪江市				7	1	6	23	9	14
娄底市	**268**	**116**	**152**	**17**	**4**	**13**	**79**	**22**	**57**
娄星区	71	28	43	2	1	1	16		16
双峰县	36	16	20	6	1	5	21	5	16
新化县	14	7	7	6	2	4	10	3	7
冷水江市	24	11	13				4	1	3
涟源市	123	54	69	3		3	28	13	15
湘西土家族苗族自治州	**131**	**55**	**76**	**17**	**7**	**10**	**137**	**55**	**82**
吉首市	5	2	3	4	1	3	30	10	20
泸溪县							23	11	12
凤凰县	3		3				15	4	11
花垣县	1	1		4	2	2	2	1	1
保靖县	44	23	21	7	4	3	7	4	3
古丈县	2		2				2		2
永顺县							4	1	3
龙山县	76	29	47	2		2	54	24	30

10-7　续表 36

单位：人

地　区	哈萨克族			傣　族			黎　族		
	小计	男	女	小计	男	女	小计	男	女
广东省	**4602**	**2504**	**2098**	**6675**	**3554**	**3121**	**19579**	**9950**	**9629**
广州市	**409**	**217**	**192**	**484**	**245**	**239**	**3314**	**1742**	**1572**
荔湾区	29	14	15	19	8	11	135	62	73
越秀区	13	7	6	43	20	23	214	109	105
海珠区	18	8	10	44	14	30	268	126	142
天河区	13	6	7	53	25	28	497	255	242
白云区	205	121	84	129	70	59	1015	552	463
黄埔区	11	8	3	17	12	5	124	63	61
番禺区	79	28	51	68	36	32	472	251	221
花都区	4	3	1	38	23	15	213	138	75
南沙区	26	15	11	8	3	5	30	17	13
萝岗区	3	1	2	38	22	16	134	72	62
增城市	2	2		22	8	14	143	63	80
从化市	6	4	2	5	4	1	69	34	35
韶关市	**1**		**1**	**26**	**13**	**13**	**96**	**53**	**43**
武江区				5	1	4	14	3	11
浈江区				7	3	4	36	31	5
曲江区				6	4	2	9	4	5
始兴县							3	2	1
仁化县							4	1	3
翁源县	1		1	3	1	2	9	3	6
乳源瑶族自治县				1		1	2		2
新丰县							2	1	1
乐昌市				4	4		14	7	7
南雄市							3	1	2
深圳市	**639**	**316**	**323**	**1405**	**718**	**687**	**5500**	**2783**	**2717**
罗湖区	10	6	4	79	30	49	423	139	284
福田区	79	45	34	105	47	58	555	225	330
南山区	117	51	66	82	40	42	285	143	142
宝安区	323	181	142	810	429	381	2872	1542	1330
龙岗区	110	33	77	304	159	145	1287	694	593
盐田区				25	13	12	78	40	38
珠海市	**190**	**88**	**102**	**172**	**92**	**80**	**526**	**266**	**260**
香洲区	48	17	31	76	36	40	313	156	157
斗门区	86	49	37	71	44	27	87	40	47
金湾区	56	22	34	25	12	13	126	70	56
汕头市	**68**	**31**	**37**	**59**	**21**	**38**	**711**	**322**	**389**
龙湖区				5	4	1	74	32	42
金平区	5	4	1	14	2	12	64	28	36
濠江区				4	2	2	14	1	13
潮阳区	6	1	5	14	3	11	155	70	85
潮南区	48	21	27	15	7	8	237	95	142
澄海区	5	3	2	7	3	4	166	96	70
南澳县	4	2	2				1		1
佛山市	**93**	**56**	**37**	**414**	**241**	**173**	**1275**	**740**	**535**
禅城区	5	3	2	19	8	11	163	89	74
南海区	23	17	6	149	84	65	489	289	200
顺德区	4	3	1	131	81	50	424	253	171
三水区	53	28	25	67	43	24	139	72	67
高明区	8	5	3	48	25	23	60	37	23
江门市	**83**	**32**	**51**	**137**	**87**	**50**	**461**	**241**	**220**
蓬江区	23	9	14	31	17	14	114	68	46
江海区	1		1	10	7	3	64	39	25

10-7 续表37

单位：人

地区	哈萨克族			傣族			黎族		
	小计	男	女	小计	男	女	小计	男	女
新会区	3	2	1	21	10	11	73	38	35
台山市	37	13	24	6	3	3	49	10	39
开平市	4	2	2	34	24	10	78	44	34
鹤山市	11	4	7	35	26	9	62	38	24
恩平市	4	2	2				21	4	17
湛江市	**77**	**49**	**28**	**163**	**5**	**158**	**587**	**180**	**407**
赤坎区	3	3		6	1	5	45	23	22
霞山区	15	6	9	3		3	35	12	23
坡头区				15		15	25	10	15
麻章区	54	37	17	1	1		84	39	45
遂溪县	3	1	2	5		5	24	3	21
徐闻县				14	1	13	185	21	164
廉江市				17		17	33	3	30
雷州市	2	2		1		1	41	14	27
吴川市				101	2	99	115	55	60
茂名市	**15**	**8**	**7**	**179**	**13**	**166**	**416**	**89**	**327**
茂南区	1	1		8		8	43	14	29
茂港区				36	1	35	81	7	74
电白县				30	1	29	116	11	105
高州市	14	7	7	79	10	69	117	40	77
化州市				25		25	20	6	14
信宜市				1	1		39	11	28
肇庆市	**525**	**261**	**264**	**94**	**50**	**44**	**280**	**139**	**141**
端州区	83	44	39	3		3	54	23	31
鼎湖区	151	89	62	1		1	11	6	5
广宁县	18	2	16	2	1	1	26	11	15
怀集县							11	8	3
封开县	1	1		1	1		6	3	3
德庆县	90	42	48	1		1	47	23	24
高要市	170	78	92	17	12	5	55	26	29
四会市	12	5	7	69	36	33	70	39	31
惠州市	**33**	**18**	**15**	**698**	**414**	**284**	**788**	**411**	**377**
惠城区	13	8	5	346	206	140	338	182	156
惠阳区	8	4	4	183	97	86	129	74	55
博罗县	11	5	6	125	86	39	253	125	128
惠东县				43	24	19	60	25	35
龙门县	1	1		1	1		8	5	3
梅州市				**10**	**3**	**7**	**47**	**14**	**33**
梅江区				3		3	9	5	4
梅县				4	3	1	3	1	2
大埔县				1		1	5	1	4
丰顺县				1		1	13	4	9
五华县									
平远县				1		1	8	2	6
蕉岭县							3		3
兴宁市							6	1	5
汕尾市				**16**	**10**	**6**	**50**	**23**	**27**
城区				1	1		3	1	2
海丰县				14	9	5	35	22	13
陆河县				1		1	12		12
陆丰市									
河源市	**6**	**3**	**3**	**61**	**39**	**22**	**52**	**29**	**23**
源城区				43	27	16	23	14	9
紫金县	2	1	1	2		2	6	3	3
龙川县				1		1	7	4	3
连平县				11	11		7	5	2
和平县	1		1						
东源县	3	2	1	4	1	3	9	3	6

10-7　续表 38

单位：人

地　　区	哈萨克族			傣　族			黎　族		
	小计	男	女	小计	男	女	小计	男	女
阳江市				**31**	**22**	**9**	**90**	**40**	**50**
江城区				1		1	18	8	10
阳西县				2		2	5		5
阳东县				7	4	3	40	20	20
阳春市				21	18	3	27	12	15
清远市	**118**	**65**	**53**	**73**	**29**	**44**	**214**	**96**	**118**
清城区	6	4	2	56	24	32	95	40	55
佛冈县	1	1		3	1	2	18	10	8
阳山县	28	17	11	1	1		8	2	6
连山壮族瑶族自治县							7	2	5
连南瑶族自治县							6	4	2
清新县	1		1	1		1	27	15	12
英德市	49	31	18	6	1	5	36	17	19
连州市	33	12	21	6	2	4	17	6	11
东莞市	**101**	**42**	**59**	**1856**	**1105**	**751**	**3576**	**2005**	**1571**
中山市	**1844**	**1128**	**716**	**739**	**422**	**317**	**839**	**454**	**385**
潮州市	**31**	**16**	**15**	**29**	**20**	**9**	**432**	**195**	**237**
湘桥区	15	7	8	3	2	1	126	67	59
潮安县	10	6	4	23	15	8	282	124	158
饶平县	6	3	3	3	3		24	4	20
揭阳市	**356**	**167**	**189**	**20**	**2**	**18**	**260**	**95**	**165**
榕城区	24	16	8	2	1	1	80	40	40
揭东县				4		4	30	10	20
揭西县	196	94	102	1		1	47	15	32
惠来县	128	56	72				49	22	27
普宁市	8	1	7	13	1	12	54	8	46
云浮市	**13**	**7**	**6**	**9**	**3**	**6**	**65**	**33**	**32**
云城区	11	6	5	2		2	18	13	5
新兴县	1	1					8	5	3
郁南县				2	1	1	7	3	4
云安县				4	2	2	5	1	4
罗定市	1		1	1		1	27	11	16
广西壮族自治区	**1884**	**977**	**907**	**796**	**276**	**520**	**4542**	**2251**	**2291**
南宁市	**509**	**243**	**266**	**221**	**92**	**129**	**748**	**361**	**387**
兴宁区	13	7	6	16	7	9	59	39	20
青秀区	90	43	47	63	27	36	180	79	101
江南区	17	7	10	24	7	17	103	52	51
西乡塘区	46	20	26	47	22	25	205	120	85
良庆区	11	3	8	19	9	10	20	10	10
邕宁区	4		4	1		1	15	3	12
武鸣县	10		10	12	6	6	22	13	9
隆安县	25	14	11	6	3	3	12	5	7
马山县	131	57	74	3		3	13	2	11
上林县	5	2	3	9	3	6	16	4	12
宾阳县	26	19	7	10	7	3	54	15	39
横县	131	71	60	11	1	10	49	19	30

10-7 续表 39

单位：人

地区	哈萨克族			傣族			黎族		
	小计	男	女	小计	男	女	小计	男	女
柳州市	**14**	**7**	**7**	**95**	**30**	**65**	**461**	**222**	**239**
城中区	2	2		9	5	4	35	18	17
鱼峰区				19	4	15	69	30	39
柳南区				24	3	21	64	32	32
柳北区				7	2	5	97	51	46
柳江县				10	3	7	13	6	7
柳城县	11	5	6	5	2	3	73	39	34
鹿寨县				9	8	1	58	28	30
融安县	1		1	4	2	2	24	9	15
融水苗族自治县				2		2	16	3	13
三江侗族自治县				6	1	5	12	6	6
桂林市	**8**	**6**	**2**	**150**	**47**	**103**	**715**	**366**	**349**
秀峰区				1		1	19	9	10
叠彩区				6	2	4	22	6	16
象山区	1	1		4		4	58	32	26
七星区	1	1		24	9	15	76	46	30
雁山区	2		2	4	1	3	33	17	16
阳朔县				1	1		66	33	33
临桂县				16	8	8	60	35	25
灵川县				13	6	7	32	17	15
全州县				2		2	14	5	9
兴安县				7	1	6	8	4	4
永福县				1	1		31	8	23
灌阳县				39	11	28	18	7	11
龙胜各族自治县							40	22	18
资源县	4	4		3	1	2	59	26	33
平乐县				4	2	2	103	60	43
荔浦县				9	2	7	25	8	17
恭城瑶族自治县				16	2	14	51	31	20
梧州市				**19**	**6**	**13**	**118**	**46**	**72**
万秀区							12	7	5
蝶山区				1	1		20	10	10
长洲区				4	3	1	5	4	1
苍梧县				3		3	13	9	4
藤县				2		2	15	6	9
蒙山县							14	3	11
岑溪市				9	2	7	39	7	32
北海市	**28**	**14**	**14**	**19**	**5**	**14**	**91**	**42**	**49**
海城区				8	3	5	34	20	14
银海区	3	2	1	2		2	31	15	16
铁山港区							1	1	
合浦县	25	12	13	9	2	7	25	6	19
防城港市	**6**	**1**	**5**	**36**	**15**	**21**	**325**	**183**	**142**
港口区				5	4	1	37	20	17
防城区				16	8	8	181	106	75
上思县	2		2	2		2	5		5
东兴市	4	1	3	13	3	10	102	57	45
钦州市	**5**	**2**	**3**	**35**	**8**	**27**	**233**	**99**	**134**
钦南区	1		1	8	3	5	131	55	76
钦北区	3	1	2	20	5	15	57	29	28
灵山县				7		7	22	9	13
浦北县	1	1					23	6	17
贵港市	**870**	**488**	**382**	**23**	**11**	**12**	**169**	**71**	**98**
港北区	73	33	40	9	4	5	36	19	17
港南区	20	9	11	5	4	1	15	5	10
覃塘区	4	1	3	3	1	2	12	5	7
平南县	680	400	280	4	1	3	57	24	33
桂平市	93	45	48	2	1	1	49	18	31

10-7　续表 40　　　　　　　　　　　　　　　　　　　　　　　　　　　　　单位：人

地　区	哈萨克族			傣　族			黎　族		
	小计	男	女	小计	男	女	小计	男	女
玉林市	**190**	**88**	**102**	**33**	**2**	**31**	**245**	**88**	**157**
玉州区	5	3	2	4	1	3	54	26	28
容县	19	8	11	9	1	8	54	17	37
陆川县	1		1	5		5	44	23	21
博白县				7		7	47	8	39
兴业县	9		9	2		2	8		8
北流市	156	77	79	6		6	38	14	24
百色市	**227**	**114**	**113**	**42**	**22**	**20**	**126**	**61**	**65**
右江区	44	23	21	10	8	2	19	5	14
田阳县	13	7	6				5	1	4
田东县	1		1	1	1		11	4	7
平果县	9	4	5	1		1	30	19	11
德保县	11	6	5	5	3	2	7	4	3
靖西县	9	5	4	3	1	2	7	4	3
那坡县	4		4	3	1	2			
凌云县	3	1	2				13	7	6
乐业县							3	1	2
田林县	38	22	16	3	2	1	10	7	3
西林县	3		3	14	4	10	12	6	6
隆林各族自治县	92	46	46	2	2		9	3	6
贺州市	**11**	**5**	**6**	**22**	**6**	**16**	**93**	**32**	**61**
八步区	4		4	6	2	4	34	14	20
平桂管理区	7	5	2	5	3	2	18	7	11
昭平县							16	4	12
钟山县				6	1	5	17	6	11
富川瑶族自治县				5		5	8	1	7
河池市				**45**	**14**	**31**	**806**	**466**	**340**
金城江区				5	2	3	7	3	4
南丹县				6	2	4	6	2	4
天峨县				3	1	2	7	5	2
凤山县							8	6	2
东兰县				2		2	4		4
罗城仫佬族自治县				3		3	14	3	11
环江毛南族自治县				4	2	2	13	4	9
巴马瑶族自治县							5		5
都安瑶族自治县				2		2	12	3	9
大化瑶族自治县				2		2	6	4	2
宜州市				18	7	11	724	436	288
来宾市	**1**		**1**	**19**	**7**	**12**	**257**	**131**	**126**
兴宾区	1		1	12	5	7	61	19	42
忻城县				2		2	12	6	6
象州县				2	1	1	20	7	13
武宜县							147	88	59
金秀瑶族自治县				3	1	2	10	7	3
合山市							7	4	3
崇左市	**15**	**9**	**6**	**37**	**11**	**26**	**155**	**83**	**72**
江州区				8	4	4	25	13	12
扶绥县	6	3	3	7	1	6	111	64	47
宁明县	4	1	3	4	1	3	4	2	2
龙州县	3	3		6	3	3	2		2
大新县				1		1	6	2	4
天等县	2	2		2		2	3		3
凭祥市				9	2	7	4	2	2

10-7 续表 41 单位：人

地 区	哈萨克族			傣 族			黎 族		
	小计	男	女	小计	男	女	小计	男	女
海南省	**1553**	**793**	**760**	**902**	**417**	**485**	**1262262**	**655504**	**606758**
海口市	**286**	**143**	**143**	**107**	**38**	**69**	**27436**	**11604**	**15832**
秀英区	15	7	8	5	1	4	3566	1665	1901
龙华区	129	59	70	30	9	21	7814	3074	4740
琼山区	12		12	17	3	14	6350	2626	3724
美兰区	130	77	53	55	25	30	9706	4239	5467
三亚市	**51**	**21**	**30**	**317**	**142**	**175**	**209750**	**107060**	**102690**
省直辖县级行政区划	**1216**	**629**	**587**	**478**	**237**	**241**	**1025076**	**536840**	**488236**
五指山市	1		1	10	3	7	61428	32264	29164
琼海市	5	3	2	6	1	5	5115	1109	4006
儋州市	194	91	103	17	9	8	63831	33929	29902
文昌市	30	8	22	9	4	5	3654	489	3165
万宁市	35	19	16	54	26	28	75862	38825	37037
东方市	11	5	6	16	8	8	81762	42445	39317
定安县	63	31	32	1		1	2120	500	1620
屯昌县				1		1	13995	6656	7339
澄迈县				5	1	4	3696	1210	2486
临高县							154	49	105
白沙黎族自治县	4	2	2	36	15	21	104577	55821	48756
昌江黎族自治县	3	1	2	53	30	23	83863	44231	39632
乐东黎族自治县				2	1	1	172445	91304	81141
陵水黎族自治县	870	469	401	204	104	100	169424	89804	79620
保亭黎族苗族自治县				58	34	24	89741	47623	42118
琼中黎族苗族自治县				6	1	5	93408	50580	42828
西沙群岛							1	1	
重庆市	**259**	**104**	**155**	**881**	**239**	**642**	**587**	**277**	**310**
市辖区	**239**	**95**	**144**	**684**	**199**	**485**	**523**	**252**	**271**
万州区				22	6	16	19	8	11
涪陵区	1		1	11	2	9	14	5	9
渝中区				20	6	14	19	10	9
大渡口区				8	3	5	5	3	2
江北区				16	5	11	16	5	11
沙坪坝区	25	13	12	44	26	18	61	28	33
九龙坡区	1	1		31	11	20	27	11	16
南岸区	5	2	3	31	8	23	39	20	19
北碚区	48	13	35	44	14	30	38	14	24
万盛区	2	1	1				12	7	5
双桥区							2		2
渝北区	2		2	56	16	40	67	33	34
巴南区				30	8	22	19	8	11
黔江区				5	1	4	5	2	3
长寿区	2	1	1	35	20	15	27	14	13
江津区				51	9	42	14	3	11
合川区	93	40	53	233	47	186	78	39	39
永川区	37	13	24	45	16	29	56	39	17
南川区	23	11	12	2	1	1	5	3	2
市辖县	**20**	**9**	**11**	**197**	**40**	**157**	**64**	**25**	**39**
綦江县	1		1	15	3	12	8	2	6
潼南县	2	1	1	18		18	2	2	
铜梁县	1		1	36	5	31	7	4	3

10-7　续表 42

单位：人

地　区	哈萨克族			傣　族			黎　族		
	小计	男	女	小计	男	女	小计	男	女
大足县	2	1	1	15	5	10	1		1
荣昌县				46	9	37	8	1	7
璧山县	3	2	1	15	2	13	6	4	2
梁平县				1		1	1		1
城口县									
丰都县				26	11	15	1	1	
垫江县				6	2	4	1	1	
武隆县				4		4	1		1
忠县				5		5			
开县	1	1		1	1		3	3	
云阳县							4	1	3
奉节县				1		1	5	3	2
巫山县				1		1	1		1
巫溪县				1		1	1		1
石柱土家族自治县				1		1	3		3
秀山土家族苗族自治县				2		2	7	3	4
酉阳土家族苗族自治县	9	3	6	3	2	1	4		4
彭水苗族土家族自治县	1	1							
四川省	**1882**	**927**	**955**	**7652**	**3380**	**4272**	**1688**	**744**	**944**
成都市	**654**	**283**	**371**	**410**	**161**	**249**	**708**	**340**	**368**
锦江区	2	1	1	24	8	16	52	27	25
青羊区	2	1	1	28	9	19	36	14	22
金牛区	14	9	5	34	20	14	69	39	30
武侯区	278	120	158	69	36	33	84	43	41
成华区	113	49	64	26	11	15	28	12	16
龙泉驿区	1		1	17	3	14	28	11	17
青白江区	6	3	3	15	7	8	9	2	7
新都区	10	5	5	9	3	6	21	10	11
温江区	18	8	10	17	4	13	32	19	13
金堂县	38	17	21	7	3	4	15	6	9
双流县	62	18	44	64	24	40	122	55	67
郫县	64	35	29	42	19	23	67	28	39
大邑县				6	1	5	8	4	4
蒲江县	27	11	16	7		7	8	5	3
新津县	1		1	6	1	5	9	3	6
都江堰市	2		2	19	8	11	27	13	14
彭州市	1		1	6	2	4	82	41	41
邛崃市	4	2	2	3		3	5	2	3
崇州市	11	4	7	11	2	9	6	6	
自贡市	**23**	**12**	**11**	**65**	**13**	**52**	**40**	**11**	**29**
自流井区				9	4	5	8	3	5
贡井区				5	2	3			
大安区	14	6	8	7		7	12	5	7
沿滩区				7		7	2	1	1
荣县				12	2	10	10	1	9
富顺县	9	6	3	25	5	20	8	1	7
攀枝花市	**60**	**39**	**21**	**3651**	**1774**	**1877**	**116**	**42**	**74**
东区	12	8	4	288	118	170	42	15	27
西区	2	1	1	487	220	267	22	6	16
仁和区	2	1	1	1769	827	942	15	5	10
米易县	1	1		56	27	29	22	11	11
盐边县	43	28	15	1051	582	469	15	5	10

10-7 续表 43

单位：人

地区	哈萨克族			傣族			黎族		
	小计	男	女	小计	男	女	小计	男	女
泸州市	**41**	**10**	**31**	**99**	**20**	**79**	**97**	**53**	**44**
江阳区				25	6	19	27	11	16
纳溪区	1		1	1		1	3	2	1
龙马潭区	24	2	22	4		4	11	5	6
泸县	16	8	8	26	6	20	9	3	6
合江县				40	8	32	34	22	12
叙永县				2		2	4	2	2
古蔺县				1		1	9	8	1
德阳市	**4**	**1**	**3**	**47**	**13**	**34**	**51**	**29**	**22**
旌阳区				16	7	9	12	9	3
中江县	1		1	12		12	25	15	10
罗江县				1	1				
广汉市	3	1	2	7	3	4	10	4	6
什邡市				3	2	1	1		1
绵竹市				8		8	3	1	2
绵阳市	**179**	**99**	**80**	**128**	**17**	**111**	**66**	**27**	**39**
涪城区	65	41	24	23	8	15	27	14	13
游仙区	2	2		1	1		3	1	2
三台县	3	2	1	1		1	14	4	10
盐亭县	3	1	2	5	1	4	2		2
安县	10	4	6	80	5	75	3		3
梓潼县							5	3	2
北川羌族自治县	2	1	1	7	1	6	3	2	1
平武县							1	1	
江油市	94	48	46	11	1	10	8	2	6
广元市	**14**	**5**	**9**	**8**	**3**	**5**	**17**	**6**	**11**
利州区	3	2	1	3	3		8	4	4
元坝区							1		1
朝天区							1		1
旺苍县	10	2	8				3	1	2
青川县				3		3	3	1	2
剑阁县	1	1		2		2			
苍溪县							1		1
遂宁市	**13**	**6**	**7**	**89**	**4**	**85**	**25**	**10**	**15**
船山区	1		1	17		17	1		1
安居区	4	2	2	18		18	2	1	1
蓬溪县	4	2	2	16	2	14	6	4	2
射洪县				8		8	1		1
大英县	4	2	2	30	2	28	15	5	10
内江市	**112**	**59**	**53**	**70**	**14**	**56**	**42**	**14**	**28**
市中区	31	13	18	4	1	3	4	2	2
东兴区	5	5		17	5	12	5	2	3
威远县	1	1		3	1	2	15	6	9
资中县	24	15	9	20	4	16	7	1	6
隆昌县	51	25	26	26	3	23	11	3	8
乐山市	**22**	**14**	**8**	**81**	**23**	**58**	**56**	**23**	**33**
市中区	6	3	3	10	4	6	21	14	7
沙湾区				2		2			
五通桥区	6	5	1	5	1	4	1	1	
金口河区	1	1		7	2	5	3	1	2
犍为县				8	2	6	4		4
井研县				14	3	11	1	1	
夹江县				3	1	2	3	1	2
沐川县	2		2	3		3			
峨边彝族自治县	2	1	1	7	2	5	7	2	5
马边彝族自治县				14	5	9	5	1	4
峨眉山市	5	4	1	8	3	5	11	2	9

10-7　续表 44　　单位：人

地　区	哈萨克族			傣　族			黎　族		
	小计	男	女	小计	男	女	小计	男	女
南充市	**77**	**42**	**35**	**34**	**11**	**23**	**57**	**24**	**33**
顺庆区	19	11	8	9	4	5	20	8	12
高坪区	25	11	14	3		3	8	5	3
嘉陵区	9	9		8	4	4	6	1	5
南部县	12	6	6	3		3	9	3	6
营山县				3	1	2	1		1
蓬安县	8	2	6	1		1	2	1	1
仪陇县	4	3	1	5		5	4	2	2
西充县									
阆中市				2	2		7	4	3
眉山市	**52**	**21**	**31**	**69**	**8**	**61**	**36**	**9**	**27**
东坡区	9	2	7	15	1	14	9	3	6
仁寿县	33	13	20	20		20	10	1	9
彭山县				2		2	6	5	1
洪雅县	3	1	2	4	1	3	7		7
丹棱县	2		2	3	1	2	1		1
青神县	5	5		25	5	20	3		3
宜宾市	**35**	**19**	**16**	**52**	**12**	**40**	**38**	**20**	**18**
翠屏区	11	6	5	19	6	13	18	10	8
宜宾县	7	5	2	2		2	2	2	
南溪县				1		1	4	1	3
江安县				4		4			
长宁县	10	3	7	8	1	7	2		2
高县	1		1	8	5	3	4	3	1
珙县							3		3
筠连县	6	5	1	4		4	2	2	
兴文县				2		2	2	2	
屏山县				4		4	1		1
广安市	**58**	**30**	**28**	**90**	**4**	**86**	**86**	**22**	**64**
广安区	24	15	9	22		22	27	9	18
岳池县	10	1	9	39	1	38	38	6	32
武胜县	1		1	14	1	13	3	2	1
邻水县	23	14	9	11	2	9	18	5	13
华蓥市				4		4			
达州市	**4**	**1**	**3**	**6**	**2**	**4**	**24**	**7**	**17**
通川区				1		1	8	3	5
达县				1		1	2	1	1
宣汉县							4		4
开江县	4	1	3				7	2	5
大竹县				4	2	2			
渠县							1		1
万源市							2	1	1
雅安市	**99**	**57**	**42**	**33**	**15**	**18**	**83**	**30**	**53**
雨城区	15	10	5	6	3	3	18	6	12
名山县	9	8	1	6	1	5	4	1	3
荥经县				3	2	1			
汉源县	6	2	4	14	9	5	40	17	23
石棉县	1	1					11	4	7
天全县	16	8	8	3		3	4	1	3
芦山县	43	24	19	1		1	5	1	4
宝兴县	9	4	5				1		1

10-7 续表 45 单位：人

地 区	哈萨克族			傣 族			黎 族		
	小计	男	女	小计	男	女	小计	男	女
巴中市	**3**	**2**	**1**	**3**		**3**	**3**	**1**	**2**
巴州区	3	2	1	1		1	3	1	2
通江县									
南江县				2		2			
平昌县									
资阳市	**15**	**4**	**11**	**58**	**2**	**56**	**8**	**1**	**7**
雁江区	9	3	6	5		5	2	1	1
安岳县	2		2	27	1	26	2		2
乐至县	3	1	2	13		13	2		2
简阳市	1		1	13	1	12	2		2
阿坝藏族羌族自治州	**334**	**186**	**148**	**14**	**8**	**6**	**31**	**19**	**12**
汶川县	149	93	56	2	2		15	8	7
理县							3	3	
茂县				1		1			
松潘县	1	1					1		1
九寨沟县				1	1		1	1	
金川县									
小金县	2	1	1	4	1	3	8	6	2
黑水县									
马尔康县	3	2	1	1	1				
壤塘县									
阿坝县	179	89	90	3	1	2	3	1	2
若尔盖县				1	1				
红原县				1	1				
甘孜藏族自治州	**83**	**37**	**46**	**26**	**20**	**6**	**15**	**5**	**10**
康定县	52	22	30	9	5	4	9	2	7
泸定县				8	7	1	2	1	1
丹巴县							1	1	
九龙县				1	1		1		1
雅江县									
道孚县				1	1				
炉霍县									
甘孜县				1	1		1		1
新龙县	7	2	5						
德格县									
白玉县	1	1							
石渠县	18	9	9						
色达县									
理塘县	3	2	1	1	1				
巴塘县	1	1							
乡城县				2	2		1	1	
稻城县				3	2	1			
得荣县	1		1						
凉山彝族自治州				**2619**	**1256**	**1363**	**89**	**51**	**38**
西昌市				69	32	37	13	6	7
木里藏族自治县				5	3	2	1	1	
盐源县				2		2	1		1
德昌县				13	3	10	5	2	3
会理县				2379	1146	1233	45	27	18
会东县				112	58	54	11	8	3
宁南县				3	2	1	12	7	5
普格县				4	2	2			
布拖县				4	3	1			
金阳县				2	1	1			
昭觉县				1	1				

10-7　续表 46

单位：人

地　区	哈萨克族			傣　族			黎　族		
	小计	男	女	小计	男	女	小计	男	女
喜德县				1		1			
冕宁县				7	2	5			
越西县				4	1	3			
甘洛县				7	1	6			
美姑县							1		1
雷波县				6	1	5			
贵州省	**2093**	**1072**	**1021**	**1217**	**488**	**729**	**135173**	**69980**	**65193**
贵阳市	**300**	**157**	**143**	**236**	**112**	**124**	**3777**	**1954**	**1823**
南明区	56	26	30	58	26	32	922	475	447
云岩区	83	44	39	71	30	41	1154	575	579
花溪区	82	48	34	22	13	9	441	237	204
乌当区				23	10	13	450	242	208
白云区	47	21	26	16	8	8	302	150	152
小河区	3	2	1	13	10	3	42	29	13
开阳县				5	3	2	67	45	22
息烽县	5	4	1	2	2		25	9	16
修文县	1		1	5	3	2	38	20	18
清镇市	23	12	11	21	7	14	336	172	164
六盘水市	**841**	**429**	**412**	**116**	**48**	**68**	**7927**	**4167**	**3760**
钟山区	23	10	13	30	13	17	401	198	203
六枝特区	22	11	11	9	4	5	1572	783	789
水城县	634	329	305	9		9	140	71	69
盘县	162	79	83	68	31	37	5814	3115	2699
遵义市	**93**	**50**	**43**	**83**	**25**	**58**	**434**	**215**	**219**
红花岗区	17	8	9	26	6	20	82	46	36
汇川区	15	9	6	12	6	6	76	36	40
遵义县	7	4	3	12	4	8	48	21	27
桐梓县	2		2	1	1		15	2	13
绥阳县									
正安县	6	5	1	4		4	7	2	5
道真仡佬族苗族自治县				1	1		9	2	7
务川仡佬族苗族自治县	2	1	1	1		1	5	4	1
凤冈县	13	9	4	2	1	1	36	20	16
湄潭县	20	11	9	5		5	23	9	14
余庆县				10	4	6	102	62	40
习水县				2		2	18	7	11
赤水市	4		4	6	2	4	7	2	5
仁怀市	7	3	4	1		1	6	2	4
安顺市	**119**	**61**	**58**	**157**	**63**	**94**	**81310**	**41767**	**39543**
西秀区	17	8	9	50	18	32	1715	846	869
平坝县	3	2	1	13	6	7	169	85	84
普定县	91	48	43	18	3	15	176	90	86
镇宁布依族苗族自治县	1	1		11	6	5	8553	4316	4237
关岭布依族苗族自治县	5	2	3	52	27	25	70615	36393	34222
紫云苗族布依族自治县	2		2	13	3	10	82	37	45
铜仁地区				**28**	**9**	**19**	**209**	**86**	**123**
铜仁市				12	6	6	68	33	35
江口县				3		3	9	2	7
玉屏侗族自治县				2		2	9	4	5
石阡县				2	1	1	25	8	17
思南县							39	14	25
印江土家族苗族自治县				1		1	1		1
德江县				1	1		21	10	11
沿河土家族自治县				3		3	13	5	8
松桃苗族自治县				4	1	3	17	6	11
万山特区							7	4	3

10-7 续表 47

单位：人

地区	哈萨克族			傣族			黎族		
	小计	男	女	小计	男	女	小计	男	女
黔西南布依族苗族自治州	**248**	**132**	**116**	**135**	**55**	**80**	**38036**	**20001**	**18035**
兴义市	159	85	74	49	22	27	2570	1343	1227
兴仁县	16	8	8	13	4	9	5139	2708	2431
普安县	6	3	3	15	8	7	12406	6591	5815
晴隆县	5	2	3	10	1	9	15573	8064	7509
贞丰县	23	13	10	13	3	10	1094	623	471
望谟县	16	7	9	2	1	1	47	20	27
册亨县	9	5	4	4	2	2	62	32	30
安龙县	14	9	5	29	14	15	1145	620	525
毕节地区	**325**	**157**	**168**	**139**	**51**	**88**	**2408**	**1248**	**1160**
毕节市	184	91	93	19	9	10	104	52	52
大方县				20	9	11	25	11	14
黔西县	2		2	14	2	12	1839	993	846
金沙县	44	26	18	11	2	9	28	12	16
织金县				31	13	18	100	49	51
纳雍县				24	7	17	76	26	50
威宁彝族回族苗族自治县	95	40	55	11	6	5	115	54	61
赫章县				9	3	6	121	51	70
黔东南苗族侗族自治州	**90**	**48**	**42**	**204**	**85**	**119**	**403**	**209**	**194**
凯里市	70	39	31	45	21	24	127	63	64
黄平县	1	1		13	6	7	11	3	8
施秉县	1		1	5	2	3	3	2	1
三穗县				3	1	2	4	1	3
镇远县				14	5	9	16	6	10
岑巩县				7	2	5	9	4	5
天柱县	5	4	1	2		2	5	1	4
锦屏县	1		1				13	6	7
剑河县	2		2	2		2	3	1	2
台江县	3	2	1	77	38	39	4	1	3
黎平县				12	5	7	53	29	24
榕江县	1		1	11	3	8	85	51	34
从江县	6	2	4	7	2	5	27	16	11
雷山县				2		2	21	15	6
麻江县				4		4	14	6	8
丹寨县							8	4	4
黔南布依族苗族自治州	**77**	**38**	**39**	**119**	**40**	**79**	**669**	**333**	**336**
都匀市	53	26	27	27	10	17	268	130	138
福泉市				7	1	6	58	30	28
荔波县							9	4	5
贵定县	22	10	12	8	3	5	43	15	28
瓮安县				3	1	2	41	20	21
独山县				15	4	11	67	34	33
平塘县	1	1		14	5	9	17	11	6
罗甸县				8	3	5	10	7	3
长顺县	1	1		9	4	5	42	26	16
龙里县				9	3	6	35	18	17
惠水县				16	6	10	68	31	37
三都水族自治县				3		3	11	7	4

10-7　续表 48

单位：人

地　区	哈萨克族			傣　族			黎　族		
	小计	男	女	小计	男	女	小计	男	女
云南省	**896**	**456**	**440**	**1222836**	**609021**	**613815**	**3231**	**1622**	**1609**
昆明市	**97**	**40**	**57**	**20831**	**9399**	**11432**	**868**	**440**	**428**
五华区	20	4	16	4782	2010	2772	160	68	92
盘龙区	18	8	10	3125	1447	1678	115	53	62
官渡区	28	12	16	2377	1033	1344	123	65	58
西山区	18	11	7	2684	1135	1549	122	59	63
东川区				113	38	75	18	9	9
呈贡县				1284	539	745	43	24	19
晋宁县	4	1	3	381	88	293	20	8	12
富民县				116	37	79	10	6	4
宜良县				283	146	137	30	18	12
石林彝族自治县	1	1		144	57	87	27	16	11
嵩明县	1	1		468	263	205	10	9	1
禄劝彝族苗族自治县	3		3	3801	1908	1893	124	65	59
寻甸回族彝族自治县	2	1	1	83	26	57	17	9	8
安宁市	2	1	1	1190	672	518	49	31	18
曲靖市	**33**	**14**	**19**	**1420**	**649**	**771**	**321**	**152**	**169**
麒麟区	3	1	2	575	238	337	92	47	45
马龙县	4	1	3	57	21	36	4	2	2
陆良县				52	21	31	7	4	3
师宗县	3	2	1	92	40	52	30	14	16
罗平县				68	21	47	66	28	38
富源县	5	2	3	83	53	30	48	23	25
会泽县	1		1	89	28	61	7		7
沾益县	2		2	217	165	52	22	12	10
宣威市	15	8	7	187	62	125	45	22	23
玉溪市	**7**	**3**	**4**	**73596**	**36707**	**36889**	**98**	**48**	**50**
红塔区	2		2	2652	1059	1593	17	7	10
江川县				244	134	110	4	3	1
澄江县				141	45	96	3	1	2
通海县	3	1	2	4432	2211	2221	7	3	4
华宁县				106	37	69	14	8	6
易门县				193	91	102	17	9	8
峨山彝族自治县	1	1		365	162	203	11	5	6
新平彝族傣族自治县				40635	20745	19890	19	9	10
元江哈尼族彝族傣族自治县	1	1		24828	12223	12605	6	3	3
保山市	**27**	**12**	**15**	**43049**	**20838**	**22211**	**144**	**80**	**64**
隆阳区	25	11	14	20133	9783	10350	45	24	21
施甸县				844	338	506	59	34	25
腾冲县				13434	6520	6914	22	9	13
龙陵县				2339	1033	1306	4	2	2
昌宁县	2	1	1	6299	3164	3135	14	11	3
昭通市				**412**	**152**	**260**	**83**	**38**	**45**
昭阳区				176	78	98	18	6	12
鲁甸县				17	6	11	11	5	6
巧家县				26	5	21	3	2	1
盐津县				24	5	19			
大关县				13	4	9	1		1
永善县				73	38	35	11	5	6
绥江县				31	5	26	9	6	3
镇雄县				15	5	10	24	12	12
彝良县				10	1	9	1		1
威信县				6	2	4	2		2
水富县				21	3	18	3	2	1

10-7 续表 49

单位：人

地区	哈萨克族			傣族			黎族		
	小计	男	女	小计	男	女	小计	男	女
丽江市	**18**	**10**	**8**	**11236**	**5728**	**5508**	**65**	**36**	**29**
古城区	8	4	4	599	250	349	35	17	18
玉龙纳西族自治县	2	1	1	76	28	48	1	1	
永胜县	3	2	1	4122	2189	1933	10	7	3
华坪县	2		2	6201	3150	3051	6	2	4
宁蒗彝族自治县	3	3		238	111	127	13	9	4
普洱市	**44**	**14**	**30**	**144117**	**74126**	**69991**	**306**	**144**	**162**
思茅区	14	6	8	10241	5054	5187	70	34	36
宁洱哈尼族彝族自治县	4		4	6442	3382	3060	24	12	12
墨江哈尼族自治县	7		7	5161	2749	2412	31	13	18
景东彝族自治县	2		2	2851	1510	1341	60	32	28
景谷傣族彝族自治县	1		1	55642	28989	26653	28	11	17
镇沅彝族哈尼族拉祜族自治县	2		2	8875	4762	4113	13	5	8
江城哈尼族彝族自治县	9	5	4	7596	3937	3659	17	7	10
孟连傣族拉祜族佤族自治县	1	1		25555	12631	12924	17	12	5
澜沧拉祜族自治县	3	2	1	18757	9543	9214	39	17	22
西盟佤族自治县	1		1	2997	1569	1428	7	1	6
临沧市	**404**	**223**	**181**	**114312**	**57983**	**56329**	**288**	**137**	**151**
临翔区	9	4	5	16278	8248	8030	36	13	23
凤庆县				1379	689	690	76	34	42
云县	1		1	12430	6998	5432	77	42	35
永德县	37	24	13	6196	3224	2972	50	25	25
镇康县	5	2	3	3623	1799	1824	21	13	8
双江拉祜族佤族布朗族傣族自治县	14	10	4	9630	4788	4842	7	2	5
耿马傣族佤族自治县	297	157	140	56919	28336	28583	20	7	13
沧源佤族自治县	41	26	15	7857	3901	3956	1	1	
楚雄彝族自治州				**21521**	**10800**	**10721**	**70**	**33**	**37**
楚雄市				968	455	513	34	17	17
双柏县				93	40	53	1	1	
牟定县				80	27	53	1		1
南华县				59	27	32	3	1	2
姚安县				75	22	53	4	2	2
大姚县				3829	1945	1884	2	2	
永仁县				8909	4521	4388	2	1	1
元谋县				546	265	281	11	3	8
武定县				6512	3294	3218	7	3	4
禄丰县				450	204	246	5	3	2
红河哈尼族彝族自治州	**2**		**2**	**106150**	**54467**	**51683**	**343**	**193**	**150**
个旧市				6194	3181	3013	81	42	39
开远市	1		1	938	409	529	33	14	19
蒙自市				1218	574	644	47	30	17
屏边苗族自治县				107	48	59			
建水县	1		1	7073	3475	3598	91	57	34
石屏县				8928	4510	4418	4	1	3
弥勒县				29688	15430	14258	56	35	21
泸西县				2959	1679	1280	15	5	10
元阳县				17333	9021	8312	4	2	2
红河县				7982	4139	3843			
金平苗族瑶族傣族自治县				19620	9936	9684	7	3	4
绿春县				1795	954	841	2	2	
河口瑶族自治县				2315	1111	1204	3	2	1
文山壮族苗族自治州	**202**	**106**	**96**	**15776**	**8275**	**7501**	**215**	**100**	**115**
文山县	9	5	4	5456	2878	2578	51	22	29
砚山县	4	2	2	285	126	159	27	16	11
西畴县				68	13	55	8	2	6
麻栗坡县	9	5	4	2985	1573	1412	47	18	29

10-7　续表 50

单位：人

地　区	哈萨克族			傣　族			黎　族		
	小计	男	女	小计	男	女	小计	男	女
马关县	2		2	6812	3622	3190	16	7	9
丘北县				63	26	37	18	11	7
广南县	175	91	84	74	30	44	25	14	11
富宁县	3	3		33	7	26	23	10	13
西双版纳傣族自治州	**33**	**19**	**14**	**316151**	**156319**	**159832**	**134**	**69**	**65**
景洪市	25	15	10	138195	67916	70279	67	37	30
勐海县	8	4	4	119723	59456	60267	24	13	11
勐腊县				58233	28947	29286	43	19	24
大理白族自治州	**11**	**5**	**6**	**3797**	**1678**	**2119**	**173**	**80**	**93**
大理市				1062	435	627	42	23	19
漾濞彝族自治县				274	136	138	12	6	6
祥云县				224	64	160	19	8	11
宾川县				219	95	124	7	1	6
弥渡县				143	35	108	16	6	10
南涧彝族自治县				88	28	60	7	3	4
巍山彝族回族自治县				78	27	51	5	4	1
永平县	5	2	3	267	116	151	18	10	8
云龙县				1084	576	508	6	5	1
洱源县				126	58	68	5	1	4
剑川县				28	11	17			
鹤庆县	6	3	3	204	97	107	36	13	23
德宏傣族景颇族自治州	**17**	**10**	**7**	**349840**	**171595**	**178245**	**69**	**39**	**30**
瑞丽市	2	1	1	55007	25504	29503	9	7	2
潞西市	13	9	4	132421	64983	67438	36	21	15
梁河县				31884	16351	15533	8	3	5
盈江县	2		2	99972	50053	49919	3	2	1
陇川县				30556	14704	15852	13	6	7
怒江傈僳族自治州	**1**		**1**	**518**	**247**	**271**	**20**	**10**	**10**
泸水县				413	194	219	13	5	8
福贡县				21	9	12	1		1
贡山独龙族怒族自治县				26	12	14	1		1
兰坪白族普米族自治县	1		1	58	32	26	5	5	
迪庆藏族自治州				**110**	**58**	**52**	**34**	**23**	**11**
香格里拉县				61	27	34	18	13	5
德钦县				17	12	5	2	2	
维西傈僳族自治县				32	19	13	14	8	6
西藏自治区	**2143**	**1182**	**961**	**35**	**17**	**18**	**26**	**16**	**10**
拉萨市	**143**	**77**	**66**	**20**	**6**	**14**	**12**	**6**	**6**
城关区	90	46	44	16	3	13	12	6	6
林周县				1	1				
当雄县	23	14	9						
尼木县	29	17	12						
曲水县				3	2	1			
堆龙德庆县									
达孜县	1		1						
墨竹工卡县									
昌都地区	**1443**	**785**	**658**	**4**	**3**	**1**	**4**	**2**	**2**
昌都县							4	2	2
江达县									
贡觉县									
类乌齐县	38	17	21						
丁青县	2	2							
察雅县									

10-7 续表 51 单位：人

地区	哈萨克族			傣族			黎族		
	小计	男	女	小计	男	女	小计	男	女
八宿县	8	5	3						
左贡县	1		1						
芒康县	1394	761	633	3	2	1			
洛隆县									
边坝县				1	1				
山南地区	**2**	**1**	**1**				**2**	**1**	**1**
乃东县	1		1				2	1	1
扎囊县									
贡嘎县									
桑日县									
琼结县									
曲松县									
措美县									
洛扎县	1	1							
加查县									
隆子县									
错那县									
浪卡子县									
日喀则地区	**250**	**149**	**101**	**2**	**1**	**1**	**3**	**2**	**1**
日喀则市	7	1	6	1		1			
南木林县									
江孜县									
定日县	242	148	94						
萨迦县									
拉孜县									
昂仁县	1		1						
谢通门县									
白朗县									
仁布县							2	1	1
康马县									
定结县									
仲巴县									
亚东县									
吉隆县									
聂拉木县				1	1		1	1	
萨嘎县									
岗巴县									
那曲地区	**276**	**153**	**123**	**2**	**2**		**1**	**1**	
那曲县	3	1	2	1	1				
嘉黎县							1	1	
比如县	272	151	121	1	1				
聂荣县									
安多县									
申扎县									
索县									
班戈县									
巴青县	1	1							
尼玛县									
阿里地区				**2**	**2**		**1**	**1**	
普兰县				1	1		1	1	
札达县									
噶尔县									
日土县				1	1				
革吉县									
改则县									
措勤县									

10-7 续表 52

单位：人

地区	哈萨克族			傣族			黎族		
	小计	男	女	小计	男	女	小计	男	女
林芝地区	**29**	**17**	**12**	**5**	**3**	**2**	**3**	**3**	
林芝县	17	11	6						
工布江达县									
米林县				4	2	2			
墨脱县	6	3	3				1	1	
波密县	5	3	2				2	2	
察隅县	1		1	1	1				
朗县									
陕西省	**794**	**407**	**387**	**117**	**31**	**86**	**441**	**199**	**242**
西安市	**250**	**122**	**128**	**59**	**17**	**42**	**228**	**115**	**113**
新城区				6	2	4	16	7	9
碑林区	18	11	7	7	4	3	22	10	12
莲湖区	3	1	2	4	1	3	7	4	3
灞桥区	2	1	1	1	1		17	14	3
未央区	25	11	14	9	6	3	13	9	4
雁塔区	123	54	69	13		13	95	45	50
阎良区							2	1	1
临潼区	1	1		1		1	2	2	
长安区	27	15	12	12	3	9	49	20	29
蓝田县				2		2			
周至县				1		1			
户县	15	8	7	3		3	3	2	1
高陵县	36	20	16				2	1	1
铜川市	**3**	**2**	**1**	**2**		**2**	**9**	**5**	**4**
王益区	1		1	2		2	4	2	2
印台区							5	3	2
耀州区	2	2							
宜君县									
宝鸡市	**11**	**6**	**5**	**8**	**1**	**7**	**18**	**8**	**10**
渭滨区	2	1	1	4		4	4	3	1
金台区	1		1	2		2	4	2	2
陈仓区	5	2	3	1		1	2		2
凤翔县							2		2
岐山县									
扶风县									
眉县	3	3		1	1		3	1	2
陇县									
千阳县									
麟游县									
凤县							2	1	1
太白县							1	1	
咸阳市	**209**	**101**	**108**	**9**	**2**	**7**	**25**	**6**	**19**
秦都区	15	12	3						
杨陵区	80	27	53	6	2	4	15	4	11
渭城区	59	29	30	3		3	8	2	6
三原县	54	32	22						
泾阳县									
乾县									
礼泉县									
永寿县							2		2
彬县	1	1							

10-7 续表 53

单位：人

地区	哈萨克族			傣族			黎族		
	小计	男	女	小计	男	女	小计	男	女
长武县									
旬邑县									
淳化县									
武功县									
兴平市									
渭南市	**5**	**2**	**3**	**5**	**4**	**1**	**44**	**19**	**25**
临渭区	5	2	3	5	4	1	44	19	25
华县									
潼关县									
大荔县									
合阳县									
澄城县									
蒲城县									
白水县									
富平县									
韩城市									
华阴市									
延安市	**2**	**1**	**1**	**1**		**1**	**11**	**5**	**6**
宝塔区	1		1				9	5	4
延长县									
延川县									
子长县									
安塞县									
志丹县									
吴起县									
甘泉县									
富县									
洛川县	1	1							
宜川县									
黄龙县									
黄陵县				1		1	2		2
汉中市	**198**	**110**	**88**	**13**	**3**	**10**	**33**	**5**	**28**
汉台区	166	91	75	5	1	4	13	3	10
南郑县							3		3
城固县	1		1				1		1
洋县							1		1
西乡县	16	11	5				10	1	9
勉县	15	8	7				3	1	2
宁强县				1		1	1		1
略阳县				4	1	3			
镇巴县							1		1
留坝县				2	1	1			
佛坪县				1		1			
榆林市				**7**	**2**	**5**	**2**		**2**
榆阳区				3	2	1			
神木县				1		1	1		1
府谷县									
横山县									
靖边县									
定边县				1		1			
绥德县									
米脂县				1		1			
佳县				1		1			
吴堡县									
清涧县									
子洲县							1		1

10-7 续表 54

单位：人

地区	哈萨克族			傣族			黎族		
	小计	男	女	小计	男	女	小计	男	女
安康市	**28**	**15**	**13**	**10**	**2**	**8**	**18**	**10**	**8**
汉滨区				1		1	6	5	1
汉阴县							2		2
石泉县				3	1	2	1	1	
宁陕县	1	1					1		1
紫阳县				1		1			
岚皋县	26	14	12				3	2	1
平利县							2		2
镇坪县	1		1				1		1
旬阳县				1		1	2	2	
白河县				4	1	3			
商洛市	**88**	**48**	**40**	**3**		**3**	**53**	**26**	**27**
商州区	7	4	3				15	6	9
洛南县	49	27	22				1	1	
丹凤县							4	2	2
商南县	26	13	13	1		1	3	2	1
山阳县	1	1					16	8	8
镇安县	5	3	2	2		2	13	6	7
柞水县							1	1	
甘肃省	**4444**	**2124**	**2320**	**89**	**43**	**46**	**517**	**250**	**267**
兰州市	**727**	**259**	**468**	**56**	**29**	**27**	**321**	**155**	**166**
城关区	212	96	116	16	9	7	72	34	38
七里河区	22	11	11	4	3	1	47	20	27
西固区							5		5
安宁区	32	10	22	4	1	3	16	7	9
红古区	38	19	19	2	1	1			
永登县	5		5	1		1	2	1	1
皋兰县							1		1
榆中县	418	123	295	29	15	14	178	93	85
嘉峪关市	**5**	**1**	**4**				**5**	**1**	**4**
金昌市				**2**	**1**	**1**	**13**	**6**	**7**
金川区				2	1	1	10	4	6
永昌县							3	2	1
白银市	**37**	**20**	**17**	**2**	**1**	**1**	**9**	**5**	**4**
白银区				1	1		5	4	1
平川区	5	3	2				4	1	3
靖远县	25	15	10						
会宁县	4	1	3	1		1			
景泰县	3	1	2						
天水市	**114**	**58**	**56**	**1**	**1**		**20**	**9**	**11**
秦州区	11	6	5	1	1		7	2	5
麦积区	78	40	38				12	7	5
清水县							1		1
秦安县									
甘谷县									
武山县	25	12	13						
张家川回族自治县									
武威市	**351**	**166**	**185**	**9**	**1**	**8**	**73**	**38**	**35**
凉州区	331	160	171	8	1	7	64	34	30
民勤县									
古浪县	1		1				7	4	3
天祝藏族自治县	19	6	13	1		1	2		2

10-7 续表 55

单位：人

地区	哈萨克族			傣族			黎族		
	小计	男	女	小计	男	女	小计	男	女
张掖市	**5**		**5**	**3**	**1**	**2**	**5**	**3**	**2**
甘州区	1		1	2	1	1	3	2	1
肃南裕固族自治县	1		1	1		1	1	1	
民乐县									
临泽县	2		2				1		1
高台县									
山丹县	1		1						
平凉市	**2**	**2**		**3**	**1**	**2**	**1**		**1**
崆峒区	2	2		2	1	1	1		1
泾川县									
灵台县									
崇信县									
华亭县									
庄浪县									
静宁县				1		1			
酒泉市	**3068**	**1561**	**1507**	**10**	**6**	**4**	**35**	**19**	**16**
肃州区	51	31	20	5	3	2	13	5	8
金塔县	4	3	1				1		1
瓜州县	20	14	6				3	2	1
肃北蒙古族自治县	103	64	39				8	6	2
阿克塞哈萨克族自治县	2847	1431	1416						
玉门市	6	4	2						
敦煌市	37	14	23	5	3	2	10	6	4
庆阳市	**1**		**1**				**4**		**4**
西峰区							2		2
庆城县							1		1
环县									
华池县									
合水县									
正宁县									
宁县							1		1
镇原县	1		1						
定西市	**21**	**12**	**9**	**1**		**1**			
安定区									
通渭县									
陇西县									
渭源县									
临洮县	4	1	3	1		1			
漳县									
岷县	17	11	6						
陇南市	**35**	**15**	**20**				**14**	**4**	**10**
武都区	2		2				8	2	6
成县									
文县	28	13	15				1		1
宕昌县									
康县	4	2	2				3	1	2
西和县	1		1						
礼县									
徽县							2	1	1
两当县									

10-7　续表 56

单位：人

地　区	哈萨克族			傣　族			黎　族		
	小计	男	女	小计	男	女	小计	男	女
临夏回族自治州	**17**	**4**	**13**	**2**	**2**		**17**	**10**	**7**
临夏市	2	1	1				3	2	1
临夏县	1		1				2		2
康乐县	2		2						
永靖县	3	1	2	2	2		7	4	3
广河县	2		2				4	3	1
和政县	2		2						
东乡族自治县									
积石山保安族东乡族撒拉族自治县	5	2	3				1	1	
甘南藏族自治州	**61**	**26**	**35**						
合作市	10	3	7						
临潭县									
卓尼县									
舟曲县									
迭部县	48	21	27						
玛曲县									
碌曲县	1		1						
夏河县	2	2							
青海省	**680**	**332**	**348**	**31**	**13**	**18**	**139**	**67**	**72**
西宁市	**36**	**18**	**18**	**16**	**4**	**12**	**114**	**55**	**59**
城东区	12	6	6	2		2	18	10	8
城中区	1	1		8	3	5	52	22	30
城西区							18	8	10
城北区	13	7	6	4		4	12	7	5
大通回族土族自治县	6	2	4				2	1	1
湟中县	4	2	2	1	1		2	2	
湟源县				1		1	10	5	5
海东地区	**65**	**26**	**39**	**7**	**2**	**5**	**11**	**2**	**9**
平安县	1		1				2		2
民和回族土族自治县	2		2				2		2
乐都县	3	1	2						
互助土族自治县	11	5	6	5	1	4	6	2	4
化隆回族自治县	17	5	12	2	1	1	1		1
循化撒拉族自治县	31	15	16						
海北藏族自治州	**15**	**7**	**8**				**2**	**1**	**1**
门源回族自治县							2	1	1
祁连县									
海晏县	1		1						
刚察县	14	7	7						
黄南藏族自治州	**12**	**6**	**6**				**1**	**1**	
同仁县							1	1	
尖扎县	11	6	5						
泽库县	1		1						
河南蒙古族自治县									
海南藏族自治州	**27**	**11**	**16**	**1**	**1**				
共和县	24	11	13						
同德县									
贵德县	1		1	1	1				
兴海县									
贵南县	2		2						
果洛藏族自治州									
玛沁县									
班玛县									
甘德县									
达日县									
久治县									
玛多县									

10-7 续表 57　　　　单位：人

地区	哈萨克族			傣族			黎族		
	小计	男	女	小计	男	女	小计	男	女
玉树藏族自治州									
玉树县									
杂多县									
称多县									
治多县									
囊谦县									
曲麻莱县									
海西蒙古族藏族自治州	**525**	**264**	**261**	**7**	**6**	**1**	**11**	**8**	**3**
格尔木市	44	13	31	1	1		3	2	1
德令哈市	4	2	2	2	1	1	4	4	
乌兰县	19	12	7	4	4				
都兰县							2		2
天峻县							1	1	
芒崖行政委员会	1		1						
柴旦行政委员会	457	237	220				1	1	
冷湖行政委员会									
宁夏回族自治区	**190**	**70**	**120**	**44**	**24**	**20**	**146**	**69**	**77**
银川市	**152**	**55**	**97**	**33**	**19**	**14**	**114**	**55**	**59**
兴庆区	3	2	1	8	2	6	18	12	6
西夏区	133	44	89	17	13	4	64	28	36
金凤区	16	9	7	1		1	16	6	10
永宁县							7	5	2
贺兰县				7	4	3	1	1	
灵武市							8	3	5
石嘴山市	**8**	**2**	**6**	**4**	**3**	**1**	**11**	**6**	**5**
大武口区	3	1	2	2	2		4	1	3
惠农区	5	1	4				6	4	2
平罗县				2	1	1	1	1	
吴忠市	**8**	**5**	**3**	**6**	**2**	**4**	**19**	**8**	**11**
利通区	2	1	1				11	6	5
红寺堡区	3	2	1	3	1	2	1	1	
盐池县	2	2							
同心县				1	1				
青铜峡市	1		1	2		2	7	1	6
固原市	**2**		**2**	**1**		**1**	**1**		**1**
原州区	2		2	1		1	1		1
西吉县									
隆德县									
泾源县									
彭阳县									
中卫市	**20**	**8**	**12**				**1**		**1**
沙坡头区	7	1	6				1		1
中宁县	7	4	3						
海原县	6	3	3						
新疆维吾尔自治区	**1418278**	**725515**	**692763**	**121**	**42**	**79**	**418**	**233**	**185**
乌鲁木齐市	**68076**	**33531**	**34545**	**44**	**19**	**25**	**66**	**36**	**30**
天山区	15759	7607	8152	4	1	3	15	8	7
沙依巴克区	7532	3484	4048	13	6	7	22	11	11
新市区	6408	3002	3406	13	5	8	20	10	10
水磨沟区	3543	1676	1867	8	4	4	4	2	2

10-7　续表 58

单位：人

地　　区	哈萨克族			傣　　族			黎　　族		
	小计	男	女	小计	男	女	小计	男	女
头屯河区	1908	926	982	2	1	1	2	2	
达坂城区	6229	3161	3068	1		1	1	1	
米东区	4947	2626	2321	2	1	1	2	2	
乌鲁木齐县	21750	11049	10701	1	1				
克拉玛依市	**11620**	**5711**	**5909**	**1**	**1**		**7**	**3**	**4**
独山子区	2588	1277	1311				2		2
克拉玛依区	7054	3476	3578	1	1		2	1	1
白碱滩区	1844	894	950				3	2	1
乌尔禾区	134	64	70						
吐鲁番地区	**399**	**255**	**144**	**5**	**2**	**3**	**3**	**3**	
吐鲁番市	122	97	25	3	1	2	3	3	
鄯善县	39	26	13	1		1			
托克逊县	238	132	106	1	1				
哈密地区	**51201**	**26131**	**25070**	**2**		**2**	**11**	**7**	**4**
哈密市	12919	6510	6409	2		2	10	7	3
巴里坤哈萨克自治县	33705	17279	16426				1		1
伊吾县	4577	2342	2235						
昌吉回族自治州	**133286**	**69213**	**64073**	**6**	**1**	**5**	**41**	**18**	**23**
昌吉市	19769	10009	9760				11	6	5
阜康市	14761	7619	7142	1	1		6	2	4
呼图壁县	24234	12621	11613	2		2	5	1	4
玛纳斯县	17859	9360	8499	1		1	12	6	6
奇台县	24700	12975	11725	1		1	3	2	1
吉木萨尔县	10909	5899	5010	1		1	2		2
木垒哈萨克自治县	21054	10730	10324				2	1	1
博尔塔拉蒙古自治州	**44417**	**22649**	**21768**	**4**	**2**	**2**	**11**	**4**	**7**
博乐市	17238	8725	8513	3	2	1	5	2	3
精河县	13161	6793	6368	1		1	1	1	
温泉县	14018	7131	6887				5	1	4
巴音郭楞蒙古自治州	**1091**	**555**	**536**	**16**	**4**	**12**	**69**	**33**	**36**
库尔勒市	244	128	116	11	4	7	37	18	19
轮台县	8	6	2	1		1			
尉犁县	9	5	4	1		1	6	3	3
若羌县	5	3	2	1		1	1	1	
且末县	3	3					1	1	
焉耆回族自治县	14	8	6				4	1	3
和静县	780	385	395				2		2
和硕县	23	14	9	1		1	10	5	5
博湖县	5	3	2	1		1	8	4	4
阿克苏地区	**555**	**327**	**228**	**5**	**1**	**4**	**57**	**31**	**26**
阿克苏市	164	82	82	3		3	22	10	12
温宿县	85	50	35	1		1	1		1
库车县	144	91	53				15	7	8
沙雅县	67	47	20				7	5	2
新和县	8	6	2				1	1	
拜城县	16	9	7						
乌什县	29	18	11	1	1		2		2
阿瓦提县	35	21	14				9	8	1
柯坪县	7	3	4						
克孜勒苏柯尔克孜自治州	**88**	**51**	**37**						
阿图什市	37	25	12						
阿克陶县	7	4	3						
阿合奇县	27	13	14						
乌恰县	17	9	8						

10-7 续表 59

单位：人

地区	哈萨克族			傣族			黎族		
	小计	男	女	小计	男	女	小计	男	女
喀什地区	**306**	**188**	**118**	**4**	**3**	**1**	**24**	**13**	**11**
喀什市	145	74	71						
疏附县	13	12	1	1		1			
疏勒县	1		1						
英吉沙县	3	2	1	2	2				
泽普县	25	11	14				2	1	1
莎车县	68	51	17				20	11	9
叶城县	7	6	1						
麦盖提县	4	2	2						
岳普湖县	10	8	2				1	1	
伽师县	15	10	5				1		1
巴楚县	8	6	2						
塔什库尔干塔吉克自治县	7	6	1	1	1				
和田地区	**85**	**59**	**26**				**3**	**3**	
和田市	34	25	9				3	3	
和田县	1	1							
墨玉县	6	5	1						
皮山县	6	3	3						
洛浦县	29	19	10						
策勒县	4	3	1						
于田县	5	3	2						
民丰县									
伊犁哈萨克自治州	**534398**	**274234**	**260164**	**5**	**3**	**2**	**25**	**11**	**14**
伊宁市	23157	10831	12326				4	1	3
奎屯市	5545	2736	2809	3	1	2	11	6	5
伊宁县	44202	22945	21257						
察布查尔锡伯自治县	36105	18269	17836				2	1	1
霍城县	30421	15644	14777				7	2	5
巩留县	49475	25385	24090				1	1	
新源县	130648	67497	63151	1	1				
昭苏县	76724	39125	37599						
特克斯县	64925	33632	31293	1	1				
尼勒克县	73196	38170	35026						
塔城地区	**240890**	**123970**	**116920**	**11**	**2**	**9**	**33**	**24**	**9**
塔城市	26243	13032	13211				1	1	
乌苏市	20014	10389	9625	2		2	4	2	2
额敏县	66519	35290	31229				4	2	2
沙湾县	33056	17005	16051	6	1	5	23	18	5
托里县	64027	32267	31760						
裕民县	17063	8873	8190	3	1	2	1	1	
和布克赛尔蒙古自治县	13968	7114	6854						
阿勒泰地区	**328153**	**167084**	**161069**	**9**	**2**	**7**	**4**	**2**	**2**
阿勒泰市	74154	36976	37178	4		4	2	1	1
布尔津县	39770	20203	19567						
富蕴县	65353	33406	31947	3	2	1	1	1	
福海县	26900	13916	12984						
哈巴河县	51628	26519	25109	1		1			
青河县	46247	23844	22403	1		1	1		1
吉木乃县	24101	12220	11881						
自治区直辖县级行政区划	**3713**	**1557**	**2156**	**9**	**2**	**7**	**64**	**45**	**19**
石河子市	3042	1275	1767	4	1	3	23	10	13
阿拉尔市	439	170	269	3		3	23	18	5
图木舒克市							16	16	
五家渠市	232	112	120	2	1	1	2	1	1

10-8 全国各县分性别的傈僳族、佤族、畲族人口

单位：人

地 区	傈僳族			佤 族			畲 族		
	小计	男	女	小计	男	女	小计	男	女
全 国	**702839**	**355374**	**347465**	**429709**	**216439**	**213270**	**708651**	**383213**	**325438**
北京市	**264**	**142**	**122**	**324**	**180**	**144**	**1515**	**842**	**673**
市辖区	**256**	**140**	**116**	**317**	**177**	**140**	**1504**	**835**	**669**
东城区	6	4	2	15	5	10	22	13	9
西城区	9	6	3	34	22	12	46	19	27
崇文区	1		1	6	4	2	15	7	8
宣武区	6	4	2	17	13	4	57	33	24
朝阳区	30	17	13	74	37	37	237	136	101
丰台区	7	3	4	23	17	6	178	102	76
石景山区	5	1	4	4	2	2	38	23	15
海淀区	62	29	33	54	24	30	522	282	240
门头沟区							1	1	
房山区	15	3	12	13	13		23	12	11
通州区	8	3	5	23	12	11	68	41	27
顺义区	17	10	7	3		3	24	10	14
昌平区	59	44	15	31	18	13	149	80	69
大兴区	26	14	12	16	10	6	103	66	37
怀柔区				4		4	18	10	8
平谷区	5	2	3				3		3
市辖县	**8**	**2**	**6**	**7**	**3**	**4**	**11**	**7**	**4**
密云县	7	2	5	7	3	4	7	4	3
延庆县	1		1				4	3	1
天津市	**63**	**33**	**30**	**209**	**133**	**76**	**263**	**147**	**116**
市辖区	**61**	**32**	**29**	**189**	**119**	**70**	**256**	**142**	**114**
和平区				7	7		10	6	4
河东区	2	1	1				20	8	12
河西区	6	1	5	3	2	1	27	15	12
南开区	9	4	5	11	8	3	33	20	13
河北区	1		1				9	5	4
红桥区				5		5	10	7	3
东丽区	6	2	4	32	13	19	30	15	15
西青区	9	6	3	6	5	1	27	22	5
津南区	11	8	3	11	10	1	14	10	4
北辰区	2		2	5	2	3	8	2	6
武清区	5	2	3	16	12	4			
宝坻区	2	2		39	19	20	9	2	7
滨海新区	8	6	2	54	41	13	59	30	29
市辖县	**2**	**1**	**1**	**20**	**14**	**6**	**7**	**5**	**2**
宁河县				10	10		3	2	1
静海县	2	1	1	7	4	3	1	1	
蓟县				3		3	3	2	1
河北省	**1974**	**282**	**1692**	**674**	**355**	**319**	**396**	**230**	**166**
石家庄市	**385**	**30**	**355**	**163**	**76**	**87**	**47**	**22**	**25**
长安区	3	1	2				5	3	2
桥东区	1	1		6	5	1	9	6	3
桥西区	1		1	9	5	4	8	2	6
新华区	1		1	4	2	2	8	2	6
井陉矿区	1		1						
裕华区	10	5	5	4	1	3	7	5	2
井陉县	2		2	5	5				
正定县	33	2	31	16	5	11	3	1	2
栾城县	2		2	1	1				

10-8 续表 1

单位：人

地区	傈僳族			佤族			畲族		
	小计	男	女	小计	男	女	小计	男	女
行唐县	156	11	145	8	2	6	1		1
灵寿县	14	2	12	4	1	3	4	2	2
高邑县									
深泽县	3	1	2						
赞皇县	4		4						
无极县	53	1	52	24	13	11			
平山县	44	1	43	14	10	4	1		1
元氏县				20	11	9			
赵县				6	3	3			
辛集市				4	1	3			
藁城市	40	4	36	19	3	16			
晋州市	2	1	1	13	5	8			
新乐市	12		12	3	2	1			
鹿泉市	3		3	3	1	2	1	1	
唐山市	**54**	**25**	**29**	**112**	**42**	**70**	**54**	**28**	**26**
路南区				4	2	2	5	4	1
路北区	2	2		8	7	1	5	3	2
古冶区				1	1		1		1
开平区	14	14					1		1
丰南区	3	1	2	43	4	39	3	2	1
丰润区	9	2	7	4	2	2	4	2	2
滦县	5		5	7	5	2			
滦南县	6	1	5	2		2	7	2	5
乐亭县				16	5	11			
迁西县	4	3	1	2		2	10	3	7
玉田县				12	6	6			
唐海县	2	1	1	10	9	1			
遵化市	6	1	5	2	1	1	12	10	2
迁安市	3		3	1		1	6	2	4
秦皇岛市	**1046**	**122**	**924**	**181**	**157**	**24**	**25**	**17**	**8**
海港区	28	8	20	4	2	2	18	12	6
山海关区				175	154	21	4	3	1
北戴河区	1		1	1	1				
青龙满族自治县	952	108	844	1		1			
昌黎县	1		1				2	1	1
抚宁县	49	5	44				1	1	
卢龙县	15	1	14						
邯郸市	**3**		**3**	**3**	**1**	**2**	**5**	**2**	**3**
邯山区	2		2				3	1	2
丛台区	1		1						
复兴区									
峰峰矿区									
邯郸县							2	1	1
临漳县									
成安县									
大名县									
涉县									
磁县									
肥乡县									
永年县				1		1			
邱县									
鸡泽县									
广平县									
馆陶县									
魏县				1	1				
曲周县				1		1			
武安市									

10-8　续表 2　　　　单位：人

地　区	傈僳族			佤　族			畲　族		
	小计	男	女	小计	男	女	小计	男	女
邢台市	**25**	**1**	**24**	**7**	**1**	**6**	**4**	**1**	**3**
桥东区	2		2				1		1
桥西区	2		2	2		2	1	1	
邢台县									
临城县	20	1	19						
内丘县									
柏乡县									
隆尧县				3	1	2			
任县									
南和县									
宁晋县	1		1						
巨鹿县									
新河县									
广宗县									
平乡县									
威县									
清河县				1		1			
临西县				1		1			
南宫市							1		1
沙河市							1		1
保定市	**54**	**18**	**36**	**86**	**45**	**41**	**42**	**30**	**12**
新市区	2	2					1	1	
北市区	1	1		5	2	3	7	5	2
南市区				4	4		2	2	
满城县	1		1	2	2		1	1	
清苑县	2	1	1	1		1	2	2	
涞水县							7	5	2
阜平县	1		1	1		1			
徐水县				12	7	5	1	1	
定兴县	1		1	1	1				
唐县							2	2	
高阳县	6		6	10	5	5			
容城县	5	4	1				7	6	1
涞源县									
望都县	2		2						
安新县	5	1	4	4	3	1			
易县	1		1	21	8	13	3	2	1
曲阳县	1		1	2	1	1			
蠡县				3		3	2	2	
顺平县				1		1			
博野县	9		9						
雄县				1		1	1		1
涿州市				11	6	5	4		4
定州市	3	1	2	6	5	1	1		1
安国市									
高碑店市	14	8	6	1	1		1	1	
张家口市	**45**	**11**	**34**	**51**	**10**	**41**	**14**	**10**	**4**
桥东区	1	1					3	2	1
桥西区	2	1	1						
宣化区	4	2	2	2		2	1	1	
下花园区									
宣化县	1		1	5	4	1			
张北县	5	1	4	3	1	2			

10-8 续表 3

单位：人

地区	傈僳族			佤族			畲族		
	小计	男	女	小计	男	女	小计	男	女
康保县	1		1	7	2	5			
沽源县	1		1				1		1
尚义县									
蔚县	17	3	14	14	3	11	3	2	1
阳原县	1		1	15		15			
怀安县	4		4	3		3			
万全县	2	1	1						
怀来县							5	4	1
涿鹿县	3	1	2						
赤城县				1		1			
崇礼县	3	1	2	1		1	1	1	
承德市	**177**	**33**	**144**	**34**	**8**	**26**	**150**	**98**	**52**
双桥区	6	2	4	3	2	1	10	6	4
双滦区				1		1	1	1	
鹰手营子矿区	2	2							
承德县	6	1	5	1		1	5	4	1
兴隆县	41	11	30	7	1	6	2	2	
平泉县	44	8	36	1		1	48	24	24
滦平县	9	1	8	12	3	9			
隆化县	6	1	5	4	2	2	2	1	1
丰宁满族自治县	8	3	5	1		1	76	55	21
宽城满族自治县	50	2	48	3		3	6	5	1
围场满族蒙古族自治县	5	2	3	1		1			
沧州市	**138**	**22**	**116**	**5**		**5**	**7**	**2**	**5**
新华区				1		1			
运河区							1		1
沧县	1		1						
青县									
东光县									
海兴县									
盐山县									
肃宁县	85	8	77				3	1	2
南皮县									
吴桥县									
献县	28	12	16						
孟村回族自治县									
泊头市				2		2			
任丘市	6	1	5	1		1	2	1	1
黄骅市	2	1	1	1		1			
河间市	16		16				1		1
廊坊市	**11**	**5**	**6**	**25**	**13**	**12**	**45**	**19**	**26**
安次区	2	2					5	4	1
广阳区				5	2	3	6	3	3
固安县				3	2	1			
永清县				2	1	1	1		1
香河县							5	1	4
大城县				3	1	2			
文安县									
大厂回族自治县				1		1			
霸州市	1	1		5	2	3	5	1	4
三河市	8	2	6	6	5	1	23	10	13
衡水市	**36**	**15**	**21**	**7**	**2**	**5**	**3**	**1**	**2**
桃城区	12	10	2						
枣强县									
武邑县							1	1	

10-8　续表 4

单位：人

地　区	傈僳族			佤　族			畲　族		
	小计	男	女	小计	男	女	小计	男	女
武强县	7		7						
饶阳县	4		4						
安平县	2		2	1		1			
故城县									
景县				2		2			
阜城县	7	4	3	2	1	1			
冀州市							2		2
深州市	4	1	3	2	1	1			
山西省	**159**	**23**	**136**	**427**	**117**	**310**	**171**	**117**	**54**
太原市	**22**	**8**	**14**	**29**	**17**	**12**	**45**	**28**	**17**
小店区	3		3	2	1	1	17	12	5
迎泽区	1		1	4	2	2	7	3	4
杏花岭区				3	2	1	1		1
尖草坪区	4	2	2	5	2	3	13	8	5
万柏林区	7	4	3	1	1		6	5	1
晋源区	1	1							
清徐县	1	1		11	9	2			
阳曲县	3		3						
娄烦县				1		1			
古交市	2		2	2		2	1		1
大同市	**50**	**3**	**47**	**68**	**6**	**62**	**9**	**7**	**2**
城区	4	2	2	1		1	3	2	1
矿区				3	2	1			
南郊区	3	1	2	2		2	2	1	1
新荣区	1		1	3		3			
阳高县									
天镇县				56	4	52			
广灵县	37		37						
灵丘县									
浑源县	4		4				4	4	
左云县									
大同县	1		1	3		3			
阳泉市	**5**		**5**	**17**	**17**		**6**	**2**	**4**
城区							6	2	4
矿区									
郊区				17	17				
平定县	2		2						
盂县	3		3						
长治市	**14**	**1**	**13**	**37**	**1**	**36**	**31**	**30**	**1**
城区							4	3	1
郊区				1		1			
长治县							2	2	
襄垣县	3		3	6		6	1	1	
屯留县									
平顺县									
黎城县									
壶关县									
长子县				2		2			
武乡县	1	1		2		2			
沁县				17		17			
沁源县	10		10	7		7	24	24	
潞城市				2	1	1			

10-8 续表 5

单位：人

地区	傈僳族			佤族			畲族		
	小计	男	女	小计	男	女	小计	男	女
晋城市	**1**		**1**	**26**		**26**	**14**	**7**	**7**
城区				1		1	5	2	3
沁水县				7		7	5	2	3
阳城县	1		1	5		5	1		1
陵川县				1		1			
泽州县				5		5			
高平市				7		7	3	3	
朔州市	**5**	**1**	**4**	**9**	**2**	**7**	**7**	**3**	**4**
朔城区				3	1	2	1		1
平鲁区				2	1	1	6	3	3
山阴县				1		1			
应县									
右玉县									
怀仁县	5	1	4	3		3			
晋中市	**26**	**1**	**25**	**44**	**4**	**40**	**42**	**32**	**10**
榆次区	1		1	3		3	8	5	3
榆社县				2		2			
左权县									
和顺县				6	4	2			
昔阳县									
寿阳县							2	2	
太谷县							1	1	
祁县				1		1			
平遥县	20	1	19	16		16	1		1
灵石县	2		2				5	3	2
介休市	3		3	16		16	25	21	4
运城市	**6**	**5**	**1**	**84**	**43**	**41**	**7**	**3**	**4**
盐湖区				2	1	1	2		2
临猗县				9	5	4			
万荣县	1		1	7	3	4			
闻喜县				14	9	5			
稷山县				8	5	3			
新绛县				3	1	2	1		1
绛县				4	2	2	1	1	
垣曲县				6	3	3			
夏县				9	8	1			
平陆县				8	2	6			
芮城县	5	5		4	1	3	2	2	
永济市				5	1	4	1		1
河津市				5	2	3			
忻州市	**9**	**1**	**8**	**10**		**10**	**4**	**3**	**1**
忻府区	5		5	1		1			
定襄县	1	1							
五台县							2	1	1
代县				9		9			
繁峙县	1		1						
宁武县									
静乐县									
神池县									
五寨县									
岢岚县									
河曲县									
保德县									
偏关县									
原平市	2		2				2	2	

10-8　续表 6

单位：人

地　　区	傈僳族			佤　族			畲　族		
	小计	男	女	小计	男	女	小计	男	女
临汾市	**7**		**7**	**79**	**26**	**53**			
尧都区									
曲沃县									
翼城县	5		5	5	3	2			
襄汾县				3	2	1			
洪洞县				17	8	9			
古县				3		3			
安泽县	2		2	24	2	22			
浮山县				5	2	3			
吉县									
乡宁县				1		1			
大宁县									
隰县									
永和县									
蒲县									
汾西县				2	1	1			
侯马市									
霍州市				19	8	11			
吕梁市	**14**	**3**	**11**	**24**	**1**	**23**	**6**	**2**	**4**
离石区							3	2	1
文水县	2		2	1		1	1		1
交城县				3		3			
兴县									
临县	1		1						
柳林县									
石楼县									
岚县				2		2			
方山县	1		1	3		3			
中阳县							2		2
交口县									
孝义市	6	3	3	2	1	1			
汾阳市	4		4	13		13			
内蒙古自治区	**443**	**109**	**334**	**519**	**130**	**389**	**202**	**127**	**75**
呼和浩特市	**268**	**57**	**211**	**126**	**19**	**107**	**46**	**28**	**18**
新城区	12	3	9	13	2	11	13	8	5
回民区	2		2	2		2	10	9	1
玉泉区	9	3	6	10	3	7	2	2	
赛罕区	5	1	4	23	4	19	6	4	2
土默特左旗	94	24	70	18	1	17			
托克托县	103	23	80	8	1	7	5		5
和林格尔县	26	2	24	14	2	12	4	1	3
清水河县	2		2	3		3			
武川县	15	1	14	35	6	29	6	4	2
包头市	**32**	**7**	**25**	**99**	**28**	**71**	**25**	**14**	**11**
东河区	3		3	4	1	3	1	1	
昆都仑区	9	5	4	25	8	17	11	6	5
青山区	6	1	5	21	10	11	10	5	5
石拐区									
白云鄂博矿区				2		2			
九原区				5	1	4	3	2	1
土默特右旗	7	1	6	13	4	9			
固阳县				2	1	1			
达尔罕茂明安联合旗	7		7	27	3	24			
乌海市	**3**		**3**	**19**	**6**	**13**	**11**	**7**	**4**
海勃湾区				9	4	5	2	1	1
海南区				2		2	9	6	3
乌达区	3		3	8	2	6			

10-8　续表 7

单位：人

地　区	傈僳族			佤　族			畲　族		
	小计	男	女	小计	男	女	小计	男	女
赤峰市	**37**	**8**	**29**	**29**	**8**	**21**	**14**	**13**	**1**
红山区	1	1		6	1	5	1	1	
元宝山区				1		1	2	2	
松山区	3	1	2	20	5	15			
阿鲁科尔沁旗	1		1						
巴林左旗	7	2	5	1	1				
巴林右旗									
林西县							1		1
克什克腾旗	2	1	1				9	9	
翁牛特旗				1	1		1	1	
喀喇沁旗	5	1	4						
宁城县	17	1	16						
敖汉旗	1	1							
通辽市	**1**	**1**		**13**	**3**	**10**	**4**	**4**	
科尔沁区	1	1		3		3	3	3	
科尔沁左翼中旗									
科尔沁左翼后旗									
开鲁县				8	2	6			
库伦旗									
奈曼旗							1	1	
扎鲁特旗				2	1	1			
霍林郭勒市									
鄂尔多斯市	**24**	**15**	**9**	**40**	**22**	**18**	**23**	**12**	**11**
东胜区	12	9	3	13	12	1	15	7	8
达拉特旗	1	1		7	2	5			
准格尔旗	9	3	6	1		1	2	1	1
鄂托克前旗									
鄂托克旗				3	2	1	6	4	2
杭锦旗				9	4	5			
乌审旗									
伊金霍洛旗	2	2		7	2	5			
呼伦贝尔市	**16**	**4**	**12**	**11**	**5**	**6**	**18**	**11**	**7**
海拉尔区	3	1	2				13	8	5
阿荣旗	5		5	2		2			
莫力达瓦达斡尔族自治旗				4	4				
鄂伦春自治旗									
鄂温克族自治旗							1	1	
陈巴尔虎旗									
新巴尔虎左旗									
新巴尔虎右旗				1	1				
满洲里市				1		1	2	2	
牙克石市									
扎兰屯市	8	3	5	3		3	2		2
额尔古纳市									
根河市									
巴彦淖尔市	**5**	**2**	**3**	**28**	**1**	**27**	**27**	**15**	**12**
临河区	2		2	2		2	2	1	1
五原县	1		1	8		8			
磴口县				1	1		12	3	9
乌拉特前旗	2	2		16		16	4	3	1
乌拉特中旗				1		1			
乌拉特后旗							9	8	1
杭锦后旗									

10-8 续表 8

单位：人

地区	傈僳族			佤族			畲族		
	小计	男	女	小计	男	女	小计	男	女
乌兰察布市	**42**	**6**	**36**	**106**	**19**	**87**	**10**	**7**	**3**
集宁区	6	1	5	10	3	7			
卓资县	2		2						
化德县	2	1	1	13	2	11			
商都县	4		4	3		3			
兴和县	3	1	2	57	10	47	6	5	1
凉城县	2		2	7	1	6			
察哈尔右翼前旗	7	1	6	5	2	3	3	2	1
察哈尔右翼中旗	5	1	4	1		1			
察哈尔右翼后旗	5		5	1		1	1		1
四子王旗	1		1	8	1	7			
丰镇市	5	1	4	1		1			
兴安盟	**7**	**3**	**4**	**10**	**2**	**8**	**5**	**3**	**2**
乌兰浩特市	2	1	1						
阿尔山市									
科尔沁右翼前旗	2	1	1	4	1	3	3	3	
科尔沁右翼中旗				2		2			
扎赉特旗									
突泉县	3	1	2	4	1	3	2		2
锡林郭勒盟	**8**	**6**	**2**	**38**	**17**	**21**	**10**	**6**	**4**
二连浩特市									
锡林浩特市	7	6	1	12	6	6	2	2	
阿巴嘎旗				10	9	1			
苏尼特左旗							1		1
苏尼特右旗				2		2	2	1	1
东乌珠穆沁旗				5	1	4			
西乌珠穆沁旗									
太仆寺旗	1		1	5	1	4	3	1	2
镶黄旗				1		1			
正镶白旗				1		1			
正蓝旗							1	1	
多伦县				2		2	1	1	
阿拉善盟							**9**	**7**	**2**
阿拉善左旗							8	7	1
阿拉善右旗									
额济纳旗							1		1
辽宁省	**646**	**96**	**550**	**220**	**99**	**121**	**257**	**170**	**87**
沈阳市	**40**	**13**	**27**	**36**	**12**	**24**	**100**	**69**	**31**
和平区	5	1	4	4	2	2	20	13	7
沈河区	4	3	1	1		1	10	5	5
大东区	1		1	2	2		5	5	
皇姑区	2	2		3		3	8	7	1
铁西区	1		1				17	11	6
苏家屯区	1		1	4		4	3	2	1
东陵区	7	4	3				9	6	3
沈北新区	1		1	14	7	7	9	6	3
于洪区	11	1	10	1		1	18	13	5
辽中县				4	1	3	1	1	
康平县	2		2	1		1			
法库县				1		1			
新民市	5	2	3	1		1			
大连市	**25**	**9**	**16**	**68**	**37**	**31**	**66**	**41**	**25**
中山区				2	1	1	2	1	1
西岗区				7	7		6	3	3
沙河口区	2	1	1	11	3	8	17	12	5

10-8 续表 9

单位：人

地区	傈僳族			佤族			畲族		
	小计	男	女	小计	男	女	小计	男	女
甘井子区	7	2	5	37	24	13	15	11	4
旅顺口区	2	1	1	3	1	2	3	2	1
金州区	9	3	6	5	1	4	20	11	9
长海县									
瓦房店市	3	1	2				2		2
普兰店市									
庄河市	2	1	1	3		3	1	1	
鞍山市	**5**	**1**	**4**	**11**	**5**	**6**	**3**	**2**	**1**
铁东区	2	1	1	2	1	1	1	1	
铁西区				2	2		1		1
立山区				3	2	1	1	1	
千山区	1		1	2		2			
台安县									
岫岩满族自治县				1		1			
海城市	2		2	1		1			
抚顺市	**5**	**1**	**4**	**7**	**1**	**6**	**18**	**11**	**7**
新抚区									
东洲区									
望花区	1	1		1		1	10	6	4
顺城区				2	1	1			
抚顺县									
新宾满族自治县	3		3	2		2			
清原满族自治县	1		1	2		2	8	5	3
本溪市	**1**	**1**		**4**	**1**	**3**	**14**	**11**	**3**
平山区									
溪湖区							1		1
明山区				1	1		12	10	2
南芬区									
本溪满族自治县	1	1					1	1	
桓仁满族自治县				3		3			
丹东市	**11**	**4**	**7**	**11**	**6**	**5**	**3**	**3**	
元宝区							1	1	
振兴区				2	1	1			
振安区	4	3	1						
宽甸满族自治县	3	1	2	5	2	3	1	1	
东港市				1	1				
凤城市	4		4	3	2	1	1	1	
锦州市	**21**	**5**	**16**	**15**	**4**	**11**	**15**	**9**	**6**
古塔区	2	1	1				5	2	3
凌河区				2	1	1	8	6	2
太和区	1		1				1	1	
黑山县				2	1	1			
义县	4	1	3	7		7	1		1
凌海市	8		8	3	2	1			
北镇市	6	3	3	1		1			
营口市	**2**		**2**	**6**	**3**	**3**	**10**	**5**	**5**
站前区	1		1	2	1	1			
西市区									
鲅鱼圈区									
老边区							5	3	2
盖州市	1		1	1		1	2	1	1
大石桥市				3	2	1	3	1	2
阜新市	**8**	**2**	**6**	**4**	**2**	**2**	**4**	**2**	**2**
海州区	3	1	2				2	1	1
新邱区									

10-8　续表 10

单位：人

地　区	傈僳族			佤　族			畲　族		
	小计	男	女	小计	男	女	小计	男	女
太平区	1		1						
清河门区									
细河区				1	1		2	1	1
阜新蒙古族自治县	1		1	3	1	2			
彰武县	3	1	2						
辽阳市	**23**	**13**	**10**	**5**	**4**	**1**	**7**	**5**	**2**
白塔区	1		1	1	1		2	1	1
文圣区	1		1	1		1			
宏伟区							1	1	
弓长岭区	1	1							
太子河区	1	1		3	3				
辽阳县	4	2	2						
灯塔市	15	9	6				4	3	1
盘锦市	**5**	**3**	**2**	**6**	**6**		**3**	**3**	
双台子区									
兴隆台区	1	1		2	2		3	3	
大洼县	3	2	1	4	4				
盘山县	1		1						
铁岭市	**7**	**2**	**5**	**16**	**7**	**9**			
银州区									
清河区									
铁岭县	3		3	5	5				
西丰县	1		1	3	1	2			
昌图县				7	1	6			
调兵山市	2	2							
开原市	1		1	1		1			
朝阳市	**252**	**25**	**227**	**21**	**2**	**19**	**9**	**6**	**3**
双塔区									
龙城区	1		1						
朝阳县	3	1	2						
建平县	2		2	21	2	19	1		1
喀喇沁左翼蒙古族自治县	37	3	34						
北票市	3		3				8	6	2
凌源市	206	21	185						
葫芦岛市	**241**	**17**	**224**	**10**	**9**	**1**	**5**	**3**	**2**
连山区				1	1		5	3	2
龙港区				7	7				
南票区									
绥中县	7	1	6	2	1	1			
建昌县	233	16	217						
兴城市	1		1						
吉林省	**100**	**22**	**78**	**132**	**43**	**89**	**82**	**34**	**48**
长春市	**10**	**5**	**5**	**31**	**11**	**20**	**50**	**24**	**26**
南关区	1	1		3	2	1	10	2	8
宽城区									
朝阳区	2	1	1	2		2	15	11	4
二道区							9	3	6
绿园区							9	7	2
双阳区	1	1					6	1	5
农安县	1		1	10	3	7	1		1
九台市	3	2	1	5	3	2			
榆树市	2		2	10	3	7			
德惠市				1		1			

10-8 续表 11

单位：人

地区	傈僳族			佤族			畲族		
	小计	男	女	小计	男	女	小计	男	女
吉林市	**16**	**5**	**11**	**15**	**7**	**8**	**23**	**8**	**15**
昌邑区	1		1	2	1	1	4	1	3
龙潭区	2		2				1	1	
船营区	1	1		6	2	4	13	5	8
丰满区				1	1		5	1	4
永吉县	1		1						
蛟河市	4	2	2	6	3	3			
桦甸市	3		3						
舒兰市	4	2	2						
磐石市									
四平市	**1**		**1**	**2**		**2**	**1**		**1**
铁西区							1		1
铁东区									
梨树县									
伊通满族自治县				2		2			
公主岭市	1		1						
双辽市									
辽源市	**3**		**3**						
龙山区									
西安区									
东丰县	3		3						
东辽县									
通化市	**27**	**3**	**24**	**36**	**15**	**21**	**1**	**1**	
东昌区				5		5			
二道江区									
通化县	5		5	8		8			
辉南县	9		9	11	8	3			
柳河县	13	3	10	2	1	1			
梅河口市				5	2	3			
集安市				5	4	1	1	1	
白山市	**7**		**7**	**10**	**1**	**9**	**1**		**1**
浑江区				2		2	1		1
江源区									
抚松县	6		6	3		3			
靖宇县	1		1	1	1				
长白朝鲜族自治县				1		1			
临江市				3		3			
松原市	**11**	**5**	**6**	**11**	**3**	**8**			
宁江区	1	1							
前郭尔罗斯蒙古族自治县	6	2	4	2		2			
长岭县	2	1	1	6	3	3			
乾安县				3		3			
扶余县	2	1	1						
白城市	**5**	**1**	**4**	**3**	**3**		**2**		**2**
洮北区	1		1	1	1		2		2
镇赉县	1		1	2	2				
通榆县									
洮南市									
大安市	3	1	2						
延边朝鲜族自治州	**20**	**3**	**17**	**24**	**3**	**21**	**4**	**1**	**3**
延吉市	3		3				3	1	2
图们市	1	1							
敦化市	5		5	10	2	8			
珲春市	2	1	1				1		1
龙井市									
和龙市									
汪清县									
安图县	9	1	8	14	1	13			

10-8　续表 12　　单位：人

地　区	傈僳族			佤　族			畲　族		
	小计	男	女	小计	男	女	小计	男	女
黑龙江省	**39**	**16**	**23**	**64**	**26**	**38**	**94**	**61**	**33**
哈尔滨市	**1**		**1**	**4**	**1**	**3**	**41**	**31**	**10**
道里区							2	1	1
南岗区				4	1	3	16	15	1
道外区							6	6	
平房区									
松北区							1	1	
香坊区							6	2	4
呼兰区							10	6	4
阿城区									
依兰县									
方正县									
宾县									
巴彦县									
木兰县									
通河县									
延寿县									
双城市									
尚志市									
五常市	1		1						
齐齐哈尔市	**6**	**1**	**5**	**20**	**14**	**6**	**6**	**3**	**3**
龙沙区				1	1		3	1	2
建华区							2	1	1
铁锋区				1	1				
昂昂溪区									
富拉尔基区				2	1	1			
碾子山区									
梅里斯达斡尔族区				1	1				
龙江县	5	1	4						
依安县	1		1	4	3	1			
泰来县									
甘南县									
富裕县				8	6	2	1	1	
克山县									
克东县				2	1	1			
拜泉县				1		1			
讷河市									
鸡西市	**5**	**2**	**3**	**6**	**1**	**5**	**2**	**2**	
鸡冠区									
恒山区	1		1						
滴道区									
梨树区									
城子河区									
麻山区									
鸡东县				6	1	5			
虎林市	3	1	2				2	2	
密山市	1	1							
鹤岗市							**1**	**1**	
向阳区									
工农区									
南山区									
兴安区									

10-8 续表 13

单位：人

地区	傈僳族			佤族			畲族		
	小计	男	女	小计	男	女	小计	男	女
东山区									
兴山区									
萝北县									
绥滨县							1	1	
双鸭山市	**3**	**2**	**1**				**8**	**4**	**4**
尖山区									
岭东区							1	1	
四方台区							2	1	1
宝山区							2	2	
集贤县	1	1							
友谊县									
宝清县							3		3
饶河县	2	1	1						
大庆市	**1**	**1**		**6**	**3**	**3**	**5**		**5**
萨尔图区				1	1		1		1
龙凤区	1	1		2	1	1	2		2
让胡路区							2		2
红岗区									
大同区				1		1			
肇州县									
肇源县									
林甸县				1	1				
杜尔伯特蒙古族自治县				1		1			
伊春市	**4**	**2**	**2**	**1**		**1**	**3**	**3**	
伊春区									
南岔区									
友好区									
西林区									
翠峦区									
新青区									
美溪区									
金山屯区	2		2						
五营区							1	1	
乌马河区	2	2							
汤旺河区									
带岭区									
乌伊岭区									
红星区				1		1			
上甘岭区									
嘉荫县									
铁力市							2	2	
佳木斯市	**1**		**1**	**15**	**6**	**9**	**7**	**3**	**4**
向阳区							2	1	1
前进区									
东风区				2	1	1			
郊区									
桦南县				7	3	4	4	2	2
桦川县							1		1
汤原县				2	1	1			
抚远县									
同江市									
富锦市	1		1	4	1	3			
七台河市				**4**		**4**	**6**	**3**	**3**
新兴区									
桃山区				1		1	3	1	2
茄子河区									
勃利县				3		3	3	2	1

10-8　续表 14

单位：人

地　　区	傈僳族			佤　族			畲　族		
	小计	男	女	小计	男	女	小计	男	女
牡丹江市	**6**	**3**	**3**	**3**		**3**	**6**	**2**	**4**
东安区									
阳明区									
爱民区							1		1
西安区									
东宁县	2	1	1						
林口县				1		1	5	2	3
绥芬河市									
海林市	1		1	1		1			
宁安市	3	2	1	1		1			
穆棱市									
黑河市	**7**	**3**	**4**	**1**		**1**	**8**	**8**	
爱辉区	3	1	2				5	5	
嫩江县	1	1		1		1			
逊克县	2	1	1						
孙吴县									
北安市	1		1				3	3	
五大连池市									
绥化市	**2**		**2**	**4**	**1**	**3**			
北林区				3	1	2			
望奎县									
兰西县									
青冈县									
庆安县				1		1			
明水县									
绥棱县	1		1						
安达市	1		1						
肇东市									
海伦市									
大兴安岭地区	**3**	**2**	**1**				**1**	**1**	
加格达奇区	3	2	1				1	1	
松岭区									
新林区									
呼中区									
呼玛县									
塔河县									
漠河县									
上海市	**580**	**318**	**262**	**1353**	**807**	**546**	**3020**	**1538**	**1482**
市辖区	**541**	**288**	**253**	**1305**	**763**	**542**	**2985**	**1525**	**1460**
黄浦区	5	5		5	1	4	56	28	28
卢湾区	4	2	2	4	2	2	22	10	12
徐汇区	11	5	6	27	20	7	165	87	78
长宁区	4	1	3	10	6	4	112	57	55
静安区	7	2	5	4	1	3	36	15	21
普陀区	44	26	18	21	11	10	153	74	79
闸北区	7	2	5	21	12	9	102	42	60
虹口区	11	10	1	3	1	2	151	78	73
杨浦区	16	8	8	9	2	7	198	94	104
闵行区	37	19	18	74	42	32	369	188	181
宝山区	32	16	16	135	92	43	185	97	88
嘉定区	60	33	27	245	145	100	155	79	76
浦东新区	128	67	61	286	182	104	718	396	322

10-8 续表 15

单位：人

地区	傈僳族			佤族			畲族		
	小计	男	女	小计	男	女	小计	男	女
金山区	86	46	40	135	73	62	61	32	29
松江区	41	22	19	112	66	46	271	119	152
青浦区	8	3	5	120	65	55	125	65	60
奉贤区	40	21	19	94	42	52	106	64	42
市辖县	**39**	**30**	**9**	**48**	**44**	**4**	**35**	**13**	**22**
崇明县	39	30	9	48	44	4	35	13	22
江苏省	**1447**	**383**	**1064**	**1481**	**701**	**780**	**1738**	**958**	**780**
南京市	**286**	**57**	**229**	**142**	**87**	**55**	**302**	**171**	**131**
玄武区	4	3	1	5	2	3	34	15	19
白下区	4	1	3	3	2	1	34	23	11
秦淮区	8	4	4				9	3	6
建邺区	2	1	1	3	2	1	14	8	6
鼓楼区	6	3	3	1		1	43	26	17
下关区	2	1	1	2	2		21	14	7
浦口区	11	6	5	12	5	7	32	13	19
栖霞区	18	7	11	2	1	1	35	23	12
雨花台区	8	5	3	28	17	11	16	7	9
江宁区	12	8	4	8	3	5	39	28	11
六合区	22	6	16	73	52	21	19	8	11
溧水县	26	5	21	1	1		3	2	1
高淳县	163	7	156	4		4	3	1	2
无锡市	**98**	**51**	**47**	**100**	**50**	**50**	**250**	**155**	**95**
崇安区				1		1	6	4	2
南长区				1		1	8	3	5
北塘区	2	2		1	1		16	8	8
锡山区	22	8	14	8		8	45	27	18
惠山区	16	8	8	9	3	6	52	34	18
滨湖区	17	11	6	23	15	8	41	29	12
江阴市	32	21	11	42	30	12	26	10	16
宜兴市	9	1	8	15	1	14	56	40	16
徐州市	**27**	**2**	**25**	**61**	**17**	**44**	**26**	**18**	**8**
鼓楼区							1	1	
云龙区				1		1			
九里区				13	4	9			
贾汪区				5	3	2			
泉山区				19	4	15	15	12	3
丰县							1		1
沛县							4	2	2
铜山县	1		1	6	1	5	5	3	2
睢宁县	16	2	14	7		7			
新沂市	10		10	3	2	1			
邳州市				7	3	4			
常州市	**96**	**45**	**51**	**93**	**51**	**42**	**179**	**96**	**83**
天宁区	19	12	7	3	1	2	21	13	8
钟楼区	4	3	1				17	11	6
戚墅堰区	3	3					1	1	
新北区	17	9	8	31	20	11	38	20	18
武进区	35	15	20	56	30	26	74	38	36
溧阳市	9	3	6	2		2	5	3	2
金坛市	9		9	1		1	23	10	13
苏州市	**195**	**93**	**102**	**222**	**98**	**124**	**606**	**329**	**277**
沧浪区	1		1	8	2	6	23	10	13
平江区	17	6	11	7	1	6	81	42	39
金阊区	2	1	1	1		1	20	9	11

10-8　续表 16　　　　　　　　　　　　　　　　　　　　单位：人

地　区	傈僳族			佤　族			畲　族		
	小计	男	女	小计	男	女	小计	男	女
虎丘区	22	11	11	11	5	6	27	12	15
吴中区	14	11	3	31	15	16	64	32	32
相城区	34	16	18	6		6	118	64	54
常熟市	6	2	4	23	14	9	58	33	25
张家港市	36	20	16	28	13	15	8	4	4
昆山市	26	9	17	40	20	20	111	66	45
吴江市	15	7	8	27	6	21	59	35	24
太仓市	22	10	12	40	22	18	37	22	15
南通市	**109**	**36**	**73**	**55**	**35**	**20**	**112**	**48**	**64**
崇川区	5	1	4	14	11	3	25	9	16
港闸区	7	2	5	2	2		22	13	9
通州区	37	18	19	21	10	11	18	7	11
海安县	14	1	13	1		1	6	3	3
如东县	6	2	4	5	2	3	17	5	12
启东市	8	3	5	3	2	1	9	5	4
如皋市	25	7	18	6	6		6	2	4
海门市	7	2	5	3	2	1	9	4	5
连云港市	**69**	**9**	**60**	**73**	**18**	**55**	**18**	**12**	**6**
连云区	5	3	2				1	1	
新浦区	7		7	3	2	1	16	11	5
海州区									
赣榆县	5	2	3	13	1	12			
东海县	13		13	34	3	31	1		1
灌云县	36	4	32	6	2	4			
灌南县	3		3	17	10	7			
淮安市	**77**	**3**	**74**	**19**	**2**	**17**	**30**	**12**	**18**
清河区	13	1	12				4	2	2
楚州区	43	2	41	4		4	4	1	3
淮阴区	3		3	9		9	4	1	3
清浦区	1		1				5	2	3
涟水县	10		10	3	1	2	3	1	2
洪泽县									
盱眙县	6		6				4	1	3
金湖县	1		1	3	1	2	6	4	2
盐城市	**112**	**8**	**104**	**220**	**73**	**147**	**33**	**16**	**17**
亭湖区	32	4	28	2	1	1	10	7	3
盐都区	18	1	17	11	3	8	2		2
响水县	2		2	4	2	2	3	1	2
滨海县	5	1	4	43	20	23	2	1	1
阜宁县	17		17	46	8	38	4	3	1
射阳县	4		4	61	25	36	1		1
建湖县	7		7	29	4	25	3	2	1
东台市	11	1	10	11	1	10	4		4
大丰市	16	1	15	13	9	4	4	2	2
扬州市	**69**	**17**	**52**	**101**	**51**	**50**	**61**	**40**	**21**
广陵区	1		1				13	11	2
邗江区	4	1	3	21	14	7	4	2	2
维扬区	2	2		8	4	4	21	16	5
宝应县	29		29	17	5	12	3	1	2
仪征市	10	6	4	12	7	5	16	9	7
高邮市	7	1	6	19	9	10	3		3
江都市	16	7	9	24	12	12	1	1	
镇江市	**75**	**31**	**44**	**77**	**44**	**33**	**50**	**27**	**23**
京口区	6	2	4	15	9	6	7	4	3
润州区	2	1	1	1		1	10	8	2

10-8 续表 17

单位：人

地区	傈僳族			佤族			畲族		
	小计	男	女	小计	男	女	小计	男	女
丹徒区	12	7	5	16	3	13	1		1
丹阳市	43	18	25	10	9	1	14	5	9
扬中市	4		4	19	14	5	1		1
句容市	8	3	5	16	9	7	17	10	7
泰州市	**83**	**27**	**56**	**169**	**129**	**40**	**58**	**29**	**29**
海陵区							26	13	13
高港区	17	10	7	124	97	27	4	3	1
兴化市	27	10	17	9	2	7	7	2	5
靖江市	8	4	4	24	22	2	5	2	3
泰兴市	28	2	26	11	8	3	5	2	3
姜堰市	3	1	2	1		1	11	7	4
宿迁市	**151**	**4**	**147**	**149**	**46**	**103**	**13**	**5**	**8**
宿城区	15	1	14	18	4	14	4		4
宿豫区	10		10	14	3	11	2	1	1
沭阳县	79		79	32	15	17	2		2
泗阳县	33	1	32	34	16	18			
泗洪县	14	2	12	51	8	43	5	4	1
浙江省	**1514**	**598**	**916**	**2987**	**1368**	**1619**	**166276**	**85601**	**80675**
杭州市	**91**	**39**	**52**	**151**	**94**	**57**	**13789**	**7090**	**6699**
上城区	1		1	10	8	2	169	69	100
下城区	1	1		2		2	280	133	147
江干区	11	5	6	15	15		724	379	345
拱墅区	10	6	4	5	3	2	325	149	176
西湖区	6	2	4	25	19	6	600	307	293
滨江区	5	3	2	8	3	5	214	109	105
萧山区	16	7	9	7	4	3	331	161	170
余杭区	12	2	10	33	17	16	418	193	225
桐庐县	2	1	1	20	14	6	4164	2166	1998
淳安县	9		9	1		1	376	195	181
建德市				1		1	2686	1345	1341
富阳市	6	5	1	16	5	11	539	275	264
临安市	12	7	5	8	6	2	2963	1609	1354
宁波市	**96**	**37**	**59**	**217**	**94**	**123**	**1197**	**590**	**607**
海曙区	3	2	1	4		4	112	53	59
江东区	3	1	2	4	1	3	75	37	38
江北区	1		1	10	8	2	87	44	43
北仑区	11	5	6	42	18	24	107	50	57
镇海区	3	2	1	13	3	10	102	51	51
鄞州区	31	10	21	52	25	27	299	147	152
象山县	11	3	8	11	6	5	35	16	19
宁海县	3		3	13	4	9	69	31	38
余姚市	10	6	4	15	8	7	87	39	48
慈溪市	14	6	8	31	14	17	127	65	62
奉化市	6	2	4	22	7	15	97	57	40
温州市	**229**	**116**	**113**	**531**	**271**	**260**	**49070**	**25823**	**23247**
鹿城区	25	17	8	200	125	75	1218	698	520
龙湾区	22	9	13	22	11	11	633	351	282
瓯海区	27	19	8	100	54	46	1373	826	547
洞头县	2	2		2		2	14	6	8
永嘉县	20	8	12	21	9	12	316	179	137
平阳县	3	1	2	14	1	13	8530	4469	4061
苍南县	17	6	11	44	18	26	14731	7646	7085
文成县	6	1	5	29	3	26	7072	3674	3398
泰顺县	3		3	1		1	12709	6629	6080
瑞安市	33	14	19	49	25	24	1483	779	704
乐清市	71	39	32	49	25	24	991	566	425

10-8 续表 18

单位：人

地区	傈僳族			佤族			畲族		
	小计	男	女	小计	男	女	小计	男	女
嘉兴市	**69**	**35**	**34**	**94**	**49**	**45**	**505**	**231**	**274**
南湖区	3	1	2	4	3	1	148	84	64
秀洲区	9	7	2	32	10	22	102	52	50
嘉善县	15	9	6	5	1	4	35	11	24
海盐县	13	6	7	16	10	6	29	16	13
海宁市	19	6	13	20	14	6	74	23	51
平湖市	7	5	2	13	9	4	37	11	26
桐乡市	3	1	2	4	2	2	80	34	46
湖州市	**28**	**10**	**18**	**33**	**21**	**12**	**1726**	**935**	**791**
吴兴区	2		2	8	4	4	145	74	71
南浔区	9	3	6	4		4	26	14	12
德清县	6	5	1	15	13	2	361	195	166
长兴县	7	2	5	1		1	138	58	80
安吉县	4		4	5	4	1	1056	594	462
绍兴市	**166**	**66**	**100**	**137**	**71**	**66**	**824**	**425**	**399**
越城区	13	3	10	10	7	3	221	117	104
绍兴县	53	13	40	14	5	9	150	81	69
新昌县	2		2	5	3	2	17	7	10
诸暨市	74	48	26	73	35	38	328	179	149
上虞市	2	2		12	8	4	73	22	51
嵊州市	22		22	23	13	10	35	19	16
金华市	**225**	**100**	**125**	**491**	**223**	**268**	**11025**	**5614**	**5411**
婺城区	8	2	6	33	12	21	1313	737	576
金东区	2		2	30	15	15	180	87	93
武义县	26	8	18	19	8	11	5828	2927	2901
浦江县	71	42	29	22	14	8	61	31	30
磐安县	13		13				6	4	2
兰溪市	10	6	4	11	6	5	2604	1284	1320
义乌市	63	28	35	248	112	136	556	283	273
东阳市	7	3	4	89	39	50	162	90	72
永康市	25	11	14	39	17	22	315	171	144
衢州市	**30**	**12**	**18**	**60**	**26**	**34**	**15169**	**7771**	**7398**
柯城区	2		2	3	1	2	3690	1918	1772
衢江区	11	8	3	14	5	9	1218	636	582
常山县	3		3	19	10	9	569	296	273
开化县	2		2	1		1	836	461	375
龙游县	6	3	3	9	3	6	8381	4226	4155
江山市	6	1	5	14	7	7	475	234	241
舟山市	**21**	**9**	**12**	**320**	**251**	**69**	**160**	**71**	**89**
定海区	9	5	4	121	83	38	85	42	43
普陀区	5	2	3	105	88	17	58	27	31
岱山县	3	1	2	94	80	14	13	2	11
嵊泗县	4	1	3				4		4
台州市	**458**	**155**	**303**	**414**	**172**	**242**	**894**	**464**	**430**
椒江区	20	9	11	17	8	9	118	54	64
黄岩区	10	4	6	11	3	8	72	38	34
路桥区	6	3	3	62	32	30	77	39	38
玉环县	19	7	12	136	63	73	140	87	53
三门县	125	49	76	126	33	93	69	42	27
天台县	1		1	11	8	3	23	5	18
仙居县	1		1	7	2	5	22	11	11
温岭市	13	4	9	20	9	11	244	127	117
临海市	263	79	184	24	14	10	129	61	68

10-8 续表 19

单位：人

地区	傈僳族			佤族			畲族		
	小计	男	女	小计	男	女	小计	男	女
丽水市	**101**	**19**	**82**	**539**	**96**	**443**	**71917**	**36587**	**35330**
莲都区	10	2	8	108	51	57	20386	10165	10221
青田县	14	5	9	26	8	18	940	510	430
缙云县	19	3	16	6		6	603	295	308
遂昌县	20	1	19	14	3	11	12983	6524	6459
松阳县	8	2	6	80	11	69	4259	2128	2131
云和县				144	12	132	8864	4541	4323
庆元县	6	2	4	10	1	9	1131	609	522
景宁畲族自治县	3		3	113	5	108	14529	7550	6979
龙泉市	21	4	17	38	5	33	8222	4265	3957
安徽省	**589**	**126**	**463**	**1019**	**354**	**665**	**1682**	**921**	**761**
合肥市	**46**	**14**	**32**	**92**	**36**	**56**	**161**	**98**	**63**
瑶海区	2		2	18	6	12	41	24	17
庐阳区	2	1	1	11	8	3	17	12	5
蜀山区	8	6	2	21	6	15	37	22	15
包河区	5	4	1	9	4	5	46	33	13
长丰县	10	2	8	3	1	2	5	3	2
肥东县	10		10	21	8	13	3	1	2
肥西县	9	1	8	9	3	6	12	3	9
芜湖市	**43**	**36**	**7**	**43**	**26**	**17**	**48**	**29**	**19**
镜湖区	25	25		25	15	10	11	5	6
弋江区				2	2		6	2	4
鸠江区	11	10	1	5	3	2	17	12	5
三山区	3		3	7	5	2	2		2
芜湖县	3	1	2	2		2	3	2	1
繁昌县	1		1	1	1		9	8	1
南陵县				1		1			
蚌埠市	**8**	**2**	**6**	**20**	**4**	**16**	**15**	**8**	**7**
龙子湖区	1		1				6	4	2
蚌山区	1		1				8	4	4
禹会区	1	1		2	2				
淮上区				2	1	1			
怀远县	2	1	1	2		2			
五河县	1		1	12		12			
固镇县	2		2	2	1	1	1		1
淮南市	**12**	**6**	**6**	**3**		**3**	**13**	**7**	**6**
大通区	1		1	1		1	1		1
田家庵区	1	1		1		1	10	6	4
谢家集区	2	2							
八公山区							2	1	1
潘集区	2		2						
凤台县	6	3	3	1		1			
马鞍山市	**24**	**6**	**18**	**19**	**5**	**14**	**28**	**14**	**14**
金家庄区	3	2	1	2		2	2	1	1
花山区	4	3	1				7	3	4
雨山区	1	1		8	3	5	18	10	8
当涂县	16		16	9	2	7	1		1
淮北市	**4**		**4**	**13**	**1**	**12**	**7**	**3**	**4**
杜集区							2	1	1
相山区				3		3	5	2	3
烈山区	1		1	1		1			
濉溪县	3		3	9	1	8			

10-8 续表 20 单位：人

地 区	傈僳族			佤族			畲族		
	小计	男	女	小计	男	女	小计	男	女
铜陵市	**7**	**2**	**5**	**9**	**8**	**1**	**17**	**7**	**10**
铜官山区	3	1	2	1	1		8	3	5
狮子山区							4	2	2
郊区	2		2	6	6				
铜陵县	2	1	1	2	1	1	5	2	3
安庆市	**13**	**1**	**12**	**65**	**12**	**53**	**20**	**13**	**7**
迎江区				4		4			
大观区							4	2	2
宜秀区				7	1	6	5	4	1
怀宁县	4		4	6	1	5	1	1	
枞阳县	2	1	1	5	1	4			
潜山县	3		3	5	3	2	6	3	3
太湖县				10	2	8	3	3	
宿松县									
望江县				4	3	1	1		1
岳西县									
桐城市	4		4	24	1	23			
黄山市	**138**	**9**	**129**	**69**	**41**	**28**	**42**	**15**	**27**
屯溪区	4	1	3				15	3	12
黄山区	2	2		10	5	5	2		2
徽州区	24		24						
歙县	75	1	74	5	1	4	16	6	10
休宁县	10		10	40	27	13	5	3	2
黟县	7		7	4		4	1	1	
祁门县	16	5	11	10	8	2	3	2	1
滁州市	**42**	**9**	**33**	**26**	**9**	**17**	**37**	**21**	**16**
琅琊区				7	3	4	10	6	4
南谯区	8	4	4	2	2		1		1
来安县	19	3	16	9	1	8	2	1	1
全椒县	2		2	4	3	1	11	7	4
定远县	3		3				3	1	2
凤阳县	2	1	1	1		1	1	1	
天长市	2		2	2		2	9	5	4
明光市	6	1	5	1		1			
阜阳市	**44**	**15**	**29**	**145**	**36**	**109**	**16**	**6**	**10**
颍州区	15	9	6	3	1	2	3	1	2
颍东区	9	1	8	3	1	2	1		1
颍泉区				2		2	3	2	1
临泉县	3	1	2	41	4	37			
太和县	11	4	7	15	5	10	1		1
阜南县	3		3	19	10	9	3	1	2
颍上县	3		3	33	14	19	4	2	2
界首市				29	1	28	1		1
宿州市	**16**	**1**	**15**	**231**	**107**	**124**	**18**	**13**	**5**
埇桥区	13	1	12	65	31	34	15	12	3
砀山县				24	10	14			
萧县				65	36	29	1	1	
灵璧县	2		2	68	30	38			
泗县	1		1	9		9	2		2
巢湖市	**14**		**14**	**108**	**31**	**77**	**24**	**11**	**13**
居巢区	7		7	18		18	7	4	3
庐江县	1		1	67	21	46	6	2	4
无为县	3		3	4	3	1	2	1	1
含山县	1		1	13	3	10			
和县	2		2	6	4	2	9	4	5

10-8 续表 21 单位：人

地区	傈僳族			佤族			畲族		
	小计	男	女	小计	男	女	小计	男	女
六安市	**36**	**6**	**30**	**26**	**1**	**25**	**31**	**20**	**11**
金安区	2		2				4	3	1
裕安区	18	4	14	3		3	4	2	2
寿县	7	1	6	3	1	2	2		2
霍邱县				2		2	17	14	3
舒城县	6	1	5	14		14			
金寨县	2		2	4		4	4	1	3
霍山县	1		1						
亳州市	**29**	**3**	**26**	**94**	**22**	**72**	**7**	**4**	**3**
谯城区	3	2	1	10	3	7	1		1
涡阳县	9		9	27	6	21	2	1	1
蒙城县	6		6	27	6	21	4	3	1
利辛县	11	1	10	30	7	23			
池州市	**66**	**10**	**56**	**6**	**2**	**4**	**21**	**14**	**7**
贵池区	22	1	21	1		1	7	4	3
东至县	3	3		1		1	3	1	2
石台县	34	6	28						
青阳县	7		7	4	2	2	11	9	2
宣城市	**47**	**6**	**41**	**50**	**13**	**37**	**1177**	**638**	**539**
宣州区	20	3	17	20	2	18	18	7	11
郎溪县	2		2	3	2	1	7	2	5
广德县	17	2	15	6	1	5	35	21	14
泾县	2	1	1	4		4	5	2	3
绩溪县	2		2	5		5	1		1
旌德县							5	2	3
宁国市	4		4	12	8	4	1106	604	502
福建省	**403**	**193**	**210**	**1325**	**723**	**602**	**365514**	**196573**	**168941**
福州市	**101**	**49**	**52**	**202**	**115**	**87**	**46954**	**24458**	**22496**
鼓楼区	1		1	12	4	8	1907	949	958
台江区				2	1	1	417	207	210
仓山区	12	6	6	12	6	6	1420	752	668
马尾区				9	6	3	487	250	237
晋安区	45	22	23	19	11	8	4952	2591	2361
闽侯县	3	3		78	47	31	1179	579	600
连江县	4	1	3	28	17	11	11581	5759	5822
罗源县	5	1	4	12	10	2	16563	8600	7963
闽清县				4	3	1	135	67	68
永泰县							2914	1581	1333
平潭县	1		1	2	1	1	63	31	32
福清市	9	6	3	9	3	6	5109	2974	2135
长乐市	21	10	11	15	6	9	227	118	109
厦门市	**76**	**32**	**44**	**157**	**84**	**73**	**14124**	**7641**	**6483**
思明区	4	2	2	18	8	10	3518	1739	1779
海沧区	7	2	5	10	4	6	892	522	370
湖里区	19	8	11	35	13	22	7171	3968	3203
集美区	29	12	17	19	9	10	1852	1017	835
同安区	5	3	2	71	49	22	501	302	199
翔安区	12	5	7	4	1	3	190	93	97
莆田市	**33**	**24**	**9**	**185**	**109**	**76**	**2151**	**1253**	**898**
城厢区	3	3		47	36	11	531	289	242
涵江区	5	1	4	20	12	8	358	206	152
荔城区	25	20	5	51	29	22	226	140	86
秀屿区				53	22	31	54	35	19
仙游县				14	10	4	982	583	399

10-8 续表 22

单位：人

地区	傈僳族			佤族			畲族		
	小计	男	女	小计	男	女	小计	男	女
三明市	**18**	**1**	**17**	**50**	**17**	**33**	**17452**	**10072**	**7380**
梅列区	1		1	6	3	3	841	489	352
三元区	2	1	1	7	2	5	740	421	319
明溪县				5	2	3	93	45	48
清流县				1		1	1522	929	593
宁化县							5598	3183	2415
大田县	1		1				539	300	239
尤溪县	5		5	7	2	5	1306	727	579
沙县	2		2	13	5	8	763	452	311
将乐县	2		2	1		1	163	111	52
泰宁县							376	246	130
建宁县				2		2	336	197	139
永安市	5		5	8	3	5	5175	2972	2203
泉州市	**91**	**44**	**47**	**434**	**244**	**190**	**25355**	**14216**	**11139**
鲤城区	11	5	6	14	8	6	580	331	249
丰泽区	10	2	8	25	14	11	988	545	443
洛江区	3		3	10	7	3	750	368	382
泉港区							4448	2293	2155
惠安县	13	9	4	40	21	19	857	464	393
安溪县							7971	4510	3461
永春县	1		1	1		1	663	382	281
德化县							423	244	179
石狮市	5	3	2	34	24	10	586	356	230
晋江市	34	17	17	274	155	119	3297	1951	1346
南安市	14	8	6	36	15	21	4792	2772	2020
漳州市	**49**	**37**	**12**	**127**	**63**	**64**	**50366**	**27444**	**22922**
芗城区	10	6	4	7	5	2	4574	2462	2112
龙文区							237	117	120
云霄县							1140	702	438
漳浦县				10	7	3	20108	10827	9281
诏安县	2	2		1	1		11430	6338	5092
长泰县	18	14	4	19	10	9	184	108	76
东山县	2		2	7	3	4	15	9	6
南靖县	2	1	1	1		1	474	276	198
平和县				54	21	33	1540	883	657
华安县				3	1	2	1280	662	618
龙海市	15	14	1	25	15	10	9384	5060	4324
南平市	**10**		**10**	**101**	**56**	**45**	**23237**	**12867**	**10370**
延平区	2		2	19	9	10	2268	1226	1042
顺昌县				3	3		5313	2678	2635
浦城县	1		1	1		1	1829	1180	649
光泽县	2		2	31	20	11	2839	1474	1365
松溪县	1		1	6	4	2	1146	696	450
政和县				1	1		710	412	298
邵武市	1		1	4	1	3	2741	1584	1157
武夷山市	2		2	16	8	8	1012	629	383
建瓯市	1		1	18	10	8	1748	979	769
建阳市				2		2	3631	2009	1622
龙岩市	**13**	**4**	**9**	**58**	**29**	**29**	**31104**	**16944**	**14160**
新罗区	4	1	3	21	16	5	2437	1339	1098
长汀县	2		2	3	1	2	1296	870	426
永定县				3	3		229	157	72
上杭县	4	3	1	13	2	11	25725	13795	11930
武平县				7	2	5	81	39	42
连城县	1		1	6	2	4	35	10	25
漳平市	2		2	5	3	2	1301	734	567

10-8 续表 23

单位：人

地区	傈僳族			佤族			畲族		
	小计	男	女	小计	男	女	小计	男	女
宁德市	**12**	**2**	**10**	**11**	**6**	**5**	**154771**	**81678**	**73093**
蕉城区							21525	11184	10341
霞浦县	5		5				35475	18756	16719
古田县	1		1	1		1	5923	3272	2651
屏南县							447	228	219
寿宁县							1848	978	870
周宁县	2		2	2		2	1378	737	641
柘荣县							1685	885	800
福安市							60005	31879	28126
福鼎市	4	2	2	8	6	2	26485	13759	12726
江西省	**96**	**34**	**62**	**759**	**327**	**432**	**91068**	**53907**	**37161**
南昌市	**12**	**6**	**6**	**148**	**67**	**81**	**891**	**520**	**371**
东湖区				7	2	5	135	78	57
西湖区	3		3	35	12	23	86	41	45
青云谱区							48	25	23
湾里区	1	1					38	22	16
青山湖区	1	1		28	8	20	236	145	91
南昌县				26	16	10	113	63	50
新建县	7	4	3	52	29	23	200	124	76
安义县							7	3	4
进贤县							28	19	9
景德镇市	**2**	**1**	**1**	**11**	**9**	**2**	**41**	**23**	**18**
昌江区							2	2	
珠山区				11	9	2	10	6	4
浮梁县	2	1	1				12	7	5
乐平市							17	8	9
萍乡市	**1**		**1**	**38**	**15**	**23**	**298**	**204**	**94**
安源区				22	10	12	75	47	28
湘东区	1		1	5	1	4	11	10	1
莲花县							10	6	4
上栗县				6	2	4	2	1	1
芦溪县				5	2	3	200	140	60
九江市	**6**	**3**	**3**	**39**	**16**	**23**	**2366**	**1372**	**994**
庐山区	1	1		2	1	1	104	58	46
浔阳区				3	1	2	63	30	33
九江县							2		2
武宁县	1		1	14	8	6	1939	1132	807
修水县							25	20	5
永修县				17	6	11	84	51	33
德安县				2		2	121	68	53
星子县	1		1						
都昌县				1		1	14	7	7
湖口县	1	1							
彭泽县	1		1				1		1
瑞昌市	1	1					13	6	7
新余市	**6**	**2**	**4**	**109**	**52**	**57**	**125**	**74**	**51**
渝水区	6	2	4	90	42	48	124	74	50
分宜县				19	10	9	1		1
鹰潭市	**4**	**3**	**1**	**76**	**32**	**44**	**2596**	**1503**	**1093**
月湖区	4	3	1	8	2	6	123	69	54
余江县				33	14	19	622	368	254
贵溪市				35	16	19	1851	1066	785
赣州市	**7**	**4**	**3**	**73**	**29**	**44**	**51731**	**30073**	**21658**
章贡区	3	2	1	14	5	9	2044	1183	861
赣县							875	505	370

10-8　续表 24

单位：人

地　区	傈僳族			佤　族			畲　族		
	小计	男	女	小计	男	女	小计	男	女
信丰县	3	2	1	5	2	3	6943	3977	2966
大余县				4	2	2	5742	3340	2402
上犹县							3009	1768	1241
崇义县							1813	1021	792
安远县				17	6	11	1054	627	427
龙南县				1		1	701	423	278
定南县				5	2	3	51	30	21
全南县							340	208	132
宁都县							1635	995	640
于都县				4	2	2	3473	1928	1545
兴国县				6	1	5	5401	3199	2202
会昌县				2	2		3285	1930	1355
寻乌县				3	1	2	3263	1908	1355
石城县							1047	649	398
瑞金市	1		1				1261	736	525
南康市				12	6	6	9794	5646	4148
吉安市	**21**	**7**	**14**	**56**	**16**	**40**	**18064**	**11100**	**6964**
吉州区							151	96	55
青原区	1		1	5	1	4	1979	1090	889
吉安县				7	1	6	225	153	72
吉水县				3	2	1	691	461	230
峡江县							22	16	6
新干县	4		4	34	7	27	107	67	40
永丰县							6052	3648	2404
泰和县				1	1		3995	2722	1273
遂川县	1		1				1873	1112	761
万安县	2	1	1	5	4	1	2693	1571	1122
安福县				1		1	163	91	72
永新县	1		1				84	57	27
井冈山市	12	6	6				29	16	13
宜春市	**10**	**1**	**9**	**34**	**9**	**25**	**117**	**58**	**59**
袁州区	5		5				32	14	18
奉新县							8	4	4
万载县	2	1	1	2		2	1		1
上高县									
宜丰县	2		2	6	1	5	16	8	8
靖安县							8	5	3
铜鼓县	1		1				2		2
丰城市				2		2	14	6	8
樟树市				24	8	16	31	20	11
高安市							5	1	4
抚州市	**18**	**1**	**17**	**12**	**7**	**5**	**6086**	**3673**	**2413**
临川区	1		1	3	1	2	83	45	38
南城县							10	9	1
黎川县							152	95	57
南丰县							216	130	86
崇仁县				2	2		100	58	42
乐安县	1	1					4656	2824	1832
宜黄县				7	4	3	126	75	51
金溪县	14		14				186	117	69
资溪县							326	171	155
东乡县	2		2				64	43	21
广昌县							167	106	61

10-8 续表 25

单位：人

地区	傈僳族			佤族			畲族		
	小计	男	女	小计	男	女	小计	男	女
上饶市	**9**	**6**	**3**	**163**	**75**	**88**	**8753**	**5307**	**3446**
信州区				8		8	724	441	283
上饶县	2	1	1	22	11	11	2277	1423	854
广丰县							52	30	22
玉山县				2		2	607	379	228
铅山县	1		1	3	2	1	2439	1372	1067
横峰县							1386	909	477
弋阳县	2	1	1	1	1		772	476	296
余干县	3	3		117	58	59	6		6
鄱阳县				9	2	7	16	6	10
万年县	1	1					16	7	9
婺源县							17	5	12
德兴市				1	1		441	259	182
山东省	**1841**	**208**	**1633**	**5619**	**1315**	**4304**	**363**	**226**	**137**
济南市	**184**	**22**	**162**	**159**	**33**	**126**	**109**	**63**	**46**
历下区	11	5	6	11	8	3	21	12	9
市中区	4	1	3	22	8	14	19	13	6
槐荫区	5	2	3	2	1	1	16	12	4
天桥区	9	2	7	9	5	4	16	7	9
历城区	20	3	17	57	7	50	22	14	8
长清区	15	2	13	5	1	4	5	2	3
平阴县	44	1	43	2		2			
济阳县	44	2	42	5		5			
商河县	22	3	19	2	1	1	1		1
章丘市	10	1	9	44	2	42	9	3	6
青岛市	**331**	**53**	**278**	**181**	**77**	**104**	**84**	**57**	**27**
市南区	2	1	1	4	2	2	18	11	7
市北区	4	3	1	3	2	1	5	1	4
四方区				3		3	7	6	1
黄岛区	2		2	11	7	4	12	9	3
崂山区	11	4	7	5	2	3	6	5	1
李沧区	10	7	3	4	2	2	4	4	
城阳区	17	13	4	25	17	8	6	4	2
胶州市	92	8	84	40	24	16			
即墨市	11	1	10	4		4	17	11	6
平度市	76	3	73	16	9	7	6	4	2
胶南市	43	4	39	57	11	46	3	2	1
莱西市	63	9	54	9	1	8			
淄博市	**46**	**7**	**39**	**216**	**33**	**183**	**20**	**16**	**4**
淄川区	2	2		16	3	13			
张店区	9	3	6	10	3	7	12	12	
博山区	2		2	2		2	3	1	2
临淄区	16	1	15	7	5	2	3	1	2
周村区	4	1	3	6	2	4			
桓台县	6		6	29	4	25			
高青县	5		5	144	16	128			
沂源县	2		2	2		2	2	2	
枣庄市	**3**	**1**	**2**	**20**	**7**	**13**	**8**	**2**	**6**
市中区							2		2
薛城区	1		1				5	2	3
峄城区									
台儿庄区									
山亭区				9	2	7			
滕州市	2	1	1	11	5	6	1		1

10-8　续表 26　　　　　　　　　　　　　　　　　　　　　　　　　　　单位：人

地　区	傈僳族			佤　族			畲　族		
	小计	男	女	小计	男	女	小计	男	女
东营市	**35**	**4**	**31**	**6**	**2**	**4**	**17**	**13**	**4**
东营区	1		1	1	1		10	7	3
河口区	1		1						
垦利县	1		1	4	1	3	4	4	
利津县									
广饶县	32	4	28	1		1	3	2	1
烟台市	**71**	**12**	**59**	**1239**	**342**	**897**	**15**	**8**	**7**
芝罘区	7	3	4	175	95	80	2	1	1
福山区	4	1	3	99	62	37	3	2	1
牟平区	1		1	158	49	109	1	1	
莱山区	9	6	3	82	36	46	1		1
长岛县				3	3				
龙口市				12	2	10			
莱阳市	26		26	106	11	95			
莱州市				18	8	10	1		1
蓬莱市				38	34	4			
招远市	2		2	3	1	2	7	4	3
栖霞市	2		2	25	3	22			
海阳市	20	2	18	520	38	482			
潍坊市	**457**	**38**	**419**	**207**	**45**	**162**	**16**	**10**	**6**
潍城区	27	2	25	1		1	6	4	2
寒亭区	22	2	20	3	1	2	2	1	1
坊子区	51	4	47	14	9	5			
奎文区	16	6	10	2	1	1	3	2	1
临朐县	6		6	3		3			
昌乐县	56	5	51	3	1	2			
青州市	24		24	19	1	18	2	2	
诸城市	171	13	158	74	9	65			
寿光市	25	3	22	50	19	31	2	1	1
安丘市	36	2	34	11		11	1		1
高密市	23	1	22	24	3	21			
昌邑市				3	1	2			
济宁市	**15**	**3**	**12**	**403**	**29**	**374**	**15**	**10**	**5**
市中区							6	2	4
任城区	3	2	1	1		1	2	1	1
微山县				6	1	5			
鱼台县									
金乡县				12	10	2			
嘉祥县				6	1	5	4	4	
汶上县				1		1			
泗水县				3		3			
梁山县	3		3	16	7	9	2	2	
曲阜市				214	7	207			
兖州市	1		1	5	1	4	1	1	
邹城市	8	1	7	139	2	137			
泰安市	**25**	**2**	**23**	**76**	**4**	**72**	**16**	**11**	**5**
泰山区				2		2	3	2	1
岱岳区	10	1	9	16		16	1		1
宁阳县				38		38			
东平县	4		4	2	1	1			
新泰市				11	2	9	8	5	3
肥城市	11	1	10	7	1	6	4	4	
威海市	**73**	**22**	**51**	**2182**	**522**	**1660**	**16**	**10**	**6**
环翠区	11	7	4	235	129	106	6	4	2
文登市	18	9	9	536	62	474	4	1	3
荣成市	2	2		735	271	464	6	5	1
乳山市	42	4	38	676	60	616			

10-8 续表 27

单位：人

地区	傈僳族			佤族			畲族		
	小计	男	女	小计	男	女	小计	男	女
日照市	**204**	**14**	**190**	**39**	**7**	**32**	**7**	**4**	**3**
东港区	38	2	36	4	2	2	5	2	3
岚山区	52	10	42	2		2			
五莲县	24		24	24	3	21			
莒县	90	2	88	9	2	7	2	2	
莱芜市	**13**		**13**	**59**	**8**	**51**	**2**	**1**	**1**
莱城区	13		13	11	2	9	2	1	1
钢城区				48	6	42			
临沂市	**285**	**12**	**273**	**441**	**38**	**403**	**27**	**13**	**14**
兰山区	4	1	3	17	8	9	21	12	9
罗庄区	1		1	5	2	3			
河东区	1	1		11	3	8			
沂南县	4		4	4	1	3	1		1
郯城县	17		17	53	4	49	2		2
沂水县	84	1	83	31	1	30	1		1
苍山县	7		7	13		13			
费县	23	5	18	8	2	6	1	1	
平邑县	119	2	117	255	11	244	1		1
莒南县	1		1	20	5	15			
蒙阴县				1		1			
临沭县	24	2	22	23	1	22			
德州市	**23**	**2**	**21**	**8**	**2**	**6**	**5**	**4**	**1**
德城区							4	3	1
陵县				3	2	1			
宁津县				3		3			
庆云县							1	1	
临邑县	2		2						
齐河县	2		2	1		1			
平原县	3		3						
夏津县				1		1			
武城县									
乐陵市									
禹城市	16	2	14						
聊城市	**8**		**8**	**87**	**33**	**54**	**3**	**2**	**1**
东昌府区	2		2	15	9	6	2	2	
阳谷县	3		3	13	4	9			
莘县				8	2	6			
茌平县				1		1			
东阿县	3		3	5	1	4			
冠县				7	4	3			
高唐县				21	8	13			
临清市				17	5	12	1		1
滨州市	**68**	**16**	**52**	**200**	**101**	**99**	**3**	**2**	**1**
滨城区	1	1		15	5	10	1	1	
惠民县	17		17	10		10			
阳信县									
无棣县				13	7	6			
沾化县				1		1			
博兴县	21	8	13	134	86	48			
邹平县	29	7	22	27	3	24	2	1	1
菏泽市				**96**	**32**	**64**			
牡丹区				5	2	3			
曹县				13	3	10			
单县				1	1				
成武县				13	2	11			
巨野县				2	1	1			
郓城县				1		1			
鄄城县				10	3	7			
定陶县									
东明县				51	20	31			

10-8　续表 28

单位：人

地　区	傈僳族			佤　族			畲　族		
	小计	男	女	小计	男	女	小计	男	女
河南省	**167**	**25**	**142**	**1572**	**337**	**1235**	**200**	**104**	**96**
郑州市	**34**	**15**	**19**	**122**	**31**	**91**	**103**	**54**	**49**
中原区	4	3	1	3		3	16	7	9
二七区	3	3		5	4	1	24	12	12
管城回族区	1		1	1		1	23	13	10
金水区	4	3	1	24	17	7	31	19	12
上街区									
惠济区	1		1	2	1	1	2	1	1
中牟县	11	2	9	59	3	56	1		1
巩义市				2	1	1	1		1
荥阳市	4	1	3	2		2			
新密市	2	1	1	5	1	4	1		1
新郑市				19	4	15	4	2	2
登封市	4	2	2						
开封市	**14**		**14**	**155**	**61**	**94**	**9**	**4**	**5**
龙亭区				1		1			
顺河回族区				5	2	3			
鼓楼区				23	8	15			
禹王台区									
金明区				1		1	8	3	5
杞县				84	38	46			
通许县				1		1			
尉氏县	2		2	27	7	20			
开封县	7		7	10	4	6	1	1	
兰考县	5		5	3	2	1			
洛阳市	**1**		**1**	**20**	**8**	**12**	**21**	**7**	**14**
老城区									
西工区							7	2	5
瀍河回族区				2	1	1			
涧西区				3	2	1	6	2	4
吉利区									
洛龙区				2		2	3		3
孟津县							2	1	1
新安县							2	2	
栾川县				2	2				
嵩县	1		1	2		2			
汝阳县									
宜阳县				5	1	4			
洛宁县									
伊川县				2	1	1			
偃师市				2	1	1	1		1
平顶山市	**11**		**11**	**75**	**27**	**48**	**6**	**4**	**2**
新华区				13	9	4	2	2	
卫东区				2	1	1	2	1	1
石龙区									
湛河区									
宝丰县	3		3	15	6	9			
叶县	2		2	21	2	19			
鲁山县	3		3	10	3	7	1		1
郏县				1		1	1	1	
舞钢市	1		1	10	6	4			
汝州市	2		2	3		3			

10-8 续表 29

单位：人

地区	傈僳族			佤族			畲族		
	小计	男	女	小计	男	女	小计	男	女
安阳市	**5**	**1**	**4**	**46**	**2**	**44**	**1**		**1**
文峰区				41		41			
北关区				1	1				
殷都区				2	1	1			
龙安区							1		1
安阳县									
汤阴县	1		1	1		1			
滑县	2	1	1	1		1			
内黄县									
林州市	2		2						
鹤壁市	**2**		**2**						
鹤山区									
山城区									
淇滨区									
浚县									
淇县	2		2						
新乡市	**6**	**1**	**5**	**9**	**3**	**6**	**14**	**10**	**4**
红旗区				1		1	4	1	3
卫滨区	3	1	2	3		3	4	3	1
凤泉区				1	1				
牧野区	1		1	2	1	1	4	4	
新乡县									
获嘉县				1		1			
原阳县									
延津县	2		2						
封丘县									
长垣县				1	1		2	2	
卫辉市									
辉县市									
焦作市	**6**	**1**	**5**	**11**	**6**	**5**	**2**	**1**	**1**
解放区				1	1				
中站区									
马村区	1		1						
山阳区	1	1		2	2		1	1	
修武县	2		2						
博爱县									
武陟县	2		2	3	1	2			
温县							1		1
沁阳市				1		1			
孟州市				4	2	2			
濮阳市	**5**		**5**	**41**	**13**	**28**	**3**		**3**
华龙区				7	2	5	1		1
清丰县				5		5	2		2
南乐县				11	5	6			
范县				2	1	1			
台前县	5		5						
濮阳县				16	5	11			
许昌市	**1**		**1**	**20**	**5**	**15**	**10**	**4**	**6**
魏都区	1		1	6		6	2	1	1
许昌县				2		2			
鄢陵县									
襄城县				5	2	3			
禹州市				7	3	4	6	1	5
长葛市							2	2	

10-8　续表 30　　　　　　　　　　　　　　　　　　　　　　　　　　单位：人

地　区	傈僳族			佤　族			畲　族		
	小计	男	女	小计	男	女	小计	男	女
漯河市				**50**	**9**	**41**	**1**	**1**	
源汇区				4	1	3			
郾城区				15	1	14			
召陵区				22	5	17	1	1	
舞阳县				1		1			
临颍县				8	2	6			
三门峡市	**15**	**3**	**12**	**1**	**1**				
湖滨区									
渑池县	13	2	11						
陕县	1	1		1	1				
卢氏县	1		1						
义马市									
灵宝市									
南阳市	**9**	**1**	**8**	**122**	**51**	**71**	**8**	**6**	**2**
宛城区				1	1		7	5	2
卧龙区	1	1		1	1		1	1	
南召县									
方城县	7		7	21	10	11			
西峡县									
镇平县									
内乡县				12	5	7			
淅川县									
社旗县	1		1						
唐河县				81	33	48			
新野县									
桐柏县				6	1	5			
邓州市									
商丘市	**5**		**5**	**37**	**12**	**25**	**9**	**5**	**4**
梁园区							4	3	1
睢阳区				4	1	3			
民权县	1		1	2		2			
睢县									
宁陵县				1	1				
柘城县									
虞城县							3	1	2
夏邑县	2		2	6	1	5			
永城市	2		2	24	9	15	2	1	1
信阳市	**27**	**3**	**24**	**284**	**21**	**263**	**13**	**8**	**5**
浉河区				30		30	2	1	1
平桥区	4		4	212	9	203	3		3
罗山县	5		5	15	9	6			
光山县	14	2	12						
新县							4	4	
商城县							1		1
固始县	4	1	3	21	2	19	2	2	
潢川县				5	1	4	1	1	
淮滨县				1		1			
息县									
周口市	**12**		**12**	**149**	**56**	**93**			
川汇区				31	13	18			
扶沟县									
西华县				4	1	3			
商水县				1		1			

10-8 续表 31 单位：人

地区	傈僳族			佤族			畲族		
	小计	男	女	小计	男	女	小计	男	女
沈丘县				1		1			
郸城县									
淮阳县	1		1	90	34	56			
太康县				15	7	8			
鹿邑县									
项城市	11		11	7	1	6			
驻马店市	**14**		**14**	**430**	**31**	**399**			
驿城区	6		6	98	6	92			
西平县	2		2	12	1	11			
上蔡县				49	2	47			
平舆县				31	10	21			
正阳县	1		1	8		8			
确山县	2		2	69	6	63			
泌阳县	1		1	89	2	87			
汝南县				11	1	10			
遂平县	2		2	60	3	57			
新蔡县				3		3			
省直辖县级行政区划									
济源市									
湖北省	**138**	**59**	**79**	**532**	**255**	**277**	**3058**	**1890**	**1168**
武汉市	**56**	**28**	**28**	**68**	**51**	**17**	**680**	**362**	**318**
江岸区	2	1	1	1		1	17	7	10
江汉区	2	1	1				14	6	8
硚口区	3	1	2	4	4		15	11	4
汉阳区				4	2	2	3	1	2
武昌区	7	2	5	14	8	6	74	46	28
青山区	3	3		22	20	2	7	6	1
洪山区	29	11	18	10	7	3	512	261	251
东西湖区				3	1	2	8	4	4
汉南区									
蔡甸区	7	7					2	1	1
江夏区	1		1	2	1	1	27	18	9
黄陂区	2	2		8	8		1	1	
新洲区									
黄石市	**9**	**4**	**5**	**28**	**15**	**13**	**9**	**4**	**5**
黄石港区	1		1	12	7	5	2		2
西塞山区							2	2	
下陆区	2	1	1	1	1		1	1	
铁山区	2	1	1	1		1			
阳新县	1		1	8	5	3	2	1	1
大冶市	3	2	1	6	2	4	2		2
十堰市	**2**		**2**	**32**	**12**	**20**	**14**	**6**	**8**
茅箭区				8	2	6	7	3	4
张湾区				11	7	4	5	3	2
郧县	1		1	2	1	1			
郧西县							1		1
竹山县									
竹溪县	1		1	10	2	8			
房县				1		1			
丹江口市							1		1
宜昌市	**16**	**3**	**13**	**37**	**22**	**15**	**38**	**21**	**17**
西陵区	9	3	6	29	21	8	18	11	7
伍家岗区							2		2
点军区									

10-8　续表 32

单位：人

地区	傈僳族			佤族			畲族		
	小计	男	女	小计	男	女	小计	男	女
猇亭区									
夷陵区	2		2				1		1
远安县				2		2	7	3	4
兴山县	1		1						
秭归县				1		1			
长阳土家族自治县	2		2	1		1	7	5	2
五峰土家族自治县				1		1	1	1	
宜都市	1		1	3	1	2	1		1
当阳市							1	1	
枝江市	1		1						
襄樊市	**2**	**1**	**1**	**94**	**43**	**51**	**13**	**8**	**5**
襄城区	2	1	1	52	25	27	5	4	1
樊城区				2	1	1			
襄阳区				22	8	14			
南漳县									
谷城县				3	1	2			
保康县				1		1			
老河口市				3	1	2	1		1
枣阳市				3	2	1			
宜城市				8	5	3	7	4	3
鄂州市	**1**		**1**				**3**	**1**	**2**
梁子湖区									
华容区							1		1
鄂城区	1		1				2	1	1
荆门市	**3**	**2**	**1**	**12**	**4**	**8**	**11**	**6**	**5**
东宝区				1		1	5	2	3
掇刀区							1	1	
京山县	1		1	6	2	4			
沙洋县	2	2		3	1	2	4	3	1
钟祥市				2	1	1	1		1
孝感市	**3**		**3**	**35**	**11**	**24**	**12**	**3**	**9**
孝南区	2		2	23	10	13	8	3	5
孝昌县				1		1			
大悟县				1		1	1		1
云梦县				7	1	6	1		1
应城市							1		1
安陆市							1		1
汉川市	1		1	3		3			
荆州市	**6**	**3**	**3**	**7**	**3**	**4**	**22**	**11**	**11**
沙市区	1	1					4	2	2
荆州区	1	1		1		1	11	7	4
公安县	2	1	1				4	2	2
监利县	1		1	2	1	1			
江陵县				1		1	1		1
石首市				1	1		1		1
洪湖市							1		1
松滋市	1		1	2	1	1			
黄冈市	**13**	**6**	**7**	**97**	**45**	**52**	**20**	**20**	
黄州区				9	4	5	1	1	
团风县				12	5	7	7	7	
红安县									
罗田县	2		2	2		2			
英山县				1		1			
浠水县	1		1	12	5	7	2	2	
蕲春县	8	5	3	23	8	15			
黄梅县	1	1		1		1	3	3	
麻城市							7	7	
武穴市	1		1	37	23	14			

10-8 续表 33

单位：人

地区	傈僳族			佤族			畲族		
	小计	男	女	小计	男	女	小计	男	女
咸宁市	**1**		**1**	**1**		**1**	**3**	**2**	**1**
咸安区									
嘉鱼县							2	2	
通城县	1		1	1		1	1		1
崇阳县									
通山县									
赤壁市									
随州市	**2**	**1**	**1**	**20**	**14**	**6**	**23**	**21**	**2**
曾都区				19	14	5	2	2	
随县	2	1	1	1		1	17	17	
广水市							4	2	2
恩施土家族苗族自治州	**21**	**9**	**12**	**99**	**34**	**65**	**2206**	**1423**	**783**
恩施市	5	1	4	13	3	10	89	46	43
利川市	3	2	1	4	1	3	1928	1253	675
建始县	3	1	2	2		2	18	10	8
巴东县	2		2				3	1	2
宣恩县	4	3	1	70	30	40	125	91	34
咸丰县				4		4	40	20	20
来凤县	1		1	2		2			
鹤峰县	3	2	1	4		4	3	2	1
省直辖县级行政区划	**3**	**2**	**1**	**2**	**1**	**1**	**4**	**2**	**2**
仙桃市				2	1	1	2	1	1
潜江市	3	2	1				2	1	1
天门市									
神农架林区									
湖南省	**199**	**73**	**126**	**915**	**359**	**556**	**3059**	**1735**	**1324**
长沙市	**13**	**7**	**6**	**57**	**48**	**9**	**183**	**100**	**83**
芙蓉区	5	4	1				32	17	15
天心区	1	1		2	1	1	29	17	12
岳麓区	5	2	3	2	2		47	20	27
开福区				40	39	1	14	8	6
雨花区	1		1	1		1	27	17	10
长沙县				8	5	3	26	19	7
望城县							4	1	3
宁乡县	1		1	1		1	1	1	
浏阳市				3	1	2	3		3
株洲市	**6**	**4**	**2**	**16**	**10**	**6**	**1455**	**855**	**600**
荷塘区				1	1		6	1	5
芦淞区				2	2		10	6	4
石峰区				2	2		8	4	4
天元区	1	1		1		1	17	8	9
株洲县				3	1	2			
攸县							1		1
茶陵县							6	5	1
炎陵县	3	3					1407	831	576
醴陵市	2		2	7	4	3			
湘潭市	**5**	**3**	**2**	**3**	**1**	**2**	**25**	**12**	**13**
雨湖区	3	1	2				10	4	6
岳塘区	1	1		3	1	2	11	6	5
湘潭县							3	2	1
湘乡市							1		1
韶山市	1	1							

10-8　续表 34

单位：人

地　区	傈僳族			佤　族			畲　族		
	小计	男	女	小计	男	女	小计	男	女
衡阳市	**22**	**9**	**13**	**173**	**43**	**130**	**43**	**24**	**19**
珠晖区				16	6	10	12	8	4
雁峰区	2		2	5	2	3	2	1	1
石鼓区	4	2	2				5	2	3
蒸湘区	3	2	1	6	5	1	11	7	4
南岳区									
衡阳县	1		1						
衡南县	5	5		9	6	3	2	1	1
衡山县	1		1	2	1	1			
衡东县				3	1	2			
祁东县	5		5	87	4	83	4	1	3
耒阳市	1		1	29	11	18	7	4	3
常宁市				16	7	9			
邵阳市	**29**	**1**	**28**	**112**	**43**	**69**	**11**	**7**	**4**
双清区				2		2			
大祥区	1	1		5	2	3	2	1	1
北塔区									
邵东县	4		4	23	3	20			
新邵县	22		22	2		2			
邵阳县				11	2	9			
隆回县				8	3	5			
洞口县	1		1	50	31	19	2	1	1
绥宁县				5	1	4			
新宁县	1		1	2		2	7	5	2
城步苗族自治县				2		2			
武冈市				2	1	1			
岳阳市	**38**	**26**	**12**	**46**	**19**	**27**	**21**	**9**	**12**
岳阳楼区				18	7	11	12	6	6
云溪区	1		1	1		1	1	1	
君山区	1		1				1	1	
岳阳县	33	25	8	4	3	1	2		2
华容县	2		2	5	2	3			
湘阴县	1	1		10	3	7	2		2
平江县				4	1	3	2		2
汨罗市				2	1	1	1	1	
临湘市				2	2				
常德市	**15**	**5**	**10**	**122**	**71**	**51**	**44**	**20**	**24**
武陵区	3	2	1	3	2	1	19	8	11
鼎城区				22	8	14	4	1	3
安乡县				4	2	2			
汉寿县	5	1	4	13	10	3	3	1	2
澧县	1		1	15	8	7	4	3	1
临澧县	1	1		9	5	4	3		3
桃源县	5	1	4	1	1				
石门县				53	34	19	10	6	4
津市市				2	1	1	1	1	
张家界市	**4**	**1**	**3**	**19**	**7**	**12**	**9**	**7**	**2**
永定区	1	1		15	7	8	7	5	2
武陵源区									
慈利县	3		3	1		1	1	1	
桑植县				3		3	1	1	
益阳市	**11**	**3**	**8**	**60**	**36**	**24**	**11**	**7**	**4**
资阳区				3	1	2	1		1
赫山区	1		1	37	25	12	1		1

10-8 续表 35

单位：人

地区	傈僳族			佤族			畲族		
	小计	男	女	小计	男	女	小计	男	女
南县	3	2	1	7	2	5	5	4	1
桃江县	1	1		2	1	1	1	1	
安化县	5		5	11	7	4	3	2	1
沅江市	1		1						
郴州市	**31**	**7**	**24**	**43**	**16**	**27**	**1153**	**650**	**503**
北湖区	2	1	1	13	4	9	20	7	13
苏仙区	1		1	8	3	5	12	6	6
桂阳县				1	1		2	1	1
宜章县				3	3		5		5
永兴县				3	1	2			
嘉禾县									
临武县				5	2	3	3		3
汝城县	28	6	22	2		2	850	473	377
桂东县							228	145	83
安仁县				6	2	4			
资兴市				2		2	33	18	15
永州市	**4**	**1**	**3**	**191**	**27**	**164**	**47**	**22**	**25**
零陵区	2	1	1	14	4	10	4		4
冷水滩区				21	7	14	6	6	
祁阳县				127	6	121	1	1	
东安县	2		2	9	3	6	2		2
双牌县				2		2	1	1	
道县									
江永县				10	4	6			
宁远县				5	2	3	21	10	11
蓝山县				2		2	12	4	8
新田县									
江华瑶族自治县				1	1				
怀化市	**6**	**2**	**4**	**11**	**6**	**5**	**24**	**7**	**17**
鹤城区				2	2		11	5	6
中方县									
沅陵县	1		1	3	1	2	2		2
辰溪县	2		2	1	1				
溆浦县							2		2
会同县				1	1		2	1	1
麻阳苗族自治县	1	1		1		1	1		1
新晃侗族自治县				2	1	1			
芷江侗族自治县							2		2
靖州苗族侗族自治县							1		1
通道侗族自治县				1		1	1	1	
洪江市	2	1	1				2		2
娄底市	**14**	**3**	**11**	**43**	**25**	**18**	**11**	**6**	**5**
娄星区	1		1	10	8	2	5	2	3
双峰县	1		1	13	5	8	5	4	1
新化县	2		2	5	2	3			
冷水江市									
涟源市	10	3	7	15	10	5	1		1
湘西土家族苗族自治州	**1**	**1**		**19**	**7**	**12**	**22**	**9**	**13**
吉首市							7	4	3
泸溪县				6	3	3	4	2	2
凤凰县							4	2	2
花垣县									
保靖县				5		5			
古丈县				1		1			
永顺县				2	1	1	2	1	1
龙山县	1	1		5	3	2	5		5

10-8　续表 36　　　　单位：人

地　区	傈僳族			佤　族			畲　族		
	小计	男	女	小计	男	女	小计	男	女
广东省	**1693**	**1069**	**624**	**4718**	**2723**	**1995**	**29549**	**16743**	**12806**
广州市	**135**	**82**	**53**	**426**	**239**	**187**	**2246**	**1259**	**987**
荔湾区	3	2	1	11	5	6	99	53	46
越秀区	3	1	2	13	3	10	188	95	93
海珠区	11	6	5	23	5	18	230	116	114
天河区	16	10	6	17	11	6	361	203	158
白云区	27	14	13	118	55	63	409	244	165
黄埔区	3	2	1	22	18	4	83	51	32
番禺区	28	16	12	91	56	35	330	179	151
花都区	6	4	2	39	24	15	65	44	21
南沙区	1	1		55	49	6	21	11	10
萝岗区	32	23	9	3	2	1	51	36	15
增城市	1		1	16	7	9	389	211	178
从化市	4	3	1	18	4	14	20	16	4
韶关市	**23**	**11**	**12**	**3**	**2**	**1**	**6784**	**3983**	**2801**
武江区							74	41	33
浈江区	6	5	1	3	2	1	121	66	55
曲江区	2	1	1				66	36	30
始兴县							2419	1362	1057
仁化县	9		9				314	213	101
翁源县							14	6	8
乳源瑶族自治县							656	369	287
新丰县									
乐昌市	5	5					20	14	6
南雄市	1		1				3100	1876	1224
深圳市	**459**	**289**	**170**	**1277**	**723**	**554**	**2413**	**1332**	**1081**
罗湖区	3	1	2	19	7	12	166	88	78
福田区	15	7	8	44	21	23	310	146	164
南山区	18	12	6	86	48	38	200	110	90
宝安区	219	138	81	590	307	283	985	536	449
龙岗区	199	128	71	497	308	189	672	413	259
盐田区	5	3	2	41	32	9	80	39	41
珠海市	**17**	**10**	**7**	**45**	**23**	**22**	**240**	**136**	**104**
香洲区	12	6	6	26	13	13	188	108	80
斗门区	2	1	1	8	6	2	29	16	13
金湾区	3	3		11	4	7	23	12	11
汕头市	**21**	**12**	**9**	**96**	**45**	**51**	**268**	**142**	**126**
龙湖区	4	3	1	3	2	1	64	33	31
金平区	1		1	4	2	2	89	46	43
濠江区	14	8	6	1		1	8	3	5
潮阳区				30	11	19	25	11	14
潮南区	1		1	46	27	19	22	14	8
澄海区	1	1		12	3	9	60	35	25
南澳县									
佛山市	**116**	**79**	**37**	**219**	**105**	**114**	**680**	**397**	**283**
禅城区	4	2	2	34	17	17	68	41	27
南海区	51	30	21	106	57	49	278	168	110
顺德区	31	20	11	53	22	31	271	152	119
三水区	15	13	2	10	3	7	39	20	19
高明区	15	14	1	16	6	10	24	16	8
江门市	**12**	**11**	**1**	**118**	**72**	**46**	**127**	**82**	**45**
蓬江区	2	1	1	13	6	7	57	38	19
江海区				4	1	3	14	10	4

10-8 续表 37 单位：人

地区	傈僳族			佤族			畲族		
	小计	男	女	小计	男	女	小计	男	女
新会区	4	4		20	9	11	29	16	13
台山市	2	2		6	2	4	6	3	3
开平市				39	33	6	12	7	5
鹤山市	4	4		35	21	14	9	8	1
恩平市				1		1			
湛江市	**11**	**4**	**7**	**75**	**18**	**57**	**23**	**11**	**12**
赤坎区	2	2							
霞山区	1	1		2	1	1	6	3	3
坡头区	3		3	11		11			
麻章区	1	1		9	6	3	3		3
遂溪县							3	1	2
徐闻县	1		1	3		3	4	2	2
廉江市	2		2	5	2	3	5	3	2
雷州市				1	1		1	1	
吴川市	1		1	44	8	36	1	1	
茂名市	**6**	**3**	**3**	**43**	**17**	**26**	**18**	**5**	**13**
茂南区				1	1		5	2	3
茂港区	1		1	12	9	3	2		2
电白县				6	1	5			
高州市	2		2	12	3	9	7	3	4
化州市	2	2		7	1	6			
信宜市	1	1		5	2	3	4		4
肇庆市	**8**	**2**	**6**	**96**	**47**	**49**	**56**	**32**	**24**
端州区	1		1	6	4	2	14	7	7
鼎湖区				14	8	6			
广宁县				18	7	11	3		3
怀集县									
封开县				5	2	3			
德庆县	1		1	8	4	4	2		2
高要市				16	10	6	5	5	
四会市	6	2	4	29	12	17	32	20	12
惠州市	**107**	**76**	**31**	**343**	**226**	**117**	**1638**	**904**	**734**
惠城区	59	41	18	106	62	44	521	296	225
惠阳区	17	14	3	177	125	52	56	31	25
博罗县	25	17	8	50	31	19	470	262	208
惠东县	5	4	1	5	4	1	566	301	265
龙门县	1		1	5	4	1	25	14	11
梅州市				**2**		**2**	**380**	**198**	**182**
梅江区							33	17	16
梅县				2		2	16	8	8
大埔县							1		1
丰顺县							310	167	143
五华县									
平远县							8	2	6
蕉岭县							9	4	5
兴宁市							3		3
汕尾市				**2**		**2**	**194**	**108**	**86**
城区				1		1	2		2
海丰县							192	108	84
陆河县				1		1			
陆丰市									
河源市	**4**	**2**	**2**	**9**	**6**	**3**	**10869**	**6175**	**4694**
源城区	1	1		5	3	2	1762	939	823
紫金县	2		2				14	6	8
龙川县	1	1		1	1		1530	834	696
连平县				3	2	1	1660	990	670
和平县							745	433	312
东源县							5158	2973	2185

10-8　续表 38

单位：人

地　　区	傈僳族			佤　　族			畲　族		
	小计	男	女	小计	男	女	小计	男	女
阳江市	**21**	**2**	**19**	**6**	**4**	**2**	**6**	**2**	**4**
江城区							2		2
阳西县									
阳东县				6	4	2	2	1	1
阳春市	21	2	19				2	1	1
清远市	**15**	**12**	**3**	**67**	**34**	**33**	**78**	**46**	**32**
清城区	7	4	3	20	7	13	37	20	17
佛冈县	2	2		22	17	5	4	2	2
阳山县				2	1	1	3	1	2
连山壮族瑶族自治县							5	5	
连南瑶族自治县							3	2	1
清新县	5	5		4	2	2	8	5	3
英德市	1	1		15	6	9	16	11	5
连州市				4	1	3	2		2
东莞市	**645**	**415**	**230**	**1642**	**1012**	**630**	**1238**	**718**	**520**
中山市	**80**	**53**	**27**	**184**	**112**	**72**	**331**	**193**	**138**
潮州市	**4**	**3**	**1**	**29**	**19**	**10**	**1881**	**976**	**905**
湘桥区				6	4	2	432	212	220
潮安县	4	3	1	21	14	7	1218	644	574
饶平县				2	1	1	231	120	111
揭阳市	**4**	**1**	**3**	**26**	**12**	**14**	**65**	**37**	**28**
榕城区	2	1	1	7	3	4	49	24	25
揭东县	1		1				8	6	2
揭西县				4	3	1			
惠来县				15	6	9			
普宁市	1		1				8	7	1
云浮市	**5**	**2**	**3**	**10**	**7**	**3**	**14**	**7**	**7**
云城区	1	1					8	4	4
新兴县	1		1	5	2	3	1	1	
郁南县	1	1					4	2	2
云安县	1		1	5	5				
罗定市	1		1				1		1
广西壮族自治区	**154**	**63**	**91**	**662**	**304**	**358**	**829**	**496**	**333**
南宁市	**26**	**8**	**18**	**182**	**96**	**86**	**288**	**179**	**109**
兴宁区				20	10	10	29	20	9
青秀区	6	3	3	45	29	16	100	58	42
江南区	5	2	3	19	8	11	24	17	7
西乡塘区	4		4	40	22	18	99	60	39
良庆区	1		1	5	3	2	9	7	2
邕宁区				1		1	1		1
武鸣县				1	1		8	7	1
隆安县	2		2				1	1	
马山县	4	1	3	6	3	3	1		1
上林县	1		1	6	2	4			
宾阳县	2	1	1	32	14	18	12	7	5
横县	1	1		7	4	3	4	2	2

10-8 续表 39

单位：人

地区	傈僳族			佤族			畲族		
	小计	男	女	小计	男	女	小计	男	女
柳州市	**32**	**14**	**18**	**59**	**33**	**26**	**186**	**115**	**71**
城中区	3	2	1	26	21	5	17	8	9
鱼峰区	11	5	6	1		1	14	7	7
柳南区	4		4				41	26	15
柳北区	1		1	2	1	1	22	17	5
柳江县							27	17	10
柳城县	5	3	2	17	7	10	22	8	14
鹿寨县	4	2	2	9	3	6	21	19	2
融安县				3	1	2	12	8	4
融水苗族自治县	2	1	1	1		1	9	5	4
三江侗族自治县	2	1	1				1		1
桂林市	**28**	**12**	**16**	**207**	**93**	**114**	**83**	**53**	**30**
秀峰区				5	3	2	5	3	2
叠彩区				3	1	2	3	1	2
象山区	1	1		6	4	2	20	12	8
七星区				4	1	3	25	16	9
雁山区	1	1		3		3	7	4	3
阳朔县				67	42	25			
临桂县	4	2	2	12	1	11			
灵川县	1	1		2	1	1	8	8	
全州县	3		3						
兴安县	2	2		23	11	12			
永福县	4	1	3	5		5	1		1
灌阳县	6	2	4	9	1	8			
龙胜各族自治县				38	17	21	1		1
资源县	1	1		16	6	10			
平乐县	2	1	1	6	3	3	1	1	
荔浦县	2		2	3	2	1	9	5	4
恭城瑶族自治县	1		1	5		5	3	3	
梧州市	**4**	**1**	**3**	**4**	**1**	**3**	**13**	**4**	**9**
万秀区	2		2				1		1
蝶山区							2		2
长洲区							6	2	4
苍梧县							4	2	2
藤县	2	1	1						
蒙山县				4	1	3			
岑溪市									
北海市	**9**	**6**	**3**	**19**	**14**	**5**	**35**	**27**	**8**
海城区	3	2	1	4	3	1	3	3	
银海区	3	3		14	10	4	22	17	5
铁山港区	2	1	1	1	1				
合浦县	1		1				10	7	3
防城港市	**8**	**5**	**3**	**17**	**4**	**13**	**13**	**9**	**4**
港口区	4	3	1	3		3	6	6	
防城区	2		2	5	1	4	4	1	3
上思县							1		1
东兴市	2	2		9	3	6	2	2	
钦州市	**3**	**1**	**2**	**4**	**1**	**3**	**19**	**9**	**10**
钦南区	2	1	1	2	1	1	16	7	9
钦北区				1		1	2	2	
灵山县				1		1	1		1
浦北县	1		1						
贵港市	**7**	**3**	**4**	**30**	**15**	**15**	**30**	**21**	**9**
港北区	3	3		3	1	2	25	17	8
港南区	3		3	9	4	5			
覃塘区									
平南县				12	7	5	5	4	1
桂平市	1		1	6	3	3			

10-8 续表 40　　　　单位：人

地　区	傈僳族			佤族			畲族		
	小计	男	女	小计	男	女	小计	男	女
玉林市	**4**	**1**	**3**	**52**	**10**	**42**	**21**	**8**	**13**
玉州区				5	2	3	13	5	8
容县	1		1	11		11	5	3	2
陆川县	1	1		8	6	2	1		1
博白县				6	1	5	1		1
兴业县				3	1	2			
北流市	2		2	19		19	1		1
百色市	**1**		**1**	**5**	**1**	**4**	**20**	**9**	**11**
右江区							5	3	2
田阳县									
田东县				1		1	7	4	3
平果县							1		1
德保县							3	1	2
靖西县				1	1		2		2
那坡县							1		1
凌云县									
乐业县									
田林县	1		1						
西林县									
隆林各族自治县				3		3	1	1	
贺州市	**7**	**3**	**4**	**21**	**7**	**14**	**34**	**19**	**15**
八步区	1		1	9	2	7	17	10	7
平桂管理区	2		2	10	5	5	1	1	
昭平县	1		1				4	2	2
钟山县	3	3		1		1	12	6	6
富川瑶族自治县				1		1			
河池市	**15**	**4**	**11**	**48**	**24**	**24**	**40**	**18**	**22**
金城江区	2	1	1	8	3	5	11	4	7
南丹县				5	4	1	9	4	5
天峨县				1	1		2		2
凤山县	1		1	1	1		2	2	
东兰县				1		1			
罗城仫佬族自治县				15	8	7	2		2
环江毛南族自治县	6		6	4	1	3	1		1
巴马瑶族自治县							1		1
都安瑶族自治县				3	2	1	3	2	1
大化瑶族自治县	2	1	1	2	1	1	3	3	
宜州市	4	2	2	8	3	5	6	3	3
来宾市	**5**	**3**	**2**	**6**	**3**	**3**	**24**	**10**	**14**
兴宾区	3	2	1				21	8	13
忻城县	1	1		5	3	2			
象州县	1		1				1		1
武宣县									
金秀瑶族自治县				1		1			
合山市							2	2	
崇左市	**5**	**2**	**3**	**8**	**2**	**6**	**23**	**15**	**8**
江州区	1		1	2	1	1	13	6	7
扶绥县	2	1	1	2		2	1	1	
宁明县				2	1	1			
龙州县	1		1	1		1	1		1
大新县									
天等县									
凭祥市	1	1		1		1	8	8	

10-8 续表 41

单位：人

地区	傈僳族			佤族			畲族		
	小计	男	女	小计	男	女	小计	男	女
海南省	**20**	**13**	**7**	**154**	**85**	**69**	**403**	**227**	**176**
海口市	**6**	**3**	**3**	**42**	**22**	**20**	**101**	**54**	**47**
秀英区				2	2		8	8	
龙华区	3	1	2	19	15	4	23	12	11
琼山区	2	1	1	3		3	23	11	12
美兰区	1	1		18	5	13	47	23	24
三亚市	**3**	**2**	**1**	**49**	**27**	**22**	**130**	**80**	**50**
省直辖县级行政区划	**11**	**8**	**3**	**63**	**36**	**27**	**172**	**93**	**79**
五指山市							16	8	8
琼海市				5	2	3	16	11	5
儋州市	3	2	1	6	1	5	15	11	4
文昌市				20	14	6	3	1	2
万宁市				11	9	2	4		4
东方市							15	9	6
定安县							3		3
屯昌县	1	1					1	1	
澄迈县							26	13	13
临高县									
白沙黎族自治县	3	1	2				23	12	11
昌江黎族自治县				1	1		6	2	4
乐东黎族自治县									
陵水黎族自治县				1	1		9	6	3
保亭黎族苗族自治县				19	8	11	24	13	11
琼中黎族苗族自治县	4	4					11	6	5
西沙群岛									
重庆市	**328**	**117**	**211**	**577**	**112**	**465**	**252**	**146**	**106**
市辖区	**241**	**97**	**144**	**399**	**76**	**323**	**232**	**134**	**98**
万州区	6	1	5	4		4	9	7	2
涪陵区	7	1	6	2		2	5	3	2
渝中区	3	1	2	3	1	2	4	2	2
大渡口区							2		2
江北区	4	3	1	1		1	6	3	3
沙坪坝区	19	12	7	5	3	2	41	28	13
九龙坡区	10	5	5	21	14	7	23	20	3
南岸区	15	8	7	6	2	4	19	7	12
北碚区	18	10	8	9	2	7	19	10	9
万盛区	3		3				2	1	1
双桥区	1	1							
渝北区	14	8	6	7	1	6	19	12	7
巴南区	8	6	2	9	3	6			
黔江区	1		1				2	2	
长寿区				8	3	5			
江津区	18	4	14	14		14	17	8	9
合川区	69	26	43	259	32	227	57	29	28
永川区	45	11	34	48	14	34	7	2	5
南川区				3	1	2			
市辖县	**87**	**20**	**67**	**178**	**36**	**142**	**20**	**12**	**8**
綦江县	13	3	10	10	1	9	1	1	
潼南县	14	3	11	19	2	17			
铜梁县	6	2	4	58	9	49			

10-8　续表 42

单位：人

地　区	傈僳族			佤　族			畲　族		
	小计	男	女	小计	男	女	小计	男	女
大足县	14	2	12	7	2	5			
荣昌县	12	2	10	37	8	29	6	5	1
璧山县	18	6	12	8	2	6	6	4	2
梁平县	1		1	4	2	2	1		1
城口县				1		1			
丰都县	1		1	1		1	1		1
垫江县	1		1	5	1	4			
武隆县	1		1	2	1	1	1		1
忠县				1		1			
开县				5	3	2			
云阳县	1		1						
奉节县				9	4	5			
巫山县	1	1		1	1				
巫溪县				1		1	1		1
石柱土家族自治县							1	1	
秀山土家族苗族自治县	1	1		1		1	1		1
酉阳土家族苗族自治县	3		3	6		6	1	1	
彭水苗族土家族自治县				2		2			
四川省	**21082**	**10381**	**10701**	**1334**	**343**	**991**	**447**	**265**	**182**
成都市	**245**	**98**	**147**	**190**	**79**	**111**	**272**	**166**	**106**
锦江区	14	10	4	5	2	3	10	4	6
青羊区	10	2	8	13	3	10	21	12	9
金牛区	20	11	9	35	16	19	27	13	14
武侯区	32	18	14	30	19	11	84	63	21
成华区	7	5	2	7	5	2	7	4	3
龙泉驿区	18	10	8	8	3	5	10	3	7
青白江区	3		3	5	2	3			
新都区	5	3	2	7		7	4	3	1
温江区	4	2	2	7	1	6	9	6	3
金堂县	11	2	9	7	3	4	1		1
双流县	27	14	13	6	5	1	59	29	30
郫县	16	5	11	11	3	8	36	27	9
大邑县	3	1	2	5		5			
蒲江县	36	1	35	4	2	2			
新津县	5	1	4	1		1			
都江堰市	7	4	3	10	3	7	2	2	
彭州市	14	5	9	12	6	6			
邛崃市	6	1	5	8	1	7			
崇州市	7	3	4	9	5	4	2		2
自贡市	**75**	**6**	**69**	**48**	**13**	**35**	**3**		**3**
自流井区	1		1	2	1	1			
贡井区	1		1	1	1				
大安区	8		8	5		5			
沿滩区	6		6	1		1			
荣县	26	3	23	14	4	10	3		3
富顺县	33	3	30	25	7	18			
攀枝花市	**10170**	**5158**	**5012**	**17**	**5**	**12**	**11**	**8**	**3**
东区	196	90	106	6		6	5	4	1
西区	551	267	284						
仁和区	1651	835	816	4	1	3	2	2	
米易县	2033	1038	995				4	2	2
盐边县	5739	2928	2811	7	4	3			

10-8 续表 43

单位：人

地区	傈僳族			佤族			畲族		
	小计	男	女	小计	男	女	小计	男	女
泸州市	**58**	**11**	**47**	**88**	**20**	**68**	**4**	**2**	**2**
江阳区	8	2	6	17	3	14			
纳溪区									
龙马潭区	3		3	8	2	6	1	1	
泸县	21	4	17	14	2	12	1		1
合江县	22	4	18	36	9	27	2	1	1
叙永县	1		1	3		3			
古蔺县	3	1	2	10	4	6			
德阳市	**21**	**10**	**11**	**61**	**18**	**43**	**9**	**5**	**4**
旌阳区	13	6	7	8	3	5	2	1	1
中江县	1		1	47	13	34			
罗江县									
广汉市	2	2		3	1	2	6	4	2
什邡市	5	2	3	3	1	2	1		1
绵竹市									
绵阳市	**43**	**4**	**39**	**54**	**22**	**32**	**26**	**14**	**12**
涪城区	5	2	3	13	5	8	11	7	4
游仙区	1		1	1	1		5	3	2
三台县	1		1	10	3	7	2	1	1
盐亭县				2	1	1	1		1
安县	22	1	21	9	3	6	4	1	3
梓潼县				2	1	1			
北川羌族自治县	10		10	5	2	3	1		1
平武县				2	1	1	2	2	
江油市	4	1	3	10	5	5			
广元市	**21**	**14**	**7**	**10**	**7**	**3**	**4**	**2**	**2**
利州区	1	1		7	4	3	3	1	2
元坝区	6	5	1						
朝天区	1	1		1	1				
旺苍县	5	5		2	2		1	1	
青川县	2	1	1						
剑阁县	5	1	4						
苍溪县	1		1						
遂宁市	**29**		**29**	**253**	**30**	**223**	**1**		**1**
船山区	4		4	32	1	31			
安居区	10		10	57		57			
蓬溪县	3		3	31	4	27			
射洪县	8		8	3		3			
大英县	4		4	130	25	105	1		1
内江市	**80**	**14**	**66**	**118**	**26**	**92**	**3**		**3**
市中区	6	2	4	8	3	5	1		1
东兴区	5		5	5		5	1		1
威远县	19	3	16	7	1	6			
资中县	16	1	15	38	5	33			
隆昌县	34	8	26	60	17	43	1		1
乐山市	**51**	**18**	**33**	**38**	**8**	**30**	**9**	**7**	**2**
市中区	6	4	2	15	4	11	3	2	1
沙湾区	2	1	1	3		3	2	2	
五通桥区	1		1	7	1	6			
金口河区	1		1	2	2				
犍为县	1		1						
井研县	3		3	3		3			
夹江县				1		1	1	1	
沐川县	3		3	4		4			
峨边彝族自治县	6	2	4						
马边彝族自治县	16	7	9	3	1	2			
峨眉山市	12	4	8				3	2	1

10-8　续表 44　　　　　　　　　　　　　　　　　　　　　　　　　　单位：人

地　区	傈僳族			佤　族			畲　族		
	小计	男	女	小计	男	女	小计	男	女
南充市	**40**	**6**	**34**	**71**	**18**	**53**	**13**	**10**	**3**
顺庆区	5	3	2	25	3	22	9	7	2
高坪区	2		2	7	3	4			
嘉陵区	13	1	12	11	1	10			
南部县	13		13	4		4	2	2	
营山县	1		1	3		3			
蓬安县	2		2						
仪陇县	3	1	2	4		4	1		1
西充县									
阆中市	1	1		17	11	6	1	1	
眉山市	**178**	**12**	**166**	**148**	**21**	**127**	**1**	**1**	
东坡区	7		7	22	5	17			
仁寿县	146	10	136	110	8	102			
彭山县	1	1		6	4	2			
洪雅县	14		14	4	2	2			
丹棱县	1		1	1	1		1	1	
青神县	9	1	8	5	1	4			
宜宾市	**19**	**6**	**13**	**27**	**11**	**16**	**8**	**4**	**4**
翠屏区	7	2	5	5	4	1	4	2	2
宜宾县	3		3	1	1		2	1	1
南溪县				2		2			
江安县									
长宁县									
高县	1		1	12	5	7	1		1
珙县	1	1		1	1		1	1	
筠连县	2	1	1	2		2			
兴文县	1		1						
屏山县	4	2	2	4		4			
广安市	**38**	**3**	**35**	**57**	**8**	**49**	**5**	**2**	**3**
广安区	9	2	7	42	6	36	3	1	2
岳池县	7		7	8	1	7	1		1
武胜县	20	1	19	4		4	1	1	
邻水县				1		1			
华蓥市	2		2	2	1	1			
达州市	**7**	**1**	**6**	**9**	**2**	**7**	**3**		**3**
通川区	1	1							
达县	1		1				1		1
宣汉县	2		2						
开江县	1		1	8	2	6	1		1
大竹县	1		1						
渠县				1		1	1		1
万源市	1		1						
雅安市	**44**	**6**	**38**	**34**	**17**	**17**	**12**	**8**	**4**
雨城区	4	1	3	4		4	7	6	1
名山县	14	1	13	6	1	5	1	1	
荥经县									
汉源县	3		3	2	1	1	2	1	1
石棉县				2	1	1			
天全县				11	8	3	1		1
芦山县				8	6	2	1		1
宝兴县	23	4	19	1		1			

10-8 续表 45

单位：人

地区	傈僳族			佤族			畲族		
	小计	男	女	小计	男	女	小计	男	女
巴中市				**1**		**1**			
巴州区				1		1			
通江县									
南江县									
平昌县									
资阳市	**89**	**9**	**80**	**55**	**6**	**49**			
雁江区	38	3	35	2	1	1			
安岳县	10		10	35	2	33			
乐至县	9	1	8	14	2	12			
简阳市	32	5	27	4	1	3			
阿坝藏族羌族自治州	**4**	**2**	**2**	**17**	**10**	**7**	**10**	**10**	
汶川县	1		1	4	2	2			
理县									
茂县				3	1	2	1	1	
松潘县									
九寨沟县	1	1					3	3	
金川县									
小金县									
黑水县									
马尔康县	1		1	4	4		4	4	
壤塘县									
阿坝县	1	1		6	3	3	2	2	
若尔盖县									
红原县									
甘孜藏族自治州	**15**	**9**	**6**	**9**	**8**	**1**	**4**	**3**	**1**
康定县	4	3	1	1	1		1	1	
泸定县									
丹巴县	2	1	1						
九龙县	3	1	2						
雅江县				3	3		1	1	
道孚县									
炉霍县	1	1							
甘孜县							1	1	
新龙县									
德格县									
白玉县									
石渠县									
色达县									
理塘县	1	1		3	2	1			
巴塘县									
乡城县				2	2				
稻城县	1		1				1		1
得荣县	3	2	1						
凉山彝族自治州	**9855**	**4994**	**4861**	**29**	**14**	**15**	**49**	**23**	**26**
西昌市	83	36	47	4	4		4	2	2
木里藏族自治县	135	81	54				1	1	
盐源县	368	185	183	3	2	1	3	3	
德昌县	6335	3246	3089	4	2	2			
会理县	660	267	393	7	4	3	2	2	
会东县	2250	1170	1080	4		4			
宁南县	2	1	1				3		3
普格县	3		3						
布拖县							4	2	2
金阳县	1	1					5	1	4
昭觉县									

10-8　续表 46　　　　单位：人

地　区	傈僳族			佤　族			畲　族		
	小计	男	女	小计	男	女	小计	男	女
喜德县	2	2		1		1	2	1	1
冕宁县	3		3				1	1	
越西县	2	1	1	3	2	1	18	7	11
甘洛县							5	2	3
美姑县	3	1	2						
雷波县	8	3	5	3		3	1	1	
贵州省	**337**	**150**	**187**	**831**	**345**	**486**	**36558**	**19096**	**17462**
贵阳市	**84**	**43**	**41**	**82**	**35**	**47**	**511**	**262**	**249**
南明区	21	11	10	22	8	14	113	63	50
云岩区	16	7	9	29	13	16	173	85	88
花溪区	10	7	3	10	5	5	86	38	48
乌当区	14	5	9	3	1	2	64	34	30
白云区	8	4	4	6	3	3	35	21	14
小河区	10	7	3	2	1	1	10	6	4
开阳县	2	1	1	2	1	1	5	2	3
息烽县				1	1		4	1	3
修文县	1		1	3	1	2	6	4	2
清镇市	2	1	1	4	1	3	15	8	7
六盘水市	**55**	**27**	**28**	**42**	**21**	**21**	**40**	**26**	**14**
钟山区	21	10	11	11	5	6	18	15	3
六枝特区	8	3	5	5	4	1	8	4	4
水城县	2		2	7	3	4	3	2	1
盘县	24	14	10	19	9	10	11	5	6
遵义市	**34**	**11**	**23**	**60**	**27**	**33**	**99**	**45**	**54**
红花岗区	7	2	5	4	1	3	28	15	13
汇川区	4	2	2	5	4	1	26	14	12
遵义县	5	1	4	10	4	6	14	8	6
桐梓县	2	1	1	16	9	7	9	3	6
绥阳县									
正安县	1	1					3	1	2
道真仡佬族苗族自治县	2		2	2		2			
务川仡佬族苗族自治县	1		1	2	1	1			
凤冈县	7	2	5	7	2	5	5	1	4
湄潭县				5	2	3	6	3	3
余庆县	2	1	1	1		1	2		2
习水县	3	1	2	3	2	1	4		4
赤水市				1		1	1		1
仁怀市				4	2	2	1		1
安顺市	**17**	**7**	**10**	**59**	**26**	**33**	**58**	**31**	**27**
西秀区	7	4	3	15	7	8	26	15	11
平坝县	3	1	2	6	6		8	1	7
普定县	2		2	7	2	5	4	3	1
镇宁布依族苗族自治县	1		1	4		4	4	1	3
关岭布依族苗族自治县	1	1		25	10	15	7	5	2
紫云苗族布依族自治县	3	1	2	2	1	1	9	6	3
铜仁地区	**14**	**8**	**6**	**272**	**107**	**165**	**168**	**115**	**53**
铜仁市	1	1		104	48	56	156	108	48
江口县	2	1	1	7	4	3	5	5	
玉屏侗族自治县							2	1	1
石阡县	3	1	2	124	42	82	2		2
思南县	1	1		3	2	1			
印江土家族苗族自治县				1		1			
德江县	7	4	3						
沿河土家族自治县				1		1			
松桃苗族自治县				17	6	11	2	1	1
万山特区				15	5	10	1		1

10-8 续表 47

单位：人

地区	傈僳族			佤族			畲族		
	小计	男	女	小计	男	女	小计	男	女
黔西南布依族苗族自治州	**26**	**8**	**18**	**58**	**28**	**30**	**49**	**31**	**18**
兴义市	12	5	7	17	12	5	24	14	10
兴仁县	7	2	5	23	10	13	6	3	3
普安县	1		1	5	1	4	2	2	
晴隆县	2		2	6	2	4	2	2	
贞丰县				3	1	2	5	4	1
望谟县				2		2	1		1
册亨县							8	5	3
安龙县	4	1	3	2	2		1	1	
毕节地区	**50**	**22**	**28**	**99**	**41**	**58**	**107**	**64**	**43**
毕节市	5	4	1	46	20	26	11	5	6
大方县	1		1	4	2	2	7	4	3
黔西县	4	1	3	6	2	4	17	9	8
金沙县	5	4	1	7	4	3	10	7	3
织金县	13	5	8	6	2	4	39	25	14
纳雍县	14	4	10	15	6	9	12	6	6
威宁彝族回族苗族自治县	3	1	2	10	4	6	5	3	2
赫章县	5	3	2	5	1	4	6	5	1
黔东南苗族侗族自治州	**30**	**12**	**18**	**119**	**53**	**66**	**31397**	**16477**	**14920**
凯里市	14	6	8	32	14	18	2097	1121	976
黄平县							13	9	4
施秉县	1	1		1		1	8	3	5
三穗县	4	1	3	2		2			
镇远县	4	2	2	39	28	11	15	6	9
岑巩县				18	5	13	5	3	2
天柱县				5	1	4	10	2	8
锦屏县				4		4	4	2	2
剑河县				9	2	7	7	3	4
台江县							3	2	1
黎平县							26	15	11
榕江县	1		1	2		2	25	11	14
从江县	2	1	1	6	3	3	24	15	9
雷山县				1		1	13	7	6
麻江县	3	1	2				29093	15259	13834
丹寨县	1		1				54	19	35
黔南布依族苗族自治州	**27**	**12**	**15**	**40**	**7**	**33**	**4129**	**2045**	**2084**
都匀市	7	4	3	20	5	15	1499	718	781
福泉市	4	2	2	4		4	2440	1238	1202
荔波县				1		1	18	13	5
贵定县	3		3	6	2	4	76	29	47
瓮安县	4	1	3	3		3	26	13	13
独山县	4	2	2				24	13	11
平塘县	2	1	1	2		2	9	3	6
罗甸县	1		1				3	1	2
长顺县							1	1	
龙里县							14	7	7
惠水县	2	2					9	4	5
三都水族自治县				4		4	10	5	5

10-8　续表 48

单位：人

地　区	傈僳族			佤族			畲　族		
	小计	男	女	小计	男	女	小计	男	女
云南省	**668336**	**340729**	**327607**	**400814**	**204648**	**196166**	**848**	**552**	**296**
昆明市	**19756**	**10131**	**9625**	**2657**	**1324**	**1333**	**243**	**152**	**91**
五华区	1657	884	773	667	325	342	54	35	19
盘龙区	1017	524	493	540	276	264	44	29	15
官渡区	1107	631	476	353	177	176	42	23	19
西山区	985	475	510	368	178	190	34	21	13
东川区	90	48	42	13	2	11	12	7	5
呈贡县	700	391	309	217	103	114	15	10	5
晋宁县	116	51	65	77	14	63	2		2
富民县	178	59	119	8	2	6			
宜良县	116	56	60	96	48	48	10	8	2
石林彝族自治县	35	11	24	21	11	10	14	7	7
嵩明县	173	112	61	86	72	14	2	1	1
禄劝彝族苗族自治县	12715	6405	6310	19	5	14	1		1
寻甸回族彝族自治县	37	10	27	36	12	24	9	8	1
安宁市	830	474	356	156	99	57	4	3	1
曲靖市	**533**	**279**	**254**	**339**	**159**	**180**	**44**	**32**	**12**
麒麟区	176	84	92	87	33	54	10	6	4
马龙县	16	9	7	13	2	11			
陆良县	19	11	8	6	2	4	3	2	1
师宗县	4		4	6	1	5	2	2	
罗平县	17	8	9	21	9	12	2	1	1
富源县	60	36	24	53	35	18	20	17	3
会泽县	65	21	44	29	8	21	1		1
沾益县	109	91	18	47	42	5	2	1	1
宣威市	67	19	48	77	27	50	4	3	1
玉溪市	**371**	**183**	**188**	**314**	**147**	**167**	**72**	**54**	**18**
红塔区	171	71	100	112	48	64	16	11	5
江川县	21	12	9	14	5	9	2	2	
澄江县	23	12	11	33	6	27	4	4	
通海县	26	14	12	32	8	24	6	2	4
华宁县	19	10	9	14	4	10			
易门县	15	10	5	4	1	3	2	2	
峨山彝族自治县	13	7	6	8	4	4	2	1	1
新平彝族傣族自治县	68	40	28	19	6	13	38	31	7
元江哈尼族彝族傣族自治县	15	7	8	78	65	13	2	1	1
保山市	**34423**	**16975**	**17448**	**4833**	**2574**	**2259**	**31**	**22**	**9**
隆阳区	12728	6176	6552	498	277	221	10	9	1
施甸县	294	114	180	1363	758	605	2	2	
腾冲县	14911	7267	7644	2670	1399	1271	11	8	3
龙陵县	6025	3178	2847	54	22	32	8	3	5
昌宁县	465	240	225	248	118	130			
昭通市	**149**	**54**	**95**	**76**	**16**	**60**	**7**	**5**	**2**
昭阳区	49	28	21	15	6	9	3	1	2
鲁甸县	5	1	4	3		3	1	1	
巧家县	18	4	14	16	5	11			
盐津县	14	4	10	4		4			
大关县	5	1	4	6		6			
永善县	13	5	8	14	2	12			
绥江县	12	2	10	5		5			
镇雄县	8	5	3	3	2	1	2	2	
彝良县	7	1	6	5		5	1	1	
威信县	1		1	1		1			
水富县	17	3	14	4	1	3			

10-8 续表 49　　　　单位：人

地区	傈僳族			佤族			畲族		
	小计	男	女	小计	男	女	小计	男	女
丽江市	**115730**	**58547**	**57183**	**118**	**59**	**59**	**36**	**17**	**19**
古城区	2574	1344	1230	33	22	11	28	13	15
玉龙纳西族自治县	25811	13059	12752	10	5	5			
永胜县	51343	25854	25489	58	24	34	1		1
华坪县	27699	14077	13622	16	7	9	7	4	3
宁蒗彝族自治县	8303	4213	4090	1	1				
普洱市	**3946**	**2132**	**1814**	**150164**	**76613**	**73551**	**93**	**49**	**44**
思茅区	3183	1740	1443	3007	1611	1396	7	3	4
宁洱哈尼族彝族自治县	196	103	93	361	152	209			
墨江哈尼族自治县	27	9	18	121	40	81			
景东彝族自治县	102	46	56	114	37	77	3		3
景谷傣族彝族自治县	28	15	13	254	91	163	1		1
镇沅彝族哈尼族拉祜族自治县	37	17	20	107	33	74	76	42	34
江城哈尼族彝族自治县	32	15	17	105	55	50			
孟连傣族拉祜族佤族自治县	300	162	138	27525	13899	13626			
澜沧拉祜族自治县	21	13	8	55672	28554	27118	3	2	1
西盟佤族自治县	20	12	8	62898	32141	30757	3	2	1
临沧市	**9237**	**4910**	**4327**	**235165**	**120378**	**114787**	**80**	**49**	**31**
临翔区	222	104	118	2154	930	1224	7	7	
凤庆县	619	336	283	965	499	466	1		1
云县	1213	700	513	1023	564	459	56	29	27
永德县	1285	720	565	20264	10561	9703	1	1	
镇康县	2951	1565	1386	9212	4877	4335	7	5	2
双江拉祜族佤族布朗族傣族自治县	16	12	4	12945	6560	6385			
耿马傣族佤族自治县	2876	1446	1430	45782	23286	22496	5	4	1
沧源佤族自治县	55	27	28	142820	73101	69719	3	3	
楚雄彝族自治州	**53114**	**26404**	**26710**	**237**	**107**	**130**	**19**	**16**	**3**
楚雄市	893	483	410	91	47	44	10	9	1
双柏县	40	23	17	5		5	2	1	1
牟定县	60	16	44	14	4	10			
南华县	123	60	63	9	5	4	1	1	
姚安县	75	27	48	22	8	14			
大姚县	2382	1174	1208	14	8	6			
永仁县	136	55	81	6	3	3	3	2	1
元谋县	17466	8700	8766	23	8	15			
武定县	29421	14620	14801	16	8	8	2	2	
禄丰县	2518	1246	1272	37	16	21	1	1	
红河哈尼族彝族自治州	**301**	**148**	**153**	**269**	**122**	**147**	**35**	**25**	**10**
个旧市	44	23	21	27	13	14	9	5	4
开远市	50	29	21	40	21	19	8	5	3
蒙自市	79	40	39	48	31	17	9	8	1
屏边苗族自治县	9	4	5	5	1	4	4	3	1
建水县	31	16	15	16	10	6	1	1	
石屏县	9	4	5	23	8	15			
弥勒县	24	9	15	10	4	6			
泸西县	19	7	12	74	21	53			
元阳县	5		5	2	1	1			
红河县	2	1	1	3	1	2			
金平苗族瑶族傣族自治县	4	2	2	11	3	8			
绿春县	4	1	3	1		1			
河口瑶族自治县	21	12	9	9	8	1	4	3	1
文山壮族苗族自治州	**165**	**72**	**93**	**106**	**38**	**68**	**36**	**25**	**11**
文山县	62	32	30	35	16	19	14	9	5
砚山县	12	5	7	7	4	3	2	1	1
西畴县	5	1	4	6		6	2	1	1
麻栗坡县	38	17	21	7	4	3			

10-8　续表 50

单位：人

地　区	傈僳族			佤　族			畲　族		
	小计	男	女	小计	男	女	小计	男	女
马关县	17	5	12	16	5	11	12	8	4
丘北县	13	6	7	16	2	14	4	4	
广南县	11	1	10	16	6	10	2	2	
富宁县	7	5	2	3	1	2			
西双版纳傣族自治州	**361**	**198**	**163**	**4531**	**2215**	**2316**	**34**	**26**	**8**
景洪市	238	131	107	1668	759	909	13	10	3
勐海县	59	27	32	1748	912	836	13	9	4
勐腊县	64	40	24	1115	544	571	8	7	1
大理白族自治州	**34190**	**17070**	**17120**	**718**	**237**	**481**	**46**	**23**	**23**
大理市	1247	559	688	195	70	125	19	8	11
漾濞彝族自治县	2951	1458	1493	3	2	1	1		1
祥云县	1252	606	646	85	17	68	6	4	2
宾川县	6592	3272	3320	32	6	26	2	2	
弥渡县	221	86	135	169	36	133	1		1
南涧彝族自治县	307	154	153	88	29	59			
巍山彝族回族自治县	534	259	275	17	6	11			
永平县	3126	1523	1603	30	17	13	1	1	
云龙县	10070	5327	4743	11	5	6	13	6	7
洱源县	1077	498	579	1		1			
剑川县	2171	1037	1134	7	2	5			
鹤庆县	4642	2291	2351	80	47	33	3	2	1
德宏傣族景颇族自治州	**31530**	**15924**	**15606**	**1203**	**605**	**598**	**39**	**27**	**12**
瑞丽市	837	435	402	92	48	44	24	16	8
潞西市	3781	1988	1793	137	60	77	5	3	2
梁河县	1406	659	747	824	426	398	3	2	1
盈江县	20182	10244	9938	94	43	51	6	6	
陇川县	5324	2598	2726	56	28	28	1		1
怒江傈僳族自治州	**257620**	**132446**	**125174**	**45**	**30**	**15**	**10**	**9**	**1**
泸水县	102439	52467	49972	19	14	5	9	8	1
福贡县	71363	36033	35330	5	3	2			
贡山独龙族怒族自治县	18353	9557	8796	8	4	4			
兰坪白族普米族自治县	65465	34389	31076	13	9	4	1	1	
迪庆藏族自治州	**106910**	**55256**	**51654**	**39**	**24**	**15**	**23**	**21**	**2**
香格里拉县	12289	6355	5934	15	9	6	1	1	
德钦县	8696	4474	4222	2		2			
维西傈僳族自治县	85925	44427	41498	22	15	7	22	20	2
西藏自治区	**25**	**10**	**15**	**43**	**30**	**13**	**8**	**8**	
拉萨市	**13**	**5**	**8**	**7**	**7**		**6**	**6**	
城关区	11	5	6	4	4		6	6	
林周县									
当雄县				1	1				
尼木县				1	1				
曲水县									
堆龙德庆县	1		1						
达孜县				1	1				
墨竹工卡县	1		1						
昌都地区	**4**	**3**	**1**	**16**	**10**	**6**			
昌都县				5	3	2			
江达县									
贡觉县									
类乌齐县									
丁青县				11	7	4			
察雅县									

10-8 续表 51

单位：人

地区	傈僳族			佤族			畲族		
	小计	男	女	小计	男	女	小计	男	女
八宿县	2	1	1						
左贡县									
芒康县	2	2							
洛隆县									
边坝县									
山南地区				**3**	**2**	**1**	**1**	**1**	
乃东县				1	1				
扎囊县									
贡嘎县									
桑日县									
琼结县							1	1	
曲松县									
措美县				1		1			
洛扎县									
加查县									
隆子县									
错那县									
浪卡子县				1	1				
日喀则地区	**1**		**1**	**11**	**6**	**5**			
日喀则市									
南木林县									
江孜县				2	1	1			
定日县									
萨迦县									
拉孜县				1		1			
昂仁县				1	1				
谢通门县				1	1				
白朗县				1		1			
仁布县									
康马县									
定结县									
仲巴县									
亚东县	1		1	1	1				
吉隆县				1		1			
聂拉木县				2	2				
萨嘎县									
岗巴县				1		1			
那曲地区				**4**	**3**	**1**	**1**	**1**	
那曲县				1	1		1	1	
嘉黎县									
比如县				1	1				
聂荣县									
安多县									
申扎县									
索县									
班戈县									
巴青县									
尼玛县				2	1	1			
阿里地区				**1**	**1**				
普兰县									
札达县									
噶尔县				1	1				
日土县									
革吉县									
改则县									
措勤县									

10-8　续表 52　　　　单位：人

地　区	傈僳族			佤　族			畲　族		
	小计	男	女	小计	男	女	小计	男	女
林芝地区	**7**	**2**	**5**	**1**	**1**				
林芝县									
工布江达县									
米林县									
墨脱县									
波密县				1	1				
察隅县	7	2	5						
朗县									
陕西省	**32**	**15**	**17**	**160**	**86**	**74**	**212**	**132**	**80**
西安市	**21**	**10**	**11**	**31**	**16**	**15**	**153**	**95**	**58**
新城区				1	1		26	11	15
碑林区	3	3		1		1	23	18	5
莲湖区	1		1				11	6	5
灞桥区	1	1					9	4	5
未央区	6	5	1	7	7		34	24	10
雁塔区	3		3	13	4	9	28	17	11
阎良区							1	1	
临潼区	4		4	2	1	1	4	3	1
长安区	3	1	2	6	3	3	13	8	5
蓝田县							3	2	1
周至县									
户县				1		1	1	1	
高陵县									
铜川市				**2**		**2**	**2**	**2**	
王益区									
印台区				1		1	2	2	
耀州区				1		1			
宜君县									
宝鸡市	**1**		**1**	**6**	**4**	**2**	**8**	**6**	**2**
渭滨区							5	4	1
金台区							2	1	1
陈仓区	1		1						
凤翔县									
岐山县									
扶风县									
眉县							1	1	
陇县									
千阳县				2		2			
麟游县									
凤县									
太白县				4	4				
咸阳市	**3**	**2**	**1**	**15**	**8**	**7**	**10**	**6**	**4**
秦都区									
杨陵区	3	2	1	11	7	4	6	4	2
渭城区				2		2			
三原县									
泾阳县									
乾县							4	2	2
礼泉县									
永寿县									
彬县									

10-8 续表 53

单位：人

地区	傈僳族			佤族			畲族		
	小计	男	女	小计	男	女	小计	男	女
长武县				2	1	1			
旬邑县									
淳化县									
武功县									
兴平市									
渭南市	**2**	**2**		**20**	**11**	**9**			
临渭区	2	2		20	11	9			
华县									
潼关县									
大荔县									
合阳县									
澄城县									
蒲城县									
白水县									
富平县									
韩城市									
华阴市									
延安市									
宝塔区									
延长县									
延川县									
子长县									
安塞县									
志丹县									
吴起县									
甘泉县									
富县									
洛川县									
宜川县									
黄龙县									
黄陵县									
汉中市	**1**		**1**	**27**	**14**	**13**	**26**	**16**	**10**
汉台区				20	11	9	22	14	8
南郑县				1	1		1	1	
城固县									
洋县									
西乡县				1		1	3	1	2
勉县				5	2	3			
宁强县	1		1						
略阳县									
镇巴县									
留坝县									
佛坪县									
榆林市	**1**	**1**		**13**	**9**	**4**	**4**	**2**	**2**
榆阳区	1	1		1		1	2	1	1
神木县				2	1	1	1		1
府谷县							1	1	
横山县									
靖边县									
定边县				6	5	1			
绥德县									
米脂县									
佳县									
吴堡县				1		1			
清涧县				3	3				
子洲县									

10-8　续表 54　　　　　　　　　　　　　　　　　　　　　　　　　　单位：人

地　区	傈僳族			佤　族			畲　族		
	小计	男	女	小计	男	女	小计	男	女
安康市	**3**		**3**	**9**	**4**	**5**	**8**	**4**	**4**
汉滨区				2	1	1	4	1	3
汉阴县	1		1				2	2	
石泉县									
宁陕县									
紫阳县									
岚皋县	2		2	7	3	4			
平利县							1		1
镇坪县									
旬阳县							1	1	
白河县									
商洛市				**37**	**20**	**17**	**1**	**1**	
商州区				5	2	3	1	1	
洛南县				1	1				
丹凤县				14	8	6			
商南县				6	4	2			
山阳县				4	2	2			
镇安县				7	3	4			
柞水县									
甘肃省	**28**	**13**	**15**	**97**	**50**	**47**	**245**	**154**	**91**
兰州市	**17**	**8**	**9**	**40**	**23**	**17**	**184**	**105**	**79**
城关区	2	2		19	14	5	39	25	14
七里河区	4	2	2	3	1	2	5	3	2
西固区							5	3	2
安宁区	4	1	3	1		1	7	5	2
红古区									
永登县				2	1	1			
皋兰县									
榆中县	7	3	4	15	7	8	128	69	59
嘉峪关市							**2**	**1**	**1**
金昌市				**1**	**1**				
金川区									
永昌县				1	1				
白银市	**1**		**1**	**1**	**1**		**1**	**1**	
白银区				1	1		1	1	
平川区									
靖远县									
会宁县	1		1						
景泰县									
天水市	**1**	**1**		**1**	**1**		**6**	**3**	**3**
秦州区	1	1					6	3	3
麦积区				1	1				
清水县									
秦安县									
甘谷县									
武山县									
张家川回族自治县									
武威市	**1**		**1**	**25**	**13**	**12**	**1**	**1**	
凉州区	1		1	23	13	10	1	1	
民勤县									
古浪县									
天祝藏族自治县				2		2			

10-8 续表 55

单位：人

地区	傈僳族			佤族			畲族		
	小计	男	女	小计	男	女	小计	男	女
张掖市	**3**	**1**	**2**	**4**		**4**	**2**	**2**	
甘州区	2	1	1						
肃南裕固族自治县							2	2	
民乐县	1		1	4		4			
临泽县									
高台县									
山丹县									
平凉市				**3**	**1**	**2**	**6**	**3**	**3**
崆峒区				1	1		2	2	
泾川县									
灵台县									
崇信县									
华亭县							4	1	3
庄浪县									
静宁县				2		2			
酒泉市	**3**	**2**	**1**	**11**	**3**	**8**	**35**	**30**	**5**
肃州区	3	2	1	4	2	2	7	5	2
金塔县				2		2			
瓜州县				1		1	1	1	
肃北蒙古族自治县							22	20	2
阿克塞哈萨克族自治县							1	1	
玉门市									
敦煌市				4	1	3	4	3	1
庆阳市	**1**		**1**						
西峰区									
庆城县									
环县									
华池县									
合水县									
正宁县									
宁县	1		1						
镇原县									
定西市				**9**	**7**	**2**	**1**	**1**	
安定区				7	6	1			
通渭县									
陇西县									
渭源县									
临洮县									
漳县				1		1			
岷县				1	1		1	1	
陇南市							**7**	**7**	
武都区									
成县									
文县									
宕昌县							1	1	
康县									
西和县									
礼县									
徽县							6	6	
两当县									

10-8　续表 56

单位：人

地区	傈僳族			佤族			畲族		
	小计	男	女	小计	男	女	小计	男	女
临夏回族自治州									
临夏市									
临夏县									
康乐县									
永靖县									
广河县									
和政县									
东乡族自治县									
积石山保安族东乡族撒拉族自治县									
甘南藏族自治州	**1**	**1**		**2**		**2**			
合作市	1	1							
临潭县									
卓尼县				2		2			
舟曲县									
迭部县									
玛曲县									
碌曲县									
夏河县									
青海省	**21**	**13**	**8**	**20**	**10**	**10**	**53**	**32**	**21**
西宁市	**10**	**2**	**8**	**5**	**2**	**3**	**44**	**26**	**18**
城东区	2		2	2	2		12	7	5
城中区	3	1	2	1		1	10	9	1
城西区	3		3				17	8	9
城北区	2	1	1	2		2	3	1	2
大通回族土族自治县							1		1
湟中县							1	1	
湟源县									
海东地区	**1**	**1**		**11**	**7**	**4**	**2**	**2**	
平安县									
民和回族土族自治县	1	1							
乐都县				1		1	1	1	
互助土族自治县				5	4	1			
化隆回族自治县				3	1	2	1	1	
循化撒拉族自治县				2	2				
海北藏族自治州							**2**	**2**	
门源回族自治县							1	1	
祁连县									
海晏县							1	1	
刚察县									
黄南藏族自治州				**2**	**1**	**1**	**1**		**1**
同仁县				2	1	1	1		1
尖扎县									
泽库县									
河南蒙古族自治县									
海南藏族自治州				**2**		**2**			
共和县									
同德县									
贵德县									
兴海县				2		2			
贵南县									
果洛藏族自治州							**1**		**1**
玛沁县							1		1
班玛县									
甘德县									
达日县									
久治县									
玛多县									

10-8 续表 57

单位：人

地区	傈僳族			佤族			畲族		
	小计	男	女	小计	男	女	小计	男	女
玉树藏族自治州									
玉树县									
杂多县									
称多县									
治多县									
囊谦县									
曲麻莱县									
海西蒙古族藏族自治州	**10**	**10**					**3**	**2**	**1**
格尔木市	1	1					1	1	
德令哈市							1	1	
乌兰县									
都兰县	8	8							
天峻县									
芒崖行政委员会	1	1							
柴旦行政委员会							1		1
冷湖行政委员会									
宁夏回族自治区	**17**	**8**	**9**	**26**	**14**	**12**	**122**	**76**	**46**
银川市	**12**	**6**	**6**	**16**	**6**	**10**	**100**	**63**	**37**
兴庆区				5	2	3	19	14	5
西夏区	9	4	5	5	2	3	44	24	20
金凤区	3	2	1				6	3	3
永宁县									
贺兰县							4	3	1
灵武市				6	2	4	27	19	8
石嘴山市	**1**		**1**	**5**	**4**	**1**	**16**	**8**	**8**
大武口区	1		1	1		1	5	3	2
惠农区				4	4		11	5	6
平罗县									
吴忠市				**4**	**3**	**1**	**3**	**2**	**1**
利通区				3	2	1	2	1	1
红寺堡区									
盐池县							1	1	
同心县									
青铜峡市				1	1				
固原市	**2**		**2**	**1**	**1**		**3**	**3**	
原州区				1	1		3	3	
西吉县									
隆德县	2		2						
泾源县									
彭阳县									
中卫市	**2**	**2**							
沙坡头区	2	2							
中宁县									
海原县									
新疆维吾尔自治区	**104**	**53**	**51**	**142**	**60**	**82**	**167**	**105**	**62**
乌鲁木齐市	**13**	**6**	**7**	**16**	**9**	**7**	**81**	**49**	**32**
天山区	2	2					12	5	7
沙依巴克区	2	1	1				25	16	9
新市区	3	2	1	3	1	2	21	15	6
水磨沟区	2		2	3	1	2	15	8	7

10-8　续表 58

单位：人

地　区	傈僳族			佤　族			畲　族		
	小计	男	女	小计	男	女	小计	男	女
头屯河区	2		2	1		1	1	1	
达坂城区							3	3	
米东区	2	1	1	9	7	2	2	1	1
乌鲁木齐县							2		2
克拉玛依市	**10**	**7**	**3**	**1**		**1**	**3**	**2**	**1**
独山子区	9	7	2						
克拉玛依区	1		1				3	2	1
白碱滩区									
乌尔禾区				1		1			
吐鲁番地区	**10**	**6**	**4**	**4**	**4**		**4**	**3**	**1**
吐鲁番市	4	4		4	4				
鄯善县	3	2	1						
托克逊县	3		3				4	3	1
哈密地区	**1**		**1**	**2**	**2**		**7**	**6**	**1**
哈密市	1		1	2	2		7	6	1
巴里坤哈萨克自治县									
伊吾县									
昌吉回族自治州	**16**	**9**	**7**	**24**	**12**	**12**	**18**	**12**	**6**
昌吉市	5	3	2	5	3	2	6	5	1
阜康市	5	4	1	5	4	1	3	2	1
呼图壁县	3	2	1	3	1	2	2	1	1
玛纳斯县	3		3	6	2	4	2		2
奇台县				5	2	3	2	2	
吉木萨尔县									
木垒哈萨克自治县							3	2	1
博尔塔拉蒙古自治州	**1**		**1**	**2**		**2**			
博乐市	1		1	1		1			
精河县									
温泉县				1		1			
巴音郭楞蒙古自治州	**15**	**8**	**7**	**14**	**4**	**10**	**10**	**7**	**3**
库尔勒市	9	6	3	11	4	7	5	2	3
轮台县									
尉犁县				2		2			
若羌县									
且末县									
焉耆回族自治县				1		1			
和静县	6	2	4						
和硕县							5	5	
博湖县									
阿克苏地区	**5**	**2**	**3**	**16**	**6**	**10**	**5**	**4**	**1**
阿克苏市				8	2	6	3	2	1
温宿县	4	2	2				1	1	
库车县	1		1	2	2				
沙雅县									
新和县									
拜城县							1	1	
乌什县				1	1				
阿瓦提县				5	1	4			
柯坪县									
克孜勒苏柯尔克孜自治州									
阿图什市									
阿克陶县									
阿合奇县									
乌恰县									

10-8 续表 59

单位：人

地区	傈僳族			佤族			畲族		
	小计	男	女	小计	男	女	小计	男	女
喀什地区				**12**	**4**	**8**	**4**	**3**	**1**
喀什市									
疏附县									
疏勒县									
英吉沙县									
泽普县				1	1		4	3	1
莎车县				9	3	6			
叶城县				2		2			
麦盖提县									
岳普湖县									
伽师县									
巴楚县									
塔什库尔干塔吉克自治县									
和田地区							**1**	**1**	
和田市							1	1	
和田县									
墨玉县									
皮山县									
洛浦县									
策勒县									
于田县									
民丰县									
伊犁哈萨克自治州	**6**	**1**	**5**	**2**		**2**	**14**	**6**	**8**
伊宁市							4	3	1
奎屯市	4	1	3	1		1	2	1	1
伊宁县									
察布查尔锡伯自治县									
霍城县	2		2				8	2	6
巩留县									
新源县				1		1			
昭苏县									
特克斯县									
尼勒克县									
塔城地区	**18**	**10**	**8**	**11**	**6**	**5**	**4**	**2**	**2**
塔城市	4	2	2						
乌苏市	9	4	5	1		1			
额敏县									
沙湾县	3	2	1	10	6	4	4	2	2
托里县	2	2							
裕民县									
和布克赛尔蒙古自治县									
阿勒泰地区	**3**	**1**	**2**	**4**	**1**	**3**	**2**	**2**	
阿勒泰市	2		2	1		1			
布尔津县									
富蕴县									
福海县	1	1		3	1	2			
哈巴河县							2	2	
青河县									
吉木乃县									
自治区直辖县级行政区划	**6**	**3**	**3**	**34**	**12**	**22**	**14**	**8**	**6**
石河子市	1		1	3	2	1	8	3	5
阿拉尔市	3	2	1	24	7	17	4	4	
图木舒克市	1	1		2	2		1	1	
五家渠市	1		1	5	1	4	1		1

10-9　全国各县分性别的高山族、拉祜族、水族人口

单位：人

地　区	高山族			拉祜族			水族		
	小计	男	女	小计	男	女	小计	男	女
全　国	**4009**	**2029**	**1980**	**485966**	**247667**	**238299**	**411847**	**213644**	**198203**
北京市	**103**	**46**	**57**	**202**	**95**	**107**	**340**	**168**	**172**
市辖区	**103**	**46**	**57**	**190**	**88**	**102**	**336**	**166**	**170**
东城区	6	1	5	1	1		4	2	2
西城区	8	3	5	6	1	5	10	8	2
崇文区	2	1	1	3	2	1	4		4
宣武区	1	1		4	2	2	7	5	2
朝阳区	15	7	8	37	18	19	62	26	36
丰台区	10	4	6	16	8	8	42	17	25
石景山区	6	3	3	3	1	2	2	2	
海淀区	31	11	20	62	28	34	103	51	52
门头沟区	2	1	1				5	1	4
房山区	1	1		9	5	4	5	2	3
通州区	12	8	4	7	2	5	23	13	10
顺义区	1		1	4	3	1	8	3	5
昌平区	6	4	2	22	11	11	31	17	14
大兴区	2	1	1	13	4	9	27	19	8
怀柔区				2	2		2		2
平谷区				1		1	1		1
市辖县				**12**	**7**	**5**	**4**	**2**	**2**
密云县							3	2	1
延庆县				12	7	5	1		1
天津市	**29**	**15**	**14**	**44**	**27**	**17**	**291**	**166**	**125**
市辖区	**25**	**14**	**11**	**42**	**25**	**17**	**283**	**164**	**119**
和平区				2	1	1			
河东区	6	2	4	1		1			
河西区	6	3	3	2	2		1		1
南开区	7	4	3	4	3	1	12	7	5
河北区	1		1				2	1	1
红桥区									
东丽区	1	1		2	1	1	32	20	12
西青区	1	1		8	4	4	23	9	14
津南区				5	4	1	2	2	
北辰区				2	1	1	76	41	35
武清区							6	4	2
宝坻区				4	2	2	112	70	42
滨海新区	3	3		12	7	5	17	10	7
市辖县	**4**	**1**	**3**	**2**	**2**		**8**	**2**	**6**
宁河县				2	2				
静海县	1		1						
蓟县	3	1	2				8	2	6
河北省	**208**	**107**	**101**	**175**	**50**	**125**	**282**	**93**	**189**
石家庄市	**9**	**3**	**6**	**36**	**12**	**24**	**11**	**8**	**3**
长安区	1	1		2	1	1	2	1	1
桥东区				3	3				
桥西区	6	2	4	3		3	6	6	
新华区				6	4	2			
井陉矿区									
裕华区	1		1	2	1	1			
井陉县									
正定县				2		2			
栾城县									

10-9 续表 1　　　　单位：人

地区	高山族			拉祜族			水族		
	小计	男	女	小计	男	女	小计	男	女
行唐县									
灵寿县									
高邑县									
深泽县									
赞皇县									
无极县									
平山县				2		2			
元氏县									
赵县									
辛集市				9	1	8	1	1	
藁城市	1		1	3		3			
晋州市									
新乐市				2		2			
鹿泉市				2	2		2		2
唐山市	**7**	**3**	**4**	**23**	**12**	**11**	**86**	**29**	**57**
路南区				10	6	4	2	2	
路北区	1	1		4	4		7	3	4
古冶区									
开平区							9	5	4
丰南区				8	2	6	7	1	6
丰润区	4	2	2				4	1	3
滦县							4		4
滦南县							4		4
乐亭县				1		1			
迁西县							7	4	3
玉田县	1		1						
唐海县									
遵化市	1		1				32	13	19
迁安市							10		10
秦皇岛市	**6**	**1**	**5**	**2**	**1**	**1**	**11**	**3**	**8**
海港区	3		3	2	1	1	2		2
山海关区									
北戴河区							2	1	1
青龙满族自治县	1		1				4	2	2
昌黎县									
抚宁县	2	1	1						
卢龙县							3		3
邯郸市	**1**	**1**		**11**		**11**	**1**	**1**	
邯山区									
丛台区									
复兴区									
峰峰矿区				1		1			
邯郸县							1	1	
临漳县				3		3			
成安县									
大名县				1		1			
涉县				5		5			
磁县				1		1			
肥乡县									
永年县									
邱县									
鸡泽县									
广平县									
馆陶县									
魏县									
曲周县	1	1							
武安市									

10-9　续表 2　　　　单位：人

地　区	高山族			拉祜族			水　族		
	小计	男	女	小计	男	女	小计	男	女
邢台市				**6**	**2**	**4**	**5**	**2**	**3**
桥东区									
桥西区							2	2	
邢台县				1		1			
临城县									
内丘县									
柏乡县									
隆尧县									
任县									
南和县				1		1			
宁晋县									
巨鹿县									
新河县									
广宗县				1		1			
平乡县									
威县							3		3
清河县									
临西县									
南宫市				1		1			
沙河市				2	2				
保定市	**8**	**4**	**4**	**19**		**19**	**49**	**12**	**37**
新市区	1		1				1	1	
北市区	2	2		2		2			
南市区	1	1		1		1	2	2	
满城县							1		1
清苑县									
涞水县				2		2			
阜平县									
徐水县							2		2
定兴县									
唐县									
高阳县									
容城县									
涞源县				1		1			
望都县									
安新县				1		1			
易县				2		2	36	5	31
曲阳县									
蠡县									
顺平县	1		1	2		2			
博野县				1		1			
雄县							3		3
涿州市				4		4	3	3	
定州市	3	1	2	1		1			
安国市				1		1			
高碑店市				1		1	1	1	
张家口市	**5**		**5**	**19**	**2**	**17**	**33**	**5**	**28**
桥东区	2		2						
桥西区				1		1			
宣化区				2		2			
下花园区									
宣化县	1		1						
张北县							3	2	1

10-9 续表 3

单位：人

地区	高山族			拉祜族			水族		
	小计	男	女	小计	男	女	小计	男	女
康保县				1		1			
沽源县	1		1	1		1			
尚义县				2		2			
蔚县				1		1	4		4
阳原县									
怀安县				1		1			
万全县									
怀来县				5	1	4	26	3	23
涿鹿县				2		2			
赤城县	1		1	3	1	2			
崇礼县									
承德市	**161**	**91**	**70**	**19**	**6**	**13**	**62**	**20**	**42**
双桥区	7	4	3	5	5		2	2	
双滦区	1		1						
鹰手营子矿区									
承德县									
兴隆县				4		4	54	14	40
平泉县	2	1	1						
滦平县				3		3	1		1
隆化县				4	1	3			
丰宁满族自治县	2	1	1				4	4	
宽城满族自治县									
围场满族蒙古族自治县	149	85	64	3		3	1		1
沧州市	**1**	**1**		**17**	**2**	**15**	**8**	**3**	**5**
新华区									
运河区									
沧县	1	1							
青县									
东光县									
海兴县									
盐山县									
肃宁县				2		2			
南皮县									
吴桥县									
献县				1		1			
孟村回族自治县									
泊头市				11	2	9			
任丘市							8	3	5
黄骅市									
河间市				3		3			
廊坊市	**8**	**1**	**7**	**20**	**13**	**7**	**8**	**6**	**2**
安次区				1		1			
广阳区	4	1	3	1		1	1		1
固安县							1	1	
永清县									
香河县				10	9	1	3	3	
大城县									
文安县									
大厂回族自治县	1		1						
霸州市									
三河市	3		3	8	4	4	3	2	1
衡水市	**2**	**2**		**3**		**3**	**8**	**4**	**4**
桃城区				1		1			
枣强县									
武邑县									

10-9 续表 4

单位：人

地区	高山族			拉祜族			水族		
	小计	男	女	小计	男	女	小计	男	女
武强县				2		2			
饶阳县									
安平县									
故城县									
景县									
阜城县									
冀州市									
深州市	2	2					8	4	4
山西省	**9**	**4**	**5**	**136**	**14**	**122**	**30**	**15**	**15**
太原市				**3**	**2**	**1**	**11**	**8**	**3**
小店区				1	1				
迎泽区									
杏花岭区									
尖草坪区				1	1		9	7	2
万柏林区							1	1	
晋源区									
清徐县									
阳曲县				1		1			
娄烦县							1		1
古交市									
大同市				**2**		**2**	**1**	**1**	
城区							1	1	
矿区									
南郊区									
新荣区									
阳高县									
天镇县				2		2			
广灵县									
灵丘县									
浑源县									
左云县									
大同县									
阳泉市	**2**		**2**	**2**		**2**			
城区	2		2						
矿区									
郊区				1		1			
平定县				1		1			
盂县									
长治市				**8**	**2**	**6**	**1**		**1**
城区									
郊区									
长治县									
襄垣县									
屯留县				2		2	1		1
平顺县									
黎城县									
壶关县									
长子县									
武乡县									
沁县				5	2	3			
沁源县				1		1			
潞城市									

10-9　续表 5　　　　单位：人

地　区	高山族			拉祜族			水　族		
	小计	男	女	小计	男	女	小计	男	女
晋城市	**3**	**2**	**1**	**41**	**2**	**39**			
城区	2	2		3	2	1			
沁水县				8		8			
阳城县	1		1	24		24			
陵川县									
泽州县				2		2			
高平市				4		4			
朔州市				**2**		**2**	**9**	**4**	**5**
朔城区							7	3	4
平鲁区							1		1
山阴县				1		1			
应县							1	1	
右玉县									
怀仁县				1		1			
晋中市	**1**		**1**	**19**	**1**	**18**	**5**	**2**	**3**
榆次区									
榆社县									
左权县									
和顺县									
昔阳县									
寿阳县									
太谷县	1		1						
祁县									
平遥县				10	1	9			
灵石县									
介休市				9		9	5	2	3
运城市	**2**	**2**		**2**	**1**	**1**			
盐湖区	2	2							
临猗县									
万荣县									
闻喜县									
稷山县									
新绛县				1	1				
绛县									
垣曲县				1		1			
夏县									
平陆县									
芮城县									
永济市									
河津市									
忻州市	**1**		**1**	**21**	**4**	**17**	**3**		**3**
忻府区				3	3		2		2
定襄县									
五台县				1		1			
代县				16	1	15			
繁峙县									
宁武县									
静乐县									
神池县									
五寨县									
岢岚县				1		1			
河曲县									
保德县							1		1
偏关县									
原平市	1		1						

10-9　续表 6

单位：人

地　区	高山族			拉祜族			水　族		
	小计	男	女	小计	男	女	小计	男	女
临汾市				**1**		**1**			
尧都区									
曲沃县									
翼城县									
襄汾县				1		1			
洪洞县									
古县									
安泽县									
浮山县									
吉县									
乡宁县									
大宁县									
隰县									
永和县									
蒲县									
汾西县									
侯马市									
霍州市									
吕梁市				**35**	**2**	**33**			
离石区				1		1			
文水县									
交城县									
兴县									
临县									
柳林县									
石楼县									
岚县									
方山县				20	2	18			
中阳县									
交口县									
孝义市									
汾阳市				14		14			
内蒙古自治区	**120**	**62**	**58**	**347**	**77**	**270**	**122**	**67**	**55**
呼和浩特市	**13**	**7**	**6**	**159**	**32**	**127**	**44**	**23**	**21**
新城区	4	1	3	10	5	5	3	3	
回民区	3	3		6	3	3			
玉泉区				7	1	6			
赛罕区	5	3	2	19	4	15	8	5	3
土默特左旗	1		1	9	1	8			
托克托县				5	1	4	18	8	10
和林格尔县				1		1	15	7	8
清水河县									
武川县				102	17	85			
包头市	**12**	**3**	**9**	**55**	**12**	**43**	**13**	**7**	**6**
东河区				3	2	1	2		2
昆都仑区	7	1	6	1		1	11	7	4
青山区				3	3				
石拐区									
白云鄂博矿区	1	1		5	1	4			
九原区	1		1	5		5			
土默特右旗	2	1	1	5	1	4			
固阳县									
达尔罕茂明安联合旗	1		1	33	5	28			
乌海市	**1**		**1**	**5**	**2**	**3**	**8**	**2**	**6**
海勃湾区	1		1	3	2	1	2		2
海南区				1		1			
乌达区				1		1	6	2	4

10-9 续表 7

单位：人

地　区	高山族			拉祜族			水　族		
	小计	男	女	小计	男	女	小计	男	女
赤峰市	**2**		**2**	**4**	**1**	**3**	**2**	**1**	**1**
红山区									
元宝山区									
松山区	1		1	4	1	3	2	1	1
阿鲁科尔沁旗									
巴林左旗									
巴林右旗									
林西县									
克什克腾旗									
翁牛特旗									
喀喇沁旗									
宁城县	1		1						
敖汉旗									
通辽市	**2**	**1**	**1**	**1**		**1**			
科尔沁区	2	1	1	1		1			
科尔沁左翼中旗									
科尔沁左翼后旗									
开鲁县									
库伦旗									
奈曼旗									
扎鲁特旗									
霍林郭勒市									
鄂尔多斯市	**2**	**2**		**17**	**10**	**7**	**32**	**21**	**11**
东胜区	1	1		3	2	1	2	1	1
达拉特旗	1	1		7	5	2			
准格尔旗				4	1	3	19	18	1
鄂托克前旗				1		1	1		1
鄂托克旗									
杭锦旗							5	1	4
乌审旗									
伊金霍洛旗				2	2		5	1	4
呼伦贝尔市	**52**	**30**	**22**	**2**	**1**	**1**	**11**	**7**	**4**
海拉尔区	13	8	5						
阿荣旗	9	5	4						
莫力达瓦达斡尔族自治旗	3	2	1						
鄂伦春自治旗							8	4	4
鄂温克族自治旗									
陈巴尔虎旗									
新巴尔虎左旗	1	1							
新巴尔虎右旗	1	1							
满洲里市									
牙克石市	15	6	9						
扎兰屯市	10	7	3						
额尔古纳市							3	3	
根河市				2	1	1			
巴彦淖尔市	**4**	**1**	**3**	**4**		**4**	**6**	**4**	**2**
临河区							3	2	1
五原县									
磴口县	1	1					2	1	1
乌拉特前旗	3		3	3		3			
乌拉特中旗				1		1	1	1	
乌拉特后旗									
杭锦后旗									

10-9　续表 8

单位：人

地　　区	高山族			拉祜族			水族		
	小计	男	女	小计	男	女	小计	男	女
乌兰察布市	**9**	**5**	**4**	**93**	**18**	**75**			
集宁区	3	2	1						
卓资县				4	1	3			
化德县				4		4			
商都县				2		2			
兴和县	6	3	3	29	6	23			
凉城县				4	1	3			
察哈尔右翼前旗									
察哈尔右翼中旗				1		1			
察哈尔右翼后旗									
四子王旗				48	10	38			
丰镇市				1		1			
兴安盟	**20**	**11**	**9**	**2**		**2**	**2**	**1**	**1**
乌兰浩特市	8	5	3				2	1	1
阿尔山市	1	1							
科尔沁右翼前旗	9	4	5	1		1			
科尔沁右翼中旗									
扎赉特旗	1		1						
突泉县	1	1		1		1			
锡林郭勒盟	**1**	**1**		**3**	**1**	**2**	**4**	**1**	**3**
二连浩特市									
锡林浩特市							2	1	1
阿巴嘎旗									
苏尼特左旗									
苏尼特右旗							1		1
东乌珠穆沁旗	1	1							
西乌珠穆沁旗									
太仆寺旗				1		1	1		1
镶黄旗									
正镶白旗									
正蓝旗									
多伦县				2	1	1			
阿拉善盟	**2**	**1**	**1**	**2**		**2**			
阿拉善左旗	2	1	1	2		2			
阿拉善右旗									
额济纳旗									
辽宁省	**211**	**96**	**115**	**48**	**17**	**31**	**89**	**51**	**38**
沈阳市	**49**	**21**	**28**	**11**	**3**	**8**	**26**	**12**	**14**
和平区	15	8	7	1		1	5	2	3
沈河区	9	5	4	1		1			
大东区	4	2	2				1		1
皇姑区	5	2	3				5	3	2
铁西区									
苏家屯区							4	2	2
东陵区	2	1	1	7	1	6	8	4	4
沈北新区	2		2	2	2		2	1	1
于洪区	8	3	5				1		1
辽中县									
康平县									
法库县	3		3						
新民市	1		1						
大连市	**14**	**3**	**11**	**17**	**8**	**9**	**37**	**26**	**11**
中山区	2		2	1		1	3	1	2
西岗区	1		1				3	2	1
沙河口区							4	4	

10-9 续表 9

单位：人

地区	高山族			拉祜族			水族		
	小计	男	女	小计	男	女	小计	男	女
甘井子区	4	1	3	3	1	2	7	7	
旅顺口区				1		1	3	1	2
金州区	2		2	12	7	5	17	11	6
长海县									
瓦房店市									
普兰店市	3	2	1						
庄河市	2		2						
鞍山市	**4**	**2**	**2**	**1**		**1**	**3**	**2**	**1**
铁东区	4	2	2	1		1	1		1
铁西区									
立山区							2	2	
千山区									
台安县									
岫岩满族自治县									
海城市									
抚顺市	**5**	**2**	**3**	**1**		**1**			
新抚区									
东洲区									
望花区				1		1			
顺城区	2	2							
抚顺县									
新宾满族自治县									
清原满族自治县	3		3						
本溪市	**13**	**3**	**10**	**4**	**1**	**3**			
平山区	2		2						
溪湖区	1	1							
明山区									
南芬区									
本溪满族自治县	3		3	4	1	3			
桓仁满族自治县	7	2	5						
丹东市	**9**	**4**	**5**	**4**	**2**	**2**			
元宝区	2	2		1	1				
振兴区	2	1	1						
振安区				2	1	1			
宽甸满族自治县									
东港市									
凤城市	5	1	4	1		1			
锦州市	**36**	**18**	**18**				**4**	**2**	**2**
古塔区									
凌河区	2	2							
太和区	3	1	2				1		1
黑山县	24	14	10						
义县	2	1	1				1	1	
凌海市							2	1	1
北镇市	5		5						
营口市	**6**	**4**	**2**				**1**	**1**	
站前区	2	2					1	1	
西市区	4	2	2						
鲅鱼圈区									
老边区									
盖州市									
大石桥市									
阜新市	**14**	**9**	**5**				**2**	**1**	**1**
海州区	5	4	1						
新邱区	4	2	2						

10-9 续表 10

单位：人

地 区	高山族			拉祜族			水 族		
	小计	男	女	小计	男	女	小计	男	女
太平区									
清河门区									
细河区	4	2	2						
阜新蒙古族自治县	1	1					1		1
彰武县							1	1	
辽阳市	**16**	**8**	**8**	**6**	**2**	**4**	**6**	**2**	**4**
白塔区	5	3	2				3		3
文圣区									
宏伟区	2	1	1				2	2	
弓长岭区									
太子河区	1	1		2	1	1	1		1
辽阳县				2	1	1			
灯塔市	8	3	5	2		2			
盘锦市	**1**		**1**	**2**		**2**	**4**	**3**	**1**
双台子区				2		2	1		1
兴隆台区							1	1	
大洼县	1		1				2	2	
盘山县									
铁岭市	**33**	**16**	**17**				**2**	**2**	
银州区	1		1						
清河区	4	2	2						
铁岭县									
西丰县									
昌图县	3	2	1						
调兵山市							2	2	
开原市	25	12	13						
朝阳市	**5**	**3**	**2**						
双塔区	1		1						
龙城区									
朝阳县									
建平县									
喀喇沁左翼蒙古族自治县									
北票市									
凌源市	4	3	1						
葫芦岛市	**6**	**3**	**3**	**2**	**1**	**1**	**4**		**4**
连山区							1		1
龙港区	2	1	1				1		1
南票区									
绥中县				2	1	1	2		2
建昌县									
兴城市	4	2	2						
吉林省	**100**	**49**	**51**	**33**	**8**	**25**	**50**	**27**	**23**
长春市	**6**	**1**	**5**	**6**	**2**	**4**	**35**	**19**	**16**
南关区	3	1	2				4	2	2
宽城区							1	1	
朝阳区	2		2				7	3	4
二道区				2		2	2	2	
绿园区				3	2	1	4	2	2
双阳区				1		1	4	3	1
农安县							2	2	
九台市	1		1				11	4	7
榆树市									
德惠市									

10-9 续表 11　　　　单位：人

地　区	高山族			拉祜族			水族		
	小计	男	女	小计	男	女	小计	男	女
吉林市	**57**	**30**	**27**	**1**		**1**	**7**	**3**	**4**
昌邑区	6	4	2						
龙潭区	2	1	1				2	2	
船营区	31	18	13						
丰满区	8	5	3				1		1
永吉县	5	1	4	1		1	1		1
蛟河市	1		1				2	1	1
桦甸市	3	1	2						
舒兰市							1		1
磐石市	1		1						
四平市	**14**	**8**	**6**	**1**		**1**			
铁西区	1	1							
铁东区									
梨树县				1		1			
伊通满族自治县	12	7	5						
公主岭市	1		1						
双辽市									
辽源市									
龙山区									
西安区									
东丰县									
东辽县									
通化市	**13**	**7**	**6**	**9**	**2**	**7**			
东昌区	1		1						
二道江区									
通化县	1		1	4	1	3			
辉南县									
柳河县				3	1	2			
梅河口市				2		2			
集安市	11	7	4						
白山市	**1**		**1**	**6**		**6**	**5**	**4**	**1**
浑江区									
江源区				1		1			
抚松县							5	4	1
靖宇县				4		4			
长白朝鲜族自治县				1		1			
临江市	1		1						
松原市	**3**	**1**	**2**				**1**	**1**	
宁江区									
前郭尔罗斯蒙古族自治县	1		1				1	1	
长岭县									
乾安县	2	1	1						
扶余县									
白城市	**4**	**2**	**2**	**5**	**2**	**3**	**2**		**2**
洮北区				5	2	3			
镇赉县	1	1							
通榆县	3	1	2						
洮南市							2		2
大安市									
延边朝鲜族自治州	**2**		**2**	**5**	**2**	**3**			
延吉市	1		1						
图们市									
敦化市				1		1			
珲春市									
龙井市									
和龙市				3	2	1			
汪清县	1		1						
安图县				1		1			

10-9　续表 12

单位：人

地　　区	高山族			拉祜族			水　族		
	小计	男	女	小计	男	女	小计	男	女
黑龙江省	**25**	**7**	**18**	**11**	**1**	**10**	**47**	**29**	**18**
哈尔滨市				**2**		**2**			
道里区									
南岗区				2		2			
道外区									
平房区									
松北区									
香坊区									
呼兰区									
阿城区									
依兰县									
方正县									
宾县									
巴彦县									
木兰县									
通河县									
延寿县									
双城市									
尚志市									
五常市									
齐齐哈尔市	**3**	**2**	**1**	**1**		**1**	**18**	**10**	**8**
龙沙区									
建华区							1	1	
铁锋区							7	2	5
昂昂溪区							1		1
富拉尔基区							1	1	
碾子山区									
梅里斯达斡尔族区	1	1					1	1	
龙江县									
依安县									
泰来县	1	1							
甘南县				1		1			
富裕县							7	5	2
克山县									
克东县									
拜泉县									
讷河市	1		1						
鸡西市	**4**		**4**				**13**	**9**	**4**
鸡冠区									
恒山区									
滴道区									
梨树区									
城子河区									
麻山区									
鸡东县	3		3						
虎林市	1		1				13	9	4
密山市									
鹤岗市	**1**		**1**						
向阳区									
工农区									
南山区									
兴安区									

10-9 续表 13

单位：人

地区	高山族			拉祜族			水族		
	小计	男	女	小计	男	女	小计	男	女
东山区									
兴山区									
萝北县									
绥滨县	1		1						
双鸭山市				**2**		**2**	**3**	**2**	**1**
尖山区									
岭东区				1		1			
四方台区									
宝山区									
集贤县									
友谊县									
宝清县				1		1			
饶河县							3	2	1
大庆市	**2**	**1**	**1**	**3**		**3**			
萨尔图区									
龙凤区									
让胡路区	2	1	1						
红岗区									
大同区									
肇州县									
肇源县				3		3			
林甸县									
杜尔伯特蒙古族自治县									
伊春市									
伊春区									
南岔区									
友好区									
西林区									
翠峦区									
新青区									
美溪区									
金山屯区									
五营区									
乌马河区									
汤旺河区									
带岭区									
乌伊岭区									
红星区									
上甘岭区									
嘉荫县									
铁力市									
佳木斯市	**5**	**1**	**4**						
向阳区	3	1	2						
前进区									
东风区									
郊区									
桦南县	2		2						
桦川县									
汤原县									
抚远县									
同江市									
富锦市									
七台河市	**3**		**3**						
新兴区									
桃山区	3		3						
茄子河区									
勃利县									

10-9　续表 14

单位：人

地　　区	高山族			拉祜族			水　族		
	小计	男	女	小计	男	女	小计	男	女
牡丹江市	**3**	**1**	**2**				**1**		**1**
东安区									
阳明区									
爱民区	2		2						
西安区	1	1							
东宁县									
林口县							1		1
绥芬河市									
海林市									
宁安市									
穆棱市									
黑河市	**2**	**1**	**1**				**12**	**8**	**4**
爱辉区									
嫩江县									
逊克县									
孙吴县									
北安市							12	8	4
五大连池市	2	1	1						
绥化市	**2**	**1**	**1**	**2**		**2**			
北林区	1	1							
望奎县									
兰西县									
青冈县									
庆安县									
明水县									
绥棱县	1		1						
安达市				2		2			
肇东市									
海伦市									
大兴安岭地区				**1**	**1**				
加格达奇区				1	1				
松岭区									
新林区									
呼中区									
呼玛县									
塔河县									
漠河县									
上海市	**81**	**36**	**45**	**500**	**232**	**268**	**745**	**375**	**370**
市辖区	**81**	**36**	**45**	**487**	**228**	**259**	**734**	**371**	**363**
黄浦区	4	1	3	4	2	2	19	1	18
卢湾区	2		2	4	3	1	5	3	2
徐汇区	13	9	4	8	4	4	14	6	8
长宁区	3	1	2	4	2	2	10	3	7
静安区	1	1		3	1	2	5	2	3
普陀区	6	3	3	8	2	6			
闸北区	2	1	1	1		1	7	4	3
虹口区	4	1	3	11		11	32	12	20
杨浦区	4	2	2	18	4	14	37	22	15
闵行区	13	5	8	66	26	40	35	14	21
宝山区	4	2	2	43	25	18	43	21	22
嘉定区				36	19	17	69	35	34
浦东新区	12	2	10	127	69	58	266	139	127

10-9 续表 15

单位：人

地区	高山族			拉祜族			水族		
	小计	男	女	小计	男	女	小计	男	女
金山区				29	8	21	16	5	11
松江区	9	7	2	29	14	15	99	56	43
青浦区	3		3	72	36	36	17	11	6
奉贤区	1	1		24	13	11	60	37	23
市辖县				**13**	**4**	**9**	**11**	**4**	**7**
崇明县				13	4	9	11	4	7
江苏省	**120**	**54**	**66**	**1042**	**187**	**855**	**13089**	**7056**	**6033**
南京市	**28**	**19**	**9**	**59**	**20**	**39**	**138**	**90**	**48**
玄武区	2	1	1	4	1	3	9	5	4
白下区	1		1	3	2	1	9	7	2
秦淮区	2	1	1	2		2			
建邺区	1	1		1		1	6	5	1
鼓楼区	7	5	2	3	2	1	18	8	10
下关区	2	1	1	1	1		1		1
浦口区	2	1	1	7	2	5	11	7	4
栖霞区	4	3	1	3	2	1	13	6	7
雨花台区				4	2	2	5	2	3
江宁区	4	3	1	8	2	6	41	32	9
六合区	3	3		3	2	1	7	3	4
溧水县				5	3	2	2	1	1
高淳县				15	1	14	16	14	2
无锡市	**6**	**3**	**3**	**58**	**24**	**34**	**886**	**506**	**380**
崇安区							1		1
南长区	1		1						
北塘区	1	1					4	3	1
锡山区				9	3	6	293	173	120
惠山区				11	4	7	264	134	130
滨湖区	1		1	17	7	10	53	28	25
江阴市				6	3	3	86	50	36
宜兴市	3	2	1	15	7	8	185	118	67
徐州市	**4**	**2**	**2**	**13**	**1**	**12**	**8**	**4**	**4**
鼓楼区	1		1						
云龙区				1	1				
九里区									
贾汪区				2		2			
泉山区	2	2		1		1	5	3	2
丰县									
沛县									
铜山县				5		5	3	1	2
睢宁县	1		1	3		3			
新沂市				1		1			
邳州市									
常州市	**18**	**8**	**10**	**68**	**30**	**38**	**10459**	**5666**	**4793**
天宁区	1	1		7	3	4	221	116	105
钟楼区	3		3	3		3	162	88	74
戚墅堰区				6	2	4	1711	882	829
新北区	2	1	1	10	5	5	178	96	82
武进区	2		2	31	16	15	8119	4444	3675
溧阳市	10	6	4	2	1	1	28	23	5
金坛市				9	3	6	40	17	23
苏州市	**6**	**3**	**3**	**146**	**51**	**95**	**971**	**552**	**419**
沧浪区				3	2	1	15	5	10
平江区	2	1	1	7		7	28	14	14
金阊区				2		2	2	2	

10-9　续表 16　　　　单位：人

地　区	高山族			拉祜族			水　族		
	小计	男	女	小计	男	女	小计	男	女
虎丘区				14	9	5	33	21	12
吴中区	4	2	2	15	5	10	64	30	34
相城区				12	7	5	100	61	39
常熟市				52	8	44	291	192	99
张家港市				11	7	4	154	76	78
昆山市				9	4	5	119	63	56
吴江市				9	4	5	124	65	59
太仓市				12	5	7	41	23	18
南通市	**2**	**2**		**24**	**8**	**16**	**153**	**33**	**120**
崇川区	1	1		2		2	9	3	6
港闸区				1		1	3	2	1
通州区				11	5	6	37	11	26
海安县				2		2	23	8	15
如东县							61	7	54
启东市				4	1	3			
如皋市				3	2	1	18	1	17
海门市	1	1		1		1	2	1	1
连云港市	**11**	**1**	**10**	**158**	**8**	**150**	**4**		**4**
连云区				4	1	3			
新浦区	7	1	6	7		7	2		2
海州区				1		1			
赣榆县				15	1	14			
东海县	1		1	129	6	123			
灌云县	2		2				2		2
灌南县	1		1	2		2			
淮安市	**6**	**1**	**5**	**55**	**2**	**53**	**5**	**1**	**4**
清河区	1		1	10	2	8	2	1	1
楚州区	2	1	1	23		23	1		1
淮阴区				2		2	1		1
清浦区	1		1	1		1			
涟水县				12		12			
洪泽县				1		1			
盱眙县	2		2	6		6			
金湖县							1		1
盐城市	**19**	**7**	**12**	**291**	**8**	**283**	**109**	**30**	**79**
亭湖区	3		3	4	1	3	1		1
盐都区				9		9			
响水县	2	1	1	6		6			
滨海县	1	1		14		14	45	15	30
阜宁县				169	4	165	9	3	6
射阳县				26		26	11	6	5
建湖县	4	3	1	46		46	1		1
东台市	1		1	6		6	24	2	22
大丰市	8	2	6	11	3	8	18	4	14
扬州市	**5**		**5**	**55**	**12**	**43**	**15**	**5**	**10**
广陵区									
邗江区	1		1	6	2	4	3		3
维扬区				2	1	1	1		1
宝应县				7		7	1		1
仪征市	4		4	9	7	2	4	4	
高邮市				14		14			
江都市				17	2	15	6	1	5
镇江市	**9**	**7**	**2**	**35**	**13**	**22**	**124**	**79**	**45**
京口区				8	5	3	22	12	10
润州区	1	1		1		1			

10-9 续表 17　　　　单位：人

地区	高山族			拉祜族			水族		
	小计	男	女	小计	男	女	小计	男	女
丹徒区	6	4	2	8	1	7	17	11	6
丹阳市				16	7	9	47	24	23
扬中市				2		2	13	8	5
句容市	2	2					25	24	1
泰州市	**3**	**1**	**2**	**31**	**7**	**24**	**27**	**8**	**19**
海陵区	1		1						
高港区				6	6		1		1
兴化市				18	1	17	17	6	11
靖江市	2	1	1	2		2	5	2	3
泰兴市				2		2	2		2
姜堰市				3		3	2		2
宿迁市	**3**		**3**	**49**	**3**	**46**	**190**	**82**	**108**
宿城区	1		1	13	1	12	9	3	6
宿豫区				3		3			
沭阳县	1		1	4		4			
泗阳县				21	2	19	181	79	102
泗洪县	1		1	8		8			
浙江省	**88**	**50**	**38**	**1661**	**431**	**1230**	**11815**	**6181**	**5634**
杭州市	**9**	**6**	**3**	**64**	**27**	**37**	**375**	**218**	**157**
上城区				3	1	2	4	3	1
下城区				3	1	2	10	4	6
江干区	5	3	2	8	3	5	43	37	6
拱墅区	1	1		2		2	6	1	5
西湖区				8	5	3	22	10	12
滨江区				1		1	20	13	7
萧山区	2	1	1	3	1	2	63	33	30
余杭区				4	2	2	50	29	21
桐庐县				6	3	3	24	15	9
淳安县				2		2	1		1
建德市	1	1		5	3	2	23	10	13
富阳市				8	3	5	50	21	29
临安市				11	5	6	59	42	17
宁波市	**9**	**7**	**2**	**105**	**50**	**55**	**1109**	**571**	**538**
海曙区				5	4	1	11	4	7
江东区				9	8	1	14	8	6
江北区				12	4	8	14	7	7
北仑区				20	11	9	32	16	16
镇海区				6	3	3	29	15	14
鄞州区				15	8	7	94	52	42
象山县				6	1	5	1		1
宁海县				15	5	10	43	25	18
余姚市	9	7	2	6	2	4	209	110	99
慈溪市				10	4	6	641	324	317
奉化市				1		1	21	10	11
温州市	**10**	**4**	**6**	**208**	**74**	**134**	**1891**	**1031**	**860**
鹿城区				41	20	21	382	217	165
龙湾区	1	1		19	8	11	289	176	113
瓯海区				47	13	34	491	278	213
洞头县				2		2			
永嘉县	5	1	4	6	3	3	153	89	64
平阳县				10	4	6	49	18	31
苍南县				13	3	10	134	64	70
文成县				9		9	9	2	7
泰顺县				2		2	32	7	25
瑞安市	4	2	2	27	12	15	289	145	144
乐清市				32	11	21	63	35	28

10-9　续表 18　　　　单位：人

地　区	高山族			拉祜族			水　族		
	小计	男	女	小计	男	女	小计	男	女
嘉兴市	**5**	**3**	**2**	**60**	**26**	**34**	**216**	**100**	**116**
南湖区	3	2	1	22	11	11	23	10	13
秀洲区				7	3	4	57	33	24
嘉善县				13	3	10	25	14	11
海盐县				4	2	2	11	3	8
海宁市				3	1	2	57	24	33
平湖市	2	1	1	7	3	4	13	5	8
桐乡市				4	3	1	30	11	19
湖州市	**8**	**3**	**5**	**11**	**2**	**9**	**3359**	**1715**	**1644**
吴兴区				4		4	97	61	36
南浔区	2		2	3	1	2	261	154	107
德清县	4	2	2	1	1		66	33	33
长兴县				1		1	655	279	376
安吉县	2	1	1	2		2	2280	1188	1092
绍兴市	**7**	**5**	**2**	**72**	**27**	**45**	**1452**	**758**	**694**
越城区	2	1	1	11	4	7	25	10	15
绍兴县				6	4	2	104	51	53
新昌县	1		1	2		2	6	4	2
诸暨市	1	1		40	17	23	1268	671	597
上虞市	3	3		5		5	21	10	11
嵊州市				8	2	6	28	12	16
金华市	**12**	**6**	**6**	**154**	**82**	**72**	**1962**	**1079**	**883**
婺城区	1		1	6	1	5	292	151	141
金东区				12	7	5	163	90	73
武义县				19	9	10	129	62	67
浦江县				11	8	3	413	242	171
磐安县				2		2	2		2
兰溪市	2	2		2	1	1	12	3	9
义乌市	5	3	2	70	42	28	427	241	186
东阳市	4	1	3	10	3	7	158	81	77
永康市				22	11	11	366	209	157
衢州市	**3**		**3**	**28**	**4**	**24**	**94**	**47**	**47**
柯城区				6	3	3	5	2	3
衢江区				7		7	18	8	10
常山县							5	3	2
开化县				1		1	2	1	1
龙游县				8		8	46	25	21
江山市	3		3	6	1	5	18	8	10
舟山市				**41**	**22**	**19**	**22**	**12**	**10**
定海区				28	15	13	3		3
普陀区				12	7	5	12	6	6
岱山县							7	6	1
嵊泗县				1		1			
台州市	**24**	**15**	**9**	**184**	**77**	**107**	**717**	**388**	**329**
椒江区	3	2	1	6	2	4	69	45	24
黄岩区	3	2	1	3	2	1	115	57	58
路桥区				15	8	7	82	53	29
玉环县	12	6	6	115	55	60	163	83	80
三门县	1	1		16	3	13	2	2	
天台县				2		2	18	6	12
仙居县									
温岭市	5	4	1	16	3	13	166	85	81
临海市				11	4	7	102	57	45

10-9 续表 19　　　　　　　　　　　　　　　　　　　　　单位：人

地区	高山族			拉祜族			水族		
	小计	男	女	小计	男	女	小计	男	女
丽水市	**1**	**1**		**734**	**40**	**694**	**618**	**262**	**356**
莲都区	1	1		35	5	30	43	17	26
青田县				24	3	21	25	15	10
缙云县				7		7	14	9	5
遂昌县				159	10	149	32	8	24
松阳县				217	13	204	23	9	14
云和县				63	4	59	252	119	133
庆元县				17		17	41	19	22
景宁畲族自治县				196	5	191	8	2	6
龙泉市				16		16	180	64	116
安徽省	**89**	**38**	**51**	**347**	**45**	**302**	**562**	**201**	**361**
合肥市	**12**	**6**	**6**	**23**	**13**	**10**	**166**	**101**	**65**
瑶海区	2	1	1				4	2	2
庐阳区	1		1	11	9	2	2		2
蜀山区	1	1		3	3		39	31	8
包河区	4	2	2	1	1		9	3	6
长丰县				2		2	6	3	3
肥东县				5		5	87	53	34
肥西县	4	2	2	1		1	19	9	10
芜湖市	**10**	**3**	**7**	**7**	**2**	**5**	**3**	**2**	**1**
镜湖区	5	1	4				2	2	
弋江区	1		1						
鸠江区	3	2	1						
三山区									
芜湖县				5	1	4	1		1
繁昌县				2	1	1			
南陵县	1		1						
蚌埠市				**11**	**1**	**10**	**7**	**3**	**4**
龙子湖区									
蚌山区							3	3	
禹会区							2		2
淮上区				1		1			
怀远县				2		2	2		2
五河县				1		1			
固镇县				7	1	6			
淮南市							**7**	**4**	**3**
大通区									
田家庵区							7	4	3
谢家集区									
八公山区									
潘集区									
凤台县									
马鞍山市	**1**		**1**	**11**	**4**	**7**	**27**	**5**	**22**
金家庄区				3	2	1			
花山区									
雨山区				4	2	2	9	5	4
当涂县	1		1	4		4	18		18
淮北市	**1**	**1**		**5**		**5**	**17**	**9**	**8**
杜集区							1		1
相山区	1	1					12	6	6
烈山区				1		1	1	1	
濉溪县				4		4	3	2	1

10-9　续表 20　　　　单位：人

地　区	高山族			拉祜族			水　族		
	小计	男	女	小计	男	女	小计	男	女
铜陵市	**8**	**5**	**3**	**9**	**5**	**4**	**2**		**2**
铜官山区	7	5	2						
狮子山区				2	2				
郊区				2	2		1		1
铜陵县	1		1	5	1	4	1		1
安庆市	**8**	**2**	**6**	**7**		**7**	**34**	**21**	**13**
迎江区	2	2							
大观区									
宜秀区									
怀宁县	1		1						
枞阳县	1		1	1		1			
潜山县				2		2			
太湖县	1		1				34	21	13
宿松县				1		1			
望江县	3		3						
岳西县									
桐城市				3		3			
黄山市	**7**	**3**	**4**	**33**		**33**	**21**		**21**
屯溪区									
黄山区	1		1	4		4			
徽州区				12		12	7		7
歙县				13		13	12		12
休宁县							2		2
黟县				2		2			
祁门县	6	3	3	2		2			
滁州市	**8**	**1**	**7**	**13**	**1**	**12**	**45**	**4**	**41**
琅琊区				1		1	1		1
南谯区				1		1			
来安县				1		1	4		4
全椒县									
定远县				6		6	6	1	5
凤阳县	8	1	7	1		1	13	2	11
天长市							17	1	16
明光市				3	1	2	4		4
阜阳市	**1**		**1**	**63**	**3**	**60**	**4**	**1**	**3**
颍州区				2	1	1	3	1	2
颍东区									
颍泉区									
临泉县				29		29			
太和县				27	2	25			
阜南县	1		1	1		1	1		1
颍上县				4		4			
界首市									
宿州市	**4**		**4**	**23**		**23**			
埇桥区				12		12			
砀山县									
萧县	1		1	4		4			
灵璧县	2		2	2		2			
泗县	1		1	5		5			
巢湖市	**14**	**11**	**3**	**39**	**1**	**38**	**20**	**3**	**17**
居巢区	1	1		10	1	9	2	2	
庐江县				5		5	2		2
无为县	12	9	3	6		6	14	1	13
含山县				7		7			
和县	1	1		11		11	2		2

10-9 续表 21

单位：人

地区	高山族			拉祜族			水族		
	小计	男	女	小计	男	女	小计	男	女
六安市	**1**	**1**		**22**	**3**	**19**	**18**	**2**	**16**
金安区				4	1	3			
裕安区	1	1					1		1
寿县				2		2	2	1	1
霍邱县				4	1	3	7	1	6
舒城县				1		1	4		4
金寨县				11	1	10	4		4
霍山县									
亳州市	**2**		**2**	**49**		**49**	**1**		**1**
谯城区							1		1
涡阳县	1		1	12		12			
蒙城县	1		1	19		19			
利辛县				18		18			
池州市	**2**		**2**	**9**	**2**	**7**	**47**	**22**	**25**
贵池区				1		1	24	13	11
东至县				1		1	2	1	1
石台县				3		3	1		1
青阳县	2		2	4	2	2	20	8	12
宣城市	**10**	**5**	**5**	**23**	**10**	**13**	**143**	**24**	**119**
宣州区	8	3	5	1	1		21	3	18
郎溪县				5		5	5	1	4
广德县	2	2		11	8	3	101	11	90
泾县				3		3	1		1
绩溪县									
旌德县							8	3	5
宁国市				3	1	2	7	6	1
福建省	**423**	**224**	**199**	**375**	**203**	**172**	**2433**	**1301**	**1132**
福州市	**22**	**12**	**10**	**36**	**19**	**17**	**191**	**119**	**72**
鼓楼区	5	3	2	1	1		1		1
台江区	1		1						
仓山区	3	2	1	1		1	82	49	33
马尾区	2	1	1	3	1	2	5	3	2
晋安区	3	1	2	5	1	4	25	14	11
闽侯县	3		3	4	3	1	3	2	1
连江县	1	1		3	1	2	11	7	4
罗源县							1		1
闽清县	1	1					16	10	6
永泰县									
平潭县				1		1			
福清市	2	2		16	11	5	36	27	9
长乐市	1	1		2	1	1	11	7	4
厦门市	**58**	**29**	**29**	**46**	**19**	**27**	**361**	**193**	**168**
思明区	33	18	15	12	4	8	28	10	18
海沧区	2	1	1	6	1	5	33	19	14
湖里区	9	3	6	3	2	1	110	63	47
集美区	12	5	7	18	9	9	51	29	22
同安区	1	1		6	2	4	134	71	63
翔安区	1	1		1	1		5	1	4
莆田市	**6**	**6**		**97**	**70**	**27**	**108**	**61**	**47**
城厢区				58	42	16	16	8	8
涵江区				2	1	1	61	32	29
荔城区				35	26	9	28	19	9
秀屿区				1	1		3	2	1
仙游县	6	6		1		1			

10-9　续表 22

单位：人

地　区	高山族			拉祜族			水　族		
	小计	男	女	小计	男	女	小计	男	女
三明市	**56**	**34**	**22**	**16**	**5**	**11**	**436**	**280**	**156**
梅列区	5	4	1	4		4	2		2
三元区	5	3	2						
明溪县							7	4	3
清流县	26	17	9	1		1			
宁化县	2	2							
大田县							24	18	6
尤溪县				2	1	1	2	1	1
沙县	17	7	10	1		1	17	7	10
将乐县	1	1							
泰宁县				1		1	1	1	
建宁县							3	1	2
永安市				7	4	3	380	248	132
泉州市	**51**	**24**	**27**	**69**	**40**	**29**	**787**	**354**	**433**
鲤城区	9	7	2	1	1		56	33	23
丰泽区	12	5	7	3		3	16	10	6
洛江区	4		4	1	1		254	94	160
泉港区	1		1				29	9	20
惠安县	3	1	2	3		3	45	20	25
安溪县	5	3	2				2	1	1
永春县	2	1	1	1		1	26	13	13
德化县	2	1	1						
石狮市	6	2	4	5	4	1	27	15	12
晋江市	5	2	3	53	34	19	136	61	75
南安市	2	2		2		2	196	98	98
漳州市	**159**	**79**	**80**	**46**	**24**	**22**	**52**	**30**	**22**
芗城区	37	18	19	4	2	2	19	13	6
龙文区				2		2	10	4	6
云霄县	3	3							
漳浦县	30	13	17	1	1				
诏安县	2		2						
长泰县	6	4	2	12	11	1	5	3	2
东山县				2		2			
南靖县	2		2	1	1		1		1
平和县	8	5	3				1		1
华安县	57	33	24	2		2			
龙海市	14	3	11	22	9	13	16	10	6
南平市	**53**	**29**	**24**	**30**	**9**	**21**	**240**	**136**	**104**
延平区	35	22	13	3		3	38	22	16
顺昌县	4	4		2		2	1		1
浦城县				1		1	13	4	9
光泽县				11	6	5	6	3	3
松溪县									
政和县							11	5	6
邵武市	9	1	8	2		2	86	51	35
武夷山市	2	1	1	1		1			
建瓯市				2		2	34	20	14
建阳市	3	1	2	8	3	5	51	31	20
龙岩市	**18**	**11**	**7**	**7**		**7**	**236**	**119**	**117**
新罗区	10	6	4	3		3	93	52	41
长汀县				2		2	45	20	25
永定县	8	5	3				27	17	10
上杭县				1		1	45	19	26
武平县							11	6	5
连城县				1		1	1		1
漳平市							14	5	9

10-9 续表 23

单位：人

地　区	高山族			拉祜族			水　族		
	小计	男	女	小计	男	女	小计	男	女
宁德市				**28**	**17**	**11**	**22**	**9**	**13**
蕉城区				2	1	1			
霞浦县									
古田县									
屏南县							1		1
寿宁县				1		1			
周宁县							1		1
柘荣县							1		1
福安市							1		1
福鼎市				25	16	9	18	9	9
江西省	**132**	**80**	**52**	**140**	**33**	**107**	**782**	**374**	**408**
南昌市	**7**	**3**	**4**	**19**	**10**	**9**	**396**	**190**	**206**
东湖区	1		1				23	13	10
西湖区							55	25	30
青云谱区							5	3	2
湾里区	1		1				6	1	5
青山湖区	1	1		4		4	43	16	27
南昌县	1		1	1		1	129	66	63
新建县	3	2	1	8	4	4	129	62	67
安义县				6	6		6	4	2
进贤县									
景德镇市				**3**	**1**	**2**			
昌江区									
珠山区				1		1			
浮梁县				2	1	1			
乐平市									
萍乡市				**6**	**5**	**1**	**13**	**5**	**8**
安源区									
湘东区									
莲花县							2		2
上栗县				1		1	11	5	6
芦溪县				5	5				
九江市	**3**	**1**	**2**	**13**	**5**	**8**	**28**	**9**	**19**
庐山区				5	1	4	10	6	4
浔阳区	1		1	4	3	1	5		5
九江县									
武宁县				2	1	1			
修水县				1		1			
永修县							9	2	7
德安县							1	1	
星子县									
都昌县	2	1	1	1		1	1		1
湖口县							1		1
彭泽县							1		1
瑞昌市									
新余市	**2**	**1**	**1**	**6**		**6**	**127**	**66**	**61**
渝水区				6		6	127	66	61
分宜县	2	1	1						
鹰潭市				**8**	**2**	**6**	**1**		**1**
月湖区				3	2	1	1		1
余江县				1		1			
贵溪市				4		4			
赣州市	**14**	**7**	**7**	**1**		**1**	**109**	**59**	**50**
章贡区	2	1	1	1		1	78	45	33
赣县									

10-9　续表 24　　　　　　　　　　　　　　　　　　　　　　　单位：人

地　区	高山族			拉祜族			水族		
	小计	男	女	小计	男	女	小计	男	女
信丰县									
大余县							1	1	
上犹县									
崇义县									
安远县									
龙南县	1		1						
定南县							19	7	12
全南县									
宁都县							5	3	2
于都县	11	6	5				1		1
兴国县									
会昌县									
寻乌县							1		1
石城县									
瑞金市									
南康市							4	3	1
吉安市	**2**		**2**	**38**	**6**	**32**	**45**	**22**	**23**
吉州区									
青原区				1	1				
吉安县									
吉水县				5	5				
峡江县									
新干县				31		31	40	19	21
永丰县							1		1
泰和县							3	2	1
遂川县				1		1			
万安县	1		1				1	1	
安福县									
永新县									
井冈山市	1		1						
宜春市				**35**	**2**	**33**	**32**	**11**	**21**
袁州区				2		2	2		2
奉新县							4	2	2
万载县									
上高县							1		1
宜丰县							4	1	3
靖安县				3	2	1	21	8	13
铜鼓县				1		1			
丰城市				1		1			
樟树市				27		27			
高安市				1		1			
抚州市	**5**	**3**	**2**	**2**		**2**	**23**	**12**	**11**
临川区							23	12	11
南城县									
黎川县									
南丰县									
崇仁县				1		1			
乐安县	5	3	2						
宜黄县									
金溪县				1		1			
资溪县									
东乡县									
广昌县									

10-9 续表 25 单位：人

地区	高山族			拉祜族			水族		
	小计	男	女	小计	男	女	小计	男	女
上饶市	**99**	**65**	**34**	**9**	**2**	**7**	**8**		**8**
信州区									
上饶县				1	1				
广丰县									
玉山县									
铅山县									
横峰县									
弋阳县									
余干县	99	65	34						
鄱阳县				7		7			
万年县									
婺源县							1		1
德兴市				1	1		7		7
山东省	**66**	**30**	**36**	**1880**	**237**	**1643**	**191**	**85**	**106**
济南市	**19**	**8**	**11**	**133**	**19**	**114**	**5**	**2**	**3**
历下区				5	1	4	1	1	
市中区	3	1	2	21	5	16			
槐荫区									
天桥区	5	2	3						
历城区	10	5	5	66	10	56	4	1	3
长清区	1		1	26	2	24			
平阴县				2	1	1			
济阳县				2		2			
商河县									
章丘市				11		11			
青岛市	**5**	**2**	**3**	**86**	**31**	**55**	**25**	**17**	**8**
市南区				1		1	2	1	1
市北区				2	1	1	1	1	
四方区				4	1	3	2	1	1
黄岛区				4	1	3	7	6	1
崂山区							1		1
李沧区							1		1
城阳区				41	21	20	5	3	2
胶州市							1		1
即墨市	2	1	1	17	7	10			
平度市	3	1	2	7		7	1	1	
胶南市				6		6	4	4	
莱西市				4		4			
淄博市	**3**	**2**	**1**	**102**	**15**	**87**	**11**	**1**	**10**
淄川区				4	2	2	2		2
张店区	2	1	1	7		7	2	1	1
博山区				4	3	1			
临淄区				5	1	4			
周村区	1	1		19	4	15			
桓台县				41	2	39	7		7
高青县				22	3	19			
沂源县									
枣庄市	**4**	**3**	**1**	**26**	**3**	**23**	**19**	**10**	**9**
市中区				1	1		13	7	6
薛城区	4	3	1	1		1			
峄城区									
台儿庄区							6	3	3
山亭区				21	2	19			
滕州市				3		3			

10-9　续表 26

单位：人

地　区	高山族			拉祜族			水　族		
	小计	男	女	小计	男	女	小计	男	女
东营市	**1**		**1**	**3**		**3**	**11**	**7**	**4**
东营区	1		1				1		1
河口区							9	7	2
垦利县									
利津县				2		2			
广饶县				1		1	1		1
烟台市	**7**	**4**	**3**	**184**	**55**	**129**	**16**	**7**	**9**
芝罘区	1		1	12	8	4			
福山区	3	2	1	2		2	1	1	
牟平区				55	31	24	14	5	9
莱山区				11	7	4			
长岛县									
龙口市				2		2			
莱阳市				68	5	63			
莱州市	3	2	1	1		1			
蓬莱市				4	2	2			
招远市				2	2		1	1	
栖霞市				2		2			
海阳市				25		25			
潍坊市	**11**	**5**	**6**	**125**	**14**	**111**	**3**	**2**	**1**
潍城区							1	1	
寒亭区				16	3	13			
坊子区	3	2	1	14	3	11			
奎文区	5	3	2						
临朐县				16	1	15			
昌乐县				18	1	17			
青州市	2		2	13	2	11	1		1
诸城市				5		5			
寿光市				24	2	22	1	1	
安丘市	1		1	11		11			
高密市				3		3			
昌邑市				5	2	3			
济宁市	**3**	**1**	**2**	**136**	**9**	**127**	**5**	**2**	**3**
市中区									
任城区				2	1	1			
微山县	2	1	1						
鱼台县							2		2
金乡县				3		3			
嘉祥县				2	1	1			
汶上县				1		1			
泗水县				1		1			
梁山县				3		3			
曲阜市	1		1	20	4	16			
兖州市				1		1			
邹城市				103	3	100	3	2	1
泰安市				**31**	**1**	**30**	**5**	**3**	**2**
泰山区									
岱岳区				6	1	5	1		1
宁阳县				19		19	4	3	1
东平县									
新泰市				3		3			
肥城市				3		3			
威海市	**4**	**2**	**2**	**386**	**48**	**338**	**6**	**2**	**4**
环翠区	3	1	2	34	23	11	1		1
文登市	1	1		88	7	81	2	1	1
荣成市				15	9	6	3	1	2
乳山市				249	9	240			

10-9 续表 27 单位：人

地　区	高山族			拉祜族			水　族		
	小计	男	女	小计	男	女	小计	男	女
日照市	**2**		**2**	**63**	**2**	**61**	**30**	**17**	**13**
东港区	2		2	13	1	12			
岚山区				1		1	5	3	2
五莲县				7		7	2		2
莒县				42	1	41	23	14	9
莱芜市				**4**		**4**	**3**	**1**	**2**
莱城区				3		3	3	1	2
钢城区				1		1			
临沂市	**6**	**3**	**3**	**482**	**15**	**467**	**7**	**2**	**5**
兰山区	2	2		6	2	4			
罗庄区				7	4	3	1		1
河东区				1		1			
沂南县	1		1	2		2			
郯城县				8		8			
沂水县				13		13			
苍山县				5		5			
费县	1		1	24	1	23			
平邑县	1		1	380	7	373	6	2	4
莒南县	1	1		3		3			
蒙阴县									
临沭县				33	1	32			
德州市				**5**	**1**	**4**			
德城区				3		3			
陵县									
宁津县									
庆云县									
临邑县									
齐河县									
平原县									
夏津县									
武城县									
乐陵市									
禹城市				2	1	1			
聊城市				**6**	**1**	**5**	**4**	**1**	**3**
东昌府区				1		1	2		2
阳谷县									
莘县							2	1	1
茌平县				1		1			
东阿县									
冠县				4	1	3			
高唐县									
临清市									
滨州市	**1**		**1**	**102**	**23**	**79**	**1**		**1**
滨城区				10	2	8			
惠民县				3		3			
阳信县									
无棣县				4		4			
沾化县				1		1			
博兴县				8	7	1			
邹平县	1		1	76	14	62	1		1
菏泽市				**6**		**6**	**40**	**11**	**29**
牡丹区				3		3	2	1	1
曹县									
单县							1		1
成武县				1		1	32	8	24
巨野县							3	2	1
郓城县									
鄄城县				2		2	2		2
定陶县									
东明县									

10-9　续表 28　　　　　　　　　　　　　　　　　　　　单位：人

地　区	高山族			拉祜族			水族		
	小计	男	女	小计	男	女	小计	男	女
河南省	**780**	**397**	**383**	**700**	**51**	**649**	**333**	**172**	**161**
郑州市	**39**	**19**	**20**	**72**	**12**	**60**	**140**	**88**	**52**
中原区	1	1		7	3	4	52	34	18
二七区	4	2	2	1	1		8	4	4
管城回族区	5	3	2				13	6	7
金水区	24	11	13	10	5	5	58	41	17
上街区							1	1	
惠济区							5	2	3
中牟县	2	1	1	40	1	39	3		3
巩义市									
荥阳市				2		2			
新密市	2	1	1						
新郑市	1		1	12	2	10			
登封市									
开封市	**1**	**1**		**6**	**1**	**5**	**2**	**2**	
龙亭区									
顺河回族区									
鼓楼区				2	1	1			
禹王台区									
金明区							2	2	
杞县	1	1		1		1			
通许县									
尉氏县				2		2			
开封县				1		1			
兰考县									
洛阳市	**3**	**2**	**1**	**15**	**1**	**14**	**6**	**3**	**3**
老城区	2	1	1						
西工区							2	1	1
瀍河回族区									
涧西区									
吉利区									
洛龙区	1	1		2	1	1	1		1
孟津县									
新安县				3		3			
栾川县									
嵩县				4		4	1	1	
汝阳县									
宜阳县				5		5			
洛宁县									
伊川县				1		1			
偃师市							2	1	1
平顶山市	**2**	**1**	**1**	**59**	**10**	**49**	**35**	**12**	**23**
新华区				1		1			
卫东区				1	1		4		4
石龙区									
湛河区							1		1
宝丰县									
叶县				27	8	19	17	9	8
鲁山县	1		1	3		3	13	3	10
郏县	1	1							
舞钢市				27	1	26			
汝州市									

10-9 续表 29

单位：人

地　区	高山族			拉祜族			水　族		
	小计	男	女	小计	男	女	小计	男	女
安阳市				**14**	**3**	**11**	**9**	**5**	**4**
文峰区				1		1	8	5	3
北关区									
殷都区				1		1			
龙安区									
安阳县				8	3	5			
汤阴县									
滑县				1		1	1		1
内黄县				1		1			
林州市				2		2			
鹤壁市	**3**	**2**	**1**						
鹤山区									
山城区									
淇滨区	3	2	1						
浚县									
淇县									
新乡市	**2**	**1**	**1**	**4**		**4**	**2**	**1**	**1**
红旗区	2	1	1				1	1	
卫滨区				3		3	1		1
凤泉区									
牧野区									
新乡县									
获嘉县									
原阳县									
延津县				1		1			
封丘县									
长垣县									
卫辉市									
辉县市									
焦作市							**3**		**3**
解放区									
中站区									
马村区									
山阳区							1		1
修武县									
博爱县									
武陟县							2		2
温县									
沁阳市									
孟州市									
濮阳市	**4**	**3**	**1**						
华龙区									
清丰县									
南乐县									
范县									
台前县									
濮阳县	4	3	1						
许昌市	**5**	**2**	**3**	**7**	**2**	**5**	**14**	**8**	**6**
魏都区	5	2	3	2	1	1			
许昌县									
鄢陵县									
襄城县							13	8	5
禹州市				3	1	2	1		1
长葛市				2		2			

10-9 续表 30

单位：人

地区	高山族			拉祜族			水族		
	小计	男	女	小计	男	女	小计	男	女
漯河市				**5**		**5**	**5**	**3**	**2**
源汇区									
郾城区							2	1	1
召陵区				1		1	3	2	1
舞阳县				3		3			
临颍县				1		1			
三门峡市				**1**		**1**			
湖滨区									
渑池县				1		1			
陕县									
卢氏县									
义马市									
灵宝市									
南阳市	**710**	**361**	**349**	**68**	**10**	**58**	**4**	**1**	**3**
宛城区	2		2	1		1			
卧龙区	5	2	3	1		1	1		1
南召县	10	8	2						
方城县				8		8			
西峡县				18	6	12			
镇平县	6	3	3						
内乡县	11	6	5	2		2			
淅川县				1		1			
社旗县	1		1						
唐河县	3		3	2		2	3	1	2
新野县									
桐柏县	1		1	35	4	31			
邓州市	671	342	329						
商丘市	**1**		**1**	**7**		**7**	**6**	**1**	**5**
梁园区	1		1	1		1			
睢阳区							5	1	4
民权县							1		1
睢县									
宁陵县									
柘城县				1		1			
虞城县									
夏邑县				1		1			
永城市				4		4			
信阳市	**9**	**5**	**4**	**254**	**4**	**250**	**71**	**32**	**39**
浉河区	8	5	3	36	3	33			
平桥区				188	1	187	1		1
罗山县				3		3			
光山县									
新县									
商城县				3		3			
固始县	1		1	19		19	70	32	38
潢川县				3		3			
淮滨县									
息县				2		2			
周口市	**1**		**1**	**22**	**1**	**21**	**33**	**15**	**18**
川汇区	1		1				31	14	17
扶沟县				2		2			
西华县				5		5			
商水县				4		4			

10-9 续表 31

单位：人

地区	高山族			拉祜族			水族		
	小计	男	女	小计	男	女	小计	男	女
沈丘县				1		1			
郸城县				2		2			
淮阳县				4	1	3			
太康县							2	1	1
鹿邑县									
项城市				4		4			
驻马店市				**166**	**7**	**159**	**3**	**1**	**2**
驿城区				5	1	4			
西平县				4	1	3			
上蔡县				8	1	7			
平舆县				2		2			
正阳县				5		5			
确山县				99	2	97			
泌阳县				34	1	33			
汝南县				5	1	4			
遂平县				4		4	3	1	2
新蔡县									
省直辖县级行政区划									
济源市									
湖北省	**162**	**88**	**74**	**108**	**46**	**62**	**577**	**309**	**268**
武汉市	**21**	**11**	**10**	**34**	**12**	**22**	**107**	**50**	**57**
江岸区	1		1	1		1	2	2	
江汉区				4	2	2	4	3	1
硚口区				5		5			
汉阳区							38	13	25
武昌区	1	1		2	1	1	10	2	8
青山区				1		1			
洪山区	14	9	5	16	6	10	40	24	16
东西湖区				2	1	1	3	2	1
汉南区									
蔡甸区	1		1	1	1				
江夏区	2		2	1	1		10	4	6
黄陂区	2	1	1	1		1			
新洲区									
黄石市	**1**		**1**	**6**	**5**	**1**	**16**	**10**	**6**
黄石港区							1	1	
西塞山区									
下陆区	1		1	5	5		4	2	2
铁山区							5	4	1
阳新县							4	3	1
大冶市				1		1	2		2
十堰市	**5**	**3**	**2**				**1**	**1**	
茅箭区									
张湾区	2	2					1	1	
郧县									
郧西县									
竹山县									
竹溪县									
房县									
丹江口市	3	1	2						
宜昌市	**6**	**2**	**4**	**27**	**18**	**9**	**7**	**5**	**2**
西陵区	2		2	21	16	5	3	3	
伍家岗区									
点军区									

10-9 续表 32

单位：人

地　区	高山族			拉祜族			水　族		
	小计	男	女	小计	男	女	小计	男	女
猇亭区									
夷陵区									
远安县									
兴山县							2	1	1
秭归县				2	1	1			
长阳土家族自治县				3	1	2	2	1	1
五峰土家族自治县									
宜都市									
当阳市	4	2	2						
枝江市				1		1			
襄樊市	**3**	**1**	**2**	**6**		**6**	**1**	**1**	
襄城区	1		1						
樊城区									
襄阳区				2		2			
南漳县									
谷城县									
保康县									
老河口市	1	1							
枣阳市				2		2	1	1	
宜城市	1		1	2		2			
鄂州市	**4**	**2**	**2**	**1**		**1**			
梁子湖区				1		1			
华容区	1		1						
鄂城区	3	2	1						
荆门市							**34**	**20**	**14**
东宝区							4	1	3
掇刀区									
京山县							7	4	3
沙洋县							2	2	
钟祥市							21	13	8
孝感市				**4**		**4**	**21**	**10**	**11**
孝南区				2		2	21	10	11
孝昌县									
大悟县									
云梦县									
应城市				1		1			
安陆市									
汉川市				1		1			
荆州市	**4**	**3**	**1**	**1**	**1**		**22**	**13**	**9**
沙市区							1	1	
荆州区							15	9	6
公安县									
监利县									
江陵县									
石首市							4	3	1
洪湖市	4	3	1						
松滋市				1	1		2		2
黄冈市	**45**	**20**	**25**	**3**	**2**	**1**	**13**	**5**	**8**
黄州区				3	2	1	1	1	
团风县									
红安县									
罗田县									
英山县									
浠水县									
蕲春县	45	20	25						
黄梅县							2	1	1
麻城市									
武穴市							10	3	7

10-9 续表 33　　单位：人

地区	高山族			拉祜族			水族		
	小计	男	女	小计	男	女	小计	男	女
咸宁市				**2**	**1**	**1**	**1**	**1**	
咸安区							1	1	
嘉鱼县				1	1				
通城县				1		1			
崇阳县									
通山县									
赤壁市									
随州市				**6**		**6**	**1**		**1**
曾都区				1		1			
随县				3		3			
广水市				2		2	1		1
恩施土家族苗族自治州	**72**	**46**	**26**	**18**	**7**	**11**	**339**	**191**	**148**
恩施市	2		2	1	1				
利川市	64	44	20	4	3	1	4	2	2
建始县				1		1	26	12	14
巴东县									
宣恩县	4	1	3	11	3	8	308	176	132
咸丰县	2	1	1						
来凤县							1	1	
鹤峰县				1		1			
省直辖县级行政区划	**1**		**1**				**14**	**2**	**12**
仙桃市							14	2	12
潜江市	1		1						
天门市									
神农架林区									
湖南省	**128**	**66**	**62**	**383**	**38**	**345**	**598**	**283**	**315**
长沙市	**8**	**4**	**4**	**33**	**11**	**22**	**32**	**20**	**12**
芙蓉区	1	1					1	1	
天心区				6	1	5	19	9	10
岳麓区	1	1		7		7	6	5	1
开福区	3	2	1	10	7	3			
雨花区	2		2	2		2	2	2	
长沙县	1		1	4	3	1	2	2	
望城县							2	1	1
宁乡县				3		3			
浏阳市				1		1			
株洲市	**1**	**1**		**40**	**2**	**38**	**93**	**56**	**37**
荷塘区				3	1	2	4	3	1
芦淞区	1	1		1		1	2	2	
石峰区				3	1	2	17	10	7
天元区							9	4	5
株洲县				3		3	6	2	4
攸县				10		10	28	15	13
茶陵县							17	14	3
炎陵县							5	3	2
醴陵市				20		20	5	3	2
湘潭市	**4**	**2**	**2**	**10**	**2**	**8**	**8**	**6**	**2**
雨湖区				2	1	1	4	4	
岳塘区	1	1					4	2	2
湘潭县				4		4			
湘乡市	3	1	2	4	1	3			
韶山市									

10-9 续表 34

单位：人

地 区	高山族			拉祜族			水族		
	小计	男	女	小计	男	女	小计	男	女
衡阳市	**2**		**2**	**148**	**6**	**142**	**34**	**10**	**24**
珠晖区				3	2	1	5	2	3
雁峰区							1		1
石鼓区							1	1	
蒸湘区				1	1		2	1	1
南岳区									
衡阳县				5		5	5		5
衡南县				2		2	16	4	12
衡山县				1		1	4	2	2
衡东县				3	1	2			
祁东县	2		2	130	1	129			
耒阳市				2	1	1			
常宁市				1		1			
邵阳市	**28**	**16**	**12**	**74**	**5**	**69**	**75**	**29**	**46**
双清区									
大祥区							3	3	
北塔区									
邵东县	3	2	1	55	4	51			
新邵县				1		1	16	6	10
邵阳县	6	2	4	15	1	14	8	1	7
隆回县	1	1					4	1	3
洞口县				2		2	21	10	11
绥宁县				1		1	16	6	10
新宁县							3		3
城步苗族自治县	11	6	5				1	1	
武冈市	7	5	2				3	1	2
岳阳市	**13**	**8**	**5**	**1**		**1**			
岳阳楼区	3	2	1						
云溪区	5	3	2						
君山区									
岳阳县	2	1	1	1		1			
华容县	1	1							
湘阴县	2	1	1						
平江县									
汨罗市									
临湘市									
常德市	**5**	**4**	**1**	**7**	**2**	**5**	**52**	**22**	**30**
武陵区							7	4	3
鼎城区	5	4	1				1	1	
安乡县									
汉寿县				2	1	1	3		3
澧县				1		1			
临澧县				1		1			
桃源县				2	1	1			
石门县				1		1	11	6	5
津市市							30	11	19
张家界市	**23**	**12**	**11**	**6**		**6**	**23**	**6**	**17**
永定区							15	3	12
武陵源区				1		1	1	1	
慈利县	2	1	1	2		2	1		1
桑植县	21	11	10	3		3	6	2	4
益阳市	**1**		**1**	**2**		**2**	**3**		**3**
资阳区									
赫山区	1		1	1		1			

10-9 续表 35 单位：人

地区	高山族			拉祜族			水族		
	小计	男	女	小计	男	女	小计	男	女
南县							3		3
桃江县									
安化县				1		1			
沅江市									
郴州市	**1**		**1**	**2**	**1**	**1**	**30**	**14**	**16**
北湖区	1		1	1	1				
苏仙区									
桂阳县									
宜章县									
永兴县									
嘉禾县									
临武县									
汝城县							17	9	8
桂东县							1	1	
安仁县				1		1			
资兴市							12	4	8
永州市	**15**	**3**	**12**	**34**	**4**	**30**	**155**	**66**	**89**
零陵区				3	1	2	27	20	7
冷水滩区				6	2	4	6	5	1
祁阳县				23	1	22	24	5	19
东安县							67	28	39
双牌县									
道县				1		1			
江永县	14	2	12	1		1	16	4	12
宁远县	1	1					15	4	11
蓝山县									
新田县									
江华瑶族自治县									
怀化市	**8**	**5**	**3**	**5**	**2**	**3**	**73**	**46**	**27**
鹤城区	1		1				11	8	3
中方县									
沅陵县	4	2	2	1		1	1	1	
辰溪县							2	1	1
溆浦县				3	1	2			
会同县	3	3		1	1		5	2	3
麻阳苗族自治县									
新晃侗族自治县							3		3
芷江侗族自治县							4	1	3
靖州苗族侗族自治县							25	12	13
通道侗族自治县							20	19	1
洪江市							2	2	
娄底市	**3**	**2**	**1**	**15**	**1**	**14**	**14**	**7**	**7**
娄星区	1	1		2		2	10	4	6
双峰县				9	1	8	4	3	1
新化县	2	1	1	2		2			
冷水江市									
涟源市				2		2			
湘西土家族苗族自治州	**16**	**9**	**7**	**6**	**2**	**4**	**6**	**1**	**5**
吉首市	8	5	3	2	1	1	1		1
泸溪县	8	4	4				3	1	2
凤凰县							1		1
花垣县									
保靖县									
古丈县							1		1
永顺县									
龙山县				4	1	3			

10-9　续表 36　　　　　　　　　　　　　　　　　　　　　　　单位：人

地　区	高山族			拉祜族			水　族		
	小计	男	女	小计	男	女	小计	男	女
广东省	**161**	**81**	**80**	**1335**	**723**	**612**	**6525**	**3675**	**2850**
广州市	**25**	**15**	**10**	**123**	**71**	**52**	**755**	**430**	**325**
荔湾区				6	2	4	24	17	7
越秀区	2	2		13	5	8	12	5	7
海珠区	7	4	3	15	13	2	27	15	12
天河区	1	1		15	11	4	70	31	39
白云区	2	1	1	43	26	17	252	143	109
黄埔区				1		1	49	35	14
番禺区	10	6	4	15	6	9	145	81	64
花都区	1		1	6	4	2	16	9	7
南沙区							39	18	21
萝岗区	2	1	1	6	3	3	92	60	32
增城市				3	1	2	19	12	7
从化市							10	4	6
韶关市	**1**	**1**		**7**		**7**	**15**	**9**	**6**
武江区							3	1	2
浈江区				1		1	9	6	3
曲江区							3	2	1
始兴县									
仁化县									
翁源县				6		6			
乳源瑶族自治县									
新丰县									
乐昌市									
南雄市	1	1							
深圳市	**27**	**15**	**12**	**263**	**159**	**104**	**2228**	**1233**	**995**
罗湖区				23	13	10	65	32	33
福田区	11	7	4	20	9	11	133	58	75
南山区	2		2	11	4	7	95	52	43
宝安区	9	6	3	131	85	46	1532	875	657
龙岗区	4	2	2	75	46	29	374	203	171
盐田区	1		1	3	2	1	29	13	16
珠海市	**2**	**1**	**1**	**8**	**7**	**1**	**142**	**80**	**62**
香洲区	1	1		4	4		30	13	17
斗门区				1		1	73	40	33
金湾区	1		1	3	3		39	27	12
汕头市	**1**		**1**	**8**	**2**	**6**	**18**	**8**	**10**
龙湖区				6	2	4			
金平区							2	1	1
濠江区							5	1	4
潮阳区									
潮南区							1		1
澄海区	1		1	2		2	10	6	4
南澳县									
佛山市	**16**	**10**	**6**	**129**	**67**	**62**	**584**	**341**	**243**
禅城区	2	2		6	2	4	32	18	14
南海区	3	3		76	44	32	281	149	132
顺德区	9	4	5	32	14	18	212	137	75
三水区	2	1	1	11	4	7	46	28	18
高明区				4	3	1	13	9	4
江门市	**12**	**3**	**9**	**25**	**12**	**13**	**139**	**76**	**63**
蓬江区	3	2	1	6	1	5	62	29	33
江海区				3	1	2	10	6	4

10-9 续表 37

单位：人

地区	高山族			拉祜族			水族		
	小计	男	女	小计	男	女	小计	男	女
新会区	3		3	7	6	1	13	9	4
台山市	3	1	2	3	1	2			
开平市							30	16	14
鹤山市	3		3	5	3	2	15	11	4
恩平市				1		1	9	5	4
湛江市	**8**	**2**	**6**	**113**	**1**	**112**	**142**	**75**	**67**
赤坎区				1		1	21	16	5
霞山区	7	2	5				15	6	9
坡头区				15		15	2	1	1
麻章区	1		1						
遂溪县							29	15	14
徐闻县							3	1	2
廉江市				2		2	34	13	21
雷州市							38	23	15
吴川市				95	1	94			
茂名市	**2**		**2**	**30**		**30**	**33**	**13**	**20**
茂南区				2		2	11	5	6
茂港区							6	2	4
电白县				1		1			
高州市	2		2	3		3	6	4	2
化州市				24		24	10	2	8
信宜市									
肇庆市	**4**	**1**	**3**	**8**	**4**	**4**	**33**	**23**	**10**
端州区							1		1
鼎湖区									
广宁县									
怀集县									
封开县							1		1
德庆县									
高要市	4	1	3	5	3	2	9	5	4
四会市				3	1	2	22	18	4
惠州市	**8**	**4**	**4**	**120**	**80**	**40**	**268**	**158**	**110**
惠城区	3	2	1	36	26	10	109	64	45
惠阳区	5	2	3	35	22	13	43	29	14
博罗县				40	27	13	89	52	37
惠东县				8	4	4	24	13	11
龙门县				1	1		3		3
梅州市	**2**		**2**	**1**		**1**			
梅江区	1		1	1		1			
梅县									
大埔县									
丰顺县									
五华县									
平远县	1		1						
蕉岭县									
兴宁市									
汕尾市				**1**	**1**		**6**	**2**	**4**
城区							1	1	
海丰县				1	1		5	1	4
陆河县									
陆丰市									
河源市				**4**	**4**		**20**	**15**	**5**
源城区				1	1		6	3	3
紫金县							11	10	1
龙川县									
连平县									
和平县							1	1	
东源县				3	3		2	1	1

10-9　续表 38

单位：人

地　　区	高山族			拉祜族			水族		
	小计	男	女	小计	男	女	小计	男	女
阳江市	**1**	**1**		**4**	**1**	**3**	**14**	**12**	**2**
江城区				1		1	9	8	1
阳西县	1	1							
阳东县				1	1		5	4	1
阳春市				2		2			
清远市	**4**	**3**	**1**	**25**	**21**	**4**	**159**	**79**	**80**
清城区	1		1	10	6	4	23	16	7
佛冈县							6		6
阳山县									
连山壮族瑶族自治县							78	39	39
连南瑶族自治县									
清新县	2	2		14	14		7	3	4
英德市	1	1		1	1		5	3	2
连州市							40	18	22
东莞市	**36**	**22**	**14**	**404**	**266**	**138**	**1575**	**887**	**688**
中山市	**4**	**3**	**1**	**39**	**20**	**19**	**353**	**213**	**140**
潮州市	**3**		**3**	**6**	**2**	**4**	**6**	**4**	**2**
湘桥区				4	1	3	2	1	1
潮安县				2	1	1	4	3	1
饶平县	3		3						
揭阳市	**2**		**2**	**10**		**10**	**25**	**14**	**11**
榕城区							17	9	8
揭东县	2		2	1		1			
揭西县				9		9			
惠来县							8	5	3
普宁市									
云浮市	**3**		**3**	**7**	**5**	**2**	**10**	**3**	**7**
云城区	3		3				2	1	1
新兴县				7	5	2	8	2	6
郁南县									
云安县									
罗定市									
广西壮族自治区	**278**	**159**	**119**	**111**	**42**	**69**	**13559**	**7025**	**6534**
南宁市	**53**	**34**	**19**	**43**	**25**	**18**	**1276**	**610**	**666**
兴宁区	6	5	1	5	5		76	31	45
青秀区	11	8	3	6	4	2	217	92	125
江南区	4	2	2	3		3	109	47	62
西乡塘区	25	15	10	13	4	9	336	169	167
良庆区	2	1	1				267	124	143
邕宁区				1	1		99	62	37
武鸣县				1		1	36	16	20
隆安县							2	1	1
马山县	1	1					50	26	24
上林县							43	20	23
宾阳县	1	1		10	8	2	23	13	10
横县	3	1	2	4	3	1	18	9	9

10-9 续表 39

单位：人

地区	高山族			拉祜族			水族		
	小计	男	女	小计	男	女	小计	男	女
柳州市	**45**	**30**	**15**	**5**		**5**	**4493**	**2420**	**2073**
城中区	2	1	1				76	45	31
鱼峰区	4	2	2	1		1	158	92	66
柳南区	11	8	3				371	196	175
柳北区	8	7	1	1		1	171	85	86
柳江县							111	69	42
柳城县	6	4	2				92	50	42
鹿寨县							29	12	17
融安县	11	7	4	1		1	122	45	77
融水苗族自治县	3	1	2				3343	1816	1527
三江侗族自治县				2		2	20	10	10
桂林市	**133**	**76**	**57**	**15**	**2**	**13**	**397**	**184**	**213**
秀峰区	6	3	3	1		1	24	9	15
叠彩区				2	1	1			
象山区	3	1	2	1		1	67	33	34
七星区	2		2				50	25	25
雁山区							2	1	1
阳朔县							1		1
临桂县				1		1	1		1
灵川县				4	1	3	10	4	6
全州县							10	3	7
兴安县							1		1
永福县				1		1	114	68	46
灌阳县				3		3	11	5	6
龙胜各族自治县							7	3	4
资源县	1		1				4	2	2
平乐县				1		1	36	13	23
荔浦县	112	67	45				56	16	40
恭城瑶族自治县	9	5	4	1		1	3	2	1
梧州市	**2**	**1**	**1**	**5**	**1**	**4**	**137**	**57**	**80**
万秀区							24	14	10
蝶山区							15	7	8
长洲区				1	1		23	17	6
苍梧县	1	1							
藤县	1		1				75	19	56
蒙山县				2		2			
岑溪市				2		2			
北海市	**6**	**1**	**5**	**9**	**6**	**3**	**72**	**39**	**33**
海城区	2		2	2	1	1	25	10	15
银海区	4	1	3	7	5	2	41	27	14
铁山港区									
合浦县							6	2	4
防城港市	**1**	**1**		**3**		**3**	**42**	**20**	**22**
港口区	1	1		3		3	9	5	4
防城区							6	2	4
上思县									
东兴市							27	13	14
钦州市	**5**		**5**	**2**		**2**	**50**	**25**	**25**
钦南区	3		3				18	8	10
钦北区	1		1	2		2	30	17	13
灵山县							2		2
浦北县	1		1						
贵港市	**4**	**3**	**1**	**2**	**2**		**134**	**45**	**89**
港北区	1	1		1	1		72	32	40
港南区							15	2	13
覃塘区	1	1					36	8	28
平南县	1	1		1	1		2	1	1
桂平市	1		1				9	2	7

10-9　续表 40

单位：人

地　区	高山族			拉祜族			水族		
	小计	男	女	小计	男	女	小计	男	女
玉林市	**1**		**1**	**5**		**5**	**254**	**81**	**173**
玉州区				1		1	53	27	26
容县	1		1	2		2	23	2	21
陆川县							20	8	12
博白县							14	2	12
兴业县							115	35	80
北流市				2		2	29	7	22
百色市				**8**	**2**	**6**	**5**	**1**	**4**
右江区							4	1	3
田阳县									
田东县				3	1	2			
平果县							1		1
德保县									
靖西县				3		3			
那坡县									
凌云县									
乐业县									
田林县									
西林县									
隆林各族自治县				2	1	1			
贺州市				**7**	**4**	**3**	**38**	**12**	**26**
八步区							14	4	10
平桂管理区				2	1	1	5	1	4
昭平县				4	3	1	8	3	5
钟山县				1		1	11	4	7
富川瑶族自治县									
河池市	**23**	**10**	**13**	**7**		**7**	**6414**	**3400**	**3014**
金城江区	16	9	7				761	382	379
南丹县							2860	1533	1327
天峨县							106	49	57
凤山县									
东兰县				5		5	4	2	2
罗城仫佬族自治县							169	75	94
环江毛南族自治县				1		1	715	367	348
巴马瑶族自治县									
都安瑶族自治县				1		1	688	361	327
大化瑶族自治县							8		8
宜州市	7	1	6				1103	631	472
来宾市	**3**	**2**	**1**				**234**	**122**	**112**
兴宾区	3	2	1				231	121	110
忻城县							2	1	1
象州县									
武宣县							1		1
金秀瑶族自治县									
合山市									
崇左市	**2**	**1**	**1**				**13**	**9**	**4**
江州区	1	1							
扶绥县									
宁明县									
龙州县							11	8	3
大新县									
天等县	1		1						
凭祥市							2	1	1

10-9 续表 41

单位：人

地区	高山族			拉祜族			水族		
	小计	男	女	小计	男	女	小计	男	女
海南省	**111**	**64**	**47**	**48**	**24**	**24**	**130**	**67**	**63**
海口市	**17**	**9**	**8**	**15**	**7**	**8**	**45**	**20**	**25**
秀英区				5	4	1			
龙华区	8	4	4	2		2	14	8	6
琼山区	2	1	1	2		2	14	10	4
美兰区	7	4	3	6	3	3	17	2	15
三亚市	**16**	**6**	**10**	**11**	**8**	**3**	**18**	**7**	**11**
省直辖县级行政区划	**78**	**49**	**29**	**22**	**9**	**13**	**67**	**40**	**27**
五指山市	1	1		1		1	3	1	2
琼海市	2	1	1				7	5	2
儋州市				6	3	3	7	3	4
文昌市	10	7	3	1	1				
万宁市	13	10	3	3	1	2	12	7	5
东方市	15	8	7	1		1	9	5	4
定安县							1		1
屯昌县	12	7	5				1		1
澄迈县	3	3					3	3	
临高县									
白沙黎族自治县							4	1	3
昌江黎族自治县							6	5	1
乐东黎族自治县							1	1	
陵水黎族自治县	14	7	7				8	6	2
保亭黎族苗族自治县	8	5	3	10	4	6			
琼中黎族苗族自治县							5	3	2
西沙群岛									
重庆市	**45**	**24**	**21**	**479**	**82**	**397**	**197**	**93**	**104**
市辖区	**39**	**23**	**16**	**379**	**67**	**312**	**165**	**85**	**80**
万州区	15	8	7	9	2	7	6	1	5
涪陵区	1	1					4	2	2
渝中区	2	1	1	5		5	2	2	
大渡口区				4	1	3	1	1	
江北区				2	1	1	3	1	2
沙坪坝区	5	1	4	10	3	7	31	19	12
九龙坡区				10	3	7	12	6	6
南岸区	1	1		9	5	4	7	4	3
北碚区	1	1		14	3	11	33	18	15
万盛区	4	4					2	1	1
双桥区				1		1			
渝北区				18		18			
巴南区	2	2		1		1	7	4	3
黔江区	1		1	1		1	4	1	3
长寿区									
江津区				13	1	12	3	2	1
合川区	4	3	1	263	39	224	21	9	12
永川区	3	1	2	19	9	10	28	13	15
南川区							1	1	
市辖县	**6**	**1**	**5**	**100**	**15**	**85**	**32**	**8**	**24**
綦江县				8	3	5	5	2	3
潼南县				25	1	24	2	1	1
铜梁县	2		2	34	8	26	3	3	

10-9　续表 42

单位：人

地　　区	高山族			拉祜族			水　族		
	小计	男	女	小计	男	女	小计	男	女
大足县				4		4	1		1
荣昌县				10	1	9	6	2	4
璧山县				10	1	9	2		2
梁平县	1		1				2		2
城口县									
丰都县	1		1	3	1	2			
垫江县	1	1		2		2	3		3
武隆县									
忠县				2		2	2		2
开县									
云阳县				1		1			
奉节县				1		1	1		1
巫山县									
巫溪县									
石柱土家族自治县							1		1
秀山土家族苗族自治县							3		3
酉阳土家族苗族自治县	1		1						
彭水苗族土家族自治县							1		1
四川省	**100**	**42**	**58**	**521**	**104**	**417**	**1178**	**537**	**641**
成都市	**38**	**23**	**15**	**98**	**31**	**67**	**420**	**202**	**218**
锦江区	1	1		9	2	7	9	5	4
青羊区	4	4		4	3	1	31	15	16
金牛区	2	2		13	4	9	13	6	7
武侯区	4	2	2	11	6	5	116	64	52
成华区	3	2	1	4	1	3	4	3	1
龙泉驿区	1		1	4	3	1			
青白江区				1		1	4	2	2
新都区	2	1	1	1		1	1		1
温江区	1	1		6		6	58	26	32
金堂县	1	1		3		3	12	5	7
双流县	2	1	1	19	5	14	46	21	25
郫县	3	1	2	8	4	4	35	18	17
大邑县				2		2	12	8	4
蒲江县				3		3	45	16	29
新津县				2		2	28	11	17
都江堰市				6	3	3	3	1	2
彭州市									
邛崃市				1		1	2		2
崇州市	14	7	7	1		1	1	1	
自贡市	**1**		**1**	**55**	**5**	**50**	**4**	**2**	**2**
自流井区							1	1	
贡井区							1	1	
大安区				1		1			
沿滩区				11	1	10	2		2
荣县				17	2	15			
富顺县	1		1	26	2	24			
攀枝花市				**15**	**3**	**12**	**119**	**67**	**52**
东区				9	2	7	20	14	6
西区				2		2	15	2	13
仁和区				2	1	1	23	15	8
米易县							35	23	12
盐边县				2		2	26	13	13

10-9 续表 43

单位：人

地区	高山族			拉祜族			水族		
	小计	男	女	小计	男	女	小计	男	女
泸州市				**81**	**12**	**69**	**35**	**18**	**17**
江阳区				20	2	18	9	2	7
纳溪区							1	1	
龙马潭区				12	1	11	1	1	
泸县				20	4	16	9	4	5
合江县				29	5	24	15	10	5
叙永县									
古蔺县									
德阳市	**1**		**1**	**19**	**3**	**16**	**1**		**1**
旌阳区				2	1	1			
中江县				15		15			
罗江县				1	1				
广汉市				1	1				
什邡市									
绵竹市	1		1				1		1
绵阳市	**11**	**4**	**7**	**23**	**10**	**13**	**188**	**53**	**135**
涪城区	1		1	1	1		178	49	129
游仙区				11	8	3			
三台县				1		1	1		1
盐亭县	2		2						
安县				4	1	3			
梓潼县							1		1
北川羌族自治县				1		1	7	3	4
平武县							1	1	
江油市	8	4	4	5		5			
广元市	**1**	**1**		**4**	**2**	**2**	**9**	**5**	**4**
利州区				3	2	1			
元坝区							8	4	4
朝天区				1		1			
旺苍县	1	1					1	1	
青川县									
剑阁县									
苍溪县									
遂宁市	**1**		**1**	**51**	**1**	**50**	**22**	**14**	**8**
船山区				9	1	8			
安居区	1		1	11		11			
蓬溪县				13		13	21	14	7
射洪县							1		1
大英县				18		18			
内江市	**4**	**3**	**1**	**36**	**10**	**26**	**16**	**8**	**8**
市中区				3		3			
东兴区				4	2	2			
威远县	1		1	2		2	16	8	8
资中县	2	2		12	4	8			
隆昌县	1	1		15	4	11			
乐山市				**8**	**2**	**6**	**20**	**12**	**8**
市中区							1		1
沙湾区									
五通桥区							1		1
金口河区									
犍为县				1		1			
井研县				2		2			
夹江县							15	11	4
沐川县									
峨边彝族自治县							2		2
马边彝族自治县				3	1	2			
峨眉山市				2	1	1	1	1	

10-9 续表 44

单位：人

地区	高山族			拉祜族			水族		
	小计	男	女	小计	男	女	小计	男	女
南充市	**6**	**4**	**2**	**11**	**1**	**10**	**6**	**2**	**4**
顺庆区				3		3	4	2	2
高坪区									
嘉陵区				2	1	1	2		2
南部县	1	1							
营山县	1	1		2		2			
蓬安县									
仪陇县				3		3			
西充县									
阆中市	4	2	2	1		1			
眉山市	**7**	**2**	**5**	**18**	**4**	**14**	**192**	**87**	**105**
东坡区	1	1		9	2	7	54	20	34
仁寿县	5		5	4		4	81	40	41
彭山县	1	1		2	1	1	10	4	6
洪雅县							23	9	14
丹棱县							17	11	6
青神县				3	1	2	7	3	4
宜宾市				**5**	**3**	**2**	**48**	**27**	**21**
翠屏区				2	1	1	1	1	
宜宾县									
南溪县									
江安县				1		1	1	1	
长宁县									
高县							36	22	14
珙县							1		1
筠连县									
兴文县							2	1	1
屏山县				2	2		7	2	5
广安市	**9**	**3**	**6**	**45**	**1**	**44**	**27**	**10**	**17**
广安区				23		23	21	10	11
岳池县	1		1	8		8	3		3
武胜县				8	1	7	2		2
邻水县	8	3	5				1		1
华蓥市				6		6			
达州市	**6**	**1**	**5**	**2**		**2**	**28**	**11**	**17**
通川区									
达县	3		3						
宣汉县									
开江县	1	1					24	11	13
大竹县				1		1			
渠县	2		2				1		1
万源市				1		1	3		3
雅安市				**5**		**5**			
雨城区				1		1			
名山县				1		1			
荥经县									
汉源县									
石棉县									
天全县									
芦山县				1		1			
宝兴县				2		2			

10-9 续表 45

单位：人

地区	高山族			拉祜族			水族		
	小计	男	女	小计	男	女	小计	男	女
巴中市							**2**	**1**	**1**
巴州区							2	1	1
通江县									
南江县									
平昌县									
资阳市	**3**		**3**	**26**	**5**	**21**	**9**	**1**	**8**
雁江区									
安岳县	2		2	11	3	8	2		2
乐至县	1		1	15	2	13	5		5
简阳市							2	1	1
阿坝藏族羌族自治州	**1**		**1**	**2**	**2**		**17**	**8**	**9**
汶川县							13	6	7
理县									
茂县									
松潘县									
九寨沟县							2	1	1
金川县									
小金县									
黑水县									
马尔康县				2	2		2	1	1
壤塘县	1		1						
阿坝县									
若尔盖县									
红原县									
甘孜藏族自治州				**5**	**5**		**6**	**5**	**1**
康定县				4	4		3	3	
泸定县									
丹巴县									
九龙县									
雅江县									
道孚县				1	1				
炉霍县									
甘孜县									
新龙县									
德格县									
白玉县									
石渠县									
色达县									
理塘县							1		1
巴塘县									
乡城县							2	2	
稻城县									
得荣县									
凉山彝族自治州	**11**	**1**	**10**	**12**	**4**	**8**	**9**	**4**	**5**
西昌市	4		4	3	1	2	4	2	2
木里藏族自治县									
盐源县				1	1				
德昌县	5	1	4						
会理县				2		2	5	2	3
会东县				1	1				
宁南县									
普格县									
布拖县									
金阳县									
昭觉县									

10-9 续表 46　　　　单位：人

地　区	高山族			拉祜族			水　族		
	小计	男	女	小计	男	女	小计	男	女
喜德县									
冕宁县	1		1						
越西县									
甘洛县									
美姑县									
雷波县	1		1	5	1	4			
贵州省	**191**	**90**	**101**	**182**	**53**	**129**	**348746**	**180317**	**168429**
贵阳市	**40**	**21**	**19**	**43**	**18**	**25**	**4768**	**2464**	**2304**
南明区	9	5	4	13	8	5	1068	570	498
云岩区	6	3	3	7	1	6	1292	679	613
花溪区	2	1	1	1	1		528	293	235
乌当区	10	7	3	3	1	2	466	233	233
白云区	1	1					266	136	130
小河区	6	3	3	2	2		69	38	31
开阳县	5	1	4	4	1	3	51	26	25
息烽县				1		1	38	19	19
修文县							101	48	53
清镇市	1		1	12	4	8	889	422	467
六盘水市				**21**	**6**	**15**	**11064**	**5965**	**5099**
钟山区				3		3	1349	695	654
六枝特区				4	1	3	120	74	46
水城县				5	1	4	4476	2402	2074
盘县				9	4	5	5119	2794	2325
遵义市	**16**	**5**	**11**	**21**	**2**	**19**	**469**	**218**	**251**
红花岗区	6	1	5	1		1	171	92	79
汇川区	4	2	2	3	1	2	107	44	63
遵义县				9	1	8	62	29	33
桐梓县	2		2	1		1	17	6	11
绥阳县							6	2	4
正安县							7	5	2
道真仡佬族苗族自治县	1		1				2		2
务川仡佬族苗族自治县									
凤冈县							15	6	9
湄潭县							14	3	11
余庆县	3	2	1				26	16	10
习水县				3		3	19	6	13
赤水市							13	7	6
仁怀市				4		4	10	2	8
安顺市	**1**		**1**	**21**	**7**	**14**	**365**	**206**	**159**
西秀区	1		1	11	5	6	173	106	67
平坝县				2		2	58	26	32
普定县				5	2	3	53	42	11
镇宁布依族苗族自治县				1		1	20	7	13
关岭布依族苗族自治县							15	7	8
紫云苗族布依族自治县				2		2	46	18	28
铜仁地区	**66**	**36**	**30**	**5**	**1**	**4**	**251**	**145**	**106**
铜仁市	6	5	1	2		2	161	109	52
江口县	2	1	1	3	1	2	3	1	2
玉屏侗族自治县							11	5	6
石阡县							4	1	3
思南县	58	30	28				22	4	18
印江土家族苗族自治县							1	1	
德江县									
沿河土家族自治县							1		1
松桃苗族自治县							17	6	11
万山特区							31	18	13

10-9 续表 47

单位：人

地区	高山族			拉祜族			水族		
	小计	男	女	小计	男	女	小计	男	女
黔西南布依族苗族自治州	**1**		**1**	**24**	**5**	**19**	**1147**	**530**	**617**
兴义市				7	1	6	853	380	473
兴仁县				4	2	2	29	14	15
普安县				5	1	4	76	42	34
晴隆县	1		1	3		3	54	27	27
贞丰县							7	4	3
望谟县				3		3	15	5	10
册亨县							19	8	11
安龙县				2	1	1	94	50	44
毕节地区	**18**	**8**	**10**	**26**	**6**	**20**	**5460**	**2851**	**2609**
毕节市				1		1	211	102	109
大方县	14	7	7	5	1	4	697	378	319
黔西县	1		1	3	1	2	2522	1326	1196
金沙县				1	1		75	25	50
织金县				5	2	3	1211	617	594
纳雍县	2	1	1				160	79	81
威宁彝族回族苗族自治县				4	1	3	538	298	240
赫章县	1		1	7		7	46	26	20
黔东南苗族侗族自治州	**5**	**3**	**2**	**13**	**5**	**8**	**55357**	**29827**	**25530**
凯里市	1	1		3	1	2	1569	872	697
黄平县	3	2	1				63	48	15
施秉县							30	16	14
三穗县							60	26	34
镇远县							73	27	46
岑巩县							25	9	16
天柱县							35	4	31
锦屏县							122	49	73
剑河县							2669	1551	1118
台江县							17	9	8
黎平县				3	1	2	3052	1706	1346
榕江县				4	3	1	30900	16309	14591
从江县	1		1	1		1	2767	1476	1291
雷山县				2		2	4532	2383	2149
麻江县							587	288	299
丹寨县							8856	5054	3802
黔南布依族苗族自治州	**44**	**17**	**27**	**8**	**3**	**5**	**269865**	**138111**	**131754**
都匀市	16	7	9	1		1	28728	14908	13820
福泉市	17	7	10				1177	627	550
荔波县							30988	15796	15192
贵定县				3	1	2	255	127	128
瓮安县	3		3	2	1	1	179	94	85
独山县							22541	11118	11423
平塘县	1		1				1343	719	624
罗甸县	1		1				86	45	41
长顺县							40	20	20
龙里县	2	1	1				22	6	16
惠水县	2	1	1	1		1	158	78	80
三都水族自治县	2	1	1	1	1		184348	94573	89775

10-9　续表 48　　　　　　　　　　　　　　　　　　　　　　　　　　单位：人

地　区	高山族			拉祜族			水族		
	小计	男	女	小计	男	女	小计	男	女
云南省	**131**	**66**	**65**	**475011**	**244774**	**230237**	**8834**	**4789**	**4045**
昆明市	**31**	**13**	**18**	**3296**	**1500**	**1796**	**605**	**347**	**258**
五华区	13	6	7	895	351	544	124	60	64
盘龙区	2		2	544	258	286	88	52	36
官渡区	7	1	6	422	231	191	125	82	43
西山区	4	3	1	444	199	245	104	55	49
东川区				29	12	17	9	3	6
呈贡县	1		1	360	156	204	45	26	19
晋宁县				104	29	75	39	20	19
富民县				14	4	10	3	3	
宜良县				123	72	51	11	5	6
石林彝族自治县				25	12	13	14	9	5
嵩明县				108	59	49	15	12	3
禄劝彝族苗族自治县	1	1		30	10	20	6	3	3
寻甸回族彝族自治县	1	1		17	6	11			
安宁市	2	1	1	181	101	80	22	17	5
曲靖市	**14**	**10**	**4**	**333**	**144**	**189**	**6710**	**3557**	**3153**
麒麟区	3	2	1	73	32	41	182	89	93
马龙县				16	7	9	5	1	4
陆良县				5	1	4	5	2	3
师宗县				10	4	6	6	2	4
罗平县	3	2	1	13	5	8	64	33	31
富源县				39	22	17	6232	3331	2901
会泽县				29	7	22	11	3	8
沾益县				39	31	8	20	9	11
宣威市	8	6	2	109	35	74	185	87	98
玉溪市	**2**	**1**	**1**	**7027**	**3729**	**3298**	**55**	**35**	**20**
红塔区	2	1	1	416	193	223	10	7	3
江川县				45	21	24	3	1	2
澄江县				21	6	15	2		2
通海县				67	33	34	25	16	9
华宁县				44	18	26	6	3	3
易门县				16	9	7	2	2	
峨山彝族自治县				50	17	33	1	1	
新平彝族傣族自治县				5260	2833	2427	2	2	
元江哈尼族彝族傣族自治县				1108	599	509	4	3	1
保山市	**5**	**2**	**3**	**157**	**67**	**90**	**196**	**106**	**90**
隆阳区	2		2	65	25	40	132	65	67
施甸县				11	5	6	24	14	10
腾冲县				57	29	28	33	21	12
龙陵县	3	2	1	7	3	4	2	2	
昌宁县				17	5	12	5	4	1
昭通市				**90**	**17**	**73**	**461**	**271**	**190**
昭阳区				17	4	13	68	37	31
鲁甸县				2		2	2		2
巧家县				14	2	12	5	3	2
盐津县				10	3	7			
大关县				5		5	3	2	1
永善县				9	1	8	3	1	2
绥江县				21	3	18			
镇雄县				4	1	3	1	1	
彝良县				1		1	375	223	152
威信县				5	2	3			
水富县				2	1	1	4	4	

10-9 续表 49

单位：人

地区	高山族			拉祜族			水族		
	小计	男	女	小计	男	女	小计	男	女
丽江市				**93**	**48**	**45**	**11**	**7**	**4**
古城区				44	16	28	8	5	3
玉龙纳西族自治县				24	18	6			
永胜县				19	10	9	2	2	
华坪县				4	2	2	1		1
宁蒗彝族自治县				2	2				
普洱市	**17**	**7**	**10**	**303937**	**156866**	**147071**	**89**	**50**	**39**
思茅区				6021	2860	3161	25	13	12
宁洱哈尼族彝族自治县	6	4	2	1911	903	1008	2	1	1
墨江哈尼族自治县	3	1	2	4273	2382	1891	2		2
景东彝族自治县				1386	693	693	34	19	15
景谷傣族彝族自治县	3	2	1	10802	5831	4971	7	6	1
镇沅彝族哈尼族拉祜族自治县	1		1	17906	9365	8541	2		2
江城哈尼族彝族自治县	2		2	1829	1015	814	7	5	2
孟连傣族拉祜族佤族自治县				38132	19099	19033			
澜沧拉祜族自治县	2		2	206283	106770	99513	6	2	4
西盟佤族自治县				15394	7948	7446	4	4	
临沧市	**4**	**3**	**1**	**85818**	**45242**	**40576**	**79**	**38**	**41**
临翔区	1	1		17022	8935	8087	24	11	13
凤庆县				557	282	275	3	2	1
云县	2	1	1	5699	3155	2544	7	4	3
永德县	1	1		1595	884	711	19	11	8
镇康县				1071	620	451	19	7	12
双江拉祜族佤族布朗族傣族自治县				33042	17549	15493	5	2	3
耿马傣族佤族自治县				23057	11866	11191	2	1	1
沧源佤族自治县				3775	1951	1824			
楚雄彝族自治州	**1**		**1**	**317**	**116**	**201**	**22**	**14**	**8**
楚雄市				107	40	67	13	9	4
双柏县				41	12	29			
牟定县				45	14	31			
南华县				23	7	16			
姚安县				16	7	9	3	1	2
大姚县				13	5	8			
永仁县				1	1				
元谋县				12	2	10	3	2	1
武定县				5	3	2	1		1
禄丰县	1		1	54	25	29	2	2	
红河哈尼族彝族自治州	**27**	**16**	**11**	**11430**	**5861**	**5569**	**216**	**136**	**80**
个旧市	19	10	9	46	26	20	65	32	33
开远市				46	13	33	12	7	5
蒙自市	3	2	1	109	57	52	129	89	40
屏边苗族自治县				1		1			
建水县	1	1		112	39	73	4	3	1
石屏县				85	32	53			
弥勒县				13	4	9			
泸西县				22	7	15			
元阳县				13	4	9			
红河县				6	3	3			
金平苗族瑶族傣族自治县	2	2		7980	3992	3988			
绿春县				2983	1674	1309	3	3	
河口瑶族自治县	2	1	1	14	10	4	3	2	1
文山壮族苗族自治州	**7**	**2**	**5**	**92**	**48**	**44**	**189**	**105**	**84**
文山县	2	2		37	23	14	14	8	6
砚山县	2		2	6	3	3			
西畴县				3	1	2			
麻栗坡县				1	1				

10-9　续表 50　　　　单位：人

地区	高山族			拉祜族			水族		
	小计	男	女	小计	男	女	小计	男	女
马关县				27	13	14	123	69	54
丘北县				5		5			
广南县				5	3	2	52	28	24
富宁县	3		3	8	4	4			
西双版纳傣族自治州	**10**	**4**	**6**	**61504**	**30729**	**30775**	**43**	**31**	**12**
景洪市	9	4	5	16043	7952	8091	26	20	6
勐海县				42751	21469	21282	5	4	1
勐腊县	1		1	2710	1308	1402	12	7	5
大理白族自治州	**10**	**6**	**4**	**715**	**288**	**427**	**101**	**53**	**48**
大理市	2	1	1	131	63	68	46	28	18
漾濞彝族自治县				3	3		2	1	1
祥云县	3	3		111	28	83	6	4	2
宾川县				189	99	90	6	3	3
弥渡县				154	40	114	25	9	16
南涧彝族自治县	1	1		50	14	36	1		1
巍山彝族回族自治县				27	12	15			
永平县	4	1	3	8	4	4	1	1	
云龙县				4	2	2	4	2	2
洱源县				16	8	8			
剑川县				3		3	2	1	1
鹤庆县				19	15	4	8	4	4
德宏傣族景颇族自治州	**3**	**2**	**1**	**136**	**73**	**63**	**45**	**32**	**13**
瑞丽市	1	1		49	33	16	15	10	5
潞西市	2	1	1	54	25	29	16	9	7
梁河县				5	2	3	2	2	
盈江县				7	3	4	10	10	
陇川县				21	10	11	2	1	1
怒江傈僳族自治州				**44**	**34**	**10**	**2**	**1**	**1**
泸水县				20	19	1	1	1	
福贡县				1	1				
贡山独龙族怒族自治县				6	1	5			
兰坪白族普米族自治县				17	13	4	1		1
迪庆藏族自治州				**22**	**12**	**10**	**10**	**6**	**4**
香格里拉县				17	9	8	7	4	3
德钦县							3	2	1
维西傈僳族自治县				5	3	2			
西藏自治区	**2**	**1**	**1**	**4**	**3**	**1**	**14**	**8**	**6**
拉萨市	**1**		**1**	**1**	**1**		**10**	**5**	**5**
城关区				1	1		10	5	5
林周县									
当雄县									
尼木县	1		1						
曲水县									
堆龙德庆县									
达孜县									
墨竹工卡县									
昌都地区				**2**	**1**	**1**			
昌都县				2	1	1			
江达县									
贡觉县									
类乌齐县									
丁青县									
察雅县									

10-9 续表 51

单位：人

地 区	高山族			拉祜族			水 族		
	小计	男	女	小计	男	女	小计	男	女
八宿县									
左贡县									
芒康县									
洛隆县									
边坝县									
山南地区									
乃东县									
扎囊县									
贡嘎县									
桑日县									
琼结县									
曲松县									
措美县									
洛扎县									
加查县									
隆子县									
错那县									
浪卡子县									
日喀则地区									
日喀则市									
南木林县									
江孜县									
定日县									
萨迦县									
拉孜县									
昂仁县									
谢通门县									
白朗县									
仁布县									
康马县									
定结县									
仲巴县									
亚东县									
吉隆县									
聂拉木县									
萨嘎县									
岗巴县									
那曲地区	**1**	**1**					**1**		**1**
那曲县							1		1
嘉黎县	1	1							
比如县									
聂荣县									
安多县									
申扎县									
索县									
班戈县									
巴青县									
尼玛县									
阿里地区				**1**	**1**		**3**	**3**	
普兰县							2	2	
札达县									
噶尔县									
日土县				1	1		1	1	
革吉县									
改则县									
措勤县									

10-9 续表 52

单位：人

地　　区	高山族			拉祜族			水　族		
	小计	男	女	小计	男	女	小计	男	女
林芝地区									
林芝县									
工布江达县									
米林县									
墨脱县									
波密县									
察隅县									
朗县									
陕西省	**15**	**7**	**8**	**35**	**14**	**21**	**83**	**50**	**33**
西安市	**11**	**4**	**7**	**20**	**9**	**11**	**62**	**41**	**21**
新城区	1	1							
碑林区	1		1	1	1		3	2	1
莲湖区	2	1	1						
灞桥区				2	1	1			
未央区	3		3	1		1	1	1	
雁塔区	3	2	1	7	4	3	45	29	16
阎良区									
临潼区				1		1			
长安区	1		1	7	3	4	7	5	2
蓝田县							5	4	1
周至县									
户县				1		1	1		1
高陵县									
铜川市	**1**		**1**						
王益区									
印台区	1		1						
耀州区									
宜君县									
宝鸡市				**3**	**1**	**2**			
渭滨区									
金台区									
陈仓区									
凤翔县									
岐山县									
扶风县									
眉县				1		1			
陇县									
千阳县				2	1	1			
麟游县									
凤县									
太白县									
咸阳市	**2**	**2**		**2**	**1**	**1**	**11**	**5**	**6**
秦都区									
杨陵区				2	1	1	11	5	6
渭城区	2	2							
三原县									
泾阳县									
乾县									
礼泉县									
永寿县									
彬县									

10-9 续表 53

单位：人

地区	高山族			拉祜族			水族		
	小计	男	女	小计	男	女	小计	男	女
长武县									
旬邑县									
淳化县									
武功县									
兴平市									
渭南市				**2**	**1**	**1**	**5**	**2**	**3**
临渭区							5	2	3
华县									
潼关县									
大荔县									
合阳县				2	1	1			
澄城县									
蒲城县									
白水县									
富平县									
韩城市									
华阴市									
延安市				**4**	**2**	**2**	**1**		**1**
宝塔区									
延长县									
延川县									
子长县									
安塞县									
志丹县									
吴起县									
甘泉县									
富县									
洛川县				4	2	2			
宜川县									
黄龙县									
黄陵县							1		1
汉中市	**1**	**1**		**2**		**2**	**1**		**1**
汉台区	1	1					1		1
南郑县				1		1			
城固县				1		1			
洋县									
西乡县									
勉县									
宁强县									
略阳县									
镇巴县									
留坝县									
佛坪县									
榆林市				**1**		**1**			
榆阳区									
神木县									
府谷县									
横山县									
靖边县									
定边县									
绥德县				1		1			
米脂县									
佳县									
吴堡县									
清涧县									
子洲县									

10-9　续表 54　　　　　　　　　　　　　　　　　　　单位：人

地　区	高山族			拉祜族			水　族		
	小计	男	女	小计	男	女	小计	男	女
安康市				**1**		**1**	**3**	**2**	**1**
汉滨区									
汉阴县									
石泉县									
宁陕县									
紫阳县									
岚皋县									
平利县							1	1	
镇坪县				1		1			
旬阳县							2	1	1
白河县									
商洛市									
商州区									
洛南县									
丹凤县									
商南县									
山阳县									
镇安县									
柞水县									
甘肃省	**27**	**15**	**12**	**14**	**6**	**8**	**50**	**31**	**19**
兰州市	**6**	**4**	**2**	**10**	**4**	**6**	**17**	**11**	**6**
城关区	1	1		2	1	1	4	3	1
七里河区	1	1		2	1	1	3	3	
西固区							2		2
安宁区	3	2	1				2	1	1
红古区							1		1
永登县									
皋兰县									
榆中县	1		1	6	2	4	5	4	1
嘉峪关市									
金昌市	**2**	**2**					**19**	**11**	**8**
金川区	2	2					7	3	4
永昌县							12	8	4
白银市	**3**		**3**						
白银区									
平川区									
靖远县									
会宁县									
景泰县	3		3						
天水市	**2**		**2**				**9**	**5**	**4**
秦州区	1		1				7	4	3
麦积区							2	1	1
清水县									
秦安县									
甘谷县									
武山县									
张家川回族自治县	1		1						
武威市	**1**	**1**		**1**		**1**	**1**	**1**	
凉州区	1	1					1	1	
民勤县									
古浪县									
天祝藏族自治县				1		1			

10-9　续表 55　　　　　　　　　　　　　　　　　　　　　　　　　　单位：人

地　区	高山族			拉祜族			水　族		
	小计	男	女	小计	男	女	小计	男	女
张掖市	**3**	**1**	**2**						
甘州区	3	1	2						
肃南裕固族自治县									
民乐县									
临泽县									
高台县									
山丹县									
平凉市							**3**	**2**	**1**
崆峒区							1	1	
泾川县									
灵台县									
崇信县									
华亭县									
庄浪县									
静宁县							2	1	1
酒泉市	**8**	**7**	**1**	**2**	**1**	**1**			
肃州区				1		1			
金塔县									
瓜州县									
肃北蒙古族自治县									
阿克塞哈萨克族自治县									
玉门市									
敦煌市	8	7	1	1	1				
庆阳市				**1**	**1**				
西峰区				1	1				
庆城县									
环县									
华池县									
合水县									
正宁县									
宁县									
镇原县									
定西市									
安定区									
通渭县									
陇西县									
渭源县									
临洮县									
漳县									
岷县									
陇南市							**1**	**1**	
武都区							1	1	
成县									
文县									
宕昌县									
康县									
西和县									
礼县									
徽县									
两当县									

10-9　续表 56

单位：人

地　区	高山族			拉祜族			水　族		
	小计	男	女	小计	男	女	小计	男	女
临夏回族自治州	**2**		**2**						
临夏市	1		1						
临夏县									
康乐县									
永靖县									
广河县									
和政县	1		1						
东乡族自治县									
积石山保安族东乡族撒拉族自治县									
甘南藏族自治州									
合作市									
临潭县									
卓尼县									
舟曲县									
迭部县									
玛曲县									
碌曲县									
夏河县									
青海省	**20**	**8**	**12**	**8**	**4**	**4**	**30**	**16**	**14**
西宁市	**8**		**8**	**6**	**3**	**3**	**16**	**12**	**4**
城东区	5		5	1	1		5	5	
城中区							3	2	1
城西区				3	2	1	3	1	2
城北区	2		2	1		1	5	4	1
大通回族土族自治县	1		1						
湟中县				1		1			
湟源县									
海东地区	**1**		**1**	**2**	**1**	**1**	**10**	**2**	**8**
平安县									
民和回族土族自治县									
乐都县									
互助土族自治县									
化隆回族自治县							10	2	8
循化撒拉族自治县	1		1	2	1	1			
海北藏族自治州	**5**	**3**	**2**				**2**	**2**	
门源回族自治县	2	1	1				2	2	
祁连县	3	2	1						
海晏县									
刚察县									
黄南藏族自治州									
同仁县									
尖扎县									
泽库县									
河南蒙古族自治县									
海南藏族自治州	**2**	**2**							
共和县	1	1							
同德县									
贵德县									
兴海县	1	1							
贵南县									
果洛藏族自治州									
玛沁县									
班玛县									
甘德县									
达日县									
久治县									
玛多县									

10-9 续表 57

单位：人

地 区	高山族			拉祜族			水 族		
	小计	男	女	小计	男	女	小计	男	女
玉树藏族自治州									
玉树县									
杂多县									
称多县									
治多县									
囊谦县									
曲麻莱县									
海西蒙古族藏族自治州	**4**	**3**	**1**				**2**		**2**
格尔木市	4	3	1						
德令哈市									
乌兰县									
都兰县									
天峻县									
芒崖行政委员会							2		2
柴旦行政委员会									
冷湖行政委员会									
宁夏回族自治区	**10**	**8**	**2**	**13**	**5**	**8**	**35**	**15**	**20**
银川市	**8**	**6**	**2**	**8**	**4**	**4**	**32**	**13**	**19**
兴庆区	2	1	1	1		1	9	4	5
西夏区	4	4		3	3		14	5	9
金凤区	2	1	1	2	1	1	6	2	4
永宁县									
贺兰县				1		1	3	2	1
灵武市				1		1			
石嘴山市	**2**	**2**		**4**		**4**			
大武口区									
惠农区	2	2		3		3			
平罗县				1		1			
吴忠市							**1**	**1**	
利通区									
红寺堡区									
盐池县							1	1	
同心县									
青铜峡市									
固原市				**1**	**1**		**2**	**1**	**1**
原州区				1	1		1		1
西吉县							1	1	
隆德县									
泾源县									
彭阳县									
中卫市									
沙坡头区									
中宁县									
海原县									
新疆维吾尔自治区	**44**	**15**	**29**	**73**	**41**	**32**	**90**	**68**	**22**
乌鲁木齐市	**2**	**2**		**21**	**15**	**6**	**15**	**9**	**6**
天山区	1	1		1		1	4	2	2
沙依巴克区	1	1		1		1	3	2	1
新市区				11	9	2	6	4	2
水磨沟区				1	1		1	1	

10-9　续表 58

单位：人

地　区	高山族			拉祜族			水　族		
	小计	男	女	小计	男	女	小计	男	女
头屯河区									
达坂城区									
米东区				7	5	2	1		1
乌鲁木齐县									
克拉玛依市	**9**	**4**	**5**	**2**		**2**	**16**	**12**	**4**
独山子区							7	5	2
克拉玛依区	5	3	2	2		2	9	7	2
白碱滩区	4	1	3						
乌尔禾区									
吐鲁番地区	**1**	**1**		**1**	**1**		**2**	**2**	
吐鲁番市	1	1		1	1		2	2	
鄯善县									
托克逊县									
哈密地区				**9**	**9**				
哈密市				8	8				
巴里坤哈萨克自治县				1	1				
伊吾县									
昌吉回族自治州				**1**		**1**	**2**	**2**	
昌吉市							2	2	
阜康市									
呼图壁县				1		1			
玛纳斯县									
奇台县									
吉木萨尔县									
木垒哈萨克自治县									
博尔塔拉蒙古自治州				**2**		**2**	**3**	**2**	**1**
博乐市							2	1	1
精河县							1	1	
温泉县				2		2			
巴音郭楞蒙古自治州	**4**		**4**	**5**		**5**			
库尔勒市	3		3						
轮台县									
尉犁县									
若羌县									
且末县									
焉耆回族自治县									
和静县	1		1						
和硕县				4		4			
博湖县				1		1			
阿克苏地区	**2**		**2**	**6**	**1**	**5**	**1**	**1**	
阿克苏市				5	1	4			
温宿县	2		2						
库车县									
沙雅县									
新和县									
拜城县							1	1	
乌什县									
阿瓦提县				1		1			
柯坪县									
克孜勒苏柯尔克孜自治州							**8**	**8**	
阿图什市									
阿克陶县							8	8	
阿合奇县									
乌恰县									

10-9 续表 59

单位：人

地区	高山族			拉祜族			水族		
	小计	男	女	小计	男	女	小计	男	女
喀什地区	**4**	**2**	**2**	**1**		**1**			
喀什市									
疏附县									
疏勒县									
英吉沙县									
泽普县	1		1						
莎车县	3	2	1						
叶城县									
麦盖提县									
岳普湖县									
伽师县									
巴楚县				1		1			
塔什库尔干塔吉克自治县									
和田地区									
和田市									
和田县									
墨玉县									
皮山县									
洛浦县									
策勒县									
于田县									
民丰县									
伊犁哈萨克自治州				**8**	**5**	**3**			
伊宁市				2	1	1			
奎屯市				1		1			
伊宁县									
察布查尔锡伯自治县									
霍城县									
巩留县									
新源县				3	2	1			
昭苏县									
特克斯县				2	2				
尼勒克县									
塔城地区	**1**	**1**		**3**		**3**	**10**	**7**	**3**
塔城市									
乌苏市				1		1	2	2	
额敏县									
沙湾县				2		2	6	4	2
托里县	1	1					1		1
裕民县							1	1	
和布克赛尔蒙古自治县									
阿勒泰地区	**1**		**1**				**1**	**1**	
阿勒泰市	1		1						
布尔津县									
富蕴县									
福海县							1	1	
哈巴河县									
青河县									
吉木乃县									
自治区直辖县级行政区划	**20**	**5**	**15**	**14**	**10**	**4**	**32**	**24**	**8**
石河子市	20	5	15	2	2		2	1	1
阿拉尔市				8	5	3	4	2	2
图木舒克市				1		1	16	14	2
五家渠市				3	3		10	7	3

10-10　全国各县分性别的东乡族、纳西族、景颇族人口

单位：人

地　区	东乡族			纳西族			景颇族		
	小计	男	女	小计	男	女	小计	男	女
全　国	**621500**	**317490**	**304010**	**326295**	**162635**	**163660**	**147828**	**71318**	**76510**
北京市	**484**	**345**	**139**	**554**	**282**	**272**	**112**	**48**	**64**
市辖区	**463**	**328**	**135**	**549**	**278**	**271**	**108**	**47**	**61**
东城区	12	9	3	22	12	10	7	4	3
西城区	18	14	4	28	15	13	2	2	
崇文区	3	2	1	27	9	18	2	1	1
宣武区	28	22	6	6	4	2	3	2	1
朝阳区	54	45	9	111	66	45	25	10	15
丰台区	16	13	3	36	14	22	14	9	5
石景山区	6	4	2	8	7	1	2	1	1
海淀区	150	103	47	191	93	98	24	10	14
门头沟区				2		2	1		1
房山区	6	3	3	11	7	4	2	1	1
通州区	10	8	2	15	8	7	6	1	5
顺义区	57	31	26	13	9	4	4	1	3
昌平区	69	51	18	52	22	30	5	1	4
大兴区	16	12	4	22	9	13	9	3	6
怀柔区	10	6	4	2	1	1	1	1	
平谷区	8	5	3	3	2	1	1		1
市辖县	**21**	**17**	**4**	**5**	**4**	**1**	**4**	**1**	**3**
密云县	10	7	3	1		1	4	1	3
延庆县	11	10	1	4	4				
天津市	**121**	**95**	**26**	**81**	**45**	**36**	**29**	**14**	**15**
市辖区	**119**	**93**	**26**	**77**	**42**	**35**	**23**	**10**	**13**
和平区	2	2		2	2				
河东区	2	1	1	5	2	3			
河西区	14	10	4	12	5	7	5		5
南开区	14	12	2	12	7	5			
河北区	7	3	4	1		1	2		2
红桥区	7	6	1				1	1	
东丽区	9	6	3	8	5	3	2	1	1
西青区	5	5		7	5	2	3	2	1
津南区	6	5	1	3		3	4	3	1
北辰区	9	8	1	5	2	3	1	1	
武清区	3	3							
宝坻区	1	1		5	1	4	2	1	1
滨海新区	40	31	9	17	13	4	3	1	2
市辖县	**2**	**2**		**4**	**3**	**1**	**6**	**4**	**2**
宁河县	2	2					4	4	
静海县				2	2				
蓟县				2	1	1	2		2
河北省	**78**	**52**	**26**	**259**	**71**	**188**	**70**	**22**	**48**
石家庄市	**17**	**12**	**5**	**107**	**24**	**83**	**7**	**1**	**6**
长安区	8	4	4	1	1				
桥东区	1	1		2	1	1			
桥西区	5	4	1	5	3	2			
新华区				4	3	1			
井陉矿区									
裕华区	1	1		14	6	8	2	1	1
井陉县				2		2			
正定县				20	3	17	3		3
栾城县									

10-10　续表 1　　　　　　　　　　　　　　　　　　　　　　单位：人

地　区	东乡族			纳西族			景颇族		
	小计	男	女	小计	男	女	小计	男	女
行唐县				2		2			
灵寿县				4		4			
高邑县									
深泽县									
赞皇县	1	1							
无极县				20	1	19			
平山县				3	2	1	2		2
元氏县									
赵县									
辛集市									
藁城市				21	3	18			
晋州市				1		1			
新乐市	1	1		3		3			
鹿泉市				5	1	4			
唐山市	**4**		**4**	**13**	**7**	**6**	**5**	**1**	**4**
路南区				6	6				
路北区									
古冶区									
开平区									
丰南区									
丰润区				2	1	1	1		1
滦县	1		1				1		1
滦南县									
乐亭县									
迁西县									
玉田县				3		3			
唐海县									
遵化市									
迁安市	3		3	2		2	3	1	2
秦皇岛市	**7**	**5**	**2**	**7**	**4**	**3**			
海港区	3	3		7	4	3			
山海关区	2		2						
北戴河区									
青龙满族自治县									
昌黎县									
抚宁县									
卢龙县	2	2							
邯郸市				**2**	**1**	**1**	**2**		**2**
邯山区				2	1	1			
丛台区									
复兴区									
峰峰矿区									
邯郸县									
临漳县									
成安县									
大名县									
涉县							2		2
磁县									
肥乡县									
永年县									
邱县									
鸡泽县									
广平县									
馆陶县									
魏县									
曲周县									
武安市									

10-10 续表 2

单位：人

地区	东乡族			纳西族			景颇族		
	小计	男	女	小计	男	女	小计	男	女
邢台市	**11**	**8**	**3**	**5**	**1**	**4**			
桥东区				1		1			
桥西区				1		1			
邢台县									
临城县				2	1	1			
内丘县									
柏乡县									
隆尧县									
任县									
南和县									
宁晋县									
巨鹿县									
新河县	1	1							
广宗县				1		1			
平乡县									
威县									
清河县	10	7	3						
临西县									
南宫市									
沙河市									
保定市	**18**	**14**	**4**	**33**	**12**	**21**	**15**	**4**	**11**
新市区									
北市区	6	4	2	12	7	5			
南市区				1		1			
满城县									
清苑县				4		4			
涞水县									
阜平县									
徐水县	1	1		2	1	1			
定兴县	1		1	3	1	2			
唐县									
高阳县				1		1			
容城县	1	1		2		2	1		1
涞源县							5		5
望都县							8	4	4
安新县									
易县				3	2	1	1		1
曲阳县									
蠡县	3	2	1						
顺平县									
博野县									
雄县									
涿州市	3	3		1		1			
定州市				3	1	2			
安国市				1		1			
高碑店市	3	3							
张家口市	**7**	**4**	**3**	**7**	**2**	**5**	**16**	**3**	**13**
桥东区	2	2		1		1	2	1	1
桥西区									
宣化区	4	2	2						
下花园区									
宣化县							10	1	9
张北县									

10-10 续表 3

单位：人

地　区	东乡族			纳西族			景颇族		
	小计	男	女	小计	男	女	小计	男	女
康保县									
沽源县									
尚义县				1		1			
蔚县				2	1	1			
阳原县									
怀安县				1		1			
万全县									
怀来县				1		1	1		1
涿鹿县									
赤城县	1		1	1	1				
崇礼县							3	1	2
承德市	**2**	**1**	**1**	**8**	**2**	**6**	**15**	**4**	**11**
双桥区	2	1	1						
双滦区									
鹰手营子矿区									
承德县				3	1	2			
兴隆县				1		1	4	2	2
平泉县									
滦平县							10	2	8
隆化县									
丰宁满族自治县				4	1	3	1		1
宽城满族自治县									
围场满族蒙古族自治县									
沧州市	**3**	**3**		**48**	**4**	**44**			
新华区	2	2							
运河区									
沧县									
青县				2		2			
东光县									
海兴县									
盐山县									
肃宁县				33	3	30			
南皮县				3		3			
吴桥县									
献县				5		5			
孟村回族自治县									
泊头市									
任丘市				1	1				
黄骅市	1	1		1		1			
河间市				3		3			
廊坊市	**7**	**4**	**3**	**23**	**14**	**9**	**10**	**9**	**1**
安次区	4	2	2	6	4	2			
广阳区	1		1	3	3		1	1	
固安县							7	7	
永清县									
香河县									
大城县				1		1	2	1	1
文安县									
大厂回族自治县	2	2							
霸州市									
三河市				13	7	6			
衡水市	**2**	**1**	**1**	**6**		**6**			
桃城区				1		1			
枣强县	1		1						
武邑县									

10-10　续表 4　　　　　　　　　　　　　　　　　　　　　　单位：人

地　区	东乡族			纳西族			景颇族		
	小计	男	女	小计	男	女	小计	男	女
武强县				2		2			
饶阳县				3		3			
安平县									
故城县									
景县									
阜城县									
冀州市									
深州市	1	1							
山西省	**30**	**21**	**9**	**42**	**17**	**25**	**108**	**9**	**99**
太原市	**15**	**11**	**4**	**19**	**11**	**8**	**6**	**1**	**5**
小店区	4	4		3	1	2	2		2
迎泽区	4	3	1	5	4	1			
杏花岭区				1		1	2		2
尖草坪区				4	4		2	1	1
万柏林区	3	1	2	6	2	4			
晋源区									
清徐县									
阳曲县									
娄烦县	4	3	1						
古交市									
大同市	**9**	**8**	**1**	**8**	**1**	**7**			
城区	2	1	1						
矿区	1	1							
南郊区				2	1	1			
新荣区									
阳高县									
天镇县									
广灵县				6		6			
灵丘县									
浑源县									
左云县									
大同县	6	6							
阳泉市				**1**		**1**	**1**		**1**
城区				1		1			
矿区									
郊区									
平定县							1		1
盂县									
长治市	**4**	**1**	**3**				**5**	**1**	**4**
城区	1		1						
郊区									
长治县									
襄垣县	3	1	2						
屯留县							4	1	3
平顺县									
黎城县							1		1
壶关县									
长子县									
武乡县									
沁县									
沁源县									
潞城市									

10-10 续表 5

单位：人

地区	东乡族			纳西族			景颇族		
	小计	男	女	小计	男	女	小计	男	女
晋城市				**2**		**2**	**22**		**22**
城区									
沁水县							17		17
阳城县							4		4
陵川县									
泽州县									
高平市				2		2	1		1
朔州市									
朔城区									
平鲁区									
山阴县									
应县									
右玉县									
怀仁县									
晋中市	**1**		**1**	**8**	**5**	**3**	**3**	**1**	**2**
榆次区	1		1	4	3	1			
榆社县									
左权县									
和顺县									
昔阳县									
寿阳县									
太谷县							2	1	1
祁县									
平遥县				1		1			
灵石县				3	2	1	1		1
介休市									
运城市				**2**		**2**	**11**		**11**
盐湖区									
临猗县									
万荣县									
闻喜县							2		2
稷山县									
新绛县									
绛县							3		3
垣曲县							6		6
夏县									
平陆县									
芮城县				1		1			
永济市				1		1			
河津市									
忻州市	**1**	**1**					**1**	**1**	
忻府区							1	1	
定襄县									
五台县									
代县									
繁峙县									
宁武县									
静乐县									
神池县									
五寨县									
岢岚县									
河曲县	1	1							
保德县									
偏关县									
原平市									

10-10　续表 6　　　　单位：人

地　区	东乡族			纳西族			景颇族		
	小计	男	女	小计	男	女	小计	男	女
临汾市							**56**	**3**	**53**
尧都区									
曲沃县									
翼城县							56	3	53
襄汾县									
洪洞县									
古县									
安泽县									
浮山县									
吉县									
乡宁县									
大宁县									
隰县									
永和县									
蒲县									
汾西县									
侯马市									
霍州市									
吕梁市				**2**		**2**	**3**	**2**	**1**
离石区									
文水县									
交城县									
兴县							2	2	
临县									
柳林县									
石楼县									
岚县				1		1			
方山县							1		1
中阳县				1		1			
交口县									
孝义市									
汾阳市									
内蒙古自治区	**574**	**374**	**200**	**60**	**29**	**31**	**39**	**7**	**32**
呼和浩特市	**160**	**111**	**49**	**17**	**6**	**11**	**13**	**5**	**8**
新城区	31	14	17	2	1	1	4	2	2
回民区	49	39	10	1		1			
玉泉区	24	18	6	1	1		3		3
赛罕区	29	18	11	1	1		6	3	3
土默特左旗	1	1		4	1	3			
托克托县	24	21	3	8	2	6			
和林格尔县	2		2						
清水河县									
武川县									
包头市	**74**	**47**	**27**	**10**	**5**	**5**	**2**		**2**
东河区	2	1	1						
昆都仑区	8	6	2	2	1	1			
青山区	30	19	11	5	3	2	1		1
石拐区	18	12	6						
白云鄂博矿区									
九原区	11	7	4						
土默特右旗	4	2	2	3	1	2			
固阳县							1		1
达尔罕茂明安联合旗	1		1						
乌海市	**129**	**78**	**51**	**1**		**1**			
海勃湾区	35	22	13	1		1			
海南区	28	19	9						
乌达区	66	37	29						

10-10 续表 7

单位：人

地区	东乡族			纳西族			景颇族		
	小计	男	女	小计	男	女	小计	男	女
赤峰市	**2**	**2**		**4**	**3**	**1**			
红山区				4	3	1			
元宝山区									
松山区	2	2							
阿鲁科尔沁旗									
巴林左旗									
巴林右旗									
林西县									
克什克腾旗									
翁牛特旗									
喀喇沁旗									
宁城县									
敖汉旗									
通辽市	**3**	**3**		**1**	**1**		**1**		**1**
科尔沁区	3	3		1	1				
科尔沁左翼中旗									
科尔沁左翼后旗									
开鲁县							1		1
库伦旗									
奈曼旗									
扎鲁特旗									
霍林郭勒市									
鄂尔多斯市	**66**	**43**	**23**	**4**	**2**	**2**	**4**		**4**
东胜区	17	13	4				1		1
达拉特旗	10	8	2	1		1	2		2
准格尔旗	14	6	8	1		1			
鄂托克前旗									
鄂托克旗	11	9	2						
杭锦旗	3	2	1						
乌审旗	4	2	2						
伊金霍洛旗	7	3	4	2	2		1		1
呼伦贝尔市	**15**	**9**	**6**	**11**	**6**	**5**	**6**	**1**	**5**
海拉尔区	1		1	9	6	3			
阿荣旗	6	2	4						
莫力达瓦达斡尔族自治旗	1		1				3		3
鄂伦春自治旗							3	1	2
鄂温克族自治旗									
陈巴尔虎旗				2		2			
新巴尔虎左旗									
新巴尔虎右旗									
满洲里市	7	7							
牙克石市									
扎兰屯市									
额尔古纳市									
根河市									
巴彦淖尔市	**17**	**12**	**5**						
临河区	8	4	4						
五原县	2	1	1						
磴口县									
乌拉特前旗									
乌拉特中旗	4	4							
乌拉特后旗	3	3							
杭锦后旗									

10-10　续表 8　　　　单位：人

地　区	东乡族			纳西族			景颇族		
	小计	男	女	小计	男	女	小计	男	女
乌兰察布市	**36**	**17**	**19**	**10**	**6**	**4**	**5**	**1**	**4**
集宁区	2	2							
卓资县	2	2							
化德县									
商都县									
兴和县	1		1				3	1	2
凉城县	4	2	2						
察哈尔右翼前旗				10	6	4			
察哈尔右翼中旗	2	1	1						
察哈尔右翼后旗							2		2
四子王旗	23	8	15						
丰镇市	2	2							
兴安盟							**6**		**6**
乌兰浩特市									
阿尔山市									
科尔沁右翼前旗							1		1
科尔沁右翼中旗							3		3
扎赉特旗									
突泉县							2		2
锡林郭勒盟	**11**	**6**	**5**	**2**		**2**	**2**		**2**
二连浩特市	2		2						
锡林浩特市	4	4							
阿巴嘎旗									
苏尼特左旗									
苏尼特右旗									
东乌珠穆沁旗	5	2	3						
西乌珠穆沁旗				1		1			
太仆寺旗									
镶黄旗									
正镶白旗									
正蓝旗				1		1			
多伦县							2		2
阿拉善盟	**61**	**46**	**15**						
阿拉善左旗	45	33	12						
阿拉善右旗									
额济纳旗	16	13	3						
辽宁省	**27**	**16**	**11**	**125**	**63**	**62**	**80**	**26**	**54**
沈阳市	**17**	**12**	**5**	**32**	**17**	**15**	**20**	**6**	**14**
和平区	3	3		5	1	4	2	2	
沈河区	4	3	1	6	4	2	1		1
大东区				6	3	3	2	2	
皇姑区	7	5	2	3	3		2		2
铁西区	2		2						
苏家屯区				3	2	1	2	1	1
东陵区				2	2		1		1
沈北新区				4	1	3	1		1
于洪区	1	1		2	1	1	8	1	7
辽中县				1		1	1		1
康平县									
法库县									
新民市									
大连市	**2**	**2**		**50**	**19**	**31**	**8**	**4**	**4**
中山区				8	1	7	1		1
西岗区				2	1	1			
沙河口区				6	3	3	1		1

10-10 续表 9

单位：人

地区	东乡族			纳西族			景颇族		
	小计	男	女	小计	男	女	小计	男	女
甘井子区	2	2		5	2	3	1	1	
旅顺口区				2		2			
金州区				26	12	14	2	1	1
长海县									
瓦房店市							3	2	1
普兰店市				1		1			
庄河市									
鞍山市				**19**	**15**	**4**			
铁东区				19	15	4			
铁西区									
立山区									
千山区									
台安县									
岫岩满族自治县									
海城市									
抚顺市	**1**		**1**				**13**	**1**	**12**
新抚区									
东洲区							1		1
望花区	1		1						
顺城区									
抚顺县									
新宾满族自治县							8		8
清原满族自治县							4	1	3
本溪市				**14**	**6**	**8**	**8**	**3**	**5**
平山区									
溪湖区				1	1				
明山区				13	5	8			
南芬区									
本溪满族自治县							1		1
桓仁满族自治县							7	3	4
丹东市	**4**	**2**	**2**	**1**	**1**		**6**		**6**
元宝区									
振兴区	2	1	1						
振安区									
宽甸满族自治县							4		4
东港市							1		1
凤城市	2	1	1	1	1		1		1
锦州市	**2**		**2**	**1**		**1**	**1**	**1**	
古塔区	1		1	1		1			
凌河区									
太和区	1		1						
黑山县									
义县									
凌海市									
北镇市							1	1	
营口市	**1**		**1**				**2**	**2**	
站前区							2	2	
西市区									
鲅鱼圈区									
老边区									
盖州市									
大石桥市	1		1						
阜新市							**1**	**1**	
海州区									
新邱区									

10-10　续表 10

单位：人

地　区	东乡族			纳西族			景颇族		
	小计	男	女	小计	男	女	小计	男	女
太平区							1	1	
清河门区									
细河区									
阜新蒙古族自治县									
彰武县									
辽阳市				**7**	**5**	**2**	**12**	**6**	**6**
白塔区				5	4	1			
文圣区				2	1	1	7	2	5
宏伟区									
弓长岭区							5	4	1
太子河区									
辽阳县									
灯塔市									
盘锦市									
双台子区									
兴隆台区									
大洼县									
盘山县									
铁岭市							**6**	**1**	**5**
银州区									
清河区									
铁岭县							2		2
西丰县							3	1	2
昌图县							1		1
调兵山市									
开原市									
朝阳市							**1**	**1**	
双塔区									
龙城区									
朝阳县									
建平县									
喀喇沁左翼蒙古族自治县									
北票市									
凌源市							1	1	
葫芦岛市				**1**		**1**	**2**		**2**
连山区									
龙港区									
南票区									
绥中县				1		1	1		1
建昌县							1		1
兴城市									
吉林省	**32**	**17**	**15**	**14**	**8**	**6**	**457**	**50**	**407**
长春市	**31**	**17**	**14**	**9**	**6**	**3**	**6**	**1**	**5**
南关区	9	5	4	2	2		2		2
宽城区	7	5	2						
朝阳区	7	3	4	7	4	3	1	1	
二道区	1	1					1		1
绿园区	6	3	3						
双阳区									
农安县									
九台市									
榆树市	1		1				2		2
德惠市									

10-10 续表 11 单位：人

地区	东乡族			纳西族			景颇族		
	小计	男	女	小计	男	女	小计	男	女
吉林市							**41**	**7**	**34**
昌邑区									
龙潭区							1		1
船营区									
丰满区									
永吉县									
蛟河市							29	4	25
桦甸市							1		1
舒兰市							6	3	3
磐石市							4		4
四平市									
铁西区									
铁东区									
梨树县									
伊通满族自治县									
公主岭市									
双辽市									
辽源市							**9**	**3**	**6**
龙山区									
西安区									
东丰县							9	3	6
东辽县									
通化市				**1**	**1**		**134**	**12**	**122**
东昌区				1	1		8	5	3
二道江区									
通化县							20	1	19
辉南县							38	1	37
柳河县							57	3	54
梅河口市							8	2	6
集安市							3		3
白山市				**3**	**1**	**2**	**73**	**9**	**64**
浑江区				1		1	3	1	2
江源区							3		3
抚松县				2	1	1	34	4	30
靖宇县							28	3	25
长白朝鲜族自治县									
临江市							5	1	4
松原市				**1**		**1**			
宁江区									
前郭尔罗斯蒙古族自治县				1		1			
长岭县									
乾安县									
扶余县									
白城市	**1**		**1**						
洮北区	1		1						
镇赉县									
通榆县									
洮南市									
大安市									
延边朝鲜族自治州							**194**	**18**	**176**
延吉市							3	1	2
图们市									
敦化市							64	5	59
珲春市							4		4
龙井市							1		1
和龙市							1		1
汪清县							6	1	5
安图县							115	11	104

10-10　续表 12

单位：人

地　区	东乡族			纳西族			景颇族		
	小计	男	女	小计	男	女	小计	男	女
黑龙江省	**19**	**11**	**8**	**45**	**27**	**18**	**11**	**2**	**9**
哈尔滨市	**1**		**1**	**6**	**3**	**3**	**2**		**2**
道里区									
南岗区	1		1	5	3	2			
道外区									
平房区									
松北区									
香坊区				1		1			
呼兰区									
阿城区									
依兰县									
方正县									
宾县									
巴彦县									
木兰县									
通河县									
延寿县									
双城市									
尚志市									
五常市							2		2
齐齐哈尔市	**1**	**1**		**5**	**1**	**4**			
龙沙区									
建华区	1	1		1		1			
铁锋区									
昂昂溪区									
富拉尔基区									
碾子山区									
梅里斯达斡尔族区									
龙江县				1		1			
依安县									
泰来县									
甘南县									
富裕县									
克山县									
克东县									
拜泉县									
讷河市				3	1	2			
鸡西市				**4**	**2**	**2**	**1**	**1**	
鸡冠区				4	2	2	1	1	
恒山区									
滴道区									
梨树区									
城子河区									
麻山区									
鸡东县									
虎林市									
密山市									
鹤岗市				**1**		**1**			
向阳区									
工农区									
南山区									
兴安区									

10-10 续表 13

单位：人

地区	东乡族			纳西族			景颇族		
	小计	男	女	小计	男	女	小计	男	女
东山区									
兴山区									
萝北县				1		1			
绥滨县									
双鸭山市	**7**	**3**	**4**	**2**	**1**	**1**			
尖山区				2	1	1			
岭东区									
四方台区	1	1							
宝山区	6	2	4						
集贤县									
友谊县									
宝清县									
饶河县									
大庆市	**7**	**4**	**3**	**17**	**16**	**1**	**2**		**2**
萨尔图区				15	15		1		1
龙凤区	2	2							
让胡路区	5	2	3						
红岗区				2	1	1			
大同区									
肇州县									
肇源县							1		1
林甸县									
杜尔伯特蒙古族自治县									
伊春市				**1**		**1**	**2**	**1**	**1**
伊春区									
南岔区									
友好区									
西林区									
翠峦区									
新青区									
美溪区									
金山屯区									
五营区									
乌马河区									
汤旺河区									
带岭区									
乌伊岭区									
红星区									
上甘岭区									
嘉荫县									
铁力市				1		1	2	1	1
佳木斯市	**3**	**3**		**1**	**1**				
向阳区									
前进区				1	1				
东风区									
郊区	3	3							
桦南县									
桦川县									
汤原县									
抚远县									
同江市									
富锦市									
七台河市									
新兴区									
桃山区									
茄子河区									
勃利县									

10-10　续表 14　　　　单位：人

地　区	东乡族			纳西族			景颇族		
	小计	男	女	小计	男	女	小计	男	女
牡丹江市				**1**	**1**		**4**		**4**
东安区									
阳明区							2		2
爱民区				1	1				
西安区									
东宁县							2		2
林口县									
绥芬河市									
海林市									
宁安市									
穆棱市									
黑河市				**4**	**1**	**3**			
爱辉区									
嫩江县									
逊克县									
孙吴县									
北安市									
五大连池市				4	1	3			
绥化市				**3**	**1**	**2**			
北林区				1		1			
望奎县									
兰西县									
青冈县									
庆安县									
明水县									
绥棱县				1	1				
安达市									
肇东市									
海伦市				1		1			
大兴安岭地区									
加格达奇区									
松岭区									
新林区									
呼中区									
呼玛县									
塔河县									
漠河县									
上海市	**362**	**282**	**80**	**287**	**125**	**162**	**142**	**68**	**74**
市辖区	**356**	**276**	**80**	**286**	**125**	**161**	**137**	**65**	**72**
黄浦区	8	5	3	3	2	1	3		3
卢湾区	3	3		2	1	1			
徐汇区	12	10	2	26	15	11	4	4	
长宁区	15	14	1	15	4	11	3	2	1
静安区	7	7		1		1			
普陀区	1	1		8	3	5	6	4	2
闸北区	5	5		8	5	3	7	2	5
虹口区	7	4	3	5	3	2			
杨浦区	14	14		22	10	12	2		2
闵行区	37	27	10	34	17	17	20	9	11
宝山区	25	18	7	56	14	42	10	2	8
嘉定区	17	13	4	7	2	5	7	2	5
浦东新区	135	104	31	60	28	32	26	17	9

10-10 续表 15　　　　单位：人

地　区	东乡族			纳西族			景颇族		
	小计	男	女	小计	男	女	小计	男	女
金山区	2	1	1	7	5	2	2		2
松江区	43	33	10	17	10	7	31	17	14
青浦区	9	6	3	6	4	2	6	2	4
奉贤区	16	11	5	9	2	7	10	4	6
市辖县	**6**	**6**		**1**		**1**	**5**	**3**	**2**
崇明县	6	6		1		1	5	3	2
江苏省	**420**	**277**	**143**	**329**	**123**	**206**	**298**	**92**	**206**
南京市	**39**	**27**	**12**	**105**	**57**	**48**	**20**	**1**	**19**
玄武区	8	6	2	17	6	11			
白下区	3	2	1	10	5	5			
秦淮区				4	1	3			
建邺区	4	4		6	3	3			
鼓楼区	7	4	3	26	16	10	1	1	
下关区	4	3	1						
浦口区	4	1	3	8	3	5			
栖霞区	4	3	1	8	7	1	3		3
雨花台区	2	2		4	4		1		1
江宁区	1	1		14	7	7			
六合区				6	5	1	1		1
溧水县							1		1
高淳县	2	1	1	2		2	13		13
无锡市	**89**	**69**	**20**	**16**	**9**	**7**	**19**	**8**	**11**
崇安区	2	1	1	1	1				
南长区									
北塘区	11	9	2	1	1		1		1
锡山区	15	10	5	3	2	1	5	2	3
惠山区	12	9	3	2		2	1		1
滨湖区	24	19	5	2	1	1	4	2	2
江阴市	13	11	2	3	3		7	3	4
宜兴市	12	10	2	4	1	3	1	1	
徐州市	**3**	**2**	**1**	**17**	**1**	**16**	**7**	**3**	**4**
鼓楼区				3		3			
云龙区									
九里区									
贾汪区									
泉山区				1		1			
丰县	1		1				7	3	4
沛县									
铜山县				4	1	3			
睢宁县	2	2		7		7			
新沂市									
邳州市				2		2			
常州市	**75**	**48**	**27**	**14**	**4**	**10**	**10**	**4**	**6**
天宁区	14	10	4				1		1
钟楼区	7	6	1	3	2	1	2	1	1
戚墅堰区				2		2			
新北区	24	14	10	2	1	1	1		1
武进区	23	15	8	4	1	3	4	2	2
溧阳市	2	1	1						
金坛市	5	2	3	3		3	2	1	1
苏州市	**123**	**79**	**44**	**61**	**31**	**30**	**96**	**39**	**57**
沧浪区	4	4		4	1	3			
平江区	12	7	5	9	5	4	4	2	2
金阊区				9	7	2	1		1

10-10　续表 16

单位：人

地　区	东乡族			纳西族			景颇族		
	小计	男	女	小计	男	女	小计	男	女
虎丘区	13	7	6	8	4	4	1		1
吴中区	13	10	3	5	2	3	8	4	4
相城区	16	10	6	1	1		11	5	6
常熟市	12	7	5	4	2	2	12	2	10
张家港市	4	4		10	4	6	3	1	2
昆山市	22	13	9	4	2	2	2	1	1
吴江市	14	9	5	2	1	1	46	20	26
太仓市	13	8	5	5	2	3	8	4	4
南通市	**18**	**9**	**9**	**27**	**5**	**22**	**56**	**23**	**33**
崇川区	1		1				16	12	4
港闸区							4	4	
通州区				4	1	3	6		6
海安县	1		1	12	1	11			
如东县	13	7	6				4		4
启东市				4	1	3	1		1
如皋市				7	2	5	2		2
海门市	3	2	1				23	7	16
连云港市	**1**	**1**		**2**		**2**	**3**		**3**
连云区									
新浦区	1	1		1		1			
海州区									
赣榆县				1		1			
东海县									
灌云县							2		2
灌南县							1		1
淮安市	**1**		**1**	**2**		**2**	**9**	**1**	**8**
清河区									
楚州区							2		2
淮阴区				1		1	2		2
清浦区									
涟水县							5	1	4
洪泽县									
盱眙县				1		1			
金湖县	1		1						
盐城市	**9**	**3**	**6**	**45**	**6**	**39**	**27**	**4**	**23**
亭湖区	2	1	1	7	1	6	1		1
盐都区	1		1	13	1	12			
响水县									
滨海县	4	2	2	1		1	2		2
阜宁县				2		2	1		1
射阳县							20	3	17
建湖县							1		1
东台市				9	2	7	1	1	
大丰市	2		2	13	2	11	1		1
扬州市	**11**	**6**	**5**	**6**	**1**	**5**	**9**	**3**	**6**
广陵区									
邗江区	2	1	1	2	1	1			
维扬区									
宝应县							2		2
仪征市	7	4	3	2		2	1	1	
高邮市				1		1	3		3
江都市	2	1	1	1		1	3	2	1
镇江市	**31**	**24**	**7**	**3**	**2**	**1**	**29**	**5**	**24**
京口区	5	3	2				3		3
润州区	1		1	1		1			

10-10 续表 17

单位：人

地区	东乡族			纳西族			景颇族		
	小计	男	女	小计	男	女	小计	男	女
丹徒区	2	2					7		7
丹阳市	10	6	4	1	1		12	5	7
扬中市				1	1		2		2
句容市	13	13					5		5
泰州市	**18**	**9**	**9**	**15**	**5**	**10**	**6**	**1**	**5**
海陵区	1	1		2		2	3	1	2
高港区	5	3	2	1		1	1		1
兴化市	2	1	1	5	4	1			
靖江市	7	4	3	6	1	5	1		1
泰兴市	2		2						
姜堰市	1		1	1		1	1		1
宿迁市	**2**		**2**	**16**	**2**	**14**	**7**		**7**
宿城区				12	1	11	3		3
宿豫区				2	1	1			
沭阳县				2		2			
泗阳县							4		4
泗洪县	2		2						
浙江省	**322**	**202**	**120**	**634**	**161**	**473**	**444**	**183**	**261**
杭州市	**97**	**70**	**27**	**49**	**22**	**27**	**47**	**20**	**27**
上城区	19	13	6						
下城区	3	2	1	3	1	2	1	1	
江干区	27	21	6	10	4	6	5	2	3
拱墅区	1		1	2		2	1		1
西湖区	24	21	3	14	8	6	2		2
滨江区	5	4	1	11	5	6	5	3	2
萧山区	6	4	2	2	1	1	22	10	12
余杭区	4	2	2	2		2	2		2
桐庐县	1		1						
淳安县							3	2	1
建德市	1		1	5	3	2			
富阳市							2	1	1
临安市	6	3	3				4	1	3
宁波市	**25**	**14**	**11**	**54**	**27**	**27**	**21**	**5**	**16**
海曙区	2	2		2	1	1			
江东区				3	3		6	3	3
江北区	5	4	1	1	1		2		2
北仑区				6	3	3	1		1
镇海区	1	1		1		1			
鄞州区	9	4	5	7	1	6	6		6
象山县							4	2	2
宁海县				1		1			
余姚市	6	2	4	2	1	1	1		1
慈溪市	2	1	1	24	12	12	1		1
奉化市				7	5	2			
温州市	**62**	**38**	**24**	**45**	**20**	**25**	**140**	**62**	**78**
鹿城区	25	18	7	7	4	3	68	33	35
龙湾区	2	1	1	2	1	1	7	4	3
瓯海区	11	5	6	7	5	2	20	7	13
洞头县				1	1				
永嘉县	1		1	5	3	2	2		2
平阳县	2	1	1	3		3	3	1	2
苍南县	16	10	6	9	1	8	18	7	11
文成县							1		1
泰顺县									
瑞安市	4	3	1	8	4	4	16	6	10
乐清市	1		1	3	1	2	5	4	1

10-10　续表 18　　　　　　　　　　　　　　　　　　单位：人

地　区	东乡族			纳西族			景颇族		
	小计	男	女	小计	男	女	小计	男	女
嘉兴市	**21**	**10**	**11**	**16**	**6**	**10**	**17**	**8**	**9**
南湖区	7	2	5	7	2	5	1		1
秀洲区	3		3				4	2	2
嘉善县	3	2	1	2	1	1	1	1	
海盐县				1		1			
海宁市	4	4					2	1	1
平湖市	2	1	1	5	2	3	7	3	4
桐乡市	2	1	1	1	1		2	1	1
湖州市	**15**	**10**	**5**	**9**	**3**	**6**	**10**	**4**	**6**
吴兴区	2	1	1	2	1	1			
南浔区	2	1	1						
德清县	6	5	1				3		3
长兴县	4	3	1	7	2	5			
安吉县	1		1				7	4	3
绍兴市	**24**	**15**	**9**	**387**	**51**	**336**	**60**	**31**	**29**
越城区	12	6	6	122	16	106	4	2	2
绍兴县	9	7	2	234	33	201	18	7	11
新昌县				1		1	3	2	1
诸暨市	3	2	1	8	1	7	30	18	12
上虞市				3	1	2	5	2	3
嵊州市				19		19			
金华市	**42**	**26**	**16**	**18**	**10**	**8**	**60**	**24**	**36**
婺城区	9	5	4	8	4	4	2	1	1
金东区	2	1	1						
武义县	3	2	1				8	4	4
浦江县							8	4	4
磐安县				1	1		3	1	2
兰溪市				1		1	1		1
义乌市	22	15	7	6	4	2	13	5	8
东阳市	1	1		1	1		10	4	6
永康市	5	2	3	1		1	15	5	10
衢州市	**1**		**1**	**7**	**4**	**3**	**4**	**1**	**3**
柯城区	1		1						
衢江区				3	2	1	1	1	
常山县							1		1
开化县							1		1
龙游县				2		2			
江山市				2	2		1		1
舟山市	**5**	**3**	**2**	**8**	**4**	**4**	**6**	**1**	**5**
定海区	5	3	2	4	1	3	3	1	2
普陀区				4	3	1	3		3
岱山县									
嵊泗县									
台州市	**24**	**12**	**12**	**23**	**6**	**17**	**51**	**19**	**32**
椒江区	4	4		5	2	3	17	9	8
黄岩区	6	2	4						
路桥区				2	1	1	4	2	2
玉环县	6	1	5	4	1	3	3	2	1
三门县	1		1	5		5			
天台县							5		5
仙居县							5	2	3
温岭市	6	4	2	3	1	2	7	4	3
临海市	1	1		4	1	3	10		10

10-10 续表 19 单位：人

地区	东乡族			纳西族			景颇族		
	小计	男	女	小计	男	女	小计	男	女
丽水市	**6**	**4**	**2**	**18**	**8**	**10**	**28**	**8**	**20**
莲都区	5	4	1	7	5	2	2	1	1
青田县							12	3	9
缙云县				4	2	2	3		3
遂昌县				2	1	1	3		3
松阳县	1		1	1		1			
云和县									
庆元县									
景宁畲族自治县				3		3			
龙泉市				1		1	8	4	4
安徽省	**112**	**83**	**29**	**87**	**19**	**68**	**166**	**27**	**139**
合肥市	**30**	**24**	**6**	**15**	**5**	**10**	**36**	**11**	**25**
瑶海区	8	6	2				7	3	4
庐阳区	8	7	1						
蜀山区	8	7	1	9	4	5			
包河区	5	4	1	2		2			
长丰县	1		1	1		1	2		2
肥东县				1	1		24	8	16
肥西县				2		2	3		3
芜湖市	**2**	**1**	**1**	**12**	**3**	**9**	**3**	**1**	**2**
镜湖区				4	2	2			
弋江区				2		2	1		1
鸠江区									
三山区				3	1	2			
芜湖县				1		1			
繁昌县	2	1	1	2		2	1	1	
南陵县							1		1
蚌埠市	**2**	**2**		**2**	**1**	**1**	**4**	**1**	**3**
龙子湖区	1	1		1	1				
蚌山区				1		1	1		1
禹会区									
淮上区									
怀远县									
五河县							2	1	1
固镇县	1	1					1		1
淮南市	**20**	**15**	**5**	**3**	**1**	**2**			
大通区	4	3	1	3	1	2			
田家庵区	5	3	2						
谢家集区									
八公山区									
潘集区	6	5	1						
凤台县	5	4	1						
马鞍山市				**3**	**1**	**2**	**7**		**7**
金家庄区									
花山区				3	1	2			
雨山区							4		4
当涂县							3		3
淮北市	**3**	**1**	**2**	**6**	**2**	**4**			
杜集区									
相山区				6	2	4			
烈山区									
濉溪县	3	1	2						

10-10　续表 20

单位：人

地　区	东乡族			纳西族			景颇族		
	小计	男	女	小计	男	女	小计	男	女
铜陵市				**1**		**1**	**1**	**1**	
铜官山区									
狮子山区									
郊区									
铜陵县				1		1	1	1	
安庆市	**3**	**1**	**2**	**8**	**1**	**7**	**6**	**2**	**4**
迎江区				3	1	2			
大观区							1		1
宜秀区									
怀宁县				1		1			
枞阳县									
潜山县									
太湖县									
宿松县									
望江县				4		4	1		1
岳西县									
桐城市	3	1	2				4	2	2
黄山市	**1**	**1**		**4**	**1**	**3**	**3**	**1**	**2**
屯溪区	1	1		3	1	2	1	1	
黄山区				1		1			
徽州区									
歙县									
休宁县							1		1
黟县									
祁门县							1		1
滁州市	**3**	**3**		**7**	**1**	**6**	**10**	**2**	**8**
琅琊区									
南谯区				3	1	2	2	1	1
来安县				1		1			
全椒县									
定远县							4		4
凤阳县	3	3		1		1	1		1
天长市									
明光市				2		2	3	1	2
阜阳市	**5**	**3**	**2**	**2**		**2**	**19**	**5**	**14**
颍州区	3	1	2						
颍东区				2		2	3	1	2
颍泉区									
临泉县							1		1
太和县							3	1	2
阜南县							12	3	9
颍上县	2	2							
界首市									
宿州市	**8**	**7**	**1**	**8**	**1**	**7**	**2**		**2**
埇桥区	8	7	1	2		2	2		2
砀山县									
萧县				1		1			
灵璧县				5	1	4			
泗县									
巢湖市				**8**	**2**	**6**	**30**	**1**	**29**
居巢区							16		16
庐江县							4		4
无为县				5	1	4	8		8
含山县				1		1	2	1	1
和县				2	1	1			

10-10 续表 21

单位：人

地区	东乡族			纳西族			景颇族		
	小计	男	女	小计	男	女	小计	男	女
六安市	**3**	**3**		**2**		**2**	**28**	**2**	**26**
金安区									
裕安区	3	3		2		2	10		10
寿县							5	1	4
霍邱县							1		1
舒城县							2		2
金寨县							9	1	8
霍山县							1		1
亳州市	**29**	**20**	**9**	**2**		**2**	**8**		**8**
谯城区	23	16	7				5		5
涡阳县									
蒙城县	5	3	2	2		2	1		1
利辛县	1	1					2		2
池州市							**5**		**5**
贵池区							2		2
东至县									
石台县									
青阳县							3		3
宣城市	**3**	**2**	**1**	**4**		**4**	**4**		**4**
宣州区	3	2	1	2		2	3		3
郎溪县				1		1			
广德县									
泾县							1		1
绩溪县									
旌德县				1		1			
宁国市									
福建省	**339**	**199**	**140**	**123**	**53**	**70**	**295**	**137**	**158**
福州市	**268**	**141**	**127**	**13**	**4**	**9**	**22**	**9**	**13**
鼓楼区	5	4	1	7	2	5	1		1
台江区									
仓山区	1	1		2	1	1	4	2	2
马尾区				1		1	8	4	4
晋安区	3	1	2				4	1	3
闽侯县	1	1		1	1				
连江县	231	115	116						
罗源县							1		1
闽清县									
永泰县									
平潭县									
福清市	3	2	1	2		2	4	2	2
长乐市	24	17	7						
厦门市	**32**	**24**	**8**	**39**	**19**	**20**	**31**	**11**	**20**
思明区	16	12	4	18	7	11	5	2	3
海沧区				5	1	4	2	1	1
湖里区	6	6		3	3		8	1	7
集美区	8	4	4	7	4	3	2		2
同安区	2	2		5	3	2	11	7	4
翔安区				1	1		3		3
莆田市	**4**	**4**		**2**	**1**	**1**	**10**	**3**	**7**
城厢区				1	1				
涵江区	1	1					1		1
荔城区	2	2		1		1	3		3
秀屿区	1	1					2	2	
仙游县							4	1	3

10-10　续表 22　　　　单位：人

地　区	东乡族			纳西族			景颇族		
	小计	男	女	小计	男	女	小计	男	女
三明市				**15**	**5**	**10**	**28**	**2**	**26**
梅列区							1	1	
三元区				3	1	2	2		2
明溪县									
清流县				4	1	3			
宁化县									
大田县				1	1		2		2
尤溪县							16	1	15
沙县				1		1	1		1
将乐县							4		4
泰宁县							2		2
建宁县									
永安市				6	2	4			
泉州市	**17**	**15**	**2**	**36**	**17**	**19**	**90**	**63**	**27**
鲤城区				1	1		4	2	2
丰泽区	1	1		12	6	6	13	8	5
洛江区				2		2			
泉港区	6	5	1	6	5	1	4	4	
惠安县				3	2	1	7	5	2
安溪县									
永春县				1		1			
德化县							4	3	1
石狮市	6	5	1				8	4	4
晋江市				6	1	5	37	26	11
南安市	4	4		5	2	3	13	11	2
漳州市	**4**	**3**	**1**	**8**	**4**	**4**	**50**	**40**	**10**
芗城区				2	1	1			
龙文区	1		1	1	1				
云霄县							1		1
漳浦县									
诏安县									
长泰县							43	34	9
东山县									
南靖县							6	6	
平和县									
华安县									
龙海市	3	3		5	2	3			
南平市				**3**		**3**	**13**	**2**	**11**
延平区							2		2
顺昌县				1		1			
浦城县							1		1
光泽县									
松溪县							1		1
政和县									
邵武市							2	1	1
武夷山市				1		1			
建瓯市				1		1	6	1	5
建阳市							1		1
龙岩市	**6**	**5**	**1**	**5**	**3**	**2**	**8**	**2**	**6**
新罗区	4	4		2	2		3	2	1
长汀县							2		2
永定县									
上杭县	1	1		1		1	1		1
武平县	1		1	1	1				
连城县									
漳平市				1		1	2		2

10-10 续表 23

单位：人

地 区	东乡族			纳西族			景颇族		
	小计	男	女	小计	男	女	小计	男	女
宁德市	**8**	**7**	**1**	**2**		**2**	**43**	**5**	**38**
蕉城区							10		10
霞浦县							19	5	14
古田县							2		2
屏南县							5		5
寿宁县							1		1
周宁县							2		2
柘荣县							3		3
福安市									
福鼎市	8	7	1	2		2	1		1
江西省	**49**	**31**	**18**	**89**	**45**	**44**	**65**	**23**	**42**
南昌市	**18**	**11**	**7**	**36**	**23**	**13**	**8**	**3**	**5**
东湖区				2	2		7	3	4
西湖区				1		1			
青云谱区									
湾里区				1		1			
青山湖区	2	1	1	9	7	2	1		1
南昌县	6	4	2						
新建县	10	6	4	23	14	9			
安义县									
进贤县									
景德镇市	**2**	**1**	**1**	**1**		**1**	**18**	**12**	**6**
昌江区									
珠山区	2	1	1	1		1			
浮梁县							18	12	6
乐平市									
萍乡市	**1**	**1**		**4**	**2**	**2**	**2**		**2**
安源区	1	1		2		2	1		1
湘东区									
莲花县				1	1				
上栗县				1	1		1		1
芦溪县									
九江市	**1**		**1**	**7**	**1**	**6**	**5**	**2**	**3**
庐山区				4	1	3			
浔阳区				1		1			
九江县									
武宁县	1		1				1		1
修水县									
永修县									
德安县									
星子县									
都昌县				2		2	1		1
湖口县									
彭泽县									
瑞昌市							3	2	1
新余市	**3**	**3**		**19**	**8**	**11**	**3**		**3**
渝水区	3	3		19	8	11	1		1
分宜县							2		2
鹰潭市	**4**	**3**	**1**	**3**	**2**	**1**			
月湖区	1	1		2	2				
余江县									
贵溪市	3	2	1	1		1			
赣州市	**1**		**1**	**10**	**4**	**6**	**7**	**6**	**1**
章贡区				9	4	5			
赣县									

10-10　续表 24

单位：人

地　区	东乡族			纳西族			景颇族		
	小计	男	女	小计	男	女	小计	男	女
信丰县									
大余县									
上犹县									
崇义县									
安远县									
龙南县							6	6	
定南县									
全南县									
宁都县									
于都县				1		1			
兴国县	1		1						
会昌县									
寻乌县									
石城县									
瑞金市									
南康市							1		1
吉安市	**3**	**2**	**1**	**2**	**1**	**1**	**10**		**10**
吉州区									
青原区	3	2	1	1	1				
吉安县									
吉水县							1		1
峡江县									
新干县							7		7
永丰县							2		2
泰和县									
遂川县									
万安县									
安福县				1		1			
永新县									
井冈山市									
宜春市	**9**	**6**	**3**	**2**		**2**	**3**		**3**
袁州区	9	6	3				1		1
奉新县				1		1	1		1
万载县									
上高县									
宜丰县				1		1			
靖安县									
铜鼓县									
丰城市									
樟树市							1		1
高安市									
抚州市				**3**	**2**	**1**			
临川区				1	1				
南城县									
黎川县									
南丰县									
崇仁县									
乐安县				2	1	1			
宜黄县									
金溪县									
资溪县									
东乡县									
广昌县									

10-10 续表 25

单位：人

地 区	东乡族			纳西族			景颇族		
	小计	男	女	小计	男	女	小计	男	女
上饶市	**7**	**4**	**3**	**2**	**2**		**9**		**9**
信州区	6	3	3						
上饶县							3		3
广丰县									
玉山县							3		3
铅山县									
横峰县									
弋阳县	1	1							
余干县				2	2				
鄱阳县									
万年县									
婺源县									
德兴市							3		3
山东省	**126**	**77**	**49**	**256**	**69**	**187**	**608**	**59**	**549**
济南市	**23**	**16**	**7**	**26**	**12**	**14**	**32**	**3**	**29**
历下区	4	4		11	4	7			
市中区	8	5	3	6	5	1	1	1	
槐荫区							1		1
天桥区	5	5		1		1	1		1
历城区	3	2	1	3	2	1	3	1	2
长清区	2		2	1		1	14	1	13
平阴县							11		11
济阳县									
商河县				1		1			
章丘市	1		1	3	1	2	1		1
青岛市	**42**	**30**	**12**	**42**	**17**	**25**	**134**	**25**	**109**
市南区	5	3	2	6	1	5	2	1	1
市北区				3		3	1	1	
四方区	3		3	1	1		3	1	2
黄岛区	23	20	3	11	8	3	1	1	
崂山区	3	1	2	10	5	5	3	1	2
李沧区	1	1					2	1	1
城阳区	3	1	2	5	1	4	8	4	4
胶州市	4	4					24	3	21
即墨市							9	6	3
平度市				4		4	7	1	6
胶南市				2	1	1	73	5	68
莱西市							1		1
淄博市	**2**	**2**		**2**		**2**	**30**	**3**	**27**
淄川区							1		1
张店区							3	1	2
博山区	1	1							
临淄区	1	1		2		2	13	2	11
周村区									
桓台县									
高青县							6		6
沂源县							7		7
枣庄市				**3**	**1**	**2**	**1**		**1**
市中区									
薛城区				1		1			
峄城区							1		1
台儿庄区									
山亭区									
滕州市				2	1	1			

10-10 续表 26

单位：人

地区	东乡族			纳西族			景颇族		
	小计	男	女	小计	男	女	小计	男	女
东营市	**2**	**2**		**6**	**1**	**5**	**7**	**1**	**6**
东营区	1	1		2	1	1	2		2
河口区									
垦利县									
利津县	1	1		1		1			
广饶县				3		3	5	1	4
烟台市	**10**	**3**	**7**	**11**	**6**	**5**	**13**	**1**	**12**
芝罘区				1		1	3		3
福山区	5	2	3						
牟平区	3		3				7		7
莱山区	2	1	1	4	3	1			
长岛县				2	1	1			
龙口市				1	1				
莱阳市				1		1			
莱州市							2	1	1
蓬莱市									
招远市									
栖霞市				1		1			
海阳市				1	1		1		1
潍坊市	**3**	**2**	**1**	**50**	**4**	**46**	**166**	**11**	**155**
潍城区				1		1	1		1
寒亭区				13	2	11	1		1
坊子区				4		4			
奎文区				3	1	2			
临朐县							32	2	30
昌乐县				5		5	5		5
青州市	1		1	16	1	15	19	3	16
诸城市	2	2					55	4	51
寿光市				3		3	2		2
安丘市				5		5	14		14
高密市							35	1	34
昌邑市							2	1	1
济宁市	**2**	**1**	**1**	**23**	**1**	**22**	**2**		**2**
市中区									
任城区									
微山县				5		5			
鱼台县									
金乡县				1	1				
嘉祥县									
汶上县									
泗水县									
梁山县							2		2
曲阜市				3		3			
兖州市	1	1							
邹城市	1		1	14		14			
泰安市	**4**	**2**	**2**	**5**	**1**	**4**	**5**	**1**	**4**
泰山区	1	1							
岱岳区				5	1	4			
宁阳县	3	1	2						
东平县							3		3
新泰市							2	1	1
肥城市									
威海市	**10**	**4**	**6**	**27**	**6**	**21**	**6**		**6**
环翠区	9	3	6	4	2	2			
文登市				1		1	4		4
荣成市				3		3			
乳山市	1	1		19	4	15	2		2

10-10 续表 27

单位：人

地区	东乡族			纳西族			景颇族		
	小计	男	女	小计	男	女	小计	男	女
日照市				**1**		**1**	**9**		**9**
东港区									
岚山区									
五莲县							6		6
莒县				1		1	3		3
莱芜市				**1**		**1**			
莱城区				1		1			
钢城区									
临沂市	**12**	**7**	**5**	**26**	**9**	**17**	**154**	**11**	**143**
兰山区				9	9		11	4	7
罗庄区	4	3	1						
河东区	3	1	2				1	1	
沂南县				1		1	17	1	16
郯城县	1	1					1		1
沂水县							29		29
苍山县				1		1			
费县	4	2	2	1		1	79	4	75
平邑县				7		7	12	1	11
莒南县				2		2	1		1
蒙阴县							1		1
临沭县				5		5	2		2
德州市	**5**	**3**	**2**	**2**		**2**	**6**		**6**
德城区	4	2	2						
陵县									
宁津县							5		5
庆云县									
临邑县	1	1							
齐河县							1		1
平原县									
夏津县									
武城县									
乐陵市									
禹城市				2		2			
聊城市	**2**	**2**		**22**	**10**	**12**			
东昌府区				9	7	2			
阳谷县	2	2							
莘县									
茌平县									
东阿县				11	3	8			
冠县									
高唐县									
临清市				2		2			
滨州市				**6**		**6**	**7**	**3**	**4**
滨城区							3		3
惠民县									
阳信县				1		1			
无棣县				4		4			
沾化县									
博兴县							3	3	
邹平县				1		1	1		1
菏泽市	**9**	**3**	**6**	**3**	**1**	**2**	**36**		**36**
牡丹区	5	3	2	1		1			
曹县							33		33
单县									
成武县	1		1						
巨野县	2		2						
郓城县									
鄄城县									
定陶县							3		3
东明县	1		1	2	1	1			

10-10　续表 28　　单位：人

地　区	东乡族			纳西族			景颇族		
	小计	男	女	小计	男	女	小计	男	女
河南省	**72**	**47**	**25**	**123**	**35**	**88**	**130**	**12**	**118**
郑州市	**34**	**24**	**10**	**34**	**10**	**24**	**7**	**1**	**6**
中原区	5	3	2	5	1	4	2	1	1
二七区	21	15	6	8	3	5			
管城回族区				3	1	2			
金水区	4	4		11	5	6	2		2
上街区									
惠济区	3	1	2						
中牟县	1	1		3		3	3		3
巩义市									
荥阳市									
新密市				1		1			
新郑市				3		3			
登封市									
开封市	**1**	**1**		**9**		**9**	**2**		**2**
龙亭区				1		1			
顺河回族区									
鼓楼区									
禹王台区									
金明区	1	1							
杞县				1		1			
通许县									
尉氏县							1		1
开封县				2		2	1		1
兰考县				5		5			
洛阳市	**3**	**1**	**2**	**8**	**3**	**5**	**7**		**7**
老城区									
西工区				5	3	2			
瀍河回族区				1		1			
涧西区				1		1			
吉利区									
洛龙区	3	1	2						
孟津县									
新安县							4		4
栾川县									
嵩县							3		3
汝阳县									
宜阳县									
洛宁县									
伊川县									
偃师市				1		1			
平顶山市	**2**	**2**		**17**	**6**	**11**	**31**	**2**	**29**
新华区	1	1		3	2	1	1		1
卫东区									
石龙区									
湛河区							1		1
宝丰县	1	1		5	3	2			
叶县				8	1	7	7	2	5
鲁山县							4		4
郏县									
舞钢市									
汝州市				1		1	18		18

10-10 续表 29

单位：人

地 区	东乡族			纳西族			景颇族		
	小计	男	女	小计	男	女	小计	男	女
安阳市	**6**	**3**	**3**	**5**	**1**	**4**	**6**		**6**
文峰区									
北关区									
殷都区									
龙安区							1		1
安阳县	2	1	1						
汤阴县									
滑县				3		3	5		5
内黄县	4	2	2						
林州市				2	1	1			
鹤壁市									
鹤山区									
山城区									
淇滨区									
浚县									
淇县									
新乡市	**2**	**2**					**7**		**7**
红旗区									
卫滨区									
凤泉区									
牧野区	2	2							
新乡县							2		2
获嘉县									
原阳县									
延津县									
封丘县									
长垣县									
卫辉市									
辉县市							5		5
焦作市	**5**	**3**	**2**	**2**	**2**		**1**		**1**
解放区				2	2				
中站区									
马村区									
山阳区	1	1							
修武县							1		1
博爱县									
武陟县									
温县									
沁阳市	2	1	1						
孟州市	2	1	1						
濮阳市									
华龙区									
清丰县									
南乐县									
范县									
台前县									
濮阳县									
许昌市	**1**	**1**		**6**	**3**	**3**			
魏都区	1	1		3	3				
许昌县				1		1			
鄢陵县									
襄城县									
禹州市									
长葛市				2		2			

10-10　续表 30　　　　　　　　　　　　　　　　　　　　　　　　单位：人

地　区	东乡族			纳西族			景颇族		
	小计	男	女	小计	男	女	小计	男	女
漯河市	**6**	**3**	**3**	**1**		**1**	**1**		**1**
源汇区	4	2	2				1		1
郾城区	1		1						
召陵区	1	1							
舞阳县				1		1			
临颍县									
三门峡市				**2**		**2**			
湖滨区									
渑池县				2		2			
陕县									
卢氏县									
义马市									
灵宝市									
南阳市				**14**	**7**	**7**	**16**	**2**	**14**
宛城区				2		2			
卧龙区									
南召县							1		1
方城县				1		1	13	1	12
西峡县									
镇平县				1		1			
内乡县									
淅川县									
社旗县				9	6	3	2	1	1
唐河县				1	1				
新野县									
桐柏县									
邓州市									
商丘市	**7**	**4**	**3**	**2**		**2**	**3**		**3**
梁园区				2		2			
睢阳区									
民权县							3		3
睢县									
宁陵县	5	2	3						
柘城县									
虞城县									
夏邑县	1	1							
永城市	1	1							
信阳市	**1**		**1**	**4**	**1**	**3**	**36**	**5**	**31**
浉河区									
平桥区	1		1	3	1	2	5	1	4
罗山县							2		2
光山县									
新县									
商城县				1		1	1		1
固始县							28	4	24
潢川县									
淮滨县									
息县									
周口市	**4**	**3**	**1**	**6**	**1**	**5**	**4**		**4**
川汇区				1		1			
扶沟县									
西华县									
商水县				1		1	1		1

10-10 续表 31

单位：人

地区	东乡族			纳西族			景颇族		
	小计	男	女	小计	男	女	小计	男	女
沈丘县									
郸城县							1		1
淮阳县	4	3	1	4	1	3	1		1
太康县									
鹿邑县							1		1
项城市									
驻马店市				**13**	**1**	**12**	**5**	**2**	**3**
驿城区				2	1	1			
西平县				2		2	1		1
上蔡县									
平舆县									
正阳县									
确山县				1		1	1		1
泌阳县				4		4			
汝南县									
遂平县				4		4			
新蔡县							3	2	1
省直辖县级行政区划							**4**		**4**
济源市							4		4
湖北省	**67**	**39**	**28**	**179**	**86**	**93**	**38**	**11**	**27**
武汉市	**32**	**18**	**14**	**124**	**57**	**67**	**12**	**4**	**8**
江岸区				9	4	5	1		1
江汉区	5	1	4	4	2	2			
硚口区				8	4	4			
汉阳区									
武昌区	8	6	2	14	8	6	2		2
青山区				12	6	6			
洪山区	18	10	8	68	26	42	7	4	3
东西湖区									
汉南区									
蔡甸区	1	1		6	4	2			
江夏区				3	3		2		2
黄陂区									
新洲区									
黄石市				**6**	**4**	**2**	**1**	**1**	
黄石港区				1	1				
西塞山区				3	2	1			
下陆区				2	1	1			
铁山区									
阳新县									
大冶市							1	1	
十堰市	**9**	**7**	**2**	**1**	**1**		**2**	**2**	
茅箭区	1		1						
张湾区	8	7	1	1	1		2	2	
郧县									
郧西县									
竹山县									
竹溪县									
房县									
丹江口市									
宜昌市	**4**	**3**	**1**	**8**	**5**	**3**	**3**	**1**	**2**
西陵区	4	3	1	1	1		1		1
伍家岗区				6	4	2			
点军区									

10-10　续表 32　　单位：人

地　区	东乡族			纳西族			景颇族		
	小计	男	女	小计	男	女	小计	男	女
猇亭区									
夷陵区									
远安县									
兴山县				1		1	1		1
秭归县									
长阳土家族自治县									
五峰土家族自治县									
宜都市									
当阳市							1	1	
枝江市									
襄樊市									
襄城区									
樊城区									
襄阳区									
南漳县									
谷城县									
保康县									
老河口市									
枣阳市									
宜城市									
鄂州市									
梁子湖区									
华容区									
鄂城区									
荆门市	**1**		**1**	**6**	**6**				
东宝区	1		1	1	1				
掇刀区									
京山县				4	4				
沙洋县				1	1				
钟祥市									
孝感市				**3**		**3**	**1**		**1**
孝南区				1		1			
孝昌县									
大悟县									
云梦县									
应城市				1		1			
安陆市				1		1	1		1
汉川市									
荆州市	**1**	**1**		**8**	**2**	**6**	**3**		**3**
沙市区				4	1	3			
荆州区	1	1		2	1	1			
公安县				1		1			
监利县									
江陵县							2		2
石首市									
洪湖市									
松滋市				1		1	1		1
黄冈市	**5**	**3**	**2**	**2**		**2**	**5**	**2**	**3**
黄州区									
团风县									
红安县									
罗田县									
英山县				1		1			
浠水县	1		1	1		1	2	1	1
蕲春县	3	3					3	1	2
黄梅县									
麻城市									
武穴市	1		1						

10-10 续表 33

单位：人

地区	东乡族			纳西族			景颇族		
	小计	男	女	小计	男	女	小计	男	女
咸宁市									
咸安区									
嘉鱼县									
通城县									
崇阳县									
通山县									
赤壁市									
随州市							**2**		**2**
曾都区									
随县							2		2
广水市									
恩施土家族苗族自治州	**11**	**5**	**6**	**19**	**10**	**9**	**8**	**1**	**7**
恩施市	5	2	3	7	4	3	2		2
利川市	2	1	1						
建始县				12	6	6			
巴东县									
宣恩县	3	1	2						
咸丰县	1	1							
来凤县							1		1
鹤峰县							5	1	4
省直辖县级行政区划	**4**	**2**	**2**	**2**	**1**	**1**	**1**		**1**
仙桃市				2	1	1	1		1
潜江市	4	2	2						
天门市									
神农架林区									
湖南省	**62**	**41**	**21**	**126**	**56**	**70**	**135**	**21**	**114**
长沙市	**37**	**26**	**11**	**42**	**21**	**21**	**3**		**3**
芙蓉区	6	4	2	6	4	2			
天心区				11	4	7			
岳麓区	9	6	3	17	8	9			
开福区				3	2	1			
雨花区	13	10	3	4	3	1	3		3
长沙县	6	3	3	1		1			
望城县									
宁乡县	3	3							
浏阳市									
株洲市	**1**	**1**		**4**	**1**	**3**	**6**	**3**	**3**
荷塘区							2	2	
芦淞区	1	1		1		1			
石峰区				1		1			
天元区				1	1				
株洲县									
攸县									
茶陵县				1		1	3	1	2
炎陵县							1		1
醴陵市									
湘潭市	**4**	**1**	**3**	**12**	**7**	**5**	**1**	**1**	
雨湖区	3	1	2	10	7	3	1	1	
岳塘区	1		1	1		1			
湘潭县				1		1			
湘乡市									
韶山市									

10-10 续表 34

单位：人

地区	东乡族			纳西族			景颇族		
	小计	男	女	小计	男	女	小计	男	女
衡阳市	**4**	**3**	**1**	**5**		**5**	**82**	**8**	**74**
珠晖区	4	3	1						
雁峰区									
石鼓区									
蒸湘区									
南岳区									
衡阳县									
衡南县				1		1			
衡山县									
衡东县									
祁东县				3		3	81	7	74
耒阳市				1		1	1	1	
常宁市									
邵阳市				**4**	**2**	**2**	**8**	**1**	**7**
双清区							3	1	2
大祥区									
北塔区									
邵东县							5		5
新邵县				1		1			
邵阳县									
隆回县									
洞口县				1	1				
绥宁县									
新宁县									
城步苗族自治县									
武冈市				2	1	1			
岳阳市	**6**	**4**	**2**	**5**	**2**	**3**	**2**	**1**	**1**
岳阳楼区	6	4	2	3	2	1			
云溪区									
君山区									
岳阳县									
华容县									
湘阴县							2	1	1
平江县				1		1			
汨罗市									
临湘市				1		1			
常德市				**4**	**2**	**2**	**1**		**1**
武陵区				4	2	2			
鼎城区									
安乡县									
汉寿县									
澧县							1		1
临澧县									
桃源县									
石门县									
津市市									
张家界市	**5**	**2**	**3**	**8**	**3**	**5**			
永定区	4	2	2	2		2			
武陵源区									
慈利县	1		1						
桑植县				6	3	3			
益阳市	**1**	**1**		**5**	**1**	**4**	**2**		**2**
资阳区				2		2			
赫山区	1	1		2	1	1			

10-10 续表 35

单位：人

地区	东乡族			纳西族			景颇族		
	小计	男	女	小计	男	女	小计	男	女
南县							1		1
桃江县									
安化县				1		1	1		1
沅江市									
郴州市				**1**		**1**	**1**		**1**
北湖区									
苏仙区									
桂阳县									
宜章县									
永兴县				1		1			
嘉禾县									
临武县									
汝城县							1		1
桂东县									
安仁县									
资兴市									
永州市	**1**	**1**		**4**	**2**	**2**	**18**	**1**	**17**
零陵区				2	1	1			
冷水滩区									
祁阳县							17	1	16
东安县							1		1
双牌县									
道县									
江永县									
宁远县	1	1		2	1	1			
蓝山县									
新田县									
江华瑶族自治县									
怀化市	**3**	**2**	**1**	**29**	**12**	**17**	**7**	**5**	**2**
鹤城区				17	7	10	3	2	1
中方县									
沅陵县				2	1	1			
辰溪县				2		2			
溆浦县				1		1			
会同县	3	2	1	2		2	1	1	
麻阳苗族自治县									
新晃侗族自治县									
芷江侗族自治县									
靖州苗族侗族自治县				1	1		3	2	1
通道侗族自治县									
洪江市				4	3	1			
娄底市				**1**	**1**		**3**	**1**	**2**
娄星区							1		1
双峰县							1	1	
新化县									
冷水江市									
涟源市				1	1		1		1
湘西土家族苗族自治州				**2**	**2**		**1**		**1**
吉首市				1	1				
泸溪县									
凤凰县				1	1		1		1
花垣县									
保靖县									
古丈县									
永顺县									
龙山县									

10-10 续表 36

单位：人

地区	东乡族			纳西族			景颇族		
	小计	男	女	小计	男	女	小计	男	女
广东省	**403**	**309**	**94**	**499**	**277**	**222**	**677**	**387**	**290**
广州市	**179**	**146**	**33**	**91**	**41**	**50**	**48**	**19**	**29**
荔湾区	4	3	1	4	1	3	8	2	6
越秀区	127	110	17	9	6	3	1		1
海珠区	6	4	2	24	9	15	6	2	4
天河区	3	1	2	25	14	11	3	2	1
白云区	14	9	5	6	2	4	15	10	5
黄埔区	8	5	3	1		1			
番禺区	11	10	1	13	3	10	9	2	7
花都区	3	1	2	3		3	2	1	1
南沙区							1		1
萝岗区	2	2		5	5		3		3
增城市	1	1		1	1				
从化市									
韶关市	**1**	**1**		**11**	**6**	**5**	**7**	**3**	**4**
武江区				1	1		3	2	1
浈江区	1	1		5	2	3	1		1
曲江区				4	2	2	1		1
始兴县									
仁化县							1		1
翁源县									
乳源瑶族自治县									
新丰县				1	1				
乐昌市							1	1	
南雄市									
深圳市	**86**	**58**	**28**	**150**	**82**	**68**	**121**	**65**	**56**
罗湖区	17	9	8	5	1	4	1		1
福田区	10	8	2	29	14	15	9	4	5
南山区	12	8	4	40	24	16	5	1	4
宝安区	36	25	11	50	28	22	75	39	36
龙岗区	10	7	3	23	12	11	30	21	9
盐田区	1	1		3	3		1		1
珠海市	**11**	**9**	**2**	**19**	**6**	**13**	**21**	**12**	**9**
香洲区	5	5		19	6	13	2		2
斗门区	2	2					14	9	5
金湾区	4	2	2				5	3	2
汕头市	**3**	**2**	**1**	**1**		**1**	**8**	**4**	**4**
龙湖区									
金平区	1	1					1	1	
濠江区									
潮阳区				1		1			
潮南区	1	1							
澄海区	1		1				7	3	4
南澳县									
佛山市	**44**	**39**	**5**	**42**	**25**	**17**	**70**	**40**	**30**
禅城区	3	3		9	6	3			
南海区	2	1	1	26	16	10	26	9	17
顺德区	35	31	4	6	2	4	35	25	10
三水区				1	1		6	3	3
高明区	4	4					3	3	
江门市				**9**	**5**	**4**	**4**	**1**	**3**
蓬江区				5	3	2	1		1
江海区				1	1		1		1

10-10 续表 37

单位：人

地区	东乡族			纳西族			景颇族		
	小计	男	女	小计	男	女	小计	男	女
新会区									
台山市				2		2	1		1
开平市									
鹤山市				1	1		1	1	
恩平市									
湛江市	**1**		**1**	**6**	**3**	**3**	**2**		**2**
赤坎区	1		1	2	1	1			
霞山区				3	2	1			
坡头区									
麻章区									
遂溪县									
徐闻县									
廉江市				1		1	1		1
雷州市							1		1
吴川市									
茂名市				**3**	**2**	**1**	**18**	**2**	**16**
茂南区									
茂港区				1		1	9		9
电白县							5		5
高州市				2	2		2	1	1
化州市									
信宜市							2	1	1
肇庆市	**3**	**2**	**1**	**2**		**2**	**8**	**2**	**6**
端州区	1		1						
鼎湖区				1		1			
广宁县									
怀集县				1		1			
封开县									
德庆县							1		1
高要市							1		1
四会市	2	2					6	2	4
惠州市	**11**	**9**	**2**	**73**	**42**	**31**	**93**	**68**	**25**
惠城区	11	9	2	18	6	12	45	32	13
惠阳区				46	29	17	24	18	6
博罗县				7	5	2	20	16	4
惠东县				2	2		4	2	2
龙门县									
梅州市				**1**	**1**		**1**		**1**
梅江区				1	1				
梅县							1		1
大埔县									
丰顺县									
五华县									
平远县									
蕉岭县									
兴宁市									
汕尾市									
城区									
海丰县									
陆河县									
陆丰市									
河源市				**3**	**3**		**7**	**5**	**2**
源城区				1	1		7	5	2
紫金县									
龙川县									
连平县				2	2				
和平县									
东源县									

10-10　续表 38　　　　　　　　　　　　　　　　　　　　　　单位：人

地　区	东乡族			纳西族			景颇族		
	小计	男	女	小计	男	女	小计	男	女
阳江市	**6**	**5**	**1**	**1**	**1**				
江城区									
阳西县									
阳东县	6	5	1	1	1				
阳春市									
清远市	**2**	**1**	**1**	**3**	**2**	**1**	**1**		**1**
清城区	1	1		3	2	1			
佛冈县									
阳山县									
连山壮族瑶族自治县									
连南瑶族自治县									
清新县									
英德市	1		1						
连州市							1		1
东莞市	**47**	**30**	**17**	**78**	**54**	**24**	**193**	**114**	**79**
中山市	**9**	**7**	**2**	**4**	**2**	**2**	**71**	**52**	**19**
潮州市				**2**	**2**		**3**		**3**
湘桥区				2	2				
潮安县							3		3
饶平县									
揭阳市							**1**		**1**
榕城区							1		1
揭东县									
揭西县									
惠来县									
普宁市									
云浮市									
云城区									
新兴县									
郁南县									
云安县									
罗定市									
广西壮族自治区	**17**	**10**	**7**	**149**	**69**	**80**	**41**	**5**	**36**
南宁市	**4**	**3**	**1**	**49**	**21**	**28**	**12**	**2**	**10**
兴宁区				3	2	1			
青秀区	3	2	1	16	8	8	7	1	6
江南区				2		2	1	1	
西乡塘区	1	1		23	9	14	4		4
良庆区				1		1			
邕宁区									
武鸣县				1	1				
隆安县									
马山县									
上林县				2		2			
宾阳县				1	1				
横县									

10-10 续表 39 　　　　单位：人

地　区	东乡族			纳西族			景颇族		
	小计	男	女	小计	男	女	小计	男	女
柳州市	**3**	**1**	**2**	**24**	**13**	**11**	**7**		**7**
城中区				2	2				
鱼峰区				5	1	4			
柳南区	2		2	9	4	5	1		1
柳北区				3	3		2		2
柳江县				1		1			
柳城县							1		1
鹿寨县	1	1		3	2	1	1		1
融安县									
融水苗族自治县				1	1				
三江侗族自治县							2		2
桂林市	**5**	**3**	**2**	**43**	**19**	**24**	**8**	**1**	**7**
秀峰区	1		1	3		3			
叠彩区				4	3	1			
象山区	4	3	1	9	7	2			
七星区				6	2	4			
雁山区				13	5	8	1		1
阳朔县									
临桂县				2		2			
灵川县				6	2	4	4	1	3
全州县									
兴安县									
永福县									
灌阳县							2		2
龙胜各族自治县									
资源县									
平乐县									
荔浦县							1		1
恭城瑶族自治县									
梧州市				**1**		**1**			
万秀区									
蝶山区				1		1			
长洲区									
苍梧县									
藤县									
蒙山县									
岑溪市									
北海市	**1**		**1**	**9**	**5**	**4**	**1**		**1**
海城区	1		1	2	2				
银海区				7	3	4	1		1
铁山港区									
合浦县									
防城港市				**1**	**1**				
港口区				1	1				
防城区									
上思县									
东兴市									
钦州市				**5**	**2**	**3**	**2**		**2**
钦南区				5	2	3	1		1
钦北区							1		1
灵山县									
浦北县									
贵港市	**2**	**1**	**1**	**2**		**2**	**1**	**1**	
港北区	2	1	1	1		1			
港南区							1	1	
覃塘区				1		1			
平南县									
桂平市									

10-10　续表 40

单位：人

地　区	东乡族			纳西族			景颇族		
	小计	男	女	小计	男	女	小计	男	女
玉林市				**4**	**3**	**1**	**2**		**2**
玉州区				4	3	1	2		2
容县									
陆川县									
博白县									
兴业县									
北流市									
百色市	**1**	**1**		**7**	**3**	**4**	**1**		**1**
右江区				3	1	2			
田阳县				1		1			
田东县				2	2				
平果县									
德保县							1		1
靖西县				1		1			
那坡县	1	1							
凌云县									
乐业县									
田林县									
西林县									
隆林各族自治县									
贺州市									
八步区									
平桂管理区									
昭平县									
钟山县									
富川瑶族自治县									
河池市	**1**	**1**		**4**	**2**	**2**	**3**	**1**	**2**
金城江区									
南丹县	1	1					2	1	1
天峨县									
凤山县									
东兰县									
罗城仫佬族自治县				4	2	2	1		1
环江毛南族自治县									
巴马瑶族自治县									
都安瑶族自治县									
大化瑶族自治县									
宜州市									
来宾市							**3**		**3**
兴宾区									
忻城县							3		3
象州县									
武宣县									
金秀瑶族自治县									
合山市									
崇左市							**1**		**1**
江州区									
扶绥县									
宁明县									
龙州县									
大新县							1		1
天等县									
凭祥市									

10-10 续表 41 单位：人

地区	东乡族			纳西族			景颇族		
	小计	男	女	小计	男	女	小计	男	女
海南省	**19**	**9**	**10**	**28**	**11**	**17**	**15**	**5**	**10**
海口市	**11**	**7**	**4**	**19**	**9**	**10**	**8**	**5**	**3**
秀英区	4	2	2	2	2				
龙华区	4	4		2		2			
琼山区				5	3	2	2	2	
美兰区	3	1	2	10	4	6	6	3	3
三亚市	**4**	**1**	**3**	**6**	**2**	**4**	**3**		**3**
省直辖县级行政区划	**4**	**1**	**3**	**3**		**3**	**4**		**4**
五指山市									
琼海市							1		1
儋州市				3		3			
文昌市							1		1
万宁市	2		2						
东方市									
定安县							1		1
屯昌县									
澄迈县	2	1	1						
临高县									
白沙黎族自治县									
昌江黎族自治县							1		1
乐东黎族自治县									
陵水黎族自治县									
保亭黎族苗族自治县									
琼中黎族苗族自治县									
西沙群岛									
重庆市	**102**	**56**	**46**	**421**	**171**	**250**	**82**	**21**	**61**
市辖区	**101**	**55**	**46**	**358**	**162**	**196**	**64**	**19**	**45**
万州区	2	1	1	4	1	3	3	1	2
涪陵区				2		2	8		8
渝中区	1	1		8	2	6			
大渡口区				7	6	1	1		1
江北区				6	4	2			
沙坪坝区	3	2	1	32	14	18	3	3	
九龙坡区	1		1	20	14	6	3		3
南岸区				22	12	10	2		2
北碚区	5	3	2	32	9	23	2	1	1
万盛区							8	2	6
双桥区									
渝北区	3		3	29	17	12	2	1	1
巴南区				10	5	5			
黔江区				1	1				
长寿区									
江津区				1	1		6	1	5
合川区	84	47	37	149	60	89	22	10	12
永川区	2	1	1	34	16	18	4		4
南川区				1		1			
市辖县	**1**	**1**		**63**	**9**	**54**	**18**	**2**	**16**
綦江县				3	1	2	4		4
潼南县				23	1	22	2	1	1
铜梁县	1	1		3	1	2			

10-10 续表 42

单位：人

地区	东乡族			纳西族			景颇族		
	小计	男	女	小计	男	女	小计	男	女
大足县				3		3	1		1
荣昌县				17	6	11	5		5
璧山县				12		12	1		1
梁平县							1		1
城口县									
丰都县				1		1			
垫江县							1		1
武隆县							1		1
忠县				1		1			
开县									
云阳县									
奉节县									
巫山县									
巫溪县									
石柱土家族自治县									
秀山土家族苗族自治县							2	1	1
酉阳土家族苗族自治县									
彭水苗族土家族自治县									
四川省	**191**	**135**	**56**	**10149**	**5098**	**5051**	**173**	**51**	**122**
成都市	**59**	**41**	**18**	**308**	**138**	**170**	**63**	**27**	**36**
锦江区				11	3	8	3	1	2
青羊区	2	2		31	13	18	3	1	2
金牛区	8	7	1	28	13	15	7	3	4
武侯区	18	11	7	77	31	46	23	13	10
成华区	7	5	2	22	12	10			
龙泉驿区	2	2		23	15	8	1	1	
青白江区				3	2	1			
新都区	7	4	3	7	4	3			
温江区	2	2		5	4	1	1		1
金堂县				4	2	2	3		3
双流县	6	3	3	51	19	32	2	2	
郫县	5	4	1	30	13	17	4	4	
大邑县									
蒲江县				3	1	2	1		1
新津县	1		1				2	1	1
都江堰市				4	1	3			
彭州市				3	2	1	4		4
邛崃市				2	2		3		3
崇州市	1	1		4	1	3	6	1	5
自贡市				**41**	**5**	**36**	**5**		**5**
自流井区									
贡井区				3		3			
大安区				3		3			
沿滩区				3		3			
荣县				1		1	4		4
富顺县				31	5	26	1		1
攀枝花市				**3151**	**1577**	**1574**	**9**	**3**	**6**
东区				192	82	110	4	1	3
西区				229	117	112	2	1	1
仁和区				182	95	87			
米易县				51	17	34			
盐边县				2497	1266	1231	3	1	2

10-10 续表 43

单位：人

地区	东乡族			纳西族			景颇族		
	小计	男	女	小计	男	女	小计	男	女
泸州市	**2**	**2**		**25**	**6**	**19**	**2**		**2**
江阳区	2	2		3	2	1			
纳溪区									
龙马潭区				2		2			
泸县				11	2	9			
合江县				5	1	4	1		1
叙永县				1	1		1		1
古蔺县				3		3			
德阳市				**38**	**20**	**18**	**9**	**6**	**3**
旌阳区				22	13	9	5	4	1
中江县				1		1			
罗江县				1		1			
广汉市				8	6	2			
什邡市				2		2			
绵竹市				4	1	3	4	2	2
绵阳市	**20**	**13**	**7**	**12**	**6**	**6**	**1**		**1**
涪城区	15	10	5	9	5	4			
游仙区									
三台县				1	1				
盐亭县									
安县	5	3	2						
梓潼县				1		1			
北川羌族自治县							1		1
平武县									
江油市				1		1			
广元市	**15**	**8**	**7**	**15**	**13**	**2**	**6**		**6**
利州区				6	5	1	1		1
元坝区									
朝天区							1		1
旺苍县				5	5				
青川县	15	8	7	1	1		1		1
剑阁县				2	1	1	3		3
苍溪县				1	1				
遂宁市				**12**		**12**	**1**		**1**
船山区									
安居区				6		6			
蓬溪县				1		1			
射洪县				2		2			
大英县				3		3	1		1
内江市				**19**	**2**	**17**	**7**	**1**	**6**
市中区				3	1	2			
东兴区				5	1	4			
威远县				3		3	1		1
资中县				4		4	6	1	5
隆昌县				4		4			
乐山市				**12**	**7**	**5**	**9**		**9**
市中区				5	3	2	1		1
沙湾区				3	1	2			
五通桥区							3		3
金口河区							1		1
犍为县									
井研县				2	1	1	2		2
夹江县							1		1
沐川县									
峨边彝族自治县									
马边彝族自治县							1		1
峨眉山市				2	2				

10-10　续表 44　　　　单位：人

地区	东乡族			纳西族			景颇族		
	小计	男	女	小计	男	女	小计	男	女
南充市	**3**	**3**		**15**	**6**	**9**	**5**	**4**	**1**
顺庆区	3	3		5	3	2	3	3	
高坪区				2		2			
嘉陵区				2	1	1			
南部县				4		4	2	1	1
营山县									
蓬安县									
仪陇县									
西充县									
阆中市				2	2				
眉山市	**1**		**1**	**17**	**3**	**14**	**14**	**1**	**13**
东坡区				10	3	7	2		2
仁寿县				6		6	6		6
彭山县	1		1	1		1			
洪雅县									
丹棱县									
青神县							6	1	5
宜宾市	**1**	**1**		**12**	**9**	**3**	**4**	**1**	**3**
翠屏区	1	1		10	8	2			
宜宾县				1	1				
南溪县									
江安县									
长宁县									
高县				1		1			
珙县							3	1	2
筠连县									
兴文县									
屏山县							1		1
广安市				**13**	**1**	**12**	**14**	**3**	**11**
广安区				4	1	3	9	3	6
岳池县				1		1	5		5
武胜县				8		8			
邻水县									
华蓥市									
达州市									
通川区									
达县									
宣汉县									
开江县									
大竹县									
渠县									
万源市									
雅安市	**4**	**4**		**13**	**7**	**6**	**4**	**1**	**3**
雨城区	1	1		10	5	5			
名山县	3	3		2	1	1	1		1
荥经县									
汉源县							1	1	
石棉县				1	1				
天全县							1		1
芦山县							1		1
宝兴县									

10-10 续表 45

单位：人

地区	东乡族			纳西族			景颇族		
	小计	男	女	小计	男	女	小计	男	女
巴中市									
巴州区									
通江县									
南江县									
平昌县									
资阳市				**24**		**24**	**5**		**5**
雁江区				6		6			
安岳县				7		7			
乐至县				5		5	2		2
简阳市				6		6	3		3
阿坝藏族羌族自治州	**54**	**36**	**18**	**12**	**10**	**2**	**1**		**1**
汶川县	1	1		3	3				
理县									
茂县				3	1	2			
松潘县	15	9	6	1	1				
九寨沟县	3	3		1	1		1		1
金川县									
小金县									
黑水县									
马尔康县				3	3				
壤塘县									
阿坝县	16	9	7	1	1				
若尔盖县	18	13	5						
红原县	1	1							
甘孜藏族自治州	**16**	**12**	**4**	**771**	**379**	**392**			
康定县	3	2	1	17	8	9			
泸定县									
丹巴县				1		1			
九龙县									
雅江县									
道孚县									
炉霍县									
甘孜县	5	3	2	1		1			
新龙县									
德格县									
白玉县	1	1							
石渠县	2	2							
色达县				1		1			
理塘县	1	1		4	2	2			
巴塘县	1		1	7	1	6			
乡城县	2	2		2	1	1			
稻城县	1	1		10	7	3			
得荣县				728	360	368			
凉山彝族自治州	**16**	**15**	**1**	**5639**	**2909**	**2730**	**14**	**4**	**10**
西昌市	14	14		68	42	26	5	2	3
木里藏族自治县				4674	2421	2253			
盐源县	2	1	1	854	427	427	1		1
德昌县				6	2	4	3		3
会理县				11	6	5			
会东县							1		1
宁南县				1		1			
普格县				1	1				
布拖县				1		1			
金阳县							4	2	2
昭觉县									

10-10 续表 46

单位：人

地区	东乡族			纳西族			景颇族		
	小计	男	女	小计	男	女	小计	男	女
喜德县				1		1			
冕宁县				19	10	9			
越西县									
甘洛县				3		3			
美姑县									
雷波县									
贵州省	**958**	**433**	**525**	**353**	**162**	**191**	**572**	**282**	**290**
贵阳市	**44**	**24**	**20**	**162**	**74**	**88**	**52**	**24**	**28**
南明区	6	3	3	45	21	24	6	3	3
云岩区	15	12	3	41	22	19	18	9	9
花溪区	9	3	6	12	2	10	4	1	3
乌当区	8	5	3	20	10	10	16	7	9
白云区				5	1	4			
小河区	2	1	1	15	4	11	2	1	1
开阳县							3	2	1
息烽县				11	7	4			
修文县				1	1				
清镇市	4		4	12	6	6	3	1	2
六盘水市	**4**	**1**	**3**	**42**	**14**	**28**	**8**	**3**	**5**
钟山区				14	5	9	2		2
六枝特区				4	2	2	1		1
水城县				2	1	1			
盘县	4	1	3	22	6	16	5	3	2
遵义市	**11**	**7**	**4**	**18**	**12**	**6**	**12**	**3**	**9**
红花岗区	3	3		2	1	1			
汇川区	6	4	2	7	6	1			
遵义县				1	1				
桐梓县									
绥阳县									
正安县									
道真仡佬族苗族自治县									
务川仡佬族苗族自治县									
凤冈县				3	1	2			
湄潭县									
余庆县				4	3	1	9	3	6
习水县				1		1	1		1
赤水市	2		2				2		2
仁怀市									
安顺市	**1**	**1**		**24**	**11**	**13**	**21**	**14**	**7**
西秀区	1	1		18	9	9	13	10	3
平坝县							6	4	2
普定县				3	2	1			
镇宁布依族苗族自治县				1		1	1		1
关岭布依族苗族自治县									
紫云苗族布依族自治县				2		2	1		1
铜仁地区	**4**	**2**	**2**	**5**		**5**	**8**	**4**	**4**
铜仁市	4	2	2				1	1	
江口县									
玉屏侗族自治县							5	2	3
石阡县				4		4			
思南县				1		1			
印江土家族苗族自治县									
德江县							1	1	
沿河土家族自治县									
松桃苗族自治县							1		1
万山特区									

10-10 续表 47

单位：人

地区	东乡族			纳西族			景颇族		
	小计	男	女	小计	男	女	小计	男	女
黔西南布依族苗族自治州	**6**	**2**	**4**	**23**	**12**	**11**	**7**	**2**	**5**
兴义市	4	1	3	16	10	6	5	2	3
兴仁县							1		1
普安县				4	2	2			
晴隆县	2	1	1	1		1			
贞丰县									
望谟县									
册亨县							1		1
安龙县				2		2			
毕节地区	**4**	**4**		**18**	**8**	**10**	**15**	**7**	**8**
毕节市	2	2		4	2	2	2	1	1
大方县				1		1	5	4	1
黔西县				1		1	1		1
金沙县	1	1		2	1	1	3		3
织金县									
纳雍县				3	1	2	4	2	2
威宁彝族回族苗族自治县				7	4	3			
赫章县	1	1							
黔东南苗族侗族自治州	**104**	**49**	**55**	**36**	**17**	**19**	**433**	**217**	**216**
凯里市	69	28	41	24	14	10	392	198	194
黄平县	1	1		4	1	3	31	14	17
施秉县							1		1
三穗县									
镇远县				1		1	6	4	2
岑巩县				4	2	2			
天柱县							1		1
锦屏县									
剑河县									
台江县									
黎平县				2		2			
榕江县	5	5							
从江县									
雷山县	6	4	2						
麻江县	7	2	5	1		1	1	1	
丹寨县	16	9	7				1		1
黔南布依族苗族自治州	**780**	**343**	**437**	**25**	**14**	**11**	**16**	**8**	**8**
都匀市	583	263	320	2	2		6	3	3
福泉市	172	68	104	20	11	9	2	1	1
荔波县	2	2							
贵定县	17	6	11				4	3	1
瓮安县	3	3					1		1
独山县	2		2	1	1				
平塘县									
罗甸县									
长顺县							1		1
龙里县									
惠水县	1	1		2		2	1		1
三都水族自治县							1	1	

10-10　续表 48

单位：人

地　区	东乡族			纳西族			景颇族		
	小计	男	女	小计	男	女	小计	男	女
云南省	**181**	**123**	**58**	**309858**	**154835**	**155023**	**142956**	**69718**	**73238**
昆明市	**62**	**41**	**21**	**11010**	**5372**	**5638**	**1831**	**794**	**1037**
五华区	35	23	12	3734	1725	2009	701	233	468
盘龙区	4	3	1	1899	967	932	227	124	103
官渡区	2	1	1	1419	723	696	171	72	99
西山区	10	7	3	1945	953	992	214	104	110
东川区				248	127	121	7	1	6
呈贡县				734	307	427	104	52	52
晋宁县	3		3	79	31	48	110		110
富民县				30	15	15	4	1	3
宜良县				61	27	34	19	7	12
石林彝族自治县				30	13	17	4		4
嵩明县	3	2	1	175	89	86	59	50	9
禄劝彝族苗族自治县				32	12	20	6	1	5
寻甸回族彝族自治县				46	23	23	6	2	4
安宁市	5	5		578	360	218	199	147	52
曲靖市	**9**	**4**	**5**	**544**	**268**	**276**	**129**	**87**	**42**
麒麟区	4	1	3	290	146	144	12	3	9
马龙县				11	4	7	1		1
陆良县				11	4	7	1		1
师宗县				11	3	8	4		4
罗平县				14	6	8	5	1	4
富源县	3	3		29	17	12	43	40	3
会泽县	1		1	65	34	31	12	3	9
沾益县	1		1	33	22	11	41	38	3
宣威市				80	32	48	10	2	8
玉溪市	**17**	**8**	**9**	**505**	**231**	**274**	**54**	**22**	**32**
红塔区	12	5	7	328	143	185	26	14	12
江川县				18	11	7	2	1	1
澄江县				26	13	13	4	2	2
通海县	1	1		17	10	7	3		3
华宁县				42	20	22	4		4
易门县				30	8	22	6	3	3
峨山彝族自治县				12	7	5	3		3
新平彝族傣族自治县	2		2	24	13	11	2	1	1
元江哈尼族彝族傣族自治县	2	2		8	6	2	4	1	3
保山市	**2**	**1**	**1**	**747**	**357**	**390**	**4204**	**1143**	**3061**
隆阳区	2	1	1	530	260	270	594	204	390
施甸县				34	15	19	199	60	139
腾冲县				127	56	71	2726	742	1984
龙陵县				18	10	8	603	103	500
昌宁县				38	16	22	82	34	48
昭通市	**3**	**2**	**1**	**190**	**88**	**102**	**13**	**4**	**9**
昭阳区	3	2	1	137	68	69	2	1	1
鲁甸县				3		3	3	1	2
巧家县				1	1		1		1
盐津县				11	5	6	2	1	1
大关县				4		4			
永善县				10	4	6	1	1	
绥江县				1		1			
镇雄县				2		2	1		1
彝良县				13	5	8			
威信县				1		1	2		2
水富县				7	5	2	1		1

10-10 续表 49

单位：人

地区	东乡族			纳西族			景颇族		
	小计	男	女	小计	男	女	小计	男	女
丽江市	**5**	**5**		**240580**	**120622**	**119958**	**151**	**64**	**87**
古城区	5	5		94196	46411	47785	133	60	73
玉龙纳西族自治县				115773	58950	56823	11	3	8
永胜县				10002	4982	5020	1		1
华坪县				969	559	410	4	1	3
宁蒗彝族自治县				19640	9720	9920	2		2
普洱市	**13**	**9**	**4**	**374**	**179**	**195**	**276**	**139**	**137**
思茅区	12	8	4	214	90	124	20	14	6
宁洱哈尼族彝族自治县	1	1		15	9	6	9	7	2
墨江哈尼族自治县				12	4	8	1		1
景东彝族自治县				23	8	15	9	6	3
景谷傣族彝族自治县				26	19	7	14	9	5
镇沅彝族哈尼族拉祜族自治县				20	10	10	3		3
江城哈尼族彝族自治县				29	19	10	2		2
孟连傣族拉祜族佤族自治县				7	4	3	141	67	74
澜沧拉祜族自治县				23	13	10	73	34	39
西盟佤族自治县				5	3	2	4	2	2
临沧市				**502**	**236**	**266**	**975**	**465**	**510**
临翔区				204	84	120	33	13	20
凤庆县				86	52	34	22	7	15
云县				79	42	37	31	17	14
永德县				35	15	20	16	2	14
镇康县				13	2	11	11	6	5
双江拉祜族佤族布朗族傣族自治县				26	13	13	4	2	2
耿马傣族佤族自治县				42	19	23	847	415	432
沧源佤族自治县				17	9	8	11	3	8
楚雄彝族自治州	**8**	**5**	**3**	**759**	**349**	**410**	**94**	**36**	**58**
楚雄市	4	3	1	467	222	245	35	18	17
双柏县				14	6	8	2	1	1
牟定县				16	5	11	15	3	12
南华县				39	18	21	7	4	3
姚安县				14	6	8	8	3	5
大姚县				30	10	20	7		7
永仁县				10	2	8	4	2	2
元谋县				52	24	28	1		1
武定县				34	13	21	5	1	4
禄丰县	4	2	2	83	43	40	10	4	6
红河哈尼族彝族自治州	**6**	**5**	**1**	**759**	**414**	**345**	**67**	**23**	**44**
个旧市	2	2		158	101	57	7	2	5
开远市	3	2	1	233	117	116	11	4	7
蒙自市	1	1		167	97	70	12	5	7
屏边苗族自治县				11	7	4	3		3
建水县				48	24	24	10	2	8
石屏县				19	8	11	4	2	2
弥勒县				68	30	38	6	3	3
泸西县				13	5	8	6	2	4
元阳县				1	1		3	1	2
红河县				1	1				
金平苗族瑶族傣族自治县				11	6	5	3		3
绿春县				10	5	5			
河口瑶族自治县				19	12	7	2	2	
文山壮族苗族自治州	**4**	**2**	**2**	**173**	**81**	**92**	**18**	**4**	**14**
文山县				112	51	61	12	3	9
砚山县	4	2	2	6	2	4	1	1	
西畴县									
麻栗坡县				19	10	9	2		2

10-10 续表 50

单位：人

地 区	东乡族			纳西族			景颇族		
	小计	男	女	小计	男	女	小计	男	女
马关县				12	7	5	2		2
丘北县				3		3	1		1
广南县				17	9	8			
富宁县				4	2	2			
西双版纳傣族自治州				**294**	**163**	**131**	**187**	**97**	**90**
景洪市				201	106	95	69	32	37
勐海县				48	32	16	103	56	47
勐腊县				45	25	20	15	9	6
大理白族自治州	**31**	**24**	**7**	**4686**	**2060**	**2626**	**285**	**106**	**179**
大理市	30	24	6	1725	743	982	102	55	47
漾濞彝族自治县				169	90	79	15	2	13
祥云县				77	30	47	26	6	20
宾川县				148	86	62	22	8	14
弥渡县				87	31	56	15	3	12
南涧彝族自治县				58	25	33	9	2	7
巍山彝族回族自治县	1		1	58	29	29	6	1	5
永平县				100	51	49	36	12	24
云龙县				62	38	24	15	5	10
洱源县				438	178	260	3		3
剑川县				1116	509	607	2	1	1
鹤庆县				648	250	398	34	11	23
德宏傣族景颇族自治州	**16**	**13**	**3**	**578**	**319**	**259**	**134373**	**66623**	**67750**
瑞丽市	1	1		143	80	63	13361	6144	7217
潞西市	15	12	3	260	136	124	29208	14796	14412
梁河县				48	27	21	2227	944	1283
盈江县				41	29	12	44733	22199	22534
陇川县				86	47	39	44844	22540	22304
怒江傈僳族自治州				**1755**	**857**	**898**	**284**	**109**	**175**
泸水县				851	415	436	261	101	160
福贡县				270	141	129	12	5	7
贡山独龙族怒族自治县				349	180	169	6	2	4
兰坪白族普米族自治县				285	121	164	5	1	4
迪庆藏族自治州	**5**	**4**	**1**	**46402**	**23239**	**23163**	**15**	**2**	**13**
香格里拉县	5	4	1	27046	13428	13618	10	1	9
德钦县				924	499	425	1	1	
维西傈僳族自治县				18432	9312	9120	4		4
西藏自治区	**757**	**523**	**234**	**1133**	**557**	**576**			
拉萨市	**375**	**267**	**108**	**38**	**19**	**19**			
城关区	349	250	99	34	16	18			
林周县									
当雄县	1		1						
尼木县				1		1			
曲水县				1	1				
堆龙德庆县	22	15	7	1	1				
达孜县	3	2	1	1	1				
墨竹工卡县									
昌都地区	**5**	**5**		**1062**	**521**	**541**			
昌都县	3	3		25	14	11			
江达县				4	2	2			
贡觉县									
类乌齐县									
丁青县									
察雅县									

10-10 续表 51

单位：人

地　区	东乡族			纳西族			景颇族		
	小计	男	女	小计	男	女	小计	男	女
八宿县				6	5	1			
左贡县				2	2				
芒康县				1023	496	527			
洛隆县	2	2		2	2				
边坝县									
山南地区	**40**	**24**	**16**	**3**	**2**	**1**			
乃东县	33	19	14	2	1	1			
扎囊县									
贡嘎县				1	1				
桑日县									
琼结县									
曲松县									
措美县									
洛扎县									
加查县	3	2	1						
隆子县	2	1	1						
错那县	2	2							
浪卡子县									
日喀则地区	**138**	**98**	**40**	**3**	**1**	**2**			
日喀则市	96	67	29	3	1	2			
南木林县									
江孜县	7	5	2						
定日县	3	2	1						
萨迦县									
拉孜县	8	7	1						
昂仁县	5	2	3						
谢通门县									
白朗县	4	4							
仁布县									
康马县									
定结县	2	1	1						
仲巴县	4	4							
亚东县	2	1	1						
吉隆县									
聂拉木县	2	1	1						
萨嘎县									
岗巴县	5	4	1						
那曲地区	**71**	**56**	**15**	**2**	**1**	**1**			
那曲县	54	42	12						
嘉黎县				2	1	1			
比如县									
聂荣县	8	5	3						
安多县									
申扎县	2	2							
索县	7	7							
班戈县									
巴青县									
尼玛县									
阿里地区	**21**	**14**	**7**	**3**	**2**	**1**			
普兰县	1		1						
札达县	3	3							
噶尔县	14	9	5	3	2	1			
日土县									
革吉县									
改则县	3	2	1						
措勤县									

10-10　续表 52　　　　　　　　　　　　　　　　　　　　　　　　　　　　单位：人

地　区	东乡族			纳西族			景颇族		
	小计	男	女	小计	男	女	小计	男	女
林芝地区	**107**	**59**	**48**	**22**	**11**	**11**			
林芝县	68	39	29	15	7	8			
工布江达县	3	1	2						
米林县	14	7	7	2	2				
墨脱县									
波密县	12	9	3						
察隅县				5	2	3			
朗县	10	3	7						
陕西省	**116**	**71**	**45**	**101**	**48**	**53**	**22**	**7**	**15**
西安市	**74**	**41**	**33**	**74**	**32**	**42**	**13**	**3**	**10**
新城区	3	2	1	9	4	5			
碑林区	4	2	2	11	7	4	4		4
莲湖区	9	6	3	5	1	4			
灞桥区	3		3	6	3	3			
未央区	11	5	6	7	4	3			
雁塔区	27	19	8	24	9	15	2	1	1
阎良区									
临潼区	3	2	1	1		1			
长安区	12	5	7	11	4	7	6	2	4
蓝田县							1		1
周至县									
户县									
高陵县	2		2						
铜川市	**3**	**1**	**2**						
王益区									
印台区	3	1	2						
耀州区									
宜君县									
宝鸡市	**5**	**4**	**1**	**2**	**2**		**1**		**1**
渭滨区				1	1				
金台区	3	3		1	1				
陈仓区	1		1						
凤翔县									
岐山县									
扶风县									
眉县	1	1					1		1
陇县									
千阳县									
麟游县									
凤县									
太白县									
咸阳市	**3**	**3**		**9**	**4**	**5**			
秦都区									
杨陵区	1	1		5	2	3			
渭城区	2	2		4	2	2			
三原县									
泾阳县									
乾县									
礼泉县									
永寿县									
彬县									

10-10 续表 53

单位：人

地区	东乡族			纳西族			景颇族		
	小计	男	女	小计	男	女	小计	男	女
长武县									
旬邑县									
淳化县									
武功县									
兴平市									
渭南市	**1**	**1**							
临渭区	1	1							
华县									
潼关县									
大荔县									
合阳县									
澄城县									
蒲城县									
白水县									
富平县									
韩城市									
华阴市									
延安市	**1**	**1**					**5**	**4**	**1**
宝塔区							1		1
延长县									
延川县									
子长县									
安塞县									
志丹县									
吴起县									
甘泉县									
富县									
洛川县									
宜川县									
黄龙县									
黄陵县	1	1					4	4	
汉中市	**10**	**5**	**5**	**3**	**2**	**1**	**2**		**2**
汉台区	9	5	4	1		1			
南郑县									
城固县									
洋县				2	2				
西乡县	1		1						
勉县									
宁强县							2		2
略阳县									
镇巴县									
留坝县									
佛坪县									
榆林市	**14**	**12**	**2**	**1**	**1**				
榆阳区	2	1	1	1	1				
神木县	6	6							
府谷县	1	1							
横山县									
靖边县									
定边县	5	4	1						
绥德县									
米脂县									
佳县									
吴堡县									
清涧县									
子洲县									

10-10　续表 54　　　　　　　　　　　　　　　　　　　　　　　　　单位：人

地　区	东乡族			纳西族			景颇族		
	小计	男	女	小计	男	女	小计	男	女
安康市	**5**	**3**	**2**	**11**	**6**	**5**	**1**		**1**
汉滨区							1		1
汉阴县									
石泉县									
宁陕县									
紫阳县	4	3	1						
岚皋县									
平利县	1		1	3	2	1			
镇坪县									
旬阳县				8	4	4			
白河县									
商洛市				**1**	**1**				
商州区				1	1				
洛南县									
丹凤县									
商南县									
山阳县									
镇安县									
柞水县									
甘肃省	**546255**	**276107**	**270148**	**53**	**26**	**27**	**19**	**13**	**6**
兰州市	**15567**	**8412**	**7155**	**38**	**17**	**21**	**5**	**2**	**3**
城关区	3211	1852	1359	11	5	6	2	1	1
七里河区	7024	3707	3317	3	2	1	1		1
西固区	439	250	189						
安宁区	731	418	313	3		3			
红古区	490	253	237						
永登县	3296	1715	1581						
皋兰县	15	10	5						
榆中县	361	207	154	21	10	11	2	1	1
嘉峪关市	**350**	**230**	**120**						
金昌市	**975**	**606**	**369**						
金川区	840	484	356						
永昌县	135	122	13						
白银市	**1072**	**741**	**331**				**8**	**8**	
白银区	512	430	82				8	8	
平川区	48	37	11						
靖远县									
会宁县	129	70	59						
景泰县	383	204	179						
天水市	**88**	**76**	**12**						
秦州区	78	70	8						
麦积区	6	3	3						
清水县									
秦安县									
甘谷县									
武山县	4	3	1						
张家川回族自治县									
武威市	**700**	**530**	**170**	**4**	**3**	**1**	**1**		**1**
凉州区	407	327	80	4	3	1			
民勤县	20	17	3						
古浪县	54	25	29						
天祝藏族自治县	219	161	58				1		1

10-10 续表 55

单位：人

地 区	东乡族			纳西族			景颇族		
	小计	男	女	小计	男	女	小计	男	女
张掖市	**473**	**337**	**136**						
甘州区	307	211	96						
肃南裕固族自治县	12	9	3						
民乐县									
临泽县	77	58	19						
高台县	18	11	7						
山丹县	59	48	11						
平凉市	**19**	**14**	**5**						
崆峒区	17	13	4						
泾川县									
灵台县									
崇信县	1	1							
华亭县									
庄浪县									
静宁县	1		1						
酒泉市	**19646**	**10381**	**9265**	**6**	**2**	**4**	**2**	**2**	
肃州区	415	302	113				2	2	
金塔县	18	1	17						
瓜州县	5069	2658	2411						
肃北蒙古族自治县	12	8	4						
阿克塞哈萨克族自治县	22	14	8						
玉门市	13946	7307	6639	6	2	4			
敦煌市	164	91	73						
庆阳市	**21**	**11**	**10**	**1**	**1**				
西峰区	20	11	9	1	1				
庆城县									
环县									
华池县	1		1						
合水县									
正宁县									
宁县									
镇原县									
定西市	**870**	**480**	**390**						
安定区	177	113	64						
通渭县	1		1						
陇西县	8	4	4						
渭源县	12	9	3						
临洮县	658	344	314						
漳县	1	1							
岷县	13	9	4						
陇南市	**37**	**26**	**11**	**3**	**2**	**1**	**1**		**1**
武都区	23	16	7	3	2	1			
成县	1	1							
文县	10	7	3						
宕昌县	1		1						
康县									
西和县									
礼县							1		1
徽县	2	2							
两当县									

10-10 续表 56

单位：人

地 区	东乡族			纳西族			景颇族		
	小计	男	女	小计	男	女	小计	男	女
临夏回族自治州	**505976**	**254024**	**251952**				**2**	**1**	**1**
临夏市	20704	10379	10325						
临夏县	29525	14613	14912				2	1	1
康乐县	13160	6681	6479						
永靖县	3439	1874	1565						
广河县	100142	48040	52102						
和政县	59519	29364	30155						
东乡族自治县	250384	128607	121777						
积石山保安族东乡族撒拉族自治县	29103	14466	14637						
甘南藏族自治州	**461**	**239**	**222**	**1**	**1**				
合作市	364	185	179	1	1				
临潭县	19	10	9						
卓尼县	14	9	5						
舟曲县	2	1	1						
迭部县	13	12	1						
玛曲县									
碌曲县	10	5	5						
夏河县	39	17	22						
青海省	**6331**	**3976**	**2355**	**32**	**16**	**16**	**5**	**3**	**2**
西宁市	**2346**	**1553**	**793**	**31**	**15**	**16**	**5**	**3**	**2**
城东区	1858	1213	645	5	2	3			
城中区	166	108	58	8	3	5	3	2	1
城西区	131	95	36	6	3	3			
城北区	62	43	19	6	2	4	1	1	
大通回族土族自治县	65	37	28	2	2				
湟中县	45	42	3	4	3	1			
湟源县	19	15	4				1		1
海东地区	**459**	**282**	**177**	**1**	**1**				
平安县	24	15	9						
民和回族土族自治县	205	112	93						
乐都县	70	51	19						
互助土族自治县	29	27	2	1	1				
化隆回族自治县	76	49	27						
循化撒拉族自治县	55	28	27						
海北藏族自治州	**187**	**127**	**60**						
门源回族自治县	29	23	6						
祁连县	74	47	27						
海晏县	49	36	13						
刚察县	35	21	14						
黄南藏族自治州	**85**	**50**	**35**						
同仁县	66	36	30						
尖扎县	1	1							
泽库县	3	2	1						
河南蒙古族自治县	15	11	4						
海南藏族自治州	**349**	**255**	**94**						
共和县	144	103	41						
同德县	46	33	13						
贵德县	38	21	17						
兴海县	91	74	17						
贵南县	30	24	6						
果洛藏族自治州	**102**	**73**	**29**						
玛沁县	79	54	25						
班玛县									
甘德县									
达日县	5	2	3						
久治县	5	4	1						
玛多县	13	13							

10-10 续表 57 单位：人

地区	东乡族			纳西族			景颇族		
	小计	男	女	小计	男	女	小计	男	女
玉树藏族自治州	**69**	**60**	**9**						
玉树县	10	8	2						
杂多县	23	16	7						
称多县									
治多县	19	19							
囊谦县									
曲麻莱县	17	17							
海西蒙古族藏族自治州	**2734**	**1576**	**1158**						
格尔木市	1936	1079	857						
德令哈市	295	200	95						
乌兰县	81	59	22						
都兰县	265	146	119						
天峻县	38	21	17						
芒崖行政委员会	57	34	23						
柴旦行政委员会	56	31	25						
冷湖行政委员会	6	6							
宁夏回族自治区	**1261**	**748**	**513**	**17**	**8**	**9**	**6**	**2**	**4**
银川市	**170**	**101**	**69**	**15**	**7**	**8**	**5**	**2**	**3**
兴庆区	40	21	19	3	1	2	4	2	2
西夏区	86	51	35	11	6	5	1		1
金凤区	22	12	10	1		1			
永宁县	2	1	1						
贺兰县	3	2	1						
灵武市	17	14	3						
石嘴山市	**39**	**31**	**8**	**1**		**1**			
大武口区	16	12	4						
惠农区	18	16	2	1		1			
平罗县	5	3	2						
吴忠市	**200**	**115**	**85**						
利通区	64	44	20						
红寺堡区	105	53	52						
盐池县	16	10	6						
同心县	8	4	4						
青铜峡市	7	4	3						
固原市	**15**	**9**	**6**						
原州区	5	2	3						
西吉县	8	5	3						
隆德县	1	1							
泾源县									
彭阳县	1	1							
中卫市	**837**	**492**	**345**	**1**	**1**		**1**		**1**
沙坡头区							1		1
中宁县	67	42	25	1	1				
海原县	770	450	320						
新疆维吾尔自治区	**61613**	**32781**	**28832**	**89**	**43**	**46**	**33**	**13**	**20**
乌鲁木齐市	**2333**	**1367**	**966**	**15**	**8**	**7**	**17**	**6**	**11**
天山区	513	259	254	3	3		2	2	
沙依巴克区	417	232	185	2		2	4	2	2
新市区	556	407	149	7	2	5	1	1	
水磨沟区	146	79	67	2	2		1		1

10-10　续表 58

单位：人

地　区	东乡族			纳西族			景颇族		
	小计	男	女	小计	男	女	小计	男	女
头屯河区	112	68	44	1	1				
达坂城区	10	3	7						
米东区	521	289	232				9	1	8
乌鲁木齐县	58	30	28						
克拉玛依市	**133**	**83**	**50**	**1**	**1**				
独山子区	21	14	7						
克拉玛依区	71	49	22	1	1				
白碱滩区	8	4	4						
乌尔禾区	33	16	17						
吐鲁番地区	**126**	**62**	**64**	**3**	**2**	**1**	**3**	**2**	**1**
吐鲁番市	29	15	14	2	1	1	1		1
鄯善县	82	32	50	1	1		2	2	
托克逊县	15	15							
哈密地区	**188**	**101**	**87**	**1**		**1**	**1**		**1**
哈密市	176	94	82	1		1	1		1
巴里坤哈萨克自治县	6	3	3						
伊吾县	6	4	2						
昌吉回族自治州	**3176**	**1787**	**1389**	**21**	**12**	**9**	**2**	**1**	**1**
昌吉市	813	432	381	12	5	7			
阜康市	657	382	275				2	1	1
呼图壁县	1031	558	473	5	3	2			
玛纳斯县	385	232	153	4	4				
奇台县	94	57	37						
吉木萨尔县	133	81	52						
木垒哈萨克自治县	63	45	18						
博尔塔拉蒙古自治州	**1455**	**752**	**703**	**1**	**1**				
博乐市	157	85	72	1	1				
精河县	1015	515	500						
温泉县	283	152	131						
巴音郭楞蒙古自治州	**1148**	**596**	**552**	**6**	**2**	**4**	**1**	**1**	
库尔勒市	46	28	18	3	1	2	1	1	
轮台县	5	3	2	1		1			
尉犁县									
若羌县	292	151	141						
且末县				1	1				
焉耆回族自治县	294	153	141	1		1			
和静县	242	123	119						
和硕县	15	6	9						
博湖县	254	132	122						
阿克苏地区	**325**	**186**	**139**	**27**	**12**	**15**			
阿克苏市	34	16	18	9	7	2			
温宿县									
库车县	28	15	13	6	1	5			
沙雅县	150	91	59	2		2			
新和县	1		1	1	1				
拜城县	15	7	8	3	1	2			
乌什县	69	36	33	5	2	3			
阿瓦提县	28	21	7	1		1			
柯坪县									
克孜勒苏柯尔克孜自治州									
阿图什市									
阿克陶县									
阿合奇县									
乌恰县									

10-10 续表 59

单位：人

地区	东乡族			纳西族			景颇族		
	小计	男	女	小计	男	女	小计	男	女
喀什地区	**40**	**20**	**20**						
喀什市									
疏附县									
疏勒县									
英吉沙县									
泽普县									
莎车县	4	3	1						
叶城县	28	12	16						
麦盖提县									
岳普湖县									
伽师县									
巴楚县	8	5	3						
塔什库尔干塔吉克自治县									
和田地区	**42**	**23**	**19**	**4**	**2**	**2**			
和田市	32	16	16	3	2	1			
和田县									
墨玉县	8	5	3	1		1			
皮山县									
洛浦县									
策勒县									
于田县	2	2							
民丰县									
伊犁哈萨克自治州	**44202**	**23191**	**21011**						
伊宁市	1803	904	899						
奎屯市	156	96	60						
伊宁县	21600	11314	10286						
察布查尔锡伯自治县	1587	812	775						
霍城县	12835	6793	6042						
巩留县	3248	1708	1540						
新源县	545	319	226						
昭苏县	227	111	116						
特克斯县	1559	812	747						
尼勒克县	642	322	320						
塔城地区	**5818**	**3114**	**2704**	**5**	**1**	**4**	**2**		**2**
塔城市	2468	1301	1167						
乌苏市	639	339	300						
额敏县	1111	596	515						
沙湾县	917	514	403	5	1	4	1		1
托里县	17	11	6				1		1
裕民县	528	281	247						
和布克赛尔蒙古自治县	138	72	66						
阿勒泰地区	**2261**	**1300**	**961**				**1**		**1**
阿勒泰市	468	257	211						
布尔津县	654	364	290						
富蕴县	139	92	47				1		1
福海县	226	136	90						
哈巴河县	571	341	230						
青河县	168	92	76						
吉木乃县	35	18	17						
自治区直辖县级行政区划	**366**	**199**	**167**	**5**	**2**	**3**	**6**	**3**	**3**
石河子市	306	166	140	2	1	1	3	1	2
阿拉尔市	18	12	6	1		1	1	1	
图木舒克市	3	3		2	1	1			
五家渠市	39	18	21				2	1	1

10-11　全国各县分性别的柯尔克孜族、土族、达斡尔族人口

单位：人

地　区	柯尔克孜族			土　族			达斡尔族		
	小计	男	女	小计	男	女	小计	男	女
全　国	**186708**	**94645**	**92063**	**289565**	**148055**	**141510**	**131992**	**64866**	**67126**
北京市	**189**	**71**	**118**	**554**	**285**	**269**	**2043**	**868**	**1175**
市辖区	**188**	**71**	**117**	**547**	**282**	**265**	**2017**	**854**	**1163**
东城区	8	3	5	9	6	3	88	40	48
西城区	1	1		10	6	4	71	33	38
崇文区	1	1		5	3	2	23	10	13
宣武区	1		1	20	6	14	61	21	40
朝阳区	20	4	16	79	41	38	409	166	243
丰台区	4	1	3	52	26	26	174	71	103
石景山区	1		1	12	6	6	71	28	43
海淀区	65	27	38	181	89	92	524	223	301
门头沟区	1		1				11	7	4
房山区	19	11	8	6	5	1	38	18	20
通州区	4	1	3	29	16	13	138	51	87
顺义区	10	4	6	21	12	9	59	22	37
昌平区	43	13	30	84	41	43	215	99	116
大兴区	6	4	2	37	23	14	105	53	52
怀柔区	4	1	3	2	2		26	11	15
平谷区							4	1	3
市辖县	**1**		**1**	**7**	**3**	**4**	**26**	**14**	**12**
密云县				7	3	4	17	10	7
延庆县	1		1				9	4	5
天津市	**41**	**17**	**24**	**350**	**199**	**151**	**629**	**300**	**329**
市辖区	**41**	**17**	**24**	**285**	**166**	**119**	**569**	**270**	**299**
和平区	1	1		3	2	1	25	10	15
河东区	3	3		2	2		52	21	31
河西区	8	1	7	24	11	13	76	27	49
南开区	5	3	2	27	13	14	77	34	43
河北区	3	1	2	3	2	1	33	16	17
红桥区	5		5	6	2	4	28	16	12
东丽区	3	2	1	22	12	10	36	20	16
西青区	2	2		30	16	14	57	25	32
津南区	2	1	1	9	6	3	25	13	12
北辰区	1		1	27	17	10	32	15	17
武清区	1		1	7	5	2	12	6	6
宝坻区	1		1	16	9	7	8	3	5
滨海新区	6	3	3	109	69	40	108	64	44
市辖县				**65**	**33**	**32**	**60**	**30**	**30**
宁河县				10	6	4	8	5	3
静海县				47	21	26	47	24	23
蓟县				8	6	2	5	1	4
河北省	**25**	**14**	**11**	**598**	**259**	**339**	**962**	**398**	**564**
石家庄市	**7**	**4**	**3**	**132**	**73**	**59**	**96**	**33**	**63**
长安区				6	6		20	8	12
桥东区				5	3	2	2		2
桥西区				7	4	3	19	6	13
新华区				25	15	10	22	11	11
井陉矿区							2	1	1
裕华区	5	3	2	5	4	1	15	3	12
井陉县				1	1		4	1	3
正定县				6	1	5	2		2
栾城县				8	4	4	1		1

10-11 续表 1 单位：人

地区	柯尔克孜族			土族			达斡尔族		
	小计	男	女	小计	男	女	小计	男	女
行唐县	1		1	20	6	14			
灵寿县				1	1		3	1	2
高邑县									
深泽县				2	2				
赞皇县									
无极县				17	10	7			
平山县				1		1			
元氏县				2	1	1			
赵县							2	1	1
辛集市				3	3				
藁城市				4	1	3	3	1	2
晋州市	1	1		8	4	4			
新乐市				5	2	3			
鹿泉市				6	5	1	1		1
唐山市	**6**	**4**	**2**	**47**	**26**	**21**	**171**	**78**	**93**
路南区				1	1		5	2	3
路北区				6	4	2	7	5	2
古冶区				2	2		6	4	2
开平区							10	1	9
丰南区				2	2		14	8	6
丰润区	3	2	1	8	5	3	31	15	16
滦县				4	3	1	14	4	10
滦南县				1		1	24	13	11
乐亭县				4		4	3	2	1
迁西县							11	6	5
玉田县				9	4	5	9	5	4
唐海县				4	3	1	4	2	2
遵化市	3	2	1	2	1	1	29	10	19
迁安市				4	1	3	4	1	3
秦皇岛市	**4**	**1**	**3**	**17**	**7**	**10**	**269**	**116**	**153**
海港区	4	1	3	5	4	1	214	96	118
山海关区							10	7	3
北戴河区				1		1	9	2	7
青龙满族自治县				4	3	1	5		5
昌黎县				2		2	10	4	6
抚宁县				2		2	19	7	12
卢龙县				3		3	2		2
邯郸市				**13**	**6**	**7**	**15**	**8**	**7**
邯山区				5	4	1	7	2	5
丛台区				1		1	1		1
复兴区				5	2	3	6	5	1
峰峰矿区				1		1			
邯郸县									
临漳县									
成安县									
大名县									
涉县				1		1			
磁县									
肥乡县									
永年县							1	1	
邱县									
鸡泽县									
广平县									
馆陶县									
魏县									
曲周县									
武安市									

10-11　续表 2

单位：人

地区	柯尔克孜族			土族			达斡尔族		
	小计	男	女	小计	男	女	小计	男	女
邢台市				**15**	**5**	**10**	**10**	**6**	**4**
桥东区				1	1				
桥西区				5	1	4	3	3	
邢台县				5	3	2			
临城县									
内丘县									
柏乡县									
隆尧县									
任县									
南和县									
宁晋县				3		3			
巨鹿县									
新河县									
广宗县							2	1	1
平乡县									
威县									
清河县				1		1	4	2	2
临西县									
南宫市							1		1
沙河市									
保定市	**5**	**2**	**3**	**187**	**54**	**133**	**94**	**33**	**61**
新市区				13	8	5	8	5	3
北市区	1	1		21	9	12	6	2	4
南市区				26	15	11	7	2	5
满城县				1		1	4	3	1
清苑县				5		5	3	2	1
涞水县				1		1	4		4
阜平县									
徐水县				1	1		8	5	3
定兴县	1		1	3		3	11	3	8
唐县									
高阳县				67	2	65	3		3
容城县				1		1	3	1	2
涞源县	2		2	2	1	1			
望都县				1		1	1		1
安新县				3	3		6	1	5
易县				5	1	4			
曲阳县									
蠡县				5	3	2			
顺平县				5	1	4	1		1
博野县									
雄县				3	2	1	4	1	3
涿州市				14	5	9	11	3	8
定州市	1	1		2	1	1	1		1
安国市				6	1	5			
高碑店市				2	1	1	13	5	8
张家口市				**36**	**14**	**22**	**35**	**13**	**22**
桥东区				2	2		7	3	4
桥西区				2	2		15	7	8
宣化区							4	2	2
下花园区									
宣化县				4	1	3			
张北县				1	1				

10-11 续表 3

单位：人

地区	柯尔克孜族			土族			达斡尔族		
	小计	男	女	小计	男	女	小计	男	女
康保县							2		2
沽源县				5	1	4			
尚义县									
蔚县				2		2	2		2
阳原县				1		1	1		1
怀安县				1		1			
万全县									
怀来县				6	3	3	2	1	1
涿鹿县				3	1	2	2		2
赤城县				9	3	6			
崇礼县									
承德市				**19**	**11**	**8**	**56**	**17**	**39**
双桥区				8	8		13	2	11
双滦区							4	2	2
鹰手营子矿区									
承德县							4	2	2
兴隆县				2	1	1	5	1	4
平泉县							8	3	5
滦平县				2		2			
隆化县							2		2
丰宁满族自治县				6	2	4			
宽城满族自治县							20	7	13
围场满族蒙古族自治县				1		1			
沧州市				**34**	**11**	**23**	**50**	**21**	**29**
新华区				2	1	1	1	1	
运河区							14	6	8
沧县				5		5	1		1
青县				2		2	7	1	6
东光县				2	1	1			
海兴县									
盐山县									
肃宁县				2	1	1	3	2	1
南皮县				2		2	3	2	1
吴桥县									
献县				4	2	2			
孟村回族自治县				1		1			
泊头市				1		1			
任丘市				8	4	4	15	6	9
黄骅市				3	2	1	3	1	2
河间市				2		2	3	2	1
廊坊市	**3**	**3**		**62**	**33**	**29**	**140**	**68**	**72**
安次区				4	3	1	7	5	2
广阳区				14	10	4	23	12	11
固安县				2		2	5	4	1
永清县				1		1	1		1
香河县				8	5	3	11	5	6
大城县				3	1	2	2	1	1
文安县				3	2	1	2	1	1
大厂回族自治县	1	1		5	1	4	10	3	7
霸州市				9	5	4	3	1	2
三河市	2	2		13	6	7	76	36	40
衡水市				**36**	**19**	**17**	**26**	**5**	**21**
桃城区				1	1		10	1	9
枣强县							4	1	3
武邑县									

10-11　续表 4

单位：人

地　区	柯尔克孜族			土　族			达斡尔族		
	小计	男	女	小计	男	女	小计	男	女
武强县									
饶阳县				1		1			
安平县				14	10	4			
故城县				3	1	2	4	1	3
景县							7	2	5
阜城县							1		1
冀州市				7	4	3			
深州市				10	3	7			
山西省	**6**	**2**	**4**	**200**	**98**	**102**	**85**	**43**	**42**
太原市				**76**	**43**	**33**	**35**	**18**	**17**
小店区				11	5	6	13	7	6
迎泽区				22	13	9	4	1	3
杏花岭区				7	4	3	8	5	3
尖草坪区				18	11	7	3	2	1
万柏林区				16	8	8	7	3	4
晋源区				2	2				
清徐县									
阳曲县									
娄烦县									
古交市									
大同市	**2**	**1**	**1**	**26**	**15**	**11**	**6**	**3**	**3**
城区	1		1	16	8	8	3	3	
矿区									
南郊区				1	1		3		3
新荣区									
阳高县									
天镇县	1	1							
广灵县				1		1			
灵丘县									
浑源县				7	6	1			
左云县									
大同县				1		1			
阳泉市				**6**	**1**	**5**			
城区				1	1				
矿区				2		2			
郊区				2		2			
平定县				1		1			
盂县									
长治市				**6**	**2**	**4**			
城区				4	2	2			
郊区									
长治县									
襄垣县									
屯留县				1		1			
平顺县									
黎城县									
壶关县									
长子县									
武乡县									
沁县									
沁源县				1		1			
潞城市									

10-11 续表 5

单位：人

地区	柯尔克孜族			土族			达斡尔族		
	小计	男	女	小计	男	女	小计	男	女
晋城市				**4**	**1**	**3**	**1**	**1**	
城区									
沁水县				2	1	1			
阳城县									
陵川县									
泽州县				1		1	1	1	
高平市				1		1			
朔州市	**2**		**2**	**5**		**5**	**4**	**3**	**1**
朔城区	2		2	2		2	3	2	1
平鲁区									
山阴县							1	1	
应县									
右玉县									
怀仁县				3		3			
晋中市				**14**	**9**	**5**	**15**	**7**	**8**
榆次区							8	3	5
榆社县				10	8	2			
左权县									
和顺县									
昔阳县									
寿阳县				1		1			
太谷县				1		1	1		1
祁县							1	1	
平遥县				1		1			
灵石县				1	1				
介休市							5	3	2
运城市	**1**		**1**	**26**	**10**	**16**	**1**	**1**	
盐湖区	1		1	5		5			
临猗县				1		1			
万荣县				2		2			
闻喜县				3	3				
稷山县									
新绛县				3		3			
绛县									
垣曲县				1		1			
夏县				2	1	1			
平陆县							1	1	
芮城县				2	2				
永济市				6	3	3			
河津市				1	1				
忻州市				**19**	**12**	**7**	**23**	**10**	**13**
忻府区				5		5	1	1	
定襄县				2		2			
五台县				3	3		1	1	
代县							3	2	1
繁峙县				1	1		1		1
宁武县									
静乐县									
神池县									
五寨县									
岢岚县									
河曲县				1	1		17	6	11
保德县									
偏关县									
原平市				7	7				

10-11　续表 6　　单位：人

地　区	柯尔克孜族			土　族			达斡尔族		
	小计	男	女	小计	男	女	小计	男	女
临汾市				**14**	**4**	**10**			
尧都区									
曲沃县									
翼城县				2		2			
襄汾县				4	1	3			
洪洞县									
古县									
安泽县				1		1			
浮山县				1		1			
吉县									
乡宁县				1		1			
大宁县									
隰县									
永和县									
蒲县									
汾西县									
侯马市				3	2	1			
霍州市				2	1	1			
吕梁市	**1**	**1**		**4**	**1**	**3**			
离石区									
文水县									
交城县									
兴县									
临县									
柳林县									
石楼县									
岚县									
方山县	1	1							
中阳县									
交口县									
孝义市									
汾阳市				4	1	3			
内蒙古自治区	**141**	**79**	**62**	**557**	**297**	**260**	**76255**	**37684**	**38571**
呼和浩特市	**7**	**3**	**4**	**79**	**26**	**53**	**3045**	**1446**	**1599**
新城区	2	1	1	6	3	3	1123	539	584
回民区	3	2	1	10	4	6	376	165	211
玉泉区				7	1	6	229	117	112
赛罕区	2		2	16	7	9	1175	560	615
土默特左旗				19	6	13	86	44	42
托克托县				15	3	12	24	18	6
和林格尔县				2		2	32	3	29
清水河县				1		1			
武川县				3	2	1			
包头市	**2**		**2**	**74**	**32**	**42**	**725**	**337**	**388**
东河区				7	5	2	73	24	49
昆都仑区	1		1	28	11	17	274	139	135
青山区	1		1	9	2	7	320	146	174
石拐区				1	1		2	1	1
白云鄂博矿区							12	7	5
九原区				6	2	4	11	4	7
土默特右旗				9	6	3	22	10	12
固阳县				3		3	2	1	1
达尔罕茂明安联合旗				11	5	6	9	5	4
乌海市	**2**	**2**		**28**	**19**	**9**	**124**	**59**	**65**
海勃湾区	2	2		13	7	6	95	42	53
海南区				10	8	2	19	10	9
乌达区				5	4	1	10	7	3

10-11 续表 7

单位：人

地区	柯尔克孜族			土族			达斡尔族		
	小计	男	女	小计	男	女	小计	男	女
赤峰市				**11**	**8**	**3**	**492**	**225**	**267**
红山区				2	1	1	151	79	72
元宝山区							30	15	15
松山区				1	1		128	58	70
阿鲁科尔沁旗							10	6	4
巴林左旗				1	1		35	10	25
巴林右旗							15	7	8
林西县							19	9	10
克什克腾旗							15	5	10
翁牛特旗							3	2	1
喀喇沁旗							16	9	7
宁城县				2		2	45	17	28
敖汉旗				5	5		25	8	17
通辽市	**2**	**2**		**11**	**4**	**7**	**548**	**258**	**290**
科尔沁区				4	1	3	366	175	191
科尔沁左翼中旗	1	1		1		1	48	19	29
科尔沁左翼后旗				4	2	2	23	12	11
开鲁县							14	6	8
库伦旗							17	9	8
奈曼旗							7	2	5
扎鲁特旗							28	13	15
霍林郭勒市	1	1		2	1	1	45	22	23
鄂尔多斯市	**2**	**1**	**1**	**93**	**64**	**29**	**177**	**100**	**77**
东胜区	2	1	1	38	30	8	97	51	46
达拉特旗				3	1	2	19	9	10
准格尔旗				11	7	4	26	15	11
鄂托克前旗							1	1	
鄂托克旗				31	23	8	8	4	4
杭锦旗				2		2	2	1	1
乌审旗							2	1	1
伊金霍洛旗				8	3	5	22	18	4
呼伦贝尔市	**103**	**62**	**41**	**11**	**6**	**5**	**68974**	**34182**	**34792**
海拉尔区	11	7	4	2		2	6791	3047	3744
阿荣旗	2		2				1783	851	932
莫力达瓦达斡尔族自治旗	11	7	4				29508	14748	14760
鄂伦春自治旗	3		3				5073	2495	2578
鄂温克族自治旗	17	12	5	2	1	1	13017	6633	6384
陈巴尔虎旗	24	16	8	1	1		1115	560	555
新巴尔虎左旗							521	283	238
新巴尔虎右旗	1		1				476	261	215
满洲里市	8	6	2	2	1	1	1207	553	654
牙克石市	16	6	10	1	1		3143	1542	1601
扎兰屯市	10	8	2	3	2	1	5094	2609	2485
额尔古纳市							567	273	294
根河市							679	327	352
巴彦淖尔市				**62**	**27**	**35**	**172**	**82**	**90**
临河区				10	6	4	117	57	60
五原县				5	2	3	1		1
磴口县				20	8	12	24	11	13
乌拉特前旗				11	4	7	10	2	8
乌拉特中旗				2	1	1	7	6	1
乌拉特后旗				2	1	1	6	3	3
杭锦后旗				12	5	7	7	3	4

10-11　续表 8　　　　　　　　　　　　　　　　　　　　　　　　单位：人

地　区	柯尔克孜族			土　族			达斡尔族		
	小计	男	女	小计	男	女	小计	男	女
乌兰察布市				**35**	**17**	**18**	**187**	**75**	**112**
集宁区				4	3	1	157	62	95
卓资县				1		1			
化德县							1	1	
商都县				3	2	1	4	1	3
兴和县									
凉城县				9	4	5	2		2
察哈尔右翼前旗				3	2	1			
察哈尔右翼中旗							2		2
察哈尔右翼后旗							2	1	1
四子王旗				8	3	5	12	7	5
丰镇市				7	3	4	7	3	4
兴安盟	**3**	**2**	**1**	**4**	**3**	**1**	**1057**	**550**	**507**
乌兰浩特市	1	1		1	1		539	251	288
阿尔山市	1	1					39	26	13
科尔沁右翼前旗				1		1	99	49	50
科尔沁右翼中旗				1	1		88	44	44
扎赉特旗	1		1	1	1		231	154	77
突泉县							61	26	35
锡林郭勒盟	**20**	**7**	**13**	**44**	**24**	**20**	**686**	**338**	**348**
二连浩特市							26	13	13
锡林浩特市	20	7	13	7	5	2	375	163	212
阿巴嘎旗							26	12	14
苏尼特左旗							29	18	11
苏尼特右旗				5	5		56	29	27
东乌珠穆沁旗				2	2		28	13	15
西乌珠穆沁旗				2	2		62	34	28
太仆寺旗							15	9	6
镶黄旗							12	7	5
正镶白旗							14	7	7
正蓝旗				26	9	17	38	30	8
多伦县				2	1	1	5	3	2
阿拉善盟				**105**	**67**	**38**	**68**	**32**	**36**
阿拉善左旗				33	20	13	57	28	29
阿拉善右旗				40	27	13	9	3	6
额济纳旗				32	20	12	2	1	1
辽宁省	**125**	**62**	**63**	**264**	**135**	**129**	**1858**	**801**	**1057**
沈阳市	**26**	**18**	**8**	**55**	**33**	**22**	**389**	**167**	**222**
和平区	2	2		2		2	50	26	24
沈河区				6	4	2	35	15	20
大东区				4	2	2	41	22	19
皇姑区				5	4	1	42	19	23
铁西区	1	1		7	2	5	30	10	20
苏家屯区				3	1	2	23	9	14
东陵区	6	6		4	3	1	34	18	16
沈北新区				8	7	1	23	8	15
于洪区	1	1		11	8	3	47	20	27
辽中县	1		1	4	1	3	26	10	16
康平县							10	3	7
法库县	2	1	1				17	5	12
新民市	13	7	6	1	1		11	2	9
大连市	**45**	**21**	**24**	**46**	**22**	**24**	**796**	**348**	**448**
中山区				1		1	41	17	24
西岗区				5	2	3	50	24	26
沙河口区	1		1	8	4	4	67	28	39

10-11 续表 9

单位：人

地区	柯尔克孜族			土族			达斡尔族		
	小计	男	女	小计	男	女	小计	男	女
甘井子区	16	9	7	13	7	6	196	86	110
旅顺口区	2	1	1	3	1	2	52	25	27
金州区	26	11	15	16	8	8	282	126	156
长海县							8	4	4
瓦房店市							22	9	13
普兰店市							48	14	34
庄河市							30	15	15
鞍山市				**11**	**9**	**2**	**99**	**46**	**53**
铁东区				3	3		23	9	14
铁西区				1	1				
立山区				1	1		5	3	2
千山区							22	12	10
台安县							2	1	1
岫岩满族自治县							9	2	7
海城市				6	4	2	38	19	19
抚顺市	**1**	**1**		**13**	**7**	**6**	**39**	**14**	**25**
新抚区							3	2	1
东洲区				1	1		7	1	6
望花区	1	1		6	3	3	16	7	9
顺城区				2		2	7	2	5
抚顺县							2		2
新宾满族自治县				4	3	1			
清原满族自治县							4	2	2
本溪市				**8**	**5**	**3**	**31**	**16**	**15**
平山区				2		2	10	5	5
溪湖区				4	4		4	1	3
明山区							9	5	4
南芬区									
本溪满族自治县				1	1		7	4	3
桓仁满族自治县				1		1	1	1	
丹东市	**14**	**3**	**11**	**16**	**8**	**8**	**75**	**37**	**38**
元宝区				2	2		6	3	3
振兴区	3	1	2	2	2		11	5	6
振安区				3	1	2	13	7	6
宽甸满族自治县	4	1	3				11	7	4
东港市	7	1	6				21	11	10
凤城市				9	3	6	13	4	9
锦州市	**9**	**3**	**6**	**73**	**29**	**44**	**78**	**40**	**38**
古塔区				1		1	5	5	
凌河区				3	3		21	6	15
太和区	3	1	2	58	20	38	26	16	10
黑山县							7	3	4
义县	2		2	1	1		3	2	1
凌海市	4	2	2				4	2	2
北镇市				10	5	5	12	6	6
营口市	**7**	**1**	**6**	**5**	**3**	**2**	**86**	**34**	**52**
站前区				1	1		16	6	10
西市区							4	1	3
鲅鱼圈区	7	1	6	4	2	2	46	16	30
老边区							2	2	
盖州市							9	5	4
大石桥市							9	4	5
阜新市	**1**		**1**	**7**	**3**	**4**	**41**	**16**	**25**
海州区	1		1	2		2	3	2	1
新邱区									

10-11　续表 10　　　　单位：人

地　区	柯尔克孜族			土　族			达斡尔族		
	小计	男	女	小计	男	女	小计	男	女
太平区				2	1	1	1		1
清河门区									
细河区				2	1	1	9	4	5
阜新蒙古族自治县				1	1		25	8	17
彰武县							3	2	1
辽阳市				**4**	**3**	**1**	**26**	**14**	**12**
白塔区							5		5
文圣区							4	3	1
宏伟区							4	4	
弓长岭区				1	1		2	1	1
太子河区							1		1
辽阳县							5	4	1
灯塔市				3	2	1	5	2	3
盘锦市	**9**	**4**	**5**	**7**	**4**	**3**	**45**	**18**	**27**
双台子区							4	3	1
兴隆台区	9	4	5	5	3	2	29	9	20
大洼县				2	1	1	2	1	1
盘山县							10	5	5
铁岭市	**10**	**9**	**1**	**8**	**3**	**5**	**46**	**17**	**29**
银州区	2	1	1				10	6	4
清河区				1		1	2	1	1
铁岭县				2	1	1	1		1
西丰县	7	7					2		2
昌图县	1	1		3	1	2	18	5	13
调兵山市				2	1	1	3	2	1
开原市							10	3	7
朝阳市				**6**	**3**	**3**	**57**	**18**	**39**
双塔区							14	7	7
龙城区							3	1	2
朝阳县				6	3	3	3	1	2
建平县							3	1	2
喀喇沁左翼蒙古族自治县							9	3	6
北票市							19	3	16
凌源市							6	2	4
葫芦岛市	**3**	**2**	**1**	**5**	**3**	**2**	**50**	**16**	**34**
连山区							5	1	4
龙港区				1	1		15	6	9
南票区				1	1				
绥中县	1	1		1	1		21	6	15
建昌县							1		1
兴城市	2	1	1	2		2	8	3	5
吉林省	**36**	**16**	**20**	**128**	**60**	**68**	**587**	**258**	**329**
长春市	**31**	**14**	**17**	**67**	**32**	**35**	**237**	**99**	**138**
南关区	20	10	10	23	8	15	79	29	50
宽城区				1		1	16	7	9
朝阳区	8	3	5	16	12	4	62	27	35
二道区	2	1	1	10	4	6	19	10	9
绿园区	1		1	7	3	4	41	20	21
双阳区				5	4	1	6		6
农安县							1		1
九台市				1		1	8	4	4
榆树市				1		1	4	2	2
德惠市				3	1	2	1		1

10-11 续表 11

单位：人

地区	柯尔克孜族			土族			达斡尔族		
	小计	男	女	小计	男	女	小计	男	女
吉林市	**2**	**1**	**1**	**28**	**15**	**13**	**66**	**26**	**40**
昌邑区	2	1	1	5	2	3	14	5	9
龙潭区				4	4		13	6	7
船营区				4	4		17	10	7
丰满区				1	1		6		6
永吉县				8	4	4	4	2	2
蛟河市				4		4	6	1	5
桦甸市							5	2	3
舒兰市									
磐石市				2		2	1		1
四平市				**3**		**3**	**43**	**20**	**23**
铁西区				2		2	9	4	5
铁东区				1		1	11	9	2
梨树县							4	1	3
伊通满族自治县							1		1
公主岭市							8	3	5
双辽市							10	3	7
辽源市							**14**	**4**	**10**
龙山区							5	1	4
西安区									
东丰县							7	2	5
东辽县							2	1	1
通化市				**7**	**3**	**4**	**18**	**8**	**10**
东昌区							3	1	2
二道江区				2		2			
通化县							2		2
辉南县				3	3		6	4	2
柳河县							4	2	2
梅河口市				2		2	3	1	2
集安市									
白山市				**2**		**2**	**16**	**6**	**10**
浑江区				1		1	4	1	3
江源区							2	2	
抚松县				1		1	2	1	1
靖宇县							3	1	2
长白朝鲜族自治县							5	1	4
临江市									
松原市	**1**		**1**	**11**	**7**	**4**	**38**	**21**	**17**
宁江区				4	3	1	23	12	11
前郭尔罗斯蒙古族自治县							6	3	3
长岭县				6	3	3	8	5	3
乾安县				1	1		1	1	
扶余县	1		1						
白城市	**2**	**1**	**1**	**3**		**3**	**86**	**40**	**46**
洮北区	1		1				47	25	22
镇赉县	1	1		1		1	13	6	7
通榆县							5		5
洮南市				1		1	14	7	7
大安市				1		1	7	2	5
延边朝鲜族自治州				**7**	**3**	**4**	**69**	**34**	**35**
延吉市				5	2	3	32	14	18
图们市							4	1	3
敦化市							5	2	3
珲春市							21	12	9
龙井市							4	3	1
和龙市							1	1	
汪清县				2	1	1	2	1	1
安图县									

10-11　续表 12

单位：人

地　区	柯尔克孜族			土　族			达斡尔族		
	小计	男	女	小计	男	女	小计	男	女
黑龙江省	**1431**	**709**	**722**	**101**	**60**	**41**	**40277**	**19985**	**20292**
哈尔滨市	**72**	**33**	**39**	**20**	**10**	**10**	**1549**	**734**	**815**
道里区	2		2	4	1	3	117	61	56
南岗区	21	11	10	8	6	2	498	239	259
道外区	6	1	5				93	46	47
平房区							17	8	9
松北区	5	4	1	1		1	115	62	53
香坊区	18	8	10	4	1	3	307	142	165
呼兰区	9	3	6	3	2	1	317	142	175
阿城区							38	16	22
依兰县							2		2
方正县							1		1
宾县							5		5
巴彦县							1		1
木兰县							2	1	1
通河县							7	2	5
延寿县							3	2	1
双城市	1	1					21	11	10
尚志市	9	5	4				2	1	1
五常市	1		1				3	1	2
齐齐哈尔市	**1243**	**629**	**614**	**17**	**11**	**6**	**28366**	**14297**	**14069**
龙沙区	33	16	17	1	1		884	422	462
建华区	45	18	27	2	2		1595	758	837
铁锋区	21	11	10	3	1	2	485	237	248
昂昂溪区							206	95	111
富拉尔基区				2	1	1	5260	2669	2591
碾子山区							64	27	37
梅里斯达斡尔族区	11	8	3				11721	6002	5719
龙江县	4	2	2	1		1	1624	798	826
依安县	3	1	2				29	11	18
泰来县	2	1	1	5	5		729	391	338
甘南县	6	3	3	1		1	150	66	84
富裕县	1095	562	533				4949	2514	2435
克山县	10	4	6				27	11	16
克东县	1		1				18	9	9
拜泉县	1		1	2	1	1	17	9	8
讷河市	11	3	8				608	278	330
鸡西市				**13**	**6**	**7**	**59**	**26**	**33**
鸡冠区				3	2	1	32	14	18
恒山区							4	3	1
滴道区									
梨树区							3	1	2
城子河区							1	1	
麻山区									
鸡东县							3	1	2
虎林市				3	1	2	14	4	10
密山市				7	3	4	2	2	
鹤岗市	**4**	**1**	**3**	**6**	**5**	**1**	**23**	**11**	**12**
向阳区									
工农区				1		1	4	3	1
南山区									
兴安区	4	1	3				1		1

10-11 续表 13

单位：人

地区	柯尔克孜族			土族			达斡尔族		
	小计	男	女	小计	男	女	小计	男	女
东山区							4	2	2
兴山区							2	1	1
萝北县				5	5		9	3	6
绥滨县							3	2	1
双鸭山市	**3**	**1**	**2**	**1**		**1**	**27**	**10**	**17**
尖山区							2		2
岭东区							2	2	
四方台区									
宝山区									
集贤县							5	1	4
友谊县							3	2	1
宝清县							9	2	7
饶河县	3	1	2	1		1	6	3	3
大庆市	**31**	**12**	**19**	**11**	**8**	**3**	**1079**	**515**	**564**
萨尔图区	4	1	3	2	1	1	138	61	77
龙凤区	5	1	4	2	2		157	76	81
让胡路区	2	1	1	4	3	1	231	110	121
红岗区	3	2	1	2	2		62	31	31
大同区	1		1				34	17	17
肇州县							37	17	20
肇源县							46	22	24
林甸县				1		1	67	32	35
杜尔伯特蒙古族自治县	16	7	9				307	149	158
伊春市	**1**		**1**	**2**	**1**	**1**	**81**	**38**	**43**
伊春区							12	5	7
南岔区	1		1				11	5	6
友好区							2		2
西林区									
翠峦区							1		1
新青区							1		1
美溪区									
金山屯区									
五营区									
乌马河区							3	2	1
汤旺河区									
带岭区									
乌伊岭区							1		1
红星区									
上甘岭区							2		2
嘉荫县							29	15	14
铁力市				2	1	1	19	11	8
佳木斯市	**11**	**7**	**4**	**8**	**4**	**4**	**109**	**56**	**53**
向阳区	1		1	1	1		38	15	23
前进区							10	5	5
东风区				1	1		5	3	2
郊区							13	9	4
桦南县	2	1	1	5	2	3	1		1
桦川县									
汤原县							16	9	7
抚远县							6	4	2
同江市	6	4	2	1		1	11	6	5
富锦市	2	2					9	5	4
七台河市				**1**	**1**		**51**	**20**	**31**
新兴区							17	4	13
桃山区				1	1		21	10	11
茄子河区							4	2	2
勃利县							9	4	5

10-11 续表 14

单位：人

地区	柯尔克孜族			土族			达斡尔族		
	小计	男	女	小计	男	女	小计	男	女
牡丹江市	**10**	**5**	**5**	**11**	**8**	**3**	**166**	**60**	**106**
东安区							12	8	4
阳明区							11	3	8
爱民区	4	1	3	4	3	1	77	19	58
西安区				1	1		20	6	14
东宁县							7	3	4
林口县	5	3	2				4	2	2
绥芬河市	1	1					25	17	8
海林市							2		2
宁安市							8	2	6
穆棱市				6	4	2			
黑河市	**12**	**8**	**4**	**2**	**2**		**6985**	**3355**	**3630**
爱辉区	2	2					3278	1574	1704
嫩江县	8	5	3				1400	639	761
逊克县							969	516	453
孙吴县							1149	531	618
北安市				1	1		117	56	61
五大连池市	2	1	1	1	1		72	39	33
绥化市	**17**	**9**	**8**	**5**	**3**	**2**	**374**	**197**	**177**
北林区	1		1				52	24	28
望奎县	9	6	3	1		1	20	9	11
兰西县							3		3
青冈县							16	9	7
庆安县				1	1		1		1
明水县				1	1		42	25	17
绥棱县							8	4	4
安达市	4	1	3				17	8	9
肇东市	3	2	1				206	115	91
海伦市				2	1	1	9	3	6
大兴安岭地区	**27**	**4**	**23**	**4**	**1**	**3**	**1408**	**666**	**742**
加格达奇区	22	4	18	4	1	3	659	309	350
松岭区	4		4				219	103	116
新林区							45	22	23
呼中区							25	15	10
呼玛县	1		1				177	79	98
塔河县							100	52	48
漠河县							183	86	97
上海市	**58**	**25**	**33**	**1009**	**545**	**464**	**449**	**186**	**263**
市辖区	**56**	**23**	**33**	**1001**	**538**	**463**	**445**	**183**	**262**
黄浦区				21	11	10	10	5	5
卢湾区	2	1	1	6	5	1	4	1	3
徐汇区	3	1	2	16	9	7	33	16	17
长宁区	1		1	23	7	16	36	13	23
静安区				7	3	4	2	1	1
普陀区				44	20	24	21	12	9
闸北区				17	14	3	11	6	5
虹口区	1		1	24	13	11	13	4	9
杨浦区	3	3		19	11	8	37	15	22
闵行区	4	2	2	114	59	55	75	35	40
宝山区	7		7	50	27	23	35	16	19
嘉定区	2	2		78	43	35	17	6	11
浦东新区	13	7	6	66	35	31	105	33	72

10-11 续表 15

单位：人

地区	柯尔克孜族			土族			达斡尔族		
	小计	男	女	小计	男	女	小计	男	女
金山区	2	1	1	97	51	46			
松江区	7	4	3	182	97	85	33	14	19
青浦区	6	2	4	128	77	51	8	5	3
奉贤区	5		5	109	56	53	5	1	4
市辖县	**2**	**2**		**8**	**7**	**1**	**4**	**3**	**1**
崇明县	2	2		8	7	1	4	3	1
江苏省	**61**	**30**	**31**	**2263**	**986**	**1277**	**283**	**136**	**147**
南京市	**16**	**8**	**8**	**170**	**82**	**88**	**89**	**40**	**49**
玄武区	5	3	2	17	7	10	13	8	5
白下区	1		1	13	10	3	7	3	4
秦淮区				8	5	3	5	2	3
建邺区				5	1	4	4		4
鼓楼区	3	2	1	11	8	3	18	8	10
下关区				11	9	2			
浦口区	4	1	3	9	5	4	9	3	6
栖霞区				16	7	9	9	4	5
雨花台区				10	4	6	10	5	5
江宁区				41	12	29	8	6	2
六合区	3	2	1	16	8	8	6	1	5
溧水县				12	6	6			
高淳县				1		1			
无锡市	**8**	**5**	**3**	**361**	**171**	**190**	**16**	**5**	**11**
崇安区									
南长区									
北塘区				8	5	3			
锡山区	5	3	2	20	12	8	5	1	4
惠山区				44	22	22			
滨湖区	1	1		216	97	119	4		4
江阴市	2	1	1	43	17	26	3	2	1
宜兴市				30	18	12	4	2	2
徐州市	**2**	**2**		**53**	**29**	**24**	**7**	**5**	**2**
鼓楼区				3	1	2	1		1
云龙区									
九里区							1	1	
贾汪区	1	1		6	2	4	2	2	
泉山区	1	1		36	23	13	2	2	
丰县									
沛县				3	2	1			
铜山县				1		1			
睢宁县							1		1
新沂市				4	1	3			
邳州市									
常州市	**5**	**3**	**2**	**227**	**108**	**119**	**16**	**11**	**5**
天宁区				7	5	2	1		1
钟楼区				10	5	5	4	3	1
戚墅堰区				2	1	1			
新北区				18	10	8	3	2	1
武进区				104	51	53	3	3	
溧阳市				29	17	12	4	3	1
金坛市	5	3	2	57	19	38	1		1
苏州市	**17**	**6**	**11**	**622**	**315**	**307**	**68**	**39**	**29**
沧浪区	1		1	7	2	5	1	1	
平江区				28	12	16	17	10	7
金阊区				4	2	2			

10-11　续表 16

单位：人

地　区	柯尔克孜族			土　族			达斡尔族		
	小计	男	女	小计	男	女	小计	男	女
虎丘区	9	3	6	40	21	19	5	4	1
吴中区	1	1		72	23	49	4	1	3
相城区				42	29	13			
常熟市	4	1	3	60	22	38	3	2	1
张家港市				43	18	25	11	6	5
昆山市	1	1		168	96	72	20	13	7
吴江市	1		1	61	30	31	3	1	2
太仓市				97	60	37	4	1	3
南通市	**1**		**1**	**100**	**24**	**76**	**9**	**1**	**8**
崇川区				8	3	5	1		1
港闸区									
通州区	1		1	27	9	18			
海安县				14	2	12	5	1	4
如东县				3	1	2	1		1
启东市				9	5	4	1		1
如皋市				37	3	34	1		1
海门市				2	1	1			
连云港市	**1**		**1**	**41**	**12**	**29**	**20**	**9**	**11**
连云区							10	6	4
新浦区				16	6	10	7	3	4
海州区				4	2	2			
赣榆县									
东海县	1		1	16	3	13	3		3
灌云县				1		1			
灌南县				4	1	3			
淮安市				**22**	**12**	**10**	**5**	**1**	**4**
清河区				3	3		2	1	1
楚州区				2		2			
淮阴区				3		3			
清浦区				1	1				
涟水县				2		2	3		3
洪泽县				1	1				
盱眙县				4	2	2			
金湖县				6	5	1			
盐城市	**2**	**1**	**1**	**241**	**62**	**179**	**12**	**5**	**7**
亭湖区				23	7	16	8	4	4
盐都区	1		1	16	4	12	2		2
响水县				6	2	4			
滨海县				20	6	14			
阜宁县	1	1		18	5	13			
射阳县				72	24	48			
建湖县				5		5			
东台市				59	6	53	2	1	1
大丰市				22	8	14			
扬州市	**2**		**2**	**87**	**33**	**54**	**13**	**9**	**4**
广陵区				2	1	1			
邗江区	1		1	8	1	7			
维扬区	1		1	15	9	6	10	7	3
宝应县				3		3	1	1	
仪征市				24	9	15			
高邮市				16	7	9			
江都市				19	6	13	2	1	1
镇江市	**4**	**3**	**1**	**117**	**53**	**64**	**12**	**4**	**8**
京口区	1	1		15	9	6	4	1	3
润州区				4	2	2			

10-11 续表 17 单位：人

地区	柯尔克孜族			土族			达斡尔族		
	小计	男	女	小计	男	女	小计	男	女
丹徒区				3		3			
丹阳市	3	2	1	53	23	30	4	3	1
扬中市				7	3	4	1		1
句容市				35	16	19	3		3
泰州市	**1**	**1**		**132**	**55**	**77**	**12**	**6**	**6**
海陵区				10	5	5			
高港区	1	1		21	9	12	2	1	1
兴化市				21	4	17	2	2	
靖江市				49	32	17	2	1	1
泰兴市				12	1	11	6	2	4
姜堰市				19	4	15			
宿迁市	**2**	**1**	**1**	**90**	**30**	**60**	**4**	**1**	**3**
宿城区	1		1	9	2	7	1	1	
宿豫区				13	3	10	3		3
沭阳县	1	1		47	19	28			
泗阳县				13	4	9			
泗洪县				8	2	6			
浙江省	**279**	**178**	**101**	**4709**	**2539**	**2170**	**204**	**93**	**111**
杭州市	**91**	**57**	**34**	**224**	**116**	**108**	**59**	**25**	**34**
上城区				2	2		6	2	4
下城区				14	8	6	5	4	1
江干区				26	18	8	16	5	11
拱墅区				7	2	5	2	1	1
西湖区	3	2	1	33	17	16	13	8	5
滨江区				1		1	2		2
萧山区				60	31	29	5	3	2
余杭区				18	10	8	1		1
桐庐县				9	6	3	3	1	2
淳安县				5	1	4			
建德市	1		1	13	5	8			
富阳市				25	10	15	4	1	3
临安市	87	55	32	11	6	5	2		2
宁波市	**65**	**34**	**31**	**891**	**477**	**414**	**42**	**18**	**24**
海曙区				17	6	11	1		1
江东区				22	9	13	6	2	4
江北区	1	1		14	10	4	5	1	4
北仑区				253	148	105	13	6	7
镇海区				94	50	44	3	1	2
鄞州区	45	22	23	52	31	21	8	4	4
象山县									
宁海县				13	10	3	1	1	
余姚市	1	1		221	100	121	4	3	1
慈溪市	18	10	8	142	79	63			
奉化市				63	34	29	1		1
温州市	**8**	**6**	**2**	**1447**	**796**	**651**	**10**	**7**	**3**
鹿城区				182	106	76	5	2	3
龙湾区				476	267	209	2	2	
瓯海区	8	6	2	70	35	35	2	2	
洞头县				3		3			
永嘉县				133	75	58			
平阳县				70	37	33			
苍南县				17	4	13	1	1	
文成县				4	2	2			
泰顺县				1		1			
瑞安市				177	104	73			
乐清市				314	166	148			

10-11　续表 18　　　　　　　　　　　　　　　　单位：人

地　区	柯尔克孜族			土　族			达斡尔族		
	小计	男	女	小计	男	女	小计	男	女
嘉兴市	**101**	**74**	**27**	**577**	**310**	**267**	**41**	**19**	**22**
南湖区	1	1		50	31	19	15	4	11
秀洲区	7	5	2	159	86	73	1	1	
嘉善县				145	83	62	4	2	2
海盐县				37	19	18	10	7	3
海宁市	93	68	25	61	35	26	2		2
平湖市				33	19	14	8	4	4
桐乡市				92	37	55	1	1	
湖州市	**3**	**2**	**1**	**93**	**44**	**49**	**2**	**1**	**1**
吴兴区	3	2	1	15	12	3	1	1	
南浔区				31	12	19			
德清县				13	3	10			
长兴县				18	6	12	1		1
安吉县				16	11	5			
绍兴市	**1**	**1**		**205**	**95**	**110**	**4**		**4**
越城区				56	24	32	3		3
绍兴县				34	11	23			
新昌县				14	7	7			
诸暨市				73	40	33	1		1
上虞市	1	1		23	10	13			
嵊州市				5	3	2			
金华市	**7**	**4**	**3**	**511**	**274**	**237**	**25**	**15**	**10**
婺城区				72	41	31	16	8	8
金东区	1	1		15	8	7			
武义县				25	15	10			
浦江县				27	15	12			
磐安县				2	1	1			
兰溪市				6	2	4			
义乌市	5	3	2	175	87	88	1	1	
东阳市				36	22	14	7	5	2
永康市	1		1	153	83	70	1	1	
衢州市	**1**		**1**	**75**	**50**	**25**			
柯城区				1		1			
衢江区				6	4	2			
常山县				22	17	5			
开化县	1		1	19	9	10			
龙游县				21	17	4			
江山市				6	3	3			
舟山市	**1**		**1**	**41**	**23**	**18**	**7**	**1**	**6**
定海区	1		1	8	3	5	2	1	1
普陀区				25	13	12	4		4
岱山县				6	5	1	1		1
嵊泗县				2	2				
台州市				**455**	**245**	**210**	**9**	**5**	**4**
椒江区				28	15	13	1		1
黄岩区				29	12	17	2	1	1
路桥区				70	40	30	2	1	1
玉环县				82	46	36			
三门县				23	13	10			
天台县				3		3			
仙居县				2		2			
温岭市				173	92	81	3	2	1
临海市				45	27	18	1	1	

10-11 续表 19

单位：人

地区	柯尔克孜族			土族			达斡尔族		
	小计	男	女	小计	男	女	小计	男	女
丽水市	**1**		**1**	**190**	**109**	**81**	**5**	**2**	**3**
莲都区				157	92	65	2	1	1
青田县				12	7	5			
缙云县				4	3	1	2		2
遂昌县				3	2	1			
松阳县									
云和县	1		1	5	2	3	1	1	
庆元县				1	1				
景宁畲族自治县				2		2			
龙泉市				6	2	4			
安徽省	**14**	**9**	**5**	**493**	**219**	**274**	**77**	**29**	**48**
合肥市	**2**	**2**		**114**	**64**	**50**	**34**	**10**	**24**
瑶海区	1	1		14	9	5	2	1	1
庐阳区				7	3	4	2	1	1
蜀山区				31	20	11	21	6	15
包河区	1	1		20	11	9	7	2	5
长丰县				2		2	1		1
肥东县				34	18	16	1		1
肥西县				6	3	3			
芜湖市				**23**	**9**	**14**			
镜湖区				3	2	1			
弋江区				2	1	1			
鸠江区				6	2	4			
三山区				2	2				
芜湖县				3	1	2			
繁昌县				2		2			
南陵县				5	1	4			
蚌埠市				**24**	**12**	**12**	**3**	**1**	**2**
龙子湖区									
蚌山区				13	7	6	2	1	1
禹会区				8	4	4			
淮上区									
怀远县				1		1			
五河县									
固镇县				2	1	1	1		1
淮南市				**7**	**3**	**4**			
大通区									
田家庵区				7	3	4			
谢家集区									
八公山区									
潘集区									
凤台县									
马鞍山市	**2**		**2**	**18**	**5**	**13**	**4**	**1**	**3**
金家庄区									
花山区				9	2	7	2		2
雨山区				3	2	1	2	1	1
当涂县	2		2	6	1	5			
淮北市				**12**	**5**	**7**	**1**	**1**	
杜集区									
相山区				11	5	6	1	1	
烈山区				1		1			
濉溪县									

10-11　续表 20

单位：人

地　区	柯尔克孜族			土　族			达斡尔族		
	小计	男	女	小计	男	女	小计	男	女
铜陵市				**8**	**3**	**5**	**2**	**1**	**1**
铜官山区				4	2	2	2	1	1
狮子山区				1		1			
郊区				1	1				
铜陵县				2		2			
安庆市	**3**	**3**		**53**	**23**	**30**	**11**	**7**	**4**
迎江区				3		3			
大观区				3	1	2			
宜秀区	1	1		2	1	1			
怀宁县				4	3	1			
枞阳县				8		8			
潜山县	1	1		3	2	1	1		1
太湖县				8	6	2	1		1
宿松县				9	8	1			
望江县				6	1	5	4	4	
岳西县									
桐城市	1	1		7	1	6	5	3	2
黄山市				**7**	**4**	**3**	**1**	**1**	
屯溪区				1	1		1	1	
黄山区									
徽州区									
歙县				3	2	1			
休宁县				2		2			
黟县									
祁门县				1	1				
滁州市				**49**	**22**	**27**	**1**	**1**	
琅琊区				21	12	9			
南谯区				5	2	3			
来安县				5	2	3			
全椒县				3		3			
定远县				9	5	4			
凤阳县				2		2	1	1	
天长市									
明光市				4	1	3			
阜阳市	**3**	**1**	**2**	**21**	**5**	**16**	**6**	**2**	**4**
颍州区				3	1	2	2		2
颍东区									
颍泉区				2		2			
临泉县				5	1	4	3	1	2
太和县							1	1	
阜南县				3	1	2			
颍上县	3	1	2	6	1	5			
界首市				2	1	1			
宿州市	**3**	**2**	**1**	**48**	**16**	**32**	**7**	**3**	**4**
埇桥区	1	1		8	3	5	2	1	1
砀山县				7	2	5			
萧县	1		1	17	7	10	1		1
灵璧县				9	2	7	3	1	2
泗县	1	1		7	2	5	1	1	
巢湖市	**1**	**1**		**56**	**24**	**32**	**2**		**2**
居巢区				1	1				
庐江县				20	7	13			
无为县				6	3	3			
含山县	1	1					2		2
和县				29	13	16			

10-11 续表 21

单位：人

地区	柯尔克孜族			土族			达斡尔族		
	小计	男	女	小计	男	女	小计	男	女
六安市				**6**	**2**	**4**	**5**	**1**	**4**
金安区									
裕安区				1		1			
寿县							5	1	4
霍邱县				5	2	3			
舒城县									
金寨县									
霍山县									
亳州市				**6**	**2**	**4**			
谯城区				3	2	1			
涡阳县									
蒙城县				3		3			
利辛县									
池州市				**2**	**1**	**1**			
贵池区									
东至县				1		1			
石台县				1	1				
青阳县									
宣城市				**39**	**19**	**20**			
宣州区				10	7	3			
郎溪县				11	5	6			
广德县				8	4	4			
泾县									
绩溪县				2	1	1			
旌德县				1		1			
宁国市				7	2	5			
福建省	**50**	**32**	**18**	**4000**	**2268**	**1732**	**96**	**43**	**53**
福州市	**5**	**2**	**3**	**432**	**226**	**206**	**13**	**4**	**9**
鼓楼区				21	9	12	2		2
台江区				7	5	2	1	1	
仓山区				52	25	27			
马尾区				5	3	2	1	1	
晋安区				112	58	54	3		3
闽侯县	4	2	2	26	15	11	2	1	1
连江县				36	18	18			
罗源县				3	1	2			
闽清县	1		1	45	28	17			
永泰县				1		1			
平潭县				4	3	1			
福清市				78	39	39	4	1	3
长乐市				42	22	20			
厦门市	**15**	**8**	**7**	**707**	**370**	**337**	**39**	**17**	**22**
思明区	7	4	3	62	24	38	26	11	15
海沧区				78	44	34	3	2	1
湖里区				201	104	97	3	2	1
集美区	3		3	130	72	58	7	2	5
同安区	4	3	1	181	96	85			
翔安区	1	1		55	30	25			
莆田市	**1**	**1**		**567**	**330**	**237**	**1**	**1**	
城厢区				49	34	15			
涵江区	1	1		262	141	121			
荔城区				177	108	69			
秀屿区				33	20	13	1	1	
仙游县				46	27	19			

10-11 续表 22

单位：人

地区	柯尔克孜族			土族			达斡尔族		
	小计	男	女	小计	男	女	小计	男	女
三明市				**127**	**67**	**60**	**1**		**1**
梅列区				10	3	7			
三元区				11	4	7			
明溪县				6	3	3			
清流县				7	4	3			
宁化县				2		2			
大田县				6	3	3			
尤溪县				5	3	2	1		1
沙县				8	4	4			
将乐县				5	3	2			
泰宁县				1		1			
建宁县									
永安市				66	40	26			
泉州市	**6**	**5**	**1**	**1666**	**976**	**690**	**15**	**6**	**9**
鲤城区				132	77	55	1	1	
丰泽区				166	97	69	4		4
洛江区	2	2		45	28	17	2	1	1
泉港区				11	4	7	1		1
惠安县				100	61	39	1	1	
安溪县				27	16	11			
永春县				63	39	24			
德化县				11	7	4			
石狮市				183	96	87			
晋江市	4	3	1	660	386	274	5	2	3
南安市				268	165	103	1	1	
漳州市	**4**	**2**	**2**	**206**	**114**	**92**	**14**	**11**	**3**
芗城区	1	1		76	40	36	1	1	
龙文区				49	27	22			
云霄县				2	2		3	2	1
漳浦县	2		2	3	1	2			
诏安县									
长泰县				26	16	10			
东山县				1		1			
南靖县				5	3	2			
平和县				7	6	1			
华安县				3	2	1			
龙海市	1	1		34	17	17	10	8	2
南平市				**134**	**90**	**44**	**12**	**4**	**8**
延平区				38	31	7	3		3
顺昌县				4	2	2			
浦城县				2		2			
光泽县				7	3	4			
松溪县				7	5	2			
政和县							1	1	
邵武市				2		2	2	2	
武夷山市				20	10	10	6	1	5
建瓯市				28	20	8			
建阳市				26	19	7			
龙岩市	**19**	**14**	**5**	**140**	**85**	**55**	**1**		**1**
新罗区	18	13	5	49	30	19			
长汀县				2	1	1			
永定县				36	21	15			
上杭县				8	5	3	1		1
武平县				23	12	11			
连城县	1	1		5	4	1			
漳平市				17	12	5			

10-11 续表 23　　单位：人

地区	柯尔克孜族			土族			达斡尔族		
	小计	男	女	小计	男	女	小计	男	女
宁德市				**21**	**10**	**11**			
蕉城区									
霞浦县				2		2			
古田县				4	3	1			
屏南县									
寿宁县									
周宁县									
柘荣县									
福安市				4	2	2			
福鼎市				11	5	6			
江西省	**46**	**24**	**22**	**576**	**272**	**304**	**57**	**18**	**39**
南昌市	**44**	**23**	**21**	**188**	**93**	**95**	**37**	**11**	**26**
东湖区				23	10	13	3		3
西湖区				14	12	2	2		2
青云谱区				11	3	8			
湾里区	2	1	1	4	2	2	2		2
青山湖区				46	28	18	6	2	4
南昌县	26	13	13	28	13	15	8	3	5
新建县	16	9	7	62	25	37	16	6	10
安义县									
进贤县									
景德镇市				**10**	**6**	**4**	**1**	**1**	
昌江区									
珠山区				7	5	2	1	1	
浮梁县									
乐平市				3	1	2			
萍乡市				**44**	**23**	**21**			
安源区				28	13	15			
湘东区				10	8	2			
莲花县				1		1			
上栗县				1		1			
芦溪县				4	2	2			
九江市				**56**	**26**	**30**	**6**	**1**	**5**
庐山区				24	13	11	6	1	5
浔阳区				10	4	6			
九江县									
武宁县				6	3	3			
修水县									
永修县				2	1	1			
德安县				5	1	4			
星子县									
都昌县				4	1	3			
湖口县				1		1			
彭泽县				3	2	1			
瑞昌市				1	1				
新余市				**40**	**21**	**19**	**3**	**1**	**2**
渝水区				34	17	17	3	1	2
分宜县				6	4	2			
鹰潭市	**1**	**1**		**29**	**9**	**20**			
月湖区				11	4	7			
余江县	1	1		7	1	6			
贵溪市				11	4	7			
赣州市				**61**	**31**	**30**	**2**	**1**	**1**
章贡区				19	10	9	1		1
赣县									

10-11　续表 24　　　　单位：人

地　区	柯尔克孜族			土　族			达斡尔族		
	小计	男	女	小计	男	女	小计	男	女
信丰县				2	2				
大余县									
上犹县									
崇义县				3	2	1			
安远县				6	4	2			
龙南县				4	2	2			
定南县				6	3	3			
全南县				7	4	3			
宁都县				2	2				
于都县				4	1	3	1	1	
兴国县				3	1	2			
会昌县				1		1			
寻乌县				1		1			
石城县									
瑞金市				2		2			
南康市				1		1			
吉安市				**32**	**11**	**21**	**5**	**3**	**2**
吉州区				2	1	1			
青原区				5	2	3	1	1	
吉安县				6	2	4	1	1	
吉水县									
峡江县				2		2			
新干县				2		2			
永丰县				1	1				
泰和县				9	5	4			
遂川县									
万安县				3		3	3	1	2
安福县									
永新县				2		2			
井冈山市									
宜春市				**38**	**18**	**20**	**1**		**1**
袁州区				14	4	10	1		1
奉新县				2	1	1			
万载县				1		1			
上高县				1	1				
宜丰县				3	2	1			
靖安县									
铜鼓县									
丰城市									
樟树市									
高安市				17	10	7			
抚州市				**24**	**8**	**16**	**1**		**1**
临川区				11	4	7	1		1
南城县									
黎川县									
南丰县									
崇仁县				1		1			
乐安县				3	1	2			
宜黄县				6	3	3			
金溪县				1		1			
资溪县				1		1			
东乡县									
广昌县				1		1			

10-11 续表 25 单位：人

地区	柯尔克孜族			土族			达斡尔族		
	小计	男	女	小计	男	女	小计	男	女
上饶市	**1**		**1**	**54**	**26**	**28**	**1**		**1**
信州区	1		1	11	7	4			
上饶县				4	1	3			
广丰县				5	3	2			
玉山县				2	1	1			
铅山县				5	2	3			
横峰县									
弋阳县				3	1	2			
余干县				13	5	8			
鄱阳县				7	6	1	1		1
万年县				1		1			
婺源县				1		1			
德兴市				2		2			
山东省	**90**	**35**	**55**	**651**	**270**	**381**	**960**	**432**	**528**
济南市	**18**	**7**	**11**	**113**	**51**	**62**	**71**	**29**	**42**
历下区				12	5	7	7	2	5
市中区	2	1	1	24	13	11	5	1	4
槐荫区				14	6	8	2	1	1
天桥区	9	4	5	15	12	3	16	5	11
历城区	2	1	1	31	11	20	31	15	16
长清区				2		2	5	3	2
平阴县				1		1			
济阳县							1		1
商河县				2	1	1	2	1	1
章丘市	5	1	4	12	3	9	2	1	1
青岛市	**19**	**5**	**14**	**101**	**47**	**54**	**310**	**147**	**163**
市南区	1	1		7	4	3	18	8	10
市北区				3	1	2	14	4	10
四方区	9	2	7	9	7	2	9	4	5
黄岛区	1		1	14	10	4	76	41	35
崂山区	5	1	4	13	3	10	24	14	10
李沧区	1	1		14	6	8	37	14	23
城阳区	1		1	11	7	4	25	14	11
胶州市				10	5	5	32	17	15
即墨市				1	1		24	7	17
平度市	1		1	9		9	12	2	10
胶南市				9	3	6	23	11	12
莱西市				1		1	16	11	5
淄博市	**12**	**7**	**5**	**20**	**4**	**16**	**28**	**11**	**17**
淄川区							6	2	4
张店区	12	7	5	9	3	6	10	4	6
博山区				1		1	1	1	
临淄区				1		1	2	1	1
周村区				6		6	2	1	1
桓台县				1	1		4		4
高青县				2		2	3	2	1
沂源县									
枣庄市				**11**	**5**	**6**	**10**	**4**	**6**
市中区									
薛城区				8	4	4	5	3	2
峄城区									
台儿庄区				1	1				
山亭区									
滕州市				2		2	5	1	4

10-11 续表 26

单位：人

地区	柯尔克孜族			土族			达斡尔族		
	小计	男	女	小计	男	女	小计	男	女
东营市	**1**	**1**		**25**	**11**	**14**	**35**	**13**	**22**
东营区				22	10	12	27	8	19
河口区							3	1	2
垦利县				2	1	1	1		1
利津县									
广饶县	1	1		1		1	4	4	
烟台市	**7**	**3**	**4**	**101**	**54**	**47**	**149**	**62**	**87**
芝罘区				33	11	22	26	13	13
福山区				12	8	4	33	12	21
牟平区	7	3	4	3	1	2	6	2	4
莱山区				6	3	3	32	15	17
长岛县									
龙口市				15	12	3	11	7	4
莱阳市				10	7	3	3	3	
莱州市				10	5	5	15	4	11
蓬莱市				5	2	3	12	5	7
招远市				5	4	1	6		6
栖霞市							2		2
海阳市				2	1	1	3	1	2
潍坊市	**2**		**2**	**29**	**17**	**12**	**44**	**24**	**20**
潍城区							10	5	5
寒亭区				3		3	2	1	1
坊子区									
奎文区	1		1	18	16	2	17	8	9
临朐县							1	1	
昌乐县				1		1			
青州市				1		1	1	1	
诸城市				1		1			
寿光市							10	6	4
安丘市				1		1			
高密市				3		3	2	1	1
昌邑市	1		1	1	1		1	1	
济宁市				**18**	**3**	**15**	**43**	**16**	**27**
市中区				1		1	5	2	3
任城区							4	2	2
微山县							1		1
鱼台县				2		2			
金乡县				1		1	4	1	3
嘉祥县				1		1	11	7	4
汶上县				1		1	2	1	1
泗水县									
梁山县							3	1	2
曲阜市				2		2	7	1	6
兖州市				2	1	1	4		4
邹城市				8	2	6	2	1	1
泰安市	**3**		**3**	**29**	**7**	**22**	**22**	**10**	**12**
泰山区	1		1	18	4	14	12	4	8
岱岳区	2		2				3	3	
宁阳县				1	1		1	1	
东平县									
新泰市				3	1	2	3	2	1
肥城市				7	1	6	3		3
威海市	**6**	**3**	**3**	**32**	**16**	**16**	**152**	**76**	**76**
环翠区	6	3	3	25	13	12	90	43	47
文登市				2	1	1	15	9	6
荣成市				2	2		37	21	16
乳山市				3		3	10	3	7

10-11 续表 27 单位：人

地区	柯尔克孜族			土族			达斡尔族		
	小计	男	女	小计	男	女	小计	男	女
日照市	**6**	**2**	**4**	**17**	**8**	**9**	**35**	**16**	**19**
东港区	4	1	3	7	3	4	27	14	13
岚山区				4	1	3	3		3
五莲县				2	1	1	3	2	1
莒县	2	1	1	4	3	1	2		2
莱芜市				**16**	**6**	**10**	**4**		**4**
莱城区				13	6	7	4		4
钢城区				3		3			
临沂市	**5**	**1**	**4**	**45**	**15**	**30**	**27**	**16**	**11**
兰山区				8	5	3	9	6	3
罗庄区				1		1			
河东区				3		3	6	3	3
沂南县	1		1	2		2	4	2	2
郯城县				4	1	3			
沂水县									
苍山县				8	3	5			
费县	2	1	1	2	1	1			
平邑县				6	3	3	4	3	1
莒南县	2		2	6	2	4	4	2	2
蒙阴县				3		3			
临沭县				2		2			
德州市	**1**		**1**	**11**	**2**	**9**	**5**	**1**	**4**
德城区				3	1	2	2	1	1
陵县				1		1			
宁津县									
庆云县	1		1						
临邑县				2	1	1	1		1
齐河县									
平原县									
夏津县				1		1	1		1
武城县									
乐陵市							1		1
禹城市				4		4			
聊城市	**7**	**3**	**4**	**29**	**11**	**18**	**11**	**6**	**5**
东昌府区				8	2	6	5	5	
阳谷县				1	1		1		1
莘县	5	1	4	3	3				
茌平县				3	1	2			
东阿县									
冠县	1	1		4	3	1			
高唐县				7	1	6	4	1	3
临清市	1	1		3		3	1		1
滨州市				**19**	**6**	**13**	**8**	**1**	**7**
滨城区				4	1	3	2		2
惠民县				1		1			
阳信县									
无棣县				2		2			
沾化县				2	2				
博兴县				5	1	4	1		1
邹平县				5	2	3	5	1	4
菏泽市	**3**	**3**		**35**	**7**	**28**	**6**		**6**
牡丹区	1	1		2		2			
曹县				4	1	3			
单县				2		2			
成武县				1		1	2		2
巨野县				6	2	4			
郓城县	1	1		1		1	3		3
鄄城县				7	1	6			
定陶县				3	1	2			
东明县	1	1		9	2	7	1		1

10-11 续表 28

单位：人

地区	柯尔克孜族			土族			达斡尔族		
	小计	男	女	小计	男	女	小计	男	女
河南省	**37**	**20**	**17**	**576**	**236**	**340**	**122**	**42**	**80**
郑州市	**22**	**14**	**8**	**166**	**77**	**89**	**63**	**26**	**37**
中原区	1	1		14	5	9	16	3	13
二七区	19	12	7	40	23	17	14	4	10
管城回族区				11	7	4	12	5	7
金水区	1	1		56	27	29	14	10	4
上街区				3	1	2			
惠济区				2	1	1	3	2	1
中牟县				5	1	4	1		1
巩义市				12	4	8			
荥阳市				10	3	7			
新密市				5	1	4	2	1	1
新郑市	1		1	6	2	4			
登封市				2	2		1	1	
开封市	**1**	**1**		**55**	**27**	**28**			
龙亭区				2		2			
顺河回族区									
鼓楼区									
禹王台区	1	1		5	3	2			
金明区				10	6	4			
杞县				9	3	6			
通许县				3		3			
尉氏县				18	11	7			
开封县				4	1	3			
兰考县				4	3	1			
洛阳市				**53**	**31**	**22**	**8**	**1**	**7**
老城区				2		2	1		1
西工区				2	2				
瀍河回族区				9	5	4			
涧西区				17	11	6			
吉利区									
洛龙区				9	6	3	7	1	6
孟津县				6	6				
新安县				1		1			
栾川县				2		2			
嵩县									
汝阳县									
宜阳县				1	1				
洛宁县				1		1			
伊川县									
偃师市				3		3			
平顶山市	**3**	**1**	**2**	**44**	**17**	**27**	**16**	**5**	**11**
新华区				13	9	4	4	2	2
卫东区				4	3	1			
石龙区									
湛河区				1	1		2	1	1
宝丰县	1	1		7		7			
叶县				8		8	3		3
鲁山县				8	2	6	2	1	1
郏县	1		1						
舞钢市	1		1	1		1	5	1	4
汝州市				2	2				

10-11 续表 29

单位：人

地区	柯尔克孜族			土族			达斡尔族		
	小计	男	女	小计	男	女	小计	男	女
安阳市				**21**	**3**	**18**	**2**		**2**
文峰区				2		2	1		1
北关区				1		1			
殷都区				6		6	1		1
龙安区				3	2	1			
安阳县				2		2			
汤阴县				3	1	2			
滑县				1		1			
内黄县				1		1			
林州市				2		2			
鹤壁市	**1**		**1**	**2**		**2**			
鹤山区									
山城区									
淇滨区	1		1						
浚县				2		2			
淇县									
新乡市	**1**		**1**	**19**	**4**	**15**	**4**	**3**	**1**
红旗区				3	2	1			
卫滨区				3	1	2			
凤泉区									
牧野区	1		1	1		1	4	3	1
新乡县									
获嘉县				2		2			
原阳县									
延津县									
封丘县				5	1	4			
长垣县				3		3			
卫辉市				2		2			
辉县市									
焦作市				**13**	**6**	**7**	**2**		**2**
解放区				4	1	3			
中站区									
马村区									
山阳区				4	4				
修武县									
博爱县									
武陟县									
温县									
沁阳市				1		1	2		2
孟州市				4	1	3			
濮阳市				**34**	**13**	**21**	**13**	**3**	**10**
华龙区				9	4	5	1		1
清丰县				9	3	6	3	1	2
南乐县				7	4	3	3	1	2
范县				2		2	2		2
台前县							3		3
濮阳县				7	2	5	1	1	
许昌市				**24**	**9**	**15**	**7**	**3**	**4**
魏都区				11	5	6	5	2	3
许昌县				1		1	2	1	1
鄢陵县									
襄城县				2	1	1			
禹州市				6	2	4			
长葛市				4	1	3			

10-11　续表 30　　　　单位：人

地　区	柯尔克孜族			土　族			达斡尔族		
	小计	男	女	小计	男	女	小计	男	女
漯河市	**2**	**2**		**18**	**5**	**13**			
源汇区				1		1			
郾城区	2	2		6	2	4			
召陵区				6	2	4			
舞阳县				2		2			
临颍县				3	1	2			
三门峡市				**8**	**4**	**4**			
湖滨区				2		2			
渑池县									
陕县				3	3				
卢氏县				2	1	1			
义马市									
灵宝市				1		1			
南阳市	**4**	**1**	**3**	**45**	**13**	**32**	**1**		**1**
宛城区				7	4	3			
卧龙区	1	1		4	1	3			
南召县									
方城县				5		5	1		1
西峡县									
镇平县				4	2	2			
内乡县				3	1	2			
淅川县									
社旗县									
唐河县	1		1	8		8			
新野县				6	2	4			
桐柏县	2		2	5	1	4			
邓州市				3	2	1			
商丘市	**2**		**2**	**22**	**11**	**11**			
梁园区									
睢阳区				4	2	2			
民权县				3	1	2			
睢县									
宁陵县				1		1			
柘城县									
虞城县	1		1	1	1				
夏邑县	1		1	1		1			
永城市				12	7	5			
信阳市	**1**	**1**		**26**	**7**	**19**			
浉河区				6	3	3			
平桥区				3	2	1			
罗山县				4		4			
光山县				2		2			
新县				1		1			
商城县									
固始县	1	1		6	2	4			
潢川县				2		2			
淮滨县									
息县				2		2			
周口市				**20**	**6**	**14**			
川汇区									
扶沟县				4	1	3			
西华县									
商水县				1		1			

10-11 续表 31

单位：人

地　区	柯尔克孜族			土　族			达斡尔族		
	小计	男	女	小计	男	女	小计	男	女
沈丘县									
郸城县									
淮阳县				10	4	6			
太康县				3	1	2			
鹿邑县									
项城市				2		2			
驻马店市				**4**	**2**	**2**	**6**	**1**	**5**
驿城区							2	1	1
西平县				1		1			
上蔡县									
平舆县									
正阳县				1		1			
确山县				1	1				
泌阳县									
汝南县									
遂平县				1	1		4		4
新蔡县									
省直辖县级行政区划				**2**	**1**	**1**			
济源市				2	1	1			
湖北省	**36**	**20**	**16**	**1963**	**958**	**1005**	**92**	**41**	**51**
武汉市	**23**	**14**	**9**	**528**	**256**	**272**	**50**	**23**	**27**
江岸区				33	18	15			
江汉区	3	1	2	20	9	11			
硚口区	1		1	22	9	13	1		1
汉阳区				15	11	4	2		2
武昌区	4	4		120	63	57	8	4	4
青山区				18	7	11	1	1	
洪山区	15	9	6	185	79	106	34	16	18
东西湖区				44	22	22			
汉南区				8	5	3			
蔡甸区				22	10	12	1	1	
江夏区				16	10	6	3	1	2
黄陂区				24	13	11			
新洲区				1		1			
黄石市				**43**	**19**	**24**	**3**		**3**
黄石港区				8	5	3			
西塞山区									
下陆区				17	6	11	3		3
铁山区				6	1	5			
阳新县									
大冶市				12	7	5			
十堰市	**1**		**1**	**42**	**23**	**19**	**4**	**3**	**1**
茅箭区	1		1	9	3	6			
张湾区				13	9	4	3	3	
郧县				11	6	5			
郧西县									
竹山县									
竹溪县				6	2	4	1		1
房县				3	3				
丹江口市									
宜昌市	**2**	**1**	**1**	**11**	**7**	**4**	**1**		**1**
西陵区	2	1	1	8	6	2	1		1
伍家岗区									
点军区									

10-11　续表 32

单位：人

地　区	柯尔克孜族			土　族			达斡尔族		
	小计	男	女	小计	男	女	小计	男	女
猇亭区									
夷陵区				1		1			
远安县									
兴山县									
秭归县									
长阳土家族自治县									
五峰土家族自治县									
宜都市									
当阳市				2	1	1			
枝江市									
襄樊市				**115**	**48**	**67**			
襄城区				28	9	19			
樊城区				3	1	2			
襄阳区				13	8	5			
南漳县				5	3	2			
谷城县				8	2	6			
保康县				8	4	4			
老河口市				6	4	2			
枣阳市				16	8	8			
宜城市				28	9	19			
鄂州市				**21**	**9**	**12**	**1**		**1**
梁子湖区				1		1			
华容区				1		1			
鄂城区				19	9	10	1		1
荆门市	**4**	**1**	**3**	**130**	**66**	**64**	**3**	**1**	**2**
东宝区				38	24	14	3	1	2
掇刀区				9	3	6			
京山县	1		1	12	7	5			
沙洋县	3	1	2	35	17	18			
钟祥市				36	15	21			
孝感市	**2**	**2**		**76**	**32**	**44**			
孝南区				51	21	30			
孝昌县									
大悟县				3	2	1			
云梦县				3		3			
应城市				9	5	4			
安陆市	2	2							
汉川市				10	4	6			
荆州市				**27**	**12**	**15**	**4**	**3**	**1**
沙市区				13	7	6	1	1	
荆州区				3	1	2	3	2	1
公安县									
监利县				6	1	5			
江陵县				1		1			
石首市				4	3	1			
洪湖市									
松滋市									
黄冈市	**1**	**1**		**211**	**97**	**114**	**6**	**2**	**4**
黄州区				99	54	45			
团风县				46	20	26			
红安县				4		4			
罗田县				7		7			
英山县									
浠水县				10	3	7			
蕲春县	1	1		41	18	23	6	2	4
黄梅县									
麻城市									
武穴市				4	2	2			

10-11 续表 33

单位：人

地区	柯尔克孜族			土族			达斡尔族		
	小计	男	女	小计	男	女	小计	男	女
咸宁市				**13**	**2**	**11**			
咸安区									
嘉鱼县				4	1	3			
通城县				2		2			
崇阳县									
通山县									
赤壁市				7	1	6			
随州市				**6**		**6**			
曾都区				1		1			
随县				3		3			
广水市				2		2			
恩施土家族苗族自治州	**1**		**1**	**671**	**354**	**317**	**19**	**9**	**10**
恩施市				17	12	5	13	5	8
利川市	1		1	41	23	18			
建始县				520	275	245			
巴东县									
宣恩县				4	3	1			
咸丰县				45	18	27	6	4	2
来凤县				44	23	21			
鹤峰县									
省直辖县级行政区划	**2**	**1**	**1**	**69**	**33**	**36**	**1**		**1**
仙桃市				6	4	2			
潜江市	2	1	1	61	29	32	1		1
天门市				2		2			
神农架林区									
湖南省	**62**	**31**	**31**	**5137**	**2544**	**2593**	**39**	**20**	**19**
长沙市	**19**	**9**	**10**	**662**	**315**	**347**	**16**	**10**	**6**
芙蓉区				35	23	12	1	1	
天心区	15	7	8	121	56	65	2	1	1
岳麓区	2	1	1	208	93	115	1	1	
开福区				51	26	25	2	1	1
雨花区	1	1		125	62	63	6	4	2
长沙县	1		1	60	35	25	2	1	1
望城县				13	5	8	2	1	1
宁乡县				41	13	28			
浏阳市				8	2	6			
株洲市				**83**	**47**	**36**			
荷塘区				27	13	14			
芦淞区				17	11	6			
石峰区				19	12	7			
天元区				9	4	5			
株洲县				3	1	2			
攸县				7	6	1			
茶陵县				1		1			
炎陵县									
醴陵市									
湘潭市	**1**		**1**	**159**	**82**	**77**	**2**	**2**	
雨湖区				38	19	19	2	2	
岳塘区	1		1	52	36	16			
湘潭县				44	19	25			
湘乡市				20	7	13			
韶山市				5	1	4			

10-11　续表 34

单位：人

地　区	柯尔克孜族			土　族			达斡尔族		
	小计	男	女	小计	男	女	小计	男	女
衡阳市				**165**	**78**	**87**	**2**	**1**	**1**
珠晖区				38	16	22			
雁峰区				20	11	9	1	1	
石鼓区				10	6	4	1		1
蒸湘区				32	15	17			
南岳区									
衡阳县				6		6			
衡南县				35	18	17			
衡山县				1		1			
衡东县				4	2	2			
祁东县				4	1	3			
耒阳市				15	9	6			
常宁市									
邵阳市				**129**	**57**	**72**	**1**		**1**
双清区				20	12	8			
大祥区				12	8	4			
北塔区				3	1	2			
邵东县				4	2	2			
新邵县				10	2	8			
邵阳县				4	2	2			
隆回县				28	11	17			
洞口县				26	11	15	1		1
绥宁县				4	2	2			
新宁县				4		4			
城步苗族自治县				5	4	1			
武冈市				9	2	7			
岳阳市	**8**	**4**	**4**	**210**	**89**	**121**			
岳阳楼区				58	26	32			
云溪区				74	33	41			
君山区				4	1	3			
岳阳县				18	7	11			
华容县	4	3	1	10	3	7			
湘阴县	2	1	1	9	6	3			
平江县	2		2	19	9	10			
汨罗市				15	3	12			
临湘市				3	1	2			
常德市	**3**		**3**	**1084**	**608**	**476**	**5**	**3**	**2**
武陵区				33	18	15	1		1
鼎城区				592	361	231			
安乡县				17	8	9			
汉寿县				52	16	36			
澧县				23	11	12	2	2	
临澧县				267	148	119	1		1
桃源县	3		3	74	29	45			
石门县									
津市市				26	17	9	1	1	
张家界市	**21**	**15**	**6**	**1270**	**621**	**649**	**1**		**1**
永定区	8	4	4	612	290	322	1		1
武陵源区	1	1		464	237	227			
慈利县	6	5	1						
桑植县	6	5	1	194	94	100			
益阳市	**1**	**1**		**153**	**55**	**98**	**1**		**1**
资阳区				12	6	6	1		1
赫山区	1	1		59	19	40			

10-11 续表 35

单位：人

地区	柯尔克孜族			土族			达斡尔族		
	小计	男	女	小计	男	女	小计	男	女
南县				22	7	15			
桃江县				10	3	7			
安化县				8	1	7			
沅江市				42	19	23			
郴州市	**1**		**1**	**94**	**46**	**48**	**3**	**2**	**1**
北湖区				21	13	8			
苏仙区	1		1	23	11	12	2	1	1
桂阳县				11	4	7			
宜章县				12	8	4			
永兴县				5		5			
嘉禾县									
临武县				4	1	3			
汝城县				3	1	2			
桂东县									
安仁县				2		2			
资兴市				13	8	5	1	1	
永州市	**2**		**2**	**122**	**50**	**72**	**1**		**1**
零陵区	1		1	55	27	28			
冷水滩区				32	13	19			
祁阳县				10	2	8			
东安县				12	4	8			
双牌县									
道县				1		1			
江永县	1		1	7	2	5	1		1
宁远县				4	1	3			
蓝山县									
新田县				1	1				
江华瑶族自治县									
怀化市				**846**	**428**	**418**			
鹤城区				337	162	175			
中方县				6	3	3			
沅陵县				414	222	192			
辰溪县				47	23	24			
溆浦县									
会同县									
麻阳苗族自治县				4	4				
新晃侗族自治县				20	7	13			
芷江侗族自治县									
靖州苗族侗族自治县				16	6	10			
通道侗族自治县									
洪江市				2	1	1			
娄底市	**6**	**2**	**4**	**104**	**43**	**61**	**4**	**2**	**2**
娄星区				48	15	33	1	1	
双峰县	5	2	3	6		6			
新化县				11	3	8			
冷水江市				10	5	5			
涟源市	1		1	29	20	9	3	1	2
湘西土家族苗族自治州				**56**	**25**	**31**	**3**		**3**
吉首市				35	17	18			
泸溪县				5	3	2			
凤凰县				11	4	7			
花垣县									
保靖县							1		1
古丈县				5	1	4			
永顺县							1		1
龙山县							1		1

10-11 续表 36

单位：人

地区	柯尔克孜族			土族			达斡尔族		
	小计	男	女	小计	男	女	小计	男	女
广东省	**577**	**314**	**263**	**10161**	**5629**	**4532**	**411**	**208**	**203**
广州市	**29**	**17**	**12**	**1044**	**579**	**465**	**109**	**53**	**56**
荔湾区	4	3	1	34	19	15	6	4	2
越秀区	5	2	3	24	8	16	13	4	9
海珠区	2	1	1	32	16	16	11	6	5
天河区	3	1	2	113	64	49	36	16	20
白云区	6	4	2	353	200	153	25	14	11
黄埔区	2	1	1	54	31	23			
番禺区	5	3	2	117	57	60	6	3	3
花都区	1	1		133	78	55			
南沙区				33	23	10			
萝岗区	1	1		63	39	24	9	6	3
增城市				74	37	37	1		1
从化市				14	7	7	2		2
韶关市				**39**	**24**	**15**	**3**		**3**
武江区				8	3	5			
浈江区				9	7	2	3		3
曲江区				1	1				
始兴县				2	1	1			
仁化县				2	1	1			
翁源县				5	4	1			
乳源瑶族自治县				7	4	3			
新丰县				1		1			
乐昌市				4	3	1			
南雄市									
深圳市	**21**	**11**	**10**	**2149**	**1134**	**1015**	**157**	**84**	**73**
罗湖区				134	61	73	12	6	6
福田区	3	2	1	211	96	115	36	22	14
南山区	4	2	2	163	87	76	33	19	14
宝安区	7	2	5	1139	619	520	35	15	20
龙岗区	7	5	2	478	260	218	39	21	18
盐田区				24	11	13	2	1	1
珠海市	**5**	**4**	**1**	**183**	**101**	**82**	**21**	**7**	**14**
香洲区				81	41	40	14	4	10
斗门区	1	1		41	23	18	3	2	1
金湾区	4	3	1	61	37	24	4	1	3
汕头市	**2**	**1**	**1**	**199**	**102**	**97**	**29**	**13**	**16**
龙湖区				25	13	12	1		1
金平区				16	6	10			
濠江区				4	2	2			
潮阳区				74	42	32			
潮南区				54	26	28	2	1	1
澄海区	2	1	1	26	13	13	26	12	14
南澳县									
佛山市	**9**	**3**	**6**	**1772**	**974**	**798**	**21**	**16**	**5**
禅城区	8	3	5	121	49	72			
南海区				546	307	239	2	2	
顺德区				325	190	135	16	12	4
三水区				679	367	312	2	2	
高明区	1		1	101	61	40	1		1
江门市	**1**		**1**	**635**	**334**	**301**	**4**	**4**	
蓬江区	1		1	158	88	70	2	2	
江海区				77	34	43	2	2	

10-11 续表 37

单位：人

地区	柯尔克孜族			土族			达斡尔族		
	小计	男	女	小计	男	女	小计	男	女
新会区				69	40	29			
台山市				43	18	25			
开平市				145	74	71			
鹤山市				135	74	61			
恩平市				8	6	2			
湛江市	**2**		**2**	**62**	**29**	**33**	**8**	**2**	**6**
赤坎区				6	3	3	2	1	1
霞山区				12	5	7	5	1	4
坡头区	1		1	13	9	4			
麻章区				11	4	7	1		1
遂溪县				6	3	3			
徐闻县				3	1	2			
廉江市				6	2	4			
雷州市									
吴川市	1		1	5	2	3			
茂名市	**5**	**1**	**4**	**94**	**40**	**54**	**1**		**1**
茂南区	1		1	16	10	6			
茂港区				3		3			
电白县				9		9			
高州市	3	1	2	56	25	31	1		1
化州市				2		2			
信宜市	1		1	8	5	3			
肇庆市	**7**	**5**	**2**	**518**	**295**	**223**	**10**	**4**	**6**
端州区	7	5	2	142	75	67	5	3	2
鼎湖区				26	18	8			
广宁县				5	3	2	1		1
怀集县				8	8				
封开县				4	3	1	1		1
德庆县				13	8	5			
高要市				99	56	43			
四会市				221	124	97	3	1	2
惠州市	**38**	**35**	**3**	**579**	**341**	**238**	**9**	**4**	**5**
惠城区	2	1	1	266	159	107	4	3	1
惠阳区	1		1	87	50	37	4	1	3
博罗县	2	2		189	110	79			
惠东县	32	32		27	19	8	1		1
龙门县	1		1	10	3	7			
梅州市	**1**		**1**	**25**	**17**	**8**			
梅江区				12	10	2			
梅县									
大埔县				8	7	1			
丰顺县				4		4			
五华县									
平远县									
蕉岭县	1		1						
兴宁市				1		1			
汕尾市				**43**	**21**	**22**			
城区				11	4	7			
海丰县				29	17	12			
陆河县				2		2			
陆丰市				1		1			
河源市				**94**	**43**	**51**	**1**	**1**	
源城区				55	24	31			
紫金县				7	6	1			
龙川县				1		1			
连平县				8	2	6			
和平县									
东源县				23	11	12	1	1	

10-11　续表 38

单位：人

地　区	柯尔克孜族			土　族			达斡尔族		
	小计	男	女	小计	男	女	小计	男	女
阳江市				**11**	**4**	**7**			
江城区				4	2	2			
阳西县				2		2			
阳东县				4	2	2			
阳春市				1		1			
清远市	**2**	**1**	**1**	**169**	**85**	**84**	**6**	**2**	**4**
清城区				93	52	41	3	1	2
佛冈县				19	9	10			
阳山县				5	3	2			
连山壮族瑶族自治县	1		1	7	2	5			
连南瑶族自治县				3	2	1			
清新县				13	5	8			
英德市	1	1		23	10	13			
连州市				6	2	4	3	1	2
东莞市	**452**	**233**	**219**	**1372**	**767**	**605**	**28**	**16**	**12**
中山市	**3**	**3**		**775**	**479**	**296**	**4**	**2**	**2**
潮州市				**233**	**174**	**59**			
湘桥区				23	13	10			
潮安县				207	160	47			
饶平县				3	1	2			
揭阳市				**105**	**46**	**59**			
榕城区				47	26	21			
揭东县				6	1	5			
揭西县				11	4	7			
惠来县				25	12	13			
普宁市				16	3	13			
云浮市				**60**	**40**	**20**			
云城区				19	13	6			
新兴县				25	19	6			
郁南县				4	3	1			
云安县									
罗定市				12	5	7			
广西壮族自治区	**28**	**16**	**12**	**1501**	**665**	**836**	**83**	**37**	**46**
南宁市	**23**	**14**	**9**	**538**	**230**	**308**	**47**	**20**	**27**
兴宁区	1	1		44	22	22			
青秀区	6	6		54	21	33	23	8	15
江南区				57	29	28	1	1	
西乡塘区	3	1	2	138	61	77	17	8	9
良庆区	11	6	5	36	20	16	2	2	
邕宁区				8	3	5			
武鸣县				52	20	32	3	1	2
隆安县				29	10	19			
马山县				16	6	10			
上林县	1		1	32	11	21			
宾阳县				34	15	19	1		1
横县	1		1	38	12	26			

10-11 续表 39

单位：人

地区	柯尔克孜族			土族			达斡尔族		
	小计	男	女	小计	男	女	小计	男	女
柳州市				**66**	**29**	**37**	**8**	**4**	**4**
城中区				7	5	2	3	1	2
鱼峰区				5	2	3			
柳南区				9	4	5			
柳北区				6	2	4	4	2	2
柳江县				11	4	7			
柳城县				14	5	9			
鹿寨县									
融安县				2		2			
融水苗族自治县				4		4	1	1	
三江侗族自治县				8	7	1			
桂林市	**1**	**1**		**197**	**84**	**113**	**18**	**9**	**9**
秀峰区				10	4	6	1	1	
叠彩区				3	3		1	1	
象山区	1	1		22	12	10	2		2
七星区				18	7	11	8	3	5
雁山区				10	3	7			
阳朔县				34	15	19			
临桂县				7	5	2			
灵川县				13	5	8	5	3	2
全州县									
兴安县				11	4	7			
永福县				21	8	13			
灌阳县				8	3	5			
龙胜各族自治县				3	2	1			
资源县				5	2	3			
平乐县				8	2	6			
荔浦县				20	6	14	1	1	
恭城瑶族自治县				4	3	1			
梧州市				**7**	**3**	**4**			
万秀区				1	1				
蝶山区				1		1			
长洲区				1	1				
苍梧县									
藤县				1		1			
蒙山县									
岑溪市				3	1	2			
北海市				**25**	**19**	**6**	**5**	**1**	**4**
海城区				15	14	1	3		3
银海区				2	2		2	1	1
铁山港区									
合浦县				8	3	5			
防城港市				**44**	**23**	**21**			
港口区				22	11	11			
防城区				12	7	5			
上思县				5	2	3			
东兴市				5	3	2			
钦州市				**5**	**1**	**4**	**2**	**1**	**1**
钦南区				1		1	2	1	1
钦北区				1	1				
灵山县				1		1			
浦北县				2		2			
贵港市	**1**		**1**	**164**	**77**	**87**			
港北区				118	60	58			
港南区				4	2	2			
覃塘区				18	8	10			
平南县				8	2	6			
桂平市	1		1	16	5	11			

10-11 续表 40

单位：人

地区	柯尔克孜族			土族			达斡尔族		
	小计	男	女	小计	男	女	小计	男	女
玉林市	**1**		**1**	**39**	**11**	**28**	**2**	**1**	**1**
玉州区				13	4	9	1	1	
容县				2		2			
陆川县				6	3	3			
博白县	1		1	6	2	4	1		1
兴业县				4		4			
北流市				8	2	6			
百色市				**262**	**122**	**140**			
右江区				25	10	15			
田阳县				9	5	4			
田东县				20	10	10			
平果县				65	30	35			
德保县				9	3	6			
靖西县				54	24	30			
那坡县				2		2			
凌云县				4	2	2			
乐业县				20	12	8			
田林县				29	14	15			
西林县				9	4	5			
隆林各族自治县				16	8	8			
贺州市	**1**		**1**	**9**	**4**	**5**			
八步区				4	1	3			
平桂管理区									
昭平县				4	2	2			
钟山县									
富川瑶族自治县	1		1	1	1				
河池市				**32**	**12**	**20**			
金城江区				4	1	3			
南丹县				9	6	3			
天峨县				1		1			
凤山县				1		1			
东兰县									
罗城仫佬族自治县				4	1	3			
环江毛南族自治县									
巴马瑶族自治县				4	2	2			
都安瑶族自治县				2		2			
大化瑶族自治县									
宜州市				7	2	5			
来宾市				**17**	**11**	**6**	**1**	**1**	
兴宾区				9	8	1	1	1	
忻城县									
象州县				2	1	1			
武宣县				5	2	3			
金秀瑶族自治县									
合山市				1		1			
崇左市	**1**	**1**		**96**	**39**	**57**			
江州区				12	5	7			
扶绥县				12	5	7			
宁明县	1	1		4	3	1			
龙州县				17	7	10			
大新县				16	7	9			
天等县				33	11	22			
凭祥市				2	1	1			

10-11 续表 41 单位：人

地区	柯尔克孜族			土族			达斡尔族		
	小计	男	女	小计	男	女	小计	男	女
海南省	**1**	**1**		**399**	**220**	**179**	**58**	**21**	**37**
海口市	**1**	**1**		**199**	**111**	**88**	**36**	**11**	**25**
秀英区	1	1		22	15	7	1	1	
龙华区				80	46	34	14	4	10
琼山区				42	18	24	11	2	9
美兰区				55	32	23	10	4	6
三亚市				**57**	**30**	**27**	**16**	**8**	**8**
省直辖县级行政区划				**143**	**79**	**64**	**6**	**2**	**4**
五指山市							2	2	
琼海市				7	3	4	1		1
儋州市				18	9	9	3		3
文昌市				13	8	5			
万宁市				23	16	7			
东方市				5	3	2			
定安县				22	12	10			
屯昌县				6	5	1			
澄迈县				6	3	3			
临高县				2		2			
白沙黎族自治县				7	2	5			
昌江黎族自治县				8	5	3			
乐东黎族自治县				6	3	3			
陵水黎族自治县				15	9	6			
保亭黎族苗族自治县				5	1	4			
琼中黎族苗族自治县									
西沙群岛									
重庆市	**28**	**11**	**17**	**715**	**351**	**364**	**118**	**47**	**71**
市辖区	**26**	**11**	**15**	**563**	**276**	**287**	**116**	**47**	**69**
万州区				24	9	15	3	2	1
涪陵区				20	11	9	6	2	4
渝中区	1	1		57	31	26	1		1
大渡口区				7	4	3			
江北区				17	6	11	2	2	
沙坪坝区	2	1	1	153	58	95	10	3	7
九龙坡区	1		1	43	26	17	7	4	3
南岸区				28	15	13	4	2	2
北碚区	3	1	2	48	24	24	3	1	2
万盛区				4	3	1			
双桥区									
渝北区				6	3	3	11	3	8
巴南区	1		1				8	6	2
黔江区				2	2				
长寿区									
江津区				9	3	6			
合川区	13	5	8	60	27	33	56	20	36
永川区	5	3	2	45	17	28	5	2	3
南川区				40	37	3			
市辖县	**2**		**2**	**152**	**75**	**77**	**2**		**2**
綦江县				3	1	2			
潼南县	2		2	2	1	1			
铜梁县				6	3	3			

10-11 续表 42

单位：人

地区	柯尔克孜族			土族			达斡尔族		
	小计	男	女	小计	男	女	小计	男	女
大足县									
荣昌县				6	2	4			
璧山县				6	3	3	2		2
梁平县									
城口县									
丰都县				10	4	6			
垫江县				7	2	5			
武隆县				3	1	2			
忠县									
开县				6	4	2			
云阳县				4	1	3			
奉节县				1		1			
巫山县									
巫溪县				3	1	2			
石柱土家族自治县				2	1	1			
秀山土家族苗族自治县				23	10	13			
酉阳土家族苗族自治县				53	31	22			
彭水苗族土家族自治县				17	10	7			
四川省	**74**	**41**	**33**	**1333**	**639**	**694**	**124**	**57**	**67**
成都市	**61**	**34**	**27**	**501**	**255**	**246**	**69**	**35**	**34**
锦江区				23	8	15	1	1	
青羊区	7	4	3	23	14	9	4	4	
金牛区				56	25	31	8	1	7
武侯区	33	16	17	117	51	66	15	8	7
成华区	1	1		24	11	13	5	3	2
龙泉驿区				5		5	1	1	
青白江区				20	7	13	2	2	
新都区				8	4	4	6	1	5
温江区	2	2		33	15	18	5	3	2
金堂县	1		1	35	15	20	1	1	
双流县	4	2	2	42	25	17	8	4	4
郫县	5	5		75	55	20	5	3	2
大邑县	2	1	1	11	10	1			
蒲江县				2	2				
新津县	2	1	1	5	2	3			
都江堰市				9	5	4	2		2
彭州市				7	3	4	3	2	1
邛崃市				3	2	1			
崇州市	4	2	2	3	1	2	3	1	2
自贡市				**29**	**12**	**17**	**6**	**3**	**3**
自流井区				3	1	2	1	1	
贡井区							2	1	1
大安区				20	7	13			
沿滩区				4	3	1			
荣县							3	1	2
富顺县				2	1	1			
攀枝花市				**84**	**40**	**44**	**10**	**5**	**5**
东区				26	12	14	9	5	4
西区				20	8	12			
仁和区				23	11	12	1		1
米易县				5	4	1			
盐边县				10	5	5			

10-11 续表 43

单位：人

地区	柯尔克孜族			土族			达斡尔族		
	小计	男	女	小计	男	女	小计	男	女
泸州市	**1**	**1**		**71**	**30**	**41**	**1**	**1**	
江阳区				27	10	17	1	1	
纳溪区				1	1				
龙马潭区				10	6	4			
泸县				7	3	4			
合江县				23	9	14			
叙永县				3	1	2			
古蔺县	1	1							
德阳市				**28**	**15**	**13**	**5**		**5**
旌阳区				6	2	4	5		5
中江县				3	1	2			
罗江县									
广汉市				14	8	6			
什邡市				1	1				
绵竹市				4	3	1			
绵阳市				**139**	**63**	**76**	**17**	**9**	**8**
涪城区				78	35	43	6	4	2
游仙区				16	9	7	2	1	1
三台县				8	1	7	1		1
盐亭县				7	2	5			
安县				1	1		1		1
梓潼县				1		1			
北川羌族自治县				11	6	5	2	1	1
平武县				1		1			
江油市				16	9	7	5	3	2
广元市				**31**	**17**	**14**			
利州区				16	12	4			
元坝区				6	2	4			
朝天区				2	1	1			
旺苍县				4	2	2			
青川县									
剑阁县				3		3			
苍溪县									
遂宁市	**1**		**1**	**23**	**8**	**15**			
船山区									
安居区									
蓬溪县	1		1	10	4	6			
射洪县				3		3			
大英县				10	4	6			
内江市	**1**		**1**	**32**	**15**	**17**			
市中区				8	5	3			
东兴区				8	4	4			
威远县				9	5	4			
资中县	1		1	2		2			
隆昌县				5	1	4			
乐山市	**2**	**2**		**50**	**22**	**28**	**2**	**1**	**1**
市中区	1	1		25	13	12	2	1	1
沙湾区									
五通桥区				4	1	3			
金口河区				1		1			
犍为县				3	1	2			
井研县				2	2				
夹江县				7	4	3			
沐川县				3		3			
峨边彝族自治县				5	1	4			
马边彝族自治县									
峨眉山市	1	1							

10-11 续表 44

单位：人

地　区	柯尔克孜族			土　族			达斡尔族		
	小计	男	女	小计	男	女	小计	男	女
南充市	**2**	**1**	**1**	**34**	**16**	**18**	**2**	**1**	**1**
顺庆区	1	1		8	4	4			
高坪区				2		2	1		1
嘉陵区				7	5	2			
南部县	1		1	6	1	5	1	1	
营山县									
蓬安县									
仪陇县				1		1			
西充县									
阆中市				10	6	4			
眉山市				**27**	**15**	**12**			
东坡区				7	5	2			
仁寿县				8	4	4			
彭山县				5	1	4			
洪雅县				7	5	2			
丹棱县									
青神县									
宜宾市				**16**	**5**	**11**	**5**		**5**
翠屏区				1		1	3		3
宜宾县				10	2	8			
南溪县							2		2
江安县									
长宁县									
高县				1	1				
珙县				1	1				
筠连县				3	1	2			
兴文县									
屏山县									
广安市	**1**		**1**	**45**	**12**	**33**			
广安区	1		1	30	8	22			
岳池县				7	1	6			
武胜县									
邻水县				7	2	5			
华蓥市				1	1				
达州市	**1**	**1**		**27**	**11**	**16**	**3**	**1**	**2**
通川区				7	4	3	3	1	2
达县				4	1	3			
宣汉县									
开江县				6	1	5			
大竹县				5	2	3			
渠县	1	1		2		2			
万源市				3	3				
雅安市	**3**	**2**	**1**	**10**	**5**	**5**	**1**	**1**	
雨城区				5	2	3	1	1	
名山县				1	1				
荥经县									
汉源县	3	2	1						
石棉县				2	2				
天全县				1		1			
芦山县				1		1			
宝兴县									

10-11 续表 45

单位：人

地区	柯尔克孜族			土族			达斡尔族		
	小计	男	女	小计	男	女	小计	男	女
巴中市				**5**	**3**	**2**			
巴州区				2	1	1			
通江县									
南江县				3	2	1			
平昌县									
资阳市	**1**		**1**	**14**	**5**	**9**	**3**		**3**
雁江区				3	2	1	3		3
安岳县				2		2			
乐至县	1		1	2	1	1			
简阳市				7	2	5			
阿坝藏族羌族自治州				**31**	**17**	**14**			
汶川县				18	7	11			
理县				1	1				
茂县				2	1	1			
松潘县				1	1				
九寨沟县				2	1	1			
金川县									
小金县				2	1	1			
黑水县				1	1				
马尔康县				1	1				
壤塘县				1	1				
阿坝县				1	1				
若尔盖县				1	1				
红原县									
甘孜藏族自治州				**54**	**28**	**26**			
康定县				12	5	7			
泸定县				14	9	5			
丹巴县									
九龙县				1		1			
雅江县				2	2				
道孚县				7	5	2			
炉霍县									
甘孜县									
新龙县									
德格县				1	1				
白玉县									
石渠县				13	5	8			
色达县				2		2			
理塘县									
巴塘县				1		1			
乡城县				1	1				
稻城县									
得荣县									
凉山彝族自治州				**82**	**45**	**37**			
西昌市				11	3	8			
木里藏族自治县				1	1				
盐源县				9	8	1			
德昌县									
会理县				3		3			
会东县				5	4	1			
宁南县									
普格县				13	7	6			
布拖县				17	6	11			
金阳县				5	3	2			
昭觉县									

10-11　续表 46　　　　　　　　　　　　　　　　　　　　　　　　单位：人

地　区	柯尔克孜族			土　族			达斡尔族		
	小计	男	女	小计	男	女	小计	男	女
喜德县				8	5	3			
冕宁县				5	5				
越西县				5	3	2			
甘洛县									
美姑县									
雷波县									
贵州省	**2**	**1**	**1**	**5154**	**2755**	**2399**	**32**	**11**	**21**
贵阳市	**1**	**1**		**711**	**357**	**354**	**13**	**4**	**9**
南明区				170	94	76			
云岩区				245	110	135	2		2
花溪区				46	22	24	1		1
乌当区	1	1		48	30	18	3	1	2
白云区				57	27	30	1	1	
小河区				64	32	32	6	2	4
开阳县				10	5	5			
息烽县				20	13	7			
修文县				10	5	5			
清镇市				41	19	22			
六盘水市				**162**	**89**	**73**	**1**	**1**	
钟山区				75	41	34			
六枝特区				18	10	8			
水城县				10	6	4			
盘县				59	32	27	1	1	
遵义市				**377**	**187**	**190**	**6**	**4**	**2**
红花岗区				65	32	33	1	1	
汇川区				53	26	27	2	1	1
遵义县				30	10	20	1	1	
桐梓县				5	1	4	1		1
绥阳县				9	3	6			
正安县				2	1	1			
道真仡佬族苗族自治县				11	1	10			
务川仡佬族苗族自治县									
凤冈县				131	74	57			
湄潭县				36	22	14	1	1	
余庆县				8	3	5			
习水县				3	1	2			
赤水市				12	3	9			
仁怀市				12	10	2			
安顺市				**18**	**13**	**5**	**5**		**5**
西秀区				11	9	2	4		4
平坝县				4	3	1	1		1
普定县									
镇宁布依族苗族自治县									
关岭布依族苗族自治县				2	1	1			
紫云苗族布依族自治县				1		1			
铜仁地区	**1**		**1**	**8**	**4**	**4**	**1**		**1**
铜仁市	1		1				1		1
江口县									
玉屏侗族自治县				2	1	1			
石阡县				6	3	3			
思南县									
印江土家族苗族自治县									
德江县									
沿河土家族自治县									
松桃苗族自治县									
万山特区									

10-11 续表 47 单位：人

地区	柯尔克孜族			土族			达斡尔族		
	小计	男	女	小计	男	女	小计	男	女
黔西南布依族苗族自治州				**46**	**27**	**19**	**1**		**1**
兴义市				27	14	13			
兴仁县				7	5	2	1		1
普安县				3	2	1			
晴隆县				3	2	1			
贞丰县				2	1	1			
望谟县									
册亨县				3	3				
安龙县				1		1			
毕节地区				**90**	**47**	**43**	**3**	**2**	**1**
毕节市				38	18	20	1	1	
大方县									
黔西县				18	8	10			
金沙县				3	2	1	1		1
织金县				2	1	1			
纳雍县				5	2	3			
威宁彝族回族苗族自治县				15	9	6	1	1	
赫章县				9	7	2			
黔东南苗族侗族自治州				**1985**	**1125**	**860**	**1**		**1**
凯里市				227	135	92	1		1
黄平县				11	5	6			
施秉县				5	2	3			
三穗县				10	6	4			
镇远县				76	40	36			
岑巩县				276	152	124			
天柱县				14	8	6			
锦屏县				8	3	5			
剑河县				9	4	5			
台江县									
黎平县				12	4	8			
榕江县				40	16	24			
从江县				6	4	2			
雷山县				6	5	1			
麻江县				1282	740	542			
丹寨县				3	1	2			
黔南布依族苗族自治州				**1757**	**906**	**851**	**1**		**1**
都匀市				1675	863	812			
福泉市				25	13	12			
荔波县				1		1			
贵定县				1	1				
瓮安县				28	17	11	1		1
独山县				5	1	4			
平塘县				2	1	1			
罗甸县				10	6	4			
长顺县				2		2			
龙里县									
惠水县				8	4	4			
三都水族自治县									

10-11 续表 48

单位：人

地区	柯尔克孜族			土族			达斡尔族		
	小计	男	女	小计	男	女	小计	男	女
云南省	**34**	**18**	**16**	**5632**	**2988**	**2644**	**294**	**135**	**159**
昆明市	**5**	**3**	**2**	**693**	**379**	**314**	**61**	**25**	**36**
五华区				168	99	69	17	7	10
盘龙区	2		2	85	43	42	13	7	6
官渡区				118	60	58	15	4	11
西山区	1	1		115	61	54	9	5	4
东川区				18	10	8			
呈贡县				19	11	8	5		5
晋宁县				35	23	12	1	1	
富民县									
宜良县				21	12	9			
石林彝族自治县				3	2	1			
嵩明县				9	2	7	1	1	
禄劝彝族苗族自治县				5	2	3			
寻甸回族彝族自治县				6	4	2			
安宁市	2	2		91	50	41			
曲靖市	**1**	**1**		**150**	**79**	**71**	**12**	**7**	**5**
麒麟区				57	30	27	5	4	1
马龙县				25	14	11			
陆良县				5	1	4			
师宗县				17	5	12	4	2	2
罗平县				13	8	5			
富源县	1	1		6	1	5			
会泽县				7	5	2			
沾益县				10	8	2			
宣威市				10	7	3	3	1	2
玉溪市				**49**	**26**	**23**	**2**	**1**	**1**
红塔区				14	8	6	2	1	1
江川县				4	2	2			
澄江县									
通海县				1	1				
华宁县				8	4	4			
易门县				3	1	2			
峨山彝族自治县				4	3	1			
新平彝族傣族自治县				7	6	1			
元江哈尼族彝族傣族自治县				8	1	7			
保山市	**3**	**3**		**152**	**70**	**82**	**36**	**13**	**23**
隆阳区	3	3		92	43	49	9	2	7
施甸县				7		7	18	6	12
腾冲县				15	8	7	7	4	3
龙陵县				17	9	8	2	1	1
昌宁县				21	10	11			
昭通市	**18**	**10**	**8**	**14**	**8**	**6**			
昭阳区	18	10	8	2	1	1			
鲁甸县									
巧家县				1	1				
盐津县									
大关县				1		1			
永善县									
绥江县									
镇雄县				5	3	2			
彝良县				3	1	2			
威信县									
水富县				2	2				

10-11 续表 49

单位：人

地 区	柯尔克孜族			土 族			达斡尔族		
	小计	男	女	小计	男	女	小计	男	女
丽江市				**86**	**48**	**38**	**3**	**2**	**1**
古城区				42	24	18	2	1	1
玉龙纳西族自治县							1	1	
永胜县				22	11	11			
华坪县				14	8	6			
宁蒗彝族自治县				8	5	3			
普洱市				**77**	**46**	**31**	**3**	**1**	**2**
思茅区				36	18	18	1		1
宁洱哈尼族彝族自治县									
墨江哈尼族自治县				2	1	1	2	1	1
景东彝族自治县				5	1	4			
景谷傣族彝族自治县				1	1				
镇沅彝族哈尼族拉祜族自治县				3	2	1			
江城哈尼族彝族自治县				1	1				
孟连傣族拉祜族佤族自治县				4	2	2			
澜沧拉祜族自治县				25	20	5			
西盟佤族自治县									
临沧市	**3**	**1**	**2**	**1484**	**832**	**652**	**1**		**1**
临翔区				280	155	125			
凤庆县				48	26	22			
云县				357	209	148			
永德县				173	97	76			
镇康县	2	1	1	131	67	64	1		1
双江拉祜族佤族布朗族傣族自治县				42	27	15			
耿马傣族佤族自治县				394	227	167			
沧源佤族自治县	1		1	59	24	35			
楚雄彝族自治州	**2**		**2**	**151**	**81**	**70**	**5**	**1**	**4**
楚雄市	2		2	59	34	25	5	1	4
双柏县				2		2			
牟定县									
南华县				7	2	5			
姚安县				7	7				
大姚县				49	21	28			
永仁县				1	1				
元谋县									
武定县				7	3	4			
禄丰县				19	13	6			
红河哈尼族彝族自治州	**1**		**1**	**901**	**437**	**464**	**1**	**1**	
个旧市				143	67	76			
开远市	1		1	449	231	218	1	1	
蒙自市				76	30	46			
屏边苗族自治县				1		1			
建水县				111	46	65			
石屏县				16	7	9			
弥勒县				36	15	21			
泸西县				5	3	2			
元阳县				1		1			
红河县									
金平苗族瑶族傣族自治县				1		1			
绿春县				1	1				
河口瑶族自治县				61	37	24			
文山壮族苗族自治州	**1**		**1**	**545**	**282**	**263**	**2**		**2**
文山县				54	33	21	1		1
砚山县				87	45	42			
西畴县				34	12	22			
麻栗坡县				53	26	27			

10-11 续表 50

单位：人

地　区	柯尔克孜族			土　族			达斡尔族		
	小计	男	女	小计	男	女	小计	男	女
马关县				55	25	30			
丘北县				95	51	44			
广南县	1		1	92	49	43	1		1
富宁县				75	41	34			
西双版纳傣族自治州				**59**	**30**	**29**	**1**		**1**
景洪市				33	13	20	1		1
勐海县				15	10	5			
勐腊县				11	7	4			
大理白族自治州				**1144**	**592**	**552**	**10**	**7**	**3**
大理市				172	90	82	9	7	2
漾濞彝族自治县				33	17	16			
祥云县				15	7	8			
宾川县				707	374	333			
弥渡县				9	4	5			
南涧彝族自治县									
巍山彝族回族自治县				9	4	5			
永平县				44	16	28	1		1
云龙县				51	32	19			
洱源县									
剑川县				7	2	5			
鹤庆县				97	46	51			
德宏傣族景颇族自治州				**93**	**53**	**40**	**157**	**77**	**80**
瑞丽市				22	8	14	31	21	10
潞西市				43	28	15	112	47	65
梁河县				2	1	1	1		1
盈江县				16	13	3	4	2	2
陇川县				10	3	7	9	7	2
怒江傈僳族自治州				**22**	**15**	**7**			
泸水县				11	5	6			
福贡县				1	1				
贡山独龙族怒族自治县									
兰坪白族普米族自治县				10	9	1			
迪庆藏族自治州				**12**	**10**	**2**			
香格里拉县				11	10	1			
德钦县									
维西傈僳族自治县				1		1			
西藏自治区	**2678**	**1338**	**1340**	**1068**	**634**	**434**	**5**	**3**	**2**
拉萨市	**2**	**1**	**1**	**673**	**374**	**299**	**4**	**2**	**2**
城关区	2	1	1	545	307	238	4	2	2
林周县				5	2	3			
当雄县				1	1				
尼木县				1		1			
曲水县				10	6	4			
堆龙德庆县				96	52	44			
达孜县				15	6	9			
墨竹工卡县									
昌都地区				**71**	**49**	**22**			
昌都县				23	13	10			
江达县				3	3				
贡觉县				10	7	3			
类乌齐县									
丁青县				29	21	8			
察雅县				4	3	1			

10-11 续表 51

单位：人

地区	柯尔克孜族			土族			达斡尔族		
	小计	男	女	小计	男	女	小计	男	女
八宿县									
左贡县									
芒康县				1	1				
洛隆县				1	1				
边坝县									
山南地区	**4**	**1**	**3**	**51**	**31**	**20**			
乃东县	4	1	3	36	20	16			
扎囊县				1	1				
贡嘎县				6	3	3			
桑日县									
琼结县				2	2				
曲松县				1	1				
措美县									
洛扎县									
加查县				5	4	1			
隆子县									
错那县									
浪卡子县									
日喀则地区	**2669**	**1333**	**1336**	**162**	**113**	**49**			
日喀则市	6	2	4	99	57	42			
南木林县				3	2	1			
江孜县				3	1	2			
定日县	2	1	1						
萨迦县				2	2				
拉孜县				1	1				
昂仁县									
谢通门县	1		1	1	1				
白朗县				1	1				
仁布县									
康马县	2		2						
定结县	1330	691	639	4	4				
仲巴县				43	39	4			
亚东县				1	1				
吉隆县									
聂拉木县	1328	639	689	4	4				
萨嘎县									
岗巴县									
那曲地区	**2**	**2**		**17**	**12**	**5**			
那曲县				3	2	1			
嘉黎县	1	1		11	9	2			
比如县									
聂荣县									
安多县									
申扎县				3	1	2			
索县									
班戈县									
巴青县	1	1							
尼玛县									
阿里地区				**10**	**9**	**1**			
普兰县				1	1				
札达县									
噶尔县				3	3				
日土县									
革吉县				2	2				
改则县				4	3	1			
措勤县									

10-11　续表 52　　　　单位：人

地　区	柯尔克孜族			土　族			达斡尔族		
	小计	男	女	小计	男	女	小计	男	女
林芝地区	**1**	**1**		**84**	**46**	**38**	**1**	**1**	
林芝县				43	24	19			
工布江达县				25	13	12			
米林县	1	1		10	5	5			
墨脱县				1	1				
波密县				2	1	1	1	1	
察隅县									
朗县				3	2	1			
陕西省	**23**	**6**	**17**	**499**	**265**	**234**	**93**	**42**	**51**
西安市	**21**	**6**	**15**	**295**	**153**	**142**	**71**	**31**	**40**
新城区				7	3	4	4	3	1
碑林区				34	23	11	12	4	8
莲湖区				8	4	4	4	1	3
灞桥区				12	6	6			
未央区	2	1	1	45	19	26	9	7	2
雁塔区	10	3	7	92	48	44	22	6	16
阎良区				2	2				
临潼区	1		1	5	3	2	1		1
长安区	3		3	55	32	23	17	9	8
蓝田县				7	2	5	1		1
周至县				1		1			
户县	4	1	3	4	2	2	1	1	
高陵县	1	1		23	9	14			
铜川市				**3**	**1**	**2**			
王益区									
印台区									
耀州区				3	1	2			
宜君县									
宝鸡市				**26**	**9**	**17**	**2**	**1**	**1**
渭滨区				2	1	1			
金台区				13	5	8	2	1	1
陈仓区				7	2	5			
凤翔县				2		2			
岐山县									
扶风县									
眉县				1		1			
陇县									
千阳县									
麟游县									
凤县									
太白县				1	1				
咸阳市	**1**		**1**	**87**	**53**	**34**	**5**	**3**	**2**
秦都区									
杨陵区				33	19	14	3	2	1
渭城区	1		1	26	10	16	2	1	1
三原县									
泾阳县									
乾县									
礼泉县									
永寿县									
彬县				26	24	2			

10-11 续表 53

单位：人

地 区	柯尔克孜族			土 族			达斡尔族		
	小计	男	女	小计	男	女	小计	男	女
长武县				2		2			
旬邑县									
淳化县									
武功县									
兴平市									
渭南市				**9**	**7**	**2**			
临渭区				9	7	2			
华县									
潼关县									
大荔县									
合阳县									
澄城县									
蒲城县									
白水县									
富平县									
韩城市									
华阴市									
延安市				**7**	**5**	**2**			
宝塔区				3	1	2			
延长县									
延川县									
子长县									
安塞县									
志丹县									
吴起县				1	1				
甘泉县				2	2				
富县				1	1				
洛川县									
宜川县									
黄龙县									
黄陵县									
汉中市				**35**	**20**	**15**	**5**	**3**	**2**
汉台区				19	12	7	1	1	
南郑县				7	4	3			
城固县									
洋县				1		1			
西乡县									
勉县				6	2	4	4	2	2
宁强县									
略阳县				2	2				
镇巴县									
留坝县									
佛坪县									
榆林市				**7**	**5**	**2**	**5**	**1**	**4**
榆阳区				3	3		1		1
神木县				1		1			
府谷县				1	1		2	1	1
横山县									
靖边县									
定边县				2	1	1			
绥德县									
米脂县									
佳县							2		2
吴堡县									
清涧县									
子洲县									

10-11 续表 54

单位：人

地区	柯尔克孜族			土族			达斡尔族		
	小计	男	女	小计	男	女	小计	男	女
安康市	**1**		**1**	**10**	**3**	**7**	**4**	**2**	**2**
汉滨区				2		2	4	2	2
汉阴县	1		1	4	1	3			
石泉县									
宁陕县				1		1			
紫阳县									
岚皋县									
平利县									
镇坪县									
旬阳县				3	2	1			
白河县									
商洛市				**20**	**9**	**11**	**1**	**1**	
商州区				12	6	6			
洛南县							1	1	
丹凤县				3	2	1			
商南县									
山阳县									
镇安县				3	1	2			
柞水县				2		2			
甘肃省	**48**	**12**	**36**	**30781**	**15154**	**15627**	**95**	**45**	**50**
兰州市	**45**	**12**	**33**	**2284**	**1135**	**1149**	**74**	**33**	**41**
城关区	26	5	21	422	198	224	27	12	15
七里河区				118	74	44	14	11	3
西固区	1		1	70	35	35	1	1	
安宁区	4	4		336	175	161	3		3
红古区				131	63	68			
永登县				950	468	482	2		2
皋兰县				47	19	28			
榆中县	14	3	11	210	103	107	27	9	18
嘉峪关市				**134**	**75**	**59**	**2**		**2**
金昌市				**85**	**39**	**46**			
金川区				22	10	12			
永昌县				63	29	34			
白银市				**121**	**62**	**59**			
白银区				30	19	11			
平川区				23	13	10			
靖远县									
会宁县				1		1			
景泰县				67	30	37			
天水市				**31**	**13**	**18**	**4**	**3**	**1**
秦州区				22	8	14	2	1	1
麦积区				4	3	1	2	2	
清水县									
秦安县									
甘谷县									
武山县				4	2	2			
张家川回族自治县				1		1			
武威市	**2**		**2**	**10860**	**5563**	**5297**	**4**	**2**	**2**
凉州区	2		2	239	106	133	3	2	1
民勤县				13	4	9			
古浪县				83	47	36			
天祝藏族自治县				10525	5406	5119	1		1

10-11 续表 55 单位：人

地区	柯尔克孜族			土族			达斡尔族		
	小计	男	女	小计	男	女	小计	男	女
张掖市				**954**	**442**	**512**	**2**	**1**	**1**
甘州区				217	76	141	1	1	
肃南裕固族自治县				352	191	161			
民乐县				37	8	29			
临泽县				76	34	42			
高台县				256	125	131			
山丹县				16	8	8	1		1
平凉市				**4**	**1**	**3**			
崆峒区				4	1	3			
泾川县									
灵台县									
崇信县									
华亭县									
庄浪县									
静宁县									
酒泉市				**1295**	**670**	**625**	**7**	**5**	**2**
肃州区				122	62	60			
金塔县				200	96	104			
瓜州县				275	149	126			
肃北蒙古族自治县				58	29	29			
阿克塞哈萨克族自治县				18	11	7			
玉门市				307	159	148	7	5	2
敦煌市				315	164	151			
庆阳市				**20**	**8**	**12**			
西峰区				9	3	6			
庆城县				9	5	4			
环县				1		1			
华池县									
合水县									
正宁县				1		1			
宁县									
镇原县									
定西市				**34**	**20**	**14**			
安定区				8	4	4			
通渭县									
陇西县									
渭源县				4	3	1			
临洮县				21	12	9			
漳县									
岷县				1	1				
陇南市				**27**	**21**	**6**			
武都区				4	3	1			
成县				5	4	1			
文县									
宕昌县				16	14	2			
康县									
西和县				1		1			
礼县				1		1			
徽县									
两当县									

10-11　续表 56　　　　　　　　　　　　　　　　　　　　　　　　　　单位：人

地　区	柯尔克孜族			土　族			达斡尔族		
	小计	男	女	小计	男	女	小计	男	女
临夏回族自治州	**1**		**1**	**13844**	**6574**	**7270**			
临夏市	1		1	1467	640	827			
临夏县				395	166	229			
康乐县				38	21	17			
永靖县				3250	1372	1878			
广河县				2	2				
和政县				115	62	53			
东乡族自治县				82	37	45			
积石山保安族东乡族撒拉族自治县				8495	4274	4221			
甘南藏族自治州				**1088**	**531**	**557**	**2**	**1**	**1**
合作市				183	86	97	2	1	1
临潭县				88	41	47			
卓尼县				759	378	381			
舟曲县				1		1			
迭部县				13	6	7			
玛曲县				8	4	4			
碌曲县				15	5	10			
夏河县				21	11	10			
青海省	**4**	**1**	**3**	**204412**	**104572**	**99840**	**26**	**15**	**11**
西宁市				**57521**	**28442**	**29079**	**20**	**12**	**8**
城东区				3149	1645	1504			
城中区				2726	1325	1401	12	6	6
城西区				2665	1256	1409	1		1
城北区				2742	1375	1367			
大通回族土族自治县				44333	21895	22438	7	6	1
湟中县				1466	743	723			
湟源县				440	203	237			
海东地区	**3**		**3**	**115008**	**59372**	**55636**	**2**	**1**	**1**
平安县				1088	518	570	1	1	
民和回族土族自治县	3		3	42243	21333	20910			
乐都县				7209	3871	3338			
互助土族自治县				63680	33247	30433	1		1
化隆回族自治县				637	319	318			
循化撒拉族自治县				151	84	67			
海北藏族自治州	**1**	**1**		**7203**	**3826**	**3377**	**1**		**1**
门源回族自治县				5171	2798	2373			
祁连县	1	1		933	475	458	1		1
海晏县				804	401	403			
刚察县				295	152	143			
黄南藏族自治州				**10027**	**5025**	**5002**			
同仁县				9737	4863	4874			
尖扎县				158	90	68			
泽库县				40	23	17			
河南蒙古族自治县				92	49	43			
海南藏族自治州				**3991**	**2074**	**1917**			
共和县				1278	662	616			
同德县				148	87	61			
贵德县				1574	796	778			
兴海县				252	137	115			
贵南县				739	392	347			
果洛藏族自治州				**429**	**264**	**165**			
玛沁县				266	160	106			
班玛县				33	20	13			
甘德县				29	22	7			
达日县				48	27	21			
久治县				14	10	4			
玛多县				39	25	14			

10-11 续表 57

单位：人

地区	柯尔克孜族			土族			达斡尔族		
	小计	男	女	小计	男	女	小计	男	女
玉树藏族自治州				**281**	**183**	**98**			
玉树县				93	62	31			
杂多县				54	34	20			
称多县				49	38	11			
治多县				46	25	21			
囊谦县				23	12	11			
曲麻莱县				16	12	4			
海西蒙古族藏族自治州				**9952**	**5386**	**4566**	**3**	**2**	**1**
格尔木市				3302	1843	1459	1	1	
德令哈市				3272	1681	1591			
乌兰县				1373	733	640			
都兰县				1211	647	564			
天峻县				347	198	149	1		1
芒崖行政委员会				209	114	95	1	1	
柴旦行政委员会				203	143	60			
冷湖行政委员会				35	27	8			
宁夏回族自治区	**12**	**6**	**6**	**326**	**176**	**150**	**42**	**17**	**25**
银川市	**11**	**6**	**5**	**259**	**138**	**121**	**34**	**14**	**20**
兴庆区	1	1		70	48	22	8	5	3
西夏区	5	1	4	123	58	65	20	6	14
金凤区	5	4	1	16	7	9	6	3	3
永宁县				16	6	10			
贺兰县				23	11	12			
灵武市				11	8	3			
石嘴山市				**18**	**9**	**9**	**3**	**1**	**2**
大武口区				9	4	5	1		1
惠农区				9	5	4	2	1	1
平罗县									
吴忠市	**1**		**1**	**33**	**19**	**14**	**2**		**2**
利通区	1		1	11	7	4	1		1
红寺堡区				14	6	8			
盐池县									
同心县				1	1		1		1
青铜峡市				7	5	2			
固原市				**12**	**7**	**5**			
原州区				10	6	4			
西吉县				1		1			
隆德县									
泾源县									
彭阳县				1	1				
中卫市				**4**	**3**	**1**	**3**	**2**	**1**
沙坡头区				4	3	1	3	2	1
中宁县									
海原县									
新疆维吾尔自治区	**180472**	**91506**	**88966**	**3455**	**1777**	**1678**	**5536**	**2851**	**2685**
乌鲁木齐市	**2207**	**1070**	**1137**	**369**	**187**	**182**	**602**	**288**	**314**
天山区	1038	506	532	39	19	20	200	101	99
沙依巴克区	352	149	203	55	26	29	161	79	82
新市区	505	251	254	61	34	27	156	75	81
水磨沟区	151	76	75	33	20	13	49	20	29

10-11　续表 58

单位：人

地　区	柯尔克孜族			土　族			达斡尔族		
	小计	男	女	小计	男	女	小计	男	女
头屯河区	28	11	17	123	60	63	6	2	4
达坂城区	6	6		5	3	2			
米东区	105	63	42	37	20	17	26	7	19
乌鲁木齐县	22	8	14	16	5	11	4	4	
克拉玛依市	**117**	**64**	**53**	**67**	**38**	**29**	**128**	**73**	**55**
独山子区	4	2	2	4	1	3	20	11	9
克拉玛依区	82	41	41	45	28	17	94	54	40
白碱滩区	31	21	10	10	4	6	14	8	6
乌尔禾区				8	5	3			
吐鲁番地区	**15**	**8**	**7**	**121**	**70**	**51**	**8**	**4**	**4**
吐鲁番市	9	4	5	107	62	45	6	2	4
鄯善县	4	2	2	11	7	4			
托克逊县	2	2		3	1	2	2	2	
哈密地区	**13**	**6**	**7**	**396**	**200**	**196**	**8**	**5**	**3**
哈密市	11	6	5	393	198	195	8	5	3
巴里坤哈萨克自治县	1		1	2	1	1			
伊吾县	1		1	1	1				
昌吉回族自治州	**175**	**76**	**99**	**759**	**374**	**385**	**48**	**19**	**29**
昌吉市	94	41	53	417	204	213	29	11	18
阜康市	29	13	16	84	46	38	8	4	4
呼图壁县	6	3	3	35	19	16			
玛纳斯县	21	10	11	171	83	88	9	3	6
奇台县	10	2	8	5	2	3	2	1	1
吉木萨尔县	13	6	7	47	20	27			
木垒哈萨克自治县	2	1	1						
博尔塔拉蒙古自治州	**74**	**42**	**32**	**62**	**37**	**25**	**14**	**8**	**6**
博乐市	38	21	17	58	35	23	3	1	2
精河县	19	9	10	4	2	2	1		1
温泉县	17	12	5				10	7	3
巴音郭楞蒙古自治州	**200**	**96**	**104**	**201**	**102**	**99**	**20**	**12**	**8**
库尔勒市	36	20	16	74	37	37	12	6	6
轮台县	1	1		4	2	2	1	1	
尉犁县	3	2	1	3		3	6	4	2
若羌县	3	1	2	30	15	15			
且末县				7	6	1			
焉耆回族自治县	63	28	35	20	8	12			
和静县	69	33	36	45	24	21	1	1	
和硕县	20	9	11	15	9	6			
博湖县	5	2	3	3	1	2			
阿克苏地区	**10053**	**5245**	**4808**	**316**	**165**	**151**	**20**	**10**	**10**
阿克苏市	222	115	107	78	40	38	5	1	4
温宿县	3838	1943	1895	161	86	75			
库车县	47	25	22	15	6	9	10	5	5
沙雅县	6	3	3	20	9	11	1	1	
新和县	14	8	6						
拜城县	1125	610	515	19	12	7			
乌什县	4739	2493	2246	5	3	2	3	2	1
阿瓦提县	48	40	8	17	9	8			
柯坪县	14	8	6	1		1	1	1	
克孜勒苏柯尔克孜自治州	**143582**	**72350**	**71232**	**2**	**1**	**1**	**1**		**1**
阿图什市	30759	15082	15677				1		1
阿克陶县	41293	21195	20098						
阿合奇县	33797	16945	16852						
乌恰县	37733	19128	18605	2	1	1			

10-11 续表 59　　　　单位：人

地　区	柯尔克孜族			土　族			达斡尔族		
	小计	男	女	小计	男	女	小计	男	女
喀什地区	**5528**	**2846**	**2682**	**40**	**20**	**20**	**1**		**1**
喀什市									
疏附县	442	236	206						
疏勒县	284	132	152						
英吉沙县	504	264	240	3	2	1			
泽普县	51	25	26	15	9	6			
莎车县	1081	556	525	9	2	7			
叶城县	1049	525	524	4	2	2	1		1
麦盖提县	2	2		1		1			
岳普湖县	4	1	3	6	4	2			
伽师县	11	4	7	1	1				
巴楚县	45	45		1		1			
塔什库尔干塔吉克自治县	2055	1056	999						
和田地区	**868**	**439**	**429**	**25**	**13**	**12**	**2**	**1**	**1**
和田市	18	5	13	10	5	5	2	1	1
和田县									
墨玉县				3	1	2			
皮山县	850	434	416						
洛浦县									
策勒县									
于田县				12	7	5			
民丰县									
伊犁哈萨克自治州	**15197**	**8026**	**7171**	**344**	**175**	**169**	**359**	**196**	**163**
伊宁市	568	254	314	14	6	8	53	32	21
奎屯市	52	20	32	13	6	7	39	24	15
伊宁县	202	113	89	40	27	13	2		2
察布查尔锡伯自治县	159	86	73	1	1		1		1
霍城县	198	108	90	141	75	66	215	114	101
巩留县	255	145	110	73	30	43	2	1	1
新源县	328	186	142	35	18	17	6	1	5
昭苏县	3831	2046	1785	2	1	1			
特克斯县	9029	4741	4288						
尼勒克县	575	327	248	25	11	14	41	24	17
塔城地区	**1913**	**996**	**917**	**339**	**182**	**157**	**4293**	**2218**	**2075**
塔城市	1621	849	772	3	2	1	4139	2145	1994
乌苏市	7	6	1	67	36	31	36	18	18
额敏县	239	114	125	63	33	30	45	19	26
沙湾县	16	6	10	194	104	90	17	11	6
托里县	17	10	7	3	2	1	5	2	3
裕民县	2	2					38	20	18
和布克赛尔蒙古自治县	11	9	2	9	5	4	13	3	10
阿勒泰地区	**51**	**26**	**25**	**173**	**95**	**78**	**9**	**6**	**3**
阿勒泰市	19	9	10	132	69	63	1		1
布尔津县	5	1	4	2	1	1			
富蕴县	2		2	3	2	1	3	3	
福海县	1	1		34	21	13	2	2	
哈巴河县	6	2	4	2	2		1		1
青河县							1	1	
吉木乃县	18	13	5				1		1
自治区直辖县级行政区划	**479**	**216**	**263**	**241**	**118**	**123**	**23**	**11**	**12**
石河子市	319	151	168	100	51	49	20	9	11
阿拉尔市	147	62	85	77	41	36			
图木舒克市	1	1		17	4	13			
五家渠市	12	2	10	47	22	25	3	2	1

10-12　全国各县分性别的仫佬族、羌族、布朗族人口

单位：人

地　区	仫佬族			羌　族			布朗族		
	小计	男	女	小计	男	女	小计	男	女
全　国	**216257**	**110516**	**105741**	**309576**	**156539**	**153037**	**119639**	**61230**	**58409**
北京市	**358**	**162**	**196**	**661**	**308**	**353**	**68**	**35**	**33**
市辖区	**348**	**159**	**189**	**656**	**307**	**349**	**68**	**35**	**33**
东城区	15	4	11	14	8	6			
西城区	6	3	3	17	11	6	4	1	3
崇文区	2		2	4	1	3			
宣武区	8	5	3	17	7	10	2	2	
朝阳区	61	28	33	96	44	52	14	10	4
丰台区	26	9	17	67	28	39	4	2	2
石景山区	13	5	8	13	2	11	1	1	
海淀区	138	67	71	211	93	118	24	12	12
门头沟区				2	1	1	1		1
房山区	6	3	3	20	9	11	1		1
通州区	7	4	3	59	31	28	2	1	1
顺义区	5	1	4	3	1	2	1		1
昌平区	41	22	19	77	39	38	8	3	5
大兴区	14	7	7	52	32	20	5	3	2
怀柔区	4	1	3	2		2			
平谷区	2		2	2		2	1		1
市辖县	**10**	**3**	**7**	**5**	**1**	**4**			
密云县	8	2	6	3		3			
延庆县	2	1	1	2	1	1			
天津市	**116**	**59**	**57**	**180**	**114**	**66**	**21**	**18**	**3**
市辖区	**96**	**56**	**40**	**172**	**108**	**64**	**21**	**18**	**3**
和平区	1	1		14	7	7			
河东区	2	1	1	8	8		2	2	
河西区	17	10	7	25	23	2	1	1	
南开区	17	10	7	18	11	7	2	2	
河北区	5	2	3	2		2	4	4	
红桥区	2	1	1	1	1				
东丽区	4	4		8	3	5	2	2	
西青区	11	7	4	27	15	12			
津南区	2	1	1	5	3	2	6	6	
北辰区	8	4	4	2	1	1	1		1
武清区	2		2	3	2	1			
宝坻区	2	2		3	1	2			
滨海新区	23	13	10	56	33	23	3	1	2
市辖县	**20**	**3**	**17**	**8**	**6**	**2**			
宁河县	16	3	13	4	3	1			
静海县	1		1						
蓟县	3		3	4	3	1			
河北省	**291**	**90**	**201**	**407**	**241**	**166**	**50**	**14**	**36**
石家庄市	**27**	**8**	**19**	**171**	**95**	**76**	**5**	**1**	**4**
长安区	2		2	16	7	9			
桥东区	2	2		9	3	6			
桥西区	1		1	49	27	22	1		1
新华区				37	23	14			
井陉矿区									
裕华区	4	1	3	8	3	5	1	1	
井陉县									
正定县				1		1			
栾城县	1		1						

10-12 续表 1　　　　单位：人

地区	仫佬族			羌族			布朗族		
	小计	男	女	小计	男	女	小计	男	女
行唐县	1		1	22	10	12			
灵寿县									
高邑县									
深泽县				1		1			
赞皇县									
无极县	1		1						
平山县									
元氏县									
赵县									
辛集市	3		3	10	9	1			
藁城市							1		1
晋州市									
新乐市	6	2	4						
鹿泉市	6	3	3	18	13	5	2		2
唐山市	**117**	**34**	**83**	**32**	**16**	**16**	**19**	**7**	**12**
路南区	5	1	4	4	3	1			
路北区	1	1		10	8	2	2	2	
古冶区				1	1				
开平区	1		1	1		1			
丰南区	38	14	24	4		4	12	4	8
丰润区	16	2	14	1		1	2		2
滦县	5	2	3				2		2
滦南县	9	1	8						
乐亭县	3	1	2	5	2	3			
迁西县	3	1	2						
玉田县	15	5	10	4	1	3			
唐海县				1		1			
遵化市	16	6	10	1	1		1	1	
迁安市	5		5						
秦皇岛市	**51**	**11**	**40**	**14**	**9**	**5**	**2**		**2**
海港区	7	4	3	9	7	2	1		1
山海关区				2	1	1			
北戴河区									
青龙满族自治县	6		6	3	1	2			
昌黎县	18	3	15						
抚宁县									
卢龙县	20	4	16				1		1
邯郸市	**8**	**3**	**5**	**6**	**2**	**4**	**3**	**1**	**2**
邯山区	5	2	3	1	1		1	1	
丛台区				1		1			
复兴区	3	1	2						
峰峰矿区									
邯郸县				1		1			
临漳县									
成安县									
大名县									
涉县									
磁县				2		2	1		1
肥乡县									
永年县				1	1				
邱县									
鸡泽县									
广平县									
馆陶县									
魏县									
曲周县							1		1
武安市									

10-12　续表 2　　　　单位：人

地　区	仫佬族			羌　族			布朗族		
	小计	男	女	小计	男	女	小计	男	女
邢台市	**6**	**2**	**4**	**10**	**7**	**3**			
桥东区				1	1				
桥西区				4	4				
邢台县									
临城县				1	1				
内丘县									
柏乡县									
隆尧县									
任县									
南和县	4	1	3						
宁晋县									
巨鹿县									
新河县									
广宗县									
平乡县				2		2			
威县									
清河县									
临西县									
南宫市				2	1	1			
沙河市	2	1	1						
保定市	**35**	**12**	**23**	**85**	**53**	**32**	**3**		**3**
新市区				4	3	1			
北市区	6	3	3	32	27	5			
南市区	2		2	6	4	2			
满城县	1	1		4	4				
清苑县									
涞水县									
阜平县									
徐水县	3	1	2	5	1	4			
定兴县	2		2	7	1	6			
唐县	1		1						
高阳县	1	1		3	1	2			
容城县									
涞源县	4	2	2						
望都县									
安新县	1	1		2	2				
易县	6	1	5	9	4	5			
曲阳县									
蠡县									
顺平县									
博野县									
雄县				4	2	2			
涿州市	4	1	3						
定州市				9	4	5	1		1
安国市									
高碑店市	4	1	3				2		2
张家口市	**4**	**1**	**3**	**36**	**30**	**6**	**3**	**1**	**2**
桥东区				10	9	1			
桥西区				2	2				
宣化区				1		1			
下花园区									
宣化县				2	1	1			
张北县				1	1				

10-12 续表 3 单位：人

地区	仫佬族			羌族			布朗族		
	小计	男	女	小计	男	女	小计	男	女
康保县									
沽源县									
尚义县									
蔚县	1		1						
阳原县									
怀安县							3	1	2
万全县									
怀来县	3	1	2	15	15				
涿鹿县				5	2	3			
赤城县									
崇礼县									
承德市	**21**	**10**	**11**	**20**	**12**	**8**	**5**	**1**	**4**
双桥区				15	10	5			
双滦区									
鹰手营子矿区	1		1						
承德县	1	1		1		1			
兴隆县	4	2	2						
平泉县				2	1	1			
滦平县	4	2	2	1	1		4		4
隆化县	1		1						
丰宁满族自治县	3	2	1				1	1	
宽城满族自治县									
围场满族蒙古族自治县	7	3	4	1		1			
沧州市	**7**	**3**	**4**	**4**	**2**	**2**	**5**	**2**	**3**
新华区									
运河区				2	1	1			
沧县									
青县	1		1						
东光县							2	2	
海兴县									
盐山县									
肃宁县	2		2						
南皮县									
吴桥县									
献县									
孟村回族自治县									
泊头市	4	3	1				3		3
任丘市									
黄骅市									
河间市				2	1	1			
廊坊市	**15**	**6**	**9**	**23**	**10**	**13**	**3**	**1**	**2**
安次区	1	1							
广阳区	2		2	1	1				
固安县				2	1	1			
永清县	4	1	3						
香河县				1		1			
大城县				2	1	1			
文安县				3	1	2			
大厂回族自治县	3	1	2	1		1			
霸州市									
三河市	5	3	2	13	6	7	3	1	2
衡水市				**6**	**5**	**1**	**2**		**2**
桃城区							1		1
枣强县									
武邑县							1		1

10-12　续表 4　　　　单位：人

地　区	仫佬族			羌　族			布朗族		
	小计	男	女	小计	男	女	小计	男	女
武强县									
饶阳县									
安平县				3	3				
故城县									
景县									
阜城县									
冀州市				2	1	1			
深州市				1	1				
山西省	**28**	**12**	**16**	**286**	**214**	**72**	**22**	**7**	**15**
太原市	**12**	**7**	**5**	**36**	**21**	**15**	**7**	**4**	**3**
小店区	4	2	2	16	9	7	1	1	
迎泽区	2		2	8	4	4			
杏花岭区				1		1			
尖草坪区	3	2	1	4	2	2	1	1	
万柏林区	3	3		4	3	1	4	2	2
晋源区				1	1				
清徐县									
阳曲县							1		1
娄烦县									
古交市				2	2				
大同市	**1**	**1**		**8**	**4**	**4**	**1**	**1**	
城区	1	1		3	2	1	1	1	
矿区									
南郊区				2	1	1			
新荣区									
阳高县									
天镇县				1	1				
广灵县				1		1			
灵丘县									
浑源县									
左云县									
大同县				1		1			
阳泉市	**6**	**1**	**5**	**8**	**7**	**1**			
城区									
矿区									
郊区	5	1	4	7	7				
平定县	1		1	1		1			
盂县									
长治市				**135**	**119**	**16**	**1**		**1**
城区				4	3	1			
郊区				8	4	4			
长治县				58	50	8			
襄垣县				26	24	2			
屯留县				1		1			
平顺县									
黎城县									
壶关县							1		1
长子县				38	38				
武乡县									
沁县									
沁源县									
潞城市									

10-12 续表 5 单位：人

地区	仫佬族			羌族			布朗族		
	小计	男	女	小计	男	女	小计	男	女
晋城市				**27**	**18**	**9**	**1**		**1**
城区				19	12	7	1		1
沁水县									
阳城县				1		1			
陵川县									
泽州县				2	2				
高平市				5	4	1			
朔州市	**1**		**1**	**3**	**1**	**2**			
朔城区	1		1	2	1	1			
平鲁区									
山阴县									
应县									
右玉县									
怀仁县				1		1			
晋中市	**2**		**2**	**48**	**36**	**12**	**7**	**1**	**6**
榆次区				32	22	10			
榆社县				1	1				
左权县				1		1			
和顺县									
昔阳县	1		1	1	1				
寿阳县				11	11				
太谷县				1		1			
祁县				1	1				
平遥县							4		4
灵石县	1		1						
介休市							3	1	2
运城市	**2**	**1**	**1**	**9**	**4**	**5**	**1**		**1**
盐湖区	1	1		2		2			
临猗县									
万荣县									
闻喜县							1		1
稷山县									
新绛县									
绛县	1		1						
垣曲县									
夏县									
平陆县									
芮城县									
永济市				7	4	3			
河津市									
忻州市	**1**	**1**		**7**	**2**	**5**	**2**	**1**	**1**
忻府区				2		2			
定襄县									
五台县									
代县							1		1
繁峙县									
宁武县									
静乐县									
神池县									
五寨县									
岢岚县									
河曲县									
保德县									
偏关县							1	1	
原平市	1	1		5	2	3			

10-12　续表 6　　　　单位：人

地　区	仫佬族			羌　族			布朗族		
	小计	男	女	小计	男	女	小计	男	女
临汾市	**2**		**2**						
尧都区									
曲沃县									
翼城县	1		1						
襄汾县									
洪洞县	1		1						
古县									
安泽县									
浮山县									
吉县									
乡宁县									
大宁县									
隰县									
永和县									
蒲县									
汾西县									
侯马市									
霍州市									
吕梁市	**1**	**1**		**5**	**2**	**3**	**2**		**2**
离石区									
文水县									
交城县									
兴县									
临县									
柳林县				2	2				
石楼县									
岚县									
方山县									
中阳县									
交口县									
孝义市	1	1		2		2	1		1
汾阳市				1		1	1		1
内蒙古自治区	**37**	**24**	**13**	**144**	**81**	**63**	**15**	**3**	**12**
呼和浩特市	**4**	**3**	**1**	**17**	**6**	**11**	**5**	**2**	**3**
新城区	2	2		5	3	2			
回民区									
玉泉区				3	1	2	1	1	
赛罕区	2	1	1	4	1	3			
土默特左旗				3	1	2			
托克托县				1		1	2		2
和林格尔县									
清水河县									
武川县				1		1	2	1	1
包头市	**16**	**7**	**9**	**26**	**18**	**8**			
东河区	9	3	6						
昆都仑区	2		2	8	6	2			
青山区	5	4	1	13	8	5			
石拐区									
白云鄂博矿区									
九原区				3	3				
土默特右旗				1		1			
固阳县				1	1				
达尔罕茂明安联合旗									
乌海市	**1**	**1**		**1**	**1**				
海勃湾区	1	1		1	1				
海南区									
乌达区									

10-12 续表 7　　单位：人

地　区	仫佬族			羌　族			布朗族		
	小计	男	女	小计	男	女	小计	男	女
赤峰市				**12**	**6**	**6**			
红山区									
元宝山区									
松山区				11	5	6			
阿鲁科尔沁旗									
巴林左旗				1	1				
巴林右旗									
林西县									
克什克腾旗									
翁牛特旗									
喀喇沁旗									
宁城县									
敖汉旗									
通辽市	**8**	**8**		**3**	**1**	**2**			
科尔沁区	7	7							
科尔沁左翼中旗									
科尔沁左翼后旗				3	1	2			
开鲁县	1	1							
库伦旗									
奈曼旗									
扎鲁特旗									
霍林郭勒市									
鄂尔多斯市	**1**	**1**		**39**	**30**	**9**	**7**	**1**	**6**
东胜区	1	1		9	6	3	2		2
达拉特旗				7	2	5	1		1
准格尔旗				18	18		2	1	1
鄂托克前旗									
鄂托克旗									
杭锦旗							1		1
乌审旗									
伊金霍洛旗				5	4	1	1		1
呼伦贝尔市	**4**	**3**	**1**	**9**	**4**	**5**			
海拉尔区									
阿荣旗									
莫力达瓦达斡尔族自治旗									
鄂伦春自治旗				2	1	1			
鄂温克族自治旗									
陈巴尔虎旗	1	1							
新巴尔虎左旗									
新巴尔虎右旗									
满洲里市	3	2	1	2		2			
牙克石市				4	3	1			
扎兰屯市				1		1			
额尔古纳市									
根河市									
巴彦淖尔市				**8**	**1**	**7**	**2**		**2**
临河区				2		2			
五原县							2		2
磴口县									
乌拉特前旗				5	1	4			
乌拉特中旗									
乌拉特后旗									
杭锦后旗				1		1			

10-12　续表 8

单位：人

地　区	仫佬族			羌　族			布朗族		
	小计	男	女	小计	男	女	小计	男	女
乌兰察布市	**1**		**1**	**4**	**2**	**2**	**1**		**1**
集宁区				3	1	2			
卓资县									
化德县							1		1
商都县									
兴和县									
凉城县	1		1						
察哈尔右翼前旗									
察哈尔右翼中旗				1	1				
察哈尔右翼后旗									
四子王旗									
丰镇市									
兴安盟	**2**	**1**	**1**						
乌兰浩特市									
阿尔山市									
科尔沁右翼前旗									
科尔沁右翼中旗									
扎赉特旗	2	1	1						
突泉县									
锡林郭勒盟				**25**	**12**	**13**			
二连浩特市				4	3	1			
锡林浩特市				8	1	7			
阿巴嘎旗									
苏尼特左旗									
苏尼特右旗									
东乌珠穆沁旗				8	4	4			
西乌珠穆沁旗									
太仆寺旗									
镶黄旗				4	4				
正镶白旗									
正蓝旗									
多伦县				1		1			
阿拉善盟									
阿拉善左旗									
阿拉善右旗									
额济纳旗									
辽宁省	**71**	**28**	**43**	**171**	**89**	**82**	**19**	**9**	**10**
沈阳市	**21**	**10**	**11**	**61**	**36**	**25**	**8**	**4**	**4**
和平区	6	2	4	3	2	1	1		1
沈河区	2	2		5	3	2	4	3	1
大东区				5	3	2	1		1
皇姑区	2	1	1	2	2				
铁西区	1	1		7	2	5			
苏家屯区				3	3				
东陵区	5	1	4	30	19	11			
沈北新区	2	2		3	1	2	2	1	1
于洪区	2	1	1	3	1	2			
辽中县									
康平县	1		1						
法库县									
新民市									
大连市	**28**	**9**	**19**	**40**	**20**	**20**	**3**	**1**	**2**
中山区									
西岗区				3	2	1			
沙河口区	4	1	3	3		3	1	1	

10-12　续表 9　　　　单位：人

地区	仫佬族			羌族			布朗族		
	小计	男	女	小计	男	女	小计	男	女
甘井子区	10	4	6	10	4	6	1		1
旅顺口区				1	1				
金州区	10	4	6	21	12	9	1		1
长海县									
瓦房店市	2		2						
普兰店市									
庄河市	2		2	2	1	1			
鞍山市	**1**	**1**		**1**	**1**				
铁东区	1	1		1	1				
铁西区									
立山区									
千山区									
台安县									
岫岩满族自治县									
海城市									
抚顺市				**5**	**2**	**3**	**1**		**1**
新抚区									
东洲区									
望花区				1		1			
顺城区				2	1	1			
抚顺县									
新宾满族自治县							1		1
清原满族自治县				2	1	1			
本溪市	**3**	**3**		**4**		**4**			
平山区				1		1			
溪湖区									
明山区	3	3							
南芬区									
本溪满族自治县				1		1			
桓仁满族自治县				2		2			
丹东市	**1**		**1**	**10**	**5**	**5**			
元宝区									
振兴区									
振安区				4	1	3			
宽甸满族自治县	1		1						
东港市									
凤城市				6	4	2			
锦州市	**1**		**1**	**11**	**4**	**7**			
古塔区				8	2	6			
凌河区									
太和区	1		1						
黑山县									
义县									
凌海市									
北镇市				3	2	1			
营口市	**2**	**1**	**1**	**12**	**8**	**4**	**1**		**1**
站前区	2	1	1	8	5	3			
西市区									
鲅鱼圈区				2	2		1		1
老边区									
盖州市									
大石桥市				2	1	1			
阜新市				**2**	**1**	**1**			
海州区									
新邱区									

10-12 续表 10

单位：人

地区	仫佬族			羌族			布朗族		
	小计	男	女	小计	男	女	小计	男	女
太平区									
清河门区									
细河区				1	1				
阜新蒙古族自治县									
彰武县				1		1			
辽阳市				**4**	**2**	**2**	**1**	**1**	
白塔区									
文圣区									
宏伟区							1	1	
弓长岭区									
太子河区									
辽阳县									
灯塔市				4	2	2			
盘锦市	**4**		**4**	**4**	**4**				
双台子区									
兴隆台区				4	4				
大洼县	4		4						
盘山县									
铁岭市	**2**		**2**	**13**	**6**	**7**			
银州区				1	1				
清河区	1		1						
铁岭县				8	4	4			
西丰县									
昌图县	1		1	4	1	3			
调兵山市									
开原市									
朝阳市	**8**	**4**	**4**	**4**		**4**	**3**	**2**	**1**
双塔区				3		3			
龙城区									
朝阳县									
建平县	8	4	4						
喀喇沁左翼蒙古族自治县				1		1			
北票市									
凌源市							3	2	1
葫芦岛市							**2**	**1**	**1**
连山区									
龙港区									
南票区									
绥中县							2	1	1
建昌县									
兴城市									
吉林省	**30**	**11**	**19**	**238**	**120**	**118**	**9**	**4**	**5**
长春市	**9**	**3**	**6**	**210**	**104**	**106**	**2**	**2**	
南关区	5	1	4	11	8	3			
宽城区									
朝阳区	3	1	2	12	8	4	2	2	
二道区				3		3			
绿园区				177	83	94			
双阳区				1	1				
农安县				1	1				
九台市	1	1		3	2	1			
榆树市				1	1				
德惠市				1		1			

10-12 续表 11

单位：人

地区	仫佬族			羌族			布朗族		
	小计	男	女	小计	男	女	小计	男	女
吉林市	**6**	**3**	**3**	**19**	**9**	**10**	**2**		**2**
昌邑区				8	6	2			
龙潭区	1		1				2		2
船营区	1	1		8	3	5			
丰满区	3	1	2	3		3			
永吉县									
蛟河市									
桦甸市									
舒兰市									
磐石市	1	1							
四平市	**10**	**3**	**7**						
铁西区	5	1	4						
铁东区	2	1	1						
梨树县	2	1	1						
伊通满族自治县									
公主岭市									
双辽市	1		1						
辽源市									
龙山区									
西安区									
东丰县									
东辽县									
通化市				**5**	**4**	**1**			
东昌区									
二道江区									
通化县									
辉南县									
柳河县				2	2				
梅河口市				3	2	1			
集安市									
白山市				**2**	**2**		**3**	**2**	**1**
浑江区							1	1	
江源区									
抚松县							2	1	1
靖宇县				2	2				
长白朝鲜族自治县									
临江市									
松原市				**1**	**1**				
宁江区				1	1				
前郭尔罗斯蒙古族自治县									
长岭县									
乾安县									
扶余县									
白城市									
洮北区									
镇赉县									
通榆县									
洮南市									
大安市									
延边朝鲜族自治州	**5**	**2**	**3**	**1**		**1**	**2**		**2**
延吉市	1		1						
图们市									
敦化市				1		1	2		2
珲春市	3	2	1						
龙井市									
和龙市	1		1						
汪清县									
安图县									

10-12　续表 12　　　　单位：人

地　区	仫佬族			羌　族			布朗族		
	小计	男	女	小计	男	女	小计	男	女
黑龙江省	**46**	**22**	**24**	**34**	**21**	**13**	**12**	**4**	**8**
哈尔滨市	**22**	**10**	**12**	**16**	**11**	**5**			
道里区	1		1						
南岗区	8	6	2	9	7	2			
道外区	1		1						
平房区									
松北区	2		2						
香坊区	7	3	4	3	3				
呼兰区	1		1	2		2			
阿城区	1	1		1	1				
依兰县									
方正县	1		1						
宾县									
巴彦县									
木兰县									
通河县									
延寿县									
双城市									
尚志市				1		1			
五常市									
齐齐哈尔市	**2**	**1**	**1**	**4**	**2**	**2**	**2**	**1**	**1**
龙沙区									
建华区	2	1	1	1		1	1	1	
铁锋区									
昂昂溪区									
富拉尔基区									
碾子山区									
梅里斯达斡尔族区									
龙江县									
依安县									
泰来县				1	1				
甘南县									
富裕县				1	1				
克山县									
克东县				1		1			
拜泉县									
讷河市							1		1
鸡西市	**5**	**3**	**2**	**1**		**1**			
鸡冠区	1		1						
恒山区									
滴道区									
梨树区									
城子河区									
麻山区									
鸡东县									
虎林市	4	3	1	1		1			
密山市									
鹤岗市									
向阳区									
工农区									
南山区									
兴安区									

10-12 续表 13 单位：人

地区	仫佬族			羌族			布朗族		
	小计	男	女	小计	男	女	小计	男	女
东山区									
兴山区									
萝北县									
绥滨县									
双鸭山市	**3**	**2**	**1**	**2**	**2**		**2**	**1**	**1**
尖山区									
岭东区									
四方台区									
宝山区									
集贤县									
友谊县									
宝清县	3	2	1	2	2				
饶河县							2	1	1
大庆市	**7**	**3**	**4**	**1**	**1**				
萨尔图区	2	1	1						
龙凤区	1	1		1	1				
让胡路区	2	1	1						
红岗区									
大同区									
肇州县									
肇源县	2		2						
林甸县									
杜尔伯特蒙古族自治县									
伊春市				**1**		**1**			
伊春区									
南岔区				1		1			
友好区									
西林区									
翠峦区									
新青区									
美溪区									
金山屯区									
五营区									
乌马河区									
汤旺河区									
带岭区									
乌伊岭区									
红星区									
上甘岭区									
嘉荫县									
铁力市									
佳木斯市	**1**	**1**		**1**		**1**	**1**		**1**
向阳区									
前进区									
东风区									
郊区									
桦南县							1		1
桦川县									
汤原县									
抚远县									
同江市									
富锦市	1	1		1		1			
七台河市							**2**		**2**
新兴区							2		2
桃山区									
茄子河区									
勃利县									

10-12　续表 14　　　　单位：人

地　区	仫佬族			羌　族			布朗族		
	小计	男	女	小计	男	女	小计	男	女
牡丹江市	**6**	**2**	**4**	**4**	**2**	**2**			
东安区	2	2		1	1				
阳明区	4		4						
爱民区									
西安区				3	1	2			
东宁县									
林口县									
绥芬河市									
海林市									
宁安市									
穆棱市									
黑河市				**4**	**3**	**1**	**2**		**2**
爱辉区									
嫩江县									
逊克县									
孙吴县							1		1
北安市							1		1
五大连池市				4	3	1			
绥化市							**2**	**1**	**1**
北林区									
望奎县									
兰西县									
青冈县									
庆安县									
明水县									
绥棱县									
安达市							2	1	1
肇东市									
海伦市									
大兴安岭地区							**1**	**1**	
加格达奇区									
松岭区									
新林区									
呼中区									
呼玛县									
塔河县									
漠河县							1	1	
上海市	**441**	**180**	**261**	**505**	**246**	**259**	**133**	**80**	**53**
市辖区	**432**	**173**	**259**	**484**	**233**	**251**	**130**	**78**	**52**
黄浦区	10	3	7	11	6	5			
卢湾区	3	3		2		2			
徐汇区	20	8	12	30	13	17			
长宁区	22	7	15	15	6	9	2	1	1
静安区	4	1	3				2	2	
普陀区	10	4	6	15	6	9	10	10	
闸北区	5	3	2	6	2	4	3		3
虹口区	10	1	9	6	1	5			
杨浦区	28	10	18	28	14	14	4	1	3
闵行区	44	16	28	78	41	37	6	2	4
宝山区	23	8	15	30	15	15	44	35	9
嘉定区	25	15	10	32	19	13	6	3	3
浦东新区	60	29	31	94	42	52	13	2	11

10-12 续表 15

单位：人

地区	仫佬族			羌族			布朗族		
	小计	男	女	小计	男	女	小计	男	女
金山区	58	12	46	15	6	9	3	2	1
松江区	54	26	28	59	30	29	10	4	6
青浦区	18	9	9	23	10	13	22	13	9
奉贤区	38	18	20	40	22	18	5	3	2
市辖县	**9**	**7**	**2**	**21**	**13**	**8**	**3**	**2**	**1**
崇明县	9	7	2	21	13	8	3	2	1
江苏省	**522**	**223**	**299**	**954**	**486**	**468**	**265**	**67**	**198**
南京市	**59**	**27**	**32**	**124**	**66**	**58**	**12**	**3**	**9**
玄武区	4	2	2	20	11	9	2	1	1
白下区	6	2	4	18	12	6	1		1
秦淮区	1	1		2	1	1			
建邺区	4	2	2	2	1	1			
鼓楼区	12	4	8	16	11	5			
下关区	1	1		3	2	1			
浦口区	9	3	6	3	2	1			
栖霞区	7	5	2	4	1	3	3	1	2
雨花台区	2	1	1	5	4	1	2		2
江宁区	10	5	5	37	18	19	2	1	1
六合区	3	1	2	13	3	10	2		2
溧水县				1		1			
高淳县									
无锡市	**115**	**56**	**59**	**302**	**173**	**129**	**18**	**10**	**8**
崇安区				4	4				
南长区	2		2	3	1	2	1	1	
北塘区	1		1	3	1	2	1		1
锡山区	4	2	2	32	19	13	5	3	2
惠山区	4	3	1	19	12	7	1	1	
滨湖区	15	6	9	52	31	21	2	1	1
江阴市	22	12	10	158	83	75	5	3	2
宜兴市	67	33	34	31	22	9	3	1	2
徐州市	**6**	**4**	**2**	**18**	**7**	**11**	**1**		**1**
鼓楼区				3	2	1			
云龙区	1	1		5	3	2			
九里区									
贾汪区									
泉山区	2	2							
丰县	2		2	2		2			
沛县									
铜山县				2		2			
睢宁县	1	1					1		1
新沂市				5	2	3			
邳州市				1		1			
常州市	**79**	**34**	**45**	**95**	**44**	**51**	**16**	**5**	**11**
天宁区	4	1	3	1		1	3	1	2
钟楼区	2	1	1	5	1	4			
戚墅堰区	3	2	1	2	1	1			
新北区	3	2	1	16	9	7			
武进区	61	26	35	55	27	28	5	1	4
溧阳市	3	1	2	6	1	5			
金坛市	3	1	2	10	5	5	8	3	5
苏州市	**167**	**79**	**88**	**194**	**94**	**100**	**54**	**27**	**27**
沧浪区	6	3	3	4	2	2			
平江区	15	7	8	14	7	7	8	6	2
金阊区				3		3			

10-12　续表 16

单位：人

地　区	仫佬族			羌　族			布朗族		
	小计	男	女	小计	男	女	小计	男	女
虎丘区	8	2	6	8	2	6	2		2
吴中区	17	11	6	12	6	6	1	1	
相城区	57	34	23	20	14	6	4	1	3
常熟市	7	2	5	22	12	10	4	2	2
张家港市	12	4	8	43	21	22	3	1	2
昆山市	32	14	18	43	19	24	20	10	10
吴江市	9	2	7	15	7	8	4	2	2
太仓市	4		4	10	4	6	8	4	4
南通市	**28**	**5**	**23**	**83**	**47**	**36**	**7**	**4**	**3**
崇川区	3	1	2	10	4	6	2	1	1
港闸区				2	1	1	2	1	1
通州区	6	1	5	30	22	8	1	1	
海安县	5	2	3	7		7	2	1	1
如东县	5		5	4	1	3			
启东市	1		1	4	2	2			
如皋市	8	1	7	6	5	1			
海门市				20	12	8			
连云港市	**4**	**2**	**2**	**7**	**2**	**5**	**19**	**1**	**18**
连云区									
新浦区	2	2							
海州区									
赣榆县							3		3
东海县	2		2	5	1	4	14	1	13
灌云县				1		1	1		1
灌南县				1	1		1		1
淮安市	**4**	**1**	**3**	**8**	**2**	**6**	**18**	**2**	**16**
清河区				2	1	1	1	1	
楚州区	2		2				9		9
淮阴区	1		1	2		2	2		2
清浦区	1	1		1		1	1	1	
涟水县				1	1		5		5
洪泽县									
盱眙县									
金湖县				2		2			
盐城市	**11**	**4**	**7**	**25**	**10**	**15**	**73**	**7**	**66**
亭湖区	4	1	3	2	1	1	2	1	1
盐都区				4	2	2	1		1
响水县							2		2
滨海县				4	4		9	1	8
阜宁县	1		1	3		3	31	2	29
射阳县	1		1	4		4	12	1	11
建湖县				4	2	2	6	1	5
东台市	5	3	2	4	1	3	3	1	2
大丰市							7		7
扬州市	**15**	**1**	**14**	**26**	**9**	**17**	**15**	**3**	**12**
广陵区				2		2			
邗江区	5	1	4	7	3	4	2		2
维扬区	2		2						
宝应县	1		1	1		1	4		4
仪征市	1		1	4	1	3	1		1
高邮市				7	3	4	2		2
江都市	6		6	5	2	3	6	3	3
镇江市	**18**	**7**	**11**	**23**	**11**	**12**	**6**	**4**	**2**
京口区	2	2		4	3	1			
润州区	4		4	1	1				

10-12 续表 17 单位：人

地区	仫佬族			羌族			布朗族		
	小计	男	女	小计	男	女	小计	男	女
丹徒区	1	1		3	1	2			
丹阳市	3		3	13	4	9	1		1
扬中市	3	2	1	1	1		5	4	1
句容市	5	2	3	1	1				
泰州市	**11**	**2**	**9**	**35**	**13**	**22**	**11**	**1**	**10**
海陵区				6	2	4	1		1
高港区				8	4	4	1	1	
兴化市	2		2	3	1	2	4		4
靖江市	5	1	4	2	2				
泰兴市	2	1	1	1	1		1		1
姜堰市	2		2	15	3	12	4		4
宿迁市	**5**	**1**	**4**	**14**	**8**	**6**	**15**		**15**
宿城区				9	7	2	1		1
宿豫区	1		1				8		8
沭阳县	2		2	2	1	1	3		3
泗阳县	1		1						
泗洪县	1	1		3		3	3		3
浙江省	**2792**	**1432**	**1360**	**1482**	**797**	**685**	**300**	**107**	**193**
杭州市	**221**	**119**	**102**	**100**	**45**	**55**	**11**	**6**	**5**
上城区	1		1						
下城区	8	3	5	4	1	3			
江干区	22	10	12	20	11	9			
拱墅区	8	7	1	3	1	2			
西湖区	16	8	8	12	4	8			
滨江区	11	7	4	4	2	2	2	1	1
萧山区	37	20	17	16	6	10	4	2	2
余杭区	28	13	15	17	9	8			
桐庐县	20	10	10	1	1		1	1	
淳安县	1		1						
建德市	30	19	11				1		1
富阳市	20	11	9	19	8	11	3	2	1
临安市	19	11	8	4	2	2			
宁波市	**789**	**407**	**382**	**253**	**143**	**110**	**23**	**10**	**13**
海曙区	1	1		4	1	3			
江东区	10	6	4	6	2	4			
江北区	5	3	2	8	5	3	5	2	3
北仑区	17	8	9	11	8	3	5	3	2
镇海区	5	1	4	23	11	12	1	1	
鄞州区	22	10	12	56	32	24	3	1	2
象山县	4	3	1	8	5	3	1		1
宁海县	19	9	10	11	4	7	2	1	1
余姚市	40	20	20	31	20	11			
慈溪市	665	345	320	90	51	39	6	2	4
奉化市	1	1		5	4	1			
温州市	**849**	**456**	**393**	**70**	**33**	**37**	**22**	**8**	**14**
鹿城区	185	101	84	19	4	15	4	3	1
龙湾区	390	215	175	5	1	4	1	1	
瓯海区	92	53	39	20	11	9	4	2	2
洞头县	3	2	1				1		1
永嘉县	54	28	26	4	2	2			
平阳县	7	2	5	1	1		6	2	4
苍南县	20	6	14	4	3	1	2		2
文成县	1		1						
泰顺县	3	1	2						
瑞安市	27	10	17	12	10	2	2		2
乐清市	67	38	29	5	1	4	2		2

10-12　续表 18　　　　单位：人

地　区	仫佬族			羌　族			布朗族		
	小计	男	女	小计	男	女	小计	男	女
嘉兴市	**78**	**38**	**40**	**54**	**28**	**26**	**5**	**2**	**3**
南湖区	4	2	2	17	9	8			
秀洲区	16	7	9	17	10	7	1		1
嘉善县	6	2	4	4		4	1		1
海盐县	10	8	2	9	5	4			
海宁市	11	6	5	5	2	3	3	2	1
平湖市	25	10	15	1	1				
桐乡市	6	3	3	1	1				
湖州市	**58**	**23**	**35**	**52**	**32**	**20**	**7**	**2**	**5**
吴兴区	25	13	12	12	10	2			
南浔区	2		2	18	13	5	3	2	1
德清县	12	4	8	8	3	5	3		3
长兴县	13	3	10	9	3	6			
安吉县	6	3	3	5	3	2	1		1
绍兴市	**369**	**183**	**186**	**71**	**31**	**40**	**56**	**22**	**34**
越城区	51	36	15	27	11	16	9	3	6
绍兴县	205	104	101	31	13	18	4	2	2
新昌县	1		1	2	1	1			
诸暨市	83	32	51	6	4	2	27	11	16
上虞市	27	10	17	5	2	3			
嵊州市	2	1	1				16	6	10
金华市	**198**	**99**	**99**	**784**	**438**	**346**	**45**	**20**	**25**
婺城区	10	6	4	10	7	3	1		1
金东区	8	4	4	5	3	2	2		2
武义县	13	6	7	1	1		1		1
浦江县	19	9	10	746	413	333	5	1	4
磐安县									
兰溪市	8	1	7						
义乌市	70	35	35	14	7	7	19	12	7
东阳市	18	9	9	3	2	1	7	3	4
永康市	52	29	23	5	5		10	4	6
衢州市	**75**	**34**	**41**	**9**	**5**	**4**	**4**	**2**	**2**
柯城区	2	1	1	1		1			
衢江区	14	8	6	6	3	3	1	1	
常山县	1		1						
开化县	2		2				1		1
龙游县	53	23	30	2	2		1	1	
江山市	3	2	1				1		1
舟山市	**10**	**3**	**7**	**16**	**8**	**8**	**4**	**1**	**3**
定海区	3	1	2	11	4	7	2		2
普陀区	3		3	1		1	2	1	1
岱山县	4	2	2	4	4				
嵊泗县									
台州市	**114**	**55**	**59**	**59**	**27**	**32**	**60**	**28**	**32**
椒江区	5	3	2	10	4	6	1		1
黄岩区	9	3	6	10	4	6	2		2
路桥区	21	12	9	7	5	2	4	3	1
玉环县	22	8	14	11	6	5	29	17	12
三门县	1		1	1		1	9	5	4
天台县	2	2							
仙居县	2		2				1		1
温岭市	31	15	16	11	4	7	6	3	3
临海市	21	12	9	9	4	5	8		8

10-12 续表 19 单位：人

地区	仫佬族			羌族			布朗族		
	小计	男	女	小计	男	女	小计	男	女
丽水市	**31**	**15**	**16**	**14**	**7**	**7**	**63**	**6**	**57**
莲都区	8	2	6	5	2	3	3	1	2
青田县	9	5	4	1	1		2	1	1
缙云县	2	1	1						
遂昌县	3	2	1	3	1	2	2		2
松阳县				5	3	2	52	4	48
云和县									
庆元县									
景宁畲族自治县							3		3
龙泉市	9	5	4				1		1
安徽省	**123**	**41**	**82**	**183**	**85**	**98**	**78**	**13**	**65**
合肥市	**24**	**18**	**6**	**35**	**20**	**15**	**6**	**1**	**5**
瑶海区				13	4	9			
庐阳区	3	3		4	3	1			
蜀山区	9	8	1	11	10	1	3		3
包河区	10	6	4	5	2	3	3	1	2
长丰县	1		1	2	1	1			
肥东县									
肥西县	1	1							
芜湖市	**4**	**2**	**2**	**4**	**3**	**1**	**7**	**2**	**5**
镜湖区	1	1							
弋江区	1	1							
鸠江区				4	3	1	1		1
三山区							2	1	1
芜湖县	2		2						
繁昌县							2	1	1
南陵县							2		2
蚌埠市	**3**		**3**	**25**	**16**	**9**			
龙子湖区									
蚌山区	1		1	7	4	3			
禹会区				8	5	3			
淮上区									
怀远县				1		1			
五河县	1		1	1		1			
固镇县	1		1	8	7	1			
淮南市	**1**	**1**		**5**	**3**	**2**			
大通区									
田家庵区	1	1		2	2				
谢家集区									
八公山区									
潘集区				2		2			
凤台县				1	1				
马鞍山市	**9**	**3**	**6**	**3**	**1**	**2**	**1**		**1**
金家庄区									
花山区	1		1						
雨山区	8	3	5						
当涂县				3	1	2	1		1
淮北市	**1**	**1**		**2**		**2**			
杜集区									
相山区	1	1		1		1			
烈山区				1		1			
濉溪县									

10-12　续表 20　　　　　　　　　　　　　　　　　　　　　　　　　　　　　　　　单位：人

地　区	仫佬族			羌　族			布朗族		
	小计	男	女	小计	男	女	小计	男	女
铜陵市	**1**	**1**		**1**		**1**			
铜官山区									
狮子山区	1	1		1		1			
郊区									
铜陵县									
安庆市	**16**	**2**	**14**	**28**	**13**	**15**	**9**	**2**	**7**
迎江区	1		1	1		1			
大观区	2	1	1						
宜秀区	3		3				1	1	
怀宁县							2		2
枞阳县	3		3	1		1			
潜山县				2	1	1	1	1	
太湖县	1		1	20	10	10	1		1
宿松县				2	1	1			
望江县				2	1	1	2		2
岳西县	1		1						
桐城市	5	1	4				2		2
黄山市	**5**		**5**	**1**		**1**	**4**	**2**	**2**
屯溪区							2	2	
黄山区	2		2						
徽州区									
歙县	1		1				1		1
休宁县	2		2				1		1
黟县				1		1			
祁门县									
滁州市	**9**	**2**	**7**	**11**	**5**	**6**	**11**	**3**	**8**
琅琊区				1	1		3	2	1
南谯区	7	2	5						
来安县							2	1	1
全椒县				3	1	2			
定远县	2		2	5	3	2	3		3
凤阳县				1		1			
天长市				1		1			
明光市							3		3
阜阳市	**6**	**2**	**4**	**3**	**1**	**2**	**4**		**4**
颍州区									
颍东区	1		1	1	1				
颍泉区									
临泉县	2	1	1				3		3
太和县	2	1	1						
阜南县							1		1
颍上县	1		1	1		1			
界首市				1		1			
宿州市	**10**	**3**	**7**	**19**	**7**	**12**	**8**	**1**	**7**
埇桥区	6	1	5	5	1	4	4		4
砀山县	1	1		4	3	1			
萧县	2	1	1	5	2	3			
灵璧县				4	1	3	1	1	
泗县	1		1	1		1	3		3
巢湖市	**10**	**2**	**8**	**15**	**2**	**13**	**6**	**1**	**5**
居巢区	2		2						
庐江县	2	1	1	8	1	7	1		1
无为县	2		2	5		5	2	1	1
含山县	4	1	3				2		2
和县				2	1	1	1		1

10-12 续表 21

单位：人

地区	仫佬族			羌族			布朗族		
	小计	男	女	小计	男	女	小计	男	女
六安市	**2**		**2**	**21**	**10**	**11**	**8**	**1**	**7**
金安区							2	1	1
裕安区	1		1						
寿县				16	8	8	6		6
霍邱县				3	1	2			
舒城县	1		1						
金寨县				2	1	1			
霍山县									
亳州市	**2**		**2**	**1**		**1**	**8**		**8**
谯城区	1		1						
涡阳县				1		1			
蒙城县							5		5
利辛县	1		1				3		3
池州市	**6**	**1**	**5**	**3**	**1**	**2**	**2**		**2**
贵池区	2	1	1	1		1	2		2
东至县	1		1	2	1	1			
石台县									
青阳县	3		3						
宣城市	**14**	**3**	**11**	**6**	**3**	**3**	**4**		**4**
宣州区	8	1	7	2	2		2		2
郎溪县	5	2	3						
广德县	1		1	1		1	2		2
泾县				1		1			
绩溪县				1		1			
旌德县									
宁国市				1	1				
福建省	**527**	**245**	**282**	**458**	**247**	**211**	**226**	**117**	**109**
福州市	**66**	**33**	**33**	**58**	**26**	**32**	**58**	**32**	**26**
鼓楼区	1	1		4	1	3	2		2
台江区				3		3			
仓山区	5	4	1	12	4	8	1	1	
马尾区	4	2	2	1	1		1	1	
晋安区	11	5	6	8	5	3	3		3
闽侯县	8	5	3	1		1	28	19	9
连江县	2		2	2	2		3	2	1
罗源县				2	1	1	9	5	4
闽清县				2		2			
永泰县									
平潭县	4	2	2	1	1				
福清市	20	9	11	12	6	6	11	4	7
长乐市	11	5	6	10	5	5			
厦门市	**135**	**55**	**80**	**128**	**76**	**52**	**19**	**8**	**11**
思明区	38	12	26	24	11	13	11	5	6
海沧区	6	5	1	7	6	1	2	2	
湖里区	33	15	18	26	15	11	4	1	3
集美区	22	8	14	15	9	6	1		1
同安区	31	14	17	20	12	8			
翔安区	5	1	4	36	23	13	1		1
莆田市	**12**	**8**	**4**	**20**	**11**	**9**	**26**	**16**	**10**
城厢区	1	1		6	4	2	2	2	
涵江区	6	3	3	9	4	5	13	10	3
荔城区	4	3	1	3	2	1	11	4	7
秀屿区				2	1	1			
仙游县	1	1							

10-12　续表 22　　　　　　　　　　　　　　　　　　　　单位：人

地　区	仫佬族			羌　族			布朗族		
	小计	男	女	小计	男	女	小计	男	女
三明市	**10**	**5**	**5**	**23**	**14**	**9**	**8**	**6**	**2**
梅列区	5	2	3	7	4	3			
三元区				2	2				
明溪县				1	1				
清流县				1		1			
宁化县									
大田县	2	2							
尤溪县	1		1				7	5	2
沙县	2	1	1				1	1	
将乐县									
泰宁县				6	5	1			
建宁县				1	1				
永安市				5	1	4			
泉州市	**211**	**103**	**108**	**159**	**91**	**68**	**69**	**36**	**33**
鲤城区	15	9	6	14	9	5	10	4	6
丰泽区	16	8	8	19	11	8	3	1	2
洛江区	7	3	4	1	1		2	2	
泉港区	6	6		2	2		1		1
惠安县	12	7	5	12	6	6	1		1
安溪县									
永春县				4	1	3	1		1
德化县									
石狮市	5	1	4	15	7	8	2	2	
晋江市	133	63	70	76	47	29	42	26	16
南安市	17	6	11	16	7	9	7	1	6
漳州市	**48**	**24**	**24**	**30**	**12**	**18**	**19**	**11**	**8**
芗城区	6	3	3	2	1	1			
龙文区	4	2	2						
云霄县									
漳浦县	1		1	4	2	2			
诏安县				2	1	1			
长泰县	4	3	1	11	6	5	12	7	5
东山县	1		1				1		1
南靖县	2	1	1	1		1			
平和县	3	1	2	1		1			
华安县	2	2		1		1			
龙海市	25	12	13	8	2	6	6	4	2
南平市	**19**	**5**	**14**	**5**	**2**	**3**	**19**	**7**	**12**
延平区	4	1	3						
顺昌县									
浦城县	6	1	5	2		2	3		3
光泽县	1		1	1	1		11	7	4
松溪县							1		1
政和县							1		1
邵武市									
武夷山市	1		1	2	1	1	1		1
建瓯市							1		1
建阳市	7	3	4				1		1
龙岩市	**17**	**10**	**7**	**30**	**12**	**18**	**7**	**1**	**6**
新罗区	7	5	2	17	9	8			
长汀县							1		1
永定县	3	2	1	1		1	1	1	
上杭县	2	1	1	8	1	7			
武平县	1		1						
连城县									
漳平市	4	2	2	4	2	2	5		5

10-12 续表 23 单位：人

地区	仫佬族			羌族			布朗族		
	小计	男	女	小计	男	女	小计	男	女
宁德市	**9**	**2**	**7**	**5**	**3**	**2**	**1**		**1**
蕉城区				1	1		1		1
霞浦县	1		1						
古田县									
屏南县									
寿宁县				1		1			
周宁县	2		2						
柘荣县									
福安市									
福鼎市	6	2	4	3	2	1			
江西省	**181**	**81**	**100**	**155**	**85**	**70**	**31**	**16**	**15**
南昌市	**36**	**18**	**18**	**40**	**21**	**19**	**8**	**5**	**3**
东湖区	4	2	2	1	1				
西湖区	1	1		2	1	1			
青云谱区	2		2						
湾里区	1	1		1		1			
青山湖区	12	7	5	11	3	8	2	2	
南昌县	6	3	3	1	1		2	1	1
新建县	10	4	6	23	14	9	3	2	1
安义县				1	1		1		1
进贤县									
景德镇市	**1**	**1**		**1**		**1**	**2**	**1**	**1**
昌江区									
珠山区	1	1							
浮梁县									
乐平市				1		1	2	1	1
萍乡市	**8**	**2**	**6**	**10**	**4**	**6**			
安源区				2		2			
湘东区	4	2	2						
莲花县				7	4	3			
上栗县	2		2						
芦溪县	2		2	1		1			
九江市	**43**	**20**	**23**	**8**	**5**	**3**	**2**		**2**
庐山区	7	2	5	5	3	2			
浔阳区	2	1	1				1		1
九江县	2		2	1		1			
武宁县	3	2	1						
修水县									
永修县									
德安县	25	15	10						
星子县									
都昌县									
湖口县	2		2				1		1
彭泽县	2		2	1	1				
瑞昌市				1	1				
新余市	**13**	**8**	**5**	**1**	**1**		**1**		**1**
渝水区	10	6	4						
分宜县	3	2	1	1	1		1		1
鹰潭市	**8**	**5**	**3**	**4**	**3**	**1**	**1**		**1**
月湖区	5	2	3				1		1
余江县	3	3		3	3				
贵溪市				1		1			
赣州市	**12**	**4**	**8**	**7**	**1**	**6**	**5**	**4**	**1**
章贡区	4	1	3	2		2	1	1	
赣县									

10-12　续表 24　　　　　　　　　　　　　　　　　　　　　　单位：人

地　区	仫佬族			羌　族			布朗族		
	小计	男	女	小计	男	女	小计	男	女
信丰县									
大余县	1		1						
上犹县									
崇义县				1		1			
安远县	5	2	3	1		1	1		1
龙南县	1		1						
定南县									
全南县									
宁都县									
于都县				1		1			
兴国县				1		1	3	3	
会昌县									
寻乌县									
石城县									
瑞金市									
南康市	1	1		1	1				
吉安市	**30**	**12**	**18**	**70**	**43**	**27**	**8**	**6**	**2**
吉州区									
青原区	3		3				1	1	
吉安县									
吉水县							5	5	
峡江县	1		1						
新干县							2		2
永丰县	2		2						
泰和县	2		2						
遂川县									
万安县	1		1						
安福县	12	4	8						
永新县									
井冈山市	9	8	1	70	43	27			
宜春市	**14**	**8**	**6**	**4**	**3**	**1**	**1**		**1**
袁州区	8	5	3	1	1				
奉新县				1		1			
万载县									
上高县				1	1				
宜丰县	1		1						
靖安县									
铜鼓县	2		2						
丰城市									
樟树市							1		1
高安市	3	3		1	1				
抚州市	**9**	**2**	**7**	**2**	**1**	**1**			
临川区	6	1	5	2	1	1			
南城县									
黎川县									
南丰县									
崇仁县									
乐安县									
宜黄县									
金溪县	1		1						
资溪县									
东乡县	2	1	1						
广昌县									

10-12 续表 25 单位：人

地区	仫佬族			羌族			布朗族		
	小计	男	女	小计	男	女	小计	男	女
上饶市	**7**	**1**	**6**	**8**	**3**	**5**	**3**		**3**
信州区				3		3	1		1
上饶县	1		1	2	2				
广丰县									
玉山县	2	1	1				1		1
铅山县	2		2						
横峰县									
弋阳县									
余干县				3	1	2	1		1
鄱阳县	2		2						
万年县									
婺源县									
德兴市									
山东省	**126**	**46**	**80**	**243**	**121**	**122**	**317**	**99**	**218**
济南市	**30**	**13**	**17**	**45**	**25**	**20**	**37**	**7**	**30**
历下区	6	3	3	12	10	2	1		1
市中区	13	7	6	6	3	3	4	2	2
槐荫区	3		3	3		3			
天桥区	4	1	3	5	2	3	1		1
历城区	2		2	17	9	8	22	3	19
长清区				2	1	1	4		4
平阴县									
济阳县									
商河县									
章丘市	2	2					5	2	3
青岛市	**28**	**15**	**13**	**43**	**18**	**25**	**7**	**3**	**4**
市南区				1	1				
市北区	8	6	2	4	1	3			
四方区	2	1	1	6	1	5			
黄岛区	4	2	2	4	4				
崂山区	3		3	5	3	2			
李沧区	2		2	2	1	1	1		1
城阳区	3	2	1	3	1	2	3	1	2
胶州市				1		1	1	1	
即墨市	1	1					1	1	
平度市	2		2						
胶南市	3	3		16	6	10			
莱西市				1		1	1		1
淄博市	**1**	**1**		**7**	**3**	**4**	**12**	**4**	**8**
淄川区				3	1	2	1		1
张店区				1	1		1	1	
博山区				1	1				
临淄区							1		1
周村区	1	1					6	3	3
桓台县							3		3
高青县				2		2			
沂源县									
枣庄市				**2**		**2**	**1**		**1**
市中区									
薛城区				1		1			
峄城区				1		1			
台儿庄区									
山亭区							1		1
滕州市									

10-12 续表 26

单位：人

地区	仫佬族			羌族			布朗族		
	小计	男	女	小计	男	女	小计	男	女
东营市	**1**		**1**	**11**	**4**	**7**			
东营区	1		1	9	4	5			
河口区									
垦利县									
利津县									
广饶县				2		2			
烟台市	**15**	**9**	**6**	**11**	**7**	**4**	**41**	**15**	**26**
芝罘区	4	2	2	5	4	1	1	1	
福山区				3	1	2			
牟平区							3	1	2
莱山区	1	1		3	2	1	9	9	
长岛县									
龙口市	2		2				4	3	1
莱阳市							9		9
莱州市	8	6	2						
蓬莱市									
招远市									
栖霞市							3		3
海阳市							12	1	11
潍坊市	**8**	**3**	**5**	**38**	**20**	**18**	**31**	**3**	**28**
潍城区	2		2	2	1	1	1	1	
寒亭区	2		2				2		2
坊子区	1		1	26	16	10			
奎文区	2	2		4	2	2	1	1	
临朐县				1		1	2		2
昌乐县							21		21
青州市							2	1	1
诸城市									
寿光市	1	1		1		1	2		2
安丘市									
高密市				1		1			
昌邑市				3	1	2			
济宁市	**5**	**1**	**4**	**17**	**8**	**9**	**4**		**4**
市中区	1		1						
任城区				9	7	2			
微山县				1	1				
鱼台县				3		3			
金乡县	1		1						
嘉祥县				2		2	1		1
汶上县	1		1						
泗水县									
梁山县	2	1	1				1		1
曲阜市							2		2
兖州市				1		1			
邹城市				1		1			
泰安市	**5**		**5**	**1**	**1**		**7**		**7**
泰山区	1		1						
岱岳区							4		4
宁阳县	4		4				1		1
东平县							1		1
新泰市				1	1		1		1
肥城市									
威海市	**16**	**1**	**15**	**13**	**9**	**4**	**82**	**34**	**48**
环翠区				11	8	3	16	10	6
文登市	13	1	12	2	1	1	13	2	11
荣成市	1		1				3	2	1
乳山市	2		2				50	20	30

10-12 续表 27

单位：人

地　区	仫佬族			羌　族			布朗族		
	小计	男	女	小计	男	女	小计	男	女
日照市	**2**		**2**	**2**	**1**	**1**	**4**	**1**	**3**
东港区				1	1		2	1	1
岚山区									
五莲县	1		1						
莒县	1		1	1		1	2		2
莱芜市	**2**		**2**	**4**	**3**	**1**	**2**		**2**
莱城区	2		2	3	2	1	2		2
钢城区				1	1				
临沂市	**11**	**2**	**9**	**5**		**5**	**39**	**6**	**33**
兰山区				1		1	5	4	1
罗庄区				1		1			
河东区	1	1							
沂南县	3	1	2				1		1
郯城县				1		1	1		1
沂水县	3		3						
苍山县				1		1	5	1	4
费县									
平邑县				1		1	5	1	4
莒南县	3		3						
蒙阴县									
临沭县	1		1				22		22
德州市	**1**	**1**		**25**	**15**	**10**			
德城区				18	11	7			
陵县									
宁津县				1	1				
庆云县									
临邑县				5	3	2			
齐河县	1	1							
平原县									
夏津县									
武城县				1		1			
乐陵市									
禹城市									
聊城市				**4**	**2**	**2**	**1**		**1**
东昌府区									
阳谷县							1		1
莘县				1		1			
茌平县									
东阿县				1	1				
冠县				1		1			
高唐县									
临清市				1	1				
滨州市				**8**	**3**	**5**	**48**	**25**	**23**
滨城区									
惠民县									
阳信县									
无棣县				1		1			
沾化县							1		1
博兴县				1		1	40	24	16
邹平县				6	3	3	7	1	6
菏泽市	**1**		**1**	**7**	**2**	**5**	**1**	**1**	
牡丹区							1	1	
曹县									
单县									
成武县				1		1			
巨野县				4	2	2			
郓城县									
鄄城县									
定陶县				1		1			
东明县	1		1	1		1			

10-12　续表 28　　　　单位：人

地　　区	仫佬族			羌族			布朗族		
	小计	男	女	小计	男	女	小计	男	女
河南省	**72**	**30**	**42**	**216**	**103**	**113**	**80**	**18**	**62**
郑州市	**17**	**10**	**7**	**104**	**50**	**54**	**10**	**5**	**5**
中原区	4	1	3	3	1	2	1		1
二七区	3	3		26	8	18			
管城回族区	1	1		3	2	1	1		1
金水区	5	3	2	13	9	4	6	5	1
上街区									
惠济区	1		1						
中牟县							1		1
巩义市				50	25	25			
荥阳市				2		2			
新密市				1		1	1		1
新郑市	3	2	1	1		1			
登封市				5	5				
开封市	**5**	**3**	**2**	**38**	**20**	**18**	**4**	**1**	**3**
龙亭区									
顺河回族区	1	1		15	6	9			
鼓楼区				14	11	3			
禹王台区									
金明区				1		1	1		1
杞县	2	1	1	3	2	1	2	1	1
通许县									
尉氏县	2	1	1	1		1	1		1
开封县				4	1	3			
兰考县									
洛阳市	**7**	**3**	**4**	**13**	**7**	**6**	**2**	**2**	
老城区									
西工区				2	1	1			
瀍河回族区				1	1				
涧西区				7	4	3	1	1	
吉利区									
洛龙区	1		1	1		1	1	1	
孟津县									
新安县				2	1	1			
栾川县	4	1	3						
嵩县									
汝阳县									
宜阳县	2	2							
洛宁县									
伊川县									
偃师市									
平顶山市	**8**	**4**	**4**	**10**	**4**	**6**	**4**		**4**
新华区	4	3	1	4	2	2			
卫东区									
石龙区									
湛河区	1	1		1	1				
宝丰县									
叶县	1		1	3	1	2	3		3
鲁山县	2		2	1		1			
郏县									
舞钢市				1		1	1		1
汝州市									

10-12 续表 29 单位：人

地区	仫佬族			羌族			布朗族		
	小计	男	女	小计	男	女	小计	男	女
安阳市	**3**		**3**	**7**	**3**	**4**	**2**	**2**	
文峰区	1		1				2	2	
北关区				1		1			
殷都区				1		1			
龙安区									
安阳县				4	3	1			
汤阴县	1		1	1		1			
滑县	1		1						
内黄县									
林州市									
鹤壁市				**1**		**1**			
鹤山区									
山城区									
淇滨区									
浚县									
淇县				1		1			
新乡市	**6**	**2**	**4**	**1**		**1**	**2**		**2**
红旗区									
卫滨区	2	1	1				1		1
凤泉区									
牧野区	3	1	2				1		1
新乡县									
获嘉县									
原阳县									
延津县									
封丘县									
长垣县	1		1						
卫辉市									
辉县市				1		1			
焦作市	**1**	**1**		**10**	**6**	**4**	**2**		**2**
解放区				8	6	2			
中站区									
马村区									
山阳区	1	1							
修武县									
博爱县							2		2
武陟县				1		1			
温县									
沁阳市									
孟州市				1		1			
濮阳市	**1**		**1**	**7**		**7**	**1**		**1**
华龙区				4		4			
清丰县				1		1			
南乐县									
范县				1		1			
台前县	1		1	1		1			
濮阳县							1		1
许昌市	**2**		**2**	**3**	**2**	**1**			
魏都区				1	1				
许昌县				1	1				
鄢陵县									
襄城县	1		1						
禹州市	1		1	1		1			
长葛市									

10-12 续表 30 单位：人

地区	仫佬族			羌族			布朗族		
	小计	男	女	小计	男	女	小计	男	女
漯河市				**2**	**2**		**2**		**2**
源汇区									
郾城区				2	2				
召陵区							2		2
舞阳县									
临颍县									
三门峡市	**1**	**1**		**2**	**1**	**1**			
湖滨区									
渑池县									
陕县				1		1			
卢氏县				1	1				
义马市									
灵宝市	1	1							
南阳市	**2**		**2**	**3**	**1**	**2**	**12**	**1**	**11**
宛城区				2	1	1			
卧龙区	1		1						
南召县				1		1			
方城县									
西峡县							10	1	9
镇平县									
内乡县							1		1
淅川县							1		1
社旗县									
唐河县									
新野县									
桐柏县									
邓州市	1		1						
商丘市							**2**	**1**	**1**
梁园区							1	1	
睢阳区									
民权县									
睢县							1		1
宁陵县									
柘城县									
虞城县									
夏邑县									
永城市									
信阳市	**10**	**3**	**7**	**1**		**1**	**6**	**1**	**5**
浉河区	4	3	1				1		1
平桥区	2		2	1		1	4		4
罗山县									
光山县									
新县									
商城县	1		1						
固始县	1		1						
潢川县	2		2				1	1	
淮滨县									
息县									
周口市	**5**	**3**	**2**	**3**	**2**	**1**	**6**	**1**	**5**
川汇区				1	1		3	1	2
扶沟县				1		1			
西华县	2	1	1						
商水县									

10-12 续表 31 单位：人

地区	仫佬族			羌族			布朗族		
	小计	男	女	小计	男	女	小计	男	女
沈丘县									
郸城县									
淮阳县							1		1
太康县	3	2	1				1		1
鹿邑县									
项城市				1	1		1		1
驻马店市	**4**		**4**	**6**	**1**	**5**	**24**	**4**	**20**
驿城区									
西平县	1		1				17	3	14
上蔡县				1		1	4		4
平舆县				1		1			
正阳县									
确山县							2	1	1
泌阳县	1		1	1		1			
汝南县									
遂平县	2		2	3	1	2			
新蔡县							1		1
省直辖县级行政区划				**5**	**4**	**1**	**1**		**1**
济源市				5	4	1	1		1
湖北省	**276**	**88**	**188**	**256**	**146**	**110**	**36**	**10**	**26**
武汉市	**192**	**64**	**128**	**137**	**73**	**64**	**23**	**8**	**15**
江岸区	14	5	9	8	5	3	1	1	
江汉区	10	5	5	3	2	1			
硚口区	6	3	3				2	2	
汉阳区				1	1				
武昌区	25	12	13	8	4	4	1		1
青山区	2	1	1				1	1	
洪山区	118	32	86	89	46	43	16	4	12
东西湖区	1		1	2	1	1	2		2
汉南区									
蔡甸区	4	2	2	1	1				
江夏区	11	4	7	20	12	8			
黄陂区	1		1	3	1	2			
新洲区				2		2			
黄石市	**8**	**2**	**6**	**10**	**6**	**4**	**3**		**3**
黄石港区	1		1	3	1	2	1		1
西塞山区	1	1							
下陆区	1		1	6	5	1	1		1
铁山区									
阳新县	2		2				1		1
大冶市	3	1	2	1		1			
十堰市	**3**	**2**	**1**	**6**	**4**	**2**	**1**		**1**
茅箭区	1	1							
张湾区	1	1							
郧县				5	4	1	1		1
郧西县				1		1			
竹山县									
竹溪县	1		1						
房县									
丹江口市									
宜昌市	**17**	**5**	**12**	**7**	**4**	**3**	**3**	**1**	**2**
西陵区	6	4	2	4	3	1	1		1
伍家岗区				1		1	1	1	
点军区	1		1						

10-12　续表 32　　　　　　　　　　　　　　　　　　　　　　　　　　单位：人

地　区	仫佬族			羌　族			布朗族		
	小计	男	女	小计	男	女	小计	男	女
猇亭区									
夷陵区	2	1	1						
远安县							1		1
兴山县	1		1						
秭归县									
长阳土家族自治县	2		2						
五峰土家族自治县									
宜都市	3		3	1		1			
当阳市	2		2	1	1				
枝江市									
襄樊市	**5**	**1**	**4**						
襄城区									
樊城区	1		1						
襄阳区									
南漳县									
谷城县									
保康县	1		1						
老河口市	1		1						
枣阳市	1	1							
宜城市	1		1						
鄂州市									
梁子湖区									
华容区									
鄂城区									
荆门市	**8**	**4**	**4**	**4**	**2**	**2**	**1**		**1**
东宝区	2	1	1	1	1				
掇刀区	3	3							
京山县	1		1						
沙洋县				1	1				
钟祥市	2		2	2		2	1		1
孝感市	**5**	**2**	**3**	**1**	**1**		**3**	**1**	**2**
孝南区	4	2	2						
孝昌县									
大悟县				1	1		2	1	1
云梦县	1		1						
应城市									
安陆市									
汉川市							1		1
荆州市	**10**	**4**	**6**	**7**	**3**	**4**	**1**		**1**
沙市区	1	1		2		2			
荆州区	3	2	1	2	2				
公安县	2		2						
监利县	2		2				1		1
江陵县	1	1							
石首市									
洪湖市	1		1						
松滋市				3	1	2			
黄冈市	**7**		**7**	**5**	**2**	**3**			
黄州区				2	2				
团风县	1		1						
红安县									
罗田县				2		2			
英山县									
浠水县	2		2						
蕲春县	3		3						
黄梅县				1		1			
麻城市									
武穴市	1		1						

10-12 续表 33 单位：人

地区	仫佬族			羌族			布朗族		
	小计	男	女	小计	男	女	小计	男	女
咸宁市									
咸安区									
嘉鱼县									
通城县									
崇阳县									
通山县									
赤壁市									
随州市	**3**		**3**	**3**	**1**	**2**			
曾都区	1		1						
随县	2		2	2		2			
广水市				1	1				
恩施土家族苗族自治州	**13**	**4**	**9**	**75**	**49**	**26**	**1**		**1**
恩施市	6	2	4	8	5	3	1		1
利川市	2		2						
建始县	1	1		3	2	1			
巴东县	2	1	1	1		1			
宣恩县				5	5				
咸丰县	1		1	57	37	20			
来凤县									
鹤峰县	1		1	1		1			
省直辖县级行政区划	**5**		**5**	**1**	**1**				
仙桃市	1		1						
潜江市	4		4	1	1				
天门市									
神农架林区									
湖南省	**906**	**462**	**444**	**180**	**88**	**92**	**138**	**9**	**129**
长沙市	**64**	**26**	**38**	**32**	**16**	**16**	**29**	**2**	**27**
芙蓉区	10	4	6	8	1	7			
天心区	5	1	4	5	2	3	2		2
岳麓区	27	10	17	10	6	4	3		3
开福区	7	3	4	1	1				
雨花区	4	3	1	5	3	2	1	1	
长沙县	9	5	4	2	2				
望城县							1		1
宁乡县	1		1	1	1		22	1	21
浏阳市	1		1						
株洲市	**26**	**15**	**11**	**1**	**1**		**6**		**6**
荷塘区	5	3	2						
芦淞区	5	2	3				1		1
石峰区	1		1	1	1				
天元区									
株洲县									
攸县	11	10	1						
茶陵县	2		2						
炎陵县									
醴陵市	2		2				5		5
湘潭市	**8**	**4**	**4**	**9**	**3**	**6**	**3**	**1**	**2**
雨湖区	3	3		5	2	3			
岳塘区	1	1							
湘潭县	2		2	2	1	1	1		1
湘乡市	2		2	1		1			
韶山市				1		1	2	1	1

10-12　续表 34　　　　单位：人

地　区	仫佬族			羌　族			布朗族		
	小计	男	女	小计	男	女	小计	男	女
衡阳市	**35**	**15**	**20**	**11**	**6**	**5**	**61**	**3**	**58**
珠晖区	3	1	2	1	1		4	1	3
雁峰区	2		2	1		1			
石鼓区	4	1	3						
蒸湘区	8	7	1	2	1	1			
南岳区									
衡阳县	4	1	3				1		1
衡南县	4	3	1	2	1	1			
衡山县	1		1						
衡东县	1		1						
祁东县	6		6	2	1	1	55	1	54
耒阳市	2	2		3	2	1	1	1	
常宁市									
邵阳市	**627**	**349**	**278**	**2**		**2**	**6**		**6**
双清区	7	5	2						
大祥区	5	5							
北塔区									
邵东县							4		4
新邵县	4	2	2	1		1			
邵阳县	2		2	1		1	1		1
隆回县	1		1						
洞口县	2		2						
绥宁县	3	1	2						
新宁县	5	2	3				1		1
城步苗族自治县	76	36	40						
武冈市	522	298	224						
岳阳市	**19**	**7**	**12**	**4**	**1**	**3**	**1**		**1**
岳阳楼区	1	1		2	1	1			
云溪区	2	1	1						
君山区	1	1							
岳阳县	3	1	2	1		1			
华容县	2		2				1		1
湘阴县	2	1	1						
平江县	4	1	3	1		1			
汨罗市	4	1	3						
临湘市									
常德市	**17**	**4**	**13**	**10**	**3**	**7**	**3**	**1**	**2**
武陵区	3	1	2	1	1				
鼎城区	2		2	1	1				
安乡县	1		1						
汉寿县	6	2	4	2		2			
澧县	2		2	5		5	1		1
临澧县									
桃源县	1		1						
石门县	2	1	1	1	1				
津市市							2	1	1
张家界市	**8**	**2**	**6**	**4**	**4**		**2**	**1**	**1**
永定区	4	2	2						
武陵源区	1		1	1	1				
慈利县	3		3				1	1	
桑植县				3	3		1		1
益阳市	**10**	**4**	**6**	**6**	**2**	**4**	**9**	**1**	**8**
资阳区									
赫山区	7	3	4	2	1	1	1		1

10-12 续表 35

单位：人

地区	仫佬族			羌族			布朗族		
	小计	男	女	小计	男	女	小计	男	女
南县				2	1	1			
桃江县	1		1	1		1			
安化县	2	1	1	1		1	7	1	6
沅江市							1		1
郴州市	**22**	**4**	**18**	**5**	**4**	**1**			
北湖区	2	1	1	1	1				
苏仙区				1		1			
桂阳县	2		2						
宜章县	1		1						
永兴县									
嘉禾县									
临武县	4	1	3						
汝城县	10	2	8						
桂东县				3	3				
安仁县									
资兴市	3		3						
永州市	**18**	**4**	**14**	**5**	**2**	**3**	**10**		**10**
零陵区	2		2						
冷水滩区	2		2	2	1	1			
祁阳县	6	2	4				7		7
东安县	4	1	3						
双牌县	1		1						
道县									
江永县				3	1	2	3		3
宁远县									
蓝山县	2		2						
新田县									
江华瑶族自治县	1	1							
怀化市	**32**	**15**	**17**	**84**	**44**	**40**	**1**		**1**
鹤城区	9	4	5	51	23	28			
中方县									
沅陵县	1	1		4	1	3			
辰溪县				1		1			
溆浦县	3		3	3	1	2			
会同县	2		2	1		1			
麻阳苗族自治县	1		1						
新晃侗族自治县	3	3		9	4	5			
芷江侗族自治县	2		2						
靖州苗族侗族自治县	1		1	14	14		1		1
通道侗族自治县	7	5	2						
洪江市	3	2	1	1	1				
娄底市	**6**	**3**	**3**	**4**	**2**	**2**	**6**		**6**
娄星区	5	3	2	2	2				
双峰县							1		1
新化县							1		1
冷水江市							1		1
涟源市	1		1	2		2	3		3
湘西土家族苗族自治州	**14**	**10**	**4**	**3**		**3**	**1**		**1**
吉首市	2	2							
泸溪县	1		1						
凤凰县							1		1
花垣县	1		1						
保靖县				2		2			
古丈县	8	8							
永顺县	2		2						
龙山县				1		1			

10-12　续表 36　　　　单位：人

地　区	仡佬族			羌　族			布朗族		
	小计	男	女	小计	男	女	小计	男	女
广东省	**10961**	**5918**	**5043**	**1886**	**1058**	**828**	**495**	**258**	**237**
广州市	**1074**	**605**	**469**	**183**	**96**	**87**	**53**	**28**	**25**
荔湾区	21	10	11	19	3	16	1	1	
越秀区	37	17	20	13	8	5	1		1
海珠区	55	22	33	9	5	4	3	1	2
天河区	89	48	41	22	10	12	4	2	2
白云区	495	293	202	45	27	18	16	11	5
黄埔区	44	22	22	21	13	8	1	1	
番禺区	140	72	68	17	7	10	11	4	7
花都区	90	53	37	6	4	2	6	4	2
南沙区	22	15	7	6	5	1	3	1	2
萝岗区	42	30	12	20	11	9	4	1	3
增城市	32	17	15	5	3	2	1		1
从化市	7	6	1				2	2	
韶关市	**43**	**26**	**17**	**4**	**3**	**1**	**4**	**4**	
武江区	3	1	2						
浈江区	13	10	3	1	1		3	3	
曲江区	3	1	2				1	1	
始兴县									
仁化县	4		4						
翁源县	4	4							
乳源瑶族自治县	5	3	2						
新丰县									
乐昌市	10	7	3						
南雄市	1		1	3	2	1			
深圳市	**3123**	**1658**	**1465**	**280**	**143**	**137**	**167**	**91**	**76**
罗湖区	83	34	49	22	10	12	3	2	1
福田区	115	54	61	44	15	29	10	5	5
南山区	126	62	64	33	18	15	6	2	4
宝安区	2215	1184	1031	147	87	60	79	47	32
龙岗区	551	308	243	28	11	17	69	35	34
盐田区	33	16	17	6	2	4			
珠海市	**156**	**68**	**88**	**214**	**106**	**108**	**9**	**3**	**6**
香洲区	76	28	48	128	61	67	5	2	3
斗门区	55	27	28	82	42	40	2		2
金湾区	25	13	12	4	3	1	2	1	1
汕头市	**51**	**28**	**23**	**20**	**11**	**9**	**10**	**5**	**5**
龙湖区	13	7	6	3	1	2	2	1	1
金平区	15	9	6				2	1	1
濠江区	3		3	1		1			
潮阳区	1	1					2		2
潮南区	8	5	3	14	10	4	2	1	1
澄海区	8	3	5	2		2	2	2	
南澳县	3	3							
佛山市	**1218**	**695**	**523**	**101**	**59**	**42**	**34**	**18**	**16**
禅城区	91	44	47	16	9	7	1	1	
南海区	462	273	189	33	12	21	20	11	9
顺德区	445	247	198	42	29	13	10	6	4
三水区	117	62	55	6	5	1	3		3
高明区	103	69	34	4	4				
江门市	**1081**	**606**	**475**	**29**	**18**	**11**	**15**	**8**	**7**
蓬江区	127	68	59	7	3	4	2		2
江海区	149	83	66	2	1	1	1	1	

10-12 续表 37　　　　单位：人

地区	仫佬族			羌族			布朗族		
	小计	男	女	小计	男	女	小计	男	女
新会区	557	314	243	6	5	1			
台山市	69	30	39	2	1	1			
开平市	81	43	38				6	3	3
鹤山市	97	68	29	12	8	4	6	4	2
恩平市	1		1						
湛江市	**247**	**97**	**150**	**9**		**9**	**7**	**1**	**6**
赤坎区	3	1	2						
霞山区	25	5	20	4		4			
坡头区	13	6	7				5		5
麻章区	7	3	4	3		3			
遂溪县	10	2	8						
徐闻县	86	40	46						
廉江市	58	17	41	1		1			
雷州市	23	14	9	1		1			
吴川市	22	9	13				2	1	1
茂名市	**77**	**28**	**49**	**6**	**1**	**5**	**8**	**1**	**7**
茂南区	19	6	13	1	1		2		2
茂港区	2		2						
电白县	7	6	1	2		2	2	1	1
高州市	16	7	9	2		2			
化州市	27	8	19	1		1	4		4
信宜市	6	1	5						
肇庆市	**107**	**60**	**47**	**23**	**13**	**10**	**4**	**1**	**3**
端州区	36	22	14	7	2	5	2	1	1
鼎湖区	8	5	3						
广宁县	1		1						
怀集县	2	1	1						
封开县	4	1	3						
德庆县	4	3	1	1		1			
高要市	20	10	10	10	6	4			
四会市	32	18	14	5	5		2		2
惠州市	**430**	**245**	**185**	**65**	**34**	**31**	**34**	**19**	**15**
惠城区	129	69	60	29	15	14	10	5	5
惠阳区	110	64	46	19	12	7	12	9	3
博罗县	158	96	62	16	7	9	10	4	6
惠东县	25	12	13				2	1	1
龙门县	8	4	4	1		1			
梅州市	**15**	**5**	**10**	**6**	**4**	**2**			
梅江区	5	4	1	2	1	1			
梅县	2	1	1	4	3	1			
大埔县									
丰顺县	3		3						
五华县									
平远县	3		3						
蕉岭县									
兴宁市	2		2						
汕尾市	**8**	**6**	**2**	**7**	**2**	**5**	**1**		**1**
城区				1		1			
海丰县	8	6	2	5	2	3	1		1
陆河县				1		1			
陆丰市									
河源市	**38**	**24**	**14**	**3**	**2**	**1**	**1**		**1**
源城区	20	13	7	1	1		1		1
紫金县	2		2	1		1			
龙川县				1	1				
连平县	2	2							
和平县									
东源县	14	9	5						

10-12　续表 38　　　　单位：人

地　区	仫佬族			羌　族			布朗族		
	小计	男	女	小计	男	女	小计	男	女
阳江市	**91**	**44**	**47**	**4**	**4**				
江城区	52	24	28						
阳西县	2		2						
阳东县	28	15	13	2	2				
阳春市	9	5	4	2	2				
清远市	**40**	**17**	**23**	**16**	**10**	**6**	**5**	**3**	**2**
清城区	13	7	6	5	4	1	3	2	1
佛冈县	2		2	1	1				
阳山县				1		1			
连山壮族瑶族自治县	3	2	1						
连南瑶族自治县	1		1						
清新县	9	4	5	1		1	1		1
英德市	8	2	6	1	1		1	1	
连州市	4	2	2	7	4	3			
东莞市	**2402**	**1289**	**1113**	**211**	**123**	**88**	**122**	**65**	**57**
中山市	**730**	**407**	**323**	**668**	**402**	**266**	**12**	**5**	**7**
潮州市	**2**	**1**	**1**	**26**	**19**	**7**	**4**	**1**	**3**
湘桥区									
潮安县	2	1	1	26	19	7	2	1	1
饶平县							2		2
揭阳市	**9**	**4**	**5**	**5**	**4**	**1**	**1**	**1**	
榕城区	2	2		1	1		1	1	
揭东县	6	2	4	2	2				
揭西县									
惠来县									
普宁市	1		1	2	1	1			
云浮市	**19**	**5**	**14**	**6**	**4**	**2**	**4**	**4**	
云城区	3	1	2	3	2	1	4	4	
新兴县	8	3	5	2	1	1			
郁南县	2		2						
云安县									
罗定市	6	1	5	1	1				
广西壮族自治区	**172305**	**87513**	**84792**	**169**	**87**	**82**	**81**	**32**	**49**
南宁市	**6324**	**2850**	**3474**	**44**	**19**	**25**	**23**	**12**	**11**
兴宁区	557	262	295	3	1	2	1		1
青秀区	2086	888	1198	13	6	7	7	5	2
江南区	689	294	395	4	3	1			
西乡塘区	1974	847	1127	15	7	8	12	7	5
良庆区	211	101	110	1	1				
邕宁区	11	1	10						
武鸣县	62	28	34	1		1			
隆安县	6	3	3						
马山县	540	345	195	1		1			
上林县	27	8	19	2		2	1		1
宾阳县	119	52	67	3	1	2			
横县	42	21	21	1		1	2		2

10-12 续表 39 单位：人

地区	仫佬族			羌族			布朗族		
	小计	男	女	小计	男	女	小计	男	女
柳州市	**29767**	**14686**	**15081**	**17**	**10**	**7**	**10**	**2**	**8**
城中区	1065	510	555	6	4	2	1	1	
鱼峰区	4295	2136	2159	1		1	3	1	2
柳南区	2801	1316	1485	3	2	1			
柳北区	2849	1265	1584	3	2	1	1		1
柳江县	3385	1905	1480	2		2	2		2
柳城县	11730	5810	5920						
鹿寨县	623	312	311	2	2		2		2
融安县	852	418	434				1		1
融水苗族自治县	2112	990	1122						
三江侗族自治县	55	24	31						
桂林市	**1838**	**825**	**1013**	**13**	**7**	**6**	**13**	**4**	**9**
秀峰区	132	45	87	3	1	2			
叠彩区	111	54	57				1		1
象山区	255	93	162						
七星区	463	238	225	2	2		4	2	2
雁山区	98	36	62	1	1		1		1
阳朔县	111	58	53	1		1			
临桂县	148	63	85						
灵川县	101	54	47	1	1		2	1	1
全州县	39	13	26	1		1	1		1
兴安县	39	13	26						
永福县	162	89	73	1		1	1		1
灌阳县	21	10	11				1		1
龙胜各族自治县	10	2	8	1	1				
资源县	4	1	3	1	1				
平乐县	72	32	40				2	1	1
荔浦县	48	12	36						
恭城瑶族自治县	24	12	12	1		1			
梧州市	**329**	**113**	**216**	**2**	**2**		**1**		**1**
万秀区	18	8	10						
蝶山区	124	55	69	1	1		1		1
长洲区	56	32	24	1	1				
苍梧县	17	4	13						
藤县	48	4	44						
蒙山县	10	2	8						
岑溪市	56	8	48						
北海市	**253**	**112**	**141**	**18**	**9**	**9**	**17**	**9**	**8**
海城区	182	78	104	17	8	9			
银海区	55	29	26	1	1		17	9	8
铁山港区	3		3						
合浦县	13	5	8						
防城港市	**175**	**89**	**86**	**1**	**1**				
港口区	116	68	48						
防城区	26	12	14						
上思县	5		5						
东兴市	28	9	19	1	1				
钦州市	**245**	**89**	**156**	**3**	**3**		**1**		**1**
钦南区	143	67	76	1	1		1		1
钦北区	54	18	36	2	2				
灵山县	25	3	22						
浦北县	23	1	22						
贵港市	**497**	**191**	**306**						
港北区	181	89	92						
港南区	51	12	39						
覃塘区	43	13	30						
平南县	134	45	89						
桂平市	88	32	56						

10-12　续表 40

单位：人

地　区	仫佬族			羌　族			布朗族		
	小计	男	女	小计	男	女	小计	男	女
玉林市	**515**	**134**	**381**	**5**	**1**	**4**	**3**		**3**
玉州区	147	60	87	2	1	1			
容县	26	2	24	1		1			
陆川县	153	43	110	1		1			
博白县	89	20	69				2		2
兴业县	44	4	40	1		1			
北流市	56	5	51				1		1
百色市	**527**	**239**	**288**	**26**	**11**	**15**	**4**	**1**	**3**
右江区	208	84	124	5	2	3	3	1	2
田阳县	34	16	18	3		3			
田东县	105	50	55						
平果县	60	20	40	2	2				
德保县	8	4	4	3	2	1			
靖西县	8	4	4	4	2	2			
那坡县	20	14	6				1		1
凌云县									
乐业县	26	16	10	4	2	2			
田林县	17	9	8	2		2			
西林县	17	11	6	3	1	2			
隆林各族自治县	24	11	13						
贺州市	**149**	**63**	**86**	**3**	**3**		**1**	**1**	
八步区	69	27	42	3	3				
平桂管理区	26	11	15				1	1	
昭平县	24	13	11						
钟山县	26	12	14						
富川瑶族自治县	4		4						
河池市	**125786**	**64992**	**60794**	**26**	**16**	**10**	**7**	**3**	**4**
金城江区	3461	1686	1775	6	3	3			
南丹县	567	278	289	2		2	2	2	
天峨县	141	76	65	3	1	2	2		2
凤山县	19	4	15						
东兰县	30	8	22	1	1				
罗城仫佬族自治县	101081	52020	49061						
环江毛南族自治县	1036	580	456	3	2	1			
巴马瑶族自治县	44	18	26				1		1
都安瑶族自治县	2238	1223	1015	4	3	1	2	1	1
大化瑶族自治县	65	30	35						
宜州市	17104	9069	8035	7	6	1			
来宾市	**5693**	**3041**	**2652**	**1**	**1**		**1**		**1**
兴宾区	658	281	377	1	1				
忻城县	2916	1596	1320				1		1
象州县	1742	1005	737						
武宣县	73	22	51						
金秀瑶族自治县	64	34	30						
合山市	240	103	137						
崇左市	**207**	**89**	**118**	**10**	**4**	**6**			
江州区	67	29	38	2	1	1			
扶绥县	65	33	32						
宁明县	19	6	13	2		2			
龙州县	10	5	5						
大新县	11	5	6	3	2	1			
天等县	3		3	3	1	2			
凭祥市	32	11	21						

10-12 续表 41 单位：人

地区	仫佬族			羌族			布朗族		
	小计	男	女	小计	男	女	小计	男	女
海南省	**168**	**97**	**71**	**104**	**56**	**48**	**120**	**65**	**55**
海口市	**37**	**19**	**18**	**50**	**29**	**21**	**2**		**2**
秀英区	1	1		3	2	1			
龙华区	10	3	7	15	6	9			
琼山区	13	7	6	4	2	2			
美兰区	13	8	5	28	19	9	2		2
三亚市	**12**	**8**	**4**	**14**	**10**	**4**	**6**	**4**	**2**
省直辖县级行政区划	**119**	**70**	**49**	**40**	**17**	**23**	**112**	**61**	**51**
五指山市	1	1							
琼海市	3		3	4	3	1	1		1
儋州市	31	19	12	27	10	17	3	1	2
文昌市	5	2	3						
万宁市	7	3	4				23	12	11
东方市	5	3	2				2	1	1
定安县				1		1	4	1	3
屯昌县	2	1	1						
澄迈县	6	2	4	1		1			
临高县									
白沙黎族自治县	38	26	12				4	2	2
昌江黎族自治县	4	2	2						
乐东黎族自治县				3	1	2			
陵水黎族自治县				2	1	1			
保亭黎族苗族自治县	10	5	5	2	2		75	44	31
琼中黎族苗族自治县	7	6	1						
西沙群岛									
重庆市	**208**	**80**	**128**	**675**	**317**	**358**	**288**	**45**	**243**
市辖区	**146**	**60**	**86**	**584**	**285**	**299**	**263**	**42**	**221**
万州区	4	2	2	11	3	8			
涪陵区	2		2	19	9	10	2		2
渝中区	9	2	7	20	8	12			
大渡口区	2	1	1	14	8	6			
江北区	6	4	2	27	17	10	1		1
沙坪坝区	21	12	9	102	43	59	9	4	5
九龙坡区	7	3	4	49	21	28	8	3	5
南岸区	13	5	8	73	41	32	2	1	1
北碚区	15	4	11	72	33	39	9	4	5
万盛区	3	1	2	3	1	2			
双桥区				1	1				
渝北区	12	6	6	60	27	33	118	15	103
巴南区	8	4	4	17	10	7	3		3
黔江区				8	6	2			
长寿区	3	2	1	15	9	6	16		16
江津区	7	1	6	12	5	7			
合川区	15	6	9	43	25	18	90	11	79
永川区	17	6	11	36	16	20	5	4	1
南川区	2	1	1	2	2				
市辖县	**62**	**20**	**42**	**91**	**32**	**59**	**25**	**3**	**22**
綦江县	11	4	7	8	6	2			
潼南县	5		5	6	2	4	13	1	12
铜梁县	4		4	6	1	5	6	1	5

10-12　续表 42　　　　单位：人

地　区	仫佬族			羌　族			布朗族		
	小计	男	女	小计	男	女	小计	男	女
大足县	1		1	12	1	11	2	1	1
荣昌县	2		2	15	4	11	2		2
璧山县	3	2	1	11	3	8	1		1
梁平县	5	2	3	2	1	1			
城口县									
丰都县				4	3	1			
垫江县	2	1	1	1		1			
武隆县	19	9	10						
忠县	2	1	1	1	1				
开县	1	1		3	1	2			
云阳县				10	6	4			
奉节县	2		2	2	1	1			
巫山县	1		1	2	2				
巫溪县							1		1
石柱土家族自治县				3		3			
秀山土家族苗族自治县	2		2	3		3			
酉阳土家族苗族自治县	2		2	2		2			
彭水苗族土家族自治县									
四川省	**225**	**110**	**115**	**296931**	**149730**	**147201**	**164**	**46**	**118**
成都市	**112**	**62**	**50**	**13598**	**6215**	**7383**	**27**	**14**	**13**
锦江区	17	15	2	380	136	244	1	1	
青羊区	18	13	5	612	265	347	3	3	
金牛区	8	6	2	1176	588	588	4	2	2
武侯区	22	7	15	906	431	475	6	3	3
成华区	3	2	1	384	205	179			
龙泉驿区	6	1	5	513	210	303	1		1
青白江区				73	36	37			
新都区				280	138	142			
温江区	6	2	4	454	204	250			
金堂县				52	19	33	1		1
双流县	16	7	9	701	339	362	5	3	2
郫县	13	7	6	1437	703	734	4	1	3
大邑县				101	44	57			
蒲江县				21	8	13			
新津县				210	103	107	1		1
都江堰市				4390	1890	2500	1	1	
彭州市	1	1		705	282	423			
邛崃市	1		1	666	364	302			
崇州市	1	1		537	250	287			
自贡市	**10**	**5**	**5**	**129**	**82**	**47**	**4**		**4**
自流井区	1	1		100	65	35			
贡井区				2	2				
大安区				10	6	4	1		1
沿滩区	2	1	1	1	1				
荣县				8	3	5	1		1
富顺县	7	3	4	8	5	3	2		2
攀枝花市	**25**	**14**	**11**	**108**	**54**	**54**	**1**	**1**	
东区	15	8	7	73	38	35			
西区	2	1	1	12	5	7	1	1	
仁和区	6	4	2	9	5	4			
米易县				6	3	3			
盐边县	2	1	1	8	3	5			

10-12 续表 43

单位：人

地区	仫佬族			羌族			布朗族		
	小计	男	女	小计	男	女	小计	男	女
泸州市	**5**		**5**	**168**	**81**	**87**	**22**	**5**	**17**
江阳区				101	47	54			
纳溪区				1	1				
龙马潭区				45	19	26	2		2
泸县	1		1	5	4	1	1		1
合江县	4		4	7	5	2	16	4	12
叙永县				7	4	3			
古蔺县				2	1	1	3	1	2
德阳市	**9**	**5**	**4**	**1433**	**659**	**774**	**7**	**2**	**5**
旌阳区				459	232	227	3	2	1
中江县	3	2	1	38	13	25	2		2
罗江县				37	15	22			
广汉市	1	1		119	62	57			
什邡市	5	2	3	65	32	33			
绵竹市				715	305	410	2		2
绵阳市	**13**	**4**	**9**	**117927**	**60016**	**57911**	**11**	**5**	**6**
涪城区	10	2	8	5005	2372	2633			
游仙区	1	1		834	395	439			
三台县	1		1	265	113	152	2		2
盐亭县				46	11	35	1		1
安县				2892	1269	1623	1	1	
梓潼县				49	29	20			
北川羌族自治县	1	1		67498	34448	33050	2		2
平武县				39415	20512	18903			
江油市				1923	867	1056	5	4	1
广元市	**2**	**1**	**1**	**309**	**211**	**98**	**2**	**1**	**1**
利州区				194	139	55	2	1	1
元坝区				5	4	1			
朝天区				5	1	4			
旺苍县				31	23	8			
青川县				33	21	12			
剑阁县	2	1	1	15	8	7			
苍溪县				26	15	11			
遂宁市				**122**	**33**	**89**	**24**	**2**	**22**
船山区				15	6	9	1		1
安居区				13	3	10	7	1	6
蓬溪县				38	8	30	9	1	8
射洪县				14	3	11	1		1
大英县				42	13	29	6		6
内江市	**5**	**2**	**3**	**91**	**30**	**61**	**18**	**3**	**15**
市中区	1		1	11	5	6			
东兴区				45	15	30	7		7
威远县	1		1	15	6	9	1	1	
资中县				11	1	10	5		5
隆昌县	3	2	1	9	3	6	5	2	3
乐山市	**2**		**2**	**239**	**102**	**137**	**4**		**4**
市中区	1		1	143	51	92	1		1
沙湾区				6	4	2			
五通桥区				12	6	6			
金口河区				5	2	3			
犍为县				1	1				
井研县	1		1	2	1	1			
夹江县				4	1	3			
沐川县				2		2	1		1
峨边彝族自治县									
马边彝族自治县				8	1	7	1		1
峨眉山市				56	35	21	1		1

10-12　续表 44　　　　单位：人

地　区	仫佬族			羌　族			布朗族		
	小计	男	女	小计	男	女	小计	男	女
南充市	**4**	**1**	**3**	**276**	**92**	**184**	**5**		**5**
顺庆区	1	1		167	42	125	1		1
高坪区				45	20	25	2		2
嘉陵区	1		1	35	18	17	1		1
南部县				16	5	11	1		1
营山县									
蓬安县									
仪陇县				5	3	2			
西充县				3	2	1			
阆中市	2		2	5	2	3			
眉山市	**2**	**2**		**161**	**65**	**96**	**6**	**1**	**5**
东坡区				82	31	51	1		1
仁寿县	1	1		28	9	19	4	1	3
彭山县	1	1		34	19	15	1		1
洪雅县				3	2	1			
丹棱县				6		6			
青神县				8	4	4			
宜宾市	**4**	**2**	**2**	**77**	**47**	**30**	**1**		**1**
翠屏区	4	2	2	57	36	21			
宜宾县				1		1			
南溪县									
江安县				5	2	3			
长宁县									
高县				6	5	1			
珙县				1		1			
筠连县				3	3				
兴文县				3		3	1		1
屏山县				1	1				
广安市	**9**	**2**	**7**	**67**	**11**	**56**	**4**		**4**
广安区	5	1	4	53	11	42	2		2
岳池县	1		1	8		8			
武胜县				1		1	1		1
邻水县	3	1	2	3		3			
华蓥市				2		2	1		1
达州市	**4**	**3**	**1**	**98**	**48**	**50**	**1**		**1**
通川区	2	2		37	16	21			
达县				39	16	23			
宣汉县				13	11	2			
开江县									
大竹县				4	2	2			
渠县	1		1	1		1			
万源市	1	1		4	3	1	1		1
雅安市	**8**	**4**	**4**	**751**	**373**	**378**			
雨城区	8	4	4	111	44	67			
名山县				27	17	10			
荥经县				4	1	3			
汉源县				308	138	170			
石棉县				9	5	4			
天全县				20	11	9			
芦山县				88	65	23			
宝兴县				184	92	92			

10-12 续表 45 单位：人

地 区	仫佬族			羌 族			布朗族		
	小计	男	女	小计	男	女	小计	男	女
巴中市				**12**	**7**	**5**			
巴州区				11	7	4			
通江县									
南江县				1		1			
平昌县									
资阳市	**1**		**1**	**125**	**37**	**88**	**7**		**7**
雁江区				18	8	10			
安岳县	1		1	27	6	21	6		6
乐至县				27	7	20	1		1
简阳市				53	16	37			
阿坝藏族羌族自治州	**1**		**1**	**157969**	**79921**	**78048**			
汶川县	1		1	37303	18722	18581			
理县				13926	6943	6983			
茂县				94060	47657	46403			
松潘县				6902	3510	3392			
九寨沟县				1339	691	648			
金川县				658	354	304			
小金县				636	330	306			
黑水县				573	314	259			
马尔康县				1501	792	709			
壤塘县				192	106	86			
阿坝县				327	197	130			
若尔盖县				229	131	98			
红原县				323	174	149			
甘孜藏族自治州	**3**	**1**	**2**	**3014**	**1508**	**1506**	**5**	**4**	**1**
康定县				277	138	139			
泸定县	3	1	2	88	46	42			
丹巴县				2490	1243	1247			
九龙县				17	8	9			
雅江县				4	2	2	3	3	
道孚县				23	12	11			
炉霍县				6	3	3			
甘孜县				16	8	8			
新龙县				2	1	1			
德格县				15	8	7			
白玉县				11	5	6			
石渠县				4	3	1			
色达县				26	15	11			
理塘县				6	4	2			
巴塘县				5	3	2			
乡城县				6	3	3	1	1	
稻城县				14	4	10			
得荣县				4	2	2	1		1
凉山彝族自治州	**6**	**2**	**4**	**257**	**138**	**119**	**15**	**8**	**7**
西昌市	4	1	3	190	103	87	3	2	1
木里藏族自治县	1	1		7	4	3	1		1
盐源县				9	3	6	6	4	2
德昌县									
会理县	1		1	5	4	1			
会东县				5	5				
宁南县				1		1			
普格县				8	5	3			
布拖县				1		1	4	2	2
金阳县				1		1			
昭觉县									

10-12　续表 46　　　　　　　　　　　　　　　　　　　　单位：人

地　区	仫佬族			羌　族			布朗族		
	小计	男	女	小计	男	女	小计	男	女
喜德县				2	2				
冕宁县				11	5	6			
越西县				11	5	6			
甘洛县				3	1	2	1		1
美姑县				1		1			
雷波县				2	1	1			
贵州省	**24956**	**13293**	**11663**	**1605**	**899**	**706**	**49**	**16**	**33**
贵阳市	**758**	**394**	**364**	**177**	**94**	**83**	**13**	**7**	**6**
南明区	205	110	95	50	31	19	6	3	3
云岩区	281	148	133	68	34	34	4	4	
花溪区	48	21	27	27	8	19			
乌当区	32	19	13	15	12	3			
白云区	38	16	22	6	3	3	1		1
小河区	83	45	38	6	5	1	1		1
开阳县	8	3	5	2		2			
息烽县	12	6	6						
修文县	14	9	5				1		1
清镇市	37	17	20	3	1	2			
六盘水市	**180**	**93**	**87**	**20**	**9**	**11**	**8**	**2**	**6**
钟山区	65	36	29	14	8	6			
六枝特区	75	38	37	4		4			
水城县	20	9	11	1	1		2		2
盘县	20	10	10	1		1	6	2	4
遵义市	**161**	**75**	**86**	**41**	**23**	**18**	**8**	**2**	**6**
红花岗区	25	11	14	17	11	6	1		1
汇川区	22	11	11	7	3	4	1		1
遵义县	18	6	12	4	2	2			
桐梓县	3	2	1	1	1		1		1
绥阳县									
正安县	15	8	7	3	2	1			
道真仡佬族苗族自治县	54	28	26				3	1	2
务川仡佬族苗族自治县									
凤冈县	6	4	2						
湄潭县	3		3	1		1			
余庆县	6	1	5	7	4	3			
习水县	4	2	2				2	1	1
赤水市	1	1							
仁怀市	4	1	3	1		1			
安顺市	**79**	**42**	**37**	**25**	**16**	**9**	**9**	**3**	**6**
西秀区	42	23	19	2	1	1	1		1
平坝县	3	1	2	10	7	3	4	2	2
普定县	1		1						
镇宁布依族苗族自治县	17	8	9						
关岭布依族苗族自治县	5	4	1	7	3	4	4	1	3
紫云苗族布依族自治县	11	6	5	6	5	1			
铜仁地区	**26**	**7**	**19**	**1179**	**673**	**506**			
铜仁市	13	5	8	51	24	27			
江口县				205	131	74			
玉屏侗族自治县	2		2	6	3	3			
石阡县	2		2	869	487	382			
思南县				6	4	2			
印江土家族苗族自治县	2		2	5	3	2			
德江县				5	2	3			
沿河土家族自治县									
松桃苗族自治县	5	2	3	30	17	13			
万山特区	2		2	2	2				

10-12 续表 47 单位：人

地区	仫佬族			羌族			布朗族		
	小计	男	女	小计	男	女	小计	男	女
黔西南布依族苗族自治州	**88**	**39**	**49**	**23**	**14**	**9**	**6**	**1**	**5**
兴义市	13	5	8	9	6	3	3		3
兴仁县	29	10	19	2	1	1	1		1
普安县	4	3	1						
晴隆县	4	3	1						
贞丰县	14	8	6				1		1
望谟县									
册亨县	13	6	7	11	6	5			
安龙县	11	4	7	1	1		1	1	
毕节地区	**142**	**75**	**67**	**36**	**25**	**11**	**1**		**1**
毕节市	25	13	12	2	2				
大方县	44	18	26	2	2				
黔西县				10	7	3	1		1
金沙县	37	22	15	1		1			
织金县	2		2	11	5	6			
纳雍县	27	18	9	1	1				
威宁彝族回族苗族自治县	6	4	2	2	2				
赫章县	1		1	7	6	1			
黔东南苗族侗族自治州	**21395**	**11600**	**9795**	**61**	**22**	**39**			
凯里市	7476	4075	3401	19	6	13			
黄平县	1465	788	677	3	1	2			
施秉县	21	8	13						
三穗县	5	1	4						
镇远县	52	23	29	21	10	11			
岑巩县	34	15	19	9	4	5			
天柱县	5	1	4	1		1			
锦屏县	16	6	10	1	1				
剑河县	20	10	10						
台江县	8	4	4						
黎平县	12	9	3						
榕江县	17	9	8	2		2			
从江县	21	12	9						
雷山县	11	5	6	2		2			
麻江县	12196	6616	5580	3		3			
丹寨县	36	18	18						
黔南布依族苗族自治州	**2127**	**968**	**1159**	**43**	**23**	**20**	**4**	**1**	**3**
都匀市	817	334	483	24	13	11	3	1	2
福泉市	1080	528	552	4	1	3			
荔波县	29	11	18						
贵定县	44	18	26				1		1
瓮安县	46	23	23						
独山县	38	16	22	7	4	3			
平塘县	24	13	11	2	2				
罗甸县	6	4	2						
长顺县	3	1	2	1	1				
龙里县	20	12	8	5	2	3			
惠水县	10	4	6						
三都水族自治县	10	4	6						

10-12　续表 48　　　　　　　　　　　　　　　　　　　　　　　　单位：人

地　区	仫佬族			羌　族			布朗族		
	小计	男	女	小计	男	女	小计	男	女
云南省	**304**	**164**	**140**	**552**	**323**	**229**	**116573**	**60117**	**56456**
昆明市	**128**	**66**	**62**	**160**	**83**	**77**	**1142**	**504**	**638**
五华区	34	19	15	51	24	27	328	138	190
盘龙区	21	11	10	36	19	17	204	92	112
官渡区	25	10	15	21	17	4	151	77	74
西山区	11	7	4	20	8	12	166	73	93
东川区				7	4	3	6	3	3
呈贡县	8	4	4	7	2	5	131	53	78
晋宁县	6	3	3	6	1	5	35	13	22
富民县				1	1		6	1	5
宜良县	5	3	2	5	2	3	10	3	7
石林彝族自治县	3	1	2				2	2	
嵩明县	2	1	1	1	1		31	16	15
禄劝彝族苗族自治县	2	1	1	1	1		12	4	8
寻甸回族彝族自治县	3	2	1				9	2	7
安宁市	8	4	4	4	3	1	51	27	24
曲靖市	**25**	**8**	**17**	**32**	**21**	**11**	**117**	**47**	**70**
麒麟区	9		9	19	12	7	40	13	27
马龙县	2	1	1				4	1	3
陆良县							3	2	1
师宗县	5	2	3						
罗平县	2		2	5	4	1	12	4	8
富源县	2	1	1	3	1	2	14	9	5
会泽县				4	4		7	2	5
沾益县	4	4					9	8	1
宣威市	1		1	1		1	28	8	20
玉溪市	**11**	**9**	**2**	**25**	**9**	**16**	**114**	**53**	**61**
红塔区	2	2		10	4	6	55	25	30
江川县	1	1					11	5	6
澄江县							8	3	5
通海县	4	2	2				9	4	5
华宁县							3	2	1
易门县				1		1	5	3	2
峨山彝族自治县	2	2					4		4
新平彝族傣族自治县				14	5	9	11	7	4
元江哈尼族彝族傣族自治县	2	2					8	4	4
保山市	**8**	**5**	**3**	**13**	**9**	**4**	**9834**	**5042**	**4792**
隆阳区	6	5	1	7	5	2	239	101	138
施甸县							7602	3915	3687
腾冲县	1		1	6	4	2	39	16	23
龙陵县							25	11	14
昌宁县	1		1				1929	999	930
昭通市	**6**	**1**	**5**	**14**	**6**	**8**	**21**	**12**	**9**
昭阳区				4	2	2	4	3	1
鲁甸县									
巧家县							5	2	3
盐津县							1		1
大关县							2	2	
永善县				3	1	2			
绥江县				1	1		3		3
镇雄县				2	1	1	4	3	1
彝良县	2	1	1				1	1	
威信县	4		4						
水富县				4	1	3	1	1	

10-12 续表 49 单位：人

地区	仫佬族			羌族			布朗族		
	小计	男	女	小计	男	女	小计	男	女
丽江市	**13**	**6**	**7**	**16**	**9**	**7**	**45**	**22**	**23**
古城区	6	3	3	11	7	4	24	9	15
玉龙纳西族自治县	1	1					1	1	
永胜县							12	7	5
华坪县	6	2	4	4	2	2	6	3	3
宁蒗彝族自治县				1		1	2	2	
普洱市	**3**	**1**	**2**	**36**	**24**	**12**	**15543**	**8144**	**7399**
思茅区	3	1	2	23	16	7	1888	968	920
宁洱哈尼族彝族自治县							223	113	110
墨江哈尼族自治县							3524	1873	1651
景东彝族自治县							465	230	235
景谷傣族彝族自治县				4	3	1	1719	903	816
镇沅彝族哈尼族拉祜族自治县				5	2	3	61	35	26
江城哈尼族彝族自治县				1	1		193	121	72
孟连傣族拉祜族佤族自治县							108	57	51
澜沧拉祜族自治县				3	2	1	7346	3838	3508
西盟佤族自治县							16	6	10
临沧市	**12**	**9**	**3**	**54**	**31**	**23**	**40434**	**21277**	**19157**
临翔区	2	1	1	19	11	8	1650	747	903
凤庆县	1	1		4	1	3	1297	712	585
云县				8	6	2	9855	5308	4547
永德县	1	1		11	8	3	7735	4178	3557
镇康县	1	1		3	2	1	1382	775	607
双江拉祜族佤族布朗族傣族自治县	1		1	1		1	13834	7103	6731
耿马傣族佤族自治县	3	2	1	4	1	3	4588	2407	2181
沧源佤族自治县	3	3		4	2	2	93	47	46
楚雄彝族自治州	**2**		**2**	**16**	**10**	**6**	**75**	**27**	**48**
楚雄市	2		2	5	4	1	32	14	18
双柏县									
牟定县							5		5
南华县				3	1	2	4		4
姚安县				2	1	1	5	1	4
大姚县							2	1	1
永仁县									
元谋县				1	1		1	1	
武定县							3	1	2
禄丰县				5	3	2	23	9	14
红河哈尼族彝族自治州	**33**	**20**	**13**	**34**	**19**	**15**	**806**	**398**	**408**
个旧市	7	6	1	3	3		13	6	7
开远市	2		2	1		1	17	8	9
蒙自市	20	12	8	18	9	9	25	11	14
屏边苗族自治县							1		1
建水县	1		1	4	4		14	8	6
石屏县				4	2	2	17	6	11
弥勒县	1	1					6	3	3
泸西县				3	1	2	6	1	5
元阳县				1		1	1	1	
红河县									
金平苗族瑶族傣族自治县							697	346	351
绿春县	1		1				5	4	1
河口瑶族自治县	1	1					4	4	
文山壮族苗族自治州	**25**	**13**	**12**	**20**	**8**	**12**	**37**	**9**	**28**
文山县	5	4	1	2	1	1	9	3	6
砚山县	2	1	1	5	2	3	1		1
西畴县									
麻栗坡县	2	1	1	2	1	1	2	2	

10-12　续表 50　　　　单位：人

地　区	仫佬族			羌　族			布朗族		
	小计	男	女	小计	男	女	小计	男	女
马关县	5	4	1	3	1	2	9	2	7
丘北县	1		1				3		3
广南县	1		1	5	3	2	10	1	9
富宁县	9	3	6	3		3	3	1	2
西双版纳傣族自治州	**16**	**11**	**5**	**12**	**8**	**4**	**47529**	**24160**	**23369**
景洪市	11	7	4	3	2	1	8950	4480	4470
勐海县	4	3	1	2	2		35708	18279	17429
勐腊县	1	1		7	4	3	2871	1401	1470
大理白族自治州	**19**	**13**	**6**	**26**	**18**	**8**	**708**	**329**	**379**
大理市	14	8	6	9	7	2	82	31	51
漾濞彝族自治县				1	1				
祥云县				1	1		24	6	18
宾川县				1	1		18	12	6
弥渡县	1	1		2	1	1	38	5	33
南涧彝族自治县							509	262	247
巍山彝族回族自治县	1	1					12	3	9
永平县	1	1		8	4	4	7	3	4
云龙县				1	1		6	3	3
洱源县	1	1					6	2	4
剑川县	1	1							
鹤庆县				3	2	1	6	2	4
德宏傣族景颇族自治州	**2**	**2**		**23**	**15**	**8**	**146**	**73**	**73**
瑞丽市				3	2	1	45	21	24
潞西市	1	1		12	9	3	55	29	26
梁河县							4	2	2
盈江县				6	3	3	28	18	10
陇川县	1	1		2	1	1	14	3	11
怒江傈僳族自治州				**68**	**51**	**17**	**12**	**11**	**1**
泸水县				27	21	6	5	5	
福贡县				9	7	2			
贡山独龙族怒族自治县				31	23	8			
兰坪白族普米族自治县				1		1	7	6	1
迪庆藏族自治州	**1**		**1**	**3**	**2**	**1**	**10**	**9**	**1**
香格里拉县	1		1	2	1	1	9	8	1
德钦县							1	1	
维西傈僳族自治县				1	1				
西藏自治区	**2**	**2**		**94**	**59**	**35**	**4**	**1**	**3**
拉萨市	**1**	**1**		**51**	**28**	**23**	**1**		**1**
城关区				49	27	22	1		1
林周县									
当雄县									
尼木县									
曲水县	1	1		1	1				
堆龙德庆县				1		1			
达孜县									
墨竹工卡县									
昌都地区				**11**	**7**	**4**	**2**	**1**	**1**
昌都县				5	5		1		1
江达县									
贡觉县									
类乌齐县				3	1	2	1	1	
丁青县				1		1			
察雅县									

10-12 续表 51 单位：人

地区	仫佬族			羌族			布朗族		
	小计	男	女	小计	男	女	小计	男	女
八宿县				1	1				
左贡县									
芒康县				1		1			
洛隆县									
边坝县									
山南地区				**10**	**7**	**3**			
乃东县				4	1	3			
扎囊县									
贡嘎县									
桑日县									
琼结县									
曲松县									
措美县									
洛扎县									
加查县									
隆子县				6	6				
错那县									
浪卡子县									
日喀则地区				**5**	**5**				
日喀则市				3	3				
南木林县									
江孜县									
定日县									
萨迦县									
拉孜县									
昂仁县									
谢通门县									
白朗县									
仁布县				2	2				
康马县									
定结县									
仲巴县									
亚东县									
吉隆县									
聂拉木县									
萨嘎县									
岗巴县									
那曲地区				**8**	**5**	**3**	**1**		**1**
那曲县				4	2	2	1		1
嘉黎县									
比如县				1	1				
聂荣县									
安多县									
申扎县				3	2	1			
索县									
班戈县									
巴青县									
尼玛县									
阿里地区	**1**	**1**							
普兰县									
札达县									
噶尔县	1	1							
日土县									
革吉县									
改则县									
措勤县									

10-12　续表 52　　　　　　　　　　　　　　　　　　　　　单位：人

地　区	仫佬族			羌　族			布朗族		
	小计	男	女	小计	男	女	小计	男	女
林芝地区				**9**	**7**	**2**			
林芝县				4	3	1			
工布江达县									
米林县				1	1				
墨脱县									
波密县				1	1				
察隅县				3	2	1			
朗县									
陕西省	**44**	**18**	**26**	**182**	**80**	**102**	**6**	**2**	**4**
西安市	**30**	**12**	**18**	**100**	**45**	**55**	**4**		**4**
新城区	3	1	2						
碑林区	5		5	9	6	3			
莲湖区	1	1		13	5	8			
灞桥区				3	3		2		2
未央区	4	3	1	9	2	7			
雁塔区	11	4	7	36	18	18			
阎良区				1	1				
临潼区				2	1	1			
长安区	5	3	2	20	9	11	2		2
蓝田县				3		3			
周至县	1		1	3		3			
户县				1		1			
高陵县									
铜川市	**1**		**1**						
王益区									
印台区									
耀州区	1		1						
宜君县									
宝鸡市	**1**	**1**		**17**	**6**	**11**			
渭滨区				4	2	2			
金台区				2	1	1			
陈仓区									
凤翔县									
岐山县									
扶风县									
眉县	1	1							
陇县									
千阳县				1		1			
麟游县									
凤县				10	3	7			
太白县									
咸阳市	**6**	**3**	**3**	**12**	**6**	**6**	**1**	**1**	
秦都区									
杨陵区	5	2	3	9	5	4	1	1	
渭城区	1	1		3	1	2			
三原县									
泾阳县									
乾县									
礼泉县									
永寿县									
彬县									

10-12 续表 53

单位：人

地区	仫佬族			羌族			布朗族		
	小计	男	女	小计	男	女	小计	男	女
长武县									
旬邑县									
淳化县									
武功县									
兴平市									
渭南市									
临渭区									
华县									
潼关县									
大荔县									
合阳县									
澄城县									
蒲城县									
白水县									
富平县									
韩城市									
华阴市									
延安市	**1**		**1**						
宝塔区	1		1						
延长县									
延川县									
子长县									
安塞县									
志丹县									
吴起县									
甘泉县									
富县									
洛川县									
宜川县									
黄龙县									
黄陵县									
汉中市	**4**	**2**	**2**	**43**	**20**	**23**			
汉台区	1	1		16	10	6			
南郑县	1	1		1	1				
城固县				4		4			
洋县				8	3	5			
西乡县	2		2						
勉县				2	1	1			
宁强县				11	4	7			
略阳县				1	1				
镇巴县									
留坝县									
佛坪县									
榆林市				**2**	**1**	**1**			
榆阳区				1		1			
神木县				1	1				
府谷县									
横山县									
靖边县									
定边县									
绥德县									
米脂县									
佳县									
吴堡县									
清涧县									
子洲县									

10-12　续表 54　　　　　　　　　　　　　　　　　　　　　　　　单位：人

地　区	仫佬族			羌　族			布朗族		
	小计	男	女	小计	男	女	小计	男	女
安康市				**3**		**3**			
汉滨区									
汉阴县									
石泉县				3		3			
宁陕县									
紫阳县									
岚皋县									
平利县									
镇坪县									
旬阳县									
白河县									
商洛市	**1**		**1**	**5**	**2**	**3**	**1**	**1**	
商州区	1		1	1		1			
洛南县									
丹凤县				4	2	2			
商南县									
山阳县									
镇安县							1	1	
柞水县									
甘肃省	**39**	**24**	**15**	**115**	**62**	**53**	**12**	**5**	**7**
兰州市	**23**	**15**	**8**	**76**	**46**	**30**	**5**	**2**	**3**
城关区	3	2	1	17	12	5	3	2	1
七里河区				1	1				
西固区				7	5	2			
安宁区	5	2	3	14	5	9	1		1
红古区									
永登县									
皋兰县									
榆中县	15	11	4	37	23	14	1		1
嘉峪关市				**1**		**1**			
金昌市	**4**	**2**	**2**	**4**		**4**			
金川区	4	2	2	4		4			
永昌县									
白银市	**8**	**6**	**2**	**3**	**2**	**1**			
白银区									
平川区	8	6	2	3	2	1			
靖远县									
会宁县									
景泰县									
天水市				**4**	**3**	**1**			
秦州区				3	2	1			
麦积区				1	1				
清水县									
秦安县									
甘谷县									
武山县									
张家川回族自治县									
武威市	**3**	**1**	**2**	**1**	**1**		**3**		**3**
凉州区	3	1	2	1	1		3		3
民勤县									
古浪县									
天祝藏族自治县									

10-12 续表 55 单位：人

地区	仫佬族			羌族			布朗族		
	小计	男	女	小计	男	女	小计	男	女
张掖市									
甘州区									
肃南裕固族自治县									
民乐县									
临泽县									
高台县									
山丹县									
平凉市									
崆峒区									
泾川县									
灵台县									
崇信县									
华亭县									
庄浪县									
静宁县									
酒泉市				**1**	**1**		**4**	**3**	**1**
肃州区									
金塔县									
瓜州县									
肃北蒙古族自治县									
阿克塞哈萨克族自治县									
玉门市				1	1		4	3	1
敦煌市									
庆阳市									
西峰区									
庆城县									
环县									
华池县									
合水县									
正宁县									
宁县									
镇原县									
定西市									
安定区									
通渭县									
陇西县									
渭源县									
临洮县									
漳县									
岷县									
陇南市	**1**		**1**	**4**	**2**	**2**			
武都区				2	2				
成县				1		1			
文县				1		1			
宕昌县									
康县	1		1						
西和县									
礼县									
徽县									
两当县									

10-12　续表 56

单位：人

地　区	仫佬族			羌　族			布朗族		
	小计	男	女	小计	男	女	小计	男	女
临夏回族自治州				**18**	**5**	**13**			
临夏市				7	2	5			
临夏县									
康乐县									
永靖县									
广河县									
和政县				1	1				
东乡族自治县									
积石山保安族东乡族撒拉族自治县				10	2	8			
甘南藏族自治州				**3**	**2**	**1**			
合作市				1		1			
临潭县									
卓尼县									
舟曲县									
迭部县				2	2				
玛曲县									
碌曲县									
夏河县									
青海省	**15**	**7**	**8**	**104**	**61**	**43**	**2**	**2**	
西宁市	**11**	**4**	**7**	**44**	**29**	**15**	**1**	**1**	
城东区	5		5	17	10	7			
城中区	1	1		9	6	3			
城西区	5	3	2	7	6	1			
城北区				8	5	3	1	1	
大通回族土族自治县				1	1				
湟中县				1		1			
湟源县				1	1				
海东地区	**1**		**1**	**7**	**3**	**4**	**1**	**1**	
平安县									
民和回族土族自治县				3	3				
乐都县									
互助土族自治县									
化隆回族自治县				4		4			
循化撒拉族自治县	1		1				1	1	
海北藏族自治州	**2**	**2**		**2**		**2**			
门源回族自治县									
祁连县				2		2			
海晏县									
刚察县	2	2							
黄南藏族自治州				**7**	**1**	**6**			
同仁县				6	1	5			
尖扎县				1		1			
泽库县									
河南蒙古族自治县									
海南藏族自治州									
共和县									
同德县									
贵德县									
兴海县									
贵南县									
果洛藏族自治州				**20**	**11**	**9**			
玛沁县				14	7	7			
班玛县				5	3	2			
甘德县									
达日县									
久治县				1	1				
玛多县									

10-12 续表 57　　　　　　　　　　　　　　　　　　单位：人

地区	仫佬族			羌族			布朗族		
	小计	男	女	小计	男	女	小计	男	女
玉树藏族自治州									
玉树县									
杂多县									
称多县									
治多县									
囊谦县									
曲麻莱县									
海西蒙古族藏族自治州	**1**	**1**		**24**	**17**	**7**			
格尔木市				12	5	7			
德令哈市				4	4				
乌兰县									
都兰县									
天峻县	1	1		1	1				
芒崖行政委员会				2	2				
柴旦行政委员会				4	4				
冷湖行政委员会				1	1				
宁夏回族自治区	**10**	**4**	**6**	**89**	**53**	**36**	**2**		**2**
银川市	**8**	**2**	**6**	**24**	**9**	**15**	**2**		**2**
兴庆区				5	1	4			
西夏区	8	2	6	9	3	6	2		2
金凤区				7	4	3			
永宁县				1		1			
贺兰县									
灵武市				2	1	1			
石嘴山市	**2**	**2**		**54**	**34**	**20**			
大武口区				16	9	7			
惠农区				1	1				
平罗县	2	2		37	24	13			
吴忠市				**9**	**9**				
利通区									
红寺堡区									
盐池县									
同心县									
青铜峡市				9	9				
固原市				**2**	**1**	**1**			
原州区				1	1				
西吉县				1		1			
隆德县									
泾源县									
彭阳县									
中卫市									
沙坡头区									
中宁县									
海原县									
新疆维吾尔自治区	**77**	**50**	**27**	**317**	**162**	**155**	**23**	**11**	**12**
乌鲁木齐市	**16**	**12**	**4**	**74**	**40**	**34**	**7**	**4**	**3**
天山区	3	3		13	5	8			
沙依巴克区	2	2		15	10	5	4	4	
新市区	8	6	2	22	14	8	2		2
水磨沟区	2	1	1	9	3	6			

10-12　续表 58

单位：人

地　　区	仫佬族			羌　族			布朗族		
	小计	男	女	小计	男	女	小计	男	女
头屯河区	1		1	5	4	1	1		1
达坂城区									
米东区				9	3	6			
乌鲁木齐县				1	1				
克拉玛依市	**14**	**8**	**6**	**8**	**5**	**3**			
独山子区	5	3	2						
克拉玛依区	8	4	4	8	5	3			
白碱滩区	1	1							
乌尔禾区									
吐鲁番地区				**10**	**5**	**5**			
吐鲁番市				4	3	1			
鄯善县				5	2	3			
托克逊县				1		1			
哈密地区	**2**	**1**	**1**	**9**	**4**	**5**			
哈密市	2	1	1	9	4	5			
巴里坤哈萨克自治县									
伊吾县									
昌吉回族自治州				**33**	**17**	**16**			
昌吉市				15	8	7			
阜康市									
呼图壁县				4	3	1			
玛纳斯县				14	6	8			
奇台县									
吉木萨尔县									
木垒哈萨克自治县									
博尔塔拉蒙古自治州				**7**	**5**	**2**			
博乐市				4	2	2			
精河县				3	3				
温泉县									
巴音郭楞蒙古自治州	**9**	**5**	**4**	**59**	**31**	**28**	**4**	**2**	**2**
库尔勒市				24	11	13	3	2	1
轮台县									
尉犁县				4	1	3	1		1
若羌县	2	2							
且末县									
焉耆回族自治县	1	1		3	1	2			
和静县				3	2	1			
和硕县	6	2	4	24	16	8			
博湖县				1		1			
阿克苏地区	**2**	**2**		**27**	**14**	**13**	**3**		**3**
阿克苏市	1	1		13	7	6	1		1
温宿县	1	1		6	2	4			
库车县				5	4	1	1		1
沙雅县							1		1
新和县				1		1			
拜城县				1	1				
乌什县									
阿瓦提县				1		1			
柯坪县									
克孜勒苏柯尔克孜自治州				**2**	**1**	**1**			
阿图什市									
阿克陶县									
阿合奇县				2	1	1			
乌恰县									

10-12 续表 59

单位：人

地　区	仫佬族			羌　族			布朗族		
	小计	男	女	小计	男	女	小计	男	女
喀什地区	**1**	**1**		**7**	**1**	**6**	**1**		**1**
喀什市	1	1							
疏附县									
疏勒县									
英吉沙县									
泽普县									
莎车县				6	1	5			
叶城县				1		1			
麦盖提县									
岳普湖县									
伽师县									
巴楚县							1		1
塔什库尔干塔吉克自治县									
和田地区				**7**	**3**	**4**	**1**	**1**	
和田市				3	2	1	1	1	
和田县									
墨玉县									
皮山县									
洛浦县									
策勒县									
于田县				4	1	3			
民丰县									
伊犁哈萨克自治州	**10**	**4**	**6**	**16**	**10**	**6**	**3**	**1**	**2**
伊宁市	2	1	1	9	5	4	1		1
奎屯市							1		1
伊宁县									
察布查尔锡伯自治县									
霍城县									
巩留县									
新源县	8	3	5	7	5	2			
昭苏县									
特克斯县							1	1	
尼勒克县									
塔城地区	**9**	**5**	**4**	**27**	**12**	**15**	**1**		**1**
塔城市	1	1							
乌苏市	5	3	2	9	5	4			
额敏县				8	3	5			
沙湾县	3	1	2	10	4	6	1		1
托里县									
裕民县									
和布克赛尔蒙古自治县									
阿勒泰地区	**1**	**1**		**7**	**3**	**4**			
阿勒泰市									
布尔津县									
富蕴县									
福海县	1	1		7	3	4			
哈巴河县									
青河县									
吉木乃县									
自治区直辖县级行政区划	**13**	**11**	**2**	**24**	**11**	**13**	**3**	**3**	
石河子市	3	2	1	18	7	11			
阿拉尔市	7	6	1	3	2	1	3	3	
图木舒克市	1	1		3	2	1			
五家渠市	2	2							

10-13　全国各县分性别的撒拉族、毛南族、仡佬族人口

单位：人

地　区	撒拉族			毛南族			仡佬族		
	小计	男	女	小计	男	女	小计	男	女
全　国	**130607**	**66281**	**64326**	**101192**	**52836**	**48356**	**550746**	**289369**	**261377**
北京市	**644**	**399**	**245**	**124**	**51**	**73**	**1307**	**771**	**536**
市辖区	**643**	**399**	**244**	**119**	**49**	**70**	**1293**	**765**	**528**
东城区	56	33	23	1		1	9	4	5
西城区	139	90	49	2		2	24	12	12
崇文区	18	12	6	2	1	1	16	8	8
宣武区	93	57	36	1	1		16	7	9
朝阳区	70	43	27	33	12	21	217	139	78
丰台区	61	41	20	9	4	5	177	94	83
石景山区	1	1		1	1		39	25	14
海淀区	108	64	44	41	15	26	279	165	114
门头沟区	8	6	2				2	1	1
房山区	21	13	8	3	3		43	32	11
通州区	13	10	3	7	1	6	55	30	25
顺义区	1	1					32	19	13
昌平区	33	18	15	12	5	7	174	106	68
大兴区	21	10	11	7	6	1	189	108	81
怀柔区							19	14	5
平谷区							2	1	1
市辖县	**1**		**1**	**5**	**2**	**3**	**14**	**6**	**8**
密云县				5	2	3	7	4	3
延庆县	1		1				7	2	5
天津市	**122**	**85**	**37**	**49**	**14**	**35**	**374**	**260**	**114**
市辖区	**112**	**79**	**33**	**40**	**10**	**30**	**359**	**252**	**107**
和平区	12	9	3				20	14	6
河东区	5	5					21	17	4
河西区	7	3	4				17	7	10
南开区	22	17	5	3		3	31	18	13
河北区	3	2	1				5	4	1
红桥区	10	8	2				11	7	4
东丽区	5	5		4	2	2	31	25	6
西青区	7	6	1	1		1	26	14	12
津南区	4	2	2				34	26	8
北辰区	5	3	2	7	4	3	15	13	2
武清区	1	1		19	2	17	11	10	1
宝坻区	1	1		1		1	18	14	4
滨海新区	30	17	13	5	2	3	119	83	36
市辖县	**10**	**6**	**4**	**9**	**4**	**5**	**15**	**8**	**7**
宁河县	10	6	4	9	4	5	9	7	2
静海县							1	1	
蓟县							5		5
河北省	**131**	**76**	**55**	**76**	**23**	**53**	**425**	**247**	**178**
石家庄市	**22**	**13**	**9**	**13**	**4**	**9**	**51**	**26**	**25**
长安区							6	4	2
桥东区	1	1		2	1	1	4	3	1
桥西区	1	1		3		3	4	2	2
新华区	13	8	5	1	1		5	2	3
井陉矿区									
裕华区				2		2	10	8	2
井陉县									
正定县	2		2				2		2
栾城县							1		1

10-13 续表 1　　　　单位：人

地　区	撒拉族			毛南族			仡佬族		
	小计	男	女	小计	男	女	小计	男	女
行唐县				1		1	1		1
灵寿县									
高邑县									
深泽县									
赞皇县									
无极县	1	1		1		1			
平山县							1		1
元氏县									
赵县									
辛集市							2		2
藁城市									
晋州市	4	2	2						
新乐市				2	1	1	10	7	3
鹿泉市				1	1		5		5
唐山市	**27**	**16**	**11**	**29**	**7**	**22**	**49**	**29**	**20**
路南区	1	1					3	2	1
路北区	3	1	2				4	2	2
古冶区	1		1						
开平区	1		1						
丰南区	2	2		4	1	3			
丰润区	2	1	1	13	2	11	6	2	4
滦县							7	1	6
滦南县	7	3	4	1		1	2	1	1
乐亭县				1		1			
迁西县							4	3	1
玉田县	4	3	1	9	4	5	4	2	2
唐海县	2	2					11	9	2
遵化市	4	3	1	1		1	5	4	1
迁安市							3	3	
秦皇岛市	**2**	**1**	**1**	**3**		**3**	**18**	**10**	**8**
海港区	2	1	1				13	7	6
山海关区									
北戴河区									
青龙满族自治县							2	2	
昌黎县							1		1
抚宁县							1	1	
卢龙县				3		3	1		1
邯郸市	**6**	**3**	**3**	**2**	**2**		**11**	**9**	**2**
邯山区	3	2	1	2	2		3	3	
丛台区							1	1	
复兴区							1	1	
峰峰矿区	3	1	2						
邯郸县							1	1	
临漳县									
成安县							1	1	
大名县									
涉县									
磁县							1	1	
肥乡县									
永年县									
邱县									
鸡泽县									
广平县									
馆陶县									
魏县									
曲周县									
武安市							3	1	2

10-13　续表 2　　　　单位：人

地　区	撒拉族			毛南族			仡佬族		
	小计	男	女	小计	男	女	小计	男	女
邢台市	**8**	**4**	**4**	**3**	**1**	**2**	**10**	**5**	**5**
桥东区							2	1	1
桥西区	5	3	2				2	2	
邢台县							1		1
临城县									
内丘县									
柏乡县									
隆尧县									
任县									
南和县									
宁晋县									
巨鹿县									
新河县									
广宗县									
平乡县									
威县									
清河县	3	1	2						
临西县							2	1	1
南宫市									
沙河市				3	1	2	3	1	2
保定市	**6**	**4**	**2**	**17**	**7**	**10**	**99**	**57**	**42**
新市区	1	1		6	2	4	9	3	6
北市区	1	1		5	3	2	16	11	5
南市区							4	3	1
满城县									
清苑县				1		1	2	1	1
涞水县							1		1
阜平县									
徐水县									
定兴县							1		1
唐县							3	1	2
高阳县	3	1	2				6	3	3
容城县							9	7	2
涞源县							5	1	4
望都县				2	2				
安新县									
易县	1	1		3		3			
曲阳县									
蠡县									
顺平县									
博野县									
雄县									
涿州市							23	11	12
定州市							15	14	1
安国市									
高碑店市							5	2	3
张家口市	**3**	**2**	**1**	**3**	**1**	**2**	**69**	**40**	**29**
桥东区	3	2	1				9	7	2
桥西区				1	1		1	1	
宣化区							1	1	
下花园区									
宣化县							3	1	2
张北县							21	20	1

10-13 续表 3

单位：人

地区	撒拉族			毛南族			仡佬族		
	小计	男	女	小计	男	女	小计	男	女
康保县									
沽源县							1		1
尚义县									
蔚县							6		6
阳原县									
怀安县									
万全县									
怀来县							7	2	5
涿鹿县				2		2	7	5	2
赤城县							11	1	10
崇礼县							2	2	
承德市	**11**	**6**	**5**	**1**		**1**	**14**	**8**	**6**
双桥区	8	5	3				4	4	
双滦区							1	1	
鹰手营子矿区									
承德县									
兴隆县							4	1	3
平泉县									
滦平县	1		1				2	1	1
隆化县									
丰宁满族自治县	2	1	1	1		1	1		1
宽城满族自治县							2	1	1
围场满族蒙古族自治县									
沧州市	**14**	**10**	**4**				**18**	**6**	**12**
新华区									
运河区	4	2	2						
沧县									
青县	1	1					3	1	2
东光县									
海兴县									
盐山县									
肃宁县									
南皮县									
吴桥县									
献县									
孟村回族自治县									
泊头市							3	2	1
任丘市	8	7	1				2	2	
黄骅市	1		1				3	1	2
河间市							7		7
廊坊市	**29**	**14**	**15**	**4**	**1**	**3**	**86**	**57**	**29**
安次区	1	1		2	1	1	6	5	1
广阳区				1		1	17	8	9
固安县							6	6	
永清县									
香河县							2	1	1
大城县	1	1							
文安县									
大厂回族自治县	22	9	13						
霸州市	2		2						
三河市	3	3		1		1	55	37	18
衡水市	**3**	**3**		**1**		**1**			
桃城区	1	1		1		1			
枣强县									
武邑县									

10-13 续表 4 单位：人

地区	撒拉族			毛南族			仡佬族		
	小计	男	女	小计	男	女	小计	男	女
武强县									
饶阳县									
安平县	2	2							
故城县									
景县									
阜城县									
冀州市									
深州市									
山西省	**43**	**26**	**17**	**21**	**16**	**5**	**121**	**78**	**43**
太原市	**28**	**21**	**7**	**12**	**11**	**1**	**57**	**44**	**13**
小店区	7	5	2				14	12	2
迎泽区	4	2	2				11	6	5
杏花岭区	3	3							
尖草坪区	13	10	3	1	1		11	10	1
万柏林区	1	1		9	9		16	13	3
晋源区				2	1	1	3	2	1
清徐县							1	1	
阳曲县							1		1
娄烦县									
古交市									
大同市	**6**		**6**				**12**	**7**	**5**
城区	6		6				3	3	
矿区							2	1	1
南郊区							1	1	
新荣区									
阳高县									
天镇县									
广灵县									
灵丘县									
浑源县							1		1
左云县									
大同县							5	2	3
阳泉市				**2**		**2**	**9**	**5**	**4**
城区							1	1	
矿区							3	1	2
郊区				1		1	2	2	
平定县							2	1	1
盂县				1		1	1		1
长治市							**7**	**4**	**3**
城区							4	3	1
郊区									
长治县									
襄垣县									
屯留县									
平顺县									
黎城县							2	1	1
壶关县							1		1
长子县									
武乡县									
沁县									
沁源县									
潞城市									

10-13 续表 5 单位：人

地区	撒拉族			毛南族			仡佬族		
	小计	男	女	小计	男	女	小计	男	女
晋城市							**2**	**1**	**1**
城区									
沁水县									
阳城县									
陵川县									
泽州县							2	1	1
高平市									
朔州市				**1**	**1**		**3**	**1**	**2**
朔城区				1	1				
平鲁区									
山阴县									
应县									
右玉县							3	1	2
怀仁县									
晋中市				**3**	**2**	**1**	**12**	**7**	**5**
榆次区							5	2	3
榆社县									
左权县									
和顺县									
昔阳县									
寿阳县									
太谷县				1		1			
祁县									
平遥县							1	1	
灵石县							6	4	2
介休市				2	2				
运城市	**7**	**5**	**2**				**2**	**2**	
盐湖区	7	5	2						
临猗县									
万荣县									
闻喜县									
稷山县									
新绛县									
绛县									
垣曲县									
夏县									
平陆县									
芮城县									
永济市							1	1	
河津市							1	1	
忻州市				**3**	**2**	**1**	**10**	**3**	**7**
忻府区				1		1	1	1	
定襄县							1		1
五台县									
代县							2		2
繁峙县									
宁武县									
静乐县									
神池县									
五寨县									
岢岚县									
河曲县									
保德县									
偏关县									
原平市				2	2		6	2	4

10-13　续表 6　　单位：人

地　区	撒拉族			毛南族			仡佬族		
	小计	男	女	小计	男	女	小计	男	女
临汾市	**1**		**1**				**5**	**3**	**2**
尧都区									
曲沃县									
翼城县									
襄汾县									
洪洞县									
古县									
安泽县							3	3	
浮山县							1		1
吉县									
乡宁县									
大宁县									
隰县									
永和县									
蒲县									
汾西县									
侯马市	1		1				1		1
霍州市									
吕梁市	**1**		**1**				**2**	**1**	**1**
离石区									
文水县									
交城县									
兴县									
临县	1		1						
柳林县									
石楼县									
岚县									
方山县									
中阳县									
交口县									
孝义市									
汾阳市							2	1	1
内蒙古自治区	**53**	**34**	**19**	**14**	**9**	**5**	**249**	**194**	**55**
呼和浩特市	**20**	**13**	**7**	**5**	**3**	**2**	**30**	**22**	**8**
新城区	2		2	1	1		20	18	2
回民区	13	10	3	1		1	3	2	1
玉泉区	2	1	1						
赛罕区	2	1	1	1	1		1	1	
土默特左旗	1	1					4		4
托克托县							1		1
和林格尔县							1	1	
清水河县				2	1	1			
武川县									
包头市	**16**	**12**	**4**	**2**	**1**	**1**	**76**	**67**	**9**
东河区	3	2	1				1	1	
昆都仑区	2	2					69	61	8
青山区				1	1		6	5	1
石拐区	11	8	3						
白云鄂博矿区									
九原区				1		1			
土默特右旗									
固阳县									
达尔罕茂明安联合旗									
乌海市	**3**	**2**	**1**				**20**	**14**	**6**
海勃湾区	3	2	1				1	1	
海南区							16	10	6
乌达区							3	3	

10-13 续表 7　　　　单位：人

地区	撒拉族			毛南族			仡佬族		
	小计	男	女	小计	男	女	小计	男	女
赤峰市							**7**	**4**	**3**
红山区									
元宝山区									
松山区									
阿鲁科尔沁旗									
巴林左旗							3	2	1
巴林右旗									
林西县									
克什克腾旗									
翁牛特旗							2	1	1
喀喇沁旗									
宁城县							2	1	1
敖汉旗									
通辽市							**10**	**5**	**5**
科尔沁区							10	5	5
科尔沁左翼中旗									
科尔沁左翼后旗									
开鲁县									
库伦旗									
奈曼旗									
扎鲁特旗									
霍林郭勒市									
鄂尔多斯市	**5**	**4**	**1**	**3**	**3**		**71**	**64**	**7**
东胜区	3	3		3	3		48	42	6
达拉特旗									
准格尔旗	1	1					4	3	1
鄂托克前旗							1	1	
鄂托克旗							1	1	
杭锦旗	1		1						
乌审旗									
伊金霍洛旗							17	17	
呼伦贝尔市	**5**		**5**						
海拉尔区	4		4						
阿荣旗									
莫力达瓦达斡尔族自治旗									
鄂伦春自治旗									
鄂温克族自治旗									
陈巴尔虎旗									
新巴尔虎左旗									
新巴尔虎右旗									
满洲里市									
牙克石市	1		1						
扎兰屯市									
额尔古纳市									
根河市									
巴彦淖尔市	**3**	**2**	**1**				**12**	**7**	**5**
临河区							4	2	2
五原县	3	2	1						
磴口县									
乌拉特前旗									
乌拉特中旗							3	1	2
乌拉特后旗									
杭锦后旗							5	4	1

10-13　续表 8

单位：人

地区	撒拉族			毛南族			仡佬族		
	小计	男	女	小计	男	女	小计	男	女
乌兰察布市				**4**	**2**	**2**	**3**	**1**	**2**
集宁区				4	2	2			
卓资县									
化德县									
商都县							1		1
兴和县									
凉城县									
察哈尔右翼前旗									
察哈尔右翼中旗									
察哈尔右翼后旗									
四子王旗									
丰镇市							2	1	1
兴安盟							**12**	**4**	**8**
乌兰浩特市							7		7
阿尔山市									
科尔沁右翼前旗									
科尔沁右翼中旗							2	2	
扎赉特旗									
突泉县							3	2	1
锡林郭勒盟	**1**	**1**					**3**	**1**	**2**
二连浩特市							2	1	1
锡林浩特市									
阿巴嘎旗									
苏尼特左旗									
苏尼特右旗									
东乌珠穆沁旗									
西乌珠穆沁旗									
太仆寺旗							1		1
镶黄旗									
正镶白旗									
正蓝旗									
多伦县	1	1							
阿拉善盟							**5**	**5**	
阿拉善左旗									
阿拉善右旗									
额济纳旗							5	5	
辽宁省	**88**	**59**	**29**	**19**	**12**	**7**	**211**	**145**	**66**
沈阳市	**45**	**34**	**11**	**9**	**6**	**3**	**55**	**37**	**18**
和平区	9	7	2	4	3	1	4	2	2
沈河区	16	13	3	2	2		8	4	4
大东区	1		1				2	1	1
皇姑区	7	4	3				8	8	
铁西区	3	3					2	1	1
苏家屯区				2	1	1	2	2	
东陵区	2	2					7	4	3
沈北新区	1		1				9	6	3
于洪区	2	2		1		1	7	7	
辽中县							2		2
康平县	1	1					2	1	1
法库县									
新民市	3	2	1				2	1	1
大连市	**11**	**7**	**4**	**3**	**3**		**99**	**65**	**34**
中山区							1		1
西岗区							1		1
沙河口区	2	1	1				9	4	5

10-13 续表 9 单位：人

地 区	撒拉族			毛南族			仡佬族		
	小计	男	女	小计	男	女	小计	男	女
甘井子区	1	1		2	2		28	24	4
旅顺口区							9	5	4
金州区	8	5	3	1	1		47	32	15
长海县									
瓦房店市									
普兰店市							2		2
庄河市							2		2
鞍山市	**1**	**1**		**1**	**1**		**5**	**3**	**2**
铁东区							5	3	2
铁西区				1	1				
立山区	1	1							
千山区									
台安县									
岫岩满族自治县									
海城市									
抚顺市									
新抚区									
东洲区									
望花区									
顺城区									
抚顺县									
新宾满族自治县									
清原满族自治县									
本溪市							**4**	**4**	
平山区									
溪湖区							3	3	
明山区									
南芬区									
本溪满族自治县									
桓仁满族自治县							1	1	
丹东市				**1**		**1**	**3**	**1**	**2**
元宝区							1		1
振兴区							2	1	1
振安区				1		1			
宽甸满族自治县									
东港市									
凤城市									
锦州市	**16**	**6**	**10**	**3**	**1**	**2**	**14**	**11**	**3**
古塔区							4	3	1
凌河区				3	1	2	1	1	
太和区	13	6	7				3	3	
黑山县									
义县							2		2
凌海市									
北镇市	3		3				4	4	
营口市	**11**	**7**	**4**	**1**	**1**		**6**	**6**	
站前区				1	1		4	4	
西市区									
鲅鱼圈区	6	4	2						
老边区									
盖州市							2	2	
大石桥市	5	3	2						
阜新市							**3**	**2**	**1**
海州区									
新邱区									

10-13　续表 10　　单位：人

地　区	撒拉族			毛南族			仡佬族		
	小计	男	女	小计	男	女	小计	男	女
太平区									
清河门区									
细河区							3	2	1
阜新蒙古族自治县									
彰武县									
辽阳市							**2**	**2**	
白塔区							2	2	
文圣区									
宏伟区									
弓长岭区									
太子河区									
辽阳县									
灯塔市									
盘锦市	**3**	**3**					**8**	**5**	**3**
双台子区									
兴隆台区	1	1					7	4	3
大洼县	2	2					1	1	
盘山县									
铁岭市	**1**	**1**		**1**		**1**	**4**	**4**	
银州区									
清河区									
铁岭县									
西丰县				1		1			
昌图县	1	1							
调兵山市									
开原市							4	4	
朝阳市							**5**	**4**	**1**
双塔区									
龙城区									
朝阳县									
建平县									
喀喇沁左翼蒙古族自治县									
北票市									
凌源市							5	4	1
葫芦岛市							**3**	**1**	**2**
连山区									
龙港区									
南票区									
绥中县									
建昌县									
兴城市							3	1	2
吉林省	**50**	**30**	**20**	**6**	**2**	**4**	**71**	**48**	**23**
长春市	**42**	**24**	**18**	**4**	**1**	**3**	**44**	**32**	**12**
南关区	9	5	4	3		3	19	14	5
宽城区							4	2	2
朝阳区	15	10	5	1	1		16	15	1
二道区	8	5	3				3	1	2
绿园区	8	4	4				2		2
双阳区									
农安县									
九台市									
榆树市									
德惠市	2		2						

10-13　续表 11　　　　单位：人

地　区	撒拉族			毛南族			仡佬族		
	小计	男	女	小计	男	女	小计	男	女
吉林市	**3**	**3**		**1**	**1**		**19**	**11**	**8**
昌邑区							2	2	
龙潭区							5	4	1
船营区	2	2		1	1		2	2	
丰满区	1	1					10	3	7
永吉县									
蛟河市									
桦甸市									
舒兰市									
磐石市									
四平市							**1**	**1**	
铁西区							1	1	
铁东区									
梨树县									
伊通满族自治县									
公主岭市									
双辽市									
辽源市									
龙山区									
西安区									
东丰县									
东辽县									
通化市									
东昌区									
二道江区									
通化县									
辉南县									
柳河县									
梅河口市									
集安市									
白山市	**2**	**2**					**1**	**1**	
浑江区	2	2							
江源区									
抚松县							1	1	
靖宇县									
长白朝鲜族自治县									
临江市									
松原市	**2**		**2**						
宁江区									
前郭尔罗斯蒙古族自治县									
长岭县									
乾安县	1		1						
扶余县	1		1						
白城市							**2**		**2**
洮北区							2		2
镇赉县									
通榆县									
洮南市									
大安市									
延边朝鲜族自治州	**1**	**1**		**1**		**1**	**4**	**3**	**1**
延吉市	1	1		1		1	4	3	1
图们市									
敦化市									
珲春市									
龙井市									
和龙市									
汪清县									
安图县									

10-13　续表 12　　　　单位：人

地　区	撒拉族			毛南族			仡佬族		
	小计	男	女	小计	男	女	小计	男	女
黑龙江省	**7**	**3**	**4**	**5**	**1**	**4**	**90**	**54**	**36**
哈尔滨市	**2**	**2**		**2**		**2**	**43**	**31**	**12**
道里区									
南岗区	2	2		1		1	7	6	1
道外区							2	2	
平房区							3	2	1
松北区				1		1	3	2	1
香坊区							10	10	
呼兰区							11	3	8
阿城区							2	2	
依兰县									
方正县									
宾县									
巴彦县									
木兰县									
通河县									
延寿县									
双城市							5	4	1
尚志市									
五常市									
齐齐哈尔市	**2**		**2**				**13**	**7**	**6**
龙沙区									
建华区							7	3	4
铁锋区							2	2	
昂昂溪区									
富拉尔基区	1		1				1	1	
碾子山区									
梅里斯达斡尔族区							2	1	1
龙江县									
依安县									
泰来县									
甘南县									
富裕县									
克山县									
克东县									
拜泉县									
讷河市	1		1				1		1
鸡西市	**1**		**1**	**3**	**1**	**2**	**3**	**1**	**2**
鸡冠区				1		1	2		2
恒山区									
滴道区									
梨树区									
城子河区									
麻山区									
鸡东县									
虎林市	1		1	2	1	1			
密山市							1	1	
鹤岗市									
向阳区									
工农区									
南山区									
兴安区									

10-13 续表 13

单位：人

地　区	撒拉族			毛南族			仡佬族		
	小计	男	女	小计	男	女	小计	男	女
东山区									
兴山区									
萝北县									
绥滨县									
双鸭山市							**9**	**4**	**5**
尖山区							1	1	
岭东区									
四方台区									
宝山区									
集贤县									
友谊县									
宝清县							5	3	2
饶河县							3		3
大庆市							**14**	**8**	**6**
萨尔图区									
龙凤区							9	6	3
让胡路区							3	2	1
红岗区									
大同区									
肇州县									
肇源县							2		2
林甸县									
杜尔伯特蒙古族自治县									
伊春市									
伊春区									
南岔区									
友好区									
西林区									
翠峦区									
新青区									
美溪区									
金山屯区									
五营区									
乌马河区									
汤旺河区									
带岭区									
乌伊岭区									
红星区									
上甘岭区									
嘉荫县									
铁力市									
佳木斯市	**2**	**1**	**1**				**1**	**1**	
向阳区							1	1	
前进区									
东风区	1		1						
郊区									
桦南县									
桦川县									
汤原县									
抚远县									
同江市	1	1							
富锦市									
七台河市									
新兴区									
桃山区									
茄子河区									
勃利县									

10-13　续表 14　　　　单位：人

地区	撒拉族			毛南族			仡佬族		
	小计	男	女	小计	男	女	小计	男	女
牡丹江市							**3**	**1**	**2**
东安区									
阳明区									
爱民区									
西安区							2		2
东宁县							1	1	
林口县									
绥芬河市									
海林市									
宁安市									
穆棱市									
黑河市							**3**	**1**	**2**
爱辉区							2		2
嫩江县									
逊克县									
孙吴县									
北安市									
五大连池市							1	1	
绥化市							**1**		**1**
北林区							1		1
望奎县									
兰西县									
青冈县									
庆安县									
明水县									
绥棱县									
安达市									
肇东市									
海伦市									
大兴安岭地区									
加格达奇区									
松岭区									
新林区									
呼中区									
呼玛县									
塔河县									
漠河县									
上海市	**941**	**603**	**338**	**160**	**66**	**94**	**2684**	**1496**	**1188**
市辖区	**939**	**602**	**337**	**160**	**66**	**94**	**2658**	**1485**	**1173**
黄浦区	59	39	20				15	10	5
卢湾区	5	1	4	1		1	1	1	
徐汇区	70	47	23	10	4	6	26	13	13
长宁区	56	34	22	1	1		16	10	6
静安区	8	5	3				7	3	4
普陀区	65	50	15	1	1		19	6	13
闸北区	28	19	9	3	1	2	18	15	3
虹口区	63	35	28	2		2	11	8	3
杨浦区	59	37	22	8	7	1	63	31	32
闵行区	77	47	30	20	12	8	170	121	49
宝山区	30	20	10	5	2	3	64	33	31
嘉定区	32	21	11	10	3	7	131	73	58
浦东新区	191	115	76	23	7	16	282	172	110

10-13　续表15　　　　单位：人

地　区	撒拉族			毛南族			仡佬族		
	小计	男	女	小计	男	女	小计	男	女
金山区	37	21	16	24	7	17	178	87	91
松江区	84	56	28	42	15	27	1159	634	525
青浦区	27	19	8	5	3	2	384	208	176
奉贤区	48	36	12	5	3	2	114	60	54
市辖县	**2**	**1**	**1**				**26**	**11**	**15**
崇明县	2	1	1				26	11	15
江苏省	**353**	**187**	**166**	**184**	**94**	**90**	**2488**	**1291**	**1197**
南京市	**29**	**15**	**14**	**25**	**12**	**13**	**201**	**117**	**84**
玄武区	3	1	2	1		1	15	12	3
白下区	1		1	3	1	2	7	4	3
秦淮区				1		1	2		2
建邺区				1	1		6	3	3
鼓楼区	2	2		3	2	1	28	14	14
下关区				1		1	1		1
浦口区	12	6	6	4	2	2	48	30	18
栖霞区	2	1	1	5	3	2	22	11	11
雨花台区	1	1		1	1		14	13	1
江宁区	5	3	2	3	1	2	24	17	7
六合区				2	1	1	10		10
溧水县	3	1	2				9	7	2
高淳县							15	6	9
无锡市	**43**	**23**	**20**	**47**	**36**	**11**	**568**	**310**	**258**
崇安区	2	2		4	2	2	3	2	1
南长区							5	2	3
北塘区				17	15	2	7	5	2
锡山区	11	6	5				64	41	23
惠山区	2		2	1		1	73	39	34
滨湖区	11	7	4	17	15	2	82	50	32
江阴市	7	2	5	8	4	4	192	100	92
宜兴市	10	6	4				142	71	71
徐州市	**5**	**4**	**1**	**2**	**1**	**1**	**19**	**9**	**10**
鼓楼区	1	1							
云龙区	4	3	1				1		1
九里区									
贾汪区									
泉山区				1	1		10	9	1
丰县							2		2
沛县									
铜山县							3		3
睢宁县				1		1	3		3
新沂市									
邳州市									
常州市	**13**	**8**	**5**	**9**	**4**	**5**	**242**	**113**	**129**
天宁区	2	2					7	2	5
钟楼区	4	1	3	1	1		4	1	3
戚墅堰区							10	4	6
新北区	5	4	1				27	16	11
武进区				2	1	1	74	34	40
溧阳市	1	1		2	1	1	28	16	12
金坛市	1		1	4	1	3	92	40	52
苏州市	**125**	**68**	**57**	**42**	**21**	**21**	**801**	**458**	**343**
沧浪区	3	2	1	1	1		2	1	1
平江区	28	19	9	3		3	50	33	17
金阊区	12	6	6	2		2	4	3	1

10-13　续表 16　　　　　　　　　　　　　　　　　　　　单位：人

地　区	撒拉族			毛南族			仡佬族		
	小计	男	女	小计	男	女	小计	男	女
虎丘区	3	2	1	5	5		55	26	29
吴中区	7		7	14	7	7	59	33	26
相城区	2	1	1	1		1	70	35	35
常熟市	1		1				21	12	9
张家港市	13	6	7	2		2	45	24	21
昆山市	38	22	16	6	4	2	291	174	117
吴江市	4	2	2	6	2	4	119	59	60
太仓市	14	8	6	2	2		85	58	27
南通市	**52**	**25**	**27**	**3**	**1**	**2**	**134**	**38**	**96**
崇川区	12	5	7				16	6	10
港闸区							6	2	4
通州区							21	11	10
海安县	19	10	9				27	7	20
如东县				1		1	9	1	8
启东市	16	7	9				13	2	11
如皋市				1		1	41	9	32
海门市	5	3	2	1	1		1		1
连云港市	**8**	**6**	**2**	**2**		**2**	**8**	**3**	**5**
连云区							2	1	1
新浦区	1		1	1		1	3	2	1
海州区							1		1
赣榆县							1		1
东海县	7	6	1	1		1			
灌云县							1		1
灌南县									
淮安市	**10**	**8**	**2**				**15**	**5**	**10**
清河区	4	4					2	1	1
楚州区									
淮阴区							3	1	2
清浦区									
涟水县							2		2
洪泽县									
盱眙县	4	3	1				6	3	3
金湖县	2	1	1				2		2
盐城市	**10**	**3**	**7**	**10**	**2**	**8**	**33**	**7**	**26**
亭湖区	2	2					9	4	5
盐都区							3		3
响水县							1		1
滨海县	1		1				5		5
阜宁县	2		2				2		2
射阳县	1		1				2		2
建湖县				1		1			
东台市	1		1	7	2	5	7	1	6
大丰市	3	1	2	2		2	4	2	2
扬州市	**29**	**14**	**15**	**5**	**2**	**3**	**46**	**13**	**33**
广陵区	9	5	4						
邗江区	3	2	1	1	1				
维扬区	8	3	5				8	1	7
宝应县	2		2				2	1	1
仪征市							20	10	10
高邮市	4	3	1				8	1	7
江都市	3	1	2	4	1	3	8		8
镇江市	**3**	**1**	**2**	**21**	**8**	**13**	**231**	**128**	**103**
京口区				1		1	29	19	10
润州区				1		1	3	1	2

10-13 续表 17 单位：人

地区	撒拉族			毛南族			仡佬族		
	小计	男	女	小计	男	女	小计	男	女
丹徒区				1		1	15	5	10
丹阳市				17	7	10	135	65	70
扬中市	2	1	1				12	9	3
句容市	1		1	1	1		37	29	8
泰州市	**20**	**10**	**10**	**16**	**7**	**9**	**184**	**89**	**95**
海陵区	3		3	4	2	2	27	14	13
高港区							17	10	7
兴化市	16	9	7				16	10	6
靖江市	1	1		11	5	6	51	28	23
泰兴市							52	22	30
姜堰市				1		1	21	5	16
宿迁市	**6**	**2**	**4**	**2**		**2**	**6**	**1**	**5**
宿城区				2		2	1		1
宿豫区							1		1
沭阳县	4	2	2				3	1	2
泗阳县	2		2						
泗洪县							1		1
浙江省	**424**	**253**	**171**	**1199**	**639**	**560**	**17785**	**9777**	**8008**
杭州市	**134**	**85**	**49**	**157**	**78**	**79**	**1478**	**792**	**686**
上城区	16	10	6	3	1	2	10	5	5
下城区	15	10	5	3	1	2	18	12	6
江干区	38	23	15	9	6	3	94	72	22
拱墅区	6	5	1	4	4		13	4	9
西湖区	28	19	9	9	5	4	26	17	9
滨江区	4	2	2	4	3	1	27	16	11
萧山区	13	6	7	32	13	19	126	68	58
余杭区	6	4	2	38	20	18	112	68	44
桐庐县							873	446	427
淳安县	1		1				12	5	7
建德市				3		3	11	6	5
富阳市				47	21	26	87	45	42
临安市	7	6	1	5	4	1	69	28	41
宁波市	**42**	**24**	**18**	**246**	**138**	**108**	**3205**	**1751**	**1454**
海曙区	9	5	4				15	13	2
江东区	9	5	4	3		3	12	8	4
江北区	4	2	2	2	2		29	10	19
北仑区				20	12	8	67	36	31
镇海区	6	4	2	2	1	1	79	49	30
鄞州区	7	5	2	21	14	7	1127	604	523
象山县	1	1					51	27	24
宁海县	1		1	60	35	25	50	34	16
余姚市	1	1		19	9	10	1415	779	636
慈溪市	3	1	2	117	64	53	300	170	130
奉化市	1		1	2	1	1	60	21	39
温州市	**60**	**35**	**25**	**125**	**65**	**60**	**5617**	**3152**	**2465**
鹿城区	14	8	6	47	30	17	355	200	155
龙湾区	3	2	1	8	4	4	606	365	241
瓯海区	32	19	13	19	9	10	605	341	264
洞头县				5	3	2	4	1	3
永嘉县				8	4	4	466	272	194
平阳县	2	1	1	2	1	1	739	378	361
苍南县				7		7	316	158	158
文成县							8	4	4
泰顺县							9	1	8
瑞安市	9	5	4	6	2	4	1482	828	654
乐清市				23	12	11	1027	604	423

10-13　续表 18　　　　单位：人

地　区	撒拉族			毛南族			仡佬族		
	小计	男	女	小计	男	女	小计	男	女
嘉兴市	**39**	**25**	**14**	**114**	**64**	**50**	**1106**	**597**	**509**
南湖区	17	9	8	3	1	2	34	20	14
秀洲区	13	10	3	7	4	3	287	152	135
嘉善县				30	21	9	396	217	179
海盐县	1	1					43	20	23
海宁市	3	2	1	2	1	1	42	23	19
平湖市	2	1	1	65	33	32	214	124	90
桐乡市	3	2	1	7	4	3	90	41	49
湖州市	**5**	**2**	**3**	**20**	**5**	**15**	**557**	**288**	**269**
吴兴区				2	1	1	74	39	35
南浔区				1	1		84	46	38
德清县				7	2	5	227	122	105
长兴县				8	1	7	102	49	53
安吉县	5	2	3	2		2	70	32	38
绍兴市	**16**	**8**	**8**	**217**	**121**	**96**	**792**	**376**	**416**
越城区	7	4	3	39	20	19	67	36	31
绍兴县				130	73	57	130	62	68
新昌县				1	1		114	63	51
诸暨市	5	2	3	12	6	6	147	67	80
上虞市	4	2	2	5	3	2	266	122	144
嵊州市				30	18	12	68	26	42
金华市	**50**	**27**	**23**	**185**	**102**	**83**	**3379**	**1903**	**1476**
婺城区	14	8	6	21	11	10	1354	774	580
金东区	4	2	2	11	6	5	247	133	114
武义县				10	6	4	230	134	96
浦江县	8	3	5	9	5	4	69	40	29
磐安县	4	2	2	4	4		13	7	6
兰溪市	2	1	1				29	14	15
义乌市	18	11	7	89	49	40	736	418	318
东阳市				28	14	14	227	133	94
永康市				13	7	6	474	250	224
衢州市	**34**	**20**	**14**	**18**	**8**	**10**	**90**	**53**	**37**
柯城区	11	6	5				8	6	2
衢江区	21	12	9	4	3	1	39	28	11
常山县				10	5	5	5	4	1
开化县				1		1	5	2	3
龙游县	2	2		1		1	13	9	4
江山市				2		2	20	4	16
舟山市				**3**	**3**		**33**	**19**	**14**
定海区				2	2		19	11	8
普陀区				1	1		7	4	3
岱山县							5	3	2
嵊泗县							2	1	1
台州市	**44**	**27**	**17**	**111**	**54**	**57**	**1264**	**700**	**564**
椒江区	7	5	2	3	2	1	37	20	17
黄岩区							15	10	5
路桥区	12	8	4	9	5	4	101	61	40
玉环县	1		1	21	11	10	254	146	108
三门县	1		1	3	2	1	19	12	7
天台县	1		1	7	1	6	20	9	11
仙居县	1	1					1	1	
温岭市	10	6	4	61	29	32	741	401	340
临海市	11	7	4	7	4	3	76	40	36

10-13 续表19 单位：人

地区	撒拉族			毛南族			仡佬族		
	小计	男	女	小计	男	女	小计	男	女
丽水市				**3**	**1**	**2**	**264**	**146**	**118**
莲都区				1		1	177	99	78
青田县							41	24	17
缙云县				1	1		33	18	15
遂昌县				1		1	4		4
松阳县							3	1	2
云和县									
庆元县							1		1
景宁畲族自治县									
龙泉市							5	4	1
安徽省	**78**	**41**	**37**	**58**	**17**	**41**	**448**	**196**	**252**
合肥市	**25**	**14**	**11**	**18**	**9**	**9**	**75**	**42**	**33**
瑶海区	5	2	3	2	2		7	3	4
庐阳区	16	11	5	5	3	2	15	10	5
蜀山区	1		1	5	2	3	22	12	10
包河区	2		2	1		1	15	9	6
长丰县							2	2	
肥东县	1	1		4	1	3	10	4	6
肥西县				1	1		4	2	2
芜湖市				**4**	**1**	**3**	**44**	**26**	**18**
镜湖区							2	1	1
弋江区							14	12	2
鸠江区				3	1	2			
三山区							3		3
芜湖县				1		1	7	2	5
繁昌县							13	11	2
南陵县							5		5
蚌埠市				**1**	**1**		**9**	**5**	**4**
龙子湖区									
蚌山区				1	1		2	1	1
禹会区									
淮上区									
怀远县							6	3	3
五河县									
固镇县							1	1	
淮南市	**10**	**6**	**4**				**88**	**41**	**47**
大通区							1		1
田家庵区	10	6	4				71	31	40
谢家集区							2	1	1
八公山区									
潘集区							11	8	3
凤台县							3	1	2
马鞍山市	**4**	**3**	**1**	**2**		**2**	**8**	**3**	**5**
金家庄区									
花山区									
雨山区				2		2	1	1	
当涂县	4	3	1				7	2	5
淮北市							**1**		**1**
杜集区							1		1
相山区									
烈山区									
濉溪县									

10-13 续表 20 单位：人

地区	撒拉族			毛南族			仡佬族		
	小计	男	女	小计	男	女	小计	男	女
铜陵市				**2**	**1**	**1**	**8**	**6**	**2**
铜官山区									
狮子山区							3	3	
郊区				2	1	1	3	2	1
铜陵县							2	1	1
安庆市	**13**	**5**	**8**	**3**		**3**	**26**	**7**	**19**
迎江区							4	1	3
大观区	1	1					1		1
宜秀区	3	3					1		1
怀宁县									
枞阳县				3		3	4		4
潜山县	4		4				3		3
太湖县	1	1					2		2
宿松县							6	6	
望江县	4		4				4		4
岳西县									
桐城市							1		1
黄山市				**4**	**1**	**3**	**15**	**6**	**9**
屯溪区							4	1	3
黄山区							2	2	
徽州区				3		3			
歙县				1	1				
休宁县									
黟县									
祁门县							9	3	6
滁州市	**9**	**7**	**2**	**2**		**2**	**18**	**3**	**15**
琅琊区									
南谯区									
来安县	1	1					7	3	4
全椒县							2		2
定远县				1		1	4		4
凤阳县									
天长市	3	2	1	1		1	3		3
明光市	5	4	1				2		2
阜阳市	**5**	**2**	**3**	**2**		**2**	**20**	**7**	**13**
颍州区									
颍东区							9	4	5
颍泉区									
临泉县							3	1	2
太和县				1		1	2		2
阜南县									
颍上县	5	2	3	1		1	6	2	4
界首市									
宿州市	**5**	**3**	**2**	**8**	**1**	**7**	**16**	**4**	**12**
埇桥区	3	3		3	1	2	9	3	6
砀山县							2	1	1
萧县	1		1				3		3
灵璧县	1		1	5		5	2		2
泗县									
巢湖市	**2**	**1**	**1**	**2**	**1**	**1**	**24**	**9**	**15**
居巢区				1	1		3	1	2
庐江县							6	1	5
无为县	1	1		1		1	2		2
含山县							2	1	1
和县	1		1				11	6	5

10-13 续表 21 单位：人

地区	撒拉族			毛南族			仡佬族		
	小计	男	女	小计	男	女	小计	男	女
六安市				**4**		**4**	**19**	**7**	**12**
金安区							1		1
裕安区							2	1	1
寿县							5	1	4
霍邱县				2		2			
舒城县				2		2	10	5	5
金寨县							1		1
霍山县									
亳州市	**2**		**2**				**3**	**1**	**2**
谯城区	1		1						
涡阳县							1		1
蒙城县									
利辛县	1		1				2	1	1
池州市				**4**		**4**	**15**	**5**	**10**
贵池区				3		3	6	4	2
东至县				1		1			
石台县							4	1	3
青阳县							5		5
宣城市	**3**		**3**	**2**	**2**		**59**	**24**	**35**
宣州区	1		1	1	1		5	2	3
郎溪县	2		2	1	1		4	2	2
广德县							16	5	11
泾县							5	1	4
绩溪县									
旌德县									
宁国市							29	14	15
福建省	**80**	**43**	**37**	**372**	**203**	**169**	**3249**	**1878**	**1371**
福州市	**24**	**12**	**12**	**115**	**60**	**55**	**665**	**382**	**283**
鼓楼区	7	5	2	3	3		5	3	2
台江区	4	3	1				4		4
仓山区	4	2	2	6	1	5	72	40	32
马尾区				1	1		26	18	8
晋安区	3	1	2	1	1		58	36	22
闽侯县	4		4	4	3	1	16	12	4
连江县				40	18	22	51	28	23
罗源县				1	1		14	10	4
闽清县				20	13	7	46	20	26
永泰县				2		2			
平潭县							10	5	5
福清市	2	1	1	30	16	14	252	143	109
长乐市				7	3	4	111	67	44
厦门市	**17**	**10**	**7**	**68**	**35**	**33**	**842**	**486**	**356**
思明区	11	7	4	8		8	92	48	44
海沧区	3	3		16	5	11	85	58	27
湖里区				9	6	3	181	99	82
集美区	1		1	20	14	6	238	139	99
同安区	2		2	12	8	4	97	54	43
翔安区				3	2	1	149	88	61
莆田市	**3**	**1**	**2**	**24**	**12**	**12**	**114**	**71**	**43**
城厢区							14	9	5
涵江区	3	1	2	21	11	10	36	21	15
荔城区				1	1		48	31	17
秀屿区							3		3
仙游县				2		2	13	10	3

10-13 续表 22

单位：人

地区	撒拉族			毛南族			仡佬族		
	小计	男	女	小计	男	女	小计	男	女
三明市	**1**		**1**	**10**	**6**	**4**	**104**	**73**	**31**
梅列区				2	2		3	2	1
三元区	1		1				15	10	5
明溪县									
清流县							3	3	
宁化县							1		1
大田县				1	1		17	12	5
尤溪县							6	4	2
沙县							9	4	5
将乐县				1		1	20	18	2
泰宁县							3	2	1
建宁县									
永安市				6	3	3	27	18	9
泉州市	**20**	**15**	**5**	**108**	**69**	**39**	**1136**	**634**	**502**
鲤城区	4	4		3	1	2	83	35	48
丰泽区	4	3	1	10	7	3	89	55	34
洛江区	1	1		3		3	31	13	18
泉港区	1		1				10	6	4
惠安县				30	23	7	66	35	31
安溪县				4	1	3	3	3	
永春县	1	1					13	5	8
德化县							4	4	
石狮市				20	9	11	68	34	34
晋江市	5	3	2	32	25	7	569	327	242
南安市	4	3	1	6	3	3	200	117	83
漳州市	**12**	**4**	**8**	**30**	**11**	**19**	**195**	**127**	**68**
芗城区	1		1	7	2	5	34	23	11
龙文区	1	1					10	5	5
云霄县				1		1	1		1
漳浦县	2		2	1		1	4	3	1
诏安县							1	1	
长泰县				3	2	1	26	15	11
东山县							2	1	1
南靖县							9	9	
平和县				1		1	15	10	5
华安县				3		3	2	1	1
龙海市	8	3	5	14	7	7	91	59	32
南平市	**1**	**1**		**8**	**4**	**4**	**57**	**29**	**28**
延平区				3	1	2	15	7	8
顺昌县							4	3	1
浦城县							2	1	1
光泽县				1		1	5	1	4
松溪县							1	1	
政和县							1		1
邵武市	1	1					11	6	5
武夷山市				1		1	5	4	1
建瓯市				3	3		3	1	2
建阳市							10	5	5
龙岩市	**1**		**1**	**7**	**6**	**1**	**114**	**70**	**44**
新罗区				5	5		56	31	25
长汀县							1		1
永定县				1	1		10	7	3
上杭县							1	1	
武平县							5	2	3
连城县	1		1				1	1	
漳平市				1		1	40	28	12

10-13 续表 23　　　　单位：人

地区	撒拉族			毛南族			仡佬族		
	小计	男	女	小计	男	女	小计	男	女
宁德市	**1**		**1**	**2**		**2**	**22**	**6**	**16**
蕉城区									
霞浦县									
古田县							2		2
屏南县							6	2	4
寿宁县									
周宁县	1		1				2		2
柘荣县									
福安市							1	1	
福鼎市				2		2	11	3	8
江西省	**44**	**26**	**18**	**86**	**41**	**45**	**336**	**156**	**180**
南昌市	**22**	**14**	**8**	**31**	**15**	**16**	**100**	**52**	**48**
东湖区	2	2		2	1	1	1	1	
西湖区	3	2	1	3	1	2			
青云谱区	1		1				2	1	1
湾里区							1	1	
青山湖区	2	1	1	13	5	8	31	14	17
南昌县	2	2					21	11	10
新建县	12	7	5	12	7	5	37	21	16
安义县				1	1		7	3	4
进贤县									
景德镇市				**3**		**3**	**2**	**2**	
昌江区									
珠山区				1		1			
浮梁县				2		2	2	2	
乐平市									
萍乡市				**12**	**9**	**3**	**28**	**12**	**16**
安源区				8	6	2	7	4	3
湘东区							1		1
莲花县				4	3	1	18	8	10
上栗县									
芦溪县							2		2
九江市	**3**	**1**	**2**	**7**	**4**	**3**	**39**	**15**	**24**
庐山区	2	1	1	1		1	8	4	4
浔阳区	1		1	4	2	2	2		2
九江县									
武宁县							1	1	
修水县							2		2
永修县							2		2
德安县				2	2		12	9	3
星子县							1		1
都昌县							4		4
湖口县							1		1
彭泽县							4	1	3
瑞昌市							2		2
新余市	**1**	**1**		**3**	**1**	**2**	**32**	**19**	**13**
渝水区	1	1		3	1	2	24	15	9
分宜县							8	4	4
鹰潭市	**1**	**1**					**20**	**13**	**7**
月湖区							13	9	4
余江县							1	1	
贵溪市	1	1					6	3	3
赣州市	**14**	**9**	**5**	**2**	**1**	**1**	**25**	**10**	**15**
章贡区	10	8	2				7	5	2
赣县									

10-13 续表 24

单位：人

地区	撒拉族			毛南族			仡佬族		
	小计	男	女	小计	男	女	小计	男	女
信丰县							2	1	1
大余县				1	1				
上犹县									
崇义县							3	1	2
安远县	1		1				1		1
龙南县							5	1	4
定南县							1	1	
全南县							1		1
宁都县							1		1
于都县							3	1	2
兴国县	2		2	1		1			
会昌县									
寻乌县							1		1
石城县									
瑞金市									
南康市	1	1							
吉安市	**2**		**2**	**10**	**2**	**8**	**43**	**19**	**24**
吉州区				1		1			
青原区							2	1	1
吉安县				5	2	3	2	1	1
吉水县							1		1
峡江县									
新干县							2	1	1
永丰县				1		1	1		1
泰和县	1		1				18	12	6
遂川县							3		3
万安县				1		1	1		1
安福县				2		2	1		1
永新县	1		1				4	2	2
井冈山市							8	2	6
宜春市				**10**	**5**	**5**	**21**	**4**	**17**
袁州区				4	1	3	4	2	2
奉新县									
万载县							1		1
上高县				4	4		1		1
宜丰县				2		2	2		2
靖安县							1		1
铜鼓县							7	1	6
丰城市							1		1
樟树市							1		1
高安市							3	1	2
抚州市	**1**		**1**	**1**		**1**	**5**	**3**	**2**
临川区	1		1				2	2	
南城县									
黎川县									
南丰县				1		1			
崇仁县									
乐安县							2	1	1
宜黄县							1		1
金溪县									
资溪县									
东乡县									
广昌县									

10-13 续表 25

单位：人

地区	撒拉族			毛南族			仡佬族		
	小计	男	女	小计	男	女	小计	男	女
上饶市				**7**	**4**	**3**	**21**	**7**	**14**
信州区							3	3	
上饶县				1		1	7		7
广丰县									
玉山县									
铅山县							1		1
横峰县				1		1			
弋阳县							2		2
余干县									
鄱阳县							1	1	
万年县									
婺源县							3		3
德兴市				5	4	1	4	3	1
山东省	**609**	**354**	**255**	**50**	**25**	**25**	**597**	**364**	**233**
济南市	**32**	**13**	**19**	**7**	**3**	**4**	**73**	**53**	**20**
历下区	4	3	1				22	17	5
市中区	16	7	9	3	1	2	12	6	6
槐荫区				3	1	2	1	1	
天桥区	7	2	5	1	1		14	13	1
历城区	5	1	4				16	10	6
长清区							5	3	2
平阴县									
济阳县									
商河县									
章丘市							3	3	
青岛市	**419**	**247**	**172**	**27**	**19**	**8**	**86**	**63**	**23**
市南区	62	42	20	3	2	1	3	2	1
市北区	47	29	18				12	10	2
四方区	16	9	7				4	4	
黄岛区	43	20	23				21	19	2
崂山区	20	12	8	1		1	13	8	5
李沧区	28	16	12				3	2	1
城阳区	87	51	36	3	2	1	4	4	
胶州市	3	2	1	13	9	4	4	2	2
即墨市	33	19	14						
平度市	17	11	6				14	8	6
胶南市	54	32	22	7	6	1	8	4	4
莱西市	9	4	5						
淄博市	**2**	**2**		**1**		**1**	**15**	**7**	**8**
淄川区									
张店区				1		1	8	5	3
博山区							6	2	4
临淄区									
周村区	2	2					1		1
桓台县									
高青县									
沂源县									
枣庄市	**7**	**4**	**3**				**1**		**1**
市中区	6	4	2						
薛城区									
峄城区									
台儿庄区									
山亭区	1		1				1		1
滕州市									

10-13　续表 26　　　　　　　　　　单位：人

地区	撒拉族			毛南族			仡佬族		
	小计	男	女	小计	男	女	小计	男	女
东营市	**27**	**18**	**9**				**2**	**1**	**1**
东营区	22	14	8				1	1	
河口区	3	2	1						
垦利县	2	2					1		1
利津县									
广饶县									
烟台市	**26**	**16**	**10**	**2**	**1**	**1**	**294**	**174**	**120**
芝罘区	9	7	2	2	1	1	134	74	60
福山区	9	4	5				54	34	20
牟平区							4	2	2
莱山区	4	2	2				84	49	35
长岛县									
龙口市							6	6	
莱阳市	4	3	1				3	2	1
莱州市							9	7	2
蓬莱市									
招远市									
栖霞市									
海阳市									
潍坊市	**25**	**13**	**12**	**2**	**1**	**1**	**20**	**12**	**8**
潍城区	5	3	2				4	2	2
寒亭区							2	1	1
坊子区									
奎文区	8	4	4	1	1		8	8	
临朐县							2	1	1
昌乐县									
青州市							1		1
诸城市	5	2	3						
寿光市	3	2	1				2		2
安丘市									
高密市	4	2	2	1		1	1		1
昌邑市									
济宁市	**5**	**3**	**2**	**4**	**1**	**3**	**16**	**5**	**11**
市中区	3	2	1						
任城区							1		1
微山县							3		3
鱼台县									
金乡县							1		1
嘉祥县									
汶上县							3	2	1
泗水县									
梁山县				1		1			
曲阜市	1		1				4	2	2
兖州市	1	1					2		2
邹城市				3	1	2	2	1	1
泰安市	**5**	**4**	**1**	**4**		**4**	**17**	**10**	**7**
泰山区	4	3	1	1		1	5	4	1
岱岳区	1	1					2		2
宁阳县							2	2	
东平县				2		2			
新泰市				1		1			
肥城市							8	4	4
威海市	**23**	**14**	**9**	**1**		**1**	**16**	**8**	**8**
环翠区	17	9	8				15	8	7
文登市	6	5	1				1		1
荣成市				1		1			
乳山市									

10-13 续表 27　　单位：人

地区	撒拉族			毛南族			仡佬族		
	小计	男	女	小计	男	女	小计	男	女
日照市	**22**	**12**	**10**	**1**		**1**	**6**	**4**	**2**
东港区	21	12	9				5	3	2
岚山区	1		1				1	1	
五莲县				1		1			
莒县									
莱芜市							**1**		**1**
莱城区							1		1
钢城区									
临沂市	**3**	**3**					**16**	**8**	**8**
兰山区	1	1					12	6	6
罗庄区									
河东区									
沂南县	1	1							
郯城县									
沂水县									
苍山县							1	1	
费县	1	1							
平邑县									
莒南县									
蒙阴县									
临沭县							3	1	2
德州市	**4**	**2**	**2**				**7**	**3**	**4**
德城区	4	2	2						
陵县									
宁津县									
庆云县									
临邑县							7	3	4
齐河县									
平原县									
夏津县									
武城县									
乐陵市									
禹城市									
聊城市	**5**	**3**	**2**				**5**	**3**	**2**
东昌府区							3	1	2
阳谷县									
莘县									
茌平县									
东阿县									
冠县									
高唐县									
临清市	5	3	2				2	2	
滨州市	**1**		**1**				**18**	**12**	**6**
滨城区							2	1	1
惠民县									
阳信县									
无棣县							13	9	4
沾化县									
博兴县							1		1
邹平县	1		1				2	2	
菏泽市	**3**		**3**	**1**		**1**	**4**	**1**	**3**
牡丹区				1		1	1		1
曹县									
单县									
成武县	1		1				3	1	2
巨野县	1		1						
郓城县									
鄄城县	1		1						
定陶县									
东明县									

10-13　续表 28

单位：人

地　区	撒拉族			毛南族			仡佬族		
	小计	男	女	小计	男	女	小计	男	女
河南省	**279**	**168**	**111**	**23**	**6**	**17**	**240**	**119**	**121**
郑州市	**161**	**102**	**59**	**6**	**4**	**2**	**91**	**59**	**32**
中原区	23	16	7	1	1		18	13	5
二七区	27	14	13				16	8	8
管城回族区	23	16	7	1	1		5	2	3
金水区	83	54	29	2		2	43	32	11
上街区									
惠济区							3	1	2
中牟县									
巩义市	1		1				1	1	
荥阳市							1	1	
新密市									
新郑市	4	2	2	2	2		3		3
登封市							1	1	
开封市	**1**	**1**					**9**	**4**	**5**
龙亭区									
顺河回族区									
鼓楼区							6	2	4
禹王台区	1	1							
金明区							2	2	
杞县									
通许县									
尉氏县							1		1
开封县									
兰考县									
洛阳市	**23**	**14**	**9**	**1**	**1**		**15**	**9**	**6**
老城区									
西工区	6	3	3				4	2	2
瀍河回族区	3	3					1	1	
涧西区	12	7	5				6	3	3
吉利区									
洛龙区				1	1		2	2	
孟津县									
新安县	2	1	1				1		1
栾川县									
嵩县									
汝阳县									
宜阳县									
洛宁县									
伊川县									
偃师市							1	1	
平顶山市	**5**	**3**	**2**	**2**		**2**	**15**	**7**	**8**
新华区	4	3	1				4	3	1
卫东区									
石龙区									
湛河区							4	2	2
宝丰县				1		1	3		3
叶县	1		1				3	1	2
鲁山县									
郏县									
舞钢市				1		1			
汝州市							1	1	

10-13 续表 29　　　　　　　　　　　　　　　　　　　　单位：人

地区	撒拉族			毛南族			仡佬族		
	小计	男	女	小计	男	女	小计	男	女
安阳市	**8**	**4**	**4**				**9**	**4**	**5**
文峰区	8	4	4						
北关区									
殷都区									
龙安区							4	3	1
安阳县							2		2
汤阴县									
滑县							2		2
内黄县							1	1	
林州市									
鹤壁市							**14**	**4**	**10**
鹤山区									
山城区							1		1
淇滨区							6	1	5
浚县							4	2	2
淇县							3	1	2
新乡市	**4**	**3**	**1**	**2**		**2**	**7**	**3**	**4**
红旗区	1		1				1	1	
卫滨区									
凤泉区									
牧野区	3	3		2		2			
新乡县									
获嘉县									
原阳县							2		2
延津县							3	2	1
封丘县									
长垣县							1		1
卫辉市									
辉县市									
焦作市	**9**	**7**	**2**				**10**	**10**	
解放区	2	1	1				1	1	
中站区									
马村区									
山阳区							8	8	
修武县									
博爱县									
武陟县									
温县									
沁阳市	7	6	1				1	1	
孟州市									
濮阳市	**16**	**8**	**8**				**9**	**3**	**6**
华龙区	12	6	6				5	2	3
清丰县							3	1	2
南乐县	1		1						
范县							1		1
台前县									
濮阳县	3	2	1						
许昌市	**10**	**5**	**5**	**3**	**1**	**2**	**4**	**1**	**3**
魏都区	10	5	5	3	1	2	1		1
许昌县							1	1	
鄢陵县									
襄城县									
禹州市							2		2
长葛市									

10-13　续表 30　　　　单位：人

地　区	撒拉族			毛南族			仡佬族		
	小计	男	女	小计	男	女	小计	男	女
漯河市	**3**	**2**	**1**	**1**		**1**	**3**	**2**	**1**
源汇区									
郾城区				1		1	1		1
召陵区	3	2	1				2	2	
舞阳县									
临颍县									
三门峡市				**1**		**1**	**1**		**1**
湖滨区							1		1
渑池县				1		1			
陕县									
卢氏县									
义马市									
灵宝市									
南阳市	**29**	**17**	**12**	**3**		**3**	**14**	**3**	**11**
宛城区	17	11	6	2		2	5	2	3
卧龙区	5	3	2						
南召县							1		1
方城县							1		1
西峡县									
镇平县	6	3	3	1		1			
内乡县	1		1				5	1	4
淅川县									
社旗县									
唐河县									
新野县									
桐柏县									
邓州市							2		2
商丘市							**1**		**1**
梁园区									
睢阳区									
民权县									
睢县									
宁陵县									
柘城县									
虞城县									
夏邑县									
永城市							1		1
信阳市	**7**	**1**	**6**	**3**		**3**	**18**	**4**	**14**
浉河区				1		1	4	2	2
平桥区	4		4				7		7
罗山县	2	1	1	1		1	1		1
光山县							1		1
新县									
商城县							2	2	
固始县							2		2
潢川县	1		1						
淮滨县									
息县				1		1	1		1
周口市							**7**	**1**	**6**
川汇区									
扶沟县							2		2
西华县									
商水县									

10-13 续表 31 单位：人

地区	撒拉族			毛南族			仡佬族		
	小计	男	女	小计	男	女	小计	男	女
沈丘县									
郸城县							1		1
淮阳县									
太康县							4	1	3
鹿邑县									
项城市									
驻马店市	**1**		**1**	**1**		**1**	**7**	**1**	**6**
驿城区							1		1
西平县							1		1
上蔡县									
平舆县									
正阳县							1		1
确山县							1		1
泌阳县							1		1
汝南县									
遂平县	1		1	1		1	2	1	1
新蔡县									
省直辖县级行政区划	**2**	**1**	**1**				**6**	**4**	**2**
济源市	2	1	1				6	4	2
湖北省	**135**	**88**	**47**	**151**	**62**	**89**	**585**	**323**	**262**
武汉市	**92**	**61**	**31**	**58**	**27**	**31**	**269**	**155**	**114**
江岸区	4	2	2				18	15	3
江汉区	3	3		1		1	5	3	2
硚口区	9	6	3	1		1	3	2	1
汉阳区							4	2	2
武昌区	18	14	4	13	9	4	36	22	14
青山区	4	3	1				6	2	4
洪山区	51	31	20	37	15	22	144	77	67
东西湖区				3	1	2	4	3	1
汉南区									
蔡甸区							4	3	1
江夏区				3	2	1	43	26	17
黄陂区							2		2
新洲区	3	2	1						
黄石市	**1**		**1**	**1**		**1**	**14**	**3**	**11**
黄石港区							2	1	1
西塞山区	1		1				2		2
下陆区							4		4
铁山区							3	1	2
阳新县				1		1	1		1
大冶市							2	1	1
十堰市	**18**	**9**	**9**	**1**		**1**	**15**	**12**	**3**
茅箭区									
张湾区	10	5	5	1		1	5	5	
郧县									
郧西县									
竹山县							3	3	
竹溪县							1	1	
房县							1		1
丹江口市	8	4	4				5	3	2
宜昌市	**13**	**11**	**2**	**6**	**3**	**3**	**120**	**73**	**47**
西陵区	10	8	2	3	2	1	11	9	2
伍家岗区							1		1
点军区									

10-13　续表 32　　　　单位：人

地　区	撒拉族			毛南族			仡佬族		
	小计	男	女	小计	男	女	小计	男	女
猇亭区	2	2							
夷陵区							1	1	
远安县									
兴山县							1		1
秭归县							2		2
长阳土家族自治县				3	1	2	3	1	2
五峰土家族自治县							2	1	1
宜都市							20	18	2
当阳市							76	43	33
枝江市	1	1					3		3
襄樊市	**5**	**5**					**15**	**7**	**8**
襄城区							5	4	1
樊城区									
襄阳区							6	3	3
南漳县									
谷城县									
保康县	5	5							
老河口市							1		1
枣阳市									
宜城市							3		3
鄂州市				**2**		**2**	**2**		**2**
梁子湖区									
华容区				1		1			
鄂城区				1		1	2		2
荆门市				**2**		**2**	**19**	**8**	**11**
东宝区				1		1	3	2	1
掇刀区							8	2	6
京山县							1		1
沙洋县				1		1	6	4	2
钟祥市							1		1
孝感市				**2**		**2**	**15**	**7**	**8**
孝南区				2		2	10	6	4
孝昌县							1		1
大悟县							3	1	2
云梦县									
应城市							1		1
安陆市									
汉川市									
荆州市	**3**	**2**	**1**	**13**	**3**	**10**	**42**	**19**	**23**
沙市区							4	3	1
荆州区	3	2	1	2		2	23	10	13
公安县				1		1	6	2	4
监利县							3		3
江陵县				8	3	5	4	3	1
石首市							1		1
洪湖市									
松滋市				2		2	1	1	
黄冈市				**2**	**1**	**1**	**17**	**9**	**8**
黄州区							10	7	3
团风县									
红安县									
罗田县				1		1	3	1	2
英山县							1		1
浠水县							1		1
蕲春县				1	1				
黄梅县							2	1	1
麻城市									
武穴市									

10-13 续表 33 单位：人

地区	撒拉族			毛南族			仡佬族		
	小计	男	女	小计	男	女	小计	男	女
咸宁市							**1**		**1**
咸安区									
嘉鱼县									
通城县							1		1
崇阳县									
通山县									
赤壁市									
随州市				**1**		**1**	**3**	**2**	**1**
曾都区							2	2	
随县				1		1			
广水市							1		1
恩施土家族苗族自治州	**2**		**2**	**62**	**28**	**34**	**40**	**17**	**23**
恩施市	1		1	3	1	2	13	9	4
利川市				1		1	5	3	2
建始县				3	2	1	7	1	6
巴东县							3	1	2
宣恩县	1		1	52	24	28	5	1	4
咸丰县							4	2	2
来凤县									
鹤峰县				3	1	2	3		3
省直辖县级行政区划	**1**		**1**	**1**		**1**	**13**	**11**	**2**
仙桃市				1		1	10	9	1
潜江市	1		1				3	2	1
天门市									
神农架林区									
湖南省	**79**	**39**	**40**	**199**	**74**	**125**	**911**	**430**	**481**
长沙市	**21**	**12**	**9**	**28**	**14**	**14**	**121**	**66**	**55**
芙蓉区							9	4	5
天心区	1	1		1	1		19	11	8
岳麓区	19	11	8	11	5	6	46	26	20
开福区	1		1				6	2	4
雨花区				6	4	2	10	7	3
长沙县				4	3	1	16	9	7
望城县							6	4	2
宁乡县				1		1	2		2
浏阳市				5	1	4	7	3	4
株洲市	**7**	**2**	**5**	**5**	**2**	**3**	**132**	**77**	**55**
荷塘区							2	2	
芦淞区				1		1			
石峰区	1		1				4	2	2
天元区				1		1	2	1	1
株洲县							2		2
攸县	5	2	3	2	2		24	16	8
茶陵县	1		1	1		1	91	51	40
炎陵县							1	1	
醴陵市							6	4	2
湘潭市	**1**	**1**		**24**	**21**	**3**	**42**	**23**	**19**
雨湖区	1	1		2	1	1	19	10	9
岳塘区				2	1	1	13	9	4
湘潭县				19	19		8	4	4
湘乡市				1		1	1		1
韶山市							1		1

10-13 续表 34 单位：人

地区	撒拉族			毛南族			仡佬族		
	小计	男	女	小计	男	女	小计	男	女
衡阳市				**15**	**9**	**6**	**68**	**35**	**33**
珠晖区							10	9	1
雁峰区				1	1		5	2	3
石鼓区							10	6	4
蒸湘区				4	3	1	9	5	4
南岳区									
衡阳县				2	1	1	8	2	6
衡南县				7	4	3	14	9	5
衡山县				1		1			
衡东县							3		3
祁东县							5	1	4
耒阳市							4	1	3
常宁市									
邵阳市	**2**		**2**	**5**		**5**	**63**	**21**	**42**
双清区				1		1	2	1	1
大祥区	1		1				1		1
北塔区									
邵东县				2		2	1		1
新邵县							6	1	5
邵阳县							2		2
隆回县				1		1	9	2	7
洞口县				1		1	9	3	6
绥宁县							6	2	4
新宁县	1		1				9	4	5
城步苗族自治县							10	5	5
武冈市							8	3	5
岳阳市	**1**	**1**		**13**	**4**	**9**	**52**	**22**	**30**
岳阳楼区				2	1	1	4	1	3
云溪区									
君山区									
岳阳县				7	3	4	16	8	8
华容县							2	1	1
湘阴县				2		2	7	3	4
平江县				2		2	12	4	8
汨罗市	1	1					10	5	5
临湘市							1		1
常德市	**5**	**3**	**2**	**12**	**1**	**11**	**72**	**19**	**53**
武陵区	3	2	1				6	4	2
鼎城区	1	1					7	4	3
安乡县							5		5
汉寿县				8	1	7	12	4	8
澧县				2		2	6	2	4
临澧县							10	1	9
桃源县	1		1	1		1	7		7
石门县				1		1	16	3	13
津市市							3	1	2
张家界市				**28**	**11**	**17**	**17**	**3**	**14**
永定区				25	9	16	8	2	6
武陵源区				1		1			
慈利县							5	1	4
桑植县				2	2		4		4
益阳市	**9**	**6**	**3**	**5**	**2**	**3**	**24**	**10**	**14**
资阳区							1		1
赫山区	1	1		1	1		8	8	

10-13 续表 35　　　　单位：人

地区	撒拉族			毛南族			仡佬族		
	小计	男	女	小计	男	女	小计	男	女
南县							2		2
桃江县	8	5	3	3		3			
安化县							3		3
沅江市				1	1		10	2	8
郴州市	**6**	**5**	**1**	**6**		**6**	**23**	**12**	**11**
北湖区							2		2
苏仙区	5	4	1	2		2	8	6	2
桂阳县				1		1			
宜章县							4	1	3
永兴县									
嘉禾县									
临武县							1		1
汝城县	1	1		3		3	5	4	1
桂东县									
安仁县									
资兴市							3	1	2
永州市				**18**	**3**	**15**	**27**	**8**	**19**
零陵区				4		4	3	2	1
冷水滩区				1	1		6	2	4
祁阳县				6	1	5	5	3	2
东安县				1		1	5		5
双牌县				1	1		1		1
道县									
江永县				5		5	3		3
宁远县									
蓝山县							4	1	3
新田县									
江华瑶族自治县									
怀化市	**3**	**1**	**2**	**21**	**5**	**16**	**150**	**76**	**74**
鹤城区	1	1		5	3	2	58	32	26
中方县							1	1	
沅陵县				4		4	8	3	5
辰溪县				1		1	2	1	1
溆浦县				1		1	15	3	12
会同县				8	2	6	7	1	6
麻阳苗族自治县							1		1
新晃侗族自治县							16	4	12
芷江侗族自治县							4		4
靖州苗族侗族自治县				1		1	1		1
通道侗族自治县	1		1	1		1	2		2
洪江市	1		1				35	31	4
娄底市	**23**	**8**	**15**	**14**	**2**	**12**	**81**	**47**	**34**
娄星区				2		2	21	13	8
双峰县	20	7	13				7	4	3
新化县	1	1		3	1	2	6	1	5
冷水江市				6	1	5	10	7	3
涟源市	2		2	3		3	37	22	15
湘西土家族苗族自治州	**1**		**1**	**5**		**5**	**39**	**11**	**28**
吉首市	1		1	1		1	15	7	8
泸溪县				1		1	7		7
凤凰县							9	4	5
花垣县				1		1	2		2
保靖县							3		3
古丈县									
永顺县							2		2
龙山县				2		2	1		1

10-13　续表 36　　单位：人

地　区	撒拉族			毛南族			仡佬族		
	小计	男	女	小计	男	女	小计	男	女
广东省	**823**	**508**	**315**	**5017**	**2866**	**2151**	**10897**	**5910**	**4987**
广州市	**81**	**47**	**34**	**483**	**285**	**198**	**1587**	**863**	**724**
荔湾区	7	4	3	26	16	10	16	10	6
越秀区	6	2	4	13	5	8	22	11	11
海珠区	8	7	1	14	9	5	36	20	16
天河区	10	6	4	44	20	24	73	45	28
白云区	24	13	11	179	106	73	184	112	72
黄埔区				6	5	1	33	19	14
番禺区	4	3	1	114	74	40	856	428	428
花都区	11	6	5	43	23	20	93	59	34
南沙区	4	3	1	10	8	2	36	21	15
萝岗区	3	1	2	17	12	5	61	39	22
增城市	4	2	2	15	6	9	45	24	21
从化市				2	1	1	132	75	57
韶关市	**5**	**3**	**2**	**9**	**4**	**5**	**82**	**57**	**25**
武江区							7	5	2
浈江区				3	2	1	20	18	2
曲江区				2	1	1	15	8	7
始兴县				1		1	6	3	3
仁化县							2	1	1
翁源县	5	3	2				6	1	5
乳源瑶族自治县				1		1			
新丰县							1	1	
乐昌市				2	1	1	14	12	2
南雄市							11	8	3
深圳市	**467**	**295**	**172**	**1012**	**537**	**475**	**2051**	**1119**	**932**
罗湖区	43	30	13	20	13	7	44	17	27
福田区	37	25	12	44	24	20	88	43	45
南山区	20	14	6	40	24	16	106	57	49
宝安区	252	156	96	665	343	322	1317	729	588
龙岗区	101	60	41	241	132	109	473	260	213
盐田区	14	10	4	2	1	1	23	13	10
珠海市	**24**	**13**	**11**	**47**	**28**	**19**	**207**	**99**	**108**
香洲区	8	4	4	24	13	11	100	45	55
斗门区	6	3	3	13	9	4	33	20	13
金湾区	10	6	4	10	6	4	74	34	40
汕头市	**34**	**19**	**15**	**23**	**13**	**10**	**48**	**17**	**31**
龙湖区	5	1	4				2	1	1
金平区	2	1	1				4	2	2
濠江区	4	1	3				2		2
潮阳区	3	1	2	6	2	4	25	7	18
潮南区	17	13	4	4	1	3	9	4	5
澄海区	3	2	1	13	10	3	6	3	3
南澳县									
佛山市	**13**	**9**	**4**	**965**	**624**	**341**	**1006**	**589**	**417**
禅城区	4	2	2	83	58	25	55	26	29
南海区	8	6	2	515	339	176	398	224	174
顺德区				298	195	103	256	154	102
三水区				43	18	25	271	164	107
高明区	1	1		26	14	12	26	21	5
江门市	**9**	**6**	**3**	**286**	**151**	**135**	**227**	**135**	**92**
蓬江区	1	1		35	22	13	124	69	55
江海区	2	2		12	8	4	20	10	10

10-13 续表 37 单位：人

地区	撒拉族			毛南族			仡佬族		
	小计	男	女	小计	男	女	小计	男	女
新会区	2	1	1	32	16	16	48	35	13
台山市	2		2	21	9	12	4		4
开平市				106	54	52	1	1	
鹤山市	2	2		77	41	36	29	20	9
恩平市				3	1	2	1		1
湛江市	**3**	**3**		**45**	**14**	**31**	**34**	**11**	**23**
赤坎区							1		1
霞山区	2	2		6	3	3	14	4	10
坡头区									
麻章区	1	1		3		3	1	1	
遂溪县				3	1	2	1	1	
徐闻县							2		2
廉江市				31	10	21	3		3
雷州市				2		2	5	2	3
吴川市							7	3	4
茂名市	**2**		**2**	**38**	**9**	**29**	**21**	**10**	**11**
茂南区				4	1	3	11	5	6
茂港区				1		1			
电白县									
高州市	1		1	12	3	9	8	5	3
化州市				14	4	10	1		1
信宜市	1		1	7	1	6	1		1
肇庆市	**6**	**4**	**2**	**116**	**67**	**49**	**605**	**329**	**276**
端州区				29	12	17	282	149	133
鼎湖区				3	2	1	89	48	41
广宁县	1	1		1		1	1	1	
怀集县				4	1	3	3	3	
封开县	2	1	1	1	1		1	1	
德庆县				1		1	1	1	
高要市	1		1	31	27	4	111	55	56
四会市	2	2		46	24	22	117	71	46
惠州市	**44**	**26**	**18**	**172**	**108**	**64**	**518**	**266**	**252**
惠城区	1	1		65	43	22	192	96	96
惠阳区	31	17	14	55	32	23	115	62	53
博罗县	12	8	4	41	25	16	176	91	85
惠东县				11	8	3	32	15	17
龙门县							3	2	1
梅州市				**4**	**1**	**3**	**9**	**2**	**7**
梅江区				1	1		5	2	3
梅县				1		1			
大埔县									
丰顺县									
五华县									
平远县							1		1
蕉岭县							1		1
兴宁市				2		2	2		2
汕尾市				**10**	**4**	**6**	**7**	**5**	**2**
城区				4		4	2	1	1
海丰县				6	4	2	3	3	
陆河县							2	1	1
陆丰市									
河源市				**10**	**5**	**5**	**21**	**14**	**7**
源城区				6	4	2	7	6	1
紫金县							1		1
龙川县									
连平县				1		1	1	1	
和平县				1		1			
东源县				2	1	1	12	7	5

10-13　续表 38　　　　　　　　　　　　　　　　　　　　　　单位：人

地　区	撒拉族			毛南族			仡佬族		
	小计	男	女	小计	男	女	小计	男	女
阳江市				**11**	**6**	**5**	**27**	**19**	**8**
江城区				4	4		3	1	2
阳西县							2		2
阳东县				4	2	2	14	10	4
阳春市				3		3	8	8	
清远市	**15**	**8**	**7**	**33**	**15**	**18**	**161**	**99**	**62**
清城区	9	6	3	20	11	9	69	41	28
佛冈县				3	2	1	30	20	10
阳山县				1		1	1		1
连山壮族瑶族自治县	1	1							
连南瑶族自治县							2	1	1
清新县				4	1	3	9	2	7
英德市	5	1	4	4	1	3	42	30	12
连州市				1		1	8	5	3
东莞市	**88**	**52**	**36**	**1245**	**692**	**553**	**3304**	**1721**	**1583**
中山市	**28**	**21**	**7**	**319**	**189**	**130**	**886**	**500**	**386**
潮州市	**2**	**1**	**1**	**173**	**103**	**70**	**60**	**42**	**18**
湘桥区				130	76	54	6	4	2
潮安县	2	1	1	41	27	14	53	37	16
饶平县				2		2	1	1	
揭阳市	**2**	**1**	**1**	**2**	**1**	**1**	**20**	**8**	**12**
榕城区	2	1	1	1		1	11	5	6
揭东县				1	1		4	2	2
揭西县									
惠来县									
普宁市							5	1	4
云浮市				**14**	**10**	**4**	**16**	**5**	**11**
云城区				5	5		10	4	6
新兴县				5	4	1	1		1
郁南县							1	1	
云安县							3		3
罗定市				4	1	3	1		1
广西壮族自治区	**128**	**59**	**69**	**65587**	**34112**	**31475**	**3885**	**2048**	**1837**
南宁市	**106**	**46**	**60**	**2575**	**1192**	**1383**	**244**	**131**	**113**
兴宁区	14	8	6	267	141	126	23	12	11
青秀区	28	13	15	741	343	398	73	34	39
江南区	5	1	4	285	128	157	20	8	12
西乡塘区	35	16	19	944	427	517	84	49	35
良庆区	2	2		78	31	47	31	23	8
邕宁区				7		7			
武鸣县	1	1		33	16	17	2	2	
隆安县				16	10	6	1		1
马山县	2		2	89	45	44	2	1	1
上林县	1		1	12	6	6	1		1
宾阳县	17	5	12	83	41	42	6	1	5
横县	1		1	20	4	16	1	1	

10-13 续表 39 单位：人

地区	撒拉族			毛南族			仡佬族		
	小计	男	女	小计	男	女	小计	男	女
柳州市	**1**	**1**		**2204**	**1066**	**1138**	**120**	**76**	**44**
城中区				202	111	91	27	21	6
鱼峰区				374	194	180	27	19	8
柳南区				530	242	288	18	8	10
柳北区				527	259	268	12	5	7
柳江县				183	88	95			
柳城县				103	39	64	9	4	5
鹿寨县	1	1		149	75	74	12	12	
融安县				70	26	44	15	7	8
融水苗族自治县				56	26	30			
三江侗族自治县				10	6	4			
桂林市	**11**	**9**	**2**	**632**	**280**	**352**	**106**	**47**	**59**
秀峰区				63	36	27	3		3
叠彩区	1	1		34	16	18	3	1	2
象山区	1		1	86	33	53	9	3	6
七星区	4	4		151	78	73	6	1	5
雁山区				43	16	27	11	4	7
阳朔县	1	1		2	1	1	6	3	3
临桂县	3	2	1	74	28	46	7	5	2
灵川县				51	29	22	25	11	14
全州县				24	5	19	1	1	
兴安县				7	1	6	1		1
永福县				47	25	22	8	7	1
灌阳县				6		6	1	1	
龙胜各族自治县				3	1	2	4	1	3
资源县				6	1	5			
平乐县				10	3	7	6	3	3
荔浦县	1	1		12	1	11	10	2	8
恭城瑶族自治县				13	6	7	5	4	1
梧州市				**96**	**44**	**52**	**27**	**9**	**18**
万秀区				5	5		1		1
蝶山区				12	4	8	8	4	4
长洲区				14	8	6	3	2	1
苍梧县				5	1	4	4		4
藤县				21	12	9	5	2	3
蒙山县				7	2	5	2	1	1
岑溪市				32	12	20	4		4
北海市				**144**	**63**	**81**	**91**	**63**	**28**
海城区				70	33	37	54	35	19
银海区				38	18	20	34	28	6
铁山港区				25	12	13			
合浦县				11		11	3		3
防城港市				**95**	**53**	**42**	**22**	**13**	**9**
港口区				44	23	21	9	5	4
防城区				18	7	11	5	3	2
上思县				8	4	4			
东兴市				25	19	6	8	5	3
钦州市				**159**	**70**	**89**	**195**	**111**	**84**
钦南区				88	45	43	181	99	82
钦北区				15	4	11	11	11	
灵山县				46	19	27	2	1	1
浦北县				10	2	8	1		1
贵港市	**1**		**1**	**229**	**92**	**137**	**21**	**10**	**11**
港北区	1		1	108	57	51	7	5	2
港南区				61	22	39	1		1
覃塘区				8	2	6	4	1	3
平南县				18	4	14	7	4	3
桂平市				34	7	27	2		2

10-13　续表 40　　　　　　　　　　　　　　　　　　单位：人

地　区	撒拉族			毛南族			仡佬族		
	小计	男	女	小计	男	女	小计	男	女
玉林市	**2**	**1**	**1**	**305**	**61**	**244**	**29**	**7**	**22**
玉州区	2	1	1	67	25	42	6	2	4
容县				28	2	26	2	1	1
陆川县				47	19	28	5	2	3
博白县				71	9	62	7	1	6
兴业县				44	1	43	3		3
北流市				48	5	43	6	1	5
百色市	**4**		**4**	**220**	**105**	**115**	**2945**	**1540**	**1405**
右江区				62	27	35	74	33	41
田阳县				18	9	9	5	2	3
田东县				20	8	12	3	1	2
平果县				33	15	18	14	8	6
德保县				7	1	6	4	2	2
靖西县	4		4	5	3	2	1		1
那坡县				1		1	3	2	1
凌云县							1		1
乐业县							3	1	2
田林县				4	2	2	34	20	14
西林县				65	39	26	178	96	82
隆林各族自治县				5	1	4	2625	1375	1250
贺州市	**1**		**1**	**41**	**17**	**24**	**25**	**12**	**13**
八步区				19	6	13	15	9	6
平桂管理区	1		1	7	3	4	2		2
昭平县				7	5	2	1		1
钟山县				5	3	2	6	3	3
富川瑶族自治县				3		3	1		1
河池市				**58484**	**30898**	**27586**	**11**	**5**	**6**
金城江区				6307	3035	3272	4	2	2
南丹县				2304	1228	1076			
天峨县				797	528	269			
凤山县				20	7	13			
东兰县				464	267	197			
罗城仫佬族自治县				68	24	44	3		3
环江毛南族自治县				43449	22947	20502			
巴马瑶族自治县				147	71	76			
都安瑶族自治县				3009	1813	1196			
大化瑶族自治县				103	59	44			
宜州市				1816	919	897	4	3	1
来宾市				**294**	**121**	**173**	**27**	**11**	**16**
兴宾区				132	52	80	15	7	8
忻城县				27	6	21	8	2	6
象州县				28	8	20	3	1	2
武宣县				39	19	20			
金秀瑶族自治县				17	8	9	1	1	
合山市				51	28	23			
崇左市	**2**	**2**		**109**	**50**	**59**	**22**	**13**	**9**
江州区				24	11	13	4	3	1
扶绥县				18	4	14	6	3	3
宁明县	1	1		5	1	4	4	2	2
龙州县				22	7	15	1	1	
大新县				2	1	1			
天等县				4		4			
凭祥市	1	1		34	26	8	7	4	3

10-13 续表 41

单位：人

地区	撒拉族			毛南族			仡佬族		
	小计	男	女	小计	男	女	小计	男	女
海南省	**21**	**12**	**9**	**61**	**40**	**21**	**406**	**246**	**160**
海口市	**13**	**9**	**4**	**18**	**9**	**9**	**144**	**76**	**68**
秀英区				3	2	1	19	12	7
龙华区	1		1	5	1	4	37	15	22
琼山区	5	5		2		2	52	29	23
美兰区	7	4	3	8	6	2	36	20	16
三亚市	**7**	**2**	**5**	**17**	**14**	**3**	**70**	**52**	**18**
省直辖县级行政区划	**1**	**1**		**26**	**17**	**9**	**192**	**118**	**74**
五指山市							5	5	
琼海市				8	5	3	16	12	4
儋州市				5	3	2	10	7	3
文昌市				2	2		116	67	49
万宁市							4	2	2
东方市							12	9	3
定安县							5	3	2
屯昌县				2	1	1	3	3	
澄迈县				8	6	2	8	3	5
临高县									
白沙黎族自治县				1		1			
昌江黎族自治县							1	1	
乐东黎族自治县							2	1	1
陵水黎族自治县	1	1					5	3	2
保亭黎族苗族自治县							4	2	2
琼中黎族苗族自治县							1		1
西沙群岛									
重庆市	**71**	**40**	**31**	**63**	**33**	**30**	**2808**	**1298**	**1510**
市辖区	**70**	**40**	**30**	**55**	**30**	**25**	**1663**	**826**	**837**
万州区	10	6	4	1		1	36	20	16
涪陵区				3		3	59	18	41
渝中区				2	2		48	22	26
大渡口区							19	7	12
江北区							76	61	15
沙坪坝区	6	3	3	4	4		123	75	48
九龙坡区	3	1	2				106	63	43
南岸区	2	2		10	8	2	91	42	49
北碚区	10	5	5	7	2	5	172	89	83
万盛区							31	15	16
双桥区				3	2	1			
渝北区	12	7	5	2	1	1	114	67	47
巴南区				1	1		65	29	36
黔江区							18	7	11
长寿区							31	9	22
江津区				3		3	98	43	55
合川区	27	16	11	6	2	4	78	49	29
永川区				13	8	5	190	117	73
南川区							308	93	215
市辖县	**1**		**1**	**8**	**3**	**5**	**1145**	**472**	**673**
綦江县				3	1	2	40	11	29
潼南县							2		2
铜梁县							16	8	8

10-13 续表 42 单位：人

地区	撒拉族			毛南族			仡佬族		
	小计	男	女	小计	男	女	小计	男	女
大足县							4	1	3
荣昌县				3	2	1	20	8	12
璧山县				2		2	23	8	15
梁平县							6	2	4
城口县							1	1	
丰都县	1		1				31	24	7
垫江县							19	8	11
武隆县							816	342	474
忠县							8	3	5
开县									
云阳县							1		1
奉节县							4	1	3
巫山县							2	1	1
巫溪县									
石柱土家族自治县							7	7	
秀山土家族苗族自治县							24	7	17
酉阳土家族苗族自治县							8	2	6
彭水苗族土家族自治县							113	38	75
四川省	**223**	**122**	**101**	**88**	**43**	**45**	**1235**	**630**	**605**
成都市	**111**	**62**	**49**	**39**	**23**	**16**	**490**	**275**	**215**
锦江区	4	1	3	2	1	1	15	6	9
青羊区	11	8	3	5	2	3	38	23	15
金牛区	2		2	1		1	43	25	18
武侯区	12	6	6	8	4	4	101	52	49
成华区	3	3		3	2	1	39	22	17
龙泉驿区	4	2	2	2	1	1	42	28	14
青白江区	5	2	3				3	1	2
新都区							14	9	5
温江区	5	2	3	2	1	1	13	6	7
金堂县							9		9
双流县	12	3	9	9	7	2	70	34	36
郫县	18	11	7	7	5	2	71	53	18
大邑县	25	20	5				6	5	1
蒲江县									
新津县	4	2	2				5	1	4
都江堰市							13	6	7
彭州市	2	1	1				4	3	1
邛崃市							1		1
崇州市	4	1	3				3	1	2
自贡市	**4**	**2**	**2**	**3**	**1**	**2**	**16**	**6**	**10**
自流井区	1	1		1	1		3	2	1
贡井区							2		2
大安区							6	4	2
沿滩区									
荣县							4		4
富顺县	3	1	2	2		2	1		1
攀枝花市	**8**	**5**	**3**	**7**	**4**	**3**	**224**	**112**	**112**
东区	4	3	1	7	4	3	22	15	7
西区							10	2	8
仁和区	4	2	2				20	11	9
米易县									
盐边县							172	84	88

10-13 续表 43 单位：人

地区	撒拉族			毛南族			仡佬族		
	小计	男	女	小计	男	女	小计	男	女
泸州市	**5**	**3**	**2**	**3**	**1**	**2**	**137**	**64**	**73**
江阳区	1	1					5	2	3
纳溪区									
龙马潭区	1		1				2		2
泸县	1		1	1		1	22	4	18
合江县				1	1		88	49	39
叙永县				1		1	10	6	4
古蔺县	2	2					10	3	7
德阳市							**27**	**7**	**20**
旌阳区							11	2	9
中江县							4		4
罗江县									
广汉市							5	2	3
什邡市							3	3	
绵竹市							4		4
绵阳市	**16**	**5**	**11**	**4**	**1**	**3**	**36**	**17**	**19**
涪城区	10	4	6				18	10	8
游仙区	4	1	3				2	2	
三台县				1		1	1		1
盐亭县									
安县	1		1	1		1	1		1
梓潼县									
北川羌族自治县	1		1	2	1	1	2	1	1
平武县							1		1
江油市							11	4	7
广元市							**16**	**11**	**5**
利州区							4	3	1
元坝区							1	1	
朝天区							3	3	
旺苍县									
青川县							1		1
剑阁县							7	4	3
苍溪县									
遂宁市	**2**	**1**	**1**				**7**	**4**	**3**
船山区									
安居区									
蓬溪县	2	1	1				2		2
射洪县							4	3	1
大英县							1	1	
内江市				**3**	**1**	**2**	**20**	**7**	**13**
市中区							3	2	1
东兴区							4	1	3
威远县				1	1		2	1	1
资中县				1		1	3		3
隆昌县				1		1	8	3	5
乐山市				**2**	**1**	**1**	**39**	**19**	**20**
市中区				2	1	1	9	7	2
沙湾区									
五通桥区							4	1	3
金口河区									
犍为县							1		1
井研县							7	1	6
夹江县							3	3	
沐川县									
峨边彝族自治县							3	1	2
马边彝族自治县							10	4	6
峨眉山市							2	2	

10-13　续表 44　　　　单位：人

地　区	撒拉族			毛南族			仡佬族		
	小计	男	女	小计	男	女	小计	男	女
南充市	**12**	**3**	**9**	**1**		**1**	**37**	**15**	**22**
顺庆区	7	1	6				5	4	1
高坪区							1		1
嘉陵区							2	1	1
南部县	5	2	3				7	1	6
营山县							5		5
蓬安县							1		1
仪陇县							4		4
西充县									
阆中市				1		1	12	9	3
眉山市				**1**		**1**	**19**	**11**	**8**
东坡区							8	6	2
仁寿县							6	1	5
彭山县							2	1	1
洪雅县				1		1			
丹棱县									
青神县							3	3	
宜宾市	**3**	**2**	**1**	**6**	**2**	**4**	**31**	**9**	**22**
翠屏区				1		1	7	1	6
宜宾县							3		3
南溪县									
江安县	1		1						
长宁县									
高县	1	1					3		3
珙县				1	1		10	5	5
筠连县	1	1		1		1	2	1	1
兴文县				3	1	2	2	1	1
屏山县							4	1	3
广安市	**1**	**1**		**1**		**1**	**35**	**12**	**23**
广安区							9	2	7
岳池县							12	5	7
武胜县							7	4	3
邻水县				1		1	1		1
华蓥市	1	1					6	1	5
达州市				**4**		**4**	**19**	**10**	**9**
通川区							5	5	
达县							3	1	2
宣汉县							1		1
开江县				2		2	5	3	2
大竹县							3		3
渠县							1	1	
万源市				2		2	1		1
雅安市	**3**	**1**	**2**	**1**		**1**	**14**	**7**	**7**
雨城区							12	6	6
名山县							1	1	
荥经县									
汉源县	2	1	1				1		1
石棉县									
天全县									
芦山县				1		1			
宝兴县	1		1						

10-13 续表 45　　　　单位：人

地区	撒拉族			毛南族			仡佬族		
	小计	男	女	小计	男	女	小计	男	女
巴中市							**1**		**1**
巴州区									
通江县									
南江县							1		1
平昌县									
资阳市	**2**		**2**	**8**	**5**	**3**	**16**	**3**	**13**
雁江区	1		1	2	2		1	1	
安岳县	1		1	6	3	3	6	2	4
乐至县							3		3
简阳市							6		6
阿坝藏族羌族自治州	**26**	**14**	**12**	**5**	**4**	**1**	**8**	**3**	**5**
汶川县				3	2	1	3	2	1
理县	2	1	1						
茂县							1		1
松潘县	1	1							
九寨沟县							3		3
金川县									
小金县	3	2	1	2	2				
黑水县									
马尔康县							1	1	
壤塘县									
阿坝县	9	5	4						
若尔盖县	11	5	6						
红原县									
甘孜藏族自治州	**25**	**20**	**5**				**13**	**12**	**1**
康定县	1	1					9	8	1
泸定县									
丹巴县									
九龙县									
雅江县							1	1	
道孚县									
炉霍县							2	2	
甘孜县	1		1						
新龙县	1	1							
德格县	8	6	2						
白玉县									
石渠县	3	1	2						
色达县									
理塘县	11	11							
巴塘县									
乡城县									
稻城县							1	1	
得荣县									
凉山彝族自治州	**5**	**3**	**2**				**30**	**26**	**4**
西昌市	2	1	1				17	14	3
木里藏族自治县							3	3	
盐源县							5	5	
德昌县							3	2	1
会理县									
会东县									
宁南县									
普格县									
布拖县									
金阳县									
昭觉县									

10-13 续表 46　　单位：人

地区	撒拉族			毛南族			仡佬族		
	小计	男	女	小计	男	女	小计	男	女
喜德县									
冕宁县	3	2	1						
越西县									
甘洛县									
美姑县									
雷波县							2	2	
贵州省	**99**	**61**	**38**	**27332**	**14243**	**13089**	**495182**	**258935**	**236247**
贵阳市	**31**	**20**	**11**	**412**	**209**	**203**	**25457**	**13639**	**11818**
南明区	4	1	3	103	50	53	5089	2692	2397
云岩区	16	12	4	134	72	62	7293	3953	3340
花溪区	4	3	1	57	22	35	1890	1002	888
乌当区	4	1	3	20	13	7	2174	1183	991
白云区	3	3		19	11	8	1629	879	750
小河区				29	13	16	1606	875	731
开阳县				1	1		507	261	246
息烽县				4	2	2	287	160	127
修文县				14	9	5	245	116	129
清镇市				31	16	15	4737	2518	2219
六盘水市	**11**	**6**	**5**	**21**	**6**	**15**	**11693**	**6380**	**5313**
钟山区	7	4	3	7	2	5	1388	764	624
六枝特区	4	2	2	13	3	10	7995	4330	3665
水城县				1	1		1954	1099	855
盘县							356	187	169
遵义市	**29**	**20**	**9**	**35**	**12**	**23**	**297964**	**154186**	**143778**
红花岗区				9	3	6	7342	3705	3637
汇川区	29	20	9	7	1	6	7275	3585	3690
遵义县				9	3	6	2882	1442	1440
桐梓县				2	1	1	182	83	99
绥阳县							331	158	173
正安县				2	2		26819	14174	12645
道真仡佬族苗族自治县				3	1	2	104812	53786	51026
务川仡佬族苗族自治县							129469	67012	62457
凤冈县							10822	6136	4686
湄潭县							2250	1078	1172
余庆县				3	1	2	2320	1223	1097
习水县							78	36	42
赤水市							82	40	42
仁怀市							3300	1728	1572
安顺市	**14**	**7**	**7**	**14**	**8**	**6**	**24718**	**13311**	**11407**
西秀区	9	5	4	6	5	1	3879	2110	1769
平坝县				1		1	2518	1320	1198
普定县				4	3	1	4390	2436	1954
镇宁布依族苗族自治县	4	2	2				1778	952	826
关岭布依族苗族自治县	1		1	1		1	11754	6269	5485
紫云苗族布依族自治县				2		2	399	224	175
铜仁地区				**12**	**6**	**6**	**102849**	**54147**	**48702**
铜仁市				6	4	2	1778	895	883
江口县				1		1	1164	702	462
玉屏侗族自治县							135	67	68
石阡县				1		1	91076	47814	43262
思南县							5926	3174	2752
印江土家族苗族自治县							139	48	91
德江县				2	2		645	332	313
沿河土家族自治县							63	25	38
松桃苗族自治县							1885	1071	814
万山特区				2		2	38	19	19

10-13 续表 47

单位：人

地区	撒拉族			毛南族			仡佬族		
	小计	男	女	小计	男	女	小计	男	女
黔西南布依族苗族自治州	**8**	**3**	**5**	**23**	**11**	**12**	**4705**	**2543**	**2162**
兴义市				10	5	5	509	280	229
兴仁县	2	1	1	2	1	1	1294	711	583
普安县	6	2	4	1	1		35	15	20
晴隆县				4		4	445	264	181
贞丰县				6	4	2	1354	700	654
望谟县							9	2	7
册亨县							301	178	123
安龙县							758	393	365
毕节地区				**55**	**27**	**28**	**20585**	**10945**	**9640**
毕节市				5	2	3	572	300	272
大方县				8	8		5690	2996	2694
黔西县				28	11	17	5460	2907	2553
金沙县				5	2	3	974	519	455
织金县				3	1	2	6714	3559	3155
纳雍县							1024	558	466
威宁彝族回族苗族自治县				3	1	2	97	70	27
赫章县				3	2	1	54	36	18
黔东南苗族侗族自治州	**6**	**5**	**1**	**56**	**27**	**29**	**3201**	**1590**	**1611**
凯里市	6	5	1	23	14	9	845	460	385
黄平县							84	44	40
施秉县				1		1	193	93	100
三穗县				2		2	57	24	33
镇远县				5	3	2	894	410	484
岑巩县							750	349	401
天柱县				1		1	25	9	16
锦屏县				2		2	11	5	6
剑河县							45	28	17
台江县				3	3		9	6	3
黎平县				3		3	57	26	31
榕江县				2	1	1	40	22	18
从江县				1		1	65	47	18
雷山县				3	2	1	26	13	13
麻江县				9	4	5	83	46	37
丹寨县				1		1	17	8	9
黔南布依族苗族自治州				**26704**	**13937**	**12767**	**4010**	**2194**	**1816**
都匀市				419	158	261	733	389	344
福泉市				16	6	10	717	394	323
荔波县				206	118	88	51	26	25
贵定县				25	8	17	295	168	127
瓮安县				13	6	7	1657	920	737
独山县				1346	558	788	50	29	21
平塘县				23047	12144	10903	59	31	28
罗甸县				8	1	7	31	18	13
长顺县				13	5	8	141	74	67
龙里县				9	5	4	120	61	59
惠水县				1589	922	667	134	71	63
三都水族自治县				13	6	7	22	13	9

10-13 续表 48

单位：人

地区	撒拉族			毛南族			仡佬族		
	小计	男	女	小计	男	女	小计	男	女
云南省	**265**	**150**	**115**	**154**	**93**	**61**	**3461**	**2018**	**1443**
昆明市	**147**	**84**	**63**	**57**	**32**	**25**	**679**	**428**	**251**
五华区	46	27	19	20	10	10	149	86	63
盘龙区	37	25	12	2	1	1	153	91	62
官渡区	21	13	8	9	5	4	93	61	32
西山区	13	7	6	14	9	5	118	79	39
东川区	1	1					3	3	
呈贡县	5	1	4	4	2	2	58	41	17
晋宁县				1		1	12	8	4
富民县	3	2	1	1	1		8	4	4
宜良县	7	4	3	4	2	2	27	16	11
石林彝族自治县							4	4	
嵩明县	2	1	1				13	13	
禄劝彝族苗族自治县	5	1	4				2		2
寻甸回族彝族自治县	1		1						
安宁市	6	2	4	2	2		39	22	17
曲靖市	**36**	**18**	**18**	**4**		**4**	**117**	**65**	**52**
麒麟区	20	9	11				65	38	27
马龙县	2	2					2	1	1
陆良县	4	2	2				4	3	1
师宗县				1		1			
罗平县	4	3	1	2		2	11	6	5
富源县	1	1		1		1	8	3	5
会泽县							10	5	5
沾益县	1		1				4	3	1
宣威市	4	1	3				13	6	7
玉溪市	**25**	**14**	**11**	**3**	**2**	**1**	**135**	**80**	**55**
红塔区	10	4	6	3	2	1	62	42	20
江川县							3	2	1
澄江县	1	1							
通海县	12	7	5				26	16	10
华宁县							3	2	1
易门县									
峨山彝族自治县							3	2	1
新平彝族傣族自治县	2	2					11	5	6
元江哈尼族彝族傣族自治县							27	11	16
保山市	**2**		**2**				**35**	**27**	**8**
隆阳区	2		2				22	19	3
施甸县									
腾冲县							7	4	3
龙陵县									
昌宁县							6	4	2
昭通市				**2**		**2**	**49**	**24**	**25**
昭阳区				2		2	3	2	1
鲁甸县									
巧家县									
盐津县							5	2	3
大关县							8	1	7
永善县							14	9	5
绥江县							4	2	2
镇雄县							7	3	4
彝良县							1	1	
威信县							1		1
水富县							6	4	2

10-13 续表 49

单位：人

地区	撒拉族			毛南族			仡佬族		
	小计	男	女	小计	男	女	小计	男	女
丽江市	**6**	**3**	**3**				**29**	**17**	**12**
古城区	3	1	2				25	14	11
玉龙纳西族自治县	3	2	1						
永胜县									
华坪县									
宁蒗彝族自治县							4	3	1
普洱市	**2**	**1**	**1**	**2**	**2**		**69**	**49**	**20**
思茅区				1	1		47	35	12
宁洱哈尼族彝族自治县				1	1		7	6	1
墨江哈尼族自治县							1		1
景东彝族自治县							2		2
景谷傣族彝族自治县									
镇沅彝族哈尼族拉祜族自治县									
江城哈尼族彝族自治县							5	3	2
孟连傣族拉祜族佤族自治县							1	1	
澜沧拉祜族自治县	2	1	1				6	4	2
西盟佤族自治县									
临沧市	**6**	**3**	**3**	**7**	**4**	**3**	**17**	**14**	**3**
临翔区	1	1		2	1	1	9	7	2
凤庆县	1		1				2	2	
云县									
永德县									
镇康县	2		2				1	1	
双江拉祜族佤族布朗族傣族自治县	1	1							
耿马傣族佤族自治县	1	1		3	2	1	2	2	
沧源佤族自治县				2	1	1	3	2	1
楚雄彝族自治州	**1**	**1**		**6**	**2**	**4**	**70**	**36**	**34**
楚雄市	1	1		2	1	1	37	11	26
双柏县									
牟定县							2	2	
南华县							3	2	1
姚安县				2		2			
大姚县							5	4	1
永仁县				2	1	1			
元谋县							8	8	
武定县							7	4	3
禄丰县							8	5	3
红河哈尼族彝族自治州	**24**	**16**	**8**	**34**	**25**	**9**	**209**	**133**	**76**
个旧市	15	10	5				58	34	24
开远市	5	4	1	2		2	36	21	15
蒙自市	2	1	1	26	20	6	39	26	13
屏边苗族自治县				1	1		4	3	1
建水县	1	1					15	12	3
石屏县							5	3	2
弥勒县							9	5	4
泸西县							5	4	1
元阳县									
红河县							1	1	
金平苗族瑶族傣族自治县				1	1		2	1	1
绿春县							1		1
河口瑶族自治县	1		1	4	3	1	34	23	11
文山壮族苗族自治州	**3**	**2**	**1**	**5**	**2**	**3**	**1787**	**966**	**821**
文山县							91	55	36
砚山县	2	1	1	1	1		286	161	125
西畴县							14	8	6
麻栗坡县	1	1					1142	602	540

10-13　续表 50　　　　　　　　　　　　　　　　　　　　　　　　　　　　　单位：人

地　区	撒拉族			毛南族			仡佬族		
	小计	男	女	小计	男	女	小计	男	女
马关县							61	35	26
丘北县							8	3	5
广南县				3	1	2	54	33	21
富宁县				1		1	131	69	62
西双版纳傣族自治州				**3**	**1**	**2**	**120**	**72**	**48**
景洪市				3	1	2	33	21	12
勐海县							5	4	1
勐腊县							82	47	35
大理白族自治州	**13**	**8**	**5**	**9**	**4**	**5**	**110**	**79**	**31**
大理市	11	6	5	3	2	1	71	50	21
漾濞彝族自治县									
祥云县				6	2	4	17	14	3
宾川县							4	3	1
弥渡县							8	6	2
南涧彝族自治县									
巍山彝族回族自治县									
永平县							6	3	3
云龙县									
洱源县							1	1	
剑川县	2	2							
鹤庆县							3	2	1
德宏傣族景颇族自治州				**12**	**11**	**1**	**19**	**13**	**6**
瑞丽市							9	7	2
潞西市							4	3	1
梁河县							2	2	
盈江县				12	11	1	4	1	3
陇川县									
怒江傈僳族自治州				**6**	**5**	**1**	**7**	**7**	
泸水县							6	6	
福贡县				1	1				
贡山独龙族怒族自治县									
兰坪白族普米族自治县				5	4	1	1	1	
迪庆藏族自治州				**4**	**3**	**1**	**9**	**8**	**1**
香格里拉县				2	2		6	5	1
德钦县				2	1	1			
维西傈僳族自治县							3	3	
西藏自治区	**255**	**163**	**92**	**1**	**1**		**27**	**15**	**12**
拉萨市	**87**	**55**	**32**	**1**	**1**		**13**	**7**	**6**
城关区	61	38	23	1	1		11	5	6
林周县	7	3	4						
当雄县	14	12	2						
尼木县									
曲水县	3	1	2						
堆龙德庆县							1	1	
达孜县							1	1	
墨竹工卡县	2	1	1						
昌都地区	**19**	**12**	**7**				**4**	**4**	
昌都县	1	1					1	1	
江达县							1	1	
贡觉县									
类乌齐县	1	1							
丁青县	17	10	7						
察雅县									

10-13 续表 51 单位: 人

地区	撒拉族			毛南族			仡佬族		
	小计	男	女	小计	男	女	小计	男	女
八宿县									
左贡县									
芒康县									
洛隆县							1	1	
边坝县							1	1	
山南地区	**24**	**19**	**5**						
乃东县	15	12	3						
扎囊县									
贡嘎县									
桑日县									
琼结县									
曲松县									
措美县									
洛扎县									
加查县	8	6	2						
隆子县	1	1							
错那县									
浪卡子县									
日喀则地区	**30**	**18**	**12**				**4**	**1**	**3**
日喀则市	26	15	11						
南木林县							2	1	1
江孜县									
定日县									
萨迦县									
拉孜县									
昂仁县									
谢通门县							2		2
白朗县									
仁布县									
康马县									
定结县									
仲巴县									
亚东县									
吉隆县									
聂拉木县	4	3	1						
萨嘎县									
岗巴县									
那曲地区	**32**	**20**	**12**						
那曲县	16	10	6						
嘉黎县									
比如县									
聂荣县									
安多县	4	3	1						
申扎县									
索县	10	5	5						
班戈县	2	2							
巴青县									
尼玛县									
阿里地区	**26**	**20**	**6**						
普兰县									
札达县									
噶尔县	12	11	1						
日土县									
革吉县									
改则县	11	7	4						
措勤县	3	2	1						

10-13　续表 52　　　　单位：人

地区	撒拉族			毛南族			仡佬族		
	小计	男	女	小计	男	女	小计	男	女
林芝地区	**37**	**19**	**18**				**6**	**3**	**3**
林芝县	8	4	4				1	1	
工布江达县	19	10	9						
米林县	9	4	5						
墨脱县									
波密县	1	1					5	2	3
察隅县									
朗县									
陕西省	**156**	**95**	**61**	**19**	**8**	**11**	**205**	**122**	**83**
西安市	**133**	**83**	**50**	**15**	**6**	**9**	**140**	**86**	**54**
新城区	3	2	1						
碑林区	11	7	4	2	1	1	19	15	4
莲湖区	22	13	9				4	2	2
灞桥区	11	6	5				5	3	2
未央区	10	5	5	1	1		14	7	7
雁塔区	37	24	13	7	3	4	36	21	15
阎良区	2	2					2	2	
临潼区							4	3	1
长安区	35	24	11	4	1	3	53	32	21
蓝田县							2	1	1
周至县							1		1
户县	2		2						
高陵县				1		1			
铜川市									
王益区									
印台区									
耀州区									
宜君县									
宝鸡市	**5**	**2**	**3**	**1**	**1**		**11**	**5**	**6**
渭滨区	3	1	2				2		2
金台区	1		1				8	4	4
陈仓区				1	1				
凤翔县									
岐山县									
扶风县									
眉县									
陇县									
千阳县									
麟游县							1	1	
凤县									
太白县	1	1							
咸阳市	**10**	**7**	**3**				**18**	**13**	**5**
秦都区									
杨陵区	8	6	2				15	10	5
渭城区	2	1	1				2	2	
三原县									
泾阳县									
乾县									
礼泉县									
永寿县									
彬县							1	1	

10-13 续表 53 单位：人

地区	撒拉族			毛南族			仡佬族		
	小计	男	女	小计	男	女	小计	男	女
长武县									
旬邑县									
淳化县									
武功县									
兴平市									
渭南市							**1**		**1**
临渭区							1		1
华县									
潼关县									
大荔县									
合阳县									
澄城县									
蒲城县									
白水县									
富平县									
韩城市									
华阴市									
延安市							**3**	**1**	**2**
宝塔区							1	1	
延长县									
延川县									
子长县									
安塞县									
志丹县									
吴起县									
甘泉县									
富县									
洛川县									
宜川县									
黄龙县									
黄陵县							2		2
汉中市	**2**		**2**	**2**	**1**	**1**	**14**	**8**	**6**
汉台区							5	4	1
南郑县							1		1
城固县							3	1	2
洋县				1		1	1		1
西乡县									
勉县	2		2				1		1
宁强县									
略阳县				1	1		3	3	
镇巴县									
留坝县									
佛坪县									
榆林市	**1**		**1**				**6**	**5**	**1**
榆阳区									
神木县							3	3	
府谷县							1		1
横山县									
靖边县									
定边县	1		1						
绥德县									
米脂县									
佳县									
吴堡县							2	2	
清涧县									
子洲县									

10-13　续表 54　　　　单位：人

地　区	撒拉族			毛南族			仡佬族		
	小计	男	女	小计	男	女	小计	男	女
安康市	**1**	**1**		**1**		**1**	**7**	**1**	**6**
汉滨区									
汉阴县							1		1
石泉县	1	1							
宁陕县							1		1
紫阳县							2	1	1
岚皋县									
平利县							2		2
镇坪县				1		1	1		1
旬阳县									
白河县									
商洛市	**4**	**2**	**2**				**5**	**3**	**2**
商州区	4	2	2				2		2
洛南县									
丹凤县									
商南县									
山阳县									
镇安县							3	3	
柞水县									
甘肃省	**13517**	**6852**	**6665**	**12**	**6**	**6**	**98**	**64**	**34**
兰州市	**312**	**149**	**163**	**10**	**4**	**6**	**81**	**54**	**27**
城关区	137	65	72	1		1	20	16	4
七里河区	82	40	42	1	1		4	4	
西固区	7	4	3						
安宁区	30	14	16	2		2	7	1	6
红古区	10	5	5						
永登县	5	2	3						
皋兰县									
榆中县	41	19	22	6	3	3	50	33	17
嘉峪关市	**11**	**5**	**6**				**3**		**3**
金昌市	**9**	**3**	**6**				**1**	**1**	
金川区	9	3	6						
永昌县							1	1	
白银市	**56**	**30**	**26**						
白银区									
平川区									
靖远县									
会宁县									
景泰县	56	30	26						
天水市	**2**	**1**	**1**						
秦州区									
麦积区	2	1	1						
清水县									
秦安县									
甘谷县									
武山县									
张家川回族自治县									
武威市	**11**	**6**	**5**				**1**		**1**
凉州区	7	5	2				1		1
民勤县									
古浪县									
天祝藏族自治县	4	1	3						

10-13 续表 55 单位：人

地 区	撒拉族			毛南族			仡佬族		
	小计	男	女	小计	男	女	小计	男	女
张掖市	**13**	**8**	**5**				**1**		**1**
甘州区	9	4	5						
肃南裕固族自治县							1		1
民乐县									
临泽县									
高台县	4	4							
山丹县									
平凉市	**2**	**2**							
崆峒区	2	2							
泾川县									
灵台县									
崇信县									
华亭县									
庄浪县									
静宁县									
酒泉市	**176**	**96**	**80**				**2**	**2**	
肃州区	3	2	1				2	2	
金塔县									
瓜州县	133	75	58						
肃北蒙古族自治县									
阿克塞哈萨克族自治县	17	9	8						
玉门市	6	5	1						
敦煌市	17	5	12						
庆阳市				**2**	**2**		**1**		**1**
西峰区				2	2				
庆城县									
环县									
华池县									
合水县									
正宁县							1		1
宁县									
镇原县									
定西市	**4**	**2**	**2**						
安定区									
通渭县									
陇西县									
渭源县									
临洮县									
漳县	4	2	2						
岷县									
陇南市	**1**	**1**					**1**	**1**	
武都区									
成县									
文县	1	1					1	1	
宕昌县									
康县									
西和县									
礼县									
徽县									
两当县									

10-13　续表 56　　　　单位：人

地　区	撒拉族			毛南族			仡佬族		
	小计	男	女	小计	男	女	小计	男	女
临夏回族自治州	**12585**	**6361**	**6224**				**7**	**6**	**1**
临夏市	837	415	422						
临夏县	694	403	291						
康乐县	24	9	15						
永靖县	47	24	23				6	6	
广河县	117	57	60						
和政县	135	67	68				1		1
东乡族自治县	9	5	4						
积石山保安族东乡族撒拉族自治县	10722	5381	5341						
甘南藏族自治州	**335**	**188**	**147**						
合作市	103	58	45						
临潭县	13	12	1						
卓尼县									
舟曲县									
迭部县	1	1							
玛曲县	3	2	1						
碌曲县	5	4	1						
夏河县	210	111	99						
青海省	**107089**	**53669**	**53420**	**8**	**6**	**2**	**69**	**59**	**10**
西宁市	**8505**	**4462**	**4043**	**2**	**1**	**1**	**51**	**44**	**7**
城东区	5917	3068	2849	1		1	7	6	1
城中区	838	473	365				3	3	
城西区	834	395	439				22	17	5
城北区	593	342	251				10	9	1
大通回族土族自治县	162	93	69						
湟中县	80	45	35	1	1		9	9	
湟源县	81	46	35						
海东地区	**89741**	**44411**	**45330**				**3**	**2**	**1**
平安县	246	140	106				1		1
民和回族土族自治县	140	69	71				1	1	
乐都县	62	41	21				1	1	
互助土族自治县	49	26	23						
化隆回族自治县	11284	5484	5800						
循化撒拉族自治县	77960	38651	39309						
海北藏族自治州	**894**	**484**	**410**	**3**	**2**	**1**	**12**	**12**	
门源回族自治县	52	37	15	1	1		12	12	
祁连县	774	414	360						
海晏县	53	23	30						
刚察县	15	10	5	2	1	1			
黄南藏族自治州	**1696**	**863**	**833**						
同仁县	1377	692	685						
尖扎县	88	44	44						
泽库县	129	67	62						
河南蒙古族自治县	102	60	42						
海南藏族自治州	**1040**	**574**	**466**						
共和县	298	157	141						
同德县	182	109	73						
贵德县	264	140	124						
兴海县	180	99	81						
贵南县	116	69	47						
果洛藏族自治州	**247**	**167**	**80**						
玛沁县	98	64	34						
班玛县	4	4							
甘德县	27	20	7						
达日县	29	23	6						
久治县	40	24	16						
玛多县	49	32	17						

10-13 续表 57 单位：人

地区	撒拉族			毛南族			仡佬族		
	小计	男	女	小计	男	女	小计	男	女
玉树藏族自治州	**301**	**188**	**113**						
玉树县	84	57	27						
杂多县	87	53	34						
称多县	19	16	3						
治多县	31	19	12						
囊谦县	37	17	20						
曲麻莱县	43	26	17						
海西蒙古族藏族自治州	**4665**	**2520**	**2145**	**3**	**3**		**3**	**1**	**2**
格尔木市	2185	1218	967				2	1	1
德令哈市	491	265	226						
乌兰县	1096	542	554						
都兰县	483	266	217						
天峻县	228	124	104	3	3		1		1
芒崖行政委员会	28	14	14						
柴旦行政委员会	150	89	61						
冷湖行政委员会	4	2	2						
宁夏回族自治区	**72**	**38**	**34**	**26**	**9**	**17**	**42**	**31**	**11**
银川市	**58**	**32**	**26**	**25**	**8**	**17**	**34**	**26**	**8**
兴庆区	13	8	5	5		5	3	3	
西夏区	34	17	17	18	8	10	26	19	7
金凤区	10	6	4	2		2	3	3	
永宁县	1	1							
贺兰县									
灵武市							2	1	1
石嘴山市							**3**	**3**	
大武口区							2	2	
惠农区									
平罗县							1	1	
吴忠市	**11**	**6**	**5**				**1**	**1**	
利通区	3	3							
红寺堡区									
盐池县									
同心县	1	1							
青铜峡市	7	2	5				1	1	
固原市	**1**		**1**	**1**	**1**		**1**		**1**
原州区				1	1		1		1
西吉县									
隆德县									
泾源县									
彭阳县	1		1						
中卫市	**2**		**2**				**3**	**1**	**2**
沙坡头区	1		1						
中宁县	1		1				3	1	2
海原县									
新疆维吾尔自治区	**3728**	**1998**	**1730**	**28**	**21**	**7**	**260**	**166**	**94**
乌鲁木齐市	**303**	**165**	**138**	**6**	**3**	**3**	**60**	**39**	**21**
天山区	95	48	47	2	1	1	14	7	7
沙依巴克区	42	18	24	3	1	2	12	8	4
新市区	48	31	17				10	6	4
水磨沟区	34	20	14	1	1		12	10	2

10-13　续表 58　　　　单位：人

地　区	撒拉族			毛南族			仡佬族		
	小计	男	女	小计	男	女	小计	男	女
头屯河区	31	14	17				8	5	3
达坂城区									
米东区	52	34	18				4	3	1
乌鲁木齐县	1		1						
克拉玛依市	**61**	**30**	**31**				**2**	**1**	**1**
独山子区	2	1	1						
克拉玛依区	44	23	21						
白碱滩区	15	6	9				2	1	1
乌尔禾区									
吐鲁番地区	**2**		**2**	**2**	**1**	**1**	**1**	**1**	
吐鲁番市				2	1	1			
鄯善县	1		1						
托克逊县	1		1				1	1	
哈密地区	**9**	**6**	**3**				**16**	**13**	**3**
哈密市	6	4	2				16	13	3
巴里坤哈萨克自治县	3	2	1						
伊吾县									
昌吉回族自治州	**133**	**77**	**56**				**16**	**10**	**6**
昌吉市	57	33	24				4	3	1
阜康市									
呼图壁县	39	22	17				12	7	5
玛纳斯县	4	1	3						
奇台县	19	13	6						
吉木萨尔县	13	7	6						
木垒哈萨克自治县	1	1							
博尔塔拉蒙古自治州	**41**	**26**	**15**						
博乐市	30	19	11						
精河县	11	7	4						
温泉县									
巴音郭楞蒙古自治州	**90**	**48**	**42**	**1**	**1**		**51**	**31**	**20**
库尔勒市	21	11	10				36	21	15
轮台县							3	2	1
尉犁县							2	2	
若羌县	1		1						
且末县	2	1	1						
焉耆回族自治县	60	32	28				1	1	
和静县	3	3		1	1		7	4	3
和硕县							2	1	1
博湖县	3	1	2						
阿克苏地区	**26**	**13**	**13**	**2**	**2**		**19**	**13**	**6**
阿克苏市	3		3				12	7	5
温宿县	2	2		1	1		6	5	1
库车县				1	1		1	1	
沙雅县	1	1							
新和县	11	5	6						
拜城县									
乌什县	8	4	4						
阿瓦提县	1	1							
柯坪县									
克孜勒苏柯尔克孜自治州				**5**	**5**				
阿图什市									
阿克陶县				5	5				
阿合奇县									
乌恰县									

10-13 续表 59 单位：人

地区	撒拉族			毛南族			仡佬族		
	小计	男	女	小计	男	女	小计	男	女
喀什地区	**4**	**1**	**3**						
喀什市									
疏附县									
疏勒县									
英吉沙县									
泽普县									
莎车县									
叶城县	4	1	3						
麦盖提县									
岳普湖县									
伽师县									
巴楚县									
塔什库尔干塔吉克自治县									
和田地区	**12**	**7**	**5**	**1**		**1**	**1**	**1**	
和田市	5	4	1	1		1	1	1	
和田县									
墨玉县	1		1						
皮山县	6	3	3						
洛浦县									
策勒县									
于田县									
民丰县									
伊犁哈萨克自治州	**2489**	**1284**	**1205**	**4**	**2**	**2**	**6**	**1**	**5**
伊宁市	219	116	103				4		4
奎屯市	11	4	7	1	1		1	1	
伊宁县	1616	824	792						
察布查尔锡伯自治县	3	1	2						
霍城县	432	223	209				1		1
巩留县	23	11	12	3	1	2			
新源县	77	45	32						
昭苏县	6	4	2						
特克斯县	61	37	24						
尼勒克县	41	19	22						
塔城地区	**176**	**108**	**68**	**2**	**2**		**18**	**10**	**8**
塔城市	111	64	47				7	2	5
乌苏市	11	5	6				2		2
额敏县									
沙湾县	18	16	2	2	2		9	8	1
托里县	19	12	7						
裕民县									
和布克赛尔蒙古自治县	17	11	6						
阿勒泰地区	**278**	**169**	**109**				**1**	**1**	
阿勒泰市	76	49	27						
布尔津县	59	34	25						
富蕴县	11	9	2						
福海县	49	33	16						
哈巴河县	76	38	38				1	1	
青河县	7	6	1						
吉木乃县									
自治区直辖县级行政区划	**104**	**64**	**40**	**5**	**5**		**69**	**45**	**24**
石河子市	96	58	38	1	1				
阿拉尔市	2	1	1	3	3		18	11	7
图木舒克市	2	2					50	33	17
五家渠市	4	3	1	1	1		1	1	

10-14　全国各县分性别的锡伯族、阿昌族、普米族人口

单位：人

地区	锡伯族			阿昌族			普米族		
	小计	男	女	小计	男	女	小计	男	女
全　国	**190481**	**99571**	**90910**	**39555**	**19751**	**19804**	**42861**	**21433**	**21428**
北京市	**2569**	**1201**	**1368**	**28**	**14**	**14**	**46**	**22**	**24**
市辖区	**2547**	**1188**	**1359**	**27**	**13**	**14**	**46**	**22**	**24**
东城区	85	38	47				1		1
西城区	138	72	66	2	2		2	2	
崇文区	42	21	21						
宣武区	99	38	61				2	1	1
朝阳区	492	209	283	5	1	4	2		2
丰台区	251	124	127	2	1	1	6	3	3
石景山区	101	56	45				1		1
海淀区	691	315	376	9	4	5	21	11	10
门头沟区	5	2	3						
房山区	76	47	29	1	1				
通州区	143	64	79	1		1	1		1
顺义区	42	19	23	1		1			
昌平区	262	130	132	1		1	6	2	4
大兴区	102	44	58	5	4	1	2	1	1
怀柔区	15	8	7				2	2	
平谷区	3	1	2						
市辖县	**22**	**13**	**9**	**1**	**1**				
密云县	15	9	6						
延庆县	7	4	3	1	1				
天津市	**536**	**282**	**254**	**9**	**7**	**2**	**16**	**15**	**1**
市辖区	**505**	**268**	**237**	**9**	**7**	**2**	**15**	**15**	
和平区	13	5	8	1		1			
河东区	50	29	21						
河西区	80	36	44	1	1		1	1	
南开区	66	34	32						
河北区	27	17	10						
红桥区	14	8	6						
东丽区	38	22	16				9	9	
西青区	31	16	15				1	1	
津南区	20	10	10	6	5	1	1	1	
北辰区	18	9	9				3	3	
武清区	3	1	2						
宝坻区	8	4	4	1	1				
滨海新区	137	77	60						
市辖县	**31**	**14**	**17**				**1**		**1**
宁河县	4	2	2						
静海县	16	8	8				1		1
蓟县	11	4	7						
河北省	**851**	**421**	**430**	**15**	**5**	**10**	**14**	**4**	**10**
石家庄市	**115**	**55**	**60**	**7**	**2**	**5**	**5**	**1**	**4**
长安区	24	10	14						
桥东区	16	10	6						
桥西区	13	8	5	3	2	1			
新华区	28	15	13	1		1			
井陉矿区	2	1	1						
裕华区	20	5	15				1	1	
井陉县									
正定县	1		1						
栾城县							1		1

10-14 续表 1　　　　单位：人

地区	锡伯族			阿昌族			普米族		
	小计	男	女	小计	男	女	小计	男	女
行唐县				2		2			
灵寿县									
高邑县									
深泽县									
赞皇县									
无极县									
平山县									
元氏县	3		3						
赵县				1		1			
辛集市	2	2							
藁城市									
晋州市									
新乐市							2		2
鹿泉市	6	4	2				1		1
唐山市	**160**	**77**	**83**	**2**	**1**	**1**	**1**	**1**	
路南区	5	3	2						
路北区	37	17	20						
古冶区	8	6	2						
开平区	6	3	3						
丰南区	8	4	4	1	1				
丰润区	45	21	24	1		1			
滦县	4	1	3						
滦南县	1		1						
乐亭县	8	6	2						
迁西县	1		1						
玉田县	14	6	8						
唐海县	1		1				1	1	
遵化市	5	3	2						
迁安市	17	7	10						
秦皇岛市	**183**	**99**	**84**	**2**		**2**	**1**		**1**
海港区	125	70	55	1		1	1		1
山海关区	34	20	14						
北戴河区	3	1	2						
青龙满族自治县									
昌黎县	12	5	7	1		1			
抚宁县	5	2	3						
卢龙县	4	1	3						
邯郸市	**35**	**18**	**17**				**1**	**1**	
邯山区	2	1	1				1	1	
丛台区	22	15	7						
复兴区	5	2	3						
峰峰矿区	2		2						
邯郸县									
临漳县									
成安县									
大名县									
涉县									
磁县									
肥乡县									
永年县	1		1						
邱县									
鸡泽县									
广平县									
馆陶县									
魏县									
曲周县									
武安市	3		3						

10-14　续表 2

单位：人

地　区	锡伯族			阿昌族			普米族		
	小计	男	女	小计	男	女	小计	男	女
邢台市	**24**	**11**	**13**						
桥东区	3	2	1						
桥西区	20	8	12						
邢台县									
临城县									
内丘县									
柏乡县									
隆尧县									
任县									
南和县									
宁晋县									
巨鹿县									
新河县									
广宗县									
平乡县									
威县									
清河县									
临西县									
南宫市									
沙河市	1	1							
保定市	**95**	**44**	**51**				**1**		**1**
新市区	20	11	9						
北市区	25	11	14						
南市区	9	5	4						
满城县	2	2							
清苑县									
涞水县									
阜平县									
徐水县	2	1	1						
定兴县									
唐县	2		2						
高阳县									
容城县									
涞源县									
望都县									
安新县	4	1	3						
易县	1		1						
曲阳县									
蠡县									
顺平县									
博野县									
雄县	5	3	2						
涿州市	19	5	14						
定州市	1	1							
安国市							1		1
高碑店市	5	4	1						
张家口市	**34**	**20**	**14**	**2**	**1**	**1**			
桥东区	10	7	3						
桥西区	4	2	2						
宣化区	9	6	3						
下花园区									
宣化县									
张北县	2	2							

10-14 续表 3 单位：人

地区	锡伯族			阿昌族			普米族		
	小计	男	女	小计	男	女	小计	男	女
康保县									
沽源县	1		1						
尚义县									
蔚县	2		2						
阳原县				1		1			
怀安县									
万全县	3	1	2						
怀来县	3	2	1	1	1				
涿鹿县									
赤城县									
崇礼县									
承德市	**73**	**34**	**39**	**2**	**1**	**1**			
双桥区	43	20	23	1		1			
双滦区	4	1	3	1	1				
鹰手营子矿区									
承德县	4	3	1						
兴隆县	13	5	8						
平泉县	6	2	4						
滦平县									
隆化县	1	1							
丰宁满族自治县	2	2							
宽城满族自治县									
围场满族蒙古族自治县									
沧州市	**22**	**8**	**14**						
新华区	1	1							
运河区	2	1	1						
沧县									
青县	4		4						
东光县									
海兴县									
盐山县									
肃宁县									
南皮县									
吴桥县									
献县									
孟村回族自治县									
泊头市									
任丘市	11	5	6						
黄骅市	3	1	2						
河间市	1		1						
廊坊市	**108**	**54**	**54**				**3**	**1**	**2**
安次区	19	10	9						
广阳区	20	9	11						
固安县	1		1				1		1
永清县									
香河县	8	6	2						
大城县	9	4	5						
文安县									
大厂回族自治县									
霸州市	2	1	1						
三河市	49	24	25				2	1	1
衡水市	**2**	**1**	**1**				**2**		**2**
桃城区	1	1							
枣强县									
武邑县									

10-14　续表 4　　　　单位：人

地　区	锡伯族			阿昌族			普米族		
	小计	男	女	小计	男	女	小计	男	女
武强县									
饶阳县									
安平县							2		2
故城县									
景县									
阜城县									
冀州市									
深州市	1		1						
山西省	**158**	**93**	**65**	**4**		**4**	**3**	**1**	**2**
太原市	**46**	**28**	**18**				**1**	**1**	
小店区	6	5	1						
迎泽区	15	8	7						
杏花岭区	10	7	3						
尖草坪区	6	6							
万柏林区	9	2	7				1	1	
晋源区									
清徐县									
阳曲县									
娄烦县									
古交市									
大同市	**23**	**12**	**11**						
城区	20	10	10						
矿区	3	2	1						
南郊区									
新荣区									
阳高县									
天镇县									
广灵县									
灵丘县									
浑源县									
左云县									
大同县									
阳泉市	**9**	**5**	**4**	**1**		**1**			
城区	5	2	3						
矿区	4	3	1						
郊区				1		1			
平定县									
盂县									
长治市	**3**	**3**							
城区									
郊区	2	2							
长治县									
襄垣县									
屯留县									
平顺县									
黎城县									
壶关县									
长子县									
武乡县	1	1							
沁县									
沁源县									
潞城市									

10-14 续表 5

单位：人

地区	锡伯族			阿昌族			普米族		
	小计	男	女	小计	男	女	小计	男	女
晋城市	**13**	**10**	**3**	**3**		**3**			
城区	12	9	3						
沁水县	1	1							
阳城县				3		3			
陵川县									
泽州县									
高平市									
朔州市	**11**	**8**	**3**						
朔城区	11	8	3						
平鲁区									
山阴县									
应县									
右玉县									
怀仁县									
晋中市	**17**	**8**	**9**				**1**		**1**
榆次区	5	4	1						
榆社县									
左权县									
和顺县									
昔阳县									
寿阳县									
太谷县	8	3	5						
祁县									
平遥县							1		1
灵石县	3	1	2						
介休市	1		1						
运城市	**22**	**11**	**11**				**1**		**1**
盐湖区	5	1	4				1		1
临猗县									
万荣县									
闻喜县									
稷山县									
新绛县									
绛县	3	3							
垣曲县	13	7	6						
夏县									
平陆县									
芮城县									
永济市									
河津市	1		1						
忻州市	**3**	**2**	**1**						
忻府区	2	1	1						
定襄县									
五台县									
代县									
繁峙县									
宁武县									
静乐县									
神池县									
五寨县									
岢岚县									
河曲县	1	1							
保德县									
偏关县									
原平市									

10-14　续表 6　　　　单位：人

地　区	锡伯族			阿昌族			普米族		
	小计	男	女	小计	男	女	小计	男	女
临汾市									
尧都区									
曲沃县									
翼城县									
襄汾县									
洪洞县									
古县									
安泽县									
浮山县									
吉县									
乡宁县									
大宁县									
隰县									
永和县									
蒲县									
汾西县									
侯马市									
霍州市									
吕梁市	**11**	**6**	**5**						
离石区									
文水县									
交城县									
兴县	4	2	2						
临县									
柳林县									
石楼县									
岚县									
方山县									
中阳县									
交口县									
孝义市	7	4	3						
汾阳市									
内蒙古自治区	**3000**	**1555**	**1445**	**16**	**11**	**5**	**5**	**5**	
呼和浩特市	**158**	**73**	**85**	**2**	**2**				
新城区	65	35	30						
回民区	23	10	13						
玉泉区	15	6	9	1	1				
赛罕区	52	21	31	1	1				
土默特左旗	3	1	2						
托克托县									
和林格尔县									
清水河县									
武川县									
包头市	**265**	**146**	**119**	**1**	**1**				
东河区	50	32	18						
昆都仑区	144	73	71						
青山区	51	29	22	1	1				
石拐区									
白云鄂博矿区	13	7	6						
九原区	5	4	1						
土默特右旗									
固阳县									
达尔罕茂明安联合旗	2	1	1						
乌海市	**67**	**37**	**30**						
海勃湾区	63	37	26						
海南区	4		4						
乌达区									

10-14 续表 7 单位：人

地区	锡伯族			阿昌族			普米族		
	小计	男	女	小计	男	女	小计	男	女
赤峰市	**233**	**119**	**114**	**5**	**3**	**2**			
红山区	67	30	37	3	1	2			
元宝山区	62	35	27						
松山区	42	24	18						
阿鲁科尔沁旗				2	2				
巴林左旗	19	11	8						
巴林右旗									
林西县	14	8	6						
克什克腾旗									
翁牛特旗	1		1						
喀喇沁旗	9	4	5						
宁城县	7	1	6						
敖汉旗	12	6	6						
通辽市	**890**	**464**	**426**						
科尔沁区	532	286	246						
科尔沁左翼中旗	209	100	109						
科尔沁左翼后旗	28	19	9						
开鲁县	31	18	13						
库伦旗	58	23	35						
奈曼旗	8	3	5						
扎鲁特旗	8	6	2						
霍林郭勒市	16	9	7						
鄂尔多斯市	**23**	**15**	**8**	**7**	**5**	**2**	**4**	**4**	
东胜区	10	5	5	7	5	2			
达拉特旗	7	5	2				4	4	
准格尔旗	2	1	1						
鄂托克前旗									
鄂托克旗									
杭锦旗									
乌审旗									
伊金霍洛旗	4	4							
呼伦贝尔市	**871**	**438**	**433**						
海拉尔区	104	54	50						
阿荣旗	177	81	96						
莫力达瓦达斡尔族自治旗	114	59	55						
鄂伦春自治旗	47	25	22						
鄂温克族自治旗	93	46	47						
陈巴尔虎旗	10	3	7						
新巴尔虎左旗	2	1	1						
新巴尔虎右旗	1	1							
满洲里市	75	36	39						
牙克石市	85	39	46						
扎兰屯市	128	67	61						
额尔古纳市	6	4	2						
根河市	29	22	7						
巴彦淖尔市	**43**	**22**	**21**						
临河区	24	12	12						
五原县									
磴口县	3	2	1						
乌拉特前旗	8	4	4						
乌拉特中旗	8	4	4						
乌拉特后旗									
杭锦后旗									

10-14 续表 8

单位：人

地区	锡伯族			阿昌族			普米族		
	小计	男	女	小计	男	女	小计	男	女
乌兰察布市	**19**	**13**	**6**	**1**		**1**	**1**	**1**	
集宁区	8	3	5						
卓资县									
化德县									
商都县									
兴和县									
凉城县									
察哈尔右翼前旗							1	1	
察哈尔右翼中旗									
察哈尔右翼后旗									
四子王旗	11	10	1	1		1			
丰镇市									
兴安盟	**419**	**222**	**197**						
乌兰浩特市	167	73	94						
阿尔山市	9	4	5						
科尔沁右翼前旗	52	27	25						
科尔沁右翼中旗	19	13	6						
扎赉特旗	63	36	27						
突泉县	109	69	40						
锡林郭勒盟	**8**	**5**	**3**						
二连浩特市									
锡林浩特市	3	2	1						
阿巴嘎旗	1	1							
苏尼特左旗									
苏尼特右旗									
东乌珠穆沁旗									
西乌珠穆沁旗	3	2	1						
太仆寺旗									
镶黄旗									
正镶白旗									
正蓝旗									
多伦县	1		1						
阿拉善盟	**4**	**1**	**3**						
阿拉善左旗	2		2						
阿拉善右旗									
额济纳旗	2	1	1						
辽宁省	**132431**	**69961**	**62470**	**10**	**7**	**3**	**14**	**4**	**10**
沈阳市	**55759**	**29794**	**25965**				**1**	**1**	
和平区	1657	820	837				1	1	
沈河区	2498	1235	1263						
大东区	3034	1542	1492						
皇姑区	3398	1699	1699						
铁西区	2626	1328	1298						
苏家屯区	2817	1622	1195						
东陵区	2180	1164	1016						
沈北新区	22245	12060	10185						
于洪区	6827	3634	3193						
辽中县	947	542	405						
康平县	139	80	59						
法库县	4148	2342	1806						
新民市	3243	1726	1517						
大连市	**14180**	**7498**	**6682**	**4**	**4**		**1**		**1**
中山区	241	108	133						
西岗区	229	107	122						
沙河口区	573	263	310	1	1				

10-14 续表 9

单位：人

地区	锡伯族			阿昌族			普米族		
	小计	男	女	小计	男	女	小计	男	女
甘井子区	1321	683	638						
旅顺口区	213	102	111						
金州区	1065	456	609	3	3		1		1
长海县	18	7	11						
瓦房店市	10360	5702	4658						
普兰店市	114	48	66						
庄河市	46	22	24						
鞍山市	**1868**	**1076**	**792**	**2**	**2**				
铁东区	501	275	226						
铁西区	192	116	76						
立山区	196	115	81	2	2				
千山区	800	488	312						
台安县	10	1	9						
岫岩满族自治县	32	15	17						
海城市	137	66	71						
抚顺市	**3129**	**1645**	**1484**	**2**		**2**			
新抚区	380	197	183						
东洲区	200	92	108						
望花区	419	226	193						
顺城区	1591	866	725						
抚顺县	244	112	132						
新宾满族自治县	173	91	82	2		2			
清原满族自治县	122	61	61						
本溪市	**1063**	**539**	**524**	**1**		**1**	**2**		**2**
平山区	211	102	109						
溪湖区	243	126	117						
明山区	337	182	155						
南芬区	50	29	21						
本溪满族自治县	143	62	81						
桓仁满族自治县	79	38	41	1		1	2		2
丹东市	**8103**	**4103**	**4000**				**7**	**2**	**5**
元宝区	167	85	82						
振兴区	493	232	261				2	1	1
振安区	173	74	99						
宽甸满族自治县	68	32	36						
东港市	3543	1713	1830						
凤城市	3659	1967	1692				5	1	4
锦州市	**16879**	**8594**	**8285**						
古塔区	443	218	225						
凌河区	634	298	336						
太和区	479	193	286						
黑山县	740	334	406						
义县	11750	6097	5653						
凌海市	190	77	113						
北镇市	2643	1377	1266						
营口市	**1156**	**628**	**528**				**1**		**1**
站前区	124	66	58						
西市区	48	26	22						
鲅鱼圈区	748	439	309						
老边区	57	30	27						
盖州市	119	41	78						
大石桥市	60	26	34				1		1
阜新市	**2906**	**1502**	**1404**	**1**	**1**				
海州区	311	160	151						
新邱区	37	18	19						

10-14 续表 10

单位：人

地　区	锡伯族			阿昌族			普米族		
	小计	男	女	小计	男	女	小计	男	女
太平区	118	58	60						
清河门区	161	64	97						
细河区	314	170	144	1	1				
阜新蒙古族自治县	333	173	160						
彰武县	1632	859	773						
辽阳市	**2593**	**1444**	**1149**				**1**	**1**	
白塔区	277	143	134						
文圣区	203	99	104						
宏伟区	168	98	70						
弓长岭区	30	19	11				1	1	
太子河区	151	72	79						
辽阳县	186	106	80						
灯塔市	1578	907	671						
盘锦市	**702**	**373**	**329**				**1**		**1**
双台子区	75	43	32				1		1
兴隆台区	391	218	173						
大洼县	78	34	44						
盘山县	158	78	80						
铁岭市	**23216**	**12321**	**10895**						
银州区	1478	731	747						
清河区	583	254	329						
铁岭县	2941	1615	1326						
西丰县	136	74	62						
昌图县	205	96	109						
调兵山市	333	161	172						
开原市	17540	9390	8150						
朝阳市	**351**	**186**	**165**						
双塔区	144	69	75						
龙城区	27	13	14						
朝阳县	9	4	5						
建平县	23	11	12						
喀喇沁左翼蒙古族自治县	7	3	4						
北票市	72	39	33						
凌源市	69	47	22						
葫芦岛市	**526**	**258**	**268**						
连山区	122	59	63						
龙港区	184	95	89						
南票区	77	34	43						
绥中县	48	19	29						
建昌县	10	2	8						
兴城市	85	49	36						
吉林省	**3113**	**1622**	**1491**	**22**	**1**	**21**	**4**	**2**	**2**
长春市	**743**	**374**	**369**						
南关区	201	97	104						
宽城区	56	28	28						
朝阳区	216	110	106						
二道区	75	45	30						
绿园区	166	79	87						
双阳区	19	10	9						
农安县									
九台市	5	3	2						
榆树市									
德惠市	5	2	3						

10-14 续表 11

单位：人

地区	锡伯族			阿昌族			普米族		
	小计	男	女	小计	男	女	小计	男	女
吉林市	**458**	**243**	**215**	**3**		**3**	**1**	**1**	
昌邑区	96	54	42						
龙潭区	102	57	45	1		1			
船营区	109	61	48						
丰满区	67	32	35				1	1	
永吉县	12	6	6						
蛟河市	6	2	4	1		1			
桦甸市	19	4	15	1		1			
舒兰市	7	5	2						
磐石市	40	22	18						
四平市	**207**	**101**	**106**						
铁西区	67	27	40						
铁东区	46	24	22						
梨树县	7	2	5						
伊通满族自治县	41	19	22						
公主岭市	34	20	14						
双辽市	12	9	3						
辽源市	**69**	**38**	**31**						
龙山区	35	21	14						
西安区	8	6	2						
东丰县	10	4	6						
东辽县	16	7	9						
通化市	**154**	**80**	**74**	**3**		**3**	**3**	**1**	**2**
东昌区	28	13	15						
二道江区	23	16	7						
通化县	8	2	6	1		1			
辉南县	22	14	8				3	1	2
柳河县	6	1	5	1		1			
梅河口市	55	28	27						
集安市	12	6	6	1		1			
白山市	**108**	**51**	**57**	**9**		**9**			
浑江区	44	21	23						
江源区	6	4	2	5		5			
抚松县	9	5	4	4		4			
靖宇县	32	14	18						
长白朝鲜族自治县	2	2							
临江市	15	5	10						
松原市	**1061**	**568**	**493**						
宁江区	341	171	170						
前郭尔罗斯蒙古族自治县	338	190	148						
长岭县	100	51	49						
乾安县	33	16	17						
扶余县	249	140	109						
白城市	**183**	**99**	**84**						
洮北区	88	42	46						
镇赉县	36	24	12						
通榆县	20	11	9						
洮南市	12	6	6						
大安市	27	16	11						
延边朝鲜族自治州	**130**	**68**	**62**	**7**	**1**	**6**			
延吉市	44	22	22						
图们市	2	1	1						
敦化市	48	25	23	2	1	1			
珲春市	9	8	1						
龙井市	4	1	3						
和龙市	4	2	2						
汪清县	8	5	3						
安图县	11	4	7	5		5			

10-14 续表 12

单位：人

地区	锡伯族			阿昌族			普米族		
	小计	男	女	小计	男	女	小计	男	女
黑龙江省	**7608**	**4294**	**3314**	**3**		**3**	**4**	**2**	**2**
哈尔滨市	**3849**	**2222**	**1627**	**1**		**1**	**1**		**1**
道里区	196	105	91						
南岗区	627	335	292						
道外区	151	69	82						
平房区	56	24	32						
松北区	115	75	40						
香坊区	271	138	133	1		1			
呼兰区	188	96	92						
阿城区	111	71	40						
依兰县	44	29	15						
方正县	4	2	2						
宾县	4	1	3						
巴彦县	11	7	4						
木兰县	19	12	7						
通河县	4	2	2				1		1
延寿县	5	4	1						
双城市	1998	1226	772						
尚志市	40	23	17						
五常市	5	3	2						
齐齐哈尔市	**899**	**484**	**415**						
龙沙区	70	28	42						
建华区	80	38	42						
铁锋区	55	29	26						
昂昂溪区	17	14	3						
富拉尔基区	68	40	28						
碾子山区	11	6	5						
梅里斯达斡尔族区	34	17	17						
龙江县	115	65	50						
依安县	10	6	4						
泰来县	29	16	13						
甘南县	96	56	40						
富裕县	119	62	57						
克山县	18	9	9						
克东县	13	6	7						
拜泉县	45	25	20						
讷河市	119	67	52						
鸡西市	**351**	**184**	**167**						
鸡冠区	68	33	35						
恒山区	22	11	11						
滴道区	24	17	7						
梨树区									
城子河区	22	13	9						
麻山区	4	2	2						
鸡东县	80	45	35						
虎林市	117	55	62						
密山市	14	8	6						
鹤岗市	**114**	**66**	**48**						
向阳区	15	10	5						
工农区	12	6	6						
南山区	8	4	4						
兴安区	12	7	5						

10-14 续表 13 单位：人

地区	锡伯族			阿昌族			普米族		
	小计	男	女	小计	男	女	小计	男	女
东山区	15	9	6						
兴山区									
萝北县	27	17	10						
绥滨县	25	13	12						
双鸭山市	**195**	**96**	**99**						
尖山区	41	15	26						
岭东区	5	4	1						
四方台区	19	13	6						
宝山区	13	5	8						
集贤县	8	4	4						
友谊县	11	4	7						
宝清县	98	51	47						
饶河县									
大庆市	**700**	**382**	**318**	**2**		**2**	**3**	**2**	**1**
萨尔图区	84	43	41						
龙凤区	128	71	57				3	2	1
让胡路区	142	71	71						
红岗区	31	18	13						
大同区	5	2	3						
肇州县	21	13	8						
肇源县	85	48	37						
林甸县	25	15	10						
杜尔伯特蒙古族自治县	179	101	78	2		2			
伊春市	**161**	**98**	**63**						
伊春区	52	29	23						
南岔区	12	6	6						
友好区	3	1	2						
西林区	3	1	2						
翠峦区	8	6	2						
新青区	18	13	5						
美溪区	7	6	1						
金山屯区	7	4	3						
五营区									
乌马河区	8	4	4						
汤旺河区	11	8	3						
带岭区	1		1						
乌伊岭区	1	1							
红星区	2	2							
上甘岭区									
嘉荫县	1		1						
铁力市	27	17	10						
佳木斯市	**174**	**97**	**77**						
向阳区	43	20	23						
前进区	10	6	4						
东风区	15	7	8						
郊区	22	9	13						
桦南县	15	9	6						
桦川县	3	1	2						
汤原县	28	17	11						
抚远县	7	6	1						
同江市	8	7	1						
富锦市	23	15	8						
七台河市	**224**	**131**	**93**						
新兴区	33	20	13						
桃山区	72	44	28						
茄子河区	53	29	24						
勃利县	66	38	28						

10-14　续表 14

单位：人

地　区	锡伯族			阿昌族			普米族		
	小计	男	女	小计	男	女	小计	男	女
牡丹江市	**228**	**117**	**111**						
东安区	10	5	5						
阳明区	47	24	23						
爱民区	41	15	26						
西安区	29	17	12						
东宁县	6	4	2						
林口县	27	13	14						
绥芬河市	14	9	5						
海林市	16	8	8						
宁安市	24	13	11						
穆棱市	14	9	5						
黑河市	**312**	**191**	**121**						
爱辉区	50	26	24						
嫩江县	73	48	25						
逊克县	27	20	7						
孙吴县	62	39	23						
北安市	67	38	29						
五大连池市	33	20	13						
绥化市	**295**	**166**	**129**						
北林区	143	75	68						
望奎县	53	32	21						
兰西县	15	12	3						
青冈县	2	2							
庆安县	3		3						
明水县	15	9	6						
绥棱县	9	5	4						
安达市	17	11	6						
肇东市	15	7	8						
海伦市	23	13	10						
大兴安岭地区	**106**	**60**	**46**						
加格达奇区	34	17	17						
松岭区	14	7	7						
新林区	10	7	3						
呼中区	6	4	2						
呼玛县	5	2	3						
塔河县	15	6	9						
漠河县	22	17	5						
上海市	**696**	**315**	**381**	**51**	**28**	**23**	**38**	**14**	**24**
市辖区	**691**	**314**	**377**	**51**	**28**	**23**	**38**	**14**	**24**
黄浦区	5	4	1	2	1	1			
卢湾区	4	2	2						
徐汇区	82	35	47						
长宁区	42	20	22						
静安区	14	9	5						
普陀区	37	16	21	1		1	3		3
闸北区	11	7	4	1		1	1	1	
虹口区	17	8	9	1	1				
杨浦区	51	20	31				2		2
闵行区	85	43	42				2		2
宝山区	57	24	33	1		1	5	2	3
嘉定区	22	15	7	6	3	3	3		3
浦东新区	174	77	97	10	6	4	12	8	4

10-14 续表 15　　　　单位：人

地区	锡伯族			阿昌族			普米族		
	小计	男	女	小计	男	女	小计	男	女
金山区	11	4	7						
松江区	53	22	31	21	13	8	2	1	1
青浦区	8	1	7	5	1	4			
奉贤区	18	7	11	3	3		8	2	6
市辖县	**5**	**1**	**4**						
崇明县	5	1	4						
江苏省	**433**	**189**	**244**	**98**	**44**	**54**	**38**	**14**	**24**
南京市	**139**	**67**	**72**	**25**	**15**	**10**	**6**	**3**	**3**
玄武区	17	10	7	4	3	1	1	1	
白下区	23	13	10	2	1	1			
秦淮区	6	2	4	3	2	1	2	2	
建邺区	11	5	6						
鼓楼区	17	8	9				1		1
下关区									
浦口区	17	3	14						
栖霞区	14	8	6	2	1	1			
雨花台区	5	2	3	1	1				
江宁区	20	13	7	7	6	1	2		2
六合区	7	3	4						
溧水县	2		2						
高淳县				6	1	5			
无锡市	**43**	**16**	**27**	**2**		**2**	**5**	**2**	**3**
崇安区	3		3						
南长区	2	2							
北塘区	4	4							
锡山区	2	2		2		2			
惠山区	1	1					1	1	
滨湖区	28	6	22				3		3
江阴市	3	1	2						
宜兴市							1	1	
徐州市	**25**	**10**	**15**				**1**		**1**
鼓楼区	5	2	3						
云龙区									
九里区									
贾汪区									
泉山区	16	8	8						
丰县	2		2						
沛县	1		1						
铜山县	1		1						
睢宁县							1		1
新沂市									
邳州市									
常州市	**35**	**11**	**24**	**1**		**1**	**1**	**1**	
天宁区	8	2	6						
钟楼区	2	1	1						
戚墅堰区	4	1	3						
新北区	14	5	9	1		1	1	1	
武进区	2	1	1						
溧阳市	5	1	4						
金坛市									
苏州市	**87**	**44**	**43**	**56**	**29**	**27**	**7**	**5**	**2**
沧浪区	8	4	4	1		1			
平江区	17	9	8	3	2	1			
金阊区	2		2				2	2	

10-14　续表 16　　　　单位：人

地　区	锡伯族			阿昌族			普米族		
	小计	男	女	小计	男	女	小计	男	女
虎丘区	11	6	5	1		1			
吴中区	5	1	4	2	1	1			
相城区				39	22	17			
常熟市	2		2	3	2	1			
张家港市	6	4	2						
昆山市	13	7	6				4	3	1
吴江市	1		1	3		3	1		1
太仓市	22	13	9	4	2	2			
南通市	**6**	**1**	**5**	**3**		**3**	**11**		**11**
崇川区									
港闸区	1	1							
通州区	3		3						
海安县							9		9
如东县									
启东市							2		2
如皋市	2		2						
海门市				3		3			
连云港市	**22**	**11**	**11**	**1**		**1**			
连云区	4	2	2						
新浦区	14	7	7						
海州区	2	1	1						
赣榆县									
东海县	2	1	1	1		1			
灌云县									
灌南县									
淮安市	**14**	**6**	**8**	**2**		**2**	**2**		**2**
清河区	3	2	1				1		1
楚州区				2		2			
淮阴区	2		2						
清浦区	5	3	2						
涟水县							1		1
洪泽县									
盱眙县	2	1	1						
金湖县	2		2						
盐城市	**17**	**6**	**11**	**6**		**6**	**3**	**1**	**2**
亭湖区	5	4	1				1	1	
盐都区	8	1	7						
响水县									
滨海县	1		1				1		1
阜宁县				3		3			
射阳县									
建湖县				1		1	1		1
东台市	1	1		2		2			
大丰市	2		2						
扬州市	**17**	**6**	**11**						
广陵区	3	1	2						
邗江区	3		3						
维扬区	6	2	4						
宝应县									
仪征市	3	1	2						
高邮市									
江都市	2	2							
镇江市	**13**	**5**	**8**	**1**		**1**	**1**	**1**	
京口区	3	1	2						
润州区	3	2	1						

10-14 续表 17 单位：人

地区	锡伯族			阿昌族			普米族		
	小计	男	女	小计	男	女	小计	男	女
丹徒区									
丹阳市	5	1	4	1		1	1	1	
扬中市	1	1							
句容市	1		1						
泰州市	**12**	**4**	**8**	**1**		**1**	**1**	**1**	
海陵区	3	1	2				1	1	
高港区	4	2	2						
兴化市				1		1			
靖江市	1	1							
泰兴市	2		2						
姜堰市	2		2						
宿迁市	**3**	**2**	**1**						
宿城区	2	2							
宿豫区									
沭阳县	1		1						
泗阳县									
泗洪县									
浙江省	**200**	**105**	**95**	**93**	**44**	**49**	**47**	**21**	**26**
杭州市	**58**	**34**	**24**	**6**	**5**	**1**	**10**	**7**	**3**
上城区	4	1	3						
下城区	5	3	2						
江干区	10	5	5				8	7	1
拱墅区	3	1	2						
西湖区	25	16	9				2		2
滨江区	7	4	3						
萧山区				6	5	1			
余杭区	1	1							
桐庐县	1	1							
淳安县									
建德市	1	1							
富阳市	1	1							
临安市									
宁波市	**36**	**14**	**22**	**2**	**1**	**1**	**8**	**2**	**6**
海曙区	2	1	1						
江东区	4	2	2						
江北区	5	1	4				3	1	2
北仑区	5	3	2				1	1	
镇海区									
鄞州区	9	2	7	2	1	1			
象山县									
宁海县	5	3	2						
余姚市	5	2	3				1		1
慈溪市							3		3
奉化市	1		1						
温州市	**18**	**7**	**11**	**30**	**10**	**20**	**6**	**2**	**4**
鹿城区	8	5	3				1	1	
龙湾区	2	1	1						
瓯海区	3		3	5		5	2		2
洞头县									
永嘉县				4	2	2	2	1	1
平阳县	1	1		1	1				
苍南县				2		2	1		1
文成县	1		1						
泰顺县									
瑞安市	2		2	13	6	7			
乐清市	1		1	5	1	4			

10-14　续表 18　　　　　　　　　　　　　　　　单位：人

地　区	锡伯族			阿昌族			普米族		
	小计	男	女	小计	男	女	小计	男	女
嘉兴市	**18**	**11**	**7**	**9**	**5**	**4**	**2**	**1**	**1**
南湖区	5	3	2						
秀洲区	3		3				1		1
嘉善县	1		1	1		1	1	1	
海盐县	1	1							
海宁市	3	2	1	1	1				
平湖市	1	1		7	4	3			
桐乡市	4	4							
湖州市	**12**	**3**	**9**				**2**	**1**	**1**
吴兴区	9	2	7				1	1	
南浔区									
德清县									
长兴县									
安吉县	3	1	2				1		1
绍兴市	**14**	**10**	**4**	**5**	**3**	**2**	**4**	**3**	**1**
越城区	6	6		1		1	3	2	1
绍兴县	1	1		2	2				
新昌县									
诸暨市	6	3	3	1	1		1	1	
上虞市	1		1						
嵊州市				1		1			
金华市	**27**	**16**	**11**	**26**	**17**	**9**	**3**	**1**	**2**
婺城区	6	5	1						
金东区									
武义县	3	2	1	1		1			
浦江县	9	3	6	16	12	4	1		1
磐安县	2	2							
兰溪市	1		1				1	1	
义乌市	6	4	2	6	5	1	1		1
东阳市				1		1			
永康市				2		2			
衢州市	**3**	**3**		**3**		**3**	**1**		**1**
柯城区	1	1							
衢江区	1	1							
常山县				1		1			
开化县									
龙游县	1	1							
江山市				2		2	1		1
舟山市	**3**	**2**	**1**	**1**		**1**	**1**		**1**
定海区	2	1	1						
普陀区	1	1							
岱山县				1		1			
嵊泗县							1		1
台州市	**10**	**5**	**5**	**4**	**1**	**3**	**6**	**2**	**4**
椒江区	4	2	2	1	1		1		1
黄岩区	1	1							
路桥区									
玉环县							3	1	2
三门县									
天台县	2		2						
仙居县				2		2			
温岭市				1		1			
临海市	3	2	1				2	1	1

10-14 续表 19 单位：人

地区	锡伯族			阿昌族			普米族		
	小计	男	女	小计	男	女	小计	男	女
丽水市	**1**		**1**	**7**	**2**	**5**	**4**	**2**	**2**
莲都区							1	1	
青田县							2	1	1
缙云县				1		1			
遂昌县									
松阳县				2		2	1		1
云和县	1		1						
庆元县									
景宁畲族自治县									
龙泉市				4	2	2			
安徽省	**143**	**72**	**71**	**25**	**5**	**20**	**20**	**8**	**12**
合肥市	**67**	**33**	**34**	**3**	**1**	**2**	**1**		**1**
瑶海区	12	6	6	1		1			
庐阳区	8	3	5						
蜀山区	24	14	10						
包河区	20	10	10	2	1	1			
长丰县									
肥东县									
肥西县	3		3				1		1
芜湖市	**6**	**4**	**2**				**1**	**1**	
镜湖区	3	1	2						
弋江区	1	1							
鸠江区	2	2							
三山区									
芜湖县									
繁昌县							1	1	
南陵县									
蚌埠市	**2**	**1**	**1**				**2**		**2**
龙子湖区									
蚌山区	2	1	1						
禹会区									
淮上区									
怀远县							1		1
五河县							1		1
固镇县									
淮南市	**15**	**10**	**5**	**3**	**1**	**2**			
大通区									
田家庵区	9	7	2	1		1			
谢家集区	4	2	2						
八公山区	2	1	1						
潘集区									
凤台县				2	1	1			
马鞍山市	**23**	**16**	**7**						
金家庄区	1	1							
花山区	3	2	1						
雨山区	19	13	6						
当涂县									
淮北市									
杜集区									
相山区									
烈山区									
濉溪县									

10-14　续表 20　　　　　　　　　　　　　　　　　　　　　　　　单位：人

地　区	锡伯族			阿昌族			普米族		
	小计	男	女	小计	男	女	小计	男	女
铜陵市	**2**		**2**						
铜官山区									
狮子山区									
郊区									
铜陵县	2		2						
安庆市	**3**	**1**	**2**	**2**	**1**	**1**	**1**	**1**	
迎江区									
大观区	2	1	1						
宜秀区									
怀宁县									
枞阳县									
潜山县									
太湖县	1		1	2	1	1	1	1	
宿松县									
望江县									
岳西县									
桐城市									
黄山市	**4**	**2**	**2**				**4**		**4**
屯溪区	4	2	2						
黄山区									
徽州区									
歙县							4		4
休宁县									
黟县									
祁门县									
滁州市	**2**		**2**				**1**		**1**
琅琊区									
南谯区									
来安县	1		1						
全椒县									
定远县									
凤阳县									
天长市							1		1
明光市	1		1						
阜阳市	**5**	**2**	**3**	**3**		**3**	**1**	**1**	
颍州区							1	1	
颍东区	2	1	1	1		1			
颍泉区	3	1	2						
临泉县				1		1			
太和县									
阜南县				1		1			
颍上县									
界首市									
宿州市	**4**		**4**				**5**	**3**	**2**
埇桥区	3		3				4	2	2
砀山县	1		1						
萧县							1	1	
灵璧县									
泗县									
巢湖市	**6**	**2**	**4**	**11**	**1**	**10**	**2**	**2**	
居巢区	4	1	3	8		8			
庐江县	1		1	1		1			
无为县	1	1		2	1	1	2	2	
含山县									
和县									

10-14 续表 21 单位：人

地 区	锡伯族			阿昌族			普米族		
	小计	男	女	小计	男	女	小计	男	女
六安市				**1**	**1**		**1**		**1**
金安区				1	1				
裕安区									
寿县									
霍邱县									
舒城县							1		1
金寨县									
霍山县									
亳州市									
谯城区									
涡阳县									
蒙城县									
利辛县									
池州市	**2**	**1**	**1**	**1**		**1**			
贵池区	2	1	1						
东至县									
石台县									
青阳县				1		1			
宣城市	**2**		**2**	**1**		**1**	**1**		**1**
宣州区	2		2	1		1	1		1
郎溪县									
广德县									
泾县									
绩溪县									
旌德县									
宁国市									
福建省	**142**	**51**	**91**	**62**	**29**	**33**	**47**	**28**	**19**
福州市	**22**	**7**	**15**	**15**	**11**	**4**	**13**	**5**	**8**
鼓楼区	4		4				4		4
台江区									
仓山区	1		1				5	3	2
马尾区									
晋安区	2		2				4	2	2
闽侯县	14	6	8	1	1				
连江县	1	1		4	2	2			
罗源县									
闽清县									
永泰县									
平潭县									
福清市									
长乐市				10	8	2			
厦门市	**64**	**22**	**42**	**7**	**3**	**4**	**4**	**1**	**3**
思明区	38	13	25						
海沧区	1	1		2	1	1	3		3
湖里区	7	3	4	2		2			
集美区	14	4	10	2	1	1			
同安区	3	1	2	1	1		1	1	
翔安区	1		1						
莆田市	**8**	**5**	**3**	**2**	**1**	**1**	**3**	**2**	**1**
城厢区	3	2	1						
涵江区	3	2	1	1		1	1		1
荔城区	1		1	1	1		2	2	
秀屿区									
仙游县	1	1							

10-14　续表 22　　　　单位：人

地　区	锡伯族			阿昌族			普米族		
	小计	男	女	小计	男	女	小计	男	女
三明市	**5**	**3**	**2**	**7**	**1**	**6**	**2**	**2**	
梅列区	4	2	2						
三元区									
明溪县									
清流县									
宁化县									
大田县									
尤溪县				5		5			
沙县				1		1			
将乐县									
泰宁县	1	1							
建宁县									
永安市				1	1		2	2	
泉州市	**30**	**10**	**20**	**6**	**3**	**3**	**12**	**9**	**3**
鲤城区	4	2	2	2	2				
丰泽区	9	4	5				1	1	
洛江区									
泉港区									
惠安县	2		2						
安溪县									
永春县									
德化县	4	1	3						
石狮市	1		1						
晋江市	10	3	7	1		1	11	8	3
南安市				3	1	2			
漳州市	**11**	**3**	**8**	**18**	**6**	**12**			
芗城区	3		3	3		3			
龙文区									
云霄县									
漳浦县	1		1						
诏安县									
长泰县	1	1		9	4	5			
东山县									
南靖县									
平和县									
华安县									
龙海市	6	2	4	6	2	4			
南平市				**6**	**4**	**2**	**1**		**1**
延平区				3	2	1	1		1
顺昌县				3	2	1			
浦城县									
光泽县									
松溪县									
政和县									
邵武市									
武夷山市									
建瓯市									
建阳市									
龙岩市	**2**	**1**	**1**				**12**	**9**	**3**
新罗区	1		1				12	9	3
长汀县									
永定县									
上杭县									
武平县									
连城县									
漳平市	1	1							

10-14 续表 23　　单位：人

地区	锡伯族			阿昌族			普米族		
	小计	男	女	小计	男	女	小计	男	女
宁德市				**1**		**1**			
蕉城区									
霞浦县									
古田县									
屏南县									
寿宁县									
周宁县				1		1			
柘荣县									
福安市									
福鼎市									
江西省	**81**	**35**	**46**	**14**	**4**	**10**	**6**	**4**	**2**
南昌市	**47**	**20**	**27**	**2**	**1**	**1**			
东湖区	9	5	4						
西湖区	6	2	4						
青云谱区	2	1	1						
湾里区									
青山湖区	4	3	1						
南昌县	4	2	2	1		1			
新建县	22	7	15	1	1				
安义县									
进贤县									
景德镇市	**5**	**3**	**2**	**1**		**1**			
昌江区									
珠山区				1		1			
浮梁县									
乐平市	5	3	2						
萍乡市	**2**	**2**		**1**		**1**			
安源区	2	2		1		1			
湘东区									
莲花县									
上栗县									
芦溪县									
九江市	**13**	**5**	**8**	**1**	**1**				
庐山区	2	1	1						
浔阳区	10	4	6	1	1				
九江县									
武宁县									
修水县									
永修县									
德安县	1		1						
星子县									
都昌县									
湖口县									
彭泽县									
瑞昌市									
新余市	**1**		**1**				**1**	**1**	
渝水区	1		1				1	1	
分宜县									
鹰潭市	**1**	**1**					**2**	**1**	**1**
月湖区	1	1							
余江县							2	1	1
贵溪市									
赣州市	**1**		**1**	**2**		**2**	**3**	**2**	**1**
章贡区	1		1						
赣县									

10-14　续表 24　　　　　　　　　　　　　　　　　　　　　　单位：人

地　区	锡伯族			阿昌族			普米族		
	小计	男	女	小计	男	女	小计	男	女
信丰县							3	2	1
大余县									
上犹县									
崇义县				2		2			
安远县									
龙南县									
定南县									
全南县									
宁都县									
于都县									
兴国县									
会昌县									
寻乌县									
石城县									
瑞金市									
南康市									
吉安市	**4**	**2**	**2**	**7**	**2**	**5**			
吉州区	1		1	1		1			
青原区	1	1							
吉安县									
吉水县									
峡江县									
新干县									
永丰县									
泰和县									
遂川县									
万安县				1		1			
安福县									
永新县									
井冈山市	2	1	1	5	2	3			
宜春市	**5**	**1**	**4**						
袁州区	4		4						
奉新县									
万载县									
上高县									
宜丰县	1	1							
靖安县									
铜鼓县									
丰城市									
樟树市									
高安市									
抚州市	**1**		**1**						
临川区	1		1						
南城县									
黎川县									
南丰县									
崇仁县									
乐安县									
宜黄县									
金溪县									
资溪县									
东乡县									
广昌县									

10-14 续表 25　　　　　　　　　　　　　　　　　　　　　　　　　单位：人

地　区	锡伯族			阿昌族			普米族		
	小计	男	女	小计	男	女	小计	男	女
上饶市	**1**	**1**							
信州区									
上饶县									
广丰县									
玉山县									
铅山县									
横峰县									
弋阳县									
余干县									
鄱阳县									
万年县									
婺源县	1	1							
德兴市									
山东省	**661**	**291**	**370**	**99**	**15**	**84**	**55**	**10**	**45**
济南市	**89**	**37**	**52**	**3**		**3**	**10**	**2**	**8**
历下区	24	15	9	1		1	1		1
市中区	25	11	14						
槐荫区	10	2	8				1		1
天桥区	4	1	3				1	1	
历城区	19	7	12	2		2	1		1
长清区	3		3				4	1	3
平阴县									
济阳县							1		1
商河县	2		2				1		1
章丘市	2	1	1						
青岛市	**203**	**96**	**107**	**14**	**5**	**9**	**7**	**1**	**6**
市南区	34	12	22	1		1	2	1	1
市北区	27	10	17	1		1			
四方区	14	6	8						
黄岛区	41	29	12				1		1
崂山区	28	16	12						
李沧区	19	6	13						
城阳区	12	6	6						
胶州市	12	4	8	4		4	4		4
即墨市	2		2						
平度市	4	1	3	4	4				
胶南市	10	6	4	4	1	3			
莱西市									
淄博市	**68**	**24**	**44**	**6**		**6**	**4**	**2**	**2**
淄川区	8	4	4						
张店区	36	12	24				1	1	
博山区									
临淄区	20	7	13				3	1	2
周村区	1		1						
桓台县	3	1	2						
高青县									
沂源县				6		6			
枣庄市	**2**		**2**				**1**	**1**	
市中区	1		1						
薛城区									
峄城区									
台儿庄区									
山亭区	1		1						
滕州市							1	1	

10-14　续表 26　　　　单位：人

地　区	锡伯族			阿昌族			普米族		
	小计	男	女	小计	男	女	小计	男	女
东营市	**23**	**7**	**16**	**6**		**6**	**5**	**1**	**4**
东营区	17	5	12						
河口区	1		1						
垦利县									
利津县	2		2						
广饶县	3	2	1	6		6	5	1	4
烟台市	**79**	**39**	**40**	**1**	**1**		**2**		**2**
芝罘区	14	8	6						
福山区	42	21	21						
牟平区	2	1	1						
莱山区	11	5	6				2		2
长岛县									
龙口市	2	1	1						
莱阳市	3	1	2						
莱州市	5	2	3	1	1				
蓬莱市									
招远市									
栖霞市									
海阳市									
潍坊市	**44**	**21**	**23**	**37**	**5**	**32**	**19**	**3**	**16**
潍城区	1		1						
寒亭区							4		4
坊子区									
奎文区	9	5	4	2	2		2		2
临朐县				1		1			
昌乐县	2	1	1						
青州市	6	4	2	13	2	11			
诸城市	17	8	9	7	1	6	4		4
寿光市	6	2	4	1		1	8	3	5
安丘市	3	1	2				1		1
高密市				13		13			
昌邑市									
济宁市	**10**	**4**	**6**	**5**		**5**			
市中区									
任城区	1		1						
微山县	1	1							
鱼台县									
金乡县									
嘉祥县									
汶上县	1		1						
泗水县	2		2						
梁山县	1		1	4		4			
曲阜市									
兖州市									
邹城市	4	3	1	1		1			
泰安市	**12**	**6**	**6**	**4**		**4**			
泰山区	4	1	3						
岱岳区	7	5	2						
宁阳县	1		1						
东平县				3		3			
新泰市									
肥城市				1		1			
威海市	**69**	**35**	**34**						
环翠区	55	30	25						
文登市	8	2	6						
荣成市	4	3	1						
乳山市	2		2						

10-14 续表 27　　单位：人

地区	锡伯族			阿昌族			普米族		
	小计	男	女	小计	男	女	小计	男	女
日照市	**25**	**10**	**15**	**6**		**6**	**3**		**3**
东港区	17	6	11	2		2			
岚山区	5	4	1						
五莲县				4		4			
莒县	3		3				3		3
莱芜市	**2**	**1**	**1**						
莱城区	1		1						
钢城区	1	1							
临沂市	**10**	**2**	**8**	**12**	**1**	**11**	**3**		**3**
兰山区	5	2	3						
罗庄区									
河东区									
沂南县	1		1	1		1	1		1
郯城县									
沂水县				6		6			
苍山县									
费县	1		1	1		1			
平邑县	3		3	4	1	3	2		2
莒南县									
蒙阴县									
临沭县									
德州市	**11**	**5**	**6**						
德城区	7	4	3						
陵县									
宁津县									
庆云县	1		1						
临邑县	3	1	2						
齐河县									
平原县									
夏津县									
武城县									
乐陵市									
禹城市									
聊城市	**9**	**2**	**7**						
东昌府区	5	1	4						
阳谷县									
莘县	2		2						
茌平县									
东阿县									
冠县									
高唐县	2	1	1						
临清市									
滨州市	**4**	**2**	**2**	**3**	**3**				
滨城区	3	1	2						
惠民县									
阳信县									
无棣县									
沾化县									
博兴县									
邹平县	1	1		3	3				
菏泽市	**1**		**1**	**2**		**2**	**1**		**1**
牡丹区									
曹县	1		1	1		1			
单县									
成武县									
巨野县									
郓城县									
鄄城县							1		1
定陶县									
东明县				1		1			

10-14　续表 28　　　　单位：人

地　区	锡伯族			阿昌族			普米族		
	小计	男	女	小计	男	女	小计	男	女
河南省	**273**	**123**	**150**	**148**	**67**	**81**	**9**	**2**	**7**
郑州市	**116**	**43**	**73**	**9**	**4**	**5**	**1**	**1**	
中原区	14	4	10	2	1	1			
二七区	27	7	20	2	1	1	1	1	
管城回族区	13	5	8						
金水区	45	18	27						
上街区	11	7	4						
惠济区	2	1	1						
中牟县	1		1	5	2	3			
巩义市									
荥阳市									
新密市									
新郑市	3	1	2						
登封市									
开封市	**10**	**5**	**5**	**128**	**61**	**67**			
龙亭区									
顺河回族区	5	3	2	19	7	12			
鼓楼区				108	54	54			
禹王台区	2		2						
金明区	2	1	1						
杞县									
通许县									
尉氏县	1	1							
开封县				1		1			
兰考县									
洛阳市	**68**	**35**	**33**						
老城区									
西工区	26	13	13						
瀍河回族区	4	3	1						
涧西区	26	14	12						
吉利区	7	2	5						
洛龙区	3	1	2						
孟津县									
新安县									
栾川县	2	2							
嵩县									
汝阳县									
宜阳县									
洛宁县									
伊川县									
偃师市									
平顶山市	**28**	**19**	**9**				**1**		**1**
新华区	5	2	3						
卫东区	7	5	2						
石龙区									
湛河区	9	8	1						
宝丰县									
叶县									
鲁山县	1		1				1		1
郏县									
舞钢市	6	4	2						
汝州市									

10-14 续表 29 单位：人

地区	锡伯族			阿昌族			普米族		
	小计	男	女	小计	男	女	小计	男	女
安阳市				**2**		**2**	**2**		**2**
文峰区							2		2
北关区									
殷都区									
龙安区									
安阳县									
汤阴县									
滑县				2		2			
内黄县									
林州市									
鹤壁市									
鹤山区									
山城区									
淇滨区									
浚县									
淇县									
新乡市	**8**	**3**	**5**				**1**	**1**	
红旗区									
卫滨区									
凤泉区	1	1							
牧野区	3	1	2				1	1	
新乡县									
获嘉县	4	1	3						
原阳县									
延津县									
封丘县									
长垣县									
卫辉市									
辉县市									
焦作市	**3**		**3**						
解放区	1		1						
中站区									
马村区									
山阳区	2		2						
修武县									
博爱县									
武陟县									
温县									
沁阳市									
孟州市									
濮阳市	**3**		**3**						
华龙区	3		3						
清丰县									
南乐县									
范县									
台前县									
濮阳县									
许昌市				**1**	**1**				
魏都区				1	1				
许昌县									
鄢陵县									
襄城县									
禹州市									
长葛市									

10-14 续表 30

单位：人

地区	锡伯族			阿昌族			普米族		
	小计	男	女	小计	男	女	小计	男	女
漯河市									
源汇区									
郾城区									
召陵区									
舞阳县									
临颍县									
三门峡市							**1**		**1**
湖滨区									
渑池县									
陕县									
卢氏县							1		1
义马市									
灵宝市									
南阳市	**13**	**7**	**6**	**6**		**6**			
宛城区	1		1						
卧龙区	2	1	1						
南召县	8	5	3						
方城县				2		2			
西峡县									
镇平县									
内乡县				4		4			
淅川县									
社旗县									
唐河县	2	1	1						
新野县									
桐柏县									
邓州市									
商丘市	**4**		**4**				**2**		**2**
梁园区	1		1						
睢阳区									
民权县									
睢县							1		1
宁陵县	3		3						
柘城县									
虞城县									
夏邑县									
永城市							1		1
信阳市				**1**	**1**		**1**		**1**
浉河区									
平桥区									
罗山县									
光山县									
新县									
商城县									
固始县				1	1		1		1
潢川县									
淮滨县									
息县									
周口市				**1**		**1**			
川汇区									
扶沟县									
西华县									
商水县									

10-14 续表 31

单位：人

地区	锡伯族			阿昌族			普米族		
	小计	男	女	小计	男	女	小计	男	女
沈丘县									
郸城县									
淮阳县									
太康县									
鹿邑县									
项城市				1		1			
驻马店市	**13**	**6**	**7**						
驿城区	4	2	2						
西平县	9	4	5						
上蔡县									
平舆县									
正阳县									
确山县									
泌阳县									
汝南县									
遂平县									
新蔡县									
省直辖县级行政区划	**7**	**5**	**2**						
济源市	7	5	2						
湖北省	**228**	**109**	**119**	**12**	**4**	**8**	**26**	**12**	**14**
武汉市	**156**	**76**	**80**	**5**	**2**	**3**	**19**	**8**	**11**
江岸区	10	6	4						
江汉区	4	1	3				1		1
硚口区	4	3	1						
汉阳区	3	2	1						
武昌区	31	13	18						
青山区	21	12	9						
洪山区	70	32	38	5	2	3	17	8	9
东西湖区	2	1	1						
汉南区									
蔡甸区	6	3	3						
江夏区	5	3	2				1		1
黄陂区									
新洲区									
黄石市	**9**	**4**	**5**				**1**		**1**
黄石港区	2	2							
西塞山区									
下陆区	6	2	4						
铁山区									
阳新县									
大冶市	1		1				1		1
十堰市	**8**	**3**	**5**						
茅箭区	3	1	2						
张湾区	4	1	3						
郧县									
郧西县									
竹山县									
竹溪县									
房县	1	1							
丹江口市									
宜昌市	**10**	**6**	**4**				**1**		**1**
西陵区	7	4	3						
伍家岗区	1	1							
点军区	1		1						

10-14　续表 32　　　　单位：人

地　区	锡伯族			阿昌族			普米族		
	小计	男	女	小计	男	女	小计	男	女
猇亭区	1	1							
夷陵区									
远安县									
兴山县									
秭归县									
长阳土家族自治县									
五峰土家族自治县									
宜都市							1		1
当阳市									
枝江市									
襄樊市	**8**	**2**	**6**						
襄城区	3		3						
樊城区	5	2	3						
襄阳区									
南漳县									
谷城县									
保康县									
老河口市									
枣阳市									
宜城市									
鄂州市	**7**	**4**	**3**						
梁子湖区									
华容区									
鄂城区	7	4	3						
荆门市									
东宝区									
掇刀区									
京山县									
沙洋县									
钟祥市									
孝感市	**9**	**5**	**4**	**2**	**1**	**1**			
孝南区	8	5	3	1		1			
孝昌县									
大悟县	1		1						
云梦县				1	1				
应城市									
安陆市									
汉川市									
荆州市	**7**	**4**	**3**	**1**		**1**			
沙市区	1	1							
荆州区	6	3	3	1		1			
公安县									
监利县									
江陵县									
石首市									
洪湖市									
松滋市									
黄冈市	**3**	**1**	**2**				**1**		**1**
黄州区									
团风县									
红安县									
罗田县									
英山县									
浠水县									
蕲春县							1		1
黄梅县	3	1	2						
麻城市									
武穴市									

10-14 续表 33 单位：人

地区	锡伯族			阿昌族			普米族		
	小计	男	女	小计	男	女	小计	男	女
咸宁市	**1**		**1**						
咸安区									
嘉鱼县									
通城县									
崇阳县									
通山县									
赤壁市	1		1						
随州市				**1**		**1**			
曾都区									
随县									
广水市				1		1			
恩施土家族苗族自治州	**4**	**1**	**3**	**1**	**1**		**3**	**3**	
恩施市	3	1	2	1	1		2	2	
利川市									
建始县							1	1	
巴东县									
宣恩县	1		1						
咸丰县									
来凤县									
鹤峰县									
省直辖县级行政区划	**6**	**3**	**3**	**2**		**2**	**1**	**1**	
仙桃市									
潜江市	6	3	3	2		2	1	1	
天门市									
神农架林区									
湖南省	**136**	**71**	**65**	**26**	**8**	**18**	**24**	**12**	**12**
长沙市	**74**	**36**	**38**	**5**	**2**	**3**	**5**	**3**	**2**
芙蓉区	5	2	3						
天心区	11	6	5						
岳麓区	25	12	13	3	2	1	1		1
开福区	5		5				4	3	1
雨花区	12	6	6						
长沙县	15	9	6	2		2			
望城县									
宁乡县	1	1							
浏阳市									
株洲市	**3**	**2**	**1**				**1**		**1**
荷塘区	2	1	1						
芦淞区									
石峰区									
天元区									
株洲县							1		1
攸县	1	1							
茶陵县									
炎陵县									
醴陵市									
湘潭市	**10**	**7**	**3**						
雨湖区	6	4	2						
岳塘区	2	2							
湘潭县	1	1							
湘乡市	1		1						
韶山市									

10-14　续表 34　　　　　　　　　　　　　　　　　　　　单位：人

地　区	锡伯族			阿昌族			普米族		
	小计	男	女	小计	男	女	小计	男	女
衡阳市	**8**	**6**	**2**	**16**	**6**	**10**	**1**		**1**
珠晖区	5	3	2						
雁峰区	1	1							
石鼓区									
蒸湘区	2	2		6	6				
南岳区									
衡阳县									
衡南县									
衡山县									
衡东县									
祁东县				9		9	1		1
耒阳市									
常宁市				1		1			
邵阳市									
双清区									
大祥区									
北塔区									
邵东县									
新邵县									
邵阳县									
隆回县									
洞口县									
绥宁县									
新宁县									
城步苗族自治县									
武冈市									
岳阳市	**4**	**2**	**2**						
岳阳楼区	4	2	2						
云溪区									
君山区									
岳阳县									
华容县									
湘阴县									
平江县									
汨罗市									
临湘市									
常德市	**8**	**4**	**4**	**1**		**1**			
武陵区	6	3	3	1		1			
鼎城区									
安乡县									
汉寿县	1	1							
澧县									
临澧县	1		1						
桃源县									
石门县									
津市市									
张家界市	**1**	**1**					**1**	**1**	
永定区	1	1					1	1	
武陵源区									
慈利县									
桑植县									
益阳市	**2**		**2**	**1**		**1**	**2**	**1**	**1**
资阳区	1		1						
赫山区	1		1	1		1			

10-14 续表 35 单位：人

地区	锡伯族			阿昌族			普米族		
	小计	男	女	小计	男	女	小计	男	女
南县							2	1	1
桃江县									
安化县									
沅江市									
郴州市				**1**		**1**			
北湖区									
苏仙区									
桂阳县				1		1			
宜章县									
永兴县									
嘉禾县									
临武县									
汝城县									
桂东县									
安仁县									
资兴市									
永州市	**3**	**1**	**2**				**2**	**2**	
零陵区	1		1				2	2	
冷水滩区									
祁阳县									
东安县									
双牌县									
道县									
江永县									
宁远县									
蓝山县	2	1	1						
新田县									
江华瑶族自治县									
怀化市	**10**	**6**	**4**						
鹤城区	8	4	4						
中方县									
沅陵县	1	1							
辰溪县									
溆浦县									
会同县									
麻阳苗族自治县									
新晃侗族自治县									
芷江侗族自治县									
靖州苗族侗族自治县									
通道侗族自治县	1	1							
洪江市									
娄底市	**9**	**4**	**5**	**2**		**2**	**12**	**5**	**7**
娄星区	7	4	3						
双峰县	1		1				12	5	7
新化县									
冷水江市									
涟源市	1		1	2		2			
湘西土家族苗族自治州	**4**	**2**	**2**						
吉首市	4	2	2						
泸溪县									
凤凰县									
花垣县									
保靖县									
古丈县									
永顺县									
龙山县									

10-14　续表 36　　　　单位：人

地区	锡伯族			阿昌族			普米族		
	小计	男	女	小计	男	女	小计	男	女
广东省	**705**	**341**	**364**	**623**	**389**	**234**	**121**	**61**	**60**
广州市	**218**	**104**	**114**	**29**	**16**	**13**	**6**	**3**	**3**
荔湾区	16	9	7						
越秀区	30	16	14						
海珠区	17	6	11	2		2	1		1
天河区	67	28	39				1		1
白云区	42	20	22	5	2	3			
黄埔区	9	5	4	2	2				
番禺区	29	15	14	11	8	3	2	1	1
花都区	3	3		3	2	1			
南沙区	1		1	4	1	3	1	1	
萝岗区	2	1	1	1		1	1	1	
增城市	2	1	1	1	1				
从化市									
韶关市	**10**	**4**	**6**	**2**	**2**		**1**	**1**	
武江区									
浈江区	3		3						
曲江区	4	3	1						
始兴县									
仁化县							1	1	
翁源县									
乳源瑶族自治县	1	1							
新丰县									
乐昌市	2		2	2	2				
南雄市									
深圳市	**294**	**142**	**152**	**78**	**47**	**31**	**37**	**17**	**20**
罗湖区	32	11	21	2	1	1	1		1
福田区	82	36	46	2	2				
南山区	71	38	33	17	10	7			
宝安区	69	36	33	44	25	19	25	14	11
龙岗区	36	18	18	13	9	4	11	3	8
盐田区	4	3	1						
珠海市	**79**	**36**	**43**	**5**	**3**	**2**			
香洲区	62	30	32	3	1	2			
斗门区	4		4	2	2				
金湾区	13	6	7						
汕头市	**2**		**2**	**1**	**1**		**2**	**1**	**1**
龙湖区									
金平区									
濠江区									
潮阳区									
潮南区	2		2	1	1				
澄海区							2	1	1
南澳县									
佛山市	**24**	**16**	**8**	**28**	**19**	**9**	**9**	**4**	**5**
禅城区	7	6	1	1	1				
南海区	6	2	4	16	12	4	3	1	2
顺德区	8	6	2	11	6	5	6	3	3
三水区	2	1	1						
高明区	1	1							
江门市	**1**		**1**	**1**		**1**			
蓬江区									
江海区				1		1			

10-14 续表 37 单位：人

地区	锡伯族			阿昌族			普米族		
	小计	男	女	小计	男	女	小计	男	女
新会区									
台山市									
开平市	1		1						
鹤山市									
恩平市									
湛江市	**4**	**3**	**1**	**8**		**8**	**1**		**1**
赤坎区							1		1
霞山区	3	2	1						
坡头区	1	1		3		3			
麻章区									
遂溪县				1		1			
徐闻县									
廉江市									
雷州市									
吴川市				4		4			
茂名市	**6**	**1**	**5**	**2**	**1**	**1**	**1**		**1**
茂南区	5	1	4						
茂港区				1		1			
电白县	1		1						
高州市									
化州市				1	1		1		1
信宜市									
肇庆市	**3**	**1**	**2**	**59**	**40**	**19**			
端州区	3	1	2						
鼎湖区									
广宁县									
怀集县									
封开县									
德庆县									
高要市									
四会市				59	40	19			
惠州市	**28**	**14**	**14**	**70**	**45**	**25**	**24**	**13**	**11**
惠城区	25	13	12	47	26	21	12	8	4
惠阳区	2		2	15	13	2	10	5	5
博罗县	1	1		8	6	2	2		2
惠东县									
龙门县									
梅州市	**1**	**1**		**3**	**3**				
梅江区	1	1		3	3				
梅县									
大埔县									
丰顺县									
五华县									
平远县									
蕉岭县									
兴宁市									
汕尾市				**2**	**1**	**1**			
城区									
海丰县				2	1	1			
陆河县									
陆丰市									
河源市	**2**		**2**	**1**		**1**			
源城区	2		2						
紫金县									
龙川县				1		1			
连平县									
和平县									
东源县									

10-14　续表 38　　　　　　　　　　　　　　　　　　单位：人

地　区	锡伯族			阿昌族			普米族		
	小计	男	女	小计	男	女	小计	男	女
阳江市	**1**		**1**				**1**		**1**
江城区	1		1						
阳西县									
阳东县									
阳春市							1		1
清远市	**3**	**2**	**1**						
清城区	2	1	1						
佛冈县									
阳山县									
连山壮族瑶族自治县									
连南瑶族自治县									
清新县									
英德市	1	1							
连州市									
东莞市	**15**	**9**	**6**	**263**	**171**	**92**	**39**	**22**	**17**
中山市	**12**	**7**	**5**	**71**	**40**	**31**			
潮州市									
湘桥区									
潮安县									
饶平县									
揭阳市									
榕城区									
揭东县									
揭西县									
惠来县									
普宁市									
云浮市	**2**	**1**	**1**						
云城区	2	1	1						
新兴县									
郁南县									
云安县									
罗定市									
广西壮族自治区	**146**	**79**	**67**	**26**	**14**	**12**	**25**	**18**	**7**
南宁市	**46**	**24**	**22**	**3**	**2**	**1**	**11**	**9**	**2**
兴宁区	7	5	2						
青秀区	8	4	4	3	2	1			
江南区	7	4	3				8	7	1
西乡塘区	23	11	12				2	1	1
良庆区									
邕宁区									
武鸣县									
隆安县									
马山县							1	1	
上林县									
宾阳县	1		1						
横县									

10-14 续表 39 单位：人

地区	锡伯族			阿昌族			普米族		
	小计	男	女	小计	男	女	小计	男	女
柳州市	**26**	**15**	**11**	**1**	**1**		**4**	**3**	**1**
城中区									
鱼峰区	2	1	1						
柳南区	4	2	2						
柳北区	4	1	3				1		1
柳江县	1	1							
柳城县	1	1		1	1				
鹿寨县	7	5	2				1	1	
融安县									
融水苗族自治县	7	4	3						
三江侗族自治县							2	2	
桂林市	**38**	**19**	**19**	**2**		**2**	**3**		**3**
秀峰区	11	4	7				1		1
叠彩区	3	1	2						
象山区	7	4	3						
七星区	5	2	3				1		1
雁山区	1		1	1		1			
阳朔县									
临桂县									
灵川县									
全州县									
兴安县									
永福县	11	8	3						
灌阳县				1		1			
龙胜各族自治县									
资源县									
平乐县									
荔浦县									
恭城瑶族自治县							1		1
梧州市	**1**	**1**							
万秀区									
蝶山区									
长洲区									
苍梧县									
藤县	1	1							
蒙山县									
岑溪市									
北海市	**8**	**6**	**2**	**1**	**1**				
海城区	4	3	1						
银海区	4	3	1	1	1				
铁山港区									
合浦县									
防城港市									
港口区									
防城区									
上思县									
东兴市									
钦州市	**2**		**2**	**3**	**3**		**1**	**1**	
钦南区	2		2	3	3		1	1	
钦北区									
灵山县									
浦北县									
贵港市	**2**	**1**	**1**				**2**	**1**	**1**
港北区	2	1	1						
港南区							1		1
覃塘区									
平南县									
桂平市							1	1	

10-14 续表 40

单位：人

地区	锡伯族			阿昌族			普米族		
	小计	男	女	小计	男	女	小计	男	女
玉林市				**1**	**1**		**2**	**2**	
玉州区				1	1		1	1	
容县							1	1	
陆川县									
博白县									
兴业县									
北流市									
百色市	**11**	**6**	**5**				**2**	**2**	
右江区	9	6	3						
田阳县									
田东县									
平果县	2		2						
德保县									
靖西县							2	2	
那坡县									
凌云县									
乐业县									
田林县									
西林县									
隆林各族自治县									
贺州市	**5**	**2**	**3**	**9**	**3**	**6**			
八步区				2		2			
平桂管理区	3		3	1		1			
昭平县				1		1			
钟山县	2	2							
富川瑶族自治县				5	3	2			
河池市	**2**		**2**	**6**	**3**	**3**			
金城江区	1		1	6	3	3			
南丹县									
天峨县									
凤山县									
东兰县									
罗城仫佬族自治县									
环江毛南族自治县									
巴马瑶族自治县									
都安瑶族自治县	1		1						
大化瑶族自治县									
宜州市									
来宾市	**5**	**5**							
兴宾区	5	5							
忻城县									
象州县									
武宣县									
金秀瑶族自治县									
合山市									
崇左市									
江州区									
扶绥县									
宁明县									
龙州县									
大新县									
天等县									
凭祥市									

10-14 续表 41 单位：人

地区	锡伯族			阿昌族			普米族		
	小计	男	女	小计	男	女	小计	男	女
海南省	**72**	**30**	**42**				**3**	**2**	**1**
海口市	**45**	**16**	**29**				**1**		**1**
秀英区	3		3						
龙华区	15	6	9				1		1
琼山区	13	4	9						
美兰区	14	6	8						
三亚市	**20**	**11**	**9**				**2**	**2**	
省直辖县级行政区划	**7**	**3**	**4**						
五指山市	2	1	1						
琼海市	2	1	1						
儋州市	2	1	1						
文昌市									
万宁市									
东方市									
定安县									
屯昌县									
澄迈县									
临高县									
白沙黎族自治县									
昌江黎族自治县									
乐东黎族自治县									
陵水黎族自治县	1		1						
保亭黎族苗族自治县									
琼中黎族苗族自治县									
西沙群岛									
重庆市	**143**	**70**	**73**	**19**	**6**	**13**	**51**	**28**	**23**
市辖区	**131**	**65**	**66**	**12**	**5**	**7**	**48**	**27**	**21**
万州区	4	1	3				1	1	
涪陵区	1	1		3	2	1			
渝中区	12	8	4				1	1	
大渡口区									
江北区	6	3	3				1		1
沙坪坝区	8	5	3				5	3	2
九龙坡区	11	5	6				2		2
南岸区	4	1	3				4	1	3
北碚区	26	12	14	2		2	9	8	1
万盛区									
双桥区									
渝北区	5	3	2				4	3	1
巴南区									
黔江区									
长寿区	2		2						
江津区				1		1			
合川区	49	24	25	6	3	3	20	10	10
永川区	3	2	1				1		1
南川区									
市辖县	**12**	**5**	**7**	**7**	**1**	**6**	**3**	**1**	**2**
綦江县	8	5	3	3		3			
潼南县				1		1	2		2
铜梁县				1		1			

10-14　续表 42　　　　单位：人

地　区	锡伯族			阿昌族			普米族		
	小计	男	女	小计	男	女	小计	男	女
大足县									
荣昌县	1		1				1	1	
璧山县				2	1	1			
梁平县	3		3						
城口县									
丰都县									
垫江县									
武隆县									
忠县									
开县									
云阳县									
奉节县									
巫山县									
巫溪县									
石柱土家族自治县									
秀山土家族苗族自治县									
酉阳土家族苗族自治县									
彭水苗族土家族自治县									
四川省	**381**	**187**	**194**	**54**	**17**	**37**	**137**	**55**	**82**
成都市	**253**	**115**	**138**	**20**	**11**	**9**	**26**	**13**	**13**
锦江区	13	3	10	1	1				
青羊区	27	12	15	1	1				
金牛区	34	15	19	1	1		5	3	2
武侯区	57	26	31	3	3		5	3	2
成华区	19	13	6				4		4
龙泉驿区	10	2	8						
青白江区	2	1	1						
新都区	7	4	3	1	1				
温江区	5	1	4	1		1	2	2	
金堂县	5	3	2				1		1
双流县	39	10	29	5	3	2	4	2	2
郫县	19	16	3	1		1	3	2	1
大邑县	5	2	3				1	1	
蒲江县				1		1			
新津县	4	3	1						
都江堰市									
彭州市	6	4	2	3	1	2	1		1
邛崃市									
崇州市	1		1	2		2			
自贡市	**3**	**1**	**2**	**1**		**1**	**3**	**1**	**2**
自流井区	2	1	1						
贡井区									
大安区									
沿滩区									
荣县	1		1				1	1	
富顺县				1		1	2		2
攀枝花市	**24**	**12**	**12**	**5**	**2**	**3**	**38**	**15**	**23**
东区	12	5	7	1	1		4	1	3
西区	11	6	5	1		1	5	2	3
仁和区	1	1		3	1	2	4	3	1
米易县									
盐边县							25	9	16

10-14 续表 43 单位：人

地区	锡伯族			阿昌族			普米族		
	小计	男	女	小计	男	女	小计	男	女
泸州市	**19**	**13**	**6**	**1**		**1**	**1**		**1**
江阳区	15	11	4				1		1
纳溪区	1	1							
龙马潭区	1		1						
泸县	1	1							
合江县									
叙永县				1		1			
古蔺县	1		1						
德阳市	**23**	**12**	**11**	**2**	**1**	**1**	**3**	**2**	**1**
旌阳区	18	11	7				1	1	
中江县							2	1	1
罗江县									
广汉市	5	1	4						
什邡市									
绵竹市				2	1	1			
绵阳市	**12**	**7**	**5**	**1**	**1**		**1**	**1**	
涪城区	12	7	5				1	1	
游仙区									
三台县									
盐亭县									
安县									
梓潼县									
北川羌族自治县									
平武县									
江油市				1	1				
广元市	**1**	**1**		**2**		**2**	**1**	**1**	
利州区	1	1							
元坝区									
朝天区									
旺苍县				2		2			
青川县									
剑阁县							1	1	
苍溪县									
遂宁市				**3**		**3**	**2**		**2**
船山区									
安居区				1		1	1		1
蓬溪县				2		2			
射洪县									
大英县							1		1
内江市				**5**	**1**	**4**	**4**	**1**	**3**
市中区									
东兴区									
威远县				3		3	3	1	2
资中县				2	1	1			
隆昌县							1		1
乐山市	**5**	**5**		**2**		**2**			
市中区									
沙湾区									
五通桥区				1		1			
金口河区									
犍为县									
井研县				1		1			
夹江县									
沐川县									
峨边彝族自治县									
马边彝族自治县									
峨眉山市	5	5							

10-14 续表 44

单位：人

地区	锡伯族			阿昌族			普米族		
	小计	男	女	小计	男	女	小计	男	女
南充市	**1**	**1**		**1**		**1**	**2**		**2**
顺庆区	1	1							
高坪区				1		1			
嘉陵区							1		1
南部县							1		1
营山县									
蓬安县									
仪陇县									
西充县									
阆中市									
眉山市	**8**	**7**	**1**				**1**		**1**
东坡区	4	3	1						
仁寿县	1	1					1		1
彭山县	3	3							
洪雅县									
丹棱县									
青神县									
宜宾市	**2**	**1**	**1**	**2**		**2**	**3**		**3**
翠屏区	2	1	1						
宜宾县				1		1	2		2
南溪县									
江安县									
长宁县									
高县				1		1			
珙县									
筠连县									
兴文县									
屏山县							1		1
广安市	**2**		**2**	**2**		**2**	**4**		**4**
广安区	2		2						
岳池县				1		1	2		2
武胜县							2		2
邻水县									
华蓥市				1		1			
达州市	**4**	**1**	**3**						
通川区	1	1							
达县									
宣汉县									
开江县									
大竹县									
渠县									
万源市	3		3						
雅安市	**18**	**6**	**12**				**3**		**3**
雨城区	4	1	3						
名山县									
荥经县									
汉源县	10	4	6				2		2
石棉县	3	1	2						
天全县									
芦山县									
宝兴县	1		1				1		1

10-14 续表 45

单位：人

地区	锡伯族			阿昌族			普米族		
	小计	男	女	小计	男	女	小计	男	女
巴中市									
巴州区									
通江县									
南江县									
平昌县									
资阳市	**1**	**1**		**1**		**1**	**3**		**3**
雁江区									
安岳县							3		3
乐至县	1	1		1		1			
简阳市									
阿坝藏族羌族自治州	**3**	**3**					**4**	**2**	**2**
汶川县	1	1							
理县	1	1							
茂县									
松潘县									
九寨沟县									
金川县									
小金县	1	1					1		1
黑水县									
马尔康县									
壤塘县									
阿坝县							1		1
若尔盖县							1	1	
红原县							1	1	
甘孜藏族自治州	**1**		**1**				**8**	**6**	**2**
康定县									
泸定县									
丹巴县									
九龙县									
雅江县									
道孚县							1	1	
炉霍县									
甘孜县									
新龙县									
德格县									
白玉县									
石渠县									
色达县							1		1
理塘县									
巴塘县	1		1						
乡城县									
稻城县							1		1
得荣县							5	5	
凉山彝族自治州	**1**	**1**		**6**	**1**	**5**	**30**	**13**	**17**
西昌市							4	3	1
木里藏族自治县									
盐源县	1	1					22	8	14
德昌县				1		1			
会理县				2		2			
会东县									
宁南县							1		1
普格县				3	1	2	1	1	
布拖县									
金阳县									
昭觉县									

10-14　续表 46

单位：人

地　区	锡伯族			阿昌族			普米族		
	小计	男	女	小计	男	女	小计	男	女
喜德县									
冕宁县							2	1	1
越西县									
甘洛县									
美姑县									
雷波县									
贵州省	**185**	**89**	**96**	**26**	**9**	**17**	**16**	**8**	**8**
贵阳市	**122**	**63**	**59**	**11**	**5**	**6**	**4**	**2**	**2**
南明区	16	8	8				4	2	2
云岩区	41	20	21						
花溪区	13	5	8	1		1			
乌当区	2	1	1						
白云区	6	4	2						
小河区	37	21	16	8	5	3			
开阳县	3	1	2						
息烽县									
修文县									
清镇市	4	3	1	2		2			
六盘水市	**20**	**8**	**12**	**4**	**2**	**2**	**1**		**1**
钟山区	7		7	1		1			
六枝特区							1		1
水城县	2	1	1						
盘县	11	7	4	3	2	1			
遵义市	**6**	**3**	**3**	**1**	**1**				
红花岗区	1		1	1	1				
汇川区	5	3	2						
遵义县									
桐梓县									
绥阳县									
正安县									
道真仡佬族苗族自治县									
务川仡佬族苗族自治县									
凤冈县									
湄潭县									
余庆县									
习水县									
赤水市									
仁怀市									
安顺市	**27**	**10**	**17**	**1**		**1**	**1**		**1**
西秀区	14	7	7				1		1
平坝县	10	2	8						
普定县									
镇宁布依族苗族自治县									
关岭布依族苗族自治县	3	1	2						
紫云苗族布依族自治县				1		1			
铜仁地区				**2**	**1**	**1**	**1**	**1**	
铜仁市									
江口县									
玉屏侗族自治县									
石阡县									
思南县									
印江土家族苗族自治县									
德江县									
沿河土家族自治县									
松桃苗族自治县				2	1	1	1	1	
万山特区									

10-14 续表 47 单位：人

地 区	锡伯族			阿昌族			普米族		
	小计	男	女	小计	男	女	小计	男	女
黔西南布依族苗族自治州	**3**	**2**	**1**	**1**		**1**	**1**	**1**	
兴义市	1	1							
兴仁县									
普安县									
晴隆县	2	1	1	1		1			
贞丰县									
望谟县									
册亨县							1	1	
安龙县									
毕节地区	**1**		**1**	**6**		**6**	**6**	**3**	**3**
毕节市	1		1	1		1	4	2	2
大方县							1	1	
黔西县									
金沙县									
织金县				1		1			
纳雍县							1		1
威宁彝族回族苗族自治县				3		3			
赫章县				1		1			
黔东南苗族侗族自治州	**3**	**2**	**1**				**1**		**1**
凯里市	3	2	1						
黄平县									
施秉县									
三穗县									
镇远县									
岑巩县									
天柱县									
锦屏县									
剑河县									
台江县									
黎平县									
榕江县									
从江县									
雷山县									
麻江县									
丹寨县							1		1
黔南布依族苗族自治州	**3**	**1**	**2**				**1**	**1**	
都匀市	1		1						
福泉市									
荔波县	1	1							
贵定县									
瓮安县	1		1						
独山县									
平塘县									
罗甸县									
长顺县									
龙里县									
惠水县							1	1	
三都水族自治县									

10-14　续表 48

单位：人

地　区	锡伯族			阿昌族			普米族		
	小计	男	女	小计	男	女	小计	男	女
云南省	**158**	**69**	**89**	**38059**	**19017**	**19042**	**42043**	**21055**	**20988**
昆明市	**80**	**33**	**47**	**500**	**262**	**238**	**812**	**419**	**393**
五华区	21	7	14	161	83	78	279	138	141
盘龙区	20	9	11	97	53	44	89	49	40
官渡区	14	7	7	45	27	18	113	56	57
西山区	17	7	10	59	29	30	115	58	57
东川区				7	3	4	9	2	7
呈贡县	3	2	1	47	20	27	109	56	53
晋宁县				15	1	14	7	7	
富民县				1	1		1	1	
宜良县	1		1	5	2	3	9	2	7
石林彝族自治县				3	2	1	2		2
嵩明县	3	1	2	22	13	9	11	6	5
禄劝彝族苗族自治县				2	1	1	4		4
寻甸回族彝族自治县				2	1	1	2		2
安宁市	1		1	34	26	8	62	44	18
曲靖市	**17**	**7**	**10**	**59**	**39**	**20**	**96**	**43**	**53**
麒麟区	15	7	8	13	5	8	21	11	10
马龙县				8	3	5	1	1	
陆良县				1		1	15	6	9
师宗县				3	3		11	4	7
罗平县				1		1	1		1
富源县				17	15	2	2	2	
会泽县				3	1	2	25	7	18
沾益县				13	12	1	4	4	
宣威市	2		2				16	8	8
玉溪市	**3**	**2**	**1**	**43**	**24**	**19**	**66**	**34**	**32**
红塔区	2	1	1	8	4	4	43	23	20
江川县							7	5	2
澄江县				3	2	1	1	1	
通海县				2	1	1	3	2	1
华宁县	1	1		5	2	3	2		2
易门县				16	11	5	6	2	4
峨山彝族自治县							1		1
新平彝族傣族自治县				5	1	4	3	1	2
元江哈尼族彝族傣族自治县				4	3	1			
保山市	**3**		**3**	**4151**	**1953**	**2198**	**78**	**33**	**45**
隆阳区	2		2	380	171	209	63	24	39
施甸县				54	21	33	1		1
腾冲县				2737	1250	1487	7	5	2
龙陵县	1		1	953	498	455	5	3	2
昌宁县				27	13	14	2	1	1
昭通市	**2**	**1**	**1**	**3**	**1**	**2**	**29**	**15**	**14**
昭阳区	1	1		2	1	1	17	8	9
鲁甸县									
巧家县							2		2
盐津县							1		1
大关县							1	1	
永善县							6	5	1
绥江县									
镇雄县							1	1	
彝良县							1		1
威信县									
水富县	1		1	1		1			

10-14 续表 49　　　　单位：人

地区	锡伯族			阿昌族			普米族		
	小计	男	女	小计	男	女	小计	男	女
丽江市	**2**	**1**	**1**	**20**	**9**	**11**	**20400**	**10097**	**10303**
古城区	1		1	13	4	9	1225	541	684
玉龙纳西族自治县	1	1		5	4	1	5465	2776	2689
永胜县							1119	527	592
华坪县							65	34	31
宁蒗彝族自治县				2	1	1	12526	6219	6307
普洱市	**4**	**1**	**3**	**106**	**61**	**45**	**215**	**126**	**89**
思茅区	3	1	2	2	1	1	43	22	21
宁洱哈尼族彝族自治县	1		1	2	2		22	11	11
墨江哈尼族自治县				1		1	131	83	48
景东彝族自治县				1		1	5	1	4
景谷傣族彝族自治县				3	1	2	1	1	
镇沅彝族哈尼族拉祜族自治县				96	57	39	9	6	3
江城哈尼族彝族自治县									
孟连傣族拉祜族佤族自治县							1		1
澜沧拉祜族自治县							3	2	1
西盟佤族自治县				1		1			
临沧市	**3**	**2**	**1**	**39**	**21**	**18**	**160**	**80**	**80**
临翔区				18	7	11	40	15	25
凤庆县				2		2	3	2	1
云县				3	2	1	98	51	47
永德县							2	1	1
镇康县	3	2	1						
双江拉祜族佤族布朗族傣族自治县							2	2	
耿马傣族佤族自治县				16	12	4	11	6	5
沧源佤族自治县							4	3	1
楚雄彝族自治州	**14**	**5**	**9**	**47**	**21**	**26**	**75**	**38**	**37**
楚雄市	13	4	9	24	13	11	43	23	20
双柏县				3	2	1	6	4	2
牟定县				7	3	4	1	1	
南华县							4	2	2
姚安县									
大姚县				1		1	7	2	5
永仁县							1	1	
元谋县				1		1			
武定县	1	1		5		5	1		1
禄丰县				6	3	3	12	5	7
红河哈尼族彝族自治州	**8**	**3**	**5**	**45**	**18**	**27**	**56**	**30**	**26**
个旧市				10	4	6	3	1	2
开远市				7	3	4	8	4	4
蒙自市	8	3	5	5		5	17	12	5
屏边苗族自治县									
建水县				6	3	3	1	1	
石屏县				2	1	1			
弥勒县				3	1	2	5	1	4
泸西县				2		2	2	1	1
元阳县									
红河县				9	5	4			
金平苗族瑶族傣族自治县				1	1		3	2	1
绿春县									
河口瑶族自治县							17	8	9
文山壮族苗族自治州				**5**	**1**	**4**	**38**	**17**	**21**
文山县				3	1	2	21	9	12
砚山县									
西畴县							1		1
麻栗坡县							9	4	5

10-14　续表 50

单位：人

地　区	锡伯族			阿昌族			普米族		
	小计	男	女	小计	男	女	小计	男	女
马关县				1		1	2	1	1
丘北县							4	2	2
广南县				1		1	1	1	
富宁县									
西双版纳傣族自治州	**10**	**5**	**5**	**19**	**7**	**12**	**65**	**36**	**29**
景洪市	9	5	4	12	5	7	35	19	16
勐海县							3	2	1
勐腊县	1		1	7	2	5	27	15	12
大理白族自治州	**8**	**6**	**2**	**2602**	**1401**	**1201**	**453**	**166**	**287**
大理市	6	5	1	72	42	30	105	49	56
漾濞彝族自治县				2	2		5	4	1
祥云县				8		8	9	2	7
宾川县				4	2	2	13	6	7
弥渡县				5	2	3	7	2	5
南涧彝族自治县				3		3			
巍山彝族回族自治县				1		1	6	4	2
永平县				31	14	17	3	1	2
云龙县				2475	1339	1136	36	20	16
洱源县							107	44	63
剑川县	2	1	1				134	25	109
鹤庆县				1		1	28	9	19
德宏傣族景颇族自治州	**2**	**2**		**30389**	**15180**	**15209**	**38**	**25**	**13**
瑞丽市	2	2		440	218	222	7	6	1
潞西市				2524	1332	1192	24	13	11
梁河县				12639	6382	6257			
盈江县				1303	644	659	5	5	
陇川县				13483	6604	6879	2	1	1
怒江傈僳族自治州	**1**		**1**	**29**	**18**	**11**	**17392**	**8837**	**8555**
泸水县	1		1	25	16	9	310	168	142
福贡县							39	19	20
贡山独龙族怒族自治县				1	1		59	41	18
兰坪白族普米族自治县				3	1	2	16984	8609	8375
迪庆藏族自治州	**1**	**1**		**2**	**1**	**1**	**2070**	**1059**	**1011**
香格里拉县				1		1	409	183	226
德钦县				1	1		6	3	3
维西傈僳族自治县	1	1					1655	873	782
西藏自治区	**6**	**3**	**3**				**16**	**11**	**5**
拉萨市							**6**	**4**	**2**
城关区							5	3	2
林周县									
当雄县									
尼木县									
曲水县							1	1	
堆龙德庆县									
达孜县									
墨竹工卡县									
昌都地区	**2**	**1**	**1**				**1**	**1**	
昌都县									
江达县									
贡觉县									
类乌齐县									
丁青县									
察雅县							1	1	

10-14 续表 51

单位：人

地区	锡伯族			阿昌族			普米族		
	小计	男	女	小计	男	女	小计	男	女
八宿县									
左贡县									
芒康县									
洛隆县									
边坝县	2	1	1						
山南地区									
乃东县									
扎囊县									
贡嘎县									
桑日县									
琼结县									
曲松县									
措美县									
洛扎县									
加查县									
隆子县									
错那县									
浪卡子县									
日喀则地区							**1**		**1**
日喀则市									
南木林县									
江孜县									
定日县									
萨迦县									
拉孜县							1		1
昂仁县									
谢通门县									
白朗县									
仁布县									
康马县									
定结县									
仲巴县									
亚东县									
吉隆县									
聂拉木县									
萨嘎县									
岗巴县									
那曲地区	**1**		**1**						
那曲县									
嘉黎县									
比如县									
聂荣县									
安多县	1		1						
申扎县									
索县									
班戈县									
巴青县									
尼玛县									
阿里地区									
普兰县									
札达县									
噶尔县									
日土县									
革吉县									
改则县									
措勤县									

10-14　续表 52

单位：人

地　区	锡伯族			阿昌族			普米族		
	小计	男	女	小计	男	女	小计	男	女
林芝地区	**3**	**2**	**1**				**8**	**6**	**2**
林芝县	3	2	1						
工布江达县							1		1
米林县									
墨脱县									
波密县									
察隅县							7	6	1
朗县									
陕西省	**416**	**219**	**197**	**2**	**1**	**1**	**4**	**2**	**2**
西安市	**328**	**174**	**154**	**1**	**1**		**1**		**1**
新城区	24	17	7						
碑林区	57	28	29						
莲湖区	38	19	19						
灞桥区	10	7	3						
未央区	42	20	22						
雁塔区	95	47	48						
阎良区	15	10	5						
临潼区	7	5	2						
长安区	26	14	12	1	1		1		1
蓝田县									
周至县									
户县	8	6	2						
高陵县	6	1	5						
铜川市	**1**		**1**						
王益区	1		1						
印台区									
耀州区									
宜君县									
宝鸡市	**23**	**16**	**7**				**1**	**1**	
渭滨区	14	9	5						
金台区	8	6	2				1	1	
陈仓区									
凤翔县									
岐山县									
扶风县									
眉县	1	1							
陇县									
千阳县									
麟游县									
凤县									
太白县									
咸阳市	**12**	**8**	**4**	**1**		**1**			
秦都区									
杨陵区	8	6	2	1		1			
渭城区	4	2	2						
三原县									
泾阳县									
乾县									
礼泉县									
永寿县									
彬县									

10-14 续表 53

单位：人

地区	锡伯族			阿昌族			普米族		
	小计	男	女	小计	男	女	小计	男	女
长武县									
旬邑县									
淳化县									
武功县									
兴平市									
渭南市									
临渭区									
华县									
潼关县									
大荔县									
合阳县									
澄城县									
蒲城县									
白水县									
富平县									
韩城市									
华阴市									
延安市	**1**	**1**							
宝塔区									
延长县	1	1							
延川县									
子长县									
安塞县									
志丹县									
吴起县									
甘泉县									
富县									
洛川县									
宜川县									
黄龙县									
黄陵县									
汉中市	**46**	**18**	**28**						
汉台区	13	4	9						
南郑县									
城固县	22	8	14						
洋县									
西乡县									
勉县	6	1	5						
宁强县	2	2							
略阳县	3	3							
镇巴县									
留坝县									
佛坪县									
榆林市	**2**	**1**	**1**				**2**	**1**	**1**
榆阳区									
神木县							1	1	
府谷县							1		1
横山县									
靖边县									
定边县									
绥德县									
米脂县									
佳县	2	1	1						
吴堡县									
清涧县									
子洲县									

10-14 续表 54

单位：人

地 区	锡伯族			阿昌族			普米族		
	小计	男	女	小计	男	女	小计	男	女
安康市									
汉滨区									
汉阴县									
石泉县									
宁陕县									
紫阳县									
岚皋县									
平利县									
镇坪县									
旬阳县									
白河县									
商洛市	**3**	**1**	**2**						
商州区	1		1						
洛南县									
丹凤县									
商南县									
山阳县									
镇安县	1	1							
柞水县	1		1						
甘肃省	**299**	**138**	**161**	**1**	**1**		**8**	**5**	**3**
兰州市	**192**	**92**	**100**	**1**	**1**		**7**	**5**	**2**
城关区	90	44	46				2		2
七里河区	25	16	9						
西固区	10	5	5						
安宁区	30	15	15						
红古区									
永登县									
皋兰县									
榆中县	37	12	25	1	1		5	5	
嘉峪关市	**6**	**3**	**3**						
金昌市	**27**	**8**	**19**						
金川区	27	8	19						
永昌县									
白银市	**1**	**1**							
白银区	1	1							
平川区									
靖远县									
会宁县									
景泰县									
天水市	**31**	**18**	**13**						
秦州区	18	10	8						
麦积区	13	8	5						
清水县									
秦安县									
甘谷县									
武山县									
张家川回族自治县									
武威市									
凉州区									
民勤县									
古浪县									
天祝藏族自治县									

10-14 续表 55 单位：人

地 区	锡伯族			阿昌族			普米族		
	小计	男	女	小计	男	女	小计	男	女
张掖市	**2**		**2**						
甘州区	2		2						
肃南裕固族自治县									
民乐县									
临泽县									
高台县									
山丹县									
平凉市	**3**	**1**	**2**						
崆峒区	1	1							
泾川县									
灵台县									
崇信县									
华亭县									
庄浪县	1		1						
静宁县	1		1						
酒泉市	**27**	**11**	**16**						
肃州区	16	4	12						
金塔县	1	1							
瓜州县	6	3	3						
肃北蒙古族自治县									
阿克塞哈萨克族自治县	2	1	1						
玉门市									
敦煌市	2	2							
庆阳市	**2**		**2**						
西峰区									
庆城县	2		2						
环县									
华池县									
合水县									
正宁县									
宁县									
镇原县									
定西市									
安定区									
通渭县									
陇西县									
渭源县									
临洮县									
漳县									
岷县									
陇南市	**1**	**1**							
武都区									
成县									
文县	1	1							
宕昌县									
康县									
西和县									
礼县									
徽县									
两当县									

10-14　续表 56　　　　　　　　　　　　　　　　　　　　　　　　　　单位：人

地　区	锡伯族			阿昌族			普米族		
	小计	男	女	小计	男	女	小计	男	女
临夏回族自治州	**6**	**3**	**3**				**1**		**1**
临夏市	5	2	3						
临夏县									
康乐县									
永靖县	1	1					1		1
广河县									
和政县									
东乡族自治县									
积石山保安族东乡族撒拉族自治县									
甘南藏族自治州	**1**		**1**						
合作市									
临潭县									
卓尼县									
舟曲县	1		1						
迭部县									
玛曲县									
碌曲县									
夏河县									
青海省	**128**	**52**	**76**	**1**		**1**	**3**		**3**
西宁市	**112**	**44**	**68**	**1**		**1**	**2**		**2**
城东区	16	6	10	1		1	1		1
城中区	19	6	13						
城西区	30	13	17						
城北区	32	13	19				1		1
大通回族土族自治县	11	4	7						
湟中县	4	2	2						
湟源县									
海东地区	**3**	**1**	**2**						
平安县	2	1	1						
民和回族土族自治县									
乐都县									
互助土族自治县									
化隆回族自治县	1		1						
循化撒拉族自治县									
海北藏族自治州									
门源回族自治县									
祁连县									
海晏县									
刚察县									
黄南藏族自治州									
同仁县									
尖扎县									
泽库县									
河南蒙古族自治县									
海南藏族自治州	**2**	**1**	**1**						
共和县									
同德县									
贵德县	2	1	1						
兴海县									
贵南县									
果洛藏族自治州	**1**	**1**							
玛沁县									
班玛县									
甘德县									
达日县	1	1							
久治县									
玛多县									

10-14 续表 57

单位：人

地区	锡伯族			阿昌族			普米族		
	小计	男	女	小计	男	女	小计	男	女
玉树藏族自治州									
玉树县									
杂多县									
称多县									
治多县									
囊谦县									
曲麻莱县									
海西蒙古族藏族自治州	**10**	**5**	**5**				**1**		**1**
格尔木市	3	1	2				1		1
德令哈市	4	2	2						
乌兰县									
都兰县	1	1							
天峻县									
芒崖行政委员会	2	1	1						
柴旦行政委员会									
冷湖行政委员会									
宁夏回族自治区	**184**	**88**	**96**	**4**	**1**	**3**	**6**	**3**	**3**
银川市	**111**	**47**	**64**	**2**		**2**	**4**	**3**	**1**
兴庆区	43	20	23						
西夏区	43	16	27	2		2	4	3	1
金凤区	19	8	11						
永宁县									
贺兰县	4	2	2						
灵武市	2	1	1						
石嘴山市	**71**	**40**	**31**	**2**	**1**	**1**			
大武口区	57	32	25	2	1	1			
惠农区	14	8	6						
平罗县									
吴忠市									
利通区									
红寺堡区									
盐池县									
同心县									
青铜峡市									
固原市							**2**		**2**
原州区									
西吉县									
隆德县							2		2
泾源县									
彭阳县									
中卫市	**2**	**1**	**1**						
沙坡头区	2	1	1						
中宁县									
海原县									
新疆维吾尔自治区	**34399**	**17416**	**16983**	**5**	**3**	**2**	**12**	**5**	**7**
乌鲁木齐市	**4820**	**2289**	**2531**	**4**	**3**	**1**	**2**	**1**	**1**
天山区	1464	688	776						
沙依巴克区	1151	545	606				2	1	1
新市区	1302	628	674	4	3	1			
水磨沟区	474	219	255						

10-14　续表 58　　　　　　　　　　　　　　　　　　　单位：人

地　区	锡伯族			阿昌族			普米族		
	小计	男	女	小计	男	女	小计	男	女
头屯河区	281	143	138						
达坂城区	4	1	3						
米东区	132	61	71						
乌鲁木齐县	12	4	8						
克拉玛依市	**681**	**352**	**329**						
独山子区	119	64	55						
克拉玛依区	466	239	227						
白碱滩区	88	44	44						
乌尔禾区	8	5	3						
吐鲁番地区	**14**	**9**	**5**				**2**	**1**	**1**
吐鲁番市	10	6	4						
鄯善县	3	2	1				2	1	1
托克逊县	1	1							
哈密地区	**105**	**65**	**40**						
哈密市	103	64	39						
巴里坤哈萨克自治县	2	1	1						
伊吾县									
昌吉回族自治州	**476**	**247**	**229**						
昌吉市	325	170	155						
阜康市	57	28	29						
呼图壁县	14	6	8						
玛纳斯县	23	13	10						
奇台县	34	20	14						
吉木萨尔县	23	10	13						
木垒哈萨克自治县									
博尔塔拉蒙古自治州	**273**	**153**	**120**						
博乐市	191	112	79						
精河县	46	22	24						
温泉县	36	19	17						
巴音郭楞蒙古自治州	**142**	**69**	**73**	**1**		**1**	**2**	**1**	**1**
库尔勒市	126	60	66						
轮台县	1	1					1		1
尉犁县									
若羌县	2	1	1	1		1			
且末县	1		1						
焉耆回族自治县									
和静县	9	5	4				1	1	
和硕县	1	1							
博湖县	2	1	1						
阿克苏地区	**91**	**51**	**40**				**6**	**2**	**4**
阿克苏市	36	19	17				1	1	
温宿县	4	2	2				1		1
库车县	27	18	9				2		2
沙雅县	9	6	3						
新和县	5	1	4						
拜城县	3	1	2						
乌什县	6	3	3				2	1	1
阿瓦提县	1	1							
柯坪县									
克孜勒苏柯尔克孜自治州	**12**	**8**	**4**						
阿图什市	3	3							
阿克陶县	5	2	3						
阿合奇县									
乌恰县	4	3	1						

10-14 续表 59

单位：人

地区	锡伯族			阿昌族			普米族		
	小计	男	女	小计	男	女	小计	男	女
喀什地区	**38**	**16**	**22**						
喀什市									
疏附县	2	2							
疏勒县									
英吉沙县									
泽普县	8	3	5						
莎车县	5	2	3						
叶城县	4	2	2						
麦盖提县	4		4						
岳普湖县	4	2	2						
伽师县	4	1	3						
巴楚县	4	2	2						
塔什库尔干塔吉克自治县	3	2	1						
和田地区	**25**	**8**	**17**						
和田市	17	6	11						
和田县									
墨玉县	1		1						
皮山县									
洛浦县									
策勒县	2	1	1						
于田县	5	1	4						
民丰县									
伊犁哈萨克自治州	**25958**	**13265**	**12693**						
伊宁市	3656	1698	1958						
奎屯市	199	79	120						
伊宁县	104	37	67						
察布查尔锡伯自治县	17526	9094	8432						
霍城县	2417	1272	1145						
巩留县	1150	609	541						
新源县	328	180	148						
昭苏县	21	10	11						
特克斯县	106	51	55						
尼勒克县	451	235	216						
塔城地区	**1526**	**763**	**763**						
塔城市	1207	611	596						
乌苏市	111	56	55						
额敏县	52	23	29						
沙湾县	31	17	14						
托里县	51	19	32						
裕民县	34	17	17						
和布克赛尔蒙古自治县	40	20	20						
阿勒泰地区	**59**	**33**	**26**						
阿勒泰市	21	9	12						
布尔津县	12	7	5						
富蕴县	9	6	3						
福海县	4	2	2						
哈巴河县	6	6							
青河县	2	1	1						
吉木乃县	5	2	3						
自治区直辖县级行政区划	**179**	**88**	**91**						
石河子市	157	75	82						
阿拉尔市	12	7	5						
图木舒克市	1		1						
五家渠市	9	6	3						

10-15　全国各县分性别的塔吉克族、怒族、乌孜别克族人口

单位：人

地　区	塔吉克族			怒　族			乌孜别克族		
	小计	男	女	小计	男	女	小计	男	女
全　国	**51069**	**26112**	**24957**	**37523**	**18907**	**18616**	**10569**	**5673**	**4896**
北京市	**21**	**12**	**9**	**50**	**22**	**28**	**51**	**25**	**26**
市辖区	**21**	**12**	**9**	**50**	**22**	**28**	**51**	**25**	**26**
东城区									
西城区							5	3	2
崇文区							1	1	
宣武区				2	1	1	1		1
朝阳区	1		1	13	4	9	7	1	6
丰台区	2	1	1	3	1	2	6	4	2
石景山区									
海淀区	5	4	1	20	7	13	19	11	8
门头沟区									
房山区	2	1	1						
通州区	1		1				2	1	1
顺义区	1		1				1		1
昌平区	7	4	3	5	2	3	6	2	4
大兴区	2	2		7	7		2	2	
怀柔区							1		1
平谷区									
市辖县									
密云县									
延庆县									
天津市	**11**	**9**	**2**	**41**	**25**	**16**	**19**	**8**	**11**
市辖区	**11**	**9**	**2**	**41**	**25**	**16**	**19**	**8**	**11**
和平区				2	1	1	4	2	2
河东区							1		1
河西区	4	3	1	3	1	2	1	1	
南开区	4	3	1	7	3	4	4	1	3
河北区									
红桥区							1	1	
东丽区				7	6	1			
西青区				1	1		4	2	2
津南区							2	1	1
北辰区	1	1		7	3	4			
武清区				1		1			
宝坻区				4	3	1			
滨海新区	2	2		9	7	2	2		2
市辖县									
宁河县									
静海县									
蓟县									
河北省	**8**	**6**	**2**	**200**	**73**	**127**	**7**	**4**	**3**
石家庄市	**4**	**3**	**1**	**42**	**13**	**29**	**2**	**2**	
长安区									
桥东区				2	1	1			
桥西区	1		1	8	3	5			
新华区				3	1	2			
井陉矿区									
裕华区									
井陉县				1		1	2	2	
正定县	2	2		1		1			
栾城县									

10-15 续表 1 单位：人

地区	塔吉克族			怒族			乌孜别克族		
	小计	男	女	小计	男	女	小计	男	女
行唐县				5	1	4			
灵寿县				1	1				
高邑县									
深泽县				1		1			
赞皇县									
无极县				7	3	4			
平山县				1		1			
元氏县				1		1			
赵县				2	1	1			
辛集市				2	1	1			
藁城市				1		1			
晋州市				4		4			
新乐市	1	1		2	1	1			
鹿泉市									
唐山市				**44**	**23**	**21**	**2**	**2**	
路南区				14	8	6			
路北区				5	1	4			
古冶区									
开平区				1		1	1	1	
丰南区				1	1				
丰润区				5	2	3			
滦县				6	5	1			
滦南县				2	1	1			
乐亭县				2	1	1			
迁西县				5	2	3			
玉田县				1		1			
唐海县				2	2		1	1	
遵化市									
迁安市									
秦皇岛市				**47**	**7**	**40**			
海港区				2		2			
山海关区									
北戴河区									
青龙满族自治县				43	6	37			
昌黎县									
抚宁县				2	1	1			
卢龙县									
邯郸市				**1**		**1**			
邯山区									
丛台区									
复兴区									
峰峰矿区				1		1			
邯郸县									
临漳县									
成安县									
大名县									
涉县									
磁县									
肥乡县									
永年县									
邱县									
鸡泽县									
广平县									
馆陶县									
魏县									
曲周县									
武安市									

10-15　续表 2

单位：人

地　区	塔吉克族			怒　族			乌孜别克族		
	小计	男	女	小计	男	女	小计	男	女
邢台市							**1**		**1**
桥东区									
桥西区									
邢台县									
临城县									
内丘县									
柏乡县									
隆尧县							1		1
任县									
南和县									
宁晋县									
巨鹿县									
新河县									
广宗县									
平乡县									
威县									
清河县									
临西县									
南宫市									
沙河市									
保定市				**34**	**17**	**17**	**1**		**1**
新市区									
北市区				1	1				
南市区				1	1				
满城县				2	2				
清苑县									
涞水县									
阜平县				1		1			
徐水县				2	1	1	1		1
定兴县				2		2			
唐县									
高阳县				1		1			
容城县									
涞源县									
望都县									
安新县									
易县				14	5	9			
曲阳县									
蠡县									
顺平县									
博野县									
雄县				1	1				
涿州市				5	3	2			
定州市				4	3	1			
安国市									
高碑店市									
张家口市	**1**	**1**		**1**		**1**			
桥东区									
桥西区									
宣化区									
下花园区									
宣化县									
张北县									

10-15 续表 3 单位：人

地　区	塔吉克族			怒　族			乌孜别克族		
	小计	男	女	小计	男	女	小计	男	女
康保县									
沽源县									
尚义县									
蔚县				1		1			
阳原县									
怀安县									
万全县									
怀来县									
涿鹿县									
赤城县									
崇礼县	1	1							
承德市	**3**	**2**	**1**	**20**	**7**	**13**	**1**		**1**
双桥区				3	3		1		1
双滦区									
鹰手营子矿区									
承德县				5	2	3			
兴隆县	2	2							
平泉县	1		1	5	1	4			
滦平县									
隆化县				1	1				
丰宁满族自治县				2		2			
宽城满族自治县				4		4			
围场满族蒙古族自治县									
沧州市				**2**	**1**	**1**			
新华区									
运河区									
沧县									
青县									
东光县									
海兴县									
盐山县									
肃宁县									
南皮县									
吴桥县									
献县									
孟村回族自治县									
泊头市									
任丘市				2	1	1			
黄骅市									
河间市									
廊坊市				**7**	**5**	**2**			
安次区									
广阳区				3	3				
固安县									
永清县									
香河县									
大城县									
文安县									
大厂回族自治县									
霸州市				2	1	1			
三河市				2	1	1			
衡水市				**2**		**2**			
桃城区									
枣强县									
武邑县									

10-15　续表 4　　单位：人

地　区	塔吉克族			怒　族			乌孜别克族		
	小计	男	女	小计	男	女	小计	男	女
武强县				2		2			
饶阳县									
安平县									
故城县									
景县									
阜城县									
冀州市									
深州市									
山西省	**1**	**1**		**88**	**40**	**48**	**3**	**1**	**2**
太原市				**5**		**5**			
小店区									
迎泽区									
杏花岭区									
尖草坪区				3		3			
万柏林区									
晋源区				1		1			
清徐县				1		1			
阳曲县									
娄烦县									
古交市									
大同市				**22**	**13**	**9**	**1**	**1**	
城区				12	7	5	1	1	
矿区				1		1			
南郊区				8	5	3			
新荣区									
阳高县									
天镇县				1	1				
广灵县									
灵丘县									
浑源县									
左云县									
大同县									
阳泉市									
城区									
矿区									
郊区									
平定县									
盂县									
长治市									
城区									
郊区									
长治县									
襄垣县									
屯留县									
平顺县									
黎城县									
壶关县									
长子县									
武乡县									
沁县									
沁源县									
潞城市									

10-15 续表 5

单位：人

地区	塔吉克族			怒族			乌孜别克族		
	小计	男	女	小计	男	女	小计	男	女
晋城市	**1**	**1**							
城区	1	1							
沁水县									
阳城县									
陵川县									
泽州县									
高平市									
朔州市				**4**	**2**	**2**			
朔城区				1	1				
平鲁区				2	1	1			
山阴县				1		1			
应县									
右玉县									
怀仁县									
晋中市				**3**	**1**	**2**			
榆次区									
榆社县									
左权县									
和顺县				2	1	1			
昔阳县									
寿阳县									
太谷县									
祁县									
平遥县				1		1			
灵石县									
介休市									
运城市				**29**	**17**	**12**			
盐湖区				3	2	1			
临猗县				4	4				
万荣县									
闻喜县				4	3	1			
稷山县				1	1				
新绛县									
绛县				6	3	3			
垣曲县									
夏县				3	1	2			
平陆县									
芮城县				3		3			
永济市				5	3	2			
河津市									
忻州市				**3**		**3**			
忻府区									
定襄县									
五台县									
代县									
繁峙县									
宁武县									
静乐县									
神池县									
五寨县									
岢岚县									
河曲县				3		3			
保德县									
偏关县									
原平市									

10-15　续表 6　　　　　　　　　　　　　　　　　　　　　　　　　单位：人

地　区	塔吉克族			怒　族			乌孜别克族		
	小计	男	女	小计	男	女	小计	男	女
临汾市				**22**	**7**	**15**	**2**		**2**
尧都区									
曲沃县									
翼城县				5	3	2	1		1
襄汾县				2		2			
洪洞县				2		2			
古县									
安泽县									
浮山县									
吉县									
乡宁县									
大宁县									
隰县									
永和县									
蒲县									
汾西县									
侯马市							1		1
霍州市				13	4	9			
吕梁市									
离石区									
文水县									
交城县									
兴县									
临县									
柳林县									
石楼县									
岚县									
方山县									
中阳县									
交口县									
孝义市									
汾阳市									
内蒙古自治区	**6**	**3**	**3**	**18**	**3**	**15**	**6**	**4**	**2**
呼和浩特市									
新城区									
回民区									
玉泉区									
赛罕区									
土默特左旗									
托克托县									
和林格尔县									
清水河县									
武川县									
包头市				**10**	**1**	**9**	**5**	**3**	**2**
东河区									
昆都仑区				2		2	3	2	1
青山区				7	1	6	2	1	1
石拐区									
白云鄂博矿区									
九原区									
土默特右旗				1		1			
固阳县									
达尔罕茂明安联合旗									
乌海市									
海勃湾区									
海南区									
乌达区									

10-15 续表 7　　　　单位：人

地区	塔吉克族			怒族			乌孜别克族		
	小计	男	女	小计	男	女	小计	男	女
赤峰市	**1**		**1**	**1**		**1**			
红山区									
元宝山区									
松山区									
阿鲁科尔沁旗	1		1						
巴林左旗									
巴林右旗									
林西县									
克什克腾旗									
翁牛特旗									
喀喇沁旗									
宁城县				1		1			
敖汉旗									
通辽市	**1**	**1**		**1**		**1**			
科尔沁区									
科尔沁左翼中旗	1	1							
科尔沁左翼后旗									
开鲁县									
库伦旗				1		1			
奈曼旗									
扎鲁特旗									
霍林郭勒市									
鄂尔多斯市	**2**	**1**	**1**						
东胜区	1	1							
达拉特旗									
准格尔旗									
鄂托克前旗									
鄂托克旗									
杭锦旗	1		1						
乌审旗									
伊金霍洛旗									
呼伦贝尔市									
海拉尔区									
阿荣旗									
莫力达瓦达斡尔族自治旗									
鄂伦春自治旗									
鄂温克族自治旗									
陈巴尔虎旗									
新巴尔虎左旗									
新巴尔虎右旗									
满洲里市									
牙克石市									
扎兰屯市									
额尔古纳市									
根河市									
巴彦淖尔市				**6**	**2**	**4**			
临河区									
五原县									
磴口县									
乌拉特前旗				5	2	3			
乌拉特中旗									
乌拉特后旗									
杭锦后旗				1		1			

10-15　续表 8　　　　单位：人

地　区	塔吉克族			怒　族			乌孜别克族		
	小计	男	女	小计	男	女	小计	男	女
乌兰察布市									
集宁区									
卓资县									
化德县									
商都县									
兴和县									
凉城县									
察哈尔右翼前旗									
察哈尔右翼中旗									
察哈尔右翼后旗									
四子王旗									
丰镇市									
兴安盟	**2**	**1**	**1**				**1**	**1**	
乌兰浩特市									
阿尔山市									
科尔沁右翼前旗									
科尔沁右翼中旗	1	1					1	1	
扎赉特旗	1		1						
突泉县									
锡林郭勒盟									
二连浩特市									
锡林浩特市									
阿巴嘎旗									
苏尼特左旗									
苏尼特右旗									
东乌珠穆沁旗									
西乌珠穆沁旗									
太仆寺旗									
镶黄旗									
正镶白旗									
正蓝旗									
多伦县									
阿拉善盟									
阿拉善左旗									
阿拉善右旗									
额济纳旗									
辽宁省	**10**	**7**	**3**	**76**	**20**	**56**	**5**		**5**
沈阳市	**5**	**3**	**2**	**10**	**4**	**6**			
和平区	3	1	2						
沈河区									
大东区									
皇姑区									
铁西区				1		1			
苏家屯区				1	1				
东陵区									
沈北新区	1	1							
于洪区	1	1							
辽中县				3		3			
康平县									
法库县				2	1	1			
新民市				3	2	1			
大连市	**1**		**1**	**10**	**5**	**5**	**3**		**3**
中山区									
西岗区									
沙河口区									

10-15 续表 9　　　　单位：人

地　区	塔吉克族			怒　族			乌孜别克族		
	小计	男	女	小计	男	女	小计	男	女
甘井子区				8	4	4	2		2
旅顺口区									
金州区	1		1	2	1	1	1		1
长海县									
瓦房店市									
普兰店市									
庄河市									
鞍山市	**3**	**3**					**2**		**2**
铁东区									
铁西区									
立山区									
千山区							1		1
台安县									
岫岩满族自治县									
海城市	3	3					1		1
抚顺市									
新抚区									
东洲区									
望花区									
顺城区									
抚顺县									
新宾满族自治县									
清原满族自治县									
本溪市									
平山区									
溪湖区									
明山区									
南芬区									
本溪满族自治县									
桓仁满族自治县									
丹东市	**1**	**1**							
元宝区									
振兴区									
振安区									
宽甸满族自治县									
东港市									
凤城市	1	1							
锦州市									
古塔区									
凌河区									
太和区									
黑山县									
义县									
凌海市									
北镇市									
营口市									
站前区									
西市区									
鲅鱼圈区									
老边区									
盖州市									
大石桥市									
阜新市				**2**	**1**	**1**			
海州区									
新邱区									

10-15　续表 10　　　　单位：人

地　区	塔吉克族			怒　族			乌孜别克族		
	小计	男	女	小计	男	女	小计	男	女
太平区									
清河门区									
细河区									
阜新蒙古族自治县									
彰武县				2	1	1			
辽阳市									
白塔区									
文圣区									
宏伟区									
弓长岭区									
太子河区									
辽阳县									
灯塔市									
盘锦市									
双台子区									
兴隆台区									
大洼县									
盘山县									
铁岭市									
银州区									
清河区									
铁岭县									
西丰县									
昌图县									
调兵山市									
开原市									
朝阳市				**31**	**5**	**26**			
双塔区									
龙城区									
朝阳县									
建平县									
喀喇沁左翼蒙古族自治县				2		2			
北票市				1		1			
凌源市				28	5	23			
葫芦岛市				**23**	**5**	**18**			
连山区				1		1			
龙港区									
南票区									
绥中县				2		2			
建昌县				20	5	15			
兴城市									
吉林省	**2**	**1**	**1**	**27**	**8**	**19**	**2**	**2**	
长春市	**2**	**1**	**1**	**11**	**4**	**7**	**2**	**2**	
南关区	2	1	1				1	1	
宽城区				1	1				
朝阳区				5	3	2	1	1	
二道区									
绿园区									
双阳区									
农安县				4		4			
九台市									
榆树市				1		1			
德惠市									

10-15 续表 11 单位: 人

地区	塔吉克族			怒族			乌孜别克族		
	小计	男	女	小计	男	女	小计	男	女
吉林市				**2**		**2**			
昌邑区									
龙潭区				1		1			
船营区									
丰满区									
永吉县									
蛟河市									
桦甸市									
舒兰市				1		1			
磐石市									
四平市				**2**	**1**	**1**			
铁西区									
铁东区				2	1	1			
梨树县									
伊通满族自治县									
公主岭市									
双辽市									
辽源市									
龙山区									
西安区									
东丰县									
东辽县									
通化市									
东昌区									
二道江区									
通化县									
辉南县									
柳河县									
梅河口市									
集安市									
白山市				**1**		**1**			
浑江区				1		1			
江源区									
抚松县									
靖宇县									
长白朝鲜族自治县									
临江市									
松原市				**9**	**2**	**7**			
宁江区									
前郭尔罗斯蒙古族自治县									
长岭县				5	2	3			
乾安县				4		4			
扶余县									
白城市				**1**	**1**				
洮北区									
镇赉县									
通榆县									
洮南市									
大安市				1	1				
延边朝鲜族自治州				**1**		**1**			
延吉市									
图们市									
敦化市									
珲春市				1		1			
龙井市									
和龙市									
汪清县									
安图县									

10-15　续表 12　　　　单位：人

地区	塔吉克族			怒族			乌孜别克族		
	小计	男	女	小计	男	女	小计	男	女
黑龙江省	**9**	**5**	**4**	**21**	**8**	**13**	**5**	**4**	**1**
哈尔滨市				**1**		**1**	**4**	**3**	**1**
道里区									
南岗区							4	3	1
道外区									
平房区									
松北区									
香坊区									
呼兰区				1		1			
阿城区									
依兰县									
方正县									
宾县									
巴彦县									
木兰县									
通河县									
延寿县									
双城市									
尚志市									
五常市									
齐齐哈尔市	**1**	**1**		**2**		**2**	**1**	**1**	
龙沙区									
建华区				1		1			
铁锋区									
昂昂溪区									
富拉尔基区	1	1							
碾子山区									
梅里斯达斡尔族区									
龙江县				1		1			
依安县									
泰来县									
甘南县									
富裕县							1	1	
克山县									
克东县									
拜泉县									
讷河市									
鸡西市	**3**	**3**							
鸡冠区									
恒山区									
滴道区									
梨树区									
城子河区									
麻山区									
鸡东县									
虎林市									
密山市	3	3							
鹤岗市									
向阳区									
工农区									
南山区									
兴安区									

10-15 续表 13 单位：人

地区	塔吉克族			怒族			乌孜别克族		
	小计	男	女	小计	男	女	小计	男	女
东山区									
兴山区									
萝北县									
绥滨县									
双鸭山市									
尖山区									
岭东区									
四方台区									
宝山区									
集贤县									
友谊县									
宝清县									
饶河县									
大庆市	**2**		**2**	**7**	**2**	**5**			
萨尔图区									
龙凤区									
让胡路区									
红岗区									
大同区									
肇州县				1	1				
肇源县				2		2			
林甸县				1	1				
杜尔伯特蒙古族自治县	2		2	3		3			
伊春市									
伊春区									
南岔区									
友好区									
西林区									
翠峦区									
新青区									
美溪区									
金山屯区									
五营区									
乌马河区									
汤旺河区									
带岭区									
乌伊岭区									
红星区									
上甘岭区									
嘉荫县									
铁力市									
佳木斯市	**3**	**1**	**2**	**11**	**6**	**5**			
向阳区									
前进区				1	1				
东风区				4	2	2			
郊区									
桦南县				2	2				
桦川县									
汤原县									
抚远县				2		2			
同江市	3	1	2						
富锦市				2	1	1			
七台河市									
新兴区									
桃山区									
茄子河区									
勃利县									

10-15　续表 14　　　　单位：人

地　区	塔吉克族			怒　族			乌孜别克族		
	小计	男	女	小计	男	女	小计	男	女
牡丹江市									
东安区									
阳明区									
爱民区									
西安区									
东宁县									
林口县									
绥芬河市									
海林市									
宁安市									
穆棱市									
黑河市									
爱辉区									
嫩江县									
逊克县									
孙吴县									
北安市									
五大连池市									
绥化市									
北林区									
望奎县									
兰西县									
青冈县									
庆安县									
明水县									
绥棱县									
安达市									
肇东市									
海伦市									
大兴安岭地区									
加格达奇区									
松岭区									
新林区									
呼中区									
呼玛县									
塔河县									
漠河县									
上海市	**14**	**8**	**6**	**65**	**28**	**37**	**14**	**4**	**10**
市辖区	**13**	**8**	**5**	**60**	**26**	**34**	**14**	**4**	**10**
黄浦区									
卢湾区				2	1	1	1		1
徐汇区				2	1	1	3		3
长宁区				1	1		1		1
静安区									
普陀区				4	1	3	2		2
闸北区				6	3	3			
虹口区				1		1			
杨浦区							1		1
闵行区							2	1	1
宝山区	2	1	1	6	3	3			
嘉定区	2	1	1	5	1	4			
浦东新区	5	2	3	2	1	1	2	1	1

10-15 续表 15

单位：人

地 区	塔吉克族			怒 族			乌孜别克族		
	小计	男	女	小计	男	女	小计	男	女
金山区	2	2		1		1			
松江区				17	9	8	1	1	
青浦区	1	1		2	1	1	1	1	
奉贤区	1	1		11	4	7			
市辖县	**1**		**1**	**5**	**2**	**3**			
崇明县	1		1	5	2	3			
江苏省	**17**	**5**	**12**	**356**	**158**	**198**	**15**	**6**	**9**
南京市	**2**		**2**	**33**	**14**	**19**	**5**	**3**	**2**
玄武区				1		1			
白下区				6	3	3	2	1	1
秦淮区									
建邺区									
鼓楼区				1		1			
下关区				2		2			
浦口区				4	4		2	1	1
栖霞区				1		1			
雨花台区									
江宁区	1		1	12	5	7	1	1	
六合区				4	2	2			
溧水县	1		1						
高淳县				2		2			
无锡市	**1**		**1**	**1**		**1**			
崇安区									
南长区									
北塘区									
锡山区									
惠山区	1		1						
滨湖区									
江阴市				1		1			
宜兴市									
徐州市				**31**	**16**	**15**			
鼓楼区				4		4			
云龙区									
九里区									
贾汪区				4	1	3			
泉山区				5	1	4			
丰县				1		1			
沛县				8	8				
铜山县				1		1			
睢宁县									
新沂市				8	6	2			
邳州市									
常州市	**1**		**1**	**6**	**5**	**1**			
天宁区				2	2				
钟楼区									
戚墅堰区									
新北区	1		1	3	3				
武进区				1		1			
溧阳市									
金坛市									
苏州市	**8**	**3**	**5**	**58**	**34**	**24**	**2**	**2**	
沧浪区				3	2	1			
平江区				5	2	3	1	1	
金阊区									

10-15　续表 16　　　　单位：人

地　区	塔吉克族			怒　族			乌孜别克族		
	小计	男	女	小计	男	女	小计	男	女
虎丘区	4	1	3	1		1	1	1	
吴中区				4	2	2			
相城区				2	1	1			
常熟市				6	6				
张家港市				1	1				
昆山市	4	2	2	17	8	9			
吴江市				3	2	1			
太仓市				16	10	6			
南通市	**1**		**1**	**7**	**4**	**3**	**1**		**1**
崇川区				2	1	1	1		1
港闸区									
通州区									
海安县	1		1						
如东县				5	3	2			
启东市									
如皋市									
海门市									
连云港市	**1**		**1**	**27**	**8**	**19**	**1**		**1**
连云区									
新浦区				3	1	2			
海州区				3		3			
赣榆县									
东海县	1		1	16	6	10	1		1
灌云县				3	1	2			
灌南县				2		2			
淮安市				**17**	**9**	**8**			
清河区				9	9				
楚州区				5		5			
淮阴区									
清浦区									
涟水县				3		3			
洪泽县									
盱眙县									
金湖县									
盐城市	**1**	**1**		**75**	**27**	**48**	**2**		**2**
亭湖区				5	2	3			
盐都区				3	1	2			
响水县				2	1	1			
滨海县				13	6	7	1		1
阜宁县				18	4	14	1		1
射阳县				13	5	8			
建湖县	1	1		3		3			
东台市				4	2	2			
大丰市				14	6	8			
扬州市				**25**	**12**	**13**			
广陵区				1		1			
邗江区				15	10	5			
维扬区									
宝应县				1		1			
仪征市									
高邮市				4		4			
江都市				4	2	2			
镇江市	**1**	**1**		**13**	**5**	**8**	**3**	**1**	**2**
京口区				2	1	1			
润州区							1		1

10-15 续表 17 单位：人

地 区	塔吉克族			怒 族			乌孜别克族		
	小计	男	女	小计	男	女	小计	男	女
丹徒区				1	1				
丹阳市	1	1		7	2	5	2	1	1
扬中市				2		2			
句容市				1	1				
泰州市	**1**		**1**	**9**	**6**	**3**			
海陵区				4	2	2			
高港区	1		1						
兴化市				2	2				
靖江市				2	1	1			
泰兴市									
姜堰市				1	1				
宿迁市				**54**	**18**	**36**	**1**		**1**
宿城区				3	1	2			
宿豫区				6	3	3			
沭阳县				24	7	17			
泗阳县				13	4	9	1		1
泗洪县				8	3	5			
浙江省	**3368**	**1880**	**1488**	**109**	**40**	**69**	**86**	**45**	**41**
杭州市	**4**	**3**	**1**	**8**	**6**	**2**	**6**	**3**	**3**
上城区				3	2	1			
下城区									
江干区									
拱墅区									
西湖区	2	1	1	2	1	1	5	2	3
滨江区									
萧山区	1	1					1	1	
余杭区				1	1				
桐庐县									
淳安县									
建德市									
富阳市				1	1				
临安市	1	1		1	1				
宁波市	**7**	**4**	**3**	**14**	**7**	**7**	**1**		**1**
海曙区				3	3				
江东区	1		1						
江北区									
北仑区				3	1	2			
镇海区									
鄞州区	3	2	1						
象山县									
宁海县									
余姚市	2	1	1	8	3	5	1		1
慈溪市	1	1							
奉化市									
温州市				**18**	**6**	**12**			
鹿城区				5	2	3			
龙湾区				3		3			
瓯海区				1		1			
洞头县									
永嘉县									
平阳县									
苍南县									
文成县				2		2			
泰顺县									
瑞安市				2	1	1			
乐清市				5	3	2			

10-15 续表 18

单位：人

地区	塔吉克族			怒族			乌孜别克族		
	小计	男	女	小计	男	女	小计	男	女
嘉兴市	**4**	**3**	**1**	**9**	**2**	**7**	**1**		**1**
南湖区									
秀洲区	2	1	1	4	2	2			
嘉善县									
海盐县	1	1		1		1			
海宁市	1	1		2		2			
平湖市				2		2			
桐乡市							1		1
湖州市				**7**	**3**	**4**			
吴兴区									
南浔区				1		1			
德清县									
长兴县									
安吉县				6	3	3			
绍兴市				**3**	**1**	**2**	**10**	**6**	**4**
越城区									
绍兴县				1		1	9	6	3
新昌县									
诸暨市				1	1				
上虞市							1		1
嵊州市				1		1			
金华市	**3351**	**1868**	**1483**	**17**	**7**	**10**	**68**	**36**	**32**
婺城区	1		1	2	1	1	1	1	
金东区									
武义县				1		1			
浦江县	3346	1866	1480				67	35	32
磐安县				1		1			
兰溪市									
义乌市	1	1		1	1				
东阳市	1	1		2		2			
永康市	2		2	10	5	5			
衢州市	**1**	**1**							
柯城区									
衢江区									
常山县	1	1							
开化县									
龙游县									
江山市									
舟山市									
定海区									
普陀区									
岱山县									
嵊泗县									
台州市				**28**	**8**	**20**			
椒江区									
黄岩区									
路桥区									
玉环县									
三门县				5		5			
天台县									
仙居县									
温岭市									
临海市				23	8	15			

10-15　续表 19　　　　单位：人

地　区	塔吉克族			怒　族			乌孜别克族		
	小计	男	女	小计	男	女	小计	男	女
丽水市	**1**	**1**		**5**		**5**			
莲都区	1	1							
青田县				1		1			
缙云县				1		1			
遂昌县									
松阳县									
云和县				1		1			
庆元县									
景宁畲族自治县									
龙泉市				2		2			
安徽省	**3**	**2**	**1**	**182**	**77**	**105**	**4**	**3**	**1**
合肥市	**1**	**1**		**33**	**16**	**17**			
瑶海区				4	3	1			
庐阳区									
蜀山区	1	1		9	5	4			
包河区				5	3	2			
长丰县									
肥东县				14	5	9			
肥西县				1		1			
芜湖市				**3**	**2**	**1**			
镜湖区									
弋江区									
鸠江区				1	1				
三山区									
芜湖县									
繁昌县				2	1	1			
南陵县									
蚌埠市				**1**		**1**			
龙子湖区									
蚌山区									
禹会区									
淮上区									
怀远县									
五河县									
固镇县				1		1			
淮南市									
大通区									
田家庵区									
谢家集区									
八公山区									
潘集区									
凤台县									
马鞍山市				**9**	**6**	**3**			
金家庄区									
花山区				4	2	2			
雨山区				2	1	1			
当涂县				3	3				
淮北市				**2**	**1**	**1**			
杜集区									
相山区				1		1			
烈山区									
濉溪县				1	1				

10-15　续表 20　　　　　　　　　　　　　　　　　　　　　　单位：人

地　区	塔吉克族			怒　族			乌孜别克族		
	小计	男	女	小计	男	女	小计	男	女
铜陵市									
铜官山区									
狮子山区									
郊区									
铜陵县									
安庆市				**11**	**3**	**8**			
迎江区									
大观区									
宜秀区				1		1			
怀宁县				1	1				
枞阳县									
潜山县				1		1			
太湖县				5	2	3			
宿松县				1		1			
望江县									
岳西县									
桐城市				2		2			
黄山市				**3**		**3**			
屯溪区									
黄山区									
徽州区									
歙县				3		3			
休宁县									
黟县									
祁门县									
滁州市				**11**	**6**	**5**			
琅琊区				7	5	2			
南谯区									
来安县				1		1			
全椒县									
定远县				2	1	1			
凤阳县				1		1			
天长市									
明光市									
阜阳市	**1**		**1**	**19**	**11**	**8**			
颍州区									
颍东区				1	1				
颍泉区									
临泉县									
太和县				1		1			
阜南县				2	1	1			
颍上县				15	9	6			
界首市	1		1						
宿州市				**71**	**27**	**44**	**2**	**1**	**1**
埇桥区				20	6	14			
砀山县				8	3	5	1	1	
萧县				28	13	15			
灵璧县				7	3	4	1		1
泗县				8	2	6			
巢湖市				**6**	**4**	**2**			
居巢区									
庐江县				1	1				
无为县				3	2	1			
含山县									
和县				2	1	1			

10-15 续表 21 单位：人

地区	塔吉克族			怒族			乌孜别克族		
	小计	男	女	小计	男	女	小计	男	女
六安市				**2**		**2**			
金安区									
裕安区									
寿县				2		2			
霍邱县									
舒城县									
金寨县									
霍山县									
亳州市				**1**		**1**			
谯城区									
涡阳县				1		1			
蒙城县									
利辛县									
池州市				**2**		**2**			
贵池区				2		2			
东至县									
石台县									
青阳县									
宣城市	**1**	**1**		**8**	**1**	**7**	**2**	**2**	
宣州区									
郎溪县									
广德县	1	1		6	1	5			
泾县									
绩溪县									
旌德县				1		1	1	1	
宁国市				1		1	1	1	
福建省	**19**	**13**	**6**	**307**	**160**	**147**	**9**	**4**	**5**
福州市	**5**	**3**	**2**	**49**	**25**	**24**	**2**	**1**	**1**
鼓楼区	1	1		5	3	2	1	1	
台江区				1		1			
仓山区				4	2	2			
马尾区									
晋安区	1		1	10	5	5			
闽侯县	1	1		9	5	4	1		1
连江县									
罗源县				2	2				
闽清县				2	1	1			
永泰县				1		1			
平潭县	1		1						
福清市	1	1		4	2	2			
长乐市				11	5	6			
厦门市	**3**	**3**		**11**	**8**	**3**	**2**	**1**	**1**
思明区	1	1		1	1				
海沧区				2	2				
湖里区	2	2		2	2				
集美区				1		1	1	1	
同安区				5	3	2	1		1
翔安区									
莆田市	**3**	**2**	**1**	**28**	**18**	**10**	**1**		**1**
城厢区				4	3	1	1		1
涵江区	2	2		8	6	2			
荔城区	1		1	11	6	5			
秀屿区				4	2	2			
仙游县				1	1				

10-15　续表 22　　　　单位：人

地　区	塔吉克族			怒　族			乌孜别克族		
	小计	男	女	小计	男	女	小计	男	女
三明市				**33**	**17**	**16**			
梅列区				5	4	1			
三元区				4	1	3			
明溪县				3	1	2			
清流县				1		1			
宁化县									
大田县									
尤溪县				1		1			
沙县				10	5	5			
将乐县				2	1	1			
泰宁县									
建宁县									
永安市				7	5	2			
泉州市	**6**	**4**	**2**	**91**	**48**	**43**			
鲤城区	1	1		4	3	1			
丰泽区	1		1	20	9	11			
洛江区									
泉港区	1	1		5		5			
惠安县				12	6	6			
安溪县									
永春县				3	1	2			
德化县									
石狮市				14	9	5			
晋江市	2	2		21	13	8			
南安市	1		1	12	7	5			
漳州市				**33**	**19**	**14**	**1**	**1**	
芗城区				3	1	2			
龙文区				1	1		1	1	
云霄县									
漳浦县				3	1	2			
诏安县				1	1				
长泰县				6	6				
东山县				1		1			
南靖县				3	1	2			
平和县				3	1	2			
华安县				7	5	2			
龙海市				5	2	3			
南平市	**2**	**1**	**1**	**30**	**13**	**17**			
延平区				1		1			
顺昌县									
浦城县									
光泽县				2	1	1			
松溪县				2		2			
政和县				2	1	1			
邵武市				6	3	3			
武夷山市	2	1	1	11	5	6			
建瓯市				5	3	2			
建阳市				1		1			
龙岩市				**32**	**12**	**20**	**3**	**1**	**2**
新罗区				13	6	7	1		1
长汀县				7	5	2			
永定县									
上杭县				2		2			
武平县				5		5			
连城县				1		1	2	1	1
漳平市				4	1	3			

10-15 续表 23　　　　单位：人

地区	塔吉克族			怒族			乌孜别克族		
	小计	男	女	小计	男	女	小计	男	女
宁德市									
蕉城区									
霞浦县									
古田县									
屏南县									
寿宁县									
周宁县									
柘荣县									
福安市									
福鼎市									
江西省	**33**	**15**	**18**	**87**	**44**	**43**	**9**	**2**	**7**
南昌市	**3**	**1**	**2**	**25**	**17**	**8**	**4**	**1**	**3**
东湖区	1	1		2	2		1		1
西湖区				4	3	1			
青云谱区									
湾里区							1	1	
青山湖区	1		1	5	2	3			
南昌县				5	4	1			
新建县	1		1	9	6	3	2		2
安义县									
进贤县									
景德镇市				**1**	**1**				
昌江区									
珠山区				1	1				
浮梁县									
乐平市									
萍乡市				**2**	**1**	**1**	**1**		**1**
安源区				1		1	1		1
湘东区				1	1				
莲花县									
上栗县									
芦溪县									
九江市				**7**	**3**	**4**			
庐山区				1		1			
浔阳区				4	1	3			
九江县									
武宁县									
修水县									
永修县									
德安县									
星子县									
都昌县									
湖口县				2	2				
彭泽县									
瑞昌市									
新余市				**13**	**5**	**8**			
渝水区				11	3	8			
分宜县				2	2				
鹰潭市				**12**	**5**	**7**	**1**	**1**	
月湖区				3	3				
余江县				1		1			
贵溪市				8	2	6	1	1	
赣州市	**1**		**1**	**14**	**6**	**8**			
章贡区				2	2				
赣县									

10-15　续表 24　　　　单位：人

地　区	塔吉克族			怒　族			乌孜别克族		
	小计	男	女	小计	男	女	小计	男	女
信丰县									
大余县				1		1			
上犹县									
崇义县				2		2			
安远县				8	3	5			
龙南县									
定南县									
全南县									
宁都县									
于都县									
兴国县	1		1						
会昌县									
寻乌县									
石城县									
瑞金市									
南康市				1	1				
吉安市	**29**	**14**	**15**	**11**	**5**	**6**	**2**		**2**
吉州区									
青原区	1		1	2	1	1			
吉安县				3		3			
吉水县									
峡江县									
新干县									
永丰县									
泰和县				1		1			
遂川县									
万安县				1		1	1		1
安福县									
永新县				2	2				
井冈山市	28	14	14	2	2		1		1
宜春市									
袁州区									
奉新县									
万载县									
上高县									
宜丰县									
靖安县									
铜鼓县									
丰城市									
樟树市									
高安市									
抚州市				**1**	**1**				
临川区									
南城县									
黎川县									
南丰县									
崇仁县									
乐安县									
宜黄县				1	1				
金溪县									
资溪县									
东乡县									
广昌县									

10-15 续表 25 单位：人

地　区	塔吉克族			怒　族			乌孜别克族		
	小计	男	女	小计	男	女	小计	男	女
上饶市				**1**		**1**	**1**		**1**
信州区									
上饶县									
广丰县									
玉山县									
铅山县									
横峰县									
弋阳县									
余干县				1		1	1		1
鄱阳县									
万年县									
婺源县									
德兴市									
山东省	**32**	**17**	**15**	**373**	**161**	**212**	**13**	**6**	**7**
济南市	**2**	**2**		**40**	**17**	**23**	**1**	**1**	
历下区				3	1	2			
市中区				1	1				
槐荫区				1		1			
天桥区	2	2		14	6	8			
历城区				2	1	1	1	1	
长清区				6		6			
平阴县				1	1				
济阳县									
商河县				8	4	4			
章丘市				4	3	1			
青岛市	**2**	**1**	**1**	**21**	**7**	**14**	**2**	**1**	**1**
市南区									
市北区				4		4			
四方区	1		1				1		1
黄岛区				1	1				
崂山区	1	1		1	1				
李沧区				1		1			
城阳区				2	2				
胶州市				4	2	2			
即墨市				1		1			
平度市				3		3			
胶南市							1	1	
莱西市				4	1	3			
淄博市									
淄川区									
张店区									
博山区									
临淄区									
周村区									
桓台县									
高青县									
沂源县									
枣庄市	**1**		**1**	**3**	**2**	**1**	**2**		**2**
市中区									
薛城区									
峄城区									
台儿庄区									
山亭区	1		1				2		2
滕州市				3	2	1			

10-15　续表 26　　　　　　　　　　　　　　　　　　　　　　　　　　　　　　　　单位：人

地　区	塔吉克族			怒　族			乌孜别克族		
	小计	男	女	小计	男	女	小计	男	女
东营市				**5**	**3**	**2**			
东营区				2	2				
河口区									
垦利县									
利津县									
广饶县				3	1	2			
烟台市	**18**	**10**	**8**	**5**	**2**	**3**			
芝罘区									
福山区									
牟平区									
莱山区				1		1			
长岛县									
龙口市									
莱阳市									
莱州市	18	10	8						
蓬莱市				1		1			
招远市									
栖霞市									
海阳市				3	2	1			
潍坊市				**22**	**4**	**18**	**1**		**1**
潍城区				1		1			
寒亭区									
坊子区									
奎文区				3	1	2	1		1
临朐县									
昌乐县				1		1			
青州市				4	1	3			
诸城市				4		4			
寿光市				4	1	3			
安丘市				2	1	1			
高密市				1		1			
昌邑市				2		2			
济宁市				**119**	**65**	**54**			
市中区									
任城区									
微山县									
鱼台县				1		1			
金乡县				80	46	34			
嘉祥县									
汶上县				1	1				
泗水县									
梁山县				8	5	3			
曲阜市				18	9	9			
兖州市				3		3			
邹城市				8	4	4			
泰安市				**6**	**2**	**4**			
泰山区									
岱岳区									
宁阳县									
东平县				1		1			
新泰市				5	2	3			
肥城市									
威海市	**3**	**2**	**1**				**1**	**1**	
环翠区	3	2	1				1	1	
文登市									
荣成市									
乳山市									

10-15 续表 27　　单位：人

地区	塔吉克族			怒族			乌孜别克族		
	小计	男	女	小计	男	女	小计	男	女
日照市				**26**	**5**	**21**			
东港区				9	3	6			
岚山区				1		1			
五莲县				2		2			
莒县				14	2	12			
莱芜市				**3**	**1**	**2**			
莱城区				3	1	2			
钢城区									
临沂市	**1**		**1**	**35**	**13**	**22**	**1**		**1**
兰山区				4	1	3			
罗庄区									
河东区									
沂南县				4	2	2			
郯城县				8	5	3			
沂水县				4		4			
苍山县									
费县				2		2			
平邑县	1		1	3		3	1		1
莒南县				8	5	3			
蒙阴县				1		1			
临沭县				1		1			
德州市				**4**	**2**	**2**	**1**	**1**	
德城区									
陵县									
宁津县				1		1			
庆云县									
临邑县									
齐河县									
平原县									
夏津县				3	2	1			
武城县							1	1	
乐陵市									
禹城市									
聊城市				**20**	**12**	**8**	**2**	**2**	
东昌府区				4	1	3			
阳谷县				4	3	1			
莘县				2	1	1	1	1	
茌平县									
东阿县				1	1				
冠县				2	1	1	1	1	
高唐县				3	2	1			
临清市				4	3	1			
滨州市	**5**	**2**	**3**	**10**	**4**	**6**			
滨城区				1		1			
惠民县				2		2			
阳信县									
无棣县									
沾化县									
博兴县				2	1	1			
邹平县	5	2	3	5	3	2			
菏泽市				**54**	**22**	**32**	**2**		**2**
牡丹区				11	5	6			
曹县									
单县				2		2			
成武县				16	8	8			
巨野县				8	2	6	2		2
郓城县									
鄄城县				9	3	6			
定陶县				2	1	1			
东明县				6	3	3			

10-15　续表 28　　　　单位：人

地　区	塔吉克族			怒　族			乌孜别克族		
	小计	男	女	小计	男	女	小计	男	女
河南省	**23**	**8**	**15**	**186**	**92**	**94**	**16**	**13**	**3**
郑州市	**4**	**1**	**3**	**23**	**14**	**9**	**3**	**3**	
中原区				4	4				
二七区	3		3	2	2		2	2	
管城回族区				3	2	1			
金水区	1	1		2	1	1	1	1	
上街区									
惠济区				1	1				
中牟县				1		1			
巩义市				1		1			
荥阳市									
新密市									
新郑市				9	4	5			
登封市									
开封市	**5**	**1**	**4**	**35**	**17**	**18**	**2**	**2**	
龙亭区									
顺河回族区	1		1	1		1	1	1	
鼓楼区									
禹王台区				1	1				
金明区				2	1	1			
杞县	1		1	8	3	5			
通许县				2	1	1			
尉氏县	1	1		13	7	6	1	1	
开封县	2		2	8	4	4			
兰考县									
洛阳市				**10**	**5**	**5**			
老城区									
西工区				2	1	1			
瀍河回族区				4	2	2			
涧西区									
吉利区									
洛龙区				3	2	1			
孟津县									
新安县									
栾川县									
嵩县				1		1			
汝阳县									
宜阳县									
洛宁县									
伊川县									
偃师市									
平顶山市	**2**	**1**	**1**	**21**	**10**	**11**	**7**	**5**	**2**
新华区	2	1	1	3	1	2	1	1	
卫东区				4	2	2			
石龙区									
湛河区									
宝丰县				5	4	1			
叶县									
鲁山县				8	3	5	6	4	2
郏县									
舞钢市				1		1			
汝州市									

10-15 续表 29

单位：人

地区	塔吉克族			怒族			乌孜别克族		
	小计	男	女	小计	男	女	小计	男	女
安阳市	**1**	**1**		**10**	**3**	**7**			
文峰区				6	2	4			
北关区									
殷都区	1	1							
龙安区									
安阳县									
汤阴县									
滑县				2		2			
内黄县									
林州市				2	1	1			
鹤壁市				**1**	**1**				
鹤山区									
山城区									
淇滨区									
浚县									
淇县				1	1				
新乡市				**2**		**2**			
红旗区									
卫滨区				1		1			
凤泉区									
牧野区									
新乡县									
获嘉县									
原阳县									
延津县									
封丘县				1		1			
长垣县									
卫辉市									
辉县市									
焦作市				**1**	**1**				
解放区									
中站区									
马村区									
山阳区									
修武县									
博爱县									
武陟县									
温县									
沁阳市				1	1				
孟州市									
濮阳市									
华龙区									
清丰县									
南乐县									
范县									
台前县									
濮阳县									
许昌市	**3**		**3**	**6**	**5**	**1**			
魏都区	2		2	6	5	1			
许昌县	1		1						
鄢陵县									
襄城县									
禹州市									
长葛市									

10-15　续表 30　　　　　　　　　　　　　　　　　　　　单位：人

地　区	塔吉克族			怒　族			乌孜别克族		
	小计	男	女	小计	男	女	小计	男	女
漯河市				**3**	**2**	**1**			
源汇区									
郾城区				1	1				
召陵区				2	1	1			
舞阳县									
临颍县									
三门峡市	**1**	**1**		**2**	**1**	**1**			
湖滨区	1	1		2	1	1			
渑池县									
陕县									
卢氏县									
义马市									
灵宝市									
南阳市				**2**	**1**	**1**			
宛城区									
卧龙区									
南召县									
方城县									
西峡县									
镇平县									
内乡县				1	1				
淅川县				1		1			
社旗县									
唐河县									
新野县									
桐柏县									
邓州市									
商丘市	**4**	**2**	**2**	**16**	**6**	**10**	**1**		**1**
梁园区	3	1	2						
睢阳区				4		4			
民权县				1		1			
睢县									
宁陵县				1	1				
柘城县									
虞城县									
夏邑县									
永城市	1	1		10	5	5	1		1
信阳市	**3**	**1**	**2**	**19**	**12**	**7**	**1**	**1**	
浉河区									
平桥区	1	1		4	2	2			
罗山县	1		1	1		1			
光山县									
新县									
商城县									
固始县				14	10	4	1	1	
潢川县									
淮滨县									
息县	1		1						
周口市				**34**	**14**	**20**	**2**	**2**	
川汇区				1		1			
扶沟县									
西华县									
商水县									

10-15 续表 31 单位：人

地区	塔吉克族			怒族			乌孜别克族		
	小计	男	女	小计	男	女	小计	男	女
沈丘县									
郸城县									
淮阳县				11	6	5	1	1	
太康县				3	2	1			
鹿邑县									
项城市				19	6	13	1	1	
驻马店市				**1**		**1**			
驿城区				1		1			
西平县									
上蔡县									
平舆县									
正阳县									
确山县									
泌阳县									
汝南县									
遂平县									
新蔡县									
省直辖县级行政区划									
济源市									
湖北省	**9**	**6**	**3**	**156**	**81**	**75**	**9**	**4**	**5**
武汉市	**6**	**4**	**2**	**6**	**4**	**2**	**6**	**3**	**3**
江岸区				1		1			
江汉区	2	1	1						
硚口区									
汉阳区									
武昌区							1		1
青山区									
洪山区	4	3	1	5	4	1	5	3	2
东西湖区									
汉南区									
蔡甸区									
江夏区									
黄陂区									
新洲区									
黄石市				**13**	**7**	**6**			
黄石港区				7	4	3			
西塞山区									
下陆区									
铁山区									
阳新县									
大冶市				6	3	3			
十堰市				**22**	**12**	**10**			
茅箭区				1		1			
张湾区				10	8	2			
郧县									
郧西县									
竹山县									
竹溪县				11	4	7			
房县									
丹江口市									
宜昌市									
西陵区									
伍家岗区									
点军区									

10-15　续表 32　　　　单位：人

地　区	塔吉克族			怒　族			乌孜别克族		
	小计	男	女	小计	男	女	小计	男	女
猇亭区									
夷陵区									
远安县									
兴山县									
秭归县									
长阳土家族自治县									
五峰土家族自治县									
宜都市									
当阳市									
枝江市									
襄樊市				**46**	**27**	**19**			
襄城区				17	11	6			
樊城区				2		2			
襄阳区				9	3	6			
南漳县									
谷城县				1	1				
保康县				1	1				
老河口市				5	4	1			
枣阳市				6	3	3			
宜城市				5	4	1			
鄂州市									
梁子湖区									
华容区									
鄂城区									
荆门市	**1**	**1**		**7**	**3**	**4**			
东宝区				4	2	2			
掇刀区									
京山县									
沙洋县	1	1							
钟祥市				3	1	2			
孝感市				**10**	**7**	**3**			
孝南区				3	2	1			
孝昌县				1		1			
大悟县				1	1				
云梦县				4	3	1			
应城市				1	1				
安陆市									
汉川市									
荆州市	**1**		**1**	**8**	**5**	**3**			
沙市区									
荆州区									
公安县	1		1	8	5	3			
监利县									
江陵县									
石首市									
洪湖市									
松滋市									
黄冈市				**23**	**9**	**14**	**1**	**1**	
黄州区				1	1				
团风县									
红安县									
罗田县									
英山县				1		1			
浠水县				2	2				
蕲春县				19	6	13	1	1	
黄梅县									
麻城市									
武穴市									

10-15 续表 33 单位：人

地区	塔吉克族			怒族			乌孜别克族		
	小计	男	女	小计	男	女	小计	男	女
咸宁市				**1**		**1**			
咸安区				1		1			
嘉鱼县									
通城县									
崇阳县									
通山县									
赤壁市									
随州市									
曾都区									
随县									
广水市									
恩施土家族苗族自治州	**1**	**1**		**18**	**7**	**11**	**1**		**1**
恩施市							1		1
利川市				4	1	3			
建始县	1	1		5	2	3			
巴东县				4	1	3			
宣恩县				3	3				
咸丰县									
来凤县									
鹤峰县				2		2			
省直辖县级行政区划				**2**		**2**	**1**		**1**
仙桃市				2		2			
潜江市							1		1
天门市									
神农架林区									
湖南省	**3**	**1**	**2**	**210**	**103**	**107**	**33**	**15**	**18**
长沙市							**1**		**1**
芙蓉区									
天心区									
岳麓区							1		1
开福区									
雨花区									
长沙县									
望城县									
宁乡县									
浏阳市									
株洲市	**1**	**1**		**3**	**2**	**1**			
荷塘区	1	1							
芦淞区									
石峰区									
天元区				1		1			
株洲县									
攸县									
茶陵县									
炎陵县									
醴陵市				2	2				
湘潭市	**1**		**1**						
雨湖区									
岳塘区									
湘潭县	1		1						
湘乡市									
韶山市									

10-15 续表 34

单位：人

地区	塔吉克族			怒族			乌孜别克族		
	小计	男	女	小计	男	女	小计	男	女
衡阳市				**25**	**11**	**14**			
珠晖区				5	2	3			
雁峰区				1		1			
石鼓区									
蒸湘区				1		1			
南岳区									
衡阳县									
衡南县				3	2	1			
衡山县									
衡东县				1		1			
祁东县				3	2	1			
耒阳市				11	5	6			
常宁市									
邵阳市				**6**	**2**	**4**	**3**	**1**	**2**
双清区									
大祥区									
北塔区									
邵东县							1		1
新邵县				1		1			
邵阳县									
隆回县									
洞口县				1		1			
绥宁县				2		2			
新宁县									
城步苗族自治县							1	1	
武冈市				2	2		1		1
岳阳市				**43**	**28**	**15**	**1**		**1**
岳阳楼区				9	4	5			
云溪区									
君山区									
岳阳县				21	16	5			
华容县				1	1				
湘阴县				3	2	1			
平江县				2	1	1	1		1
汨罗市				3	2	1			
临湘市				4	2	2			
常德市				**27**	**12**	**15**	**1**	**1**	
武陵区									
鼎城区				1		1			
安乡县									
汉寿县				3	1	2			
澧县				7	4	3			
临澧县				1		1			
桃源县				15	7	8	1	1	
石门县									
津市市									
张家界市				**2**	**1**	**1**	**1**	**1**	
永定区				1	1		1	1	
武陵源区									
慈利县				1		1			
桑植县									
益阳市				**21**	**11**	**10**	**3**	**3**	
资阳区				2	1	1			
赫山区				15	8	7	3	3	

10-15 续表 35

单位：人

地区	塔吉克族			怒族			乌孜别克族		
	小计	男	女	小计	男	女	小计	男	女
南县				4	2	2			
桃江县									
安化县									
沅江市									
郴州市				**28**	**15**	**13**	**1**	**1**	
北湖区				5	3	2			
苏仙区				14	7	7	1	1	
桂阳县				1	1				
宜章县									
永兴县				2		2			
嘉禾县									
临武县				2	1	1			
汝城县				2	2				
桂东县				1	1				
安仁县									
资兴市				1		1			
永州市				**31**	**12**	**19**	**9**	**4**	**5**
零陵区				1		1			
冷水滩区				6	4	2	2	2	
祁阳县				12	4	8			
东安县				4	2	2			
双牌县							1	1	
道县									
江永县				5	1	4	5	1	4
宁远县									
蓝山县				1		1			
新田县									
江华瑶族自治县				2	1	1	1		1
怀化市				**4**	**1**	**3**			
鹤城区				4	1	3			
中方县									
沅陵县									
辰溪县									
溆浦县									
会同县									
麻阳苗族自治县									
新晃侗族自治县									
芷江侗族自治县									
靖州苗族侗族自治县									
通道侗族自治县									
洪江市									
娄底市	**1**		**1**	**13**	**6**	**7**	**13**	**4**	**9**
娄星区									
双峰县	1		1	7	4	3	10	3	7
新化县							1		1
冷水江市				1		1			
涟源市				5	2	3	2	1	1
湘西土家族苗族自治州				**7**	**2**	**5**			
吉首市									
泸溪县									
凤凰县									
花垣县									
保靖县				5	2	3			
古丈县									
永顺县									
龙山县				2		2			

10-15　续表 36　　　　　　　　　　　　　　　　　　　　　　　　　　　　　单位：人

地　区	塔吉克族			怒　族			乌孜别克族		
	小计	男	女	小计	男	女	小计	男	女
广东省	**165**	**98**	**67**	**584**	**277**	**307**	**73**	**41**	**32**
广州市	**5**	**4**	**1**	**78**	**38**	**40**	**12**	**7**	**5**
荔湾区									
越秀区	1	1							
海珠区				10	2	8	1		1
天河区	2	2		7	3	4			
白云区	2	1	1	30	16	14	3	1	2
黄埔区				9	4	5			
番禺区				13	9	4	6	5	1
花都区				2	2		2	1	1
南沙区				1		1			
萝岗区				3		3			
增城市				1	1				
从化市				2	1	1			
韶关市	**1**	**1**		**3**	**3**				
武江区									
浈江区									
曲江区									
始兴县									
仁化县									
翁源县									
乳源瑶族自治县									
新丰县									
乐昌市	1	1		3	3				
南雄市									
深圳市	**12**	**10**	**2**	**114**	**56**	**58**	**6**	**3**	**3**
罗湖区				3	2	1			
福田区	2	2		16	11	5	4	1	3
南山区				15	5	10			
宝安区	5	4	1	39	24	15			
龙岗区	5	4	1	41	14	27	2	2	
盐田区									
珠海市	**16**	**15**	**1**	**7**	**4**	**3**	**22**	**11**	**11**
香洲区	9	9		4	2	2	12	4	8
斗门区	7	6	1	1		1	7	5	2
金湾区				2	2		3	2	1
汕头市	**9**	**4**	**5**	**43**	**21**	**22**			
龙湖区				4	2	2			
金平区	7	3	4	2		2			
濠江区				3	3				
潮阳区				15	5	10			
潮南区	2	1	1	8	4	4			
澄海区				11	7	4			
南澳县									
佛山市	**1**		**1**	**44**	**23**	**21**	**1**	**1**	
禅城区	1		1	8	1	7			
南海区				17	11	6			
顺德区				2	2				
三水区				13	6	7	1	1	
高明区				4	3	1			
江门市	**4**	**2**	**2**	**17**	**9**	**8**			
蓬江区	2	1	1	4	2	2			
江海区									

10-15 续表 37 单位：人

地区	塔吉克族			怒族			乌孜别克族		
	小计	男	女	小计	男	女	小计	男	女
新会区				1	1				
台山市				11	6	5			
开平市	1		1						
鹤山市	1	1		1		1			
恩平市									
湛江市				**39**	**14**	**25**	**1**		**1**
赤坎区				2	1	1			
霞山区				5		5			
坡头区				1	1				
麻章区				8	3	5			
遂溪县									
徐闻县									
廉江市				4	2	2	1		1
雷州市									
吴川市				19	7	12			
茂名市	**1**		**1**	**25**	**6**	**19**	**1**		**1**
茂南区				3		3			
茂港区									
电白县				5		5			
高州市	1		1	13	4	9			
化州市									
信宜市				4	2	2	1		1
肇庆市	**2**		**2**	**68**	**26**	**42**	**1**		**1**
端州区	1		1				1		1
鼎湖区				2	1	1			
广宁县				13	3	10			
怀集县									
封开县	1		1	1		1			
德庆县				32	16	16			
高要市				11	3	8			
四会市				9	3	6			
惠州市	**8**	**4**	**4**	**23**	**12**	**11**	**6**	**3**	**3**
惠城区				7	4	3	6	3	3
惠阳区	5	2	3	1	1				
博罗县	3	2	1	15	7	8			
惠东县									
龙门县									
梅州市									
梅江区									
梅县									
大埔县									
丰顺县									
五华县									
平远县									
蕉岭县									
兴宁市									
汕尾市									
城区									
海丰县									
陆河县									
陆丰市									
河源市				**2**	**1**	**1**			
源城区									
紫金县									
龙川县				1	1				
连平县				1		1			
和平县									
东源县									

10-15　续表 38　　单位：人

地　区	塔吉克族			怒　族			乌孜别克族		
	小计	男	女	小计	男	女	小计	男	女
阳江市									
江城区									
阳西县									
阳东县									
阳春市									
清远市				**16**	**8**	**8**	**1**	**1**	
清城区				3	1	2			
佛冈县									
阳山县				3	2	1			
连山壮族瑶族自治县									
连南瑶族自治县									
清新县				5	2	3			
英德市				3	2	1			
连州市				2	1	1	1	1	
东莞市	**3**	**3**		**39**	**23**	**16**	**4**	**1**	**3**
中山市	**102**	**55**	**47**	**36**	**19**	**17**	**13**	**11**	**2**
潮州市	**1**		**1**	**8**	**4**	**4**	**2**	**1**	**1**
湘桥区				4	2	2			
潮安县	1		1	4	2	2	2	1	1
饶平县									
揭阳市				**21**	**10**	**11**	**3**	**2**	**1**
榕城区				4	3	1	3	2	1
揭东县									
揭西县				12	6	6			
惠来县				5	1	4			
普宁市									
云浮市				**1**		**1**			
云城区									
新兴县				1		1			
郁南县									
云安县									
罗定市									
广西壮族自治区	**2**		**2**	**119**	**65**	**54**	**13**	**8**	**5**
南宁市				**6**	**4**	**2**	**1**		**1**
兴宁区									
青秀区				1		1	1		1
江南区				2	2				
西乡塘区				2	2				
良庆区									
邕宁区									
武鸣县									
隆安县									
马山县									
上林县									
宾阳县									
横县				1		1			

10-15 续表 39 单位：人

地区	塔吉克族			怒族			乌孜别克族		
	小计	男	女	小计	男	女	小计	男	女
柳州市				**2**	**1**	**1**			
城中区									
鱼峰区				1		1			
柳南区									
柳北区									
柳江县									
柳城县				1	1				
鹿寨县									
融安县									
融水苗族自治县									
三江侗族自治县									
桂林市	**1**		**1**	**29**	**19**	**10**			
秀峰区				1	1				
叠彩区									
象山区				1	1				
七星区				1		1			
雁山区				1		1			
阳朔县				1		1			
临桂县				5	4	1			
灵川县									
全州县									
兴安县				3	2	1			
永福县				3	3				
灌阳县									
龙胜各族自治县				1	1				
资源县	1		1	4	2	2			
平乐县				4	2	2			
荔浦县				1		1			
恭城瑶族自治县				3	3				
梧州市				**1**		**1**			
万秀区									
蝶山区				1		1			
长洲区									
苍梧县									
藤县									
蒙山县									
岑溪市									
北海市				**5**	**3**	**2**			
海城区				3	3				
银海区				1		1			
铁山港区									
合浦县				1		1			
防城港市									
港口区									
防城区									
上思县									
东兴市									
钦州市	**1**		**1**	**2**		**2**			
钦南区									
钦北区									
灵山县	1		1	1		1			
浦北县				1		1			
贵港市				**35**	**26**	**9**	**3**	**3**	
港北区				3	2	1			
港南区				10	6	4			
覃塘区									
平南县				15	13	2			
桂平市				7	5	2	3	3	

10-15　续表 40

单位：人

地　　区	塔吉克族			怒　　族			乌孜别克族		
	小计	男	女	小计	男	女	小计	男	女
玉林市				**20**	**5**	**15**	**9**	**5**	**4**
玉州区				5	1	4			
容县				1		1			
陆川县				8	1	7	9	5	4
博白县				1	1				
兴业县				2	1	1			
北流市				3	1	2			
百色市				**12**	**7**	**5**			
右江区				2		2			
田阳县				2	1	1			
田东县				1	1				
平果县									
德保县									
靖西县				1	1				
那坡县									
凌云县									
乐业县									
田林县				4	3	1			
西林县				1	1				
隆林各族自治县				1		1			
贺州市				**3**		**3**			
八步区									
平桂管理区				3		3			
昭平县									
钟山县									
富川瑶族自治县									
河池市				**1**		**1**			
金城江区									
南丹县									
天峨县									
凤山县									
东兰县									
罗城仫佬族自治县									
环江毛南族自治县				1		1			
巴马瑶族自治县									
都安瑶族自治县									
大化瑶族自治县									
宜州市									
来宾市									
兴宾区									
忻城县									
象州县									
武宣县									
金秀瑶族自治县									
合山市									
崇左市				**3**		**3**			
江州区									
扶绥县				1		1			
宁明县				1		1			
龙州县									
大新县									
天等县				1		1			
凭祥市									

10-15 续表 41 单位：人

地区	塔吉克族			怒族			乌孜别克族		
	小计	男	女	小计	男	女	小计	男	女
海南省				**1385**	**713**	**672**			
海口市				**36**	**12**	**24**			
秀英区				6	2	4			
龙华区				8	2	6			
琼山区				5	2	3			
美兰区				17	6	11			
三亚市				**152**	**77**	**75**			
省直辖县级行政区划				**1197**	**624**	**573**			
五指山市				111	51	60			
琼海市				14	4	10			
儋州市				100	52	48			
文昌市									
万宁市				43	20	23			
东方市				9	5	4			
定安县									
屯昌县									
澄迈县									
临高县				1		1			
白沙黎族自治县				182	96	86			
昌江黎族自治县				6	6				
乐东黎族自治县				1	1				
陵水黎族自治县				672	362	310			
保亭黎族苗族自治县				57	27	30			
琼中黎族苗族自治县				1		1			
西沙群岛									
重庆市	**2**	**1**	**1**	**28**	**11**	**17**	**4**	**2**	**2**
市辖区	**2**	**1**	**1**	**20**	**7**	**13**	**4**	**2**	**2**
万州区									
涪陵区							1	1	
渝中区							1	1	
大渡口区									
江北区									
沙坪坝区				7	2	5			
九龙坡区				1		1			
南岸区									
北碚区							1		1
万盛区				2	2				
双桥区									
渝北区									
巴南区									
黔江区									
长寿区									
江津区									
合川区	2	1	1	9	3	6	1		1
永川区				1		1			
南川区									
市辖县				**8**	**4**	**4**			
綦江县									
潼南县				1	1				
铜梁县									

10-15　续表 42

单位：人

地　区	塔吉克族			怒　族			乌孜别克族		
	小计	男	女	小计	男	女	小计	男	女
大足县				1		1			
荣昌县				2	1	1			
璧山县									
梁平县				1	1				
城口县									
丰都县									
垫江县									
武隆县				1	1				
忠县									
开县				1		1			
云阳县									
奉节县									
巫山县				1		1			
巫溪县									
石柱土家族自治县									
秀山土家族苗族自治县									
酉阳土家族苗族自治县									
彭水苗族土家族自治县									
四川省	**23**	**4**	**19**	**312**	**113**	**199**	**17**	**8**	**9**
成都市	**7**	**2**	**5**	**96**	**37**	**59**	**10**	**3**	**7**
锦江区				3	1	2			
青羊区				10	3	7	1	1	
金牛区				7	3	4			
武侯区	4	1	3	16	5	11			
成华区									
龙泉驿区				5	3	2			
青白江区				2		2			
新都区									
温江区	1		1	1		1			
金堂县				2	1	1			
双流县				30	11	19	2		2
郫县				6	4	2			
大邑县	1	1		2	1	1			
蒲江县				1	1				
新津县									
都江堰市									
彭州市				3	2	1			
邛崃市				2		2			
崇州市	1		1	6	2	4	7	2	5
自贡市				**1**		**1**			
自流井区									
贡井区									
大安区				1		1			
沿滩区									
荣县									
富顺县									
攀枝花市				**6**	**2**	**4**			
东区				2	1	1			
西区				4	1	3			
仁和区									
米易县									
盐边县									

10-15 续表 43 单位：人

地区	塔吉克族			怒族			乌孜别克族		
	小计	男	女	小计	男	女	小计	男	女
泸州市	**1**		**1**	**23**	**5**	**18**			
江阳区				4	2	2			
纳溪区									
龙马潭区				3		3			
泸县				5	1	4			
合江县	1		1	6	1	5			
叙永县				2		2			
古蔺县				3	1	2			
德阳市									
旌阳区									
中江县									
罗江县									
广汉市									
什邡市									
绵竹市									
绵阳市				**13**	**4**	**9**	**1**		**1**
涪城区				8	3	5			
游仙区									
三台县				2		2			
盐亭县				1		1			
安县									
梓潼县									
北川羌族自治县				1		1			
平武县									
江油市				1	1		1		1
广元市				**15**	**9**	**6**			
利州区				10	7	3			
元坝区				2	2				
朝天区				1		1			
旺苍县				2		2			
青川县									
剑阁县									
苍溪县									
遂宁市	**1**		**1**	**8**		**8**			
船山区									
安居区									
蓬溪县	1		1	4		4			
射洪县									
大英县				4		4			
内江市				**9**	**3**	**6**			
市中区									
东兴区				2		2			
威远县				4	3	1			
资中县				2		2			
隆昌县				1		1			
乐山市				**23**	**6**	**17**	**1**	**1**	
市中区				2		2			
沙湾区									
五通桥区									
金口河区									
犍为县									
井研县									
夹江县				1	1				
沐川县									
峨边彝族自治县				9	3	6	1	1	
马边彝族自治县				11	2	9			
峨眉山市									

10-15 续表 44

单位：人

地区	塔吉克族			怒族			乌孜别克族		
	小计	男	女	小计	男	女	小计	男	女
南充市				**20**	**5**	**15**	**3**	**3**	
顺庆区				3	2	1	1	1	
高坪区							2	2	
嘉陵区				2		2			
南部县				6	1	5			
营山县									
蓬安县				1		1			
仪陇县				1		1			
西充县									
阆中市				7	2	5			
眉山市				**1**		**1**			
东坡区									
仁寿县				1		1			
彭山县									
洪雅县									
丹棱县									
青神县									
宜宾市				**6**	**3**	**3**			
翠屏区									
宜宾县									
南溪县									
江安县									
长宁县									
高县				6	3	3			
珙县									
筠连县									
兴文县									
屏山县									
广安市	**8**		**8**	**10**	**4**	**6**	**1**		**1**
广安区				2		2			
岳池县	8		8	3	2	1			
武胜县				3		3			
邻水县				2	2		1		1
华蓥市									
达州市				**5**	**1**	**4**			
通川区									
达县				1		1			
宣汉县									
开江县				4	1	3			
大竹县									
渠县									
万源市									
雅安市				**20**	**9**	**11**			
雨城区				9	4	5			
名山县				1		1			
荥经县				2	1	1			
汉源县				3	2	1			
石棉县									
天全县				2	1	1			
芦山县				1		1			
宝兴县				2	1	1			

10-15 续表 45

单位：人

地区	塔吉克族			怒族			乌孜别克族		
	小计	男	女	小计	男	女	小计	男	女
巴中市									
巴州区									
通江县									
南江县									
平昌县									
资阳市				**4**	**1**	**3**			
雁江区				1		1			
安岳县				2		2			
乐至县				1	1				
简阳市									
阿坝藏族羌族自治州	**4**	**1**	**3**	**28**	**16**	**12**			
汶川县	2	1	1	19	12	7			
理县				1		1			
茂县									
松潘县				6	3	3			
九寨沟县									
金川县									
小金县				1		1			
黑水县	1		1						
马尔康县									
壤塘县									
阿坝县									
若尔盖县	1		1	1	1				
红原县									
甘孜藏族自治州	**2**	**1**	**1**	**5**	**4**	**1**	**1**	**1**	
康定县	1		1	1		1			
泸定县									
丹巴县									
九龙县									
雅江县									
道孚县									
炉霍县									
甘孜县									
新龙县	1	1							
德格县									
白玉县									
石渠县									
色达县							1	1	
理塘县				3	3				
巴塘县									
乡城县				1	1				
稻城县									
得荣县									
凉山彝族自治州				**19**	**4**	**15**			
西昌市									
木里藏族自治县									
盐源县				3	1	2			
德昌县				3	1	2			
会理县				2		2			
会东县				4		4			
宁南县				1		1			
普格县									
布拖县									
金阳县									
昭觉县									

10-15 续表 46

单位：人

地　区	塔吉克族			怒　族			乌孜别克族		
	小计	男	女	小计	男	女	小计	男	女
喜德县									
冕宁县				2		2			
越西县				3	1	2			
甘洛县				1	1				
美姑县									
雷波县									
贵州省				**28**	**8**	**20**			
贵阳市				**4**	**3**	**1**			
南明区				1	1				
云岩区				1		1			
花溪区									
乌当区				2	2				
白云区									
小河区									
开阳县									
息烽县									
修文县									
清镇市									
六盘水市				**1**		**1**			
钟山区									
六枝特区									
水城县									
盘县				1		1			
遵义市				**1**	**1**				
红花岗区				1	1				
汇川区									
遵义县									
桐梓县									
绥阳县									
正安县									
道真仡佬族苗族自治县									
务川仡佬族苗族自治县									
凤冈县									
湄潭县									
余庆县									
习水县									
赤水市									
仁怀市									
安顺市				**2**		**2**			
西秀区				1		1			
平坝县									
普定县									
镇宁布依族苗族自治县									
关岭布依族苗族自治县				1		1			
紫云苗族布依族自治县									
铜仁地区									
铜仁市									
江口县									
玉屏侗族自治县									
石阡县									
思南县									
印江土家族苗族自治县									
德江县									
沿河土家族自治县									
松桃苗族自治县									
万山特区									

10-15 续表 47

单位：人

地区	塔吉克族			怒族			乌孜别克族		
	小计	男	女	小计	男	女	小计	男	女
黔西南布依族苗族自治州				**5**		**5**			
兴义市				3		3			
兴仁县									
普安县									
晴隆县				1		1			
贞丰县									
望谟县									
册亨县									
安龙县				1		1			
毕节地区				**9**	**3**	**6**			
毕节市									
大方县									
黔西县									
金沙县									
织金县				1		1			
纳雍县				7	3	4			
威宁彝族回族苗族自治县				1		1			
赫章县									
黔东南苗族侗族自治州									
凯里市									
黄平县									
施秉县									
三穗县									
镇远县									
岑巩县									
天柱县									
锦屏县									
剑河县									
台江县									
黎平县									
榕江县									
从江县									
雷山县									
麻江县									
丹寨县									
黔南布依族苗族自治州				**6**	**1**	**5**			
都匀市				6	1	5			
福泉市									
荔波县									
贵定县									
瓮安县									
独山县									
平塘县									
罗甸县									
长顺县									
龙里县									
惠水县									
三都水族自治县									

10-15 续表 48

单位：人

地区	塔吉克族			怒族			乌孜别克族		
	小计	男	女	小计	男	女	小计	男	女
云南省	**7**	**3**	**4**	**31821**	**16240**	**15581**	**11**	**6**	**5**
昆明市	**1**		**1**	**323**	**149**	**174**	**7**	**2**	**5**
五华区				98	38	60	3	1	2
盘龙区				42	22	20			
官渡区	1		1	48	30	18			
西山区				59	23	36	1	1	
东川区				1	1				
呈贡县				33	16	17			
晋宁县				5	3	2	3		3
富民县									
宜良县				4	2	2			
石林彝族自治县				2	1	1			
嵩明县				4	2	2			
禄劝彝族苗族自治县									
寻甸回族彝族自治县									
安宁市				27	11	16			
曲靖市				**35**	**15**	**20**			
麒麟区				12	6	6			
马龙县									
陆良县				2		2			
师宗县									
罗平县				2	1	1			
富源县				2		2			
会泽县				2	1	1			
沾益县				7	4	3			
宣威市				8	3	5			
玉溪市				**23**	**12**	**11**			
红塔区				15	8	7			
江川县									
澄江县				2		2			
通海县									
华宁县				3	2	1			
易门县				3	2	1			
峨山彝族自治县									
新平彝族傣族自治县									
元江哈尼族彝族傣族自治县									
保山市	**1**	**1**		**269**	**110**	**159**			
隆阳区				171	65	106			
施甸县	1	1		14	2	12			
腾冲县				77	38	39			
龙陵县				3	1	2			
昌宁县				4	4				
昭通市				**8**	**3**	**5**			
昭阳区				3	1	2			
鲁甸县									
巧家县									
盐津县									
大关县									
永善县				2	1	1			
绥江县									
镇雄县				1	1				
彝良县									
威信县									
水富县				2		2			

10-15　续表 49　　　　单位：人

地　区	塔吉克族			怒　族			乌孜别克族		
	小计	男	女	小计	男	女	小计	男	女
丽江市	**1**		**1**	**111**	**39**	**72**	**1**	**1**	
古城区				50	22	28	1	1	
玉龙纳西族自治县	1		1	19	6	13			
永胜县				32	10	22			
华坪县				5		5			
宁蒗彝族自治县				5	1	4			
普洱市	**2**	**1**	**1**	**75**	**41**	**34**			
思茅区				68	38	30			
宁洱哈尼族彝族自治县									
墨江哈尼族自治县				1		1			
景东彝族自治县				1	1				
景谷傣族彝族自治县	1	1		1		1			
镇沅彝族哈尼族拉祜族自治县									
江城哈尼族彝族自治县				3	1	2			
孟连傣族拉祜族佤族自治县									
澜沧拉祜族自治县	1		1	1	1				
西盟佤族自治县									
临沧市	**1**		**1**	**41**	**20**	**21**	**1**	**1**	
临翔区				11	6	5			
凤庆县				1		1			
云县				1		1			
永德县				7	3	4			
镇康县				1	1				
双江拉祜族佤族布朗族傣族自治县				1		1			
耿马傣族佤族自治县	1		1	15	7	8	1	1	
沧源佤族自治县				4	3	1			
楚雄彝族自治州				**24**	**10**	**14**			
楚雄市				9	5	4			
双柏县									
牟定县									
南华县				4	1	3			
姚安县									
大姚县				3	2	1			
永仁县				1		1			
元谋县				1	1				
武定县				5	1	4			
禄丰县				1		1			
红河哈尼族彝族自治州	**1**	**1**		**21**	**6**	**15**			
个旧市				3	1	2			
开远市									
蒙自市									
屏边苗族自治县									
建水县				8	2	6			
石屏县				1		1			
弥勒县				5		5			
泸西县				1	1				
元阳县									
红河县									
金平苗族瑶族傣族自治县	1	1							
绿春县									
河口瑶族自治县				3	2	1			
文山壮族苗族自治州				**13**	**4**	**9**	**2**	**2**	
文山县				4	3	1			
砚山县				2	1	1			
西畴县									
麻栗坡县				1		1			

10-15 续表 50 单位：人

地 区	塔吉克族			怒 族			乌孜别克族		
	小计	男	女	小计	男	女	小计	男	女
马关县									
丘北县				1		1			
广南县				3		3	2	2	
富宁县				2		2			
西双版纳傣族自治州				**6**	**1**	**5**			
景洪市				4		4			
勐海县				1		1			
勐腊县				1	1				
大理白族自治州				**185**	**69**	**116**			
大理市				55	23	32			
漾濞彝族自治县									
祥云县				5	1	4			
宾川县									
弥渡县				6	1	5			
南涧彝族自治县				2	1	1			
巍山彝族回族自治县				5		5			
永平县				19	8	11			
云龙县				65	26	39			
洱源县				6		6			
剑川县				10	5	5			
鹤庆县				12	4	8			
德宏傣族景颇族自治州				**26**	**15**	**11**			
瑞丽市				7	4	3			
潞西市				11	5	6			
梁河县				2	2				
盈江县				5	3	2			
陇川县				1	1				
怒江傈僳族自治州				**30492**	**15664**	**14828**			
泸水县				1300	594	706			
福贡县				19581	10152	9429			
贡山独龙族怒族自治县				6956	3545	3411			
兰坪白族普米族自治县				2655	1373	1282			
迪庆藏族自治州				**169**	**82**	**87**			
香格里拉县				11	3	8			
德钦县									
维西傈僳族自治县				158	79	79			
西藏自治区				**492**	**242**	**250**	**4**	**2**	**2**
拉萨市				**6**	**3**	**3**			
城关区				5	3	2			
林周县									
当雄县									
尼木县				1		1			
曲水县									
堆龙德庆县									
达孜县									
墨竹工卡县									
昌都地区				**9**	**2**	**7**	**2**		**2**
昌都县				2	1	1			
江达县				1		1			
贡觉县									
类乌齐县				2	1	1			
丁青县									
察雅县				4		4			

10-15 续表 51　　　　单位：人

地区	塔吉克族			怒族			乌孜别克族		
	小计	男	女	小计	男	女	小计	男	女
八宿县									
左贡县									
芒康县							2		2
洛隆县									
边坝县									
山南地区				**7**	**5**	**2**			
乃东县									
扎囊县									
贡嘎县									
桑日县				2	2				
琼结县									
曲松县									
措美县									
洛扎县									
加查县									
隆子县									
错那县									
浪卡子县				5	3	2			
日喀则地区				**2**	**1**	**1**			
日喀则市				2	1	1			
南木林县									
江孜县									
定日县									
萨迦县									
拉孜县									
昂仁县									
谢通门县									
白朗县									
仁布县									
康马县									
定结县									
仲巴县									
亚东县									
吉隆县									
聂拉木县									
萨嘎县									
岗巴县									
那曲地区				**4**	**2**	**2**	**1**	**1**	
那曲县				1	1				
嘉黎县									
比如县				2		2	1	1	
聂荣县									
安多县									
申扎县									
索县									
班戈县				1	1				
巴青县									
尼玛县									
阿里地区							**1**	**1**	
普兰县									
札达县									
噶尔县							1	1	
日土县									
革吉县									
改则县									
措勤县									

10-15　续表 52

单位：人

地　区	塔吉克族			怒　族			乌孜别克族		
	小计	男	女	小计	男	女	小计	男	女
林芝地区				**464**	**229**	**235**			
林芝县				1		1			
工布江达县									
米林县									
墨脱县									
波密县									
察隅县				463	229	234			
朗县									
陕西省	**3**	**2**	**1**	**31**	**13**	**18**	**7**	**2**	**5**
西安市	**3**	**2**	**1**				**4**		**4**
新城区									
碑林区	1	1					1		1
莲湖区									
灞桥区									
未央区	1	1							
雁塔区							1		1
阎良区									
临潼区									
长安区							2		2
蓝田县									
周至县									
户县	1		1						
高陵县									
铜川市									
王益区									
印台区									
耀州区									
宜君县									
宝鸡市									
渭滨区									
金台区									
陈仓区									
凤翔县									
岐山县									
扶风县									
眉县									
陇县									
千阳县									
麟游县									
凤县									
太白县									
咸阳市				**6**	**2**	**4**	**1**		**1**
秦都区									
杨陵区							1		1
渭城区				6	2	4			
三原县									
泾阳县									
乾县									
礼泉县									
永寿县									
彬县									

10-15 续表 53

单位：人

地区	塔吉克族			怒族			乌孜别克族		
	小计	男	女	小计	男	女	小计	男	女
长武县									
旬邑县									
淳化县									
武功县									
兴平市									
渭南市									
临渭区									
华县									
潼关县									
大荔县									
合阳县									
澄城县									
蒲城县									
白水县									
富平县									
韩城市									
华阴市									
延安市									
宝塔区									
延长县									
延川县									
子长县									
安塞县									
志丹县									
吴起县									
甘泉县									
富县									
洛川县									
宜川县									
黄龙县									
黄陵县									
汉中市				**3**	**2**	**1**	**2**	**2**	
汉台区				3	2	1	2	2	
南郑县									
城固县									
洋县									
西乡县									
勉县									
宁强县									
略阳县									
镇巴县									
留坝县									
佛坪县									
榆林市									
榆阳区									
神木县									
府谷县									
横山县									
靖边县									
定边县									
绥德县									
米脂县									
佳县									
吴堡县									
清涧县									
子洲县									

10-15　续表 54　　　　　　　　　　　　　　　　　　　　　　　　　　　　单位：人

地　区	塔吉克族			怒　族			乌孜别克族		
	小计	男	女	小计	男	女	小计	男	女
安康市				**2**		**2**			
汉滨区									
汉阴县									
石泉县				1		1			
宁陕县									
紫阳县									
岚皋县									
平利县				1		1			
镇坪县									
旬阳县									
白河县									
商洛市				**20**	**9**	**11**			
商州区									
洛南县				1		1			
丹凤县				7	2	5			
商南县				11	7	4			
山阳县				1		1			
镇安县									
柞水县									
甘肃省	**13**	**4**	**9**	**101**	**44**	**57**	**15**	**7**	**8**
兰州市	**10**	**3**	**7**	**31**	**10**	**21**	**11**	**4**	**7**
城关区	3	1	2	12	5	7	5	2	3
七里河区	2		2	5	1	4			
西固区				1		1			
安宁区	1	1		1		1			
红古区				1		1			
永登县									
皋兰县									
榆中县	4	1	3	11	4	7	6	2	4
嘉峪关市				**1**		**1**			
金昌市				**2**	**1**	**1**			
金川区									
永昌县				2	1	1			
白银市									
白银区									
平川区									
靖远县									
会宁县									
景泰县									
天水市	**1**		**1**	**9**	**5**	**4**			
秦州区	1		1						
麦积区				9	5	4			
清水县									
秦安县									
甘谷县									
武山县									
张家川回族自治县									
武威市	**1**		**1**	**25**	**11**	**14**	**2**	**1**	**1**
凉州区	1		1	23	10	13	2	1	1
民勤县									
古浪县									
天祝藏族自治县				2	1	1			

10-15 续表 55 单位：人

地 区	塔吉克族			怒 族			乌孜别克族		
	小计	男	女	小计	男	女	小计	男	女
张掖市									
甘州区									
肃南裕固族自治县									
民乐县									
临泽县									
高台县									
山丹县									
平凉市	**1**	**1**		**8**	**8**				
崆峒区	1	1		8	8				
泾川县									
灵台县									
崇信县									
华亭县									
庄浪县									
静宁县									
酒泉市				**18**	**5**	**13**	**2**	**2**	
肃州区				9	5	4	2	2	
金塔县				1		1			
瓜州县				4		4			
肃北蒙古族自治县									
阿克塞哈萨克族自治县									
玉门市									
敦煌市				4		4			
庆阳市									
西峰区									
庆城县									
环县									
华池县									
合水县									
正宁县									
宁县									
镇原县									
定西市									
安定区									
通渭县									
陇西县									
渭源县									
临洮县									
漳县									
岷县									
陇南市									
武都区									
成县									
文县									
宕昌县									
康县									
西和县									
礼县									
徽县									
两当县									

10-15　续表 56　　　　　　　　　　　　　　　　　　　　　　　　单位：人

地　区	塔吉克族			怒　族			乌孜别克族		
	小计	男	女	小计	男	女	小计	男	女
临夏回族自治州									
临夏市									
临夏县									
康乐县									
永靖县									
广河县									
和政县									
东乡族自治县									
积石山保安族东乡族撒拉族自治县									
甘南藏族自治州				**7**	**4**	**3**			
合作市				1	1				
临潭县				2	1	1			
卓尼县				1	1				
舟曲县									
迭部县									
玛曲县									
碌曲县									
夏河县				3	1	2			
青海省	**3**	**1**	**2**	**5**	**4**	**1**	**2**	**1**	**1**
西宁市	**2**	**1**	**1**				**1**	**1**	
城东区									
城中区									
城西区	2	1	1				1	1	
城北区									
大通回族土族自治县									
湟中县									
湟源县									
海东地区				**4**	**3**	**1**	**1**		**1**
平安县									
民和回族土族自治县				1	1				
乐都县									
互助土族自治县				2	1	1			
化隆回族自治县				1	1				
循化撒拉族自治县							1		1
海北藏族自治州									
门源回族自治县									
祁连县									
海晏县									
刚察县									
黄南藏族自治州	**1**		**1**						
同仁县									
尖扎县									
泽库县									
河南蒙古族自治县	1		1						
海南藏族自治州									
共和县									
同德县									
贵德县									
兴海县									
贵南县									
果洛藏族自治州									
玛沁县									
班玛县									
甘德县									
达日县									
久治县									
玛多县									

10-15 续表 57　　　　单位：人

地　区	塔吉克族			怒　族			乌孜别克族		
	小计	男	女	小计	男	女	小计	男	女
玉树藏族自治州									
玉树县									
杂多县									
称多县									
治多县									
囊谦县									
曲麻莱县									
海西蒙古族藏族自治州				**1**	**1**				
格尔木市				1	1				
德令哈市									
乌兰县									
都兰县									
天峻县									
芒崖行政委员会									
柴旦行政委员会									
冷湖行政委员会									
宁夏回族自治区	**1**		**1**	**7**	**3**	**4**	**3**	**2**	**1**
银川市	**1**		**1**	**4**	**2**	**2**	**3**	**2**	**1**
兴庆区				1	1				
西夏区	1		1	1		1	3	2	1
金凤区				2	1	1			
永宁县									
贺兰县									
灵武市									
石嘴山市									
大武口区									
惠农区									
平罗县									
吴忠市				**3**	**1**	**2**			
利通区				1	1				
红寺堡区				1		1			
盐池县									
同心县									
青铜峡市				1		1			
固原市									
原州区									
西吉县									
隆德县									
泾源县									
彭阳县									
中卫市									
沙坡头区									
中宁县									
海原县									
新疆维吾尔自治区	**47261**	**24000**	**23261**	**58**	**31**	**27**	**10114**	**5444**	**4670**
乌鲁木齐市	**367**	**198**	**169**				**1581**	**768**	**813**
天山区	178	83	95				925	451	474
沙依巴克区	39	20	19				285	140	145
新市区	96	58	38				242	115	127
水磨沟区	22	12	10				56	20	36

10-15　续表 58　　　　单位：人

地　区	塔吉克族			怒　族			乌孜别克族		
	小计	男	女	小计	男	女	小计	男	女
头屯河区	12	11	1				14	8	6
达坂城区	1	1					3	3	
米东区	18	12	6				23	11	12
乌鲁木齐县	1	1					33	20	13
克拉玛依市	**35**	**19**	**16**	**1**	**1**		**177**	**97**	**80**
独山子区	1	1					45	24	21
克拉玛依区	29	15	14				115	66	49
白碱滩区	5	3	2	1	1		16	6	10
乌尔禾区							1	1	
吐鲁番地区	**4**		**4**	**1**		**1**	**19**	**13**	**6**
吐鲁番市	4		4	1		1	6	5	1
鄯善县							13	8	5
托克逊县									
哈密地区	**1**		**1**	**1**		**1**	**4**	**2**	**2**
哈密市	1		1	1		1	4	2	2
巴里坤哈萨克自治县									
伊吾县									
昌吉回族自治州	**18**	**9**	**9**	**11**	**5**	**6**	**1727**	**1035**	**692**
昌吉市	7	4	3	6	3	3	113	58	55
阜康市	5	3	2				26	11	15
呼图壁县	3	2	1	2		2	2	1	1
玛纳斯县				2	2		14	12	2
奇台县	2		2	1		1	402	230	172
吉木萨尔县	1		1				375	233	142
木垒哈萨克自治县							795	490	305
博尔塔拉蒙古自治州	**2**	**1**	**1**	**3**	**1**	**2**	**90**	**49**	**41**
博乐市	2	1	1	3	1	2	40	25	15
精河县							31	16	15
温泉县							19	8	11
巴音郭楞蒙古自治州	**26**	**20**	**6**	**7**	**4**	**3**	**57**	**26**	**31**
库尔勒市	25	19	6	6	3	3	37	16	21
轮台县									
尉犁县							10	5	5
若羌县									
且末县				1	1				
焉耆回族自治县							6	4	2
和静县	1	1					3	1	2
和硕县									
博湖县							1		1
阿克苏地区	**39**	**19**	**20**	**27**	**14**	**13**	**70**	**42**	**28**
阿克苏市	27	12	15	20	10	10	11	6	5
温宿县	1		1						
库车县	4	3	1	3	1	2	12	4	8
沙雅县	2	1	1				1	1	
新和县	2	1	1				1		1
拜城县							1		1
乌什县	2	1	1	4	3	1	34	24	10
阿瓦提县	1	1					10	7	3
柯坪县									
克孜勒苏柯尔克孜自治州	**5547**	**2776**	**2771**				**44**	**29**	**15**
阿图什市	31	11	20				1	1	
阿克陶县	5482	2743	2739				32	20	12
阿合奇县									
乌恰县	34	22	12				11	8	3

10-15 续表 59 单位：人

地区	塔吉克族			怒族			乌孜别克族		
	小计	男	女	小计	男	女	小计	男	女
喀什地区	**40111**	**20377**	**19734**				**2050**	**1053**	**997**
喀什市	1053	514	539				507	246	261
疏附县							11	5	6
疏勒县									
英吉沙县	15	8	7				6	4	2
泽普县	3886	1975	1911				38	23	15
莎车县	2516	1292	1224				1094	557	537
叶城县	2005	1031	974				378	209	169
麦盖提县									
岳普湖县									
伽师县	1	1					2		2
巴楚县	6	6					14	9	5
塔什库尔干塔吉克自治县	30629	15550	15079						
和田地区	**972**	**499**	**473**	**2**	**2**		**44**	**25**	**19**
和田市	14	6	8	2	2		4	4	
和田县									
墨玉县	3	3							
皮山县	954	489	465				38	20	18
洛浦县									
策勒县							1		1
于田县	1	1							
民丰县							1	1	
伊犁哈萨克自治州	**86**	**47**	**39**	**1**	**1**		**3854**	**2111**	**1743**
伊宁市	50	23	27				2480	1315	1165
奎屯市	5	3	2				14	9	5
伊宁县	11	7	4				320	177	143
察布查尔锡伯自治县	2	2					63	40	23
霍城县	4	2	2				82	53	29
巩留县	3	2	1				81	42	39
新源县	7	5	2	1	1		345	196	149
昭苏县	4	3	1				160	97	63
特克斯县							131	80	51
尼勒克县							178	102	76
塔城地区	**18**	**12**	**6**	**1**		**1**	**290**	**137**	**153**
塔城市	6	6					132	48	84
乌苏市	1	1					37	19	18
额敏县							77	48	29
沙湾县	10	5	5	1		1	14	10	4
托里县							16	6	10
裕民县									
和布克赛尔蒙古自治县	1		1				14	6	8
阿勒泰地区	**4**	**4**					**80**	**46**	**34**
阿勒泰市	2	2					48	24	24
布尔津县	2	2							
富蕴县							2	2	
福海县							1	1	
哈巴河县							7	4	3
青河县							22	15	7
吉木乃县									
自治区直辖县级行政区划	**31**	**19**	**12**	**3**	**3**		**27**	**11**	**16**
石河子市	18	12	6				18	6	12
阿拉尔市	7	5	2	1	1		3	1	2
图木舒克市	6	2	4	2	2		6	4	2
五家渠市									

10-16　全国各县分性别的俄罗斯族、鄂温克族、德昂族人口

单位：人

地　区	俄罗斯族			鄂温克族			德 昂 族		
	小计	男	女	小计	男	女	小计	男	女
全　国	**15393**	**7284**	**8109**	**30875**	**14668**	**16207**	**20556**	**10039**	**10517**
北京市	**343**	**124**	**219**	**433**	**182**	**251**	**19**	**14**	**5**
市辖区	**340**	**124**	**216**	**426**	**180**	**246**	**19**	**14**	**5**
东城区	17	5	12	22	9	13			
西城区	32	16	16	9	7	2			
崇文区	5	2	3	9	3	6			
宣武区	18	6	12	5	2	3			
朝阳区	76	31	45	75	30	45	2		2
丰台区	25	9	16	41	17	24	2		2
石景山区	7	2	5	11	6	5			
海淀区	90	30	60	105	42	63	3	3	
门头沟区				6	5	1			
房山区	12	4	8	20	5	15	11	11	
通州区	13	4	9	33	10	23	1		1
顺义区	3	1	2	8	5	3			
昌平区	32	9	23	46	25	21			
大兴区	7	3	4	30	13	17			
怀柔区	3	2	1	4	1	3			
平谷区				2		2			
市辖县	**3**		**3**	**7**	**2**	**5**			
密云县	2		2	5	1	4			
延庆县	1		1	2	1	1			
天津市	**119**	**52**	**67**	**130**	**59**	**71**			
市辖区	**117**	**52**	**65**	**100**	**42**	**58**			
和平区	2	1	1	1		1			
河东区	21	11	10	5	3	2			
河西区	19	10	9	12	8	4			
南开区	28	7	21	12	4	8			
河北区	7	4	3						
红桥区	6	2	4	3	2	1			
东丽区	3	1	2	10	4	6			
西青区	6	5	1	18	7	11			
津南区				13	6	7			
北辰区	3	1	2	6	3	3			
武清区	1	1		4	1	3			
宝坻区	2		2						
滨海新区	19	9	10	16	4	12			
市辖县	**2**		**2**	**30**	**17**	**13**			
宁河县									
静海县	2		2	28	17	11			
蓟县				2		2			
河北省	**103**	**50**	**53**	**172**	**63**	**109**	**7**	**2**	**5**
石家庄市	**26**	**13**	**13**	**22**	**6**	**16**			
长安区				7	2	5			
桥东区	1	1		2	1	1			
桥西区	4	1	3	2	1	1			
新华区	1	1		6	1	5			
井陉矿区									
裕华区				3		3			
井陉县									
正定县	2		2	1	1				
栾城县									

10-16 续表 1

单位：人

地 区	俄罗斯族			鄂温克族			德昂族		
	小计	男	女	小计	男	女	小计	男	女
行唐县									
灵寿县									
高邑县									
深泽县									
赞皇县									
无极县									
平山县									
元氏县	1	1							
赵县	17	9	8						
辛集市									
藁城市									
晋州市									
新乐市									
鹿泉市				1		1			
唐山市	**16**	**8**	**8**	**44**	**17**	**27**	**3**	**1**	**2**
路南区	1		1						
路北区	3	2	1						
古冶区	2	1	1	1		1			
开平区				1		1			
丰南区				7	2	5			
丰润区	4	2	2	19	8	11			
滦县	2	1	1						
滦南县				2	1	1			
乐亭县	2	1	1	3	1	2			
迁西县									
玉田县				4	2	2			
唐海县				1		1			
遵化市	2	1	1	4	1	3	3	1	2
迁安市				2	2				
秦皇岛市	**18**	**8**	**10**	**31**	**13**	**18**			
海港区	12	6	6	17	10	7			
山海关区	1	1		3		3			
北戴河区	1		1	3		3			
青龙满族自治县				2		2			
昌黎县	2		2	1	1				
抚宁县	1	1		2		2			
卢龙县	1		1	3	2	1			
邯郸市	**3**	**2**	**1**	**3**		**3**			
邯山区	1	1		2		2			
丛台区									
复兴区				1		1			
峰峰矿区	2	1	1						
邯郸县									
临漳县									
成安县									
大名县									
涉县									
磁县									
肥乡县									
永年县									
邱县									
鸡泽县									
广平县									
馆陶县									
魏县									
曲周县									
武安市									

10-16　续表 2　　　　单位：人

地　区	俄罗斯族			鄂温克族			德 昂 族		
	小计	男	女	小计	男	女	小计	男	女
邢台市	**1**	**1**							
桥东区									
桥西区	1	1							
邢台县									
临城县									
内丘县									
柏乡县									
隆尧县									
任县									
南和县									
宁晋县									
巨鹿县									
新河县									
广宗县									
平乡县									
威县									
清河县									
临西县									
南宫市									
沙河市									
保定市	**9**	**4**	**5**	**15**	**3**	**12**			
新市区	1		1	1		1			
北市区	2	1	1	4	2	2			
南市区	1	1		3		3			
满城县									
清苑县				1		1			
涞水县									
阜平县									
徐水县									
定兴县				4	1	3			
唐县									
高阳县									
容城县									
涞源县	1		1						
望都县									
安新县									
易县									
曲阳县									
蠡县									
顺平县									
博野县									
雄县	1		1						
涿州市	1	1							
定州市				2		2			
安国市									
高碑店市	2	1	1						
张家口市	**2**		**2**	**1**		**1**			
桥东区									
桥西区									
宣化区	1		1						
下花园区									
宣化县									
张北县				1		1			

10-16 续表 3 单位：人

地 区	俄罗斯族			鄂温克族			德昂族		
	小计	男	女	小计	男	女	小计	男	女
康保县	1		1						
沽源县									
尚义县									
蔚县									
阳原县									
怀安县									
万全县									
怀来县									
涿鹿县									
赤城县									
崇礼县									
承德市	**1**	**1**		**12**	**6**	**6**	**2**		**2**
双桥区	1	1		6	3	3			
双滦区									
鹰手营子矿区									
承德县				1		1			
兴隆县									
平泉县							2		2
滦平县				1	1				
隆化县									
丰宁满族自治县									
宽城满族自治县									
围场满族蒙古族自治县				4	2	2			
沧州市	**13**	**8**	**5**	**10**	**3**	**7**	**1**		**1**
新华区									
运河区	6	4	2	1		1			
沧县	2	1	1						
青县	1		1						
东光县									
海兴县									
盐山县									
肃宁县	2	1	1	3		3			
南皮县									
吴桥县									
献县									
孟村回族自治县									
泊头市							1		1
任丘市	1	1		6	3	3			
黄骅市	1	1							
河间市									
廊坊市	**12**	**5**	**7**	**30**	**14**	**16**	**1**	**1**	
安次区	1		1	4	3	1			
广阳区	2	2		2		2			
固安县				1	1				
永清县									
香河县				2		2			
大城县									
文安县									
大厂回族自治县				4	2	2	1	1	
霸州市				2		2			
三河市	9	3	6	15	8	7			
衡水市	**2**		**2**	**4**	**1**	**3**			
桃城区				1		1			
枣强县									
武邑县									

10-16　续表 4　　　　　　　　　　　　　　　　　　　　　　　　　　单位：人

地　区	俄罗斯族			鄂温克族			德 昂 族		
	小计	男	女	小计	男	女	小计	男	女
武强县									
饶阳县									
安平县	1		1						
故城县									
景县									
阜城县									
冀州市	1		1	3	1	2			
深州市									
山西省	**5**	**2**	**3**	**26**	**11**	**15**	**6**	**3**	**3**
太原市	**4**	**2**	**2**	**6**	**2**	**4**			
小店区	1	1		1		1			
迎泽区	3	1	2	2		2			
杏花岭区									
尖草坪区				3	2	1			
万柏林区									
晋源区									
清徐县									
阳曲县									
娄烦县									
古交市									
大同市	**1**		**1**	**6**	**3**	**3**			
城区	1		1	4	2	2			
矿区									
南郊区				2	1	1			
新荣区									
阳高县									
天镇县									
广灵县									
灵丘县									
浑源县									
左云县									
大同县									
阳泉市				**2**	**1**	**1**			
城区									
矿区				1		1			
郊区				1	1				
平定县									
盂县									
长治市									
城区									
郊区									
长治县									
襄垣县									
屯留县									
平顺县									
黎城县									
壶关县									
长子县									
武乡县									
沁县									
沁源县									
潞城市									

10-16 续表 5

单位：人

地区	俄罗斯族			鄂温克族			德昂族		
	小计	男	女	小计	男	女	小计	男	女
晋城市							**2**	**1**	**1**
城区							2	1	1
沁水县									
阳城县									
陵川县									
泽州县									
高平市									
朔州市				**3**	**1**	**2**			
朔城区				3	1	2			
平鲁区									
山阴县									
应县									
右玉县									
怀仁县									
晋中市				**1**		**1**			
榆次区				1		1			
榆社县									
左权县									
和顺县									
昔阳县									
寿阳县									
太谷县									
祁县									
平遥县									
灵石县									
介休市									
运城市							**2**		**2**
盐湖区									
临猗县									
万荣县									
闻喜县									
稷山县									
新绛县									
绛县							2		2
垣曲县									
夏县									
平陆县									
芮城县									
永济市									
河津市									
忻州市				**8**	**4**	**4**	**2**	**2**	
忻府区							2	2	
定襄县									
五台县				1		1			
代县									
繁峙县									
宁武县									
静乐县									
神池县									
五寨县									
岢岚县									
河曲县				7	4	3			
保德县									
偏关县									
原平市									

10-16　续表 6　　　　　　　　　　　　　　　　　　　　　　　　单位：人

地　　区	俄罗斯族			鄂温克族			德昂族		
	小计	男	女	小计	男	女	小计	男	女
临汾市									
尧都区									
曲沃县									
翼城县									
襄汾县									
洪洞县									
古县									
安泽县									
浮山县									
吉县									
乡宁县									
大宁县									
隰县									
永和县									
蒲县									
汾西县									
侯马市									
霍州市									
吕梁市									
离石区									
文水县									
交城县									
兴县									
临县									
柳林县									
石楼县									
岚县									
方山县									
中阳县									
交口县									
孝义市									
汾阳市									
内蒙古自治区	**4673**	**2276**	**2397**	**26139**	**12578**	**13561**	**5**	**2**	**3**
呼和浩特市	**111**	**36**	**75**	**518**	**216**	**302**	**2**	**2**	
新城区	43	18	25	173	85	88			
回民区	21	8	13	78	27	51			
玉泉区	10	1	9	37	19	18			
赛罕区	34	8	26	204	78	126	2	2	
土默特左旗	1	1		15	2	13			
托克托县	1		1	2	2				
和林格尔县	1		1	9	3	6			
清水河县									
武川县									
包头市	**33**	**15**	**18**	**139**	**66**	**73**	**1**		**1**
东河区	1		1	15	6	9			
昆都仑区	11	5	6	35	19	16	1		1
青山区	21	10	11	71	37	34			
石拐区				1		1			
白云鄂博矿区									
九原区				6	3	3			
土默特右旗				9		9			
固阳县				2	1	1			
达尔罕茂明安联合旗									
乌海市	**18**	**8**	**10**	**11**	**5**	**6**			
海勃湾区	11	4	7	7	4	3			
海南区	5	3	2	3	1	2			
乌达区	2	1	1	1		1			

10-16 续表 7 单位：人

地区	俄罗斯族			鄂温克族			德昂族		
	小计	男	女	小计	男	女	小计	男	女
赤峰市	**26**	**11**	**15**	**96**	**48**	**48**			
红山区	5	1	4	13	5	8			
元宝山区				8	2	6			
松山区	3	1	2	35	23	12			
阿鲁科尔沁旗	1		1	11	5	6			
巴林左旗	11	4	7	6	2	4			
巴林右旗				5	2	3			
林西县				2	1	1			
克什克腾旗	5	5		1	1				
翁牛特旗				5	3	2			
喀喇沁旗	1		1	2		2			
宁城县				4	3	1			
敖汉旗				4	1	3			
通辽市	**25**	**11**	**14**	**120**	**48**	**72**			
科尔沁区	10	5	5	89	35	54			
科尔沁左翼中旗				15	7	8			
科尔沁左翼后旗				3	2	1			
开鲁县				2	1	1			
库伦旗				1		1			
奈曼旗									
扎鲁特旗	15	6	9	5	2	3			
霍林郭勒市				5	1	4			
鄂尔多斯市	**5**	**2**	**3**	**56**	**25**	**31**	**1**		**1**
东胜区	4	2	2	39	18	21	1		1
达拉特旗	1		1	3		3			
准格尔旗				7	3	4			
鄂托克前旗									
鄂托克旗				1	1				
杭锦旗				2	1	1			
乌审旗				2	1	1			
伊金霍洛旗				2	1	1			
呼伦贝尔市	**4354**	**2142**	**2212**	**24897**	**12026**	**12871**			
海拉尔区	1015	476	539	1929	785	1144			
阿荣旗	2	1	1	1967	956	1011			
莫力达瓦达斡尔族自治旗	3		3	5314	2687	2627			
鄂伦春自治旗	15	7	8	2561	1289	1272			
鄂温克族自治旗	129	52	77	9237	4450	4787			
陈巴尔虎旗	43	24	19	1569	745	824			
新巴尔虎左旗	9	4	5	69	25	44			
新巴尔虎右旗				33	13	20			
满洲里市	334	140	194	205	92	113			
牙克石市	466	205	261	360	179	181			
扎兰屯市	153	76	77	1211	616	595			
额尔古纳市	2044	1080	964	131	53	78			
根河市	141	77	64	311	136	175			
巴彦淖尔市	**12**	**7**	**5**	**28**	**13**	**15**			
临河区	12	7	5	19	7	12			
五原县									
磴口县									
乌拉特前旗				5	4	1			
乌拉特中旗				1	1				
乌拉特后旗				2	1	1			
杭锦后旗				1		1			

10-16 续表 8 单位：人

地 区	俄罗斯族			鄂温克族			德 昂 族		
	小计	男	女	小计	男	女	小计	男	女
乌兰察布市	**7**	**2**	**5**	**23**	**5**	**18**	**1**		**1**
集宁区	4	1	3	21	4	17			
卓资县									
化德县							1		1
商都县	2	1	1						
兴和县				1	1				
凉城县									
察哈尔右翼前旗									
察哈尔右翼中旗									
察哈尔右翼后旗									
四子王旗				1		1			
丰镇市	1		1						
兴安盟	**54**	**27**	**27**	**179**	**94**	**85**			
乌兰浩特市	18	7	11	85	41	44			
阿尔山市				1	1				
科尔沁右翼前旗				10	3	7			
科尔沁右翼中旗	2	1	1	19	10	9			
扎赉特旗	19	9	10	57	36	21			
突泉县	15	10	5	7	3	4			
锡林郭勒盟	**17**	**6**	**11**	**55**	**24**	**31**			
二连浩特市	4	1	3	3		3			
锡林浩特市	5	3	2	37	14	23			
阿巴嘎旗									
苏尼特左旗									
苏尼特右旗				11	6	5			
东乌珠穆沁旗				1	1				
西乌珠穆沁旗	2	1	1						
太仆寺旗									
镶黄旗	6	1	5	1	1				
正镶白旗									
正蓝旗				2	2				
多伦县									
阿拉善盟	**11**	**9**	**2**	**17**	**8**	**9**			
阿拉善左旗	4	4		13	6	7			
阿拉善右旗									
额济纳旗	7	5	2	4	2	2			
辽宁省	**185**	**83**	**102**	**448**	**198**	**250**	**5**	**2**	**3**
沈阳市	**30**	**16**	**14**	**80**	**29**	**51**			
和平区	3	2	1	6	5	1			
沈河区	12	6	6	2		2			
大东区	1		1	5	1	4			
皇姑区	4	2	2	12	5	7			
铁西区	1		1	2	2				
苏家屯区				9	2	7			
东陵区				6	2	4			
沈北新区	3	2	1	10	4	6			
于洪区	5	4	1	15	5	10			
辽中县				4		4			
康平县	1		1	7	2	5			
法库县									
新民市				2	1	1			
大连市	**78**	**31**	**47**	**181**	**78**	**103**	**5**	**2**	**3**
中山区	14	6	8	2		2			
西岗区	3	2	1	8	5	3			
沙河口区	19	5	14	13	6	7			

10-16 续表 9 单位：人

地 区	俄罗斯族			鄂温克族			德 昂 族		
	小计	男	女	小计	男	女	小计	男	女
甘井子区	17	8	9	53	27	26	3	1	2
旅顺口区	7	4	3	1		1			
金州区	17	6	11	55	21	34	2	1	1
长海县				1	1				
瓦房店市				13	5	8			
普兰店市	1		1	15	5	10			
庄河市				20	8	12			
鞍山市	**5**	**1**	**4**	**18**	**6**	**12**			
铁东区	2		2	6	2	4			
铁西区	1	1							
立山区									
千山区				3		3			
台安县									
岫岩满族自治县	2		2	1		1			
海城市				8	4	4			
抚顺市	**7**	**2**	**5**	**7**	**1**	**6**			
新抚区									
东洲区									
望花区	6	2	4	3	1	2			
顺城区	1		1	2		2			
抚顺县									
新宾满族自治县									
清原满族自治县				2		2			
本溪市	**6**	**2**	**4**	**10**	**5**	**5**			
平山区				2	1	1			
溪湖区	2	1	1						
明山区	4	1	3	2	1	1			
南芬区									
本溪满族自治县				5	2	3			
桓仁满族自治县				1	1				
丹东市	**2**	**2**		**15**	**5**	**10**			
元宝区				2		2			
振兴区	1	1		2		2			
振安区				5	2	3			
宽甸满族自治县				2		2			
东港市				3	3				
凤城市	1	1		1		1			
锦州市	**11**	**3**	**8**	**24**	**8**	**16**			
古塔区	1		1	8	5	3			
凌河区	2		2	3		3			
太和区	3	1	2	1		1			
黑山县				5	1	4			
义县				2		2			
凌海市	3		3	2	1	1			
北镇市	2	2		3	1	2			
营口市	**4**	**4**		**24**	**11**	**13**			
站前区	1	1		2	1	1			
西市区				2		2			
鲅鱼圈区	3	3		15	8	7			
老边区				2	1	1			
盖州市				3	1	2			
大石桥市									
阜新市	**1**		**1**	**20**	**8**	**12**			
海州区				2	1	1			
新邱区	1		1						

10-16　续表 10　　　　　　　　　　　　　　　　　　　　　　　　　　单位：人

地　区	俄罗斯族			鄂温克族			德昂族		
	小计	男	女	小计	男	女	小计	男	女
太平区									
清河门区									
细河区				8	5	3			
阜新蒙古族自治县				5	1	4			
彰武县				5	1	4			
辽阳市	**20**	**8**	**12**	**4**	**3**	**1**			
白塔区	3	1	2	1	1				
文圣区	1		1						
宏伟区	2	2							
弓长岭区									
太子河区	4	3	1						
辽阳县	8	2	6						
灯塔市	2		2	3	2	1			
盘锦市	**4**	**2**	**2**	**8**	**6**	**2**			
双台子区				5	3	2			
兴隆台区	4	2	2	3	3				
大洼县									
盘山县									
铁岭市	**10**	**6**	**4**	**18**	**8**	**10**			
银州区				3	2	1			
清河区				1		1			
铁岭县	4	3	1	5	2	3			
西丰县									
昌图县	6	3	3	8	3	5			
调兵山市				1	1				
开原市									
朝阳市	**3**	**2**	**1**	**5**	**1**	**4**			
双塔区	1	1		1		1			
龙城区									
朝阳县	1		1	3		3			
建平县									
喀喇沁左翼蒙古族自治县									
北票市									
凌源市	1	1		1	1				
葫芦岛市	**4**	**4**		**34**	**29**	**5**			
连山区				1		1			
龙港区				15	12	3			
南票区				3	3				
绥中县				6	6				
建昌县				2	2				
兴城市	4	4		7	6	1			
吉林省	**48**	**21**	**27**	**104**	**46**	**58**	**2**		**2**
长春市	**30**	**13**	**17**	**47**	**22**	**25**			
南关区	11	8	3	14	3	11			
宽城区				4	2	2			
朝阳区	12	5	7	16	13	3			
二道区	1		1	5	3	2			
绿园区	5		5	4		4			
双阳区	1		1	3	1	2			
农安县									
九台市									
榆树市									
德惠市				1		1			

10-16 续表 11　　　　单位：人

地　区	俄罗斯族			鄂温克族			德昂族		
	小计	男	女	小计	男	女	小计	男	女
吉林市	**4**	**2**	**2**	**9**	**3**	**6**			
昌邑区	1		1	2		2			
龙潭区	3	2	1	1	1				
船营区				1	1				
丰满区				3		3			
永吉县									
蛟河市									
桦甸市									
舒兰市									
磐石市				2	1	1			
四平市	**10**	**3**	**7**	**8**	**5**	**3**			
铁西区	9	3	6						
铁东区	1		1	7	5	2			
梨树县									
伊通满族自治县									
公主岭市				1		1			
双辽市									
辽源市	**2**	**2**		**3**	**1**	**2**			
龙山区									
西安区									
东丰县	2	2		3	1	2			
东辽县									
通化市				**5**	**3**	**2**			
东昌区				2	1	1			
二道江区									
通化县									
辉南县				2	2				
柳河县				1		1			
梅河口市									
集安市									
白山市				**4**	**1**	**3**			
浑江区				2	1	1			
江源区									
抚松县									
靖宇县				2		2			
长白朝鲜族自治县									
临江市									
松原市				**17**	**7**	**10**			
宁江区				3	1	2			
前郭尔罗斯蒙古族自治县				14	6	8			
长岭县									
乾安县									
扶余县									
白城市				**7**	**4**	**3**			
洮北区				2	1	1			
镇赉县				3	2	1			
通榆县									
洮南市									
大安市				2	1	1			
延边朝鲜族自治州	**2**	**1**	**1**	**4**		**4**	**2**		**2**
延吉市	2	1	1	1		1			
图们市									
敦化市							2		2
珲春市				3		3			
龙井市									
和龙市									
汪清县									
安图县									

10-16　续表 12　　　　单位：人

地　区	俄罗斯族			鄂温克族			德 昂 族		
	小计	男	女	小计	男	女	小计	男	女
黑龙江省	**312**	**158**	**154**	**2648**	**1191**	**1457**			
哈尔滨市	**84**	**38**	**46**	**213**	**79**	**134**			
道里区	3		3	13	4	9			
南岗区	41	17	24	63	26	37			
道外区	1		1	12	5	7			
平房区	3	1	2						
松北区	2		2	18	7	11			
香坊区	31	19	12	32	14	18			
呼兰区	1		1	48	15	33			
阿城区				3	1	2			
依兰县				11	4	7			
方正县									
宾县				6	1	5			
巴彦县				2	1	1			
木兰县									
通河县									
延寿县									
双城市	2	1	1	5	1	4			
尚志市									
五常市									
齐齐哈尔市	**20**	**11**	**9**	**1210**	**563**	**647**			
龙沙区	3	2	1	32	18	14			
建华区	7	3	4	38	12	26			
铁锋区	5	3	2	37	16	21			
昂昂溪区	3	1	2	3	1	2			
富拉尔基区	2	2		27	11	16			
碾子山区				5	1	4			
梅里斯达斡尔族区				152	67	85			
龙江县				22	8	14			
依安县				2	1	1			
泰来县				2	1	1			
甘南县				36	19	17			
富裕县				110	40	70			
克山县				4	2	2			
克东县				11	2	9			
拜泉县				2		2			
讷河市				727	364	363			
鸡西市	**2**	**1**	**1**	**5**	**2**	**3**			
鸡冠区	1	1		4	1	3			
恒山区									
滴道区									
梨树区									
城子河区									
麻山区									
鸡东县									
虎林市				1	1				
密山市	1		1						
鹤岗市	**3**	**3**		**6**	**1**	**5**			
向阳区									
工农区									
南山区									
兴安区									

10-16　续表 13　　　　单位：人

地　区	俄罗斯族			鄂温克族			德 昂 族		
	小计	男	女	小计	男	女	小计	男	女
东山区									
兴山区									
萝北县	3	3		4	1	3			
绥滨县				2		2			
双鸭山市	**6**	**3**	**3**	**8**		**8**			
尖山区									
岭东区									
四方台区									
宝山区									
集贤县				4		4			
友谊县				1		1			
宝清县	1		1						
饶河县	5	3	2	3		3			
大庆市	**21**	**8**	**13**	**88**	**39**	**49**			
萨尔图区	5	3	2	28	15	13			
龙凤区	5	3	2	14	6	8			
让胡路区	7		7	12	3	9			
红岗区				12	5	7			
大同区	2	1	1	5	3	2			
肇州县	2	1	1	4	2	2			
肇源县				1		1			
林甸县				1		1			
杜尔伯特蒙古族自治县				11	5	6			
伊春市	**8**	**4**	**4**	**3**	**3**				
伊春区	1	1		2	2				
南岔区				1	1				
友好区	4	2	2						
西林区									
翠峦区									
新青区									
美溪区									
金山屯区									
五营区									
乌马河区									
汤旺河区									
带岭区									
乌伊岭区									
红星区									
上甘岭区									
嘉荫县	3	1	2						
铁力市									
佳木斯市	**16**	**10**	**6**	**3**	**2**	**1**			
向阳区	1		1						
前进区									
东风区									
郊区	3	3							
桦南县									
桦川县									
汤原县									
抚远县	12	7	5						
同江市				3	2	1			
富锦市									
七台河市	**2**	**1**	**1**	**7**	**3**	**4**			
新兴区									
桃山区	2	1	1	1		1			
茄子河区				2	1	1			
勃利县				4	2	2			

10-16　续表 14

单位：人

地　区	俄罗斯族			鄂温克族			德昂族		
	小计	男	女	小计	男	女	小计	男	女
牡丹江市	**2**		**2**	**26**	**10**	**16**			
东安区									
阳明区				1		1			
爱民区	1		1	7	1	6			
西安区	1		1	5	2	3			
东宁县									
林口县									
绥芬河市				1	1				
海林市				11	5	6			
宁安市				1	1				
穆棱市									
黑河市	**126**	**73**	**53**	**776**	**366**	**410**			
爱辉区	27	13	14	42	24	18			
嫩江县	9	4	5	689	322	367			
逊克县	39	26	13	12	5	7			
孙吴县	47	30	17	7	2	5			
北安市	4		4	6	1	5			
五大连池市				20	12	8			
绥化市				**6**	**3**	**3**			
北林区				1		1			
望奎县									
兰西县				4	3	1			
青冈县									
庆安县									
明水县									
绥棱县									
安达市									
肇东市				1		1			
海伦市									
大兴安岭地区	**22**	**6**	**16**	**297**	**120**	**177**			
加格达奇区	8		8	156	55	101			
松岭区	7	1	6	25	8	17			
新林区				17	8	9			
呼中区									
呼玛县	1	1		33	18	15			
塔河县	6	4	2	22	6	16			
漠河县				44	25	19			
上海市	**209**	**78**	**131**	**63**	**30**	**33**	**15**	**10**	**5**
市辖区	**208**	**78**	**130**	**63**	**30**	**33**	**15**	**10**	**5**
黄浦区	4	3	1						
卢湾区	5	2	3						
徐汇区	23	5	18	6	3	3			
长宁区	13	2	11	3	2	1			
静安区	2	2		2	1	1			
普陀区	7	4	3	8	3	5			
闸北区	7	2	5	1		1	1	1	
虹口区	9	5	4						
杨浦区	7	2	5	8	6	2	1		1
闵行区	33	15	18	4	2	2	1	1	
宝山区	12	6	6	1		1			
嘉定区	9	4	5	8	3	5	1	1	
浦东新区	59	20	39	11	4	7	4	1	3

10-16 续表 15 单位：人

地区	俄罗斯族			鄂温克族			德昂族		
	小计	男	女	小计	男	女	小计	男	女
金山区	1		1						
松江区	11	6	5	3	2	1	6	5	1
青浦区				6	3	3	1	1	
奉贤区	6		6	2	1	1			
市辖县	**1**		**1**						
崇明县	1		1						
江苏省	**109**	**48**	**61**	**49**	**20**	**29**	**14**	**5**	**9**
南京市	**39**	**18**	**21**	**15**	**3**	**12**			
玄武区	3		3	3		3			
白下区	11	5	6	1		1			
秦淮区	4	3	1	1		1			
建邺区	3		3	4	1	3			
鼓楼区	3	2	1	4	1	3			
下关区	4	3	1						
浦口区									
栖霞区	4	1	3						
雨花台区	3	1	2						
江宁区	3	3		2	1	1			
六合区	1		1						
溧水县									
高淳县									
无锡市	**21**	**5**	**16**	**2**	**1**	**1**	**2**		**2**
崇安区	2	2							
南长区	8	3	5						
北塘区									
锡山区									
惠山区							1		1
滨湖区	6		6	1	1				
江阴市	4		4				1		1
宜兴市	1		1	1		1			
徐州市	**4**	**3**	**1**	**2**	**1**	**1**			
鼓楼区									
云龙区									
九里区									
贾汪区									
泉山区	4	3	1						
丰县									
沛县									
铜山县				2	1	1			
睢宁县									
新沂市									
邳州市									
常州市	**3**	**2**	**1**	**1**	**1**				
天宁区									
钟楼区	2	1	1						
戚墅堰区									
新北区	1	1		1	1				
武进区									
溧阳市									
金坛市									
苏州市	**24**	**14**	**10**	**15**	**7**	**8**	**3**	**3**	
沧浪区									
平江区	2	2		1	1				
金阊区	2	1	1	1	1				

10-16　续表 16

单位：人

地　区	俄罗斯族			鄂温克族			德昂族		
	小计	男	女	小计	男	女	小计	男	女
虎丘区	3	2	1	3	2	1			
吴中区	6	2	4	3		3			
相城区				2	1	1	2	2	
常熟市	2	1	1				1	1	
张家港市	5	3	2						
昆山市	1		1	5	2	3			
吴江市	1	1							
太仓市	2	2							
南通市	**6**	**1**	**5**	**2**	**2**		**2**		**2**
崇川区	3	1	2						
港闸区	2		2						
通州区	1		1						
海安县									
如东县									
启东市									
如皋市				2	2		2		2
海门市									
连云港市	**1**	**1**		**4**	**1**	**3**	**1**		**1**
连云区									
新浦区	1	1							
海州区									
赣榆县									
东海县				4	1	3			
灌云县									
灌南县							1		1
淮安市				**1**		**1**			
清河区				1		1			
楚州区									
淮阴区									
清浦区									
涟水县									
洪泽县									
盱眙县									
金湖县									
盐城市	**4**	**2**	**2**	**1**	**1**				
亭湖区									
盐都区	1		1						
响水县									
滨海县									
阜宁县									
射阳县									
建湖县									
东台市	3	2	1						
大丰市				1	1				
扬州市	**3**		**3**						
广陵区	3		3						
邗江区									
维扬区									
宝应县									
仪征市									
高邮市									
江都市									
镇江市	**3**	**1**	**2**	**1**	**1**				
京口区	3	1	2						
润州区									

10-16 续表 17

单位：人

地区	俄罗斯族			鄂温克族			德昂族		
	小计	男	女	小计	男	女	小计	男	女
丹徒区									
丹阳市				1	1				
扬中市									
句容市									
泰州市	**1**	**1**		**4**	**2**	**2**	**6**	**2**	**4**
海陵区									
高港区	1	1							
兴化市				2	1	1	2	1	1
靖江市									
泰兴市				2	1	1			
姜堰市							4	1	3
宿迁市				**1**		**1**			
宿城区				1		1			
宿豫区									
沭阳县									
泗阳县									
泗洪县									
浙江省	**40**	**16**	**24**	**40**	**17**	**23**	**43**	**20**	**23**
杭州市	**16**	**6**	**10**	**12**	**4**	**8**	**2**	**2**	
上城区									
下城区	1		1	1		1			
江干区	2	1	1	2		2	2	2	
拱墅区	1		1	5	1	4			
西湖区	5	3	2	2	2				
滨江区				2	1	1			
萧山区									
余杭区	3	1	2						
桐庐县									
淳安县	2		2						
建德市									
富阳市	2	1	1						
临安市									
宁波市	**3**		**3**	**3**	**1**	**2**			
海曙区									
江东区									
江北区				2		2			
北仑区	3		3	1	1				
镇海区									
鄞州区									
象山县									
宁海县									
余姚市									
慈溪市									
奉化市									
温州市	**5**	**4**	**1**	**3**	**2**	**1**	**7**	**3**	**4**
鹿城区	3	2	1						
龙湾区				2	1	1			
瓯海区	2	2		1	1		2	1	1
洞头县									
永嘉县									
平阳县									
苍南县									
文成县									
泰顺县									
瑞安市							4	2	2
乐清市							1		1

10-16 续表 18

单位：人

地区	俄罗斯族			鄂温克族			德昂族		
	小计	男	女	小计	男	女	小计	男	女
嘉兴市	**4**	**1**	**3**	**4**	**2**	**2**	**6**	**3**	**3**
南湖区	3	1	2	1		1			
秀洲区	1		1				3	3	
嘉善县				2	1	1			
海盐县							2		2
海宁市							1		1
平湖市									
桐乡市				1	1				
湖州市	**1**		**1**	**1**		**1**	**1**		**1**
吴兴区				1		1			
南浔区									
德清县									
长兴县									
安吉县	1		1				1		1
绍兴市							**10**	**7**	**3**
越城区							2	1	1
绍兴县							1		1
新昌县									
诸暨市							7	6	1
上虞市									
嵊州市									
金华市				**12**	**7**	**5**	**3**		**3**
婺城区									
金东区							1		1
武义县									
浦江县				6	4	2			
磐安县							2		2
兰溪市									
义乌市				1	1				
东阳市				1		1			
永康市				4	2	2			
衢州市				**3**	**1**	**2**	**1**	**1**	
柯城区				3	1	2			
衢江区							1	1	
常山县									
开化县									
龙游县									
江山市									
舟山市	**5**	**2**	**3**						
定海区									
普陀区	3	1	2						
岱山县									
嵊泗县	2	1	1						
台州市	**3**	**1**	**2**	**1**		**1**	**11**	**4**	**7**
椒江区							3	1	2
黄岩区	1		1				5	1	4
路桥区									
玉环县									
三门县	1		1				2	2	
天台县							1		1
仙居县									
温岭市									
临海市	1	1		1		1			

10-16　续表 19　　　　　　　　　　　　　　　　　　　　单位：人

地　区	俄罗斯族			鄂温克族			德 昂 族		
	小计	男	女	小计	男	女	小计	男	女
丽水市	**3**	**2**	**1**	**1**		**1**	**2**		**2**
莲都区	3	2	1						
青田县									
缙云县									
遂昌县				1		1	2		2
松阳县									
云和县									
庆元县									
景宁畲族自治县									
龙泉市									
安徽省	**33**	**19**	**14**	**11**	**5**	**6**	**18**	**1**	**17**
合肥市	**21**	**10**	**11**	**2**	**1**	**1**	**2**	**1**	**1**
瑶海区							1	1	
庐阳区	3	1	2						
蜀山区	4	2	2						
包河区	10	6	4	2	1	1			
长丰县									
肥东县	2		2				1		1
肥西县	2	1	1						
芜湖市	**3**	**3**		**2**		**2**			
镜湖区				2		2			
弋江区									
鸠江区	1	1							
三山区	2	2							
芜湖县									
繁昌县									
南陵县									
蚌埠市	**3**	**2**	**1**						
龙子湖区									
蚌山区	1		1						
禹会区	2	2							
淮上区									
怀远县									
五河县									
固镇县									
淮南市									
大通区									
田家庵区									
谢家集区									
八公山区									
潘集区									
凤台县									
马鞍山市				**1**	**1**				
金家庄区				1	1				
花山区									
雨山区									
当涂县									
淮北市				**1**	**1**				
杜集区									
相山区				1	1				
烈山区									
濉溪县									

10-16 续表 20　　　　单位：人

地区	俄罗斯族			鄂温克族			德昂族		
	小计	男	女	小计	男	女	小计	男	女
铜陵市	**1**		**1**						
铜官山区	1		1						
狮子山区									
郊区									
铜陵县									
安庆市				**2**		**2**	**2**		**2**
迎江区									
大观区									
宜秀区									
怀宁县									
枞阳县									
潜山县									
太湖县				2		2			
宿松县									
望江县									
岳西县									
桐城市							2		2
黄山市				**1**	**1**		**1**		**1**
屯溪区									
黄山区									
徽州区									
歙县				1	1				
休宁县							1		1
黟县									
祁门县									
滁州市	**2**	**1**	**1**	**1**		**1**	**1**		**1**
琅琊区				1		1			
南谯区	2	1	1						
来安县									
全椒县							1		1
定远县									
凤阳县									
天长市									
明光市									
阜阳市	**2**	**2**		**1**	**1**		**1**		**1**
颍州区	2	2							
颍东区									
颍泉区							1		1
临泉县									
太和县									
阜南县									
颍上县				1	1				
界首市									
宿州市							**3**		**3**
埇桥区									
砀山县									
萧县							2		2
灵璧县									
泗县							1		1
巢湖市							**8**		**8**
居巢区							5		5
庐江县									
无为县									
含山县									
和县							3		3

10-16 续表 21　　　　单位：人

地区	俄罗斯族			鄂温克族			德昂族		
	小计	男	女	小计	男	女	小计	男	女
六安市									
金安区									
裕安区									
寿县									
霍邱县									
舒城县									
金寨县									
霍山县									
亳州市									
谯城区									
涡阳县									
蒙城县									
利辛县									
池州市									
贵池区									
东至县									
石台县									
青阳县									
宣城市	**1**	**1**							
宣州区									
郎溪县	1	1							
广德县									
泾县									
绩溪县									
旌德县									
宁国市									
福建省	**30**	**13**	**17**	**16**	**6**	**10**	**22**	**13**	**9**
福州市	**10**	**4**	**6**	**1**	**1**		**2**		**2**
鼓楼区	5	1	4						
台江区									
仓山区									
马尾区									
晋安区	2	1	1						
闽侯县	1	1							
连江县							2		2
罗源县									
闽清县									
永泰县									
平潭县									
福清市	1	1		1	1				
长乐市	1		1						
厦门市	**10**	**4**	**6**	**5**		**5**			
思明区	2	1	1	2		2			
海沧区									
湖里区	3	2	1	1		1			
集美区	4		4	2		2			
同安区	1	1							
翔安区									
莆田市									
城厢区									
涵江区									
荔城区									
秀屿区									
仙游县									

10-16　续表 22　　　　　　　　　　　　　　　　　　　　　　　　　　　　单位：人

地　区	俄罗斯族			鄂温克族			德 昂 族		
	小计	男	女	小计	男	女	小计	男	女
三明市	**2**	**1**	**1**						
梅列区	2	1	1						
三元区									
明溪县									
清流县									
宁化县									
大田县									
尤溪县									
沙县									
将乐县									
泰宁县									
建宁县									
永安市									
泉州市	**4**	**2**	**2**	**7**	**4**	**3**	**18**	**13**	**5**
鲤城区									
丰泽区	3	2	1	3	2	1	1		1
洛江区									
泉港区									
惠安县									
安溪县									
永春县									
德化县									
石狮市									
晋江市	1		1	4	2	2	10	6	4
南安市							7	7	
漳州市	**3**	**1**	**2**	**1**		**1**			
芗城区									
龙文区									
云霄县									
漳浦县									
诏安县									
长泰县									
东山县									
南靖县									
平和县									
华安县									
龙海市	3	1	2	1		1			
南平市							**1**		**1**
延平区							1		1
顺昌县									
浦城县									
光泽县									
松溪县									
政和县									
邵武市									
武夷山市									
建瓯市									
建阳市									
龙岩市	**1**	**1**		**1**	**1**		**1**		**1**
新罗区	1	1							
长汀县				1	1		1		1
永定县									
上杭县									
武平县									
连城县									
漳平市									

10-16 续表 23 单位：人

地区	俄罗斯族			鄂温克族			德昂族		
	小计	男	女	小计	男	女	小计	男	女
宁德市				**1**		**1**			
蕉城区									
霞浦县									
古田县									
屏南县									
寿宁县									
周宁县									
柘荣县									
福安市									
福鼎市				1		1			
江西省	**7**	**2**	**5**	**19**	**6**	**13**	**1**		**1**
南昌市	**6**	**1**	**5**	**14**	**3**	**11**			
东湖区									
西湖区									
青云谱区									
湾里区	1		1	1		1			
青山湖区	1		1	2	1	1			
南昌县	1		1	2		2			
新建县	3	1	2	9	2	7			
安义县									
进贤县									
景德镇市				**1**	**1**				
昌江区									
珠山区				1	1				
浮梁县									
乐平市									
萍乡市									
安源区									
湘东区									
莲花县									
上栗县									
芦溪县									
九江市				**2**	**2**				
庐山区				2	2				
浔阳区									
九江县									
武宁县									
修水县									
永修县									
德安县									
星子县									
都昌县									
湖口县									
彭泽县									
瑞昌市									
新余市	**1**	**1**							
渝水区	1	1							
分宜县									
鹰潭市									
月湖区									
余江县									
贵溪市									
赣州市									
章贡区									
赣县									

10-16　续表 24　　　　单位：人

地　区	俄罗斯族			鄂温克族			德 昂 族		
	小计	男	女	小计	男	女	小计	男	女
信丰县									
大余县									
上犹县									
崇义县									
安远县									
龙南县									
定南县									
全南县									
宁都县									
于都县									
兴国县									
会昌县									
寻乌县									
石城县									
瑞金市									
南康市									
吉安市									
吉州区									
青原区									
吉安县									
吉水县									
峡江县									
新干县									
永丰县									
泰和县									
遂川县									
万安县									
安福县									
永新县									
井冈山市									
宜春市									
袁州区									
奉新县									
万载县									
上高县									
宜丰县									
靖安县									
铜鼓县									
丰城市									
樟树市									
高安市									
抚州市									
临川区									
南城县									
黎川县									
南丰县									
崇仁县									
乐安县									
宜黄县									
金溪县									
资溪县									
东乡县									
广昌县									

10-16 续表 25

单位：人

地区	俄罗斯族			鄂温克族			德昂族		
	小计	男	女	小计	男	女	小计	男	女
上饶市				**2**		**2**	**1**		**1**
信州区				2		2			
上饶县									
广丰县									
玉山县									
铅山县									
横峰县									
弋阳县									
余干县									
鄱阳县									
万年县									
婺源县									
德兴市							1		1
山东省	**128**	**58**	**70**	**220**	**95**	**125**	**50**	**10**	**40**
济南市	**25**	**15**	**10**	**20**	**10**	**10**	**11**	**5**	**6**
历下区	3	1	2	3	3				
市中区	4	2	2	3	1	2			
槐荫区									
天桥区	13	9	4	1		1			
历城区	3	2	1	11	5	6	10	5	5
长清区	1	1		1	1		1		1
平阴县									
济阳县									
商河县									
章丘市	1		1	1		1			
青岛市	**36**	**12**	**24**	**69**	**31**	**38**	**1**		**1**
市南区	2		2	4	3	1			
市北区				3	1	2			
四方区	5	2	3						
黄岛区	13	4	9	12	4	8			
崂山区	6	1	5	7	1	6	1		1
李沧区	8	3	5	4	2	2			
城阳区	1	1		2	2				
胶州市				15	9	6			
即墨市				9	3	6			
平度市				1	1				
胶南市	1	1		11	4	7			
莱西市				1	1				
淄博市	**3**		**3**	**7**	**2**	**5**	**1**		**1**
淄川区				2	1	1			
张店区				1		1			
博山区									
临淄区	1		1				1		1
周村区	1		1	2	1	1			
桓台县				2		2			
高青县	1		1						
沂源县									
枣庄市	**3**		**3**	**3**	**1**	**2**	**5**	**3**	**2**
市中区	3		3	1	1		5	3	2
薛城区									
峄城区									
台儿庄区				2		2			
山亭区									
滕州市									

10-16 续表 26

单位：人

地区	俄罗斯族			鄂温克族			德昂族		
	小计	男	女	小计	男	女	小计	男	女
东营市	**3**	**2**	**1**	**9**	**3**	**6**			
东营区	1	1		1		1			
河口区	1	1		6	3	3			
垦利县	1		1	2		2			
利津县									
广饶县									
烟台市	**15**	**9**	**6**	**26**	**12**	**14**	**1**		**1**
芝罘区	3		3	6	3	3			
福山区	3	2	1	3	2	1			
牟平区				3	1	2			
莱山区	4	4		5	3	2			
长岛县									
龙口市	4	3	1	1		1			
莱阳市				3	1	2	1		1
莱州市	1		1	2	1	1			
蓬莱市									
招远市									
栖霞市									
海阳市				3	1	2			
潍坊市	**13**	**7**	**6**	**6**	**2**	**4**	**1**		**1**
潍城区	7	5	2	1	1				
寒亭区	1		1						
坊子区	2	2							
奎文区	1		1	1		1			
临朐县									
昌乐县									
青州市									
诸城市							1		1
寿光市	2		2	4	1	3			
安丘市									
高密市									
昌邑市									
济宁市	**11**	**7**	**4**	**16**	**6**	**10**			
市中区				3	1	2			
任城区	1	1		3	2	1			
微山县									
鱼台县									
金乡县				5		5			
嘉祥县									
汶上县				2	1	1			
泗水县									
梁山县									
曲阜市	9	5	4	2	1	1			
兖州市	1	1							
邹城市				1	1				
泰安市	**3**	**2**	**1**	**7**	**3**	**4**	**4**		**4**
泰山区	2	1	1	4	1	3			
岱岳区	1	1					4		4
宁阳县				3	2	1			
东平县									
新泰市									
肥城市									
威海市	**9**	**3**	**6**	**20**	**8**	**12**			
环翠区	6	2	4	8	3	5			
文登市	1		1	2		2			
荣成市	2	1	1	7	3	4			
乳山市				3	2	1			

10-16 续表 27 单位：人

地区	俄罗斯族			鄂温克族			德昂族		
	小计	男	女	小计	男	女	小计	男	女
日照市	**3**	**1**	**2**	**11**	**5**	**6**	**1**		**1**
东港区	2	1	1	10	5	5			
岚山区				1		1			
五莲县							1		1
莒县	1		1						
莱芜市									
莱城区									
钢城区									
临沂市	**1**		**1**	**13**	**6**	**7**	**22**	**1**	**21**
兰山区	1		1	3	1	2	1		1
罗庄区									
河东区									
沂南县				4	3	1	1		1
郯城县							4		4
沂水县									
苍山县							1		1
费县				2		2	5	1	4
平邑县				4	2	2	9		9
莒南县							1		1
蒙阴县									
临沭县									
德州市	**2**		**2**	**6**	**3**	**3**	**1**		**1**
德城区				3	1	2			
陵县									
宁津县									
庆云县									
临邑县									
齐河县	2		2				1		1
平原县									
夏津县				1	1				
武城县				2	1	1			
乐陵市									
禹城市									
聊城市				**4**	**1**	**3**			
东昌府区				3	1	2			
阳谷县									
莘县									
茌平县									
东阿县				1		1			
冠县									
高唐县									
临清市									
滨州市				**1**	**1**		**2**	**1**	**1**
滨城区							1		1
惠民县									
阳信县									
无棣县									
沾化县									
博兴县							1	1	
邹平县				1	1				
菏泽市	**1**		**1**	**2**	**1**	**1**			
牡丹区				2	1	1			
曹县									
单县									
成武县									
巨野县									
郓城县	1		1						
鄄城县									
定陶县									
东明县									

10-16　续表 28　　　　单位：人

地　区	俄罗斯族			鄂温克族			德 昂 族		
	小计	男	女	小计	男	女	小计	男	女
河南省	**32**	**12**	**20**	**23**	**7**	**16**	**11**		**11**
郑州市	**11**	**4**	**7**	**8**	**1**	**7**			
中原区	2		2	1		1			
二七区	2		2	4		4			
管城回族区	1	1							
金水区	5	3	2	3	1	2			
上街区									
惠济区									
中牟县									
巩义市									
荥阳市									
新密市									
新郑市									
登封市	1		1						
开封市	**1**		**1**	**1**		**1**	**1**		**1**
龙亭区									
顺河回族区				1		1			
鼓楼区									
禹王台区									
金明区									
杞县	1		1						
通许县									
尉氏县							1		1
开封县									
兰考县									
洛阳市	**3**	**2**	**1**				**1**		**1**
老城区									
西工区	1	1							
瀍河回族区	1	1							
涧西区	1		1						
吉利区									
洛龙区									
孟津县									
新安县									
栾川县									
嵩县							1		1
汝阳县									
宜阳县									
洛宁县									
伊川县									
偃师市									
平顶山市	**9**	**5**	**4**	**2**		**2**			
新华区	4	3	1	2		2			
卫东区	5	2	3						
石龙区									
湛河区									
宝丰县									
叶县									
鲁山县									
郏县									
舞钢市									
汝州市									

10-16 续表 29　　单位：人

地　区	俄罗斯族			鄂温克族			德昂族		
	小计	男	女	小计	男	女	小计	男	女
安阳市				**2**		**2**	**6**		**6**
文峰区									
北关区									
殷都区									
龙安区									
安阳县									
汤阴县									
滑县				2		2	6		6
内黄县									
林州市									
鹤壁市									
鹤山区									
山城区									
淇滨区									
浚县									
淇县									
新乡市	**4**	**1**	**3**	**4**	**3**	**1**	**1**		**1**
红旗区									
卫滨区									
凤泉区									
牧野区									
新乡县									
获嘉县	4	1	3						
原阳县									
延津县									
封丘县									
长垣县									
卫辉市									
辉县市				4	3	1	1		1
焦作市	**2**		**2**						
解放区									
中站区									
马村区									
山阳区	2		2						
修武县									
博爱县									
武陟县									
温县									
沁阳市									
孟州市									
濮阳市				**4**	**2**	**2**	**1**		**1**
华龙区				3	2	1			
清丰县									
南乐县									
范县									
台前县				1		1			
濮阳县							1		1
许昌市	**2**		**2**						
魏都区									
许昌县	2		2						
鄢陵县									
襄城县									
禹州市									
长葛市									

10-16 续表 30 单位：人

地区	俄罗斯族			鄂温克族			德昂族		
	小计	男	女	小计	男	女	小计	男	女
漯河市									
源汇区									
郾城区									
召陵区									
舞阳县									
临颍县									
三门峡市				**1**	**1**				
湖滨区				1	1				
渑池县									
陕县									
卢氏县									
义马市									
灵宝市									
南阳市							**1**		**1**
宛城区									
卧龙区									
南召县									
方城县									
西峡县									
镇平县							1		1
内乡县									
淅川县									
社旗县									
唐河县									
新野县									
桐柏县									
邓州市									
商丘市				**1**		**1**			
梁园区									
睢阳区									
民权县									
睢县									
宁陵县									
柘城县				1		1			
虞城县									
夏邑县									
永城市									
信阳市									
浉河区									
平桥区									
罗山县									
光山县									
新县									
商城县									
固始县									
潢川县									
淮滨县									
息县									
周口市									
川汇区									
扶沟县									
西华县									
商水县									

10-16 续表 31 单位：人

地区	俄罗斯族			鄂温克族			德昂族		
	小计	男	女	小计	男	女	小计	男	女
沈丘县									
郸城县									
淮阳县									
太康县									
鹿邑县									
项城市									
驻马店市									
驿城区									
西平县									
上蔡县									
平舆县									
正阳县									
确山县									
泌阳县									
汝南县									
遂平县									
新蔡县									
省直辖县级行政区划									
济源市									
湖北省	**26**	**13**	**13**	**24**	**8**	**16**	**20**	**9**	**11**
武汉市	**18**	**10**	**8**	**20**	**7**	**13**	**1**		**1**
江岸区	1		1						
江汉区	2		2						
硚口区	1	1							
汉阳区									
武昌区	4	3	1	3	2	1			
青山区									
洪山区	8	5	3	16	5	11	1		1
东西湖区	1		1						
汉南区									
蔡甸区	1	1							
江夏区				1		1			
黄陂区									
新洲区									
黄石市									
黄石港区									
西塞山区									
下陆区									
铁山区									
阳新县									
大冶市									
十堰市									
茅箭区									
张湾区									
郧县									
郧西县									
竹山县									
竹溪县									
房县									
丹江口市									
宜昌市	**1**	**1**							
西陵区	1	1							
伍家岗区									
点军区									

10-16　续表 32

单位：人

地　区	俄罗斯族			鄂温克族			德 昂 族		
	小计	男	女	小计	男	女	小计	男	女
猇亭区									
夷陵区									
远安县									
兴山县									
秭归县									
长阳土家族自治县									
五峰土家族自治县									
宜都市									
当阳市									
枝江市									
襄樊市	**1**		**1**						
襄城区	1		1						
樊城区									
襄阳区									
南漳县									
谷城县									
保康县									
老河口市									
枣阳市									
宜城市									
鄂州市									
梁子湖区									
华容区									
鄂城区									
荆门市									
东宝区									
掇刀区									
京山县									
沙洋县									
钟祥市									
孝感市	**5**	**2**	**3**						
孝南区	5	2	3						
孝昌县									
大悟县									
云梦县									
应城市									
安陆市									
汉川市									
荆州市				**2**	**1**	**1**			
沙市区				1	1				
荆州区				1		1			
公安县									
监利县									
江陵县									
石首市									
洪湖市									
松滋市									
黄冈市				**1**		**1**	**18**	**9**	**9**
黄州区									
团风县									
红安县									
罗田县									
英山县				1		1			
浠水县									
蕲春县							18	9	9
黄梅县									
麻城市									
武穴市									

10-16 续表 33 单位：人

地区	俄罗斯族			鄂温克族			德昂族		
	小计	男	女	小计	男	女	小计	男	女
咸宁市									
咸安区									
嘉鱼县									
通城县									
崇阳县									
通山县									
赤壁市									
随州市									
曾都区									
随县									
广水市									
恩施土家族苗族自治州	**1**		**1**	**1**		**1**	**1**		**1**
恩施市	1		1	1		1			
利川市							1		1
建始县									
巴东县									
宣恩县									
咸丰县									
来凤县									
鹤峰县									
省直辖县级行政区划									
仙桃市									
潜江市									
天门市									
神农架林区									
湖南省	**24**	**7**	**17**	**4**	**2**	**2**	**9**		**9**
长沙市	**17**	**6**	**11**	**1**	**1**				
芙蓉区	2		2	1	1				
天心区	2	1	1						
岳麓区	10	3	7						
开福区									
雨花区	1		1						
长沙县	2	2							
望城县									
宁乡县									
浏阳市									
株洲市	**2**		**2**						
荷塘区									
芦淞区									
石峰区									
天元区	2		2						
株洲县									
攸县									
茶陵县									
炎陵县									
醴陵市									
湘潭市							**1**		**1**
雨湖区									
岳塘区							1		1
湘潭县									
湘乡市									
韶山市									

10-16 续表 34

单位：人

地 区	俄罗斯族			鄂温克族			德昂族		
	小计	男	女	小计	男	女	小计	男	女
衡阳市	**2**		**2**				**4**		**4**
珠晖区									
雁峰区	1		1						
石鼓区									
蒸湘区	1		1						
南岳区									
衡阳县									
衡南县									
衡山县									
衡东县									
祁东县							4		4
耒阳市									
常宁市									
邵阳市				**1**		**1**			
双清区									
大祥区				1		1			
北塔区									
邵东县									
新邵县									
邵阳县									
隆回县									
洞口县									
绥宁县									
新宁县									
城步苗族自治县									
武冈市									
岳阳市									
岳阳楼区									
云溪区									
君山区									
岳阳县									
华容县									
湘阴县									
平江县									
汨罗市									
临湘市									
常德市									
武陵区									
鼎城区									
安乡县									
汉寿县									
澧县									
临澧县									
桃源县									
石门县									
津市市									
张家界市	**2**	**1**	**1**	**1**	**1**				
永定区				1	1				
武陵源区									
慈利县									
桑植县	2	1	1						
益阳市									
资阳区									
赫山区									

10-16 续表 35

单位：人

地区	俄罗斯族			鄂温克族			德昂族		
	小计	男	女	小计	男	女	小计	男	女
南县									
桃江县									
安化县									
沅江市									
郴州市							**1**		**1**
北湖区									
苏仙区									
桂阳县									
宜章县									
永兴县									
嘉禾县									
临武县									
汝城县							1		1
桂东县									
安仁县									
资兴市									
永州市							**3**		**3**
零陵区									
冷水滩区									
祁阳县							3		3
东安县									
双牌县									
道县									
江永县									
宁远县									
蓝山县									
新田县									
江华瑶族自治县									
怀化市									
鹤城区									
中方县									
沅陵县									
辰溪县									
溆浦县									
会同县									
麻阳苗族自治县									
新晃侗族自治县									
芷江侗族自治县									
靖州苗族侗族自治县									
通道侗族自治县									
洪江市									
娄底市	**1**		**1**	**1**		**1**			
娄星区									
双峰县	1		1	1		1			
新化县									
冷水江市									
涟源市									
湘西土家族苗族自治州									
吉首市									
泸溪县									
凤凰县									
花垣县									
保靖县									
古丈县									
永顺县									
龙山县									

10-16　续表 36

单位：人

地　区	俄罗斯族			鄂温克族			德 昂 族		
	小计	男	女	小计	男	女	小计	男	女
广东省	**125**	**38**	**87**	**92**	**49**	**43**	**62**	**38**	**24**
广州市	**45**	**12**	**33**	**14**	**5**	**9**	**10**	**8**	**2**
荔湾区	2	1	1	1		1			
越秀区	11	5	6						
海珠区	9	1	8	3	2	1			
天河区	10	3	7	3	2	1			
白云区	8	2	6	4		4	3	3	
黄埔区				1	1				
番禺区	2		2						
花都区	3		3						
南沙区				1		1			
萝岗区				1		1			
增城市									
从化市							7	5	2
韶关市				**1**	**1**				
武江区									
浈江区				1	1				
曲江区									
始兴县									
仁化县									
翁源县									
乳源瑶族自治县									
新丰县									
乐昌市									
南雄市									
深圳市	**55**	**18**	**37**	**26**	**10**	**16**	**15**	**7**	**8**
罗湖区	5	2	3	4		4			
福田区	24	6	18	7	1	6	3	1	2
南山区	4	1	3						
宝安区	12	4	8	6	3	3	8	4	4
龙岗区	10	5	5	8	5	3	4	2	2
盐田区				1	1				
珠海市	**8**	**2**	**6**	**10**	**5**	**5**	**3**		**3**
香洲区	8	2	6	6	3	3	2		2
斗门区				3	2	1	1		1
金湾区				1		1			
汕头市							**1**		**1**
龙湖区									
金平区									
濠江区									
潮阳区							1		1
潮南区									
澄海区									
南澳县									
佛山市	**6**	**2**	**4**	**4**	**3**	**1**	**7**	**6**	**1**
禅城区				1		1			
南海区	6	2	4				6	5	1
顺德区				2	2		1	1	
三水区									
高明区				1	1				
江门市				**2**	**1**	**1**			
蓬江区									
江海区									

10-16 续表 37

单位：人

地区	俄罗斯族			鄂温克族			德昂族		
	小计	男	女	小计	男	女	小计	男	女
新会区				1	1				
台山市									
开平市									
鹤山市									
恩平市				1		1			
湛江市				**1**	**1**				
赤坎区				1	1				
霞山区									
坡头区									
麻章区									
遂溪县									
徐闻县									
廉江市									
雷州市									
吴川市									
茂名市	**2**	**1**	**1**				**1**		**1**
茂南区									
茂港区									
电白县							1		1
高州市	1	1							
化州市	1		1						
信宜市									
肇庆市							**1**		**1**
端州区							1		1
鼎湖区									
广宁县									
怀集县									
封开县									
德庆县									
高要市									
四会市									
惠州市	**6**	**2**	**4**	**5**	**5**		**5**	**5**	
惠城区	5	2	3	2	2		1	1	
惠阳区				1	1		3	3	
博罗县	1		1	2	2		1	1	
惠东县									
龙门县									
梅州市									
梅江区									
梅县									
大埔县									
丰顺县									
五华县									
平远县									
蕉岭县									
兴宁市									
汕尾市									
城区									
海丰县									
陆河县									
陆丰市									
河源市									
源城区									
紫金县									
龙川县									
连平县									
和平县									
东源县									

10-16　续表 38　　　　单位：人

地　区	俄罗斯族			鄂温克族			德 昂 族		
	小计	男	女	小计	男	女	小计	男	女
阳江市									
江城区									
阳西县									
阳东县									
阳春市									
清远市							**1**		**1**
清城区									
佛冈县							1		1
阳山县									
连山壮族瑶族自治县									
连南瑶族自治县									
清新县									
英德市									
连州市									
东莞市	**3**	**1**	**2**	**28**	**17**	**11**	**14**	**9**	**5**
中山市				**1**	**1**		**4**	**3**	**1**
潮州市									
湘桥区									
潮安县									
饶平县									
揭阳市									
榕城区									
揭东县									
揭西县									
惠来县									
普宁市									
云浮市									
云城区									
新兴县									
郁南县									
云安县									
罗定市									
广西壮族自治区	**8**	**2**	**6**	**46**	**19**	**27**	**7**	**2**	**5**
南宁市	**4**		**4**	**6**	**3**	**3**			
兴宁区									
青秀区	2		2	1	1				
江南区				2		2			
西乡塘区									
良庆区	2		2	2	2				
邕宁区									
武鸣县									
隆安县									
马山县									
上林县									
宾阳县									
横县				1		1			

10-16 续表 39　　　　单位：人

地区	俄罗斯族			鄂温克族			德昂族		
	小计	男	女	小计	男	女	小计	男	女
柳州市	**1**		**1**	**7**	**3**	**4**			
城中区									
鱼峰区									
柳南区	1		1	1		1			
柳北区				2	1	1			
柳江县									
柳城县									
鹿寨县				4	2	2			
融安县									
融水苗族自治县									
三江侗族自治县									
桂林市	**3**	**2**	**1**	**8**	**3**	**5**	**4**	**1**	**3**
秀峰区									
叠彩区									
象山区									
七星区	1	1		1	1				
雁山区	1	1		2		2			
阳朔县							2	1	1
临桂县									
灵川县									
全州县									
兴安县				1		1	2		2
永福县				1	1				
灌阳县	1		1						
龙胜各族自治县									
资源县				2		2			
平乐县				1	1				
荔浦县									
恭城瑶族自治县									
梧州市				**2**	**2**				
万秀区				1	1				
蝶山区									
长洲区									
苍梧县									
藤县									
蒙山县									
岑溪市				1	1				
北海市				**2**	**1**	**1**			
海城区									
银海区				2	1	1			
铁山港区									
合浦县									
防城港市									
港口区									
防城区									
上思县									
东兴市									
钦州市				**6**	**2**	**4**			
钦南区									
钦北区									
灵山县				5	2	3			
浦北县				1		1			
贵港市				**4**	**1**	**3**			
港北区									
港南区				1	1				
覃塘区									
平南县				1		1			
桂平市				2		2			

10-16　续表 40　　单位：人

地　　区	俄罗斯族			鄂温克族			德 昂 族		
	小计	男	女	小计	男	女	小计	男	女
玉林市				**3**	**1**	**2**	**2**		**2**
玉州区				1		1			
容县									
陆川县									
博白县				1		1	2		2
兴业县									
北流市				1	1				
百色市									
右江区									
田阳县									
田东县									
平果县									
德保县									
靖西县									
那坡县									
凌云县									
乐业县									
田林县									
西林县									
隆林各族自治县									
贺州市				**5**	**2**	**3**			
八步区									
平桂管理区									
昭平县									
钟山县				1		1			
富川瑶族自治县				4	2	2			
河池市									
金城江区									
南丹县									
天峨县									
凤山县									
东兰县									
罗城仫佬族自治县									
环江毛南族自治县									
巴马瑶族自治县									
都安瑶族自治县									
大化瑶族自治县									
宜州市									
来宾市				**3**	**1**	**2**	**1**	**1**	
兴宾区							1	1	
忻城县				2	1	1			
象州县									
武宣县									
金秀瑶族自治县									
合山市				1		1			
崇左市									
江州区									
扶绥县									
宁明县									
龙州县									
大新县									
天等县									
凭祥市									

10-16 续表 41 单位：人

地 区	俄罗斯族			鄂温克族			德 昂 族		
	小计	男	女	小计	男	女	小计	男	女
海南省	**17**	**4**	**13**	**14**	**2**	**12**	**1**		**1**
海口市	**12**	**2**	**10**	**8**	**2**	**6**	**1**		**1**
秀英区				1		1			
龙华区	1		1						
琼山区	6	1	5	3		3			
美兰区	5	1	4	4	2	2	1		1
三亚市	**4**	**1**	**3**	**6**		**6**			
省直辖县级行政区划	**1**	**1**							
五指山市									
琼海市	1	1							
儋州市									
文昌市									
万宁市									
东方市									
定安县									
屯昌县									
澄迈县									
临高县									
白沙黎族自治县									
昌江黎族自治县									
乐东黎族自治县									
陵水黎族自治县									
保亭黎族苗族自治县									
琼中黎族苗族自治县									
西沙群岛									
重庆市	**40**	**15**	**25**	**25**	**12**	**13**	**5**	**1**	**4**
市辖区	**40**	**15**	**25**	**24**	**11**	**13**	**2**		**2**
万州区									
涪陵区				2	2		2		2
渝中区				4	1	3			
大渡口区									
江北区	1	1							
沙坪坝区	3	3		4	2	2			
九龙坡区				2	2				
南岸区									
北碚区	5	2	3						
万盛区									
双桥区									
渝北区	1		1						
巴南区									
黔江区									
长寿区									
江津区									
合川区	29	9	20	12	4	8			
永川区	1		1						
南川区									
市辖县				**1**	**1**		**3**	**1**	**2**
綦江县							1	1	
潼南县									
铜梁县									

10-16　续表 42

单位：人

地　　区	俄罗斯族			鄂温克族			德 昂 族		
	小计	男	女	小计	男	女	小计	男	女
大足县									
荣昌县							1		1
璧山县				1	1				
梁平县									
城口县									
丰都县							1		1
垫江县									
武隆县									
忠县									
开县									
云阳县									
奉节县									
巫山县									
巫溪县									
石柱土家族自治县									
秀山土家族苗族自治县									
酉阳土家族苗族自治县									
彭水苗族土家族自治县									
四川省	**57**	**27**	**30**	**30**	**15**	**15**	**24**	**8**	**16**
成都市	**48**	**21**	**27**	**15**	**5**	**10**	**4**	**2**	**2**
锦江区	4	2	2						
青羊区	2	1	1				1	1	
金牛区	6	4	2	1		1			
武侯区	12	6	6	4	1	3	1	1	
成华区	6	1	5	1	1				
龙泉驿区									
青白江区									
新都区									
温江区				2		2			
金堂县									
双流县	8	2	6	2		2			
郫县	7	3	4	2		2			
大邑县				1	1		1		1
蒲江县									
新津县	1		1	1	1				
都江堰市							1		1
彭州市									
邛崃市	1	1							
崇州市	1	1		1	1				
自贡市	**1**		**1**				**9**	**4**	**5**
自流井区							1	1	
贡井区									
大安区									
沿滩区	1		1				1		1
荣县							6	3	3
富顺县							1		1
攀枝花市				**2**	**2**				
东区									
西区				2	2				
仁和区									
米易县									
盐边县									

10-16 续表 43 单位：人

地区	俄罗斯族			鄂温克族			德昂族		
	小计	男	女	小计	男	女	小计	男	女
泸州市									
江阳区									
纳溪区									
龙马潭区									
泸县									
合江县									
叙永县									
古蔺县									
德阳市	**1**	**1**		**1**	**1**		**1**		**1**
旌阳区				1	1				
中江县							1		1
罗江县									
广汉市	1	1							
什邡市									
绵竹市									
绵阳市				**2**	**1**	**1**	**2**		**2**
涪城区				1		1			
游仙区									
三台县									
盐亭县									
安县							2		2
梓潼县									
北川羌族自治县				1	1				
平武县									
江油市									
广元市									
利州区									
元坝区									
朝天区									
旺苍县									
青川县									
剑阁县									
苍溪县									
遂宁市									
船山区									
安居区									
蓬溪县									
射洪县									
大英县									
内江市							**3**	**1**	**2**
市中区									
东兴区									
威远县							1		1
资中县							1		1
隆昌县							1	1	
乐山市	**2**	**2**							
市中区	2	2							
沙湾区									
五通桥区									
金口河区									
犍为县									
井研县									
夹江县									
沐川县									
峨边彝族自治县									
马边彝族自治县									
峨眉山市									

10-16　续表 44　　　　　　　　　　　　　　　　　　单位：人

地　区	俄罗斯族			鄂温克族			德　昂　族		
	小计	男	女	小计	男	女	小计	男	女
南充市									
顺庆区									
高坪区									
嘉陵区									
南部县									
营山县									
蓬安县									
仪陇县									
西充县									
阆中市									
眉山市	**2**	**1**	**1**				**2**	**1**	**1**
东坡区							2	1	1
仁寿县									
彭山县									
洪雅县	2	1	1						
丹棱县									
青神县									
宜宾市									
翠屏区									
宜宾县									
南溪县									
江安县									
长宁县									
高县									
珙县									
筠连县									
兴文县									
屏山县									
广安市							**3**		**3**
广安区							3		3
岳池县									
武胜县									
邻水县									
华蓥市									
达州市									
通川区									
达县									
宣汉县									
开江县									
大竹县									
渠县									
万源市									
雅安市									
雨城区									
名山县									
荥经县									
汉源县									
石棉县									
天全县									
芦山县									
宝兴县									

10-16 续表 45

单位：人

地 区	俄罗斯族			鄂温克族			德 昂 族		
	小计	男	女	小计	男	女	小计	男	女
巴中市									
巴州区									
通江县									
南江县									
平昌县									
资阳市									
雁江区									
安岳县									
乐至县									
简阳市									
阿坝藏族羌族自治州	**2**	**1**	**1**						
汶川县									
理县	1	1							
茂县									
松潘县									
九寨沟县									
金川县									
小金县									
黑水县									
马尔康县	1		1						
壤塘县									
阿坝县									
若尔盖县									
红原县									
甘孜藏族自治州	**1**	**1**		**1**		**1**			
康定县									
泸定县									
丹巴县									
九龙县									
雅江县									
道孚县									
炉霍县									
甘孜县									
新龙县									
德格县									
白玉县									
石渠县									
色达县									
理塘县									
巴塘县				1		1			
乡城县									
稻城县									
得荣县	1	1							
凉山彝族自治州				**9**	**6**	**3**			
西昌市				9	6	3			
木里藏族自治县									
盐源县									
德昌县									
会理县									
会东县									
宁南县									
普格县									
布拖县									
金阳县									
昭觉县									

10-16 续表 46

单位：人

地区	俄罗斯族			鄂温克族			德昂族		
	小计	男	女	小计	男	女	小计	男	女
喜德县									
冕宁县									
越西县									
甘洛县									
美姑县									
雷波县									
贵州省	**25**	**14**	**11**	**1**	**1**		**16**	**6**	**10**
贵阳市	**4**	**4**							
南明区	1	1							
云岩区	2	2							
花溪区									
乌当区	1	1							
白云区									
小河区									
开阳县									
息烽县									
修文县									
清镇市									
六盘水市	**15**	**7**	**8**				**7**	**2**	**5**
钟山区									
六枝特区							2		2
水城县									
盘县	15	7	8				5	2	3
遵义市									
红花岗区									
汇川区									
遵义县									
桐梓县									
绥阳县									
正安县									
道真仡佬族苗族自治县									
务川仡佬族苗族自治县									
凤冈县									
湄潭县									
余庆县									
习水县									
赤水市									
仁怀市									
安顺市	**1**	**1**					**8**	**3**	**5**
西秀区	1	1					3	1	2
平坝县									
普定县							5	2	3
镇宁布依族苗族自治县									
关岭布依族苗族自治县									
紫云苗族布依族自治县									
铜仁地区									
铜仁市									
江口县									
玉屏侗族自治县									
石阡县									
思南县									
印江土家族苗族自治县									
德江县									
沿河土家族自治县									
松桃苗族自治县									
万山特区									

10-16 续表 47

单位：人

地　区	俄罗斯族			鄂温克族			德昂族		
	小计	男	女	小计	男	女	小计	男	女
黔西南布依族苗族自治州	**5**	**2**	**3**						
兴义市	5	2	3						
兴仁县									
普安县									
晴隆县									
贞丰县									
望谟县									
册亨县									
安龙县									
毕节地区							**1**	**1**	
毕节市									
大方县									
黔西县									
金沙县									
织金县							1	1	
纳雍县									
威宁彝族回族苗族自治县									
赫章县									
黔东南苗族侗族自治州				**1**	**1**				
凯里市				1	1				
黄平县									
施秉县									
三穗县									
镇远县									
岑巩县									
天柱县									
锦屏县									
剑河县									
台江县									
黎平县									
榕江县									
从江县									
雷山县									
麻江县									
丹寨县									
黔南布依族苗族自治州									
都匀市									
福泉市									
荔波县									
贵定县									
瓮安县									
独山县									
平塘县									
罗甸县									
长顺县									
龙里县									
惠水县									
三都水族自治县									

10-16　续表 48　　　　单位：人

地　区	俄罗斯族			鄂温克族			德 昂 族		
	小计	男	女	小计	男	女	小计	男	女
云南省	**26**	**8**	**18**	**23**	**10**	**13**	**20186**	**9889**	**10297**
昆明市	**25**	**8**	**17**	**12**	**4**	**8**	**170**	**90**	**80**
五华区	10	1	9	2	1	1	41	23	18
盘龙区	3	1	2	4	1	3	13	5	8
官渡区	9	5	4				28	13	15
西山区	3	1	2	1		1	43	22	21
东川区							4	1	3
呈贡县				3	2	1	8	3	5
晋宁县							2		2
富民县									
宜良县							3	2	1
石林彝族自治县							2	1	1
嵩明县							5	4	1
禄劝彝族苗族自治县									
寻甸回族彝族自治县									
安宁市				2		2	21	16	5
曲靖市				**2**	**1**	**1**	**11**	**9**	**2**
麒麟区				2	1	1	5	4	1
马龙县									
陆良县									
师宗县									
罗平县									
富源县							2	2	
会泽县							2	1	1
沾益县							2	2	
宣威市									
玉溪市				**2**	**1**	**1**	**8**	**1**	**7**
红塔区				2	1	1	3	1	2
江川县							3		3
澄江县							2		2
通海县									
华宁县									
易门县									
峨山彝族自治县									
新平彝族傣族自治县									
元江哈尼族彝族傣族自治县									
保山市							**1390**	**538**	**852**
隆阳区							1075	488	587
施甸县							27	5	22
腾冲县							81	24	57
龙陵县							203	21	182
昌宁县							4		4
昭通市							**1**		**1**
昭阳区									
鲁甸县									
巧家县									
盐津县									
大关县									
永善县									
绥江县									
镇雄县									
彝良县									
威信县									
水富县							1		1

10-16 续表 49　　　　单位：人

地区	俄罗斯族			鄂温克族			德昂族		
	小计	男	女	小计	男	女	小计	男	女
丽江市							**1**		**1**
古城区							1		1
玉龙纳西族自治县									
永胜县									
华坪县									
宁蒗彝族自治县									
普洱市				**1**	**1**		**7**	**1**	**6**
思茅区							2		2
宁洱哈尼族彝族自治县									
墨江哈尼族自治县									
景东彝族自治县									
景谷傣族彝族自治县							1		1
镇沅彝族哈尼族拉祜族自治县									
江城哈尼族彝族自治县									
孟连傣族拉祜族佤族自治县									
澜沧拉祜族自治县				1	1		4	1	3
西盟佤族自治县									
临沧市				**1**		**1**	**4121**	**2104**	**2017**
临翔区							41	23	18
凤庆县							15	4	11
云县							15	6	9
永德县							517	253	264
镇康县				1		1	2374	1265	1109
双江拉祜族佤族布朗族傣族自治县							1		1
耿马傣族佤族自治县							1158	553	605
沧源佤族自治县									
楚雄彝族自治州				**2**		**2**	**6**	**3**	**3**
楚雄市				1		1	3	2	1
双柏县									
牟定县									
南华县									
姚安县									
大姚县									
永仁县									
元谋县									
武定县				1		1	2		2
禄丰县							1	1	
红河哈尼族彝族自治州	**1**		**1**				**5**	**1**	**4**
个旧市							1	1	
开远市	1		1						
蒙自市							2		2
屏边苗族自治县									
建水县									
石屏县									
弥勒县							2		2
泸西县									
元阳县									
红河县									
金平苗族瑶族傣族自治县									
绿春县									
河口瑶族自治县									
文山壮族苗族自治州				**1**	**1**		**1**		**1**
文山县									
砚山县									
西畴县									
麻栗坡县									

10-16　续表 50　　　　单位：人

地　区	俄罗斯族			鄂温克族			德 昂 族		
	小计	男	女	小计	男	女	小计	男	女
马关县							1		1
丘北县									
广南县									
富宁县				1	1				
西双版纳傣族自治州				**2**	**2**		**13**	**5**	**8**
景洪市				1	1		10	4	6
勐海县							1	1	
勐腊县				1	1		2		2
大理白族自治州							**11**	**3**	**8**
大理市							1	1	
漾濞彝族自治县									
祥云县							3		3
宾川县									
弥渡县							2	1	1
南涧彝族自治县							1		1
巍山彝族回族自治县									
永平县									
云龙县									
洱源县							1		1
剑川县									
鹤庆县							3	1	2
德宏傣族景颇族自治州							**14436**	**7132**	**7304**
瑞丽市							1783	804	979
潞西市							9986	5033	4953
梁河县							787	401	386
盈江县							426	219	207
陇川县							1454	675	779
怒江傈僳族自治州							**4**	**2**	**2**
泸水县							4	2	2
福贡县									
贡山独龙族怒族自治县									
兰坪白族普米族自治县									
迪庆藏族自治州							**1**		**1**
香格里拉县							1		1
德钦县									
维西傈僳族自治县									
西藏自治区	**3**	**1**	**2**						
拉萨市	**1**	**1**							
城关区									
林周县									
当雄县									
尼木县	1	1							
曲水县									
堆龙德庆县									
达孜县									
墨竹工卡县									
昌都地区	**2**		**2**						
昌都县									
江达县									
贡觉县	1		1						
类乌齐县									
丁青县									
察雅县									

10-16 续表 51 单位：人

地 区	俄罗斯族			鄂温克族			德 昂 族		
	小计	男	女	小计	男	女	小计	男	女
八宿县									
左贡县									
芒康县	1		1						
洛隆县									
边坝县									
山南地区									
乃东县									
扎囊县									
贡嘎县									
桑日县									
琼结县									
曲松县									
措美县									
洛扎县									
加查县									
隆子县									
错那县									
浪卡子县									
日喀则地区									
日喀则市									
南木林县									
江孜县									
定日县									
萨迦县									
拉孜县									
昂仁县									
谢通门县									
白朗县									
仁布县									
康马县									
定结县									
仲巴县									
亚东县									
吉隆县									
聂拉木县									
萨嘎县									
岗巴县									
那曲地区									
那曲县									
嘉黎县									
比如县									
聂荣县									
安多县									
申扎县									
索县									
班戈县									
巴青县									
尼玛县									
阿里地区									
普兰县									
札达县									
噶尔县									
日土县									
革吉县									
改则县									
措勤县									

10-16　续表 52　　　　　　　　　　　　　　　　　　　　　　　　　　单位：人

地　区	俄罗斯族			鄂温克族			德 昂 族		
	小计	男	女	小计	男	女	小计	男	女
林芝地区									
林芝县									
工布江达县									
米林县									
墨脱县									
波密县									
察隅县									
朗县									
陕西省	**73**	**35**	**38**	**24**	**14**	**10**	**1**	**1**	
西安市	**67**	**33**	**34**	**19**	**12**	**7**			
新城区	9	6	3	5	4	1			
碑林区	7	4	3	1		1			
莲湖区	10	6	4						
灞桥区	8	3	5						
未央区	3	1	2	2	2				
雁塔区	23	10	13	4	2	2			
阎良区				3	2	1			
临潼区	2	1	1						
长安区	5	2	3	4	2	2			
蓝田县									
周至县									
户县									
高陵县									
铜川市				**2**	**1**	**1**			
王益区									
印台区									
耀州区				2	1	1			
宜君县									
宝鸡市									
渭滨区									
金台区									
陈仓区									
凤翔县									
岐山县									
扶风县									
眉县									
陇县									
千阳县									
麟游县									
凤县									
太白县									
咸阳市	**2**	**1**	**1**	**3**	**1**	**2**			
秦都区									
杨陵区				2	1	1			
渭城区	2	1	1	1		1			
三原县									
泾阳县									
乾县									
礼泉县									
永寿县									
彬县									

10-16 续表 53　　　　单位：人

地区	俄罗斯族			鄂温克族			德昂族		
	小计	男	女	小计	男	女	小计	男	女
长武县									
旬邑县									
淳化县									
武功县									
兴平市									
渭南市									
临渭区									
华县									
潼关县									
大荔县									
合阳县									
澄城县									
蒲城县									
白水县									
富平县									
韩城市									
华阴市									
延安市									
宝塔区									
延长县									
延川县									
子长县									
安塞县									
志丹县									
吴起县									
甘泉县									
富县									
洛川县									
宜川县									
黄龙县									
黄陵县									
汉中市	**2**		**2**				**1**	**1**	
汉台区									
南郑县									
城固县	2		2						
洋县									
西乡县									
勉县									
宁强县									
略阳县							1	1	
镇巴县									
留坝县									
佛坪县									
榆林市	**2**	**1**	**1**						
榆阳区	2	1	1						
神木县									
府谷县									
横山县									
靖边县									
定边县									
绥德县									
米脂县									
佳县									
吴堡县									
清涧县									
子洲县									

10-16　续表 54　　　　单位：人

地　　区	俄罗斯族			鄂温克族			德 昂 族		
	小计	男	女	小计	男	女	小计	男	女
安康市									
汉滨区									
汉阴县									
石泉县									
宁陕县									
紫阳县									
岚皋县									
平利县									
镇坪县									
旬阳县									
白河县									
商洛市									
商州区									
洛南县									
丹凤县									
商南县									
山阳县									
镇安县									
柞水县									
甘肃省	**48**	**16**	**32**	**13**	**7**	**6**	**2**	**1**	**1**
兰州市	**37**	**8**	**29**	**11**	**6**	**5**	**2**	**1**	**1**
城关区	16	2	14	3	2	1			
七里河区	4	1	3	3	3				
西固区	5	1	4						
安宁区	3	3							
红古区									
永登县									
皋兰县									
榆中县	9	1	8	5	1	4	2	1	1
嘉峪关市									
金昌市	**1**		**1**						
金川区									
永昌县	1		1						
白银市	**5**	**5**							
白银区	5	5							
平川区									
靖远县									
会宁县									
景泰县									
天水市	**1**		**1**						
秦州区									
麦积区	1		1						
清水县									
秦安县									
甘谷县									
武山县									
张家川回族自治县									
武威市									
凉州区									
民勤县									
古浪县									
天祝藏族自治县									

10-16 续表 55 单位：人

地区	俄罗斯族			鄂温克族			德昂族		
	小计	男	女	小计	男	女	小计	男	女
张掖市									
甘州区									
肃南裕固族自治县									
民乐县									
临泽县									
高台县									
山丹县									
平凉市									
崆峒区									
泾川县									
灵台县									
崇信县									
华亭县									
庄浪县									
静宁县									
酒泉市	**4**	**3**	**1**	**2**	**1**	**1**			
肃州区	4	3	1						
金塔县									
瓜州县									
肃北蒙古族自治县				1	1				
阿克塞哈萨克族自治县									
玉门市				1		1			
敦煌市									
庆阳市									
西峰区									
庆城县									
环县									
华池县									
合水县									
正宁县									
宁县									
镇原县									
定西市									
安定区									
通渭县									
陇西县									
渭源县									
临洮县									
漳县									
岷县									
陇南市									
武都区									
成县									
文县									
宕昌县									
康县									
西和县									
礼县									
徽县									
两当县									

10-16　续表 56　　　　单位：人

地　区	俄罗斯族			鄂温克族			德 昂 族		
	小计	男	女	小计	男	女	小计	男	女
临夏回族自治州									
临夏市									
临夏县									
康乐县									
永靖县									
广河县									
和政县									
东乡族自治县									
积石山保安族东乡族撒拉族自治县									
甘南藏族自治州									
合作市									
临潭县									
卓尼县									
舟曲县									
迭部县									
玛曲县									
碌曲县									
夏河县									
青海省	**38**	**19**	**19**	**5**	**2**	**3**	**1**	**1**	
西宁市	**35**	**18**	**17**	**2**	**1**	**1**			
城东区	4	3	1	1	1				
城中区	20	10	10						
城西区	4	1	3						
城北区	1	1		1		1			
大通回族土族自治县									
湟中县									
湟源县	6	3	3						
海东地区				**3**	**1**	**2**	**1**	**1**	
平安县									
民和回族土族自治县									
乐都县									
互助土族自治县				1		1	1	1	
化隆回族自治县				2	1	1			
循化撒拉族自治县									
海北藏族自治州									
门源回族自治县									
祁连县									
海晏县									
刚察县									
黄南藏族自治州									
同仁县									
尖扎县									
泽库县									
河南蒙古族自治县									
海南藏族自治州	**2**		**2**						
共和县	1		1						
同德县									
贵德县									
兴海县									
贵南县	1		1						
果洛藏族自治州									
玛沁县									
班玛县									
甘德县									
达日县									
久治县									
玛多县									

10-16 续表 57　　　　　　　　　　　　　　　　　　　　　　　　　　　　　　单位：人

地　区	俄罗斯族			鄂温克族			德 昂 族		
	小计	男	女	小计	男	女	小计	男	女
玉树藏族自治州	**1**	**1**							
玉树县									
杂多县									
称多县									
治多县									
囊谦县									
曲麻莱县	1	1							
海西蒙古族藏族自治州									
格尔木市									
德令哈市									
乌兰县									
都兰县									
天峻县									
芒崖行政委员会									
柴旦行政委员会									
冷湖行政委员会									
宁夏回族自治区	**18**	**6**	**12**	**7**	**2**	**5**	**1**		**1**
银川市	**18**	**6**	**12**	**4**		**4**	**1**		**1**
兴庆区	8	2	6	1		1			
西夏区	7	2	5	3		3	1		1
金凤区	3	2	1						
永宁县									
贺兰县									
灵武市									
石嘴山市									
大武口区									
惠农区									
平罗县									
吴忠市				**3**	**2**	**1**			
利通区									
红寺堡区									
盐池县									
同心县									
青铜峡市				3	2	1			
固原市									
原州区									
西吉县									
隆德县									
泾源县									
彭阳县									
中卫市									
沙坡头区									
中宁县									
海原县									
新疆维吾尔自治区	**8489**	**4067**	**4422**	**26**	**11**	**15**	**3**	**1**	**2**
乌鲁木齐市	**3010**	**1364**	**1646**	**6**	**1**	**5**			
天山区	1025	458	567	1		1			
沙依巴克区	730	339	391	1		1			
新市区	729	324	405	2		2			
水磨沟区	272	111	161	1		1			

10-16 续表 58

单位：人

地区	俄罗斯族			鄂温克族			德昂族		
	小计	男	女	小计	男	女	小计	男	女
头屯河区	79	41	38						
达坂城区	1		1						
米东区	164	86	78	1	1				
乌鲁木齐县	10	5	5						
克拉玛依市	**429**	**202**	**227**						
独山子区	108	58	50						
克拉玛依区	287	124	163						
白碱滩区	33	20	13						
乌尔禾区	1		1						
吐鲁番地区	**35**	**20**	**15**	**2**		**2**	**1**	**1**	
吐鲁番市	22	12	10						
鄯善县	11	6	5	2		2	1	1	
托克逊县	2	2							
哈密地区	**79**	**44**	**35**						
哈密市	68	36	32						
巴里坤哈萨克自治县	11	8	3						
伊吾县									
昌吉回族自治州	**531**	**240**	**291**	**1**		**1**			
昌吉市	270	113	157	1		1			
阜康市	77	32	45						
呼图壁县	46	21	25						
玛纳斯县	76	39	37						
奇台县	48	28	20						
吉木萨尔县	8	4	4						
木垒哈萨克自治县	6	3	3						
博尔塔拉蒙古自治州	**114**	**63**	**51**						
博乐市	80	47	33						
精河县	30	14	16						
温泉县	4	2	2						
巴音郭楞蒙古自治州	**153**	**73**	**80**						
库尔勒市	141	67	74						
轮台县									
尉犁县	1		1						
若羌县									
且末县									
焉耆回族自治县									
和静县	8	5	3						
和硕县	3	1	2						
博湖县									
阿克苏地区	**66**	**34**	**32**	**6**	**2**	**4**			
阿克苏市	29	14	15	1		1			
温宿县	2	1	1						
库车县	19	10	9	2		2			
沙雅县	11	6	5						
新和县	2	1	1						
拜城县				2	1	1			
乌什县	2	2		1	1				
阿瓦提县	1		1						
柯坪县									
克孜勒苏柯尔克孜自治州	**2**		**2**						
阿图什市	2		2						
阿克陶县									
阿合奇县									
乌恰县									

10-16 续表 59

单位：人

地　区	俄罗斯族			鄂温克族			德 昂 族		
	小计	男	女	小计	男	女	小计	男	女
喀什地区	**34**	**12**	**22**						
喀什市	16	9	7						
疏附县									
疏勒县									
英吉沙县	1		1						
泽普县	8	1	7						
莎车县	1		1						
叶城县	4	1	3						
麦盖提县									
岳普湖县	1		1						
伽师县	2		2						
巴楚县	1	1							
塔什库尔干塔吉克自治县									
和田地区	**2**	**1**	**1**						
和田市									
和田县									
墨玉县									
皮山县									
洛浦县									
策勒县									
于田县	2	1	1						
民丰县									
伊犁哈萨克自治州	**1006**	**477**	**529**	**2**	**1**	**1**			
伊宁市	524	254	270	1		1			
奎屯市	57	21	36						
伊宁县	11	6	5						
察布查尔锡伯自治县	88	36	52						
霍城县	170	89	81						
巩留县	56	25	31						
新源县	51	24	27	1	1				
昭苏县	17	10	7						
特克斯县	6	5	1						
尼勒克县	26	7	19						
塔城地区	**2588**	**1315**	**1273**	**8**	**6**	**2**	**2**		**2**
塔城市	1768	855	913	8	6	2			
乌苏市	100	56	44				1		1
额敏县	366	200	166						
沙湾县	116	62	54				1		1
托里县	12	5	7						
裕民县	206	128	78						
和布克赛尔蒙古自治县	20	9	11						
阿勒泰地区	**254**	**134**	**120**						
阿勒泰市	104	48	56						
布尔津县	102	60	42						
富蕴县	26	13	13						
福海县	13	9	4						
哈巴河县	1		1						
青河县	4	2	2						
吉木乃县	4	2	2						
自治区直辖县级行政区划	**186**	**88**	**98**	**1**	**1**				
石河子市	138	63	75	1	1				
阿拉尔市	11	7	4						
图木舒克市	5	2	3						
五家渠市	32	16	16						

10-17　全国各县分性别的保安族、裕固族、京族人口

单位：人

地　区	保安族			裕固族			京　族		
	小计	男	女	小计	男	女	小计	男	女
全　国	**20074**	**10016**	**10058**	**14378**	**7325**	**7053**	**28199**	**14416**	**13783**
北京市	**24**	**17**	**7**	**95**	**39**	**56**	**56**	**22**	**34**
市辖区	**23**	**17**	**6**	**93**	**38**	**55**	**56**	**22**	**34**
东城区				9	4	5	4	1	3
西城区	5	3	2	1		1	2	2	
崇文区				1	1				
宣武区	2	2		1		1	1	1	
朝阳区	6	5	1	16	7	9	10	3	7
丰台区	4	3	1	7	1	6	4		4
石景山区				1	1				
海淀区	4	2	2	26	13	13	17	6	11
门头沟区									
房山区	1	1		1		1	3		3
通州区				7	3	4	1	1	
顺义区				6	3	3			
昌平区	1	1		12	1	11	8	4	4
大兴区				2	2		6	4	2
怀柔区				3	2	1			
平谷区									
市辖县	**1**		**1**	**2**	**1**	**1**			
密云县				2	1	1			
延庆县	1		1						
天津市	**10**	**8**	**2**	**39**	**20**	**19**	**32**	**14**	**18**
市辖区	**10**	**8**	**2**	**39**	**20**	**19**	**31**	**14**	**17**
和平区				5	3	2	2		2
河东区				1		1	3	2	1
河西区	5	4	1	2	1	1	4	1	3
南开区				7	5	2	2	1	1
河北区									
红桥区									
东丽区				4	1	3	6	4	2
西青区	1	1		1		1	3	1	2
津南区									
北辰区	1	1		12	5	7	9	5	4
武清区									
宝坻区				1	1		1		1
滨海新区	3	2	1	6	4	2	1		1
市辖县							**1**		**1**
宁河县									
静海县							1		1
蓟县									
河北省	**7**	**4**	**3**	**33**	**20**	**13**	**77**	**25**	**52**
石家庄市	**5**	**2**	**3**	**4**	**2**	**2**	**24**	**7**	**17**
长安区									
桥东区									
桥西区				1	1		5	2	3
新华区	1		1	2	1	1	3		3
井陉矿区									
裕华区	4	2	2				1		1
井陉县									
正定县							2		2
栾城县									

10-17　续表 1　　　　单位：人

地　区	保安族			裕固族			京　族		
	小计	男	女	小计	男	女	小计	男	女
行唐县							1	1	
灵寿县									
高邑县									
深泽县									
赞皇县									
无极县				1		1	6	2	4
平山县									
元氏县							2	2	
赵县									
辛集市							1		1
藁城市							1		1
晋州市									
新乐市							2		2
鹿泉市									
唐山市	**1**	**1**		**5**	**2**	**3**	**17**	**8**	**9**
路南区	1	1					3	2	1
路北区							9	4	5
古冶区									
开平区				2	1	1	1		1
丰南区									
丰润区				1		1			
滦县									
滦南县									
乐亭县							1	1	
迁西县							2	1	1
玉田县				1		1	1		1
唐海县									
遵化市				1	1				
迁安市									
秦皇岛市				**4**	**2**	**2**	**1**		**1**
海港区									
山海关区									
北戴河区				4	2	2			
青龙满族自治县									
昌黎县									
抚宁县									
卢龙县							1		1
邯郸市									
邯山区									
丛台区									
复兴区									
峰峰矿区									
邯郸县									
临漳县									
成安县									
大名县									
涉县									
磁县									
肥乡县									
永年县									
邱县									
鸡泽县									
广平县									
馆陶县									
魏县									
曲周县									
武安市									

10-17　续表 2

单位：人

地　　区	保安族			裕固族			京　族		
	小计	男	女	小计	男	女	小计	男	女
邢台市									
桥东区									
桥西区									
邢台县									
临城县									
内丘县									
柏乡县									
隆尧县									
任县									
南和县									
宁晋县									
巨鹿县									
新河县									
广宗县									
平乡县									
威县									
清河县									
临西县									
南宫市									
沙河市									
保定市				**12**	**8**	**4**	**12**	**2**	**10**
新市区							1	1	
北市区				2	1	1			
南市区				7	4	3	4		4
满城县									
清苑县									
涞水县							1		1
阜平县									
徐水县									
定兴县									
唐县									
高阳县									
容城县									
涞源县									
望都县									
安新县									
易县							1		1
曲阳县									
蠡县									
顺平县									
博野县									
雄县									
涿州市							1		1
定州市				1	1		4	1	3
安国市									
高碑店市				2	2				
张家口市				**2**	**2**		**1**	**1**	
桥东区				1	1				
桥西区									
宣化区									
下花园区									
宣化县									
张北县									

10-17 续表 3 单位：人

地区	保安族			裕固族			京族		
	小计	男	女	小计	男	女	小计	男	女
康保县									
沽源县				1	1				
尚义县									
蔚县									
阳原县									
怀安县									
万全县									
怀来县							1	1	
涿鹿县									
赤城县									
崇礼县									
承德市	**1**	**1**		**2**	**2**		**4**	**1**	**3**
双桥区				2	2				
双滦区									
鹰手营子矿区									
承德县									
兴隆县							3	1	2
平泉县	1	1							
滦平县									
隆化县							1		1
丰宁满族自治县									
宽城满族自治县									
围场满族蒙古族自治县									
沧州市				**1**	**1**		**9**	**1**	**8**
新华区									
运河区									
沧县				1	1		1		1
青县							1		1
东光县							1	1	
海兴县									
盐山县									
肃宁县									
南皮县									
吴桥县									
献县									
孟村回族自治县									
泊头市									
任丘市							2		2
黄骅市							3		3
河间市							1		1
廊坊市				**3**	**1**	**2**	**7**	**3**	**4**
安次区							3	2	1
广阳区				1	1				
固安县									
永清县									
香河县									
大城县									
文安县									
大厂回族自治县									
霸州市									
三河市				2		2	4	1	3
衡水市							**2**	**2**	
桃城区									
枣强县									
武邑县									

10-17　续表 4　　　　　　　　　　　　　　　　　　　　单位：人

地　　区	保安族			裕固族			京　族		
	小计	男	女	小计	男	女	小计	男	女
武强县									
饶阳县									
安平县									
故城县							2	2	
景县									
阜城县									
冀州市									
深州市									
山西省				**7**	**3**	**4**	**29**	**13**	**16**
太原市				**2**	**1**	**1**	**7**	**2**	**5**
小店区				1	1		1	1	
迎泽区							2		2
杏花岭区									
尖草坪区							1		1
万柏林区				1		1	2	1	1
晋源区							1		1
清徐县									
阳曲县									
娄烦县									
古交市									
大同市				**4**	**2**	**2**	**8**	**5**	**3**
城区				4	2	2	5	3	2
矿区							3	2	1
南郊区									
新荣区									
阳高县									
天镇县									
广灵县									
灵丘县									
浑源县									
左云县									
大同县									
阳泉市									
城区									
矿区									
郊区									
平定县									
盂县									
长治市				**1**		**1**			
城区									
郊区									
长治县									
襄垣县									
屯留县									
平顺县									
黎城县									
壶关县									
长子县				1		1			
武乡县									
沁县									
沁源县									
潞城市									

10-17 续表 5 单位：人

地区	保安族			裕固族			京族		
	小计	男	女	小计	男	女	小计	男	女
晋城市									
城区									
沁水县									
阳城县									
陵川县									
泽州县									
高平市									
朔州市									
朔城区									
平鲁区									
山阴县									
应县									
右玉县									
怀仁县									
晋中市							**1**		**1**
榆次区							1		1
榆社县									
左权县									
和顺县									
昔阳县									
寿阳县									
太谷县									
祁县									
平遥县									
灵石县									
介休市									
运城市							**13**	**6**	**7**
盐湖区							1		1
临猗县							3	1	2
万荣县									
闻喜县									
稷山县									
新绛县									
绛县									
垣曲县							1	1	
夏县							4	2	2
平陆县							1		1
芮城县									
永济市							2	1	1
河津市							1	1	
忻州市									
忻府区									
定襄县									
五台县									
代县									
繁峙县									
宁武县									
静乐县									
神池县									
五寨县									
岢岚县									
河曲县									
保德县									
偏关县									
原平市									

10-17　续表 6

单位：人

地　区	保安族			裕固族			京　族		
	小计	男	女	小计	男	女	小计	男	女
临汾市									
尧都区									
曲沃县									
翼城县									
襄汾县									
洪洞县									
古县									
安泽县									
浮山县									
吉县									
乡宁县									
大宁县									
隰县									
永和县									
蒲县									
汾西县									
侯马市									
霍州市									
吕梁市									
离石区									
文水县									
交城县									
兴县									
临县									
柳林县									
石楼县									
岚县									
方山县									
中阳县									
交口县									
孝义市									
汾阳市									
内蒙古自治区	**90**	**73**	**17**	**38**	**22**	**16**	**25**	**10**	**15**
呼和浩特市	**6**	**6**		**3**	**2**	**1**	**1**	**1**	
新城区									
回民区	6	6							
玉泉区				2	2				
赛罕区				1		1	1	1	
土默特左旗									
托克托县									
和林格尔县									
清水河县									
武川县									
包头市	**67**	**56**	**11**	**10**	**5**	**5**	**10**	**4**	**6**
东河区									
昆都仑区				2	1	1	2	1	1
青山区				4	3	1	5	2	3
石拐区	67	56	11						
白云鄂博矿区									
九原区				4	1	3			
土默特右旗							2		2
固阳县							1	1	
达尔罕茂明安联合旗									
乌海市	**5**	**2**	**3**	**3**	**3**				
海勃湾区				2	2				
海南区									
乌达区	5	2	3	1	1				

10-17 续表 7 单位：人

地 区	保安族			裕固族			京 族		
	小计	男	女	小计	男	女	小计	男	女
赤峰市									
红山区									
元宝山区									
松山区									
阿鲁科尔沁旗									
巴林左旗									
巴林右旗									
林西县									
克什克腾旗									
翁牛特旗									
喀喇沁旗									
宁城县									
敖汉旗									
通辽市	**1**	**1**							
科尔沁区	1	1							
科尔沁左翼中旗									
科尔沁左翼后旗									
开鲁县									
库伦旗									
奈曼旗									
扎鲁特旗									
霍林郭勒市									
鄂尔多斯市	**7**	**5**	**2**	**1**		**1**			
东胜区									
达拉特旗	3	2	1						
准格尔旗	2	2							
鄂托克前旗									
鄂托克旗				1		1			
杭锦旗									
乌审旗									
伊金霍洛旗	2	1	1						
呼伦贝尔市							**12**	**5**	**7**
海拉尔区									
阿荣旗									
莫力达瓦达斡尔族自治旗									
鄂伦春自治旗									
鄂温克族自治旗							12	5	7
陈巴尔虎旗									
新巴尔虎左旗									
新巴尔虎右旗									
满洲里市									
牙克石市									
扎兰屯市									
额尔古纳市									
根河市									
巴彦淖尔市	**2**	**2**		**2**	**1**	**1**	**1**		**1**
临河区				1	1		1		1
五原县									
磴口县				1		1			
乌拉特前旗	2	2							
乌拉特中旗									
乌拉特后旗									
杭锦后旗									

10-17　续表 8　　　　　　　　　　　　　　　　　　　　　　　　　　单位：人

地　区	保安族			裕固族			京　族		
	小计	男	女	小计	男	女	小计	男	女
乌兰察布市									
集宁区									
卓资县									
化德县									
商都县									
兴和县									
凉城县									
察哈尔右翼前旗									
察哈尔右翼中旗									
察哈尔右翼后旗									
四子王旗									
丰镇市									
兴安盟				**1**	**1**				
乌兰浩特市									
阿尔山市									
科尔沁右翼前旗				1	1				
科尔沁右翼中旗									
扎赉特旗									
突泉县									
锡林郭勒盟									
二连浩特市									
锡林浩特市									
阿巴嘎旗									
苏尼特左旗									
苏尼特右旗									
东乌珠穆沁旗									
西乌珠穆沁旗									
太仆寺旗									
镶黄旗									
正镶白旗									
正蓝旗									
多伦县									
阿拉善盟	**2**	**1**	**1**	**18**	**10**	**8**	**1**		**1**
阿拉善左旗				5	1	4			
阿拉善右旗									
额济纳旗	2	1	1	13	9	4	1		1
辽宁省	**2**	**1**	**1**	**17**	**8**	**9**	**15**	**10**	**5**
沈阳市	**2**	**1**	**1**	**3**	**2**	**1**	**4**	**2**	**2**
和平区									
沈河区	1	1							
大东区							1		1
皇姑区				1		1	1	1	
铁西区									
苏家屯区				1	1		1		1
东陵区	1		1				1	1	
沈北新区									
于洪区				1	1				
辽中县									
康平县									
法库县									
新民市									
大连市				**2**		**2**	**5**	**4**	**1**
中山区									
西岗区									
沙河口区				1		1	1		1

10-17 续表 9

单位：人

地区	保安族			裕固族			京族		
	小计	男	女	小计	男	女	小计	男	女
甘井子区				1		1	2	2	
旅顺口区									
金州区							2	2	
长海县									
瓦房店市									
普兰店市									
庄河市									
鞍山市									
铁东区									
铁西区									
立山区									
千山区									
台安县									
岫岩满族自治县									
海城市									
抚顺市				**2**		**2**			
新抚区									
东洲区									
望花区				2		2			
顺城区									
抚顺县									
新宾满族自治县									
清原满族自治县									
本溪市									
平山区									
溪湖区									
明山区									
南芬区									
本溪满族自治县									
桓仁满族自治县									
丹东市									
元宝区									
振兴区									
振安区									
宽甸满族自治县									
东港市									
凤城市									
锦州市									
古塔区									
凌河区									
太和区									
黑山县									
义县									
凌海市									
北镇市									
营口市									
站前区									
西市区									
鲅鱼圈区									
老边区									
盖州市									
大石桥市									
阜新市									
海州区									
新邱区									

10-17　续表 10　　单位：人

地　区	保安族			裕固族			京　族		
	小计	男	女	小计	男	女	小计	男	女
太平区									
清河门区									
细河区									
阜新蒙古族自治县									
彰武县									
辽阳市									
白塔区									
文圣区									
宏伟区									
弓长岭区									
太子河区									
辽阳县									
灯塔市									
盘锦市				**4**	**3**	**1**	**4**	**2**	**2**
双台子区									
兴隆台区				4	3	1	3	1	2
大洼县							1	1	
盘山县									
铁岭市				**2**		**2**			
银州区									
清河区									
铁岭县									
西丰县									
昌图县									
调兵山市									
开原市				2		2			
朝阳市				**1**	**1**				
双塔区									
龙城区									
朝阳县									
建平县									
喀喇沁左翼蒙古族自治县									
北票市									
凌源市				1	1				
葫芦岛市				**3**	**2**	**1**	**2**	**2**	
连山区				3	2	1	1	1	
龙港区									
南票区									
绥中县							1	1	
建昌县									
兴城市									
吉林省	**6**	**4**	**2**	**8**	**4**	**4**	**8**	**5**	**3**
长春市	**1**	**1**		**3**	**1**	**2**	**5**	**3**	**2**
南关区							1		1
宽城区									
朝阳区	1	1		2		2	1	1	
二道区				1	1				
绿园区									
双阳区									
农安县							3	2	1
九台市									
榆树市									
德惠市									

10-17 续表 11

单位：人

地　区	保安族			裕固族			京　族		
	小计	男	女	小计	男	女	小计	男	女
吉林市									
昌邑区									
龙潭区									
船营区									
丰满区									
永吉县									
蛟河市									
桦甸市									
舒兰市									
磐石市									
四平市									
铁西区									
铁东区									
梨树县									
伊通满族自治县									
公主岭市									
双辽市									
辽源市									
龙山区									
西安区									
东丰县									
东辽县									
通化市									
东昌区									
二道江区									
通化县									
辉南县									
柳河县									
梅河口市									
集安市									
白山市				**2**	**2**		**1**	**1**	
浑江区				1	1				
江源区									
抚松县				1	1				
靖宇县									
长白朝鲜族自治县							1	1	
临江市									
松原市	**5**	**3**	**2**				**1**		**1**
宁江区	2	1	1						
前郭尔罗斯蒙古族自治县	3	2	1						
长岭县							1		1
乾安县									
扶余县									
白城市							**1**	**1**	
洮北区									
镇赉县							1	1	
通榆县									
洮南市									
大安市									
延边朝鲜族自治州				**3**	**1**	**2**			
延吉市				2	1	1			
图们市									
敦化市									
珲春市									
龙井市									
和龙市									
汪清县				1		1			
安图县									

10-17　续表 12　　单位：人

地　区	保安族			裕固族			京　族		
	小计	男	女	小计	男	女	小计	男	女
黑龙江省	**3**	**1**	**2**	**28**	**14**	**14**	**22**	**11**	**11**
哈尔滨市							**5**	**1**	**4**
道里区									
南岗区									
道外区									
平房区									
松北区									
香坊区									
呼兰区									
阿城区									
依兰县									
方正县							4	1	3
宾县									
巴彦县									
木兰县									
通河县									
延寿县							1		1
双城市									
尚志市									
五常市									
齐齐哈尔市							**5**	**2**	**3**
龙沙区							3	1	2
建华区							2	1	1
铁锋区									
昂昂溪区									
富拉尔基区									
碾子山区									
梅里斯达斡尔族区									
龙江县									
依安县									
泰来县									
甘南县									
富裕县									
克山县									
克东县									
拜泉县									
讷河市									
鸡西市							**1**	**1**	
鸡冠区							1	1	
恒山区									
滴道区									
梨树区									
城子河区									
麻山区									
鸡东县									
虎林市									
密山市									
鹤岗市									
向阳区									
工农区									
南山区									
兴安区									

10-17 续表 13 单位：人

地区	保安族			裕固族			京族		
	小计	男	女	小计	男	女	小计	男	女
东山区									
兴山区									
萝北县									
绥滨县									
双鸭山市				**1**		**1**	**9**	**5**	**4**
尖山区				1		1	2	2	
岭东区									
四方台区									
宝山区									
集贤县									
友谊县									
宝清县							7	3	4
饶河县									
大庆市	**2**	**1**	**1**	**19**	**11**	**8**			
萨尔图区									
龙凤区				1	1				
让胡路区	2	1	1	13	7	6			
红岗区				5	3	2			
大同区									
肇州县									
肇源县									
林甸县									
杜尔伯特蒙古族自治县									
伊春市				**5**	**2**	**3**			
伊春区									
南岔区									
友好区									
西林区									
翠峦区									
新青区									
美溪区									
金山屯区									
五营区									
乌马河区									
汤旺河区									
带岭区									
乌伊岭区				1		1			
红星区									
上甘岭区									
嘉荫县									
铁力市				4	2	2			
佳木斯市							**2**	**2**	
向阳区							1	1	
前进区									
东风区									
郊区									
桦南县									
桦川县									
汤原县									
抚远县									
同江市									
富锦市							1	1	
七台河市									
新兴区									
桃山区									
茄子河区									
勃利县									

10-17　续表 14　　　　　　　　　　　　　　　　　　　　　　单位：人

地　区	保安族			裕固族			京　族		
	小计	男	女	小计	男	女	小计	男	女
牡丹江市	**1**		**1**						
东安区									
阳明区									
爱民区									
西安区	1		1						
东宁县									
林口县									
绥芬河市									
海林市									
宁安市									
穆棱市									
黑河市				**1**	**1**				
爱辉区				1	1				
嫩江县									
逊克县									
孙吴县									
北安市									
五大连池市									
绥化市				**2**		**2**			
北林区									
望奎县									
兰西县									
青冈县									
庆安县									
明水县									
绥棱县									
安达市									
肇东市									
海伦市				2		2			
大兴安岭地区									
加格达奇区									
松岭区									
新林区									
呼中区									
呼玛县									
塔河县									
漠河县									
上海市	**16**	**11**	**5**	**15**	**10**	**5**	**45**	**20**	**25**
市辖区	**16**	**11**	**5**	**15**	**10**	**5**	**45**	**20**	**25**
黄浦区									
卢湾区									
徐汇区	2	2		1		1	6	1	5
长宁区							3	1	2
静安区									
普陀区				3	3				
闸北区				1	1		2		2
虹口区							3	2	1
杨浦区				1		1	1		1
闵行区	2	2					2		2
宝山区							10	8	2
嘉定区				1	1		4	2	2
浦东新区	6	4	2	3	2	1	5	2	3

10-17 续表 15

单位：人

地区	保安族			裕固族			京族		
	小计	男	女	小计	男	女	小计	男	女
金山区									
松江区	3	1	2	2	1	1	5	2	3
青浦区							2	1	1
奉贤区	3	2	1	3	2	1	2	1	1
市辖县									
崇明县									
江苏省	**32**	**16**	**16**	**41**	**25**	**16**	**218**	**101**	**117**
南京市	**3**	**2**	**1**	**6**	**2**	**4**	**21**	**6**	**15**
玄武区	1	1		1		1	1		1
白下区							3	1	2
秦淮区				1		1	1	1	
建邺区									
鼓楼区				1		1	3	1	2
下关区									
浦口区	1		1						
栖霞区				2	1	1	3	2	1
雨花台区	1	1							
江宁区				1	1		3		3
六合区							5	1	4
溧水县							2		2
高淳县									
无锡市	**2**	**1**	**1**	**11**	**8**	**3**	**1**		**1**
崇安区									
南长区									
北塘区	1	1							
锡山区	1		1						
惠山区				1	1				
滨湖区				9	7	2			
江阴市									
宜兴市				1		1	1		1
徐州市				**2**	**2**		**16**	**11**	**5**
鼓楼区							1	1	
云龙区									
九里区									
贾汪区							2	1	1
泉山区				2	2		9	5	4
丰县									
沛县									
铜山县							1	1	
睢宁县									
新沂市							3	3	
邳州市									
常州市	**5**	**3**	**2**	**1**	**1**		**5**	**4**	**1**
天宁区							2	2	
钟楼区	5	3	2						
戚墅堰区									
新北区				1	1		2	2	
武进区									
溧阳市									
金坛市							1		1
苏州市	**9**	**5**	**4**	**11**	**9**	**2**	**60**	**27**	**33**
沧浪区							1		1
平江区	2	2		1	1		2		2
金阊区	1	1							

10-17　续表 16　　　　　　　　　　　　　　　　　　　　单位：人

地　区	保安族			裕固族			京族		
	小计	男	女	小计	男	女	小计	男	女
虎丘区	1		1	1		1	3	2	1
吴中区	3	2	1	1	1		11	1	10
相城区							4	2	2
常熟市							1		1
张家港市							14	9	5
昆山市	2		2	7	6	1	18	10	8
吴江市							5	3	2
太仓市				1	1		1		1
南通市				**1**		**1**	**11**	**2**	**9**
崇川区							2		2
港闸区									
通州区							3	2	1
海安县				1		1	2		2
如东县									
启东市									
如皋市							2		2
海门市							2		2
连云港市				**3**	**1**	**2**	**17**	**9**	**8**
连云区									
新浦区							4	3	1
海州区									
赣榆县									
东海县				3	1	2	11	5	6
灌云县									
灌南县							2	1	1
淮安市	**7**	**3**	**4**						
清河区	4	1	3						
楚州区									
淮阴区									
清浦区									
涟水县									
洪泽县	3	2	1						
盱眙县									
金湖县									
盐城市	**1**		**1**	**1**		**1**	**46**	**22**	**24**
亭湖区							1	1	
盐都区	1		1						
响水县									
滨海县				1		1	18	9	9
阜宁县							5	3	2
射阳县							11	5	6
建湖县							4	3	1
东台市							4		4
大丰市							3	1	2
扬州市				**3**	**1**	**2**	**8**	**4**	**4**
广陵区									
邗江区							2	1	1
维扬区				3	1	2	1	1	
宝应县							2		2
仪征市									
高邮市							2	2	
江都市							1		1
镇江市							**7**	**3**	**4**
京口区							1	1	
润州区									

10-17 续表 17 单位：人

地区	保安族			裕固族			京族		
	小计	男	女	小计	男	女	小计	男	女
丹徒区							3	2	1
丹阳市									
扬中市							2		2
句容市							1		1
泰州市	**4**	**2**	**2**	**1**		**1**	**9**	**4**	**5**
海陵区									
高港区	4	2	2	1		1	1	1	
兴化市							2		2
靖江市							5	3	2
泰兴市									
姜堰市							1		1
宿迁市	**1**		**1**	**1**	**1**		**17**	**9**	**8**
宿城区							5	3	2
宿豫区									
沭阳县	1		1				2		2
泗阳县				1	1		4	3	1
泗洪县							6	3	3
浙江省	**17**	**10**	**7**	**14**	**7**	**7**	**148**	**87**	**61**
杭州市	**9**	**7**	**2**	**2**		**2**	**8**	**4**	**4**
上城区									
下城区									
江干区							2	1	1
拱墅区	4	3	1	2		2			
西湖区	5	4	1						
滨江区									
萧山区							2	1	1
余杭区							2	1	1
桐庐县							1		1
淳安县									
建德市									
富阳市									
临安市							1	1	
宁波市				**4**	**3**	**1**	**15**	**9**	**6**
海曙区									
江东区							1	1	
江北区				3	2	1	2	2	
北仑区				1	1		1	1	
镇海区									
鄞州区									
象山县									
宁海县									
余姚市							7	3	4
慈溪市							4	2	2
奉化市									
温州市	**1**		**1**	**2**	**2**		**11**	**4**	**7**
鹿城区							4	3	1
龙湾区									
瓯海区									
洞头县									
永嘉县				2	2				
平阳县							2		2
苍南县	1		1				1		1
文成县									
泰顺县									
瑞安市							3	1	2
乐清市							1		1

10-17　续表 18　　　　单位：人

地区	保安族			裕固族			京族		
	小计	男	女	小计	男	女	小计	男	女
嘉兴市				**1**		**1**	**14**	**7**	**7**
南湖区							2	1	1
秀洲区				1		1	2	2	
嘉善县							1		1
海盐县							1		1
海宁市							1		1
平湖市							2	1	1
桐乡市							5	3	2
湖州市				**1**		**1**	**14**	**8**	**6**
吴兴区									
南浔区				1		1	1	1	
德清县							2	1	1
长兴县									
安吉县							11	6	5
绍兴市	**4**	**1**	**3**	**3**	**1**	**2**	**2**	**1**	**1**
越城区	4	1	3	2	1	1	1	1	
绍兴县				1		1	1		1
新昌县									
诸暨市									
上虞市									
嵊州市									
金华市	**3**	**2**	**1**				**46**	**30**	**16**
婺城区	2	2					4	3	1
金东区							2	2	
武义县							2	1	1
浦江县							5	3	2
磐安县									
兰溪市									
义乌市	1		1				12	9	3
东阳市							8	4	4
永康市							13	8	5
衢州市							**2**	**2**	
柯城区									
衢江区							1	1	
常山县									
开化县									
龙游县							1	1	
江山市									
舟山市				**1**	**1**				
定海区				1	1				
普陀区									
岱山县									
嵊泗县									
台州市							**25**	**13**	**12**
椒江区							2	2	
黄岩区							7	6	1
路桥区							7	3	4
玉环县									
三门县									
天台县									
仙居县									
温岭市							7	1	6
临海市							2	1	1

10-17 续表 19 单位：人

地　区	保安族			裕固族			京　族		
	小计	男	女	小计	男	女	小计	男	女
丽水市							**11**	**9**	**2**
莲都区							4	3	1
青田县							2	2	
缙云县									
遂昌县							3	2	1
松阳县							1	1	
云和县									
庆元县									
景宁畲族自治县									
龙泉市							1	1	
安徽省	**15**	**5**	**10**	**43**	**23**	**20**	**92**	**39**	**53**
合肥市				**4**	**2**	**2**	**7**	**4**	**3**
瑶海区							2	1	1
庐阳区							1	1	
蜀山区				1	1		3	1	2
包河区									
长丰县									
肥东县							1	1	
肥西县				3	1	2			
芜湖市							**8**	**4**	**4**
镜湖区							1		1
弋江区									
鸠江区									
三山区									
芜湖县									
繁昌县							7	4	3
南陵县									
蚌埠市							**1**	**1**	
龙子湖区									
蚌山区							1	1	
禹会区									
淮上区									
怀远县									
五河县									
固镇县									
淮南市				**5**	**4**	**1**			
大通区									
田家庵区				2	2				
谢家集区				3	2	1			
八公山区									
潘集区									
凤台县									
马鞍山市				**1**		**1**	**3**	**2**	**1**
金家庄区				1		1			
花山区							2	1	1
雨山区									
当涂县							1	1	
淮北市									
杜集区									
相山区									
烈山区									
濉溪县									

10-17　续表 20　　　　单位：人

地　区	保安族			裕固族			京　族		
	小计	男	女	小计	男	女	小计	男	女
铜陵市									
铜官山区									
狮子山区									
郊区									
铜陵县									
安庆市				**9**	**5**	**4**	**11**	**3**	**8**
迎江区				4	2	2	2	1	1
大观区									
宜秀区				3	3		3	1	2
怀宁县									
枞阳县							4	1	3
潜山县									
太湖县				1		1			
宿松县									
望江县				1		1	1		1
岳西县									
桐城市							1		1
黄山市							**1**		**1**
屯溪区									
黄山区									
徽州区									
歙县									
休宁县									
黟县							1		1
祁门县									
滁州市	**6**	**2**	**4**				**1**	**1**	
琅琊区							1	1	
南谯区									
来安县	2	1	1						
全椒县									
定远县	1		1						
凤阳县									
天长市									
明光市	3	1	2						
阜阳市				**8**	**2**	**6**	**3**	**2**	**1**
颍州区									
颍东区									
颍泉区									
临泉县				3	1	2			
太和县									
阜南县							1	1	
颍上县				4	1	3	1		1
界首市				1		1	1	1	
宿州市	**3**	**1**	**2**	**8**	**7**	**1**	**46**	**17**	**29**
埇桥区				2	1	1	22	9	13
砀山县	1		1	1	1		2		2
萧县	1		1	1	1		16	6	10
灵璧县	1	1		2	2		2		2
泗县				2	2		4	2	2
巢湖市	**1**		**1**	**5**	**1**	**4**	**2**	**1**	**1**
居巢区	1		1						
庐江县									
无为县							2	1	1
含山县									
和县				5	1	4			

10-17 续表 21 单位：人

地区	保安族			裕固族			京族		
	小计	男	女	小计	男	女	小计	男	女
六安市				**3**	**2**	**1**	**1**		**1**
金安区									
裕安区									
寿县									
霍邱县				3	2	1			
舒城县							1		1
金寨县									
霍山县									
亳州市									
谯城区									
涡阳县									
蒙城县									
利辛县									
池州市									
贵池区									
东至县									
石台县									
青阳县									
宣城市	**5**	**2**	**3**				**8**	**4**	**4**
宣州区	4	2	2				1	1	
郎溪县	1		1						
广德县							2		2
泾县									
绩溪县									
旌德县							4	2	2
宁国市							1	1	
福建省	**5**	**2**	**3**	**34**	**15**	**19**	**260**	**120**	**140**
福州市	**1**		**1**	**4**	**3**	**1**	**27**	**7**	**20**
鼓楼区							1		1
台江区							3		3
仓山区							4	2	2
马尾区							1	1	
晋安区				1	1		4	2	2
闽侯县	1		1	1		1	2		2
连江县							2		2
罗源县							1	1	
闽清县							1		1
永泰县									
平潭县							3		3
福清市				2	2		3	1	2
长乐市							2		2
厦门市	**3**	**1**	**2**				**43**	**19**	**24**
思明区	2		2				3		3
海沧区							1		1
湖里区							4	4	
集美区							11	5	6
同安区	1	1					13	5	8
翔安区							11	5	6
莆田市				**3**	**3**		**12**	**8**	**4**
城厢区							1		1
涵江区				3	3		9	8	1
荔城区									
秀屿区							2		2
仙游县									

10-17　续表 22　　　　单位：人

地　区	保安族			裕固族			京　族		
	小计	男	女	小计	男	女	小计	男	女
三明市							**8**	**3**	**5**
梅列区							2	1	1
三元区							1		1
明溪县									
清流县							1		1
宁化县							1		1
大田县									
尤溪县									
沙县							2	1	1
将乐县									
泰宁县									
建宁县									
永安市							1	1	
泉州市				**26**	**9**	**17**	**95**	**51**	**44**
鲤城区				4	2	2	8	4	4
丰泽区				4		4	8	6	2
洛江区									
泉港区				1		1			
惠安县				1		1	3	2	1
安溪县									
永春县									
德化县									
石狮市							8	3	5
晋江市				16	7	9	53	27	26
南安市							15	9	6
漳州市							**36**	**15**	**21**
芗城区							10	6	4
龙文区							1	1	
云霄县							3	3	
漳浦县							5	2	3
诏安县									
长泰县							4		4
东山县									
南靖县							6	3	3
平和县							1		1
华安县							2		2
龙海市							4		4
南平市							**14**	**8**	**6**
延平区							2		2
顺昌县									
浦城县							1		1
光泽县									
松溪县							3	3	
政和县									
邵武市									
武夷山市							6	3	3
建瓯市							1	1	
建阳市							1	1	
龙岩市	**1**	**1**		**1**		**1**	**15**	**5**	**10**
新罗区				1		1	6	4	2
长汀县							1		1
永定县							2		2
上杭县	1	1					3	1	2
武平县									
连城县									
漳平市							3		3

10-17 续表 23

单位：人

地区	保安族			裕固族			京族		
	小计	男	女	小计	男	女	小计	男	女
宁德市							**10**	**4**	**6**
蕉城区							7	1	6
霞浦县									
古田县									
屏南县									
寿宁县									
周宁县							3	3	
柘荣县									
福安市									
福鼎市									
江西省				**18**	**11**	**7**	**301**	**170**	**131**
南昌市				**12**	**8**	**4**	**28**	**18**	**10**
东湖区							3	2	1
西湖区				1	1		11	8	3
青云谱区							1		1
湾里区									
青山湖区				1		1	2	1	1
南昌县				5	4	1	3	2	1
新建县				5	3	2	8	5	3
安义县									
进贤县									
景德镇市							**1**		**1**
昌江区									
珠山区							1		1
浮梁县									
乐平市									
萍乡市							**9**	**4**	**5**
安源区							6	3	3
湘东区							1	1	
莲花县							2		2
上栗县									
芦溪县									
九江市				**1**	**1**		**2**	**2**	
庐山区				1	1		1	1	
浔阳区							1	1	
九江县									
武宁县									
修水县									
永修县									
德安县									
星子县									
都昌县									
湖口县									
彭泽县									
瑞昌市									
新余市				**1**	**1**		**67**	**39**	**28**
渝水区				1	1		65	38	27
分宜县							2	1	1
鹰潭市				**1**	**1**		**26**	**10**	**16**
月湖区							2	1	1
余江县							4	3	1
贵溪市				1	1		20	6	14
赣州市				**1**		**1**	**14**	**8**	**6**
章贡区				1		1	5	2	3
赣县									

10-17　续表 24　　　　单位：人

地区	保安族			裕固族			京族		
	小计	男	女	小计	男	女	小计	男	女
信丰县									
大余县									
上犹县									
崇义县									
安远县							2	2	
龙南县							1		1
定南县									
全南县									
宁都县									
于都县							1		1
兴国县									
会昌县									
寻乌县							2	2	
石城县									
瑞金市									
南康市							3	2	1
吉安市							**145**	**85**	**60**
吉州区									
青原区									
吉安县							4	4	
吉水县									
峡江县							138	81	57
新干县							1		1
永丰县									
泰和县									
遂川县									
万安县							2		2
安福县									
永新县									
井冈山市									
宜春市							**8**	**3**	**5**
袁州区									
奉新县									
万载县									
上高县							8	3	5
宜丰县									
靖安县									
铜鼓县									
丰城市									
樟树市									
高安市									
抚州市				**1**		**1**			
临川区				1		1			
南城县									
黎川县									
南丰县									
崇仁县									
乐安县									
宜黄县									
金溪县									
资溪县									
东乡县									
广昌县									

10-17 续表 25

单位：人

地区	保安族			裕固族			京族		
	小计	男	女	小计	男	女	小计	男	女
上饶市				**1**		**1**	**1**	**1**	
信州区									
上饶县									
广丰县									
玉山县									
铅山县									
横峰县									
弋阳县									
余干县				1		1			
鄱阳县							1	1	
万年县									
婺源县									
德兴市									
山东省	**7**	**3**	**4**	**76**	**33**	**43**	**80**	**35**	**45**
济南市				**12**	**4**	**8**	**10**	**6**	**4**
历下区				1	1		1	1	
市中区				1		1			
槐荫区							1		1
天桥区				5	1	4	2	1	1
历城区				2		2	2		2
长清区									
平阴县									
济阳县									
商河县									
章丘市				3	2	1	4	4	
青岛市	**4**	**1**	**3**	**2**		**2**	**5**	**1**	**4**
市南区				1		1	1		1
市北区	4	1	3						
四方区									
黄岛区				1		1			
崂山区							2		2
李沧区									
城阳区							1	1	
胶州市									
即墨市									
平度市									
胶南市							1		1
莱西市									
淄博市	**1**	**1**							
淄川区									
张店区	1	1							
博山区									
临淄区									
周村区									
桓台县									
高青县									
沂源县									
枣庄市				**1**		**1**	**4**	**1**	**3**
市中区				1		1	1		1
薛城区									
峄城区							1		1
台儿庄区									
山亭区							1		1
滕州市							1	1	

10-17 续表 26

单位：人

地 区	保安族			裕固族			京 族		
	小计	男	女	小计	男	女	小计	男	女
东营市				**3**	**1**	**2**			
东营区				3	1	2			
河口区									
垦利县									
利津县									
广饶县									
烟台市				**1**		**1**			
芝罘区									
福山区				1		1			
牟平区									
莱山区									
长岛县									
龙口市									
莱阳市									
莱州市									
蓬莱市									
招远市									
栖霞市									
海阳市									
潍坊市							**8**	**5**	**3**
潍城区									
寒亭区									
坊子区									
奎文区							5	4	1
临朐县									
昌乐县									
青州市									
诸城市									
寿光市							1		1
安丘市									
高密市									
昌邑市							2	1	1
济宁市				**3**	**1**	**2**			
市中区									
任城区									
微山县									
鱼台县									
金乡县									
嘉祥县									
汶上县									
泗水县				3	1	2			
梁山县									
曲阜市									
兖州市									
邹城市									
泰安市				**1**		**1**			
泰山区									
岱岳区									
宁阳县				1		1			
东平县									
新泰市									
肥城市									
威海市				**6**	**2**	**4**	**1**		**1**
环翠区				6	2	4			
文登市							1		1
荣成市									
乳山市									

10-17 续表 27 单位：人

地区	保安族			裕固族			京族		
	小计	男	女	小计	男	女	小计	男	女
日照市	**1**	**1**		**2**	**2**		**7**	**2**	**5**
东港区	1	1		1	1		4		4
岚山区							1	1	
五莲县							1		1
莒县				1	1		1	1	
莱芜市							**4**	**4**	
莱城区							4	4	
钢城区									
临沂市	**1**		**1**	**2**		**2**	**4**	**2**	**2**
兰山区							1	1	
罗庄区									
河东区									
沂南县				1		1			
郯城县							2	1	1
沂水县									
苍山县									
费县	1		1						
平邑县									
莒南县				1		1			
蒙阴县									
临沭县							1		1
德州市				**5**	**2**	**3**	**3**	**1**	**2**
德城区							2	1	1
陵县							1		1
宁津县				1		1			
庆云县									
临邑县				4	2	2			
齐河县									
平原县									
夏津县									
武城县									
乐陵市									
禹城市									
聊城市				**34**	**19**	**15**	**19**	**9**	**10**
东昌府区				1		1	7	3	4
阳谷县							2		2
莘县				31	18	13	4	2	2
茌平县									
东阿县									
冠县				2	1	1	1	1	
高唐县							1	1	
临清市							4	2	2
滨州市				**4**	**2**	**2**	**4**	**2**	**2**
滨城区				3	1	2	3	2	1
惠民县									
阳信县									
无棣县				1	1				
沾化县									
博兴县									
邹平县							1		1
菏泽市							**11**	**2**	**9**
牡丹区							3	1	2
曹县									
单县									
成武县									
巨野县							2		2
郓城县							1		1
鄄城县							2		2
定陶县									
东明县							3	1	2

10-17 续表 28

单位：人

地区	保安族			裕固族			京族		
	小计	男	女	小计	男	女	小计	男	女
河南省	**4**	**2**	**2**	**52**	**21**	**31**	**120**	**51**	**69**
郑州市	**3**	**2**	**1**	**19**	**8**	**11**	**27**	**8**	**19**
中原区				5	3	2	5	1	4
二七区	1		1	11	3	8	8	4	4
管城回族区	1	1		1		1	2	1	1
金水区							7		7
上街区									
惠济区									
中牟县									
巩义市	1	1							
荥阳市									
新密市									
新郑市				1	1		5	2	3
登封市				1	1				
开封市				**3**		**3**	**16**	**8**	**8**
龙亭区									
顺河回族区									
鼓楼区									
禹王台区				2		2			
金明区							1	1	
杞县							4	2	2
通许县									
尉氏县							7	3	4
开封县				1		1	4	2	2
兰考县									
洛阳市				**2**	**1**	**1**	**3**	**2**	**1**
老城区									
西工区							1	1	
瀍河回族区									
涧西区				1	1				
吉利区									
洛龙区							1	1	
孟津县									
新安县									
栾川县									
嵩县									
汝阳县									
宜阳县							1		1
洛宁县									
伊川县									
偃师市				1		1			
平顶山市				**4**		**4**	**17**	**7**	**10**
新华区				1		1	5	2	3
卫东区									
石龙区									
湛河区									
宝丰县				1		1	4	2	2
叶县							1	1	
鲁山县				2		2	7	2	5
郏县									
舞钢市									
汝州市									

10-17 续表 29 单位：人

地区	保安族			裕固族			京族		
	小计	男	女	小计	男	女	小计	男	女
安阳市				**3**	**1**	**2**	**3**	**3**	
文峰区				1		1			
北关区							2	2	
殷都区				2	1	1	1	1	
龙安区									
安阳县									
汤阴县									
滑县									
内黄县									
林州市									
鹤壁市									
鹤山区									
山城区									
淇滨区									
浚县									
淇县									
新乡市							**1**		**1**
红旗区									
卫滨区									
凤泉区									
牧野区									
新乡县									
获嘉县									
原阳县									
延津县									
封丘县							1		1
长垣县									
卫辉市									
辉县市									
焦作市				**3**	**1**	**2**	**1**		**1**
解放区				1	1				
中站区									
马村区									
山阳区				1		1	1		1
修武县									
博爱县									
武陟县									
温县									
沁阳市				1		1			
孟州市									
濮阳市									
华龙区									
清丰县									
南乐县									
范县									
台前县									
濮阳县									
许昌市				**4**	**3**	**1**	**9**	**4**	**5**
魏都区				3	3		8	4	4
许昌县									
鄢陵县									
襄城县				1		1			
禹州市							1		1
长葛市									

10-17 续表 30

单位：人

地区	保安族			裕固族			京族		
	小计	男	女	小计	男	女	小计	男	女
漯河市				**2**	**1**	**1**	**5**	**3**	**2**
源汇区									
郾城区									
召陵区				2	1	1	3	2	1
舞阳县									
临颍县							2	1	1
三门峡市									
湖滨区									
渑池县									
陕县									
卢氏县									
义马市									
灵宝市									
南阳市				**1**	**1**		**3**	**2**	**1**
宛城区									
卧龙区									
南召县									
方城县									
西峡县									
镇平县									
内乡县				1	1		1	1	
淅川县									
社旗县									
唐河县							2	1	1
新野县									
桐柏县									
邓州市									
商丘市				**3**	**1**	**2**	**4**	**1**	**3**
梁园区									
睢阳区									
民权县									
睢县									
宁陵县									
柘城县									
虞城县							1		1
夏邑县									
永城市				3	1	2	3	1	2
信阳市				**1**	**1**		**6**	**3**	**3**
浉河区									
平桥区									
罗山县									
光山县									
新县									
商城县									
固始县				1	1		6	3	3
潢川县									
淮滨县									
息县									
周口市				**2**	**2**		**25**	**10**	**15**
川汇区							3		3
扶沟县									
西华县							1		1
商水县									

10-17 续表 31

单位：人

地 区	保安族			裕固族			京 族		
	小计	男	女	小计	男	女	小计	男	女
沈丘县									
郸城县									
淮阳县							11	6	5
太康县				2	2		2		2
鹿邑县									
项城市							8	4	4
驻马店市	**1**		**1**	**5**	**1**	**4**			
驿城区				2		2			
西平县									
上蔡县									
平舆县									
正阳县									
确山县									
泌阳县									
汝南县									
遂平县	1		1	3	1	2			
新蔡县									
省直辖县级行政区划									
济源市									
湖北省	**6**	**4**	**2**	**19**	**10**	**9**	**93**	**54**	**39**
武汉市	**2**	**2**		**5**	**3**	**2**	**17**	**9**	**8**
江岸区									
江汉区									
硚口区									
汉阳区									
武昌区	1	1					6	5	1
青山区							2		2
洪山区	1	1		2	1	1	8	3	5
东西湖区				2	1	1			
汉南区									
蔡甸区									
江夏区							1	1	
黄陂区				1	1				
新洲区									
黄石市				**1**		**1**			
黄石港区									
西塞山区									
下陆区									
铁山区									
阳新县				1		1			
大冶市									
十堰市	**1**		**1**	**1**		**1**	**13**	**6**	**7**
茅箭区							1	1	
张湾区	1		1	1		1	4	2	2
郧县									
郧西县									
竹山县									
竹溪县							8	3	5
房县									
丹江口市									
宜昌市	**1**	**1**					**1**		**1**
西陵区	1	1							
伍家岗区									
点军区									

10-17　续表 32　　　　单位：人

地　区	保安族			裕固族			京　族		
	小计	男	女	小计	男	女	小计	男	女
猇亭区									
夷陵区							1		1
远安县									
兴山县									
秭归县									
长阳土家族自治县									
五峰土家族自治县									
宜都市									
当阳市									
枝江市									
襄樊市				**1**		**1**	**2**	**2**	
襄城区				1		1			
樊城区									
襄阳区							2	2	
南漳县									
谷城县									
保康县									
老河口市									
枣阳市									
宜城市									
鄂州市									
梁子湖区									
华容区									
鄂城区									
荆门市				**4**	**2**	**2**	**1**		**1**
东宝区				4	2	2	1		1
掇刀区									
京山县									
沙洋县									
钟祥市									
孝感市	**1**		**1**				**10**	**3**	**7**
孝南区	1		1				4	1	3
孝昌县							1		1
大悟县									
云梦县							4	2	2
应城市							1		1
安陆市									
汉川市									
荆州市				**3**	**2**	**1**	**3**	**1**	**2**
沙市区				2	1	1			
荆州区									
公安县				1	1		3	1	2
监利县									
江陵县									
石首市									
洪湖市									
松滋市									
黄冈市	**1**	**1**					**12**	**8**	**4**
黄州区							2	2	
团风县									
红安县									
罗田县									
英山县									
浠水县	1	1					1		1
蕲春县							9	6	3
黄梅县									
麻城市									
武穴市									

10-17 续表 33

单位：人

地　区	保安族			裕固族			京　族		
	小计	男	女	小计	男	女	小计	男	女
咸宁市									
咸安区									
嘉鱼县									
通城县									
崇阳县									
通山县									
赤壁市									
随州市									
曾都区									
随县									
广水市									
恩施土家族苗族自治州				**3**	**2**	**1**	**33**	**24**	**9**
恩施市				3	2	1			
利川市							12	9	3
建始县							2	1	1
巴东县									
宣恩县							9	6	3
咸丰县									
来凤县							10	8	2
鹤峰县									
省直辖县级行政区划				**1**	**1**		**1**	**1**	
仙桃市				1	1		1	1	
潜江市									
天门市									
神农架林区									
湖南省	**13**	**7**	**6**	**18**	**6**	**12**	**86**	**34**	**52**
长沙市				**4**	**3**	**1**	**12**	**4**	**8**
芙蓉区				1		1			
天心区							5	1	4
岳麓区							2		2
开福区									
雨花区				2	2		4	3	1
长沙县				1	1				
望城县									
宁乡县							1		1
浏阳市									
株洲市	**2**	**1**	**1**				**14**	**7**	**7**
荷塘区							1		1
芦淞区	1		1				1	1	
石峰区									
天元区							4	2	2
株洲县									
攸县							4	3	1
茶陵县	1	1							
炎陵县									
醴陵市							4	1	3
湘潭市							**1**		**1**
雨湖区									
岳塘区							1		1
湘潭县									
湘乡市									
韶山市									

10-17　续表 34　　　　　　　　　　　　　　　　　　　　　　　　单位：人

地　区	保安族			裕固族			京族		
	小计	男	女	小计	男	女	小计	男	女
衡阳市							**3**	**1**	**2**
珠晖区									
雁峰区									
石鼓区									
蒸湘区									
南岳区									
衡阳县									
衡南县									
衡山县									
衡东县									
祁东县							1	1	
耒阳市							2		2
常宁市									
邵阳市	**1**		**1**				**1**	**1**	
双清区	1		1						
大祥区									
北塔区									
邵东县									
新邵县									
邵阳县									
隆回县									
洞口县									
绥宁县									
新宁县							1	1	
城步苗族自治县									
武冈市									
岳阳市	**2**	**1**	**1**				**8**	**2**	**6**
岳阳楼区							3	1	2
云溪区	2	1	1						
君山区									
岳阳县									
华容县							1		1
湘阴县									
平江县							1		1
汨罗市							3	1	2
临湘市									
常德市	**4**	**2**	**2**	**7**	**1**	**6**	**15**	**6**	**9**
武陵区							1		1
鼎城区				4	1	3	3		3
安乡县									
汉寿县				1		1			
澧县				1		1	5	2	3
临澧县	4	2	2				1		1
桃源县				1		1	2	2	
石门县							1		1
津市市							2	2	
张家界市	**1**	**1**					**2**	**1**	**1**
永定区							1	1	
武陵源区									
慈利县									
桑植县	1	1					1		1
益阳市	**2**	**2**		**2**	**1**	**1**	**6**	**2**	**4**
资阳区	1	1							
赫山区	1	1		1		1	3	2	1

10-17 续表 35 单位：人

地区	保安族			裕固族			京族		
	小计	男	女	小计	男	女	小计	男	女
南县				1	1		3		3
桃江县									
安化县									
沅江市									
郴州市							**6**	**2**	**4**
北湖区							3	1	2
苏仙区									
桂阳县									
宜章县									
永兴县							1		1
嘉禾县									
临武县							2	1	1
汝城县									
桂东县									
安仁县									
资兴市									
永州市	**1**		**1**				**6**	**4**	**2**
零陵区	1		1				3	2	1
冷水滩区							2	1	1
祁阳县									
东安县							1	1	
双牌县									
道县									
江永县									
宁远县									
蓝山县									
新田县									
江华瑶族自治县									
怀化市				**1**		**1**	**6**	**3**	**3**
鹤城区							5	2	3
中方县									
沅陵县									
辰溪县				1		1			
溆浦县									
会同县							1	1	
麻阳苗族自治县									
新晃侗族自治县									
芷江侗族自治县									
靖州苗族侗族自治县									
通道侗族自治县									
洪江市									
娄底市				**2**	**1**	**1**	**4**	**1**	**3**
娄星区									
双峰县									
新化县							1		1
冷水江市									
涟源市				2	1	1	3	1	2
湘西土家族苗族自治州				**2**		**2**	**2**		**2**
吉首市				2		2			
泸溪县							1		1
凤凰县									
花垣县									
保靖县									
古丈县									
永顺县									
龙山县							1		1

10-17　续表 36　　　　单位：人

地　区	保安族			裕固族			京族		
	小计	男	女	小计	男	女	小计	男	女
广东省	**25**	**15**	**10**	**53**	**32**	**21**	**484**	**232**	**252**
广州市	**9**	**7**	**2**	**6**	**5**	**1**	**109**	**61**	**48**
荔湾区	1	1					2	1	1
越秀区	1		1				36	22	14
海珠区	4	3	1				2		2
天河区				2	2		17	8	9
白云区	2	2		1	1		12	7	5
黄埔区							2	2	
番禺区	1	1		1	1		17	7	10
花都区							5	4	1
南沙区							6	3	3
萝岗区				1	1		3	1	2
增城市				1		1	5	4	1
从化市							2	2	
韶关市									
武江区									
浈江区									
曲江区									
始兴县									
仁化县									
翁源县									
乳源瑶族自治县									
新丰县									
乐昌市									
南雄市									
深圳市	**4**	**2**	**2**	**13**	**9**	**4**	**87**	**46**	**41**
罗湖区							8	6	2
福田区	3	1	2	1		1	13	5	8
南山区							7	1	6
宝安区	1	1		8	6	2	41	24	17
龙岗区				4	3	1	17	10	7
盐田区							1		1
珠海市	**1**		**1**				**12**	**5**	**7**
香洲区							3	1	2
斗门区							2	1	1
金湾区	1		1				7	3	4
汕头市				**2**	**1**	**1**	**33**	**14**	**19**
龙湖区							4	1	3
金平区				2	1	1	4	2	2
濠江区									
潮阳区							5	5	
潮南区							10	1	9
澄海区							10	5	5
南澳县									
佛山市	**5**	**4**	**1**	**5**	**4**	**1**	**29**	**16**	**13**
禅城区				1		1	4		4
南海区	1	1		4	4		10	5	5
顺德区	4	3	1				6	5	1
三水区							8	5	3
高明区							1	1	
江门市							**27**	**8**	**19**
蓬江区							2	2	
江海区							1		1

10-17 续表 37 单位：人

地区	保安族			裕固族			京族		
	小计	男	女	小计	男	女	小计	男	女
新会区							1	1	
台山市							18	2	16
开平市							1		1
鹤山市							3	3	
恩平市							1		1
湛江市							**36**	**21**	**15**
赤坎区							3	1	2
霞山区							9	6	3
坡头区							1	1	
麻章区							7	6	1
遂溪县							2		2
徐闻县							2		2
廉江市							1		1
雷州市							10	7	3
吴川市							1		1
茂名市				**1**	**1**		**11**	**3**	**8**
茂南区							1	1	
茂港区							1		1
电白县							1		1
高州市				1	1		6		6
化州市									
信宜市							2	2	
肇庆市				**2**		**2**	**22**	**10**	**12**
端州区									
鼎湖区							4	3	1
广宁县				1		1	2	1	1
怀集县									
封开县							1		1
德庆县							1	1	
高要市				1		1	2	1	1
四会市							12	4	8
惠州市				**13**	**5**	**8**	**29**	**8**	**21**
惠城区							8		8
惠阳区							3	3	
博罗县				13	5	8	18	5	13
惠东县									
龙门县									
梅州市									
梅江区									
梅县									
大埔县									
丰顺县									
五华县									
平远县									
蕉岭县									
兴宁市									
汕尾市	**1**		**1**				**1**		**1**
城区									
海丰县	1		1				1		1
陆河县									
陆丰市									
河源市	**1**		**1**				**3**	**2**	**1**
源城区									
紫金县									
龙川县	1		1				1		1
连平县							2	2	
和平县									
东源县									

10-17　续表 38　　单位：人

地区	保安族			裕固族			京族		
	小计	男	女	小计	男	女	小计	男	女
阳江市									
江城区									
阳西县									
阳东县									
阳春市									
清远市				**3**	**2**	**1**	**27**	**7**	**20**
清城区				3	2	1	8	2	6
佛冈县							1		1
阳山县									
连山壮族瑶族自治县							1	1	
连南瑶族自治县									
清新县							5	2	3
英德市							10	1	9
连州市							2	1	1
东莞市	**3**	**1**	**2**	**2**	**1**	**1**	**40**	**24**	**16**
中山市	**1**	**1**					**11**	**3**	**8**
潮州市							**3**	**1**	**2**
湘桥区							3	1	2
潮安县									
饶平县									
揭阳市				**6**	**4**	**2**	**4**	**3**	**1**
榕城区									
揭东县							1	1	
揭西县				6	4	2	1		1
惠来县							2	2	
普宁市									
云浮市									
云城区									
新兴县									
郁南县									
云安县									
罗定市									
广西壮族自治区	**1**		**1**	**7**	**2**	**5**	**23283**	**12047**	**11236**
南宁市							**970**	**431**	**539**
兴宁区							57	22	35
青秀区							333	171	162
江南区							107	50	57
西乡塘区							326	137	189
良庆区							28	8	20
邕宁区							11	5	6
武鸣县							42	10	32
隆安县							17	4	13
马山县							1		1
上林县							3	3	
宾阳县							34	21	13
横县							11		11

10-17 续表 39 单位：人

地 区	保安族			裕固族			京 族		
	小计	男	女	小计	男	女	小计	男	女
柳州市							**164**	**75**	**89**
城中区							9	4	5
鱼峰区							23	10	13
柳南区							24	9	15
柳北区							23	12	11
柳江县							16	3	13
柳城县							48	26	22
鹿寨县							19	10	9
融安县							2	1	1
融水苗族自治县									
三江侗族自治县									
桂林市	**1**		**1**	**2**		**2**	**162**	**72**	**90**
秀峰区							10	5	5
叠彩区							6	4	2
象山区							13	3	10
七星区				1		1	24	14	10
雁山区							16	3	13
阳朔县							8	6	2
临桂县							5	2	3
灵川县							10	5	5
全州县				1		1			
兴安县									
永福县							62	28	34
灌阳县									
龙胜各族自治县							2	1	1
资源县							1	1	
平乐县							3		3
荔浦县	1		1				1		1
恭城瑶族自治县							1		1
梧州市							**19**	**11**	**8**
万秀区							1	1	
蝶山区							5	3	2
长洲区							2	2	
苍梧县									
藤县									
蒙山县							2		2
岑溪市							9	5	4
北海市							**140**	**78**	**62**
海城区							88	52	36
银海区							29	18	11
铁山港区							7	4	3
合浦县							16	4	12
防城港市							**20846**	**11003**	**9843**
港口区							1232	568	664
防城区							3391	1710	1681
上思县							40	7	33
东兴市							16183	8718	7465
钦州市				**3**	**1**	**2**	**523**	**200**	**323**
钦南区				2	1	1	407	167	240
钦北区				1		1	47	6	41
灵山县							30	7	23
浦北县							39	20	19
贵港市							**18**	**10**	**8**
港北区							7	4	3
港南区							3	1	2
覃塘区							2		2
平南县							2	2	
桂平市							4	3	1

10-17　续表 40　　单位：人

地　区	保安族			裕固族			京　族		
	小计	男	女	小计	男	女	小计	男	女
玉林市							**54**	**22**	**32**
玉州区							18	7	11
容县							9	4	5
陆川县							10	5	5
博白县							9	6	3
兴业县							1		1
北流市							7		7
百色市							**80**	**39**	**41**
右江区							58	29	29
田阳县							1		1
田东县							3	1	2
平果县							9	4	5
德保县							2	1	1
靖西县									
那坡县									
凌云县									
乐业县							2		2
田林县									
西林县									
隆林各族自治县							5	4	1
贺州市							**10**	**3**	**7**
八步区							6	2	4
平桂管理区									
昭平县							2	1	1
钟山县									
富川瑶族自治县							2		2
河池市				**2**	**1**	**1**	**22**	**11**	**11**
金城江区							1	1	
南丹县							1		1
天峨县				2	1	1			
凤山县							1		1
东兰县									
罗城仫佬族自治县							1		1
环江毛南族自治县									
巴马瑶族自治县							1	1	
都安瑶族自治县							1		1
大化瑶族自治县									
宜州市							16	9	7
来宾市							**32**	**10**	**22**
兴宾区							25	9	16
忻城县									
象州县							3		3
武宣县							2		2
金秀瑶族自治县									
合山市							2	1	1
崇左市							**243**	**82**	**161**
江州区							38	7	31
扶绥县							29	10	19
宁明县							83	29	54
龙州县							9	3	6
大新县							9		9
天等县							1		1
凭祥市							74	33	41

10-17 续表 41 单位：人

地区	保安族			裕固族			京族		
	小计	男	女	小计	男	女	小计	男	女
海南省				**3**	**1**	**2**	**189**	**92**	**97**
海口市				**3**	**1**	**2**	**11**	**5**	**6**
秀英区									
龙华区				2	1	1	5	2	3
琼山区				1		1	4	2	2
美兰区							2	1	1
三亚市							**4**	**2**	**2**
省直辖县级行政区划							**174**	**85**	**89**
五指山市							2	2	
琼海市							3		3
儋州市							34	27	7
文昌市							9	6	3
万宁市							33	13	20
东方市							10	2	8
定安县									
屯昌县							1		1
澄迈县							2		2
临高县									
白沙黎族自治县							8	4	4
昌江黎族自治县							35	21	14
乐东黎族自治县									
陵水黎族自治县							36	10	26
保亭黎族苗族自治县							1		1
琼中黎族苗族自治县									
西沙群岛									
重庆市	**9**	**8**	**1**	**27**	**14**	**13**	**25**	**14**	**11**
市辖区	**9**	**8**	**1**	**27**	**14**	**13**	**23**	**14**	**9**
万州区				1	1				
涪陵区									
渝中区							1		1
大渡口区							1	1	
江北区				2	2		2	2	
沙坪坝区				1		1	2	2	
九龙坡区				1		1			
南岸区				1	1		1	1	
北碚区				1		1	4	1	3
万盛区							2	2	
双桥区									
渝北区				2		2	1		1
巴南区									
黔江区									
长寿区									
江津区									
合川区	9	8	1	17	10	7	8	4	4
永川区				1		1	1	1	
南川区									
市辖县							**2**		**2**
綦江县									
潼南县									
铜梁县									

10-17　续表 42

单位：人

地　　区	保安族			裕固族			京　族		
	小计	男	女	小计	男	女	小计	男	女
大足县									
荣昌县							2		2
璧山县									
梁平县									
城口县									
丰都县									
垫江县									
武隆县									
忠县									
开县									
云阳县									
奉节县									
巫山县									
巫溪县									
石柱土家族自治县									
秀山土家族苗族自治县									
酉阳土家族苗族自治县									
彭水苗族土家族自治县									
四川省	**43**	**33**	**10**	**48**	**26**	**22**	**264**	**126**	**138**
成都市	**5**	**4**	**1**	**27**	**14**	**13**	**84**	**39**	**45**
锦江区							2	2	
青羊区				1	1				
金牛区							9	2	7
武侯区	3	3		5	3	2	9	6	3
成华区				2	2		3	2	1
龙泉驿区							1		1
青白江区				1		1	3	1	2
新都区									
温江区				4		4	13	5	8
金堂县				1	1		11	5	6
双流县	1	1		5	3	2	11	4	7
郫县				8	4	4	6	4	2
大邑县							1	1	
蒲江县							5	2	3
新津县	1		1				1		1
都江堰市									
彭州市							2	1	1
邛崃市							1		1
崇州市							6	4	2
自贡市									
自流井区									
贡井区									
大安区									
沿滩区									
荣县									
富顺县									
攀枝花市	**1**		**1**				**10**	**3**	**7**
东区	1		1				3	1	2
西区									
仁和区							3	2	1
米易县							3		3
盐边县							1		1

10-17 续表 43 单位：人

地区	保安族			裕固族			京族		
	小计	男	女	小计	男	女	小计	男	女
泸州市	**1**	**1**		**3**	**2**	**1**	**3**	**2**	**1**
江阳区				2	1	1			
纳溪区									
龙马潭区							1		1
泸县									
合江县	1	1							
叙永县									
古蔺县				1	1		2	2	
德阳市									
旌阳区									
中江县									
罗江县									
广汉市									
什邡市									
绵竹市									
绵阳市				**1**	**1**		**9**	**5**	**4**
涪城区				1	1		3	2	1
游仙区									
三台县									
盐亭县									
安县									
梓潼县							1	1	
北川羌族自治县							2	1	1
平武县									
江油市							3	1	2
广元市				**2**	**1**	**1**	**4**	**1**	**3**
利州区				1	1		1	1	
元坝区							3		3
朝天区				1		1			
旺苍县									
青川县									
剑阁县									
苍溪县									
遂宁市	**1**		**1**				**7**	**1**	**6**
船山区									
安居区	1		1				1		1
蓬溪县									
射洪县									
大英县							6	1	5
内江市									
市中区									
东兴区									
威远县									
资中县									
隆昌县									
乐山市				**6**	**4**	**2**	**11**	**5**	**6**
市中区				2	2		6	3	3
沙湾区									
五通桥区									
金口河区				1		1			
犍为县				1	1		3	1	2
井研县									
夹江县									
沐川县									
峨边彝族自治县							1	1	
马边彝族自治县									
峨眉山市				2	1	1	1		1

10-17　续表 44　　　　单位：人

地　区	保安族			裕固族			京族		
	小计	男	女	小计	男	女	小计	男	女
南充市							**35**	**19**	**16**
顺庆区							5	4	1
高坪区							1		1
嘉陵区									
南部县							1		1
营山县									
蓬安县									
仪陇县									
西充县									
阆中市							28	15	13
眉山市				**3**		**3**	**11**	**4**	**7**
东坡区				3		3	1		1
仁寿县							9	3	6
彭山县							1	1	
洪雅县									
丹棱县									
青神县									
宜宾市							**3**	**1**	**2**
翠屏区							2	1	1
宜宾县							1		1
南溪县									
江安县									
长宁县									
高县									
珙县									
筠连县									
兴文县									
屏山县									
广安市	**2**	**1**	**1**	**1**		**1**	**7**	**5**	**2**
广安区				1		1	3	3	
岳池县									
武胜县									
邻水县	2	1	1				4	2	2
华蓥市									
达州市							**1**		**1**
通川区									
达县									
宣汉县									
开江县							1		1
大竹县									
渠县									
万源市									
雅安市							**10**	**6**	**4**
雨城区							5	4	1
名山县									
荥经县									
汉源县							3	2	1
石棉县									
天全县							2		2
芦山县									
宝兴县									

10-17 续表 45 单位：人

地区	保安族			裕固族			京族		
	小计	男	女	小计	男	女	小计	男	女
巴中市									
巴州区									
通江县									
南江县									
平昌县									
资阳市							**1**		**1**
雁江区									
安岳县									
乐至县							1		1
简阳市									
阿坝藏族羌族自治州	**19**	**13**	**6**	**4**	**4**		**5**	**2**	**3**
汶川县	1		1	2	2		2		2
理县							1	1	
茂县							1		1
松潘县	4	2	2						
九寨沟县				2	2				
金川县									
小金县									
黑水县									
马尔康县	1		1						
壤塘县									
阿坝县	9	8	1				1	1	
若尔盖县	4	3	1						
红原县									
甘孜藏族自治州	**14**	**14**		**1**		**1**	**1**		**1**
康定县				1		1			
泸定县									
丹巴县									
九龙县									
雅江县									
道孚县									
炉霍县									
甘孜县	1	1							
新龙县									
德格县	13	13							
白玉县									
石渠县									
色达县									
理塘县									
巴塘县									
乡城县							1		1
稻城县									
得荣县									
凉山彝族自治州							**62**	**33**	**29**
西昌市							4	1	3
木里藏族自治县									
盐源县							1		1
德昌县							3	1	2
会理县							7	5	2
会东县							2	1	1
宁南县							1		1
普格县									
布拖县							18	9	9
金阳县							12	8	4
昭觉县									

10-17　续表 46　　　　　　　　　　　　　　　　　　　　　　　　　单位：人

地　区	保安族			裕固族			京　族		
	小计	男	女	小计	男	女	小计	男	女
喜德县							5	2	3
冕宁县							9	6	3
越西县									
甘洛县									
美姑县									
雷波县									
贵州省	**8**	**4**	**4**	**1**	**1**		**1143**	**620**	**523**
贵阳市	**3**	**1**	**2**	**1**	**1**		**219**	**109**	**110**
南明区	3	1	2	1	1		67	34	33
云岩区							47	23	24
花溪区							25	15	10
乌当区							31	12	19
白云区							7	4	3
小河区							7	2	5
开阳县							3	2	1
息烽县									
修文县							3	2	1
清镇市							29	15	14
六盘水市							**107**	**53**	**54**
钟山区							61	33	28
六枝特区							17	7	10
水城县							24	11	13
盘县							5	2	3
遵义市	**2**	**1**	**1**				**19**	**11**	**8**
红花岗区							5	4	1
汇川区	2	1	1				5	3	2
遵义县									
桐梓县							2		2
绥阳县									
正安县									
道真仡佬族苗族自治县									
务川仡佬族苗族自治县									
凤冈县							7	4	3
湄潭县									
余庆县									
习水县									
赤水市									
仁怀市									
安顺市							**197**	**111**	**86**
西秀区							18	10	8
平坝县							10	4	6
普定县							7	5	2
镇宁布依族苗族自治县							11	7	4
关岭布依族苗族自治县							150	84	66
紫云苗族布依族自治县							1	1	
铜仁地区	**2**	**1**	**1**				**13**	**7**	**6**
铜仁市	2	1	1				7	3	4
江口县							6	4	2
玉屏侗族自治县									
石阡县									
思南县									
印江土家族苗族自治县									
德江县									
沿河土家族自治县									
松桃苗族自治县									
万山特区									

10-17 续表 47 单位：人

地区	保安族			裕固族			京族		
	小计	男	女	小计	男	女	小计	男	女
黔西南布依族苗族自治州							**21**	**14**	**7**
兴义市							6	4	2
兴仁县							3	2	1
普安县							8	5	3
晴隆县									
贞丰县									
望谟县							2	1	1
册亨县									
安龙县							2	2	
毕节地区	**1**	**1**					**515**	**289**	**226**
毕节市	1	1					11	5	6
大方县							106	42	64
黔西县							3	1	2
金沙县							2	2	
织金县							14	8	6
纳雍县							369	227	142
威宁彝族回族苗族自治县							10	4	6
赫章县									
黔东南苗族侗族自治州							**12**	**4**	**8**
凯里市							11	4	7
黄平县									
施秉县									
三穗县									
镇远县									
岑巩县									
天柱县									
锦屏县									
剑河县									
台江县									
黎平县							1		1
榕江县									
从江县									
雷山县									
麻江县									
丹寨县									
黔南布依族苗族自治州							**40**	**22**	**18**
都匀市							9	5	4
福泉市							2	2	
荔波县									
贵定县							23	11	12
瓮安县									
独山县									
平塘县									
罗甸县							1	1	
长顺县									
龙里县							5	3	2
惠水县									
三都水族自治县									

10-17　续表 48　　　　单位：人

地　区	保安族			裕固族			京　族		
	小计	男	女	小计	男	女	小计	男	女
云南省	**49**	**36**	**13**	**8**	**4**	**4**	**878**	**351**	**527**
昆明市	**8**	**4**	**4**				**174**	**101**	**73**
五华区	2	1	1				40	17	23
盘龙区							23	12	11
官渡区							18	11	7
西山区	1	1					19	12	7
东川区							1	1	
呈贡县							4	1	3
晋宁县							1		1
富民县	3	2	1				1	1	
宜良县							1	1	
石林彝族自治县							6	1	5
嵩明县							1	1	
禄劝彝族苗族自治县	2		2				1		1
寻甸回族彝族自治县									
安宁市							58	43	15
曲靖市				**2**	**1**	**1**	**48**	**23**	**25**
麒麟区							4	2	2
马龙县									
陆良县							18	7	11
师宗县							11	4	7
罗平县							1	1	
富源县							3	3	
会泽县				1		1	5	2	3
沾益县									
宣威市				1	1		6	4	2
玉溪市							**36**	**17**	**19**
红塔区							8	2	6
江川县							1	1	
澄江县									
通海县							6	4	2
华宁县							5	5	
易门县							3	1	2
峨山彝族自治县									
新平彝族傣族自治县							4	3	1
元江哈尼族彝族傣族自治县							9	1	8
保山市	**9**	**5**	**4**	**1**	**1**		**39**	**10**	**29**
隆阳区	3	2	1				17	6	11
施甸县				1	1		2	1	1
腾冲县	1	1					2	1	1
龙陵县	5	2	3						
昌宁县							18	2	16
昭通市				**1**	**1**		**11**	**4**	**7**
昭阳区				1	1		8	4	4
鲁甸县									
巧家县									
盐津县									
大关县									
永善县									
绥江县									
镇雄县							3		3
彝良县									
威信县									
水富县									

10-17 续表 49 单位：人

地区	保安族			裕固族			京族		
	小计	男	女	小计	男	女	小计	男	女
丽江市	**5**	**4**	**1**						
古城区									
玉龙纳西族自治县									
永胜县									
华坪县	5	4	1						
宁蒗彝族自治县									
普洱市	**1**	**1**					**40**	**27**	**13**
思茅区							9	7	2
宁洱哈尼族彝族自治县	1	1					3	3	
墨江哈尼族自治县									
景东彝族自治县									
景谷傣族彝族自治县							26	17	9
镇沅彝族哈尼族拉祜族自治县									
江城哈尼族彝族自治县									
孟连傣族拉祜族佤族自治县									
澜沧拉祜族自治县							2		2
西盟佤族自治县									
临沧市	**14**	**11**	**3**	**2**	**1**	**1**	**35**	**18**	**17**
临翔区							13	6	7
凤庆县	2	1	1				6	5	1
云县							1		1
永德县									
镇康县	12	10	2	2	1	1	6	4	2
双江拉祜族佤族布朗族傣族自治县							7	1	6
耿马傣族佤族自治县							2	2	
沧源佤族自治县									
楚雄彝族自治州							**6**	**4**	**2**
楚雄市							1		1
双柏县									
牟定县									
南华县									
姚安县									
大姚县									
永仁县									
元谋县							5	4	1
武定县									
禄丰县									
红河哈尼族彝族自治州				**1**		**1**	**292**	**82**	**210**
个旧市				1		1	14	1	13
开远市							31	11	20
蒙自市							25	15	10
屏边苗族自治县									
建水县							10	4	6
石屏县							15	8	7
弥勒县									
泸西县							1	1	
元阳县									
红河县									
金平苗族瑶族傣族自治县							2		2
绿春县									
河口瑶族自治县							194	42	152
文山壮族苗族自治州				**1**		**1**	**85**	**26**	**59**
文山县							29	13	16
砚山县							23	4	19
西畴县							4	2	2
麻栗坡县				1		1	7	3	4

10-17　续表 50　　　　　　　　　　　　　　　　　　单位：人

地　区	保安族			裕固族			京　族		
	小计	男	女	小计	男	女	小计	男	女
马关县							11	1	10
丘北县							4	2	2
广南县							5	1	4
富宁县							2		2
西双版纳傣族自治州							**12**	**9**	**3**
景洪市							11	8	3
勐海县									
勐腊县							1	1	
大理白族自治州	**1**	**1**					**33**	**9**	**24**
大理市							2	1	1
漾濞彝族自治县									
祥云县	1	1							
宾川县							26	6	20
弥渡县							1		1
南涧彝族自治县									
巍山彝族回族自治县									
永平县							3	1	2
云龙县									
洱源县									
剑川县									
鹤庆县							1	1	
德宏傣族景颇族自治州							**67**	**21**	**46**
瑞丽市							9	3	6
潞西市							39	8	31
梁河县									
盈江县							14	8	6
陇川县							5	2	3
怒江傈僳族自治州	**11**	**10**	**1**						
泸水县	1	1							
福贡县	8	7	1						
贡山独龙族怒族自治县	2	2							
兰坪白族普米族自治县									
迪庆藏族自治州									
香格里拉县									
德钦县									
维西傈僳族自治县									
西藏自治区	**15**	**11**	**4**	**4**	**2**	**2**	**5**	**2**	**3**
拉萨市	**12**	**9**	**3**	**2**	**1**	**1**	**5**	**2**	**3**
城关区	12	9	3	2	1	1	4	2	2
林周县									
当雄县									
尼木县									
曲水县									
堆龙德庆县									
达孜县									
墨竹工卡县							1		1
昌都地区									
昌都县									
江达县									
贡觉县									
类乌齐县									
丁青县									
察雅县									

10-17 续表 51 单位：人

地区	保安族			裕固族			京族		
	小计	男	女	小计	男	女	小计	男	女
八宿县									
左贡县									
芒康县									
洛隆县									
边坝县									
山南地区									
乃东县									
扎囊县									
贡嘎县									
桑日县									
琼结县									
曲松县									
措美县									
洛扎县									
加查县									
隆子县									
错那县									
浪卡子县									
日喀则地区				**2**	**1**	**1**			
日喀则市									
南木林县									
江孜县									
定日县									
萨迦县									
拉孜县									
昂仁县				1		1			
谢通门县									
白朗县									
仁布县									
康马县									
定结县									
仲巴县									
亚东县				1	1				
吉隆县									
聂拉木县									
萨嘎县									
岗巴县									
那曲地区									
那曲县									
嘉黎县									
比如县									
聂荣县									
安多县									
申扎县									
索县									
班戈县									
巴青县									
尼玛县									
阿里地区	**3**	**2**	**1**						
普兰县									
札达县									
噶尔县	1	1							
日土县									
革吉县									
改则县	2	1	1						
措勤县									

10-17　续表 52　　　　　　　　　　　　　　　　　　　　　　　　单位：人

地　区	保安族			裕固族			京　族		
	小计	男	女	小计	男	女	小计	男	女
林芝地区									
林芝县									
工布江达县									
米林县									
墨脱县									
波密县									
察隅县									
朗县									
陕西省	**4**	**2**	**2**	**29**	**12**	**17**	**28**	**11**	**17**
西安市	**4**	**2**	**2**	**21**	**10**	**11**	**13**	**5**	**8**
新城区	2	1	1	1	1				
碑林区				2	1	1	1	1	
莲湖区				3		3			
灞桥区				1	1				
未央区				3	2	1			
雁塔区	2	1	1	9	5	4	3	1	2
阎良区									
临潼区									
长安区				2		2	9	3	6
蓝田县									
周至县									
户县									
高陵县									
铜川市									
王益区									
印台区									
耀州区									
宜君县									
宝鸡市				**3**	**1**	**2**			
渭滨区									
金台区				1		1			
陈仓区				1		1			
凤翔县									
岐山县									
扶风县									
眉县									
陇县									
千阳县				1	1				
麟游县									
凤县									
太白县									
咸阳市				**2**	**1**	**1**			
秦都区									
杨陵区				1		1			
渭城区				1	1				
三原县									
泾阳县									
乾县									
礼泉县									
永寿县									
彬县									

10-17　续表 53　　　　单位：人

地区	保安族			裕固族			京族		
	小计	男	女	小计	男	女	小计	男	女
长武县									
旬邑县									
淳化县									
武功县									
兴平市									
渭南市									
临渭区									
华县									
潼关县									
大荔县									
合阳县									
澄城县									
蒲城县									
白水县									
富平县									
韩城市									
华阴市									
延安市									
宝塔区									
延长县									
延川县									
子长县									
安塞县									
志丹县									
吴起县									
甘泉县									
富县									
洛川县									
宜川县									
黄龙县									
黄陵县									
汉中市				**3**		**3**			
汉台区									
南郑县									
城固县									
洋县									
西乡县									
勉县									
宁强县									
略阳县				3		3			
镇巴县									
留坝县									
佛坪县									
榆林市									
榆阳区									
神木县									
府谷县									
横山县									
靖边县									
定边县									
绥德县									
米脂县									
佳县									
吴堡县									
清涧县									
子洲县									

10-17　续表 54

单位：人

地　区	保安族			裕固族			京族		
	小计	男	女	小计	男	女	小计	男	女
安康市							**6**	**3**	**3**
汉滨区							6	3	3
汉阴县									
石泉县									
宁陕县									
紫阳县									
岚皋县									
平利县									
镇坪县									
旬阳县									
白河县									
商洛市							**9**	**3**	**6**
商州区							1	1	
洛南县									
丹凤县									
商南县							2	1	1
山阳县							5	1	4
镇安县							1		1
柞水县									
甘肃省	**18170**	**8908**	**9262**	**13001**	**6640**	**6361**	**109**	**54**	**55**
兰州市	**148**	**80**	**68**	**361**	**171**	**190**	**61**	**28**	**33**
城关区	61	32	29	194	98	96	40	20	20
七里河区	29	16	13	39	23	16	8	3	5
西固区	5	2	3	7	1	6			
安宁区	28	17	11	73	33	40	1		1
红古区	11	6	5						
永登县	1	1		11	3	8			
皋兰县									
榆中县	13	6	7	37	13	24	12	5	7
嘉峪关市	**11**	**8**	**3**	**177**	**71**	**106**	**1**		**1**
金昌市	**7**	**5**	**2**	**72**	**26**	**46**			
金川区	4	2	2	16	7	9			
永昌县	3	3		56	19	37			
白银市	**1**	**1**		**6**	**4**	**2**			
白银区	1	1		3	3				
平川区									
靖远县									
会宁县									
景泰县				3	1	2			
天水市				**6**	**3**	**3**	**2**		**2**
秦州区				5	2	3	1		1
麦积区				1	1		1		1
清水县									
秦安县									
甘谷县									
武山县									
张家川回族自治县									
武威市	**8**	**6**	**2**	**65**	**29**	**36**	**19**	**10**	**9**
凉州区	3	1	2	52	25	27	18	10	8
民勤县									
古浪县				2	2		1		1
天祝藏族自治县	5	5		11	2	9			

10-17 续表 55 单位：人

地区	保安族			裕固族			京族		
	小计	男	女	小计	男	女	小计	男	女
张掖市	**3**	**3**		**10237**	**5176**	**5061**			
甘州区				1070	475	595			
肃南裕固族自治县	1	1		8979	4636	4343			
民乐县				16	4	12			
临泽县				49	20	29			
高台县				100	33	67			
山丹县	2	2		23	8	15			
平凉市				**1**		**1**			
崆峒区				1		1			
泾川县									
灵台县									
崇信县									
华亭县									
庄浪县									
静宁县									
酒泉市	**16**	**7**	**9**	**2012**	**1132**	**880**	**13**	**7**	**6**
肃州区	2		2	1911	1083	828	2	1	1
金塔县				29	11	18			
瓜州县	12	6	6	11	8	3			
肃北蒙古族自治县				13	6	7			
阿克塞哈萨克族自治县				2		2			
玉门市	1		1	38	21	17	1	1	
敦煌市	1	1		8	3	5	10	5	5
庆阳市				**4**	**2**	**2**			
西峰区				4	2	2			
庆城县									
环县									
华池县									
合水县									
正宁县									
宁县									
镇原县									
定西市	**6**	**5**	**1**	**4**	**1**	**3**	**12**	**8**	**4**
安定区	1	1					8	6	2
通渭县				3	1	2			
陇西县									
渭源县	2	2							
临洮县	3	2	1						
漳县							3	1	2
岷县				1		1	1	1	
陇南市	**1**	**1**							
武都区	1	1							
成县									
文县									
宕昌县									
康县									
西和县									
礼县									
徽县									
两当县									

10-17 续表 56 单位：人

地区	保安族			裕固族			京族		
	小计	男	女	小计	男	女	小计	男	女
临夏回族自治州	**17834**	**8731**	**9103**	**18**	**4**	**14**			
临夏市	858	400	458	6	2	4			
临夏县	198	95	103						
康乐县	24	15	9						
永靖县	53	27	26	10	2	8			
广河县	13	6	7						
和政县	60	33	27	1		1			
东乡族自治县	6	4	2	1		1			
积石山保安族东乡族撒拉族自治县	16622	8151	8471						
甘南藏族自治州	**135**	**61**	**74**	**38**	**21**	**17**	**1**	**1**	
合作市	49	20	29	33	17	16			
临潭县	3	2	1	1		1	1	1	
卓尼县									
舟曲县									
迭部县				2	2				
玛曲县	6	5	1						
碌曲县	14	6	8						
夏河县	63	28	35	2	2				
青海省	**904**	**477**	**427**	**163**	**78**	**85**	**10**	**6**	**4**
西宁市	**172**	**84**	**88**	**34**	**14**	**20**			
城东区	128	64	64	9	3	6			
城中区	9	2	7	5	2	3			
城西区	17	7	10	5	3	2			
城北区	11	6	5	11	5	6			
大通回族土族自治县	1	1		2		2			
湟中县	3	2	1	1		1			
湟源县	3	2	1	1	1				
海东地区	**41**	**17**	**24**	**3**		**3**	**8**	**4**	**4**
平安县				1		1	1	1	
民和回族土族自治县	17	8	9						
乐都县							3	2	1
互助土族自治县	1		1	1		1	3	1	2
化隆回族自治县				1		1	1		1
循化撒拉族自治县	23	9	14						
海北藏族自治州	**46**	**25**	**21**	**86**	**45**	**41**			
门源回族自治县				21	13	8			
祁连县	44	24	20	60	31	29			
海晏县	2	1	1	5	1	4			
刚察县									
黄南藏族自治州	**433**	**224**	**209**	**8**	**2**	**6**			
同仁县	391	203	188						
尖扎县	9	5	4	5	1	4			
泽库县	18	8	10						
河南蒙古族自治县	15	8	7	3	1	2			
海南藏族自治州	**36**	**18**	**18**	**4**	**1**	**3**			
共和县	4	3	1						
同德县	6	3	3	1	1				
贵德县	13	6	7	3		3			
兴海县	4	1	3						
贵南县	9	5	4						
果洛藏族自治州	**77**	**53**	**24**				**1**	**1**	
玛沁县	61	42	19						
班玛县	2	1	1						
甘德县	2	1	1						
达日县	3	3							
久治县	7	4	3				1	1	
玛多县	2	2							

10-17 续表 57

单位：人

地区	保安族			裕固族			京族		
	小计	男	女	小计	男	女	小计	男	女
玉树藏族自治州	**9**	**6**	**3**	**1**	**1**				
玉树县	7	4	3	1	1				
杂多县									
称多县									
治多县	2	2							
囊谦县									
曲麻莱县									
海西蒙古族藏族自治州	**90**	**50**	**40**	**27**	**15**	**12**	**1**	**1**	
格尔木市	50	25	25	3	2	1	1	1	
德令哈市	6	5	1	3	1	2			
乌兰县	20	13	7	6	1	5			
都兰县	14	7	7						
天峻县				5	5				
芒崖行政委员会				10	6	4			
柴旦行政委员会									
冷湖行政委员会									
宁夏回族自治区	**21**	**12**	**9**	**48**	**24**	**24**	**5**		**5**
银川市	**6**	**3**	**3**	**24**	**13**	**11**	**4**		**4**
兴庆区				15	8	7	2		2
西夏区	6	3	3	8	4	4	2		2
金凤区									
永宁县									
贺兰县									
灵武市				1	1				
石嘴山市	**11**	**7**	**4**	**8**	**5**	**3**			
大武口区	11	7	4	4	2	2			
惠农区				4	3	1			
平罗县									
吴忠市	**4**	**2**	**2**	**3**	**1**	**2**	**1**		**1**
利通区				2	1	1			
红寺堡区	3	1	2						
盐池县									
同心县									
青铜峡市	1	1		1		1	1		1
固原市				**3**	**1**	**2**			
原州区				3	1	2			
西吉县									
隆德县									
泾源县									
彭阳县									
中卫市				**10**	**4**	**6**			
沙坡头区				10	4	6			
中宁县									
海原县									
新疆维吾尔自治区	**568**	**342**	**226**	**391**	**198**	**193**	**69**	**40**	**29**
乌鲁木齐市	**29**	**19**	**10**	**97**	**44**	**53**	**6**	**4**	**2**
天山区	5	4	1	14	4	10	2	1	1
沙依巴克区	8	2	6	18	9	9	3	3	
新市区	6	5	1	30	16	14	1		1
水磨沟区	4	3	1	9	4	5			

10-17 续表 58

单位：人

地 区	保安族			裕固族			京族		
	小计	男	女	小计	男	女	小计	男	女
头屯河区				5	1	4			
达坂城区				1	1				
米东区	6	5	1	18	9	9			
乌鲁木齐县				2		2			
克拉玛依市	**6**	**2**	**4**	**18**	**10**	**8**	**1**	**1**	
独山子区				8	6	2			
克拉玛依区				10	4	6	1	1	
白碱滩区									
乌尔禾区	6	2	4						
吐鲁番地区				**13**	**10**	**3**			
吐鲁番市									
鄯善县				11	8	3			
托克逊县				2	2				
哈密地区	**19**	**9**	**10**	**93**	**47**	**46**	**2**	**2**	
哈密市	18	9	9	90	46	44	2	2	
巴里坤哈萨克自治县	1		1	3	1	2			
伊吾县									
昌吉回族自治州	**14**	**10**	**4**	**54**	**29**	**25**	**23**	**12**	**11**
昌吉市	6	3	3	10	7	3	20	11	9
阜康市				3		3			
呼图壁县	6	5	1				1		1
玛纳斯县	2	2		38	20	18	1		1
奇台县									
吉木萨尔县				3	2	1			
木垒哈萨克自治县							1	1	
博尔塔拉蒙古自治州	**63**	**43**	**20**						
博乐市	14	10	4						
精河县	10	7	3						
温泉县	39	26	13						
巴音郭楞蒙古自治州	**5**	**3**	**2**	**16**	**9**	**7**	**6**	**1**	**5**
库尔勒市				11	6	5	4	1	3
轮台县									
尉犁县									
若羌县				1	1				
且末县	5	3	2						
焉耆回族自治县									
和静县				4	2	2	2		2
和硕县									
博湖县									
阿克苏地区	**27**	**16**	**11**	**7**	**5**	**2**	**6**	**3**	**3**
阿克苏市				6	4	2	3	2	1
温宿县									
库车县	1		1	1	1		2	1	1
沙雅县	12	6	6						
新和县									
拜城县							1		1
乌什县	1	1							
阿瓦提县	13	9	4						
柯坪县									
克孜勒苏柯尔克孜自治州				**1**	**1**				
阿图什市									
阿克陶县									
阿合奇县				1	1				
乌恰县									

10-17 续表 59 单位：人

地区	保安族			裕固族			京族		
	小计	男	女	小计	男	女	小计	男	女
喀什地区									
喀什市									
疏附县									
疏勒县									
英吉沙县									
泽普县									
莎车县									
叶城县									
麦盖提县									
岳普湖县									
伽师县									
巴楚县									
塔什库尔干塔吉克自治县									
和田地区	**3**	**2**	**1**	**6**	**2**	**4**			
和田市	3	2	1						
和田县									
墨玉县									
皮山县									
洛浦县									
策勒县				6	2	4			
于田县									
民丰县									
伊犁哈萨克自治州	**169**	**96**	**73**	**24**	**11**	**13**	**2**		**2**
伊宁市	9	3	6	1	1				
奎屯市	1		1	1	1				
伊宁县	87	49	38	8	3	5			
察布查尔锡伯自治县	8	6	2						
霍城县	38	24	14	8	2	6	2		2
巩留县	23	12	11	2	1	1			
新源县	3	2	1	1		1			
昭苏县									
特克斯县				1	1				
尼勒克县				2	2				
塔城地区	**30**	**21**	**9**	**36**	**19**	**17**	**4**	**2**	**2**
塔城市	1		1	11	7	4			
乌苏市				10	4	6			
额敏县	3	3		2	2				
沙湾县	24	17	7	13	6	7	4	2	2
托里县	1	1							
裕民县									
和布克赛尔蒙古自治县	1		1						
阿勒泰地区	**85**	**46**	**39**						
阿勒泰市	15	9	6						
布尔津县	45	25	20						
富蕴县									
福海县	15	5	10						
哈巴河县	3	2	1						
青河县	7	5	2						
吉木乃县									
自治区直辖县级行政区划	**118**	**75**	**43**	**26**	**11**	**15**	**19**	**15**	**4**
石河子市	93	61	32	24	10	14	17	14	3
阿拉尔市	23	14	9	2	1	1	1		1
图木舒克市	2		2						
五家渠市							1	1	

10-18　全国各县分性别的塔塔尔族、独龙族、鄂伦春族人口

单位：人

地　区	塔塔尔族			独龙族			鄂伦春族		
	小计	男	女	小计	男	女	小计	男	女
全　国	**3556**	**1899**	**1657**	**6930**	**3349**	**3581**	**8659**	**4033**	**4626**
北京市	**23**	**9**	**14**	**14**	**9**	**5**	**165**	**77**	**88**
市辖区	**23**	**9**	**14**	**14**	**9**	**5**	**162**	**75**	**87**
东城区							7	3	4
西城区				1	1		1		1
崇文区	1		1				2	1	1
宣武区	1		1				7	1	6
朝阳区	1		1	3	1	2	31	12	19
丰台区	4	1	3				9	7	2
石景山区	3	3		2	1	1	7	1	6
海淀区	10	4	6	5	3	2	51	22	29
门头沟区									
房山区				1	1		5	4	1
通州区							10	7	3
顺义区							7	3	4
昌平区	3	1	2	2	2		14	8	6
大兴区							3	2	1
怀柔区							6	3	3
平谷区							2	1	1
市辖县							**3**	**2**	**1**
密云县							3	2	1
延庆县									
天津市	**4**	**2**	**2**	**3**	**2**	**1**	**38**	**16**	**22**
市辖区	**4**	**2**	**2**	**3**	**2**	**1**	**31**	**15**	**16**
和平区							3	2	1
河东区							1		1
河西区	1	1					2		2
南开区	1	1		1	1		5	3	2
河北区				1		1			
红桥区							1		1
东丽区	1		1						
西青区							3	3	
津南区							5	3	2
北辰区	1		1				2	1	1
武清区									
宝坻区				1	1		2		2
滨海新区							7	3	4
市辖县							**7**	**1**	**6**
宁河县									
静海县							7	1	6
蓟县									
河北省	**17**	**7**	**10**	**21**	**7**	**14**	**142**	**67**	**75**
石家庄市	**2**	**1**	**1**	**8**	**2**	**6**	**17**	**8**	**9**
长安区							4	2	2
桥东区									
桥西区							5	2	3
新华区				1	1		5	3	2
井陉矿区									
裕华区	2	1	1	2	1	1			
井陉县									
正定县							1	1	
栾城县									

10-18 续表 1 单位：人

地区	塔塔尔族			独龙族			鄂伦春族		
	小计	男	女	小计	男	女	小计	男	女
行唐县				1		1			
灵寿县							1		1
高邑县									
深泽县									
赞皇县									
无极县				2		2	1		1
平山县									
元氏县				1		1			
赵县				1		1			
辛集市									
藁城市									
晋州市									
新乐市									
鹿泉市									
唐山市	**3**		**3**	**3**	**2**	**1**	**26**	**9**	**17**
路南区				1	1		1		1
路北区							4		4
古冶区									
开平区									
丰南区	1		1				1	1	
丰润区	1		1				8	2	6
滦县									
滦南县	1		1						
乐亭县							2	1	1
迁西县				2	1	1	2		2
玉田县									
唐海县							2	2	
遵化市							5	2	3
迁安市							1	1	
秦皇岛市	**2**		**2**	**3**	**1**	**2**	**52**	**24**	**28**
海港区	1		1				48	23	25
山海关区	1		1				2	1	1
北戴河区							1		1
青龙满族自治县				3	1	2			
昌黎县							1		1
抚宁县									
卢龙县									
邯郸市									
邯山区									
丛台区									
复兴区									
峰峰矿区									
邯郸县									
临漳县									
成安县									
大名县									
涉县									
磁县									
肥乡县									
永年县									
邱县									
鸡泽县									
广平县									
馆陶县									
魏县									
曲周县									
武安市									

10-18　续表 2

单位：人

地　区	塔塔尔族			独龙族			鄂伦春族		
	小计	男	女	小计	男	女	小计	男	女
邢台市							**1**		**1**
桥东区							1		1
桥西区									
邢台县									
临城县									
内丘县									
柏乡县									
隆尧县									
任县									
南和县									
宁晋县									
巨鹿县									
新河县									
广宗县									
平乡县									
威县									
清河县									
临西县									
南宫市									
沙河市									
保定市	**3**	**2**	**1**				**12**	**7**	**5**
新市区	1	1							
北市区									
南市区									
满城县									
清苑县									
涞水县									
阜平县									
徐水县	1		1				2	1	1
定兴县	1	1							
唐县									
高阳县									
容城县							1		1
涞源县									
望都县							2	1	1
安新县							3	2	1
易县									
曲阳县									
蠡县									
顺平县									
博野县									
雄县									
涿州市							4	3	1
定州市									
安国市									
高碑店市									
张家口市							**3**	**2**	**1**
桥东区									
桥西区									
宣化区									
下花园区									
宣化县									
张北县									

10-18 续表 3　　　　单位：人

地　区	塔塔尔族			独 龙 族			鄂伦春族		
	小计	男	女	小计	男	女	小计	男	女
康保县									
沽源县									
尚义县									
蔚县									
阳原县							3	2	1
怀安县									
万全县									
怀来县									
涿鹿县									
赤城县									
崇礼县									
承德市	**3**		**3**	**7**	**2**	**5**	**15**	**6**	**9**
双桥区	2		2				3	1	2
双滦区									
鹰手营子矿区									
承德县							3	3	
兴隆县									
平泉县							3		3
滦平县							3	1	2
隆化县									
丰宁满族自治县				4	2	2	2	1	1
宽城满族自治县				3		3			
围场满族蒙古族自治县	1		1				1		1
沧州市	**1**	**1**							
新华区									
运河区									
沧县									
青县	1	1							
东光县									
海兴县									
盐山县									
肃宁县									
南皮县									
吴桥县									
献县									
孟村回族自治县									
泊头市									
任丘市									
黄骅市									
河间市									
廊坊市	**3**	**3**					**15**	**11**	**4**
安次区							2	2	
广阳区							5	3	2
固安县									
永清县									
香河县									
大城县									
文安县									
大厂回族自治县							6	5	1
霸州市									
三河市	3	3					2	1	1
衡水市							**1**		**1**
桃城区							1		1
枣强县									
武邑县									

10-18　续表 4　　　　单位：人

地　区	塔塔尔族			独 龙 族			鄂伦春族		
	小计	男	女	小计	男	女	小计	男	女
武强县									
饶阳县									
安平县									
故城县									
景县									
阜城县									
冀州市									
深州市									
山西省	**1**		**1**	**1**		**1**	**3**	**2**	**1**
太原市	**1**		**1**				**1**		**1**
小店区									
迎泽区									
杏花岭区									
尖草坪区	1		1						
万柏林区							1		1
晋源区									
清徐县									
阳曲县									
娄烦县									
古交市									
大同市									
城区									
矿区									
南郊区									
新荣区									
阳高县									
天镇县									
广灵县									
灵丘县									
浑源县									
左云县									
大同县									
阳泉市									
城区									
矿区									
郊区									
平定县									
盂县									
长治市									
城区									
郊区									
长治县									
襄垣县									
屯留县									
平顺县									
黎城县									
壶关县									
长子县									
武乡县									
沁县									
沁源县									
潞城市									

10-18 续表 5 单位：人

地区	塔塔尔族			独龙族			鄂伦春族		
	小计	男	女	小计	男	女	小计	男	女
晋城市							**1**	**1**	
城区							1	1	
沁水县									
阳城县									
陵川县									
泽州县									
高平市									
朔州市									
朔城区									
平鲁区									
山阴县									
应县									
右玉县									
怀仁县									
晋中市				**1**		**1**			
榆次区									
榆社县									
左权县									
和顺县									
昔阳县									
寿阳县									
太谷县									
祁县									
平遥县				1		1			
灵石县									
介休市									
运城市									
盐湖区									
临猗县									
万荣县									
闻喜县									
稷山县									
新绛县									
绛县									
垣曲县									
夏县									
平陆县									
芮城县									
永济市									
河津市									
忻州市							**1**	**1**	
忻府区									
定襄县									
五台县									
代县									
繁峙县									
宁武县									
静乐县									
神池县									
五寨县									
岢岚县									
河曲县							1	1	
保德县									
偏关县									
原平市									

10-18 续表 6

单位：人

地　区	塔塔尔族			独龙族			鄂伦春族		
	小计	男	女	小计	男	女	小计	男	女
临汾市									
尧都区									
曲沃县									
翼城县									
襄汾县									
洪洞县									
古县									
安泽县									
浮山县									
吉县									
乡宁县									
大宁县									
隰县									
永和县									
蒲县									
汾西县									
侯马市									
霍州市									
吕梁市									
离石区									
文水县									
交城县									
兴县									
临县									
柳林县									
石楼县									
岚县									
方山县									
中阳县									
交口县									
孝义市									
汾阳市									
内蒙古自治区	**6**	**2**	**4**	**7**	**3**	**4**	**3632**	**1699**	**1933**
呼和浩特市	**4**	**1**	**3**				**112**	**44**	**68**
新城区	2		2				35	11	24
回民区							22	10	12
玉泉区	1		1				17	7	10
赛罕区	1	1					36	16	20
土默特左旗									
托克托县									
和林格尔县							2		2
清水河县									
武川县									
包头市	**2**	**1**	**1**	**4**	**2**	**2**	**40**	**20**	**20**
东河区							13	8	5
昆都仑区				1		1	13	6	7
青山区	1		1	2	1	1	7	3	4
石拐区									
白云鄂博矿区									
九原区							4	2	2
土默特右旗	1	1		1	1		1		1
固阳县							2	1	1
达尔罕茂明安联合旗									
乌海市				**1**		**1**	**9**	**7**	**2**
海勃湾区				1		1	7	5	2
海南区									
乌达区							2	2	

10-18 续表 7

单位：人

地 区	塔塔尔族			独 龙 族			鄂伦春族		
	小计	男	女	小计	男	女	小计	男	女
赤峰市							**70**	**41**	**29**
红山区							7	5	2
元宝山区							2	1	1
松山区							20	15	5
阿鲁科尔沁旗							2		2
巴林左旗							36	19	17
巴林右旗									
林西县									
克什克腾旗									
翁牛特旗									
喀喇沁旗									
宁城县							1		1
敖汉旗							2	1	1
通辽市							**46**	**16**	**30**
科尔沁区							32	12	20
科尔沁左翼中旗									
科尔沁左翼后旗							1		1
开鲁县							1	1	
库伦旗									
奈曼旗									
扎鲁特旗							3		3
霍林郭勒市							9	3	6
鄂尔多斯市				**1**		**1**	**5**	**2**	**3**
东胜区				1		1			
达拉特旗									
准格尔旗							3	1	2
鄂托克前旗									
鄂托克旗									
杭锦旗							1		1
乌审旗									
伊金霍洛旗							1	1	
呼伦贝尔市							**3147**	**1478**	**1669**
海拉尔区							186	75	111
阿荣旗							155	75	80
莫力达瓦达斡尔族自治旗							310	165	145
鄂伦春自治旗							1941	910	1031
鄂温克族自治旗							62	26	36
陈巴尔虎旗							12	5	7
新巴尔虎左旗							21	10	11
新巴尔虎右旗							5	2	3
满洲里市							49	17	32
牙克石市							78	33	45
扎兰屯市							251	124	127
额尔古纳市							55	25	30
根河市							22	11	11
巴彦淖尔市							**7**	**2**	**5**
临河区							5	2	3
五原县									
磴口县									
乌拉特前旗									
乌拉特中旗									
乌拉特后旗									
杭锦后旗							2		2

10-18 续表 8 单位：人

地区	塔塔尔族			独龙族			鄂伦春族		
	小计	男	女	小计	男	女	小计	男	女
乌兰察布市				**1**	**1**		**6**	**4**	**2**
集宁区							3	2	1
卓资县							3	2	1
化德县									
商都县									
兴和县				1	1				
凉城县									
察哈尔右翼前旗									
察哈尔右翼中旗									
察哈尔右翼后旗									
四子王旗									
丰镇市									
兴安盟							**173**	**79**	**94**
乌兰浩特市							25	9	16
阿尔山市									
科尔沁右翼前旗							39	19	20
科尔沁右翼中旗							5	4	1
扎赉特旗							89	45	44
突泉县							15	2	13
锡林郭勒盟							**16**	**5**	**11**
二连浩特市									
锡林浩特市							13	4	9
阿巴嘎旗									
苏尼特左旗									
苏尼特右旗									
东乌珠穆沁旗							1		1
西乌珠穆沁旗									
太仆寺旗									
镶黄旗							1		1
正镶白旗							1	1	
正蓝旗									
多伦县									
阿拉善盟							**1**	**1**	
阿拉善左旗							1	1	
阿拉善右旗									
额济纳旗									
辽宁省	**14**	**4**	**10**	**6**	**2**	**4**	**196**	**72**	**124**
沈阳市	**2**	**2**		**1**	**1**		**38**	**12**	**26**
和平区							3	1	2
沈河区							5	2	3
大东区							1	1	
皇姑区							2		2
铁西区							3	1	2
苏家屯区									
东陵区				1	1		3	1	2
沈北新区	1	1					5	2	3
于洪区							4	2	2
辽中县							5	1	4
康平县							5	1	4
法库县							2		2
新民市	1	1							
大连市	**2**	**1**	**1**	**1**		**1**	**62**	**27**	**35**
中山区							2	2	
西岗区									
沙河口区							12	4	8

10-18 续表 9　　　　单位：人

地区	塔塔尔族			独龙族			鄂伦春族		
	小计	男	女	小计	男	女	小计	男	女
甘井子区							17	11	6
旅顺口区							2	2	
金州区	2	1	1	1		1	19	6	13
长海县									
瓦房店市							3		3
普兰店市							3	1	2
庄河市							4	1	3
鞍山市	**1**		**1**				**10**	**2**	**8**
铁东区									
铁西区									
立山区									
千山区									
台安县							7	1	6
岫岩满族自治县	1		1				3	1	2
海城市									
抚顺市	**1**		**1**				**3**	**1**	**2**
新抚区									
东洲区									
望花区									
顺城区	1		1				1	1	
抚顺县									
新宾满族自治县									
清原满族自治县							2		2
本溪市							**8**	**1**	**7**
平山区							2		2
溪湖区							1		1
明山区							1		1
南芬区							3	1	2
本溪满族自治县									
桓仁满族自治县							1		1
丹东市							**17**	**5**	**12**
元宝区									
振兴区									
振安区							3	1	2
宽甸满族自治县									
东港市							5	2	3
凤城市							9	2	7
锦州市	**5**	**1**	**4**				**9**	**5**	**4**
古塔区	1		1						
凌河区							5	2	3
太和区							1		1
黑山县									
义县	2		2						
凌海市							2	2	
北镇市	2	1	1				1	1	
营口市							**7**	**1**	**6**
站前区									
西市区							2		2
鲅鱼圈区							4	1	3
老边区							1		1
盖州市									
大石桥市									
阜新市							**3**	**2**	**1**
海州区									
新邱区									

10-18　续表 10

单位：人

地　区	塔塔尔族			独 龙 族			鄂伦春族		
	小计	男	女	小计	男	女	小计	男	女
太平区									
清河门区									
细河区									
阜新蒙古族自治县							2	2	
彰武县							1		1
辽阳市	**3**		**3**				**6**	**2**	**4**
白塔区	1		1				1		1
文圣区									
宏伟区	2		2				3	1	2
弓长岭区									
太子河区									
辽阳县									
灯塔市							2	1	1
盘锦市									
双台子区									
兴隆台区									
大洼县									
盘山县									
铁岭市							**7**	**3**	**4**
银州区									
清河区									
铁岭县							1		1
西丰县							1	1	
昌图县							4	2	2
调兵山市							1		1
开原市									
朝阳市				**4**	**1**	**3**	**14**	**6**	**8**
双塔区							3	1	2
龙城区									
朝阳县				3	1	2			
建平县							1	1	
喀喇沁左翼蒙古族自治县				1		1	7	3	4
北票市							3	1	2
凌源市									
葫芦岛市							**12**	**5**	**7**
连山区									
龙港区							5	3	2
南票区									
绥中县									
建昌县							2	1	1
兴城市							5	1	4
吉林省	**5**	**2**	**3**	**1**		**1**	**111**	**39**	**72**
长春市	**5**	**2**	**3**				**44**	**13**	**31**
南关区	3	1	2				7		7
宽城区							1		1
朝阳区	2	1	1				4		4
二道区							1		1
绿园区							3	1	2
双阳区							7	1	6
农安县							17	10	7
九台市									
榆树市									
德惠市							4	1	3

10-18 续表 11 单位：人

地 区	塔塔尔族			独龙族			鄂伦春族		
	小计	男	女	小计	男	女	小计	男	女
吉林市							**18**	**6**	**12**
昌邑区							2	1	1
龙潭区							1		1
船营区							10	3	7
丰满区							2	1	1
永吉县									
蛟河市									
桦甸市							2	1	1
舒兰市									
磐石市							1		1
四平市							**17**	**8**	**9**
铁西区							4	4	
铁东区							2		2
梨树县							6	2	4
伊通满族自治县							2	1	1
公主岭市									
双辽市							3	1	2
辽源市							**10**	**5**	**5**
龙山区									
西安区									
东丰县							2		2
东辽县							8	5	3
通化市							**8**	**3**	**5**
东昌区									
二道江区							4	2	2
通化县									
辉南县									
柳河县									
梅河口市									
集安市							4	1	3
白山市							**1**		**1**
浑江区							1		1
江源区									
抚松县									
靖宇县									
长白朝鲜族自治县									
临江市									
松原市							**6**	**2**	**4**
宁江区									
前郭尔罗斯蒙古族自治县									
长岭县							2	1	1
乾安县							4	1	3
扶余县									
白城市							**4**	**1**	**3**
洮北区									
镇赉县							2		2
通榆县									
洮南市							2	1	1
大安市									
延边朝鲜族自治州				**1**		**1**	**3**	**1**	**2**
延吉市							3	1	2
图们市									
敦化市				1		1			
珲春市									
龙井市									
和龙市									
汪清县									
安图县									

10-18　续表 12

单位：人

地　区	塔塔尔族			独 龙 族			鄂伦春族		
	小计	男	女	小计	男	女	小计	男	女
黑龙江省	**3**	**2**	**1**	**8**	**2**	**6**	**3943**	**1872**	**2071**
哈尔滨市	**2**	**1**	**1**				**249**	**118**	**131**
道里区							29	17	12
南岗区	2	1	1				82	39	43
道外区							10	5	5
平房区							2		2
松北区							14	6	8
香坊区							33	17	16
呼兰区							36	13	23
阿城区							10	3	7
依兰县							7	4	3
方正县							2	2	
宾县							1		1
巴彦县							7	4	3
木兰县							5	3	2
通河县							2		2
延寿县									
双城市							4	1	3
尚志市							5	4	1
五常市									
齐齐哈尔市				**5**	**2**	**3**	**249**	**115**	**134**
龙沙区							38	22	16
建华区							28	11	17
铁锋区							5	2	3
昂昂溪区							2	2	
富拉尔基区							8	4	4
碾子山区									
梅里斯达斡尔族区							5	1	4
龙江县				1		1	19	10	9
依安县							2	2	
泰来县				4	2	2	9	8	1
甘南县							12	3	9
富裕县							56	25	31
克山县							5	1	4
克东县							2		2
拜泉县									
讷河市							58	24	34
鸡西市							**7**	**4**	**3**
鸡冠区							1	1	
恒山区							2	1	1
滴道区									
梨树区									
城子河区									
麻山区									
鸡东县									
虎林市							3	1	2
密山市							1	1	
鹤岗市							**1**	**1**	
向阳区									
工农区									
南山区									
兴安区									

10-18 续表 13 单位：人

地区	塔塔尔族			独龙族			鄂伦春族		
	小计	男	女	小计	男	女	小计	男	女
东山区									
兴山区									
萝北县							1	1	
绥滨县									
双鸭山市							**26**	**17**	**9**
尖山区									
岭东区							1	1	
四方台区							6	3	3
宝山区									
集贤县							2	2	
友谊县									
宝清县							6	4	2
饶河县							11	7	4
大庆市							**141**	**62**	**79**
萨尔图区							16	8	8
龙凤区							14	8	6
让胡路区							56	22	34
红岗区							8	4	4
大同区							7	3	4
肇州县							1	1	
肇源县							10	3	7
林甸县							1		1
杜尔伯特蒙古族自治县							28	13	15
伊春市							**131**	**54**	**77**
伊春区							7	3	4
南岔区							2	2	
友好区							6	2	4
西林区									
翠峦区									
新青区									
美溪区									
金山屯区									
五营区									
乌马河区							6	3	3
汤旺河区									
带岭区									
乌伊岭区									
红星区									
上甘岭区									
嘉荫县							100	40	60
铁力市							10	4	6
佳木斯市	**1**	**1**					**76**	**37**	**39**
向阳区							12	6	6
前进区							3	3	
东风区							1		1
郊区							25	13	12
桦南县							8	3	5
桦川县							2	1	1
汤原县							12	4	8
抚远县							2	1	1
同江市							8	5	3
富锦市	1	1					3	1	2
七台河市							**16**	**9**	**7**
新兴区							4	2	2
桃山区							7	4	3
茄子河区							4	3	1
勃利县							1		1

10-18　续表 14

单位：人

地　区	塔塔尔族			独 龙 族			鄂伦春族		
	小计	男	女	小计	男	女	小计	男	女
牡丹江市							**26**	**9**	**17**
东安区							2	1	1
阳明区							1	1	
爱民区							19	6	13
西安区							3		3
东宁县									
林口县									
绥芬河市							1	1	
海林市									
宁安市									
穆棱市									
黑河市				**3**		**3**	**1894**	**925**	**969**
爱辉区							417	205	212
嫩江县							274	134	140
逊克县				2		2	1034	506	528
孙吴县							108	53	55
北安市							21	8	13
五大连池市				1		1	40	19	21
绥化市							**29**	**11**	**18**
北林区							8	3	5
望奎县									
兰西县									
青冈县									
庆安县									
明水县									
绥棱县							9	2	7
安达市							1		1
肇东市							5	3	2
海伦市							6	3	3
大兴安岭地区							**1098**	**510**	**588**
加格达奇区							112	55	57
松岭区							18	7	11
新林区							10	2	8
呼中区							17	7	10
呼玛县							448	214	234
塔河县							479	216	263
漠河县							14	9	5
上海市	**12**	**4**	**8**	**8**	**5**	**3**	**55**	**23**	**32**
市辖区	**11**	**4**	**7**	**8**	**5**	**3**	**55**	**23**	**32**
黄浦区							2		2
卢湾区				1	1		1		1
徐汇区	2	1	1				3	3	
长宁区							1		1
静安区									
普陀区	1	1					3	1	2
闸北区							2		2
虹口区									
杨浦区	1		1				8	2	6
闵行区	1		1	3	2	1	3	2	1
宝山区							9	5	4
嘉定区	1		1	1		1	1	1	
浦东新区	1	1		2	2		15	6	9

10-18 续表 15 单位：人

地区	塔塔尔族			独龙族			鄂伦春族		
	小计	男	女	小计	男	女	小计	男	女
金山区									
松江区	1	1		1		1	6	2	4
青浦区	2		2						
奉贤区	1		1				1	1	
市辖县	**1**		**1**						
崇明县	1		1						
江苏省	**19**	**11**	**8**	**26**	**10**	**16**	**43**	**16**	**27**
南京市	**2**	**2**		**1**		**1**	**14**	**3**	**11**
玄武区							1		1
白下区	1	1							
秦淮区							1	1	
建邺区				1		1			
鼓楼区							5	1	4
下关区									
浦口区							1		1
栖霞区	1	1					2	1	1
雨花台区							2		2
江宁区							2		2
六合区									
溧水县									
高淳县									
无锡市	**2**	**2**		**2**	**1**	**1**	**5**	**1**	**4**
崇安区									
南长区									
北塘区									
锡山区							2		2
惠山区									
滨湖区				1		1	1		1
江阴市				1	1				
宜兴市	2	2					2	1	1
徐州市	**2**	**1**	**1**						
鼓楼区	1	1							
云龙区									
九里区									
贾汪区									
泉山区	1		1						
丰县									
沛县									
铜山县									
睢宁县									
新沂市									
邳州市									
常州市	**1**	**1**		**4**	**1**	**3**	**2**	**1**	**1**
天宁区									
钟楼区							2	1	1
戚墅堰区									
新北区				1		1			
武进区	1	1							
溧阳市				3	1	2			
金坛市									
苏州市	**3**	**2**	**1**	**4**	**2**	**2**	**11**	**7**	**4**
沧浪区									
平江区	1		1				1	1	
金阊区									

10-18　续表 16

单位：人

地　区	塔塔尔族			独龙族			鄂伦春族		
	小计	男	女	小计	男	女	小计	男	女
虎丘区	1	1							
吴中区							3	3	
相城区									
常熟市				1		1			
张家港市	1	1		3	2	1	1	1	
昆山市							2	2	
吴江市							1		1
太仓市							3		3
南通市				**1**	**1**		**2**		**2**
崇川区							1		1
港闸区									
通州区				1	1				
海安县							1		1
如东县									
启东市									
如皋市									
海门市									
连云港市	**2**	**1**	**1**				**2**	**1**	**1**
连云区									
新浦区							2	1	1
海州区									
赣榆县									
东海县	1	1							
灌云县									
灌南县	1		1						
淮安市				**5**	**1**	**4**			
清河区				1	1				
楚州区				3		3			
淮阴区									
清浦区									
涟水县				1		1			
洪泽县									
盱眙县									
金湖县									
盐城市	**2**		**2**	**6**	**3**	**3**	**1**		**1**
亭湖区				3	3				
盐都区									
响水县									
滨海县				3		3			
阜宁县									
射阳县	1		1				1		1
建湖县									
东台市									
大丰市	1		1						
扬州市	**2**		**2**				**1**	**1**	
广陵区									
邗江区	1		1						
维扬区									
宝应县									
仪征市									
高邮市									
江都市	1		1				1	1	
镇江市				**1**		**1**			
京口区									
润州区									

10-18 续表 17

单位：人

地区	塔塔尔族			独龙族			鄂伦春族		
	小计	男	女	小计	男	女	小计	男	女
丹徒区									
丹阳市				1		1			
扬中市									
句容市									
泰州市	**1**	**1**		**2**	**1**	**1**	**5**	**2**	**3**
海陵区							2	1	1
高港区									
兴化市	1	1		1		1	1		1
靖江市				1	1				
泰兴市							2	1	1
姜堰市									
宿迁市	**2**	**1**	**1**						
宿城区									
宿豫区									
沭阳县	2	1	1						
泗阳县									
泗洪县									
浙江省	**9**		**9**	**26**	**7**	**19**	**21**	**9**	**12**
杭州市	**1**		**1**	**3**	**1**	**2**	**8**	**3**	**5**
上城区									
下城区									
江干区							4		4
拱墅区									
西湖区				1	1		1		1
滨江区									
萧山区				1		1			
余杭区				1		1	1	1	
桐庐县									
淳安县									
建德市							1	1	
富阳市									
临安市	1		1				1	1	
宁波市	**2**		**2**	**1**		**1**	**1**	**1**	
海曙区									
江东区									
江北区									
北仑区									
镇海区									
鄞州区	1		1						
象山县									
宁海县									
余姚市	1		1						
慈溪市				1		1	1	1	
奉化市									
温州市				**4**	**2**	**2**			
鹿城区				1	1				
龙湾区				1		1			
瓯海区									
洞头县									
永嘉县				2	1	1			
平阳县									
苍南县									
文成县									
泰顺县									
瑞安市									
乐清市									

10-18 续表 18

单位：人

地区	塔塔尔族			独龙族			鄂伦春族		
	小计	男	女	小计	男	女	小计	男	女
嘉兴市							**3**		**3**
南湖区									
秀洲区									
嘉善县							1		1
海盐县									
海宁市									
平湖市									
桐乡市							2		2
湖州市	**1**		**1**	**5**		**5**			
吴兴区				1		1			
南浔区									
德清县				1		1			
长兴县				1		1			
安吉县	1		1	2		2			
绍兴市				**3**		**3**	**3**	**2**	**1**
越城区									
绍兴县									
新昌县				1		1			
诸暨市									
上虞市				2		2	3	2	1
嵊州市									
金华市				**6**	**3**	**3**	**1**		**1**
婺城区									
金东区				1	1				
武义县									
浦江县				4	2	2			
磐安县									
兰溪市									
义乌市									
东阳市							1		1
永康市				1		1			
衢州市	**2**		**2**				**2**	**1**	**1**
柯城区	2		2						
衢江区							2	1	1
常山县									
开化县									
龙游县									
江山市									
舟山市									
定海区									
普陀区									
岱山县									
嵊泗县									
台州市	**2**		**2**	**4**	**1**	**3**	**3**	**2**	**1**
椒江区									
黄岩区									
路桥区							3	2	1
玉环县	1		1						
三门县				1		1			
天台县									
仙居县									
温岭市	1		1						
临海市				3	1	2			

10-18 续表 19 单位：人

地区	塔塔尔族			独龙族			鄂伦春族		
	小计	男	女	小计	男	女	小计	男	女
丽水市	**1**		**1**						
莲都区									
青田县	1		1						
缙云县									
遂昌县									
松阳县									
云和县									
庆元县									
景宁畲族自治县									
龙泉市									
安徽省	**9**	**3**	**6**	**26**	**2**	**24**	**7**	**5**	**2**
合肥市	**2**		**2**	**3**	**1**	**2**	**4**	**3**	**1**
瑶海区							4	3	1
庐阳区									
蜀山区	2		2						
包河区									
长丰县									
肥东县				2		2			
肥西县				1	1				
芜湖市				**1**		**1**	**1**	**1**	
镜湖区									
弋江区									
鸠江区							1	1	
三山区									
芜湖县				1		1			
繁昌县									
南陵县									
蚌埠市									
龙子湖区									
蚌山区									
禹会区									
淮上区									
怀远县									
五河县									
固镇县									
淮南市				**1**		**1**			
大通区									
田家庵区									
谢家集区									
八公山区				1		1			
潘集区									
凤台县									
马鞍山市									
金家庄区									
花山区									
雨山区									
当涂县									
淮北市									
杜集区									
相山区									
烈山区									
濉溪县									

10-18　续表 20　　　　　　　　　　　　　　　　　　　　　　　　　　　　单位：人

地　　区	塔塔尔族			独 龙 族			鄂伦春族		
	小计	男	女	小计	男	女	小计	男	女
铜陵市									
铜官山区									
狮子山区									
郊区									
铜陵县									
安庆市	**2**	**1**	**1**	**3**		**3**			
迎江区									
大观区									
宜秀区									
怀宁县				1		1			
枞阳县									
潜山县									
太湖县				2		2			
宿松县									
望江县	2	1	1						
岳西县									
桐城市									
黄山市									
屯溪区									
黄山区									
徽州区									
歙县									
休宁县									
黟县									
祁门县									
滁州市				**2**		**2**	**2**	**1**	**1**
琅琊区									
南谯区							1	1	
来安县							1		1
全椒县									
定远县									
凤阳县									
天长市									
明光市				2		2			
阜阳市	**2**	**1**	**1**						
颍州区									
颍东区									
颍泉区									
临泉县									
太和县									
阜南县									
颍上县	1	1							
界首市	1		1						
宿州市				**3**	**1**	**2**			
埇桥区				1	1				
砀山县									
萧县									
灵璧县									
泗县				2		2			
巢湖市	**1**		**1**	**4**		**4**			
居巢区				3		3			
庐江县									
无为县	1		1						
含山县									
和县				1		1			

10-18 续表 21 单位：人

地　区	塔塔尔族			独 龙 族			鄂伦春族		
	小计	男	女	小计	男	女	小计	男	女
六安市	**1**		**1**	**4**		**4**			
金安区									
裕安区									
寿县	1		1						
霍邱县				1		1			
舒城县				3		3			
金寨县									
霍山县									
亳州市				**1**		**1**			
谯城区									
涡阳县									
蒙城县									
利辛县				1		1			
池州市									
贵池区									
东至县									
石台县									
青阳县									
宣城市	**1**	**1**		**4**		**4**			
宣州区				2		2			
郎溪县	1	1		2		2			
广德县									
泾县									
绩溪县									
旌德县									
宁国市									
福建省	**17**	**11**	**6**	**11**	**5**	**6**	**12**	**8**	**4**
福州市	**3**	**2**	**1**	**2**	**1**	**1**	**2**	**2**	
鼓楼区									
台江区									
仓山区							1	1	
马尾区									
晋安区				1		1			
闽侯县				1	1				
连江县									
罗源县									
闽清县									
永泰县									
平潭县									
福清市	3	2	1				1	1	
长乐市									
厦门市	**7**	**4**	**3**	**1**		**1**	**3**	**2**	**1**
思明区	3	2	1	1		1	1		1
海沧区									
湖里区							2	2	
集美区	4	2	2						
同安区									
翔安区									
莆田市									
城厢区									
涵江区									
荔城区									
秀屿区									
仙游县									

10-18　续表 22　　　　　　　　　　　　　　　　　　　　　　　　单位：人

地　区	塔塔尔族			独 龙 族			鄂伦春族		
	小计	男	女	小计	男	女	小计	男	女
三明市									
梅列区									
三元区									
明溪县									
清流县									
宁化县									
大田县									
尤溪县									
沙县									
将乐县									
泰宁县									
建宁县									
永安市									
泉州市	**4**	**2**	**2**	**8**	**4**	**4**	**1**	**1**	
鲤城区				1	1				
丰泽区				1	1				
洛江区									
泉港区									
惠安县									
安溪县									
永春县	1	1							
德化县									
石狮市									
晋江市	3	1	2	5	1	4	1	1	
南安市				1	1				
漳州市	**3**	**3**					**6**	**3**	**3**
芗城区	1	1					2	1	1
龙文区							2		2
云霄县									
漳浦县	1	1							
诏安县									
长泰县									
东山县									
南靖县									
平和县									
华安县	1	1							
龙海市							2	2	
南平市									
延平区									
顺昌县									
浦城县									
光泽县									
松溪县									
政和县									
邵武市									
武夷山市									
建瓯市									
建阳市									
龙岩市									
新罗区									
长汀县									
永定县									
上杭县									
武平县									
连城县									
漳平市									

10-18 续表 23 单位：人

地区	塔塔尔族			独龙族			鄂伦春族		
	小计	男	女	小计	男	女	小计	男	女
宁德市									
蕉城区									
霞浦县									
古田县									
屏南县									
寿宁县									
周宁县									
柘荣县									
福安市									
福鼎市									
江西省	**4**	**3**	**1**	**3**	**2**	**1**	**5**	**2**	**3**
南昌市	**2**	**1**	**1**	**2**	**1**	**1**	**3**	**1**	**2**
东湖区									
西湖区									
青云谱区									
湾里区									
青山湖区							1		1
南昌县									
新建县	2	1	1	2	1	1	2	1	1
安义县									
进贤县									
景德镇市							**1**		**1**
昌江区									
珠山区							1		1
浮梁县									
乐平市									
萍乡市									
安源区									
湘东区									
莲花县									
上栗县									
芦溪县									
九江市							**1**	**1**	
庐山区							1	1	
浔阳区									
九江县									
武宁县									
修水县									
永修县									
德安县									
星子县									
都昌县									
湖口县									
彭泽县									
瑞昌市									
新余市	**1**	**1**							
渝水区	1	1							
分宜县									
鹰潭市									
月湖区									
余江县									
贵溪市									
赣州市	**1**	**1**							
章贡区									
赣县									

10-18　续表 24　　　　　　　　　　　　　　　　　　　　　单位：人

地　区	塔塔尔族			独 龙 族			鄂伦春族		
	小计	男	女	小计	男	女	小计	男	女
信丰县									
大余县									
上犹县									
崇义县									
安远县									
龙南县									
定南县	1	1							
全南县									
宁都县									
于都县									
兴国县									
会昌县									
寻乌县									
石城县									
瑞金市									
南康市									
吉安市				**1**	**1**				
吉州区									
青原区				1	1				
吉安县									
吉水县									
峡江县									
新干县									
永丰县									
泰和县									
遂川县									
万安县									
安福县									
永新县									
井冈山市									
宜春市									
袁州区									
奉新县									
万载县									
上高县									
宜丰县									
靖安县									
铜鼓县									
丰城市									
樟树市									
高安市									
抚州市									
临川区									
南城县									
黎川县									
南丰县									
崇仁县									
乐安县									
宜黄县									
金溪县									
资溪县									
东乡县									
广昌县									

10-18 续表 25　　单位：人

地区	塔塔尔族			独龙族			鄂伦春族		
	小计	男	女	小计	男	女	小计	男	女
上饶市									
信州区									
上饶县									
广丰县									
玉山县									
铅山县									
横峰县									
弋阳县									
余干县									
鄱阳县									
万年县									
婺源县									
德兴市									
山东省	**11**	**4**	**7**	**30**	**5**	**25**	**98**	**33**	**65**
济南市	**2**	**1**	**1**				**13**	**6**	**7**
历下区							7	5	2
市中区	1		1				1		1
槐荫区	1	1							
天桥区							2		2
历城区							2		2
长清区									
平阴县									
济阳县									
商河县									
章丘市							1	1	
青岛市				**3**	**1**	**2**	**26**	**9**	**17**
市南区							3	1	2
市北区									
四方区									
黄岛区							8	3	5
崂山区							2		2
李沧区							1		1
城阳区							4	1	3
胶州市				1		1			
即墨市							5	4	1
平度市							1		1
胶南市				2	1	1	2		2
莱西市									
淄博市	**1**	**1**		**1**		**1**	**3**	**2**	**1**
淄川区									
张店区	1	1					2	1	1
博山区									
临淄区				1		1			
周村区									
桓台县							1	1	
高青县									
沂源县									
枣庄市									
市中区									
薛城区									
峄城区									
台儿庄区									
山亭区									
滕州市									

10-18　续表 26　　　　单位：人

地　区	塔塔尔族			独 龙 族			鄂伦春族		
	小计	男	女	小计	男	女	小计	男	女
东营市				**1**	**1**		**3**	**2**	**1**
东营区				1	1				
河口区							2	2	
垦利县									
利津县									
广饶县							1		1
烟台市	**2**	**1**	**1**	**1**		**1**	**16**	**6**	**10**
芝罘区							1	1	
福山区							7	4	3
牟平区	1	1					2		2
莱山区	1		1				1		1
长岛县									
龙口市									
莱阳市				1		1	4	1	3
莱州市							1		1
蓬莱市									
招远市									
栖霞市									
海阳市									
潍坊市	**1**		**1**	**3**		**3**	**9**	**4**	**5**
潍城区									
寒亭区									
坊子区									
奎文区	1		1				2		2
临朐县									
昌乐县									
青州市							7	4	3
诸城市				1		1			
寿光市									
安丘市				1		1			
高密市									
昌邑市				1		1			
济宁市							**7**	**1**	**6**
市中区									
任城区							1		1
微山县									
鱼台县									
金乡县									
嘉祥县							5	1	4
汶上县									
泗水县									
梁山县									
曲阜市							1		1
兖州市									
邹城市									
泰安市							**2**		**2**
泰山区									
岱岳区									
宁阳县							1		1
东平县							1		1
新泰市									
肥城市									
威海市				**2**		**2**	**11**	**1**	**10**
环翠区							4		4
文登市							5		5
荣成市				1		1	1	1	
乳山市				1		1	1		1

10-18 续表 27

单位：人

地区	塔塔尔族			独龙族			鄂伦春族		
	小计	男	女	小计	男	女	小计	男	女
日照市	**1**		**1**	**6**		**6**	**3**	**2**	**1**
东港区				2		2	2	2	
岚山区							1		1
五莲县				1		1			
莒县	1		1	3		3			
莱芜市									
莱城区									
钢城区									
临沂市	**1**		**1**	**8**		**8**	**2**		**2**
兰山区									
罗庄区									
河东区	1		1						
沂南县				3		3			
郯城县									
沂水县				3		3			
苍山县							1		1
费县									
平邑县									
莒南县				1		1			
蒙阴县							1		1
临沭县				1		1			
德州市							**2**		**2**
德城区									
陵县									
宁津县									
庆云县									
临邑县									
齐河县							1		1
平原县									
夏津县							1		1
武城县									
乐陵市									
禹城市									
聊城市	**1**	**1**		**3**	**3**		**1**		**1**
东昌府区				3	3				
阳谷县									
莘县									
茌平县									
东阿县							1		1
冠县									
高唐县	1	1							
临清市									
滨州市	**1**		**1**	**1**		**1**			
滨城区				1		1			
惠民县									
阳信县									
无棣县									
沾化县									
博兴县									
邹平县	1		1						
菏泽市	**1**		**1**	**1**		**1**			
牡丹区									
曹县									
单县									
成武县									
巨野县									
郓城县									
鄄城县									
定陶县									
东明县	1		1	1		1			

10-18　续表 28　　　　单位：人

地区	塔塔尔族			独龙族			鄂伦春族		
	小计	男	女	小计	男	女	小计	男	女
河南省	**4**	**2**	**2**	**55**	**27**	**28**	**14**	**6**	**8**
郑州市	**1**		**1**	**1**		**1**	**7**	**3**	**4**
中原区	1		1	1		1	1	1	
二七区							1		1
管城回族区									
金水区							5	2	3
上街区									
惠济区									
中牟县									
巩义市									
荥阳市									
新密市									
新郑市									
登封市									
开封市				**50**	**26**	**24**	**1**	**1**	
龙亭区									
顺河回族区				1		1	1	1	
鼓楼区				18	8	10			
禹王台区									
金明区									
杞县				31	18	13			
通许县									
尉氏县									
开封县									
兰考县									
洛阳市	**1**		**1**						
老城区									
西工区									
瀍河回族区									
涧西区	1		1						
吉利区									
洛龙区									
孟津县									
新安县									
栾川县									
嵩县									
汝阳县									
宜阳县									
洛宁县									
伊川县									
偃师市									
平顶山市				**1**		**1**	**1**		**1**
新华区							1		1
卫东区									
石龙区									
湛河区									
宝丰县				1		1			
叶县									
鲁山县									
郏县									
舞钢市									
汝州市									

10-18 续表 29

单位：人

地 区	塔塔尔族			独 龙 族			鄂伦春族		
	小计	男	女	小计	男	女	小计	男	女
安阳市									
文峰区									
北关区									
殷都区									
龙安区									
安阳县									
汤阴县									
滑县									
内黄县									
林州市									
鹤壁市									
鹤山区									
山城区									
淇滨区									
浚县									
淇县									
新乡市									
红旗区									
卫滨区									
凤泉区									
牧野区									
新乡县									
获嘉县									
原阳县									
延津县									
封丘县									
长垣县									
卫辉市									
辉县市									
焦作市									
解放区									
中站区									
马村区									
山阳区									
修武县									
博爱县									
武陟县									
温县									
沁阳市									
孟州市									
濮阳市							**2**	**1**	**1**
华龙区							2	1	1
清丰县									
南乐县									
范县									
台前县									
濮阳县									
许昌市									
魏都区									
许昌县									
鄢陵县									
襄城县									
禹州市									
长葛市									

10-18　续表 30

单位：人

地　区	塔塔尔族			独龙族			鄂伦春族		
	小计	男	女	小计	男	女	小计	男	女
漯河市									
源汇区									
郾城区									
召陵区									
舞阳县									
临颍县									
三门峡市							**1**	**1**	
湖滨区							1	1	
渑池县									
陕县									
卢氏县									
义马市									
灵宝市									
南阳市	**1**	**1**		**1**		**1**			
宛城区									
卧龙区	1	1							
南召县									
方城县									
西峡县									
镇平县									
内乡县				1		1			
淅川县									
社旗县									
唐河县									
新野县									
桐柏县									
邓州市									
商丘市	**1**	**1**		**1**		**1**			
梁园区	1	1							
睢阳区									
民权县									
睢县									
宁陵县									
柘城县									
虞城县									
夏邑县									
永城市				1		1			
信阳市							**1**		**1**
浉河区									
平桥区									
罗山县									
光山县									
新县									
商城县									
固始县									
潢川县									
淮滨县									
息县							1		1
周口市				**1**	**1**				
川汇区									
扶沟县				1	1				
西华县									
商水县									

10-18 续表 31 单位：人

地区	塔塔尔族			独龙族			鄂伦春族		
	小计	男	女	小计	男	女	小计	男	女
沈丘县									
郸城县									
淮阳县									
太康县									
鹿邑县									
项城市									
驻马店市									
驿城区									
西平县									
上蔡县									
平舆县									
正阳县									
确山县									
泌阳县									
汝南县									
遂平县									
新蔡县									
省直辖县级行政区划							**1**		**1**
济源市							1		1
湖北省	**10**	**4**	**6**	**18**	**8**	**10**	**11**	**7**	**4**
武汉市	**3**	**1**	**2**	**1**	**1**		**7**	**5**	**2**
江岸区									
江汉区									
硚口区									
汉阳区									
武昌区	1		1				2	1	1
青山区									
洪山区	2	1	1	1	1		4	3	1
东西湖区									
汉南区							1	1	
蔡甸区									
江夏区									
黄陂区									
新洲区									
黄石市	**2**	**1**	**1**						
黄石港区									
西塞山区									
下陆区									
铁山区									
阳新县									
大冶市	2	1	1						
十堰市	**1**	**1**		**1**		**1**	**2**	**2**	
茅箭区									
张湾区	1	1		1		1	2	2	
郧县									
郧西县									
竹山县									
竹溪县									
房县									
丹江口市									
宜昌市				**1**		**1**	**1**		**1**
西陵区									
伍家岗区									
点军区									

10-18　续表 32

单位：人

地　区	塔塔尔族			独龙族			鄂伦春族		
	小计	男	女	小计	男	女	小计	男	女
猇亭区									
夷陵区									
远安县									
兴山县									
秭归县									
长阳土家族自治县				1		1			
五峰土家族自治县									
宜都市									
当阳市							1		1
枝江市									
襄樊市									
襄城区									
樊城区									
襄阳区									
南漳县									
谷城县									
保康县									
老河口市									
枣阳市									
宜城市									
鄂州市									
梁子湖区									
华容区									
鄂城区									
荆门市				**1**		**1**			
东宝区									
掇刀区				1		1			
京山县									
沙洋县									
钟祥市									
孝感市	**1**		**1**						
孝南区	1		1						
孝昌县									
大悟县									
云梦县									
应城市									
安陆市									
汉川市									
荆州市	**1**	**1**		**2**	**1**	**1**	**1**		**1**
沙市区							1		1
荆州区	1	1		2	1	1			
公安县									
监利县									
江陵县									
石首市									
洪湖市									
松滋市									
黄冈市				**1**		**1**			
黄州区									
团风县									
红安县									
罗田县									
英山县									
浠水县									
蕲春县				1		1			
黄梅县									
麻城市									
武穴市									

10-18 续表 33 单位：人

地区	塔塔尔族			独龙族			鄂伦春族		
	小计	男	女	小计	男	女	小计	男	女
咸宁市									
咸安区									
嘉鱼县									
通城县									
崇阳县									
通山县									
赤壁市									
随州市									
曾都区									
随县									
广水市									
恩施土家族苗族自治州	**1**		**1**	**10**	**6**	**4**			
恩施市				1	1				
利川市				1	1				
建始县									
巴东县									
宣恩县				1	1				
咸丰县	1		1	5	2	3			
来凤县				2	1	1			
鹤峰县									
省直辖县级行政区划	**1**		**1**	**1**		**1**			
仙桃市									
潜江市	1		1	1		1			
天门市									
神农架林区									
湖南省	**15**	**8**	**7**	**36**	**20**	**16**	**5**	**2**	**3**
长沙市	**3**	**2**	**1**	**3**	**1**	**2**	**3**	**1**	**2**
芙蓉区	1	1							
天心区	1	1							
岳麓区				1		1			
开福区				1		1			
雨花区	1		1	1	1		3	1	2
长沙县									
望城县									
宁乡县									
浏阳市									
株洲市							**1**	**1**	
荷塘区									
芦淞区									
石峰区									
天元区							1	1	
株洲县									
攸县									
茶陵县									
炎陵县									
醴陵市									
湘潭市									
雨湖区									
岳塘区									
湘潭县									
湘乡市									
韶山市									

10-18　续表 34　　　　单位：人

地　区	塔塔尔族			独龙族			鄂伦春族		
	小计	男	女	小计	男	女	小计	男	女
衡阳市									
珠晖区									
雁峰区									
石鼓区									
蒸湘区									
南岳区									
衡阳县									
衡南县									
衡山县									
衡东县									
祁东县									
耒阳市									
常宁市									
邵阳市	**3**	**1**	**2**	**2**		**2**			
双清区									
大祥区									
北塔区									
邵东县									
新邵县									
邵阳县									
隆回县	3	1	2	1		1			
洞口县				1		1			
绥宁县									
新宁县									
城步苗族自治县									
武冈市									
岳阳市				**15**	**9**	**6**			
岳阳楼区				1		1			
云溪区									
君山区									
岳阳县				14	9	5			
华容县									
湘阴县									
平江县									
汨罗市									
临湘市									
常德市				**1**	**1**				
武陵区									
鼎城区									
安乡县									
汉寿县									
澧县									
临澧县									
桃源县				1	1				
石门县									
津市市									
张家界市	**3**	**3**		**5**	**2**	**3**			
永定区	1	1		1		1			
武陵源区									
慈利县				2	2				
桑植县	2	2		2		2			
益阳市	**2**		**2**	**1**		**1**			
资阳区									
赫山区	1		1	1		1			

10-18 续表 35 单位：人

地区	塔塔尔族			独龙族			鄂伦春族		
	小计	男	女	小计	男	女	小计	男	女
南县	1		1						
桃江县									
安化县									
沅江市									
郴州市				**1**	**1**				
北湖区									
苏仙区									
桂阳县									
宜章县									
永兴县									
嘉禾县									
临武县				1	1				
汝城县									
桂东县									
安仁县									
资兴市									
永州市	**3**	**1**	**2**	**1**		**1**			
零陵区									
冷水滩区									
祁阳县									
东安县				1		1			
双牌县									
道县									
江永县									
宁远县									
蓝山县	3	1	2						
新田县									
江华瑶族自治县									
怀化市							**1**		**1**
鹤城区									
中方县									
沅陵县									
辰溪县									
溆浦县									
会同县							1		1
麻阳苗族自治县									
新晃侗族自治县									
芷江侗族自治县									
靖州苗族侗族自治县									
通道侗族自治县									
洪江市									
娄底市	**1**	**1**		**7**	**6**	**1**			
娄星区									
双峰县	1	1		5	4	1			
新化县									
冷水江市									
涟源市				2	2				
湘西土家族苗族自治州									
吉首市									
泸溪县									
凤凰县									
花垣县									
保靖县									
古丈县									
永顺县									
龙山县									

10-18　续表 36　　　　单位：人

地　区	塔塔尔族			独龙族			鄂伦春族		
	小计	男	女	小计	男	女	小计	男	女
广东省	**55**	**28**	**27**	**51**	**27**	**24**	**52**	**24**	**28**
广州市	**11**	**4**	**7**	**9**	**6**	**3**	**8**	**2**	**6**
荔湾区	1		1	2	1	1			
越秀区									
海珠区	3		3				1		1
天河区				4	3	1			
白云区	1	1		1	1		1	1	
黄埔区									
番禺区	3	1	2				2		2
花都区	1		1				2		2
南沙区	2	2		2	1	1			
萝岗区									
增城市							2	1	1
从化市									
韶关市									
武江区									
浈江区									
曲江区									
始兴县									
仁化县									
翁源县									
乳源瑶族自治县									
新丰县									
乐昌市									
南雄市									
深圳市	**10**	**6**	**4**	**8**	**5**	**3**	**4**	**2**	**2**
罗湖区	2		2	1	1		1	1	
福田区	4	4							
南山区				1	1		1	1	
宝安区	1		1	3	2	1	2		2
龙岗区	3	2	1	3	1	2			
盐田区									
珠海市	**1**	**1**		**2**	**1**	**1**	**5**	**2**	**3**
香洲区	1	1		1	1		3	2	1
斗门区				1		1			
金湾区							2		2
汕头市	**13**	**7**	**6**				**1**		**1**
龙湖区	1	1							
金平区									
濠江区									
潮阳区	1		1						
潮南区									
澄海区	10	5	5				1		1
南澳县	1	1							
佛山市	**1**	**1**					**1**	**1**	
禅城区									
南海区	1	1					1	1	
顺德区									
三水区									
高明区									
江门市	**6**	**6**					**1**		**1**
蓬江区							1		1
江海区									

10-18 续表 37 单位：人

地区	塔塔尔族			独龙族			鄂伦春族		
	小计	男	女	小计	男	女	小计	男	女
新会区	2	2							
台山市	1	1							
开平市									
鹤山市	3	3							
恩平市									
湛江市									
赤坎区									
霞山区									
坡头区									
麻章区									
遂溪县									
徐闻县									
廉江市									
雷州市									
吴川市									
茂名市	**1**	**1**					**2**		**2**
茂南区	1	1							
茂港区									
电白县							2		2
高州市									
化州市									
信宜市									
肇庆市	**3**		**3**						
端州区	1		1						
鼎湖区	1		1						
广宁县									
怀集县									
封开县									
德庆县									
高要市									
四会市	1		1						
惠州市	**4**	**1**	**3**	**2**	**1**	**1**	**1**	**1**	
惠城区							1	1	
惠阳区	1		1						
博罗县	3	1	2	2	1	1			
惠东县									
龙门县									
梅州市									
梅江区									
梅县									
大埔县									
丰顺县									
五华县									
平远县									
蕉岭县									
兴宁市									
汕尾市									
城区									
海丰县									
陆河县									
陆丰市									
河源市									
源城区									
紫金县									
龙川县									
连平县									
和平县									
东源县									

10-18　续表 38　　　　　　　　　　　　　　　　　　　　单位：人

地　区	塔塔尔族			独龙族			鄂伦春族		
	小计	男	女	小计	男	女	小计	男	女
阳江市									
江城区									
阳西县									
阳东县									
阳春市									
清远市	**2**		**2**	**1**	**1**		**1**		**1**
清城区	2		2	1	1				
佛冈县									
阳山县									
连山壮族瑶族自治县									
连南瑶族自治县									
清新县									
英德市									
连州市							1		1
东莞市	**2**	**1**	**1**	**17**	**9**	**8**	**17**	**13**	**4**
中山市				**11**	**4**	**7**	**11**	**3**	**8**
潮州市				**1**		**1**			
湘桥区									
潮安县				1		1			
饶平县									
揭阳市	**1**		**1**						
榕城区									
揭东县									
揭西县									
惠来县	1		1						
普宁市									
云浮市									
云城区									
新兴县									
郁南县									
云安县									
罗定市									
广西壮族自治区	**24**	**13**	**11**	**21**	**9**	**12**	**8**	**4**	**4**
南宁市	**1**		**1**	**3**		**3**			
兴宁区									
青秀区									
江南区									
西乡塘区				3		3			
良庆区									
邕宁区									
武鸣县									
隆安县									
马山县									
上林县									
宾阳县	1		1						
横县									

10-18 续表 39 单位：人

地区	塔塔尔族			独龙族			鄂伦春族		
	小计	男	女	小计	男	女	小计	男	女
柳州市							**1**	**1**	
城中区									
鱼峰区									
柳南区									
柳北区							1	1	
柳江县									
柳城县									
鹿寨县									
融安县									
融水苗族自治县									
三江侗族自治县									
桂林市	**9**	**6**	**3**	**10**	**6**	**4**	**5**	**3**	**2**
秀峰区							3	2	1
叠彩区							1		1
象山区	2	1	1	3	1	2	1	1	
七星区	4	3	1	5	4	1			
雁山区									
阳朔县									
临桂县	1		1						
灵川县									
全州县									
兴安县									
永福县									
灌阳县	2	2		2	1	1			
龙胜各族自治县									
资源县									
平乐县									
荔浦县									
恭城瑶族自治县									
梧州市									
万秀区									
蝶山区									
长洲区									
苍梧县									
藤县									
蒙山县									
岑溪市									
北海市				**1**	**1**		**1**		**1**
海城区							1		1
银海区									
铁山港区									
合浦县				1	1				
防城港市									
港口区									
防城区									
上思县									
东兴市									
钦州市	**1**	**1**		**4**	**2**	**2**	**1**		**1**
钦南区	1	1							
钦北区				2	1	1			
灵山县				2	1	1	1		1
浦北县									
贵港市	**1**	**1**		**1**		**1**			
港北区									
港南区									
覃塘区									
平南县	1	1							
桂平市				1		1			

10-18　续表 40　　　　　　　　　　　　　　　　　　单位：人

地　区	塔塔尔族			独 龙 族			鄂伦春族		
	小计	男	女	小计	男	女	小计	男	女
玉林市				**1**		**1**			
玉州区									
容县				1		1			
陆川县									
博白县									
兴业县									
北流市									
百色市	**7**	**4**	**3**						
右江区									
田阳县									
田东县	1	1							
平果县									
德保县									
靖西县									
那坡县									
凌云县									
乐业县									
田林县	4	2	2						
西林县									
隆林各族自治县	2	1	1						
贺州市	**2**		**2**	**1**		**1**			
八步区				1		1			
平桂管理区	2		2						
昭平县									
钟山县									
富川瑶族自治县									
河池市									
金城江区									
南丹县									
天峨县									
凤山县									
东兰县									
罗城仫佬族自治县									
环江毛南族自治县									
巴马瑶族自治县									
都安瑶族自治县									
大化瑶族自治县									
宜州市									
来宾市									
兴宾区									
忻城县									
象州县									
武宣县									
金秀瑶族自治县									
合山市									
崇左市	**3**	**1**	**2**						
江州区									
扶绥县	1		1						
宁明县	2	1	1						
龙州县									
大新县									
天等县									
凭祥市									

10-18 续表 41 单位：人

地区	塔塔尔族			独龙族			鄂伦春族		
	小计	男	女	小计	男	女	小计	男	女
海南省							**4**	**1**	**3**
海口市									
秀英区									
龙华区									
琼山区									
美兰区									
三亚市							**4**	**1**	**3**
省直辖县级行政区划									
五指山市									
琼海市									
儋州市									
文昌市									
万宁市									
东方市									
定安县									
屯昌县									
澄迈县									
临高县									
白沙黎族自治县									
昌江黎族自治县									
乐东黎族自治县									
陵水黎族自治县									
保亭黎族苗族自治县									
琼中黎族苗族自治县									
西沙群岛									
重庆市	**1**		**1**	**9**	**5**	**4**	**3**	**3**	
市辖区	**1**		**1**	**9**	**5**	**4**	**3**	**3**	
万州区				1	1				
涪陵区									
渝中区									
大渡口区									
江北区									
沙坪坝区				1		1			
九龙坡区									
南岸区				2	2				
北碚区				1	1				
万盛区									
双桥区									
渝北区									
巴南区				1		1			
黔江区									
长寿区									
江津区									
合川区	1		1	3	1	2	2	2	
永川区							1	1	
南川区									
市辖县									
綦江县									
潼南县									
铜梁县									

10-18　续表 42　　　　　　　　　　　　　　　　　　　　　　　　单位：人

地　区	塔塔尔族			独 龙 族			鄂伦春族		
	小计	男	女	小计	男	女	小计	男	女
大足县									
荣昌县									
璧山县									
梁平县									
城口县									
丰都县									
垫江县									
武隆县									
忠县									
开县									
云阳县									
奉节县									
巫山县									
巫溪县									
石柱土家族自治县									
秀山土家族苗族自治县									
酉阳土家族苗族自治县									
彭水苗族土家族自治县									
四川省	**15**	**6**	**9**	**47**	**20**	**27**	**18**	**9**	**9**
成都市	**6**	**1**	**5**	**19**	**8**	**11**	**9**	**2**	**7**
锦江区									
青羊区									
金牛区							3	1	2
武侯区	1		1	1		1	3	1	2
成华区				2	1	1			
龙泉驿区									
青白江区	2	1	1	1		1			
新都区									
温江区							2		2
金堂县				1	1				
双流县	1		1	2		2	1		1
郫县	1		1	3	2	1			
大邑县									
蒲江县									
新津县	1		1	1		1			
都江堰市				7	3	4			
彭州市									
邛崃市									
崇州市				1	1				
自贡市				**5**	**2**	**3**			
自流井区				3	2	1			
贡井区				2		2			
大安区									
沿滩区									
荣县									
富顺县									
攀枝花市									
东区									
西区									
仁和区									
米易县									
盐边县									

10-18 续表 43　　　　单位：人

地区	塔塔尔族			独龙族			鄂伦春族		
	小计	男	女	小计	男	女	小计	男	女
泸州市	**2**	**1**	**1**	**3**	**1**	**2**			
江阳区									
纳溪区									
龙马潭区									
泸县				1		1			
合江县				2	1	1			
叙永县									
古蔺县	2	1	1						
德阳市	**1**	**1**					**1**	**1**	
旌阳区									
中江县									
罗江县									
广汉市	1	1							
什邡市							1	1	
绵竹市									
绵阳市				**3**	**2**	**1**	**1**	**1**	
涪城区							1	1	
游仙区									
三台县									
盐亭县									
安县				3	2	1			
梓潼县									
北川羌族自治县									
平武县									
江油市									
广元市	**1**	**1**							
利州区									
元坝区	1	1							
朝天区									
旺苍县									
青川县									
剑阁县									
苍溪县									
遂宁市									
船山区									
安居区									
蓬溪县									
射洪县									
大英县									
内江市				**2**		**2**	**4**	**3**	**1**
市中区									
东兴区									
威远县							4	3	1
资中县				1		1			
隆昌县				1		1			
乐山市				**4**	**1**	**3**	**2**	**1**	**1**
市中区							2	1	1
沙湾区									
五通桥区									
金口河区									
犍为县									
井研县									
夹江县									
沐川县									
峨边彝族自治县				4	1	3			
马边彝族自治县									
峨眉山市									

10-18　续表 44　　　　　　　　　　　　　　　　　　　　　　　　单位：人

地　区	塔塔尔族			独龙族			鄂伦春族		
	小计	男	女	小计	男	女	小计	男	女
南充市	**1**		**1**	**2**		**2**			
顺庆区	1		1	1		1			
高坪区				1		1			
嘉陵区									
南部县									
营山县									
蓬安县									
仪陇县									
西充县									
阆中市									
眉山市				**1**	**1**				
东坡区				1	1				
仁寿县									
彭山县									
洪雅县									
丹棱县									
青神县									
宜宾市									
翠屏区									
宜宾县									
南溪县									
江安县									
长宁县									
高县									
珙县									
筠连县									
兴文县									
屏山县									
广安市	**1**		**1**						
广安区									
岳池县	1		1						
武胜县									
邻水县									
华蓥市									
达州市									
通川区									
达县									
宣汉县									
开江县									
大竹县									
渠县									
万源市									
雅安市	**1**	**1**							
雨城区									
名山县									
荥经县									
汉源县	1	1							
石棉县									
天全县									
芦山县									
宝兴县									

10-18 续表 45 单位：人

地区	塔塔尔族			独龙族			鄂伦春族		
	小计	男	女	小计	男	女	小计	男	女
巴中市									
巴州区									
通江县									
南江县									
平昌县									
资阳市	**1**		**1**						
雁江区	1		1						
安岳县									
乐至县									
简阳市									
阿坝藏族羌族自治州	**1**	**1**		**2**		**2**	**1**	**1**	
汶川县	1	1		1		1	1	1	
理县									
茂县									
松潘县									
九寨沟县									
金川县									
小金县									
黑水县									
马尔康县									
壤塘县									
阿坝县				1		1			
若尔盖县									
红原县									
甘孜藏族自治州									
康定县									
泸定县									
丹巴县									
九龙县									
雅江县									
道孚县									
炉霍县									
甘孜县									
新龙县									
德格县									
白玉县									
石渠县									
色达县									
理塘县									
巴塘县									
乡城县									
稻城县									
得荣县									
凉山彝族自治州				**6**	**5**	**1**			
西昌市									
木里藏族自治县									
盐源县									
德昌县				1	1				
会理县									
会东县									
宁南县				1	1				
普格县									
布拖县									
金阳县									
昭觉县									

10-18　续表 46　　　　单位：人

地　　区	塔塔尔族			独 龙 族			鄂伦春族		
	小计	男	女	小计	男	女	小计	男	女
喜德县									
冕宁县				4	3	1			
越西县									
甘洛县									
美姑县									
雷波县									
贵州省	**3**	**1**	**2**	**87**	**44**	**43**	**24**	**13**	**11**
贵阳市				**11**	**5**	**6**	**6**	**1**	**5**
南明区							1		1
云岩区				5	4	1	4	1	3
花溪区									
乌当区									
白云区							1		1
小河区				4	1	3			
开阳县									
息烽县				2		2			
修文县									
清镇市									
六盘水市				**54**	**32**	**22**	**3**	**2**	**1**
钟山区				4	4		3	2	1
六枝特区				50	28	22			
水城县									
盘县									
遵义市				**2**	**1**	**1**			
红花岗区				2	1	1			
汇川区									
遵义县									
桐梓县									
绥阳县									
正安县									
道真仡佬族苗族自治县									
务川仡佬族苗族自治县									
凤冈县									
湄潭县									
余庆县									
习水县									
赤水市									
仁怀市									
安顺市				**7**	**2**	**5**			
西秀区				7	2	5			
平坝县									
普定县									
镇宁布依族苗族自治县									
关岭布依族苗族自治县									
紫云苗族布依族自治县									
铜仁地区				**1**		**1**	**1**	**1**	
铜仁市									
江口县									
玉屏侗族自治县									
石阡县							1	1	
思南县									
印江土家族苗族自治县									
德江县									
沿河土家族自治县									
松桃苗族自治县				1		1			
万山特区									

10-18 续表 47　　单位：人

地区	塔塔尔族			独龙族			鄂伦春族		
	小计	男	女	小计	男	女	小计	男	女
黔西南布依族苗族自治州				**5**	**1**	**4**			
兴义市				1		1			
兴仁县									
普安县				3	1	2			
晴隆县									
贞丰县									
望谟县				1		1			
册亨县									
安龙县									
毕节地区	**1**	**1**		**6**	**3**	**3**	**7**	**5**	**2**
毕节市									
大方县									
黔西县							7	5	2
金沙县									
织金县				4	3	1			
纳雍县				2		2			
威宁彝族回族苗族自治县	1	1							
赫章县									
黔东南苗族侗族自治州							**1**	**1**	
凯里市							1	1	
黄平县									
施秉县									
三穗县									
镇远县									
岑巩县									
天柱县									
锦屏县									
剑河县									
台江县									
黎平县									
榕江县									
从江县									
雷山县									
麻江县									
丹寨县									
黔南布依族苗族自治州	**2**		**2**	**1**		**1**	**6**	**3**	**3**
都匀市				1		1			
福泉市									
荔波县									
贵定县	1		1						
瓮安县	1		1						
独山县							5	3	2
平塘县									
罗甸县									
长顺县									
龙里县									
惠水县							1		1
三都水族自治县									

10-18　续表 48

单位：人

地　区	塔塔尔族			独 龙 族			鄂伦春族		
	小计	男	女	小计	男	女	小计	男	女
云南省	**10**	**6**	**4**	**6353**	**3096**	**3257**	**11**	**3**	**8**
昆明市				**101**	**48**	**53**	**4**	**1**	**3**
五华区				36	18	18	2		2
盘龙区				9	5	4			
官渡区				8	1	7			
西山区				26	11	15			
东川区				3	1	2			
呈贡县				5	3	2	2	1	1
晋宁县				2		2			
富民县									
宜良县				3	3				
石林彝族自治县									
嵩明县				2	2				
禄劝彝族苗族自治县									
寻甸回族彝族自治县									
安宁市				7	4	3			
曲靖市	**3**	**2**	**1**	**7**	**5**	**2**	**3**		**3**
麒麟区									
马龙县									
陆良县									
师宗县	1	1							
罗平县				1		1	3		3
富源县				2	2				
会泽县				1		1			
沾益县				1	1				
宣威市	2	1	1	2	2				
玉溪市				**8**	**4**	**4**			
红塔区									
江川县									
澄江县				3	2	1			
通海县				2		2			
华宁县									
易门县				1	1				
峨山彝族自治县									
新平彝族傣族自治县				2	1	1			
元江哈尼族彝族傣族自治县									
保山市				**11**	**2**	**9**			
隆阳区				4		4			
施甸县				1		1			
腾冲县				5	1	4			
龙陵县				1	1				
昌宁县									
昭通市				**10**	**4**	**6**			
昭阳区				1		1			
鲁甸县									
巧家县									
盐津县									
大关县				8	4	4			
永善县				1		1			
绥江县									
镇雄县									
彝良县									
威信县									
水富县									

10-18 续表 49

单位：人

地区	塔塔尔族			独龙族			鄂伦春族		
	小计	男	女	小计	男	女	小计	男	女
丽江市				**32**	**8**	**24**	**1**		**1**
古城区				8	4	4	1		1
玉龙纳西族自治县				5	1	4			
永胜县				13	1	12			
华坪县				2		2			
宁蒗彝族自治县				4	2	2			
普洱市	**1**	**1**		**21**	**11**	**10**	**1**	**1**	
思茅区				21	11	10			
宁洱哈尼族彝族自治县									
墨江哈尼族自治县	1	1							
景东彝族自治县									
景谷傣族彝族自治县									
镇沅彝族哈尼族拉祜族自治县							1	1	
江城哈尼族彝族自治县									
孟连傣族拉祜族佤族自治县									
澜沧拉祜族自治县									
西盟佤族自治县									
临沧市				**13**	**7**	**6**			
临翔区									
凤庆县									
云县				1	1				
永德县				1		1			
镇康县				1		1			
双江拉祜族佤族布朗族傣族自治县				9	5	4			
耿马傣族佤族自治县				1	1				
沧源佤族自治县									
楚雄彝族自治州				**14**	**7**	**7**			
楚雄市				2	1	1			
双柏县				6	3	3			
牟定县									
南华县				6	3	3			
姚安县									
大姚县									
永仁县									
元谋县									
武定县									
禄丰县									
红河哈尼族彝族自治州	**1**		**1**	**110**	**63**	**47**			
个旧市	1		1	35	20	15			
开远市				35	22	13			
蒙自市				22	14	8			
屏边苗族自治县									
建水县				5	2	3			
石屏县									
弥勒县				12	4	8			
泸西县				1	1				
元阳县									
红河县									
金平苗族瑶族傣族自治县									
绿春县									
河口瑶族自治县									
文山壮族苗族自治州	**2**	**1**	**1**	**3**	**1**	**2**	**2**	**1**	**1**
文山县				2	1	1			
砚山县	1		1						
西畴县									
麻栗坡县									

10-18　续表 50　　　　单位：人

地　区	塔塔尔族			独 龙 族			鄂伦春族		
	小计	男	女	小计	男	女	小计	男	女
马关县									
丘北县				1		1			
广南县	1	1					2	1	1
富宁县									
西双版纳傣族自治州	**1**	**1**		**7**	**3**	**4**			
景洪市									
勐海县				3	1	2			
勐腊县	1	1		4	2	2			
大理白族自治州	**2**	**1**	**1**	**21**	**6**	**15**			
大理市				1	1				
漾濞彝族自治县									
祥云县									
宾川县				4	1	3			
弥渡县				3	1	2			
南涧彝族自治县				1		1			
巍山彝族回族自治县				1	1				
永平县				2		2			
云龙县				2		2			
洱源县									
剑川县				3	1	2			
鹤庆县	2	1	1	4	1	3			
德宏傣族景颇族自治州				**8**	**6**	**2**			
瑞丽市				5	3	2			
潞西市				2	2				
梁河县									
盈江县									
陇川县				1	1				
怒江傈僳族自治州				**5745**	**2805**	**2940**			
泸水县				102	40	62			
福贡县				206	103	103			
贡山独龙族怒族自治县				5425	2656	2769			
兰坪白族普米族自治县				12	6	6			
迪庆藏族自治州				**242**	**116**	**126**			
香格里拉县				4	1	3			
德钦县				1	1				
维西傈僳族自治县				237	114	123			
西藏自治区				**37**	**19**	**18**			
拉萨市									
城关区									
林周县									
当雄县									
尼木县									
曲水县									
堆龙德庆县									
达孜县									
墨竹工卡县									
昌都地区				**1**	**1**				
昌都县									
江达县									
贡觉县									
类乌齐县									
丁青县									
察雅县									

10-18 续表 51

单位：人

地　区	塔塔尔族			独龙族			鄂伦春族		
	小计	男	女	小计	男	女	小计	男	女
八宿县									
左贡县									
芒康县				1	1				
洛隆县									
边坝县									
山南地区									
乃东县									
扎囊县									
贡嘎县									
桑日县									
琼结县									
曲松县									
措美县									
洛扎县									
加查县									
隆子县									
错那县									
浪卡子县									
日喀则地区									
日喀则市									
南木林县									
江孜县									
定日县									
萨迦县									
拉孜县									
昂仁县									
谢通门县									
白朗县									
仁布县									
康马县									
定结县									
仲巴县									
亚东县									
吉隆县									
聂拉木县									
萨嘎县									
岗巴县									
那曲地区				**3**	**2**	**1**			
那曲县									
嘉黎县									
比如县				2	1	1			
聂荣县									
安多县									
申扎县									
索县				1	1				
班戈县									
巴青县									
尼玛县									
阿里地区									
普兰县									
札达县									
噶尔县									
日土县									
革吉县									
改则县									
措勤县									

10-18　续表 52

单位：人

地　区	塔塔尔族			独龙族			鄂伦春族		
	小计	男	女	小计	男	女	小计	男	女
林芝地区				**33**	**16**	**17**			
林芝县									
工布江达县									
米林县									
墨脱县									
波密县									
察隅县				33	16	17			
朗县									
陕西省	**1**		**1**				**8**	**3**	**5**
西安市	**1**		**1**				**5**	**2**	**3**
新城区							1	1	
碑林区									
莲湖区	1		1				2	1	1
灞桥区							1		1
未央区									
雁塔区									
阎良区									
临潼区									
长安区							1		1
蓝田县									
周至县									
户县									
高陵县									
铜川市									
王益区									
印台区									
耀州区									
宜君县									
宝鸡市									
渭滨区									
金台区									
陈仓区									
凤翔县									
岐山县									
扶风县									
眉县									
陇县									
千阳县									
麟游县									
凤县									
太白县									
咸阳市									
秦都区									
杨陵区									
渭城区									
三原县									
泾阳县									
乾县									
礼泉县									
永寿县									
彬县									

10-18 续表 53

单位：人

地区	塔塔尔族			独龙族			鄂伦春族		
	小计	男	女	小计	男	女	小计	男	女
长武县									
旬邑县									
淳化县									
武功县									
兴平市									
渭南市									
临渭区									
华县									
潼关县									
大荔县									
合阳县									
澄城县									
蒲城县									
白水县									
富平县									
韩城市									
华阴市									
延安市									
宝塔区									
延长县									
延川县									
子长县									
安塞县									
志丹县									
吴起县									
甘泉县									
富县									
洛川县									
宜川县									
黄龙县									
黄陵县									
汉中市							**3**	**1**	**2**
汉台区							2	1	1
南郑县									
城固县							1		1
洋县									
西乡县									
勉县									
宁强县									
略阳县									
镇巴县									
留坝县									
佛坪县									
榆林市									
榆阳区									
神木县									
府谷县									
横山县									
靖边县									
定边县									
绥德县									
米脂县									
佳县									
吴堡县									
清涧县									
子洲县									

10-18　续表 54　　　　单位：人

地　区	塔塔尔族			独龙族			鄂伦春族		
	小计	男	女	小计	男	女	小计	男	女
安康市									
汉滨区									
汉阴县									
石泉县									
宁陕县									
紫阳县									
岚皋县									
平利县									
镇坪县									
旬阳县									
白河县									
商洛市									
商州区									
洛南县									
丹凤县									
商南县									
山阳县									
镇安县									
柞水县									
甘肃省	**18**	**10**	**8**	**8**	**4**	**4**	**10**	**5**	**5**
兰州市	**5**	**1**	**4**	**6**	**3**	**3**	**7**	**2**	**5**
城关区	2		2	3	1	2	3	1	2
七里河区	1	1		1	1				
西固区									
安宁区									
红古区									
永登县									
皋兰县									
榆中县	2		2	2	1	1	4	1	3
嘉峪关市									
金昌市									
金川区									
永昌县									
白银市	**1**	**1**							
白银区	1	1							
平川区									
靖远县									
会宁县									
景泰县									
天水市									
秦州区									
麦积区									
清水县									
秦安县									
甘谷县									
武山县									
张家川回族自治县									
武威市	**1**	**1**		**2**	**1**	**1**			
凉州区	1	1		2	1	1			
民勤县									
古浪县									
天祝藏族自治县									

10-18 续表 55 单位：人

地区	塔塔尔族			独龙族			鄂伦春族		
	小计	男	女	小计	男	女	小计	男	女
张掖市									
甘州区									
肃南裕固族自治县									
民乐县									
临泽县									
高台县									
山丹县									
平凉市									
崆峒区									
泾川县									
灵台县									
崇信县									
华亭县									
庄浪县									
静宁县									
酒泉市	**11**	**7**	**4**				**3**	**3**	
肃州区									
金塔县									
瓜州县									
肃北蒙古族自治县									
阿克塞哈萨克族自治县							1	1	
玉门市	11	7	4						
敦煌市							2	2	
庆阳市									
西峰区									
庆城县									
环县									
华池县									
合水县									
正宁县									
宁县									
镇原县									
定西市									
安定区									
通渭县									
陇西县									
渭源县									
临洮县									
漳县									
岷县									
陇南市									
武都区									
成县									
文县									
宕昌县									
康县									
西和县									
礼县									
徽县									
两当县									

10-18 续表 56

单位：人

地 区	塔塔尔族			独龙族			鄂伦春族		
	小计	男	女	小计	男	女	小计	男	女
临夏回族自治州									
临夏市									
临夏县									
康乐县									
永靖县									
广河县									
和政县									
东乡族自治县									
积石山保安族东乡族撒拉族自治县									
甘南藏族自治州									
合作市									
临潭县									
卓尼县									
舟曲县									
迭部县									
玛曲县									
碌曲县									
夏河县									
青海省	**2**		**2**	**4**	**3**	**1**	**2**	**1**	**1**
西宁市									
城东区									
城中区									
城西区									
城北区									
大通回族土族自治县									
湟中县									
湟源县									
海东地区				**3**	**2**	**1**			
平安县									
民和回族土族自治县									
乐都县									
互助土族自治县				1	1				
化隆回族自治县									
循化撒拉族自治县				2	1	1			
海北藏族自治州									
门源回族自治县									
祁连县									
海晏县									
刚察县									
黄南藏族自治州									
同仁县									
尖扎县									
泽库县									
河南蒙古族自治县									
海南藏族自治州	**2**		**2**				**1**		**1**
共和县	2		2						
同德县									
贵德县							1		1
兴海县									
贵南县									
果洛藏族自治州									
玛沁县									
班玛县									
甘德县									
达日县									
久治县									
玛多县									

10-18 续表 57

单位：人

地　区	塔塔尔族			独龙族			鄂伦春族		
	小计	男	女	小计	男	女	小计	男	女
玉树藏族自治州									
玉树县									
杂多县									
称多县									
治多县									
囊谦县									
曲麻莱县									
海西蒙古族藏族自治州				**1**	**1**		**1**	**1**	
格尔木市				1	1		1	1	
德令哈市									
乌兰县									
都兰县									
天峻县									
芒崖行政委员会									
柴旦行政委员会									
冷湖行政委员会									
宁夏回族自治区	**2**		**2**	**2**	**1**	**1**	**6**	**4**	**2**
银川市	**2**		**2**	**2**	**1**	**1**	**6**	**4**	**2**
兴庆区							2	1	1
西夏区	2		2	2	1	1	2	1	1
金凤区							2	2	
永宁县									
贺兰县									
灵武市									
石嘴山市									
大武口区									
惠农区									
平罗县									
吴忠市									
利通区									
红寺堡区									
盐池县									
同心县									
青铜峡市									
固原市									
原州区									
西吉县									
隆德县									
泾源县									
彭阳县									
中卫市									
沙坡头区									
中宁县									
海原县									
新疆维吾尔自治区	**3242**	**1757**	**1485**	**11**	**5**	**6**	**12**	**8**	**4**
乌鲁木齐市	**721**	**357**	**364**				**8**	**6**	**2**
天山区	370	193	177				2	1	1
沙依巴克区	138	61	77						
新市区	116	55	61				2	2	
水磨沟区	25	6	19						

10-18　续表 58

单位：人

地　　区	塔塔尔族			独龙族			鄂伦春族		
	小计	男	女	小计	男	女	小计	男	女
头屯河区	11	7	4				3	2	1
达坂城区									
米东区	11	7	4				1	1	
乌鲁木齐县	50	28	22						
克拉玛依市	**52**	**25**	**27**						
独山子区	3	2	1						
克拉玛依区	29	13	16						
白碱滩区	19	10	9						
乌尔禾区	1		1						
吐鲁番地区	**6**	**2**	**4**						
吐鲁番市	5	2	3						
鄯善县	1		1						
托克逊县									
哈密地区	**30**	**14**	**16**						
哈密市	5	2	3						
巴里坤哈萨克自治县	25	12	13						
伊吾县									
昌吉回族自治州	**757**	**442**	**315**						
昌吉市	69	42	27						
阜康市	48	24	24						
呼图壁县	23	11	12						
玛纳斯县	9	7	2						
奇台县	383	225	158						
吉木萨尔县	153	99	54						
木垒哈萨克自治县	72	34	38						
博尔塔拉蒙古自治州	**12**	**8**	**4**						
博乐市	9	7	2						
精河县	2	1	1						
温泉县	1		1						
巴音郭楞蒙古自治州				**1**	**1**		**1**		**1**
库尔勒市				1	1				
轮台县									
尉犁县									
若羌县									
且末县									
焉耆回族自治县									
和静县							1		1
和硕县									
博湖县									
阿克苏地区	**12**	**6**	**6**	**2**		**2**	**3**	**2**	**1**
阿克苏市	5	3	2	1		1	2	1	1
温宿县	1	1							
库车县	1		1	1		1			
沙雅县									
新和县									
拜城县	2		2				1	1	
乌什县									
阿瓦提县	3	2	1						
柯坪县									
克孜勒苏柯尔克孜自治州	**5**	**3**	**2**						
阿图什市									
阿克陶县	5	3	2						
阿合奇县									
乌恰县									

10-18 续表 59 单位：人

地区	塔塔尔族			独龙族			鄂伦春族		
	小计	男	女	小计	男	女	小计	男	女
喀什地区	**40**	**19**	**21**						
喀什市	16	6	10						
疏附县									
疏勒县									
英吉沙县									
泽普县	1	1							
莎车县	14	5	9						
叶城县	2	2							
麦盖提县									
岳普湖县									
伽师县	3	1	2						
巴楚县									
塔什库尔干塔吉克自治县	4	4							
和田地区	**3**	**2**	**1**	**1**		**1**			
和田市				1		1			
和田县									
墨玉县									
皮山县									
洛浦县									
策勒县									
于田县									
民丰县	3	2	1						
伊犁哈萨克自治州	**729**	**399**	**330**						
伊宁市	329	174	155						
奎屯市	5	1	4						
伊宁县	21	12	9						
察布查尔锡伯自治县									
霍城县	61	28	33						
巩留县	65	42	23						
新源县	74	41	33						
昭苏县	147	83	64						
特克斯县	13	10	3						
尼勒克县	14	8	6						
塔城地区	**333**	**180**	**153**	**1**	**1**				
塔城市	190	96	94						
乌苏市	21	10	11						
额敏县	50	31	19						
沙湾县	10	5	5						
托里县	23	15	8						
裕民县	6	3	3	1	1				
和布克赛尔蒙古自治县	33	20	13						
阿勒泰地区	**534**	**298**	**236**						
阿勒泰市	98	44	54						
布尔津县	203	113	90						
富蕴县	40	26	14						
福海县	21	11	10						
哈巴河县	35	25	10						
青河县	129	75	54						
吉木乃县	8	4	4						
自治区直辖县级行政区划	**8**	**2**	**6**	**6**	**3**	**3**			
石河子市	4		4						
阿拉尔市	3	1	2	6	3	3			
图木舒克市	1	1							
五家渠市									

10-19　全国各县分性别的赫哲族、门巴族、珞巴族人口

单位：人

地　区	赫哲族			门巴族			珞巴族		
	小计	男	女	小计	男	女	小计	男	女
全　国	**5354**	**2651**	**2703**	**10561**	**5261**	**5300**	**3682**	**1803**	**1879**
北京市	**201**	**81**	**120**	**31**	**16**	**15**	**11**	**5**	**6**
市辖区	**196**	**80**	**116**	**31**	**16**	**15**	**11**	**5**	**6**
东城区	6	3	3	6	3	3	1		1
西城区	9	4	5	1		1			
崇文区	2	1	1						
宣武区	10	3	7						
朝阳区	30	13	17	14	9	5	3	1	2
丰台区	25	9	16						
石景山区	5	1	4						
海淀区	53	18	35	8	3	5	4	3	1
门头沟区	3	2	1						
房山区	8	3	5						
通州区	8	5	3						
顺义区	2		2						
昌平区	19	9	10	2	1	1	3	1	2
大兴区	16	9	7						
怀柔区									
平谷区									
市辖县	**5**	**1**	**4**						
密云县	5	1	4						
延庆县									
天津市	**28**	**16**	**12**	**8**	**6**	**2**			
市辖区	**28**	**16**	**12**	**8**	**6**	**2**			
和平区	2		2						
河东区	5	4	1						
河西区	2	1	1	2	1	1			
南开区	5	3	2	1		1			
河北区	2	2							
红桥区									
东丽区	3	2	1	3	3				
西青区									
津南区									
北辰区	4	3	1	2	2				
武清区	3	1	2						
宝坻区									
滨海新区	2		2						
市辖县									
宁河县									
静海县									
蓟县									
河北省	**90**	**45**	**45**	**17**	**9**	**8**	**6**	**2**	**4**
石家庄市	**13**	**9**	**4**	**2**	**1**	**1**	**3**	**1**	**2**
长安区									
桥东区									
桥西区	3	1	2				3	1	2
新华区	6	5	1	1		1			
井陉矿区									
裕华区	2	1	1						
井陉县									
正定县	1	1							
栾城县									

10-19　续表 1　　　　单位：人

地　区	赫哲族			门巴族			珞巴族		
	小计	男	女	小计	男	女	小计	男	女
行唐县									
灵寿县									
高邑县									
深泽县									
赞皇县									
无极县	1	1							
平山县									
元氏县									
赵县									
辛集市									
藁城市				1	1				
晋州市									
新乐市									
鹿泉市									
唐山市	**17**	**10**	**7**	**3**	**2**	**1**	**1**		**1**
路南区	3	2	1						
路北区	2	1	1						
古冶区	1	1							
开平区	3	2	1						
丰南区	1	1							
丰润区	5	2	3	3	2	1			
滦县									
滦南县	1		1						
乐亭县							1		1
迁西县									
玉田县									
唐海县	1	1							
遵化市									
迁安市									
秦皇岛市	**15**	**8**	**7**						
海港区	12	6	6						
山海关区	1	1							
北戴河区									
青龙满族自治县									
昌黎县									
抚宁县	2	1	1						
卢龙县									
邯郸市	**1**	**1**		**1**		**1**			
邯山区									
丛台区									
复兴区	1	1							
峰峰矿区				1		1			
邯郸县									
临漳县									
成安县									
大名县									
涉县									
磁县									
肥乡县									
永年县									
邱县									
鸡泽县									
广平县									
馆陶县									
魏县									
曲周县									
武安市									

10-19 续表 2

单位：人

地区	赫哲族			门巴族			珞巴族		
	小计	男	女	小计	男	女	小计	男	女
邢台市									
桥东区									
桥西区									
邢台县									
临城县									
内丘县									
柏乡县									
隆尧县									
任县									
南和县									
宁晋县									
巨鹿县									
新河县									
广宗县									
平乡县									
威县									
清河县									
临西县									
南宫市									
沙河市									
保定市	**11**	**4**	**7**				**1**	**1**	
新市区									
北市区									
南市区									
满城县									
清苑县									
涞水县									
阜平县									
徐水县									
定兴县	1		1						
唐县									
高阳县							1	1	
容城县									
涞源县									
望都县									
安新县	1		1						
易县	2	1	1						
曲阳县									
蠡县									
顺平县									
博野县									
雄县									
涿州市	2	1	1						
定州市									
安国市									
高碑店市	5	2	3						
张家口市	**3**	**1**	**2**	**1**		**1**	**1**		**1**
桥东区									
桥西区	1		1						
宣化区									
下花园区									
宣化县									
张北县	1		1	1		1	1		1

10-19 续表 3

单位：人

地区	赫哲族			门巴族			珞巴族		
	小计	男	女	小计	男	女	小计	男	女
康保县									
沽源县									
尚义县									
蔚县									
阳原县									
怀安县									
万全县									
怀来县									
涿鹿县									
赤城县									
崇礼县	1	1							
承德市	**23**	**10**	**13**	**3**	**2**	**1**			
双桥区	11	4	7						
双滦区	3	1	2						
鹰手营子矿区									
承德县				1	1				
兴隆县									
平泉县									
滦平县	9	5	4	2	1	1			
隆化县									
丰宁满族自治县									
宽城满族自治县									
围场满族蒙古族自治县									
沧州市	**5**	**1**	**4**	**5**	**4**	**1**			
新华区									
运河区	2		2						
沧县									
青县	1	1		4	3	1			
东光县									
海兴县									
盐山县									
肃宁县									
南皮县									
吴桥县									
献县									
孟村回族自治县									
泊头市									
任丘市	2		2						
黄骅市				1	1				
河间市									
廊坊市	**2**	**1**	**1**	**2**		**2**			
安次区	2	1	1						
广阳区									
固安县				2		2			
永清县									
香河县									
大城县									
文安县									
大厂回族自治县									
霸州市									
三河市									
衡水市									
桃城区									
枣强县									
武邑县									

10-19　续表 4

单位：人

地　区	赫哲族			门巴族			珞巴族		
	小计	男	女	小计	男	女	小计	男	女
武强县									
饶阳县									
安平县									
故城县									
景县									
阜城县									
冀州市									
深州市									
山西省	**12**	**4**	**8**	**3**	**2**	**1**			
太原市	**4**	**2**	**2**	**2**	**2**				
小店区									
迎泽区	1		1						
杏花岭区									
尖草坪区				2	2				
万柏林区	2	2							
晋源区	1		1						
清徐县									
阳曲县									
娄烦县									
古交市									
大同市	**5**	**1**	**4**	**1**		**1**			
城区	5	1	4	1		1			
矿区									
南郊区									
新荣区									
阳高县									
天镇县									
广灵县									
灵丘县									
浑源县									
左云县									
大同县									
阳泉市									
城区									
矿区									
郊区									
平定县									
盂县									
长治市									
城区									
郊区									
长治县									
襄垣县									
屯留县									
平顺县									
黎城县									
壶关县									
长子县									
武乡县									
沁县									
沁源县									
潞城市									

10-19 续表 5

单位：人

地区	赫哲族			门巴族			珞巴族		
	小计	男	女	小计	男	女	小计	男	女
晋城市	**1**	**1**							
城区									
沁水县									
阳城县									
陵川县									
泽州县									
高平市	1	1							
朔州市									
朔城区									
平鲁区									
山阴县									
应县									
右玉县									
怀仁县									
晋中市									
榆次区									
榆社县									
左权县									
和顺县									
昔阳县									
寿阳县									
太谷县									
祁县									
平遥县									
灵石县									
介休市									
运城市									
盐湖区									
临猗县									
万荣县									
闻喜县									
稷山县									
新绛县									
绛县									
垣曲县									
夏县									
平陆县									
芮城县									
永济市									
河津市									
忻州市									
忻府区									
定襄县									
五台县									
代县									
繁峙县									
宁武县									
静乐县									
神池县									
五寨县									
岢岚县									
河曲县									
保德县									
偏关县									
原平市									

10-19 续表 6 单位：人

地　区	赫哲族			门巴族			珞巴族		
	小计	男	女	小计	男	女	小计	男	女
临汾市	**2**		**2**						
尧都区									
曲沃县									
翼城县									
襄汾县									
洪洞县									
古县									
安泽县									
浮山县									
吉县									
乡宁县									
大宁县									
隰县									
永和县									
蒲县									
汾西县	2		2						
侯马市									
霍州市									
吕梁市									
离石区									
文水县									
交城县									
兴县									
临县									
柳林县									
石楼县									
岚县									
方山县									
中阳县									
交口县									
孝义市									
汾阳市									
内蒙古自治区	**50**	**23**	**27**	**7**	**5**	**2**			
呼和浩特市									
新城区									
回民区									
玉泉区									
赛罕区									
土默特左旗									
托克托县									
和林格尔县									
清水河县									
武川县									
包头市	**2**	**1**	**1**						
东河区									
昆都仑区									
青山区	2	1	1						
石拐区									
白云鄂博矿区									
九原区									
土默特右旗									
固阳县									
达尔罕茂明安联合旗									
乌海市									
海勃湾区									
海南区									
乌达区									

10-19 续表 7 单位：人

地区	赫哲族			门巴族			珞巴族		
	小计	男	女	小计	男	女	小计	男	女
赤峰市	**10**	**5**	**5**						
红山区	2	1	1						
元宝山区									
松山区	1		1						
阿鲁科尔沁旗									
巴林左旗	7	4	3						
巴林右旗									
林西县									
克什克腾旗									
翁牛特旗									
喀喇沁旗									
宁城县									
敖汉旗									
通辽市	**3**	**1**	**2**						
科尔沁区									
科尔沁左翼中旗									
科尔沁左翼后旗									
开鲁县									
库伦旗									
奈曼旗	1	1							
扎鲁特旗	2		2						
霍林郭勒市									
鄂尔多斯市	**6**	**1**	**5**	**6**	**5**	**1**			
东胜区	2	1	1	3	3				
达拉特旗				2	1	1			
准格尔旗	3		3						
鄂托克前旗									
鄂托克旗									
杭锦旗				1	1				
乌审旗									
伊金霍洛旗	1		1						
呼伦贝尔市	**24**	**12**	**12**	**1**		**1**			
海拉尔区	2	1	1						
阿荣旗									
莫力达瓦达斡尔族自治旗	3	1	2						
鄂伦春自治旗	2	2							
鄂温克族自治旗	9	3	6						
陈巴尔虎旗									
新巴尔虎左旗									
新巴尔虎右旗									
满洲里市									
牙克石市	4	2	2						
扎兰屯市	4	3	1	1		1			
额尔古纳市									
根河市									
巴彦淖尔市									
临河区									
五原县									
磴口县									
乌拉特前旗									
乌拉特中旗									
乌拉特后旗									
杭锦后旗									

10-19 续表 8

单位：人

地区	赫哲族			门巴族			珞巴族		
	小计	男	女	小计	男	女	小计	男	女
乌兰察布市	**3**	**1**	**2**						
集宁区									
卓资县	2		2						
化德县	1	1							
商都县									
兴和县									
凉城县									
察哈尔右翼前旗									
察哈尔右翼中旗									
察哈尔右翼后旗									
四子王旗									
丰镇市									
兴安盟	**1**	**1**							
乌兰浩特市	1	1							
阿尔山市									
科尔沁右翼前旗									
科尔沁右翼中旗									
扎赉特旗									
突泉县									
锡林郭勒盟									
二连浩特市									
锡林浩特市									
阿巴嘎旗									
苏尼特左旗									
苏尼特右旗									
东乌珠穆沁旗									
西乌珠穆沁旗									
太仆寺旗									
镶黄旗									
正镶白旗									
正蓝旗									
多伦县									
阿拉善盟	**1**	**1**							
阿拉善左旗	1	1							
阿拉善右旗									
额济纳旗									
辽宁省	**154**	**72**	**82**	**9**	**5**	**4**	**11**	**8**	**3**
沈阳市	**39**	**19**	**20**	**5**	**4**	**1**	**10**	**8**	**2**
和平区	1		1	2	1	1	2	1	1
沈河区	7	3	4						
大东区	3	1	2						
皇姑区	8	4	4				1	1	
铁西区	4	2	2						
苏家屯区									
东陵区	3	1	2						
沈北新区	1		1	2	2				
于洪区	6	5	1	1	1				
辽中县	1	1					7	6	1
康平县									
法库县	2	1	1						
新民市	3	1	2						
大连市	**48**	**19**	**29**	**1**	**1**		**1**		**1**
中山区	7	2	5						
西岗区	1		1						
沙河口区	6	3	3						

10-19 续表 9 单位：人

地 区	赫哲族			门巴族			珞巴族		
	小计	男	女	小计	男	女	小计	男	女
甘井子区	13	4	9						
旅顺口区									
金州区	20	9	11	1	1		1		1
长海县									
瓦房店市	1	1							
普兰店市									
庄河市									
鞍山市	**9**	**6**	**3**						
铁东区	2	2							
铁西区									
立山区									
千山区	2		2						
台安县									
岫岩满族自治县									
海城市	5	4	1						
抚顺市	**7**	**1**	**6**						
新抚区									
东洲区	4	1	3						
望花区									
顺城区	3		3						
抚顺县									
新宾满族自治县									
清原满族自治县									
本溪市	**3**	**1**	**2**						
平山区									
溪湖区									
明山区									
南芬区									
本溪满族自治县	3	1	2						
桓仁满族自治县									
丹东市	**3**	**1**	**2**						
元宝区									
振兴区	3	1	2						
振安区									
宽甸满族自治县									
东港市									
凤城市									
锦州市	**9**	**6**	**3**						
古塔区	2	1	1						
凌河区	1	1							
太和区	4	3	1						
黑山县									
义县									
凌海市									
北镇市	2	1	1						
营口市	**7**	**2**	**5**						
站前区									
西市区									
鲅鱼圈区	3	1	2						
老边区									
盖州市									
大石桥市	4	1	3						
阜新市	**1**	**1**							
海州区									
新邱区									

10-19　续表 10　　　　　　　　　　　　　　　　　　　　　单位：人

地　区	赫 哲 族			门 巴 族			珞 巴 族		
	小计	男	女	小计	男	女	小计	男	女
太平区									
清河门区									
细河区	1	1							
阜新蒙古族自治县									
彰武县									
辽阳市	**6**	**4**	**2**	**3**		**3**			
白塔区	2	1	1						
文圣区									
宏伟区									
弓长岭区									
太子河区				3		3			
辽阳县									
灯塔市	4	3	1						
盘锦市	**8**	**3**	**5**						
双台子区									
兴隆台区	8	3	5						
大洼县									
盘山县									
铁岭市	**10**	**7**	**3**						
银州区									
清河区									
铁岭县	5	3	2						
西丰县									
昌图县	4	4							
调兵山市	1		1						
开原市									
朝阳市									
双塔区									
龙城区									
朝阳县									
建平县									
喀喇沁左翼蒙古族自治县									
北票市									
凌源市									
葫芦岛市	**4**	**2**	**2**						
连山区	1		1						
龙港区									
南票区									
绥中县	3	2	1						
建昌县									
兴城市									
吉林省	**212**	**106**	**106**	**18**	**8**	**10**	**3**	**1**	**2**
长春市	**64**	**26**	**38**	**4**		**4**	**3**	**1**	**2**
南关区	20	11	9	3		3	1		1
宽城区	4		4						
朝阳区	29	7	22	1		1	1	1	
二道区	6	4	2				1		1
绿园区	5	4	1						
双阳区									
农安县									
九台市									
榆树市									
德惠市									

10-19 续表 11 单位：人

地区	赫哲族			门巴族			珞巴族		
	小计	男	女	小计	男	女	小计	男	女
吉林市	**138**	**74**	**64**						
昌邑区	71	36	35						
龙潭区	15	9	6						
船营区	14	8	6						
丰满区	24	16	8						
永吉县	11	5	6						
蛟河市	3		3						
桦甸市									
舒兰市									
磐石市									
四平市	**1**		**1**	**14**	**8**	**6**			
铁西区									
铁东区									
梨树县	1		1						
伊通满族自治县				8	6	2			
公主岭市				6	2	4			
双辽市									
辽源市									
龙山区									
西安区									
东丰县									
东辽县									
通化市	**1**		**1**						
东昌区									
二道江区									
通化县									
辉南县									
柳河县									
梅河口市									
集安市	1		1						
白山市	**1**	**1**							
浑江区	1	1							
江源区									
抚松县									
靖宇县									
长白朝鲜族自治县									
临江市									
松原市	**2**	**1**	**1**						
宁江区									
前郭尔罗斯蒙古族自治县	2	1	1						
长岭县									
乾安县									
扶余县									
白城市	**4**	**3**	**1**						
洮北区									
镇赉县									
通榆县	2	2							
洮南市									
大安市	2	1	1						
延边朝鲜族自治州	**1**	**1**							
延吉市	1	1							
图们市									
敦化市									
珲春市									
龙井市									
和龙市									
汪清县									
安图县									

10-19　续表 12　　　　　　　　　　　　　　　　　　　　　　　　　　单位：人

地　区	赫哲族			门巴族			珞巴族		
	小计	男	女	小计	男	女	小计	男	女
黑龙江省	**3613**	**1803**	**1810**	**2**	**1**	**1**	**4**	**3**	**1**
哈尔滨市	**403**	**197**	**206**	**1**	**1**		**2**	**2**	
道里区	29	15	14						
南岗区	139	68	71	1	1				
道外区	6	3	3						
平房区	9	6	3						
松北区	35	16	19						
香坊区	52	23	29				1	1	
呼兰区	48	20	28				1	1	
阿城区	4	2	2						
依兰县	62	34	28						
方正县									
宾县	2	1	1						
巴彦县									
木兰县									
通河县									
延寿县	1	1							
双城市	14	8	6						
尚志市									
五常市	2		2						
齐齐哈尔市	**69**	**33**	**36**						
龙沙区	5	4	1						
建华区	14	5	9						
铁锋区									
昂昂溪区	2		2						
富拉尔基区	5		5						
碾子山区	4	1	3						
梅里斯达斡尔族区	4	3	1						
龙江县	24	15	9						
依安县	1		1						
泰来县	2	1	1						
甘南县	2	1	1						
富裕县	4	2	2						
克山县	1		1						
克东县									
拜泉县									
讷河市	1	1							
鸡西市	**37**	**21**	**16**				**1**		**1**
鸡冠区	9	2	7						
恒山区	3	2	1						
滴道区	4	4							
梨树区									
城子河区									
麻山区									
鸡东县	1	1					1		1
虎林市	10	7	3						
密山市	10	5	5						
鹤岗市	**58**	**35**	**23**	**1**		**1**	**1**	**1**	
向阳区	3	2	1				1	1	
工农区	6	3	3						
南山区									
兴安区									

10-19 续表 13　　　　单位：人

地区	赫哲族			门巴族			珞巴族		
	小计	男	女	小计	男	女	小计	男	女
东山区	1	1		1		1			
兴山区	2	2							
萝北县	6	3	3						
绥滨县	40	24	16						
双鸭山市	**488**	**263**	**225**						
尖山区	33	18	15						
岭东区									
四方台区	7	3	4						
宝山区	3	3							
集贤县	4	2	2						
友谊县	1		1						
宝清县	30	13	17						
饶河县	410	224	186						
大庆市	**57**	**28**	**29**						
萨尔图区	13	7	6						
龙凤区	20	10	10						
让胡路区	9	5	4						
红岗区	8	4	4						
大同区									
肇州县									
肇源县	7	2	5						
林甸县									
杜尔伯特蒙古族自治县									
伊春市	**32**	**18**	**14**						
伊春区	3		3						
南岔区	8	6	2						
友好区	7	4	3						
西林区									
翠峦区	1		1						
新青区									
美溪区									
金山屯区									
五营区	8	6	2						
乌马河区									
汤旺河区									
带岭区	1	1							
乌伊岭区	2	1	1						
红星区									
上甘岭区	2		2						
嘉荫县									
铁力市									
佳木斯市	**2298**	**1127**	**1171**						
向阳区	183	81	102						
前进区	75	37	38						
东风区	24	11	13						
郊区	415	225	190						
桦南县	40	27	13						
桦川县	28	7	21						
汤原县	59	36	23						
抚远县	396	161	235						
同江市	1024	523	501						
富锦市	54	19	35						
七台河市	**18**	**11**	**7**						
新兴区									
桃山区	15	11	4						
茄子河区	1		1						
勃利县	2		2						

10-19 续表 14

单位：人

地区	赫哲族			门巴族			珞巴族		
	小计	男	女	小计	男	女	小计	男	女
牡丹江市	**41**	**18**	**23**						
东安区	2	1	1						
阳明区	4	3	1						
爱民区	10	3	7						
西安区	8	4	4						
东宁县	3	2	1						
林口县	2	1	1						
绥芬河市	4	1	3						
海林市									
宁安市	7	3	4						
穆棱市	1		1						
黑河市	**79**	**38**	**41**						
爱辉区	8	3	5						
嫩江县	23	12	11						
逊克县	36	17	19						
孙吴县	3	2	1						
北安市	2		2						
五大连池市	7	4	3						
绥化市	**22**	**8**	**14**						
北林区	8	4	4						
望奎县	7	1	6						
兰西县									
青冈县									
庆安县	1		1						
明水县									
绥棱县	1		1						
安达市									
肇东市	4	3	1						
海伦市	1		1						
大兴安岭地区	**11**	**6**	**5**						
加格达奇区	10	5	5						
松岭区									
新林区									
呼中区									
呼玛县									
塔河县	1	1							
漠河县									
上海市	**40**	**20**	**20**	**3**		**3**	**4**	**2**	**2**
市辖区	**39**	**20**	**19**	**3**		**3**	**4**	**2**	**2**
黄浦区	5		5						
卢湾区									
徐汇区	2	2					1		1
长宁区	2		2						
静安区	1		1						
普陀区	1	1							
闸北区	3	1	2						
虹口区	1	1					1		1
杨浦区	2	2							
闵行区	2	2							
宝山区	5	3	2	2		2	1	1	
嘉定区	3		3						
浦东新区	4	3	1						

10-19 续表 15 单位：人

地区	赫哲族			门巴族			珞巴族		
	小计	男	女	小计	男	女	小计	男	女
金山区							1	1	
松江区	1		1	1		1			
青浦区	5	3	2						
奉贤区	2	2							
市辖县	**1**		**1**						
崇明县	1		1						
江苏省	**68**	**36**	**32**	**136**	**65**	**71**	**1**	**1**	
南京市	**14**	**8**	**6**	**9**	**6**	**3**	**1**	**1**	
玄武区	4	3	1	2	2				
白下区				3	3		1	1	
秦淮区									
建邺区	1		1						
鼓楼区				1		1			
下关区									
浦口区	9	5	4						
栖霞区				1	1				
雨花台区									
江宁区				2		2			
六合区									
溧水县									
高淳县									
无锡市	**13**	**9**	**4**	**2**	**1**	**1**			
崇安区									
南长区									
北塘区									
锡山区	2	2							
惠山区	3	3							
滨湖区	8	4	4	2	1	1			
江阴市									
宜兴市									
徐州市	**1**		**1**	**109**	**49**	**60**			
鼓楼区	1		1						
云龙区									
九里区				1		1			
贾汪区				8	4	4			
泉山区				99	45	54			
丰县									
沛县									
铜山县				1		1			
睢宁县									
新沂市									
邳州市									
常州市				**1**		**1**			
天宁区									
钟楼区				1		1			
戚墅堰区									
新北区									
武进区									
溧阳市									
金坛市									
苏州市	**18**	**7**	**11**	**3**	**1**	**2**			
沧浪区									
平江区	2	1	1						
金阊区									

10-19　续表 16　　　　　　　　　　　　　　　　　　　　　　　　　　　　单位：人

地　区	赫哲族			门巴族			珞巴族		
	小计	男	女	小计	男	女	小计	男	女
虎丘区	1		1						
吴中区	6	4	2						
相城区				1	1				
常熟市				1		1			
张家港市	1	1							
昆山市	5	1	4						
吴江市				1		1			
太仓市	3		3						
南通市	**3**	**3**		**3**	**2**	**1**			
崇川区	3	3							
港闸区				3	2	1			
通州区									
海安县									
如东县									
启东市									
如皋市									
海门市									
连云港市	**3**		**3**	**1**		**1**			
连云区									
新浦区									
海州区									
赣榆县									
东海县	3		3	1		1			
灌云县									
灌南县									
淮安市									
清河区									
楚州区									
淮阴区									
清浦区									
涟水县									
洪泽县									
盱眙县									
金湖县									
盐城市	**7**	**2**	**5**	**3**	**2**	**1**			
亭湖区				3	2	1			
盐都区									
响水县	1		1						
滨海县	1	1							
阜宁县	2	1	1						
射阳县	1		1						
建湖县									
东台市									
大丰市	2		2						
扬州市	**2**	**2**							
广陵区									
邗江区	2	2							
维扬区									
宝应县									
仪征市									
高邮市									
江都市									
镇江市				**5**	**4**	**1**			
京口区									
润州区									

10-19 续表 17 单位：人

地区	赫哲族			门巴族			珞巴族		
	小计	男	女	小计	男	女	小计	男	女
丹徒区									
丹阳市				3	3				
扬中市									
句容市				2	1	1			
泰州市	**7**	**5**	**2**						
海陵区									
高港区									
兴化市	7	5	2						
靖江市									
泰兴市									
姜堰市									
宿迁市									
宿城区									
宿豫区									
沭阳县									
泗阳县									
泗洪县									
浙江省	**48**	**20**	**28**	**21**	**9**	**12**	**1**	**1**	
杭州市	**22**	**6**	**16**	**3**		**3**			
上城区	1	1							
下城区									
江干区	7	1	6						
拱墅区									
西湖区	11	2	9						
滨江区									
萧山区	3	2	1						
余杭区									
桐庐县									
淳安县									
建德市									
富阳市				1		1			
临安市				2		2			
宁波市	**6**	**3**	**3**	**4**	**3**	**1**			
海曙区									
江东区				3	2	1			
江北区									
北仑区	3	2	1	1	1				
镇海区									
鄞州区									
象山县	2	1	1						
宁海县									
余姚市	1		1						
慈溪市									
奉化市									
温州市	**5**	**1**	**4**				**1**	**1**	
鹿城区	2		2						
龙湾区									
瓯海区	1	1					1	1	
洞头县									
永嘉县									
平阳县	1		1						
苍南县									
文成县									
泰顺县									
瑞安市	1		1						
乐清市									

10-19　续表 18

单位：人

地　区	赫哲族			门巴族			珞巴族		
	小计	男	女	小计	男	女	小计	男	女
嘉兴市	**2**	**2**							
南湖区									
秀洲区	2	2							
嘉善县									
海盐县									
海宁市									
平湖市									
桐乡市									
湖州市	**2**	**1**	**1**						
吴兴区									
南浔区	1	1							
德清县									
长兴县	1		1						
安吉县									
绍兴市									
越城区									
绍兴县									
新昌县									
诸暨市									
上虞市									
嵊州市									
金华市	**11**	**7**	**4**	**7**	**2**	**5**			
婺城区				4	1	3			
金东区	2	2		1		1			
武义县				2	1	1			
浦江县	4	2	2						
磐安县	1	1							
兰溪市									
义乌市	3	2	1						
东阳市	1		1						
永康市									
衢州市									
柯城区									
衢江区									
常山县									
开化县									
龙游县									
江山市									
舟山市				**4**	**4**				
定海区									
普陀区									
岱山县				4	4				
嵊泗县									
台州市				**2**		**2**			
椒江区									
黄岩区									
路桥区									
玉环县									
三门县									
天台县				2		2			
仙居县									
温岭市									
临海市									

10-19 续表 19　　　　单位：人

地区	赫哲族			门巴族			珞巴族		
	小计	男	女	小计	男	女	小计	男	女
丽水市				**1**		**1**			
莲都区									
青田县									
缙云县									
遂昌县									
松阳县									
云和县									
庆元县									
景宁畲族自治县									
龙泉市				1		1			
安徽省	**23**	**8**	**15**	**65**	**29**	**36**	**2**	**1**	**1**
合肥市	**4**	**3**	**1**	**19**	**1**	**18**			
瑶海区	1	1							
庐阳区									
蜀山区	3	2	1	18		18			
包河区									
长丰县									
肥东县				1	1				
肥西县									
芜湖市	**2**		**2**						
镜湖区									
弋江区	2		2						
鸠江区									
三山区									
芜湖县									
繁昌县									
南陵县									
蚌埠市	**1**		**1**						
龙子湖区									
蚌山区	1		1						
禹会区									
淮上区									
怀远县									
五河县									
固镇县									
淮南市	**1**		**1**						
大通区									
田家庵区									
谢家集区									
八公山区									
潘集区									
凤台县	1		1						
马鞍山市									
金家庄区									
花山区									
雨山区									
当涂县									
淮北市									
杜集区									
相山区									
烈山区									
濉溪县									

10-19　续表 20　　　　单位：人

地　区	赫哲族			门巴族			珞巴族		
	小计	男	女	小计	男	女	小计	男	女
铜陵市									
铜官山区									
狮子山区									
郊区									
铜陵县									
安庆市	**6**	**1**	**5**	**1**		**1**			
迎江区				1		1			
大观区									
宜秀区									
怀宁县									
枞阳县									
潜山县	1		1						
太湖县	2		2						
宿松县									
望江县	3	1	2						
岳西县									
桐城市									
黄山市									
屯溪区									
黄山区									
徽州区									
歙县									
休宁县									
黟县									
祁门县									
滁州市	**2**	**1**	**1**	**1**	**1**				
琅琊区	1		1	1	1				
南谯区									
来安县									
全椒县									
定远县									
凤阳县	1	1							
天长市									
明光市									
阜阳市	**2**		**2**						
颍州区									
颍东区	1		1						
颍泉区									
临泉县									
太和县									
阜南县									
颍上县	1		1						
界首市									
宿州市	**1**		**1**	**43**	**27**	**16**			
埇桥区				1	1				
砀山县									
萧县	1		1	41	26	15			
灵璧县				1		1			
泗县									
巢湖市	**3**	**3**							
居巢区									
庐江县									
无为县	2	2							
含山县									
和县	1	1							

10-19 续表 21

单位：人

地区	赫哲族			门巴族			珞巴族		
	小计	男	女	小计	男	女	小计	男	女
六安市	**1**		**1**				**2**	**1**	**1**
金安区									
裕安区									
寿县									
霍邱县	1		1						
舒城县							1	1	
金寨县							1		1
霍山县									
亳州市				**1**		**1**			
谯城区									
涡阳县				1		1			
蒙城县									
利辛县									
池州市									
贵池区									
东至县									
石台县									
青阳县									
宣城市									
宣州区									
郎溪县									
广德县									
泾县									
绩溪县									
旌德县									
宁国市									
福建省	**43**	**22**	**21**	**23**	**9**	**14**	**16**	**10**	**6**
福州市	**9**	**5**	**4**	**6**	**3**	**3**	**4**	**2**	**2**
鼓楼区	3	2	1						
台江区									
仓山区	1		1	3	3		3	1	2
马尾区	1		1						
晋安区	1		1						
闽侯县	1	1		1		1			
连江县							1	1	
罗源县									
闽清县									
永泰县									
平潭县									
福清市	2	2							
长乐市				2		2			
厦门市	**6**	**3**	**3**	**3**		**3**			
思明区	1	1		3		3			
海沧区									
湖里区	4	2	2						
集美区	1		1						
同安区									
翔安区									
莆田市									
城厢区									
涵江区									
荔城区									
秀屿区									
仙游县									

10-19　续表 22

单位：人

地　区	赫哲族			门巴族			珞巴族		
	小计	男	女	小计	男	女	小计	男	女
三明市									
梅列区									
三元区									
明溪县									
清流县									
宁化县									
大田县									
尤溪县									
沙县									
将乐县									
泰宁县									
建宁县									
永安市									
泉州市	**18**	**11**	**7**	**1**		**1**	**6**	**3**	**3**
鲤城区	4	4							
丰泽区	6	1	5						
洛江区	1	1							
泉港区									
惠安县	1	1							
安溪县									
永春县									
德化县									
石狮市							1		1
晋江市	5	4	1				2	1	1
南安市	1		1	1		1	3	2	1
漳州市	**4**		**4**	**2**		**2**	**6**	**5**	**1**
芗城区	1		1	1		1			
龙文区	1		1				4	3	1
云霄县									
漳浦县	1		1						
诏安县									
长泰县									
东山县									
南靖县									
平和县									
华安县									
龙海市	1		1	1		1	2	2	
南平市	**2**		**2**	**1**	**1**				
延平区									
顺昌县									
浦城县									
光泽县									
松溪县									
政和县									
邵武市	1		1	1	1				
武夷山市									
建瓯市	1		1						
建阳市									
龙岩市	**4**	**3**	**1**	**10**	**5**	**5**			
新罗区	1		1	3	1	2			
长汀县									
永定县	1	1							
上杭县				4	2	2			
武平县				3	2	1			
连城县	2	2							
漳平市									

10-19 续表 23

单位：人

地区	赫哲族			门巴族			珞巴族		
	小计	男	女	小计	男	女	小计	男	女
宁德市									
蕉城区									
霞浦县									
古田县									
屏南县									
寿宁县									
周宁县									
柘荣县									
福安市									
福鼎市									
江西省	**8**	**5**	**3**	**78**	**30**	**48**	**1**	**1**	
南昌市	**3**	**2**	**1**	**2**	**2**		**1**	**1**	
东湖区									
西湖区									
青云谱区									
湾里区									
青山湖区							1	1	
南昌县									
新建县	3	2	1	2	2				
安义县									
进贤县									
景德镇市									
昌江区									
珠山区									
浮梁县									
乐平市									
萍乡市				**3**	**2**	**1**			
安源区									
湘东区				3	2	1			
莲花县									
上栗县									
芦溪县									
九江市									
庐山区									
浔阳区									
九江县									
武宁县									
修水县									
永修县									
德安县									
星子县									
都昌县									
湖口县									
彭泽县									
瑞昌市									
新余市				**2**	**1**	**1**			
渝水区				2	1	1			
分宜县									
鹰潭市				**60**	**18**	**42**			
月湖区				60	18	42			
余江县									
贵溪市									
赣州市	**2**		**2**	**10**	**6**	**4**			
章贡区									
赣县									

10-19 续表 24 单位：人

地区	赫哲族			门巴族			珞巴族		
	小计	男	女	小计	男	女	小计	男	女
信丰县									
大余县									
上犹县									
崇义县				1		1			
安远县	1		1						
龙南县									
定南县									
全南县									
宁都县				1	1				
于都县				8	5	3			
兴国县	1		1						
会昌县									
寻乌县									
石城县									
瑞金市									
南康市									
吉安市	**3**	**3**		**1**	**1**				
吉州区									
青原区				1	1				
吉安县									
吉水县									
峡江县									
新干县									
永丰县									
泰和县									
遂川县									
万安县									
安福县									
永新县									
井冈山市	3	3							
宜春市									
袁州区									
奉新县									
万载县									
上高县									
宜丰县									
靖安县									
铜鼓县									
丰城市									
樟树市									
高安市									
抚州市									
临川区									
南城县									
黎川县									
南丰县									
崇仁县									
乐安县									
宜黄县									
金溪县									
资溪县									
东乡县									
广昌县									

10-19 续表 25 单位：人

地　区	赫哲族			门巴族			珞巴族		
	小计	男	女	小计	男	女	小计	男	女
上饶市									
信州区									
上饶县									
广丰县									
玉山县									
铅山县									
横峰县									
弋阳县									
余干县									
鄱阳县									
万年县									
婺源县									
德兴市									
山东省	**68**	**35**	**33**	**20**	**10**	**10**	**2**	**1**	**1**
济南市	**10**	**5**	**5**	**3**	**2**	**1**			
历下区	2	1	1						
市中区				2	1	1			
槐荫区									
天桥区	1	1							
历城区	5	3	2						
长清区									
平阴县	2		2	1	1				
济阳县									
商河县									
章丘市									
青岛市	**12**	**8**	**4**	**5**	**2**	**3**			
市南区									
市北区				1		1			
四方区									
黄岛区	1	1							
崂山区									
李沧区	1	1							
城阳区	2	2							
胶州市	2		2						
即墨市	4	4		4	2	2			
平度市									
胶南市	2		2						
莱西市									
淄博市							**1**		**1**
淄川区									
张店区									
博山区							1		1
临淄区									
周村区									
桓台县									
高青县									
沂源县									
枣庄市				**1**		**1**			
市中区									
薛城区									
峄城区									
台儿庄区									
山亭区									
滕州市				1		1			

10-19　续表 26　　单位：人

地　区	赫哲族			门巴族			珞巴族		
	小计	男	女	小计	男	女	小计	男	女
东营市									
东营区									
河口区									
垦利县									
利津县									
广饶县									
烟台市	**2**	**1**	**1**						
芝罘区									
福山区	2	1	1						
牟平区									
莱山区									
长岛县									
龙口市									
莱阳市									
莱州市									
蓬莱市									
招远市									
栖霞市									
海阳市									
潍坊市	**5**	**2**	**3**						
潍城区	1	1							
寒亭区									
坊子区									
奎文区	1	1							
临朐县									
昌乐县									
青州市									
诸城市									
寿光市									
安丘市									
高密市									
昌邑市	3		3						
济宁市									
市中区									
任城区									
微山县									
鱼台县									
金乡县									
嘉祥县									
汶上县									
泗水县									
梁山县									
曲阜市									
兖州市									
邹城市									
泰安市	**2**		**2**						
泰山区									
岱岳区									
宁阳县									
东平县									
新泰市									
肥城市	2		2						
威海市	**21**	**11**	**10**						
环翠区	14	8	6						
文登市	5	2	3						
荣成市									
乳山市	2	1	1						

10-19 续表 27　　单位：人

地区	赫哲族			门巴族			珞巴族		
	小计	男	女	小计	男	女	小计	男	女
日照市	**2**	**1**	**1**						
东港区									
岚山区									
五莲县									
莒县	2	1	1						
莱芜市									
莱城区									
钢城区									
临沂市	**4**	**2**	**2**	**2**		**2**			
兰山区									
罗庄区									
河东区									
沂南县	3	2	1						
郯城县									
沂水县									
苍山县									
费县	1		1	1		1			
平邑县				1		1			
莒南县									
蒙阴县									
临沭县									
德州市	**1**		**1**						
德城区									
陵县									
宁津县	1		1						
庆云县									
临邑县									
齐河县									
平原县									
夏津县									
武城县									
乐陵市									
禹城市									
聊城市	**7**	**3**	**4**	**5**	**4**	**1**			
东昌府区				4	3	1			
阳谷县									
莘县	1		1						
茌平县				1	1				
东阿县									
冠县	2	2							
高唐县									
临清市	4	1	3						
滨州市				**1**		**1**	**1**	**1**	
滨城区									
惠民县									
阳信县									
无棣县									
沾化县									
博兴县							1	1	
邹平县				1		1			
菏泽市	**2**	**2**		**3**	**2**	**1**			
牡丹区				1		1			
曹县									
单县									
成武县									
巨野县	2	2							
郓城县									
鄄城县									
定陶县									
东明县				2	2				

10-19　续表 28　　单位：人

地　区	赫哲族			门巴族			珞巴族		
	小计	男	女	小计	男	女	小计	男	女
河南省	**30**	**13**	**17**	**45**	**16**	**29**			
郑州市	**2**	**2**		**9**	**4**	**5**			
中原区									
二七区									
管城回族区				3	2	1			
金水区	2	2		5	1	4			
上街区									
惠济区									
中牟县									
巩义市									
荥阳市									
新密市									
新郑市				1	1				
登封市									
开封市	**13**	**5**	**8**	**6**	**4**	**2**			
龙亭区									
顺河回族区	2		2						
鼓楼区	4	2	2	2	1	1			
禹王台区	1	1		1	1				
金明区									
杞县	6	2	4	1		1			
通许县									
尉氏县				2	2				
开封县									
兰考县									
洛阳市				**1**		**1**			
老城区									
西工区									
瀍河回族区									
涧西区									
吉利区									
洛龙区									
孟津县									
新安县									
栾川县									
嵩县				1		1			
汝阳县									
宜阳县									
洛宁县									
伊川县									
偃师市									
平顶山市	**1**	**1**							
新华区									
卫东区									
石龙区									
湛河区									
宝丰县									
叶县									
鲁山县									
郏县									
舞钢市	1	1							
汝州市									

10-19 续表 29 单位：人

地区	赫哲族			门巴族			珞巴族		
	小计	男	女	小计	男	女	小计	男	女
安阳市	**2**	**2**		**3**	**2**	**1**			
文峰区									
北关区									
殷都区									
龙安区	2	2							
安阳县									
汤阴县									
滑县				3	2	1			
内黄县									
林州市									
鹤壁市									
鹤山区									
山城区									
淇滨区									
浚县									
淇县									
新乡市	**1**		**1**	**1**		**1**			
红旗区									
卫滨区	1		1						
凤泉区									
牧野区				1		1			
新乡县									
获嘉县									
原阳县									
延津县									
封丘县									
长垣县									
卫辉市									
辉县市									
焦作市	**1**		**1**						
解放区	1		1						
中站区									
马村区									
山阳区									
修武县									
博爱县									
武陟县									
温县									
沁阳市									
孟州市									
濮阳市	**2**		**2**						
华龙区	2		2						
清丰县									
南乐县									
范县									
台前县									
濮阳县									
许昌市				**2**		**2**			
魏都区				1		1			
许昌县									
鄢陵县									
襄城县									
禹州市				1		1			
长葛市									

10-19　续表 30　　　　　　　　　　　　　　　　　　　　单位：人

地　区	赫哲族			门巴族			珞巴族		
	小计	男	女	小计	男	女	小计	男	女
漯河市				**3**	**1**	**2**			
源汇区									
郾城区				1	1				
召陵区				2		2			
舞阳县									
临颍县									
三门峡市									
湖滨区									
渑池县									
陕县									
卢氏县									
义马市									
灵宝市									
南阳市									
宛城区									
卧龙区									
南召县									
方城县									
西峡县									
镇平县									
内乡县									
淅川县									
社旗县									
唐河县									
新野县									
桐柏县									
邓州市									
商丘市	**1**		**1**	**1**		**1**			
梁园区	1		1						
睢阳区									
民权县									
睢县									
宁陵县									
柘城县									
虞城县									
夏邑县									
永城市				1		1			
信阳市	**2**		**2**						
浉河区									
平桥区	1		1						
罗山县									
光山县									
新县									
商城县									
固始县	1		1						
潢川县									
淮滨县									
息县									
周口市				**15**	**5**	**10**			
川汇区				1		1			
扶沟县									
西华县									
商水县									

10-19 续表 31 单位：人

地区	赫哲族			门巴族			珞巴族		
	小计	男	女	小计	男	女	小计	男	女
沈丘县									
郸城县									
淮阳县				12	4	8			
太康县									
鹿邑县									
项城市				2	1	1			
驻马店市	**5**	**3**	**2**	**4**		**4**			
驿城区				1		1			
西平县									
上蔡县	5	3	2						
平舆县									
正阳县									
确山县									
泌阳县									
汝南县									
遂平县				3		3			
新蔡县									
省直辖县级行政区划									
济源市									
湖北省	**16**	**10**	**6**	**25**	**10**	**15**	**2**		**2**
武汉市	**4**	**1**	**3**	**7**	**2**	**5**	**2**		**2**
江岸区									
江汉区									
硚口区	2	1	1						
汉阳区									
武昌区				1		1			
青山区									
洪山区				6	2	4	2		2
东西湖区									
汉南区									
蔡甸区									
江夏区	2		2						
黄陂区									
新洲区									
黄石市									
黄石港区									
西塞山区									
下陆区									
铁山区									
阳新县									
大冶市									
十堰市				**4**	**1**	**3**			
茅箭区									
张湾区				3		3			
郧县									
郧西县									
竹山县									
竹溪县				1	1				
房县									
丹江口市									
宜昌市	**1**	**1**							
西陵区	1	1							
伍家岗区									
点军区									

10-19　续表 32　　　　单位：人

地　区	赫哲族			门巴族			珞巴族		
	小计	男	女	小计	男	女	小计	男	女
猇亭区									
夷陵区									
远安县									
兴山县									
秭归县									
长阳土家族自治县									
五峰土家族自治县									
宜都市									
当阳市									
枝江市									
襄樊市									
襄城区									
樊城区									
襄阳区									
南漳县									
谷城县									
保康县									
老河口市									
枣阳市									
宜城市									
鄂州市									
梁子湖区									
华容区									
鄂城区									
荆门市				**1**	**1**				
东宝区									
掇刀区				1	1				
京山县									
沙洋县									
钟祥市									
孝感市	**3**	**2**	**1**						
孝南区	3	2	1						
孝昌县									
大悟县									
云梦县									
应城市									
安陆市									
汉川市									
荆州市	**3**	**2**	**1**						
沙市区									
荆州区									
公安县	2	2							
监利县									
江陵县									
石首市									
洪湖市									
松滋市	1		1						
黄冈市				**10**	**3**	**7**			
黄州区									
团风县									
红安县									
罗田县									
英山县									
浠水县									
蕲春县				6	2	4			
黄梅县									
麻城市									
武穴市				4	1	3			

10-19 续表 33 单位：人

地区	赫哲族			门巴族			珞巴族		
	小计	男	女	小计	男	女	小计	男	女
咸宁市									
咸安区									
嘉鱼县									
通城县									
崇阳县									
通山县									
赤壁市									
随州市									
曾都区									
随县									
广水市									
恩施土家族苗族自治州	**4**	**4**		**2**	**2**				
恩施市	2	2		1	1				
利川市				1	1				
建始县									
巴东县									
宣恩县	2	2							
咸丰县									
来凤县									
鹤峰县									
省直辖县级行政区划	**1**		**1**	**1**	**1**				
仙桃市									
潜江市	1		1	1	1				
天门市									
神农架林区									
湖南省	**36**	**15**	**21**	**60**	**26**	**34**	**3**	**2**	**1**
长沙市	**6**	**5**	**1**	**9**	**4**	**5**	**1**		**1**
芙蓉区									
天心区									
岳麓区				1	1		1		1
开福区	2	2							
雨花区	2	2		1		1			
长沙县	1		1	7	3	4			
望城县									
宁乡县	1	1							
浏阳市									
株洲市	**1**		**1**	**4**	**1**	**3**			
荷塘区				1		1			
芦淞区									
石峰区	1		1						
天元区									
株洲县									
攸县				3	1	2			
茶陵县									
炎陵县									
醴陵市									
湘潭市				**2**	**1**	**1**			
雨湖区									
岳塘区				2	1	1			
湘潭县									
湘乡市									
韶山市									

10-19　续表 34

单位：人

地　区	赫哲族			门巴族			珞巴族		
	小计	男	女	小计	男	女	小计	男	女
衡阳市									
珠晖区									
雁峰区									
石鼓区									
蒸湘区									
南岳区									
衡阳县									
衡南县									
衡山县									
衡东县									
祁东县									
耒阳市									
常宁市									
邵阳市				**3**	**3**				
双清区									
大祥区				2	2				
北塔区									
邵东县									
新邵县									
邵阳县									
隆回县									
洞口县				1	1				
绥宁县									
新宁县									
城步苗族自治县									
武冈市									
岳阳市	**3**	**1**	**2**	**21**	**7**	**14**	**2**	**2**	
岳阳楼区							2	2	
云溪区									
君山区									
岳阳县				19	7	12			
华容县									
湘阴县				2		2			
平江县									
汨罗市	3	1	2						
临湘市									
常德市	**3**		**3**	**3**	**2**	**1**			
武陵区	2		2						
鼎城区				1	1				
安乡县									
汉寿县				1	1				
澧县	1		1						
临澧县									
桃源县									
石门县									
津市市				1		1			
张家界市	**2**	**1**	**1**	**2**		**2**			
永定区	2	1	1						
武陵源区									
慈利县				1		1			
桑植县				1		1			
益阳市	**4**	**1**	**3**						
资阳区	1		1						
赫山区	1		1						

10-19 续表 35 单位：人

地区	赫哲族			门巴族			珞巴族		
	小计	男	女	小计	男	女	小计	男	女
南县									
桃江县	1	1							
安化县									
沅江市	1		1						
郴州市	**3**	**1**	**2**	**4**	**2**	**2**			
北湖区	1		1	2	1	1			
苏仙区	2	1	1	2	1	1			
桂阳县									
宜章县									
永兴县									
嘉禾县									
临武县									
汝城县									
桂东县									
安仁县									
资兴市									
永州市	**2**		**2**	**10**	**5**	**5**			
零陵区	1		1	1	1				
冷水滩区				8	4	4			
祁阳县				1		1			
东安县									
双牌县									
道县									
江永县									
宁远县									
蓝山县	1		1						
新田县									
江华瑶族自治县									
怀化市									
鹤城区									
中方县									
沅陵县									
辰溪县									
溆浦县									
会同县									
麻阳苗族自治县									
新晃侗族自治县									
芷江侗族自治县									
靖州苗族侗族自治县									
通道侗族自治县									
洪江市									
娄底市	**12**	**6**	**6**	**2**	**1**	**1**			
娄星区									
双峰县	11	5	6						
新化县									
冷水江市									
涟源市	1	1		2	1	1			
湘西土家族苗族自治州									
吉首市									
泸溪县									
凤凰县									
花垣县									
保靖县									
古丈县									
永顺县									
龙山县									

10-19 续表 36

单位：人

地区	赫哲族			门巴族			珞巴族		
	小计	男	女	小计	男	女	小计	男	女
广东省	**298**	**150**	**148**	**62**	**26**	**36**	**8**	**5**	**3**
广州市	**31**	**14**	**17**	**9**	**3**	**6**			
荔湾区									
越秀区									
海珠区	6	4	2						
天河区	2	1	1	2		2			
白云区	13	6	7	4	2	2			
黄埔区	3	2	1						
番禺区	4		4	2	1	1			
花都区	1		1						
南沙区	1	1							
萝岗区									
增城市	1		1						
从化市				1		1			
韶关市									
武江区									
浈江区									
曲江区									
始兴县									
仁化县									
翁源县									
乳源瑶族自治县									
新丰县									
乐昌市									
南雄市									
深圳市	**46**	**21**	**25**	**6**	**3**	**3**	**3**	**2**	**1**
罗湖区	5	2	3						
福田区	5	3	2				1	1	
南山区	2	1	1	2	1	1			
宝安区	10	3	7	1		1	2	1	1
龙岗区	24	12	12	3	2	1			
盐田区									
珠海市	**2**	**1**	**1**	**2**	**1**	**1**			
香洲区	2	1	1	2	1	1			
斗门区									
金湾区									
汕头市	**110**	**54**	**56**	**4**		**4**			
龙湖区	5	3	2						
金平区	4	2	2						
濠江区	3	1	2						
潮阳区	1	1		2		2			
潮南区	31	13	18	1		1			
澄海区	66	34	32	1		1			
南澳县									
佛山市	**5**	**2**	**3**	**7**	**2**	**5**			
禅城区	2	1	1	2		2			
南海区	3	1	2	1	1				
顺德区				1		1			
三水区				1		1			
高明区				2	1	1			
江门市	**7**	**4**	**3**	**2**	**1**	**1**			
蓬江区	2	1	1						
江海区	1		1						

10-19 续表 37

单位：人

地区	赫哲族			门巴族			珞巴族		
	小计	男	女	小计	男	女	小计	男	女
新会区									
台山市	1	1		2	1	1			
开平市	2	1	1						
鹤山市	1	1							
恩平市									
湛江市	**3**	**2**	**1**						
赤坎区	1	1							
霞山区	2	1	1						
坡头区									
麻章区									
遂溪县									
徐闻县									
廉江市									
雷州市									
吴川市									
茂名市	**1**		**1**	**6**	**3**	**3**			
茂南区									
茂港区									
电白县				1		1			
高州市	1		1	3	2	1			
化州市				1		1			
信宜市				1	1				
肇庆市	**2**	**1**	**1**	**7**	**2**	**5**			
端州区									
鼎湖区				2		2			
广宁县									
怀集县									
封开县									
德庆县	1	1		4	2	2			
高要市				1		1			
四会市	1		1						
惠州市	**13**	**5**	**8**	**7**	**5**	**2**			
惠城区	2	1	1	1	1				
惠阳区	1	1							
博罗县	9	3	6	6	4	2			
惠东县	1		1						
龙门县									
梅州市				**1**	**1**				
梅江区				1	1				
梅县									
大埔县									
丰顺县									
五华县									
平远县									
蕉岭县									
兴宁市									
汕尾市				**1**		**1**			
城区									
海丰县				1		1			
陆河县									
陆丰市									
河源市	**1**		**1**						
源城区									
紫金县									
龙川县									
连平县	1		1						
和平县									
东源县									

10-19　续表 38

单位：人

地　区	赫哲族			门巴族			珞巴族		
	小计	男	女	小计	男	女	小计	男	女
阳江市									
江城区									
阳西县									
阳东县									
阳春市									
清远市	**5**	**4**	**1**	**1**		**1**			
清城区	3	3							
佛冈县	1	1							
阳山县									
连山壮族瑶族自治县									
连南瑶族自治县									
清新县	1		1						
英德市				1		1			
连州市									
东莞市	**65**	**39**	**26**	**6**	**3**	**3**	**1**	**1**	
中山市	**5**	**2**	**3**				**4**	**2**	**2**
潮州市	**1**	**1**							
湘桥区									
潮安县	1	1							
饶平县									
揭阳市	**1**		**1**	**3**	**2**	**1**			
榕城区	1		1						
揭东县									
揭西县				1		1			
惠来县				1	1				
普宁市				1	1				
云浮市									
云城区									
新兴县									
郁南县									
云安县									
罗定市									
广西壮族自治区	**63**	**34**	**29**	**77**	**27**	**50**	**3**	**3**	
南宁市	**29**	**17**	**12**	**49**	**11**	**38**	**3**	**3**	
兴宁区	1	1							
青秀区	7	6	1	8	7	1	2	2	
江南区	1	1							
西乡塘区	9	3	6	31	1	30	1	1	
良庆区	7	5	2						
邕宁区									
武鸣县									
隆安县	1	1		1		1			
马山县				1		1			
上林县				1		1			
宾阳县	2		2	1		1			
横县	1		1	6	3	3			

10-19 续表 39　　　　单位：人

地 区	赫哲族			门巴族			珞巴族		
	小计	男	女	小计	男	女	小计	男	女
柳州市									
城中区									
鱼峰区									
柳南区									
柳北区									
柳江县									
柳城县									
鹿寨县									
融安县									
融水苗族自治县									
三江侗族自治县									
桂林市	**18**	**10**	**8**	**6**	**3**	**3**			
秀峰区	2	1	1						
叠彩区									
象山区	3	2	1						
七星区	13	7	6	2	2				
雁山区									
阳朔县									
临桂县									
灵川县									
全州县									
兴安县									
永福县				4	1	3			
灌阳县									
龙胜各族自治县									
资源县									
平乐县									
荔浦县									
恭城瑶族自治县									
梧州市									
万秀区									
蝶山区									
长洲区									
苍梧县									
藤县									
蒙山县									
岑溪市									
北海市	**2**		**2**	**1**	**1**				
海城区	2		2						
银海区									
铁山港区									
合浦县				1	1				
防城港市	**4**	**2**	**2**						
港口区	4	2	2						
防城区									
上思县									
东兴市									
钦州市	**1**	**1**		**4**	**2**	**2**			
钦南区									
钦北区	1	1		3	2	1			
灵山县				1		1			
浦北县									
贵港市	**2**		**2**	**4**	**3**	**1**			
港北区	1		1						
港南区									
覃塘区									
平南县									
桂平市	1		1	4	3	1			

10-19　续表 40　　　　　　　　　　　　　　　　　　　　　　　　　单位：人

地　区	赫哲族			门巴族			珞巴族		
	小计	男	女	小计	男	女	小计	男	女
玉林市	**1**		**1**						
玉州区	1		1						
容县									
陆川县									
博白县									
兴业县									
北流市									
百色市	**5**	**3**	**2**	**8**	**4**	**4**			
右江区	1	1		2	1	1			
田阳县									
田东县	1	1							
平果县									
德保县									
靖西县				5	3	2			
那坡县									
凌云县									
乐业县									
田林县	1		1	1		1			
西林县									
隆林各族自治县	2	1	1						
贺州市									
八步区									
平桂管理区									
昭平县									
钟山县									
富川瑶族自治县									
河池市	**1**	**1**		**5**	**3**	**2**			
金城江区	1	1							
南丹县				3	1	2			
天峨县									
凤山县				1	1				
东兰县				1	1				
罗城仫佬族自治县									
环江毛南族自治县									
巴马瑶族自治县									
都安瑶族自治县									
大化瑶族自治县									
宜州市									
来宾市									
兴宾区									
忻城县									
象州县									
武宣县									
金秀瑶族自治县									
合山市									
崇左市									
江州区									
扶绥县									
宁明县									
龙州县									
大新县									
天等县									
凭祥市									

10-19 续表 41

单位：人

地 区	赫哲族			门巴族			珞巴族		
	小计	男	女	小计	男	女	小计	男	女
海南省	**13**	**5**	**8**	**2**		**2**			
海口市	**10**	**4**	**6**	**2**		**2**			
秀英区	4	2	2						
龙华区				1		1			
琼山区									
美兰区	6	2	4	1		1			
三亚市									
省直辖县级行政区划	**3**	**1**	**2**						
五指山市	2	1	1						
琼海市									
儋州市									
文昌市									
万宁市									
东方市									
定安县									
屯昌县									
澄迈县									
临高县									
白沙黎族自治县									
昌江黎族自治县	1		1						
乐东黎族自治县									
陵水黎族自治县									
保亭黎族苗族自治县									
琼中黎族苗族自治县									
西沙群岛									
重庆市	**12**	**6**	**6**	**16**	**8**	**8**	**2**	**2**	
市辖区	**12**	**6**	**6**	**4**	**1**	**3**	**2**	**2**	
万州区				2		2			
涪陵区									
渝中区	5	3	2				1	1	
大渡口区									
江北区	2	1	1						
沙坪坝区									
九龙坡区				1	1				
南岸区									
北碚区									
万盛区									
双桥区									
渝北区	4	2	2	1		1	1	1	
巴南区									
黔江区									
长寿区									
江津区									
合川区									
永川区	1		1						
南川区									
市辖县				**12**	**7**	**5**			
綦江县									
潼南县									
铜梁县									

10-19　续表 42　　单位：人

地　　区	赫哲族			门巴族			珞巴族		
	小计	男	女	小计	男	女	小计	男	女
大足县									
荣昌县									
璧山县									
梁平县									
城口县									
丰都县				2	1	1			
垫江县									
武隆县									
忠县									
开县									
云阳县									
奉节县									
巫山县									
巫溪县									
石柱土家族自治县									
秀山土家族苗族自治县									
酉阳土家族苗族自治县				10	6	4			
彭水苗族土家族自治县									
四川省	**84**	**38**	**46**	**26**	**7**	**19**	**8**	**2**	**6**
成都市	**42**	**20**	**22**	**13**	**5**	**8**	**4**	**1**	**3**
锦江区									
青羊区	1	1		1	1				
金牛区	1	1							
武侯区	2	1	1	6	3	3	2	1	1
成华区				2		2			
龙泉驿区									
青白江区	4	2	2						
新都区									
温江区	5	2	3	2	1	1			
金堂县	1		1						
双流县									
郫县	5	2	3	1		1			
大邑县	14	6	8						
蒲江县									
新津县	4	1	3						
都江堰市									
彭州市									
邛崃市									
崇州市	5	4	1	1		1	2		2
自贡市									
自流井区									
贡井区									
大安区									
沿滩区									
荣县									
富顺县									
攀枝花市									
东区									
西区									
仁和区									
米易县									
盐边县									

10-19 续表 43　　　　单位：人

地区	赫哲族			门巴族			珞巴族		
	小计	男	女	小计	男	女	小计	男	女
泸州市	**2**	**2**		**1**		**1**			
江阳区									
纳溪区									
龙马潭区									
泸县									
合江县				1		1			
叙永县	1	1							
古蔺县	1	1							
德阳市	**2**	**1**	**1**	**2**	**1**	**1**			
旌阳区									
中江县									
罗江县									
广汉市	1	1		1	1				
什邡市									
绵竹市	1		1	1		1			
绵阳市	**13**	**4**	**9**						
涪城区	9	4	5						
游仙区									
三台县	1		1						
盐亭县									
安县									
梓潼县	1		1						
北川羌族自治县									
平武县									
江油市	2		2						
广元市									
利州区									
元坝区									
朝天区									
旺苍县									
青川县									
剑阁县									
苍溪县									
遂宁市	**1**		**1**	**5**	**1**	**4**	**2**		**2**
船山区									
安居区				3		3			
蓬溪县	1		1				1		1
射洪县									
大英县				2	1	1	1		1
内江市									
市中区									
东兴区									
威远县									
资中县									
隆昌县									
乐山市	**1**		**1**						
市中区									
沙湾区									
五通桥区									
金口河区									
犍为县									
井研县									
夹江县									
沐川县									
峨边彝族自治县	1		1						
马边彝族自治县									
峨眉山市									

10-19　续表 44

单位：人

地　区	赫哲族			门巴族			珞巴族		
	小计	男	女	小计	男	女	小计	男	女
南充市	**7**	**3**	**4**	**4**		**4**			
顺庆区				2		2			
高坪区									
嘉陵区									
南部县	7	3	4	1		1			
营山县									
蓬安县				1		1			
仪陇县									
西充县									
阆中市									
眉山市									
东坡区									
仁寿县									
彭山县									
洪雅县									
丹棱县									
青神县									
宜宾市									
翠屏区									
宜宾县									
南溪县									
江安县									
长宁县									
高县									
珙县									
筠连县									
兴文县									
屏山县									
广安市	**2**	**1**	**1**	**1**		**1**	**2**	**1**	**1**
广安区	1		1	1		1	1	1	
岳池县							1		1
武胜县									
邻水县									
华蓥市	1	1							
达州市									
通川区									
达县									
宣汉县									
开江县									
大竹县									
渠县									
万源市									
雅安市	**5**	**4**	**1**						
雨城区	1	1							
名山县									
荥经县									
汉源县	1	1							
石棉县	3	2	1						
天全县									
芦山县									
宝兴县									

10-19 续表 45 单位：人

地区	赫哲族			门巴族			珞巴族		
	小计	男	女	小计	男	女	小计	男	女
巴中市									
巴州区									
通江县									
南江县									
平昌县									
资阳市									
雁江区									
安岳县									
乐至县									
简阳市									
阿坝藏族羌族自治州	**7**	**2**	**5**						
汶川县	1	1							
理县									
茂县									
松潘县									
九寨沟县									
金川县									
小金县	5	1	4						
黑水县									
马尔康县									
壤塘县									
阿坝县	1		1						
若尔盖县									
红原县									
甘孜藏族自治州	**1**		**1**						
康定县									
泸定县									
丹巴县									
九龙县									
雅江县									
道孚县									
炉霍县									
甘孜县	1		1						
新龙县									
德格县									
白玉县									
石渠县									
色达县									
理塘县									
巴塘县									
乡城县									
稻城县									
得荣县									
凉山彝族自治州	**1**	**1**							
西昌市									
木里藏族自治县									
盐源县									
德昌县									
会理县									
会东县									
宁南县									
普格县									
布拖县									
金阳县									
昭觉县									

10-19　续表 46

单位：人

地　区	赫哲族			门巴族			珞巴族		
	小计	男	女	小计	男	女	小计	男	女
喜德县									
冕宁县	1	1							
越西县									
甘洛县									
美姑县									
雷波县									
贵州省	**8**	**4**	**4**	**9**	**6**	**3**	**85**	**49**	**36**
贵阳市	**6**	**3**	**3**				**17**	**9**	**8**
南明区							9	3	6
云岩区	5	2	3				1	1	
花溪区							4	3	1
乌当区									
白云区	1	1					3	2	1
小河区									
开阳县									
息烽县									
修文县									
清镇市									
六盘水市	**1**		**1**				**5**	**2**	**3**
钟山区	1		1						
六枝特区							3	1	2
水城县							2	1	1
盘县									
遵义市				**4**	**4**				
红花岗区									
汇川区									
遵义县									
桐梓县									
绥阳县									
正安县									
道真仡佬族苗族自治县									
务川仡佬族苗族自治县									
凤冈县				4	4				
湄潭县									
余庆县									
习水县									
赤水市									
仁怀市									
安顺市							**61**	**37**	**24**
西秀区							1	1	
平坝县									
普定县									
镇宁布依族苗族自治县									
关岭布依族苗族自治县							60	36	24
紫云苗族布依族自治县									
铜仁地区	**1**	**1**							
铜仁市									
江口县									
玉屏侗族自治县									
石阡县									
思南县	1	1							
印江土家族苗族自治县									
德江县									
沿河土家族自治县									
松桃苗族自治县									
万山特区									

10-19 续表 47

单位：人

地　区	赫哲族			门巴族			珞巴族		
	小计	男	女	小计	男	女	小计	男	女
黔西南布依族苗族自治州				**5**	**2**	**3**	**2**	**1**	**1**
兴义市									
兴仁县							2	1	1
普安县									
晴隆县									
贞丰县									
望谟县									
册亨县									
安龙县				5	2	3			
毕节地区									
毕节市									
大方县									
黔西县									
金沙县									
织金县									
纳雍县									
威宁彝族回族苗族自治县									
赫章县									
黔东南苗族侗族自治州									
凯里市									
黄平县									
施秉县									
三穗县									
镇远县									
岑巩县									
天柱县									
锦屏县									
剑河县									
台江县									
黎平县									
榕江县									
从江县									
雷山县									
麻江县									
丹寨县									
黔南布依族苗族自治州									
都匀市									
福泉市									
荔波县									
贵定县									
瓮安县									
独山县									
平塘县									
罗甸县									
长顺县									
龙里县									
惠水县									
三都水族自治县									

10-19　续表 48

单位：人

地　　区	赫哲族			门巴族			珞巴族		
	小计	男	女	小计	男	女	小计	男	女
云南省	**42**	**24**	**18**	**18**	**3**	**15**	**7**	**5**	**2**
昆明市	**19**	**9**	**10**	**6**	**1**	**5**	**1**		**1**
五华区	2	1	1	2		2			
盘龙区	4	2	2						
官渡区	9	5	4				1		1
西山区				4	1	3			
东川区									
呈贡县									
晋宁县									
富民县									
宜良县									
石林彝族自治县									
嵩明县									
禄劝彝族苗族自治县	2	1	1						
寻甸回族彝族自治县									
安宁市	2		2						
曲靖市	**8**	**5**	**3**						
麒麟区									
马龙县									
陆良县									
师宗县	1	1							
罗平县	1		1						
富源县									
会泽县									
沾益县									
宣威市	6	4	2						
玉溪市	**2**	**2**							
红塔区	1	1							
江川县									
澄江县									
通海县									
华宁县	1	1							
易门县									
峨山彝族自治县									
新平彝族傣族自治县									
元江哈尼族彝族傣族自治县									
保山市	**1**		**1**						
隆阳区									
施甸县									
腾冲县									
龙陵县									
昌宁县	1		1						
昭通市	**1**	**1**							
昭阳区									
鲁甸县									
巧家县									
盐津县									
大关县									
永善县									
绥江县	1	1							
镇雄县									
彝良县									
威信县									
水富县									

10-19 续表 49　　单位：人

地区	赫哲族			门巴族			珞巴族		
	小计	男	女	小计	男	女	小计	男	女
丽江市							**1**	**1**	
古城区							1	1	
玉龙纳西族自治县									
永胜县									
华坪县									
宁蒗彝族自治县									
普洱市	**3**	**2**	**1**	**1**		**1**	**2**	**1**	**1**
思茅区				1		1			
宁洱哈尼族彝族自治县							2	1	1
墨江哈尼族自治县	3	2	1						
景东彝族自治县									
景谷傣族彝族自治县									
镇沅彝族哈尼族拉祜族自治县									
江城哈尼族彝族自治县									
孟连傣族拉祜族佤族自治县									
澜沧拉祜族自治县									
西盟佤族自治县									
临沧市	**4**	**3**	**1**	**6**	**2**	**4**			
临翔区									
凤庆县	1	1		5	2	3			
云县									
永德县	1		1						
镇康县	1	1							
双江拉祜族佤族布朗族傣族自治县									
耿马傣族佤族自治县				1		1			
沧源佤族自治县	1	1							
楚雄彝族自治州							**2**	**2**	
楚雄市							1	1	
双柏县									
牟定县									
南华县									
姚安县									
大姚县							1	1	
永仁县									
元谋县									
武定县									
禄丰县									
红河哈尼族彝族自治州									
个旧市									
开远市									
蒙自市									
屏边苗族自治县									
建水县									
石屏县									
弥勒县									
泸西县									
元阳县									
红河县									
金平苗族瑶族傣族自治县									
绿春县									
河口瑶族自治县									
文山壮族苗族自治州	**3**	**2**	**1**	**4**		**4**			
文山县									
砚山县									
西畴县									
麻栗坡县									

10-19　续表 50

单位：人

地　区	赫哲族			门巴族			珞巴族		
	小计	男	女	小计	男	女	小计	男	女
马关县	3	2	1						
丘北县									
广南县				4		4			
富宁县									
西双版纳傣族自治州	**1**		**1**	**1**		**1**			
景洪市	1		1						
勐海县									
勐腊县				1		1			
大理白族自治州							**1**	**1**	
大理市									
漾濞彝族自治县							1	1	
祥云县									
宾川县									
弥渡县									
南涧彝族自治县									
巍山彝族回族自治县									
永平县									
云龙县									
洱源县									
剑川县									
鹤庆县									
德宏傣族景颇族自治州									
瑞丽市									
潞西市									
梁河县									
盈江县									
陇川县									
怒江傈僳族自治州									
泸水县									
福贡县									
贡山独龙族怒族自治县									
兰坪白族普米族自治县									
迪庆藏族自治州									
香格里拉县									
德钦县									
维西傈僳族自治县									
西藏自治区				**9663**	**4876**	**4787**	**3489**	**1696**	**1793**
拉萨市				**99**	**46**	**53**	**23**	**8**	**15**
城关区				92	43	49	22	7	15
林周县				1	1				
当雄县				1		1			
尼木县									
曲水县							1	1	
堆龙德庆县				4	2	2			
达孜县				1		1			
墨竹工卡县									
昌都地区				**8**	**1**	**7**	**11**	**3**	**8**
昌都县							2		2
江达县							1		1
贡觉县							1		1
类乌齐县									
丁青县				3		3	1		1
察雅县									

10-19 续表 51 单位：人

地区	赫哲族			门巴族			珞巴族		
	小计	男	女	小计	男	女	小计	男	女
八宿县							3	2	1
左贡县							3	1	2
芒康县				1	1				
洛隆县				3		3			
边坝县				1		1			
山南地区				**670**	**316**	**354**	**164**	**77**	**87**
乃东县				36	18	18	5	2	3
扎囊县									
贡嘎县				5	2	3			
桑日县									
琼结县				6	1	5			
曲松县									
措美县									
洛扎县									
加查县				2		2	2	1	1
隆子县							156	74	82
错那县				620	295	325	1		1
浪卡子县				1		1			
日喀则地区				**7**	**4**	**3**	**14**	**6**	**8**
日喀则市				4	3	1	11	5	6
南木林县							1		1
江孜县									
定日县									
萨迦县				1		1			
拉孜县									
昂仁县									
谢通门县									
白朗县									
仁布县				1		1			
康马县							2	1	1
定结县									
仲巴县									
亚东县									
吉隆县									
聂拉木县				1	1				
萨嘎县									
岗巴县									
那曲地区				**6**	**6**				
那曲县				5	5				
嘉黎县									
比如县				1	1				
聂荣县									
安多县									
申扎县									
索县									
班戈县									
巴青县									
尼玛县									
阿里地区				**5**	**3**	**2**			
普兰县									
札达县				2	2				
噶尔县									
日土县									
革吉县				1		1			
改则县				2	1	1			
措勤县									

10-19　续表 52　　　　单位：人

地　区	赫哲族			门巴族			珞巴族		
	小计	男	女	小计	男	女	小计	男	女
林芝地区				**8868**	**4500**	**4368**	**3277**	**1602**	**1675**
林芝县				815	369	446	121	56	65
工布江达县				16	9	7	4	2	2
米林县				425	194	231	1631	791	840
墨脱县				7546	3887	3659	1297	645	652
波密县				54	35	19	129	64	65
察隅县				5	4	1	53	25	28
朗县				7	2	5	42	19	23
陕西省	**4**		**4**	**18**	**9**	**9**	**7**	**1**	**6**
西安市	**3**		**3**	**2**	**1**	**1**			
新城区									
碑林区									
莲湖区	1		1						
灞桥区									
未央区									
雁塔区	1		1	1	1				
阎良区									
临潼区	1		1						
长安区				1		1			
蓝田县									
周至县									
户县									
高陵县									
铜川市									
王益区									
印台区									
耀州区									
宜君县									
宝鸡市									
渭滨区									
金台区									
陈仓区									
凤翔县									
岐山县									
扶风县									
眉县									
陇县									
千阳县									
麟游县									
凤县									
太白县									
咸阳市	**1**		**1**	**8**	**2**	**6**	**6**	**1**	**5**
秦都区									
杨陵区	1		1						
渭城区				8	2	6	6	1	5
三原县									
泾阳县									
乾县									
礼泉县									
永寿县									
彬县									

10-19 续表 53 单位：人

地区	赫哲族			门巴族			珞巴族		
	小计	男	女	小计	男	女	小计	男	女
长武县									
旬邑县									
淳化县									
武功县									
兴平市									
渭南市									
临渭区									
华县									
潼关县									
大荔县									
合阳县									
澄城县									
蒲城县									
白水县									
富平县									
韩城市									
华阴市									
延安市									
宝塔区									
延长县									
延川县									
子长县									
安塞县									
志丹县									
吴起县									
甘泉县									
富县									
洛川县									
宜川县									
黄龙县									
黄陵县									
汉中市				**4**	**4**				
汉台区				4	4				
南郑县									
城固县									
洋县									
西乡县									
勉县									
宁强县									
略阳县									
镇巴县									
留坝县									
佛坪县									
榆林市									
榆阳区									
神木县									
府谷县									
横山县									
靖边县									
定边县									
绥德县									
米脂县									
佳县									
吴堡县									
清涧县									
子洲县									

10-19　续表 54

单位：人

地　区	赫哲族			门巴族			珞巴族		
	小计	男	女	小计	男	女	小计	男	女
安康市							**1**		**1**
汉滨区									
汉阴县							1		1
石泉县									
宁陕县									
紫阳县									
岚皋县									
平利县									
镇坪县									
旬阳县									
白河县									
商洛市				**4**	**2**	**2**			
商州区				4	2	2			
洛南县									
丹凤县									
商南县									
山阳县									
镇安县									
柞水县									
甘肃省	**42**	**26**	**16**	**89**	**41**	**48**	**1**		**1**
兰州市	**3**	**1**	**2**	**4**	**2**	**2**	**1**		**1**
城关区				2	1	1			
七里河区	2	1	1						
西固区									
安宁区									
红古区				1		1			
永登县									
皋兰县									
榆中县	1		1	1	1		1		1
嘉峪关市									
金昌市				**1**	**1**				
金川区				1	1				
永昌县									
白银市									
白银区									
平川区									
靖远县									
会宁县									
景泰县									
天水市				**1**		**1**			
秦州区				1		1			
麦积区									
清水县									
秦安县									
甘谷县									
武山县									
张家川回族自治县									
武威市	**2**	**2**		**8**	**2**	**6**			
凉州区				8	2	6			
民勤县									
古浪县									
天祝藏族自治县	2	2							

10-19 续表 55

单位：人

地 区	赫哲族			门巴族			珞巴族		
	小计	男	女	小计	男	女	小计	男	女
张掖市									
甘州区									
肃南裕固族自治县									
民乐县									
临泽县									
高台县									
山丹县									
平凉市				**1**		**1**			
崆峒区									
泾川县									
灵台县									
崇信县									
华亭县									
庄浪县									
静宁县				1		1			
酒泉市	**36**	**23**	**13**	**72**	**35**	**37**			
肃州区									
金塔县									
瓜州县									
肃北蒙古族自治县									
阿克塞哈萨克族自治县	3	1	2						
玉门市	33	22	11	1		1			
敦煌市				71	35	36			
庆阳市	**1**		**1**						
西峰区									
庆城县									
环县									
华池县									
合水县									
正宁县									
宁县									
镇原县	1		1						
定西市				**2**	**1**	**1**			
安定区									
通渭县				2	1	1			
陇西县									
渭源县									
临洮县									
漳县									
岷县									
陇南市									
武都区									
成县									
文县									
宕昌县									
康县									
西和县									
礼县									
徽县									
两当县									

10-19 续表 56

单位：人

地 区	赫哲族			门巴族			珞巴族		
	小计	男	女	小计	男	女	小计	男	女
临夏回族自治州									
临夏市									
临夏县									
康乐县									
永靖县									
广河县									
和政县									
东乡族自治县									
积石山保安族东乡族撒拉族自治县									
甘南藏族自治州									
合作市									
临潭县									
卓尼县									
舟曲县									
迭部县									
玛曲县									
碌曲县									
夏河县									
青海省	**11**	**9**	**2**	**4**	**1**	**3**			
西宁市				**1**		**1**			
城东区									
城中区									
城西区									
城北区				1		1			
大通回族土族自治县									
湟中县									
湟源县									
海东地区	**10**	**8**	**2**	**2**	**1**	**1**			
平安县									
民和回族土族自治县				1		1			
乐都县									
互助土族自治县	1	1							
化隆回族自治县	3	3		1	1				
循化撒拉族自治县	6	4	2						
海北藏族自治州				**1**		**1**			
门源回族自治县									
祁连县				1		1			
海晏县									
刚察县									
黄南藏族自治州									
同仁县									
尖扎县									
泽库县									
河南蒙古族自治县									
海南藏族自治州									
共和县									
同德县									
贵德县									
兴海县									
贵南县									
果洛藏族自治州									
玛沁县									
班玛县									
甘德县									
达日县									
久治县									
玛多县									

10-19 续表 57 单位：人

地区	赫哲族			门巴族			珞巴族		
	小计	男	女	小计	男	女	小计	男	女
玉树藏族自治州									
玉树县									
杂多县									
称多县									
治多县									
囊谦县									
曲麻莱县									
海西蒙古族藏族自治州	**1**	**1**							
格尔木市	1	1							
德令哈市									
乌兰县									
都兰县									
天峻县									
芒崖行政委员会									
柴旦行政委员会									
冷湖行政委员会									
宁夏回族自治区	**4**	**1**	**3**	**2**		**2**	**1**		**1**
银川市	**2**	**1**	**1**	**2**		**2**	**1**		**1**
兴庆区	1	1							
西夏区				2		2	1		1
金凤区	1		1						
永宁县									
贺兰县									
灵武市									
石嘴山市									
大武口区									
惠农区									
平罗县									
吴忠市	**2**		**2**						
利通区	1		1						
红寺堡区	1		1						
盐池县									
同心县									
青铜峡市									
固原市									
原州区									
西吉县									
隆德县									
泾源县									
彭阳县									
中卫市									
沙坡头区									
中宁县									
海原县									
新疆维吾尔自治区	**33**	**20**	**13**	**4**	**1**	**3**	**4**	**2**	**2**
乌鲁木齐市	**5**	**3**	**2**	**3**	**1**	**2**	**1**	**1**	
天山区	1	1							
沙依巴克区									
新市区				2		2	1	1	
水磨沟区	3	1	2	1	1				

10-19　续表 58

单位：人

地　区	赫哲族			门巴族			珞巴族		
	小计	男	女	小计	男	女	小计	男	女
头屯河区	1	1							
达坂城区									
米东区									
乌鲁木齐县									
克拉玛依市	**2**	**2**		**1**		**1**			
独山子区	2	2							
克拉玛依区				1		1			
白碱滩区									
乌尔禾区									
吐鲁番地区									
吐鲁番市									
鄯善县									
托克逊县									
哈密地区	**4**	**2**	**2**						
哈密市	4	2	2						
巴里坤哈萨克自治县									
伊吾县									
昌吉回族自治州									
昌吉市									
阜康市									
呼图壁县									
玛纳斯县									
奇台县									
吉木萨尔县									
木垒哈萨克自治县									
博尔塔拉蒙古自治州	**3**		**3**						
博乐市									
精河县									
温泉县	3		3						
巴音郭楞蒙古自治州	**5**	**3**	**2**						
库尔勒市	5	3	2						
轮台县									
尉犁县									
若羌县									
且末县									
焉耆回族自治县									
和静县									
和硕县									
博湖县									
阿克苏地区	**13**	**9**	**4**				**2**	**1**	**1**
阿克苏市	9	7	2				1		1
温宿县							1	1	
库车县	1		1						
沙雅县									
新和县									
拜城县									
乌什县	2	1	1						
阿瓦提县	1	1							
柯坪县									
克孜勒苏柯尔克孜自治州									
阿图什市									
阿克陶县									
阿合奇县									
乌恰县									

10-19 续表 59 单位：人

地 区	赫哲族			门巴族			珞巴族		
	小计	男	女	小计	男	女	小计	男	女
喀什地区									
喀什市									
疏附县									
疏勒县									
英吉沙县									
泽普县									
莎车县									
叶城县									
麦盖提县									
岳普湖县									
伽师县									
巴楚县									
塔什库尔干塔吉克自治县									
和田地区							**1**		**1**
和田市							1		1
和田县									
墨玉县									
皮山县									
洛浦县									
策勒县									
于田县									
民丰县									
伊犁哈萨克自治州									
伊宁市									
奎屯市									
伊宁县									
察布查尔锡伯自治县									
霍城县									
巩留县									
新源县									
昭苏县									
特克斯县									
尼勒克县									
塔城地区									
塔城市									
乌苏市									
额敏县									
沙湾县									
托里县									
裕民县									
和布克赛尔蒙古自治县									
阿勒泰地区									
阿勒泰市									
布尔津县									
富蕴县									
福海县									
哈巴河县									
青河县									
吉木乃县									
自治区直辖县级行政区划	**1**	**1**							
石河子市									
阿拉尔市									
图木舒克市	1	1							
五家渠市									

10-20　全国各县分性别的基诺族、其他未识别的民族、外国人加入中国籍人口

单位：人

地　区	基诺族			其他未识别的民族			外国人加入中国籍		
	小计	男	女	小计	男	女	小计	男	女
全　国	**23143**	**11744**	**11399**	**640101**	**334908**	**305193**	**1448**	**557**	**891**
北京市	**20**	**9**	**11**	**196**	**107**	**89**	**20**	**10**	**10**
市辖区	**20**	**9**	**11**	**192**	**107**	**85**	**20**	**10**	**10**
东城区	4	1	3	1	1		1		1
西城区	1	1		5	1	4	3	2	1
崇文区				4		4	1		1
宣武区				3	2	1	3	2	1
朝阳区	3	2	1	41	25	16	7	4	3
丰台区				17	6	11			
石景山区				3	1	2			
海淀区	3	2	1	38	27	11	1		1
门头沟区									
房山区	5	2	3	11	8	3			
通州区				18	8	10			
顺义区				7	3	4	2	2	
昌平区	2	1	1	24	15	9	1		1
大兴区	1		1	17	8	9	1		1
怀柔区	1		1	2	1	1			
平谷区				1	1				
市辖县				**4**		**4**			
密云县									
延庆县				4		4			
天津市	**7**	**1**	**6**	**83**	**45**	**38**	**7**	**3**	**4**
市辖区	**7**	**1**	**6**	**80**	**45**	**35**	**6**	**3**	**3**
和平区				1	1				
河东区				4	3	1			
河西区				9	3	6	1		1
南开区	3		3	11	5	6	2		2
河北区				1	1				
红桥区									
东丽区	2		2	15	10	5			
西青区	1	1		9	6	3			
津南区				3	3				
北辰区				11	7	4	1	1	
武清区				2	1	1			
宝坻区				1		1			
滨海新区	1		1	13	5	8	2	2	
市辖县				**3**		**3**	**1**		**1**
宁河县									
静海县				1		1	1		1
蓟县				2		2			
河北省	**24**	**12**	**12**	**123**	**66**	**57**	**15**	**8**	**7**
石家庄市	**4**	**2**	**2**	**34**	**20**	**14**	**2**	**1**	**1**
长安区									
桥东区				7	4	3			
桥西区				1	1				
新华区				8	5	3			
井陉矿区									
裕华区	1		1	4	4				
井陉县	1	1		1	1				
正定县				1		1	1		1
栾城县									

10-20 续表 1　　单位：人

地　　区	基诺族			其他未识别的民族			外国人加入中国籍		
	小计	男	女	小计	男	女	小计	男	女
行唐县									
灵寿县									
高邑县									
深泽县				1		1			
赞皇县									
无极县									
平山县				1		1			
元氏县									
赵县				1		1			
辛集市	1		1	1		1	1	1	
藁城市									
晋州市	1	1		1		1			
新乐市				1		1			
鹿泉市				6	5	1			
唐山市	**7**	**3**	**4**	**25**	**12**	**13**	**2**	**1**	**1**
路南区				5	2	3			
路北区									
古冶区									
开平区				9	6	3			
丰南区									
丰润区	1	1		2	1	1			
滦县	1		1	1		1			
滦南县	3	2	1	1	1				
乐亭县				1		1			
迁西县									
玉田县	2		2	6	2	4	2	1	1
唐海县									
遵化市									
迁安市									
秦皇岛市	**1**	**1**		**8**	**3**	**5**	**4**	**2**	**2**
海港区	1	1		3	2	1	2	1	1
山海关区							1	1	
北戴河区				2		2			
青龙满族自治县									
昌黎县				1		1	1		1
抚宁县									
卢龙县				2	1	1			
邯郸市				**3**	**3**		**1**	**1**	
邯山区									
丛台区							1	1	
复兴区				3	3				
峰峰矿区									
邯郸县									
临漳县									
成安县									
大名县									
涉县									
磁县									
肥乡县									
永年县									
邱县									
鸡泽县									
广平县									
馆陶县									
魏县									
曲周县									
武安市									

10-20　续表 2　　　　单位：人

地　区	基诺族			其他未识别的民族			外国人加入中国籍		
	小计	男	女	小计	男	女	小计	男	女
邢台市									
桥东区									
桥西区									
邢台县									
临城县									
内丘县									
柏乡县									
隆尧县									
任县									
南和县									
宁晋县									
巨鹿县									
新河县									
广宗县									
平乡县									
威县									
清河县									
临西县									
南宫市									
沙河市									
保定市	**3**	**2**	**1**	**22**	**12**	**10**	**3**		**3**
新市区									
北市区				9	6	3	2		2
南市区				3	3				
满城县									
清苑县				1		1			
涞水县									
阜平县									
徐水县									
定兴县				1		1			
唐县									
高阳县	2	2					1		1
容城县									
涞源县									
望都县									
安新县									
易县	1		1	2	1	1			
曲阳县									
蠡县									
顺平县									
博野县									
雄县									
涿州市				5	2	3			
定州市				1		1			
安国市									
高碑店市									
张家口市	**2**		**2**	**8**	**1**	**7**			
桥东区	1		1	1	1				
桥西区									
宣化区									
下花园区									
宣化县									
张北县									

10-20 续表 3

单位：人

地区	基诺族			其他未识别的民族			外国人加入中国籍		
	小计	男	女	小计	男	女	小计	男	女
康保县									
沽源县	1		1						
尚义县									
蔚县				7		7			
阳原县									
怀安县									
万全县									
怀来县									
涿鹿县									
赤城县									
崇礼县									
承德市	**2**	**1**	**1**	**10**	**6**	**4**	**1**	**1**	
双桥区	1		1	10	6	4	1	1	
双滦区									
鹰手营子矿区									
承德县									
兴隆县									
平泉县									
滦平县									
隆化县									
丰宁满族自治县	1	1							
宽城满族自治县									
围场满族蒙古族自治县									
沧州市							**2**	**2**	
新华区									
运河区									
沧县									
青县									
东光县									
海兴县									
盐山县									
肃宁县									
南皮县									
吴桥县									
献县							1	1	
孟村回族自治县									
泊头市									
任丘市									
黄骅市							1	1	
河间市									
廊坊市	**5**	**3**	**2**	**10**	**9**	**1**			
安次区				2	2				
广阳区	2	1	1	2	2				
固安县									
永清县									
香河县									
大城县									
文安县									
大厂回族自治县	3	2	1						
霸州市									
三河市				6	5	1			
衡水市				**3**		**3**			
桃城区									
枣强县				2		2			
武邑县									

10-20　续表 4　　　　单位：人

地　区	基诺族			其他未识别的民族			外国人加入中国籍		
	小计	男	女	小计	男	女	小计	男	女
武强县									
饶阳县				1		1			
安平县									
故城县									
景县									
阜城县									
冀州市									
深州市									
山西省	**1**		**1**	**75**	**34**	**41**	**22**	**9**	**13**
太原市				**20**	**11**	**9**	**3**	**3**	
小店区				5	2	3			
迎泽区				1	1				
杏花岭区							1	1	
尖草坪区				6	5	1	2	2	
万柏林区									
晋源区									
清徐县									
阳曲县				1		1			
娄烦县									
古交市				7	3	4			
大同市				**8**	**4**	**4**	**1**		**1**
城区				4	3	1	1		1
矿区				1		1			
南郊区									
新荣区				3	1	2			
阳高县									
天镇县									
广灵县									
灵丘县									
浑源县									
左云县									
大同县									
阳泉市				**3**	**2**	**1**			
城区									
矿区									
郊区				2	2				
平定县				1		1			
盂县									
长治市	**1**		**1**	**2**	**1**	**1**			
城区									
郊区									
长治县									
襄垣县									
屯留县									
平顺县									
黎城县									
壶关县	1		1						
长子县									
武乡县									
沁县				2	1	1			
沁源县									
潞城市									

10-20 续表 5 单位：人

地区	基诺族			其他未识别的民族			外国人加入中国籍		
	小计	男	女	小计	男	女	小计	男	女
晋城市				**11**	**8**	**3**	**1**		**1**
城区									
沁水县									
阳城县				1		1			
陵川县									
泽州县				10	8	2	1		1
高平市									
朔州市									
朔城区									
平鲁区									
山阴县									
应县									
右玉县									
怀仁县									
晋中市				**7**	**4**	**3**	**3**	**1**	**2**
榆次区				6	4	2	3	1	2
榆社县									
左权县									
和顺县									
昔阳县									
寿阳县									
太谷县									
祁县									
平遥县									
灵石县				1		1			
介休市									
运城市							**5**	**2**	**3**
盐湖区							4	2	2
临猗县									
万荣县									
闻喜县									
稷山县									
新绛县									
绛县									
垣曲县							1		1
夏县									
平陆县									
芮城县									
永济市									
河津市									
忻州市				**17**	**1**	**16**			
忻府区				10		10			
定襄县									
五台县									
代县									
繁峙县									
宁武县				1		1			
静乐县									
神池县									
五寨县				1		1			
岢岚县									
河曲县									
保德县									
偏关县									
原平市				5	1	4			

10-20 续表 6 单位：人

地 区	基诺族			其他未识别的民族			外国人加入中国籍		
	小计	男	女	小计	男	女	小计	男	女
临汾市							**8**	**3**	**5**
尧都区							6	3	3
曲沃县									
翼城县									
襄汾县									
洪洞县							1		1
古县									
安泽县									
浮山县									
吉县									
乡宁县									
大宁县									
隰县									
永和县									
蒲县									
汾西县									
侯马市							1		1
霍州市									
吕梁市				**7**	**3**	**4**	**1**		**1**
离石区									
文水县				2		2			
交城县									
兴县									
临县				2	2				
柳林县							1		1
石楼县									
岚县									
方山县									
中阳县									
交口县									
孝义市				2	1	1			
汾阳市				1		1			
内蒙古自治区	**11**	**4**	**7**	**62**	**31**	**31**	**9**	**3**	**6**
呼和浩特市	**6**	**2**	**4**	**15**	**6**	**9**	**5**	**2**	**3**
新城区	2	1	1						
回民区									
玉泉区				1		1			
赛罕区				8	5	3	3	1	2
土默特左旗	4	1	3	1	1				
托克托县				5		5	1		1
和林格尔县									
清水河县									
武川县							1	1	
包头市	**1**		**1**	**20**	**9**	**11**	**3**	**1**	**2**
东河区									
昆都仑区	1		1	7	4	3			
青山区				11	4	7	2	1	1
石拐区									
白云鄂博矿区									
九原区							1		1
土默特右旗				2	1	1			
固阳县									
达尔罕茂明安联合旗									
乌海市									
海勃湾区									
海南区									
乌达区									

10-20 续表 7 单位：人

地 区	基诺族			其他未识别的民族			外国人加入中国籍		
	小计	男	女	小计	男	女	小计	男	女
赤峰市	**1**		**1**						
红山区									
元宝山区	1		1						
松山区									
阿鲁科尔沁旗									
巴林左旗									
巴林右旗									
林西县									
克什克腾旗									
翁牛特旗									
喀喇沁旗									
宁城县									
敖汉旗									
通辽市				**2**	**1**	**1**			
科尔沁区				2	1	1			
科尔沁左翼中旗									
科尔沁左翼后旗									
开鲁县									
库伦旗									
奈曼旗									
扎鲁特旗									
霍林郭勒市									
鄂尔多斯市				**17**	**13**	**4**			
东胜区				8	6	2			
达拉特旗				2	1	1			
准格尔旗				2	2				
鄂托克前旗				1	1				
鄂托克旗				1	1				
杭锦旗									
乌审旗									
伊金霍洛旗				3	2	1			
呼伦贝尔市	**2**	**1**	**1**				**1**		**1**
海拉尔区									
阿荣旗									
莫力达瓦达斡尔族自治旗									
鄂伦春自治旗									
鄂温克族自治旗									
陈巴尔虎旗									
新巴尔虎左旗									
新巴尔虎右旗									
满洲里市									
牙克石市	2	1	1						
扎兰屯市									
额尔古纳市									
根河市							1		1
巴彦淖尔市				**1**		**1**			
临河区				1		1			
五原县									
磴口县									
乌拉特前旗									
乌拉特中旗									
乌拉特后旗									
杭锦后旗									

10-20　续表 8　　　　　　　　　　　　　　　　　　　　　　　　　　　　单位：人

地　区	基诺族			其他未识别的民族			外国人加入中国籍		
	小计	男	女	小计	男	女	小计	男	女
乌兰察布市	**1**	**1**							
集宁区									
卓资县									
化德县									
商都县									
兴和县									
凉城县									
察哈尔右翼前旗									
察哈尔右翼中旗									
察哈尔右翼后旗	1	1							
四子王旗									
丰镇市									
兴安盟				**7**	**2**	**5**			
乌兰浩特市									
阿尔山市				1		1			
科尔沁右翼前旗									
科尔沁右翼中旗									
扎赉特旗				6	2	4			
突泉县									
锡林郭勒盟									
二连浩特市									
锡林浩特市									
阿巴嘎旗									
苏尼特左旗									
苏尼特右旗									
东乌珠穆沁旗									
西乌珠穆沁旗									
太仆寺旗									
镶黄旗									
正镶白旗									
正蓝旗									
多伦县									
阿拉善盟									
阿拉善左旗									
阿拉善右旗									
额济纳旗									
辽宁省	**10**	**6**	**4**	**61**	**46**	**15**	**31**	**16**	**15**
沈阳市	**1**	**1**		**24**	**16**	**8**	**14**	**8**	**6**
和平区				4	1	3			
沈河区				2	1	1	4	3	1
大东区				2	2				
皇姑区				2	2				
铁西区	1	1		2	1	1	1		1
苏家屯区				1	1				
东陵区									
沈北新区				8	6	2	8	4	4
于洪区				2	1	1	1	1	
辽中县									
康平县									
法库县									
新民市				1	1				
大连市	**2**	**1**	**1**	**31**	**26**	**5**	**13**	**6**	**7**
中山区									
西岗区									
沙河口区				4	4		9	3	6

10-20 续表 9　　　　单位：人

地　区	基诺族			其他未识别的民族			外国人加入中国籍		
	小计	男	女	小计	男	女	小计	男	女
甘井子区	1	1		7	5	2	1		1
旅顺口区				12	12				
金州区	1		1	4	3	1	2	2	
长海县									
瓦房店市				4	2	2			
普兰店市							1	1	
庄河市									
鞍山市				**2**	**1**	**1**			
铁东区									
铁西区									
立山区									
千山区									
台安县									
岫岩满族自治县									
海城市				2	1	1			
抚顺市							**1**		**1**
新抚区									
东洲区									
望花区									
顺城区									
抚顺县							1		1
新宾满族自治县									
清原满族自治县									
本溪市							**1**	**1**	
平山区									
溪湖区									
明山区							1	1	
南芬区									
本溪满族自治县									
桓仁满族自治县									
丹东市				**2**	**2**		**1**	**1**	
元宝区				1	1				
振兴区				1	1		1	1	
振安区									
宽甸满族自治县									
东港市									
凤城市									
锦州市	**3**	**2**	**1**						
古塔区									
凌河区	2	2							
太和区									
黑山县									
义县									
凌海市									
北镇市	1		1						
营口市	**3**	**2**	**1**	**1**	**1**				
站前区	2	1	1	1	1				
西市区									
鲅鱼圈区									
老边区									
盖州市									
大石桥市	1	1							
阜新市				**1**		**1**	**1**		**1**
海州区							1		1
新邱区									

10-20　续表 10　　　　　　　　　　　　　　　　　　　　　　　　　　单位：人

地　　区	基诺族			其他未识别的民族			外国人加入中国籍		
	小计	男	女	小计	男	女	小计	男	女
太平区									
清河门区									
细河区				1		1			
阜新蒙古族自治县									
彰武县									
辽阳市									
白塔区									
文圣区									
宏伟区									
弓长岭区									
太子河区									
辽阳县									
灯塔市									
盘锦市	**1**		**1**						
双台子区									
兴隆台区	1		1						
大洼县									
盘山县									
铁岭市									
银州区									
清河区									
铁岭县									
西丰县									
昌图县									
调兵山市									
开原市									
朝阳市									
双塔区									
龙城区									
朝阳县									
建平县									
喀喇沁左翼蒙古族自治县									
北票市									
凌源市									
葫芦岛市									
连山区									
龙港区									
南票区									
绥中县									
建昌县									
兴城市									
吉林省	**19**	**13**	**6**	**24**	**14**	**10**	**4**	**1**	**3**
长春市	**2**		**2**	**23**	**14**	**9**			
南关区	2		2	8	5	3			
宽城区				1	1				
朝阳区				5	4	1			
二道区									
绿园区				9	4	5			
双阳区									
农安县									
九台市									
榆树市									
德惠市									

10-20 续表 11

单位：人

地 区	基诺族			其他未识别的民族			外国人加入中国籍		
	小计	男	女	小计	男	女	小计	男	女
吉林市									
昌邑区									
龙潭区									
船营区									
丰满区									
永吉县									
蛟河市									
桦甸市									
舒兰市									
磐石市									
四平市							**1**		**1**
铁西区									
铁东区									
梨树县									
伊通满族自治县									
公主岭市							1		1
双辽市									
辽源市	**16**	**12**	**4**						
龙山区									
西安区									
东丰县	16	12	4						
东辽县									
通化市									
东昌区									
二道江区									
通化县									
辉南县									
柳河县									
梅河口市									
集安市									
白山市	**1**	**1**		**1**		**1**			
浑江区	1	1		1		1			
江源区									
抚松县									
靖宇县									
长白朝鲜族自治县									
临江市									
松原市									
宁江区									
前郭尔罗斯蒙古族自治县									
长岭县									
乾安县									
扶余县									
白城市							**3**	**1**	**2**
洮北区							2	1	1
镇赉县									
通榆县									
洮南市									
大安市							1		1
延边朝鲜族自治州									
延吉市									
图们市									
敦化市									
珲春市									
龙井市									
和龙市									
汪清县									
安图县									

10-20　续表 12　　　　　　　　　　　　　　　　　　　　　　　　　　　单位：人

地　区	基诺族			其他未识别的民族			外国人加入中国籍		
	小计	男	女	小计	男	女	小计	男	女
黑龙江省	**1**		**1**	**67**	**32**	**35**	**16**	**4**	**12**
哈尔滨市				**48**	**19**	**29**			
道里区									
南岗区				3	1	2			
道外区				1		1			
平房区									
松北区				6	3	3			
香坊区				6	4	2			
呼兰区				4	3	1			
阿城区									
依兰县									
方正县				1	1				
宾县				1		1			
巴彦县									
木兰县									
通河县				1	1				
延寿县									
双城市				2		2			
尚志市				22	6	16			
五常市				1		1			
齐齐哈尔市				**7**	**4**	**3**	**6**	**2**	**4**
龙沙区				2		2			
建华区				4	3	1			
铁锋区									
昂昂溪区									
富拉尔基区									
碾子山区									
梅里斯达斡尔族区									
龙江县									
依安县							1		1
泰来县							1		1
甘南县							2	1	1
富裕县							1		1
克山县									
克东县							1	1	
拜泉县									
讷河市				1	1				
鸡西市				**1**	**1**		**2**		**2**
鸡冠区									
恒山区							1		1
滴道区									
梨树区									
城子河区									
麻山区									
鸡东县									
虎林市							1		1
密山市				1	1				
鹤岗市				**1**		**1**			
向阳区									
工农区									
南山区									
兴安区									

10-20 续表 13

单位：人

地区	基诺族			其他未识别的民族			外国人加入中国籍		
	小计	男	女	小计	男	女	小计	男	女
东山区									
兴山区									
萝北县				1		1			
绥滨县									
双鸭山市							**1**		**1**
尖山区									
岭东区									
四方台区									
宝山区									
集贤县							1		1
友谊县									
宝清县									
饶河县									
大庆市	**1**		**1**	**4**	**4**		**1**		**1**
萨尔图区				1	1				
龙凤区				3	3		1		1
让胡路区									
红岗区									
大同区									
肇州县									
肇源县									
林甸县									
杜尔伯特蒙古族自治县	1		1						
伊春市									
伊春区									
南岔区									
友好区									
西林区									
翠峦区									
新青区									
美溪区									
金山屯区									
五营区									
乌马河区									
汤旺河区									
带岭区									
乌伊岭区									
红星区									
上甘岭区									
嘉荫县									
铁力市									
佳木斯市				**1**	**1**		**2**	**1**	**1**
向阳区				1	1				
前进区									
东风区									
郊区							1	1	
桦南县									
桦川县									
汤原县									
抚远县									
同江市									
富锦市							1		1
七台河市									
新兴区									
桃山区									
茄子河区									
勃利县									

10-20 续表 14

单位：人

地 区	基诺族			其他未识别的民族			外国人加入中国籍		
	小计	男	女	小计	男	女	小计	男	女
牡丹江市									
东安区									
阳明区									
爱民区									
西安区									
东宁县									
林口县									
绥芬河市									
海林市									
宁安市									
穆棱市									
黑河市				**5**	**3**	**2**	**4**	**1**	**3**
爱辉区				3	2	1			
嫩江县							3	1	2
逊克县									
孙吴县									
北安市				1		1	1		1
五大连池市				1	1				
绥化市									
北林区									
望奎县									
兰西县									
青冈县									
庆安县									
明水县									
绥棱县									
安达市									
肇东市									
海伦市									
大兴安岭地区									
加格达奇区									
松岭区									
新林区									
呼中区									
呼玛县									
塔河县									
漠河县									
上海市	**23**	**6**	**17**	**583**	**291**	**292**	**9**	**6**	**3**
市辖区	**22**	**6**	**16**	**559**	**277**	**282**	**9**	**6**	**3**
黄浦区				4	1	3			
卢湾区							1	1	
徐汇区	1		1	15	4	11	1	1	
长宁区				5	2	3	1	1	
静安区									
普陀区				7	4	3			
闸北区	2	1	1	13	10	3	1	1	
虹口区	2		2	19	11	8			
杨浦区	1		1	14	7	7			
闵行区	5		5	59	25	34	4	2	2
宝山区	2	1	1	12	6	6			
嘉定区	1		1	88	39	49			
浦东新区	6	3	3	144	83	61			

10-20 续表 15　　单位：人

地　区	基诺族			其他未识别的民族			外国人加入中国籍		
	小计	男	女	小计	男	女	小计	男	女
金山区				42	21	21	1		1
松江区				70	36	34			
青浦区	2	1	1	34	12	22			
奉贤区				33	16	17			
市辖县	**1**		**1**	**24**	**14**	**10**			
崇明县	1		1	24	14	10			
江苏省	**24**	**5**	**19**	**2222**	**1080**	**1142**	**49**	**26**	**23**
南京市	**4**		**4**	**116**	**51**	**65**	**2**		**2**
玄武区	1		1				1		1
白下区				2	1	1			
秦淮区	2		2	2		2			
建邺区	1		1	2	1	1			
鼓楼区									
下关区									
浦口区				7	6	1			
栖霞区				11	5	6			
雨花台区				7	3	4			
江宁区				35	21	14			
六合区				42	8	34	1		1
溧水县				1		1			
高淳县				7	6	1			
无锡市	**1**		**1**	**696**	**354**	**342**	**1**		**1**
崇安区				1		1			
南长区									
北塘区				5	3	2			
锡山区				73	39	34			
惠山区	1		1	19	10	9	1		1
滨湖区				24	9	15			
江阴市				86	43	43			
宜兴市				488	250	238			
徐州市	**1**		**1**	**30**	**19**	**11**	**9**	**4**	**5**
鼓楼区				2	1	1			
云龙区				1		1			
九里区									
贾汪区	1		1	12	8	4	4	1	3
泉山区				12	9	3			
丰县									
沛县				1		1			
铜山县									
睢宁县									
新沂市				2	1	1	2		2
邳州市							3	3	
常州市				**354**	**185**	**169**	**2**	**2**	
天宁区				8	4	4			
钟楼区				40	24	16			
戚墅堰区				2	1	1			
新北区				11	7	4			
武进区				155	85	70	2	2	
溧阳市				77	43	34			
金坛市				61	21	40			
苏州市	**4**	**2**	**2**	**575**	**300**	**275**	**3**	**2**	**1**
沧浪区									
平江区				25	12	13			
金阊区				1		1			

10-20 续表 16 单位：人

地区	基诺族			其他未识别的民族			外国人加入中国籍		
	小计	男	女	小计	男	女	小计	男	女
虎丘区				2		2			
吴中区				24	13	11			
相城区				34	23	11			
常熟市				15	10	5			
张家港市				9	3	6			
昆山市	2	1	1	38	22	16	1		1
吴江市				390	197	193			
太仓市	2	1	1	37	20	17	2	2	
南通市	**4**		**4**	**240**	**93**	**147**	**11**	**7**	**4**
崇川区				20	9	11			
港闸区									
通州区				12	4	8			
海安县				57	13	44			
如东县							1		1
启东市	3		3	7	2	5			
如皋市				103	43	60	8	6	2
海门市	1		1	41	22	19	2	1	1
连云港市	**1**		**1**	**18**	**9**	**9**	**7**	**4**	**3**
连云区									
新浦区				1	1		2	2	
海州区				1		1			
赣榆县							1		1
东海县	1		1	10	6	4	4	2	2
灌云县				6	2	4			
灌南县									
淮安市				**7**		**7**	**2**	**1**	**1**
清河区				1		1			
楚州区				1		1			
淮阴区				1		1			
清浦区									
涟水县				2		2			
洪泽县									
盱眙县				2		2	2	1	1
金湖县									
盐城市	**6**	**2**	**4**	**46**	**8**	**38**	**8**	**6**	**2**
亭湖区				3	1	2	6	4	2
盐都区									
响水县							1	1	
滨海县	1		1	5		5			
阜宁县	2	1	1	4	1	3			
射阳县				2		2	1	1	
建湖县				5	1	4			
东台市	3	1	2	20	1	19			
大丰市				7	4	3			
扬州市	**3**	**1**	**2**	**40**	**14**	**26**	**2**		**2**
广陵区							1		1
邗江区				1		1			
维扬区				6	3	3			
宝应县	2	1	1	3	1	2			
仪征市				3		3			
高邮市	1		1	13	4	9			
江都市				14	6	8	1		1
镇江市				**49**	**26**	**23**	**1**		**1**
京口区									
润州区									

10-20 续表 17 单位：人

地区	基诺族			其他未识别的民族			外国人加入中国籍		
	小计	男	女	小计	男	女	小计	男	女
丹徒区							1		1
丹阳市				36	16	20			
扬中市				3	1	2			
句容市				10	9	1			
泰州市				**49**	**20**	**29**			
海陵区				4	2	2			
高港区				7	4	3			
兴化市				4	2	2			
靖江市				18	9	9			
泰兴市				6		6			
姜堰市				10	3	7			
宿迁市				**2**	**1**	**1**	**1**		**1**
宿城区				1	1				
宿豫区				1		1			
沭阳县									
泗阳县							1		1
泗洪县									
浙江省	**21**	**8**	**13**	**9521**	**5356**	**4165**	**14**	**4**	**10**
杭州市	**1**		**1**	**516**	**307**	**209**	**2**		**2**
上城区									
下城区				6	2	4			
江干区				37	26	11			
拱墅区				10	7	3			
西湖区				37	22	15			
滨江区									
萧山区				64	33	31			
余杭区	1		1						
桐庐县				17	12	5			
淳安县				4	1	3			
建德市				61	37	24	1		1
富阳市				69	43	26	1		1
临安市				211	124	87			
宁波市	**3**	**1**	**2**	**1321**	**720**	**601**	**2**	**2**	
海曙区				16	15	1			
江东区				2	1	1			
江北区				6	4	2			
北仑区				85	47	38			
镇海区	2	1	1	63	32	31			
鄞州区	1		1	81	41	40	1	1	
象山县				5	3	2			
宁海县				8	5	3			
余姚市				735	407	328			
慈溪市				280	146	134	1	1	
奉化市				40	19	21			
温州市	**8**	**4**	**4**	**1175**	**657**	**518**			
鹿城区				147	79	68			
龙湾区				128	73	55			
瓯海区				282	163	119			
洞头县				5	4	1			
永嘉县				50	29	21			
平阳县				52	30	22			
苍南县	5	2	3	115	61	54			
文成县				1	1				
泰顺县				3	2	1			
瑞安市				311	169	142			
乐清市	3	2	1	81	46	35			

10-20　续表 18　　　　单位：人

地　区	基诺族			其他未识别的民族			外国人加入中国籍		
	小计	男	女	小计	男	女	小计	男	女
嘉兴市				**432**	**240**	**192**			
南湖区				30	18	12			
秀洲区				131	73	58			
嘉善县				72	39	33			
海盐县				17	7	10			
海宁市				73	43	30			
平湖市				49	26	23			
桐乡市				60	34	26			
湖州市				**1367**	**783**	**584**	**2**	**2**	
吴兴区				54	41	13	1	1	
南浔区				300	164	136			
德清县				533	298	235			
长兴县				146	80	66	1	1	
安吉县				334	200	134			
绍兴市				**1037**	**564**	**473**	**1**		**1**
越城区				292	165	127			
绍兴县				281	151	130			
新昌县				71	39	32			
诸暨市				230	121	109	1		1
上虞市				52	25	27			
嵊州市				111	63	48			
金华市	**5**	**2**	**3**	**2284**	**1305**	**979**	**2**		**2**
婺城区				119	70	49	1		1
金东区				86	39	47			
武义县				609	350	259	1		1
浦江县	2	2		86	51	35			
磐安县				15	8	7			
兰溪市				35	13	22			
义乌市	2		2	364	210	154			
东阳市	1		1	290	164	126			
永康市				680	400	280			
衢州市				**45**	**26**	**19**	**1**		**1**
柯城区				1		1			
衢江区				17	11	6			
常山县				12	7	5			
开化县									
龙游县				15	8	7	1		1
江山市									
舟山市				**4**	**1**	**3**			
定海区									
普陀区				1		1			
岱山县				3	1	2			
嵊泗县									
台州市	**3**		**3**	**1206**	**681**	**525**	**1**		**1**
椒江区	1		1	86	48	38			
黄岩区				47	21	26			
路桥区	2		2	72	45	27			
玉环县				72	40	32			
三门县				16	10	6			
天台县				2	1	1			
仙居县				9	5	4			
温岭市				731	417	314	1		1
临海市				171	94	77			

10-20 续表 19 单位：人

地区	基诺族			其他未识别的民族			外国人加入中国籍		
	小计	男	女	小计	男	女	小计	男	女
丽水市	**1**	**1**		**134**	**72**	**62**	**3**		**3**
莲都区				17	9	8			
青田县				83	45	38			
缙云县				31	17	14	3		3
遂昌县				1	1				
松阳县				2		2			
云和县									
庆元县									
景宁畲族自治县									
龙泉市	1	1							
安徽省	**8**	**4**	**4**	**174**	**79**	**95**	**47**	**21**	**26**
合肥市				**14**	**10**	**4**	**11**	**5**	**6**
瑶海区				1		1	1	1	
庐阳区									
蜀山区				9	8	1	9	3	6
包河区				3	2	1			
长丰县									
肥东县							1	1	
肥西县				1		1			
芜湖市				**10**	**5**	**5**			
镜湖区				1		1			
弋江区				2	2				
鸠江区				3	1	2			
三山区									
芜湖县				3	2	1			
繁昌县									
南陵县				1		1			
蚌埠市				**1**		**1**	**3**	**1**	**2**
龙子湖区									
蚌山区				1		1			
禹会区									
淮上区									
怀远县							1		1
五河县							2	1	1
固镇县									
淮南市							**5**	**2**	**3**
大通区							1	1	
田家庵区							2		2
谢家集区							2	1	1
八公山区									
潘集区									
凤台县									
马鞍山市	**1**		**1**	**3**	**2**	**1**	**2**		**2**
金家庄区									
花山区				1		1	1		1
雨山区				2	2				
当涂县	1		1				1		1
淮北市									
杜集区									
相山区									
烈山区									
濉溪县									

10-20 续表 20

单位：人

地区	基诺族			其他未识别的民族			外国人加入中国籍		
	小计	男	女	小计	男	女	小计	男	女
铜陵市							**2**	**1**	**1**
铜官山区							1	1	
狮子山区									
郊区									
铜陵县							1		1
安庆市	**3**	**2**	**1**	**2**		**2**	**16**	**6**	**10**
迎江区				1		1			
大观区									
宜秀区							7	4	3
怀宁县							2	1	1
枞阳县									
潜山县									
太湖县	2	1	1	1		1			
宿松县									
望江县	1	1					3	1	2
岳西县							4		4
桐城市									
黄山市	**2**	**1**	**1**	**5**	**2**	**3**			
屯溪区									
黄山区									
徽州区									
歙县	2	1	1	4	1	3			
休宁县									
黟县									
祁门县				1	1				
滁州市				**31**	**11**	**20**	**5**	**4**	**1**
琅琊区				1	1				
南谯区				2	2		2	2	
来安县				6	3	3			
全椒县							2	2	
定远县				1		1	1		1
凤阳县				1	1				
天长市				14		14			
明光市				6	4	2			
阜阳市				**3**		**3**			
颍州区									
颍东区									
颍泉区									
临泉县									
太和县									
阜南县				3		3			
颍上县									
界首市									
宿州市									
埇桥区									
砀山县									
萧县									
灵璧县									
泗县									
巢湖市	**1**		**1**	**8**	**1**	**7**			
居巢区									
庐江县				5		5			
无为县	1		1	1		1			
含山县									
和县				2	1	1			

10-20 续表 21

单位：人

地区	基诺族			其他未识别的民族			外国人加入中国籍		
	小计	男	女	小计	男	女	小计	男	女
六安市				**7**	**1**	**6**			
金安区									
裕安区									
寿县									
霍邱县				2	1	1			
舒城县				2		2			
金寨县				3		3			
霍山县									
亳州市				**1**		**1**	**2**	**1**	**1**
谯城区									
涡阳县									
蒙城县				1		1	1	1	
利辛县							1		1
池州市	**1**	**1**		**5**	**2**	**3**			
贵池区				4	2	2			
东至县	1	1		1		1			
石台县									
青阳县									
宣城市				**84**	**45**	**39**	**1**	**1**	
宣州区				11	5	6			
郎溪县				5	1	4			
广德县				50	31	19			
泾县				3		3	1	1	
绩溪县				1	1				
旌德县				2		2			
宁国市				12	7	5			
福建省	**16**	**5**	**11**	**2812**	**1613**	**1199**	**82**	**31**	**51**
福州市	**2**	**1**	**1**	**243**	**150**	**93**	**17**	**3**	**14**
鼓楼区				2		2	1		1
台江区				1		1			
仓山区				63	42	21			
马尾区				12	5	7			
晋安区				22	11	11	1	1	
闽侯县				25	17	8	2	1	1
连江县	2	1	1	8	1	7	1	1	
罗源县				8	6	2			
闽清县				47	33	14	1		1
永泰县									
平潭县				4	3	1			
福清市				36	24	12	11		11
长乐市				15	8	7			
厦门市	**4**	**1**	**3**	**358**	**199**	**159**	**2**	**1**	**1**
思明区				14	8	6			
海沧区	1		1	37	18	19			
湖里区				55	35	20	1	1	
集美区				25	17	8			
同安区				214	115	99	1		1
翔安区	3	1	2	13	6	7			
莆田市	**2**	**1**	**1**	**121**	**71**	**50**	**15**	**9**	**6**
城厢区	2	1	1	19	13	6	3	1	2
涵江区				37	24	13	2	2	
荔城区				35	19	16	9	6	3
秀屿区				3	1	2	1		1
仙游县				27	14	13			

10-20 续表 22　　　　单位：人

地区	基诺族			其他未识别的民族			外国人加入中国籍		
	小计	男	女	小计	男	女	小计	男	女
三明市	**1**		**1**	**142**	**89**	**53**	**1**		**1**
梅列区				7	4	3			
三元区							1		1
明溪县				2	1	1			
清流县									
宁化县									
大田县				5	3	2			
尤溪县				4	1	3			
沙县				17	10	7			
将乐县				43	30	13			
泰宁县				4	4				
建宁县	1		1						
永安市				60	36	24			
泉州市	**5**	**2**	**3**	**1549**	**877**	**672**	**6**	**4**	**2**
鲤城区				47	22	25	1	1	
丰泽区				61	42	19			
洛江区				30	15	15			
泉港区				12	6	6			
惠安县	1	1		101	59	42			
安溪县				9	5	4	2	1	1
永春县				10	5	5	1	1	
德化县				2		2			
石狮市				93	56	37			
晋江市	1	1		1072	600	472	2	1	1
南安市	3		3	112	67	45			
漳州市				**255**	**147**	**108**	**11**	**1**	**10**
芗城区				99	59	40			
龙文区				21	12	9			
云霄县				2	1	1	7	1	6
漳浦县				12	8	4			
诏安县				1		1	1		1
长泰县				15	10	5			
东山县				1		1	2		2
南靖县									
平和县				4	1	3			
华安县				9	4	5			
龙海市				91	52	39	1		1
南平市	**1**		**1**	**85**	**40**	**45**	**9**	**4**	**5**
延平区				7	2	5	3	2	1
顺昌县				2		2			
浦城县				1	1				
光泽县				51	26	25			
松溪县									
政和县									
邵武市				18	8	10			
武夷山市				1	1				
建瓯市				2		2	6	2	4
建阳市	1		1	3	2	1			
龙岩市	**1**		**1**	**41**	**27**	**14**	**21**	**9**	**12**
新罗区	1		1	20	16	4	1		1
长汀县				1		1			
永定县				6	4	2	3	1	2
上杭县				7	4	3			
武平县							17	8	9
连城县				7	3	4			
漳平市									

10-20 续表 23　　　　　单位：人

地区	基诺族			其他未识别的民族			外国人加入中国籍		
	小计	男	女	小计	男	女	小计	男	女
宁德市				**18**	**13**	**5**			
蕉城区									
霞浦县				5	5				
古田县				1	1				
屏南县									
寿宁县									
周宁县				2	2				
柘荣县									
福安市				5	1	4			
福鼎市				5	4	1			
江西省	**5**	**3**	**2**	**650**	**344**	**306**	**83**	**35**	**48**
南昌市	**3**	**2**	**1**	**112**	**64**	**48**	**8**	**4**	**4**
东湖区				3	2	1			
西湖区	1	1		7	5	2			
青云谱区	1	1		4	3	1	1	1	
湾里区				1	1				
青山湖区	1		1	16	7	9	3	1	2
南昌县				8	4	4	1	1	
新建县				25	19	6	1		1
安义县				34	17	17			
进贤县				14	6	8	2	1	1
景德镇市				**5**	**2**	**3**			
昌江区									
珠山区				4	2	2			
浮梁县				1		1			
乐平市									
萍乡市				**135**	**74**	**61**	**2**		**2**
安源区				4	1	3			
湘东区				12	9	3			
莲花县				110	60	50			
上栗县				8	4	4	2		2
芦溪县				1		1			
九江市				**13**	**7**	**6**	**6**	**2**	**4**
庐山区				4	2	2	2	1	1
浔阳区				2	1	1			
九江县									
武宁县				2	1	1			
修水县									
永修县							2	1	1
德安县				3	1	2			
星子县				1	1		1		1
都昌县							1		1
湖口县				1	1				
彭泽县									
瑞昌市									
新余市	**1**		**1**	**16**	**9**	**7**	**4**		**4**
渝水区	1		1	16	9	7	4		4
分宜县									
鹰潭市				**5**	**2**	**3**	**3**	**1**	**2**
月湖区				1	1		1		1
余江县				2	1	1			
贵溪市				2		2	2	1	1
赣州市	**1**	**1**		**17**	**8**	**9**	**13**	**8**	**5**
章贡区	1	1		5	3	2	1	1	
赣县									

10-20　续表 24　　　　单位：人

地　区	基诺族			其他未识别的民族			外国人加入中国籍		
	小计	男	女	小计	男	女	小计	男	女
信丰县				1		1	1		1
大余县				1		1	1		1
上犹县									
崇义县									
安远县							1	1	
龙南县									
定南县							1	1	
全南县									
宁都县				1	1		3	3	
于都县							1		1
兴国县				4		4	1		1
会昌县							1		1
寻乌县							1	1	
石城县									
瑞金市				2	2				
南康市				3	2	1	1	1	
吉安市				**223**	**112**	**111**	**3**	**2**	**1**
吉州区				33	17	16			
青原区				2	2		1	1	
吉安县				8	3	5			
吉水县				7	3	4	1	1	
峡江县				75	42	33			
新干县				22	11	11			
永丰县									
泰和县				4	2	2	1		1
遂川县									
万安县									
安福县				6	2	4			
永新县				66	30	36			
井冈山市									
宜春市				**90**	**47**	**43**	**15**	**8**	**7**
袁州区				13	7	6			
奉新县				3	2	1			
万载县				1	1		3	1	2
上高县				2		2	3	2	1
宜丰县				7	5	2	1		1
靖安县				5	2	3	1		1
铜鼓县									
丰城市				3	1	2	5	3	2
樟树市				1	1		1	1	
高安市				55	28	27	1	1	
抚州市				**17**	**9**	**8**	**6**	**2**	**4**
临川区				3	3		1	1	
南城县									
黎川县				1		1	2		2
南丰县				1	1		1	1	
崇仁县				1		1			
乐安县				2		2			
宜黄县				4	3	1	1		1
金溪县				3	2	1	1		1
资溪县				1		1			
东乡县									
广昌县				1		1			

10-20 续表 25

单位：人

地区	基诺族			其他未识别的民族			外国人加入中国籍		
	小计	男	女	小计	男	女	小计	男	女
上饶市				**17**	**10**	**7**	**23**	**8**	**15**
信州区				5	3	2			
上饶县				1		1	2	2	
广丰县				2	1	1			
玉山县									
铅山县									
横峰县				2		2			
弋阳县				1		1	2		2
余干县				2	2		12	3	9
鄱阳县							1	1	
万年县									
婺源县				3	3		6	2	4
德兴市				1	1				
山东省	**17**	**7**	**10**	**125**	**57**	**68**	**21**	**3**	**18**
济南市	**3**	**1**	**2**	**29**	**17**	**12**	**3**		**3**
历下区				1		1			
市中区				9	7	2			
槐荫区				1		1	2		2
天桥区				3	2	1			
历城区	2	1	1	4	1	3			
长清区				6	4	2			
平阴县				2	1	1	1		1
济阳县				3	2	1			
商河县									
章丘市	1		1						
青岛市				**1**	**1**		**3**		**3**
市南区							2		2
市北区									
四方区									
黄岛区							1		1
崂山区									
李沧区									
城阳区									
胶州市									
即墨市									
平度市									
胶南市				1	1				
莱西市									
淄博市	**1**		**1**	**5**	**2**	**3**			
淄川区									
张店区									
博山区				2	1	1			
临淄区									
周村区				1		1			
桓台县	1		1						
高青县				1		1			
沂源县				1	1				
枣庄市	**4**	**3**	**1**	**2**	**1**	**1**			
市中区				1	1				
薛城区				1		1			
峄城区									
台儿庄区									
山亭区									
滕州市	4	3	1						

10-20　续表 26　　　　单位：人

地区	基诺族			其他未识别的民族			外国人加入中国籍		
	小计	男	女	小计	男	女	小计	男	女
东营市	**1**		**1**	**2**	**1**	**1**			
东营区									
河口区				1	1				
垦利县	1		1						
利津县				1		1			
广饶县									
烟台市				**5**	**2**	**3**			
芝罘区				1		1			
福山区				2	2				
牟平区									
莱山区				1		1			
长岛县									
龙口市									
莱阳市									
莱州市									
蓬莱市									
招远市									
栖霞市				1		1			
海阳市									
潍坊市	**6**	**1**	**5**	**12**	**3**	**9**			
潍城区									
寒亭区									
坊子区				2		2			
奎文区				3	2	1			
临朐县									
昌乐县				1		1			
青州市									
诸城市	5	1	4						
寿光市	1		1	6	1	5			
安丘市									
高密市									
昌邑市									
济宁市				**2**		**2**			
市中区									
任城区				1		1			
微山县									
鱼台县									
金乡县									
嘉祥县									
汶上县									
泗水县				1		1			
梁山县									
曲阜市									
兖州市									
邹城市									
泰安市									
泰山区									
岱岳区									
宁阳县									
东平县									
新泰市									
肥城市									
威海市				**11**	**3**	**8**	**2**	**2**	
环翠区									
文登市				7	1	6			
荣成市				1	1		1	1	
乳山市				3	1	2	1	1	

10-20 续表 27 单位：人

地区	基诺族			其他未识别的民族			外国人加入中国籍		
	小计	男	女	小计	男	女	小计	男	女
日照市				**3**	**1**	**2**	**1**		**1**
东港区				2	1	1			
岚山区									
五莲县									
莒县				1		1	1		1
莱芜市									
莱城区									
钢城区									
临沂市				**22**	**13**	**9**			
兰山区				14	11	3			
罗庄区									
河东区				2	1	1			
沂南县									
郯城县				1		1			
沂水县									
苍山县									
费县									
平邑县									
莒南县				1		1			
蒙阴县									
临沭县				4	1	3			
德州市				**4**	**1**	**3**	**3**		**3**
德城区									
陵县							1		1
宁津县				1		1			
庆云县									
临邑县				2	1	1	1		1
齐河县									
平原县									
夏津县									
武城县									
乐陵市									
禹城市				1		1	1		1
聊城市				**2**		**2**	**5**		**5**
东昌府区				1		1	1		1
阳谷县							1		1
莘县				1		1			
茌平县							2		2
东阿县									
冠县									
高唐县									
临清市							1		1
滨州市	**1**	**1**		**12**	**6**	**6**			
滨城区				6	4	2			
惠民县									
阳信县									
无棣县	1	1							
沾化县									
博兴县				4	2	2			
邹平县				2		2			
菏泽市	**1**	**1**		**13**	**6**	**7**	**4**	**1**	**3**
牡丹区				3	2	1			
曹县				1		1			
单县				2		2			
成武县	1	1							
巨野县							1		1
郓城县				1	1				
鄄城县				4	2	2	2	1	1
定陶县				1	1		1		1
东明县				1		1			

10-20 续表 28

单位：人

地区	基诺族			其他未识别的民族			外国人加入中国籍		
	小计	男	女	小计	男	女	小计	男	女
河南省	**7**	**1**	**6**	**99**	**43**	**56**	**195**	**77**	**118**
郑州市	**2**		**2**	**40**	**19**	**21**	**14**	**5**	**9**
中原区				9	6	3			
二七区				4	2	2	2		2
管城回族区				9	4	5			
金水区	2		2	10	3	7	3		3
上街区									
惠济区									
中牟县							2		2
巩义市							1	1	
荥阳市									
新密市				4	2	2	5	3	2
新郑市							1	1	
登封市				4	2	2			
开封市				**4**	**3**	**1**	**17**	**10**	**7**
龙亭区									
顺河回族区									
鼓楼区									
禹王台区									
金明区				3	3		3	2	1
杞县							12	7	5
通许县									
尉氏县							2	1	1
开封县									
兰考县				1		1			
洛阳市				**8**	**5**	**3**	**16**	**7**	**9**
老城区									
西工区									
瀍河回族区				3	2	1	2	1	1
涧西区									
吉利区									
洛龙区				1	1				
孟津县									
新安县							7	3	4
栾川县							1	1	
嵩县							2		2
汝阳县				2		2	3	1	2
宜阳县									
洛宁县							1	1	
伊川县									
偃师市				2	2				
平顶山市				**10**	**6**	**4**	**11**	**2**	**9**
新华区				3	2	1	1		1
卫东区				1	1				
石龙区									
湛河区									
宝丰县				1		1	3	1	2
叶县				1		1	2		2
鲁山县				3	3		5	1	4
郏县				1		1			
舞钢市									
汝州市									

10-20 续表 29 单位：人

地区	基诺族			其他未识别的民族			外国人加入中国籍		
	小计	男	女	小计	男	女	小计	男	女
安阳市	**2**		**2**	**8**	**2**	**6**	**4**		**4**
文峰区				1	1				
北关区									
殷都区	2		2				1		1
龙安区				4		4			
安阳县				1	1		1		1
汤阴县									
滑县				2		2	1		1
内黄县									
林州市							1		1
鹤壁市				**2**		**2**	**1**		**1**
鹤山区									
山城区									
淇滨区									
浚县				2		2	1		1
淇县									
新乡市				**6**	**2**	**4**	**14**	**8**	**6**
红旗区									
卫滨区									
凤泉区									
牧野区							1	1	
新乡县									
获嘉县				4	1	3			
原阳县							1		1
延津县							1	1	
封丘县									
长垣县							8	5	3
卫辉市									
辉县市				2	1	1	3	1	2
焦作市				**5**	**1**	**4**	**15**	**6**	**9**
解放区				1	1		1		1
中站区							1		1
马村区									
山阳区				1		1	1	1	
修武县				1		1			
博爱县				1		1			
武陟县				1		1	5	2	3
温县									
沁阳市									
孟州市							7	3	4
濮阳市				**3**		**3**	**3**	**1**	**2**
华龙区									
清丰县				1		1	1		1
南乐县				1		1			
范县									
台前县									
濮阳县				1		1	2	1	1
许昌市	**2**	**1**	**1**	**2**	**1**	**1**	**11**	**6**	**5**
魏都区	2	1	1	1		1	3	3	
许昌县							1	1	
鄢陵县									
襄城县				1	1		2		2
禹州市							2		2
长葛市							3	2	1

10-20 续表 30

单位：人

地区	基诺族			其他未识别的民族			外国人加入中国籍		
	小计	男	女	小计	男	女	小计	男	女
漯河市				**2**		**2**	**13**	**5**	**8**
源汇区									
郾城区							2	1	1
召陵区							3	1	2
舞阳县				1		1	2		2
临颍县				1		1	6	3	3
三门峡市							**1**		**1**
湖滨区							1		1
渑池县									
陕县									
卢氏县									
义马市									
灵宝市									
南阳市									
宛城区									
卧龙区									
南召县									
方城县									
西峡县									
镇平县									
内乡县									
淅川县									
社旗县									
唐河县									
新野县									
桐柏县									
邓州市									
商丘市							**5**	**2**	**3**
梁园区									
睢阳区							1		1
民权县									
睢县							3	2	1
宁陵县									
柘城县									
虞城县									
夏邑县									
永城市							1		1
信阳市				**5**		**5**	**9**	**6**	**3**
浉河区				1		1	1		1
平桥区									
罗山县									
光山县									
新县									
商城县							1	1	
固始县				3		3	2	1	1
潢川县							4	4	
淮滨县									
息县				1		1	1		1
周口市	**1**		**1**	**1**	**1**		**11**	**3**	**8**
川汇区									
扶沟县									
西华县									
商水县									

10-20　续表 31　　　　单位：人

地　区	基诺族			其他未识别的民族			外国人加入中国籍		
	小计	男	女	小计	男	女	小计	男	女
沈丘县							1		1
郸城县									
淮阳县				1	1		8	3	5
太康县									
鹿邑县									
项城市	1		1				2		2
驻马店市				**3**	**3**		**50**	**16**	**34**
驿城区				1	1		1	1	
西平县							1		1
上蔡县				1	1		6	2	4
平舆县									
正阳县									
确山县							1		1
泌阳县									
汝南县							3		3
遂平县				1	1		29	12	17
新蔡县							9	1	8
省直辖县级行政区划									
济源市									
湖北省	**10**	**4**	**6**	**751**	**366**	**385**	**72**	**32**	**40**
武汉市	**6**	**3**	**3**	**93**	**58**	**35**	**1**	**1**	
江岸区				1	1				
江汉区									
硚口区				1	1				
汉阳区									
武昌区	1		1	14	11	3	1	1	
青山区				2	1	1			
洪山区	4	3	1	36	21	15			
东西湖区				2	2				
汉南区									
蔡甸区				2		2			
江夏区				32	20	12			
黄陂区	1		1	3	1	2			
新洲区									
黄石市				**8**		**8**	**1**		**1**
黄石港区				1		1			
西塞山区									
下陆区									
铁山区									
阳新县				6		6			
大冶市				1		1	1		1
十堰市				**7**	**3**	**4**	**19**	**9**	**10**
茅箭区				4	2	2	8	5	3
张湾区				1	1		1		1
郧县							1	1	
郧西县							1		1
竹山县				1		1	3	1	2
竹溪县							3	1	2
房县				1		1	1	1	
丹江口市							1		1
宜昌市	**1**		**1**	**90**	**39**	**51**	**2**		**2**
西陵区				25	8	17			
伍家岗区				11	4	7			
点军区				2		2			

10-20　续表 32　　　　单位：人

地　　区	基诺族			其他未识别的民族			外国人加入中国籍		
	小计	男	女	小计	男	女	小计	男	女
猇亭区									
夷陵区				7	2	5			
远安县									
兴山县									
秭归县				4	1	3			
长阳土家族自治县	1		1	10	5	5			
五峰土家族自治县				6	4	2			
宜都市									
当阳市				13	8	5			
枝江市				12	7	5	2		2
襄樊市				**12**	**4**	**8**	**4**	**2**	**2**
襄城区				1		1			
樊城区				3	3		1	1	
襄阳区				5		5			
南漳县				2		2			
谷城县							2	1	1
保康县				1	1		1		1
老河口市									
枣阳市									
宜城市									
鄂州市							**1**		**1**
梁子湖区							1		1
华容区									
鄂城区									
荆门市				**7**	**3**	**4**	**1**		**1**
东宝区				4	2	2			
掇刀区				1		1	1		1
京山县				1	1				
沙洋县				1		1			
钟祥市									
孝感市				**13**	**6**	**7**	**3**	**2**	**1**
孝南区				11	6	5			
孝昌县									
大悟县									
云梦县							2	1	1
应城市									
安陆市				1		1			
汉川市				1		1	1	1	
荆州市	**2**		**2**	**7**	**3**	**4**	**6**	**3**	**3**
沙市区	2		2						
荆州区				2	2		1	1	
公安县									
监利县				1	1		5	2	3
江陵县				1		1			
石首市									
洪湖市				1		1			
松滋市				2		2			
黄冈市				**45**	**21**	**24**	**29**	**13**	**16**
黄州区				3	1	2			
团风县							1	1	
红安县				5	3	2	10	5	5
罗田县							1	1	
英山县				5		5	2	1	1
浠水县				1		1			
蕲春县				13	7	6	4	1	3
黄梅县				2		2	6	1	5
麻城市				15	9	6	4	2	2
武穴市				1	1		1	1	

10-20 续表 33　　　　单位：人

地　区	基诺族			其他未识别的民族			外国人加入中国籍		
	小计	男	女	小计	男	女	小计	男	女
咸宁市				**2**		**2**			
咸安区									
嘉鱼县									
通城县				2		2			
崇阳县									
通山县									
赤壁市									
随州市				**3**		**3**			
曾都区									
随县				3		3			
广水市									
恩施土家族苗族自治州	**1**	**1**		**456**	**225**	**231**	**1**	**1**	
恩施市				24	12	12			
利川市	1	1		35	21	14			
建始县				74	40	34	1	1	
巴东县				4	2	2			
宣恩县				96	49	47			
咸丰县				166	68	98			
来凤县				24	13	11			
鹤峰县				33	20	13			
省直辖县级行政区划				**8**	**4**	**4**	**4**	**1**	**3**
仙桃市									
潜江市				6	3	3	4	1	3
天门市									
神农架林区				2	1	1			
湖南省	**17**	**2**	**15**	**487**	**240**	**247**	**93**	**39**	**54**
长沙市	**2**	**1**	**1**	**17**	**11**	**6**	**17**	**10**	**7**
芙蓉区									
天心区	1	1		11	8	3	1		1
岳麓区	1		1						
开福区				1	1				
雨花区				2	2		5	2	3
长沙县							4	3	1
望城县							1		1
宁乡县							2	2	
浏阳市				3		3	4	3	1
株洲市	**1**		**1**	**57**	**32**	**25**	**2**		**2**
荷塘区				6	3	3			
芦淞区				2	1	1	1		1
石峰区				5	3	2			
天元区				2	1	1			
株洲县									
攸县				3	3		1		1
茶陵县				23	13	10			
炎陵县				13	8	5			
醴陵市	1		1	3		3			
湘潭市				**48**	**25**	**23**	**7**	**2**	**5**
雨湖区				16	14	2	1		1
岳塘区				9	4	5	2		2
湘潭县				13	4	9	3	1	2
湘乡市				6	2	4	1	1	
韶山市				4	1	3			

10-20　续表 34

单位：人

地　区	基诺族			其他未识别的民族			外国人加入中国籍		
	小计	男	女	小计	男	女	小计	男	女
衡阳市	**7**	**1**	**6**	**86**	**45**	**41**			
珠晖区									
雁峰区									
石鼓区				1		1			
蒸湘区				2		2			
南岳区									
衡阳县									
衡南县				78	43	35			
衡山县				1		1			
衡东县									
祁东县	6		6						
耒阳市	1	1		4	2	2			
常宁市									
邵阳市	**3**		**3**	**35**	**12**	**23**	**21**	**7**	**14**
双清区				4	1	3	7	2	5
大祥区				6	4	2	2	1	1
北塔区									
邵东县	3		3	4	2	2			
新邵县									
邵阳县							1		1
隆回县				12	4	8	2		2
洞口县							6	2	4
绥宁县									
新宁县									
城步苗族自治县				1		1	2	2	
武冈市				8	1	7	1		1
岳阳市	**1**		**1**				**2**	**1**	**1**
岳阳楼区									
云溪区									
君山区									
岳阳县									
华容县									
湘阴县	1		1				2	1	1
平江县									
汨罗市									
临湘市									
常德市				**68**	**31**	**37**	**4**	**1**	**3**
武陵区				11	6	5			
鼎城区				14	5	9	2		2
安乡县				2	1	1			
汉寿县				3	2	1			
澧县				11	6	5			
临澧县				16	7	9			
桃源县				7	1	6	1		1
石门县				4	3	1	1	1	
津市市									
张家界市							**7**	**6**	**1**
永定区							2	1	1
武陵源区									
慈利县							5	5	
桑植县									
益阳市	**1**		**1**	**9**		**9**			
资阳区									
赫山区				4		4			

10-20 续表 35 单位：人

地区	基诺族			其他未识别的民族			外国人加入中国籍		
	小计	男	女	小计	男	女	小计	男	女
南县				1		1			
桃江县									
安化县				4		4			
沅江市	1		1						
郴州市	**2**		**2**	**9**	**2**	**7**	**9**	**4**	**5**
北湖区	2		2						
苏仙区				3	1	2			
桂阳县				1	1		2	1	1
宜章县									
永兴县				3		3	3	3	
嘉禾县							1		1
临武县									
汝城县				1		1	1		1
桂东县							1		1
安仁县							1		1
资兴市				1		1			
永州市				**12**	**9**	**3**	**7**	**1**	**6**
零陵区				3	2	1			
冷水滩区				5	5		3	1	2
祁阳县									
东安县									
双牌县									
道县									
江永县				3	1	2			
宁远县									
蓝山县							1		1
新田县							1		1
江华瑶族自治县				1	1		2		2
怀化市				**73**	**34**	**39**	**3**		**3**
鹤城区				8	2	6			
中方县									
沅陵县				1		1			
辰溪县				1		1			
溆浦县				56	28	28	3		3
会同县									
麻阳苗族自治县									
新晃侗族自治县				1		1			
芷江侗族自治县									
靖州苗族侗族自治县				2	2				
通道侗族自治县				2	1	1			
洪江市				2	1	1			
娄底市				**72**	**39**	**33**	**14**	**7**	**7**
娄星区				14	11	3	1	1	
双峰县				33	13	20	3	2	1
新化县				3	1	2	5	2	3
冷水江市				4	2	2	1		1
涟源市				18	12	6	4	2	2
湘西土家族苗族自治州				**1**		**1**			
吉首市				1		1			
泸溪县									
凤凰县									
花垣县									
保靖县									
古丈县									
永顺县									
龙山县									

10-20　续表 36　　　　单位：人

地　区	基诺族			其他未识别的民族			外国人加入中国籍		
	小计	男	女	小计	男	女	小计	男	女
广东省	**26**	**7**	**19**	**2197**	**1215**	**982**	**170**	**47**	**123**
广州市	**4**	**1**	**3**	**219**	**127**	**92**	**1**	**1**	
荔湾区				10	7	3			
越秀区				1	1				
海珠区				42	22	20			
天河区	1	1		17	13	4			
白云区				39	21	18			
黄埔区	1		1	14	9	5			
番禺区				47	28	19			
花都区	2		2	20	10	10			
南沙区				10	6	4	1	1	
萝岗区				8	4	4			
增城市				11	6	5			
从化市									
韶关市				**4**	**2**	**2**			
武江区									
浈江区									
曲江区				4	2	2			
始兴县									
仁化县									
翁源县									
乳源瑶族自治县									
新丰县									
乐昌市									
南雄市									
深圳市	**9**	**2**	**7**	**845**	**480**	**365**	**18**	**8**	**10**
罗湖区	2	1	1	13	5	8			
福田区	1		1	30	14	16	4	1	3
南山区	1		1	34	22	12	4	1	3
宝安区	3	1	2	633	351	282	7	4	3
龙岗区	2		2	133	86	47	3	2	1
盐田区				2	2				
珠海市	**2**	**1**	**1**	**33**	**18**	**15**			
香洲区	2	1	1	15	7	8			
斗门区				5	4	1			
金湾区				13	7	6			
汕头市	**2**	**1**	**1**	**25**	**11**	**14**	**5**	**3**	**2**
龙湖区				1		1			
金平区				1	1		1		1
濠江区				1		1			
潮阳区				5	1	4	1		1
潮南区				9	4	5	1	1	
澄海区	2	1	1	8	5	3	2	2	
南澳县									
佛山市				**194**	**108**	**86**	**4**	**2**	**2**
禅城区				18	8	10	1		1
南海区				67	36	31	1	1	
顺德区				83	49	34			
三水区				22	12	10	2	1	1
高明区				4	3	1			
江门市				**44**	**24**	**20**	**11**	**5**	**6**
蓬江区				5	3	2			
江海区				4	2	2			

10-20 续表 37

单位：人

地区	基诺族			其他未识别的民族			外国人加入中国籍		
	小计	男	女	小计	男	女	小计	男	女
新会区				4	2	2			
台山市				5	2	3	6	1	5
开平市				5	2	3	2	2	
鹤山市				18	12	6			
恩平市				3	1	2	3	2	1
湛江市	**2**		**2**	**32**	**15**	**17**	**40**	**2**	**38**
赤坎区	1		1	13	10	3			
霞山区				15	5	10			
坡头区									
麻章区				4		4			
遂溪县	1		1				3		3
徐闻县							1		1
廉江市									
雷州市							35	2	33
吴川市							1		1
茂名市	**2**		**2**	**19**	**10**	**9**	**18**	**3**	**15**
茂南区				8	4	4	2		2
茂港区									
电白县	1		1				5	1	4
高州市				9	6	3	3		3
化州市	1		1	1		1	4	1	3
信宜市				1		1	4	1	3
肇庆市				**20**	**9**	**11**	**7**	**6**	**1**
端州区				4	1	3	1	1	
鼎湖区				4	1	3	1	1	
广宁县				1		1	1	1	
怀集县									
封开县									
德庆县							2	1	1
高要市				8	4	4	2	2	
四会市				3	3				
惠州市	**1**		**1**	**32**	**20**	**12**	**5**	**3**	**2**
惠城区	1		1	13	7	6	2	1	1
惠阳区				2	1	1	1	1	
博罗县				15	10	5	2	1	1
惠东县				2	2				
龙门县									
梅州市				**19**	**8**	**11**	**10**	**1**	**9**
梅江区				4	2	2			
梅县				2	1	1	1		1
大埔县				3	1	2	3		3
丰顺县				2	1	1			
五华县				2	1	1	4	1	3
平远县				4	2	2	1		1
蕉岭县				2		2			
兴宁市							1		1
汕尾市				**2**	**1**	**1**	**3**		**3**
城区				1		1			
海丰县							1		1
陆河县									
陆丰市				1	1		2		2
河源市				**5**	**4**	**1**	**5**	**2**	**3**
源城区				4	4				
紫金县				1		1	1		1
龙川县							2	2	
连平县									
和平县							2		2
东源县									

10-20　续表 38　　　　　　　　　　　　　　　　单位：人

地　区	基诺族			其他未识别的民族			外国人加入中国籍		
	小计	男	女	小计	男	女	小计	男	女
阳江市				**10**	**4**	**6**	**5**	**1**	**4**
江城区				3	2	1			
阳西县							1		1
阳东县				6	2	4	3		3
阳春市				1		1	1	1	
清远市				**24**	**10**	**14**	**5**		**5**
清城区				15	7	8			
佛冈县				3		3			
阳山县							1		1
连山壮族瑶族自治县									
连南瑶族自治县									
清新县				3	1	2			
英德市				3	2	1	4		4
连州市									
东莞市	**2**		**2**	**602**	**326**	**276**	**8**	**6**	**2**
中山市	**2**	**2**		**49**	**27**	**22**	**1**		**1**
潮州市				**4**	**3**	**1**	**14**	**1**	**13**
湘桥区				3	2	1			
潮安县				1	1		13		13
饶平县							1	1	
揭阳市				**4**	**2**	**2**	**6**	**2**	**4**
榕城区									
揭东县									
揭西县							1		1
惠来县									
普宁市				4	2	2	5	2	3
云浮市				**11**	**6**	**5**	**4**	**1**	**3**
云城区				1		1	1		1
新兴县							1		1
郁南县				8	6	2	1		1
云安县									
罗定市				2		2	1	1	
广西壮族自治区	**4**	**2**	**2**	**205**	**115**	**90**	**83**	**35**	**48**
南宁市	**3**	**1**	**2**	**27**	**14**	**13**	**21**	**9**	**12**
兴宁区				1	1				
青秀区				9	6	3	3	1	2
江南区				4	2	2	2	1	1
西乡塘区	2	1	1	8	2	6	7	3	4
良庆区									
邕宁区				1	1				
武鸣县	1		1				2		2
隆安县							1		1
马山县							1	1	
上林县				1	1				
宾阳县				3	1	2	3	1	2
横县							2	2	

10-20 续表 39

单位：人

地区	基诺族			其他未识别的民族			外国人加入中国籍		
	小计	男	女	小计	男	女	小计	男	女
柳州市				**42**	**26**	**16**	**3**	**1**	**2**
城中区				2	1	1			
鱼峰区				1	1				
柳南区				8	3	5			
柳北区				15	10	5			
柳江县				3	1	2			
柳城县				2	1	1	2	1	1
鹿寨县				2	1	1			
融安县				2	1	1			
融水苗族自治县				2	2		1		1
三江侗族自治县				5	5				
桂林市				**26**	**18**	**8**	**14**	**7**	**7**
秀峰区									
叠彩区									
象山区				2	1	1	2	1	1
七星区				10	9	1			
雁山区				2	1	1	1	1	
阳朔县							1		1
临桂县							1	1	
灵川县							1	1	
全州县				2		2	1		1
兴安县				2		2	2	2	
永福县							1		1
灌阳县							1		1
龙胜各族自治县				6	6		2	1	1
资源县				1	1				
平乐县							1		1
荔浦县				1		1			
恭城瑶族自治县									
梧州市							**9**	**6**	**3**
万秀区									
蝶山区									
长洲区									
苍梧县									
藤县							4	2	2
蒙山县							2	2	
岑溪市							3	2	1
北海市				**6**	**3**	**3**			
海城区				2	1	1			
银海区				3	2	1			
铁山港区				1		1			
合浦县									
防城港市							**1**		**1**
港口区									
防城区									
上思县							1		1
东兴市									
钦州市				**16**	**8**	**8**	**1**		**1**
钦南区				14	8	6			
钦北区				1		1	1		1
灵山县				1		1			
浦北县									
贵港市	**1**	**1**		**10**	**4**	**6**	**5**	**1**	**4**
港北区				1	1				
港南区				1		1	1		1
覃塘区	1	1							
平南县				1		1	1		1
桂平市				7	3	4	3	1	2

10-20　续表 40　　　　单位：人

地　区	基诺族			其他未识别的民族			外国人加入中国籍		
	小计	男	女	小计	男	女	小计	男	女
玉林市				**7**	**3**	**4**	**12**	**4**	**8**
玉州区				3	3		2		2
容县				2		2	4	2	2
陆川县							1		1
博白县							3	1	2
兴业县				1		1	1		1
北流市				1		1	1	1	
百色市				**38**	**26**	**12**	**8**	**2**	**6**
右江区				7	4	3			
田阳县				12	6	6	1		1
田东县									
平果县				5	3	2			
德保县				3	3				
靖西县				9	8	1	2		2
那坡县									
凌云县							1		1
乐业县				1	1		1	1	
田林县							2	1	1
西林县							1		1
隆林各族自治县				1	1				
贺州市				**1**		**1**	**1**	**1**	
八步区									
平桂管理区				1		1			
昭平县									
钟山县							1	1	
富川瑶族自治县									
河池市				**22**	**8**	**14**	**4**	**3**	**1**
金城江区				5	2	3	1	1	
南丹县				7	4	3	1	1	
天峨县									
凤山县									
东兰县				1	1				
罗城仫佬族自治县				1		1			
环江毛南族自治县							1	1	
巴马瑶族自治县									
都安瑶族自治县									
大化瑶族自治县									
宜州市				8	1	7	1		1
来宾市				**6**	**4**	**2**	**1**	**1**	
兴宾区				4	4				
忻城县				1		1	1	1	
象州县									
武宣县									
金秀瑶族自治县				1		1			
合山市									
崇左市				**4**	**1**	**3**	**3**		**3**
江州区				2	1	1	2		2
扶绥县							1		1
宁明县									
龙州县				1		1			
大新县				1		1			
天等县									
凭祥市									

10-20 续表 41

单位：人

地区	基诺族			其他未识别的民族			外国人加入中国籍		
	小计	男	女	小计	男	女	小计	男	女
海南省	**1**	**1**		**90**	**52**	**38**	**12**	**2**	**10**
海口市				**4**	**3**	**1**			
秀英区				4	3	1			
龙华区									
琼山区									
美兰区									
三亚市	**1**	**1**		**13**	**6**	**7**			
省直辖县级行政区划				**73**	**43**	**30**	**12**	**2**	**10**
五指山市									
琼海市				11	7	4	5	1	4
儋州市				5	3	2	1	1	
文昌市				2		2	1		1
万宁市				2	1	1			
东方市				4	3	1			
定安县							3		3
屯昌县				2		2			
澄迈县				5	2	3	2		2
临高县				13	8	5			
白沙黎族自治县				8	6	2			
昌江黎族自治县									
乐东黎族自治县				5	2	3			
陵水黎族自治县				1		1			
保亭黎族苗族自治县				15	11	4			
琼中黎族苗族自治县									
西沙群岛									
重庆市	**27**	**9**	**18**	**209**	**119**	**90**	**11**	**6**	**5**
市辖区	**19**	**7**	**12**	**177**	**105**	**72**	**8**	**6**	**2**
万州区				14	7	7			
涪陵区				2	2				
渝中区				5	4	1			
大渡口区	1		1						
江北区				6	4	2			
沙坪坝区				27	15	12	1	1	
九龙坡区				9	4	5			
南岸区	1	1		16	14	2	6	5	1
北碚区	3	2	1	27	15	12	1		1
万盛区									
双桥区				4	3	1			
渝北区				1		1			
巴南区				1	1				
黔江区									
长寿区									
江津区				8	4	4			
合川区	14	4	10	26	14	12			
永川区				30	17	13			
南川区				1	1				
市辖县	**8**	**2**	**6**	**32**	**14**	**18**	**3**		**3**
綦江县	3	1	2						
潼南县				1	1				
铜梁县	4	1	3	3	1	2			

10-20 续表 42 单位：人

地区	基诺族			其他未识别的民族			外国人加入中国籍		
	小计	男	女	小计	男	女	小计	男	女
大足县									
荣昌县	1		1	4	3	1			
璧山县				2		2			
梁平县				1		1			
城口县									
丰都县				2		2	1		1
垫江县									
武隆县									
忠县				1		1			
开县									
云阳县				1		1			
奉节县									
巫山县				1		1			
巫溪县									
石柱土家族自治县									
秀山土家族苗族自治县									
酉阳土家族苗族自治县				6	3	3	1		1
彭水苗族土家族自治县				10	6	4	1		1
四川省	**54**	**12**	**42**	**368**	**203**	**165**	**55**	**26**	**29**
成都市	**7**	**5**	**2**	**143**	**82**	**61**	**15**	**7**	**8**
锦江区				5	2	3			
青羊区				6	4	2			
金牛区				8	1	7	1		1
武侯区	2	2		33	20	13			
成华区				4		4	6	5	1
龙泉驿区				1	1				
青白江区				1	1				
新都区									
温江区				8	4	4	1	1	
金堂县				2		2	1		1
双流县	2	1	1	25	15	10	2		2
郫县	2	2		17	12	5	2	1	1
大邑县				9	6	3			
蒲江县				2	1	1			
新津县	1		1	2	2				
都江堰市				19	12	7			
彭州市				1	1				
邛崃市							1		1
崇州市							1		1
自贡市	**1**		**1**	**4**		**4**			
自流井区									
贡井区									
大安区									
沿滩区	1		1	2		2			
荣县									
富顺县				2		2			
攀枝花市	**2**	**1**	**1**	**2**	**2**				
东区				2	2				
西区									
仁和区	2	1	1						
米易县									
盐边县									

10-20 续表 43 单位：人

地区	基诺族			其他未识别的民族			外国人加入中国籍		
	小计	男	女	小计	男	女	小计	男	女
泸州市				**79**	**49**	**30**	**1**		**1**
江阳区				1		1			
纳溪区									
龙马潭区				4		4			
泸县				10	5	5			
合江县				61	42	19			
叙永县				3	2	1			
古蔺县							1		1
德阳市	**2**	**2**		**7**	**4**	**3**			
旌阳区	1	1							
中江县									
罗江县				2	2				
广汉市				3	1	2			
什邡市									
绵竹市	1	1		2	1	1			
绵阳市	**1**		**1**	**17**	**7**	**10**	**8**	**2**	**6**
涪城区				11	5	6	4	1	3
游仙区				1	1				
三台县				1		1	3	1	2
盐亭县									
安县							1		1
梓潼县				1	1				
北川羌族自治县	1		1						
平武县									
江油市				3		3			
广元市	**1**	**1**		**41**	**25**	**16**	**1**	**1**	
利州区	1	1		39	24	15			
元坝区				1	1				
朝天区									
旺苍县				1		1	1	1	
青川县									
剑阁县									
苍溪县									
遂宁市	**9**		**9**	**3**		**3**	**3**	**1**	**2**
船山区									
安居区	8		8						
蓬溪县				2		2			
射洪县				1		1			
大英县	1		1				3	1	2
内江市	**3**	**1**	**2**	**4**	**1**	**3**	**1**		**1**
市中区							1		1
东兴区	1	1							
威远县				2		2			
资中县									
隆昌县	2		2	2	1	1			
乐山市	**4**	**1**	**3**	**4**	**1**	**3**	**1**	**1**	
市中区									
沙湾区									
五通桥区				1		1			
金口河区				1		1			
犍为县				1		1			
井研县	4	1	3						
夹江县									
沐川县									
峨边彝族自治县									
马边彝族自治县									
峨眉山市				1	1		1	1	

10-20　续表 44　　　　　　　　　　　　　　　　　　　　　　　　单位：人

地　区	基诺族			其他未识别的民族			外国人加入中国籍		
	小计	男	女	小计	男	女	小计	男	女
南充市	**1**		**1**	**4**	**2**	**2**	**7**	**4**	**3**
顺庆区				1	1		4	3	1
高坪区	1		1						
嘉陵区							1	1	
南部县				3	1	2	1		1
营山县									
蓬安县									
仪陇县									
西充县									
阆中市							1		1
眉山市				**15**	**6**	**9**	**4**	**3**	**1**
东坡区				1	1		1	1	
仁寿县				13	5	8	1	1	
彭山县							1		1
洪雅县									
丹棱县							1	1	
青神县				1		1			
宜宾市				**6**	**3**	**3**	**3**	**2**	**1**
翠屏区				4	3	1			
宜宾县									
南溪县							1		1
江安县									
长宁县				1		1			
高县									
珙县				1		1	1	1	
筠连县									
兴文县									
屏山县							1	1	
广安市	**1**	**1**		**4**		**4**	**3**	**2**	**1**
广安区				1		1			
岳池县	1	1		2		2	1	1	
武胜县									
邻水县				1		1	2	1	1
华蓥市									
达州市				**3**		**3**	**1**	**1**	
通川区				2		2	1	1	
达县									
宣汉县									
开江县				1		1			
大竹县									
渠县									
万源市									
雅安市				**11**	**4**	**7**	**3**		**3**
雨城区				6	1	5	3		3
名山县									
荥经县									
汉源县				1	1				
石棉县				4	2	2			
天全县									
芦山县									
宝兴县									

10-20 续表 45

单位：人

地区	基诺族			其他未识别的民族			外国人加入中国籍		
	小计	男	女	小计	男	女	小计	男	女
巴中市							**1**	**1**	
巴州区									
通江县									
南江县									
平昌县							1	1	
资阳市	**22**		**22**	**4**	**4**		**2**		**2**
雁江区				4	4		2		2
安岳县	22		22						
乐至县									
简阳市									
阿坝藏族羌族自治州				**14**	**10**	**4**	**1**	**1**	
汶川县				9	5	4	1	1	
理县									
茂县									
松潘县									
九寨沟县									
金川县				4	4				
小金县									
黑水县									
马尔康县									
壤塘县									
阿坝县				1	1				
若尔盖县									
红原县									
甘孜藏族自治州				**3**	**3**				
康定县				3	3				
泸定县									
丹巴县									
九龙县									
雅江县									
道孚县									
炉霍县									
甘孜县									
新龙县									
德格县									
白玉县									
石渠县									
色达县									
理塘县									
巴塘县									
乡城县									
稻城县									
得荣县									
凉山彝族自治州									
西昌市									
木里藏族自治县									
盐源县									
德昌县									
会理县									
会东县									
宁南县									
普格县									
布拖县									
金阳县									
昭觉县									

10-20 续表 46

单位：人

地 区	基诺族			其他未识别的民族			外国人加入中国籍		
	小计	男	女	小计	男	女	小计	男	女
喜德县									
冕宁县									
越西县									
甘洛县									
美姑县									
雷波县									
贵州省	**10**	**3**	**7**	**612780**	**320125**	**292655**	**6**	**5**	**1**
贵阳市				**42839**	**22524**	**20315**	**1**		**1**
南明区				6937	3620	3317			
云岩区				6986	3699	3287	1		1
花溪区				2019	1067	952			
乌当区				3283	1623	1660			
白云区				2283	1223	1060			
小河区				2196	1203	993			
开阳县				104	44	60			
息烽县				119	39	80			
修文县				59	23	36			
清镇市				18853	9983	8870			
六盘水市	**1**	**1**		**82135**	**43483**	**38652**			
钟山区	1	1		20912	10955	9957			
六枝特区				2433	1230	1203			
水城县				57993	30853	27140			
盘县				797	445	352			
遵义市	**2**		**2**	**603**	**304**	**299**			
红花岗区				186	102	84			
汇川区	2		2	204	105	99			
遵义县				63	31	32			
桐梓县				15	4	11			
绥阳县				18	9	9			
正安县				2	1	1			
道真仡佬族苗族自治县				6	3	3			
务川仡佬族苗族自治县				6	2	4			
凤冈县				12	7	5			
湄潭县				16	5	11			
余庆县				37	20	17			
习水县				17	7	10			
赤水市				14	8	6			
仁怀市				7		7			
安顺市	**3**	**1**	**2**	**16281**	**8641**	**7640**	**1**	**1**	
西秀区	2		2	2499	1259	1240	1	1	
平坝县				1234	568	666			
普定县				11753	6403	5350			
镇宁布依族苗族自治县	1	1		112	49	63			
关岭布依族苗族自治县				644	348	296			
紫云苗族布依族自治县				39	14	25			
铜仁地区				**464**	**201**	**263**			
铜仁市				123	53	70			
江口县				30	19	11			
玉屏侗族自治县				12	3	9			
石阡县				4		4			
思南县				36	10	26			
印江土家族苗族自治县				58	30	28			
德江县				98	42	56			
沿河土家族自治县				89	38	51			
松桃苗族自治县				13	6	7			
万山特区				1		1			

10-20 续表 47

单位：人

地区	基诺族			其他未识别的民族			外国人加入中国籍		
	小计	男	女	小计	男	女	小计	男	女
黔西南布依族苗族自治州				**693**	**381**	**312**	**2**	**2**	
兴义市				497	272	225	1	1	
兴仁县				52	26	26			
普安县				23	10	13			
晴隆县				31	19	12			
贞丰县				30	20	10			
望谟县				15	9	6			
册亨县				5	5				
安龙县				40	20	20	1	1	
毕节地区				**440578**	**229271**	**211307**	**1**	**1**	
毕节市				5083	2731	2352	1	1	
大方县				36361	18956	17405			
黔西县				952	480	472			
金沙县				132	55	77			
织金县				200287	104743	95544			
纳雍县				193209	99878	93331			
威宁彝族回族苗族自治县				2724	1443	1281			
赫章县				1830	985	845			
黔东南苗族侗族自治州				**28189**	**14771**	**13418**			
凯里市				9623	5155	4468			
黄平县				17231	8937	8294			
施秉县				1037	549	488			
三穗县				15	6	9			
镇远县				96	47	49			
岑巩县				20	7	13			
天柱县				5		5			
锦屏县				9	5	4			
剑河县				13	6	7			
台江县				12	5	7			
黎平县				6	2	4			
榕江县				14	10	4			
从江县				15	10	5			
雷山县				31	15	16			
麻江县				54	14	40			
丹寨县				8	3	5			
黔南布依族苗族自治州	**4**	**1**	**3**	**998**	**549**	**449**	**1**	**1**	
都匀市	3	1	2	305	159	146	1	1	
福泉市				157	94	63			
荔波县				12	6	6			
贵定县				93	67	26			
瓮安县				102	65	37			
独山县				24	11	13			
平塘县				12	5	7			
罗甸县				15	7	8			
长顺县				90	55	35			
龙里县				109	42	67			
惠水县	1		1	70	33	37			
三都水族自治县				9	5	4			

10-20　续表 48　　　　　　　　　　　　　　　　　　　　　　　　　　单位：人

地　区	基诺族			其他未识别的民族			外国人加入中国籍		
	小计	男	女	小计	男	女	小计	男	女
云南省	**22759**	**11611**	**11148**	**3415**	**1842**	**1573**	**200**	**57**	**143**
昆明市	**242**	**118**	**124**	**1475**	**801**	**674**	**15**	**8**	**7**
五华区	80	32	48	249	131	118	5	3	2
盘龙区	26	13	13	137	88	49	6	4	2
官渡区	38	15	23	257	133	124			
西山区	44	26	18	286	151	135	1		1
东川区									
呈贡县	19	12	7	245	130	115			
晋宁县	5		5	114	61	53	1		1
富民县				11	7	4			
宜良县	10	7	3	31	17	14			
石林彝族自治县	2	1	1	12	6	6			
嵩明县	7	5	2	28	16	12			
禄劝彝族苗族自治县				14	6	8	1		1
寻甸回族彝族自治县	1	1		4	1	3	1	1	
安宁市	10	6	4	87	54	33			
曲靖市	**21**	**11**	**10**	**173**	**83**	**90**	**1**		**1**
麒麟区	6	5	1	65	29	36			
马龙县	2	1	1	1		1			
陆良县				6	1	5			
师宗县									
罗平县				11	5	6			
富源县	1	1		10	5	5			
会泽县	1		1	16	6	10			
沾益县	5	2	3	7	6	1			
宣威市	6	2	4	57	31	26	1		1
玉溪市	**19**	**7**	**12**	**515**	**278**	**237**			
红塔区	15	5	10	72	36	36			
江川县				60	35	25			
澄江县				42	25	17			
通海县	1		1	203	110	93			
华宁县				5	2	3			
易门县				13	4	9			
峨山彝族自治县				74	40	34			
新平彝族傣族自治县	1	1		17	10	7			
元江哈尼族彝族傣族自治县	2	1	1	29	16	13			
保山市	**4**	**2**	**2**	**102**	**56**	**46**	**158**	**38**	**120**
隆阳区	1	1		45	26	19	64	6	58
施甸县	1		1	16	7	9			
腾冲县				20	14	6	31	2	29
龙陵县	2	1	1	12	2	10	63	30	33
昌宁县				9	7	2			
昭通市	**4**	**2**	**2**	**38**	**21**	**17**			
昭阳区				17	10	7			
鲁甸县				11	5	6			
巧家县	3	1	2	2	2				
盐津县									
大关县				1		1			
永善县									
绥江县									
镇雄县				2	2				
彝良县	1	1							
威信县				2		2			
水富县				3	2	1			

10-20 续表 49

单位：人

地区	基诺族			其他未识别的民族			外国人加入中国籍		
	小计	男	女	小计	男	女	小计	男	女
丽江市	**4**		**4**	**60**	**32**	**28**			
古城区	3		3	49	27	22			
玉龙纳西族自治县									
永胜县									
华坪县				6	3	3			
宁蒗彝族自治县	1		1	5	2	3			
普洱市	**231**	**89**	**142**	**77**	**45**	**32**	**3**		**3**
思茅区	144	65	79	21	14	7			
宁洱哈尼族彝族自治县	37	8	29				1		1
墨江哈尼族自治县	6	2	4	23	13	10			
景东彝族自治县	7	1	6	2	1	1			
景谷傣族彝族自治县	25	8	17	25	15	10	1		1
镇沅彝族哈尼族拉祜族自治县							1		1
江城哈尼族彝族自治县	6	1	5						
孟连傣族拉祜族佤族自治县	1		1	3	1	2			
澜沧拉祜族自治县	5	4	1	3	1	2			
西盟佤族自治县									
临沧市	**10**	**5**	**5**	**68**	**35**	**33**			
临翔区	8	3	5	11	6	5			
凤庆县	1	1							
云县				23	13	10			
永德县				5	2	3			
镇康县	1	1		9	4	5			
双江拉祜族佤族布朗族傣族自治县									
耿马傣族佤族自治县				3	2	1			
沧源佤族自治县				17	8	9			
楚雄彝族自治州	**14**	**2**	**12**	**307**	**158**	**149**	**2**	**2**	
楚雄市	4		4	214	114	100	1	1	
双柏县				8	3	5			
牟定县				5	3	2			
南华县	1	1		23	9	14			
姚安县				2	1	1			
大姚县	5		5	6	3	3			
永仁县				5	2	3			
元谋县	2		2						
武定县	1		1	3		3	1	1	
禄丰县	1	1		41	23	18			
红河哈尼族彝族自治州	**41**	**13**	**28**	**84**	**41**	**43**			
个旧市									
开远市	1		1	16	10	6			
蒙自市	5	1	4	38	16	22			
屏边苗族自治县									
建水县									
石屏县	21	8	13	18	8	10			
弥勒县	4	1	3						
泸西县	2	1	1	3	2	1			
元阳县				2	2				
红河县	7	1	6						
金平苗族瑶族傣族自治县	1	1		1	1				
绿春县									
河口瑶族自治县				6	2	4			
文山壮族苗族自治州	**8**	**4**	**4**	**45**	**26**	**19**	**1**	**1**	
文山县	5	3	2	24	14	10			
砚山县				7	4	3			
西畴县									
麻栗坡县	1		1						

10-20 续表 50

单位：人

地 区	基诺族			其他未识别的民族			外国人加入中国籍		
	小计	男	女	小计	男	女	小计	男	女
马关县				2		2			
丘北县				9	5	4			
广南县	1	1							
富宁县	1		1	3	3		1	1	
西双版纳傣族自治州	**22124**	**11351**	**10773**	**122**	**63**	**59**	**6**	**4**	**2**
景洪市	20730	10674	10056	81	42	39	4	2	2
勐海县	94	47	47	14	9	5	2	2	
勐腊县	1300	630	670	27	12	15			
大理白族自治州	**21**	**5**	**16**	**298**	**175**	**123**			
大理市	8	4	4	257	154	103			
漾濞彝族自治县				9	5	4			
祥云县	5		5						
宾川县									
弥渡县									
南涧彝族自治县				1		1			
巍山彝族回族自治县				2	1	1			
永平县	4	1	3	2	2				
云龙县				3	1	2			
洱源县									
剑川县				8	5	3			
鹤庆县	4		4	16	7	9			
德宏傣族景颇族自治州	**14**	**2**	**12**	**17**	**11**	**6**	**11**	**4**	**7**
瑞丽市	1		1						
潞西市	7	2	5	3	1	2	2	1	1
梁河县	3		3	1		1			
盈江县	1		1	12	9	3			
陇川县	2		2	1	1		9	3	6
怒江傈僳族自治州	**2**		**2**	**4**	**2**	**2**	**3**		**3**
泸水县							1		1
福贡县									
贡山独龙族怒族自治县	2		2	4	2	2	2		2
兰坪白族普米族自治县									
迪庆藏族自治州				**30**	**15**	**15**			
香格里拉县				29	15	14			
德钦县				1		1			
维西傈僳族自治县									
西藏自治区	**1**	**1**		**2317**	**1161**	**1156**	**1**	**1**	
拉萨市				**5**	**1**	**4**	**1**	**1**	
城关区				5	1	4	1	1	
林周县									
当雄县									
尼木县									
曲水县									
堆龙德庆县									
达孜县									
墨竹工卡县									
昌都地区				**14**	**8**	**6**			
昌都县									
江达县									
贡觉县									
类乌齐县				2	2				
丁青县									
察雅县				1		1			

10-20 续表 51

单位：人

地区	基诺族			其他未识别的民族			外国人加入中国籍		
	小计	男	女	小计	男	女	小计	男	女
八宿县				11	6	5			
左贡县									
芒康县									
洛隆县									
边坝县									
山南地区				**1**		**1**			
乃东县				1		1			
扎囊县									
贡嘎县									
桑日县									
琼结县									
曲松县									
措美县									
洛扎县									
加查县									
隆子县									
错那县									
浪卡子县									
日喀则地区				**703**	**359**	**344**			
日喀则市									
南木林县				1	1				
江孜县									
定日县									
萨迦县									
拉孜县				1	1				
昂仁县									
谢通门县									
白朗县									
仁布县				1		1			
康马县									
定结县				687	349	338			
仲巴县									
亚东县									
吉隆县									
聂拉木县				13	8	5			
萨嘎县									
岗巴县									
那曲地区	**1**	**1**		**1**	**1**				
那曲县	1	1							
嘉黎县									
比如县									
聂荣县									
安多县									
申扎县									
索县				1	1				
班戈县									
巴青县									
尼玛县									
阿里地区									
普兰县									
札达县									
噶尔县									
日土县									
革吉县									
改则县									
措勤县									

10-20　续表 52　　　　　　　　　　　　　　　　　　　　　　　　单位：人

地　区	基诺族			其他未识别的民族			外国人加入中国籍		
	小计	男	女	小计	男	女	小计	男	女
林芝地区				**1593**	**792**	**801**			
林芝县				13	2	11			
工布江达县									
米林县									
墨脱县				2	2				
波密县				9	5	4			
察隅县				1568	782	786			
朗县				1	1				
陕西省	**9**	**3**	**6**	**48**	**31**	**17**	**27**	**10**	**17**
西安市	**5**	**1**	**4**	**42**	**26**	**16**			
新城区									
碑林区				3	2	1			
莲湖区									
灞桥区				1	1				
未央区				1	1				
雁塔区	2		2	13	11	2			
阎良区									
临潼区	3	1	2	1		1			
长安区				23	11	12			
蓝田县									
周至县									
户县									
高陵县									
铜川市									
王益区									
印台区									
耀州区									
宜君县									
宝鸡市							**9**	**1**	**8**
渭滨区									
金台区							1		1
陈仓区							2		2
凤翔县							4	1	3
岐山县							2		2
扶风县									
眉县									
陇县									
千阳县									
麟游县									
凤县									
太白县									
咸阳市	**3**	**2**	**1**	**4**	**3**	**1**	**3**	**1**	**2**
秦都区							1		1
杨陵区	3	2	1	4	3	1			
渭城区									
三原县							2	1	1
泾阳县									
乾县									
礼泉县									
永寿县									
彬县									

10-20 续表 53 单位：人

地区	基诺族			其他未识别的民族			外国人加入中国籍		
	小计	男	女	小计	男	女	小计	男	女
长武县									
旬邑县									
淳化县									
武功县									
兴平市									
渭南市							**13**	**6**	**7**
临渭区							1	1	
华县									
潼关县									
大荔县									
合阳县							1		1
澄城县							2	2	
蒲城县							3		3
白水县							1	1	
富平县							2	2	
韩城市									
华阴市							3		3
延安市									
宝塔区									
延长县									
延川县									
子长县									
安塞县									
志丹县									
吴起县									
甘泉县									
富县									
洛川县									
宜川县									
黄龙县									
黄陵县									
汉中市	**1**		**1**				**2**	**2**	
汉台区	1		1						
南郑县							2	2	
城固县									
洋县									
西乡县									
勉县									
宁强县									
略阳县									
镇巴县									
留坝县									
佛坪县									
榆林市				**1**	**1**				
榆阳区									
神木县				1	1				
府谷县									
横山县									
靖边县									
定边县									
绥德县									
米脂县									
佳县									
吴堡县									
清涧县									
子洲县									

10-20 续表 54 单位：人

地区	基诺族			其他未识别的民族			外国人加入中国籍		
	小计	男	女	小计	男	女	小计	男	女
安康市									
汉滨区									
汉阴县									
石泉县									
宁陕县									
紫阳县									
岚皋县									
平利县									
镇坪县									
旬阳县									
白河县									
商洛市				**1**	**1**				
商州区									
洛南县									
丹凤县									
商南县									
山阳县									
镇安县									
柞水县				1	1				
甘肃省	**5**	**1**	**4**	**196**	**98**	**98**	**49**	**22**	**27**
兰州市	**1**		**1**	**58**	**32**	**26**	**9**	**4**	**5**
城关区				13	8	5	2		2
七里河区				5	2	3	1	1	
西固区									
安宁区				1	1		1		1
红古区							1	1	
永登县									
皋兰县									
榆中县	1		1	39	21	18	4	2	2
嘉峪关市				**1**		**1**			
金昌市									
金川区									
永昌县									
白银市							**1**	**1**	
白银区									
平川区									
靖远县									
会宁县									
景泰县							1	1	
天水市				**1**	**1**		**7**	**3**	**4**
秦州区									
麦积区							1	1	
清水县							1		1
秦安县				1	1		3	1	2
甘谷县									
武山县							2	1	1
张家川回族自治县									
武威市				**1**	**1**		**20**	**7**	**13**
凉州区				1	1		20	7	13
民勤县									
古浪县									
天祝藏族自治县									

10-20 续表 55 单位：人

地区	基诺族			其他未识别的民族			外国人加入中国籍		
	小计	男	女	小计	男	女	小计	男	女
张掖市				**6**	**3**	**3**	**1**	**1**	
甘州区				5	2	3	1	1	
肃南裕固族自治县									
民乐县									
临泽县									
高台县									
山丹县				1	1				
平凉市							**4**	**1**	**3**
崆峒区							1		1
泾川县									
灵台县									
崇信县							1		1
华亭县									
庄浪县							1		1
静宁县							1	1	
酒泉市	**3**	**1**	**2**	**80**	**40**	**40**	**3**	**2**	**1**
肃州区									
金塔县									
瓜州县									
肃北蒙古族自治县									
阿克塞哈萨克族自治县				1	1				
玉门市	3	1	2	79	39	40	3	2	1
敦煌市									
庆阳市									
西峰区									
庆城县									
环县									
华池县									
合水县									
正宁县									
宁县									
镇原县									
定西市				**40**	**17**	**23**	**2**	**1**	**1**
安定区				33	16	17			
通渭县									
陇西县				3	1	2			
渭源县				4		4	1		1
临洮县							1	1	
漳县									
岷县									
陇南市				**5**	**2**	**3**	**2**	**2**	
武都区				1		1			
成县							1	1	
文县				1	1				
宕昌县									
康县									
西和县							1	1	
礼县				1		1			
徽县				2	1	1			
两当县									

10-20　续表 56　　　　单位：人

地　区	基诺族			其他未识别的民族			外国人加入中国籍		
	小计	男	女	小计	男	女	小计	男	女
临夏回族自治州				**2**	**1**	**1**			
临夏市									
临夏县									
康乐县									
永靖县									
广河县									
和政县				2	1	1			
东乡族自治县									
积石山保安族东乡族撒拉族自治县									
甘南藏族自治州	**1**		**1**	**2**	**1**	**1**			
合作市									
临潭县	1		1	2	1	1			
卓尼县									
舟曲县									
迭部县									
玛曲县									
碌曲县									
夏河县									
青海省	**1**		**1**	**20**	**16**	**4**	**5**	**3**	**2**
西宁市				**12**	**10**	**2**			
城东区				8	7	1			
城中区				2	2				
城西区				1	1				
城北区				1		1			
大通回族土族自治县									
湟中县									
湟源县									
海东地区				**3**	**2**	**1**	**1**	**1**	
平安县									
民和回族土族自治县				2	2		1	1	
乐都县									
互助土族自治县				1		1			
化隆回族自治县									
循化撒拉族自治县									
海北藏族自治州	**1**		**1**	**1**	**1**				
门源回族自治县				1	1				
祁连县	1		1						
海晏县									
刚察县									
黄南藏族自治州									
同仁县									
尖扎县									
泽库县									
河南蒙古族自治县									
海南藏族自治州									
共和县									
同德县									
贵德县									
兴海县									
贵南县									
果洛藏族自治州				**3**	**3**				
玛沁县				3	3				
班玛县									
甘德县									
达日县									
久治县									
玛多县									

10-20 续表 57　　单位：人

地　区	基诺族			其他未识别的民族			外国人加入中国籍		
	小计	男	女	小计	男	女	小计	男	女
玉树藏族自治州									
玉树县									
杂多县									
称多县									
治多县									
囊谦县									
曲麻莱县									
海西蒙古族藏族自治州				**1**		**1**	**4**	**2**	**2**
格尔木市				1		1			
德令哈市							4	2	2
乌兰县									
都兰县									
天峻县									
芒崖行政委员会									
柴旦行政委员会									
冷湖行政委员会									
宁夏回族自治区	**2**	**1**	**1**	**40**	**28**	**12**	**5**		**5**
银川市	**2**	**1**	**1**	**39**	**27**	**12**	**3**		**3**
兴庆区									
西夏区	1		1	27	21	6			
金凤区	1	1		11	5	6	3		3
永宁县									
贺兰县									
灵武市				1	1				
石嘴山市									
大武口区									
惠农区									
平罗县									
吴忠市				**1**	**1**				
利通区				1	1				
红寺堡区									
盐池县									
同心县									
青铜峡市									
固原市							**1**		**1**
原州区							1		1
西吉县									
隆德县									
泾源县									
彭阳县									
中卫市							**1**		**1**
沙坡头区									
中宁县									
海原县							1		1
新疆维吾尔自治区	**3**	**3**		**101**	**59**	**42**	**35**	**15**	**20**
乌鲁木齐市				**12**	**5**	**7**	**2**	**1**	**1**
天山区				2	1	1	1	1	
沙依巴克区				1		1	1		1
新市区				1		1			
水磨沟区				6	3	3			

10-20　续表 58　　　　单位：人

地　区	基诺族			其他未识别的民族			外国人加入中国籍		
	小计	男	女	小计	男	女	小计	男	女
头屯河区									
达坂城区									
米东区				2	1	1			
乌鲁木齐县									
克拉玛依市				**2**	**1**	**1**			
独山子区									
克拉玛依区				1	1				
白碱滩区				1		1			
乌尔禾区									
吐鲁番地区				**3**	**1**	**2**			
吐鲁番市									
鄯善县				3	1	2			
托克逊县									
哈密地区				**1**	**1**		**1**	**1**	
哈密市				1	1				
巴里坤哈萨克自治县									
伊吾县							1	1	
昌吉回族自治州	**1**	**1**		**7**	**1**	**6**	**8**	**4**	**4**
昌吉市				6	1	5	2	2	
阜康市							3	2	1
呼图壁县							2		2
玛纳斯县									
奇台县				1		1	1		1
吉木萨尔县									
木垒哈萨克自治县	1	1							
博尔塔拉蒙古自治州	**1**	**1**							
博乐市	1	1							
精河县									
温泉县									
巴音郭楞蒙古自治州				**11**	**10**	**1**	**1**		**1**
库尔勒市				2	2		1		1
轮台县									
尉犁县				1	1				
若羌县				1		1			
且末县									
焉耆回族自治县				2	2				
和静县				5	5				
和硕县									
博湖县									
阿克苏地区	**1**	**1**		**15**	**11**	**4**	**8**	**4**	**4**
阿克苏市				9	8	1	6	4	2
温宿县				2	2				
库车县				2		2	1		1
沙雅县	1	1							
新和县									
拜城县									
乌什县				2	1	1			
阿瓦提县									
柯坪县							1		1
克孜勒苏柯尔克孜自治州				**16**	**8**	**8**			
阿图什市				15	8	7			
阿克陶县									
阿合奇县				1		1			
乌恰县									

10-20 续表 59　　　　单位：人

地区	基诺族			其他未识别的民族			外国人加入中国籍		
	小计	男	女	小计	男	女	小计	男	女
喀什地区				**15**	**10**	**5**	**6**		**6**
喀什市				2	1	1	3		3
疏附县				1	1				
疏勒县									
英吉沙县									
泽普县				6	4	2	3		3
莎车县									
叶城县				3	1	2			
麦盖提县				1	1				
岳普湖县									
伽师县				1	1				
巴楚县				1	1				
塔什库尔干塔吉克自治县									
和田地区				**1**		**1**	**3**		**3**
和田市				1		1	3		3
和田县									
墨玉县									
皮山县									
洛浦县									
策勒县									
于田县									
民丰县									
伊犁哈萨克自治州									
伊宁市									
奎屯市									
伊宁县									
察布查尔锡伯自治县									
霍城县									
巩留县									
新源县									
昭苏县									
特克斯县									
尼勒克县									
塔城地区				**8**	**7**	**1**	**1**	**1**	
塔城市									
乌苏市				1	1		1	1	
额敏县									
沙湾县				7	6	1			
托里县									
裕民县									
和布克赛尔蒙古自治县									
阿勒泰地区							**4**	**3**	**1**
阿勒泰市									
布尔津县							3	2	1
富蕴县									
福海县									
哈巴河县									
青河县							1	1	
吉木乃县									
自治区直辖县级行政区划				**10**	**4**	**6**	**1**	**1**	
石河子市									
阿拉尔市				7	2	5			
图木舒克市				2	2		1	1	
五家渠市				1		1			

中国2010年人口普查分民族人口资料

（上）

国家统计局人口和就业统计司
国家民族事务委员会经济发展司 编

民族出版社

图书在版编目（CIP）数据

中国2010年人口普查分民族人口资料：全2册/ 国家统计局人口和就业统计司，国家民族事务委员会经济发展司编. —北京：民族出版社，2013.6
ISBN 978-7-105-12798-6

Ⅰ.①中…　Ⅱ.①国…　②国…　Ⅲ.①少数民族—人口普查—统计资料—中国—2010
Ⅳ.①C924.25

中国版本图书馆CIP数据核字（2013）第141346号

策划编辑　虞农
责任编辑　虞农　唐海琴
封面设计　孟龙
出版发行　民族出版社
地　　址　北京市和平里北街14号
邮　　编　100013
网　　址　http://www.e56.com.cn
印　　刷　北京民族印务有限责任公司
经　　销　各地新华书店
版　　次　2013年7月第1版　2013年7月北京第1次印刷
开　　本　880毫米×1230毫米　1/16
字　　数　4330千字
印　　张　133.75
定　　价　860.00元（上下册）
书　　号　ISBN 978-7-105-12798-6/C·345（汉294）

该书若有印装质量问题，请与本社发行部联系退换
汉编一室电话：010-64271909　　发行部电话：010-64224782

《中国2010年人口普查分民族人口资料》

编 辑 委 员 会

Tabulation on Nationalities of 2010 Population Census of China

Editorial Board

编辑说明

一、中国政府以2010年11月1日零时为标准时间，成功地进行了第六次全国人口普查，获取了丰富翔实的人口资料，其中也包括大量的民族人口数据，为分析和研究中国56个民族人口的发展状况提供了一次难得的机会和有利的条件。为了满足国内外各界人士的需要，国家统计局人口和就业统计司同国家民委经济发展司合作，选取和整理了部分重要的民族人口数据，联合编辑出版本书，以飨读者。

二、本书分上下两册。其中包括：各民族人口综合数据，包括普查表短表、长表中有关民族方面的内容，主要反映民族人口的基本概要和受教育程度、就业状况、婚姻、生育、家庭、住房、迁移、年龄等各种结构情况；全国各市、县分民族、性别的人口分布情况。随书赠送光盘1张。

三、第六次全国人口普查的对象是普查标准时点在中华人民共和国境内的自然人以及在中华人民共和国境外但未定居的中国公民，不包括在中华人民共和国境内短期停留的港澳台居民和外籍人员。"境内"指我国海关关境以内，"境外"指我国海关关境以外。

四、第六次全国人口普查采用了长短两种普查表。普查表短表为反映人口基本状况的项目，普查表长表包括所有短表内容和有关迁移、受教育、经济活动、婚姻家庭、生育和住房等情况的项目。根据普查办法和普查表长表抽样细则，10%的户填报长表，短表由其余的户填报。

五、本书中的资料是按照实际普查登记情况直接汇总的数据，不包括人口普查漏登的人口（事后质量抽查表明人口漏登率为0.12%），不包括230万现役军人，不包括465万难以确定常住地的人口。

六、由于长表是按户抽样并进行登记，因此人口总数以及各种人口结构数据的抽样比会存在差异，请读者使用本资料推算总体时，对采用的方法予以注意。

七、本书中的资料仅为中国大陆31个省、自治区、直辖市人口数据，未包括台湾省和香港、澳门特别行政区的人口数据。

八、资料中空项表示无数字或数字很小。

由于编辑水平有限，疏漏和不妥之处恳请读者指正。同时，谨对有关部门和人士的大力支持深表感谢。

编　者

2013年4月

Editorial Note

1. China's sixth national population census was successfully conducted at the reference time of zero o'clock on 1 November 2010. Through the census, a tremendous amount of demographic data has been collected and the data concerning China's nationalities could provide a good opportunity and facility for the analysis and research on the development status of China's 56 nationalities. In order to meet the need of both the domestic and foreign users, the Department of Population and Employment Statistics of the National Bureau of Statistics of China (NBS) and the Department of Economic Development of the State Ethnic Affairs Commission of China has jointly selected and compiled part of the major demographic data on China's nationalities for publishing.

2. The book has two volumes, including the integrated data on China's nationalities derived from the information of different nationalities in the short form and long form of the census questionnaire, such as the basic information on China's nationality population, education attainment, employment, marital status, fertility, family, housing, migration, age, the population distribution of cities and counties by nationality and sex in the country. The CD of the book is also available accompanying the book.

3. The sixth national population census covers all natural persons residing in the territory of the People's Republic of China and the Chinese citizens residing outside but not permanently settled down in locations beyond the territory of the People's Republic of China at the census reference time, excluding residents of Hong Kong, Macao and Taiwan and foreigners temporarily staying in the territory of the People's Republic of China. Territory here refers to the territory of the customs.

4. The sixth national population census used two kinds of questionnaires: the long form and short form. The short form was designed to collect information on basic demographic status while the long form covered both the items in the short form and items including migration, education, economic activities, marital status, fertility and housing etc. According to the census stipulations and the detailed sampling principle for the long form, 10% of the households filled up the long forms while the rest of the households filled up the short form.

5. Results in this publication are based on the processing of data directly from enumeration without any adjustment, excluding population not enumerated in the census (The post-enumeration survey indicates an undercount of 0.12% in the census enumeration), the 2.30 million servicemen and 4.65 million population with permanent residence difficult to define.

6. The sampling ratio for the total population and for various compositions of the population may not be the same, as household is used as the ultimate sampling unit in the enumeration. Users should pay attention to methods when using information in this publication to estimate the total population from the sample results.

7. Statistics in the book only include demographic data of the 31 provinces, municipalities and autonomous regions in the mainland, excluding Taiwan province, Hong Kong and Macao SARs.

8. Empty cells in tables in this publication indicate that no data are available or the value is too small.

Because of the limitations of time, data source and editorial ability, there might be some omissions. The readers' comments will be highly appreciated. Besides, we would like to express our sincere thanks to the strong support of the related agencies and personnel.

Editor

April 2013

目　录

第一卷　概　要

第二卷　受教育程度

第三卷　行业、职业

第八卷 迁 移

第九卷 年 龄

Contents

Volume 1 Summary

Volume 2 Education Attainment

Volume 3 Employment

Volume 4 Marriage

Volume 5 Fertility

Volume 6 Family Households

Volume 7 Housing

Volume 8 Migration

Volume 9 Age

Volume 10 Population of Nationalities by County Level

第一卷　概　要

1-1 历次人口普查分性别的各民族人口

单位：人

民 族	1953年	1964年	1982年			1990年		
			小计	男	女	小计	男	女
总 计	**577856141**	**691220104**	**1003913927**	**515277505**	**488636422**	**1130510638**	**581820407**	**548690231**
汉 族	542824056	651296368	936674944	481060240	455614704	1039187548	535013953	504173595
蒙古族	1451035	1965766	3411367	1752499	1658868	4802407	2439779	2362628
回 族	3530498	4473147	7228398	3674393	3554005	8612001	4373932	4238069
藏 族	2753081	2501174	3847875	1882334	1965541	4593072	2269082	2323990
维吾尔族	3610462	3996311	5963491	3056378	2907113	7207024	3682362	3524662
苗 族	2490874	2782088	5021175	2573992	2447183	7383622	3831500	3552122
彝 族	3227750	3380960	5453564	2752343	2701221	6578524	3347399	3231125
壮 族	6864585	8386140	13383086	6744941	6638145	15555820	7940413	7615407
布依族	1237714	1348055	2119345	1069081	1050264	2548294	1295474	1252820
朝鲜族	1111275	1339569	1765204	873092	892112	1923361	952309	971052
满 族	2399228	2695675	4304981	2297814	2007167	9846776	5145707	4701069
侗 族	712802	836123	1426400	743670	682730	2508624	1326600	1182024
瑶 族	665933	857265	1411967	724612	687355	2137033	1115025	1022008
白 族	567119	706623	1132224	567674	564550	1598052	810200	787852
土家族		524755	2836814	1479085	1357729	5725049	3006954	2718095
哈尼族	481220	628727	1058806	535160	523646	1254800	640653	614147
哈萨克族	509375	491637	907546	467416	440130	1110758	568715	542043
傣 族	478966	535389	839496	416678	422818	1025402	511327	514075
黎 族	360950	438813	887107	446380	440727	1112498	564609	547889
傈僳族	317465	270628	481884	242587	239297	574589	291629	282960
佤 族	286158	200272	298611	149847	148764	351980	177480	174500
畲 族		234167	371965	196791	175174	634700	339228	295472
高山族	329	366	1650	886	764	2877	1461	1416
拉祜族	139060	191241	304256	153391	150865	411545	209492	202053
水 族	133566	156099	286908	146703	140205	347116	179141	167975
东乡族	155761	147443	279523	143329	136194	373669	192634	181035
纳西族	143453	156796	251592	126184	125408	277750	139474	138276
景颇族	101852	57762	92976	44762	48214	119276	58271	61005
柯尔克孜族	70944	70151	113386	57955	55431	143537	73128	70409
土 族	53277	77349	159632	82254	77378	192568	98905	93663
达斡尔族		63394	94126	48401	45725	121463	61202	60261
仫佬族		52819	90357	45957	44400	160648	81672	78976
羌 族	35660	49105	102815	51820	50995	198303	100608	97695
布朗族		39411	58473	29442	29031	82398	42015	40383
撒拉族	30658	34664	69135	34794	34341	87546	44449	43097
毛南族		22382	38159	19701	18458	72370	37443	34927
仡佬族		26852	54164	28247	25917	438192	234767	203425
锡伯族	19022	33438	83683	44375	39308	172932	90786	82146
阿昌族		12032	20433	10135	10298	27718	13853	13865
普米族		14298	24238	12233	12005	29721	15083	14638
塔吉克族	14462	16236	26600	13646	12954	33223	16966	16257
怒 族		15047	22896	11704	11192	27190	13694	13496
乌孜别克族	13626	7717	12213	6411	5802	14763	7711	7052
俄罗斯族	22656	1326	2917	1142	1775	13500	6290	7210
鄂温克族	4957	9681	19398	9919	9479	26379	13154	13225
德昂族		7261	12297	6150	6147	15461	7721	7740
保安族	4957	5125	9017	4615	4402	11683	6003	5680
裕固族	3861	5717	10568	5296	5272	12293	6150	6143
京 族		4293	13108	6172	6936	18749	8963	9786
塔塔尔族	6929	2294	4122	2135	1987	5064	2631	2433
独龙族		3090	4633	2254	2379	5825	2792	3033
鄂伦春族	2262	2709	4103	2085	2018	7004	3388	3616
赫哲族		718	1489	762	727	4254	2115	2139
门巴族		3809	1140	581	559	7498	3740	3758
珞巴族			1066	501	565	2322	1128	1194
基诺族			11962	5947	6015	18022	9096	8926
其他未识别的民族	1017299	32411	799705	409572	390133	752347	389363	362984
外国人加入中国籍	1004	7416	4937	1037	3900	3498	788	2710

1-1 续表 单位：人

民族	2000年			2010年		
	小计	男	女	小计	男	女
总　计	**1242612226**	**640275969**	**602336257**	**1332810869**	**682329104**	**650481765**
汉　族	1137386112	586159888	551226224	1220844520	625032848	595811672
蒙古族	5813947	2875453	2938494	5981840	2999520	2982320
回　族	9816805	5002072	4814733	10586087	5373741	5212346
藏　族	5416021	2697807	2718214	6282187	3155625	3126562
维吾尔族	8399393	4272863	4126530	10069346	5097594	4971752
苗　族	8940116	4656974	4283142	9426007	4870328	4555679
彝　族	7762272	3989391	3772881	8714393	4456382	4258011
壮　族	16178811	8376754	7802057	16926381	8689488	8236893
布依族	2971460	1530887	1440573	2870034	1455720	1414314
朝鲜族	1923842	956946	966896	1830929	910535	920394
满　族	10682262	5547750	5134512	10387958	5401812	4986146
侗　族	2960293	1566575	1393718	2879974	1511959	1368015
瑶　族	2637421	1391332	1246089	2796003	1458842	1337161
白　族	1858063	947019	911044	1933510	978998	954512
土家族	8028133	4196469	3831664	8353912	4307260	4046652
哈尼族	1439673	751899	687774	1660932	863370	797562
哈萨克族	1250458	633875	616583	1462588	747368	715220
傣　族	1158989	578938	580051	1261311	625176	636135
黎　族	1247814	647547	600267	1463064	756992	706072
傈僳族	634912	326274	308638	702839	355374	347465
佤　族	396610	202626	193984	429709	216439	213270
畲　族	709592	381038	328554	708651	383213	325438
高山族	4461	2418	2043	4009	2029	1980
拉祜族	453705	234144	219561	485966	247667	238299
水　族	406902	213488	193414	411847	213644	198203
东乡族	513805	264453	249352	621500	317490	304010
纳西族	308839	154971	153868	326295	162635	163660
景颇族	132143	65291	66852	147828	71318	76510
柯尔克孜族	160823	81695	79128	186708	94645	92063
土　族	241198	123571	117627	289565	148055	141510
达斡尔族	132394	65699	66695	131992	64866	67126
仫佬族	207352	107154	100198	216257	110516	105741
羌　族	306072	155981	150091	309576	156539	153037
布朗族	91882	47534	44348	119639	61230	58409
撒拉族	104503	53715	50788	130607	66281	64326
毛南族	107166	56443	50723	101192	52836	48356
仡佬族	579357	310775	268582	550746	289369	261377
锡伯族	188824	98737	90087	190481	99571	90910
阿昌族	33936	17189	16747	39555	19751	19804
普米族	33600	17043	16557	42861	21433	21428
塔吉克族	41028	20954	20074	51069	26112	24957
怒　族	28759	14857	13902	37523	18907	18616
乌孜别克族	12370	6498	5872	10569	5673	4896
俄罗斯族	15609	7365	8244	15393	7284	8109
鄂温克族	30505	14740	15765	30875	14668	16207
德昂族	17935	9032	8903	20556	10039	10517
保安族	16505	8416	8089	20074	10016	10058
裕固族	13719	6935	6784	14378	7325	7053
京　族	22517	11328	11189	28199	14416	13783
塔塔尔族	4890	2550	2340	3556	1899	1657
独龙族	7426	3649	3777	6930	3349	3581
鄂伦春族	8196	3872	4324	8659	4033	4626
赫哲族	4640	2289	2351	5354	2651	2703
门巴族	8923	4428	4495	10561	5261	5300
珞巴族	2965	1484	1481	3682	1803	1879
基诺族	20899	10596	10303	23143	11744	11399
其他未识别的民族	734438	385975	348463	640101	334908	305193
外国人加入中国籍	941	323	618	1448	557	891

1-2 各地区分性别、民族的人口

单位：人

地区	合计			汉族		
	合计	男	女	小计	男	女
全国	**1332810869**	**682329104**	**650481765**	**1220844520**	**625032848**	**595811672**
北京	19612368	10126430	9485938	18811154	9729984	9081170
天津	12938693	6907091	6031602	12607276	6739522	5867754
河北	71854210	36430286	35423924	68861333	34894643	33966690
山西	35712101	18338760	17373341	35618454	18290925	17327529
内蒙古	24706291	12838243	11868048	19650665	10306496	9344169
辽宁	43746323	22147745	21598578	37103174	18737977	18365197
吉林	27452815	13907218	13545597	25267110	12792641	12474469
黑龙江	38313991	19426106	18887885	36939181	18696097	18243084
上海	23019196	11854916	11164280	22743033	11716435	11026598
江苏	78660941	39626707	39034234	78276015	39442857	38833158
浙江	54426891	27965641	26461250	53212194	27320326	25891868
安徽	59500468	30245513	29254955	59104826	30054506	29050320
福建	36894217	18981054	17913163	36097362	18544219	17553143
江西	44567797	23003521	21564276	44415487	22919893	21495594
山东	95792719	48446944	47345775	95066830	48090616	46976214
河南	94029939	47493063	46536876	92908354	46924281	45984073
湖北	57237727	29391247	27846480	54769192	28128850	26640342
湖南	65700762	33776459	31924303	59149353	30385867	28763486
广东	104320459	54400538	49919921	102253138	53273872	48979266
广西	46023761	23924704	22099057	28916096	15156624	13759472
海南	8671485	4592283	4079202	7246067	3853244	3392823
重庆	28846170	14608870	14237300	26909061	13617247	13291814
四川	80417528	40827834	39589694	75509724	38343974	37165750
贵州	34748556	17905471	16843085	22344156	11517873	10826283
云南	45966766	23856696	22110070	30617580	16017198	14600382
西藏	3002165	1542652	1459513	245263	151158	94105
陕西	37327379	19287575	18039804	37137743	19191534	17946209
甘肃	25575263	13064193	12511070	23164817	11841566	11323251
青海	5626723	2913793	2712930	2983521	1574280	1409241
宁夏	6301350	3227404	3073946	4086367	2103760	1982607
新疆	21815815	11270147	10545668	8829994	4674383	4155611

1-2 续表 1 单位：人

地区	蒙古族			回族			藏族		
	小计	男	女	小计	男	女	小计	男	女
全国	**5981840**	**2999520**	**2982320**	**10586087**	**5373741**	**5212346**	**6282187**	**3155625**	**3126562**
北京	76736	36758	39978	249223	122993	126230	5575	2746	2829
天津	20328	9817	10511	177734	88336	89398	1775	911	864
河北	180849	92087	88762	570170	286331	283839	1935	869	1066
山西	5070	2707	2363	59709	30210	29499	1047	494	553
内蒙古	4226090	2108197	2117893	221483	113289	108194	3259	1821	1438
辽宁	657869	330787	327082	245798	123200	122598	1881	890	991
吉林	145039	71851	73188	118799	59299	59500	652	264	388
黑龙江	125483	63393	62090	101749	51338	50411	589	312	277
上海	11238	5295	5943	78163	39480	38683	2406	1031	1375
江苏	10691	5160	5531	130757	67024	63733	3358	1451	1907
浙江	6872	3452	3420	38192	20732	17460	2850	1274	1576
安徽	2809	1260	1549	328062	165284	162778	1279	511	768
福建	5830	2948	2882	115978	65663	50315	1739	711	1028
江西	3479	1770	1709	8902	4679	4223	1150	595	555
山东	17669	8448	9221	535679	269871	265808	2146	875	1271
河南	63473	39117	24356	957964	479252	478712	1811	598	1213
湖北	10318	5415	4903	67185	34858	32327	2175	974	1201
湖南	3693	1824	1869	94705	49291	45414	1622	758	864
广东	14331	7495	6836	45073	24357	20716	5604	2723	2881
广西	3017	1485	1532	32319	16420	15899	815	393	422
海南	3463	1679	1784	10670	5405	5265	248	111	137
重庆	5688	2890	2798	9056	4658	4398	3086	1250	1836
四川	36646	18350	18296	104544	52797	51747	1496524	747138	749386
贵州	41561	23203	18358	184788	95009	89779	1281	585	696
云南	22624	12104	10520	698265	351169	347096	142257	71239	71018
西藏	307	187	120	12630	8263	4367	2716388	1368355	1348033
陕西	6976	3509	3467	138716	69739	68977	6345	2827	3518
甘肃	10935	5351	5584	1258641	642356	616285	488359	245262	243097
青海	99815	50744	49071	834298	423527	410771	1375059	693995	681064
宁夏	6661	3174	3487	2173820	1102835	1070985	656	316	340
新疆	156280	79063	77217	983015	506076	476939	8316	4346	3970

1-2 续表 2

单位：人

地区	维吾尔族			苗族			彝族		
	小计	男	女	小计	男	女	小计	男	女
全 国	**10069346**	**5097594**	**4971752**	**9426007**	**4870328**	**4555679**	**8714393**	**4456382**	**4258011**
北 京	6975	3430	3545	12957	6698	6259	5849	3418	2431
天 津	2170	970	1200	3751	2354	1397	1825	1217	608
河 北	864	466	398	9703	3726	5977	4632	2207	2425
山 西	670	414	256	2205	1124	1081	2867	1426	1441
内蒙古	658	385	273	3349	1953	1396	2854	1620	1234
辽 宁	1917	1081	836	3952	2342	1610	1693	1088	605
吉 林	1127	517	610	1446	749	697	558	326	232
黑龙江	884	553	331	2575	1407	1168	730	428	302
上 海	5254	2725	2529	31351	16418	14933	7113	3497	3616
江 苏	4367	2038	2329	49535	21979	27556	18896	8576	10320
浙 江	5377	2460	2917	309064	167566	141498	49243	26212	23031
安 徽	710	409	301	13856	4071	9785	6667	2656	4011
福 建	1159	632	527	88017	50024	37993	13536	7630	5906
江 西	852	420	432	9125	4369	4756	1850	946	904
山 东	4635	1551	3084	8414	3586	4828	8298	3422	4876
河 南	3035	1646	1389	4321	1683	2638	1764	672	1092
湖 北	2577	1457	1120	177490	94179	83311	2748	1434	1314
湖 南	6716	3696	3020	2060426	1061107	999319	3183	1374	1809
广 东	6438	2602	3836	251970	141661	110309	36264	20632	15632
广 西	1795	930	865	475492	241305	234187	9700	5045	4655
海 南	393	211	182	74482	37555	36927	1086	564	522
重 庆	1162	605	557	482714	248537	234177	6336	2598	3738
四 川	1945	994	951	164642	84997	79645	2643953	1348832	1295121
贵 州	548	335	213	3968400	2040932	1927468	834461	429553	404908
云 南	1282	773	509	1202705	621721	580984	5041210	2576570	2464640
西 藏	205	138	67	416	292	124	396	293	103
陕 西	1570	725	845	2787	1659	1128	1644	988	656
甘 肃	1937	853	1084	1212	738	474	870	493	377
青 海	209	124	85	911	576	335	683	550	133
宁 夏	613	272	341	1113	732	381	530	359	171
新 疆	10001302	5064182	4937120	7626	4288	3338	2954	1756	1198

1-2 续表 3

单位：人

地区	壮族			布依族			朝鲜族		
	小计	男	女	小计	男	女	小计	男	女
全国	**16926381**	**8689488**	**8236893**	**2870034**	**1455720**	**1414314**	**1830929**	**910535**	**920394**
北京	14994	7275	7719	2768	1393	1375	37380	17437	19943
天津	6123	2608	3515	839	437	402	18247	9303	8944
河北	17295	4780	12515	3630	1188	2442	11296	5358	5938
山西	2007	830	1177	373	134	239	663	316	347
内蒙古	2319	1239	1080	537	260	277	18464	9016	9448
辽宁	4285	2160	2125	991	511	480	239537	118896	120641
吉林	1547	738	809	362	191	171	1040167	517257	522910
黑龙江	2070	1060	1010	425	220	205	327806	164200	163606
上海	16219	7894	8325	5840	3043	2797	22257	10292	11965
江苏	20880	9272	11608	16689	7315	9374	9525	4920	4605
浙江	72820	35324	37496	125838	67119	58719	6496	3288	3208
安徽	6998	2298	4700	3413	845	2568	1200	570	630
福建	29696	15037	14659	22172	12141	10031	2157	1088	1069
江西	7979	3363	4616	2156	838	1318	543	226	317
山东	5822	2273	3549	1839	757	1082	61556	31229	30327
河南	5361	2004	3357	5958	2604	3354	1457	664	793
湖北	12240	5422	6818	2152	961	1191	1960	1025	935
湖南	30387	12964	17423	4039	1463	2576	1180	583	597
广东	877509	473900	403609	64253	35809	28444	17615	9118	8497
广西	14448422	7406315	7042107	20072	8094	11978	2701	1417	1284
海南	45909	23914	21995	1789	971	818	973	456	517
重庆	4634	2066	2568	3383	1310	2073	637	331	306
四川	10050	4781	5269	8756	4292	4464	1548	787	761
贵州	52577	26500	26077	2510565	1271051	1239514	664	318	346
云南	1215260	628603	586657	58790	31341	27449	1343	698	645
西藏	173	128	45	81	61	20	26	18	8
陕西	3555	1765	1790	727	371	356	1129	534	595
甘肃	1647	824	823	366	201	165	559	273	286
青海	980	543	437	251	185	66	312	152	160
宁夏	977	495	482	183	98	85	403	207	196
新疆	5646	3113	2533	797	516	281	1128	558	570

1-2 续表 4

单位：人

地区	满族			侗族			瑶族		
	小计	男	女	小计	男	女	小计	男	女
全国	**10387958**	**5401812**	**4986146**	**2879974**	**1511959**	**1368015**	**2796003**	**1458842**	**1337161**
北京	336032	167963	168069	3774	1865	1909	3213	1511	1702
天津	83624	43293	40331	912	454	458	785	408	377
河北	2169311	1128634	1040677	1451	584	867	1776	692	1084
山西	11741	6314	5427	280	194	86	325	164	161
内蒙古	452765	233007	219758	438	246	192	318	169	149
辽宁	5336895	2750732	2586163	821	454	367	774	421	353
吉林	866365	458840	407525	231	130	101	308	148	160
黑龙江	748020	414472	333548	217	129	88	437	234	203
上海	25165	11892	13273	7787	4156	3631	3627	1892	1735
江苏	18074	8865	9209	12280	4889	7391	3575	1644	1931
浙江	11271	5705	5566	88106	48560	39546	10710	5688	5022
安徽	8516	4373	4143	2147	571	1576	1171	390	781
福建	8372	4258	4114	15608	9111	6497	5669	3163	2506
江西	4942	2638	2304	2189	1170	1019	2599	1227	1372
山东	46521	23274	23247	867	453	414	878	353	525
河南	55493	31697	23796	558	254	304	763	276	487
湖北	12899	6762	6137	52121	27604	24517	2709	1242	1467
湖南	7566	3944	3622	854960	452380	402580	713191	377080	336111
广东	29557	15200	14357	83574	46825	36749	276266	148395	127871
广西	11159	5695	5464	305565	153819	151746	1493530	772111	721419
海南	3750	1853	1897	1819	1096	723	7302	3833	3469
重庆	4571	2431	2140	3271	1724	1547	1045	455	590
四川	15920	8355	7565	2376	1142	1234	1795	770	1025
贵州	23086	11932	11154	1431928	750208	681720	40879	21428	19451
云南	13490	7161	6329	4389	2505	1884	219914	113812	106102
西藏	718	391	327	179	100	79	137	85	52
陕西	16291	8442	7849	731	413	318	605	313	292
甘肃	14206	7444	6762	136	77	59	354	181	173
青海	8029	4172	3857	161	123	38	209	115	94
宁夏	24902	12287	12615	345	222	123	197	108	89
新疆	18707	9786	8921	753	501	252	942	534	408

1-2 续表 5 单位：人

地区	白族			土家族			哈尼族		
	小计	男	女	小计	男	女	小计	男	女
全 国	**1933510**	**978998**	**954512**	**8353912**	**4307260**	**4046652**	**1660932**	**863370**	**797562**
北 京	3493	1778	1715	23601	12088	11513	680	329	351
天 津	686	374	312	7052	4059	2993	190	81	109
河 北	859	380	479	8061	4071	3990	387	109	278
山 西	183	96	87	2936	1858	1078	214	34	180
内蒙古	443	194	249	3096	1822	1274	320	106	214
辽 宁	559	292	267	5190	3185	2005	304	131	173
吉 林	276	148	128	1523	864	659	142	40	102
黑龙江	149	83	66	2175	1350	825	105	51	54
上 海	3893	1979	1914	33584	17648	15936	3185	1628	1557
江 苏	4020	1723	2297	41258	20177	21081	2916	953	1963
浙 江	11685	5981	5704	227012	123951	103061	4300	1754	2546
安 徽	692	284	408	6185	2978	3207	1138	166	972
福 建	4008	2127	1881	89824	51104	38720	1373	749	624
江 西	1621	815	806	4815	2372	2443	265	124	141
山 东	1247	411	836	5730	3188	2542	3023	345	2678
河 南	581	245	336	5287	2642	2645	373	83	290
湖 北	6410	3288	3122	2100052	1069839	1030213	314	117	197
湖 南	115678	59088	56590	2632452	1355212	1277240	1055	182	873
广 东	16692	9419	7273	212513	117141	95372	5987	3585	2402
广 西	2489	1255	1234	9155	4830	4325	474	222	252
海 南	305	150	155	4286	2289	1997	154	70	84
重 庆	1569	712	857	1398707	717687	681020	1398	365	1033
四 川	9449	4683	4766	59231	31106	28125	1566	469	1097
贵 州	179510	95923	83587	1436977	736526	700451	1092	403	689
云 南	1564901	786370	778531	5963	3694	2269	1629508	851064	778444
西 藏	395	247	148	451	321	130	23	16	7
陕 西	486	276	210	3876	2362	1514	99	42	57
甘 肃	291	181	110	2092	1269	823	88	36	52
青 海	320	174	146	1537	969	568	17	8	9
宁 夏	213	106	107	1441	847	594	52	29	23
新 疆	407	216	191	17850	9811	8039	190	79	111

1-2 续表 6 单位：人

地 区	哈萨克族			傣 族			黎 族		
	小计	男	女	小计	男	女	小计	男	女
全 国	**1462588**	**747368**	**715220**	**1261311**	**625176**	**636135**	**1463064**	**756992**	**706072**
北 京	1602	685	917	1022	463	559	1078	501	577
天 津	476	212	264	184	100	84	564	304	260
河 北	320	163	157	447	134	313	861	340	521
山 西	277	144	133	187	58	129	521	266	255
内蒙古	377	206	171	179	74	105	981	444	537
辽 宁	448	182	266	231	64	167	1765	846	919
吉 林	467	209	258	253	46	207	545	253	292
黑龙江	165	106	59	76	29	47	477	198	279
上 海	639	274	365	1289	540	749	1725	676	1049
江 苏	2124	985	1139	2189	693	1496	2447	974	1473
浙 江	695	311	384	5973	2883	3090	9391	4759	4632
安 徽	1203	603	600	831	191	640	1610	672	938
福 建	1492	709	783	2401	1230	1171	3551	1660	1891
江 西	1718	861	857	484	225	259	1536	699	837
山 东	1116	459	657	2468	426	2042	1202	466	736
河 南	4805	2330	2475	511	105	406	1002	405	597
湖 北	2191	1057	1134	353	162	191	2709	1327	1382
湖 南	2775	1409	1366	837	208	629	2350	1040	1310
广 东	4602	2504	2098	6675	3554	3121	19579	9950	9629
广 西	1884	977	907	796	276	520	4542	2251	2291
海 南	1553	793	760	902	417	485	1262262	655504	606758
重 庆	259	104	155	881	239	642	587	277	310
四 川	1882	927	955	7652	3380	4272	1688	744	944
贵 州	2093	1072	1021	1217	488	729	135173	69980	65193
云 南	896	456	440	1222836	609021	613815	3231	1622	1609
西 藏	2143	1182	961	35	17	18	26	16	10
陕 西	794	407	387	117	31	86	441	199	242
甘 肃	4444	2124	2320	89	43	46	517	250	267
青 海	680	332	348	31	13	18	139	67	72
宁 夏	190	70	120	44	24	20	146	69	77
新 疆	1418278	725515	692763	121	42	79	418	233	185

1-2 续表 7 单位：人

地区	傈僳族			佤族			畲族		
	小计	男	女	小计	男	女	小计	男	女
全国	**702839**	**355374**	**347465**	**429709**	**216439**	**213270**	**708651**	**383213**	**325438**
北京	264	142	122	324	180	144	1515	842	673
天津	63	33	30	209	133	76	263	147	116
河北	1974	282	1692	674	355	319	396	230	166
山西	159	23	136	427	117	310	171	117	54
内蒙古	443	109	334	519	130	389	202	127	75
辽宁	646	96	550	220	99	121	257	170	87
吉林	100	22	78	132	43	89	82	34	48
黑龙江	39	16	23	64	26	38	94	61	33
上海	580	318	262	1353	807	546	3020	1538	1482
江苏	1447	383	1064	1481	701	780	1738	958	780
浙江	1514	598	916	2987	1368	1619	166276	85601	80675
安徽	589	126	463	1019	354	665	1682	921	761
福建	403	193	210	1325	723	602	365514	196573	168941
江西	96	34	62	759	327	432	91068	53907	37161
山东	1841	208	1633	5619	1315	4304	363	226	137
河南	167	25	142	1572	337	1235	200	104	96
湖北	138	59	79	532	255	277	3058	1890	1168
湖南	199	73	126	915	359	556	3059	1735	1324
广东	1693	1069	624	4718	2723	1995	29549	16743	12806
广西	154	63	91	662	304	358	829	496	333
海南	20	13	7	154	85	69	403	227	176
重庆	328	117	211	577	112	465	252	146	106
四川	21082	10381	10701	1334	343	991	447	265	182
贵州	337	150	187	831	345	486	36558	19096	17462
云南	668336	340729	327607	400814	204648	196166	848	552	296
西藏	25	10	15	43	30	13	8	8	
陕西	32	15	17	160	86	74	212	132	80
甘肃	28	13	15	97	50	47	245	154	91
青海	21	13	8	20	10	10	53	32	21
宁夏	17	8	9	26	14	12	122	76	46
新疆	104	53	51	142	60	82	167	105	62

1-2 续表 8

单位: 人

地区	高山族			拉祜族			水族		
	小计	男	女	小计	男	女	小计	男	女
全国	**4009**	**2029**	**1980**	**485966**	**247667**	**238299**	**411847**	**213644**	**198203**
北京	103	46	57	202	95	107	340	168	172
天津	29	15	14	44	27	17	291	166	125
河北	208	107	101	175	50	125	282	93	189
山西	9	4	5	136	14	122	30	15	15
内蒙古	120	62	58	347	77	270	122	67	55
辽宁	211	96	115	48	17	31	89	51	38
吉林	100	49	51	33	8	25	50	27	23
黑龙江	25	7	18	11	1	10	47	29	18
上海	81	36	45	500	232	268	745	375	370
江苏	120	54	66	1042	187	855	13089	7056	6033
浙江	88	50	38	1661	431	1230	11815	6181	5634
安徽	89	38	51	347	45	302	562	201	361
福建	423	224	199	375	203	172	2433	1301	1132
江西	132	80	52	140	33	107	782	374	408
山东	66	30	36	1880	237	1643	191	85	106
河南	780	397	383	700	51	649	333	172	161
湖北	162	88	74	108	46	62	577	309	268
湖南	128	66	62	383	38	345	598	283	315
广东	161	81	80	1335	723	612	6525	3675	2850
广西	278	159	119	111	42	69	13559	7025	6534
海南	111	64	47	48	24	24	130	67	63
重庆	45	24	21	479	82	397	197	93	104
四川	100	42	58	521	104	417	1178	537	641
贵州	191	90	101	182	53	129	348746	180317	168429
云南	131	66	65	475011	244774	230237	8834	4789	4045
西藏	2	1	1	4	3	1	14	8	6
陕西	15	7	8	35	14	21	83	50	33
甘肃	27	15	12	14	6	8	50	31	19
青海	20	8	12	8	4	4	30	16	14
宁夏	10	8	2	13	5	8	35	15	20
新疆	44	15	29	73	41	32	90	68	22

1-2 续表 9 单位：人

地区	东乡族			纳西族			景颇族		
	小计	男	女	小计	男	女	小计	男	女
全 国	**621500**	**317490**	**304010**	**326295**	**162635**	**163660**	**147828**	**71318**	**76510**
北 京	484	345	139	554	282	272	112	48	64
天 津	121	95	26	81	45	36	29	14	15
河 北	78	52	26	259	71	188	70	22	48
山 西	30	21	9	42	17	25	108	9	99
内蒙古	574	374	200	60	29	31	39	7	32
辽 宁	27	16	11	125	63	62	80	26	54
吉 林	32	17	15	14	8	6	457	50	407
黑龙江	19	11	8	45	27	18	11	2	9
上 海	362	282	80	287	125	162	142	68	74
江 苏	420	277	143	329	123	206	298	92	206
浙 江	322	202	120	634	161	473	444	183	261
安 徽	112	83	29	87	19	68	166	27	139
福 建	339	199	140	123	53	70	295	137	158
江 西	49	31	18	89	45	44	65	23	42
山 东	126	77	49	256	69	187	608	59	549
河 南	72	47	25	123	35	88	130	12	118
湖 北	67	39	28	179	86	93	38	11	27
湖 南	62	41	21	126	56	70	135	21	114
广 东	403	309	94	499	277	222	677	387	290
广 西	17	10	7	149	69	80	41	5	36
海 南	19	9	10	28	11	17	15	5	10
重 庆	102	56	46	421	171	250	82	21	61
四 川	191	135	56	10149	5098	5051	173	51	122
贵 州	958	433	525	353	162	191	572	282	290
云 南	181	123	58	309858	154835	155023	142956	69718	73238
西 藏	757	523	234	1133	557	576			
陕 西	116	71	45	101	48	53	22	7	15
甘 肃	546255	276107	270148	53	26	27	19	13	6
青 海	6331	3976	2355	32	16	16	5	3	2
宁 夏	1261	748	513	17	8	9	6	2	4
新 疆	61613	32781	28832	89	43	46	33	13	20

1-2 续表 10

单位：人

地区	柯尔克孜族			土族			达斡尔族		
	小计	男	女	小计	男	女	小计	男	女
全国	**186708**	**94645**	**92063**	**289565**	**148055**	**141510**	**131992**	**64866**	**67126**
北京	189	71	118	554	285	269	2043	868	1175
天津	41	17	24	350	199	151	629	300	329
河北	25	14	11	598	259	339	962	398	564
山西	6	2	4	200	98	102	85	43	42
内蒙古	141	79	62	557	297	260	76255	37684	38571
辽宁	125	62	63	264	135	129	1858	801	1057
吉林	36	16	20	128	60	68	587	258	329
黑龙江	1431	709	722	101	60	41	40277	19985	20292
上海	58	25	33	1009	545	464	449	186	263
江苏	61	30	31	2263	986	1277	283	136	147
浙江	279	178	101	4709	2539	2170	204	93	111
安徽	14	9	5	493	219	274	77	29	48
福建	50	32	18	4000	2268	1732	96	43	53
江西	46	24	22	576	272	304	57	18	39
山东	90	35	55	651	270	381	960	432	528
河南	37	20	17	576	236	340	122	42	80
湖北	36	20	16	1963	958	1005	92	41	51
湖南	62	31	31	5137	2544	2593	39	20	19
广东	577	314	263	10161	5629	4532	411	208	203
广西	28	16	12	1501	665	836	83	37	46
海南	1	1		399	220	179	58	21	37
重庆	28	11	17	715	351	364	118	47	71
四川	74	41	33	1333	639	694	124	57	67
贵州	2	1	1	5154	2755	2399	32	11	21
云南	34	18	16	5632	2988	2644	294	135	159
西藏	2678	1338	1340	1068	634	434	5	3	2
陕西	23	6	17	499	265	234	93	42	51
甘肃	48	12	36	30781	15154	15627	95	45	50
青海	4	1	3	204412	104572	99840	26	15	11
宁夏	12	6	6	326	176	150	42	17	25
新疆	180472	91506	88966	3455	1777	1678	5536	2851	2685

1-2 续表 11

单位：人

地区	仫佬族			羌族			布朗族		
	小计	男	女	小计	男	女	小计	男	女
全 国	**216257**	**110516**	**105741**	**309576**	**156539**	**153037**	**119639**	**61230**	**58409**
北 京	358	162	196	661	308	353	68	35	33
天 津	116	59	57	180	114	66	21	18	3
河 北	291	90	201	407	241	166	50	14	36
山 西	28	12	16	286	214	72	22	7	15
内蒙古	37	24	13	144	81	63	15	3	12
辽 宁	71	28	43	171	89	82	19	9	10
吉 林	30	11	19	238	120	118	9	4	5
黑龙江	46	22	24	34	21	13	12	4	8
上 海	441	180	261	505	246	259	133	80	53
江 苏	522	223	299	954	486	468	265	67	198
浙 江	2792	1432	1360	1482	797	685	300	107	193
安 徽	123	41	82	183	85	98	78	13	65
福 建	527	245	282	458	247	211	226	117	109
江 西	181	81	100	155	85	70	31	16	15
山 东	126	46	80	243	121	122	317	99	218
河 南	72	30	42	216	103	113	80	18	62
湖 北	276	88	188	256	146	110	36	10	26
湖 南	906	462	444	180	88	92	138	9	129
广 东	10961	5918	5043	1886	1058	828	495	258	237
广 西	172305	87513	84792	169	87	82	81	32	49
海 南	168	97	71	104	56	48	120	65	55
重 庆	208	80	128	675	317	358	288	45	243
四 川	225	110	115	296931	149730	147201	164	46	118
贵 州	24956	13293	11663	1605	899	706	49	16	33
云 南	304	164	140	552	323	229	116573	60117	56456
西 藏	2	2		94	59	35	4	1	3
陕 西	44	18	26	182	80	102	6	2	4
甘 肃	39	24	15	115	62	53	12	5	7
青 海	15	7	8	104	61	43	2	2	
宁 夏	10	4	6	89	53	36	2		2
新 疆	77	50	27	317	162	155	23	11	12

1-2 续表 12

单位：人

地 区	撒拉族			毛南族			仡佬族		
	小计	男	女	小计	男	女	小计	男	女
全 国	**130607**	**66281**	**64326**	**101192**	**52836**	**48356**	**550746**	**289369**	**261377**
北 京	644	399	245	124	51	73	1307	771	536
天 津	122	85	37	49	14	35	374	260	114
河 北	131	76	55	76	23	53	425	247	178
山 西	43	26	17	21	16	5	121	78	43
内蒙古	53	34	19	14	9	5	249	194	55
辽 宁	88	59	29	19	12	7	211	145	66
吉 林	50	30	20	6	2	4	71	48	23
黑龙江	7	3	4	5	1	4	90	54	36
上 海	941	603	338	160	66	94	2684	1496	1188
江 苏	353	187	166	184	94	90	2488	1291	1197
浙 江	424	253	171	1199	639	560	17785	9777	8008
安 徽	78	41	37	58	17	41	448	196	252
福 建	80	43	37	372	203	169	3249	1878	1371
江 西	44	26	18	86	41	45	336	156	180
山 东	609	354	255	50	25	25	597	364	233
河 南	279	168	111	23	6	17	240	119	121
湖 北	135	88	47	151	62	89	585	323	262
湖 南	79	39	40	199	74	125	911	430	481
广 东	823	508	315	5017	2866	2151	10897	5910	4987
广 西	128	59	69	65587	34112	31475	3885	2048	1837
海 南	21	12	9	61	40	21	406	246	160
重 庆	71	40	31	63	33	30	2808	1298	1510
四 川	223	122	101	88	43	45	1235	630	605
贵 州	99	61	38	27332	14243	13089	495182	258935	236247
云 南	265	150	115	154	93	61	3461	2018	1443
西 藏	255	163	92	1	1		27	15	12
陕 西	156	95	61	19	8	11	205	122	83
甘 肃	13517	6852	6665	12	6	6	98	64	34
青 海	107089	53669	53420	8	6	2	69	59	10
宁 夏	72	38	34	26	9	17	42	31	11
新 疆	3728	1998	1730	28	21	7	260	166	94

1-2 续表 13

单位：人

地区	锡伯族			阿昌族			普米族		
	小计	男	女	小计	男	女	小计	男	女
全国	**190481**	**99571**	**90910**	**39555**	**19751**	**19804**	**42861**	**21433**	**21428**
北京	2569	1201	1368	28	14	14	46	22	24
天津	536	282	254	9	7	2	16	15	1
河北	851	421	430	15	5	10	14	4	10
山西	158	93	65	4		4	3	1	2
内蒙古	3000	1555	1445	16	11	5	5	5	
辽宁	132431	69961	62470	10	7	3	14	4	10
吉林	3113	1622	1491	22	1	21	4	2	2
黑龙江	7608	4294	3314	3		3	4	2	2
上海	696	315	381	51	28	23	38	14	24
江苏	433	189	244	98	44	54	38	14	24
浙江	200	105	95	93	44	49	47	21	26
安徽	143	72	71	25	5	20	20	8	12
福建	142	51	91	62	29	33	47	28	19
江西	81	35	46	14	4	10	6	4	2
山东	661	291	370	99	15	84	55	10	45
河南	273	123	150	148	67	81	9	2	7
湖北	228	109	119	12	4	8	26	12	14
湖南	136	71	65	26	8	18	24	12	12
广东	705	341	364	623	389	234	121	61	60
广西	146	79	67	26	14	12	25	18	7
海南	72	30	42				3	2	1
重庆	143	70	73	19	6	13	51	28	23
四川	381	187	194	54	17	37	137	55	82
贵州	185	89	96	26	9	17	16	8	8
云南	158	69	89	38059	19017	19042	42043	21055	20988
西藏	6	3	3				16	11	5
陕西	416	219	197	2	1	1	4	2	2
甘肃	299	138	161	1	1		8	5	3
青海	128	52	76	1		1	3		3
宁夏	184	88	96	4	1	3	6	3	3
新疆	34399	17416	16983	5	3	2	12	5	7

1-2 续表 14

单位：人

地区	塔吉克族			怒族			乌孜别克族		
	小计	男	女	小计	男	女	小计	男	女
全国	**51069**	**26112**	**24957**	**37523**	**18907**	**18616**	**10569**	**5673**	**4896**
北京	21	12	9	50	22	28	51	25	26
天津	11	9	2	41	25	16	19	8	11
河北	8	6	2	200	73	127	7	4	3
山西	1	1		88	40	48	3	1	2
内蒙古	6	3	3	18	3	15	6	4	2
辽宁	10	7	3	76	20	56	5		5
吉林	2	1	1	27	8	19	2	2	
黑龙江	9	5	4	21	8	13	5	4	1
上海	14	8	6	65	28	37	14	4	10
江苏	17	5	12	356	158	198	15	6	9
浙江	3368	1880	1488	109	40	69	86	45	41
安徽	3	2	1	182	77	105	4	3	1
福建	19	13	6	307	160	147	9	4	5
江西	33	15	18	87	44	43	9	2	7
山东	32	17	15	373	161	212	13	6	7
河南	23	8	15	186	92	94	16	13	3
湖北	9	6	3	156	81	75	9	4	5
湖南	3	1	2	210	103	107	33	15	18
广东	165	98	67	584	277	307	73	41	32
广西	2		2	119	65	54	13	8	5
海南				1385	713	672			
重庆	2	1	1	28	11	17	4	2	2
四川	23	4	19	312	113	199	17	8	9
贵州				28	8	20			
云南	7	3	4	31821	16240	15581	11	6	5
西藏				492	242	250	4	2	2
陕西	3	2	1	31	13	18	7	2	5
甘肃	13	4	9	101	44	57	15	7	8
青海	3	1	2	5	4	1	2	1	1
宁夏	1		1	7	3	4	3	2	1
新疆	47261	24000	23261	58	31	27	10114	5444	4670

1-2 续表 15

单位：人

地区	俄罗斯族			鄂温克族			德昂族		
	小计	男	女	小计	男	女	小计	男	女
全国	**15393**	**7284**	**8109**	**30875**	**14668**	**16207**	**20556**	**10039**	**10517**
北京	343	124	219	433	182	251	19	14	5
天津	119	52	67	130	59	71			
河北	103	50	53	172	63	109	7	2	5
山西	5	2	3	26	11	15	6	3	3
内蒙古	4673	2276	2397	26139	12578	13561	5	2	3
辽宁	185	83	102	448	198	250	5	2	3
吉林	48	21	27	104	46	58	2		2
黑龙江	312	158	154	2648	1191	1457			
上海	209	78	131	63	30	33	15	10	5
江苏	109	48	61	49	20	29	14	5	9
浙江	40	16	24	40	17	23	43	20	23
安徽	33	19	14	11	5	6	18	1	17
福建	30	13	17	16	6	10	22	13	9
江西	7	2	5	19	6	13	1		1
山东	128	58	70	220	95	125	50	10	40
河南	32	12	20	23	7	16	11		11
湖北	26	13	13	24	8	16	20	9	11
湖南	24	7	17	4	2	2	9		9
广东	125	38	87	92	49	43	62	38	24
广西	8	2	6	46	19	27	7	2	5
海南	17	4	13	14	2	12	1		1
重庆	40	15	25	25	12	13	5	1	4
四川	57	27	30	30	15	15	24	8	16
贵州	25	14	11	1	1		16	6	10
云南	26	8	18	23	10	13	20186	9889	10297
西藏	3	1	2						
陕西	73	35	38	24	14	10	1	1	
甘肃	48	16	32	13	7	6	2	1	1
青海	38	19	19	5	2	3	1	1	
宁夏	18	6	12	7	2	5	1		1
新疆	8489	4067	4422	26	11	15	3	1	2

1-2 续表 16 单位：人

地区	保安族			裕固族			京族		
	小计	男	女	小计	男	女	小计	男	女
全国	**20074**	**10016**	**10058**	**14378**	**7325**	**7053**	**28199**	**14416**	**13783**
北京	24	17	7	95	39	56	56	22	34
天津	10	8	2	39	20	19	32	14	18
河北	7	4	3	33	20	13	77	25	52
山西				7	3	4	29	13	16
内蒙古	90	73	17	38	22	16	25	10	15
辽宁	2	1	1	17	8	9	15	10	5
吉林	6	4	2	8	4	4	8	5	3
黑龙江	3	1	2	28	14	14	22	11	11
上海	16	11	5	15	10	5	45	20	25
江苏	32	16	16	41	25	16	218	101	117
浙江	17	10	7	14	7	7	148	87	61
安徽	15	5	10	43	23	20	92	39	53
福建	5	2	3	34	15	19	260	120	140
江西				18	11	7	301	170	131
山东	7	3	4	76	33	43	80	35	45
河南	4	2	2	52	21	31	120	51	69
湖北	6	4	2	19	10	9	93	54	39
湖南	13	7	6	18	6	12	86	34	52
广东	25	15	10	53	32	21	484	232	252
广西	1		1	7	2	5	23283	12047	11236
海南				3	1	2	189	92	97
重庆	9	8	1	27	14	13	25	14	11
四川	43	33	10	48	26	22	264	126	138
贵州	8	4	4	1	1		1143	620	523
云南	49	36	13	8	4	4	878	351	527
西藏	15	11	4	4	2	2	5	2	3
陕西	4	2	2	29	12	17	28	11	17
甘肃	18170	8908	9262	13001	6640	6361	109	54	55
青海	904	477	427	163	78	85	10	6	4
宁夏	21	12	9	48	24	24	5		5
新疆	568	342	226	391	198	193	69	40	29

1-2 续表 17 单位：人

地区	塔塔尔族			独龙族			鄂伦春族		
	小计	男	女	小计	男	女	小计	男	女
全国	**3556**	**1899**	**1657**	**6930**	**3349**	**3581**	**8659**	**4033**	**4626**
北京	23	9	14	14	9	5	165	77	88
天津	4	2	2	3	2	1	38	16	22
河北	17	7	10	21	7	14	142	67	75
山西	1		1	1		1	3	2	1
内蒙古	6	2	4	7	3	4	3632	1699	1933
辽宁	14	4	10	6	2	4	196	72	124
吉林	5	2	3	1		1	111	39	72
黑龙江	3	2	1	8	2	6	3943	1872	2071
上海	12	4	8	8	5	3	55	23	32
江苏	19	11	8	26	10	16	43	16	27
浙江	9		9	26	7	19	21	9	12
安徽	9	3	6	26	2	24	7	5	2
福建	17	11	6	11	5	6	12	8	4
江西	4	3	1	3	2	1	5	2	3
山东	11	4	7	30	5	25	98	33	65
河南	4	2	2	55	27	28	14	6	8
湖北	10	4	6	18	8	10	11	7	4
湖南	15	8	7	36	20	16	5	2	3
广东	55	28	27	51	27	24	52	24	28
广西	24	13	11	21	9	12	8	4	4
海南							4	1	3
重庆	1		1	9	5	4	3	3	
四川	15	6	9	47	20	27	18	9	9
贵州	3	1	2	87	44	43	24	13	11
云南	10	6	4	6353	3096	3257	11	3	8
西藏				37	19	18			
陕西	1		1				8	3	5
甘肃	18	10	8	8	4	4	10	5	5
青海	2		2	4	3	1	2	1	1
宁夏	2		2	2	1	1	6	4	2
新疆	3242	1757	1485	11	5	6	12	8	4

1-2 续表 18

单位：人

地　区	赫哲族			门巴族			珞巴族		
	小计	男	女	小计	男	女	小计	男	女
全　国	**5354**	**2651**	**2703**	**10561**	**5261**	**5300**	**3682**	**1803**	**1879**
北　京	201	81	120	31	16	15	11	5	6
天　津	28	16	12	8	6	2			
河　北	90	45	45	17	9	8	6	2	4
山　西	12	4	8	3	2	1			
内蒙古	50	23	27	7	5	2			
辽　宁	154	72	82	9	5	4	11	8	3
吉　林	212	106	106	18	8	10	3	1	2
黑龙江	3613	1803	1810	2	1	1	4	3	1
上　海	40	20	20	3		3	4	2	2
江　苏	68	36	32	136	65	71	1	1	
浙　江	48	20	28	21	9	12	1	1	
安　徽	23	8	15	65	29	36	2	1	1
福　建	43	22	21	23	9	14	16	10	6
江　西	8	5	3	78	30	48	1	1	
山　东	68	35	33	20	10	10	2	1	1
河　南	30	13	17	45	16	29			
湖　北	16	10	6	25	10	15	2		2
湖　南	36	15	21	60	26	34	3	2	1
广　东	298	150	148	62	26	36	8	5	3
广　西	63	34	29	77	27	50	3	3	
海　南	13	5	8	2		2			
重　庆	12	6	6	16	8	8	2	2	
四　川	84	38	46	26	7	19	8	2	6
贵　州	8	4	4	9	6	3	85	49	36
云　南	42	24	18	18	3	15	7	5	2
西　藏				9663	4876	4787	3489	1696	1793
陕　西	4		4	18	9	9	7	1	6
甘　肃	42	26	16	89	41	48	1		1
青　海	11	9	2	4	1	3			
宁　夏	4	1	3	2		2	1		1
新　疆	33	20	13	4	1	3	4	2	2

1-2 续表 19

单位：人

地区	基诺族			其他未识别的民族			外国人加入中国籍		
	小计	男	女	小计	男	女	小计	男	女
全国	**23143**	**11744**	**11399**	**640101**	**334908**	**305193**	**1448**	**557**	**891**
北京	20	9	11	196	107	89	20	10	10
天津	7	1	6	83	45	38	7	3	4
河北	24	12	12	123	66	57	15	8	7
山西	1		1	75	34	41	22	9	13
内蒙古	11	4	7	62	31	31	9	3	6
辽宁	10	6	4	61	46	15	31	16	15
吉林	19	13	6	24	14	10	4	1	3
黑龙江	1		1	67	32	35	16	4	12
上海	23	6	17	583	291	292	9	6	3
江苏	24	5	19	2222	1080	1142	49	26	23
浙江	21	8	13	9521	5356	4165	14	4	10
安徽	8	4	4	174	79	95	47	21	26
福建	16	5	11	2812	1613	1199	82	31	51
江西	5	3	2	650	344	306	83	35	48
山东	17	7	10	125	57	68	21	3	18
河南	7	1	6	99	43	56	195	77	118
湖北	10	4	6	751	366	385	72	32	40
湖南	17	2	15	487	240	247	93	39	54
广东	26	7	19	2197	1215	982	170	47	123
广西	4	2	2	205	115	90	83	35	48
海南	1	1		90	52	38	12	2	10
重庆	27	9	18	209	119	90	11	6	5
四川	54	12	42	368	203	165	55	26	29
贵州	10	3	7	612780	320125	292655	6	5	1
云南	22759	11611	11148	3415	1842	1573	200	57	143
西藏	1	1		2317	1161	1156	1	1	
陕西	9	3	6	48	31	17	27	10	17
甘肃	5	1	4	196	98	98	49	22	27
青海	1		1	20	16	4	5	3	2
宁夏	2	1	1	40	28	12	5		5
新疆	3	3		101	59	42	35	15	20

1-2a 各地区分性别、民族的人口(城市)

单位：人

地 区	合 计			汉 族		
	合计	男	女	小计	男	女
全 国	**403760040**	**206470117**	**197289923**	**386027166**	**197521865**	**188505301**
北 京	15563215	7990855	7572360	14906413	7667994	7238419
天 津	8858126	4787921	4070205	8599774	4656567	3943207
河 北	14388021	7185090	7202931	13888617	6936261	6952356
山 西	9414053	4751359	4662694	9349179	4717907	4631272
内 蒙 古	8011564	4110233	3901331	6810096	3526137	3283959
辽 宁	22021184	11053846	10967338	20200510	10139883	10060627
吉 林	10196745	5099077	5097668	9317859	4666181	4651678
黑 龙 江	14122516	7114497	7008019	13705978	6900413	6805565
上 海	17640842	9019706	8621136	17432358	8916865	8515493
江 苏	30166466	15404145	14762321	29963490	15299637	14663853
浙 江	20386294	10480401	9905893	19989547	10263836	9725711
安 徽	12182587	6253169	5929418	12043435	6183331	5860104
福 建	12548384	6467896	6080488	12283222	6321455	5961767
江 西	7504291	3822014	3682277	7478670	3808408	3670262
山 东	28364984	14348347	14016637	28001725	14165688	13836037
河 南	18331493	9258578	9072915	17941069	9067551	8873518
湖 北	17928160	9160741	8767419	17615210	9005380	8609830
湖 南	12738442	6437605	6300837	12248762	6195449	6053313
广 东	52388382	27633888	24754494	50975987	26857046	24118941
广 西	8352777	4286087	4066690	6183149	3196622	2986527
海 南	2324288	1217815	1106473	2213497	1165293	1048204
重 庆	8681611	4365786	4315825	8500577	4272692	4227885
四 川	15915660	7982358	7933302	15726316	7885813	7840503
贵 州	5537562	2828513	2709049	4513695	2302537	2211158
云 南	6324830	3221116	3103714	5270839	2700261	2570578
西 藏	272322	136378	135944	99084	55041	44043
陕 西	8837175	4496902	4340273	8705985	4431570	4274415
甘 肃	5258935	2702835	2556100	4890965	2514044	2376921
青 海	1368033	706107	661926	1076266	556996	519270
宁 夏	2059295	1046614	1012681	1661950	847351	814599
新 疆	6071803	3100238	2971565	4432942	2297656	2135286

1-2a 续表 1

单位：人

地区	蒙古族			回族			藏族		
	小计	男	女	小计	男	女	小计	男	女
全国	**1351092**	**654387**	**696705**	**3606760**	**1805653**	**1801107**	**315622**	**150959**	**164663**
北京	65696	31437	34259	216471	106278	110193	5270	2588	2682
天津	14653	7375	7278	162122	80448	81674	1528	780	748
河北	27625	13582	14043	213186	105382	107804	1147	617	530
山西	2886	1502	1384	45839	23035	22804	567	263	304
内蒙古	855904	411224	444680	134718	67711	67007	975	566	409
辽宁	163199	81229	81970	182994	90710	92284	1562	725	837
吉林	34309	16411	17898	77312	38106	39206	476	172	304
黑龙江	29762	14948	14814	76528	38115	38413	373	209	164
上海	9982	4661	5321	71847	36045	35802	2101	901	1200
江苏	7712	3883	3829	95446	49000	46446	2232	995	1237
浙江	4063	2026	2037	21639	11783	9856	897	447	450
安徽	1812	913	899	117435	58541	58894	401	185	216
福建	2615	1318	1297	51532	29548	21984	1118	459	659
江西	1357	670	687	5164	2704	2460	418	212	206
山东	13087	6305	6782	225509	112435	113074	1484	688	796
河南	11689	5667	6022	336104	163941	172163	723	351	372
湖北	6171	3111	3060	38483	19637	18846	1465	712	753
湖南	2307	1135	1172	25033	12351	12682	746	367	379
广东	12803	6637	6166	40207	21682	18525	4142	2101	2041
广西	2037	1018	1019	21360	10543	10817	450	234	216
海南	1472	685	787	5943	2998	2945	135	59	76
重庆	3756	1814	1942	7110	3658	3452	2356	1011	1345
四川	4666	2307	2359	33409	16231	17178	26614	13126	13488
贵州	7134	3760	3374	23120	11688	11432	615	300	315
云南	4650	2392	2258	139245	68042	71203	4472	2234	2238
西藏	119	56	63	5302	3440	1862	165778	76668	89110
陕西	5089	2514	2575	93550	46049	47501	5572	2520	3052
甘肃	3801	1806	1995	279143	143113	136030	30328	15055	15273
青海	13086	6214	6872	191594	97698	93896	48582	24789	23793
宁夏	5612	2645	2967	363090	182260	180830	495	236	259
新疆	32038	15142	16896	306325	152481	153844	2600	1389	1211

1-2a 续表 2

单位：人

地区	维吾尔族			苗族			彝族		
	小计	男	女	小计	男	女	小计	男	女
全 国	**1161024**	**567913**	**593111**	**958670**	**507269**	**451401**	**523907**	**269671**	**254236**
北 京	6459	3189	3270	10896	5647	5249	4906	2842	2064
天 津	1775	889	886	2551	1740	811	1279	906	373
河 北	437	267	170	2567	1492	1075	1254	854	400
山 西	351	223	128	1048	640	408	529	320	209
内蒙古	379	220	159	1521	890	631	1020	701	319
辽 宁	1737	988	749	2718	1673	1045	1124	751	373
吉 林	975	435	540	833	505	328	242	138	104
黑龙江	693	441	252	1339	738	601	462	271	191
上 海	4127	2236	1891	17169	8854	8315	4285	2037	2248
江 苏	3027	1536	1491	15277	8017	7260	5397	2859	2538
浙 江	3376	1461	1915	105248	58562	46686	14220	7837	6383
安 徽	396	254	142	2388	1240	1148	1046	589	457
福 建	774	426	348	38938	21929	17009	6289	3467	2822
江 西	181	119	62	1508	829	679	472	258	214
山 东	2716	1156	1560	4242	2493	1749	2703	1430	1273
河 南	1730	993	737	1855	1048	807	674	347	327
湖 北	2127	1217	910	16122	8287	7835	1450	827	623
湖 南	1326	682	644	106962	52687	54275	1020	539	481
广 东	5902	2381	3521	176589	98187	78402	27231	15396	11835
广 西	437	250	187	31556	15989	15567	1704	873	831
海 南	101	56	45	4066	1992	2074	353	163	190
重 庆	975	511	464	45069	23530	21539	3136	1582	1554
四 川	1165	633	532	6737	3605	3132	61166	32378	28788
贵 州	299	194	105	327103	168040	159063	71181	36612	34569
云 南	675	425	250	28241	15068	13173	308111	154068	154043
西 藏	57	28	29	145	71	74	85	55	30
陕 西	1079	543	536	1517	904	613	790	470	320
甘 肃	1098	491	607	508	320	188	301	169	132
青 海	91	56	35	579	343	236	232	158	74
宁 夏	578	258	320	809	536	273	342	222	120
新 疆	1115981	545355	570626	2569	1413	1156	903	552	351

1-2a 续表 3 单位：人

地区	壮族			布依族			朝鲜族		
	小计	男	女	小计	男	女	小计	男	女
全国	**2685283**	**1385037**	**1300246**	**347835**	**180291**	**167544**	**999237**	**490551**	**508686**
北京	12828	6466	6362	2352	1173	1179	35004	16203	18801
天津	3028	1734	1294	535	313	222	15971	8194	7777
河北	3051	1538	1513	623	339	284	5131	2517	2614
山西	893	539	354	178	90	88	543	264	279
内蒙古	1299	740	559	302	169	133	8546	4136	4410
辽宁	3104	1686	1418	747	408	339	166972	82205	84767
吉林	998	501	497	248	142	106	536972	262603	274369
黑龙江	1331	731	600	211	111	100	109321	54028	55293
上海	10643	5338	5305	3641	1869	1772	18506	8439	10067
江苏	8617	4385	4232	4432	2364	2068	8043	4132	3911
浙江	19290	9957	9333	38984	21706	17278	5071	2561	2510
安徽	2383	1204	1179	718	345	373	891	456	435
福建	13660	7368	6292	9428	5330	4098	1692	841	851
江西	2175	1093	1082	329	186	143	262	107	155
山东	3065	1656	1409	1056	568	488	58215	29611	28604
河南	2608	1303	1305	5165	2426	2739	1216	567	649
湖北	8015	4079	3936	1141	622	519	944	453	491
湖南	6847	3454	3393	1284	695	589	908	448	460
广东	616577	341056	275521	49459	27517	21942	16873	8688	8185
广西	1903091	957066	946025	4371	2209	2162	1786	949	837
海南	9385	5215	4170	675	353	322	715	344	371
重庆	3013	1564	1449	1747	907	840	543	291	252
四川	4436	2425	2011	1443	767	676	914	457	457
贵州	11631	6141	5490	205997	102793	103204	417	191	226
云南	26271	14127	12144	11427	6129	5298	878	458	420
西藏	54	32	22	18	11	7	14	8	6
陕西	2292	1232	1060	479	271	208	1010	477	533
甘肃	806	443	363	138	69	69	372	177	195
青海	681	353	328	134	85	49	242	118	124
宁夏	832	414	418	149	86	63	377	190	187
新疆	2379	1197	1182	424	238	186	888	438	450

1-2a 续表 4

单位：人

地 区	满 族			侗 族			瑶 族		
	小计	男	女	小计	男	女	小计	男	女
全 国	**2608600**	**1316284**	**1292316**	**291661**	**155100**	**136561**	**258966**	**136036**	**122930**
北 京	250637	124059	126578	3343	1634	1709	2790	1315	1475
天 津	45264	23523	21741	503	258	245	495	283	212
河 北	235289	117328	117961	517	262	255	524	297	227
山 西	9012	4835	4177	138	98	40	197	117	80
内蒙古	165366	82647	82719	206	103	103	183	107	76
辽 宁	1235972	622638	613334	678	390	288	609	352	257
吉 林	220788	110997	109791	161	94	67	217	111	106
黑龙江	176593	94602	81991	72	40	32	279	153	126
上 海	22777	10667	12110	5326	2781	2545	2587	1327	1260
江 苏	14405	7166	7239	4469	2342	2127	1652	841	811
浙 江	7767	3862	3905	29116	16633	12483	3994	2183	1811
安 徽	5129	2667	2462	444	235	209	393	201	192
福 建	5471	2670	2801	8036	4632	3404	2379	1355	1024
江 西	2559	1361	1198	527	295	232	429	201	228
山 东	38296	19471	18825	670	379	291	513	263	250
河 南	20416	10117	10299	391	196	195	415	189	226
湖 北	10716	5597	5119	3276	1638	1638	1808	907	901
湖 南	5611	2929	2682	23252	11536	11716	17793	8951	8842
广 东	27627	14082	13545	65248	36279	28969	105438	58538	46900
广 西	8473	4258	4215	28059	13895	14164	106047	52916	53131
海 南	2876	1461	1415	885	538	347	1524	821	703
重 庆	3867	2066	1801	1476	826	650	663	344	319
四 川	10579	5509	5070	1104	579	525	743	377	366
贵 州	9975	4954	5021	109909	57208	52701	3049	1607	1442
云 南	7188	3595	3593	2407	1355	1052	2961	1596	1365
西 藏	139	85	54	41	23	18	26	13	13
陕 西	13204	6707	6497	509	279	230	404	212	192
甘 肃	10910	5627	5283	92	55	37	162	86	76
青 海	6173	3152	3021	88	61	27	134	80	54
宁 夏	21620	10563	11057	285	180	105	183	98	85
新 疆	13901	7089	6812	433	276	157	375	195	180

1-2a 续表 5 单位：人

地区	白族			土家族			哈尼族		
	小计	男	女	小计	男	女	小计	男	女
全国	**273943**	**136891**	**137052**	**1132394**	**585314**	**547080**	**83289**	**41831**	**41458**
北京	3174	1608	1566	20311	10331	9980	590	288	302
天津	464	262	202	3923	2302	1621	158	67	91
河北	292	164	128	3852	2118	1734	102	44	58
山西	119	77	42	1321	777	544	52	20	32
内蒙古	196	88	108	1556	946	610	98	53	45
辽宁	454	253	201	3856	2367	1489	171	85	86
吉林	176	93	83	1151	642	509	43	18	25
黑龙江	55	29	26	1602	1003	599	57	32	25
上海	1913	923	990	19702	10052	9650	1359	589	770
江苏	1430	728	702	16710	8928	7782	803	395	408
浙江	4207	2242	1965	89025	49303	39722	1441	712	729
安徽	249	136	113	2378	1298	1080	120	37	83
福建	2032	1091	941	46011	25948	20063	804	463	341
江西	831	410	421	1493	790	703	120	85	35
山东	334	161	173	3677	2181	1496	353	148	205
河南	317	155	162	3014	1681	1333	101	51	50
湖北	647	332	315	213785	104507	109278	185	86	99
湖南	6583	3188	3395	284368	140196	144172	187	94	93
广东	13386	7534	5852	165396	89639	75757	4681	2833	1848
广西	1176	574	602	4824	2596	2228	217	118	99
海南	151	77	74	2400	1263	1137	56	28	28
重庆	1169	561	608	100634	51754	48880	486	195	291
四川	2709	1334	1375	11110	5996	5114	411	208	203
贵州	23151	11840	11311	116011	60574	55437	321	161	160
云南	207716	102483	105233	2561	1507	1054	70182	34928	35254
西藏	20	14	6	130	74	56	3	1	2
陕西	398	228	170	2561	1537	1024	56	23	33
甘肃	130	79	51	938	550	388	28	16	12
青海	84	38	46	955	542	413	6	3	3
宁夏	167	82	85	1191	683	508	41	21	20
新疆	213	107	106	5948	3229	2719	57	29	28

1-2a 续表 6

单位：人

地区	哈萨克族			傣族			黎族		
	小计	男	女	小计	男	女	小计	男	女
全国	**125800**	**59668**	**66132**	**116239**	**53474**	**62765**	**120068**	**56502**	**63566**
北京	1433	600	833	914	413	501	991	462	529
天津	360	160	200	143	74	69	449	246	203
河北	123	60	63	148	69	79	349	157	192
山西	39	22	17	53	23	30	255	127	128
内蒙古	198	102	96	74	38	36	478	234	244
辽宁	386	153	233	130	37	93	1036	502	534
吉林	342	145	197	55	19	36	320	159	161
黑龙江	115	76	39	30	14	16	252	116	136
上海	448	202	246	916	354	562	1229	422	807
江苏	798	379	419	592	240	352	963	384	579
浙江	483	210	273	1059	491	568	3450	1666	1784
安徽	527	281	246	113	41	72	436	195	241
福建	369	182	187	1299	705	594	1548	772	776
江西	467	241	226	134	60	74	411	191	220
山东	565	235	330	519	236	283	446	188	258
河南	1140	559	581	118	55	63	380	188	192
湖北	1118	533	585	150	67	83	1232	612	620
湖南	659	359	300	256	133	123	731	354	377
广东	2358	1279	1079	4969	2711	2258	14941	7882	7059
广西	376	168	208	339	136	203	1736	900	836
海南	381	184	197	208	78	130	78308	35613	42695
重庆	185	71	114	431	161	270	393	187	206
四川	609	278	331	1286	559	727	631	302	329
贵州	371	194	177	384	181	203	7316	3795	3521
云南	109	45	64	101681	46487	55194	904	432	472
西藏	45	19	26	12	2	10	11	5	6
陕西	407	186	221	72	22	50	299	140	159
甘肃	439	207	232	37	21	16	197	88	109
青海	68	26	42	17	5	12	105	52	53
宁夏	161	56	105	30	17	13	115	53	62
新疆	110721	52456	58265	70	25	45	156	78	78

1-2a 续表 7

单位：人

地区	傈僳族			佤族			畲族		
	小计	男	女	小计	男	女	小计	男	女
全国	**14950**	**7963**	**6987**	**16036**	**8476**	**7560**	**113750**	**60493**	**53257**
北京	193	96	97	266	143	123	1375	756	619
天津	44	22	22	131	85	46	217	119	98
河北	118	56	62	249	193	56	143	78	65
山西	21	9	12	37	13	24	84	48	36
内蒙古	68	29	39	114	48	66	86	51	35
辽宁	70	23	47	110	63	47	214	139	75
吉林	9	4	5	19	6	13	77	32	45
黑龙江	7	5	2	13	7	6	61	43	18
上海	325	182	143	607	357	250	2466	1253	1213
江苏	340	167	173	484	283	201	1142	654	488
浙江	354	183	171	683	359	324	23706	12026	11680
安徽	83	58	25	139	62	77	423	237	186
福建	173	81	92	560	314	246	62006	32901	29105
江西	25	11	14	191	78	113	5359	3072	2287
山东	181	72	109	1109	630	479	283	173	110
河南	16	9	7	160	70	90	135	66	69
湖北	70	30	40	215	126	89	1022	545	477
湖南	36	18	18	169	108	61	343	176	167
广东	1400	892	508	3446	1981	1465	10324	5740	4584
广西	56	26	30	218	125	93	540	329	211
海南	9	4	5	44	22	22	174	97	77
重庆	162	76	86	99	43	56	188	109	79
四川	618	314	304	204	99	105	216	138	78
贵州	120	63	57	188	88	100	2347	1207	1140
云南	10355	5483	4872	6441	3097	3344	335	208	127
西藏	8	2	6	1	1		4	4	
陕西	16	9	7	40	19	21	165	101	64
甘肃	15	9	6	42	28	14	77	51	26
青海	11	3	8	5	2	3	43	26	17
宁夏	14	7	7	15	10	5	88	51	37
新疆	33	20	13	37	16	21	107	63	44

1-2a 续表 8

单位：人

地区	高山族			拉祜族			水族		
	小计	男	女	小计	男	女	小计	男	女
全 国	**1593**	**801**	**792**	**16305**	**7596**	**8709**	**32688**	**17546**	**15142**
北 京	95	42	53	166	75	91	290	143	147
天 津	24	13	11	29	18	11	123	70	53
河 北	32	11	21	48	21	27	49	34	15
山 西	6	4	2	7	4	3	11	9	2
内蒙古	70	37	33	38	18	20	36	21	15
辽 宁	131	67	64	35	13	22	77	45	32
吉 林	52	27	25	11	4	7	28	15	13
黑龙江	12	4	8	3	1	2	5	3	2
上 海	76	33	43	275	117	158	461	225	236
江 苏	63	26	37	210	83	127	3692	2041	1651
浙 江	33	21	12	319	132	187	3434	1879	1555
安 徽	33	17	16	33	20	13	105	65	40
福 建	185	94	91	199	121	78	1023	545	478
江 西	5	1	4	18	7	11	260	131	129
山 东	47	22	25	231	112	119	51	29	22
河 南	154	72	82	57	16	41	113	61	52
湖 北	37	22	15	63	33	30	151	75	76
湖 南	29	17	12	47	17	30	155	90	65
广 东	121	64	57	928	552	376	5131	2856	2275
广 西	101	60	41	47	19	28	2612	1311	1301
海 南	40	22	18	19	9	10	56	27	29
重 庆	27	15	12	134	39	95	134	72	62
四 川	31	16	15	81	28	53	387	183	204
贵 州	66	35	31	51	21	30	13274	7037	6237
云 南	43	24	19	13201	6080	7121	840	466	374
西 藏							9	5	4
陕 西	12	6	6	14	8	6	63	41	22
甘 肃	12	7	5	4	3	1	30	17	13
青 海	11	3	8	4	2	2	11	7	4
宁 夏	10	8	2	8	5	3	30	11	19
新 疆	35	11	24	25	18	7	47	32	15

1-2a 续表 9

单位：人

地区	东乡族			纳西族			景颇族		
	小计	男	女	小计	男	女	小计	男	女
全国	**41258**	**23344**	**17914**	**78456**	**37973**	**40483**	**11615**	**5609**	**6006**
北京	398	290	108	510	259	251	97	43	54
天津	106	80	26	63	34	29	18	7	11
河北	44	30	14	72	41	31	4	3	1
山西	16	10	6	21	11	10	7	2	5
内蒙古	303	204	99	19	12	7	11	4	7
辽宁	27	16	11	119	61	58	42	18	24
吉林	32	17	15	11	7	4	8	4	4
黑龙江	16	8	8	33	23	10	2	1	1
上海	298	233	65	255	110	145	86	39	47
江苏	280	191	89	175	85	90	78	38	40
浙江	225	149	76	163	70	93	145	66	79
安徽	72	54	18	38	11	27	14	2	12
福建	87	68	19	78	35	43	96	43	53
江西	26	18	8	39	19	20	12	5	7
山东	104	66	38	104	53	51	64	22	42
河南	48	32	16	52	22	30	6	1	5
湖北	51	31	20	144	69	75	13	4	9
湖南	46	31	15	87	46	41	11	6	5
广东	365	280	85	431	239	192	488	278	210
广西	14	7	7	100	50	50	20	1	19
海南	10	7	3	17	7	10	7	3	4
重庆	96	53	43	336	152	184	35	13	22
四川	74	59	15	866	440	426	52	28	24
贵州	358	151	207	229	113	116	437	222	215
云南	114	81	33	74282	35905	38377	9808	4729	5079
西藏	363	258	105	32	14	18			
陕西	82	52	30	84	38	46	12	3	9
甘肃	30097	16331	13766	22	11	11	12	11	1
青海	3702	2358	1344	25	10	15	4	3	1
宁夏	301	177	124	16	7	9	5	2	3
新疆	3503	2002	1501	33	19	14	21	8	13

1-2a 续表 10

单位：人

地区	柯尔克孜族			土族			达斡尔族		
	小计	男	女	小计	男	女	小计	男	女
全国	**12099**	**5634**	**6465**	**41623**	**21574**	**20049**	**38755**	**18136**	**20619**
北京	165	63	102	487	251	236	1870	790	1080
天津	38	16	22	223	133	90	499	239	260
河北	15	9	6	205	128	77	525	223	302
山西	3		3	102	54	48	55	30	25
内蒙古	74	40	34	167	94	73	18369	8623	9746
辽宁	101	48	53	208	104	104	1367	617	750
吉林	31	14	17	82	40	42	393	178	215
黑龙江	196	82	114	58	33	25	10317	4891	5426
上海	38	18	20	518	264	254	406	165	241
江苏	43	21	22	818	413	405	205	106	99
浙江	214	145	69	2132	1168	964	145	62	83
安徽	2	2		188	99	89	50	18	32
福建	36	23	13	2142	1193	949	60	23	37
江西	1		1	224	122	102	17	3	14
山东	68	26	42	348	165	183	685	322	363
河南	24	16	8	279	144	135	91	35	56
湖北	28	17	11	796	393	403	70	32	38
湖南	28	12	16	1728	937	791	19	12	7
广东	528	276	252	6881	3743	3138	383	193	190
广西	20	14	6	438	227	211	64	29	35
海南				222	116	106	40	13	27
重庆	24	11	13	387	209	178	113	46	67
四川	47	24	23	586	273	313	83	38	45
贵州	1	1		1931	1005	926	18	5	13
云南	11	6	5	1764	935	829	215	103	112
西藏	8	3	5	549	305	244	3	1	2
陕西	15	4	11	324	166	158	76	32	44
甘肃	32	9	23	3079	1430	1649	55	30	25
青海				13915	7013	6902	14	7	7
宁夏	10	6	4	229	115	114	41	17	24
新疆	10298	4728	5570	613	302	311	2507	1253	1254

1-2a 续表 11

单位：人

地区	仫佬族			羌族			布朗族		
	小计	男	女	小计	男	女	小计	男	女
全国	**44439**	**21801**	**22638**	**21506**	**10587**	**10919**	**4896**	**2284**	**2612**
北京	321	149	172	541	246	295	59	31	28
天津	82	48	34	148	97	51	20	18	2
河北	54	21	33	249	162	87	8	4	4
山西	17	10	7	76	44	32	8	5	3
内蒙古	30	19	11	63	33	30	2		2
辽宁	51	24	27	128	68	60	11	6	5
吉林	22	7	15	226	110	116	5	3	2
黑龙江	35	16	19	23	14	9	5	2	3
上海	273	111	162	359	172	187	94	57	37
江苏	221	100	121	402	210	192	47	23	24
浙江	949	506	443	321	165	156	68	37	31
安徽	50	27	23	55	31	24	13	5	8
福建	227	105	122	251	141	110	85	40	45
江西	58	35	23	47	22	25	3		3
山东	71	35	36	166	97	69	45	31	14
河南	22	13	9	114	62	52	17	11	6
湖北	204	76	128	144	79	65	28	9	19
湖南	165	89	76	102	49	53	13	3	10
广东	8509	4586	3923	1547	861	686	385	207	178
广西	29150	13762	15388	93	51	42	50	25	25
海南	43	28	15	61	35	26	7	4	3
重庆	113	49	64	477	228	249	63	17	46
四川	124	72	52	14945	7086	7859	34	19	15
贵州	3392	1786	1606	271	142	129	12	7	5
云南	143	70	73	253	147	106	3788	1709	2079
西藏				46	27	19	1		1
陕西	34	13	21	116	60	56	5	1	4
甘肃	20	12	8	60	32	28	5	2	3
青海	11	4	7	56	35	21	1	1	
宁夏	8	2	6	21	8	13	2		2
新疆	40	26	14	145	73	72	12	7	5

1-2a 续表 12 单位：人

地区	撒拉族			毛南族			仡佬族		
	小计	男	女	小计	男	女	小计	男	女
全 国	**17270**	**9498**	**7772**	**15408**	**7732**	**7676**	**65389**	**35590**	**29799**
北 京	625	386	239	111	45	66	1098	659	439
天 津	105	73	32	16	6	10	304	218	86
河 北	61	39	22	26	12	14	184	123	61
山 西	42	26	16	10	10		76	56	20
内蒙古	28	18	10	11	8	3	139	119	20
辽 宁	81	52	29	17	12	5	187	134	53
吉 林	46	28	18	6	2	4	68	46	22
黑龙江	2	2		3		3	69	44	25
上 海	787	499	288	99	45	54	1004	584	420
江 苏	220	123	97	110	67	43	953	548	405
浙 江	331	202	129	298	168	130	6389	3632	2757
安 徽	46	29	17	19	11	8	189	95	94
福 建	50	32	18	176	96	80	1764	1004	760
江 西	17	11	6	34	18	16	89	53	36
山 东	564	331	233	25	15	10	474	308	166
河 南	248	154	94	10	4	6	142	86	56
湖 北	112	74	38	60	27	33	317	191	126
湖 南	30	18	12	58	25	33	301	176	125
广 东	719	447	272	3871	2198	1673	8412	4499	3913
广 西	92	47	45	9495	4521	4974	546	309	237
海 南	16	9	7	18	10	8	181	110	71
重 庆	66	38	28	39	22	17	1048	604	444
四 川	71	34	37	33	17	16	420	233	187
贵 州	75	49	26	748	337	411	39803	20981	18822
云 南	165	95	70	60	34	26	880	544	336
西 藏	75	44	31	1	1		8	4	4
陕 西	131	81	50	11	4	7	147	94	53
甘 肃	1220	610	610	6	3	3	36	23	13
青 海	10646	5633	5013	1		1	43	36	7
宁 夏	66	34	32	26	9	17	35	27	8
新 疆	533	280	253	10	5	5	83	50	33

1-2a 续表 13 单位：人

地区	锡伯族			阿昌族			普米族		
	小计	男	女	小计	男	女	小计	男	女
全　国	**74997**	**37438**	**37559**	**3090**	**1648**	**1442**	**2530**	**1240**	**1290**
北　京	2420	1125	1295	19	10	9	41	20	21
天　津	469	249	220	8	6	2	14	14	
河　北	613	312	301	7	3	4	3	2	1
山　西	115	68	47	1		1	1		1
内蒙古	1286	660	626	9	7	2			
辽　宁	49373	24889	24484	7	7		6	3	3
吉　林	1820	925	895				1	1	
黑龙江	3378	1789	1589	1		1	3	2	1
上　海	635	291	344	24	12	12	25	7	18
江　苏	330	151	179	39	19	20	14	8	6
浙　江	148	79	69	18	8	10	25	14	11
安　徽	129	70	59	6	2	4			
福　建	101	33	68	11	6	5	34	20	14
江　西	46	20	26	7	2	5	1	1	
山　东	550	253	297	14	4	10	20	8	12
河　南	231	105	126	132	64	68	5	2	3
湖　北	200	94	106	6	2	4	18	9	9
湖　南	109	56	53	11	8	3	5	3	2
广　东	681	331	350	487	304	183	100	51	49
广　西	103	53	50	12	8	4	6	2	4
海　南	58	25	33				2	1	1
重　庆	123	60	63	5	2	3	41	25	16
四　川	247	120	127	9	8	1	33	17	16
贵　州	141	69	72	11	6	5	8	3	5
云　南	122	52	70	2237	1156	1081	2108	1019	1089
西　藏							4	2	2
陕　西	329	175	154	2	1	1	1	1	
甘　肃	240	115	125				1		1
青　海	104	41	63	1		1	3		3
宁　夏	177	85	92	2		2	4	3	1
新　疆	10719	5143	5576	4	3	1	3	2	1

1-2a 续表 14

单位：人

地区	塔吉克族			怒族			乌孜别克族		
	小计	男	女	小计	男	女	小计	男	女
全国	**1865**	**948**	**917**	**1865**	**908**	**957**	**4906**	**2490**	**2416**
北京	21	12	9	48	21	27	50	24	26
天津	10	8	2	35	20	15	15	6	9
河北	1		1	47	23	24	2	1	1
山西	1	1		35	15	20	2	1	1
内蒙古	1	1		9	1	8	5	3	2
辽宁	7	4	3	12	6	6	3		3
吉林	2	1	1	10	4	6	2	2	
黑龙江	6	4	2	5	2	3	4	3	1
上海	7	3	4	32	13	19	14	4	10
江苏	8	2	6	128	71	57	11	6	5
浙江	13	6	7	36	16	20	8	4	4
安徽	1	1		35	18	17	1	1	
福建	13	8	5	121	67	54	5	3	2
江西	16	8	8	36	21	15	3		3
山东	7	5	2	80	39	41	5	3	2
河南	14	5	9	42	27	15	5	5	
湖北	6	4	2	53	31	22	7	3	4
湖南	1	1		60	31	29	5	4	1
广东	141	83	58	346	176	170	59	32	27
广西				20	13	7	1		1
海南				65	22	43			
重庆	1	1		16	6	10	3	1	2
四川	5	1	4	75	29	46	2	2	
贵州				9	3	6			
云南	1		1	419	186	233	5	3	2
西藏				6	3	3			
陕西	1	1		8	3	5	7	2	5
甘肃	8	3	5	41	20	21	7	4	3
青海	2	1	1	1	1		1	1	
宁夏	1		1	4	2	2	1	1	
新疆	1570	784	786	31	18	13	4673	2371	2302

1-2a 续表 15

单位：人

地区	俄罗斯族			鄂温克族			德昂族		
	小计	男	女	小计	男	女	小计	男	女
全　国	**10888**	**4971**	**5917**	**6003**	**2590**	**3413**	**1196**	**610**	**586**
北　京	319	121	198	379	161	218	9	4	5
天　津	109	47	62	89	40	49			
河　北	53	31	22	83	29	54			
山　西	5	2	3	15	6	9	2	1	1
内蒙古	2955	1383	1572	3795	1642	2153	4	2	2
辽　宁	146	66	80	320	149	171	5	2	3
吉　林	42	18	24	70	33	37			
黑龙江	168	71	97	756	307	449			
上　海	192	72	120	44	20	24	6	3	3
江　苏	87	42	45	35	14	21	4	3	1
浙　江	32	14	18	23	9	14	17	13	4
安　徽	28	17	11	7	3	4	1	1	
福　建	25	11	14	8	2	6	8	3	5
江　西	1	1		5	3	2			
山　东	105	49	56	138	62	76	4		4
河　南	20	7	13	16	6	10			
湖　北	23	12	11	20	7	13			
湖　南	17	4	13	3	2	1	1		1
广　东	121	37	84	78	40	38	46	29	17
广　西	6	1	5	9	6	3	1	1	
海　南	16	4	12	9	1	8			
重　庆	38	13	25	21	10	11			
四　川	32	16	16	18	10	8	3	3	
贵　州	5	5		1	1		2	1	1
云　南	26	8	18	14	5	9	1082	544	538
西　藏									
陕　西	68	34	34	22	13	9			
甘　肃	37	15	22	5	4	1			
青　海	29	15	14	2	1	1			
宁　夏	18	6	12	6	1	5	1		1
新　疆	6165	2849	3316	12	3	9			

1-2a 续表 16　　　　单位：人

地　区	保安族			裕固族			京　族		
	小计	男	女	小计	男	女	小计	男	女
全　国	**1510**	**767**	**743**	**3000**	**1466**	**1534**	**9251**	**4549**	**4702**
北　京	23	17	6	88	35	53	52	22	30
天　津	9	7	2	35	19	16	26	12	14
河　北	6	3	3	16	10	6	25	8	17
山　西				6	3	3	16	8	8
内蒙古	12	9	3	17	11	6	9	4	5
辽　宁	2	1	1	15	8	7	12	7	5
吉　林	3	2	1	6	3	3	2	1	1
黑龙江	3	1	2	24	12	12	9	6	3
上　海	11	8	3	12	8	4	37	16	21
江　苏	22	12	10	27	19	8	60	34	26
浙　江	12	9	3	9	5	4	47	31	16
安　徽	7	3	4	14	9	5	19	10	9
福　建	3	1	2	23	10	13	128	70	58
江　西				6	4	2	93	55	38
山　东	6	3	3	26	8	18	36	21	15
河　南	1		1	34	14	20	42	19	23
湖　北	4	3	1	11	6	5	26	15	11
湖　南	4	1	3	11	4	7	37	16	21
广　东	22	14	8	26	19	7	299	159	140
广　西				3	1	2	7545	3656	3889
海　南				3	1	2	15	6	9
重　庆	9	8	1	27	14	13	19	12	7
四　川	4	3	1	23	10	13	77	42	35
贵　州	8	4	4	1	1		293	152	141
云　南	3	2	1	2	2		201	99	102
西　藏	7	5	2				4	2	2
陕　西	4	2	2	21	10	11	12	6	6
甘　肃	1028	495	533	2246	1093	1153	60	29	31
青　海	214	105	109	36	16	20			
宁　夏	21	12	9	44	23	21	4		4
新　疆	62	37	25	188	88	100	46	31	15

1-2a 续表 17　　　　单位：人

地区	塔塔尔族			独龙族			鄂伦春族		
	小计	男	女	小计	男	女	小计	男	女
全国	**1416**	**689**	**727**	**326**	**168**	**158**	**2298**	**1021**	**1277**
北京	21	8	13	14	9	5	145	67	78
天津	4	2	2	2	1	1	27	13	14
河北	6	2	4	4	3	1	86	40	46
山西	1		1				2	1	1
内蒙古	1		1	5	1	4	659	293	366
辽宁	7	2	5	2	1	1	119	46	73
吉林	5	2	3				54	15	39
黑龙江	3	2	1	1		1	918	429	489
上海	7	3	4	5	4	1	48	18	30
江苏	12	8	4	7	3	4	30	8	22
浙江	3		3	3	1	2	12	4	8
安徽	2		2	1		1	5	4	1
福建	10	7	3	5	3	2	9	5	4
江西							2	1	1
山东	6	3	3	7	5	2	70	24	46
河南	4	2	2	19	8	11	13	6	7
湖北	6	3	3	4	3	1	10	6	4
湖南	5	3	2	5	1	4	4	2	2
广东	42	21	21	43	24	19	29	11	18
广西	6	4	2	11	5	6	7	4	3
海南									
重庆	1		1	7	4	3	3	3	
四川	4	1	3	7	4	3	10	3	7
贵州				16	10	6	8	3	5
云南	1	1		152	75	77	3		3
西藏									
陕西	1		1				7	3	4
甘肃	4	2	2	3	1	2	3	1	2
青海				1	1		1	1	
宁夏	2		2	2	1	1	6	4	2
新疆	1252	613	639				8	6	2

1-2a 续表 18

单位：人

地区	赫哲族			门巴族			珞巴族		
	小计	男	女	小计	男	女	小计	男	女
全国	**2356**	**1111**	**1245**	**520**	**207**	**313**	**122**	**60**	**62**
北京	183	74	109	30	15	15	11	5	6
天津	25	15	10	7	5	2			
河北	61	29	32	1		1	3	1	2
山西	9	3	6	3	2	1			
内蒙古	11	5	6	3	3				
辽宁	119	50	69	9	5	4	4	2	2
吉林	89	38	51	4		4	3	1	2
黑龙江	1260	589	671	1		1	3	3	
上海	31	15	16	3		3	3	1	2
江苏	41	23	18	116	54	62	1	1	
浙江	30	9	21	10	3	7	1	1	
安徽	8	3	5	19	1	18			
福建	30	15	15	7	3	4	12	7	5
江西	2	2		63	20	43			
山东	46	25	21	7	4	3	1		1
河南	17	7	10	15	5	10			
湖北	8	6	2	11	3	8	2		2
湖南	14	6	8	10	5	5	3	2	1
广东	233	120	113	33	16	17	7	4	3
广西	49	30	19	41	10	31	3	3	
海南	12	5	7	2		2			
重庆	9	5	4	2	1	1	2	2	
四川	19	9	10	13	5	8	2	1	1
贵州	6	2	4				21	11	10
云南	19	11	8	7	1	6	3	2	1
西藏				80	39	41	29	11	18
陕西	2		2	12	4	8	6	1	5
甘肃	2	1	1	4	2	2			
青海				1		1			
宁夏	2	1	1	2		2	1		1
新疆	19	13	6	4	1	3	1	1	

1-2a 续表 19

单位：人

地区	基诺族			其他未识别的民族			外国人加入中国籍		
	小计	男	女	小计	男	女	小计	男	女
全国	**3638**	**1704**	**1934**	**52304**	**28025**	**24279**	**367**	**174**	**193**
北京	16	8	8	161	93	68	20	10	10
天津	6		6	65	37	28	6	3	3
河北	7	2	5	69	50	19	8	5	3
山西				27	17	10	14	7	7
内蒙古	6	2	4	31	15	16	3	1	2
辽宁	9	6	3	44	32	12	28	15	13
吉林	2		2	24	14	10	3	1	2
黑龙江				58	28	30	2		2
上海	19	5	14	336	171	165	8	6	2
江苏	8	1	7	500	272	228	8	4	4
浙江	9	2	7	3046	1723	1323	6	2	4
安徽				35	24	11	23	10	13
福建	4	1	3	1385	792	593	27	11	16
江西	4	3	1	67	42	25	7	5	2
山东	1		1	52	29	23	8	1	7
河南	4	1	3	41	25	16	25	11	14
湖北	8	4	4	153	85	68	14	8	6
湖南	4	1	3	116	73	43	15	5	10
广东	19	6	13	1839	1026	813	48	25	23
广西	2	1	1	92	54	38	16	8	8
海南				10	5	5	1	1	
重庆	9	4	5	141	89	52	7	5	2
四川	6	6		128	71	57	23	12	11
贵州	7	1	6	42022	22219	19803	3	2	1
云南	3477	1646	1831	1717	947	770	15	9	6
西藏							1	1	
陕西	9	3	6	40	27	13	3		3
甘肃				23	13	10	6	2	4
青海				13	10	3	4	2	2
宁夏	2	1	1	39	27	12	4		4
新疆				30	15	15	11	2	9

1-2b 各地区分性别、民族的人口(镇)

单位：人

地 区	合 计			汉 族		
	合计	男	女	小计	男	女
全 国	**266245506**	**136570666**	**129674840**	**247209627**	**126940211**	**120269416**
北 京	1295477	683545	611932	1239014	655173	583841
天 津	1419767	736281	683486	1383469	717883	665586
河 北	17187307	8754793	8432514	16395939	8354257	8041682
山 西	7746486	3967332	3779154	7732166	3959636	3772530
内蒙古	5708610	2943359	2765251	4447947	2321566	2126381
辽 宁	5166779	2608045	2558734	4064085	2058356	2005729
吉 林	4451454	2262619	2188835	4050985	2059754	1991231
黑龙江	7201199	3647191	3554008	7015608	3548692	3466916
上 海	2914256	1542466	1371790	2876332	1522445	1353887
江 苏	17205022	8676471	8528551	17145414	8648335	8497079
浙 江	13163915	6751617	6412298	12833096	6574723	6258373
安 徽	13394530	6803194	6591336	13270501	6741618	6528883
福 建	8513556	4360897	4152659	8373852	4285166	4088686
江 西	11995669	6226968	5768701	11961744	6208608	5753136
山 东	19255743	9837833	9417910	19099430	9759405	9340025
河 南	17888274	9134021	8754253	17530277	8949883	8580394
湖 北	10516925	5412738	5104187	10044191	5174133	4870058
湖 南	15714621	8079272	7635349	14289102	7357022	6932080
广 东	16641873	8740164	7901709	16399121	8605362	7793759
广 西	10065066	5212594	4852472	6941848	3634908	3306940
海 南	1984228	1056706	927522	1733015	929629	803386
重 庆	6614192	3327602	3286590	6189970	3113806	3076164
四 川	16428768	8335289	8093479	15802945	8016147	7786798
贵 州	6199971	3175762	3024209	4265415	2187781	2077634
云 南	9634242	4940836	4693406	7216737	3734155	3482582
西 藏	408267	219218	189049	99683	63514	36169
陕 西	8222162	4303161	3919001	8189039	4285628	3903411
甘 肃	3932250	2042250	1890000	3597070	1869709	1727361
青 海	1148221	601284	546937	612489	329341	283148
宁 夏	962727	501105	461622	635982	333868	302114
新 疆	3263949	1686053	1577896	1773161	939708	833453

1-2b 续表 1 单位：人

地区	蒙古族			回族			藏族		
	小计	男	女	小计	男	女	小计	男	女
全国	**1411757**	**696045**	**715712**	**2057256**	**1052532**	**1004724**	**923177**	**463179**	**459998**
北京	4372	2143	2229	13855	7088	6767	135	65	70
天津	2898	1314	1584	11081	5660	5421	156	79	77
河北	48922	24018	24904	160163	81086	79077	325	130	195
山西	1323	777	546	8884	4547	4337	142	76	66
内蒙古	1058482	518538	539944	47602	25129	22473	1025	603	422
辽宁	112302	55086	57216	39893	20537	19356	74	45	29
吉林	31430	15384	16046	17593	9058	8535	70	38	32
黑龙江	29068	14649	14419	14092	7344	6748	81	42	39
上海	861	432	429	4058	2217	1841	184	75	109
江苏	1148	543	605	16519	8764	7755	428	207	221
浙江	1360	717	643	8433	4519	3914	1311	580	731
安徽	447	205	242	111251	56075	55176	160	63	97
福建	961	450	511	16169	8511	7658	252	83	169
江西	1269	682	587	2063	1101	962	390	237	153
山东	2133	1019	1114	138740	70783	67957	190	64	126
河南	19921	12419	7502	323361	164000	159361	222	75	147
湖北	1142	632	510	12953	6927	6026	85	43	42
湖南	684	355	329	17817	9198	8619	427	220	207
广东	806	457	349	2187	1227	960	578	298	280
广西	512	249	263	6066	3233	2833	160	84	76
海南	736	360	376	4173	2120	2053	43	19	24
重庆	579	313	266	1240	670	570	382	167	215
四川	8791	4381	4410	34611	17494	17117	223002	111184	111818
贵州	9500	5144	4356	35750	18350	17400	286	121	165
云南	6201	3323	2878	191784	96180	95604	39101	19386	19715
西藏	113	76	37	4917	3257	1660	297719	149096	148623
陕西	1210	668	542	25720	13386	12334	433	194	239
甘肃	4249	2092	2157	179537	93453	86084	70435	35733	34702
青海	25488	12573	12915	168214	86073	82141	283916	143388	140528
宁夏	507	264	243	324021	165746	158275	58	26	32
新疆	34342	16782	17560	114509	58799	55710	1407	758	649

1-2b 续表 2

单位：人

地区	维吾尔族			苗族			彝族		
	小计	男	女	小计	男	女	小计	男	女
全国	**1092195**	**545524**	**546671**	**1457396**	**748730**	**708666**	**1120997**	**568683**	**552314**
北京	118	54	64	596	321	275	337	219	118
天津	160	64	96	569	335	234	274	177	97
河北	245	139	106	1654	856	798	859	512	347
山西	200	140	60	263	163	100	393	270	123
内蒙古	189	119	70	691	461	230	556	350	206
辽宁	107	57	50	532	313	219	144	76	68
吉林	63	40	23	177	79	98	140	106	34
黑龙江	95	61	34	549	326	223	106	69	37
上海	642	288	354	6704	3611	3093	1330	696	634
江苏	485	216	269	9858	4372	5486	3156	1434	1722
浙江	1439	847	592	85224	46382	38842	14193	7723	6470
安徽	143	75	68	2603	1011	1592	1444	691	753
福建	196	100	96	19705	11195	8510	2825	1581	1244
江西	230	114	116	2830	1411	1419	546	282	264
山东	1005	169	836	1285	566	719	1454	678	776
河南	915	513	402	605	230	375	186	68	118
湖北	171	103	68	35627	18525	17102	311	150	161
湖南	1532	874	658	465686	234894	230792	578	252	326
广东	164	89	75	32245	18994	13251	3533	2105	1428
广西	351	180	171	48851	24376	24475	2297	1196	1101
海南	88	51	37	6880	3377	3503	238	142	96
重庆	136	75	61	97556	48835	48721	998	461	537
四川	515	265	250	13456	6963	6493	249536	130666	118870
贵州	139	88	51	515941	264971	250970	91285	46661	44624
云南	406	245	161	104531	54404	50127	742571	370945	371626
西藏	95	78	17	182	150	32	198	154	44
陕西	342	129	213	505	332	173	283	202	81
甘肃	679	314	365	597	376	221	347	189	158
青海	79	46	33	197	144	53	204	169	35
宁夏	21	11	10	89	68	21	109	80	29
新疆	1081245	539980	541265	1208	689	519	566	379	187

1-2b 续表 3

单位：人

地区	壮族			布依族			朝鲜族		
	小计	男	女	小计	男	女	小计	男	女
全国	**3132374**	**1587174**	**1545200**	**404996**	**204808**	**200188**	**271198**	**135669**	**135529**
北京	617	296	321	161	93	68	1385	706	679
天津	847	395	452	120	74	46	1567	813	754
河北	2956	968	1988	649	310	339	3693	1831	1862
山西	302	145	157	23	7	16	77	33	44
内蒙古	517	272	245	87	38	49	3605	1790	1815
辽宁	394	190	204	83	43	40	22379	11144	11235
吉林	217	111	106	52	30	22	185328	92808	92520
黑龙江	363	189	174	93	51	42	42267	21040	21227
上海	2698	1316	1382	1037	557	480	3527	1737	1790
江苏	3636	1608	2028	3926	1789	2137	729	390	339
浙江	23706	11942	11764	35250	19127	16123	1148	587	561
安徽	1262	470	792	672	235	437	168	65	103
福建	6284	3297	2987	4593	2541	2052	320	179	141
江西	2613	1222	1391	712	313	399	218	86	132
山东	778	301	477	288	121	167	1691	884	807
河南	665	239	426	124	38	86	109	52	57
湖北	1316	579	737	330	149	181	317	151	166
湖南	5549	2550	2999	854	346	508	144	76	68
广东	99982	55265	44717	5599	3237	2362	408	233	175
广西	2725648	1377958	1347690	4564	2040	2524	710	364	346
海南	10198	5400	4798	452	270	182	202	82	120
重庆	669	285	384	549	209	340	60	31	29
四川	2204	1147	1057	2034	1069	965	365	195	170
贵州	12030	6265	5765	330741	165632	165109	96	49	47
云南	224338	113370	110968	11479	6135	5344	235	120	115
西藏	86	71	15	36	29	7	5	3	2
陕西	590	322	268	126	79	47	98	44	54
甘肃	630	299	331	201	121	80	163	84	79
青海	160	89	71	65	59	6	48	24	24
宁夏	82	50	32	8	3	5	13	8	5
新疆	1037	563	474	88	63	25	123	60	63

1-2b 续表 4

单位: 人

地区	满族			侗族			瑶族		
	小计	男	女	小计	男	女	小计	男	女
全国	**1935398**	**981558**	**953840**	**585784**	**299732**	**286052**	**393313**	**201066**	**192247**
北京	32682	16251	16431	165	84	81	138	67	71
天津	15889	7943	7946	196	122	74	154	89	65
河北	567465	288529	278936	301	138	163	288	137	151
山西	1629	868	761	90	78	12	31	11	20
内蒙古	103079	52586	50493	76	43	33	50	26	24
辽宁	912683	454848	457835	75	34	41	65	29	36
吉林	164269	84666	79603	35	25	10	38	18	20
黑龙江	87636	49169	38467	77	48	29	77	38	39
上海	1813	931	882	1319	728	591	708	385	323
江苏	1709	795	914	2124	737	1387	619	279	340
浙江	1923	954	969	28274	15657	12617	3097	1665	1432
安徽	1613	820	793	483	143	340	172	66	106
福建	883	426	457	3061	1750	1311	1438	797	641
江西	1761	923	838	621	326	295	995	499	496
山东	4096	2013	2083	83	47	36	96	40	56
河南	8903	5113	3790	63	22	41	75	25	50
湖北	998	523	475	6964	3595	3369	297	145	152
湖南	1221	665	556	191714	97716	93998	96626	49876	46750
广东	987	569	418	8610	4904	3706	50108	26214	23894
广西	1658	906	752	45946	22406	23540	212511	107512	104999
海南	614	290	324	440	289	151	1856	990	866
重庆	546	290	256	538	256	282	133	60	73
四川	3502	1891	1611	633	341	292	437	215	222
贵州	4921	2601	2320	292509	149402	143107	4550	2319	2231
云南	2162	1185	977	1039	621	418	18287	9303	8984
西藏	111	68	43	38	30	8	31	21	10
陕西	2255	1260	995	130	74	56	97	53	44
甘肃	2469	1326	1143	28	18	10	157	81	76
青海	1494	808	686	36	31	5	29	12	17
宁夏	1475	754	721	39	27	12	10	8	2
新疆	2952	1587	1365	77	40	37	143	86	57

1-2b 续表 5

单位：人

地区	白族			土家族			哈尼族		
	小计	男	女	小计	男	女	小计	男	女
全国	**388571**	**194746**	**193825**	**1785132**	**909521**	**875611**	**204994**	**103478**	**101516**
北京	160	84	76	988	513	475	37	18	19
天津	116	65	51	1566	884	682	20	9	11
河北	160	93	67	1702	949	753	69	24	45
山西	19	10	9	517	383	134	31	9	22
内蒙古	101	47	54	533	325	208	49	12	37
辽宁	31	11	20	707	429	278	46	26	20
吉林	29	17	12	131	86	45	10	1	9
黑龙江	25	13	12	345	216	129	30	16	14
上海	763	399	364	7837	4249	3588	1172	689	483
江苏	1259	543	716	7034	3327	3707	534	186	348
浙江	3086	1684	1402	61727	33687	28040	904	406	498
安徽	121	55	66	1273	668	605	185	51	134
福建	938	515	423	19191	11008	8183	263	138	125
江西	339	167	172	1784	909	875	56	22	34
山东	307	141	166	839	507	332	292	41	251
河南	54	21	33	1155	632	523	43	6	37
湖北	624	315	309	409588	205671	203917	20	7	13
湖南	25737	12787	12950	612489	310277	302212	125	18	107
广东	1229	719	510	22817	13027	9790	466	296	170
广西	378	198	180	1859	980	879	79	41	38
海南	44	22	22	824	451	373	17	6	11
重庆	198	103	95	318999	161389	157610	209	56	153
四川	2741	1403	1338	7166	3837	3329	263	108	155
贵州	32671	17187	15484	297227	150930	146297	210	82	128
云南	316709	157701	159008	1900	1203	697	199755	101163	98592
西藏	272	164	108	242	185	57	15	11	4
陕西	38	26	12	651	410	241	11	7	4
甘肃	146	91	55	836	514	322	45	16	29
青海	188	117	71	362	266	96	5	3	2
宁夏	7	4	3	108	69	39	2	1	1
新疆	81	44	37	2735	1540	1195	31	9	22

1-2b 续表 6 单位：人

地 区	哈萨克族			傣 族			黎 族		
	小计	男	女	小计	男	女	小计	男	女
全 国	**211905**	**105383**	**106522**	**291357**	**141304**	**150053**	**262798**	**132527**	**130271**
北 京	23	9	14	33	15	18	39	19	20
天 津	29	14	15	25	17	8	73	34	39
河 北	30	16	14	53	20	33	131	49	82
山 西	26	12	14	22	4	18	69	37	32
内蒙古	78	56	22	35	14	21	199	88	111
辽 宁	8	2	6	13	5	8	253	135	118
吉 林	35	15	20	22	4	18	71	31	40
黑龙江	10	3	7	15	4	11	76	31	45
上 海	82	28	54	143	66	77	335	183	152
江 苏	651	315	336	389	133	256	481	205	276
浙 江	61	29	32	2269	1168	1101	2976	1552	1424
安 徽	216	102	114	212	97	115	279	110	169
福 建	385	174	211	411	206	205	634	297	337
江 西	351	177	174	100	47	53	484	254	230
山 东	261	116	145	372	72	300	280	104	176
河 南	582	291	291	38	5	33	147	52	95
湖 北	124	68	56	52	25	27	567	318	249
湖 南	456	232	224	110	26	84	449	202	247
广 东	1039	587	452	685	397	288	1836	872	964
广 西	501	286	215	136	57	79	1021	521	500
海 南	90	47	43	217	112	105	223123	112532	110591
重 庆	29	13	16	134	39	95	117	63	54
四 川	400	223	177	1001	469	532	388	185	203
贵 州	180	93	87	351	144	207	27645	14072	13573
云 南	232	115	117	284434	138113	146321	765	390	375
西 藏	184	104	80	14	12	2	8	6	2
陕 西	141	79	62	14	4	10	38	19	19
甘 肃	3393	1633	1760	38	19	19	198	101	97
青 海	58	24	34	1	1		16	6	10
宁 夏	3	1	2	7	3	4	12	7	5
新 疆	202247	100519	101728	11	6	5	88	52	36

1-2b 续表 7 单位：人

地区	傈僳族			佤族			畲族		
	小计	男	女	小计	男	女	小计	男	女
全国	**60685**	**29757**	**30928**	**63211**	**30876**	**32335**	**118551**	**62640**	**55911**
北京	13	5	8	17	7	10	51	29	22
天津	12	8	4	19	15	4	33	20	13
河北	227	35	192	101	47	54	118	64	54
山西	29	9	20	56	20	36	15	10	5
内蒙古	42	11	31	77	23	54	43	23	20
辽宁	36	11	25	14	7	7	12	9	3
吉林	16	5	11	29	12	17	2		2
黑龙江	7	3	4	11	3	8	20	12	8
上海	67	31	36	243	118	125	374	180	194
江苏	308	81	227	305	137	168	210	114	96
浙江	311	136	175	587	264	323	35080	17411	17669
安徽	72	27	45	139	47	92	232	130	102
福建	143	80	63	326	171	155	57059	30193	26866
江西	26	14	12	182	93	89	15230	8920	6310
山东	173	22	151	725	287	438	41	30	11
河南	29	3	26	179	67	112	19	16	3
湖北	10	5	5	48	19	29	386	249	137
湖南	29	11	18	199	97	102	832	468	364
广东	91	63	28	376	212	164	3916	2118	1798
广西	22	10	12	150	82	68	183	111	72
海南	9	7	2	27	17	10	124	75	49
重庆	35	15	20	68	13	55	38	22	16
四川	645	270	375	206	88	118	139	85	54
贵州	50	22	28	180	85	95	3938	2061	1877
云南	58244	28852	29392	58844	28885	29959	214	149	65
西藏	6	2	4	13	12	1	2	2	
陕西	6	5	1	30	19	11	36	24	12
甘肃	8	3	5	15	8	7	136	73	63
青海	4	4		2	1	1	6	4	2
宁夏				6	2	4	31	22	9
新疆	15	7	8	37	18	19	31	16	15

1-2b 续表 8

单位：人

地区	高山族			拉祜族			水族		
	小计	男	女	小计	男	女	小计	男	女
全国	**826**	**422**	**404**	**62724**	**30017**	**32707**	**47784**	**24915**	**22869**
北京	1		1	14	8	6	26	13	13
天津	5	2	3	10	7	3	73	45	28
河北	20	12	8	31	10	21	42	17	25
山西	1		1	8	1	7	1		1
内蒙古	33	17	16	68	17	51	41	26	15
辽宁	19	5	14	3	2	1	4	2	2
吉林	18	9	9	2		2	8	7	1
黑龙江	8	2	6	1		1	20	13	7
上海	5	3	2	75	27	48	89	54	35
江苏	15	8	7	213	39	174	1765	939	826
浙江	34	16	18	291	101	190	3916	2104	1812
安徽	32	15	17	45	12	33	185	65	120
福建	133	78	55	67	35	32	459	223	236
江西	12	7	5	29	15	14	178	99	79
山东	9	5	4	202	22	180	31	17	14
河南	39	21	18	49	7	42	47	22	25
湖北	12	4	8	7	1	6	75	35	40
湖南	42	19	23	43	5	38	119	57	62
广东	16	6	10	120	72	48	509	288	221
广西	111	66	45	12	5	7	2405	1217	1188
海南	45	28	17	9	5	4	21	11	10
重庆	13	8	5	59	9	50	20	10	10
四川	36	13	23	74	24	50	239	112	127
贵州	103	48	55	32	5	27	35668	18551	17117
云南	47	23	24	61231	29576	31655	1801	960	841
西藏				3	2	1	4	3	1
陕西	2		2	5	2	3	9	5	4
甘肃	7	3	4	6	2	4	12	9	3
青海	6	3	3				6	3	3
宁夏				3		3	3	2	1
新疆	2	1	1	12	6	6	8	6	2

1-2b 续表 9

单位：人

地区	东乡族			纳西族			景颇族		
	小计	男	女	小计	男	女	小计	男	女
全国	**62481**	**32533**	**29948**	**39339**	**18861**	**20478**	**17536**	**8268**	**9268**
北京	53	35	18	24	18	6	7	2	5
天津	6	6		17	10	7	9	5	4
河北	29	22	7	54	11	43	27	11	16
山西	7	4	3	5	2	3	5		5
内蒙古	173	110	63	20	8	12	11	1	10
辽宁				2	1	1	4		4
吉林				2	1	1	64	8	56
黑龙江	3	3		5	2	3			
上海	56	44	12	16	8	8	33	19	14
江苏	51	29	22	50	16	34	38	12	26
浙江	76	44	32	169	44	125	124	59	65
安徽	38	27	11	17	5	12	22	5	17
福建	247	128	119	22	8	14	80	54	26
江西	15	9	6	31	19	12	32	18	14
山东	17	10	7	24	8	16	86	10	76
河南	16	10	6	14	7	7	16	1	15
湖北	6	2	4	14	8	6	11	4	7
湖南	9	7	2	9	4	5	27	4	23
广东	19	17	2	19	9	10	85	53	32
广西	3	3		21	8	13	3	2	1
海南	8	2	6	6	1	5	6	1	5
重庆	5	3	2	32	17	15	16	4	12
四川	97	63	34	721	355	366	26	10	16
贵州	58	28	30	44	21	23	84	42	42
云南	34	21	13	37870	18195	19675	16711	7937	8774
西藏	273	184	89	75	43	32			
陕西	26	15	11	8	5	3	4	4	
甘肃	54922	28130	26792	26	11	15	2	1	1
青海	1572	1024	548	3	3				
宁夏	67	46	21	1	1				
新疆	4595	2507	2088	18	12	6	3	1	2

1-2b 续表 10

单位：人

地区	柯尔克孜族			土族			达斡尔族		
	小计	男	女	小计	男	女	小计	男	女
全国	**23428**	**11629**	**11799**	**52268**	**26264**	**26004**	**37252**	**18156**	**19096**
北京	4	1	3	33	15	18	66	31	35
天津	1	1		64	34	30	74	29	45
河北	4	4		170	58	112	226	106	120
山西	1	1		16	8	8	16	7	9
内蒙古	48	27	21	178	98	80	30050	14768	15282
辽宁	10	6	4	22	14	8	175	73	102
吉林	2		2	13	6	7	87	35	52
黑龙江	504	248	256	26	17	9	5822	2760	3062
上海	11	6	5	193	119	74	29	15	14
江苏	3	1	2	380	174	206	19	10	9
浙江	2	1	1	1074	582	492	33	17	16
安徽	4	1	3	107	48	59	12	4	8
福建	7	4	3	807	471	336	29	18	11
江西	1		1	174	77	97	21	8	13
山东	10	4	6	142	63	79	126	52	74
河南	6		6	74	37	37	9	2	7
湖北	5	2	3	289	143	146	5	3	2
湖南	15	9	6	1232	621	611	10	5	5
广东	7	4	3	1393	801	592	13	7	6
广西	2		2	281	111	170	10	4	6
海南				61	31	30	14	7	7
重庆	4		4	185	75	110	5	1	4
四川	12	8	4	329	192	137	18	9	9
贵州				558	288	270	5	1	4
云南	3	1	2	1348	703	645	47	23	24
西藏	890	436	454	210	128	82			
陕西	7	2	5	102	64	38	9	6	3
甘肃	16	3	13	8528	4168	4360	35	14	21
青海	1	1		33665	16805	16860	11	8	3
宁夏	1		1	37	20	17	1		1
新疆	21847	10858	10989	577	293	284	275	133	142

1-2b 续表 11　　　　单位：人

地区	仫佬族			羌族			布朗族		
	小计	男	女	小计	男	女	小计	男	女
全国	**51264**	**25516**	**25748**	**74048**	**36842**	**37206**	**13622**	**6740**	**6882**
北京	21	7	14	53	25	28	1		1
天津	17	10	7	23	12	11	1		1
河北	45	17	28	43	21	22	10	5	5
山西	2	1	1	23	15	8	1		1
内蒙古	3	2	1	34	18	16	4		4
辽宁	14	4	10	16	9	7			
吉林	5	3	2	5	4	1			
黑龙江	5	4	1	8	6	2	6	2	4
上海	81	31	50	73	37	36	23	15	8
江苏	95	42	53	186	105	81	33	5	28
浙江	1004	501	503	624	330	294	61	24	37
安徽	22	6	16	31	17	14	14	3	11
福建	134	63	71	88	46	42	82	46	36
江西	54	21	33	35	20	15	9	5	4
山东	20	8	12	30	11	19	88	44	44
河南	14	7	7	56	24	32	12	1	11
湖北	18	7	11	48	25	23	2	1	1
湖南	90	39	51	30	13	17	10	2	8
广东	807	461	346	140	80	60	34	16	18
广西	45673	22620	23053	21	10	11	10	1	9
海南	47	23	24	19	11	8	19	10	9
重庆	31	12	19	141	71	70	33	7	26
四川	53	25	28	71254	35348	35906	18	7	11
贵州	2890	1530	1360	680	378	302	13	3	10
云南	89	51	38	158	92	66	13129	6539	6590
西藏	2	2		38	26	12	1		1
陕西	1	1		47	15	32			
甘肃	15	11	4	47	24	23	5	3	2
青海	3	2	1	35	19	16			
宁夏	2	2		6	3	3			
新疆	7	3	4	56	27	29	3	1	2

1-2b 续表 12 单位：人

地区	撒拉族			毛南族			仡佬族		
	小计	男	女	小计	男	女	小计	男	女
全国	**22019**	**11428**	**10591**	**18982**	**9614**	**9368**	**130285**	**67579**	**62706**
北京	8	5	3	5	3	2	65	45	20
天津	16	11	5	4	2	2	52	33	19
河北	47	27	20	11	5	6	120	84	36
山西				5	3	2	12	8	4
内蒙古	21	14	7	3	1	2	44	34	10
辽宁	2	2		1		1	8	6	2
吉林	2		2				1	1	
黑龙江	2	1	1	2	1	1	10	6	4
上海	132	93	39	31	12	19	938	510	428
江苏	83	43	40	14	6	8	457	229	228
浙江	51	31	20	426	245	181	5274	2848	2426
安徽	22	10	12	9	3	6	87	39	48
福建	16	7	9	102	55	47	731	435	296
江西	17	13	4	31	16	15	133	56	77
山东	32	18	14	4	1	3	45	23	22
河南	14	7	7	5	2	3	20	9	11
湖北	4	3	1	14	6	8	69	44	25
湖南	18	9	9	42	16	26	226	129	97
广东	47	28	19	456	283	173	987	573	414
广西	9	6	3	15121	7644	7477	723	382	341
海南	5	3	2	21	17	4	155	88	67
重庆	4	2	2	11	7	4	378	163	215
四川	60	36	24	25	18	7	328	183	145
贵州	8	5	3	2581	1231	1350	118449	61049	57400
云南	47	27	20	38	22	16	774	461	313
西藏	153	101	52				8	5	3
陕西	15	9	6	2	1	1	30	19	11
甘肃	1725	900	825	6	3	3	58	41	17
青海	19113	9818	9295	7	6	1	24	22	2
宁夏	3	3					4	2	2
新疆	343	196	147	5	5		75	52	23

1-2b 续表 13 单位：人

地区	锡伯族			阿昌族			普米族		
	小计	男	女	小计	男	女	小计	男	女
全国	**25881**	**13350**	**12531**	**5960**	**3011**	**2949**	**6139**	**3053**	**3086**
北京	90	50	40	3	2	1	3	2	1
天津	52	25	27						
河北	157	74	83	2	1	1	5	2	3
山西	38	21	17	1		1	1		1
内蒙古	688	380	308				4	4	
辽宁	12451	6473	5978	1		1	1		1
吉林	428	225	203	6		6			
黑龙江	1231	718	513	2		2	1		1
上海	48	18	30	4		4	2	1	1
江苏	64	26	38	14	3	11	2	2	
浙江	35	22	13	42	23	19	6	2	4
安徽	9		9	3	2	1	6	3	3
福建	19	6	13	27	11	16	7	5	2
江西	23	14	9	3	1	2			
山东	65	26	39	15	5	10	6	1	5
河南	37	17	20				1		1
湖北	15	7	8	1		1	2	2	
湖南	20	13	7	2		2	1	1	
广东	14	5	9	74	49	25	2	1	1
广西	32	20	12	7	6	1	12	11	1
海南	14	5	9				1	1	
重庆	17	10	7				5	2	3
四川	97	48	49	13	4	9	25	14	11
贵州	30	13	17	3	2	1	2	2	
云南	23	11	12	5735	2901	2834	6029	2986	3043
西藏	5	3	2				8	7	1
陕西	72	37	35				2	1	1
甘肃	56	23	33	1	1		4	3	1
青海	21	9	12						
宁夏	4	1	3						
新疆	10026	5050	4976	1		1	1		1

1-2b 续表 14

单位：人

地 区	塔吉克族			怒 族			乌孜别克族		
	小计	男	女	小计	男	女	小计	男	女
全 国	**7784**	**4015**	**3769**	**4319**	**2060**	**2259**	**2317**	**1269**	**1048**
北 京				1		1	1	1	
天 津				2	2		4	2	2
河 北	3	3		27	13	14	2	1	1
山 西				18	8	10			
内蒙古	3	1	2	2		2	1	1	
辽 宁	3	3		6	1	5	1		1
吉 林				3		3			
黑龙江				8	1	7			
上 海	4	3	1	12	4	8			
江 苏	3	2	1	95	39	56	2		2
浙 江	1993	1071	922	11	4	7	61	33	28
安 徽	1	1		45	19	26			
福 建	1		1	60	34	26	2		2
江 西	16	7	9	18	8	10	1		1
山 东	6	2	4	50	24	26	2		2
河 南	3	1	2	42	24	18			
湖 北	2	2		23	12	11			
湖 南	1		1	40	24	16	12	6	6
广 东	7	5	2	74	32	42	4	3	1
广 西	1		1	20	12	8	3	3	
海 南				286	137	149			
重 庆				7	4	3			
四 川	1		1	45	18	27	3	1	2
贵 州				7	1	6			
云 南	3	1	2	3373	1617	1756	3		3
西 藏				15	8	7	1	1	
陕 西	2	1	1	5	2	3			
甘 肃	4	1	3	15	7	8	6	2	4
青 海							1		1
宁 夏				2	1	1			
新 疆	5727	2911	2816	7	4	3	2207	1215	992

1-2b 续表 15

单位：人

地区	俄罗斯族			鄂温克族			德昂族		
	小计	男	女	小计	男	女	小计	男	女
全国	**2133**	**1053**	**1080**	**10720**	**5021**	**5699**	**1911**	**937**	**974**
北京	9	2	7	18	8	10			
天津	9	5	4	26	11	15			
河北	38	15	23	41	17	24	3	1	2
山西				6	3	3			
内蒙古	645	311	334	9734	4565	5169			
辽宁	9	6	3	33	19	14			
吉林	2	2		27	11	16			
黑龙江	86	49	37	711	336	375			
上海	13	4	9	15	8	7	1	1	
江苏	7	2	5	7	4	3	3		3
浙江	7	2	5	14	7	7	8	3	5
安徽	4	2	2	4	2	2	1		1
福建	2		2	3	1	2	7	7	
江西	2		2	6		6			
山东	10	1	9	33	12	21	7	1	6
河南	5	3	2	2		2	1		1
湖北	1		1	1	1				
湖南	2	2		1		1	2		2
广东	2		2	2	2		3	2	1
广西				9	4	5	2		2
海南	1		1	3		3			
重庆	2	2		4	2	2			
四川	20	8	12	8	3	5	4	1	3
贵州	14	7	7				1		1
云南				4	3	1	1866	920	946
西藏									
陕西	5	1	4						
甘肃	9	1	8	7	2	5	2	1	1
青海	7	4	3	1		1			
宁夏									
新疆	1222	624	598						

1-2b 续表 16

单位：人

地区	保安族			裕固族			京族		
	小计	男	女	小计	男	女	小计	男	女
全国	**2375**	**1267**	**1108**	**3879**	**1873**	**2006**	**6217**	**3216**	**3001**
北京	1		1	2	1	1			
天津	1	1		4	1	3	4	2	2
河北				4	2	2	14	5	9
山西							1		1
内蒙古	72	59	13	19	10	9	14	5	9
辽宁									
吉林	3	2	1	2	1	1	2	2	
黑龙江									
上海	5	3	2	3	2	1	6	3	3
江苏	4	3	1	9	4	5	69	31	38
浙江	4	1	3	1		1	42	24	18
安徽	3	1	2	13	6	7	12	5	7
福建	1		1	3		3	40	17	23
江西				8	5	3	44	22	22
山东	1		1	45	23	22	14	3	11
河南	1	1		4	2	2	33	15	18
湖北	2	1	1	3	2	1	21	15	6
湖南	6	3	3	5	1	4	18	5	13
广东	1		1	13	7	6	61	28	33
广西	1		1	2	1	1	5027	2710	2317
海南							35	14	21
重庆							4	1	3
四川	23	17	6	21	14	7	54	26	28
贵州							234	110	124
云南	6	5	1	1		1	444	161	283
西藏	3	2	1	1	1				
陕西				5	1	4			
甘肃	1555	790	765	3594	1731	1863	11	5	6
青海	593	326	267	74	38	36	3	2	1
宁夏				2	1	1			
新疆	89	52	37	41	19	22	10	5	5

1-2b 续表 17

单位：人

地区	塔塔尔族			独龙族			鄂伦春族		
	小计	男	女	小计	男	女	小计	男	女
全国	**702**	**380**	**322**	**828**	**362**	**466**	**2794**	**1311**	**1483**
北京							7	3	4
天津							6	2	4
河北	3	1	2	2		2	28	16	12
山西				1		1	1	1	
内蒙古				1	1		1604	749	855
辽宁	5	1	4				37	12	25
吉林							13	4	9
黑龙江							1024	488	536
上海	4		4	1		1	7	5	2
江苏	3	1	2	1		1	4	2	2
浙江	2		2	6	4	2	3	2	1
安徽	3	1	2	3		3			
福建	4	4		3	2	1	3	3	
江西	2	1	1	1	1		1		1
山东	2		2	2		2	13	6	7
河南				1	1		1		1
湖北	1		1	3	2	1			
湖南	1	1		6	5	1	1		1
广东	8	4	4	2		2	7	3	4
广西	5	2	3	3	2	1	1		1
海南							4	1	3
重庆									
四川	6	3	3	8	4	4	6	4	2
贵州				12	3	9	7	3	4
云南	3	1	2	768	335	433	6	3	3
西藏									
陕西							1		1
甘肃	13	7	6	2	1	1	7	4	3
青海	2		2	1		1	1		1
宁夏									
新疆	635	353	282	1	1		1		1

1-2b 续表 18

单位：人

地区	赫哲族			门巴族			珞巴族		
	小计	男	女	小计	男	女	小计	男	女
全国	**1269**	**630**	**639**	**1890**	**885**	**1005**	**398**	**180**	**218**
北京	11	3	8	1	1				
天津	2	1	1						
河北	12	8	4	3	1	2	2	1	1
山西									
内蒙古	14	4	10	3	2	1			
辽宁	13	10	3						
吉林	16	10	6						
黑龙江	1051	511	540						
上海	8	5	3				1	1	
江苏	6	2	4	3	1	2			
浙江	10	7	3	2	1	1			
安徽	7	3	4	43	26	17	1	1	
福建	5	4	1	5	2	3			
江西	4	3	1	5	3	2	1	1	
山东	8	5	3	7	4	3	1	1	
河南	5	3	2	5	3	2			
湖北	3		3						
湖南	3	1	2	25	10	15			
广东	18	9	9	7	1	6	1	1	
广西	5	3	2	4	2	2			
海南									
重庆				1	1				
四川	13	4	9	2	1	1			
贵州	1	1		4	4		1		1
云南	9	7	2	10	2	8	2	2	
西藏				1749	814	935	387	172	215
陕西	1		1	5	4	1			
甘肃	38	23	15	5	2	3	1		1
青海	2	2		1		1			
宁夏									
新疆	4	1	3						

1-2b 续表 19

单位：人

地区	基诺族			其他未识别的民族			外国人加入中国籍		
	小计	男	女	小计	男	女	小计	男	女
全国	**1608**	**736**	**872**	**119571**	**61991**	**57580**	**281**	**139**	**142**
北京	1	1		12	4	8			
天津	1	1		11	7	4			
河北	8	4	4	22	9	13	2	1	1
山西				8	4	4	1		1
内蒙古				11	6	5	1		1
辽宁				3	3				
吉林	1		1						
黑龙江				6	2	4	6	2	4
上海	1		1	107	54	53			
江苏	3	1	2	387	172	215	12	8	4
浙江	4	3	1	3046	1699	1347	4	2	2
安徽	6	3	3	63	34	29	8	1	7
福建	7	2	5	454	266	188	10	4	6
江西				192	104	88	26	8	18
山东	4	3	1	22	9	13	5	1	4
河南				14	4	10	56	20	36
湖北	1		1	137	68	69	9	6	3
湖南				167	85	82	26	14	12
广东	2	1	1	114	60	54	22	8	14
广西	1	1		53	30	23	22	10	12
海南	1	1		37	21	16			
重庆				31	19	12	1	1	
四川	11	3	8	132	84	48	6	3	3
贵州	2	2		112863	58372	54491	2	2	
云南	1548	708	840	1067	561	506	47	38	9
西藏	1	1		470	234	236			
陕西				2	1	1	2	1	1
甘肃	4	1	3	122	64	58	7	5	2
青海	1		1	5	5		1	1	
宁夏				1	1				
新疆				12	9	3	5	3	2

1-2c 各地区分性别、民族的人口(乡村)

单位：人

地 区	合 计			汉 族		
	合计	男	女	小计	男	女
全 国	**662805323**	**339288321**	**323517002**	**587607727**	**300570772**	**287036955**
北 京	2753676	1452030	1301646	2665727	1406817	1258910
天 津	2660800	1382889	1277911	2624033	1365072	1258961
河 北	40278882	20490403	19788479	38576777	19604125	18972652
山 西	18551562	9620069	8931493	18537109	9613382	8923727
内蒙古	10986117	5784651	5201466	8392622	4458793	3933829
辽 宁	16558360	8485854	8072506	12838579	6539738	6298841
吉 林	12804616	6545522	6259094	11898266	6066706	5831560
黑龙江	16990276	8664418	8325858	16217595	8246992	7970603
上 海	2464098	1292744	1171354	2434343	1277125	1157218
江 苏	31289453	15546091	15743362	31167111	15494885	15672226
浙 江	20876682	10733623	10143059	20389551	10481767	9907784
安 徽	33923351	17189150	16734201	33790890	17129557	16661333
福 建	15832277	8152261	7680016	15440288	7937598	7502690
江 西	25067837	12954539	12113298	24975073	12902877	12072196
山 东	48171992	24260764	23911228	47965675	24165523	23800152
河 南	57810172	29100464	28709708	57437008	28906847	28530161
湖 北	28792642	14817768	13974874	27109791	13949337	13160454
湖 南	37247699	19259582	17988117	32611489	16833396	15778093
广 东	35290204	18026486	17263718	34878030	17811464	17066566
广 西	27605918	14426023	13179895	15791099	8325094	7466005
海 南	4362969	2317762	2045207	3299555	1758322	1541233
重 庆	13550367	6915482	6634885	12218514	6230749	5987765
四 川	48073100	24510187	23562913	43980463	22442014	21538449
贵 州	23011023	11901196	11109827	13565046	7027555	6537491
云 南	30007694	15694744	14312950	18130004	9582782	8547222
西 藏	2321576	1187056	1134520	46496	32603	13893
陕 西	20268042	10487512	9780530	20242719	10474336	9768383
甘 肃	16384078	8319108	8064970	14676782	7457813	7218969
青 海	3110469	1606402	1504067	1294766	687943	606823
宁 夏	3279328	1679685	1599643	1788435	922541	865894
新 疆	12480063	6483856	5996207	2623891	1437019	1186872

1-2c 续表 1

单位：人

地区	蒙古族			回族			藏族		
	小计	男	女	小计	男	女	小计	男	女
全国	**3218991**	**1649088**	**1569903**	**4922071**	**2515556**	**2406515**	**5043388**	**2541487**	**2501901**
北京	6668	3178	3490	18897	9627	9270	170	93	77
天津	2777	1128	1649	4531	2228	2303	91	52	39
河北	104302	54487	49815	196821	99863	96958	463	122	341
山西	861	428	433	4986	2628	2358	338	155	183
内蒙古	2311704	1178435	1133269	39163	20449	18714	1259	652	607
辽宁	382368	194472	187896	22911	11953	10958	245	120	125
吉林	79300	40056	39244	23894	12135	11759	106	54	52
黑龙江	66653	33796	32857	11129	5879	5250	135	61	74
上海	395	202	193	2258	1218	1040	121	55	66
江苏	1831	734	1097	18792	9260	9532	698	249	449
浙江	1449	709	740	8120	4430	3690	642	247	395
安徽	550	142	408	99376	50668	48708	718	263	455
福建	2254	1180	1074	48277	27604	20673	369	169	200
江西	853	418	435	1675	874	801	342	146	196
山东	2449	1124	1325	171430	86653	84777	472	123	349
河南	31863	21031	10832	298499	151311	147188	866	172	694
湖北	3005	1672	1333	15749	8294	7455	625	219	406
湖南	702	334	368	51855	27742	24113	449	171	278
广东	722	401	321	2679	1448	1231	884	324	560
广西	468	218	250	4893	2644	2249	205	75	130
海南	1255	634	621	554	287	267	70	33	37
重庆	1353	763	590	706	330	376	348	72	276
四川	23189	11662	11527	36524	19072	17452	1246908	622828	624080
贵州	24927	14299	10628	125918	64971	60947	380	164	216
云南	11773	6389	5384	367236	186947	180289	98684	49619	49065
西藏	75	55	20	2411	1566	845	2252891	1142591	1110300
陕西	677	327	350	19446	10304	9142	340	113	227
甘肃	2885	1453	1432	799961	405790	394171	387596	194474	193122
青海	61241	31957	29284	474490	239756	234734	1042561	525818	516743
宁夏	542	265	277	1486709	754829	731880	103	54	49
新疆	89900	47139	42761	562181	294796	267385	4309	2199	2110

1-2c 续表 2 单位：人

地区	维吾尔族			苗族			彝族		
	小计	男	女	小计	男	女	小计	男	女
全国	**7816127**	**3984157**	**3831970**	**7009941**	**3614329**	**3395612**	**7069489**	**3618028**	**3451461**
北京	398	187	211	1465	730	735	606	357	249
天津	235	17	218	631	279	352	272	134	138
河北	182	60	122	5482	1378	4104	2519	841	1678
山西	119	51	68	894	321	573	1945	836	1109
内蒙古	90	46	44	1137	602	535	1278	569	709
辽宁	73	36	37	702	356	346	425	261	164
吉林	89	42	47	436	165	271	176	82	94
黑龙江	96	51	45	687	343	344	162	88	74
上海	485	201	284	7478	3953	3525	1498	764	734
江苏	855	286	569	24400	9590	14810	10343	4283	6060
浙江	562	152	410	118592	62622	55970	20830	10652	10178
安徽	171	80	91	8865	1820	7045	4177	1376	2801
福建	189	106	83	29374	16900	12474	4422	2582	1840
江西	441	187	254	4787	2129	2658	832	406	426
山东	914	226	688	2887	527	2360	4141	1314	2827
河南	390	140	250	1861	405	1456	904	257	647
湖北	279	137	142	125741	67367	58374	987	457	530
湖南	3858	2140	1718	1487778	773526	714252	1585	583	1002
广东	372	132	240	43136	24480	18656	5500	3131	2369
广西	1007	500	507	395085	200940	194145	5699	2976	2723
海南	204	104	100	63536	32186	31350	495	259	236
重庆	51	19	32	340089	176172	163917	2202	555	1647
四川	265	96	169	144449	74429	70020	2333251	1185788	1147463
贵州	110	53	57	3125356	1607921	1517435	671995	346280	325715
云南	201	103	98	1069933	552249	517684	3990528	2051557	1938971
西藏	53	32	21	89	71	18	113	84	29
陕西	149	53	96	765	423	342	571	316	255
甘肃	160	48	112	107	42	65	222	135	87
青海	39	22	17	135	89	46	247	223	24
宁夏	14	3	11	215	128	87	79	57	22
新疆	7804076	3978847	3825229	3849	2186	1663	1485	825	660

1-2c 续表 3

单位：人

地区	壮族			布依族			朝鲜族		
	小计	男	女	小计	男	女	小计	男	女
全国	**11108724**	**5717277**	**5391447**	**2117203**	**1070621**	**1046582**	**560494**	**284315**	**276179**
北京	1549	513	1036	255	127	128	991	528	463
天津	2248	479	1769	184	50	134	709	296	413
河北	11288	2274	9014	2358	539	1819	2472	1010	1462
山西	812	146	666	172	37	135	43	19	24
内蒙古	503	227	276	148	53	95	6313	3090	3223
辽宁	787	284	503	161	60	101	50186	25547	24639
吉林	332	126	206	62	19	43	317867	161846	156021
黑龙江	376	140	236	121	58	63	176218	89132	87086
上海	2878	1240	1638	1162	617	545	224	116	108
江苏	8627	3279	5348	8331	3162	5169	753	398	355
浙江	29824	13425	16399	51604	26286	25318	277	140	137
安徽	3353	624	2729	2023	265	1758	141	49	92
福建	9752	4372	5380	8151	4270	3881	145	68	77
江西	3191	1048	2143	1115	339	776	63	33	30
山东	1979	316	1663	495	68	427	1650	734	916
河南	2088	462	1626	669	140	529	132	45	87
湖北	2909	764	2145	681	190	491	699	421	278
湖南	17991	6960	11031	1901	422	1479	128	59	69
广东	160950	77579	83371	9195	5055	4140	334	197	137
广西	9819683	5071291	4748392	11137	3845	7292	205	104	101
海南	26326	13299	13027	662	348	314	56	30	26
重庆	952	217	735	1087	194	893	34	9	25
四川	3410	1209	2201	5279	2456	2823	269	135	134
贵州	28916	14094	14822	1973827	1002626	971201	151	78	73
云南	964651	501106	463545	35884	19077	16807	230	120	110
西藏	33	25	8	27	21	6	7	7	
陕西	673	211	462	122	21	101	21	13	8
甘肃	211	82	129	27	11	16	24	12	12
青海	139	101	38	52	41	11	22	10	12
宁夏	63	31	32	26	9	17	13	9	4
新疆	2230	1353	877	285	215	70	117	60	57

1-2c 续表 4

单位：人

地区	满族			侗族			瑶族		
	小计	男	女	小计	男	女	小计	男	女
全国	**5843960**	**3103970**	**2739990**	**2002529**	**1057127**	**945402**	**2143724**	**1121740**	**1021984**
北京	52713	27653	25060	266	147	119	285	129	156
天津	22471	11827	10644	213	74	139	136	36	100
河北	1366557	722777	643780	633	184	449	964	258	706
山西	1100	611	489	52	18	34	97	36	61
内蒙古	184320	97774	86546	156	100	56	85	36	49
辽宁	3188240	1673246	1514994	68	30	38	100	40	60
吉林	481308	263177	218131	35	11	24	53	19	34
黑龙江	483791	270701	213090	68	41	27	81	43	38
上海	575	294	281	1142	647	495	332	180	152
江苏	1960	904	1056	5687	1810	3877	1304	524	780
浙江	1581	889	692	30716	16270	14446	3619	1840	1779
安徽	1774	886	888	1220	193	1027	606	123	483
福建	2018	1162	856	4511	2729	1782	1852	1011	841
江西	622	354	268	1041	549	492	1175	527	648
山东	4129	1790	2339	114	27	87	269	50	219
河南	26174	16467	9707	104	36	68	273	62	211
湖北	1185	642	543	41881	22371	19510	604	190	414
湖南	734	350	384	639994	343128	296866	598772	318253	280519
广东	943	549	394	9716	5642	4074	120720	63643	57077
广西	1028	531	497	231560	117518	114042	1174972	611683	563289
海南	260	102	158	494	269	225	3922	2022	1900
重庆	158	75	83	1257	642	615	249	51	198
四川	1839	955	884	639	222	417	615	178	437
贵州	8190	4377	3813	1029510	543598	485912	33280	17502	15778
云南	4140	2381	1759	943	529	414	198666	102913	95753
西藏	468	238	230	100	47	53	80	51	29
陕西	832	475	357	92	60	32	104	48	56
甘肃	827	491	336	16	4	12	35	14	21
青海	362	212	150	37	31	6	46	23	23
宁夏	1807	970	837	21	15	6	4	2	2
新疆	1854	1110	744	243	185	58	424	253	171

1-2c 续表 5 单位: 人

地区	白族			土家族			哈尼族		
	小计	男	女	小计	男	女	小计	男	女
全国	**1270996**	**647361**	**623635**	**5436386**	**2812425**	**2623961**	**1372649**	**718061**	**654588**
北京	159	86	73	2302	1244	1058	53	23	30
天津	106	47	59	1563	873	690	12	5	7
河北	407	123	284	2507	1004	1503	216	41	175
山西	45	9	36	1098	698	400	131	5	126
内蒙古	146	59	87	1007	551	456	173	41	132
辽宁	74	28	46	627	389	238	87	20	67
吉林	71	38	33	241	136	105	89	21	68
黑龙江	69	41	28	228	131	97	18	3	15
上海	1217	657	560	6045	3347	2698	654	350	304
江苏	1331	452	879	17514	7922	9592	1579	372	1207
浙江	4392	2055	2337	76260	40961	35299	1955	636	1319
安徽	322	93	229	2534	1012	1522	833	78	755
福建	1038	521	517	24622	14148	10474	306	148	158
江西	451	238	213	1538	673	865	89	17	72
山东	606	109	497	1214	500	714	2378	156	2222
河南	210	69	141	1118	329	789	229	26	203
湖北	5139	2641	2498	1476679	759661	717018	109	24	85
湖南	83358	43113	40245	1735595	904739	830856	743	70	673
广东	2077	1166	911	24300	14475	9825	840	456	384
广西	935	483	452	2472	1254	1218	178	63	115
海南	110	51	59	1062	575	487	81	36	45
重庆	202	48	154	979074	504544	474530	703	114	589
四川	3999	1946	2053	40955	21273	19682	892	153	739
贵州	123688	66896	56792	1023739	525022	498717	561	160	401
云南	1040476	526186	514290	1502	984	518	1359571	714973	644598
西藏	103	69	34	79	62	17	5	4	1
陕西	50	22	28	664	415	249	32	12	20
甘肃	15	11	4	318	205	113	15	4	11
青海	48	19	29	220	161	59	6	2	4
宁夏	39	20	19	142	95	47	9	7	2
新疆	113	65	48	9167	5042	4125	102	41	61

1-2c 续表 6

单位：人

地区	哈萨克族			傣族			黎族		
	小计	男	女	小计	男	女	小计	男	女
全 国	**1124883**	**582317**	**542566**	**853715**	**430398**	**423317**	**1080198**	**567963**	**512235**
北 京	146	76	70	75	35	40	48	20	28
天 津	87	38	49	16	9	7	42	24	18
河 北	167	87	80	246	45	201	381	134	247
山 西	212	110	102	112	31	81	197	102	95
内蒙古	101	48	53	70	22	48	304	122	182
辽 宁	54	27	27	88	22	66	476	209	267
吉 林	90	49	41	176	23	153	154	63	91
黑龙江	40	27	13	31	11	20	149	51	98
上 海	109	44	65	230	120	110	161	71	90
江 苏	675	291	384	1208	320	888	1003	385	618
浙 江	151	72	79	2645	1224	1421	2965	1541	1424
安 徽	460	220	240	506	53	453	895	367	528
福 建	738	353	385	691	319	372	1369	591	778
江 西	900	443	457	250	118	132	641	254	387
山 东	290	108	182	1577	118	1459	476	174	302
河 南	3083	1480	1603	355	45	310	475	165	310
湖 北	949	456	493	151	70	81	910	397	513
湖 南	1660	818	842	471	49	422	1170	484	686
广 东	1205	638	567	1021	446	575	2802	1196	1606
广 西	1007	523	484	321	83	238	1785	830	955
海 南	1082	562	520	477	227	250	960831	507359	453472
重 庆	45	20	25	316	39	277	77	27	50
四 川	873	426	447	5365	2352	3013	669	257	412
贵 州	1542	785	757	482	163	319	100212	52113	48099
云 南	555	296	259	836721	424421	412300	1562	800	762
西 藏	1914	1059	855	9	3	6	7	5	2
陕 西	246	142	104	31	5	26	104	40	64
甘 肃	612	284	328	14	3	11	122	61	61
青 海	554	282	272	13	7	6	18	9	9
宁 夏	26	13	13	7	4	3	19	9	10
新 疆	1105310	572540	532770	40	11	29	174	103	71

1-2c 续表 7

单位：人

地区	傈僳族			佤族			畲族		
	小计	男	女	小计	男	女	小计	男	女
全国	**627204**	**317654**	**309550**	**350462**	**177087**	**173375**	**476350**	**260080**	**216270**
北京	58	41	17	41	30	11	89	57	32
天津	7	3	4	59	33	26	13	8	5
河北	1629	191	1438	324	115	209	135	88	47
山西	109	5	104	334	84	250	72	59	13
内蒙古	333	69	264	328	59	269	73	53	20
辽宁	540	62	478	96	29	67	31	22	9
吉林	75	13	62	84	25	59	3	2	1
黑龙江	25	8	17	40	16	24	13	6	7
上海	188	105	83	503	332	171	180	105	75
江苏	799	135	664	692	281	411	386	190	196
浙江	849	279	570	1717	745	972	107490	56164	51326
安徽	434	41	393	741	245	496	1027	554	473
福建	87	32	55	439	238	201	246449	133479	112970
江西	45	9	36	386	156	230	70479	41915	28564
山东	1487	114	1373	3785	398	3387	39	23	16
河南	122	13	109	1233	200	1033	46	22	24
湖北	58	24	34	269	110	159	1650	1096	554
湖南	134	44	90	547	154	393	1884	1091	793
广东	202	114	88	896	530	366	15309	8885	6424
广西	76	27	49	294	97	197	106	56	50
海南	2	2		83	46	37	105	55	50
重庆	131	26	105	410	56	354	26	15	11
四川	19819	9797	10022	924	156	768	92	42	50
贵州	167	65	102	463	172	291	30273	15828	14445
云南	599737	306394	293343	335529	172666	162863	299	195	104
西藏	11	6	5	29	17	12	2	2	
陕西	10	1	9	90	48	42	11	7	4
甘肃	5	1	4	40	14	26	32	30	2
青海	6	6		13	7	6	4	2	2
宁夏	3	1	2	5	2	3	3	3	
新疆	56	26	30	68	26	42	29	26	3

1-2c 续表 8

单位：人

地区	高山族			拉祜族			水族		
	小计	男	女	小计	男	女	小计	男	女
全国	**1590**	**806**	**784**	**406937**	**210054**	**196883**	**331375**	**171183**	**160192**
北京	7	4	3	22	12	10	24	12	12
天津				5	2	3	95	51	44
河北	156	84	72	96	19	77	191	42	149
山西	2		2	121	9	112	18	6	12
内蒙古	17	8	9	241	42	199	45	20	25
辽宁	61	24	37	10	2	8	8	4	4
吉林	30	13	17	20	4	16	14	5	9
黑龙江	5	1	4	7		7	22	13	9
上海				150	88	62	195	96	99
江苏	42	20	22	619	65	554	7632	4076	3556
浙江	21	13	8	1051	198	853	4465	2198	2267
安徽	24	6	18	269	13	256	272	71	201
福建	105	52	53	109	47	62	951	533	418
江西	115	72	43	93	11	82	344	144	200
山东	10	3	7	1447	103	1344	109	39	70
河南	587	304	283	594	28	566	173	89	84
湖北	113	62	51	38	12	26	351	199	152
湖南	57	30	27	293	16	277	324	136	188
广东	24	11	13	287	99	188	885	531	354
广西	66	33	33	52	18	34	8542	4497	4045
海南	26	14	12	20	10	10	53	29	24
重庆	5	1	4	286	34	252	43	11	32
四川	33	13	20	366	52	314	552	242	310
贵州	22	7	15	99	27	72	299804	154729	145075
云南	41	19	22	400579	209118	191461	6193	3363	2830
西藏	2	1	1	1	1		1		1
陕西	1	1		16	4	12	11	4	7
甘肃	8	5	3	4	1	3	8	5	3
青海	3	2	1	4	2	2	13	6	7
宁夏				2		2	2	2	
新疆	7	3	4	36	17	19	35	30	5

1-2c 续表 9

单位：人

地区	东乡族			纳西族			景颇族		
	小计	男	女	小计	男	女	小计	男	女
全国	**517761**	**261613**	**256148**	**208500**	**105801**	**102699**	**118677**	**57441**	**61236**
北京	33	20	13	20	5	15	8	3	5
天津	9	9		1	1		2	2	
河北	5		5	133	19	114	39	8	31
山西	7	7		16	4	12	96	7	89
内蒙古	98	60	38	21	9	12	17	2	15
辽宁				4	1	3	34	8	26
吉林				1		1	385	38	347
黑龙江				7	2	5	9	1	8
上海	8	5	3	16	7	9	23	10	13
江苏	89	57	32	104	22	82	182	42	140
浙江	21	9	12	302	47	255	175	58	117
安徽	2	2		32	3	29	130	20	110
福建	5	3	2	23	10	13	119	40	79
江西	8	4	4	19	7	12	21		21
山东	5	1	4	128	8	120	458	27	431
河南	8	5	3	57	6	51	108	10	98
湖北	10	6	4	21	9	12	14	3	11
湖南	7	3	4	30	6	24	97	11	86
广东	19	12	7	49	29	20	104	56	48
广西				28	11	17	18	2	16
海南	1		1	5	3	2	2	1	1
重庆	1		1	53	2	51	31	4	27
四川	20	13	7	8562	4303	4259	95	13	82
贵州	542	254	288	80	28	52	51	18	33
云南	33	21	12	197706	100735	96971	116437	57052	59385
西藏	121	81	40	1026	500	526			
陕西	8	4	4	9	5	4	6		6
甘肃	461236	231646	229590	5	4	1	5	1	4
青海	1057	594	463	4	3	1	1		1
宁夏	893	525	368				1		1
新疆	53515	28272	25243	38	12	26	9	4	5

1-2c 续表 10

单位: 人

地区	柯尔克孜族			土族			达斡尔族		
	小计	男	女	小计	男	女	小计	男	女
全国	**151181**	**77382**	**73799**	**195674**	**100217**	**95457**	**55985**	**28574**	**27411**
北京	20	7	13	34	19	15	107	47	60
天津	2		2	63	32	31	56	32	24
河北	6	1	5	223	73	150	211	69	142
山西	2	1	1	82	36	46	14	6	8
内蒙古	19	12	7	212	105	107	27836	14293	13543
辽宁	14	8	6	34	17	17	316	111	205
吉林	3	2	1	33	14	19	107	45	62
黑龙江	731	379	352	17	10	7	24138	12334	11804
上海	9	1	8	298	162	136	14	6	8
江苏	15	8	7	1065	399	666	59	20	39
浙江	63	32	31	1503	789	714	26	14	12
安徽	8	6	2	198	72	126	15	7	8
福建	7	5	2	1051	604	447	7	2	5
江西	44	24	20	178	73	105	19	7	12
山东	12	5	7	161	42	119	149	58	91
河南	7	4	3	223	55	168	22	5	17
湖北	3	1	2	878	422	456	17	6	11
湖南	19	10	9	2177	986	1191	10	3	7
广东	42	34	8	1887	1085	802	15	8	7
广西	6	2	4	782	327	455	9	4	5
海南	1	1		116	73	43	4	1	3
重庆				143	67	76			
四川	15	9	6	418	174	244	23	10	13
贵州	1		1	2665	1462	1203	9	5	4
云南	20	11	9	2520	1350	1170	32	9	23
西藏	1780	899	881	309	201	108	2	2	
陕西	1		1	73	35	38	8	4	4
甘肃				19174	9556	9618	5	1	4
青海	3		3	156832	80754	76078	1		1
宁夏	1		1	60	41	19			
新疆	148327	75920	72407	2265	1182	1083	2754	1465	1289

1-2c 续表 11

单位：人

地区	仫佬族			羌族			布朗族		
	小计	男	女	小计	男	女	小计	男	女
全国	**120554**	**63199**	**57355**	**214022**	**109110**	**104912**	**101121**	**52206**	**48915**
北京	16	6	10	67	37	30	8	4	4
天津	17	1	16	9	5	4			
河北	192	52	140	115	58	57	32	5	27
山西	9	1	8	187	155	32	13	2	11
内蒙古	4	3	1	47	30	17	9	3	6
辽宁	6		6	27	12	15	8	3	5
吉林	3	1	2	7	6	1	4	1	3
黑龙江	6	2	4	3	1	2	1		1
上海	87	38	49	73	37	36	16	8	8
江苏	206	81	125	366	171	195	185	39	146
浙江	839	425	414	537	302	235	171	46	125
安徽	51	8	43	97	37	60	51	5	46
福建	166	77	89	119	60	59	59	31	28
江西	69	25	44	73	43	30	19	11	8
山东	35	3	32	47	13	34	184	24	160
河南	36	10	26	46	17	29	51	6	45
湖北	54	5	49	64	42	22	6		6
湖南	651	334	317	48	26	22	115	4	111
广东	1645	871	774	199	117	82	76	35	41
广西	97482	51131	46351	55	26	29	21	6	15
海南	78	46	32	24	10	14	94	51	43
重庆	64	19	45	57	18	39	192	21	171
四川	48	13	35	210732	107296	103436	112	20	92
贵州	18674	9977	8697	654	379	275	24	6	18
云南	72	43	29	141	84	57	99656	51869	47787
西藏				10	6	4	2	1	1
陕西	9	4	5	19	5	14	1	1	
甘肃	4	1	3	8	6	2	2		2
青海	1	1		13	7	6	1	1	
宁夏				62	42	20			
新疆	30	21	9	116	62	54	8	3	5

1-2c 续表 12

单位：人

地区	撒拉族			毛南族			仡佬族		
	小计	男	女	小计	男	女	小计	男	女
全　国	**91318**	**45355**	**45963**	**66802**	**35490**	**31312**	**355072**	**186200**	**168872**
北　京	11	8	3	8	3	5	144	67	77
天　津	1	1		29	6	23	18	9	9
河　北	23	10	13	39	6	33	121	40	81
山　西	1		1	6	3	3	33	14	19
内蒙古	4	2	2				66	41	25
辽　宁	5	5		1		1	16	5	11
吉　林	2	2					2	1	1
黑龙江	3		3				11	4	7
上　海	22	11	11	30	9	21	742	402	340
江　苏	50	21	29	60	21	39	1078	514	564
浙　江	42	20	22	475	226	249	6122	3297	2825
安　徽	10	2	8	30	3	27	172	62	110
福　建	14	4	10	94	52	42	754	439	315
江　西	10	2	8	21	7	14	114	47	67
山　东	13	5	8	21	9	12	78	33	45
河　南	17	7	10	8		8	78	24	54
湖　北	19	11	8	77	29	48	199	88	111
湖　南	31	12	19	99	33	66	384	125	259
广　东	57	33	24	690	385	305	1498	838	660
广　西	27	6	21	40971	21947	19024	2616	1357	1259
海　南				22	13	9	70	48	22
重　庆	1		1	13	4	9	1382	531	851
四　川	92	52	40	30	8	22	487	214	273
贵　州	16	7	9	24003	12675	11328	336930	176905	160025
云　南	53	28	25	56	37	19	1807	1013	794
西　藏	27	18	9				11	6	5
陕　西	10	5	5	6	3	3	28	9	19
甘　肃	10572	5342	5230				4		4
青　海	77330	38218	39112				2	1	1
宁　夏	3	1	2				3	2	1
新　疆	2852	1522	1330	13	11	2	102	64	38

1-2c 续表 13 单位：人

地区	锡伯族			阿昌族			普米族		
	小计	男	女	小计	男	女	小计	男	女
全国	**89603**	**48783**	**40820**	**30505**	**15092**	**15413**	**34193**	**17140**	**17053**
北京	59	26	33	6	2	4	2		2
天津	15	8	7	1	1		2	1	1
河北	81	35	46	6	1	5	6		6
山西	5	4	1	2		2	1	1	
内蒙古	1026	515	511	7	4	3	1	1	
辽宁	70607	38599	32008	2		2	7	1	6
吉林	865	472	393	16	1	15	3	1	2
黑龙江	2999	1787	1212						
上海	13	6	7	23	16	7	11	6	5
江苏	39	12	27	45	22	23	22	4	18
浙江	17	4	13	33	13	20	16	5	11
安徽	5	2	3	16	1	15	14	5	9
福建	22	12	10	24	12	12	6	3	3
江西	12	1	11	4	1	3	5	3	2
山东	46	12	34	70	6	64	29	1	28
河南	5	1	4	16	3	13	3		3
湖北	13	8	5	5	2	3	6	1	5
湖南	7	2	5	13		13	18	8	10
广东	10	5	5	62	36	26	19	9	10
广西	11	6	5	7		7	7	5	2
海南									
重庆	3		3	14	4	10	5	1	4
四川	37	19	18	32	5	27	79	24	55
贵州	14	7	7	12	1	11	6	3	3
云南	13	6	7	30087	14960	15127	33906	17050	16856
西藏	1		1				4	2	2
陕西	15	7	8				1		1
甘肃	3		3				3	2	1
青海	3	2	1						
宁夏	3	2	1	2	1	1	2		2
新疆	13654	7223	6431				8	3	5

1-2c 续表 14

单位：人

地区	塔吉克族			怒族			乌孜别克族		
	小计	男	女	小计	男	女	小计	男	女
全国	**41420**	**21149**	**20271**	**31340**	**15940**	**15400**	**3346**	**1914**	**1432**
北京				1	1				
天津	1	1		4	3	1			
河北	4	3	1	126	37	89	3	2	1
山西				35	17	18	1		1
内蒙古	2	1	1	7	2	5			
辽宁				58	13	45	1		1
吉林				14	4	10			
黑龙江	3	1	2	8	5	3	1	1	
上海	3	2	1	21	11	10			
江苏	6	1	5	133	48	85	2		2
浙江	1362	803	559	62	20	42	17	8	9
安徽	1		1	102	40	62	3	2	1
福建	5	5		126	59	67	2	1	1
江西	1		1	33	15	18	5	2	3
山东	19	10	9	243	98	145	6	3	3
河南	6	2	4	102	41	61	11	8	3
湖北	1		1	80	38	42	2	1	1
湖南	1		1	110	48	62	16	5	11
广东	17	10	7	164	69	95	10	6	4
广西	1		1	79	40	39	9	5	4
海南				1034	554	480			
重庆	1		1	5	1	4	1	1	
四川	17	3	14	192	66	126	12	5	7
贵州				12	4	8			
云南	3	2	1	28029	14437	13592	3	3	
西藏				471	231	240	3	1	2
陕西				18	8	10			
甘肃	1		1	45	17	28	2	1	1
青海	1		1	4	3	1			
宁夏				1		1	2	1	1
新疆	39964	20305	19659	20	9	11	3234	1858	1376

1-2c 续表 15 单位：人

地区	俄罗斯族			鄂温克族			德昂族		
	小计	男	女	小计	男	女	小计	男	女
全国	**2372**	**1260**	**1112**	**14152**	**7057**	**7095**	**17449**	**8492**	**8957**
北京	15	1	14	36	13	23	10	10	
天津	1		1	15	8	7			
河北	12	4	8	48	17	31	4	1	3
山西				5	2	3	4	2	2
内蒙古	1073	582	491	12610	6371	6239	1		1
辽宁	30	11	19	95	30	65			
吉林	4	1	3	7	2	5	2		2
黑龙江	58	38	20	1181	548	633			
上海	4	2	2	4	2	2	8	6	2
江苏	15	4	11	7	2	5	7	2	5
浙江	1		1	3	1	2	18	4	14
安徽	1		1				16		16
福建	3	2	1	5	3	2	7	3	4
江西	4	1	3	8	3	5	1		1
山东	13	8	5	49	21	28	39	9	30
河南	7	2	5	5	1	4	10		10
湖北	2	1	1	3		3	20	9	11
湖南	5	1	4				6		6
广东	2	1	1	12	7	5	13	7	6
广西	2	1	1	28	9	19	4	1	3
海南				2	1	1	1		1
重庆							5	1	4
四川	5	3	2	4	2	2	17	4	13
贵州	6	2	4				13	5	8
云南				5	2	3	17238	8425	8813
西藏	3	1	2						
陕西				2	1	1	1	1	
甘肃	2		2	1	1				
青海	2		2	2	1	1	1	1	
宁夏				1	1				
新疆	1102	594	508	14	8	6	3	1	2

1-2c 续表 16

单位：人

地区	保安族			裕固族			京族		
	小计	男	女	小计	男	女	小计	男	女
全国	**16189**	**7982**	**8207**	**7499**	**3986**	**3513**	**12731**	**6651**	**6080**
北京				5	3	2	4		4
天津							2		2
河北	1	1		13	8	5	38	12	26
山西				1		1	12	5	7
内蒙古	6	5	1	2	1	1	2	1	1
辽宁				2		2	3	3	
吉林							4	2	2
黑龙江				4	2	2	13	5	8
上海							2	1	1
江苏	6	1	5	5	2	3	89	36	53
浙江	1		1	4	2	2	59	32	27
安徽	5	1	4	16	8	8	61	24	37
福建	1	1		8	5	3	92	33	59
江西				4	2	2	164	93	71
山东				5	2	3	30	11	19
河南	2	1	1	14	5	9	45	17	28
湖北				5	2	3	46	24	22
湖南	3	3		2	1	1	31	13	18
广东	2	1	1	14	6	8	124	45	79
广西				2		2	10711	5681	5030
海南							139	72	67
重庆							2	1	1
四川	16	13	3	4	2	2	133	58	75
贵州							616	358	258
云南	40	29	11	5	2	3	233	91	142
西藏	5	4	1	3	1	2	1		1
陕西				3	1	2	16	5	11
甘肃	15587	7623	7964	7161	3816	3345	38	20	18
青海	97	46	51	53	24	29	7	4	3
宁夏				2		2	1		1
新疆	417	253	164	162	91	71	13	4	9

1-2c 续表 17 单位:人

地区	塔塔尔族			独龙族			鄂伦春族		
	小计	男	女	小计	男	女	小计	男	女
全国	**1438**	**830**	**608**	**5776**	**2819**	**2957**	**3567**	**1701**	**1866**
北京	2	1	1				13	7	6
天津				1	1		5	1	4
河北	8	4	4	15	4	11	28	11	17
山西									
内蒙古	5	2	3	1	1		1369	657	712
辽宁	2	1	1	4	1	3	40	14	26
吉林				1		1	44	20	24
黑龙江				7	2	5	2001	955	1046
上海	1	1		2	1	1			
江苏	4	2	2	18	7	11	9	6	3
浙江	4		4	17	2	15	6	3	3
安徽	4	2	2	22	2	20	2	1	1
福建	3		3	3		3			
江西	2	2		2	1	1	2	1	1
山东	3	1	2	21		21	15	3	12
河南				35	18	17			
湖北	3	1	2	11	3	8	1	1	
湖南	9	4	5	25	14	11			
广东	5	3	2	6	3	3	16	10	6
广西	13	7	6	7	2	5			
海南									
重庆				2	1	1			
四川	5	2	3	32	12	20	2	2	
贵州	3	1	2	59	31	28	9	7	2
云南	6	4	2	5433	2686	2747	2		2
西藏				37	19	18			
陕西									
甘肃	1	1		3	2	1			
青海				2	2				
宁夏									
新疆	1355	791	564	10	4	6	3	2	1

1-2c 续表 18

单位：人

地区	赫哲族			门巴族			珞巴族		
	小计	男	女	小计	男	女	小计	男	女
全　国	**1729**	**910**	**819**	**8151**	**4169**	**3982**	**3162**	**1563**	**1599**
北　京	7	4	3						
天　津	1		1	1	1				
河　北	17	8	9	13	8	5	1		1
山　西	3	1	2						
内蒙古	25	14	11	1		1			
辽　宁	22	12	10				7	6	1
吉　林	107	58	49	14	8	6			
黑龙江	1302	703	599	1	1		1		1
上　海	1		1						
江　苏	21	11	10	17	10	7			
浙　江	8	4	4	9	5	4			
安　徽	8	2	6	3	2	1	1		1
福　建	8	3	5	11	4	7	4	3	1
江　西	2		2	10	7	3			
山　东	14	5	9	6	2	4			
河　南	8	3	5	25	8	17			
湖　北	5	4	1	14	7	7			
湖　南	19	8	11	25	11	14			
广　东	47	21	26	22	9	13			
广　西	9	1	8	32	15	17			
海　南	1		1						
重　庆	3	1	2	13	6	7			
四　川	52	25	27	11	1	10	6	1	5
贵　州	1	1		5	2	3	63	38	25
云　南	14	6	8	1		1	2	1	1
西　藏				7834	4023	3811	3073	1513	1560
陕　西	1		1	1	1		1		1
甘　肃	2	2		80	37	43			
青　海	9	7	2	2	1	1			
宁　夏	2		2						
新　疆	10	6	4				3	1	2

1-2c 续表 19

单位：人

地区	基诺族			其他未识别的民族			外国人加入中国籍		
	小计	男	女	小计	男	女	小计	男	女
全国	**17897**	**9304**	**8593**	**468226**	**244892**	**223334**	**800**	**244**	**556**
北京	3		3	23	10	13			
天津				7	1	6	1		1
河北	9	6	3	32	7	25	5	2	3
山西	1		1	40	13	27	7	2	5
内蒙古	5	2	3	20	10	10	5	2	3
辽宁	1		1	14	11	3	3	1	2
吉林	16	13	3				1		1
黑龙江	1		1	3	2	1	8	2	6
上海	3	1	2	140	66	74	1		1
江苏	13	3	10	1335	636	699	29	14	15
浙江	8	3	5	3429	1934	1495	4		4
安徽	2	1	1	76	21	55	16	10	6
福建	5	2	3	973	555	418	45	16	29
江西	1		1	391	198	193	50	22	28
山东	12	4	8	51	19	32	8	1	7
河南	3		3	44	14	30	114	46	68
湖北	1		1	461	213	248	49	18	31
湖南	13	1	12	204	82	122	52	20	32
广东	5		5	244	129	115	100	14	86
广西	1		1	60	31	29	45	17	28
海南				43	26	17	11	1	10
重庆	18	5	13	37	11	26	3		3
四川	37	3	34	108	48	60	26	11	15
贵州	1		1	457895	239534	218361	1	1	
云南	17734	9257	8477	631	334	297	138	10	128
西藏				1847	927	920			
陕西				6	3	3	22	9	13
甘肃	1		1	51	21	30	36	15	21
青海				2	1	1			
宁夏							1		1
新疆	3	3		59	35	24	19	10	9

1-3 各民族人口户口登记状况

单位：人

民 族	合 计			一、居住本乡镇街道，户口在本乡镇街道		
	合计	男	女	小计	男	女
总 计	**1332810869**	**682329104**	**650481765**	**1056153448**	**537438206**	**518715242**
汉 族	1220844520	625032848	595811672	963028647	489589964	473438683
蒙古族	5981840	2999520	2982320	4741256	2406830	2334426
回 族	10586087	5373741	5212346	8475579	4304088	4171491
藏 族	6282187	3155625	3126562	5657243	2841980	2815263
维吾尔族	10069346	5097594	4971752	8924386	4554439	4369947
苗 族	9426007	4870328	4555679	7655451	3968912	3686539
彝 族	8714393	4456382	4258011	7514693	3853234	3661459
壮 族	16926381	8689488	8236893	13722019	7061082	6660937
布依族	2870034	1455720	1414314	2364845	1198522	1166323
朝鲜族	1830929	910535	920394	1068827	533161	535666
满 族	10387958	5401812	4986146	8586941	4507935	4079006
侗 族	2879974	1511959	1368015	2407466	1265097	1142369
瑶 族	2796003	1458842	1337161	2355008	1233792	1121216
白 族	1933510	978998	954512	1685836	851500	834336
土家族	8353912	4307260	4046652	6864187	3530227	3333960
哈尼族	1660932	863370	797562	1421151	740305	680846
哈萨克族	1462588	747368	715220	1277293	660580	616713
傣 族	1261311	625176	636135	1133315	568742	564573
黎 族	1463064	756992	706072	1266144	669882	596262
傈僳族	702839	355374	347465	638810	326282	312528
佤 族	429709	216439	213270	378098	192115	185983
畲 族	708651	383213	325438	563050	306811	256239
高山族	4009	2029	1980	2981	1520	1461
拉祜族	485966	247667	238299	438074	226438	211636
水 族	411847	213644	198203	339892	176548	163344
东乡族	621500	317490	304010	542106	275357	266749
纳西族	326295	162635	163660	282902	141586	141316
景颇族	147828	71318	76510	121430	61040	60390
柯尔克孜族	186708	94645	92063	172141	87760	84381
土 族	289565	148055	141510	231108	117125	113983
达斡尔族	131992	64866	67126	107368	53893	53475
仫佬族	216257	110516	105741	176662	91048	85614
羌 族	309576	156539	153037	263454	133709	129745
布朗族	119639	61230	58409	106235	54825	51410
撒拉族	130607	66281	64326	107051	53515	53536
毛南族	101192	52836	48356	81522	42761	38761
仡佬族	550746	289369	261377	438441	229626	208815
锡伯族	190481	99571	90910	153490	81781	71709
阿昌族	39555	19751	19804	34498	17167	17331
普米族	42861	21433	21428	38008	19107	18901
塔吉克族	51069	26112	24957	43825	22379	21446
怒 族	37523	18907	18616	33015	16780	16235
乌孜别克族	10569	5673	4896	8674	4731	3943
俄罗斯族	15393	7284	8109	11634	5628	6006
鄂温克族	30875	14668	16207	24038	11792	12246
德昂族	20556	10039	10517	17757	9064	8693
保安族	20074	10016	10058	17617	8688	8929
裕固族	14378	7325	7053	10712	5540	5172
京 族	28199	14416	13783	22959	12055	10904
塔塔尔族	3556	1899	1657	2872	1555	1317
独龙族	6930	3349	3581	6298	3076	3222
鄂伦春族	8659	4033	4626	6582	3116	3466
赫哲族	5354	2651	2703	3951	1969	1982
门巴族	10561	5261	5300	9660	4888	4772
珞巴族	3682	1803	1879	3396	1664	1732
基诺族	23143	11744	11399	20606	10715	9891
其他未识别的民族	640101	334908	305193	541285	283884	257401
外国人加入中国籍	1448	557	891	959	396	563

1-3 续表

单位：人

民族	二、居住本乡镇街道，户口在外乡镇街道，离开半年以上			三、居住本乡镇街道，户口待定			四、居住本乡镇街道，现在国外工作学习		
	小计	男	女	小计	男	女	小计	男	女
总　计	**260937942**	**136974792**	**123963150**	**13764435**	**6866826**	**6897609**	**1955044**	**1049280**	**905764**
汉　族	244399334	128657464	115741870	11884255	5950812	5933443	1532284	834608	697676
蒙古族	1197804	571142	626662	36755	18427	18328	6025	3121	2904
回　族	1961129	997027	964102	141621	68641	72980	7758	3985	3773
藏　族	517760	257734	260026	99497	50446	49051	7687	5465	2222
维吾尔族	815184	378973	436211	325531	161274	164257	4245	2908	1337
苗　族	1532234	787452	744782	237113	113301	123812	1209	663	546
彝　族	983874	496381	487493	213782	105600	108182	2044	1167	877
壮　族	2922969	1490565	1432404	275665	135007	140658	5728	2834	2894
布依族	444680	227737	216943	60242	29338	30904	267	123	144
朝鲜族	440705	217602	223103	3585	1602	1983	317812	158170	159642
满　族	1725131	854488	870643	59427	30711	28716	16459	8678	7781
侗　族	447958	234950	213008	24081	11689	12392	469	223	246
瑶　族	368170	189949	178221	71998	34707	37291	827	394	433
白　族	231508	119459	112049	15457	7679	7778	709	360	349
土家族	1411644	738315	673329	76440	37786	38654	1641	932	709
哈尼族	212745	109704	103041	24063	11784	12279	2973	1577	1396
哈萨克族	146605	66717	79888	10432	5212	5220	28258	14859	13399
傣　族	103012	46977	56035	21165	8109	13056	3819	1348	2471
黎　族	158526	68552	89974	38207	18497	19710	187	61	126
傈僳族	43411	19788	23623	18320	8116	10204	2298	1188	1110
佤　族	39341	18805	20536	8953	3659	5294	3317	1860	1457
畲　族	131891	69602	62289	11958	5882	6076	1752	918	834
高山族	947	473	474	57	22	35	24	14	10
拉祜族	39374	17646	21728	7663	3143	4520	855	440	415
水　族	57376	29901	27475	14544	7175	7369	35	20	15
东乡族	55578	30736	24842	23720	11342	12378	96	55	41
纳西族	42110	20430	21680	1134	545	589	149	74	75
景颇族	16615	7343	9272	8958	2456	6502	825	479	346
柯尔克孜族	12167	5701	6466	2305	1123	1182	95	61	34
土　族	55671	29568	26103	2750	1345	1405	36	17	19
达斡尔族	23407	10374	13033	974	485	489	243	114	129
仫佬族	37247	18334	18913	2231	1097	1134	117	37	80
羌　族	44948	22220	22728	1114	573	541	60	37	23
布朗族	8612	3991	4621	2110	987	1123	2682	1427	1255
撒拉族	21309	11712	9597	2208	1027	1181	39	27	12
毛南族	18556	9516	9040	1068	538	530	46	21	25
仡佬族	103605	55544	48061	8627	4155	4472	73	44	29
锡伯族	35584	17037	18547	759	392	367	648	361	287
阿昌族	4299	2211	2088	689	332	357	69	41	28
普米族	4122	1968	2154	719	349	370	12	9	3
塔吉克族	6649	3430	3219	593	301	292	2	2	
怒　族	3019	1394	1625	822	397	425	667	336	331
乌孜别克族	1653	818	835	173	89	84	69	35	34
俄罗斯族	3567	1572	1995	88	37	51	104	47	57
鄂温克族	6457	2703	3754	323	155	168	57	18	39
德昂族	1316	597	719	1455	364	1091	28	14	14
保安族	1858	1034	824	596	292	304	3	2	1
裕固族	3597	1754	1843	66	30	36	3	1	2
京　族	4365	2042	2323	801	298	503	74	21	53
塔塔尔族	553	274	279	28	10	18	103	60	43
独龙族	544	229	315	88	44	44			
鄂伦春族	1999	881	1118	74	35	39	4	1	3
赫哲族	1359	658	701	40	23	17	4	1	3
门巴族	817	326	491	84	47	37			
珞巴族	224	113	111	62	26	36			
基诺族	2112	834	1278	414	192	222	11	3	8
其他未识别的民族	80482	41941	38541	18303	9069	9234	31	14	17
外国人加入中国籍	229	104	125	248	52	196	12	5	7

1-4 各地区少数民族农业、非农业户口人数

单位：人、%

地 区	合 计			农业户口人数		
	合计	男	女	小计	男	女
全 国	**110086169**	**56380242**	**53705927**	**88244693**	**45126148**	**43118545**
北 京	791925	392039	399886	236212	123511	112701
天 津	328557	166298	162259	113808	60188	53620
河 北	2971407	1524451	1446956	2279200	1171519	1107681
山 西	92864	47450	45414	27442	14006	13436
内 蒙 古	5027131	2517358	2509773	3137903	1583013	1554890
辽 宁	6609723	3392696	3217027	4555543	2352174	2203369
吉 林	2179993	1111773	1068220	1087479	567678	519801
黑 龙 江	1369708	727417	642291	863137	463437	399700
上 海	273368	137078	136290	130417	69546	60871
江 苏	381871	182467	199404	233086	108921	124165
浙 江	1201706	639006	562700	1129252	602338	526914
安 徽	390053	188413	201640	202606	94247	108359
福 建	784594	430643	353951	702316	386116	316200
江 西	149825	82458	67367	113626	63240	50386
山 东	717484	352386	365098	426383	206980	219403
河 南	1110709	563269	547440	660272	340374	319898
湖 北	2442731	1249841	1192890	2004179	1009198	994981
湖 南	6485066	3358114	3126952	5440099	2800891	2639208
广 东	2049236	1117335	931901	1820906	998208	822698
广 西	16780727	8607857	8172870	14317871	7288157	7029714
海 南	1386274	720063	666211	1113074	578216	534858
重 庆	1915002	981062	933940	1536900	781205	755695
四 川	4739963	2400138	2339825	4281280	2156165	2125115
贵 州	12135981	6257089	5878892	10606633	5412786	5193847
云 南	15112541	7731807	7380734	13494287	6865036	6629251
西 藏	2709418	1367563	1341855	2388485	1205158	1183327
陕 西	188668	95582	93086	52689	27601	25088
甘 肃	2356758	1196759	1159999	1857686	939553	918133
青 海	2595231	1316280	1278951	2178131	1104003	1074128
宁 夏	2171601	1103457	1068144	1654864	843111	811753
新 疆	12636054	6422093	6213961	9598927	4909572	4689355

1-4 续表

单位：人、%

地区	非农业户口人数			非农业户口人数占总人口的比重		
	小计	男	女	合计	男	女
全国	**21841476**	**11254094**	**10587382**	**19.84**	**19.96**	**19.71**
北京	555713	268528	287185	70.17	68.50	71.82
天津	214749	106110	108639	65.36	63.81	66.95
河北	692207	352932	339275	23.30	23.15	23.45
山西	65422	33444	31978	70.45	70.48	70.41
内蒙古	1889228	934345	954883	37.58	37.12	38.05
辽宁	2054180	1040522	1013658	31.08	30.67	31.51
吉林	1092514	544095	548419	50.12	48.94	51.34
黑龙江	506571	263980	242591	36.98	36.29	37.77
上海	142951	67532	75419	52.29	49.27	55.34
江苏	148785	73546	75239	38.96	40.31	37.73
浙江	72454	36668	35786	6.03	5.74	6.36
安徽	187447	94166	93281	48.06	49.98	46.26
福建	82278	44527	37751	10.49	10.34	10.67
江西	36199	19218	16981	24.16	23.31	25.21
山东	291101	145406	145695	40.57	41.26	39.91
河南	450437	222895	227542	40.55	39.57	41.56
湖北	438552	240643	197909	17.95	19.25	16.59
湖南	1044967	557223	487744	16.11	16.59	15.60
广东	228330	119127	109203	11.14	10.66	11.72
广西	2462856	1319700	1143156	14.68	15.33	13.99
海南	273200	141847	131353	19.71	19.70	19.72
重庆	378102	199857	178245	19.74	20.37	19.09
四川	458683	243973	214710	9.68	10.16	9.18
贵州	1529348	844303	685045	12.60	13.49	11.65
云南	1618254	866771	751483	10.71	11.21	10.18
西藏	320933	162405	158528	11.85	11.88	11.81
陕西	135979	67981	67998	72.07	71.12	73.05
甘肃	499072	257206	241866	21.18	21.49	20.85
青海	417100	212277	204823	16.07	16.13	16.01
宁夏	516737	260346	256391	23.80	23.59	24.00
新疆	3037127	1512521	1524606	24.04	23.55	24.54

1-5 各民族农业、非农业户口人数

单位：人、%

民族	合计			农业户口人数		
	合计	男	女	小计	男	女
总　计	**1319046434**	**675462278**	**643584156**	**934707073**	**477179933**	**457527140**
汉　族	1208960265	619082036	589878229	846462380	432053785	414408595
蒙古族	5945085	2981093	2963992	3903385	1974083	1929302
回　族	10444466	5305100	5139366	6579060	3367995	3211065
藏　族	6182690	3105179	3077511	5413405	2713753	2699652
维吾尔族	9743815	4936320	4807495	7611395	3879671	3731724
苗　族	9188894	4757027	4431867	8220013	4226240	3993773
彝　族	8500611	4350782	4149829	7781067	3951635	3829432
壮　族	16650716	8554481	8096235	14298721	7290373	7008348
布依族	2809792	1426382	1383410	2497622	1255938	1241684
朝鲜族	1827344	908933	918411	796127	401182	394945
满　族	10328531	5371101	4957430	7167520	3758284	3409236
侗　族	2855893	1500270	1355623	2452618	1280521	1172097
瑶　族	2724005	1424135	1299870	2403601	1253162	1150439
白　族	1918053	971319	946734	1574133	785971	788162
土家族	8277472	4269474	4007998	6825723	3488099	3337624
哈尼族	1636869	851586	785283	1491056	773925	717131
哈萨克族	1452156	742156	710000	1019250	523247	496003
傣　族	1240146	617067	623079	1115085	555871	559214
黎　族	1424857	738495	686362	1172851	606772	566079
傈僳族	684519	347258	337261	646213	325520	320693
佤　族	420756	212780	207976	385060	193955	191105
畲　族	696693	377331	319362	617746	332813	284933
高山族	3952	2007	1945	1956	1019	937
拉祜族	478303	244524	233779	442434	226968	215466
水　族	397303	206469	190834	362321	186758	175563
东乡族	597780	306148	291632	530687	271420	259267
纳西族	325161	162090	163071	248393	122151	126242
景颇族	138870	68862	70008	124885	62068	62817
柯尔克孜族	184403	93522	90881	144738	73006	71732
土　族	286815	146710	140105	234322	119723	114599
达斡尔族	131018	64381	66637	55945	28210	27735
仫佬族	214026	109419	104607	168692	86693	81999
羌　族	308462	155966	152496	247779	125178	122601
布朗族	117529	60243	57286	108294	55602	52692
撒拉族	128399	65254	63145	111889	56306	55583
毛南族	100124	52298	47826	83187	43384	39803
仡佬族	542119	285214	256905	452348	235909	216439
锡伯族	189722	99179	90543	113010	60494	52516
阿昌族	38866	19419	19447	35139	17376	17763
普米族	42142	21084	21058	36041	17743	18298
塔吉克族	50476	25811	24665	42235	21153	21082
怒　族	36701	18510	18191	30935	15523	15412
乌孜别克族	10396	5584	4812	2745	1614	1131
俄罗斯族	15305	7247	8058	1606	858	748
鄂温克族	30552	14513	16039	13490	6569	6921
德昂族	19101	9675	9426	18104	9137	8967
保安族	19478	9724	9754	16297	8084	8213
裕固族	14312	7295	7017	9487	4842	4645
京　族	27398	14118	13280	17598	9152	8446
塔塔尔族	3528	1889	1639	1282	733	549
独龙族	6842	3305	3537	5664	2731	2933
鄂伦春族	8585	3998	4587	2674	1294	1380
赫哲族	5314	2628	2686	2108	1120	988
门巴族	10477	5214	5263	8796	4408	4388
珞巴族	3620	1777	1843	3252	1609	1643
基诺族	22729	11552	11177	18236	9286	8950
其他未识别的民族	621798	325839	295959	575639	298686	276953
外国人加入中国籍	1200	505	695	834	331	503

1-5 续表 单位：人、%

民族	非农业户口人数			非农业户口人数占总人口的比重		
	小计	男	女	合计	男	女
总 计	**384339361**	**198282345**	**186057016**	**29.14**	**29.36**	**28.91**
汉 族	362497885	187028251	175469634	29.98	30.21	29.75
蒙古族	2041700	1007010	1034690	34.34	33.78	34.91
回 族	3865406	1937105	1928301	37.01	36.51	37.52
藏 族	769285	391426	377859	12.44	12.61	12.28
维吾尔族	2132420	1056649	1075771	21.88	21.41	22.38
苗 族	968881	530787	438094	10.54	11.16	9.89
彝 族	719544	399147	320397	8.46	9.17	7.72
壮 族	2351995	1264108	1087887	14.13	14.78	13.44
布依族	312170	170444	141726	11.11	11.95	10.24
朝鲜族	1031217	507751	523466	56.43	55.86	57.00
满 族	3161011	1612817	1548194	30.60	30.03	31.23
侗 族	403275	219749	183526	14.12	14.65	13.54
瑶 族	320404	170973	149431	11.76	12.01	11.50
白 族	343920	185348	158572	17.93	19.08	16.75
土家族	1451749	781375	670374	17.54	18.30	16.73
哈尼族	145813	77661	68152	8.91	9.12	8.68
哈萨克族	432906	218909	213997	29.81	29.50	30.14
傣 族	125061	61196	63865	10.08	9.92	10.25
黎 族	252006	131723	120283	17.69	17.84	17.52
傈僳族	38306	21738	16568	5.60	6.26	4.91
佤 族	35696	18825	16871	8.48	8.85	8.11
畲 族	78947	44518	34429	11.33	11.80	10.78
高山族	1996	988	1008	50.51	49.23	51.83
拉祜族	35869	17556	18313	7.50	7.18	7.83
水 族	34982	19711	15271	8.80	9.55	8.00
东乡族	67093	34728	32365	11.22	11.34	11.10
纳西族	76768	39939	36829	23.61	24.64	22.58
景颇族	13985	6794	7191	10.07	9.87	10.27
柯尔克孜族	39665	20516	19149	21.51	21.94	21.07
土 族	52493	26987	25506	18.30	18.39	18.20
达斡尔族	75073	36171	38902	57.30	56.18	58.38
仫佬族	45334	22726	22608	21.18	20.77	21.61
羌 族	60683	30788	29895	19.67	19.74	19.60
布朗族	9235	4641	4594	7.86	7.70	8.02
撒拉族	16510	8948	7562	12.86	13.71	11.98
毛南族	16937	8914	8023	16.92	17.04	16.78
仡佬族	89771	49305	40466	16.56	17.29	15.75
锡伯族	76712	38685	38027	40.43	39.01	42.00
阿昌族	3727	2043	1684	9.59	10.52	8.66
普米族	6101	3341	2760	14.48	15.85	13.11
塔吉克族	8241	4658	3583	16.33	18.05	14.53
怒 族	5766	2987	2779	15.71	16.14	15.28
乌孜别克族	7651	3970	3681	73.60	71.10	76.50
俄罗斯族	13699	6389	7310	89.51	88.16	90.72
鄂温克族	17062	7944	9118	55.85	54.74	56.85
德昂族	997	538	459	5.22	5.56	4.87
保安族	3181	1640	1541	16.33	16.87	15.80
裕固族	4825	2453	2372	33.71	33.63	33.80
京 族	9800	4966	4834	35.77	35.17	36.40
塔塔尔族	2246	1156	1090	63.66	61.20	66.50
独龙族	1178	574	604	17.22	17.37	17.08
鄂伦春族	5911	2704	3207	68.85	67.63	69.91
赫哲族	3206	1508	1698	60.33	57.38	63.22
门巴族	1681	806	875	16.04	15.46	16.63
珞巴族	368	168	200	10.17	9.45	10.85
基诺族	4493	2266	2227	19.77	19.62	19.92
其他未识别的民族	46159	27153	19006	7.42	8.33	6.42
外国人加入中国籍	366	174	192	30.50	34.46	27.63

第二卷　受教育程度

2-1　各地区6岁及以上少数民族人口受教育状况

单位：人

地　区	合　计			未上过学		
	合计	男	女	小计	男	女
全　国	**101741142**	**51860298**	**49880844**	**8409683**	**2809139**	**5600544**
北　京	750881	370480	380401	9603	2762	6841
天　津	311965	157438	154527	5657	1675	3982
河　北	2698786	1378138	1320648	69739	21758	47981
山　西	88795	45326	43469	2053	612	1441
内蒙古	4652521	2321642	2330879	148014	50863	97151
辽　宁	6237454	3198008	3039446	132663	42116	90547
吉　林	2078848	1059233	1019615	33012	10896	22116
黑龙江	1303790	693211	610579	22717	8213	14504
上　海	258259	129282	128977	4632	1387	3245
江　苏	360500	171082	189418	9412	2365	7047
浙　江	1128896	599972	528924	45324	13050	32274
安　徽	363441	173274	190167	24778	6813	17965
福　建	735990	403525	332465	24576	7518	17058
江　西	137899	75546	62353	4563	1458	3105
山　东	667423	324589	342834	31192	7934	23258
河　南	1024253	514488	509765	40077	12453	27624
湖　北	2267248	1157297	1109951	127499	37030	90469
湖　南	5958253	3068739	2889514	324067	97793	226274
广　东	1979430	1078392	901038	25559	7618	17941
广　西	15512559	7903255	7609304	807617	191354	616263
海　南	1284365	663457	620908	80071	24118	55953
重　庆	1753418	891667	861751	105698	32613	73085
四　川	4341325	2186152	2155173	1074145	416837	657308
贵　州	11160140	5692539	5467601	1361666	368443	993223
云　南	13972178	7119853	6852325	1438304	473057	965247
西　藏	2466758	1242882	1223876	919713	382310	537403
陕　西	180619	91363	89256	5763	1978	3785
甘　肃	2190525	1103321	1087204	390746	138740	252006
青　海	2367405	1196648	1170757	529948	197545	332403
宁　夏	1972016	995453	976563	217882	68674	149208
新　疆	11535202	5854046	5681156	392993	179156	213837

2-1 续表 1 单位：人

地区	小学			初中			高中		
	小计	男	女	小计	男	女	小计	男	女
全国	**40036494**	**19766829**	**20269665**	**35931247**	**19923454**	**16007793**	**10120873**	**5547473**	**4573400**
北京	74165	35865	38300	196068	105595	90473	163574	80600	82974
天津	48351	23862	24489	107217	56994	50223	70869	35226	35643
河北	789765	364108	425657	1200746	651790	548956	381801	209840	171961
山西	17283	7891	9392	36213	19104	17109	18207	9720	8487
内蒙古	1332120	640038	692082	1782904	930923	851981	777712	398439	379273
辽宁	1689035	826096	862939	3072431	1629797	1442634	750617	395579	355038
吉林	400741	190254	210487	910852	477455	433397	465032	240897	224135
黑龙江	322828	161624	161204	626689	345546	281143	197440	107630	89810
上海	35729	17125	18604	89970	47977	41993	47277	23248	24029
江苏	89860	36224	53636	141032	70045	70987	58630	30505	28125
浙江	391555	189025	202530	566009	325522	240487	86849	51592	35257
安徽	94972	41519	53453	151636	75545	76091	54332	29450	24882
福建	263578	129368	134210	327607	195910	131697	77528	47502	30026
江西	40827	20592	20235	53053	31021	22032	16286	10012	6274
山东	177078	77428	99650	260212	135391	124821	111544	59673	51871
河南	235180	116345	118835	465118	241177	223941	177520	92674	84846
湖北	759753	366909	392844	837977	454887	383090	342640	189608	153032
湖南	2060225	994221	1066004	2460225	1349634	1110591	708677	405044	303633
广东	348533	164127	184406	1192603	668506	524097	287379	169876	117503
广西	5858261	2716180	3142081	6307836	3556173	2751663	1643347	945564	697783
海南	398714	201373	197341	630816	337968	292848	125576	72524	53052
重庆	738936	360360	378576	621742	337476	284266	174252	97655	76597
四川	2249859	1184891	1064968	609457	360620	248837	213599	119033	94566
贵州	5213269	2615926	2597343	3253362	1922955	1330407	760938	443353	317585
云南	7390221	3704810	3685411	3563288	2083587	1479701	953812	521911	431901
西藏	1055352	587252	468100	298243	172408	125835	83206	43330	39876
陕西	34037	16729	17308	52871	27841	25030	38737	19847	18890
甘肃	1173192	590525	582667	370532	226501	144031	138279	80953	57326
青海	1157856	599735	558121	413820	251734	162086	138277	77750	60527
宁夏	890439	430182	460257	588398	344997	243401	159822	89735	70087
新疆	4704780	2356245	2348535	4742320	2488375	2253945	897114	448703	448411

2-1 续表 2 单位：人

地区	大学专科			大学本科			研究生		
	小计	男	女	小计	男	女	小计	男	女
全国	**4256818**	**2254921**	**2001897**	**2803101**	**1465655**	**1337446**	**182926**	**92827**	**90099**
北京	102185	47705	54480	171775	81921	89854	33511	16032	17479
天津	32795	16428	16367	42968	21382	21586	4108	1871	2237
河北	156634	78903	77731	95914	49546	46368	4187	2193	1994
山西	7414	3803	3611	7157	3957	3200	468	239	229
内蒙古	359441	180945	178496	239230	114942	124288	13100	5492	7608
辽宁	326189	166579	159610	249468	129655	119813	17051	8186	8865
吉林	127676	67207	60469	133610	68726	64884	7925	3798	4127
黑龙江	69059	37117	31942	61369	31208	30161	3688	1873	1815
上海	25176	12116	13060	46426	22921	23505	9049	4508	4541
江苏	25163	13133	12030	32390	16803	15587	4013	2007	2006
浙江	19551	10534	9017	17656	9213	8443	1952	1036	916
安徽	21400	10858	10542	15127	8422	6705	1196	667	529
福建	21774	12210	9564	19450	10290	9160	1477	727	750
江西	11858	6729	5129	10828	5522	5306	484	212	272
山东	46422	23516	22906	37965	19243	18722	3010	1404	1606
河南	63720	31014	32706	40308	19648	20660	2330	1177	1153
湖北	104469	57763	46706	88756	47884	40872	6154	3216	2938
湖南	273066	148424	124642	125858	70255	55603	6135	3368	2767
广东	65378	35612	29766	52735	28799	23936	7243	3854	3389
广西	586029	321905	264124	294715	163576	131139	14754	8503	6251
海南	33987	19383	14604	14546	7740	6806	655	351	304
重庆	59398	34279	25119	50556	27713	22843	2836	1571	1265
四川	123169	67025	56144	66357	35234	31123	4739	2512	2227
贵州	359344	213820	145524	205837	124610	81227	5724	3432	2292
云南	389021	209893	179128	228056	121536	106520	9476	5059	4417
西藏	66688	35482	31206	42152	21202	20950	1404	898	506
陕西	19276	9302	9974	27058	14211	12847	2877	1455	1422
甘肃	67126	38294	28832	47942	26783	21159	2708	1525	1183
青海	74337	41007	33330	51153	27633	23520	2014	1244	770
宁夏	66438	35894	30544	47076	24994	22082	1961	977	984
新疆	552635	268041	284594	238663	110086	128577	6697	3440	3257

2-1a 各地区6岁及以上少数民族人口受教育状况(城市)

单位：人

地区	合计			未上过学		
	合计	男	女	小计	男	女
全国	**16587925**	**8346924**	**8241001**	**369916**	**121156**	**248760**
北京	617502	302557	314945	5850	1522	4328
天津	245157	124496	120661	4234	1251	2983
河北	463262	229761	233501	6080	1904	4176
山西	61391	31635	29756	1043	316	727
内蒙古	1114728	539082	575646	14992	5235	9757
辽宁	1720195	862118	858077	16388	4880	11508
吉林	843047	414414	428633	7660	2161	5499
黑龙江	399657	205540	194117	4749	1523	3226
上海	195196	96080	99116	3088	953	2135
江苏	190683	98238	92445	3520	1099	2421
浙江	371824	203418	168406	8341	2535	5806
安徽	129177	64536	64641	4762	1312	3450
福建	247514	136742	110772	5138	1639	3499
江西	24167	12827	11340	355	120	235
山东	337233	168784	168449	8199	2004	6195
河南	364369	176927	187442	7892	2093	5799
湖北	293991	145551	148440	4284	1091	3193
湖南	456953	224849	232104	7737	2452	5285
广东	1363315	749995	613320	9370	3103	6267
广西	2012389	1004634	1007755	30652	7544	23108
海南	102545	48076	54469	1605	560	1045
重庆	170656	87408	83248	2444	789	1655
四川	177815	90490	87325	9016	3954	5062
贵州	935494	478122	457372	32868	9299	23569
云南	978780	482366	496414	36130	12356	23774
西藏	164674	76987	87687	33106	11002	22104
陕西	125726	62562	63164	2478	726	1752
甘肃	345226	176650	168576	24859	9677	15182
青海	268982	137189	131793	21765	7565	14200
宁夏	367017	183432	183585	15774	4858	10916
新疆	1499260	731458	767802	35537	15633	19904

2-1a 续表 1

单位：人

地区	小学			初中			高中		
	小计	男	女	小计	男	女	小计	男	女
全国	**2961282**	**1437651**	**1523631**	**5776315**	**3005232**	**2771083**	**3650138**	**1853156**	**1796982**
北京	51871	24873	26998	140235	75616	64619	136566	66584	69982
天津	33168	16643	16525	77652	41775	35877	61974	30754	31220
河北	73553	35239	38314	151511	77293	74218	106149	53449	52700
山西	10301	5011	5290	22936	12027	10909	14265	7407	6858
内蒙古	154664	73933	80731	324851	159128	165723	310027	149409	160618
辽宁	232994	111594	121400	688602	347294	341308	376148	190583	185565
吉林	80825	35280	45545	267149	129829	137320	279713	139888	139825
黑龙江	49514	23293	26221	142799	75408	67391	100981	52619	48362
上海	21696	10586	11110	57736	29990	27746	39287	18816	20471
江苏	30241	14500	15741	60332	32493	27839	43807	22736	21071
浙江	99150	49460	49690	198556	114808	83748	39182	22814	16368
安徽	22313	10769	11544	45194	22631	22563	30134	15789	14345
福建	63202	31839	31363	116931	68499	48432	36367	21154	15213
江西	3309	1751	1558	5980	3196	2784	6149	3243	2906
山东	58350	27396	30954	112853	58721	54132	83067	43204	39863
河南	55419	26497	28922	122348	60709	61639	99009	49324	49685
湖北	40442	19119	21323	67620	33457	34163	77533	37975	39558
湖南	75891	36635	39256	121921	60141	61780	108836	53712	55124
广东	171678	84212	87466	848195	473419	374776	224887	130691	94196
广西	354373	164126	190247	721370	362171	359199	487654	252125	235529
海南	15221	7887	7334	40832	18110	22722	26034	11997	14037
重庆	28750	13552	15198	47639	24256	23383	37927	20204	17723
四川	32312	16275	16037	37767	19746	18021	42885	22123	20762
贵州	227695	113732	113963	273735	141398	132337	176001	90939	85062
云南	233413	114212	119201	289860	148978	140882	204287	99457	104830
西藏	52676	25923	26753	30767	16087	14680	18415	9201	9214
陕西	18055	8774	9281	32206	16452	15754	30850	15597	15253
甘肃	112604	55239	57365	94841	52253	42588	56908	29910	26998
青海	91369	46373	44996	73381	40503	32878	33981	17520	16461
宁夏	79152	38294	40858	124931	65045	59886	69412	35711	33701
新疆	387081	194634	192447	435585	223799	211786	291703	138221	153482

2-1a 续表 2 单位：人

地区	大学专科			大学本科			研究生		
	小计	男	女	小计	男	女	小计	男	女
全 国	**1861770**	**926368**	**935402**	**1810195**	**923919**	**886276**	**158309**	**79442**	**78867**
北 京	90018	41821	48197	160532	76566	83966	32430	15575	16855
天 津	28563	14361	14202	35842	18000	17842	3724	1712	2012
河 北	67772	32301	35471	54900	27903	26997	3297	1672	1625
山 西	6092	3097	2995	6320	3555	2765	434	222	212
内蒙古	163831	79714	84117	136682	67520	69162	9681	4143	5538
辽 宁	192960	97370	95590	197678	103018	94660	15425	7379	8046
吉 林	87512	45658	41854	112832	58108	54724	7356	3490	3866
黑龙江	45870	24450	21420	52236	26462	25774	3508	1785	1723
上 海	22278	10633	11645	42426	20792	21634	8685	4310	4375
江 苏	20991	10871	10120	28042	14647	13395	3750	1892	1858
浙 江	11445	5969	5476	13397	6899	6498	1753	933	820
安 徽	13686	6771	6915	11983	6646	5337	1105	618	487
福 建	12422	6564	5858	12155	6410	5745	1299	637	662
江 西	4669	2573	2096	3521	1841	1680	184	103	81
山 东	38320	19254	19066	33650	16919	16731	2794	1286	1508
河 南	45494	21744	23750	32136	15524	16612	2071	1036	1035
湖 北	40495	20550	19945	58086	30482	27604	5531	2877	2654
湖 南	74667	36120	38547	63291	33332	29959	4610	2457	2153
广 东	54090	28794	25296	48035	26032	22003	7060	3744	3316
广 西	243239	124597	118642	163609	87566	76043	11492	6505	4987
海 南	10902	5438	5464	7521	3860	3661	430	224	206
重 庆	19943	10735	9208	31467	16531	14936	2486	1341	1145
四 川	25303	13024	12279	26921	13567	13354	3611	1801	1810
贵 州	107208	56372	50836	113375	63702	49673	4612	2680	1932
云 南	113371	55544	57827	94529	48120	46409	7190	3699	3491
西 藏	17325	8628	8697	11573	5629	5944	812	517	295
陕 西	15834	7541	8293	23503	12062	11441	2800	1410	1390
甘 肃	27965	14486	13479	25739	13849	11890	2310	1236	1074
青 海	22288	11409	10879	25019	13101	11918	1179	718	461
宁 夏	38836	19663	19173	37167	18991	18176	1745	870	875
新 疆	198381	90316	108065	146028	66285	79743	4945	2570	2375

2-1b 各地区6岁及以上少数民族人口受教育状况(镇)

单位：人

地区	合计			未上过学		
	合计	男	女	小计	男	女
全国	**17466761**	**8794771**	**8671990**	**847789**	**263314**	**584475**
北京	51950	26052	25898	961	307	654
天津	33802	17061	16741	531	164	367
河北	719055	361666	357389	12279	3764	8515
山西	13579	7325	6254	382	184	198
内蒙古	1165517	572436	593081	27180	8575	18605
辽宁	1041223	517310	523913	16700	5202	11498
吉林	382694	193706	188988	6071	1830	4241
黑龙江	176524	93831	82693	3006	1050	1956
上海	35179	18572	16607	792	227	565
江苏	55821	26079	29742	1757	428	1329
浙江	306915	164220	142695	9849	2811	7038
安徽	113572	55726	57846	6733	1900	4833
福建	129391	70122	59269	3112	887	2225
江西	31359	16950	14409	757	260	497
山东	143001	71064	71937	8009	2265	5744
河南	325815	165972	159843	12712	3750	8962
湖北	436550	219691	216859	13276	3804	9472
湖南	1306406	657882	648524	36975	10342	26633
广东	230113	127879	102234	3645	1114	2531
广西	2860350	1435282	1425068	87622	18857	68765
海南	227233	114018	113215	8542	2323	6219
重庆	386961	193585	193376	14225	4038	10187
四川	572279	290629	281650	65546	23381	42165
贵州	1756742	889631	867111	103709	24698	79011
云南	2210786	1099674	1111112	147533	45179	102354
西藏	283004	142366	140638	70706	27751	42955
陕西	31302	16532	14770	1309	501	808
甘肃	309263	158454	150809	35278	11181	24097
青海	487467	247094	240373	90704	33374	57330
宁夏	292366	148928	143438	22988	7177	15811
新疆	1350542	675034	675508	34900	15990	18910

2-1b 续表 1

单位：人

地区	小学			初中			高中		
	小计	男	女	小计	男	女	小计	男	女
全国	**4987980**	**2373829**	**2614151**	**6380470**	**3342812**	**3037658**	**3093810**	**1639440**	**1454370**
北京	7311	3570	3741	18414	9737	8677	11718	5981	5737
天津	5521	2797	2724	12246	6599	5647	5146	2559	2587
河北	164956	76732	88224	294923	152080	142843	151692	79621	72071
山西	2567	1316	1251	6268	3442	2826	2719	1589	1130
内蒙古	249754	115529	134225	416810	209648	207162	269439	136300	133139
辽宁	204378	96078	108300	531418	267463	263955	178821	91990	86831
吉林	65288	29270	36018	171332	88749	82583	100118	52740	47378
黑龙江	33556	16406	17150	83369	45540	37829	37225	20304	16921
上海	6849	3271	3578	16509	9180	7329	5030	2733	2297
江苏	16979	6659	10320	26513	13190	13323	6065	3368	2697
浙江	108403	52333	56070	157703	90826	66877	23235	14003	9232
安徽	27976	12924	15052	52983	26791	26192	17300	9518	7782
福建	40999	19389	21610	60031	35143	24888	16196	9786	6410
江西	6974	3584	3390	9918	5558	4360	4402	2756	1646
山东	40424	18238	22186	64720	34081	30639	19173	10842	8331
河南	77257	38832	38425	164943	85702	79241	52299	28255	24044
湖北	101155	47597	53558	152395	76661	75734	115155	60047	55108
湖南	321675	149792	171883	488247	245722	242525	282613	151521	131092
广东	52236	24993	27243	133705	77104	56601	30069	18483	11586
广西	750678	338011	412667	1141816	595669	546147	558333	299021	259312
海南	52719	26093	26626	104854	51977	52877	42082	22476	19606
重庆	121569	57493	64076	147411	74678	72733	63770	34224	29546
四川	191220	96223	94997	124930	68544	56386	94765	51098	43667
贵州	567646	269173	298473	577084	306373	270711	286490	155671	130819
云南	820019	395927	424092	648789	345401	303388	345526	177644	167882
西藏	99105	52484	46621	43929	24870	19059	24865	13763	11102
陕西	7169	3548	3621	11159	6127	5032	5842	3051	2791
甘肃	117514	56894	60620	68804	40074	28730	42630	24758	17872
青海	180953	92405	88548	92730	53799	38931	60945	33330	27615
宁夏	114537	53536	61001	100767	57053	43714	33646	19132	14514
新疆	430593	212732	217861	455750	235031	220719	206501	102876	103625

2-1b 续表 2

单位：人

地区	大学专科			大学本科			研究生		
	小计	男	女	小计	男	女	小计	男	女
全国	**1439739**	**782368**	**657371**	**701342**	**383910**	**317432**	**15631**	**9098**	**6533**
北京	6640	3207	3433	6495	3045	3450	411	205	206
天津	3325	1636	1689	6672	3162	3510	361	144	217
河北	60186	31007	29179	34306	18019	16287	713	443	270
山西	1003	504	499	612	276	336	28	14	14
内蒙古	135228	69953	65275	65684	31774	33910	1422	657	765
辽宁	74257	38341	35916	34560	17665	16895	1089	571	518
吉林	25516	13669	11847	14029	7260	6769	340	188	152
黑龙江	13554	7469	6085	5710	3008	2702	104	54	50
上海	2197	1114	1083	3461	1861	1600	341	186	155
江苏	2103	1256	847	2298	1134	1164	106	44	62
浙江	4776	2655	2121	2836	1527	1309	113	65	48
安徽	5931	3124	2807	2574	1429	1145	75	40	35
福建	4434	2564	1870	4527	2305	2222	92	48	44
江西	3411	1914	1497	5659	2780	2879	238	98	140
山东	6652	3471	3181	3843	2064	1779	180	103	77
河南	13234	6677	6557	5205	2668	2537	165	88	77
湖北	35633	20564	15069	18565	10814	7751	371	204	167
湖南	129404	72429	56975	46460	27465	18995	1032	611	421
广东	6946	4112	2834	3419	2018	1401	93	55	38
广西	224259	126396	97863	95407	55864	39543	2235	1464	771
海南	13393	7996	5397	5514	3075	2439	129	78	51
重庆	25283	14633	10650	14441	8347	6094	262	172	90
四川	63316	33669	29647	31631	17133	14498	871	581	290
贵州	153069	89411	63658	67986	43771	24215	758	534	224
云南	152750	83281	69469	94370	51150	43220	1799	1092	707
西藏	25782	14038	11744	18351	9273	9078	266	187	79
陕西	2716	1379	1337	3041	1887	1154	66	39	27
甘肃	25848	14721	11127	18935	10635	8300	254	191	63
青海	39680	21850	17830	21852	11929	9923	603	407	196
宁夏	14583	8471	6112	5773	3516	2257	72	43	29
新疆	164630	80857	83773	57126	27056	30070	1042	492	550

2-1c 各地区6岁及以上少数民族人口受教育状况(乡村)

单位：人

地区	合计			未上过学		
	合计	男	女	小计	男	女
全　国	**67686456**	**34718603**	**32967853**	**7191978**	**2424669**	**4767309**
北　京	81429	41871	39558	2792	933	1859
天　津	33006	15881	17125	892	260	632
河　北	1516469	786711	729758	51380	16090	35290
山　西	13825	6366	7459	628	112	516
内蒙古	2372276	1210124	1162152	105842	37053	68789
辽　宁	3476036	1818580	1657456	99575	32034	67541
吉　林	853107	451113	401994	19281	6905	12376
黑龙江	727609	393840	333769	14962	5640	9322
上　海	27884	14630	13254	752	207	545
江　苏	113996	46765	67231	4135	838	3297
浙　江	450157	232334	217823	27134	7704	19430
安　徽	120692	53012	67680	13283	3601	9682
福　建	359085	196661	162424	16326	4992	11334
江　西	82373	45769	36604	3451	1078	2373
山　东	187189	84741	102448	14984	3665	11319
河　南	334069	171589	162480	19473	6610	12863
湖　北	1536707	792055	744652	109939	32135	77804
湖　南	4194894	2186008	2008886	279355	84999	194356
广　东	386002	200518	185484	12544	3401	9143
广　西	10639820	5463339	5176481	689343	164953	524390
海　南	954587	501363	453224	69924	21235	48689
重　庆	1195801	610674	585127	89029	27786	61243
四　川	3591231	1805033	1786198	999583	389502	610081
贵　州	8467904	4324786	4143118	1225089	334446	890643
云　南	10782612	5537813	5244799	1254641	415522	839119
西　藏	2019080	1023529	995551	815901	343557	472344
陕　西	23591	12269	11322	1976	751	1225
甘　肃	1536036	768217	767819	330609	117882	212727
青　海	1610956	812365	798591	417479	156606	260873
宁　夏	1312633	663093	649540	179120	56639	122481
新　疆	8685400	4447554	4237846	322556	147533	175023

2-1c 续表 1

单位: 人

地区	小学			初中			高中		
	小计	男	女	小计	男	女	小计	男	女
全国	**32087232**	**15955349**	**16131883**	**23774462**	**13575410**	**10199052**	**3376925**	**2054877**	**1322048**
北京	14983	7422	7561	37419	20242	17177	15290	8035	7255
天津	9662	4422	5240	17319	8620	8699	3749	1913	1836
河北	551256	252137	299119	754312	422417	331895	123960	76770	47190
山西	4415	1564	2851	7009	3635	3374	1223	724	499
内蒙古	927702	450576	477126	1041243	562147	479096	198246	112730	85516
辽宁	1251663	618424	633239	1852411	1015040	837371	195648	113006	82642
吉林	254628	125704	128924	472371	258877	213494	85201	48269	36932
黑龙江	239758	121925	117833	400521	224598	175923	59234	34707	24527
上海	7184	3268	3916	15725	8807	6918	2960	1699	1261
江苏	42640	15065	27575	54187	24362	29825	8758	4401	4357
浙江	184002	87232	96770	209750	119888	89862	24432	14775	9657
安徽	44683	17826	26857	53459	26123	27336	6898	4143	2755
福建	159377	78140	81237	150645	92268	58377	24965	16562	8403
江西	30544	15257	15287	37155	22267	14888	5735	4013	1722
山东	78304	31794	46510	82639	42589	40050	9304	5627	3677
河南	102504	51016	51488	177827	94766	83061	26212	15095	11117
湖北	618156	300193	317963	617962	344769	273193	149952	91586	58366
湖南	1662659	807794	854865	1850057	1043771	806286	317228	199811	117417
广东	124619	54922	69697	210703	117983	92720	32423	20702	11721
广西	4753210	2214043	2539167	4444650	2598333	1846317	597360	394418	202942
海南	330774	167393	163381	485130	267881	217249	57460	38051	19409
重庆	588617	289315	299302	426692	238542	188150	72555	43227	29328
四川	2026327	1072393	953934	446760	272330	174430	75949	45812	30137
贵州	4417928	2233021	2184907	2402543	1475184	927359	298447	196743	101704
云南	6336789	3194671	3142118	2624639	1589208	1035431	403999	244810	159189
西藏	903571	508845	394726	223547	131451	92096	39926	20366	19560
陕西	8813	4407	4406	9506	5262	4244	2045	1199	846
甘肃	943074	478392	464682	206887	134174	72713	38741	26285	12456
青海	885534	460957	424577	247709	157432	90277	43351	26900	16451
宁夏	696750	338352	358398	362700	222899	139801	56764	34892	21872
新疆	3887106	1948879	1938227	3850985	2029545	1821440	398910	207606	191304

2-1c 续表 2

单位：人

地区	大学专科			大学本科			研究生		
	小计	男	女	小计	男	女	小计	男	女
全国	**955309**	**546185**	**409124**	**291564**	**157826**	**133738**	**8986**	**4287**	**4699**
北京	5527	2677	2850	4748	2310	2438	670	252	418
天津	907	431	476	454	220	234	23	15	8
河北	28676	15595	13081	6708	3624	3084	177	78	99
山西	319	202	117	225	126	99	6	3	3
内蒙古	60382	31278	29104	36864	15648	21216	1997	692	1305
辽宁	58972	30868	28104	17230	8972	8258	537	236	301
吉林	14648	7880	6768	6749	3358	3391	229	120	109
黑龙江	9635	5198	4437	3423	1738	1685	76	34	42
上海	701	369	332	539	268	271	23	12	11
江苏	2069	1006	1063	2050	1022	1028	157	71	86
浙江	3330	1910	1420	1423	787	636	86	38	48
安徽	1783	963	820	570	347	223	16	9	7
福建	4918	3082	1836	2768	1575	1193	86	42	44
江西	3778	2242	1536	1648	901	747	62	11	51
山东	1450	791	659	472	260	212	36	15	21
河南	4992	2593	2399	2967	1456	1511	94	53	41
湖北	28341	16649	11692	12105	6588	5517	252	135	117
湖南	68995	39875	29120	16107	9458	6649	493	300	193
广东	4342	2706	1636	1281	749	532	90	55	35
广西	118531	70912	47619	35699	20146	15553	1027	534	493
海南	9692	5949	3743	1511	805	706	96	49	47
重庆	14172	8911	5261	4648	2835	1813	88	58	30
四川	34550	20332	14218	7805	4534	3271	257	130	127
贵州	99067	68037	31030	24476	17137	7339	354	218	136
云南	122900	71068	51832	39157	22266	16891	487	268	219
西藏	23581	12816	10765	12228	6300	5928	326	194	132
陕西	726	382	344	514	262	252	11	6	5
甘肃	13313	9087	4226	3268	2299	969	144	98	46
青海	12369	7748	4621	4282	2603	1679	232	119	113
宁夏	13019	7760	5259	4136	2487	1649	144	64	80
新疆	189624	96868	92756	35509	16745	18764	710	378	332

2-2　各民族6岁及以上分年龄、性别人口的受教育状况

单位：人

民族 年龄	6岁及以上人口			未上过学		
	合计	男	女	小计	男	女
总计	**1242546122**	**633278387**	**609267735**	**62136405**	**17503480**	**44632925**
6-9岁	56149412	30476514	25672898	2133288	1146435	986853
10-14岁	74908462	40267277	34641185	575081	302908	272173
15-19岁	99889114	51904830	47984284	465453	228805	236648
20-24岁	127412518	64008573	63403945	678753	297571	381182
25-29岁	101013852	50837038	50176814	766949	307644	459305
30-34岁	97138203	49521822	47616381	1045605	390762	654843
35-39岁	118025959	60391104	57634855	1675829	577728	1098101
40-44岁	124753964	63608678	61145286	2419480	740255	1679225
45-49岁	105594553	53776418	51818135	2599984	670846	1929138
50-54岁	78753171	40363234	38389937	3659391	917508	2741883
55-59岁	81312474	41082938	40229536	6162815	1509037	4653778
60-64岁	58667282	29834426	28832856	6577323	1712096	4865227
65岁及以上	118927158	57205535	61721623	33376454	8701885	24674569
汉族	**1140804980**	**581418089**	**559386891**	**53726722**	**14694341**	**39032381**
6-9岁	49648656	27041545	22607111	1695032	918949	776083
10-14岁	66520113	35872215	30647898	422891	230928	191963
15-19岁	90643145	47170787	43472358	303356	159785	143571
20-24岁	116738332	58659903	58078429	399212	192820	206392
25-29岁	91688332	46108074	45580258	404769	176039	228730
30-34岁	88231228	44955797	43275431	587600	227970	359630
35-39岁	108418401	55428575	52989826	1112584	378950	733634
40-44岁	115461502	58835500	56626002	1782040	524117	1257923
45-49岁	98066893	49920702	48146191	2043447	495419	1548028
50-54岁	73410508	37638178	35772330	3094095	744226	2349869
55-59岁	76137113	38455371	37681742	5443502	1297084	4146418
60-64岁	54743358	27855014	26888344	5812790	1474472	4338318
65岁及以上	111097399	53476428	57620971	30625404	7873582	22751822
蒙古族	**5493484**	**2743974**	**2749510**	**181845**	**63382**	**118463**
6-9岁	292178	151984	140194	11980	6304	5676
10-14岁	395566	203451	192115	2909	1511	1398
15-19岁	510583	254779	255804	2783	1385	1398
20-24岁	611076	303739	307337	4305	2060	2245
25-29岁	572897	286388	286509	5818	2803	3015
30-34岁	478268	240564	237704	6396	2981	3415
35-39岁	560279	279239	281040	9103	4082	5021
40-44岁	527749	261869	265880	9957	4131	5826
45-49岁	456531	226121	230410	10369	3621	6748
50-54岁	357168	177811	179357	16139	4891	11248
55-59岁	276682	137466	139216	19645	5802	13843
60-64岁	168606	83234	85372	16853	5070	11783
65岁及以上	285901	137329	148572	65588	18741	46847

2-2 续表 1 单位：人

民族 年龄	小学			初中			高中		
	小计	男	女	小计	男	女	小计	男	女
总计	**357211733**	**168297261**	**188914472**	**518176222**	**279031847**	**239144375**	**186646865**	**104007090**	**82639775**
6-9岁	53434864	29012588	24422276	580783	317230	263553	477	261	216
10-14岁	40241348	21852274	18389074	32845407	17484005	15361402	1244247	627076	617171
15-19岁	6519857	3317838	3202019	45146109	24094514	21051595	39596655	20495080	19101575
20-24岁	8689424	3959171	4730253	59342503	29518411	29824092	26405215	14227903	12177312
25-29岁	8645559	3733940	4911619	52710938	26521891	26189047	18106494	9749058	8357436
30-34岁	12499597	5298528	7201069	51750385	26708169	25042216	17060586	9299606	7760980
35-39岁	21356023	8832734	12523289	64960148	34071127	30889021	17482789	9807183	7675606
40-44岁	29437430	11997234	17440196	67271022	35981694	31289328	15997333	9140038	6857295
45-49岁	25282441	9644638	15637803	51879655	28176203	23703452	18395495	10544684	7850811
50-54岁	26015091	10510081	15505010	30830517	17889704	12940813	14383051	8495491	5887560
55-59岁	36784459	15974356	20810103	27654434	16712585	10941849	7628024	4839159	2788865
60-64岁	30825250	14592678	16232572	15252688	9571604	5681084	4056570	2594509	1462061
65岁及以上	57480390	29571201	27909189	17951633	11984710	5966923	6289929	4187042	2102887
汉族	**317175239**	**148530432**	**168644807**	**482244975**	**259108393**	**223136582**	**176525992**	**98459617**	**78066375**
6-9岁	47416836	25828432	21588404	536357	293929	242428	431	235	196
10-14岁	34989394	19071669	15917725	29936089	15976281	13959808	1169613	592434	577179
15-19岁	5064483	2573127	2491356	40661452	21672125	18989327	36947850	19205839	17742011
20-24岁	6669016	2994054	3674962	54294968	26872830	27422138	25016830	13497190	11519640
25-29岁	6420969	2669302	3751667	48157959	24093052	24064907	17142697	9236336	7906361
30-34岁	9813017	4019321	5793696	47848699	24573766	23274933	16155717	8806710	7349007
35-39岁	18027940	7259126	10768814	60980029	31854632	29125397	16589804	9304413	7285391
40-44岁	25801795	10285584	15516211	63668653	33952743	29715910	15233463	8707912	6525551
45-49岁	22540675	8415791	14124884	49005166	26532067	22473099	17513842	10033582	7480260
50-54岁	23802146	9520165	14281981	29223494	16926394	12297100	13658421	8051745	5606676
55-59岁	34191934	14756980	19434954	26347930	15889938	10457992	7240565	4581141	2659424
60-64岁	28694154	13530746	15163408	14514577	9092193	5422384	3863726	2464376	1399350
65岁及以上	53742880	27606135	26136745	17069602	11378443	5691159	5993033	3977704	2015329
蒙古族	**1576111**	**762213**	**813898**	**2092137**	**1094062**	**998075**	**860899**	**441171**	**419728**
6-9岁	277004	144032	132972	3192	1648	1544	2		2
10-14岁	208172	109284	98888	172798	87574	85224	11678	5080	6598
15-19岁	35877	19481	16396	192598	103115	89483	218607	105126	113481
20-24岁	64017	33407	30610	231856	120104	111752	95680	50094	45586
25-29岁	80510	41430	39080	277934	142357	135577	74741	37921	36820
30-34岁	84257	42689	41568	230340	117849	112491	70844	35810	35034
35-39岁	115922	56640	59282	261244	132085	129159	89868	44537	45331
40-44岁	131600	61816	69784	236047	120203	115844	79965	39676	40289
45-49岁	113874	48228	65646	192150	99720	92430	83142	42968	40174
50-54岁	122105	50326	71779	115197	63173	52024	71604	40371	31233
55-59岁	125528	54553	70975	82528	47931	34597	29809	17475	12334
60-64岁	84482	37707	46775	44316	25996	18320	13956	8471	5485
65岁及以上	132763	62620	70143	51937	32307	19630	21003	13642	7361

2-2 续表 2

单位：人

民族 年龄	大学专科 小计	大学专科 男	大学专科 女	大学本科 小计	大学本科 男	大学本科 女	研究生 小计	研究生 男	研究生 女
总计	**68610519**	**36870375**	**31740144**	**45625793**	**25217083**	**20408710**	**4138585**	**2351251**	**1787334**
6-9岁									
10-14岁	1724	756	968	620	239	381	35	19	16
15-19岁	4785515	2172546	2612969	3366644	1591695	1774949	8881	4352	4529
20-24岁	17541556	8549955	8991601	13973662	7091747	6881915	781405	363815	417590
25-29岁	11184322	5601458	5582864	8367000	4302034	4064966	1232590	621013	611577
30-34岁	8507756	4417464	4090292	5499846	2976042	2523804	774428	431251	343177
35-39岁	7612675	4193320	3419355	4421841	2583988	1837853	516654	325024	191630
40-44岁	5785996	3335717	2450279	3492699	2173165	1319534	350004	240575	109429
45-49岁	4673476	2847915	1825561	2488858	1681588	807270	274644	210544	64100
50-54岁	2734105	1763749	970356	1037487	713258	324229	93529	73443	20086
55-59岁	2242978	1480690	762288	790027	529188	260839	49737	37923	11814
60-64岁	1407358	976604	430754	528206	371353	156853	19887	15582	4305
65岁及以上	2133058	1530201	602857	1658903	1202786	456117	36791	27710	9081
汉族	**64353701**	**34615454**	**29738247**	**42822692**	**23751428**	**19071264**	**3955659**	**2258424**	**1697235**
6-9岁									
10-14岁	1537	666	871	561	222	339	28	15	13
15-19岁	4512579	2056650	2455929	3145136	1499191	1645945	8289	4070	4219
20-24岁	16551574	8092025	8459549	13059308	6659904	6399404	747424	351080	396344
25-29岁	10503755	5271206	5232549	7878836	4064067	3814769	1179347	598072	581275
30-34岁	7931188	4119385	3811803	5153957	2794164	2359793	741050	414481	326569
35-39岁	7083333	3902813	3180520	4132643	2417802	1714841	492068	310839	181229
40-44岁	5374131	3099262	2274869	3268121	2036116	1232005	333299	229766	103533
45-49岁	4355381	2654483	1700898	2345777	1587615	758162	262605	201745	60860
50-54岁	2561429	1650162	911267	981629	675270	306359	89294	70216	19078
55-59岁	2113504	1390759	722745	751924	503036	248888	47754	36433	11321
60-64岁	1333431	923027	410404	505538	355167	150371	19142	15033	4109
65岁及以上	2031859	1455016	576843	1599262	1158874	440388	35359	26674	8685
蒙古族	**420682**	**210393**	**210289**	**335274**	**161396**	**173878**	**26536**	**11357**	**15179**
6-9岁									
10-14岁	6	2	4	3		3			
15-19岁	29282	12957	16325	31374	12690	18684	62	25	37
20-24岁	100301	46917	53384	109780	49645	60135	5137	1512	3625
25-29岁	64441	30684	33757	60558	27945	32613	8895	3248	5647
30-34岁	46548	22596	23952	35248	16623	18625	4635	2016	2619
35-39岁	49520	24585	24935	31246	15624	15622	3376	1686	1690
40-44岁	42365	21383	20982	25758	13496	12262	2057	1164	893
45-49岁	36412	19464	16948	19188	11140	8048	1396	980	416
50-54岁	22641	13065	9576	8948	5592	3356	534	393	141
55-59岁	13737	8339	5398	5185	3187	1998	250	179	71
60-64岁	6496	4310	2186	2435	1631	804	68	49	19
65岁及以上	8933	6091	2842	5551	3823	1728	126	105	21

2-2 续表 3

单位：人

民族 年龄	6岁及以上人口			未上过学		
	合计	男	女	小计	男	女
回族	**9684824**	**4893795**	**4791029**	**829803**	**275687**	**554116**
6-9岁	572267	301834	270433	25451	13171	12280
10-14岁	767295	399717	367578	9096	4285	4811
15-19岁	903364	459879	443485	11636	4348	7288
20-24岁	1052990	522476	530514	23428	6756	16672
25-29岁	839306	420515	418791	31938	9161	22777
30-34岁	806324	405908	400416	45552	13526	32026
35-39岁	878091	445870	432221	62656	20378	42278
40-44岁	892715	451703	441012	77821	24797	53024
45-49岁	742278	377443	364835	64660	18571	46089
50-54岁	524314	264401	259913	58251	18336	39915
55-59岁	533611	266948	266663	78947	25682	53265
60-64岁	397213	199080	198133	77928	26635	51293
65岁及以上	775056	378021	397035	262439	90041	172398
藏族	**5652093**	**2832661**	**2819432**	**1727358**	**708508**	**1018850**
6-9岁	423157	215293	207864	82795	41330	41465
10-14岁	557226	283851	273375	53247	24712	28535
15-19岁	605413	306887	298526	73901	32430	41471
20-24岁	636467	320161	316306	128105	52564	75541
25-29岁	583060	292943	290117	157766	64053	93713
30-34岁	528704	269111	259593	168591	70220	98371
35-39岁	516240	264268	251972	176123	73807	102316
40-44岁	457759	233012	224747	166209	68511	97698
45-49岁	351669	179099	172570	138291	55805	82486
50-54岁	227438	113913	113525	108942	43942	65000
55-59岁	210616	104210	106406	107690	42849	64841
60-64岁	182947	88477	94470	105568	42160	63408
65岁及以上	371397	161436	209961	260130	96125	164005
维吾尔族	**8911219**	**4506654**	**4404565**	**312376**	**147037**	**165339**
6-9岁	631227	321727	309500	27358	14109	13249
10-14岁	815641	414885	400756	5546	2936	2610
15-19岁	943246	473852	469394	4892	2686	2206
20-24岁	1182217	580518	601699	7747	4452	3295
25-29岁	978096	493050	485046	7792	4440	3352
30-34岁	820650	413268	407382	9046	4906	4140
35-39岁	789335	400024	389311	11977	6180	5797
40-44岁	695249	350247	345002	17597	8295	9302
45-49岁	503642	255935	247707	19144	8587	10557
50-54岁	410452	206486	203966	26927	11873	15054
55-59岁	341597	171513	170084	28145	12339	15806
60-64岁	316689	162710	153979	36584	15846	20738
65岁及以上	483178	262439	220739	109621	50388	59233

2-2 续表 4

单位：人

民族 年龄	小学			初中			高中		
	小计	男	女	小计	男	女	小计	男	女
回族	**3451225**	**1704686**	**1746539**	**3256837**	**1798239**	**1458598**	**1240522**	**657596**	**582926**
6-9岁	541736	285977	255759	5075	2683	2392	5	3	2
10-14岁	472771	245985	226786	276522	145108	131414	8887	4331	4556
15-19岁	165948	77249	88699	392666	214386	178280	270374	136820	133554
20-24岁	211534	93273	118261	402328	216459	185869	169424	91720	77704
25-29岁	197349	90237	107112	333882	183396	150486	112498	60255	52243
30-34岁	225722	106134	119588	313929	174533	139396	107049	55983	51066
35-39岁	263590	127422	136168	344966	189895	155071	113739	60349	53390
40-44岁	293277	142620	150657	343272	188779	154493	106154	56170	49984
45-49岁	220123	104741	115382	279746	158196	121550	122522	63582	58940
50-54岁	165267	77965	87302	173250	97570	75680	98710	52542	46168
55-59岁	205375	100146	105229	172895	96994	75901	51700	28786	22914
60-64岁	171553	86864	84689	99637	57060	42577	31742	18070	13672
65岁及以上	316980	166073	150907	118669	73180	45489	47718	28985	18733
藏族	**2593670**	**1382432**	**1211238**	**751132**	**433296**	**317836**	**270620**	**145327**	**125293**
6-9岁	338123	172792	165331	2224	1160	1064	15	11	4
10-14岁	371881	192021	179860	127260	64927	62333	4771	2156	2615
15-19岁	202378	105018	97360	192618	104861	87757	110494	53369	57125
20-24岁	256661	133112	123549	118549	68950	49599	44241	24043	20198
25-29岁	263700	140280	123420	81737	47786	33951	22778	12610	10168
30-34岁	238004	128729	109275	60766	36659	24107	18636	10622	8014
35-39岁	233554	126779	106775	53112	33028	20084	17810	10254	7556
40-44岁	210258	114846	95412	41416	25895	15521	14886	8630	6256
45-49岁	152722	84344	68378	31163	20226	10937	13137	7813	5324
50-54岁	88184	49704	38480	13952	9481	4471	9002	5591	3411
55-59岁	81639	46227	35412	10455	7403	3052	6170	4211	1959
60-64岁	63384	36204	27180	7750	5537	2213	3730	2648	1082
65岁及以上	93182	52376	40806	10130	7383	2747	4950	3369	1581
维吾尔族	**3705107**	**1853969**	**1851138**	**3741470**	**1947133**	**1794337**	**586636**	**289950**	**296686**
6-9岁	593504	302399	291105	10365	5219	5146			
10-14岁	489792	253259	236533	312918	155532	157386	7383	3158	4225
15-19岁	98059	52136	45923	659130	344134	314996	147990	62406	85584
20-24岁	143881	71524	72357	822087	414941	407146	88028	41103	46925
25-29岁	176074	86722	89352	631229	329024	302205	64276	31832	32444
30-34岁	259563	126500	133063	415242	217745	197497	56315	28958	27357
35-39岁	328301	160741	167560	313151	165178	147973	60284	31085	29199
40-44岁	358649	174547	184102	211487	111364	100123	51284	25942	25342
45-49岁	276561	133117	143444	131567	71188	60379	38154	20659	17495
50-54岁	258634	123873	134761	79573	43461	36112	23709	13645	10064
55-59岁	224718	108608	116110	58533	31586	26947	16228	9606	6622
60-64岁	205623	102382	103241	47304	27021	20283	14900	9132	5768
65岁及以上	291748	158161	133587	48884	30740	18144	18085	12424	5661

2-2 续表 5

单位：人

民族 年龄	大学专科			大学本科			研究生		
	小计	男	女	小计	男	女	小计	男	女
回族	**504660**	**254277**	**250383**	**371555**	**188223**	**183332**	**30222**	**15087**	**15135**
6-9岁									
10-14岁	13	5	8	4	2	2	2	1	1
15-19岁	32668	14040	18628	29969	12991	16978	103	45	58
20-24岁	120889	55252	65637	119623	56680	62943	5764	2336	3428
25-29岁	83986	39905	44081	70625	33613	37012	9028	3948	5080
30-34岁	64382	31206	33176	43967	21693	22274	5723	2833	2890
35-39岁	56331	28358	27973	33052	17413	15639	3757	2055	1702
40-44岁	44074	23370	20704	25622	14459	11163	2495	1508	987
45-49岁	35501	20055	15446	17810	10981	6829	1916	1317	599
50-54岁	20593	12620	7973	7590	4886	2704	653	482	171
55-59岁	18250	11279	6971	6105	3813	2292	339	248	91
60-64岁	11854	7500	4354	4321	2823	1498	178	128	50
65岁及以上	16119	10687	5432	12867	8869	3998	264	186	78
藏族	**192834**	**102975**	**89859**	**111515**	**57078**	**54437**	**4964**	**3045**	**1919**
6-9岁									
10-14岁	55	30	25	10	4	6	2	1	1
15-19岁	15467	6709	8758	10474	4461	6013	81	39	42
20-24岁	49637	23384	26253	38630	17854	20776	644	254	390
25-29岁	34197	17037	17160	21763	10600	11163	1119	577	542
30-34岁	27412	14770	12642	14465	7594	6871	830	517	313
35-39岁	23535	13440	10095	11307	6447	4860	799	513	286
40-44岁	16796	9868	6928	7527	4782	2745	667	480	187
45-49岁	11542	7496	4046	4326	3022	1304	488	393	95
50-54岁	5899	4082	1817	1318	997	321	141	116	25
55-59岁	3866	2892	974	740	585	155	56	43	13
60-64岁	2089	1591	498	393	313	80	33	24	9
65岁及以上	2339	1676	663	562	419	143	104	88	16
维吾尔族	**382935**	**184303**	**198632**	**178129**	**81843**	**96286**	**4566**	**2419**	**2147**
6-9岁									
10-14岁	2		2						
15-19岁	21592	8283	13309	11510	4165	7345	73	42	31
20-24岁	66306	26321	39985	53423	21911	31512	745	266	479
25-29岁	65609	27269	38340	31852	13187	18665	1264	576	688
30-34岁	58285	25745	32540	21628	9112	12516	571	302	269
35-39岁	54026	26284	27742	20986	10205	10781	610	351	259
40-44岁	38143	20206	17937	17625	9599	8026	464	294	170
45-49岁	28091	16091	12000	9694	6001	3693	431	292	139
50-54岁	17183	10758	6425	4218	2727	1491	208	149	59
55-59岁	11539	7691	3848	2354	1622	732	80	61	19
60-64岁	10047	6843	3204	2182	1446	736	49	40	9
65岁及以上	12112	8812	3300	2657	1868	789	71	46	25

2-2 续表 6

单位：人

民族 年龄	6岁及以上人口			未上过学		
	合计	男	女	小计	男	女
苗族	**8509677**	**4366148**	**4143529**	**872566**	**252476**	**620090**
6-9岁	633917	343778	290139	42235	22196	20039
10-14岁	850575	452087	398488	10548	4906	5642
15-19岁	794223	413349	380874	8449	3299	5150
20-24岁	848122	423395	424727	16488	4356	12132
25-29岁	726096	369511	356585	23407	5870	17537
30-34岁	719603	368801	350802	40270	9858	30412
35-39岁	834724	432393	402331	57606	14385	43221
40-44岁	768818	391617	377201	69894	17170	52724
45-49岁	562039	287363	274676	59979	13534	46445
50-54岁	353493	179503	173990	62300	14781	47519
55-59岁	412403	209075	203328	90273	22365	67908
60-64岁	331665	168955	162710	91754	25358	66396
65岁及以上	673999	326321	347678	299363	94398	204965
彝族	**7792892**	**3969613**	**3823279**	**1114281**	**380706**	**733575**
6-9岁	641097	338714	302383	78502	39503	38999
10-14岁	811440	426796	384644	32482	13878	18604
15-19岁	761515	393898	367617	32155	11954	20201
20-24岁	792604	400785	391819	49753	16016	33737
25-29岁	705270	359550	345720	66694	21361	45333
30-34岁	738808	379015	359793	84405	26995	57410
35-39岁	757009	391205	365804	96062	31866	64196
40-44岁	678757	347282	331475	99395	31900	67495
45-49岁	511183	258708	252475	76433	22527	53906
50-54岁	314166	157925	156241	67196	20575	46621
55-59岁	319347	158532	160815	81593	25347	56246
60-64岁	248624	122335	126289	87285	29608	57677
65岁及以上	513072	234868	278204	262326	89176	173150
壮族	**15450124**	**7888354**	**7561770**	**734370**	**172997**	**561373**
6-9岁	913690	490643	423047	46435	24869	21566
10-14岁	1040217	558683	481534	9433	5032	4401
15-19岁	1199081	627965	571116	5145	2674	2471
20-24岁	1456792	744289	712503	6915	3298	3617
25-29岁	1490662	764445	726217	9617	4072	5545
30-34岁	1462323	760839	701484	13332	5022	8310
35-39岁	1479785	778672	701113	19280	6427	12853
40-44岁	1444965	758129	686836	25072	7808	17264
45-49岁	1184993	614815	570178	23865	6331	17534
50-54岁	828780	419874	408906	32787	6774	26013
55-59岁	824317	411403	412914	53148	10021	43127
60-64岁	640279	310462	329817	68819	13876	54943
65岁及以上	1484240	648135	836105	420522	76793	343729

2-2 续表 7

单位：人

民族 年龄	小学			初中			高中		
	小计	男	女	小计	男	女	小计	男	女
苗族	**3919856**	**1954255**	**1965601**	**2722963**	**1571637**	**1151326**	**619448**	**367680**	**251768**
6-9岁	587647	319384	268263	4031	2196	1835	4	2	2
10-14岁	568936	302350	266586	265298	142011	123287	5750	2801	2949
15-19岁	157680	75896	81784	415071	225682	189389	183501	95562	87939
20-24岁	213400	92241	121159	414713	217718	196995	101279	56955	44324
25-29岁	230799	103185	127614	343589	187858	155731	64912	37549	27363
30-34岁	283222	129561	153661	290481	165858	124623	54536	32353	22183
35-39岁	355374	163746	191628	321536	190517	131019	54909	34353	20556
40-44岁	364395	167761	196634	257969	156369	101600	42107	27156	14951
45-49岁	254671	114544	140127	180189	114004	66185	43104	28641	14463
50-54岁	178580	85105	93475	73957	51715	22242	29551	21096	8455
55-59岁	232334	119731	112603	65086	47852	17234	17730	13574	4156
60-64岁	188461	104028	84433	39147	29719	9428	8620	6761	1859
65岁及以上	304357	176723	127634	51896	40138	11758	13445	10877	2568
彝族	**4190993**	**2138262**	**2052731**	**1744197**	**1031477**	**712720**	**448569**	**252236**	**196333**
6-9岁	562005	298867	263138	589	343	246	1	1	
10-14岁	583021	311182	271839	194898	101219	93679	1036	515	521
15-19岁	238056	124664	113392	307732	169361	138371	164677	79850	84827
20-24岁	300473	148523	151950	286140	157263	128877	74511	39801	34710
25-29岁	317697	158759	158938	223328	127297	96031	46750	25903	20847
30-34岁	375633	186080	189553	191091	114737	76354	42758	24970	17788
35-39岁	418209	207063	211146	171732	107837	63895	33510	20900	12610
40-44岁	400539	199384	201155	128155	82653	45502	22561	14670	7891
45-49岁	274759	129388	145371	119746	79600	40146	22657	14827	7830
50-54岁	171928	82743	89185	49822	35894	13928	18498	13458	5040
55-59岁	190278	96456	93822	32669	24799	7870	10516	8277	2239
60-64岁	138135	74075	64060	16592	13033	3559	4577	3805	772
65岁及以上	220260	121078	99182	21703	17441	4262	6517	5259	1258
壮族	**5587561**	**2573176**	**3014385**	**6601655**	**3704926**	**2896729**	**1653720**	**953638**	**700082**
6-9岁	865028	464520	400508	2227	1254	973			
10-14岁	657611	356044	301567	369902	196017	173885	3271	1590	1681
15-19岁	114474	61137	53337	632381	351090	281291	405990	195502	210488
20-24岁	165856	77777	88079	838651	443499	395152	223793	116890	106903
25-29岁	230751	101881	128870	931576	493945	437631	169635	91042	78593
30-34岁	317983	137689	180294	831511	452838	378673	166553	93897	72656
35-39岁	421935	183016	238919	788797	438856	349941	137847	83807	54040
40-44岁	490075	214271	275804	735719	414982	320737	105433	65087	40346
45-49岁	350364	134242	216122	594024	333610	260414	159564	101006	58558
50-54岁	307553	107787	199766	328998	196287	132711	134559	90382	44177
55-59岁	419481	157818	261663	258484	172210	86274	74784	56780	18004
60-64岁	399946	172814	227132	130990	92051	38939	30372	23382	6990
65岁及以上	846504	404180	442324	158395	118287	40108	41919	34273	7646

2-2 续表 8

单位：人

民族 年龄	大学专科			大学本科			研究生		
	小计	男	女	小计	男	女	小计	男	女
苗族	**235032**	**137471**	**97561**	**132635**	**78496**	**54139**	**7177**	**4133**	**3044**
6-9岁									
10-14岁	34	17	17	9	2	7			
15-19岁	17755	7719	10036	11733	5175	6558	34	16	18
20-24岁	53815	26584	27231	46952	24927	22025	1475	614	861
25-29岁	38637	20998	17639	22732	13026	9706	2020	1025	995
30-34岁	33243	19911	13332	16562	10498	6064	1289	762	527
35-39岁	30470	19228	11242	13747	9397	4350	1082	767	315
40-44岁	23638	15479	8159	10173	7219	2954	642	463	179
45-49岁	17724	11958	5766	5977	4368	1609	395	314	81
50-54岁	7366	5463	1903	1634	1257	377	105	86	19
55-59岁	5700	4504	1196	1228	1014	214	52	35	17
60-64岁	2955	2483	472	701	593	108	27	13	14
65岁及以上	3695	3127	568	1187	1020	167	56	38	18
彝族	**183627**	**104845**	**78782**	**106949**	**59649**	**47300**	**4276**	**2438**	**1838**
6-9岁									
10-14岁	3	2	1						
15-19岁	10824	4682	6142	8066	3384	4682	5	3	2
20-24岁	46328	21791	24537	34580	17069	17511	819	322	497
25-29岁	31729	16539	15190	18003	9199	8804	1069	492	577
30-34岁	28432	16657	11775	15756	9157	6599	733	419	314
35-39岁	23830	14817	9013	13066	8319	4747	600	403	197
40-44岁	18165	11870	6295	9491	6476	3015	451	329	122
45-49岁	12294	8525	3769	4876	3508	1368	418	333	85
50-54岁	5240	4100	1140	1377	1074	303	105	81	24
55-59岁	3548	3041	507	696	575	121	47	37	10
60-64岁	1658	1477	181	369	331	38	8	6	2
65岁及以上	1576	1344	232	669	557	112	21	13	8
壮族	**560431**	**309525**	**250906**	**296407**	**165032**	**131375**	**15980**	**9060**	**6920**
6-9岁									
10-14岁									
15-19岁	25473	11297	14176	15593	6254	9339	25	11	14
20-24岁	131896	61594	70302	87457	40396	47061	2224	835	1389
25-29岁	93926	46136	47790	51214	25643	25571	3943	1726	2217
30-34岁	83734	43985	39749	46298	25834	20464	2912	1574	1338
35-39岁	72809	41652	31157	36744	23411	13333	2373	1503	870
40-44岁	58374	35195	23179	28261	19330	8931	2031	1456	575
45-49岁	39762	26472	13290	15913	11951	3962	1501	1203	298
50-54岁	19466	14429	5037	4885	3771	1114	532	444	88
55-59岁	15045	11854	3191	3174	2567	607	201	153	48
60-64岁	8271	6808	1463	1806	1474	332	75	57	18
65岁及以上	11675	10103	1572	5062	4401	661	163	98	65

2-2 续表 9

单位: 人

民族 年龄	6岁及以上人口 合计	男	女	未上过学 小计	男	女
布依族	**2598781**	**1306140**	**1292641**	**317940**	**77945**	**239995**
6-9岁	195311	105137	90174	13162	7077	6085
10-14岁	293620	154551	139069	3232	1638	1594
15-19岁	241667	123690	117977	2130	838	1292
20-24岁	217443	106742	110701	4109	1036	3073
25-29岁	196224	97717	98507	7120	1475	5645
30-34岁	216598	110451	106147	12439	2836	9603
35-39岁	240943	123456	117487	19186	4563	14623
40-44岁	228327	117038	111289	24729	6370	18359
45-49岁	167630	85579	82051	21204	4569	16635
50-54岁	127055	63187	63868	24734	4349	20385
55-59岁	132534	64816	67718	33096	6220	26876
60-64岁	107994	51811	56183	34519	7632	26887
65岁及以上	233435	101965	131470	118280	29342	88938
朝鲜族	**1764882**	**876449**	**888433**	**22789**	**5752**	**17037**
6-9岁	36381	18590	17791	2170	1153	1017
10-14岁	51241	26218	25023	324	167	157
15-19岁	85419	42696	42723	199	110	89
20-24岁	157015	78947	78068	267	149	118
25-29岁	148841	74788	74053	246	139	107
30-34岁	137474	71074	66400	280	144	136
35-39岁	155692	81818	73874	326	170	156
40-44岁	170956	88666	82290	407	199	208
45-49岁	188003	96206	91797	493	239	254
50-54岁	172956	87015	85941	589	228	361
55-59岁	149376	73457	75919	780	288	492
60-64岁	106407	50959	55448	1141	338	803
65岁及以上	205121	86015	119106	15567	2428	13139
满族	**9644853**	**5011378**	**4633475**	**206212**	**69356**	**136856**
6-9岁	451937	237979	213958	17625	9551	8074
10-14岁	560820	294360	266460	2882	1603	1279
15-19岁	777237	395979	381258	2180	1156	1024
20-24岁	1071963	538439	533524	2730	1503	1227
25-29岁	800004	405023	394981	2298	1209	1089
30-34岁	763869	395448	368421	2408	1291	1117
35-39岁	837778	435127	402651	3534	1834	1700
40-44岁	962030	497785	464245	5472	2510	2962
45-49岁	909621	468630	440991	6528	2570	3958
50-54岁	766646	406955	359691	11777	3809	7968
55-59岁	655281	355639	299642	17493	5764	11729
60-64岁	390175	211613	178562	15904	5357	10547
65岁及以上	697492	368401	329091	115381	31199	84182

2-2 续表 10

单位：人

民族 年龄	小学			初中			高中		
	小计	男	女	小计	男	女	小计	男	女
布依族	**1169545**	**579654**	**589891**	**824977**	**486040**	**338937**	**168197**	**95519**	**72678**
6-9岁	181111	97498	83613	1037	562	475	1		1
10-14岁	187482	99006	88476	100882	52973	47909	2022	932	1090
15-19岁	32587	15876	16711	140371	75058	65313	58082	28359	29723
20-24岁	41835	16801	25034	116559	60841	55718	25312	13639	11673
25-29岁	56916	23310	33606	97778	54115	43663	15777	8875	6902
30-34岁	82556	35878	46678	90069	53307	36762	14324	8351	5973
35-39岁	107405	48538	58867	86211	53199	33012	12695	7783	4912
40-44岁	112915	52394	60521	68822	44614	24208	9977	6145	3832
45-49岁	77198	34628	42570	50273	34047	16226	10598	6805	3793
50-54岁	64201	30287	33914	26290	20026	6264	8357	5985	2372
55-59岁	73945	38611	35334	19231	15222	4009	4197	3154	1043
60-64岁	58293	32190	26103	11227	8850	2377	2583	2002	581
65岁及以上	93101	54637	38464	16227	13226	3001	4272	3489	783
朝鲜族	**236872**	**97090**	**139782**	**766999**	**390498**	**376501**	**456566**	**235929**	**220637**
6-9岁	33607	17136	16471	603	301	302	1		1
10-14岁	25918	13420	12498	23444	11877	11567	1554	754	800
15-19岁	4294	2247	2047	28659	15368	13291	38919	19513	19406
20-24岁	5002	2761	2241	49448	27224	22224	43131	22077	21054
25-29岁	3617	1955	1662	58156	31019	27137	42234	20918	21316
30-34岁	4217	2248	1969	59579	31969	27610	39781	20180	19601
35-39岁	5607	2937	2670	72560	38399	34161	44628	23278	21350
40-44岁	8530	4283	4247	87561	45128	42433	47794	24580	23214
45-49岁	10219	4796	5423	92114	46779	45335	61909	30790	31119
50-54岁	14417	5940	8477	81981	39954	42027	62435	32371	30064
55-59岁	20456	7533	12923	86660	41455	45205	30572	17082	13490
60-64岁	24542	8692	15850	57989	28170	29819	16015	8973	7042
65岁及以上	76446	23142	53304	68245	32855	35390	27593	15413	12180
满族	**2635047**	**1294013**	**1341034**	**4433743**	**2405454**	**2028289**	**1273292**	**684945**	**588347**
6-9岁	430081	226281	203800	4223	2145	2078	8	2	6
10-14岁	300967	161246	139721	248193	127442	120751	8770	4066	4704
15-19岁	55926	29682	26244	345685	186478	159207	296106	146028	150078
20-24岁	89393	45559	43834	506156	260620	245536	149015	78223	70792
25-29岁	65352	32454	32898	454461	235913	218548	98304	50428	47876
30-34岁	85312	42118	43194	440077	232715	207362	105169	54560	50609
35-39岁	128030	60868	67162	493879	260518	233361	102943	54298	48645
40-44岁	211147	98167	112980	557537	296346	261191	102951	54593	48358
45-49岁	209524	91301	118223	496032	265300	230732	130657	70839	59818
50-54岁	235183	101157	134026	347938	200316	147622	131298	76553	54745
55-59岁	276073	129114	146959	262412	158701	103711	66682	41357	25325
60-64岁	197396	94323	103073	132688	83309	49379	28018	17867	10151
65岁及以上	350663	181743	168920	144462	95651	48811	53371	36131	17240

2-2 续表 11

单位：人

民族 年龄	大学专科			大学本科			研究生		
	小计	男	女	小计	男	女	小计	男	女
布依族	**72622**	**41587**	**31035**	**43878**	**24574**	**19304**	**1622**	**821**	**801**
6-9岁									
10-14岁	1	1		1	1				
15-19岁	4185	1729	2456	4302	1825	2477	10	5	5
20-24岁	14177	6607	7570	15111	7693	7418	340	125	215
25-29岁	11368	5941	5427	6876	3825	3051	389	176	213
30-34岁	11448	6722	4726	5475	3224	2251	287	133	154
35-39岁	10554	6397	4157	4642	2830	1812	250	146	104
40-44岁	8182	5110	3072	3529	2300	1229	173	105	68
45-49岁	6140	3978	2162	2115	1473	642	102	79	23
50-54岁	2769	2030	739	665	481	184	39	29	10
55-59岁	1618	1271	347	433	327	106	14	11	3
60-64岁	1066	879	187	297	251	46	9	7	2
65岁及以上	1114	922	192	432	344	88	9	5	4
朝鲜族	**130639**	**69018**	**61621**	**141342**	**73435**	**67907**	**9675**	**4727**	**4948**
6-9岁									
10-14岁				1		1			
15-19岁	4581	2093	2488	8748	3354	5394	19	11	8
20-24岁	21112	10096	11016	36869	16189	20680	1186	451	735
25-29岁	19178	8963	10215	23066	10821	12245	2344	973	1371
30-34岁	16376	7924	8452	15308	7757	7551	1933	852	1081
35-39岁	16687	8496	8191	14256	7721	6535	1628	817	811
40-44岁	13677	7241	6436	11931	6650	5281	1056	585	471
45-49岁	12178	6865	5313	10157	6138	4019	933	599	334
50-54岁	8038	4856	3182	5184	3432	1752	312	234	78
55-59岁	6864	4379	2485	3927	2631	1296	117	89	28
60-64岁	4036	2807	1229	2630	1937	693	54	42	12
65岁及以上	7912	5298	2614	9265	6805	2460	93	74	19
满族	**576376**	**294364**	**282012**	**477022**	**242439**	**234583**	**43161**	**20807**	**22354**
6-9岁									
10-14岁	8	3	5						
15-19岁	40814	16938	23876	36440	15663	20777	86	34	52
20-24岁	151871	70910	80961	164512	78517	85995	8286	3107	5179
25-29岁	83285	39911	43374	82822	39456	43366	13482	5652	7830
30-34岁	67462	33285	34177	55040	27460	27580	8401	4019	4382
35-39岁	60513	31274	29239	43563	23400	20163	5316	2935	2381
40-44岁	47999	25445	22554	33585	18738	14847	3339	1986	1353
45-49岁	41669	23133	18536	22882	13876	9006	2329	1611	718
50-54岁	28433	17310	11123	11040	7081	3959	977	729	248
55-59岁	23614	14957	8657	8488	5346	3142	519	400	119
60-64岁	11693	7814	3879	4350	2851	1499	126	92	34
65岁及以上	19015	13384	5631	14300	10051	4249	300	242	58

2-2 续表 12

单位：人

民族 年龄	6岁及以上人口			未上过学		
	合计	男	女	小计	男	女
侗族	**2619132**	**1367284**	**1251848**	**173293**	**45550**	**127743**
6-9岁	166332	92607	73725	7705	4346	3359
10-14岁	224519	122094	102425	1686	917	769
15-19岁	217283	115778	101505	866	462	404
20-24岁	237788	122195	115593	1102	535	567
25-29岁	205994	105986	100008	1385	505	880
30-34岁	195466	101461	94005	2423	685	1738
35-39岁	260191	135093	125098	5277	1312	3965
40-44岁	259327	134559	124768	8050	1887	6163
45-49岁	210172	108400	101772	8157	1633	6524
50-54岁	128654	67081	61573	10857	2244	8613
55-59岁	143512	74476	69036	18059	3528	14531
60-64岁	118378	61998	56380	20495	4301	16194
65岁及以上	251516	125556	125960	87231	23195	64036
瑶族	**2496825**	**1297250**	**1199575**	**166437**	**48441**	**117996**
6-9岁	175954	94077	81877	11246	5872	5374
10-14岁	195578	103667	91911	2576	1234	1342
15-19岁	215044	112823	102221	1856	784	1072
20-24岁	274462	140824	133638	3467	1146	2321
25-29岁	251513	131069	120444	4551	1354	3197
30-34岁	221029	117609	103420	6378	1887	4491
35-39岁	223922	120037	103885	7989	2331	5658
40-44岁	223710	118056	105654	10273	3006	7267
45-49岁	181754	94199	87555	9679	2585	7094
50-54岁	129463	66688	62775	11692	3114	8578
55-59岁	121467	62159	59308	14432	3515	10917
60-64岁	88899	45308	43591	15792	3977	11815
65岁及以上	194030	90734	103296	66506	17636	48870
白族	**1785320**	**902316**	**883004**	**104148**	**26071**	**78077**
6-9岁	110473	56656	53817	4599	2423	2176
10-14岁	148343	75689	72654	998	523	475
15-19岁	157514	78444	79070	590	296	294
20-24岁	174865	86820	88045	989	426	563
25-29岁	137291	69577	67714	1362	493	869
30-34岁	164589	84376	80213	2568	831	1737
35-39岁	184812	96163	88649	4336	1293	3043
40-44岁	170432	88208	82224	5918	1473	4445
45-49岁	136554	69818	66736	6468	1332	5136
50-54岁	85407	43161	42246	7240	1391	5849
55-59岁	95545	47909	47636	10781	2098	8683
60-64岁	66683	33512	33171	9951	2291	7660
65岁及以上	152812	71983	80829	48348	11201	37147

2-2 续表 13 单位：人

民族 年龄	小学 小计	小学 男	小学 女	初中 小计	初中 男	初中 女	高中 小计	高中 男	高中 女
侗族	**1023789**	**498627**	**525162**	**1013249**	**584111**	**429138**	**247176**	**144646**	**102530**
6-9岁	157253	87511	69742	1374	750	624			
10-14岁	131932	72556	59376	88802	47607	41195	2091	1013	1078
15-19岁	15587	8466	7121	116533	65080	51453	73591	37240	36351
20-24岁	21691	9355	12336	139499	72840	66659	35052	19420	15632
25-29岁	30668	12162	18506	124839	66278	58561	22815	12931	9884
30-34岁	45932	18200	27732	105198	58023	47175	20447	11776	8671
35-39岁	83104	33224	49880	128721	73956	54765	21832	13158	8674
40-44岁	102632	42399	60233	114056	67872	46184	17867	11251	6616
45-49岁	81416	31475	49941	87205	53179	34026	20776	13493	7283
50-54岁	62256	26554	35702	36096	24603	11493	14667	10112	4555
55-59岁	85648	41467	44181	29009	21204	7805	7634	5733	1901
60-64岁	74319	39343	34976	17915	13763	4152	3897	3111	786
65岁及以上	131351	75915	55436	24002	18956	5046	6507	5408	1099
瑶族	**1097493**	**534931**	**562562**	**874247**	**508252**	**365995**	**220155**	**129979**	**90176**
6-9岁	163915	87742	76173	793	463	330			
10-14岁	129382	68873	60509	62616	33082	29534	999	477	522
15-19岁	40351	20557	19794	108459	60050	48409	54785	27296	27489
20-24岁	59152	27507	31645	136288	73570	62718	34672	19014	15658
25-29岁	68464	32143	36321	129823	71687	58136	24773	13948	10825
30-34岁	73833	35124	38709	100634	57966	42668	20666	12077	8589
35-39岁	86712	40058	46654	96929	57680	39249	17030	10610	6420
40-44岁	100154	45467	54687	88105	53673	34432	13631	8670	4961
45-49岁	78069	33175	44894	66674	40628	26046	19359	12548	6811
50-54岁	63819	26905	36914	32433	21521	10912	17632	12352	5280
55-59岁	71267	32657	38610	23575	16721	6854	9235	6980	2255
60-64岁	55619	27926	27693	12666	9530	3136	3434	2719	715
65岁及以上	106756	56797	49959	15252	11681	3571	3939	3288	651
白族	**693269**	**318329**	**374940**	**649936**	**374330**	**275606**	**195778**	**107624**	**88154**
6-9岁	105683	54140	51543	189	91	98	2	2	
10-14岁	91835	47628	44207	55079	27339	27740	431	199	232
15-19岁	12788	6691	6097	75327	40345	34982	60862	27838	33024
20-24岁	23487	10732	12755	84131	44810	39321	27068	13630	13438
25-29岁	26999	11834	15165	70032	37891	32141	17555	9088	8467
30-34岁	44744	19197	25547	78617	43270	35347	18432	10116	8316
35-39岁	61709	26291	35418	82507	47683	34824	17037	9941	7096
40-44岁	66225	27587	38638	69268	41211	28057	13811	8518	5293
45-49岁	51400	19252	32148	54787	33648	21139	14691	9380	5311
50-54岁	39118	15155	23963	25614	17349	8265	10078	6830	3248
55-59岁	53729	23045	30684	23237	16897	6340	5721	4260	1461
60-64岁	40119	18848	21271	12103	8942	3161	3062	2266	796
65岁及以上	75433	37929	37504	19045	14854	4191	7028	5556	1472

2-2 续表 14

单位：人

民族 年龄	大学专科			大学本科			研究生		
	小计	男	女	小计	男	女	小计	男	女
侗族	**101127**	**58657**	**42470**	**57878**	**34177**	**23701**	**2620**	**1516**	**1104**
6-9岁									
10-14岁	3	1	2	5		5			
15-19岁	6102	2540	3562	4596	1984	2612	8	6	2
20-24岁	21119	10092	11027	18817	9728	9089	508	225	283
25-29岁	15415	8037	7378	10141	5724	4417	731	349	382
30-34岁	13690	7990	5700	7304	4509	2795	472	278	194
35-39岁	14381	8836	5545	6481	4361	2120	395	246	149
40-44岁	11419	7338	4081	5050	3607	1443	253	205	48
45-49岁	9299	6134	3165	3171	2362	809	148	124	24
50-54岁	3904	2883	1021	823	641	182	51	44	7
55-59岁	2621	2102	519	518	427	91	23	15	8
60-64岁	1447	1226	221	292	243	49	13	11	2
65岁及以上	1727	1478	249	680	591	89	18	13	5
瑶族	**81596**	**44832**	**36764**	**53343**	**28889**	**24454**	**3554**	**1926**	**1628**
6-9岁									
10-14岁	1		1	4	1	3			
15-19岁	5494	2381	3113	4094	1752	2342	5	3	2
20-24岁	21261	10348	10913	18914	8962	9952	708	277	431
25-29岁	13595	6875	6720	9265	4599	4666	1042	463	579
30-34岁	11439	6089	5350	7413	4117	3296	666	349	317
35-39岁	9316	5465	3851	5495	3575	1920	451	318	133
40-44岁	7153	4232	2921	4032	2741	1291	362	267	95
45-49岁	5549	3482	2067	2214	1608	606	210	173	37
50-54岁	3117	2209	908	713	544	169	57	43	14
55-59岁	2439	1882	557	492	384	108	27	20	7
60-64岁	1109	918	191	269	232	37	10	6	4
65岁及以上	1123	951	172	438	374	64	16	7	9
白族	**79341**	**42268**	**37073**	**59298**	**31811**	**27487**	**3550**	**1883**	**1667**
6-9岁									
10-14岁									
15-19岁	3965	1640	2325	3980	1634	2346	2		2
20-24岁	19797	8527	11270	18742	8483	10259	651	212	439
25-29岁	11896	5697	6199	8683	4248	4435	764	326	438
30-34岁	11605	6256	5349	7955	4360	3595	668	346	322
35-39岁	11130	6190	4940	7533	4443	3090	560	322	238
40-44岁	8701	5181	3520	6089	3938	2151	420	300	120
45-49岁	5687	3687	2000	3208	2280	928	313	239	74
50-54岁	2360	1703	657	910	665	245	87	68	19
55-59岁	1516	1189	327	522	388	134	39	32	7
60-64岁	1015	810	205	415	340	75	18	15	3
65岁及以上	1669	1388	281	1261	1032	229	28	23	5

2-2 续表 15

单位：人

民族 年龄	6岁及以上人口			未上过学		
	合计	男	女	小计	男	女
土家族	**7630400**	**3918497**	**3711903**	**466043**	**136430**	**329613**
6-9岁	500321	266792	233529	18717	10091	8626
10-14岁	655005	344568	310437	4644	2448	2196
15-19岁	705324	358335	346989	2774	1453	1321
20-24岁	679460	335717	343743	3478	1550	1928
25-29岁	547163	272007	275156	4043	1588	2455
30-34岁	542539	274144	268395	6312	2105	4207
35-39岁	753287	389405	363882	12171	3867	8304
40-44岁	751600	390210	361390	16924	4833	12091
45-49岁	587610	305177	282433	18456	4644	13812
50-54岁	343987	179713	164274	25042	5980	19062
55-59岁	462574	238810	223764	51078	11543	39535
60-64岁	371347	194306	177041	59163	15062	44101
65岁及以上	730183	369313	360870	243241	71266	171975
哈尼族	**1495794**	**774045**	**721749**	**217182**	**71773**	**145409**
6-9岁	95511	52674	42837	6957	3816	3141
10-14岁	123553	68272	55281	1684	876	808
15-19岁	133006	71734	61272	1439	574	865
20-24岁	164602	84884	79718	3665	958	2707
25-29岁	153818	79986	73832	5969	1656	4313
30-34岁	157204	81653	75551	10895	2969	7926
35-39岁	149282	77747	71535	14139	4012	10127
40-44岁	135415	69863	65552	18529	5385	13144
45-49岁	104411	53536	50875	17409	4635	12774
50-54岁	71487	36072	35415	21512	6306	15206
55-59岁	59004	29534	29470	22843	7388	15455
60-64岁	49303	24245	25058	24590	8752	15838
65岁及以上	99198	43845	55353	67551	24446	43105
哈萨克族	**1305071**	**665698**	**639373**	**20763**	**9089**	**11674**
6-9岁	88713	45826	42887	4541	2354	2187
10-14岁	101321	51772	49549	698	329	369
15-19岁	117818	58494	59324	439	218	221
20-24岁	160142	80394	79748	704	388	316
25-29岁	149577	76463	73114	786	412	374
30-34岁	145723	75185	70538	909	480	429
35-39岁	136669	70364	66305	939	469	470
40-44岁	114919	59034	55885	1156	547	609
45-49岁	87553	45240	42313	1112	544	568
50-54岁	63826	32587	31239	1314	564	750
55-59岁	47882	23936	23946	1445	541	904
60-64岁	33898	17415	16483	1457	510	947
65岁及以上	57030	28988	28042	5263	1733	3530

2-2 续表 16

单位：人

民族 年龄	小学			初中			高中		
	小计	男	女	小计	男	女	小计	男	女
土家族	**2790562**	**1356725**	**1433837**	**2887431**	**1591083**	**1296348**	**936733**	**525640**	**411093**
6-9岁	476974	254251	222723	4629	2450	2179	1		1
10-14岁	359562	191654	167908	281162	145948	135214	9589	4501	5088
15-19岁	45106	23262	21844	325017	172768	152249	280999	139091	141908
20-24岁	57599	24872	32727	331033	165266	165767	128603	66579	62024
25-29岁	68582	27775	40807	303284	153204	150080	86846	45871	40975
30-34岁	100694	40351	60343	285673	147822	137851	80860	44352	36508
35-39岁	197093	81180	115913	391775	212677	179098	86661	50706	35955
40-44岁	249559	104065	145494	364730	205044	159686	71283	43639	27644
45-49岁	195484	77806	117678	258154	147491	110663	80303	50864	29439
50-54岁	159286	68985	90301	101453	65173	36280	45592	30209	15383
55-59岁	268406	126389	142017	102161	70519	31642	29973	21771	8202
60-64岁	230732	119507	111225	61651	44383	17268	14352	10940	3412
65岁及以上	381485	216628	164857	76709	58338	18371	21671	17117	4554
哈尼族	**807352**	**422147**	**385205**	**341877**	**207504**	**134373**	**84070**	**47559**	**36511**
6-9岁	88548	48855	39693	6	3	3			
10-14岁	88195	49405	38790	33669	17990	15679	5	1	4
15-19岁	40626	22113	18513	59425	34008	25417	28714	13939	14775
20-24岁	68880	33457	35423	64798	36825	27973	15253	8225	7028
25-29岁	78406	38606	39800	50660	29581	21079	10677	6062	4615
30-34岁	90682	45057	45625	39885	24523	15362	9073	5297	3776
35-39岁	91211	45587	45624	31747	20482	11265	6564	4180	2384
40-44岁	86193	44052	42141	21897	14542	7355	4069	2687	1382
45-49岁	59386	29559	29827	20962	14896	6066	3470	2277	1193
50-54岁	35012	18363	16649	10354	7890	2464	3385	2535	850
55-59岁	29706	16874	12832	4291	3463	828	1650	1371	279
60-64岁	21976	13255	8721	1916	1528	388	586	497	89
65岁及以上	28531	16964	11567	2267	1773	494	624	488	136
哈萨克族	**473830**	**236815**	**237015**	**535399**	**281489**	**253910**	**159961**	**80857**	**79104**
6-9岁	82957	42860	40097	1215	612	603			
10-14岁	63350	32879	30471	35839	17889	17950	1434	675	759
15-19岁	13843	7545	6298	60830	32032	28798	36999	16325	20674
20-24岁	19631	10737	8894	92020	47959	44061	25692	12171	13521
25-29岁	23098	12156	10942	90440	47312	43128	19185	9647	9538
30-34岁	31873	16547	15326	76121	40210	35911	18260	9466	8794
35-39岁	37370	18496	18874	61963	32585	29378	18308	9785	8523
40-44岁	42088	20617	21471	43938	23004	20934	14821	7706	7115
45-49岁	35990	16930	19060	30262	16143	14119	10669	5974	4695
50-54岁	35534	16773	18761	16607	8931	7676	5484	3129	2355
55-59岁	28843	13129	15714	11139	5897	5242	3465	2145	1320
60-64岁	21211	10077	11134	6980	3923	3057	2400	1536	864
65岁及以上	38042	18069	19973	8045	4992	3053	3244	2298	946

2-2 续表 17 单位：人

民族 年龄	大学专科			大学本科			研究生		
	小计	男	女	小计	男	女	小计	男	女
土家族	**330121**	**183497**	**146624**	**204943**	**116914**	**88029**	**14567**	**8208**	**6359**
6-9岁									
10-14岁	33	15	18	15	2	13			
15-19岁	29703	12358	17345	21686	9381	12305	39	22	17
20-24岁	80369	37694	42675	74913	38306	36607	3465	1450	2015
25-29岁	48404	24246	24158	31694	17135	14559	4310	2188	2122
30-34岁	43510	24180	19330	22951	13838	9113	2539	1496	1043
35-39岁	42744	25800	16944	20862	13854	7008	1981	1321	660
40-44岁	31856	20343	11513	16032	11362	4670	1216	924	292
45-49岁	25002	16710	8292	9567	7128	2439	644	534	110
50-54岁	9942	7254	2688	2516	1989	527	156	123	33
55-59岁	8923	6945	1978	1935	1573	362	98	70	28
60-64岁	4430	3574	856	983	814	169	36	26	10
65岁及以上	5205	4378	827	1789	1532	257	83	54	29
哈尼族	**29350**	**16414**	**12936**	**15456**	**8392**	**7064**	**507**	**256**	**251**
6-9岁									
10-14岁									
15-19岁	1828	744	1084	973	355	618	1	1	
20-24岁	7491	3359	4132	4426	2035	2391	89	25	64
25-29岁	5224	2676	2548	2733	1351	1382	149	54	95
30-34岁	4183	2437	1746	2427	1343	1084	59	27	32
35-39岁	3547	2172	1375	2015	1283	732	59	31	28
40-44岁	3018	2035	983	1645	1110	535	64	52	12
45-49岁	2252	1503	749	866	612	254	66	54	12
50-54岁	1004	805	199	211	167	44	9	6	3
55-59岁	442	377	65	67	57	10	5	4	1
60-64岁	197	179	18	35	32	3	3	2	1
65岁及以上	164	127	37	58	47	11	3		3
哈萨克族	**79416**	**40823**	**38593**	**34739**	**16143**	**18596**	**963**	**482**	**481**
6-9岁									
10-14岁									
15-19岁	3551	1569	1982	2153	802	1351	3	3	
20-24岁	11299	4784	6515	10628	4307	6321	168	48	120
25-29岁	10422	4648	5774	5381	2195	3186	265	93	172
30-34岁	13759	6356	7403	4660	2057	2603	141	69	72
35-39岁	13485	6786	6699	4495	2182	2313	109	61	48
40-44岁	9470	5191	4279	3327	1880	1447	119	89	30
45-49岁	7408	4312	3096	2033	1284	749	79	53	26
50-54岁	3997	2599	1398	846	558	288	44	33	11
55-59岁	2523	1888	635	454	323	131	13	13	
60-64岁	1588	1182	406	250	175	75	12	12	
65岁及以上	1914	1508	406	512	380	132	10	8	2

2-2 续表 18

单位：人

民族 年龄	6岁及以上人口			未上过学		
	合计	男	女	小计	男	女
傣族	**1154883**	**570983**	**583900**	**130337**	**47238**	**83099**
6-9岁	62510	31939	30571	2919	1551	1368
10-14岁	84076	43009	41067	607	347	260
15-19岁	99677	49717	49960	706	344	362
20-24岁	129705	64053	65652	1704	670	1034
25-29岁	114019	57093	56926	2346	998	1348
30-34岁	102824	51396	51428	3596	1564	2032
35-39岁	109744	55336	54408	6639	2777	3862
40-44岁	114487	56859	57628	11455	4668	6787
45-49岁	100880	49938	50942	12693	4885	7808
50-54岁	71247	35288	35959	14590	5244	9346
55-59岁	49642	24351	25291	13551	4526	9025
60-64岁	37579	18039	19540	14109	4800	9309
65岁及以上	78493	33965	44528	45422	14864	30558
黎族	**1317322**	**678688**	**638634**	**85524**	**25458**	**60066**
6-9岁	78291	41889	36402	4637	2445	2192
10-14岁	110797	59088	51709	1171	618	553
15-19岁	148702	75544	73158	854	476	378
20-24岁	143279	73693	69586	1293	650	643
25-29岁	140892	74154	66738	1881	960	921
30-34岁	124265	66436	57829	2757	1314	1443
35-39岁	122786	65582	57204	3557	1479	2078
40-44岁	118709	62237	56472	4371	1611	2760
45-49岁	96215	50174	46041	3855	1118	2737
50-54岁	60998	30825	30173	4529	856	3673
55-59岁	48397	24018	24379	6300	1155	5145
60-64岁	37897	18126	19771	8964	1774	7190
65岁及以上	86094	36922	49172	41355	11002	30353
傈僳族	**640339**	**323680**	**316659**	**118004**	**43852**	**74152**
6-9岁	43340	21996	21344	4480	2249	2231
10-14岁	55191	28200	26991	1418	630	788
15-19岁	57994	29093	28901	1869	725	1144
20-24岁	71336	35868	35468	4619	1614	3005
25-29岁	67364	35014	32350	7110	2656	4454
30-34岁	64709	33546	31163	9350	3644	5706
35-39岁	61503	31899	29604	11022	4306	6716
40-44岁	55707	28451	27256	12151	4481	7670
45-49岁	43690	22122	21568	10524	3576	6948
50-54岁	30325	15133	15192	9992	3367	6625
55-59岁	27181	13242	13939	10390	3533	6857
60-64岁	21050	10244	10806	9803	3560	6243
65岁及以上	40949	18872	22077	25276	9511	15765

2-2 续表 19

单位：人

民族 年龄	小学			初中			高中		
	小计	男	女	小计	男	女	小计	男	女
傣族	**613322**	**310653**	**302669**	**293869**	**156385**	**137484**	**70756**	**34424**	**36332**
6-9岁	59585	30387	29198	6	1	5			
10-14岁	51601	27030	24571	31855	15628	16227	13	4	9
15-19岁	21670	12327	9343	51498	26450	25048	22802	9563	13239
20-24岁	45371	23485	21886	59062	29736	29326	11292	5235	6057
25-29岁	50585	25930	24655	43346	22253	21093	9124	4180	4944
30-34岁	54592	27020	27572	30228	15766	14462	7746	3919	3827
35-39岁	66585	32630	33955	24393	13383	11010	6307	3509	2798
40-44岁	76954	37350	39604	17874	10160	7714	3763	2125	1638
45-49岁	62647	29856	32791	18749	11271	7478	3633	2005	1628
50-54岁	43616	21502	22114	8561	5719	2842	3234	1970	1264
55-59岁	30316	15737	14579	3878	2756	1122	1292	863	429
60-64岁	20628	11182	9446	1879	1350	529	632	435	197
65岁及以上	29172	16217	12955	2540	1912	628	918	616	302
黎族	**411397**	**207516**	**203881**	**639645**	**342304**	**297341**	**128694**	**73540**	**55154**
6-9岁	72895	39022	33873	756	420	336	3	2	1
10-14岁	69870	38210	31660	38716	19781	18935	1021	467	554
15-19岁	18710	10810	7900	93566	48312	45254	31190	14167	17023
20-24岁	19681	10553	9128	88371	44988	43383	18787	9869	8918
25-29岁	26576	14389	12187	91308	47481	43827	12765	6763	6002
30-34岁	29215	15854	13361	74728	39479	35249	11236	6255	4981
35-39岁	33022	16904	16118	69587	37270	32317	11072	6480	4592
40-44岁	34552	16440	18112	64791	34829	29962	10265	6263	4002
45-49岁	25748	10631	15117	52199	28864	23335	10882	6978	3904
50-54岁	17064	5889	11175	27123	15208	11915	10694	7630	3064
55-59岁	17830	6608	11222	17192	10718	6474	5929	4642	1287
60-64岁	15631	6661	8970	9991	6886	3105	2634	2223	411
65岁及以上	30603	15545	15058	11317	8068	3249	2216	1801	415
傈僳族	**358140**	**184429**	**173711**	**122790**	**71845**	**50945**	**24620**	**14171**	**10449**
6-9岁	38854	19744	19110	6	3	3			
10-14岁	40698	21047	19651	13068	6519	6549	7	4	3
15-19岁	20887	10413	10474	25399	13330	12069	8731	4168	4563
20-24岁	35049	17163	17886	22699	12568	10131	4312	2315	1997
25-29岁	37212	19271	17941	16490	9517	6973	3149	1806	1343
30-34岁	37839	19447	18392	12689	7624	5065	2232	1380	852
35-39岁	36910	18913	17997	9971	6340	3631	1712	1138	574
40-44岁	33743	17528	16215	7266	4744	2522	1139	789	350
45-49岁	24047	12167	11880	7293	5077	2216	1026	711	315
50-54岁	15409	8015	7394	3426	2567	859	1106	850	256
55-59岁	13907	7399	6508	1994	1564	430	602	501	101
60-64岁	9672	5400	4272	1147	914	233	289	242	47
65岁及以上	13913	7922	5991	1342	1078	264	315	267	48

2-2　续表 20　　　　　　　　　　单位：人

民族 年龄	大学专科			大学本科			研究生		
	小计	男	女	小计	男	女	小计	男	女
傣族	**30213**	**14385**	**15828**	**15860**	**7637**	**8223**	**526**	**261**	**265**
6-9岁									
10-14岁									
15-19岁	1871	643	1228	1128	389	739	2	1	1
20-24岁	7438	2957	4481	4724	1931	2793	114	39	75
25-29岁	5599	2398	3201	2865	1268	1597	154	66	88
30-34岁	4343	2015	2328	2247	1077	1170	72	35	37
35-39岁	3811	1928	1883	1962	1083	879	47	26	21
40-44岁	2900	1626	1274	1489	897	592	52	33	19
45-49岁	2166	1269	897	935	612	323	57	40	17
50-54岁	982	656	326	248	184	64	16	13	3
55-59岁	498	387	111	101	77	24	6	5	1
60-64岁	282	237	45	48	34	14	1	1	
65岁及以上	323	269	54	113	85	28	5	2	3
黎族	**35779**	**20674**	**15105**	**15722**	**8872**	**6850**	**561**	**324**	**237**
6-9岁									
10-14岁	12	7	5	4	3	1	3	2	1
15-19岁	2767	1171	1596	1606	606	1000	9	2	7
20-24岁	9627	4933	4694	5418	2661	2757	102	39	63
25-29岁	5597	3049	2548	2624	1439	1185	141	73	68
30-34岁	4335	2386	1949	1893	1088	805	101	60	41
35-39岁	3933	2367	1566	1543	1035	508	72	47	25
40-44岁	3524	2207	1317	1153	844	309	53	43	10
45-49岁	2646	1878	768	853	679	174	32	26	6
50-54岁	1294	997	297	274	226	48	20	19	1
55-59岁	975	752	223	161	136	25	10	7	3
60-64岁	581	503	78	93	78	15	3	1	2
65岁及以上	488	424	64	100	77	23	15	5	10
傈僳族	**10959**	**6230**	**4729**	**5654**	**3056**	**2598**	**172**	**97**	**75**
6-9岁									
10-14岁									
15-19岁	650	260	390	458	197	261			
20-24岁	2717	1270	1447	1906	927	979	34	11	23
25-29岁	2310	1210	1100	1051	535	516	42	19	23
30-34岁	1735	976	759	839	458	381	25	17	8
35-39岁	1251	815	436	617	373	244	20	14	6
40-44岁	928	596	332	457	297	160	23	16	7
45-49岁	571	411	160	209	167	42	20	13	7
50-54岁	336	286	50	49	41	8	7	7	
55-59岁	256	218	38	31	27	4	1		1
60-64岁	121	112	9	18	16	2			
65岁及以上	84	76	8	19	18	1			

2-2 续表 21

单位：人

民族 年龄	6岁及以上人口			未上过学		
	合计	男	女	小计	男	女
佤族	**398890**	**200774**	**198116**	**54899**	**20431**	**34468**
6-9岁	22228	11176	11052	1595	795	800
10-14岁	32206	16333	15873	387	194	193
15-19岁	38037	19001	19036	400	178	222
20-24岁	48265	23896	24369	1018	313	705
25-29岁	44081	22579	21502	1533	541	992
30-34岁	39731	20701	19030	2268	853	1415
35-39岁	36948	19221	17727	3249	1201	2048
40-44岁	35888	18209	17679	4860	1769	3091
45-49岁	27676	14056	13620	4564	1536	3028
50-54岁	21037	10358	10679	5735	1875	3860
55-59岁	14975	7405	7570	5505	1835	3670
60-64岁	14044	6852	7192	7198	2702	4496
65岁及以上	23774	10987	12787	16587	6639	9948
畲族	**643415**	**347787**	**295628**	**40412**	**12223**	**28189**
6-9岁	36692	19522	17170	1356	740	616
10-14岁	45116	23752	21364	271	154	117
15-19岁	59364	30529	28835	190	94	96
20-24岁	61794	31429	30365	217	114	103
25-29岁	51559	27462	24097	276	115	161
30-34岁	53776	29438	24338	589	218	371
35-39岁	62945	34789	28156	1057	327	730
40-44岁	61494	33808	27686	1668	459	1209
45-49岁	50142	27473	22669	2183	504	1679
50-54岁	38791	21865	16926	3279	774	2505
55-59岁	37575	21011	16564	4344	1053	3291
60-64岁	25739	14756	10983	4132	1138	2994
65岁及以上	58428	31953	26475	20850	6533	14317
高山族	**3674**	**1861**	**1813**	**95**	**28**	**67**
6-9岁	176	92	84	3		3
10-14岁	228	106	122	2	2	
15-19岁	351	188	163	2	1	1
20-24岁	462	228	234	2		2
25-29岁	384	182	202	3	1	2
30-34岁	287	126	161	5		5
35-39岁	301	155	146	6	2	4
40-44岁	325	174	151	9	3	6
45-49岁	343	175	168	8	3	5
50-54岁	243	126	117	2		2
55-59岁	200	110	90	4	2	2
60-64岁	121	67	54	7	3	4
65岁及以上	253	132	121	42	11	31

2-2 续表 22

单位: 人

民族 年龄	小学			初中			高中		
	小计	男	女	小计	男	女	小计	男	女
佤族	**232864**	**118042**	**114822**	**83034**	**46622**	**36412**	**17969**	**10099**	**7870**
6-9岁	20629	10378	10251	4	3	1			
10-14岁	22433	11513	10920	9379	4624	4755	7	2	5
15-19岁	13574	6804	6770	17557	9053	8504	5803	2660	3143
20-24岁	25069	11775	13294	16239	8714	7525	3093	1747	1346
25-29岁	27687	13715	13972	10753	6072	4681	2304	1323	981
30-34岁	26250	13398	12852	7886	4575	3311	1904	1086	818
35-39岁	24566	12547	12019	6418	3808	2610	1513	956	557
40-44岁	24054	12162	11892	5118	3079	2039	933	627	306
45-49岁	16826	8391	8435	4833	3154	1679	820	516	304
50-54岁	11596	5898	5698	2650	1842	808	811	553	258
55-59岁	7837	4324	3513	1066	796	270	393	315	78
60-64岁	5928	3406	2522	631	498	133	200	166	34
65岁及以上	6415	3731	2684	500	404	96	188	148	40
畲族	**259014**	**129941**	**129073**	**235542**	**141652**	**93890**	**68856**	**41388**	**27468**
6-9岁	35101	18657	16444	235	125	110			
10-14岁	24346	12892	11454	19932	10424	9508	567	282	285
15-19岁	3435	1611	1824	28471	15272	13199	22998	11543	11455
20-24岁	5075	2136	2939	31178	16170	15008	11547	6168	5379
25-29岁	7159	2982	4177	30885	17040	13845	6916	3951	2965
30-34岁	14201	6046	8155	29019	17120	11899	5454	3392	2062
35-39岁	22440	9632	12808	30555	18913	11642	5056	3417	1639
40-44岁	27994	12253	15741	24903	16247	8656	4188	2952	1236
45-49岁	24218	10416	13802	17147	11644	5503	4797	3592	1205
50-54岁	22573	11011	11562	8605	6582	2023	3497	2816	681
55-59岁	24842	13168	11674	6320	5073	1247	1530	1269	261
60-64岁	16751	9539	7212	3675	3064	611	852	732	120
65岁及以上	30879	19598	11281	4617	3978	639	1454	1274	180
高山族	**751**	**348**	**403**	**1287**	**666**	**621**	**742**	**409**	**333**
6-9岁	171	91	80	2	1	1			
10-14岁	108	53	55	109	46	63	9	5	4
15-19岁	12	6	6	105	59	46	168	97	71
20-24岁	23	8	15	133	68	65	103	59	44
25-29岁	18	7	11	162	75	87	61	32	29
30-34岁	32	8	24	102	45	57	66	34	32
35-39岁	34	15	19	127	64	63	62	37	25
40-44岁	50	27	23	151	83	68	58	30	28
45-49岁	51	16	35	131	74	57	79	41	38
50-54岁	42	23	19	92	45	47	61	28	33
55-59岁	59	24	35	86	50	36	30	20	10
60-64岁	54	25	29	31	23	8	16	7	9
65岁及以上	97	45	52	56	33	23	29	19	10

2-2 续表 23

单位：人

民族 年龄	大学专科 小计	大学专科 男	大学专科 女	大学本科 小计	大学本科 男	大学本科 女	研究生 小计	研究生 男	研究生 女
佤族	**7289**	**4053**	**3236**	**2746**	**1474**	**1272**	**89**	**53**	**36**
6-9岁									
10-14岁									
15-19岁	470	209	261	232	96	136	1	1	
20-24岁	1926	903	1023	903	434	469	17	10	7
25-29岁	1367	714	653	422	207	215	15	7	8
30-34岁	1034	568	466	373	214	159	16	7	9
35-39岁	876	521	355	310	180	130	16	8	8
40-44岁	649	405	244	265	161	104	9	6	3
45-49岁	472	340	132	149	107	42	12	12	
50-54岁	203	156	47	41	33	8	1	1	
55-59岁	156	119	37	17	15	2	1	1	
60-64岁	77	71	6	10	9	1			
65岁及以上	59	47	12	24	18	6	1		1
畲族	**21606**	**12274**	**9332**	**16961**	**9671**	**7290**	**1024**	**638**	**386**
6-9岁									
10-14岁									
15-19岁	2252	1031	1221	2013	974	1039	5	4	1
20-24岁	6854	3350	3504	6645	3350	3295	278	141	137
25-29岁	3490	1824	1666	2572	1385	1187	261	165	96
30-34岁	2534	1451	1083	1803	1102	701	176	109	67
35-39岁	2131	1359	772	1585	1063	522	121	78	43
40-44岁	1537	1042	495	1113	784	329	91	71	20
45-49岁	1121	786	335	619	482	137	57	49	8
50-54岁	628	513	115	191	160	31	18	9	9
55-59岁	413	339	74	119	105	14	7	4	3
60-64岁	256	225	31	69	54	15	4	4	
65岁及以上	390	354	36	232	212	20	6	4	2
高山族	**385**	**221**	**164**	**374**	**170**	**204**	**40**	**19**	**21**
6-9岁									
10-14岁									
15-19岁	34	17	17	30	8	22			
20-24岁	83	48	35	111	42	69	7	3	4
25-29岁	41	25	16	83	38	45	16	4	12
30-34岁	36	20	16	41	16	25	5	3	2
35-39岁	47	25	22	22	9	13	3	3	
40-44岁	31	16	15	24	13	11	2	2	
45-49岁	47	26	21	22	13	9	5	2	3
50-54岁	31	18	13	13	10	3	2	2	
55-59岁	18	13	5	3	1	2			
60-64岁	5	2	3	8	7	1			
65岁及以上	12	11	1	17	13	4			

2-2 续表 24

单位：人

民族 年龄	6岁及以上人口			未上过学		
	合计	男	女	小计	男	女
拉祜族	**446816**	**227876**	**218940**	**70495**	**29953**	**40542**
6-9岁	23903	12280	11623	2220	1165	1055
10-14岁	33295	17100	16195	583	296	287
15-19岁	38718	19896	18822	704	336	368
20-24岁	54405	27665	26740	1765	747	1018
25-29岁	49034	25462	23572	2833	1237	1596
30-34岁	45131	23715	21416	4270	1904	2366
35-39岁	43400	22833	20567	5677	2587	3090
40-44岁	42270	21707	20563	7441	3374	4067
45-49岁	33337	16978	16359	6718	2807	3911
50-54岁	24763	12532	12231	7383	3098	4285
55-59岁	16860	8486	8374	6458	2632	3826
60-64岁	15371	7335	8036	7715	3098	4617
65岁及以上	26329	11887	14442	16728	6672	10056
水族	**370377**	**190104**	**180273**	**48543**	**12044**	**36499**
6-9岁	29276	16139	13137	2629	1463	1166
10-14岁	42335	22592	19743	443	218	225
15-19岁	37216	19376	17840	264	97	167
20-24岁	35122	17549	17573	661	125	536
25-29岁	31904	16076	15828	1301	205	1096
30-34岁	31919	16547	15372	2328	370	1958
35-39岁	32979	17142	15837	3268	572	2696
40-44岁	30774	15840	14934	3977	639	3338
45-49岁	23676	12186	11490	3657	598	3059
50-54岁	15139	7579	7560	3487	635	2852
55-59岁	16592	8447	8145	5096	1132	3964
60-64岁	13564	6805	6759	5142	1311	3831
65岁及以上	29881	13826	16055	16290	4679	11611
东乡族	**551196**	**278773**	**272423**	**97262**	**36244**	**61018**
6-9岁	41806	22750	19056	3703	1954	1749
10-14岁	58786	31006	27780	1700	706	994
15-19岁	65182	33323	31859	2600	823	1777
20-24岁	65462	31837	33625	5114	1393	3721
25-29岁	52584	26168	26416	5563	1671	3892
30-34岁	47579	23284	24295	7472	2357	5115
35-39岁	48873	24231	24642	9017	3071	5946
40-44岁	47028	23396	23632	10884	3905	6979
45-49岁	33512	17533	15979	8774	3240	5534
50-54岁	17604	8899	8705	5877	2105	3772
55-59岁	17315	8579	8736	6576	2418	4158
60-64岁	17709	8671	9038	8222	3216	5006
65岁及以上	37756	19096	18660	21760	9385	12375

2-2 续表 25

单位：人

民族 年龄	小学			初中			高中		
	小计	男	女	小计	男	女	小计	男	女
拉祜族	**278976**	**146382**	**132594**	**69673**	**37754**	**31919**	**15415**	**7913**	**7502**
6-9岁	21681	11114	10567	2	1	1			
10-14岁	23804	12406	11398	8905	4396	4509	3	2	1
15-19岁	16026	8390	7636	16321	8553	7768	4939	2337	2602
20-24岁	31902	16230	15672	14784	7953	6831	2752	1400	1352
25-29岁	32601	17080	15521	9413	5099	4314	2050	1086	964
30-34岁	31276	16689	14587	6126	3353	2773	1637	884	753
35-39岁	30272	16148	14124	4598	2620	1978	1284	663	621
40-44岁	29378	15384	13994	3237	1794	1443	847	449	398
45-49岁	21739	11368	10371	3275	1952	1323	702	343	359
50-54岁	14783	7774	7009	1637	1075	562	651	369	282
55-59岁	9374	5127	4247	620	444	176	288	194	94
60-64岁	7130	3853	3277	358	249	109	109	84	25
65岁及以上	9010	4819	4191	397	265	132	153	102	51
水族	**174757**	**87853**	**86904**	**109644**	**67153**	**42491**	**23003**	**14177**	**8826**
6-9岁	26502	14601	11901	145	75	70			
10-14岁	28384	15034	13350	13267	7209	6058	241	131	110
15-19岁	5411	2353	3058	21618	11556	10062	8995	4949	4046
20-24岁	8170	2821	5349	18298	9933	8365	4184	2618	1566
25-29岁	11365	4245	7120	14766	8931	5835	2004	1226	778
30-34岁	14792	6260	8532	11214	7519	3695	1554	1055	499
35-39岁	16755	7736	9019	9850	6769	3081	1343	910	433
40-44岁	16586	8155	8431	7593	5299	2294	1168	750	418
45-49岁	11704	5639	6065	5993	4404	1589	1311	866	445
50-54岁	7728	4006	3722	2594	1980	614	961	687	274
55-59岁	8929	5278	3651	1808	1453	355	477	366	111
60-64岁	6890	4275	2615	1086	857	229	307	244	63
65岁及以上	11541	7450	4091	1412	1168	244	458	375	83
东乡族	**357318**	**180617**	**176701**	**68468**	**44423**	**24045**	**17049**	**10738**	**6311**
6-9岁	37919	20699	17220	184	97	87			
10-14岁	47506	24739	22767	9326	5418	3908	254	143	111
15-19岁	37286	17326	19960	18958	11590	7368	5518	3170	2348
20-24岁	40806	18430	22376	12892	8171	4721	3810	2299	1511
25-29岁	33952	15957	17995	8467	5654	2813	2192	1405	787
30-34岁	30959	14796	16163	5786	4018	1768	1495	943	552
35-39岁	32773	16342	16431	4657	3293	1364	1143	751	392
40-44岁	31088	16020	15068	3252	2278	974	865	596	269
45-49岁	21176	11588	9588	2245	1707	538	773	572	201
50-54岁	10135	5483	4652	945	763	182	459	385	74
55-59岁	9794	5358	4436	608	497	111	248	225	23
60-64岁	8898	4977	3921	420	336	84	123	103	20
65岁及以上	15026	8902	6124	728	601	127	169	146	23

2-2　续表 26

单位：人

民族 年龄	大学专科 小计	大学专科 男	大学专科 女	大学本科 小计	大学本科 男	大学本科 女	研究生 小计	研究生 男	研究生 女
拉祜族	**7680**	**3725**	**3955**	**4425**	**2082**	**2343**	**152**	**67**	**85**
6-9岁									
10-14岁									
15-19岁	393	162	231	335	118	217			
20-24岁	1820	772	1048	1344	552	792	38	11	27
25-29岁	1358	622	736	741	323	418	38	15	23
30-34岁	1184	582	602	617	293	324	21	10	11
35-39岁	1047	536	511	505	271	234	17	8	9
40-44岁	857	415	442	493	283	210	17	8	9
45-49岁	600	330	270	288	167	121	15	11	4
50-54岁	243	167	76	61	46	15	5	3	2
55-59岁	94	70	24	25	18	7	1	1	
60-64岁	56	48	8	3	3				
65岁及以上	28	21	7	13	8	5			
水族	**8911**	**5501**	**3410**	**5291**	**3246**	**2045**	**228**	**130**	**98**
6-9岁									
10-14岁									
15-19岁	493	214	279	435	207	228			
20-24岁	1928	1005	923	1821	1021	800	60	26	34
25-29岁	1500	888	612	913	554	359	55	27	28
30-34岁	1331	878	453	662	438	224	38	27	11
35-39岁	1228	805	423	510	336	174	25	14	11
40-44岁	965	644	321	460	336	124	25	17	8
45-49岁	712	468	244	284	198	86	15	13	2
50-54岁	275	204	71	90	65	25	4	2	2
55-59岁	230	181	49	47	34	13	5	3	2
60-64岁	119	103	16	20	15	5			
65岁及以上	130	111	19	49	42	7	1	1	
东乡族	**7041**	**4230**	**2811**	**3926**	**2438**	**1488**	**132**	**83**	**49**
6-9岁									
10-14岁									
15-19岁	353	165	188	462	246	216	5	3	2
20-24岁	1425	725	700	1394	808	586	21	11	10
25-29岁	1684	1031	653	694	429	265	32	21	11
30-34岁	1328	824	504	520	335	185	19	11	8
35-39岁	922	545	377	335	211	124	26	18	8
40-44岁	658	398	260	270	193	77	11	6	5
45-49岁	363	272	91	170	144	26	11	10	1
50-54岁	145	126	19	39	36	3	4	1	3
55-59岁	73	67	6	15	13	2	1	1	
60-64岁	36	32	4	9	6	3	1	1	
65岁及以上	54	45	9	18	17	1	1		1

2-2 续表27 单位：人

民族 年龄	6岁及以上人口			未上过学		
	合计	男	女	小计	男	女
纳西族	**307242**	**152785**	**154457**	**23495**	**6606**	**16889**
6-9岁	13883	6968	6915	708	356	352
10-14岁	22095	11053	11042	214	101	113
15-19岁	26293	12981	13312	149	55	94
20-24岁	30980	15130	15850	261	112	149
25-29岁	23884	12039	11845	556	201	355
30-34岁	27673	13928	13745	979	327	652
35-39岁	33342	17125	16217	1629	556	1073
40-44岁	30782	15745	15037	1682	527	1155
45-49岁	25337	12863	12474	1528	418	1110
50-54岁	14521	7385	7136	1309	330	979
55-59岁	15932	7837	8095	2004	529	1475
60-64岁	12577	6153	6424	2006	611	1395
65岁及以上	29943	13578	16365	10470	2483	7987
景颇族	**132808**	**63492**	**69316**	**12534**	**3981**	**8553**
6-9岁	9215	4754	4461	429	211	218
10-14岁	11882	6107	5775	119	64	55
15-19岁	11831	6020	5811	124	44	80
20-24岁	16826	7982	8844	461	86	375
25-29岁	15113	7240	7873	551	162	389
30-34岁	13752	6639	7113	602	218	384
35-39岁	12591	6011	6580	722	271	451
40-44岁	11180	5230	5950	986	329	657
45-49岁	8378	3927	4451	991	334	657
50-54岁	6994	3208	3786	1288	406	882
55-59岁	4394	2028	2366	1091	324	767
60-64岁	4015	1771	2244	1404	405	999
65岁及以上	6637	2575	4062	3766	1127	2639
柯尔克孜族	**165498**	**83747**	**81751**	**5220**	**2196**	**3024**
6-9岁	13262	6710	6552	497	233	264
10-14岁	14199	7182	7017	108	49	59
15-19岁	16824	8288	8536	129	56	73
20-24岁	22999	11333	11666	184	89	95
25-29岁	19309	9880	9429	238	121	117
30-34岁	16117	8217	7900	248	118	130
35-39岁	14603	7551	7052	240	119	121
40-44岁	12289	6200	6089	330	152	178
45-49岁	9022	4506	4516	317	130	187
50-54岁	6510	3230	3280	357	140	217
55-59岁	5882	2966	2916	387	137	250
60-64岁	5132	2681	2451	438	173	265
65岁及以上	9350	5003	4347	1747	679	1068

2-2　续表 28

单位：人

民族 年龄	小学			初中			高中		
	小计	男	女	小计	男	女	小计	男	女
纳西族	**105359**	**49538**	**55821**	**103015**	**57163**	**45852**	**39320**	**21356**	**17964**
6-9岁	13170	6610	6560	5	2	3			
10-14岁	13315	6843	6472	8553	4104	4449	13	5	8
15-19岁	2302	1259	1043	11266	6125	5141	10432	4733	5699
20-24岁	4060	2027	2033	11651	6167	5484	4973	2541	2432
25-29岁	4739	2308	2431	9369	5160	4209	3593	1851	1742
30-34岁	7164	3385	3779	10519	5810	4709	3852	2011	1841
35-39岁	10892	5095	5797	12456	6919	5537	3691	2084	1607
40-44岁	11542	5308	6234	11260	6254	5006	2686	1567	1119
45-49岁	7621	3099	4522	10715	5969	4746	3269	1904	1365
50-54岁	5060	2146	2914	4911	2782	2129	2406	1520	886
55-59岁	7041	2962	4079	4745	2810	1935	1560	1067	493
60-64岁	6280	2771	3509	2999	1840	1159	923	630	293
65岁及以上	12173	5725	6448	4566	3221	1345	1922	1443	479
景颇族	**72498**	**35098**	**37400**	**34975**	**17779**	**17196**	**7859**	**4094**	**3765**
6-9岁	8786	4543	4243						
10-14岁	8264	4333	3931	3498	1709	1789	1	1	
15-19岁	3311	1759	1552	5803	3009	2794	2245	1077	1168
20-24岁	6586	3003	3583	7209	3608	3601	1311	701	610
25-29岁	7185	3344	3841	5595	2831	2764	907	452	455
30-34岁	7545	3626	3919	4077	2001	2076	923	469	454
35-39岁	7185	3390	3795	3157	1578	1579	860	454	406
40-44岁	7071	3274	3797	2034	1008	1026	529	310	219
45-49岁	5015	2294	2721	1714	908	806	324	179	145
50-54岁	4241	1953	2288	1004	583	421	330	177	153
55-59岁	2649	1292	1357	357	215	142	212	137	75
60-64岁	2169	1075	1094	286	181	105	113	72	41
65岁及以上	2491	1212	1279	241	148	93	104	65	39
柯尔克孜族	**75643**	**36837**	**38806**	**54936**	**29081**	**25855**	**16131**	**8509**	**7622**
6-9岁	12600	6391	6209	165	86	79			
10-14岁	9175	4677	4498	4760	2380	2380	156	76	80
15-19岁	2484	1326	1158	8972	4671	4301	4598	1986	2612
20-24岁	4117	1944	2173	12275	6369	5906	3387	1620	1767
25-29岁	5062	2432	2630	9637	5168	4469	2037	1080	957
30-34岁	5949	2907	3042	6330	3365	2965	1411	763	648
35-39岁	6389	3039	3350	4749	2525	2224	1257	775	482
40-44岁	6871	3148	3723	2902	1544	1358	898	560	338
45-49岁	5393	2473	2920	1794	936	858	708	435	273
50-54岁	4270	1935	2335	1004	550	454	455	300	155
55-59岁	3881	1787	2094	856	500	356	419	294	125
60-64岁	3467	1670	1797	665	418	247	324	233	91
65岁及以上	5985	3108	2877	827	569	258	481	387	94

2-2 续表 29 单位：人

民族 年龄	大学专科			大学本科			研究生		
	小计	男	女	小计	男	女	小计	男	女
纳西族	**20933**	**10742**	**10191**	**14308**	**6992**	**7316**	**812**	**388**	**424**
6-9岁									
10-14岁									
15-19岁	1080	426	654	1064	383	681			
20-24岁	5544	2380	3164	4368	1862	2506	123	41	82
25-29岁	3226	1448	1778	2197	1008	1189	204	63	141
30-34岁	3153	1510	1643	1883	830	1053	123	55	68
35-39岁	2672	1412	1260	1857	983	874	145	76	69
40-44岁	2068	1206	862	1431	812	619	113	71	42
45-49岁	1355	880	475	778	538	240	71	55	16
50-54岁	606	452	154	209	141	68	20	14	6
55-59岁	464	374	90	113	90	23	5	5	
60-64岁	279	234	45	87	64	23	3	3	
65岁及以上	486	420	66	321	281	40	5	5	
景颇族	**3435**	**1757**	**1678**	**1467**	**760**	**707**	**40**	**23**	**17**
6-9岁									
10-14岁									
15-19岁	244	95	149	104	36	68			
20-24岁	867	409	458	391	175	216	1		1
25-29岁	604	323	281	262	122	140	9	6	3
30-34岁	402	215	187	199	108	91	4	2	2
35-39岁	463	207	256	192	103	89	12	8	4
40-44岁	392	202	190	165	106	59	3	1	2
45-49岁	226	138	88	102	70	32	6	4	2
50-54岁	99	69	30	28	18	10	4	2	2
55-59岁	73	49	24	11	11		1		1
60-64岁	36	31	5	7	7				
65岁及以上	29	19	10	6	4	2			
柯尔克孜族	**10030**	**5343**	**4687**	**3443**	**1727**	**1716**	**95**	**54**	**41**
6-9岁									
10-14岁									
15-19岁	445	182	263	194	67	127	2		2
20-24岁	1768	774	994	1256	530	726	12	7	5
25-29岁	1729	802	927	588	272	316	18	5	13
30-34岁	1717	828	889	448	228	220	14	8	6
35-39岁	1561	860	701	394	224	170	13	9	4
40-44岁	1005	608	397	272	181	91	11	7	4
45-49岁	643	411	232	151	110	41	16	11	5
50-54岁	369	259	110	51	43	8	4	3	1
55-59岁	303	219	84	34	27	7	2	2	
60-64岁	219	172	47	19	15	4			
65岁及以上	271	228	43	36	30	6	3	2	1

2-2 续表 30

单位：人

民族 年龄	6岁及以上人口			未上过学		
	合计	男	女	小计	男	女
土族	**266248**	**135588**	**130660**	**28772**	**8794**	**19978**
6-9岁	15916	8327	7589	716	363	353
10-14岁	21685	11345	10340	292	159	133
15-19岁	30961	15526	15435	305	137	168
20-24岁	29455	14809	14646	556	184	372
25-29岁	23404	11924	11480	956	262	694
30-34岁	25675	13252	12423	1699	471	1228
35-39岁	28654	14836	13818	2490	696	1794
40-44岁	26976	13721	13255	3193	874	2319
45-49岁	19947	10153	9794	3126	777	2349
50-54岁	11099	5690	5409	2757	797	1960
55-59岁	11097	5639	5458	3469	1078	2391
60-64岁	7856	3913	3943	2800	905	1895
65岁及以上	13523	6453	7070	6413	2091	4322
达斡尔族	**121946**	**59706**	**62240**	**1414**	**559**	**855**
6-9岁	5565	2912	2653	257	128	129
10-14岁	7975	4012	3963	42	21	21
15-19岁	11098	5431	5667	21	5	16
20-24岁	14033	6917	7116	33	16	17
25-29岁	12869	6470	6399	35	23	12
30-34岁	10678	5358	5320	45	23	22
35-39岁	12202	5989	6213	57	33	24
40-44岁	11785	5766	6019	60	29	31
45-49岁	10798	5165	5633	88	38	50
50-54岁	8871	4177	4694	79	37	42
55-59岁	6592	3058	3534	95	32	63
60-64岁	3634	1727	1907	114	38	76
65岁及以上	5846	2724	3122	488	136	352
仫佬族	**195734**	**99682**	**96052**	**8194**	**2109**	**6085**
6-9岁	10996	5753	5243	531	294	237
10-14岁	13842	7101	6741	154	93	61
15-19岁	15653	7925	7728	63	34	29
20-24岁	22221	10969	11252	79	37	42
25-29岁	21190	10766	10424	109	51	58
30-34岁	17868	9298	8570	136	56	80
35-39岁	18320	9675	8645	233	101	132
40-44岁	17989	9423	8566	288	111	177
45-49岁	14747	7742	7005	283	95	188
50-54岁	9496	4969	4527	350	84	266
55-59岁	10053	5108	4945	710	133	577
60-64岁	6950	3522	3428	757	153	604
65岁及以上	16409	7431	8978	4501	867	3634

2-2 续表 31 单位：人

民族 年龄	小学			初中			高中		
	小计	男	女	小计	男	女	小计	男	女
土族	**103264**	**50655**	**52609**	**78400**	**46157**	**32243**	**30221**	**16300**	**13921**
6-9岁	15039	7888	7151	160	75	85	1	1	
10-14岁	12675	6672	6003	8222	4262	3960	494	252	242
15-19岁	3148	1592	1556	12842	6782	6060	12174	5910	6264
20-24岁	5340	2377	2963	11938	6478	5460	4612	2455	2157
25-29岁	6226	2733	3493	9685	5498	4187	2361	1351	1010
30-34岁	9005	4107	4898	9027	5444	3583	2339	1303	1036
35-39岁	11336	5238	6098	9278	5695	3583	2512	1436	1076
40-44岁	12038	5621	6417	7241	4638	2603	2086	1173	913
45-49岁	8386	3732	4654	5337	3740	1597	1596	918	678
50-54岁	5149	2546	2603	1718	1277	441	898	616	282
55-59岁	5673	3027	2646	1142	881	261	483	380	103
60-64岁	3878	2132	1746	727	533	194	281	206	75
65岁及以上	5371	2990	2381	1083	854	229	384	299	85
达斡尔族	**25607**	**12634**	**12973**	**51541**	**26339**	**25202**	**21767**	**10293**	**11474**
6-9岁	5230	2747	2483	78	37	41			
10-14岁	4065	2114	1951	3622	1789	1833	246	88	158
15-19岁	722	432	290	4460	2341	2119	4501	2087	2414
20-24岁	837	506	331	5886	3089	2797	2206	1132	1074
25-29岁	1058	629	429	6368	3329	3039	1832	934	898
30-34岁	1287	686	601	5268	2716	2552	1783	885	898
35-39岁	1565	846	719	6120	3010	3110	2174	1034	1140
40-44岁	1843	947	896	5720	2882	2838	2122	960	1162
45-49岁	1626	740	886	4908	2464	2444	2218	995	1223
50-54岁	1906	810	1096	3398	1699	1699	2292	1049	1243
55-59岁	1889	757	1132	2730	1392	1338	1102	489	613
60-64岁	1291	499	792	1430	745	685	474	235	239
65岁及以上	2288	921	1367	1553	846	707	817	405	412
仫佬族	**74142**	**35814**	**38328**	**73733**	**41205**	**32528**	**22281**	**11883**	**10398**
6-9岁	10442	5447	4995	23	12	11			
10-14岁	8539	4446	4093	5117	2541	2576	32	21	11
15-19岁	1502	841	661	7842	4267	3575	5400	2448	2952
20-24岁	2578	1365	1213	11252	5751	5501	3467	1737	1730
25-29岁	3767	1806	1961	11620	6196	5424	2509	1314	1195
30-34岁	4697	2262	2435	8514	4674	3840	2171	1172	999
35-39岁	6367	2959	3408	8092	4554	3538	1668	968	700
40-44岁	7405	3458	3947	7321	4205	3116	1276	716	560
45-49岁	5259	2262	2997	5963	3531	2432	2044	1093	951
50-54岁	3958	1596	2362	2835	1852	983	1829	1090	739
55-59岁	5597	2414	3183	2355	1601	754	1017	688	329
60-64岁	4471	2130	2341	1183	848	335	375	266	109
65岁及以上	9560	4828	4732	1616	1173	443	493	370	123

2-2 续表 32 单位：人

民族 年龄	大学专科			大学本科			研究生		
	小计	男	女	小计	男	女	小计	男	女
土族	**13319**	**6982**	**6337**	**11726**	**6395**	**5331**	**546**	**305**	**241**
6-9岁									
10-14岁	2		2						
15-19岁	1268	552	716	1222	553	669	2		2
20-24岁	3418	1565	1853	3493	1713	1780	98	37	61
25-29岁	2043	1003	1040	2001	1021	980	132	56	76
30-34岁	1786	931	855	1713	940	773	106	56	50
35-39岁	1583	881	702	1365	831	534	90	59	31
40-44岁	1353	752	601	1011	621	390	54	42	12
45-49岁	931	569	362	532	384	148	39	33	6
50-54岁	397	298	99	165	142	23	15	14	1
55-59岁	237	193	44	88	76	12	5	4	1
60-64岁	127	100	27	42	36	6	1	1	
65岁及以上	174	138	36	94	78	16	4	3	1
达斡尔族	**11807**	**5542**	**6265**	**9132**	**4085**	**5047**	**678**	**254**	**424**
6-9岁									
10-14岁									
15-19岁	645	260	385	747	304	443	2	2	
20-24岁	2245	1035	1210	2715	1106	1609	111	33	78
25-29岁	1736	798	938	1619	685	934	221	72	149
30-34岁	1239	588	651	945	419	526	111	41	70
35-39岁	1384	644	740	811	389	422	91	33	58
40-44岁	1277	590	687	695	326	369	68	32	36
45-49岁	1301	598	703	611	305	306	46	25	21
50-54岁	846	402	444	336	171	165	14	9	5
55-59岁	526	252	274	242	131	111	8	5	3
60-64岁	224	143	81	100	66	34	1	1	
65岁及以上	384	232	152	311	183	128	5	1	4
仫佬族	**9977**	**4954**	**5023**	**6952**	**3489**	**3463**	**455**	**228**	**227**
6-9岁									
10-14岁									
15-19岁	443	180	263	403	155	248			
20-24岁	2514	1090	1424	2241	956	1285	90	33	57
25-29岁	1743	762	981	1314	596	718	128	41	87
30-34岁	1305	621	684	979	477	502	66	36	30
35-39岁	1124	579	545	774	476	298	62	38	24
40-44岁	1046	546	500	609	363	246	44	24	20
45-49岁	810	482	328	341	240	101	47	39	8
50-54岁	415	261	154	101	79	22	8	7	1
55-59岁	295	210	85	71	54	17	8	8	
60-64岁	127	96	31	36	28	8	1	1	
65岁及以上	155	127	28	83	65	18	1	1	

2-2 续表 33

单位：人

民族 年龄	6岁及以上人口			未上过学		
	合计	男	女	小计	男	女
羌族	**289490**	**146242**	**143248**	**20394**	**5843**	**14551**
6-9岁	14057	7178	6879	486	262	224
10-14岁	24405	12335	12070	145	69	76
15-19岁	32796	16301	16495	117	56	61
20-24岁	29295	14639	14656	178	79	99
25-29岁	21586	10856	10730	272	82	190
30-34岁	23898	12155	11743	456	124	332
35-39岁	31764	16085	15679	749	172	577
40-44岁	28656	14656	14000	967	222	745
45-49岁	20026	10448	9578	951	207	744
50-54岁	13422	6957	6465	1553	352	1201
55-59岁	15716	7937	7779	2654	646	2008
60-64岁	11570	6001	5569	2659	759	1900
65岁及以上	22299	10694	11605	9207	2813	6394
布朗族	**108074**	**55364**	**52710**	**15420**	**5828**	**9592**
6-9岁	7124	3554	3570	706	387	319
10-14岁	10036	5081	4955	157	77	80
15-19岁	11305	5601	5704	194	67	127
20-24岁	13094	6705	6389	452	153	299
25-29岁	11165	5826	5339	638	214	424
30-34岁	10306	5446	4860	915	342	573
35-39岁	9733	5147	4586	1265	467	798
40-44岁	8948	4756	4192	1474	587	887
45-49岁	7443	3903	3540	1294	474	820
50-54岁	5358	2705	2653	1415	498	917
55-59岁	4165	2093	2072	1334	435	899
60-64岁	3317	1690	1627	1563	571	992
65岁及以上	6080	2857	3223	4013	1556	2457
撒拉族	**113873**	**57380**	**56493**	**24119**	**7334**	**16785**
6-9岁	9447	4902	4545	889	450	439
10-14岁	11085	5671	5414	514	217	297
15-19岁	13026	6577	6449	657	226	431
20-24岁	13644	6799	6845	1334	262	1072
25-29岁	11516	5651	5865	1728	359	1369
30-34岁	10865	5370	5495	2248	473	1775
35-39岁	10078	5002	5076	2464	598	1866
40-44岁	8863	4431	4432	2592	689	1903
45-49岁	6251	3262	2989	1980	541	1439
50-54岁	4193	2111	2082	1728	536	1192
55-59岁	4126	2146	1980	1925	692	1233
60-64岁	3708	1857	1851	1975	723	1252
65岁及以上	7071	3601	3470	4085	1568	2517

2-2 续表 34 单位：人

民族 年龄	小学			初中			高中		
	小计	男	女	小计	男	女	小计	男	女
羌族	**122080**	**59710**	**62370**	**90504**	**51427**	**39077**	**32378**	**17039**	**15339**
6-9岁	13482	6865	6617	88	50	38	1	1	
10-14岁	13430	6926	6504	10528	5201	5327	288	132	156
15-19岁	2327	1250	1077	13658	7302	6356	14440	6801	7639
20-24岁	4236	1987	2249	12421	6577	5844	4572	2379	2193
25-29岁	5700	2585	3115	9322	5127	4195	2385	1258	1127
30-34岁	9298	4204	5094	9226	5282	3944	2097	1097	1000
35-39岁	14517	6501	8016	11523	6586	4937	2309	1346	963
40-44岁	14714	6818	7896	9392	5551	3841	1602	909	693
45-49岁	9111	4040	5071	6878	4310	2568	1807	1082	725
50-54岁	7345	3479	3866	2714	1881	833	1240	826	414
55-59岁	9844	4921	4923	2008	1480	528	759	538	221
60-64岁	7222	3956	3266	1195	909	286	341	259	82
65岁及以上	10854	6178	4676	1551	1171	380	537	411	126
布朗族	**63324**	**33197**	**30127**	**20384**	**11743**	**8641**	**5083**	**2696**	**2387**
6-9岁	6418	3167	3251						
10-14岁	6864	3514	3350	3015	1490	1525			
15-19岁	3795	1916	1879	4808	2481	2327	2177	1011	1166
20-24岁	6922	3500	3422	3822	2161	1661	735	382	353
25-29岁	7091	3714	3377	2373	1352	1021	512	270	242
30-34岁	6675	3531	3144	1780	1067	713	454	261	193
35-39岁	6280	3356	2924	1407	910	497	350	203	147
40-44岁	5731	3116	2615	1073	706	367	234	135	99
45-49岁	4502	2318	2184	1116	787	329	235	140	95
50-54岁	3124	1583	1541	526	411	115	206	148	58
55-59岁	2476	1371	1105	224	177	47	88	73	15
60-64岁	1556	957	599	122	103	19	47	36	11
65岁及以上	1890	1154	736	118	98	20	45	37	8
撒拉族	**58679**	**30074**	**28605**	**19217**	**12505**	**6712**	**6051**	**3929**	**2122**
6-9岁	8481	4413	4068	77	39	38			
10-14岁	7912	4068	3844	2566	1336	1230	92	50	42
15-19岁	5311	2295	3016	4384	2556	1828	2222	1295	927
20-24岁	6320	2810	3510	3335	2160	1175	1070	700	370
25-29岁	5749	2634	3115	2528	1744	784	521	352	169
30-34岁	5434	2740	2694	1967	1400	567	468	308	160
35-39岁	5035	2650	2385	1485	1025	460	495	333	162
40-44岁	4278	2374	1904	1070	772	298	377	250	127
45-49岁	2800	1598	1202	733	572	161	311	228	83
50-54岁	1751	994	757	346	291	55	183	144	39
55-59岁	1742	1058	684	257	213	44	93	86	7
60-64岁	1437	878	559	146	124	22	82	69	13
65岁及以上	2429	1562	867	323	273	50	137	114	23

2-2 续表 35　　单位：人

民族 年龄	大学专科			大学本科			研究生		
	小计	男	女	小计	男	女	小计	男	女
羌族	**15323**	**7719**	**7604**	**8395**	**4292**	**4103**	**416**	**212**	**204**
6-9岁									
10-14岁	12	5	7	2	2				
15-19岁	1548	607	941	706	285	421			
20-24岁	4634	2091	2543	3139	1479	1660	115	47	68
25-29岁	2334	1090	1244	1444	659	785	129	55	74
30-34岁	1798	918	880	962	497	465	61	33	28
35-39岁	1699	896	803	917	553	364	50	31	19
40-44岁	1314	746	568	636	388	248	31	22	9
45-49岁	924	566	358	336	227	109	19	16	3
50-54岁	447	325	122	118	90	28	5	4	1
55-59岁	372	288	84	75	61	14	4	3	1
60-64岁	125	95	30	28	23	5			
65岁及以上	116	92	24	32	28	4	2	1	1
布朗族	**2289**	**1160**	**1129**	**1528**	**715**	**813**	**46**	**25**	**21**
6-9岁									
10-14岁									
15-19岁	159	64	95	172	62	110			
20-24岁	577	247	330	579	259	320	7	3	4
25-29岁	328	180	148	203	86	117	20	10	10
30-34岁	304	153	151	173	89	84	5	3	2
35-39岁	290	148	142	138	62	76	3	1	2
40-44岁	294	139	155	138	72	66	4	1	3
45-49岁	197	120	77	93	58	35	6	6	
50-54岁	70	51	19	16	13	3	1	1	
55-59岁	37	31	6	6	6				
60-64岁	23	18	5	6	5	1			
65岁及以上	10	9	1	4	3	1			
撒拉族	**3427**	**2058**	**1369**	**2287**	**1410**	**877**	**93**	**70**	**23**
6-9岁									
10-14岁				1		1			
15-19岁	227	103	124	225	102	123			
20-24岁	825	443	382	750	417	333	10	7	3
25-29岁	593	334	259	381	217	164	16	11	5
30-34岁	454	254	200	276	182	94	18	13	5
35-39岁	400	261	139	184	124	60	15	11	4
40-44岁	340	194	146	191	141	50	15	11	4
45-49岁	262	193	69	152	118	34	13	12	1
50-54岁	126	98	28	54	44	10	5	4	1
55-59岁	78	68	10	30	28	2	1	1	
60-64岁	57	52	5	11	11				
65岁及以上	65	58	7	32	26	6			

2-2　续表 36

单位：人

民族 年龄	6岁及以上人口			未上过学		
	合计	男	女	小计	男	女
毛南族	**91706**	**47735**	**43971**	**3876**	**1022**	**2854**
6-9岁	5638	2990	2648	288	150	138
10-14岁	7762	4116	3646	67	34	33
15-19岁	7045	3591	3454	27	11	16
20-24岁	7637	3832	3805	39	23	16
25-29岁	8141	4252	3889	46	19	27
30-34岁	8453	4474	3979	58	25	33
35-39岁	9163	5009	4154	107	52	55
40-44岁	8933	4863	4070	150	70	80
45-49岁	7058	3804	3254	132	46	86
50-54岁	4571	2428	2143	164	42	122
55-59岁	4776	2515	2261	330	60	270
60-64岁	3799	1913	1886	388	98	290
65岁及以上	8730	3948	4782	2080	392	1688
仡佬族	**497661**	**259892**	**237769**	**45033**	**12043**	**32990**
6-9岁	40170	21898	18272	2347	1279	1068
10-14岁	63378	33566	29812	478	264	214
15-19岁	49632	25964	23668	183	89	94
20-24岁	37079	18574	18505	276	112	164
25-29岁	32194	16385	15809	479	150	329
30-34岁	39857	20650	19207	968	237	731
35-39岁	50892	26420	24472	2180	442	1738
40-44岁	43836	22545	21291	2840	519	2321
45-49岁	31680	16380	15300	2708	424	2284
50-54岁	18794	9919	8875	3001	527	2474
55-59岁	26220	13927	12293	5473	993	4480
60-64岁	22194	11770	10424	6034	1418	4616
65岁及以上	41735	21894	19841	18066	5589	12477
锡伯族	**176497**	**92327**	**84170**	**1972**	**790**	**1182**
6-9岁	8596	4480	4116	339	197	142
10-14岁	11303	5786	5517	43	27	16
15-19岁	15709	7743	7966	44	29	15
20-24岁	20655	10454	10201	57	33	24
25-29岁	14901	7533	7368	42	22	20
30-34岁	15154	7800	7354	34	14	20
35-39岁	15914	8309	7605	45	28	17
40-44岁	16757	8859	7898	75	42	33
45-49岁	15390	8033	7357	52	28	24
50-54岁	12604	6685	5919	61	25	36
55-59岁	11303	6239	5064	78	38	40
60-64岁	6736	3823	2913	93	38	55
65岁及以上	11475	6583	4892	1009	269	740

2-2 续表 37

单位：人

民族 年龄	小学			初中			高中		
	小计	男	女	小计	男	女	小计	男	女
毛南族	**35010**	**16805**	**18205**	**36031**	**20676**	**15355**	**9597**	**5430**	**4167**
6-9岁	5339	2833	2506	11	7	4			
10-14岁	4394	2368	2026	3277	1702	1575	24	12	12
15-19岁	503	261	242	3637	1990	1647	2528	1194	1334
20-24岁	672	308	364	4069	2135	1934	1124	603	521
25-29岁	1287	606	681	4717	2615	2102	906	492	414
30-34岁	2009	922	1087	4563	2559	2004	839	474	365
35-39岁	2878	1328	1550	4531	2703	1828	772	437	335
40-44岁	3300	1526	1774	4083	2441	1642	592	338	254
45-49岁	2187	938	1249	3182	1869	1313	949	562	387
50-54岁	1847	759	1088	1419	874	545	877	563	314
55-59岁	2638	1170	1468	1072	717	355	555	411	144
60-64岁	2517	1149	1368	644	463	181	156	123	33
65岁及以上	5439	2637	2802	826	601	225	275	221	54
仡佬族	**208655**	**104687**	**103968**	**162617**	**94800**	**67817**	**43041**	**24965**	**18076**
6-9岁	37603	20489	17114	219	129	90	1	1	
10-14岁	39716	21079	18637	22744	12013	10731	439	209	230
15-19岁	3427	1684	1743	26162	13860	12302	17401	9200	8201
20-24岁	3867	1558	2309	17268	8470	8798	5925	3286	2639
25-29岁	6185	2480	3705	15550	8074	7476	3412	1945	1467
30-34岁	11558	4482	7076	17608	9895	7713	3407	1948	1459
35-39岁	18998	7677	11321	21272	12847	8425	3310	1961	1349
40-44岁	19473	8035	11438	15704	10125	5579	2464	1557	907
45-49岁	12861	5211	7650	11124	7390	3734	2408	1562	846
50-54岁	8826	4153	4673	4269	3273	996	1742	1264	478
55-59岁	14824	8200	6624	4317	3473	844	1002	777	225
60-64岁	12674	7540	5134	2621	2121	500	581	453	128
65岁及以上	18643	12099	6544	3759	3130	629	949	802	147
锡伯族	**36721**	**19117**	**17604**	**77860**	**42481**	**35379**	**29729**	**15262**	**14467**
6-9岁	8171	4233	3938	86	50	36			
10-14岁	5666	2967	2699	5357	2676	2681	237	116	121
15-19岁	734	397	337	6305	3380	2925	6535	3101	3434
20-24岁	1027	565	462	8482	4580	3902	3237	1727	1510
25-29岁	586	316	270	7537	4038	3499	2237	1163	1074
30-34岁	809	433	376	7886	4295	3591	2767	1405	1362
35-39岁	1137	635	502	8272	4421	3851	2946	1530	1416
40-44岁	2011	1146	865	9216	4937	4279	2746	1346	1400
45-49岁	2185	1091	1094	8322	4454	3868	2778	1373	1405
50-54岁	2808	1353	1455	5979	3310	2669	2589	1315	1274
55-59岁	3890	1924	1966	4994	2919	2075	1461	819	642
60-64岁	2648	1342	1306	2677	1622	1055	734	443	291
65岁及以上	5049	2715	2334	2747	1799	948	1462	924	538

2-2 续表 38 单位：人

民族 年龄	大学专科			大学本科			研究生		
	小计	男	女	小计	男	女	小计	男	女
毛南族	**4376**	**2373**	**2003**	**2677**	**1363**	**1314**	**139**	**66**	**73**
6-9岁									
10-14岁									
15-19岁	173	82	91	177	53	124			
20-24岁	885	404	481	821	350	471	27	9	18
25-29岁	698	317	381	453	188	265	34	15	19
30-34岁	588	296	292	376	194	182	20	4	16
35-39岁	553	302	251	299	175	124	23	12	11
40-44岁	536	302	234	256	175	81	16	11	5
45-49岁	437	265	172	158	114	44	13	10	3
50-54岁	205	142	63	55	45	10	4	3	1
55-59岁	148	128	20	32	28	4	1	1	
60-64岁	73	64	9	21	16	5			
65岁及以上	80	71	9	29	25	4	1	1	
仡佬族	**21667**	**13056**	**8611**	**16020**	**9968**	**6052**	**628**	**373**	**255**
6-9岁									
10-14岁	1	1							
15-19岁	1075	489	586	1382	641	741	2	1	1
20-24岁	4028	1966	2062	5595	3141	2454	120	41	79
25-29岁	3676	2023	1653	2726	1621	1105	166	92	74
30-34岁	3775	2352	1423	2413	1655	758	128	81	47
35-39岁	3206	2119	1087	1816	1299	517	110	75	35
40-44岁	2178	1423	755	1118	839	279	59	47	12
45-49岁	1969	1306	663	580	462	118	30	25	5
50-54岁	812	593	219	140	106	34	4	3	1
55-59岁	480	384	96	119	95	24	5	5	
60-64岁	231	196	35	52	41	11	1	1	
65岁及以上	236	204	32	79	68	11	3	2	1
锡伯族	**15525**	**7701**	**7824**	**13495**	**6422**	**7073**	**1195**	**554**	**641**
6-9岁									
10-14岁									
15-19岁	1071	445	626	1017	389	628	3	2	1
20-24岁	3281	1523	1758	4353	1949	2404	218	77	141
25-29岁	2007	904	1103	2144	950	1194	348	140	208
30-34岁	1822	836	986	1600	717	883	236	100	136
35-39岁	1928	911	1017	1436	703	733	150	81	69
40-44岁	1530	779	751	1081	546	535	98	63	35
45-49岁	1252	642	610	719	397	322	82	48	34
50-54岁	816	461	355	318	197	121	33	24	9
55-59岁	642	387	255	222	140	82	16	12	4
60-64岁	444	291	153	135	85	50	5	2	3
65岁及以上	732	522	210	470	349	121	6	5	1

2-2 续表 39

单位：人

民族 年龄	6岁及以上人口			未上过学		
	合计	男	女	小计	男	女
阿昌族	**34844**	**17365**	**17479**	**2794**	**762**	**2032**
6-9岁	2779	1451	1328	104	60	44
10-14岁	3740	1959	1781	29	15	14
15-19岁	3520	1718	1802	25	12	13
20-24岁	4163	2103	2060	35	15	20
25-29岁	3567	1789	1778	55	24	31
30-34岁	3031	1559	1472	56	24	32
35-39岁	2942	1449	1493	90	23	67
40-44岁	2891	1474	1417	226	66	160
45-49岁	2276	1127	1149	257	82	175
50-54岁	1893	933	960	385	100	285
55-59岁	1216	588	628	281	58	223
60-64岁	932	445	487	272	63	209
65岁及以上	1894	770	1124	979	220	759
普米族	**39094**	**19475**	**19619**	**5688**	**1396**	**4292**
6-9岁	2780	1403	1377	123	65	58
10-14岁	3629	1841	1788	21	15	6
15-19岁	4340	2191	2149	30	10	20
20-24岁	4619	2236	2383	121	15	106
25-29岁	3736	1954	1782	236	28	208
30-34岁	3637	1812	1825	369	75	294
35-39岁	3843	1964	1879	554	123	431
40-44岁	3356	1705	1651	590	124	466
45-49岁	2537	1286	1251	551	109	442
50-54岁	1444	722	722	447	102	345
55-59岁	1446	706	740	555	132	423
60-64岁	1178	575	603	493	131	362
65岁及以上	2549	1080	1469	1598	467	1131
塔吉克族	**45716**	**23375**	**22341**	**1601**	**603**	**998**
6-9岁	3665	1812	1853	68	40	28
10-14岁	4373	2307	2066	26	10	16
15-19岁	5322	2692	2630	36	21	15
20-24岁	6146	3127	3019	51	24	27
25-29岁	5345	2734	2611	81	36	45
30-34岁	4556	2334	2222	75	25	50
35-39岁	3955	2056	1899	73	24	49
40-44岁	3022	1512	1510	88	22	66
45-49岁	2214	1137	1077	85	29	56
50-54岁	1917	980	937	112	43	69
55-59岁	1418	731	687	118	36	82
60-64岁	1337	680	657	137	55	82
65岁及以上	2446	1273	1173	651	238	413

2-2 续表 40

单位：人

民族 年龄	小学			初中			高中		
	小计	男	女	小计	男	女	小计	男	女
阿昌族	**17424**	**8508**	**8916**	**10518**	**5875**	**4643**	**2386**	**1295**	**1091**
6-9岁	2675	1391	1284						
10-14岁	2342	1238	1104	1368	706	662	1		1
15-19岁	730	373	357	1744	896	848	909	402	507
20-24岁	1082	518	564	2206	1179	1027	322	168	154
25-29岁	1330	599	731	1626	854	772	248	138	110
30-34岁	1496	688	808	1020	587	433	238	144	94
35-39岁	1596	697	899	866	500	366	194	116	78
40-44岁	1709	790	919	632	398	234	165	118	47
45-49岁	1281	565	716	518	334	184	105	61	44
50-54岁	1056	489	567	289	221	68	114	80	34
55-59岁	748	391	357	125	99	26	47	32	15
60-64岁	569	302	267	53	45	8	24	21	3
65岁及以上	810	467	343	71	56	15	19	15	4
普米族	**15467**	**7717**	**7750**	**10921**	**6459**	**4462**	**3870**	**2178**	**1692**
6-9岁	2657	1338	1319						
10-14岁	2357	1206	1151	1251	620	631			
15-19岁	520	234	286	1959	1055	904	1566	770	796
20-24岁	1007	449	558	1727	909	818	658	345	313
25-29岁	1136	535	601	1339	822	517	462	280	182
30-34岁	1330	590	740	1254	778	476	287	160	127
35-39岁	1668	802	866	1072	684	388	252	167	85
40-44岁	1546	788	758	782	503	279	186	117	69
45-49岁	935	458	477	754	496	258	154	107	47
50-54岁	513	268	245	280	199	81	144	103	41
55-59岁	575	316	259	203	164	39	78	62	16
60-64岁	483	277	206	142	114	28	43	37	6
65岁及以上	740	456	284	158	115	43	40	30	10
塔吉克族	**22758**	**10193**	**12565**	**13707**	**7653**	**6054**	**4137**	**2584**	**1553**
6-9岁	3555	1748	1807	42	24	18			
10-14岁	2944	1578	1366	1356	699	657	47	20	27
15-19岁	798	369	429	2782	1446	1336	1467	737	730
20-24岁	1761	753	1008	2860	1538	1322	702	396	306
25-29岁	2175	898	1277	2002	1139	863	517	336	181
30-34岁	2209	923	1286	1447	840	607	341	247	94
35-39岁	2050	836	1214	1138	656	482	258	195	63
40-44岁	1754	712	1042	717	428	289	203	148	55
45-49岁	1256	512	744	478	284	194	179	137	42
50-54岁	1163	471	692	327	213	114	140	112	28
55-59岁	844	350	494	205	130	75	108	92	16
60-64岁	846	345	501	174	117	57	75	68	7
65岁及以上	1403	698	705	179	139	40	100	96	4

2-2 续表 41 单位：人

民族 / 年龄	大学专科			大学本科			研究生		
	小计	男	女	小计	男	女	小计	男	女
阿昌族	**1051**	**569**	**482**	**650**	**343**	**307**	**21**	**13**	**8**
6-9岁									
10-14岁									
15-19岁	74	23	51	38	12	26			
20-24岁	288	119	169	226	102	124	4	2	2
25-29岁	178	106	72	127	66	61	3	2	1
30-34岁	137	76	61	80	37	43	4	3	1
35-39岁	126	74	52	68	38	30	2	1	1
40-44岁	108	64	44	48	37	11	3	1	2
45-49岁	70	52	18	41	30	11	4	3	1
50-54岁	34	28	6	15	15				
55-59岁	13	6	7	1	1		1	1	
60-64岁	14	14							
65岁及以上	9	7	2	6	5	1			
普米族	**1836**	**1001**	**835**	**1274**	**702**	**572**	**38**	**22**	**16**
6-9岁									
10-14岁									
15-19岁	147	68	79	118	54	64			
20-24岁	557	251	306	540	264	276	9	3	6
25-29岁	349	173	176	206	112	94	8	4	4
30-34岁	241	123	118	149	83	66	7	3	4
35-39岁	191	123	68	104	65	39	2		2
40-44岁	157	104	53	90	64	26	5	5	
45-49岁	92	71	21	46	40	6	5	5	
50-54岁	49	39	10	10	10		1	1	
55-59岁	28	25	3	6	6		1	1	
60-64岁	15	15		2	1	1			
65岁及以上	10	9	1	3	3				
塔吉克族	**2979**	**2015**	**964**	**519**	**316**	**203**	**15**	**11**	**4**
6-9岁									
10-14岁									
15-19岁	203	105	98	35	14	21	1		1
20-24岁	624	348	276	147	68	79	1		1
25-29岁	466	268	198	101	54	47	3	3	
30-34岁	427	263	164	56	35	21	1	1	
35-39岁	382	307	75	52	37	15	2	1	1
40-44岁	227	173	54	33	29	4			
45-49岁	179	146	33	35	27	8	2	2	
50-54岁	147	118	29	26	21	5	2	2	
55-59岁	122	103	19	19	19		2	1	1
60-64岁	96	88	8	8	6	2	1	1	
65岁及以上	106	96	10	7	6	1			

2-2 续表 42

单位：人

民族 年龄	6岁及以上人口 合计	男	女	未上过学 小计	男	女
怒族	**34002**	**17144**	**16858**	**5117**	**2021**	**3096**
6-9岁	2298	1100	1198	352	200	152
10-14岁	2923	1498	1425	62	28	34
15-19岁	3141	1590	1551	76	36	40
20-24岁	3742	1929	1813	169	85	84
25-29岁	3625	1838	1787	254	112	142
30-34岁	3311	1685	1626	296	128	168
35-39岁	2943	1533	1410	327	145	182
40-44岁	2897	1512	1385	434	192	242
45-49岁	2343	1174	1169	431	154	277
50-54岁	1710	840	870	474	169	305
55-59岁	1397	694	703	420	141	279
60-64岁	1266	640	626	484	172	312
65岁及以上	2406	1111	1295	1338	459	879
乌孜别克族	**9596**	**5156**	**4440**	**196**	**100**	**96**
6-9岁	590	304	286	40	24	16
10-14岁	782	412	370	8	4	4
15-19岁	850	427	423	7	3	4
20-24岁	1217	632	585	10	7	3
25-29岁	954	557	397	11	8	3
30-34岁	819	479	340	4	2	2
35-39岁	892	488	404	6	4	2
40-44岁	751	428	323	10	4	6
45-49岁	730	367	363	15	8	7
50-54岁	559	279	280	16	8	8
55-59岁	465	252	213	15	6	9
60-64岁	356	186	170	11	5	6
65岁及以上	631	345	286	43	17	26
俄罗斯族	**14516**	**6842**	**7674**	**183**	**49**	**134**
6-9岁	596	298	298	25	11	14
10-14岁	907	446	461	6	4	2
15-19岁	1222	599	623			
20-24岁	1543	703	840	2	2	
25-29岁	1071	496	575	3	2	1
30-34岁	1088	530	558	5	3	2
35-39岁	1521	729	792	2		2
40-44岁	1453	724	729	8	1	7
45-49岁	1402	681	721	4	2	2
50-54岁	1136	541	595	1		1
55-59岁	772	383	389	10	2	8
60-64岁	553	251	302	13		13
65岁及以上	1252	461	791	104	22	82

2-2 续表 43

单位：人

民族 年龄	小学			初中			高中		
	小计	男	女	小计	男	女	小计	男	女
怒族	**15952**	**8036**	**7916**	**8259**	**4489**	**3770**	**2571**	**1471**	**1100**
6-9岁	1945	900	1045	1		1			
10-14岁	2152	1132	1020	707	338	369	2		2
15-19岁	878	422	456	1417	725	692	636	339	297
20-24岁	1417	702	715	1241	648	593	402	239	163
25-29岁	1651	852	799	958	501	457	321	170	151
30-34岁	1587	818	769	820	424	396	251	131	120
35-39岁	1380	715	665	757	403	354	242	135	107
40-44岁	1388	714	674	744	410	334	161	94	67
45-49岁	912	436	476	733	422	311	172	102	70
50-54岁	662	306	356	352	225	127	170	101	69
55-59岁	614	290	324	218	155	63	103	76	27
60-64岁	556	306	250	146	103	43	57	42	15
65岁及以上	810	443	367	165	135	30	54	42	12
乌孜别克族	**2809**	**1521**	**1288**	**2857**	**1644**	**1213**	**1692**	**896**	**796**
6-9岁	540	277	263	10	3	7			
10-14岁	484	270	214	283	134	149	7	4	3
15-19岁	92	52	40	328	162	166	322	153	169
20-24岁	124	69	55	428	251	177	231	114	117
25-29岁	156	99	57	336	218	118	130	77	53
30-34岁	174	114	60	270	170	100	142	85	57
35-39岁	187	109	78	260	164	96	185	103	82
40-44岁	183	111	72	208	127	81	175	96	79
45-49岁	174	76	98	194	107	87	162	82	80
50-54岁	194	96	98	156	80	76	96	47	49
55-59岁	181	96	85	135	77	58	71	36	35
60-64岁	97	46	51	114	65	49	71	38	33
65岁及以上	223	106	117	135	86	49	100	61	39
俄罗斯族	**2125**	**1026**	**1099**	**4420**	**2283**	**2137**	**3531**	**1692**	**1839**
6-9岁	570	287	283	1		1			
10-14岁	460	240	220	397	181	216	44	21	23
15-19岁	36	21	15	287	159	128	674	321	353
20-24岁	52	27	25	276	159	117	302	150	152
25-29岁	29	13	16	203	117	86	208	105	103
30-34岁	25	14	11	235	131	104	287	161	126
35-39岁	47	34	13	474	249	225	410	210	200
40-44岁	69	39	30	564	310	254	345	172	173
45-49岁	71	45	26	606	324	282	396	166	230
50-54岁	65	29	36	485	246	239	363	177	186
55-59岁	106	48	58	344	179	165	173	81	92
60-64岁	129	63	66	211	102	109	114	41	73
65岁及以上	466	166	300	337	126	211	215	87	128

2-2 续表 44

单位：人

民族 年龄	大学专科			大学本科			研究生		
	小计	男	女	小计	男	女	小计	男	女
怒族	**1451**	**800**	**651**	**630**	**318**	**312**	**22**	**9**	**13**
6-9岁									
10-14岁									
15-19岁	79	42	37	55	26	29			
20-24岁	315	167	148	195	88	107	3		3
25-29岁	325	156	169	108	44	64	8	3	5
30-34岁	261	134	127	94	48	46	2	2	
35-39岁	161	95	66	70	37	33	6	3	3
40-44岁	116	69	47	52	33	19	2		2
45-49岁	66	40	26	29	20	9			
50-54岁	44	31	13	7	7		1	1	
55-59岁	31	24	7	11	8	3			
60-64岁	20	14	6	3	3				
65岁及以上	33	28	5	6	4	2			
乌孜别克族	**1079**	**541**	**538**	**919**	**435**	**484**	**44**	**19**	**25**
6-9岁									
10-14岁									
15-19岁	57	32	25	44	25	19			
20-24岁	186	90	96	233	101	132	5		5
25-29岁	152	66	86	154	79	75	15	10	5
30-34岁	121	54	67	99	51	48	9	3	6
35-39岁	137	63	74	113	45	68	4		4
40-44岁	98	55	43	73	34	39	4	1	3
45-49岁	115	56	59	66	35	31	4	3	1
50-54岁	55	32	23	41	16	25	1		1
55-59岁	36	23	13	26	13	13	1	1	
60-64岁	42	20	22	20	11	9	1	1	
65岁及以上	80	50	30	50	25	25			
俄罗斯族	**2272**	**974**	**1298**	**1847**	**770**	**1077**	**138**	**48**	**90**
6-9岁									
10-14岁									
15-19岁	106	50	56	119	48	71			
20-24岁	393	158	235	496	200	296	22	7	15
25-29岁	274	116	158	318	132	186	36	11	25
30-34岁	270	124	146	240	90	150	26	7	19
35-39岁	336	128	208	227	100	127	25	8	17
40-44岁	256	112	144	194	80	114	17	10	7
45-49岁	213	92	121	109	51	58	3	1	2
50-54岁	170	65	105	46	21	25	6	3	3
55-59岁	112	58	54	25	14	11	2	1	1
60-64岁	63	33	30	23	12	11			
65岁及以上	79	38	41	50	22	28	1		1

2-2 续表 45 单位：人

民族 年龄	6岁及以上人口			未上过学		
	合计	男	女	小计	男	女
鄂温克族	**28111**	**13289**	**14822**	**348**	**148**	**200**
6-9岁	1410	710	700	71	34	37
10-14岁	2158	1034	1124	6	3	3
15-19岁	3218	1600	1618	14	10	4
20-24岁	3515	1670	1845	13	8	5
25-29岁	3131	1537	1594	17	10	7
30-34岁	2541	1261	1280	14	8	6
35-39岁	2915	1356	1559	21	15	6
40-44岁	2798	1287	1511	16	9	7
45-49岁	2324	1070	1254	23	11	12
50-54岁	1688	737	951	15	7	8
55-59岁	1029	471	558	23	9	14
60-64岁	538	221	317	17	1	16
65岁及以上	846	335	511	98	23	75
德昂族	**18251**	**8895**	**9356**	**3530**	**1241**	**2289**
6-9岁	1339	663	676	72	34	38
10-14岁	1619	813	806	22	13	9
15-19岁	1662	873	789	53	21	32
20-24岁	2363	1106	1257	219	53	166
25-29岁	2107	997	1110	259	63	196
30-34岁	1781	874	907	259	100	159
35-39岁	1472	695	777	299	93	206
40-44岁	1571	772	799	380	154	226
45-49岁	1252	631	621	334	115	219
50-54岁	1032	519	513	375	127	248
55-59岁	642	310	332	258	86	172
60-64岁	489	231	258	293	104	189
65岁及以上	922	411	511	707	278	429
保安族	**17517**	**8644**	**8873**	**1930**	**636**	**1294**
6-9岁	1478	755	723	87	43	44
10-14岁	1832	951	881	33	16	17
15-19岁	2086	1033	1053	48	14	34
20-24岁	2107	1005	1102	83	21	62
25-29岁	1393	709	684	68	22	46
30-34岁	1359	611	748	124	36	88
35-39岁	1617	795	822	155	50	105
40-44岁	1634	839	795	193	63	130
45-49岁	977	485	492	144	44	100
50-54岁	687	335	352	165	53	112
55-59岁	613	309	304	156	60	96
60-64岁	561	272	289	201	64	137
65岁及以上	1173	545	628	473	150	323

2-2　续表 46

单位：人

民族 年龄	小学			初中			高中		
	小计	男	女	小计	男	女	小计	男	女
鄂温克族	**6261**	**3033**	**3228**	**11070**	**5511**	**5559**	**5318**	**2458**	**2860**
6-9岁	1326	670	656	13	6	7			
10-14岁	1101	540	561	973	467	506	78	24	54
15-19岁	162	115	47	1263	680	583	1367	643	724
20-24岁	262	141	121	1372	711	661	606	319	287
25-29岁	328	183	145	1419	728	691	463	246	217
30-34岁	340	193	147	1206	604	602	434	212	222
35-39岁	436	235	201	1365	656	709	525	230	295
40-44岁	539	258	281	1224	585	639	526	199	327
45-49岁	434	193	241	917	459	458	512	213	299
50-54岁	421	174	247	568	251	317	445	202	243
55-59岁	329	131	198	365	178	187	171	79	92
60-64岁	208	75	133	194	97	97	83	30	53
65岁及以上	375	125	250	191	89	102	108	61	47
德昂族	**10389**	**5261**	**5128**	**3269**	**1799**	**1470**	**674**	**378**	**296**
6-9岁	1267	629	638						
10-14岁	1200	599	601	397	201	196			
15-19岁	661	349	312	668	361	307	251	124	127
20-24岁	1227	573	654	702	370	332	114	66	48
25-29岁	1141	558	583	567	302	265	77	41	36
30-34岁	1096	547	549	310	168	142	62	37	25
35-39岁	847	424	423	238	131	107	46	25	21
40-44岁	974	485	489	145	93	52	30	17	13
45-49岁	749	394	355	111	75	36	26	19	7
50-54岁	527	295	232	76	56	20	41	28	13
55-59岁	329	184	145	36	26	10	15	10	5
60-64岁	167	102	65	15	12	3	8	7	1
65岁及以上	204	122	82	4	4		4	4	
保安族	**10442**	**4871**	**5571**	**3041**	**1893**	**1148**	**1202**	**729**	**473**
6-9岁	1387	710	677	4	2	2			
10-14岁	1320	678	642	461	247	214	18	10	8
15-19岁	798	343	455	811	449	362	357	189	168
20-24岁	1040	408	632	534	320	214	267	168	99
25-29岁	744	320	424	298	197	101	125	79	46
30-34岁	738	281	457	243	160	83	94	52	42
35-39岁	1032	463	569	210	154	56	90	53	37
40-44岁	1048	513	535	200	137	63	100	66	34
45-49岁	598	269	329	97	82	15	76	49	27
50-54岁	421	200	221	47	35	12	34	30	4
55-59岁	376	182	194	55	44	11	19	16	3
60-64岁	308	168	140	37	29	8	10	7	3
65岁及以上	632	336	296	44	37	7	12	10	2

2-2 续表 47

单位：人

民族 年龄	大学专科			大学本科			研究生		
	小计	男	女	小计	男	女	小计	男	女
鄂温克族	**2998**	**1319**	**1679**	**1987**	**786**	**1201**	**129**	**34**	**95**
6-9岁									
10-14岁									
15-19岁	211	77	134	200	75	125	1		1
20-24岁	629	253	376	602	231	371	31	7	24
25-29岁	461	211	250	396	150	246	47	9	38
30-34岁	325	159	166	205	80	125	17	5	12
35-39岁	372	159	213	179	59	120	17	2	15
40-44岁	333	162	171	152	69	83	8	5	3
45-49岁	319	142	177	117	50	67	2	2	
50-54岁	178	73	105	57	27	30	4	3	1
55-59岁	102	51	51	37	22	15	2	1	1
60-64岁	28	12	16	8	6	2			
65岁及以上	40	20	20	34	17	17			
德昂族	**263**	**151**	**112**	**124**	**65**	**59**	**2**		**2**
6-9岁									
10-14岁									
15-19岁	22	12	10	7	6	1			
20-24岁	67	33	34	33	11	22	1		1
25-29岁	39	21	18	24	12	12			
30-34岁	39	20	19	14	2	12	1		1
35-39岁	24	11	13	18	11	7			
40-44岁	27	13	14	15	10	5			
45-49岁	23	19	4	9	9				
50-54岁	10	10		3	3				
55-59岁	4	4							
60-64岁	6	6							
65岁及以上	2	2		1	1				
保安族	**601**	**336**	**265**	**291**	**170**	**121**	**10**	**9**	**1**
6-9岁									
10-14岁									
15-19岁	30	14	16	42	24	18			
20-24岁	118	52	66	65	36	29			
25-29岁	107	61	46	50	29	21	1	1	
30-34岁	110	56	54	50	26	24			
35-39岁	91	53	38	38	21	17	1	1	
40-44岁	68	42	26	22	15	7	3	3	
45-49岁	43	27	16	16	11	5	3	3	
50-54岁	17	15	2	2	2		1		1
55-59岁	4	4		2	2		1	1	
60-64岁	3	2	1	2	2				
65岁及以上	10	10		2	2				

2-2 续表 48 单位：人

民族 年龄	6岁及以上人口			未上过学		
	合计	男	女	小计	男	女
裕固族	**13441**	**6856**	**6585**	**822**	**240**	**582**
6-9岁	715	370	345	38	21	17
10-14岁	1012	524	488	7	2	5
15-19岁	1073	540	533	2	1	1
20-24岁	1257	590	667	4		4
25-29岁	1028	552	476	10	5	5
30-34岁	1194	623	571	5	1	4
35-39岁	1446	752	694	14	5	9
40-44岁	1636	863	773	42	19	23
45-49岁	1201	609	592	23	9	14
50-54岁	656	330	326	84	18	66
55-59岁	721	361	360	116	34	82
60-64岁	535	293	242	111	32	79
65岁及以上	967	449	518	366	93	273
京族	**25159**	**12724**	**12435**	**1392**	**267**	**1125**
6-9岁	1814	1031	783	94	58	36
10-14岁	1863	1097	766	23	9	14
15-19岁	2415	1292	1123	14	8	6
20-24岁	2922	1499	1423	20	7	13
25-29岁	2320	1183	1137	26	4	22
30-34岁	2111	1050	1061	37	8	29
35-39岁	2073	1065	1008	39	7	32
40-44岁	2106	1001	1105	48	11	37
45-49岁	1986	957	1029	58	12	46
50-54岁	1273	590	683	77	7	70
55-59岁	1215	596	619	100	13	87
60-64岁	879	390	489	138	13	125
65岁及以上	2182	973	1209	718	110	608
塔塔尔族	**3244**	**1731**	**1513**	**46**	**16**	**30**
6-9岁	169	88	81	8	3	5
10-14岁	206	106	100	1	1	
15-19岁	266	122	144	1		1
20-24岁	346	164	182			
25-29岁	340	195	145	1	1	
30-34岁	299	164	135	2	1	1
35-39岁	354	194	160	1		1
40-44岁	284	152	132	2	1	1
45-49岁	256	154	102	1		1
50-54岁	200	102	98	3	2	1
55-59岁	164	91	73	4	1	3
60-64岁	116	67	49	3		3
65岁及以上	244	132	112	19	6	13

2-2 续表 49

单位：人

民族 年龄	小学			初中			高中		
	小计	男	女	小计	男	女	小计	男	女
裕固族	**5056**	**2469**	**2587**	**3765**	**2062**	**1703**	**1788**	**969**	**819**
6-9岁	670	346	324	7	3	4			
10-14岁	526	286	240	451	226	225	28	10	18
15-19岁	58	25	33	384	210	174	517	256	261
20-24岁	146	62	84	394	186	208	205	99	106
25-29岁	181	87	94	420	226	194	148	89	59
30-34岁	290	143	147	460	248	212	184	99	85
35-39岁	481	226	255	500	268	232	193	103	90
40-44岁	706	307	399	459	272	187	151	91	60
45-49岁	518	226	292	311	165	146	162	91	71
50-54岁	333	159	174	111	73	38	76	42	34
55-59岁	406	185	221	102	69	33	57	42	15
60-64岁	304	166	138	68	54	14	25	19	6
65岁及以上	437	251	186	98	62	36	42	28	14
京族	**6674**	**3122**	**3552**	**10191**	**5604**	**4587**	**3963**	**2183**	**1780**
6-9岁	1715	971	744	5	2	3			
10-14岁	1077	627	450	750	457	293	13	4	9
15-19岁	210	129	81	1177	680	497	882	423	459
20-24岁	204	106	98	1355	724	631	506	284	222
25-29岁	176	74	102	1302	706	596	346	178	168
30-34岁	232	79	153	1069	566	503	396	214	182
35-39岁	315	113	202	1036	571	465	347	192	155
40-44岁	410	123	287	1087	557	530	294	152	142
45-49岁	331	99	232	913	431	482	451	251	200
50-54岁	299	81	218	489	258	231	311	184	127
55-59岁	401	122	279	446	270	176	194	134	60
60-64岁	367	131	236	234	139	95	89	65	24
65岁及以上	937	467	470	328	243	85	134	102	32
塔塔尔族	**710**	**384**	**326**	**967**	**571**	**396**	**643**	**344**	**299**
6-9岁	157	84	73	4	1	3			
10-14岁	123	69	54	77	34	43	5	2	3
15-19岁	12	6	6	86	44	42	121	59	62
20-24岁	17	9	8	120	74	46	70	28	42
25-29岁	33	23	10	142	93	49	48	26	22
30-34岁	24	11	13	98	58	40	66	38	28
35-39岁	46	25	21	110	69	41	72	46	26
40-44岁	47	24	23	85	50	35	56	28	28
45-49岁	48	24	24	75	48	27	53	36	17
50-54岁	41	18	23	54	32	22	51	26	25
55-59岁	41	16	25	54	33	21	32	18	14
60-64岁	41	31	10	22	13	9	30	15	15
65岁及以上	80	44	36	40	22	18	39	22	17

2-2　续表 50

单位：人

民族 年龄	大学专科			大学本科			研究生		
	小计	男	女	小计	男	女	小计	男	女
裕固族	**1186**	**685**	**501**	**774**	**406**	**368**	**50**	**25**	**25**
6-9岁									
10-14岁									
15-19岁	58	22	36	54	26	28			
20-24岁	243	128	115	253	113	140	12	2	10
25-29岁	146	84	62	109	53	56	14	8	6
30-34岁	164	84	80	82	45	37	9	3	6
35-39岁	160	93	67	95	56	39	3	1	2
40-44岁	188	118	70	85	51	34	5	5	
45-49岁	120	76	44	62	38	24	5	4	1
50-54岁	35	27	8	15	9	6	2	2	
55-59岁	31	24	7	9	7	2			
60-64岁	22	18	4	5	4	1			
65岁及以上	19	11	8	5	4	1			
京族	**1658**	**877**	**781**	**1219**	**639**	**580**	**62**	**32**	**30**
6-9岁									
10-14岁									
15-19岁	77	32	45	55	20	35			
20-24岁	435	206	229	392	167	225	10	5	5
25-29岁	237	114	123	217	104	113	16	3	13
30-34岁	216	101	115	151	78	73	10	4	6
35-39岁	196	98	98	133	80	53	7	4	3
40-44岁	146	80	66	111	68	43	10	10	
45-49岁	140	93	47	88	68	20	5	3	2
50-54岁	69	42	27	27	18	9	1		1
55-59岁	60	46	14	12	9	3	2	2	
60-64岁	34	29	5	16	12	4	1	1	
65岁及以上	48	36	12	17	15	2			
塔塔尔族	**426**	**213**	**213**	**433**	**197**	**236**	**19**	**6**	**13**
6-9岁									
10-14岁									
15-19岁	16	4	12	30	9	21			
20-24岁	41	14	27	94	38	56	4	1	3
25-29岁	54	28	26	57	23	34	5	1	4
30-34岁	56	35	21	51	21	30	2		2
35-39岁	72	32	40	51	21	30	2	1	1
40-44岁	52	31	21	39	17	22	3	1	2
45-49岁	49	27	22	29	19	10	1		1
50-54岁	26	12	14	23	10	13	2	2	
55-59岁	21	13	8	12	10	2			
60-64岁	14	3	11	6	5	1			
65岁及以上	25	14	11	41	24	17			

2-2 续表 51

单位：人

民族 年龄	6岁及以上人口			未上过学		
	合计	男	女	小计	男	女
独龙族	**6220**	**2969**	**3251**	**1018**	**354**	**664**
6-9岁	436	208	228	78	31	47
10-14岁	579	277	302	11	5	6
15-19岁	611	293	318	12	7	5
20-24岁	811	409	402	35	16	19
25-29岁	766	352	414	57	21	36
30-34岁	591	281	310	96	39	57
35-39岁	515	256	259	74	24	50
40-44岁	467	215	252	89	25	64
45-49岁	378	188	190	75	32	43
50-54岁	301	132	169	85	21	64
55-59岁	209	105	104	81	28	53
60-64岁	193	90	103	97	31	66
65岁及以上	363	163	200	228	74	154
鄂伦春族	**7884**	**3641**	**4243**	**109**	**38**	**71**
6-9岁	400	188	212	26	11	15
10-14岁	656	308	348	4	1	3
15-19岁	861	431	430	4	1	3
20-24岁	1088	551	537	2	1	1
25-29岁	915	424	491	3		3
30-34岁	723	329	394	3	1	2
35-39岁	811	373	438	8	3	5
40-44岁	700	298	402	8	3	5
45-49岁	646	255	391	10	6	4
50-54岁	409	176	233	7	3	4
55-59岁	285	148	137	8	3	5
60-64岁	164	67	97	5	1	4
65岁及以上	226	93	133	21	4	17
赫哲族	**4940**	**2422**	**2518**	**94**	**30**	**64**
6-9岁	220	114	106	20	9	11
10-14岁	284	146	138			
15-19岁	444	216	228	1		1
20-24岁	819	353	466	1		1
25-29岁	524	255	269	3	3	
30-34岁	439	194	245	2		2
35-39岁	454	246	208	7	1	6
40-44岁	411	200	211	2	1	1
45-49岁	396	186	210	3		3
50-54岁	312	162	150	7	3	4
55-59岁	252	137	115	5	2	3
60-64岁	149	90	59	4	1	3
65岁及以上	236	123	113	39	10	29

2-2 续表 52

单位：人

民族 年龄	小学			初中			高中		
	小计	男	女	小计	男	女	小计	男	女
独龙族	**2623**	**1269**	**1354**	**1681**	**878**	**803**	**497**	**258**	**239**
6-9岁	358	177	181						
10-14岁	416	195	221	150	75	75	2	2	
15-19岁	85	48	37	357	172	185	139	60	79
20-24岁	192	99	93	377	192	185	90	48	42
25-29岁	293	116	177	249	131	118	79	39	40
30-34岁	279	127	152	146	78	68	25	13	12
35-39岁	274	134	140	85	49	36	32	22	10
40-44岁	208	100	108	112	57	55	29	15	14
45-49岁	171	89	82	78	40	38	29	12	17
50-54岁	105	49	56	68	38	30	32	18	14
55-59岁	75	38	37	29	19	10	15	13	2
60-64岁	69	38	31	16	14	2	5	2	3
65岁及以上	98	59	39	14	13	1	20	14	6
鄂伦春族	**1407**	**650**	**757**	**3017**	**1434**	**1583**	**1511**	**723**	**788**
6-9岁	369	174	195	5	3	2			
10-14岁	309	152	157	324	149	175	19	6	13
15-19岁	48	26	22	311	165	146	360	185	175
20-24岁	65	37	28	385	202	183	185	112	73
25-29岁	58	34	24	376	191	185	138	63	75
30-34岁	64	31	33	306	138	168	142	66	76
35-39岁	63	33	30	372	162	210	146	76	70
40-44岁	90	40	50	285	136	149	146	57	89
45-49岁	58	18	40	259	103	156	159	54	105
50-54岁	75	28	47	148	65	83	100	46	54
55-59岁	62	27	35	119	59	60	60	35	25
60-64岁	55	16	39	64	32	32	24	11	13
65岁及以上	91	34	57	63	29	34	32	12	20
赫哲族	**820**	**395**	**425**	**1827**	**991**	**836**	**920**	**449**	**471**
6-9岁	198	105	93	2		2			
10-14岁	133	66	67	142	78	64	9	2	7
15-19岁	23	10	13	161	84	77	175	86	89
20-24岁	26	9	17	272	138	134	112	51	61
25-29岁	14	5	9	210	107	103	88	49	39
30-34岁	18	9	9	173	85	88	91	36	55
35-39岁	39	19	20	194	110	84	92	58	34
40-44岁	48	27	21	178	97	81	80	31	49
45-49岁	45	16	29	183	100	83	95	40	55
50-54岁	42	16	26	120	65	55	92	47	45
55-59岁	72	26	46	96	62	34	37	22	15
60-64岁	61	33	28	50	37	13	20	10	10
65岁及以上	101	54	47	46	28	18	29	17	12

2-2 续表 53

单位：人

民族 年龄	大学专科			大学本科			研究生		
	小计	男	女	小计	男	女	小计	男	女
独龙族	**282**	**143**	**139**	**108**	**57**	**51**	**11**	**10**	**1**
6-9岁									
10-14岁									
15-19岁	9	3	6	9	3	6			
20-24岁	72	27	45	45	27	18			
25-29岁	66	34	32	17	7	10	5	4	1
30-34岁	36	20	16	8	3	5	1	1	
35-39岁	34	20	14	15	6	9	1	1	
40-44岁	21	12	9	6	4	2	2	2	
45-49岁	20	11	9	3	2	1	2	2	
50-54岁	10	5	5	1	1				
55-59岁	7	5	2	2	2				
60-64岁	4	3	1	2	2				
65岁及以上	3	3							
鄂伦春族	**1011**	**442**	**569**	**764**	**336**	**428**	**65**	**18**	**47**
6-9岁									
10-14岁									
15-19岁	62	22	40	75	32	43	1		1
20-24岁	199	93	106	239	106	133	13		13
25-29岁	168	71	97	149	57	92	23	8	15
30-34岁	116	54	62	82	37	45	10	2	8
35-39岁	145	65	80	70	31	39	7	3	4
40-44岁	109	37	72	59	25	34	3		3
45-49岁	105	47	58	50	24	26	5	3	2
50-54岁	62	27	35	17	7	10			
55-59岁	22	13	9	12	9	3	2	2	
60-64岁	11	5	6	4	2	2	1		1
65岁及以上	12	8	4	7	6	1			
赫哲族	**574**	**254**	**320**	**637**	**276**	**361**	**68**	**27**	**41**
6-9岁									
10-14岁									
15-19岁	21	11	10	63	25	38			
20-24岁	110	36	74	284	116	168	14	3	11
25-29岁	89	41	48	100	40	60	20	10	10
30-34岁	89	40	49	54	22	32	12	2	10
35-39岁	68	29	39	42	22	20	12	7	5
40-44岁	67	27	40	31	14	17	5	3	2
45-49岁	47	18	29	21	12	9	2		2
50-54岁	33	20	13	16	10	6	2	1	1
55-59岁	26	15	11	15	9	6	1	1	
60-64岁	11	8	3	3	1	2			
65岁及以上	13	9	4	8	5	3			

2-2 续表 54

单位：人

民族 年龄	6岁及以上人口			未上过学		
	合计	男	女	小计	男	女
门巴族	**9509**	**4687**	**4822**	**3559**	**1652**	**1907**
6-9岁	837	422	415	183	87	96
10-14岁	1038	508	530	176	89	87
15-19岁	1171	560	611	219	105	114
20-24岁	1217	604	613	289	156	133
25-29岁	998	537	461	350	172	178
30-34岁	805	387	418	345	166	179
35-39岁	757	375	382	353	167	186
40-44岁	660	350	310	351	158	193
45-49岁	571	272	299	335	156	179
50-54岁	432	197	235	270	112	158
55-59岁	280	138	142	171	74	97
60-64岁	233	103	130	136	49	87
65岁及以上	510	234	276	381	161	220
珞巴族	**3213**	**1567**	**1646**	**882**	**374**	**508**
6-9岁	291	147	144	41	16	25
10-14岁	384	177	207	20	9	11
15-19岁	464	229	235	30	16	14
20-24岁	396	201	195	49	18	31
25-29岁	308	151	157	66	25	41
30-34岁	245	124	121	66	30	36
35-39岁	275	138	137	114	57	57
40-44岁	228	106	122	97	39	58
45-49岁	176	87	89	85	35	50
50-54岁	116	58	58	70	28	42
55-59岁	84	43	41	48	23	25
60-64岁	97	42	55	67	26	41
65岁及以上	149	64	85	129	52	77
基诺族	**21014**	**10648**	**10366**	**1911**	**707**	**1204**
6-9岁	1071	509	562	40	9	31
10-14岁	1611	793	818	6	2	4
15-19岁	1905	1023	882	9	6	3
20-24岁	2404	1220	1184	15	8	7
25-29岁	1975	1026	949	15	4	11
30-34岁	1750	905	845	35	16	19
35-39岁	2218	1149	1069	38	10	28
40-44岁	2183	1087	1096	74	29	45
45-49岁	1593	794	799	76	17	59
50-54岁	1213	593	620	133	29	104
55-59岁	830	413	417	191	52	139
60-64岁	826	436	390	291	101	190
65岁及以上	1435	700	735	988	424	564

2-2 续表 55

单位：人

民族 年龄	小学			初中			高中		
	小计	男	女	小计	男	女	小计	男	女
门巴族	**3466**	**1828**	**1638**	**1214**	**611**	**603**	**597**	**306**	**291**
6-9岁	651	335	316	3		3			
10-14岁	592	297	295	266	122	144	4		4
15-19岁	328	156	172	337	163	174	237	119	118
20-24岁	368	198	170	175	97	78	112	55	57
25-29岁	354	206	148	113	64	49	63	37	26
30-34岁	271	133	138	77	31	46	36	19	17
35-39岁	240	126	114	70	34	36	39	24	15
40-44岁	208	128	80	50	35	15	23	12	11
45-49岁	146	70	76	40	21	19	20	10	10
50-54岁	89	50	39	23	11	12	34	16	18
55-59岁	58	31	27	23	14	9	14	8	6
60-64岁	63	40	23	21	10	11	8	2	6
65岁及以上	98	58	40	16	9	7	7	4	3
珞巴族	**1554**	**814**	**740**	**413**	**222**	**191**	**175**	**78**	**97**
6-9岁	247	129	118	3	2	1			
10-14岁	276	128	148	86	39	47	2	1	1
15-19岁	168	97	71	147	72	75	101	38	63
20-24岁	187	104	83	46	29	17	35	17	18
25-29岁	163	80	83	37	24	13	9	6	3
30-34岁	124	65	59	25	16	9	5	4	1
35-39岁	114	59	55	25	12	13	7	4	3
40-44岁	109	56	53	19	11	8	1		1
45-49岁	76	40	36	9	8	1	2	1	1
50-54岁	30	22	8	5	4	1	4	2	2
55-59岁	20	12	8	7	3	4	5	3	2
60-64岁	22	11	11	3	1	2	3	2	1
65岁及以上	18	11	7	1	1		1		1
基诺族	**8616**	**4447**	**4169**	**7162**	**3849**	**3313**	**1973**	**980**	**993**
6-9岁	1031	500	531						
10-14岁	1017	497	520	587	294	293	1		1
15-19岁	326	211	115	972	569	403	532	212	320
20-24岁	466	275	191	1346	719	627	303	114	189
25-29岁	399	227	172	1092	575	517	248	126	122
30-34岁	487	255	232	759	398	361	255	142	113
35-39岁	853	443	410	861	441	420	242	139	103
40-44岁	1217	603	614	590	275	315	135	77	58
45-49岁	801	373	428	532	289	243	82	53	29
50-54岁	678	304	374	242	157	85	110	63	47
55-59岁	497	261	236	89	59	30	34	27	7
60-64岁	443	258	185	58	47	11	20	18	2
65岁及以上	401	240	161	34	26	8	11	9	2

2-2 续表 56

单位：人

民族 年龄	大学专科			大学本科			研究生		
	小计	男	女	小计	男	女	小计	男	女
门巴族	**373**	**177**	**196**	**290**	**107**	**183**	**10**	**6**	**4**
6-9岁									
10-14岁									
15-19岁	24	10	14	26	7	19			
20-24岁	116	52	64	155	46	109	2		2
25-29岁	67	31	36	49	25	24	2	2	
30-34岁	51	27	24	24	10	14	1	1	
35-39岁	35	14	21	18	9	9	2	1	1
40-44岁	20	12	8	8	5	3			
45-49岁	22	12	10	6	2	4	2	1	1
50-54岁	14	7	7	1		1	1	1	
55-59岁	11	8	3	3	3				
60-64岁	5	2	3						
65岁及以上	8	2	6						
珞巴族	**83**	**40**	**43**	**105**	**38**	**67**	**1**	**1**	
6-9岁									
10-14岁									
15-19岁	7	4	3	11	2	9			
20-24岁	23	13	10	56	20	36			
25-29岁	15	9	6	18	7	11			
30-34岁	12	4	8	13	5	8			
35-39岁	10	3	7	4	2	2	1	1	
40-44岁	1		1	1		1			
45-49岁	4	3	1						
50-54岁	6	1	5	1	1				
55-59岁	4	2	2						
60-64岁	1	1		1	1				
65岁及以上									
基诺族	**942**	**460**	**482**	**390**	**194**	**196**	**20**	**11**	**9**
6-9岁									
10-14岁									
15-19岁	49	13	36	17	12	5			
20-24岁	182	63	119	86	40	46	6	1	5
25-29岁	157	71	86	61	21	40	3	2	1
30-34岁	157	72	85	54	21	33	3	1	2
35-39岁	156	82	74	68	34	34			
40-44岁	105	59	46	58	40	18	4	4	
45-49岁	69	45	24	32	16	16	1	1	
50-54岁	36	30	6	11	8	3	3	2	1
55-59岁	17	13	4	2	1	1			
60-64岁	13	11	2	1	1				
65岁及以上	1	1							

2-2 续表 57

单位：人

民族 / 年龄	6岁及以上人口			未上过学		
	合计	男	女	小计	男	女
其他未识别的民族	**574451**	**297632**	**276819**	**74885**	**22698**	**52187**
6-9岁	57265	30850	26415	3571	1892	1679
10-14岁	85077	44644	40433	828	419	409
15-19岁	56172	29381	26791	479	199	280
20-24岁	47598	23830	23768	853	308	545
25-29岁	38400	19613	18787	1364	421	943
30-34岁	46883	24100	22783	2973	739	2234
35-39岁	51647	27641	24006	4682	1194	3488
40-44岁	46862	24455	22407	5918	1335	4583
45-49岁	33102	17127	15975	5343	1098	4245
50-54岁	23729	12357	11372	6328	1565	4763
55-59岁	27506	14034	13472	9527	2519	7008
60-64岁	19792	10167	9625	8421	2504	5917
65岁及以上	40418	19433	20985	24598	8505	16093
外国人加入中国籍	**1360**	**514**	**846**	**158**	**31**	**127**
6-9岁	46	26	20	2	1	1
10-14岁	39	19	20	1		1
15-19岁	75	36	39	1		1
20-24岁	157	52	105	15	2	13
25-29岁	112	35	77	13	3	10
30-34岁	124	40	84	12	2	10
35-39岁	134	47	87	11		11
40-44岁	148	44	104	8		8
45-49岁	109	39	70	11	2	9
50-54岁	84	32	52	7		7
55-59岁	76	32	44	4	1	3
60-64岁	61	30	31	13	4	9
65岁及以上	195	82	113	60	16	44

2-2 续表 58

单位：人

民族 年龄	小学			初中			高中		
	小计	男	女	小计	男	女	小计	男	女
其他未识别的民族	**281675**	**143869**	**137806**	**167097**	**99751**	**67346**	**30373**	**18519**	**11854**
6-9岁	53393	28796	24597	301	162	139			
10-14岁	59527	31070	28457	24182	12869	11313	539	285	254
15-19岁	9273	4647	4626	33313	17533	15780	11676	6350	5326
20-24岁	10536	4382	6154	24150	12389	11761	5892	3376	2516
25-29岁	13427	5673	7754	17609	9914	7695	2536	1517	1019
30-34岁	20952	9274	11678	17962	10874	7088	1978	1216	762
35-39岁	25318	11946	13372	17102	11348	5754	2099	1419	680
40-44岁	24431	11461	12970	13038	9192	3846	1615	1105	510
45-49岁	16264	7545	8719	8948	6601	2347	1420	1048	372
50-54岁	11892	6321	5571	3878	3156	722	1182	958	224
55-59岁	14296	8393	5903	2834	2412	422	612	511	101
60-64岁	9299	5862	3437	1686	1466	220	295	256	39
65岁及以上	13067	8499	4568	2094	1835	259	529	478	51
外国人加入中国籍	**463**	**145**	**318**	**437**	**184**	**253**	**148**	**72**	**76**
6-9岁	43	25	18	1		1			
10-14岁	26	14	12	12	5	7			
15-19岁	11	6	5	19	9	10	29	14	15
20-24岁	29	7	22	49	11	38	18	7	11
25-29岁	30	4	26	42	13	29	10	6	4
30-34岁	31	7	24	50	18	32	17	8	9
35-39岁	35	2	33	56	26	30	13	7	6
40-44岁	39	5	34	70	23	47	17	9	8
45-49岁	36	5	31	34	15	19	16	9	7
50-54岁	31	10	21	34	17	17	9	3	6
55-59岁	37	13	24	25	12	13	8	5	3
60-64岁	26	10	16	19	15	4	3	1	2
65岁及以上	89	37	52	26	20	6	8	3	5

2-2 续表 59　　单位：人

民族 年龄	大学专科			大学本科			研究生		
	小计	男	女	小计	男	女	小计	男	女
其他未识别的民族	**12925**	**7961**	**4964**	**7312**	**4702**	**2610**	**184**	**132**	**52**
6-9岁									
10-14岁	1	1							
15-19岁	734	313	421	697	339	358			
20-24岁	3294	1668	1626	2841	1688	1153	32	19	13
25-29岁	2235	1281	954	1189	776	413	40	31	9
30-34岁	2020	1319	701	961	649	312	37	29	8
35-39岁	1652	1153	499	761	558	203	33	23	10
40-44岁	1346	957	389	493	388	105	21	17	4
45-49岁	877	635	242	238	192	46	12	8	4
50-54岁	382	304	78	64	50	14	3	3	
55-59岁	209	175	34	28	24	4			
60-64岁	76	67	9	14	12	2	1		1
65岁及以上	99	88	11	26	26		5	2	3
外国人加入中国籍	**68**	**34**	**34**	**76**	**43**	**33**	**10**	**5**	**5**
6-9岁									
10-14岁									
15-19岁	5	3	2	10	4	6			
20-24岁	18	9	9	28	16	12			
25-29岁	7	3	4	9	6	3	1		1
30-34岁	9	3	6	3	2	1	2		2
35-39岁	7	4	3	10	6	4	2	2	
40-44岁	8	5	3	4	1	3	2	1	1
45-49岁	7	5	2	5	3	2			
50-54岁	2	1	1				1	1	
55-59岁	1		1	1	1				
60-64岁									
65岁及以上	4	1	3	6	4	2	2	1	1

2-3 各地区15岁及以上少数民族文盲人口状况

单位：人、%

地区	15岁及以上少数民族人口			文盲人口			文盲人口占15岁及以上人口比重		
	合计	男	女	合计	男	女	合计	男	女
全国	**86852037**	**44030267**	**42821770**	**7082438**	**2194795**	**4887643**	**8.15**	**4.98**	**11.41**
北京	701879	345438	356441	8356	2189	6167	1.19	0.63	1.73
天津	289892	145958	143934	4784	1263	3521	1.65	0.87	2.45
河北	2369105	1201340	1167765	58867	16642	42225	2.48	1.39	3.62
山西	80843	41244	39599	1863	525	1338	2.30	1.27	3.38
内蒙古	4081327	2027289	2054038	128353	41402	86951	3.14	2.04	4.23
辽宁	5601379	2865473	2735906	110578	31344	79234	1.97	1.09	2.90
吉林	1934145	984529	949616	25172	7389	17783	1.30	0.75	1.87
黑龙江	1199748	639644	560104	17890	5865	12025	1.49	0.92	2.15
上海	241531	120436	121095	3869	1041	2828	1.60	0.86	2.34
江苏	332815	156337	176478	7747	1691	6056	2.33	1.08	3.43
浙江	1038455	549915	488540	38981	10131	28850	3.75	1.84	5.91
安徽	320765	150049	170716	23071	6127	16944	7.19	4.08	9.93
福建	663090	363860	299230	17335	4653	12682	2.61	1.28	4.24
江西	120492	66043	54449	3645	1016	2629	3.03	1.54	4.83
山东	599459	288402	311057	27123	6322	20801	4.52	2.19	6.69
河南	893891	441890	452001	35269	10279	24990	3.95	2.33	5.53
湖北	1991444	1014371	977073	116745	32381	84364	5.86	3.19	8.63
湖南	5171696	2649926	2521770	285463	80577	204886	5.52	3.04	8.12
广东	1884837	1025362	859475	19825	4891	14934	1.05	0.48	1.74
广西	13442582	6796868	6645714	667055	130912	536143	4.96	1.93	8.07
海南	1106158	568337	537821	71314	20084	51230	6.45	3.53	9.53
重庆	1427726	713989	713737	93980	27164	66816	6.58	3.80	9.36
四川	3470148	1727130	1743018	910842	339767	571075	26.25	19.67	32.76
贵州	8752834	4406959	4345875	1209917	299983	909934	13.82	6.81	20.94
云南	11826689	5998803	5827886	1169953	363443	806510	9.89	6.06	13.84
西藏	2041216	1026572	1014644	728522	280899	447623	35.69	27.36	44.12
陕西	166032	83929	82103	4784	1584	3200	2.88	1.89	3.90
甘肃	1844624	921286	923338	346783	118713	228070	18.80	12.89	24.70
青海	1939744	978150	961594	422082	143406	278676	21.76	14.66	28.98
宁夏	1602529	804193	798336	202529	61832	140697	12.64	7.69	17.62
新疆	9714962	4926545	4788417	319741	141280	178461	3.29	2.87	3.73

2-3a 各地区15岁及以上少数民族文盲人口状况(城市)

单位：人、%

地区	15岁及以上少数民族人口			文盲人口			文盲人口占15岁及以上人口比重		
	合计	男	女	合计	男	女	合计	男	女
全　国	**14991653**	**7513203**	**7478450**	**303225**	**90216**	**213009**	**2.02**	**1.20**	**2.85**
北　京	580680	283702	296978	4890	1086	3804	0.84	0.38	1.28
天　津	230624	117028	113596	3587	963	2624	1.56	0.82	2.31
河　北	416992	205550	211442	4655	1214	3441	1.12	0.59	1.63
山　西	55669	28730	26939	932	270	662	1.67	0.94	2.46
内蒙古	983329	471678	511651	10444	3016	7428	1.06	0.64	1.45
辽　宁	1567999	783691	784308	12104	2883	9221	0.77	0.37	1.18
吉　林	789270	386655	402615	5451	1217	4234	0.69	0.31	1.05
黑龙江	369764	190123	179641	3694	1006	2688	1.00	0.53	1.50
上　海	183065	89745	93320	2538	705	1833	1.39	0.79	1.96
江　苏	176872	90986	85886	2839	807	2032	1.61	0.89	2.37
浙　江	348672	190342	158330	6786	1801	4985	1.95	0.95	3.15
安　徽	115533	57216	58317	4320	1141	3179	3.74	1.99	5.45
福　建	226685	125237	101448	3750	1025	2725	1.65	0.82	2.69
江　西	22393	11890	10503	287	88	199	1.28	0.74	1.89
山　东	306491	152590	153901	7090	1536	5554	2.31	1.01	3.61
河　南	326794	156841	169953	6520	1525	4995	2.00	0.97	2.94
湖　北	267069	131766	135303	3477	724	2753	1.30	0.55	2.03
湖　南	406021	198192	207829	6136	1717	4419	1.51	0.87	2.13
广　东	1319185	724601	594584	6692	1790	4902	0.51	0.25	0.82
广　西	1807323	894545	912778	20713	3069	17644	1.15	0.34	1.93
海　南	92572	42600	49972	1306	417	889	1.41	0.98	1.78
重　庆	151016	76657	74359	1960	552	1408	1.30	0.72	1.89
四　川	161132	81941	79191	7981	3437	4544	4.95	4.19	5.74
贵　州	788547	399901	388646	27327	6616	20711	3.47	1.65	5.33
云　南	874145	429331	444814	30794	10043	20751	3.52	2.34	4.67
西　藏	148166	68755	79411	30517	9866	20651	20.60	14.35	26.01
陕　西	116191	57737	58454	1960	514	1446	1.69	0.89	2.47
甘　肃	305169	155728	149441	21994	8441	13553	7.21	5.42	9.07
青　海	230964	117612	113352	19920	6691	13229	8.62	5.69	11.67
宁　夏	318087	157893	160194	14553	4320	10233	4.58	2.74	6.39
新　疆	1305234	633940	671294	28008	11736	16272	2.15	1.85	2.42

2-3b 各地区15岁及以上少数民族文盲人口状况(镇)

单位：人、%

地区	15岁及以上少数民族人口			文盲人口			文盲人口占15岁及以上人口比重		
	合计	男	女	合计	男	女	合计	男	女
全国	**15025692**	**7506887**	**7518805**	**712454**	**200776**	**511678**	**4.74**	**2.67**	**6.81**
北京	47218	23664	23554	845	254	591	1.79	1.07	2.51
天津	30625	15363	15262	429	108	321	1.40	0.70	2.10
河北	626458	311878	314580	9777	2579	7198	1.56	0.83	2.29
山西	12228	6587	5641	349	166	183	2.85	2.52	3.24
内蒙古	1010520	492521	517999	22729	6433	16296	2.25	1.31	3.15
辽宁	929368	458404	470964	13090	3384	9706	1.41	0.74	2.06
吉林	353985	178839	175146	4640	1204	3436	1.31	0.67	1.96
黑龙江	160289	85469	74820	2405	775	1630	1.50	0.91	2.18
上海	32683	17182	15501	677	179	498	2.07	1.04	3.21
江苏	51148	23542	27606	1465	306	1159	2.86	1.30	4.20
浙江	280487	149397	131090	8123	2015	6108	2.90	1.35	4.66
安徽	98915	47744	51171	6288	1706	4582	6.36	3.57	8.95
福建	115988	62741	53247	2199	516	1683	1.90	0.82	3.16
江西	28163	15233	12930	587	164	423	2.08	1.08	3.27
山东	126723	62144	64579	7023	1825	5198	5.54	2.94	8.05
河南	280021	140047	139974	11662	3247	8415	4.16	2.32	6.01
湖北	380784	190919	189865	11727	3136	8591	3.08	1.64	4.52
湖南	1126901	562385	564516	31731	7988	23743	2.82	1.42	4.21
广东	213405	118645	94760	2698	657	2041	1.26	0.55	2.15
广西	2513397	1248963	1264434	69651	10997	58654	2.77	0.88	4.64
海南	195841	96820	99021	7185	1702	5483	3.67	1.76	5.54
重庆	316441	155359	161082	12493	3195	9298	3.95	2.06	5.77
四川	478313	240750	237563	57702	19769	37933	12.06	8.21	15.97
贵州	1408429	702089	706340	89379	18290	71089	6.35	2.61	10.06
云南	1889208	934539	954669	120459	33842	86617	6.38	3.62	9.07
西藏	241519	121514	120005	59512	21765	37747	24.64	17.91	31.45
陕西	28374	15025	13349	1076	415	661	3.79	2.76	4.95
甘肃	264188	134570	129618	31889	9770	22119	12.07	7.26	17.06
青海	397687	201386	196301	75443	25488	49955	18.97	12.66	25.45
宁夏	236683	119659	117024	21522	6573	14949	9.09	5.49	12.77
新疆	1149703	573509	576194	27699	12328	15371	2.41	2.15	2.67

2-3c 各地区15岁及以上少数民族文盲人口状况(乡村)

单位：人、%

地区	15岁及以上少数民族人口			文盲人口			文盲人口占15岁及以上人口比重		
	合计	男	女	合计	男	女	合计	男	女
全国	**56834692**	**29010177**	**27824515**	**6066759**	**1903803**	**4162956**	**10.67**	**6.56**	**14.96**
北京	73981	38072	35909	2621	849	1772	3.54	2.23	4.93
天津	28643	13567	15076	768	192	576	2.68	1.42	3.82
河北	1325655	683912	641743	44435	12849	31586	3.35	1.88	4.92
山西	12946	5927	7019	582	89	493	4.50	1.50	7.02
内蒙古	2087478	1063090	1024388	95180	31953	63227	4.56	3.01	6.17
辽宁	3104012	1623378	1480634	85384	25077	60307	2.75	1.54	4.07
吉林	790890	419035	371855	15081	4968	10113	1.91	1.19	2.72
黑龙江	669695	364052	305643	11791	4084	7707	1.76	1.12	2.52
上海	25783	13509	12274	654	157	497	2.54	1.16	4.05
江苏	104795	41809	62986	3443	578	2865	3.29	1.38	4.55
浙江	409296	210176	199120	24072	6315	17757	5.88	3.00	8.92
安徽	106317	45089	61228	12463	3280	9183	11.72	7.27	15.00
福建	320417	175882	144535	11386	3112	8274	3.55	1.77	5.72
江西	69936	38920	31016	2771	764	2007	3.96	1.96	6.47
山东	166245	73668	92577	13010	2961	10049	7.83	4.02	10.85
河南	287076	145002	142074	17087	5507	11580	5.95	3.80	8.15
湖北	1343591	691686	651905	101541	28521	73020	7.56	4.12	11.20
湖南	3638774	1889349	1749425	247596	70872	176724	6.80	3.75	10.10
广东	352247	182116	170131	10435	2444	7991	2.96	1.34	4.70
广西	9121862	4653360	4468502	576691	116846	459845	6.32	2.51	10.29
海南	817745	428917	388828	62823	17965	44858	7.68	4.19	11.54
重庆	960269	481973	478296	79527	23417	56110	8.28	4.86	11.73
四川	2830703	1404439	1426264	845159	316561	528598	29.86	22.54	37.06
贵州	6555858	3304969	3250889	1093211	275077	818134	16.68	8.32	25.17
云南	9063336	4634933	4428403	1018700	319558	699142	11.24	6.89	15.79
西藏	1651531	836303	815228	638493	249268	389225	38.66	29.81	47.74
陕西	21467	11167	10300	1748	655	1093	8.14	5.87	10.61
甘肃	1275267	630988	644279	292900	100502	192398	22.97	15.93	29.86
青海	1311093	659152	651941	326719	111227	215492	24.92	16.87	33.05
宁夏	1047759	526641	521118	166454	50939	115515	15.89	9.67	22.17
新疆	7260025	3719096	3540929	264034	117216	146818	3.64	3.15	4.15

2-4 各民族15岁及以上分年龄、性别的文盲人口状况

单位：人、%

民族 年龄	15岁及以上人口			文盲人口			文盲人口占15岁及以上人口比重		
	合计	男	女	合计	男	女	合计	男	女
总计	**1111488248**	**562534596**	**548953652**	**54190864**	**14178921**	**40011943**	**4.88**	**2.52**	**7.29**
15-19岁	99889114	51904830	47984284	311848	148583	163265	0.31	0.29	0.34
20-24岁	127412518	64008573	63403945	501232	211190	290042	0.39	0.33	0.46
25-29岁	101013852	50837038	50176814	609029	232510	376519	0.60	0.46	0.75
30-34岁	97138203	49521822	47616381	864305	307103	557202	0.89	0.62	1.17
35-39岁	118025959	60391104	57634855	1420308	464307	956001	1.20	0.77	1.66
40-44岁	124753964	63608678	61145286	2096962	605375	1491587	1.68	0.95	2.44
45-49岁	105594553	53776418	51818135	2293230	553855	1739375	2.17	1.03	3.36
50-54岁	78753171	40363234	38389937	3322398	799159	2523239	4.22	1.98	6.57
55-59岁	81312474	41082938	40229536	5663387	1341880	4321507	6.96	3.27	10.74
60-64岁	58667282	29834426	28832856	6077050	1541052	4535998	10.36	5.17	15.73
65岁及以上	118927158	57205535	61721623	31031115	7973907	23057208	26.09	13.94	37.36
汉族	**1024636211**	**518504329**	**506131882**	**47108426**	**11984126**	**35124300**	**4.60**	**2.31**	**6.94**
15-19岁	90643145	47170787	43472358	179720	94567	85153	0.20	0.20	0.20
20-24岁	116738332	58659903	58078429	269187	129181	140006	0.23	0.22	0.24
25-29岁	91688332	46108074	45580258	299488	126013	173475	0.33	0.27	0.38
30-34岁	88231228	44955797	43275431	469682	173621	296061	0.53	0.39	0.68
35-39岁	108418401	55428575	52989826	931373	299568	631805	0.86	0.54	1.19
40-44岁	115461502	58835500	56626002	1539794	424645	1115149	1.33	0.72	1.97
45-49岁	98066893	49920702	48146191	1803222	406932	1396290	1.84	0.82	2.90
50-54岁	73410508	37638178	35772330	2804426	645520	2158906	3.82	1.72	6.04
55-59岁	76137113	38455371	37681742	4997607	1151483	3846124	6.56	2.99	10.21
60-64岁	54743358	27855014	26888344	5364046	1324810	4039236	9.80	4.76	15.02
65岁及以上	111097399	53476428	57620971	28449881	7207786	21242095	25.61	13.48	36.87
蒙古族	**4805740**	**2388539**	**2417201**	**156455**	**51141**	**105314**	**3.26**	**2.14**	**4.36**
15-19岁	510583	254779	255804	2253	1127	1126	0.44	0.44	0.44
20-24岁	611076	303739	307337	3619	1733	1886	0.59	0.57	0.61
25-29岁	572897	286388	286509	5146	2486	2660	0.90	0.87	0.93
30-34岁	478268	240564	237704	5831	2687	3144	1.22	1.12	1.32
35-39岁	560279	279239	281040	8390	3708	4682	1.50	1.33	1.67
40-44岁	527749	261869	265880	9294	3802	5492	1.76	1.45	2.07
45-49岁	456531	226121	230410	9814	3316	6498	2.15	1.47	2.82
50-54岁	357168	177811	179357	15316	4540	10776	4.29	2.55	6.01
55-59岁	276682	137466	139216	18839	5487	13352	6.81	3.99	9.59
60-64岁	168606	83234	85372	16003	4751	11252	9.49	5.71	13.18
65岁及以上	285901	137329	148572	61950	17504	44446	21.67	12.75	29.92

2-4 续表 1 单位：人、%

民族 年龄	15岁及以上人口			文盲人口			文盲人口占15岁及以上人口比重		
	合计	男	女	合计	男	女	合计	男	女
回族	**8345262**	**4192244**	**4153018**	**749916**	**239872**	**510044**	**8.99**	**5.72**	**12.28**
15-19岁	903364	459879	443485	9998	3530	6468	1.11	0.77	1.46
20-24岁	1052990	522476	530514	21430	5890	15540	2.04	1.13	2.93
25-29岁	839306	420515	418791	29912	8317	21595	3.56	1.98	5.16
30-34岁	806324	405908	400416	43041	12473	30568	5.34	3.07	7.63
35-39岁	878091	445870	432221	59079	18849	40230	6.73	4.23	9.31
40-44岁	892715	451703	441012	73254	22894	50360	8.21	5.07	11.42
45-49岁	742278	377443	364835	60938	17052	43886	8.21	4.52	12.03
50-54岁	524314	264401	259913	54933	17093	37840	10.48	6.46	14.56
55-59岁	533611	266948	266663	74748	24004	50744	14.01	8.99	19.03
60-64岁	397213	199080	198133	74012	25026	48986	18.63	12.57	24.72
65岁及以上	775056	378021	397035	248571	84744	163827	32.07	22.42	41.26
藏族	**4671710**	**2333517**	**2338193**	**1382295**	**529162**	**853133**	**29.59**	**22.68**	**36.49**
15-19岁	605413	306887	298526	61020	25828	35192	10.08	8.42	11.79
20-24岁	636467	320161	316306	103119	39923	63196	16.20	12.47	19.98
25-29岁	583060	292943	290117	129318	49235	80083	22.18	16.81	27.60
30-34岁	528704	269111	259593	140491	54964	85527	26.57	20.42	32.95
35-39岁	516240	264268	251972	148481	58563	89918	28.76	22.16	35.69
40-44岁	457759	233012	224747	142799	55565	87234	31.20	23.85	38.81
45-49岁	351669	179099	172570	120374	45766	74608	34.23	25.55	43.23
50-54岁	227438	113913	113525	98298	37861	60437	43.22	33.24	53.24
55-59岁	210616	104210	106406	97936	37323	60613	46.50	35.82	56.96
60-64岁	182947	88477	94470	96821	37050	59771	52.92	41.88	63.27
65岁及以上	371397	161436	209961	243638	87084	156554	65.60	53.94	74.56
维吾尔族	**7464351**	**3770042**	**3694309**	**256724**	**117950**	**138774**	**3.44**	**3.13**	**3.76**
15-19岁	943246	473852	469394	3402	1911	1491	0.36	0.40	0.32
20-24岁	1182217	580518	601699	5351	3114	2237	0.45	0.54	0.37
25-29岁	978096	493050	485046	6181	3561	2620	0.63	0.72	0.54
30-34岁	820650	413268	407382	7495	4026	3469	0.91	0.97	0.85
35-39岁	789335	400024	389311	10433	5360	5073	1.32	1.34	1.30
40-44岁	695249	350247	345002	15639	7207	8432	2.25	2.06	2.44
45-49岁	503642	255935	247707	17733	7792	9941	3.52	3.04	4.01
50-54岁	410452	206486	203966	25268	11005	14263	6.16	5.33	6.99
55-59岁	341597	171513	170084	26577	11584	14993	7.78	6.75	8.82
60-64岁	316689	162710	153979	34658	14881	19777	10.94	9.15	12.84
65岁及以上	483178	262439	220739	103987	47509	56478	21.52	18.10	25.59

2-4 续表 2

单位：人、%

民族 年龄	15岁及以上人口			文盲人口			文盲人口占15岁及以上人口比重		
	合计	男	女	合计	男	女	合计	男	女
苗族	**7025185**	**3570283**	**3454902**	**754482**	**201198**	**553284**	**10.74**	**5.64**	**16.01**
15-19岁	794223	413349	380874	6507	2335	4172	0.82	0.56	1.10
20-24岁	848122	423395	424727	14049	3375	10674	1.66	0.80	2.51
25-29岁	726096	369511	356585	20603	4803	15800	2.84	1.30	4.43
30-34岁	719603	368801	350802	34684	7872	26812	4.82	2.13	7.64
35-39岁	834724	432393	402331	50653	11794	38859	6.07	2.73	9.66
40-44岁	768818	391617	377201	61617	14088	47529	8.01	3.60	12.60
45-49岁	562039	287363	274676	53293	11153	42140	9.48	3.88	15.34
50-54岁	353493	179503	173990	58131	13389	44742	16.44	7.46	25.72
55-59岁	412403	209075	203328	84917	20520	64397	20.59	9.81	31.67
60-64岁	331665	168955	162710	86482	23391	63091	26.08	13.84	38.78
65岁及以上	673999	326321	347678	283546	88478	195068	42.07	27.11	56.11
彝族	**6340355**	**3204103**	**3136252**	**919980**	**297175**	**622805**	**14.51**	**9.27**	**19.86**
15-19岁	761515	393898	367617	29242	10666	18576	3.84	2.71	5.05
20-24岁	792604	400785	391819	45678	14444	31234	5.76	3.60	7.97
25-29岁	705270	359550	345720	62036	19627	42409	8.80	5.46	12.27
30-34岁	738808	379015	359793	77122	24456	52666	10.44	6.45	14.64
35-39岁	757009	391205	365804	86011	28153	57858	11.36	7.20	15.82
40-44岁	678757	347282	331475	88395	27960	60435	13.02	8.05	18.23
45-49岁	511183	258708	252475	68045	19716	48329	13.31	7.62	19.14
50-54岁	314166	157925	156241	61951	18855	43096	19.72	11.94	27.58
55-59岁	319347	158532	160815	75210	23167	52043	23.55	14.61	32.36
60-64岁	248624	122335	126289	81656	27505	54151	32.84	22.48	42.88
65岁及以上	513072	234868	278204	244634	82626	162008	47.68	35.18	58.23
壮族	**13496217**	**6839028**	**6657189**	**600570**	**115912**	**484658**	**4.45**	**1.69**	**7.28**
15-19岁	1199081	627965	571116	2568	1309	1259	0.21	0.21	0.22
20-24岁	1456792	744289	712503	4150	1905	2245	0.28	0.26	0.32
25-29岁	1490662	764445	726217	6364	2491	3873	0.43	0.33	0.53
30-34岁	1462323	760839	701484	9687	3258	6429	0.66	0.43	0.92
35-39岁	1479785	778672	701113	14601	4273	10328	0.99	0.55	1.47
40-44岁	1444965	758129	686836	19698	5340	14358	1.36	0.70	2.09
45-49岁	1184993	614815	570178	19429	4472	14957	1.64	0.73	2.62
50-54岁	828780	419874	408906	28464	5200	23264	3.43	1.24	5.69
55-59岁	824317	411403	412914	47221	8028	39193	5.73	1.95	9.49
60-64岁	640279	310462	329817	62026	11707	50319	9.69	3.77	15.26
65岁及以上	1484240	648135	836105	386362	67929	318433	26.03	10.48	38.09

2-4 续表 3

单位：人、%

民族 年龄	15岁及以上人口			文盲人口			文盲人口占15岁及以上人口比重		
	合计	男	女	合计	男	女	合计	男	女
布依族	**2109850**	**1046452**	**1063398**	**285427**	**63618**	**221809**	**13.53**	**6.08**	**20.86**
15-19岁	241667	123690	117977	1615	573	1042	0.67	0.46	0.88
20-24岁	217443	106742	110701	3644	828	2816	1.68	0.78	2.54
25-29岁	196224	97717	98507	6504	1241	5263	3.31	1.27	5.34
30-34岁	216598	110451	106147	11446	2465	8981	5.28	2.23	8.46
35-39岁	240943	123456	117487	17784	4084	13700	7.38	3.31	11.66
40-44岁	228327	117038	111289	23071	5771	17300	10.10	4.93	15.55
45-49岁	167630	85579	82051	19897	4147	15750	11.87	4.85	19.20
50-54岁	127055	63187	63868	23477	3965	19512	18.48	6.28	30.55
55-59岁	132534	64816	67718	31533	5732	25801	23.79	8.84	38.10
60-64岁	107994	51811	56183	32985	7100	25885	30.54	13.70	46.07
65岁及以上	233435	101965	131470	113471	27712	85759	48.61	27.18	65.23
朝鲜族	**1677260**	**831641**	**845619**	**17216**	**3496**	**13720**	**1.03**	**0.42**	**1.62**
15-19岁	85419	42696	42723	135	83	52	0.16	0.19	0.12
20-24岁	157015	78947	78068	159	95	64	0.10	0.12	0.08
25-29岁	148841	74788	74053	157	86	71	0.11	0.11	0.10
30-34岁	137474	71074	66400	182	98	84	0.13	0.14	0.13
35-39岁	155692	81818	73874	223	123	100	0.14	0.15	0.14
40-44岁	170956	88666	82290	289	144	145	0.17	0.16	0.18
45-49岁	188003	96206	91797	349	167	182	0.19	0.17	0.20
50-54岁	172956	87015	85941	430	170	260	0.25	0.20	0.30
55-59岁	149376	73457	75919	602	204	398	0.40	0.28	0.52
60-64岁	106407	50959	55448	969	271	698	0.91	0.53	1.26
65岁及以上	205121	86015	119106	13721	2055	11666	6.69	2.39	9.79
满族	**8632096**	**4479039**	**4153057**	**170832**	**51827**	**119005**	**1.98**	**1.16**	**2.87**
15-19岁	777237	395979	381258	1535	827	708	0.20	0.21	0.19
20-24岁	1071963	538439	533524	1972	1091	881	0.18	0.20	0.17
25-29岁	800004	405023	394981	1726	914	812	0.22	0.23	0.21
30-34岁	763869	395448	368421	1911	1015	896	0.25	0.26	0.24
35-39岁	837778	435127	402651	2858	1457	1401	0.34	0.33	0.35
40-44岁	962030	497785	464245	4526	2042	2484	0.47	0.41	0.54
45-49岁	909621	468630	440991	5616	2128	3488	0.62	0.45	0.79
50-54岁	766646	406955	359691	10714	3346	7368	1.40	0.82	2.05
55-59岁	655281	355639	299642	16147	5149	10998	2.46	1.45	3.67
60-64岁	390175	211613	178562	14798	4851	9947	3.79	2.29	5.57
65岁及以上	697492	368401	329091	109029	29007	80022	15.63	7.87	24.32

2-4 续表 4

单位：人、%

民族 年龄	15岁及以上人口			文盲人口			文盲人口占15岁及以上人口比重		
	合计	男	女	合计	男	女	合计	男	女
侗族	**2228281**	**1152583**	**1075698**	**151472**	**35909**	**115563**	**6.80**	**3.12**	**10.74**
15-19岁	217283	115778	101505	521	274	247	0.24	0.24	0.24
20-24岁	237788	122195	115593	763	372	391	0.32	0.30	0.34
25-29岁	205994	105986	100008	1065	368	697	0.52	0.35	0.70
30-34岁	195466	101461	94005	1999	519	1480	1.02	0.51	1.57
35-39岁	260191	135093	125098	4520	1025	3495	1.74	0.76	2.79
40-44岁	259327	134559	124768	7045	1529	5516	2.72	1.14	4.42
45-49岁	210172	108400	101772	7284	1348	5936	3.47	1.24	5.83
50-54岁	128654	67081	61573	9955	1947	8008	7.74	2.90	13.01
55-59岁	143512	74476	69036	16786	3123	13663	11.70	4.19	19.79
60-64岁	118378	61998	56380	19193	3856	15337	16.21	6.22	27.20
65岁及以上	251516	125556	125960	82341	21548	60793	32.74	17.16	48.26
瑶族	**2125293**	**1099506**	**1025787**	**136168**	**35104**	**101064**	**6.41**	**3.19**	**9.85**
15-19岁	215044	112823	102221	1295	493	802	0.60	0.44	0.78
20-24岁	274462	140824	133638	2693	781	1912	0.98	0.55	1.43
25-29岁	251513	131069	120444	3675	999	2676	1.46	0.76	2.22
30-34岁	221029	117609	103420	4932	1337	3595	2.23	1.14	3.48
35-39岁	223922	120037	103885	6325	1692	4633	2.82	1.41	4.46
40-44岁	223710	118056	105654	8084	2188	5896	3.61	1.85	5.58
45-49岁	181754	94199	87555	7696	1833	5863	4.23	1.95	6.70
50-54岁	129463	66688	62775	10708	2716	7992	8.27	4.07	12.73
55-59岁	121467	62159	59308	13442	3146	10296	11.07	5.06	17.36
60-64岁	88899	45308	43591	14763	3630	11133	16.61	8.01	25.54
65岁及以上	194030	90734	103296	62555	16289	46266	32.24	17.95	44.79
白族	**1526504**	**769971**	**756533**	**84352**	**19110**	**65242**	**5.53**	**2.48**	**8.62**
15-19岁	157514	78444	79070	379	187	192	0.24	0.24	0.24
20-24岁	174865	86820	88045	740	307	433	0.42	0.35	0.49
25-29岁	137291	69577	67714	1102	374	728	0.80	0.54	1.08
30-34岁	164589	84376	80213	2048	631	1417	1.24	0.75	1.77
35-39岁	184812	96163	88649	3517	1003	2514	1.90	1.04	2.84
40-44岁	170432	88208	82224	4746	1152	3594	2.78	1.31	4.37
45-49岁	136554	69818	66736	5137	995	4142	3.76	1.43	6.21
50-54岁	85407	43161	42246	5992	1072	4920	7.02	2.48	11.65
55-59岁	95545	47909	47636	9153	1700	7453	9.58	3.55	15.65
60-64岁	66683	33512	33171	8658	1938	6720	12.98	5.78	20.26
65岁及以上	152812	71983	80829	42880	9751	33129	28.06	13.55	40.99

2-4 续表 5

单位：人、%

民族 / 年龄	15岁及以上人口			文盲人口			文盲人口占15岁及以上人口比重		
	合计	男	女	合计	男	女	合计	男	女
土家族	**6475074**	**3307137**	**3167937**	**414066**	**112763**	**301303**	**6.39**	**3.41**	**9.51**
15-19岁	705324	358335	346989	1765	938	827	0.25	0.26	0.24
20-24岁	679460	335717	343743	2649	1176	1473	0.39	0.35	0.43
25-29岁	547163	272007	275156	3271	1224	2047	0.60	0.45	0.74
30-34岁	542539	274144	268395	5439	1697	3742	1.00	0.62	1.39
35-39岁	753287	389405	363882	10722	3197	7525	1.42	0.82	2.07
40-44岁	751600	390210	361390	15212	4094	11118	2.02	1.05	3.08
45-49岁	587610	305177	282433	16853	3993	12860	2.87	1.31	4.55
50-54岁	343987	179713	164274	23545	5425	18120	6.84	3.02	11.03
55-59岁	462574	238810	223764	48034	10469	37565	10.38	4.38	16.79
60-64岁	371347	194306	177041	55934	13830	42104	15.06	7.12	23.78
65岁及以上	730183	369313	360870	230642	66720	163922	31.59	18.07	45.42
哈尼族	**1276730**	**653099**	**623631**	**178784**	**56836**	**121948**	**14.00**	**8.70**	**19.55**
15-19岁	133006	71734	61272	910	341	569	0.68	0.48	0.93
20-24岁	164602	84884	79718	2626	641	1985	1.60	0.76	2.49
25-29岁	153818	79986	73832	4605	1199	3406	2.99	1.50	4.61
30-34岁	157204	81653	75551	7717	2047	5670	4.91	2.51	7.50
35-39岁	149282	77747	71535	9876	2633	7243	6.62	3.39	10.13
40-44岁	135415	69863	65552	12516	3375	9141	9.24	4.83	13.94
45-49岁	104411	53536	50875	11650	2810	8840	11.16	5.25	17.38
50-54岁	71487	36072	35415	19654	5641	14013	27.49	15.64	39.57
55-59岁	59004	29534	29470	21281	6720	14561	36.07	22.75	49.41
60-64岁	49303	24245	25058	23298	8187	15111	47.25	33.77	60.30
65岁及以上	99198	43845	55353	64651	23242	41409	65.17	53.01	74.81
哈萨克族	**1115037**	**568100**	**546937**	**12446**	**4889**	**7557**	**1.12**	**0.86**	**1.38**
15-19岁	117818	58494	59324	252	123	129	0.21	0.21	0.22
20-24岁	160142	80394	79748	425	228	197	0.27	0.28	0.25
25-29岁	149577	76463	73114	496	248	248	0.33	0.32	0.34
30-34岁	145723	75185	70538	610	313	297	0.42	0.42	0.42
35-39岁	136669	70364	66305	713	353	360	0.52	0.50	0.54
40-44岁	114919	59034	55885	887	415	472	0.77	0.70	0.84
45-49岁	87553	45240	42313	882	409	473	1.01	0.90	1.12
50-54岁	63826	32587	31239	1086	458	628	1.70	1.41	2.01
55-59岁	47882	23936	23946	1213	440	773	2.53	1.84	3.23
60-64岁	33898	17415	16483	1237	410	827	3.65	2.35	5.02
65岁及以上	57030	28988	28042	4645	1492	3153	8.14	5.15	11.24

2-4 续表 6

单位：人、%

民族 年龄	15岁及以上人口			文盲人口			文盲人口占15岁及以上人口比重		
	合计	男	女	合计	男	女	合计	男	女
傣族	**1008297**	**496035**	**512262**	**112823**	**39018**	**73805**	**11.19**	**7.87**	**14.41**
15-19岁	99677	49717	49960	509	248	261	0.51	0.50	0.52
20-24岁	129705	64053	65652	1398	526	872	1.08	0.82	1.33
25-29岁	114019	57093	56926	1934	818	1116	1.70	1.43	1.96
30-34岁	102824	51396	51428	2977	1259	1718	2.90	2.45	3.34
35-39岁	109744	55336	54408	5606	2310	3296	5.11	4.17	6.06
40-44岁	114487	56859	57628	9657	3809	5848	8.44	6.70	10.15
45-49岁	100880	49938	50942	10639	3962	6677	10.55	7.93	13.11
50-54岁	71247	35288	35959	12814	4445	8369	17.99	12.60	23.27
55-59岁	49642	24351	25291	12109	3911	8198	24.39	16.06	32.41
60-64岁	37579	18039	19540	12878	4239	8639	34.27	23.50	44.21
65岁及以上	78493	33965	44528	42302	13491	28811	53.89	39.72	64.70
黎族	**1128234**	**577711**	**550523**	**75775**	**20977**	**54798**	**6.72**	**3.63**	**9.95**
15-19岁	148702	75544	73158	665	391	274	0.45	0.52	0.37
20-24岁	143279	73693	69586	1031	519	512	0.72	0.70	0.74
25-29岁	140892	74154	66738	1665	844	821	1.18	1.14	1.23
30-34岁	124265	66436	57829	2591	1251	1340	2.09	1.88	2.32
35-39岁	122786	65582	57204	3393	1384	2009	2.76	2.11	3.51
40-44岁	118709	62237	56472	4207	1543	2664	3.54	2.48	4.72
45-49岁	96215	50174	46041	3705	1061	2644	3.85	2.11	5.74
50-54岁	60998	30825	30173	4341	777	3564	7.12	2.52	11.81
55-59岁	48397	24018	24379	6122	1084	5038	12.65	4.51	20.67
60-64岁	37897	18126	19771	8622	1694	6928	22.75	9.35	35.04
65岁及以上	86094	36922	49172	39433	10429	29004	45.80	28.25	58.98
傈僳族	**541808**	**273484**	**268324**	**100448**	**36409**	**64039**	**18.54**	**13.31**	**23.87**
15-19岁	57994	29093	28901	1629	632	997	2.81	2.17	3.45
20-24岁	71336	35868	35468	3960	1346	2614	5.55	3.75	7.37
25-29岁	67364	35014	32350	6311	2328	3983	9.37	6.65	12.31
30-34岁	64709	33546	31163	8239	3202	5037	12.73	9.55	16.16
35-39岁	61503	31899	29604	9777	3788	5989	15.90	11.87	20.23
40-44岁	55707	28451	27256	10740	3940	6800	19.28	13.85	24.95
45-49岁	43690	22122	21568	9353	3139	6214	21.41	14.19	28.81
50-54岁	30325	15133	15192	8973	2997	5976	29.59	19.80	39.34
55-59岁	27181	13242	13939	9393	3143	6250	34.56	23.74	44.84
60-64岁	21050	10244	10806	8962	3237	5725	42.57	31.60	52.98
65岁及以上	40949	18872	22077	23111	8657	14454	56.44	45.87	65.47

2-4 续表 7

单位：人、%

民族 年龄	15岁及以上人口			文盲人口			文盲人口占15岁及以上人口比重		
	合计	男	女	合计	男	女	合计	男	女
佤族	**344456**	**173265**	**171191**	**47085**	**17040**	**30045**	**13.67**	**9.83**	**17.55**
15-19岁	38037	19001	19036	332	150	182	0.87	0.79	0.96
20-24岁	48265	23896	24369	869	258	611	1.80	1.08	2.51
25-29岁	44081	22579	21502	1302	444	858	2.95	1.97	3.99
30-34岁	39731	20701	19030	1910	711	1199	4.81	3.43	6.30
35-39岁	36948	19221	17727	2752	972	1780	7.45	5.06	10.04
40-44岁	35888	18209	17679	4079	1465	2614	11.37	8.05	14.79
45-49岁	27676	14056	13620	3892	1248	2644	14.06	8.88	19.41
50-54岁	21037	10358	10679	5039	1627	3412	23.95	15.71	31.95
55-59岁	14975	7405	7570	4868	1594	3274	32.51	21.53	43.25
60-64岁	14044	6852	7192	6522	2398	4124	46.44	35.00	57.34
65岁及以上	23774	10987	12787	15520	6173	9347	65.28	56.18	73.10
畲族	**561607**	**304513**	**257094**	**32922**	**9210**	**23712**	**5.86**	**3.02**	**9.22**
15-19岁	59364	30529	28835	121	61	60	0.20	0.20	0.21
20-24岁	61794	31429	30365	127	72	55	0.21	0.23	0.18
25-29岁	51559	27462	24097	197	83	114	0.38	0.30	0.47
30-34岁	53776	29438	24338	437	157	280	0.81	0.53	1.15
35-39岁	62945	34789	28156	779	214	565	1.24	0.62	2.01
40-44岁	61494	33808	27686	1309	329	980	2.13	0.97	3.54
45-49岁	50142	27473	22669	1747	359	1388	3.48	1.31	6.12
50-54岁	38791	21865	16926	2681	611	2070	6.91	2.79	12.23
55-59岁	37575	21011	16564	3665	829	2836	9.75	3.95	17.12
60-64岁	25739	14756	10983	3545	923	2622	13.77	6.26	23.87
65岁及以上	58428	31953	26475	18314	5572	12742	31.34	17.44	48.13
高山族	**3270**	**1663**	**1607**	**84**	**24**	**60**	**2.57**	**1.44**	**3.73**
15-19岁	351	188	163	2	1	1	0.57	0.53	0.61
20-24岁	462	228	234	3		3	0.65		1.28
25-29岁	384	182	202	3	1	2	0.78	0.55	0.99
30-34岁	287	126	161	4		4	1.39		2.48
35-39岁	301	155	146	6	2	4	1.99	1.29	2.74
40-44岁	325	174	151	8	3	5	2.46	1.72	3.31
45-49岁	343	175	168	7	2	5	2.04	1.14	2.98
50-54岁	243	126	117	2		2	0.82		1.71
55-59岁	200	110	90	4	2	2	2.00	1.82	2.22
60-64岁	121	67	54	7	3	4	5.79	4.48	7.41
65岁及以上	253	132	121	38	10	28	15.02	7.58	23.14

2-4 续表 8

单位：人、%

民族 年龄	15岁及以上人口			文盲人口			文盲人口占15岁及以上人口比重		
	合计	男	女	合计	男	女	合计	男	女
拉祜族	**389618**	**198496**	**191122**	**56991**	**23425**	**33566**	**14.63**	**11.80**	**17.56**
15-19岁	38718	19896	18822	534	242	292	1.38	1.22	1.55
20-24岁	54405	27665	26740	1347	535	812	2.48	1.93	3.04
25-29岁	49034	25462	23572	2212	949	1263	4.51	3.73	5.36
30-34岁	45131	23715	21416	3167	1381	1786	7.02	5.82	8.34
35-39岁	43400	22833	20567	4260	1896	2364	9.82	8.30	11.49
40-44岁	42270	21707	20563	5731	2550	3181	13.56	11.75	15.47
45-49岁	33337	16978	16359	5128	2086	3042	15.38	12.29	18.60
50-54岁	24763	12532	12231	6144	2511	3633	24.81	20.04	29.70
55-59岁	16860	8486	8374	5616	2254	3362	33.31	26.56	40.15
60-64岁	15371	7335	8036	7063	2797	4266	45.95	38.13	53.09
65岁及以上	26329	11887	14442	15789	6224	9565	59.97	52.36	66.23
水族	**298766**	**151373**	**147393**	**43409**	**9619**	**33790**	**14.53**	**6.35**	**22.93**
15-19岁	37216	19376	17840	170	61	109	0.46	0.31	0.61
20-24岁	35122	17549	17573	592	97	495	1.69	0.55	2.82
25-29岁	31904	16076	15828	1181	157	1024	3.70	0.98	6.47
30-34岁	31919	16547	15372	2181	313	1868	6.83	1.89	12.15
35-39岁	32979	17142	15837	3055	487	2568	9.26	2.84	16.22
40-44岁	30774	15840	14934	3773	579	3194	12.26	3.66	21.39
45-49岁	23676	12186	11490	3477	539	2938	14.69	4.42	25.57
50-54岁	15139	7579	7560	3361	593	2768	22.20	7.82	36.61
55-59岁	16592	8447	8145	4913	1066	3847	29.61	12.62	47.23
60-64岁	13564	6805	6759	4951	1243	3708	36.50	18.27	54.86
65岁及以上	29881	13826	16055	15755	4484	11271	52.73	32.43	70.20
东乡族	**450604**	**225017**	**225587**	**82038**	**29287**	**52751**	**18.21**	**13.02**	**23.38**
15-19岁	65182	33323	31859	2273	692	1581	3.49	2.08	4.96
20-24岁	65462	31837	33625	4583	1206	3377	7.00	3.79	10.04
25-29岁	52584	26168	26416	4977	1459	3518	9.46	5.58	13.32
30-34岁	47579	23284	24295	6604	2069	4535	13.88	8.89	18.67
35-39岁	48873	24231	24642	7912	2687	5225	16.19	11.09	21.20
40-44岁	47028	23396	23632	9501	3359	6142	20.20	14.36	25.99
45-49岁	33512	17533	15979	7615	2716	4899	22.72	15.49	30.66
50-54岁	17604	8899	8705	5187	1793	3394	29.46	20.15	38.99
55-59岁	17315	8579	8736	5793	2037	3756	33.46	23.74	42.99
60-64岁	17709	8671	9038	7393	2795	4598	41.75	32.23	50.87
65岁及以上	37756	19096	18660	20200	8474	11726	53.50	44.38	62.84

2-4 续表 9

单位：人、%

民族 年龄	15岁及以上人口			文盲人口			文盲人口占15岁及以上人口比重		
	合计	男	女	合计	男	女	合计	男	女
纳西族	**271264**	**134764**	**136500**	**20515**	**5399**	**15116**	**7.56**	**4.01**	**11.07**
15-19岁	26293	12981	13312	90	21	69	0.34	0.16	0.52
20-24岁	30980	15130	15850	183	68	115	0.59	0.45	0.73
25-29岁	23884	12039	11845	468	160	308	1.96	1.33	2.60
30-34岁	27673	13928	13745	849	282	567	3.07	2.02	4.13
35-39岁	33342	17125	16217	1414	486	928	4.24	2.84	5.72
40-44岁	30782	15745	15037	1414	414	1000	4.59	2.63	6.65
45-49岁	25337	12863	12474	1332	348	984	5.26	2.71	7.89
50-54岁	14521	7385	7136	1197	292	905	8.24	3.95	12.68
55-59岁	15932	7837	8095	1828	473	1355	11.47	6.04	16.74
60-64岁	12577	6153	6424	1860	557	1303	14.79	9.05	20.28
65岁及以上	29943	13578	16365	9880	2298	7582	33.00	16.92	46.33
景颇族	**111711**	**52631**	**59080**	**10014**	**3021**	**6993**	**8.96**	**5.74**	**11.84**
15-19岁	11831	6020	5811	98	39	59	0.83	0.65	1.02
20-24岁	16826	7982	8844	401	76	325	2.38	0.95	3.67
25-29岁	15113	7240	7873	490	146	344	3.24	2.02	4.37
30-34岁	13752	6639	7113	525	188	337	3.82	2.83	4.74
35-39岁	12591	6011	6580	603	216	387	4.79	3.59	5.88
40-44岁	11180	5230	5950	803	270	533	7.18	5.16	8.96
45-49岁	8378	3927	4451	782	251	531	9.33	6.39	11.93
50-54岁	6994	3208	3786	1047	330	717	14.97	10.29	18.94
55-59岁	4394	2028	2366	881	248	633	20.05	12.23	26.75
60-64岁	4015	1771	2244	1186	337	849	29.54	19.03	37.83
65岁及以上	6637	2575	4062	3198	920	2278	48.18	35.73	56.08
柯尔克孜族	**138037**	**69855**	**68182**	**4161**	**1674**	**2487**	**3.01**	**2.40**	**3.65**
15-19岁	16824	8288	8536	101	45	56	0.60	0.54	0.66
20-24岁	22999	11333	11666	150	70	80	0.65	0.62	0.69
25-29岁	19309	9880	9429	196	100	96	1.02	1.01	1.02
30-34岁	16117	8217	7900	206	91	115	1.28	1.11	1.46
35-39岁	14603	7551	7052	206	97	109	1.41	1.28	1.55
40-44岁	12289	6200	6089	283	123	160	2.30	1.98	2.63
45-49岁	9022	4506	4516	281	112	169	3.11	2.49	3.74
50-54岁	6510	3230	3280	327	125	202	5.02	3.87	6.16
55-59岁	5882	2966	2916	356	123	233	6.05	4.15	7.99
60-64岁	5132	2681	2451	410	157	253	7.99	5.86	10.32
65岁及以上	9350	5003	4347	1645	631	1014	17.59	12.61	23.33

2-4 续表 10

单位：人、%

民族 年龄	15岁及以上人口			文盲人口			文盲人口占15岁及以上人口比重		
	合计	男	女	合计	男	女	合计	男	女
土族	**228647**	**115916**	**112731**	**26212**	**7687**	**18525**	**11.46**	**6.63**	**16.43**
15-19岁	30961	15526	15435	249	109	140	0.80	0.70	0.91
20-24岁	29455	14809	14646	490	150	340	1.66	1.01	2.32
25-29岁	23404	11924	11480	907	246	661	3.88	2.06	5.76
30-34岁	25675	13252	12423	1622	439	1183	6.32	3.31	9.52
35-39岁	28654	14836	13818	2373	649	1724	8.28	4.37	12.48
40-44岁	26976	13721	13255	2995	803	2192	11.10	5.85	16.54
45-49岁	19947	10153	9794	2943	706	2237	14.75	6.95	22.84
50-54岁	11099	5690	5409	2631	750	1881	23.70	13.18	34.78
55-59岁	11097	5639	5458	3296	1020	2276	29.70	18.09	41.70
60-64岁	7856	3913	3943	2625	843	1782	33.41	21.54	45.19
65岁及以上	13523	6453	7070	6081	1972	4109	44.97	30.56	58.12
达斡尔族	**108406**	**52782**	**55624**	**947**	**340**	**607**	**0.87**	**0.64**	**1.09**
15-19岁	11098	5431	5667	14	4	10	0.13	0.07	0.18
20-24岁	14033	6917	7116	22	12	10	0.16	0.17	0.14
25-29岁	12869	6470	6399	23	18	5	0.18	0.28	0.08
30-34岁	10678	5358	5320	21	10	11	0.20	0.19	0.21
35-39岁	12202	5989	6213	40	23	17	0.33	0.38	0.27
40-44岁	11785	5766	6019	50	24	26	0.42	0.42	0.43
45-49岁	10798	5165	5633	72	34	38	0.67	0.66	0.67
50-54岁	8871	4177	4694	68	34	34	0.77	0.81	0.72
55-59岁	6592	3058	3534	84	24	60	1.27	0.78	1.70
60-64岁	3634	1727	1907	101	34	67	2.78	1.97	3.51
65岁及以上	5846	2724	3122	452	123	329	7.73	4.52	10.54
仫佬族	**170896**	**86828**	**84068**	**6557**	**1359**	**5198**	**3.84**	**1.57**	**6.18**
15-19岁	15653	7925	7728	33	17	16	0.21	0.21	0.21
20-24岁	22221	10969	11252	37	17	20	0.17	0.15	0.18
25-29岁	21190	10766	10424	61	33	28	0.29	0.31	0.27
30-34岁	17868	9298	8570	92	33	59	0.51	0.35	0.69
35-39岁	18320	9675	8645	166	69	97	0.91	0.71	1.12
40-44岁	17989	9423	8566	211	72	139	1.17	0.76	1.62
45-49岁	14747	7742	7005	221	65	156	1.50	0.84	2.23
50-54岁	9496	4969	4527	304	69	235	3.20	1.39	5.19
55-59岁	10053	5108	4945	626	108	518	6.23	2.11	10.48
60-64岁	6950	3522	3428	670	118	552	9.64	3.35	16.10
65岁及以上	16409	7431	8978	4136	758	3378	25.21	10.20	37.63

2-4 续表 11

单位：人、%

民族 年龄	15岁及以上人口			文盲人口			文盲人口占15岁及以上人口比重		
	合计	男	女	合计	男	女	合计	男	女
羌族	**251028**	**126729**	**124299**	**18618**	**5079**	**13539**	**7.42**	**4.01**	**10.89**
15-19岁	32796	16301	16495	83	38	45	0.25	0.23	0.27
20-24岁	29295	14639	14656	141	56	85	0.48	0.38	0.58
25-29岁	21586	10856	10730	239	68	171	1.11	0.63	1.59
30-34岁	23898	12155	11743	418	106	312	1.75	0.87	2.66
35-39岁	31764	16085	15679	673	146	527	2.12	0.91	3.36
40-44岁	28656	14656	14000	886	195	691	3.09	1.33	4.94
45-49岁	20026	10448	9578	880	178	702	4.39	1.70	7.33
50-54岁	13422	6957	6465	1465	323	1142	10.91	4.64	17.66
55-59岁	15716	7937	7779	2533	608	1925	16.12	7.66	24.75
60-64岁	11570	6001	5569	2519	711	1808	21.77	11.85	32.47
65岁及以上	22299	10694	11605	8781	2650	6131	39.38	24.78	52.83
布朗族	**90914**	**46729**	**44185**	**11444**	**4021**	**7423**	**12.59**	**8.60**	**16.80**
15-19岁	11305	5601	5704	105	34	71	0.93	0.61	1.24
20-24岁	13094	6705	6389	280	88	192	2.14	1.31	3.01
25-29岁	11165	5826	5339	413	126	287	3.70	2.16	5.38
30-34岁	10306	5446	4860	587	202	385	5.70	3.71	7.92
35-39岁	9733	5147	4586	860	291	569	8.84	5.65	12.41
40-44岁	8948	4756	4192	1064	395	669	11.89	8.31	15.96
45-49岁	7443	3903	3540	946	321	625	12.71	8.22	17.66
50-54岁	5358	2705	2653	1122	380	742	20.94	14.05	27.97
55-59岁	4165	2093	2072	1085	342	743	26.05	16.34	35.86
60-64岁	3317	1690	1627	1344	467	877	40.52	27.63	53.90
65岁及以上	6080	2857	3223	3638	1375	2263	59.84	48.13	70.21
撒拉族	**93341**	**46807**	**46534**	**22520**	**6575**	**15945**	**24.13**	**14.05**	**34.27**
15-19岁	13026	6577	6449	688	233	455	5.28	3.54	7.06
20-24岁	13644	6799	6845	1334	258	1076	9.78	3.79	15.72
25-29岁	11516	5651	5865	1727	363	1364	15.00	6.42	23.26
30-34岁	10865	5370	5495	2229	467	1762	20.52	8.70	32.07
35-39岁	10078	5002	5076	2432	575	1857	24.13	11.50	36.58
40-44岁	8863	4431	4432	2584	689	1895	29.15	15.55	42.76
45-49岁	6251	3262	2989	1953	531	1422	31.24	16.28	47.57
50-54岁	4193	2111	2082	1722	529	1193	41.07	25.06	57.30
55-59岁	4126	2146	1980	1891	682	1209	45.83	31.78	61.06
60-64岁	3708	1857	1851	1954	714	1240	52.70	38.45	66.99
65岁及以上	7071	3601	3470	4006	1534	2472	56.65	42.60	71.24

2-4 续表 12

单位：人、%

民 族 年 龄	15岁及以上人口			文盲人口			文盲人口占15岁及以上人口比重		
	合计	男	女	合计	男	女	合计	男	女
毛南族	**78306**	**40629**	**37677**	**3107**	**685**	**2422**	**3.97**	**1.69**	**6.43**
15-19岁	7045	3591	3454	10	5	5	0.14	0.14	0.14
20-24岁	7637	3832	3805	18	10	8	0.24	0.26	0.21
25-29岁	8141	4252	3889	28	11	17	0.34	0.26	0.44
30-34岁	8453	4474	3979	43	16	27	0.51	0.36	0.68
35-39岁	9163	5009	4154	86	43	43	0.94	0.86	1.04
40-44岁	8933	4863	4070	118	52	66	1.32	1.07	1.62
45-49岁	7058	3804	3254	109	34	75	1.54	0.89	2.30
50-54岁	4571	2428	2143	149	40	109	3.26	1.65	5.09
55-59岁	4776	2515	2261	293	50	243	6.13	1.99	10.75
60-64岁	3799	1913	1886	348	76	272	9.16	3.97	14.42
65岁及以上	8730	3948	4782	1905	348	1557	21.82	8.81	32.56
仡佬族	**394113**	**204428**	**189685**	**39694**	**9566**	**30128**	**10.07**	**4.68**	**15.88**
15-19岁	49632	25964	23668	124	57	67	0.25	0.22	0.28
20-24岁	37079	18574	18505	229	89	140	0.62	0.48	0.76
25-29岁	32194	16385	15809	421	126	295	1.31	0.77	1.87
30-34岁	39857	20650	19207	861	198	663	2.16	0.96	3.45
35-39岁	50892	26420	24472	1981	375	1606	3.89	1.42	6.56
40-44岁	43836	22545	21291	2617	452	2165	5.97	2.00	10.17
45-49岁	31680	16380	15300	2527	367	2160	7.98	2.24	14.12
50-54岁	18794	9919	8875	2827	475	2352	15.04	4.79	26.50
55-59岁	26220	13927	12293	5163	904	4259	19.69	6.49	34.65
60-64岁	22194	11770	10424	5717	1295	4422	25.76	11.00	42.42
65岁及以上	41735	21894	19841	17227	5228	11999	41.28	23.88	60.48
锡伯族	**156598**	**82061**	**74537**	**1368**	**483**	**885**	**0.87**	**0.59**	**1.19**
15-19岁	15709	7743	7966	34	22	12	0.22	0.28	0.15
20-24岁	20655	10454	10201	38	23	15	0.18	0.22	0.15
25-29岁	14901	7533	7368	33	18	15	0.22	0.24	0.20
30-34岁	15154	7800	7354	26	13	13	0.17	0.17	0.18
35-39岁	15914	8309	7605	33	20	13	0.21	0.24	0.17
40-44岁	16757	8859	7898	56	33	23	0.33	0.37	0.29
45-49岁	15390	8033	7357	40	22	18	0.26	0.27	0.24
50-54岁	12604	6685	5919	51	24	27	0.40	0.36	0.46
55-59岁	11303	6239	5064	66	35	31	0.58	0.56	0.61
60-64岁	6736	3823	2913	78	30	48	1.16	0.78	1.65
65岁及以上	11475	6583	4892	913	243	670	7.96	3.69	13.70

2-4 续表 13 单位：人、%

民 族 年 龄	15岁及以上人口			文盲人口			文盲人口占15岁及以上人口比重		
	合计	男	女	合计	男	女	合计	男	女
阿昌族	**28325**	**13955**	**14370**	**2303**	**571**	**1732**	**8.13**	**4.09**	**12.05**
15-19岁	3520	1718	1802	14	6	8	0.40	0.35	0.44
20-24岁	4163	2103	2060	23	9	14	0.55	0.43	0.68
25-29岁	3567	1789	1778	43	17	26	1.21	0.95	1.46
30-34岁	3031	1559	1472	42	19	23	1.39	1.22	1.56
35-39岁	2942	1449	1493	77	19	58	2.62	1.31	3.88
40-44岁	2891	1474	1417	179	49	130	6.19	3.32	9.17
45-49岁	2276	1127	1149	208	66	142	9.14	5.86	12.36
50-54岁	1893	933	960	340	85	255	17.96	9.11	26.56
55-59岁	1216	588	628	241	48	193	19.82	8.16	30.73
60-64岁	932	445	487	246	58	188	26.39	13.03	38.60
65岁及以上	1894	770	1124	890	195	695	46.99	25.32	61.83
普米族	**32685**	**16231**	**16454**	**5037**	**1152**	**3885**	**15.41**	**7.10**	**23.61**
15-19岁	4340	2191	2149	21	4	17	0.48	0.18	0.79
20-24岁	4619	2236	2383	105	11	94	2.27	0.49	3.94
25-29岁	3736	1954	1782	211	23	188	5.65	1.18	10.55
30-34岁	3637	1812	1825	314	53	261	8.63	2.92	14.30
35-39岁	3843	1964	1879	484	99	385	12.59	5.04	20.49
40-44岁	3356	1705	1651	511	102	409	15.23	5.98	24.77
45-49岁	2537	1286	1251	482	95	387	19.00	7.39	30.94
50-54岁	1444	722	722	410	93	317	28.39	12.88	43.91
55-59岁	1446	706	740	516	116	400	35.68	16.43	54.05
60-64岁	1178	575	603	463	120	343	39.30	20.87	56.88
65岁及以上	2549	1080	1469	1520	436	1084	59.63	40.37	73.79
塔吉克族	**37678**	**19256**	**18422**	**1411**	**508**	**903**	**3.74**	**2.64**	**4.90**
15-19岁	5322	2692	2630	30	17	13	0.56	0.63	0.49
20-24岁	6146	3127	3019	44	19	25	0.72	0.61	0.83
25-29岁	5345	2734	2611	65	28	37	1.22	1.02	1.42
30-34岁	4556	2334	2222	70	21	49	1.54	0.90	2.21
35-39岁	3955	2056	1899	63	18	45	1.59	0.88	2.37
40-44岁	3022	1512	1510	71	19	52	2.35	1.26	3.44
45-49岁	2214	1137	1077	71	23	48	3.21	2.02	4.46
50-54岁	1917	980	937	102	39	63	5.32	3.98	6.72
55-59岁	1418	731	687	117	37	80	8.25	5.06	11.64
60-64岁	1337	680	657	131	51	80	9.80	7.50	12.18
65岁及以上	2446	1273	1173	647	236	411	26.45	18.54	35.04

2-4 续表 14

单位：人、%

民族 年龄	15岁及以上人口			文盲人口			文盲人口占15岁及以上人口比重		
	合计	男	女	合计	男	女	合计	男	女
怒族	**28781**	**14546**	**14235**	**4138**	**1553**	**2585**	**14.38**	**10.68**	**18.16**
15-19岁	3141	1590	1551	69	33	36	2.20	2.08	2.32
20-24岁	3742	1929	1813	152	79	73	4.06	4.10	4.03
25-29岁	3625	1838	1787	220	94	126	6.07	5.11	7.05
30-34岁	3311	1685	1626	256	106	150	7.73	6.29	9.23
35-39岁	2943	1533	1410	284	124	160	9.65	8.09	11.35
40-44岁	2897	1512	1385	371	164	207	12.81	10.85	14.95
45-49岁	2343	1174	1169	363	136	227	15.49	11.58	19.42
50-54岁	1710	840	870	413	143	270	24.15	17.02	31.03
55-59岁	1397	694	703	367	119	248	26.27	17.15	35.28
60-64岁	1266	640	626	433	145	288	34.20	22.66	46.01
65岁及以上	2406	1111	1295	1210	410	800	50.29	36.90	61.78
乌孜别克族	**8224**	**4440**	**3784**	**129**	**61**	**68**	**1.57**	**1.37**	**1.80**
15-19岁	850	427	423	7	3	4	0.82	0.70	0.95
20-24岁	1217	632	585	8	6	2	0.66	0.95	0.34
25-29岁	954	557	397	11	8	3	1.15	1.44	0.76
30-34岁	819	479	340	3	2	1	0.37	0.42	0.29
35-39岁	892	488	404	4	2	2	0.45	0.41	0.50
40-44岁	751	428	323	8	2	6	1.07	0.47	1.86
45-49岁	730	367	363	14	7	7	1.92	1.91	1.93
50-54岁	559	279	280	16	8	8	2.86	2.87	2.86
55-59岁	465	252	213	13	4	9	2.80	1.59	4.23
60-64岁	356	186	170	10	4	6	2.81	2.15	3.53
65岁及以上	631	345	286	35	15	20	5.55	4.35	6.99
俄罗斯族	**13013**	**6098**	**6915**	**142**	**31**	**111**	**1.09**	**0.51**	**1.61**
15-19岁	1222	599	623						
20-24岁	1543	703	840	2	1	1	0.13	0.14	0.12
25-29岁	1071	496	575	3	2	1	0.28	0.40	0.17
30-34岁	1088	530	558	4	2	2	0.37	0.38	0.36
35-39岁	1521	729	792	2		2	0.13		0.25
40-44岁	1453	724	729	6	1	5	0.41	0.14	0.69
45-49岁	1402	681	721	4	2	2	0.29	0.29	0.28
50-54岁	1136	541	595	1		1	0.09		0.17
55-59岁	772	383	389	10	2	8	1.30	0.52	2.06
60-64岁	553	251	302	13		13	2.35		4.30
65岁及以上	1252	461	791	97	21	76	7.75	4.56	9.61

2-4 续表 15

单位：人、%

民族 年龄	15岁及以上人口			文盲人口			文盲人口占15岁及以上人口比重		
	合计	男	女	合计	男	女	合计	男	女
鄂温克族	**24543**	**11545**	**12998**	**254**	**95**	**159**	**1.03**	**0.82**	**1.22**
15-19岁	3218	1600	1618	12	8	4	0.37	0.50	0.25
20-24岁	3515	1670	1845	7	4	3	0.20	0.24	0.16
25-29岁	3131	1537	1594	17	11	6	0.54	0.72	0.38
30-34岁	2541	1261	1280	12	7	5	0.47	0.56	0.39
35-39岁	2915	1356	1559	20	12	8	0.69	0.88	0.51
40-44岁	2798	1287	1511	19	8	11	0.68	0.62	0.73
45-49岁	2324	1070	1254	23	12	11	0.99	1.12	0.88
50-54岁	1688	737	951	13	5	8	0.77	0.68	0.84
55-59岁	1029	471	558	23	9	14	2.24	1.91	2.51
60-64岁	538	221	317	16		16	2.97		5.05
65岁及以上	846	335	511	92	19	73	10.87	5.67	14.29
德昂族	**15293**	**7419**	**7874**	**3271**	**1126**	**2145**	**21.39**	**15.18**	**27.24**
15-19岁	1662	873	789	50	20	30	3.01	2.29	3.80
20-24岁	2363	1106	1257	203	47	156	8.59	4.25	12.41
25-29岁	2107	997	1110	246	59	187	11.68	5.92	16.85
30-34岁	1781	874	907	257	102	155	14.43	11.67	17.09
35-39岁	1472	695	777	282	90	192	19.16	12.95	24.71
40-44岁	1571	772	799	365	148	217	23.23	19.17	27.16
45-49岁	1252	631	621	319	103	216	25.48	16.32	34.78
50-54岁	1032	519	513	361	118	243	34.98	22.74	47.37
55-59岁	642	310	332	244	79	165	38.01	25.48	49.70
60-64岁	489	231	258	271	99	172	55.42	42.86	66.67
65岁及以上	922	411	511	673	261	412	72.99	63.50	80.63
保安族	**14207**	**6938**	**7269**	**1667**	**516**	**1151**	**11.73**	**7.44**	**15.83**
15-19岁	2086	1033	1053	36	8	28	1.73	0.77	2.66
20-24岁	2107	1005	1102	76	17	59	3.61	1.69	5.35
25-29岁	1393	709	684	61	18	43	4.38	2.54	6.29
30-34岁	1359	611	748	112	32	80	8.24	5.24	10.70
35-39岁	1617	795	822	146	46	100	9.03	5.79	12.17
40-44岁	1634	839	795	177	61	116	10.83	7.27	14.59
45-49岁	977	485	492	129	38	91	13.20	7.84	18.50
50-54岁	687	335	352	158	48	110	23.00	14.33	31.25
55-59岁	613	309	304	141	52	89	23.00	16.83	29.28
60-64岁	561	272	289	191	60	131	34.05	22.06	45.33
65岁及以上	1173	545	628	440	136	304	37.51	24.95	48.41

2-4 续表 16 单位：人、%

民族 年龄	15岁及以上人口			文盲人口			文盲人口占15岁及以上人口比重		
	合计	男	女	合计	男	女	合计	男	女
裕固族	**11714**	**5962**	**5752**	**729**	**202**	**527**	**6.22**	**3.39**	**9.16**
15-19岁	1073	540	533	1	1		0.09	0.19	
20-24岁	1257	590	667	3		3	0.24		0.45
25-29岁	1028	552	476	9	5	4	0.88	0.91	0.84
30-34岁	1194	623	571	6	2	4	0.50	0.32	0.70
35-39岁	1446	752	694	8	3	5	0.55	0.40	0.72
40-44岁	1636	863	773	40	19	21	2.44	2.20	2.72
45-49岁	1201	609	592	21	9	12	1.75	1.48	2.03
50-54岁	656	330	326	81	17	64	12.35	5.15	19.63
55-59岁	721	361	360	110	30	80	15.26	8.31	22.22
60-64岁	535	293	242	102	29	73	19.07	9.90	30.17
65岁及以上	967	449	518	348	87	261	35.99	19.38	50.39
京族	**21482**	**10596**	**10886**	**1151**	**159**	**992**	**5.36**	**1.50**	**9.11**
15-19岁	2415	1292	1123	10	6	4	0.41	0.46	0.36
20-24岁	2922	1499	1423	15	3	12	0.51	0.20	0.84
25-29岁	2320	1183	1137	20	3	17	0.86	0.25	1.50
30-34岁	2111	1050	1061	36	7	29	1.71	0.67	2.73
35-39岁	2073	1065	1008	37	7	30	1.78	0.66	2.98
40-44岁	2106	1001	1105	45	11	34	2.14	1.10	3.08
45-49岁	1986	957	1029	47	8	39	2.37	0.84	3.79
50-54岁	1273	590	683	70	6	64	5.50	1.02	9.37
55-59岁	1215	596	619	90	12	78	7.41	2.01	12.60
60-64岁	879	390	489	129	10	119	14.68	2.56	24.34
65岁及以上	2182	973	1209	652	86	566	29.88	8.84	46.82
塔塔尔族	**2869**	**1537**	**1332**	**33**	**10**	**23**	**1.15**	**0.65**	**1.73**
15-19岁	266	122	144	1		1	0.38		0.69
20-24岁	346	164	182						
25-29岁	340	195	145	1	1		0.29	0.51	
30-34岁	299	164	135						
35-39岁	354	194	160	1		1	0.28		0.63
40-44岁	284	152	132	2	1	1	0.70	0.66	0.76
45-49岁	256	154	102						
50-54岁	200	102	98	3	2	1	1.50	1.96	1.02
55-59岁	164	91	73	4	1	3	2.44	1.10	4.11
60-64岁	116	67	49	3		3	2.59		6.12
65岁及以上	244	132	112	18	5	13	7.38	3.79	11.61

2-4 续表 17　　单位：人、%

民族 年龄	15岁及以上人口			文盲人口			文盲人口占15岁及以上人口比重		
	合计	男	女	合计	男	女	合计	男	女
独龙族	**5205**	**2484**	**2721**	**887**	**305**	**582**	**17.04**	**12.28**	**21.39**
15-19岁	611	293	318	9	4	5	1.47	1.37	1.57
20-24岁	811	409	402	26	12	14	3.21	2.93	3.48
25-29岁	766	352	414	56	22	34	7.31	6.25	8.21
30-34岁	591	281	310	90	36	54	15.23	12.81	17.42
35-39岁	515	256	259	72	25	47	13.98	9.77	18.15
40-44岁	467	215	252	84	24	60	17.99	11.16	23.81
45-49岁	378	188	190	75	32	43	19.84	17.02	22.63
50-54岁	301	132	169	79	20	59	26.25	15.15	34.91
55-59岁	209	105	104	80	28	52	38.28	26.67	50.00
60-64岁	193	90	103	93	29	64	48.19	32.22	62.14
65岁及以上	363	163	200	223	73	150	61.43	44.79	75.00
鄂伦春族	**6828**	**3145**	**3683**	**71**	**22**	**49**	**1.04**	**0.70**	**1.33**
15-19岁	861	431	430	3	1	2	0.35	0.23	0.47
20-24岁	1088	551	537	1		1	0.09		0.19
25-29岁	915	424	491	2		2	0.22		0.41
30-34岁	723	329	394	2		2	0.28		0.51
35-39岁	811	373	438	7	3	4	0.86	0.80	0.91
40-44岁	700	298	402	7	3	4	1.00	1.01	1.00
45-49岁	646	255	391	9	5	4	1.39	1.96	1.02
50-54岁	409	176	233	9	3	6	2.20	1.70	2.58
55-59岁	285	148	137	7	2	5	2.46	1.35	3.65
60-64岁	164	67	97	5	1	4	3.05	1.49	4.12
65岁及以上	226	93	133	19	4	15	8.41	4.30	11.28
赫哲族	**4436**	**2162**	**2274**	**70**	**21**	**49**	**1.58**	**0.97**	**2.15**
15-19岁	444	216	228						
20-24岁	819	353	466	1		1	0.12		0.21
25-29岁	524	255	269	3	3		0.57	1.18	
30-34岁	439	194	245	2		2	0.46		0.82
35-39岁	454	246	208	5	1	4	1.10	0.41	1.92
40-44岁	411	200	211	2	1	1	0.49	0.50	0.47
45-49岁	396	186	210	3		3	0.76		1.43
50-54岁	312	162	150	7	3	4	2.24	1.85	2.67
55-59岁	252	137	115	5	2	3	1.98	1.46	2.61
60-64岁	149	90	59	4	1	3	2.68	1.11	5.08
65岁及以上	236	123	113	38	10	28	16.10	8.13	24.78

2-4 续表 18

单位：人、%

民族 年龄	15岁及以上人口			文盲人口			文盲人口占15岁及以上人口比重		
	合计	男	女	合计	男	女	合计	男	女
门巴族	**7634**	**3757**	**3877**	**2759**	**1260**	**1499**	**36.14**	**33.54**	**38.66**
15-19岁	1171	560	611	206	97	109	17.59	17.32	17.84
20-24岁	1217	604	613	249	134	115	20.46	22.19	18.76
25-29岁	998	537	461	279	142	137	27.96	26.44	29.72
30-34岁	805	387	418	280	128	152	34.78	33.07	36.36
35-39岁	757	375	382	266	131	135	35.14	34.93	35.34
40-44岁	660	350	310	292	131	161	44.24	37.43	51.94
45-49岁	571	272	299	285	129	156	49.91	47.43	52.17
50-54岁	432	197	235	249	103	146	57.64	52.28	62.13
55-59岁	280	138	142	158	64	94	56.43	46.38	66.20
60-64岁	233	103	130	125	43	82	53.65	41.75	63.08
65岁及以上	510	234	276	370	158	212	72.55	67.52	76.81
珞巴族	**2538**	**1243**	**1295**	**790**	**333**	**457**	**31.13**	**26.79**	**35.29**
15-19岁	464	229	235	29	16	13	6.25	6.99	5.53
20-24岁	396	201	195	46	17	29	11.62	8.46	14.87
25-29岁	308	151	157	63	22	41	20.45	14.57	26.11
30-34岁	245	124	121	64	30	34	26.12	24.19	28.10
35-39岁	275	138	137	103	51	52	37.45	36.96	37.96
40-44岁	228	106	122	96	39	57	42.11	36.79	46.72
45-49岁	176	87	89	78	31	47	44.32	35.63	52.81
50-54岁	116	58	58	68	27	41	58.62	46.55	70.69
55-59岁	84	43	41	48	23	25	57.14	53.49	60.98
60-64岁	97	42	55	66	25	41	68.04	59.52	74.55
65岁及以上	149	64	85	129	52	77	86.58	81.25	90.59
基诺族	**18332**	**9346**	**8986**	**1785**	**656**	**1129**	**9.74**	**7.02**	**12.56**
15-19岁	1905	1023	882	7	4	3	0.37	0.39	0.34
20-24岁	2404	1220	1184	11	4	7	0.46	0.33	0.59
25-29岁	1975	1026	949	14	3	11	0.71	0.29	1.16
30-34岁	1750	905	845	34	15	19	1.94	1.66	2.25
35-39岁	2218	1149	1069	33	10	23	1.49	0.87	2.15
40-44岁	2183	1087	1096	68	25	43	3.11	2.30	3.92
45-49岁	1593	794	799	74	16	58	4.65	2.02	7.26
50-54岁	1213	593	620	131	26	105	10.80	4.38	16.94
55-59岁	830	413	417	182	48	134	21.93	11.62	32.13
60-64岁	826	436	390	278	97	181	33.66	22.25	46.41
65岁及以上	1435	700	735	953	408	545	66.41	58.29	74.15

2-4 续表 19

单位：人、%

民族 年龄	15岁及以上人口			文盲人口			文盲人口占15岁及以上人口比重		
	合计	男	女	合计	男	女	合计	男	女
其他未识别的民族	**432109**	**222138**	**209971**	**67756**	**19328**	**48428**	**15.68**	**8.70**	**23.06**
15-19岁	56172	29381	26791	362	141	221	0.64	0.48	0.82
20-24岁	47598	23830	23768	759	265	494	1.59	1.11	2.08
25-29岁	38400	19613	18787	1256	363	893	3.27	1.85	4.75
30-34岁	46883	24100	22783	2804	673	2131	5.98	2.79	9.35
35-39岁	51647	27641	24006	4437	1101	3336	8.59	3.98	13.90
40-44岁	46862	24455	22407	5659	1257	4402	12.08	5.14	19.65
45-49岁	33102	17127	15975	5156	1031	4125	15.58	6.02	25.82
50-54岁	23729	12357	11372	6080	1485	4595	25.62	12.02	40.41
55-59岁	27506	14034	13472	9196	2387	6809	33.43	17.01	50.54
60-64岁	19792	10167	9625	8167	2414	5753	41.26	23.74	59.77
65岁及以上	40418	19433	20985	23880	8211	15669	59.08	42.25	74.67
外国人加入中国籍	**1275**	**469**	**806**	**138**	**26**	**112**	**10.82**	**5.54**	**13.90**
15-19岁	75	36	39						
20-24岁	157	52	105	14	2	12	8.92	3.85	11.43
25-29岁	112	35	77	12	2	10	10.71	5.71	12.99
30-34岁	124	40	84	11	1	10	8.87	2.50	11.90
35-39岁	134	47	87	11		11	8.21		12.64
40-44岁	148	44	104	8		8	5.41		7.69
45-49岁	109	39	70	8	2	6	7.34	5.13	8.57
50-54岁	84	32	52	7		7	8.33		13.46
55-59岁	76	32	44	4	1	3	5.26	3.13	6.82
60-64岁	61	30	31	10	4	6	16.39	13.33	19.35
65岁及以上	195	82	113	53	14	39	27.18	17.07	34.51

2-5 各民族6-24岁人口在校状况(长表数据)

单位：人

民族 年龄	合计			小学		
	合计	男	女	小计	男	女
总计	**20987775**	**11107811**	**9879964**	**9243004**	**5018161**	**4224843**
6-9岁	5285865	2873117	2412748	5261000	2859138	2401862
10-14岁	7154591	3845958	3308633	3976970	2156404	1820566
15-19岁	6264542	3219002	3045540	4305	2242	2063
20-24岁	2282777	1169734	1113043	729	377	352
汉族	**18992214**	**10074982**	**8917232**	**8147649**	**4437641**	**3710008**
6-9岁	4691544	2557609	2133935	4668307	2544509	2123798
10-14岁	6371788	3435158	2936630	3476409	1891654	1584755
15-19岁	5785595	2979987	2805608	2442	1234	1208
20-24岁	2143287	1102228	1041059	491	244	247
蒙古族	**109790**	**54335**	**55455**	**46056**	**23927**	**22129**
6-9岁	25936	13461	12475	25837	13405	12432
10-14岁	36090	18509	17581	20201	10513	9688
15-19岁	32615	15575	17040	16	7	9
20-24岁	15149	6790	8359	2	2	
回族	**193932**	**100327**	**93605**	**98097**	**51553**	**46544**
6-9岁	53870	28365	25505	53652	28252	25400
10-14岁	71642	37554	34088	44342	23249	21093
15-19岁	50990	25821	25169	92	46	46
20-24岁	17430	8587	8843	11	6	5
藏族	**112805**	**57561**	**55244**	**66681**	**34260**	**32421**
6-9岁	33712	17423	16289	33581	17348	16233
10-14岁	45208	23117	22091	32334	16481	15853
15-19岁	26821	13459	13362	652	359	293
20-24岁	7064	3562	3502	114	72	42
维吾尔族	**186592**	**93274**	**93318**	**107403**	**55245**	**52158**
6-9岁	59509	30649	28860	59152	30470	28682
10-14岁	78140	39686	38454	48251	24775	23476
15-19岁	38932	18645	20287			
20-24岁	10011	4294	5717			
苗族	**181911**	**97317**	**84594**	**111107**	**59709**	**51398**
6-9岁	57624	31264	26360	57482	31194	26288
10-14岁	79595	42469	37126	53515	28456	25059
15-19岁	37281	19500	17781	101	55	46
20-24岁	7411	4084	3327	9	4	5
彝族	**170427**	**90061**	**80366**	**112014**	**59830**	**52184**
6-9岁	56974	30446	26528	56940	30425	26515
10-14岁	74548	39490	35058	54606	29148	25458
15-19岁	32607	16906	15701	430	239	191
20-24岁	6298	3219	3079	38	18	20

2-5 续表 1

单位：人

民族 年龄	初中			高中		
	小计	男	女	小计	男	女
总计	**5196258**	**2761690**	**2434568**	**3915749**	**2024374**	**1891375**
6-9岁	24836	13962	10874	29	17	12
10-14岁	3085456	1643030	1442426	92017	46444	45573
15-19岁	2083975	1103672	980303	3423006	1762850	1660156
20-24岁	1991	1026	965	400697	215063	185634
汉族	**4708799**	**2507268**	**2201531**	**3660058**	**1898718**	**1761340**
6-9岁	23211	13085	10126	26	15	11
10-14岁	2808576	1499518	1309058	86678	43918	42760
15-19岁	1875515	993884	881631	3197650	1652958	1544692
20-24岁	1497	781	716	375704	201827	173877
蒙古族	**24150**	**12386**	**11764**	**20736**	**9869**	**10867**
6-9岁	99	56	43			
10-14岁	15091	7656	7435	796	340	456
15-19岁	8951	4670	4281	18178	8633	9545
20-24岁	9	4	5	1762	896	866
回族	**47392**	**24964**	**22428**	**28555**	**14606**	**13949**
6-9岁	218	113	105			
10-14岁	26641	13967	12674	656	336	320
15-19岁	20500	10868	9632	24629	12439	12190
20-24岁	33	16	17	3270	1831	1439
藏族	**26169**	**13608**	**12561**	**12906**	**6277**	**6629**
6-9岁	130	74	56	1	1	
10-14岁	12487	6443	6044	377	189	188
15-19岁	13394	7006	6388	10693	5140	5553
20-24岁	158	85	73	1835	947	888
维吾尔族	**50448**	**25685**	**24763**	**17697**	**7833**	**9864**
6-9岁	357	179	178			
10-14岁	29285	14636	14649	604	275	329
15-19岁	20806	10870	9936	14864	6535	8329
20-24岁				2229	1023	1206
苗族	**45927**	**24646**	**21281**	**16922**	**8978**	**7944**
6-9岁	142	70	72			
10-14岁	25677	13813	11864	400	198	202
15-19岁	20070	10740	9330	14816	7743	7073
20-24岁	38	23	15	1706	1037	669
彝族	**37187**	**19772**	**17415**	**14999**	**7501**	**7498**
6-9岁	34	21	13			
10-14岁	19849	10290	9559	93	52	41
15-19岁	17248	9428	7820	13339	6544	6795
20-24岁	56	33	23	1567	905	662

2-5　续表 2

单位：人

民族 年龄	大学专科			大学本科			研究生		
	小计	男	女	小计	男	女	小计	男	女
总计	**1246664**	**607318**	**639346**	**1310933**	**661277**	**649656**	**75167**	**34991**	**40176**
6-9岁									
10-14岁	115	62	53	28	15	13	5	3	2
15-19岁	427093	195994	231099	325519	153929	171590	644	315	329
20-24岁	819456	411262	408194	985386	507333	478053	74518	34673	39845
汉族	**1178414**	**575976**	**602438**	**1225313**	**621579**	**603734**	**71981**	**33800**	**38181**
6-9岁									
10-14岁	94	51	43	26	14	12	5	3	2
15-19岁	404291	186318	217973	305097	145295	159802	600	298	302
20-24岁	774029	389607	384422	920190	476270	443920	71376	33499	37877
蒙古族	**7198**	**3279**	**3919**	**11133**	**4716**	**6417**	**517**	**158**	**359**
6-9岁									
10-14岁	2		2						
15-19岁	2446	1078	1368	3023	1187	1836	1		1
20-24岁	4750	2201	2549	8110	3529	4581	516	158	358
回族	**8046**	**3708**	**4338**	**11275**	**5258**	**6017**	**567**	**238**	**329**
6-9岁									
10-14岁	2	1	1	1	1				
15-19岁	2848	1237	1611	2910	1230	1680	11	1	10
20-24岁	5196	2470	2726	8364	4027	4337	556	237	319
藏族	**3403**	**1726**	**1677**	**3581**	**1668**	**1913**	**65**	**22**	**43**
6-9岁									
10-14岁	9	4	5	1		1			
15-19岁	1143	538	605	937	416	521	2		2
20-24岁	2251	1184	1067	2643	1252	1391	63	22	41
维吾尔族	**5724**	**2250**	**3474**	**5259**	**2233**	**3026**	**61**	**28**	**33**
6-9岁									
10-14岁									
15-19岁	2135	781	1354	1124	457	667	3	2	1
20-24岁	3589	1469	2120	4135	1776	2359	58	26	32
苗族	**3615**	**1768**	**1847**	**4220**	**2166**	**2054**	**120**	**50**	**70**
6-9岁									
10-14岁	3	2	1						
15-19岁	1304	544	760	988	417	571	2	1	1
20-24岁	2308	1222	1086	3232	1749	1483	118	49	69
彝族	**3041**	**1403**	**1638**	**3135**	**1536**	**1599**	**51**	**19**	**32**
6-9岁									
10-14岁									
15-19岁	885	371	514	705	324	381			
20-24岁	2156	1032	1124	2430	1212	1218	51	19	32

2-5 续表 3

单位：人

民族 年龄	合计			小学		
	合计	男	女	小计	男	女
壮族	**263541**	**138258**	**125283**	**149319**	**80635**	**68684**
6-9岁	85142	46015	39127	85067	45967	39100
10-14岁	99666	53307	46359	64241	34661	29580
15-19岁	63195	31388	31807	10	7	3
20-24岁	15538	7548	7990	1		1
布依族	**61446**	**32269**	**29177**	**36063**	**19318**	**16745**
6-9岁	17794	9616	8178	17740	9584	8156
10-14岁	28311	15024	13287	18282	9712	8570
15-19岁	13128	6507	6621	40	21	19
20-24岁	2213	1122	1091	1	1	
朝鲜族	**18036**	**8859**	**9177**	**5415**	**2790**	**2625**
6-9岁	2983	1524	1459	2974	1520	1454
10-14岁	4449	2234	2215	2430	1265	1165
15-19岁	5914	2882	3032	10	4	6
20-24岁	4690	2219	2471	1	1	
满族	**166716**	**84957**	**81759**	**71183**	**37781**	**33402**
6-9岁	41694	22017	19677	41610	21978	19632
10-14岁	52381	27403	24978	29562	15798	13764
15-19岁	49478	24484	24994	7	3	4
20-24岁	23163	11053	12110	4	2	2
侗族	**51630**	**27988**	**23642**	**28372**	**15823**	**12549**
6-9岁	15474	8722	6752	15418	8688	6730
10-14岁	21466	11674	9792	12953	7135	5818
15-19岁	11936	6168	5768	1		1
20-24岁	2754	1424	1330			
瑶族	**46323**	**24161**	**22162**	**28149**	**14964**	**13185**
6-9岁	16059	8573	7486	16022	8552	7470
10-14岁	18078	9563	8515	12107	6401	5706
15-19岁	9622	4771	4851	15	9	6
20-24岁	2564	1254	1310	5	2	3
白族	**36652**	**18141**	**18511**	**19456**	**9919**	**9537**
6-9岁	10459	5286	5173	10448	5279	5169
10-14岁	14384	7272	7112	9000	4636	4364
15-19岁	9254	4465	4789	7	4	3
20-24岁	2555	1118	1437	1		1
土家族	**156326**	**81435**	**74891**	**79711**	**42457**	**37254**
6-9岁	45620	24351	21269	45447	24251	21196
10-14岁	60662	31922	28740	34194	18175	16019
15-19岁	40603	20346	20257	59	27	32
20-24岁	9441	4816	4625	11	4	7
哈尼族	**26187**	**14342**	**11845**	**16947**	**9515**	**7432**
6-9岁	8796	4917	3879	8795	4917	3878
10-14岁	11480	6362	5118	8060	4540	3520
15-19岁	5047	2607	2440	82	51	31
20-24岁	864	456	408	10	7	3

2-5 续表 4

单位：人

民族 年龄	初中			高中		
	小计	男	女	小计	男	女
壮族	**62417**	**32938**	**29479**	**35909**	**17159**	**18750**
6-9岁	75	48	27			
10-14岁	35209	18556	16653	216	90	126
15-19岁	27131	14333	12798	32534	15512	17022
20-24岁	2	1	1	3159	1557	1602
布依族	**17035**	**8906**	**8129**	**5889**	**2860**	**3029**
6-9岁	53	32	21	1		1
10-14岁	9862	5241	4621	167	71	96
15-19岁	7108	3629	3479	5215	2529	2686
20-24岁	12	4	8	506	260	246
朝鲜族	**3207**	**1572**	**1635**	**3904**	**1998**	**1906**
6-9岁	9	4	5			
10-14岁	1948	939	1009	71	30	41
15-19岁	1249	629	620	3394	1731	1663
20-24岁	1		1	439	237	202
满族	**37467**	**19335**	**18132**	**30387**	**15178**	**15209**
6-9岁	84	39	45			
10-14岁	22224	11318	10906	594	286	308
15-19岁	15142	7971	7171	27014	13454	13560
20-24岁	17	7	10	2779	1438	1341
侗族	**13549**	**7289**	**6260**	**6486**	**3333**	**3153**
6-9岁	56	34	22			
10-14岁	8358	4466	3892	155	73	82
15-19岁	5134	2788	2346	5824	2969	2855
20-24岁	1	1		507	291	216
瑶族	**10395**	**5485**	**4910**	**4968**	**2428**	**2540**
6-9岁	37	21	16			
10-14岁	5890	3123	2767	81	39	42
15-19岁	4465	2340	2125	4435	2132	2303
20-24岁	3	1	2	452	257	195
白族	**8828**	**4412**	**4416**	**5594**	**2606**	**2988**
6-9岁	10	6	4	1	1	
10-14岁	5347	2622	2725	37	14	23
15-19岁	3466	1782	1684	5155	2390	2765
20-24岁	5	2	3	401	201	200
土家族	**41943**	**21857**	**20086**	**22762**	**11353**	**11409**
6-9岁	173	100	73			
10-14岁	25861	13459	12402	605	287	318
15-19岁	15888	8290	7598	20736	10295	10441
20-24岁	21	8	13	1421	771	650
哈尼族	**6048**	**3269**	**2779**	**2329**	**1165**	**1164**
6-9岁	1		1			
10-14岁	3420	1822	1598			
15-19岁	2615	1442	1173	2100	1015	1085
20-24岁	12	5	7	229	150	79

2-5 续表 5

单位：人

民族 年龄	大学专科			大学本科			研究生		
	小计	男	女	小计	男	女	小计	男	女
壮族	**8277**	**3953**	**4324**	**7434**	**3508**	**3926**	**185**	**65**	**120**
6-9岁									
10-14岁									
15-19岁	2178	965	1213	1339	570	769	3	1	2
20-24岁	6099	2988	3111	6095	2938	3157	182	64	118
布依族	**956**	**459**	**497**	**1478**	**720**	**758**	**25**	**6**	**19**
6-9岁									
10-14岁									
15-19岁	356	156	200	408	171	237	1	1	
20-24岁	600	303	297	1070	549	521	24	5	19
朝鲜族	**1462**	**725**	**737**	**3840**	**1686**	**2154**	**208**	**88**	**120**
6-9岁									
10-14岁									
15-19岁	400	193	207	858	322	536	3	3	
20-24岁	1062	532	530	2982	1364	1618	205	85	120
满族	**11121**	**4960**	**6161**	**15801**	**7417**	**8384**	**757**	**286**	**471**
6-9岁									
10-14岁	1	1							
15-19岁	3763	1518	2245	3542	1536	2006	10	2	8
20-24岁	7357	3441	3916	12259	5881	6378	747	284	463
侗族	**1454**	**675**	**779**	**1733**	**850**	**883**	**36**	**18**	**18**
6-9岁									
10-14岁									
15-19岁	556	236	320	420	174	246	1	1	
20-24岁	898	439	459	1313	676	637	35	17	18
瑶族	**1222**	**552**	**670**	**1534**	**707**	**827**	**55**	**25**	**30**
6-9岁									
10-14岁									
15-19岁	373	155	218	333	134	199	1	1	
20-24岁	849	397	452	1201	573	628	54	24	30
白族	**1146**	**500**	**646**	**1568**	**692**	**876**	**60**	**12**	**48**
6-9岁									
10-14岁									
15-19岁	303	130	173	323	159	164			
20-24岁	843	370	473	1245	533	712	60	12	48
土家族	**5127**	**2416**	**2711**	**6488**	**3238**	**3250**	**295**	**114**	**181**
6-9岁									
10-14岁	2	1	1						
15-19岁	2093	895	1198	1824	837	987	3	2	1
20-24岁	3032	1520	1512	4664	2401	2263	292	112	180
哈尼族	**468**	**208**	**260**	**386**	**183**	**203**	**9**	**2**	**7**
6-9岁									
10-14岁									
15-19岁	150	62	88	100	37	63			
20-24岁	318	146	172	286	146	140	9	2	7

2-5　续表 6

单位: 人

民族 年龄	合计 合计	合计 男	合计 女	小学 小计	小学 男	小学 女
哈萨克族	**27176**	**13592**	**13584**	**14458**	**7584**	**6874**
6-9岁	8307	4335	3972	8271	4313	3958
10-14岁	9738	5076	4662	6187	3271	2916
15-19岁	6903	3267	3636			
20-24岁	2228	914	1314			
傣族	**18005**	**8803**	**9202**	**10643**	**5444**	**5199**
6-9岁	5944	3019	2925	5944	3019	2925
10-14岁	7928	4020	3908	4669	2409	2260
15-19岁	3451	1507	1944	26	14	12
20-24岁	682	257	425	4	2	2
黎族	**28766**	**14939**	**13827**	**14569**	**7887**	**6682**
6-9岁	7515	4037	3478	7482	4019	3463
10-14岁	10856	5815	5041	6898	3763	3135
15-19岁	8746	4245	4501	177	99	78
20-24岁	1649	842	807	12	6	6
傈僳族	**11556**	**5907**	**5649**	**7944**	**4090**	**3854**
6-9岁	4033	2043	1990	4033	2043	1990
10-14岁	5232	2711	2521	3911	2047	1864
15-19岁	1975	1006	969			
20-24岁	316	147	169			
佤族	**6563**	**3267**	**3296**	**4110**	**2085**	**2025**
6-9岁	2111	1066	1045	2111	1066	1045
10-14岁	2991	1505	1486	1977	1011	966
15-19岁	1278	612	666	19	7	12
20-24岁	183	84	99	3	1	2
畲族	**11972**	**6150**	**5822**	**5712**	**2958**	**2754**
6-9岁	3323	1739	1584	3313	1734	1579
10-14岁	4287	2208	2079	2398	1224	1174
15-19岁	3548	1787	1761	1		1
20-24岁	814	416	398			
高山族	**73**	**36**	**37**	**28**	**16**	**12**
6-9岁	17	9	8	17	9	8
10-14岁	19	9	10	11	7	4
15-19岁	27	15	12			
20-24岁	10	3	7			
拉祜族	**6610**	**3336**	**3274**	**4362**	**2232**	**2130**
6-9岁	2207	1125	1082	2207	1125	1082
10-14岁	3045	1528	1517	2106	1085	1021
15-19岁	1141	586	555	46	20	26
20-24岁	217	97	120	3	2	1
水族	**9391**	**5046**	**4345**	**5626**	**3034**	**2592**
6-9岁	2806	1522	1284	2796	1515	1281
10-14岁	4166	2230	1936	2829	1518	1311
15-19岁	2095	1114	981	1	1	
20-24岁	324	180	144			

2-5 续表 7 单位：人

民族 年龄	初中			高中		
	小计	男	女	小计	男	女
哈萨克族	**6458**	**3286**	**3172**	**4032**	**1817**	**2215**
6-9岁	36	22	14			
10-14岁	3456	1754	1702	95	51	44
15-19岁	2966	1510	1456	3401	1531	1870
20-24岁				536	235	301
傣族	**4757**	**2316**	**2441**	**1779**	**745**	**1034**
6-9岁						
10-14岁	3259	1611	1648			
15-19岁	1496	703	793	1679	695	984
20-24岁	2	2		100	50	50
黎族	**9206**	**4670**	**4536**	**3602**	**1715**	**1887**
6-9岁	33	18	15			
10-14岁	3888	2019	1869	69	32	37
15-19岁	5193	2592	2601	3034	1428	1606
20-24岁	92	41	51	499	255	244
傈僳族	**2577**	**1323**	**1254**	**696**	**352**	**344**
6-9岁						
10-14岁	1321	664	657			
15-19岁	1256	659	597	620	302	318
20-24岁				76	50	26
佤族	**1780**	**895**	**885**	**485**	**204**	**281**
6-9岁						
10-14岁	1013	493	520	1	1	
15-19岁	761	401	360	440	175	265
20-24岁	6	1	5	44	28	16
畲族	**3073**	**1613**	**1460**	**2127**	**1043**	**1084**
6-9岁	10	5	5			
10-14岁	1851	969	882	38	15	23
15-19岁	1211	639	572	1976	975	1001
20-24岁	1		1	113	53	60
高山族	**14**	**6**	**8**	**17**	**10**	**7**
6-9岁						
10-14岁	8	2	6			
15-19岁	6	4	2	16	10	6
20-24岁				1		1
拉祜族	**1576**	**788**	**788**	**434**	**223**	**211**
6-9岁						
10-14岁	939	443	496			
15-19岁	629	342	287	404	205	199
20-24岁	8	3	5	30	18	12
水族	**2560**	**1354**	**1206**	**909**	**503**	**406**
6-9岁	10	7	3			
10-14岁	1315	702	613	22	10	12
15-19岁	1234	644	590	786	431	355
20-24岁	1	1		101	62	39

2-5 续表 8

单位：人

民族 年龄	大学专科			大学本科			研究生		
	小计	男	女	小计	男	女	小计	男	女
哈萨克族	**1035**	**459**	**576**	**1180**	**444**	**736**	**13**	**2**	**11**
6-9岁									
10-14岁									
15-19岁	309	140	169	226	85	141	1	1	
20-24岁	726	319	407	954	359	595	12	1	11
傣族	**423**	**168**	**255**	**388**	**125**	**263**	**15**	**5**	**10**
6-9岁									
10-14岁									
15-19岁	149	62	87	101	33	68			
20-24岁	274	106	168	287	92	195	15	5	10
黎族	**863**	**436**	**427**	**515**	**225**	**290**	**11**	**6**	**5**
6-9岁									
10-14岁	1	1							
15-19岁	208	88	120	134	38	96			
20-24岁	654	347	307	381	187	194	11	6	5
傈僳族	**183**	**76**	**107**	**153**	**66**	**87**	**3**		**3**
6-9岁									
10-14岁									
15-19岁	64	25	39	35	20	15			
20-24岁	119	51	68	118	46	72	3		3
佤族	**124**	**55**	**69**	**63**	**27**	**36**	**1**	**1**	
6-9岁									
10-14岁									
15-19岁	45	25	20	13	4	9			
20-24岁	79	30	49	50	23	27	1	1	
畲族	**477**	**229**	**248**	**557**	**290**	**267**	**26**	**17**	**9**
6-9岁									
10-14岁									
15-19岁	191	86	105	169	87	82			
20-24岁	286	143	143	388	203	185	26	17	9
高山族	**5**	**4**	**1**	**8**		**8**	**1**		**1**
6-9岁									
10-14岁									
15-19岁	1	1		4		4			
20-24岁	4	3	1	4		4	1		1
拉祜族	**115**	**47**	**68**	**119**	**46**	**73**	**4**		**4**
6-9岁									
10-14岁									
15-19岁	41	15	26	21	4	17			
20-24岁	74	32	42	98	42	56	4		4
水族	**129**	**63**	**66**	**162**	**92**	**70**	**5**		**5**
6-9岁									
10-14岁									
15-19岁	39	21	18	35	17	18			
20-24岁	90	42	48	127	75	52	5		5

2-5 续表 9　　　　单位：人

民族 年龄	合计			小学		
	合计	男	女	小计	男	女
东乡族	**13607**	**7566**	**6041**	**9185**	**5038**	**4147**
6-9岁	4520	2484	2036	4513	2480	2033
10-14岁	5945	3279	2666	4672	2558	2114
15-19岁	2768	1579	1189			
20-24岁	374	224	150			
纳西族	**5729**	**2783**	**2946**	**2655**	**1362**	**1293**
6-9岁	1283	662	621	1283	662	621
10-14岁	2288	1120	1168	1369	697	672
15-19岁	1567	750	817	3	3	
20-24岁	591	251	340			
景颇族	**2635**	**1379**	**1256**	**1677**	**877**	**800**
6-9岁	876	441	435	876	441	435
10-14岁	1194	635	559	801	436	365
15-19岁	494	258	236			
20-24岁	71	45	26			
柯尔克孜族	**4038**	**1968**	**2070**	**2269**	**1148**	**1121**
6-9岁	1321	683	638	1313	680	633
10-14岁	1438	700	738	956	468	488
15-19岁	955	423	532			
20-24岁	324	162	162			
土族	**6019**	**2976**	**3043**	**2755**	**1402**	**1353**
6-9岁	1507	766	741	1502	765	737
10-14岁	2069	1043	1026	1253	637	616
15-19岁	1901	900	1001			
20-24岁	542	267	275			
达斡尔族	**2177**	**1026**	**1151**	**857**	**434**	**423**
6-9岁	480	251	229	476	249	227
10-14岁	714	325	389	381	185	196
15-19岁	647	300	347			
20-24岁	336	150	186			
仫佬族	**3530**	**1803**	**1727**	**1855**	**994**	**861**
6-9岁	1032	555	477	1030	554	476
10-14岁	1348	698	650	825	440	385
15-19岁	876	427	449			
20-24岁	274	123	151			
羌族	**6477**	**3290**	**3187**	**2839**	**1466**	**1373**
6-9岁	1448	722	726	1445	721	724
10-14岁	2528	1336	1192	1380	739	641
15-19岁	2050	999	1051	12	5	7
20-24岁	451	233	218	2	1	1

2-5 续表 10

单位：人

民族 年龄	初中 小计	初中 男	初中 女	高中 小计	高中 男	高中 女
东乡族	**3163**	**1801**	**1362**	**965**	**569**	**396**
6-9岁	7	4	3			
10-14岁	1249	707	542	24	14	10
15-19岁	1907	1090	817	770	448	322
20-24岁				171	107	64
纳西族	**1472**	**712**	**760**	**885**	**421**	**464**
6-9岁						
10-14岁	919	423	496			
15-19岁	553	289	264	830	391	439
20-24岁				55	30	25
景颇族	**691**	**374**	**317**	**194**	**91**	**103**
6-9岁						
10-14岁	393	199	194			
15-19岁	298	175	123	175	77	98
20-24岁				19	14	5
柯尔克孜族	**912**	**428**	**484**	**589**	**266**	**323**
6-9岁	8	3	5			
10-14岁	464	222	242	18	10	8
15-19岁	440	203	237	450	194	256
20-24岁				121	62	59
土族	**1356**	**668**	**688**	**1279**	**603**	**676**
6-9岁	5	1	4			
10-14岁	776	382	394	40	24	16
15-19岁	575	285	290	1104	516	588
20-24岁				135	63	72
达斡尔族	**460**	**204**	**256**	**433**	**199**	**234**
6-9岁	4	2	2			
10-14岁	308	132	176	25	8	17
15-19岁	148	70	78	375	173	202
20-24岁				33	18	15
仫佬族	**832**	**416**	**416**	**543**	**260**	**283**
6-9岁	2	1	1			
10-14岁	521	257	264	2	1	1
15-19岁	309	158	151	509	242	267
20-24岁				32	17	15
羌族	**1882**	**959**	**923**	**1234**	**602**	**632**
6-9岁	3	1	2			
10-14岁	1133	588	545	14	8	6
15-19岁	739	367	372	1166	563	603
20-24岁	7	3	4	54	31	23

2-5 续表 11 单位：人

民族 年龄	大学专科			大学本科			研究生		
	小计	男	女	小计	男	女	小计	男	女
东乡族	**129**	**56**	**73**	**165**	**102**	**63**			
6-9岁									
10-14岁									
15-19岁	49	21	28	42	20	22			
20-24岁	80	35	45	123	82	41			
纳西族	**326**	**133**	**193**	**380**	**152**	**228**	**11**	**3**	**8**
6-9岁									
10-14岁									
15-19岁	90	32	58	91	35	56			
20-24岁	236	101	135	289	117	172	11	3	8
景颇族	**40**	**21**	**19**	**33**	**16**	**17**			
6-9岁									
10-14岁									
15-19岁	10	4	6	11	2	9			
20-24岁	30	17	13	22	14	8			
柯尔克孜族	**161**	**82**	**79**	**107**	**44**	**63**			
6-9岁									
10-14岁									
15-19岁	47	19	28	18	7	11			
20-24岁	114	63	51	89	37	52			
土族	**231**	**110**	**121**	**389**	**191**	**198**	**9**	**2**	**7**
6-9岁									
10-14岁									
15-19岁	82	40	42	140	59	81			
20-24岁	149	70	79	249	132	117	9	2	7
达斡尔族	**149**	**55**	**94**	**264**	**127**	**137**	**14**	**7**	**7**
6-9岁									
10-14岁									
15-19岁	58	23	35	66	34	32			
20-24岁	91	32	59	198	93	105	14	7	7
仫佬族	**136**	**60**	**76**	**160**	**73**	**87**	**4**		**4**
6-9岁									
10-14岁									
15-19岁	26	12	14	32	15	17			
20-24岁	110	48	62	128	58	70	4		4
羌族	**252**	**119**	**133**	**263**	**142**	**121**	**7**	**2**	**5**
6-9岁									
10-14岁	1	1							
15-19岁	75	35	40	58	29	29			
20-24岁	176	83	93	205	113	92	7	2	5

2-5　续表 12　　单位：人

民族 年龄	合计			小学		
	合计	男	女	小计	男	女
布朗族	**2107**	**1070**	**1037**	**1358**	**694**	**664**
6-9岁	679	336	343	679	336	343
10-14岁	929	486	443	640	339	301
15-19岁	413	207	206	36	17	19
20-24岁	86	41	45	3	2	1
撒拉族	**2550**	**1399**	**1151**	**1548**	**821**	**727**
6-9岁	872	454	418	868	454	414
10-14岁	921	498	423	672	366	306
15-19岁	608	352	256	7	1	6
20-24岁	149	95	54	1		1
毛南族	**1846**	**939**	**907**	**933**	**494**	**439**
6-9岁	528	292	236	528	292	236
10-14岁	760	389	371	405	202	203
15-19岁	452	205	247			
20-24岁	106	53	53			
仡佬族	**14001**	**7459**	**6542**	**7656**	**4107**	**3549**
6-9岁	3688	1999	1689	3679	1993	1686
10-14岁	6317	3351	2966	3975	2113	1862
15-19岁	3248	1683	1565	1	1	
20-24岁	748	426	322	1		1
锡伯族	**3466**	**1720**	**1746**	**1351**	**683**	**668**
6-9岁	802	397	405	800	396	404
10-14岁	1077	549	528	551	287	264
15-19岁	1050	523	527			
20-24岁	537	251	286			
阿昌族	**758**	**379**	**379**	**476**	**249**	**227**
6-9岁	265	144	121	265	144	121
10-14岁	334	169	165	211	105	106
15-19岁	137	58	79			
20-24岁	22	8	14			
普米族	**983**	**484**	**499**	**532**	**259**	**273**
6-9岁	271	132	139	271	132	139
10-14岁	371	179	192	261	127	134
15-19岁	257	130	127			
20-24岁	84	43	41			
塔吉克族	**1160**	**595**	**565**	**631**	**317**	**314**
6-9岁	327	153	174	326	152	174
10-14岁	428	232	196	305	165	140
15-19岁	333	171	162			
20-24岁	72	39	33			
怒族	**665**	**337**	**328**	**398**	**196**	**202**
6-9岁	192	82	110	192	82	110
10-14岁	278	144	134	205	113	92
15-19岁	175	99	76	1	1	
20-24岁	20	12	8			

2-5 续表 13　　　　单位：人

民族 年龄	初中			高中		
	小计	男	女	小计	男	女
布朗族	**477**	**240**	**237**	**176**	**93**	**83**
6-9岁						
10-14岁	289	147	142			
15-19岁	186	93	93	166	87	79
20-24岁	2		2	10	6	4
撒拉族	**546**	**290**	**256**	**311**	**200**	**111**
6-9岁	4		4			
10-14岁	244	129	115	5	3	2
15-19岁	298	161	137	265	170	95
20-24岁				41	27	14
毛南族	**540**	**280**	**260**	**243**	**107**	**136**
6-9岁						
10-14岁	350	185	165	5	2	3
15-19岁	190	95	95	228	99	129
20-24岁				10	6	4
仡佬族	**3908**	**2043**	**1865**	**1641**	**861**	**780**
6-9岁	9	6	3			
10-14岁	2310	1221	1089	32	17	15
15-19岁	1589	816	773	1464	769	695
20-24岁				145	75	70
锡伯族	**788**	**407**	**381**	**646**	**329**	**317**
6-9岁	2	1	1			
10-14岁	504	251	253	22	11	11
15-19岁	282	155	127	584	297	287
20-24岁				40	21	19
阿昌族	**181**	**94**	**87**	**74**	**26**	**48**
6-9岁						
10-14岁	123	64	59			
15-19岁	58	30	28	70	25	45
20-24岁				4	1	3
普米族	**220**	**114**	**106**	**140**	**65**	**75**
6-9岁						
10-14岁	110	52	58			
15-19岁	110	62	48	126	59	67
20-24岁				14	6	8
塔吉克族	**284**	**147**	**137**	**162**	**90**	**72**
6-9岁	1	1				
10-14岁	119	64	55	4	3	1
15-19岁	164	82	82	136	75	61
20-24岁				22	12	10
怒族	**190**	**97**	**93**	**48**	**28**	**20**
6-9岁						
10-14岁	73	31	42			
15-19岁	117	66	51	45	25	20
20-24岁				3	3	

2-5　续表 14

单位：人

民族 年龄	大学专科 小计	大学专科 男	大学专科 女	大学本科 小计	大学本科 男	大学本科 女	研究生 小计	研究生 男	研究生 女
布朗族	**42**	**21**	**21**	**54**	**22**	**32**			
6-9岁									
10-14岁									
15-19岁	11	4	7	14	6	8			
20-24岁	31	17	14	40	16	24			
撒拉族	**55**	**37**	**18**	**90**	**51**	**39**			
6-9岁									
10-14岁									
15-19岁	17	9	8	21	11	10			
20-24岁	38	28	10	69	40	29			
毛南族	**58**	**24**	**34**	**70**	**33**	**37**	**2**	**1**	**1**
6-9岁									
10-14岁									
15-19岁	19	5	14	15	6	9			
20-24岁	39	19	20	55	27	28	2	1	1
仡佬族	**241**	**127**	**114**	**539**	**314**	**225**	**16**	**7**	**9**
6-9岁									
10-14岁									
15-19岁	75	40	35	117	56	61	2	1	1
20-24岁	166	87	79	422	258	164	14	6	8
锡伯族	**242**	**105**	**137**	**421**	**191**	**230**	**18**	**5**	**13**
6-9岁									
10-14岁									
15-19岁	94	35	59	90	36	54			
20-24岁	148	70	78	331	155	176	18	5	13
阿昌族	**15**	**5**	**10**	**10**	**5**	**5**	**2**		**2**
6-9岁									
10-14岁									
15-19岁	8	3	5	1		1			
20-24岁	7	2	5	9	5	4	2		2
普米族	**39**	**19**	**20**	**52**	**27**	**25**			
6-9岁									
10-14岁									
15-19岁	14	6	8	7	3	4			
20-24岁	25	13	12	45	24	21			
塔吉克族	**67**	**34**	**33**	**16**	**7**	**9**			
6-9岁									
10-14岁									
15-19岁	29	13	16	4	1	3			
20-24岁	38	21	17	12	6	6			
怒族	**15**	**8**	**7**	**14**	**8**	**6**			
6-9岁									
10-14岁									
15-19岁	5	2	3	7	5	2			
20-24岁	10	6	4	7	3	4			

2-5 续表 15

单位：人

民族 年龄	合计 合计	合计 男	合计 女	小学 小计	小学 男	小学 女
乌孜别克族	**191**	**99**	**92**	**99**	**52**	**47**
6-9岁	43	20	23	43	20	23
10-14岁	72	41	31	56	32	24
15-19岁	50	25	25			
20-24岁	26	13	13			
俄罗斯族	**254**	**122**	**132**	**90**	**46**	**44**
6-9岁	50	27	23	49	27	22
10-14岁	79	34	45	41	19	22
15-19岁	69	38	31			
20-24岁	56	23	33			
鄂温克族	**580**	**295**	**285**	**226**	**123**	**103**
6-9岁	120	65	55	119	65	54
10-14岁	208	110	98	107	58	49
15-19岁	155	75	80			
20-24岁	97	45	52			
德昂族	**359**	**190**	**169**	**241**	**133**	**108**
6-9岁	137	74	63	137	74	63
10-14岁	154	81	73	101	58	43
15-19岁	60	34	26	2	1	1
20-24岁	8	1	7	1		1
保安族	**432**	**220**	**212**	**239**	**112**	**127**
6-9岁	135	61	74	135	61	74
10-14岁	152	72	80	104	51	53
15-19岁	123	75	48			
20-24岁	22	12	10			
裕固族	**255**	**121**	**134**	**106**	**50**	**56**
6-9岁	64	28	36	64	28	36
10-14岁	86	39	47	42	22	20
15-19岁	84	41	43			
20-24岁	21	13	8			
京族	**543**	**298**	**245**	**266**	**154**	**112**
6-9岁	157	97	60	157	97	60
10-14岁	191	113	78	109	57	52
15-19岁	142	64	78			
20-24岁	53	24	29			
塔塔尔族	**70**	**31**	**39**	**28**	**14**	**14**
6-9岁	12	5	7	12	5	7
10-14岁	22	12	10	16	9	7
15-19岁	23	9	14			
20-24岁	13	5	8			

2-5 续表 16

单位：人

民族 年龄	初中			高中		
	小计	男	女	小计	男	女
乌孜别克族	**33**	**17**	**16**	**27**	**11**	**16**
6-9岁						
10-14岁	16	9	7			
15-19岁	17	8	9	24	11	13
20-24岁				3		3
俄罗斯族	**49**	**20**	**29**	**44**	**27**	**17**
6-9岁	1		1			
10-14岁	37	14	23	1	1	
15-19岁	11	6	5	40	23	17
20-24岁				3	3	
鄂温克族	**137**	**72**	**65**	**101**	**48**	**53**
6-9岁	1		1			
10-14岁	92	49	43	9	3	6
15-19岁	44	23	21	85	39	46
20-24岁				7	6	1
德昂族	**87**	**45**	**42**	**24**	**10**	**14**
6-9岁						
10-14岁	53	23	30			
15-19岁	34	22	12	21	9	12
20-24岁				3	1	2
保安族	**120**	**70**	**50**	**60**	**32**	**28**
6-9岁						
10-14岁	46	20	26	2	1	1
15-19岁	74	50	24	45	23	22
20-24岁				13	8	5
裕固族	**60**	**24**	**36**	**49**	**27**	**22**
6-9岁						
10-14岁	40	16	24	4	1	3
15-19岁	20	8	12	45	26	19
20-24岁						
京族	**127**	**81**	**46**	**100**	**43**	**57**
6-9岁						
10-14岁	82	56	26			
15-19岁	44	24	20	90	38	52
20-24岁	1	1		10	5	5
塔塔尔族	**13**	**6**	**7**	**13**	**7**	**6**
6-9岁						
10-14岁	5	3	2	1		1
15-19岁	8	3	5	10	6	4
20-24岁				2	1	1

2-5 续表 17 单位：人

民族 年龄	大学专科			大学本科			研究生		
	小计	男	女	小计	男	女	小计	男	女
乌孜别克族	**15**	**10**	**5**	**17**	**9**	**8**			
6-9岁									
10-14岁									
15-19岁	6	5	1	3	1	2			
20-24岁	9	5	4	14	8	6			
俄罗斯族	**18**	**7**	**11**	**49**	**21**	**28**	**4**	**1**	**3**
6-9岁									
10-14岁									
15-19岁	9	5	4	9	4	5			
20-24岁	9	2	7	40	17	23	4	1	3
鄂温克族	**46**	**24**	**22**	**67**	**28**	**39**	**3**		**3**
6-9岁									
10-14岁									
15-19岁	13	6	7	13	7	6			
20-24岁	33	18	15	54	21	33	3		3
德昂族	**4**	**1**	**3**	**3**	**1**	**2**			
6-9岁									
10-14岁									
15-19岁	2	1	1	1	1				
20-24岁	2		2	2		2			
保安族	**9**	**4**	**5**	**4**	**2**	**2**			
6-9岁									
10-14岁									
15-19岁				4	2	2			
20-24岁	9	4	5						
裕固族	**11**	**2**	**9**	**29**	**18**	**11**			
6-9岁									
10-14岁									
15-19岁	8	2	6	11	5	6			
20-24岁	3		3	18	13	5			
京族	**23**	**11**	**12**	**27**	**9**	**18**			
6-9岁									
10-14岁									
15-19岁	4	2	2	4		4			
20-24岁	19	9	10	23	9	14			
塔塔尔族	**3**	**1**	**2**	**13**	**3**	**10**			
6-9岁									
10-14岁									
15-19岁	2		2	3		3			
20-24岁	1	1		10	3	7			

2-5 续表 18

单位：人

民族 年龄	合计 合计	男	女	小学 小计	男	女
独龙族	**191**	**99**	**92**	**110**	**55**	**55**
6-9岁	53	24	29	53	24	29
10-14岁	79	40	39	57	31	26
15-19岁	44	26	18			
20-24岁	15	9	6			
鄂伦春族	**179**	**91**	**88**	**69**	**36**	**33**
6-9岁	43	19	24	43	19	24
10-14岁	49	29	20	26	17	9
15-19岁	54	24	30			
20-24岁	33	19	14			
赫哲族	**109**	**57**	**52**	**33**	**20**	**13**
6-9岁	21	11	10	21	11	10
10-14岁	21	15	6	12	9	3
15-19岁	31	13	18			
20-24岁	36	18	18			
门巴族	**248**	**120**	**128**	**144**	**69**	**75**
6-9岁	86	44	42	86	44	42
10-14岁	87	42	45	58	25	33
15-19岁	52	19	33			
20-24岁	23	15	8			
珞巴族	**75**	**33**	**42**	**43**	**17**	**26**
6-9岁	19	7	12	19	7	12
10-14岁	28	13	15	24	10	14
15-19岁	16	10	6			
20-24岁	12	3	9			
基诺族	**335**	**154**	**181**	**195**	**89**	**106**
6-9岁	108	46	62	108	46	62
10-14岁	148	71	77	87	43	44
15-19岁	67	30	37			
20-24岁	12	7	5			
其他未识别的民族	**17550**	**9357**	**8193**	**11055**	**5947**	**5108**
6-9岁	5267	2900	2367	5256	2892	2364
10-14岁	8121	4264	3857	5790	3049	2741
15-19岁	3456	1804	1652	9	6	3
20-24岁	706	389	317			
外国人加入中国籍	**16**	**8**	**8**	**11**	**6**	**5**
6-9岁	6	3	3	6	3	3
10-14岁	5	3	2	5	3	2
15-19岁	3	1	2			
20-24岁	2	1	1			

2-5 续表 19

单位：人

民族 年龄	初中			高中		
	小计	男	女	小计	男	女
独龙族	**56**	**28**	**28**	**10**	**7**	**3**
6-9岁						
10-14岁	22	9	13			
15-19岁	34	19	15	9	6	3
20-24岁				1	1	
鄂伦春族	**40**	**18**	**22**	**32**	**20**	**12**
6-9岁						
10-14岁	21	10	11	2	2	
15-19岁	19	8	11	26	15	11
20-24岁				4	3	1
赫哲族	**15**	**9**	**6**	**15**	**8**	**7**
6-9岁						
10-14岁	9	6	3			
15-19岁	6	3	3	15	8	7
20-24岁						
门巴族	**52**	**24**	**28**	**25**	**10**	**15**
6-9岁						
10-14岁	29	17	12			
15-19岁	23	7	16	25	10	15
20-24岁						
珞巴族	**15**	**10**	**5**	**7**	**5**	**2**
6-9岁						
10-14岁	4	3	1			
15-19岁	11	7	4	5	3	2
20-24岁				2	2	
基诺族	**95**	**45**	**50**	**32**	**13**	**19**
6-9岁						
10-14岁	61	28	33			
15-19岁	34	17	17	31	12	19
20-24岁				1	1	
其他未识别的民族	**4494**	**2304**	**2190**	**1462**	**821**	**641**
6-9岁	11	8	3			
10-14岁	2279	1187	1092	52	28	24
15-19岁	2198	1106	1092	1138	639	499
20-24岁	6	3	3	272	154	118
外国人加入中国籍	**1**		**1**	**3**	**1**	**2**
6-9岁						
10-14岁						
15-19岁	1		1	2	1	1
20-24岁				1		1

2-5 续表 20

单位：人

民族 年龄	大学专科			大学本科			研究生		
	小计	男	女	小计	男	女	小计	男	女
独龙族	**8**	**3**	**5**	**7**	**6**	**1**			
6-9岁									
10-14岁									
15-19岁	1	1							
20-24岁	7	2	5	7	6	1			
鄂伦春族	**14**	**5**	**9**	**23**	**12**	**11**	**1**		**1**
6-9岁									
10-14岁									
15-19岁	4		4	5	1	4			
20-24岁	10	5	5	18	11	7	1		1
赫哲族	**7**	**2**	**5**	**34**	**17**	**17**	**5**	**1**	**4**
6-9岁									
10-14岁									
15-19岁	1		1	9	2	7			
20-24岁	6	2	4	25	15	10	5	1	4
门巴族	**11**	**10**	**1**	**16**	**7**	**9**			
6-9岁									
10-14岁									
15-19岁	1	1		3	1	2			
20-24岁	10	9	1	13	6	7			
珞巴族	**4**	**1**	**3**	**6**		**6**			
6-9岁									
10-14岁									
15-19岁									
20-24岁	4	1	3	6		6			
基诺族	**8**	**3**	**5**	**5**	**4**	**1**			
6-9岁									
10-14岁									
15-19岁	1		1	1	1				
20-24岁	7	3	4	4	3	1			
其他未识别的民族	**257**	**123**	**134**	**282**	**162**	**120**			
6-9岁									
10-14岁									
15-19岁	61	28	33	50	25	25			
20-24岁	196	95	101	232	137	95			
外国人加入中国籍				**1**	**1**				
6-9岁									
10-14岁									
15-19岁									
20-24岁				1	1				

2-6 全国分年龄、性别、学业完成情况的6岁及以上少数民族人口状况(长表数据)

单位：人

年龄	合计								
	合计			在校			毕业		
	合计	男	女	小计	男	女	小计	男	女
总计	**8815592**	**4629649**	**4185943**	**2006708**	**1038951**	**967757**	**6296615**	**3334123**	**2962492**
6-9岁	**601422**	**319194**	**282228**	**594321**	**315508**	**278813**	**5375**	**2802**	**2573**
6	135688	71892	63796	134000	71032	62968	1322	659	663
7	151151	80346	70805	149487	79466	70021	1256	672	584
8	154579	82219	72360	152907	81383	71524	1263	635	628
9	160004	84737	75267	157927	83627	74300	1534	836	698
10-14岁	**821345**	**431181**	**390164**	**782803**	**410800**	**372003**	**30435**	**16061**	**14374**
10	164913	87346	77567	162457	86063	76394	1846	980	866
11	156511	82323	74188	152562	80258	72304	3065	1625	1440
12	170817	89251	81566	164168	85800	78368	5311	2779	2532
13	164717	86373	78344	155420	81393	74027	7348	3931	3417
14	164387	85888	78499	148196	77286	70910	12865	6746	6119
15-19岁	**838729**	**433322**	**405407**	**478947**	**239015**	**239932**	**328853**	**177009**	**151844**
15	172294	90151	82143	141513	73083	68430	25772	14138	11634
16	166859	86639	80220	115389	57933	57456	45684	25355	20329
17	170042	87707	82335	94605	46369	48236	68953	37766	31187
18	168625	86698	81927	71954	34960	36994	89830	47979	41851
19	160909	82127	78782	55486	26670	28816	98614	51771	46843
20-24岁	**936840**	**468533**	**468307**	**139490**	**67506**	**71984**	**754827**	**379147**	**375680**
20	199900	99393	100507	52703	24722	27981	138583	70268	68315
21	187739	93442	94297	39552	18716	20836	139807	70357	69450
22	183090	91754	91336	26315	13203	13112	148443	74274	74169
23	188224	94757	93467	14435	7429	7006	165188	82877	82311
24	177887	89187	88700	6485	3436	3049	162806	81371	81435
25-29岁	**818888**	**416977**	**401911**	**7601**	**3973**	**3628**	**768107**	**390879**	**377228**
25	167368	84482	82886	3090	1619	1471	155784	78555	77229
26	162470	82253	80217	1829	943	886	152304	77006	75298
27	157746	80178	77568	1147	595	552	148166	75231	72935
28	176183	89736	86447	877	467	410	166092	84577	81515
29	155121	80328	74793	658	349	309	145761	75510	70251
30-34岁	**782297**	**404380**	**377917**	**1350**	**745**	**605**	**734410**	**380014**	**354396**
30	164746	83768	80978	489	257	232	154451	78632	75819
31	154663	80273	74390	264	136	128	145554	75582	69972
32	156507	80479	76028	211	130	81	147010	75631	71379
33	142959	74649	68310	204	116	88	134159	70138	64021
34	163422	85211	78211	182	106	76	153236	80031	73205
35-39岁	**848820**	**443733**	**405087**	**780**	**468**	**312**	**793234**	**416052**	**377182**
35	166716	87068	79648	187	105	82	155892	81684	74208
36	175355	91406	83949	171	97	74	164052	85783	78269
37	169982	88918	81064	148	91	57	158816	83353	75463
38	172307	89902	82405	150	102	48	160726	84070	76656
39	164460	86439	78021	124	73	51	153748	81162	72586
40-44岁	**825022**	**431658**	**393364**	**506**	**316**	**190**	**766203**	**402767**	**363436**
40	185352	96277	89075	133	80	53	172327	89993	82334
41	162673	85101	77572	104	69	35	151156	79421	71735
42	177497	92663	84834	122	71	51	164954	86539	78415
43	141185	74198	66987	60	38	22	130746	68994	61752
44	158315	83419	74896	87	58	29	147020	77820	69200
45-49岁	**673112**	**352783**	**320329**	**320**	**219**	**101**	**626460**	**330701**	**295759**
45	160200	83776	76424	75	53	22	148922	78273	70649
46	154564	80519	74045	75	51	24	143854	75385	68469
47	162909	85772	77137	81	51	30	152163	80784	71379
48	126168	66569	59599	65	43	22	117475	62584	54891
49	69271	36147	33124	24	21	3	64046	33675	30371
50岁及以上	**1669117**	**927888**	**741229**	**590**	**401**	**189**	**1488711**	**838691**	**650020**

2-6 续表 1

单位: 人

年龄	合计								
	肄业			辍学			其他		
	小计	男	女	小计	男	女	小计	男	女
总计	**193117**	**95504**	**97613**	**238344**	**119758**	**118586**	**80808**	**41313**	**39495**
6-9岁	**879**	**442**	**437**	**360**	**182**	**178**	**487**	**260**	**227**
6	147	84	63	44	23	21	175	94	81
7	223	118	105	71	35	36	114	55	59
8	216	106	110	101	51	50	92	44	48
9	293	134	159	144	73	71	106	67	39
10-14岁	**2703**	**1466**	**1237**	**4487**	**2380**	**2107**	**917**	**474**	**443**
10	289	146	143	201	97	104	120	60	60
11	361	188	173	380	181	199	143	71	72
12	485	247	238	694	345	349	159	80	79
13	622	343	279	1125	602	523	202	104	98
14	946	542	404	2087	1155	932	293	159	134
15-19岁	**9767**	**5576**	**4191**	**18018**	**10044**	**7974**	**3144**	**1678**	**1466**
15	1444	877	567	3124	1806	1318	441	247	194
16	1761	1042	719	3519	2025	1494	506	284	222
17	2061	1158	903	3827	2121	1706	596	293	303
18	2209	1228	981	3872	2128	1744	760	403	357
19	2292	1271	1021	3676	1964	1712	841	451	390
20-24岁	**14715**	**7489**	**7226**	**21304**	**11100**	**10204**	**6504**	**3291**	**3213**
20	2808	1443	1365	4554	2354	2200	1252	606	646
21	2963	1543	1420	4211	2186	2025	1206	640	566
22	2880	1455	1425	4154	2174	1980	1298	648	650
23	2990	1530	1460	4246	2214	2032	1365	707	658
24	3074	1518	1556	4139	2172	1967	1383	690	693
25-29岁	**14911**	**7602**	**7309**	**21000**	**10868**	**10132**	**7269**	**3655**	**3614**
25	2997	1464	1533	4080	2138	1942	1417	706	711
26	2894	1533	1361	4068	2061	2007	1375	710	665
27	2917	1512	1405	4140	2162	1978	1376	678	698
28	3115	1554	1561	4489	2312	2177	1610	826	784
29	2988	1539	1449	4223	2195	2028	1491	735	756
30-34岁	**16100**	**7963**	**8137**	**22548**	**11514**	**11034**	**7889**	**4144**	**3745**
30	3414	1659	1755	4754	2386	2368	1638	834	804
31	3030	1526	1504	4256	2175	2081	1559	854	705
32	3196	1585	1611	4494	2289	2205	1596	844	752
33	2999	1480	1519	4185	2170	2015	1412	745	667
34	3461	1713	1748	4859	2494	2365	1684	867	817
35-39岁	**19889**	**9749**	**10140**	**26102**	**12931**	**13171**	**8815**	**4533**	**4282**
35	3726	1866	1860	5142	2519	2623	1769	894	875
36	4086	1947	2139	5294	2680	2614	1752	899	853
37	3999	1959	2040	5268	2609	2659	1751	906	845
38	4197	2078	2119	5391	2666	2725	1843	986	857
39	3881	1899	1982	5007	2457	2550	1700	848	852
40-44岁	**21601**	**10302**	**11299**	**27718**	**13608**	**14110**	**8994**	**4665**	**4329**
40	4717	2229	2488	6108	2939	3169	2067	1036	1031
41	4198	2038	2160	5492	2668	2824	1723	905	818
42	4596	2154	2442	5937	2941	2996	1888	958	930
43	3838	1872	1966	4887	2439	2448	1654	855	799
44	4252	2009	2243	5294	2621	2673	1662	911	751
45-49岁	**17657**	**8175**	**9482**	**21419**	**10117**	**11302**	**7256**	**3571**	**3685**
45	4281	2023	2258	5261	2583	2678	1661	844	817
46	3974	1837	2137	5030	2429	2601	1631	817	814
47	4169	1905	2264	4812	2216	2596	1684	816	868
48	3251	1490	1761	3935	1766	2169	1442	686	756
49	1982	920	1062	2381	1123	1258	838	408	430
50岁及以上	**74895**	**36740**	**38155**	**75388**	**37014**	**38374**	**29533**	**15042**	**14491**

2-6 续表 2

单位：人

年龄	小学								
	合计			在校			毕业		
	合计	男	女	小计	男	女	小计	男	女
总计	**3847039**	**1903064**	**1943975**	**1095947**	**580872**	**515075**	**2378813**	**1149790**	**1229023**
6-9岁	**599399**	**318091**	**281308**	**592693**	**314629**	**278064**	**5023**	**2600**	**2423**
6	135321	71690	63631	133738	70883	62855	1230	613	617
7	150773	80135	70638	149189	79303	69886	1184	628	556
8	154085	81954	72131	152508	81169	71339	1179	590	589
9	159220	84312	74908	157258	83274	73984	1430	769	661
10-14岁	**527123**	**278414**	**248709**	**500561**	**264750**	**235811**	**21227**	**11028**	**10199**
10	162976	86301	76675	160700	85125	75575	1690	888	802
11	147776	77862	69914	144422	76109	68313	2540	1350	1190
12	121378	64276	57102	116193	61602	54591	4084	2135	1949
13	62384	33177	29207	55979	29805	26174	5152	2734	2418
14	32609	16798	15811	23267	12109	11158	7761	3921	3840
15-19岁	**97543**	**49476**	**48067**	**1863**	**1008**	**855**	**83164**	**42397**	**40767**
15	14642	7635	7007	982	542	440	11592	6042	5550
16	16779	8817	7962	403	209	194	14120	7465	6655
17	19667	10144	9523	222	123	99	16885	8789	8096
18	22608	11273	11335	120	60	60	19703	9891	9812
19	23847	11607	12240	136	74	62	20864	10210	10654
20-24岁	**177825**	**82919**	**94906**	**238**	**133**	**105**	**156771**	**73364**	**83407**
20	33225	15544	17681	110	67	43	29242	13781	15461
21	33466	15518	17948	46	24	22	29503	13684	15819
22	34678	16104	18574	27	17	10	30557	14245	16312
23	38215	17897	20318	34	18	16	33798	15869	17929
24	38241	17856	20385	21	7	14	33671	15785	17886
25-29岁	**207772**	**98097**	**109675**	**87**	**42**	**45**	**182637**	**86447**	**96190**
25	38615	18103	20512	19	9	10	33948	15980	17968
26	39147	18351	20796	11	5	6	34478	16191	18287
27	40140	18991	21149	20	10	10	35219	16678	18541
28	46187	21666	24521	19	9	10	40692	19116	21576
29	43683	20986	22697	18	9	9	38300	18482	19818
30-34岁	**255495**	**120204**	**135291**	**112**	**65**	**47**	**224363**	**105675**	**118688**
30	49931	23061	26870	21	8	13	43626	20173	23453
31	47369	22552	24817	16	10	6	41640	19900	21740
32	51636	24100	27536	23	15	8	45353	21128	24225
33	49188	23392	25796	33	20	13	43223	20561	22662
34	57371	27099	30272	19	12	7	50521	23913	26608
35-39岁	**321516**	**151044**	**170472**	**72**	**39**	**33**	**282539**	**133170**	**149369**
35	60907	28603	32304	19	8	11	53519	25237	28282
36	65209	30543	34666	19	8	11	57443	27011	30432
37	63942	30220	33722	13	10	3	56031	26578	29453
38	66773	31213	35560	9	6	3	58593	27402	31191
39	64685	30465	34220	12	7	5	56953	26942	30011
40-44岁	**355483**	**166566**	**188917**	**68**	**49**	**19**	**311686**	**146559**	**165127**
40	77469	35877	41592	16	13	3	67915	31602	36313
41	69714	32815	36899	12	7	5	61118	28883	32235
42	76891	36108	40783	15	11	4	67515	31819	35696
43	62895	29711	33184	11	6	5	54938	26016	28922
44	68514	32055	36459	14	12	2	60200	28239	31961
45-49岁	**271830**	**120992**	**150838**	**59**	**42**	**17**	**237474**	**106350**	**131124**
45	67541	30968	36573	15	10	5	59181	27239	31942
46	63123	28379	34744	12	7	5	55246	24928	30318
47	61877	27239	34638	17	12	5	54087	24032	30055
48	49961	21696	28265	14	12	2	43625	19169	24456
49	29328	12710	16618	1	1		25335	10982	14353
50岁及以上	**1033053**	**517261**	**515792**	**194**	**115**	**79**	**873929**	**442200**	**431729**

2-6 续表 3

单位：人

年 龄	小学								
	肄 业			辍 学			其 他		
	小计	男	女	小计	男	女	小计	男	女
总 计	**131849**	**59174**	**72675**	**179534**	**83533**	**96001**	**60896**	**29695**	**31201**
6-9岁	**865**	**438**	**427**	**351**	**177**	**174**	**467**	**247**	**220**
6	146	84	62	41	21	20	166	89	77
7	220	117	103	71	35	36	109	52	57
8	210	104	106	98	49	49	90	42	48
9	289	133	156	141	72	69	102	64	38
10-14岁	**1612**	**840**	**772**	**2976**	**1417**	**1559**	**747**	**379**	**368**
10	276	139	137	193	91	102	117	58	59
11	324	168	156	358	168	190	132	67	65
12	350	176	174	612	296	316	139	67	72
13	324	178	146	771	378	393	158	82	76
14	338	179	159	1042	484	558	201	105	96
15-19岁	**2910**	**1425**	**1485**	**7592**	**3617**	**3975**	**2014**	**1029**	**985**
15	455	251	204	1306	632	674	307	168	139
16	523	277	246	1396	690	706	337	176	161
17	608	303	305	1568	741	827	384	188	196
18	644	291	353	1678	808	870	463	223	240
19	680	303	377	1644	746	898	523	274	249
20-24岁	**5639**	**2435**	**3204**	**11271**	**5135**	**6136**	**3906**	**1852**	**2054**
20	951	405	546	2180	961	1219	742	330	412
21	1041	479	562	2135	957	1178	741	374	367
22	1112	448	664	2241	1041	1200	741	353	388
23	1206	527	679	2343	1080	1263	834	403	431
24	1329	576	753	2372	1096	1276	848	392	456
25-29岁	**7019**	**3090**	**3929**	**13421**	**6302**	**7119**	**4608**	**2216**	**2392**
25	1279	532	747	2479	1168	1311	890	414	476
26	1284	576	708	2528	1172	1356	846	407	439
27	1377	617	760	2633	1252	1381	891	434	457
28	1530	668	862	2941	1368	1573	1005	505	500
29	1549	697	852	2840	1342	1498	976	456	520
30-34岁	**9319**	**4065**	**5254**	**16278**	**7672**	**8606**	**5423**	**2727**	**2696**
30	1886	808	1078	3295	1515	1780	1103	557	546
31	1660	728	932	3009	1378	1631	1044	536	508
32	1882	845	1037	3274	1550	1724	1104	562	542
33	1832	791	1041	3095	1511	1584	1005	509	496
34	2059	893	1166	3605	1718	1887	1167	563	604
35-39岁	**12588**	**5510**	**7078**	**20006**	**9247**	**10759**	**6311**	**3078**	**3233**
35	2247	989	1258	3845	1748	2097	1277	621	656
36	2553	1077	1476	3986	1876	2110	1208	571	637
37	2556	1139	1417	4061	1857	2204	1281	636	645
38	2675	1182	1493	4174	1942	2232	1322	681	641
39	2557	1123	1434	3940	1824	2116	1223	569	654
40-44岁	**14809**	**6434**	**8375**	**22266**	**10241**	**12025**	**6654**	**3283**	**3371**
40	3162	1371	1791	4856	2167	2689	1520	724	796
41	2865	1246	1619	4464	2047	2417	1255	632	623
42	3164	1357	1807	4806	2254	2552	1391	667	724
43	2739	1234	1505	3961	1853	2108	1246	602	644
44	2879	1226	1653	4179	1920	2259	1242	658	584
45-49岁	**12092**	**4863**	**7229**	**16841**	**7272**	**9569**	**5364**	**2465**	**2899**
45	2975	1249	1726	4155	1897	2258	1215	573	642
46	2721	1113	1608	3917	1743	2174	1227	588	639
47	2784	1074	1710	3768	1573	2195	1221	548	673
48	2177	831	1346	3088	1226	1862	1057	458	599
49	1435	596	839	1913	833	1080	644	298	346
50岁及以上	**64996**	**30074**	**34922**	**68532**	**32453**	**36079**	**25402**	**12419**	**12983**

2-6 续表 4

单位：人

年龄	初中								
	合计			在校			毕业		
	合计	男	女	小计	男	女	小计	男	女
总计	**3368667**	**1866376**	**1502291**	**487743**	**254603**	**233140**	**2762279**	**1540576**	**1221703**
6-9岁	**2018**	**1099**	**919**	**1625**	**877**	**748**	**350**	**200**	**150**
6	367	202	165	262	149	113	92	46	46
7	378	211	167	298	163	135	72	44	28
8	490	262	228	397	213	184	82	43	39
9	783	424	359	668	352	316	104	67	37
10-14岁	**288657**	**150131**	**138526**	**276880**	**143512**	**133368**	**9037**	**4952**	**4085**
10	1929	1043	886	1749	936	813	156	92	64
11	8718	4455	4263	8125	4144	3981	523	274	249
12	49415	24963	24452	47955	24188	23767	1223	642	581
13	101335	52701	48634	98513	51128	47385	2132	1167	965
14	127260	66969	60291	120538	63116	57422	5003	2777	2226
15-19岁	**441849**	**239734**	**202115**	**208460**	**109788**	**98672**	**217500**	**120147**	**97353**
15	127039	68186	58853	110308	58445	51863	13875	7912	5963
16	91059	49454	41605	57431	30145	27286	30415	17266	13149
17	76558	41947	34611	25119	13004	12115	48153	26948	21205
18	74599	40796	33803	10325	5367	4958	60984	33445	27539
19	72594	39351	33243	5277	2827	2450	64073	34576	29497
20-24岁	**459450**	**239869**	**219581**	**494**	**245**	**249**	**441181**	**229458**	**211723**
20	92143	48205	43938	255	134	121	88019	45832	42187
21	88484	46295	42189	115	45	70	84700	44177	40523
22	89549	46548	43001	60	29	31	86088	44581	41507
23	96195	50348	45847	35	20	15	92692	48333	44359
24	93079	48473	44606	29	17	12	89682	46535	43147
25-29岁	**417149**	**221852**	**195297**	**82**	**46**	**36**	**401804**	**212924**	**188880**
25	88314	46316	41998	22	12	10	85091	44471	40620
26	84702	44697	40005	15	6	9	81589	42895	38694
27	79979	42503	37476	22	12	10	76984	40746	36238
28	88249	47122	41127	11	6	5	85088	45288	39800
29	75905	41214	34691	12	10	2	73052	39524	33528
30-34岁	**358453**	**195625**	**162828**	**43**	**33**	**10**	**345182**	**187763**	**157419**
30	79162	42507	36655	13	10	3	76134	40780	35354
31	71799	39207	32592	7	5	2	69135	37586	31549
32	70686	38489	32197	6	5	1	68096	36955	31141
33	63674	35197	28477	11	9	2	61414	33852	27562
34	73132	40225	32907	6	4	2	70403	38590	31813
35-39岁	**368275**	**204279**	**163996**	**47**	**33**	**14**	**354537**	**196186**	**158351**
35	73522	40705	32817	12	7	5	70698	39057	31641
36	77392	42630	34762	11	8	3	74474	40911	33563
37	73627	40823	32804	7	5	2	70938	39235	31703
38	73774	40855	32919	8	6	2	70946	39182	31764
39	69960	39266	30694	9	7	2	67481	37801	29680
40-44岁	**337525**	**189523**	**148002**	**45**	**26**	**19**	**324764**	**182002**	**142762**
40	76467	42546	33921	11	6	5	73541	40868	32673
41	65435	36621	28814	11	8	3	62986	35153	27833
42	72148	40339	31809	8	3	5	69480	38793	30687
43	57513	32508	25005	6	3	3	55351	31195	24156
44	65962	37509	28453	9	6	3	63406	35993	27413
45-49岁	**274151**	**156423**	**117728**	**26**	**16**	**10**	**263968**	**150344**	**113624**
45	67147	37882	29265	8	5	3	64622	36376	28246
46	63753	35971	27782	7	3	4	61371	34564	26807
47	68056	38965	29091	3	2	1	65636	37509	28127
48	49995	28984	21011	7	5	2	48132	27856	20276
49	25200	14621	10579	1	1		24207	14039	10168
50岁及以上	**421140**	**267841**	**153299**	**41**	**27**	**14**	**403956**	**256600**	**147356**

2-6 续表 5

单位：人

年 龄	初中								
	肄业			辍学			其他		
	小计	男	女	小计	男	女	小计	男	女
总 计	**52503**	**30915**	**21588**	**51768**	**31898**	**19870**	**14374**	**8384**	**5990**
6-9岁	**14**	**4**	**10**	**9**	**5**	**4**	**20**	**13**	**7**
6	1		1	3	2	1	9	5	4
7	3	1	2				5	3	2
8	6	2	4	3	2	1	2	2	
9	4	1	3	3	1	2	4	3	1
10-14岁	**1082**	**622**	**460**	**1498**	**955**	**543**	**160**	**90**	**70**
10	13	7	6	8	6	2	3	2	1
11	37	20	17	22	13	9	11	4	7
12	135	71	64	82	49	33	20	13	7
13	298	165	133	348	219	129	44	22	22
14	599	359	240	1038	668	370	82	49	33
15-19岁	**5913**	**3624**	**2289**	**9079**	**5650**	**3429**	**897**	**525**	**372**
15	957	610	347	1773	1142	631	126	77	49
16	1124	704	420	1944	1246	698	145	93	52
17	1216	727	489	1906	1190	716	164	78	86
18	1269	769	500	1795	1075	720	226	140	86
19	1347	814	533	1661	997	664	236	137	99
20-24岁	**7571**	**4164**	**3407**	**8347**	**4970**	**3377**	**1857**	**1032**	**825**
20	1566	872	694	1918	1152	766	385	215	170
21	1608	873	735	1716	1003	713	345	197	148
22	1435	791	644	1591	946	645	375	201	174
23	1475	834	641	1613	946	667	380	215	165
24	1487	794	693	1509	923	586	372	204	168
25-29岁	**6723**	**3843**	**2880**	**6639**	**3996**	**2643**	**1901**	**1043**	**858**
25	1465	799	666	1380	835	545	356	199	157
26	1378	804	574	1340	772	568	380	220	160
27	1298	754	544	1329	808	521	346	183	163
28	1349	759	590	1366	831	535	435	238	197
29	1233	727	506	1224	750	474	384	203	181
30-34岁	**5838**	**3361**	**2477**	**5633**	**3449**	**2184**	**1757**	**1019**	**738**
30	1321	733	588	1314	783	531	380	201	179
31	1183	689	494	1104	700	404	370	227	143
32	1134	646	488	1103	676	427	347	207	140
33	994	585	409	970	583	387	285	168	117
34	1206	708	498	1142	707	435	375	216	159
35-39岁	**6406**	**3688**	**2718**	**5504**	**3325**	**2179**	**1781**	**1047**	**734**
35	1298	755	543	1162	690	472	352	196	156
36	1347	756	591	1174	720	454	386	235	151
37	1260	713	547	1093	685	408	329	185	144
38	1327	778	549	1117	664	453	376	225	151
39	1174	686	488	958	566	392	338	206	132
40-44岁	**6005**	**3400**	**2605**	**4987**	**3075**	**1912**	**1724**	**1020**	**704**
40	1374	747	627	1126	690	436	415	235	180
41	1163	692	471	938	575	363	337	193	144
42	1262	700	562	1026	626	400	372	217	155
43	984	565	419	869	550	319	303	195	108
44	1222	696	526	1028	634	394	297	180	117
45-49岁	**4722**	**2756**	**1966**	**4092**	**2522**	**1570**	**1343**	**785**	**558**
45	1161	676	485	1019	623	396	337	202	135
46	1076	611	465	993	615	378	306	178	128
47	1171	698	473	936	580	356	310	176	134
48	866	517	349	734	454	280	256	152	104
49	448	254	194	410	250	160	134	77	57
50岁及以上	**8229**	**5453**	**2776**	**5980**	**3951**	**2029**	**2934**	**1810**	**1124**

2-6 续表 6

单位：人

年龄	高中								
	合计			在校			毕业		
	合计	男	女	小计	男	女	小计	男	女
总计	**922995**	**506128**	**416867**	**257563**	**126828**	**130735**	**648668**	**368951**	**279717**
6-9岁	**5**	**4**	**1**	**3**	**2**	**1**	**2**	**2**	
6									
7									
8	4	3	1	2	1	1	2	2	
9	1	1		1	1				
10-14岁	**5539**	**2623**	**2916**	**5339**	**2526**	**2813**	**168**	**80**	**88**
10	8	2	6	8	2	6			
11	13	5	8	12	5	7	1		1
12	16	8	8	13	6	7	3	2	1
13	996	493	503	926	458	468	64	30	34
14	4506	2115	2391	4380	2055	2325	100	48	52
15-19岁	**253616**	**124672**	**128944**	**225356**	**109892**	**115464**	**25864**	**13415**	**12449**
15	29967	14058	15909	29611	13850	15761	273	160	113
16	57654	27811	29843	56241	27046	29195	1101	604	497
17	70230	34200	36030	65883	31906	33977	3721	1955	1766
18	57999	28995	29004	48766	24203	24563	8509	4359	4150
19	37766	19608	18158	24855	12887	11968	12260	6337	5923
20-24岁	**122193**	**64036**	**58157**	**24993**	**13236**	**11757**	**94057**	**48912**	**45145**
20	33185	17226	15959	14601	7657	6944	17846	9158	8688
21	24885	12942	11943	5788	3061	2727	18421	9450	8971
22	22540	11944	10596	2761	1499	1262	19130	10041	9089
23	21865	11579	10286	1254	702	552	20018	10521	9497
24	19718	10345	9373	589	317	272	18642	9742	8900
25-29岁	**83580**	**44487**	**39093**	**1017**	**564**	**453**	**80492**	**42697**	**37795**
25	17438	9278	8160	368	213	155	16600	8797	7803
26	16183	8595	7588	224	117	107	15539	8209	7330
27	15881	8415	7466	172	82	90	15329	8109	7220
28	18173	9663	8510	157	90	67	17578	9319	8259
29	15905	8536	7369	96	62	34	15446	8263	7183
30-34岁	**78894**	**42772**	**36122**	**233**	**151**	**82**	**77041**	**41643**	**35398**
30	16513	8769	7744	97	55	42	16054	8505	7549
31	16604	8940	7664	42	28	14	16246	8704	7542
32	16000	8659	7341	38	32	6	15631	8454	7177
33	14229	7779	6450	22	12	10	13908	7577	6331
34	15548	8625	6923	34	24	10	15202	8403	6799
35-39岁	**78904**	**44173**	**34731**	**204**	**138**	**66**	**77092**	**43068**	**34024**
35	15560	8681	6879	41	27	14	15204	8453	6751
36	16038	8979	7059	34	20	14	15656	8746	6910
37	16096	8990	7106	53	37	16	15726	8762	6964
38	16001	9018	6983	47	38	9	15621	8784	6837
39	15209	8505	6704	29	16	13	14885	8323	6562
40-44岁	**68469**	**38595**	**29874**	**117**	**87**	**30**	**66970**	**37671**	**29299**
40	16125	9212	6913	26	19	7	15778	8995	6783
41	14037	7880	6157	32	21	11	13721	7694	6027
42	14747	8228	6519	31	25	6	14414	8026	6388
43	10892	6126	4766	14	11	3	10677	5993	4684
44	12668	7149	5519	14	11	3	12380	6963	5417
45-49岁	**81150**	**46901**	**34249**	**90**	**71**	**19**	**79558**	**45863**	**33695**
45	14249	8081	6168	15	15		13975	7892	6083
46	16465	9306	7159	27	21	6	16125	9099	7026
47	21478	12396	9082	21	15	6	21071	12141	8930
48	18325	10901	7424	20	14	6	17940	10638	7302
49	10633	6217	4416	7	6	1	10447	6093	4354
50岁及以上	**150645**	**97865**	**52780**	**211**	**161**	**50**	**147424**	**95600**	**51824**

2-6 续表 7

单位：人

年 龄	高中								
	肄业			辍学			其他		
	小计	男	女	小计	男	女	小计	男	女
总 计	**7069**	**4438**	**2631**	**6367**	**3938**	**2429**	**3328**	**1973**	**1355**
6-9岁									
6									
7									
8									
9									
10-14岁	**9**	**4**	**5**	**13**	**8**	**5**	**10**	**5**	**5**
10									
11									
12									
13				6	5	1			
14	9	4	5	7	3	4	10	5	5
15-19岁	**901**	**503**	**398**	**1318**	**761**	**557**	**177**	**101**	**76**
15	31	15	16	45	32	13	7	1	6
16	112	60	52	178	88	90	22	13	9
17	237	128	109	347	185	162	42	26	16
18	286	162	124	389	240	149	49	31	18
19	235	138	97	359	216	143	57	30	27
20-24岁	**1208**	**746**	**462**	**1494**	**885**	**609**	**441**	**257**	**184**
20	249	150	99	416	218	198	73	43	30
21	262	171	91	337	215	122	77	45	32
22	269	180	89	276	165	111	104	59	45
23	240	132	108	254	167	87	99	57	42
24	188	113	75	211	120	91	88	53	35
25-29岁	**869**	**506**	**363**	**821**	**510**	**311**	**381**	**210**	**171**
25	196	101	95	192	118	74	82	49	33
26	171	118	53	170	107	63	79	44	35
27	167	100	67	154	91	63	59	33	26
28	180	104	76	166	103	63	92	47	45
29	155	83	72	139	91	48	69	37	32
30-34岁	**682**	**406**	**276**	**559**	**358**	**201**	**379**	**214**	**165**
30	145	85	60	124	79	45	93	45	48
31	125	78	47	127	86	41	64	44	20
32	142	72	70	103	58	45	86	43	43
33	122	78	44	105	72	33	72	40	32
34	148	93	55	100	63	37	64	42	22
35-39岁	**678**	**423**	**255**	**517**	**310**	**207**	**413**	**234**	**179**
35	132	92	40	118	67	51	65	42	23
36	142	87	55	116	73	43	90	53	37
37	134	82	52	98	56	42	85	53	32
38	159	99	60	88	54	34	86	43	43
39	111	63	48	97	60	37	87	43	44
40-44岁	**602**	**357**	**245**	**413**	**261**	**152**	**367**	**219**	**148**
40	135	85	50	115	76	39	71	37	34
41	122	71	51	81	40	41	81	54	27
42	133	76	57	90	53	37	79	48	31
43	90	55	35	50	32	18	61	35	26
44	122	70	52	77	60	17	75	45	30
45-49岁	**710**	**474**	**236**	**444**	**297**	**147**	**348**	**196**	**152**
45	117	81	36	78	58	20	64	35	29
46	147	95	52	108	63	45	58	28	30
47	189	120	69	100	59	41	97	61	36
48	172	118	54	105	80	25	88	51	37
49	85	60	25	53	37	16	41	21	20
50岁及以上	**1410**	**1019**	**391**	**788**	**548**	**240**	**812**	**537**	**275**

2-6 续表 8 单位：人

年 龄	大学专科								
	合 计			在 校			毕 业		
	合计	男	女	小计	男	女	小计	男	女
总 计	**393337**	**206673**	**186664**	**70893**	**32773**	**38120**	**319052**	**171956**	**147096**
6-9岁									
6									
7									
8									
9									
10-14岁	**24**	**12**	**12**	**21**	**11**	**10**	**3**	**1**	**2**
10									
11	4	1	3	3		3	1	1	
12	7	4	3	6	4	2	1		1
13	2	2		2	2				
14	11	5	6	10	5	5	1		1
15-19岁	**25023**	**10671**	**14352**	**22802**	**9676**	**13126**	**2109**	**939**	**1170**
15	565	232	333	535	210	325	28	20	8
16	1190	484	706	1144	462	682	42	19	23
17	2523	1019	1504	2342	950	1392	172	64	108
18	7076	3014	4062	6448	2737	3711	590	259	331
19	13669	5922	7747	12333	5317	7016	1277	577	700
20-24岁	**90129**	**41267**	**48862**	**45427**	**21655**	**23772**	**44102**	**19304**	**24798**
20	21062	9405	11657	17866	8036	9830	3088	1324	1764
21	20204	9225	10979	14079	6642	7437	6023	2535	3488
22	17515	8156	9359	7888	4016	3872	9482	4065	5417
23	16663	7685	8978	3980	2067	1913	12565	5553	7012
24	14685	6796	7889	1614	894	720	12944	5827	7117
25-29岁	**60354**	**29093**	**31261**	**1790**	**972**	**818**	**58013**	**27833**	**30180**
25	12675	5993	6682	727	397	330	11832	5532	6300
26	12265	5889	6376	419	218	201	11738	5616	6122
27	11692	5574	6118	259	150	109	11313	5369	5944
28	12920	6301	6619	212	115	97	12607	6137	6470
29	10802	5336	5466	173	92	81	10523	5179	5344
30-34岁	**52869**	**26756**	**26113**	**329**	**162**	**167**	**52067**	**26348**	**25719**
30	11010	5376	5634	115	55	60	10788	5269	5519
31	11039	5543	5496	68	31	37	10859	5450	5409
32	10754	5408	5346	44	24	20	10635	5345	5290
33	9564	4939	4625	54	27	27	9428	4870	4558
34	10502	5490	5012	48	25	23	10357	5414	4943
35-39岁	**49220**	**26669**	**22551**	**184**	**102**	**82**	**48604**	**26327**	**22277**
35	10326	5547	4779	46	26	20	10189	5471	4718
36	10226	5561	4665	37	16	21	10093	5489	4604
37	10045	5341	4704	29	20	9	9926	5276	4650
38	9697	5326	4371	34	19	15	9583	5263	4320
39	8926	4894	4032	38	21	17	8813	4828	3985
40-44岁	**39217**	**22114**	**17103**	**157**	**75**	**82**	**38714**	**21843**	**16871**
40	9524	5242	4282	47	19	28	9392	5171	4221
41	8287	4648	3639	25	15	10	8181	4586	3595
42	8413	4761	3652	40	14	26	8301	4710	3591
43	6010	3431	2579	16	10	6	5942	3390	2552
44	6983	4032	2951	29	17	12	6898	3986	2912
45-49岁	**30432**	**18179**	**12253**	**82**	**49**	**33**	**30067**	**17955**	**12112**
45	7231	4263	2968	19	11	8	7153	4211	2942
46	7361	4307	3054	16	11	5	7284	4259	3025
47	7605	4556	3049	22	11	11	7514	4510	3004
48	5362	3289	2073	17	9	8	5282	3239	2043
49	2873	1764	1109	8	7	1	2834	1736	1098
50岁及以上	**46069**	**31912**	**14157**	**101**	**71**	**30**	**45373**	**31406**	**13967**

2-6 续表 9

单位：人

年龄	大学专科								
	肄业			辍学			其他		
	小计	男	女	小计	男	女	小计	男	女
总计	**1273**	**736**	**537**	**550**	**307**	**243**	**1569**	**901**	**668**
6-9岁									
6									
7									
8									
9									
10-14岁									
10									
11									
12									
13									
14									
15-19岁	**37**	**20**	**17**	**25**	**14**	**11**	**50**	**22**	**28**
15	1	1					1	1	
16	2	1	1				2	2	
17				5	4	1	4	1	3
18	8	4	4	8	5	3	22	9	13
19	26	14	12	12	5	7	21	9	12
20-24岁	**230**	**109**	**121**	**150**	**84**	**66**	**220**	**115**	**105**
20	36	13	23	35	20	15	37	12	25
21	46	18	28	19	9	10	37	21	16
22	48	30	18	37	17	20	60	28	32
23	56	28	28	26	14	12	36	23	13
24	44	20	24	33	24	9	50	31	19
25-29岁	**206**	**112**	**94**	**97**	**48**	**49**	**248**	**128**	**120**
25	34	20	14	22	12	10	60	32	28
26	41	20	21	25	8	17	42	27	15
27	54	30	24	19	8	11	47	17	30
28	38	16	22	11	8	3	52	25	27
29	39	26	13	20	12	8	47	27	20
30-34岁	**186**	**95**	**91**	**64**	**27**	**37**	**223**	**124**	**99**
30	43	23	20	18	6	12	46	23	23
31	45	24	21	14	9	5	53	29	24
32	28	16	12	11	4	7	36	19	17
33	36	19	17	10	2	8	36	21	15
34	34	13	21	11	6	5	52	32	20
35-39岁	**160**	**89**	**71**	**57**	**35**	**22**	**215**	**116**	**99**
35	36	22	14	9	7	2	46	21	25
36	31	17	14	16	10	6	49	29	20
37	39	17	22	12	8	4	39	20	19
38	25	13	12	11	5	6	44	26	18
39	29	20	9	9	5	4	37	20	17
40-44岁	**135**	**81**	**54**	**42**	**24**	**18**	**169**	**91**	**78**
40	34	21	13	10	6	4	41	25	16
41	33	20	13	9	6	3	39	21	18
42	28	14	14	11	5	6	33	18	15
43	18	13	5	6	4	2	28	14	14
44	22	13	9	6	3	3	28	13	15
45-49岁	**102**	**61**	**41**	**36**	**21**	**15**	**145**	**93**	**52**
45	16	10	6	9	5	4	34	26	8
46	25	15	10	10	6	4	26	16	10
47	22	10	12	7	3	4	40	22	18
48	28	18	10	5	4	1	30	19	11
49	11	8	3	5	3	2	15	10	5
50岁及以上	**217**	**169**	**48**	**79**	**54**	**25**	**299**	**212**	**87**

2-6 续表 10

单位：人

年 龄	大学本科								
	合 计			在 校			毕 业		
	合计	男	女	小计	男	女	小计	男	女
总 计	**265188**	**138202**	**126986**	**88282**	**41234**	**47048**	**175832**	**96355**	**79477**
6-9岁									
6									
7									
8									
9									
10-14岁	**2**	**1**	**1**	**2**	**1**	**1**			
10									
11									
12	1		1	1		1			
13									
14	1	1		1	1				
15-19岁	**20645**	**8746**	**11899**	**20422**	**8634**	**11788**	**208**	**105**	**103**
15	74	38	36	70	34	36	4	4	
16	171	68	103	166	67	99	4		4
17	1057	393	664	1035	384	651	20	8	12
18	6331	2613	3718	6286	2589	3697	41	22	19
19	13012	5634	7378	12865	5560	7305	139	71	68
20-24岁	**83907**	**39187**	**44720**	**65196**	**31063**	**34133**	**18527**	**8031**	**10496**
20	20237	8993	11244	19829	8812	11017	382	169	213
21	20536	9410	11126	19369	8894	10475	1151	509	642
22	18216	8802	9414	15009	7454	7555	3166	1331	1835
23	14086	6801	7285	7973	4195	3778	6074	2581	3493
24	10832	5181	5651	3016	1708	1308	7754	3441	4313
25-29岁	**44677**	**21197**	**23480**	**2117**	**1221**	**896**	**42332**	**19864**	**22468**
25	9153	4309	4844	1037	607	430	8059	3674	4385
26	9089	4264	4825	492	293	199	8547	3944	4603
27	8990	4244	4746	255	143	112	8683	4079	4604
28	9578	4535	5043	178	102	76	9356	4415	4941
29	7867	3845	4022	155	76	79	7687	3752	3935
30-34岁	**33245**	**17395**	**15850**	**265**	**146**	**119**	**32816**	**17161**	**15655**
30	7320	3679	3641	111	60	51	7174	3598	3576
31	7082	3670	3412	45	23	22	7000	3628	3372
32	6755	3502	3253	42	24	18	6684	3461	3223
33	5751	3057	2694	30	17	13	5693	3026	2667
34	6337	3487	2850	37	22	15	6265	3448	2817
35-39岁	**28410**	**16160**	**12250**	**126**	**75**	**51**	**28130**	**15985**	**12145**
35	5902	3272	2630	30	18	12	5826	3227	2599
36	5966	3390	2576	28	18	10	5908	3353	2555
37	5766	3265	2501	24	12	12	5714	3233	2481
38	5548	3184	2364	23	12	11	5500	3155	2345
39	5228	3049	2179	21	15	6	5182	3017	2165
40-44岁	**22549**	**13699**	**8850**	**76**	**45**	**31**	**22350**	**13578**	**8772**
40	5333	3117	2216	15	8	7	5292	3095	2197
41	4820	2891	1929	12	10	2	4784	2868	1916
42	4923	2992	1931	23	14	9	4878	2964	1914
43	3573	2225	1348	9	5	4	3542	2207	1335
44	3900	2474	1426	17	8	9	3854	2444	1410
45-49岁	**14342**	**9437**	**4905**	**42**	**25**	**17**	**14217**	**9361**	**4856**
45	3741	2391	1350	11	7	4	3710	2370	1340
46	3550	2322	1228	10	7	3	3522	2305	1217
47	3577	2406	1171	10	5	5	3548	2389	1159
48	2331	1560	771	7	3	4	2304	1545	759
49	1143	758	385	4	3	1	1133	752	381
50岁及以上	**17411**	**12380**	**5031**	**36**	**24**	**12**	**17252**	**12270**	**4982**

2-6　续表 11　　　　单位：人

年　龄	大学本科								
	肄　业			辍　学			其　他		
	小计	男	女	小计	男	女	小计	男	女
总　计	**387**	**221**	**166**	**116**	**77**	**39**	**571**	**315**	**256**
6-9岁									
6									
7									
8									
9									
10-14岁									
10									
11									
12									
13									
14									
15-19岁	**6**	**4**	**2**	**4**	**2**	**2**	**5**	**1**	**4**
15									
16				1	1				
17				1	1		1		1
18	2	2		2		2			
19	4	2	2				4	1	3
20-24岁	**64**	**33**	**31**	**41**	**26**	**15**	**79**	**34**	**45**
20	6	3	3	5	3	2	15	6	9
21	6	2	4	4	2	2	6	3	3
22	15	5	10	8	5	3	18	7	11
23	13	9	4	10	7	3	16	9	7
24	24	14	10	14	9	5	24	9	15
25-29岁	**92**	**49**	**43**	**22**	**12**	**10**	**114**	**51**	**63**
25	23	12	11	7	5	2	27	11	16
26	18	13	5	5	2	3	27	12	15
27	21	11	10	5	3	2	26	8	18
28	18	7	11	5	2	3	21	9	12
29	12	6	6				13	11	2
30-34岁	**60**	**31**	**29**	**13**	**8**	**5**	**91**	**49**	**42**
30	16	10	6	3	3		16	8	8
31	14	5	9	2	2		21	12	9
32	7	4	3	3	1	2	19	12	7
33	12	6	6	4	2	2	12	6	6
34	11	6	5	1		1	23	11	12
35-39岁	**52**	**35**	**17**	**16**	**13**	**3**	**86**	**52**	**34**
35	12	7	5	7	6	1	27	14	13
36	13	10	3	2	1	1	15	8	7
37	9	7	2	4	3	1	15	10	5
38	9	5	4	1	1		15	11	4
39	9	6	3	2	2		14	9	5
40-44岁	**46**	**27**	**19**	**7**	**5**	**2**	**70**	**44**	**26**
40	12	5	7	1		1	13	9	4
41	14	8	6				10	5	5
42	8	6	2	2	1	1	12	7	5
43	6	4	2				16	9	7
44	6	4	2	4	4		19	14	5
45-49岁	**27**	**18**	**9**	**6**	**5**	**1**	**50**	**28**	**22**
45	10	6	4				10	8	2
46	4	2	2	2	2		12	6	6
47	3	3		1	1		15	8	7
48	7	5	2	3	2	1	10	5	5
49	3	2	1				3	1	2
50岁及以上	**40**	**24**	**16**	**7**	**6**	**1**	**76**	**56**	**20**

2-6 续表 12

单位：人

年龄	研究生								
	合计			在校			毕业		
	合计	男	女	小计	男	女	小计	男	女
总计	**18366**	**9206**	**9160**	**6280**	**2641**	**3639**	**11971**	**6495**	**5476**
6-9岁									
6									
7									
8									
9									
10-14岁									
10									
11									
12									
13									
14									
15-19岁	**53**	**23**	**30**	**44**	**17**	**27**	**8**	**6**	**2**
15	7	2	5	7	2	5			
16	6	5	1	4	4		2	1	1
17	7	4	3	4	2	2	2	2	
18	12	7	5	9	4	5	3	3	
19	21	5	16	20	5	15	1		1
20-24岁	**3336**	**1255**	**2081**	**3142**	**1174**	**1968**	**189**	**78**	**111**
20	48	20	28	42	16	26	6	4	2
21	164	52	112	155	50	105	9	2	7
22	592	200	392	570	188	382	20	11	9
23	1200	447	753	1159	427	732	41	20	21
24	1332	536	796	1216	493	723	113	41	72
25-29岁	**5356**	**2251**	**3105**	**2508**	**1128**	**1380**	**2829**	**1114**	**1715**
25	1173	483	690	917	381	536	254	101	153
26	1084	457	627	668	304	364	413	151	262
27	1064	451	613	419	198	221	638	250	388
28	1076	449	627	300	145	155	771	302	469
29	959	411	548	204	100	104	753	310	443
30-34岁	**3341**	**1628**	**1713**	**368**	**188**	**180**	**2941**	**1424**	**1517**
30	810	376	434	132	69	63	675	307	368
31	770	361	409	86	39	47	674	314	360
32	676	321	355	58	30	28	611	288	323
33	553	285	268	54	31	23	493	252	241
34	532	285	247	38	19	19	488	263	225
35-39岁	**2495**	**1408**	**1087**	**147**	**81**	**66**	**2332**	**1316**	**1016**
35	499	260	239	39	19	20	456	239	217
36	524	303	221	42	27	15	478	273	205
37	506	279	227	22	7	15	481	269	212
38	514	306	208	29	21	8	483	284	199
39	452	260	192	15	7	8	434	251	183
40-44岁	**1779**	**1161**	**618**	**43**	**34**	**9**	**1719**	**1114**	**605**
40	434	283	151	18	15	3	409	262	147
41	380	246	134	12	8	4	366	237	129
42	375	235	140	5	4	1	366	227	139
43	302	197	105	4	3	1	296	193	103
44	288	200	88	4	4		282	195	87
45-49岁	**1207**	**851**	**356**	**21**	**16**	**5**	**1176**	**828**	**348**
45	291	191	100	7	5	2	281	185	96
46	312	234	78	3	2	1	306	230	76
47	316	210	106	8	6	2	307	203	104
48	194	139	55				192	137	55
49	94	77	17	3	3		90	73	17
50岁及以上	**799**	**629**	**170**	**7**	**3**	**4**	**777**	**615**	**162**

2-6　续表 13　　　　单位：人

年龄	研究生								
	肄业			辍学			其他		
	小计	男	女	小计	男	女	小计	男	女
总计	**36**	**20**	**16**	**9**	**5**	**4**	**70**	**45**	**25**
6–9岁									
6									
7									
8									
9									
10–14岁									
10									
11									
12									
13									
14									
15–19岁							**1**		**1**
15									
16									
17							1		1
18									
19									
20–24岁	**3**	**2**	**1**	**1**		**1**	**1**	**1**	
20									
21									
22	1	1		1		1			
23									
24	2	1	1				1	1	
25–29岁	**2**	**2**					**17**	**7**	**10**
25							2	1	1
26	2	2					1		1
27							7	3	4
28							5	2	3
29							2	1	1
30–34岁	**15**	**5**	**10**	**1**		**1**	**16**	**11**	**5**
30	3		3						
31	3	2	1				7	6	1
32	3	2	1				4	1	3
33	3	1	2	1		1	2	1	1
34	3		3				3	3	
35–39岁	**5**	**4**	**1**	**2**	**1**	**1**	**9**	**6**	**3**
35	1	1		1	1		2		2
36							4	3	1
37	1	1					2	2	
38	2	1	1						
39	1	1		1		1	1	1	
40–44岁	**4**	**3**	**1**	**3**	**2**	**1**	**10**	**8**	**2**
40							7	6	1
41	1	1					1		1
42	1	1		2	2		1	1	
43	1	1		1		1			
44	1		1				1	1	
45–49岁	**4**	**3**	**1**				**6**	**4**	**2**
45	2	1	1				1		1
46	1	1					2	1	1
47							1	1	
48	1	1					1	1	
49							1	1	
50岁及以上	**3**	**1**	**2**	**2**	**2**		**10**	**8**	**2**

2-6a 全国分年龄、性别、学业完成情况的6岁及以上少数民族人口状况(城市)(长表数据)

单位：人

年 龄	合 计								
	合 计			在 校			毕 业		
	合计	男	女	小计	男	女	小计	男	女
总 计	**1474271**	**739201**	**735070**	**341121**	**169579**	**171542**	**1096868**	**552068**	**544800**
6-9岁	**64197**	**33764**	**30433**	**63515**	**33394**	**30121**	**520**	**286**	**234**
6	15075	7775	7300	14888	7680	7208	139	71	68
7	15238	8061	7177	15084	7974	7110	116	65	51
8	16694	8752	7942	16553	8683	7870	111	55	56
9	17190	9176	8014	16990	9057	7933	154	95	59
10-14岁	**85006**	**44169**	**40837**	**82736**	**42936**	**39800**	**1849**	**1004**	**845**
10	17858	9424	8434	17633	9309	8324	172	92	80
11	16097	8487	7610	15791	8316	7475	244	142	102
12	17094	8888	8206	16678	8667	8011	355	194	161
13	17011	8690	8321	16500	8424	8076	427	217	210
14	16946	8680	8266	16134	8220	7914	651	359	292
15-19岁	**146967**	**72258**	**74709**	**108418**	**52066**	**56352**	**36452**	**18988**	**17464**
15	21026	10659	10367	19427	9738	9689	1363	787	576
16	25920	12836	13084	22210	10856	11354	3378	1785	1593
17	31132	15388	15744	23648	11402	12246	7053	3741	3312
18	33244	16192	17052	21604	10172	11432	11106	5722	5384
19	35645	17183	18462	21529	9898	11631	13552	6953	6599
20-24岁	**216209**	**104940**	**111269**	**80717**	**38224**	**42493**	**131943**	**64833**	**67110**
20	47268	22387	24881	26727	12002	14725	19839	10010	9829
21	47081	22589	24492	24005	11053	12952	22432	11195	11237
22	43937	21704	22233	16847	8375	8472	26354	12932	13422
23	41595	20502	21093	9158	4700	4458	31699	15406	16293
24	36328	17758	18570	3980	2094	1886	31619	15290	16329
25-29岁	**164646**	**80038**	**84608**	**4375**	**2221**	**2154**	**156633**	**76032**	**80601**
25	33247	16167	17080	1844	954	890	30626	14824	15802
26	32024	15656	16368	1068	554	514	30288	14766	15522
27	31995	15349	16646	632	310	322	30680	14717	15963
28	36119	17614	18505	468	233	235	34853	17004	17849
29	31261	15252	16009	363	170	193	30186	14721	15465
30-34岁	**148303**	**73335**	**74968**	**640**	**327**	**313**	**143882**	**71088**	**72794**
30	30830	15014	15816	240	126	114	29836	14524	15312
31	30920	15321	15599	132	60	72	30029	14853	15176
32	29897	14729	15168	95	52	43	29060	14305	14755
33	26771	13303	13468	91	47	44	25992	12896	13096
34	29885	14968	14917	82	42	40	28965	14510	14455
35-39岁	**152026**	**76779**	**75247**	**328**	**175**	**153**	**147203**	**74375**	**72828**
35	29575	14797	14778	83	42	41	28570	14304	14266
36	31275	15808	15467	82	47	35	30269	15324	14945
37	31091	15658	15433	58	30	28	30130	15169	14961
38	30548	15500	15048	55	29	26	29569	14988	14581
39	29537	15016	14521	50	27	23	28665	14590	14075
40-44岁	**132414**	**67071**	**65343**	**178**	**108**	**70**	**128144**	**64894**	**63250**
40	31294	15912	15382	48	27	21	30317	15401	14916
41	27664	13987	13677	40	28	12	26772	13538	13234
42	28695	14464	14231	46	29	17	27771	13995	13776
43	21470	10913	10557	15	8	7	20751	10557	10194
44	23291	11795	11496	29	16	13	22533	11403	11130
45-49岁	**106202**	**54034**	**52168**	**95**	**53**	**42**	**103114**	**52568**	**50546**
45	24078	12209	11869	24	13	11	23329	11831	11498
46	24368	12300	12068	21	13	8	23676	11991	11685
47	27156	13845	13311	27	12	15	26414	13486	12928
48	19426	9986	9440	14	7	7	18846	9721	9125
49	11174	5694	5480	9	8	1	10849	5539	5310
50岁及以上	**258301**	**132813**	**125488**	**119**	**75**	**44**	**247128**	**128000**	**119128**

2-6a　续表 1

单位：人

年　龄	合计								
	肄　业			辍　学			其　他		
	小计	男	女	小计	男	女	小计	男	女
总　计	**12801**	**6209**	**6592**	**15414**	**7491**	**7923**	**8067**	**3854**	**4213**
6-9岁	**77**	**42**	**35**	**20**	**6**	**14**	**65**	**36**	**29**
6	17	11	6	3		3	28	13	15
7	18	12	6	9	3	6	11	7	4
8	11	6	5	7	2	5	12	6	6
9	31	13	18	1	1		14	10	4
10-14岁	**191**	**94**	**97**	**177**	**102**	**75**	**53**	**33**	**20**
10	34	13	21	9	4	5	10	6	4
11	40	17	23	13	7	6	9	5	4
12	29	13	16	24	13	11	8	1	7
13	33	20	13	42	22	20	9	7	2
14	55	31	24	89	56	33	17	14	3
15-19岁	**681**	**389**	**292**	**1161**	**674**	**487**	**255**	**141**	**114**
15	74	45	29	139	75	64	23	14	9
16	100	56	44	199	120	79	33	19	14
17	142	80	62	242	138	104	47	27	20
18	164	88	76	304	174	130	66	36	30
19	201	120	81	277	167	110	86	45	41
20-24岁	**1204**	**645**	**559**	**1657**	**879**	**778**	**688**	**359**	**329**
20	222	113	109	359	199	160	121	63	58
21	224	122	102	306	161	145	114	58	56
22	254	147	107	327	177	150	155	73	82
23	253	139	114	338	173	165	147	84	63
24	251	124	127	327	169	158	151	81	70
25-29岁	**1252**	**626**	**626**	**1607**	**814**	**793**	**779**	**345**	**434**
25	277	143	134	338	173	165	162	73	89
26	213	113	100	307	149	158	148	74	74
27	231	119	112	306	148	158	146	55	91
28	277	124	153	355	178	177	166	75	91
29	254	127	127	301	166	135	157	68	89
30-34岁	**1322**	**682**	**640**	**1624**	**817**	**807**	**835**	**421**	**414**
30	261	133	128	329	155	174	164	76	88
31	274	158	116	337	176	161	148	74	74
32	267	126	141	300	151	149	175	95	80
33	237	126	111	292	148	144	159	86	73
34	283	139	144	366	187	179	189	90	99
35-39岁	**1601**	**823**	**778**	**1957**	**950**	**1007**	**937**	**456**	**481**
35	324	174	150	423	194	229	175	83	92
36	316	149	167	385	180	205	223	108	115
37	335	172	163	398	201	197	170	86	84
38	346	177	169	401	215	186	177	91	86
39	280	151	129	350	160	190	192	88	104
40-44岁	**1387**	**660**	**727**	**1852**	**971**	**881**	**853**	**438**	**415**
40	322	155	167	415	226	189	192	103	89
41	278	133	145	386	195	191	188	93	95
42	293	134	159	404	218	186	181	88	93
43	246	115	131	309	157	152	149	76	73
44	248	123	125	338	175	163	143	78	65
45-49岁	**1047**	**520**	**527**	**1193**	**549**	**644**	**753**	**344**	**409**
45	257	129	128	309	145	164	159	91	68
46	227	109	118	275	123	152	169	64	105
47	253	135	118	278	126	152	184	86	98
48	187	93	94	214	100	114	165	65	100
49	123	54	69	117	55	62	76	38	38
50岁及以上	**4039**	**1728**	**2311**	**4166**	**1729**	**2437**	**2849**	**1281**	**1568**

2-6a 续表 2

单位：人

年 龄	小学								
	合计			在校			毕业		
	合计	男	女	小计	男	女	小计	男	女
总 计	**273914**	**129583**	**144331**	**107404**	**56741**	**50663**	**147987**	**64964**	**83023**
6-9岁	**63996**	**33654**	**30342**	**63355**	**33308**	**30047**	**485**	**266**	**219**
6	15035	7754	7281	14863	7666	7197	127	66	61
7	15192	8034	7158	15047	7954	7093	108	59	49
8	16646	8725	7921	16513	8661	7852	103	50	53
9	17123	9141	7982	16932	9027	7905	147	91	56
10-14岁	**45193**	**24059**	**21134**	**43972**	**23400**	**20572**	**980**	**539**	**441**
10	17621	9305	8316	17410	9197	8213	159	86	73
11	14746	7836	6910	14502	7697	6805	187	111	76
12	8754	4754	4000	8497	4615	3882	213	118	95
13	2943	1597	1346	2715	1476	1239	194	103	91
14	1129	567	562	848	415	433	227	121	106
15-19岁	**3836**	**2017**	**1819**	**45**	**17**	**28**	**3319**	**1752**	**1567**
15	440	244	196	18	7	11	355	203	152
16	580	305	275	9	5	4	495	253	242
17	788	411	377	8	2	6	696	373	323
18	975	502	473	4	2	2	848	439	409
19	1053	555	498	6	1	5	925	484	441
20-24岁	**8448**	**3958**	**4490**	**7**	**3**	**4**	**7572**	**3566**	**4006**
20	1485	717	768	3	2	1	1342	653	689
21	1444	696	748	2	1	1	1302	635	667
22	1653	767	886				1485	696	789
23	1928	897	1031				1727	805	922
24	1938	881	1057	2		2	1716	777	939
25-29岁	**11048**	**4913**	**6135**	**1**	**1**		**9861**	**4371**	**5490**
25	1944	874	1070	1	1		1706	760	946
26	2058	945	1113				1837	840	997
27	2061	867	1194				1864	789	1075
28	2579	1178	1401				2308	1055	1253
29	2406	1049	1357				2146	927	1219
30-34岁	**14760**	**6483**	**8277**	**7**	**4**	**3**	**13226**	**5786**	**7440**
30	2613	1137	1476	1		1	2323	1013	1310
31	2766	1211	1555				2476	1083	1393
32	3036	1327	1709	3	3		2719	1172	1547
33	2906	1258	1648	2		2	2632	1134	1498
34	3439	1550	1889	1	1		3076	1384	1692
35-39岁	**19823**	**8910**	**10913**	**4**	**2**	**2**	**17631**	**7940**	**9691**
35	3788	1661	2127	2		2	3331	1470	1861
36	4068	1779	2289	1	1		3625	1601	2024
37	3934	1807	2127	1	1		3493	1606	1887
38	4074	1836	2238				3636	1623	2013
39	3959	1827	2132				3546	1640	1906
40-44岁	**21001**	**9544**	**11457**	**3**	**3**		**18799**	**8504**	**10295**
40	4738	2181	2557				4249	1933	2316
41	4340	1965	2375				3879	1759	2120
42	4582	2045	2537	1	1		4116	1832	2284
43	3618	1680	1938				3222	1496	1726
44	3723	1673	2050	2	2		3333	1484	1849
45-49岁	**14058**	**6124**	**7934**	**3**		**3**	**12461**	**5444**	**7017**
45	3566	1613	1953	2		2	3175	1440	1735
46	3235	1352	1883				2890	1218	1672
47	3220	1415	1805				2843	1246	1597
48	2546	1104	1442	1		1	2244	981	1263
49	1491	640	851				1309	559	750
50岁及以上	**71751**	**29921**	**41830**	**7**	**3**	**4**	**63653**	**26796**	**36857**

2-6a 续表 3 单位：人

年龄	小学								
	肄业			辍学			其他		
	小计	男	女	小计	男	女	小计	男	女
总计	**6177**	**2600**	**3577**	**9069**	**3895**	**5174**	**3277**	**1383**	**1894**
6-9岁	**76**	**42**	**34**	**20**	**6**	**14**	**60**	**32**	**28**
6	17	11	6	3		3	25	11	14
7	18	12	6	9	3	6	10	6	4
8	11	6	5	7	2	5	12	6	6
9	30	13	17	1	1		13	9	4
10-14岁	**116**	**57**	**59**	**92**	**45**	**47**	**33**	**18**	**15**
10	33	12	21	9	4	5	10	6	4
11	37	16	21	12	7	5	8	5	3
12	21	10	11	17	10	7	6	1	5
13	7	6	1	23	10	13	4	2	2
14	18	13	5	31	14	17	5	4	1
15-19岁	**122**	**65**	**57**	**290**	**153**	**137**	**60**	**30**	**30**
15	15	8	7	40	19	21	12	7	5
16	16	9	7	50	33	17	10	5	5
17	19	8	11	54	23	31	11	5	6
18	33	16	17	77	38	39	13	7	6
19	39	24	15	69	40	29	14	6	8
20-24岁	**249**	**106**	**143**	**499**	**223**	**276**	**121**	**60**	**61**
20	38	18	20	84	37	47	18	7	11
21	35	16	19	86	38	48	19	6	13
22	42	13	29	98	44	54	28	14	14
23	68	29	39	107	45	62	26	18	8
24	66	30	36	124	59	65	30	15	15
25-29岁	**334**	**148**	**186**	**706**	**332**	**374**	**146**	**61**	**85**
25	60	31	29	145	69	76	32	13	19
26	56	28	28	128	58	70	37	19	18
27	54	18	36	121	51	70	22	9	13
28	81	39	42	166	74	92	24	10	14
29	83	32	51	146	80	66	31	10	21
30-34岁	**466**	**214**	**252**	**825**	**370**	**455**	**236**	**109**	**127**
30	93	39	54	164	68	96	32	17	15
31	89	46	43	164	71	93	37	11	26
32	106	50	56	156	73	83	52	29	23
33	74	33	41	142	64	78	56	27	29
34	104	46	58	199	94	105	59	25	34
35-39岁	**692**	**320**	**372**	**1188**	**514**	**674**	**308**	**134**	**174**
35	139	69	70	259	103	156	57	19	38
36	137	54	83	231	91	140	74	32	42
37	137	63	74	243	107	136	60	30	30
38	144	67	77	235	117	118	59	29	30
39	135	67	68	220	96	124	58	24	34
40-44岁	**684**	**301**	**383**	**1216**	**598**	**618**	**299**	**138**	**161**
40	163	79	84	259	134	125	67	35	32
41	140	59	81	256	120	136	65	27	38
42	138	56	82	263	132	131	64	24	40
43	125	51	74	219	108	111	52	25	27
44	118	56	62	219	104	115	51	27	24
45-49岁	**534**	**228**	**306**	**789**	**333**	**456**	**271**	**119**	**152**
45	146	63	83	191	78	113	52	32	20
46	103	41	62	181	73	108	61	20	41
47	121	57	64	182	77	105	74	35	39
48	96	40	56	151	67	84	54	16	38
49	68	27	41	84	38	46	30	16	14
50岁及以上	**2904**	**1119**	**1785**	**3444**	**1321**	**2123**	**1743**	**682**	**1061**

2-6a 续表 4

单位：人

年龄	初中								
	合计			在校			毕业		
	合计	男	女	小计	男	女	小计	男	女
总计	**512496**	**264012**	**248484**	**55371**	**28584**	**26787**	**444715**	**228647**	**216068**
6-9岁	**199**	**108**	**91**	**159**	**85**	**74**	**34**	**19**	**15**
6	40	21	19	25	14	11	12	5	7
7	46	27	19	37	20	17	8	6	2
8	47	26	21	40	22	18	7	4	3
9	66	34	32	57	29	28	7	4	3
10-14岁	**38203**	**19379**	**18824**	**37205**	**18834**	**18371**	**824**	**441**	**383**
10	232	119	113	218	112	106	13	6	7
11	1345	651	694	1283	619	664	57	31	26
12	8335	4131	4204	8177	4050	4127	141	75	66
13	13787	6955	6832	13517	6817	6700	221	108	113
14	14504	7523	6981	14010	7236	6774	392	221	171
15-19岁	**44086**	**23482**	**20604**	**17961**	**9641**	**8320**	**24880**	**13099**	**11781**
15	11130	6072	5058	10020	5430	4590	943	542	401
16	7155	3811	3344	4286	2281	2005	2643	1402	1241
17	7653	4101	3552	2112	1109	1003	5283	2830	2453
18	8881	4638	4243	987	495	492	7590	3965	3625
19	9267	4860	4407	556	326	230	8421	4360	4061
20-24岁	**62432**	**32119**	**30313**	**19**	**8**	**11**	**60656**	**31128**	**29528**
20	11773	6053	5720	10	4	6	11374	5828	5546
21	11835	6137	5698	3	1	2	11507	5959	5548
22	12179	6252	5927	5	2	3	11812	6040	5772
23	13630	7045	6585	1	1		13274	6843	6431
24	13015	6632	6383				12689	6458	6231
25-29岁	**62089**	**31578**	**30511**	**9**	**5**	**4**	**60420**	**30739**	**29681**
25	12762	6466	6296	3	3		12393	6280	6113
26	12383	6385	5998	2	1	1	12081	6235	5846
27	11964	6023	5941	3	1	2	11646	5865	5781
28	13286	6764	6522	1		1	12927	6586	6341
29	11694	5940	5754				11373	5773	5600
30-34岁	**57496**	**29275**	**28221**	**3**	**2**	**1**	**55920**	**28397**	**27523**
30	12003	6023	5980				11683	5856	5827
31	11814	6035	5779	1	1		11476	5836	5640
32	11341	5781	5560	1	1		11051	5618	5433
33	10367	5278	5089				10077	5112	4965
34	11971	6158	5813	1		1	11633	5975	5658
35-39岁	**60852**	**31112**	**29740**	**8**	**4**	**4**	**59198**	**30191**	**29007**
35	11840	6040	5800	3	1	2	11503	5849	5654
36	12798	6573	6225				12462	6387	6075
37	12365	6273	6092	1	1		12031	6083	5948
38	12118	6200	5918	3	1	2	11752	5995	5757
39	11731	6026	5705	1	1		11450	5877	5573
40-44岁	**53814**	**27262**	**26552**	**3**	**2**	**1**	**52438**	**26514**	**25924**
40	12480	6337	6143	1	1		12158	6159	5999
41	10916	5525	5391	1	1		10634	5372	5262
42	11696	5876	5820				11397	5709	5688
43	8924	4535	4389	1		1	8694	4416	4278
44	9798	4989	4809				9555	4858	4697
45-49岁	**40891**	**21062**	**19829**				**39939**	**20567**	**19372**
45	10040	5104	4936				9787	4958	4829
46	9548	4852	4696				9332	4743	4589
47	10379	5358	5021				10154	5240	4914
48	7055	3745	3310				6890	3665	3225
49	3869	2003	1866				3776	1961	1815
50岁及以上	**92434**	**48635**	**43799**	**4**	**3**	**1**	**90406**	**47552**	**42854**

2-6a 续表 5

单位：人

年 龄	初中								
	肄业			辍学			其他		
	小计	男	女	小计	男	女	小计	男	女
总 计	**4843**	**2628**	**2215**	**4959**	**2806**	**2153**	**2608**	**1347**	**1261**
6-9岁	**1**		**1**				**5**	**4**	**1**
6							3	2	1
7							1	1	
8									
9	1		1				1	1	
10-14岁	**74**	**37**	**37**	**83**	**55**	**28**	**17**	**12**	**5**
10	1	1							
11	3	1	2	1		1	1		1
12	8	3	5	7	3	4	2		2
13	26	14	12	18	11	7	5	5	
14	36	18	18	57	41	16	9	7	2
15-19岁	**433**	**257**	**176**	**678**	**409**	**269**	**134**	**76**	**58**
15	59	37	22	98	56	42	10	7	3
16	78	42	36	130	76	54	18	10	8
17	97	60	37	137	86	51	24	16	8
18	94	53	41	172	105	67	38	20	18
19	105	65	40	141	86	55	44	23	21
20-24岁	**631**	**348**	**283**	**821**	**466**	**355**	**305**	**169**	**136**
20	133	68	65	193	117	76	63	36	27
21	125	67	58	140	78	62	60	32	28
22	137	86	51	167	95	72	58	29	29
23	122	72	50	168	91	77	65	38	27
24	114	55	59	153	85	68	59	34	25
25-29岁	**643**	**332**	**311**	**688**	**352**	**336**	**329**	**150**	**179**
25	161	81	80	144	76	68	61	26	35
26	106	50	56	131	65	66	63	34	29
27	122	70	52	135	66	69	58	21	37
28	133	56	77	157	84	73	68	38	30
29	121	75	46	121	61	60	79	31	48
30-34岁	**631**	**355**	**276**	**640**	**358**	**282**	**302**	**163**	**139**
30	121	68	53	132	70	62	67	29	38
31	139	85	54	138	80	58	60	33	27
32	113	58	55	118	66	52	58	38	20
33	124	72	52	115	64	51	51	30	21
34	134	72	62	137	78	59	66	33	33
35-39岁	**681**	**377**	**304**	**626**	**359**	**267**	**339**	**181**	**158**
35	138	78	60	131	75	56	65	37	28
36	143	76	67	119	69	50	74	41	33
37	147	83	64	123	78	45	63	28	35
38	152	83	69	147	85	62	64	36	28
39	101	57	44	106	52	54	73	39	34
40-44岁	**534**	**269**	**265**	**541**	**316**	**225**	**298**	**161**	**137**
40	122	59	63	133	82	51	66	36	30
41	100	51	49	110	65	45	71	36	35
42	115	58	57	116	71	45	68	38	30
43	96	49	47	80	41	39	53	29	24
44	101	52	49	102	57	45	40	22	18
45-49岁	**381**	**214**	**167**	**320**	**167**	**153**	**251**	**114**	**137**
45	88	55	33	100	54	46	65	37	28
46	95	50	45	66	37	29	55	22	33
47	94	54	40	79	43	36	52	21	31
48	65	37	28	48	22	26	52	21	31
49	39	18	21	27	11	16	27	13	14
50岁及以上	**834**	**439**	**395**	**562**	**324**	**238**	**628**	**317**	**311**

2-6a 续表 6

单位：人

年 龄	高中								
	合 计			在 校			毕 业		
	合计	男	女	小计	男	女	小计	男	女
总 计	**326198**	**164802**	**161396**	**74560**	**36552**	**38008**	**247991**	**126259**	**121732**
6-9岁	**2**	**2**		**1**	**1**		**1**	**1**	
6									
7									
8	1	1					1	1	
9	1	1		1	1				
10-14岁	**1602**	**729**	**873**	**1552**	**700**	**852**	**44**	**24**	**20**
10	5		5	5		5			
11	3		3	3		3			
12	3	2	1	2	1	1	1	1	
13	281	138	143	268	131	137	12	6	6
14	1310	589	721	1274	568	706	31	17	14
15-19岁	**73867**	**36219**	**37648**	**66086**	**32256**	**33830**	**7427**	**3761**	**3666**
15	9186	4243	4943	9131	4209	4922	53	34	19
16	17520	8468	9052	17266	8323	8943	224	125	99
17	20918	10219	10699	19824	9655	10169	1007	517	490
18	16231	8072	8159	13657	6790	6867	2472	1226	1246
19	10012	5217	4795	6208	3279	2929	3671	1859	1812
20-24岁	**40486**	**20745**	**19741**	**6449**	**3311**	**3138**	**33382**	**17058**	**16324**
20	9229	4671	4558	3350	1694	1656	5748	2905	2843
21	8198	4220	3978	1706	868	838	6349	3266	3083
22	7834	4109	3725	825	427	398	6867	3592	3275
23	7961	4056	3905	394	220	174	7435	3759	3676
24	7264	3689	3575	174	102	72	6983	3536	3447
25-29岁	**32933**	**16651**	**16282**	**240**	**134**	**106**	**32193**	**16248**	**15945**
25	6625	3362	3263	99	55	44	6423	3255	3168
26	6077	3062	3015	56	36	20	5927	2969	2958
27	6269	3155	3114	37	19	18	6130	3076	3054
28	7438	3726	3712	31	12	19	7300	3665	3635
29	6524	3346	3178	17	12	5	6413	3283	3130
30-34岁	**32378**	**16276**	**16102**	**59**	**38**	**21**	**31885**	**16005**	**15880**
30	6570	3249	3321	20	11	9	6460	3191	3269
31	6850	3424	3426	14	9	5	6763	3366	3397
32	6691	3391	3300	9	7	2	6582	3339	3243
33	5922	2987	2935	6	4	2	5830	2934	2896
34	6345	3225	3120	10	7	3	6250	3175	3075
35-39岁	**32594**	**16760**	**15834**	**60**	**33**	**27**	**32103**	**16501**	**15602**
35	6275	3212	3063	13	11	2	6180	3156	3024
36	6550	3386	3164	14	7	7	6437	3328	3109
37	6737	3480	3257	13	8	5	6647	3431	3216
38	6602	3432	3170	10	5	5	6504	3379	3125
39	6430	3250	3180	10	2	8	6335	3207	3128
40-44岁	**27152**	**13681**	**13471**	**36**	**25**	**11**	**26781**	**13474**	**13307**
40	6564	3375	3189	9	5	4	6476	3334	3142
41	5877	2992	2885	10	6	4	5802	2947	2855
42	5820	2936	2884	11	9	2	5734	2888	2846
43	4215	2107	2108	1	1		4161	2076	2085
44	4676	2271	2405	5	4	1	4608	2229	2379
45-49岁	**28556**	**13808**	**14748**	**29**	**20**	**9**	**28224**	**13629**	**14595**
45	5235	2575	2660	4	4		5175	2543	2632
46	6098	2953	3145	9	6	3	6017	2912	3105
47	7719	3693	4026	9	5	4	7629	3644	3985
48	5871	2825	3046	5	3	2	5800	2787	3013
49	3633	1762	1871	2	2		3603	1743	1860
50岁及以上	**56628**	**29931**	**26697**	**48**	**34**	**14**	**55951**	**29558**	**26393**

2-6a 续表 7

单位：人

年 龄	高中								
	肄业			辍学			其他		
	小计	男	女	小计	男	女	小计	男	女
总 计	**1252**	**695**	**557**	**1206**	**687**	**519**	**1189**	**609**	**580**
6-9岁									
6									
7									
8									
9									
10-14岁	**1**		**1**	**2**	**2**		**3**	**3**	
10									
11									
12									
13				1	1				
14	1		1	1	1		3	3	
15-19岁	**122**	**66**	**56**	**188**	**109**	**79**	**44**	**27**	**17**
15				1		1	1		1
16	6	5	1	19	11	8	5	4	1
17	26	12	14	51	29	22	10	6	4
18	37	19	18	54	30	24	11	7	4
19	53	30	23	63	39	24	17	10	7
20-24岁	**239**	**145**	**94**	**279**	**156**	**123**	**137**	**75**	**62**
20	33	19	14	73	39	34	25	14	11
21	51	33	18	74	42	32	18	11	7
22	59	40	19	48	32	16	35	18	17
23	51	31	20	50	31	19	31	15	16
24	45	22	23	34	12	22	28	17	11
25-29岁	**189**	**102**	**87**	**179**	**111**	**68**	**132**	**56**	**76**
25	32	16	16	41	23	18	30	13	17
26	34	24	10	39	23	16	21	10	11
27	36	23	13	42	26	16	24	11	13
28	48	24	24	26	16	10	33	9	24
29	39	15	24	31	23	8	24	13	11
30-34岁	**148**	**79**	**69**	**134**	**76**	**58**	**152**	**78**	**74**
30	28	17	11	27	13	14	35	17	18
31	28	19	9	30	21	9	15	9	6
32	36	13	23	23	11	12	41	21	20
33	24	13	11	28	18	10	34	18	16
34	32	17	15	26	13	13	27	13	14
35-39岁	**148**	**83**	**65**	**117**	**60**	**57**	**166**	**83**	**83**
35	31	19	12	28	12	16	23	14	9
36	27	15	12	28	15	13	44	21	23
37	28	16	12	24	11	13	25	14	11
38	36	20	16	17	11	6	35	17	18
39	26	13	13	20	11	9	39	17	22
40-44岁	**104**	**58**	**46**	**89**	**53**	**36**	**142**	**71**	**71**
40	24	12	12	22	10	12	33	14	19
41	17	12	5	20	10	10	28	17	11
42	26	14	12	22	12	10	27	13	14
43	18	10	8	10	8	2	25	12	13
44	19	10	9	15	13	2	29	15	14
45-49岁	**87**	**49**	**38**	**79**	**48**	**31**	**137**	**62**	**75**
45	12	4	8	18	13	5	26	11	15
46	19	12	7	26	13	13	27	10	17
47	31	20	11	16	6	10	34	18	16
48	14	7	7	13	10	3	39	18	21
49	11	6	5	6	6		11	5	6
50岁及以上	**214**	**113**	**101**	**139**	**72**	**67**	**276**	**154**	**122**

2-6a 续表 8

单位：人

年 龄	大学专科								
	合 计			在 校			毕 业		
	合计	男	女	小计	男	女	小计	男	女
总 计	**174123**	**85992**	**88131**	**34883**	**15862**	**19021**	**138150**	**69569**	**68581**
6-9岁									
6									
7									
8									
9									
10-14岁	**6**	**1**	**5**	**5**	**1**	**4**	**1**		**1**
10									
11	3		3	3		3			
12	1	1		1	1				
13									
14	2		2	1		1	1		1
15-19岁	**11360**	**4730**	**6630**	**10613**	**4394**	**6219**	**722**	**324**	**398**
15	233	82	151	223	76	147	10	6	4
16	562	209	353	549	205	344	13	4	9
17	1101	406	695	1042	389	653	58	17	41
18	3039	1295	1744	2853	1208	1645	181	84	97
19	6425	2738	3687	5946	2516	3430	460	213	247
20-24岁	**42768**	**19365**	**23403**	**23335**	**10983**	**12352**	**19245**	**8290**	**10955**
20	10372	4563	5809	9153	4015	5138	1184	531	653
21	10330	4631	5699	7657	3546	4111	2643	1071	1572
22	8388	3914	4474	4058	2092	1966	4283	1803	2480
23	7402	3378	4024	1830	978	852	5537	2384	3153
24	6276	2879	3397	637	352	285	5598	2501	3097
25-29岁	**26426**	**12191**	**14235**	**635**	**350**	**285**	**25624**	**11761**	**13863**
25	5347	2465	2882	254	161	93	5060	2285	2775
26	5151	2373	2778	148	75	73	4970	2281	2689
27	5221	2371	2850	89	43	46	5091	2313	2778
28	5829	2762	3067	76	40	36	5717	2704	3013
29	4878	2220	2658	68	31	37	4786	2178	2608
30-34岁	**21599**	**10260**	**11339**	**124**	**53**	**71**	**21330**	**10137**	**11193**
30	4506	2088	2418	48	22	26	4427	2052	2375
31	4580	2191	2389	22	8	14	4527	2167	2360
32	4385	2058	2327	14	5	9	4348	2044	2304
33	3892	1891	2001	19	9	10	3846	1867	1979
34	4236	2032	2204	21	9	12	4182	2007	2175
35-39岁	**20445**	**10108**	**10337**	**66**	**33**	**33**	**20230**	**10004**	**10226**
35	4116	2015	2101	21	10	11	4067	1992	2075
36	4153	2072	2081	13	3	10	4109	2053	2056
37	4281	2091	2190	11	7	4	4231	2065	2166
38	4014	1974	2040	10	6	4	3984	1959	2025
39	3881	1956	1925	11	7	4	3839	1935	1904
40-44岁	**15781**	**8175**	**7606**	**50**	**19**	**31**	**15618**	**8097**	**7521**
40	3995	2043	1952	14	4	10	3958	2027	1931
41	3406	1754	1652	10	5	5	3366	1732	1634
42	3407	1762	1645	12	5	7	3370	1744	1626
43	2361	1225	1136	4	2	2	2340	1212	1128
44	2612	1391	1221	10	3	7	2584	1382	1202
45-49岁	**12484**	**6703**	**5781**	**22**	**9**	**13**	**12375**	**6649**	**5726**
45	2723	1436	1287	7	2	5	2702	1423	1279
46	3052	1631	1421	5	2	3	3024	1619	1405
47	3209	1713	1496	6	2	4	3181	1702	1479
48	2229	1219	1010	3	2	1	2206	1207	999
49	1271	704	567	1	1		1262	698	564
50岁及以上	**23254**	**14459**	**8795**	**33**	**20**	**13**	**23005**	**14307**	**8698**

2-6a 续表 9

单位：人

年龄	大学专科								
	肄业			辍学			其他		
	小计	男	女	小计	男	女	小计	男	女
总计	**335**	**177**	**158**	**136**	**71**	**65**	**619**	**313**	**306**
6-9岁									
6									
7									
8									
9									
10-14岁									
10									
11									
12									
13									
14									
15-19岁	**4**	**1**	**3**	**5**	**3**	**2**	**16**	**8**	**8**
15									
16									
17							1		1
18				1	1		4	2	2
19	4	1	3	4	2	2	11	6	5
20-24岁	**60**	**30**	**30**	**46**	**24**	**22**	**82**	**38**	**44**
20	14	6	8	9	6	3	12	5	7
21	12	5	7	5	2	3	13	7	6
22	12	7	5	13	5	8	22	7	15
23	10	5	5	8	2	6	17	9	8
24	12	7	5	11	9	2	18	10	8
25-29岁	**49**	**23**	**26**	**22**	**12**	**10**	**96**	**45**	**51**
25	9	5	4	4	2	2	20	12	8
26	11	6	5	6	2	4	16	9	7
27	13	5	8	5	3	2	23	7	16
28	7	3	4	4	3	1	25	12	13
29	9	4	5	3	2	1	12	5	7
30-34岁	**38**	**17**	**21**	**17**	**8**	**9**	**90**	**45**	**45**
30	7	4	3	3	1	2	21	9	12
31	8	3	5	4	3	1	19	10	9
32	9	4	5	2	1	1	12	4	8
33	9	5	4	4	1	3	14	9	5
34	5	1	4	4	2	2	24	13	11
35-39岁	**54**	**28**	**26**	**18**	**11**	**7**	**77**	**32**	**45**
35	11	6	5	2	1	1	15	6	9
36	5	2	3	6	5	1	20	9	11
37	19	7	12	5	3	2	15	9	6
38	6	3	3	1	1		13	5	8
39	13	10	3	4	1	3	14	3	11
40-44岁	**43**	**19**	**24**	**4**	**2**	**2**	**66**	**38**	**28**
40	7	3	4	1		1	15	9	6
41	14	7	7				16	10	6
42	10	3	7	2	2		13	8	5
43	5	4	1				12	7	5
44	7	2	5	1		1	10	4	6
45-49岁	**29**	**18**	**11**	**4**		**4**	**54**	**27**	**27**
45	6	5	1				8	6	2
46	7	4	3	2		2	14	6	8
47	6	3	3	1		1	15	6	9
48	8	5	3	1		1	11	5	6
49	2	1	1				6	4	2
50岁及以上	**58**	**41**	**17**	**20**	**11**	**9**	**138**	**80**	**58**

2-6a 续表 10

单位：人

年龄	大学本科								
	合计			在校			毕业		
	合计	男	女	小计	男	女	小计	男	女
总计	**171505**	**86891**	**84614**	**63474**	**29559**	**33915**	**107488**	**57032**	**50456**
6-9岁									
6									
7									
8									
9									
10-14岁	**2**	**1**	**1**	**2**	**1**	**1**			
10									
11									
12	1		1	1		1			
13									
14	1	1		1	1				
15-19岁	**13791**	**5802**	**7989**	**13689**	**5751**	**7938**	**102**	**51**	**51**
15	35	17	18	33	15	18	2	2	
16	101	41	60	99	41	58	2		2
17	669	250	419	660	246	414	9	4	5
18	4114	1685	2429	4099	1677	2422	15	8	7
19	8872	3809	5063	8798	3772	5026	74	37	37
20-24岁	**59224**	**27676**	**31548**	**48187**	**22898**	**25289**	**10958**	**4736**	**6222**
20	14376	6367	8009	14180	6273	7907	189	91	98
21	15158	6868	8290	14525	6601	7924	627	263	364
22	13374	6491	6883	11464	5690	5774	1893	794	1099
23	9642	4748	4894	5930	3137	2793	3697	1601	2096
24	6674	3202	3472	2088	1197	891	4552	1987	2565
25-29岁	**27490**	**12772**	**14718**	**1308**	**752**	**556**	**26070**	**11965**	**14105**
25	5552	2580	2972	687	404	283	4829	2155	2674
26	5432	2504	2928	287	176	111	5127	2321	2806
27	5546	2546	3000	138	74	64	5384	2462	2922
28	6045	2793	3252	98	55	43	5924	2730	3194
29	4915	2349	2566	98	43	55	4806	2297	2509
30-34岁	**19049**	**9592**	**9457**	**128**	**66**	**62**	**18844**	**9492**	**9352**
30	4407	2180	2227	55	30	25	4331	2138	2193
31	4212	2141	2071	25	11	14	4168	2121	2047
32	3830	1886	1944	19	10	9	3800	1874	1926
33	3189	1633	1556	15	7	8	3164	1622	1542
34	3411	1752	1659	14	8	6	3381	1737	1644
35-39岁	**16076**	**8648**	**7428**	**65**	**37**	**28**	**15939**	**8570**	**7369**
35	3117	1647	1470	13	5	8	3083	1631	1452
36	3238	1733	1505	15	11	4	3210	1717	1493
37	3319	1763	1556	12	7	5	3294	1747	1547
38	3278	1787	1491	12	4	8	3253	1775	1478
39	3124	1718	1406	13	10	3	3099	1700	1399
40-44岁	**13148**	**7454**	**5694**	**48**	**28**	**20**	**13036**	**7388**	**5648**
40	3133	1733	1400	7	3	4	3115	1725	1390
41	2801	1552	1249	9	9		2778	1536	1242
42	2872	1653	1219	18	10	8	2841	1635	1206
43	2099	1207	892	5	2	3	2085	1201	884
44	2243	1309	934	9	4	5	2217	1291	926
45-49岁	**9182**	**5627**	**3555**	**26**	**14**	**12**	**9106**	**5583**	**3523**
45	2270	1329	941	6	4	2	2253	1318	935
46	2171	1318	853	4	3	1	2154	1308	846
47	2353	1487	866	7	2	5	2337	1479	858
48	1559	974	585	5	2	3	1542	964	578
49	829	519	310	4	3	1	820	514	306
50岁及以上	**13543**	**9319**	**4224**	**21**	**12**	**9**	**13433**	**9247**	**4186**

2-6a 续表 11

单位：人

年 龄	大学本科								
	肄 业			辍 学			其 他		
	小计	男	女	小计	男	女	小计	男	女
总 计	**176**	**100**	**76**	**43**	**31**	**12**	**324**	**169**	**155**
6-9岁									
6									
7									
8									
9									
10-14岁									
10									
11									
12									
13									
14									
15-19岁									
15									
16									
17									
18									
19									
20-24岁	**25**	**16**	**9**	**12**	**10**	**2**	**42**	**16**	**26**
20	4	2	2				3	1	2
21	1	1		1	1		4	2	2
22	4	1	3	1	1		12	5	7
23	2	2		5	4	1	8	4	4
24	14	10	4	5	4	1	15	4	11
25-29岁	**36**	**20**	**16**	**12**	**7**	**5**	**64**	**28**	**36**
25	15	10	5	4	3	1	17	8	9
26	5	4	1	3	1	2	10	2	8
27	6	3	3	3	2	1	15	5	10
28	8	2	6	2	1	1	13	5	8
29	2	1	1				9	8	1
30-34岁	**28**	**13**	**15**	**8**	**5**	**3**	**41**	**16**	**25**
30	9	5	4	3	3		9	4	5
31	8	3	5	1	1		10	5	5
32	2		2	1		1	8	2	6
33	4	2	2	3	1	2	3	1	2
34	5	3	2				11	4	7
35-39岁	**23**	**13**	**10**	**7**	**5**	**2**	**42**	**23**	**19**
35	5	2	3	2	2		14	7	7
36	4	2	2	1		1	8	3	5
37	4	3	1	3	2	1	6	4	2
38	6	3	3	1	1		6	4	2
39	4	3	1				8	5	3
40-44岁	**22**	**13**	**9**	**2**	**2**		**40**	**23**	**17**
40	6	2	4				5	3	2
41	7	4	3				7	3	4
42	4	3	1	1	1		8	4	4
43	2	1	1				7	3	4
44	3	3		1	1		13	10	3
45-49岁	**14**	**10**	**4**	**1**	**1**		**35**	**19**	**16**
45	4	2	2				7	5	2
46	3	2	1				10	5	5
47	1	1					8	5	3
48	3	3		1	1		8	4	4
49	3	2	1				2		2
50岁及以上	**28**	**15**	**13**	**1**	**1**		**60**	**44**	**16**

2-6a 续表 12 单位：人

年 龄	研究生								
	合计			在校			毕业		
	合计	男	女	小计	男	女	小计	男	女
总 计	**16035**	**7921**	**8114**	**5429**	**2281**	**3148**	**10537**	**5597**	**4940**
6-9岁									
6									
7									
8									
9									
10-14岁									
10									
11									
12									
13									
14									
15-19岁	**27**	**8**	**19**	**24**	**7**	**17**	**2**	**1**	**1**
15	2	1	1	2	1	1			
16	2	2		1	1		1	1	
17	3	1	2	2	1	1			
18	4		4	4		4			
19	16	4	12	15	4	11	1		1
20-24岁	**2851**	**1077**	**1774**	**2720**	**1021**	**1699**	**130**	**55**	**75**
20	33	16	17	31	14	17	2	2	
21	116	37	79	112	36	76	4	1	3
22	509	171	338	495	164	331	14	7	7
23	1032	378	654	1003	364	639	29	14	15
24	1161	475	686	1079	443	636	81	31	50
25-29岁	**4660**	**1933**	**2727**	**2182**	**979**	**1203**	**2465**	**948**	**1517**
25	1017	420	597	800	330	470	215	89	126
26	923	387	536	575	266	309	346	120	226
27	934	387	547	365	173	192	565	212	353
28	942	391	551	262	126	136	677	264	413
29	844	348	496	180	84	96	662	263	399
30-34岁	**3021**	**1449**	**1572**	**319**	**164**	**155**	**2677**	**1271**	**1406**
30	731	337	394	116	63	53	612	274	338
31	698	319	379	70	31	39	619	280	339
32	614	286	328	49	26	23	560	258	302
33	495	256	239	49	27	22	443	227	216
34	483	251	232	35	17	18	443	232	211
35-39岁	**2236**	**1241**	**995**	**125**	**66**	**59**	**2102**	**1169**	**933**
35	439	222	217	31	15	16	406	206	200
36	468	265	203	39	25	14	426	238	188
37	455	244	211	20	6	14	434	237	197
38	462	271	191	20	13	7	440	257	183
39	412	239	173	15	7	8	396	231	165
40-44岁	**1518**	**955**	**563**	**38**	**31**	**7**	**1472**	**917**	**555**
40	384	243	141	17	14	3	361	223	138
41	324	199	125	10	7	3	313	192	121
42	318	192	126	4	4		313	187	126
43	253	159	94	4	3	1	249	156	93
44	239	162	77	3	3		236	159	77
45-49岁	**1031**	**710**	**321**	**15**	**10**	**5**	**1009**	**696**	**313**
45	244	152	92	5	3	2	237	149	88
46	264	194	70	3	2	1	259	191	68
47	276	179	97	5	3	2	270	175	95
48	166	119	47				164	117	47
49	81	66	15	2	2		79	64	15
50岁及以上	**691**	**548**	**143**	**6**	**3**	**3**	**680**	**540**	**140**

2-6a　续表 13

单位：人

年　龄	研　究　生								
	肄　业			辍　学			其　他		
	小计	男	女	小计	男	女	小计	男	女
总 计	**18**	**9**	**9**	**1**	**1**		**50**	**33**	**17**
6-9岁									
6									
7									
8									
9									
10-14岁									
10									
11									
12									
13									
14									
15-19岁							**1**		**1**
15									
16									
17							1		1
18									
19									
20-24岁							**1**	**1**	
20									
21									
22									
23									
24							1	1	
25-29岁	**1**	**1**					**12**	**5**	**7**
25							2	1	1
26	1	1					1		1
27							4	2	2
28							3	1	2
29							2	1	1
30-34岁	**11**	**4**	**7**				**14**	**10**	**4**
30	3		3						
31	2	2					7	6	1
32	1	1					4	1	3
33	2	1	1				1	1	
34	3		3				2	2	
35-39岁	**3**	**2**	**1**	**1**	**1**		**5**	**3**	**2**
35				1	1		1		1
36							3	2	1
37							1	1	
38	2	1	1						
39	1	1							
40-44岁							**8**	**7**	**1**
40							6	6	
41							1		1
42							1	1	
43									
44									
45-49岁	**2**	**1**	**1**				**5**	**3**	**2**
45	1		1				1		1
46							2	1	1
47							1	1	
48	1	1					1	1	
49									
50岁及以上	**1**	**1**					**4**	**4**	

2-6b 全国分年龄、性别、学业完成情况的6岁及以上少数民族人口状况(镇)(长表数据)

单位：人

年龄	合计								
	合计			在校			毕业		
	合计	男	女	小计	男	女	小计	男	女
总计	**1520143**	**775763**	**744380**	**363167**	**187844**	**175323**	**1101975**	**561804**	**540171**
6-9岁	**98003**	**52104**	**45899**	**97007**	**51601**	**45406**	**780**	**398**	**382**
6	22507	11956	10551	22258	11830	10428	204	103	101
7	24398	12978	11420	24174	12858	11316	175	97	78
8	25140	13360	11780	24914	13250	11664	181	90	91
9	25958	13810	12148	25661	13663	11998	220	108	112
10-14岁	**130047**	**68552**	**61495**	**126336**	**66531**	**59805**	**2988**	**1618**	**1370**
10	26719	14226	12493	26396	14056	12340	252	133	119
11	24972	13101	11871	24556	12890	11666	347	171	176
12	26650	14137	12513	25963	13761	12202	573	316	257
13	25817	13554	12263	24942	13070	11872	707	390	317
14	25889	13534	12355	24479	12754	11725	1109	608	501
15-19岁	**153673**	**78298**	**75375**	**113701**	**56466**	**57235**	**37155**	**20238**	**16917**
15	29827	15433	14394	27113	13925	13188	2312	1269	1043
16	32075	16224	15851	26914	13300	13614	4631	2627	2004
17	34345	17348	16997	26365	12875	13490	7379	4134	3245
18	31464	15928	15536	20448	10045	10403	10391	5535	4856
19	25962	13365	12597	12861	6321	6540	12442	6673	5769
20-24岁	**142378**	**69899**	**72479**	**24039**	**12089**	**11950**	**114034**	**55553**	**58481**
20	29191	14646	14545	10264	5076	5188	18074	9109	8965
21	27222	13458	13764	6555	3289	3266	19846	9740	10106
22	27498	13607	13891	4085	2103	1982	22584	11068	11516
23	29446	14332	15114	2131	1102	1029	26407	12766	13641
24	29021	13856	15165	1004	519	485	27123	12870	14253
25-29岁	**139755**	**66969**	**72786**	**1213**	**644**	**569**	**133954**	**64065**	**69889**
25	27093	13083	14010	459	239	220	25729	12394	13335
26	27133	12934	14199	295	148	147	25974	12370	13604
27	27150	12939	14211	198	112	86	26076	12398	13678
28	31084	14789	16295	153	87	66	29928	14199	15729
29	27295	13224	14071	108	58	50	26247	12704	13543
30-34岁	**146696**	**72009**	**74687**	**292**	**155**	**137**	**141212**	**69308**	**71904**
30	28799	13830	14969	85	38	47	27677	13298	14379
31	29270	14222	15048	65	38	27	28163	13679	14484
32	29790	14687	15103	48	28	20	28721	14137	14584
33	27332	13490	13842	49	25	24	26331	12993	13338
34	31505	15780	15725	45	26	19	30320	15201	15119
35-39岁	**163031**	**82203**	**80828**	**195**	**118**	**77**	**156684**	**79126**	**77558**
35	32225	16128	16097	33	20	13	30977	15538	15439
36	33810	16942	16868	45	26	19	32471	16251	16220
37	32637	16379	16258	34	20	14	31377	15791	15586
38	33125	16778	16347	48	31	17	31838	16157	15681
39	31234	15976	15258	35	21	14	30021	15389	14632
40-44岁	**153879**	**78277**	**75602**	**146**	**82**	**64**	**147296**	**75183**	**72113**
40	34729	17743	16986	41	20	21	33287	17086	16201
41	30769	15556	15213	27	17	10	29450	14951	14499
42	33281	16908	16373	36	16	20	31876	16247	15629
43	25567	12964	12603	18	11	7	24434	12443	11991
44	29533	15106	14427	24	18	6	28249	14456	13793
45-49岁	**123036**	**63265**	**59771**	**88**	**58**	**30**	**118085**	**61000**	**57085**
45	29433	15018	14415	16	11	5	28233	14450	13783
46	28518	14592	13926	18	11	7	27407	14074	13333
47	30283	15632	14651	21	15	6	29149	15138	14011
48	22683	11777	10906	25	15	10	21747	11360	10387
49	12119	6246	5873	8	6	2	11549	5978	5571
50岁及以上	**269645**	**144187**	**125458**	**150**	**100**	**50**	**249787**	**135315**	**114472**

2-6b 续表 1 单位：人

年 龄	合 计								
	肄 业			辍 学			其 他		
	小计	男	女	小计	男	女	小计	男	女
总 计	**20384**	**9462**	**10922**	**24665**	**11758**	**12907**	**9952**	**4895**	**5057**
6-9岁	**127**	**59**	**68**	**23**	**13**	**10**	**66**	**33**	**33**
6	15	9	6	3	2	1	27	12	15
7	32	14	18	4	2	2	13	7	6
8	28	14	14	6	3	3	11	3	8
9	52	22	30	10	6	4	15	11	4
10-14岁	**274**	**149**	**125**	**347**	**194**	**153**	**102**	**60**	**42**
10	45	23	22	14	8	6	12	6	6
11	31	19	12	26	13	13	12	8	4
12	40	20	20	49	25	24	25	15	10
13	56	27	29	82	49	33	30	18	12
14	102	60	42	176	99	77	23	13	10
15-19岁	**953**	**551**	**402**	**1572**	**872**	**700**	**292**	**171**	**121**
15	133	79	54	230	133	97	39	27	12
16	157	96	61	328	175	153	45	26	19
17	213	117	96	331	187	144	57	35	22
18	219	127	92	335	181	154	71	40	31
19	231	132	99	348	196	152	80	43	37
20-24岁	**1554**	**820**	**734**	**2033**	**1067**	**966**	**718**	**370**	**348**
20	282	150	132	429	232	197	142	79	63
21	307	153	154	394	215	179	120	61	59
22	302	170	132	371	185	186	156	81	75
23	325	170	155	443	224	219	140	70	70
24	338	177	161	396	211	185	160	79	81
25-29岁	**1594**	**774**	**820**	**2111**	**1053**	**1058**	**883**	**433**	**450**
25	337	162	175	387	202	185	181	86	95
26	304	148	156	406	191	215	154	77	77
27	305	155	150	408	192	216	163	82	81
28	351	167	184	451	240	211	201	96	105
29	297	142	155	459	228	231	184	92	92
30-34岁	**1843**	**863**	**980**	**2355**	**1178**	**1177**	**994**	**505**	**489**
30	365	168	197	482	243	239	190	83	107
31	377	169	208	470	241	229	195	95	100
32	345	175	170	466	223	243	210	124	86
33	348	162	186	431	224	207	173	86	87
34	408	189	219	506	247	259	226	117	109
35-39岁	**2211**	**1017**	**1194**	**2734**	**1311**	**1423**	**1207**	**631**	**576**
35	421	193	228	526	245	281	268	132	136
36	474	225	249	592	314	278	228	126	102
37	436	189	247	559	267	292	231	112	119
38	455	214	241	539	241	298	245	135	110
39	425	196	229	518	244	274	235	126	109
40-44岁	**2297**	**1035**	**1262**	**3007**	**1412**	**1595**	**1133**	**565**	**568**
40	480	210	270	661	302	359	260	125	135
41	480	203	277	567	264	303	245	121	124
42	484	221	263	667	318	349	218	106	112
43	388	174	214	522	236	286	205	100	105
44	465	227	238	590	292	298	205	113	92
45-49岁	**1781**	**764**	**1017**	**2222**	**1035**	**1187**	**860**	**408**	**452**
45	428	175	253	539	278	261	217	104	113
46	405	170	235	530	256	274	158	81	77
47	386	169	217	506	207	299	221	103	118
48	357	162	195	400	176	224	154	64	90
49	205	88	117	247	118	129	110	56	54
50岁及以上	**7750**	**3430**	**4320**	**8261**	**3623**	**4638**	**3697**	**1719**	**1978**

2-6b 续表 2

单位：人

年龄	小学								
	合计			在校			毕业		
	合计	男	女	小计	男	女	小计	男	女
总计	**466013**	**219493**	**246520**	**169573**	**90341**	**79232**	**261911**	**114494**	**147417**
6-9岁	**97618**	**51905**	**45713**	**96687**	**51438**	**45249**	**720**	**365**	**355**
6	22448	11925	10523	22216	11807	10409	188	95	93
7	24335	12940	11395	24126	12831	11295	161	87	74
8	25049	13315	11734	24835	13211	11624	170	85	85
9	25786	13725	12061	25510	13589	11921	201	98	103
10-14岁	**74764**	**39907**	**34857**	**72676**	**38800**	**33876**	**1679**	**897**	**782**
10	26376	14028	12348	26075	13873	12202	232	120	112
11	23210	12201	11009	22886	12035	10851	261	129	132
12	16020	8768	7252	15565	8513	7052	372	213	159
13	6465	3483	2982	5998	3222	2776	377	211	166
14	2693	1427	1266	2152	1157	995	437	224	213
15-19岁	**6708**	**3462**	**3246**	**123**	**65**	**58**	**5766**	**2994**	**2772**
15	896	461	435	62	37	25	719	364	355
16	1083	602	481	21	12	9	927	521	406
17	1313	695	618	18	10	8	1108	587	521
18	1644	826	818	13	3	10	1449	743	706
19	1772	878	894	9	3	6	1563	779	784
20-24岁	**14504**	**6497**	**8007**	**25**	**9**	**16**	**13005**	**5816**	**7189**
20	2618	1224	1394	14	6	8	2308	1075	1233
21	2526	1127	1399	6	1	5	2267	1014	1253
22	2863	1258	1605	1		1	2565	1120	1445
23	3193	1437	1756	4	2	2	2875	1290	1585
24	3304	1451	1853				2990	1317	1673
25-29岁	**19502**	**8285**	**11217**	**6**	**2**	**4**	**17516**	**7423**	**10093**
25	3518	1570	1948				3147	1416	1731
26	3458	1448	2010				3129	1314	1815
27	3784	1584	2200	2	1	1	3411	1427	1984
28	4466	1870	2596	1		1	4023	1665	2358
29	4276	1813	2463	3	1	2	3806	1601	2205
30-34岁	**26064**	**11105**	**14959**	**12**	**7**	**5**	**23295**	**9850**	**13445**
30	4798	2031	2767	3		3	4273	1801	2472
31	4874	2069	2805	2	2		4340	1832	2508
32	5322	2300	3022	2	1	1	4789	2041	2748
33	5019	2122	2897	5	4	1	4477	1872	2605
34	6051	2583	3468				5416	2304	3112
35-39岁	**34337**	**14655**	**19682**	**11**	**4**	**7**	**30794**	**13095**	**17699**
35	6491	2680	3811	1		1	5826	2408	3418
36	7090	3083	4007	3	2	1	6369	2745	3624
37	6675	2869	3806	3	1	2	5966	2559	3407
38	7137	3020	4117	2		2	6403	2695	3708
39	6944	3003	3941	2	1	1	6230	2688	3542
40-44岁	**37847**	**16268**	**21579**	**4**	**4**		**33771**	**14537**	**19234**
40	8122	3485	4637	2	2		7242	3130	4112
41	7486	3159	4327	2	2		6664	2811	3853
42	8258	3559	4699				7379	3180	4199
43	6669	2874	3795				5956	2592	3364
44	7312	3191	4121				6530	2824	3706
45-49岁	**28218**	**11715**	**16503**	**1**	**1**		**25132**	**10447**	**14685**
45	6931	2932	3999				6181	2612	3569
46	6496	2692	3804				5800	2395	3405
47	6556	2729	3827				5861	2457	3404
48	5226	2104	3122	1	1		4648	1882	2766
49	3009	1258	1751				2642	1101	1541
50岁及以上	**126451**	**55694**	**70757**	**28**	**11**	**17**	**110233**	**49070**	**61163**

2-6b 续表 3

单位：人

年龄	小学								
	肄业			辍学			其他		
	小计	男	女	小计	男	女	小计	男	女
总计	**11819**	**4786**	**7033**	**16978**	**7311**	**9667**	**5732**	**2561**	**3171**
6-9岁	**125**	**57**	**68**	**22**	**12**	**10**	**64**	**33**	**31**
6	15	9	6	3	2	1	26	12	14
7	31	13	18	4	2	2	13	7	6
8	27	13	14	6	3	3	11	3	8
9	52	22	30	9	5	4	14	11	3
10-14岁	**135**	**68**	**67**	**201**	**99**	**102**	**73**	**43**	**30**
10	44	22	22	13	7	6	12	6	6
11	26	16	10	26	13	13	11	8	3
12	18	9	9	44	22	22	21	11	10
13	21	10	11	50	28	22	19	12	7
14	26	11	15	68	29	39	10	6	4
15-19岁	**214**	**106**	**108**	**481**	**225**	**256**	**124**	**72**	**52**
15	31	16	15	65	31	34	19	13	6
16	34	22	12	80	35	45	21	12	9
17	49	21	28	109	58	51	29	19	10
18	49	23	26	107	47	60	26	10	16
19	51	24	27	120	54	66	29	18	11
20-24岁	**414**	**200**	**214**	**781**	**343**	**438**	**279**	**129**	**150**
20	78	38	40	149	71	78	69	34	35
21	68	34	34	131	53	78	54	25	29
22	79	38	41	157	71	86	61	29	32
23	90	44	46	183	81	102	41	20	21
24	99	46	53	161	67	94	54	21	33
25-29岁	**542**	**213**	**329**	**1095**	**490**	**605**	**343**	**157**	**186**
25	106	40	66	196	87	109	69	27	42
26	83	27	56	190	84	106	56	23	33
27	96	40	56	211	81	130	64	35	29
28	138	55	83	233	119	114	71	31	40
29	119	51	68	265	119	146	83	41	42
30-34岁	**827**	**348**	**479**	**1498**	**692**	**806**	**432**	**208**	**224**
30	151	61	90	291	134	157	80	35	45
31	155	67	88	295	133	162	82	35	47
32	146	72	74	299	133	166	86	53	33
33	180	70	110	276	135	141	81	41	40
34	195	78	117	337	157	180	103	44	59
35-39岁	**1094**	**434**	**660**	**1854**	**825**	**1029**	**584**	**297**	**287**
35	197	74	123	335	138	197	132	60	72
36	232	95	137	377	187	190	109	54	55
37	215	80	135	382	173	209	109	56	53
38	240	104	136	376	154	222	116	67	49
39	210	81	129	384	173	211	118	60	58
40-44岁	**1269**	**503**	**766**	**2200**	**942**	**1258**	**603**	**282**	**321**
40	261	95	166	484	196	288	133	62	71
41	273	101	172	416	181	235	131	64	67
42	262	105	157	501	224	277	116	50	66
43	215	79	136	382	154	228	116	49	67
44	258	123	135	417	187	230	107	57	50
45-49岁	**1001**	**368**	**633**	**1634**	**706**	**928**	**450**	**193**	**257**
45	257	89	168	381	183	198	112	48	64
46	214	77	137	396	179	217	86	41	45
47	216	83	133	374	143	231	105	46	59
48	190	73	117	304	124	180	83	24	59
49	124	46	78	179	77	102	64	34	30
50岁及以上	**6198**	**2489**	**3709**	**7212**	**2977**	**4235**	**2780**	**1147**	**1633**

2-6b 续表 4

单位：人

年 龄	初中								
	合计			在校			毕业		
	合计	男	女	小计	男	女	小计	男	女
总 计	**579435**	**301443**	**277992**	**81849**	**43083**	**38766**	**482108**	**249805**	**232303**
6-9岁	**385**	**199**	**186**	**320**	**163**	**157**	**60**	**33**	**27**
6	59	31	28	42	23	19	16	8	8
7	63	38	25	48	27	21	14	10	4
8	91	45	46	79	39	40	11	5	6
9	172	85	87	151	74	77	19	10	9
10-14岁	**53473**	**27809**	**25664**	**51908**	**26923**	**24985**	**1260**	**698**	**562**
10	343	198	145	321	183	138	20	13	7
11	1760	898	862	1669	854	815	85	41	44
12	10625	5366	5259	10394	5245	5149	200	103	97
13	19052	9920	9132	18667	9709	8958	308	168	140
14	21693	11427	10266	20857	10932	9925	647	373	274
15-19岁	**56505**	**30981**	**25524**	**29519**	**15938**	**13581**	**25452**	**14118**	**11334**
15	18653	10208	8445	16856	9171	7685	1523	863	660
16	11342	6223	5119	7558	4064	3494	3455	1965	1490
17	8873	4940	3933	3089	1629	1460	5476	3136	2340
18	8692	4744	3948	1341	735	606	7053	3824	3229
19	8945	4866	4079	675	339	336	7945	4330	3615
20-24岁	**63317**	**31803**	**31514**	**44**	**23**	**21**	**61209**	**30629**	**30580**
20	11365	5870	5495	20	10	10	10942	5622	5320
21	11740	5985	5755	13	7	6	11309	5747	5562
22	12310	6190	6120	3	3		11950	5996	5954
23	13988	6966	7022	3	1	2	13538	6722	6816
24	13914	6792	7122	5	2	3	13470	6542	6928
25-29岁	**66337**	**32369**	**33968**	**15**	**8**	**7**	**64405**	**31334**	**33071**
25	13041	6438	6603	6	4	2	12660	6221	6439
26	13073	6346	6727	4	1	3	12668	6140	6528
27	12852	6243	6609	2	2		12482	6040	6442
28	14742	7106	7636	2		2	14319	6883	7436
29	12629	6236	6393	1	1		12276	6050	6226
30-34岁	**64729**	**32218**	**32511**	**8**	**5**	**3**	**62913**	**31272**	**31641**
30	13053	6379	6674	2	1	1	12675	6193	6482
31	12938	6368	6570	2	2		12549	6162	6387
32	12929	6485	6444	1	1		12559	6290	6269
33	11997	6062	5935	2	1	1	11693	5901	5792
34	13812	6924	6888	1		1	13437	6726	6711
35-39岁	**71787**	**36265**	**35522**	**9**	**9**		**69806**	**35221**	**34585**
35	14020	7086	6934	1	1		13617	6875	6742
36	14928	7388	7540	4	4		14486	7135	7351
37	14430	7287	7143				14039	7096	6943
38	14619	7415	7204	1	1		14238	7219	7019
39	13790	7089	6701	3	3		13426	6896	6530
40-44岁	**67023**	**34148**	**32875**	**12**	**6**	**6**	**65162**	**33139**	**32023**
40	15232	7828	7404	1		1	14820	7613	7207
41	13166	6670	6496	5	2	3	12805	6483	6322
42	14407	7366	7041	2	1	1	14020	7156	6864
43	11147	5646	5501	1	1		10830	5463	5367
44	13071	6638	6433	3	2	1	12687	6424	6263
45-49岁	**52413**	**26851**	**25562**	**6**	**2**	**4**	**51070**	**26162**	**24908**
45	13113	6649	6464				12778	6474	6304
46	12322	6290	6032	3	1	2	12008	6126	5882
47	13025	6625	6400	2	1	1	12718	6477	6241
48	9268	4826	4442	1		1	9024	4700	4324
49	4685	2461	2224				4542	2385	2157
50岁及以上	**83466**	**48800**	**34666**	**8**	**6**	**2**	**80771**	**47199**	**33572**

2-6b 续表 5

单位：人

年龄	初中								
	肄业			辍学			其他		
	小计	男	女	小计	男	女	小计	男	女
总计	**6595**	**3537**	**3058**	**6349**	**3653**	**2696**	**2534**	**1365**	**1169**
6-9岁	**2**	**2**		**1**	**1**		**2**		**2**
6							1		1
7	1	1							
8	1	1							
9				1	1		1		1
10-14岁	**136**	**79**	**57**	**142**	**92**	**50**	**27**	**17**	**10**
10	1	1		1	1				
11	5	3	2				1		1
12	22	11	11	5	3	2	4	4	
13	35	17	18	31	20	11	11	6	5
14	73	47	26	105	68	37	11	7	4
15-19岁	**564**	**338**	**226**	**864**	**520**	**344**	**106**	**67**	**39**
15	97	62	35	159	99	60	18	13	5
16	99	60	39	215	125	90	15	9	6
17	123	69	54	170	98	72	15	8	7
18	109	64	45	160	98	62	29	23	6
19	136	83	53	160	100	60	29	14	15
20-24岁	**844**	**457**	**387**	**970**	**560**	**410**	**250**	**134**	**116**
20	156	87	69	200	120	80	47	31	16
21	180	87	93	204	123	81	34	21	13
22	150	80	70	160	86	74	47	25	22
23	169	97	72	215	117	98	63	29	34
24	189	106	83	191	114	77	59	28	31
25-29岁	**795**	**423**	**372**	**812**	**443**	**369**	**310**	**161**	**149**
25	172	96	76	139	81	58	64	36	28
26	170	87	83	178	87	91	53	31	22
27	156	86	70	159	89	70	53	26	27
28	161	84	77	178	100	78	82	39	43
29	136	70	66	158	86	72	58	29	29
30-34岁	**750**	**368**	**382**	**726**	**408**	**318**	**332**	**165**	**167**
30	157	74	83	155	85	70	64	26	38
31	171	76	95	150	93	57	66	35	31
32	147	73	74	143	75	68	79	46	33
33	117	62	55	136	77	59	49	21	28
34	158	83	75	142	78	64	74	37	37
35-39岁	**867**	**440**	**427**	**753**	**412**	**341**	**352**	**183**	**169**
35	173	87	86	161	88	73	68	35	33
36	186	100	86	185	112	73	67	37	30
37	175	85	90	153	81	72	63	25	38
38	157	79	78	141	73	68	82	43	39
39	176	89	87	113	58	55	72	43	29
40-44岁	**815**	**412**	**403**	**704**	**414**	**290**	**330**	**177**	**153**
40	170	85	85	152	88	64	89	42	47
41	156	76	80	132	76	56	68	33	35
42	179	90	89	137	80	57	69	39	30
43	137	75	62	130	78	52	49	29	20
44	173	86	87	153	92	61	55	34	21
45-49岁	**597**	**293**	**304**	**504**	**279**	**225**	**236**	**115**	**121**
45	137	64	73	138	85	53	60	26	34
46	151	76	75	116	66	50	44	21	23
47	134	67	67	112	52	60	59	28	31
48	117	60	57	83	43	40	43	23	20
49	58	26	32	55	33	22	30	17	13
50岁及以上	**1225**	**725**	**500**	**873**	**524**	**349**	**589**	**346**	**243**

2-6b 续表 6

单位：人

年 龄	高中								
	合计			在校			毕业		
	合计	男	女	小计	男	女	小计	男	女
总 计	**270782**	**143767**	**127015**	**84598**	**41480**	**43118**	**182663**	**100223**	**82440**
6-9岁									
6									
7									
8									
9									
10-14岁	**1806**	**832**	**974**	**1749**	**805**	**944**	**48**	**22**	**26**
10									
11	1	1		1	1				
12	3	1	2	2	1	1	1		1
13	300	151	149	277	139	138	22	11	11
14	1502	679	823	1469	664	805	25	11	14
15-19岁	**81810**	**40033**	**41777**	**76107**	**36977**	**39130**	**5275**	**2809**	**2466**
15	10156	4709	5447	10084	4671	5413	59	33	26
16	19420	9299	10121	19120	9134	9986	237	134	103
17	23457	11430	12027	22611	10976	11635	745	390	355
18	18428	9210	9218	16614	8252	8362	1683	882	801
19	10349	5385	4964	7678	3944	3734	2551	1370	1181
20-24岁	**28745**	**15087**	**13658**	**6274**	**3419**	**2855**	**21910**	**11331**	**10579**
20	7908	4184	3724	3937	2123	1814	3849	1994	1855
21	5678	2932	2746	1354	765	589	4207	2092	2115
22	5233	2798	2435	609	336	273	4500	2380	2120
23	5120	2707	2413	246	136	110	4766	2517	2249
24	4806	2466	2340	128	59	69	4588	2348	2240
25-29岁	**22024**	**11293**	**10731**	**216**	**106**	**110**	**21364**	**10940**	**10424**
25	4300	2203	2097	72	35	37	4125	2110	2015
26	4112	2125	1987	50	20	30	3973	2052	1921
27	4191	2167	2024	36	16	20	4067	2102	1965
28	4959	2536	2423	37	25	12	4832	2463	2369
29	4462	2262	2200	21	10	11	4367	2213	2154
30-34岁	**23541**	**12239**	**11302**	**62**	**35**	**27**	**23077**	**11970**	**11107**
30	4674	2406	2268	23	13	10	4557	2338	2219
31	4875	2523	2352	13	8	5	4793	2477	2316
32	4829	2479	2350	11	8	3	4738	2428	2310
33	4305	2231	2074	8	2	6	4223	2183	2040
34	4858	2600	2258	7	4	3	4766	2544	2222
35-39岁	**25207**	**13462**	**11745**	**56**	**39**	**17**	**24742**	**13192**	**11550**
35	4949	2645	2304	9	4	5	4851	2585	2266
36	5129	2722	2407	10	7	3	5033	2667	2366
37	5143	2691	2452	14	10	4	5050	2638	2412
38	5147	2774	2373	14	12	2	5050	2717	2333
39	4839	2630	2209	9	6	3	4758	2585	2173
40-44岁	**22442**	**12070**	**10372**	**32**	**23**	**9**	**22074**	**11864**	**10210**
40	5248	2920	2328	7	5	2	5168	2870	2298
41	4507	2404	2103	7	5	2	4420	2360	2060
42	4877	2594	2283	7	5	2	4802	2551	2251
43	3579	1887	1692	6	4	2	3519	1856	1663
44	4231	2265	1966	5	4	1	4165	2227	1938
45-49岁	**24105**	**12883**	**11222**	**28**	**22**	**6**	**23774**	**12691**	**11083**
45	4605	2406	2199	4	4		4540	2365	2175
46	5073	2674	2399	7	5	2	5004	2638	2366
47	6256	3368	2888	7	6	1	6176	3321	2855
48	5196	2843	2353	8	6	2	5120	2797	2323
49	2975	1592	1383	2	1	1	2934	1570	1364
50岁及以上	**41102**	**25868**	**15234**	**74**	**54**	**20**	**40399**	**25404**	**14995**

2-6b 续表 7

单位：人

年 龄	高中								
	肄 业			辍 学			其 他		
	小计	男	女	小计	男	女	小计	男	女
总 计	**1441**	**834**	**607**	**1166**	**701**	**465**	**914**	**529**	**385**
6-9岁									
6									
7									
8									
9									
10-14岁	**3**	**2**	**1**	**4**	**3**	**1**	**2**		**2**
10									
11									
12									
13				1	1				
14	3	2	1	3	2	1	2		2
15-19岁	**167**	**101**	**66**	**219**	**122**	**97**	**42**	**24**	**18**
15	5	1	4	6	3	3	2	1	1
16	23	13	10	32	14	18	8	4	4
17	41	27	14	50	30	20	10	7	3
18	58	38	20	64	34	30	9	4	5
19	40	22	18	67	41	26	13	8	5
20-24岁	**225**	**133**	**92**	**237**	**143**	**94**	**99**	**61**	**38**
20	41	24	17	69	34	35	12	9	3
21	46	29	17	53	37	16	18	9	9
22	59	42	17	41	24	17	24	16	8
23	46	19	27	41	24	17	21	11	10
24	33	19	14	33	24	9	24	16	8
25-29岁	**166**	**89**	**77**	**179**	**104**	**75**	**99**	**54**	**45**
25	45	19	26	42	28	14	16	11	5
26	31	23	8	34	20	14	24	10	14
27	34	18	16	36	20	16	18	11	7
28	32	19	13	35	16	19	23	13	10
29	24	10	14	32	20	12	18	9	9
30-34岁	**169**	**93**	**76**	**116**	**76**	**40**	**117**	**65**	**52**
30	34	19	15	31	23	8	29	13	16
31	30	14	16	23	15	8	16	9	7
32	36	19	17	22	14	8	22	10	12
33	32	19	13	16	12	4	26	15	11
34	37	22	15	24	12	12	24	18	6
35-39岁	**165**	**93**	**72**	**113**	**65**	**48**	**131**	**73**	**58**
35	33	20	13	27	16	11	29	20	9
36	36	18	18	26	13	13	24	17	7
37	27	14	13	20	10	10	32	19	13
38	43	24	19	20	14	6	20	7	13
39	26	17	9	20	12	8	26	10	16
40-44岁	**151**	**79**	**72**	**83**	**46**	**37**	**102**	**58**	**44**
40	33	21	12	24	17	7	16	7	9
41	38	17	21	17	6	11	25	16	9
42	30	16	14	21	12	9	17	10	7
43	26	13	13	8	3	5	20	11	9
44	24	12	12	13	8	5	24	14	10
45-49岁	**136**	**78**	**58**	**67**	**40**	**27**	**100**	**52**	**48**
45	24	16	8	14	8	6	23	13	10
46	29	12	17	15	8	7	18	11	7
47	25	14	11	16	10	6	32	17	15
48	43	26	17	10	6	4	15	8	7
49	15	10	5	12	8	4	12	3	9
50岁及以上	**259**	**166**	**93**	**148**	**102**	**46**	**222**	**142**	**80**

2-6b 续表 8

单位：人

年龄	大学专科								
	合计			在校			毕业		
	合计	男	女	小计	男	女	小计	男	女
总计	**134872**	**72934**	**61938**	**13499**	**6523**	**6976**	**120246**	**65783**	**54463**
6-9岁									
6									
7									
8									
9									
10-14岁	**4**	**4**		**3**	**3**		**1**	**1**	
10									
11	1	1					1	1	
12	2	2		2	2				
13									
14	1	1		1	1				
15-19岁	**5091**	**2325**	**2766**	**4454**	**2025**	**2429**	**607**	**285**	**322**
15	105	46	59	95	38	57	10	8	2
16	205	89	116	192	80	112	11	7	4
17	505	212	293	458	192	266	42	18	24
18	1534	680	854	1327	595	732	193	78	115
19	2742	1298	1444	2382	1120	1262	351	174	177
20-24岁	**21508**	**9905**	**11603**	**8316**	**4119**	**4197**	**13031**	**5711**	**7320**
20	4181	1962	2219	3289	1580	1709	869	375	494
21	4257	1975	2282	2505	1232	1273	1723	732	991
22	4253	2003	2250	1450	755	695	2762	1228	1534
23	4480	2040	2440	720	369	351	3729	1654	2075
24	4337	1925	2412	352	183	169	3948	1722	2226
25-29岁	**19334**	**9113**	**10221**	**425**	**221**	**204**	**18734**	**8805**	**9929**
25	3834	1788	2046	167	84	83	3627	1685	1942
26	3885	1811	2074	96	47	49	3763	1753	2010
27	3791	1743	2048	71	43	28	3685	1683	2002
28	4178	1967	2211	47	24	23	4096	1926	2170
29	3646	1804	1842	44	23	21	3563	1758	1805
30-34岁	**20782**	**10263**	**10519**	**96**	**46**	**50**	**20524**	**10129**	**10395**
30	3978	1879	2099	22	9	13	3920	1852	2068
31	4252	2059	2193	22	10	12	4189	2026	2163
32	4319	2125	2194	14	8	6	4278	2101	2177
33	3893	1941	1952	21	9	12	3847	1918	1929
34	4340	2259	2081	17	10	7	4290	2232	2058
35-39岁	**21095**	**11514**	**9581**	**62**	**30**	**32**	**20861**	**11394**	**9467**
35	4419	2381	2038	9	6	3	4368	2354	2014
36	4330	2376	1954	17	8	9	4274	2347	1927
37	4269	2271	1998	9	6	3	4225	2251	1974
38	4254	2377	1877	12	3	9	4208	2356	1852
39	3823	2109	1714	15	7	8	3786	2086	1700
40-44岁	**18021**	**10159**	**7862**	**75**	**35**	**40**	**17812**	**10055**	**7757**
40	4181	2303	1878	23	8	15	4128	2276	1852
41	3772	2112	1660	9	6	3	3736	2094	1642
42	3863	2180	1683	23	8	15	3811	2159	1652
43	2806	1615	1191	8	4	4	2778	1600	1178
44	3399	1949	1450	12	9	3	3359	1926	1433
45-49岁	**13601**	**8343**	**5258**	**37**	**22**	**15**	**13453**	**8256**	**5197**
45	3448	2066	1382	7	4	3	3409	2042	1367
46	3348	2003	1345	4	3	1	3325	1987	1338
47	3333	2073	1260	8	4	4	3294	2055	1239
48	2302	1477	825	13	7	6	2272	1459	813
49	1170	724	446	5	4	1	1153	713	440
50岁及以上	**15436**	**11308**	**4128**	**31**	**22**	**9**	**15223**	**11147**	**4076**

2-6b 续表 9

单位：人

年 龄	大学专科								
	肄 业			辍 学			其 他		
	小计	男	女	小计	男	女	小计	男	女
总 计	**394**	**220**	**174**	**143**	**74**	**69**	**590**	**334**	**256**
6-9岁									
6									
7									
8									
9									
10-14岁									
10									
11									
12									
13									
14									
15-19岁	**6**	**4**	**2**	**7**	**4**	**3**	**17**	**7**	**10**
15									
16	1	1					1	1	
17				2	1	1	3	1	2
18	3	2	1	4	2	2	7	3	4
19	2	1	1	1	1		6	2	4
20-24岁	**55**	**22**	**33**	**34**	**17**	**17**	**72**	**36**	**36**
20	6	1	5	9	5	4	8	1	7
21	11	3	8	5	2	3	13	6	7
22	10	7	3	9	2	7	22	11	11
23	18	8	10	3	2	1	10	7	3
24	10	3	7	8	6	2	19	11	8
25-29岁	**60**	**31**	**29**	**21**	**12**	**9**	**94**	**44**	**50**
25	9	5	4	8	4	4	23	10	13
26	11	4	7	4		4	11	7	4
27	15	8	7	1	1		19	8	11
28	12	5	7	4	4		19	8	11
29	13	9	4	4	3	1	22	11	11
30-34岁	**69**	**39**	**30**	**13**	**2**	**11**	**80**	**47**	**33**
30	18	10	8	5	1	4	13	7	6
31	15	11	4	2		2	24	12	12
32	9	6	3	2	1	1	16	9	7
33	12	7	5	2		2	11	7	4
34	15	5	10	2		2	16	12	4
35-39岁	**61**	**31**	**30**	**12**	**7**	**5**	**99**	**52**	**47**
35	13	8	5	2	2		27	11	16
36	14	6	8	4	2	2	21	13	8
37	14	6	8	3	2	1	18	6	12
38	12	5	7	2		2	20	13	7
39	8	6	2	1	1		13	9	4
40-44岁	**45**	**30**	**15**	**17**	**8**	**9**	**72**	**31**	**41**
40	14	9	5	1	1		15	9	6
41	7	5	2	2	1	1	18	6	12
42	10	7	3	7	2	5	12	4	8
43	6	4	2	2	1	1	12	6	6
44	8	5	3	5	3	2	15	6	9
45-49岁	**36**	**17**	**19**	**14**	**7**	**7**	**61**	**41**	**20**
45	6	3	3	6	2	4	20	15	5
46	9	4	5	2	2		8	7	1
47	9	3	6	3	1	2	19	10	9
48	4	1	3	2	2		11	8	3
49	8	6	2	1		1	3	1	2
50岁及以上	**62**	**46**	**16**	**25**	**17**	**8**	**95**	**76**	**19**

2-6b 续表 10 单位：人

年 龄	大学本科								
	合 计			在 校			毕 业		
	合计	男	女	小计	男	女	小计	男	女
总 计	**67500**	**37231**	**30269**	**13204**	**6220**	**6984**	**53974**	**30816**	**23158**
6-9岁									
6									
7									
8									
9									
10-14岁									
10									
11									
12									
13									
14									
15-19岁	**3550**	**1492**	**2058**	**3489**	**1456**	**2033**	**55**	**32**	**23**
15	16	9	7	15	8	7	1	1	
16	23	9	14	21	8	13	1		1
17	196	71	125	188	68	120	8	3	5
18	1163	465	698	1150	457	693	13	8	5
19	2152	938	1214	2115	915	1200	32	20	12
20-24岁	**14068**	**6516**	**7552**	**9172**	**4436**	**4736**	**4853**	**2060**	**2793**
20	3109	1404	1705	2994	1355	1639	106	43	63
21	3003	1434	1569	2660	1279	1381	339	155	184
22	2796	1339	1457	1980	991	989	807	344	463
23	2586	1150	1436	1085	563	522	1493	582	911
24	2574	1189	1385	453	248	205	2108	936	1172
25-29岁	**12135**	**5722**	**6413**	**378**	**229**	**149**	**11690**	**5456**	**6234**
25	2317	1054	1263	155	90	65	2146	958	1188
26	2510	1167	1343	94	60	34	2398	1095	1303
27	2455	1165	1290	60	36	24	2383	1123	1260
28	2650	1268	1382	42	27	15	2595	1232	1363
29	2203	1068	1135	27	16	11	2168	1048	1120
30-34岁	**11334**	**6049**	**5285**	**79**	**46**	**33**	**11199**	**5970**	**5229**
30	2243	1110	1133	25	13	12	2209	1091	1118
31	2271	1168	1103	16	10	6	2243	1153	1090
32	2341	1270	1071	11	6	5	2318	1254	1064
33	2071	1111	960	9	6	3	2051	1099	952
34	2408	1390	1018	18	11	7	2378	1373	1005
35-39岁	**10404**	**6175**	**4229**	**45**	**26**	**19**	**10297**	**6106**	**4191**
35	2303	1306	997	12	8	4	2274	1287	987
36	2288	1345	943	9	4	5	2267	1331	936
37	2078	1231	847	8	3	5	2057	1219	838
38	1928	1165	763	10	7	3	1908	1151	757
39	1807	1128	679	6	4	2	1791	1118	673
40-44岁	**8330**	**5457**	**2873**	**18**	**11**	**7**	**8269**	**5419**	**2850**
40	1907	1175	732	7	4	3	1891	1166	725
41	1794	1174	620	2	1	1	1784	1168	616
42	1828	1173	655	3	2	1	1818	1166	652
43	1326	907	419	3	2	1	1312	898	414
44	1475	1028	447	3	2	1	1464	1021	443
45-49岁	**4551**	**3355**	**1196**	**14**	**9**	**5**	**4512**	**3330**	**1182**
45	1298	933	365	5	3	2	1288	926	362
46	1234	895	339	4	2	2	1226	891	335
47	1082	815	267	3	3		1070	807	263
48	667	509	158	2	1	1	659	504	155
49	270	203	67				269	202	67
50岁及以上	**3128**	**2465**	**663**	**9**	**7**	**2**	**3099**	**2443**	**656**

2-6b 续表 11

单位：人

年龄	大学本科								
	肄业			辍学			其他		
	小计	男	女	小计	男	女	小计	男	女
总计	**122**	**75**	**47**	**28**	**19**	**9**	**172**	**101**	**71**
6-9岁									
6									
7									
8									
9									
10-14岁									
10									
11									
12									
13									
14									
15-19岁	**2**	**2**		**1**	**1**		**3**	**1**	**2**
15									
16				1	1				
17									
18									
19	2	2					3	1	2
20-24岁	**14**	**6**	**8**	**11**	**4**	**7**	**18**	**10**	**8**
20	1		1	2	2		6	4	2
21	2		2	1		1	1		1
22	3	2	1	4	2	2	2		2
23	2	2		1		1	5	3	2
24	6	2	4	3		3	4	3	1
25-29岁	**30**	**17**	**13**	**4**	**4**		**33**	**16**	**17**
25	5	2	3	2	2		9	2	7
26	8	6	2				10	6	4
27	4	3	1	1	1		7	2	5
28	8	4	4	1	1		4	4	
29	5	2	3				3	2	1
30-34岁	**24**	**14**	**10**	**1**		**1**	**31**	**19**	**12**
30	5	4	1				4	2	2
31	5	1	4				7	4	3
32	5	4	1				7	6	1
33	6	4	2				5	2	3
34	3	1	2	1		1	8	5	3
35-39岁	**23**	**18**	**5**	**2**	**2**		**37**	**23**	**14**
35	5	4	1	1	1		11	6	5
36	6	6					6	4	2
37	4	3	1	1	1		8	5	3
38	3	2	1				7	5	2
39	5	3	2				5	3	2
40-44岁	**14**	**8**	**6**	**3**	**2**	**1**	**26**	**17**	**9**
40	2		2				7	5	2
41	5	3	2				3	2	1
42	2	2		1		1	4	3	1
43	3	2	1				8	5	3
44	2	1	1	2	2		4	2	2
45-49岁	**9**	**6**	**3**	**3**	**3**		**13**	**7**	**6**
45	3	2	1				2	2	
46	1		1	1	1		2	1	1
47	2	2		1	1		6	2	4
48	3	2	1	1	1		2	1	1
49							1	1	
50岁及以上	**6**	**4**	**2**	**3**	**3**		**11**	**8**	**3**

2-6b 续表 12 单位：人

年 龄	研究生								
	合 计			在 校			毕 业		
	合计	男	女	小计	男	女	小计	男	女
总 计	**1541**	**895**	**646**	**444**	**197**	**247**	**1073**	**683**	**390**
6-9岁									
6									
7									
8									
9									
10-14岁									
10									
11									
12									
13									
14									
15-19岁	**9**	**5**	**4**	**9**	**5**	**4**			
15	1		1	1		1			
16	2	2		2	2				
17	1		1	1		1			
18	3	3		3	3				
19	2		2	2		2			
20-24岁	**236**	**91**	**145**	**208**	**83**	**125**	**26**	**6**	**20**
20	10	2	8	10	2	8			
21	18	5	13	17	5	12	1		1
22	43	19	24	42	18	24			
23	79	32	47	73	31	42	6	1	5
24	86	33	53	66	27	39	19	5	14
25-29岁	**423**	**187**	**236**	**173**	**78**	**95**	**245**	**107**	**138**
25	83	30	53	59	26	33	24	4	20
26	95	37	58	51	20	31	43	16	27
27	77	37	40	27	14	13	48	23	25
28	89	42	47	24	11	13	63	30	33
29	79	41	38	12	7	5	67	34	33
30-34岁	**246**	**135**	**111**	**35**	**16**	**19**	**204**	**117**	**87**
30	53	25	28	10	2	8	43	23	20
31	60	35	25	10	6	4	49	29	20
32	50	28	22	9	4	5	39	23	16
33	47	23	24	4	3	1	40	20	20
34	36	24	12	2	1	1	33	22	11
35-39岁	**201**	**132**	**69**	**12**	**10**	**2**	**184**	**118**	**66**
35	43	30	13	1	1		41	29	12
36	45	28	17	2	1	1	42	26	16
37	42	30	12				40	28	12
38	40	27	13	9	8	1	31	19	12
39	31	17	14				30	16	14
40-44岁	**216**	**175**	**41**	**5**	**3**	**2**	**208**	**169**	**39**
40	39	32	7	1	1		38	31	7
41	44	37	7	2	1	1	41	35	6
42	48	36	12	1		1	46	35	11
43	40	35	5				39	34	5
44	45	35	10	1	1		44	34	10
45-49岁	**148**	**118**	**30**	**2**	**2**		**144**	**114**	**30**
45	38	32	6				37	31	6
46	45	38	7				44	37	7
47	31	22	9	1	1		30	21	9
48	24	18	6				24	18	6
49	10	8	2	1	1		9	7	2
50岁及以上	**62**	**52**	**10**				**62**	**52**	**10**

2-6b　续表 13　　　　单位：人

年　龄	研究生								
	肄　业			辍　学			其　他		
	小计	男	女	小计	男	女	小计	男	女
总　计	**13**	**10**	**3**	**1**		**1**	**10**	**5**	**5**
6–9岁									
6									
7									
8									
9									
10–14岁									
10									
11									
12									
13									
14									
15–19岁									
15									
16									
17									
18									
19									
20–24岁	**2**	**2**							
20									
21									
22	1	1							
23									
24	1	1							
25–29岁	**1**	**1**					**4**	**1**	**3**
25									
26	1	1							
27							2		2
28							2	1	1
29									
30–34岁	**4**	**1**	**3**	**1**		**1**	**2**	**1**	**1**
30									
31	1		1						
32	2	1	1						
33	1		1	1		1	1		1
34							1	1	
35–39岁	**1**	**1**					**4**	**3**	**1**
35							1		1
36							1	1	
37	1	1					1	1	
38									
39							1	1	
40–44岁	**3**	**3**							
40									
41	1	1							
42	1	1							
43	1	1							
44									
45–49岁	**2**	**2**							
45	1	1							
46	1	1							
47									
48									
49									
50岁及以上									

2-6c 全国分年龄、性别、学业完成情况的6岁及以上少数民族人口状况(乡村)(长表数据)

单位：人

年龄	合计								
	合计			在校			毕业		
	合计	男	女	小计	男	女	小计	男	女
总计	**5821178**	**3114685**	**2706493**	**1302420**	**681528**	**620892**	**4097772**	**2220251**	**1877521**
6-9岁	**439222**	**233326**	**205896**	**433799**	**230513**	**203286**	**4075**	**2118**	**1957**
6	98106	52161	45945	96854	51522	45332	979	485	494
7	111515	59307	52208	110229	58634	51595	965	510	455
8	112745	60107	52638	111440	59450	51990	971	490	481
9	116856	61751	55105	115276	60907	54369	1160	633	527
10-14岁	**606292**	**318460**	**287832**	**573731**	**301333**	**272398**	**25598**	**13439**	**12159**
10	120336	63696	56640	118428	62698	55730	1422	755	667
11	115442	60735	54707	112215	59052	53163	2474	1312	1162
12	127073	66226	60847	121527	63372	58155	4383	2269	2114
13	121889	64129	57760	113978	59899	54079	6214	3324	2890
14	121552	63674	57878	107583	56312	51271	11105	5779	5326
15-19岁	**538089**	**282766**	**255323**	**256828**	**130483**	**126345**	**255246**	**137783**	**117463**
15	121441	64059	57382	94973	49420	45553	22097	12082	10015
16	108864	57579	51285	66265	33777	32488	37675	20943	16732
17	104565	54971	49594	44592	22092	22500	54521	29891	24630
18	103917	54578	49339	29902	14743	15159	68333	36722	31611
19	99302	51579	47723	21096	10451	10645	72620	38145	34475
20-24岁	**578253**	**293694**	**284559**	**34734**	**17193**	**17541**	**508850**	**258761**	**250089**
20	123441	62360	61081	15712	7644	8068	100670	51149	49521
21	113436	57395	56041	8992	4374	4618	97529	49422	48107
22	111655	56443	55212	5383	2725	2658	99505	50274	49231
23	117183	59923	57260	3146	1627	1519	107082	54705	52377
24	112538	57573	54965	1501	823	678	104064	53211	50853
25-29岁	**514487**	**269970**	**244517**	**2013**	**1108**	**905**	**477520**	**250782**	**226738**
25	107028	55232	51796	787	426	361	99429	51337	48092
26	103313	53663	49650	466	241	225	96042	49870	46172
27	98601	51890	46711	317	173	144	91410	48116	43294
28	108980	57333	51647	256	147	109	101311	53374	47937
29	96565	51852	44713	187	121	66	89328	48085	41243
30-34岁	**487298**	**259036**	**228262**	**418**	**263**	**155**	**449316**	**239618**	**209698**
30	105117	54924	50193	164	93	71	96938	50810	46128
31	94473	50730	43743	67	38	29	87362	47050	40312
32	96820	51063	45757	68	50	18	89229	47189	42040
33	88856	47856	41000	64	44	20	81836	44249	37587
34	102032	54463	47569	55	38	17	93951	50320	43631
35-39岁	**533763**	**284751**	**249012**	**257**	**175**	**82**	**489347**	**262551**	**226796**
35	104916	56143	48773	71	43	28	96345	51842	44503
36	110270	58656	51614	44	24	20	101312	54208	47104
37	106254	56881	49373	56	41	15	97309	52393	44916
38	108634	57624	51010	47	42	5	99319	52925	46394
39	103689	55447	48242	39	25	14	95062	51183	43879
40-44岁	**538729**	**286310**	**252419**	**182**	**126**	**56**	**490763**	**262690**	**228073**
40	119329	62622	56707	44	33	11	108723	57506	51217
41	104240	55558	48682	37	24	13	94934	50932	44002
42	115521	61291	54230	40	26	14	105307	56297	49010
43	94148	50321	43827	27	19	8	85561	45994	39567
44	105491	56518	48973	34	24	10	96238	51961	44277
45-49岁	**443874**	**235484**	**208390**	**137**	**108**	**29**	**405261**	**217133**	**188128**
45	106689	56549	50140	35	29	6	97360	51992	45368
46	101678	53627	48051	36	27	9	92771	49320	43451
47	105470	56295	49175	33	24	9	96600	52160	44440
48	84059	44806	39253	26	21	5	76882	41503	35379
49	45978	24207	21771	7	7		41648	22158	19490
50岁及以上	**1141171**	**650888**	**490283**	**321**	**226**	**95**	**991796**	**575376**	**416420**

2-6c 续表 1

单位：人

年龄	合计								
	肄业			辍学			其他		
	小计	男	女	小计	男	女	小计	男	女
总计	**159932**	**79833**	**80099**	**198265**	**100509**	**97756**	**62789**	**32564**	**30225**
6-9岁	**675**	**341**	**334**	**317**	**163**	**154**	**356**	**191**	**165**
6	115	64	51	38	21	17	120	69	51
7	173	92	81	58	30	28	90	41	49
8	177	86	91	88	46	42	69	35	34
9	210	99	111	133	66	67	77	46	31
10-14岁	**2238**	**1223**	**1015**	**3963**	**2084**	**1879**	**762**	**381**	**381**
10	210	110	100	178	85	93	98	48	50
11	290	152	138	341	161	180	122	58	64
12	416	214	202	621	307	314	126	64	62
13	533	296	237	1001	531	470	163	79	84
14	789	451	338	1822	1000	822	253	132	121
15-19岁	**8133**	**4636**	**3497**	**15285**	**8498**	**6787**	**2597**	**1366**	**1231**
15	1237	753	484	2755	1598	1157	379	206	173
16	1504	890	614	2992	1730	1262	428	239	189
17	1706	961	745	3254	1796	1458	492	231	261
18	1826	1013	813	3233	1773	1460	623	327	296
19	1860	1019	841	3051	1601	1450	675	363	312
20-24岁	**11957**	**6024**	**5933**	**17614**	**9154**	**8460**	**5098**	**2562**	**2536**
20	2304	1180	1124	3766	1923	1843	989	464	525
21	2432	1268	1164	3511	1810	1701	972	521	451
22	2324	1138	1186	3456	1812	1644	987	494	493
23	2412	1221	1191	3465	1817	1648	1078	553	525
24	2485	1217	1268	3416	1792	1624	1072	530	542
25-29岁	**12065**	**6202**	**5863**	**17282**	**9001**	**8281**	**5607**	**2877**	**2730**
25	2383	1159	1224	3355	1763	1592	1074	547	527
26	2377	1272	1105	3355	1721	1634	1073	559	514
27	2381	1238	1143	3426	1822	1604	1067	541	526
28	2487	1263	1224	3683	1894	1789	1243	655	588
29	2437	1270	1167	3463	1801	1662	1150	575	575
30-34岁	**12935**	**6418**	**6517**	**18569**	**9519**	**9050**	**6060**	**3218**	**2842**
30	2788	1358	1430	3943	1988	1955	1284	675	609
31	2379	1199	1180	3449	1758	1691	1216	685	531
32	2584	1284	1300	3728	1915	1813	1211	625	586
33	2414	1192	1222	3462	1798	1664	1080	573	507
34	2770	1385	1385	3987	2060	1927	1269	660	609
35-39岁	**16077**	**7909**	**8168**	**21411**	**10670**	**10741**	**6671**	**3446**	**3225**
35	2981	1499	1482	4193	2080	2113	1326	679	647
36	3296	1573	1723	4317	2186	2131	1301	665	636
37	3228	1598	1630	4311	2141	2170	1350	708	642
38	3396	1687	1709	4451	2210	2241	1421	760	661
39	3176	1552	1624	4139	2053	2086	1273	634	639
40-44岁	**17917**	**8607**	**9310**	**22859**	**11225**	**11634**	**7008**	**3662**	**3346**
40	3915	1864	2051	5032	2411	2621	1615	808	807
41	3440	1702	1738	4539	2209	2330	1290	691	599
42	3819	1799	2020	4866	2405	2461	1489	764	725
43	3204	1583	1621	4056	2046	2010	1300	679	621
44	3539	1659	1880	4366	2154	2212	1314	720	594
45-49岁	**14829**	**6891**	**7938**	**18004**	**8533**	**9471**	**5643**	**2819**	**2824**
45	3596	1719	1877	4413	2160	2253	1285	649	636
46	3342	1558	1784	4225	2050	2175	1304	672	632
47	3530	1601	1929	4028	1883	2145	1279	627	652
48	2707	1235	1472	3321	1490	1831	1123	557	566
49	1654	778	876	2017	950	1067	652	314	338
50岁及以上	**63106**	**31582**	**31524**	**62961**	**31662**	**31299**	**22987**	**12042**	**10945**

2-6c 续表 2　　单位：人

年龄	小学								
	合计			在校			毕业		
	合计	男	女	小计	男	女	小计	男	女
总计	**3107112**	**1553988**	**1553124**	**818970**	**433790**	**385180**	**1968915**	**970332**	**998583**
6-9岁	**437785**	**232532**	**205253**	**432651**	**229883**	**202768**	**3818**	**1969**	**1849**
6	97838	52011	45827	96659	51410	45249	915	452	463
7	111246	59161	52085	110016	58518	51498	915	482	433
8	112390	59914	52476	111160	59297	51863	906	455	451
9	116311	61446	54865	114816	60658	54158	1082	580	502
10-14岁	**407166**	**214448**	**192718**	**383913**	**202550**	**181363**	**18568**	**9592**	**8976**
10	118979	62968	56011	117215	62055	55160	1299	682	617
11	109820	57825	51995	107034	56377	50657	2092	1110	982
12	96604	50754	45850	92131	48474	43657	3499	1804	1695
13	52976	28097	24879	47266	25107	22159	4581	2420	2161
14	28787	14804	13983	20267	10537	9730	7097	3576	3521
15-19岁	**86999**	**43997**	**43002**	**1695**	**926**	**769**	**74079**	**37651**	**36428**
15	13306	6930	6376	902	498	404	10518	5475	5043
16	15116	7910	7206	373	192	181	12698	6691	6007
17	17566	9038	8528	196	111	85	15081	7829	7252
18	19989	9945	10044	103	55	48	17406	8709	8697
19	21022	10174	10848	121	70	51	18376	8947	9429
20-24岁	**154873**	**72464**	**82409**	**206**	**121**	**85**	**136194**	**63982**	**72212**
20	29122	13603	15519	93	59	34	25592	12053	13539
21	29496	13695	15801	38	22	16	25934	12035	13899
22	30162	14079	16083	26	17	9	26507	12429	14078
23	33094	15563	17531	30	16	14	29196	13774	15422
24	32999	15524	17475	19	7	12	28965	13691	15274
25-29岁	**177222**	**84899**	**92323**	**80**	**39**	**41**	**155260**	**74653**	**80607**
25	33153	15659	17494	18	8	10	29095	13804	15291
26	33631	15958	17673	11	5	6	29512	14037	15475
27	34295	16540	17755	18	9	9	29944	14462	15482
28	39142	18618	20524	18	9	9	34361	16396	17965
29	37001	18124	18877	15	8	7	32348	15954	16394
30-34岁	**214671**	**102616**	**112055**	**93**	**54**	**39**	**187842**	**90039**	**97803**
30	42520	19893	22627	17	8	9	37030	17359	19671
31	39729	19272	20457	14	8	6	34824	16985	17839
32	43278	20473	22805	18	11	7	37845	17915	19930
33	41263	20012	21251	26	16	10	36114	17555	18559
34	47881	22966	24915	18	11	7	42029	20225	21804
35-39岁	**267356**	**127479**	**139877**	**57**	**33**	**24**	**234114**	**112135**	**121979**
35	50628	24262	26366	16	8	8	44362	21359	23003
36	54051	25681	28370	15	5	10	47449	22665	24784
37	53333	25544	27789	9	8	1	46572	22413	24159
38	55562	26357	29205	7	6	1	48554	23084	25470
39	53782	25635	28147	10	6	4	47177	22614	24563
40-44岁	**296635**	**140754**	**155881**	**61**	**42**	**19**	**259116**	**123518**	**135598**
40	64609	30211	34398	14	11	3	56424	26539	29885
41	57888	27691	30197	10	5	5	50575	24313	26262
42	64051	30504	33547	14	10	4	56020	26807	29213
43	52608	25157	27451	11	6	5	45760	21928	23832
44	57479	27191	30288	12	10	2	50337	23931	26406
45-49岁	**229554**	**103153**	**126401**	**55**	**41**	**14**	**199881**	**90459**	**109422**
45	57044	26423	30621	13	10	3	49825	23187	26638
46	53392	24335	29057	12	7	5	46556	21315	25241
47	52101	23095	29006	17	12	5	45383	20329	25054
48	42189	18488	23701	12	11	1	36733	16306	20427
49	24828	10812	14016	1	1		21384	9322	12062
50岁及以上	**834851**	**431646**	**403205**	**159**	**101**	**58**	**700043**	**366334**	**333709**

2-6c 续表 3

单位：人

年龄	小学								
	肄业			辍学			其他		
	小计	男	女	小计	男	女	小计	男	女
总计	**113853**	**51788**	**62065**	**153487**	**72327**	**81160**	**51887**	**25751**	**26136**
6-9岁	**664**	**339**	**325**	**309**	**159**	**150**	**343**	**182**	**161**
6	114	64	50	35	19	16	115	66	49
7	171	92	79	58	30	28	86	39	47
8	172	85	87	85	44	41	67	33	34
9	207	98	109	131	66	65	75	44	31
10-14岁	**1361**	**715**	**646**	**2683**	**1273**	**1410**	**641**	**318**	**323**
10	199	105	94	171	80	91	95	46	49
11	261	136	125	320	148	172	113	54	59
12	311	157	154	551	264	287	112	55	57
13	296	162	134	698	340	358	135	68	67
14	294	155	139	943	441	502	186	95	91
15-19岁	**2574**	**1254**	**1320**	**6821**	**3239**	**3582**	**1830**	**927**	**903**
15	409	227	182	1201	582	619	276	148	128
16	473	246	227	1266	622	644	306	159	147
17	540	274	266	1405	660	745	344	164	180
18	562	252	310	1494	723	771	424	206	218
19	590	255	335	1455	652	803	480	250	230
20-24岁	**4976**	**2129**	**2847**	**9991**	**4569**	**5422**	**3506**	**1663**	**1843**
20	835	349	486	1947	853	1094	655	289	366
21	938	429	509	1918	866	1052	668	343	325
22	991	397	594	1986	926	1060	652	310	342
23	1048	454	594	2053	954	1099	767	365	402
24	1164	500	664	2087	970	1117	764	356	408
25-29岁	**6143**	**2729**	**3414**	**11620**	**5480**	**6140**	**4119**	**1998**	**2121**
25	1113	461	652	2138	1012	1126	789	374	415
26	1145	521	624	2210	1030	1180	753	365	388
27	1227	559	668	2301	1120	1181	805	390	415
28	1311	574	737	2542	1175	1367	910	464	446
29	1347	614	733	2429	1143	1286	862	405	457
30-34岁	**8026**	**3503**	**4523**	**13955**	**6610**	**7345**	**4755**	**2410**	**2345**
30	1642	708	934	2840	1313	1527	991	505	486
31	1416	615	801	2550	1174	1376	925	490	435
32	1630	723	907	2819	1344	1475	966	480	486
33	1578	688	890	2677	1312	1365	868	441	427
34	1760	769	991	3069	1467	1602	1005	494	511
35-39岁	**10802**	**4756**	**6046**	**16964**	**7908**	**9056**	**5419**	**2647**	**2772**
35	1911	846	1065	3251	1507	1744	1088	542	546
36	2184	928	1256	3378	1598	1780	1025	485	540
37	2204	996	1208	3436	1577	1859	1112	550	562
38	2291	1011	1280	3563	1671	1892	1147	585	562
39	2212	975	1237	3336	1555	1781	1047	485	562
40-44岁	**12856**	**5630**	**7226**	**18850**	**8701**	**10149**	**5752**	**2863**	**2889**
40	2738	1197	1541	4113	1837	2276	1320	627	693
41	2452	1086	1366	3792	1746	2046	1059	541	518
42	2764	1196	1568	4042	1898	2144	1211	593	618
43	2399	1104	1295	3360	1591	1769	1078	528	550
44	2503	1047	1456	3543	1629	1914	1084	574	510
45-49岁	**10557**	**4267**	**6290**	**14418**	**6233**	**8185**	**4643**	**2153**	**2490**
45	2572	1097	1475	3583	1636	1947	1051	493	558
46	2404	995	1409	3340	1491	1849	1080	527	553
47	2447	934	1513	3212	1353	1859	1042	467	575
48	1891	718	1173	2633	1035	1598	920	418	502
49	1243	523	720	1650	718	932	550	248	302
50岁及以上	**55894**	**26466**	**29428**	**57876**	**28155**	**29721**	**20879**	**10590**	**10289**

2-6c 续表 4

单位：人

年 龄	初中								
	合计			在校			毕业		
	合计	男	女	小计	男	女	小计	男	女
总 计	**2276736**	**1300921**	**975815**	**350523**	**182936**	**167587**	**1835456**	**1062124**	**773332**
6-9岁	**1434**	**792**	**642**	**1146**	**629**	**517**	**256**	**148**	**108**
6	268	150	118	195	112	83	64	33	31
7	269	146	123	213	116	97	50	28	22
8	352	191	161	278	152	126	64	34	30
9	545	305	240	460	249	211	78	53	25
10-14岁	**196981**	**102943**	**94038**	**187767**	**97755**	**90012**	**6953**	**3813**	**3140**
10	1354	726	628	1210	641	569	123	73	50
11	5613	2906	2707	5173	2671	2502	381	202	179
12	30455	15466	14989	29384	14893	14491	882	464	418
13	68496	35826	32670	66329	34602	31727	1603	891	712
14	91063	48019	43044	85671	44948	40723	3964	2183	1781
15-19岁	**341258**	**185271**	**155987**	**160980**	**84209**	**76771**	**167168**	**92930**	**74238**
15	97256	51906	45350	83432	43844	39588	11409	6507	4902
16	72562	39420	33142	45587	23800	21787	24317	13899	10418
17	60032	32906	27126	19918	10266	9652	37394	20982	16412
18	57026	31414	25612	7997	4137	3860	46341	25656	20685
19	54382	29625	24757	4046	2162	1884	47707	25886	21821
20-24岁	**333701**	**175947**	**157754**	**431**	**214**	**217**	**319316**	**167701**	**151615**
20	69005	36282	32723	225	120	105	65703	34382	31321
21	64909	34173	30736	99	37	62	61884	32471	29413
22	65060	34106	30954	52	24	28	62326	32545	29781
23	68577	36337	32240	31	18	13	65880	34768	31112
24	66150	35049	31101	24	15	9	63523	33535	29988
25-29岁	**288723**	**157905**	**130818**	**58**	**33**	**25**	**276979**	**150851**	**126128**
25	62511	33412	29099	13	5	8	60038	31970	28068
26	59246	31966	27280	9	4	5	56840	30520	26320
27	55163	30237	24926	17	9	8	52856	28841	24015
28	60221	33252	26969	8	6	2	57842	31819	26023
29	51582	29038	22544	11	9	2	49403	27701	21702
30-34岁	**236228**	**134132**	**102096**	**32**	**26**	**6**	**226349**	**128094**	**98255**
30	54106	30105	24001	11	9	2	51776	28731	23045
31	47047	26804	20243	4	2	2	45110	25588	19522
32	46416	26223	20193	4	3	1	44486	25047	19439
33	41310	23857	17453	9	8	1	39644	22839	16805
34	47349	27143	20206	4	4		45333	25889	19444
35-39岁	**235636**	**136902**	**98734**	**30**	**20**	**10**	**225533**	**130774**	**94759**
35	47662	27579	20083	8	5	3	45578	26333	19245
36	49666	28669	20997	7	4	3	47526	27389	20137
37	46832	27263	19569	6	4	2	44868	26056	18812
38	47037	27240	19797	4	4		44956	25968	18988
39	44439	26151	18288	5	3	2	42605	25028	17577
40-44岁	**216688**	**128113**	**88575**	**30**	**18**	**12**	**207164**	**122349**	**84815**
40	48755	28381	20374	9	5	4	46563	27096	19467
41	41353	24426	16927	5	5		39547	23298	16249
42	46045	27097	18948	6	2	4	44063	25928	18135
43	37442	22327	15115	4	2	2	35827	21316	14511
44	43093	25882	17211	6	4	2	41164	24711	16453
45-49岁	**180847**	**108510**	**72337**	**20**	**14**	**6**	**172959**	**103615**	**69344**
45	43994	26129	17865	8	5	3	42057	24944	17113
46	41883	24829	17054	4	2	2	40031	23695	16336
47	44652	26982	17670	1	1		42764	25792	16972
48	33672	20413	13259	6	5	1	32218	19491	12727
49	16646	10157	6489	1	1		15889	9693	6196
50岁及以上	**245240**	**170406**	**74834**	**29**	**18**	**11**	**232779**	**161849**	**70930**

2-6c 续表 5

单位：人

年龄	初中								
	肄业			辍学			其他		
	小计	男	女	小计	男	女	小计	男	女
总计	**41065**	**24750**	**16315**	**40460**	**25439**	**15021**	**9232**	**5672**	**3560**
6-9岁	**11**	**2**	**9**	**8**	**4**	**4**	**13**	**9**	**4**
6	1		1	3	2	1	5	3	2
7	2		2				4	2	2
8	5	1	4	3	2	1	2	2	
9	3	1	2	2		2	2	2	
10-14岁	**872**	**506**	**366**	**1273**	**808**	**465**	**116**	**61**	**55**
10	11	5	6	7	5	2	3	2	1
11	29	16	13	21	13	8	9	4	5
12	105	57	48	70	43	27	14	9	5
13	237	134	103	299	188	111	28	11	17
14	490	294	196	876	559	317	62	35	27
15-19岁	**4916**	**3029**	**1887**	**7537**	**4721**	**2816**	**657**	**382**	**275**
15	801	511	290	1516	987	529	98	57	41
16	947	602	345	1599	1045	554	112	74	38
17	996	598	398	1599	1006	593	125	54	71
18	1066	652	414	1463	872	591	159	97	62
19	1106	666	440	1360	811	549	163	100	63
20-24岁	**6096**	**3359**	**2737**	**6556**	**3944**	**2612**	**1302**	**729**	**573**
20	1277	717	560	1525	915	610	275	148	127
21	1303	719	584	1372	802	570	251	144	107
22	1148	625	523	1264	765	499	270	147	123
23	1184	665	519	1230	738	492	252	148	104
24	1184	633	551	1165	724	441	254	142	112
25-29岁	**5285**	**3088**	**2197**	**5139**	**3201**	**1938**	**1262**	**732**	**530**
25	1132	622	510	1097	678	419	231	137	94
26	1102	667	435	1031	620	411	264	155	109
27	1020	598	422	1035	653	382	235	136	99
28	1055	619	436	1031	647	384	285	161	124
29	976	582	394	945	603	342	247	143	104
30-34岁	**4457**	**2638**	**1819**	**4267**	**2683**	**1584**	**1123**	**691**	**432**
30	1043	591	452	1027	628	399	249	146	103
31	873	528	345	816	527	289	244	159	85
32	874	515	359	842	535	307	210	123	87
33	753	451	302	719	442	277	185	117	68
34	914	553	361	863	551	312	235	146	89
35-39岁	**4858**	**2871**	**1987**	**4125**	**2554**	**1571**	**1090**	**683**	**407**
35	987	590	397	870	527	343	219	124	95
36	1018	580	438	870	539	331	245	157	88
37	938	545	393	817	526	291	203	132	71
38	1018	616	402	829	506	323	230	146	84
39	897	540	357	739	456	283	193	124	69
40-44岁	**4656**	**2719**	**1937**	**3742**	**2345**	**1397**	**1096**	**682**	**414**
40	1082	603	479	841	520	321	260	157	103
41	907	565	342	696	434	262	198	124	74
42	968	552	416	773	475	298	235	140	95
43	751	441	310	659	431	228	201	137	64
44	948	558	390	773	485	288	202	124	78
45-49岁	**3744**	**2249**	**1495**	**3268**	**2076**	**1192**	**856**	**556**	**300**
45	936	557	379	781	484	297	212	139	73
46	830	485	345	811	512	299	207	135	72
47	943	577	366	745	485	260	199	127	72
48	684	420	264	603	389	214	161	108	53
49	351	210	141	328	206	122	77	47	30
50岁及以上	**6170**	**4289**	**1881**	**4545**	**3103**	**1442**	**1717**	**1147**	**570**

2-6c 续表 6

单位: 人

年 龄	高中								
	合计			在校			毕业		
	合计	男	女	小计	男	女	小计	男	女
总 计	**326015**	**197559**	**128456**	**98405**	**48796**	**49609**	**218014**	**142469**	**75545**
6-9岁	**3**	**2**	**1**	**2**	**1**	**1**	**1**	**1**	
6									
7									
8	3	2	1	2	1	1	1	1	
9									
10-14岁	**2131**	**1062**	**1069**	**2038**	**1021**	**1017**	**76**	**34**	**42**
10	3	2	1	3	2	1			
11	9	4	5	8	4	4	1		1
12	10	5	5	9	4	5	1	1	
13	415	204	211	381	188	193	30	13	17
14	1694	847	847	1637	823	814	44	20	24
15-19岁	**97939**	**48420**	**49519**	**83163**	**40659**	**42504**	**13162**	**6845**	**6317**
15	10625	5106	5519	10396	4970	5426	161	93	68
16	20714	10044	10670	19855	9589	10266	640	345	295
17	25855	12551	13304	23448	11275	12173	1969	1048	921
18	23340	11713	11627	18495	9161	9334	4354	2251	2103
19	17405	9006	8399	10969	5664	5305	6038	3108	2930
20-24岁	**52962**	**28204**	**24758**	**12270**	**6506**	**5764**	**38765**	**20523**	**18242**
20	16048	8371	7677	7314	3840	3474	8249	4259	3990
21	11009	5790	5219	2728	1428	1300	7865	4092	3773
22	9473	5037	4436	1327	736	591	7763	4069	3694
23	8784	4816	3968	614	346	268	7817	4245	3572
24	7648	4190	3458	287	156	131	7071	3858	3213
25-29岁	**28623**	**16543**	**12080**	**561**	**324**	**237**	**26935**	**15509**	**11426**
25	6513	3713	2800	197	123	74	6052	3432	2620
26	5994	3408	2586	118	61	57	5639	3188	2451
27	5421	3093	2328	99	47	52	5132	2931	2201
28	5776	3401	2375	89	53	36	5446	3191	2255
29	4919	2928	1991	58	40	18	4666	2767	1899
30-34岁	**22975**	**14257**	**8718**	**112**	**78**	**34**	**22079**	**13668**	**8411**
30	5269	3114	2155	54	31	23	5037	2976	2061
31	4879	2993	1886	15	11	4	4690	2861	1829
32	4480	2789	1691	18	17	1	4311	2687	1624
33	4002	2561	1441	8	6	2	3855	2460	1395
34	4345	2800	1545	17	13	4	4186	2684	1502
35-39岁	**21103**	**13951**	**7152**	**88**	**66**	**22**	**20247**	**13375**	**6872**
35	4336	2824	1512	19	12	7	4173	2712	1461
36	4359	2871	1488	10	6	4	4186	2751	1435
37	4216	2819	1397	26	19	7	4029	2693	1336
38	4252	2812	1440	23	21	2	4067	2688	1379
39	3940	2625	1315	10	8	2	3792	2531	1261
40-44岁	**18875**	**12844**	**6031**	**49**	**39**	**10**	**18115**	**12333**	**5782**
40	4313	2917	1396	10	9	1	4134	2791	1343
41	3653	2484	1169	15	10	5	3499	2387	1112
42	4050	2698	1352	13	11	2	3878	2587	1291
43	3098	2132	966	7	6	1	2997	2061	936
44	3761	2613	1148	4	3	1	3607	2507	1100
45-49岁	**28489**	**20210**	**8279**	**33**	**29**	**4**	**27560**	**19543**	**8017**
45	4409	3100	1309	7	7		4260	2984	1276
46	5294	3679	1615	11	10	1	5104	3549	1555
47	7503	5335	2168	5	4	1	7266	5176	2090
48	7258	5233	2025	7	5	2	7020	5054	1966
49	4025	2863	1162	3	3		3910	2780	1130
50岁及以上	**52915**	**42066**	**10849**	**89**	**73**	**16**	**51074**	**40638**	**10436**

2-6c　续表 7

单位：人

年 龄	高中								
	肄业			辍学			其他		
	小计	男	女	小计	男	女	小计	男	女
总 计	**4376**	**2909**	**1467**	**3995**	**2550**	**1445**	**1225**	**835**	**390**
6-9岁									
6									
7									
8									
9									
10-14岁	**5**	**2**	**3**	**7**	**3**	**4**	**5**	**2**	**3**
10									
11									
12									
13				4	3	1			
14	5	2	3	3		3	5	2	3
15-19岁	**612**	**336**	**276**	**911**	**530**	**381**	**91**	**50**	**41**
15	26	14	12	38	29	9	4		4
16	83	42	41	127	63	64	9	5	4
17	170	89	81	246	126	120	22	13	9
18	191	105	86	271	176	95	29	20	9
19	142	86	56	229	136	93	27	12	15
20-24岁	**744**	**468**	**276**	**978**	**586**	**392**	**205**	**121**	**84**
20	175	107	68	274	145	129	36	20	16
21	165	109	56	210	136	74	41	25	16
22	151	98	53	187	109	78	45	25	20
23	143	82	61	163	112	51	47	31	16
24	110	72	38	144	84	60	36	20	16
25-29岁	**514**	**315**	**199**	**463**	**295**	**168**	**150**	**100**	**50**
25	119	66	53	109	67	42	36	25	11
26	106	71	35	97	64	33	34	24	10
27	97	59	38	76	45	31	17	11	6
28	100	61	39	105	71	34	36	25	11
29	92	58	34	76	48	28	27	15	12
30-34岁	**365**	**234**	**131**	**309**	**206**	**103**	**110**	**71**	**39**
30	83	49	34	66	43	23	29	15	14
31	67	45	22	74	50	24	33	26	7
32	70	40	30	58	33	25	23	12	11
33	66	46	20	61	42	19	12	7	5
34	79	54	25	50	38	12	13	11	2
35-39岁	**365**	**247**	**118**	**287**	**185**	**102**	**116**	**78**	**38**
35	68	53	15	63	39	24	13	8	5
36	79	54	25	62	45	17	22	15	7
37	79	52	27	54	35	19	28	20	8
38	80	55	25	51	29	22	31	19	12
39	59	33	26	57	37	20	22	16	6
40-44岁	**347**	**220**	**127**	**241**	**162**	**79**	**123**	**90**	**33**
40	78	52	26	69	49	20	22	16	6
41	67	42	25	44	24	20	28	21	7
42	77	46	31	47	29	18	35	25	10
43	46	32	14	32	21	11	16	12	4
44	79	48	31	49	39	10	22	16	6
45-49岁	**487**	**347**	**140**	**298**	**209**	**89**	**111**	**82**	**29**
45	81	61	20	46	37	9	15	11	4
46	99	71	28	67	42	25	13	7	6
47	133	86	47	68	43	25	31	26	5
48	115	85	30	82	64	18	34	25	9
49	59	44	15	35	23	12	18	13	5
50岁及以上	**937**	**740**	**197**	**501**	**374**	**127**	**314**	**241**	**73**

2-6c 续表 8

单位：人

年 龄	大学专科								
	合 计			在 校			毕 业		
	合计	男	女	小计	男	女	小计	男	女
总 计	**84342**	**47747**	**36595**	**22511**	**10388**	**12123**	**60656**	**36604**	**24052**
6-9岁									
6									
7									
8									
9									
10-14岁	**14**	**7**	**7**	**13**	**7**	**6**	**1**		**1**
10									
11									
12	4	1	3	3	1	2	1		1
13	2	2		2	2				
14	8	4	4	8	4	4			
15-19岁	**8572**	**3616**	**4956**	**7735**	**3257**	**4478**	**780**	**330**	**450**
15	227	104	123	217	96	121	8	6	2
16	423	186	237	403	177	226	18	8	10
17	917	401	516	842	369	473	72	29	43
18	2503	1039	1464	2268	934	1334	216	97	119
19	4502	1886	2616	4005	1681	2324	466	190	276
20-24岁	**25853**	**11997**	**13856**	**13776**	**6553**	**7223**	**11826**	**5303**	**6523**
20	6509	2880	3629	5424	2441	2983	1035	418	617
21	5617	2619	2998	3917	1864	2053	1657	732	925
22	4874	2239	2635	2380	1169	1211	2437	1034	1403
23	4781	2267	2514	1430	720	710	3299	1515	1784
24	4072	1992	2080	625	359	266	3398	1604	1794
25-29岁	**14594**	**7789**	**6805**	**730**	**401**	**329**	**13655**	**7267**	**6388**
25	3494	1740	1754	306	152	154	3145	1562	1583
26	3229	1705	1524	175	96	79	3005	1582	1423
27	2680	1460	1220	99	64	35	2537	1373	1164
28	2913	1572	1341	89	51	38	2794	1507	1287
29	2278	1312	966	61	38	23	2174	1243	931
30-34岁	**10488**	**6233**	**4255**	**109**	**63**	**46**	**10213**	**6082**	**4131**
30	2526	1409	1117	45	24	21	2441	1365	1076
31	2207	1293	914	24	13	11	2143	1257	886
32	2050	1225	825	16	11	5	2009	1200	809
33	1779	1107	672	14	9	5	1735	1085	650
34	1926	1199	727	10	6	4	1885	1175	710
35-39岁	**7680**	**5047**	**2633**	**56**	**39**	**17**	**7513**	**4929**	**2584**
35	1791	1151	640	16	10	6	1754	1125	629
36	1743	1113	630	7	5	2	1710	1089	621
37	1495	979	516	9	7	2	1470	960	510
38	1429	975	454	12	10	2	1391	948	443
39	1222	829	393	12	7	5	1188	807	381
40-44岁	**5415**	**3780**	**1635**	**32**	**21**	**11**	**5284**	**3691**	**1593**
40	1348	896	452	10	7	3	1306	868	438
41	1109	782	327	6	4	2	1079	760	319
42	1143	819	324	5	1	4	1120	807	313
43	843	591	252	4	4		824	578	246
44	972	692	280	7	5	2	955	678	277
45-49岁	**4347**	**3133**	**1214**	**23**	**18**	**5**	**4239**	**3050**	**1189**
45	1060	761	299	5	5		1042	746	296
46	961	673	288	7	6	1	935	653	282
47	1063	770	293	8	5	3	1039	753	286
48	831	593	238	1		1	804	573	231
49	432	336	96	2	2		419	325	94
50岁及以上	**7379**	**6145**	**1234**	**37**	**29**	**8**	**7145**	**5952**	**1193**

2-6c　续表 9　　　　单位：人

年　龄	大学专科								
	肄　业			辍　学			其　他		
	小计	男	女	小计	男	女	小计	男	女
总　计	**544**	**339**	**205**	**271**	**162**	**109**	**360**	**254**	**106**
6-9岁									
6									
7									
8									
9									
10-14岁									
10									
11									
12									
13									
14									
15-19岁	**27**	**15**	**12**	**13**	**7**	**6**	**17**	**7**	**10**
15	1	1					1	1	
16	1		1				1	1	
17				3	3				
18	5	2	3	3	2	1	11	4	7
19	20	12	8	7	2	5	4	1	3
20-24岁	**115**	**57**	**58**	**70**	**43**	**27**	**66**	**41**	**25**
20	16	6	10	17	9	8	17	6	11
21	23	10	13	9	5	4	11	8	3
22	26	16	10	15	10	5	16	10	6
23	28	15	13	15	10	5	9	7	2
24	22	10	12	14	9	5	13	10	3
25-29岁	**97**	**58**	**39**	**54**	**24**	**30**	**58**	**39**	**19**
25	16	10	6	10	6	4	17	10	7
26	19	10	9	15	6	9	15	11	4
27	26	17	9	13	4	9	5	2	3
28	19	8	11	3	1	2	8	5	3
29	17	13	4	13	7	6	13	11	2
30-34岁	**79**	**39**	**40**	**34**	**17**	**17**	**53**	**32**	**21**
30	18	9	9	10	4	6	12	7	5
31	22	10	12	8	6	2	10	7	3
32	10	6	4	7	2	5	8	6	2
33	15	7	8	4	1	3	11	5	6
34	14	7	7	5	4	1	12	7	5
35-39岁	**45**	**30**	**15**	**27**	**17**	**10**	**39**	**32**	**7**
35	12	8	4	5	4	1	4	4	
36	12	9	3	6	3	3	8	7	1
37	6	4	2	4	3	1	6	5	1
38	7	5	2	8	4	4	11	8	3
39	8	4	4	4	3	1	10	8	2
40-44岁	**47**	**32**	**15**	**21**	**14**	**7**	**31**	**22**	**9**
40	13	9	4	8	5	3	11	7	4
41	12	8	4	7	5	2	5	5	
42	8	4	4	2	1	1	8	6	2
43	7	5	2	4	3	1	4	1	3
44	7	6	1				3	3	
45-49岁	**37**	**26**	**11**	**18**	**14**	**4**	**30**	**25**	**5**
45	4	2	2	3	3		6	5	1
46	9	7	2	6	4	2	4	3	1
47	7	4	3	3	2	1	6	6	
48	16	12	4	2	2		8	6	2
49	1	1		4	3	1	6	5	1
50岁及以上	**97**	**82**	**15**	**34**	**26**	**8**	**66**	**56**	**10**

2-6c 续表 10 单位：人

年龄	大学本科								
	合计			在校			毕业		
	合计	男	女	小计	男	女	小计	男	女
总计	**26183**	**14080**	**12103**	**11604**	**5455**	**6149**	**14370**	**8507**	**5863**
6-9岁									
6									
7									
8									
9									
10-14岁									
10									
11									
12									
13									
14									
15-19岁	**3304**	**1452**	**1852**	**3244**	**1427**	**1817**	**51**	**22**	**29**
15	23	12	11	22	11	11	1	1	
16	47	18	29	46	18	28	1		1
17	192	72	120	187	70	117	3	1	2
18	1054	463	591	1037	455	582	13	6	7
19	1988	887	1101	1952	873	1079	33	14	19
20-24岁	**10615**	**4995**	**5620**	**7837**	**3729**	**4108**	**2716**	**1235**	**1481**
20	2752	1222	1530	2655	1184	1471	87	35	52
21	2375	1108	1267	2184	1014	1170	185	91	94
22	2046	972	1074	1565	773	792	466	193	273
23	1858	903	955	958	495	463	884	398	486
24	1584	790	794	475	263	212	1094	518	576
25-29岁	**5052**	**2703**	**2349**	**431**	**240**	**191**	**4572**	**2443**	**2129**
25	1284	675	609	195	113	82	1084	561	523
26	1147	593	554	111	57	54	1022	528	494
27	989	533	456	57	33	24	916	494	422
28	883	474	409	38	20	18	837	453	384
29	749	428	321	30	17	13	713	407	306
30-34岁	**2862**	**1754**	**1108**	**58**	**34**	**24**	**2773**	**1699**	**1074**
30	670	389	281	31	17	14	634	369	265
31	599	361	238	4	2	2	589	354	235
32	584	346	238	12	8	4	566	333	233
33	491	313	178	6	4	2	478	305	173
34	518	345	173	5	3	2	506	338	168
35-39岁	**1930**	**1337**	**593**	**16**	**12**	**4**	**1894**	**1309**	**585**
35	482	319	163	5	5		469	309	160
36	440	312	128	4	3	1	431	305	126
37	369	271	98	4	2	2	363	267	96
38	342	232	110	1	1		339	229	110
39	297	203	94	2	1	1	292	199	93
40-44岁	**1071**	**788**	**283**	**10**	**6**	**4**	**1045**	**771**	**274**
40	293	209	84	1	1		286	204	82
41	225	165	60	1		1	222	164	58
42	223	166	57	2	2		219	163	56
43	148	111	37	1	1		145	108	37
44	182	137	45	5	2	3	173	132	41
45-49岁	**609**	**455**	**154**	**2**	**2**		**599**	**448**	**151**
45	173	129	44				169	126	43
46	145	109	36	2	2		142	106	36
47	142	104	38				141	103	38
48	105	77	28				103	77	26
49	44	36	8				44	36	8
50岁及以上	**740**	**596**	**144**	**6**	**5**	**1**	**720**	**580**	**140**

2-6c 续表 11

单位：人

年龄	大学本科								
	肄业			辍学			其他		
	小计	男	女	小计	男	女	小计	男	女
总计	**89**	**46**	**43**	**45**	**27**	**18**	**75**	**45**	**30**
6-9岁									
6									
7									
8									
9									
10-14岁									
10									
11									
12									
13									
14									
15-19岁	**4**	**2**	**2**	**3**	**1**	**2**	**2**		**2**
15									
16									
17				1	1		1		1
18	2	2		2		2			
19	2		2				1		1
20-24岁	**25**	**11**	**14**	**18**	**12**	**6**	**19**	**8**	**11**
20	1	1		3	1	2	6	1	5
21	3	1	2	2	1	1	1	1	
22	8	2	6	3	2	1	4	2	2
23	9	5	4	4	3	1	3	2	1
24	4	2	2	6	5	1	5	2	3
25-29岁	**26**	**12**	**14**	**6**	**1**	**5**	**17**	**7**	**10**
25	3		3	1		1	1	1	
26	5	3	2	2	1	1	7	4	3
27	11	5	6	1		1	4	1	3
28	2	1	1	2		2	4		4
29	5	3	2				1	1	
30-34岁	**8**	**4**	**4**	**4**	**3**	**1**	**19**	**14**	**5**
30	2	1	1				3	2	1
31	1	1		1	1		4	3	1
32				2	1	1	4	4	
33	2		2	1	1		4	3	1
34	3	2	1				4	2	2
35-39岁	**6**	**4**	**2**	**7**	**6**	**1**	**7**	**6**	**1**
35	2	1	1	4	3	1	2	1	1
36	3	2	1	1	1		1	1	
37	1	1					1	1	
38							2	2	
39				2	2		1	1	
40-44岁	**10**	**6**	**4**	**2**	**1**	**1**	**4**	**4**	
40	4	3	1	1		1	1	1	
41	2	1	1						
42	2	1	1						
43	1	1					1	1	
44	1		1	1	1		2	2	
45-49岁	**4**	**2**	**2**	**2**	**1**	**1**	**2**	**2**	
45	3	2	1				1	1	
46				1	1				
47							1	1	
48	1		1	1		1			
49									
50岁及以上	**6**	**5**	**1**	**3**	**2**	**1**	**5**	**4**	**1**

2-6c 续表 12

单位：人

年龄	研究生								
	合计			在校			毕业		
	合计	男	女	小计	男	女	小计	男	女
总计	**790**	**390**	**400**	**407**	**163**	**244**	**361**	**215**	**146**
6-9岁									
6									
7									
8									
9									
10-14岁									
10									
11									
12									
13									
14									
15-19岁	**17**	**10**	**7**	**11**	**5**	**6**	**6**	**5**	**1**
15	4	1	3	4	1	3			
16	2	1	1	1	1		1		1
17	3	3		1	1		2	2	
18	5	4	1	2	1	1	3	3	
19	3	1	2	3	1	2			
20-24岁	**249**	**87**	**162**	**214**	**70**	**144**	**33**	**17**	**16**
20	5	2	3	1		1	4	2	2
21	30	10	20	26	9	17	4	1	3
22	40	10	30	33	6	27	6	4	2
23	89	37	52	83	32	51	6	5	1
24	85	28	57	71	23	48	13	5	8
25-29岁	**273**	**131**	**142**	**153**	**71**	**82**	**119**	**59**	**60**
25	73	33	40	58	25	33	15	8	7
26	66	33	33	42	18	24	24	15	9
27	53	27	26	27	11	16	25	15	10
28	45	16	29	14	8	6	31	8	23
29	36	22	14	12	9	3	24	13	11
30-34岁	**74**	**44**	**30**	**14**	**8**	**6**	**60**	**36**	**24**
30	26	14	12	6	4	2	20	10	10
31	12	7	5	6	2	4	6	5	1
32	12	7	5				12	7	5
33	11	6	5	1	1		10	5	5
34	13	10	3	1	1		12	9	3
35-39岁	**58**	**35**	**23**	**10**	**5**	**5**	**46**	**29**	**17**
35	17	8	9	7	3	4	9	4	5
36	11	10	1	1	1		10	9	1
37	9	5	4	2	1	1	7	4	3
38	12	8	4				12	8	4
39	9	4	5				8	4	4
40-44岁	**45**	**31**	**14**				**39**	**28**	**11**
40	11	8	3				10	8	2
41	12	10	2				12	10	2
42	9	7	2				7	5	2
43	9	3	6				8	3	5
44	4	3	1				2	2	
45-49岁	**28**	**23**	**5**	**4**	**4**		**23**	**18**	**5**
45	9	7	2	2	2		7	5	2
46	3	2	1				3	2	1
47	9	9		2	2		7	7	
48	4	2	2				4	2	2
49	3	3					2	2	
50岁及以上	**46**	**29**	**17**	**1**		**1**	**35**	**23**	**12**

2-6c　续表 13

单位：人

年龄	研究生								
	肄业			辍学			其他		
	小计	男	女	小计	男	女	小计	男	女
总计	**5**	**1**	**4**	**7**	**4**	**3**	**10**	**7**	**3**
6-9岁									
6									
7									
8									
9									
10-14岁									
10									
11									
12									
13									
14									
15-19岁									
15									
16									
17									
18									
19									
20-24岁	**1**		**1**	**1**		**1**			
20									
21									
22				1		1			
23									
24	1		1						
25-29岁							**1**	**1**	
25									
26									
27							1	1	
28									
29									
30-34岁									
30									
31									
32									
33									
34									
35-39岁	**1**	**1**		**1**		**1**			
35	1	1							
36									
37									
38									
39				1		1			
40-44岁	**1**		**1**	**3**	**2**	**1**	**2**	**1**	**1**
40							1		1
41									
42				2	2				
43				1		1			
44	1		1				1	1	
45-49岁							**1**	**1**	
45									
46									
47									
48									
49							1	1	
50岁及以上	**2**		**2**	**2**	**2**		**6**	**4**	**2**

第三卷　行业、职业

3-1 各地区少数民族分性别、行业门类的人口(长表数据)

单位：人

地区	合计			一、农、林、牧、渔业			二、采矿业		
	合计	男	女	小计	男	女	小计	男	女
全国	**6008046**	**3241325**	**2766721**	**4167292**	**2151396**	**2015896**	**47244**	**39034**	**8210**
北京	37704	20664	17040	1511	776	735	127	100	27
天津	13113	7689	5424	1320	576	744	158	110	48
河北	149286	87796	61490	82041	44264	37777	4538	4000	538
山西	3518	2058	1460	523	180	343	215	186	29
内蒙古	250995	137728	113267	155487	83377	72110	3013	2437	576
辽宁	371818	212472	159346	224190	122841	101349	5993	5236	757
吉林	96069	55114	40955	46378	27186	19192	661	547	114
黑龙江	65056	39774	25282	39168	23882	15286	1177	952	225
上海	16371	8903	7468	191	85	106	4	2	2
江苏	19992	10028	9964	1319	279	1040	42	21	21
浙江	91439	51124	40315	6289	3095	3194	210	184	26
安徽	16598	8729	7869	6207	2628	3579	343	310	33
福建	42046	25599	16447	11001	6403	4598	592	532	60
江西	6463	3780	2683	2855	1574	1281	123	110	13
山东	36280	19277	17003	14023	6308	7715	464	334	130
河南	50848	28226	22622	25133	13338	11795	356	265	91
湖北	135338	72216	63122	91826	45550	46276	1020	909	111
湖南	333128	181068	152060	223957	116344	107613	1636	1316	320
广东	146301	82268	64033	14625	6819	7806	133	105	28
广西	956941	500309	456632	708536	358914	349622	3930	2932	998
海南	79893	43634	36259	66885	36692	30193	79	48	31
重庆	86478	45245	41233	60796	29439	31357	704	601	103
四川	277401	141221	136180	242450	120104	122346	1206	1033	173
贵州	596264	315948	280316	459427	231881	227546	5029	4342	687
云南	927732	486085	441647	744538	378273	366265	9393	7592	1801
西藏	132456	70144	62312	110032	57111	52921	146	97	49
陕西	6909	3810	3099	1298	667	631	91	69	22
甘肃	139916	73865	66051	109176	52982	56194	558	450	108
青海	129499	70331	59168	95052	48404	46648	743	632	111
宁夏	110631	60171	50460	75141	36997	38144	1611	1311	300
新疆	681563	376049	305514	545917	294427	251490	2949	2271	678

3-1 续表 1 单位：人

地区	三、制造业			四、电力、燃气及水的生产和供应业			五、建筑业		
	小计	男	女	小计	男	女	小计	男	女
全国	**490377**	**288940**	**201437**	**27912**	**19584**	**8328**	**165601**	**138536**	**27065**
北京	5300	3271	2029	349	249	100	1832	1469	363
天津	3574	2159	1415	210	157	53	971	815	156
河北	12699	8545	4154	970	729	241	8070	7395	675
山西	408	275	133	74	50	24	249	202	47
内蒙古	8932	5546	3386	2617	1807	810	7414	6229	1185
辽宁	31894	20135	11759	2661	1941	720	11681	10592	1089
吉林	6176	4039	2137	946	709	237	4039	3639	400
黑龙江	4059	2745	1314	584	433	151	2406	2163	243
上海	6798	3701	3097	50	38	12	1010	860	150
江苏	11183	5696	5487	106	70	36	1226	974	252
浙江	67871	37211	30660	182	136	46	4865	4258	607
安徽	2298	1230	1068	152	110	42	900	718	182
福建	17679	10297	7382	196	149	47	3341	2812	529
江西	1747	968	779	34	21	13	419	347	72
山东	8250	4791	3459	311	211	100	1249	1002	247
河南	5822	3531	2291	479	329	150	1292	1043	249
湖北	10032	6073	3959	887	614	273	5516	4935	581
湖南	32767	19231	13536	1715	1135	580	11118	9293	1825
广东	104324	59451	44873	414	308	106	3385	2801	584
广西	53203	31228	21975	4021	2772	1249	24683	19540	5143
海南	1402	814	588	231	154	77	889	728	161
重庆	3671	2179	1492	423	291	132	5020	4141	879
四川	3298	2044	1254	811	556	255	3239	2574	665
贵州	25085	15123	9962	2268	1621	647	17262	13873	3389
云南	32329	20191	12138	3269	2298	971	20041	16568	3473
西藏	2003	1174	829	358	231	127	2153	1659	494
陕西	857	520	337	74	50	24	325	256	69
甘肃	3035	2034	1001	474	307	167	3334	2840	494
青海	2777	1837	940	434	333	101	3326	2625	701
宁夏	4628	3039	1589	696	504	192	6066	5146	920
新疆	16276	9862	6414	1916	1271	645	8280	7039	1241

3-1 续表 2

单位：人

地区	六、交通运输、仓储和邮政业			七、信息传输、计算机服务和软件业			八、批发和零售业		
	小计	男	女	小计	男	女	小计	男	女
全国	**134339**	**113313**	**21026**	**21511**	**12234**	**9277**	**300147**	**135626**	**164521**
北京	2361	1739	622	1923	1162	761	6674	3108	3566
天津	1165	915	250	148	81	67	1852	936	916
河北	6058	5357	701	734	434	300	11160	5054	6106
山西	321	268	53	32	21	11	772	370	402
内蒙古	9044	7457	1587	1439	737	702	15527	6487	9040
辽宁	14745	12968	1777	1914	1118	796	28611	11990	16621
吉林	4156	3635	521	846	556	290	9755	4065	5690
黑龙江	2397	2053	344	350	233	117	4399	2056	2343
上海	772	548	224	429	257	172	2363	1119	1244
江苏	501	352	149	192	126	66	1974	840	1134
浙江	1243	1066	177	230	134	96	4146	2010	2136
安徽	885	721	164	131	79	52	2519	1247	1272
福建	1289	1147	142	160	103	57	3159	1630	1529
江西	191	163	28	18	9	9	374	194	180
山东	1658	1366	292	246	128	118	4284	2110	2174
河南	2293	1775	518	325	170	155	5950	2838	3112
湖北	3367	2947	420	528	283	245	7537	3078	4459
湖南	7388	6265	1123	1228	686	542	18789	8314	10475
广东	1870	1478	392	560	364	196	8419	4427	3992
广西	19777	15822	3955	3159	1780	1379	53943	22545	31398
海南	839	676	163	139	74	65	2208	815	1393
重庆	2144	1859	285	315	165	150	4638	1823	2815
四川	2587	2201	386	415	216	199	5270	2503	2767
贵州	9682	8175	1507	1475	827	648	21368	8885	12483
云南	12453	10462	1991	1943	1098	845	27198	10735	16463
西藏	1750	1366	384	268	158	110	3769	2012	1757
陕西	422	340	82	98	58	40	1514	674	840
甘肃	2321	2033	288	245	134	111	6067	3640	2427
青海	3300	2948	352	221	107	114	5369	2959	2410
宁夏	4014	3585	429	341	174	167	6327	2989	3338
新疆	13346	11626	1720	1459	762	697	24212	14173	10039

3-1 续表 3

单位：人

地区	九、住宿和餐饮业			十、金融业			十一、房地产业		
	小计	男	女	小计	男	女	小计	男	女
全国	**131576**	**56900**	**74676**	**27647**	**14196**	**13451**	**16858**	**10499**	**6359**
北京	2765	1512	1253	1311	591	720	1505	889	616
天津	792	425	367	310	156	154	198	113	85
河北	4934	2238	2696	1073	569	504	490	293	197
山西	297	168	129	59	25	34	36	18	18
内蒙古	6778	2789	3989	2656	1271	1385	1033	604	429
辽宁	9761	4207	5554	3208	1664	1544	1768	1109	659
吉林	7251	2363	4888	1275	681	594	489	335	154
黑龙江	3049	1201	1848	532	285	247	234	146	88
上海	1580	857	723	302	148	154	298	173	125
江苏	1088	537	551	192	81	111	222	151	71
浙江	2367	1067	1300	130	55	75	279	177	102
安徽	868	436	432	179	83	96	142	101	41
福建	1160	543	617	161	73	88	212	151	61
江西	194	95	99	15	6	9	19	10	9
山东	1899	963	936	285	127	158	230	143	87
河南	3283	1749	1534	450	205	245	196	139	57
湖北	2923	1054	1869	655	337	318	207	134	73
湖南	6852	2837	4015	1450	756	694	487	315	172
广东	4163	2139	2024	495	242	253	1046	739	307
广西	13426	5289	8137	3773	1997	1776	2439	1433	1006
海南	2117	793	1324	164	90	74	302	197	105
重庆	1584	517	1067	359	203	156	190	120	70
四川	2824	1049	1775	525	286	239	274	188	86
贵州	7155	2683	4472	1924	1049	875	969	649	320
云南	19494	6865	12629	2464	1273	1191	1334	862	472
西藏	2029	710	1319	416	270	146	90	58	32
陕西	899	468	431	115	60	55	82	53	29
甘肃	4827	3128	1699	424	251	173	200	133	67
青海	4105	2211	1894	363	188	175	194	121	73
宁夏	2718	1255	1463	596	282	314	546	332	214
新疆	8394	4752	3642	1786	892	894	1147	613	534

3-1 续表 4

单位：人

地 区	十二、租赁和商务服务业			十三、科学研究、技术服务和地质勘查业			十四、水利、环境和公共设施管理业		
	小计	男	女	小计	男	女	小计	男	女
全 国	**22519**	**14242**	**8277**	**9925**	**6311**	**3614**	**14883**	**8420**	**6463**
北 京	2279	1172	1107	1138	624	514	508	319	189
天 津	194	123	71	135	80	55	152	106	46
河 北	683	438	245	272	192	80	344	198	146
山 西	39	18	21	20	9	11	23	13	10
内蒙古	1012	597	415	734	456	278	918	530	388
辽 宁	1921	1306	615	866	587	279	1220	777	443
吉 林	546	321	225	236	166	70	445	304	141
黑龙江	252	160	92	176	115	61	226	158	68
上 海	678	362	316	226	130	96	106	64	42
江 苏	235	120	115	120	76	44	76	48	28
浙 江	250	156	94	103	61	42	161	91	70
安 徽	101	54	47	64	41	23	60	39	21
福 建	183	107	76	70	50	20	97	57	40
江 西	17	8	9	13	6	7	4	4	
山 东	276	171	105	89	59	30	111	68	43
河 南	239	160	79	139	74	65	225	135	90
湖 北	322	201	121	145	100	45	216	126	90
湖 南	1250	819	431	247	167	80	680	388	292
广 东	739	467	272	302	184	118	309	169	140
广 西	2788	1809	979	1232	838	394	1935	975	960
海 南	327	231	96	123	79	44	316	154	162
重 庆	223	150	73	76	57	19	168	88	80
四 川	326	205	121	162	101	61	373	199	174
贵 州	1001	668	333	675	462	213	1008	533	475
云 南	2698	1873	825	978	658	320	1901	1031	870
西 藏	173	120	53	160	105	55	228	126	102
陕 西	61	37	24	69	49	20	53	32	21
甘 肃	230	151	79	125	82	43	166	104	62
青 海	226	154	72	135	82	53	273	149	124
宁 夏	596	395	201	177	122	55	406	233	173
新 疆	2654	1689	965	918	499	419	2175	1202	973

3-1 续表 5

单位：人

地区	十五、居民服务和其他服务业			十六、教育			十七、卫生、社会保障和社会福利业		
	小计	男	女	小计	男	女	小计	男	女
全国	**68425**	**35771**	**32654**	**131355**	**61407**	**69948**	**54489**	**20406**	**34083**
北京	1027	496	531	2100	745	1355	1152	312	840
天津	377	219	158	518	188	330	306	92	214
河北	2206	1240	966	4267	1675	2592	2282	911	1371
山西	83	52	31	108	46	62	50	23	27
内蒙古	5047	2608	2439	9913	3740	6173	4243	1634	2609
辽宁	7390	3718	3672	9475	3744	5731	4212	1651	2561
吉林	2751	1211	1540	3583	1436	2147	1865	752	1113
黑龙江	1385	689	696	1938	854	1084	793	349	444
上海	516	184	332	381	103	278	215	67	148
江苏	421	138	283	435	164	271	184	61	123
浙江	1382	586	796	628	259	369	228	104	124
安徽	339	177	162	463	201	262	261	114	147
福建	986	499	487	602	303	299	231	119	112
江西	94	52	42	143	83	60	45	21	24
山东	709	350	359	785	310	475	400	158	242
河南	689	403	286	1147	441	706	721	281	440
湖北	1878	1028	850	3017	1627	1390	1540	638	902
湖南	4420	2336	2084	6752	3391	3361	3149	1290	1859
广东	2115	935	1180	1286	528	758	550	201	349
广西	10402	5442	4960	20763	10145	10618	8398	3136	5262
海南	611	292	319	1253	625	628	463	148	315
重庆	1148	576	572	2359	1292	1067	718	330	388
四川	1109	554	555	3152	1639	1513	1345	529	816
贵州	5535	3057	2478	14868	8728	6140	4957	2015	2942
云南	7531	4000	3531	14646	7332	7314	5854	2006	3848
西藏	514	184	330	2162	1105	1057	781	325	456
陕西	165	89	76	282	113	169	129	33	96
甘肃	718	439	279	2230	1207	1023	770	317	453
青海	808	481	327	2510	1250	1260	1259	488	771
宁夏	983	603	380	1957	940	1017	851	304	547
新疆	5086	3133	1953	17632	7193	10439	6537	1997	4540

3-1 续表 6

单位：人

地区	十八、文化、体育和娱乐业			十九、公共管理和社会组织			二十、国际组织		
	小计	男	女	小计	男	女	小计	男	女
全国	**19660**	**10561**	**9099**	**156233**	**103926**	**52307**	**53**	**23**	**30**
北京	1522	797	725	2300	1327	973	20	6	14
天津	141	69	72	592	369	223			
河北	441	252	189	6024	4012	2012			
山西	43	25	18	166	109	57			
内蒙古	1753	897	856	13434	8524	4910	1	1	
辽宁	1219	693	526	9086	6194	2892	3	1	2
吉林	811	507	304	3859	2661	1198	1	1	
黑龙江	286	168	118	1645	1132	513			
上海	243	98	145	206	107	99	3		3
江苏	155	79	76	321	215	106			
浙江	489	201	288	386	273	113			
安徽	94	59	35	592	381	211			
福建	281	143	138	646	481	165			
江西	18	6	12	140	103	37			
山东	173	108	65	838	570	268			
河南	249	134	115	1860	1216	644			
湖北	311	158	153	3411	2424	987			
湖南	880	483	397	8363	5702	2661			
广东	595	254	341	970	657	313	1		1
广西	2190	1219	971	18337	12490	5847	6	3	3
海南	214	106	108	1331	918	413			
重庆	186	99	87	1755	1314	441	1	1	
四川	522	260	262	7505	4976	2529	8	4	4
贵州	1001	541	460	15574	10835	4739	1	1	
云南	2345	1160	1185	17321	11807	5514	2	1	1
西藏	500	310	190	4923	3022	1901	1	1	
陕西	71	42	29	304	200	104			
甘肃	298	179	119	4718	3454	1264			
青海	343	192	151	8061	5170	2891			
宁夏	405	235	170	2572	1725	847			
新疆	1881	1087	794	18993	11558	7435	5	3	2

3-2 各民族分性别、受教育程度、行业门类的人口(长表数据)

单位：人

民族 受教育程度	合计			一、农、林、牧、渔业			二、采矿业		
	合计	男	女	小计	男	女	小计	男	女
总计	**71547989**	**39597282**	**31950707**	**34584219**	**17579444**	**17004775**	**809350**	**666207**	**143143**
未上过学	2442337	771982	1670355	2166108	664065	1502043	5416	3893	1523
小学	17071892	8268668	8803224	12860682	5939715	6920967	106006	91281	14725
初中	34916372	20283509	14632863	17343271	9517644	7825627	405849	351332	54517
高中	9924532	6192894	3731638	2007314	1328297	679017	185986	144048	41938
大学专科	4263212	2396818	1866394	171095	107264	63831	70340	49974	20366
大学本科	2653730	1516500	1137230	32870	20823	12047	33431	23883	9548
研究生	275914	166911	109003	2879	1636	1243	2322	1796	526
汉族	**65539943**	**36355957**	**29183986**	**30416927**	**15428048**	**14988879**	**762106**	**627173**	**134933**
未上过学	1971090	612993	1358097	1722169	516612	1205557	4507	3282	1225
小学	14884758	7171355	7713403	10947444	5002185	5945259	94590	81683	12907
初中	32497755	18846475	13651280	15717464	8572471	7144993	383016	331518	51498
高中	9425083	5883261	3541822	1847247	1222005	625242	178258	138047	40211
大学专科	3997645	2250148	1747497	150899	94729	56170	67445	47962	19483
大学本科	2499259	1431164	1068095	29031	18528	10503	32044	22938	9106
研究生	264353	160561	103792	2673	1518	1155	2246	1743	503
蒙古族	**302690**	**165046**	**137644**	**192045**	**102743**	**89302**	**3243**	**2628**	**615**
未上过学	7276	3018	4258	6899	2836	4063	16	11	5
小学	74225	37968	36257	67873	33987	33886	306	268	38
初中	136137	77451	58686	100455	55704	44751	1482	1270	212
高中	39957	23391	16566	14143	8606	5537	807	643	164
大学专科	25148	13165	11983	2067	1263	804	402	280	122
大学本科	18293	9290	9003	589	339	250	222	149	73
研究生	1654	763	891	19	8	11	8	7	1
回族	**512837**	**285261**	**227576**	**270396**	**136733**	**133663**	**5630**	**4570**	**1060**
未上过学	44480	15483	28997	38617	12524	26093	162	124	38
小学	164051	85993	78058	127305	61859	65446	901	775	126
初中	192118	119852	72266	93964	55474	38490	2512	2180	332
高中	58601	35683	22918	9254	6089	3165	1249	953	296
大学专科	31251	16685	14566	1025	648	377	545	366	179
大学本科	20429	10568	9861	210	127	83	249	161	88
研究生	1907	997	910	21	12	9	12	11	1
藏族	**320211**	**168125**	**152086**	**262995**	**134362**	**128633**	**619**	**481**	**138**
未上过学	103900	44934	58966	97096	41799	55297	68	49	19
小学	147243	81499	65744	131583	71395	60188	191	158	33
初中	40938	25696	15242	29724	18360	11364	212	174	38
高中	10114	6160	3954	3419	2118	1301	75	58	17
大学专科	11604	6366	5238	918	554	364	49	25	24
大学本科	6094	3262	2832	247	131	116	22	15	7
研究生	318	208	110	8	5	3	2	2	

3-2 续表 1

单位：人

民族 受教育程度	三、制造业			四、电力、燃气及水的生产和供应业			五、建筑业		
	小计	男	女	小计	男	女	小计	男	女
总计	**12059240**	**6758775**	**5300465**	**495991**	**353899**	**142092**	**3919862**	**3355130**	**564732**
未上过学	90112	27855	62257	959	572	387	43553	30271	13282
小学	1581914	715617	866297	20676	15802	4874	781974	635637	146337
初中	6784566	3722073	3062493	140389	109041	31348	2371551	2092951	278600
高中	2418523	1540297	878226	164079	116460	47619	489395	426164	63231
大学专科	775099	483368	291731	109200	70955	38245	151698	111117	40581
大学本科	374151	245192	128959	56874	38221	18653	77478	55844	21634
研究生	34875	24373	10502	3814	2848	966	4213	3146	1067
汉族	**11568863**	**6469835**	**5099028**	**468079**	**334315**	**133764**	**3754261**	**3216594**	**537667**
未上过学	83691	25650	58041	859	500	359	39545	27830	11715
小学	1489024	668231	820793	19108	14596	4512	737261	599967	137294
初中	6506124	3555282	2950842	132870	103164	29706	2281307	2014268	267039
高中	2342606	1490807	851799	155051	110140	44911	471657	410876	60781
大学专科	751635	468744	282891	102469	66743	35726	145979	106920	39059
大学本科	361904	237397	124507	54030	36410	17620	74440	53682	20758
研究生	33879	23724	10155	3692	2762	930	4072	3051	1021
蒙古族	**13109**	**7943**	**5166**	**2512**	**1740**	**772**	**8254**	**6966**	**1288**
未上过学	54	27	27	4	3	1	54	36	18
小学	1039	623	416	71	60	11	1248	1042	206
初中	5951	3584	2367	500	386	114	4644	4072	572
高中	3110	1942	1168	819	594	225	1450	1213	237
大学专科	1658	980	678	703	445	258	520	373	147
大学本科	1177	720	457	395	240	155	320	222	98
研究生	120	67	53	20	12	8	18	8	10
回族	**45806**	**28915**	**16891**	**4104**	**2856**	**1248**	**18266**	**15340**	**2926**
未上过学	944	433	511	21	15	6	993	697	296
小学	7028	4205	2823	165	137	28	5330	4410	920
初中	22056	14133	7923	1034	817	217	8502	7547	955
高中	9886	6506	3380	1405	1000	405	2074	1760	314
大学专科	3706	2287	1419	990	607	383	844	584	260
大学本科	2000	1235	765	473	267	206	502	325	177
研究生	186	116	70	16	13	3	21	17	4
藏族	**4029**	**2371**	**1658**	**899**	**584**	**315**	**4913**	**3708**	**1205**
未上过学	555	257	298	23	18	5	816	499	317
小学	1312	798	514	142	98	44	2298	1783	515
初中	1157	725	432	235	178	57	1435	1159	276
高中	536	319	217	233	144	89	230	177	53
大学专科	328	201	127	203	111	92	90	63	27
大学本科	137	67	70	59	32	27	40	24	16
研究生	4	4		4	3	1	4	3	1

3-2 续表 2

单位：人

民族 受教育程度	六、交通运输、仓储和邮政业			七、信息传输、计算机服务和软件业			八、批发和零售业		
	小计	男	女	小计	男	女	小计	男	女
总 计	**2544704**	**2130365**	**414339**	**439412**	**262912**	**176500**	**6656937**	**3145130**	**3511807**
未上过学	12981	8498	4483	642	240	402	54900	16295	38605
小学	255128	214096	41032	9760	5389	4371	735134	324308	410826
初中	1388087	1224797	163290	80098	48020	32078	3328355	1547482	1780873
高中	613659	502659	111000	106916	62330	44586	1714604	830440	884164
大学专科	188842	125685	63157	118731	66980	51751	579537	290194	289343
大学本科	81679	51669	30010	108127	69340	38787	230668	127754	102914
研究生	4328	2961	1367	15138	10613	4525	13739	8657	5082
汉族	**2410365**	**2017052**	**393313**	**417901**	**250678**	**167223**	**6356790**	**3009504**	**3347286**
未上过学	11313	7327	3986	556	202	354	49473	14349	35124
小学	234942	196891	38051	8884	4898	3986	689985	303575	386410
初中	1316045	1161172	154873	75637	45332	30305	3182939	1482993	1699946
高中	585666	479598	106068	101749	59439	42310	1644955	798990	845965
大学专科	179868	119571	60297	112981	63970	49011	555200	278580	276620
大学本科	78329	49602	28727	103417	66517	36900	220942	122614	98328
研究生	4202	2891	1311	14677	10320	4357	13296	8403	4893
蒙古族	**9426**	**7752**	**1674**	**1763**	**959**	**804**	**17414**	**7231**	**10183**
未上过学	32	22	10	3	1	2	57	19	38
小学	694	592	102	36	17	19	1096	475	621
初中	4546	3960	586	234	142	92	7572	2989	4583
高中	2813	2283	530	388	198	190	5439	2194	3245
大学专科	946	654	292	523	265	258	2220	1024	1196
大学本科	378	233	145	526	309	217	976	503	473
研究生	17	8	9	53	27	26	54	27	27
回族	**24941**	**21243**	**3698**	**3418**	**1899**	**1519**	**51069**	**25234**	**25835**
未上过学	422	343	79	8	5	3	1342	567	775
小学	4164	3815	349	103	65	38	8116	4468	3648
初中	12772	11421	1351	558	345	213	23527	11804	11723
高中	5156	4141	1015	791	416	375	11966	5473	6493
大学专科	1711	1104	607	966	493	473	4230	1971	2259
大学本科	683	403	280	903	512	391	1816	915	901
研究生	33	16	17	89	63	26	72	36	36
藏族	**3737**	**3010**	**727**	**569**	**298**	**271**	**7460**	**3826**	**3634**
未上过学	484	368	116	19	13	6	1379	608	771
小学	1429	1191	238	61	36	25	2833	1568	1265
初中	1136	985	151	95	56	39	1808	936	872
高中	378	287	91	143	81	62	897	450	447
大学专科	232	140	92	171	79	92	417	202	215
大学本科	77	39	38	77	31	46	121	59	62
研究生	1		1	3	2	1	5	3	2

3-2 续表 3

单位: 人

民族 受教育程度	九、住宿和餐饮业			十、金融业			十一、房地产业		
	小计	男	女	小计	男	女	小计	男	女
总 计	**1953185**	**903340**	**1049845**	**581162**	**292923**	**288239**	**481021**	**305950**	**175071**
未上过学	19147	3834	15313	302	116	186	3500	1334	2166
小学	254425	88849	165576	6911	3574	3337	41012	25268	15744
初中	1139989	534395	605594	69573	35698	33875	161910	112560	49350
高中	416335	216344	199991	140621	71194	69427	131740	86151	45589
大学专科	93946	45099	48847	189668	93040	96628	88014	48448	39566
大学本科	28132	14146	13986	157389	79596	77793	51154	29761	21393
研究生	1211	673	538	16698	9705	6993	3691	2428	1263
汉族	**1821609**	**846440**	**975169**	**553515**	**278727**	**274788**	**464163**	**295451**	**168712**
未上过学	15888	2942	12946	271	106	165	3360	1273	2087
小学	228908	78782	150126	6479	3324	3155	39541	24343	15198
初中	1067163	502304	564859	66385	33965	32420	156035	108464	47571
高中	393146	205589	187557	134141	67790	66351	127499	83443	44056
大学专科	88801	42788	46013	179848	88130	91718	84886	46840	38046
大学本科	26569	13401	13168	150236	75996	74240	49270	28728	20542
研究生	1134	634	500	16155	9416	6739	3572	2360	1212
蒙古族	**7099**	**2874**	**4225**	**3006**	**1441**	**1565**	**1336**	**782**	**554**
未上过学	38	9	29	1		1	9	5	4
小学	680	241	439	28	14	14	72	44	28
初中	3932	1560	2372	282	134	148	404	259	145
高中	1761	775	986	696	342	354	353	218	135
大学专科	522	215	307	1029	492	537	301	153	148
大学本科	156	71	85	892	420	472	187	97	90
研究生	10	3	7	78	39	39	10	6	4
回族	**30052**	**16180**	**13872**	**4436**	**2126**	**2310**	**3282**	**2120**	**1162**
未上过学	1412	494	918	5	1	4	40	20	20
小学	7623	4152	3471	59	34	25	269	183	86
初中	15456	8579	6877	494	263	231	1006	727	279
高中	4329	2361	1968	1003	483	520	877	591	286
大学专科	920	438	482	1462	668	794	655	350	305
大学本科	294	143	151	1286	613	673	414	239	175
研究生	18	13	5	127	64	63	21	10	11
藏族	**4198**	**1516**	**2682**	**836**	**495**	**341**	**195**	**120**	**75**
未上过学	630	142	488	15	7	8	21	10	11
小学	1456	503	953	58	43	15	43	34	9
初中	1440	567	873	93	58	35	53	38	15
高中	468	214	254	168	105	63	29	12	17
大学专科	169	76	93	319	187	132	32	15	17
大学本科	35	14	21	171	89	82	15	11	4
研究生				12	6	6	2		2

3-2 续表 4

单位：人

民族 受教育程度	十二、租赁和商务服务业			十三、科学研究、技术服务和地质勘查业			十四、水利、环境和公共设施管理业		
	小计	男	女	小计	男	女	小计	男	女
总 计	**491322**	**304710**	**186612**	**229615**	**150831**	**78784**	**267564**	**156403**	**111161**
未上过学	1978	935	1043	324	130	194	6219	2327	3892
小学	28185	18885	9300	5031	2964	2067	44833	22709	22124
初中	144950	104211	40739	31253	21589	9664	95480	54752	40728
高中	119402	76626	42776	43039	29260	13779	59433	38003	21430
大学专科	101596	53166	48430	54916	34417	20499	37191	23052	14139
大学本科	83787	44382	39405	74503	48716	25787	22664	14446	8218
研究生	11424	6505	4919	20549	13755	6794	1744	1114	630
汉族	**468803**	**290468**	**178335**	**219690**	**144520**	**75170**	**252681**	**147983**	**104698**
未上过学	1810	836	974	282	116	166	5831	2189	3642
小学	26292	17584	8708	4638	2743	1895	42422	21597	20825
初中	137745	98940	38805	29742	20570	9172	90435	51999	38436
高中	114362	73378	40984	41371	28115	13256	56115	35933	20182
大学专科	97248	50844	46404	52401	32859	19542	34786	21549	13237
大学本科	80352	42621	37731	71372	46755	24617	21428	13650	7778
研究生	10994	6265	4729	19884	13362	6522	1664	1066	598
蒙古族	**1476**	**865**	**611**	**1021**	**614**	**407**	**1108**	**638**	**470**
未上过学	4	1	3				13	6	7
小学	45	30	15	8	7	1	82	43	39
初中	312	208	104	90	67	23	316	166	150
高中	309	190	119	129	85	44	307	185	122
大学专科	398	228	170	299	176	123	237	144	93
大学本科	355	182	173	407	232	175	144	88	56
研究生	53	26	27	88	47	41	9	6	3
回族	**3750**	**2277**	**1473**	**1573**	**979**	**594**	**2158**	**1307**	**851**
未上过学	47	31	16	7	5	2	89	40	49
小学	276	192	84	34	21	13	262	138	124
初中	1007	759	248	196	146	50	682	408	274
高中	809	525	284	284	195	89	539	360	179
大学专科	818	401	417	433	248	185	383	236	147
大学本科	697	322	375	510	305	205	189	118	71
研究生	96	47	49	109	59	50	14	7	7
藏族	**428**	**265**	**163**	**303**	**180**	**123**	**636**	**345**	**291**
未上过学	20	13	7	5	2	3	77	28	49
小学	86	66	20	23	15	8	165	76	89
初中	105	75	30	27	18	9	141	79	62
高中	90	49	41	50	25	25	98	66	32
大学专科	75	36	39	107	66	41	105	63	42
大学本科	48	23	25	81	49	32	49	32	17
研究生	4	3	1	10	5	5	1	1	

3-2 续表 5

单位：人

民族 受教育程度	十五、居民服务和其他服务业			十六、教育			十七、卫生、社会保障和社会福利业		
	小计	男	女	小计	男	女	小计	男	女
总 计	**1387990**	**742217**	**645773**	**1650999**	**734895**	**916104**	**834040**	**336692**	**497348**
未上过学	22834	6423	16411	2189	747	1442	1805	492	1313
小学	211548	93770	117778	27808	12611	15197	20864	9502	11362
初中	791433	434587	356846	148817	66848	81969	119212	60820	58392
高中	282992	163985	119007	297226	133324	163902	229025	89746	139279
大学专科	60544	33208	27336	549211	241453	307758	282996	96110	186886
大学本科	17824	9772	8052	547901	240890	307011	160687	69688	90999
研究生	815	472	343	77847	39022	38825	19451	10334	9117
汉族	**1319565**	**706446**	**613119**	**1519644**	**673488**	**846156**	**779551**	**316286**	**463265**
未上过学	21377	5961	15416	2005	678	1327	1654	450	1204
小学	199450	87962	111488	25781	11741	14040	19502	8833	10669
初中	753688	414288	339400	140077	62900	77177	112978	57899	55079
高中	270071	156942	113129	276168	122735	153433	214246	84624	129622
大学专科	57329	31545	25784	493785	215294	278491	261796	89100	172696
大学本科	16872	9294	7578	507673	222767	284906	150767	65457	85310
研究生	778	454	324	74155	37373	36782	18608	9923	8685
蒙古族	**5341**	**2707**	**2634**	**12203**	**4597**	**7606**	**4946**	**1858**	**3088**
未上过学	38	9	29	12	7	5	6	4	2
小学	528	277	251	99	39	60	68	33	35
初中	2978	1538	1440	557	230	327	443	197	246
高中	1326	656	670	1750	759	991	1178	426	752
大学专科	351	173	178	4501	1663	2838	1945	643	1302
大学本科	116	52	64	4658	1669	2989	1180	486	694
研究生	4	2	2	626	230	396	126	69	57
回族	**7081**	**4088**	**2993**	**11878**	**4976**	**6902**	**6086**	**2169**	**3917**
未上过学	223	92	131	27	10	17	14	7	7
小学	1198	697	501	265	140	125	146	81	65
初中	3487	2113	1374	1032	526	506	734	368	366
高中	1575	883	692	1777	775	1002	1581	509	1072
大学专科	445	227	218	4174	1750	2424	2213	664	1549
大学本科	144	72	72	4050	1559	2491	1245	462	783
研究生	9	4	5	553	216	337	153	78	75
藏族	**1215**	**550**	**665**	**5538**	**2747**	**2791**	**2285**	**898**	**1387**
未上过学	192	64	128	48	18	30	51	16	35
小学	472	220	252	232	114	118	121	66	55
初中	376	189	187	301	158	143	209	111	98
高中	113	53	60	569	301	268	495	187	308
大学专科	45	17	28	2700	1334	1366	1013	351	662
大学本科	16	7	9	1580	760	820	386	160	226
研究生	1		1	108	62	46	10	7	3

3-2 续表 6 单位：人

民族 受教育程度	十八、文化、体育和娱乐业			十九、公共管理和社会组织			二十、国际组织		
	小计	男	女	小计	男	女	小计	男	女
总 计	**324501**	**174890**	**149611**	**1836217**	**1242264**	**593953**	**658**	**305**	**353**
未上过学	1096	363	733	8271	3591	4680	1	1	
小学	16906	8336	8570	63087	40350	22737	8	5	3
初中	102093	53934	48159	269412	190711	78701	84	64	20
高中	81889	46776	35113	422253	290713	131540	101	77	24
大学专科	60210	33198	27012	580279	390046	190233	99	44	55
大学本科	56302	29340	26962	457870	302952	154918	239	85	154
研究生	6005	2943	3062	35045	23901	11144	126	29	97
汉族	**304841**	**164329**	**140512**	**1679984**	**1138338**	**541646**	**605**	**282**	**323**
未上过学	997	328	669	5501	2361	3140	1	1	
小学	15710	7737	7973	54789	34678	20111	8	5	3
初中	96508	50915	45593	251518	177971	73547	79	60	19
高中	77375	44206	33169	393308	270534	122774	92	70	22
大学专科	56072	30931	25141	524127	353008	171119	90	41	49
大学本科	52507	27421	25086	417858	277309	140549	218	77	141
研究生	5672	2791	2881	32883	22477	10406	117	28	89
蒙古族	**2133**	**1110**	**1023**	**15253**	**9597**	**5656**	**2**	**1**	**1**
未上过学	2		2	34	22	12			
小学	43	24	19	209	152	57			
初中	312	172	140	1127	813	314			
高中	474	272	202	2705	1810	895			
大学专科	606	315	291	5920	3679	2241			
大学本科	643	301	342	4970	2976	1994	2	1	1
研究生	53	26	27	288	145	143			
回族	**2765**	**1530**	**1235**	**16130**	**10713**	**5417**	**16**	**6**	**10**
未上过学	5	3	2	102	72	30			
小学	141	87	54	666	534	132			
初中	620	379	241	2477	1861	616	2	2	
高中	673	404	269	3371	2258	1113	2	1	1
大学专科	586	309	277	5143	3333	1810	2	1	1
大学本科	686	323	363	4071	2465	1606	7	2	5
研究生	54	25	29	300	190	110	3		3
藏族	**1140**	**642**	**498**	**18214**	**11726**	**6488**	**2**	**1**	**1**
未上过学	40	14	26	2361	1009	1352			
小学	171	103	68	4567	3232	1335			
初中	246	140	106	2145	1690	455			
高中	225	119	106	1897	1394	503	1	1	
大学专科	275	158	117	4356	2688	1668			
大学本科	169	98	71	2763	1621	1142	1		1
研究生	14	10	4	125	92	33			

3-2 续表 7

单位：人

民族 受教育程度	合计			一、农、林、牧、渔业			二、采矿业		
	合计	男	女	小计	男	女	小计	男	女
维吾尔族	**545158**	**295820**	**249338**	**449906**	**237164**	**212742**	**1810**	**1376**	**434**
未上过学	14960	7737	7223	14119	7134	6985	7	6	1
小学	195713	103766	91947	178721	91585	87136	269	221	48
初中	272972	151322	121650	239102	128160	110942	692	575	117
高中	27253	16105	11148	12958	7596	5362	527	382	145
大学专科	24244	12023	12221	4293	2336	1957	224	141	83
大学本科	9727	4700	5027	673	333	340	90	51	39
研究生	289	167	122	40	20	20	1		1
苗族	**502575**	**266502**	**236073**	**353974**	**178515**	**175459**	**3385**	**2841**	**544**
未上过学	53184	14188	38996	50312	13353	36959	115	73	42
小学	218744	109085	109659	186962	92212	94750	1420	1186	234
初中	178031	109500	68531	105401	64851	40550	1418	1247	171
高中	30735	20268	10467	10125	7277	2848	307	247	60
大学专科	14492	8752	5740	1013	712	301	85	59	26
大学本科	6981	4461	2520	151	104	47	38	27	11
研究生	408	248	160	10	6	4	2	2	
彝族	**511991**	**264758**	**247233**	**422672**	**210640**	**212032**	**5539**	**4667**	**872**
未上过学	79821	25933	53888	77669	25129	52540	165	110	55
小学	267054	136221	130833	245248	123182	122066	2194	1846	348
初中	123920	77428	46492	89730	55758	33972	2384	2115	269
高中	22353	13990	8363	8742	5722	3020	555	419	136
大学专科	12140	7169	4971	1065	708	357	180	133	47
大学本科	6416	3842	2574	208	134	74	60	44	16
研究生	287	175	112	10	7	3	1		1
壮族	**965994**	**506224**	**459770**	**669288**	**337495**	**331793**	**3998**	**2957**	**1041**
未上过学	27256	5853	21403	26104	5496	20608	31	18	13
小学	304620	131683	172937	270351	114639	155712	627	423	204
初中	482466	276264	206202	333677	190461	143216	2148	1646	502
高中	94723	59671	35052	35893	24804	11089	858	627	231
大学专科	37449	21168	16281	2796	1792	1004	237	169	68
大学本科	18311	10859	7452	435	284	151	93	72	21
研究生	1169	726	443	32	19	13	4	2	2
布依族	**151167**	**78762**	**72405**	**104854**	**51901**	**52953**	**713**	**595**	**118**
未上过学	18436	3876	14560	17506	3678	13828	21	12	9
小学	63366	30994	32372	52543	25530	27013	199	171	28
初中	54317	34469	19848	32319	20851	11468	363	308	55
高中	7718	5059	2659	2207	1642	565	83	66	17
大学专科	4883	2904	1979	236	168	68	30	25	5
大学本科	2328	1390	938	37	28	9	16	13	3
研究生	119	70	49	6	4	2	1		1

3-2 续表 8

单位：人

民族 受教育程度	三、制造业			四、电力、燃气及水的生产和供应业			五、建筑业		
	小计	男	女	小计	男	女	小计	男	女
维吾尔族	**12356**	**7294**	**5062**	**1216**	**814**	**402**	**6159**	**5320**	**839**
未上过学	135	95	40	5	5		98	88	10
小学	2948	1947	1001	59	48	11	1911	1681	230
初中	6561	3724	2837	293	237	56	3364	2956	408
高中	1572	927	645	455	296	159	496	397	99
大学专科	832	433	399	321	182	139	217	149	68
大学本科	298	161	137	82	46	36	70	46	24
研究生	10	7	3	1		1	3	3	
苗族	**66499**	**37814**	**28685**	**1481**	**1027**	**454**	**15765**	**12750**	**3015**
未上过学	1236	327	909	7	4	3	484	204	280
小学	16733	8012	8721	121	85	36	5311	4010	1301
初中	39687	23568	16119	401	314	87	8254	7098	1156
高中	7006	4655	2351	456	310	146	1251	1076	175
大学专科	1323	889	434	372	239	133	306	249	57
大学本科	492	345	147	118	72	46	152	107	45
研究生	22	18	4	6	3	3	7	6	1
彝族	**21278**	**12849**	**8429**	**1555**	**1152**	**403**	**9376**	**7765**	**1611**
未上过学	651	229	422	10	7	3	344	203	141
小学	6746	3771	2975	218	181	37	3949	3162	787
初中	10319	6501	3818	507	418	89	4082	3574	508
高中	2671	1787	884	375	252	123	670	569	101
大学专科	648	405	243	352	223	129	236	177	59
大学本科	229	146	83	90	69	21	92	77	15
研究生	14	10	4	3	2	1	3	3	
壮族	**103776**	**59309**	**44467**	**3882**	**2715**	**1167**	**24838**	**19668**	**5170**
未上过学	432	129	303	3	2	1	128	61	67
小学	14383	6724	7659	140	92	48	5348	3853	1495
初中	65964	37674	28290	1000	746	254	15134	12334	2800
高中	17378	11105	6273	1344	945	399	2960	2494	466
大学专科	4146	2667	1479	1048	687	361	900	648	252
大学本科	1401	957	444	337	234	103	360	272	88
研究生	72	53	19	10	9	1	8	6	2
布依族	**22338**	**12524**	**9814**	**489**	**367**	**122**	**3704**	**2961**	**743**
未上过学	516	94	422	2	1	1	99	35	64
小学	6624	3078	3546	39	31	8	1365	1024	341
初中	13008	7896	5112	144	118	26	1851	1597	254
高中	1696	1134	562	147	111	36	255	216	39
大学专科	335	216	119	117	84	33	87	58	29
大学本科	144	97	47	36	19	17	46	31	15
研究生	15	9	6	4	3	1	1		1

3-2 续表 9 单位：人

民族 受教育程度	六、交通运输、仓储和邮政业			七、信息传输、计算机服务和软件业			八、批发和零售业		
	小计	男	女	小计	男	女	小计	男	女
维吾尔族	**8624**	**7566**	**1058**	**895**	**480**	**415**	**18248**	**11648**	**6600**
未上过学	62	51	11	9	6	3	244	181	63
小学	1761	1645	116	92	58	34	5466	3812	1654
初中	4169	3792	377	245	145	100	8487	5440	3047
高中	1661	1398	263	167	93	74	2557	1458	1099
大学专科	768	554	214	227	112	115	1087	533	554
大学本科	196	121	75	154	65	89	392	214	178
研究生	7	5	2	1	1		15	10	5
苗族	**6865**	**5727**	**1138**	**1178**	**668**	**510**	**17834**	**7735**	**10099**
未上过学	115	50	65	10	2	8	436	82	354
小学	1227	946	281	81	43	38	3357	1240	2117
初中	3864	3395	469	310	170	140	9131	3984	5147
高中	1201	1011	190	279	148	131	3483	1678	1805
大学专科	357	261	96	297	159	138	1071	541	530
大学本科	96	60	36	186	136	50	345	205	140
研究生	5	4	1	15	10	5	11	5	6
彝族	**5314**	**4496**	**818**	**837**	**488**	**349**	**11990**	**4757**	**7233**
未上过学	117	69	48	14	2	12	446	85	361
小学	1449	1231	218	75	38	37	2986	1133	1853
初中	2570	2294	276	229	155	74	5247	2072	3175
高中	820	667	153	228	131	97	2397	1009	1388
大学专科	265	173	92	190	103	87	671	333	338
大学本科	90	60	30	96	56	40	236	122	114
研究生	3	2	1	5	3	2	7	3	4
壮族	**19017**	**15244**	**3773**	**3149**	**1822**	**1327**	**53905**	**22850**	**31055**
未上过学	57	30	27	9	3	6	230	50	180
小学	2284	1678	606	100	51	49	6292	2250	4042
初中	11117	9268	1849	725	424	301	28906	11921	16985
高中	4140	3318	822	844	488	356	13147	5933	7214
大学专科	1100	738	362	940	508	432	4224	2098	2126
大学本科	313	209	104	494	323	171	1060	572	488
研究生	6	3	3	37	25	12	46	26	20
布依族	**2049**	**1715**	**334**	**316**	**176**	**140**	**5004**	**2054**	**2950**
未上过学	17	10	7	3	2	1	142	21	121
小学	429	338	91	15	6	9	1101	400	701
初中	1184	1045	139	85	48	37	2440	1037	1403
高中	289	244	45	79	46	33	857	355	502
大学专科	92	52	40	68	32	36	347	169	178
大学本科	36	24	12	60	38	22	112	70	42
研究生	2	2		6	4	2	5	2	3

3-2 续表 10 单位：人

民族 受教育程度	九、住宿和餐饮业			十、金融业			十一、房地产业		
	小计	男	女	小计	男	女	小计	男	女
维吾尔族	**4656**	**3035**	**1621**	**1062**	**563**	**499**	**686**	**356**	**330**
未上过学	64	36	28				9	6	3
小学	1188	782	406	30	21	9	92	55	37
初中	2511	1708	803	101	63	38	220	124	96
高中	633	366	267	237	131	106	215	92	123
大学专科	202	113	89	476	243	233	104	57	47
大学本科	56	29	27	213	102	111	45	22	23
研究生	2	1	1	5	3	2	1		1
苗族	**6588**	**2516**	**4072**	**1242**	**649**	**593**	**790**	**524**	**266**
未上过学	132	8	124	1		1	12	5	7
小学	1410	337	1073	34	19	15	132	82	50
初中	3779	1541	2238	144	74	70	287	213	74
高中	1009	503	506	275	151	124	195	130	65
大学专科	204	90	114	493	252	241	101	58	43
大学本科	52	35	17	282	147	135	57	30	27
研究生	2	2		13	6	7	6	6	
彝族	**7042**	**2484**	**4558**	**989**	**550**	**439**	**684**	**470**	**214**
未上过学	136	20	116	1	1		12	7	5
小学	2002	547	1455	19	14	5	123	85	38
初中	3808	1443	2365	146	89	57	255	198	57
高中	905	386	519	200	123	77	147	97	50
大学专科	153	69	84	398	210	188	98	53	45
大学本科	37	19	18	219	108	111	47	29	18
研究生	1		1	6	5	1	2	1	1
壮族	**15008**	**6240**	**8768**	**3539**	**1894**	**1645**	**2681**	**1635**	**1046**
未上过学	77	9	68				7	1	6
小学	1862	562	1300	58	29	29	198	98	100
初中	9311	3960	5351	384	227	157	1138	776	362
高中	3025	1371	1654	881	471	410	646	415	231
大学专科	601	275	326	1357	676	681	463	231	232
大学本科	126	61	65	824	472	352	212	104	108
研究生	6	2	4	35	19	16	17	10	7
布依族	**1832**	**709**	**1123**	**384**	**216**	**168**	**292**	**211**	**81**
未上过学	40	2	38				5		5
小学	367	84	283	4	2	2	59	40	19
初中	1100	470	630	46	27	19	135	106	29
高中	264	122	142	90	56	34	54	43	11
大学专科	52	26	26	137	75	62	22	10	12
大学本科	9	5	4	103	54	49	17	12	5
研究生				4	2	2			

3-2 续表 11

单位：人

民族 受教育程度	十二、租赁和商务服务业			十三、科学研究、技术服务和地质勘查业			十四、水利、环境和公共设施管理业		
	小计	男	女	小计	男	女	小计	男	女
维吾尔族	**2029**	**1301**	**728**	**540**	**272**	**268**	**1471**	**786**	**685**
未上过学	13	11	2	3	2	1	18	11	7
小学	465	285	180	63	25	38	259	123	136
初中	928	623	305	149	68	81	458	245	213
高中	296	192	104	83	50	33	298	171	127
大学专科	228	141	87	111	56	55	327	179	148
大学本科	93	46	47	122	63	59	111	57	54
研究生	6	3	3	9	8	1			
苗族	**998**	**693**	**305**	**402**	**281**	**121**	**780**	**389**	**391**
未上过学	7	1	6	6		6	54	12	42
小学	98	73	25	25	14	11	224	95	129
初中	393	299	94	68	45	23	270	141	129
高中	225	158	67	63	49	14	122	70	52
大学专科	170	90	80	96	68	28	73	43	30
大学本科	98	66	32	116	87	29	36	28	8
研究生	7	6	1	28	18	10	1		1
彝族	**1021**	**715**	**306**	**366**	**254**	**112**	**762**	**435**	**327**
未上过学	10	4	6	1		1	28	5	23
小学	150	108	42	16	13	3	218	96	122
初中	406	332	74	73	61	12	279	166	113
高中	213	139	74	63	44	19	119	83	36
大学专科	149	82	67	102	64	38	75	51	24
大学本科	87	46	41	93	59	34	41	32	9
研究生	6	4	2	18	13	5	2	2	
壮族	**2815**	**1840**	**975**	**1319**	**893**	**426**	**1857**	**929**	**928**
未上过学	17	8	9	1		1	19	3	16
小学	201	129	72	51	31	20	313	122	191
初中	1013	732	281	272	189	83	688	282	406
高中	694	455	239	264	192	72	434	251	183
大学专科	544	317	227	340	225	115	289	200	89
大学本科	314	178	136	316	212	104	106	66	40
研究生	32	21	11	75	44	31	8	5	3
布依族	**278**	**182**	**96**	**165**	**105**	**60**	**254**	**126**	**128**
未上过学	3	1	2				17	3	14
小学	28	17	11	18	9	9	74	32	42
初中	111	78	33	36	21	15	69	34	35
高中	60	42	18	23	15	8	37	21	16
大学专科	37	20	17	41	28	13	40	27	13
大学本科	34	21	13	39	28	11	17	9	8
研究生	5	3	2	8	4	4			

3-2 续表 12

单位：人

民族 受教育程度	十五、居民服务和其他服务业			十六、教育			十七、卫生、社会保障和社会福利业		
	小计	男	女	小计	男	女	小计	男	女
维吾尔族	**3776**	**2467**	**1309**	**12816**	**5274**	**7542**	**4565**	**1410**	**3155**
未上过学	74	49	25	11	6	5	7	2	5
小学	996	678	318	182	89	93	165	85	80
初中	2009	1383	626	593	291	302	522	210	312
高中	440	243	197	1351	596	755	1002	247	755
大学专科	199	91	108	7026	2787	4239	2080	573	1507
大学本科	58	23	35	3552	1450	2102	757	280	477
研究生				101	55	46	32	13	19
苗族	**4823**	**2526**	**2297**	**7807**	**4431**	**3376**	**2910**	**1189**	**1721**
未上过学	193	53	140	10	4	6	12	2	10
小学	1135	502	633	121	50	71	81	34	47
初中	2552	1414	1138	507	225	282	300	160	140
高中	735	439	296	1336	764	572	819	317	502
大学专科	164	95	69	3656	2115	1541	1230	442	788
大学本科	42	22	20	2024	1195	829	443	219	224
研究生	2	1	1	153	78	75	25	15	10
彝族	**3476**	**1770**	**1706**	**7213**	**3914**	**3299**	**2800**	**1051**	**1749**
未上过学	139	40	99	18	6	12	21	2	19
小学	999	449	550	171	74	97	126	60	66
初中	1754	950	804	512	260	252	331	150	181
高中	462	266	196	1218	759	459	942	328	614
大学专科	102	52	50	3195	1717	1478	1003	345	658
大学本科	19	12	7	2015	1057	958	368	162	206
研究生	1	1		84	41	43	9	4	5
壮族	**10868**	**5581**	**5287**	**19392**	**9588**	**9804**	**7838**	**2930**	**4908**
未上过学	98	32	66	15	4	11	11	1	10
小学	1620	667	953	255	74	181	167	72	95
初中	6364	3261	3103	1407	555	852	893	379	514
高中	2142	1258	884	3816	2034	1782	2276	766	1510
大学专科	527	299	228	7834	3828	4006	3119	1038	2081
大学本科	113	63	50	5703	2887	2816	1265	619	646
研究生	4	1	3	362	206	156	107	55	52
布依族	**1331**	**699**	**632**	**3006**	**1652**	**1354**	**936**	**363**	**573**
未上过学	54	12	42	1		1	3	1	2
小学	319	149	170	57	27	30	33	13	20
初中	745	418	327	195	104	91	73	32	41
高中	156	91	65	491	288	203	278	107	171
大学专科	48	26	22	1520	866	654	399	145	254
大学本科	9	3	6	716	353	363	140	63	77
研究生				26	14	12	10	2	8

3-2 续表 13

单位：人

民族 受教育程度	十八、文化、体育和娱乐业			十九、公共管理和社会组织			二十、国际组织		
	小计	男	女	小计	男	女	小计	男	女
维吾尔族	**1162**	**694**	**468**	**13179**	**7999**	**5180**	**2**	**1**	**1**
未上过学	4	4		78	44	34			
小学	83	67	16	963	559	404			
初中	224	169	55	2344	1409	935			
高中	243	141	102	2062	1329	733			
大学专科	346	177	169	5176	3166	2010			
大学本科	257	134	123	2506	1456	1050	2	1	1
研究生	5	2	3	50	36	14			
苗族	**962**	**471**	**491**	**8291**	**5755**	**2536**	**1**	**1**	
未上过学	6	1	5	36	7	29			
小学	72	29	43	200	116	84			
初中	387	169	218	877	591	286	1	1	
高中	203	105	98	1645	1180	465			
大学专科	175	106	69	3306	2284	1022			
大学本科	106	54	52	2147	1522	625			
研究生	13	7	6	80	55	25			
彝族	**874**	**428**	**446**	**8202**	**5872**	**2330**	**1**	**1**	
未上过学	10	3	7	29	11	18			
小学	82	35	47	283	196	87			
初中	334	160	174	954	732	222			
高中	179	89	90	1447	1120	327			
大学专科	158	92	66	3100	2179	921			
大学本科	103	47	56	2285	1562	723	1	1	
研究生	8	2	6	104	72	32			
壮族	**2245**	**1234**	**1011**	**16574**	**11397**	**5177**	**5**	**3**	**2**
未上过学	6		6	11	6	5			
小学	111	53	58	259	136	123			
初中	828	435	393	1497	994	503			
高中	612	351	261	3368	2392	976	1	1	
大学专科	414	233	181	6568	4538	2030	2	1	1
大学本科	254	150	104	4584	3124	1460	1		1
研究生	20	12	8	287	207	80	1	1	
布依族	**253**	**137**	**116**	**2969**	**2069**	**900**			
未上过学				7	4	3			
小学	33	13	20	59	30	29			
初中	91	48	43	322	231	91			
高中	50	32	18	602	428	174			
大学专科	43	26	17	1232	851	381			
大学本科	33	17	16	724	505	219			
研究生	3	1	2	23	20	3			

3-2 续表 14 单位：人

民族 受教育程度	合计			一、农、林、牧、渔业			二、采矿业		
	合计	男	女	小计	男	女	小计	男	女
朝鲜族	**72332**	**40486**	**31846**	**19133**	**11088**	**8045**	**408**	**323**	**85**
未上过学	137	54	83	120	47	73			
小学	4607	2379	2228	3230	1668	1562	21	17	4
初中	31281	17866	13415	12771	7496	5275	156	134	22
高中	20525	11648	8877	2697	1672	1025	139	110	29
大学专科	7620	4107	3513	207	133	74	54	35	19
大学本科	7491	4078	3413	104	68	36	38	27	11
研究生	671	354	317	4	4				
满族	**557607**	**326248**	**231359**	**325949**	**183538**	**142411**	**11154**	**9673**	**1481**
未上过学	4810	2098	2712	4495	1910	2585	21	20	1
小学	123914	66670	57244	107253	55271	51982	1808	1642	166
初中	304191	184856	119335	195525	114067	81458	6553	5893	660
高中	62095	38851	23244	16320	10857	5463	1726	1388	338
大学专科	34384	18734	15650	1954	1201	753	637	459	178
大学本科	25547	13639	11908	388	223	165	377	251	126
研究生	2666	1400	1266	14	9	5	32	20	12
侗族	**159794**	**87331**	**72463**	**101525**	**52615**	**48910**	**530**	**444**	**86**
未上过学	8315	1983	6332	7852	1849	6003	6	2	4
小学	56842	26963	29879	47454	22287	25167	118	98	20
初中	72059	43914	28145	42002	25428	16574	277	245	32
高中	12557	8264	4293	3771	2732	1039	94	72	22
大学专科	6642	4077	2565	353	243	110	24	16	8
大学本科	3216	2031	1185	89	72	17	9	9	
研究生	163	99	64	4	4		2	2	
瑶族	**155806**	**83308**	**72498**	**114989**	**59638**	**55351**	**703**	**551**	**152**
未上过学	8714	2365	6349	8446	2286	6160	16	5	11
小学	64039	30704	33335	58310	27701	30609	180	147	33
初中	62268	37429	24839	42602	25653	16949	383	304	79
高中	12620	8148	4472	5156	3672	1484	94	73	21
大学专科	5192	2952	2240	411	282	129	23	17	6
大学本科	2774	1598	1176	59	40	19	7	5	2
研究生	199	112	87	5	4	1			
白族	**108565**	**57099**	**51466**	**72575**	**35435**	**37140**	**1001**	**785**	**216**
未上过学	4877	1135	3742	4618	1038	3580	6	3	3
小学	38166	16807	21359	33363	14123	19240	175	145	30
初中	47065	28409	18656	30847	17933	12914	505	417	88
高中	9635	5805	3830	3376	2118	1258	201	148	53
大学专科	5140	2805	2335	308	186	122	85	53	32
大学本科	3435	1994	1441	62	37	25	27	17	10
研究生	247	144	103	1		1	2	2	

3-2 续表 15

单位：人

民族 受教育程度	三、制造业			四、电力、燃气及水的生产和供应业			五、建筑业		
	小计	男	女	小计	男	女	小计	男	女
朝鲜族	**9210**	**5846**	**3364**	**728**	**566**	**162**	**4261**	**3880**	**381**
未上过学	2	2					2	1	1
小学	235	133	102	6	5	1	228	211	17
初中	3025	2024	1001	169	141	28	2419	2248	171
高中	3155	2032	1123	329	255	74	1201	1089	112
大学专科	1336	797	539	127	90	37	197	152	45
大学本科	1368	806	562	94	72	22	209	176	33
研究生	89	52	37	3	3		5	3	2
满族	**44567**	**28562**	**16005**	**4273**	**3103**	**1170**	**21433**	**19251**	**2182**
未上过学	64	42	22	3	3		47	40	7
小学	3765	2304	1461	131	111	20	3229	2989	240
初中	24062	15160	8902	1303	1063	240	13891	12769	1122
高中	8943	6080	2863	1267	910	357	2514	2219	295
大学专科	4451	2863	1588	907	574	333	1043	763	280
大学本科	2975	1914	1061	623	419	204	658	438	220
研究生	307	199	108	39	23	16	51	33	18
侗族	**24680**	**14383**	**10297**	**793**	**554**	**239**	**5791**	**4750**	**1041**
未上过学	233	67	166	2	2		57	27	30
小学	5080	2328	2752	43	30	13	1542	1136	406
初中	15811	9587	6224	236	186	50	3496	2980	516
高中	2768	1886	882	244	178	66	514	460	54
大学专科	552	359	193	211	127	84	122	96	26
大学本科	229	151	78	57	31	26	60	51	9
研究生	7	5	2						
瑶族	**17429**	**10136**	**7293**	**584**	**402**	**182**	**3261**	**2576**	**685**
未上过学	115	27	88				41	24	17
小学	2939	1454	1485	39	30	9	883	657	226
初中	11042	6536	4506	204	147	57	1800	1465	335
高中	2549	1625	924	170	112	58	353	299	54
大学专科	542	331	211	125	82	43	124	85	39
大学本科	229	153	76	45	30	15	56	43	13
研究生	13	10	3	1	1		4	3	1
白族	**8426**	**5192**	**3234**	**651**	**449**	**202**	**4309**	**3653**	**656**
未上过学	78	32	46	1	1		34	22	12
小学	1550	845	705	29	19	10	929	727	202
初中	4978	3164	1814	169	133	36	2736	2391	345
高中	1173	751	422	202	139	63	374	329	45
大学专科	426	257	169	165	105	60	161	129	32
大学本科	199	130	69	83	50	33	72	54	18
研究生	22	13	9	2	2		3	1	2

3-2 续表 16 单位：人

民族 受教育程度	六、交通运输、仓储和邮政业			七、信息传输、计算机服务和软件业			八、批发和零售业		
	小计	男	女	小计	男	女	小计	男	女
朝鲜族	**3317**	**2784**	**533**	**1119**	**712**	**407**	**10663**	**4831**	**5832**
未上过学							3		3
小学	70	61	9	8	6	2	214	92	122
初中	1334	1191	143	184	129	55	3578	1580	1998
高中	1377	1185	192	308	213	95	4328	1900	2428
大学专科	322	222	100	211	140	71	1355	634	721
大学本科	206	122	84	377	207	170	1140	595	545
研究生	8	3	5	31	17	14	45	30	15
满族	**22417**	**19561**	**2856**	**3561**	**2112**	**1449**	**41647**	**18050**	**23597**
未上过学	21	16	5	1		1	45	17	28
小学	1700	1547	153	51	35	16	2842	1263	1579
初中	13728	12489	1239	652	423	229	23068	9673	13395
高中	4563	3867	696	716	423	293	9677	4239	5438
大学专科	1599	1156	443	947	507	440	3919	1767	2152
大学本科	778	471	307	1048	637	411	1975	1021	954
研究生	28	15	13	146	87	59	121	70	51
侗族	**3129**	**2715**	**414**	**576**	**323**	**253**	**7234**	**3068**	**4166**
未上过学	14	12	2	1	1		67	8	59
小学	397	338	59	28	12	16	1115	373	742
初中	1923	1716	207	151	86	65	3988	1677	2311
高中	591	502	89	150	70	80	1388	661	727
大学专科	157	115	42	157	98	59	528	267	261
大学本科	46	31	15	83	53	30	142	79	63
研究生	1	1		6	3	3	6	3	3
瑶族	**1872**	**1520**	**352**	**375**	**211**	**164**	**5230**	**2346**	**2884**
未上过学	10	6	4				41	4	37
小学	263	197	66	20	6	14	668	245	423
初中	1005	868	137	89	50	39	2558	1139	1419
高中	417	336	81	85	50	35	1312	633	679
大学专科	118	81	37	99	51	48	496	238	258
大学本科	57	32	25	75	49	26	153	86	67
研究生	2		2	7	5	2	2	1	1
白族	**2545**	**2181**	**364**	**368**	**215**	**153**	**5308**	**2219**	**3089**
未上过学	13	9	4	1		1	57	10	47
小学	324	278	46	10	4	6	863	314	549
初中	1550	1403	147	102	67	35	2678	1131	1547
高中	462	373	89	96	44	52	1192	510	682
大学专科	140	81	59	94	51	43	372	171	201
大学本科	55	36	19	59	44	15	136	76	60
研究生	1	1		6	5	1	10	7	3

3-2 续表 17 单位：人

民族 受教育程度	九、住宿和餐饮业			十、金融业			十一、房地产业		
	小计	男	女	小计	男	女	小计	男	女
朝鲜族	**9098**	**3056**	**6042**	**1187**	**606**	**581**	**617**	**418**	**199**
未上过学	3	1	2						
小学	388	91	297	4	4		8	6	2
初中	4988	1565	3423	137	81	56	165	126	39
高中	2967	1074	1893	373	196	177	213	147	66
大学专科	466	194	272	345	174	171	132	77	55
大学本科	267	121	146	303	138	165	92	60	32
研究生	19	10	9	25	13	12	7	2	5
满族	**13770**	**5890**	**7880**	**5255**	**2709**	**2546**	**2998**	**1790**	**1208**
未上过学	23	7	16				2	1	1
小学	1161	408	753	40	18	22	128	85	43
初中	9141	3901	5240	769	406	363	990	666	324
高中	2392	1119	1273	1202	650	552	729	460	269
大学专科	750	321	429	1661	835	826	624	296	328
大学本科	294	128	166	1437	717	720	492	260	232
研究生	9	6	3	146	83	63	33	22	11
侗族	**2886**	**1107**	**1779**	**609**	**333**	**276**	**330**	**223**	**107**
未上过学	31	2	29	1		1	3	1	2
小学	489	108	381	8	6	2	37	21	16
初中	1727	681	1046	67	31	36	135	101	34
高中	514	249	265	136	73	63	72	53	19
大学专科	100	51	49	259	151	108	54	29	25
大学本科	25	16	9	133	70	63	27	18	9
研究生				5	2	3	2		2
瑶族	**1677**	**691**	**986**	**449**	**221**	**228**	**264**	**151**	**113**
未上过学	12	4	8						
小学	256	71	185	7	2	5	15	6	9
初中	1008	427	581	29	17	12	89	63	26
高中	303	141	162	110	53	57	62	34	28
大学专科	78	35	43	182	91	91	61	27	34
大学本科	20	13	7	112	56	56	36	21	15
研究生				9	2	7	1		1
白族	**2442**	**890**	**1552**	**640**	**320**	**320**	**291**	**181**	**110**
未上过学	23	1	22				5	3	2
小学	385	95	290	13	7	6	26	19	7
初中	1506	567	939	48	31	17	89	59	30
高中	420	186	234	146	73	73	69	41	28
大学专科	89	31	58	241	115	126	69	39	30
大学本科	18	9	9	187	92	95	32	19	13
研究生	1	1		5	2	3	1	1	

3-2 续表 18　　　　单位：人

民族 受教育程度	十二、租赁和商务服务业			十三、科学研究、技术服务和地质勘查业			十四、水利、环境和公共设施管理业		
	小计	男	女	小计	男	女	小计	男	女
朝鲜族	**1141**	**649**	**492**	**352**	**237**	**115**	**311**	**212**	**99**
未上过学	1	1					1		1
小学	12	10	2	3	3		4	2	2
初中	194	134	60	31	18	13	90	55	35
高中	325	190	135	54	43	11	128	91	37
大学专科	257	131	126	73	45	28	38	27	11
大学本科	311	162	149	159	107	52	48	35	13
研究生	41	21	20	32	21	11	2	2	
满族	**3578**	**2212**	**1366**	**1908**	**1209**	**699**	**1956**	**1251**	**705**
未上过学	5	4	1	3	1	2	7	4	3
小学	148	116	32	16	10	6	161	85	76
初中	1060	789	271	224	161	63	730	478	252
高中	718	465	253	310	222	88	452	306	146
大学专科	718	372	346	439	270	169	322	197	125
大学本科	811	398	413	727	440	287	255	166	89
研究生	118	68	50	189	105	84	29	15	14
侗族	**376**	**229**	**147**	**163**	**97**	**66**	**230**	**132**	**98**
未上过学	3		3				4	3	1
小学	28	21	7	11	7	4	37	15	22
初中	120	83	37	26	18	8	88	52	36
高中	95	57	38	27	12	15	50	27	23
大学专科	74	40	34	38	26	12	30	19	11
大学本科	51	24	27	55	32	23	20	15	5
研究生	5	4	1	6	2	4	1	1	
瑶族	**374**	**226**	**148**	**151**	**89**	**62**	**234**	**136**	**98**
未上过学	1		1				4	1	3
小学	30	20	10	7	2	5	54	28	26
初中	114	82	32	18	11	7	65	32	33
高中	86	50	36	33	18	15	65	43	22
大学专科	84	41	43	35	21	14	31	23	8
大学本科	51	28	23	52	32	20	15	9	6
研究生	8	5	3	6	5	1			
白族	**526**	**342**	**184**	**249**	**169**	**80**	**363**	**197**	**166**
未上过学	6	3	3				6	4	2
小学	31	22	9	12	10	2	62	22	40
初中	169	127	42	27	19	8	149	78	71
高中	141	92	49	39	28	11	70	41	29
大学专科	101	46	55	81	50	31	49	36	13
大学本科	70	46	24	75	51	24	24	14	10
研究生	8	6	2	15	11	4	3	2	1

3-2 续表 19

单位：人

民族 受教育程度	十五、居民服务和其他服务业			十六、教育			十七、卫生、社会保障和社会福利业		
	小计	男	女	小计	男	女	小计	男	女
朝鲜族	**2587**	**980**	**1607**	**3168**	**1268**	**1900**	**1490**	**636**	**854**
未上过学	3		3						
小学	136	46	90	10	6	4	12	5	7
初中	1279	475	804	203	100	103	134	62	72
高中	894	343	551	591	245	346	453	178	275
大学专科	187	80	107	922	348	574	395	162	233
大学本科	85	35	50	1199	460	739	445	201	244
研究生	3	1	2	243	109	134	51	28	23
满族	**10511**	**5517**	**4994**	**15276**	**6075**	**9201**	**7496**	**2876**	**4620**
未上过学	35	18	17	2		2	2	1	1
小学	984	506	478	127	56	71	109	56	53
初中	6891	3662	3229	1373	561	812	1187	570	617
高中	1922	989	933	2598	1103	1495	1910	733	1177
大学专科	493	245	248	5213	2102	3111	2548	849	1699
大学本科	179	91	88	5245	1972	3273	1567	605	962
研究生	7	6	1	718	281	437	173	62	111
侗族	**1921**	**1003**	**918**	**3487**	**1958**	**1529**	**1399**	**577**	**822**
未上过学	31	6	25	2		2	5	1	4
小学	308	123	185	39	17	22	39	17	22
初中	1192	625	567	195	88	107	147	67	80
高中	317	203	114	598	332	266	389	139	250
大学专科	58	38	20	1616	935	681	591	234	357
大学本科	15	8	7	979	553	426	212	111	101
研究生				58	33	25	16	8	8
瑶族	**1325**	**653**	**672**	**2680**	**1314**	**1366**	**1076**	**412**	**664**
未上过学	19	2	17	4	3	1	3	2	1
小学	261	98	163	23	9	14	31	13	18
初中	692	345	347	157	62	95	90	32	58
高中	266	152	114	527	281	246	323	113	210
大学专科	67	47	20	1077	533	544	440	157	283
大学本科	18	9	9	818	395	423	174	85	89
研究生	2		2	74	31	43	15	10	5
白族	**1214**	**661**	**553**	**2666**	**1334**	**1332**	**1266**	**446**	**820**
未上过学	12	2	10	6		6			
小学	199	83	116	50	17	33	34	18	16
初中	719	409	310	185	86	99	143	77	66
高中	197	120	77	403	235	168	396	111	285
大学专科	69	36	33	1051	534	517	432	125	307
大学本科	16	10	6	877	416	461	242	107	135
研究生	2	1	1	94	46	48	19	8	11

3-2 续表 20　　　　单位：人

民族 受教育程度	十八、文化、体育和娱乐业			十九、公共管理和社会组织			二十、国际组织		
	小计	男	女	小计	男	女	小计	男	女
朝鲜族	**901**	**555**	**346**	**2638**	**1837**	**801**	**3**	**2**	**1**
未上过学				2	2				
小学	7	6	1	11	7	4			
初中	187	134	53	236	172	64	1	1	
高中	296	189	107	696	495	201	1	1	
大学专科	171	96	75	824	570	254	1		1
大学本科	220	124	96	826	562	264			
研究生	20	6	14	43	29	14			
满族	**2572**	**1416**	**1156**	**17280**	**11452**	**5828**	**6**	**1**	**5**
未上过学	3	2	1	31	12	19			
小学	57	31	26	204	137	67			
初中	710	433	277	2334	1692	642			
高中	502	300	202	3633	2520	1113	1	1	
大学专科	525	273	252	5634	3684	1950			
大学本科	687	339	348	5029	3149	1880	2		2
研究生	88	38	50	415	258	157	3		3
侗族	**329**	**170**	**159**	**3806**	**2650**	**1156**			
未上过学				3	2	1			
小学	20	5	15	49	21	28			
初中	127	53	74	351	210	141			
高中	75	49	26	764	509	255			
大学专科	60	39	21	1658	1194	464			
大学本科	46	24	22	938	683	255			
研究生	1		1	43	31	12			
瑶族	**330**	**167**	**163**	**2801**	**1868**	**933**	**2**		**2**
未上过学				2	1	1			
小学	12	2	10	41	16	25			
初中	99	50	49	224	146	78			
高中	98	46	52	611	417	194			
大学专科	66	36	30	1132	774	358	1		1
大学本科	51	30	21	745	482	263	1		1
研究生	4	3	1	46	32	14			
白族	**394**	**210**	**184**	**3329**	**2220**	**1109**	**2**		**2**
未上过学	5	3	2	6	4	2			
小学	28	11	17	83	48	35			
初中	140	72	68	325	245	80			
高中	95	48	47	583	418	165			
大学专科	65	41	24	1142	719	423			
大学本科	57	34	23	1144	752	392			
研究生	4	1	3	46	34	12	2		2

3-2 续表 21 单位：人

民族 受教育程度	合计			一、农、林、牧、渔业			二、采矿业		
	合计	男	女	小计	男	女	小计	男	女
土家族	**418466**	**225336**	**193130**	**252259**	**126015**	**126244**	**2974**	**2590**	**384**
未上过学	22249	5959	16290	21016	5551	15465	30	14	16
小学	141157	67655	73502	115111	53629	61482	822	730	92
初中	180406	105720	74686	101480	57193	44287	1626	1436	190
高中	44424	27930	16494	13503	8899	4604	367	314	53
大学专科	19274	11304	7970	976	628	348	76	57	19
大学本科	10150	6249	3901	165	111	54	47	36	11
研究生	806	519	287	8	4	4	6	3	3
哈尼族	**101348**	**53947**	**47401**	**79930**	**41110**	**38820**	**2204**	**1767**	**437**
未上过学	13952	4353	9599	13219	4052	9167	146	99	47
小学	54810	28806	26004	47675	24586	23089	1221	934	287
初中	25101	16215	8886	17094	11154	5940	712	633	79
高中	4459	2787	1672	1700	1151	549	103	83	20
大学专科	1914	1123	791	209	145	64	18	14	4
大学本科	1082	645	437	33	22	11	4	4	
研究生	30	18	12						
哈萨克族	**63313**	**38528**	**24785**	**49574**	**30975**	**18599**	**435**	**335**	**100**
未上过学	411	209	202	395	196	199	1		1
小学	17524	10727	6797	16658	10211	6447	33	29	4
初中	31200	19669	11531	27687	17517	10170	173	144	29
高中	7194	4349	2845	3882	2463	1419	147	107	40
大学专科	5051	2629	2422	823	518	305	59	40	19
大学本科	1886	915	971	126	69	57	21	14	7
研究生	47	30	17	3	1	2	1	1	
傣族	**78770**	**40903**	**37867**	**63746**	**33081**	**30665**	**271**	**217**	**54**
未上过学	7202	2851	4351	6748	2658	4090	5	3	2
小学	43006	22192	20814	39483	20374	19109	80	70	10
初中	21436	12114	9322	15883	9105	6778	109	95	14
高中	3923	2128	1795	1432	833	599	59	43	16
大学专科	2119	1027	1092	174	96	78	13	3	10
大学本科	1052	570	482	26	15	11	5	3	2
研究生	32	21	11						
黎族	**81296**	**44295**	**37001**	**65968**	**36135**	**29833**	**148**	**111**	**37**
未上过学	4280	1317	2963	4134	1286	2848	1	1	
小学	20867	10517	10350	19125	9659	9466	28	18	10
初中	46350	26156	20194	38817	22266	16551	78	61	17
高中	6911	4507	2404	3592	2696	896	28	22	6
大学专科	2078	1278	800	256	198	58	8	5	3
大学本科	767	494	273	38	25	13	5	4	1
研究生	43	26	17	6	5	1			

3-2 续表 22 单位：人

民族 受教育程度	三、制造业			四、电力、燃气及水的生产和供应业			五、建筑业		
	小计	男	女	小计	男	女	小计	男	女
土家族	**58285**	**33178**	**25107**	**2233**	**1517**	**716**	**19564**	**16778**	**2786**
未上过学	502	144	358	4	3	1	220	125	95
小学	11885	5535	6350	141	104	37	5072	4071	1001
初中	34842	20330	14512	593	440	153	11400	10097	1303
高中	8462	5498	2964	769	522	247	2170	1952	218
大学专科	1776	1105	671	547	328	219	471	364	107
大学本科	747	512	235	171	113	58	223	163	60
研究生	71	54	17	8	7	1	8	6	2
哈尼族	**3976**	**2435**	**1541**	**297**	**202**	**95**	**3022**	**2440**	**582**
未上过学	153	52	101	4	1	3	143	73	70
小学	1444	821	623	41	34	7	1511	1173	338
初中	1779	1179	600	100	76	24	1179	1038	141
高中	480	312	168	86	56	30	146	126	20
大学专科	95	60	35	56	29	27	28	19	9
大学本科	23	9	14	9	5	4	15	11	4
研究生	2	2		1	1				
哈萨克族	**1372**	**771**	**601**	**172**	**111**	**61**	**513**	**441**	**72**
未上过学	1		1				4	3	1
小学	187	80	107	7	3	4	78	70	8
初中	632	362	270	41	30	11	288	253	35
高中	407	251	156	76	44	32	102	85	17
大学专科	112	56	56	39	27	12	33	25	8
大学本科	31	20	11	9	7	2	8	5	3
研究生	2	1	1						
傣族	**3148**	**1822**	**1326**	**230**	**148**	**82**	**868**	**727**	**141**
未上过学	103	51	52	1	1		49	39	10
小学	939	510	429	25	20	5	324	262	62
初中	1539	933	606	55	42	13	398	347	51
高中	447	268	179	76	47	29	64	57	7
大学专科	91	43	48	54	25	29	24	16	8
大学本科	28	16	12	19	13	6	9	6	3
研究生	1	1							
黎族	**3381**	**1854**	**1527**	**261**	**180**	**81**	**780**	**628**	**152**
未上过学	59	6	53	1		1	16	6	10
小学	728	350	378	11	5	6	163	126	37
初中	2029	1150	879	107	72	35	466	391	75
高中	431	254	177	100	68	32	101	80	21
大学专科	88	63	25	29	24	5	25	17	8
大学本科	44	29	15	12	10	2	9	8	1
研究生	2	2		1	1				

3-2　续表 23

单位：人

民　族 受教育程度	六、交通运输、仓储和邮政业			七、信息传输、计算机服务和软件业			八、批发和零售业		
	小计	男	女	小计	男	女	小计	男	女
土家族	**10303**	**8806**	**1497**	**1681**	**921**	**760**	**23790**	**10117**	**13673**
未上过学	62	35	27	3	2	1	168	39	129
小学	1371	1143	228	80	38	42	3189	1118	2071
初中	5927	5223	704	401	208	193	11868	4818	7050
高中	2250	1913	337	462	240	222	6193	2884	3309
大学专科	534	383	151	416	210	206	1788	910	878
大学本科	151	103	48	283	195	88	558	329	229
研究生	8	6	2	36	28	8	26	19	7
哈尼族	**1242**	**1004**	**238**	**187**	**110**	**77**	**2931**	**1078**	**1853**
未上过学	44	21	23	1		1	88	19	69
小学	467	369	98	24	15	9	803	259	544
初中	517	449	68	61	39	22	1312	498	814
高中	156	131	25	43	27	16	565	228	337
大学专科	48	27	21	41	16	25	130	62	68
大学本科	10	7	3	17	13	4	32	12	20
研究生							1		1
哈萨克族	**1114**	**955**	**159**	**115**	**56**	**59**	**1403**	**609**	**794**
未上过学	1	1					2	2	
小学	132	108	24	2	1	1	140	70	70
初中	530	482	48	22	13	9	571	217	354
高中	328	284	44	27	17	10	428	182	246
大学专科	105	73	32	40	14	26	197	95	102
大学本科	18	7	11	24	11	13	61	40	21
研究生							4	3	1
傣族	**907**	**788**	**119**	**198**	**98**	**100**	**2400**	**773**	**1627**
未上过学	28	25	3				132	34	98
小学	321	294	27	11	6	5	643	199	444
初中	372	334	38	52	28	24	974	318	656
高中	124	95	29	62	30	32	484	156	328
大学专科	45	27	18	53	25	28	136	50	86
大学本科	17	13	4	19	8	11	30	15	15
研究生				1	1		1	1	
黎族	**798**	**630**	**168**	**144**	**77**	**67**	**2308**	**895**	**1413**
未上过学	14	9	5				30	5	25
小学	105	82	23	9	5	4	253	97	156
初中	443	363	80	47	21	26	1302	463	839
高中	178	138	40	43	28	15	548	236	312
大学专科	46	32	14	29	12	17	145	72	73
大学本科	12	6	6	15	11	4	29	21	8
研究生				1		1	1	1	

3-2 续表 24

单位：人

民族 受教育程度	九、住宿和餐饮业			十、金融业			十一、房地产业		
	小计	男	女	小计	男	女	小计	男	女
土家族	**8862**	**3340**	**5522**	**1991**	**1032**	**959**	**1032**	**662**	**370**
未上过学	85	13	72	2		2	3		3
小学	1414	341	1073	24	11	13	105	57	48
初中	4960	1879	3081	199	95	104	344	255	89
高中	1933	882	1051	508	254	254	272	174	98
大学专科	382	180	202	719	372	347	192	108	84
大学本科	82	44	38	499	276	223	109	63	46
研究生	6	1	5	40	24	16	7	5	2
哈尼族	**2586**	**852**	**1734**	**165**	**92**	**73**	**143**	**107**	**36**
未上过学	61	9	52						
小学	995	269	726	7	4	3	34	23	11
初中	1232	459	773	22	12	10	65	55	10
高中	252	98	154	42	23	19	25	19	6
大学专科	33	14	19	56	32	24	13	6	7
大学本科	13	3	10	38	21	17	6	4	2
研究生									
哈萨克族	**639**	**262**	**377**	**172**	**90**	**82**	**88**	**43**	**45**
未上过学	3	3							
小学	62	19	43				6	5	1
初中	349	149	200	17	9	8	43	21	22
高中	177	76	101	52	29	23	29	12	17
大学专科	43	13	30	78	40	38	10	5	5
大学本科	5	2	3	24	11	13			
研究生				1	1				
傣族	**2194**	**742**	**1452**	**218**	**101**	**117**	**100**	**50**	**50**
未上过学	91	19	72						
小学	744	227	517	8	5	3	11	8	3
初中	1085	375	710	37	20	17	35	18	17
高中	230	106	124	39	18	21	25	12	13
大学专科	36	12	24	86	38	48	19	7	12
大学本科	8	3	5	47	20	27	9	4	5
研究生				1		1	1	1	
黎族	**2172**	**801**	**1371**	**176**	**91**	**85**	**279**	**172**	**107**
未上过学	9	1	8				2		2
小学	195	55	140	1	1		19	12	7
初中	1478	530	948	24	11	13	167	105	62
高中	414	180	234	58	30	28	56	35	21
大学专科	68	31	37	61	30	31	21	14	7
大学本科	7	4	3	30	17	13	13	6	7
研究生	1		1	2	2		1		1

3-2 续表 25 单位：人

民族 受教育程度	十二、租赁和商务服务业			十三、科学研究、技术服务和地质勘查业			十四、水利、环境和公共设施管理业		
	小计	男	女	小计	男	女	小计	男	女
土家族	**1601**	**992**	**609**	**566**	**402**	**164**	**975**	**571**	**404**
未上过学	8	5	3				16	2	14
小学	78	52	26	27	17	10	159	76	83
初中	487	341	146	113	80	33	357	202	155
高中	457	291	166	94	63	31	219	142	77
大学专科	327	180	147	126	90	36	151	94	57
大学本科	220	110	110	165	120	45	67	50	17
研究生	24	13	11	41	32	9	6	5	1
哈尼族	**223**	**173**	**50**	**104**	**67**	**37**	**169**	**85**	**84**
未上过学	3	1	2	13	4	9	2	1	1
小学	29	25	4	17	9	8	50	13	37
初中	94	83	11	17	12	5	70	35	35
高中	52	38	14	18	16	2	18	16	2
大学专科	25	14	11	19	15	4	20	13	7
大学本科	20	12	8	19	10	9	9	7	2
研究生				1	1				
哈萨克族	**167**	**112**	**55**	**114**	**46**	**68**	**292**	**175**	**117**
未上过学							1	1	
小学	8	5	3	15	1	14	36	19	17
初中	47	36	11	35	9	26	93	54	39
高中	60	41	19	20	10	10	92	58	34
大学专科	33	20	13	15	8	7	50	33	17
大学本科	17	8	9	28	17	11	20	10	10
研究生	2	2		1	1				
傣族	**258**	**188**	**70**	**57**	**33**	**24**	**164**	**88**	**76**
未上过学	6	5	1				8	4	4
小学	39	33	6	5	3	2	47	27	20
初中	108	84	24	3		3	55	22	33
高中	62	43	19	16	11	5	22	15	7
大学专科	30	17	13	14	8	6	25	15	10
大学本科	13	6	7	18	10	8	7	5	2
研究生				1	1				
黎族	**297**	**211**	**86**	**117**	**76**	**41**	**303**	**147**	**156**
未上过学	1	1		2		2	1	1	
小学	19	10	9	22	13	9	30	13	17
初中	152	114	38	50	35	15	177	81	96
高中	72	51	21	18	13	5	72	37	35
大学专科	43	27	16	11	7	4	18	11	7
大学本科	10	8	2	13	8	5	5	4	1
研究生				1		1			

3-2 续表 26

单位：人

民族 受教育程度	十五、居民服务和其他服务业			十六、教育			十七、卫生、社会保障和社会福利业		
	小计	男	女	小计	男	女	小计	男	女
土家族	**6008**	**3071**	**2937**	**10152**	**5387**	**4765**	**4246**	**1811**	**2435**
未上过学	93	18	75	14	4	10	7	2	5
小学	1132	473	659	155	55	100	101	46	55
初中	3288	1722	1566	622	255	367	494	280	214
高中	1234	707	527	1706	869	837	1162	460	702
大学专科	217	124	93	4336	2392	1944	1735	651	1084
大学本科	42	26	16	3041	1655	1386	693	340	353
研究生	2	1	1	278	157	121	54	32	22
哈尼族	**1102**	**626**	**476**	**1159**	**649**	**510**	**411**	**136**	**275**
未上过学	60	20	40	5	1	4	5		5
小学	377	213	164	23	7	16	25	11	14
初中	509	296	213	78	43	35	45	18	27
高中	132	87	45	224	138	86	149	41	108
大学专科	21	8	13	447	250	197	145	47	98
大学本科	3	2	1	369	204	165	42	19	23
研究生				13	6	7			
哈萨克族	**476**	**234**	**242**	**2703**	**1195**	**1508**	**896**	**275**	**621**
未上过学	1		1						
小学	70	47	23	30	17	13	8	5	3
初中	215	102	113	131	70	61	85	27	58
高中	136	57	79	355	173	182	281	71	210
大学专科	47	24	23	1537	676	861	400	119	281
大学本科	7	4	3	633	250	383	116	50	66
研究生				17	9	8	6	3	3
傣族	**686**	**327**	**359**	**1140**	**490**	**650**	**453**	**140**	**313**
未上过学	25	7	18						
小学	190	79	111	21	11	10	20	11	9
初中	338	175	163	75	32	43	37	10	27
高中	109	58	51	204	98	106	157	46	111
大学专科	19	5	14	523	197	326	185	60	125
大学本科	5	3	2	307	149	158	53	12	41
研究生				10	3	7	1	1	
黎族	**678**	**289**	**389**	**1329**	**721**	**608**	**489**	**160**	**329**
未上过学	7	1	6						
小学	87	38	49	16	5	11	13	7	6
初中	430	171	259	147	75	72	77	31	46
高中	131	68	63	312	172	140	214	54	160
大学专科	15	6	9	617	345	272	135	43	92
大学本科	8	5	3	227	119	108	46	23	23
研究生				10	5	5	4	2	2

3-2 续表 27

单位：人

民族 受教育程度	十八、文化、体育和娱乐业			十九、公共管理和社会组织			二十、国际组织		
	小计	男	女	小计	男	女	小计	男	女
土家族	**1283**	**649**	**634**	**10659**	**7495**	**3164**	**2**	**2**	
未上过学	7	1	6	9	1	8			
小学	84	35	49	207	124	83			
初中	469	225	244	936	641	295			
高中	331	181	150	2331	1684	647	1	1	
大学专科	219	123	96	4286	3005	1281			
大学本科	143	70	73	2743	1932	811	1	1	
研究生	30	14	16	147	108	39			
哈尼族	**172**	**81**	**91**	**1325**	**933**	**392**			
未上过学	2		2	3		3			
小学	20	10	10	47	31	16			
初中	71	24	47	144	112	32			
高中	32	19	13	236	178	58			
大学专科	28	15	13	482	337	145			
大学本科	17	13	4	403	267	136			
研究生	2		2	10	8	2			
哈萨克族	**279**	**145**	**134**	**2786**	**1696**	**1090**	**3**	**2**	**1**
未上过学				2	2				
小学	4	1	3	48	36	12			
初中	29	17	12	212	157	55			
高中	58	31	27	536	358	178	1		1
大学专科	96	52	44	1334	791	543			
大学本科	90	43	47	646	345	301	2	2	
研究生	2	1	1	8	7	1			
傣族	**281**	**131**	**150**	**1451**	**959**	**492**			
未上过学	1	1		5	4	1			
小学	42	12	30	53	41	12			
初中	116	52	64	165	124	41			
高中	61	26	35	250	166	84			
大学专科	41	28	13	551	355	196			
大学本科	19	11	8	413	258	155			
研究生	1	1		14	11	3			
黎族	**232**	**111**	**121**	**1436**	**1006**	**430**			
未上过学	1		1	2		2			
小学	14	5	9	29	16	13			
初中	129	57	72	230	159	71			
高中	48	24	24	495	321	174			
大学专科	28	20	8	435	321	114			
大学本科	11	5	6	233	181	52			
研究生	1		1	12	8	4			

3-2 续表 28

单位：人

民族 受教育程度	合计			一、农、林、牧、渔业			二、采矿业		
	合计	男	女	小计	男	女	小计	男	女
傈僳族	**45768**	**23572**	**22196**	**41066**	**20804**	**20262**	**202**	**168**	**34**
未上过学	8934	3274	5660	8788	3218	5570	9	6	3
小学	25267	13247	12020	24019	12528	11491	79	73	6
初中	9233	5634	3599	7606	4628	2978	73	62	11
高中	1242	779	463	557	363	194	29	19	10
大学专科	745	440	305	84	56	28	9	8	1
大学本科	337	193	144	12	11	1	3		3
研究生	10	5	5						
佤族	**27923**	**14534**	**13389**	**21815**	**11093**	**10722**	**125**	**103**	**22**
未上过学	3527	1315	2212	3397	1259	2138	2	2	
小学	16860	8696	8164	14325	7344	6981	70	59	11
初中	5851	3497	2354	3697	2231	1466	37	31	6
高中	975	603	372	345	228	117	14	9	5
大学专科	534	310	224	47	29	18	2	2	
大学本科	168	106	62	3	2	1			
研究生	8	7	1	1		1			
畲族	**36129**	**22118**	**14011**	**18063**	**10664**	**7399**	**347**	**303**	**44**
未上过学	1681	585	1096	1354	474	880	18	12	6
小学	13656	7579	6077	9687	5281	4406	109	88	21
初中	15048	10146	4902	6220	4270	1950	177	165	12
高中	3471	2398	1073	748	602	146	32	28	4
大学专科	1295	790	505	44	31	13	7	6	1
大学本科	920	581	339	8	4	4	4	4	
研究生	58	39	19	2	2				
高山族	**218**	**117**	**101**	**95**	**48**	**47**	**2**	**2**	
未上过学	8		8	7		7			
小学	29	13	16	24	9	15			
初中	103	58	45	59	35	24			
高中	35	26	9	5	4	1			
大学专科	24	10	14						
大学本科	16	8	8				1	1	
研究生	3	2	1				1	1	
拉祜族	**33055**	**17278**	**15777**	**29040**	**15281**	**13759**	**105**	**88**	**17**
未上过学	5040	2223	2817	4925	2176	2749	3	3	
小学	21257	11309	9948	19949	10660	9289	51	44	7
初中	5086	2874	2212	3845	2242	1603	32	25	7
高中	844	470	374	271	174	97	16	14	2
大学专科	552	275	277	49	28	21	2	2	
大学本科	261	122	139	1	1				
研究生	15	5	10				1		1

3-2 续表 29

单位：人

民族 受教育程度	三、制造业			四、电力、燃气及水的生产和供应业			五、建筑业		
	小计	男	女	小计	男	女	小计	男	女
傈僳族	**844**	**515**	**329**	**104**	**68**	**36**	**490**	**397**	**93**
未上过学	22	4	18				35	27	8
小学	280	154	126	10	6	4	208	168	40
初中	399	264	135	30	25	5	206	174	32
高中	102	68	34	31	19	12	28	19	9
大学专科	34	21	13	31	17	14	10	8	2
大学本科	7	4	3	2	1	1	3	1	2
研究生									
佤族	**2348**	**1354**	**994**	**67**	**55**	**12**	**722**	**607**	**115**
未上过学	57	22	35	2	2		17	11	6
小学	1150	638	512	17	15	2	401	325	76
初中	975	583	392	22	19	3	272	246	26
高中	136	89	47	19	16	3	26	21	5
大学专科	24	17	7	5	2	3	4	3	1
大学本科	6	5	1	2	1	1	2	1	1
研究生									
畲族	**6605**	**3946**	**2659**	**209**	**169**	**40**	**2383**	**2108**	**275**
未上过学	127	31	96	2	2		55	40	15
小学	1613	792	821	26	23	3	811	679	132
初中	3706	2323	1383	77	69	8	1300	1199	101
高中	849	592	257	61	44	17	157	138	19
大学专科	213	138	75	33	24	9	45	38	7
大学本科	88	63	25	9	6	3	14	13	1
研究生	9	7	2	1	1		1	1	
高山族	**33**	**23**	**10**	**1**	**1**		**6**	**5**	**1**
未上过学	1		1						
小学	3	2	1				2	2	
初中	17	11	6				2	2	
高中	7	7					1	1	
大学专科	4	3	1	1	1		1		1
大学本科									
研究生	1		1						
拉祜族	**810**	**439**	**371**	**59**	**43**	**16**	**411**	**334**	**77**
未上过学	26	13	13				25	16	9
小学	337	175	162	10	5	5	223	183	40
初中	331	188	143	19	17	2	132	113	19
高中	93	49	44	19	14	5	23	18	5
大学专科	20	13	7	8	5	3	6	2	4
大学本科	3	1	2	3	2	1	2	2	
研究生									

3-2 续表 30　　　　单位：人

民族 受教育程度	六、交通运输、仓储和邮政业			七、信息传输、计算机服务和软件业			八、批发和零售业		
	小计	男	女	小计	男	女	小计	男	女
傈僳族	**316**	**275**	**41**	**64**	**42**	**22**	**471**	**169**	**302**
未上过学	15	10	5				27	4	23
小学	127	116	11	11	9	2	131	45	86
初中	123	109	14	17	11	6	187	69	118
高中	30	24	6	16	12	4	88	33	55
大学专科	20	15	5	13	5	8	30	14	16
大学本科	1	1		6	4	2	8	4	4
研究生				1	1				
佤族	**228**	**187**	**41**	**28**	**17**	**11**	**536**	**174**	**362**
未上过学	7	5	2				16	4	12
小学	89	74	15	3	2	1	219	63	156
初中	97	81	16	8	5	3	205	66	139
高中	25	20	5	7	5	2	69	26	43
大学专科	9	6	3	8	4	4	21	12	9
大学本科	1	1		2	1	1	5	2	3
研究生							1	1	
畲族	**1056**	**957**	**99**	**145**	**101**	**44**	**2850**	**1421**	**1429**
未上过学	8	6	2				49	14	35
小学	255	240	15	6	5	1	549	242	307
初中	593	547	46	34	24	10	1484	749	735
高中	139	123	16	38	23	15	566	296	270
大学专科	38	22	16	29	20	9	132	73	59
大学本科	22	18	4	35	26	9	68	45	23
研究生	1	1		3	3		2	2	
高山族	**3**		**3**				**26**	**15**	**11**
未上过学									
小学									
初中	1		1				7	2	5
高中	1		1				16	11	5
大学专科	1		1				1		1
大学本科							2	2	
研究生									
拉祜族	**214**	**173**	**41**	**49**	**24**	**25**	**602**	**176**	**426**
未上过学	6	5	1	1		1	23	1	22
小学	74	62	12	4	1	3	217	62	155
初中	75	63	12	11	7	4	243	72	171
高中	39	31	8	10	4	6	88	33	55
大学专科	18	10	8	15	9	6	23	7	16
大学本科	2	2		8	3	5	8	1	7
研究生									

3-2 续表 31 单位：人

民族 受教育程度	九、住宿和餐饮业			十、金融业			十一、房地产业		
	小计	男	女	小计	男	女	小计	男	女
傈僳族	**592**	**191**	**401**	**55**	**35**	**20**	**29**	**24**	**5**
未上过学	24	2	22	1		1			
小学	235	64	171	4	2	2	7	6	1
初中	269	94	175	10	8	2	14	12	2
高中	51	27	24	11	6	5	4	4	
大学专科	12	4	8	19	13	6	3	2	1
大学本科	1		1	10	6	4	1		1
研究生									
佤族	**640**	**160**	**480**	**29**	**17**	**12**	**25**	**20**	**5**
未上过学	13	2	11						
小学	343	72	271	2	2		5	4	1
初中	228	69	159	6	2	4	9	8	1
高中	47	15	32	8	2	6	8	7	1
大学专科	8	2	6	11	9	2	3	1	2
大学本科	1		1	2	2				
研究生									
畲族	**956**	**430**	**526**	**160**	**77**	**83**	**144**	**87**	**57**
未上过学	15	1	14				3		3
小学	196	63	133	6	1	5	21	13	8
初中	545	257	288	26	15	11	50	35	15
高中	164	90	74	33	16	17	34	22	12
大学专科	23	13	10	40	15	25	22	10	12
大学本科	13	6	7	47	25	22	13	7	6
研究生				8	5	3	1		1
高山族	**6**	**3**	**3**						
未上过学									
小学									
初中	6	3	3						
高中									
大学专科									
大学本科									
研究生									
拉祜族	**544**	**136**	**408**	**42**	**20**	**22**	**19**	**10**	**9**
未上过学	15	3	12				1		1
小学	258	57	201	1	1		2	2	
初中	214	59	155	2	1	1	7	6	1
高中	52	16	36	11	6	5	4	1	3
大学专科	4	1	3	15	5	10	5	1	4
大学本科	1		1	13	7	6			
研究生									

3-2 续表 32 单位：人

民族 受教育程度	十二、租赁和商务服务业			十三、科学研究、技术服务和地质勘查业			十四、水利、环境和公共设施管理业		
	小计	男	女	小计	男	女	小计	男	女
傈僳族	**74**	**51**	**23**	**41**	**31**	**10**	**47**	**24**	**23**
未上过学									
小学	14	11	3	3	2	1	14	7	7
初中	30	25	5	12	8	4	14	7	7
高中	16	10	6	6	6		11	4	7
大学专科	9	3	6	10	8	2	7	5	2
大学本科	4	1	3	10	7	3	1	1	
研究生	1	1							
佤族	**51**	**38**	**13**	**9**	**6**	**3**	**50**	**27**	**23**
未上过学	1	1					2	1	1
小学	23	17	6	1		1	12	4	8
初中	8	7	1	2	2		18	8	10
高中	11	8	3	3	2	1	7	4	3
大学专科	7	4	3	3	2	1	7	7	
大学本科							4	3	1
研究生	1	1							
畲族	**157**	**99**	**58**	**42**	**32**	**10**	**84**	**46**	**38**
未上过学	2		2				4	1	3
小学	16	8	8	1	1		26	11	15
初中	42	28	14	8	6	2	26	17	9
高中	44	32	12	7	7		13	9	4
大学专科	31	17	14	15	10	5	10	5	5
大学本科	20	12	8	9	7	2	5	3	2
研究生	2	2		2	1	1			
高山族	**3**		**3**	**1**	**1**				
未上过学									
小学									
初中				1	1				
高中									
大学专科									
大学本科	3		3						
研究生									
拉祜族	**32**	**23**	**9**	**11**	**6**	**5**	**35**	**19**	**16**
未上过学							1		1
小学	9	8	1	2		2	8	7	1
初中	12	10	2	1		1	8	3	5
高中	5	3	2	3	2	1	13	6	7
大学专科	4	1	3	4	3	1	3	3	
大学本科	2	1	1	1	1		1		1
研究生							1		1

3-2 续表 33

单位：人

民族 受教育程度	十五、居民服务和其他服务业			十六、教育			十七、卫生、社会保障和社会福利业		
	小计	男	女	小计	男	女	小计	男	女
傈僳族	**204**	**102**	**102**	**407**	**216**	**191**	**166**	**58**	**108**
未上过学	9	1	8				1	1	
小学	78	42	36	14	2	12	5	1	4
初中	92	45	47	41	19	22	18	8	10
高中	23	12	11	70	43	27	60	26	34
大学专科	1	1		182	101	81	66	16	50
大学本科	1	1		97	50	47	16	6	10
研究生				3	1	2			
佤族	**228**	**96**	**132**	**295**	**154**	**141**	**113**	**42**	**71**
未上过学	8	4	4						
小学	101	34	67	6	1	5	1	1	
初中	97	47	50	21	10	11	14	8	6
高中	21	10	11	57	36	21	56	22	34
大学专科	1	1		172	87	85	38	9	29
大学本科				39	20	19	4	2	2
研究生									
畲族	**890**	**437**	**453**	**792**	**416**	**376**	**275**	**132**	**143**
未上过学	38	2	36	2	1	1			
小学	242	75	167	16	10	6	5	4	1
初中	461	255	206	56	23	33	35	22	13
高中	130	92	38	166	91	75	84	36	48
大学专科	13	9	4	295	162	133	85	34	51
大学本科	6	4	2	243	124	119	63	33	30
研究生				14	5	9	3	3	
高山族	**9**	**5**	**4**	**8**	**1**	**7**	**6**	**1**	**5**
未上过学									
小学									
初中	6	3	3	2		2	1		1
高中	2	2		1		1			
大学专科	1		1	3		3	5	1	4
大学本科				2	1	1			
研究生									
拉祜族	**196**	**72**	**124**	**326**	**137**	**189**	**122**	**29**	**93**
未上过学	14	6	8						
小学	85	32	53	9	2	7	3	1	2
初中	81	26	55	18	12	6	8	3	5
高中	15	8	7	45	22	23	45	10	35
大学专科	1		1	162	69	93	51	10	41
大学本科				86	30	56	15	5	10
研究生				6	2	4			

3-2 续表 34 单位：人

民族 受教育程度	十八、文化、体育和娱乐业			十九、公共管理和社会组织			二十、国际组织		
	小计	男	女	小计	男	女	小计	男	女
傈僳族	**53**	**22**	**31**	**543**	**380**	**163**			
未上过学				3	1	2			
小学	14	4	10	14	7	7			
初中	22	8	14	70	58	12			
高中	7	5	2	102	79	23			
大学专科	6	4	2	199	139	60			
大学本科	4	1	3	150	94	56			
研究生				5	2	3			
佤族	**200**	**89**	**111**	**414**	**295**	**119**			
未上过学	4	1	3	1	1				
小学	75	30	45	17	11	6			
初中	86	39	47	49	35	14			
高中	25	10	15	91	73	18			
大学专科	9	8	1	155	105	50			
大学本科	1	1		96	65	31			
研究生				5	5				
畲族	**187**	**98**	**89**	**784**	**595**	**189**			
未上过学				4	1	3			
小学	31	16	15	40	27	13			
初中	86	39	47	122	103	19			
高中	30	19	11	176	138	38			
大学专科	16	10	6	204	153	51			
大学本科	23	14	9	230	167	63			
研究生	1		1	8	6	2			
高山族	**7**	**1**	**6**	**12**	**11**	**1**			
未上过学									
小学									
初中				1	1				
高中	1		1	1	1				
大学专科	3	1	2	4	4				
大学本科	3		3	5	4	1			
研究生				1	1				
拉祜族	**59**	**26**	**33**	**379**	**242**	**137**			
未上过学									
小学	8	2	6	7	5	2			
初中	20	5	15	27	22	5			
高中	13	10	3	79	49	30			
大学专科	13	7	6	149	99	50			
大学本科	5	2	3	110	64	46			
研究生				7	3	4			

3-2 续表 35

单位：人

民族 受教育程度	合计			一、农、林、牧、渔业			二、采矿业		
	合计	男	女	小计	男	女	小计	男	女
水族	**22627**	**11880**	**10747**	**17040**	**8551**	**8489**	**135**	**120**	**15**
未上过学	2955	597	2358	2818	573	2245	2	2	
小学	9916	4938	4978	8568	4206	4362	47	39	8
初中	7755	5036	2719	5210	3445	1765	69	64	5
高中	1069	716	353	403	296	107	9	8	1
大学专科	624	401	223	35	26	9	7	6	1
大学本科	298	186	112	6	5	1	1	1	
研究生	10	6	4						
东乡族	**40761**	**20983**	**19778**	**35883**	**17350**	**18533**	**74**	**67**	**7**
未上过学	7792	2795	4997	7231	2436	4795	13	11	2
小学	26277	13466	12811	24012	11694	12318	42	41	1
初中	5156	3661	1495	4165	2871	1294	10	7	3
高中	895	654	241	429	312	117	6	5	1
大学专科	438	274	164	40	31	9	1	1	
大学本科	198	131	67	6	6		2	2	
研究生	5	2	3						
纳西族	**19443**	**9978**	**9465**	**13119**	**6644**	**6475**	**68**	**54**	**14**
未上过学	1125	330	795	1097	321	776	1		1
小学	6326	2923	3403	5824	2705	3119	9	7	2
初中	7466	4233	3233	5233	2997	2236	34	30	4
高中	2136	1246	890	829	544	285	16	10	6
大学专科	1419	748	671	115	67	48	7	6	1
大学本科	918	471	447	19	10	9	1	1	
研究生	53	27	26	2		2			
景颇族	**8811**	**4228**	**4583**	**7252**	**3445**	**3807**	**9**	**6**	**3**
未上过学	719	205	514	694	198	496	1	1	
小学	4687	2220	2467	4369	2069	2300	4	3	1
初中	2487	1312	1175	1949	1042	907	2	1	1
高中	528	283	245	221	122	99	2	1	1
大学专科	273	149	124	16	12	4			
大学本科	116	59	57	3	2	1			
研究生	1		1						
柯尔克孜族	**8546**	**4635**	**3911**	**6942**	**3746**	**3196**	**13**	**10**	**3**
未上过学	176	69	107	151	60	91			
小学	3644	1867	1777	3435	1750	1685	2	1	1
初中	3289	1881	1408	2899	1650	1249	6	6	
高中	649	398	251	343	215	128	2	1	1
大学专科	620	335	285	100	61	39	1	1	
大学本科	166	84	82	14	10	4	2	1	1
研究生	2	1	1						

3-2 续表 36 单位：人

民族 受教育程度	三、制造业			四、电力、燃气及水的生产和供应业			五、建筑业		
	小计	男	女	小计	男	女	小计	男	女
水族	**2757**	**1625**	**1132**	**40**	**28**	**12**	**389**	**306**	**83**
未上过学	83	15	68				8	1	7
小学	865	448	417	3	2	1	156	117	39
初中	1539	964	575	11	9	2	177	146	31
高中	207	153	54	13	9	4	34	31	3
大学专科	39	25	14	8	4	4	10	8	2
大学本科	24	20	4	4	3	1	4	3	1
研究生				1	1				
东乡族	**438**	**307**	**131**	**42**	**33**	**9**	**746**	**679**	**67**
未上过学	70	43	27	1	1		107	89	18
小学	225	164	61	5	3	2	511	468	43
初中	104	73	31	9	7	2	111	106	5
高中	31	22	9	18	17	1	13	12	1
大学专科	4	3	1	5	2	3	4	4	
大学本科	4	2	2	4	3	1			
研究生									
纳西族	**394**	**210**	**184**	**143**	**94**	**49**	**248**	**197**	**51**
未上过学	7	3	4				5	4	1
小学	61	23	38	10	7	3	40	29	11
初中	179	102	77	35	27	8	134	113	21
高中	78	44	34	41	27	14	42	36	6
大学专科	44	21	23	42	26	16	19	10	9
大学本科	25	17	8	15	7	8	8	5	3
研究生									
景颇族	**326**	**195**	**131**	**38**	**20**	**18**	**72**	**57**	**15**
未上过学	7	2	5				1	1	
小学	98	54	44				36	31	5
初中	163	105	58	8	4	4	26	20	6
高中	47	29	18	19	12	7	8	4	4
大学专科	9	4	5	11	4	7	1	1	
大学本科	2	1	1						
研究生									
柯尔克孜族	**145**	**65**	**80**	**12**	**9**	**3**	**113**	**87**	**26**
未上过学									
小学	19	7	12				37	25	12
初中	84	39	45	2	2		54	46	8
高中	16	6	10	5	4	1	15	9	6
大学专科	23	12	11	4	3	1	3	3	
大学本科	3	1	2	1		1	4	4	
研究生									

3-2 续表 37

单位：人

民族 受教育程度	六、交通运输、仓储和邮政业			七、信息传输、计算机服务和软件业			八、批发和零售业		
	小计	男	女	小计	男	女	小计	男	女
水族	**238**	**203**	**35**	**40**	**25**	**15**	**647**	**276**	**371**
未上过学	2	2		1		1	22	1	21
小学	47	37	10	1		1	120	48	72
初中	135	120	15	12	8	4	317	139	178
高中	41	33	8	7	5	2	126	56	70
大学专科	9	8	1	18	11	7	44	25	19
大学本科	4	3	1	1	1		18	7	11
研究生									
东乡族	**382**	**326**	**56**	**30**	**19**	**11**	**909**	**625**	**284**
未上过学	40	24	16	1	1		166	114	52
小学	206	177	29	11	10	1	461	316	145
初中	97	91	6	4	3	1	195	142	53
高中	33	32	1	8	2	6	67	44	23
大学专科	6	2	4	5	2	3	16	8	8
大学本科				1	1		4	1	3
研究生									
纳西族	**597**	**483**	**114**	**108**	**61**	**47**	**804**	**318**	**486**
未上过学							4		4
小学	66	49	17	3	3		101	33	68
初中	352	296	56	24	15	9	391	149	242
高中	111	93	18	21	13	8	204	86	118
大学专科	54	35	19	37	15	22	71	36	35
大学本科	13	9	4	22	14	8	32	14	18
研究生	1	1		1	1		1		1
景颇族	**52**	**40**	**12**	**24**	**12**	**12**	**222**	**65**	**157**
未上过学							10		10
小学	9	6	3	2	1	1	69	18	51
初中	25	21	4	5	3	2	85	23	62
高中	18	13	5	4	3	1	44	19	25
大学专科				10	4	6	11	4	7
大学本科				3	1	2	3	1	2
研究生									
柯尔克孜族	**160**	**110**	**50**	**11**	**5**	**6**	**153**	**75**	**78**
未上过学	11	4	7				11	4	7
小学	60	37	23	1		1	35	21	14
初中	50	35	15	1	1		52	21	31
高中	29	26	3	5	3	2	27	17	10
大学专科	8	7	1	2		2	25	11	14
大学本科	2	1	1	2	1	1	3	1	2
研究生									

3-2 续表 38 单位：人

民族 受教育程度	九、住宿和餐饮业			十、金融业			十一、房地产业		
	小计	男	女	小计	男	女	小计	男	女
水族	**169**	**56**	**113**	**51**	**25**	**26**	**29**	**19**	**10**
未上过学	10		10	1		1			
小学	33	8	25	3	2	1	2	1	1
初中	90	30	60	7	4	3	11	7	4
高中	31	14	17	9	6	3	9	6	3
大学专科	3	3		21	10	11	6	4	2
大学本科	2	1	1	10	3	7			
研究生							1	1	
东乡族	**1124**	**800**	**324**	**52**	**39**	**13**	**10**	**8**	**2**
未上过学	117	54	63	1		1	2	1	1
小学	640	463	177	3	3		5	4	1
初中	313	241	72	9	8	1	2	2	
高中	45	35	10	15	13	2	1	1	
大学专科	9	7	2	18	10	8			
大学本科				6	5	1			
研究生									
纳西族	**991**	**323**	**668**	**139**	**68**	**71**	**87**	**54**	**33**
未上过学	4	1	3						
小学	119	29	90	3		3	3	2	1
初中	562	183	379	11	7	4	24	19	5
高中	227	85	142	23	12	11	29	18	11
大学专科	73	23	50	57	26	31	24	11	13
大学本科	5	2	3	43	23	20	6	4	2
研究生	1		1	2		2	1		1
景颇族	**184**	**57**	**127**	**13**	**4**	**9**	**5**		**5**
未上过学	2		2						
小学	57	14	43						
初中	99	32	67	2	2		1		1
高中	24	10	14	7	2	5	1		1
大学专科	2	1	1	3		3	3		3
大学本科				1		1			
研究生									
柯尔克孜族	**77**	**35**	**42**	**14**	**9**	**5**	**2**	**1**	**1**
未上过学	1		1						
小学	17	8	9				1		1
初中	37	19	18	1	1				
高中	18	6	12	1		1			
大学专科	4	2	2	7	6	1			
大学本科				5	2	3	1	1	
研究生									

3-2 续表 39

单位：人

民族 受教育程度	十二、租赁和商务服务业			十三、科学研究、技术服务和地质勘查业			十四、水利、环境和公共设施管理业		
	小计	男	女	小计	男	女	小计	男	女
水族	**28**	**18**	**10**	**12**	**8**	**4**	**27**	**13**	**14**
未上过学	1	1					2		2
小学	1		1	3	3		10	4	6
初中	7	5	2	3	2	1	3	1	2
高中	5	5		1		1	7	5	2
大学专科	11	5	6	3	2	1	4	2	2
大学本科	3	2	1	2	1	1	1	1	
研究生									
东乡族	**17**	**14**	**3**	**10**	**8**	**2**	**14**	**10**	**4**
未上过学	5	4	1				2	2	
小学	4	4		1	1		6	4	2
初中	5	4	1	2	2		3	2	1
高中	1		1	3	2	1	2	1	1
大学专科	1	1					1	1	
大学本科	1	1		4	3	1			
研究生									
纳西族	**295**	**183**	**112**	**40**	**34**	**6**	**161**	**77**	**84**
未上过学									
小学	16	11	5	1	1		15	7	8
初中	108	83	25	2	2		61	26	35
高中	86	53	33	8	7	1	39	15	24
大学专科	57	23	34	14	13	1	31	21	10
大学本科	27	13	14	10	6	4	15	8	7
研究生	1		1	5	5				
景颇族	**41**	**35**	**6**	**5**	**3**	**2**	**13**	**6**	**7**
未上过学	1	1							
小学	13	11	2	1		1	3	1	2
初中	18	14	4	1	1		4	1	3
高中	5	5					2	1	1
大学专科	4	4		1	1		2	2	
大学本科				2	1	1	2	1	1
研究生									
柯尔克孜族	**6**	**5**	**1**	**5**	**3**	**2**	**9**	**8**	**1**
未上过学									
小学	1		1						
初中				2	1	1	2	2	
高中	1	1		2	1	1			
大学专科	3	3		1	1		3	2	1
大学本科	1	1					4	4	
研究生									

3-2 续表 40

单位：人

民　　族 受教育程度	十五、居民服务和其他服务业			十六、教育			十七、卫生、社会保障和社会福利业		
	小计	男	女	小计	男	女	小计	男	女
水族	**141**	**63**	**78**	**391**	**244**	**147**	**94**	**42**	**52**
未上过学	4	1	3						
小学	34	11	23	4	2	2	4	1	3
初中	84	43	41	23	15	8	10	6	4
高中	16	8	8	53	24	29	26	11	15
大学专科	2		2	210	140	70	36	17	19
大学本科	1		1	97	61	36	18	7	11
研究生				4	2	2			
东乡族	**120**	**73**	**47**	**218**	**127**	**91**	**69**	**35**	**34**
未上过学	14	1	13	3	3		1		1
小学	51	30	21	18	15	3	1	1	
初中	23	18	5	18	13	5	12	8	4
高中	13	9	4	53	31	22	21	10	11
大学专科	17	13	4	84	43	41	25	11	14
大学本科	2	2		39	21	18	9	5	4
研究生				3	1	2			
纳西族	**156**	**81**	**75**	**631**	**262**	**369**	**231**	**70**	**161**
未上过学	5	1	4				1		1
小学	22	6	16	10		10	4	2	2
初中	88	51	37	40	16	24	16	8	8
高中	28	14	14	94	42	52	61	23	38
大学专科	8	5	3	237	113	124	104	21	83
大学本科	5	4	1	229	82	147	41	14	27
研究生				21	9	12	4	2	2
景颇族	**54**	**22**	**32**	**114**	**37**	**77**	**57**	**13**	**44**
未上过学	2	1	1						
小学	10	5	5	5	2	3	2	1	1
初中	31	9	22	14	1	13	9	4	5
高中	9	5	4	27	11	16	26	5	21
大学专科	1	1		52	22	30	16	2	14
大学本科	1	1		15	1	14	4	1	3
研究生				1		1			
柯尔克孜族	**87**	**40**	**47**	**291**	**142**	**149**	**92**	**27**	**65**
未上过学									
小学	11	4	7	5	3	2	1	1	
初中	27	16	11	14	9	5	4	1	3
高中	29	12	17	54	34	20	24	7	17
大学专科	12	4	8	175	80	95	52	17	35
大学本科	8	4	4	42	15	27	11	1	10
研究生				1	1				

3-2 续表 41

单位：人

民族 受教育程度	十八、文化、体育和娱乐业			十九、公共管理和社会组织			二十、国际组织		
	小计	男	女	小计	男	女	小计	男	女
水族	**28**	**8**	**20**	**371**	**250**	**121**			
未上过学				1	1				
小学	2	1	1	13	8	5			
初中	10	2	8	37	26	11			
高中	5	1	4	67	45	22			
大学专科	5	2	3	153	103	50			
大学本科	6	2	4	96	65	31			
研究生				4	2	2			
东乡族	**21**	**15**	**6**	**602**	**448**	**154**			
未上过学				18	11	7			
小学	1	1		74	67	7			
初中	9	9		65	54	11			
高中	2	1	1	134	105	29			
大学专科	5	3	2	197	132	65			
大学本科	4	1	3	112	78	34			
研究生				2	1	1			
纳西族	**179**	**111**	**68**	**1052**	**654**	**398**			
未上过学				1		1			
小学	12	5	7	7	4	3			
初中	60	36	24	112	73	39			
高中	39	28	11	160	96	64			
大学专科	29	17	12	396	259	137			
大学本科	36	23	13	366	215	151			
研究生	3	2	1	10	7	3			
景颇族	**45**	**24**	**21**	**285**	**187**	**98**			
未上过学				1	1				
小学	3		3	6	4	2			
初中	19	11	8	26	18	8			
高中	10	6	4	54	35	19			
大学专科	9	5	4	122	82	40			
大学本科	4	2	2	76	47	29			
研究生									
柯尔克孜族	**35**	**15**	**20**	**379**	**243**	**136**			
未上过学				2	1	1			
小学	4	2	2	15	8	7			
初中	10	3	7	44	29	15			
高中	8	3	5	70	53	17			
大学专科	9	4	5	188	118	70			
大学本科	4	3	1	59	34	25			
研究生				1		1			

3-2 续表 42 单位：人

民族 受教育程度	合计			一、农、林、牧、渔业			二、采矿业		
	合计	男	女	小计	男	女	小计	男	女
土族	**15978**	**8521**	**7457**	**11032**	**5599**	**5433**	**120**	**103**	**17**
未上过学	1945	619	1326	1843	566	1277	2	1	1
小学	5853	2906	2947	5118	2449	2669	23	21	2
初中	5229	3244	1985	3489	2196	1293	45	40	5
高中	1386	860	526	507	338	169	24	21	3
大学专科	830	463	367	57	37	20	17	13	4
大学本科	702	407	295	18	13	5	9	7	2
研究生	33	22	11						
达斡尔族	**5796**	**3208**	**2588**	**3042**	**1759**	**1283**	**65**	**61**	**4**
未上过学	30	15	15	29	15	14			
小学	873	510	363	789	455	334	4	4	
初中	2725	1596	1129	1936	1115	821	20	20	
高中	867	480	387	237	137	100	22	20	2
大学专科	752	359	393	40	30	10	14	12	2
大学本科	504	231	273	10	6	4	5	5	
研究生	45	17	28	1	1				
仫佬族	**10431**	**5579**	**4852**	**5821**	**3049**	**2772**	**60**	**44**	**16**
未上过学	286	86	200	262	77	185			
小学	3412	1640	1772	2749	1293	1456	15	10	5
初中	4393	2566	1827	2448	1445	1003	31	25	6
高中	1190	705	485	315	208	107	8	5	3
大学专科	690	348	342	36	21	15	5	4	1
大学本科	421	214	207	9	5	4	1		1
研究生	39	20	19	2		2			
羌族	**18297**	**9794**	**8503**	**13345**	**6859**	**6486**	**84**	**78**	**6**
未上过学	1153	313	840	1108	296	812	1		1
小学	8543	4272	4271	7495	3635	3860	22	21	1
初中	6173	3840	2333	4220	2602	1618	48	45	3
高中	1200	716	484	425	269	156	8	7	1
大学专科	803	428	375	78	46	32	3	3	
大学本科	412	218	194	19	11	8	2	2	
研究生	13	7	6						
布朗族	**7402**	**3937**	**3465**	**6327**	**3367**	**2960**	**16**	**13**	**3**
未上过学	1028	377	651	1003	364	639	1	1	
小学	4489	2415	2074	4174	2247	1927	7	7	
初中	1378	859	519	1034	675	359	5	3	2
高中	252	157	95	101	69	32	2	1	1
大学专科	179	91	88	13	10	3	1	1	
大学本科	73	37	36	2	2				
研究生	3	1	2						

3-2　续表 43

单位：人

民　族 受教育程度	三、制造业			四、电力、燃气及水的生产和供应业			五、建筑业		
	小计	男	女	小计	男	女	小计	男	女
土族	**1395**	**811**	**584**	**91**	**65**	**26**	**535**	**436**	**99**
未上过学	17	11	6				27	16	11
小学	256	154	102	7	6	1	134	104	30
初中	764	422	342	17	13	4	249	212	37
高中	243	151	92	28	21	7	75	66	9
大学专科	67	37	30	29	16	13	29	24	5
大学本科	46	35	11	10	9	1	20	13	7
研究生	2	1	1				1	1	
达斡尔族	**234**	**137**	**97**	**81**	**55**	**26**	**136**	**120**	**16**
未上过学									
小学	8	3	5	3	2	1	14	14	
初中	95	59	36	16	13	3	82	74	8
高中	60	36	24	32	22	10	23	22	1
大学专科	42	24	18	19	13	6	11	7	4
大学本科	27	14	13	11	5	6	6	3	3
研究生	2	1	1						
仫佬族	**1558**	**892**	**666**	**62**	**40**	**22**	**349**	**295**	**54**
未上过学	10	4	6	1		1	3	1	2
小学	303	158	145	2	2		95	78	17
初中	928	526	402	7	3	4	174	150	24
高中	214	142	72	20	14	6	46	41	5
大学专科	67	40	27	22	14	8	25	20	5
大学本科	30	19	11	10	7	3	6	5	1
研究生	6	3	3						
羌族	**773**	**454**	**319**	**96**	**58**	**38**	**660**	**549**	**111**
未上过学	3	1	2				10	7	3
小学	198	100	98	12	10	2	258	203	55
初中	354	212	142	32	21	11	321	277	44
高中	143	94	49	30	13	17	44	39	5
大学专科	48	28	20	21	13	8	21	18	3
大学本科	27	19	8	1	1		6	5	1
研究生									
布朗族	**243**	**138**	**105**	**13**	**13**		**129**	**113**	**16**
未上过学	4	3	1				4	3	1
小学	84	45	39	4	4		59	50	9
初中	120	68	52	3	3		53	50	3
高中	23	15	8	4	4		12	10	2
大学专科	11	6	5	2	2				
大学本科	1	1					1		1
研究生									

3-2 续表 44

单位：人

民族 受教育程度	六、交通运输、仓储和邮政业			七、信息传输、计算机服务和软件业			八、批发和零售业		
	小计	男	女	小计	男	女	小计	男	女
土族	**235**	**176**	**59**	**59**	**25**	**34**	**550**	**228**	**322**
未上过学	6	4	2				23	10	13
小学	39	31	8	4	1	3	100	46	54
初中	102	85	17	12	8	4	213	78	135
高中	50	34	16	15	10	5	139	58	81
大学专科	25	14	11	16	3	13	54	25	29
大学本科	12	7	5	12	3	9	20	11	9
研究生	1	1					1		1
达斡尔族	**203**	**164**	**39**	**59**	**31**	**28**	**356**	**126**	**230**
未上过学							1		1
小学	8	8					10	5	5
初中	101	84	17	9	4	5	167	61	106
高中	71	57	14	9	2	7	120	41	79
大学专科	18	13	5	20	11	9	39	12	27
大学本科	5	2	3	20	14	6	19	7	12
研究生				1		1			
仫佬族	**346**	**254**	**92**	**59**	**26**	**33**	**809**	**308**	**501**
未上过学	2	2					6	2	4
小学	51	31	20	3	2	1	108	33	75
初中	177	143	34	7	3	4	387	150	237
高中	81	57	24	20	12	8	210	85	125
大学专科	27	15	12	13	2	11	74	30	44
大学本科	7	5	2	15	6	9	24	8	16
研究生	1	1		1	1				
羌族	**492**	**435**	**57**	**65**	**33**	**32**	**713**	**294**	**419**
未上过学	3	2	1				9	3	6
小学	123	112	11	3	2	1	148	68	80
初中	284	256	28	10	6	4	333	130	203
高中	54	42	12	14	4	10	121	46	75
大学专科	23	18	5	23	14	9	71	34	37
大学本科	5	5		13	6	7	31	13	18
研究生				2	1	1			
布朗族	**35**	**28**	**7**	**9**	**1**	**8**	**108**	**35**	**73**
未上过学							5	2	3
小学	12	11	1				45	14	31
初中	12	10	2	3		3	34	9	25
高中	7	5	2	3	1	2	12	5	7
大学专科	4	2	2	3		3	10	4	6
大学本科							2	1	1
研究生									

3-2 续表 45

单位：人

民族 受教育程度	九、住宿和餐饮业			十、金融业			十一、房地产业		
	小计	男	女	小计	男	女	小计	男	女
土族	**301**	**125**	**176**	**83**	**36**	**47**	**39**	**24**	**15**
未上过学	11	1	10				2		2
小学	66	29	37	1		1	2	2	
初中	136	59	77	5	2	3	16	11	5
高中	68	33	35	18	9	9	6	6	
大学专科	13	2	11	34	14	20	10	5	5
大学本科	7	1	6	22	8	14	3		3
研究生				3	3				
达斡尔族	**166**	**68**	**98**	**93**	**41**	**52**	**40**	**23**	**17**
未上过学									
小学	12	3	9	1	1		3	3	
初中	90	39	51	5	2	3	11	10	1
高中	46	18	28	19	13	6	6	3	3
大学专科	16	7	9	32	10	22	15	6	9
大学本科	2	1	1	30	14	16	4		4
研究生				6	1	5	1	1	
仫佬族	**171**	**78**	**93**	**70**	**32**	**38**	**33**	**21**	**12**
未上过学	1		1						
小学	34	11	23	1	1		4	2	2
初中	74	38	36	1		1	8	5	3
高中	48	21	27	9	4	5	5	5	
大学专科	13	7	6	27	13	14	9	5	4
大学本科	1	1		30	13	17	6	3	3
研究生				2	1	1	1	1	
羌族	**516**	**200**	**316**	**65**	**30**	**35**	**62**	**45**	**17**
未上过学	8	1	7				1	1	
小学	132	36	96				14	11	3
初中	248	100	148	7	3	4	27	21	6
高中	96	48	48	12	5	7	9	7	2
大学专科	24	11	13	31	16	15	4	2	2
大学本科	8	4	4	15	6	9	7	3	4
研究生									
布朗族	**120**	**37**	**83**	**16**	**10**	**6**	**11**	**8**	**3**
未上过学	4	1	3						
小学	51	18	33	1	1				
初中	55	14	41	3		3	6	5	1
高中	8	3	5	3	2	1	4	3	1
大学专科				4	4		1		1
大学本科	2	1	1	5	3	2			
研究生									

3-2 续表 46

单位：人

民族 受教育程度	十二、租赁和商务服务业			十三、科学研究、技术服务和地质勘查业			十四、水利、环境和公共设施管理业		
	小计	男	女	小计	男	女	小计	男	女
土族	**35**	**22**	**13**	**24**	**17**	**7**	**51**	**31**	**20**
未上过学	1	1					2	2	
小学	1	1					13	4	9
初中	9	8	1	2		2	13	10	3
高中	8	3	5	6	4	2	4	2	2
大学专科	8	4	4	3	1	2	12	6	6
大学本科	7	5	2	13	12	1	7	7	
研究生	1		1						
达斡尔族	**48**	**28**	**20**	**28**	**17**	**11**	**22**	**13**	**9**
未上过学									
小学	2	2					1	1	
初中	8	6	2	1	1		12	8	4
高中	6	4	2	2	2		3	2	1
大学专科	14	5	9	12	5	7	4		4
大学本科	17	11	6	9	7	2	2	2	
研究生	1		1	4	2	2			
仫佬族	**50**	**30**	**20**	**18**	**9**	**9**	**33**	**16**	**17**
未上过学									
小学	4	2	2	1		1	7	2	5
初中	12	8	4	2		2	11	6	5
高中	14	10	4	4	3	1	8	3	5
大学专科	11	5	6	2	2		6	5	1
大学本科	9	5	4	7	3	4	1		1
研究生				2	1	1			
羌族	**49**	**34**	**15**	**19**	**11**	**8**	**46**	**27**	**19**
未上过学	1		1						
小学	2	2					8	5	3
初中	23	20	3	3	3		20	12	8
高中	15	6	9	5	3	2	9	6	3
大学专科	5	4	1	8	3	5	5	1	4
大学本科	3	2	1	1	1		4	3	1
研究生				2	1	1			
布朗族	**7**	**3**	**4**	**2**		**2**	**23**	**13**	**10**
未上过学	1	1					3	1	2
小学	3	1	2				11	6	5
初中							5	3	2
高中	1		1	1		1	2	2	
大学专科	2	1	1	1		1			
大学本科							1	1	
研究生							1		1

3-2 续表 47 单位：人

民族 受教育程度	十五、居民服务和其他服务业			十六、教育			十七、卫生、社会保障和社会福利业		
	小计	男	女	小计	男	女	小计	男	女
土族	**141**	**75**	**66**	**463**	**247**	**216**	**195**	**82**	**113**
未上过学	4	3	1						
小学	33	15	18	8	3	5	7	5	2
初中	72	42	30	15	7	8	8	5	3
高中	28	13	15	54	29	25	35	15	20
大学专科	3	1	2	167	96	71	86	33	53
大学本科	1	1		207	106	101	57	23	34
研究生				12	6	6	2	1	1
达斡尔族	**152**	**73**	**79**	**358**	**122**	**236**	**166**	**49**	**117**
未上过学									
小学	9	2	7	3	2	1	1		1
初中	87	47	40	17	9	8	11	5	6
高中	40	18	22	53	20	33	34	13	21
大学专科	14	6	8	138	48	90	69	15	54
大学本科	2		2	133	39	94	47	14	33
研究生				14	4	10	4	2	2
仫佬族	**134**	**74**	**60**	**312**	**127**	**185**	**128**	**46**	**82**
未上过学	1		1						
小学	25	12	13	6	2	4	2		2
初中	62	37	25	15	7	8	16	4	12
高中	37	21	16	61	28	33	19	6	13
大学专科	7	4	3	114	43	71	57	18	39
大学本科	2		2	104	43	61	32	17	15
研究生				12	4	8	2	1	1
羌族	**275**	**134**	**141**	**363**	**181**	**182**	**165**	**56**	**109**
未上过学	8	1	7						
小学	95	47	48	12	5	7	5	4	1
初中	119	62	57	32	14	18	22	10	12
高中	39	21	18	50	31	19	33	13	20
大学专科	11	1	10	163	76	87	74	21	53
大学本科	3	2	1	101	53	48	31	8	23
研究生				5	2	3			
布朗族	**62**	**14**	**48**	**96**	**50**	**46**	**43**	**15**	**28**
未上过学	1		1	1		1			
小学	27	4	23	1	1		3	3	
初中	27	6	21	1		1	4	3	1
高中	6	3	3	20	13	7	18	6	12
大学专科	1	1		57	28	29	14	3	11
大学本科				16	8	8	4		4
研究生									

3-2 续表 48 单位：人

民族 受教育程度	十八、文化、体育和娱乐业			十九、公共管理和社会组织			二十、国际组织		
	小计	男	女	小计	男	女	小计	男	女
土族	**36**	**18**	**18**	**593**	**401**	**192**			
未上过学	2	1	1	5	3	2			
小学	1		1	40	35	5			
初中	13	7	6	49	39	10			
高中	6	3	3	72	44	28			
大学专科	6	4	2	194	128	66			
大学本科	8	3	5	223	143	80			
研究生				10	9	1			
达斡尔族	**81**	**44**	**37**	**466**	**277**	**189**			
未上过学									
小学	1	1		4	4				
初中	16	12	4	41	27	14			
高中	17	6	11	67	44	23			
大学专科	26	13	13	209	122	87			
大学本科	19	11	8	136	76	60			
研究生	2	1	1	9	4	5			
仫佬族	**44**	**19**	**25**	**374**	**219**	**155**			
未上过学									
小学				2	1	1			
初中	9	3	6	24	13	11			
高中	10	5	5	61	35	26			
大学专科	11	4	7	164	96	68			
大学本科	13	7	6	114	67	47			
研究生	1		1	9	7	2			
羌族	**55**	**25**	**30**	**449**	**289**	**160**	**5**	**2**	**3**
未上过学				1	1				
小学	4	2	2	12	9	3			
初中	23	9	14	46	37	9	1		1
高中	13	6	7	79	55	24	1	1	
大学专科	8	5	3	180	113	67	2	1	1
大学本科	6	3	3	128	71	57	1		1
研究生	1		1	3	3				
布朗族	**11**	**3**	**8**	**131**	**76**	**55**			
未上过学				1	1				
小学	2		2	5	3	2			
初中	2		2	11	10	1			
高中	3	1	2	22	14	8			
大学专科	1	1		54	28	26			
大学本科	3	1	2	36	19	17			
研究生				2	1	1			

3-2　续表 49　　　　　　　　　　　　　　　　　　　　　　　　　　单位：人

民族 受教育程度	合计			一、农、林、牧、渔业			二、采矿业		
	合计	男	女	小计	男	女	小计	男	女
撒拉族	**5589**	**3108**	**2481**	**3650**	**1792**	**1858**	**30**	**23**	**7**
未上过学	1173	345	828	971	262	709			
小学	2686	1491	1195	1966	1003	963	15	11	4
初中	1106	847	259	594	444	150	8	7	1
高中	249	181	68	91	64	27	4	2	2
大学专科	236	146	90	22	16	6	2	2	
大学本科	134	94	40	6	3	3	1	1	
研究生	5	4	1						
毛南族	**5758**	**3128**	**2630**	**3662**	**1914**	**1748**	**63**	**52**	**11**
未上过学	191	52	139	179	48	131			
小学	1999	929	1070	1714	766	948	16	14	2
初中	2528	1547	981	1572	966	606	30	25	5
高中	531	331	200	184	124	60	12	8	4
大学专科	315	167	148	9	7	2	4	4	
大学本科	181	97	84	2	2		1	1	
研究生	13	5	8	2	1	1			
仡佬族	**26501**	**14408**	**12093**	**16389**	**8173**	**8216**	**157**	**137**	**20**
未上过学	2849	630	2219	2687	593	2094	5	3	2
小学	9897	4906	4991	8013	3897	4116	52	42	10
初中	9513	6131	3382	5227	3345	1882	72	67	5
高中	1719	1122	597	389	288	101	12	11	1
大学专科	1595	996	599	61	40	21	11	9	2
大学本科	880	589	291	12	10	2	5	5	
研究生	48	34	14						
锡伯族	**9934**	**5784**	**4150**	**5339**	**3155**	**2184**	**94**	**69**	**25**
未上过学	30	17	13	25	14	11	1		1
小学	1375	850	525	1212	734	478	4	4	
初中	5279	3165	2114	3562	2087	1475	33	28	5
高中	1479	872	607	459	274	185	23	19	4
大学专科	925	463	462	62	35	27	23	12	11
大学本科	771	384	387	18	11	7	10	6	4
研究生	75	33	42	1		1			
阿昌族	**2138**	**1069**	**1069**	**1688**	**814**	**874**	**9**	**8**	**1**
未上过学	174	43	131	168	41	127			
小学	1046	494	552	945	431	514	5	4	1
初中	697	409	288	517	307	210	4	4	
高中	127	69	58	51	29	22			
大学专科	66	41	25	6	6				
大学本科	26	11	15	1		1			
研究生	2	2							

3-2 续表 50

单位：人

民　　族 受教育程度	三、制造业			四、电力、燃气及水的生产和供应业			五、建筑业		
	小计	男	女	小计	男	女	小计	男	女
撒拉族	**120**	**79**	**41**	**30**	**27**	**3**	**111**	**98**	**13**
未上过学	16	8	8	1	1		10	6	4
小学	47	29	18	5	4	1	49	43	6
初中	35	28	7	9	8	1	29	28	1
高中	11	9	2	7	7		10	9	1
大学专科	8	3	5	6	5	1	9	8	1
大学本科	3	2	1	2	2		4	4	
研究生									
毛南族	**768**	**443**	**325**	**11**	**5**	**6**	**228**	**192**	**36**
未上过学	5	1	4				3	1	2
小学	134	71	63				53	43	10
初中	465	272	193	1	1		138	122	16
高中	112	66	46	2	1	1	23	18	5
大学专科	30	18	12	6	2	4	9	6	3
大学本科	21	14	7	2	1	1	2	2	
研究生	1	1							
仡佬族	**3251**	**1863**	**1388**	**167**	**120**	**47**	**1393**	**1181**	**212**
未上过学	51	7	44				21	6	15
小学	799	370	429	10	9	1	440	343	97
初中	1885	1139	746	50	37	13	779	699	80
高中	368	247	121	39	28	11	103	91	12
大学专科	98	63	35	52	34	18	29	25	4
大学本科	47	35	12	15	11	4	21	17	4
研究生	3	2	1	1	1				
锡伯族	**917**	**594**	**323**	**106**	**71**	**35**	**239**	**211**	**28**
未上过学	1	1							
小学	40	24	16	2	2		33	30	3
初中	450	288	162	25	18	7	131	125	6
高中	205	144	61	26	21	5	34	27	7
大学专科	127	82	45	26	14	12	23	18	5
大学本科	85	47	38	27	16	11	15	10	5
研究生	9	8	1				3	1	2
阿昌族	**150**	**96**	**54**	**5**	**5**		**40**	**30**	**10**
未上过学	4	1	3						
小学	50	40	10	1	1		12	8	4
初中	76	47	29	1	1		20	17	3
高中	15	7	8	2	2		8	5	3
大学专科	5	1	4	1	1				
大学本科									
研究生									

3-2 续表 51

单位：人

民族 受教育程度	六、交通运输、仓储和邮政业			七、信息传输、计算机服务和软件业			八、批发和零售业		
	小计	男	女	小计	男	女	小计	男	女
撒拉族	**190**	**184**	**6**	**14**	**9**	**5**	**247**	**156**	**91**
未上过学	10	10					28	9	19
小学	88	86	2	3	2	1	109	70	39
初中	64	63	1	1	1		73	52	21
高中	20	19	1	3	2	1	19	14	5
大学专科	5	4	1	4	2	2	13	8	5
大学本科	3	2	1	3	2	1	5	3	2
研究生									
毛南族	**113**	**81**	**32**	**16**	**6**	**10**	**269**	**106**	**163**
未上过学							1		1
小学	15	9	6				36	12	24
初中	63	47	16	2		2	150	61	89
高中	25	22	3	9	4	5	53	26	27
大学专科	8	2	6	5	2	3	23	5	18
大学本科	2	1	1				6	2	4
研究生									
仡佬族	**563**	**449**	**114**	**73**	**50**	**23**	**1204**	**531**	**673**
未上过学	22	8	14				32	10	22
小学	120	86	34	5	5		228	72	156
初中	290	259	31	16	11	5	573	248	325
高中	77	64	13	17	9	8	223	111	112
大学专科	36	20	16	17	10	7	108	68	40
大学本科	18	12	6	18	15	3	38	20	18
研究生							2	2	
锡伯族	**379**	**310**	**69**	**104**	**61**	**43**	**913**	**388**	**525**
未上过学	2	2					1		1
小学	16	16		2	1	1	28	12	16
初中	207	185	22	18	14	4	438	181	257
高中	100	74	26	18	13	5	258	113	145
大学专科	35	21	14	24	13	11	124	49	75
大学本科	19	12	7	39	20	19	61	31	30
研究生				3		3	3	2	1
阿昌族	**15**	**14**	**1**	**3**	**3**		**56**	**15**	**41**
未上过学							1	1	
小学	2	2					16	2	14
初中	9	9		1	1		25	6	19
高中	2	2		2	2		10	5	5
大学专科	2	1	1				4	1	3
大学本科									
研究生									

3-2 续表 52

单位：人

民族 受教育程度	九、住宿和餐饮业			十、金融业			十一、房地产业		
	小计	男	女	小计	男	女	小计	男	女
撒拉族	**794**	**490**	**304**	**24**	**15**	**9**	**11**	**7**	**4**
未上过学	125	42	83						
小学	368	221	147				4	2	2
初中	252	192	60	6	4	2	3	3	
高中	32	20	12	3	2	1	1	1	
大学专科	14	13	1	7	5	2	3	1	2
大学本科	3	2	1	8	4	4			
研究生									
毛南族	**78**	**26**	**52**	**30**	**16**	**14**	**11**	**6**	**5**
未上过学	1		1						
小学	9	3	6				2	1	1
初中	45	15	30	6	3	3	3	2	1
高中	20	7	13	3	2	1	1	1	
大学专科	3	1	2	9	4	5	4	2	2
大学本科				12	7	5	1		1
研究生									
仡佬族	**393**	**150**	**243**	**123**	**75**	**48**	**74**	**48**	**26**
未上过学	13		13	1		1	1		1
小学	82	20	62	2		2	12	6	6
初中	231	100	131	8	4	4	17	11	6
高中	51	24	27	23	17	6	13	11	2
大学专科	15	6	9	46	29	17	15	9	6
大学本科	1		1	38	21	17	14	10	4
研究生				5	4	1	2	1	1
锡伯族	**235**	**104**	**131**	**120**	**58**	**62**	**69**	**38**	**31**
未上过学									
小学	16	9	7						
初中	134	60	74	18	9	9	21	12	9
高中	54	19	35	28	12	16	17	15	2
大学专科	22	12	10	34	16	18	17	6	11
大学本科	8	4	4	37	19	18	14	5	9
研究生	1		1	3	2	1			
阿昌族	**32**	**5**	**27**	**8**	**4**	**4**	**1**		**1**
未上过学	1		1						
小学	7	2	5						
初中	18	2	16	2	1	1			
高中	5		5	2		2	1		1
大学专科	1	1		4	3	1			
大学本科									
研究生									

3-2 续表 53

单位：人

民族 受教育程度	十二、租赁和商务服务业			十三、科学研究、技术服务和地质勘查业			十四、水利、环境和公共设施管理业		
	小计	男	女	小计	男	女	小计	男	女
撒拉族	**8**	**4**	**4**	**5**	**1**	**4**	**5**	**4**	**1**
未上过学							2	2	
小学				2		2			
初中	4	2	2				2	1	1
高中	2	1	1						
大学专科	2	1	1	2	1	1	1	1	
大学本科				1		1			
研究生									
毛南族	**18**	**11**	**7**	**11**	**8**	**3**	**15**	**6**	**9**
未上过学									
小学				1		1	2		2
初中	2	2		1	1		3	2	1
高中	6	2	4	3	2	1	3		3
大学专科	6	3	3	4	3	1	5	4	1
大学本科	4	4		2	2		2		2
研究生									
仡佬族	**51**	**33**	**18**	**44**	**30**	**14**	**59**	**23**	**36**
未上过学									
小学	2	1	1				13	4	9
初中	13	7	6	1	1		16	4	12
高中	11	8	3	7	4	3	14	4	10
大学专科	17	10	7	13	7	6	6	3	3
大学本科	6	5	1	20	16	4	10	8	2
研究生	2	2		3	2	1			
锡伯族	**67**	**41**	**26**	**57**	**38**	**19**	**52**	**32**	**20**
未上过学									
小学							4	3	1
初中	24	19	5	5	4	1	16	10	6
高中	10	6	4	8	4	4	15	10	5
大学专科	13	8	5	16	11	5	8	3	5
大学本科	17	7	10	22	16	6	7	4	3
研究生	3	1	2	6	3	3	2	2	
阿昌族	**11**	**9**	**2**	**3**	**2**	**1**	**2**	**1**	**1**
未上过学									
小学	2	2							
初中	5	5		1	1				
高中	3	2	1				2	1	1
大学专科	1		1	1	1				
大学本科				1		1			
研究生									

3-2 续表 54 单位：人

民族 受教育程度	十五、居民服务和其他服务业			十六、教育			十七、卫生、社会保障和社会福利业		
	小计	男	女	小计	男	女	小计	男	女
撒拉族	**38**	**23**	**15**	**84**	**46**	**38**	**40**	**18**	**22**
未上过学	8	4	4						
小学	19	12	7	3	2	1	1		1
初中	8	5	3	5	3	2	2		2
高中	2	1	1	13	8	5	5	4	1
大学专科				45	21	24	23	9	14
大学本科	1	1		15	9	6	9	5	4
研究生				3	3				
毛南族	**58**	**34**	**24**	**172**	**79**	**93**	**59**	**28**	**31**
未上过学									
小学	10	4	6	1		1	1	1	
初中	29	16	13	4	2	2	4	3	1
高中	14	11	3	27	18	9	12	6	6
大学专科	5	3	2	88	38	50	32	14	18
大学本科				47	20	27	8	4	4
研究生				5	1	4	2		2
仫佬族	**313**	**162**	**151**	**936**	**551**	**385**	**315**	**133**	**182**
未上过学	13	1	12	2	2				
小学	71	32	39	16	4	12	7	3	4
初中	162	92	70	45	20	25	42	22	20
高中	50	29	21	118	68	50	75	29	46
大学专科	11	4	7	470	289	181	136	47	89
大学本科	6	4	2	273	161	112	55	32	23
研究生				12	7	5			
锡伯族	**198**	**109**	**89**	**379**	**125**	**254**	**166**	**56**	**110**
未上过学									
小学	11	9	2	2	1	1	3	3	
初中	109	63	46	23	9	14	15	8	7
高中	54	28	26	43	14	29	35	12	23
大学专科	15	5	10	127	43	84	53	10	43
大学本科	9	4	5	159	50	109	52	20	32
研究生				25	8	17	8	3	5
阿昌族	**19**	**6**	**13**	**34**	**18**	**16**	**11**	**3**	**8**
未上过学									
小学	6	2	4						
初中	12	3	9	2	2		1		1
高中				8	4	4	6	2	4
大学专科	1	1		13	7	6	4	1	3
大学本科				10	4	6			
研究生				1	1				

3-2　续表 55　　　　　　　　　　　　　　　　　　单位：人

民　族 受教育程度	十八、文化、体育和娱乐业			十九、公共管理和社会组织			二十、国际组织		
	小计	男	女	小计	男	女	小计	男	女
撒拉族	**12**	**9**	**3**	**176**	**123**	**53**			
未上过学				2	1	1			
小学	1	1		6	5	1			
初中				11	6	5			
高中	4	3	1	22	15	7			
大学专科	3	2	1	67	44	23			
大学本科	4	3	1	66	51	15			
研究生				2	1	1			
毛南族	**12**	**7**	**5**	**164**	**108**	**56**			
未上过学				2	2				
小学	1	1		4	4				
初中	6	3	3	4	4				
高中				22	13	9			
大学专科	1	1		64	48	16			
大学本科	4	2	2	65	35	30			
研究生				3	2	1			
仡佬族	**68**	**33**	**35**	**928**	**666**	**262**			
未上过学				1		1			
小学	5	1	4	20	11	9			
初中	24	15	9	62	50	12			
高中	15	5	10	114	74	40			
大学专科	16	9	7	438	314	124			
大学本科	6	3	3	277	204	73			
研究生	2		2	16	13	3			
锡伯族	**69**	**39**	**30**	**430**	**285**	**145**	**1**		**1**
未上过学									
小学				2	2				
初中	5	4	1	45	41	4			
高中	22	14	8	70	53	17			
大学专科	17	10	7	158	95	63	1		1
大学本科	25	11	14	147	91	56			
研究生				8	3	5			
阿昌族	**3**	**2**	**1**	**48**	**34**	**14**			
未上过学									
小学									
初中	1	1		2	2				
高中				10	8	2			
大学专科	1		1	22	17	5			
大学本科	1	1		13	6	7			
研究生				1	1				

3-2 续表 56

单位：人

民族 受教育程度	合计			一、农、林、牧、渔业			二、采矿业		
	合计	男	女	小计	男	女	小计	男	女
普米族	**2433**	**1269**	**1164**	**1892**	**957**	**935**	**41**	**31**	**10**
未上过学	408	99	309	397	95	302			
小学	911	454	457	830	410	420	2	2	
初中	791	517	274	571	389	182	15	11	4
高中	176	116	60	80	53	27	12	8	4
大学专科	82	48	34	10	9	1	9	8	1
大学本科	62	34	28	3	1	2	3	2	1
研究生	3	1	2	1		1			
塔吉克族	**2119**	**1344**	**775**	**1881**	**1178**	**703**	**8**	**8**	
未上过学	47	27	20	47	27	20			
小学	901	535	366	881	521	360			
初中	799	509	290	756	479	277	5	5	
高中	179	139	40	130	101	29	1	1	
大学专科	163	108	55	58	41	17	2	2	
大学本科	29	26	3	9	9				
研究生	1		1						
怒族	**2215**	**1138**	**1077**	**1773**	**897**	**876**	**11**	**5**	**6**
未上过学	336	137	199	325	132	193	1	1	
小学	989	509	480	917	472	445	2	1	1
初中	613	334	279	476	259	217	2		2
高中	138	81	57	44	28	16	5	3	2
大学专科	97	50	47	11	6	5	1		1
大学本科	41	26	15						
研究生	1	1							
乌孜别克族	**375**	**245**	**130**	**124**	**90**	**34**	**4**	**3**	**1**
未上过学	4	4		2	2				
小学	80	59	21	57	41	16	2	2	
初中	115	87	28	51	38	13			
高中	70	41	29	8	4	4	1	1	
大学专科	67	36	31	5	4	1			
大学本科	37	17	20	1	1		1		1
研究生	2	1	1						
俄罗斯族	**617**	**310**	**307**	**113**	**65**	**48**	**14**	**8**	**6**
未上过学	1		1	1		1			
小学	35	25	10	25	17	8			
初中	170	104	66	62	37	25	3	2	1
高中	146	70	76	21	8	13	4	3	1
大学专科	132	60	72	4	3	1	6	2	4
大学本科	118	46	72				1	1	
研究生	15	5	10						

3-2 续表 57

单位：人

民族 受教育程度	三、制造业			四、电力、燃气及水的生产和供应业			五、建筑业		
	小计	男	女	小计	男	女	小计	男	女
普米族	**63**	**35**	**28**	**4**	**4**		**40**	**38**	**2**
未上过学	1		1				1	1	
小学	20	11	9	1	1		5	5	
初中	30	20	10				26	24	2
高中	3	2	1	2	2		8	8	
大学专科	7	1	6	1	1				
大学本科	2	1	1						
研究生									
塔吉克族	**33**	**26**	**7**	**2**		**2**	**3**	**2**	**1**
未上过学									
小学	4	3	1				1	1	
初中	7	6	1	2		2	2	1	1
高中	11	10	1						
大学专科	11	7	4						
大学本科									
研究生									
怒族	**65**	**32**	**33**	**19**	**12**	**7**	**42**	**38**	**4**
未上过学	2	1	1				1	1	
小学	19	11	8	1	1		18	15	3
初中	31	16	15	6	2	4	19	18	1
高中	11	3	8	7	5	2	4	4	
大学专科	2	1	1	4	3	1			
大学本科				1	1				
研究生									
乌孜别克族	**35**	**18**	**17**	**7**	**5**	**2**	**3**	**3**	
未上过学	1	1							
小学	4	2	2						
初中	18	10	8	2	1	1	1	1	
高中	9	2	7	3	3		2	2	
大学专科	2	2		1		1			
大学本科				1	1				
研究生	1	1							
俄罗斯族	**48**	**22**	**26**	**14**	**9**	**5**	**9**	**7**	**2**
未上过学									
小学	1	1		1	1		1	1	
初中	10	4	6	1	1		3	2	1
高中	18	10	8	9	4	5	3	2	1
大学专科	9	4	5	2	2				
大学本科	10	3	7	1	1		2	2	
研究生									

3-2 续表 58

单位：人

民族 受教育程度	六、交通运输、仓储和邮政业			七、信息传输、计算机服务和软件业			八、批发和零售业		
	小计	男	女	小计	男	女	小计	男	女
普米族	**44**	**41**	**3**	**4**	**4**		**71**	**26**	**45**
未上过学	1	1					3		3
小学	12	12					12	3	9
初中	22	20	2	3	3		43	16	27
高中	9	8	1	1	1		9	5	4
大学专科							3	1	2
大学本科							1	1	
研究生									
塔吉克族	**19**	**14**	**5**				**8**	**6**	**2**
未上过学									
小学	2	1	1				2	1	1
初中	9	6	3				2	2	
高中	6	5	1				1	1	
大学专科	2	2					2	1	1
大学本科							1	1	
研究生									
怒族	**22**	**17**	**5**	**10**	**5**	**5**	**64**	**20**	**44**
未上过学							3	1	2
小学	4	3	1				17	3	14
初中	11	9	2	1		1	25	10	15
高中	5	4	1	3	2	1	15	4	11
大学专科	1	1		3	1	2	3	1	2
大学本科	1		1	2	1	1	1	1	
研究生				1	1				
乌孜别克族	**15**	**12**	**3**	**4**	**2**	**2**	**55**	**43**	**12**
未上过学							1	1	
小学	2	2					10	8	2
初中	8	8					18	18	
高中	3	2	1	2	1	1	15	11	4
大学专科	2		2	1		1	5	2	3
大学本科				1	1		6	3	3
研究生									
俄罗斯族	**55**	**40**	**15**	**6**	**5**	**1**	**81**	**30**	**51**
未上过学									
小学	2	2					1		1
初中	33	29	4				18	7	11
高中	12	6	6	2	2		30	9	21
大学专科	6	2	4	1	1		17	6	11
大学本科	2	1	1	1		1	15	8	7
研究生				2	2				

3-2 续表 59 单位: 人

民族 受教育程度	九、住宿和餐饮业			十、金融业			十一、房地产业		
	小计	男	女	小计	男	女	小计	男	女
普米族	**89**	**22**	**67**	**9**	**7**	**2**	**1**	**1**	
未上过学	4	1	3						
小学	20	3	17	1	1				
初中	46	13	33	2	1	1			
高中	18	4	14	1	1		1	1	
大学专科				4	3	1			
大学本科	1	1		1	1				
研究生									
塔吉克族	**5**	**2**	**3**	**1**	**1**				
未上过学									
小学	2	1	1						
初中	3	1	2						
高中									
大学专科				1	1				
大学本科									
研究生									
怒族	**29**	**8**	**21**	**6**	**4**	**2**	**2**	**2**	
未上过学	2		2						
小学	5	1	4						
初中	14	2	12	3	2	1	1	1	
高中	7	4	3	1	1		1	1	
大学专科	1	1		1		1			
大学本科				1	1				
研究生									
乌孜别克族	**9**	**6**	**3**	**3**	**2**	**1**	**1**	**1**	
未上过学									
小学	1		1						
初中	4	2	2				1	1	
高中	2	2							
大学专科	1	1		3	2	1			
大学本科	1	1							
研究生									
俄罗斯族	**26**	**15**	**11**	**11**	**5**	**6**	**11**	**7**	**4**
未上过学									
小学	1	1							
初中	16	7	9				1	1	
高中	5	5		2	1	1	5	3	2
大学专科	4	2	2	6	3	3	5	3	2
大学本科				3	1	2			
研究生									

3-2 续表 60

单位：人

民族 受教育程度	十二、租赁和商务服务业			十三、科学研究、技术服务和地质勘查业			十四、水利、环境和公共设施管理业		
	小计	男	女	小计	男	女	小计	男	女
普米族	**16**	**11**	**5**	**1**	**1**		**7**	**6**	**1**
未上过学									
小学							2	2	
初中	6	5	1				2	1	1
高中	4	3	1				2	2	
大学专科	4	2	2						
大学本科	2	1	1	1	1		1	1	
研究生									
塔吉克族	**6**	**6**		**1**	**1**		**21**	**15**	**6**
未上过学									
小学							2	1	1
初中	1	1					4	3	1
高中	2	2					4	2	2
大学专科	2	2		1	1		10	8	2
大学本科	1	1					1	1	
研究生									
怒族	**5**	**4**	**1**	**4**	**2**	**2**	**4**	**2**	**2**
未上过学				1		1			
小学									
初中	2	2							
高中	1	1		1		1	2	1	1
大学专科	2	1	1	2	2		2	1	1
大学本科									
研究生									
乌孜别克族	**3**	**1**	**2**	**1**	**1**		**3**	**3**	
未上过学									
小学							1	1	
初中	2	1	1						
高中									
大学专科	1		1				2	2	
大学本科				1	1				
研究生									
俄罗斯族	**12**	**3**	**9**	**13**	**8**	**5**	**5**	**1**	**4**
未上过学									
小学	1		1						
初中	2		2				1		1
高中				3	2	1	2		2
大学专科	2		2	4	2	2	1	1	
大学本科	5	2	3	5	4	1	1		1
研究生	2	1	1	1		1			

3-2 续表 61

单位：人

民族 受教育程度	十五、居民服务和其他服务业			十六、教育			十七、卫生、社会保障和社会福利业		
	小计	男	女	小计	男	女	小计	男	女
普米族	**18**	**13**	**5**	**41**	**16**	**25**	**18**	**5**	**13**
未上过学									
小学	5	4	1						
初中	11	7	4	2		2	2		2
高中	2	2		7	4	3	7	4	3
大学专科				13	7	6	8	1	7
大学本科				18	5	13	1		1
研究生				1		1			
塔吉克族	**7**	**3**	**4**	**50**	**30**	**20**	**22**	**12**	**10**
未上过学									
小学	3	2	1	1	1		1	1	
初中	1		1	1	1		2	1	1
高中				13	7	6	1	1	
大学专科	3	1	2	25	14	11	17	8	9
大学本科				9	7	2	1	1	
研究生				1		1			
怒族	**12**	**5**	**7**	**41**	**18**	**23**	**15**	**6**	**9**
未上过学	1	1							
小学	3		3	2	1	1			
初中	2		2	2		2	2	1	1
高中	4	2	2	6	2	4	4	2	2
大学专科	2	2		22	10	12	7	2	5
大学本科				9	5	4	2	1	1
研究生									
乌孜别克族	**10**	**9**	**1**	**31**	**13**	**18**	**15**	**7**	**8**
未上过学									
小学	2	2							
初中	6	5	1				1	1	
高中	2	2		4	2	2	5	3	2
大学专科				16	8	8	4	2	2
大学本科				10	3	7	5	1	4
研究生				1		1			
俄罗斯族	**19**	**11**	**8**	**51**	**12**	**39**	**31**	**8**	**23**
未上过学									
小学									
初中	10	6	4	1	1		1		1
高中	7	4	3	4	1	3	4		4
大学专科	2	1	1	14	2	12	8	2	6
大学本科				29	8	21	14	5	9
研究生				3		3	4	1	3

3-2 续表 62

单位：人

民族 受教育程度	十八、文化、体育和娱乐业			十九、公共管理和社会组织			二十、国际组织		
	小计	男	女	小计	男	女	小计	男	女
普米族	**9**	**5**	**4**	**65**	**46**	**19**			
未上过学				1	1				
小学	1		1						
初中	5	3	2	5	4	1			
高中	1	1		9	7	2			
大学专科				23	15	8			
大学本科	2	1	1	26	18	8			
研究生				1	1				
塔吉克族	**5**	**3**	**2**	**47**	**37**	**10**			
未上过学									
小学				2	2				
初中				4	3	1			
高中	1	1		9	8	1			
大学专科	4	2	2	25	18	7			
大学本科				7	6	1			
研究生									
怒族	**2**	**2**		**89**	**59**	**30**			
未上过学									
小学				1	1				
初中	1	1		15	11	4			
高中				17	14	3			
大学专科	1	1		32	17	15			
大学本科				24	16	8			
研究生									
乌孜别克族	**3**	**2**	**1**	**49**	**24**	**25**			
未上过学									
小学				1	1				
初中	1		1	2	1	1			
高中	1	1		13	5	8			
大学专科	1	1		23	12	11			
大学本科				10	5	5			
研究生									
俄罗斯族	**15**	**6**	**9**	**83**	**48**	**35**			
未上过学									
小学	1	1		1	1				
初中	1	1		7	6	1			
高中	2	2		13	8	5			
大学专科	5	2	3	36	22	14			
大学本科	6		6	23	10	13			
研究生				3	1	2			

3-2 续表 63

单位：人

民族 受教育程度	合计			一、农、林、牧、渔业			二、采矿业		
	合计	男	女	小计	男	女	小计	男	女
鄂温克族	**1352**	**708**	**644**	**791**	**427**	**364**	**4**	**4**	
未上过学	12	6	6	12	6	6			
小学	261	140	121	253	135	118			
初中	594	331	263	427	237	190	1	1	
高中	208	117	91	67	34	33	3	3	
大学专科	157	78	79	24	12	12			
大学本科	112	33	79	6	2	4			
研究生	8	3	5	2	1	1			
德昂族	**1255**	**617**	**638**	**1127**	**550**	**577**	**3**	**2**	**1**
未上过学	231	82	149	227	81	146			
小学	735	371	364	698	353	345	3	2	1
初中	241	132	109	186	102	84			
高中	23	17	6	15	13	2			
大学专科	19	11	8	1	1				
大学本科	6	4	2						
研究生									
保安族	**1009**	**518**	**491**	**780**	**360**	**420**	**3**	**3**	
未上过学	102	29	73	96	25	71			
小学	583	277	306	513	228	285	1	1	
初中	183	121	62	139	83	56	2	2	
高中	81	56	25	31	23	8			
大学专科	43	25	18	1	1				
大学本科	16	9	7						
研究生	1	1							
裕固族	**800**	**443**	**357**	**527**	**288**	**239**	**13**	**10**	**3**
未上过学	15	4	11	15	4	11			
小学	309	151	158	297	146	151	2	2	
初中	257	155	102	181	113	68	7	5	2
高中	83	51	32	26	20	6	3	2	1
大学专科	90	56	34	8	5	3	1	1	
大学本科	42	22	20						
研究生	4	4							
京族	**1293**	**709**	**584**	**633**	**346**	**287**	**7**	**5**	**2**
未上过学	35	6	29	34	6	28			
小学	234	94	140	179	72	107	2	1	1
初中	665	399	266	366	222	144	3	3	
高中	187	125	62	52	44	8	1		1
大学专科	98	50	48	2	2				
大学本科	70	33	37				1	1	
研究生	4	2	2						

3-2 续表 64 单位：人

民族 受教育程度	三、制造业			四、电力、燃气及水的生产和供应业			五、建筑业		
	小计	男	女	小计	男	女	小计	男	女
鄂温克族	**49**	**23**	**26**	**7**	**7**		**24**	**18**	**6**
未上过学									
小学							2	1	1
初中	23	7	16	2	2		17	14	3
高中	13	10	3	3	3		2	2	
大学专科	7	2	5	2	2		2		2
大学本科	6	4	2				1	1	
研究生									
德昂族	**30**	**19**	**11**	**1**	**1**		**6**	**5**	**1**
未上过学	1		1						
小学	15	9	6				3	3	
初中	13	9	4	1	1		3	2	1
高中	1	1							
大学专科									
大学本科									
研究生									
保安族	**29**	**25**	**4**	**4**	**3**	**1**	**27**	**20**	**7**
未上过学	1	1					1	1	
小学	13	10	3				17	12	5
初中	9	9		2	2		6	5	1
高中	4	3	1	2	1	1	3	2	1
大学专科									
大学本科	1	1							
研究生	1	1							
裕固族	**28**	**15**	**13**	**10**	**5**	**5**	**14**	**9**	**5**
未上过学									
小学									
初中	10	6	4	2	1	1	8	5	3
高中	11	4	7	3	2	1	1		1
大学专科	5	4	1	3	1	2	4	3	1
大学本科	2	1	1	2	1	1	1	1	
研究生									
京族	**65**	**36**	**29**	**8**	**4**	**4**	**37**	**29**	**8**
未上过学							1		1
小学	11	5	6	1	1		2	1	1
初中	36	23	13	2	1	1	18	15	3
高中	10	5	5	2	1	1	10	9	1
大学专科	6	2	4	2	1	1	2	2	
大学本科	2	1	1	1		1	4	2	2
研究生									

3-2 续表 65 单位：人

民族 受教育程度	六、交通运输、仓储和邮政业			七、信息传输、计算机服务和软件业			八、批发和零售业		
	小计	男	女	小计	男	女	小计	男	女
鄂温克族	**41**	**32**	**9**	**6**	**3**	**3**	**76**	**35**	**41**
未上过学									
小学	1	1					1	1	
初中	20	15	5	1	1		27	11	16
高中	15	13	2	3	1	2	32	14	18
大学专科	2	1	1				11	7	4
大学本科	3	2	1	1		1	5	2	3
研究生				1	1				
德昂族	**6**	**5**	**1**	**2**	**1**	**1**	**16**	**3**	**13**
未上过学							1		1
小学	1	1		1	1		6		6
初中	5	4	1	1		1	8	3	5
高中							1		1
大学专科									
大学本科									
研究生									
保安族	**7**	**6**	**1**	**1**	**1**		**35**	**24**	**11**
未上过学							1		1
小学	2	2					17	12	5
初中	3	2	1				9	8	1
高中	1	1		1	1		7	3	4
大学专科	1	1					1	1	
大学本科									
研究生									
裕固族	**14**	**10**	**4**	**7**	**5**	**2**	**33**	**14**	**19**
未上过学									
小学							3	1	2
初中	10	6	4	1	1		13	5	8
高中	2	2		4	2	2	13	6	7
大学专科	1	1		2	2		4	2	2
大学本科	1	1							
研究生									
京族	**79**	**63**	**16**	**8**	**3**	**5**	**199**	**100**	**99**
未上过学									
小学	5	3	2	2	1	1	20	7	13
初中	49	41	8	1	1		118	61	57
高中	17	15	2	1		1	41	23	18
大学专科	6	4	2	2		2	12	4	8
大学本科	2		2	1	1		8	5	3
研究生				1		1			

3-2 续表 66 单位：人

民族 受教育程度	九、住宿和餐饮业			十、金融业			十一、房地产业		
	小计	男	女	小计	男	女	小计	男	女
鄂温克族	**31**	**11**	**20**	**11**	**3**	**8**	**9**	**2**	**7**
未上过学									
小学	1		1				1		1
初中	17	6	11	1		1	3	1	2
高中	10	4	6	4	2	2	2	1	1
大学专科	2	1	1	2		2	1		1
大学本科	1		1	4	1	3	2		2
研究生									
德昂族	**14**	**4**	**10**						
未上过学									
小学	4	1	3						
初中	7	1	6						
高中	3	2	1						
大学专科									
大学本科									
研究生									
保安族	**33**	**21**	**12**	**3**	**2**	**1**	**1**		**1**
未上过学	3	2	1						
小学	17	10	7						
初中	9	7	2	1	1				
高中	1	1		1	1				
大学专科	2	1	1	1		1	1		1
大学本科	1		1						
研究生									
裕固族	**19**	**9**	**10**	**7**	**6**	**1**	**6**	**3**	**3**
未上过学									
小学	3		3						
初中	10	5	5	2	1	1	2	1	1
高中	4	2	2	2	2		2		2
大学专科	2	2		3	3		1	1	
大学本科							1	1	
研究生									
京族	**43**	**11**	**32**	**7**	**4**	**3**	**5**	**3**	**2**
未上过学									
小学	3	1	2						
初中	28	5	23	1	1		1		1
高中	10	4	6	1	1		2	1	1
大学专科	2	1	1	3		3	2	2	
大学本科				2	2				
研究生									

3-2 续表 67

单位：人

民族 受教育程度	十二、租赁和商务服务业			十三、科学研究、技术服务和地质勘查业			十四、水利、环境和公共设施管理业		
	小计	男	女	小计	男	女	小计	男	女
鄂温克族	**10**	**7**	**3**	**7**	**1**	**6**	**4**	**2**	**2**
未上过学									
小学	1	1					1	1	
初中	5	5					2		2
高中									
大学专科	4	1	3	3	1	2	1	1	
大学本科				3		3			
研究生				1		1			
德昂族	**4**	**4**							
未上过学									
小学									
初中	4	4							
高中									
大学专科									
大学本科									
研究生									
保安族	**3**	**3**		**2**	**2**		**1**	**1**	
未上过学									
小学							1	1	
初中									
高中	1	1		1	1				
大学专科	2	2		1	1				
大学本科									
研究生									
裕固族	**4**	**4**		**4**	**3**	**1**	**2**	**1**	**1**
未上过学									
小学									
初中							1	1	
高中	1	1					1		1
大学专科	2	2		3	2	1			
大学本科	1	1		1	1				
研究生									
京族	**20**	**14**	**6**	**2**	**2**		**6**	**3**	**3**
未上过学									
小学									
初中	12	8	4				1	1	
高中	6	5	1				3	1	2
大学专科	2	1	1	1	1		2	1	1
大学本科				1	1				
研究生									

3-2 续表 68 单位：人

民族 受教育程度	十五、居民服务和其他服务业			十六、教育			十七、卫生、社会保障和社会福利业		
	小计	男	女	小计	男	女	小计	男	女
鄂温克族	**32**	**15**	**17**	**70**	**16**	**54**	**23**	**4**	**19**
未上过学									
小学									
初中	19	10	9	5	3	2	2		2
高中	7	4	3	11	2	9	5	1	4
大学专科	2	1	1	26	7	19	9	2	7
大学本科	4		4	24	3	21	7	1	6
研究生				4	1	3			
德昂族	**12**	**6**	**6**	**11**	**4**	**7**	**2**	**1**	**1**
未上过学	2	1	1						
小学	3	1	2	1		1			
初中	7	4	3	1		1			
高中				1		1	1		1
大学专科				7	4	3			
大学本科				1		1	1	1	
研究生									
保安族				**20**	**10**	**10**	**12**	**5**	**7**
未上过学									
小学							1		1
初中				1		1			
高中				8	4	4	5	3	2
大学专科				9	5	4	4	2	2
大学本科				2	1	1	2		2
研究生									
裕固族	**7**	**5**	**2**	**24**	**11**	**13**	**19**	**8**	**11**
未上过学									
小学	2	1	1	1		1			
初中	5	4	1	3	1	2	1		1
高中							3	2	1
大学专科				6	4	2	11	4	7
大学本科				11	3	8	4	2	2
研究生				3	3				
京族	**35**	**19**	**16**	**33**	**10**	**23**	**26**	**8**	**18**
未上过学									
小学	8	2	6						
初中	16	11	5	6	1	5	2	2	
高中	7	4	3	3	2	1	5	1	4
大学专科	3	2	1	14	5	9	11	3	8
大学本科	1		1	9	1	8	6	1	5
研究生				1	1		2	1	1

3-2 续表 69 单位：人

民族 受教育程度	十八、文化、体育和娱乐业			十九、公共管理和社会组织			二十、国际组织		
	小计	男	女	小计	男	女	小计	男	女
鄂温克族	**27**	**15**	**12**	**130**	**83**	**47**			
未上过学									
小学									
初中	7	4	3	15	14	1			
高中	9	7	2	22	16	6			
大学专科	6	2	4	53	38	15			
大学本科	5	2	3	40	15	25			
研究生									
德昂族	**6**	**1**	**5**	**15**	**11**	**4**			
未上过学									
小学									
初中	4	1	3	1	1				
高中				1	1				
大学专科	1		1	10	6	4			
大学本科	1		1	3	3				
研究生									
保安族	**3**	**2**	**1**	**45**	**30**	**15**			
未上过学									
小学				1	1				
初中	1	1		1	1				
高中				15	11	4			
大学专科	2	1	1	18	10	8			
大学本科				10	7	3			
研究生									
裕固族	**9**	**4**	**5**	**53**	**33**	**20**			
未上过学									
小学				1	1				
初中				1		1			
高中				7	6	1			
大学专科	6	3	3	28	16	12			
大学本科	3	1	2	15	9	6			
研究生				1	1				
京族	**4**	**2**	**2**	**76**	**47**	**29**			
未上过学									
小学				1		1			
初中				5	3	2			
高中				16	9	7			
大学专科	2	1	1	24	18	6			
大学本科	2	1	1	30	17	13			
研究生									

3-2 续表 70 单位：人

民族 受教育程度	合计			一、农、林、牧、渔业			二、采矿业		
	合计	男	女	小计	男	女	小计	男	女
塔塔尔族	**188**	**121**	**67**	**103**	**73**	**30**	**1**	**1**	
未上过学	1		1	1		1			
小学	36	23	13	33	22	11			
初中	75	57	18	56	44	12			
高中	28	13	15	9	4	5	1	1	
大学专科	36	22	14	4	3	1			
大学本科	12	6	6						
研究生									
独龙族	**453**	**225**	**228**	**400**	**200**	**200**			
未上过学	91	37	54	91	37	54			
小学	186	98	88	179	94	85			
初中	140	73	67	119	65	54			
高中	16	9	7	8	3	5			
大学专科	16	8	8	3	1	2			
大学本科	4		4						
研究生									
鄂伦春族	**340**	**178**	**162**	**103**	**62**	**41**			
未上过学	1		1	1		1			
小学	24	13	11	20	11	9			
初中	126	68	58	63	36	27			
高中	69	42	27	14	12	2			
大学专科	75	34	41	1	1				
大学本科	42	21	21	4	2	2			
研究生	3		3						
赫哲族	**244**	**137**	**107**	**79**	**47**	**32**	**1**	**1**	
未上过学	4		4	3		3			
小学	20	12	8	12	7	5			
初中	109	77	32	54	34	20	1	1	
高中	40	19	21	6	5	1			
大学专科	43	17	26	3	1	2			
大学本科	24	11	13	1		1			
研究生	4	1	3						
门巴族	**603**	**313**	**290**	**509**	**259**	**250**	**1**	**1**	
未上过学	310	145	165	300	142	158			
小学	173	99	74	147	82	65			
初中	70	39	31	48	26	22	1	1	
高中	23	14	9	10	6	4			
大学专科	19	12	7	4	3	1			
大学本科	7	3	4						
研究生	1	1							

3-2 续表 71 单位：人

民族 受教育程度	三、制造业			四、电力、燃气及水的生产和供应业			五、建筑业		
	小计	男	女	小计	男	女	小计	男	女
塔塔尔族	**8**	**4**	**4**	**1**		**1**	**4**	**3**	**1**
未上过学									
小学	2		2						
初中	3	2	1				3	2	1
高中	2	1	1	1		1	1	1	
大学专科	1	1							
大学本科									
研究生									
独龙族	**5**	**2**	**3**	**5**	**3**	**2**	**7**	**6**	**1**
未上过学									
小学	3	2	1						
初中	2		2	3	1	2	6	5	1
高中				2	2				
大学专科							1	1	
大学本科									
研究生									
鄂伦春族	**17**	**6**	**11**	**3**	**3**		**11**	**9**	**2**
未上过学									
小学	1		1						
初中	10	4	6	1	1		4	3	1
高中	4	2	2	1	1		1	1	
大学专科				1	1		3	2	1
大学本科	1		1				3	3	
研究生	1		1						
赫哲族	**33**	**20**	**13**	**4**	**2**	**2**	**12**	**9**	**3**
未上过学							1		1
小学	2	2					1		1
初中	22	14	8				6	6	
高中	6	3	3				1		1
大学专科				2	1	1	1	1	
大学本科	3	1	2	2	1	1	2	2	
研究生									
门巴族	**13**	**6**	**7**	**1**	**1**		**4**	**3**	**1**
未上过学							2	1	1
小学	2	1	1	1	1				
初中	6	2	4				2	2	
高中	2	2							
大学专科	2	1	1						
大学本科	1		1						
研究生									

3-2 续表 72

单位：人

民族 受教育程度	六、交通运输、仓储和邮政业			七、信息传输、计算机服务和软件业			八、批发和零售业		
	小计	男	女	小计	男	女	小计	男	女
塔塔尔族	**7**	**7**		**1**	**1**		**13**	**5**	**8**
未上过学									
小学	1	1							
初中	4	4		1	1		4	1	3
高中	1	1					2	1	1
大学专科	1	1					5	3	2
大学本科							2		2
研究生									
独龙族	**2**	**1**	**1**				**4**	**1**	**3**
未上过学									
小学	1	1					1	1	
初中							2		2
高中	1		1						
大学专科									
大学本科							1		1
研究生									
鄂伦春族	**16**	**13**	**3**	**2**		**2**	**33**	**13**	**20**
未上过学									
小学	1	1							
初中	7	7					14	2	12
高中	5	4	1				12	5	7
大学专科	2		2				5	4	1
大学本科	1	1		2		2	2	2	
研究生									
赫哲族	**14**	**13**	**1**	**4**	**1**	**3**	**21**	**9**	**12**
未上过学									
小学	1	1					2	1	1
初中	7	7		1	1		6	4	2
高中	3	3		1		1	7	3	4
大学专科	3	2	1				5	1	4
大学本科				2		2			
研究生							1		1
门巴族	**7**	**7**		**2**	**2**		**8**	**1**	**7**
未上过学							3		3
小学	4	4					3	1	2
初中	1	1		1	1		2		2
高中				1	1				
大学专科	1	1							
大学本科	1	1							
研究生									

3-2 续表 73 单位：人

民族 受教育程度	九、住宿和餐饮业			十、金融业			十一、房地产业		
	小计	男	女	小计	男	女	小计	男	女
塔塔尔族	**6**	**3**	**3**	**2**	**1**	**1**			
未上过学									
小学									
初中	1	1		1	1				
高中	3	1	2						
大学专科	2	1	1	1		1			
大学本科									
研究生									
独龙族	**3**		**3**						
未上过学									
小学	2		2						
初中	1		1						
高中									
大学专科									
大学本科									
研究生									
鄂伦春族	**16**	**5**	**11**	**5**	**2**	**3**	**2**	**1**	**1**
未上过学									
小学									
初中	9	1	8	1		1			
高中	7	4	3	2	1	1	2	1	1
大学专科				1	1				
大学本科				1		1			
研究生									
赫哲族	**5**	**3**	**2**	**4**	**1**	**3**	**1**	**1**	
未上过学									
小学									
初中	2	1	1				1	1	
高中	3	2	1	1		1			
大学专科				1		1			
大学本科				2	1	1			
研究生									
门巴族	**6**	**2**	**4**	**3**	**2**	**1**			
未上过学				1	1				
小学	5	1	4	1	1				
初中	1	1							
高中									
大学专科				1		1			
大学本科									
研究生									

3-2 续表 74　　　　　　　　　　　　　　　　　　　　　　　　　　　　单位：人

民　族 受教育程度	十二、租赁和商务服务业			十三、科学研究、技术服务和地质勘查业			十四、水利、环境和公共设施管理业		
	小计	男	女	小计	男	女	小计	男	女
塔塔尔族	**1**	**1**		**2**	**2**		**1**	**1**	
未上过学									
小学									
初中									
高中	1	1					1	1	
大学专科				1	1				
大学本科				1	1				
研究生									
独龙族				**4**	**2**	**2**			
未上过学									
小学									
初中									
高中				2	1	1			
大学专科				2	1	1			
大学本科									
研究生									
鄂伦春族	**5**	**3**	**2**	**1**	**1**		**2**	**2**	
未上过学									
小学									
初中	3	3							
高中									
大学专科									
大学本科	2		2	1	1		2	2	
研究生									
赫哲族	**7**	**4**	**3**	**3**	**2**	**1**	**2**	**2**	
未上过学									
小学				1	1				
初中	3	3					1	1	
高中	2		2						
大学专科	1	1		1		1	1	1	
大学本科				1	1				
研究生	1		1						
门巴族	**1**	**1**					**3**	**3**	
未上过学									
小学							3	3	
初中	1	1							
高中									
大学专科									
大学本科									
研究生									

3-2 续表 75

单位：人

民族 受教育程度	十五、居民服务和其他服务业			十六、教育			十七、卫生、社会保障和社会福利业		
	小计	男	女	小计	男	女	小计	男	女
塔塔尔族	**1**	**1**		**10**	**6**	**4**	**11**	**4**	**7**
未上过学									
小学									
初中									
高中							3		3
大学专科				6	4	2	6	3	3
大学本科	1	1		4	2	2	2	1	1
研究生									
独龙族	**1**		**1**	**4**	**1**	**3**	**4**		**4**
未上过学									
小学									
初中	1		1						
高中									
大学专科				2	1	1	4		4
大学本科				2		2			
研究生									
鄂伦春族	**11**	**9**	**2**	**27**	**3**	**24**	**9**	**2**	**7**
未上过学									
小学	1		1						
初中	4	4					1	1	
高中	5	4	1	2	1	1	5	1	4
大学专科				16	2	14	1		1
大学本科	1	1		8		8	2		2
研究生				1		1			
赫哲族	**4**	**1**	**3**	**14**	**3**	**11**	**8**	**2**	**6**
未上过学									
小学	1		1						
初中									
高中	1		1	3		3	3	1	2
大学专科	1	1		6	1	5	5	1	4
大学本科	1		1	3	1	2			
研究生				2	1	1			
门巴族	**5**	**1**	**4**	**13**	**7**	**6**	**3**	**1**	**2**
未上过学	3		3						
小学	1		1	1	1				
初中				1	1		2		2
高中	1	1		4	2	2			
大学专科				5	2	3	1	1	
大学本科				2	1	1			
研究生									

3-2 续表 76

单位：人

民族 受教育程度	十八、文化、体育和娱乐业			十九、公共管理和社会组织			二十、国际组织		
	小计	男	女	小计	男	女	小计	男	女
塔塔尔族	**6**	**1**	**5**	**10**	**7**	**3**			
未上过学									
小学									
初中	1		1	1	1				
高中	2	1	1	1		1			
大学专科	2		2	7	5	2			
大学本科	1		1	1	1				
研究生									
独龙族	**2**		**2**	**12**	**9**	**3**			
未上过学									
小学									
初中	2		2	4	2	2			
高中				3	3				
大学专科				4	4				
大学本科				1		1			
研究生									
鄂伦春族	**8**	**4**	**4**	**69**	**40**	**29**			
未上过学									
小学				1	1				
初中	3	1	2	6	5	1			
高中	1	1		8	4	4			
大学专科	4	2	2	41	21	20			
大学本科				12	9	3			
研究生				1		1			
赫哲族	**2**	**1**	**1**	**26**	**15**	**11**			
未上过学									
小学									
初中	1	1		4	3	1			
高中				3	2	1			
大学专科	1		1	12	6	6			
大学本科				7	4	3			
研究生									
门巴族	**2**	**1**	**1**	**22**	**15**	**7**			
未上过学				1	1				
小学				5	4	1			
初中				4	3	1			
高中				5	2	3			
大学专科	2	1	1	3	3				
大学本科				3	1	2			
研究生				1	1				

3-2　续表 77

单位：人

民　　族 受教育程度	合　　计			一、农、林、牧、渔业			二、采矿业		
	合计	男	女	小计	男	女	小计	男	女
珞巴族	**182**	**93**	**89**	**159**	**83**	**76**			
未上过学	65	30	35	63	30	33			
小学	85	51	34	79	46	33			
初中	18	7	11	12	4	8			
高中	4	2	2	4	2	2			
大学专科	8	2	6	1	1				
大学本科	2	1	1						
研究生									
基诺族	**1514**	**795**	**719**	**1248**	**665**	**583**	**1**	**1**	
未上过学	105	37	68	100	36	64			
小学	598	323	275	579	315	264			
初中	576	309	267	497	279	218			
高中	134	75	59	68	34	34	1	1	
大学专科	69	41	28	4	1	3			
大学本科	31	10	21						
研究生	1		1						
其他未识别的民族	**29951**	**16292**	**13659**	**22616**	**11546**	**11070**	**589**	**531**	**58**
未上过学	4396	1109	3287	4115	1016	3099	32	18	14
小学	12915	6772	6143	10888	5498	5390	233	216	17
初中	10288	6832	3456	7159	4696	2463	274	251	23
高中	1195	831	364	393	291	102	36	34	2
大学专科	809	510	299	54	40	14	11	10	1
大学本科	331	224	107	6	4	2	3	2	1
研究生	17	14	3	1	1				
外国人加入中国籍	**78**	**32**	**46**	**46**	**13**	**33**			
未上过学	7	1	6	7	1	6			
小学	19	7	12	16	6	10			
初中	36	17	19	22	6	16			
高中	8	5	3	1		1			
大学专科	4		4						
大学本科	4	2	2						
研究生									

3-2 续表 78

单位：人

民族 受教育程度	三、制造业			四、电力、燃气及水的生产和供应业			五、建筑业		
	小计	男	女	小计	男	女	小计	男	女
珞巴族	**1**		**1**	**1**		**1**	**1**	**1**	
未上过学									
小学	1		1				1	1	
初中				1		1			
高中									
大学专科									
大学本科									
研究生									
基诺族	**25**	**13**	**12**	**9**	**4**	**5**	**5**	**5**	
未上过学	1		1	1		1			
小学	3	1	2	1		1	1	1	
初中	9	2	7	4	2	2			
高中	11	9	2	1	1		4	4	
大学专科	1	1		1	1				
大学本科				1		1			
研究生									
其他未识别的民族	**2047**	**1249**	**798**	**74**	**54**	**20**	**873**	**725**	**148**
未上过学	70	17	53	1		1	41	25	16
小学	654	359	295	7	7		370	299	71
初中	1087	711	376	25	21	4	389	341	48
高中	168	119	49	22	16	6	48	38	10
大学专科	49	27	22	14	8	6	19	18	1
大学本科	18	15	3	5	2	3	6	4	2
研究生	1	1							
外国人加入中国籍	**9**	**5**	**4**	**1**	**1**		**2**	**2**	
未上过学									
小学									
初中	5	3	2				2	2	
高中	3	2	1	1	1				
大学专科									
大学本科	1		1						
研究生									

3-2 续表 79　　　　　　单位：人

民族 受教育程度	六、交通运输、仓储和邮政业			七、信息传输、计算机服务和软件业			八、批发和零售业		
	小计	男	女	小计	男	女	小计	男	女
珞巴族	**3**	**3**					**5**	**2**	**3**
未上过学							2		2
小学	2	2					2	2	
初中	1	1					1		1
高中									
大学专科									
大学本科									
研究生									
基诺族	**12**	**12**		**3**	**2**	**1**	**41**	**13**	**28**
未上过学							2	1	1
小学	1	1					4	1	3
初中	3	3		2	1	1	20	4	16
高中	5	5		1	1		8	3	5
大学专科	3	3					6	4	2
大学本科							1		1
研究生									
其他未识别的民族	**538**	**468**	**70**	**41**	**23**	**18**	**1096**	**456**	**640**
未上过学	20	9	11	1		1	67	13	54
小学	150	124	26	5	3	2	339	132	207
初中	302	277	25	11	4	7	510	230	280
高中	51	48	3	10	7	3	138	58	80
大学专科	11	7	4	9	4	5	30	14	16
大学本科	4	3	1	4	4		12	9	3
研究生				1	1				
外国人加入中国籍	**4**	**3**	**1**	**1**		**1**	**5**	**3**	**2**
未上过学									
小学							2	1	1
初中	3	3					2	2	
高中									
大学专科	1		1	1		1	1		1
大学本科									
研究生									

3-2 续表 80

单位：人

民族 受教育程度	九、住宿和餐饮业			十、金融业			十一、房地产业		
	小计	男	女	小计	男	女	小计	男	女
珞巴族									
未上过学									
小学									
初中									
高中									
大学专科									
大学本科									
研究生									
基诺族	**27**	**10**	**17**	**2**		**2**	**3**		**3**
未上过学									
小学	4		4						
初中	19	7	12				1		1
高中	4	3	1	1		1	1		1
大学专科				1		1	1		1
大学本科									
研究生									
其他未识别的民族	**325**	**109**	**216**	**29**	**16**	**13**	**26**	**19**	**7**
未上过学	15	1	14						
小学	97	26	71				6	3	3
初中	182	64	118	2	2		13	10	3
高中	29	17	12	10	4	6	4	4	
大学专科	2	1	1	12	8	4	2	2	
大学本科				5	2	3	1		1
研究生									
外国人加入中国籍				**1**		**1**	**1**	**1**	
未上过学									
小学									
初中							1	1	
高中									
大学专科				1		1			
大学本科									
研究生									

3-2 续表 81 单位：人

民族 受教育程度	十二、租赁和商务服务业			十三、科学研究、技术服务和地质勘查业			十四、水利、环境和公共设施管理业		
	小计	男	女	小计	男	女	小计	男	女
珞巴族							**1**		**1**
未上过学									
小学									
初中									
高中									
大学专科							1		1
大学本科									
研究生									
基诺族	**6**	**3**	**3**	**4**	**2**	**2**	**13**	**9**	**4**
未上过学							1		1
小学	1	1					1	1	
初中	1		1				5	3	2
高中	3	2	1	1	1		2	1	1
大学专科	1		1	2	1	1	3	3	
大学本科				1		1	1	1	
研究生									
其他未识别的民族	**32**	**20**	**12**	**19**	**13**	**6**	**37**	**24**	**13**
未上过学							4		4
小学	6	4	2	2	2		10	7	3
初中	13	6	7	6	5	1	14	10	4
高中	5	5		3		3	5	4	1
大学专科	8	5	3	1		1	4	3	1
大学本科				6	5	1			
研究生				1	1				
外国人加入中国籍									
未上过学									
小学									
初中									
高中									
大学专科									
大学本科									
研究生									

3-2 续表 82

单位：人

民族 受教育程度	十五、居民服务和其他服务业			十六、教育			十七、卫生、社会保障和社会福利业		
	小计	男	女	小计	男	女	小计	男	女
珞巴族				**3**		**3**			
未上过学									
小学									
初中									
高中									
大学专科				3		3			
大学本科									
研究生									
基诺族	**5**	**1**	**4**	**48**	**22**	**26**	**14**	**3**	**11**
未上过学									
小学				2	1	1	1	1	
初中	5	1	4	2	1	1	1	1	
高中				5	4	1	5		5
大学专科				25	13	12	6	1	5
大学本科				14	3	11	1		1
研究生									
其他未识别的民族	**348**	**225**	**123**	**580**	**373**	**207**	**156**	**58**	**98**
未上过学	25	9	16	1		1	1		1
小学	117	73	44	4	2	2	4	2	2
初中	163	113	50	39	27	12	21	5	16
高中	40	28	12	94	69	25	43	14	29
大学专科	3	2	1	312	192	120	64	21	43
大学本科				125	79	46	22	16	6
研究生				5	4	1	1		1
外国人加入中国籍	**4**	**3**	**1**	**1**		**1**			
未上过学									
小学	1		1						
初中									
高中	2	2							
大学专科									
大学本科	1	1		1		1			
研究生									

3-2 续表 83

单位：人

民族 受教育程度	十八、文化、体育和娱乐业			十九、公共管理和社会组织			二十、国际组织		
	小计	男	女	小计	男	女	小计	男	女
珞巴族	**1**	**1**		**7**	**3**	**4**			
未上过学									
小学									
初中				3	2	1			
高中									
大学专科	1	1		2		2			
大学本科				2	1	1			
研究生									
基诺族	**6**	**3**	**3**	**42**	**27**	**15**			
未上过学									
小学									
初中	4	3	1	3	2	1			
高中	2		2	11	6	5			
大学专科				15	13	2			
大学本科				12	6	6			
研究生				1		1			
其他未识别的民族	**36**	**18**	**18**	**489**	**365**	**124**			
未上过学	1	1		2		2			
小学	5	2	3	18	13	5			
初中	14	8	6	64	51	13			
高中	9	4	5	87	71	16			
大学专科	4	1	3	200	147	53			
大学本科	3	2	1	111	77	34			
研究生				7	6	1			
外国人加入中国籍	**2**	**1**	**1**	**1**		**1**			
未上过学									
小学									
初中				1		1			
高中	1		1						
大学专科									
大学本科	1	1							
研究生									

3-3 各地区少数民族职业大类的人口(长表数据)

单位：人

地区	合计			一、国家机关、党群组织、企业、事业单位负责人		
	合计	男	女	小计	男	女
全国	**6008046**	**3241325**	**2766721**	**56360**	**41456**	**14904**
北京	37704	20664	17040	1336	927	409
天津	13113	7689	5424	691	467	224
河北	149286	87796	61490	3552	2763	789
山西	3518	2058	1460	105	73	32
内蒙古	250995	137728	113267	3963	2870	1093
辽宁	371818	212472	159346	6085	4410	1675
吉林	96069	55114	40955	1477	1083	394
黑龙江	65056	39774	25282	988	723	265
上海	16371	8903	7468	878	587	291
江苏	19992	10028	9964	479	341	138
浙江	91439	51124	40315	713	540	173
安徽	16598	8729	7869	422	287	135
福建	42046	25599	16447	777	614	163
江西	6463	3780	2683	94	74	20
山东	36280	19277	17003	1117	833	284
河南	50848	28226	22622	883	622	261
湖北	135338	72216	63122	1210	931	279
湖南	333128	181068	152060	2108	1495	613
广东	146301	82268	64033	2155	1534	621
广西	956941	500309	456632	6169	4442	1727
海南	79893	43634	36259	436	320	116
重庆	86478	45245	41233	665	517	148
四川	277401	141221	136180	1770	1343	427
贵州	596264	315948	280316	4248	3211	1037
云南	927732	486085	441647	4866	3714	1152
西藏	132456	70144	62312	868	600	268
陕西	6909	3810	3099	234	155	79
甘肃	139916	73865	66051	1205	954	251
青海	129499	70331	59168	1315	1060	255
宁夏	110631	60171	50460	1096	831	265
新疆	681563	376049	305514	4455	3135	1320

3-3 续表 1

单位：人

地区	二、专业技术人员			三、办事人员和有关人员			四、商业、服务业人员		
	小计	男	女	小计	男	女	小计	男	女
全国	**297560**	**145750**	**151810**	**170273**	**113863**	**56410**	**569981**	**260584**	**309397**
北京	9265	4104	5161	6845	3741	3104	12036	5865	6171
天津	2244	1062	1182	1264	777	487	3789	2057	1732
河北	10768	4800	5968	5746	3856	1890	20259	9522	10737
山西	403	188	215	304	189	115	1246	636	610
内蒙古	22445	9530	12915	13451	8518	4933	30484	13103	17381
辽宁	23744	10817	12927	11975	8307	3668	49852	21421	28431
吉林	9307	4347	4960	4563	3265	1298	21816	8886	12930
黑龙江	4640	2318	2322	2182	1564	618	9864	4506	5358
上海	2467	1149	1318	1752	902	850	4834	2322	2512
江苏	1729	806	923	1139	680	459	3891	1668	2223
浙江	2068	1063	1005	1509	1023	486	9439	4317	5122
安徽	1268	592	676	864	593	271	4166	2096	2070
福建	1905	1058	847	1428	1002	426	5967	3022	2945
江西	309	172	137	215	158	57	735	359	376
山东	2782	1215	1567	1525	1014	511	8021	4059	3962
河南	3471	1506	1965	2435	1619	816	11638	5999	5639
湖北	6489	3401	3088	3612	2499	1113	13743	5694	8049
湖南	14664	7483	7181	9764	6836	2928	34308	15638	18670
广东	5929	3105	2824	7044	4248	2796	18820	9410	9410
广西	40986	20029	20957	22213	15325	6888	87895	37664	50231
海南	2252	1116	1136	1730	1291	439	5591	2034	3557
重庆	4075	2254	1821	1966	1374	592	8376	3432	4944
四川	8515	4579	3936	4702	3051	1651	10488	4812	5676
贵州	26885	15186	11699	14392	10081	4311	38323	16129	22194
云南	31969	16274	15695	18248	13095	5153	61900	24169	37731
西藏	5186	2894	2292	3954	2458	1496	7754	3780	3974
陕西	909	453	456	517	316	201	2785	1346	1439
甘肃	5790	3607	2183	3109	1994	1115	12880	8007	4873
青海	6920	3996	2924	3042	1953	1089	11177	5992	5185
宁夏	4930	2540	2390	2856	1890	966	11846	5760	6086
新疆	33246	14106	19140	15927	10244	5683	46058	26879	19179

3-3 续表 2 单位：人

地区	五、农、林、牧、渔、水利业生产人员			六、生产、运输设备操作人员及有关人员			七、不便分类的其他劳动者		
	小计	男	女	小计	男	女	小计	男	女
全　国	**4164467**	**2149068**	**2015399**	**744824**	**527823**	**217001**	**4581**	**2781**	**1800**
北　京	1654	844	810	6568	5183	1385			
天　津	1292	553	739	3809	2757	1052	24	16	8
河　北	81832	44140	37692	27055	22669	4386	74	46	28
山　西	527	181	346	927	787	140	6	4	2
内蒙古	154696	82868	71828	25677	20652	5025	279	187	92
辽　宁	224125	122709	101416	55887	44695	11192	150	113	37
吉　林	46322	27120	19202	12510	10361	2149	74	52	22
黑龙江	38955	23724	15231	8389	6910	1479	38	29	9
上　海	199	90	109	6232	3849	2383	9	4	5
江　苏	1324	281	1043	11421	6250	5171	9	2	7
浙　江	6699	3284	3415	70979	40880	30099	32	17	15
安　徽	6209	2635	3574	3647	2515	1132	22	11	11
福　建	11196	6473	4723	20713	13395	7318	60	35	25
江　西	2843	1570	1273	2257	1442	815	10	5	5
山　东	14097	6344	7753	8715	5797	2918	23	15	8
河　南	25158	13351	11807	7167	5075	2092	96	54	42
湖　北	91540	45356	46184	18693	14303	4390	51	32	19
湖　南	223943	116364	107579	47750	32893	14857	591	359	232
广　东	14768	6877	7891	97513	57057	40456	72	37	35
广　西	707244	358083	349161	91301	64096	27205	1133	670	463
海　南	66932	36667	30265	2930	2195	735	22	11	11
重　庆	60706	29386	31320	10636	8252	2384	54	30	24
四　川	242489	120106	122383	9292	7233	2059	145	97	48
贵　州	458396	231335	227061	53627	39763	13864	393	243	150
云　南	742472	377180	365292	68059	51519	16540	218	134	84
西　藏	109775	56979	52796	4807	3390	1417	112	43	69
陕　西	1293	668	625	1158	868	290	13	4	9
甘　肃	108954	52871	56083	7931	6399	1532	47	33	14
青　海	97736	49700	48036	9263	7599	1664	46	31	15
宁　夏	75158	37010	38148	14718	12122	2596	27	18	9
新　疆	545933	294319	251614	35193	26917	8276	751	449	302

3-4 各民族分性别、受教育程度、职业门类的人口(长表数据)

单位：人

民族 受教育程度	合计			一、国家机关、党群组织、企业、事业单位负责人		
	合计	男	女	小计	男	女
总计	**71547989**	**39597282**	**31950707**	**1268641**	**949786**	**318855**
未上过学	2442337	771982	1670355	2957	1361	1596
小学	17071892	8268668	8803224	65066	45359	19707
初中	34916372	20283509	14632863	372430	279666	92764
高中	9924532	6192894	3731638	329470	250353	79117
大学专科	4263212	2396818	1866394	267078	199662	67416
大学本科	2653730	1516500	1137230	205332	153099	52233
研究生	275914	166911	109003	26308	20286	6022
汉族	**65539943**	**36355957**	**29183986**	**1212281**	**908330**	**303951**
未上过学	1971090	612993	1358097	2550	1138	1412
小学	14884758	7171355	7713403	61789	43103	18686
初中	32497755	18846475	13651280	360306	270845	89461
高中	9425083	5883261	3541822	317594	241598	75996
大学专科	3997645	2250148	1747497	251986	188397	63589
大学本科	2499259	1431164	1068095	192997	143884	49113
研究生	264353	160561	103792	25059	19365	5694
蒙古族	**302690**	**165046**	**137644**	**4933**	**3583**	**1350**
未上过学	7276	3018	4258	6	3	3
小学	74225	37968	36257	96	66	30
初中	136137	77451	58686	658	462	196
高中	39957	23391	16566	1016	723	293
大学专科	25148	13165	11983	1563	1158	405
大学本科	18293	9290	9003	1435	1071	364
研究生	1654	763	891	159	100	59
回族	**512837**	**285261**	**227576**	**9005**	**6595**	**2410**
未上过学	44480	15483	28997	128	78	50
小学	164051	85993	78058	854	657	197
初中	192118	119852	72266	2490	1929	561
高中	58601	35683	22918	1975	1430	545
大学专科	31251	16685	14566	1895	1362	533
大学本科	20429	10568	9861	1486	1025	461
研究生	1907	997	910	177	114	63
藏族	**320211**	**168125**	**152086**	**2451**	**1805**	**646**
未上过学	103900	44934	58966	136	80	56
小学	147243	81499	65744	314	226	88
初中	40938	25696	15242	223	168	55
高中	10114	6160	3954	290	215	75
大学专科	11604	6366	5238	852	651	201
大学本科	6094	3262	2832	584	421	163
研究生	318	208	110	52	44	8

3-4 续表 1

单位：人

民族 受教育程度	二、专业技术人员			三、办事人员和有关人员			四、商业、服务业人员		
	小计	男	女	小计	男	女	小计	男	女
总计	**4890941**	**2391016**	**2499925**	**3093184**	**2072499**	**1020685**	**11572490**	**5584497**	**5987993**
未上过学	6547	3146	3401	9247	6410	2837	119926	33277	86649
小学	102399	60589	41810	142460	118119	24341	1426364	599133	827231
初中	681322	377249	304073	683535	524144	159391	5986991	2861570	3125421
高中	1106157	520509	585648	792741	527358	265383	2811613	1427390	1384223
大学专科	1528989	686950	842039	808446	494013	314433	882751	463346	419405
大学本科	1295251	646329	648922	604934	369432	235502	328917	189964	138953
研究生	170276	96244	74032	51821	33023	18798	15928	9817	6111
汉族	**4593381**	**2245266**	**2348115**	**2922911**	**1958636**	**964275**	**11002509**	**5323913**	**5678596**
未上过学	5176	2338	2838	8517	5941	2576	108367	29526	78841
小学	91529	53411	38118	135510	112664	22846	1332503	557908	774595
初中	648540	358008	290532	653012	500461	152551	5700607	2731143	2969464
高中	1047242	491995	555247	756061	502282	253779	2689274	1370149	1319125
大学专科	1419315	637136	782179	754221	459754	294467	842182	443651	398531
大学本科	1218088	609495	608593	566209	345944	220265	314252	182064	132188
研究生	163491	92883	70608	49381	31590	17791	15324	9472	5852
蒙古族	**27562**	**11767**	**15795**	**15332**	**9549**	**5783**	**33516**	**14250**	**19266**
未上过学	19	12	7	20	17	3	172	44	128
小学	317	195	122	250	199	51	2557	1068	1489
初中	2061	1107	954	1546	1188	358	15557	6366	9191
高中	5052	2277	2775	2932	1948	984	9852	4239	5613
大学专科	9878	3913	5965	5517	3353	2164	3802	1719	2083
大学本科	9190	3817	5373	4736	2688	2048	1515	780	735
研究生	1045	446	599	331	156	175	61	34	27
回族	**34332**	**15892**	**18440**	**22728**	**14733**	**7995**	**99529**	**51759**	**47770**
未上过学	99	56	43	121	91	30	3285	1283	2002
小学	1030	720	310	943	791	152	18469	10091	8378
初中	4248	2491	1757	4289	3362	927	47618	25465	22153
高中	6913	3062	3851	5352	3585	1767	20642	10173	10469
大学专科	11251	4734	6517	6365	3786	2579	6777	3286	3491
大学本科	9669	4293	5376	5234	2872	2362	2615	1395	1220
研究生	1122	536	586	424	246	178	123	66	57
藏族	**16365**	**9490**	**6875**	**8851**	**5510**	**3341**	**15701**	**7560**	**8141**
未上过学	758	510	248	300	185	115	2530	985	1545
小学	3240	2360	880	819	551	268	5724	2906	2818
初中	2049	1529	520	1005	735	270	4404	2155	2249
高中	2099	1201	898	1368	910	458	1855	921	934
大学专科	5198	2447	2751	3276	1939	1337	921	456	465
大学本科	2855	1342	1513	2004	1138	866	257	131	126
研究生	166	101	65	79	52	27	10	6	4

3-4 续表 2

单位：人

民族 受教育程度	五、农、林、牧、渔、水利业生产人员			六、生产、运输设备操作人员及有关人员			七、不便分类的其他劳动者		
	小计	男	女	小计	男	女	小计	男	女
总计	**34565439**	**17554298**	**17011141**	**16087734**	**11001695**	**5086039**	**69560**	**43491**	**26069**
未上过学	2168892	664541	1504351	133661	62786	70875	1107	461	646
小学	12869124	5940406	6928718	2455119	1498728	956391	11360	6334	5026
初中	17343437	9511369	7832068	9813698	6707317	3106381	34959	22194	12765
高中	1994641	1319369	675272	2875669	2138408	737261	14241	9507	4734
大学专科	158915	99486	59429	611898	450124	161774	5135	3237	1898
大学本科	27994	17795	10199	188751	138252	50499	2551	1629	922
研究生	2436	1332	1104	8938	6080	2858	207	129	78
汉族	**30400972**	**15405230**	**14995742**	**15342910**	**10473872**	**4869038**	**64979**	**40710**	**24269**
未上过学	1723959	516827	1207132	121546	56830	64716	975	393	582
小学	10955969	5002822	5953147	2297193	1395705	901488	10265	5742	4523
初中	15717984	8566721	7151263	9384451	6398418	2986033	32855	20879	11976
高中	1835682	1213835	621847	2765761	2054417	711344	13469	8985	4484
大学专科	140313	87905	52408	584849	430285	154564	4779	3020	1759
大学本科	24813	15894	8919	180466	132319	48147	2434	1564	870
研究生	2252	1226	1026	8644	5898	2746	202	127	75
蒙古族	**191295**	**102264**	**89031**	**29762**	**23445**	**6317**	**290**	**188**	**102**
未上过学	6910	2841	4069	148	100	48	1	1	
小学	67813	33951	33862	3165	2470	695	27	19	8
初中	100280	55580	44700	15878	12641	3237	157	107	50
高中	13941	8483	5458	7096	5675	1421	68	46	22
大学专科	1857	1133	724	2503	1876	627	28	13	15
大学本科	476	267	209	932	665	267	9	2	7
研究生	18	9	9	40	18	22			
回族	**269934**	**136476**	**133458**	**76845**	**59510**	**17335**	**464**	**296**	**168**
未上过学	38559	12494	26065	2269	1469	800	19	12	7
小学	127212	61791	65421	15446	11881	3565	97	62	35
初中	93810	55377	38433	39466	31106	8360	197	122	75
高中	9193	6069	3124	14424	11291	3133	102	73	29
大学专科	961	614	347	3968	2884	1084	34	19	15
大学本科	180	120	60	1231	855	376	14	8	6
研究生	19	11	8	41	24	17	1		1
藏族	**265347**	**135467**	**129880**	**11268**	**8172**	**3096**	**228**	**121**	**107**
未上过学	98515	42205	56310	1642	953	689	19	16	3
小学	132684	72193	60491	4331	3205	1126	131	58	73
初中	29733	18367	11366	3487	2720	767	37	22	15
高中	3376	2085	1291	1103	816	287	23	12	11
大学专科	809	491	318	537	376	161	11	6	5
大学本科	223	122	101	164	101	63	7	7	
研究生	7	4	3	4	1	3			

3-4 续表 3

单位：人

民族 受教育程度	合计			一、国家机关、党群组织、企业、事业单位负责人		
	合计	男	女	小计	男	女
维吾尔族	**545158**	**295820**	**249338**	**2554**	**1842**	**712**
未上过学	14960	7737	7223	5	3	2
小学	195713	103766	91947	220	151	69
初中	272972	151322	121650	333	252	81
高中	27253	16105	11148	423	287	136
大学专科	24244	12023	12221	921	671	250
大学本科	9727	4700	5027	623	453	170
研究生	289	167	122	29	25	4
苗族	**502575**	**266502**	**236073**	**2668**	**1997**	**671**
未上过学	53184	14188	38996	33	5	28
小学	218744	109085	109659	166	98	68
初中	178031	109500	68531	589	425	164
高中	30735	20268	10467	535	418	117
大学专科	14492	8752	5740	759	581	178
大学本科	6981	4461	2520	541	431	110
研究生	408	248	160	45	39	6
彝族	**511991**	**264758**	**247233**	**2681**	**2073**	**608**
未上过学	79821	25933	53888	16	7	9
小学	267054	136221	130833	159	110	49
初中	123920	77428	46492	486	381	105
高中	22353	13990	8363	462	374	88
大学专科	12140	7169	4971	846	634	212
大学本科	6416	3842	2574	664	527	137
研究生	287	175	112	48	40	8
壮族	**965994**	**506224**	**459770**	**6232**	**4482**	**1750**
未上过学	27256	5853	21403	11	5	6
小学	304620	131683	172937	237	133	104
初中	482466	276264	206202	1396	903	493
高中	94723	59671	35052	1418	1005	413
大学专科	37449	21168	16281	1740	1324	416
大学本科	18311	10859	7452	1293	1005	288
研究生	1169	726	443	137	107	30
布依族	**151167**	**78762**	**72405**	**853**	**625**	**228**
未上过学	18436	3876	14560	3	1	2
小学	63366	30994	32372	54	32	22
初中	54317	34469	19848	145	101	44
高中	7718	5059	2659	174	124	50
大学专科	4883	2904	1979	268	195	73
大学本科	2328	1390	938	194	160	34
研究生	119	70	49	15	12	3

3-4 续表 4

单位：人

民族 受教育程度	二、专业技术人员			三、办事人员和有关人员			四、商业、服务业人员		
	小计	男	女	小计	男	女	小计	男	女
维吾尔族	**23254**	**9970**	**13284**	**10588**	**6905**	**3683**	**32504**	**20592**	**11912**
未上过学	48	35	13	25	17	8	433	295	138
小学	1001	618	383	632	502	130	8704	5929	2775
初中	2258	1238	1020	1706	1337	369	15574	10230	5344
高中	3181	1322	1859	2008	1350	658	4828	2696	2132
大学专科	11173	4385	6788	4248	2588	1660	2216	1084	1132
大学本科	5433	2288	3145	1933	1089	844	733	350	383
研究生	160	84	76	36	22	14	16	8	8
苗族	**15888**	**8787**	**7101**	**9705**	**6703**	**3002**	**33487**	**14447**	**19040**
未上过学	64	19	45	33	12	21	911	164	747
小学	621	364	257	453	326	127	6857	2388	4469
初中	1898	1129	769	1998	1489	509	17319	7662	9657
高中	3264	1776	1488	2119	1472	647	6036	2949	3087
大学专科	6349	3342	3007	3069	2044	1025	1820	956	864
大学本科	3444	2014	1430	1946	1311	635	529	320	209
研究生	248	143	105	87	49	38	15	8	7
彝族	**14484**	**7825**	**6659**	**8425**	**6200**	**2225**	**25649**	**10055**	**15594**
未上过学	74	35	39	56	32	24	862	175	687
小学	752	517	235	621	517	104	6769	2360	4409
初中	1671	1113	558	1843	1549	294	12045	4807	7238
高中	3086	1656	1430	1554	1159	395	4364	1898	2466
大学专科	5548	2798	2750	2505	1709	796	1234	609	625
大学本科	3218	1641	1577	1771	1181	590	364	201	163
研究生	135	65	70	75	53	22	11	5	6
壮族	**39902**	**19857**	**20045**	**22982**	**15772**	**7210**	**90943**	**39539**	**51404**
未上过学	42	12	30	27	15	12	496	106	390
小学	806	432	374	766	577	189	11331	4040	7291
初中	4335	2319	2016	5328	4008	1320	50041	21414	28627
高中	9051	4475	4576	5451	3726	1725	21030	9824	11206
大学专科	15295	7115	8180	6804	4447	2357	6431	3243	3188
大学本科	9735	5145	4590	4330	2811	1519	1562	881	681
研究生	638	359	279	276	188	88	52	31	21
布依族	**5418**	**2941**	**2477**	**3290**	**2277**	**1013**	**9349**	**3896**	**5453**
未上过学	28	10	18	17	7	10	281	41	240
小学	187	116	71	156	114	42	2111	718	1393
初中	571	355	216	633	490	143	4765	2104	2661
高中	1086	606	480	680	472	208	1488	665	823
大学专科	2295	1223	1072	1128	753	375	534	260	274
大学本科	1192	603	589	650	423	227	162	104	58
研究生	59	28	31	26	18	8	8	4	4

3-4 续表5

单位：人

民族 受教育程度	五、农、林、牧、渔、水利业生产人员			六、生产、运输设备操作人员及有关人员			七、不便分类的其他劳动者		
	小计	男	女	小计	男	女	小计	男	女
维吾尔族	**450734**	**237552**	**213182**	**24887**	**18587**	**6300**	**637**	**372**	**265**
未上过学	14154	7150	7004	265	218	47	30	19	11
小学	178861	91642	87219	6064	4780	1284	231	144	87
初中	240041	128650	111391	12788	9461	3327	272	154	118
高中	12959	7566	5393	3795	2854	941	59	30	29
大学专科	4098	2246	1852	1547	1024	523	41	25	16
大学本科	584	279	305	417	241	176	4		4
研究生	37	19	18	11	9	2			
苗族	**353620**	**178295**	**175325**	**86921**	**56112**	**30809**	**286**	**161**	**125**
未上过学	50237	13346	36891	1895	638	1257	11	4	7
小学	186820	92132	94688	23753	13741	10012	74	36	38
初中	105350	64782	40568	50750	33940	16810	127	73	54
高中	10109	7260	2849	8642	6374	2268	30	19	11
大学专科	952	670	282	1508	1133	375	35	26	9
大学本科	143	99	44	369	283	86	9	3	6
研究生	9	6	3	4	3	1			
彝族	**422490**	**210523**	**211967**	**38117**	**27985**	**10132**	**145**	**97**	**48**
未上过学	77674	25134	52540	1126	548	578	13	2	11
小学	245297	123207	122090	13403	9478	3925	53	32	21
初中	89688	55724	33964	18132	13810	4322	55	44	11
高中	8714	5709	3005	4159	3184	975	14	10	4
大学专科	960	647	313	1040	766	274	7	6	1
大学本科	148	96	52	248	193	55	3	3	
研究生	9	6	3	9	6	3			
壮族	**668271**	**336814**	**331457**	**136636**	**89151**	**47485**	**1028**	**609**	**419**
未上过学	26061	5483	20578	611	230	381	8	2	6
小学	270232	114565	155667	21076	11848	9228	172	88	84
初中	333319	190196	143123	87531	57115	30416	516	309	207
高中	35710	24680	11030	21842	15814	6028	221	147	74
大学专科	2575	1646	929	4517	3343	1174	87	50	37
大学本科	348	229	119	1021	776	245	22	12	10
研究生	26	15	11	38	25	13	2	1	1
布依族	**104767**	**51838**	**52929**	**27411**	**17143**	**10268**	**79**	**42**	**37**
未上过学	17491	3673	13818	611	143	468	5	1	4
小学	52522	25513	27009	8312	4492	3820	24	9	15
初中	32306	20836	11470	15857	10557	5300	40	26	14
高中	2198	1631	567	2084	1556	528	8	5	3
大学专科	219	159	60	438	314	124	1		1
大学本科	26	22	4	103	77	26	1	1	
研究生	5	4	1	6	4	2			

3-4　续表 6

单位：人

民族 受教育程度	合计			一、国家机关、党群组织、企业、事业单位负责人		
	合计	男	女	小计	男	女
朝鲜族	**72332**	**40486**	**31846**	**2796**	**2025**	**771**
未上过学	137	54	83			
小学	4607	2379	2228	15	8	7
初中	31281	17866	13415	472	337	135
高中	20525	11648	8877	912	675	237
大学专科	7620	4107	3513	614	432	182
大学本科	7491	4078	3413	720	532	188
研究生	671	354	317	63	41	22
满族	**557607**	**326248**	**231359**	**10113**	**7407**	**2706**
未上过学	4810	2098	2712	4	2	2
小学	123914	66670	57244	342	246	96
初中	304191	184856	119335	2785	2017	768
高中	62095	38851	23244	2168	1610	558
大学专科	34384	18734	15650	2329	1743	586
大学本科	25547	13639	11908	2194	1572	622
研究生	2666	1400	1266	291	217	74
侗族	**159794**	**87331**	**72463**	**1187**	**891**	**296**
未上过学	8315	1983	6332	2		2
小学	56842	26963	29879	53	29	24
初中	72059	43914	28145	240	154	86
高中	12557	8264	4293	228	176	52
大学专科	6642	4077	2565	347	283	64
大学本科	3216	2031	1185	291	230	61
研究生	163	99	64	26	19	7
瑶族	**155806**	**83308**	**72498**	**904**	**644**	**260**
未上过学	8714	2365	6349	1	1	
小学	64039	30704	33335	48	25	23
初中	62268	37429	24839	211	148	63
高中	12620	8148	4472	184	137	47
大学专科	5192	2952	2240	238	169	69
大学本科	2774	1598	1176	201	146	55
研究生	199	112	87	21	18	3
白族	**108565**	**57099**	**51466**	**955**	**747**	**208**
未上过学	4877	1135	3742	4	1	3
小学	38166	16807	21359	35	21	14
初中	47065	28409	18656	200	163	37
高中	9635	5805	3830	192	148	44
大学专科	5140	2805	2335	271	205	66
大学本科	3435	1994	1441	230	191	39
研究生	247	144	103	23	18	5

3-4 续表 7 单位：人

民族 受教育程度	二、专业技术人员			三、办事人员和有关人员			四、商业、服务业人员		
	小计	男	女	小计	男	女	小计	男	女
朝鲜族	**9730**	**4527**	**5203**	**4725**	**3193**	**1532**	**23852**	**9796**	**14056**
未上过学				2	2		8	1	7
小学	47	29	18	58	52	6	776	242	534
初中	956	533	423	710	589	121	10461	3945	6516
高中	2461	1125	1336	1336	961	375	8846	3743	5103
大学专科	2583	1111	1472	1185	754	431	2166	1032	1134
大学本科	3254	1510	1744	1336	792	544	1531	795	736
研究生	429	219	210	98	43	55	64	38	26
满族	**41037**	**18846**	**22191**	**22218**	**14686**	**7532**	**73394**	**32779**	**40615**
未上过学	9	7	2	18	14	4	125	50	75
小学	474	296	178	527	463	64	5571	2386	3185
初中	5337	2945	2392	4015	3147	868	42348	18401	23947
高中	8148	3774	4374	4758	3273	1485	15944	7297	8647
大学专科	12964	5503	7461	6507	4017	2490	6339	2985	3354
大学本科	12531	5590	6941	5830	3457	2373	2915	1565	1350
研究生	1574	731	843	563	315	248	152	95	57
侗族	**7200**	**3945**	**3255**	**4294**	**2980**	**1314**	**14326**	**6356**	**7970**
未上过学	17	3	14	6	4	2	133	16	117
小学	195	109	86	120	81	39	2258	747	1511
初中	782	453	329	866	647	219	8164	3685	4479
高中	1523	786	737	929	618	311	2676	1333	1343
大学专科	2939	1588	1351	1540	1072	468	854	440	414
大学本科	1650	956	694	807	539	268	234	134	100
研究生	94	50	44	26	19	7	7	1	6
瑶族	**5714**	**2825**	**2889**	**3455**	**2253**	**1202**	**9761**	**4385**	**5376**
未上过学	24	10	14	12	5	7	95	17	78
小学	153	69	84	122	90	32	1467	523	944
初中	646	345	301	622	440	182	4860	2188	2672
高中	1276	613	663	866	558	308	2241	1101	1140
大学专科	2086	989	1097	1058	697	361	845	420	425
大学本科	1424	747	677	722	435	287	245	133	112
研究生	105	52	53	53	28	25	8	3	5
白族	**6377**	**3193**	**3184**	**3592**	**2507**	**1085**	**10537**	**4339**	**6198**
未上过学	10	3	7	9	9		113	21	92
小学	181	108	73	143	118	25	1774	600	1174
初中	649	420	229	629	534	95	5592	2318	3274
高中	1336	640	696	682	485	197	2160	979	1181
大学专科	2315	1078	1237	1045	656	389	672	304	368
大学本科	1739	873	866	1024	660	364	216	112	104
研究生	147	71	76	60	45	15	10	5	5

3-4 续表 8

单位：人

民族 受教育程度	五、农、林、牧、渔、水利业生产人员			六、生产、运输设备操作人员及有关人员			七、不便分类的其他劳动者		
	小计	男	女	小计	男	女	小计	男	女
朝鲜族	**19059**	**11029**	**8030**	**12103**	**9867**	**2236**	**67**	**49**	**18**
未上过学	120	47	73	6	4	2	1		1
小学	3227	1664	1563	480	381	99	4	3	1
初中	12790	7506	5284	5858	4930	928	34	26	8
高中	2671	1651	1020	4283	3483	800	16	10	6
大学专科	179	115	64	889	659	230	4	4	
大学本科	71	45	26	571	398	173	8	6	2
研究生	1	1		16	12	4			
满族	**325736**	**183257**	**142479**	**84869**	**69106**	**15763**	**240**	**167**	**73**
未上过学	4518	1914	2604	136	111	25			
小学	107332	55284	52048	9637	7973	1664	31	22	9
初中	195500	113941	81559	54091	44321	9770	115	84	31
高中	16214	10796	5418	14805	12061	2744	58	40	18
大学专科	1805	1111	694	4417	3360	1057	23	15	8
大学本科	352	204	148	1713	1245	468	12	6	6
研究生	15	7	8	70	35	35	1		1
侗族	**101254**	**52457**	**48797**	**31370**	**20608**	**10762**	**163**	**94**	**69**
未上过学	7841	1851	5990	315	109	206	1		1
小学	47385	22260	25125	6797	3723	3074	34	14	20
初中	41905	25361	16544	20019	13562	6457	83	52	31
高中	3733	2707	1026	3446	2630	816	22	14	8
大学专科	315	217	98	630	468	162	17	9	8
大学本科	71	57	14	158	111	47	5	4	1
研究生	4	4		5	5		1	1	
瑶族	**114924**	**59563**	**55361**	**20875**	**13543**	**7332**	**173**	**95**	**78**
未上过学	8430	2281	6149	152	51	101			
小学	58272	27659	30613	3949	2329	1620	28	9	19
初中	42643	25664	16979	13184	8588	4596	102	56	46
高中	5133	3657	1476	2894	2061	833	26	21	5
大学专科	389	264	125	560	405	155	16	8	8
大学本科	53	35	18	128	101	27	1	1	
研究生	4	3	1	8	8				
白族	**72358**	**35329**	**37029**	**14703**	**10959**	**3744**	**43**	**25**	**18**
未上过学	4619	1043	3576	121	58	63	1		1
小学	33300	14109	19191	2721	1845	876	12	6	6
初中	30788	17899	12889	9190	7066	2124	17	9	8
高中	3317	2082	1235	1941	1466	475	7	5	2
大学专科	289	171	118	545	388	157	3	3	
大学本科	44	25	19	179	131	48	3	2	1
研究生	1		1	6	5	1			

3-4 续表 9

单位：人

民族 受教育程度	合计			一、国家机关、党群组织、企业、事业单位负责人		
	合计	男	女	小计	男	女
土家族	**418466**	**225336**	**193130**	**3707**	**2774**	**933**
未上过学	22249	5959	16290	9	3	6
小学	141157	67655	73502	210	130	80
初中	180406	105720	74686	846	609	237
高中	44424	27930	16494	914	683	231
大学专科	19274	11304	7970	939	712	227
大学本科	10150	6249	3901	712	571	141
研究生	806	519	287	77	66	11
哈尼族	**101348**	**53947**	**47401**	**419**	**326**	**93**
未上过学	13952	4353	9599	1	1	
小学	54810	28806	26004	19	14	5
初中	25101	16215	8886	78	64	14
高中	4459	2787	1672	95	73	22
大学专科	1914	1123	791	116	91	25
大学本科	1082	645	437	107	80	27
研究生	30	18	12	3	3	
哈萨克族	**63313**	**38528**	**24785**	**782**	**546**	**236**
未上过学	411	209	202	1	1	
小学	17524	10727	6797	120	67	53
初中	31200	19669	11531	131	80	51
高中	7194	4349	2845	120	88	32
大学专科	5051	2629	2422	244	182	62
大学本科	1886	915	971	161	124	37
研究生	47	30	17	5	4	1
傣族	**78770**	**40903**	**37867**	**334**	**240**	**94**
未上过学	7202	2851	4351	4	4	
小学	43006	22192	20814	18	16	2
初中	21436	12114	9322	49	32	17
高中	3923	2128	1795	72	53	19
大学专科	2119	1027	1092	93	63	30
大学本科	1052	570	482	88	64	24
研究生	32	21	11	10	8	2
黎族	**81296**	**44295**	**37001**	**465**	**333**	**132**
未上过学	4280	1317	2963			
小学	20867	10517	10350	19	11	8
初中	46350	26156	20194	99	54	45
高中	6911	4507	2404	127	95	32
大学专科	2078	1278	800	140	105	35
大学本科	767	494	273	76	66	10
研究生	43	26	17	4	2	2

3-4 续表 10 单位：人

民族 受教育程度	二、专业技术人员			三、办事人员和有关人员			四、商业、服务业人员		
	小计	男	女	小计	男	女	小计	男	女
土家族	**21449**	**11469**	**9980**	**12949**	**8929**	**4020**	**44594**	**19165**	**25429**
未上过学	27	10	17	19	12	7	424	79	345
小学	543	338	205	427	317	110	6632	2281	4351
初中	2363	1426	937	2241	1660	581	22919	9612	13307
高中	4587	2338	2249	3163	2184	979	10752	5112	5640
大学专科	8198	4185	4013	4259	2838	1421	2966	1536	1430
大学本科	5241	2878	2363	2664	1805	859	862	516	346
研究生	490	294	196	176	113	63	39	29	10
哈尼族	**2628**	**1515**	**1113**	**1505**	**1134**	**371**	**7057**	**2514**	**4543**
未上过学	36	15	21	7	4	3	210	38	172
小学	276	201	75	173	147	26	2290	707	1583
初中	320	228	92	370	326	44	3224	1208	2016
高中	574	312	262	252	193	59	1043	436	607
大学专科	838	444	394	396	264	132	234	97	137
大学本科	567	307	260	300	195	105	53	26	27
研究生	17	8	9	7	5	2	3	2	1
哈萨克族	**4674**	**2066**	**2608**	**2337**	**1467**	**870**	**3266**	**1470**	**1796**
未上过学	3	3		1	1		7	6	1
小学	76	54	22	48	41	7	324	151	173
初中	348	213	135	237	188	49	1450	639	811
高中	854	374	480	511	356	155	999	456	543
大学专科	2377	997	1380	1051	626	425	382	168	214
大学本科	989	410	579	485	251	234	100	48	52
研究生	27	15	12	4	4		4	2	2
傣族	**2504**	**1122**	**1382**	**1507**	**1035**	**472**	**6093**	**2159**	**3934**
未上过学	11	8	3	12	10	2	296	86	210
小学	117	74	43	105	86	19	1812	633	1179
初中	282	155	127	318	262	56	2678	943	1735
高中	560	249	311	297	191	106	959	362	597
大学专科	976	378	598	461	292	169	280	102	178
大学本科	543	250	293	308	190	118	68	33	35
研究生	15	8	7	6	4	2			
黎族	**2362**	**1205**	**1157**	**1853**	**1369**	**484**	**5804**	**2107**	**3697**
未上过学	6	3	3	3	3		49	7	42
小学	60	35	25	66	50	16	598	196	402
初中	335	180	155	591	495	96	3570	1202	2368
高中	672	306	366	555	370	185	1273	538	735
大学专科	923	486	437	415	286	129	250	128	122
大学本科	346	185	161	214	157	57	61	36	25
研究生	20	10	10	9	8	1	3		3

3-4 续表 11 单位：人

民族 受教育程度	五、农、林、牧、渔、水利业生产人员			六、生产、运输设备操作人员及有关人员			七、不便分类的其他劳动者		
	小计	男	女	小计	男	女	小计	男	女
土家族	**251904**	**125797**	**126107**	**83363**	**56892**	**26471**	**500**	**310**	**190**
未上过学	21000	5549	15451	762	302	460	8	4	4
小学	115020	53574	61446	18222	10964	7258	103	51	52
初中	101424	57175	44249	50345	35065	15280	268	173	95
高中	13397	8809	4588	11530	8743	2787	81	61	20
大学专科	915	592	323	1971	1425	546	26	16	10
大学本科	141	94	47	516	380	136	14	5	9
研究生	7	4	3	17	13	4			
哈尼族	**79775**	**41034**	**38741**	**9923**	**7401**	**2522**	**41**	**23**	**18**
未上过学	13213	4054	9159	477	238	239	8	3	5
小学	47654	24581	23073	4377	3146	1231	21	10	11
初中	17036	11128	5908	4064	3254	810	9	7	2
高中	1674	1136	538	820	636	184	1	1	
大学专科	172	116	56	157	110	47	1	1	
大学本科	26	19	7	28	17	11	1	1	
研究生									
哈萨克族	**49090**	**30675**	**18415**	**3134**	**2279**	**855**	**30**	**25**	**5**
未上过学	391	193	198	8	5	3			
小学	16538	10140	6398	410	268	142	8	6	2
初中	27589	17459	10130	1436	1083	353	9	7	2
高中	3802	2411	1391	902	659	243	6	5	1
大学专科	687	432	255	304	218	86	6	6	
大学本科	81	39	42	69	42	27	1	1	
研究生	2	1	1	5	4	1			
傣族	**63378**	**32890**	**30488**	**4944**	**3450**	**1494**	**10**	**7**	**3**
未上过学	6665	2615	4050	213	127	86	1	1	
小学	39306	20269	19037	1648	1114	534			
初中	15823	9078	6745	2282	1642	640	4	2	2
高中	1410	822	588	622	448	174	3	3	
大学专科	159	96	63	148	95	53	2	1	1
大学本科	15	10	5	30	23	7			
研究生				1	1				
黎族	**66041**	**36144**	**29897**	**4750**	**3128**	**1622**	**21**	**9**	**12**
未上过学	4130	1281	2849	90	22	68	2	1	1
小学	19149	9668	9481	970	556	414	5	1	4
初中	38899	22302	16597	2846	1918	928	10	5	5
高中	3578	2676	902	702	520	182	4	2	2
大学专科	242	187	55	108	86	22			
大学本科	36	24	12	34	26	8			
研究生	7	6	1						

3-4 续表 12

单位：人

民族 受教育程度	合计			一、国家机关、党群组织、企业、事业单位负责人		
	合计	男	女	小计	男	女
傈僳族	**45768**	**23572**	**22196**	**135**	**109**	**26**
未上过学	8934	3274	5660	1		1
小学	25267	13247	12020	13	8	5
初中	9233	5634	3599	28	25	3
高中	1242	779	463	13	11	2
大学专科	745	440	305	43	35	8
大学本科	337	193	144	34	29	5
研究生	10	5	5	3	1	2
佤族	**27923**	**14534**	**13389**	**94**	**77**	**17**
未上过学	3527	1315	2212			
小学	16860	8696	8164	7	6	1
初中	5851	3497	2354	16	14	2
高中	975	603	372	24	23	1
大学专科	534	310	224	26	18	8
大学本科	168	106	62	19	14	5
研究生	8	7	1	2	2	
畲族	**36129**	**22118**	**14011**	**582**	**475**	**107**
未上过学	1681	585	1096	1	1	
小学	13656	7579	6077	52	38	14
初中	15048	10146	4902	221	178	43
高中	3471	2398	1073	132	110	22
大学专科	1295	790	505	93	81	12
大学本科	920	581	339	77	62	15
研究生	58	39	19	6	5	1
高山族	**218**	**117**	**101**	**9**	**3**	**6**
未上过学	8		8			
小学	29	13	16			
初中	103	58	45	3	1	2
高中	35	26	9	2	1	1
大学专科	24	10	14	1		1
大学本科	16	8	8	2	1	1
研究生	3	2	1	1		1
拉祜族	**33055**	**17278**	**15777**	**119**	**82**	**37**
未上过学	5040	2223	2817	2	2	
小学	21257	11309	9948	13	7	6
初中	5086	2874	2212	10	9	1
高中	844	470	374	24	14	10
大学专科	552	275	277	37	29	8
大学本科	261	122	139	30	20	10
研究生	15	5	10	3	1	2

3-4 续表 13

单位：人

民族 受教育程度	二、专业技术人员			三、办事人员和有关人员			四、商业、服务业人员		
	小计	男	女	小计	男	女	小计	男	女
傈僳族	**866**	**479**	**387**	**536**	**397**	**139**	**1409**	**458**	**951**
未上过学	3	3		4	3	1	60	6	54
小学	46	29	17	54	49	5	491	141	350
初中	107	67	40	113	101	12	597	201	396
高中	187	113	74	109	79	30	186	79	107
大学专科	357	180	177	145	100	45	58	25	33
大学本科	162	85	77	108	63	45	17	6	11
研究生	4	2	2	3	2	1			
佤族	**775**	**406**	**369**	**446**	**337**	**109**	**1634**	**511**	**1123**
未上过学	10	6	4	2	1	1	39	8	31
小学	114	57	57	78	67	11	742	192	550
初中	143	80	63	83	67	16	629	222	407
高中	174	94	80	80	58	22	175	66	109
大学专科	271	136	135	126	90	36	43	19	24
大学本科	62	32	30	73	50	23	6	4	2
研究生	1	1		4	4				
畲族	**1767**	**996**	**771**	**1080**	**765**	**315**	**5187**	**2532**	**2655**
未上过学	2	1	1	4	3	1	120	18	102
小学	67	43	24	79	71	8	1142	461	681
初中	233	162	71	233	176	57	2731	1375	1356
高中	427	232	195	250	178	72	898	502	396
大学专科	560	294	266	246	155	91	206	119	87
大学本科	441	240	201	260	177	83	88	56	32
研究生	37	24	13	8	5	3	2	1	1
高山族	**19**	**3**	**16**	**24**	**18**	**6**	**37**	**20**	**17**
未上过学									
小学				1	1				
初中	2	1	1	5	4	1	17	6	11
高中	2	1	1	4	3	1	15	10	5
大学专科	11	1	10	7	5	2	2	2	
大学本科	4		4	6	4	2	3	2	1
研究生				1	1				
拉祜族	**648**	**281**	**367**	**372**	**239**	**133**	**1506**	**446**	**1060**
未上过学	2		2				57	11	46
小学	57	37	20	38	32	6	607	167	440
初中	38	24	14	52	40	12	597	180	417
高中	131	55	76	75	47	28	189	70	119
大学专科	282	110	172	119	76	43	42	14	28
大学本科	133	53	80	81	42	39	14	4	10
研究生	5	2	3	7	2	5			

3-4　续表 14　　　　单位：人

民　族 受教育程度	五、农、林、牧、渔、水利业生产人员			六、生产、运输设备操作人员及有关人员			七、不便分类的其他劳动者		
	小计	男	女	小计	男	女	小计	男	女
傈僳族	**41044**	**20796**	**20248**	**1775**	**1331**	**444**	**3**	**2**	**1**
未上过学	8795	3221	5574	71	41	30			
小学	24006	12524	11482	655	494	161	2	2	
初中	7604	4628	2976	783	612	171	1		1
高中	554	361	193	193	136	57			
大学专科	77	55	22	65	45	20			
大学本科	8	7	1	8	3	5			
研究生									
佤族	**21211**	**10781**	**10430**	**3763**	**2422**	**1341**			
未上过学	3270	1209	2061	206	91	115			
小学	13992	7177	6815	1927	1197	730			
初中	3584	2156	1428	1396	958	438			
高中	327	214	113	195	148	47			
大学专科	35	23	12	33	24	9			
大学本科	2	2		6	4	2			
研究生	1		1						
畲族	**18254**	**10739**	**7515**	**9228**	**6586**	**2642**	**31**	**25**	**6**
未上过学	1368	474	894	186	88	98			
小学	9796	5319	4477	2513	1642	871	7	5	2
初中	6281	4306	1975	5332	3935	1397	17	14	3
高中	756	605	151	1002	765	237	6	6	
大学专科	42	28	14	147	113	34	1		1
大学本科	9	5	4	45	41	4			
研究生	2	2		3	2	1			
高山族	**96**	**49**	**47**	**33**	**24**	**9**			
未上过学	7		7	1		1			
小学	24	9	15	4	3	1			
初中	60	36	24	16	10	6			
高中	5	4	1	7	7				
大学专科				3	2	1			
大学本科				1	1				
研究生				1	1				
拉祜族	**28796**	**15150**	**13646**	**1608**	**1080**	**528**	**6**		**6**
未上过学	4888	2162	2726	91	48	43			
小学	19791	10568	9223	748	498	250	3		3
初中	3814	2225	1589	573	396	177	2		2
高中	268	175	93	156	109	47	1		1
大学专科	35	20	15	37	26	11			
大学本科				3	3				
研究生									

3-4 续表 15

单位：人

民族 受教育程度	合计			一、国家机关、党群组织、企业、事业单位负责人		
	合计	男	女	小计	男	女
水族	**22627**	**11880**	**10747**	**95**	**64**	**31**
未上过学	2955	597	2358			
小学	9916	4938	4978	1	1	
初中	7755	5036	2719	18	10	8
高中	1069	716	353	14	5	9
大学专科	624	401	223	35	25	10
大学本科	298	186	112	27	23	4
研究生	10	6	4			
东乡族	**40761**	**20983**	**19778**	**180**	**167**	**13**
未上过学	7792	2795	4997	12	10	2
小学	26277	13466	12811	36	36	
初中	5156	3661	1495	24	23	1
高中	895	654	241	37	37	
大学专科	438	274	164	44	36	8
大学本科	198	131	67	26	25	1
研究生	5	2	3	1		1
纳西族	**19443**	**9978**	**9465**	**203**	**146**	**57**
未上过学	1125	330	795			
小学	6326	2923	3403	7	6	1
初中	7466	4233	3233	23	17	6
高中	2136	1246	890	35	28	7
大学专科	1419	748	671	55	42	13
大学本科	918	471	447	76	49	27
研究生	53	27	26	7	4	3
景颇族	**8811**	**4228**	**4583**	**46**	**36**	**10**
未上过学	719	205	514			
小学	4687	2220	2467	4	4	
初中	2487	1312	1175	6	4	2
高中	528	283	245	2	1	1
大学专科	273	149	124	20	17	3
大学本科	116	59	57	14	10	4
研究生	1		1			
柯尔克孜族	**8546**	**4635**	**3911**	**149**	**93**	**56**
未上过学	176	69	107	11	4	7
小学	3644	1867	1777	48	25	23
初中	3289	1881	1408	33	22	11
高中	649	398	251	13	10	3
大学专科	620	335	285	29	22	7
大学本科	166	84	82	15	10	5
研究生	2	1	1			

3-4 续表 16 单位：人

民族 受教育程度	二、专业技术人员			三、办事人员和有关人员			四、商业、服务业人员		
	小计	男	女	小计	男	女	小计	男	女
水族	**685**	**405**	**280**	**367**	**250**	**117**	**1133**	**478**	**655**
未上过学	1	1		1	1		49	3	46
小学	19	10	9	17	12	5	234	84	150
初中	70	48	22	57	40	17	555	241	314
高中	120	58	62	72	54	18	210	103	107
大学专科	308	190	118	142	94	48	65	37	28
大学本科	162	95	67	73	46	27	20	10	10
研究生	5	3	2	5	3	2			
东乡族	**629**	**414**	**215**	**382**	**248**	**134**	**2312**	**1608**	**704**
未上过学	47	29	18	7	5	2	310	165	145
小学	135	108	27	32	26	6	1260	898	362
初中	81	68	13	40	28	12	561	427	134
高中	117	72	45	88	58	30	141	96	45
大学专科	165	89	76	137	81	56	35	21	14
大学本科	81	47	34	77	49	28	5	1	4
研究生	3	1	2	1	1				
纳西族	**1438**	**632**	**806**	**1066**	**744**	**322**	**2469**	**933**	**1536**
未上过学				1	1		15	1	14
小学	25	16	9	25	22	3	294	85	209
初中	119	74	45	215	187	28	1225	442	783
高中	276	126	150	175	122	53	604	253	351
大学专科	557	228	329	342	221	121	251	112	139
大学本科	428	173	255	302	186	116	77	39	38
研究生	33	15	18	6	5	1	3	1	2
景颇族	**261**	**114**	**147**	**272**	**183**	**89**	**546**	**168**	**378**
未上过学	1	1		2	2		14	1	13
小学	5	4	1	17	14	3	152	39	113
初中	32	17	15	52	44	8	248	69	179
高中	90	40	50	51	34	17	100	45	55
大学专科	98	43	55	93	57	36	26	10	16
大学本科	34	9	25	57	32	25	6	4	2
研究生	1		1						
柯尔克孜族	**539**	**264**	**275**	**276**	**178**	**98**	**344**	**159**	**185**
未上过学							12	4	8
小学	21	14	7	7	4	3	66	33	33
初中	67	34	33	24	19	5	128	60	68
高中	98	52	46	53	40	13	85	43	42
大学专科	275	134	141	149	90	59	47	17	30
大学本科	77	29	48	42	25	17	6	2	4
研究生	1	1		1		1			

3-4 续表 17 单位：人

民族 受教育程度	五、农、林、牧、渔、水利业生产人员			六、生产、运输设备操作人员及有关人员			七、不便分类的其他劳动者		
	小计	男	女	小计	男	女	小计	男	女
水族	**17038**	**8552**	**8486**	**3302**	**2127**	**1175**	**7**	**4**	**3**
未上过学	2818	573	2245	86	19	67			
小学	8574	4212	4362	1067	616	451	4	3	1
初中	5206	3444	1762	1847	1253	594	2		2
高中	402	295	107	250	200	50	1	1	
大学专科	33	24	9	41	31	10			
大学本科	5	4	1	11	8	3			
研究生									
东乡族	**35852**	**17337**	**18515**	**1404**	**1207**	**197**	**2**	**2**	
未上过学	7226	2435	4791	190	151	39			
小学	23992	11681	12311	822	717	105			
初中	4156	2865	1291	292	248	44	2	2	
高中	430	316	114	82	75	7			
大学专科	43	35	8	14	12	2			
大学本科	5	5		4	4				
研究生									
纳西族	**13087**	**6627**	**6460**	**1175**	**891**	**284**	**5**	**5**	
未上过学	1097	321	776	12	7	5			
小学	5821	2705	3116	154	89	65			
初中	5224	2993	2231	659	519	140	1	1	
高中	825	540	285	220	176	44	1	1	
大学专科	102	58	44	110	85	25	2	2	
大学本科	15	9	6	19	14	5	1	1	
研究生	3	1	2	1	1				
景颇族	**7259**	**3447**	**3812**	**427**	**280**	**147**			
未上过学	694	198	496	8	3	5			
小学	4373	2070	2303	136	89	47			
初中	1952	1044	908	197	134	63			
高中	220	121	99	65	42	23			
大学专科	18	12	6	18	10	8			
大学本科	2	2		3	2	1			
研究生									
柯尔克孜族	**6973**	**3767**	**3206**	**263**	**173**	**90**	**2**	**1**	**1**
未上过学	152	60	92	1	1				
小学	3453	1762	1691	49	29	20			
初中	2911	1659	1252	124	86	38	2	1	1
高中	341	213	128	59	40	19			
大学专科	98	60	38	22	12	10			
大学本科	18	13	5	8	5	3			
研究生									

3-4 续表 18

单位：人

民族 受教育程度	合计			一、国家机关、党群组织、企业、事业单位负责人		
	合计	男	女	小计	男	女
土族	**15978**	**8521**	**7457**	**170**	**130**	**40**
未上过学	1945	619	1326	2	2	
小学	5853	2906	2947	17	11	6
初中	5229	3244	1985	20	13	7
高中	1386	860	526	26	23	3
大学专科	830	463	367	44	35	9
大学本科	702	407	295	57	42	15
研究生	33	22	11	4	4	
达斡尔族	**5796**	**3208**	**2588**	**139**	**89**	**50**
未上过学	30	15	15			
小学	873	510	363	3	2	1
初中	2725	1596	1129	19	14	5
高中	867	480	387	29	19	10
大学专科	752	359	393	54	31	23
大学本科	504	231	273	32	21	11
研究生	45	17	28	2	2	
仫佬族	**10431**	**5579**	**4852**	**162**	**106**	**56**
未上过学	286	86	200	1		1
小学	3412	1640	1772	3	2	1
初中	4393	2566	1827	15	12	3
高中	1190	705	485	37	25	12
大学专科	690	348	342	62	37	25
大学本科	421	214	207	40	27	13
研究生	39	20	19	4	3	1
羌族	**18297**	**9794**	**8503**	**160**	**109**	**51**
未上过学	1153	313	840			
小学	8543	4272	4271	9	6	3
初中	6173	3840	2333	36	26	10
高中	1200	716	484	19	12	7
大学专科	803	428	375	45	30	15
大学本科	412	218	194	49	34	15
研究生	13	7	6	2	1	1
布朗族	**7402**	**3937**	**3465**	**29**	**15**	**14**
未上过学	1028	377	651	1	1	
小学	4489	2415	2074	1	1	
初中	1378	859	519	4	2	2
高中	252	157	95	6	3	3
大学专科	179	91	88	14	5	9
大学本科	73	37	36	3	3	
研究生	3	1	2			

3-4 续表 19 单位：人

民族 受教育程度	二、专业技术人员			三、办事人员和有关人员			四、商业、服务业人员		
	小计	男	女	小计	男	女	小计	男	女
土族	**1103**	**623**	**480**	**548**	**350**	**198**	**1176**	**489**	**687**
未上过学	5	5		5	2	3	48	19	29
小学	92	81	11	35	22	13	206	85	121
初中	89	65	24	65	52	13	493	203	290
高中	152	74	78	85	53	32	285	118	167
大学专科	361	184	177	181	109	72	107	47	60
大学本科	381	200	181	172	108	64	36	17	19
研究生	23	14	9	5	4	1	1		1
达斡尔族	**794**	**290**	**504**	**497**	**301**	**196**	**771**	**307**	**464**
未上过学							1		1
小学	4	2	2	6	6		37	14	23
初中	55	35	20	62	48	14	374	153	221
高中	128	50	78	85	49	36	219	82	137
大学专科	309	97	212	195	113	82	100	41	59
大学本科	267	98	169	139	80	59	39	16	23
研究生	31	8	23	10	5	5	1	1	
仫佬族	**690**	**307**	**383**	**424**	**250**	**174**	**1385**	**576**	**809**
未上过学				1	1		11	3	8
小学	22	13	9	17	13	4	217	75	142
初中	64	40	24	47	33	14	664	283	381
高中	130	56	74	78	46	32	345	151	194
大学专科	246	92	154	159	99	60	114	46	68
大学本科	203	97	106	117	54	63	32	16	16
研究生	25	9	16	5	4	1	2	2	
羌族	**741**	**359**	**382**	**475**	**302**	**173**	**1614**	**652**	**962**
未上过学	1		1	1	1		25	5	20
小学	29	20	9	18	15	3	378	141	237
初中	92	57	35	82	61	21	753	303	450
高中	130	60	70	88	55	33	290	130	160
大学专科	307	139	168	164	100	64	131	58	73
大学本科	175	80	95	119	67	52	37	15	22
研究生	7	3	4	3	3				
布朗族	**211**	**114**	**97**	**103**	**57**	**46**	**321**	**84**	**237**
未上过学	1		1	2	2		14	4	10
小学	18	15	3	7	6	1	128	34	94
初中	15	7	8	12	7	5	119	28	91
高中	54	31	23	17	11	6	38	13	25
大学专科	91	46	45	34	17	17	17	3	14
大学本科	32	15	17	29	13	16	4	2	2
研究生				2	1	1	1		1

3-4　续表 20

单位：人

民族 受教育程度	五、农、林、牧、渔、水利业生产人员			六、生产、运输设备操作人员及有关人员			七、不便分类的其他劳动者		
	小计	男	女	小计	男	女	小计	男	女
土族	**10998**	**5583**	**5415**	**1979**	**1343**	**636**	**4**	**3**	**1**
未上过学	1842	565	1277	43	26	17			
小学	5111	2448	2663	392	259	133			
初中	3479	2192	1287	1082	719	363	1		1
高中	500	334	166	335	255	80	3	3	
大学专科	51	35	16	86	53	33			
大学本科	15	9	6	41	31	10			
研究生									
达斡尔族	**2983**	**1715**	**1268**	**606**	**501**	**105**	**6**	**5**	**1**
未上过学	29	15	14						
小学	786	453	333	37	33	4			
初中	1911	1094	817	301	249	52	3	3	
高中	220	127	93	185	152	33	1	1	
大学专科	32	22	10	60	54	6	2	1	1
大学本科	5	4	1	22	12	10			
研究生				1	1				
仫佬族	**5802**	**3042**	**2760**	**1959**	**1292**	**667**	**9**	**6**	**3**
未上过学	261	77	184	12	5	7			
小学	2743	1289	1454	407	245	162	3	3	
初中	2447	1446	1001	1153	751	402	3	1	2
高中	314	208	106	285	219	66	1		1
大学专科	32	19	13	76	54	22	1	1	
大学本科	4	3	1	24	16	8	1	1	
研究生	1		1	2	2				
羌族	**13334**	**6855**	**6479**	**1961**	**1509**	**452**	**12**	**8**	**4**
未上过学	1107	296	811	17	10	7	2	1	1
小学	7490	3633	3857	615	454	161	4	3	1
初中	4213	2599	1614	993	791	202	4	3	1
高中	428	270	158	245	189	56			
大学专科	82	49	33	72	51	21	2	1	1
大学本科	14	8	6	18	14	4			
研究生				1		1			
布朗族	**6322**	**3364**	**2958**	**416**	**303**	**113**			
未上过学	1002	363	639	8	7	1			
小学	4174	2248	1926	161	111	50			
初中	1035	675	360	193	140	53			
高中	98	66	32	39	33	6			
大学专科	11	10	1	12	10	2			
大学本科	2	2		3	2	1			
研究生									

3-4 续表 21

单位：人

民族 受教育程度	合计			一、国家机关、党群组织、企业、事业单位负责人		
	合计	男	女	小计	男	女
撒拉族	**5589**	**3108**	**2481**	**96**	**81**	**15**
未上过学	1173	345	828	11	7	4
小学	2686	1491	1195	30	26	4
初中	1106	847	259	27	23	4
高中	249	181	68	6	4	2
大学专科	236	146	90	9	9	
大学本科	134	94	40	12	11	1
研究生	5	4	1	1	1	
毛南族	**5758**	**3128**	**2630**	**53**	**41**	**12**
未上过学	191	52	139			
小学	1999	929	1070	3	1	2
初中	2528	1547	981	8	7	1
高中	531	331	200	6	5	1
大学专科	315	167	148	19	14	5
大学本科	181	97	84	14	11	3
研究生	13	5	8	3	3	
仡佬族	**26501**	**14408**	**12093**	**316**	**264**	**52**
未上过学	2849	630	2219			
小学	9897	4906	4991	17	11	6
初中	9513	6131	3382	57	48	9
高中	1719	1122	597	43	35	8
大学专科	1595	996	599	113	101	12
大学本科	880	589	291	78	64	14
研究生	48	34	14	8	5	3
锡伯族	**9934**	**5784**	**4150**	**190**	**142**	**48**
未上过学	30	17	13			
小学	1375	850	525	5	5	
初中	5279	3165	2114	42	29	13
高中	1479	872	607	29	25	4
大学专科	925	463	462	62	47	15
大学本科	771	384	387	47	33	14
研究生	75	33	42	5	3	2
阿昌族	**2138**	**1069**	**1069**	**13**	**10**	**3**
未上过学	174	43	131			
小学	1046	494	552	1	1	
初中	697	409	288			
高中	127	69	58	2	2	
大学专科	66	41	25	5	4	1
大学本科	26	11	15	4	2	2
研究生	2	2		1	1	

3-4 续表 22

单位：人

民族 受教育程度	二、专业技术人员			三、办事人员和有关人员			四、商业、服务业人员		
	小计	男	女	小计	男	女	小计	男	女
撒拉族	**257**	**157**	**100**	**137**	**90**	**47**	**1065**	**660**	**405**
未上过学	8	3	5	2	1	1	148	51	97
小学	26	21	5	7	6	1	491	297	194
初中	21	15	6	16	10	6	325	239	86
高中	35	24	11	18	11	7	61	42	19
大学专科	106	52	54	52	35	17	30	23	7
大学本科	59	40	19	40	26	14	10	8	2
研究生	2	2		2	1	1			
毛南族	**339**	**165**	**174**	**202**	**119**	**83**	**467**	**181**	**286**
未上过学				2	2		2		2
小学	3		3	7	5	2	65	22	43
初中	26	15	11	34	24	10	247	93	154
高中	67	42	25	35	15	20	105	47	58
大学专科	151	70	81	65	42	23	39	12	27
大学本科	85	37	48	58	31	27	8	7	1
研究生	7	1	6	1		1	1		1
仡佬族	**1709**	**985**	**724**	**892**	**616**	**276**	**2191**	**939**	**1252**
未上过学	5	3	2	3	2	1	62	12	50
小学	39	24	15	25	20	5	447	140	307
初中	126	76	50	105	78	27	1095	484	611
高中	270	142	128	138	90	48	390	190	200
大学专科	779	441	338	372	246	126	143	78	65
大学本科	468	285	183	236	169	67	51	32	19
研究生	22	14	8	13	11	2	3	3	
锡伯族	**1019**	**403**	**616**	**572**	**364**	**208**	**1530**	**690**	**840**
未上过学				1		1	2	1	1
小学	8	6	2	6	6		63	32	31
初中	91	49	42	77	59	18	748	330	418
高中	173	75	98	112	80	32	423	188	235
大学专科	316	105	211	190	112	78	184	80	104
大学本科	382	145	237	171	101	70	106	59	47
研究生	49	23	26	15	6	9	4		4
阿昌族	**76**	**38**	**38**	**41**	**29**	**12**	**112**	**26**	**86**
未上过学							3	1	2
小学				2	2		27	4	23
初中	6	4	2	9	7	2	56	12	44
高中	26	11	15	9	7	2	17	5	12
大学专科	30	17	13	13	9	4	8	4	4
大学本科	13	5	8	8	4	4	1		1
研究生	1	1							

3-4 续表 23

单位：人

民族 受教育程度	五、农、林、牧、渔、水利业生产人员			六、生产、运输设备操作人员及有关人员			七、不便分类的其他劳动者		
	小计	男	女	小计	男	女	小计	男	女
撒拉族	**3640**	**1787**	**1853**	**389**	**330**	**59**	**5**	**3**	**2**
未上过学	971	262	709	33	21	12			
小学	1959	999	960	170	141	29	3	1	2
初中	590	442	148	127	118	9			
高中	91	64	27	37	35	2	1	1	
大学专科	22	16	6	17	11	6			
大学本科	7	4	3	5	4	1	1	1	
研究生									
毛南族	**3647**	**1906**	**1741**	**1048**	**714**	**334**	**2**	**2**	
未上过学	179	48	131	8	2	6			
小学	1710	764	946	211	137	74			
初中	1562	961	601	649	445	204	2	2	
高中	183	123	60	135	99	36			
大学专科	10	7	3	31	22	9			
大学本科	2	2		14	9	5			
研究生	1	1							
仡佬族	**16338**	**8140**	**8198**	**5037**	**3457**	**1580**	**18**	**7**	**11**
未上过学	2683	593	2090	96	20	76			
小学	7999	3892	4107	1363	818	545	7	1	6
初中	5210	3332	1878	2916	2110	806	4	3	1
高中	387	285	102	488	379	109	3	1	2
大学专科	48	29	19	136	99	37	4	2	2
大学本科	11	9	2	36	30	6			
研究生				2	1	1			
锡伯族	**5325**	**3151**	**2174**	**1297**	**1033**	**264**	**1**	**1**	
未上过学	25	14	11	2	2				
小学	1211	733	478	82	68	14			
初中	3565	2089	1476	756	609	147			
高中	454	272	182	288	232	56			
大学专科	54	33	21	118	85	33	1	1	
大学本科	15	10	5	50	36	14			
研究生	1		1	1	1				
阿昌族	**1686**	**814**	**872**	**210**	**152**	**58**			
未上过学	168	41	127	3	1	2			
小学	945	431	514	71	56	15			
初中	516	306	210	110	80	30			
高中	52	31	21	21	13	8			
大学专科	5	5		5	2	3			
大学本科									
研究生									

3-4　续表 24　　　　单位：人

民族 受教育程度	合计			一、国家机关、党群组织、企业、事业单位负责人		
	合计	男	女	小计	男	女
普米族	**2433**	**1269**	**1164**	**21**	**18**	**3**
未上过学	408	99	309			
小学	911	454	457			
初中	791	517	274	2	2	
高中	176	116	60	5	4	1
大学专科	82	48	34	10	8	2
大学本科	62	34	28	4	4	
研究生	3	1	2			
塔吉克族	**2119**	**1344**	**775**	**20**	**16**	**4**
未上过学	47	27	20			
小学	901	535	366	2	1	1
初中	799	509	290	6	3	3
高中	179	139	40	1	1	
大学专科	163	108	55	8	8	
大学本科	29	26	3	3	3	
研究生	1		1			
怒族	**2215**	**1138**	**1077**	**20**	**16**	**4**
未上过学	336	137	199			
小学	989	509	480			
初中	613	334	279	4	4	
高中	138	81	57	5	3	2
大学专科	97	50	47	3	3	
大学本科	41	26	15	7	5	2
研究生	1	1		1	1	
乌孜别克族	**375**	**245**	**130**	**11**	**7**	**4**
未上过学	4	4		1	1	
小学	80	59	21			
初中	115	87	28	3	3	
高中	70	41	29	1		1
大学专科	67	36	31	3	2	1
大学本科	37	17	20	2	1	1
研究生	2	1	1	1		1
俄罗斯族	**617**	**310**	**307**	**26**	**14**	**12**
未上过学	1		1			
小学	35	25	10			
初中	170	104	66	3		3
高中	146	70	76	7	3	4
大学专科	132	60	72	11	8	3
大学本科	118	46	72	5	3	2
研究生	15	5	10			

3-4 续表 25

单位：人

民族 受教育程度	二、专业技术人员			三、办事人员和有关人员			四、商业、服务业人员		
	小计	男	女	小计	男	女	小计	男	女
普米族	**109**	**60**	**49**	**68**	**45**	**23**	**199**	**79**	**120**
未上过学	2	2					8	2	6
小学	4	2	2	3	2	1	38	12	26
初中	15	9	6	19	15	4	110	42	68
高中	25	17	8	11	8	3	33	17	16
大学专科	31	16	15	16	9	7	6	2	4
大学本科	31	14	17	18	10	8	4	4	
研究生	1		1	1	1				
塔吉克族	**106**	**67**	**39**	**35**	**25**	**10**	**40**	**28**	**12**
未上过学									
小学	3	2	1	1	1		11	7	4
初中	4	3	1	3	2	1	11	7	4
高中	19	14	5	7	6	1	10	8	2
大学专科	65	37	28	18	10	8	8	6	2
大学本科	14	11	3	6	6				
研究生	1		1						
怒族	**96**	**47**	**49**	**63**	**40**	**23**	**126**	**44**	**82**
未上过学							6	1	5
小学	3	2	1				29	5	24
初中	13	6	7	9	6	3	54	19	35
高中	18	9	9	20	15	5	28	13	15
大学专科	46	21	25	21	10	11	7	5	2
大学本科	16	9	7	13	9	4	2	1	1
研究生									
乌孜别克族	**53**	**25**	**28**	**48**	**24**	**24**	**79**	**61**	**18**
未上过学							1	1	
小学				1	1		14	12	2
初中	4	2	2	3	2	1	26	22	4
高中	11	8	3	11	3	8	20	16	4
大学专科	21	10	11	23	12	11	13	7	6
大学本科	17	5	12	9	5	4	5	3	2
研究生				1	1				
俄罗斯族	**150**	**45**	**105**	**88**	**47**	**41**	**137**	**61**	**76**
未上过学									
小学				2	1	1	5	4	1
初中	2		2	8	5	3	48	20	28
高中	21	4	17	15	9	6	49	21	28
大学专科	45	17	28	40	20	20	21	8	13
大学本科	70	20	50	20	11	9	14	8	6
研究生	12	4	8	3	1	2			

3-4 续表 26

单位：人

民族 受教育程度	五、农、林、牧、渔、水利业生产人员			六、生产、运输设备操作人员及有关人员			七、不便分类的其他劳动者		
	小计	男	女	小计	男	女	小计	男	女
普米族	**1893**	**960**	**933**	**143**	**107**	**36**			
未上过学	397	95	302	1		1			
小学	832	412	420	34	26	8			
初中	573	392	181	72	57	15			
高中	79	52	27	23	18	5			
大学专科	9	8	1	10	5	5			
大学本科	2	1	1	3	1	2			
研究生	1		1						
塔吉克族	**1870**	**1172**	**698**	**48**	**36**	**12**			
未上过学	47	27	20						
小学	880	521	359	4	3	1			
初中	753	478	275	22	16	6			
高中	129	99	30	13	11	2			
大学专科	56	42	14	8	5	3			
大学本科	5	5		1	1				
研究生									
怒族	**1772**	**897**	**875**	**138**	**94**	**44**			
未上过学	325	132	193	5	4	1			
小学	919	473	446	38	29	9			
初中	476	260	216	57	39	18			
高中	41	26	15	26	15	11			
大学专科	10	5	5	10	6	4			
大学本科	1	1		2	1	1			
研究生									
乌孜别克族	**118**	**85**	**33**	**66**	**43**	**23**			
未上过学	1	1		1	1				
小学	56	40	16	9	6	3			
初中	50	37	13	29	21	8			
高中	7	4	3	20	10	10			
大学专科	3	2	1	4	3	1			
大学本科	1	1		3	2	1			
研究生									
俄罗斯族	**100**	**60**	**40**	**116**	**83**	**33**			
未上过学	1		1						
小学	24	16	8	4	4				
初中	61	39	22	48	40	8			
高中	13	4	9	41	29	12			
大学专科	1	1		14	6	8			
大学本科				9	4	5			
研究生									

3-4 续表 27　　　　单位：人

民　族 受教育程度	合　计			一、国家机关、党群组织、企业、事业单位负责人		
	合计	男	女	小计	男	女
鄂温克族	**1352**	**708**	**644**	**29**	**23**	**6**
未上过学	12	6	6			
小学	261	140	121	1	1	
初中	594	331	263	5	4	1
高中	208	117	91	3	2	1
大学专科	157	78	79	7	7	
大学本科	112	33	79	12	8	4
研究生	8	3	5	1	1	
德昂族	**1255**	**617**	**638**	**2**	**1**	**1**
未上过学	231	82	149			
小学	735	371	364			
初中	241	132	109	1	1	
高中	23	17	6			
大学专科	19	11	8	1		1
大学本科	6	4	2			
研究生						
保安族	**1009**	**518**	**491**	**10**	**8**	**2**
未上过学	102	29	73			
小学	583	277	306			
初中	183	121	62			
高中	81	56	25	2	1	1
大学专科	43	25	18	6	6	
大学本科	16	9	7	1		1
研究生	1	1		1	1	
裕固族	**800**	**443**	**357**	**16**	**12**	**4**
未上过学	15	4	11			
小学	309	151	158			
初中	257	155	102	4	4	
高中	83	51	32	2	1	1
大学专科	90	56	34	4	3	1
大学本科	42	22	20	5	3	2
研究生	4	4		1	1	
京族	**1293**	**709**	**584**	**26**	**21**	**5**
未上过学	35	6	29			
小学	234	94	140	1		1
初中	665	399	266	4	4	
高中	187	125	62	6	4	2
大学专科	98	50	48	6	6	
大学本科	70	33	37	8	6	2
研究生	4	2	2	1	1	

3-4 续表 28

单位: 人

民族 受教育程度	二、专业技术人员			三、办事人员和有关人员			四、商业、服务业人员		
	小计	男	女	小计	男	女	小计	男	女
鄂温克族	**146**	**34**	**112**	**122**	**82**	**40**	**154**	**58**	**96**
未上过学									
小学							4	2	2
初中	10	4	6	20	18	2	69	24	45
高中	29	8	21	28	23	5	53	23	30
大学专科	51	11	40	45	30	15	18	8	10
大学本科	51	10	41	29	11	18	10	1	9
研究生	5	1	4						
德昂族	**21**	**9**	**12**	**18**	**14**	**4**	**48**	**18**	**30**
未上过学	1		1				3	1	2
小学				3	2	1	13	3	10
初中	2	1	1	6	5	1	29	12	17
高中	3		3	1	1		3	2	1
大学专科	11	6	5	6	4	2			
大学本科	4	2	2	2	2				
研究生									
保安族	**50**	**27**	**23**	**33**	**21**	**12**	**83**	**58**	**25**
未上过学							4	2	2
小学							41	27	14
初中	4	3	1	1		1	23	20	3
高中	18	9	9	15	12	3	10	7	3
大学专科	21	11	10	11	4	7	3	2	1
大学本科	7	4	3	6	5	1	2		2
研究生									
裕固族	**69**	**35**	**34**	**46**	**32**	**14**	**91**	**38**	**53**
未上过学									
小学	1		1				8	2	6
初中	6	3	3	4	4		40	13	27
高中	5	3	2	10	8	2	26	11	15
大学专科	35	20	15	22	12	10	11	8	3
大学本科	20	7	13	9	7	2	6	4	2
研究生	2	2		1	1				
京族	**87**	**34**	**53**	**72**	**41**	**31**	**330**	**161**	**169**
未上过学							1		1
小学	2	2		1	1		29	9	20
初中	11	6	5	4	2	2	195	99	96
高中	19	10	9	11	5	6	72	39	33
大学专科	33	9	24	28	18	10	21	9	12
大学本科	20	6	14	27	15	12	12	5	7
研究生	2	1	1	1		1			

3-4 续表 29

单位：人

民族 受教育程度	五、农、林、牧、渔、水利业生产人员			六、生产、运输设备操作人员及有关人员			七、不便分类的其他劳动者		
	小计	男	女	小计	男	女	小计	男	女
鄂温克族	**783**	**421**	**362**	**118**	**90**	**28**			
未上过学	12	6	6						
小学	252	134	118	4	3	1			
初中	421	232	189	69	49	20			
高中	67	34	33	28	27	1			
大学专科	25	13	12	11	9	2			
大学本科	4	1	3	6	2	4			
研究生	2	1	1						
德昂族	**1126**	**550**	**576**	**40**	**25**	**15**			
未上过学	226	81	145	1		1			
小学	698	353	345	21	13	8			
初中	186	102	84	17	11	6			
高中	15	13	2	1	1				
大学专科	1	1							
大学本科									
研究生									
保安族	**776**	**358**	**418**	**57**	**46**	**11**			
未上过学	92	22	70	6	5	1			
小学	514	230	284	28	20	8			
初中	138	82	56	17	16	1			
高中	31	23	8	5	4	1			
大学专科	1	1		1	1				
大学本科									
研究生									
裕固族	**525**	**287**	**238**	**53**	**39**	**14**			
未上过学	15	4	11						
小学	298	147	151	2	2				
初中	179	111	68	24	20	4			
高中	25	20	5	15	8	7			
大学专科	8	5	3	10	8	2			
大学本科				2	1	1			
研究生									
京族	**647**	**353**	**294**	**131**	**99**	**32**			
未上过学	34	6	28						
小学	181	72	109	20	10	10			
初中	375	226	149	76	62	14			
高中	55	47	8	24	20	4			
大学专科	2	2		8	6	2			
大学本科				3	1	2			
研究生									

3-4 续表 30

单位：人

民族 受教育程度	合计			一、国家机关、党群组织、企业、事业单位负责人		
	合计	男	女	小计	男	女
塔塔尔族	**188**	**121**	**67**	**2**	**1**	**1**
未上过学	1		1			
小学	36	23	13			
初中	75	57	18	1		1
高中	28	13	15			
大学专科	36	22	14	1	1	
大学本科	12	6	6			
研究生						
独龙族	**453**	**225**	**228**	**4**	**4**	
未上过学	91	37	54			
小学	186	98	88	1	1	
初中	140	73	67	1	1	
高中	16	9	7	1	1	
大学专科	16	8	8	1	1	
大学本科	4		4			
研究生						
鄂伦春族	**340**	**178**	**162**	**19**	**11**	**8**
未上过学	1		1			
小学	24	13	11	1	1	
初中	126	68	58	3	2	1
高中	69	42	27	4	1	3
大学专科	75	34	41	5	3	2
大学本科	42	21	21	6	4	2
研究生	3		3			
赫哲族	**244**	**137**	**107**	**6**	**5**	**1**
未上过学	4		4			
小学	20	12	8	1	1	
初中	109	77	32	2	2	
高中	40	19	21	1		1
大学专科	43	17	26	1	1	
大学本科	24	11	13	1	1	
研究生	4	1	3			
门巴族	**603**	**313**	**290**	**2**	**2**	
未上过学	310	145	165			
小学	173	99	74			
初中	70	39	31	1	1	
高中	23	14	9			
大学专科	19	12	7			
大学本科	7	3	4			
研究生	1	1		1	1	

3-4 续表 31 单位：人

民族 受教育程度	二、专业技术人员			三、办事人员和有关人员			四、商业、服务业人员		
	小计	男	女	小计	男	女	小计	男	女
塔塔尔族	**32**	**16**	**16**	**13**	**8**	**5**	**21**	**11**	**10**
未上过学									
小学	1	1							
初中	3	2	1	3	3		4	2	2
高中	6	2	4	3	2	1	6	2	4
大学专科	16	9	7	4	1	3	10	7	3
大学本科	6	2	4	3	2	1	1		1
研究生									
独龙族	**19**	**8**	**11**	**7**	**3**	**4**	**10**		**10**
未上过学									
小学							2		2
初中	3	1	2	2	1	1	6		6
高中	5	3	2	1		1			
大学专科	9	4	5	3	2	1	1		1
大学本科	2		2	1		1	1		1
研究生									
鄂伦春族	**56**	**18**	**38**	**63**	**35**	**28**	**61**	**23**	**38**
未上过学									
小学							1		1
初中	4	2	2	6	4	2	29	8	21
高中	11	4	7	9	7	2	22	10	12
大学专科	23	7	16	37	18	19	6	3	3
大学本科	17	5	12	10	6	4	3	2	1
研究生	1		1	1		1			
赫哲族	**42**	**9**	**33**	**25**	**12**	**13**	**40**	**26**	**14**
未上过学									
小学				1		1	3	2	1
初中	1		1	5	5		16	13	3
高中	9		9	4	2	2	11	5	6
大学专科	18	4	14	8	2	6	8	5	3
大学本科	11	4	7	6	3	3	2	1	1
研究生	3	1	2	1		1			
门巴族	**22**	**11**	**11**	**24**	**16**	**8**	**26**	**11**	**15**
未上过学				1	1		5		5
小学	3	3		6	5	1	12	5	7
初中	1		1	6	4	2	5	2	3
高中	5	3	2	4	1	3	3	3	
大学专科	9	4	5	4	3	1	1	1	
大学本科	4	1	3	3	2	1			
研究生									

3-4 续表 32 单位：人

民族 受教育程度	五、农、林、牧、渔、水利业生产人员			六、生产、运输设备操作人员及有关人员			七、不便分类的其他劳动者		
	小计	男	女	小计	男	女	小计	男	女
塔塔尔族	**102**	**72**	**30**	**18**	**13**	**5**			
未上过学	1		1						
小学	33	22	11	2		2			
初中	55	43	12	9	7	2			
高中	9	4	5	4	3	1			
大学专科	4	3	1	1	1				
大学本科				2	2				
研究生									
独龙族	**397**	**199**	**198**	**16**	**11**	**5**			
未上过学	91	37	54						
小学	179	94	85	4	3	1			
初中	119	65	54	9	5	4			
高中	7	3	4	2	2				
大学专科	1		1	1	1				
大学本科									
研究生									
鄂伦春族	**99**	**61**	**38**	**42**	**30**	**12**			
未上过学	1		1						
小学	20	11	9	2	1	1			
初中	61	35	26	23	17	6			
高中	14	12	2	9	8	1			
大学专科	1	1		3	2	1			
大学本科	2	2		4	2	2			
研究生				1		1			
赫哲族	**79**	**47**	**32**	**52**	**38**	**14**			
未上过学	3		3	1		1			
小学	13	8	5	2	1	1			
初中	54	34	20	31	23	8			
高中	5	4	1	10	8	2			
大学专科	3	1	2	5	4	1			
大学本科	1		1	3	2	1			
研究生									
门巴族	**507**	**256**	**251**	**22**	**17**	**5**			
未上过学	299	141	158	5	3	2			
小学	144	79	65	8	7	1			
初中	49	26	23	8	6	2			
高中	10	6	4	1	1				
大学专科	5	4	1						
大学本科									
研究生									

3-4 续表 33

单位：人

民族 受教育程度	合计			一、国家机关、党群组织、企业、事业单位负责人		
	合计	男	女	小计	男	女
珞巴族	**182**	**93**	**89**	**1**	**1**	
未上过学	65	30	35			
小学	85	51	34			
初中	18	7	11	1	1	
高中	4	2	2			
大学专科	8	2	6			
大学本科	2	1	1			
研究生						
基诺族	**1514**	**795**	**719**	**13**	**8**	**5**
未上过学	105	37	68			
小学	598	323	275	1		1
初中	576	309	267	1	1	
高中	134	75	59	2		2
大学专科	69	41	28	6	6	
大学本科	31	10	21	2	1	1
研究生	1		1	1		1
其他未识别的民族	**29951**	**16292**	**13659**	**151**	**113**	**38**
未上过学	4396	1109	3287			
小学	12915	6772	6143	20	14	6
初中	10288	6832	3456	40	31	9
高中	1195	831	364	32	27	5
大学专科	809	510	299	34	23	11
大学本科	331	224	107	22	16	6
研究生	17	14	3	3	2	1
外国人加入中国籍	**78**	**32**	**46**	**2**	**1**	**1**
未上过学	7	1	6			
小学	19	7	12			
初中	36	17	19	1	1	
高中	8	5	3			
大学专科	4		4			
大学本科	4	2	2	1		1
研究生						

3-4 续表 34

单位：人

民族 受教育程度	二、专业技术人员			三、办事人员和有关人员			四、商业、服务业人员		
	小计	男	女	小计	男	女	小计	男	女
珞巴族	**4**	**1**	**3**	**6**	**2**	**4**	**6**	**2**	**4**
未上过学							2		2
小学							2	2	
初中				2	1	1	1		1
高中									
大学专科	4	1	3	2		2	1		1
大学本科				2	1	1			
研究生									
基诺族	**77**	**29**	**48**	**43**	**34**	**9**	**98**	**32**	**66**
未上过学	1		1				2	1	1
小学	2	2		3	3		9		9
初中	5	3	2	5	5		58	16	42
高中	15	7	8	13	10	3	20	10	10
大学专科	35	14	21	14	11	3	8	5	3
大学本科	19	3	16	8	5	3	1		1
研究生									
其他未识别的民族	**972**	**597**	**375**	**449**	**343**	**106**	**1853**	**783**	**1070**
未上过学	6	3	3	3	1	2	105	16	89
小学	45	29	16	22	18	4	566	222	344
初中	108	79	29	87	70	17	906	410	496
高中	186	113	73	82	63	19	208	98	110
大学专科	434	249	185	161	121	40	54	26	28
大学本科	183	116	67	91	67	24	14	11	3
研究生	10	8	2	3	3				
外国人加入中国籍	**3**	**1**	**2**	**2**		**2**	**8**	**5**	**3**
未上过学									
小学							3	1	2
初中							3	3	
高中							1	1	
大学专科	1		1	2		2	1		1
大学本科	2	1	1						
研究生									

3-4 续表 35

单位：人

民族 受教育程度	五、农、林、牧、渔、水利业生产人员			六、生产、运输设备操作人员及有关人员			七、不便分类的其他劳动者		
	小计	男	女	小计	男	女	小计	男	女
珞巴族	**159**	**83**	**76**	**6**	**4**	**2**			
未上过学	63	30	33						
小学	79	46	33	4	3	1			
初中	12	4	8	2	1	1			
高中	4	2	2						
大学专科	1	1							
大学本科									
研究生									
基诺族	**1247**	**669**	**578**	**36**	**23**	**13**			
未上过学	100	36	64	2		2			
小学	577	315	262	6	3	3			
初中	497	280	217	10	4	6			
高中	68	34	34	16	14	2			
大学专科	4	3	1	2	2				
大学本科	1	1							
研究生									
其他未识别的民族	**22559**	**11519**	**11040**	**3944**	**2920**	**1024**	**23**	**17**	**6**
未上过学	4108	1014	3094	172	74	98	2	1	1
小学	10866	5486	5380	1389	999	390	7	4	3
初中	7128	4679	2449	2011	1556	455	8	7	1
高中	395	293	102	287	233	54	5	4	1
大学专科	54	41	13	71	49	22	1	1	
大学本科	7	5	2	14	9	5			
研究生	1	1							
外国人加入中国籍	**46**	**13**	**33**	**17**	**12**	**5**			
未上过学	7	1	6						
小学	16	6	10						
初中	22	6	16	10	7	3			
高中	1		1	6	4	2			
大学专科									
大学本科				1	1				
研究生									

3-5　各地区少数民族分性别的未工作人口(长表数据)

单位：人

地　区	未工作人口			一、在校学习		
	合计	男	女	小计	男	女
全　国	**2049781**	**808283**	**1241498**	**474156**	**232138**	**242018**
北　京	31876	13104	18772	9105	4165	4940
天　津	12953	5126	7827	3604	1708	1896
河　北	77034	25797	51237	17968	8860	9108
山　西	3262	1267	1995	755	364	391
内蒙古	111787	40563	71224	30550	14204	16346
辽　宁	158375	57536	100839	36807	17770	19037
吉　林	60064	24629	35435	13579	6398	7181
黑龙江	37862	15401	22461	7634	3720	3914
上　海	7473	2669	4804	2388	1056	1332
江　苏	7884	2905	4979	2708	1272	1436
浙　江	12352	2939	9413	2048	1027	1021
安　徽	9964	3522	6442	2053	1109	944
福　建	13785	4766	9019	3108	1501	1607
江　西	2938	1275	1663	1206	611	595
山　东	17398	6356	11042	3899	1931	1968
河　南	29181	11367	17814	6466	3145	3321
湖　北	48020	20399	27621	14145	7003	7142
湖　南	118049	47624	70425	22171	10866	11305
广　东	16259	5249	11010	2899	1403	1496
广　西	279084	116918	162166	63291	30645	32646
海　南	27247	11621	15626	7780	3728	4052
重　庆	36543	15790	20753	9575	4951	4624
四　川	66526	29070	37456	17639	9373	8266
贵　州	224113	95935	128178	54327	28315	26012
云　南	201563	82863	118700	45213	21739	23474
西　藏	44909	17502	27407	8818	4411	4407
陕　西	7425	3291	4134	3063	1516	1547
甘　肃	57985	24207	33778	12478	6787	5691
青　海	52261	20282	31979	10995	5606	5389
宁　夏	41351	15534	25817	11273	5679	5594
新　疆	234258	82776	151482	46611	21275	25336

3-5 续表 1

单位：人

地区	二、丧失工作能力			三、毕业后未工作		
	小计	男	女	小计	男	女
全国	**414380**	**182799**	**231581**	**69406**	**37499**	**31907**
北京	851	401	450	984	541	443
天津	452	205	247	415	217	198
河北	9378	4610	4768	3233	1490	1743
山西	130	52	78	161	81	80
内蒙古	14916	6435	8481	4680	2397	2283
辽宁	24027	11673	12354	7074	3463	3611
吉林	8505	3898	4607	2046	1034	1012
黑龙江	5081	2639	2442	1474	726	748
上海	68	39	29	148	74	74
江苏	245	95	150	162	91	71
浙江	1061	545	516	271	149	122
安徽	1175	509	666	421	227	194
福建	1948	1078	870	367	205	162
江西	329	197	132	55	33	22
山东	2098	822	1276	589	298	291
河南	3320	1416	1904	1418	757	661
湖北	12497	5808	6689	991	573	418
湖南	30927	13904	17023	4096	2265	1831
广东	943	450	493	539	298	241
广西	68502	27687	40815	7378	4525	2853
海南	4105	1673	2432	1871	1205	666
重庆	10630	5141	5489	1055	607	448
四川	18478	7892	10586	1847	1049	798
贵州	61200	27697	33503	7141	4149	2992
云南	59707	24815	34892	5467	3045	2422
西藏	10960	4649	6311	681	339	342
陕西	346	149	197	265	145	120
甘肃	15841	7323	8518	1405	748	657
青海	11135	4873	6262	1202	655	547
宁夏	6949	3163	3786	1021	572	449
新疆	28576	12961	15615	10949	5541	5408

3-5 续表 2

单位：人

地区	四、因单位原因失去工作			五、因本人原因失去工作			六、承包土地被征用		
	小计	男	女	小计	男	女	小计	男	女
全　国	**26228**	**15316**	**10912**	**36193**	**19292**	**16901**	**10456**	**5656**	**4800**
北　京	964	659	305	1816	927	889	90	58	32
天　津	609	373	236	360	181	179	14	10	4
河　北	1314	767	547	984	596	388	166	113	53
山　西	145	80	65	54	38	16	4	1	3
内蒙古	1874	1013	861	1707	971	736	299	185	114
辽　宁	3246	1852	1394	3631	1955	1676	1056	623	433
吉　林	1430	945	485	1263	814	449	246	155	91
黑龙江	828	523	305	951	559	392	53	34	19
上　海	239	161	78	534	227	307	4		4
江　苏	234	140	94	326	122	204	7	1	6
浙　江	131	78	53	1312	371	941	28	13	15
安　徽	277	155	122	147	66	81	76	47	29
福　建	100	58	42	372	200	172	31	20	11
江　西	18	11	7	40	22	18	9	4	5
山　东	473	258	215	458	248	210	35	20	15
河　南	971	562	409	455	273	182	168	86	82
湖　北	612	344	268	504	287	217	222	117	105
湖　南	1484	845	639	1219	725	494	521	276	245
广　东	348	193	155	1629	812	817	7	3	4
广　西	2951	1659	1292	6428	2779	3649	1481	616	865
海　南	429	255	174	600	339	261	217	118	99
重　庆	284	164	120	626	349	277	185	83	102
四　川	327	189	138	520	294	226	608	286	322
贵　州	1325	808	517	2569	1587	982	1198	690	508
云　南	2014	1130	884	2185	1219	966	1682	871	811
西　藏	35	20	15	197	107	90	49	19	30
陕　西	257	158	99	133	79	54	9	5	4
甘　肃	529	310	219	589	402	187	170	98	72
青　海	317	174	143	675	431	244	119	85	34
宁　夏	378	221	157	600	322	278	515	303	212
新　疆	2085	1211	874	3309	1990	1319	1187	716	471

3-5 续表 3

单位: 人

地 区	七、离退休			八、料理家务			九、其 他		
	小计	男	女	小计	男	女	小计	男	女
全 国	**243820**	**127106**	**116714**	**575156**	**81383**	**493773**	**199986**	**107094**	**92892**
北 京	12429	5171	7258	4115	355	3760	1522	827	695
天 津	4871	1910	2961	1853	112	1741	775	410	365
河 北	8603	4280	4323	28853	1369	27484	6535	3712	2823
山 西	940	441	499	764	24	740	309	186	123
内 蒙 古	16580	7990	8590	31665	2153	29512	9516	5215	4301
辽 宁	31899	14988	16911	43617	1426	42191	7018	3786	3232
吉 林	16293	7434	8859	11139	691	10448	5563	3260	2303
黑 龙 江	8314	3943	4371	9406	728	8678	4121	2529	1592
上 海	2466	921	1545	1290	53	1237	336	138	198
江 苏	2313	953	1360	1519	102	1417	370	129	241
浙 江	535	279	256	6346	243	6103	620	234	386
安 徽	2022	876	1146	2978	136	2842	815	397	418
福 建	793	520	273	5865	480	5385	1201	704	497
江 西	298	176	122	727	98	629	256	123	133
山 东	4028	1796	2232	4600	332	4268	1218	651	567
河 南	6000	2616	3384	6931	524	6407	3452	1988	1464
湖 北	4604	2815	1789	10406	1415	8991	4039	2037	2002
湖 南	8493	5282	3211	33561	4996	28565	15577	8465	7112
广 东	1381	596	785	6620	604	6016	1893	890	1003
广 西	31353	18094	13259	71254	18768	52486	26446	12145	14301
海 南	2540	1019	1521	5751	1041	4710	3954	2243	1711
重 庆	2534	1541	993	8329	1242	7087	3325	1712	1613
四 川	4100	2354	1746	14257	2852	11405	8750	4781	3969
贵 州	12148	8186	3962	58166	10103	48063	26039	14400	11639
云 南	18278	11426	6852	51074	10712	40362	15943	7906	8037
西 藏	3118	1726	1392	14067	2375	11692	6984	3856	3128
陕 西	1975	881	1094	835	67	768	542	291	251
甘 肃	3033	1815	1218	17054	2708	14346	6886	4016	2870
青 海	2966	1936	1030	17271	2045	15226	7581	4477	3104
宁 夏	3968	2151	1817	13062	1199	11863	3585	1924	1661
新 疆	24945	12990	11955	91781	12430	79351	24815	13662	11153

3-6 各地区少数民族未工作人口的主要生活来源(长表数据)

单位：人

地 区	合 计			一、劳动收入		
	合计	男	女	小计	男	女
全 国	**2049781**	**808283**	**1241498**	**29091**	**17715**	**11376**
北 京	31876	13104	18772	64	36	28
天 津	12953	5126	7827	65	37	28
河 北	77034	25797	51237	1155	909	246
山 西	3262	1267	1995	31	20	11
内 蒙 古	111787	40563	71224	1419	940	479
辽 宁	158375	57536	100839	828	530	298
吉 林	60064	24629	35435	728	488	240
黑 龙 江	37862	15401	22461			
上 海	7473	2669	4804	40	17	23
江 苏	7884	2905	4979	40	17	23
浙 江	12352	2939	9413			
安 徽	9964	3522	6442	87	50	37
福 建	13785	4766	9019	167	108	59
江 西	2938	1275	1663	44	30	14
山 东	17398	6356	11042	134	69	65
河 南	29181	11367	17814	634	397	237
湖 北	48020	20399	27621	536	305	231
湖 南	118049	47624	70425	3207	1976	1231
广 东	16259	5249	11010	441	252	189
广 西	279084	116918	162166			
海 南	27247	11621	15626	931	483	448
重 庆	36543	15790	20753	396	237	159
四 川	66526	29070	37456	2080	1148	932
贵 州	224113	95935	128178	4853	2993	1860
云 南	201563	82863	118700	1841	1042	799
西 藏	44909	17502	27407	1474	728	746
陕 西	7425	3291	4134	39	23	16
甘 肃	57985	24207	33778	1154	734	420
青 海	52261	20282	31979	1745	1034	711
宁 夏	41351	15534	25817	715	479	236
新 疆	234258	82776	151482	4243	2633	1610

3-6 续表 1

单位：人

地区	二、离退休金养老金			三、失业保险金			四、最低生活保障金		
	小计	男	女	小计	男	女	小计	男	女
全国	**237506**	**124101**	**113405**	**2784**	**1648**	**1136**	**119083**	**57387**	**61696**
北京	12282	5115	7167	74	49	25	618	335	283
天津	4807	1881	2926	44	31	13	304	143	161
河北	8462	4202	4260	142	80	62	2566	1373	1193
山西	927	435	492	24	14	10	81	34	47
内蒙古	16234	7831	8403	145	89	56	6297	2813	3484
辽宁	31558	14815	16743	297	175	122	5365	2989	2376
吉林	16042	7320	8722	133	93	40	2970	1387	1583
黑龙江	8113	3843	4270	135	88	47	1212	680	532
上海	2440	915	1525	35	18	17	141	91	50
江苏	2285	942	1343	19	9	10	117	52	65
浙江	519	269	250	3	2	1	187	110	77
安徽	1948	847	1101	30	20	10	352	174	178
福建	733	478	255	9	2	7	300	196	104
江西	293	174	119	3		3	97	57	40
山东	3916	1744	2172	62	37	25	389	197	192
河南	5869	2540	3329	126	74	52	1088	537	551
湖北	4484	2754	1730	33	19	14	2417	1349	1068
湖南	8136	5098	3038	113	65	48	4462	2526	1936
广东	1153	515	638	21	11	10	219	131	88
广西	30184	17573	12611	357	222	135	12168	6852	5316
海南	2446	984	1462	38	15	23	1073	528	545
重庆	2334	1446	888	25	18	7	2450	1359	1091
四川	3975	2289	1686	86	46	40	5951	2720	3231
贵州	11842	8023	3819	135	83	52	17619	8902	8717
云南	17896	11227	6669	169	103	66	9524	4481	5043
西藏	2942	1640	1302	15	10	5	2436	1040	1396
陕西	1934	859	1075	34	23	11	349	150	199
甘肃	2941	1764	1177	39	24	15	4675	2116	2559
青海	2854	1871	983	28	11	17	2898	1266	1632
宁夏	3854	2091	1763	72	23	49	2513	1171	1342
新疆	24103	12616	11487	338	194	144	28245	11628	16617

3-6 续表 2

单位：人

地区	五、财产性收入			六、家庭其他成员供养			七、其他		
	小计	男	女	小计	男	女	小计	男	女
全　国	**24052**	**12609**	**11443**	**1528051**	**542237**	**985814**	**109214**	**52586**	**56628**
北　京	573	344	229	17076	6597	10479	1189	628	561
天　津	74	40	34	7158	2736	4422	501	258	243
河　北	587	323	264	60233	17133	43100	3889	1777	2112
山　西	52	34	18	1957	620	1337	190	110	80
内蒙古	1800	880	920	81232	25921	55311	4660	2089	2571
辽　宁	2326	1240	1086	113609	35777	77832	4392	2010	2382
吉　林	1153	681	472	35874	13042	22832	3164	1618	1546
黑龙江	898	544	354	25485	9164	16321	2019	1082	937
上　海	95	46	49	4501	1480	3021	221	102	119
江　苏	44	21	23	5131	1741	3390	248	123	125
浙　江	190	98	92	10976	2286	8690	477	174	303
安　徽	86	48	38	7059	2190	4869	402	193	209
福　建	233	143	90	11825	3612	8213	518	227	291
江　西	12	6	6	2369	956	1413	120	52	68
山　东	200	100	100	11954	3864	8090	743	345	398
河　南	430	213	217	19107	6677	12430	1927	929	998
湖　北	537	287	250	37501	14435	23066	2512	1250	1262
湖　南	1108	535	573	92243	33169	59074	8780	4255	4525
广　东	347	156	191	12438	3396	9042	1640	788	852
广　西	2601	1228	1373	218799	83808	134991	14975	7235	7740
海　南	317	167	150	19992	8248	11744	2450	1196	1254
重　庆	292	141	151	29033	11654	17379	2013	935	1078
四　川	505	277	228	49661	20522	29139	4268	2068	2200
贵　州	2449	1271	1178	172949	67877	105072	14266	6786	7480
云　南	2443	1184	1259	162191	61237	100954	7499	3589	3910
西　藏	293	147	146	33658	12005	21653	4091	1932	2159
陕　西	85	46	39	4621	1999	2622	363	191	172
甘　肃	488	267	221	45124	17628	27496	3564	1674	1890
青　海	635	345	290	40617	14015	26602	3484	1740	1744
宁　夏	750	398	352	31470	10454	21016	1977	918	1059
新　疆	2449	1399	1050	162208	47994	114214	12672	6312	6360

3-7 各民族分年龄、性别的未工作人口(长表数据)

单位：人

民族 年龄	未工作人口			一、在校学习		
	合计	男	女	小计	男	女
总计	**32269135**	**12430803**	**19838332**	**6988586**	**3569938**	**3418648**
15-19岁	5155761	2627126	2528635	4634464	2360386	2274078
20-24岁	3673047	1628515	2044532	2235433	1145607	1089826
25-29岁	1324694	331045	993649	103056	55386	47670
30-34岁	1094169	226090	868079	9682	5299	4383
35-39岁	1268998	278442	990556	3229	1805	1424
40-44岁	1341215	318152	1023063	1150	645	505
45-49岁	1459923	351635	1108288	388	223	165
50-54岁	1927573	476504	1451069	165	99	66
55-59岁	2707145	842330	1864815	162	71	91
60-64岁	2965987	1244208	1721779	72	42	30
65岁及以上	9350623	4106756	5243867	785	375	410
汉族	**30219354**	**11622520**	**18596834**	**6514430**	**3337800**	**3176630**
15-19岁	4768063	2437251	2330812	4303883	2198046	2105837
20-24岁	3421255	1523346	1897909	2099398	1079779	1019619
25-29岁	1222075	303094	918981	96578	51996	44582
30-34岁	1012867	206832	806035	9047	4958	4089
35-39岁	1186329	257183	929146	3001	1674	1327
40-44岁	1261393	296470	964923	1055	590	465
45-49岁	1380078	329733	1050345	363	209	154
50-54岁	1831550	449176	1382374	154	90	64
55-59岁	2572978	796585	1776393	153	67	86
60-64岁	2792144	1169331	1622813	67	40	27
65岁及以上	8770622	3853519	4917103	731	351	380
蒙古族	**129174**	**47300**	**81874**	**40142**	**18536**	**21606**
15-19岁	26511	12460	14051	24168	11374	12794
20-24岁	21802	8984	12818	14933	6713	8220
25-29岁	7795	1916	5879	909	394	515
30-34岁	5179	961	4218	88	36	52
35-39岁	6010	1278	4732	22	10	12
40-44岁	5539	1197	4342	11	5	6
45-49岁	6156	1472	4684	3	1	2
50-54岁	8035	2117	5918	2	1	1
55-59岁	9798	3017	6781			
60-64岁	9447	3722	5725			
65岁及以上	22902	10176	12726	6	2	4

3-7 续表 1

单位：人

民族 年龄	二、丧失工作能力			三、毕业后未工作		
	小计	男	女	小计	男	女
总计	**5138434**	**2268630**	**2869804**	**918412**	**493176**	**425236**
15-19岁	19904	11804	8100	261860	150056	111804
20-24岁	35905	20895	15010	459184	240602	218582
25-29岁	32812	19475	13337	130921	69337	61584
30-34岁	39452	23883	15569	29179	14948	14231
35-39岁	57553	35751	21802	14091	7099	6992
40-44岁	78950	48129	30821	7605	3659	3946
45-49岁	90849	55097	35752	4721	2350	2371
50-54岁	106604	63242	43362	2572	1323	1249
55-59岁	205099	102943	102156	2194	1141	1053
60-64岁	467950	213893	254057	1660	770	890
65岁及以上	4003356	1673518	2329838	4425	1891	2534
汉族	**4724054**	**2085831**	**2638223**	**849006**	**455677**	**393329**
15-19岁	17912	10632	7280	241108	138048	103060
20-24岁	32689	19026	13663	428068	224376	203692
25-29岁	29618	17544	12074	119868	63402	56466
30-34岁	35904	21688	14216	26134	13353	12781
35-39岁	52776	32665	20111	12729	6361	6368
40-44岁	73011	44409	28602	6914	3333	3581
45-49岁	84011	50908	33103	4303	2123	2180
50-54岁	97638	58395	39243	2307	1206	1101
55-59岁	187580	94927	92653	2017	1049	968
60-64岁	420450	192820	227630	1489	691	798
65岁及以上	3692465	1542817	2149648	4069	1735	2334
蒙古族	**17776**	**7823**	**9953**	**5007**	**2521**	**2486**
15-19岁	101	62	39	1054	564	490
20-24岁	194	105	89	2586	1283	1303
25-29岁	204	126	78	994	506	488
30-34岁	221	127	94	173	82	91
35-39岁	339	209	130	96	44	52
40-44岁	367	219	148	39	19	20
45-49岁	531	331	200	17	7	10
50-54岁	811	401	410	16	3	13
55-59岁	1413	648	765	7	4	3
60-64岁	2547	1046	1501	9	4	5
65岁及以上	11048	4549	6499	16	5	11

3-7 续表 2

单位：人

民族 年龄	四、因单位原因失去工作			五、因本人原因失去工作			六、承包土地被征用		
	小计	男	女	小计	男	女	小计	男	女
总计	**602757**	**360298**	**242459**	**767069**	**418651**	**348418**	**171702**	**96654**	**75048**
15-19岁	3843	2098	1745	25225	13887	11338	2085	1284	801
20-24岁	21454	11578	9876	119701	53657	66044	8590	4437	4153
25-29岁	28215	15265	12950	122821	54067	68754	10034	5183	4851
30-34岁	44851	23110	21741	95652	45401	50251	12133	6466	5667
35-39岁	85598	41502	44096	95747	49695	46052	18209	9797	8412
40-44岁	118953	56735	62218	91737	49504	42233	21721	11703	10018
45-49岁	145033	73773	71260	82402	50287	32115	21152	11575	9577
50-54岁	87224	75563	11661	50820	40735	10085	17743	10341	7402
55-59岁	58052	54105	3947	41303	34466	6837	22975	13914	9061
60-64岁	5058	3904	1154	14871	10950	3921	16370	9766	6604
65岁及以上	4476	2665	1811	26790	16002	10788	20690	12188	8502
汉族	**576529**	**344982**	**231547**	**730876**	**399359**	**331517**	**161246**	**90998**	**70248**
15-19岁	3636	1978	1658	23432	12903	10529	1837	1139	698
20-24岁	20511	11098	9413	113488	50732	62756	7813	4055	3758
25-29岁	26890	14543	12347	116394	51238	65156	9097	4701	4396
30-34岁	42651	21959	20692	90676	43070	47606	11102	5954	5148
35-39岁	81237	39328	41909	91166	47270	43896	16942	9121	7821
40-44岁	113621	54112	59509	87830	47356	40474	20386	11030	9356
45-49岁	139249	70768	68481	79326	48311	31015	19932	10906	9026
50-54岁	83876	72847	11029	48974	39341	9633	16784	9789	6995
55-59岁	55919	52185	3734	39902	33375	6527	21931	13296	8635
60-64岁	4747	3666	1081	14169	10458	3711	15625	9318	6307
65岁及以上	4192	2498	1694	25519	15305	10214	19797	11689	8108
蒙古族	**1874**	**1015**	**859**	**2063**	**1087**	**976**	**329**	**197**	**132**
15-19岁	7	4	3	50	29	21	1		1
20-24岁	44	17	27	295	136	159	11	7	4
25-29岁	89	57	32	402	163	239	30	23	7
30-34岁	114	57	57	268	132	136	32	19	13
35-39岁	354	175	179	258	140	118	37	23	14
40-44岁	429	201	228	239	121	118	28	15	13
45-49岁	453	196	257	225	134	91	42	23	19
50-54岁	254	200	54	152	105	47	46	26	20
55-59岁	111	95	16	93	76	17	46	26	20
60-64岁	8	8		29	26	3	22	15	7
65岁及以上	11	5	6	52	25	27	34	20	14

3-7　续表 3　　　　单位：人

民族 年龄	七、离退休			八、料理家务			九、其他		
	小计	男	女	小计	男	女	小计	男	女
总计	**6439761**	**3048630**	**3391131**	**8745364**	**840309**	**7905055**	**2497050**	**1334517**	**1162533**
15-19岁	154	76	78	70180	12229	57951	138046	75306	62740
20-24岁	125	49	76	478150	17688	460462	314505	134002	180503
25-29岁	122	54	68	668189	14222	653967	228524	98056	130468
30-34岁	175	85	90	681968	16322	665646	181077	90576	90501
35-39岁	462	207	255	793476	23002	770474	200633	109584	91049
40-44岁	2947	893	2054	811291	29924	781367	206861	116960	89901
45-49岁	119272	3536	115736	802391	38211	764180	193715	116583	77132
50-54岁	772851	123883	648968	734809	54916	679893	154785	106402	48383
55-59岁	1214818	412495	802323	976093	96120	879973	186449	127075	59374
60-64岁	1368174	767602	600572	921988	131752	790236	169844	105529	64315
65岁及以上	2960661	1739750	1220911	1806829	405923	1400906	522611	254444	268167
汉族	**6195941**	**2921524**	**3274417**	**8170208**	**758926**	**7411282**	**2297064**	**1227423**	**1069641**
15-19岁	139	72	67	54970	8746	46224	121146	65687	55459
20-24岁	113	42	71	432018	13673	418345	287157	120565	166592
25-29岁	107	45	62	615118	11290	603828	208405	88335	120070
30-34岁	145	67	78	632493	13798	618695	164715	81985	82730
35-39岁	384	168	216	743550	20063	723487	184544	100533	84011
40-44岁	2607	762	1845	764124	26685	737439	191845	108193	83652
45-49岁	113921	3161	110760	758390	34760	723630	180583	108587	71996
50-54岁	742947	116957	625990	694178	50541	643637	144692	100010	44682
55-59岁	1166103	392940	773163	924943	89116	835827	174430	119630	54800
60-64岁	1313948	734697	579251	864886	119580	745306	156763	98061	58702
65岁及以上	2855527	1672613	1182914	1685538	370674	1314864	482784	235837	246947
蒙古族	**16868**	**8211**	**8657**	**35057**	**2530**	**32527**	**10058**	**5380**	**4678**
15-19岁				459	69	390	671	358	313
20-24岁	3	2	1	2457	95	2362	1279	626	653
25-29岁	2	1	1	4053	112	3941	1112	534	578
30-34岁	3	1	2	3478	81	3397	802	426	376
35-39岁	6	3	3	3964	152	3812	934	522	412
40-44岁	51	24	27	3563	136	3427	812	457	355
45-49岁	552	82	470	3500	191	3309	833	507	326
50-54岁	2733	702	2031	3334	243	3091	687	436	251
55-59岁	3682	1375	2307	3693	332	3361	753	461	292
60-64岁	3250	1844	1406	2914	407	2507	668	372	296
65岁及以上	6586	4177	2409	3642	712	2930	1507	681	826

3-7 续表 4 单位：人

民族 年龄	未工作人口			一、在校学习		
	合计	男	女	小计	男	女
回族	**271466**	**105289**	**166177**	**54964**	**27415**	**27549**
15-19岁	44031	21529	22502	36872	18498	18374
20-24岁	32383	13524	18859	17042	8377	8665
25-29岁	12888	3400	9488	913	468	445
30-34岁	10849	2424	8425	83	47	36
35-39岁	11922	2940	8982	31	15	16
40-44岁	12693	3395	9298	9	3	6
45-49岁	14045	3786	10259	3	1	2
50-54岁	17507	4907	12600			
55-59岁	24044	8349	15695	3	1	2
60-64岁	25191	11029	14162			
65岁及以上	65913	30006	35907	8	5	3
藏族	**113316**	**46089**	**67227**	**25693**	**12860**	**12833**
15-19岁	22164	10879	11285	18448	9175	9273
20-24岁	12570	5585	6985	6678	3353	3325
25-29岁	5806	1941	3865	455	256	199
30-34岁	5082	1588	3494	66	49	17
35-39岁	5041	1567	3474	24	13	11
40-44岁	4849	1466	3383	13	8	5
45-49岁	4783	1441	3342	2	2	
50-54岁	5305	1846	3459	1	1	
55-59岁	7171	2817	4354	1	1	
60-64岁	10961	4946	6015	1		1
65岁及以上	29584	12013	17571	4	2	2
维吾尔族	**164291**	**59441**	**104850**	**34683**	**15727**	**18956**
15-19岁	32579	14822	17757	24499	11321	13178
20-24岁	25323	9167	16156	9534	4084	5450
25-29岁	13088	3671	9417	541	272	269
30-34岁	9585	2186	7399	72	29	43
35-39岁	9399	2226	7173	18	11	7
40-44岁	8706	2078	6628	8	6	2
45-49岁	7686	1795	5891	3	1	2
50-54岁	8858	2571	6287	3	2	1
55-59岁	9235	2951	6284			
60-64岁	12127	4811	7316	1	1	
65岁及以上	27705	13163	14542	4		4

3-7 续表 5

单位：人

民族 年龄	二、丧失工作能力			三、毕业后未工作		
	小计	男	女	小计	男	女
回族	**37696**	**17146**	**20550**	**9362**	**5059**	**4303**
15-19岁	232	125	107	2452	1398	1054
20-24岁	370	214	156	4698	2491	2207
25-29岁	345	183	162	1423	771	652
30-34岁	387	219	168	336	167	169
35-39岁	551	334	217	174	100	74
40-44岁	741	448	293	85	46	39
45-49岁	870	509	361	61	29	32
50-54岁	975	576	399	38	20	18
55-59岁	1870	869	1001	26	11	15
60-64岁	4341	1933	2408	23	13	10
65岁及以上	27014	11736	15278	46	13	33
藏族	**29246**	**12243**	**17003**	**2263**	**1171**	**1092**
15-19岁	166	94	72	563	303	260
20-24岁	173	84	89	1029	514	515
25-29岁	167	91	76	420	213	207
30-34岁	228	114	114	107	56	51
35-39岁	238	157	81	54	37	17
40-44岁	325	165	160	19	7	12
45-49岁	415	211	204	19	13	6
50-54岁	813	358	455	10	5	5
55-59岁	1606	657	949	8	6	2
60-64岁	4965	2268	2697	10	4	6
65岁及以上	20150	8044	12106	24	13	11
维吾尔族	**21626**	**9808**	**11818**	**7250**	**3685**	**3565**
15-19岁	149	81	68	1486	861	625
20-24岁	297	161	136	2946	1469	1477
25-29岁	294	157	137	1599	777	822
30-34岁	245	145	100	497	236	261
35-39岁	306	184	122	270	134	136
40-44岁	371	196	175	166	65	101
45-49岁	421	195	226	95	50	45
50-54岁	848	364	484	69	26	43
55-59岁	1394	511	883	40	25	15
60-64岁	3676	1484	2192	37	21	16
65岁及以上	13625	6330	7295	45	21	24

3-7 续表 6

单位：人

民族 年龄	四、因单位原因失去工作			五、因本人原因失去工作			六、承包土地被征用		
	小计	男	女	小计	男	女	小计	男	女
回族	**6708**	**4049**	**2659**	**5904**	**3508**	**2396**	**1541**	**915**	**626**
15-19岁	24	13	11	194	107	87	17	9	8
20-24岁	138	77	61	799	407	392	77	41	36
25-29岁	263	146	117	960	475	485	99	67	32
30-34岁	470	266	204	692	379	313	120	67	53
35-39岁	872	423	449	735	431	304	186	107	79
40-44岁	1360	680	680	714	411	303	185	105	80
45-49岁	1797	931	866	735	464	271	178	102	76
50-54岁	1055	883	172	485	387	98	160	95	65
55-59岁	606	557	49	287	234	53	190	120	70
60-64岁	65	46	19	127	98	29	137	84	53
65岁及以上	58	27	31	176	115	61	192	118	74
藏族	**277**	**135**	**142**	**559**	**319**	**240**	**345**	**170**	**175**
15-19岁	5	2	3	45	25	20	15	10	5
20-24岁	11	5	6	85	50	35	32	18	14
25-29岁	20	10	10	69	37	32	40	17	23
30-34岁	29	12	17	83	42	41	43	23	20
35-39岁	68	27	41	65	37	28	47	16	31
40-44岁	57	29	28	59	32	27	42	26	16
45-49岁	47	29	18	42	32	10	41	17	24
50-54岁	21	13	8	28	21	7	26	17	9
55-59岁	5	4	1	27	18	9	26	11	15
60-64岁	7	3	4	19	8	11	18	9	9
65岁及以上	7	1	6	37	17	20	15	6	9
维吾尔族	**1303**	**747**	**556**	**2084**	**1267**	**817**	**962**	**568**	**394**
15-19岁	4	3	1	109	70	39	66	36	30
20-24岁	38	19	19	287	163	124	135	80	55
25-29岁	79	47	32	302	177	125	113	59	54
30-34岁	132	61	71	263	148	115	106	62	44
35-39岁	256	140	116	287	194	93	110	66	44
40-44岁	295	145	150	242	142	100	115	67	48
45-49岁	255	154	101	190	118	72	81	52	29
50-54岁	146	112	34	135	91	44	61	41	20
55-59岁	52	39	13	75	50	25	68	36	32
60-64岁	21	11	10	76	47	29	47	31	16
65岁及以上	25	16	9	118	67	51	60	38	22

3-7 续表 7

单位：人

民族 年龄	七、离退休			八、料理家务			九、其他		
	小计	男	女	小计	男	女	小计	男	女
回族	**59677**	**26652**	**33025**	**70687**	**6352**	**64335**	**24927**	**14193**	**10734**
15-19岁				2195	243	1952	2045	1136	909
20-24岁	1	1		5990	274	5716	3268	1642	1626
25-29岁				6627	178	6449	2258	1112	1146
30-34岁				6828	262	6566	1933	1017	916
35-39岁	4	1	3	7372	354	7018	1997	1175	822
40-44岁	36	9	27	7382	384	6998	2181	1309	872
45-49岁	1411	35	1376	6945	416	6529	2045	1299	746
50-54岁	7891	1368	6523	5381	492	4889	1522	1086	436
55-59岁	12762	4622	8140	6483	688	5795	1817	1247	570
60-64岁	13005	6872	6133	5857	939	4918	1636	1044	592
65岁及以上	24567	13744	10823	9627	2122	7505	4225	2126	2099
藏族	**6346**	**3675**	**2671**	**30467**	**5252**	**25215**	**18120**	**10264**	**7856**
15-19岁	1		1	1184	302	882	1737	968	769
20-24岁	4	2	2	2385	356	2029	2173	1203	970
25-29岁	2	1	1	2943	328	2615	1690	988	702
30-34岁	9	5	4	2929	268	2661	1588	1019	569
35-39岁	23	13	10	2969	306	2663	1553	961	592
40-44岁	71	27	44	2884	322	2562	1379	850	529
45-49岁	344	79	265	2761	337	2424	1112	721	391
50-54岁	972	475	497	2504	404	2100	930	552	378
55-59岁	1501	904	597	2903	593	2310	1094	623	471
60-64岁	1408	968	440	3033	844	2189	1500	842	658
65岁及以上	2011	1201	810	3972	1192	2780	3364	1537	1827
维吾尔族	**14910**	**8100**	**6810**	**63311**	**9608**	**53703**	**18162**	**9931**	**8231**
15-19岁				4489	1419	3070	1777	1031	746
20-24岁				9152	1595	7557	2934	1596	1338
25-29岁				8022	999	7023	2138	1183	955
30-34岁	1		1	6676	619	6057	1593	886	707
35-39岁	6	4	2	6556	598	5958	1590	895	695
40-44岁	25	9	16	5994	611	5383	1490	837	653
45-49岁	645	26	619	4788	508	4280	1208	691	517
50-54岁	2305	896	1409	4282	459	3823	1009	580	429
55-59岁	2651	1246	1405	4007	530	3477	948	514	434
60-64岁	3338	1901	1437	3903	777	3126	1028	538	490
65岁及以上	5939	4018	1921	5442	1493	3949	2447	1180	1267

3-7 续表 8

单位：人

民族 年龄	未工作人口			一、在校学习		
	合计	男	女	小计	男	女
苗族	**142512**	**59184**	**83328**	**31420**	**16629**	**14791**
15-19岁	28907	14973	13934	23855	12414	11441
20-24岁	15601	6780	8821	7183	3971	3212
25-29岁	6864	1828	5036	337	217	120
30-34岁	5536	1386	4150	24	13	11
35-39岁	5932	1645	4287	11	6	5
40-44岁	5178	1589	3589	4	4	
45-49岁	4174	1306	2868	3	3	
50-54岁	4022	1260	2762			
55-59岁	7091	2351	4740			
60-64岁	11851	5149	6702	1		1
65岁及以上	47356	20917	26439	2	1	1
彝族	**101371**	**42434**	**58937**	**27426**	**14029**	**13397**
15-19岁	23763	12084	11679	21051	10747	10304
20-24岁	10787	4683	6104	6129	3134	2995
25-29岁	3760	1064	2696	217	132	85
30-34岁	3298	832	2466	12	6	6
35-39岁	3134	918	2216	10	5	5
40-44岁	2712	864	1848	2	1	1
45-49岁	2418	710	1708	1	1	
50-54岁	2608	837	1771	1	1	
55-59岁	4845	1815	3030	1	1	
60-64岁	8655	3781	4874			
65岁及以上	35391	14846	20545	2	1	1
壮族	**265806**	**110302**	**155504**	**60058**	**29192**	**30866**
15-19岁	49748	24777	24971	44355	21546	22809
20-24岁	24893	11489	13404	15146	7348	7798
25-29岁	10001	3259	6742	513	271	242
30-34岁	8030	2323	5707	34	19	15
35-39岁	6740	2232	4508	5	5	
40-44岁	6012	2220	3792	4	2	2
45-49岁	5959	2107	3852			
50-54岁	8265	2496	5769			
55-59岁	14773	5460	9313			
60-64岁	23381	10323	13058			
65岁及以上	108004	43616	64388	1	1	

3-7 续表 9

单位：人

民族 年龄	二、丧失工作能力			三、毕业后未工作		
	小计	男	女	小计	男	女
苗族	**37586**	**16873**	**20713**	**4494**	**2619**	**1875**
15-19岁	161	96	65	1797	1057	740
20-24岁	261	149	112	1734	990	744
25-29岁	242	154	88	533	326	207
30-34岁	266	170	96	175	105	70
35-39岁	377	258	119	95	54	41
40-44岁	435	295	140	48	24	24
45-49岁	396	232	164	29	18	11
50-54岁	465	241	224	20	12	8
55-59岁	1272	524	748	15	8	7
60-64岁	4257	1893	2364	20	11	9
65岁及以上	29454	12861	16593	28	14	14
彝族	**30372**	**12809**	**17563**	**2727**	**1510**	**1217**
15-19岁	109	61	48	956	556	400
20-24岁	191	132	59	1129	596	533
25-29岁	180	118	62	415	236	179
30-34岁	219	132	87	108	63	45
35-39岁	274	196	78	53	29	24
40-44岁	363	229	134	21	11	10
45-49岁	346	203	143	12	4	8
50-54岁	461	224	237	4	3	1
55-59岁	1034	433	601	1		1
60-64岁	3491	1479	2012	5	1	4
65岁及以上	23704	9602	14102	23	11	12
壮族	**62970**	**25228**	**37742**	**7173**	**4365**	**2808**
15-19岁	273	181	92	2589	1685	904
20-24岁	429	266	163	2954	1725	1229
25-29岁	479	304	175	1178	699	479
30-34岁	506	346	160	377	210	167
35-39岁	582	406	176	53	34	19
40-44岁	764	515	249	10	3	7
45-49岁	734	496	238	4	3	1
50-54岁	913	532	381	3	2	1
55-59岁	1673	836	837	1		1
60-64岁	4843	2131	2712			
65岁及以上	51774	19215	32559	4	4	

3-7 续表 10

单位：人

民族 年龄	四、因单位原因失去工作			五、因本人原因失去工作			六、承包土地被征用		
	小计	男	女	小计	男	女	小计	男	女
苗族	**1066**	**619**	**447**	**2091**	**1067**	**1024**	**662**	**381**	**281**
15-19岁	23	12	11	193	107	86	13	5	8
20-24岁	75	37	38	461	213	248	61	33	28
25-29岁	67	34	33	371	155	216	44	24	20
30-34岁	102	63	39	268	122	146	74	38	36
35-39岁	224	115	109	252	138	114	99	65	34
40-44岁	225	114	111	197	112	85	104	60	44
45-49岁	172	105	67	91	63	28	74	52	22
50-54岁	81	62	19	60	40	20	42	21	21
55-59岁	67	55	12	60	49	11	59	35	24
60-64岁	16	13	3	43	25	18	35	21	14
65岁及以上	14	9	5	95	43	52	57	27	30
彝族	**771**	**435**	**336**	**1143**	**602**	**541**	**633**	**312**	**321**
15-19岁	7	4	3	90	45	45	12	7	5
20-24岁	33	21	12	255	128	127	55	23	32
25-29岁	35	21	14	191	90	101	54	24	30
30-34岁	86	48	38	151	74	77	75	39	36
35-39岁	181	90	91	137	82	55	104	50	54
40-44岁	155	74	81	118	63	55	80	42	38
45-49岁	147	77	70	68	43	25	79	33	46
50-54岁	49	34	15	35	22	13	62	34	28
55-59岁	53	46	7	29	22	7	47	24	23
60-64岁	15	14	1	23	13	10	36	21	15
65岁及以上	10	6	4	46	20	26	29	15	14
壮族	**2912**	**1637**	**1275**	**6677**	**2917**	**3760**	**1601**	**667**	**934**
15-19岁	34	20	14	367	202	165	42	17	25
20-24岁	168	70	98	1229	536	693	138	53	85
25-29岁	205	108	97	1416	539	877	234	95	139
30-34岁	332	162	170	1166	411	755	199	62	137
35-39岁	580	303	277	939	359	580	222	97	125
40-44岁	528	268	260	664	306	358	201	77	124
45-49岁	455	219	236	354	215	139	179	81	98
50-54岁	293	215	78	150	106	44	112	56	56
55-59岁	251	225	26	144	113	31	112	59	53
60-64岁	39	32	7	73	49	24	72	36	36
65岁及以上	27	15	12	175	81	94	90	34	56

3-7 续表 11

单位：人

民族 年龄	七、离退休			八、料理家务			九、其他		
	小计	男	女	小计	男	女	小计	男	女
苗族	**7756**	**5060**	**2696**	**40006**	**6663**	**33343**	**17431**	**9273**	**8158**
15-19岁				1096	238	858	1769	1044	725
20-24岁				3360	222	3138	2466	1165	1301
25-29岁	2	1	1	3660	183	3477	1608	734	874
30-34岁	1	1		3330	177	3153	1296	697	599
35-39岁				3455	244	3211	1419	765	654
40-44岁	5	1	4	2942	290	2652	1218	689	529
45-49岁	105	7	98	2355	273	2082	949	553	396
50-54岁	622	181	441	2060	284	1776	672	419	253
55-59岁	1237	556	681	3416	556	2860	965	568	397
60-64岁	1994	1482	512	4323	1033	3290	1162	671	491
65岁及以上	3790	2831	959	10009	3163	6846	3907	1968	1939
彝族	**6438**	**4421**	**2017**	**23626**	**4194**	**19432**	**8235**	**4122**	**4113**
15-19岁				646	170	476	892	494	398
20-24岁				1846	132	1714	1149	517	632
25-29岁				1932	90	1842	736	353	383
30-34岁	1	1		1953	102	1851	693	367	326
35-39岁	3	2	1	1747	117	1630	625	347	278
40-44岁	10	6	4	1411	117	1294	552	321	231
45-49岁	135	6	129	1227	123	1104	403	220	183
50-54岁	544	194	350	1195	170	1025	257	155	102
55-59岁	1328	796	532	1983	305	1678	369	188	181
60-64岁	1609	1229	380	2915	737	2178	561	287	274
65岁及以上	2808	2187	621	6771	2131	4640	1998	873	1125
壮族	**29343**	**17080**	**12263**	**70205**	**17853**	**52352**	**24867**	**11363**	**13504**
15-19岁	9	2	7	466	143	323	1613	981	632
20-24岁	3	2	1	1942	153	1789	2884	1336	1548
25-29岁	3	3		3283	143	3140	2690	1097	1593
30-34岁	7	5	2	3150	156	2994	2259	952	1307
35-39岁	10	3	7	2524	177	2347	1825	848	977
40-44岁	35	12	23	2195	218	1977	1611	819	792
45-49岁	270	29	241	2558	313	2245	1405	751	654
50-54岁	2439	503	1936	3349	540	2809	1006	542	464
55-59岁	5698	2463	3235	5750	1151	4599	1144	613	531
60-64岁	7159	4648	2511	9801	2746	7055	1394	681	713
65岁及以上	13710	9410	4300	35187	12113	23074	7036	2743	4293

3-7 续表 12

单位：人

民族 年龄	未工作人口 合计	男	女	一、在校学习 小计	男	女
布依族	**48587**	**19943**	**28644**	**10509**	**5166**	**5343**
15-19岁	9950	4876	5074	8273	4013	4260
20-24岁	4688	1966	2722	2151	1096	1055
25-29岁	2034	569	1465	75	52	23
30-34岁	1775	524	1251	6	3	3
35-39岁	1767	617	1150			
40-44岁	1650	618	1032	1		1
45-49岁	1433	581	852	1	1	
50-54岁	1489	524	965			
55-59岁	2219	831	1388			
60-64岁	4302	1832	2470			
65岁及以上	17280	7005	10275	2	1	1
朝鲜族	**57022**	**23364**	**33658**	**9821**	**4733**	**5088**
15-19岁	5161	2539	2622	4785	2329	2456
20-24岁	6430	3081	3349	4633	2191	2442
25-29岁	2300	915	1385	354	181	173
30-34岁	1726	623	1103	26	16	10
35-39岁	1981	722	1259	13	10	3
40-44岁	2099	842	1257	7	5	2
45-49岁	2676	1054	1622	1		1
50-54岁	4554	1429	3125	1	1	
55-59岁	6221	2260	3961			
60-64岁	6801	2989	3812			
65岁及以上	17073	6910	10163	1		1
满族	**252072**	**92055**	**160017**	**61272**	**29625**	**31647**
15-19岁	43205	20894	22311	37283	18175	19108
20-24岁	38316	15364	22952	22823	10885	11938
25-29岁	12965	2815	10150	1005	480	525
30-34岁	10045	1813	8232	111	58	53
35-39岁	10338	1972	8366	32	16	16
40-44岁	11915	2352	9563	12	8	4
45-49岁	13285	2768	10517	2	1	1
50-54岁	17030	3832	13198	1	1	
55-59岁	20361	6058	14303	1		1
60-64岁	19397	8199	11198			
65岁及以上	55215	25988	29227	2	1	1

3-7 续表 13

单位：人

民族 年龄	二、丧失工作能力			三、毕业后未工作		
	小计	男	女	小计	男	女
布依族	**13470**	**5652**	**7818**	**1535**	**891**	**644**
15-19岁	63	36	27	619	370	249
20-24岁	65	41	24	595	335	260
25-29岁	66	46	20	178	108	70
30-34岁	110	90	20	64	36	28
35-39岁	165	131	34	25	11	14
40-44岁	192	142	50	17	14	3
45-49岁	203	151	52	11	7	4
50-54岁	167	93	74	2	1	1
55-59岁	401	173	228	5	3	2
60-64岁	1517	646	871	5	4	1
65岁及以上	10521	4103	6418	14	2	12
朝鲜族	**7867**	**3267**	**4600**	**1737**	**958**	**779**
15-19岁	6	5	1	229	134	95
20-24岁	46	29	17	880	461	419
25-29岁	45	31	14	420	247	173
30-34岁	69	49	20	92	54	38
35-39岁	117	71	46	48	23	25
40-44岁	165	101	64	21	14	7
45-49岁	287	194	93	10	9	1
50-54岁	313	200	113	9	4	5
55-59岁	509	271	238	5	2	3
60-64岁	1014	479	535	10	2	8
65岁及以上	5296	1837	3459	13	8	5
满族	**34100**	**17239**	**16861**	**11065**	**5307**	**5758**
15-19岁	162	98	64	3477	1798	1679
20-24岁	358	208	150	5406	2505	2901
25-29岁	282	162	120	1489	709	780
30-34岁	360	219	141	352	154	198
35-39岁	501	305	196	131	59	72
40-44岁	734	479	255	57	19	38
45-49岁	925	604	321	44	25	19
50-54岁	1148	760	388	25	7	18
55-59岁	1787	1038	749	19	8	11
60-64岁	3210	1667	1543	21	7	14
65岁及以上	24633	11699	12934	44	16	28

3-7　续表 14　　　　单位：人

民族 年龄	四、因单位原因失去工作			五、因本人原因失去工作			六、承包土地被征用		
	小计	男	女	小计	男	女	小计	男	女
布依族	**262**	**144**	**118**	**710**	**355**	**355**	**372**	**204**	**168**
15-19岁	10	4	6	64	32	32	12	8	4
20-24岁	14	7	7	161	59	102	24	10	14
25-29岁	14	10	4	113	54	59	34	17	17
30-34岁	35	17	18	91	41	50	39	24	15
35-39岁	48	24	24	85	51	34	40	21	19
40-44岁	47	22	25	68	41	27	46	25	21
45-49岁	56	31	25	42	29	13	38	25	13
50-54岁	19	15	4	16	9	7	48	26	22
55-59岁	9	8	1	18	13	5	30	17	13
60-64岁	3	1	2	12	7	5	31	18	13
65岁及以上	7	5	2	40	19	21	30	13	17
朝鲜族	**1261**	**846**	**415**	**2005**	**1222**	**783**	**402**	**239**	**163**
15-19岁	5	3	2	24	16	8			
20-24岁	47	26	21	181	101	80	5	3	2
25-29岁	65	34	31	311	137	174	13	6	7
30-34岁	93	52	41	268	143	125	22	14	8
35-39岁	166	96	70	257	163	94	21	14	7
40-44岁	239	144	95	257	157	100	39	25	14
45-49岁	293	191	102	227	149	78	44	25	19
50-54岁	210	178	32	172	131	41	61	39	22
55-59岁	125	111	14	166	137	29	69	46	23
60-64岁	5	3	2	57	42	15	48	26	22
65岁及以上	13	8	5	85	46	39	80	41	39
满族	**4877**	**2877**	**2000**	**5376**	**2935**	**2441**	**1051**	**643**	**408**
15-19岁	24	14	10	160	81	79	14	10	4
20-24岁	162	87	75	833	396	437	41	18	23
25-29岁	211	113	98	951	400	551	55	35	20
30-34岁	402	209	193	734	344	390	85	45	40
35-39岁	741	340	401	669	339	330	70	38	32
40-44岁	961	438	523	602	320	282	140	82	58
45-49岁	1126	570	556	569	369	200	147	88	59
50-54岁	731	633	98	339	286	53	132	78	54
55-59岁	444	418	26	274	222	52	150	105	45
60-64岁	39	34	5	116	91	25	116	74	42
65岁及以上	36	21	15	129	87	42	101	70	31

3-7 续表 15 单位：人

民族 年龄	七、离退休			八、料理家务			九、其他		
	小计	男	女	小计	男	女	小计	男	女
布依族	**2642**	**1737**	**905**	**13383**	**2808**	**10575**	**5704**	**2986**	**2718**
15-19岁				330	72	258	579	341	238
20-24岁				922	65	857	756	353	403
25-29岁				1062	55	1007	492	227	265
30-34岁	1		1	996	75	921	433	238	195
35-39岁				943	98	845	461	281	180
40-44岁	1	1		865	142	723	413	231	182
45-49岁	43	2	41	704	124	580	335	211	124
50-54岁	213	53	160	774	173	601	250	154	96
55-59岁	379	177	202	1065	250	815	312	190	122
60-64岁	659	478	181	1712	488	1224	363	190	173
65岁及以上	1346	1026	320	4010	1266	2744	1310	570	740
朝鲜族	**17920**	**7810**	**10110**	**10447**	**947**	**9500**	**5562**	**3342**	**2220**
15-19岁				26	4	22	86	48	38
20-24岁				200	15	185	438	255	183
25-29岁				586	14	572	506	265	241
30-34岁	1		1	701	27	674	454	268	186
35-39岁				871	44	827	488	301	187
40-44岁	3	1	2	843	53	790	525	342	183
45-49岁	223	9	214	986	76	910	605	401	204
50-54岁	2146	388	1758	1103	114	989	539	374	165
55-59岁	3346	1145	2201	1461	158	1303	540	390	150
60-64岁	3759	1975	1784	1415	153	1262	493	309	184
65岁及以上	8442	4292	4150	2255	289	1966	888	389	499
满族	**42515**	**20909**	**21606**	**75143**	**3080**	**72063**	**16673**	**9440**	**7233**
15-19岁	1	1		732	64	668	1352	653	699
20-24岁				5984	111	5873	2709	1154	1555
25-29岁	2	1	1	7186	111	7075	1784	804	980
30-34岁	1	1		6640	108	6532	1360	675	685
35-39岁	8	4	4	6928	142	6786	1258	729	529
40-44岁	27	10	17	8057	166	7891	1325	830	495
45-49岁	889	33	856	8264	200	8064	1319	878	441
50-54岁	5818	956	4862	7740	288	7452	1096	823	273
55-59岁	8668	2993	5675	7822	363	7459	1196	911	285
60-64岁	8777	5270	3507	6184	397	5787	934	659	275
65岁及以上	18324	11640	6684	9606	1130	8476	2340	1324	1016

3-7 续表 16 单位：人

民族 年龄	未工作人口 合计	男	女	一、在校学习 小计	男	女
侗族	**51819**	**21373**	**30446**	**10678**	**5484**	**5194**
15-19岁	9269	4790	4479	7880	4022	3858
20-24岁	5429	2367	3062	2675	1380	1295
25-29岁	2326	612	1714	104	69	35
30-34岁	1753	380	1373	11	8	3
35-39岁	1952	486	1466	5	3	2
40-44岁	1886	534	1352	3	2	1
45-49岁	1748	534	1214			
50-54岁	1676	543	1133			
55-59岁	2783	934	1849			
60-64岁	4517	1888	2629			
65岁及以上	18480	8305	10175			
瑶族	**38071**	**15834**	**22237**	**9031**	**4403**	**4628**
15-19岁	7461	3698	3763	6445	3127	3318
20-24岁	4282	1853	2429	2488	1222	1266
25-29岁	1648	462	1186	86	48	38
30-34岁	1126	302	824	5	3	2
35-39岁	984	304	680	4	2	2
40-44岁	934	319	615	3	1	2
45-49岁	995	314	681			
50-54岁	1246	397	849			
55-59岁	2142	748	1394			
60-64岁	3280	1430	1850			
65岁及以上	13973	6007	7966			
白族	**35041**	**14730**	**20311**	**9221**	**4278**	**4943**
15-19岁	7225	3434	3791	6625	3131	3494
20-24岁	3917	1570	2347	2519	1105	1414
25-29岁	1055	292	763	63	36	27
30-34岁	982	234	748	7	1	6
35-39岁	992	273	719	3	2	1
40-44岁	860	259	601	2	1	1
45-49岁	825	277	548			
50-54岁	1085	321	764	1	1	
55-59岁	2157	852	1305			
60-64岁	3271	1531	1740	1	1	
65岁及以上	12672	5687	6985			

3-7　续表 17　　　　单位：人

民族 年龄	二、丧失工作能力			三、毕业后未工作		
	小计	男	女	小计	男	女
侗族	**13967**	**6420**	**7547**	**1667**	**967**	**700**
15-19岁	43	26	17	647	393	254
20-24岁	73	39	34	666	374	292
25-29岁	83	47	36	205	120	85
30-34岁	65	38	27	68	37	31
35-39岁	136	83	53	28	18	10
40-44岁	152	95	57	17	5	12
45-49岁	161	116	45	10	4	6
50-54岁	190	120	70	9	8	1
55-59岁	464	226	238	3	2	1
60-64岁	1337	552	785	5	2	3
65岁及以上	11263	5078	6185	9	4	5
瑶族	**10051**	**4452**	**5599**	**1117**	**656**	**461**
15-19岁	49	39	10	412	254	158
20-24岁	66	38	28	464	266	198
25-29岁	78	52	26	148	85	63
30-34岁	86	63	23	39	23	16
35-39岁	76	60	16	19	8	11
40-44岁	117	82	35	15	9	6
45-49岁	128	90	38	4	2	2
50-54岁	131	75	56	8	4	4
55-59岁	289	133	156	2	2	
60-64岁	938	420	518	1	1	
65岁及以上	8093	3400	4693	5	2	3
白族	**9053**	**3835**	**5218**	**906**	**473**	**433**
15-19岁	34	18	16	272	158	114
20-24岁	52	27	25	430	197	233
25-29岁	62	42	20	135	77	58
30-34岁	73	48	25	36	20	16
35-39岁	99	55	44	16	13	3
40-44岁	91	50	41	6	4	2
45-49岁	106	61	45	1		1
50-54岁	122	68	54	4	2	2
55-59岁	292	152	140	1	1	
60-64岁	937	396	541			
65岁及以上	7185	2918	4267	5	1	4

3-7 续表 18

单位：人

民族 年龄	四、因单位原因失去工作			五、因本人原因失去工作			六、承包土地被征用		
	小计	男	女	小计	男	女	小计	男	女
侗族	**490**	**297**	**193**	**793**	**417**	**376**	**138**	**76**	**62**
15-19岁	7	6	1	56	35	21	4	3	1
20-24岁	12	8	4	208	97	111	8	4	4
25-29岁	22	11	11	154	69	85	12	6	6
30-34岁	37	19	18	96	52	44	17	11	6
35-39岁	85	45	40	104	54	50	8	3	5
40-44岁	122	66	56	70	39	31	24	11	13
45-49岁	98	55	43	39	28	11	15	10	5
50-54岁	49	38	11	17	13	4	13	7	6
55-59岁	43	40	3	14	11	3	16	10	6
60-64岁	8	4	4	9	7	2	6	4	2
65岁及以上	7	5	2	26	12	14	15	7	8
瑶族	**310**	**187**	**123**	**709**	**347**	**362**	**56**	**33**	**23**
15-19岁	3	2	1	52	34	18			
20-24岁	21	12	9	164	63	101	5	1	4
25-29岁	22	12	10	155	70	85	13	8	5
30-34岁	25	12	13	83	40	43	7	3	4
35-39岁	62	30	32	80	32	48	10	6	4
40-44岁	43	21	22	68	41	27	3	2	1
45-49岁	52	27	25	33	19	14	9	5	4
50-54岁	40	33	7	26	19	7			
55-59岁	32	29	3	16	9	7	4	4	
60-64岁	7	7		10	8	2	2	1	1
65岁及以上	3	2	1	22	12	10	3	3	
白族	**439**	**244**	**195**	**404**	**217**	**187**	**281**	**145**	**136**
15-19岁	5	4	1	15	8	7	1		1
20-24岁	12	7	5	83	41	42	25	15	10
25-29岁	12	5	7	66	27	39	28	8	20
30-34岁	33	14	19	62	25	37	18	13	5
35-39岁	85	36	49	54	33	21	27	11	16
40-44岁	93	38	55	41	28	13	30	12	18
45-49岁	81	44	37	32	24	8	46	24	22
50-54岁	48	37	11	15	10	5	27	11	16
55-59岁	54	47	7	13	8	5	40	25	15
60-64岁	7	5	2	6	5	1	19	13	6
65岁及以上	9	7	2	17	8	9	20	13	7

3-7 续表 19

单位：人

民族	七、离退休			八、料理家务			九、其他		
年龄	小计	男	女	小计	男	女	小计	男	女
侗族	**3555**	**2322**	**1233**	**14931**	**2386**	**12545**	**5600**	**3004**	**2596**
15-19岁				201	40	161	431	265	166
20-24岁				984	60	924	803	405	398
25-29岁				1208	46	1162	538	244	294
30-34岁				1065	34	1031	394	181	213
35-39岁				1185	57	1128	401	223	178
40-44岁	4	1	3	1116	87	1029	378	228	150
45-49岁	52	4	48	1026	95	931	347	222	125
50-54岁	293	87	206	860	125	735	245	145	100
55-59岁	556	238	318	1369	204	1165	318	203	115
60-64岁	906	672	234	1880	423	1457	366	224	142
65岁及以上	1744	1320	424	4037	1215	2822	1379	664	715
瑶族	**2831**	**1639**	**1192**	**10281**	**2329**	**7952**	**3685**	**1788**	**1897**
15-19岁	1	1		156	44	112	343	197	146
20-24岁				573	36	537	501	215	286
25-29岁				741	30	711	405	157	248
30-34岁				592	41	551	289	117	172
35-39岁				494	44	450	239	122	117
40-44岁	4	1	3	462	47	415	219	115	104
45-49岁	44	4	40	525	50	475	200	117	83
50-54岁	305	76	229	597	113	484	139	77	62
55-59岁	717	303	414	910	164	746	172	104	68
60-64岁	694	479	215	1398	400	998	230	114	116
65岁及以上	1066	775	291	3833	1360	2473	948	453	495
白族	**4138**	**2723**	**1415**	**8230**	**1604**	**6626**	**2369**	**1211**	**1158**
15-19岁				113	21	92	160	94	66
20-24岁				453	21	432	343	157	186
25-29岁				480	17	463	209	80	129
30-34岁	1	1		558	18	540	194	94	100
35-39岁	3	1	2	529	28	501	176	94	82
40-44岁	8	3	5	437	30	407	152	93	59
45-49岁	54	5	49	364	33	331	141	86	55
50-54岁	319	88	231	462	52	410	87	52	35
55-59岁	706	362	344	921	181	740	130	76	54
60-64岁	957	678	279	1180	340	840	164	93	71
65岁及以上	2090	1585	505	2733	863	1870	613	292	321

3-7 续表 20 单位：人

民族 年龄	未工作人口 合计	男	女	一、在校学习 小计	男	女
土家族	**153897**	**63253**	**90644**	**37332**	**18741**	**18591**
15-19岁	31468	15699	15769	27635	13755	13880
20-24岁	17377	7426	9951	9250	4725	4525
25-29岁	6865	1691	5174	363	207	156
30-34岁	5685	1216	4469	34	21	13
35-39岁	6840	1712	5128	24	17	7
40-44岁	6150	1729	4421	9	7	2
45-49岁	5351	1540	3811	3	1	2
50-54岁	4570	1384	3186			
55-59岁	8586	2920	5666	1		1
60-64岁	12574	5500	7074			
65岁及以上	48431	22436	25995	13	8	5
哈尼族	**21393**	**8357**	**13036**	**4148**	**2116**	**2032**
15-19岁	4016	2005	2011	3281	1650	1631
20-24岁	2106	778	1328	843	450	393
25-29岁	1019	201	818	23	16	7
30-34岁	884	195	689			
35-39岁	594	153	441			
40-44岁	440	114	326	1		1
45-49岁	485	154	331			
50-54岁	774	233	541			
55-59岁	1113	424	689			
60-64岁	2256	953	1303			
65岁及以上	7706	3147	4559			
哈萨克族	**35996**	**10698**	**25298**	**7350**	**3247**	**4103**
15-19岁	6405	2846	3559	5024	2277	2747
20-24岁	5838	1906	3932	2161	882	1279
25-29岁	3546	690	2856	134	70	64
30-34岁	2966	463	2503	16	9	7
35-39岁	2633	384	2249	11	8	3
40-44岁	2263	360	1903	3	1	2
45-49岁	2081	337	1744			
50-54岁	2139	466	1673			
55-59岁	2097	605	1492			
60-64岁	1957	783	1174			
65岁及以上	4071	1858	2213	1		1

3-7 续表 21

单位：人

民族 年龄	二、丧失工作能力			三、毕业后未工作		
	小计	男	女	小计	男	女
土家族	**39454**	**18385**	**21069**	**4429**	**2452**	**1977**
15-19岁	185	102	83	1517	904	613
20-24岁	249	147	102	1949	1044	905
25-29岁	251	152	99	523	276	247
30-34岁	245	153	92	159	79	80
35-39岁	461	284	177	102	55	47
40-44岁	492	309	183	72	34	38
45-49岁	595	374	221	38	22	16
50-54岁	577	327	250	7	3	4
55-59岁	1431	656	775	15	11	4
60-64岁	4195	1938	2257	9	5	4
65岁及以上	30773	13943	16830	38	19	19
哈尼族	**7103**	**2937**	**4166**	**665**	**399**	**266**
15-19岁	19	13	6	256	159	97
20-24岁	35	21	14	264	147	117
25-29岁	34	20	14	98	65	33
30-34岁	60	43	17	31	20	11
35-39岁	52	29	23	10	6	4
40-44岁	54	29	25	2		2
45-49岁	75	49	26			
50-54岁	136	62	74	2	2	
55-59岁	258	111	147			
60-64岁	999	433	566	1		1
65岁及以上	5381	2127	3254	1		1
哈萨克族	**3076**	**1338**	**1738**	**2221**	**1093**	**1128**
15-19岁	33	17	16	457	250	207
20-24岁	54	24	30	910	447	463
25-29岁	63	38	25	472	216	256
30-34岁	92	45	47	174	94	80
35-39岁	82	49	33	79	39	40
40-44岁	97	62	35	55	23	32
45-49岁	104	52	52	26	10	16
50-54岁	153	60	93	22	6	16
55-59岁	253	98	155	14	4	10
60-64岁	458	193	265	4		4
65岁及以上	1687	700	987	8	4	4

3-7 续表 22

单位：人

民 族 年 龄	四、因单位原因失去工作			五、因本人原因失去工作			六、承包土地被征用		
	小计	男	女	小计	男	女	小计	男	女
土家族	**1728**	**975**	**753**	**2358**	**1236**	**1122**	**790**	**408**	**382**
15-19岁	19	13	6	168	88	80	13	10	3
20-24岁	64	35	29	523	241	282	52	26	26
25-29岁	94	45	49	385	178	207	57	31	26
30-34岁	140	68	72	294	140	154	60	26	34
35-39岁	320	168	152	266	138	128	116	61	55
40-44岁	372	176	196	233	133	100	113	50	63
45-49岁	337	169	168	160	108	52	82	36	46
50-54岁	160	116	44	78	55	23	60	36	24
55-59岁	150	131	19	88	55	33	78	37	41
60-64岁	37	29	8	48	32	16	85	55	30
65岁及以上	35	25	10	115	68	47	74	40	34
哈尼族	**192**	**100**	**92**	**274**	**123**	**151**	**52**	**29**	**23**
15-19岁	6	3	3	17	9	8			
20-24岁	6	3	3	72	29	43	6	3	3
25-29岁	13	5	8	42	9	33	6	4	2
30-34岁	22	12	10	51	21	30	7	6	1
35-39岁	35	17	18	27	12	15	8	5	3
40-44岁	36	19	17	21	12	9	7	2	5
45-49岁	38	14	24	13	9	4	6	4	2
50-54岁	18	13	5	15	10	5	6	3	3
55-59岁	14	10	4	6	6		2		2
60-64岁	4	4		3	1	2	1		1
65岁及以上				7	5	2	3	2	1
哈萨克族	**293**	**173**	**120**	**429**	**260**	**169**	**76**	**54**	**22**
15-19岁				13	3	10	1	1	
20-24岁	6	5	1	40	17	23	6	5	1
25-29岁	5	1	4	66	40	26	4	3	1
30-34岁	17	9	8	68	43	25	13	8	5
35-39岁	58	33	25	60	43	17	14	11	3
40-44岁	82	45	37	72	39	33	5	2	3
45-49岁	91	55	36	54	38	16	9	7	2
50-54岁	23	16	7	20	14	6	10	5	5
55-59岁	11	9	2	14	13	1	7	6	1
60-64岁				7	4	3	3	2	1
65岁及以上				15	6	9	4	4	

3-7 续表 23

单位：人

民 族 年 龄	七、离退休			八、料理家务			九、其他		
	小计	男	女	小计	男	女	小计	男	女
土家族	**11131**	**7086**	**4045**	**39922**	**4969**	**34953**	**16753**	**9001**	**7752**
15-19岁				731	121	610	1200	706	494
20-24岁				3042	121	2921	2248	1087	1161
25-29岁				3699	111	3588	1493	691	802
30-34岁	1	1		3550	110	3440	1202	618	584
35-39岁	3	2	1	4085	166	3919	1463	821	642
40-44岁	7	4	3	3491	198	3293	1361	818	543
45-49岁	123	10	113	2982	218	2764	1031	602	429
50-54岁	794	211	583	2196	224	1972	698	412	286
55-59岁	1878	791	1087	3749	522	3227	1196	717	479
60-64岁	2793	1930	863	4175	817	3358	1232	694	538
65岁及以上	5532	4137	1395	8222	2361	5861	3629	1835	1794
哈尼族	**1247**	**727**	**520**	**5875**	**1124**	**4751**	**1837**	**802**	**1035**
15-19岁				177	37	140	260	134	126
20-24岁				584	22	562	296	103	193
25-29岁				619	16	603	184	66	118
30-34岁				547	18	529	166	75	91
35-39岁	3	1	2	339	15	324	120	68	52
40-44岁	4		4	247	21	226	68	31	37
45-49岁	28	7	21	258	35	223	67	36	31
50-54岁	191	45	146	332	63	269	74	35	39
55-59岁	279	142	137	476	117	359	78	38	40
60-64岁	306	207	99	819	252	567	123	56	67
65岁及以上	436	325	111	1477	528	949	401	160	241
哈萨克族	**3683**	**1829**	**1854**	**16261**	**1238**	**15023**	**2607**	**1466**	**1141**
15-19岁				653	166	487	224	132	92
20-24岁				2177	257	1920	484	269	215
25-29岁				2446	143	2303	356	179	177
30-34岁				2327	104	2223	259	151	108
35-39岁	3	2	1	2100	70	2030	226	129	97
40-44岁	21	9	12	1729	62	1667	199	117	82
45-49岁	186	18	168	1459	69	1390	152	88	64
50-54岁	631	213	418	1156	69	1087	124	83	41
55-59岁	777	340	437	908	70	838	113	65	48
60-64岁	763	421	342	581	80	501	141	83	58
65岁及以上	1302	826	476	725	148	577	329	170	159

3-7 续表 24

单位：人

民族 年龄	未工作人口			一、在校学习		
	合计	男	女	小计	男	女
傣族	**18943**	**7104**	**11839**	**2886**	**1177**	**1709**
15-19岁	2813	1197	1616	2204	918	1286
20-24岁	1647	571	1076	668	251	417
25-29岁	757	184	573	10	7	3
30-34岁	611	148	463	2		2
35-39岁	551	156	395	1		1
40-44岁	528	176	352			
45-49岁	757	227	530	1	1	
50-54岁	1110	374	736			
55-59岁	1451	520	931			
60-64岁	2059	859	1200			
65岁及以上	6659	2692	3967			
黎族	**26886**	**11417**	**15469**	**7796**	**3791**	**4005**
15-19岁	7527	3731	3796	6148	2942	3206
20-24岁	3874	1866	2008	1572	808	764
25-29岁	1789	735	1054	62	34	28
30-34岁	1243	437	806	10	6	4
35-39岁	1109	371	738	3	1	2
40-44岁	969	347	622	1		1
45-49岁	865	325	540			
50-54岁	944	278	666			
55-59岁	1080	350	730			
60-64岁	1438	611	827			
65岁及以上	6048	2366	3682			
傈僳族	**7331**	**3072**	**4259**	**1515**	**760**	**755**
15-19岁	1368	679	689	1197	609	588
20-24岁	625	251	374	309	144	165
25-29岁	292	98	194	5	3	2
30-34岁	207	45	162	1	1	
35-39岁	169	53	116	2	2	
40-44岁	151	49	102			
45-49岁	166	49	117			
50-54岁	228	93	135			
55-59岁	398	158	240	1	1	
60-64岁	762	330	432			
65岁及以上	2965	1267	1698			

3-7 续表 25

单位：人

民族 年龄	二、丧失工作能力			三、毕业后未工作		
	小计	男	女	小计	男	女
傣族	**5205**	**2150**	**3055**	**497**	**270**	**227**
15-19岁	28	16	12	238	126	112
20-24岁	43	16	27	177	98	79
25-29岁	42	26	16	49	26	23
30-34岁	33	19	14	16	8	8
35-39岁	53	34	19	5	4	1
40-44岁	49	30	19	2	2	
45-49岁	74	44	30	3	2	1
50-54岁	110	53	57	2	1	1
55-59岁	266	108	158			
60-64岁	609	272	337	1		1
65岁及以上	3898	1532	2366	4	3	1
黎族	**4364**	**1789**	**2575**	**1747**	**1125**	**622**
15-19岁	30	20	10	558	354	204
20-24岁	37	27	10	730	448	282
25-29岁	56	40	16	262	183	79
30-34岁	38	24	14	106	77	29
35-39岁	60	42	18	46	34	12
40-44岁	64	38	26	11	9	2
45-49岁	73	46	27	16	10	6
50-54岁	90	47	43	7	3	4
55-59岁	158	74	84	5	2	3
60-64岁	396	165	231	2	1	1
65岁及以上	3362	1266	2096	4	4	
傈僳族	**2875**	**1243**	**1632**	**141**	**81**	**60**
15-19岁	15	12	3	36	20	16
20-24岁	23	13	10	69	43	26
25-29岁	29	19	10	27	15	12
30-34岁	19	11	8	6	2	4
35-39岁	23	13	10	1		1
40-44岁	24	17	7			
45-49岁	38	24	14			
50-54岁	58	28	30	1	1	
55-59岁	95	36	59			
60-64岁	381	157	224			
65岁及以上	2170	913	1257	1		1

3-7 续表 26

单位：人

民族 年龄	四、因单位原因失去工作			五、因本人原因失去工作			六、承包土地被征用		
	小计	男	女	小计	男	女	小计	男	女
傣族	**168**	**87**	**81**	**230**	**104**	**126**	**226**	**123**	**103**
15-19岁	4	4		16	5	11	7	5	2
20-24岁	7	4	3	57	19	38	17	10	7
25-29岁	10	4	6	42	18	24	19	9	10
30-34岁	16	10	6	28	11	17	13	7	6
35-39岁	25	12	13	30	12	18	30	17	13
40-44岁	37	16	21	27	20	7	38	15	23
45-49岁	32	11	21	11	6	5	37	23	14
50-54岁	16	9	7	7	5	2	18	11	7
55-59岁	11	10	1	5	3	2	23	14	9
60-64岁	6	5	1	2	1	1	13	6	7
65岁及以上	4	2	2	5	4	1	11	6	5
黎族	**391**	**230**	**161**	**586**	**313**	**273**	**227**	**122**	**105**
15-19岁	5	1	4	49	23	26	8	6	2
20-24岁	24	13	11	132	59	73	25	11	14
25-29岁	44	31	13	108	51	57	29	15	14
30-34岁	36	21	15	66	33	33	26	15	11
35-39岁	54	26	28	53	30	23	35	20	15
40-44岁	74	38	36	47	30	17	33	15	18
45-49岁	76	37	39	50	38	12	21	12	9
50-54岁	38	30	8	23	15	8	18	8	10
55-59岁	27	25	2	20	13	7	15	10	5
60-64岁	10	6	4	4	3	1	7	5	2
65岁及以上	3	2	1	34	18	16	10	5	5
傈僳族	**28**	**16**	**12**	**44**	**25**	**19**	**20**	**11**	**9**
15-19岁	1	1		3	2	1	2	2	
20-24岁	2	1	1	11	3	8	3	1	2
25-29岁	5	1	4	12	8	4	3	2	1
30-34岁	5	1	4	6	4	2	3		3
35-39岁	5	5		2	2		2	2	
40-44岁	3	2	1	3	2	1	3	1	2
45-49岁	4	3	1	2	2		1	1	
50-54岁	1	1		1	1		2	2	
55-59岁	1		1	1		1			
60-64岁	1	1					1		1
65岁及以上				3	1	2			

3-7 续表 27

单位：人

民族 年龄	七、离退休			八、料理家务			九、其他		
	小计	男	女	小计	男	女	小计	男	女
傣族	**1212**	**663**	**549**	**6554**	**1511**	**5043**	**1965**	**1019**	**946**
15-19岁				148	30	118	168	93	75
20-24岁				419	46	373	259	127	132
25-29岁				410	12	398	175	82	93
30-34岁				356	18	338	147	75	72
35-39岁	2		2	294	17	277	111	60	51
40-44岁	3	2	1	271	30	241	101	61	40
45-49岁	29	3	26	462	68	394	108	69	39
50-54岁	193	66	127	664	165	499	100	64	36
55-59岁	247	117	130	770	183	587	129	85	44
60-64岁	273	176	97	1014	315	699	141	84	57
65岁及以上	465	299	166	1746	627	1119	526	219	307
黎族	**2199**	**920**	**1279**	**5817**	**1027**	**4790**	**3759**	**2100**	**1659**
15-19岁				238	70	168	491	315	176
20-24岁				641	98	543	713	402	311
25-29岁	1	1		690	72	618	537	308	229
30-34岁				624	63	561	337	198	139
35-39岁	1	1		568	59	509	289	158	131
40-44岁	8	3	5	469	55	414	262	159	103
45-49岁	24	1	23	391	55	336	214	126	88
50-54岁	307	23	284	326	64	262	135	88	47
55-59岁	399	91	308	332	55	277	124	80	44
60-64岁	471	260	211	403	96	307	145	75	70
65岁及以上	988	540	448	1135	340	795	512	191	321
傈僳族	**395**	**293**	**102**	**1810**	**400**	**1410**	**503**	**243**	**260**
15-19岁				57	9	48	57	24	33
20-24岁				134	14	120	74	32	42
25-29岁				160	23	137	51	27	24
30-34岁				136	12	124	31	14	17
35-39岁				100	12	88	34	17	17
40-44岁				96	13	83	22	14	8
45-49岁	1		1	101	9	92	19	10	9
50-54岁	45	30	15	109	24	85	11	6	5
55-59岁	109	74	35	174	39	135	17	8	9
60-64岁	105	80	25	238	73	165	36	19	17
65岁及以上	135	109	26	505	172	333	151	72	79

3-7 续表 28 单位：人

民族 年龄	未工作人口			一、在校学习		
	合计	男	女	小计	男	女
佤族	**4613**	**1792**	**2821**	**950**	**445**	**505**
15-19岁	878	402	476	763	356	407
20-24岁	373	146	227	177	83	94
25-29岁	213	54	159	9	5	4
30-34岁	145	30	115			
35-39岁	111	30	81			
40-44岁	97	28	69	1	1	
45-49岁	112	33	79			
50-54岁	167	49	118			
55-59岁	283	100	183			
60-64岁	524	216	308			
65岁及以上	1710	704	1006			
畲族	**15018**	**5586**	**9432**	**3326**	**1647**	**1679**
15-19岁	2877	1421	1456	2505	1229	1276
20-24岁	1563	651	912	798	406	392
25-29岁	797	121	676	16	10	6
30-34岁	730	106	624	2	2	
35-39岁	711	111	600	2		2
40-44岁	664	100	564			
45-49岁	630	110	520			
50-54岁	710	140	570			
55-59岁	929	262	667			
60-64岁	1035	421	614			
65岁及以上	4372	2143	2229	3		3
高山族	**88**	**34**	**54**	**30**	**14**	**16**
15-19岁	21	11	10	20	11	9
20-24岁	12	3	9	10	3	7
25-29岁	3	1	2			
30-34岁	4	1	3			
35-39岁	6	2	4			
40-44岁						
45-49岁	3		3			
50-54岁	8	3	5			
55-59岁	4	1	3			
60-64岁	8	5	3			
65岁及以上	19	7	12			

3-7 续表 29

单位：人

民族 年龄	二、丧失工作能力 小计	男	女	三、毕业后未工作 小计	男	女
佤族	**1495**	**636**	**859**	**103**	**60**	**43**
15-19岁	7	3	4	36	21	15
20-24岁	9	6	3	39	25	14
25-29岁	15	11	4	23	12	11
30-34岁	15	11	4	2	1	1
35-39岁	14	10	4	2	1	1
40-44岁	15	7	8			
45-49岁	24	15	9			
50-54岁	22	12	10			
55-59岁	58	22	36			
60-64岁	204	74	130			
65岁及以上	1112	465	647	1		1
畲族	**2989**	**1618**	**1371**	**400**	**228**	**172**
15-19岁	19	10	9	202	118	84
20-24岁	25	20	5	163	92	71
25-29岁	20	15	5	26	13	13
30-34岁	28	17	11	4	3	1
35-39岁	28	22	6	1		1
40-44岁	40	30	10			
45-49岁	42	29	13	1	1	
50-54岁	52	31	21			
55-59岁	87	53	34	3	1	2
60-64岁	223	130	93			
65岁及以上	2425	1261	1164			
高山族	**8**	**2**	**6**	**2**	**1**	**1**
15-19岁				1		1
20-24岁						
25-29岁				1	1	
30-34岁						
35-39岁						
40-44岁						
45-49岁						
50-54岁						
55-59岁						
60-64岁	1	1				
65岁及以上	7	1	6			

3-7 续表 30

单位：人

民族 年龄	四、因单位原因失去工作			五、因本人原因失去工作			六、承包土地被征用		
	小计	男	女	小计	男	女	小计	男	女
佤族	**31**	**18**	**13**	**40**	**17**	**23**	**9**	**7**	**2**
15-19岁	1		1	2	1	1	1	1	
20-24岁	1	1		7	2	5	1	1	
25-29岁	1		1	11	6	5	1	1	
30-34岁	7	3	4	8	2	6			
35-39岁	4	2	2	4	2	2			
40-44岁	3	1	2	2	1	1	1		1
45-49岁	4	3	1	3	2	1	2	2	
50-54岁	4	3	1	1		1	1	1	
55-59岁	2	1	1				2	1	1
60-64岁	2	2		1	1				
65岁及以上	2	2		1		1			
畲族	**83**	**43**	**40**	**412**	**244**	**168**	**47**	**23**	**24**
15-19岁	4	2	2	23	11	12	1	1	
20-24岁	20	9	11	90	45	45			
25-29岁	6	1	5	59	23	36	2	1	1
30-34岁	6	4	2	54	29	25	4		4
35-39岁	8	4	4	45	30	15	6	3	3
40-44岁	11	7	4	32	20	12	4	2	2
45-49岁	13	1	12	31	24	7	6	4	2
50-54岁	7	7		23	21	2	7	3	4
55-59岁	6	6		20	17	3	4	3	1
60-64岁	2	2		14	10	4	2	1	1
65岁及以上				21	14	7	11	5	6
高山族	**2**		**2**	**3**	**2**	**1**			
15-19岁									
20-24岁									
25-29岁									
30-34岁									
35-39岁				2	1	1			
40-44岁									
45-49岁	2		2						
50-54岁				1	1				
55-59岁									
60-64岁									
65岁及以上									

3-7 续表 31

单位：人

民族 年龄	七、离退休			八、料理家务			九、其他		
	小计	男	女	小计	男	女	小计	男	女
佤族	**342**	**229**	**113**	**1246**	**203**	**1043**	**397**	**177**	**220**
15-19岁				33	5	28	35	15	20
20-24岁				89	2	87	50	26	24
25-29岁				109	3	106	44	16	28
30-34岁				82	2	80	31	11	20
35-39岁				65	4	61	22	11	11
40-44岁	1		1	57	5	52	17	13	4
45-49岁	5		5	57	3	54	17	8	9
50-54岁	35	12	23	89	13	76	15	8	7
55-59岁	86	55	31	117	17	100	18	4	14
60-64岁	96	66	30	189	54	135	32	19	13
65岁及以上	119	96	23	359	95	264	116	46	70
畲族	**751**	**538**	**213**	**5908**	**570**	**5338**	**1102**	**675**	**427**
15-19岁				36	4	32	87	46	41
20-24岁				313	10	303	154	69	85
25-29岁				563	8	555	105	50	55
30-34岁				553	10	543	79	41	38
35-39岁				555	10	545	66	42	24
40-44岁				530	11	519	47	30	17
45-49岁	4		4	475	10	465	58	41	17
50-54岁	46	11	35	514	21	493	61	46	15
55-59岁	101	44	57	624	77	547	84	61	23
60-64岁	155	128	27	556	92	464	83	58	25
65岁及以上	445	355	90	1189	317	872	278	191	87
高山族	**22**	**11**	**11**	**14**	**1**	**13**	**7**	**3**	**4**
15-19岁									
20-24岁				1		1	1		1
25-29岁				2		2			
30-34岁				3		3	1	1	
35-39岁				1		1	3	1	2
40-44岁									
45-49岁				1		1			
50-54岁	7	2	5						
55-59岁	3		3				1	1	
60-64岁	5	4	1	2		2			
65岁及以上	7	5	2	4	1	3	1		1

3-7 续表 32 单位：人

民族 年龄	未工作人口 合计	男	女	一、在校学习 小计	男	女
拉祜族	**4870**	**1880**	**2990**	**901**	**445**	**456**
15-19岁	817	409	408	681	347	334
20-24岁	457	170	287	213	94	119
25-29岁	198	44	154	6	3	3
30-34岁	179	38	141			
35-39岁	124	29	95	1	1	
40-44岁	130	44	86			
45-49岁	107	36	71			
50-54岁	151	45	106			
55-59岁	257	85	172			
60-64岁	558	217	341			
65岁及以上	1892	763	1129			
水族	**6496**	**2801**	**3695**	**1719**	**902**	**817**
15-19岁	1609	825	784	1387	716	671
20-24岁	671	303	368	318	177	141
25-29岁	325	88	237	12	7	5
30-34岁	221	60	161	2	2	
35-39岁	214	83	131			
40-44岁	195	67	128			
45-49岁	151	52	99			
50-54岁	174	81	93			
55-59岁	256	98	158			
60-64岁	517	206	311			
65岁及以上	2163	938	1225			
东乡族	**10656**	**4380**	**6276**	**2086**	**1188**	**898**
15-19岁	2393	1181	1212	1702	955	747
20-24岁	1106	415	691	360	214	146
25-29岁	505	117	388	24	19	5
30-34岁	396	73	323			
35-39岁	360	70	290			
40-44岁	389	93	296			
45-49岁	325	97	228			
50-54岁	269	89	180			
55-59岁	421	157	264			
60-64岁	944	395	549			
65岁及以上	3548	1693	1855			

3-7 续表 33

单位：人

民族 年龄	二、丧失工作能力			三、毕业后未工作		
	小计	男	女	小计	男	女
拉祜族	**1702**	**716**	**986**	**100**	**57**	**43**
15-19岁	9	5	4	32	17	15
20-24岁	15	11	4	49	28	21
25-29岁	9	5	4	12	10	2
30-34岁	15	10	5	6	2	4
35-39岁	16	11	5			
40-44岁	19	13	6			
45-49岁	21	12	9			
50-54岁	35	14	21			
55-59岁	64	23	41			
60-64岁	236	93	143			
65岁及以上	1263	519	744	1		1
水族	**1944**	**821**	**1123**	**189**	**112**	**77**
15-19岁	10	6	4	66	39	27
20-24岁	7	5	2	78	42	36
25-29岁	11	6	5	23	20	3
30-34岁	12	6	6	4	2	2
35-39岁	17	10	7	7	4	3
40-44岁	12	6	6	2	1	1
45-49岁	17	11	6	3	1	2
50-54岁	32	20	12			
55-59岁	45	24	21	2		2
60-64岁	232	90	142			
65岁及以上	1549	637	912	4	3	1
东乡族	**3832**	**1821**	**2011**	**175**	**105**	**70**
15-19岁	20	12	8	84	50	34
20-24岁	28	18	10	72	43	29
25-29岁	24	8	16	17	11	6
30-34岁	21	13	8	1		1
35-39岁	20	10	10			
40-44岁	30	17	13	1	1	
45-49岁	24	10	14			
50-54岁	48	22	26			
55-59岁	132	53	79			
60-64岁	582	254	328			
65岁及以上	2903	1404	1499			

3-7 续表 34 单位：人

民族 年龄	四、因单位原因失去工作			五、因本人原因失去工作			六、承包土地被征用		
	小计	男	女	小计	男	女	小计	男	女
拉祜族	**28**	**16**	**12**	**46**	**19**	**27**	**9**	**3**	**6**
15-19岁				2	2		1		1
20-24岁				7	5	2			
25-29岁	1	1		11	1	10	1		1
30-34岁	5	3	2	6	2	4			
35-39岁	4	1	3	7	4	3			
40-44岁	5	1	4	4	2	2	1	1	
45-49岁	6	4	2	3	1	2	2	2	
50-54岁	1	1		1		1	1		1
55-59岁	4	3	1	2	2		1		1
60-64岁	2	2		1		1			
65岁及以上				2		2	2		2
水族	**39**	**19**	**20**	**83**	**47**	**36**	**21**	**11**	**10**
15-19岁	2	1	1	8	3	5	1	1	
20-24岁	2	1	1	19	8	11	3	1	2
25-29岁	1		1	12	7	5	2	1	1
30-34岁	5	2	3	10	5	5	4	1	3
35-39岁	3	3		13	7	6	3	2	1
40-44岁	14	2	12	8	6	2	1		1
45-49岁	6	4	2	5	4	1	1	1	
50-54岁	5	5		5	4	1	3	2	1
55-59岁	1	1		3	3		3	2	1
60-64岁									
65岁及以上									
东乡族	**7**	**4**	**3**	**60**	**41**	**19**	**9**	**4**	**5**
15-19岁				10	10				
20-24岁				8	5	3			
25-29岁	1	1		16	10	6			
30-34岁				4	4		2		2
35-39岁	1		1	3	2	1	1	1	
40-44岁	2	1	1	4	2	2	3	1	2
45-49岁	3	2	1	5	3	2			
50-54岁									
55-59岁							1		1
60-64岁				5	2	3	1	1	
65岁及以上				5	3	2	1	1	

3-7 续表 35

单位：人

民族 年龄	七、离退休			八、料理家务			九、其他		
	小计	男	女	小计	男	女	小计	男	女
拉祜族	**285**	**149**	**136**	**1340**	**265**	**1075**	**459**	**210**	**249**
15-19岁				43	8	35	49	30	19
20-24岁				102	5	97	71	27	44
25-29岁				105		105	53	24	29
30-34岁	1	1		110	2	108	36	18	18
35-39岁				71	2	69	25	10	15
40-44岁	1	1		71	6	65	29	20	9
45-49岁	6	3	3	50	5	45	19	9	10
50-54岁	27	10	17	73	12	61	13	8	5
55-59岁	64	27	37	101	19	82	21	11	10
60-64岁	71	42	29	214	67	147	34	13	21
65岁及以上	115	65	50	400	139	261	109	40	69
水族	**301**	**204**	**97**	**1500**	**301**	**1199**	**700**	**384**	**316**
15-19岁				44	6	38	91	53	38
20-24岁				151	21	130	93	48	45
25-29岁				187	8	179	77	39	38
30-34岁				128	7	121	56	35	21
35-39岁				107	18	89	64	39	25
40-44岁				114	22	92	44	30	14
45-49岁	1		1	86	12	74	32	19	13
50-54岁	28	15	13	68	14	54	33	21	12
55-59岁	55	21	34	115	26	89	32	21	11
60-64岁	71	55	16	168	42	126	46	19	27
65岁及以上	146	113	33	332	125	207	132	60	72
东乡族	**155**	**115**	**40**	**3260**	**499**	**2761**	**1072**	**603**	**469**
15-19岁				402	53	349	175	101	74
20-24岁				479	43	436	159	92	67
25-29岁				341	24	317	82	44	38
30-34岁				305	24	281	63	32	31
35-39岁				274	26	248	61	31	30
40-44岁				286	30	256	63	41	22
45-49岁	1		1	233	40	193	59	42	17
50-54岁	17	10	7	160	29	131	44	28	16
55-59岁	24	19	5	210	56	154	54	29	25
60-64岁	36	29	7	236	60	176	84	49	35
65岁及以上	77	57	20	334	114	220	228	114	114

3-7 续表 36 单位：人

民族 年龄	未工作人口			一、在校学习		
	合计	男	女	小计	男	女
纳西族	**6778**	**2972**	**3806**	**1734**	**797**	**937**
15-19岁	1191	580	611	1128	539	589
20-24岁	804	340	464	585	247	338
25-29岁	167	79	88	17	8	9
30-34岁	160	60	100	2	1	1
35-39岁	165	71	94	1	1	
40-44岁	162	69	93			
45-49岁	225	80	145	1	1	
50-54岁	244	78	166			
55-59岁	430	168	262			
60-64岁	730	330	400			
65岁及以上	2500	1117	1383			
景颇族	**1825**	**708**	**1117**	**361**	**196**	**165**
15-19岁	326	164	162	288	149	139
20-24岁	192	82	110	70	44	26
25-29岁	108	40	68	3	3	
30-34岁	58	21	37			
35-39岁	72	25	47			
40-44岁	49	18	31			
45-49岁	47	17	30			
50-54岁	100	29	71			
55-59岁	124	44	80			
60-64岁	204	73	131			
65岁及以上	545	195	350			
柯尔克孜族	**5050**	**2153**	**2897**	**1002**	**461**	**541**
15-19岁	942	425	517	694	307	387
20-24岁	856	373	483	294	144	150
25-29岁	490	202	288	12	8	4
30-34岁	364	136	228	2	2	
35-39岁	295	118	177			
40-44岁	274	100	174			
45-49岁	282	96	186			
50-54岁	259	102	157			
55-59岁	301	132	169			
60-64岁	291	133	158			
65岁及以上	696	336	360			

3-7 续表 37 单位：人

民族 年龄	二、丧失工作能力			三、毕业后未工作		
	小计	男	女	小计	男	女
纳西族	**1602**	**616**	**986**	**201**	**117**	**84**
15-19岁	1		1	36	26	10
20-24岁	10	6	4	111	54	57
25-29岁	7	6	1	38	24	14
30-34岁	8	7	1	8	8	
35-39岁	19	15	4	4	4	
40-44岁	19	12	7	3	1	2
45-49岁	24	12	12			
50-54岁	18	9	9	1		1
55-59岁	43	13	30			
60-64岁	170	64	106			
65岁及以上	1283	472	811			
景颇族	**499**	**189**	**310**	**42**	**24**	**18**
15-19岁	3	1	2	8	5	3
20-24岁	4	3	1	23	10	13
25-29岁	4	4		9	8	1
30-34岁	3	3		2	1	1
35-39岁	2	2				
40-44岁	9	6	3			
45-49岁	10	7	3			
50-54岁	18	10	8			
55-59岁	27	13	14			
60-64岁	85	24	61			
65岁及以上	334	116	218			
柯尔克孜族	**331**	**142**	**189**	**233**	**121**	**112**
15-19岁	2	1	1	45	25	20
20-24岁	4	1	3	85	45	40
25-29岁	2	1	1	53	26	27
30-34岁	4	2	2	19	9	10
35-39岁	1		1	7	4	3
40-44岁	9	5	4	5	3	2
45-49岁	6	3	3	6	4	2
50-54岁	8	6	2	1		1
55-59岁	16	6	10	2		2
60-64岁	35	17	18	2	1	1
65岁及以上	244	100	144	8	4	4

3-7 续表 38 单位：人

民族 年龄	四、因单位原因失去工作			五、因本人原因失去工作			六、承包土地被征用		
	小计	男	女	小计	男	女	小计	男	女
纳西族	**103**	**61**	**42**	**74**	**46**	**28**	**181**	**94**	**87**
15-19岁				3	3		4	4	
20-24岁	1	1		9	3	6	16	6	10
25-29岁	3	3		11	7	4	9	7	2
30-34岁	12	4	8	13	8	5	16	6	10
35-39岁	17	6	11	4	3	1	25	13	12
40-44岁	20	12	8	11	7	4	24	12	12
45-49岁	22	10	12	12	7	5	24	12	12
50-54岁	18	15	3	5	5		14	7	7
55-59岁	9	9		3	1	2	16	7	9
60-64岁				1	1		19	11	8
65岁及以上	1	1		2	1	1	14	9	5
景颇族	**19**	**11**	**8**	**32**	**16**	**16**	**1**		**1**
15-19岁				1		1			
20-24岁	1	1		12	5	7	1		1
25-29岁	1	1		7	6	1			
30-34岁				3	2	1			
35-39岁	6	3	3	2	1	1			
40-44岁	4	1	3	3	1	2			
45-49岁	4	2	2	3	1	2			
50-54岁	3	3		1		1			
55-59岁									
60-64岁									
65岁及以上									
柯尔克孜族	**23**	**15**	**8**	**27**	**14**	**13**	**9**	**6**	**3**
15-19岁				2		2	1		1
20-24岁	1		1	3	2	1			
25-29岁	1	1		4	1	3	1	1	
30-34岁				8	4	4	4	4	
35-39岁	6	5	1	1	1				
40-44岁	3	1	2	2	1	1			
45-49岁	8	5	3	3	3				
50-54岁	3	2	1	1	1				
55-59岁							2	1	1
60-64岁				1		1			
65岁及以上	1	1		2	1	1	1		1

3-7 续表 39 单位：人

民族 年龄	七、离退休			八、料理家务			九、其他		
	小计	男	女	小计	男	女	小计	男	女
纳西族	**1272**	**748**	**524**	**1229**	**295**	**934**	**382**	**198**	**184**
15-19岁				8	3	5	11	5	6
20-24岁				29	5	24	43	18	25
25-29岁				40	2	38	42	22	20
30-34岁				62	6	56	39	20	19
35-39岁				65	6	59	30	23	7
40-44岁				57	11	46	28	14	14
45-49岁	26		26	92	19	73	24	19	5
50-54岁	106	26	80	69	11	58	13	5	8
55-59岁	218	101	117	128	31	97	13	6	7
60-64岁	279	172	107	222	64	158	39	18	21
65岁及以上	643	449	194	457	137	320	100	48	52
景颇族	**184**	**86**	**98**	**461**	**75**	**386**	**226**	**111**	**115**
15-19岁				11	4	7	15	5	10
20-24岁				53	1	52	28	18	10
25-29岁				54	2	52	30	16	14
30-34岁				30	2	28	20	13	7
35-39岁				31	1	30	31	18	13
40-44岁				21	3	18	12	7	5
45-49岁	3		3	14	1	13	13	6	7
50-54岁	37	6	31	30	6	24	11	4	7
55-59岁	36	17	19	46	8	38	15	6	9
60-64岁	41	24	17	68	21	47	10	4	6
65岁及以上	67	39	28	103	26	77	41	14	27
柯尔克孜族	**461**	**270**	**191**	**2423**	**805**	**1618**	**541**	**319**	**222**
15-19岁				147	64	83	51	28	23
20-24岁				372	126	246	97	55	42
25-29岁				340	115	225	77	49	28
30-34岁				279	84	195	48	31	17
35-39岁	1	1		240	80	160	39	27	12
40-44岁	4	2	2	209	63	146	42	25	17
45-49岁	30	6	24	195	50	145	34	25	9
50-54岁	73	41	32	152	43	109	21	9	12
55-59岁	106	64	42	148	46	102	27	15	12
60-64岁	98	53	45	132	49	83	23	13	10
65岁及以上	149	103	46	209	85	124	82	42	40

3-7 续表40 单位：人

民族 年龄	未工作人口			一、在校学习		
	合计	男	女	小计	男	女
土族	**5210**	**2180**	**3030**	**1969**	**932**	**1037**
15-19岁	1529	711	818	1419	662	757
20-24岁	768	346	422	525	259	266
25-29岁	179	56	123	22	9	13
30-34岁	171	42	129	1	1	
35-39岁	185	54	131			
40-44岁	168	46	122			
45-49岁	151	44	107			
50-54岁	218	61	157			
55-59岁	337	138	199			
60-64岁	442	188	254			
65岁及以上	1062	494	568	2	1	1
达斡尔族	**3852**	**1413**	**2439**	**865**	**390**	**475**
15-19岁	620	270	350	501	224	277
20-24岁	602	253	349	332	148	184
25-29岁	268	88	180	30	17	13
30-34岁	204	59	145	2	1	1
35-39岁	206	55	151			
40-44岁	221	56	165			
45-49岁	271	84	187			
50-54岁	351	113	238			
55-59岁	343	108	235			
60-64岁	291	120	171			
65岁及以上	475	207	268			
仫佬族	**4226**	**1797**	**2429**	**914**	**427**	**487**
15-19岁	710	357	353	630	299	331
20-24岁	499	220	279	270	122	148
25-29岁	223	73	150	14	6	8
30-34岁	172	62	110			
35-39岁	144	51	93			
40-44岁	117	43	74			
45-49岁	113	45	68			
50-54岁	187	72	115			
55-59岁	328	114	214			
60-64岁	364	176	188			
65岁及以上	1369	584	785			

3-7 续表 41 单位：人

民族 年龄	二、丧失工作能力			三、毕业后未工作		
	小计	男	女	小计	男	女
土族	**1003**	**452**	**551**	**138**	**71**	**67**
15-19岁	4	1	3	33	21	12
20-24岁	7	6	1	72	33	39
25-29岁	7	4	3	25	12	13
30-34岁	9	6	3	2	2	
35-39岁	11	5	6	3	1	2
40-44岁	14	9	5	1	1	
45-49岁	15	6	9	1	1	
50-54岁	21	9	12			
55-59岁	69	30	39			
60-64岁	192	83	109	1		1
65岁及以上	654	293	361			
达斡尔族	**336**	**163**	**173**	**249**	**120**	**129**
15-19岁	2		2	65	27	38
20-24岁	5	3	2	114	55	59
25-29岁	4	4		41	19	22
30-34岁	10	4	6	14	9	5
35-39岁	13	6	7	7	5	2
40-44岁	16	8	8	5	4	1
45-49岁	20	14	6	2	1	1
50-54岁	28	18	10	1		1
55-59岁	45	26	19			
60-64岁	55	22	33			
65岁及以上	138	58	80			
仫佬族	**738**	**313**	**425**	**150**	**95**	**55**
15-19岁	4	2	2	44	35	9
20-24岁	9	5	4	70	42	28
25-29岁	5	3	2	23	13	10
30-34岁	6	3	3	11	4	7
35-39岁	5	4	1			
40-44岁	14	11	3			
45-49岁	7	6	1			
50-54岁	11	8	3			
55-59岁	23	14	9			
60-64岁	67	31	36	2	1	1
65岁及以上	587	226	361			

3-7 续表 42 单位：人

民族 年龄	四、因单位原因失去工作			五、因本人原因失去工作			六、承包土地被征用		
	小计	男	女	小计	男	女	小计	男	女
土族	**45**	**25**	**20**	**55**	**27**	**28**	**9**	**4**	**5**
15-19岁									
20-24岁	3	1	2	14	8	6			
25-29岁	4	2	2	6	1	5	1		1
30-34岁	6	4	2	4	2	2	2	1	1
35-39岁	13	5	8	14	8	6	2	2	
40-44岁	10	7	3	9	4	5	1		1
45-49岁	7	4	3	4	2	2			
50-54岁	2	2		1	1				
55-59岁									
60-64岁							1	1	
65岁及以上				3	1	2	2		2
达斡尔族	**91**	**52**	**39**	**86**	**47**	**39**	**3**	**2**	**1**
15-19岁	1		1	2	1	1			
20-24岁	2		2	17	8	9			
25-29岁	5	1	4	16	6	10			
30-34岁	4	3	1	7	6	1			
35-39岁	13	5	8	7	4	3			
40-44岁	19	12	7	13	8	5	1	1	
45-49岁	24	13	11	12	8	4			
50-54岁	15	13	2	3	2	1			
55-59岁	6	5	1	4	2	2	1		1
60-64岁				2	1	1	1	1	
65岁及以上	2		2	3	1	2			
仫佬族	**29**	**12**	**17**	**123**	**52**	**71**	**17**	**9**	**8**
15-19岁				6	2	4			
20-24岁	2		2	20	9	11	1		1
25-29岁				24	9	15			
30-34岁				21	8	13	5	4	1
35-39岁	4	1	3	22	9	13	2	1	1
40-44岁	4	1	3	15	9	6	2		2
45-49岁	10	4	6	6	2	4	2	1	1
50-54岁	5	2	3	2	1	1	2	1	1
55-59岁	4	4		1	1		1	1	
60-64岁							2	1	1
65岁及以上				6	2	4			

3-7 续表 43 单位：人

民族 年龄	七、离退休			八、料理家务			九、其他		
	小计	男	女	小计	男	女	小计	男	女
土族	**321**	**216**	**105**	**1293**	**251**	**1042**	**377**	**202**	**175**
15-19岁				39	7	32	34	20	14
20-24岁				98	19	79	49	20	29
25-29岁				78	11	67	36	17	19
30-34岁				116	11	105	31	15	16
35-39岁				110	12	98	32	21	11
40-44岁				101	10	91	32	15	17
45-49岁	6		6	96	17	79	22	14	8
50-54岁	43	21	22	129	19	110	22	9	13
55-59岁	86	59	27	160	35	125	22	14	8
60-64岁	71	53	18	152	40	112	25	11	14
65岁及以上	115	83	32	214	70	144	72	46	26
达斡尔族	**779**	**323**	**456**	**1017**	**50**	**967**	**426**	**266**	**160**
15-19岁				15		15	34	18	16
20-24岁				69	3	66	63	36	27
25-29岁				116	4	112	56	37	19
30-34岁				121	3	118	46	33	13
35-39岁				117	3	114	49	32	17
40-44岁	5	1	4	129	3	126	33	19	14
45-49岁	21	1	20	145	12	133	47	35	12
50-54岁	174	53	121	99	6	93	31	21	10
55-59岁	172	53	119	89	4	85	26	18	8
60-64岁	150	83	67	70	4	66	13	9	4
65岁及以上	257	132	125	47	8	39	28	8	20
仫佬族	**515**	**255**	**260**	**1143**	**313**	**830**	**597**	**321**	**276**
15-19岁				4	1	3	22	18	4
20-24岁				54	3	51	73	39	34
25-29岁	1	1		70	4	66	86	37	49
30-34岁	1		1	59	5	54	69	38	31
35-39岁	1	1		62	6	56	48	29	19
40-44岁				46	4	42	36	18	18
45-49岁	1		1	45	5	40	42	27	15
50-54岁	63	14	49	62	17	45	42	29	13
55-59岁	140	47	93	129	30	99	30	17	13
60-64岁	107	70	37	155	56	99	31	17	14
65岁及以上	201	122	79	457	182	275	118	52	66

3-7 续表 44 单位：人

民族 / 年龄	未工作人口 合计	男	女	一、在校学习 小计	男	女
羌族	**6484**	**2771**	**3713**	**1890**	**943**	**947**
15-19岁	1613	819	794	1431	709	722
20-24岁	795	366	429	440	227	213
25-29岁	243	80	163	13	6	7
30-34岁	193	51	142	1		1
35-39岁	253	87	166	1	1	
40-44岁	227	70	157			
45-49岁	200	65	135			
50-54岁	220	57	163			
55-59岁	410	143	267	1		1
60-64岁	536	243	293	1		1
65岁及以上	1794	790	1004	2		2
布朗族	**1292**	**576**	**716**	**359**	**182**	**177**
15-19岁	295	151	144	273	142	131
20-24岁	122	52	70	84	40	44
25-29岁	41	11	30	2		2
30-34岁	16	4	12			
35-39岁	23	10	13			
40-44岁	18	6	12			
45-49岁	21	4	17			
50-54岁	46	18	28			
55-59岁	83	26	57			
60-64岁	138	72	66			
65岁及以上	489	222	267			
撒拉族	**3423**	**1394**	**2029**	**532**	**327**	**205**
15-19岁	600	318	282	392	238	154
20-24岁	494	207	287	138	88	50
25-29岁	289	94	195	1		1
30-34岁	247	78	169			
35-39岁	213	57	156	1	1	
40-44岁	219	64	155			
45-49岁	172	52	120			
50-54岁	161	53	108			
55-59岁	157	60	97			
60-64岁	248	112	136			
65岁及以上	623	299	324			

3-7 续表 45 单位: 人

民族 年龄	二、丧失工作能力			三、毕业后未工作		
	小计	男	女	小计	男	女
羌族	**1398**	**605**	**793**	**229**	**137**	**92**
15-19岁	8	2	6	80	50	30
20-24岁	11	8	3	109	61	48
25-29岁	13	9	4	32	20	12
30-34岁	8	5	3	3	1	2
35-39岁	12	6	6	3	3	
40-44岁	17	12	5	1	1	
45-49岁	15	5	10			
50-54岁	20	7	13			
55-59岁	74	25	49	1	1	
60-64岁	170	69	101			
65岁及以上	1050	457	593			
布朗族	**426**	**207**	**219**	**18**	**12**	**6**
15-19岁				7	5	2
20-24岁	5	5		7	3	4
25-29岁	4	3	1	3	3	
30-34岁	3	1	2	1	1	
35-39岁	4	4				
40-44岁	3	3				
45-49岁	5	1	4			
50-54岁	9	5	4			
55-59岁	10	4	6			
60-64岁	55	27	28			
65岁及以上	328	154	174			
撒拉族	**547**	**241**	**306**	**96**	**52**	**44**
15-19岁	4	1	3	31	13	18
20-24岁	4	1	3	46	27	19
25-29岁	7	1	6	7	6	1
30-34岁	4	3	1	5	3	2
35-39岁	7	2	5	3	1	2
40-44岁	9	3	6			
45-49岁	9	3	6	1	1	
50-54岁	16	4	12	1	1	
55-59岁	25	6	19	1		1
60-64岁	91	45	46			
65岁及以上	371	172	199	1		1

3-7 续表 46 单位：人

民族 年龄	四、因单位原因失去工作			五、因本人原因失去工作			六、承包土地被征用		
	小计	男	女	小计	男	女	小计	男	女
羌族	**52**	**31**	**21**	**95**	**49**	**46**	**226**	**109**	**117**
15-19岁				7	5	2	8	7	1
20-24岁	4	1	3	20	11	9	15	6	9
25-29岁	7	5	2	20	8	12	15	9	6
30-34岁	4		4	15	7	8	19	6	13
35-39岁	9	3	6	16	8	8	34	16	18
40-44岁	9	5	4	4	2	2	44	15	29
45-49岁	5	5		4	2	2	33	14	19
50-54岁	2	1	1	3	2	1	10	8	2
55-59岁	10	9	1	3	2	1	15	8	7
60-64岁	1	1					7	3	4
65岁及以上	1	1		3	2	1	26	17	9
布朗族	**5**	**5**		**6**	**3**	**3**	**3**	**2**	**1**
15-19岁				1		1			
20-24岁				1		1			
25-29岁				3	2	1			
30-34岁									
35-39岁	1	1		1	1				
40-44岁							1		1
45-49岁	1	1					1	1	
50-54岁							1	1	
55-59岁	3	3							
60-64岁									
65岁及以上									
撒拉族	**12**	**9**	**3**	**30**	**17**	**13**	**23**	**15**	**8**
15-19岁				1		1	1	1	
20-24岁	3	1	2	5	2	3	3	2	1
25-29岁	1	1		6	4	2	5	3	2
30-34岁	2	2		2	1	1	3	2	1
35-39岁				5	4	1			
40-44岁	2	2		2	2		2	1	1
45-49岁	2	1	1	1		1	4	2	2
50-54岁	2	2		3	1	2	3	3	
55-59岁				1	1		1	1	
60-64岁				1		1			
65岁及以上				3	2	1	1		1

3-7 续表 47 单位：人

民族 年龄	七、离退休			八、料理家务			九、其他		
	小计	男	女	小计	男	女	小计	男	女
羌族	**360**	**224**	**136**	**1437**	**244**	**1193**	**797**	**429**	**368**
15-19岁	1		1	24	4	20	54	42	12
20-24岁				87	3	84	109	49	60
25-29岁				82	1	81	61	22	39
30-34岁	1	1		86	2	84	56	29	27
35-39岁				109	6	103	69	44	25
40-44岁				100	8	92	52	27	25
45-49岁	5	1	4	89	3	86	49	35	14
50-54岁	42	13	29	109	9	100	34	17	17
55-59岁	78	44	34	179	25	154	49	29	20
60-64岁	92	70	22	206	62	144	59	38	21
65岁及以上	141	95	46	366	121	245	205	97	108
布朗族	**63**	**41**	**22**	**344**	**88**	**256**	**68**	**36**	**32**
15-19岁				9		9	5	4	1
20-24岁				18		18	7	4	3
25-29岁				22		22	7	3	4
30-34岁				7		7	5	2	3
35-39岁				13		13	4	4	
40-44岁				9	1	8	5	2	3
45-49岁	1		1	12	1	11	1		1
50-54岁	6	2	4	26	7	19	4	3	1
55-59岁	10	5	5	55	12	43	5	2	3
60-64岁	22	18	4	58	26	32	3	1	2
65岁及以上	24	16	8	115	41	74	22	11	11
撒拉族	**101**	**71**	**30**	**1429**	**250**	**1179**	**653**	**412**	**241**
15-19岁	1		1	80	14	66	90	51	39
20-24岁				194	25	169	101	61	40
25-29岁				184	28	156	78	51	27
30-34岁				170	29	141	61	38	23
35-39岁				148	15	133	49	34	15
40-44岁				162	25	137	42	31	11
45-49岁	2		2	115	19	96	38	26	12
50-54岁	11	3	8	98	21	77	27	18	9
55-59岁	16	12	4	90	22	68	23	18	5
60-64岁	20	16	4	80	17	63	56	34	22
65岁及以上	51	40	11	108	35	73	88	50	38

3-7 续表 48 单位：人

民族 年龄	未工作人口 合计	男	女	一、在校学习 小计	男	女
毛南族	**1625**	**676**	**949**	**416**	**182**	**234**
15-19岁	335	145	190	306	129	177
20-24岁	168	76	92	105	52	53
25-29岁	77	17	60	5	1	4
30-34岁	52	13	39			
35-39岁	50	17	33			
40-44岁	50	20	30			
45-49岁	46	11	35			
50-54岁	59	24	35			
55-59岁	80	32	48			
60-64岁	136	69	67			
65岁及以上	572	252	320			
仡佬族	**9969**	**4312**	**5657**	**2918**	**1560**	**1358**
15-19岁	2375	1234	1141	2145	1115	1030
20-24岁	1186	547	639	741	422	319
25-29岁	422	101	321	30	23	7
30-34岁	413	82	331	1		1
35-39岁	471	103	368	1		1
40-44岁	363	90	273			
45-49岁	265	69	196			
50-54岁	210	76	134			
55-59岁	477	157	320			
60-64岁	813	388	425			
65岁及以上	2974	1465	1509			
锡伯族	**4665**	**1874**	**2791**	**1368**	**648**	**720**
15-19岁	883	426	457	793	380	413
20-24岁	789	334	455	534	250	284
25-29岁	238	74	164	36	16	20
30-34岁	189	33	156	4	2	2
35-39岁	162	43	119			
40-44岁	168	36	132			
45-49岁	193	37	156	1		1
50-54岁	301	82	219			
55-59岁	392	124	268			
60-64岁	386	192	194			
65岁及以上	964	493	471			

3-7 续表 49

单位：人

民族 年龄	二、丧失工作能力			三、毕业后未工作		
	小计	男	女	小计	男	女
毛南族	**368**	**161**	**207**	**30**	**17**	**13**
15-19岁	2	2		12	6	6
20-24岁	2		2	12	9	3
25-29岁	2	2		6	2	4
30-34岁						
35-39岁	8	6	2			
40-44岁	3	2	1			
45-49岁	6	2	4			
50-54岁	6	5	1			
55-59岁	11	6	5			
60-64岁	34	16	18			
65岁及以上	294	120	174			
仡佬族	**2569**	**1285**	**1284**	**243**	**139**	**104**
15-19岁	12	7	5	91	59	32
20-24岁	8	4	4	98	47	51
25-29岁	16	11	5	25	15	10
30-34岁	31	18	13	10	7	3
35-39岁	40	27	13	8	5	3
40-44岁	43	33	10	5	1	4
45-49岁	36	22	14	2	2	
50-54岁	31	17	14	1	1	
55-59岁	101	47	54			
60-64岁	311	153	158			
65岁及以上	1940	946	994	3	2	1
锡伯族	**462**	**245**	**217**	**214**	**108**	**106**
15-19岁	3	3		59	33	26
20-24岁	3	1	2	105	49	56
25-29岁	5	5		40	23	17
30-34岁	5	3	2	8	1	7
35-39岁	10	4	6			
40-44岁	11	5	6	1	1	
45-49岁	13	9	4			
50-54岁	17	11	6			
55-59岁	41	22	19			
60-64岁	46	29	17			
65岁及以上	308	153	155	1	1	

3-7 续表 50

单位：人

民族 年龄	四、因单位原因失去工作			五、因本人原因失去工作			六、承包土地被征用		
	小计	男	女	小计	男	女	小计	男	女
毛南族	**25**	**14**	**11**	**41**	**18**	**23**	**1**	**1**	
15-19岁				2	2				
20-24岁				8	1	7			
25-29岁	2	1	1	10	2	8			
30-34岁	3	1	2	5	4	1			
35-39岁	4	2	2	4	2	2			
40-44岁	9	6	3	6	3	3			
45-49岁	5	2	3	4	3	1			
50-54岁	1	1		1	1		1	1	
55-59岁	1	1		1		1			
60-64岁									
65岁及以上									
仡佬族	**62**	**38**	**24**	**162**	**96**	**66**	**19**	**10**	**9**
15-19岁	2	1	1	15	11	4			
20-24岁	4	4		28	15	13	1		1
25-29岁	4	2	2	33	13	20	2	1	1
30-34岁	5	4	1	25	15	10	2		2
35-39岁	12	4	8	24	19	5	1	1	
40-44岁	11	4	7	9	6	3	3	1	2
45-49岁	8	6	2	9	4	5	1	1	
50-54岁	4	3	1	5	4	1	3	2	1
55-59岁	7	6	1	3	2	1	3	1	2
60-64岁	3	2	1	3	3		3	3	
65岁及以上	2	2		8	4	4			
锡伯族	**107**	**57**	**50**	**117**	**50**	**67**	**38**	**21**	**17**
15-19岁	2	1	1	7	1	6			
20-24岁	5	3	2	17	8	9	1		1
25-29岁	6	2	4	21	8	13	3	1	2
30-34岁	10	4	6	20	5	15	5	2	3
35-39岁	18	10	8	15	7	8	2	1	1
40-44岁	19	7	12	13	7	6	2	1	1
45-49岁	23	9	14	9	2	7	5	2	3
50-54岁	11	9	2	8	5	3	3	3	
55-59岁	9	9					6	5	1
60-64岁	3	3		4	4		8	4	4
65岁及以上	1		1	3	3		3	2	1

3-7 续表 51 单位：人

民族 年龄	七、离退休			八、料理家务			九、其他		
	小计	男	女	小计	男	女	小计	男	女
毛南族	**171**	**108**	**63**	**378**	**84**	**294**	**195**	**91**	**104**
15-19岁	1		1	3		3	9	6	3
20-24岁				17	2	15	24	12	12
25-29岁	1		1	29	1	28	22	8	14
30-34岁				28	2	26	16	6	10
35-39岁				22		22	12	7	5
40-44岁	1		1	18		18	13	9	4
45-49岁	2		2	19	1	18	10	3	7
50-54岁	15	4	11	27	7	20	8	5	3
55-59岁	40	16	24	21	4	17	6	5	1
60-64岁	42	33	9	52	15	37	8	5	3
65岁及以上	69	55	14	142	52	90	67	25	42
仡佬族	**554**	**385**	**169**	**2582**	**345**	**2237**	**860**	**454**	**406**
15-19岁				38	3	35	72	38	34
20-24岁	1		1	202	7	195	103	48	55
25-29岁				241	6	235	71	30	41
30-34岁				266	3	263	73	35	38
35-39岁	1		1	317	9	308	67	38	29
40-44岁	1	1		221	7	214	70	37	33
45-49岁	7	2	5	166	13	153	36	19	17
50-54岁	48	19	29	89	11	78	29	19	10
55-59岁	91	31	60	220	41	179	52	29	23
60-64岁	147	114	33	271	69	202	75	44	31
65岁及以上	258	218	40	551	176	375	212	117	95
锡伯族	**1083**	**518**	**565**	**960**	**60**	**900**	**316**	**167**	**149**
15-19岁				7	2	5	12	6	6
20-24岁				75		75	49	23	26
25-29岁				94	1	93	33	18	15
30-34岁				105	3	102	32	13	19
35-39岁				87	5	82	30	16	14
40-44岁				102	4	98	20	11	9
45-49岁	28	1	27	86		86	28	14	14
50-54岁	167	29	138	77	10	67	18	15	3
55-59岁	213	74	139	102	4	98	21	10	11
60-64岁	212	125	87	81	8	73	32	19	13
65岁及以上	463	289	174	144	23	121	41	22	19

3-7 续表 52 单位：人

民族 年龄	未工作人口			一、在校学习		
	合计	男	女	小计	男	女
阿昌族	**360**	**123**	**237**	**103**	**36**	**67**
15-19岁	87	31	56	80	27	53
20-24岁	41	13	28	22	8	14
25-29岁	17	3	14			
30-34岁	14	4	10	1	1	
35-39岁	10	4	6			
40-44岁	5	2	3			
45-49岁	6	1	5			
50-54岁	11	1	10			
55-59岁	14	7	7			
60-64岁	30	13	17			
65岁及以上	125	44	81			
普米族	**701**	**292**	**409**	**267**	**133**	**134**
15-19岁	190	95	95	183	91	92
20-24岁	103	50	53	83	42	41
25-29岁	24	7	17	1		1
30-34岁	19	7	12			
35-39岁	13	3	10			
40-44岁	17	3	14			
45-49岁	17	5	12			
50-54岁	20	6	14			
55-59岁	40	17	23			
60-64岁	63	32	31			
65岁及以上	195	67	128			
塔吉克族	**1459**	**520**	**939**	**318**	**175**	**143**
15-19岁	300	149	151	246	134	112
20-24岁	186	64	122	66	38	28
25-29岁	140	21	119	4	1	3
30-34岁	108	17	91	1	1	
35-39岁	93	18	75			
40-44岁	79	10	69			
45-49岁	78	15	63			
50-54岁	96	40	56	1	1	
55-59岁	85	35	50			
60-64岁	78	38	40			
65岁及以上	216	113	103			

3-7　续表 53　　　　　　　　　　　　　　　　　　　　　　　　　　　单位：人

民　族	二、丧失工作能力			三、毕业后未工作		
年　龄	小计	男	女	小计	男	女
阿昌族	**121**	**40**	**81**	**8**	**5**	**3**
15-19岁	1	1		3	2	1
20-24岁	1		1	3	3	
25-29岁				1		1
30-34岁	1	1		1		1
35-39岁	2	2				
40-44岁	2	1	1			
45-49岁						
50-54岁	5	1	4			
55-59岁	2	1	1			
60-64岁	14	6	8			
65岁及以上	93	27	66			
普米族	**210**	**90**	**120**	**14**	**7**	**7**
15-19岁	1	1		1	1	
20-24岁	4	2	2	6	2	4
25-29岁	2	1	1	4	2	2
30-34岁	2	1	1	2	2	
35-39岁	3	3		1		1
40-44岁	3	1	2			
45-49岁	5	4	1			
50-54岁	2		2			
55-59岁	9	3	6			
60-64岁	31	20	11			
65岁及以上	148	54	94			
塔吉克族	**178**	**89**	**89**	**23**	**12**	**11**
15-19岁				4	1	3
20-24岁	1		1	10	4	6
25-29岁	3	2	1	7	5	2
30-34岁	2	2				
35-39岁	3	2	1	2	2	
40-44岁	1	1				
45-49岁	3	2	1			
50-54岁	8	4	4			
55-59岁	21	9	12			
60-64岁	29	11	18			
65岁及以上	107	56	51			

3-7 续表 54　　　　单位：人

民族 年龄	四、因单位原因失去工作			五、因本人原因失去工作			六、承包土地被征用		
	小计	男	女	小计	男	女	小计	男	女
阿昌族	**2**		**2**	**4**	**3**	**1**			
15-19岁									
20-24岁	2		2						
25-29岁				1	1				
30-34岁				2	1	1			
35-39岁				1	1				
40-44岁									
45-49岁									
50-54岁									
55-59岁									
60-64岁									
65岁及以上									
普米族	**2**	**1**	**1**	**3**	**3**		**1**		**1**
15-19岁									
20-24岁				2	2				
25-29岁									
30-34岁				1	1		1		1
35-39岁									
40-44岁	1		1						
45-49岁									
50-54岁	1	1							
55-59岁									
60-64岁									
65岁及以上									
塔吉克族	**1**	**1**		**4**	**1**	**3**			
15-19岁									
20-24岁									
25-29岁									
30-34岁									
35-39岁									
40-44岁				1		1			
45-49岁	1	1							
50-54岁									
55-59岁				1		1			
60-64岁									
65岁及以上				2	1	1			

3-7 续表 55

单位：人

民族 年龄	七、离退休			八、料理家务			九、其他		
	小计	男	女	小计	男	女	小计	男	女
阿昌族	**26**	**16**	**10**	**69**	**11**	**58**	**27**	**12**	**15**
15-19岁				1		1	2	1	1
20-24岁				6		6	7	2	5
25-29岁				11	1	10	4	1	3
30-34岁				7		7	2	1	1
35-39岁				7	1	6			
40-44岁				2		2	1	1	
45-49岁	2		2	4	1	3			
50-54岁	2		2	3		3	1		1
55-59岁	5	4	1	6	1	5	1	1	
60-64岁	5	4	1	11	3	8			
65岁及以上	12	8	4	11	4	7	9	5	4
普米族	**31**	**25**	**6**	**145**	**16**	**129**	**28**	**17**	**11**
15-19岁				2	1	1	3	1	2
20-24岁				5	1	4	3	1	2
25-29岁				12		12	5	4	1
30-34岁				10	1	9	3	2	1
35-39岁				9		9			
40-44岁				13	2	11			
45-49岁				10		10	2	1	1
50-54岁	4	4		12		12	1	1	
55-59岁	6	5	1	21	5	16	4	4	
60-64岁	8	7	1	23	4	19	1	1	
65岁及以上	13	9	4	28	2	26	6	2	4
塔吉克族	**102**	**85**	**17**	**702**	**80**	**622**	**131**	**77**	**54**
15-19岁				39	8	31	11	6	5
20-24岁				96	14	82	13	8	5
25-29岁				111	7	104	15	6	9
30-34岁				94	6	88	11	8	3
35-39岁				78	6	72	10	8	2
40-44岁				68	5	63	9	4	5
45-49岁	6		6	59	5	54	9	7	2
50-54岁	30	28	2	50	5	45	7	2	5
55-59岁	16	13	3	41	8	33	6	5	1
60-64岁	23	20	3	22	3	19	4	4	
65岁及以上	27	24	3	44	13	31	36	19	17

3-7 续表 56

单位：人

民族 年龄	未工作人口			一、在校学习		
	合计	男	女	小计	男	女
怒族	**562**	**240**	**322**	**131**	**75**	**56**
15-19岁	123	69	54	110	63	47
20-24岁	67	30	37	20	12	8
25-29岁	35	8	27	1		1
30-34岁	20	7	13			
35-39岁	13	4	9			
40-44岁	14	5	9			
45-49岁	18	5	13			
50-54岁	30	11	19			
55-59岁	43	15	28			
60-64岁	36	16	20			
65岁及以上	163	70	93			
乌孜别克族	**387**	**157**	**230**	**64**	**34**	**30**
15-19岁	46	24	22	36	19	17
20-24岁	60	22	38	25	13	12
25-29岁	39	13	26	3	2	1
30-34岁	23	8	15			
35-39岁	24	8	16			
40-44岁	20	4	16			
45-49岁	22	7	15			
50-54岁	32	8	24			
55-59岁	28	11	17			
60-64岁	31	15	16			
65岁及以上	62	37	25			
俄罗斯族	**538**	**208**	**330**	**117**	**53**	**64**
15-19岁	69	38	31	58	30	28
20-24岁	82	37	45	56	23	33
25-29岁	24	8	16	2		2
30-34岁	20	7	13	1		1
35-39岁	21	5	16			
40-44岁	32	14	18			
45-49岁	28	7	21			
50-54岁	51	15	36			
55-59岁	52	19	33			
60-64岁	59	18	41			
65岁及以上	100	40	60			

3-7　续表 57

单位：人

民族 年龄	二、丧失工作能力			三、毕业后未工作		
	小计	男	女	小计	男	女
怒族	**122**	**43**	**79**	**15**	**6**	**9**
15-19岁	2	1	1	3	2	1
20-24岁	4	2	2	9	4	5
25-29岁	2	1	1	3		3
30-34岁	2	1	1			
35-39岁	2	1	1			
40-44岁	1		1			
45-49岁	2		2			
50-54岁	6	4	2			
55-59岁	5	2	3			
60-64岁	11	3	8			
65岁及以上	85	28	57			
乌孜别克族	**18**	**10**	**8**	**29**	**12**	**17**
15-19岁				3	3	
20-24岁	1		1	6	1	5
25-29岁				12	4	8
30-34岁	2	1	1	2	1	1
35-39岁	2	2		1		1
40-44岁	1	1				
45-49岁	1	1		1		1
50-54岁	1		1	1	1	
55-59岁	1	1				
60-64岁	2	1	1	1		1
65岁及以上	7	3	4	2	2	
俄罗斯族	**21**	**5**	**16**	**33**	**18**	**15**
15-19岁				10	7	3
20-24岁				15	7	8
25-29岁	1		1	5	3	2
30-34岁	1		1	3	1	2
35-39岁						
40-44岁						
45-49岁	1		1			
50-54岁	2	1	1			
55-59岁	1		1			
60-64岁	5	2	3			
65岁及以上	10	2	8			

3-7 续表 58

单位：人

民族 年龄	四、因单位原因失去工作			五、因本人原因失去工作			六、承包土地被征用		
	小计	男	女	小计	男	女	小计	男	女
怒族	**5**	**2**	**3**	**11**	**7**	**4**			
15-19岁									
20-24岁	1		1	1		1			
25-29岁				2		2			
30-34岁				1	1				
35-39岁	1		1	1	1				
40-44岁	1	1		2	1	1			
45-49岁				2	2				
50-54岁	2	1	1						
55-59岁				1	1				
60-64岁									
65岁及以上				1	1				
乌孜别克族	**10**	**5**	**5**	**7**	**6**	**1**	**1**		**1**
15-19岁									
20-24岁				2	2				
25-29岁									
30-34岁				3	2	1			
35-39岁	1	1		1	1		1		1
40-44岁	3	2	1						
45-49岁	4	2	2						
50-54岁	1		1	1	1				
55-59岁									
60-64岁									
65岁及以上	1		1						
俄罗斯族	**18**	**13**	**5**	**23**	**13**	**10**	**4**	**3**	**1**
15-19岁				1	1				
20-24岁				3	2	1	1	1	
25-29岁				2	1	1			
30-34岁	1	1		3	1	2			
35-39岁	1	1		2	2				
40-44岁	5	3	2	6	2	4			
45-49岁	3	2	1	4	3	1	1		1
50-54岁	5	4	1	1	1		1	1	
55-59岁	2	1	1						
60-64岁				1		1			
65岁及以上	1	1					1	1	

3-7 续表 59

单位：人

民族 年龄	七、离退休			八、料理家务			九、其他		
	小计	男	女	小计	男	女	小计	男	女
怒族	**63**	**37**	**26**	**145**	**35**	**110**	**70**	**35**	**35**
15-19岁				3	1	2	5	2	3
20-24岁				16	3	13	16	9	7
25-29岁				16	2	14	11	5	6
30-34岁				11	1	10	6	4	2
35-39岁				7	1	6	2	1	1
40-44岁				8	1	7	2	2	
45-49岁	2		2	7	2	5	5	1	4
50-54岁	8	4	4	8		8	6	2	4
55-59岁	17	9	8	18	3	15	2		2
60-64岁	12	6	6	11	5	6	2	2	
65岁及以上	24	18	6	40	16	24	13	7	6
乌孜别克族	**88**	**49**	**39**	**114**	**12**	**102**	**56**	**29**	**27**
15-19岁				3	1	2	4	1	3
20-24岁				16	1	15	10	5	5
25-29岁				16	1	15	8	6	2
30-34岁				12	2	10	4	2	2
35-39岁				12		12	6	4	2
40-44岁				12		12	4	1	3
45-49岁	4		4	7	1	6	5	3	2
50-54岁	11	2	9	12	1	11	5	3	2
55-59岁	17	8	9	8	1	7	2	1	1
60-64岁	18	10	8	7	2	5	3	2	1
65岁及以上	38	29	9	9	2	7	5	1	4
俄罗斯族	**191**	**73**	**118**	**89**	**4**	**85**	**42**	**26**	**16**
15-19岁									
20-24岁				2		2	5	4	1
25-29岁				10		10	4	4	
30-34岁				7		7	4	4	
35-39岁				14		14	4	2	2
40-44岁	1	1		10	2	8	10	6	4
45-49岁	7		7	8	1	7	4	1	3
50-54岁	30	5	25	10	1	9	2	2	
55-59岁	37	16	21	9		9	3	2	1
60-64岁	43	16	27	8		8	2		2
65岁及以上	73	35	38	11		11	4	1	3

3-7 续表 60 单位：人

民族 年龄	未工作人口			一、在校学习		
	合计	男	女	小计	男	女
鄂温克族	**803**	**297**	**506**	**222**	**108**	**114**
15-19岁	155	74	81	122	61	61
20-24岁	150	61	89	96	45	51
25-29岁	68	22	46	4	2	2
30-34岁	37	9	28			
35-39岁	60	18	42			
40-44岁	46	14	32			
45-49岁	57	10	47			
50-54岁	70	22	48			
55-59岁	53	18	35			
60-64岁	32	15	17			
65岁及以上	75	34	41			
德昂族	**215**	**81**	**134**	**46**	**23**	**23**
15-19岁	44	23	21	39	22	17
20-24岁	17	1	16	7	1	6
25-29岁	6		6			
30-34岁	8	2	6			
35-39岁	10	3	7			
40-44岁	2	1	1			
45-49岁	5	1	4			
50-54岁	15	8	7			
55-59岁	15	4	11			
60-64岁	20	7	13			
65岁及以上	73	31	42			
保安族	**428**	**171**	**257**	**104**	**62**	**42**
15-19岁	106	58	48	81	50	31
20-24岁	65	31	34	22	12	10
25-29岁	18	2	16	1		1
30-34岁	17	5	12			
35-39岁	19	3	16			
40-44岁	25	7	18			
45-49岁	10	2	8			
50-54岁	20	6	14			
55-59岁	17	6	11			
60-64岁	37	15	22			
65岁及以上	94	36	58			

3-7 续表 61

单位：人

民族 年龄	二、丧失工作能力			三、毕业后未工作		
	小计	男	女	小计	男	女
鄂温克族	**62**	**25**	**37**	**52**	**21**	**31**
15-19岁	2	1	1	15	5	10
20-24岁				24	9	15
25-29岁				9	4	5
30-34岁				2	1	1
35-39岁	4	2	2	1	1	
40-44岁	4	4		1	1	
45-49岁	5	2	3			
50-54岁	5	2	3			
55-59岁	7	1	6			
60-64岁	7	3	4			
65岁及以上	28	10	18			
德昂族	**57**	**22**	**35**			
15-19岁	1	1				
20-24岁						
25-29岁						
30-34岁						
35-39岁	2	1	1			
40-44岁						
45-49岁	1		1			
50-54岁	3	1	2			
55-59岁	1		1			
60-64岁	6	1	5			
65岁及以上	43	18	25			
保安族	**99**	**42**	**57**	**10**	**4**	**6**
15-19岁				3		3
20-24岁	2	2		7	4	3
25-29岁						
30-34岁						
35-39岁	4	3	1			
40-44岁	1	1				
45-49岁	1		1			
50-54岁	6	3	3			
55-59岁	3	1	2			
60-64岁	22	12	10			
65岁及以上	60	20	40			

3-7 续表 62 单位：人

民族 年龄	四、因单位原因失去工作			五、因本人原因失去工作			六、承包土地被征用		
	小计	男	女	小计	男	女	小计	男	女
鄂温克族	**10**	**7**	**3**	**19**	**13**	**6**	**1**	**1**	
15-19岁				1	1				
20-24岁				3	2	1			
25-29岁				6	4	2			
30-34岁									
35-39岁	4	3	1	3	3				
40-44岁	3	3		2	1	1	1	1	
45-49岁	2		2	3	1	2			
50-54岁									
55-59岁	1	1		1	1				
60-64岁									
65岁及以上									
德昂族	**1**	**1**		**1**		**1**			
15-19岁									
20-24岁									
25-29岁									
30-34岁	1	1							
35-39岁									
40-44岁									
45-49岁									
50-54岁				1		1			
55-59岁									
60-64岁									
65岁及以上									
保安族	**2**	**1**	**1**	**3**	**1**	**2**			
15-19岁									
20-24岁				3	1	2			
25-29岁									
30-34岁									
35-39岁									
40-44岁	2	1	1						
45-49岁									
50-54岁									
55-59岁									
60-64岁									
65岁及以上									

3-7 续表 63

单位：人

民族 年龄	七、离退休			八、料理家务			九、其他		
	小计	男	女	小计	男	女	小计	男	女
鄂温克族	**135**	**58**	**77**	**201**	**9**	**192**	**101**	**55**	**46**
15-19岁				6	1	5	9	5	4
20-24岁				13		13	14	5	9
25-29岁				28		28	21	12	9
30-34岁				25		25	10	8	2
35-39岁				35		35	13	9	4
40-44岁	1	1		27	1	26	7	2	5
45-49岁	13	1	12	29	2	27	5	4	1
50-54岁	43	17	26	16	1	15	6	2	4
55-59岁	31	10	21	9	2	7	4	3	1
60-64岁	20	10	10	3	1	2	2	1	1
65岁及以上	27	19	8	10	1	9	10	4	6
德昂族	**11**	**8**	**3**	**70**	**18**	**52**	**29**	**9**	**20**
15-19岁							4		4
20-24岁				8		8	2		2
25-29岁				4		4	2		2
30-34岁				4		4	3	1	2
35-39岁				4		4	4	2	2
40-44岁				1		1	1	1	
45-49岁				2	1	1	2		2
50-54岁	3	3		6	3	3	2	1	1
55-59岁	5	3	2	9	1	8			
60-64岁	1		1	10	4	6	3	2	1
65岁及以上	2	2		22	9	13	6	2	4
保安族	**8**	**7**	**1**	**154**	**24**	**130**	**48**	**30**	**18**
15-19岁				14	4	10	8	4	4
20-24岁				20	3	17	11	9	2
25-29岁				15		15	2	2	
30-34岁				13	2	11	4	3	1
35-39岁				15		15			
40-44岁				20	3	17	2	2	
45-49岁				6	1	5	3	1	2
50-54岁				13	2	11	1	1	
55-59岁	3	2	1	9	2	7	2	1	1
60-64岁	1	1		10		10	4	2	2
65岁及以上	4	4		19	7	12	11	5	6

3-7 续表 64 单位：人

民族 年龄	未工作人口 合计	男	女	一、在校学习 小计	男	女
裕固族	**259**	**107**	**152**	**89**	**46**	**43**
15-19岁	71	35	36	67	33	34
20-24岁	32	16	16	21	13	8
25-29岁	6	1	5			
30-34岁	8	1	7	1		1
35-39岁	7	1	6			
40-44岁	6	1	5			
45-49岁	11	1	10			
50-54岁	10	1	9			
55-59岁	24	9	15			
60-64岁	29	14	15			
65岁及以上	55	27	28			
京族	**686**	**259**	**427**	**153**	**68**	**85**
15-19岁	129	60	69	99	43	56
20-24岁	107	45	62	51	23	28
25-29岁	36	12	24	2	1	1
30-34岁	31	8	23	1	1	
35-39岁	29	7	22			
40-44岁	26	9	17			
45-49岁	27	10	17			
50-54岁	29	7	22			
55-59岁	44	13	31			
60-64岁	48	16	32			
65岁及以上	180	72	108			
塔塔尔族	**128**	**51**	**77**	**34**	**14**	**20**
15-19岁	20	8	12	18	8	10
20-24岁	21	7	14	12	5	7
25-29岁	9	3	6	1		1
30-34岁	9	3	6	1		1
35-39岁	6	4	2	1	1	
40-44岁	8	2	6	1		1
45-49岁	3	1	2			
50-54岁	5	2	3			
55-59岁	4	1	3			
60-64岁	9	3	6			
65岁及以上	34	17	17			

3-7 续表 65

单位：人

民族 年龄	二、丧失工作能力			三、毕业后未工作		
	小计	男	女	小计	男	女
裕固族	**67**	**28**	**39**	**6**	**4**	**2**
15-19岁				1	1	
20-24岁				5	3	2
25-29岁						
30-34岁						
35-39岁						
40-44岁						
45-49岁						
50-54岁	1		1			
55-59岁	7	3	4			
60-64岁	16	6	10			
65岁及以上	43	19	24			
京族	**86**	**32**	**54**	**37**	**24**	**13**
15-19岁	1	1		15	7	8
20-24岁	1	1		17	13	4
25-29岁	2	1	1	3	3	
30-34岁	1		1	1	1	
35-39岁	1	1		1		1
40-44岁						
45-49岁	1	1				
50-54岁	1	1				
55-59岁	4	1	3			
60-64岁	3	1	2			
65岁及以上	71	24	47			
塔塔尔族	**11**	**3**	**8**	**8**	**3**	**5**
15-19岁						
20-24岁				4	1	3
25-29岁				3	1	2
30-34岁						
35-39岁	1	1				
40-44岁	1		1	1	1	
45-49岁						
50-54岁						
55-59岁						
60-64岁	3	1	2			
65岁及以上	6	1	5			

3-7 续表 66

单位：人

民族 年龄	四、因单位原因失去工作			五、因本人原因失去工作			六、承包土地被征用		
	小计	男	女	小计	男	女	小计	男	女
裕固族	**4**	**1**	**3**	**1**	**1**				
15-19岁									
20-24岁									
25-29岁									
30-34岁									
35-39岁	1	1							
40-44岁	1		1						
45-49岁	2		2						
50-54岁				1	1				
55-59岁									
60-64岁									
65岁及以上									
京族	**12**	**6**	**6**	**17**	**9**	**8**	**1**	**1**	
15-19岁				1	1				
20-24岁				4	2	2			
25-29岁	1	1		4	1	3			
30-34岁				2	1	1			
35-39岁	2	1	1	3	1	2			
40-44岁	5	3	2	1	1				
45-49岁	2		2	2	2		1	1	
50-54岁	1		1						
55-59岁									
60-64岁									
65岁及以上	1	1							
塔塔尔族	**1**	**1**		**3**	**3**				
15-19岁									
20-24岁				1	1				
25-29岁									
30-34岁				2	2				
35-39岁									
40-44岁									
45-49岁	1	1							
50-54岁									
55-59岁									
60-64岁									
65岁及以上									

3-7 续表 67 单位：人

民族 年龄	七、离退休			八、料理家务			九、其他		
	小计	男	女	小计	男	女	小计	男	女
裕固族	**22**	**13**	**9**	**56**	**6**	**50**	**14**	**8**	**6**
15-19岁				2		2	1	1	
20-24岁				5		5	1		1
25-29岁				6	1	5			
30-34岁				5		5	2	1	1
35-39岁				5		5	1		1
40-44岁				5	1	4			
45-49岁	2		2	6		6	1	1	
50-54岁	3		3	5		5			
55-59岁	6	3	3	7		7	4	3	1
60-64岁	4	3	1	7	3	4	2	2	
65岁及以上	7	7		3	1	2	2		2
京族	**113**	**51**	**62**	**186**	**21**	**165**	**81**	**47**	**34**
15-19岁				6	2	4	7	6	1
20-24岁				21	1	20	13	5	8
25-29岁				17	1	16	7	4	3
30-34岁				20	1	19	6	4	2
35-39岁				15		15	7	4	3
40-44岁	1	1		13		13	6	4	2
45-49岁				17	3	14	4	3	1
50-54岁	14	4	10	10		10	3	2	1
55-59岁	26	8	18	10	1	9	4	3	1
60-64岁	26	12	14	16	2	14	3	1	2
65岁及以上	46	26	20	41	10	31	21	11	10
塔塔尔族	**33**	**18**	**15**	**24**	**2**	**22**	**14**	**7**	**7**
15-19岁				2		2			
20-24岁				3		3	1		1
25-29岁				1		1	4	2	2
30-34岁				5	1	4	1		1
35-39岁				2	1	1	2	1	1
40-44岁				4		4	1	1	
45-49岁							2		2
50-54岁	2	1	1	2		2	1	1	
55-59岁	3	1	2	1		1			
60-64岁	5	2	3	1		1			
65岁及以上	23	14	9	3		3	2	2	

3-7 续表 68

单位：人

民族	未工作人口			一、在校学习		
年龄	合计	男	女	小计	男	女
独龙族	**104**	**48**	**56**	**35**	**23**	**12**
15-19岁	25	15	10	19	13	6
20-24岁	24	16	8	14	9	5
25-29岁	7	1	6	2	1	1
30-34岁	8	1	7			
35-39岁	5	1	4			
40-44岁	3		3			
45-49岁	4	3	1			
50-54岁	4	1	3			
55-59岁	1		1			
60-64岁	6	2	4			
65岁及以上	17	8	9			
鄂伦春族	**271**	**102**	**169**	**75**	**40**	**35**
15-19岁	46	22	24	37	18	19
20-24岁	52	26	26	33	19	14
25-29岁	28	12	16	4	3	1
30-34岁	19	6	13	1		1
35-39岁	22	6	16			
40-44岁	21	5	16			
45-49岁	16	4	12			
50-54岁	17	3	14			
55-59岁	15	4	11			
60-64岁	13	5	8			
65岁及以上	22	9	13			
赫哲族	**170**	**65**	**105**	**59**	**27**	**32**
15-19岁	23	10	13	21	8	13
20-24岁	44	20	24	36	18	18
25-29岁	13	5	8	1	1	
30-34岁	6		6	1		1
35-39岁	6	2	4			
40-44岁	9	3	6			
45-49岁	4		4			
50-54岁	12	5	7			
55-59岁	20	9	11			
60-64岁	15	6	9			
65岁及以上	18	5	13			

3-7 续表 69 单位：人

民族 年龄	二、丧失工作能力			三、毕业后未工作		
	小计	男	女	小计	男	女
独龙族	**18**	**7**	**11**	**3**	**2**	**1**
15-19岁						
20-24岁				3	2	1
25-29岁						
30-34岁						
35-39岁	1		1			
40-44岁						
45-49岁	1	1				
50-54岁						
55-59岁	1		1			
60-64岁	2	1	1			
65岁及以上	13	5	8			
鄂伦春族	**19**	**10**	**9**	**16**	**11**	**5**
15-19岁				4	3	1
20-24岁	2	1	1	5	3	2
25-29岁				5	3	2
30-34岁	3	1	2			
35-39岁	2		2	1	1	
40-44岁	1		1	1	1	
45-49岁	2	1	1			
50-54岁						
55-59岁	3	1	2			
60-64岁	3	3				
65岁及以上	3	3				
赫哲族	**15**	**7**	**8**	**11**	**7**	**4**
15-19岁				2	2	
20-24岁				4	1	3
25-29岁	1	1		4	3	1
30-34岁						
35-39岁	1	1				
40-44岁						
45-49岁	1		1			
50-54岁						
55-59岁	2	2		1	1	
60-64岁	2	1	1			
65岁及以上	8	2	6			

3-7 续表 70 单位：人

民族 年龄	四、因单位原因失去工作			五、因本人原因失去工作			六、承包土地被征用		
	小计	男	女	小计	男	女	小计	男	女
独龙族				**2**	**1**	**1**			
15-19岁									
20-24岁									
25-29岁				1		1			
30-34岁									
35-39岁				1	1				
40-44岁									
45-49岁									
50-54岁									
55-59岁									
60-64岁									
65岁及以上									
鄂伦春族	**3**	**1**	**2**	**4**	**2**	**2**			
15-19岁									
20-24岁									
25-29岁									
30-34岁	1	1		1	1				
35-39岁				2	1	1			
40-44岁	2		2	1		1			
45-49岁									
50-54岁									
55-59岁									
60-64岁									
65岁及以上									
赫哲族	**2**	**1**	**1**	**3**	**2**	**1**			
15-19岁									
20-24岁									
25-29岁				1		1			
30-34岁									
35-39岁									
40-44岁				1	1				
45-49岁	1		1						
50-54岁	1	1							
55-59岁				1	1				
60-64岁									
65岁及以上									

3-7　续表 71　　　　　　　　　　　　　　　　　　　　　　　　单位：人

民　族 年　龄	七、离退休			八、料理家务			九、其他		
	小计	男	女	小计	男	女	小计	男	女
独龙族	**6**	**4**	**2**	**24**	**4**	**20**	**16**	**7**	**9**
15-19岁							6	2	4
20-24岁				2	1	1	5	4	1
25-29岁				4		4			
30-34岁				7	1	6	1		1
35-39岁				3		3			
40-44岁				2		2	1		1
45-49岁	1		1	2	2				
50-54岁	1		1	2		2	1	1	
55-59岁									
60-64岁	1	1		1		1	2		2
65岁及以上	3	3		1		1			
鄂伦春族	**39**	**13**	**26**	**79**	**4**	**75**	**36**	**21**	**15**
15-19岁				2	1	1	3		3
20-24岁				7	1	6	5	2	3
25-29岁				12		12	7	6	1
30-34岁				10		10	3	3	
35-39岁				11		11	6	4	2
40-44岁				10		10	6	4	2
45-49岁	2		2	9	1	8	3	2	1
50-54岁	10	2	8	7	1	6			
55-59岁	10	3	7	2		2			
60-64岁	4	2	2	4		4	2		2
65岁及以上	13	6	7	5		5	1		1
赫哲族	**36**	**13**	**23**	**32**	**2**	**30**	**12**	**6**	**6**
15-19岁									
20-24岁				3		3	1	1	
25-29岁				5		5	1		1
30-34岁				4		4	1		1
35-39岁				2		2	3	1	2
40-44岁				6		6	2	2	
45-49岁				2		2			
50-54岁	7	3	4	4	1	3			
55-59岁	14	4	10	2	1	1			
60-64岁	7	3	4	3		3	3	2	1
65岁及以上	8	3	5	1		1	1		1

3-7 续表 72

单位：人

民族 年龄	未工作人口			一、在校学习		
	合计	男	女	小计	男	女
门巴族	**134**	**50**	**84**	**57**	**25**	**32**
15-19岁	35	11	24	35	11	24
20-24岁	33	15	18	22	14	8
25-29岁	5	1	4			
30-34岁	5	1	4			
35-39岁	2		2			
40-44岁	1	1				
45-49岁	2	1	1			
50-54岁	3		3			
55-59岁	7	2	5			
60-64岁	9	5	4			
65岁及以上	32	13	19			
珞巴族	**80**	**32**	**48**	**19**	**8**	**11**
15-19岁	11	6	5	9	5	4
20-24岁	19	5	14	10	3	7
25-29岁	6	3	3			
30-34岁	1	1				
35-39岁	3	1	2			
40-44岁	2	1	1			
45-49岁	6	3	3			
50-54岁	3	1	2			
55-59岁	8	3	5			
60-64岁	7	3	4			
65岁及以上	14	5	9			
基诺族	**352**	**158**	**194**	**54**	**27**	**27**
15-19岁	49	22	27	42	19	23
20-24岁	31	13	18	11	7	4
25-29岁	13	4	9	1	1	
30-34岁	13	5	8			
35-39岁	7	2	5			
40-44岁	14	5	9			
45-49岁	12	7	5			
50-54岁	21	6	15			
55-59岁	29	15	14			
60-64岁	32	19	13			
65岁及以上	131	60	71			

3-7 续表 73

单位：人

民族 年龄	二、丧失工作能力			三、毕业后未工作		
	小计	男	女	小计	男	女
门巴族	**34**	**15**	**19**	**2**		**2**
15-19岁						
20-24岁	2	1	1	2		2
25-29岁	1		1			
30-34岁	2	1	1			
35-39岁						
40-44岁	1	1				
45-49岁	1	1				
50-54岁						
55-59岁						
60-64岁	4	2	2			
65岁及以上	23	9	14			
珞巴族	**14**	**5**	**9**	**1**		**1**
15-19岁						
20-24岁				1		1
25-29岁						
30-34岁	1	1				
35-39岁	1	1				
40-44岁						
45-49岁						
50-54岁	1		1			
55-59岁	1		1			
60-64岁	2	1	1			
65岁及以上	8	2	6			
基诺族	**86**	**45**	**41**	**10**	**5**	**5**
15-19岁	1		1	1		1
20-24岁				6	3	3
25-29岁	1	1		1		1
30-34岁	2	1	1	1	1	
35-39岁				1	1	
40-44岁	2	1	1			
45-49岁	1	1				
50-54岁	1	1				
55-59岁	2	2				
60-64岁	10	5	5			
65岁及以上	66	33	33			

3-7 续表 74 单位：人

民族 年龄	四、因单位原因失去工作			五、因本人原因失去工作			六、承包土地被征用		
	小计	男	女	小计	男	女	小计	男	女
门巴族				**1**	**1**				
15-19岁									
20-24岁									
25-29岁									
30-34岁									
35-39岁									
40-44岁									
45-49岁									
50-54岁									
55-59岁				1	1				
60-64岁									
65岁及以上									
珞巴族							**22**	**9**	**13**
15-19岁							2	1	1
20-24岁							5	1	4
25-29岁							3	2	1
30-34岁									
35-39岁									
40-44岁							2	1	1
45-49岁							4	2	2
50-54岁							2	1	1
55-59岁							1		1
60-64岁							1		1
65岁及以上							2	1	1
基诺族	**2**	**2**		**9**	**4**	**5**			
15-19岁				1		1			
20-24岁				3	2	1			
25-29岁									
30-34岁				2		2			
35-39岁				1		1			
40-44岁									
45-49岁				2	2				
50-54岁									
55-59岁	2	2							
60-64岁									
65岁及以上									

3-7 续表 75

单位：人

民族 年龄	七、离退休			八、料理家务			九、其他		
	小计	男	女	小计	男	女	小计	男	女
门巴族	**17**	**6**	**11**	**17**	**2**	**15**	**6**	**1**	**5**
15-19岁									
20-24岁				5		5	2		2
25-29岁				3		3	1	1	
30-34岁				3		3			
35-39岁				2		2			
40-44岁									
45-49岁	1		1						
50-54岁	2		2				1		1
55-59岁	4	1	3	1		1	1		1
60-64岁	3	2	1	1	1		1		1
65岁及以上	7	3	4	2	1	1			
珞巴族	**5**	**2**	**3**	**12**	**5**	**7**	**7**	**3**	**4**
15-19岁									
20-24岁				2	1	1	1		1
25-29岁				1		1	2	1	1
30-34岁									
35-39岁				2		2			
40-44岁									
45-49岁	1		1				1	1	
50-54岁									
55-59岁	3	1	2	3	2	1			
60-64岁				3	1	2	1	1	
65岁及以上	1	1		1	1		2		2
基诺族	**38**	**21**	**17**	**121**	**38**	**83**	**32**	**16**	**16**
15-19岁				1		1	3	3	
20-24岁				7		7	4	1	3
25-29岁				7		7	3	2	1
30-34岁				2		2	6	3	3
35-39岁				2		2	3	1	2
40-44岁				10	2	8	2	2	
45-49岁	1		1	6	2	4	2	2	
50-54岁	8	1	7	11	3	8	1	1	
55-59岁	9	5	4	16	6	10			
60-64岁	9	8	1	13	6	7			
65岁及以上	11	7	4	46	19	27	8	1	7

3-7 续表 76

单位：人

民族 年龄	未工作人口			一、在校学习		
	合计	男	女	小计	男	女
其他未识别的民族	**10971**	**4778**	**6193**	**2920**	**1564**	**1356**
15-19岁	2582	1363	1219	2191	1154	1037
20-24岁	1307	601	706	695	383	312
25-29岁	537	142	395	30	24	6
30-34岁	460	137	323	2	2	
35-39岁	466	144	322	1		1
40-44岁	446	137	309			
45-49岁	316	109	207			
50-54岁	292	105	187			
55-59岁	488	188	300			
60-64岁	892	412	480			
65岁及以上	3185	1440	1745	1	1	
外国人加入中国籍	**39**	**6**	**33**	**4**	**2**	**2**
15-19岁	2	1	1	2	1	1
20-24岁	6	1	5	2	1	1
25-29岁	4		4			
30-34岁						
35-39岁						
40-44岁	1		1			
45-49岁	1	1				
50-54岁	2		2			
55-59岁	3		3			
60-64岁	5	1	4			
65岁及以上	15	2	13			

3-7　续表 77　　　　单位：人

民族 年龄	二、丧失工作能力			三、毕业后未工作		
	小计	男	女	小计	男	女
其他未识别的民族	**3026**	**1411**	**1615**	**313**	**180**	**133**
15-19岁	15	8	7	140	80	60
20-24岁	26	16	10	120	68	52
25-29岁	24	18	6	24	14	10
30-34岁	25	18	7	17	11	6
35-39岁	29	22	7	4	3	1
40-44岁	41	26	15	1	1	
45-49岁	36	26	10	1	1	
50-54岁	51	32	19	1	1	
55-59岁	113	48	65			
60-64岁	428	219	209	2	1	1
65岁及以上	2238	978	1260	3		3
外国人加入中国籍	**10**		**10**			
15-19岁						
20-24岁						
25-29岁						
30-34岁						
35-39岁						
40-44岁						
45-49岁						
50-54岁						
55-59岁						
60-64岁						
65岁及以上	10		10			

3-7 续表 78 单位：人

民族 年龄	四、因单位原因失去工作			五、因本人原因失去工作			六、承包土地被征用		
	小计	男	女	小计	男	女	小计	男	女
其他未识别的民族	**39**	**29**	**10**	**147**	**96**	**51**	**37**	**24**	**13**
15-19岁	2	2		12	8	4			
20-24岁	7	3	4	30	16	14	3	2	1
25-29岁	5	4	1	24	11	13	5	2	3
30-34岁	2	1	1	16	12	4	5	4	1
35-39岁	9	7	2	17	11	6	4	3	1
40-44岁	6	4	2	14	12	2	6	2	4
45-49岁	4	4		12	10	2	4	4	
50-54岁	2	2		4	2	2	3	2	1
55-59岁				5	4	1	5	3	2
60-64岁				4	3	1	1	1	
65岁及以上	2	2		9	7	2	1	1	
外国人加入中国籍	**1**	**1**							
15-19岁									
20-24岁									
25-29岁									
30-34岁									
35-39岁									
40-44岁									
45-49岁	1	1							
50-54岁									
55-59岁									
60-64岁									
65岁及以上									

3-7 续表 79 单位：人

民族 年龄	七、离退休			八、料理家务			九、其他		
	小计	男	女	小计	男	女	小计	男	女
其他未识别的民族	**325**	**256**	**69**	**2923**	**516**	**2407**	**1241**	**702**	**539**
15-19岁				89	24	65	133	87	46
20-24岁				245	21	224	181	92	89
25-29岁	1		1	324	18	306	100	51	49
30-34岁				290	21	269	103	68	35
35-39岁				284	27	257	118	71	47
40-44岁	1		1	268	27	241	109	65	44
45-49岁	2		2	195	25	170	62	39	23
50-54岁	19	6	13	164	35	129	48	25	23
55-59岁	44	35	9	249	53	196	72	45	27
60-64岁	94	72	22	288	74	214	75	42	33
65岁及以上	164	143	21	527	191	336	240	117	123
外国人加入中国籍	**5**	**3**	**2**	**16**		**16**	**3**		**3**
15-19岁									
20-24岁				2		2	2		2
25-29岁				4		4			
30-34岁									
35-39岁									
40-44岁				1		1			
45-49岁									
50-54岁	1		1	1		1			
55-59岁				3		3			
60-64岁	1	1		3		3	1		1
65岁及以上	3	2	1	2		2			

第四卷　婚　姻

4-1 各地区分性别、婚姻状况的15岁及以上少数民族人口(长表数据)

单位：人

地 区	15岁及以上少数民族人口			未 婚		
	合计	男	女	小计	男	女
全 国	**8232042**	**4140565**	**4091477**	**1947058**	**1152021**	**795037**
北 京	70218	34100	36118	23105	11734	11371
天 津	26357	12958	13399	7488	3952	3536
河 北	230457	115761	114696	49049	27499	21550
山 西	6869	3365	3504	1593	868	725
内蒙古	370695	182338	188357	87687	49561	38126
辽 宁	539078	274663	264415	118797	66750	52047
吉 林	158028	80705	77323	38063	21252	16811
黑龙江	104258	55836	48422	23290	13130	10160
上 海	24041	11668	12373	8434	4473	3961
江 苏	28197	13109	15088	7891	4451	3440
浙 江	104909	54679	50230	25385	16704	8681
安 徽	27118	12545	14573	5711	3241	2470
福 建	56840	30912	25928	15541	9526	6015
江 西	9565	5134	4431	2753	1542	1211
山 东	54333	25976	28357	12279	6668	5611
河 南	81424	40367	41057	18574	9951	8623
湖 北	187304	94590	92714	38189	22707	15482
湖 南	459516	233029	226487	101046	60391	40655
广 东	163616	88145	75471	65042	39220	25822
广 西	1258222	629018	629204	277144	171861	105283
海 南	109867	56668	53199	36177	22983	13194
重 庆	127498	63405	64093	25555	15040	10515
四 川	353914	175524	178390	99716	57173	42543
贵 州	846466	425682	420784	178937	109019	69918
云 南	1154256	582080	572176	256825	161620	95205
西 藏	181723	89830	91893	63995	34834	29161
陕 西	14515	7188	7327	5100	2762	2338
甘 肃	203470	100984	102486	46015	26336	19679
青 海	186613	93073	93540	47272	27156	20116
宁 夏	156204	77841	78363	33298	18456	14842
新 疆	936471	469392	467079	227107	131161	95946

4-1 续表

单位：人

地区	有配偶			离婚			丧偶		
	小计	男	女	小计	男	女	小计	男	女
全国	**5647212**	**2764952**	**2882260**	**139590**	**72549**	**67041**	**498182**	**151043**	**347139**
北京	43375	21190	22185	1444	599	845	2294	577	1717
天津	17245	8481	8764	525	222	303	1099	303	796
河北	168652	83300	85352	2460	1404	1056	10296	3558	6738
山西	4884	2377	2507	108	50	58	284	70	214
内蒙古	259567	125022	134545	5911	3063	2848	17530	4692	12838
辽宁	382227	192782	189445	12128	6595	5533	25926	8536	17390
吉林	102940	53012	49928	6819	3780	3039	10206	2661	7545
黑龙江	71401	38821	32580	3581	2035	1546	5986	1850	4136
上海	14816	6958	7858	387	151	236	404	86	318
江苏	19343	8366	10977	335	151	184	628	141	487
浙江	77541	37127	40414	640	406	234	1343	442	901
安徽	19739	8802	10937	314	153	161	1354	349	1005
福建	38619	20295	18324	515	329	186	2165	762	1403
江西	6348	3397	2951	90	52	38	374	143	231
山东	38618	18351	20267	581	276	305	2855	681	2174
河南	57495	28740	28755	1083	536	547	4272	1140	3132
湖北	133423	65211	68212	2269	1436	833	13423	5236	8187
湖南	319507	157383	162124	6468	4051	2417	32495	11204	21291
广东	96114	48093	48021	766	368	398	1694	464	1230
广西	872940	422112	450828	12571	7760	4811	95567	27285	68282
海南	66899	31646	35253	839	528	311	5952	1511	4441
重庆	91025	43641	47384	1251	793	458	9667	3931	5736
四川	224367	108414	115953	4875	2177	2698	24956	7760	17196
贵州	594184	289400	304784	9149	5859	3290	64196	21404	42792
云南	809892	390927	418965	14069	7854	6215	73470	21679	51791
西藏	100041	49421	50620	4376	1311	3065	13311	4264	9047
陕西	8468	4123	4345	266	122	144	681	181	500
甘肃	143420	69847	73573	2893	1331	1562	11142	3470	7672
青海	122163	60033	62130	6002	2411	3591	11176	3473	7703
宁夏	115444	57058	58386	1892	807	1085	5570	1520	4050
新疆	626515	310622	315893	34983	15939	19044	47866	11670	36196

4-2 各民族分性别、婚姻状况的15岁及以上人口(长表数据)

单位: 人

民 族	15岁及以上人口			未 婚		
	合计	男	女	小计	男	女
总 计	**105542243**	**52943450**	**52598793**	**22792800**	**13072317**	**9720483**
汉 族	97310201	48802885	48507316	20845742	11920296	8925446
蒙古族	441151	217049	224102	108645	60583	48062
回 族	800763	399042	401721	173858	96602	77256
藏 族	444658	219910	224748	146178	82187	63991
维吾尔族	726018	363717	362301	174683	101551	73132
苗 族	661313	334242	327071	148449	91723	56726
彝 族	629407	315729	313678	150331	92322	58009
壮 族	1252975	627865	625110	286936	177526	109410
布依族	205310	101605	103705	44290	27114	17176
朝鲜族	130489	64412	66077	33057	18656	14401
满 族	823237	425414	397823	186443	104100	82343
侗 族	216081	111110	104971	46271	29118	17153
瑶 族	197717	101177	96540	49778	30830	18948
白 族	146534	73335	73199	31535	18444	13091
土家族	586169	295688	290481	121972	71978	49994
哈尼族	125262	63714	61548	29441	19488	9953
哈萨克族	101262	50260	51002	28269	15253	13016
傣 族	99472	48906	50566	20012	12174	7838
黎 族	110982	57161	53821	36719	23183	13536
傈僳族	54293	27274	27019	12654	8230	4424
佤 族	33241	16685	16556	9173	5822	3351
畲 族	52282	28319	23963	12508	7578	4930
高山族	313	155	158	85	46	39
拉祜族	38638	19522	19116	9695	6562	3133
水 族	29920	15132	14788	7127	4401	2726
东乡族	53082	26239	26843	12248	6936	5312
纳西族	26731	13203	13528	6628	3811	2817
景颇族	10893	5067	5826	2363	1523	840
柯尔克孜族	13866	6914	6952	3951	2172	1779
土 族	21717	10963	10754	5776	3344	2432
达斡尔族	9811	4707	5104	2646	1503	1143
仫佬族	14926	7521	7405	3714	2227	1487
羌 族	25471	12903	12568	6270	3804	2466
布朗族	8897	4615	4282	2410	1593	817
撒拉族	9280	4637	4643	2035	1194	841
毛南族	7540	3887	3653	1800	1159	641
仡佬族	37630	19320	18310	7781	4612	3169
锡伯族	14873	7817	7056	3887	2180	1707
阿昌族	2567	1225	1342	579	349	230
普米族	3218	1603	1615	934	549	385
塔吉克族	3662	1898	1764	1116	665	451
怒 族	2848	1416	1432	775	485	290
乌孜别克族	777	410	367	234	128	106
俄罗斯族	1168	528	640	312	172	140
鄂温克族	2193	1024	1169	672	372	300
德昂族	1497	713	784	262	162	100
保安族	1491	721	770	380	230	150
裕固族	1076	558	518	246	145	101
京 族	2024	991	1033	520	288	232
塔塔尔族	321	173	148	97	52	45
独龙族	578	286	292	187	127	60
鄂伦春族	629	286	343	201	113	88
赫哲族	423	206	217	136	71	65
门巴族	759	373	386	274	158	116
珞巴族	276	134	142	90	50	40
基诺族	1894	965	929	437	288	149
其他未识别的民族	42319	21801	20518	9969	6079	3890
外国人加入中国籍	118	38	80	19	9	10

4-2 续表

单位：人

民族	有配偶			离婚			丧偶		
	小计	男	女	小计	男	女	小计	男	女
总计	**75287859**	**37255009**	**38032850**	**1456283**	**814364**	**641919**	**6005301**	**1801760**	**4203541**
汉族	69640647	34490057	35150590	1316693	741815	574878	5507119	1650717	3856402
蒙古族	304815	147167	157648	6711	3446	3265	20980	5853	15127
回族	574615	285399	289216	13907	6550	7357	38383	10491	27892
藏族	254406	123823	130583	11454	3908	7546	32620	9992	22628
维吾尔族	482391	239053	243338	31213	14141	17072	37731	8972	28759
苗族	464649	224164	240485	6438	4139	2299	41777	14216	27561
彝族	432198	207655	224543	6114	3499	2615	40764	12253	28511
壮族	864601	417601	447000	11657	7174	4483	89781	25564	64217
布依族	142824	68192	74632	2208	1391	817	15988	4908	11080
朝鲜族	79812	39675	40137	7464	4057	3407	10156	2024	8132
满族	584315	299738	284577	16063	8786	7277	36416	12790	23626
侗族	152360	75134	77226	2690	1752	938	14760	5106	9654
瑶族	132316	64807	67509	2230	1398	832	13393	4142	9251
白族	104625	51298	53327	1767	936	831	8607	2657	5950
土家族	417780	204412	213368	6879	4264	2615	39538	15034	24504
哈尼族	86113	40891	45222	1651	1020	631	8057	2315	5742
哈萨克族	66600	33060	33540	1122	534	588	5271	1413	3858
傣族	71989	34488	37501	1723	818	905	5748	1426	4322
黎族	67296	31838	35458	864	549	315	6103	1591	4512
傈僳族	36867	17205	19662	909	544	365	3863	1295	2568
佤族	21528	10050	11478	374	220	154	2166	593	1573
畲族	36060	19175	16885	572	406	166	3142	1160	1982
高山族	206	103	103	6	2	4	16	4	12
拉祜族	25829	11868	13961	637	377	260	2477	715	1762
水族	20371	9870	10501	280	174	106	2142	687	1455
东乡族	37979	18191	19788	557	297	260	2298	815	1483
纳西族	17926	8717	9209	336	154	182	1841	521	1320
景颇族	7593	3329	4264	130	67	63	807	148	659
柯尔克孜族	8797	4383	4414	386	183	203	732	176	556
土族	14626	7089	7537	280	177	103	1035	353	682
达斡尔族	6350	2914	3436	309	180	129	506	110	396
仫佬族	10054	4870	5184	234	139	95	924	285	639
羌族	17397	8419	8978	284	166	118	1520	514	1006
布朗族	5867	2810	3057	95	43	52	525	169	356
撒拉族	6567	3258	3309	263	77	186	415	108	307
毛南族	5123	2498	2625	87	63	24	530	167	363
仡佬族	26963	13465	13498	364	209	155	2522	1034	1488
锡伯族	10021	5235	4786	400	199	201	565	203	362
阿昌族	1821	836	985	16	10	6	151	30	121
普米族	2016	973	1043	38	21	17	230	60	170
塔吉克族	2268	1128	1140	72	35	37	206	70	136
怒族	1805	843	962	75	34	41	193	54	139
乌孜别克族	473	260	213	23	8	15	47	14	33
俄罗斯族	723	319	404	70	29	41	63	8	55
鄂温克族	1346	607	739	70	27	43	105	18	87
德昂族	1129	514	615	19	12	7	87	25	62
保安族	1016	462	554	25	12	13	70	17	53
裕固族	749	391	358	23	8	15	58	14	44
京族	1386	676	710	25	11	14	93	16	77
塔塔尔族	196	115	81	10	4	6	18	2	16
独龙族	329	140	189	11	4	7	51	15	36
鄂伦春族	386	152	234	21	14	7	21	7	14
赫哲族	263	130	133	9	2	7	15	3	12
门巴族	416	191	225	8	4	4	61	20	41
珞巴族	155	74	81	4		4	27	10	17
基诺族	1329	636	693	27	5	22	101	36	65
其他未识别的民族	29491	14634	14857	385	269	116	2474	819	1655
外国人加入中国籍	86	27	59	1	1		12	1	11

4-3　各民族分性别和初婚年龄的人口(长表数据)

单位：人

民　族	初婚年龄					
	合　计			15岁以下		
	合计	男	女	小计	男	女
总　计	**82749443**	**39871133**	**42878310**	**141858**	**35461**	**106397**
汉　族	76464459	36882589	39581870	110972	27798	83174
蒙古族	332506	156466	176040	432	123	309
回　族	626905	302440	324465	3411	709	2702
藏　族	298480	137723	160757	3177	1197	1980
维吾尔族	551335	262166	289169	4739	636	4103
苗　族	512864	242519	270345	3112	819	2293
彝　族	479076	223407	255669	3402	962	2440
壮　族	966039	450339	515700	822	217	605
布依族	161020	74491	86529	565	169	396
朝鲜族	97432	45756	51676	111	26	85
满　族	636794	321314	315480	861	255	606
侗　族	169810	81992	87818	247	74	173
瑶　族	147939	70347	77592	489	137	352
白　族	114999	54891	60108	276	75	201
土家族	464197	223710	240487	1397	384	1013
哈尼族	95821	44226	51595	2053	511	1542
哈萨克族	72993	35007	37986	155	25	130
傣　族	79460	36732	42728	1260	349	911
黎　族	74263	33978	40285	958	214	744
傈僳族	41639	19044	22595	226	52	174
佤　族	24068	10863	13205	381	72	309
畲　族	39774	20741	19033	116	23	93
高山族	228	109	119	1		1
拉祜族	28943	12960	15983	838	183	655
水　族	22793	10731	12062	44	13	31
东乡族	40834	19303	21531	704	170	534
纳西族	20103	9392	10711	30	9	21
景颇族	8530	3544	4986	83	14	69
柯尔克孜族	9915	4742	5173	113	23	90
土　族	15941	7619	8322	100	30	70
达斡尔族	7165	3204	3961	6	2	4
仫佬族	11212	5294	5918	14	3	11
羌　族	19201	9099	10102	99	23	76
布朗族	6487	3022	3465	148	35	113
撒拉族	7245	3443	3802	83	16	67
毛南族	5740	2728	3012	2		2
仡佬族	29849	14708	15141	43	16	27
锡伯族	10986	5637	5349	6	2	4
阿昌族	1988	876	1112	3	1	2
普米族	2284	1054	1230	3	1	2
塔吉克族	2546	1233	1313	10	3	7
怒　族	2073	931	1142	10	2	8
乌孜别克族	543	282	261			
俄罗斯族	856	356	500			
鄂温克族	1521	652	869	2		2
德昂族	1235	551	684	13	3	10
保安族	1111	491	620	22	1	21
裕固族	830	413	417			
京　族	1504	703	801	1		1
塔塔尔族	224	121	103			
独龙族	391	159	232	1		1
鄂伦春族	428	173	255			
赫哲族	287	135	152			
门巴族	485	215	270	2		2
珞巴族	186	84	102	3		3
基诺族	1457	677	780	11	1	10
其他未识别的民族	32350	15722	16628	301	83	218
外国人加入中国籍	99	29	70			

4-3 续表 1

单位：人

民族	初婚年龄					
	15岁			16岁		
	小计	男	女	小计	男	女
总 计	**674821**	**143785**	**531036**	**1180728**	**245971**	**934757**
汉 族	574921	121272	453649	1023827	208674	815153
蒙古族	2279	491	1788	4142	797	3345
回 族	10204	2000	8204	17245	3552	13693
藏 族	7966	2593	5373	11610	3854	7756
维吾尔族	19783	2739	17044	26585	4430	22155
苗 族	10342	2703	7639	15813	4345	11468
彝 族	9199	2651	6548	15307	4304	11003
壮 族	8605	2116	6489	14616	3668	10948
布依族	2077	602	1475	3313	951	2362
朝鲜族	505	101	404	821	127	694
满 族	4083	994	3089	7282	1594	5688
侗 族	1644	374	1270	2778	686	2092
瑶 族	2144	520	1624	3522	966	2556
白 族	980	212	768	1912	432	1480
土家族	3910	869	3041	6492	1374	5118
哈尼族	2828	679	2149	4330	1136	3194
哈萨克族	893	154	739	1270	264	1006
傣 族	2204	539	1665	3586	1046	2540
黎 族	1462	343	1119	2351	560	1791
傈僳族	1521	366	1155	2152	578	1574
佤 族	721	121	600	1090	203	887
畲 族	488	94	394	924	167	757
高山族	1		1	1		1
拉祜族	1002	176	826	1662	345	1317
水 族	386	93	293	558	151	407
东乡族	1337	300	1037	2152	558	1594
纳西族	201	45	156	251	58	193
景颇族	275	53	222	355	79	276
柯尔克孜族	290	34	256	419	67	352
土 族	311	62	249	554	113	441
达斡尔族	38	3	35	91	12	79
仫佬族	82	21	61	167	53	114
羌 族	148	21	127	370	60	310
布朗族	192	31	161	272	67	205
撒拉族	378	64	314	486	86	400
毛南族	38	14	24	78	16	62
仡佬族	305	81	224	500	134	366
锡伯族	52	8	44	92	21	71
阿昌族	40	5	35	57	13	44
普米族	30	10	20	71	9	62
塔吉克族	73	9	64	111	25	86
怒 族	64	15	49	91	20	71
乌孜别克族	7	2	5	19		19
俄罗斯族	3	1	2	11		11
鄂温克族	13	2	11	23	5	18
德昂族	42	7	35	70	19	51
保安族	32	8	24	54	5	49
裕固族	6	3	3	8	1	7
京 族	16	2	14	25	6	19
塔塔尔族	1		1			
独龙族	10	3	7	10	1	9
鄂伦春族	3		3	5		5
赫哲族	2		2	2		2
门巴族	20	4	16	26	7	19
珞巴族	8	2	6	13	5	8
基诺族	35	8	27	53	9	44
其他未识别的民族	620	165	455	1101	318	783
外国人加入中国籍	1		1	2		2

4-3 续表 2

单位：人

民族	初婚年龄								
	17岁			18岁			19岁		
	小计	男	女	小计	男	女	小计	男	女
总 计	**2157779**	**484395**	**1673384**	**3592316**	**924805**	**2667511**	**6391186**	**1982778**	**4408408**
汉 族	1898875	416389	1482486	3211190	813101	2398089	5808136	1779537	4028599
蒙古族	8165	1705	6460	14417	3597	10820	25913	8702	17211
回 族	29096	7102	21994	42385	12451	29934	59024	21770	37254
藏 族	17006	5763	11243	21964	7938	14026	30999	12465	18534
维吾尔族	41597	8608	32989	52514	13473	39041	66015	26189	39826
苗 族	24421	7402	17019	34314	11094	23220	51093	18056	33037
彝 族	25003	7432	17571	35969	11306	24663	54355	18905	35450
壮 族	26415	6996	19419	43538	12391	31147	73991	23991	50000
布依族	5474	1702	3772	8765	2886	5879	13960	5049	8911
朝鲜族	1376	196	1180	2336	355	1981	4457	864	3593
满 族	13673	3412	10261	24601	6991	17610	49178	15875	33303
侗 族	5149	1304	3845	8457	2305	6152	14270	4259	10011
瑶 族	5724	1568	4156	8476	2530	5946	13287	4233	9054
白 族	3517	923	2594	6120	1678	4442	10965	3443	7522
土家族	11903	2691	9212	21035	5084	15951	38660	10946	27714
哈尼族	6786	2065	4721	9027	3069	5958	11743	4572	7171
哈萨克族	2189	486	1703	3353	900	2453	5053	1708	3345
傣 族	5573	1835	3738	7301	2585	4716	9778	3891	5887
黎 族	3533	963	2570	4994	1433	3561	7113	2598	4515
傈僳族	2998	881	2117	3864	1258	2606	5097	1935	3162
佤 族	1717	391	1326	2159	597	1562	2654	902	1752
畲 族	1469	327	1142	2348	643	1705	3382	1109	2273
高山族	9	1	8	7	1	6	13	3	10
拉祜族	2393	594	1799	2876	833	2043	3464	1379	2085
水 族	1010	288	722	1565	506	1059	2192	758	1434
东乡族	3621	1094	2527	5071	1738	3333	6128	2642	3486
纳西族	507	113	394	924	238	686	1470	428	1042
景颇族	504	120	384	665	188	477	880	278	602
柯尔克孜族	625	121	504	792	218	574	1046	382	664
土 族	1050	221	829	1442	445	997	2061	817	1244
达斡尔族	211	38	173	310	71	239	541	149	392
仫佬族	306	87	219	572	167	405	835	289	546
羌 族	666	113	553	1223	234	989	2039	486	1553
布朗族	396	122	274	528	182	346	737	261	476
撒拉族	708	168	540	879	290	589	930	437	493
毛南族	156	34	122	274	76	198	457	126	331
仡佬族	897	255	642	1554	511	1043	2586	913	1673
锡伯族	165	40	125	321	84	237	645	211	434
阿昌族	85	22	63	157	47	110	223	84	139
普米族	79	22	57	157	51	106	222	73	149
塔吉克族	129	34	95	201	56	145	266	93	173
怒 族	143	32	111	160	53	107	230	97	133
乌孜别克族	20	2	18	30	3	27	33	12	21
俄罗斯族	16	2	14	26	2	24	40	11	29
鄂温克族	53	7	46	81	18	63	111	42	69
德昂族	79	28	51	128	44	84	146	53	93
保安族	93	16	77	126	32	94	142	55	87
裕固族	22	2	20	29	5	24	62	16	46
京 族	67	18	49	94	29	65	123	42	81
塔塔尔族	3		3	10	1	9	13	1	12
独龙族	21	5	16	34	6	28	34	6	28
鄂伦春族	10	1	9	13		13	21	5	16
赫哲族	8	2	6	6	1	5	15	6	9
门巴族	36	14	22	43	11	32	66	32	34
珞巴族	12	3	9	17	11	6	14	5	9
基诺族	90	25	65	119	28	91	158	50	108
其他未识别的民族	1926	610	1316	2748	959	1789	4106	1534	2572
外国人加入中国籍	4		4	7	1	6	14	3	11

4-3 续表 3

单位：人

民族	初婚年龄								
	20岁			21岁			22岁		
	小计	男	女	小计	男	女	小计	男	女
总计	**8837210**	**3111006**	**5726204**	**10177957**	**4452251**	**5725706**	**10968019**	**5456228**	**5511791**
汉族	8126011	2834918	5291093	9460780	4126328	5334452	10258145	5096000	5162145
蒙古族	37243	14873	22370	43347	19545	23802	46152	22437	23715
回族	70642	30795	39847	68622	33189	35433	68721	36161	32560
藏族	31456	13536	17920	28370	12858	15512	25796	12248	13548
维吾尔族	63807	31088	32719	50000	27244	22756	43644	25647	17997
苗族	60339	22692	37647	59041	26281	32760	55908	28454	27454
彝族	62286	23329	38957	55295	25065	30230	50739	26247	24492
壮族	99208	34958	64250	106752	43441	63311	110208	50071	60137
布依族	17500	6734	10766	18044	7740	10304	17970	8513	9457
朝鲜族	6737	1565	5172	8858	2679	6179	11177	4168	7009
满族	72187	26600	45587	91738	44940	46798	97564	54001	43563
侗族	19480	6441	13039	20141	8473	11668	20195	10108	10087
瑶族	17390	6047	11343	16856	7477	9379	16914	8782	8132
白族	14940	5184	9756	15238	6593	8645	15089	7818	7271
土家族	54685	17592	37093	58697	24452	34245	59845	29795	30050
哈尼族	11431	4867	6564	9525	4655	4870	8167	4226	3941
哈萨克族	6321	2457	3864	6808	2925	3883	7210	3309	3901
傣族	9382	4014	5368	8333	4028	4305	7247	3718	3529
黎族	7805	3137	4668	7511	3379	4132	7076	3391	3685
傈僳族	5222	2238	2984	4403	2196	2207	3656	1955	1701
佤族	2846	1190	1656	2362	1166	1196	2024	1095	929
畲族	4193	1509	2684	4338	1981	2357	4579	2466	2113
高山族	20	4	16	32	19	13	26	14	12
拉祜族	3362	1502	1860	2643	1355	1288	2182	1183	999
水族	2757	1090	1667	2660	1188	1472	2501	1251	1250
东乡族	6059	3150	2909	4043	2219	1824	3187	1866	1321
纳西族	1877	654	1223	2167	880	1287	2302	983	1319
景颇族	928	337	591	888	376	512	742	364	378
柯尔克孜族	1126	496	630	952	491	461	881	470	411
土族	2067	958	1109	1733	877	856	1484	835	649
达斡尔族	707	231	476	742	315	427	917	398	519
仫佬族	1241	461	780	1261	497	764	1288	603	685
羌族	2537	800	1737	2559	1168	1391	2308	1285	1023
布朗族	750	282	468	714	357	357	572	318	254
撒拉族	969	531	438	699	425	274	496	320	176
毛南族	571	212	359	640	266	374	644	305	339
仡佬族	3581	1425	2156	3784	1740	2044	3747	1879	1868
锡伯族	1014	362	652	1429	697	732	1547	861	686
阿昌族	228	84	144	239	97	142	207	103	104
普米族	291	115	176	234	111	123	248	105	143
塔吉克族	314	142	172	253	112	141	224	118	106
怒族	234	91	143	205	100	105	179	91	88
乌孜别克族	36	19	17	39	22	17	39	19	20
俄罗斯族	47	12	35	68	20	48	76	27	49
鄂温克族	159	48	111	157	64	93	184	88	96
德昂族	135	62	73	127	58	69	123	68	55
保安族	158	66	92	109	60	49	88	53	35
裕固族	73	23	50	90	40	50	100	48	52
京族	157	53	104	178	81	97	149	64	85
塔塔尔族	13	5	8	14	6	8	17	11	6
独龙族	52	22	30	32	16	16	47	20	27
鄂伦春族	41	14	27	55	16	39	62	28	34
赫哲族	27	9	18	35	14	21	42	22	20
门巴族	46	18	28	48	23	25	28	13	15
珞巴族	21	12	9	17	4	13	17	10	7
基诺族	170	79	91	149	57	92	113	71	42
其他未识别的民族	4325	1870	2455	3890	1841	2049	3218	1723	1495
外国人加入中国籍	6	3	3	13	4	9	8	1	7

4-3 续表 4

单位：人

民族	初婚年龄								
	23岁			24岁			25岁		
	小计	男	女	小计	男	女	小计	男	女
总 计	**9568582**	**4884503**	**4684079**	**7899390**	**4357450**	**3541940**	**6111149**	**3634154**	**2476995**
汉 族	8969527	4568750	4400777	7400765	4078852	3321913	5715719	3400002	2315717
蒙古族	40147	20322	19825	32146	17127	15019	24543	13753	10790
回 族	60291	31935	28356	51297	28654	22643	40807	24433	16374
藏 族	22004	10979	11025	19405	10031	9374	15675	8438	7237
维吾尔族	36476	22448	14028	31976	20526	11450	25992	17258	8734
苗 族	45460	24265	21195	36985	21050	15935	28833	17483	11350
彝 族	39197	21219	17978	30980	18082	12898	24314	14931	9383
壮 族	98229	46864	51365	86005	44148	41857	71251	38690	32561
布依族	15505	7492	8013	13327	6786	6541	10875	5734	5141
朝鲜族	11974	5281	6693	12043	6382	5661	10140	5998	4142
满 族	77494	43237	34257	59366	34188	25178	43322	26290	17032
侗 族	17351	9150	8201	14222	7977	6245	11562	7132	4430
瑶 族	14078	7570	6508	11837	6669	5168	9329	5505	3824
白 族	12064	6535	5529	9259	5432	3827	7215	4534	2681
土家族	50118	26757	23361	40891	23713	17178	31738	20043	11695
哈尼族	6400	3526	2874	5274	3071	2203	4252	2635	1617
哈萨克族	6972	3478	3494	6607	3472	3135	6038	3308	2730
傣 族	5940	3231	2709	4567	2603	1964	3521	2085	1436
黎 族	6139	3126	3013	5261	2839	2422	4254	2331	1923
傈僳族	2930	1672	1258	2285	1340	945	1713	1062	651
佤 族	1717	1004	713	1377	809	568	1164	745	419
畲 族	3879	2265	1614	3357	2166	1191	2756	1910	846
高山族	26	13	13	19	10	9	18	10	8
拉祜族	1749	1047	702	1453	887	566	1233	771	462
水 族	1954	986	968	1661	936	725	1300	791	509
东乡族	2168	1356	812	1639	1088	551	1238	824	414
纳西族	2071	1000	1071	1875	958	917	1644	905	739
景颇族	664	303	361	585	314	271	414	220	194
柯尔克孜族	723	442	281	590	377	213	533	346	187
土 族	1163	668	495	1002	587	415	814	527	287
达斡尔族	809	403	406	703	347	356	553	306	247
仫佬族	1221	568	653	975	523	452	807	454	353
羌 族	1888	1127	761	1426	925	501	1135	780	355
布朗族	503	280	223	395	219	176	323	199	124
撒拉族	413	272	141	299	191	108	220	156	64
毛南族	626	318	308	499	250	249	398	216	182
仡佬族	3181	1671	1510	2557	1362	1195	1905	1131	774
锡伯族	1342	703	639	1127	647	480	926	547	379
阿昌族	181	72	109	133	74	59	101	58	43
普米族	239	104	135	158	85	73	145	93	52
塔吉克族	199	112	87	139	87	52	136	95	41
怒 族	167	86	81	125	62	63	115	65	50
乌孜别克族	50	24	26	60	32	28	48	27	21
俄罗斯族	91	35	56	99	40	59	93	44	49
鄂温克族	184	82	102	156	66	90	117	64	53
德昂族	90	47	43	85	46	39	55	29	26
保安族	79	44	35	48	32	16	41	33	8
裕固族	92	47	45	68	39	29	58	33	25
京 族	127	73	54	135	68	67	99	61	38
塔塔尔族	16	6	10	23	13	10	25	15	10
独龙族	34	15	19	26	19	7	22	12	10
鄂伦春族	49	15	34	35	15	20	30	15	15
赫哲族	36	19	17	28	11	17	28	21	7
门巴族	27	11	16	34	20	14	13	9	4
珞巴族	15	8	7	11	6	5	7	2	5
基诺族	126	71	55	99	57	42	65	39	26
其他未识别的民族	2381	1368	1013	1883	1135	748	1473	955	518
外国人加入中国籍	6	1	5	8	5	3	4	1	3

4-3 续表 5

单位：人

民　族	初婚年龄								
	26岁			27岁			28岁		
	小计	男	女	小计	男	女	小计	男	女
总　计	**4332202**	**2731931**	**1600271**	**3042260**	**2020584**	**1021676**	**2093753**	**1443063**	**650690**
汉　族	4039183	2550607	1488576	2824833	1880905	943928	1934796	1337742	597054
蒙古族	16689	9724	6965	11272	6814	4458	7487	4720	2767
回　族	30151	18815	11336	21610	14055	7555	14971	10114	4857
藏　族	12425	6729	5696	10068	5639	4429	8141	4681	3460
维吾尔族	19649	13289	6360	15509	10715	4794	11933	8424	3509
苗　族	21367	13455	7912	16114	10570	5544	11994	8119	3875
彝　族	18053	11683	6370	13793	9212	4581	10246	6990	3256
壮　族	54834	31716	23118	42565	25648	16917	32041	20295	11746
布依族	8404	4746	3658	6188	3578	2610	4826	2892	1934
朝鲜族	7505	4740	2765	5381	3587	1794	3821	2633	1188
满　族	29368	18364	11004	19451	12595	6856	13091	8849	4242
侗　族	8583	5606	2977	6316	4257	2059	4791	3349	1442
瑶　族	7206	4509	2697	5366	3487	1879	3846	2534	1312
白　族	5041	3310	1731	3591	2462	1129	2486	1732	754
土家族	23040	15480	7560	16517	11668	4849	11699	8399	3300
哈尼族	3348	2129	1219	2532	1668	864	1952	1272	680
哈萨克族	4888	2754	2134	4066	2447	1619	2915	1830	1085
傣　族	2700	1657	1043	2069	1321	748	1527	979	548
黎　族	3395	2011	1384	2748	1640	1108	2140	1297	843
傈僳族	1319	831	488	994	625	369	738	460	278
佤　族	869	591	278	661	422	239	528	368	160
畲　族	2031	1505	526	1561	1185	376	1152	895	257
高山族	11	5	6	12	8	4	6	2	4
拉祜族	920	604	316	715	499	216	565	372	193
水　族	943	554	389	740	481	259	556	351	205
东乡族	886	570	316	651	434	217	477	328	149
纳西族	1281	772	509	974	631	343	685	474	211
景颇族	369	216	153	249	144	105	202	112	90
柯尔克孜族	417	268	149	317	224	93	258	165	93
土　族	606	411	195	447	292	155	298	203	95
达斡尔族	430	267	163	326	202	124	231	141	90
仫佬族	637	370	267	470	304	166	364	231	133
羌　族	811	576	235	536	424	112	383	271	112
布朗族	228	158	70	173	111	62	129	93	36
撒拉族	187	134	53	121	91	30	77	59	18
毛南族	331	201	130	241	151	90	194	135	59
仡佬族	1413	906	507	1086	727	359	712	519	193
锡伯族	659	379	280	476	305	171	361	236	125
阿昌族	86	55	31	63	46	17	55	40	15
普米族	97	61	36	75	54	21	54	38	16
塔吉克族	109	72	37	81	60	21	78	53	25
怒　族	78	47	31	51	32	19	49	29	20
乌孜别克族	37	28	9	29	22	7	26	20	6
俄罗斯族	72	35	37	59	30	29	44	28	16
鄂温克族	82	45	37	59	38	21	44	29	15
德昂族	31	21	10	32	23	9	17	8	9
保安族	26	21	5	27	20	7	10	8	2
裕固族	70	43	27	43	31	12	35	27	8
京　族	70	32	38	65	34	31	39	30	9
塔塔尔族	25	17	8	11	5	6	15	12	3
独龙族	14	4	10	5	3	2	7	2	5
鄂伦春族	29	16	13	24	15	9	12	9	3
赫哲族	19	10	9	13	8	5	9	4	5
门巴族	24	12	12	15	8	7	14	6	8
珞巴族	3	3		7	5	2	3	1	2
基诺族	52	29	23	47	36	11	34	22	12
其他未识别的民族	1094	735	359	810	583	227	588	431	157
外国人加入中国籍	7	3	4	5	3	2	1		1

4-3 续表 6

单位：人

民族	初婚年龄								
	29岁			30岁			31岁		
	小计	男	女	小计	男	女	小计	男	女
总　计	**1479132**	**1042114**	**437018**	**1040761**	**739832**	**300929**	**723343**	**515202**	**208141**
汉　族	1361275	962581	398694	954224	681017	273207	661828	473161	188667
蒙古族	4949	3160	1789	3447	2268	1179	2313	1495	818
回　族	10382	7109	3273	7260	5067	2193	4970	3481	1489
藏　族	6731	3877	2854	5152	3008	2144	4010	2318	1692
维吾尔族	9343	6675	2668	6960	4977	1983	5008	3661	1347
苗　族	9072	6223	2849	6823	4684	2139	4983	3439	1544
彝　族	7706	5318	2388	5647	3862	1785	3981	2721	1260
壮　族	24397	15947	8450	18356	12254	6102	12989	8706	4283
布依族	3510	2156	1354	2647	1638	1009	1953	1254	699
朝鲜族	2678	1849	829	1990	1378	612	1341	947	394
满　族	8847	6020	2827	6206	4208	1998	4272	2967	1305
侗　族	3663	2619	1044	2697	1924	773	1907	1423	484
瑶　族	2979	2038	941	2175	1492	683	1453	1000	453
白　族	1811	1311	500	1208	886	322	877	637	240
土家族	8479	6243	2236	6179	4529	1650	4384	3224	1160
哈尼族	1513	1022	491	1161	789	372	822	557	265
哈萨克族	2251	1472	779	1596	1068	528	1153	773	380
傣　族	1143	758	385	834	539	295	560	363	197
黎　族	1694	1070	624	1220	754	466	980	608	372
傈僳族	610	384	226	462	310	152	309	195	114
佤　族	357	243	114	320	223	97	232	163	69
畲　族	846	674	172	623	505	118	405	304	101
高山族	4	3	1	6	5	1	4	4	
拉祜族	440	306	134	312	204	108	226	150	76
水　族	400	275	125	327	221	106	265	164	101
东乡族	356	226	130	248	173	75	181	126	55
纳西族	540	368	172	351	234	117	227	166	61
景颇族	175	92	83	126	74	52	110	70	40
柯尔克孜族	163	115	48	160	118	42	114	87	27
土　族	240	175	65	155	118	37	95	66	29
达斡尔族	153	93	60	93	56	37	85	51	34
仫佬族	253	162	91	188	130	58	145	93	52
羌　族	293	220	73	205	160	45	154	116	38
布朗族	93	77	16	79	57	22	55	36	19
撒拉族	63	44	19	52	38	14	39	24	15
毛南族	124	81	43	119	82	37	85	59	26
仡佬族	510	369	141	367	246	121	264	193	71
锡伯族	236	152	84	167	109	58	95	56	39
阿昌族	34	21	13	19	9	10	19	15	4
普米族	47	32	15	33	21	12	25	16	9
塔吉克族	43	31	12	36	25	11	30	25	5
怒　族	41	25	16	34	20	14	14	8	6
乌孜别克族	16	11	5	14	8	6	15	14	1
俄罗斯族	17	9	8	19	12	7	13	11	2
鄂温克族	27	10	17	22	14	8	12	8	4
德昂族	9	4	5	11	6	5	13	6	7
保安族	11	9	2	10	6	4	13	9	4
裕固族	18	12	6	14	9	5	8	7	1
京　族	32	19	13	28	21	7	25	19	6
塔塔尔族	14	9	5	8	7	1	5	4	1
独龙族	10	8	2	8	6	2	3	2	1
鄂伦春族	11	7	4	8	6	2	7	5	2
赫哲族	3	1	2	5	4	1	2	1	1
门巴族	8	6	2	12	6	6	5	2	3
珞巴族				2	1	1	1	1	
基诺族	25	19	6	18	8	10	17	13	4
其他未识别的民族	481	371	110	316	238	78	242	178	64
外国人加入中国籍	6	3	3	2		2			

4-3 续表 7

单位：人

民族	初婚年龄								
	32岁			33岁			34岁		
	小计	男	女	小计	男	女	小计	男	女
总　计	**536682**	**382318**	**154364**	**398274**	**284001**	**114273**	**301108**	**214535**	**86573**
汉　族	490260	350622	139638	363104	259894	103210	273934	195971	77963
蒙古族	1706	1073	633	1306	840	466	936	617	319
回　族	3673	2597	1076	2679	1874	805	2064	1451	613
藏　族	3175	1852	1323	2514	1453	1061	2096	1191	905
维吾尔族	3834	2780	1054	3063	2196	867	2463	1779	684
苗　族	3796	2651	1145	2825	1963	862	2220	1528	692
彝　族	3000	2043	957	2372	1601	771	1796	1237	559
壮　族	9656	6592	3064	7348	5067	2281	5549	3827	1722
布依族	1444	902	542	1052	667	385	813	521	292
朝鲜族	1022	687	335	779	550	229	592	416	176
满　族	3137	2168	969	2393	1636	757	1815	1279	536
侗　族	1490	1068	422	1099	812	287	834	575	259
瑶　族	1165	787	378	874	619	255	614	431	183
白　族	643	453	190	432	311	121	321	237	84
土家族	3332	2417	915	2448	1782	666	1955	1402	553
哈尼族	599	395	204	445	319	126	345	222	123
哈萨克族	796	523	273	631	415	216	408	282	126
傣　族	437	297	140	324	213	111	249	144	105
黎　族	751	466	285	554	364	190	476	306	170
傈僳族	255	169	86	194	136	58	146	84	62
佤　族	195	119	76	134	93	41	119	75	44
畲　族	327	257	70	211	163	48	190	155	35
高山族	4	1	3	1	1		4	4	
拉祜族	205	142	63	158	101	57	125	75	50
水　族	203	139	64	144	93	51	125	89	36
东乡族	149	91	58	110	79	31	81	50	31
纳西族	200	132	68	146	98	48	97	70	27
景颇族	65	45	20	59	31	28	57	37	20
柯尔克孜族	73	57	16	61	45	16	55	44	11
土　族	90	62	28	51	39	12	31	23	8
达斡尔族	46	24	22	30	19	11	39	23	16
仫佬族	101	76	25	70	49	21	38	27	11
羌　族	99	76	23	86	67	19	65	47	18
布朗族	53	39	14	35	25	10	25	15	10
撒拉族	31	20	11	16	8	8	22	19	3
毛南族	53	40	13	44	35	9	34	21	13
仡佬族	191	148	43	147	111	36	126	88	38
锡伯族	70	49	21	65	43	22	51	30	21
阿昌族	12	7	5	14	4	10	5	2	3
普米族	21	16	5	12	8	4	8	6	2
塔吉克族	20	15	5	18	9	9	15	14	1
怒　族	15	8	7	15	11	4	9	6	3
乌孜别克族	5	4	1	7	6	1	5	2	3
俄罗斯族	10	6	4	9	7	2	12	7	5
鄂温克族	7	5	2	8	5	3	5	3	2
德昂族	9	6	3	2	2		1	1	
保安族	7	5	2	2	1	1	3	2	1
裕固族	11	10	1	5	5		6	4	2
京　族	22	18	4	10	8	2	11	8	3
塔塔尔族	3	3		1	1		2	1	1
独龙族	6	2	4	6	4	2	2	2	
鄂伦春族	2	1	1	5	1	4	1	1	
赫哲族	4	1	3	2	1	1			
门巴族	8	7	1	3	1	2	1		1
珞巴族	2		2				1		1
基诺族	13	9	4	11	11		15	13	2
其他未识别的民族	177	136	41	140	104	36	96	71	25
外国人加入中国籍	2		2						

4-3 续表 8

单位：人

民 族	初 婚 年 龄								
	35岁			36岁			37岁		
	小计	男	女	小计	男	女	小计	男	女
总 计	**226997**	**162664**	**64333**	**171445**	**122857**	**48588**	**131854**	**94586**	**37268**
汉 族	206453	148682	57771	155562	112182	43380	119651	86379	33272
蒙古族	727	475	252	548	363	185	418	277	141
回 族	1485	1065	420	1202	846	356	924	636	288
藏 族	1679	967	712	1261	723	538	1080	647	433
维吾尔族	1916	1376	540	1472	1081	391	1212	837	375
苗 族	1684	1160	524	1330	863	467	1009	664	345
彝 族	1323	906	417	1046	721	325	770	491	279
壮 族	4136	2827	1309	3181	2156	1025	2376	1613	763
布依族	588	373	215	491	322	169	372	247	125
朝鲜族	421	301	120	286	208	78	250	184	66
满 族	1380	951	429	1084	749	335	735	513	222
侗 族	666	466	200	479	341	138	403	307	96
瑶 族	455	302	153	352	233	119	283	181	102
白 族	230	163	67	188	125	63	122	93	29
土家族	1460	1095	365	1102	772	330	840	597	243
哈尼族	285	191	94	218	143	75	169	110	59
哈萨克族	313	213	100	238	143	95	162	112	50
傣 族	214	111	103	153	89	64	113	72	41
黎 族	395	257	138	312	188	124	234	136	98
傈僳族	101	63	38	88	56	32	61	33	28
佤 族	74	53	21	80	51	29	63	40	23
畲 族	126	95	31	108	80	28	73	53	20
高山族							1	1	
拉祜族	94	61	33	75	47	28	55	36	19
水 族	106	64	42	79	42	37	76	59	17
东乡族	61	38	23	47	30	17	39	25	14
纳西族	74	45	29	53	37	16	30	19	11
景颇族	40	25	15	20	10	10	16	11	5
柯尔克孜族	37	26	11	38	30	8	30	21	9
土 族	30	22	8	25	12	13	25	16	9
达斡尔族	25	16	9	18	9	9	13	7	6
仫佬族	40	30	10	25	15	10	24	17	7
羌 族	34	23	11	26	16	10	34	26	8
布朗族	17	10	7	15	9	6	11	9	2
撒拉族	13	7	6	13	8	5	6	2	4
毛南族	26	20	6	22	13	9	19	14	5
仡佬族	88	54	34	59	42	17	50	35	15
锡伯族	33	19	14	25	17	8	11	7	4
阿昌族	8	5	3	5	4	1			
普米族	8	4	4	8	5	3	6	4	2
塔吉克族	16	11	5	8	6	2	9	4	5
怒 族	8	6	2	7	6	1	6	4	2
乌孜别克族	3	2	1						
俄罗斯族	7	3	4	4	3	1	6	4	2
鄂温克族	3	1	2	1	1		2	2	
德昂族	2	1	1	7	4	3	1		1
保安族	3	1	2				1		1
裕固族	4	2	2	3	3		5	3	2
京 族	10	7	3	5	1	4	6	4	2
塔塔尔族	1	1		2	2		2	1	1
独龙族				3	1	2	1		1
鄂伦春族	2	1	1	2	1	1			
赫哲族							1		1
门巴族	2	1	1	3	3				
珞巴族	4	1	3	1	1				
基诺族	6	5	1	8	4	4	4	1	3
其他未识别的民族	81	60	21	56	39	17	44	32	12
外国人加入中国籍				1	1				

4-3 续表 9

单位：人

民族	初婚年龄								
	38岁			39岁			40岁及以上		
	小计	男	女	小计	男	女	小计	男	女
总计	**103548**	**74295**	**29253**	**84973**	**60866**	**24107**	**382116**	**269498**	**112618**
汉族	93893	67802	26091	76996	55510	21486	349599	247913	101686
蒙古族	317	198	119	261	180	81	1204	790	414
回族	718	498	220	566	406	160	2505	1675	830
藏族	867	505	362	754	450	304	3099	1783	1316
维吾尔族	990	709	281	859	607	252	3996	2774	1222
苗族	765	467	298	667	427	240	2554	1662	892
彝族	653	426	227	556	375	181	2088	1388	700
壮族	1918	1348	570	1488	1020	468	5565	3772	1793
布依族	254	155	99	232	137	95	871	545	326
朝鲜族	171	127	44	136	103	33	524	304	220
满族	668	479	189	547	376	171	2451	1783	668
侗族	295	208	87	227	152	75	864	602	262
瑶族	240	166	74	182	123	59	703	441	262
白族	86	54	32	76	54	22	312	204	108
土家族	633	449	184	529	374	155	2229	1579	650
哈尼族	156	108	48	101	61	40	359	228	131
哈萨克族	124	81	43	114	72	42	469	336	133
傣族	84	49	35	72	44	28	289	172	117
黎族	165	101	64	154	102	52	588	364	224
傈僳族	67	35	32	48	28	20	180	102	78
佤族	39	24	15	36	26	10	149	77	72
畲族	56	38	18	39	28	11	197	144	53
高山族							2		2
拉祜族	49	33	16	40	19	21	107	56	51
水族	46	27	19	39	22	17	156	99	57
东乡族	40	25	15	34	24	10	127	79	48
纳西族	29	17	12	26	17	9	71	41	30
景颇族	13	6	7	12	8	4	34	17	17
柯尔克孜族	9	9		13	7	6	80	59	21
土族	12	9	3	11	8	3	44	23	21
达斡尔族	10	5	5	9	4	5	29	12	17
仫佬族	11	11		16	10	6	61	43	18
羌族	20	14	6	10	6	4	47	35	12
布朗族	7	6	1	5	3	2	32	21	11
撒拉族	5	3	2	6	5	1	34	25	9
毛南族	11	6	5	12	7	5	42	30	12
仡佬族	35	29	6	32	22	10	129	101	28
锡伯族	14	12	2	6	5	1	51	35	16
阿昌族	2	2		1	1		11	5	6
普米族	2	2		3	3		8	5	3
塔吉克族	6	5	1	2	2		20	15	5
怒族	8	6	2	2	1	1	13	8	5
乌孜别克族	1		1	1	1		3	2	1
俄罗斯族	2	2		1		1	11	5	6
鄂温克族	2		2				7	5	2
德昂族				2	1	1	5	4	1
保安族				1		1	5	4	1
裕固族									
京族	1		1	3	2	1	6	3	3
塔塔尔族									
独龙族				2		2	1		1
鄂伦春族							1	1	
赫哲族									
门巴族							1	1	
珞巴族							7	3	4
基诺族	3	3		3	1	2	13	8	5
其他未识别的民族	50	36	14	41	32	9	162	115	47
外国人加入中国籍	1		1				1		1

4-4 按户主与配偶的民族分的人口

单位：人

户主民族别 性 别	配偶民族别、性别					
	合 计			汉 族		
	合计	男	女	小计	男	女
总计	**283764229**	**22468687**	**261295542**	**262428942**	**21342965**	**241085977**
男	261295542		261295542	241085977		241085977
女	22468687	22468687		21342965	21342965	
汉族	**262632221**	**21244354**	**241387867**	**258723256**	**20918919**	**237804337**
男	241387867		241387867	237804337		237804337
女	21244354	21244354		20918919	20918919	
蒙古族	**1264780**	**79734**	**1185046**	**436306**	**40693**	**395613**
男	1185046		1185046	395613		395613
女	79734	79734		40693	40693	
回族	**2204190**	**185150**	**2019040**	**266062**	**52311**	**213751**
男	2019040		2019040	213751		213751
女	185150	185150		52311	52311	
藏族	**838012**	**88852**	**749160**	**42517**	**8217**	**34300**
男	749160		749160	34300		34300
女	88852	88852		8217	8217	
维吾尔族	**1887722**	**35714**	**1852008**	**3852**	**686**	**3166**
男	1852008		1852008	3166		3166
女	35714	35714		686	686	
苗族	**1662791**	**74027**	**1588764**	**223320**	**24392**	**198928**
男	1588764		1588764	198928		198928
女	74027	74027		24392	24392	
彝族	**1538778**	**72766**	**1466012**	**234524**	**30803**	**203721**
男	1466012		1466012	203721		203721
女	72766	72766		30803	30803	
壮族	**3136624**	**172943**	**2963681**	**346174**	**46529**	**299645**
男	2963681		2963681	299645		299645
女	172943	172943		46529	46529	

4-4 续表 1 单位：人

户主民族别 性别	配偶民族别、性别 合计 合计	男	女	汉族 小计	男	女
布依族	**500595**	**25497**	**475098**	**76329**	**11305**	**65024**
男	475098		475098	65024		65024
女	25497	25497		11305	11305	
朝鲜族	**368145**	**25818**	**342327**	**32451**	**4795**	**27656**
男	342327		342327	27656		27656
女	25818	25818		4795	4795	
满族	**2432975**	**152865**	**2280110**	**1089844**	**92501**	**997343**
男	2280110		2280110	997343		997343
女	152865	152865		92501	92501	
侗族	**536524**	**24093**	**512431**	**90505**	**7940**	**82565**
男	512431		512431	82565		82565
女	24093	24093		7940	7940	
瑶族	**479531**	**22605**	**456926**	**101294**	**8571**	**92723**
男	456926		456926	92723		92723
女	22605	22605		8571	8571	
白族	**370985**	**36698**	**334287**	**74206**	**13724**	**60482**
男	334287		334287	60482		60482
女	36698	36698		13724	13724	
土家族	**1570525**	**105537**	**1464988**	**318358**	**31734**	**286624**
男	1464988		1464988	286624		286624
女	105537	105537		31734	31734	
哈尼族	**293233**	**13113**	**280120**	**24128**	**5308**	**18820**
男	280120		280120	18820		18820
女	13113	13113		5308	5308	
哈萨克族	**282826**	**6489**	**276337**	**6612**	**595**	**6017**
男	276337		276337	6017		6017
女	6489	6489		595	595	
傣族	**228471**	**18667**	**209804**	**33885**	**8624**	**25261**
男	209804		209804	25261		25261
女	18667	18667		8624	8624	

4-4 续表 2

单位：人

户主民族别 性 别	配偶民族别、性别					
	合 计			汉 族		
	合计	男	女	小计	男	女
黎族	**245461**	**11686**	**233775**	**31577**	**5291**	**26286**
男	233775		233775	26286		26286
女	11686	11686		5291	5291	
傈僳族	**122474**	**6392**	**116082**	**7186**	**1423**	**5763**
男	116082		116082	5763		5763
女	6392	6392		1423	1423	
佤族	**79266**	**3997**	**75269**	**7339**	**1422**	**5917**
男	75269		75269	5917		5917
女	3997	3997		1422	1422	
畲族	**144349**	**6254**	**138095**	**79663**	**4395**	**75268**
男	138095		138095	75268		75268
女	6254	6254		4395	4395	
高山族	**776**	**90**	**686**	**517**	**76**	**441**
男	686		686	441		441
女	90	90		76	76	
拉祜族	**87073**	**5549**	**81524**	**11687**	**2169**	**9518**
男	81524		81524	9518		9518
女	5549	5549		2169	2169	
水族	**75422**	**2144**	**73278**	**8467**	**861**	**7606**
男	73278		73278	7606		7606
女	2144	2144		861	861	
东乡族	**97315**	**2173**	**95142**	**429**	**67**	**362**
男	95142		95142	362		362
女	2173	2173		67	67	
纳西族	**59280**	**6295**	**52985**	**8533**	**1851**	**6682**
男	52985		52985	6682		6682
女	6295	6295		1851	1851	
景颇族	**23136**	**1807**	**21329**	**2487**	**768**	**1719**
男	21329		21329	1719		1719
女	1807	1807		768	768	

4-4 续表 3 单位：人

户主民族别 性别	配偶民族别、性别					
	合计			汉族		
	合计	男	女	小计	男	女
柯尔克孜族	**36006**	**506**	**35500**	**346**	**45**	**301**
男	35500		35500	301		301
女	506	506		45	45	
土族	**51933**	**3093**	**48840**	**13590**	**1680**	**11910**
男	48840		48840	11910		11910
女	3093	3093		1680	1680	
达斡尔族	**26872**	**3422**	**23450**	**11723**	**2131**	**9592**
男	23450		23450	9592		9592
女	3422	3422		2131	2131	
仫佬族	**36986**	**3644**	**33342**	**8397**	**1404**	**6993**
男	33342		33342	6993		6993
女	3644	3644		1404	1404	
羌族	**56118**	**5126**	**50992**	**9365**	**1620**	**7745**
男	50992		50992	7745		7745
女	5126	5126		1620	1620	
布朗族	**20828**	**1155**	**19673**	**3959**	**591**	**3368**
男	19673		19673	3368		3368
女	1155	1155		591	591	
撒拉族	**20804**	**747**	**20057**	**279**	**57**	**222**
男	20057		20057	222		222
女	747	747		57	57	
毛南族	**17732**	**1228**	**16504**	**1575**	**302**	**1273**
男	16504		16504	1273		1273
女	1228	1228		302	302	
仡佬族	**103254**	**5057**	**98197**	**26422**	**2140**	**24282**
男	98197		98197	24282		24282
女	5057	5057		2140	2140	
锡伯族	**43230**	**3334**	**39896**	**25899**	**2390**	**23509**
男	39896		39896	23509		23509
女	3334	3334		2390	2390	

4-4 续表 4

单位：人

户主民族别 性 别	配偶民族别、性别					
	合 计			汉 族		
	合计	男	女	小计	男	女
阿昌族	**6426**	**425**	**6001**	**1409**	**234**	**1175**
男	6001		6001	1175		1175
女	425	425		234	234	
普米族	**6967**	**538**	**6429**	**692**	**162**	**530**
男	6429		6429	530		530
女	538	538		162	162	
塔吉克族	**8610**	**140**	**8470**	**66**	**5**	**61**
男	8470		8470	61		61
女	140	140		5	5	
怒族	**6693**	**622**	**6071**	**1016**	**196**	**820**
男	6071		6071	820		820
女	622	622		196	196	
乌孜别克族	**2069**	**110**	**1959**	**50**	**11**	**39**
男	1959		1959	39		39
女	110	110		11	11	
俄罗斯族	**3209**	**486**	**2723**	**2395**	**393**	**2002**
男	2723		2723	2002		2002
女	486	486		393	393	
鄂温克族	**5934**	**840**	**5094**	**1976**	**462**	**1514**
男	5094		5094	1514		1514
女	840	840		462	462	
德昂族	**3679**	**263**	**3416**	**302**	**110**	**192**
男	3416		3416	192		192
女	263	263		110	110	
保安族	**2917**	**137**	**2780**	**42**	**6**	**36**
男	2780		2780	36		36
女	137	137		6	6	
裕固族	**3035**	**160**	**2875**	**1038**	**86**	**952**
男	2875		2875	952		952
女	160	160		86	86	

4-4 续表 5 单位：人

户主民族别 性别	配偶民族别、性别					
	合计			汉族		
	合计	男	女	小计	男	女
京族	**4611**	**426**	**4185**	**2094**	**252**	**1842**
男	4185		4185	1842		1842
女	426	426		252	252	
塔塔尔族	**824**	**51**	**773**	**49**	**10**	**39**
男	773		773	39		39
女	51	51		10	10	
独龙族	**1107**	**96**	**1011**	**106**	**21**	**85**
男	1011		1011	85		85
女	96	96		21	21	
鄂伦春族	**1637**	**415**	**1222**	**1098**	**297**	**801**
男	1222		1222	801		801
女	415	415		297	297	
赫哲族	**1134**	**125**	**1009**	**887**	**101**	**786**
男	1009		1009	786		786
女	125	125		101	101	
门巴族	**1523**	**207**	**1316**	**125**	**39**	**86**
男	1316		1316	86		86
女	207	207		39	39	
珞巴族	**530**	**129**	**401**	**38**	**22**	**16**
男	401		401	16		16
女	129	129		22	22	
基诺族	**4561**	**504**	**4057**	**723**	**273**	**450**
男	4057		4057	450		450
女	504	504		273	273	
其他未识别的民族	**121301**	**4365**	**116936**	**31576**	**1930**	**29646**
男	116936		116936	29646		29646
女	4365	4365		1930	1930	
外国人加入中国籍	**219**	**27**	**192**	**197**	**25**	**172**
男	192		192	172		172
女	27	27		25	25	

4-4 续表 6

单位：人

户主民族别 性别	配偶民族别、性别								
	蒙古族			回族			藏族		
	小计	男	女	小计	男	女	小计	男	女
总计	**1315964**	**68408**	**1247556**	**2162860**	**168700**	**1994160**	**854817**	**85675**	**769142**
男	1247556		1247556	1994160		1994160	769142		769142
女	68408	68408		168700	168700		85675	85675	
汉族	**484992**	**29240**	**455752**	**232983**	**36110**	**196873**	**57570**	**4966**	**52604**
男	455752		455752	196873		196873	52604		52604
女	29240	29240		36110	36110		4966	4966	
蒙古族	**782436**	**35585**	**746851**	**1746**	**250**	**1496**	**1544**	**181**	**1363**
男	746851		746851	1496		1496	1363		1363
女	35585	35585		250	250		181	181	
回族	**2072**	**293**	**1779**	**1900981**	**129075**	**1771906**	**1493**	**225**	**1268**
男	1779		1779	1771906		1771906	1268		1268
女	293	293		129075	129075		225	225	
藏族	**1213**	**123**	**1090**	**1074**	**257**	**817**	**785847**	**79281**	**706566**
男	1090		1090	817		817	706566		706566
女	123	123		257	257		79281	79281	
维吾尔族	**98**	**3**	**95**	**1029**	**174**	**855**	**27**	**3**	**24**
男	95		95	855		855	24		24
女	3	3		174	174		3	3	
苗族	**433**	**44**	**389**	**931**	**110**	**821**	**114**	**12**	**102**
男	389		389	821		821	102		102
女	44	44		110	110		12	12	
彝族	**444**	**48**	**396**	**1799**	**287**	**1512**	**397**	**57**	**340**
男	396		396	1512		1512	340		340
女	48	48		287	287		57	57	
壮族	**253**	**38**	**215**	**760**	**138**	**622**	**75**	**10**	**65**
男	215		215	622		622	65		65
女	38	38		138	138		10	10	

4-4 续表 7 单位：人

户主民族别 性别	配偶民族别、性别								
	蒙古族			回族			藏族		
	小计	男	女	小计	男	女	小计	男	女
布依族	**112**	**15**	**97**	**514**	**70**	**444**	**38**	**5**	**33**
男	97		97	444		444	33		33
女	15	15		70	70		5	5	
朝鲜族	**455**	**62**	**393**	**182**	**34**	**148**	**11**	**3**	**8**
男	393		393	148		148	8		8
女	62	62		34	34		3	3	
满族	**37736**	**2316**	**35420**	**3449**	**508**	**2941**	**365**	**37**	**328**
男	35420		35420	2941		2941	328		328
女	2316	2316		508	508		37	37	
侗族	**160**	**15**	**145**	**428**	**53**	**375**	**59**	**4**	**55**
男	145		145	375		375	55		55
女	15	15		53	53		4	4	
瑶族	**38**	**4**	**34**	**191**	**25**	**166**	**68**	**6**	**62**
男	34		34	166		166	62		62
女	4	4		25	25		6	6	
白族	**166**	**16**	**150**	**1060**	**181**	**879**	**379**	**55**	**324**
男	150		150	879		879	324		324
女	16	16		181	181		55	55	
土家族	**581**	**66**	**515**	**895**	**133**	**762**	**59**	**7**	**52**
男	515		515	762		762	52		52
女	66	66		133	133		7	7	
哈尼族	**23**	**7**	**16**	**247**	**46**	**201**			
男	16		16	201		201			
女	7	7		46	46				
哈萨克族	**85**	**7**	**78**	**784**	**126**	**658**	**454**	**44**	**410**
男	78		78	658		658	410		410
女	7	7		126	126		44	44	
傣族	**29**	**4**	**25**	**306**	**66**	**240**	**15**	**5**	**10**
男	25		25	240		240	10		10
女	4	4		66	66		5	5	

4-4 续表 8

单位：人

户主民族别 性 别	配偶民族别、性别								
	蒙古族			回 族			藏 族		
	小计	男	女	小计	男	女	小计	男	女
黎族	**295**	**12**	**283**	**123**	**9**	**114**	**4**	**2**	**2**
男	283		283	114		114	2		2
女	12	12		9	9		2	2	
傈僳族	**11**	**1**	**10**	**46**	**9**	**37**	**353**	**60**	**293**
男	10		10	37		37	293		293
女	1	1		9	9		60	60	
佤族	**6**	**1**	**5**	**45**	**6**	**39**	**13**	**2**	**11**
男	5		5	39		39	11		11
女	1	1		6	6		2	2	
畲族	**12**	**2**	**10**	**95**	**6**	**89**	**3**	**1**	**2**
男	10		10	89		89	2		2
女	2	2		6	6		1	1	
高山族	**18**	**1**	**17**	**2**	**1**	**1**	**1**		**1**
男	17		17	1		1	1		1
女	1	1		1	1				
拉祜族	**8**	**2**	**6**	**146**	**13**	**133**	**2**	**2**	
男	6		6	133		133			
女	2	2		13	13		2	2	
水族	**10**	**1**	**9**	**43**	**8**	**35**	**2**		**2**
男	9		9	35		35	2		2
女	1	1		8	8				
东乡族	**14**		**14**	**9090**	**574**	**8516**	**23**		**23**
男	14		14	8516		8516	23		23
女				574	574				
纳西族	**21**	**6**	**15**	**104**	**20**	**84**	**1170**	**187**	**983**
男	15		15	84		84	983		983
女	6	6		20	20		187	187	
景颇族				**14**	**4**	**10**	**3**	**3**	
男				10		10			
女				4	4		3	3	

4-4 续表 9 单位：人

户主民族别 性别	配偶民族别、性别								
	蒙古族			回族			藏族		
	小计	男	女	小计	男	女	小计	男	女
柯尔克孜族	**62**	**5**	**57**	**85**	**11**	**74**	**16**	**3**	**13**
男	57		57	74		74	13		13
女	5	5		11	11		3	3	
土族	**307**	**20**	**287**	**110**	**16**	**94**	**2391**	**114**	**2277**
男	287		287	94		94	2277		2277
女	20	20		16	16		114	114	
达斡尔族	**1713**	**236**	**1477**	**73**	**10**	**63**	**6**	**1**	**5**
男	1477		1477	63		63	5		5
女	236	236		10	10		1	1	
仫佬族	**3**		**3**	**27**	**2**	**25**	**1**		**1**
男	3		3	25		25	1		1
女				2	2				
羌族	**14**	**1**	**13**	**253**	**51**	**202**	**1624**	**247**	**1377**
男	13		13	202		202	1377		1377
女	1	1		51	51		247	247	
布朗族				**42**	**6**	**36**	**1**		**1**
男				36		36	1		1
女				6	6				
撒拉族	**6**		**6**	**2092**	**192**	**1900**	**32**	**4**	**28**
男	6		6	1900		1900	28		28
女				192	192		4	4	
毛南族	**1**		**1**	**8**	**1**	**7**	**1**	**1**	
男	1		1	7		7			
女				1	1		1	1	
仡佬族	**236**	**19**	**217**	**71**	**9**	**62**	**4**		**4**
男	217		217	62		62	4		4
女	19	19		9	9				
锡伯族	**744**	**39**	**705**	**130**	**20**	**110**	**5**	**1**	**4**
男	705		705	110		110	4		4
女	39	39		20	20		1	1	

4-4 续表 10

单位：人

户主民族别 性 别	配偶民族别、性别								
	蒙古族			回 族			藏 族		
	小计	男	女	小计	男	女	小计	男	女
阿昌族	**1**		**1**	**7**	**1**	**6**			
男	1		1	6		6			
女				1	1				
普米族	**5**	**2**	**3**	**10**	**3**	**7**	**66**	**7**	**59**
男	3		3	7		7	59		59
女	2	2		3	3		7	7	
塔吉克族	**1**		**1**	**9**	**1**	**8**	**3**		**3**
男	1		1	8		8	3		3
女				1	1				
怒族	**1**		**1**	**5**		**5**	**84**	**16**	**68**
男	1		1	5		5	68		68
女							16	16	
乌孜别克族	**3**		**3**	**16**	**3**	**13**	**1**		**1**
男	3		3	13		13	1		1
女				3	3				
俄罗斯族	**131**	**17**	**114**	**50**	**7**	**43**	**5**	**1**	**4**
男	114		114	43		43	4		4
女	17	17		7	7		1	1	
鄂温克族	**732**	**115**	**617**	**11**	**4**	**7**	**1**		**1**
男	617		617	7		7	1		1
女	115	115		4	4				
德昂族							**1**	**1**	
男									
女							1	1	
保安族				**564**	**48**	**516**	**3**	**1**	**2**
男				516		516	2		2
女				48	48		1	1	
裕固族	**19**	**1**	**18**	**91**	**9**	**82**	**143**	**10**	**133**
男	18		18	82		82	133		133
女	1	1		9	9		10	10	

4-4 续表 11 单位：人

户主民族别 性别	配偶民族别、性别								
	蒙古族			回族			藏族		
	小计	男	女	小计	男	女	小计	男	女
京族	**2**		**2**	**6**		**6**	**3**	**1**	**2**
男	2		2	6		6	2		2
女							1	1	
塔塔尔族	**3**		**3**	**21**	**3**	**18**	**1**		**1**
男	3		3	18		18	1		1
女				3	3				
独龙族	**1**		**1**				**7**	**1**	**6**
男	1		1				6		6
女							1	1	
鄂伦春族	**74**	**23**	**51**	**2**	**1**	**1**			
男	51		51	1		1			
女	23	23		1	1				
赫哲族	**9**	**1**	**8**	**5**		**5**	**4**		**4**
男	8		8	5		5	4		4
女	1	1							
门巴族	**2**	**1**	**1**	**4**	**4**		**152**	**47**	**105**
男	1		1				105		105
女	1	1		4	4		47	47	
珞巴族				**1**	**1**		**146**	**52**	**94**
男							94		94
女				1	1		52	52	
基诺族	**2**	**1**	**1**	**1**		**1**	**2**	**1**	**1**
男	1		1	1		1	1		1
女	1	1					1	1	
其他未识别的民族	**171**	**15**	**156**	**99**	**4**	**95**	**25**	**8**	**17**
男	156		156	95		95	17		17
女	15	15		4	4		8	8	
外国人加入中国籍									
男									
女									

4-4 续表 12

单位：人

户主民族别 性别	配偶民族别、性别								
	维吾尔族			苗族			彝族		
	小计	男	女	小计	男	女	小计	男	女
总计	**1890845**	**35471**	**1855374**	**1732395**	**68844**	**1663551**	**1612773**	**67423**	**1545350**
男	1855374		1855374	1663551		1663551	1545350		1545350
女	35471	35471		68844	68844		67423	67423	
汉族	**5274**	**508**	**4766**	**277660**	**19586**	**258074**	**309584**	**24786**	**284798**
男	4766		4766	258074		258074	284798		284798
女	508	508		19586	19586		24786	24786	
蒙古族	**93**	**5**	**88**	**587**	**39**	**548**	**635**	**53**	**582**
男	88		88	548		548	582		582
女	5	5		39	39		53	53	
回族	**1464**	**105**	**1359**	**1185**	**150**	**1035**	**2013**	**349**	**1664**
男	1359		1359	1035		1035	1664		1664
女	105	105		150	150		349	349	
藏族	**46**	**5**	**41**	**77**	**13**	**64**	**403**	**102**	**301**
男	41		41	64		64	301		301
女	5	5		13	13		102	102	
维吾尔族	**1879332**	**34581**	**1844751**	**23**	**3**	**20**	**17**	**3**	**14**
男	1844751		1844751	20		20	14		14
女	34581	34581		3	3		3	3	
苗族	**28**	**2**	**26**	**1296415**	**39319**	**1257096**	**3267**	**326**	**2941**
男	26		26	1257096		1257096	2941		2941
女	2	2		39319	39319		326	326	
彝族	**9**		**9**	**6428**	**337**	**6091**	**1251814**	**37490**	**1214324**
男	9		9	6091		6091	1214324		1214324
女				337	337		37490	37490	
壮族	**277**	**22**	**255**	**7987**	**490**	**7497**	**5443**	**481**	**4962**
男	255		255	7497		7497	4962		4962
女	22	22		490	490		481	481	

4-4 续表 13

单位：人

户主民族别 性别	维吾尔族 小计	维吾尔族 男	维吾尔族 女	苗族 小计	苗族 男	苗族 女	彝族 小计	彝族 男	彝族 女
布依族	**3**		**3**	**13344**	**937**	**12407**	**1835**	**209**	**1626**
男	3		3	12407		12407	1626		1626
女				937	937		209	209	
朝鲜族	**18**		**18**	**54**	**8**	**46**	**30**		**30**
男	18		18	46		46	30		30
女				8	8				
满族	**43**	**3**	**40**	**885**	**49**	**836**	**471**	**38**	**433**
男	40		40	836		836	433		433
女	3	3		49	49		38	38	
侗族	**10**	**1**	**9**	**33866**	**1839**	**32027**	**315**	**34**	**281**
男	9		9	32027		32027	281		281
女	1	1		1839	1839		34	34	
瑶族	**68**	**2**	**66**	**2750**	**165**	**2585**	**654**	**50**	**604**
男	66		66	2585		2585	604		604
女	2	2		165	165		50	50	
白族	**4**		**4**	**2252**	**156**	**2096**	**8572**	**837**	**7735**
男	4		4	2096		2096	7735		7735
女				156	156		837	837	
土家族	**28**	**2**	**26**	**64261**	**4727**	**59534**	**331**	**34**	**297**
男	26		26	59534		59534	297		297
女	2	2		4727	4727		34	34	
哈尼族	**1**		**1**	**209**	**29**	**180**	**9367**	**940**	**8427**
男	1		1	180		180	8427		8427
女				29	29		940	940	
哈萨克族	**2106**	**118**	**1988**	**155**	**3**	**152**	**58**	**4**	**54**
男	1988		1988	152		152	54		54
女	118	118		3	3		4	4	
傣族	**4**	**1**	**3**	**269**	**45**	**224**	**6776**	**750**	**6026**
男	3		3	224		224	6026		6026
女	1	1		45	45		750	750	

4-4 续表 14

单位：人

户主民族别 性别	配偶民族别、性别								
	维吾尔族			苗族			彝族		
	小计	男	女	小计	男	女	小计	男	女
黎族	**54**	**2**	**52**	**1387**	**63**	**1324**	**683**	**41**	**642**
男	52		52	1324		1324	642		642
女	2	2		63	63		41	41	
傈僳族				**138**	**15**	**123**	**1609**	**149**	**1460**
男				123		123	1460		1460
女				15	15		149	149	
佤族	**1**		**1**	**24**	**3**	**21**	**608**	**94**	**514**
男	1		1	21		21	514		514
女				3	3		94	94	
畲族	**3**		**3**	**1308**	**40**	**1268**	**70**		**70**
男	3		3	1268		1268	70		70
女				40	40				
高山族				**15**		**15**	**5**	**1**	**4**
男				15		15	4		4
女							1	1	
拉祜族	**1**		**1**	**26**	**11**	**15**	**3082**	**267**	**2815**
男	1		1	15		15	2815		2815
女				11	11		267	267	
水族				**4927**	**137**	**4790**	**393**	**20**	**373**
男				4790		4790	373		373
女				137	137		20	20	
东乡族	**42**	**1**	**41**	**21**	**3**	**18**	**5**	**1**	**4**
男	41		41	18		18	4		4
女	1	1		3	3		1	1	
纳西族	**8**		**8**	**147**	**9**	**138**	**410**	**80**	**330**
男	8		8	138		138	330		330
女				9	9		80	80	
景颇族	**1**		**1**	**8**		**8**	**27**	**13**	**14**
男	1		1	8		8	14		14
女							13	13	

4-4 续表 15 单位：人

户主民族别 性别	配偶民族别、性别								
	维吾尔族			苗族			彝族		
	小计	男	女	小计	男	女	小计	男	女
柯尔克孜族	**662**	**21**	**641**						
男	641		641						
女	21	21							
土族	**10**	**1**	**9**	**380**	**29**	**351**	**129**	**12**	**117**
男	9		9	351		351	117		117
女	1	1		29	29		12	12	
达斡尔族	**7**	**1**	**6**	**1**	**1**		**4**	**1**	**3**
男	6		6				3		3
女	1	1		1	1		1	1	
仫佬族				**1514**	**67**	**1447**	**18**	**3**	**15**
男				1447		1447	15		15
女				67	67		3	3	
羌族	**2**		**2**	**45**	**3**	**42**	**32**	**2**	**30**
男	2		2	42		42	30		30
女				3	3		2	2	
布朗族	**1**		**1**	**15**	**1**	**14**	**950**	**82**	**868**
男	1		1	14		14	868		868
女				1	1		82	82	
撒拉族	**21**	**2**	**19**	**4**	**1**	**3**	**6**	**3**	**3**
男	19		19	3		3	3		3
女	2	2		1	1		3	3	
毛南族	**1**		**1**	**120**	**10**	**110**	**6**	**1**	**5**
男	1		1	110		110	5		5
女				10	10		1	1	
仡佬族	**1**		**1**	**12305**	**475**	**11830**	**468**	**17**	**451**
男	1		1	11830		11830	451		451
女				475	475		17	17	
锡伯族	**23**	**1**	**22**	**5**		**5**	**2**		**2**
男	22		22	5		5	2		2
女	1	1							

4-4 续表 16　　　　单位：人

户主民族别 性 别	配偶民族别、性别								
	维吾尔族			苗 族			彝 族		
	小计	男	女	小计	男	女	小计	男	女
阿昌族				**1**		**1**	**20**	**1**	**19**
男				1		1	19		19
女							1	1	
普米族	**1**		**1**	**9**	**1**	**8**	**54**	**13**	**41**
男	1		1	8		8	41		41
女				1	1		13	13	
塔吉克族	**116**	**4**	**112**	**9**		**9**	**2**	**1**	**1**
男	112		112	9		9	1		1
女	4	4					1	1	
怒族	**7**		**7**	**4**		**4**	**13**	**7**	**6**
男	7		7	4		4	6		6
女							7	7	
乌孜别克族	**835**	**62**	**773**						
男	773		773						
女	62	62							
俄罗斯族	**33**	**8**	**25**	**2**		**2**			
男	25		25	2		2			
女	8	8							
鄂温克族	**2**		**2**	**1**	**1**				
男	2		2						
女				1	1				
德昂族	**1**		**1**				**12**	**3**	**9**
男	1		1				9		9
女							3	3	
保安族	**3**	**1**	**2**						
男	2		2						
女	1	1							
裕固族							**1**		**1**
男							1		1
女									

4-4 续表 17

单位：人

户主民族别 性别	配偶民族别、性别								
	维吾尔族			苗族			彝族		
	小计	男	女	小计	男	女	小计	男	女
京族	**1**		**1**	**23**	**1**	**22**	**49**		**49**
男	1		1	22		22	49		49
女				1	1				
塔塔尔族	**180**	**12**	**168**	**1**		**1**			
男	168		168	1		1			
女	12	12							
独龙族				**2**	**2**		**10**	**1**	**9**
男							9		9
女				2	2		1	1	
鄂伦春族	**2**		**2**						
男	2		2						
女									
赫哲族	**3**		**3**	**3**	**1**	**2**	**3**		**3**
男	3		3	2		2	3		3
女				1	1				
门巴族									
男									
女									
珞巴族				**1**		**1**	**1**		**1**
男				1		1	1		1
女									
基诺族				**8**	**2**	**6**	**191**	**40**	**151**
男				6		6	151		151
女				2	2		40	40	
其他未识别的民族	**12**		**12**	**1534**	**73**	**1461**	**2325**	**84**	**2241**
男	12		12	1461		1461	2241		2241
女				73	73		84	84	
外国人加入中国籍	**3**		**3**						
男	3		3						
女									

4-4 续表 18 单位：人

户主民族别 性别	配偶民族别、性别								
	壮族			布依族			朝鲜族		
	小计	男	女	小计	男	女	小计	男	女
总计	**3282831**	**164883**	**3117948**	**527880**	**21367**	**506513**	**369683**	**25925**	**343758**
男	3117948		3117948	506513		506513	343758		343758
女	164883	164883		21367	21367		25925	25925	
汉族	**499086**	**38199**	**460887**	**103507**	**7404**	**96103**	**33890**	**4823**	**29067**
男	460887		460887	96103		96103	29067		29067
女	38199	38199		7404	7404		4823	4823	
蒙古族	**250**	**31**	**219**	**144**	**15**	**129**	**451**	**58**	**393**
男	219		219	129		129	393		393
女	31	31		15	15		58	58	
回族	**961**	**214**	**747**	**511**	**90**	**421**	**204**	**39**	**165**
男	747		747	421		421	165		165
女	214	214		90	90		39	39	
藏族	**73**	**14**	**59**	**23**	**4**	**19**	**21**	**2**	**19**
男	59		59	19		19	19		19
女	14	14		4	4		2	2	
维吾尔族	**266**	**18**	**248**	**3**		**3**	**14**	**1**	**13**
男	248		248	3		3	13		13
女	18	18					1	1	
苗族	**4924**	**585**	**4339**	**12008**	**893**	**11115**	**39**	**10**	**29**
男	4339		4339	11115		11115	29		29
女	585	585		893	893		10	10	
彝族	**4485**	**432**	**4053**	**1849**	**170**	**1679**	**17**	**3**	**14**
男	4053		4053	1679		1679	14		14
女	432	432		170	170		3	3	
壮族	**2721274**	**120856**	**2600418**	**3200**	**190**	**3010**	**42**	**11**	**31**
男	2600418		2600418	3010		3010	31		31
女	120856	120856		190	190		11	11	

4-4 续表 19

单位：人

户主民族别 性别	配偶民族别、性别								
	壮族			布依族			朝鲜族		
	小计	男	女	小计	男	女	小计	男	女
布依族	**2321**	**197**	**2124**	**394408**	**11856**	**382552**	**8**	**1**	**7**
男	2124		2124	382552		382552	7		7
女	197	197		11856	11856		1	1	
朝鲜族	**61**	**8**	**53**	**9**	**1**	**8**	**331808**	**20644**	**311164**
男	53		53	8		8	311164		311164
女	8	8		1	1		20644	20644	
满族	**998**	**100**	**898**	**176**	**19**	**157**	**2859**	**283**	**2576**
男	898		898	157		157	2576		2576
女	100	100		19	19		283	283	
侗族	**3938**	**377**	**3561**	**1289**	**101**	**1188**	**13**	**4**	**9**
男	3561		3561	1188		1188	9		9
女	377	377		101	101		4	4	
瑶族	**27093**	**2108**	**24985**	**378**	**27**	**351**	**18**	**3**	**15**
男	24985		24985	351		351	15		15
女	2108	2108		27	27		3	3	
白族	**289**	**70**	**219**	**389**	**39**	**350**	**8**	**1**	**7**
男	219		219	350		350	7		7
女	70	70		39	39		1	1	
土家族	**841**	**64**	**777**	**756**	**72**	**684**	**118**	**17**	**101**
男	777		777	684		684	101		101
女	64	64		72	72		17	17	
哈尼族	**170**	**40**	**130**	**28**	**12**	**16**	**3**	**2**	**1**
男	130		130	16		16	1		1
女	40	40		12	12		2	2	
哈萨克族	**116**	**3**	**113**	**17**		**17**	**8**	**1**	**7**
男	113		113	17		17	7		7
女	3	3					1	1	
傣族	**768**	**103**	**665**	**73**	**18**	**55**	**4**	**2**	**2**
男	665		665	55		55	2		2
女	103	103		18	18		2	2	

4-4 续表 20

单位：人

户主民族别 性别	配偶民族别、性别								
	壮族			布依族			朝鲜族		
	小计	男	女	小计	男	女	小计	男	女
黎族	**705**	**99**	**606**	**1454**	**69**	**1385**	**7**		**7**
男	606		606	1385		1385	7		7
女	99	99		69	69				
傈僳族	**47**	**11**	**36**	**4**	**1**	**3**	**2**	**1**	**1**
男	36		36	3		3	1		1
女	11	11		1	1		1	1	
佤族	**26**	**9**	**17**	**6**	**2**	**4**			
男	17		17	4		4			
女	9	9		2	2				
畲族	**120**	**3**	**117**	**752**	**22**	**730**	**6**		**6**
男	117		117	730		730	6		6
女	3	3		22	22				
高山族	**12**	**3**	**9**						
男	9		9						
女	3	3							
拉祜族	**31**	**7**	**24**	**5**	**2**	**3**	**2**		**2**
男	24		24	3		3	2		2
女	7	7		2	2				
水族	**1186**	**66**	**1120**	**4163**	**208**	**3955**			
男	1120		1120	3955		3955			
女	66	66		208	208				
东乡族				**49**	**6**	**43**			
男				43		43			
女				6	6				
纳西族	**63**	**18**	**45**	**8**	**3**	**5**			
男	45		45	5		5			
女	18	18		3	3				
景颇族	**4**	**3**	**1**	**1**	**1**				
男	1		1						
女	3	3		1	1				

4-4 续表 21 单位：人

户主民族别 性别	配偶民族别、性别								
	壮族			布依族			朝鲜族		
	小计	男	女	小计	男	女	小计	男	女
柯尔克孜族	**3**	**1**	**2**	**1**		**1**	**3**		**3**
男	2		2	1		1	3		3
女	1	1							
土族	**221**	**16**	**205**	**157**	**10**	**147**			
男	205		205	147		147			
女	16	16		10	10				
达斡尔族	**7**	**2**	**5**				**35**	**5**	**30**
男	5		5				30		30
女	2	2					5	5	
仫佬族	**7741**	**805**	**6936**	**221**	**13**	**208**	**2**	**1**	**1**
男	6936		6936	208		208	1		1
女	805	805		13	13		1	1	
羌族	**20**	**1**	**19**	**12**		**12**			
男	19		19	12		12			
女	1	1							
布朗族	**6**	**3**	**3**	**9**	**2**	**7**	**2**		**2**
男	3		3	7		7	2		2
女	3	3		2	2				
撒拉族	**23**		**23**				**2**		**2**
男	23		23				2		2
女									
毛南族	**4028**	**335**	**3693**	**908**	**41**	**867**	**1**		**1**
男	3693		3693	867		867	1		1
女	335	335		41	41				
仡佬族	**141**	**12**	**129**	**750**	**39**	**711**	**4**	**2**	**2**
男	129		129	711		711	2		2
女	12	12		39	39		2	2	
锡伯族	**9**		**9**	**3**		**3**	**49**	**9**	**40**
男	9		9	3		3	40		40
女							9	9	

4-4 续表 22

单位：人

户主民族别 性 别	配偶民族别、性别								
	壮 族			布依族			朝鲜族		
	小计	男	女	小计	男	女	小计	男	女
阿昌族	**2**	**1**	**1**	**1**		**1**			
男	1		1	1		1			
女	1	1							
普米族	**15**	**3**	**12**	**2**	**1**	**1**			
男	12		12	1		1			
女	3	3		1	1				
塔吉克族				**1**		**1**	**1**		**1**
男				1		1	1		1
女									
怒族	**8**	**4**	**4**						
男	4		4						
女	4	4							
乌孜别克族									
男									
女									
俄罗斯族				**1**		**1**	**8**		**8**
男				1		1	8		8
女									
鄂温克族	**1**		**1**				**7**	**1**	**6**
男	1		1				6		6
女							1	1	
德昂族				**1**		**1**			
男				1		1			
女									
保安族	**1**		**1**						
男	1		1						
女									
裕固族							**1**		**1**
男							1		1
女									

4-4 续表 23　　单位：人

户主民族别 性　别	配偶民族别、性别								
	壮　族			布依族			朝鲜族		
	小计	男	女	小计	男	女	小计	男	女
京族	**380**	**50**	**330**	**11**		**11**			
男	330		330	11		11			
女	50	50							
塔塔尔族	**2**		**2**				**3**		**3**
男	2		2				3		3
女									
独龙族	**1**		**1**						
男	1		1						
女									
鄂伦春族	**1**		**1**				**5**		**5**
男	1		1				5		5
女									
赫哲族	**6**	**1**	**5**	**1**		**1**	**12**		**12**
男	5		5	1		1	12		12
女	1	1							
门巴族	**2**		**2**						
男	2		2						
女									
珞巴族				**3**		**3**			
男				3		3			
女									
基诺族	**4**	**3**	**1**	**2**	**1**	**1**			
男	1		1	1		1			
女	3	3		1	1				
其他未识别的民族	**99**	**8**	**91**	**586**	**35**	**551**	**6**	**1**	**5**
男	91		91	551		551	5		5
女	8	8		35	35		1	1	
外国人加入中国籍	**2**		**2**						
男	2		2						
女									

4-4 续表 24

单位：人

户主民族别 性别	配偶民族别、性别								
	满族			侗族			瑶族		
	小计	男	女	小计	男	女	小计	男	女
总计	**2234631**	**137990**	**2096641**	**537672**	**24121**	**513551**	**485863**	**21162**	**464701**
男	2096641		2096641	513551		513551	464701		464701
女	137990	137990		24121	24121		21162	21162	
汉族	**894826**	**77437**	**817389**	**93512**	**7781**	**85731**	**104453**	**7021**	**97432**
男	817389		817389	85731		85731	97432		97432
女	77437	77437		7781	7781		7021	7021	
蒙古族	**34734**	**2370**	**32364**	**172**	**11**	**161**	**51**	**9**	**42**
男	32364		32364	161		161	42		42
女	2370	2370		11	11		9	9	
回族	**3907**	**564**	**3343**	**521**	**61**	**460**	**228**	**34**	**194**
男	3343		3343	460		460	194		194
女	564	564		61	61		34	34	
藏族	**384**	**40**	**344**	**34**	**2**	**32**	**48**	**4**	**44**
男	344		344	32		32	44		44
女	40	40		2	2		4	4	
维吾尔族	**24**	**3**	**21**	**6**	**3**	**3**	**77**	**1**	**76**
男	21		21	3		3	76		76
女	3	3		3	3		1	1	
苗族	**443**	**51**	**392**	**30284**	**1932**	**28352**	**2289**	**150**	**2139**
男	392		392	28352		28352	2139		2139
女	51	51		1932	1932		150	150	
彝族	**349**	**41**	**308**	**302**	**42**	**260**	**651**	**30**	**621**
男	308		308	260		260	621		621
女	41	41		42	42		30	30	
壮族	**430**	**88**	**342**	**5293**	**413**	**4880**	**30539**	**2260**	**28279**
男	342		342	4880		4880	28279		28279
女	88	88		413	413		2260	2260	

4-4 续表 25 单位：人

户主民族别 性别	配偶民族别、性别								
	满族			侗族			瑶族		
	小计	男	女	小计	男	女	小计	男	女
布依族	**108**	**20**	**88**	**949**	**139**	**810**	**341**	**27**	**314**
男	88		88	810		810	314		314
女	20	20		139	139		27	27	
朝鲜族	**2731**	**233**	**2498**	**9**		**9**	**13**		**13**
男	2498		2498	9		9	13		13
女	233	233							
满族	**1288187**	**56515**	**1231672**	**116**	**18**	**98**	**190**	**17**	**173**
男	1231672		1231672	98		98	173		173
女	56515	56515		18	18		17	17	
侗族	**111**	**25**	**86**	**390800**	**12672**	**378128**	**1393**	**81**	**1312**
男	86		86	378128		378128	1312		1312
女	25	25		12672	12672		81	81	
瑶族	**176**	**13**	**163**	**1464**	**97**	**1367**	**342663**	**11303**	**331360**
男	163		163	1367		1367	331360		331360
女	13	13		97	97		11303	11303	
白族	**122**	**33**	**89**	**140**	**27**	**113**	**36**	**5**	**31**
男	89		89	113		113	31		31
女	33	33		27	27		5	5	
土家族	**277**	**49**	**228**	**9027**	**654**	**8373**	**706**	**69**	**637**
男	228		228	8373		8373	637		637
女	49	49		654	654		69	69	
哈尼族	**24**	**5**	**19**	**15**	**4**	**11**	**256**	**16**	**240**
男	19		19	11		11	240		240
女	5	5		4	4		16	16	
哈萨克族	**23**		**23**	**3**		**3**	**57**	**1**	**56**
男	23		23	3		3	56		56
女							1	1	
傣族	**42**	**11**	**31**	**18**	**3**	**15**	**155**	**9**	**146**
男	31		31	15		15	146		146
女	11	11		3	3		9	9	

4-4 续表 26 单位：人

户主民族别 性别	配偶民族别、性别								
	满族			侗族			瑶族		
	小计	男	女	小计	男	女	小计	男	女
黎族	**85**	**8**	**77**	**73**	**5**	**68**	**113**	**13**	**100**
男	77		77	68		68	100		100
女	8	8		5	5		13	13	
傈僳族	**10**	**2**	**8**	**2**		**2**	**2**		**2**
男	8		8	2		2	2		2
女	2	2							
佤族	**16**	**5**	**11**	**88**	**3**	**85**	**14**	**2**	**12**
男	11		11	85		85	12		12
女	5	5		3	3		2	2	
畲族	**52**	**6**	**46**	**107**	**4**	**103**	**136**	**5**	**131**
男	46		46	103		103	131		131
女	6	6		4	4		5	5	
高山族	**28**		**28**				**3**		**3**
男	28		28				3		3
女									
拉祜族	**5**		**5**	**5**	**3**	**2**	**23**	**4**	**19**
男	5		5	2		2	19		19
女				3	3		4	4	
水族	**21**	**3**	**18**	**898**	**60**	**838**	**210**	**6**	**204**
男	18		18	838		838	204		204
女	3	3		60	60		6	6	
东乡族	**2**		**2**	**1**		**1**			
男	2		2	1		1			
女									
纳西族	**6**	**1**	**5**	**6**	**2**	**4**			
男	5		5	4		4			
女	1	1		2	2				
景颇族	**9**	**3**	**6**	**5**	**4**	**1**	**1**	**1**	
男	6		6	1		1			
女	3	3		4	4		1	1	

4-4 续表 27 单位：人

户主民族别 性别	配偶民族别、性别								
	满族			侗族			瑶族		
	小计	男	女	小计	男	女	小计	男	女
柯尔克孜族	**12**	**1**	**11**				**1**		**1**
男	11		11				1		1
女	1	1							
土族	**24**	**4**	**20**	**46**	**3**	**43**	**31**	**2**	**29**
男	20		20	43		43	29		29
女	4	4		3	3		2	2	
达斡尔族	**662**	**80**	**582**	**1**		**1**			
男	582		582	1		1			
女	80	80							
仫佬族	**11**	**3**	**8**	**216**	**19**	**197**	**579**	**52**	**527**
男	8		8	197		197	527		527
女	3	3		19	19		52	52	
羌族	**36**	**6**	**30**	**124**	**8**	**116**	**6**		**6**
男	30		30	116		116	6		6
女	6	6		8	8				
布朗族	**6**	**1**	**5**	**1**	**1**		**5**	**2**	**3**
男	5		5				3		3
女	1	1		1	1		2	2	
撒拉族	**12**	**2**	**10**				**1**		**1**
男	10		10				1		1
女	2	2							
毛南族	**7**		**7**	**19**	**2**	**17**	**311**	**16**	**295**
男	7		7	17		17	295		295
女				2	2		16	16	
仡佬族	**34**	**11**	**23**	**3327**	**133**	**3194**	**106**	**5**	**101**
男	23		23	3194		3194	101		101
女	11	11		133	133		5	5	
锡伯族	**6403**	**301**	**6102**	**3**		**3**			
男	6102		6102	3		3			
女	301	301							

4-4 续表 28

单位：人

户主民族别 性 别	配偶民族别、性别								
	满 族			侗 族			瑶 族		
	小计	男	女	小计	男	女	小计	男	女
阿昌族							**1**		**1**
男							1		1
女									
普米族							**1**		**1**
男							1		1
女									
塔吉克族	**6**		**6**	**2**		**2**			
男	6		6	2		2			
女									
怒族	**3**	**1**	**2**				**6**		**6**
男	2		2				6		6
女	1	1							
乌孜别克族									
男									
女									
俄罗斯族	**46**	**8**	**38**						
男	38		38						
女	8	8							
鄂温克族	**121**	**22**	**99**						
男	99		99						
女	22	22							
德昂族	**1**		**1**						
男	1		1						
女									
保安族									
男									
女									
裕固族	**3**		**3**	**1**		**1**			
男	3		3	1		1			
女									

4-4 续表 29

单位：人

户主民族别 性别	配偶民族别、性别								
	满族			侗族			瑶族		
	小计	男	女	小计	男	女	小计	男	女
京族	**5**		**5**	**9**	**2**	**7**	**145**	**16**	**129**
男	5		5	7		7	129		129
女				2	2		16	16	
塔塔尔族	**2**	**1**	**1**				**3**		**3**
男	1		1				3		3
女	1	1							
独龙族									
男									
女									
鄂伦春族	**56**	**12**	**44**						
男	44		44						
女	12	12							
赫哲族	**33**	**5**	**28**				**3**		**3**
男	28		28				3		3
女	5	5							
门巴族	**4**	**2**	**2**						
男	2		2						
女	2	2							
珞巴族	**1**		**1**	**1**	**1**				
男	1		1						
女				1	1				
基诺族	**2**	**1**	**1**				**6**		**6**
男	1		1				6		6
女	1	1							
其他未识别的民族	**9**	**3**	**6**	**72**	**12**	**60**	**10**	**1**	**9**
男	6		6	60		60	9		9
女	3	3		12	12		1	1	
外国人加入中国籍									
男									
女									

4-4 续表 30

单位：人

户主民族别 性 别	配偶民族别、性别								
	白 族			土 家 族			哈 尼 族		
	小计	男	女	小计	男	女	小计	男	女
总计	**363559**	**31966**	**331593**	**1564496**	**103205**	**1461291**	**314136**	**11416**	**302720**
男	331593		331593	1461291		1461291	302720		302720
女	31966	31966		103205	103205		11416	11416	
汉族	**71988**	**8993**	**62995**	**309176**	**29060**	**280116**	**41294**	**3140**	**38154**
男	62995		62995	280116		280116	38154		38154
女	8993	8993		29060	29060		3140	3140	
蒙古族	**178**	**19**	**159**	**770**	**57**	**713**	**48**	**6**	**42**
男	159		159	713		713	42		42
女	19	19		57	57		6	6	
回族	**981**	**231**	**750**	**1258**	**153**	**1105**	**377**	**67**	**310**
男	750		750	1105		1105	310		310
女	231	231		153	153		67	67	
藏族	**274**	**69**	**205**	**56**	**10**	**46**	**8**	**1**	**7**
男	205		205	46		46	7		7
女	69	69		10	10		1	1	
维吾尔族	**2**		**2**	**30**	**1**	**29**	**4**		**4**
男	2		2	29		29	4		4
女				1	1				
苗族	**1921**	**161**	**1760**	**66926**	**4922**	**62004**	**223**	**34**	**189**
男	1760		1760	62004		62004	189		189
女	161	161		4922	4922		34	34	
彝族	**6182**	**667**	**5515**	**251**	**56**	**195**	**11801**	**989**	**10812**
男	5515		5515	195		195	10812		10812
女	667	667		56	56		989	989	
壮族	**246**	**43**	**203**	**527**	**102**	**425**	**312**	**40**	**272**
男	203		203	425		425	272		272
女	43	43		102	102		40	40	

4-4 续表 31 单位：人

户主民族别 性别	配偶民族别、性别								
	白族			土家族			哈尼族		
	小计	男	女	小计	男	女	小计	男	女
布依族	**366**	**42**	**324**	**594**	**121**	**473**	**62**		**62**
男	324		324	473		473	62		62
女	42	42		121	121				
朝鲜族	**4**	**1**	**3**	**169**	**17**	**152**	**2**		**2**
男	3		3	152		152	2		2
女	1	1		17	17				
满族	**113**	**12**	**101**	**384**	**66**	**318**	**47**	**2**	**45**
男	101		101	318		318	45		45
女	12	12		66	66		2	2	
侗族	**151**	**19**	**132**	**8939**	**658**	**8281**	**28**	**3**	**25**
男	132		132	8281		8281	25		25
女	19	19		658	658		3	3	
瑶族	**29**	**3**	**26**	**736**	**75**	**661**	**191**	**42**	**149**
男	26		26	661		661	149		149
女	3	3		75	75		42	42	
白族	**268031**	**19964**	**248067**	**5211**	**540**	**4671**	**829**	**84**	**745**
男	248067		248067	4671		4671	745		745
女	19964	19964		540	540		84	84	
土家族	**5119**	**512**	**4607**	**1162853**	**67025**	**1095828**	**36**	**1**	**35**
男	4607		4607	1095828		1095828	35		35
女	512	512		67025	67025		1	1	
哈尼族	**484**	**78**	**406**	**13**	**6**	**7**	**253498**	**6200**	**247298**
男	406		406	7		7	247298		247298
女	78	78		6	6		6200	6200	
哈萨克族	**55**	**5**	**50**	**30**	**7**	**23**	**24**	**4**	**20**
男	50		50	23		23	20		20
女	5	5		7	7		4	4	
傣族	**677**	**176**	**501**	**23**	**9**	**14**	**2962**	**425**	**2537**
男	501		501	14		14	2537		2537
女	176	176		9	9		425	425	

4-4 续表 32

单位：人

户主民族别 性 别	配偶民族别、性别								
	白 族			土家族			哈尼族		
	小计	男	女	小计	男	女	小计	男	女
黎族	**35**	**5**	**30**	**124**	**19**	**105**	**17**	**1**	**16**
男	30		30	105		105	16		16
女	5	5		19	19		1	1	
傈僳族	**2206**	**327**	**1879**	**7**	**4**	**3**	**45**	**8**	**37**
男	1879		1879	3		3	37		37
女	327	327		4	4		8	8	
佤族	**104**	**28**	**76**	**28**	**6**	**22**	**243**	**48**	**195**
男	76		76	22		22	195		195
女	28	28		6	6		48	48	
畲族	**14**		**14**	**380**	**16**	**364**	**29**		**29**
男	14		14	364		364	29		29
女				16	16				
高山族	**2**		**2**	**11**	**1**	**10**	**1**		**1**
男	2		2	10		10	1		1
女				1	1				
拉祜族	**169**	**43**	**126**	**3**	**2**	**1**	**1474**	**209**	**1265**
男	126		126	1		1	1265		1265
女	43	43		2	2		209	209	
水族	**69**	**4**	**65**	**91**	**9**	**82**	**4**		**4**
男	65		65	82		82	4		4
女	4	4		9	9				
东乡族				**2**		**2**			
男				2		2			
女									
纳西族	**1943**	**331**	**1612**	**7**	**3**	**4**	**31**	**2**	**29**
男	1612		1612	4		4	29		29
女	331	331		3	3		2	2	
景颇族	**32**	**11**	**21**				**3**	**1**	**2**
男	21		21				2		2
女	11	11					1	1	

4-4 续表 33

单位：人

户主民族别 性 别	配偶民族别、性别								
	白 族			土 家 族			哈 尼 族		
	小计	男	女	小计	男	女	小计	男	女
柯尔克孜族				**7**		**7**			
男				7		7			
女									
土族	**66**	**14**	**52**	**447**	**22**	**425**	**5**	**1**	**4**
男	52		52	425		425	4		4
女	14	14		22	22		1	1	
达斡尔族				**4**	**1**	**3**	**1**	**1**	
男				3		3			
女				1	1		1	1	
仫佬族	**3**		**3**	**42**	**6**	**36**			
男	3		3	36		36			
女				6	6				
羌族	**21**	**1**	**20**	**61**	**5**	**56**			
男	20		20	56		56			
女	1	1		5	5				
布朗族	**112**	**16**	**96**				**253**	**55**	**198**
男	96		96				198		198
女	16	16					55	55	
撒拉族	**2**		**2**				**1**		**1**
男	2		2				1		1
女									
毛南族				**15**	**2**	**13**	**2**		**2**
男				13		13	2		2
女				2	2				
仡佬族	**116**	**9**	**107**	**4991**	**197**	**4794**	**3**		**3**
男	107		107	4794		4794	3		3
女	9	9		197	197				
锡伯族	**3**		**3**	**6**	**2**	**4**			
男	3		3	4		4			
女				2	2				

4-4 续表 34

单位：人

户主民族别 性别	配偶民族别、性别								
	白族			土家族			哈尼族		
	小计	男	女	小计	男	女	小计	男	女
阿昌族	**157**	**10**	**147**				**4**		**4**
男	147		147				4		4
女	10	10							
普米族	**458**	**56**	**402**	**1**		**1**	**8**		**8**
男	402		402	1		1	8		8
女	56	56							
塔吉克族				**1**		**1**			
男				1		1			
女									
怒族	**257**	**56**	**201**	**1**		**1**	**1**	**1**	
男	201		201	1		1			
女	56	56					1	1	
乌孜别克族				**1**		**1**			
男				1		1			
女									
俄罗斯族	**1**		**1**						
男	1		1						
女									
鄂温克族									
男									
女									
德昂族	**8**	**4**	**4**						
男	4		4						
女	4	4							
保安族	**1**		**1**	**1**		**1**			
男	1		1	1		1			
女									
裕固族				**3**		**3**			
男				3		3			
女									

4-4 续表 35　　　　单位：人

户主民族别 性别	配偶民族别、性别								
	白族			土家族			哈尼族		
	小计	男	女	小计	男	女	小计	男	女
京族	**8**	**1**	**7**	**6**	**1**	**5**	**1**		**1**
男	7		7	5		5	1		1
女	1	1		1	1				
塔塔尔族	**2**		**2**						
男	2		2						
女									
独龙族	**13**	**2**	**11**	**1**		**1**	**2**		**2**
男	11		11	1		1	2		2
女	2	2							
鄂伦春族									
男									
女									
赫哲族				**3**	**1**	**2**			
男				2		2			
女				1	1				
门巴族	**1**	**1**		**3**		**3**			
男				3		3			
女	1	1							
珞巴族	**1**		**1**						
男	1		1						
女									
基诺族	**8**	**3**	**5**				**244**	**51**	**193**
男	5		5				193		193
女	3	3					51	51	
其他未识别的民族	**946**	**49**	**897**	**300**	**23**	**277**	**18**		**18**
男	897		897	277		277	18		18
女	49	49		23	23				
外国人加入中国籍				**3**		**3**			
男				3		3			
女									

4-4 续表 36

单位：人

户主民族别 性别	配偶民族别、性别								
	哈萨克族			傣 族			黎 族		
	小计	男	女	小计	男	女	小计	男	女
总计	**283792**	**6271**	**277521**	**231055**	**12131**	**218924**	**264712**	**8664**	**256048**
男	277521		277521	218924		218924	256048		256048
女	6271	6271		12131	12131		8664	8664	
汉族	**7012**	**442**	**6570**	**39385**	**2854**	**36531**	**51652**	**2305**	**49347**
男	6570		6570	36531		36531	49347		49347
女	442	442		2854	2854		2305	2305	
蒙古族	**74**	**1**	**73**	**48**	**5**	**43**	**320**	**9**	**311**
男	73		73	43		43	311		311
女	1	1		5	5		9	9	
回族	**1350**	**49**	**1301**	**410**	**68**	**342**	**141**	**12**	**129**
男	1301		1301	342		342	129		129
女	49	49		68	68		12	12	
藏族	**341**	**32**	**309**	**16**		**16**	**10**		**10**
男	309		309	16		16	10		10
女	32	32							
维吾尔族	**1717**	**128**	**1589**	**2**		**2**	**50**	**1**	**49**
男	1589		1589	2		2	49		49
女	128	128					1	1	
苗族	**141**	**7**	**134**	**208**	**15**	**193**	**885**	**87**	**798**
男	134		134	193		193	798		798
女	7	7		15	15		87	87	
彝族	**56**	**2**	**54**	**5533**	**468**	**5065**	**596**	**30**	**566**
男	54		54	5065		5065	566		566
女	2	2		468	468		30	30	
壮族	**130**	**7**	**123**	**683**	**51**	**632**	**715**	**55**	**660**
男	123		123	632		632	660		660
女	7	7		51	51		55	55	

4-4 续表 37

单位：人

户主民族别 性 别	配偶民族别、性别								
	哈萨克族			傣 族			黎 族		
	小计	男	女	小计	男	女	小计	男	女
布依族	**12**		**12**	**80**	**7**	**73**	**1000**	**63**	**937**
男	12		12	73		73	937		937
女				7	7		63	63	
朝鲜族	**6**	**3**	**3**	**2**		**2**	**8**		**8**
男	3		3	2		2	8		8
女	3	3							
满族	**28**	**4**	**24**	**54**	**2**	**52**	**139**	**12**	**127**
男	24		24	52		52	127		127
女	4	4		2	2		12	12	
侗族	**5**		**5**	**35**	**1**	**34**	**98**	**3**	**95**
男	5		5	34		34	95		95
女				1	1		3	3	
瑶族	**73**		**73**	**88**	**11**	**77**	**123**	**11**	**112**
男	73		73	77		77	112		112
女				11	11		11	11	
白族	**38**	**3**	**35**	**788**	**81**	**707**	**43**	**8**	**35**
男	35		35	707		707	35		35
女	3	3		81	81		8	8	
土家族	**41**	**5**	**36**	**37**		**37**	**150**	**19**	**131**
男	36		36	37		37	131		131
女	5	5					19	19	
哈尼族	**20**		**20**	**2134**	**211**	**1923**	**15**	**1**	**14**
男	20		20	1923		1923	14		14
女				211	211		1	1	
哈萨克族	**271401**	**5533**	**265868**	**36**	**1**	**35**	**113**	**2**	**111**
男	265868		265868	35		35	111		111
女	5533	5533		1	1		2	2	
傣族	**22**	**2**	**20**	**178411**	**8025**	**170386**	**154**	**9**	**145**
男	20		20	170386		170386	145		145
女	2	2		8025	8025		9	9	

4-4 续表 38

单位：人

户主民族别 性　别	配偶民族别、性别								
	哈萨克族			傣　族			黎　族		
	小计	男	女	小计	男	女	小计	男	女
黎族	**99**	**2**	**97**	**165**	**5**	**160**	**207895**	**6008**	**201887**
男	97		97	160		160	201887		201887
女	2	2		5	5		6008	6008	
傈僳族				**245**	**22**	**223**	**7**		**7**
男				223		223	7		7
女				22	22				
佤族	**15**		**15**	**536**	**61**	**475**	**3**		**3**
男	15		15	475		475	3		3
女				61	61				
畲族	**9**		**9**	**30**	**1**	**29**	**16**	**1**	**15**
男	9		9	29		29	15		15
女				1	1		1	1	
高山族	**1**		**1**				**1**		**1**
男	1		1				1		1
女									
拉祜族				**924**	**106**	**818**	**3**		**3**
男				818		818	3		3
女				106	106				
水族				**9**	**1**	**8**	**12**	**2**	**10**
男				8		8	10		10
女				1	1		2	2	
东乡族	**50**	**2**	**48**						
男	48		48						
女	2	2							
纳西族	**3**		**3**	**49**	**6**	**43**	**1**		**1**
男	3		3	43		43	1		1
女				6	6				
景颇族				**272**	**46**	**226**	**1**		**1**
男				226		226	1		1
女				46	46				

4-4 续表 39　　单位：人

户主民族别 性别	配偶民族别、性别								
	哈萨克族			傣族			黎族		
	小计	男	女	小计	男	女	小计	男	女
柯尔克孜族	**449**	**9**	**440**						
男	440		440						
女	9	9							
土族	**5**	**1**	**4**	**12**	**1**	**11**	**5**		**5**
男	4		4	11		11	5		5
女	1	1		1	1				
达斡尔族	**10**	**1**	**9**	**1**		**1**	**1**		**1**
男	9		9	1		1	1		1
女	1	1							
仫佬族				**3**		**3**	**15**		**15**
男				3		3	15		15
女									
羌族	**1**		**1**	**8**		**8**	**3**		**3**
男	1		1	8		8	3		3
女									
布朗族				**253**	**29**	**224**	**1**	**1**	
男				224		224			
女				29	29		1	1	
撒拉族	**33**		**33**	**1**		**1**	**1**		**1**
男	33		33	1		1	1		1
女									
毛南族									
男									
女									
仡佬族	**4**	**1**	**3**	**9**		**9**	**233**	**17**	**216**
男	3		3	9		9	216		216
女	1	1					17	17	
锡伯族	**24**	**1**	**23**	**1**		**1**	**5**		**5**
男	23		23	1		1	5		5
女	1	1							

4-4 续表 40

单位：人

户主民族别 性 别	配偶民族别、性别								
	哈萨克族			傣 族			黎 族		
	小计	男	女	小计	男	女	小计	男	女
阿昌族				**274**	**12**	**262**	**2**	**1**	**1**
男				262		262	1		1
女				12	12		1	1	
普米族				**8**		**8**			
男				8		8			
女									
塔吉克族	**1**		**1**	**9**		**9**	**1**		**1**
男	1		1	9		9	1		1
女									
怒族	**1**		**1**	**5**	**1**	**4**	**239**	**7**	**232**
男	1		1	4		4	232		232
女				1	1		7	7	
乌孜别克族	**256**	**12**	**244**						
男	244		244						
女	12	12							
俄罗斯族	**11**	**1**	**10**						
男	10		10						
女	1	1							
鄂温克族									
男									
女									
德昂族				**157**	**24**	**133**			
男				133		133			
女				24	24				
保安族									
男									
女									
裕固族	**2**	**1**	**1**						
男	1		1						
女	1	1							

4-4 续表 41

单位：人

户主民族别 性别	配偶民族别、性别								
	哈萨克族			傣族			黎族		
	小计	男	女	小计	男	女	小计	男	女
京族				**11**	**2**	**9**	**22**		**22**
男				9		9	22		22
女				2	2				
塔塔尔族	**327**	**21**	**306**						
男	306		306						
女	21	21							
独龙族	**1**		**1**	**3**		**3**			
男	1		1	3		3			
女									
鄂伦春族	**1**		**1**						
男	1		1						
女									
赫哲族	**1**		**1**				**1**		**1**
男	1		1				1		1
女									
门巴族									
男									
女									
珞巴族							**1**		**1**
男							1		1
女									
基诺族	**1**	**1**		**106**	**14**	**92**			
男				92		92			
女	1	1		14	14				
其他未识别的民族	**20**		**20**	**12**		**12**	**31**		**31**
男	20		20	12		12	31		31
女									
外国人加入中国籍				**2**		**2**			
男				2		2			
女									

4-4 续表 42　　　　单位：人

户主民族别 性 别	配偶民族别、性别								
	傈僳族			佤 族			畲 族		
	小计	男	女	小计	男	女	小计	男	女
总计	**135329**	**5903**	**129426**	**85739**	**3054**	**82685**	**126484**	**6311**	**120173**
男	129426		129426	82685		82685	120173		120173
女	5903	5903		3054	3054		6311	6311	
汉族	**16598**	**812**	**15786**	**13372**	**563**	**12809**	**62427**	**4417**	**58010**
男	15786		15786	12809		12809	58010		58010
女	812	812		563	563		4417	4417	
蒙古族	**30**	**1**	**29**	**17**	**1**	**16**	**8**	**2**	**6**
男	29		29	16		16	6		6
女	1	1		1	1		2	2	
回族	**70**	**13**	**57**	**48**	**4**	**44**	**158**	**15**	**143**
男	57		57	44		44	143		143
女	13	13		4	4		15	15	
藏族	**373**	**57**	**316**	**19**	**1**	**18**			
男	316		316	18		18			
女	57	57		1	1				
维吾尔族				**2**		**2**			
男				2		2			
女									
苗族	**145**	**11**	**134**	**44**	**4**	**40**	**1044**	**42**	**1002**
男	134		134	40		40	1002		1002
女	11	11		4	4		42	42	
彝族	**2239**	**181**	**2058**	**728**	**62**	**666**	**65**	**4**	**61**
男	2058		2058	666		666	61		61
女	181	181		62	62		4	4	
壮族	**88**	**6**	**82**	**58**	**9**	**49**	**43**	**7**	**36**
男	82		82	49		49	36		36
女	6	6		9	9		7	7	

4-4 续表 43 单位：人

户主民族别 性别	配偶民族别、性别								
	傈僳族			佤族			畲族		
	小计	男	女	小计	男	女	小计	男	女
布依族	**17**	**3**	**14**	**15**		**15**	**815**	**22**	**793**
男	14		14	15		15	793		793
女	3	3					22	22	
朝鲜族	**4**		**4**	**1**		**1**	**7**	**1**	**6**
男	4		4	1		1	6		6
女							1	1	
满族	**284**	**1**	**283**	**28**	**1**	**27**	**23**	**4**	**19**
男	283		283	27		27	19		19
女	1	1		1	1		4	4	
侗族	**3**		**3**	**168**	**7**	**161**	**52**	**3**	**49**
男	3		3	161		161	49		49
女				7	7		3	3	
瑶族	**2**		**2**	**13**	**1**	**12**	**101**	**4**	**97**
男	2		2	12		12	97		97
女				1	1		4	4	
白族	**3309**	**323**	**2986**	**152**	**15**	**137**	**7**	**3**	**4**
男	2986		2986	137		137	4		4
女	323	323		15	15		3	3	
土家族	**10**	**2**	**8**	**48**	**1**	**47**	**163**	**30**	**133**
男	8		8	47		47	133		133
女	2	2		1	1		30	30	
哈尼族	**76**	**6**	**70**	**302**	**21**	**281**	**3**	**1**	**2**
男	70		70	281		281	2		2
女	6	6		21	21		1	1	
哈萨克族				**22**		**22**	**5**		**5**
男				22		22	5		5
女									
傣族	**398**	**44**	**354**	**643**	**60**	**583**	**16**	**3**	**13**
男	354		354	583		583	13		13
女	44	44		60	60		3	3	

4-4 续表 44

单位：人

户主民族别 性　别	配偶民族别、性别								
	傈僳族			佤　族			畲　族		
	小计	男	女	小计	男	女	小计	男	女
黎族	**2**		**2**	**5**		**5**	**5**	**1**	**4**
男	2		2	5		5	4		4
女							1	1	
傈僳族	**107964**	**4149**	**103815**	**44**	**4**	**40**			
男	103815		103815	40		40			
女	4149	4149		4	4				
佤族	**46**		**46**	**68854**	**2211**	**66643**			
男	46		46	66643		66643			
女				2211	2211				
畲族	**6**		**6**	**37**		**37**	**61024**	**1739**	**59285**
男	6		6	37		37	59285		59285
女							1739	1739	
高山族				**1**		**1**	**2**		**2**
男				1		1	2		2
女									
拉祜族	**112**	**12**	**100**	**658**	**69**	**589**	**2**		**2**
男	100		100	589		589	2		2
女	12	12		69	69				
水族	**1**		**1**	**4**		**4**	**15**	**2**	**13**
男	1		1	4		4	13		13
女							2	2	
东乡族							**10**	**1**	**9**
男							9		9
女							1	1	
纳西族	**1793**	**108**	**1685**	**3**	**1**	**2**			
男	1685		1685	2		2			
女	108	108		1	1				
景颇族	**144**	**17**	**127**	**27**	**7**	**20**			
男	127		127	20		20			
女	17	17		7	7				

4-4 续表 45 单位：人

户主民族别 性别	配偶民族别、性别								
	傈僳族			佤族			畲族		
	小计	男	女	小计	男	女	小计	男	女
柯尔克孜族									
男									
女									
土族	**7**		**7**	**8**	**1**	**7**	**48**	**1**	**47**
男	7		7	7		7	47		47
女				1	1		1	1	
达斡尔族							**2**	**1**	**1**
男							1		1
女							1	1	
仫佬族				**4**	**2**	**2**	**409**	**6**	**403**
男				2		2	403		403
女				2	2		6	6	
羌族	**4**		**4**	**2**		**2**	**3**		**3**
男	4		4	2		2	3		3
女									
布朗族	**19**	**4**	**15**	**348**	**6**	**342**			
男	15		15	342		342			
女	4	4		6	6				
撒拉族							**2**		**2**
男							2		2
女									
毛南族							**1**		**1**
男							1		1
女									
仡佬族	**6**		**6**	**14**		**14**	**9**	**1**	**8**
男	6		6	14		14	8		8
女							1	1	
锡伯族				**2**		**2**	**1**		**1**
男				2		2	1		1
女									

4-4 续表 46

单位：人

户主民族别 性 别	配偶民族别、性别								
	傈僳族			佤 族			畲 族		
	小计	男	女	小计	男	女	小计	男	女
阿昌族	**53**	**5**	**48**	**7**		**7**			
男	48		48	7		7			
女	5	5							
普米族	**323**	**15**	**308**	**2**		**2**			
男	308		308	2		2			
女	15	15							
塔吉克族									
男									
女									
怒族	**1081**	**109**	**972**	**2**	**1**	**1**			
男	972		972	1		1			
女	109	109		1	1				
乌孜别克族									
男									
女									
俄罗斯族									
男									
女									
鄂温克族				**1**		**1**			
男				1		1			
女									
德昂族	**8**		**8**	**21**	**1**	**20**			
男	8		8	20		20			
女				1	1				
保安族	**11**		**11**						
男	11		11						
女									
裕固族									
男									
女									

4-4 续表 47

单位：人

户主民族别 性别	配偶民族别、性别								
	傈僳族			佤族			畲族		
	小计	男	女	小计	男	女	小计	男	女
京族				**4**		**4**	**1**	**1**	
男				4		4			
女							1	1	
塔塔尔族									
男									
女									
独龙族	**101**	**24**	**77**	**1**	**1**				
男	77		77						
女	24	24		1	1				
鄂伦春族									
男									
女									
赫哲族									
男									
女									
门巴族									
男									
女									
珞巴族									
男									
女									
基诺族				**7**		**7**			
男				7		7			
女									
其他未识别的民族	**2**		**2**	**3**		**3**	**13**		**13**
男	2		2	3		3	13		13
女									
外国人加入中国籍									
男									
女									

4-4 续表 48

单位：人

户主民族别 性 别	配偶民族别、性别								
	高山族			拉祜族			水族		
	小计	男	女	小计	男	女	小计	男	女
总计	**731**	**77**	**654**	**96170**	**3993**	**92177**	**77602**	**2106**	**75496**
男	654		654	92177		92177	75496		75496
女	77	77		3993	3993		2106	2106	
汉族	**488**	**61**	**427**	**18819**	**814**	**18005**	**10855**	**769**	**10086**
男	427		427	18005		18005	10086		10086
女	61	61		814	814		769	769	
蒙古族	**12**		**12**	**18**		**18**	**13**	**1**	**12**
男	12		12	18		18	12		12
女							1	1	
回族	**11**	**1**	**10**	**176**	**21**	**155**	**49**	**7**	**42**
男	10		10	155		155	42		42
女	1	1		21	21		7	7	
藏族	**2**		**2**	**4**		**4**	**3**		**3**
男	2		2	4		4	3		3
女									
维吾尔族							**1**		**1**
男							1		1
女									
苗族	**6**		**6**	**49**	**3**	**46**	**3972**	**159**	**3813**
男	6		6	46		46	3813		3813
女				3	3		159	159	
彝族	**2**		**2**	**3829**	**185**	**3644**	**256**	**35**	**221**
男	2		2	3644		3644	221		221
女				185	185		35	35	
壮族	**5**	**1**	**4**	**56**	**5**	**51**	**1083**	**61**	**1022**
男	4		4	51		51	1022		1022
女	1	1		5	5		61	61	

4-4 续表 49 单位：人

户主民族别 性 别	配偶民族别、性别								
	高山族			拉祜族			水族		
	小计	男	女	小计	男	女	小计	男	女
布依族	**1**		**1**	**8**	**1**	**7**	**4842**	**229**	**4613**
男	1		1	7		7	4613		4613
女				1	1		229	229	
朝鲜族	**1**		**1**				**1**		**1**
男	1		1				1		1
女									
满族	**27**	**2**	**25**	**11**	**2**	**9**	**16**	**2**	**14**
男	25		25	9		9	14		14
女	2	2		2	2		2	2	
侗族				**7**	**3**	**4**	**1114**	**58**	**1056**
男				4		4	1056		1056
女				3	3		58	58	
瑶族	**4**	**1**	**3**	**20**	**1**	**19**	**238**	**6**	**232**
男	3		3	19		19	232		232
女	1	1		1	1		6	6	
白族	**2**		**2**	**196**	**17**	**179**	**66**	**4**	**62**
男	2		2	179		179	62		62
女				17	17		4	4	
土家族	**9**	**3**	**6**	**8**		**8**	**80**	**7**	**73**
男	6		6	8		8	73		73
女	3	3					7	7	
哈尼族				**1759**	**126**	**1633**	**4**	**3**	**1**
男				1633		1633	1		1
女				126	126		3	3	
哈萨克族				**1**		**1**	**3**		**3**
男				1		1	3		3
女									
傣族				**1338**	**103**	**1235**	**6**	**2**	**4**
男				1235		1235	4		4
女				103	103		2	2	

4-4 续表 50 单位：人

户主民族别 性 别	配偶民族别、性别 高山族 小计	高山族 男	高山族 女	拉祜族 小计	拉祜族 男	拉祜族 女	水 族 小计	水 族 男	水 族 女
黎族	**2**		**2**	**4**		**4**	**11**	**3**	**8**
男	2		2	4		4	8		8
女							3	3	
傈僳族				**135**	**6**	**129**	**1**	**1**	
男				129		129			
女				6	6		1	1	
佤族				**885**	**74**	**811**			
男				811		811			
女				74	74				
畲族				**28**		**28**	**43**	**2**	**41**
男				28		28	41		41
女							2	2	
高山族	**148**	**7**	**141**						
男	141		141						
女	7	7							
拉祜族				**68425**	**2600**	**65825**	**2**	**1**	**1**
男				65825		65825	1		1
女				2600	2600		1	1	
水族	**1**		**1**	**1**		**1**	**54676**	**731**	**53945**
男	1		1	1		1	53945		53945
女							731	731	
东乡族	**2**		**2**				**2**	**1**	**1**
男	2		2				1		1
女							1	1	
纳西族				**2**		**2**	**1**		**1**
男				2		2	1		1
女									
景颇族				**23**	**1**	**22**	**1**		**1**
男				22		22	1		1
女				1	1				

4-4 续表 51 单位: 人

户主民族别 性 别	配偶民族别、性别								
	高山族			拉祜族			水 族		
	小计	男	女	小计	男	女	小计	男	女
柯尔克孜族									
男									
女									
土族				**4**		**4**	**25**	**3**	**22**
男				4		4	22		22
女							3	3	
达斡尔族									
男									
女									
仫佬族							**52**	**4**	**48**
男							48		48
女							4	4	
羌族	**1**		**1**	**1**	**1**		**4**	**1**	**3**
男	1		1				3		3
女				1	1		1	1	
布朗族				**322**	**23**	**299**			
男				299		299			
女				23	23				
撒拉族	**1**		**1**	**3**		**3**			
男	1		1	3		3			
女									
毛南族	**1**		**1**				**37**	**1**	**36**
男	1		1				36		36
女							1	1	
仡佬族	**1**		**1**				**39**	**3**	**36**
男	1		1				36		36
女							3	3	
锡伯族	**2**		**2**						
男	2		2						
女									

4-4 续表 52

单位：人

户主民族别 性 别	配偶民族别、性别								
	高山族			拉祜族			水 族		
	小计	男	女	小计	男	女	小计	男	女
阿昌族				**2**	**1**	**1**			
男				1		1			
女				1	1				
普米族				**1**		**1**			
男				1		1			
女									
塔吉克族									
男									
女									
怒族				**2**	**1**	**1**			
男				1		1			
女				1	1				
乌孜别克族									
男									
女									
俄罗斯族									
男									
女									
鄂温克族									
男									
女									
德昂族				**3**		**3**			
男				3		3			
女									
保安族									
男									
女									
裕固族									
男									
女									

4-4 续表 53 单位：人

户主民族别 性别	配偶民族别、性别								
	高山族			拉祜族			水族		
	小计	男	女	小计	男	女	小计	男	女
京族							**3**	**2**	**1**
男							1		1
女							2	2	
塔塔尔族									
男									
女									
独龙族									
男									
女									
鄂伦春族									
男									
女									
赫哲族									
男									
女									
门巴族	**1**	**1**							
男									
女	1	1							
珞巴族									
男									
女									
基诺族				**28**	**5**	**23**			
男				23		23			
女				5	5				
其他未识别的民族	**1**		**1**	**2**		**2**	**103**	**10**	**93**
男	1		1	2		2	93		93
女							10	10	
外国人加入中国籍									
男									
女									

4-4 续表 54

单位：人

户主民族别 性别	配偶民族别、性别								
	东乡族			纳西族			景颇族		
	小计	男	女	小计	男	女	小计	男	女
总计	**101844**	**2200**	**99644**	**59863**	**5554**	**54309**	**26988**	**1227**	**25761**
男	99644		99644	54309		54309	25761		25761
女	2200	2200		5554	5554		1227	1227	
汉族	**520**	**61**	**459**	**10066**	**1254**	**8812**	**5996**	**230**	**5766**
男	459		459	8812		8812	5766		5766
女	61	61		1254	1254		230	230	
蒙古族	**7**	**4**	**3**	**19**	**2**	**17**	**5**		**5**
男	3		3	17		17	5		5
女	4	4		2	2				
回族	**13602**	**603**	**12999**	**102**	**21**	**81**	**20**	**2**	**18**
男	12999		12999	81		81	18		18
女	603	603		21	21		2	2	
藏族	**8**	**3**	**5**	**950**	**148**	**802**	**1**		**1**
男	5		5	802		802	1		1
女	3	3		148	148				
维吾尔族	**15**		**15**	**18**		**18**			
男	15		15	18		18			
女									
苗族	**24**	**1**	**23**	**124**	**10**	**114**	**18**	**4**	**14**
男	23		23	114		114	14		14
女	1	1		10	10		4	4	
彝族	**1**		**1**	**416**	**56**	**360**	**65**	**2**	**63**
男	1		1	360		360	63		63
女				56	56		2	2	
壮族	**2**		**2**	**70**	**9**	**61**	**9**		**9**
男	2		2	61		61	9		9
女				9	9				

4-4 续表 55 单位：人

户主民族别 性别	配偶民族别、性别								
	东乡族			纳西族			景颇族		
	小计	男	女	小计	男	女	小计	男	女
布依族	**68**	**1**	**67**	**7**	**1**	**6**	**9**	**1**	**8**
男	67		67	6		6	8		8
女	1	1		1	1		1	1	
朝鲜族				**2**		**2**	**1**		**1**
男				2		2	1		1
女									
满族	**1**		**1**	**9**	**2**	**7**	**30**	**3**	**27**
男	1		1	7		7	27		27
女				2	2		3	3	
侗族	**4**	**1**	**3**	**2**		**2**	**6**		**6**
男	3		3	2		2	6		6
女	1	1							
瑶族	**1**		**1**	**2**	**1**	**1**	**3**		**3**
男	1		1	1		1	3		3
女				1	1				
白族				**2062**	**284**	**1778**	**79**	**3**	**76**
男				1778		1778	76		76
女				284	284		3	3	
土家族	**2**	**1**	**1**	**5**	**1**	**4**	**1**		**1**
男	1		1	4		4	1		1
女	1	1		1	1				
哈尼族				**21**	**5**	**16**	**9**	**2**	**7**
男				16		16	7		7
女				5	5		2	2	
哈萨克族	**17**	**5**	**12**	**1**		**1**			
男	12		12	1		1			
女	5	5							
傣族				**58**	**18**	**40**	**411**	**53**	**358**
男				40		40	358		358
女				18	18		53	53	

4-4 续表 56

单位：人

户主民族别 性 别	配偶民族别、性别								
	东乡族			纳西族			景颇族		
	小计	男	女	小计	男	女	小计	男	女
黎族	**1**		**1**	**2**		**2**			
男	1		1	2		2			
女									
傈僳族				**975**	**83**	**892**	**144**	**8**	**136**
男				892		892	136		136
女				83	83		8	8	
佤族				**1**		**1**	**38**		**38**
男				1		1	38		38
女									
畲族	**2**		**2**				**4**	**1**	**3**
男	2		2				3		3
女							1	1	
高山族									
男									
女									
拉祜族				**7**		**7**	**13**	**1**	**12**
男				7		7	12		12
女							1	1	
水族	**2**		**2**						
男	2		2						
女									
东乡族	**87276**	**1502**	**85774**						
男	85774		85774						
女	1502	1502							
纳西族				**44319**	**3601**	**40718**	**8**		**8**
男				40718		40718	8		8
女				3601	3601				
景颇族				**2**		**2**	**19935**	**905**	**19030**
男				2		2	19030		19030
女							905	905	

4-4 续表 57

单位：人

户主民族别 性别	配偶民族别、性别								
	东乡族			纳西族			景颇族		
	小计	男	女	小计	男	女	小计	男	女
柯尔克孜族	**2**	**1**	**1**						
男	1		1						
女	1	1							
土族	**6**	**1**	**5**	**2**		**2**			
男	5		5	2		2			
女	1	1							
达斡尔族									
男									
女									
仫佬族	**5**		**5**	**3**		**3**			
男	5		5	3		3			
女									
羌族									
男									
女									
布朗族				**2**		**2**	**3**	**1**	**2**
男				2		2	2		2
女							1	1	
撒拉族	**165**	**8**	**157**	**1**		**1**			
男	157		157	1		1			
女	8	8							
毛南族									
男									
女									
仡佬族				**1**		**1**			
男				1		1			
女									
锡伯族	**1**		**1**						
男	1		1						
女									

4-4 续表 58 单位: 人

户主民族别 性 别	配偶民族别、性别								
	东乡族			纳西族			景颇族		
	小计	男	女	小计	男	女	小计	男	女
阿昌族							**120**	**9**	**111**
男							111		111
女							9	9	
普米族				**579**	**49**	**530**			
男				530		530			
女				49	49				
塔吉克族									
男									
女									
怒族				**23**	**4**	**19**			
男				19		19			
女				4	4				
乌孜别克族									
男									
女									
俄罗斯族	**1**		**1**						
男	1		1						
女									
鄂温克族									
男									
女									
德昂族							**56**	**2**	**54**
男							54		54
女							2	2	
保安族	**103**	**7**	**96**						
男	96		96						
女	7	7							
裕固族				**1**		**1**	**1**		**1**
男				1		1	1		1
女									

4-4 续表 59 单位：人

户主民族别 性别	配偶民族别、性别								
	东乡族			纳西族			景颇族		
	小计	男	女	小计	男	女	小计	男	女
京族	**8**	**1**	**7**				**3**		**3**
男	7		7				3		3
女	1	1							
塔塔尔族									
男									
女									
独龙族				**6**	**3**	**3**			
男				3		3			
女				3	3				
鄂伦春族									
男									
女									
赫哲族				**1**		**1**			
男				1		1			
女									
门巴族									
男									
女									
珞巴族				**1**	**1**				
男									
女				1	1				
基诺族				**1**		**1**			
男				1		1			
女									
其他未识别的民族				**2**	**1**	**1**			
男				1		1			
女				1	1				
外国人加入中国籍									
男									
女									

4-4 续表 60

单位：人

户主民族别 性别	配偶民族别、性别								
	柯尔克孜族			土族			达斡尔族		
	小计	男	女	小计	男	女	小计	男	女
总计	**35605**	**465**	**35140**	**54481**	**2703**	**51778**	**27713**	**1991**	**25722**
男	35140		35140	51778		51778	25722		25722
女	465	465		2703	2703		1991	1991	
汉族	**429**	**20**	**409**	**16567**	**1254**	**15313**	**12492**	**744**	**11748**
男	409		409	15313		15313	11748		11748
女	20	20		1254	1254		744	744	
蒙古族	**46**	**3**	**43**	**329**	**26**	**303**	**1581**	**174**	**1407**
男	43		43	303		303	1407		1407
女	3	3		26	26		174	174	
回族	**80**	**6**	**74**	**122**	**27**	**95**	**80**	**11**	**69**
男	74		74	95		95	69		69
女	6	6		27	27		11	11	
藏族	**6**	**1**	**5**	**2055**	**119**	**1936**	**6**		**6**
男	5		5	1936		1936	6		6
女	1	1		119	119				
维吾尔族	**389**	**17**	**372**	**10**	**1**	**9**	**7**	**2**	**5**
男	372		372	9		9	5		5
女	17	17		1	1		2	2	
苗族				**310**	**31**	**279**	**4**	**1**	**3**
男				279		279	3		3
女				31	31		1	1	
彝族				**107**	**15**	**92**	**3**		**3**
男				92		92	3		3
女				15	15				
壮族	**2**		**2**	**337**	**23**	**314**	**8**		**8**
男	2		2	314		314	8		8
女				23	23				

4-4 续表 61 单位：人

户主民族别 性别	配偶民族别、性别								
	柯尔克孜族			土族			达斡尔族		
	小计	男	女	小计	男	女	小计	男	女
布依族				**89**	**9**	**80**			
男				80		80			
女				9	9				
朝鲜族	**2**	**1**	**1**	**3**		**3**	**30**	**2**	**28**
男	1		1	3		3	28		28
女	1	1					2	2	
满族	**9**		**9**	**37**	**12**	**25**	**769**	**44**	**725**
男	9		9	25		25	725		725
女				12	12		44	44	
侗族				**54**	**4**	**50**			
男				50		50			
女				4	4				
瑶族	**1**		**1**	**20**	**3**	**17**	**1**		**1**
男	1		1	17		17	1		1
女				3	3				
白族	**1**		**1**	**62**	**12**	**50**	**2**	**1**	**1**
男	1		1	50		50	1		1
女				12	12		1	1	
土家族	**3**		**3**	**378**	**16**	**362**	**8**	**1**	**7**
男	3		3	362		362	7		7
女				16	16		1	1	
哈尼族				**2**		**2**	**1**		**1**
男				2		2	1		1
女									
哈萨克族	**280**	**13**	**267**	**2**		**2**	**8**	**3**	**5**
男	267		267	2		2	5		5
女	13	13					3	3	
傣族				**11**	**1**	**10**	**1**		**1**
男				10		10	1		1
女				1	1				

4-4 续表 62

单位：人

户主民族别 性别	配偶民族别、性别								
	柯尔克孜族			土 族			达斡尔族		
	小计	男	女	小计	男	女	小计	男	女
黎族				**11**	**1**	**10**	**1**		**1**
男				10		10	1		1
女				1	1				
傈僳族				**3**		**3**	**1**		**1**
男				3		3	1		1
女									
佤族				**6**	**1**	**5**			
男				5		5			
女				1	1				
畲族				**31**	**1**	**30**			
男				30		30			
女				1	1				
高山族							**1**		**1**
男							1		1
女									
拉祜族				**5**	**2**	**3**			
男				3		3			
女				2	2				
水族				**29**	**1**	**28**			
男				28		28			
女				1	1				
东乡族	**2**		**2**	**9**		**9**	**2**		**2**
男	2		2	9		9	2		2
女									
纳西族	**1**		**1**	**3**		**3**			
男	1		1	3		3			
女									
景颇族									
男									
女									

4-4 续表 63　　单位：人

户主民族别 性别	配偶民族别、性别								
	柯尔克孜族			土族			达斡尔族		
	小计	男	女	小计	男	女	小计	男	女
柯尔克孜族	**34268**	**403**	**33865**				**25**	**2**	**23**
男	33865		33865				23		23
女	403	403					2	2	
土族				**33822**	**1136**	**32686**			
男				32686		32686			
女				1136	1136				
达斡尔族	**28**		**28**	**1**		**1**	**11195**	**838**	**10357**
男	28		28	1		1	10357		10357
女							838	838	
仫佬族				**13**		**13**			
男				13		13			
女									
羌族				**4**	**1**	**3**			
男				3		3			
女				1	1				
布朗族				**4**	**1**	**3**			
男				3		3			
女				1	1				
撒拉族	**2**		**2**	**6**	**1**	**5**	**1**		**1**
男	2		2	5		5	1		1
女				1	1				
毛南族				**2**		**2**			
男				2		2			
女									
仡佬族				**10**	**3**	**7**			
男				7		7			
女				3	3				
锡伯族	**1**		**1**	**2**	**1**	**1**	**38**	**1**	**37**
男	1		1	1		1	37		37
女				1	1		1	1	

4-4 续表 64

单位：人

户主民族别 性 别	配偶民族别、性别								
	柯尔克孜族			土 族			达斡尔族		
	小计	男	女	小计	男	女	小计	男	女
阿昌族									
男									
女									
普米族				**2**		**2**			
男				2		2			
女									
塔吉克族	**10**		**10**						
男	10		10						
女									
怒族							**1**		**1**
男							1		1
女									
乌孜别克族	**8**	**1**	**7**						
男	7		7						
女	1	1							
俄罗斯族	**3**		**3**				**30**	**3**	**27**
男	3		3				27		27
女							3	3	
鄂温克族	**1**		**1**				**1269**	**131**	**1138**
男	1		1				1138		1138
女							131	131	
德昂族									
男									
女									
保安族									
男									
女									
裕固族				**16**		**16**			
男				16		16			
女									

4-4 续表 65 单位：人

户主民族别 性别	配偶民族别、性别								
	柯尔克孜族			土族			达斡尔族		
	小计	男	女	小计	男	女	小计	男	女
京族				**2**		**2**			
男				2		2			
女									
塔塔尔族	**3**		**3**				**2**		**2**
男	3		3				2		2
女									
独龙族				**1**		**1**	**1**		**1**
男				1		1	1		1
女									
鄂伦春族							**139**	**32**	**107**
男							107		107
女							32	32	
赫哲族							**5**	**1**	**4**
男							4		4
女							1	1	
门巴族				**1**	**1**				
男									
女				1	1				
珞巴族									
男									
女									
基诺族									
男									
女									
其他未识别的民族	**30**		**30**	**3**		**3**	**1**		**1**
男	30		30	3		3	1		1
女									
外国人加入中国籍									
男									
女									

4-4 续表 66

单位：人

户主民族别 性别	配偶民族别、性别								
	仫佬族			羌族			布朗族		
	小计	男	女	小计	男	女	小计	男	女
总计	**36546**	**2888**	**33658**	**58509**	**5024**	**53485**	**21131**	**758**	**20373**
男	33658		33658	53485		53485	20373		20373
女	2888	2888		5024	5024		758	758	
汉族	**10433**	**853**	**9580**	**11967**	**1469**	**10498**	**4497**	**266**	**4231**
男	9580		9580	10498		10498	4231		4231
女	853	853		1469	1469		266	266	
蒙古族	**6**		**6**	**10**	**2**	**8**	**3**		**3**
男	6		6	8		8	3		3
女				2	2				
回族	**28**	**8**	**20**	**299**	**71**	**228**	**33**	**2**	**31**
男	20		20	228		228	31		31
女	8	8		71	71		2	2	
藏族	**1**		**1**	**1509**	**265**	**1244**			
男	1		1	1244		1244			
女				265	265				
维吾尔族				**3**	**1**	**2**			
男				2		2			
女				1	1				
苗族	**1001**	**78**	**923**	**32**	**4**	**28**	**21**	**3**	**18**
男	923		923	28		28	18		18
女	78	78		4	4		3	3	
彝族	**37**	**1**	**36**	**31**	**5**	**26**	**812**	**50**	**762**
男	36		36	26		26	762		762
女	1	1		5	5		50	50	
壮族	**5980**	**615**	**5365**	**17**	**2**	**15**	**18**	**1**	**17**
男	5365		5365	15		15	17		17
女	615	615		2	2		1	1	

4-4 续表 67 单位：人

户主民族别 性　别	配偶民族别、性别								
	仫佬族			羌　族			布朗族		
	小计	男	女	小计	男	女	小计	男	女
布依族	**353**	**11**	**342**	**6**	**1**	**5**	**8**	**1**	**7**
男	342		342	5		5	7		7
女	11	11		1	1		1	1	
朝鲜族	**1**		**1**	**2**		**2**	**1**		**1**
男	1		1	2		2	1		1
女									
满族	**21**	**4**	**17**	**25**	**6**	**19**	**7**		**7**
男	17		17	19		19	7		7
女	4	4		6	6				
侗族	**131**	**12**	**119**	**48**	**3**	**45**	**2**		**2**
男	119		119	45		45	2		2
女	12	12		3	3				
瑶族	**423**	**38**	**385**	**2**		**2**	**10**	**2**	**8**
男	385		385	2		2	8		8
女	38	38					2	2	
白族	**9**	**2**	**7**	**15**	**3**	**12**	**110**	**15**	**95**
男	7		7	12		12	95		95
女	2	2		3	3		15	15	
土家族	**39**	**2**	**37**	**45**	**10**	**35**	**1**		**1**
男	37		37	35		35	1		1
女	2	2		10	10				
哈尼族							**264**	**19**	**245**
男							245		245
女							19	19	
哈萨克族				**5**		**5**			
男				5		5			
女									
傣族	**3**	**1**	**2**	**9**		**9**	**307**	**33**	**274**
男	2		2	9		9	274		274
女	1	1					33	33	

4-4 续表 68 单位：人

户主民族别 性 别	配偶民族别、性别								
	仫佬族			羌 族			布朗族		
	小计	男	女	小计	男	女	小计	男	女
黎族	**14**	**2**	**12**	**4**		**4**	**1**		**1**
男	12		12	4		4	1		1
女	2	2							
傈僳族				**4**	**3**	**1**	**15**	**1**	**14**
男				1		1	14		14
女				3	3		1	1	
佤族	**2**		**2**	**2**	**1**	**1**	**265**	**16**	**249**
男	2		2	1		1	249		249
女				1	1		16	16	
畲族	**332**	**9**	**323**	**2**		**2**	**2**		**2**
男	323		323	2		2	2		2
女	9	9							
高山族	**2**		**2**						
男	2		2						
女									
拉祜族	**1**		**1**	**2**	**1**	**1**	**227**	**18**	**209**
男	1		1	1		1	209		209
女				1	1		18	18	
水族	**46**	**7**	**39**						
男	39		39						
女	7	7							
东乡族	**5**		**5**						
男	5		5						
女									
纳西族				**2**		**2**	**3**	**1**	**2**
男				2		2	2		2
女							1	1	
景颇族							**1**	**1**	
男									
女							1	1	

4-4 续表 69

单位：人

户主民族别 性别	配偶民族别、性别								
	仫佬族			羌族			布朗族		
	小计	男	女	小计	男	女	小计	男	女
柯尔克孜族									
男									
女									
土族	**28**	**1**	**27**	**4**		**4**	**2**		**2**
男	27		27	4		4	2		2
女	1	1							
达斡尔族									
男									
女									
仫佬族	**17508**	**1233**	**16275**				**2**		**2**
男	16275		16275				2		2
女	1233	1233							
羌族				**44429**	**3175**	**41254**			
男				41254		41254			
女				3175	3175				
布朗族	**1**		**1**				**14489**	**327**	**14162**
男	1		1				14162		14162
女							327	327	
撒拉族	**2**		**2**						
男	2		2						
女									
毛南族	**52**	**7**	**45**						
男	45		45						
女	7	7							
仡佬族	**39**	**2**	**37**	**27**	**1**	**26**	**2**		**2**
男	37		37	26		26	2		2
女	2	2		1	1				
锡伯族				**1**	**1**				
男									
女				1	1				

4-4 续表 70 单位：人

户主民族别 性别	配偶民族别、性别								
	仫佬族			羌族			布朗族		
	小计	男	女	小计	男	女	小计	男	女
阿昌族							**1**		**1**
男							1		1
女									
普米族									
男									
女									
塔吉克族									
男									
女									
怒族				**2**		**2**			
男				2		2			
女									
乌孜别克族									
男									
女									
俄罗斯族									
男									
女									
鄂温克族									
男									
女									
德昂族							**5**		**5**
男							5		5
女									
保安族									
男									
女									
裕固族									
男									
女									

4-4 续表 71

单位：人

户主民族别 性　别	配偶民族别、性别								
	仫佬族			羌　族			布朗族		
	小计	男	女	小计	男	女	小计	男	女
京族	**1**	**1**		**1**		**1**			
男				1		1			
女	1	1							
塔塔尔族									
男									
女									
独龙族	**1**		**1**				**1**		**1**
男	1		1				1		1
女									
鄂伦春族									
男									
女									
赫哲族				**1**		**1**	**2**		**2**
男				1		1	2		2
女									
门巴族									
男									
女									
珞巴族									
男									
女									
基诺族							**19**	**2**	**17**
男							17		17
女							2	2	
其他未识别的民族	**46**	**1**	**45**	**3**		**3**			
男	45		45	3		3			
女	1	1							
外国人加入中国籍									
男									
女									

4-4 续表 72

单位：人

户主民族别 性　别	配偶民族别、性别								
	撒拉族			毛南族			仡佬族		
	小计	男	女	小计	男	女	小计	男	女
总计	**20684**	**699**	**19985**	**17953**	**1127**	**16826**	**96916**	**5292**	**91624**
男	19985		19985	16826		16826	91624		91624
女	699	699		1127	1127		5292	5292	
汉族	**375**	**56**	**319**	**2377**	**196**	**2181**	**22888**	**2166**	**20722**
男	319		319	2181		2181	20722		20722
女	56	56		196	196		2166	2166	
蒙古族	**1**		**1**	**3**	**1**	**2**	**337**	**15**	**322**
男	1		1	2		2	322		322
女				1	1		15	15	
回族	**2001**	**147**	**1854**	**7**	**1**	**6**	**76**	**15**	**61**
男	1854		1854	6		6	61		61
女	147	147		1	1		15	15	
藏族	**14**	**5**	**9**	**1**		**1**	**4**	**1**	**3**
男	9		9	1		1	3		3
女	5	5					1	1	
维吾尔族	**8**		**8**						
男	8		8						
女									
苗族				**131**	**15**	**116**	**10203**	**514**	**9689**
男				116		116	9689		9689
女				15	15		514	514	
彝族	**2**		**2**	**10**	**4**	**6**	**417**	**46**	**371**
男	2		2	6		6	371		371
女				4	4		46	46	
壮族	**12**	**2**	**10**	**3737**	**312**	**3425**	**143**	**28**	**115**
男	10		10	3425		3425	115		115
女	2	2		312	312		28	28	

4-4 续表 73

单位：人

户主民族别 性　别	配偶民族别、性别								
	撒拉族			毛南族			仡佬族		
	小计	男	女	小计	男	女	小计	男	女
布依族				**672**	**49**	**623**	**627**	**82**	**545**
男				623		623	545		545
女				49	49		82	82	
朝鲜族	**3**		**3**				**4**	**2**	**2**
男	3		3				2		2
女							2	2	
满族	**5**	**1**	**4**	**3**	**1**	**2**	**25**	**2**	**23**
男	4		4	2		2	23		23
女	1	1		1	1		2	2	
侗族				**25**	**5**	**20**	**2657**	**158**	**2499**
男				20		20	2499		2499
女				5	5		158	158	
瑶族	**2**		**2**	**212**	**15**	**197**	**199**	**8**	**191**
男	2		2	197		197	191		191
女				15	15		8	8	
白族				**1**		**1**	**127**	**14**	**113**
男				1		1	113		113
女							14	14	
土家族	**2**		**2**	**19**		**19**	**4945**	**248**	**4697**
男	2		2	19		19	4697		4697
女							248	248	
哈尼族	**1**		**1**	**1**		**1**	**8**	**3**	**5**
男	1		1	1		1	5		5
女							3	3	
哈萨克族	**15**	**2**	**13**				**1**		**1**
男	13		13				1		1
女	2	2							
傣族	**1**		**1**	**2**	**2**		**5**	**1**	**4**
男	1		1				4		4
女				2	2		1	1	

4-4 续表 74

单位：人

户主民族别 性 别	配偶民族别、性别								
	撒拉族			毛南族			仡佬族		
	小计	男	女	小计	男	女	小计	男	女
黎族	**2**	**1**	**1**	**2**		**2**	**225**	**11**	**214**
男	1		1	2		2	214		214
女	1	1					11	11	
傈僳族									
男									
女									
佤族	**1**		**1**				**8**	**1**	**7**
男	1		1				7		7
女							1	1	
畲族	**2**		**2**	**5**		**5**	**10**		**10**
男	2		2	5		5	10		10
女									
高山族				**1**		**1**			
男				1		1			
女									
拉祜族				**1**		**1**	**1**		**1**
男				1		1	1		1
女									
水族				**33**	**4**	**29**	**28**	**5**	**23**
男				29		29	23		23
女				4	4		5	5	
东乡族	**165**	**10**	**155**						
男	155		155						
女	10	10							
纳西族							**2**	**1**	**1**
男							1		1
女							1	1	
景颇族									
男									
女									

4-4 续表 75

单位：人

户主民族别 性　别	配偶民族别、性别								
	撒拉族			毛南族			仡佬族		
	小计	男	女	小计	男	女	小计	男	女
柯尔克孜族	**1**		**1**						
男	1		1						
女									
土族	**7**	**1**	**6**				**8**	**1**	**7**
男	6		6				7		7
女	1	1					1	1	
达斡尔族									
男									
女									
仫佬族				**74**	**15**	**59**	**54**	**6**	**48**
男				59		59	48		48
女				15	15		6	6	
羌族	**1**		**1**	**1**		**1**	**28**	**2**	**26**
男	1		1	1		1	26		26
女							2	2	
布朗族									
男									
女									
撒拉族	**17880**	**467**	**17413**						
男	17413		17413						
女	467	467							
毛南族				**10633**	**507**	**10126**	**1**	**1**	
男				10126		10126			
女				507	507		1	1	
仡佬族				**1**		**1**	**53571**	**1951**	**51620**
男				1		1	51620		51620
女							1951	1951	
锡伯族									
男									
女									

4-4 续表 76 单位：人

户主民族别 性 别	配偶民族别、性别								
	撒 拉 族			毛 南 族			仡 佬 族		
	小计	男	女	小计	男	女	小计	男	女
阿昌族									
男									
女									
普米族	**1**		**1**						
男	1		1						
女									
塔吉克族									
男									
女									
怒族									
男									
女									
乌孜别克族									
男									
女									
俄罗斯族									
男									
女									
鄂温克族									
男									
女									
德昂族									
男									
女									
保安族	**174**	**7**	**167**						
男	167		167						
女	7	7							
裕固族									
男									
女									

4-4 续表 77　　　　单位：人

户主民族别 性别	配偶民族别、性别								
	撒拉族			毛南族			仡佬族		
	小计	男	女	小计	男	女	小计	男	女
京族									
男									
女									
塔塔尔族									
男									
女									
独龙族									
男									
女									
鄂伦春族									
男									
女									
赫哲族	**7**		**7**						
男	7		7						
女									
门巴族									
男									
女									
珞巴族									
男									
女									
基诺族									
男									
女									
其他未识别的民族	**1**		**1**	**1**		**1**	**314**	**10**	**304**
男	1		1	1		1	304		304
女							10	10	
外国人加入中国籍									
男									
女									

4-4 续表 78

单位：人

户主民族别 性别	配偶民族别、性别								
	锡伯族			阿昌族			普米族		
	小计	男	女	小计	男	女	小计	男	女
总计	**37133**	**2618**	**34515**	**6957**	**319**	**6638**	**7347**	**500**	**6847**
男	34515		34515	6638		6638	6847		6847
女	2618	2618		319	319		500	500	
汉族	**21197**	**1715**	**19482**	**1951**	**114**	**1837**	**985**	**100**	**885**
男	19482		19482	1837		1837	885		885
女	1715	1715		114	114		100	100	
蒙古族	**592**	**37**	**555**				**4**	**1**	**3**
男	555		555				3		3
女	37	37					1	1	
回族	**95**	**15**	**80**	**8**	**1**	**7**	**7**	**1**	**6**
男	80		80	7		7	6		6
女	15	15		1	1		1	1	
藏族	**4**		**4**	**2**		**2**	**61**	**7**	**54**
男	4		4	2		2	54		54
女							7	7	
维吾尔族	**18**	**6**	**12**	**1**		**1**	**2**		**2**
男	12		12	1		1	2		2
女	6	6							
苗族	**2**		**2**	**2**		**2**	**5**		**5**
男	2		2	2		2	5		5
女									
彝族	**3**		**3**	**23**	**2**	**21**	**65**	**3**	**62**
男	3		3	21		21	62		62
女				2	2		3	3	
壮族	**10**	**1**	**9**	**1**		**1**	**11**		**11**
男	9		9	1		1	11		11
女	1	1							

4-4 续表 79

单位：人

户主民族别 性　别	配偶民族别、性别								
	锡伯族			阿昌族			普米族		
	小计	男	女	小计	男	女	小计	男	女
布依族				**3**		**3**			
男				3		3			
女									
朝鲜族	**38**	**2**	**36**				**1**		**1**
男	36		36				1		1
女	2	2							
满族	**5245**	**259**	**4986**	**1**	**1**		**2**		**2**
男	4986		4986				2		2
女	259	259		1	1				
侗族	**1**	**1**		**1**		**1**			
男				1		1			
女	1	1							
瑶族	**1**		**1**	**2**		**2**	**1**		**1**
男	1		1	2		2	1		1
女									
白族	**1**		**1**	**120**	**12**	**108**	**626**	**78**	**548**
男	1		1	108		108	548		548
女				12	12		78	78	
土家族	**10**	**1**	**9**				**1**		**1**
男	9		9				1		1
女	1	1							
哈尼族				**2**		**2**	**4**	**1**	**3**
男				2		2	3		3
女							1	1	
哈萨克族	**6**	**1**	**5**						
男	5		5						
女	1	1							
傣族				**372**	**26**	**346**	**11**	**2**	**9**
男				346		346	9		9
女				26	26		2	2	

4-4 续表 80 单位：人

户主民族别 性 别	配偶民族别、性别								
	锡伯族			阿昌族			普米族		
	小计	男	女	小计	男	女	小计	男	女
黎族	**5**		**5**				**1**	**1**	
男	5		5						
女							1	1	
傈僳族				**18**	**2**	**16**	**245**	**21**	**224**
男				16		16	224		224
女				2	2		21	21	
佤族	**1**		**1**	**26**		**26**			
男	1		1	26		26			
女									
畲族	**2**		**2**						
男	2		2						
女									
高山族									
男									
女									
拉祜族							**2**	**1**	**1**
男							1		1
女							1	1	
水族							**1**		**1**
男							1		1
女									
东乡族	**1**		**1**						
男	1		1						
女									
纳西族				**1**		**1**	**584**	**59**	**525**
男				1		1	525		525
女							59	59	
景颇族	**1**		**1**	**67**	**9**	**58**			
男	1		1	58		58			
女				9	9				

4-4　续表 81　　　　单位：人

户主民族别 性　别	配偶民族别、性别								
	锡伯族			阿昌族			普米族		
	小计	男	女	小计	男	女	小计	男	女
柯尔克孜族									
男									
女									
土族									
男									
女									
达斡尔族	**31**	**6**	**25**						
男	25		25						
女	6	6							
仫佬族				**1**	**1**				
男									
女				1	1				
羌族									
男									
女									
布朗族	**1**	**1**					**1**		**1**
男							1		1
女	1	1							
撒拉族	**1**		**1**						
男	1		1						
女									
毛南族									
男									
女									
仡佬族									
男									
女									
锡伯族	**9833**	**565**	**9268**						
男	9268		9268						
女	565	565							

4-4 续表 82 单位：人

户主民族别 性 别	配偶民族别、性别								
	锡伯族			阿昌族			普米族		
	小计	男	女	小计	男	女	小计	男	女
阿昌族				**4345**	**150**	**4195**			
男				4195		4195			
女				150	150				
普米族							**4716**	**224**	**4492**
男							4492		4492
女							224	224	
塔吉克族									
男									
女									
怒族							**5**	**1**	**4**
男							4		4
女							1	1	
乌孜别克族	**1**		**1**						
男	1		1						
女									
俄罗斯族	**28**	**7**	**21**						
男	21		21						
女	7	7							
鄂温克族	**3**	**1**	**2**						
男	2		2						
女	1	1							
德昂族				**9**	**1**	**8**			
男				8		8			
女				1	1				
保安族									
男									
女									
裕固族									
男									
女									

4-4 续表 83 单位：人

户主民族别 性别	配偶民族别、性别								
	锡伯族			阿昌族			普米族		
	小计	男	女	小计	男	女	小计	男	女
京族									
男									
女									
塔塔尔族									
男									
女									
独龙族							**4**		**4**
男							4		4
女									
鄂伦春族	**1**		**1**						
男	1		1						
女									
赫哲族	**1**		**1**				**1**		**1**
男	1		1				1		1
女									
门巴族				**1**		**1**			
男				1		1			
女									
珞巴族									
男									
女									
基诺族									
男									
女									
其他未识别的民族							**1**		**1**
男							1		1
女									
外国人加入中国籍									
男									
女									

4-4 续表 84 单位：人

户主民族别 性 别	配偶民族别、性别								
	塔吉克族			怒 族			乌孜别克族		
	小计	男	女	小计	男	女	小计	男	女
总计	**8615**	**135**	**8480**	**6754**	**420**	**6334**	**1600**	**94**	**1506**
男	8480		8480	6334		6334	1506		1506
女	135	135		420	420		94	94	
汉族	**105**	**3**	**102**	**1296**	**69**	**1227**	**55**	**5**	**50**
男	102		102	1227		1227	50		50
女	3	3		69	69		5	5	
蒙古族	**4**		**4**	**2**		**2**	**2**		**2**
男	4		4	2		2	2		2
女									
回族	**5**	**1**	**4**	**6**	**1**	**5**	**24**		**24**
男	4		4	5		5	24		24
女	1	1		1	1				
藏族				**120**	**8**	**112**	**1**		**1**
男				112		112	1		1
女				8	8				
维吾尔族	**78**	**1**	**77**	**7**		**7**	**453**	**62**	**391**
男	77		77	7		7	391		391
女	1	1					62	62	
苗族	**4**		**4**	**3**		**3**	**1**	**1**	
男	4		4	3		3			
女							1	1	
彝族				**22**	**6**	**16**			
男				16		16			
女				6	6				
壮族				**6**		**6**			
男				6		6			
女									

4-4 续表 85

单位：人

户主民族别 性别	配偶民族别、性别								
	塔吉克族			怒族			乌孜别克族		
	小计	男	女	小计	男	女	小计	男	女
布依族				**2**		**2**			
男				2		2			
女									
朝鲜族									
男									
女									
满族	**6**		**6**	**22**	**1**	**21**	**2**		**2**
男	6		6	21		21	2		2
女				1	1				
侗族	**6**		**6**						
男	6		6						
女									
瑶族	**1**		**1**	**6**		**6**	**4**	**1**	**3**
男	1		1	6		6	3		3
女							1	1	
白族				**266**	**24**	**242**			
男				242		242			
女				24	24				
土家族				**3**		**3**			
男				3		3			
女									
哈尼族				**3**	**1**	**2**			
男				2		2			
女				1	1				
哈萨克族	**6**		**6**	**2**		**2**	**136**	**3**	**133**
男	6		6	2		2	133		133
女							3	3	
傣族	**13**		**13**	**7**	**1**	**6**			
男	13		13	6		6			
女				1	1				

4-4 续表 86

单位：人

户主民族别 性别	配偶民族别、性别								
	塔吉克族			怒 族			乌孜别克族		
	小计	男	女	小计	男	女	小计	男	女
黎族	**3**		**3**	**226**	**10**	**216**			
男	3		3	216		216			
女				10	10				
傈僳族				**808**	**71**	**737**			
男				737		737			
女				71	71				
佤族				**3**		**3**			
男				3		3			
女									
畲族				**1**		**1**			
男				1		1			
女									
高山族									
男									
女									
拉祜族	**1**		**1**	**1**		**1**			
男	1		1	1		1			
女									
水族									
男									
女									
东乡族	**1**		**1**						
男	1		1						
女									
纳西族				**34**	**4**	**30**			
男				30		30			
女				4	4				
景颇族				**1**		**1**			
男				1		1			
女									

4-4 续表 87　　　　单位：人

户主民族别 性别	配偶民族别、性别								
	塔吉克族			怒族			乌孜别克族		
	小计	男	女	小计	男	女	小计	男	女
柯尔克孜族	**7**	**1**	**6**				**9**	**1**	**8**
男	6		6				8		8
女	1	1					1	1	
土族				**1**	**1**				
男									
女				1	1				
达斡尔族				**1**		**1**	**1**		**1**
男				1		1	1		1
女									
仫佬族									
男									
女									
羌族				**2**		**2**			
男				2		2			
女									
布朗族									
男									
女									
撒拉族				**1**		**1**	**2**		**2**
男				1		1	2		2
女									
毛南族									
男									
女									
仡佬族									
男									
女									
锡伯族							**2**		**2**
男							2		2
女									

4-4 续表 88 单位：人

户主民族别 性 别	配偶民族别、性别								
	塔吉克族			怒 族			乌孜别克族		
	小计	男	女	小计	男	女	小计	男	女
阿昌族									
男									
女									
普米族				**8**	**1**	**7**			
男				7		7			
女				1	1				
塔吉克族	**8368**	**129**	**8239**				**2**		**2**
男	8239		8239				2		2
女	129	129							
怒族				**3845**	**210**	**3635**			
男				3635		3635			
女				210	210				
乌孜别克族							**885**	**20**	**865**
男							865		865
女							20	20	
俄罗斯族							**3**		**3**
男							3		3
女									
鄂温克族									
男									
女									
德昂族				**1**	**1**				
男									
女				1	1				
保安族									
男									
女									
裕固族									
男									
女									

4-4 续表 89 单位：人

户主民族别 性别	配偶民族别、性别								
	塔吉克族			怒 族			乌孜别克族		
	小计	男	女	小计	男	女	小计	男	女
京族									
男									
女									
塔塔尔族	**6**		**6**				**17**	**1**	**16**
男	6		6				16		16
女							1	1	
独龙族				**46**	**11**	**35**			
男				35		35			
女				11	11				
鄂伦春族									
男									
女									
赫哲族				**1**		**1**			
男				1		1			
女									
门巴族									
男									
女									
珞巴族									
男									
女									
基诺族									
男									
女									
其他未识别的民族	**1**		**1**	**1**		**1**	**1**		**1**
男	1		1	1		1	1		1
女									
外国人加入中国籍									
男									
女									

4-4 续表 90 单位：人

户主民族别 性别	配偶民族别、性别								
	俄罗斯族			鄂温克族			德昂族		
	小计	男	女	小计	男	女	小计	男	女
总计	**3086**	**266**	**2820**	**6237**	**391**	**5846**	**4007**	**155**	**3852**
男	2820		2820	5846		5846	3852		3852
女	266	266		391	391		155	155	
汉族	**2343**	**200**	**2143**	**2265**	**113**	**2152**	**624**	**18**	**606**
男	2143		2143	2152		2152	606		606
女	200	200		113	113		18	18	
蒙古族	**89**	**5**	**84**	**703**	**46**	**657**			
男	84		84	657		657			
女	5	5		46	46				
回族	**50**	**9**	**41**	**22**	**2**	**20**	**2**		**2**
男	41		41	20		20	2		2
女	9	9		2	2				
藏族	**3**		**3**	**3**		**3**			
男	3		3	3		3			
女									
维吾尔族	**15**	**2**	**13**	**3**		**3**			
男	13		13	3		3			
女	2	2							
苗族	**2**		**2**	**1**		**1**	**2**		**2**
男	2		2	1		1	2		2
女									
彝族	**1**		**1**				**17**	**1**	**16**
男	1		1				16		16
女							1	1	
壮族				**2**		**2**			
男				2		2			
女									

4-4 续表 91

单位：人

户主民族别 性别	配偶民族别、性别								
	俄罗斯族			鄂温克族			德昂族		
	小计	男	女	小计	男	女	小计	男	女
布依族							**3**		**3**
男							3		3
女									
朝鲜族	**1**		**1**	**6**		**6**			
男	1		1	6		6			
女									
满族	**43**	**2**	**41**	**124**	**5**	**119**	**1**		**1**
男	41		41	119		119	1		1
女	2	2		5	5				
侗族									
男									
女									
瑶族							**1**		**1**
男							1		1
女									
白族	**1**		**1**				**9**		**9**
男	1		1				9		9
女									
土家族	**4**	**1**	**3**	**1**		**1**			
男	3		3	1		1			
女	1	1							
哈尼族							**2**	**1**	**1**
男							1		1
女							1	1	
哈萨克族	**11**	**1**	**10**				**1**		**1**
男	10		10				1		1
女	1	1							
傣族				**1**		**1**	**145**	**11**	**134**
男				1		1	134		134
女							11	11	

4-4 续表 92 单位：人

户主民族别 性 别	配偶民族别、性别								
	俄罗斯族			鄂温克族			德 昂 族		
	小计	男	女	小计	男	女	小计	男	女
黎族							**1**		**1**
男							1		1
女									
傈僳族							**6**		**6**
男							6		6
女									
佤族							**8**		**8**
男							8		8
女									
畲族									
男									
女									
高山族	**1**		**1**				**1**		**1**
男	1		1				1		1
女									
拉祜族							**1**		**1**
男							1		1
女									
水族									
男									
女									
东乡族	**2**		**2**						
男	2		2						
女									
纳西族									
男									
女									
景颇族							**62**	**8**	**54**
男							54		54
女							8	8	

4-4 续表 93

单位：人

户主民族别 性　别	配偶民族别、性别								
	俄罗斯族			鄂温克族			德 昂 族		
	小计	男	女	小计	男	女	小计	男	女
柯尔克孜族	**1**		**1**	**1**		**1**			
男	1		1	1		1			
女									
土族									
男									
女									
达斡尔族	**26**	**2**	**24**	**1247**	**98**	**1149**			
男	24		24	1149		1149			
女	2	2		98	98				
仫佬族									
男									
女									
羌族				**1**		**1**			
男				1		1			
女									
布朗族							**9**		**9**
男							9		9
女									
撒拉族				**1**		**1**			
男				1		1			
女									
毛南族									
男									
女									
仡佬族									
男									
女									
锡伯族	**25**		**25**	**3**		**3**			
男	25		25	3		3			
女									

4-4 续表 94 单位：人

户主民族别 性别	配偶民族别、性别								
	俄罗斯族			鄂温克族			德昂族		
	小计	男	女	小计	男	女	小计	男	女
阿昌族							**17**		**17**
男							17		17
女									
普米族	**1**		**1**						
男	1		1						
女									
塔吉克族									
男									
女									
怒族									
男									
女									
乌孜别克族	**1**		**1**						
男	1		1						
女									
俄罗斯族	**455**	**41**	**414**	**5**		**5**			
男	414		414	5		5			
女	41	41							
鄂温克族	**7**	**2**	**5**	**1769**	**98**	**1671**			
男	5		5	1671		1671			
女	2	2		98	98				
德昂族							**3093**	**116**	**2977**
男							2977		2977
女							116	116	
保安族									
男									
女									
裕固族									
男									
女									

4-4 续表 95 单位：人

户主民族别 性别	配偶民族别、性别								
	俄罗斯族			鄂温克族			德昂族		
	小计	男	女	小计	男	女	小计	男	女
京族							**1**		**1**
男							1		1
女									
塔塔尔族	**1**		**1**						
男	1		1						
女									
独龙族									
男									
女									
鄂伦春族	**2**	**1**	**1**	**78**	**29**	**49**			
男	1		1	49		49			
女	1	1		29	29				
赫哲族				**1**		**1**			
男				1		1			
女									
门巴族									
男									
女									
珞巴族									
男									
女									
基诺族									
男									
女									
其他未识别的民族							**1**		**1**
男							1		1
女									
外国人加入中国籍	**1**		**1**						
男	1		1						
女									

4-4 续表 96

单位：人

户主民族别 性　别	配偶民族别、性别								
	保安族			裕固族			京　族		
	小计	男	女	小计	男	女	小计	男	女
总计	**3094**	**133**	**2961**	**2919**	**136**	**2783**	**5216**	**348**	**4868**
男	2961		2961	2783		2783	4868		4868
女	133	133		136	136		348	348	
汉族	**38**	**3**	**35**	**1005**	**68**	**937**	**2617**	**200**	**2417**
男	35		35	937		937	2417		2417
女	3	3		68	68		200	200	
蒙古族	**1**		**1**	**8**	**1**	**7**	**7**	**1**	**6**
男	1		1	7		7	6		6
女				1	1		1	1	
回族	**705**	**45**	**660**	**37**	**4**	**33**	**11**		**11**
男	660		660	33		33	11		11
女	45	45		4	4				
藏族	**3**	**1**	**2**	**121**	**10**	**111**			
男	2		2	111		111			
女	1	1		10	10				
维吾尔族	**3**	**1**	**2**				**1**		**1**
男	2		2				1		1
女	1	1							
苗族							**20**	**3**	**17**
男							17		17
女							3	3	
彝族							**41**	**3**	**38**
男							38		38
女							3	3	
壮族				**1**		**1**	**487**	**33**	**454**
男				1		1	454		454
女							33	33	

4-4 续表 97

单位：人

户主民族别 性别	配偶民族别、性别								
	保安族			裕固族			京族		
	小计	男	女	小计	男	女	小计	男	女
布依族							**7**	**1**	**6**
男							6		6
女							1	1	
朝鲜族				**2**		**2**			
男				2		2			
女									
满族				**4**		**4**	**8**	**1**	**7**
男				4		4	7		7
女							1	1	
侗族							**11**		**11**
男							11		11
女									
瑶族							**152**	**6**	**146**
男							146		146
女							6	6	
白族							**11**	**3**	**8**
男							8		8
女							3	3	
土家族	**2**		**2**				**4**	**2**	**2**
男	2		2				2		2
女							2	2	
哈尼族							**1**	**1**	
男									
女							1	1	
哈萨克族	**1**	**1**							
男									
女	1	1							
傣族							**12**		**12**
男							12		12
女									

4-4 续表 98 单位：人

户主民族别 性别	配偶民族别、性别								
	保安族			裕固族			京族		
	小计	男	女	小计	男	女	小计	男	女
黎族							**15**		**15**
男							15		15
女									
傈僳族	**5**		**5**						
男	5		5						
女									
佤族									
男									
女									
畲族							**4**		**4**
男							4		4
女									
高山族									
男									
女									
拉祜族									
男									
女									
水族							**2**		**2**
男							2		2
女									
东乡族	**101**	**5**	**96**	**2**		**2**	**6**		**6**
男	96		96	2		2	6		6
女	5	5							
纳西族				**2**		**2**			
男				2		2			
女									
景颇族							**3**		**3**
男							3		3
女									

4-4 续表 99

单位：人

户主民族别 性别	配偶民族别、性别								
	保安族			裕固族			京族		
	小计	男	女	小计	男	女	小计	男	女
柯尔克孜族									
男									
女									
土族	**3**	**1**	**2**	**20**		**20**			
男	2		2	20		20			
女	1	1							
达斡尔族									
男									
女									
仫佬族									
男									
女									
羌族							**2**		**2**
男							2		2
女									
布朗族									
男									
女									
撒拉族	**217**	**9**	**208**						
男	208		208						
女	9	9							
毛南族							**1**	**1**	
男									
女							1	1	
仡佬族									
男									
女									
锡伯族				**2**		**2**			
男				2		2			
女									

4-4 续表 100

单位：人

户主民族别 性 别	配偶民族别、性别								
	保安族			裕固族			京 族		
	小计	男	女	小计	男	女	小计	男	女
阿昌族									
男									
女									
普米族									
男									
女									
塔吉克族									
男									
女									
怒族									
男									
女									
乌孜别克族									
男									
女									
俄罗斯族									
男									
女									
鄂温克族									
男									
女									
德昂族									
男									
女									
保安族	**2014**	**67**	**1947**						
男	1947		1947						
女	67	67							
裕固族				**1715**	**53**	**1662**			
男				1662		1662			
女				53	53				

4-4 续表 101 单位：人

户主民族别 性别	配偶民族别、性别								
	保安族			裕固族			京族		
	小计	男	女	小计	男	女	小计	男	女
京族							**1783**	**93**	**1690**
男							1690		1690
女							93	93	
塔塔尔族									
男									
女									
独龙族	**1**		**1**						
男	1		1						
女									
鄂伦春族									
男									
女									
赫哲族									
男									
女									
门巴族									
男									
女									
珞巴族									
男									
女									
基诺族							**1**		**1**
男							1		1
女									
其他未识别的民族							**9**		**9**
男							9		9
女									
外国人加入中国籍									
男									
女									

4-4 续表 102

单位：人

户主民族别 性 别	配偶民族别、性别								
	塔塔尔族			独龙族			鄂伦春族		
	小计	男	女	小计	男	女	小计	男	女
总计	**559**	**29**	**530**	**1318**	**60**	**1258**	**1460**	**104**	**1356**
男	530		530	1258		1258	1356		1356
女	29	29		60	60		104	104	
汉族	**56**	**2**	**54**	**175**	**10**	**165**	**1039**	**71**	**968**
男	54		54	165		165	968		968
女	2	2		10	10		71	71	
蒙古族				**3**		**3**	**64**	**1**	**63**
男				3		3	63		63
女							1	1	
回族	**25**	**1**	**24**				**6**	**1**	**5**
男	24		24				5		5
女	1	1					1	1	
藏族				**17**		**17**	**3**		**3**
男				17		17	3		3
女									
维吾尔族	**98**	**12**	**86**	**3**		**3**			
男	86		86	3		3			
女	12	12							
苗族				**1**		**1**	**1**		**1**
男				1		1	1		1
女									
彝族	**2**	**1**	**1**	**12**	**1**	**11**			
男	1		1	11		11			
女	1	1		1	1				
壮族	**3**	**1**	**2**	**3**		**3**			
男	2		2	3		3			
女	1	1							

4-4 续表 103

单位：人

户主民族别 性别	配偶民族别、性别								
	塔塔尔族			独龙族			鄂伦春族		
	小计	男	女	小计	男	女	小计	男	女
布依族							**1**	**1**	
男									
女							1	1	
朝鲜族							**2**		**2**
男							2		2
女									
满族	**3**		**3**	**3**		**3**	**51**	**1**	**50**
男	3		3	3		3	50		50
女							1	1	
侗族				**1**		**1**			
男				1		1			
女									
瑶族	**1**		**1**						
男	1		1						
女									
白族				**34**	**1**	**33**			
男				33		33			
女				1	1				
土家族				**1**		**1**			
男				1		1			
女									
哈尼族				**1**		**1**			
男				1		1			
女									
哈萨克族	**148**	**6**	**142**						
男	142		142						
女	6	6							
傣族									
男									
女									

4-4 续表 104

单位：人

户主民族别 性 别	配偶民族别、性别								
	塔塔尔族			独 龙 族			鄂伦春族		
	小计	男	女	小计	男	女	小计	男	女
黎族									
男									
女									
傈僳族				**180**	**10**	**170**			
男				170		170			
女				10	10				
佤族									
男									
女									
畲族									
男									
女									
高山族									
男									
女									
拉祜族									
男									
女									
水族									
男									
女									
东乡族									
男									
女									
纳西族				**8**	**1**	**7**			
男				7		7			
女				1	1				
景颇族									
男									
女									

4-4 续表 105

单位：人

户主民族别 性 别	配偶民族别、性别								
	塔塔尔族			独 龙 族			鄂伦春族		
	小计	男	女	小计	男	女	小计	男	女
柯尔克孜族	**5**		**5**						
男	5		5						
女									
土族									
男									
女									
达斡尔族							**84**	**5**	**79**
男							79		79
女							5	5	
仫佬族									
男									
女									
羌族							**1**	**1**	
男									
女							1	1	
布朗族									
男									
女									
撒拉族									
男									
女									
毛南族									
男									
女									
仡佬族									
男									
女									
锡伯族	**2**	**1**	**1**						
男	1		1						
女	1	1							

4-4 续表 106

单位：人

户主民族别 性　别	配偶民族别、性别								
	塔塔尔族			独 龙 族			鄂伦春族		
	小计	男	女	小计	男	女	小计	男	女
阿昌族									
男									
女									
普米族				**3**	**1**	**2**			
男				2		2			
女				1	1				
塔吉克族	**2**		**2**						
男	2		2						
女									
怒族				**81**	**7**	**74**			
男				74		74			
女				7	7				
乌孜别克族	**12**	**1**	**11**						
男	11		11						
女	1	1							
俄罗斯族									
男									
女									
鄂温克族							**32**	**3**	**29**
男							29		29
女							3	3	
德昂族									
男									
女									
保安族									
男									
女									
裕固族									
男									
女									

4-4 续表 107 单位：人

户主民族别 性 别	配偶民族别、性别								
	塔塔尔族			独 龙 族			鄂伦春族		
	小计	男	女	小计	男	女	小计	男	女
京族									
男									
女									
塔塔尔族	**198**	**3**	**195**						
男	195		195						
女	3	3							
独龙族	**1**	**1**		**791**	**29**	**762**			
男				762		762			
女	1	1		29	29				
鄂伦春族							**176**	**20**	**156**
男							156		156
女							20	20	
赫哲族	**3**		**3**						
男	3		3						
女									
门巴族									
男									
女									
珞巴族									
男									
女									
基诺族									
男									
女									
其他未识别的民族				**1**		**1**			
男				1		1			
女									
外国人加入中国籍									
男									
女									

4-4 续表 108 单位：人

户主民族别 性 别	配偶民族别、性别								
	赫 哲 族			门 巴 族			珞 巴 族		
	小计	男	女	小计	男	女	小计	男	女
总计	**1016**	**69**	**947**	**1559**	**148**	**1411**	**478**	**76**	**402**
男	947		947	1411		1411	402		402
女	69	69		148	148		76	76	
汉族	**796**	**45**	**751**	**193**	**10**	**183**	**23**	**2**	**21**
男	751		751	183		183	21		21
女	45	45		10	10		2	2	
蒙古族	**9**		**9**	**1**	**1**				
男	9		9						
女				1	1				
回族	**6**	**1**	**5**	**2**		**2**	**1**		**1**
男	5		5	2		2	1		1
女	1	1							
藏族	**1**		**1**	**119**	**25**	**94**	**116**	**24**	**92**
男	1		1	94		94	92		92
女				25	25		24	24	
维吾尔族	**1**		**1**				**2**		**2**
男	1		1				2		2
女									
苗族	**1**		**1**				**2**		**2**
男	1		1				2		2
女									
彝族	**1**		**1**						
男	1		1						
女									
壮族	**6**	**1**	**5**	**4**		**4**			
男	5		5	4		4			
女	1	1							

4-4 续表 109　　单位：人

户主民族别、性别	配偶民族别、性别								
	赫哲族			门巴族			珞巴族		
	小计	男	女	小计	男	女	小计	男	女
布依族				**2**		**2**	**1**		**1**
男				2		2	1		1
女									
朝鲜族	**7**	**1**	**6**						
男	6		6						
女	1	1							
满族	**33**	**3**	**30**	**1**		**1**			
男	30		30	1		1			
女	3	3							
侗族									
男									
女									
瑶族	**2**		**2**						
男	2		2						
女									
白族				**2**		**2**			
男				2		2			
女									
土家族									
男									
女									
哈尼族	**2**	**1**	**1**				**1**		**1**
男	1		1				1		1
女	1	1							
哈萨克族	**1**		**1**	**2**		**2**			
男	1		1	2		2			
女									
傣族									
男									
女									

4-4 续表 110

单位：人

户主民族别 性 别	配偶民族别、性别								
	赫哲族			门巴族			珞巴族		
	小计	男	女	小计	男	女	小计	男	女
黎族							**2**		**2**
男							2		2
女									
傈僳族									
男									
女									
佤族									
男									
女									
畲族									
男									
女									
高山族				**2**		**2**			
男				2		2			
女									
拉祜族									
男									
女									
水族									
男									
女									
东乡族									
男									
女									
纳西族	**1**		**1**				**1**		**1**
男	1		1				1		1
女									
景颇族									
男									
女									

4-4 续表 111 单位：人

户主民族别 性别	配偶民族别、性别								
	赫哲族			门巴族			珞巴族		
	小计	男	女	小计	男	女	小计	男	女
柯尔克孜族									
男									
女									
土族									
男									
女									
达斡尔族	**5**	**1**	**4**						
男	4		4						
女	1	1							
仫佬族									
男									
女									
羌族									
男									
女									
布朗族									
男									
女									
撒拉族	**3**	**1**	**2**						
男	2		2						
女	1	1							
毛南族									
男									
女									
仡佬族									
男									
女									
锡伯族	**1**	**1**							
男									
女	1	1							

4-4 续表 112

单位：人

户主民族别 性 别	配偶民族别、性别								
	赫 哲 族			门 巴 族			珞 巴 族		
	小计	男	女	小计	男	女	小计	男	女
阿昌族									
男									
女									
普米族									
男									
女									
塔吉克族									
男									
女									
怒族									
男									
女									
乌孜别克族									
男									
女									
俄罗斯族	**1**		**1**						
男	1		1						
女									
鄂温克族									
男									
女									
德昂族									
男									
女									
保安族									
男									
女									
裕固族									
男									
女									

4-4 续表 113

单位：人

户主民族别 性 别	配偶民族别、性别								
	赫哲族			门巴族			珞巴族		
	小计	男	女	小计	男	女	小计	男	女
京族									
男									
女									
塔塔尔族	**1**		**1**						
男	1		1						
女									
独龙族									
男									
女									
鄂伦春族	**2**		**2**						
男	2		2						
女									
赫哲族	**135**	**14**	**121**						
男	121		121						
女	14	14							
门巴族				**1190**	**106**	**1084**	**37**	**5**	**32**
男				1084		1084	32		32
女				106	106		5	5	
珞巴族				**41**	**6**	**35**	**292**	**45**	**247**
男				35		35	247		247
女				6	6		45	45	
基诺族	**1**		**1**						
男	1		1						
女									
其他未识别的民族									
男									
女									
外国人加入中国籍									
男									
女									

4-4 续表 114 单位：人

户主民族别 性别	配偶民族别、性别								
	基诺族			其他未识别的民族			外国人加入中国籍		
	小计	男	女	小计	男	女	小计	男	女
总计	**4325**	**221**	**4104**	**120873**	**4460**	**116413**	**482**	**46**	**436**
男	4104		4104	116413		116413	436		436
女	221	221		4460	4460		46	46	
汉族	**647**	**53**	**594**	**32103**	**1933**	**30170**	**442**	**41**	**401**
男	594		594	30170		30170	401		401
女	53	53		1933	1933		41	41	
蒙古族				**258**	**12**	**246**	**1**		**1**
男				246		246	1		1
女				12	12				
回族	**5**		**5**	**90**	**3**	**87**	**2**		**2**
男	5		5	87		87	2		2
女				3	3				
藏族				**17**	**1**	**16**			
男				16		16			
女				1	1				
维吾尔族				**9**		**9**	**2**		**2**
男				9		9	2		2
女									
苗族	**7**		**7**	**810**	**91**	**719**			
男	7		7	719		719			
女				91	91				
彝族	**170**	**19**	**151**	**1909**	**132**	**1777**	**5**		**5**
男	151		151	1777		1777	5		5
女	19	19		132	132				
壮族	**2**		**2**	**52**	**2**	**50**	**8**		**8**
男	2		2	50		50	8		8
女				2	2				

4-4 续表 115 单位：人

户主民族别 性别	配偶民族别、性别								
	基诺族			其他未识别的民族			外国人加入中国籍		
	小计	男	女	小计	男	女	小计	男	女
布依族	**2**		**2**	**613**	**70**	**543**			
男	2		2	543		543			
女				70	70				
朝鲜族				**2**		**2**			
男				2		2			
女									
满族	**3**	**1**	**2**	**7**	**1**	**6**	**2**	**1**	**1**
男	2		2	6		6	1		1
女	1	1		1	1		1	1	
侗族	**1**		**1**	**87**	**8**	**79**			
男	1		1	79		79			
女				8	8				
瑶族	**4**		**4**	**7**	**2**	**5**			
男	4		4	5		5			
女				2	2				
白族	**13**	**2**	**11**	**1138**	**57**	**1081**	**1**	**1**	
男	11		11	1081		1081			
女	2	2		57	57		1	1	
土家族				**259**	**21**	**238**			
男				238		238			
女				21	21				
哈尼族	**131**	**17**	**114**						
男	114		114						
女	17	17							
哈萨克族				**15**		**15**			
男				15		15			
女									
傣族	**98**	**16**	**82**	**9**	**2**	**7**	**1**	**1**	
男	82		82	7		7			
女	16	16		2	2		1	1	

4-4 续表 116 单位：人

户主民族别 性 别	配偶民族别、性别								
	基诺族			其他未识别的民族			外国人加入中国籍		
	小计	男	女	小计	男	女	小计	男	女
黎族				**21**	**2**	**19**			
男				19		19			
女				2	2				
傈僳族	**1**		**1**	**2**		**2**	**3**		**3**
男	1		1	2		2	3		3
女									
佤族	**4**	**1**	**3**	**1**		**1**			
男	3		3	1		1			
女	1	1							
畲族				**9**		**9**			
男				9		9			
女									
高山族									
男									
女									
拉祜族	**15**	**4**	**11**	**1**		**1**			
男	11		11	1		1			
女	4	4							
水族				**78**	**8**	**70**			
男				70		70			
女				8	8				
东乡族				**1**		**1**			
男				1		1			
女									
纳西族	**1**		**1**	**1**		**1**			
男	1		1	1		1			
女									
景颇族				**1**	**1**				
男									
女				1	1				

4-4 续表 117

单位：人

户主民族别 性别	配偶民族别、性别								
	基诺族			其他未识别的民族			外国人加入中国籍		
	小计	男	女	小计	男	女	小计	男	女
柯尔克孜族				**40**	**2**	**38**			
男				38		38			
女				2	2				
土族				**2**		**2**			
男				2		2			
女									
达斡尔族	**2**		**2**						
男	2		2						
女									
仫佬族				**68**	**2**	**66**			
男				66		66			
女				2	2				
羌族	**1**		**1**	**6**		**6**			
男	1		1	6		6			
女									
布朗族	**13**	**2**	**11**						
男	11		11						
女	2	2							
撒拉族									
男									
女									
毛南族				**1**		**1**			
男				1		1			
女									
仡佬族				**309**	**10**	**299**			
男				299		299			
女				10	10				
锡伯族									
男									
女									

4-4 续表 118

单位：人

户主民族别 性 别	配偶民族别、性别								
	基 诺 族			其他未识别的民族			外国人加入中国籍		
	小计	男	女	小计	男	女	小计	男	女
阿昌族							**2**		**2**
男							2		2
女									
普米族				**1**		**1**			
男				1		1			
女									
塔吉克族									
男									
女									
怒族									
男									
女									
乌孜别克族									
男									
女									
俄罗斯族									
男									
女									
鄂温克族									
男									
女									
德昂族									
男									
女									
保安族									
男									
女									
裕固族									
男									
女									

4-4 续表 119 单位：人

户主民族别 性别	配偶民族别、性别								
	基诺族			其他未识别的民族			外国人加入中国籍		
	小计	男	女	小计	男	女	小计	男	女
京族				**28**	**2**	**26**			
男				26		26			
女				2	2				
塔塔尔族				**2**		**2**			
男				2		2			
女									
独龙族	**1**		**1**	**2**		**2**	**2**		**2**
男	1		1	2		2	2		2
女									
鄂伦春族									
男									
女									
赫哲族				**2**		**2**			
男				2		2			
女									
门巴族									
男									
女									
珞巴族				**2**	**1**	**1**			
男				1		1			
女				1	1				
基诺族	**3204**	**106**	**3098**						
男	3098		3098						
女	106	106							
其他未识别的民族				**82910**	**2097**	**80813**			
男				80813		80813			
女				2097	2097				
外国人加入中国籍							**11**	**2**	**9**
男							9		9
女							2	2	

第五卷　生　育

5-1 各地区少数民族分性别、孩次的出生人口(2009.11.1-2010.10.31)(长表数据)

单位：人

地 区	出生人数				第一孩			
	合计	男	女	性别比(女=100)	小计	男	女	性别比(女=100)
全 国	**130411**	**69683**	**60728**	**114.75**	**71105**	**37040**	**34065**	**108.73**
北 京	694	370	324	114.20	610	319	291	109.62
天 津	230	109	121	90.08	179	82	97	84.54
河 北	3369	1810	1559	116.10	1981	1018	963	105.71
山 西	93	42	51	82.35	55	24	31	77.42
内蒙古	4604	2400	2204	108.89	3211	1675	1536	109.05
辽 宁	3905	2090	1815	115.15	2920	1547	1373	112.67
吉 林	936	491	445	110.34	709	372	337	110.39
黑龙江	674	361	313	115.34	551	289	262	110.31
上 海	376	174	202	86.14	269	121	148	81.76
江 苏	507	282	225	125.33	325	172	153	112.42
浙 江	2178	1151	1027	112.07	1230	622	608	102.30
安 徽	482	272	210	129.52	322	173	149	116.11
福 建	755	418	337	124.04	458	253	205	123.41
江 西	208	113	95	118.95	120	62	58	106.90
山 东	814	457	357	128.01	532	282	250	112.80
河 南	1026	578	448	129.02	616	329	287	114.63
湖 北	2455	1284	1171	109.65	1493	777	716	108.52
湖 南	6441	3455	2986	115.71	3438	1747	1691	103.31
广 东	2248	1265	983	128.69	1397	758	639	118.62
广 西	20450	11312	9138	123.79	12037	6355	5682	111.84
海 南	1975	1072	903	118.72	926	487	439	110.93
重 庆	1701	910	791	115.04	801	425	376	113.03
四 川	7270	3828	3442	111.21	2600	1372	1228	111.73
贵 州	14316	8103	6213	130.42	7652	4048	3604	112.32
云 南	18477	9615	8862	108.50	10379	5324	5055	105.32
西 藏	2445	1216	1229	98.94	1053	542	511	106.07
陕 西	140	77	63	122.22	98	52	46	113.04
甘 肃	3537	1970	1567	125.72	1880	1035	845	122.49
青 海	3437	1789	1648	108.56	1612	810	802	101.00
宁 夏	3186	1700	1486	114.40	1437	763	674	113.20
新 疆	21482	10969	10513	104.34	10214	5205	5009	103.91

5-1 续表 1

单位：人

地区	第二孩				第三孩			
	小计	男	女	性别比（女=100）	小计	男	女	性别比（女=100）
全国	**43542**	**23770**	**19772**	**120.22**	**11749**	**6671**	**5078**	**131.37**
北京	77	48	29	165.52	7	3	4	75.00
天津	48	25	23	108.70	3	2	1	200.00
河北	1207	666	541	123.11	158	112	46	243.48
山西	35	18	17	105.88	3		3	
内蒙古	1288	667	621	107.41	100	58	42	138.10
辽宁	894	484	410	118.05	82	54	28	192.86
吉林	209	110	99	111.11	17	9	8	112.50
黑龙江	111	68	43	158.14	11	4	7	57.14
上海	90	40	50	80.00	16	13	3	433.33
江苏	143	83	60	138.33	34	23	11	209.09
浙江	789	426	363	117.36	140	92	48	191.67
安徽	143	89	54	164.81	14	8	6	133.33
福建	257	143	114	125.44	31	17	14	121.43
江西	75	40	35	114.29	12	10	2	500.00
山东	245	152	93	163.44	30	19	11	172.73
河南	340	209	131	159.54	62	37	25	148.00
湖北	869	450	419	107.40	80	49	31	158.06
湖南	2630	1465	1165	125.75	311	205	106	193.40
广东	720	425	295	144.07	98	66	32	206.25
广西	6846	4004	2842	140.89	1244	770	474	162.45
海南	762	396	366	108.20	236	160	76	210.53
重庆	622	318	304	104.61	220	128	92	139.13
四川	2176	1137	1039	109.43	1528	802	726	110.47
贵州	4687	2810	1877	149.71	1388	878	510	172.16
云南	6540	3429	3111	110.22	1235	683	552	123.73
西藏	733	359	374	95.99	346	172	174	98.85
陕西	38	24	14	171.43	4	1	3	33.33
甘肃	1199	672	527	127.51	356	201	155	129.68
青海	1176	621	555	111.89	416	232	184	126.09
宁夏	1165	610	555	109.91	424	234	190	123.16
新疆	7428	3782	3646	103.73	3143	1629	1514	107.60

5-1 续表 2

单位：人

地　区	第四孩				第五孩及以上			
	小计	男	女	性别比（女=100）	小计	男	女	性别比（女=100）
全　国	**2805**	**1549**	**1256**	**123.33**	**1210**	**653**	**557**	**117.24**
北　京								
天　津								
河　北	23	14	9	155.56				
山　西								
内蒙古	5		5					
辽　宁	7	4	3	133.33	2	1	1	100.00
吉　林	1		1					
黑龙江	1		1					
上　海	1		1					
江　苏	3	3			2	1	1	100.00
浙　江	15	7	8	87.50	4	4		
安　徽	3	2	1	200.00				
福　建	7	5	2	250.00	2		2	
江　西	1	1						
山　东	6	4	2	200.00	1		1	
河　南	7	2	5	40.00	1	1		
湖　北	10	5	5	100.00	3	3		
湖　南	44	29	15	193.33	18	9	9	100.00
广　东	29	14	15	93.33	4	2	2	100.00
广　西	231	136	95	143.16	92	47	45	104.44
海　南	46	25	21	119.05	5	4	1	400.00
重　庆	46	30	16	187.50	12	9	3	300.00
四　川	658	358	300	119.33	308	159	149	106.71
贵　州	404	256	148	172.97	185	111	74	150.00
云　南	236	123	113	108.85	87	56	31	180.65
西　藏	164	72	92	78.26	149	71	78	91.03
陕　西								
甘　肃	73	43	30	143.33	29	19	10	190.00
青　海	135	74	61	121.31	98	52	46	113.04
宁　夏	111	64	47	136.17	49	29	20	145.00
新　疆	538	278	260	106.92	159	75	84	89.29

5-2 各民族分性别、孩次的出生人口(2009.11.1-2010.10.31)(长表数据)

单位：人

民 族	出生人数				第一孩			
	合计	男	女	性别比(女=100)	小计	男	女	性别比(女=100)
总 计	**1190060**	**652073**	**537987**	**121.21**	**739866**	**393690**	**346176**	**113.73**
汉 族	1059649	582390	477259	122.03	668761	356650	312111	114.27
蒙古族	5504	2877	2627	109.52	3781	1952	1829	106.72
回 族	12113	6501	5612	115.84	6807	3577	3230	110.74
藏 族	6812	3490	3322	105.06	2908	1498	1410	106.24
维吾尔族	17132	8741	8391	104.17	8051	4088	3963	103.15
苗 族	11714	6436	5278	121.94	6082	3206	2876	111.47
彝 族	12041	6348	5693	111.51	5502	2836	2666	106.38
壮 族	19946	11047	8899	124.14	11919	6325	5594	113.07
布依族	3758	2124	1634	129.99	2074	1072	1002	106.99
朝鲜族	684	378	306	123.53	551	306	245	124.90
满 族	7439	3992	3447	115.81	5239	2752	2487	110.66
侗 族	3498	1937	1561	124.09	1971	1011	960	105.31
瑶 族	3329	1841	1488	123.72	1690	910	780	116.67
白 族	1850	928	922	100.65	1134	571	563	101.42
土家族	7871	4175	3696	112.96	4332	2232	2100	106.29
哈尼族	2337	1220	1117	109.22	1110	563	547	102.93
哈萨克族	2331	1195	1136	105.19	1116	601	515	116.70
傣 族	1508	780	728	107.14	1013	514	499	103.01
黎 族	2053	1110	943	117.71	963	499	464	107.54
傈僳族	986	536	450	119.11	559	304	255	119.22
佤 族	545	270	275	98.18	338	166	172	96.51
畲 族	591	332	259	128.19	355	187	168	111.31
高山族	1		1		1		1	
拉祜族	603	298	305	97.70	361	173	188	92.02
水 族	633	357	276	129.35	301	160	141	113.48
东乡族	1103	611	492	124.19	558	304	254	119.69
纳西族	255	134	121	110.74	179	94	85	110.59
景颇族	301	151	150	100.67	190	88	102	86.27
柯尔克孜族	246	134	112	119.64	127	60	67	89.55
土 族	282	150	132	113.64	176	86	90	95.56
达斡尔族	118	57	61	93.44	89	46	43	106.98
仫佬族	254	137	117	117.09	172	92	80	115.00
羌 族	325	161	164	98.17	198	102	96	106.25
布朗族	164	91	73	124.66	93	50	43	116.28
撒拉族	240	115	125	92.00	103	46	57	80.70
毛南族	113	67	46	145.65	75	46	29	158.62
仡佬族	562	287	275	104.36	322	161	161	100.00
锡伯族	105	62	43	144.19	89	52	37	140.54
阿昌族	60	33	27	122.22	31	14	17	82.35
普米族	49	26	23	113.04	34	20	14	142.86
塔吉克族	75	43	32	134.38	32	18	14	128.57
怒 族	43	26	17	152.94	18	9	9	100.00
乌孜别克族	8	3	5	60.00	4	2	2	100.00
俄罗斯族	7	2	5	40.00	7	2	5	40.00
鄂温克族	34	20	14	142.86	25	15	10	150.00
德昂族	42	23	19	121.05	31	16	15	106.67
保安族	41	26	15	173.33	16	8	8	100.00
裕固族	11	6	5	120.00	7	3	4	75.00
京 族	27	16	11	145.45	18	9	9	100.00
塔塔尔族	2	1	1	100.00	2	1	1	100.00
独龙族	8	4	4	100.00	4	2	2	100.00
鄂伦春族	3	2	1	200.00	3	2	1	200.00
赫哲族	3	1	2	50.00	3	1	2	50.00
门巴族	15	10	5	200.00	6	4	2	200.00
珞巴族	11	5	6	83.33	4	1	3	33.33
基诺族	33	19	14	135.71	22	14	8	175.00
其他未识别的民族	582	340	242	140.50	301	164	137	119.71
外国人加入中国籍	10	7	3	233.33	8	5	3	166.67

5-2 续表 1

单位：人

民 族	第二孩				第三孩			
	小计	男	女	性别比(女=100)	小计	男	女	性别比(女=100)
总 计	**372295**	**210629**	**161666**	**130.29**	**63047**	**38943**	**24104**	**161.56**
汉 族	328753	186859	141894	131.69	51298	32272	19026	169.62
蒙古族	1560	827	733	112.82	148	90	58	155.17
回 族	3917	2128	1789	118.95	1047	594	453	131.13
藏 族	2320	1186	1134	104.59	964	502	462	108.66
维吾尔族	5710	2929	2781	105.32	2725	1398	1327	105.35
苗 族	4088	2325	1763	131.88	1135	669	466	143.56
彝 族	3939	2089	1850	112.92	1635	893	742	120.35
壮 族	6566	3835	2731	140.42	1177	730	447	163.31
布依族	1323	792	531	149.15	298	207	91	227.47
朝鲜族	127	70	57	122.81	6	2	4	50.00
满 族	1971	1084	887	122.21	211	145	66	219.70
侗 族	1281	761	520	146.35	209	145	64	226.56
瑶 族	1321	749	572	130.94	237	140	97	144.33
白 族	650	319	331	96.37	55	34	21	161.90
土家族	2883	1526	1357	112.45	518	322	196	164.29
哈尼族	839	454	385	117.92	303	158	145	108.97
哈萨克族	966	471	495	95.15	230	115	115	100.00
傣 族	473	256	217	117.97	18	10	8	125.00
黎 族	779	407	372	109.41	245	166	79	210.13
傈僳族	357	187	170	110.00	48	33	15	220.00
佤 族	182	91	91	100.00	20	11	9	122.22
畲 族	210	127	83	153.01	21	15	6	250.00
高山族								
拉祜族	205	102	103	99.03	31	20	11	181.82
水 族	231	133	98	135.71	64	44	20	220.00
东乡族	401	231	170	135.88	102	53	49	108.16
纳西族	70	35	35	100.00	5	4	1	400.00
景颇族	90	50	40	125.00	18	11	7	157.14
柯尔克孜族	71	39	32	121.88	43	32	11	290.91
土 族	93	57	36	158.33	9	6	3	200.00
达斡尔族	28	11	17	64.71	1		1	
仫佬族	76	42	34	123.53	5	2	3	66.67
羌 族	113	55	58	94.83	14	4	10	40.00
布朗族	61	37	24	154.17	8	3	5	60.00
撒拉族	99	46	53	86.79	29	16	13	123.08
毛南族	33	18	15	120.00	5	3	2	150.00
仡佬族	180	96	84	114.29	44	22	22	100.00
锡伯族	15	9	6	150.00	1	1		
阿昌族	25	16	9	177.78	3	2	1	200.00
普米族	11	5	6	83.33	4	1	3	33.33
塔吉克族	30	17	13	130.77	10	6	4	150.00
怒 族	15	10	5	200.00	8	5	3	166.67
乌孜别克族	4	1	3	33.33				
俄罗斯族								
鄂温克族	7	4	3	133.33	2	1	1	100.00
德昂族	9	5	4	125.00	2	2		
保安族	17	15	2	750.00	5	2	3	66.67
裕固族	4	3	1	300.00				
京 族	7	6	1	600.00	2	1	1	100.00
塔塔尔族								
独龙族	1	1			1		1	
鄂伦春族								
赫哲族								
门巴族	4	2	2	100.00	3	3		
珞巴族	5	4	1	400.00	1		1	
基诺族	9	4	5	80.00	2	1	1	100.00
其他未识别的民族	164	101	63	160.32	77	47	30	156.67
外国人加入中国籍	2	2						

5-2 续表 2

单位：人

民族	第四孩				第五孩及以上			
	小计	男	女	性别比（女=100）	小计	男	女	性别比（女=100）
总计	**11514**	**6843**	**4671**	**146.50**	**3338**	**1968**	**1370**	**143.65**
汉族	8709	5294	3415	155.02	2128	1315	813	161.75
蒙古族	13	6	7	85.71	2	2		
回族	247	142	105	135.24	95	60	35	171.43
藏族	340	165	175	94.29	280	139	141	98.58
维吾尔族	493	255	238	107.14	153	71	82	86.59
苗族	281	167	114	146.49	128	69	59	116.95
彝族	666	369	297	124.24	299	161	138	116.67
壮族	212	120	92	130.43	72	37	35	105.71
布依族	46	40	6	666.67	17	13	4	325.00
朝鲜族								
满族	16	10	6	166.67	2	1	1	100.00
侗族	35	19	16	118.75	2	1	1	100.00
瑶族	55	30	25	120.00	26	12	14	85.71
白族	9	4	5	80.00	2		2	
土家族	105	70	35	200.00	33	25	8	312.50
哈尼族	64	32	32	100.00	21	13	8	162.50
哈萨克族	18	7	11	63.64	1	1		
傣族	4		4					
黎族	57	32	25	128.00	9	6	3	200.00
傈僳族	15	7	8	87.50	7	5	2	250.00
佤族	3	1	2	50.00	2	1	1	100.00
畲族	5	3	2	150.00				
高山族								
拉祜族	5	3	2	150.00	1		1	
水族	20	9	11	81.82	17	11	6	183.33
东乡族	29	16	13	123.08	13	7	6	116.67
纳西族	1	1						
景颇族	2	1	1	100.00	1	1		
柯尔克孜族	4	2	2	100.00	1	1		
土族	3	1	2	50.00	1		1	
达斡尔族								
仫佬族					1	1		
羌族								
布朗族	1	1			1		1	
撒拉族	7	6	1	600.00	2	1	1	100.00
毛南族								
仡佬族	14	7	7	100.00	2	1	1	100.00
锡伯族								
阿昌族	1	1						
普米族								
塔吉克族	2	2			1		1	
怒族					2	2		
乌孜别克族								
俄罗斯族								
鄂温克族								
德昂族								
保安族	2	1	1	100.00	1		1	
裕固族								
京族								
塔塔尔族								
独龙族					2	1	1	100.00
鄂伦春族								
赫哲族								
门巴族	2	1	1	100.00				
珞巴族	1		1					
基诺族								
其他未识别的民族	27	18	9	200.00	13	10	3	333.33
外国人加入中国籍								

5-3 各民族15-64岁妇女平均活产和存活子女数（长表数据）

单位：人、%

民族	15-64岁妇女人数	活产子女总数			存活子女总数			存活子女总数占活产子女总数的百分比	妇女平均活产子女数	妇女平均存活子女数
		小计	男	女	小计	男	女			
总计	**46431380**	**62749675**	**33735200**	**29014475**	**61981758**	**33269699**	**28712059**	**98.78**	**1.35**	**1.33**
汉族	42753137	57057764	30713756	26344008	56406880	30315889	26090991	98.86	1.33	1.32
蒙古族	209938	261268	135539	125729	258650	133856	124794	99.00	1.24	1.23
回族	361851	543248	288248	255000	535045	283449	251596	98.49	1.50	1.48
藏族	203979	294736	154349	140387	287087	149955	137132	97.40	1.44	1.41
维吾尔族	340313	578065	301132	276933	559379	290717	268662	96.77	1.70	1.64
苗族	291492	507726	273640	234086	496398	267253	229145	97.77	1.74	1.70
彝族	284753	499994	263953	236041	487056	256558	230498	97.41	1.76	1.71
壮族	540046	874529	472813	401716	863726	466284	397442	98.76	1.62	1.60
布依族	90333	156698	84221	72477	153541	82431	71110	97.99	1.73	1.70
朝鲜族	55473	54870	28857	26013	54417	28563	25854	99.17	0.99	0.98
满族	365050	423955	222260	201695	420155	219748	200407	99.10	1.16	1.15
侗族	91912	147451	80957	66494	144508	79272	65236	98.00	1.60	1.57
瑶族	86069	139401	75052	64349	136868	73547	63321	98.18	1.62	1.59
白族	64939	98893	50780	48113	96828	49543	47285	97.91	1.52	1.49
土家族	254262	390574	206978	183596	382197	202208	179989	97.86	1.54	1.50
哈尼族	55966	96789	52792	43997	92806	50585	42221	95.88	1.73	1.66
哈萨克族	48550	73781	38823	34958	72732	38199	34533	98.58	1.52	1.50
傣族	45976	70478	36318	34160	68114	34879	33235	96.65	1.53	1.48
黎族	48833	86335	46476	39859	85263	45869	39394	98.76	1.77	1.75
傈僳族	24710	41891	21745	20146	40046	20701	19345	95.60	1.70	1.62
佤族	15243	25828	13422	12406	23858	12347	11511	92.37	1.69	1.57
畲族	21301	32988	17704	15284	32535	17436	15099	98.63	1.55	1.53
高山族	143	160	83	77	160	83	77	100.00	1.12	1.12
拉祜族	17634	28976	15177	13799	26943	14037	12906	92.98	1.64	1.53
水族	13146	23872	13027	10845	23492	12802	10690	98.41	1.82	1.79
东乡族	24540	42664	23601	19063	41505	22975	18530	97.28	1.74	1.69
纳西族	11880	16028	8271	7757	15683	8054	7629	97.85	1.35	1.32
景颇族	5389	9778	5055	4723	9199	4698	4501	94.08	1.81	1.71
柯尔克孜族	6470	10463	5435	5028	10175	5293	4882	97.25	1.62	1.57
土族	10072	14990	7893	7097	14654	7705	6949	97.76	1.49	1.45
达斡尔族	4830	5650	2943	2707	5568	2892	2676	98.55	1.17	1.15
仫佬族	6487	9401	4962	4439	9275	4884	4391	98.66	1.45	1.43
羌族	11253	17029	8837	8192	16577	8575	8002	97.35	1.51	1.47
布朗族	3946	6829	3509	3320	6440	3294	3146	94.30	1.73	1.63
撒拉族	4283	7278	3953	3325	7136	3872	3264	98.05	1.70	1.67
毛南族	3178	4792	2507	2285	4719	2467	2252	98.48	1.51	1.48
仡佬族	16259	28546	15157	13389	27717	14688	13029	97.10	1.76	1.70
锡伯族	6547	6682	3483	3199	6622	3451	3171	99.10	1.02	1.01
阿昌族	1234	2110	1070	1040	2043	1026	1017	96.82	1.71	1.66
普米族	1464	2363	1190	1173	2314	1165	1149	97.93	1.61	1.58
塔吉克族	1635	2783	1426	1357	2687	1376	1311	96.55	1.70	1.64
怒族	1300	2226	1151	1075	2120	1095	1025	95.24	1.71	1.63
乌孜别克族	342	505	253	252	485	241	244	96.04	1.48	1.42
俄罗斯族	577	544	278	266	535	273	262	98.35	0.94	0.93
鄂温克族	1128	1284	622	662	1263	610	653	98.36	1.14	1.12
德昂族	738	1313	680	633	1250	639	611	95.20	1.78	1.69
保安族	704	1163	641	522	1126	620	506	96.82	1.65	1.60
裕固族	485	614	309	305	599	301	298	97.56	1.27	1.24
京族	901	1279	691	588	1252	672	580	97.89	1.42	1.39
塔塔尔族	130	163	70	93	160	69	91	98.16	1.25	1.23
独龙族	276	567	293	274	469	230	239	82.72	2.05	1.70
鄂伦春族	329	308	162	146	304	161	143	98.70	0.94	0.92
赫哲族	204	192	100	92	191	100	91	99.48	0.94	0.94
门巴族	355	562	312	250	537	295	242	95.55	1.58	1.51
珞巴族	131	193	107	86	187	103	84	96.89	1.47	1.43
基诺族	848	1377	682	695	1320	655	665	95.86	1.62	1.56
其他未识别的民族	18350	39638	21407	18231	38874	20961	17913	98.07	2.16	2.12
外国人加入中国籍	66	91	48	43	88	48	40	96.70	1.38	1.33

5-4 各民族育龄妇女年龄别生育率和总和生育率(长表数据)

单位：‰

民族	年龄别生育率							总和生育率
	15-19岁	20-24岁	25-29岁	30-34岁	35-39岁	40-44岁	45-49岁	
总计	**5.93**	**69.47**	**84.08**	**45.84**	**18.71**	**7.51**	**4.68**	**1181.04**
汉族	5.00	67.25	82.78	44.83	18.38	7.42	4.69	1151.76
蒙古族	6.75	62.59	73.20	46.86	17.87	7.09	3.54	1089.55
回族	16.67	93.37	91.56	50.56	19.40	7.18	4.55	1416.40
藏族	11.94	71.30	78.24	46.43	24.67	16.52	9.51	1293.11
维吾尔族	18.12	105.38	113.40	78.73	33.66	13.64	5.38	1841.56
苗族	25.81	121.85	103.60	53.15	22.07	9.43	4.38	1701.46
彝族	19.53	120.04	111.29	51.79	23.42	9.51	4.16	1698.71
壮族	11.54	91.16	107.07	69.23	26.89	9.30	5.93	1605.61
布依族	22.25	143.81	116.85	61.61	24.16	8.01	4.28	1904.85
朝鲜族	0.52	12.33	44.42	38.48	18.92	6.11	3.63	622.07
满族	3.39	54.38	63.14	39.54	16.46	5.55	2.37	924.14
侗族	11.69	115.09	124.93	64.45	22.75	7.51	5.75	1760.78
瑶族	17.50	90.34	108.08	63.82	24.64	7.75	4.88	1585.05
白族	9.84	92.96	95.86	42.60	9.07	2.71	1.47	1272.56
土家族	10.97	103.78	104.14	49.93	20.16	7.17	4.36	1502.45
哈尼族	33.17	115.50	89.85	47.45	26.43	10.66	3.06	1630.59
哈萨克族	8.72	73.89	120.33	86.49	39.25	14.56	5.86	1745.53
傣族	29.55	105.31	81.25	37.57	10.33	4.01	0.99	1344.99
黎族	15.98	97.48	109.77	68.69	27.46	10.22	7.32	1684.55
傈僳族	42.69	119.41	87.08	35.98	17.28	5.43	1.48	1546.74
佤族	36.86	96.64	78.70	39.90	11.83	1.20	0.78	1329.54
畲族	4.72	75.84	99.20	50.95	15.25	8.79	2.42	1285.79
高山族			47.62					238.10
拉祜族	44.16	89.25	75.26	36.79	11.77	4.48	3.08	1323.93
水族	19.70	125.78	139.09	74.84	18.90	14.54	3.52	1981.79
东乡族	23.90	118.32	100.81	56.37	24.96	7.57	3.22	1675.78
纳西族	5.74	55.99	85.69	41.19	9.79	1.27	1.62	1006.42
景颇族	53.06	154.68	129.64	49.46	15.17	9.04	2.15	2066.05
柯尔克孜族	11.68	83.44	77.87	49.90	27.40	7.25	4.17	1308.56
土族	12.50	83.57	75.61	41.16	18.07	3.85	2.44	1185.99
达斡尔族	9.51	51.08	62.28	57.37	14.61	7.19	5.84	1039.39
仫佬族	10.98	75.43	124.69	60.94	30.16	6.49	14.80	1617.52
羌族	7.66	99.38	79.17	48.14	17.84	7.73	3.27	1315.95
布朗族	23.32	130.76	95.14	40.17	15.71			1525.56
撒拉族	25.40	141.35	116.49	77.08	16.00	13.54	25.00	2074.31
毛南族	6.05	108.57	113.04	56.60	22.42	4.95	3.19	1574.16
仡佬族	9.17	133.33	123.97	60.02	10.11	6.76	0.74	1720.43
锡伯族		34.26	53.83	34.31	15.68	1.33		697.03
阿昌族	43.89	115.18	117.99	43.32	21.66	15.94		1789.91
普米族	15.15	77.32	112.00	32.70	16.30	6.37		1299.21
塔吉克族	19.92	83.33	108.65	57.89	35.40	22.47		1638.35
怒族	19.61	81.87	73.68	56.96	14.87	7.41		1272.01
乌孜别克族		67.80	25.32	62.50	26.32			909.64
俄罗斯族		29.85	16.13	45.11			15.15	531.22
鄂温克族	15.21	67.04	77.19	51.95	19.23			1153.10
德昂族	50.00	183.41	118.14	34.68				1931.16
保安族	17.24	169.35	142.86	45.11	24.39	34.09		2165.24
裕固族		58.82	65.22	73.39		12.66		1050.47
京族	8.47	32.13	121.21	66.30	9.17	9.57	22.99	1349.23
塔塔尔族	57.14	50.00						535.71
独龙族		44.94	105.26	22.47	26.67	43.48		1214.12
鄂伦春族			37.04	26.32				316.76
赫哲族			107.14					535.71
门巴族	36.04	40.00	78.43	111.11	50.00			1577.89
珞巴族		178.57	214.29	111.11	102.56			3032.66
基诺族	62.89	142.86	40.82	11.98	33.76			1461.49
其他未识别的民族	17.71	123.18	90.86	39.75	13.98	2.24	4.39	1460.54
外国人加入中国籍		500.00	315.79	222.22				5190.06

第六卷　家　庭

6-1 各地区按少数民族和汉族分的家庭户户数和人口数

单位：户、人

地 区	合 计		全户少数民族户		少数民族与汉族混合户		全户汉族户	
	户数	人口数	户数	人口数	户数	人口数	户数	人口数
全 国	**401934196**	**1239981250**	**25744791**	**86208567**	**9980840**	**37006502**	**366208565**	**1116766181**
北 京	6680552	16389723	141350	290808	225141	708395	6314061	15390520
天 津	3661992	10262186	64370	164352	58729	195865	3538893	9901969
河 北	20395116	68538709	581059	1860178	461638	1720690	19352419	64957841
山 西	10330207	33484131	17122	53104	18360	67852	10294725	33363175
内蒙古	8205498	23071690	1059469	2974561	909531	3072215	6236498	17024914
辽 宁	14994046	41755874	1350230	3811787	1347923	4560740	12295893	33383347
吉 林	8998492	26457769	554641	1428179	359687	1259508	8084164	23770082
黑龙江	13000088	36884039	289121	750832	317609	1085266	12393358	35047941
上 海	8253257	20593430	54719	114066	66151	205963	8132387	20273401
江 苏	24381782	71685839	57096	133822	113816	406213	24210870	71145804
浙 江	18854021	49425543	312506	684845	189460	644368	18352055	48096330
安 徽	18861956	56493891	76169	212490	91456	339108	18694331	55942293
福 建	11206317	33397663	142638	350167	174525	657327	10889154	32390169
江 西	11542527	42181417	8605	21238	54778	242924	11479144	41917255
山 东	30105454	89855501	159546	518885	89196	309666	29856712	89026950
河 南	25928729	90028072	231048	828606	124458	487661	25573223	88711805
湖 北	16695121	52745625	574550	1632286	341309	1246706	15779262	49866633
湖 南	18625710	61911446	1396994	4740971	633404	2603325	16595312	54567150
广 东	28630609	88979305	452395	875484	263509	901116	27914705	87202705
广 西	13151404	43970320	4358880	14116535	1135165	4485510	7657359	25368275
海 南	2331149	8060519	301633	1156024	93879	411626	1935637	6492869
重 庆	10000965	26994017	520860	1419505	194255	739718	9285850	24834794
四 川	25794161	76207174	1073785	4307177	207018	812366	24513358	71087631
贵 州	10558461	33571308	3071643	9704013	1052341	4062210	6434477	19805085
云 南	12339961	43626674	3210360	12102007	1179029	4791865	7950572	26732802
西 藏	670838	2837769	584114	2657877	5228	18637	81496	161255
陕 西	10718563	34462115	38433	109808	27793	95882	10652337	34256425
甘 肃	6900369	24052594	510371	2176909	61837	243189	6328161	21632496
青 海	1529039	5284525	602426	2377124	78190	299100	848423	2608301
宁 夏	1882205	5970133	561341	2073953	36266	115694	1284598	3780486
新 疆	6705607	20802249	3387317	12560974	69159	215797	3249131	8025478

6-2 各地区全户少数民族家庭户中民族混合户户数

单位：户、%

地区	合计	单一少数民族户		二个少数民族户		三个少数民族户		四个及以上少数民族户	
		户数	占合计百分比	户数	占合计百分比	户数	占合计百分比	户数	占合计百分比
全国	**25744791**	**24706051**	**95.97**	**1024180**	**3.98**	**14356**	**0.06**	**204**	**0.00**
北京	141350	136753	96.75	4579	3.24	18	0.01		
天津	64370	63692	98.95	675	1.05	3	0.00		
河北	581059	559030	96.21	21993	3.78	35	0.01	1	0.00
山西	17122	16979	99.16	143	0.84				
内蒙古	1059469	1015163	95.82	44118	4.16	187	0.02	1	0.00
辽宁	1350230	1305168	96.66	44895	3.32	167	0.01		
吉林	554641	550804	99.31	3828	0.69	9	0.00		
黑龙江	289121	284385	98.36	4719	1.63	17	0.01		
上海	54719	52735	96.37	1969	3.60	15	0.03		
江苏	57096	54911	96.17	2168	3.80	17	0.03		
浙江	312506	297400	95.17	15001	4.80	105	0.03		
安徽	76169	75828	99.55	335	0.44	6	0.01		
福建	142638	138208	96.89	4398	3.08	31	0.02	1	0.00
江西	8605	8278	96.20	324	3.77	3	0.03		
山东	159546	158801	99.53	740	0.46	5	0.00		
河南	231048	230428	99.73	611	0.26	8	0.00	1	0.00
湖北	574550	538417	93.71	35630	6.20	493	0.09	10	0.00
湖南	1396994	1299036	92.99	97368	6.97	585	0.04	5	0.00
广东	452395	436749	96.54	15581	3.44	63	0.01	2	0.00
广西	4358880	4214095	96.68	143016	3.28	1748	0.04	21	0.00
海南	301633	294665	97.69	6867	2.28	100	0.03	1	0.00
重庆	520860	477637	91.70	43144	8.28	79	0.02		
四川	1073785	1062148	98.92	11513	1.07	122	0.01	2	0.00
贵州	3071643	2803422	91.27	262132	8.53	6011	0.20	78	0.00
云南	3210360	3029882	94.38	176796	5.51	3623	0.11	59	0.00
西藏	584114	580054	99.30	4020	0.69	40	0.01		
陕西	38433	38198	99.39	235	0.61				
甘肃	510371	469022	91.90	40747	7.98	585	0.11	17	0.00
青海	602426	589918	97.92	12388	2.06	120	0.02		
宁夏	561341	560279	99.81	1062	0.19				
新疆	3387317	3363966	99.31	23185	0.68	161	0.00	5	0.00

6-2a 各地区全户少数民族家庭户中民族混合户户数(城市)

单位：户、%

地区	合计	单一少数民族户		二个少数民族户		三个少数民族户		四个及以上少数民族户	
		户数	占合计百分比	户数	占合计百分比	户数	占合计百分比	户数	占合计百分比
全国	**3726605**	**3561361**	**95.57**	**163582**	**4.39**	**1630**	**0.04**	**32**	**0.00**
北京	120814	116783	96.66	4014	3.32	17	0.01		
天津	57120	56606	99.10	512	0.90	2	0.00		
河北	87225	84874	97.30	2346	2.69	5	0.01		
山西	13327	13218	99.18	109	0.82				
内蒙古	205068	190833	93.06	14180	6.91	55	0.03		
辽宁	340622	327968	96.29	12628	3.71	26	0.01		
吉林	247158	245484	99.32	1671	0.68	3	0.00		
黑龙江	88022	86536	98.31	1482	1.68	4	0.00		
上海	36621	35375	96.60	1238	3.38	8	0.02		
江苏	28095	27134	96.58	956	3.40	5	0.02		
浙江	98951	93912	94.91	5006	5.06	33	0.03		
安徽	23213	23049	99.29	164	0.71				
福建	50142	48025	95.78	2104	4.20	13	0.03		
江西	1816	1733	95.43	81	4.46	2	0.11		
山东	80628	80063	99.30	561	0.70	4	0.00		
河南	82161	81754	99.50	400	0.49	7	0.01		
湖北	44384	42007	94.64	2360	5.32	16	0.04	1	0.00
湖南	85894	77068	89.72	8780	10.22	45	0.05	1	0.00
广东	327856	316319	96.48	11495	3.51	41	0.01	1	0.00
广西	447660	423745	94.66	23649	5.28	264	0.06	2	0.00
海南	14446	13864	95.97	577	3.99	5	0.03		
重庆	31537	28054	88.96	3478	11.03	5	0.02		
四川	29278	28210	96.35	1057	3.61	11	0.04		
贵州	176700	144436	81.74	31548	17.85	698	0.40	18	0.01
云南	196997	179192	90.96	17547	8.91	253	0.13	5	0.00
西藏	54134	53642	99.09	480	0.89	12	0.02		
陕西	27179	27002	99.35	177	0.65				
甘肃	90506	85227	94.17	5255	5.81	24	0.03		
青海	68822	66634	96.82	2177	3.16	11	0.02		
宁夏	105463	104713	99.29	750	0.71				
新疆	464766	457901	98.52	6800	1.46	61	0.01	4	0.00

6-2b 各地区全户少数民族家庭户中民族混合户户数(镇)

单位：户、%

地区	合计	单一少数民族户		二个少数民族户		三个少数民族户		四个及以上少数民族户	
		户数	占合计百分比	户数	占合计百分比	户数	占合计百分比	户数	占合计百分比
全国	**4288188**	**4045362**	**94.34**	**239709**	**5.59**	**3064**	**0.07**	**53**	**0.00**
北京	8840	8549	96.71	291	3.29				
天津	4344	4244	97.70	99	2.28	1	0.02		
河北	159100	151548	95.25	7546	4.74	6	0.00		
山西	2441	2419	99.10	22	0.90				
内蒙古	276074	262571	95.11	13438	4.87	64	0.02	1	0.00
辽宁	246363	239785	97.33	6565	2.66	13	0.01		
吉林	109013	108186	99.24	826	0.76	1	0.00		
黑龙江	38861	38006	97.80	850	2.19	5	0.01		
上海	9658	9294	96.23	359	3.72	5	0.05		
江苏	9531	9174	96.25	355	3.72	2	0.02		
浙江	92598	87993	95.03	4578	4.94	27	0.03		
安徽	25392	25308	99.67	81	0.32	3	0.01		
福建	22129	21178	95.70	950	4.29	1	0.00		
江西	1863	1766	94.79	97	5.21				
山东	35475	35381	99.74	94	0.26				
河南	72969	72859	99.85	109	0.15	1	0.00		
湖北	101685	95150	93.57	6417	6.31	116	0.11	2	0.00
湖南	286472	257835	90.00	28474	9.94	162	0.06	1	0.00
广东	46484	44540	95.82	1935	4.16	8	0.02	1	0.00
广西	751010	719697	95.83	30939	4.12	365	0.05	9	0.00
海南	47767	46433	97.21	1323	2.77	11	0.02		
重庆	100642	91182	90.60	9448	9.39	12	0.01		
四川	141133	136590	96.78	4499	3.19	44	0.03		
贵州	425140	363601	85.53	60423	14.21	1106	0.26	10	0.00
云南	459713	413764	90.00	44948	9.78	976	0.21	25	0.01
西藏	86820	86172	99.25	644	0.74	4	0.00		
陕西	6480	6444	99.44	36	0.56				
甘肃	71562	65424	91.42	6060	8.47	75	0.10	3	0.00
青海	133214	129026	96.86	4158	3.12	30	0.02		
宁夏	85596	85552	99.95	44	0.05				
新疆	429819	425691	99.04	4101	0.95	26	0.01	1	0.00

6-2c 各地区全户少数民族家庭户中民族混合户户数(乡村)

单位：户、%

地 区	合 计	单一少数民族户		二个少数民族户		三个少数民族户		四个及以上少数民族户	
		户数	占合计百分比	户数	占合计百分比	户数	占合计百分比	户数	占合计百分比
全 国	**17729998**	**17099328**	**96.44**	**620889**	**3.50**	**9662**	**0.05**	**119**	**0.00**
北 京	11696	11421	97.65	274	2.34	1	0.01		
天 津	2906	2842	97.80	64	2.20				
河 北	334734	322608	96.38	12101	3.62	24	0.01	1	0.00
山 西	1354	1342	99.11	12	0.89				
内 蒙 古	578327	561759	97.14	16500	2.85	68	0.01		
辽 宁	763245	737415	96.62	25702	3.37	128	0.02		
吉 林	198470	197134	99.33	1331	0.67	5	0.00		
黑 龙 江	162238	159843	98.52	2387	1.47	8	0.00		
上 海	8440	8066	95.57	372	4.41	2	0.02		
江 苏	19470	18603	95.55	857	4.40	10	0.05		
浙 江	120957	115495	95.48	5417	4.48	45	0.04		
安 徽	27564	27471	99.66	90	0.33	3	0.01		
福 建	70367	69005	98.06	1344	1.91	17	0.02	1	0.00
江 西	4926	4779	97.02	146	2.96	1	0.02		
山 东	43443	43357	99.80	85	0.20	1	0.00		
河 南	75918	75815	99.86	102	0.13			1	0.00
湖 北	428481	401260	93.65	26853	6.27	361	0.08	7	0.00
湖 南	1024628	964133	94.10	60114	5.87	378	0.04	3	0.00
广 东	78055	75890	97.23	2151	2.76	14	0.02		
广 西	3160210	3070653	97.17	88428	2.80	1119	0.04	10	0.00
海 南	239420	234368	97.89	4967	2.07	84	0.04	1	0.00
重 庆	388681	358401	92.21	30218	7.77	62	0.02		
四 川	903374	897348	99.33	5957	0.66	67	0.01	2	0.00
贵 州	2469803	2295385	92.94	170161	6.89	4207	0.17	50	0.00
云 南	2553650	2436926	95.43	114301	4.48	2394	0.09	29	0.00
西 藏	443160	440240	99.34	2896	0.65	24	0.01		
陕 西	4774	4752	99.54	22	0.46				
甘 肃	348303	318371	91.41	29432	8.45	486	0.14	14	0.00
青 海	400390	394258	98.47	6053	1.51	79	0.02		
宁 夏	370282	370014	99.93	268	0.07				
新 疆	2492732	2480374	99.50	12284	0.49	74	0.00		

6-3 各地区全户少数民族家庭户规模

单位：户、%

地区	合计		一人户		二人户	
	户数	百分比	户数	百分比	户数	百分比
全国	**25744791**	**100.00**	**3932488**	**15.27**	**4970145**	**19.31**
北京	141350	100.00	58809	41.61	37844	26.77
天津	64370	100.00	12426	19.30	18946	29.43
河北	581059	100.00	67635	11.64	128469	22.11
山西	17122	100.00	2510	14.66	3779	22.07
内蒙古	1059469	100.00	184218	17.39	257622	
辽宁	1350230	100.00	216720	16.05	364379	26.99
吉林	554641	100.00	125461	22.62	162880	29.37
黑龙江	289121	100.00	65355	22.60	83370	28.84
上海	54719	100.00	20637	37.71	18037	32.96
江苏	57096	100.00	16507	28.91	18861	33.03
浙江	312506	100.00	98765	31.60	115181	36.86
安徽	76169	100.00	18083	23.74	18890	24.80
福建	142638	100.00	46206	32.39	38042	26.67
江西	8605	100.00	3003	34.90	2037	23.67
山东	159546	100.00	21892	13.72	34141	21.40
河南	231048	100.00	23963	10.37	40478	17.52
湖北	574550	100.00	105276	18.32	149482	26.02
湖南	1396994	100.00	187804	13.44	261816	18.74
广东	452395	100.00	199265	44.05	154699	34.20
广西	4358880	100.00	671523	15.41	885895	20.32
海南	301633	100.00	36059	11.95	38208	12.67
重庆	520860	100.00	127373	24.45	137424	26.38
四川	1073785	100.00	133009	12.39	138588	12.91
贵州	3071643	100.00	520715	16.95	685390	22.31
云南	3210360	100.00	319286	9.95	430580	13.41
西藏	584114	100.00	68824	11.78	74307	12.72
陕西	38433	100.00	7541	19.62	9549	24.85
甘肃	510371	100.00	38885	7.62	56947	11.16
青海	602426	100.00	62366	10.35	79985	13.28
宁夏	561341	100.00	50117	8.93	95249	16.97
新疆	3387317	100.00	422255	12.47	429070	12.67

6-3 续表 1

单位: 户、%

地区	三人户		四人户		五人户		六人户	
	户数	百分比	户数	百分比	户数	百分比	户数	百分比
全 国	**5671481**	**22.03**	**5293155**	**20.56**	**3239605**	**12.58**	**1514598**	**5.88**
北 京	29973	21.20	9484	6.71	3763	2.66	1001	0.71
天 津	22840	35.48	6552	10.18	2703	4.20	655	1.02
河 北	155181	26.71	132485	22.80	58922	10.14	28425	4.89
山 西	4734	27.65	3470	20.27	1563	9.13	671	3.92
内蒙古	343480	32.42	169817	16.03	73256	6.91	22836	2.16
辽 宁	409881	30.36	218669	16.19	94660	7.01	36207	2.68
吉 林	152008	27.41	70816	12.77	29850	5.38	9338	1.68
黑龙江	77922	26.95	37733	13.05	17502	6.05	5215	1.80
上 海	9673	17.68	4310	7.88	1518	2.77	405	0.74
江 苏	11925	20.89	6527	11.43	2383	4.17	609	1.07
浙 江	55484	17.75	30902	9.89	9079	2.91	2133	0.68
安 徽	15695	20.61	13977	18.35	5817	7.64	2387	3.13
福 建	24530	17.20	21208	14.87	8405	5.89	2957	2.07
江 西	1542	17.92	1148	13.34	542	6.30	200	2.32
山 东	38358	24.04	34335	21.52	17544	11.00	8434	5.29
河 南	52603	22.77	53838	23.30	31903	13.81	16905	7.32
湖 北	148410	25.83	103384	17.99	46220	8.04	16528	2.88
湖 南	309529	22.16	319770	22.89	179887	12.88	84422	6.04
广 东	52500	11.60	29852	6.60	10469	2.31	3500	0.77
广 西	1014148	23.27	913385	20.95	514212	11.80	217975	5.00
海 南	52719	17.48	71836	23.82	56580	18.76	25200	8.35
重 庆	103940	19.96	88613	17.01	40286	7.73	16264	3.12
四 川	166520	15.51	202593	18.87	209129	19.48	118910	11.07
贵 州	664420	21.63	589259	19.18	356329	11.60	161925	5.27
云 南	642478	20.01	841328	26.21	511287	15.93	294858	9.18
西 藏	93655	16.03	97161	16.63	74418	12.74	52377	8.97
陕 西	9569	24.90	7117	18.52	3030	7.88	1015	2.64
甘 肃	87141	17.07	110577	21.67	92176	18.06	63658	12.47
青 海	114969	19.08	138721	23.03	95880	15.92	55502	9.21
宁 夏	115672	20.61	134120	23.89	92730	16.52	45308	8.07
新 疆	689982	20.37	830168	24.51	597562	17.64	218778	6.46

6-3 续表 2 单位：户、%

地区	七人户		八人户		九人户		十人及以上户	
	户数	百分比	户数	百分比	户数	百分比	户数	百分比
全国	**621763**	**2.42**	**259291**	**1.01**	**119538**	**0.46**	**122727**	**0.48**
北京	293	0.21	125	0.09	31	0.02	27	0.02
天津	167	0.26	55	0.09	15	0.02	11	0.02
河北	6759	1.16	1926	0.33	741	0.13	516	0.09
山西	201	1.17	102	0.60	53	0.31	39	0.23
内蒙古	5596	0.53	1763	0.17	553	0.05	328	0.03
辽宁	7195	0.53	1833	0.14	490	0.04	196	0.01
吉林	2850	0.51	932	0.17	290	0.05	216	0.04
黑龙江	1391	0.48	443	0.15	100	0.03	90	0.03
上海	86	0.16	24	0.04	16	0.03	13	0.02
江苏	191	0.33	57	0.10	24	0.04	12	0.02
浙江	608	0.19	204	0.07	87	0.03	63	0.02
安徽	782	1.03	294	0.39	133	0.17	111	0.15
福建	871	0.61	285	0.20	67	0.05	67	0.05
江西	77	0.89	31	0.36	10	0.12	15	0.17
山东	2735	1.71	1056	0.66	543	0.34	508	0.32
河南	6203	2.68	2538	1.10	1374	0.59	1243	0.54
湖北	3730	0.65	1066	0.19	299	0.05	155	0.03
湖南	31552	2.26	12472	0.89	5340	0.38	4402	0.32
广东	1194	0.26	504	0.11	219	0.05	193	0.04
广西	83448	1.91	32794	0.75	14116	0.32	11384	0.26
海南	11986	3.97	4973	1.65	2157	0.72	1915	0.63
重庆	4934	0.95	1313	0.25	436	0.08	277	0.05
四川	57497	5.35	24733	2.30	11567	1.08	11239	1.05
贵州	60637	1.97	20647	0.67	7452	0.24	4869	0.16
云南	106516	3.32	37905	1.18	15081	0.47	11041	0.34
西藏	39849	6.82	29027	4.97	19885	3.40	34611	5.93
陕西	361	0.94	136	0.35	62	0.16	53	0.14
甘肃	33365	6.54	15015	2.94	6852	1.34	5755	1.13
青海	27793	4.61	12925	2.15	6722	1.12	7563	1.26
宁夏	18006	3.21	6224	1.11	2202	0.39	1713	0.31
新疆	104890	3.10	47889	1.41	22621	0.67	24102	0.71

6-4 各地区全户少数民族家庭户类别

单位：户、%

地 区	合计		一代户		二代户		三代户		四代户		五代及以上户	
	户数	百分比	户数	百分比	户数	百分比	户数	百分比	户数	百分比	户数	百分比
全 国	**25744791**	**100.00**	**7454222**	**28.95**	**13478422**	**52.35**	**4622789**	**17.96**	**188941**	**0.73**	**417**	**0.00**
北 京	141350	100.00	83800	59.29	47596	33.67	9834	6.96	120	0.08		
天 津	64370	100.00	26132	40.60	31778	49.37	6368	9.89	92	0.14		
河 北	581059	100.00	166102	28.59	309063	53.19	102152	17.58	3737	0.64	5	0.00
山 西	17122	100.00	5408	31.59	8741	51.05	2902	16.95	71	0.41		
内蒙古	1059469	100.00	370289	34.95	564747	53.30	121815	11.50	2618	0.25		
辽 宁	1350230	100.00	476984	35.33	679919	50.36	188350	13.95	4975	0.37	2	0.00
吉 林	554641	100.00	234359	42.25	262753	47.37	56439	10.18	1090	0.20		
黑龙江	289121	100.00	118771	41.08	137610	47.60	32002	11.07	738	0.26		
上 海	54719	100.00	36685	67.04	16141	29.50	1881	3.44	12	0.02		
江 苏	57096	100.00	32542	57.00	21476	37.61	3010	5.27	68	0.12		
浙 江	312506	100.00	208644	66.76	96053	30.74	7610	2.44	199	0.06		
安 徽	76169	100.00	31594	41.48	34718	45.58	9540	12.52	317	0.42		
福 建	142638	100.00	76891	53.91	55322	38.78	10044	7.04	380	0.27	1	0.00
江 西	8605	100.00	4310	50.09	3645	42.36	633	7.36	17	0.20		
山 东	159546	100.00	48520	30.41	79714	49.96	30141	18.89	1169	0.73	2	0.00
河 南	231048	100.00	52989	22.93	121349	52.52	54710	23.68	2000	0.87		
湖 北	574550	100.00	204059	35.52	272472	47.42	94321	16.42	3697	0.64	1	0.00
湖 南	1396994	100.00	347436	24.87	708307	50.70	327248	23.43	13990	1.00	13	0.00
广 东	452395	100.00	347593	76.83	91660	20.26	12859	2.84	283	0.06		
广 西	4358880	100.00	1284109	29.46	2148884	49.30	883643	20.27	42142	0.97	102	0.00
海 南	301633	100.00	61624	20.43	188328	62.44	49874	16.53	1804	0.60	3	0.00
重 庆	520860	100.00	224584	43.12	228616	43.89	65726	12.62	1933	0.37	1	0.00
四 川	1073785	100.00	225390	20.99	635245	59.16	204831	19.08	8282	0.77	37	0.00
贵 州	3071643	100.00	1028282	33.48	1543949	50.26	483759	15.75	15639	0.51	14	0.00
云 南	3210360	100.00	580861	18.09	1685063	52.49	889826	27.72	54465	1.70	145	0.00
西 藏	584114	100.00	116021	19.86	316147	54.12	145051	24.83	6864	1.18	31	0.01
陕 西	38433	100.00	13414	34.90	19394	50.46	5560	14.47	65	0.17		
甘 肃	510371	100.00	80822	15.84	253279	49.63	166232	32.57	9996	1.96	42	0.01
青 海	602426	100.00	116506	19.34	342760	56.90	138252	22.95	4897	0.81	11	0.00
宁 夏	561341	100.00	129837	23.13	348777	62.13	80588	14.36	2135	0.38	4	0.00
新 疆	3387317	100.00	719664	21.25	2224916	65.68	437588	12.92	5146	0.15	3	0.00

第七卷　住　房

7-1 各地区全户少数民族家庭户的住房间数和面积

地 区	家庭户户数（户）	家庭户人数（人）	平均每户住房间数（间/户）	人均住房建筑面积（平方米/人）
全 国	**25744791**	**86208567**	**3.01**	**26.68**
北 京	141350	290808	2.10	31.88
天 津	64370	164352	1.93	26.23
河 北	581059	1860178	2.85	26.77
山 西	17122	53104	2.66	27.07
内蒙古	1059469	2974561	2.09	23.90
辽 宁	1350230	3811787	2.32	26.23
吉 林	554641	1428179	1.79	23.54
黑龙江	289121	750832	1.81	22.51
上 海	54719	114066	1.40	19.83
江 苏	57096	133822	1.76	23.05
浙 江	312506	684845	1.38	15.59
安 徽	76169	212490	2.84	30.83
福 建	142638	350167	2.42	28.07
江 西	8605	21238	2.86	35.22
山 东	159546	518885	3.51	31.45
河 南	231048	828606	3.97	30.44
湖 北	574550	1632286	3.89	47.30
湖 南	1396994	4740971	3.53	31.81
广 东	452395	875484	1.46	17.20
广 西	4358880	14116535	3.19	31.99
海 南	301633	1156024	2.69	19.29
重 庆	520860	1419505	3.06	39.76
四 川	1073785	4307177	2.95	25.42
贵 州	3071643	9704013	3.02	28.09
云 南	3210360	12102007	3.11	25.31
西 藏	584114	2657877	4.13	28.84
陕 西	38433	109808	2.33	24.46
甘 肃	510371	2176909	4.34	18.07
青 海	602426	2377124	3.17	17.15
宁 夏	561341	2073953	2.87	21.06
新 疆	3387317	12560974	3.24	21.81

7-1a 各地区全户少数民族家庭户的住房间数和面积(城市)

地区	家庭户户数(户)	家庭户人数(人)	平均每户住房间数(间/户)	人均住房建筑面积(平方米/人)
全国	**3726605**	**9484647**	**2.22**	**27.00**
北京	120814	244231	1.88	30.33
天津	57120	144698	1.82	25.80
河北	87225	254202	2.64	27.59
山西	13327	40820	2.55	27.54
内蒙古	205068	495419	1.91	27.22
辽宁	340622	793323	1.90	28.09
吉林	247158	618775	1.77	27.33
黑龙江	88022	212054	1.88	25.64
上海	36621	75394	1.49	23.13
江苏	28095	60984	1.75	25.03
浙江	98951	203725	1.18	11.97
安徽	23213	60369	2.52	31.72
福建	50142	105706	1.59	19.70
江西	1816	3968	2.18	33.22
山东	80628	227414	2.86	33.05
河南	82161	254348	3.14	32.50
湖北	44384	112036	2.87	40.38
湖南	85894	235597	3.52	39.19
广东	327856	568799	1.23	15.54
广西	447660	1171256	2.37	28.68
海南	14446	41870	2.52	28.56
重庆	31537	78712	2.52	31.57
四川	29278	66068	2.23	32.07
贵州	176700	464119	2.30	26.93
云南	196997	490792	2.70	32.53
西藏	54134	150766	3.65	35.20
陕西	27179	75042	2.20	24.11
甘肃	90506	289244	2.57	22.21
青海	68822	224213	2.74	24.20
宁夏	105463	306347	2.36	27.78
新疆	464766	1414356	2.65	24.82

7-1b 各地区全户少数民族家庭户的住房间数和面积(镇)

地 区	家庭户户数(户)	家庭户人数(人)	平均每户住房间数(间/户)	人均住房建筑面积(平方米/人)
全 国	**4288188**	**13063859**	**2.90**	**29.49**
北 京	8840	19028	2.64	40.16
天 津	4344	11780	2.62	29.46
河 北	159100	505032	2.97	28.57
山 西	2441	8041	3.22	27.13
内蒙古	276074	724732	2.02	26.16
辽 宁	246363	669572	2.21	26.28
吉 林	109013	269732	1.73	21.98
黑龙江	38861	90170	1.71	24.26
上 海	9658	21094	1.29	15.63
江 苏	9531	24218	2.08	24.63
浙 江	92598	203135	1.25	13.19
安 徽	25392	73162	2.78	29.73
福 建	22129	54120	1.88	20.95
江 西	1863	4286	2.43	33.48
山 东	35475	124408	3.96	29.97
河 南	72969	285275	4.20	28.94
湖 北	101685	275904	3.63	43.37
湖 南	286472	895261	3.41	34.00
广 东	46484	107055	1.76	18.74
广 西	751010	2327483	3.26	37.99
海 南	47767	168103	2.60	21.34
重 庆	100642	286490	2.94	35.39
四 川	141133	451229	2.96	29.25
贵 州	425140	1270574	2.94	30.38
云 南	459713	1486121	3.00	29.25
西 藏	86820	277445	3.77	35.46
陕 西	6480	18520	2.56	25.93
甘 肃	71562	266134	4.14	22.05
青 海	133214	452248	2.54	18.30
宁 夏	85596	306155	2.80	21.83
新 疆	429819	1387352	2.97	23.63

7-1c 各地区全户少数民族家庭户的住房间数和面积(乡村)

地　区	家庭户户数(户)	家庭户人数(人)	平均每户住房间数(间/户)	人均住房建筑面积(平方米/人)
全　国	**17729998**	**63660061**	**3.20**	**26.06**
北　京	11696	27549	3.93	39.83
天　津	2906	7874	2.92	29.35
河　北	334734	1100944	2.85	25.76
山　西	1354	4243	2.68	22.43
内蒙古	578327	1754410	2.19	22.03
辽　宁	763245	2348892	2.54	25.59
吉　林	198470	539672	1.83	19.98
黑龙江	162238	448608	1.81	20.68
上　海	8440	17578	1.12	10.71
江　苏	19470	48620	1.61	19.79
浙　江	120957	277985	1.65	20.00
安　徽	27564	78959	3.16	31.17
福　建	70367	190341	3.18	34.74
江　西	4926	12984	3.27	36.40
山　东	43443	167063	4.34	30.37
河　南	75918	288983	4.66	30.10
湖　北	428481	1244346	4.05	48.80
湖　南	1024628	3610113	3.56	30.78
广　东	78055	199630	2.23	21.09
广　西	3160210	10617796	3.29	31.03
海　南	239420	946051	2.71	18.51
重　庆	388681	1054303	3.14	41.56
四　川	903374	3789880	2.97	24.85
贵　州	2469803	7969320	3.09	27.80
云　南	2553650	10125094	3.16	24.38
西　藏	443160	2229666	4.26	27.58
陕　西	4774	16246	2.77	24.40
甘　肃	348303	1621531	4.84	16.67
青　海	400390	1700663	3.46	15.91
宁　夏	370282	1461451	3.03	19.49
新　疆	2492732	9759266	3.40	21.12

7-2 各地区少数民族和汉族混合家庭户的住房间数和面积

地 区	家庭户户数（户）	家庭户人数（人）	平均每户住房间数（间/户）	人均住房建筑面积（平方米/人）
全 国	**9980840**	**37006502**	**3.04**	**26.13**
北 京	225141	708395	2.51	26.38
天 津	58729	195865	2.45	24.85
河 北	461638	1720690	2.89	24.14
山 西	18360	67852	2.88	22.03
内蒙古	909531	3072215	2.28	22.79
辽 宁	1347923	4560740	2.43	23.19
吉 林	359687	1259508	2.30	20.97
黑龙江	317609	1085266	2.18	21.18
上 海	66151	205963	2.04	23.42
江 苏	113816	406213	2.85	29.77
浙 江	189460	644368	2.63	27.31
安 徽	91456	339108	3.07	26.94
福 建	174525	657327	3.79	33.30
江 西	54778	242924	4.10	28.42
山 东	89196	309666	3.30	26.45
河 南	124458	487661	3.76	27.83
湖 北	341309	1246706	4.19	39.53
湖 南	633404	2603325	3.96	29.63
广 东	263509	901116	2.39	19.39
广 西	1135165	4485510	3.59	28.20
海 南	93879	411626	2.62	19.48
重 庆	194255	739718	3.46	32.47
四 川	207018	812366	3.69	29.86
贵 州	1052341	4062210	3.24	26.08
云 南	1179029	4791865	3.35	26.04
西 藏	5228	18637	3.22	25.15
陕 西	27793	95882	2.65	25.11
甘 肃	61837	243189	3.73	22.06
青 海	78190	299100	3.02	21.65
宁 夏	36266	115694	2.51	27.42
新 疆	69159	215797	2.58	26.30

7-2a 各地区少数民族和汉族混合家庭户的住房间数和面积(城市)

地 区	家庭户户数(户)	家庭户人数(人)	平均每户住房间数(间/户)	人均住房建筑面积(平方米/人)
全 国	**3048696**	**9952873**	**2.45**	**25.40**
北 京	180155	558394	2.25	25.28
天 津	38099	119053	1.96	24.05
河 北	96733	319180	2.52	26.26
山 西	9928	33041	2.39	23.10
内 蒙 古	316011	992918	2.19	24.61
辽 宁	508424	1583581	2.08	23.37
吉 林	112979	359427	2.04	23.17
黑 龙 江	100794	315531	2.04	22.26
上 海	54570	169775	1.99	23.43
江 苏	56797	186256	2.41	25.48
浙 江	55449	174462	1.98	19.43
安 徽	35913	120177	2.60	26.11
福 建	54587	193184	2.97	30.10
江 西	8387	31123	3.01	28.49
山 东	51456	167712	2.68	26.88
河 南	56603	197593	2.99	28.33
湖 北	65902	223589	3.07	33.20
湖 南	76226	264264	3.37	31.78
广 东	173001	514875	1.85	17.91
广 西	357734	1273704	2.88	27.07
海 南	20022	81102	2.72	23.36
重 庆	25345	87474	2.78	27.04
四 川	42586	141801	2.65	27.35
贵 州	213820	750518	2.72	25.19
云 南	205281	685966	3.12	29.59
西 藏	2016	7011	3.27	24.72
陕 西	18369	59810	2.37	24.46
甘 肃	19176	60939	2.38	25.38
青 海	20188	64165	2.45	26.17
宁 夏	29529	90220	2.44	28.76
新 疆	42616	126028	2.39	27.53

7-2b 各地区少数民族和汉族混合家庭户的住房间数和面积(镇)

地 区	家庭户户数 (户)	家庭户人数 (人)	平均每户住房间数 (间/户)	人均住房建筑面积 (平方米/人)
全 国	**2168475**	**7894820**	**3.13**	**28.19**
北 京	17885	56081	2.84	30.82
天 津	7653	26648	3.28	28.86
河 北	107631	388983	2.91	25.60
山 西	2566	9560	3.28	24.56
内 蒙 古	235049	760706	2.24	23.83
辽 宁	204198	658946	2.34	23.41
吉 林	68874	224630	2.16	21.20
黑 龙 江	53448	167604	2.04	21.86
上 海	6595	20312	2.07	22.84
江 苏	16146	61679	3.27	32.56
浙 江	45930	154196	2.43	24.89
安 徽	22817	85395	3.11	27.16
福 建	32599	122313	3.58	32.86
江 西	10218	44542	3.89	28.76
山 东	10924	40135	3.74	27.05
河 南	27217	113088	4.08	28.10
湖 北	72685	255658	4.29	39.99
湖 南	179356	696882	3.86	31.81
广 东	24778	95671	2.81	21.20
广 西	269184	1054624	3.78	33.06
海 南	27934	119737	2.74	20.84
重 庆	47873	185235	3.55	32.81
四 川	50570	184918	3.29	28.86
贵 州	242813	920725	3.32	27.84
云 南	324941	1246683	3.37	28.85
西 藏	2078	6855	2.93	25.47
陕 西	5278	18003	2.81	26.80
甘 肃	13978	50387	3.19	24.47
青 海	22831	78630	2.59	23.10
宁 夏	2582	8999	2.61	24.11
新 疆	11844	36995	2.70	25.53

7-2c 各地区少数民族和汉族混合家庭户的住房间数和面积(乡村)

地 区	家庭户户数(户)	家庭户人数(人)	平均每户住房间数(间/户)	人均住房建筑面积(平方米/人)
全 国	**4763669**	**19158809**	**3.38**	**25.66**
北 京	27101	93920	3.98	30.25
天 津	12977	50164	3.41	24.61
河 北	257274	1012527	3.03	22.92
山 西	5866	25251	3.53	19.67
内 蒙 古	358471	1318591	2.37	20.82
辽 宁	635301	2318213	2.74	23.00
吉 林	177834	675451	2.52	19.73
黑 龙 江	163367	602131	2.31	20.44
上 海	4986	15876	2.54	23.99
江 苏	40873	158278	3.30	33.74
浙 江	88081	315710	3.15	32.84
安 徽	32726	133536	3.55	27.53
福 建	87339	341830	4.37	35.26
江 西	36173	167259	4.42	28.32
山 东	26816	101819	4.31	25.50
河 南	40638	176980	4.63	27.11
湖 北	202722	767459	4.52	41.22
湖 南	377822	1642179	4.12	28.35
广 东	65730	290570	3.65	21.43
广 西	508247	2157182	3.98	26.49
海 南	45923	210787	2.51	17.22
重 庆	121037	467009	3.57	33.35
四 川	113862	485647	4.26	30.97
贵 州	595708	2390967	3.40	25.69
云 南	648807	2859216	3.41	23.97
西 藏	1134	4771	3.64	25.30
陕 西	4146	18069	3.69	25.57
甘 肃	28683	131863	4.89	19.60
青 海	35171	156305	3.61	19.06
宁 夏	4155	16475	3.01	21.90
新 疆	14699	52774	3.03	23.89

7-3 各地区全户少数民族家庭户按住房建成时间分的住房状况(长表数据)

单位：户、间、平方米

地 区	合 计			1949年以前		
	户数	间数	建筑面积	户数	间数	建筑面积
全 国	**2519787**	**7921168**	**236650943**	**32002**	**84723**	**2531563**
北 京	14633	31831	993052	332	596	9865
天 津	6364	12616	438103	82	123	2695
河 北	58192	167092	5083613	309	724	18690
山 西	1655	4498	141362	30	73	1242
内 蒙 古	95354	215108	6944607	276	552	16603
辽 宁	132815	316311	10217080	593	1305	36300
吉 林	43842	91615	3156995	138	250	8220
黑 龙 江	23689	51784	1678211	62	102	3052
上 海	5559	7779	230854	203	245	5123
江 苏	5206	9041	286560	84	135	3501
浙 江	33381	46223	1174506	1224	1757	46960
安 徽	6351	20373	625584	12	26	661
福 建	12644	31516	919439	384	948	23722
江 西	697	2064	61931	14	29	722
山 东	15308	54589	1591551	54	148	3823
河 南	22251	90226	2503023	70	251	5632
湖 北	58440	239821	8305521	1130	3723	130601
湖 南	139566	512245	15640594	3218	8931	274575
广 东	42748	64021	1498183	303	479	12299
广 西	437778	1442048	47167300	6534	16840	521436
海 南	30071	83686	2307940	78	207	5324
重 庆	47049	153282	5426909	1999	5099	180118
四 川	112956	344937	11945209	621	1964	69499
贵 州	297462	938829	27677241	7560	19494	564689
云 南	326873	1038977	32123860	4772	14189	416228
西 藏	58941	237514	7590725	352	1060	38504
陕 西	3503	8416	257705	54	106	3030
甘 肃	57056	259432	4574154	230	747	15222
青 海	56393	193991	4178605	227	845	17907
宁 夏	54440	161607	4404296	98	273	7057
新 疆	318570	1089696	27506230	959	3502	88263

7-3 续表 1

单位：户、间、平方米

地区	1949-1959年			1960-1969年			1970-1979年		
	户数	间数	建筑面积	户数	间数	建筑面积	户数	间数	建筑面积
全国	**31536**	**85817**	**2593552**	**85921**	**237475**	**7108389**	**195469**	**551623**	**16318572**
北京	326	553	11040	286	537	11244	743	1592	37591
天津	99	132	2992	124	204	4546	416	828	21750
河北	569	1347	36572	2237	5513	137946	6738	17044	439696
山西	19	42	854	33	72	1960	123	271	6731
内蒙古	414	801	23709	1416	2808	79444	5621	11604	339562
辽宁	1020	2308	61204	3329	7843	213367	13431	32153	909404
吉林	267	488	13013	1053	1797	51116	3558	6898	196147
黑龙江	213	368	10780	744	1446	41172	2443	4889	144495
上海	64	78	1720	68	89	2017	204	261	6082
江苏	51	82	2419	85	120	3558	349	531	14979
浙江	403	691	19276	946	1720	48338	2437	3782	105411
安徽	22	46	1247	50	115	2650	283	721	18060
福建	221	638	16272	442	1178	31675	961	2712	74497
江西	11	19	391	24	65	1588	104	271	6970
山东	76	203	4858	245	837	20985	676	2114	51539
河南	96	262	6144	278	873	21630	1064	3357	83856
湖北	1272	4341	153158	4070	14167	515713	8310	29632	1097541
湖南	3575	10591	326046	9701	29221	882290	19664	62005	1875067
广东	245	389	9599	582	1072	26909	1597	3109	80400
广西	6142	16071	489202	17542	45367	1347150	34493	90500	2674557
海南	133	337	10452	704	1636	46709	1745	4149	114390
重庆	1816	4870	172449	4249	11769	418360	7343	21468	770332
四川	641	2104	72321	2368	7153	249250	6083	17980	625616
贵州	7675	20106	589595	19299	52125	1498216	35273	100237	2876594
云南	4334	12945	400490	10909	32551	1029330	26186	80507	2443450
西藏	190	658	24270	302	928	31572	706	2284	85713
陕西	53	101	2472	88	189	5329	304	674	16952
甘肃	276	908	17701	764	2796	53336	2462	8985	172824
青海	237	806	18198	810	2634	54892	2059	7067	141334
宁夏	109	314	9119	316	896	21337	1294	3386	80907
新疆	967	3218	85989	2857	9754	254760	8799	30612	806125

7-3 续表 2

单位：户、间、平方米

地区	1980-1989年			1990-1999年			2000年以后		
	户数	间数	建筑面积	户数	间数	建筑面积	户数	间数	建筑面积
全 国	**431958**	**1264976**	**37171098**	**675790**	**2116245**	**62525776**	**1067111**	**3580309**	**108401993**
北 京	2659	6094	152833	3928	8987	273861	6359	13472	496618
天 津	1865	3719	103805	1967	3961	138341	1811	3649	163974
河 北	15088	40666	1130578	16375	49336	1497833	16876	52462	1822298
山 西	359	957	26981	629	1780	56821	462	1303	46773
内蒙古	18330	39992	1191866	31710	72509	2267585	37587	86842	3025838
辽 宁	36471	86943	2596407	40136	96325	3138327	37835	89434	3262071
吉 林	9394	19308	583378	12673	28236	957028	16759	34638	1348093
黑龙江	6266	13287	402620	7835	17746	575064	6126	13946	501028
上 海	1158	1449	34657	1697	2452	73457	2165	3205	107798
江 苏	1258	2047	60628	1567	2872	90120	1812	3254	111355
浙 江	5299	7703	210359	8454	11325	281289	14618	19245	462873
安 徽	1128	3208	84389	2514	7765	236018	2342	8492	282559
福 建	1827	4777	138514	3195	8453	255734	5614	12810	379025
江 西	139	372	10164	150	462	14307	255	846	27789
山 东	2783	9560	254532	5485	20085	570144	5989	21642	685670
河 南	4609	16246	423042	9079	36285	987089	7055	32952	975630
湖 北	14507	54646	1962818	13020	54661	1841666	16131	78651	2604024
湖 南	33087	110160	3332183	33879	127891	3903731	36442	163446	5046702
广 东	3800	6873	169764	11901	18330	438853	24320	33769	760359
广 西	62340	176720	5303831	110169	363926	11791007	200558	732624	25040117
海 南	5159	12390	350439	9496	25562	696628	12756	39405	1083998
重 庆	9274	28084	1001439	9578	31904	1110374	12790	50088	1773837
四 川	17265	52058	1812420	33475	97520	3456928	52503	166158	5659175
贵 州	53888	159939	4596410	64877	203866	5914982	108890	383062	11636755
云 南	66737	214434	6525753	97134	310023	9504488	116801	374328	11804121
西 藏	2099	6906	245928	7434	26128	892337	47858	199550	6272401
陕 西	826	1876	49741	1100	2788	86052	1078	2682	94129
甘 肃	8439	34855	627824	19366	89880	1537977	25519	121261	2149270
青 海	7197	25608	517271	16690	59969	1237664	29173	97062	2191339
宁 夏	6586	18589	463521	18690	57007	1504265	27347	81142	2318090
新 疆	32121	105510	2807003	81587	278211	7195806	191280	658889	16268284

7-3a 各地区全户少数民族家庭户按住房建成时间分的住房状况(城市)(长表数据)

单位：户、间、平方米

地区	合计			1949年以前		
	户数	间数	建筑面积	户数	间数	建筑面积
全国	**350877**	**819127**	**25650297**	**2510**	**5262**	**131417**
北京	12519	24263	789588	316	560	9140
天津	5618	10544	377695	81	121	2599
河北	8536	23140	711567	29	57	1593
山西	1321	3437	110830	16	24	409
内蒙古	17650	37475	1303359	108	200	5654
辽宁	31943	63847	2202754	121	206	5357
吉林	21296	41664	1623469	72	127	4234
黑龙江	7980	16199	535990	27	42	1172
上海	3783	5598	178834	194	233	4853
江苏	2562	4572	149410	46	85	2113
浙江	10710	12812	282498	168	223	5080
安徽	1885	5495	183665	2	4	125
福建	4603	7643	207429	55	84	1837
江西	142	317	10243	4	7	113
山东	7640	22186	725496	37	92	2513
河南	7961	25542	823911	22	64	2008
湖北	3964	12635	458301	35	66	2131
湖南	7917	29606	911109	41	93	3129
广东	30781	38573	864345	175	246	5615
广西	42454	105256	3388960	198	556	18099
海南	1409	3830	129010	2	6	110
重庆	2837	7796	245496	16	45	1508
四川	2438	5607	182349	30	55	1575
贵州	16158	39615	1242246	78	167	4768
云南	19223	53882	1657551	196	558	14210
西藏	5324	19542	540391	84	164	3566
陕西	2506	5648	174916	28	47	1140
甘肃	8724	23784	666459	93	202	4660
青海	6573	19145	550871	11	42	1108
宁夏	10128	24888	860965	6	13	481
新疆	44292	124586	3560590	219	873	20517

7-3a 续表 1

单位：户、间、平方米

地 区	1949-1959年			1960-1969年			1970-1979年		
	户数	间数	建筑面积	户数	间数	建筑面积	户数	间数	建筑面积
全 国	**2513**	**4762**	**122523**	**4554**	**9010**	**223853**	**14712**	**30418**	**776386**
北 京	308	506	9964	240	409	8696	592	1125	24694
天 津	99	132	2992	117	182	4113	370	686	18489
河 北	48	87	1759	124	285	6186	569	1381	32269
山 西	16	30	626	13	23	569	93	205	4826
内蒙古	132	222	6036	245	440	11069	728	1305	35219
辽 宁	250	411	10389	381	715	17275	1578	3106	78071
吉 林	75	125	3748	197	299	8056	688	1154	31752
黑龙江	124	199	5653	168	304	7932	560	1042	27861
上 海	59	70	1605	53	73	1697	141	184	4097
江 苏	31	56	1741	40	59	1698	158	231	6607
浙 江	87	104	2306	181	227	4587	536	647	14256
安 徽	15	26	756	19	37	1016	99	239	5785
福 建	32	72	1815	38	63	1634	122	205	4962
江 西	2	4	63	1	1	40	13	24	594
山 东	48	120	2914	100	292	7239	299	799	19770
河 南	58	114	2373	127	330	8560	397	1067	27628
湖 北	34	61	1689	65	141	4683	229	477	15375
湖 南	41	138	3985	65	150	4165	245	626	16654
广 东	133	167	3857	246	344	8835	726	1006	24607
广 西	239	448	12975	644	1179	32207	2003	3718	102146
海 南	3	6	270	20	28	863	34	70	1776
重 庆	16	36	1088	48	110	3218	120	295	8742
四 川	8	13	206	34	50	1174	131	215	5505
贵 州	100	198	5504	293	551	13055	816	1689	41206
云 南	117	272	9196	244	593	15913	731	1821	47997
西 藏	14	66	1500	65	170	3908	143	486	13095
陕 西	37	63	1364	44	83	2176	166	334	7678
甘 肃	109	223	4779	181	412	8253	608	1372	28696
青 海	19	41	1545	47	122	2515	182	353	8829
宁 夏	29	63	2707	74	145	3365	293	655	16471
新 疆	230	689	17118	440	1193	29156	1342	3901	100729

7-3a 续表 2

单位：户、间、平方米

地 区	1980-1989年			1990-1999年			2000年以后		
	户数	间数	建筑面积	户数	间数	建筑面积	户数	间数	建筑面积
全 国	**56166**	**125004**	**3457400**	**110959**	**260047**	**7896176**	**159463**	**384624**	**13042542**
北 京	2231	4464	115015	3334	6493	207947	5498	10706	414132
天 津	1618	3028	86442	1737	3279	118962	1596	3116	144098
河 北	1974	5257	138808	2924	8164	244141	2868	7909	286811
山 西	278	691	19959	532	1465	47384	373	999	37057
内蒙古	3242	6408	186208	5294	11100	360834	7901	17800	698339
辽 宁	6605	12835	365548	9925	19819	668727	13083	26755	1057387
吉 林	2939	5385	171846	6336	13353	501193	10989	21221	902640
黑龙江	1810	3564	100938	2728	5644	184018	2563	5404	208416
上 海	704	927	23826	1252	1923	62540	1380	2188	80216
江 苏	558	950	28154	778	1382	43011	951	1809	66086
浙 江	1388	1679	37102	3168	3763	79741	5182	6169	139426
安 徽	380	994	28538	703	2029	68613	667	2166	78832
福 建	460	812	22166	1240	2318	67694	2656	4089	107321
江 西	39	86	2436	42	95	3200	41	100	3797
山 东	1373	4052	110438	2596	7758	238779	3187	9073	343843
河 南	1749	5257	152620	3197	10178	321091	2411	8532	309631
湖 北	796	2112	70542	1161	4020	143764	1644	5758	220117
湖 南	1277	4114	115350	2972	11203	335310	3276	13282	432516
广 东	2322	3305	78409	8934	11659	269983	18245	21846	473039
广 西	6175	13271	370177	13915	32947	1023170	19280	53137	1830186
海 南	232	488	14570	469	1108	35213	649	2124	76208
重 庆	426	1066	29778	941	2550	78415	1270	3694	122747
四 川	432	950	25690	784	1783	55551	1019	2541	92648
贵 州	2174	4785	125792	5052	11874	355666	7645	20351	696255
云 南	3167	8203	226066	6818	18499	528528	7950	23936	815641
西 藏	451	1363	36667	1525	5038	141936	3042	12255	339719
陕 西	628	1360	34583	842	2018	63531	761	1743	64444
甘 肃	1637	4226	97039	2833	7759	209045	3263	9590	313987
青 海	827	2516	59449	1877	5229	139813	3610	10842	337612
宁 夏	1085	2558	72642	2903	6985	222553	5738	14469	542746
新 疆	7189	18298	510602	14147	38612	1075823	20725	61020	1806645

7-3b 各地区全户少数民族家庭户按住房建成时间分的住房状况(镇)(长表数据)

单位：户、间、平方米

地区	合计			1949年以前		
	户数	间数	建筑面积	户数	间数	建筑面积
全　国	**407995**	**1256908**	**39429300**	**3862**	**9534**	**281470**
北　京	951	2448	83828	3	4	76
天　津	458	1165	36535	1	2	96
河　北	15745	46985	1460158	68	167	4552
山　西	209	700	20270	11	41	691
内蒙古	24793	54379	1867168	44	96	3221
辽　宁	24368	55117	1811215	132	313	8004
吉　林	8449	17573	559114	32	54	1487
黑龙江	3211	6655	221636	9	13	435
上　海	969	1257	33302	5	7	150
江　苏	851	1759	53795	15	18	383
浙　江	9934	12460	297781	419	531	14120
安　徽	2121	6774	207884	9	19	476
福　建	1848	3764	105240	42	76	1683
江　西	144	357	11949	1	3	120
山　东	3394	13812	369502	6	17	330
河　南	7121	30845	833401	31	130	2424
湖　北	9640	37179	1229221	105	318	10713
湖　南	27940	100821	3128860	345	982	29439
广　东	4527	8166	207391	46	81	2449
广　西	74634	252692	9200251	774	1913	65487
海　南	4419	12321	363490	7	18	514
重　庆	8963	28893	1017974	161	405	13696
四　川	13775	42564	1368306	77	203	5810
贵　州	39274	124994	3904597	486	1177	33482
云　南	46008	142660	4564211	786	2186	59816
西　藏	8614	32247	972738	28	85	3414
陕　西	503	1375	40627	22	53	1710
甘　肃	7293	31539	628318	14	58	1594
青　海	11276	34721	858637	30	81	2083
宁　夏	8137	23900	666779	13	40	1105
新　疆	38426	126786	3305122	140	443	11910

7-3b 续表 1

单位：户、间、平方米

地区	1949-1959年			1960-1969年			1970-1979年		
	户数	间数	建筑面积	户数	间数	建筑面积	户数	间数	建筑面积
全国	**2943**	**7561**	**224104**	**8515**	**21090**	**602644**	**24617**	**60948**	**1731016**
北京	6	12	273	13	32	572	51	140	4714
天津				1	2	60	18	53	1042
河北	78	188	5145	299	726	18236	1102	2752	71428
山西	2	4	68	9	33	941	19	47	1257
内蒙古	83	164	5003	346	638	18955	1587	3047	93634
辽宁	188	357	9433	586	1238	33160	2287	4890	136205
吉林	74	145	2869	295	495	13211	927	1733	47473
黑龙江	30	51	1650	118	218	6621	374	722	21954
上海	1	2	25	13	14	280	33	36	849
江苏	11	14	323	16	21	605	46	87	2267
浙江	82	102	2477	216	312	8462	619	805	20443
安徽	6	17	431	21	46	944	85	217	5290
福建	20	43	1126	58	120	2719	131	241	5600
江西	1	3	70	1	2	50	14	29	816
山东	16	49	1031	38	142	3044	158	582	13457
河南	20	78	1996	75	280	6863	322	1074	27014
湖北	79	294	9025	266	908	33607	700	2258	76409
湖南	281	862	25106	805	2183	62057	2100	5859	169670
广东	37	55	1519	80	137	3392	256	524	14299
广西	538	1319	42211	1578	3651	110250	4085	9120	271647
海南	18	43	1265	83	168	4204	246	491	13423
重庆	139	347	12355	364	936	33807	743	2068	71922
四川	62	178	5631	224	542	16214	726	1937	57389
贵州	453	1145	33029	1136	2857	77743	2748	7289	198485
云南	483	1367	43265	995	2781	84010	2699	7359	212571
西藏	28	73	2623	24	58	1736	114	322	10317
陕西	7	18	510	14	29	892	51	112	2860
甘肃	24	106	1960	102	437	7982	260	903	19190
青海	34	90	2364	218	502	12188	467	1215	28338
宁夏	20	69	1586	61	188	4330	197	541	12473
新疆	122	366	9735	460	1394	35509	1452	4495	118580

7-3b 续表 2

单位：户、间、平方米

地 区	1980-1989年			1990-1999年			2000年以后		
	户数	间数	建筑面积	户数	间数	建筑面积	户数	间数	建筑面积
全 国	**70727**	**192131**	**5548789**	**120626**	**374626**	**11503182**	**176705**	**591018**	**19538095**
北 京	151	412	11455	274	770	26026	453	1078	40712
天 津	141	381	9122	143	365	11911	154	362	14304
河 北	3333	9244	249613	4436	13969	407708	6429	19939	703476
山 西	48	169	4519	60	197	6262	60	209	6532
内蒙古	4904	10221	322850	7336	16280	535910	10493	23933	887595
辽 宁	6334	14190	425510	7280	16907	557234	7561	17222	641669
吉 林	2177	4320	126016	2314	5249	165375	2630	5577	202683
黑龙江	916	1843	56694	911	2005	65917	853	1803	68365
上 海	199	222	4423	253	310	6732	465	666	20843
江 苏	214	379	10967	231	580	17954	318	660	21296
浙 江	1507	1923	48987	2492	3191	76474	4599	5596	126818
安 徽	300	868	23182	909	2746	83630	791	2861	93931
福 建	251	463	12557	488	1011	28730	858	1810	52825
江 西	18	40	1008	34	87	2821	75	193	7064
山 东	688	2639	69631	1297	5385	138539	1191	4998	143470
河 南	1349	5049	127674	2929	12382	328541	2395	11852	338889
湖 北	2236	7715	245770	2931	11062	354325	3323	14624	499372
湖 南	5568	17047	495660	8836	31906	986803	10005	41982	1360125
广 东	553	1219	30810	1167	2160	57414	2388	3990	97508
广 西	11332	30639	959083	22768	78147	2804349	33559	127903	4947224
海 南	839	1928	54829	1455	4018	117313	1771	5655	171942
重 庆	1601	4484	148022	2557	8130	275097	3398	12523	463075
四 川	2217	6130	186878	3867	11508	371541	6602	22066	724843
贵 州	6239	17071	478447	10040	31138	930993	18172	64317	2152418
云 南	8268	24160	714223	14361	43804	1349700	18416	61003	2100626
西 藏	350	1211	40335	1426	4750	150198	6644	25748	764115
陕 西	85	202	5781	152	441	12586	172	520	16288
甘 肃	1047	4222	81840	2443	10496	200401	3403	15317	315351
青 海	1531	4353	98291	2992	9280	220698	6004	19200	494675
宁 夏	1020	2869	72615	2904	8617	233597	3922	11576	341073
新 疆	5311	16518	431997	11340	37735	978403	19601	65835	1718988

7-3c 各地区全户少数民族家庭户按住房建成时间分的住房状况(乡村)(长表数据)

单位：户、间、平方米

地区	合计			1949年以前		
	户数	间数	建筑面积	户数	间数	建筑面积
全国	**1760915**	**5845133**	**171571346**	**25630**	**69927**	**2118676**
北京	1163	5120	119636	13	32	649
天津	288	907	23873			
河北	33911	96967	2911888	212	500	12545
山西	125	361	10262	3	8	142
内蒙古	52911	123254	3774080	124	256	7728
辽宁	76504	197347	6203111	340	786	22939
吉林	14097	32378	974412	34	69	2499
黑龙江	12498	28930	920585	26	47	1445
上海	807	924	18718	4	5	120
江苏	1793	2710	83355	23	32	1005
浙江	12737	20951	594227	637	1003	27760
安徽	2345	8104	234035	1	3	60
福建	6193	20109	606770	287	788	20202
江西	411	1390	39739	9	19	489
山东	4274	18591	496553	11	39	980
河南	7169	33839	845711	17	57	1200
湖北	44836	190007	6617999	990	3339	117757
湖南	103709	381818	11600625	2832	7856	242007
广东	7440	17282	426447	82	152	4235
广西	320690	1084100	34578089	5562	14371	437850
海南	24243	67535	1815440	69	183	4700
重庆	35249	116593	4163439	1822	4649	164914
四川	96743	296766	10394554	514	1706	62114
贵州	242030	774220	22530398	6996	18150	526439
云南	261642	842435	25902098	3790	11445	342202
西藏	45003	185725	6077596	240	811	31524
陕西	494	1393	42162	4	6	180
甘肃	41039	204109	3279377	123	487	8968
青海	38544	140125	2769097	186	722	14716
宁夏	36175	112819	2876552	79	220	5471
新疆	235852	838324	20640518	600	2186	55836

7-3c 续表 1

单位：户、间、平方米

地区	1949-1959年			1960-1969年			1970-1979年		
	户数	间数	建筑面积	户数	间数	建筑面积	户数	间数	建筑面积
全国	**26080**	**73494**	**2246925**	**72852**	**207375**	**6281892**	**156140**	**460257**	**13811170**
北京	12	35	803	33	96	1976	100	327	8183
天津				6	20	373	28	89	2219
河北	443	1072	29668	1814	4502	113524	5067	12911	335999
山西	1	8	160	11	16	450	11	19	648
内蒙古	199	415	12670	825	1730	49420	3306	7252	210709
辽宁	582	1540	41382	2362	5890	162932	9566	24157	695128
吉林	118	218	6396	561	1003	29849	1943	4011	116922
黑龙江	59	118	3477	458	924	26619	1509	3125	94680
上海	4	6	90	2	2	40	30	41	1136
江苏	9	12	355	29	40	1255	145	213	6105
浙江	234	485	14493	549	1181	35289	1282	2330	70712
安徽	1	3	60	10	32	690	99	265	6985
福建	169	523	13331	346	995	27322	708	2266	63935
江西	8	12	258	22	62	1498	77	218	5560
山东	12	34	913	107	403	10702	219	733	18312
河南	18	70	1775	76	263	6207	345	1216	29214
湖北	1159	3986	142444	3739	13118	477423	7381	26897	1005757
湖南	3253	9591	296955	8831	26888	816068	17319	55520	1688743
广东	75	167	4223	256	591	14682	615	1579	41494
广西	5365	14304	434016	15320	40537	1204693	28405	77662	2300764
海南	112	288	8917	601	1440	41642	1465	3588	99191
重庆	1661	4487	159006	3837	10723	381335	6480	19105	689668
四川	571	1913	66484	2110	6561	231862	5226	15828	562722
贵州	7122	18763	551062	17870	48717	1407418	31709	91259	2636903
云南	3734	11306	348029	9670	29177	929407	22756	71327	2182882
西藏	148	519	20147	213	700	25928	449	1476	62301
陕西	9	20	598	30	77	2261	87	228	6414
甘肃	143	579	10962	481	1947	37101	1594	6710	124938
青海	184	675	14289	545	2010	40189	1410	5499	104167
宁夏	60	182	4826	181	563	13642	804	2190	51963
新疆	615	2163	59136	1957	7167	190095	6005	22216	586816

7-3c 续表 2

单位：户、间、平方米

地区	1980-1989年			1990-1999年			2000年以后		
	户数	间数	建筑面积	户数	间数	建筑面积	户数	间数	建筑面积
全国	**305065**	**947841**	**28164909**	**444205**	**1481572**	**43126418**	**730943**	**2604667**	**75821356**
北京	277	1218	26363	320	1724	39888	408	1688	41774
天津	106	310	8241	87	317	7468	61	171	5572
河北	9781	26165	742157	9015	27203	845984	7579	24614	832011
山西	33	97	2503	37	118	3175	29	95	3184
内蒙古	10184	23363	682808	19080	45129	1370841	19193	45109	1439904
辽宁	23532	59918	1805349	22931	59599	1912366	17191	45457	1563015
吉林	4278	9603	285516	4023	9634	290460	3140	7840	242770
黑龙江	3540	7880	244988	4196	10097	325129	2710	6739	224247
上海	255	300	6408	192	219	4185	320	351	6739
江苏	486	718	21507	558	910	29155	543	785	23973
浙江	2404	4101	124270	2794	4371	125074	4837	7480	196629
安徽	448	1346	32669	902	2990	83775	884	3465	109796
福建	1116	3502	103791	1467	5124	159310	2100	6911	218879
江西	82	246	6720	74	280	8286	139	553	16928
山东	722	2869	74463	1592	6942	192826	1611	7571	198357
河南	1511	5940	142748	2953	13725	337457	2249	12568	327110
湖北	11475	44819	1646506	8928	39579	1343577	11164	58269	1884535
湖南	26242	88999	2721173	22071	84782	2581618	23161	108182	3254061
广东	925	2349	60545	1800	4511	111456	3687	7933	189812
广西	44833	132810	3974571	73486	252832	7963488	147719	551584	18262707
海南	4088	9974	281040	7572	20436	544102	10336	31626	835848
重庆	7247	22534	823639	6080	21224	756862	8122	33871	1188015
四川	14616	44978	1599852	28824	84229	3029836	44882	141551	4841684
贵州	45475	138083	3992171	49785	160854	4628323	83073	298394	8788082
云南	55302	182071	5585464	75955	247720	7626260	90435	289389	8887854
西藏	1298	4332	168926	4483	16340	600203	38172	161547	5168567
陕西	113	314	9377	106	329	9935	145	419	13397
甘肃	5755	26407	448945	14090	71625	1128531	18853	96354	1519932
青海	4839	18739	359531	11821	45460	877153	19559	67020	1359052
宁夏	4481	13162	318264	12883	41405	1048115	17687	55097	1434271
新疆	19621	70694	1864404	56100	201864	5141580	150954	532034	12742651

7-4 各地区全户少数民族按住房设施状况分的家庭户户数(长表数据)

单位：户

地 区	合 计	住房内有无厨房		
		独立使用	与其他户合用	无
全 国	**2519787**	**1676992**	**75000**	**767795**
北 京	14633	11659	661	2313
天 津	6364	5801	126	437
河 北	58192	51270	826	6096
山 西	1655	1453	31	171
内蒙古	95354	78556	1361	15437
辽 宁	132815	129091	1775	1949
吉 林	43842	41377	476	1989
黑龙江	23689	22820	401	468
上 海	5559	3247	596	1716
江 苏	5206	3247	654	1305
浙 江	33381	13465	5684	14232
安 徽	6351	5095	105	1151
福 建	12644	8203	1905	2536
江 西	697	493	36	168
山 东	15308	13551	173	1584
河 南	22251	18383	206	3662
湖 北	58440	47828	2338	8274
湖 南	139566	97667	5401	36498
广 东	42748	32383	2466	7899
广 西	437778	291100	18055	128623
海 南	30071	12412	858	16801
重 庆	47049	33075	1678	12296
四 川	112956	64195	2769	45992
贵 州	297462	143544	10185	143733
云 南	326873	208700	5854	112319
西 藏	58941	29389	2845	26707
陕 西	3503	2943	96	464
甘 肃	57056	44791	998	11267
青 海	56393	31423	1058	23912
宁 夏	54440	45911	930	7599
新 疆	318570	183920	4453	130197

7-4 续表 1

单位：户

地区	主要炊事燃料					住房内有无管道自来水	
	燃气	电	煤炭	柴草	其他	有	无
全国	**476963**	**240894**	**331163**	**1383028**	**87739**	**1265865**	**1253922**
北京	12412	1211	405	141	464	13071	1562
天津	5873	117	168	141	65	5964	400
河北	18836	2548	3775	32680	353	28581	29611
山西	995	250	365	26	19	1497	158
内蒙古	18163	10316	15385	45893	5597	43997	51357
辽宁	37814	5972	7840	80947	242	76025	56790
吉林	20862	3487	4031	15258	204	35481	8361
黑龙江	6538	2739	2782	11563	67	16889	6800
上海	4963	383	25	14	174	4701	858
江苏	4560	357	58	150	81	4300	906
浙江	27913	1867	339	1850	1412	27450	5931
安徽	2514	506	1509	1728	94	3475	2876
福建	6305	2815	288	2536	700	9391	3253
江西	218	35	68	353	23	318	379
山东	8091	1402	4041	1622	152	12393	2915
河南	7408	1990	9289	3288	276	13875	8376
湖北	9467	2257	7409	38628	679	17604	40836
湖南	21509	4939	13762	97918	1438	56119	83447
广东	29911	6555	182	4353	1747	37607	5141
广西	111277	34802	2333	277515	11851	228563	209215
海南	3659	1485	144	24214	569	8470	21601
重庆	6799	5072	2670	31766	742	18745	28304
四川	3934	12838	5186	83531	7467	29693	83263
贵州	9664	64619	58458	162084	2637	104221	193241
云南	18412	56009	18218	230705	3529	133979	192894
西藏	11925	772	635	22737	22872	19429	39512
陕西	1773	605	555	503	67	2803	700
甘肃	4438	4264	20265	25870	2219	30543	26513
青海	3482	5386	12094	18082	17349	21233	35160
宁夏	10315	4283	25444	13983	415	26254	28186
新疆	46933	1013	113440	152949	4235	233194	85376

7-4 续表 2

单位：户

地 区	住房内有无洗澡设施				住房内有无厕所				
	统一供热水	家庭自装热水器	其他	无	独立使用抽水式	合用抽水式	独立使用其他式样	合用其他式样	无
全 国	**29288**	**511998**	**287112**	**1691389**	**426134**	**36178**	**750702**	**136500**	**1170273**
北 京	899	9903	324	3507	9757	593	598	740	2945
天 津	259	4989	153	963	4636	114	339	107	1168
河 北	766	16616	3213	37597	12118	141	22028	1839	22066
山 西	25	684	73	873	941	21	342	128	223
内蒙古	1379	16067	2047	75861	22382	293	15316	991	56372
辽 宁	691	32322	2283	97519	36461	585	69450	3180	23139
吉 林	781	16426	1056	25579	22507	206	9613	1021	10495
黑龙江	361	4139	699	18490	7560	185	5678	269	9997
上 海	65	2469	320	2705	2676	584	100	339	1860
江 苏	84	2012	1055	2055	2012	381	531	596	1686
浙 江	66	4208	6137	22970	6875	6056	1631	3980	14839
安 徽	60	2809	419	3063	2105	55	1406	292	2493
福 建	552	4477	3423	4192	4782	1515	1518	1454	3375
江 西	10	208	126	353	194	31	108	42	322
山 东	255	8396	2408	4249	5865	108	6601	380	2354
河 南	415	9162	2682	9992	7526	179	7626	560	6360
湖 北	414	13284	15228	29514	9020	627	27483	6077	15233
湖 南	1274	25321	33078	79893	18447	2018	50558	12830	55713
广 东	1802	18850	14177	7919	19172	1296	14512	2519	5249
广 西	3721	125102	109918	199037	80038	10628	123218	32787	191107
海 南	186	2722	3984	23179	3245	387	4083	1033	21323
重 庆	435	9116	4568	32930	6222	686	18290	4342	17509
四 川	537	15533	5833	91053	8930	576	33654	7135	62661
贵 州	1303	27008	11503	257648	20787	2406	60207	15847	198215
云 南	4068	60941	10554	251310	30626	2577	59145	13691	220834
西 藏	633	2727	305	55276	5967	738	17948	2804	31484
陕 西	113	1760	142	1488	2090	91	695	205	422
甘 肃	319	6103	3818	46816	6819	292	30355	2531	17059
青 海	473	5684	2140	48096	6879	355	17411	1660	30088
宁 夏	525	15583	12561	25771	10888	204	24049	1504	17795
新 疆	6817	47377	32885	231491	48607	2250	126209	15617	125887

7-4a 各地区全户少数民族按住房设施状况分的家庭户户数(城市)(长表数据)

单位：户

地区	合计	住房内有无厨房		
		独立使用	与其他户合用	无
全国	**350877**	**292621**	**12607**	**45649**
北京	12519	10063	528	1928
天津	5618	5194	122	302
河北	8536	7897	90	549
山西	1321	1207	20	94
内蒙古	17650	15836	173	1641
辽宁	31943	31265	387	291
吉林	21296	20747	159	390
黑龙江	7980	7725	149	106
上海	3783	2469	395	919
江苏	2562	1855	261	446
浙江	10710	4143	2217	4350
安徽	1885	1628	32	225
福建	4603	2632	807	1164
江西	142	125	5	12
山东	7640	7139	94	407
河南	7961	7409	65	487
湖北	3964	3440	135	389
湖南	7917	7058	352	507
广东	30781	24076	1706	4999
广西	42454	36886	1604	3964
海南	1409	1087	96	226
重庆	2837	2357	159	321
四川	2438	1927	124	387
贵州	16158	10850	512	4796
云南	19223	13777	757	4689
西藏	5324	3992	219	1113
陕西	2506	2123	60	323
甘肃	8724	7148	236	1340
青海	6573	5091	101	1381
宁夏	10128	9092	79	957
新疆	44292	36383	963	6946

7-4a 续表 1

单位：户

地区	主要炊事燃料					住房内有无管道自来水	
	燃气	电	煤炭	柴草	其他	有	无
全 国	**242610**	**54784**	**38097**	**8903**	**6483**	**321434**	**29443**
北 京	11011	942	189	1	376	11223	1296
天 津	5335	76	129	28	50	5404	214
河 北	6982	379	618	370	187	8048	488
山 西	932	149	223		17	1248	73
内蒙古	10383	3854	2984	320	109	15802	1848
辽 宁	25739	2673	2240	1144	147	30624	1319
吉 林	16865	2245	1718	387	81	20938	358
黑龙江	5198	1445	1042	262	33	7679	301
上 海	3446	214	16	6	101	3373	410
江 苏	2353	138	24	3	44	2383	179
浙 江	9180	711	89	23	707	9421	1289
安 徽	1237	177	407	19	45	1604	281
福 建	2789	1294	57	45	418	3902	701
江 西	112	9	12	3	6	132	10
山 东	5994	385	1106	57	98	7123	517
河 南	4668	933	2195	39	126	7376	585
湖 北	2910	311	470	191	82	3463	501
湖 南	5668	535	1498	117	99	7583	334
广 东	23880	5300	76	168	1357	29827	954
广 西	33376	5603	271	2621	583	39446	3008
海 南	1079	195	3	100	32	1222	187
重 庆	1506	824	350	137	20	2419	418
四 川	1532	683	133	52	38	2138	300
贵 州	3441	10442	1932	183	160	13175	2983
云 南	7392	8826	810	1496	699	16319	2904
西 藏	4824	101	71	212	116	4000	1324
陕 西	1588	495	368	1	54	2292	214
甘 肃	3102	2589	2838	92	103	7377	1347
青 海	2562	2180	1746	16	69	5163	1410
宁 夏	7497	870	1618	28	115	9152	976
新 疆	30029	206	12864	782	411	41578	2714

7-4a 续表 2

单位：户

地区	住房内有无洗澡设施				住房内有无厕所				
	统一供热水	家庭自装热水器	其他	无	独立使用抽水式	合用抽水式	独立使用其他式样	合用其他式样	无
全国	**13061**	**199046**	**29608**	**109162**	**214493**	**12261**	**55759**	**17203**	**51161**
北京	860	8704	158	2797	8881	485	95	467	2591
天津	237	4514	90	777	4383	113	132	90	900
河北	233	5782	470	2051	5806	43	989	238	1460
山西	22	596	50	653	877	16	192	93	143
内蒙古	566	8169	558	8357	12774	137	399	229	4111
辽宁	351	19142	429	12021	25442	389	2853	830	2429
吉林	545	13636	509	6606	18471	162	592	325	1746
黑龙江	213	3029	185	4553	6006	107	341	94	1432
上海	36	2221	121	1405	2221	380	47	119	1016
江苏	32	1505	327	698	1544	183	128	200	507
浙江	19	1591	2355	6745	2985	2589	431	1236	3469
安徽	41	1162	110	572	1223	24	115	81	442
福建	219	1497	1610	1277	2089	700	695	563	556
江西	3	98	15	26	76	3	39	4	20
山东	205	5628	693	1114	5111	82	1554	233	660
河南	245	4876	765	2075	5378	99	1055	208	1221
湖北	119	2603	358	884	2423	142	898	218	283
湖南	251	5787	999	880	4334	261	2378	487	457
广东	1375	15149	9916	4341	15751	917	11070	1686	1357
广西	718	32391	5030	4315	19353	1100	15972	1901	4128
海南	41	755	312	301	718	58	355	87	191
重庆	117	1744	273	703	1247	94	967	260	269
四川	60	1686	150	542	1532	95	310	197	304
贵州	205	7462	720	7771	6129	570	3979	1495	3985
云南	1913	9961	788	6561	9286	1038	2250	1616	5033
西藏	330	1238	65	3691	2560	477	685	450	1152
陕西	102	1554	69	781	1869	68	137	91	341
甘肃	143	3403	323	4855	4525	176	1582	750	1691
青海	252	2600	162	3559	3929	194	566	430	1454
宁夏	251	7369	349	2159	7518	82	803	176	1549
新疆	3357	23194	1649	16092	30052	1477	4150	2349	6264

7-4b 各地区全户少数民族按住房设施状况分的家庭户户数(镇)(长表数据)

单位：户

地 区	合 计	住房内有无厨房		
		独立使用	与其他户合用	无
全 国	**407995**	**317858**	**13317**	**76820**
北 京	951	748	34	169
天 津	458	389	1	68
河 北	15745	14176	227	1342
山 西	209	178	3	28
内蒙古	24793	21565	340	2888
辽 宁	24368	23890	240	238
吉 林	8449	7898	81	470
黑龙江	3211	3062	82	67
上 海	969	466	113	390
江 苏	851	513	114	224
浙 江	9934	3440	1674	4820
安 徽	2121	1717	42	362
福 建	1848	1020	359	469
江 西	144	96	11	37
山 东	3394	2833	36	525
河 南	7121	5853	75	1193
湖 北	9640	8383	329	928
湖 南	27940	23203	1093	3644
广 东	4527	3317	327	883
广 西	74634	62215	2835	9584
海 南	4419	2462	133	1824
重 庆	8963	7136	388	1439
四 川	13775	10294	401	3080
贵 州	39274	26513	1533	11228
云 南	46008	33322	1243	11443
西 藏	8614	5108	323	3183
陕 西	503	428	20	55
甘 肃	7293	6017	165	1111
青 海	11276	6853	253	4170
宁 夏	8137	6759	138	1240
新 疆	38426	28004	704	9718

7-4b 续表 1 单位：户

地区	主要炊事燃料					住房内有无管道自来水	
	燃气	电	煤炭	柴草	其他	有	无
全国	**144310**	**90694**	**71391**	**89794**	**11806**	**304986**	**103009**
北京	709	117	65	6	54	853	98
天津	381	23	34	6	14	375	83
河北	9118	1346	1170	4033	78	11060	4685
山西	43	80	78	6	2	185	24
内蒙古	7116	5405	7316	4511	445	17659	7134
辽宁	10072	2371	3726	8180	19	19097	5271
吉林	3117	1042	1285	2934	71	7190	1259
黑龙江	774	800	773	857	7	2781	430
上海	838	85	3	3	40	767	202
江苏	712	67	16	39	17	655	196
浙江	8833	504	98	136	363	8052	1882
安徽	850	163	708	376	24	1232	889
福建	1030	559	50	105	104	1443	405
江西	70	6	22	36	10	92	52
山东	1142	570	1227	429	26	2758	636
河南	1834	737	3670	835	45	4264	2857
湖北	4639	939	1807	2131	124	6979	2661
湖南	12747	2620	5995	6218	360	21636	6304
广东	3107	459	35	764	162	3654	873
广西	41154	11797	499	18604	2580	62593	12041
海南	1497	412	34	2351	125	2152	2267
重庆	4042	1791	576	2426	128	6632	2331
四川	1455	7150	965	3683	522	9140	4635
贵州	4391	22009	6795	5795	284	28920	10354
云南	4881	23389	2378	14667	693	31073	14935
西藏	3252	456	225	2205	2476	4283	4331
陕西	164	90	137	107	5	336	167
甘肃	1116	1210	3670	1126	171	5275	2018
青海	790	2801	4411	941	2333	6337	4939
宁夏	1437	1439	4610	602	49	5240	2897
新疆	12999	257	19013	5682	475	32273	6153

7-4b 续表 2

单位：户

地 区	住房内有无洗澡设施				住房内有无厕所				
	统 一 供热水	家庭自装 热水器	其他	无	独立使用 抽水式	合 用 抽水式	独立使用 其他式样	合 用 其他式样	无
全 国	**8768**	**166359**	**41825**	**191043**	**136404**	**10510**	**114844**	**25001**	**121236**
北 京	26	588	67	270	523	44	118	109	157
天 津	16	310	26	106	206	1	79	7	165
河 北	462	6706	1116	7461	5870	66	4596	813	4400
山 西	2	73	19	115	54	3	91	25	36
内 蒙 古	696	6456	724	16917	8911	112	3326	355	12089
辽 宁	253	8081	401	15633	9882	127	8937	1190	4232
吉 林	185	2242	227	5795	3572	21	2050	522	2284
黑 龙 江	92	613	86	2420	1093	69	798	61	1190
上 海	17	210	113	629	312	120	24	143	370
江 苏	16	247	213	375	206	64	140	119	322
浙 江	18	946	1842	7128	1554	1777	356	1349	4898
安 徽	13	948	194	966	689	28	423	101	880
福 建	117	765	445	521	838	313	112	222	363
江 西	6	56	29	53	58	17	20	8	41
山 东	41	1585	615	1153	609	21	2039	73	652
河 南	88	2913	1036	3084	1689	55	3273	228	1876
湖 北	126	5387	1731	2396	4092	230	3540	582	1196
湖 南	499	14239	5148	8054	9578	902	10123	2097	5240
广 东	164	1945	1438	980	1685	193	1512	301	836
广 西	1105	47101	12826	13602	30655	3110	22668	4210	13991
海 南	61	1165	643	2550	1096	97	833	198	2195
重 庆	179	4259	966	3559	2922	324	3253	781	1683
四 川	214	5666	744	7151	4540	223	3727	1077	4208
贵 州	460	14605	2766	21443	10539	976	11276	3154	13329
云 南	1093	19386	2183	23346	13103	906	8614	2861	20524
西 藏	119	805	83	7607	1953	89	2049	361	4162
陕 西	9	181	39	274	196	19	192	63	33
甘 肃	94	2003	604	4592	1972	60	3003	480	1778
青 海	143	2323	391	8419	2732	106	2780	451	5207
宁 夏	78	2871	2116	3072	1863	53	3448	555	2218
新 疆	2376	11684	2994	21372	13412	384	11444	2505	10681

7-4c 各地区全户少数民族按住房设施状况分的家庭户户数(乡村)(长表数据)

单位：户

地区	合计	住房内有无厨房		
		独立使用	与其他户合用	无
全国	**1760915**	**1066513**	**49076**	**645326**
北京	1163	848	99	216
天津	288	218	3	67
河北	33911	29197	509	4205
山西	125	68	8	49
内蒙古	52911	41155	848	10908
辽宁	76504	73936	1148	1420
吉林	14097	12732	236	1129
黑龙江	12498	12033	170	295
上海	807	312	88	407
江苏	1793	879	279	635
浙江	12737	5882	1793	5062
安徽	2345	1750	31	564
福建	6193	4551	739	903
江西	411	272	20	119
山东	4274	3579	43	652
河南	7169	5121	66	1982
湖北	44836	36005	1874	6957
湖南	103709	67406	3956	32347
广东	7440	4990	433	2017
广西	320690	191999	13616	115075
海南	24243	8863	629	14751
重庆	35249	23582	1131	10536
四川	96743	51974	2244	42525
贵州	242030	106181	8140	127709
云南	261642	161601	3854	96187
西藏	45003	20289	2303	22411
陕西	494	392	16	86
甘肃	41039	31626	597	8816
青海	38544	19479	704	18361
宁夏	36175	30060	713	5402
新疆	235852	119533	2786	113533

7-4c 续表 1

单位：户

地区	主要炊事燃料					住房内有无管道自来水	
	燃气	电	煤炭	柴草	其他	有	无
全 国	**90043**	**95416**	**221675**	**1284331**	**69450**	**639445**	**1121470**
北 京	692	152	151	134	34	995	168
天 津	157	18	5	107	1	185	103
河 北	2736	823	1987	28277	88	9473	24438
山 西	20	21	64	20		64	61
内蒙古	664	1057	5085	41062	5043	10536	42375
辽 宁	2003	928	1874	71623	76	26304	50200
吉 林	880	200	1028	11937	52	7353	6744
黑龙江	566	494	967	10444	27	6429	6069
上 海	679	84	6	5	33	561	246
江 苏	1495	152	18	108	20	1262	531
浙 江	9900	652	152	1691	342	9977	2760
安 徽	427	166	394	1333	25	639	1706
福 建	2486	962	181	2386	178	4046	2147
江 西	36	20	34	314	7	94	317
山 东	955	447	1708	1136	28	2512	1762
河 南	906	320	3424	2414	105	2235	4934
湖 北	1918	1007	5132	36306	473	7162	37674
湖 南	3094	1784	6269	91583	979	26900	76809
广 东	2924	796	71	3421	228	4126	3314
广 西	36747	17402	1563	256290	8688	126524	194166
海 南	1083	878	107	21763	412	5096	19147
重 庆	1251	2457	1744	29203	594	9694	25555
四 川	947	5005	4088	79796	6907	18415	78328
贵 州	1832	32168	49731	156106	2193	62126	179904
云 南	6139	23794	15030	214542	2137	86587	175055
西 藏	3849	215	339	20320	20280	11146	33857
陕 西	21	20	50	395	8	175	319
甘 肃	220	465	13757	24652	1945	17891	23148
青 海	130	405	5937	17125	14947	9733	28811
宁 夏	1381	1974	19216	13353	251	11862	24313
新 疆	3905	550	81563	146485	3349	159343	76509

7-4c 续表 2

单位：户

地区	住房内有无洗澡设施				住房内有无厕所				
	统一供热水	家庭自装热水器	其他	无	独立使用抽水式	合用抽水式	独立使用其他式样	合用其他式样	无
全国	**7459**	**146593**	**215679**	**1391184**	**75237**	**13407**	**580099**	**94296**	**997876**
北京	13	611	99	440	353	64	385	164	197
天津	6	165	37	80	47		128	10	103
河北	71	4128	1627	28085	442	32	16443	788	16206
山西	1	15	4	105	10	2	59	10	44
内蒙古	117	1442	765	50587	697	44	11591	407	40172
辽宁	87	5099	1453	69865	1137	69	57660	1160	16478
吉林	51	548	320	13178	464	23	6971	174	6465
黑龙江	56	497	428	11517	461	9	4539	114	7375
上海	12	38	86	671	143	84	29	77	474
江苏	36	260	515	982	262	134	263	277	857
浙江	29	1671	1940	9097	2336	1690	844	1395	6472
安徽	6	699	115	1525	193	3	868	110	1171
福建	216	2215	1368	2394	1855	502	711	669	2456
江西	1	54	82	274	60	11	49	30	261
山东	9	1183	1100	1982	145	5	3008	74	1042
河南	82	1373	881	4833	459	25	3298	124	3263
湖北	169	5294	13139	26234	2505	255	23045	5277	13754
湖南	524	5295	26931	70959	4535	855	38057	10246	50016
广东	263	1756	2823	2598	1736	186	1930	532	3056
广西	1898	45610	92062	181120	30030	6418	84578	26676	172988
海南	84	802	3029	20328	1431	232	2895	748	18937
重庆	139	3113	3329	28668	2053	268	14070	3301	15557
四川	263	8181	4939	83360	2858	258	29617	5861	58149
贵州	638	4941	8017	228434	4119	860	44952	11198	180901
云南	1062	31594	7583	221403	8237	633	48281	9214	195277
西藏	184	684	157	43978	1454	172	15214	1993	26170
陕西	2	25	34	433	25	4	366	51	48
甘肃	82	697	2891	37369	322	56	25770	1301	13590
青海	78	761	1587	36118	218	55	14065	779	23427
宁夏	196	5343	10096	20540	1507	69	19798	773	14028
新疆	1084	12499	28242	194027	5143	389	110615	10763	108942

7-5 各地区全户少数民族家庭户按住房用途、建筑层数、承重类型分的家庭户户数(长表数据)

单位：户

地 区	合 计	住房用途		建筑层数					承重类型			
		生活用房	兼作生产经营用房	平房	2-3层楼房	4-6层楼房	7-9层楼房	10层以上楼房	钢及钢筋混凝土结构	混合结构	砖木结构	其他结构
全 国	**2519787**	**2475212**	**44575**	**1612338**	**572228**	**247220**	**67189**	**20812**	**383582**	**675181**	**964172**	**496852**
北 京	14633	14420	213	4389	842	4859	576	3967	5963	5357	3211	102
天 津	6364	6273	91	1548	293	3259	656	608	1474	3596	1276	18
河 北	58192	57139	1053	45342	2526	8290	1273	761	9311	15476	30745	2660
山 西	1655	1615	40	396	495	624	110	30	381	995	236	43
内 蒙 古	95354	93405	1949	72610	3830	17213	1426	275	15834	14276	49894	15350
辽 宁	132815	131038	1777	94995	3741	21726	9335	3018	23848	34835	72358	1774
吉 林	43842	43473	369	20886	1550	11610	8673	1123	17915	7480	16748	1699
黑 龙 江	23689	23386	303	16073	722	2991	3575	328	3573	6064	12166	1886
上 海	5559	5375	184	1624	1457	1546	160	772	1827	2077	1596	59
江 苏	5206	5020	186	1926	1737	1039	254	250	1008	2758	1369	71
浙 江	33381	32270	1111	14100	12602	6233	280	166	3947	15033	12732	1669
安 徽	6351	6084	267	2975	2199	965	144	68	1438	3219	1619	75
福 建	12644	12245	399	3859	5175	2876	538	196	4300	3847	2482	2015
江 西	697	671	26	288	246	124	34	5	211	182	204	100
山 东	15308	14969	339	8857	1433	3696	815	507	3956	5458	5747	147
河 南	22251	21616	635	10897	6702	3373	1057	222	5243	11989	4842	177
湖 北	58440	55881	2559	30890	21253	4162	1697	438	12998	15262	19064	11116
湖 南	139566	137163	2403	80924	46262	9812	2279	289	22271	28993	63830	24472
广 东	42748	41853	895	10622	8945	14986	6186	2009	15414	20423	5585	1326
广 西	437778	428983	8795	222040	164752	38310	10949	1727	62390	245609	86670	43109
海 南	30071	29844	227	26339	2642	735	223	132	9202	5564	14264	1041
重 庆	47049	46104	945	25585	16513	2764	1595	592	8849	11276	14570	12354
四 川	112956	110909	2047	81704	24939	5012	1019	282	9991	12421	32005	58539
贵 州	297462	291132	6330	199638	77063	14013	6155	593	39833	87572	103303	66754
云 南	326873	321747	5126	186045	120988	16443	2736	661	44998	38390	93994	149491
西 藏	58941	57289	1652	33379	23882	1602	52	26	8239	7900	26641	16161
陕 西	3503	3320	183	917	855	1139	449	143	896	1958	278	371
甘 肃	57056	56151	905	47212	4373	3582	1556	333	6522	8071	30041	12422
青 海	56393	55398	995	47069	3411	4652	943	318	5141	9030	25348	16874
宁 夏	54440	53377	1063	43551	2212	8316	206	155	5917	8945	33912	5666
新 疆	318570	317062	1508	275658	8588	31268	2238	818	30692	41125	197442	49311

7-5a 各地区全户少数民族家庭户按住房用途、建筑层数、承重类型分的家庭户户数(城市)(长表数据)

单位：户

地区	合计	住房用途		建筑层数					承重类型			
		生活用房	兼作生产经营用房	平房	2-3层楼房	4-6层楼房	7-9层楼房	10层以上楼房	钢及钢筋混凝土结构	混合结构	砖木结构	其他结构
全国	**350877**	**343301**	**7576**	**73099**	**61882**	**145161**	**51742**	**18993**	**142814**	**152693**	**49278**	**6092**
北京	12519	12368	151	2868	743	4415	557	3936	5759	4606	2102	52
天津	5618	5553	65	1039	252	3101	653	573	1340	3439	822	17
河北	8536	8409	127	2633	690	4059	774	380	2778	4150	1534	74
山西	1321	1301	20	179	420	585	108	29	318	875	112	16
内蒙古	17650	17210	440	4411	1605	10251	1143	240	8233	5725	3478	214
辽宁	31943	31520	423	5716	1193	14407	7804	2823	14333	13521	4021	68
吉林	21296	21123	173	2408	792	8958	8026	1112	14846	4298	2077	75
黑龙江	7980	7861	119	1787	375	2172	3332	314	2997	3327	1582	74
上海	3783	3663	120	683	845	1434	158	663	1512	1402	840	29
江苏	2562	2461	101	538	624	909	252	239	816	1298	424	24
浙江	10710	10373	337	3291	3674	3420	184	141	1923	5732	2780	275
安徽	1885	1811	74	379	614	693	132	67	689	991	192	13
福建	4603	4433	170	649	1425	1924	425	180	2194	1742	389	278
江西	142	133	9	17	23	67	31	4	76	50	14	2
山东	7640	7482	158	2178	807	3349	803	503	3054	3253	1307	26
河南	7961	7779	182	1452	2315	2947	1033	214	2942	4516	462	41
湖北	3964	3767	197	512	1310	1150	721	271	1901	1762	227	74
湖南	7917	7691	226	1082	2761	2843	998	233	3158	3722	960	77
广东	30781	30184	597	4491	5713	12776	5825	1976	12772	15054	2471	484
广西	42454	41364	1090	6576	10004	16822	7484	1568	11822	25851	4138	643
海南	1409	1385	24	337	428	349	172	123	947	317	108	37
重庆	2837	2802	35	531	622	748	543	393	2001	549	234	53
四川	2438	2376	62	326	398	1051	425	238	1149	978	203	108
贵州	16158	15647	511	2204	5125	4909	3416	504	6215	8639	1062	242
云南	19223	18563	660	3490	5691	7659	1803	580	9607	5939	2744	933
西藏	5324	5090	234	1703	2757	847	15	2	2939	1236	608	541
陕西	2506	2439	67	259	673	1012	424	138	771	1599	116	20
甘肃	8724	8440	284	3370	1372	2287	1370	325	3199	2917	2100	508
青海	6573	6380	193	1531	1438	2430	865	309	2024	3577	912	60
宁夏	10128	9803	325	2223	1199	6381	174	151	3577	5010	1441	100
新疆	44292	43890	402	14236	5994	21206	2092	764	16922	16618	9818	934

7-5b 各地区全户少数民族家庭户按住房用途、建筑层数、承重类型分的家庭户户数(镇)(长表数据)

单位：户

地 区	合 计	住房用途		建筑层数					承重类型			
		生活用房	兼作生产经营用房	平房	2-3层楼房	4-6层楼房	7-9层楼房	10层以上楼房	钢及钢筋混凝土结构	混合结构	砖木结构	其他结构
全 国	**407995**	**391960**	**16035**	**192379**	**111021**	**88597**	**14423**	**1575**	**105156**	**145453**	**124788**	**32598**
北 京	951	922	29	464	61	377	19	30	150	465	328	8
天 津	458	441	17	261	28	138	1	30	88	121	249	
河 北	15745	15163	582	9522	1215	4142	494	372	5170	3815	6559	201
山 西	209	195	14	118	56	32	2	1	47	81	73	8
内蒙古	24793	23798	995	15898	1943	6669	269	14	6438	4678	11893	1784
辽 宁	24368	23571	797	13927	1733	7010	1507	191	6537	6985	10584	262
吉 林	8449	8322	127	4774	583	2477	608	7	2640	1560	4063	186
黑龙江	3211	3108	103	2054	227	714	203	13	363	991	1711	146
上 海	969	929	40	434	337	96	2	100	261	390	305	13
江 苏	851	805	46	450	306	92	1	2	110	410	314	17
浙 江	9934	9571	363	4778	3407	1662	68	19	1106	4247	4140	441
安 徽	2121	2003	118	1004	841	264	11	1	425	1146	526	24
福 建	1848	1796	52	497	739	519	78	15	753	607	249	239
江 西	144	137	7	44	46	50	3	1	65	48	18	13
山 东	3394	3243	151	2598	445	338	9	4	642	1008	1706	38
河 南	7121	6886	235	3929	2801	372	16	3	1473	3713	1886	49
湖 北	9640	9275	365	2275	3827	2428	955	155	4679	3081	1239	641
湖 南	27940	26878	1062	9026	11074	6537	1251	52	9546	9337	7234	1823
广 东	4527	4388	139	1759	1415	1095	227	31	1406	2013	921	187
广 西	74634	71244	3390	22754	29836	18570	3338	136	12851	49640	10128	2015
海 南	4419	4328	91	3048	977	350	38	6	1670	1053	1549	147
重 庆	8963	8615	348	2355	4042	1513	870	183	2336	4261	1454	912
四 川	13775	13241	534	5759	4295	3107	581	33	4675	3238	3219	2643
贵 州	39274	37078	2196	14538	13775	8230	2664	67	9390	18981	7700	3203
云 南	46008	44036	1972	18998	18556	7621	784	49	14568	9819	11973	9648
西 藏	8614	8226	388	4448	3646	490	19	11	3207	1784	2588	1035
陕 西	503	462	41	227	133	115	25	3	83	260	68	92
甘 肃	7293	6885	408	4891	978	1238	179	7	1974	1478	3272	569
青 海	11276	10729	547	7672	1323	2201	76	4	2405	2703	4660	1508
宁 夏	8137	7745	392	6425	581	1109	21	1	1094	1393	5274	376
新 疆	38426	37940	486	27452	1795	9041	104	34	9004	6147	18905	4370

7-5c 各地区全户少数民族家庭户按住房用途、建筑层数、承重类型分的家庭户户数(乡村)(长表数据)

单位：户

地区	合计	住房用途		建筑层数					承重类型			
		生活用房	兼作生产经营用房	平房	2-3层楼房	4-6层楼房	7-9层楼房	10层以上楼房	钢及钢筋混凝土结构	混合结构	砖木结构	其他结构
全国	**1760915**	**1739951**	**20964**	**1346860**	**399325**	**13462**	**1024**	**244**	**135612**	**377035**	**790106**	**458162**
北京	1163	1130	33	1057	38	67		1	54	286	781	42
天津	288	279	9	248	13	20	2	5	46	36	205	1
河北	33911	33567	344	33187	621	89	5	9	1363	7511	22652	2385
山西	125	119	6	99	19	7			16	39	51	19
内蒙古	52911	52397	514	52301	282	293	14	21	1163	3873	34523	13352
辽宁	76504	75947	557	75352	815	309	24	4	2978	14329	57753	1444
吉林	14097	14028	69	13704	175	175	39	4	429	1622	10608	1438
黑龙江	12498	12417	81	12232	120	105	40	1	213	1746	8873	1666
上海	807	783	24	507	275	16		9	54	285	451	17
江苏	1793	1754	39	938	807	38	1	9	82	1050	631	30
浙江	12737	12326	411	6031	5521	1151	28	6	918	5054	5812	953
安徽	2345	2270	75	1592	744	8	1		324	1082	901	38
福建	6193	6016	177	2713	3011	433	35	1	1353	1498	1844	1498
江西	411	401	10	227	177	7			70	84	172	85
山东	4274	4244	30	4081	181	9	3		260	1197	2734	83
河南	7169	6951	218	5516	1586	54	8	5	828	3760	2494	87
湖北	44836	42839	1997	28103	16116	584	21	12	6418	10419	17598	10401
湖南	103709	102594	1115	70816	32427	432	30	4	9567	15934	55636	22572
广东	7440	7281	159	4372	1817	1115	134	2	1236	3356	2193	655
广西	320690	316375	4315	192710	124912	2918	127	23	37717	170118	72404	40451
海南	24243	24131	112	22954	1237	36	13	3	6585	4194	12607	857
重庆	35249	34687	562	22699	11849	503	182	16	4512	6466	12882	11389
四川	96743	95292	1451	75619	20246	854	13	11	4167	8205	28583	55788
贵州	242030	238407	3623	182896	58163	874	75	22	24228	59952	94541	63309
云南	261642	259148	2494	163557	96741	1163	149	32	20823	22632	79277	138910
西藏	45003	43973	1030	27228	17479	265	18	13	2093	4880	23445	14585
陕西	494	419	75	431	49	12		2	42	99	94	259
甘肃	41039	40826	213	38951	2023	57	7	1	1349	3676	24669	11345
青海	38544	38289	255	37866	650	21	2	5	712	2750	19776	15306
宁夏	36175	35829	346	34903	432	826	11	3	1246	2542	27197	5190
新疆	235852	235232	620	233970	799	1021	42	20	4766	18360	168719	44007

7-6 各地区全户少数民族家庭户按住房来源分的户数(长表数据)

单位：户

地 区	合 计	租赁廉租住房	租赁其他住房	自建住房	购买商品房	购买二手房	购买经济适用房	购买原公有住房	其 他
全 国	**2519787**	**35139**	**194058**	**1932160**	**132923**	**47735**	**33943**	**74541**	**69288**
北 京	14633	222	5609	1495	2478	471	641	2322	1395
天 津	6364	168	1634	1096	2010	369	181	550	356
河 北	58192	542	3377	42464	6214	1260	879	2539	917
山 西	1655	38	206	612	215	23	90	387	84
内蒙古	95354	1148	8597	58411	12606	6183	1608	4277	2524
辽 宁	132815	829	7036	85497	20338	7787	2687	7036	1605
吉 林	43842	418	2791	15668	13090	4928	2925	2900	1122
黑龙江	23689	230	1245	12537	3827	2535	670	2029	616
上 海	5559	198	3970	39	629	209	5	337	172
江 苏	5206	252	3052	489	472	145	63	354	379
浙 江	33381	1576	25749	2934	203	127	20	55	2717
安 徽	6351	72	418	4369	558	123	116	457	238
福 建	12644	953	4154	5502	204	71	30	47	1683
江 西	697	14	114	362	33	19	6	57	92
山 东	15308	250	1416	8888	2360	315	272	1413	394
河 南	22251	194	965	16131	2058	304	355	1777	467
湖 北	58440	497	3170	48493	1658	1006	276	1749	1591
湖 南	139566	1332	5006	118383	6148	1454	843	3491	2909
广 东	42748	5329	27766	4784	1269	239	93	307	2961
广 西	437778	5712	24400	366162	11444	2397	3276	12602	11785
海 南	30071	903	939	24842	227	123	375	970	1692
重 庆	47049	317	2794	39679	1908	478	114	701	1058
四 川	112956	711	2908	99812	1898	1612	924	1431	3660
贵 州	297462	1805	13994	259682	8632	2012	1644	3581	6112
云 南	326873	2241	15120	284192	6117	2717	2560	5555	8371
西 藏	58941	2375	3904	46270	514	417	2037	395	3029
陕 西	3503	106	585	1284	397	62	147	696	226
甘 肃	57056	409	2572	47136	2794	1063	509	1398	1175
青 海	56393	605	3157	42063	2870	1538	957	1429	3774
宁 夏	54440	367	3375	40289	4891	1364	1551	1495	1108
新 疆	318570	5326	14035	252595	14861	6384	8089	12204	5076

7-6a 各地区全户少数民族家庭户按住房来源分的户数(城市)(长表数据)

单位：户

地区	合计	租赁廉租住房	租赁其他住房	自建住房	购买商品房	购买二手房	购买经济适用房	购买原公有住房	其他
全国	**350877**	**14694**	**109500**	**55544**	**75225**	**16587**	**17424**	**44989**	**16914**
北京	12519	206	4931	600	2193	427	639	2289	1234
天津	5618	125	1526	712	1880	339	167	530	339
河北	8536	127	1123	1925	2262	457	401	1874	367
山西	1321	26	163	394	195	16	81	369	77
内蒙古	17650	330	3832	1519	6346	1376	688	2762	797
辽宁	31943	396	4608	3252	12634	3139	1963	5094	857
吉林	21296	255	2190	984	10689	2303	2212	2066	597
黑龙江	7980	67	836	813	2850	918	550	1625	321
上海	3783	99	2516	28	523	190	4	336	87
江苏	2562	92	1326	78	422	117	59	344	124
浙江	10710	395	9136	113	133	47	11	45	830
安徽	1885	39	278	655	356	73	75	310	99
福建	4603	444	2820	483	137	45	21	38	615
江西	142	5	55	7	17	6	2	41	9
山东	7640	166	1234	2060	2133	236	222	1263	326
河南	7961	119	739	2808	1693	208	312	1706	376
湖北	3964	121	979	1223	693	160	101	490	197
湖南	7917	283	1520	2438	1726	264	336	1033	317
广东	30781	3977	23232	271	1096	164	49	140	1852
广西	42454	1923	15578	8656	5797	802	1594	6016	2088
海南	1409	73	453	453	94	23	30	135	148
重庆	2837	91	950	769	514	105	47	243	118
四川	2438	125	832	160	495	100	225	315	186
贵州	16158	556	6405	2892	3033	301	801	1498	672
云南	19223	350	6832	4915	2670	730	697	2292	737
西藏	5324	1146	1099	1466	242	212	451	246	462
陕西	2506	86	492	596	325	47	134	632	194
甘肃	8724	284	1784	2598	1604	631	296	1080	447
青海	6573	266	1841	1200	1453	487	371	724	231
宁夏	10128	154	1556	1559	3405	645	1128	1090	591
新疆	44292	2368	8634	9917	7615	2019	3757	8363	1619

7-6b 各地区全户少数民族家庭户按住房来源分的户数(镇)(长表数据)

单位：户

地 区	合 计	租赁廉租住房	租赁其他住房	自建住房	购买商品房	购买二手房	购买经济适用房	购买原公有住房	其 他
全 国	**407995**	**12561**	**57450**	**211251**	**51475**	**19007**	**11555**	**23470**	**21226**
北 京	951	4	335	217	258	36	1	29	71
天 津	458	26	82	175	109	29	14	18	5
河 北	15745	296	1924	7681	3866	629	418	603	328
山 西	209	7	25	128	18	5	8	16	2
内蒙古	24793	635	4098	8289	5904	3164	791	1175	737
辽 宁	24368	225	1832	10198	7271	2452	611	1484	295
吉 林	8449	102	393	2878	2147	1436	660	616	217
黑龙江	3211	118	255	1084	773	578	92	227	84
上 海	969	49	757	4	103	18	1	1	36
江 苏	851	47	491	179	36	13	2	7	76
浙 江	9934	525	8248	301	61	60	8	7	724
安 徽	2121	26	114	1532	172	41	32	141	63
福 建	1848	235	772	429	52	18	3	6	333
江 西	144	7	29	51	15	5	2	6	29
山 东	3394	64	131	2676	222	66	47	142	46
河 南	7121	60	194	6293	316	85	40	66	67
湖 北	9640	207	1556	4834	831	464	155	1023	570
湖 南	27940	842	3136	14725	4171	933	473	2288	1372
广 东	4527	713	2312	768	151	51	33	131	368
广 西	74634	2654	7305	45805	5166	1286	1593	5710	5115
海 南	4419	192	267	2869	92	51	174	339	435
重 庆	8963	171	1367	5197	1136	236	47	373	436
四 川	13775	433	1617	6444	1233	803	684	1048	1513
贵 州	39274	719	5851	21875	5198	1149	761	1807	1914
云 南	46008	1211	6234	27496	3043	1406	1568	2322	2728
西 藏	8614	749	2086	4424	123	111	315	34	772
陕 西	503	13	68	256	67	11	13	56	19
甘 肃	7293	105	643	4395	1124	356	190	284	196
青 海	11276	248	1152	5242	1353	970	489	590	1232
宁 夏	8137	104	1067	5111	864	391	143	275	182
新 疆	38426	1774	3109	19695	5600	2154	2187	2646	1261

7-6c 各地区全户少数民族家庭户按住房来源分的户数(乡村)(长表数据)

单位：户

地 区	合 计	租 赁 廉租住房	租 赁 其他住房	自建住房	购 买 商品房	购 买 二手房	购买经济 适用房	购 买 原 公有住房	其 他
全 国	**1760915**	**7884**	**27108**	**1665365**	**6223**	**12141**	**4964**	**6082**	**31148**
北 京	1163	12	343	678	27	8	1	4	90
天 津	288	17	26	209	21	1		2	12
河 北	33911	119	330	32858	86	174	60	62	222
山 西	125	5	18	90	2	2	1	2	5
内 蒙 古	52911	183	667	48603	356	1643	129	340	990
辽 宁	76504	208	596	72047	433	2196	113	458	453
吉 林	14097	61	208	11806	254	1189	53	218	308
黑 龙 江	12498	45	154	10640	204	1039	28	177	211
上 海	807	50	697	7	3	1			49
江 苏	1793	113	1235	232	14	15	2	3	179
浙 江	12737	656	8365	2520	9	20	1	3	1163
安 徽	2345	7	26	2182	30	9	9	6	76
福 建	6193	274	562	4590	15	8	6	3	735
江 西	411	2	30	304	1	8	2	10	54
山 东	4274	20	51	4152	5	13	3	8	22
河 南	7169	15	32	7030	49	11	3	5	24
湖 北	44836	169	635	42436	134	382	20	236	824
湖 南	103709	207	350	101220	251	257	34	170	1220
广 东	7440	639	2222	3745	22	24	11	36	741
广 西	320690	1135	1517	311701	481	309	89	876	4582
海 南	24243	638	219	21520	41	49	171	496	1109
重 庆	35249	55	477	33713	258	137	20	85	504
四 川	96743	153	459	93208	170	709	15	68	1961
贵 州	242030	530	1738	234915	401	562	82	276	3526
云 南	261642	680	2054	251781	404	581	295	941	4906
西 藏	45003	480	719	40380	149	94	1271	115	1795
陕 西	494	7	25	432	5	4		8	13
甘 肃	41039	20	145	40143	66	76	23	34	532
青 海	38544	91	164	35621	64	81	97	115	2311
宁 夏	36175	109	752	33619	622	328	280	130	335
新 疆	235852	1184	2292	222983	1646	2211	2145	1195	2196

7-7 各地区全户少数民族家庭户按月租房费用分的户数(长表数据)

单位：户

地区	合计	100元以下	100-200元	200-500元	500-1000元	1000-1500元	1500-2000元	2000-3000元	3000元以上
全国	**229197**	**54721**	**83456**	**60667**	**18570**	**5797**	**2453**	**1986**	**1547**
北京	5831	899	1144	1586	663	359	370	519	291
天津	1802	1038	161	141	189	178	41	39	15
河北	3919	594	1151	1228	583	201	51	58	53
山西	244	67	55	52	47	10	4	4	5
内蒙古	9745	1766	3436	2124	1575	423	153	130	138
辽宁	7865	1638	2226	1911	1463	401	119	68	39
吉林	3209	779	553	893	829	91	29	18	17
黑龙江	1475	401	351	344	281	54	20	11	13
上海	4168	357	1489	1047	332	270	261	241	171
江苏	3304	836	1584	439	219	136	43	34	13
浙江	27325	6725	15759	3803	704	210	66	44	14
安徽	490	107	132	129	74	27	11	7	3
福建	5107	791	2726	1221	191	109	39	19	11
江西	128	52	31	28	12	3	1	1	
山东	1666	187	256	388	550	179	62	25	19
河南	1159	241	356	320	185	33	12	5	7
湖北	3667	889	1257	1104	265	78	29	15	30
湖南	6338	1833	2016	1812	409	156	48	24	40
广东	33095	1827	15254	13365	1561	562	277	165	84
广西	30112	8232	8685	10316	1951	535	185	114	94
海南	1842	1073	210	352	138	41	14	9	5
重庆	3111	590	1053	1138	230	59	14	15	12
四川	3619	966	1110	863	437	173	39	24	7
贵州	15799	4302	5787	3946	1085	321	141	103	114
云南	17361	5404	5497	4334	1243	443	177	125	138
西藏	6279	3138	1336	1059	503	132	46	39	26
陕西	691	153	200	169	110	30	13	7	9
甘肃	2981	803	990	716	344	74	22	15	17
青海	3762	1004	1279	778	490	113	41	28	29
宁夏	3742	867	1192	1031	456	98	41	25	32
新疆	19361	7162	6180	4030	1451	298	84	55	101

7-7a 各地区全户少数民族家庭户按月租房费用分的户数(城市)(长表数据)

单位：户

地区	合计	100元以下	100-200元	200-500元	500-1000元	1000-1500元	1500-2000元	2000-3000元	3000元以上
全国	**124194**	**17686**	**42997**	**41767**	**13539**	**4085**	**1701**	**1478**	**941**
北京	5137	793	863	1391	613	333	349	515	280
天津	1651	1011	106	112	166	165	41	36	14
河北	1250	159	299	312	342	107	16	6	9
山西	189	47	37	41	44	9	4	3	4
内蒙古	4162	460	1236	920	1123	224	62	70	67
辽宁	5004	776	1145	1372	1218	335	91	47	20
吉林	2445	462	290	785	792	73	15	17	11
黑龙江	903	225	164	203	246	38	14	4	9
上海	2615	207	495	731	299	248	242	230	163
江苏	1418	196	549	300	176	115	40	30	12
浙江	9531	1066	5473	2204	507	181	53	36	11
安徽	317	61	76	85	59	22	7	6	1
福建	3264	223	1753	982	140	101	36	19	10
江西	60	15	12	19	10	2	1	1	
山东	1400	113	179	328	525	167	53	23	12
河南	858	153	253	261	155	23	4	4	5
湖北	1100	155	282	446	142	42	11	11	11
湖南	1803	286	500	719	208	57	17	8	8
广东	27209	933	11611	12164	1467	537	260	160	77
广西	17501	2691	5214	7714	1356	333	105	58	30
海南	526	77	64	240	96	34	8	6	1
重庆	1041	97	313	485	113	23	3	4	3
四川	957	139	287	229	176	91	23	10	2
贵州	6961	1367	2832	2022	545	123	29	25	18
云南	7182	1090	2573	2433	637	266	94	38	51
西藏	2245	847	537	514	231	55	22	29	10
陕西	578	119	161	147	101	28	10	6	6
甘肃	2068	544	700	509	253	36	10	7	9
青海	2107	549	746	447	285	45	11	13	11
宁夏	1710	274	417	598	328	49	20	17	7
新疆	11002	2551	3830	3054	1186	223	50	39	69

7-7b 各地区全户少数民族家庭户按月租房费用分的户数(镇)(长表数据)

单位：户

地 区	合计	100元以下	100-200元	200-500元	500-1000元	1000-1500元	1500-2000元	2000-3000元	3000元以上
全 国	**70011**	**22097**	**26690**	**14273**	**3971**	**1430**	**618**	**433**	**499**
北 京	339	59	123	77	33	18	19	3	7
天 津	108	12	45	21	16	10		3	1
河 北	2220	264	693	832	223	83	33	50	42
山 西	32	11	11	7	1	1			1
内蒙古	4733	977	1931	1078	385	173	80	51	58
辽 宁	2057	429	866	448	197	57	27	17	16
吉 林	495	175	167	88	31	16	13	1	4
黑龙江	373	87	125	107	23	15	5	7	4
上 海	806	70	442	216	26	19	15	11	7
江 苏	538	144	295	51	30	12	3	2	1
浙 江	8773	2335	5384	874	133	24	12	8	3
安 徽	140	31	49	37	11	5	4	1	2
福 建	1007	214	585	164	35	7	2		
江 西	36	11	15	7	2	1			
山 东	195	48	47	51	23	11	9	2	4
河 南	254	77	80	51	26	9	8	1	2
湖 北	1763	423	712	508	66	20	14	3	17
湖 南	3978	1249	1392	999	173	96	26	13	30
广 东	3025	389	1855	688	57	15	14	4	3
广 西	9959	3889	2976	2218	513	179	73	52	59
海 南	459	227	101	91	28	5	1	3	3
重 庆	1538	370	552	470	90	29	8	10	9
四 川	2050	561	635	518	225	78	15	13	5
贵 州	6570	1988	2260	1505	437	162	76	65	77
云 南	7445	2858	2267	1466	477	156	73	74	74
西 藏	2835	1585	586	382	190	55	17	8	12
陕 西	81	26	27	15	5	1	3	1	3
甘 肃	748	213	241	160	77	33	11	7	6
青 海	1400	365	442	293	184	62	29	13	12
宁 夏	1171	322	449	242	85	35	14	3	21
新 疆	4883	2688	1337	609	169	43	14	7	16

7-7c 各地区全户少数民族家庭户按月租房费用分的户数(乡村)(长表数据)

单位：户

地区	合计	100元以下	100-200元	200-500元	500-1000元	1000-1500元	1500-2000元	2000-3000元	3000元以上
全国	**34992**	**14938**	**13769**	**4627**	**1060**	**282**	**134**	**75**	**107**
北京	355	47	158	118	17	8	2	1	4
天津	43	15	10	8	7	3			
河北	449	171	159	84	18	11	2	2	2
山西	23	9	7	4	2			1	
内蒙古	850	329	269	126	67	26	11	9	13
辽宁	804	433	215	91	48	9	1	4	3
吉林	269	142	96	20	6	2	1		2
黑龙江	199	89	62	34	12	1	1		
上海	747	80	552	100	7	3	4		1
江苏	1348	496	740	88	13	9		2	
浙江	9021	3324	4902	725	64	5	1		
安徽	33	15	7	7	4				
福建	836	354	388	75	16	1	1		1
江西	32	26	4	2					
山东	71	26	30	9	2	1			3
河南	47	11	23	8	4	1			
湖北	804	311	263	150	57	16	4	1	2
湖南	557	298	124	94	28	3	5	3	2
广东	2861	505	1788	513	37	10	3	1	4
广西	2652	1652	495	384	82	23	7	4	5
海南	857	769	45	21	14	2	5		1
重庆	532	123	188	183	27	7	3	1	
四川	612	266	188	116	36	4	1	1	
贵州	2268	947	695	419	103	36	36	13	19
云南	2734	1456	657	435	129	21	10	13	13
西藏	1199	706	213	163	82	22	7	2	4
陕西	32	8	12	7	4	1			
甘肃	165	46	49	47	14	5	1	1	2
青海	255	90	91	38	21	6	1	2	6
宁夏	861	271	326	191	43	14	7	5	4
新疆	3476	1923	1013	367	96	32	20	9	16

7-8 各地区全户少数民族按住房来源分的同时拥有厨房和厕所的家庭户户数(长表数据)

单位：户

地 区	合 计	租赁廉租住房	租赁其他住房	自建住房	购买商品房	购买二手房	购买经济适用房	购买原公有住房	其 他
全 国	**1071343**	**17548**	**86727**	**693650**	**126877**	**30913**	**29312**	**62113**	**24203**
北 京	10183	126	2310	902	2462	432	641	2289	1021
天 津	4941	117	1203	335	1994	333	178	507	274
河 北	33106	228	1282	21094	6088	857	858	2186	513
山 西	1253	18	108	387	211	18	89	362	60
内蒙古	36775	495	2758	13509	12073	2520	1444	2944	1032
辽 宁	104548	553	4762	63396	20004	6203	2616	5843	1171
吉 林	31257	286	2025	7189	12739	3120	2818	2328	752
黑龙江	13109	64	729	4788	3667	1379	627	1480	375
上 海	2611	66	1334	14	628	209	5	327	28
江 苏	2312	81	883	288	467	135	60	333	65
浙 江	6480	287	4024	1515	197	108	20	50	279
安 徽	3419	33	197	1992	525	91	106	379	96
福 建	5500	287	1889	2844	197	58	25	42	158
江 西	285	5	54	131	29	10	4	46	6
山 东	12150	161	1065	6437	2326	285	267	1322	287
河 南	14851	117	588	9544	2014	251	344	1643	350
湖 北	34722	264	1890	27518	1590	803	256	1607	794
湖 南	64913	660	2723	49900	5687	1148	755	2984	1056
广 东	28723	3785	20886	1540	1232	215	85	262	718
广 西	189407	3313	16797	136069	10766	2006	3126	11342	5988
海 南	6566	282	486	4305	190	66	247	576	414
重 庆	22783	189	1521	17737	1826	386	102	573	449
四 川	39144	263	1154	32077	1690	941	859	1119	1041
贵 州	70768	511	4062	51297	7979	1207	1550	2990	1172
云 南	83823	721	3240	64653	5602	1813	2219	3917	1658
西 藏	18588	1018	1346	13511	428	206	903	258	918
陕 西	2642	66	290	875	387	50	145	658	171
甘 肃	35726	153	839	29144	2701	838	462	1135	454
青 海	22782	262	759	15906	2734	969	773	982	397
宁 夏	33742	204	1243	23131	4761	989	1515	1242	657
新 疆	134234	2933	4280	91622	13683	3267	6213	10387	1849

7-8a 各地区全户少数民族按住房来源分的同时拥有厨房和厕所的家庭户户数(城市)(长表数据)

单位：户

地区	合计	租赁廉租住房	租赁其他住房	自建住房	购买商品房	购买二手房	购买经济适用房	购买原公有住房	其他
全国	**258802**	**9089**	**60059**	**32985**	**73950**	**14097**	**17061**	**41801**	**9760**
北京	8844	122	2111	181	2178	388	639	2260	965
天津	4495	104	1167	124	1864	312	165	491	268
河北	6746	75	654	941	2243	411	399	1719	304
山西	1058	16	95	257	191	12	80	350	57
内蒙古	12981	187	1647	303	6223	1018	663	2364	576
辽宁	28189	280	3364	1837	12553	2818	1942	4681	714
吉林	18951	209	1767	231	10500	1719	2182	1881	462
黑龙江	6321	38	550	199	2783	646	533	1327	245
上海	2179	40	1070	6	522	190	4	327	20
江苏	1588	47	536	39	418	114	56	326	52
浙江	2552	127	2025	82	132	45	11	43	87
安徽	1313	21	152	307	348	66	69	278	72
福建	2320	146	1492	395	136	41	20	35	55
江西	111	4	39	5	16	6	2	38	1
山东	6616	119	950	1537	2114	224	219	1191	262
河南	6386	74	493	1749	1672	183	306	1597	312
湖北	3215	64	601	1031	684	156	96	467	116
湖南	6530	162	949	2031	1662	247	318	964	197
广东	22976	2962	17970	131	1081	160	49	134	489
广西	34164	1257	11765	6019	5669	760	1549	5772	1373
海南	994	49	293	307	93	22	29	130	71
重庆	2116	67	581	520	502	100	46	223	77
四川	1801	64	436	108	484	97	224	301	87
贵州	9562	222	1904	1737	2941	280	783	1426	269
云南	10860	166	1748	2702	2589	664	661	2058	272
西藏	3084	469	346	1104	222	113	408	132	290
陕西	1949	55	262	378	321	43	132	603	155
甘肃	5963	117	683	1488	1577	554	291	976	277
青海	4437	170	542	638	1445	440	367	692	143
宁夏	8205	114	793	819	3362	565	1116	959	477
新疆	32296	1542	3074	5779	7425	1703	3702	8056	1015

7-8b 各地区全户少数民族按住房来源分的同时拥有厨房和厕所的家庭户户数(镇)(长表数据)

单位：户

地 区	合 计	租赁廉租住房	租赁其他住房	自建住房	购买商品房	购买二手房	购买经济适用房	购买原公有住房	其 他
全 国	**237546**	**6011**	**19951**	**114202**	**48951**	**11589**	**10473**	**17913**	**8456**
北 京	631	1	115	160	257	36	1	25	36
天 津	278	9	28	79	109	21	13	16	3
河 北	10266	112	482	4500	3786	375	407	447	157
山 西	142	2	9	90	18	4	8	11	
内蒙古	11990	286	1002	2498	5600	1113	724	512	255
辽 宁	18675	139	993	7126	7076	1721	573	859	188
吉 林	5408	50	190	1323	2030	729	597	350	139
黑龙江	1868	13	120	475	726	319	78	94	43
上 海	296	15	152	3	103	18	1		4
江 苏	304	8	135	105	35	9	2	4	6
浙 江	1352	63	907	199	59	50	8	6	60
安 徽	1086	11	39	712	158	22	30	99	15
福 建	796	90	287	302	51	15	3	6	42
江 西	69	1	10	30	13	4	2	4	5
山 东	2518	33	90	1946	209	52	45	123	20
河 南	4845	39	81	4242	304	67	35	45	32
湖 北	7357	124	1020	3526	805	416	148	972	346
湖 南	18988	424	1661	9304	3899	787	410	1940	563
广 东	2771	467	1560	316	136	45	29	113	105
广 西	50966	1579	4336	29401	4867	1134	1512	5095	3042
海 南	1799	84	121	854	78	35	169	265	193
重 庆	5854	94	675	3237	1098	202	42	297	209
四 川	7936	154	599	3422	1144	533	629	792	663
贵 州	20245	216	1922	9627	4902	822	722	1471	563
云 南	20607	408	1216	11397	2832	991	1437	1648	678
西 藏	3515	374	800	1596	110	42	205	23	365
陕 西	364	9	20	195	62	5	13	51	9
甘 肃	4794	30	131	2926	1078	246	163	155	65
青 海	5193	81	202	2277	1272	502	397	283	179
宁 夏	5101	43	274	3263	832	276	142	204	67
新 疆	21532	1052	774	9071	5302	998	1928	2003	404

7-8c 各地区全户少数民族按住房来源分的同时拥有厨房和厕所的家庭户户数(乡村)(长表数据)

单位：户

地区	合计	租赁廉租住房	租赁其他住房	自建住房	购买商品房	购买二手房	购买经济适用房	购买原公有住房	其他
全国	**574995**	**2448**	**6717**	**546463**	**3976**	**5227**	**1778**	**2399**	**5987**
北京	708	3	84	561	27	8	1	4	20
天津	168	4	8	132	21				3
河北	16094	41	146	15653	59	71	52	20	52
山西	53		4	40	2	2	1	1	3
内蒙古	11804	22	109	10708	250	389	57	68	201
辽宁	57684	134	405	54433	375	1664	101	303	269
吉林	6898	27	68	5635	209	672	39	97	151
黑龙江	4920	13	59	4114	158	414	16	59	87
上海	136	11	112	5	3	1			4
江苏	420	26	212	144	14	12	2	3	7
浙江	2576	97	1092	1234	6	13	1	1	132
安徽	1020	1	6	973	19	3	7	2	9
福建	2384	51	110	2147	10	2	2	1	61
江西	105		5	96				4	
山东	3016	9	25	2954	3	9	3	8	5
河南	3620	4	14	3553	38	1	3	1	6
湖北	24150	76	269	22961	101	231	12	168	332
湖南	39395	74	113	38565	126	114	27	80	296
广东	2976	356	1356	1093	15	10	7	15	124
广西	104277	477	696	100649	230	112	65	475	1573
海南	3773	149	72	3144	19	9	49	181	150
重庆	14813	28	265	13980	226	84	14	53	163
四川	29407	45	119	28547	62	311	6	26	291
贵州	40961	73	236	39933	136	105	45	93	340
云南	52356	147	276	50554	181	158	121	211	708
西藏	11989	175	200	10811	96	51	290	103	263
陕西	329	2	8	302	4	2		4	7
甘肃	24969	6	25	24730	46	38	8	4	112
青海	13152	11	15	12991	17	27	9	7	75
宁夏	20436	47	176	19049	567	148	257	79	113
新疆	80406	339	432	76772	956	566	583	328	430

7-9 全国按全户少数民族户主的职业、人均住房建筑面积分的家庭户户数(长表数据)

单位：户

户主职业	合 计	人均住房建筑面积(平方米)				
		无住房	8及以下	9-12	13-16	17-19
总 计	**1966882**	**4926**	**96350**	**157343**	**242865**	**136405**
国家机关、党群组织、企业、事业单位负责人	25198	47	692	979	1527	1132
专业技术人员	94669	310	2392	3935	6614	4622
办事人员和有关人员	62555	245	2054	2775	4285	3062
商业、服务业人员	159384	641	12895	14499	17768	9434
农、林、牧、渔、水利业生产人员	1374408	3014	42838	105244	179548	103169
生产、运输设备操作人员及有关人员	249101	661	35319	29755	32960	14896
不便分类的其他从业人员	1567	8	160	156	163	90

7-9 续表

单位：户

户主职业	人均住房建筑面积(平方米)					
	20-29	30-39	40-49	50-59	60-69	70及以上
总 计	**517983**	**308062**	**189555**	**90503**	**83985**	**138905**
国家机关、党群组织、企业、事业单位负责人	5923	4838	3422	1811	1463	3364
专业技术人员	23683	17975	12450	6068	5071	11549
办事人员和有关人员	15002	11847	8299	4092	3299	7595
商业、服务业人员	37304	23012	14250	7841	6727	15013
农、林、牧、渔、水利业生产人员	377426	219101	133849	62048	59999	88172
生产、运输设备操作人员及有关人员	58271	31032	17157	8584	7371	13095
不便分类的其他从业人员	374	257	128	59	55	117

7-9a 全国按全户少数民族户主的职业、人均住房建筑面积分的家庭户户数(城市)(长表数据)

单位：户

户主职业	合 计	人均住房建筑面积(平方米)				
		无住房	8及以下	9-12	13-16	17-19
总 计	**241189**	**375**	**28700**	**24801**	**27187**	**14030**
国家机关、党群组织、企业、事业单位负责人	9849	2	326	357	515	441
专业技术人员	32794	36	763	1097	1936	1643
办事人员和有关人员	25883	27	1148	1327	1935	1416
商业、服务业人员	71875	132	7870	7972	8735	4638
农、林、牧、渔、水利业生产人员	14387	55	817	900	1354	768
生产、运输设备操作人员及有关人员	85919	122	17708	13093	12664	5088
不便分类的其他从业人员	482	1	68	55	48	36

7-9a 续表

单位：户

户主职业	人均住房建筑面积(平方米)					
	20-29	30-39	40-49	50-59	60-69	70及以上
总 计	**54371**	**33397**	**20412**	**10991**	**8326**	**18599**
国家机关、党群组织、企业、事业单位负责人	2218	1952	1381	769	562	1326
专业技术人员	8045	6471	4504	2367	1733	4199
办事人员和有关人员	6053	4803	3217	1728	1290	2939
商业、服务业人员	16248	9582	5617	3127	2440	5514
农、林、牧、渔、水利业生产人员	3538	2303	1569	896	729	1458
生产、运输设备操作人员及有关人员	18166	8207	4091	2086	1556	3138
不便分类的其他从业人员	103	79	33	18	16	25

7-9b 全国按全户少数民族户主的职业、人均住房建筑面积分的家庭户户数(镇)(长表数据)

单位：户

户主职业	合 计	人均住房建筑面积(平方米)				
		无住房	8及以下	9-12	13-16	17-19
总 计	**306388**	**1543**	**17444**	**21235**	**29985**	**17023**
国家机关、党群组织、企业、事业单位负责人	10122	27	202	292	495	404
专业技术人员	38208	174	759	1287	2286	1722
办事人员和有关人员	28559	184	593	893	1515	1183
商业、服务业人员	54012	287	3370	4042	5310	2880
农、林、牧、渔、水利业生产人员	105446	648	3241	6840	11770	6711
生产、运输设备操作人员及有关人员	69335	221	9201	7806	8535	4088
不便分类的其他从业人员	706	2	78	75	74	35

7-9b 续表

单位：户

户主职业	人均住房建筑面积(平方米)					
	20-29	30-39	40-49	50-59	60-69	70及以上
总 计	**76052**	**50147**	**32621**	**16264**	**14515**	**29559**
国家机关、党群组织、企业、事业单位负责人	2368	2020	1500	719	616	1479
专业技术人员	9435	7634	5415	2482	2108	4906
办事人员和有关人员	6867	5718	4212	1913	1590	3891
商业、服务业人员	12939	8205	5319	2925	2610	6125
农、林、牧、渔、水利业生产人员	28178	17566	11054	5550	5281	8607
生产、运输设备操作人员及有关人员	16091	8892	5068	2662	2282	4489
不便分类的其他从业人员	174	112	53	13	28	62

7-9c 全国按全户少数民族户主的职业、人均住房建筑面积分的家庭户户数(乡村)(长表数据)

单位：户

户主职业	合 计	人均住房建筑面积(平方米)				
		无住房	8及以下	9-12	13-16	17-19
总 计	**1419305**	**3008**	**50206**	**111307**	**185693**	**105352**
国家机关、党群组织、企业、事业单位负责人	5227	18	164	330	517	287
专业技术人员	23667	100	870	1551	2392	1257
办事人员和有关人员	8113	34	313	555	835	463
商业、服务业人员	33497	222	1655	2485	3723	1916
农、林、牧、渔、水利业生产人员	1254575	2311	38780	97504	166424	95690
生产、运输设备操作人员及有关人员	93847	318	8410	8856	11761	5720
不便分类的其他从业人员	379	5	14	26	41	19

7-9c 续表

单位：户

户主职业	人均住房建筑面积(平方米)					
	20-29	30-39	40-49	50-59	60-69	70及以上
总 计	**387560**	**224518**	**136522**	**63248**	**61144**	**90747**
国家机关、党群组织、企业、事业单位负责人	1337	866	541	323	285	559
专业技术人员	6203	3870	2531	1219	1230	2444
办事人员和有关人员	2082	1326	870	451	419	765
商业、服务业人员	8117	5225	3314	1789	1677	3374
农、林、牧、渔、水利业生产人员	345710	199232	121226	55602	53989	78107
生产、运输设备操作人员及有关人员	24014	13933	7998	3836	3533	5468
不便分类的其他从业人员	97	66	42	28	11	30

第八卷　迁　移

8-1 外来人口分民族户口登记地状况

单位：人

民族	合计			本县(市)		
	合计	男	女	小计	男	女
总 计	**260937942**	**136974792**	**123963150**	**90372599**	**44624426**	**45748173**
汉 族	244399334	128657464	115741870	84286171	41730780	42555391
蒙 古 族	1197804	571142	626662	541827	254518	287309
回 族	1961129	997027	964102	752776	364593	388183
藏 族	517760	257734	260026	201817	102938	98879
维吾尔族	815184	378973	436211	429997	187070	242927
苗 族	1532234	787452	744782	407972	190522	217450
彝 族	983874	496381	487493	393357	184954	208403
壮 族	2922969	1490565	1432404	883192	416882	466310
布 依 族	444680	227737	216943	112620	52280	60340
朝 鲜 族	440705	217602	223103	157268	77213	80055
满 族	1725131	854488	870643	780677	378332	402345
侗 族	447958	234950	213008	147970	72085	75885
瑶 族	368170	189949	178221	102110	47898	54212
白 族	231508	119459	112049	85599	41666	43933
土 家 族	1411644	738315	673329	503255	248033	255222
哈 尼 族	212745	109704	103041	58767	27901	30866
哈萨克族	146605	66717	79888	94917	43286	51631
傣 族	103012	46977	56035	40560	18158	22402
黎 族	158526	68552	89974	62452	26341	36111
傈 僳 族	43411	19788	23623	16679	7519	9160
佤 族	39341	18805	20536	12798	6109	6689
畲 族	131891	69602	62289	66858	34017	32841
高 山 族	947	473	474	284	142	142
拉 祜 族	39374	17646	21728	14310	6620	7690
水 族	57376	29901	27475	15214	7131	8083
东 乡 族	55578	30736	24842	13427	6443	6984
纳 西 族	42110	20430	21680	20220	9872	10348
景 颇 族	16615	7343	9272	8404	3900	4504
柯尔克孜族	12167	5701	6466	6096	2793	3303
土 族	55671	29568	26103	12759	6014	6745
达斡尔族	23407	10374	13033	10535	4601	5934
仫 佬 族	37247	18334	18913	8622	4038	4584
羌 族	44948	22220	22728	16257	7743	8514
布 朗 族	8612	3991	4621	3348	1529	1819
撒 拉 族	21309	11712	9597	4461	2213	2248
毛 南 族	18556	9516	9040	5469	2583	2886
仡 佬 族	103605	55544	48061	33915	17145	16770
锡 伯 族	35584	17037	18547	16439	7902	8537
阿 昌 族	4299	2211	2088	1442	704	738
普 米 族	4122	1968	2154	1825	867	958
塔吉克族	6649	3430	3219	1890	833	1057
怒 族	3019	1394	1625	966	461	505
乌孜别克族	1653	818	835	845	411	434
俄罗斯族	3567	1572	1995	1446	676	770
鄂温克族	6457	2703	3754	3003	1279	1724
德 昂 族	1316	597	719	632	288	344
保 安 族	1858	1034	824	556	261	295
裕 固 族	3597	1754	1843	1991	992	999
京 族	4365	2042	2323	1740	782	958
塔塔尔族	553	274	279	287	154	133
独 龙 族	544	229	315	202	84	118
鄂伦春族	1999	881	1118	916	398	518
赫 哲 族	1359	658	701	428	202	226
门 巴 族	817	326	491	193	74	119
珞 巴 族	224	113	111	25	11	14
基 诺 族	2112	834	1278	1339	533	806
其他未识别的民族	80482	41941	38541	23387	11620	11767
外国人加入中国籍	229	104	125	87	32	55

8-1 续表 单位：人

民族	本省其他县(市)、市区			省外		
	小计	男	女	小计	男	女
总　计	**84689006**	**43992871**	**40696135**	**85876337**	**48357495**	**37518842**
汉　族	79140446	41229595	37910851	80972717	45697089	35275628
蒙古族	463567	220840	242727	192410	95784	96626
回　族	786748	398621	388127	421605	233813	187792
藏　族	243126	120362	122764	72817	34434	38383
维吾尔族	342614	170901	171713	42573	21002	21571
苗　族	314903	151859	163044	809359	445071	364288
彝　族	412137	212470	199667	178380	98957	79423
壮　族	1051582	529519	522063	988195	544164	444031
布依族	79211	37236	41975	252849	138221	114628
朝鲜族	119800	57897	61903	163637	82492	81145
满　族	616757	305829	310928	327697	170327	157370
侗　族	80722	40230	40492	219266	122635	96631
瑶　族	106515	53334	53181	159545	88717	70828
白　族	100178	52910	47268	45731	24883	20848
土家族	233505	115843	117662	674884	374439	300445
哈尼族	131720	71466	60254	22258	10337	11921
哈萨克族	43578	19492	24086	8110	3939	4171
傣　族	38889	17868	21021	23563	10951	12612
黎　族	59069	23603	35466	37005	18608	18397
傈僳族	17023	8653	8370	9709	3616	6093
佤　族	9625	4578	5047	16918	8118	8800
畲　族	43422	23244	20178	21611	12341	9270
高山族	277	128	149	386	203	183
拉祜族	17551	8563	8988	7513	2463	5050
水　族	9231	4577	4654	32931	18193	14738
东乡族	26917	14641	12276	15234	9652	5582
纳西族	19218	9296	9922	2672	1262	1410
景颇族	5166	2313	2853	3045	1130	1915
柯尔克孜族	4660	2152	2508	1411	756	655
土　族	15894	8432	7462	27018	15122	11896
达斡尔族	7047	3102	3945	5825	2671	3154
仫佬族	13140	6004	7136	15485	8292	7193
羌　族	20863	10115	10748	7828	4362	3466
布朗族	3224	1535	1689	2040	927	1113
撒拉族	10861	5830	5031	5987	3669	2318
毛南族	5696	2702	2994	7391	4231	3160
仡佬族	26868	14024	12844	42822	24375	18447
锡伯族	15120	7150	7970	4025	1985	2040
阿昌族	1787	910	877	1070	597	473
普米族	1808	867	941	489	234	255
塔吉克族	1172	589	583	3587	2008	1579
怒　族	1188	546	642	865	387	478
乌孜别克族	628	319	309	180	88	92
俄罗斯族	1428	610	818	693	286	407
鄂温克族	2135	875	1260	1319	549	770
德昂族	423	183	240	261	126	135
保安族	507	260	247	795	513	282
裕固族	1271	585	686	335	177	158
京　族	1787	797	990	838	463	375
塔塔尔族	186	86	100	80	34	46
独龙族	171	78	93	171	67	104
鄂伦春族	515	224	291	568	259	309
赫哲族	405	190	215	526	266	260
门巴族	462	178	284	162	74	88
珞巴族	137	70	67	62	32	30
基诺族	597	248	349	176	53	123
其他未识别的民族	35451	18304	17147	21644	12017	9627
外国人加入中国籍	78	38	40	64	34	30

8-2 各地区少数民族外来人口户口登记地状况

单位：人

现住地	合计			本县(市)		
	合计	男	女	小计	男	女
全 国	**16538608**	**8317328**	**8221280**	**6086428**	**2893646**	**3192782**
北 京	418484	206860	211624	53822	25752	28070
天 津	134089	70674	63415	28609	13866	14743
河 北	414289	203937	210352	224509	109166	115343
山 西	28559	15391	13168	7362	3551	3811
内蒙古	1002514	481734	520780	507666	239397	268269
辽 宁	1077417	525262	552155	506778	242742	264036
吉 林	353414	171325	182089	194826	94793	100033
黑龙江	173515	86362	87153	84157	41621	42536
上 海	202351	103464	98887	7767	3706	4061
江 苏	223579	114942	108637	10453	4965	5488
浙 江	1003934	551259	452675	25355	11697	13658
安 徽	74189	34365	39824	22906	10845	12061
福 建	375236	209453	165783	48969	24871	24098
江 西	38187	20507	17680	7145	3749	3396
山 东	195576	95633	99943	46831	22908	23923
河 南	149722	72572	77150	73058	35345	37713
湖 北	283793	139025	144768	162731	79517	83214
湖 南	583709	281512	302197	376884	181612	195272
广 东	1746875	973066	773809	33479	16501	16978
广 西	2158514	1053209	1105305	941067	442831	498236
海 南	160535	70783	89752	59213	24467	34746
重 庆	234306	116364	117942	147439	74000	73439
四 川	556436	265063	291373	261127	121801	139326
贵 州	1101460	540317	561143	584746	282780	301966
云 南	1397682	704525	693157	576207	272806	303401
西 藏	113217	58341	54876	1469	747	722
陕 西	55815	29003	26812	11860	5745	6115
甘 肃	234198	122194	112004	97616	48970	48646
青 海	417448	216770	200678	184061	91117	92944
宁 夏	386281	197930	188351	170664	84575	86089
新 疆	1243284	585486	657798	627652	277203	350449

8-2 续表

单位：人

现住地	本省其他县(市)、市区			省外		
	小计	男	女	小计	男	女
全国	**5548560**	**2763276**	**2785284**	**4903620**	**2660406**	**2243214**
北京	83361	40101	43260	281301	141007	140294
天津	30452	14910	15542	75028	41898	33130
河北	121437	60777	60660	68343	33994	34349
山西	3999	2044	1955	17198	9796	7402
内蒙古	423767	201594	222173	71081	40743	30338
辽宁	457255	225082	232173	113384	57438	55946
吉林	124299	59994	64305	34289	16538	17751
黑龙江	63218	31086	32132	26140	13655	12485
上海	16654	7985	8669	177930	91773	86157
江苏	17000	8191	8809	196126	101786	94340
浙江	17175	8223	8952	961404	531339	430065
安徽	17266	8465	8801	34017	15055	18962
福建	37555	19845	17710	288712	164737	123975
江西	3233	1683	1550	27809	15075	12734
山东	31047	15206	15841	117698	57519	60179
河南	57004	27422	29582	19660	9805	9855
湖北	79319	38784	40535	41743	20724	21019
湖南	159735	76513	83222	47090	23387	23703
广东	44744	22137	22607	1668652	934428	734224
广西	1139154	571847	567307	78293	38531	39762
海南	56975	21943	35032	44347	24373	19974
重庆	43216	22029	21187	43651	20335	23316
四川	236925	115277	121648	58384	27985	30399
贵州	464678	230713	233965	52036	26824	25212
云南	734239	381707	352532	87236	50012	37224
西藏	90319	43995	46324	21429	13599	7830
陕西	11947	5925	6022	32008	17333	14675
甘肃	108932	59078	49854	27650	14146	13504
青海	190513	100366	90147	42874	25287	17587
宁夏	196901	103069	93832	18716	10286	8430
新疆	486241	237285	248956	129391	70998	58393

8-3 少数民族按现住地、离开户口登记地时间分的人口

单位：人

现住地	离开户口登记地时间							
	合计	半年至一年	一至二年	二至三年	三至四年	四至五年	五至六年	六年以上
全 国	**16538608**	**3608221**	**3553849**	**2537524**	**1594531**	**922203**	**649165**	**3673115**
北 京	418484	46310	70428	62478	52816	31326	24415	130711
天 津	134089	26995	28191	19123	16487	7783	5108	30402
河 北	414289	85624	93179	65238	36631	20637	14697	98283
山 西	28559	6885	4818	3342	2483	1388	1080	8563
内蒙古	1002514	210652	208716	161265	104514	56931	38421	222015
辽 宁	1077417	171712	238546	188042	121919	59037	38365	259796
吉 林	353414	73304	78582	60860	40806	20936	14211	64715
黑龙江	173515	36262	37524	27901	18069	8618	5336	39805
上 海	202351	34317	39567	30791	23449	15110	11908	47209
江 苏	223579	53933	47437	32257	22695	13949	10792	42516
浙 江	1003934	300623	211165	139079	92153	60627	44994	155293
安 徽	74189	19215	14843	9722	6512	3919	2798	17180
福 建	375236	97633	80858	52776	34116	21729	15576	72548
江 西	38187	13547	9980	6246	2800	1193	714	3707
山 东	195576	40241	36935	26344	18115	10609	8449	54883
河 南	149722	23965	29231	23502	15241	8071	5074	44638
湖 北	283793	64507	66388	45859	25129	12983	8794	60133
湖 南	583709	138627	132774	88068	50004	28351	17426	128459
广 东	1746875	525598	413768	249675	152080	90153	65278	250323
广 西	2158514	420007	499751	362642	198296	113225	77870	486723
海 南	160535	31776	33699	22365	13748	8166	5970	44811
重 庆	234306	58747	59830	41080	20049	10669	6737	37194
四 川	556436	117172	117158	85859	58265	34749	24398	118835
贵 州	1101460	221947	245063	168678	96513	59807	42131	267321
云 南	1397682	302384	293735	205713	121612	76610	56266	341362
西 藏	113217	17033	19137	14295	11627	7650	6027	37448
陕 西	55815	10228	13963	10147	6543	2307	1600	11027
甘 肃	234198	53574	46098	34654	22336	12626	8658	56252
青 海	417448	85727	63528	54739	40609	28443	19826	124576
宁 夏	386281	79372	79224	64521	41544	25552	17022	79046
新 疆	1243284	240304	239733	180263	127370	69049	49224	337341

8-4 各民族按离开户口登记地时间分的人口

单位：人

民族	离开户口登记地时间							
	合计	半年至一年	一至二年	二至三年	三至四年	四至五年	五至六年	六年以上
总计	**260937942**	**54225856**	**54825642**	**39221245**	**25183338**	**14812795**	**10512801**	**62156265**
汉族	244399334	50617635	51271793	36683721	23588807	13890592	9863636	58483150
蒙古族	1197804	241925	260844	200466	126377	67465	45254	255473
回族	1961129	353697	364230	284601	198239	120065	85617	554680
藏族	517760	105383	96990	76428	54839	34805	23832	125483
维吾尔族	815184	163208	162882	118688	86499	41736	31003	211168
苗族	1532234	410689	342853	218645	131952	81516	57281	289298
彝族	983874	230822	207944	144412	90741	54077	39554	216324
壮族	2922969	656320	677631	470963	268352	154552	107872	587279
布依族	444680	125135	97747	63291	38509	23523	16252	80223
朝鲜族	440705	79733	90702	74357	55165	30014	21922	88812
满族	1725131	300919	370000	281904	184109	95168	65438	427593
侗族	447958	112829	103489	66942	39554	24112	17173	83859
瑶族	368170	92594	83835	56352	31510	18965	13298	71616
白族	231508	50902	51810	36292	20110	12752	9008	50634
土家族	1411644	334378	313032	214078	128827	78142	55439	287748
哈尼族	212745	46545	41932	30025	18778	12035	8978	54452
哈萨克族	146605	32685	32033	24922	15451	9042	4830	27642
傣族	103012	26237	23765	15229	8667	5152	3736	20226
黎族	158526	34439	35115	22650	13507	7813	5768	39234
傈僳族	43411	11100	9007	6139	3734	2274	1707	9450
佤族	39341	11306	8384	4689	3019	1798	1451	8694
畲族	131891	24662	26870	20027	13041	8153	5721	33417
高山族	947	209	196	164	88	46	36	208
拉祜族	39374	8617	7284	5056	3567	2423	1772	10655
水族	57376	16160	12935	8651	4966	2925	2284	9455
东乡族	55578	12589	10183	7329	4836	3329	2215	15097
纳西族	42110	8013	9395	6482	4507	2569	1803	9341
景颇族	16615	4130	3778	2053	1424	930	774	3526
柯尔克孜族	12167	2584	3111	3149	1225	628	324	1146
土族	55671	15502	12689	8058	4778	2900	2095	9649
达斡尔族	23407	4374	4894	3716	2220	1243	897	6063
仫佬族	37247	8586	8673	5738	3316	2069	1482	7383
羌族	44948	14908	10547	7305	2981	1755	1183	6269
布朗族	8612	2084	1831	1386	669	433	341	1868
撒拉族	21309	4839	4025	3126	1933	1283	890	5213
毛南族	18556	4523	4448	2912	1496	997	661	3519
仡佬族	103605	22760	23455	16388	9696	6141	4516	20649
锡伯族	35584	5341	7896	6477	4349	2156	1392	7973
阿昌族	4299	995	1021	674	377	203	172	857
普米族	4122	931	1121	732	367	196	135	640
塔吉克族	6649	2479	2023	787	484	251	127	498
怒族	3019	754	758	474	219	149	128	537
乌孜别克族	1653	360	349	212	168	79	50	435
俄罗斯族	3567	646	652	523	370	238	164	974
鄂温克族	6457	1328	1401	1041	612	360	240	1475
德昂族	1316	314	326	185	116	74	55	246
保安族	1858	433	371	258	178	104	77	437
裕固族	3597	693	710	635	358	182	151	868
京族	4365	774	885	705	453	245	187	1116
塔塔尔族	553	104	110	95	51	26	24	143
独龙族	544	131	114	111	31	38	14	105
鄂伦春族	1999	447	458	285	207	96	145	361
赫哲族	1359	293	340	204	157	67	30	268
门巴族	817	132	131	182	96	21	40	215
珞巴族	224	28	39	23	12	9	12	101
基诺族	2112	416	494	314	187	114	78	509
其他未识别的民族	80482	16190	16049	10956	7043	4753	3532	21959
外国人加入中国籍	229	46	62	38	14	12	5	52

8-5 各地区少数民族按现住地和出生地分的人口(长表数据)

单位：人

现住地	合 计	本县、市、区	本省外县、市、区	北 京	天 津	河 北	山 西	内蒙古
全 国	**10714887**	**9437797**	**738167**	**1899**	**1275**	**17967**	**1048**	**22401**
北 京	80455	36714	7552		420	9245	244	4884
天 津	30481	18021	3111	167		2158	73	1221
河 北	291882	262373	18502	470	263		71	2195
山 西	8069	5643	585	49	12	227		232
内 蒙 古	461658	391451	56974	149	64	1726	121	
辽 宁	640655	565653	57701	87	62	939	58	4874
吉 林	180161	145751	28353	39	24	189	13	1197
黑 龙 江	120629	99733	14602	27	26	422	10	1439
上 海	27681	4865	1792	137	46	294	24	698
江 苏	33139	10410	1876	57	23	199	17	521
浙 江	123801	20909	2202	23	13	145	19	353
安 徽	33978	27099	2837	21	8	67	7	125
福 建	68972	41142	4273	18	16	60	10	138
江 西	12381	9449	362	7	3	30	3	141
山 东	66393	49732	3958	56	32	328	28	1156
河 南	102896	91993	8001	45	20	128	35	186
湖 北	234977	218443	10364	32	16	109	29	256
湖 南	591334	564214	20729	24	5	53	11	92
广 东	180863	26140	5018	68	32	251	34	667
广 西	1621201	1470755	141508	42	27	89	24	101
海 南	142499	129593	7253	4	5	43	8	157
重 庆	174610	164481	4689	13	11	65	11	137
四 川	505339	472164	25949	34	14	130	17	137
贵 州	1206248	1127553	67543	63	19	114	27	66
云 南	1507420	1406359	91140	31	13	92	24	83
西 藏	246239	231658	12359			18	2	6
陕 西	16598	10605	1406	74	20	226	36	382
甘 肃	267972	247373	16460	38	17	115	17	214
青 海	254509	225197	24497	16	8	112	17	83
宁 夏	217407	179538	34270	58	25	242	37	510
新 疆	1264440	1182786	62301	50	31	151	21	150

8-5 续表 1 单位：人

现住地	辽 宁	吉 林	黑龙江	上 海	江 苏	浙 江	安 徽	福 建	江 西
全 国	**22191**	**20825**	**17802**	**705**	**1755**	**3054**	**3647**	**1970**	**2041**
北 京	4384	3072	2517	82	169	85	205	98	78
天 津	1120	993	861	13	27	29	32	24	15
河 北	1827	820	1059	14	35	34	37	20	20
山 西	185	62	45	1	2	18	5	3	1
内蒙古	3204	1552	2187	12	28	21	28	18	5
辽 宁		4485	3590	20	60	32	71	40	21
吉 林	1868		1329	33	22	19	17	12	16
黑龙江	1862	1346		9	16	14	16	6	3
上 海	1098	1629	854		414	197	1052	228	85
江 苏	589	690	378	85		78	605	56	46
浙 江	444	553	340	38	81		553	278	374
安 徽	139	86	31	45	105	25		24	7
福 建	185	154	124	8	33	102	112		267
江 西	75	48	26	11	10	83	31	27	
山 东	1203	3047	2304	10	46	20	33	34	8
河 南	322	122	126	17	25	16	75	13	12
湖 北	224	75	77	20	62	180	84	64	51
湖 南	130	91	44	9	28	193	30	59	72
广 东	854	962	960	16	54	61	189	279	573
广 西	187	194	147	23	47	117	69	120	138
海 南	129	94	98	2	5	7	30	32	20
重 庆	108	61	38	25	31	116	13	61	17
四 川	281	88	78	8	36	22	21	18	22
贵 州	220	87	112	102	220	1423	91	369	123
云 南	165	118	97	14	43	83	51	39	35
西 藏	15	2	2	2	1	2	4	2	3
陕 西	306	100	93	19	18	10	35	10	5
甘 肃	305	79	59	12	21	21	26	17	6
青 海	214	43	30	7	17	14	26		6
宁 夏	273	78	96	23	27	15	42	5	6
新 疆	275	94	100	25	72	17	64	14	6

8-5 续表 2

单位：人

现住地	山 东	河 南	湖 北	湖 南	广 东	广 西	海 南	重 庆	四 川
全　国	**5088**	**7689**	**22543**	**52509**	**4343**	**97323**	**2926**	**20075**	**11869**
北　京	644	651	983	1253	74	1206	88	483	452
天　津	237	174	180	171	17	343	35	194	76
河　北	254	151	204	217	22	786	26	137	244
山　西	18	96	65	73	2	99	14	45	80
内蒙古	626	104	63	63	24	107	14	87	182
辽　宁	898	109	175	176	50	196	24	155	105
吉　林	353	53	22	65	13	51	19	6	44
黑龙江	467	36	33	57	20	82	12	13	31
上　海	195	547	1117	1554	56	1418	86	1086	336
江　苏	127	375	1355	1738	19	1270	61	955	773
浙　江	85	734	8148	17063	78	5730	155	6313	1613
安　徽	52	140	101	208	13	260	16	85	209
福　建	32	179	1651	2538	66	2019	81	3514	631
江　西	17	31	102	313	44	414	26	37	43
山　东		151	114	165	10	252	27	157	233
河　南	120		137	111	25	182	19	30	73
湖　北	54	379		775	157	620	52	787	370
湖　南	24	108	634		560	1043	62	206	222
广　东	95	1137	5398	21135		73742	1442	3126	1783
广　西	60	165	189	1346	1348		289	79	208
海　南	9	59	132	361	139	3328		48	51
重　庆	18	40	871	286	121	324	28		408
四　川	32	97	220	259	27	451	30	692	
贵　州	82	141	186	1789	1284	1569	72	707	744
云　南	70	160	116	347	122	1191	172	273	1110
西　藏	6	19	5	14	1	5	2	40	537
陕　西	55	509	105	112	6	194	24	57	106
甘　肃	55	165	46	82	9	117	20	44	150
青　海	112	218	21	24	10	47	7	22	331
宁　夏	112	273	32	54	8	81	9	24	33
新　疆	179	688	138	160	18	196	14	673	691

8-5 续表 3

单位：人

现住地	贵州	云南	西藏	陕西	甘肃	青海	宁夏	新疆	港澳台或国外
全　国	**112130**	**34896**	**2891**	**1509**	**17772**	**7796**	**10355**	**7074**	**1555**
北　京	1119	747	201	200	687	328	492	1053	45
天　津	346	153	31	33	123	191	121	188	3
河　北	623	646	54	56	252	197	165	100	8
山　西	123	192	16	5	54	78	14	22	3
内蒙古	141	216	5	81	627	146	1516	107	9
辽　宁	265	199	73	34	75	127	51	185	65
吉　林	80	101	19	22	28	78	32	144	149
黑龙江	124	32	17	7	14	22	11	62	58
上　海	4018	1791	120	66	271	635	157	793	22
江　苏	6685	2345	150	55	486	400	134	573	8
浙　江	48020	7930	104	62	238	438	199	553	13
安　徽	971	1005	47	13	84	81	23	44	
福　建	9106	1896	66	17	210	100	77	126	21
江　西	752	138	17	5	33	25	30	39	9
山　东	567	1639	38	21	226	262	119	414	3
河　南	199	208	35	49	154	140	95	183	
湖　北	760	229	47	42	202	142	53	222	
湖　南	2089	360	30	17	32	37	25	97	4
广　东	25896	8865	39	190	326	502	236	760	33
广　西	2519	1087	19	27	37	43	13	80	104
海　南	484	293	2	5	17	35	12	28	16
重　庆	1611	769	30	18	28	41	37	103	
四　川	807	2164	508	29	313	445	66	176	4
贵　州		1330	7	29	41	49	13	66	7
云　南	4180		55	30	75	63	42	87	940
西　藏	27	83		22	880	501	4	17	
陕　西	223	111	441		570	195	287	257	1
甘　肃	107	115	265	70		1158	443	345	1
青　海	32	61	431	48	2693		72	93	
宁　夏	68	43	9	129	1040	89		157	1
新　疆	188	148	15	127	7956	1248	5816		28

8-6 各民族按出生地分的人口(长表数据)

单位：人

民 族	合 计	本县、市、区	本省外县、市、区	北 京	天 津	河 北	山 西	内蒙古
总 计	**127339585**	**105670236**	**11424164**	**40453**	**44279**	**486183**	**151247**	**138237**
汉 族	116624698	96232439	10685997	38554	43004	468216	150199	115836
蒙古族	552764	462908	62123	158	74	1484	111	16395
回 族	1023315	853021	111478	590	607	4459	421	1197
藏 族	599918	560629	31771	11	2	21	8	22
维吾尔族	987346	941526	41613	15	1	2	6	10
苗 族	897624	778438	41695	32	13	65	21	15
彝 族	871918	804403	50177	11	5	33	12	5
壮 族	1592316	1368758	128540	34	24	107	42	34
布依族	281292	242907	11872	8	4	18	7	6
朝鲜族	144159	96010	26517	94	68	126	26	328
满 族	992826	857949	84661	833	415	11365	288	3613
侗 族	280948	245022	12251	16	9	15	10	7
瑶 族	263470	233860	14060	6	4	20	3	4
白 族	187157	168137	13719	4	4	18	10	8
土家族	765458	664739	30833	37	27	108	40	12
哈尼族	163707	146490	14759	1		5	1	3
哈萨克族	135823	128638	6344	1		7	5	3
傣 族	124841	117737	4780	1	1	2		2
黎 族	144920	133877	7439		1	11	8	15
傈僳族	70910	67434	2285			4		2
佤 族	41825	39108	1065				1	
畲 族	66224	58498	5151	4	1	3	4	
高山族	381	268	47	1		5		
拉祜族	48551	45433	2209			2	1	
水 族	41516	36576	1400	2		6	2	1
东乡族	73535	66997	4904	1				1
纳西族	32296	29398	2494	3	1	3	2	
景颇族	14621	13495	686	1			1	
柯尔克孜族	18988	18455	444					1
土 族	27819	22974	2545		1	3	6	2
达斡尔族	12032	9233	1407	2	4	14	1	469
仫佬族	19466	16025	1947	2		3	1	
羌 族	31683	28711	2359	1		2	1	1
布朗族	11784	11187	351		2			
撒拉族	12936	11012	1272	1		2		1
毛南族	9798	8299	801			2		
仡佬族	53302	45356	3534	11		10	1	2
锡伯族	18224	15392	2045	9	4	18	4	33
阿昌族	3653	3359	205	1				2
普米族	4277	4028	197					
塔吉克族	4998	4905	81					
怒 族	3752	3536	150		1	2		
乌孜别克族	992	861	123		1			
俄罗斯族	1397	953	287	3		9		28
鄂温克族	2783	2162	372	2	1			128
德昂族	2060	1964	43					
保安族	2117	1962	70					1
裕固族	1336	1132	136			3	2	1
京 族	2720	2393	223				1	
塔塔尔族	401	341	47					1
独龙族	799	759	25					
鄂伦春族	797	588	122			2		41
赫哲族	496	347	76	1		1		
门巴族	1088	1005	56					3
珞巴族	382	355	20					
基诺族	2422	2299	89					
其他未识别的民族	62588	55857	4248	1		6		3
外国人加入中国籍	136	91	19	1		1	1	1

8-6 续表 1

单位：人

民　　族	辽　宁	吉　林	黑龙江	上　海	江　苏	浙　江	安　徽	福　建	江　西
总　计	**219458**	**211563**	**332750**	**58872**	**445632**	**249199**	**1005505**	**179135**	**601044**
汉　族	197267	190738	314948	58167	443877	246145	1001858	177165	599003
蒙古族	3347	1715	1617	34	85	49	37	22	40
回　族	1246	944	1230	320	856	201	2707	278	170
藏　族	6	4	8	5	9	6	16	5	11
维吾尔族	8	6	1	14	10	4	7	4	4
苗　族	28	24	41	38	118	602	153	172	195
彝　族	14	11	12	15	49	185	55	58	30
壮　族	50	39	55	24	65	138	110	96	296
布依族	11	5	9	10	26	270	42	59	53
朝鲜族	1384	11631	6816	36	43	24	27	17	16
满　族	15602	6293	6781	75	196	85	141	62	124
侗　族	11	9	16	20	32	161	35	39	79
瑶　族	4	5	4	4	8	16	14	11	51
白　族	7	5	5	6	21	51	25	10	59
土家族	27	17	33	45	111	398	94	150	164
哈尼族	1	3	3	3	4	5	13	4	10
哈萨克族	4	2	8	1	6	4	11	1	13
傣　族	2	4	6	2	3	5	7	2	8
黎　族	9	7	9	3	14	43	27	14	27
傈僳族	1	3	1		4	1	7		1
佤　族	2				1	3	12	1	3
畲　族	4	1	3	4	6	483	21	878	623
高山族			1	2	1	3		7	2
拉祜族					2	1	1		2
水　族	2	3	5	1	13	20	22	4	18
东乡族					1				
纳西族	3	4	2		4		4	1	
景颇族		1	1		2	3	3		
柯尔克孜族		1	15						
土　族	2	2	2	1	4	2	11		5
达斡尔族	23	20	813		1	1	3	2	
仫佬族	1		5		4	4	2		2
羌　族			1		3	2	5		3
布朗族		1			1				
撒拉族		2			1		2		
毛南族			2			4	1	1	3
仡佬族	3		1	23	12	120	18	19	9
锡伯族	364	58	106	2	4	4	2		
阿昌族									1
普米族									
塔吉克族						1	1		
怒　族	1				1	2		1	1
乌孜别克族									
俄罗斯族	5	2	11	1	3	1			1
鄂温克族	5	1	105	1	1				
德昂族									
保安族						1			
裕固族						6	1		
京　族	1				1	1	1	4	3
塔塔尔族									
独龙族			1						
鄂伦春族	7		35				1		
赫哲族	3	1	33				1	1	
门巴族				1					
珞巴族									
基诺族									
其他未识别的民族	3	1	5	14	29	144	5	47	14
外国人加入中国籍							2		

8-6 续表 2

单位：人

民　　族	山　东	河　南	湖　北	湖　南	广　东	广　西	海　南	重　庆	四　川
总　计	**547352**	**964685**	**628124**	**794327**	**114779**	**443067**	**37391**	**349441**	**1020769**
汉　族	542264	956996	605581	741818	110436	345744	34465	329366	1008900
蒙古族	222	590	97	86	56	39	24	42	115
回　族	2826	5336	589	770	112	173	61	133	704
藏　族	17	33	10	20	6	223	5	28	1435
维吾尔族	6	20	8	64	15	11	4	6	44
苗　族	48	236	3205	17586	734	2459	215	4078	1636
彝　族	16	43	42	85	98	73	33	67	3451
壮　族	67	196	281	731	1275	82031	319	93	399
布依族	12	33	43	87	163	262	15	45	176
朝鲜族	302	43	27	42	34	13	15	5	27
满　族	1329	545	228	174	123	94	45	62	233
侗　族	20	71	519	7568	269	1652	32	55	192
瑶　族	6	51	73	5761	328	7971	73	12	86
白　族	20	49	78	747	51	39	4	44	130
土家族	50	246	16811	18048	714	198	63	14977	2145
哈尼族	4	5		18	13	8	9	15	47
哈萨克族	7	25	16	24	4	6	1	9	20
傣　族	8	5	7	15	12	20	41	13	43
黎　族	11	32	38	59	82	89	1868	20	54
傈僳族	9	3	1	5	3	6	5	5	36
佤　族	9	9	8	10	3	2	7	3	32
畲　族	9	9	41	48	69	21	7	11	32
高山族	1	9	1	4	2	3		2	8
拉祜族	2	4	1	4	1	1	12	2	14
水　族	13	16	15	27	24	96	3	1	45
东乡族		5		2	2		1		3
纳西族	2	6	1	3	2		1	5	30
景颇族	3	1		2			26		2
柯尔克孜族		5		4					2
土　族	4	16	356	432	5	17	4	266	70
达斡尔族	12	2	2	2			2		3
仫佬族	1	1	4	12	12	1179	1	1	6
羌　族	1	3	5	1	1			3	531
布朗族	1	1		3	2	1	1		1
撒拉族	2	3		2		7			2
毛南族			1		4	510	1	1	
仡佬族	4	10	6	25	81	57	2	47	53
锡伯族	14	6	2	6		1		1	6
阿昌族				1		3		1	3
普米族	1						1		16
塔吉克族			1			1			
怒　族			3	3				2	2
乌孜别克族									1
俄罗斯族	18	2	2		2		1		
鄂温克族	2								
德昂族							4		
保安族		2							
裕固族		3							
京　族		1		4	6	24	13		2
塔塔尔族		1				1			1
独龙族			1						
鄂伦春族									
赫哲族	1	2	2	2		16	1		1
门巴族	1	1				2		1	7
珞巴族									1
基诺族							1	2	1
其他未识别的民族	7	8	18	21	35	14	4	16	20
外国人加入中国籍		1		1			1	1	1

8-6 续表 3

单位：人

民族	贵州	云南	西藏	陕西	甘肃	青海	宁夏	新疆	港澳台或国外
总计	**416140**	**172160**	**6440**	**242016**	**220863**	**29546**	**29686**	**50348**	**14494**
汉族	304010	137264	3549	240507	203091	21750	19331	43274	12939
蒙古族	284	70	10	109	112	243	77	375	14
回族	1025	1076	39	742	14019	4507	9992	1464	22
藏族	20	159	2732	38	1136	1486	5	30	1
维吾尔族	12	14	4	6	26	17	1	3845	12
苗族	40019	5436	4	39	35	12	9	63	160
彝族	4875	7988	7	12	13			16	24
壮族	954	7191	20	61	57	29	14	74	112
布依族	24637	449	1	9	7	13	1	14	18
朝鲜族	21	23	4	36	12	22	6	33	331
满族	217	124	11	267	348	148	191	171	33
侗族	12698	94		25	8	2	1	6	4
瑶族	405	515	3	17	8	2	3	9	73
白族	963	2904	2	14	7	4	4	4	4
土家族	14766	191	13	68	91	151	8	76	7
哈尼族	28	2180	3		3	2	1	8	58
哈萨克族	11	19	2	8	20	43	5	550	5
傣族	47	1860	1		4	2		2	199
黎族	1066	77	2	3	10	1			4
傈僳族	15	992		3	1	3		1	79
佤族	28	1450		2	4			1	61
畲族	230	33		2	2	1	1	9	15
高山族	6	4							4
拉祜族	11	766		1	1				80
水族	3116	69	1	6	3			2	4
东乡族	18	7	3		1502	22	23	43	
纳西族	7	318	2						
景颇族	5	274							115
柯尔克孜族		5						56	
土族	366	24	3	9	120	552	4	10	1
达斡尔族	1	1		1		2	1	10	
仫佬族	247	5		1					
羌族	23	16			3	1		5	1
布朗族	24	178						1	29
撒拉族	9	9		1	90	510	1	7	
毛南族	166	1	1						
仡佬族	3850	35		5	2	2		3	1
锡伯族	4	5		10	9	4	3	107	1
阿昌族		71		4					2
普米族		34							
塔吉克族	1	1						6	
怒族	5	37	3	2					
乌孜别克族								6	
俄罗斯族					4	1		53	10
鄂温克族	1			1			1		
德昂族	1	16							32
保安族		1			71	7	2		
裕固族		1		1	41	6		3	
京族	10	3	3	1		1	1		23
塔塔尔族	1	1						7	
独龙族	1	12							
鄂伦春族	1								
赫哲族	4	1						2	
门巴族	3	1	6						1
珞巴族	1		5						
基诺族	1	27	2						
其他未识别的民族	1925	128	4	5	3			2	1
外国人加入中国籍	1								14

8-7 各民族分年龄、性别、迁移原因的人口

单位：人

民族 年龄	合计 合计	男	女	务工经商 小计	男	女
总计	**260937942**	**136974792**	**123963150**	**117729859**	**69214463**	**48515396**
0-5岁	10901251	5941089	4960162			
6-9岁	7577583	4168688	3408895			
10-14岁	9520017	5182420	4337597			
15-19岁	28305855	14217904	14087951	7038229	3685987	3352242
20-24岁	41415114	20510340	20904774	21552738	11561975	9990763
25-29岁	30947536	15593740	15353796	19435069	11202981	8232088
30-34岁	27191229	14302560	12888669	16938453	10086032	6852421
35-39岁	28262140	15357453	12904687	18007628	10808130	7199498
40-44岁	24537973	13495542	11042431	15520512	9327393	6193119
45-49岁	17152818	9582287	7570531	9641199	6000898	3640301
50-54岁	10243894	5670580	4573314	4350573	2932691	1417882
55-59岁	9061622	4787795	4273827	2944096	2012497	931599
60-64岁	5968114	3163021	2805093	1305855	911673	394182
65岁及以上	9852796	5001373	4851423	995507	684206	311301
汉族	**244399334**	**128657464**	**115741870**	**111036187**	**65361844**	**45674343**
0-5岁	9980633	5450340	4530293			
6-9岁	6919370	3816136	3103234			
10-14岁	8718187	4761298	3956889			
15-19岁	26209693	13208591	13001102	6564161	3432376	3131785
20-24岁	38769316	19270288	19499028	20331139	10907158	9423981
25-29岁	28848638	14595155	14253483	18206716	10513496	7693220
30-34岁	25372048	13389298	11982750	15867498	9462412	6405086
35-39岁	26576119	14469891	12106228	16991013	10206097	6784916
40-44岁	23220636	12789192	10431444	14732330	8859919	5872411
45-49岁	16293838	9115361	7178477	9172545	5715417	3457128
50-54岁	9770742	5418467	4352275	4152885	2805516	1347369
55-59岁	8663889	4585431	4078458	2822559	1933266	889293
60-64岁	5686957	3020936	2666021	1249532	874565	374967
65岁及以上	9369268	4767080	4602188	945809	651622	294187
蒙古族	**1197804**	**571142**	**626662**	**315646**	**181323**	**134323**
0-5岁	74474	38946	35528			
6-9岁	51433	26832	24601			
10-14岁	65765	33669	32096			
15-19岁	161577	74704	86873	13223	7105	6118
20-24岁	197475	88730	108745	49323	26008	23315
25-29岁	150546	67379	83167	65030	36432	28598
30-34岁	108846	51440	57406	49017	28567	20450
35-39岁	105493	51629	53864	47140	27474	19666
40-44岁	83597	41532	42065	36428	21503	14925
45-49岁	62509	31457	31052	24931	14973	9958
50-54岁	44074	21790	22284	15081	9307	5774
55-59岁	33816	15805	18011	8613	5449	3164
60-64岁	21775	10074	11701	3848	2510	1338
65岁及以上	36424	17155	19269	3012	1995	1017

8-7 续表 1 单位：人

民族 年龄	工作调动			学习培训		
	小计	男	女	小计	男	女
总计	**10051155**	**6388169**	**3662986**	**29787584**	**14935325**	**14852259**
0-5岁						
6-9岁				1061556	599382	462174
10-14岁				2016757	1097671	919086
15-19岁	223582	117353	106229	15279816	7450668	7829148
20-24岁	1479023	777233	701790	10487862	5301040	5186822
25-29岁	1973502	1135663	837839	492202	261270	230932
30-34岁	1485442	936307	549135	139936	74388	65548
35-39岁	1390507	924970	465537	108398	51705	56693
40-44岁	1159036	789914	369122	92149	43036	49113
45-49岁	892752	622754	269998	39882	21781	18101
50-54岁	518443	373873	144570	16156	8638	7518
55-59岁	391376	291504	99872	13491	6535	6956
60-64岁	230016	177697	52319	11513	5340	6173
65岁及以上	307476	240901	66575	27866	13871	13995
汉族	**9432687**	**6004831**	**3427856**	**27647126**	**13919106**	**13728020**
0-5岁						
6-9岁				970322	549612	420710
10-14岁				1849474	1011310	838164
15-19岁	211052	110846	100206	14144011	6927855	7216156
20-24岁	1388938	732461	656477	9805890	4975994	4829896
25-29岁	1829797	1056777	773020	456021	243008	213013
30-34岁	1377179	868238	508941	129857	69345	60512
35-39岁	1300826	864908	435918	101855	48528	53327
40-44岁	1092210	744050	348160	87456	40696	46760
45-49岁	846476	590276	256200	37662	20558	17104
50-54岁	494771	356544	138227	15160	8127	7033
55-59岁	374713	278622	96091	12674	6109	6565
60-64岁	220882	170449	50433	10808	5008	5800
65岁及以上	295843	231660	64183	25936	12956	12980
蒙古族	**55831**	**32823**	**23008**	**238329**	**108185**	**130144**
0-5岁						
6-9岁				10759	5669	5090
10-14岁				19343	9681	9662
15-19岁	902	486	416	109619	48457	61162
20-24岁	8359	4232	4127	89071	40231	48840
25-29岁	14541	7782	6759	6082	2647	3435
30-34岁	8256	4869	3387	1196	534	662
35-39岁	7598	4738	2860	703	313	390
40-44岁	6035	3804	2231	671	287	384
45-49岁	4687	3059	1628	314	138	176
50-54岁	2539	1719	820	148	60	88
55-59岁	1386	988	398	122	45	77
60-64岁	659	481	178	114	43	71
65岁及以上	869	665	204	187	80	107

8-7 续表 2

单位：人

民族 年龄	随迁家属			投靠亲友			拆迁搬家		
	小计	男	女	小计	男	女	小计	男	女
总计	**36971443**	**16138285**	**20833158**	**10998500**	**5134597**	**5863903**	**24276297**	**12864354**	**11411943**
0-5岁	7651226	4189059	3462167	1385865	746259	639606	585765	312758	273007
6-9岁	4592175	2533453	2058722	722825	391004	331821	545295	291225	254070
10-14岁	5080240	2785037	2295203	778748	417503	361245	813827	435106	378721
15-19岁	3270369	1735833	1534536	530421	271047	259374	826460	439420	387040
20-24岁	2540817	1115868	1424949	539682	237146	302536	1192528	597639	594889
25-29岁	2103653	640096	1463557	477821	207152	270669	1932571	975318	957253
30-34岁	1878945	460555	1418390	433334	196529	236805	2384344	1253754	1130590
35-39岁	1888674	421271	1467403	443562	208012	235550	2850130	1532256	1317874
40-44岁	1594650	342856	1251794	424323	197342	226981	2826861	1532124	1294737
45-49岁	1272721	278341	994380	442035	190215	251820	2681305	1454344	1226961
50-54岁	1051061	249100	801961	604081	228997	375084	2143541	1142768	1000773
55-59岁	1232976	340454	892522	1016674	394865	621809	1940686	1017469	923217
60-64岁	995500	346903	648597	983512	439772	543740	1275125	683037	592088
65岁及以上	1818436	699459	1118977	2215617	1008754	1206863	2277859	1197136	1080723
汉族	**34166493**	**14888156**	**19278337**	**10340254**	**4826489**	**5513765**	**23046978**	**12210655**	**10836323**
0-5岁	6985451	3832779	3152672	1290872	696432	594440	539225	288132	251093
6-9岁	4183927	2313951	1869976	667692	362108	305584	502246	268601	233645
10-14岁	4639615	2551364	2088251	718831	386609	332222	754200	403921	350279
15-19岁	3013199	1602599	1410600	491863	252014	239849	771511	410483	361028
20-24岁	2351812	1033729	1318083	503061	221000	282061	1122020	562326	559694
25-29岁	1949117	593132	1355985	443967	192529	251438	1826813	921986	904827
30-34岁	1746208	428067	1318141	402254	182062	220192	2253999	1184988	1069011
35-39岁	1769853	394249	1375604	413678	193560	220118	2702390	1452266	1250124
40-44岁	1501280	322729	1178551	397246	184205	213041	2690517	1457460	1233057
45-49岁	1203664	264029	939635	417732	179195	238537	2564509	1390650	1173859
50-54岁	998449	237432	761017	576192	217885	358307	2056750	1095771	960979
55-59岁	1173254	325044	848210	973317	377981	595336	1862385	975512	886873
60-64岁	942171	329426	612745	937696	419900	517796	1219817	653031	566786
65岁及以上	1708493	659626	1048867	2105853	961009	1144844	2180596	1145528	1035068
蒙古族	**229282**	**92754**	**136528**	**53191**	**24749**	**28442**	**125613**	**63791**	**61822**
0-5岁	53692	28205	25487	4938	2523	2415	5516	2847	2669
6-9岁	29061	15148	13913	2500	1289	1211	4621	2419	2202
10-14岁	31542	16246	15296	2951	1547	1404	6591	3416	3175
15-19岁	21810	10996	10814	2322	1130	1192	6554	3374	3180
20-24岁	17157	7236	9921	2912	1343	1569	7766	3840	3926
25-29岁	16012	3912	12100	3315	1516	1799	12941	6467	6474
30-34岁	11349	1893	9456	2845	1410	1435	12623	6448	6175
35-39岁	11426	1713	9713	3114	1573	1541	15574	7917	7657
40-44岁	8836	1292	7544	2850	1404	1446	13809	6906	6903
45-49岁	6842	1004	5838	2673	1269	1404	12219	6174	6045
50-54岁	5589	928	4661	3463	1452	2011	9228	4756	4472
55-59岁	5357	1098	4259	4749	1953	2796	6712	3284	3428
60-64岁	3765	957	2808	4442	1888	2554	4133	2080	2053
65岁及以上	6844	2126	4718	10117	4452	5665	7326	3863	3463

8-7 续表 3

单位：人

民族 年龄	寄挂户口 小计	寄挂户口 男	寄挂户口 女	婚姻嫁娶 小计	婚姻嫁娶 男	婚姻嫁娶 女	其他 小计	其他 男	其他 女
总计	**1868223**	**1028692**	**839531**	**12593908**	**2192119**	**10401789**	**16660973**	**9078788**	**7582185**
0-5岁	122320	64765	57555				1156075	628248	527827
6-9岁	77469	41304	36165				578263	312320	265943
10-14岁	97742	51648	46094				732703	395455	337248
15-19岁	86014	45967	40047	205386	5287	200099	845578	466342	379236
20-24岁	134761	72493	62268	2173372	91916	2081456	1314331	755030	559301
25-29岁	150110	81699	68411	2992479	318829	2673650	1390129	770732	619397
30-34岁	156483	86214	70269	2305819	392915	1912904	1468473	815866	652607
35-39岁	175155	95598	79557	1703684	382521	1321163	1694402	932990	761412
40-44岁	165759	90013	75746	1160985	308234	852751	1593698	864630	729068
45-49岁	153384	84350	69034	734763	221285	513478	1294777	708319	586458
50-54岁	125726	68694	57032	440028	144736	295292	994285	521083	473202
55-59岁	125334	70069	55265	363255	125287	237968	1033734	529115	504619
60-64岁	101556	60773	40783	233184	88325	144859	831853	449501	382352
65岁及以上	196410	115105	81305	280953	112784	168169	1732672	929157	803515
汉族	**1784047**	**983071**	**800976**	**11429190**	**2027715**	**9401475**	**15516372**	**8435597**	**7080775**
0-5岁	113310	60077	53233				1051775	572920	478855
6-9岁	72666	38743	33923				522517	283121	239396
10-14岁	91988	48709	43279				664079	359385	304694
15-19岁	80916	43304	37612	162191	4398	157793	770789	424716	346073
20-24岁	127787	68730	59057	1935463	82138	1853325	1203206	686752	516454
25-29岁	142767	77614	65153	2717280	293793	2423487	1276160	702820	573340
30-34岁	149196	82179	67017	2089935	362324	1727611	1355922	749683	606239
35-39岁	167309	91345	75964	1546893	351544	1195349	1582302	867394	714908
40-44岁	159122	86523	72599	1062501	283727	778774	1497974	809883	688091
45-49岁	148015	81488	66527	679707	205452	474255	1223528	668296	555232
50-54岁	121547	66506	55041	410888	136003	274885	944100	494683	449417
55-59岁	121089	67701	53388	340731	118180	222551	983167	503016	480151
60-64岁	98180	58702	39478	218553	83236	135317	789318	426619	362699
65岁及以上	190155	111450	78705	265048	106920	158128	1651535	886309	765226
蒙古族	**5822**	**2954**	**2868**	**80033**	**15126**	**64907**	**94057**	**49437**	**44620**
0-5岁	788	402	386				9540	4969	4571
6-9岁	381	202	179				4111	2105	2006
10-14岁	455	227	228				4883	2552	2331
15-19岁	363	184	179	1497	47	1450	5287	2925	2362
20-24岁	504	255	249	14357	858	13499	8026	4727	3299
25-29岁	547	283	264	23010	3320	19690	9068	5020	4048
30-34岁	494	261	233	14860	2959	11901	8206	4499	3707
35-39岁	549	263	286	10395	2821	7574	8994	4817	4177
40-44岁	452	205	247	6554	2044	4510	7962	4087	3875
45-49岁	345	175	170	3974	1320	2654	6524	3345	3179
50-54岁	288	148	140	2186	758	1428	5552	2662	2890
55-59岁	227	120	107	1523	492	1031	5127	2376	2751
60-64岁	155	92	63	827	243	584	3832	1780	2052
65岁及以上	274	137	137	850	264	586	6945	3573	3372

8-7 续表 4

单位：人

民族 年龄	合计			务工经商		
	合计	男	女	小计	男	女
回族	**1961129**	**997027**	**964102**	**575517**	**353885**	**221632**
0-5岁	119595	63259	56336			
6-9岁	88408	46524	41884			
10-14岁	118197	61685	56512			
15-19岁	218310	109146	109164	38205	23341	14864
20-24岁	269451	128925	140526	89960	52259	37701
25-29岁	206862	99533	107329	91448	54743	36705
30-34岁	190705	95522	95183	88398	53776	34622
35-39岁	186328	97316	89012	88829	54949	33880
40-44岁	162245	86588	75657	75861	47008	28853
45-49岁	119303	64246	55057	47871	30669	17202
50-54岁	76373	39934	36439	22420	14884	7536
55-59岁	70213	35965	34248	16094	10779	5315
60-64岁	50212	25941	24271	8528	5850	2678
65岁及以上	84927	42443	42484	7903	5627	2276
藏族	**517760**	**257734**	**260026**	**112794**	**62141**	**50653**
0-5岁	24419	12445	11974			
6-9岁	23627	11994	11633			
10-14岁	36866	18302	18564			
15-19岁	80575	38054	42521	8210	3566	4644
20-24岁	83827	39406	44421	20765	9858	10907
25-29岁	58056	27325	30731	20055	10244	9811
30-34岁	51388	25858	25530	18089	10159	7930
35-39岁	45045	24130	20915	16751	9948	6803
40-44岁	34015	18659	15356	12407	7575	4832
45-49岁	22309	12513	9796	7364	4740	2624
50-54岁	13287	7091	6196	3288	2197	1091
55-59岁	13212	7012	6200	2466	1671	795
60-64岁	11194	5750	5444	1622	1063	559
65岁及以上	19940	9195	10745	1777	1120	657
维吾尔族	**815184**	**378973**	**436211**	**195371**	**123142**	**72229**
0-5岁	58836	29929	28907			
6-9岁	39762	20141	19621			
10-14岁	49297	24727	24570			
15-19岁	100698	43395	57303	12828	6978	5850
20-24岁	131500	52956	78544	30873	17850	13023
25-29岁	105843	44192	61651	35677	21616	14061
30-34岁	89119	40623	48496	33016	20953	12063
35-39岁	77990	38761	39229	29797	19543	10254
40-44岁	56289	29203	27086	21567	14453	7114
45-49岁	35024	18432	16592	12766	8695	4071
50-54岁	23234	12124	11110	7546	5208	2338
55-59岁	16230	8182	8048	4691	3220	1471
60-64岁	12853	6499	6354	3278	2268	1010
65岁及以上	18509	9809	8700	3332	2358	974

8-7 续表 5

单位：人

民族 年龄	工作调动			学习培训		
	小计	男	女	小计	男	女
回族	**64106**	**40476**	**23630**	**202935**	**97889**	**105046**
0-5岁						
6-9岁				9479	5129	4350
10-14岁				18152	9567	8585
15-19岁	1229	700	529	95286	44616	50670
20-24岁	8498	4521	3977	72205	34460	37745
25-29岁	12911	7355	5556	4080	2099	1981
30-34岁	9646	6051	3595	1169	629	540
35-39岁	8469	5501	2968	849	425	424
40-44岁	7272	4876	2396	735	419	316
45-49岁	5840	4006	1834	380	217	163
50-54岁	3559	2505	1054	133	67	66
55-59岁	2839	2052	787	123	70	53
60-64岁	1720	1295	425	115	65	50
65岁及以上	2123	1614	509	229	126	103
藏族	**36105**	**22075**	**14030**	**108099**	**52414**	**55685**
0-5岁						
6-9岁				4524	2253	2271
10-14岁				13035	6229	6806
15-19岁	619	327	292	52468	24723	27745
20-24岁	6713	3299	3414	31754	15677	16077
25-29岁	9873	5349	4524	2422	1294	1128
30-34岁	6712	4243	2469	1358	738	620
35-39岁	4735	3268	1467	950	552	398
40-44岁	3127	2288	839	581	304	277
45-49岁	2082	1599	483	384	264	120
50-54岁	905	717	188	167	109	58
55-59岁	631	483	148	150	104	46
60-64岁	309	234	75	84	60	24
65岁及以上	399	268	131	222	107	115
维吾尔族	**25446**	**15036**	**10410**	**93927**	**37787**	**56140**
0-5岁						
6-9岁				2688	1306	1382
10-14岁				5804	2718	3086
15-19岁	503	225	278	47126	18212	28914
20-24岁	2605	1181	1424	33230	13373	19857
25-29岁	6140	3165	2975	2853	1204	1649
30-34岁	4784	2804	1980	1116	438	678
35-39岁	3939	2491	1448	587	271	316
40-44岁	2961	1961	1000	223	125	98
45-49岁	1821	1250	571	97	41	56
50-54岁	1037	747	290	73	41	32
55-59岁	613	444	169	33	17	16
60-64岁	423	312	111	22	9	13
65岁及以上	620	456	164	75	32	43

8-7 续表 6

单位：人

民族 年龄	随迁家属			投靠亲友			拆迁搬家		
	小计	男	女	小计	男	女	小计	男	女
回族	**435770**	**186772**	**248998**	**86729**	**41265**	**45464**	**271510**	**144483**	**127027**
0-5岁	85796	45558	40238	9905	5172	4733	8552	4539	4013
6-9岁	56331	29641	26690	5548	2809	2739	8390	4392	3998
10-14岁	68735	35924	32811	7077	3636	3441	12565	6535	6030
15-19岁	48024	24395	23629	5796	2900	2896	12309	6467	5842
20-24岁	36199	15839	20360	5425	2564	2861	16205	8235	7970
25-29岁	26223	8145	18078	4654	2248	2406	22101	11736	10365
30-34岁	22021	4949	17072	4170	1992	2178	26095	14061	12034
35-39岁	20327	4140	16187	4077	2005	2072	28686	15527	13159
40-44岁	17166	3287	13879	3903	1904	1999	28546	15553	12993
45-49岁	12749	2489	10260	3742	1711	2031	26849	14529	12320
50-54岁	9251	2100	7151	4066	1689	2377	21602	11455	10147
55-59岁	9679	2456	7223	6210	2594	3616	20585	10873	9712
60-64岁	7885	2438	5447	6534	3007	3527	14383	7737	6646
65岁及以上	15384	5411	9973	15622	7034	8588	24642	12844	11798
藏族	**89518**	**37535**	**51983**	**18478**	**7835**	**10643**	**43562**	**23590**	**19972**
0-5岁	15106	7662	7444	2129	1060	1069	1622	845	777
6-9岁	12475	6401	6074	1464	733	731	1868	966	902
10-14岁	14405	7185	7220	1852	845	1007	2744	1453	1291
15-19岁	9009	4474	4535	1469	544	925	2189	1162	1027
20-24岁	6794	3002	3792	1581	580	1001	2452	1240	1212
25-29岁	5745	2027	3718	1245	495	750	3284	1641	1643
30-34岁	5412	1654	3758	1087	494	593	4304	2260	2044
35-39岁	4699	1297	3402	980	484	496	5110	2762	2348
40-44岁	3437	838	2599	758	342	416	4496	2536	1960
45-49岁	2479	532	1947	679	274	405	3477	1932	1545
50-54岁	1889	411	1478	654	254	400	2613	1472	1141
55-59岁	2045	494	1551	911	365	546	2935	1688	1247
60-64岁	1990	490	1500	1007	414	593	2517	1464	1053
65岁及以上	4033	1068	2965	2662	951	1711	3951	2169	1782
维吾尔族	**224587**	**100324**	**124263**	**30045**	**13960**	**16085**	**46403**	**24351**	**22052**
0-5岁	43579	22236	21343	4831	2443	2388	2145	1088	1057
6-9岁	27563	13988	13575	2805	1420	1385	1734	905	829
10-14岁	31423	15914	15509	3364	1709	1655	2315	1167	1148
15-19岁	23282	11682	11600	2736	1306	1430	2107	1070	1037
20-24岁	21098	9633	11465	2644	1193	1451	2932	1445	1487
25-29岁	17559	6315	11244	2382	998	1384	4185	2121	2064
30-34岁	14814	4584	10230	1979	843	1136	5264	2693	2571
35-39岁	13397	4347	9050	1779	820	959	6152	3360	2792
40-44岁	9973	3353	6620	1389	656	733	5231	2871	2360
45-49岁	6434	2201	4233	1044	494	550	3981	2132	1849
50-54岁	4634	1650	2984	990	384	606	3118	1652	1466
55-59岁	3515	1257	2258	958	376	582	2255	1168	1087
60-64岁	2927	1128	1799	921	361	560	1895	981	914
65岁及以上	4389	2036	2353	2223	957	1266	3089	1698	1391

8-7 续表 7

单位：人

民族 年龄	寄挂户口			婚姻嫁娶			其他		
	小计	男	女	小计	男	女	小计	男	女
回族	**17177**	**8901**	**8276**	**128832**	**23042**	**105790**	**178553**	**100314**	**78239**
0-5岁	1357	716	641				13985	7274	6711
6-9岁	827	420	407				7833	4133	3700
10-14岁	1120	558	562				10548	5465	5083
15-19岁	1054	535	519	5515	89	5426	10892	6103	4789
20-24岁	1421	703	718	24125	1017	23108	15413	9327	6086
25-29岁	1308	693	615	28778	3372	25406	15359	9142	6217
30-34岁	1282	694	588	22584	4202	18382	15340	9168	6172
35-39岁	1452	756	696	16944	4144	12800	16695	9869	6826
40-44岁	1411	722	689	11313	3438	7875	16038	9381	6657
45-49岁	1317	690	627	7175	2391	4784	13380	7544	5836
50-54岁	1135	569	566	4240	1413	2827	9967	5252	4715
55-59岁	1114	580	534	3440	1195	2245	10129	5366	4763
60-64岁	819	457	362	2222	796	1426	8006	4296	3710
65岁及以上	1560	808	752	2496	985	1511	14968	7994	6974
藏族	**2314**	**1220**	**1094**	**27191**	**6380**	**20811**	**79699**	**44544**	**35155**
0-5岁	926	473	453				4636	2405	2231
6-9岁	140	81	59				3156	1560	1596
10-14岁	142	77	65				4688	2513	2175
15-19岁	111	63	48	1168	93	1075	5332	3102	2230
20-24岁	180	87	93	5724	791	4933	7864	4872	2992
25-29岁	132	73	59	6509	1278	5231	8791	4924	3867
30-34岁	119	62	57	5245	1266	3979	9062	4982	4080
35-39岁	131	68	63	3719	1109	2610	7970	4642	3328
40-44岁	93	48	45	2156	748	1408	6960	3980	2980
45-49岁	75	39	36	1151	480	671	4618	2653	1965
50-54岁	50	26	24	567	235	332	3154	1670	1484
55-59岁	64	38	26	411	170	241	3599	1999	1600
60-64岁	52	38	14	250	98	152	3363	1889	1474
65岁及以上	99	47	52	291	112	179	6506	3353	3153
维吾尔族	**4371**	**2004**	**2367**	**105665**	**9539**	**96126**	**89369**	**52830**	**36539**
0-5岁	420	216	204				7861	3946	3915
6-9岁	264	122	142				4708	2400	2308
10-14岁	292	140	152				6099	3079	3020
15-19岁	349	141	208	4959	96	4863	6808	3685	3123
20-24岁	509	206	303	26325	597	25728	11284	7478	3806
25-29岁	480	189	291	25858	1514	24344	10709	7070	3639
30-34岁	383	165	218	17984	1848	16136	9779	6295	3484
35-39岁	407	185	222	12760	1900	10860	9172	5844	3328
40-44岁	337	160	177	7607	1392	6215	7001	4232	2769
45-49岁	218	108	110	4073	839	3234	4590	2672	1918
50-54岁	170	78	92	2290	512	1778	3376	1852	1524
55-59岁	135	68	67	1492	312	1180	2538	1320	1218
60-64岁	129	67	62	1092	212	880	2166	1161	1005
65岁及以上	278	159	119	1225	317	908	3278	1796	1482

8-7 续表 8

单位：人

民族 年龄	合计			务工经商		
	合计	男	女	小计	男	女
苗族	**1532234**	**787452**	**744782**	**848663**	**484281**	**364382**
0-5岁	86556	47280	39276			
6-9岁	62701	34808	27893			
10-14岁	76602	40925	35677			
15-19岁	191895	95474	96421	74836	39793	35043
20-24岁	253115	121354	131761	161591	88022	73569
25-29岁	203544	100749	102795	148483	84781	63702
30-34岁	179801	91989	87812	132741	76890	55851
35-39岁	180839	95980	84859	137663	80223	57440
40-44岁	134186	71457	62729	103453	59179	44274
45-49岁	73463	40579	32884	54264	32445	21819
50-54岁	27534	15438	12096	17137	11101	6036
55-59岁	22265	11508	10757	10459	6818	3641
60-64岁	15443	7994	7449	4465	2845	1620
65岁及以上	24290	11917	12373	3571	2184	1387
彝族	**983874**	**496381**	**487493**	**360249**	**211689**	**148560**
0-5岁	62458	33236	29222			
6-9岁	49662	26558	23104			
10-14岁	59188	31159	28029			
15-19岁	144328	69439	74889	37356	19836	17520
20-24岁	163093	75459	87634	76530	42461	34069
25-29岁	125123	59532	65591	65584	38308	27276
30-34岁	111334	56220	55114	59050	35320	23730
35-39岁	92320	49613	42707	50252	30960	19292
40-44岁	65354	35920	29434	35089	21691	13398
45-49岁	38424	21419	17005	19351	12213	7138
50-54岁	19160	10238	8922	7699	4932	2767
55-59岁	17504	9082	8422	4869	3123	1746
60-64岁	13589	7266	6323	2325	1494	831
65岁及以上	22337	11240	11097	2144	1351	793
壮族	**2922969**	**1490565**	**1432404**	**1549385**	**870734**	**678651**
0-5岁	134142	73861	60281			
6-9岁	94183	51983	42200			
10-14岁	98561	53862	44699			
15-19岁	346320	170515	175805	92350	49423	42927
20-24岁	470951	226783	244168	289474	150500	138974
25-29岁	442737	213443	229294	318881	172813	146068
30-34岁	389093	197575	191518	272584	155590	116994
35-39岁	323699	172290	151409	228201	132787	95414
40-44岁	241069	131675	109394	171069	100489	70580
45-49岁	148284	82320	65964	100873	60518	40355
50-54岁	69432	37987	31445	38684	24621	14063
55-59岁	52615	26764	25851	20127	13101	7026
60-64岁	38291	18470	19821	8736	5622	3114
65岁及以上	73592	33037	40555	8406	5270	3136

8-7 续表 9 单位：人

民族 年龄	工作调动			学习培训		
	小计	男	女	小计	男	女
苗族	**38610**	**25316**	**13294**	**146037**	**75647**	**70390**
0-5岁						
6-9岁				10435	5895	4540
10-14岁				17924	9586	8338
15-19岁	1037	527	510	78244	38953	39291
20-24岁	5279	2617	2662	36418	19506	16912
25-29岁	8783	5212	3571	1909	1146	763
30-34岁	7043	4732	2311	418	232	186
35-39岁	6053	4354	1699	266	135	131
40-44岁	4448	3179	1269	140	67	73
45-49岁	2903	2136	767	58	31	27
50-54岁	1121	870	251	34	13	21
55-59岁	771	657	114	26	9	17
60-64岁	514	450	64	31	14	17
65岁及以上	658	582	76	134	60	74
彝族	**37728**	**24861**	**12867**	**118606**	**57952**	**60654**
0-5岁						
6-9岁				5816	3199	2617
10-14岁				10255	5367	4888
15-19岁	918	516	402	70312	32990	37322
20-24岁	6172	3040	3132	30110	15229	14881
25-29岁	9529	5566	3963	1332	765	567
30-34岁	7205	5030	2175	290	161	129
35-39岁	5460	4016	1444	223	100	123
40-44岁	3637	2781	856	108	50	58
45-49岁	2185	1677	508	46	30	16
50-54岁	994	809	185	16	9	7
55-59岁	738	651	87	23	14	9
60-64岁	403	362	41	21	12	9
65岁及以上	487	413	74	54	26	28
壮族	**108344**	**66570**	**41774**	**324934**	**156135**	**168799**
0-5岁						
6-9岁				11349	6439	4910
10-14岁				17492	9466	8026
15-19岁	2236	1131	1105	200190	93622	106568
20-24岁	15616	7711	7905	90181	43491	46690
25-29岁	24964	13353	11611	3695	2023	1672
30-34岁	21174	13115	8059	823	444	379
35-39岁	16512	11060	5452	444	242	202
40-44岁	11825	8080	3745	260	146	114
45-49岁	7115	5061	2054	124	70	54
50-54岁	3530	2644	886	52	30	22
55-59岁	2568	2106	462	34	15	19
60-64岁	1261	1030	231	43	24	19
65岁及以上	1543	1279	264	247	123	124

8-7 续表 10

单位：人

民族 年龄	随迁家属			投靠亲友			拆迁搬家		
	小计	男	女	小计	男	女	小计	男	女
苗族	**226570**	**107889**	**118681**	**45727**	**21635**	**24092**	**39371**	**21372**	**17999**
0-5岁	66040	36088	29952	9926	5281	4645	1487	849	638
6-9岁	39857	22281	17576	5989	3247	2742	1668	869	799
10-14岁	43779	23617	20162	6546	3368	3178	2367	1243	1124
15-19岁	19464	10274	9190	3358	1697	1661	1873	1042	831
20-24岁	11073	4274	6799	2176	861	1315	1960	934	1026
25-29岁	8424	2023	6401	1799	669	1130	3152	1501	1651
30-34岁	7564	1453	6111	1536	599	937	4635	2492	2143
35-39岁	6710	1242	5468	1455	620	835	5862	3284	2578
40-44岁	4937	857	4080	1181	482	699	5083	2911	2172
45-49岁	3370	614	2756	1044	418	626	3539	1943	1596
50-54岁	2203	481	1722	1029	367	662	1968	1095	873
55-59岁	3073	777	2296	1927	647	1280	1905	1040	865
60-64岁	3222	1196	2026	2305	986	1319	1510	855	655
65岁及以上	6854	2712	4142	5456	2393	3063	2362	1314	1048
彝族	**155688**	**71955**	**83733**	**52936**	**25834**	**27102**	**72155**	**38956**	**33199**
0-5岁	41277	21934	19343	7343	3883	3460	4622	2455	2167
6-9岁	26809	14367	12442	5454	2847	2607	5099	2723	2376
10-14岁	28363	14943	13420	6187	3187	3000	6552	3518	3034
15-19岁	13795	7181	6614	3932	1968	1964	5045	2713	2332
20-24岁	8658	3446	5212	3467	1645	1822	4991	2580	2411
25-29岁	6944	1908	5036	3340	1555	1785	6434	3392	3042
30-34岁	6312	1495	4817	3309	1622	1687	7972	4301	3671
35-39岁	5010	1133	3877	2974	1491	1483	8146	4448	3698
40-44岁	3576	751	2825	2573	1250	1323	7046	3883	3163
45-49岁	2590	549	2041	1861	875	986	4740	2584	2156
50-54岁	1912	381	1531	1615	645	970	2874	1581	1293
55-59岁	2677	813	1864	2477	995	1482	2735	1498	1237
60-64岁	2544	989	1555	2636	1248	1388	2292	1275	1017
65岁及以上	5221	2065	3156	5768	2623	3145	3607	2005	1602
壮族	**401377**	**186649**	**214728**	**86828**	**39371**	**47457**	**116407**	**63665**	**52742**
0-5岁	100449	55640	44809	16177	8737	7440	4081	2230	1851
6-9岁	62015	34311	27704	9614	5149	4465	3787	2041	1746
10-14岁	59867	32983	26884	8762	4644	4118	4563	2446	2117
15-19岁	30897	16935	13962	4258	2272	1986	3616	1873	1743
20-24岁	22558	10741	11817	4019	1648	2371	5492	2736	2756
25-29岁	20617	6768	13849	4234	1610	2624	9749	4665	5084
30-34岁	18927	5022	13905	3610	1559	2051	14982	7915	7067
35-39岁	15078	3840	11238	2857	1323	1534	16558	9486	7072
40-44岁	11174	2555	8619	2228	1036	1192	14450	8416	6034
45-49岁	8402	1852	6550	1913	740	1173	11631	6659	4972
50-54岁	6800	1462	5338	2511	721	1790	7297	4146	3151
55-59岁	9217	2367	6850	4650	1428	3222	6630	3709	2921
60-64岁	10018	3274	6744	5920	2192	3728	4701	2668	2033
65岁及以上	25358	8899	16459	16075	6312	9763	8870	4675	4195

8-7 续表 11 单位：人

民族 年龄	寄挂户口			婚姻嫁娶			其他		
	小计	男	女	小计	男	女	小计	男	女
苗族	**3652**	**2258**	**1394**	**112115**	**9521**	**102594**	**71489**	**39533**	**31956**
0-5岁	328	176	152				8775	4886	3889
6-9岁	252	118	134				4500	2398	2102
10-14岁	334	170	164				5652	2941	2711
15-19岁	278	162	116	7543	79	7464	5262	2947	2315
20-24岁	403	271	132	27261	630	26631	6954	4239	2715
25-29岁	444	314	130	23799	1191	22608	6751	3912	2839
30-34岁	327	228	99	18758	1559	17199	6779	3804	2975
35-39岁	359	232	127	15129	1844	13285	7342	4046	3296
40-44岁	245	144	101	9023	1550	7473	5676	3088	2588
45-49岁	142	80	62	4533	957	3576	3610	1955	1655
50-54岁	100	48	52	2048	483	1565	1894	980	914
55-59岁	97	61	36	1700	430	1270	2307	1069	1238
60-64岁	114	91	23	1117	377	740	2165	1180	985
65岁及以上	229	163	66	1204	421	783	3822	2088	1734
彝族	**3666**	**2071**	**1595**	**94376**	**11988**	**82388**	**88470**	**51075**	**37395**
0-5岁	431	219	212				8785	4745	4040
6-9岁	270	149	121				6214	3273	2941
10-14岁	332	171	161				7499	3973	3526
15-19岁	262	139	123	5573	99	5474	7135	3997	3138
20-24岁	271	145	126	23599	1076	22523	9295	5837	3458
25-29岁	305	178	127	22101	1879	20222	9554	5981	3573
30-34岁	336	183	153	17621	2401	15220	9239	5707	3532
35-39岁	317	167	150	11774	2407	9367	8164	4891	3273
40-44岁	257	140	117	6638	1693	4945	6430	3681	2749
45-49岁	185	106	79	3144	969	2175	4322	2416	1906
50-54岁	123	74	49	1347	405	942	2580	1402	1178
55-59岁	157	103	54	1096	388	708	2732	1497	1235
60-64岁	165	121	44	725	333	392	2478	1432	1046
65岁及以上	255	176	79	758	338	420	4043	2243	1800
壮族	**8489**	**4915**	**3574**	**185236**	**20597**	**164639**	**141969**	**81929**	**60040**
0-5岁	830	443	387				12605	6811	5794
6-9岁	512	283	229				6906	3760	3146
10-14岁	509	281	228				7368	4042	3326
15-19岁	375	193	182	3597	79	3518	8801	4987	3814
20-24岁	591	354	237	28931	841	28090	14089	8761	5328
25-29岁	793	462	331	44015	2292	41723	15789	9457	6332
30-34岁	922	522	400	39641	3593	36048	16430	9815	6615
35-39岁	960	551	409	28440	4102	24338	14649	8899	5750
40-44岁	682	418	264	17757	3495	14262	11624	7040	4584
45-49岁	524	291	233	9393	2256	7137	8309	4873	3436
50-54岁	346	203	143	4907	1310	3597	5305	2850	2455
55-59岁	395	244	151	3728	1084	2644	5266	2710	2556
60-64岁	367	233	134	2409	793	1616	4836	2634	2202
65岁及以上	683	437	246	2418	752	1666	9992	5290	4702

8-7 续表 12

单位：人

民族 年龄	合计			务工经商		
	合计	男	女	小计	男	女
布依族	**444680**	**227737**	**216943**	**246695**	**138689**	**108006**
0-5岁	25825	14325	11500			
6-9岁	18188	10173	8015			
10-14岁	22442	12029	10413			
15-19岁	57510	28318	29192	25983	13854	12129
20-24岁	74428	35565	38863	49832	26751	23081
25-29岁	63441	31785	31656	47420	26871	20549
30-34岁	57874	30045	27829	42936	24775	18161
35-39岁	49861	26098	23763	36488	21033	15455
40-44岁	33554	17492	16062	24051	13576	10475
45-49岁	17309	9313	7996	11611	6769	4842
50-54岁	7625	4069	3556	4294	2581	1713
55-59岁	5363	2772	2591	2299	1414	885
60-64岁	4143	2186	1957	925	536	389
65岁及以上	7117	3567	3550	856	529	327
朝鲜族	**440705**	**217602**	**223103**	**136416**	**75701**	**60715**
0-5岁	19988	10257	9731			
6-9岁	10576	5478	5098			
10-14岁	13756	7064	6692			
15-19岁	27512	13358	14154	2696	1501	1195
20-24岁	55202	26662	28540	19869	10047	9822
25-29岁	47720	23197	24523	25760	13342	12418
30-34岁	38577	20136	18441	19293	11039	8254
35-39岁	37955	20389	17566	17114	10349	6765
40-44岁	35056	18583	16473	14106	8150	5956
45-49岁	33819	17705	16114	13216	7459	5757
50-54岁	29086	14608	14478	10023	5641	4382
55-59岁	27495	12834	14661	7145	4041	3104
60-64岁	21505	9787	11718	3671	2130	1541
65岁及以上	42458	17544	24914	3523	2002	1521
满族	**1725131**	**854488**	**870643**	**498298**	**294711**	**203587**
0-5岁	92539	48530	44009			
6-9岁	59248	31220	28028			
10-14岁	70143	36606	33537			
15-19岁	205518	97439	108079	22189	11781	10408
20-24岁	293291	133336	159955	83021	44605	38416
25-29岁	194548	88828	105720	84524	48232	36292
30-34岁	164987	81136	83851	71578	42773	28805
35-39岁	147517	76164	71353	65046	39481	25565
40-44岁	137420	72322	65098	63013	38519	24494
45-49岁	109094	57361	51733	47144	28704	18440
50-54岁	79144	41899	37245	29397	18797	10600
55-59岁	66155	34471	31684	18806	12321	6485
60-64岁	39446	20804	18642	7705	5329	2376
65岁及以上	66081	34372	31709	5875	4169	1706

8-7 续表 13

单位：人

民族 年龄	工作调动			学习培训		
	小计	男	女	小计	男	女
布依族	**11278**	**7381**	**3897**	**39161**	**19284**	**19877**
0-5岁						
6-9岁				2554	1430	1124
10-14岁				4931	2653	2278
15-19岁	308	172	136	21373	9922	11451
20-24岁	1505	753	752	9559	4828	4731
25-29岁	2594	1534	1060	449	286	163
30-34岁	2153	1454	699	97	52	45
35-39岁	1792	1265	527	77	39	38
40-44岁	1192	855	337	41	25	16
45-49岁	771	559	212	20	15	5
50-54岁	341	264	77	5	2	3
55-59岁	226	183	43	12	6	6
60-64岁	178	153	25	6	5	1
65岁及以上	218	189	29	37	21	16
朝鲜族	**17877**	**10051**	**7826**	**37183**	**16818**	**20365**
0-5岁						
6-9岁				913	470	443
10-14岁				2309	1143	1166
15-19岁	201	106	95	13092	5764	7328
20-24岁	2279	1083	1196	18060	8161	9899
25-29岁	4074	2015	2059	1224	577	647
30-34岁	3050	1703	1347	442	206	236
35-39岁	2489	1504	985	311	131	180
40-44岁	1824	1129	695	321	144	177
45-49岁	1449	900	549	150	80	70
50-54岁	973	621	352	87	40	47
55-59岁	689	445	244	75	34	41
60-64岁	356	228	128	67	18	49
65岁及以上	493	317	176	132	50	82
满族	**66006**	**40941**	**25065**	**274565**	**127279**	**147286**
0-5岁						
6-9岁				5586	3029	2557
10-14岁				10867	5562	5305
15-19岁	1316	743	573	130700	59259	71441
20-24岁	9968	5451	4517	117781	54946	62835
25-29岁	14115	7749	6366	5469	2510	2959
30-34岁	9972	6102	3870	1469	725	744
35-39岁	8182	5182	3000	995	422	573
40-44岁	6718	4442	2276	856	408	448
45-49岁	5636	3713	1923	345	179	166
50-54岁	3768	2686	1082	149	70	79
55-59岁	2836	2111	725	94	53	41
60-64岁	1462	1142	320	85	39	46
65岁及以上	2033	1620	413	169	77	92

8-7 续表 14

单位：人

民族 年龄	随迁家属			投靠亲友			拆迁搬家		
	小计	男	女	小计	男	女	小计	男	女
布依族	**65184**	**31798**	**33386**	**11821**	**5736**	**6085**	**17158**	**8989**	**8169**
0-5岁	20151	11225	8926	2725	1471	1254	815	440	375
6-9岁	12054	6841	5213	1628	882	746	792	423	369
10-14岁	12938	7061	5877	1824	930	894	1200	606	594
15-19岁	5086	2625	2461	803	385	418	865	488	377
20-24岁	2811	1018	1793	514	190	324	795	354	441
25-29岁	2441	537	1904	399	140	259	1357	633	724
30-34岁	2186	442	1744	410	173	237	2288	1182	1106
35-39岁	1814	363	1451	370	167	203	2381	1274	1107
40-44岁	1291	258	1033	289	134	155	2039	1155	884
45-49岁	738	163	575	234	105	129	1368	738	630
50-54岁	540	121	419	225	75	150	823	445	378
55-59岁	639	155	484	367	137	230	738	377	361
60-64岁	733	298	435	614	292	322	591	317	274
65岁及以上	1762	691	1071	1419	655	764	1106	557	549
朝鲜族	**65393**	**26455**	**38938**	**32840**	**14040**	**18800**	**100283**	**51393**	**48890**
0-5岁	12911	6615	6296	2321	1185	1136	2666	1374	1292
6-9岁	5721	2975	2746	1087	550	537	1866	983	883
10-14岁	6185	3237	2948	1283	673	610	2748	1391	1357
15-19岁	5055	2600	2455	1202	596	606	3622	1900	1722
20-24岁	4860	2352	2508	1460	729	731	5376	2768	2608
25-29岁	4178	1648	2530	1292	588	704	6562	3300	3262
30-34岁	3300	1176	2124	1084	505	579	6907	3522	3385
35-39岁	3247	1037	2210	1138	542	596	8826	4535	4291
40-44岁	2885	839	2046	1324	680	644	9974	5337	4637
45-49岁	2623	610	2013	1488	710	778	10576	5710	4866
50-54岁	2582	515	2067	2191	846	1345	9587	5122	4465
55-59岁	3259	686	2573	3538	1284	2254	9165	4661	4504
60-64岁	2936	742	2194	3922	1574	2348	7477	3708	3769
65岁及以上	5651	1423	4228	9510	3578	5932	14931	7082	7849
满族	**285917**	**120813**	**165104**	**105285**	**52165**	**53120**	**223605**	**118698**	**104907**
0-5岁	62013	32643	29370	9986	5155	4831	8423	4427	3996
6-9岁	35473	18755	16718	5195	2672	2523	6998	3655	3343
10-14岁	37332	19550	17782	5754	2999	2755	9482	4946	4536
15-19岁	27376	14055	13321	4793	2392	2401	9405	4907	4498
20-24岁	24040	10662	13378	5858	2785	3073	13419	6626	6793
25-29岁	17954	5796	12158	5406	2632	2774	21702	10982	10720
30-34岁	14816	3925	10891	5926	3157	2769	24716	12949	11767
35-39岁	13302	2881	10421	6223	3344	2879	25850	13696	12154
40-44岁	12155	2346	9809	6551	3422	3129	24408	12912	11496
45-49岁	9846	1673	8173	6138	3009	3129	21836	11841	9995
50-54岁	8222	1543	6679	6843	3221	3622	17326	9524	7802
55-59岁	8017	1857	6160	9489	4320	5169	15096	8332	6764
60-64岁	5407	1621	3786	8307	4017	4290	8839	4889	3950
65岁及以上	9964	3506	6458	18816	9040	9776	16105	9012	7093

8-7 续表 15 单位：人

民族 年龄	寄挂户口			婚姻嫁娶			其他		
	小计	男	女	小计	男	女	小计	男	女
布依族	**1243**	**800**	**443**	**32533**	**3739**	**28794**	**19607**	**11321**	**8286**
0-5岁	131	71	60				2003	1118	885
6-9岁	67	36	31				1093	561	532
10-14岁	94	45	49				1455	734	721
15-19岁	111	62	49	1577	13	1564	1404	797	607
20-24岁	185	145	40	7225	179	7046	2002	1347	655
25-29岁	158	119	39	6606	407	6199	2017	1258	759
30-34岁	110	81	29	5621	634	4987	2073	1252	821
35-39岁	110	65	45	4848	748	4100	1981	1144	837
40-44岁	50	28	22	3105	602	2503	1496	859	637
45-49岁	55	22	33	1525	404	1121	987	538	449
50-54岁	28	21	7	759	232	527	610	328	282
55-59岁	30	19	11	464	171	293	588	310	278
60-64岁	35	28	7	383	174	209	678	383	295
65岁及以上	79	58	21	420	175	245	1220	692	528
朝鲜族	**2489**	**1228**	**1261**	**9617**	**1939**	**7678**	**38607**	**19977**	**18630**
0-5岁	238	125	113				1852	958	894
6-9岁	87	53	34				902	447	455
10-14岁	125	61	64				1106	559	547
15-19岁	132	68	64	50	6	44	1462	817	645
20-24岁	206	105	101	770	67	703	2322	1350	972
25-29岁	175	77	98	1950	248	1702	2505	1402	1103
30-34岁	155	84	71	1826	434	1392	2520	1467	1053
35-39岁	210	111	99	1480	346	1134	3140	1834	1306
40-44岁	212	101	111	1013	247	766	3397	1956	1441
45-49岁	233	116	117	776	181	595	3308	1939	1369
50-54岁	175	87	88	515	120	395	2953	1616	1337
55-59岁	133	70	63	430	100	330	3061	1513	1548
60-64岁	119	55	64	297	54	243	2660	1278	1382
65岁及以上	289	115	174	510	136	374	7419	2841	4578
满族	**18936**	**10107**	**8829**	**133611**	**25066**	**108545**	**118908**	**64708**	**54200**
0-5岁	1945	1007	938				10172	5298	4874
6-9岁	1024	553	471				4972	2556	2416
10-14岁	1125	586	539				5583	2963	2620
15-19岁	987	520	467	1925	50	1875	6827	3732	3095
20-24岁	1312	670	642	26637	1266	25371	11255	6325	4930
25-29岁	1515	794	721	33072	4277	28795	10791	5856	4935
30-34岁	1611	858	753	24164	4811	19353	10735	5836	4899
35-39岁	1777	986	791	15089	4051	11038	11053	6121	4932
40-44岁	1654	864	790	11310	3501	7809	10755	5908	4847
45-49岁	1403	741	662	7604	2502	5102	9142	4999	4143
50-54岁	1211	616	595	4952	1606	3346	7276	3836	3440
55-59岁	1207	640	567	3841	1216	2625	6769	3621	3148
60-64岁	782	471	311	2290	770	1520	4569	2526	2043
65岁及以上	1383	801	582	2727	1016	1711	9009	5131	3878

8-7 续表 16

单位：人

民 族 年 龄	合 计 合计	男	女	务工经商 小计	男	女
侗族	**447958**	**234950**	**213008**	**242990**	**139155**	**103835**
0-5岁	24287	13235	11052			
6-9岁	17107	9674	7433			
10-14岁	20113	10838	9275			
15-19岁	59395	29891	29504	18551	10236	8315
20-24岁	70062	35271	34791	44699	24594	20105
25-29岁	56219	28747	27472	41549	23645	17904
30-34岁	48331	25482	22849	35701	20706	14995
35-39岁	53820	28940	24880	40945	23597	17348
40-44岁	42556	23164	19392	32829	18782	14047
45-49岁	25100	13709	11391	18191	10672	7519
50-54岁	8964	5117	3847	5327	3529	1798
55-59岁	6989	3538	3451	2883	1895	988
60-64岁	5483	2746	2737	1284	843	441
65岁及以上	9532	4598	4934	1031	656	375
瑶族	**368170**	**189949**	**178221**	**196352**	**112402**	**83950**
0-5岁	19218	10406	8812			
6-9岁	12017	6445	5572			
10-14岁	11917	6338	5579			
15-19岁	44607	22039	22568	15537	8363	7174
20-24岁	70732	34881	35851	42908	23208	19700
25-29岁	58757	29418	29339	42349	24093	18256
30-34岁	45349	23709	21640	31512	18552	12960
35-39岁	36829	19835	16994	25983	15281	10702
40-44岁	27526	15122	12404	19481	11431	8050
45-49岁	16790	9228	7562	11124	6632	4492
50-54岁	7990	4403	3587	4063	2652	1411
55-59岁	5964	3081	2883	1952	1263	689
60-64岁	3906	2032	1874	756	500	256
65岁及以上	6568	3012	3556	687	427	260
白族	**231508**	**119459**	**112049**	**102191**	**58914**	**43277**
0-5岁	10806	5573	5233			
6-9岁	8270	4466	3804			
10-14岁	10088	5322	4766			
15-19岁	36227	16814	19413	8420	4453	3967
20-24岁	39789	18788	21001	20360	10776	9584
25-29岁	26699	13255	13444	17117	9600	7517
30-34岁	27430	14556	12874	17725	10302	7423
35-39岁	24617	13783	10834	16100	9702	6398
40-44岁	17351	9938	7413	11117	6761	4356
45-49岁	10446	6012	4434	6383	3951	2432
50-54岁	4716	2674	2042	2232	1519	713
55-59岁	4817	2581	2236	1533	1020	513
60-64岁	3687	2052	1635	660	479	181
65岁及以上	6565	3645	2920	544	351	193

8-7 续表 17 单位：人

民族 年龄	工作调动			学习培训		
	小计	男	女	小计	男	女
侗族	**15906**	**10131**	**5775**	**53806**	**26720**	**27086**
0-5岁						
6-9岁				2920	1720	1200
10-14岁				5041	2622	2419
15-19岁	294	134	160	31924	15128	16796
20-24岁	2043	905	1138	12981	6696	6285
25-29岁	3713	2127	1586	570	350	220
30-34岁	2755	1811	944	122	70	52
35-39岁	2580	1783	797	97	56	41
40-44岁	1914	1373	541	63	32	31
45-49岁	1317	951	366	25	15	10
50-54岁	508	384	124	6	4	2
55-59岁	325	276	49	12	6	6
60-64岁	208	168	40	16	4	12
65岁及以上	249	219	30	29	17	12
瑶族	**13855**	**8292**	**5563**	**41761**	**20446**	**21315**
0-5岁						
6-9岁				1587	858	729
10-14岁				2280	1192	1088
15-19岁	272	150	122	22254	10507	11747
20-24岁	2058	991	1067	14841	7452	7389
25-29岁	3138	1674	1464	564	309	255
30-34岁	2608	1586	1022	94	53	41
35-39岁	1997	1280	717	55	28	27
40-44岁	1545	985	560	35	19	16
45-49岁	1062	686	376	6	3	3
50-54岁	534	406	128	9	4	5
55-59岁	337	276	61	4	3	1
60-64岁	164	145	19	6	2	4
65岁及以上	140	113	27	26	16	10
白族	**13343**	**8345**	**4998**	**38828**	**17507**	**21321**
0-5岁						
6-9岁				1257	667	590
10-14岁				2284	1208	1076
15-19岁	256	131	125	23106	10095	13011
20-24岁	2188	1034	1154	11487	5170	6317
25-29岁	3038	1639	1399	389	214	175
30-34岁	2543	1680	863	108	60	48
35-39岁	2007	1389	618	74	36	38
40-44岁	1465	1042	423	50	18	32
45-49岁	893	661	232	20	10	10
50-54岁	333	260	73	7	3	4
55-59岁	282	226	56	8	3	5
60-64岁	136	113	23	7	5	2
65岁及以上	202	170	32	31	18	13

8-7 续表 18

单位：人

民族 年龄	随迁家属			投靠亲友			拆迁搬家		
	小计	男	女	小计	男	女	小计	男	女
侗族	**66170**	**31385**	**34785**	**14018**	**6450**	**7568**	**13484**	**7468**	**6016**
0-5岁	18404	10078	8326	3052	1605	1447	414	220	194
6-9岁	10991	6245	4746	1627	887	740	419	205	214
10-14岁	11393	6294	5099	1676	851	825	641	344	297
15-19岁	5501	3004	2497	791	426	365	495	276	219
20-24岁	3178	1360	1818	606	240	366	573	277	296
25-29岁	2601	712	1889	491	168	323	994	456	538
30-34岁	2282	461	1821	394	151	243	1630	894	736
35-39岁	2362	502	1860	391	153	238	2196	1253	943
40-44岁	1825	384	1441	302	139	163	1835	1115	720
45-49岁	1326	225	1101	299	105	194	1448	823	625
50-54岁	826	191	635	325	95	230	750	436	314
55-59岁	1161	302	859	682	198	484	675	354	321
60-64岁	1343	474	869	910	359	551	540	323	217
65岁及以上	2977	1153	1824	2472	1073	1399	874	492	382
瑶族	**46821**	**21918**	**24903**	**10159**	**4589**	**5570**	**16615**	**8973**	**7642**
0-5岁	13748	7528	6220	2306	1182	1124	760	397	363
6-9岁	7540	4073	3467	1188	624	564	641	325	316
10-14岁	6762	3688	3074	992	524	468	820	404	416
15-19岁	3380	1812	1568	492	247	245	791	405	386
20-24岁	2570	1156	1414	498	198	300	1090	565	525
25-29岁	2495	764	1731	506	180	326	1586	792	794
30-34岁	2025	538	1487	413	176	237	2018	1090	928
35-39岁	1422	335	1087	297	129	168	2057	1173	884
40-44岁	1086	225	861	285	123	162	1791	1034	757
45-49岁	873	188	685	214	75	139	1431	799	632
50-54岁	808	178	630	320	105	215	1073	579	494
55-59岁	1066	312	754	553	167	386	956	547	409
60-64岁	960	347	613	598	269	329	600	350	250
65岁及以上	2086	774	1312	1497	590	907	1001	513	488
白族	**32337**	**15010**	**17327**	**8636**	**3908**	**4728**	**10500**	**5471**	**5029**
0-5岁	8110	4225	3885	1177	593	584	324	150	174
6-9岁	5349	2921	2428	721	379	342	343	185	158
10-14岁	5804	3094	2710	736	363	373	510	265	245
15-19岁	2574	1341	1233	396	180	216	414	225	189
20-24岁	1526	642	884	376	136	240	447	209	238
25-29岁	1211	292	919	286	104	182	840	370	470
30-34岁	1348	333	1015	300	122	178	1399	718	681
35-39岁	1182	289	893	302	128	174	1691	895	796
40-44岁	882	236	646	252	112	140	1308	740	568
45-49岁	641	138	503	214	83	131	987	529	458
50-54岁	473	115	358	328	115	213	579	284	295
55-59岁	836	312	524	741	266	475	519	263	256
60-64岁	807	324	483	830	369	461	414	228	186
65岁及以上	1594	748	846	1977	958	1019	725	410	315

8-7 续表 19　　　　单位：人

民族 年龄	寄挂户口			婚姻嫁娶			其他		
	小计	男	女	小计	男	女	小计	男	女
侗族	**1016**	**602**	**414**	**21648**	**2598**	**19050**	**18920**	**10441**	**8479**
0-5岁	86	37	49				2331	1295	1036
6-9岁	67	35	32				1083	582	501
10-14岁	110	50	60				1252	677	575
15-19岁	113	62	51	588	8	580	1138	617	521
20-24岁	88	62	26	4142	84	4058	1752	1053	699
25-29岁	103	71	32	4510	252	4258	1688	966	722
30-34岁	110	77	33	3691	382	3309	1646	930	716
35-39岁	102	56	46	3295	494	2801	1852	1046	806
40-44岁	57	29	28	2155	471	1684	1576	839	737
45-49岁	47	26	21	1295	304	991	1152	588	564
50-54岁	17	13	4	595	161	434	610	304	306
55-59岁	29	16	13	549	153	396	673	338	335
60-64岁	34	27	7	411	141	270	737	407	330
65岁及以上	53	41	12	417	148	269	1430	799	631
瑶族	**1088**	**601**	**487**	**24505**	**3245**	**21260**	**17014**	**9483**	**7531**
0-5岁	137	66	71				2267	1233	1034
6-9岁	76	44	32				985	521	464
10-14岁	86	51	35				977	479	498
15-19岁	53	29	24	902	20	882	926	506	420
20-24岁	96	38	58	4890	228	4662	1781	1045	736
25-29岁	104	57	47	6056	437	5619	1959	1112	847
30-34岁	107	59	48	4753	611	4142	1819	1044	775
35-39岁	96	53	43	3336	622	2714	1586	934	652
40-44岁	85	47	38	2029	557	1472	1189	701	488
45-49岁	59	35	24	1168	345	823	853	465	388
50-54岁	40	23	17	549	158	391	594	298	296
55-59岁	47	34	13	364	111	253	685	368	317
60-64岁	32	21	11	245	80	165	545	318	227
65岁及以上	70	44	26	213	76	137	848	459	389
白族	**1453**	**816**	**637**	**12888**	**2921**	**9967**	**11332**	**6567**	**4765**
0-5岁	124	51	73				1071	554	517
6-9岁	60	37	23				540	277	263
10-14岁	86	41	45				668	351	317
15-19岁	46	23	23	373	15	358	642	351	291
20-24岁	77	36	41	2308	208	2100	1020	577	443
25-29岁	107	44	63	2739	413	2326	972	579	393
30-34岁	158	82	76	2780	641	2139	1069	618	451
35-39岁	166	94	72	1934	567	1367	1161	683	478
40-44岁	142	83	59	1188	388	800	947	558	389
45-49岁	92	50	42	592	229	363	624	361	263
50-54岁	36	21	15	310	125	185	418	232	186
55-59岁	85	57	28	264	110	154	549	324	225
60-64岁	91	66	25	183	95	88	559	373	186
65岁及以上	183	131	52	217	130	87	1092	729	363

8-7 续表 20

单位：人

民族 年龄	合计			务工经商		
	合计	男	女	小计	男	女
土家族	**1411644**	**738315**	**673329**	**694435**	**395539**	**298896**
0-5岁	75503	40641	34862			
6-9岁	59929	32475	27454			
10-14岁	70712	38052	32660			
15-19岁	198121	96851	101270	47440	24820	22620
20-24岁	205799	100056	105743	113369	59790	53579
25-29岁	155288	77108	78180	107692	59792	47900
30-34岁	141485	74020	67465	98720	56282	42438
35-39岁	174240	95750	78490	128380	74592	53788
40-44岁	139419	77931	61488	105045	61147	43898
45-49岁	81614	46993	34621	58529	35497	23032
50-54岁	28740	16767	11973	16436	11109	5327
55-59岁	28279	14963	13316	11058	7508	3550
60-64岁	20150	10363	9787	4366	2867	1499
65岁及以上	32365	16345	16020	3400	2135	1265
哈尼族	**212745**	**109704**	**103041**	**107678**	**64266**	**43412**
0-5岁	16652	8882	7770			
6-9岁	9317	5057	4260			
10-14岁	10101	5380	4721			
15-19岁	26840	13296	13544	9675	5342	4333
20-24岁	36132	17557	18575	22314	12773	9541
25-29岁	30970	15147	15823	21010	12344	8666
30-34岁	27615	14332	13283	19277	11704	7573
35-39岁	21328	11642	9686	15255	9428	5827
40-44岁	14116	7959	6157	10214	6328	3886
45-49岁	7839	4579	3260	5549	3563	1986
50-54岁	3633	2003	1630	2159	1403	756
55-59岁	2600	1326	1274	1163	725	438
60-64岁	1913	922	991	572	358	214
65岁及以上	3689	1622	2067	490	298	192
哈萨克族	**146605**	**66717**	**79888**	**28496**	**16379**	**12117**
0-5岁	10134	5245	4889			
6-9岁	7524	3910	3614			
10-14岁	8867	4270	4597			
15-19岁	22839	9601	13238	1251	643	608
20-24岁	22229	9039	13190	4523	2271	2252
25-29岁	16548	6734	9814	5482	2965	2517
30-34岁	16104	7239	8865	5383	3153	2230
35-39岁	13605	6442	7163	4476	2706	1770
40-44岁	10234	5081	5153	3350	2038	1312
45-49岁	6527	3338	3189	1953	1264	689
50-54岁	3874	1934	1940	952	607	345
55-59岁	2717	1271	1446	519	331	188
60-64岁	2034	972	1062	304	203	101
65岁及以上	3369	1641	1728	303	198	105

8-7 续表 21 单位：人

民族 年龄	工作调动			学习培训		
	小计	男	女	小计	男	女
土家族	**52292**	**33392**	**18900**	**206438**	**101283**	**105155**
0-5岁						
6-9岁				12078	6628	5450
10-14岁				19635	10302	9333
15-19岁	999	435	564	119419	56354	63065
20-24岁	7103	3342	3761	51437	25995	25442
25-29岁	10618	5881	4737	2176	1192	984
30-34岁	9002	5722	3280	586	319	267
35-39岁	9160	6364	2796	412	180	232
40-44岁	6565	4742	1823	269	127	142
45-49岁	4424	3262	1162	100	53	47
50-54岁	1652	1289	363	43	21	22
55-59岁	1289	1077	212	41	16	25
60-64岁	689	595	94	41	14	27
65岁及以上	791	683	108	201	82	119
哈尼族	**6079**	**3839**	**2240**	**18542**	**8982**	**9560**
0-5岁						
6-9岁				821	428	393
10-14岁				1414	718	696
15-19岁	192	98	94	11484	5442	6042
20-24岁	1119	574	545	4583	2254	2329
25-29岁	1652	942	710	168	96	72
30-34岁	1166	794	372	40	23	17
35-39岁	779	565	214	13	10	3
40-44岁	525	383	142	8	2	6
45-49岁	321	225	96	3	3	
50-54岁	152	114	38	1	1	
55-59岁	81	69	12			
60-64岁	40	31	9	3	1	2
65岁及以上	52	44	8	4	4	
哈萨克族	**6051**	**3638**	**2413**	**30554**	**12486**	**18068**
0-5岁						
6-9岁				1372	727	645
10-14岁				2594	1159	1435
15-19岁	82	41	41	16228	6435	9793
20-24岁	564	286	278	9174	3656	5518
25-29岁	1254	631	623	557	239	318
30-34岁	1277	757	520	268	104	164
35-39岁	1068	677	391	164	71	93
40-44岁	790	500	290	83	44	39
45-49岁	496	358	138	42	18	24
50-54岁	231	166	65	17	10	7
55-59岁	120	91	29	16	8	8
60-64岁	78	60	18	6	2	4
65岁及以上	91	71	20	33	13	20

8-7 续表 22

单位：人

民族 年龄	随迁家属			投靠亲友			拆迁搬家		
	小计	男	女	小计	男	女	小计	男	女
土家族	**213825**	**99076**	**114749**	**47032**	**21621**	**25411**	**52829**	**29213**	**23616**
0-5岁	55215	29776	25439	8856	4700	4156	1774	965	809
6-9岁	36286	19725	16561	5138	2719	2419	1833	970	863
10-14岁	37888	20722	17166	5224	2751	2473	2556	1375	1181
15-19岁	18117	9481	8636	2594	1313	1281	1932	1073	859
20-24岁	10018	4068	5950	1856	701	1155	2342	1134	1208
25-29岁	7848	1999	5849	1516	499	1017	3965	1848	2117
30-34岁	7530	1657	5873	1352	541	811	5987	3173	2814
35-39岁	8369	1697	6672	1582	649	933	8171	4626	3545
40-44岁	6302	1298	5004	1288	559	729	7082	4160	2922
45-49岁	4550	939	3611	1161	442	719	5419	3192	2227
50-54岁	2890	689	2201	1379	438	941	2693	1560	1133
55-59岁	4870	1390	3480	3196	1053	2143	3102	1724	1378
60-64岁	4769	1797	2972	3576	1484	2092	2380	1374	1006
65岁及以上	9173	3838	5335	8314	3772	4542	3593	2039	1554
哈尼族	**41565**	**19132**	**22433**	**7435**	**3330**	**4105**	**3254**	**1677**	**1577**
0-5岁	13822	7388	6434	1352	726	626	154	75	79
6-9岁	7077	3883	3194	698	368	330	148	69	79
10-14岁	7022	3786	3236	737	382	355	173	92	81
15-19岁	3112	1646	1466	499	233	266	137	74	63
20-24岁	2340	716	1624	460	179	281	171	82	89
25-29岁	1948	348	1600	418	167	251	319	124	195
30-34岁	1670	237	1433	386	159	227	432	211	221
35-39岁	1062	139	923	296	139	157	446	233	213
40-44岁	631	94	537	228	106	122	371	213	158
45-49岁	436	84	352	152	63	89	254	146	108
50-54岁	332	74	258	235	74	161	180	92	88
55-59岁	425	127	298	332	114	218	139	87	52
60-64岁	434	153	281	405	146	259	126	68	58
65岁及以上	1254	457	797	1237	474	763	204	111	93
哈萨克族	**32636**	**13571**	**19065**	**4751**	**2158**	**2593**	**14499**	**8068**	**6431**
0-5岁	7022	3639	3383	661	330	331	695	369	326
6-9岁	4248	2201	2047	386	201	185	569	281	288
10-14岁	4193	2063	2130	392	197	195	643	316	327
15-19岁	2936	1460	1476	314	124	190	549	296	253
20-24岁	2630	1208	1422	340	149	191	774	387	387
25-29岁	2448	835	1613	371	164	207	1253	683	570
30-34岁	2268	611	1657	348	173	175	1918	1077	841
35-39岁	1982	458	1524	324	140	184	2045	1160	885
40-44岁	1548	332	1216	255	142	113	1753	1037	716
45-49岁	1037	217	820	180	88	92	1267	724	543
50-54岁	633	132	501	183	70	113	981	548	433
55-59岁	545	101	444	212	75	137	647	376	271
60-64岁	409	94	315	218	76	142	531	301	230
65岁及以上	737	220	517	567	229	338	874	513	361

8-7 续表 23

单位：人

民族 年龄	寄挂户口			婚姻嫁娶			其他		
	小计	男	女	小计	男	女	小计	男	女
土家族	**4992**	**3093**	**1899**	**62231**	**12482**	**49749**	**77570**	**42616**	**34954**
0-5岁	409	221	188				9249	4979	4270
6-9岁	264	151	113				4330	2282	2048
10-14岁	379	197	182				5030	2705	2325
15-19岁	371	218	153	1716	43	1673	5533	3114	2419
20-24岁	512	352	160	12523	567	11956	6639	4107	2532
25-29岁	527	365	162	14146	1550	12596	6800	3982	2818
30-34岁	465	304	161	10958	2173	8785	6885	3849	3036
35-39岁	487	301	186	9301	2688	6613	8378	4653	3725
40-44岁	387	231	156	5756	2061	3695	6725	3606	3119
45-49岁	249	142	107	2992	1204	1788	4190	2262	1928
50-54岁	144	84	60	1257	494	763	2246	1083	1163
55-59岁	199	132	67	1397	595	802	3127	1468	1659
60-64岁	228	150	78	1070	529	541	3031	1553	1478
65岁及以上	371	245	126	1115	578	537	5407	2973	2434
哈尼族	**375**	**196**	**179**	**17906**	**2610**	**15296**	**9911**	**5672**	**4239**
0-5岁	57	27	30				1267	666	601
6-9岁	29	17	12				544	292	252
10-14岁	31	19	12				724	383	341
15-19岁	23	9	14	812	15	797	906	437	469
20-24岁	25	12	13	3804	178	3626	1316	789	527
25-29岁	32	17	15	4276	413	3863	1147	696	451
30-34岁	44	22	22	3556	548	3008	1044	634	410
35-39岁	41	21	20	2558	575	1983	878	532	346
40-44岁	29	8	21	1443	408	1035	667	417	250
45-49岁	16	12	4	701	226	475	407	257	150
50-54岁	8	4	4	319	97	222	247	144	103
55-59岁	9	7	2	226	70	156	225	127	98
60-64岁	7	4	3	96	36	60	230	125	105
65岁及以上	24	17	7	115	44	71	309	173	136
哈萨克族	**1784**	**906**	**878**	**12950**	**1232**	**11718**	**14884**	**8279**	**6605**
0-5岁	246	136	110				1510	771	739
6-9岁	144	74	70				805	426	379
10-14岁	138	71	67				907	464	443
15-19岁	107	65	42	330	12	318	1042	525	517
20-24岁	133	62	71	2525	68	2457	1566	952	614
25-29岁	172	83	89	3487	191	3296	1524	943	581
30-34岁	182	87	95	2793	282	2511	1667	995	672
35-39岁	169	85	84	1847	281	1566	1530	864	666
40-44岁	149	72	77	1060	198	862	1246	718	528
45-49岁	104	58	46	501	106	395	947	505	442
50-54岁	71	33	38	188	47	141	618	321	297
55-59岁	69	34	35	105	20	85	484	235	249
60-64岁	33	13	20	60	10	50	395	213	182
65岁及以上	67	33	34	54	17	37	643	347	296

8-7 续表 24

单位：人

民族 年龄	合计			务工经商		
	合计	男	女	小计	男	女
傣族	**103012**	**46977**	**56035**	**44634**	**22454**	**22180**
0-5岁	4891	2462	2429			
6-9岁	2674	1360	1314			
10-14岁	3138	1557	1581			
15-19岁	16849	7014	9835	5764	2711	3053
20-24岁	21994	9409	12585	11772	5698	6074
25-29岁	16475	7093	9382	9009	4423	4586
30-34岁	12046	5348	6698	6482	3240	3242
35-39岁	9240	4535	4705	5020	2685	2335
40-44岁	6139	3182	2957	3344	1812	1532
45-49岁	3843	2049	1794	1837	1010	827
50-54岁	1954	1049	905	728	434	294
55-59岁	1395	735	660	388	254	134
60-64岁	924	489	435	149	97	52
65岁及以上	1450	695	755	141	90	51
黎族	**158526**	**68552**	**89974**	**62977**	**30387**	**32590**
0-5岁	7973	4264	3709			
6-9岁	5262	2881	2381			
10-14岁	6805	3607	3198			
15-19岁	26621	11245	15376	7704	3231	4473
20-24岁	31814	13184	18630	15734	7075	8659
25-29岁	23674	9032	14642	13081	6209	6872
30-34岁	17479	6805	10674	8893	4447	4446
35-39岁	13871	5599	8272	7038	3562	3476
40-44岁	10315	4639	5676	5283	2826	2457
45-49岁	6057	3004	3053	2950	1667	1283
50-54岁	2925	1463	1462	1162	685	477
55-59岁	1978	984	994	600	352	248
60-64岁	1427	742	685	278	180	98
65岁及以上	2325	1103	1222	254	153	101
傈僳族	**43411**	**19788**	**23623**	**15601**	**8892**	**6709**
0-5岁	1793	951	842			
6-9岁	1339	657	682			
10-14岁	1498	731	767			
15-19岁	7327	3200	4127	2205	1054	1151
20-24岁	9482	4179	5303	4358	2459	1899
25-29岁	7014	3087	3927	3212	1933	1279
30-34岁	4997	2233	2764	2236	1306	930
35-39岁	3584	1619	1965	1529	902	627
40-44岁	2216	1071	1145	964	594	370
45-49岁	1412	678	734	551	309	242
50-54岁	843	412	431	246	139	107
55-59岁	701	356	345	174	115	59
60-64岁	460	249	211	63	39	24
65岁及以上	745	365	380	63	42	21

8-7 续表 25

单位：人

民族 年龄	工作调动			学习培训		
	小计	男	女	小计	男	女
傣族	**5547**	**3061**	**2486**	**13371**	**5502**	**7869**
0-5岁						
6-9岁				308	149	159
10-14岁				733	365	368
15-19岁	150	64	86	8525	3360	5165
20-24岁	1122	489	633	3583	1521	2062
25-29岁	1652	822	830	163	80	83
30-34岁	896	506	390	28	13	15
35-39岁	727	475	252	13	4	9
40-44岁	470	311	159	7	3	4
45-49岁	249	168	81	2	2	
50-54岁	123	94	29	2	1	1
55-59岁	64	53	11	3	3	
60-64岁	52	43	9			
65岁及以上	42	36	6	4	1	3
黎族	**7008**	**4007**	**3001**	**23400**	**10767**	**12633**
0-5岁						
6-9岁				680	393	287
10-14岁				1456	743	713
15-19岁	287	123	164	13597	5681	7916
20-24岁	984	408	576	7269	3736	3533
25-29岁	1440	700	740	283	162	121
30-34岁	1088	625	463	45	20	25
35-39岁	977	593	384	23	10	13
40-44岁	849	544	305	16	8	8
45-49岁	621	440	181	6	2	4
50-54岁	286	209	77	4	3	1
55-59岁	215	157	58	1		1
60-64岁	129	102	27	4	1	3
65岁及以上	132	106	26	16	8	8
傈僳族	**2064**	**1347**	**717**	**5582**	**2684**	**2898**
0-5岁						
6-9岁				151	78	73
10-14岁				240	114	126
15-19岁	58	38	20	3550	1644	1906
20-24岁	348	177	171	1542	789	753
25-29岁	667	379	288	72	42	30
30-34岁	386	266	120	8	5	3
35-39岁	272	220	52	6	3	3
40-44岁	140	102	38	4	2	2
45-49岁	93	74	19			
50-54岁	58	53	5	2	1	1
55-59岁	23	22	1			
60-64岁	10	10				
65岁及以上	9	6	3	7	6	1

8-7 续表 26

单位：人

民族 年龄	随迁家属			投靠亲友			拆迁搬家		
	小计	男	女	小计	男	女	小计	男	女
傣族	**11508**	**4976**	**6532**	**3300**	**1342**	**1958**	**1922**	**894**	**1028**
0-5岁	3709	1879	1830	579	285	294	94	44	50
6-9岁	1791	937	854	298	140	158	58	28	30
10-14岁	1706	872	834	298	124	174	96	54	42
15-19岁	721	364	357	199	74	125	55	30	25
20-24岁	661	234	427	268	87	181	115	53	62
25-29岁	646	127	519	202	65	137	222	84	138
30-34岁	535	94	441	189	80	109	301	117	184
35-39岁	392	80	312	120	39	81	274	129	145
40-44岁	224	45	179	93	33	60	194	95	99
45-49岁	216	42	174	99	33	66	173	84	89
50-54岁	152	30	122	137	50	87	111	48	63
55-59岁	219	66	153	174	67	107	83	46	37
60-64岁	184	76	108	195	79	116	66	37	29
65岁及以上	352	130	222	449	186	263	80	45	35
黎族	**25545**	**11999**	**13546**	**4314**	**1961**	**2353**	**3787**	**2099**	**1688**
0-5岁	6235	3370	2865	724	368	356	136	74	62
6-9岁	3602	1977	1625	431	217	214	121	61	60
10-14岁	4097	2169	1928	504	260	244	180	110	70
15-19岁	2648	1395	1253	381	182	199	175	92	83
20-24岁	1710	773	937	319	120	199	166	86	80
25-29岁	1646	600	1046	314	128	186	308	161	147
30-34岁	1380	402	978	256	108	148	424	219	205
35-39岁	1061	286	775	210	99	111	485	267	218
40-44岁	802	237	565	174	85	89	510	287	223
45-49岁	590	177	413	154	79	75	373	227	146
50-54岁	425	129	296	112	42	70	274	151	123
55-59岁	329	107	222	149	52	97	207	114	93
60-64岁	297	118	179	162	58	104	175	100	75
65岁及以上	723	259	464	424	163	261	253	150	103
傈僳族	**4499**	**1946**	**2553**	**1513**	**645**	**868**	**3182**	**1699**	**1483**
0-5岁	1248	651	597	198	107	91	165	96	69
6-9岁	726	363	363	143	56	87	195	106	89
10-14岁	680	342	338	151	64	87	236	122	114
15-19岁	361	177	184	90	36	54	232	133	99
20-24岁	313	121	192	117	61	56	325	169	156
25-29岁	264	56	208	106	43	63	343	186	157
30-34岁	187	43	144	62	29	33	317	161	156
35-39岁	131	25	106	67	26	41	299	155	144
40-44岁	99	14	85	57	22	35	255	131	124
45-49岁	98	13	85	66	29	37	221	120	101
50-54岁	88	29	59	57	21	36	183	94	89
55-59岁	91	27	64	99	35	64	137	73	64
60-64岁	72	29	43	91	41	50	105	61	44
65岁及以上	141	56	85	209	75	134	169	92	77

8-7 续表 27

单位：人

民族 年龄	寄挂户口			婚姻嫁娶			其他		
	小计	男	女	小计	男	女	小计	男	女
傣族	**371**	**190**	**181**	**13735**	**2425**	**11310**	**8624**	**6133**	**2491**
0-5岁	39	22	17				470	232	238
6-9岁	34	17	17				185	89	96
10-14岁	27	12	15				278	130	148
15-19岁	21	12	9	757	36	721	657	363	294
20-24岁	30	13	17	3165	359	2806	1278	955	323
25-29岁	23	11	12	3239	493	2746	1319	988	331
30-34岁	30	12	18	2487	441	2046	1098	845	253
35-39岁	39	17	22	1727	371	1356	928	735	193
40-44岁	31	13	18	1000	258	742	776	612	164
45-49岁	18	8	10	608	181	427	641	521	120
50-54岁	25	15	10	335	107	228	341	270	71
55-59岁	16	10	6	204	81	123	244	155	89
60-64岁	13	8	5	104	45	59	161	104	57
65岁及以上	25	20	5	109	53	56	248	134	114
黎族	**874**	**478**	**396**	**20705**	**970**	**19735**	**9916**	**5884**	**4032**
0-5岁	114	62	52				764	390	374
6-9岁	73	41	32				355	192	163
10-14岁	65	35	30				503	290	213
15-19岁	78	41	37	829	10	819	922	490	432
20-24岁	81	47	34	4006	34	3972	1545	905	640
25-29岁	81	51	30	5063	75	4988	1458	946	512
30-34岁	71	37	34	4078	134	3944	1244	813	431
35-39岁	77	39	38	3115	169	2946	885	574	311
40-44岁	47	26	21	1939	195	1744	695	431	264
45-49岁	35	17	18	885	127	758	443	268	175
50-54岁	35	17	18	338	84	254	289	143	146
55-59岁	32	16	16	196	54	142	249	132	117
60-64岁	35	22	13	135	47	88	212	114	98
65岁及以上	50	27	23	121	41	80	352	196	156
傈僳族	**273**	**146**	**127**	**8188**	**927**	**7261**	**2509**	**1502**	**1007**
0-5岁	20	9	11				162	88	74
6-9岁	16	8	8				108	46	62
10-14岁	19	8	11				172	81	91
15-19岁	13	6	7	591	14	577	227	98	129
20-24岁	23	14	9	2074	140	1934	382	249	133
25-29岁	29	16	13	1963	197	1766	358	235	123
30-34岁	22	14	8	1494	211	1283	285	198	87
35-39岁	31	15	16	1033	140	893	216	133	83
40-44岁	28	13	15	517	96	421	152	97	55
45-49岁	23	17	6	256	52	204	104	64	40
50-54岁	12	4	8	111	22	89	86	49	37
55-59岁	14	10	4	92	30	62	71	44	27
60-64岁	8	3	5	34	11	23	77	55	22
65岁及以上	15	9	6	23	14	9	109	65	44

8-7 续表 28

单位: 人

民族 年龄	合计 合计	合计 男	合计 女	务工经商 小计	务工经商 男	务工经商 女
佤族	**39341**	**18805**	**20536**	**20312**	**11689**	**8623**
0-5岁	1290	651	639			
6-9岁	929	481	448			
10-14岁	1210	575	635			
15-19岁	6404	2937	3467	3123	1566	1557
20-24岁	8989	4438	4551	5854	3375	2479
25-29岁	6721	3313	3408	4230	2569	1661
30-34岁	4753	2235	2518	2781	1616	1165
35-39岁	3375	1558	1817	1889	1108	781
40-44岁	2327	1073	1254	1212	704	508
45-49岁	1291	581	710	617	367	250
50-54岁	707	324	383	303	193	110
55-59岁	482	237	245	139	83	56
60-64岁	390	197	193	91	59	32
65岁及以上	473	205	268	73	49	24
畲族	**131891**	**69602**	**62289**	**56946**	**33904**	**23042**
0-5岁	8941	4817	4124			
6-9岁	5704	3089	2615			
10-14岁	6009	3181	2828			
15-19岁	17498	8580	8918	3501	1878	1623
20-24岁	20083	9691	10392	9965	5292	4673
25-29岁	14940	7506	7434	9623	5556	4067
30-34岁	14058	7505	6553	9083	5560	3523
35-39岁	14026	7759	6267	9277	5661	3616
40-44岁	10664	5955	4709	6884	4250	2634
45-49岁	7189	4094	3095	4189	2639	1550
50-54岁	4305	2502	1803	2112	1433	679
55-59岁	3286	1861	1425	1275	881	394
60-64岁	1979	1181	798	597	430	167
65岁及以上	3209	1881	1328	440	324	116
高山族	**947**	**473**	**474**	**374**	**221**	**153**
0-5岁	43	18	25			
6-9岁	25	12	13			
10-14岁	25	14	11			
15-19岁	116	62	54	23	16	7
20-24岁	181	93	88	68	46	22
25-29岁	147	70	77	79	43	36
30-34岁	110	49	61	57	36	21
35-39岁	73	30	43	39	20	19
40-44岁	70	37	33	44	25	19
45-49岁	58	34	24	32	20	12
50-54岁	35	19	16	12	5	7
55-59岁	25	11	14	13	6	7
60-64岁	9	5	4	2	1	1
65岁及以上	30	19	11	5	3	2

8-7 续表 29

单位：人

民族 年龄	工作调动			学习培训		
	小计	男	女	小计	男	女
佤族	**1944**	**1174**	**770**	**3645**	**1686**	**1959**
0-5岁						
6-9岁				140	72	68
10-14岁				264	133	131
15-19岁	77	50	27	2286	992	1294
20-24岁	404	214	190	908	452	456
25-29岁	508	276	232	36	31	5
30-34岁	406	252	154	5	3	2
35-39岁	231	156	75	2	1	1
40-44岁	147	103	44	1	1	
45-49岁	90	59	31	1	1	
50-54岁	32	25	7	1		1
55-59岁	24	21	3			
60-64岁	9	9				
65岁及以上	16	9	7	1		1
畲族	**3276**	**2092**	**1184**	**18335**	**8785**	**9550**
0-5岁						
6-9岁				1053	570	483
10-14岁				1528	788	740
15-19岁	76	35	41	10083	4674	5409
20-24岁	601	274	327	5451	2623	2828
25-29岁	666	351	315	139	90	49
30-34岁	508	324	184	28	14	14
35-39岁	469	337	132	19	10	9
40-44岁	362	270	92	17	9	8
45-49岁	259	201	58	6	1	5
50-54岁	129	115	14			
55-59岁	93	82	11	1	1	
60-64岁	41	38	3	2	1	1
65岁及以上	72	65	7	8	4	4
高山族	**45**	**25**	**20**	**165**	**73**	**92**
0-5岁						
6-9岁				2		2
10-14岁				4	2	2
15-19岁	1	1		74	36	38
20-24岁	3	1	2	83	34	49
25-29岁	16	8	8	2	1	1
30-34岁	9	4	5			
35-39岁	6	4	2			
40-44岁	1	1				
45-49岁	6	3	3			
50-54岁	2	2				
55-59岁						
60-64岁						
65岁及以上	1	1				

8-7 续表 30

单位：人

民族 年龄	随迁家属			投靠亲友			拆迁搬家		
	小计	男	女	小计	男	女	小计	男	女
佤族	**4117**	**1728**	**2389**	**1036**	**421**	**615**	**585**	**305**	**280**
0-5岁	993	497	496	135	73	62	29	13	16
6-9岁	597	311	286	89	48	41	17	9	8
10-14岁	684	321	363	97	38	59	27	16	11
15-19岁	397	197	200	71	27	44	15	9	6
20-24岁	330	126	204	78	29	49	33	12	21
25-29岁	296	75	221	85	27	58	64	33	31
30-34岁	194	42	152	65	20	45	77	42	35
35-39岁	107	25	82	43	18	25	61	31	30
40-44岁	106	23	83	38	20	18	61	32	29
45-49岁	82	13	69	33	10	23	43	21	22
50-54岁	69	10	59	46	12	34	38	20	18
55-59岁	72	19	53	50	24	26	45	27	18
60-64岁	71	29	42	80	36	44	38	20	18
65岁及以上	119	40	79	126	39	87	37	20	17
畲族	**25840**	**11633**	**14207**	**4364**	**2167**	**2197**	**13254**	**7687**	**5567**
0-5岁	6871	3693	3178	1015	551	464	533	295	238
6-9岁	3574	1930	1644	427	238	189	450	247	203
10-14岁	3370	1796	1574	389	196	193	566	310	256
15-19岁	2463	1297	1166	258	128	130	685	384	301
20-24岁	1597	704	893	206	87	119	799	416	383
25-29岁	1468	545	923	235	91	144	1062	543	519
30-34岁	1354	323	1031	216	84	132	1517	874	643
35-39岁	1219	257	962	179	85	94	1705	988	717
40-44岁	852	138	714	125	56	69	1587	926	661
45-49岁	642	110	532	119	56	63	1374	828	546
50-54岁	552	109	443	160	49	111	993	632	361
55-59岁	523	121	402	254	116	138	803	494	309
60-64岁	428	170	258	230	123	107	441	292	149
65岁及以上	927	440	487	551	307	244	739	458	281
高山族	**111**	**50**	**61**	**27**	**18**	**9**	**88**	**49**	**39**
0-5岁	31	15	16	5	2	3	1		1
6-9岁	11	5	6	2	2		4	3	1
10-14岁	15	9	6	2	2		4	1	3
15-19岁	7	2	5	2	1	1	6	3	3
20-24岁	7	5	2	2	2		4	3	1
25-29岁	13	6	7	1	1		9	4	5
30-34岁	9	3	6	2	1	1	10	3	7
35-39岁	5	1	4	1	1		8	2	6
40-44岁	2	1	1	1	1		10	8	2
45-49岁	2	2		2	1	1	8	5	3
50-54岁	2		2	1	1		8	6	2
55-59岁	2	1	1	1		1	5	3	2
60-64岁	1		1	2	1	1	1	1	
65岁及以上	4		4	3	2	1	10	7	3

8-7 续表 31

单位：人

民族 年龄	寄挂户口			婚姻嫁娶			其他		
	小计	男	女	小计	男	女	小计	男	女
佤族	**60**	**28**	**32**	**5253**	**359**	**4894**	**2389**	**1415**	**974**
0–5岁	3	1	2				130	67	63
6–9岁	3	1	2				83	40	43
10–14岁	6	1	5				132	66	66
15–19岁	8	6	2	225	2	223	202	88	114
20–24岁	6	1	5	1011	28	983	365	201	164
25–29岁	5	3	2	1119	43	1076	378	256	122
30–34岁	9	4	5	934	64	870	282	192	90
35–39岁	6	2	4	810	77	733	226	140	86
40–44岁	6	3	3	562	61	501	194	126	68
45–49岁	3	2	1	292	30	262	130	78	52
50–54岁	1		1	131	13	118	86	51	35
55–59岁	2	2		80	20	60	70	41	29
60–64岁	1	1		48	7	41	52	36	16
65岁及以上	1	1		41	14	27	59	33	26
畲族	**562**	**353**	**209**	**5270**	**713**	**4557**	**4044**	**2268**	**1776**
0–5岁	62	33	29				460	245	215
6–9岁	39	24	15				161	80	81
10–14岁	27	16	11				129	75	54
15–19岁	43	24	19	103	2	101	286	158	128
20–24岁	44	29	15	1041	22	1019	379	244	135
25–29岁	40	22	18	1336	97	1239	371	211	160
30–34岁	51	32	19	918	111	807	383	183	200
35–39岁	60	38	22	673	143	530	425	240	185
40–44岁	41	24	17	451	94	357	345	188	157
45–49岁	30	21	9	315	92	223	255	146	109
50–54岁	25	18	7	150	49	101	184	97	87
55–59岁	29	19	10	119	46	73	189	101	88
60–64岁	31	21	10	77	29	48	132	77	55
65岁及以上	40	32	8	87	28	59	345	223	122
高山族	**8**	**5**	**3**	**63**	**6**	**57**	**66**	**26**	**40**
0–5岁							6	1	5
6–9岁	1	1					5	1	4
10–14岁									
15–19岁							3	3	
20–24岁				11		11	3	2	1
25–29岁	1	1		17	2	15	9	4	5
30–34岁				17	1	16	6	1	5
35–39岁	1		1	7	1	6	6	1	5
40–44岁	1		1	5	1	4	6		6
45–49岁	3	2	1	2		2	3	1	2
50–54岁	1	1		2		2	7	4	3
55–59岁							4	1	3
60–64岁				2	1	1	1	1	
65岁及以上							7	6	1

8-7 续表 32

单位：人

民 族 年 龄	合计			务工经商		
	合计	男	女	小计	男	女
拉祜族	**39374**	**17646**	**21728**	**16633**	**8977**	**7656**
0-5岁	2016	997	1019			
6-9岁	1289	658	631			
10-14岁	1584	782	802			
15-19岁	5038	2280	2758	1636	865	771
20-24岁	7852	3333	4519	3924	2066	1858
25-29岁	6257	2658	3599	3268	1791	1477
30-34岁	4758	2019	2739	2528	1341	1187
35-39岁	3455	1607	1848	1906	1047	859
40-44岁	2597	1209	1388	1433	771	662
45-49岁	1664	805	859	948	529	419
50-54岁	913	421	492	458	256	202
55-59岁	688	318	370	262	154	108
60-64岁	487	228	259	148	86	62
65岁及以上	776	331	445	122	71	51
水族	**57376**	**29901**	**27475**	**32015**	**18277**	**13738**
0-5岁	3910	2116	1794			
6-9岁	2150	1236	914			
10-14岁	2423	1315	1108			
15-19岁	8152	4180	3972	3087	1521	1566
20-24岁	10740	5233	5507	7198	3910	3288
25-29岁	9145	4639	4506	7034	4049	2985
30-34岁	7336	3908	3428	5595	3328	2267
35-39岁	5699	3076	2623	4331	2573	1758
40-44岁	3778	2039	1739	2739	1605	1134
45-49岁	1869	1087	782	1287	820	467
50-54岁	672	362	310	352	228	124
55-59岁	488	231	257	210	130	80
60-64岁	392	198	194	101	67	34
65岁及以上	622	281	341	81	46	35
东乡族	**55578**	**30736**	**24842**	**19693**	**13773**	**5920**
0-5岁	3072	1705	1367			
6-9岁	2738	1498	1240			
10-14岁	4054	2187	1867			
15-19岁	7139	3985	3154	1772	1350	422
20-24岁	8129	4088	4041	3021	2179	842
25-29岁	6420	3402	3018	2881	1953	928
30-34岁	5786	3121	2665	2942	1907	1035
35-39岁	5476	3144	2332	3021	2049	972
40-44岁	4639	2785	1854	2632	1825	807
45-49岁	2923	1815	1108	1553	1126	427
50-54岁	1327	804	523	625	461	164
55-59岁	1126	668	458	490	360	130
60-64岁	956	542	414	350	270	80
65岁及以上	1793	992	801	406	293	113

8-7 续表 33

单位：人

民族 年龄	工作调动			学习培训		
	小计	男	女	小计	男	女
拉祜族	**1347**	**749**	**598**	**3555**	**1608**	**1947**
0-5岁						
6-9岁				140	75	65
10-14岁				273	116	157
15-19岁	24	14	10	2035	912	1123
20-24岁	287	127	160	1057	479	578
25-29岁	417	213	204	41	23	18
30-34岁	247	151	96	2	1	1
35-39岁	149	95	54	2	1	1
40-44岁	120	83	37	3	1	2
45-49岁	52	31	21	1		1
50-54岁	18	8	10			
55-59岁	17	13	4			
60-64岁	8	8				
65岁及以上	8	6	2	1		1
水族	**1362**	**921**	**441**	**6340**	**3527**	**2813**
0-5岁						
6-9岁				316	182	134
10-14岁				510	280	230
15-19岁	30	13	17	3872	2117	1755
20-24岁	168	76	92	1528	878	650
25-29岁	350	221	129	74	48	26
30-34岁	255	185	70	18	9	9
35-39岁	205	162	43	10	5	5
40-44岁	180	131	49	8	6	2
45-49岁	88	69	19	2	1	1
50-54岁	39	26	13			
55-59岁	15	12	3			
60-64岁	13	9	4	1	1	
65岁及以上	19	17	2	1		1
东乡族	**2364**	**1779**	**585**	**4296**	**2573**	**1723**
0-5岁						
6-9岁				256	150	106
10-14岁				585	338	247
15-19岁	46	33	13	2092	1185	907
20-24岁	276	158	118	1113	686	427
25-29岁	693	477	216	117	98	19
30-34岁	495	393	102	37	33	4
35-39岁	315	255	60	36	29	7
40-44岁	229	191	38	26	22	4
45-49岁	141	122	19	22	20	2
50-54岁	66	62	4	6	6	
55-59岁	42	39	3	2	2	
60-64岁	17	16	1	1	1	
65岁及以上	44	33	11	3	3	

8-7 续表 34

单位：人

民族 年龄	随迁家属			投靠亲友			拆迁搬家		
	小计	男	女	小计	男	女	小计	男	女
拉祜族	**5851**	**2577**	**3274**	**1631**	**693**	**938**	**1072**	**572**	**500**
0-5岁	1522	749	773	201	92	109	66	37	29
6-9岁	891	458	433	131	69	62	36	18	18
10-14岁	986	518	468	158	69	89	47	24	23
15-19岁	547	279	268	137	61	76	51	31	20
20-24岁	440	194	246	149	73	76	75	33	42
25-29岁	350	101	249	108	49	59	124	58	66
30-34岁	243	51	192	78	28	50	121	66	55
35-39岁	153	30	123	74	40	34	134	78	56
40-44岁	109	12	97	58	32	26	114	65	49
45-49岁	105	21	84	53	26	27	90	44	46
50-54岁	73	17	56	66	25	41	56	26	30
55-59岁	109	28	81	102	33	69	51	35	16
60-64岁	96	34	62	99	33	66	38	22	16
65岁及以上	227	85	142	217	63	154	69	35	34
水族	**8078**	**3908**	**4170**	**1823**	**880**	**943**	**1375**	**724**	**651**
0-5岁	2843	1570	1273	685	363	322	50	24	26
6-9岁	1378	795	583	278	159	119	46	29	17
10-14岁	1451	791	660	227	115	112	82	48	34
15-19岁	610	324	286	107	58	49	65	32	33
20-24岁	348	111	237	69	18	51	58	23	35
25-29岁	341	60	281	72	16	56	106	44	62
30-34岁	282	55	227	52	25	27	188	96	92
35-39岁	196	35	161	39	17	22	194	104	90
40-44岁	163	35	128	37	12	25	195	102	93
45-49岁	93	22	71	20	6	14	145	87	58
50-54岁	52	13	39	25	9	16	78	45	33
55-59岁	58	13	45	28	11	17	51	24	27
60-64岁	97	32	65	48	23	25	47	26	21
65岁及以上	166	52	114	136	48	88	70	40	30
东乡族	**12906**	**5546**	**7360**	**1744**	**869**	**875**	**3474**	**1863**	**1611**
0-5岁	2294	1252	1042	185	94	91	172	102	70
6-9岁	1832	999	833	168	89	79	187	94	93
10-14岁	2400	1248	1152	243	135	108	280	146	134
15-19岁	1657	837	820	206	107	99	286	138	148
20-24岁	987	410	577	146	70	76	272	153	119
25-29岁	675	207	468	91	47	44	321	164	157
30-34岁	636	119	517	78	27	51	356	198	158
35-39岁	568	86	482	80	34	46	390	193	197
40-44岁	511	79	432	68	26	42	384	205	179
45-49岁	335	36	299	59	30	29	242	141	101
50-54岁	187	29	158	46	23	23	149	84	65
55-59岁	183	36	147	53	24	29	124	64	60
60-64岁	192	44	148	82	42	40	99	53	46
65岁及以上	449	164	285	239	121	118	212	128	84

8-7 续表 35

单位：人

民族 年龄	寄挂户口			婚姻嫁娶			其他		
	小计	男	女	小计	男	女	小计	男	女
拉祜族	**64**	**29**	**35**	**6767**	**985**	**5782**	**2454**	**1456**	**998**
0-5岁	10	6	4				217	113	104
6-9岁	4	2	2				87	36	51
10-14岁	10	4	6				110	51	59
15-19岁				405	12	393	203	106	97
20-24岁	11	7	4	1541	125	1416	368	229	139
25-29岁	4	2	2	1604	189	1415	341	232	109
30-34岁	4	1	3	1252	197	1055	283	183	100
35-39岁	8	4	4	784	161	623	245	151	94
40-44岁	7	2	5	572	132	440	181	111	70
45-49岁	1		1	292	73	219	122	81	41
50-54岁	3	1	2	151	43	108	88	45	43
55-59岁	2		2	87	23	64	58	32	26
60-64岁				44	16	28	54	29	25
65岁及以上				35	14	21	97	57	40
水族	**122**	**78**	**44**	**3993**	**222**	**3771**	**2268**	**1364**	**904**
0-5岁	8	2	6				324	157	167
6-9岁	4	2	2				128	69	59
10-14岁	8	4	4				145	77	68
15-19岁	14	9	5	207	2	205	160	104	56
20-24岁	23	20	3	1077	4	1073	271	193	78
25-29岁	14	12	2	901	23	878	253	166	87
30-34岁	9	5	4	695	31	664	242	174	68
35-39岁	10	2	8	488	51	437	226	127	99
40-44岁	11	7	4	291	47	244	154	94	60
45-49岁	5	5		132	24	108	97	53	44
50-54岁	6	3	3	63	10	53	57	28	29
55-59岁	2	1	1	66	8	58	58	32	26
60-64岁	2	1	1	37	9	28	46	30	16
65岁及以上	6	5	1	36	13	23	107	60	47
东乡族	**459**	**252**	**207**	**4987**	**360**	**4627**	**5655**	**3721**	**1934**
0-5岁	32	19	13				389	238	151
6-9岁	29	13	16				266	153	113
10-14岁	43	27	16				503	293	210
15-19岁	44	21	23	551	15	536	485	299	186
20-24岁	40	14	26	1760	63	1697	514	355	159
25-29岁	37	25	12	1102	65	1037	503	366	137
30-34岁	31	15	16	660	51	609	551	378	173
35-39岁	54	28	26	430	53	377	582	417	165
40-44岁	32	16	16	196	47	149	561	374	187
45-49岁	28	14	14	111	23	88	432	303	129
50-54岁	24	20	4	51	6	45	173	113	60
55-59岁	21	15	6	36	11	25	175	117	58
60-64岁	13	7	6	47	13	34	155	96	59
65岁及以上	31	18	13	43	13	30	366	219	147

8-7 续表 36

单位：人

民 族 年 龄	合 计			务工经商		
	合计	男	女	小计	男	女
纳西族	**42110**	**20430**	**21680**	**12710**	**6512**	**6198**
0-5岁	1719	873	846			
6-9岁	1160	574	586			
10-14岁	1529	755	774			
15-19岁	6066	2661	3405	1246	531	715
20-24岁	7829	3470	4359	3119	1399	1720
25-29岁	4658	2169	2489	2335	1189	1146
30-34岁	4486	2146	2340	1961	1072	889
35-39岁	4052	2092	1960	1689	915	774
40-44岁	2903	1536	1367	1125	635	490
45-49岁	2053	1164	889	668	409	259
50-54岁	1031	552	479	221	136	85
55-59岁	1225	628	597	161	106	55
60-64岁	1102	554	548	89	53	36
65岁及以上	2297	1256	1041	96	67	29
景颇族	**16615**	**7343**	**9272**	**5511**	**2527**	**2984**
0-5岁	796	418	378			
6-9岁	494	258	236			
10-14岁	561	276	285			
15-19岁	2152	919	1233	711	318	393
20-24岁	3542	1455	2087	1560	764	796
25-29岁	2852	1227	1625	1167	534	633
30-34岁	2229	976	1253	872	389	483
35-39岁	1575	683	892	570	253	317
40-44岁	997	465	532	306	119	187
45-49岁	542	267	275	165	72	93
50-54岁	345	165	180	78	37	41
55-59岁	196	95	101	43	24	19
60-64岁	134	65	69	21	7	14
65岁及以上	200	74	126	18	10	8
柯尔克孜族	**12167**	**5701**	**6466**	**2393**	**1386**	**1007**
0-5岁	566	288	278			
6-9岁	610	301	309			
10-14岁	818	423	395			
15-19岁	3004	1265	1739	238	130	108
20-24岁	2439	1093	1346	623	331	292
25-29岁	1183	553	630	464	269	195
30-34岁	978	442	536	327	180	147
35-39岁	825	437	388	269	181	88
40-44岁	539	294	245	167	117	50
45-49岁	326	172	154	115	63	52
50-54岁	211	89	122	64	37	27
55-59岁	206	96	110	38	24	14
60-64岁	187	93	94	49	27	22
65岁及以上	275	155	120	39	27	12

8-7 续表 37

单位：人

民族 年龄	工作调动			学习培训		
	小计	男	女	小计	男	女
纳西族	**3719**	**2145**	**1574**	**7425**	**3258**	**4167**
0-5岁						
6-9岁				116	63	53
10-14岁				247	107	140
15-19岁	43	23	20	3874	1646	2228
20-24岁	565	252	313	3056	1385	1671
25-29岁	966	484	482	77	28	49
30-34岁	749	417	332	11	3	8
35-39岁	533	352	181	16	10	6
40-44岁	352	218	134	11	5	6
45-49岁	262	200	62	8	5	3
50-54岁	99	74	25	1	1	
55-59岁	52	44	8	2	1	1
60-64岁	38	30	8	1		1
65岁及以上	60	51	9	5	4	1
景颇族	**714**	**439**	**275**	**1444**	**720**	**724**
0-5岁						
6-9岁				64	37	27
10-14岁				104	60	44
15-19岁	26	11	15	871	419	452
20-24岁	136	73	63	374	182	192
25-29岁	201	120	81	13	10	3
30-34岁	112	76	36	5	4	1
35-39岁	92	51	41	5	4	1
40-44岁	80	58	22	4	3	1
45-49岁	29	20	9	1	1	
50-54岁	22	17	5			
55-59岁	9	6	3	1		1
60-64岁	4	4				
65岁及以上	3	3		2		2
柯尔克孜族	**658**	**374**	**284**	**4548**	**1939**	**2609**
0-5岁						
6-9岁				157	79	78
10-14岁				358	189	169
15-19岁	7	2	5	2451	987	1464
20-24岁	52	25	27	1350	571	779
25-29岁	187	90	97	96	49	47
30-34岁	168	92	76	51	25	26
35-39岁	115	75	40	25	14	11
40-44岁	48	31	17	12	4	8
45-49岁	27	19	8	8	3	5
50-54岁	14	11	3	11	4	7
55-59岁	16	12	4	12	5	7
60-64岁	6	4	2	8	3	5
65岁及以上	18	13	5	9	6	3

8-7 续表 38

单位：人

民族 年龄	随迁家属			投靠亲友			拆迁搬家		
	小计	男	女	小计	男	女	小计	男	女
纳西族	**5959**	**2656**	**3303**	**2023**	**1013**	**1010**	**5106**	**2638**	**2468**
0-5岁	1215	610	605	175	84	91	120	69	51
6-9岁	725	352	373	105	51	54	121	68	53
10-14岁	797	402	395	117	53	64	183	99	84
15-19岁	475	239	236	60	31	29	167	91	76
20-24岁	305	132	173	87	43	44	219	101	118
25-29岁	251	88	163	72	30	42	317	148	169
30-34岁	299	110	189	97	36	61	559	263	296
35-39岁	285	106	179	99	44	55	748	384	364
40-44岁	226	86	140	87	46	41	640	347	293
45-49岁	156	53	103	71	37	34	572	309	263
50-54岁	147	44	103	70	31	39	305	164	141
55-59岁	217	68	149	157	75	82	399	213	186
60-64岁	269	93	176	234	124	110	253	124	129
65岁及以上	592	273	319	592	328	264	503	258	245
景颇族	**1889**	**832**	**1057**	**554**	**232**	**322**	**824**	**408**	**416**
0-5岁	579	303	276	72	39	33	50	22	28
6-9岁	293	148	145	67	36	31	35	20	15
10-14岁	302	146	156	73	32	41	32	11	21
15-19岁	118	56	62	58	27	31	31	12	19
20-24岁	122	56	66	41	14	27	85	46	39
25-29岁	120	41	79	45	21	24	79	40	39
30-34岁	92	25	67	30	12	18	69	42	27
35-39岁	66	11	55	26	6	20	68	27	41
40-44岁	46	11	35	25	10	15	97	48	49
45-49岁	33	6	27	20	6	14	82	42	40
50-54岁	22	3	19	10	2	8	74	39	35
55-59岁	18	5	13	15	4	11	53	24	29
60-64岁	23	6	17	23	7	16	24	16	8
65岁及以上	55	15	40	49	16	33	45	19	26
柯尔克孜族	**2482**	**1093**	**1389**	**319**	**141**	**178**	**578**	**310**	**268**
0-5岁	375	194	181	60	29	31	27	14	13
6-9岁	336	164	172	18	8	10	58	26	32
10-14岁	334	168	166	24	12	12	53	33	20
15-19岁	215	109	106	15	6	9	34	16	18
20-24岁	179	75	104	28	11	17	24	17	7
25-29岁	170	58	112	26	13	13	25	13	12
30-34岁	189	61	128	23	9	14	65	30	35
35-39岁	175	54	121	20	8	12	91	54	37
40-44岁	141	52	89	17	10	7	67	30	37
45-49岁	77	35	42	8	4	4	38	23	15
50-54岁	59	19	40	12	3	9	24	9	15
55-59岁	56	18	38	22	6	16	25	18	7
60-64岁	73	32	41	13	7	6	12	7	5
65岁及以上	103	54	49	33	15	18	35	20	15

8-7 续表 39 单位：人

民族 年龄	寄挂户口			婚姻嫁娶			其他		
	小计	男	女	小计	男	女	小计	男	女
纳西族	**471**	**266**	**205**	**1842**	**376**	**1466**	**2855**	**1566**	**1289**
0-5岁	29	15	14				180	95	85
6-9岁	14	2	12				79	38	41
10-14岁	21	10	11				164	84	80
15-19岁	15	8	7	42	2	40	144	90	54
20-24岁	22	12	10	220	24	196	236	122	114
25-29岁	27	14	13	398	71	327	215	117	98
30-34岁	52	23	29	467	67	400	291	155	136
35-39岁	55	29	26	323	77	246	304	175	129
40-44岁	55	26	29	175	41	134	232	132	100
45-49岁	32	21	11	88	32	56	196	98	98
50-54岁	21	11	10	38	13	25	129	78	51
55-59岁	34	21	13	36	14	22	167	86	81
60-64岁	32	23	9	24	14	10	162	93	69
65岁及以上	62	51	11	31	21	10	356	203	153
景颇族	**55**	**27**	**28**	**3099**	**211**	**2888**	**2525**	**1947**	**578**
0-5岁	13	8	5				82	46	36
6-9岁	2	2					33	15	18
10-14岁	7	2	5				43	25	18
15-19岁	1		1	226	2	224	110	74	36
20-24岁	1		1	854	27	827	369	293	76
25-29岁	5	2	3	726	39	687	496	420	76
30-34岁	7	2	5	578	41	537	464	385	79
35-39岁	3	2	1	379	35	344	366	294	72
40-44岁	3	1	2	186	30	156	250	185	65
45-49岁	4	2	2	66	14	52	142	104	38
50-54岁	2		2	42	8	34	95	59	36
55-59岁	1	1		17	10	7	39	21	18
60-64岁	4	4		16	4	12	19	17	2
65岁及以上	2	1	1	9	1	8	17	9	8
柯尔克孜族	**27**	**14**	**13**	**469**	**55**	**414**	**693**	**389**	**304**
0-5岁	4	4					100	47	53
6-9岁	3	2	1				38	22	16
10-14岁	5	1	4				44	20	24
15-19岁	2	1	1	13	1	12	29	13	16
20-24岁	3	1	2	94	2	92	86	60	26
25-29岁	2	2		135	10	125	78	49	29
30-34岁	2		2	86	9	77	67	36	31
35-39岁	1	1		64	12	52	65	38	27
40-44岁	2	1	1	26	7	19	59	42	17
45-49岁				19	7	12	34	18	16
50-54岁				10	1	9	17	5	12
55-59岁				11	2	9	26	11	15
60-64岁				7	2	5	19	11	8
65岁及以上	3	1	2	4	2	2	31	17	14

8-7 续表 40　　单位：人

民族 年龄	合计			务工经商		
	合计	男	女	小计	男	女
土族	**55671**	**29568**	**26103**	**27437**	**16161**	**11276**
0-5岁	2363	1227	1136			
6-9岁	1649	899	750			
10-14岁	2249	1193	1056			
15-19岁	9161	4402	4759	2499	1302	1197
20-24岁	9650	4871	4779	5330	2961	2369
25-29岁	6678	3522	3156	4530	2608	1922
30-34岁	5830	3216	2614	3917	2323	1594
35-39岁	6088	3450	2638	4377	2645	1732
40-44岁	4813	2758	2055	3495	2134	1361
45-49岁	2935	1679	1256	1965	1230	735
50-54岁	1308	750	558	611	429	182
55-59岁	1102	632	470	409	309	100
60-64岁	733	387	346	169	124	45
65岁及以上	1112	582	530	135	96	39
达斡尔族	**23407**	**10374**	**13033**	**5189**	**2794**	**2395**
0-5岁	1216	597	619			
6-9岁	826	427	399			
10-14岁	1326	654	672			
15-19岁	2910	1286	1624	209	103	106
20-24岁	3969	1662	2307	831	414	417
25-29岁	2758	1152	1606	1054	560	494
30-34岁	2100	900	1200	745	410	335
35-39岁	2053	944	1109	757	434	323
40-44岁	1725	750	975	559	289	270
45-49岁	1457	681	776	448	256	192
50-54岁	1094	459	635	304	171	133
55-59岁	813	360	453	173	100	73
60-64岁	444	199	245	62	35	27
65岁及以上	716	303	413	47	22	25
仫佬族	**37247**	**18334**	**18913**	**20021**	**10803**	**9218**
0-5岁	1984	1037	947			
6-9岁	1175	640	535			
10-14岁	1162	633	529			
15-19岁	3578	1719	1859	1170	621	549
20-24岁	6649	3006	3643	3951	1887	2064
25-29岁	6106	2885	3221	4311	2294	2017
30-34岁	4737	2303	2434	3276	1788	1488
35-39岁	4046	2091	1955	2874	1626	1248
40-44岁	3223	1683	1540	2381	1323	1058
45-49岁	1881	1034	847	1292	757	535
50-54岁	825	427	398	391	258	133
55-59岁	629	305	324	209	141	68
60-64岁	458	224	234	82	56	26
65岁及以上	794	347	447	84	52	32

8-7 续表 41

单位：人

民族 年龄	工作调动			学习培训		
	小计	男	女	小计	男	女
土族	**2456**	**1580**	**876**	**8798**	**4150**	**4648**
0-5岁						
6-9岁				256	152	104
10-14岁				561	288	273
15-19岁	56	34	22	5379	2463	2916
20-24岁	438	247	191	2420	1143	1277
25-29岁	624	347	277	95	58	37
30-34岁	469	317	152	39	21	18
35-39岁	312	214	98	15	7	8
40-44岁	229	162	67	8	4	4
45-49岁	162	123	39	3	2	1
50-54岁	87	69	18	3	2	1
55-59岁	34	30	4	6	3	3
60-64岁	20	17	3	1		1
65岁及以上	25	20	5	12	7	5
达斡尔族	**1166**	**627**	**539**	**4601**	**2000**	**2601**
0-5岁						
6-9岁				182	114	68
10-14岁				431	214	217
15-19岁	21	9	12	1928	828	1100
20-24岁	164	75	89	1823	757	1066
25-29岁	270	128	142	131	49	82
30-34岁	168	84	84	30	13	17
35-39岁	159	98	61	25	9	16
40-44岁	146	89	57	22	6	16
45-49岁	113	69	44	10	3	7
50-54岁	62	28	34	8	2	6
55-59岁	37	24	13	5	1	4
60-64岁	14	12	2			
65岁及以上	12	11	1	6	4	2
仫佬族	**1592**	**923**	**669**	**3678**	**1696**	**1982**
0-5岁						
6-9岁				124	78	46
10-14岁				222	118	104
15-19岁	18	12	6	1854	808	1046
20-24岁	298	126	172	1401	645	756
25-29岁	425	217	208	51	31	20
30-34岁	285	168	117	8	6	2
35-39岁	208	141	67	4	2	2
40-44岁	151	104	47	7	4	3
45-49岁	102	76	26			
50-54岁	49	32	17			
55-59岁	27	22	5	1	1	
60-64岁	12	10	2	3	1	2
65岁及以上	17	15	2	3	2	1

8-7 续表 42 单位：人

民族 年龄	随迁家属			投靠亲友			拆迁搬家		
	小计	男	女	小计	男	女	小计	男	女
土族	**7189**	**3120**	**4069**	**1635**	**745**	**890**	**2598**	**1405**	**1193**
0-5岁	1641	851	790	289	159	130	122	56	66
6-9岁	999	549	450	128	63	65	106	53	53
10-14岁	1195	655	540	179	90	89	134	70	64
15-19岁	616	326	290	107	50	57	138	73	65
20-24岁	411	159	252	89	37	52	97	44	53
25-29岁	344	108	236	70	32	38	192	81	111
30-34岁	321	79	242	61	27	34	317	184	133
35-39岁	335	61	274	63	21	42	351	202	149
40-44岁	270	42	228	48	24	24	311	176	135
45-49岁	217	36	181	47	16	31	224	121	103
50-54岁	178	32	146	81	30	51	176	93	83
55-59岁	207	57	150	108	43	65	144	87	57
60-64岁	170	51	119	128	53	75	104	58	46
65岁及以上	285	114	171	237	100	137	182	107	75
达斡尔族	**3894**	**1587**	**2307**	**1623**	**721**	**902**	**2291**	**1139**	**1152**
0-5岁	817	392	425	133	75	58	97	51	46
6-9岁	440	218	222	68	30	38	72	36	36
10-14岁	608	297	311	84	47	37	105	48	57
15-19岁	350	179	171	92	40	52	118	60	58
20-24岁	343	149	194	77	41	36	139	79	60
25-29岁	246	93	153	91	49	42	201	105	96
30-34岁	186	53	133	101	45	56	223	108	115
35-39岁	169	32	137	110	44	66	253	126	127
40-44岁	173	38	135	108	56	52	252	114	138
45-49岁	153	24	129	101	43	58	241	126	115
50-54岁	103	19	84	125	44	81	241	111	130
55-59岁	110	28	82	163	65	98	155	76	79
60-64岁	75	26	49	128	54	74	63	29	34
65岁及以上	121	39	82	242	88	154	131	70	61
仫佬族	**4959**	**2260**	**2699**	**1324**	**564**	**760**	**1396**	**714**	**682**
0-5岁	1455	764	691	275	131	144	63	39	24
6-9岁	781	415	366	141	75	66	28	15	13
10-14岁	679	376	303	104	59	45	54	25	29
15-19岁	330	185	145	50	21	29	35	19	16
20-24岁	276	127	149	65	27	38	88	49	39
25-29岁	251	75	176	79	29	50	160	77	83
30-34岁	208	55	153	44	14	30	200	106	94
35-39岁	191	39	152	41	20	21	166	91	75
40-44岁	109	27	82	21	8	13	163	77	86
45-49岁	92	15	77	33	13	20	137	66	71
50-54岁	90	21	69	44	12	32	108	45	63
55-59岁	119	31	88	82	25	57	66	36	30
60-64岁	109	33	76	115	49	66	54	29	25
65岁及以上	269	97	172	230	81	149	74	40	34

8-7 续表 43

单位：人

民族 年龄	寄挂户口			婚姻嫁娶			其他		
	小计	男	女	小计	男	女	小计	男	女
土族	**161**	**92**	**69**	**2098**	**277**	**1821**	**3299**	**2038**	**1261**
0-5岁	14	7	7				297	154	143
6-9岁	9	4	5				151	78	73
10-14岁	9	4	5				171	86	85
15-19岁	14	8	6	122	2	120	230	144	86
20-24岁	20	8	12	494	28	466	351	244	107
25-29岁	13	7	6	464	44	420	346	237	109
30-34岁	14	9	5	367	46	321	325	210	115
35-39岁	11	6	5	277	57	220	347	237	110
40-44岁	9	8	1	175	43	132	268	165	103
45-49岁	18	10	8	92	20	72	207	121	86
50-54岁	5	4	1	42	14	28	125	77	48
55-59岁	13	8	5	30	8	22	151	87	64
60-64岁	3	3		16	7	9	122	74	48
65岁及以上	9	6	3	19	8	11	208	124	84
达斡尔族	**210**	**94**	**116**	**2445**	**377**	**2068**	**1988**	**1035**	**953**
0-5岁	29	15	14				140	64	76
6-9岁	13	8	5				51	21	30
10-14岁	16	6	10				82	42	40
15-19岁	14	3	11	62		62	116	64	52
20-24岁	17	13	4	388	19	369	187	115	72
25-29岁	14	8	6	560	50	510	191	110	81
30-34岁	23	11	12	446	69	377	178	107	71
35-39岁	18	2	16	356	80	276	206	119	87
40-44岁	17	7	10	250	54	196	198	97	101
45-49岁	24	10	14	190	58	132	177	92	85
50-54岁	14	6	8	89	21	68	148	57	91
55-59岁	5	2	3	55	14	41	110	50	60
60-64岁				28	7	21	74	36	38
65岁及以上	6	3	3	21	5	16	130	61	69
仡佬族	**168**	**89**	**79**	**2452**	**339**	**2113**	**1657**	**946**	**711**
0-5岁	12	9	3				179	94	85
6-9岁	11	7	4				90	50	40
10-14岁	11	7	4				92	48	44
15-19岁	8	5	3	40	1	39	73	47	26
20-24岁	18	7	11	346	8	338	206	130	76
25-29岁	18	9	9	593	40	553	218	113	105
30-34岁	26	17	9	514	54	460	176	95	81
35-39岁	17	6	11	387	68	319	158	98	60
40-44岁	12	4	8	255	62	193	124	74	50
45-49岁	8	3	5	132	49	83	85	55	30
50-54岁	6	4	2	74	17	57	63	38	25
55-59岁	7	2	5	50	13	37	68	34	34
60-64岁	8	5	3	34	18	16	41	23	18
65岁及以上	6	4	2	27	9	18	84	47	37

8-7 续表 44

单位：人

民族 年龄	合计			务工经商		
	合计	男	女	小计	男	女
羌族	**44948**	**22220**	**22728**	**13680**	**7699**	**5981**
0-5岁	1777	899	878			
6-9岁	1280	632	648			
10-14岁	1739	854	885			
15-19岁	10083	4652	5431	1123	550	573
20-24岁	7727	3561	4166	2776	1380	1396
25-29岁	4611	2176	2435	2222	1208	1014
30-34岁	4027	2124	1903	1933	1162	771
35-39岁	4274	2326	1948	2313	1358	955
40-44岁	2844	1567	1277	1539	915	624
45-49岁	1760	998	762	858	537	321
50-54岁	1113	588	525	342	218	124
55-59岁	1315	658	657	306	197	109
60-64岁	935	479	456	136	86	50
65岁及以上	1463	706	757	132	88	44
布朗族	**8612**	**3991**	**4621**	**3385**	**1799**	**1586**
0-5岁	454	221	233			
6-9岁	307	143	164			
10-14岁	382	178	204			
15-19岁	1650	714	936	491	222	269
20-24岁	1798	815	983	895	467	428
25-29岁	1205	564	641	682	378	304
30-34岁	887	407	480	463	253	210
35-39岁	650	316	334	354	202	152
40-44岁	477	233	244	217	121	96
45-49岁	285	144	141	134	72	62
50-54岁	152	84	68	70	42	28
55-59岁	119	55	64	34	17	17
60-64岁	104	52	52	26	14	12
65岁及以上	142	65	77	19	11	8
撒拉族	**21309**	**11712**	**9597**	**8868**	**5831**	**3037**
0-5岁	1596	872	724			
6-9岁	1211	661	550			
10-14岁	1608	848	760			
15-19岁	2584	1400	1184	719	445	274
20-24岁	2887	1621	1266	1446	954	492
25-29岁	2408	1253	1155	1422	894	528
30-34岁	2427	1294	1133	1589	1003	586
35-39岁	2185	1205	980	1437	943	494
40-44岁	1722	946	776	1065	698	367
45-49岁	1042	613	429	608	425	183
50-54岁	542	343	199	268	213	55
55-59岁	395	249	146	155	130	25
60-64岁	279	167	112	87	70	17
65岁及以上	423	240	183	72	56	16

8-7 续表 45

单位：人

民族 年龄	工作调动			学习培训		
	小计	男	女	小计	男	女
羌族	**3026**	**1683**	**1343**	**12137**	**5686**	**6451**
0-5岁						
6-9岁				326	163	163
10-14岁				661	313	348
15-19岁	64	26	38	8076	3704	4372
20-24岁	498	209	289	2931	1447	1484
25-29岁	772	376	396	84	38	46
30-34岁	550	318	232	16	5	11
35-39岁	450	269	181	18	8	10
40-44岁	290	196	94	8	2	6
45-49岁	200	136	64	3	2	1
50-54岁	90	72	18	1		1
55-59岁	67	48	19	2	1	1
60-64岁	19	17	2	3	1	2
65岁及以上	26	16	10	8	2	6
布朗族	**362**	**208**	**154**	**1415**	**620**	**795**
0-5岁						
6-9岁				32	15	17
10-14岁				80	33	47
15-19岁	7	4	3	904	392	512
20-24岁	88	38	50	383	172	211
25-29岁	91	56	35	11	5	6
30-34岁	64	35	29			
35-39岁	41	27	14	2	1	1
40-44岁	36	25	11			
45-49岁	18	11	7			
50-54岁	9	7	2	1	1	
55-59岁	5	3	2			
60-64岁	2	2		1		1
65岁及以上	1		1	1	1	
撒拉族	**486**	**353**	**133**	**1725**	**999**	**726**
0-5岁						
6-9岁				111	64	47
10-14岁				258	147	111
15-19岁	7	6	1	857	484	373
20-24岁	75	38	37	431	261	170
25-29岁	117	83	34	34	25	9
30-34岁	78	60	18	13	7	6
35-39岁	51	37	14	8	3	5
40-44岁	57	43	14	8	6	2
45-49岁	43	32	11	1	1	
50-54岁	20	18	2			
55-59岁	19	19		1	1	
60-64岁	8	6	2	1		1
65岁及以上	11	11		2		2

8-7 续表 46

单位：人

民族 年龄	随迁家属			投靠亲友			拆迁搬家		
	小计	男	女	小计	男	女	小计	男	女
羌族	**4073**	**1752**	**2321**	**2078**	**924**	**1154**	**3110**	**1606**	**1504**
0-5岁	1001	502	499	285	136	149	109	61	48
6-9岁	537	257	280	151	73	78	101	52	49
10-14岁	567	284	283	153	78	75	159	84	75
15-19岁	275	147	128	106	43	63	154	73	81
20-24岁	238	104	134	87	39	48	216	111	105
25-29岁	210	74	136	94	49	45	249	111	138
30-34岁	195	62	133	92	45	47	300	151	149
35-39岁	181	59	122	81	41	40	370	200	170
40-44岁	127	32	95	88	38	50	292	144	148
45-49岁	96	25	71	64	30	34	231	118	113
50-54岁	83	20	63	117	43	74	208	105	103
55-59岁	169	45	124	205	71	134	230	127	103
60-64岁	128	44	84	191	82	109	205	112	93
65岁及以上	266	97	169	364	156	208	286	157	129
布朗族	**1147**	**485**	**662**	**372**	**144**	**228**	**432**	**238**	**194**
0-5岁	331	166	165	49	23	26	26	14	12
6-9岁	200	90	110	40	21	19	16	8	8
10-14岁	233	110	123	33	15	18	19	10	9
15-19岁	73	34	39	19	7	12	33	19	14
20-24岁	77	28	49	33	14	19	53	26	27
25-29岁	57	10	47	31	9	22	37	23	14
30-34岁	32	5	27	22	4	18	52	28	24
35-39岁	21	5	16	22	7	15	32	19	13
40-44岁	24	5	19	20	5	15	50	23	27
45-49岁	19	3	16	9	3	6	35	23	12
50-54岁	15	2	13	11	3	8	13	10	3
55-59岁	17	8	9	18	8	10	19	8	11
60-64岁	17	7	10	19	7	12	19	11	8
65岁及以上	31	12	19	46	18	28	28	16	12
撒拉族	**5887**	**2489**	**3398**	**687**	**335**	**352**	**1167**	**693**	**474**
0-5岁	1208	653	555	150	84	66	45	28	17
6-9岁	862	466	396	108	52	56	34	20	14
10-14岁	1060	549	511	112	59	53	53	27	26
15-19岁	660	331	329	59	32	27	54	32	22
20-24岁	447	212	235	47	21	26	59	33	26
25-29岁	347	91	256	34	15	19	92	46	46
30-34岁	304	47	257	30	11	19	108	54	54
35-39岁	288	32	256	25	10	15	150	93	57
40-44岁	238	26	212	18	8	10	148	82	66
45-49岁	155	15	140	10	3	7	126	78	48
50-54岁	92	12	80	13	2	11	92	63	29
55-59岁	80	13	67	13	6	7	71	46	25
60-64岁	49	9	40	16	6	10	52	35	17
65岁及以上	97	33	64	52	26	26	83	56	27

8-7 续表 47 单位：人

民族 年龄	寄挂户口			婚姻嫁娶			其他		
	小计	男	女	小计	男	女	小计	男	女
羌族	**226**	**103**	**123**	**3171**	**941**	**2230**	**3447**	**1826**	**1621**
0-5岁	24	10	14				358	190	168
6-9岁	15	9	6				150	78	72
10-14岁	17	5	12				182	90	92
15-19岁	13	5	8	85	6	79	187	98	89
20-24岁	18	7	11	664	98	566	299	166	133
25-29岁	19	11	8	682	172	510	279	137	142
30-34岁	17	10	7	592	196	396	332	175	157
35-39岁	18	10	8	529	201	328	314	180	134
40-44岁	11	4	7	265	114	151	224	122	102
45-49岁	16	7	9	134	53	81	158	90	68
50-54岁	15	7	8	75	31	44	182	92	90
55-59岁	19	9	10	76	33	43	241	127	114
60-64岁	9	3	6	37	22	15	207	112	95
65岁及以上	15	6	9	32	15	17	334	169	165
布朗族	**12**	**9**	**3**	**980**	**155**	**825**	**507**	**333**	**174**
0-5岁	3	2	1				45	16	29
6-9岁	1	1					18	8	10
10-14岁	1	1					16	9	7
15-19岁	1	1		59	3	56	63	32	31
20-24岁				198	16	182	71	54	17
25-29岁	2	1	1	225	28	197	69	54	15
30-34岁	1	1		195	33	162	58	48	10
35-39岁				131	21	110	47	34	13
40-44岁				82	19	63	48	35	13
45-49岁	1	1		44	15	29	25	16	9
50-54岁				20	10	10	13	9	4
55-59岁				11	3	8	15	8	7
60-64岁				11	5	6	9	6	3
65岁及以上	2	1	1	4	2	2	10	4	6
撒拉族	**47**	**30**	**17**	**968**	**92**	**876**	**1474**	**890**	**584**
0-5岁	6	3	3				187	104	83
6-9岁	6	5	1				90	54	36
10-14岁	5	4	1				120	62	58
15-19岁	2	2		121	2	119	105	66	39
20-24岁	6	5	1	218	8	210	158	89	69
25-29岁	4	3	1	222	12	210	136	84	52
30-34岁	3	1	2	148	17	131	154	94	60
35-39岁	3	1	2	102	10	92	121	76	45
40-44岁	7	3	4	77	14	63	104	66	38
45-49岁	1	1		31	11	20	67	47	20
50-54岁	1		1	11	4	7	45	31	14
55-59岁	1	1		11	6	5	44	27	17
60-64岁	2	1	1	12	2	10	52	38	14
65岁及以上				15	6	9	91	52	39

8-7 续表 48 单位：人

民族 年龄	合计			务工经商		
	合计	男	女	小计	男	女
毛南族	**18556**	**9516**	**9040**	**10044**	**5826**	**4218**
0-5岁	919	498	421			
6-9岁	537	288	249			
10-14岁	593	312	281			
15-19岁	2133	997	1136	642	339	303
20-24岁	2921	1422	1499	1836	997	839
25-29岁	2971	1457	1514	2159	1227	932
30-34岁	2529	1306	1223	1827	1061	766
35-39岁	2092	1150	942	1530	916	614
40-44岁	1538	860	678	1074	659	415
45-49岁	895	510	385	589	374	215
50-54岁	387	200	187	193	122	71
55-59岁	317	169	148	107	74	33
60-64岁	254	132	122	48	32	16
65岁及以上	470	215	255	39	25	14
仡佬族	**103605**	**55544**	**48061**	**46864**	**27472**	**19392**
0-5岁	7348	4012	3336			
6-9岁	5627	3073	2554			
10-14岁	7591	4013	3578			
15-19岁	13665	7017	6648	3389	1699	1690
20-24岁	13991	6906	7085	7602	3985	3617
25-29岁	11134	5775	5359	7418	4311	3107
30-34岁	11878	6500	5378	8295	4913	3382
35-39岁	12297	7053	5244	8932	5542	3390
40-44岁	8289	4712	3577	6115	3702	2413
45-49岁	4601	2651	1950	3206	2001	1205
50-54岁	1563	907	656	830	560	270
55-59岁	1654	860	794	606	423	183
60-64岁	1460	743	717	252	176	76
65岁及以上	2507	1322	1185	219	160	59
锡伯族	**35584**	**17037**	**18547**	**7747**	**4343**	**3404**
0-5岁	2155	1116	1039			
6-9岁	1319	688	631			
10-14岁	1570	808	762			
15-19岁	4324	1936	2388	326	150	176
20-24岁	6142	2738	3404	1404	706	698
25-29岁	4066	1768	2298	1462	788	674
30-34岁	3692	1676	2016	1197	691	506
35-39岁	2925	1431	1494	926	540	386
40-44岁	2503	1211	1292	857	461	396
45-49岁	1934	974	960	601	341	260
50-54岁	1370	734	636	398	273	125
55-59岁	1383	718	665	330	224	106
60-64岁	864	485	379	136	90	46
65岁及以上	1337	754	583	110	79	31

8-7 续表 49 单位：人

民族 年龄	工作调动			学习培训		
	小计	男	女	小计	男	女
毛南族	**855**	**515**	**340**	**2061**	**933**	**1128**
0-5岁						
6-9岁				75	37	38
10-14岁				118	64	54
15-19岁	14	9	5	1239	534	705
20-24岁	114	52	62	580	277	303
25-29岁	199	96	103	27	11	16
30-34岁	166	99	67	5	2	3
35-39岁	117	71	46	5	4	1
40-44岁	109	75	34	2	1	1
45-49岁	62	46	16	2	1	1
50-54岁	27	25	2			
55-59岁	22	21	1			
60-64岁	13	12	1	1	1	
65岁及以上	12	9	3	7	1	6
仡佬族	**3852**	**2673**	**1179**	**14497**	**7787**	**6710**
0-5岁						
6-9岁				1073	600	473
10-14岁				1995	1049	946
15-19岁	53	26	27	7610	3964	3646
20-24岁	509	267	242	3540	1974	1566
25-29岁	1002	630	372	198	151	47
30-34岁	851	636	215	26	17	9
35-39岁	620	477	143	24	15	9
40-44岁	377	293	84	18	8	10
45-49岁	259	195	64	5	3	2
50-54岁	82	60	22	2	2	
55-59岁	37	34	3			
60-64岁	24	22	2			
65岁及以上	38	33	5	6	4	2
锡伯族	**1450**	**809**	**641**	**6058**	**2653**	**3405**
0-5岁						
6-9岁				83	44	39
10-14岁				213	103	110
15-19岁	31	15	16	2738	1150	1588
20-24岁	217	111	106	2789	1245	1544
25-29岁	354	179	175	133	57	76
30-34岁	228	123	105	44	26	18
35-39岁	205	110	95	21	9	12
40-44岁	167	104	63	22	11	11
45-49岁	105	68	37	7	3	4
50-54岁	48	32	16	3	2	1
55-59岁	43	32	11	1	1	
60-64岁	27	19	8	3	1	2
65岁及以上	25	16	9	1	1	

8-7 续表 50

单位：人

民族 年龄	随迁家属			投靠亲友			拆迁搬家		
	小计	男	女	小计	男	女	小计	男	女
毛南族	**2412**	**1069**	**1343**	**569**	**231**	**338**	**582**	**318**	**264**
0-5岁	679	370	309	111	57	54	23	12	11
6-9岁	336	186	150	61	28	33	16	9	7
10-14岁	333	181	152	64	27	37	25	14	11
15-19岁	140	75	65	25	12	13	17	10	7
20-24岁	93	34	59	28	8	20	21	12	9
25-29岁	130	29	101	20	7	13	47	19	28
30-34岁	127	31	96	23	7	16	81	37	44
35-39岁	89	25	64	20	7	13	85	53	32
40-44岁	79	15	64	15	7	8	80	45	35
45-49岁	53	11	42	13	3	10	62	35	27
50-54岁	40	5	35	13	2	11	42	21	21
55-59岁	66	18	48	27	7	20	30	19	11
60-64岁	66	27	39	41	13	28	24	12	12
65岁及以上	181	62	119	108	46	62	29	20	9
仡佬族	**20364**	**9539**	**10825**	**4986**	**2375**	**2611**	**3458**	**1985**	**1473**
0-5岁	5587	3061	2526	1018	533	485	130	67	63
6-9岁	3559	1926	1633	607	331	276	107	59	48
10-14岁	4317	2312	2005	747	385	362	190	94	96
15-19岁	1637	881	756	351	180	171	133	61	72
20-24岁	685	248	437	155	55	100	146	74	72
25-29岁	641	113	528	136	43	93	297	143	154
30-34岁	788	117	671	116	40	76	479	294	185
35-39岁	765	127	638	110	46	64	602	373	229
40-44岁	494	91	403	65	29	36	436	259	177
45-49岁	338	58	280	78	29	49	302	186	116
50-54岁	172	43	129	113	43	70	150	91	59
55-59岁	289	82	207	295	104	191	154	85	69
60-64岁	362	143	219	387	180	207	125	69	56
65岁及以上	730	337	393	808	377	431	207	130	77
锡伯族	**5626**	**2409**	**3217**	**1892**	**930**	**962**	**6373**	**3362**	**3011**
0-5岁	1322	670	652	217	104	113	255	137	118
6-9岁	688	351	337	94	50	44	258	136	122
10-14岁	737	389	348	127	68	59	271	131	140
15-19岁	577	304	273	95	44	51	278	143	135
20-24岁	463	194	269	113	54	59	438	213	225
25-29岁	375	109	266	97	50	47	657	332	325
30-34岁	328	82	246	111	55	56	775	381	394
35-39岁	212	55	157	115	58	57	750	380	370
40-44岁	222	53	169	90	41	49	628	335	293
45-49岁	160	39	121	85	36	49	565	304	261
50-54岁	110	26	84	108	49	59	428	232	196
55-59岁	135	29	106	167	74	93	395	211	184
60-64岁	98	28	70	153	85	68	251	161	90
65岁及以上	199	80	119	320	162	158	424	266	158

8-7 续表 51 单位：人

民族 年龄	寄挂户口			婚姻嫁娶			其他		
	小计	男	女	小计	男	女	小计	男	女
毛南族	**44**	**27**	**17**	**1121**	**139**	**982**	**868**	**458**	**410**
0-5岁	6	4	2				100	55	45
6-9岁							49	28	21
10-14岁	5	2	3				48	24	24
15-19岁	1		1	22	1	21	33	17	16
20-24岁	6	3	3	174	3	171	69	36	33
25-29岁	7	4	3	290	12	278	92	52	40
30-34岁	4	4		207	22	185	89	43	46
35-39岁	2	2		160	29	131	84	43	41
40-44岁	3	1	2	119	25	94	57	32	25
45-49岁	4	1	3	61	19	42	49	20	29
50-54岁	1	1		29	6	23	42	18	24
55-59岁				22	6	16	43	24	19
60-64岁	4	4		20	5	15	37	26	11
65岁及以上	1	1		17	11	6	76	40	36
仡佬族	**241**	**165**	**76**	**4239**	**771**	**3468**	**5104**	**2777**	**2327**
0-5岁	22	12	10				591	339	252
6-9岁	9	4	5				272	153	119
10-14岁	29	16	13				313	157	156
15-19岁	19	10	9	148	2	146	325	194	131
20-24岁	34	27	7	931	21	910	389	255	134
25-29岁	30	27	3	962	94	868	450	263	187
30-34岁	30	25	5	743	136	607	550	322	228
35-39岁	19	14	5	636	173	463	589	286	303
40-44岁	14	3	11	333	130	203	437	197	240
45-49岁	10	7	3	169	70	99	234	102	132
50-54岁	5	4	1	84	38	46	125	66	59
55-59岁	4	2	2	88	40	48	181	90	91
60-64岁	3	2	1	82	39	43	225	112	113
65岁及以上	13	12	1	63	28	35	423	241	182
锡伯族	**353**	**194**	**159**	**2543**	**454**	**2089**	**3542**	**1883**	**1659**
0-5岁	47	25	22				314	180	134
6-9岁	25	15	10				171	92	79
10-14岁	22	11	11				200	106	94
15-19岁	18	10	8	26	4	22	235	116	119
20-24岁	26	18	8	393	24	369	299	173	126
25-29岁	25	10	15	670	93	577	293	150	143
30-34岁	33	19	14	605	97	508	371	202	169
35-39岁	34	17	17	322	77	245	340	185	155
40-44岁	25	9	16	182	50	132	310	147	163
45-49岁	20	11	9	137	41	96	254	131	123
50-54岁	15	10	5	71	23	48	189	87	102
55-59岁	24	15	9	65	25	40	223	107	116
60-64岁	19	11	8	34	6	28	143	84	59
65岁及以上	20	13	7	38	14	24	200	123	77

8-7 续表 52

单位: 人

民族 年龄	合计			务工经商		
	合计	男	女	小计	男	女
阿昌族	**4299**	**2211**	**2088**	**2012**	**1165**	**847**
0-5岁	221	120	101			
6-9岁	167	82	85			
10-14岁	174	99	75			
15-19岁	731	325	406	283	153	130
20-24岁	897	414	483	515	283	232
25-29岁	683	370	313	446	265	181
30-34岁	477	262	215	279	172	107
35-39岁	375	195	180	227	127	100
40-44岁	252	149	103	154	93	61
45-49岁	143	83	60	61	35	26
50-54岁	78	55	23	34	25	9
55-59岁	31	19	12	5	5	
60-64岁	24	19	5	7	6	1
65岁及以上	46	19	27	1	1	
普米族	**4122**	**1968**	**2154**	**1398**	**724**	**674**
0-5岁	195	94	101			
6-9岁	138	75	63			
10-14岁	165	89	76			
15-19岁	848	387	461	167	77	90
20-24岁	961	426	535	417	185	232
25-29岁	574	295	279	287	180	107
30-34岁	373	167	206	193	95	98
35-39岁	308	169	139	164	102	62
40-44岁	217	110	107	96	50	46
45-49岁	92	45	47	40	18	22
50-54岁	48	25	23	14	7	7
55-59岁	48	22	26	8	4	4
60-64岁	52	21	31	8	3	5
65岁及以上	103	43	60	4	3	1
塔吉克族	**6649**	**3430**	**3219**	**3029**	**1722**	**1307**
0-5岁	421	245	176			
6-9岁	381	181	200			
10-14岁	418	238	180			
15-19岁	1232	621	611	263	148	115
20-24岁	981	495	486	585	333	252
25-29岁	801	400	401	607	346	261
30-34岁	849	431	418	629	362	267
35-39岁	676	378	298	492	293	199
40-44岁	393	183	210	258	135	123
45-49岁	204	107	97	125	69	56
50-54岁	117	62	55	43	22	21
55-59岁	42	25	17	12	9	3
60-64岁	46	19	27	5	1	4
65岁及以上	88	45	43	10	4	6

8-7 续表 53

单位：人

民族	工作调动			学习培训		
年龄	小计	男	女	小计	男	女
阿昌族	**194**	**119**	**75**	**547**	**247**	**300**
0-5岁						
6-9岁				12	5	7
10-14岁				37	23	14
15-19岁	2	1	1	339	143	196
20-24岁	33	14	19	156	73	83
25-29岁	63	39	24	2	2	
30-34岁	41	26	15	1	1	
35-39岁	24	16	8			
40-44岁	12	9	3			
45-49岁	10	7	3			
50-54岁	6	4	2			
55-59岁	1	1				
60-64岁	1	1				
65岁及以上	1	1				
普米族	**301**	**194**	**107**	**1009**	**485**	**524**
0-5岁						
6-9岁				16	9	7
10-14岁				39	19	20
15-19岁	4	3	1	587	271	316
20-24岁	64	36	28	349	174	175
25-29岁	106	60	46	15	10	5
30-34岁	54	36	18	1	1	
35-39岁	27	19	8	1	1	
40-44岁	22	18	4			
45-49岁	12	12				
50-54岁	4	4				
55-59岁	1	1				
60-64岁	5	3	2			
65岁及以上	2	2		1		1
塔吉克族	**139**	**95**	**44**	**1239**	**601**	**638**
0-5岁						
6-9岁				65	27	38
10-14岁				111	63	48
15-19岁	1	1		799	392	407
20-24岁	7	7		221	97	124
25-29岁	20	11	9	20	10	10
30-34岁	28	15	13	7	4	3
35-39岁	41	30	11	5	2	3
40-44岁	18	14	4	6	3	3
45-49岁	10	7	3			
50-54岁	6	6		1	1	
55-59岁	3	3				
60-64岁	3	1	2	1		1
65岁及以上	2		2	3	2	1

8-7 续表 54

单位：人

民族 年龄	随迁家属			投靠亲友			拆迁搬家		
	小计	男	女	小计	男	女	小计	男	女
阿昌族	**491**	**234**	**257**	**120**	**61**	**59**	**132**	**63**	**69**
0-5岁	160	88	72	21	12	9	5	4	1
6-9岁	106	54	52	22	12	10	9	3	6
10-14岁	94	53	41	18	11	7	12	5	7
15-19岁	24	15	9	6	2	4	6	3	3
20-24岁	32	10	22	7	4	3	7	3	4
25-29岁	15	2	13	3	1	2	14	7	7
30-34岁	19	3	16	7	4	3	15	2	13
35-39岁	8	3	5	2	1	1	16	9	7
40-44岁	9	1	8	1		1	14	9	5
45-49岁	5		5	1		1	14	6	8
50-54岁	3	1	2	3	3		11	5	6
55-59岁	5	1	4	3	2	1	4	2	2
60-64岁	1	1		7	4	3	2	2	
65岁及以上	10	2	8	19	5	14	3	3	
普米族	**602**	**266**	**336**	**143**	**55**	**88**	**190**	**91**	**99**
0-5岁	169	80	89	13	7	6	4	2	2
6-9岁	99	56	43	7	4	3	9	2	7
10-14岁	88	53	35	16	7	9	12	3	9
15-19岁	46	27	19	9	3	6	9	2	7
20-24岁	22	8	14	3	1	2	11	4	7
25-29岁	32	6	26	5		5	17	10	7
30-34岁	25	3	22	7	4	3	19	13	6
35-39岁	23	2	21	6	4	2	33	14	19
40-44岁	15	4	11	6	2	4	28	17	11
45-49岁	14	1	13	1	1		13	7	6
50-54岁	12	3	9	4	1	3	6	4	2
55-59岁	15	5	10	8	1	7	8	5	3
60-64岁	13	5	8	13	4	9	5	1	4
65岁及以上	29	13	16	45	16	29	16	7	9
塔吉克族	**1755**	**855**	**900**	**120**	**54**	**66**	**21**	**9**	**12**
0-5岁	380	223	157	30	16	14	1	1	
6-9岁	284	136	148	16	9	7	2	1	1
10-14岁	281	163	118	13	6	7	1	1	
15-19岁	139	70	69	10	5	5	2	1	1
20-24岁	91	42	49	9	4	5			
25-29岁	87	25	62	5		5	1		1
30-34岁	125	37	88	5		5	5	2	3
35-39岁	98	44	54	3	1	2	3	1	2
40-44岁	85	24	61	5	1	4	2	1	1
45-49岁	50	21	29	3	2	1	1	1	
50-54岁	51	25	26	3	3		2		2
55-59岁	17	11	6	1		1			
60-64岁	25	12	13	4		4			
65岁及以上	42	22	20	13	7	6	1		1

8-7 续表 55 单位：人

民族 年龄	寄挂户口			婚姻嫁娶			其他		
	小计	男	女	小计	男	女	小计	男	女
阿昌族	**34**	**26**	**8**	**400**	**47**	**353**	**369**	**249**	**120**
0-5岁	3	1	2				32	15	17
6-9岁	1		1				17	8	9
10-14岁	1		1				12	7	5
15-19岁				42		42	29	8	21
20-24岁				110	4	106	37	23	14
25-29岁	2	2		86	8	78	52	44	8
30-34岁	3	3		65	15	50	47	36	11
35-39岁	1	1		52	5	47	45	33	12
40-44岁	4	3	1	24	7	17	34	27	7
45-49岁	3	1	2	12	4	8	37	30	7
50-54岁	6	6		6	2	4	9	9	
55-59岁	3	2	1	2	1	1	8	5	3
60-64岁	2	2		1	1		3	2	1
65岁及以上	5	5					7	2	5
普米族	**19**	**13**	**6**	**318**	**59**	**259**	**142**	**81**	**61**
0-5岁							9	5	4
6-9岁	1	1					6	3	3
10-14岁	1		1				9	7	2
15-19岁				15		15	11	4	7
20-24岁	2	2		68	4	64	25	12	13
25-29岁	4	3	1	88	12	76	20	14	6
30-34岁	1		1	62	13	49	11	2	9
35-39岁	1	1		34	12	22	19	14	5
40-44岁	1		1	38	13	25	11	6	5
45-49岁				6	2	4	6	4	2
50-54岁	3	2	1	1		1	4	4	
55-59岁	1	1		3	2	1	4	3	1
60-64岁	3	3		1		1	4	2	2
65岁及以上	1		1	2	1	1	3	1	2
塔吉克族	**1**		**1**	**176**	**6**	**170**	**169**	**88**	**81**
0-5岁							10	5	5
6-9岁							14	8	6
10-14岁							12	5	7
15-19岁	1		1	9	1	8	8	3	5
20-24岁				47		47	21	12	9
25-29岁				47	3	44	14	5	9
30-34岁				30	1	29	20	10	10
35-39岁				24		24	10	7	3
40-44岁				10	1	9	9	4	5
45-49岁				4		4	11	7	4
50-54岁				3		3	8	5	3
55-59岁				2		2	7	2	5
60-64岁							8	5	3
65岁及以上							17	10	7

8-7 续表 56

单位：人

民族 年龄	合计 合计	男	女	务工经商 小计	男	女
怒族	**3019**	**1394**	**1625**	**1197**	**624**	**573**
0-5岁	107	54	53			
6-9岁	53	23	30			
10-14岁	57	32	25			
15-19岁	492	229	263	128	51	77
20-24岁	675	308	367	298	154	144
25-29岁	514	215	299	281	141	140
30-34岁	339	160	179	175	100	75
35-39岁	271	123	148	125	71	54
40-44岁	174	80	94	97	51	46
45-49岁	103	52	51	47	28	19
50-54岁	74	32	42	18	7	11
55-59岁	63	34	29	17	13	4
60-64岁	34	18	16	7	5	2
65岁及以上	63	34	29	4	3	1
乌孜别克族	**1653**	**818**	**835**	**339**	**214**	**125**
0-5岁	154	84	70			
6-9岁	60	30	30			
10-14岁	96	49	47			
15-19岁	167	71	96	14	5	9
20-24岁	249	117	132	54	31	23
25-29岁	202	109	93	71	48	23
30-34岁	174	93	81	64	43	21
35-39岁	161	85	76	52	37	15
40-44岁	102	45	57	33	21	12
45-49岁	86	35	51	17	9	8
50-54岁	68	30	38	14	6	8
55-59岁	42	25	17	12	10	2
60-64岁	37	13	24	4	3	1
65岁及以上	55	32	23	4	1	3
俄罗斯族	**3567**	**1572**	**1995**	**717**	**366**	**351**
0-5岁	183	89	94			
6-9岁	121	66	55			
10-14岁	177	91	86			
15-19岁	382	177	205	17	11	6
20-24岁	529	217	312	107	55	52
25-29岁	346	149	197	130	61	69
30-34岁	341	145	196	102	56	46
35-39岁	334	148	186	103	61	42
40-44岁	284	131	153	92	47	45
45-49岁	220	100	120	74	33	41
50-54岁	208	90	118	53	26	27
55-59岁	137	55	82	21	8	13
60-64岁	103	46	57	8	3	5
65岁及以上	202	68	134	10	5	5

8-7 续表 57

单位：人

民族 年龄	工作调动			学习培训		
	小计	男	女	小计	男	女
怒族	**228**	**140**	**88**	**538**	**279**	**259**
0-5岁						
6-9岁				8	2	6
10-14岁				18	7	11
15-19岁	1	1		311	166	145
20-24岁	39	19	20	194	102	92
25-29岁	79	44	35	4	1	3
30-34岁	41	28	13			
35-39岁	30	21	9	2		2
40-44岁	14	9	5			
45-49岁	11	8	3			
50-54岁	5	3	2	1	1	
55-59岁	5	4	1			
60-64岁						
65岁及以上	3	3				
乌孜别克族	**68**	**30**	**38**	**209**	**90**	**119**
0-5岁						
6-9岁				5	3	2
10-14岁				11	4	7
15-19岁				86	36	50
20-24岁	6		6	94	40	54
25-29岁	18	9	9	11	7	4
30-34岁	11	6	5	1		1
35-39岁	11	4	7			
40-44岁	6	4	2	1		1
45-49岁	9	2	7			
50-54岁	2	2				
55-59岁	2	1	1			
60-64岁	2	2				
65岁及以上	1		1			
俄罗斯族	**234**	**118**	**116**	**591**	**235**	**356**
0-5岁						
6-9岁				17	8	9
10-14岁				57	24	33
15-19岁	3		3	250	109	141
20-24岁	40	13	27	240	87	153
25-29岁	41	21	20	17	6	11
30-34岁	38	24	14	4		4
35-39岁	30	12	18	5	1	4
40-44岁	26	17	9			
45-49岁	22	12	10			
50-54岁	17	9	8			
55-59岁	9	6	3			
60-64岁	4	2	2	1		1
65岁及以上	4	2	2			

8-7 续表 58

单位：人

民族 年龄	随迁家属			投靠亲友			拆迁搬家		
	小计	男	女	小计	男	女	小计	男	女
怒族	**305**	**116**	**189**	**102**	**36**	**66**	**98**	**56**	**42**
0-5岁	88	44	44	11	4	7	3	2	1
6-9岁	37	18	19	5	3	2	2		2
10-14岁	29	16	13	6	5	1	3	3	
15-19岁	15	5	10	5	1	4	3	1	2
20-24岁	19	4	15	15	7	8	6	3	3
25-29岁	24	4	20	7	1	6	7	3	4
30-34岁	21	6	15	4	1	3	7	6	1
35-39岁	20	5	15	7	2	5	15	8	7
40-44岁	8	2	6	6	3	3	5	2	3
45-49岁	8		8	2	1	1	9	6	3
50-54岁	8	2	6	10	3	7	9	4	5
55-59岁	5	1	4	7	2	5	12	6	6
60-64岁	5	3	2	8	2	6	7	4	3
65岁及以上	18	6	12	9	1	8	10	8	2
乌孜别克族	**428**	**189**	**239**	**64**	**26**	**38**	**189**	**105**	**84**
0-5岁	120	60	60	7	3	4	4	3	1
6-9岁	42	19	23	2	1	1	6	3	3
10-14岁	51	24	27	5	4	1	15	8	7
15-19岁	35	18	17	4		4	13	6	7
20-24岁	33	16	17	5	3	2	10	7	3
25-29岁	30	15	15	5	2	3	11	9	2
30-34岁	27	12	15	5	2	3	17	12	5
35-39岁	22	7	15	5	2	3	24	14	10
40-44岁	13	2	11	5	3	2	15	2	13
45-49岁	12		12	1	1		22	11	11
50-54岁	16	5	11	2		2	18	11	7
55-59岁	7	3	4	3		3	8	6	2
60-64岁	9	2	7	6	1	5	11	3	8
65岁及以上	11	6	5	9	4	5	15	10	5
俄罗斯族	**580**	**253**	**327**	**250**	**109**	**141**	**523**	**250**	**273**
0-5岁	113	51	62	23	17	6	20	9	11
6-9岁	69	40	29	10	5	5	15	8	7
10-14岁	72	39	33	11	5	6	21	14	7
15-19岁	66	36	30	8	1	7	21	10	11
20-24岁	50	27	23	13	7	6	25	11	14
25-29岁	41	17	24	12	6	6	36	16	20
30-34岁	30	10	20	9	4	5	51	24	27
35-39岁	29	5	24	10	5	5	75	36	39
40-44岁	25	7	18	17	10	7	54	24	30
45-49岁	14	5	9	12	3	9	53	25	28
50-54岁	19	5	14	19	7	12	50	23	27
55-59岁	14	2	12	22	9	13	36	17	19
60-64岁	16	5	11	18	7	11	24	15	9
65岁及以上	22	4	18	66	23	43	42	18	24

8-7 续表 59

单位：人

民族 年龄	寄挂户口			婚姻嫁娶			其他		
	小计	男	女	小计	男	女	小计	男	女
怒族	**11**	**4**	**7**	**387**	**34**	**353**	**153**	**105**	**48**
0-5岁							5	4	1
6-9岁	1		1						
10-14岁							1	1	
15-19岁				23		23	6	4	2
20-24岁	1		1	78	4	74	25	15	10
25-29岁	3	1	2	87	3	84	22	17	5
30-34岁	1		1	74	9	65	16	10	6
35-39岁				60	6	54	12	10	2
40-44岁				33	5	28	11	8	3
45-49岁	1	1		13	1	12	12	7	5
50-54岁				11	3	8	12	9	3
55-59岁				5	1	4	12	7	5
60-64岁				2	1	1	5	3	2
65岁及以上	4	2	2	1	1		14	10	4
乌孜别克族	**4**	**3**	**1**	**143**	**21**	**122**	**209**	**140**	**69**
0-5岁	1	1					22	17	5
6-9岁							5	4	1
10-14岁							14	9	5
15-19岁				6		6	9	6	3
20-24岁				23	3	20	24	17	7
25-29岁				33	2	31	23	17	6
30-34岁	1		1	25	5	20	23	13	10
35-39岁				21	4	17	26	17	9
40-44岁				16	4	12	13	9	4
45-49岁	1	1		10	2	8	14	9	5
50-54岁				4		4	12	6	6
55-59岁				4	1	3	6	4	2
60-64岁							5	2	3
65岁及以上	1	1		1		1	13	10	3
俄罗斯族	**47**	**15**	**32**	**255**	**56**	**199**	**370**	**170**	**200**
0-5岁	7	1	6				20	11	9
6-9岁	2	1	1				8	4	4
10-14岁							16	9	7
15-19岁	4	2	2	1		1	12	8	4
20-24岁	2		2	21		21	31	17	14
25-29岁	4	2	2	45	6	39	20	14	6
30-34岁	5	1	4	64	12	52	38	14	24
35-39岁	4	1	3	39	11	28	39	16	23
40-44岁	6	3	3	32	8	24	32	15	17
45-49岁	1		1	18	7	11	26	15	11
50-54岁	2	1	1	14	5	9	34	14	20
55-59岁	5	1	4	7	2	5	23	10	13
60-64岁	4	1	3	6	4	2	22	9	13
65岁及以上	1	1		8	1	7	49	14	35

8-7 续表 60

单位：人

民族 年龄	合计			务工经商		
	合计	男	女	小计	男	女
鄂温克族	**6457**	**2703**	**3754**	**1133**	**568**	**565**
0-5岁	405	206	199			
6-9岁	286	151	135			
10-14岁	448	200	248			
15-19岁	1058	487	571	62	37	25
20-24岁	1073	442	631	224	122	102
25-29岁	750	288	462	244	113	131
30-34岁	476	185	291	156	73	83
35-39岁	531	200	331	148	74	74
40-44岁	446	172	274	122	57	65
45-49岁	356	147	209	93	51	42
50-54岁	218	74	144	42	22	20
55-59岁	171	68	103	27	14	13
60-64岁	88	40	48	7	4	3
65岁及以上	151	43	108	8	1	7
德昂族	**1316**	**597**	**719**	**556**	**274**	**282**
0-5岁	63	33	30			
6-9岁	34	13	21			
10-14岁	41	21	20			
15-19岁	232	115	117	89	45	44
20-24岁	368	156	212	185	99	86
25-29岁	220	94	126	118	54	64
30-34岁	138	58	80	66	34	32
35-39岁	93	44	49	45	21	24
40-44岁	49	23	26	21	9	12
45-49岁	34	14	20	18	6	12
50-54岁	20	8	12	10	4	6
55-59岁	16	13	3	4	2	2
60-64岁	2	1	1			
65岁及以上	6	4	2			
保安族	**1858**	**1034**	**824**	**625**	**448**	**177**
0-5岁	110	63	47			
6-9岁	101	51	50			
10-14岁	135	75	60			
15-19岁	245	128	117	46	34	12
20-24岁	295	156	139	119	87	32
25-29岁	201	116	85	90	69	21
30-34岁	188	88	100	91	55	36
35-39岁	198	114	84	110	74	36
40-44岁	147	97	50	84	60	24
45-49岁	87	57	30	36	27	9
50-54岁	50	27	23	21	16	5
55-59岁	33	23	10	15	14	1
60-64岁	21	13	8	7	6	1
65岁及以上	47	26	21	6	6	

8-7 续表 61

单位：人

民族 年龄	工作调动			学习培训		
	小计	男	女	小计	男	女
鄂温克族	**334**	**183**	**151**	**1693**	**709**	**984**
0-5岁						
6-9岁				102	46	56
10-14岁				197	82	115
15-19岁	5	4	1	779	341	438
20-24岁	47	26	21	518	205	313
25-29岁	89	42	47	39	17	22
30-34岁	56	30	26	11	3	8
35-39岁	44	21	23	11	6	5
40-44岁	37	25	12	16	3	13
45-49岁	30	18	12	6	1	5
50-54岁	12	6	6	2		2
55-59岁	8	5	3	5	2	3
60-64岁	4	4		2	2	
65岁及以上	2	2		5	1	4
德昂族	**50**	**31**	**19**	**157**	**74**	**83**
0-5岁						
6-9岁				3	2	1
10-14岁				13	5	8
15-19岁	1	1		99	53	46
20-24岁	12	8	4	41	14	27
25-29岁	9	5	4	1		1
30-34岁	12	6	6			
35-39岁	8	4	4			
40-44岁	2	2				
45-49岁	5	4	1			
50-54岁	1	1				
55-59岁						
60-64岁						
65岁及以上						
保安族	**102**	**67**	**35**	**166**	**95**	**71**
0-5岁						
6-9岁				8	5	3
10-14岁				17	12	5
15-19岁	2	1	1	94	51	43
20-24岁	18	10	8	42	25	17
25-29岁	29	16	13	2	1	1
30-34岁	15	9	6	1		1
35-39岁	10	9	1	2	1	1
40-44岁	16	12	4			
45-49岁	9	8	1			
50-54岁	3	2	1			
55-59岁						
60-64岁						
65岁及以上						

8-7 续表 62

单位：人

民 族 年 龄	随迁家属			投靠亲友			拆迁搬家		
	小计	男	女	小计	男	女	小计	男	女
鄂温克族	**1085**	**432**	**653**	**348**	**150**	**198**	**605**	**287**	**318**
0-5岁	272	130	142	35	19	16	24	11	13
6-9岁	117	64	53	13	11	2	20	11	9
10-14岁	158	70	88	23	13	10	30	18	12
15-19岁	101	58	43	23	13	10	38	21	17
20-24岁	79	36	43	29	12	17	41	19	22
25-29岁	70	21	49	34	16	18	65	33	32
30-34岁	44	6	38	14	8	6	48	25	23
35-39岁	64	13	51	21	8	13	61	23	38
40-44岁	36	5	31	21	5	16	87	44	43
45-49岁	38	5	33	25	14	11	59	22	37
50-54岁	31	5	26	22	7	15	51	19	32
55-59岁	27	7	20	30	7	23	37	22	15
60-64岁	18	5	13	22	9	13	15	8	7
65岁及以上	30	7	23	36	8	28	29	11	18
德昂族	**123**	**52**	**71**	**39**	**16**	**23**	**29**	**14**	**15**
0-5岁	47	25	22	8	3	5	2	1	1
6-9岁	21	9	12	5	1	4	2		2
10-14岁	14	6	8	5	4	1	3	3	
15-19岁	9	6	3	2	1	1	3	1	2
20-24岁	18	2	16	5	2	3	1		1
25-29岁	3		3	2		2	3	2	1
30-34岁	3		3	1		1	4	3	1
35-39岁	2	2		1	1		3		3
40-44岁	2		2	3		3	2	1	1
45-49岁	2		2				1		1
50-54岁	1	1		1	1		1		1
55-59岁				4	3	1	2	2	
60-64岁				1		1	1	1	
65岁及以上	1	1		1		1	1		1
保安族	**417**	**179**	**238**	**44**	**21**	**23**	**200**	**105**	**95**
0-5岁	85	52	33	9	3	6	7	4	3
6-9岁	68	31	37	2		2	13	9	4
10-14岁	72	36	36	8	4	4	19	9	10
15-19岁	48	22	26	5	4	1	13	5	8
20-24岁	31	13	18	3	3		13	7	6
25-29岁	19	6	13	1	1		19	12	7
30-34岁	24	2	22	2	2		14	5	9
35-39岁	20	2	18	2		2	29	15	14
40-44岁	9	1	8	2		2	15	9	6
45-49岁	10	3	7	1		1	19	10	9
50-54岁	10	2	8	2		2	7	4	3
55-59岁	5	3	2	1	1		7	4	3
60-64岁	5	2	3	1		1	4	2	2
65岁及以上	11	4	7	5	3	2	21	10	11

8-7 续表 63

单位：人

民族 年龄	寄挂户口			婚姻嫁娶			其他		
	小计	男	女	小计	男	女	小计	男	女
鄂温克族	**56**	**26**	**30**	**636**	**85**	**551**	**567**	**263**	**304**
0-5岁	11	8	3				63	38	25
6-9岁	4	3	1				30	16	14
10-14岁	6	4	2				34	13	21
15-19岁	2		2	15	1	14	33	12	21
20-24岁	8	3	5	102	2	100	25	17	8
25-29岁	1	1		160	20	140	48	25	23
30-34岁	4	3	1	97	13	84	46	24	22
35-39岁	9	2	7	111	19	92	62	34	28
40-44岁	3		3	70	13	57	54	20	34
45-49岁	5	2	3	48	10	38	52	24	28
50-54岁	1		1	21	4	17	36	11	25
55-59岁	1		1	8	2	6	28	9	19
60-64岁				3	1	2	17	7	10
65岁及以上	1		1	1		1	39	13	26
德昂族	**1**		**1**	**223**	**23**	**200**	**138**	**113**	**25**
0-5岁							6	4	2
6-9岁							3	1	2
10-14岁							6	3	3
15-19岁				21	2	19	8	6	2
20-24岁	1		1	75	2	73	30	29	1
25-29岁				55	7	48	29	26	3
30-34岁				37	2	35	15	13	2
35-39岁				20	5	15	14	11	3
40-44岁				7	2	5	12	9	3
45-49岁				3	2	1	5	2	3
50-54岁				4		4	2	1	1
55-59岁				1	1		5	5	
60-64岁									
65岁及以上							3	3	
保安族	**11**	**10**	**1**	**143**	**17**	**126**	**150**	**92**	**58**
0-5岁	2	2					7	2	5
6-9岁	1	1					9	5	4
10-14岁							19	14	5
15-19岁				22		22	15	11	4
20-24岁	1	1		49	4	45	19	6	13
25-29岁	2	2		32	4	28	7	5	2
30-34岁	2	1	1	26	7	19	13	7	6
35-39岁	1	1		6	1	5	18	11	7
40-44岁	1	1		3		3	17	14	3
45-49岁				2	1	1	10	8	2
50-54岁				2		2	5	3	2
55-59岁				1		1	4	1	3
60-64岁	1	1					3	2	1
65岁及以上							4	3	1

8-7 续表 64

单位：人

民族 年龄	合计			务工经商		
	合计	男	女	小计	男	女
裕固族	**3597**	**1754**	**1843**	**771**	**447**	**324**
0-5岁	194	96	98			
6-9岁	175	95	80			
10-14岁	252	135	117			
15-19岁	433	200	233	35	21	14
20-24岁	456	205	251	137	67	70
25-29岁	345	168	177	135	72	63
30-34岁	353	179	174	136	82	54
35-39岁	335	158	177	118	72	46
40-44岁	291	159	132	96	61	35
45-49岁	194	99	95	58	38	20
50-54岁	105	43	62	25	14	11
55-59岁	108	47	61	12	9	3
60-64岁	127	69	58	15	9	6
65岁及以上	229	101	128	4	2	2
京族	**4365**	**2042**	**2323**	**1406**	**751**	**655**
0-5岁	307	171	136			
6-9岁	178	106	72			
10-14岁	192	99	93			
15-19岁	613	276	337	100	53	47
20-24岁	734	341	393	263	132	131
25-29岁	475	206	269	222	123	99
30-34岁	460	197	263	239	120	119
35-39岁	381	182	199	199	114	85
40-44岁	314	145	169	152	81	71
45-49岁	231	109	122	96	49	47
50-54岁	153	61	92	60	32	28
55-59岁	114	51	63	37	21	16
60-64岁	66	30	36	22	13	9
65岁及以上	147	68	79	16	13	3
塔塔尔族	**553**	**274**	**279**	**117**	**67**	**50**
0-5岁	37	19	18			
6-9岁	25	16	9			
10-14岁	25	13	12			
15-19岁	64	23	41	1		1
20-24岁	70	29	41	13	8	5
25-29岁	62	31	31	27	17	10
30-34岁	53	28	25	17	12	5
35-39岁	60	29	31	21	11	10
40-44岁	45	25	20	15	8	7
45-49岁	32	19	13	7	2	5
50-54岁	22	13	9	3	2	1
55-59岁	20	10	10	9	5	4
60-64岁	19	9	10	4	2	2
65岁及以上	19	10	9			

8-7 续表 65

单位：人

民族 年龄	工作调动 小计	男	女	学习培训 小计	男	女
裕固族	**335**	**213**	**122**	**657**	**327**	**330**
0-5岁						
6-9岁				77	48	29
10-14岁				121	69	52
15-19岁	8	3	5	297	129	168
20-24岁	59	30	29	147	74	73
25-29岁	67	45	22	8	3	5
30-34岁	49	31	18	2	2	
35-39岁	48	35	13	2		2
40-44岁	54	34	20	1	1	
45-49岁	36	23	13	1		1
50-54岁	5	5				
55-59岁	4	3	1	1	1	
60-64岁	1	1				
65岁及以上	4	3	1			
京族	**251**	**156**	**95**	**697**	**315**	**382**
0-5岁						
6-9岁				15	8	7
10-14岁				39	14	25
15-19岁	4	2	2	378	167	211
20-24岁	29	17	12	252	118	134
25-29岁	55	27	28	11	7	4
30-34岁	36	22	14	1	1	
35-39岁	39	25	14			
40-44岁	31	22	9			
45-49岁	24	19	5	1		1
50-54岁	11	6	5			
55-59岁	9	4	5			
60-64岁	3	3				
65岁及以上	10	9	1			
塔塔尔族	**30**	**18**	**12**	**99**	**34**	**65**
0-5岁						
6-9岁				4	2	2
10-14岁				9	3	6
15-19岁	1		1	43	13	30
20-24岁	2		2	37	13	24
25-29岁	3	1	2	3	1	2
30-34岁	8	6	2	1	1	
35-39岁	5	4	1			
40-44岁	6	5	1	2	1	1
45-49岁	2	2				
50-54岁	2		2			
55-59岁						
60-64岁						
65岁及以上	1		1			

8-7 续表 66

单位：人

民族 年龄	随迁家属			投靠亲友			拆迁搬家		
	小计	男	女	小计	男	女	小计	男	女
裕固族	**474**	**177**	**297**	**128**	**52**	**76**	**285**	**143**	**142**
0-5岁	104	52	52	18	8	10	9	5	4
6-9岁	64	29	35	11	4	7	3	1	2
10-14岁	58	29	29	9	4	5	16	9	7
15-19岁	41	22	19	8	2	6	8	2	6
20-24岁	26	4	22	9	2	7	9	3	6
25-29岁	24	8	16	5	3	2	27	13	14
30-34岁	27	3	24	7	3	4	33	18	15
35-39岁	20	2	18	7	2	5	31	11	20
40-44岁	23	6	17	6	5	1	28	17	11
45-49岁	18	4	14	1	1		22	10	12
50-54岁	12	2	10	3		3	23	11	12
55-59岁	17	4	13	6	3	3	20	9	11
60-64岁	17	5	12	9	3	6	18	15	3
65岁及以上	23	7	16	29	12	17	38	19	19
京族	**973**	**454**	**519**	**174**	**80**	**94**	**235**	**123**	**112**
0-5岁	255	137	118	25	17	8	6	4	2
6-9岁	127	77	50	16	9	7	7	4	3
10-14岁	125	70	55	13	9	4	5	3	2
15-19岁	79	36	43	7	5	2	10	4	6
20-24岁	84	39	45	13	4	9	21	17	4
25-29岁	60	25	35	13	5	8	16	8	8
30-34岁	60	20	40	9	4	5	25	12	13
35-39岁	32	9	23	6	3	3	25	8	17
40-44岁	34	6	28	10	4	6	27	18	9
45-49岁	21	5	16	7	3	4	37	17	20
50-54岁	15	3	12	10	5	5	19	5	14
55-59岁	24	8	16	7	1	6	15	10	5
60-64岁	18	4	14	7	2	5	6	3	3
65岁及以上	39	15	24	31	9	22	16	10	6
塔塔尔族	**117**	**58**	**59**	**22**	**11**	**11**	**60**	**41**	**19**
0-5岁	28	14	14	3		3	2	1	1
6-9岁	10	7	3	1		1	5	4	1
10-14岁	9	4	5	3	3		2	2	
15-19岁	11	6	5				1		1
20-24岁	5	3	2				3	2	1
25-29岁	9	5	4	1		1	5	4	1
30-34岁	9	2	7				6	4	2
35-39岁	9	3	6	5	4	1	7	4	3
40-44岁	5	1	4	1	1		4	4	
45-49岁	4	3	1	2	1	1	5	4	1
50-54岁	5	2	3				8	7	1
55-59岁	2		2	1		1	6	3	3
60-64岁	4	3	1	3	1	2	1		1
65岁及以上	7	5	2	2	1	1	5	2	3

8-7 续表 67

单位：人

民族 年龄	寄挂户口			婚姻嫁娶			其他		
	小计	男	女	小计	男	女	小计	男	女
裕固族	**86**	**50**	**36**	**143**	**15**	**128**	**718**	**330**	**388**
0-5岁	8	4	4				55	27	28
6-9岁	1		1				19	13	6
10-14岁	7	4	3				41	20	21
15-19岁	8	5	3	1		1	27	16	11
20-24岁	7	3	4	17		17	45	22	23
25-29岁	6	5	1	38	4	34	35	15	20
30-34岁	10	7	3	24	3	21	65	30	35
35-39岁	9	7	2	22	5	17	78	24	54
40-44岁	4	2	2	16	2	14	63	31	32
45-49岁	2		2	12	1	11	44	22	22
50-54岁	2	2		5		5	30	9	21
55-59岁	7	4	3	2		2	39	14	25
60-64岁	6	3	3	3		3	58	33	25
65岁及以上	9	4	5	3		3	119	54	65
京族	**49**	**29**	**20**	**361**	**26**	**335**	**219**	**108**	**111**
0-5岁	1	1					20	12	8
6-9岁	6	4	2				7	4	3
10-14岁	4	1	3				6	2	4
15-19岁	5	3	2	17		17	13	6	7
20-24岁	1	1		50		50	21	13	8
25-29岁	5	2	3	75	2	73	18	7	11
30-34岁	2	2		67	6	61	21	10	11
35-39岁	7	4	3	47	6	41	26	13	13
40-44岁	3	1	2	39	6	33	18	7	11
45-49岁	3	3		27	5	22	15	8	7
50-54岁	1	1		20	1	19	17	8	9
55-59岁	1	1		8		8	13	6	7
60-64岁				2		2	8	5	3
65岁及以上	10	5	5	9		9	16	7	9
塔塔尔族	**2**	**1**	**1**	**36**	**4**	**32**	**70**	**40**	**30**
0-5岁							4	4	
6-9岁							5	3	2
10-14岁							2	1	1
15-19岁							7	4	3
20-24岁				5	1	4	5	2	3
25-29岁	1		1	9	1	8	4	2	2
30-34岁				7		7	5	3	2
35-39岁				9	1	8	4	2	2
40-44岁				3		3	9	5	4
45-49岁	1	1		2	1	1	9	5	4
50-54岁				1		1	3	2	1
55-59岁							2	2	
60-64岁							7	3	4
65岁及以上							4	2	2

8-7 续表 68

单位：人

民族 年龄	合计 合计	合计 男	合计 女	务工经商 小计	务工经商 男	务工经商 女
独龙族	**544**	**229**	**315**	**153**	**75**	**78**
0-5岁	26	17	9			
6-9岁	15	8	7			
10-14岁	15	6	9			
15-19岁	92	33	59	8	2	6
20-24岁	122	57	65	42	19	23
25-29岁	91	41	50	38	23	15
30-34岁	52	14	38	21	9	12
35-39岁	46	19	27	15	10	5
40-44岁	31	8	23	12	4	8
45-49岁	17	7	10	8	4	4
50-54岁	14	8	6	7	3	4
55-59岁	5	3	2	1		1
60-64岁	8	4	4			
65岁及以上	10	4	6	1	1	
鄂伦春族	**1999**	**881**	**1118**	**430**	**216**	**214**
0-5岁	127	61	66			
6-9岁	70	30	40			
10-14岁	130	64	66			
15-19岁	283	129	154	18	10	8
20-24岁	402	194	208	85	41	44
25-29岁	255	99	156	92	50	42
30-34岁	173	76	97	60	29	31
35-39岁	154	69	85	55	32	23
40-44岁	118	45	73	44	17	27
45-49岁	114	46	68	34	15	19
50-54岁	61	17	44	18	9	9
55-59岁	42	20	22	12	7	5
60-64岁	32	13	19	7	4	3
65岁及以上	38	18	20	5	2	3
赫哲族	**1359**	**658**	**701**	**493**	**277**	**216**
0-5岁	63	38	25			
6-9岁	47	21	26			
10-14岁	41	20	21			
15-19岁	154	72	82	49	24	25
20-24岁	343	155	188	111	63	48
25-29岁	177	86	91	102	58	44
30-34岁	144	52	92	72	33	39
35-39岁	110	69	41	64	42	22
40-44岁	67	34	33	31	18	13
45-49岁	66	34	32	30	14	16
50-54岁	60	33	27	14	13	1
55-59岁	35	17	18	9	4	5
60-64岁	20	13	7	8	6	2
65岁及以上	32	14	18	3	2	1

8-7 续表 69 单位：人

民族 年龄	工作调动			学习培训		
	小计	男	女	小计	男	女
独龙族	**49**	**28**	**21**	**124**	**65**	**59**
0-5岁						
6-9岁				2	1	1
10-14岁				4	2	2
15-19岁				74	27	47
20-24岁	6	1	5	41	32	9
25-29岁	18	9	9	3	3	
30-34岁	6	3	3			
35-39岁	9	6	3			
40-44岁	4	3	1			
45-49岁	2	2				
50-54岁	1	1				
55-59岁	2	2				
60-64岁	1	1				
65岁及以上						
鄂伦春族	**115**	**59**	**56**	**495**	**231**	**264**
0-5岁						
6-9岁				13	6	7
10-14岁				54	27	27
15-19岁	2	1	1	200	94	106
20-24岁	16	9	7	199	96	103
25-29岁	35	11	24	17	4	13
30-34岁	18	11	7	3	1	2
35-39岁	15	8	7	1		1
40-44岁	7	3	4	4	1	3
45-49岁	13	11	2	3	1	2
50-54岁	5	2	3			
55-59岁	2	1	1			
60-64岁	1	1				
65岁及以上	1	1		1	1	
赫哲族	**61**	**29**	**32**	**287**	**127**	**160**
0-5岁						
6-9岁				7	4	3
10-14岁				9	5	4
15-19岁				82	37	45
20-24岁	14	4	10	180	77	103
25-29岁	17	6	11	5	3	2
30-34岁	9	5	4	3		3
35-39岁	8	5	3	1	1	
40-44岁	8	4	4			
45-49岁	5	5				
50-54岁						
55-59岁						
60-64岁						
65岁及以上						

8-7 续表 70

单位：人

民族 年龄	随迁家属			投靠亲友			拆迁搬家		
	小计	男	女	小计	男	女	小计	男	女
独龙族	**80**	**32**	**48**	**15**	**6**	**9**	**8**	**3**	**5**
0-5岁	23	15	8	1	1		1		1
6-9岁	11	6	5	2	1	1			
10-14岁	10	3	7						
15-19岁	5	3	2	1		1			
20-24岁	5		5	3	2	1			
25-29岁	5		5	1		1			
30-34岁	5	1	4	1		1			
35-39岁	6	1	5						
40-44岁	2		2	1		1	2	1	1
45-49岁	3		3				1		1
50-54岁	1	1		1	1		1	1	
55-59岁	1	1							
60-64岁	2	1	1	1		1	1	1	
65岁及以上	1		1	3	1	2	2		2
鄂伦春族	**330**	**130**	**200**	**112**	**45**	**67**	**218**	**98**	**120**
0-5岁	92	44	48	17	6	11	6	5	1
6-9岁	41	16	25	10	4	6	2		2
10-14岁	47	20	27	11	4	7	10	6	4
15-19岁	32	13	19	5	2	3	12	6	6
20-24岁	28	12	16	10	7	3	21	12	9
25-29岁	21	8	13	4	2	2	35	12	23
30-34岁	16	4	12	10	6	4	25	14	11
35-39岁	10	1	9	7	2	5	24	13	11
40-44岁	10	2	8	3	1	2	19	8	11
45-49岁	9	2	7	7	2	5	20	6	14
50-54岁	9		9	5	2	3	15	2	13
55-59岁	6	4	2	7	1	6	10	5	5
60-64岁	4	2	2	8	3	5	9	3	6
65岁及以上	5	2	3	8	3	5	10	6	4
赫哲族	**172**	**77**	**95**	**75**	**30**	**45**	**133**	**69**	**64**
0-5岁	44	29	15	9	4	5	3	1	2
6-9岁	28	10	18	6	2	4	4	3	1
10-14岁	20	7	13	5	3	2	4	4	
15-19岁	15	7	8	4	1	3	2	1	1
20-24岁	13	7	6	3	1	2	6	1	5
25-29岁	10	5	5	3	2	1	10	5	5
30-34岁	11	4	7	3		3	17	4	13
35-39岁	4	1	3	4	2	2	14	9	5
40-44岁	5	1	4				14	7	7
45-49岁	6	1	5	5	2	3	14	9	5
50-54岁	6	1	5	12	2	10	18	10	8
55-59岁	3		3	10	7	3	9	6	3
60-64岁	2	2		3	2	1	6	2	4
65岁及以上	5	2	3	8	2	6	12	7	5

8-7 续表 71

单位：人

民族	寄挂户口			婚姻嫁娶			其他		
年龄	小计	男	女	小计	男	女	小计	男	女
独龙族	**1**		**1**	**93**	**8**	**85**	**21**	**12**	**9**
0-5岁							1	1	
6-9岁									
10-14岁							1	1	
15-19岁				3		3	1	1	
20-24岁	1		1	19	1	18	5	2	3
25-29岁				23	3	20	3	3	
30-34岁				17		17	2	1	1
35-39岁				14	1	13	2	1	1
40-44岁				8		8	2		2
45-49岁				3	1	2			
50-54岁				3	1	2			
55-59岁							1		1
60-64岁				2		2	1	1	
65岁及以上				1	1		2	1	1
鄂伦春族	**14**	**7**	**7**	**145**	**17**	**128**	**140**	**78**	**62**
0-5岁	2	2					10	4	6
6-9岁							4	4	
10-14岁	4	3	1				4	4	
15-19岁	1		1	3		3	10	3	7
20-24岁	1	1		26	3	23	16	13	3
25-29岁	1		1	35	3	32	15	9	6
30-34岁	2		2	24	2	22	15	9	6
35-39岁	2	1	1	20	3	17	20	9	11
40-44岁				17	5	12	14	8	6
45-49岁				13	1	12	15	8	7
50-54岁	1		1	3		3	5	2	3
55-59岁				1		1	4	2	2
60-64岁				1		1	2		2
65岁及以上				2		2	6	3	3
赫哲族	**12**	**6**	**6**	**68**	**10**	**58**	**58**	**33**	**25**
0-5岁	3	2	1				4	2	2
6-9岁	1	1					1	1	
10-14岁	1		1				2	1	1
15-19岁							2	2	
20-24岁	1		1	11		11	4	2	2
25-29岁				21	2	19	9	5	4
30-34岁				18	3	15	11	3	8
35-39岁	3	2	1	6	1	5	6	6	
40-44岁				4	1	3	5	3	2
45-49岁				2	1	1	4	2	2
50-54岁				2	2		8	5	3
55-59岁				4		4			
60-64岁							1	1	
65岁及以上	3	1	2				1		1

8-7 续表 72

单位：人

民 族	合 计			务工经商		
年 龄	合计	男	女	小计	男	女
门巴族	**817**	**326**	**491**	**207**	**73**	**134**
0-5岁	29	15	14			
6-9岁	41	23	18			
10-14岁	42	19	23			
15-19岁	122	46	76	24	3	21
20-24岁	219	68	151	48	14	34
25-29岁	92	44	48	42	17	25
30-34岁	69	18	51	27	7	20
35-39岁	50	22	28	26	12	14
40-44岁	39	22	17	21	12	9
45-49岁	28	15	13	10	5	5
50-54岁	20	9	11	3	2	1
55-59岁	18	8	10	1		1
60-64岁	21	9	12	2		2
65岁及以上	27	8	19	3	1	2
珞巴族	**224**	**113**	**111**	**46**	**32**	**14**
0-5岁	6	1	5			
6-9岁	8	4	4			
10-14岁	15	7	8			
15-19岁	43	19	24	7	4	3
20-24岁	48	22	26	12	9	3
25-29岁	23	9	14	7	6	1
30-34岁	26	18	8	7	5	2
35-39岁	19	13	6	6	4	2
40-44岁	9	4	5	6	4	2
45-49岁	4	2	2			
50-54岁	6	3	3			
55-59岁	5	3	2	1		1
60-64岁	5	2	3			
65岁及以上	7	6	1			
基诺族	**2112**	**834**	**1278**	**622**	**230**	**392**
0-5岁	134	75	59			
6-9岁	79	44	35			
10-14岁	80	28	52			
15-19岁	388	150	238	58	25	33
20-24岁	467	149	318	179	58	121
25-29岁	284	93	191	119	45	74
30-34岁	203	78	125	98	34	64
35-39岁	181	80	101	79	31	48
40-44岁	120	51	69	50	17	33
45-49岁	56	25	31	16	7	9
50-54岁	32	17	15	6	4	2
55-59岁	29	16	13	12	7	5
60-64岁	20	11	9	2	1	1
65岁及以上	39	17	22	3	1	2

8-7 续表 73　　单位：人

民族 年龄	工作调动			学习培训		
	小计	男	女	小计	男	女
门巴族	**57**	**32**	**25**	**241**	**91**	**150**
0-5岁						
6-9岁				16	9	7
10-14岁				16	6	10
15-19岁	2		2	67	29	38
20-24岁	7	3	4	132	40	92
25-29岁	9	6	3	9	6	3
30-34岁	10	5	5	1	1	
35-39岁	5	2	3			
40-44岁	7	5	2			
45-49岁	5	3	2			
50-54岁	3	2	1			
55-59岁	5	3	2			
60-64岁	3	3				
65岁及以上	1		1			
珞巴族	**4**	**2**	**2**	**47**	**16**	**31**
0-5岁						
6-9岁				1		1
10-14岁				2		2
15-19岁				20	8	12
20-24岁	1		1	22	7	15
25-29岁				2	1	1
30-34岁	1	1				
35-39岁						
40-44岁	1		1			
45-49岁						
50-54岁	1	1				
55-59岁						
60-64岁						
65岁及以上						
基诺族	**178**	**94**	**84**	**405**	**157**	**248**
0-5岁						
6-9岁				11	5	6
10-14岁				16	2	14
15-19岁	5	1	4	265	105	160
20-24岁	48	15	33	106	43	63
25-29岁	51	24	27	3	1	2
30-34岁	25	17	8	1		1
35-39岁	19	13	6	1		1
40-44岁	14	12	2	2	1	1
45-49岁	10	7	3			
50-54岁	3	2	1			
55-59岁	1	1				
60-64岁	2	2				
65岁及以上						

8-7 续表 74

单位：人

民 族 年 龄	随迁家属			投靠亲友			拆迁搬家		
	小计	男	女	小计	男	女	小计	男	女
门巴族	**85**	**31**	**54**	**48**	**21**	**27**	**48**	**26**	**22**
0-5岁	13	10	3	6	3	3	3	2	1
6-9岁	16	9	7	5	1	4	3	3	
10-14岁	12	4	8	6	4	2	3	2	1
15-19岁	13	6	7	5	4	1	3	3	
20-24岁	6		6	3	2	1	2		2
25-29岁	6		6	1	1		2	1	1
30-34岁	4		4	4	1	3	3		3
35-39岁	1	1		3	2	1	6	3	3
40-44岁	1		1	2	1	1	4	2	2
45-49岁	1		1				3	3	
50-54岁	4	1	3				4	2	2
55-59岁	2		2	3	1	2	4	2	2
60-64岁	3		3	1		1	4	2	2
65岁及以上	3		3	9	1	8	4	1	3
珞巴族	**17**	**8**	**9**	**21**	**12**	**9**	**49**	**27**	**22**
0-5岁	4	1	3				1		1
6-9岁	2		2	2	2		3	2	1
10-14岁	2	2		3	2	1	6	2	4
15-19岁	3	1	2	1		1	7	6	1
20-24岁	2	2					5	2	3
25-29岁	1		1	5	2	3	2		2
30-34岁	2	1	1	1	1		5	3	2
35-39岁				3	2	1	6	4	2
40-44岁							1		1
45-49岁				1		1	3	2	1
50-54岁							5	2	3
55-59岁				1	1		1	1	
60-64岁				2		2	2	2	
65岁及以上	1	1		2	2		2	1	1
基诺族	**311**	**137**	**174**	**110**	**51**	**59**	**50**	**18**	**32**
0-5岁	94	56	38	18	10	8	2		2
6-9岁	43	24	19	14	8	6	1	1	
10-14岁	50	22	28	7	4	3			
15-19岁	25	9	16	6	3	3	2	1	1
20-24岁	24	7	17	5	1	4	5		5
25-29岁	18	4	14	8	3	5	7	1	6
30-34岁	12	5	7	3	2	1	11	5	6
35-39岁	8	1	7	6	3	3	4	2	2
40-44岁	4		4	6	2	4	4	1	3
45-49岁	8	1	7	4	2	2	6	2	4
50-54岁	6	1	5	6	2	4	2	1	1
55-59岁	5	3	2	5	1	4	2	1	1
60-64岁	4	1	3	3	1	2	3	2	1
65岁及以上	10	3	7	19	9	10	1	1	

8-7 续表 75　　　　单位：人

民族 年龄	寄挂户口			婚姻嫁娶			其他		
	小计	男	女	小计	男	女	小计	男	女
门巴族				**54**	**19**	**35**	**77**	**33**	**44**
0-5岁							7		7
6-9岁							1	1	
10-14岁							5	3	2
15-19岁				4		4	4	1	3
20-24岁				16	6	10	5	3	2
25-29岁				10	5	5	13	8	5
30-34岁				14	2	12	6	2	4
35-39岁				4	2	2	5		5
40-44岁				2	1	1	2	1	1
45-49岁				1	1		8	3	5
50-54岁							6	2	4
55-59岁							3	2	1
60-64岁				1		1	7	4	3
65岁及以上				2	2		5	3	2
珞巴族				**24**	**7**	**17**	**16**	**9**	**7**
0-5岁							1		1
6-9岁									
10-14岁							2	1	1
15-19岁				4		4	1		1
20-24岁				5	1	4	1	1	
25-29岁				5		5	1		1
30-34岁				6	4	2	4	3	1
35-39岁				2	2		2	1	1
40-44岁				1		1			
45-49岁									
50-54岁									
55-59岁				1		1	1	1	
60-64岁							1		1
65岁及以上							2	2	
基诺族	**7**	**6**	**1**	**266**	**54**	**212**	**163**	**87**	**76**
0-5岁	1	1					19	8	11
6-9岁	1	1					9	5	4
10-14岁	1		1				6		6
15-19岁				13		13	14	6	8
20-24岁				60	5	55	40	20	20
25-29岁	1	1		65	4	61	12	10	2
30-34岁				42	9	33	11	6	5
35-39岁	1	1		44	18	26	19	11	8
40-44岁	2	2		26	9	17	12	7	5
45-49岁				8	3	5	4	3	1
50-54岁				5	4	1	4	3	1
55-59岁				2	1	1	2	2	
60-64岁				1	1		5	3	2
65岁及以上							6	3	3

8-7 续表 76

单位：人

民族 / 年龄	合计			务工经商		
	合计	男	女	小计	男	女
其他未识别的民族	**80482**	**41941**	**38541**	**34124**	**19617**	**14507**
0-5岁	5578	3175	2403			
6-9岁	5974	3336	2638			
10-14岁	8837	4713	4124			
15-19岁	9826	5028	4798	2365	1268	1097
20-24岁	10977	5045	5932	5514	2933	2581
25-29岁	8453	4083	4370	5573	3180	2393
30-34岁	9113	4610	4503	6492	3724	2768
35-39岁	8367	4584	3783	6052	3621	2431
40-44岁	5913	3229	2684	4274	2508	1766
45-49岁	3025	1685	1340	2144	1279	865
50-54岁	1299	772	527	795	541	254
55-59岁	1010	523	487	522	315	207
60-64岁	828	464	364	228	145	83
65岁及以上	1282	694	588	165	103	62
外国人加入中国籍	**229**	**104**	**125**	**87**	**51**	**36**
0-5岁	4	4				
6-9岁	3	3				
10-14岁	1		1			
15-19岁	31	12	19	6	3	3
20-24岁	48	20	28	13	6	7
25-29岁	26	16	10	18	10	8
30-34岁	19	8	11	12	8	4
35-39岁	24	14	10	16	9	7
40-44岁	21	7	14	9	6	3
45-49岁	17	7	10	7	4	3
50-54岁	11	4	7	2	2	
55-59岁	7	1	6	1	1	
60-64岁	2	2		1	1	
65岁及以上	15	6	9	2	1	1

8-7 续表 77

单位：人

民族 年龄	工作调动			学习培训		
	小计	男	女	小计	男	女
其他未识别的民族	**1573**	**1068**	**505**	**10426**	**5561**	**4865**
0-5岁						
6-9岁				1069	618	451
10-14岁				2312	1257	1055
15-19岁	29	18	11	4290	2174	2116
20-24岁	218	100	118	2493	1337	1156
25-29岁	439	280	159	193	141	52
30-34岁	280	204	76	26	13	13
35-39岁	231	170	61	13	5	8
40-44岁	156	111	45	13	7	6
45-49岁	78	63	15	7	3	4
50-54岁	45	33	12			
55-59岁	19	18	1			
60-64岁	37	34	3	4	2	2
65岁及以上	41	37	4	6	4	2
外国人加入中国籍	**15**	**11**	**4**	**50**	**20**	**30**
0-5岁						
6-9岁						
10-14岁						
15-19岁				25	9	16
20-24岁	3	3		24	10	14
25-29岁	3	3				
30-34岁	1		1			
35-39岁	3	2	1			
40-44岁	2	1	1			
45-49岁						
50-54岁	1		1			
55-59岁						
60-64岁	1	1				
65岁及以上	1	1		1	1	

8-7 续表 78

单位：人

民族 年龄	随迁家属			投靠亲友			拆迁搬家		
	小计	男	女	小计	男	女	小计	男	女
其他未识别的民族	**19610**	**9752**	**9858**	**2580**	**1273**	**1307**	**2329**	**1298**	**1031**
0-5岁	4390	2514	1876	493	259	234	73	45	28
6-9岁	4054	2243	1811	386	206	180	100	60	40
10-14岁	5250	2810	2440	512	268	244	199	99	100
15-19岁	2168	1175	993	206	106	100	131	58	73
20-24岁	893	357	536	90	32	58	105	57	48
25-29岁	571	117	454	75	31	44	143	68	75
30-34岁	560	80	480	91	42	49	331	174	157
35-39岁	447	76	371	82	30	52	397	238	159
40-44岁	360	58	302	73	39	34	321	187	134
45-49岁	186	27	159	50	33	17	186	108	78
50-54岁	104	25	79	61	27	34	97	50	47
55-59岁	116	33	83	62	22	40	78	45	33
60-64岁	157	71	86	117	48	69	64	47	17
65岁及以上	354	166	188	282	130	152	104	62	42
外国人加入中国籍	**19**	**7**	**12**	**6**	**2**	**4**	**15**	**7**	**8**
0-5岁	3	3					1	1	
6-9岁	1	1		1	1		1	1	
10-14岁	1		1						
15-19岁									
20-24岁	2	1	1						
25-29岁	1	1		1		1	2	2	
30-34岁									
35-39岁									
40-44岁	3		3				2		2
45-49岁							2	2	
50-54岁	4		4	1	1		1		1
55-59岁	1		1	2		2	1		1
60-64岁									
65岁及以上	3	1	2	1		1	5	1	4

8-7 续表 79 单位：人

民族 年龄	寄挂户口			婚姻嫁娶			其他		
	小计	男	女	小计	男	女	小计	男	女
其他未识别的民族	**145**	**83**	**62**	**5100**	**716**	**4384**	**4595**	**2573**	**2022**
0-5岁	21	11	10				601	346	255
6-9岁	9	6	3				356	203	153
10-14岁	18	6	12				546	273	273
15-19岁	13	8	5	237	2	235	387	219	168
20-24岁	6	3	3	1315	30	1285	343	196	147
25-29岁	11	6	5	1101	64	1037	347	196	151
30-34岁	12	7	5	864	113	751	457	253	204
35-39岁	8	3	5	671	169	502	466	272	194
40-44岁	9	7	2	366	117	249	341	195	146
45-49岁	3	1	2	214	86	128	157	85	72
50-54岁	4	2	2	89	35	54	104	59	45
55-59岁	4	2	2	91	32	59	118	56	62
60-64岁	11	8	3	82	31	51	128	78	50
65岁及以上	16	13	3	70	37	33	244	142	102
外国人加入中国籍	**1**	**1**		**22**	**1**	**21**	**14**	**4**	**10**
0-5岁									
6-9岁									
10-14岁									
15-19岁									
20-24岁				6		6			
25-29岁				1		1			
30-34岁				3		3	3		3
35-39岁				3	1	2	2	2	
40-44岁				4		4	1		1
45-49岁	1	1		5		5	2		2
50-54岁							2	1	1
55-59岁							2		2
60-64岁									
65岁及以上							2	1	1

8-8 少数民族按现住地、五年前常住地分的人口（长表数据）

单位：人

现住地	合计	省内	五年前常住地						
			小计	北京	天津	河北	山西	内蒙古	辽宁
全　国	**9865734**	**9532912**	**332822**	**1952**	**869**	**7664**	**672**	**11087**	**8166**
北　京	75898	58633	17265		208	3960	103	2176	1791
天　津	28877	23693	5184	66		928	46	702	549
河　北	267657	262866	4791	489	115		33	873	694
山　西	7682	6844	838	7	5	47		138	69
内蒙古	429516	424841	4675	174	60	619	59		666
辽　宁	608290	600136	8154	78	59	355	37	2381	
吉　林	172138	168585	3553	80	28	97	9	643	646
黑龙江	115075	113130	1945	40	27	88	7	541	398
上　海	26060	13784	12276	135	42	108	16	320	497
江　苏	31124	18166	12958	57	21	121	8	290	315
浙　江	115913	44428	71485	40	35	94	23	184	272
安　徽	31551	29290	2261	21	4	33	3	69	66
福　建	64280	48516	15764	27	16	48	13	73	103
江　西	11379	9603	1776	10	3	30	2	119	48
山　东	61696	54997	6699	68	20	143	23	691	571
河　南	95121	93706	1415	31	10	39	13	111	72
湖　北	218096	213538	4558	71	19	90	38	217	116
湖　南	543334	538309	5025	39	17	51	14	66	83
广　东	173686	70637	103049	92	26	134	35	315	375
广　西	1489806	1481663	8143	61	29	66	25	66	92
海　南	130701	128164	2537	18	7	29	9	98	73
重　庆	160417	156951	3466	27	10	54	12	101	81
四　川	455307	451091	4216	40	10	77	19	74	103
贵　州	1104291	1095141	9150	64	23	78	36	41	56
云　南	1391080	1385070	6010	40	18	71	18	44	72
西　藏	224114	222964	1150	23	3	11	2	3	10
陕　西	15898	13032	2866	28	11	123	20	287	101
甘　肃	246549	244205	2344	20	13	49	11	142	94
青　海	232394	230102	2292	24	10	23	7	49	34
宁　夏	197112	195587	1525	18	7	45	15	204	50
新　疆	1140692	1135240	5452	64	13	53	16	69	69

8-8 续表 1　　单位：人

现住地	五年前常住地								
	吉林	黑龙江	上海	江苏	浙江	安徽	福建	江西	山东
全　国	**8911**	**6745**	**991**	**1501**	**4102**	**1900**	**2007**	**1393**	**1871**
北　京	1345	933	65	83	52	93	66	52	252
天　津	540	443	11	20	19	23	17	8	122
河　北	299	406	5	18	20	20	14	10	75
山　西	21	12	2	1	14	3	3	1	4
内蒙古	387	315	13	14	22	12	11	8	85
辽　宁	1842	1479	32	40	31	45	31	15	159
吉　林		503	56	28	30	12	13	18	154
黑龙江	286		13	10	10	6	4	3	108
上　海	681	313		205	205	404	134	53	122
江　苏	375	154	75		86	315	38	27	78
浙　江	336	179	141	199		389	299	259	86
安　徽	40	17	38	48	48		21	8	16
福　建	79	54	45	51	187	67		169	29
江　西	36	15	3	3	36	10	27		12
山　东	1517	1062	15	22	22	14	23	1	
河　南	62	30	11	10	17	12	12	6	38
湖　北	41	22	35	74	350	67	109	35	55
湖　南	61	20	17	42	403	25	96	50	28
广　东	441	439	62	65	153	121	231	362	70
广　西	138	88	55	49	175	48	114	100	51
海　南	50	46	1	10	16	11	28	14	4
重　庆	35	19	36	45	190	7	89	14	19
四　川	55	26	16	34	46	11	30	27	23
贵　州	42	22	132	260	1753	70	481	94	40
云　南	68	43	41	90	126	33	73	28	108
西　藏	4	2	10	9	5	4	1	3	2
陕　西	46	39	3	9	11	15	5	4	33
甘　肃	28	16	5	14	22	18	16	6	25
青　海	6	8	21	16	25	11	2	5	19
宁　夏	28	13	3	10	12	16	6	7	19
新　疆	22	27	29	22	16	18	13	6	35

8-8 续表 2

单位: 人

现住地	五年前常住地								
	河南	湖北	湖南	广东	广西	海南	重庆	四川	贵州
全　国	**3871**	**14327**	**33831**	**11391**	**62977**	**2111**	**11565**	**7104**	**74818**
北　京	337	596	675	91	645	59	226	260	661
天　津	110	133	118	17	182	35	140	49	252
河　北	89	127	101	25	167	26	90	107	238
山　西	39	45	30	8	31	10	27	51	54
内蒙古	59	61	48	31	64	12	72	131	90
辽　宁	63	109	123	60	129	22	90	42	213
吉　林	41	15	54	27	39	20	8	36	71
黑龙江	11	20	38	26	65	8	7	12	58
上　海	270	633	898	253	851	62	579	219	2448
江　苏	242	839	998	123	728	39	648	509	3966
浙　江	547	5293	11525	1251	3797	121	3754	1135	34180
安　徽	68	68	137	42	137	15	66	136	444
福　建	129	1083	1632	462	1179	65	1992	409	5820
江　西	16	68	181	107	241	17	28	22	510
山　东	96	69	112	24	139	15	113	155	358
河　南		53	62	27	107	13	11	44	105
湖　北	136		418	465	443	52	318	138	495
湖　南	61	251		1398	546	48	118	119	1092
广　东	720	3597	14188		50061	991	2067	1387	18546
广　西	98	170	670	3629		193	69	171	1172
海　南	35	66	195	144	1041		29	23	347
重　庆	31	399	156	237	214	19		229	862
四　川	66	150	178	92	290	24	317		497
贵　州	77	140	837	2410	817	69	358	319	
云　南	119	97	186	332	681	116	143	564	1923
西　藏	9	14	19	4	3	1	24	234	13
陕　西	116	68	76	19	147	23	43	72	181
甘　肃	56	41	65	15	93	17	37	114	91
青　海	29	29	12	20	25	2	13	201	19
宁　夏	61	20	35	10	61	13	19	20	58
新　疆	140	73	64	42	54	4	159	196	54

8-8 续表 3 单位：人

现住地	五年前常住地							
	云南	西藏	陕西	甘肃	青海	宁夏	新疆	港澳台或国外
全　国	**23566**	**2332**	**1019**	**7810**	**4528**	**4212**	**5453**	**2076**
北　京	474	167	119	423	185	308	735	125
天　津	125	26	25	69	156	84	159	10
河　北	258	46	34	98	144	102	57	11
山　西	77	15	3	33	60	8	20	
内蒙古	137	4	51	453	88	798	87	44
辽　宁	133	65	39	53	108	34	125	162
吉　林	57	15	37	21	63	29	112	591
黑龙江	20	16	6	6	13	9	56	33
上　海	1361	114	40	185	422	92	533	81
江　苏	1521	149	36	333	284	93	466	24
浙　江	5999	103	54	176	348	152	489	25
安　徽	505	38	13	68	49	13	30	
福　建	1533	52	15	178	49	61	106	38
江　西	96	18	5	28	23	27	34	1
山　东	585	19	13	148	206	91	349	15
河　南	104	28	16	98	90	48	125	10
湖　北	177	41	34	157	115	42	185	3
湖　南	193	24	14	27	28	11	76	7
广　东	7025	69	130	227	348	119	632	21
广　西	568	16	36	37	42	10	66	39
海　南	159	1	7	9	27	10	26	4
重　庆	358	22	15	30	38	28	87	2
四　川	946	318	18	174	300	52	138	65
贵　州	744	20	29	37	38	9	46	8
云　南		50	28	51	54	30	56	707
西　藏	60		44	424	196	4	9	
陕　西	98	426		289	154	201	216	2
甘　肃	100	189	28		507	277	235	
青　海	34	268	29	1245		41	59	6
宁　夏	40	9	55	474	55		139	3
新　疆	79	4	46	2259	338	1429		39

8-9 各民族按五年前常住地分的人口(长表数据)

单位：人

民族	合计	省内	五年前常住地						
			小计	北京	天津	河北	山西	内蒙古	辽宁
总计	**119893223**	**114370425**	**5522798**	**40595**	**21336**	**201739**	**79368**	**64759**	**68542**
汉族	110027489	104837513	5189976	38643	20467	194075	78696	53672	60376
蒙古族	513376	499696	13680	256	81	675	76	8426	1069
回族	947751	922632	25119	308	192	1097	178	488	331
藏族	548947	543752	5195	50	13	19	11	17	6
维吾尔族	888546	884921	3625	39	11	13	8	4	14
苗族	822242	767474	54768	66	21	58	25	15	36
彝族	792926	780741	12185	26	11	36	26	6	11
壮族	1470634	1405539	65095	81	39	89	35	19	22
布依族	258431	239176	19255	14	4	16	5	5	6
朝鲜族	139108	128123	10985	237	98	82	21	157	634
满族	933265	911715	21550	592	302	5308	152	1580	5798
侗族	258822	242370	16452	33	5	7	13	5	10
瑶族	238802	227874	10928	22	3	11	5	4	6
白族	174829	171177	3652	11	3	16	7	1	5
土家族	707740	662324	45416	130	58	138	64	12	46
哈尼族	149603	147933	1670	5		4		2	3
哈萨克族	122497	121816	681	8	2	5	4	2	6
傣族	115730	114093	1637	1	2	2	1	1	3
黎族	132737	130164	2573	7	4	5	9	7	5
傈僳族	65567	64840	727	1		9	1	1	2
佤族	39167	38080	1087				2		
畲族	61108	59415	1693	5	4	8	10		6
高山族	355	315	40	2		3			
拉祜族	45127	44581	546			2			
水族	37946	35399	2547	2		4	2	1	
东乡族	66393	65638	755	2			1	1	1
纳西族	30766	30528	238	4	1	2	1		1
景颇族	13285	13000	285				2		1
柯尔克孜族	17112	17035	77					1	
土族	25918	24464	1454	3	1	6	1	2	
达斡尔族	11202	10806	396	10	7	5		211	12
仫佬族	17738	16697	1041	4		4	1		1
羌族	29926	29451	475	3	1	1	4		
布朗族	10820	10562	258	1	1				
撒拉族	11543	11112	431	2		1		1	
毛南族	9023	8498	525						
仡佬族	48926	45817	3109	11	1	9	1	1	2
锡伯族	17097	16780	317	3	2	11	2	10	118
阿昌族	3256	3189	67	1				2	
普米族	3948	3909	39						
塔吉克族	4531	4520	11						
怒族	3436	3398	38		1				2
乌孜别克族	913	908	5						
俄罗斯族	1321	1265	56	1		3		10	3
鄂温克族	2570	2477	93	2		1		64	
德昂族	1853	1811	42						
保安族	1842	1803	39	1				1	
裕固族	1256	1220	36			2	1		
京族	2445	2398	47				1		
塔塔尔族	366	356	10	1				1	
独龙族	736	724	12	1					
鄂伦春族	744	702	42	1				23	3
赫哲族	469	426	43	2		1			
门巴族	997	980	17					3	1
珞巴族	343	337	6						
基诺族	2192	2169	23						
其他未识别的民族	57381	55670	1711	3	1	11	1	3	2
外国人加入中国籍	130	112	18				1		

8-9 续表 1

单位：人

民族	五年前常住地								
	吉林	黑龙江	上海	江苏	浙江	安徽	福建	江西	山东
总　计	**85389**	**146321**	**40101**	**189354**	**133940**	**552559**	**111366**	**348328**	**201499**
汉　族	76478	139576	39110	187853	129838	550659	109359	346935	199628
蒙古族	633	585	42	35	50	25	21	41	97
回　族	309	395	157	265	142	1190	166	99	703
藏　族	7	10	17	28	20	15	6	7	18
维吾尔族	7	3	24	23	12	6	3	5	16
苗　族	20	18	120	187	949	124	290	150	41
彝　族	17	8	24	79	163	42	88	27	34
壮　族	18	32	73	92	216	82	125	218	64
布依族	4	4	28	55	425	40	94	45	17
朝鲜族	5009	2906	122	71	55	17	22	12	333
满　族	2801	2522	72	120	83	77	47	74	310
侗　族	4	6	42	79	396	32	121	65	16
瑶　族	7		15	16	36	14	24	45	9
白　族	2	7	11	18	57	17	11	36	17
土家族	21	25	141	232	819	86	325	130	56
哈尼族	1	2	11	14	17	14	5	6	16
哈萨克族	1	6	4	8	4	7	1	11	6
傣　族	2	6	2	10	12	4	13	7	6
黎　族	3	4	8	15	43	15	15	18	4
傈僳族	2	2		8		4		1	18
佤　族			4	4	1	9	5	2	27
畲　族	1		23	9	272	10	529	331	8
高山族		1	1	1	1		4	1	
拉祜族			1	4	1	2	2	3	4
水　族	2	3	3	38	29	23	12	10	11
东乡族			1		1				
纳西族				3	1	2	1		2
景颇族	1	1			3	1			5
柯尔克孜族		5		4					
土　族	2	1	2	7	6	6	1	2	2
达斡尔族	7	112		5		1	1	2	4
仫佬族	3	1	4	2	11	1		2	7
羌　族	1	1	3	4	6	5	2	2	
布朗族	1		1	2			1	1	2
撒拉族	1			1					
毛南族		1	1		6	1	4	3	
仡佬族	3	2	22	24	161	15	25	18	2
锡伯族	15	24	1	3		2			7
阿昌族							1		
普米族									3
塔吉克族					1				
怒　族					1	2	1		1
乌孜别克族						1			
俄罗斯族	1	2	1	1	2			1	
鄂温克族	1	20	1						
德昂族									
保安族					1				
裕固族					4		1		
京　族				1	1		3	3	
塔塔尔族									1
独龙族		1							
鄂伦春族	1	14							
赫哲族	2	13				1			
门巴族									1
珞巴族									
基诺族									
其他未识别的民族	1	2	9	33	94	6	37	15	3
外国人加入中国籍						1			

8-9 续表 2

单位：人

民　族	五年前常住地								
	河南	湖北	湖南	广东	广西	海南	重庆	四川	贵州
总　计	**543037**	**380420**	**459191**	**161290**	**282053**	**23590**	**184406**	**498809**	**268075**
汉　族	539166	366093	425360	149899	219076	21479	172841	491705	193257
蒙古族	299	105	63	66	29	16	35	67	184
回　族	2339	312	390	192	100	42	62	327	626
藏　族	19	21	31	22	121	3	26	830	11
维吾尔族	13	14	37	32	8	3	6	26	14
苗　族	177	2214	11458	1985	1833	165	2425	962	27491
彝　族	40	44	50	231	65	27	55	2489	3076
壮　族	137	265	504	3644	52555	236	101	312	554
布依族	32	37	68	521	158	20	48	112	17181
朝鲜族	33	21	24	78	7	22	8	24	21
满　族	314	140	122	128	46	27	29	105	102
侗　族	58	335	4810	868	1116	21	35	114	8162
瑶　族	38	62	3731	691	5395	32	16	73	275
白　族	37	58	460	93	40	7	24	80	575
土家族	177	10288	11539	2024	157	69	8412	842	9120
哈尼族	11	4	18	49	4	6	13	33	18
哈萨克族	18	16	22	4	4		6	14	10
傣　族	8	6	13	34	9	25	13	36	26
黎　族	25	37	42	112	48	1314	13	33	728
傈僳族	2	3	7	11	1	7	3	19	8
佤　族	7	7	5	17		5	1	11	21
畲　族	7	36	37	122	15	5	9	17	163
高山族	3		2	1	3		2	7	4
拉祜族	7	3	3	8	1	10	1	11	6
水　族	11	10	21	53	73	2	2	30	2139
东乡族	2	1	1	8	3			3	13
纳西族	8	3	1	6			3	21	4
景颇族	2	1		4		19		2	3
柯尔克孜族	4		4	2				1	
土　族	12	241	301	15	6	4	167	41	245
达斡尔族		3	1			2		1	
仫佬族	2	3	10	52	747		1	8	166
羌　族	2	2	2	4			5	387	17
布朗族	2		4	5		2	1	1	18
撒拉族	1		1	5	3			1	8
毛南族		3	1	27	350	1	1		123
仡佬族	6	4	18	230	38	2	28	29	2412
锡伯族	3	4	4	4	2			1	1
阿昌族				3	1			3	
普米族								8	
塔吉克族		1			1				1
怒　族		2	3				2	1	3
乌孜别克族								1	
俄罗斯族		1	1						
鄂温克族				1					1
德昂族	1					2			
保安族	1							1	
裕固族	3								
京　族	1		2	3	10	3		1	9
塔塔尔族								1	
独龙族								1	1
鄂伦春族									
赫哲族	1	2	1	1	13				3
门巴族		1			2			3	
珞巴族									1
基诺族	1					2	1	1	
其他未识别的民族	6	17	19	35	13	5	11	12	1273
外国人加入中国籍	1					5		1	1

8-9 续表 3

单位：人

民族	五年前常住地							
	云南	西藏	陕西	甘肃	青海	宁夏	新疆	港澳台或国外
总计	**108907**	**6249**	**134749**	**104686**	**14998**	**15066**	**28669**	**23407**
汉族	85341	3917	133730	96876	10470	10854	23216	21331
蒙古族	37	6	81	64	139	42	276	59
回族	760	51	356	5878	2598	3998	944	124
藏族	96	2095	58	661	851	12	24	70
维吾尔族	10	4	13	27	13	4	3188	25
苗族	3665	22	54	31	12	6	41	107
彝族	5431	14	18	10	2	1	10	24
壮族	5267	22	67	52	32	13	62	67
布依族	270	7	8	8	3	1	10	9
朝鲜族	19	4	60	10	18	5	19	836
满族	66	15	131	152	50	101	83	101
侗族	56	7	17	5	1	1	6	6
瑶族	355	2	16	10	4		5	6
白族	2015	7	13	6	7	2	2	7
土家族	140	27	74	63	111	6	72	12
哈尼族	1336	2	1	1	3	1	7	63
哈萨克族	15	3	8	14		3	460	9
傣族	1247		2	3	3	1		139
黎族	44		5	5			2	3
傈僳族	567	1	3	1	2			43
佤族	913	1		2			1	42
畲族	22	2	2	1		3	4	32
高山族	4							
拉祜族	412		1					64
水族	56	1	6	2			1	
东乡族	5	7		653	21	5	26	
纳西族	171	2						1
景颇族	183							57
柯尔克孜族	5						51	
土族	14	4	6	57	286	1	11	1
达斡尔族	1		2			1	6	2
仫佬族	3	1	4					3
羌族	12	2	1	4	1		2	1
布朗族	102				3			110
撒拉族	8	3	1	34	354		6	
毛南族	2				1			
仡佬族	28		4	2	1		10	
锡伯族	1		3	4	2	4	74	12
阿昌族	53	1						2
普米族	26	1		1				
塔吉克族	1						6	
怒族	17	1	1					
乌孜别克族							3	
俄罗斯族							28	1
鄂温克族						1		1
德昂族	14							25
保安族				29	5			
裕固族	1			17	4		3	
京族	3	3						3
塔塔尔族	1						5	
独龙族	8							
鄂伦春族								
赫哲族	1						2	
门巴族		5						1
珞巴族		5						
基诺族	18							
其他未识别的民族	85	4	3	3	1		3	
外国人加入中国籍								8

8-10 各地区少数民族按现住地、受教育程度分的户口登记地在本省其他乡镇街道人口

单位：人

地 区	合 计			未上过学		
	合计	男	女	小计	男	女
全 国	**10930550**	**5283290**	**5647260**	**479241**	**155136**	**324105**
北 京	127617	60882	66735	1041	287	754
天 津	55847	27082	28765	822	203	619
河 北	321508	156872	164636	4207	1206	3001
山 西	10754	5291	5463	129	36	93
内蒙古	870709	409523	461186	18078	6063	12015
辽 宁	918105	443896	474209	8877	2757	6120
吉 林	305051	147549	157502	3846	1045	2801
黑龙江	141559	69739	71820	2024	653	1371
上 海	22478	10704	11774	192	51	141
江 苏	25879	12347	13532	325	71	254
浙 江	39583	18454	21129	1595	430	1165
安 徽	37587	17890	19697	1249	318	931
福 建	80998	41653	39345	1736	478	1258
江 西	9781	5103	4678	157	39	118
山 东	72688	35356	37332	1343	334	1009
河 南	122673	58711	63962	1768	540	1228
湖 北	230228	112242	117986	3803	902	2901
湖 南	505911	241513	264398	10682	2552	8130
广 东	73600	36176	37424	1153	293	860
广 西	1963215	950810	1012405	36841	7582	29259
海 南	110132	43168	66964	2011	556	1455
重 庆	179920	90068	89852	3574	823	2751
四 川	467282	220665	246617	84752	28625	56127
贵 州	978373	473887	504486	52191	10943	41248
云 南	1231348	613378	617970	75313	24723	50590
西 藏	87957	42779	45178	23879	9565	14314
陕 西	22784	11146	11638	324	99	225
甘 肃	197048	102981	94067	20335	7757	12578
青 海	348423	177969	170454	63625	24064	39561
宁 夏	338312	172183	166129	26915	8916	17999
新 疆	1033200	473273	559927	26454	13225	13229

8-10 续表 1　　单位：人

地区	小学			初中			高中		
	小计	男	女	小计	男	女	小计	男	女
全国	**2587381**	**1215405**	**1371976**	**3568485**	**1758929**	**1809556**	**2368761**	**1187776**	**1180985**
北京	9528	4452	5076	19626	9649	9977	27105	13059	14046
天津	5822	2804	3018	14595	7329	7266	15997	7636	8361
河北	52709	24288	28421	113346	55293	58053	88032	45415	42617
山西	1430	667	763	3482	1743	1739	2926	1456	1470
内蒙古	156634	73384	83250	268439	127776	140663	217046	103825	113221
辽宁	133282	63948	69334	400706	193126	207580	184539	91348	93191
吉林	38177	16715	21462	107727	52076	55651	87348	43571	43777
黑龙江	23147	10995	12152	54707	27876	26831	27749	14141	13608
上海	1524	693	831	3086	1352	1734	4992	2283	2709
江苏	2757	1095	1662	5320	2395	2925	6441	3197	3244
浙江	9743	4407	5336	12788	6062	6726	8491	4100	4391
安徽	6006	2705	3301	12758	6038	6720	8789	4488	4301
福建	21023	9858	11165	28520	15511	13009	15809	8604	7205
江西	1691	822	869	2891	1495	1396	2153	1233	920
山东	10909	5195	5714	22277	10965	11312	18377	9356	9021
河南	16221	8100	8121	37609	18362	19247	34037	16547	17490
湖北	34948	15979	18969	63667	30682	32985	76955	38370	38585
湖南	98082	44079	54003	157147	73559	83588	127793	64198	63595
广东	12109	5243	6866	28310	13820	14490	14704	7799	6905
广西	369955	162284	207671	769833	377521	392312	493455	251092	242363
海南	18291	7410	10881	50898	17292	33606	27150	12001	15149
重庆	39765	18279	21486	61205	31185	30020	48920	25260	23660
四川	176087	82792	93295	75731	40721	35010	70742	36955	33787
贵州	292306	130694	161612	300438	150518	149920	192190	101946	90244
云南	384092	186943	197149	357101	192211	164890	252253	126307	125946
西藏	30686	15718	14968	13477	6859	6618	6155	3311	2844
陕西	2483	1164	1319	5025	2474	2551	6038	2931	3107
甘肃	71167	34969	36198	42725	24848	17877	31722	17824	13898
青海	134331	69385	64946	69672	40148	29524	43836	24019	19817
宁夏	123696	60234	63462	102240	57793	44447	51411	27756	23655
新疆	308780	150104	158676	363139	162250	200889	175606	77748	97858

8-10 续表 2 单位：人

地区	大学专科			大学本科			研究生		
	小计	男	女	小计	男	女	小计	男	女
全国	**1066153**	**534411**	**531742**	**810285**	**406664**	**403621**	**50244**	**24969**	**25275**
北京	21710	10262	11448	39416	18698	20718	9191	4475	4716
天津	8260	4028	4232	9451	4641	4810	900	441	459
河北	37658	18088	19570	24473	12015	12458	1083	567	516
山西	1507	745	762	1196	607	589	84	37	47
内蒙古	109277	52741	56536	95317	43537	51780	5918	2197	3721
辽宁	91833	44046	47787	92615	45880	46735	6253	2791	3462
吉林	28761	14635	14126	37088	18378	18710	2104	1129	975
黑龙江	13134	6695	6439	19870	8932	10938	928	447	481
上海	3888	1889	1999	6796	3397	3399	2000	1039	961
江苏	4351	2168	2183	5906	3041	2865	779	380	399
浙江	3250	1555	1695	3332	1687	1645	384	213	171
安徽	4783	2269	2514	3703	1924	1779	299	148	151
福建	6756	3544	3212	6808	3467	3341	346	191	155
江西	1453	792	661	1353	682	671	83	40	43
山东	9465	4547	4918	9463	4597	4866	854	362	492
河南	17176	7903	9273	15076	6899	8177	786	360	426
湖北	25139	12884	12255	24490	12742	11748	1226	683	543
湖南	70877	35438	35439	39799	20836	18963	1531	851	680
广东	6799	3432	3367	9015	4778	4237	1510	811	699
广西	190500	97310	93190	98537	52652	45885	4094	2369	1725
海南	8243	4160	4083	3387	1660	1727	152	89	63
重庆	14498	8068	6430	11389	6123	5266	569	330	239
四川	38775	20711	18064	20209	10300	9909	986	561	425
贵州	82412	45677	36735	57082	33047	24035	1754	1062	692
云南	94929	48554	46375	65039	33276	31763	2621	1364	1257
西藏	6695	3734	2961	6990	3540	3450	75	52	23
陕西	3480	1637	1843	4903	2591	2312	531	250	281
甘肃	16858	9649	7209	13630	7574	6056	611	360	251
青海	21690	12005	9685	14635	7958	6677	634	390	244
宁夏	19932	10265	9667	13539	6925	6614	579	294	285
新疆	102064	44980	57084	55778	24280	31498	1379	686	693

8-11 各地区少数民族按现住地、受教育程度分的户口登记地在外省人口

单位：人

地区	合计			未上过学		
	合计	男	女	小计	男	女
全国	**4687440**	**2543289**	**2144151**	**124726**	**42093**	**82633**
北京	268222	134097	134125	2039	667	1372
天津	72449	40550	31899	996	458	538
河北	64883	32165	32718	1740	381	1359
山西	16663	9524	7139	752	293	459
内蒙古	66338	38218	28120	3398	1385	2013
辽宁	108473	54818	53655	1320	416	904
吉林	32973	15847	17126	484	137	347
黑龙江	25225	13173	12052	482	173	309
上海	168547	86870	81677	3800	1187	2613
江苏	186310	96518	89792	5290	1579	3711
浙江	905151	500836	404315	25210	7177	18033
安徽	32295	14116	18179	2439	647	1792
福建	273848	156473	117375	4624	1488	3136
江西	26724	14510	12214	772	276	496
山东	112161	54600	57561	4218	991	3227
河南	18990	9452	9538	690	199	491
湖北	40162	19892	20270	1028	377	651
湖南	45199	22374	22825	941	288	653
广东	1623181	908891	714290	13733	4489	9244
广西	73873	36135	37738	2192	501	1691
海南	41849	22948	18901	996	316	680
重庆	42211	19613	22598	1202	216	986
四川	56720	27112	29608	4018	791	3227
贵州	48358	24903	23455	1690	492	1198
云南	80333	46378	33955	5180	2062	3118
西藏	20545	13127	7418	5326	2773	2553
陕西	31144	16862	14282	724	344	380
甘肃	26649	13582	13067	2004	610	1394
青海	40155	23838	16317	9913	4691	5222
宁夏	17825	9812	8013	1238	471	767
新疆	119984	66055	53929	16287	6218	10069

8-11 续表 1

单位：人

地区	小学			初中			高中		
	小计	男	女	小计	男	女	小计	男	女
全 国	**1074466**	**528971**	**545495**	**2429090**	**1390149**	**1038941**	**598789**	**345201**	**253588**
北 京	24388	12376	12012	90437	50925	39512	57604	27279	30325
天 津	10885	6215	4670	32831	19413	13418	14603	7728	6875
河 北	13963	5838	8125	27034	14400	12634	9294	4889	4405
山 西	4008	1976	2032	7366	4593	2773	1942	1160	782
内蒙古	17038	9466	7572	29688	18135	11553	8274	4821	3453
辽 宁	18368	8932	9436	50784	25980	24804	16519	8495	8024
吉 林	5026	2289	2737	12603	6465	6138	4960	2537	2423
黑龙江	4568	2322	2246	9436	5056	4380	2878	1515	1363
上 海	28408	14139	14269	74536	41255	33281	27906	13791	14115
江 苏	55684	25622	30062	88285	49011	39274	22344	12266	10078
浙 江	311729	154003	157726	492784	292206	200578	60467	38751	21716
安 徽	11682	4298	7384	12211	5808	6403	2440	1387	1053
福 建	79860	39742	40118	158293	95910	62383	23834	15366	8468
江 西	5482	2970	2512	6944	4049	2895	3065	1734	1331
山 东	21360	8474	12886	39224	20465	18759	26309	13921	12388
河 南	3177	1440	1737	5480	2796	2684	3453	1835	1618
湖 北	7392	3700	3692	13172	6337	6835	5126	2616	2510
湖 南	8941	4175	4766	17167	8099	9068	7343	4145	3198
广 东	245708	120529	125179	1065033	606230	458803	239399	144124	95275
广 西	19347	8206	11141	33285	16914	16371	9628	5347	4281
海 南	11201	5636	5565	19607	11618	7989	4194	2541	1653
重 庆	7423	2499	4924	10378	4418	5960	5967	3392	2575
四 川	13774	5348	8426	14253	7415	6838	9242	5347	3895
贵 州	13366	6179	7187	21899	11453	10446	5848	3579	2269
云 南	31259	16606	14653	28986	18511	10475	7697	5026	2671
西 藏	7998	5355	2643	4873	3451	1422	1339	934	405
陕 西	4145	2417	1728	7631	4707	2924	3591	1983	1608
甘 肃	6714	3191	3523	5982	3363	2619	3199	2081	1118
青 海	17445	10596	6849	8069	5488	2581	2524	1790	734
宁 夏	5013	2646	2367	5823	3535	2288	1762	1058	704
新 疆	59114	31786	27328	34996	22143	12853	6038	3763	2275

8-11 续表 2 单位：人

地区	大学专科			大学本科			研究生		
	小计	男	女	小计	男	女	小计	男	女
全　国	**209799**	**108811**	**100988**	**233627**	**119752**	**113875**	**16943**	**8312**	**8631**
北　京	38998	16906	22092	49337	23322	26015	5419	2622	2797
天　津	7261	3715	3546	5503	2837	2666	370	184	186
河　北	6659	3253	3406	5962	3273	2689	231	131	100
山　西	901	476	425	1645	997	648	49	29	20
内蒙古	3626	2085	1541	4018	2185	1833	296	141	155
辽　宁	8214	4290	3924	12356	6340	6016	912	365	547
吉　林	2353	1139	1214	7019	3082	3937	528	198	330
黑龙江	2647	1376	1271	4978	2603	2375	236	128	108
上　海	13385	6232	7153	18356	9212	9144	2156	1054	1102
江　苏	6754	3627	3127	7318	4102	3216	635	311	324
浙　江	9530	5641	3889	5055	2863	2192	376	195	181
安　徽	1350	733	617	2063	1180	883	110	63	47
福　建	3977	2292	1685	3032	1584	1448	228	91	137
江　西	6145	3471	2674	4203	1981	2222	113	29	84
山　东	12205	6138	6067	8509	4450	4059	336	161	175
河　南	1797	1000	797	4272	2113	2159	121	69	52
湖　北	4024	2124	1900	8947	4501	4446	473	237	236
湖　南	5230	2673	2557	5341	2857	2484	236	137	99
广　东	40721	22816	17905	17517	10098	7419	1070	605	465
广　西	4850	2580	2270	4241	2416	1825	330	171	159
海　南	3116	1480	1636	2651	1318	1333	84	39	45
重　庆	5185	2953	2232	11599	5895	5704	457	240	217
四　川	4467	2516	1951	10359	5386	4973	607	309	298
贵　州	2714	1595	1119	2674	1511	1163	167	94	73
云　南	3201	2047	1154	3745	1995	1750	265	131	134
西　藏	476	303	173	501	287	214	32	24	8
陕　西	4935	2379	2556	9519	4746	4773	599	286	313
甘　肃	1190	684	506	7292	3526	3766	268	127	141
青　海	921	574	347	1223	656	567	60	43	17
宁　夏	945	527	418	2967	1539	1428	77	36	41
新　疆	2022	1186	836	1425	897	528	102	62	40

8-12 各地区少数民族按现住地、职业分的户口登记地在本省其他乡镇街道人口(长表数据)

单位：人

地区	合计			一、国家机关、党群组织、企业、事业单位负责人		
	合计	男	女	小计	男	女
全　国	**514142**	**271587**	**242555**	**13483**	**9697**	**3786**
北　京	6351	3227	3124	275	186	89
天　津	2269	1275	994	191	130	61
河　北	13721	7992	5729	709	545	164
山　西	424	254	170	19	16	3
内蒙古	38131	20746	17385	1166	823	343
辽　宁	44243	24272	19971	1636	1162	474
吉　林	12929	7207	5722	386	287	99
黑龙江	6133	3659	2474	229	173	56
上　海	1183	611	572	135	81	54
江　苏	1145	602	543	67	46	21
浙　江	2287	1184	1103	87	59	28
安　徽	1743	927	816	87	58	29
福　建	3993	2477	1516	187	136	51
江　西	350	200	150	15	11	4
山　东	3223	1703	1520	198	137	61
河　南	4701	2566	2135	204	152	52
湖　北	8918	4873	4045	316	240	76
湖　南	21065	11307	9758	546	378	168
广　东	5271	2786	2485	197	135	62
广　西	102896	51345	51551	1951	1338	613
海　南	5412	2076	3336	81	56	25
重　庆	6228	3452	2776	196	147	49
四　川	23611	10428	13183	477	352	125
贵　州	44234	22777	21457	1049	765	284
云　南	62538	32318	30220	1091	793	298
西　藏	4119	2073	2046	51	37	14
陕　西	904	483	421	64	42	22
甘　肃	8721	5233	3488	322	271	51
青　海	14185	8502	5683	375	304	71
宁　夏	16529	9529	7000	342	260	82
新　疆	46685	25503	21182	834	577	257

8-12 续表 1 单位：人

地区	二、专业技术人员			三、办事人员和有关人员			四、商业、服务业人员		
	小计	男	女	小计	男	女	小计	男	女
全国	**67066**	**31323**	**35743**	**37269**	**24368**	**12901**	**158310**	**70149**	**88161**
北京	2342	991	1351	1735	892	843	1306	605	701
天津	568	254	314	359	210	149	640	325	315
河北	2257	1012	1245	1082	696	386	4334	1943	2391
山西	83	40	43	61	37	24	164	85	79
内蒙古	6561	2808	3753	3932	2395	1537	11310	4776	6534
辽宁	5573	2455	3118	2702	1795	907	14686	6337	8349
吉林	2282	1054	1228	1109	780	329	5211	2319	2892
黑龙江	805	395	410	345	251	94	1980	968	1012
上海	402	188	214	282	139	143	253	123	130
江苏	305	137	168	185	109	76	292	132	160
浙江	333	149	184	143	94	49	708	297	411
安徽	264	103	161	190	114	76	681	317	364
福建	466	252	214	309	212	97	1116	531	585
江西	42	25	17	31	18	13	66	32	34
山东	546	206	340	340	215	125	1096	552	544
河南	776	326	450	522	311	211	2125	1098	1027
湖北	1362	641	721	723	470	253	2924	1194	1730
湖南	3189	1550	1639	1991	1327	664	7577	3290	4287
广东	659	315	344	485	273	212	1054	474	580
广西	10911	4885	6026	6218	4179	2039	36370	15086	21284
海南	492	209	283	338	231	107	1625	494	1131
重庆	829	444	385	461	317	144	1970	765	1205
四川	2420	1175	1245	1261	857	404	3314	1410	1904
贵州	5873	3087	2786	3101	2140	961	12764	5355	7409
云南	6478	3157	3321	3796	2667	1129	17230	6815	10415
西藏	455	255	200	370	255	115	1990	789	1201
陕西	192	91	101	96	50	46	407	193	214
甘肃	1362	878	484	719	471	248	3338	1972	1366
青海	1856	1067	789	898	585	313	3811	2033	1778
宁夏	1350	699	651	745	485	260	4071	1868	2203
新疆	6033	2475	3558	2740	1793	947	13897	7971	5926

8-12 续表 2

单位：人

地 区	五、农、林、牧、渔、水利业生产人员			六、生产、运输设备操作人员及有关人员			七、不便分类的其他劳动者		
	小计	男	女	小计	男	女	小计	男	女
全 国	**112604**	**42808**	**69796**	**124124**	**92484**	**31640**	**1286**	**758**	**528**
北 京	33	20	13	660	533	127			
天 津	12	5	7	491	346	145	8	5	3
河 北	1314	546	768	4004	3236	768	21	14	7
山 西	13	6	7	84	70	14			
内 蒙 古	6270	2919	3351	8798	6962	1836	94	63	31
辽 宁	6759	2677	4082	12831	9804	3027	56	42	14
吉 林	1495	756	739	2427	1998	429	19	13	6
黑 龙 江	1300	656	644	1469	1213	256	5	3	2
上 海				111	80	31			
江 苏	14	4	10	281	173	108	1	1	
浙 江	162	73	89	852	510	342	2	2	
安 徽	98	29	69	421	305	116	2	1	1
福 建	307	171	136	1599	1170	429	9	5	4
江 西	40	18	22	155	96	59	1		1
山 东	201	64	137	838	527	311	4	2	2
河 南	229	100	129	838	575	263	7	4	3
湖 北	1363	586	777	2220	1738	482	10	4	6
湖 南	3120	1268	1852	4603	3471	1132	39	23	16
广 东	614	310	304	2258	1276	982	4	3	1
广 西	17196	5144	12052	29814	20463	9351	436	250	186
海 南	2289	671	1618	581	414	167	6	1	5
重 庆	797	289	508	1952	1478	474	23	12	11
四 川	13812	4944	8868	2286	1662	624	41	28	13
贵 州	8991	2214	6777	12293	9121	3172	163	95	68
云 南	19344	7673	11671	14568	11195	3373	31	18	13
西 藏	533	272	261	640	440	200	80	25	55
陕 西	19	13	6	124	94	30	2		2
甘 肃	1538	510	1028	1431	1121	310	11	10	1
青 海	4327	2136	2191	2909	2371	538	9	6	3
宁 夏	5563	2572	2991	4450	3640	810	8	5	3
新 疆	14851	6162	8689	8136	6402	1734	194	123	71

8-13 各地区少数民族按现住地、职业分的户口登记地在外省人口(长表数据)

单位：人

地区	合计			一、国家机关、党群组织、企业、事业单位负责人		
	合计	男	女	小计	男	女
全国	**326810**	**185836**	**140974**	**5134**	**3747**	**1387**
北京	16890	9258	7632	570	402	168
天津	3548	2188	1360	187	125	62
河北	3274	1726	1548	104	79	25
山西	718	426	292	33	19	14
内蒙古	3756	2535	1221	73	59	14
辽宁	5791	3215	2576	208	150	58
吉林	1354	745	609	40	31	9
黑龙江	1038	651	387	29	21	8
上海	12770	7013	5757	509	354	155
江苏	12419	6792	5627	165	122	43
浙江	78123	44990	33133	459	354	105
安徽	1676	698	978	19	10	9
福建	17881	10658	7223	159	115	44
江西	800	451	349	20	17	3
山东	5524	2871	2653	370	282	88
河南	707	387	320	25	13	12
湖北	1547	720	827	26	22	4
湖南	1668	773	895	25	16	9
广东	126597	72608	53989	1610	1169	441
广西	4166	1812	2354	79	56	23
海南	2423	1415	1008	37	26	11
重庆	1579	638	941	24	22	2
四川	2594	1184	1410	44	39	5
贵州	2745	1392	1353	72	56	16
云南	4128	2499	1629	69	50	19
西藏	1412	945	467	18	14	4
陕西	959	574	385	41	27	14
甘肃	1031	532	499	21	14	7
青海	2097	1436	661	42	38	4
宁夏	927	568	359	20	14	6
新疆	6668	4136	2532	36	31	5

8-13 续表 1

单位：人

地 区	二、专业技术人员			三、办事人员和有关人员			四、商业、服务业人员		
	小计	男	女	小计	男	女	小计	男	女
全 国	**14304**	**7546**	**6758**	**12179**	**7319**	**4860**	**59002**	**29699**	**29303**
北 京	3073	1401	1672	2132	1115	1017	7448	3609	3839
天 津	342	174	168	190	105	85	1237	629	608
河 北	244	118	126	121	74	47	990	505	485
山 西	61	39	22	15	8	7	238	133	105
内蒙古	273	173	100	110	72	38	1176	615	561
辽 宁	402	212	190	213	138	75	1931	894	1037
吉 林	95	45	50	37	27	10	499	262	237
黑龙江	58	34	24	23	19	4	295	157	138
上 海	1290	619	671	944	468	476	4074	1932	2142
江 苏	494	270	224	257	140	117	2110	969	1141
浙 江	984	569	415	992	696	296	7293	3535	3758
安 徽	68	41	27	39	27	12	314	151	163
福 建	429	265	164	407	284	123	1926	893	1033
江 西	31	17	14	17	12	5	131	58	73
山 东	480	214	266	194	122	72	1673	857	816
河 南	74	39	35	26	18	8	332	193	139
湖 北	60	28	32	38	25	13	563	281	282
湖 南	110	67	43	52	34	18	466	228	238
广 东	3803	2112	1691	5693	3482	2211	16623	8463	8160
广 西	212	102	110	105	66	39	1126	510	616
海 南	119	67	52	59	40	19	390	208	182
重 庆	124	75	49	44	27	17	361	164	197
四 川	501	214	287	85	52	33	686	356	330
贵 州	169	108	61	62	38	24	835	412	423
云 南	224	151	73	99	70	29	1467	759	708
西 藏	66	53	13	34	28	6	1026	661	365
陕 西	98	62	36	36	27	9	552	302	250
甘 肃	98	69	29	28	17	11	313	184	129
青 海	113	67	46	26	12	14	972	705	267
宁 夏	72	46	26	28	19	9	332	166	166
新 疆	137	95	42	73	57	16	1623	908	715

8-13 续表 2

单位：人

地区	五、农、林、牧、渔、水利业生产人员			六、生产、运输设备操作人员及有关人员			七、不便分类的其他劳动者		
	小计	男	女	小计	男	女	小计	男	女
全国	**22871**	**8192**	**14679**	**213033**	**129159**	**83874**	**287**	**174**	**113**
北京	315	165	150	3352	2566	786			
天津	76	30	46	1505	1117	388	11	8	3
河北	647	125	522	1164	824	340	4	1	3
山西	110	4	106	260	223	37	1		1
内蒙古	440	182	258	1676	1428	248	8	6	2
辽宁	994	324	670	2033	1492	541	10	5	5
吉林	373	143	230	309	236	73	1	1	
黑龙江	289	131	158	343	288	55	1	1	
上海	179	85	94	5766	3551	2215	8	4	4
江苏	488	88	400	8904	5203	3701	1		1
浙江	1586	676	910	66782	39146	27636	27	14	13
安徽	512	20	492	716	443	273	8	6	2
福建	829	383	446	14092	8698	5394	39	20	19
江西	190	72	118	409	275	134	2		2
山东	871	141	730	1931	1252	679	5	3	2
河南	101	11	90	147	112	35	2	1	1
湖北	507	121	386	351	242	109	2	1	1
湖南	533	86	447	474	335	139	8	7	1
广东	4947	2333	2614	93861	55019	38842	60	30	30
广西	1299	208	1091	1333	861	472	12	9	3
海南	1124	552	572	689	518	171	5	4	1
重庆	615	62	553	408	286	122	3	2	1
四川	714	88	626	557	430	127	7	5	2
贵州	693	110	583	907	664	243	7	4	3
云南	814	343	471	1445	1118	327	10	8	2
西藏	39	27	12	228	161	67	1	1	
陕西	30	5	25	201	150	51	1	1	
甘肃	402	117	285	168	130	38	1	1	
青海	423	177	246	514	430	84	7	7	
宁夏	168	76	92	307	247	60			
新疆	2563	1307	1256	2201	1714	487	35	24	11

第九卷　年　龄

9-1 各民族分年龄、性别的人口

单位：人

年龄	合计			汉族		
	合计	男	女	小计	男	女
总 计	**1332810869**	**682329104**	**650481765**	**1220844520**	**625032848**	**595811672**
0-4岁	**75532610**	**41062566**	**34470044**	**66938873**	**36490186**	**30448687**
0	13786434	7461199	6325235	12127390	6576408	5550982
1	15657955	8574973	7082982	13885592	7628515	6257077
2	15617375	8507697	7109678	13851851	7567716	6284135
3	15250805	8272491	6978314	13538898	7363480	6175418
4	15220041	8246206	6973835	13535142	7354067	6181075
5-9岁	**70881549**	**38464665**	**32416884**	**62749323**	**34166118**	**28583205**
5	14732137	7988151	6743986	13100667	7124573	5976094
6	14804470	8034452	6770018	13123274	7144635	5978639
7	13429161	7292300	6136861	11836935	6450812	5386123
8	13666956	7423559	6243397	12081219	6586741	5494478
9	14248825	7726203	6522622	12607228	6859357	5747871
10-14岁	**74908462**	**40267277**	**34641185**	**66520113**	**35872215**	**30647898**
10	14454357	7830808	6623549	12784288	6951209	5833079
11	13935714	7522558	6413156	12334105	6681873	5652232
12	15399559	8288987	7110572	13653513	7373959	6279554
13	15225032	8161000	7064032	13542426	7281270	6261156
14	15893800	8463924	7429876	14205781	7583904	6621877
15-19岁	**99889114**	**51904830**	**47984284**	**90643145**	**47170787**	**43472358**
15	18024484	9524898	8499586	16227994	8593086	7634908
16	18790521	9795181	8995340	16974520	8864023	8110497
17	20775369	10760828	10014541	18873075	9790029	9083046
18	20755274	10744556	10010718	18856024	9776087	9079937
19	21543466	11079367	10464099	19711532	10147562	9563970
20-24岁	**127412518**	**64008573**	**63403945**	**116738332**	**58659903**	**58078429**
20	28026954	14201091	13825863	25756401	13067132	12689269
21	26556649	13357755	13198894	24395042	12278006	12117036
22	24474192	12281148	12193044	22399979	11242280	11157699
23	25695955	12876542	12819413	23549894	11795827	11754067
24	22658768	11292037	11366731	20637016	10276658	10360358
25-29岁	**101013852**	**50837038**	**50176814**	**91688332**	**46108074**	**45580258**
25	19933683	9969984	9963699	18033389	9013339	9020050
26	19709177	9879292	9829885	17859480	8944243	8915237
27	19480836	9801611	9679225	17680902	8889582	8791320
28	22322147	11271599	11050548	20318031	10252521	10065510
29	19568009	9914552	9653457	17796530	9008389	8788141

9-1 续表 1

单位：人

年 龄	合计			汉族		
	合计	男	女	小计	男	女
30-34岁	**97138203**	**49521822**	**47616381**	**88231228**	**44955797**	**43275431**
30	18928369	9604727	9323642	17070809	8663461	8407348
31	19866458	10141582	9724876	18094839	9228752	8866087
32	19474874	9909833	9565041	17688042	8998273	8689769
33	18179478	9289224	8890254	16552492	8449266	8103226
34	20689024	10576456	10112568	18825046	9616045	9209001
35-39岁	**118025959**	**60391104**	**57634855**	**108418401**	**55428575**	**52989826**
35	21186516	10817432	10369084	19290637	9842494	9448143
36	22906980	11690644	11216336	20927084	10667228	10259856
37	23990208	12283353	11706855	22057382	11283753	10773629
38	24730460	12662559	12067901	22786637	11660382	11126255
39	25211795	12937116	12274679	23356661	11974718	11381943
40-44岁	**124753964**	**63608678**	**61145286**	**115461502**	**58835500**	**56626002**
40	27397219	13993123	13404096	25320556	12929447	12391109
41	24956297	12723691	12232606	23104603	11769868	11334735
42	27032542	13782610	13249932	25030546	12753923	12276623
43	21355748	10856214	10499534	19759534	10037777	9721757
44	24012158	12253040	11759118	22246263	11344485	10901778
45-49岁	**105594553**	**53776418**	**51818135**	**98066893**	**49920702**	**48146191**
45	23962574	12252515	11710059	22174634	11335057	10839577
46	23355778	11867147	11488631	21623432	10982631	10640801
47	26972157	13803796	13168361	25159710	12872513	12287197
48	20075084	10224798	9850286	18669694	9501452	9168242
49	11228960	5628162	5600798	10439423	5229049	5210374
50-54岁	**78753171**	**40363234**	**38389937**	**73410508**	**37638178**	**35772330**
50	14097008	7205176	6891832	13059326	6678382	6380944
51	12838832	6624865	6213967	11956566	6172099	5784467
52	16617709	8570000	8047709	15465579	7978920	7486659
53	18351980	9422827	8929153	17179447	8824330	8355117
54	16847642	8540366	8307276	15749590	7984447	7765143
55-59岁	**81312474**	**41082938**	**40229536**	**76137113**	**38455371**	**37681742**
55	17610528	8973192	8637336	16474258	8393441	8080817
56	17738127	8981235	8756892	16581435	8393638	8187797
57	16093888	8099033	7994855	15058755	7574726	7484029
58	16167933	8153588	8014345	15155831	7637523	7518308
59	13701998	6875890	6826108	12866834	6456043	6410791
60-64岁	**58667282**	**29834426**	**28832856**	**54743358**	**27855014**	**26888344**
60	13618204	6917026	6701178	12691092	6448139	6242953
61	13029125	6690003	6339122	12144005	6233578	5910427
62	11276853	5719180	5557673	10532403	5346974	5185429
63	10791633	5492805	5298828	10082456	5136712	4945744
64	9951467	5015412	4936055	9293402	4689611	4603791

9-1　续表 2

单位：人

年　龄	合　计			汉　族		
	合计	男	女	小计	男	女
65-69岁	**41113282**	**20748471**	**20364811**	**38205596**	**19309658**	**18895938**
65	9073411	4564266	4509145	8453669	4260660	4193009
66	8640965	4391409	4249556	8027825	4083428	3944397
67	7942141	4003493	3938648	7358575	3714883	3643692
68	7740868	3904424	3836444	7179763	3627273	3552490
69	7715897	3884879	3831018	7185764	3623414	3562350
70-74岁	**32972397**	**16403453**	**16568944**	**30715852**	**15301636**	**15414216**
70	7389412	3724605	3664807	6851409	3459232	3392177
71	6265718	3116177	3149541	5826533	2901365	2925168
72	6893225	3449237	3443988	6419158	3216234	3202924
73	6343869	3149307	3194562	5923299	2944874	2978425
74	6080173	2964127	3116046	5695453	2779931	2915522
75-79岁	**23852133**	**11278859**	**12573274**	**22396997**	**10598838**	**11798159**
75	5632477	2690547	2941930	5281155	2525723	2755432
76	5175500	2454168	2721332	4857184	2304536	2552648
77	5082383	2420196	2662187	4780225	2276782	2503443
78	4254858	1983724	2271134	3998285	1865219	2133066
79	3706915	1730224	1976691	3480148	1626578	1853570
80-84岁	**13373198**	**5917502**	**7455696**	**12592700**	**5575105**	**7017595**
80	3737259	1716514	2020745	3502945	1611099	1891846
81	2816693	1257795	1558898	2655163	1185959	1469204
82	2757918	1212683	1545235	2599608	1143548	1456060
83	2237138	964710	1272428	2109825	910148	1199677
84	1824190	765800	1058390	1725159	724351	1000808
85-89岁	**5631928**	**2199810**	**3432118**	**5323599**	**2076959**	**3246640**
85	1648160	672819	975341	1560203	636655	923548
86	1344215	530641	813574	1271730	501339	770391
87	1065276	408984	656292	1006063	385777	620286
88	858879	324282	534597	811873	305947	505926
89	715398	263084	452314	673730	247241	426489
90-94岁	**1578307**	**530872**	**1047435**	**1485341**	**497696**	**987645**
90	553805	193982	359823	519180	181333	337847
91	371079	126484	244595	350586	118994	231592
92	287676	94157	193519	270946	88335	182611
93	209291	66717	142574	197585	62790	134795
94	156456	49532	106924	147044	46244	100800
95-99岁	**369979**	**117716**	**252263**	**344605**	**108697**	**235908**
95	117522	36268	81254	109807	33592	76215
96	90889	28664	62225	84919	26577	58342
97	68648	22045	46603	63839	20306	43533
98	54689	18355	36334	50595	16833	33762
99	38231	12384	25847	35445	11389	24056
100岁及以上	**35934**	**8852**	**27082**	**32709**	**7839**	**24870**

9-1 续表 3　　　　单位：人

年龄	蒙古族			回族			藏族		
	小计	男	女	小计	男	女	小计	男	女
总计	**5981840**	**2999520**	**2982320**	**10586087**	**5373741**	**5212346**	**6282187**	**3155625**	**3126562**
0-4岁	**409356**	**214483**	**194873**	**757350**	**403934**	**353416**	**524073**	**268538**	**255535**
0	75717	39983	35734	142337	75805	66532	97677	50533	47144
1	85620	44698	40922	157634	84586	73048	104092	53194	50898
2	84455	44266	40189	157245	83969	73276	109341	55792	53549
3	82709	43356	39353	151826	80860	70966	107580	55280	52300
4	80855	42180	38675	148308	78714	69594	105383	53739	51644
5-9岁	**371178**	**193047**	**178131**	**716180**	**377846**	**338334**	**529178**	**269719**	**259459**
5	79000	41063	37937	143913	76012	67901	106021	54426	51595
6	77656	40395	37261	147274	78017	69257	107777	54512	53265
7	67878	35370	32508	138346	73138	65208	107208	54407	52801
8	73026	37881	35145	142022	74735	67287	104095	52979	51116
9	73618	38338	35280	144625	75944	68681	104077	53395	50682
10-14岁	**395566**	**203451**	**192115**	**767295**	**399717**	**367578**	**557226**	**283851**	**273375**
10	75892	38984	36908	150487	79344	71143	111228	56926	54302
11	70910	36399	34511	146156	76049	70107	106792	54306	52486
12	79471	41258	38213	159601	83081	76520	109835	56022	53813
13	82262	42576	39686	153888	79800	74088	113217	57804	55413
14	87031	44234	42797	157163	81443	75720	116154	58793	57361
15-19岁	**510583**	**254779**	**255804**	**903364**	**459879**	**443485**	**605413**	**306887**	**298526**
15	99407	50291	49116	168760	86792	81968	120924	61549	59375
16	101156	50593	50563	173025	88474	84551	119201	60163	59038
17	104834	52084	52750	183251	93580	89671	121350	61583	59767
18	103449	51214	52235	189096	95422	93674	123210	62142	61068
19	101737	50597	51140	189232	95611	93621	120728	61450	59278
20-24岁	**611076**	**303739**	**307337**	**1052990**	**522476**	**530514**	**636467**	**320161**	**316306**
20	131840	65096	66744	236480	117851	118629	135506	68616	66890
21	126756	62387	64369	221535	109654	111881	130017	65589	64428
22	118026	59059	58967	207585	102780	104805	125825	63065	62760
23	121314	60666	60648	203566	101114	102452	125062	62427	62635
24	113140	56531	56609	183824	91077	92747	120057	60464	59593
25-29岁	**572897**	**286388**	**286509**	**839306**	**420515**	**418791**	**583060**	**292943**	**290117**
25	110023	54670	55353	167908	83454	84454	117727	59171	58556
26	118416	58847	59569	163226	81308	81918	113416	56652	56764
27	115012	57731	57281	163126	81596	81530	116285	58350	57935
28	123142	61746	61396	185654	93722	91932	122659	61728	60931
29	106304	53394	52910	159392	80435	78957	112973	57042	55931

9-1 续表 4

单位：人

年 龄	蒙古族			回 族			藏 族		
	小计	男	女	小计	男	女	小计	男	女
30-34岁	**478268**	**240564**	**237704**	**806324**	**405908**	**400416**	**528704**	**269111**	**259593**
30	102810	51553	51257	168204	84069	84135	119021	60485	58536
31	100893	50903	49990	157897	79540	78357	104090	53295	50795
32	93016	46778	46238	163906	82135	81771	105816	53890	51926
33	83822	42277	41545	149793	75806	73987	96103	48723	47380
34	97727	49053	48674	166524	84358	82166	103674	52718	50956
35-39岁	**560279**	**279239**	**281040**	**878091**	**445870**	**432221**	**516240**	**264268**	**251972**
35	101199	50444	50755	167860	85057	82803	104781	53056	51725
36	112321	56357	55964	173489	87886	85603	105208	54057	51151
37	113508	56299	57209	178771	90676	88095	106836	55210	51626
38	116350	58045	58305	184102	93460	90642	104632	53590	51042
39	116901	58094	58807	173869	88791	85078	94783	48355	46428
40-44岁	**527749**	**261869**	**265880**	**892715**	**451703**	**441012**	**457759**	**233012**	**224747**
40	122217	60923	61294	202832	102859	99973	106230	54256	51974
41	104745	52072	52673	179279	90243	89036	93163	47543	45620
42	111363	55077	56286	191495	97280	94215	96856	49247	47609
43	90031	44738	45293	152532	77112	75420	82561	41691	40870
44	99393	49059	50334	166577	84209	82368	78949	40275	38674
45-49岁	**456531**	**226121**	**230410**	**742278**	**377443**	**364835**	**351669**	**179099**	**172570**
45	99140	49261	49879	164762	83830	80932	82532	42015	40517
46	99803	49185	50618	170269	87007	83262	78654	40136	38518
47	111235	55496	55739	184603	93803	90800	76279	38571	37708
48	88574	43937	44637	141633	72588	69045	67458	34776	32682
49	57779	28242	29537	81011	40215	40796	46746	23601	23145
50-54岁	**357168**	**177811**	**179357**	**524314**	**264401**	**259913**	**227438**	**113913**	**113525**
50	79711	40094	39617	102376	51491	50885	49820	25066	24754
51	65723	32587	33136	82920	42071	40849	42775	21651	21124
52	71924	36027	35897	110559	56460	54099	45881	23083	22798
53	74021	36788	37233	116303	58570	57733	44541	22040	22501
54	65789	32315	33474	112156	55809	56347	44421	22073	22348
55-59岁	**276682**	**137466**	**139216**	**533611**	**266948**	**266663**	**210616**	**104210**	**106406**
55	66937	33415	33522	116719	58811	57908	45509	22695	22814
56	63699	31891	31808	117509	58562	58947	45223	22658	22565
57	53084	26273	26811	104651	52174	52477	42028	20734	21294
58	49290	24401	24889	103985	52550	51435	41398	20524	20874
59	43672	21486	22186	90747	44851	45896	36458	17599	18859
60-64岁	**168606**	**83234**	**85372**	**397213**	**199080**	**198133**	**182947**	**88477**	**94470**
60	41750	20753	20997	96591	48378	48213	41063	20213	20850
61	39890	19803	20087	88023	45125	42898	37920	18550	19370
62	31772	15686	16086	72357	36584	35773	36071	17358	18713
63	30230	14824	15406	71552	35728	35824	35363	16862	18501
64	24964	12168	12796	68690	33265	35425	32530	15494	17036

9-1 续表 5

单位：人

年龄	蒙古族			回族			藏族		
	小计	男	女	小计	男	女	小计	男	女
65-69岁	**106701**	**52098**	**54603**	**291340**	**144869**	**146471**	**147443**	**69170**	**78273**
65	22572	11093	11479	65267	31630	33637	32767	15588	17179
66	24551	11944	12607	58806	29700	29106	29959	14213	15746
67	20318	9876	10442	58143	29185	28958	30061	13944	16117
68	19182	9435	9747	57649	28817	28832	29066	13605	15461
69	20078	9750	10328	51475	25537	25938	25590	11820	13770
70-74岁	**89989**	**43189**	**46800**	**220173**	**109907**	**110266**	**105432**	**46552**	**58880**
70	20160	9641	10519	52725	26490	26235	27503	12684	14819
71	18389	8876	9513	42253	20905	21348	20561	9033	11528
72	19114	9197	9917	45711	22952	22759	21221	9306	11915
73	16909	8129	8780	41639	20768	20871	19471	8498	10973
74	15417	7346	8071	37845	18792	19053	16676	7031	9645
75-79岁	**52060**	**24644**	**27416**	**143770**	**69825**	**73945**	**64474**	**26511**	**37963**
75	13446	6234	7212	34634	16841	17793	15788	6599	9189
76	12193	5843	6350	32070	15498	16572	14125	5868	8257
77	10703	5055	5648	30313	14789	15524	12771	5257	7514
78	8451	4026	4425	24402	11763	12639	11622	4700	6922
79	7267	3486	3781	22351	10934	11417	10168	4087	6081
80-84岁	**25898**	**12325**	**13573**	**76123**	**35346**	**40777**	**34558**	**12807**	**21751**
80	7392	3532	3860	22986	10879	12107	10286	4004	6282
81	5455	2570	2885	15361	7195	8166	6735	2540	4195
82	5406	2638	2768	15277	7079	8198	6885	2497	4388
83	4267	2022	2245	12221	5561	6660	5998	2204	3794
84	3378	1563	1815	10278	4632	5646	4654	1562	3092
85-89岁	**8950**	**4105**	**4845**	**31384**	**13328**	**18056**	**14188**	**4653**	**9535**
85	2803	1309	1494	9422	4039	5383	4063	1383	2680
86	2146	1003	1143	7209	3139	4070	3133	1030	2103
87	1612	740	872	5933	2480	3453	2774	913	1861
88	1349	578	771	4638	1959	2679	2382	758	1624
89	1040	475	565	4182	1711	2471	1836	569	1267
90-94岁	**1837**	**774**	**1063**	**9468**	**3711**	**5757**	**3902**	**1215**	**2687**
90	697	310	387	3424	1375	2049	1511	459	1052
91	454	206	248	2133	825	1308	835	240	595
92	295	107	188	1701	656	1045	658	230	428
93	216	89	127	1211	451	760	481	147	334
94	175	62	113	999	404	595	417	139	278
95-99岁	**431**	**181**	**250**	**2494**	**947**	**1547**	**1211**	**455**	**756**
95	137	60	77	749	285	464	335	109	226
96	107	44	63	631	238	393	277	104	173
97	80	28	52	448	167	281	229	80	149
98	63	29	34	400	152	248	230	99	131
99	44	20	24	266	105	161	140	63	77
100岁及以上	**35**	**13**	**22**	**304**	**88**	**216**	**189**	**73**	**116**

9-1 续表 6

单位：人

年 龄	维吾尔族			苗 族			彝 族		
	小计	男	女	小计	男	女	小计	男	女
总 计	**10069346**	**5097594**	**4971752**	**9426007**	**4870328**	**4555679**	**8714393**	**4456382**	**4258011**
0-4岁	**986380**	**503111**	**483269**	**769835**	**423949**	**345886**	**771938**	**407953**	**363985**
0	212397	108651	103746	147586	81438	66148	140993	74227	66766
1	192011	97804	94207	160695	89021	71674	164000	86685	77315
2	208414	105972	102442	156930	86695	70235	157455	83509	73946
3	196222	99946	96276	150849	82455	68394	154610	81966	72644
4	177336	90738	86598	153775	84340	69435	154880	81566	73314
5-9岁	**802974**	**409556**	**393418**	**780412**	**424009**	**356403**	**790660**	**417530**	**373130**
5	171747	87829	83918	146495	80231	66264	149563	78816	70747
6	165539	84556	80983	157967	86286	71681	163619	86459	77160
7	159012	80801	78211	154065	83210	70855	159322	84628	74694
8	150869	76663	74206	155225	83839	71386	154588	81673	72915
9	155807	79707	76100	166660	90443	76217	163568	85954	77614
10-14岁	**815641**	**414885**	**400756**	**850575**	**452087**	**398488**	**811440**	**426796**	**384644**
10	168718	86092	82626	168205	90182	78023	164101	86709	77392
11	155277	79051	76226	165184	87642	77542	159317	84055	75262
12	173959	88660	85299	183328	97473	85855	170815	89847	80968
13	156942	79559	77383	169091	89380	79711	161955	85187	76768
14	160745	81523	79222	164767	87410	77357	155252	80998	74254
15-19岁	**943246**	**473852**	**469394**	**794223**	**413349**	**380874**	**761515**	**393898**	**367617**
15	166489	84163	82326	167788	88342	79446	159998	83364	76634
16	171481	86729	84752	159633	83319	76314	157286	81172	76114
17	186150	93611	92539	161823	84231	77592	155751	80246	75505
18	214617	107357	107260	156097	80782	75315	146668	75893	70775
19	204509	101992	102517	148882	76675	72207	141812	73223	68589
20-24岁	**1182217**	**580518**	**601699**	**848122**	**423395**	**424727**	**792604**	**400785**	**391819**
20	270328	131026	139302	184590	92146	92444	170148	86262	83886
21	238290	117747	120543	171325	84801	86524	163662	82421	81241
22	229717	112600	117117	165041	82227	82814	152521	77254	75267
23	218432	108354	110078	171596	86435	85161	157523	79630	77893
24	225450	110791	114659	155570	77786	77784	148750	75218	73532
25-29岁	**978096**	**493050**	**485046**	**726096**	**369511**	**356585**	**705270**	**359550**	**345720**
25	227570	112838	114732	141200	71189	70011	138145	69947	68198
26	206814	104327	102487	140506	71237	69269	136514	69515	66999
27	188862	95750	93112	140994	71804	69190	134678	68243	66435
28	191847	96080	95767	162954	83196	79758	154575	79380	75195
29	163003	84055	78948	140442	72085	68357	141358	72465	68893

9-1 续表 7 单位：人

年龄	维吾尔族			苗族			彝族		
	小计	男	女	小计	男	女	小计	男	女
30-34岁	**820650**	**413268**	**407382**	**719603**	**368801**	**350802**	**738808**	**379015**	**359793**
30	216237	108225	108012	142105	71785	70320	137593	69523	68070
31	141232	71745	69487	138838	71858	66980	143982	74365	69617
32	164481	80808	83673	143218	72755	70463	150436	76867	73569
33	133819	68688	65131	133749	69054	64695	148033	76226	71807
34	164881	83802	81079	161693	83349	78344	158764	82034	76730
35-39岁	**789335**	**400024**	**389311**	**834724**	**432393**	**402331**	**757009**	**391205**	**365804**
35	174668	88778	85890	172322	88855	83467	149844	77098	72746
36	161701	82757	78944	181137	93817	87320	159141	82709	76432
37	153903	78150	75753	165686	86157	79529	153110	79231	73879
38	164692	82213	82479	161546	83331	78215	149116	76625	72491
39	134371	68126	66245	154033	80233	73800	145798	75542	70256
40-44岁	**695249**	**350247**	**345002**	**768818**	**391617**	**377201**	**678757**	**347282**	**331475**
40	194371	96407	97964	170837	86362	84475	145196	74165	71031
41	136106	68933	67173	153101	78109	74992	140507	72137	68370
42	142453	71809	70644	170258	86809	83449	146766	75509	71257
43	110527	56204	54323	130308	66290	64018	117253	59707	57546
44	111792	56894	54898	144314	74047	70267	129035	65764	63271
45-49岁	**503642**	**255935**	**247707**	**562039**	**287363**	**274676**	**511183**	**258708**	**252475**
45	126153	64132	62021	142425	72825	69600	129227	65652	63575
46	115425	58306	57119	137705	70019	67686	120289	60808	59481
47	98666	49990	48676	139650	72233	67417	118087	59963	58124
48	93013	47726	45287	98638	50807	47831	94620	47898	46722
49	70385	35781	34604	43621	21479	22142	48960	24387	24573
50-54岁	**410452**	**206486**	**203966**	**353493**	**179503**	**173990**	**314166**	**157925**	**156241**
50	112013	55224	56789	52178	25627	26551	57429	29367	28062
51	76164	38279	37885	52074	26463	25611	48606	24602	24004
52	84949	43087	41862	80662	41495	39167	63637	32219	31418
53	65891	33543	32348	87751	44860	42891	74467	37017	37450
54	71435	36353	35082	80828	41058	39770	70027	34720	35307
55-59岁	**341597**	**171513**	**170084**	**412403**	**209075**	**203328**	**319347**	**158532**	**160815**
55	73645	36058	37587	85692	43561	42131	73844	37117	36727
56	78877	39722	39155	91456	46199	45257	73520	36532	36988
57	67475	33845	33630	84420	42859	41561	63949	31734	32215
58	64758	32692	32066	84409	43004	41405	60895	30225	30670
59	56842	29196	27646	66426	33452	32974	47139	22924	24215
60-64岁	**316689**	**162710**	**153979**	**331665**	**168955**	**162710**	**248624**	**122335**	**126289**
60	93703	48022	45681	71564	36079	35485	50887	25524	25363
61	73375	38448	34927	73038	38105	34933	54565	27149	27416
62	59614	30014	29600	64288	32075	32213	49055	23867	25188
63	46230	23807	22423	63425	32649	30776	51077	24942	26135
64	43767	22419	21348	59350	30047	29303	43040	20853	22187

9-1 续表 8

单位：人

年 龄	维吾尔族			苗 族			彝 族		
	小计	男	女	小计	男	女	小计	男	女
65-69岁	**205985**	**108865**	**97120**	**249987**	**125737**	**124250**	**202508**	**97182**	**105326**
65	53649	27143	26506	50465	24895	25570	40638	19512	21126
66	49467	26323	23144	52367	26756	25611	41724	20285	21439
67	38515	20590	17925	51214	25793	25421	42060	20241	21819
68	34772	18646	16126	48713	24573	24140	40858	19407	21451
69	29582	16163	13419	47228	23720	23508	37228	17737	19491
70-74岁	**139335**	**76425**	**62910**	**200128**	**98471**	**101657**	**150432**	**70610**	**79822**
70	46226	24685	21541	45779	22697	23082	32903	15741	17162
71	30216	16586	13630	37238	18269	18969	28376	13352	15024
72	25754	14174	11580	43684	21863	21821	32582	15497	17085
73	19217	10934	8283	39347	19148	20199	29507	13719	15788
74	17922	10046	7876	34080	16494	17586	27064	12301	14763
75-79岁	**72241**	**39930**	**32311**	**128194**	**61278**	**66916**	**93081**	**41246**	**51835**
75	19798	10360	9438	29928	14307	15621	23369	10454	12915
76	17341	9549	7792	27770	13446	14324	19752	8754	10998
77	13909	7965	5944	27344	13334	14010	18989	8626	10363
78	11611	6605	5006	23218	10999	12219	16421	7063	9358
79	9582	5451	4131	19934	9192	10742	14550	6349	8201
80-84岁	**40130**	**22573**	**17557**	**64356**	**28796**	**35560**	**46073**	**18464**	**27609**
80	14916	7945	6971	20116	9307	10809	13303	5562	7741
81	8879	5147	3732	13590	6140	7450	9597	3915	5682
82	7075	3992	3083	13690	6038	7652	9717	3880	5837
83	5069	3005	2064	9858	4271	5587	7814	2985	4829
84	4191	2484	1707	7102	3040	4062	5642	2122	3520
85-89岁	**15956**	**9342**	**6614**	**22832**	**9071**	**13761**	**15815**	**5588**	**10227**
85	4666	2657	2009	6162	2522	3640	4414	1654	2760
86	3900	2286	1614	5605	2263	3342	3646	1284	2362
87	2932	1754	1178	4613	1808	2805	3100	1090	2010
88	2346	1372	974	3396	1296	2100	2557	876	1681
89	2112	1273	839	3056	1182	1874	2098	684	1414
90-94岁	**6822**	**3832**	**2990**	**6469**	**2274**	**4195**	**3986**	**1325**	**2661**
90	3042	1622	1420	2458	901	1557	1520	475	1045
91	1450	879	571	1364	488	876	821	285	536
92	1124	639	485	1157	390	767	719	255	464
93	648	375	273	799	249	550	489	167	322
94	558	317	241	691	246	445	437	143	294
95-99岁	**2186**	**1199**	**987**	**1771**	**625**	**1146**	**1106**	**436**	**670**
95	628	342	286	523	181	342	329	125	204
96	509	298	211	412	132	280	270	107	163
97	401	240	161	362	130	232	222	80	142
98	398	187	211	290	109	181	174	75	99
99	250	132	118	184	73	111	111	49	62
100岁及以上	**523**	**273**	**250**	**262**	**69**	**193**	**71**	**17**	**54**

9-1 续表 9

单位：人

年龄	壮族			布依族			朝鲜族		
	小计	男	女	小计	男	女	小计	男	女
总 计	**16926381**	**8689488**	**8236893**	**2870034**	**1455720**	**1414314**	**1830929**	**910535**	**920394**
0-4岁	**1241204**	**675020**	**566184**	**229032**	**126589**	**102443**	**56107**	**28930**	**27177**
0	241112	132207	108905	46196	25566	20630	9411	4893	4518
1	253271	139057	114214	48437	27088	21349	11507	5889	5618
2	250559	136602	113957	46050	25545	20505	12077	6301	5776
3	247116	133911	113205	44194	24333	19861	12394	6378	6016
4	249146	133243	115903	44155	24057	20098	10718	5469	5249
5-9岁	**1148743**	**616757**	**531986**	**237532**	**128128**	**109404**	**46321**	**23746**	**22575**
5	235053	126114	108939	42221	22991	19230	9940	5156	4784
6	245028	131678	113350	45444	24593	20851	10078	5155	4923
7	233124	125157	107967	46741	25253	21488	7821	4028	3793
8	216130	115953	100177	49453	26649	22804	8866	4518	4348
9	219408	117855	101553	53673	28642	25031	9616	4889	4727
10-14岁	**1040217**	**558683**	**481534**	**293620**	**154551**	**139069**	**51241**	**26218**	**25023**
10	216212	116369	99843	55987	29731	26256	10105	5224	4881
11	202630	108973	93657	57031	30082	26949	9979	5091	4888
12	214976	115469	99507	62850	32940	29910	10221	5150	5071
13	206522	110733	95789	60186	31619	28567	10073	5197	4876
14	199877	107139	92738	57566	30179	27387	10863	5556	5307
15-19岁	**1199081**	**627965**	**571116**	**241667**	**123690**	**117977**	**85419**	**42696**	**42723**
15	216721	115669	101052	55835	28961	26874	12822	6488	6334
16	234906	123025	111881	50754	25967	24787	14572	7372	7200
17	255322	132761	122561	47985	24402	23583	16383	8172	8211
18	261397	136356	125041	45617	23374	22243	18867	9426	9441
19	230735	120154	110581	41476	20986	20490	22775	11238	11537
20-24岁	**1456792**	**744289**	**712503**	**217443**	**106742**	**110701**	**157015**	**78947**	**78068**
20	278783	142171	136612	47626	23495	24131	29158	14523	14635
21	282191	143105	139086	44058	21514	22544	30570	15282	15288
22	276304	140585	135719	43125	21119	22006	31655	15844	15811
23	308053	158783	149270	43220	21266	21954	33190	16903	16287
24	311461	159645	151816	39414	19348	20066	32442	16395	16047
25-29岁	**1490662**	**764445**	**726217**	**196224**	**97717**	**98507**	**148841**	**74788**	**74053**
25	314901	161399	153502	37388	18430	18958	30639	15484	15155
26	307501	157357	150144	38278	19140	19138	29579	14947	14632
27	279731	142504	137227	37285	18398	18887	29912	14919	14993
28	304297	156306	147991	42490	21247	21243	32206	16078	16128
29	284232	146879	137353	40783	20502	20281	26505	13360	13145

9-1 续表 10 单位：人

年 龄	壮 族			布依族			朝鲜族		
	小计	男	女	小计	男	女	小计	男	女
30-34岁	**1462323**	**760839**	**701484**	**216598**	**110451**	**106147**	**137474**	**71074**	**66400**
30	299324	153909	145415	42536	21188	21348	27921	14243	13678
31	297303	155579	141724	41688	21479	20209	30258	15693	14565
32	293567	151986	141581	43427	22094	21333	28332	14587	13745
33	264235	138512	125723	40995	21267	19728	24644	12820	11824
34	307894	160853	147041	47952	24423	23529	26319	13731	12588
35-39岁	**1479785**	**778672**	**701113**	**240943**	**123456**	**117487**	**155692**	**81818**	**73874**
35	303958	159531	144427	49981	25315	24666	25319	13067	12252
36	317887	166641	151246	52355	26993	25362	26590	13854	12736
37	291573	153468	138105	47588	24470	23118	31918	16696	15222
38	288595	151739	136856	45864	23371	22493	34726	18515	16211
39	277772	147293	130479	45155	23307	21848	37139	19686	17453
40-44岁	**1444965**	**758129**	**686836**	**228327**	**117038**	**111289**	**170956**	**88666**	**82290**
40	302076	158235	143841	49588	25292	24296	38124	19981	18143
41	283201	150184	133017	44931	23162	21769	34733	18201	16532
42	317764	166261	151503	49519	25424	24095	36209	18831	17378
43	251319	130983	120336	39990	20264	19726	28535	14746	13789
44	290605	152466	138139	44299	22896	21403	33355	16907	16448
45-49岁	**1184993**	**614815**	**570178**	**167630**	**85579**	**82051**	**188003**	**96206**	**91797**
45	292017	152056	139961	43018	22195	20823	39085	20278	18807
46	269697	138561	131136	41494	20946	20548	39508	20231	19277
47	286841	149585	137256	40877	21128	19749	48778	24921	23857
48	220381	114681	105700	27997	14255	13742	37559	19268	18291
49	116057	59932	56125	14244	7055	7189	23073	11508	11565
50-54岁	**828780**	**419874**	**408906**	**127055**	**63187**	**63868**	**172956**	**87015**	**85941**
50	145572	73464	72108	20406	10138	10268	39533	20017	19516
51	123489	63225	60264	20634	10431	10203	30801	15771	15030
52	192293	97563	94730	27757	13985	13772	35123	17605	17518
53	190015	96674	93341	29654	14761	14893	35471	17671	17800
54	177411	88948	88463	28604	13872	14732	32028	15951	16077
55-59岁	**824317**	**411403**	**412914**	**132534**	**64816**	**67718**	**149376**	**73457**	**75919**
55	177263	89765	87498	29655	14848	14807	33262	16603	16659
56	182611	91562	91049	30089	14549	15540	32595	16057	16538
57	168732	83839	84893	26552	12888	13664	29056	14319	14737
58	162454	81647	80807	25017	12344	12673	28547	13870	14677
59	133257	64590	68667	21221	10187	11034	25916	12608	13308
60-64岁	**640279**	**310462**	**329817**	**107994**	**51811**	**56183**	**106407**	**50959**	**55448**
60	154784	75004	79780	23062	11105	11957	25936	12629	13307
61	146987	73773	73214	23309	11494	11815	24815	12063	12752
62	120257	57639	62618	19971	9402	10569	18916	9031	9885
63	110151	53274	56877	20961	9923	11038	19320	9138	10182
64	108100	50772	57328	20691	9887	10804	17420	8098	9322

9-1 续表 11 单位：人

年龄	壮族			布依族			朝鲜族		
	小计	男	女	小计	男	女	小计	男	女
65-69岁	**517805**	**241496**	**276309**	**91750**	**42813**	**48937**	**74141**	**33410**	**40731**
65	109867	51172	58695	18446	8638	9808	15109	6987	8122
66	108087	51412	56675	19042	9067	9975	14124	6528	7596
67	103809	48058	55751	18968	8926	10042	15037	6728	8309
68	99748	46243	53505	18000	8247	9753	15139	6726	8413
69	96294	44611	51683	17294	7935	9359	14732	6441	8291
70-74岁	**410934**	**188328**	**222606**	**68539**	**30555**	**37984**	**65380**	**28431**	**36949**
70	98514	45854	52660	16429	7465	8964	14656	6481	8175
71	79673	36995	42678	13295	5945	7350	13662	5936	7726
72	83199	38160	45039	14575	6537	8038	14176	6230	7946
73	75332	34285	41047	12883	5771	7112	11749	5043	6706
74	74216	33034	41182	11357	4837	6520	11137	4741	6396
75-79岁	**286475**	**121950**	**164525**	**41694**	**17617**	**24077**	**39459**	**15775**	**23684**
75	68695	29672	39023	10204	4432	5772	10387	4283	6104
76	61656	26580	35076	9015	3872	5143	9314	3793	5521
77	58840	25482	33358	8682	3689	4993	7930	3152	4778
78	50360	20860	29500	7300	2963	4337	6428	2588	3840
79	46924	19356	27568	6493	2661	3832	5400	1959	3441
80-84岁	**161628**	**62607**	**99021**	**21277**	**7909**	**13368**	**17882**	**6030**	**11852**
80	46997	18931	28066	6386	2454	3932	5343	1894	3449
81	32045	12695	19350	4546	1700	2846	3673	1274	2399
82	32024	12286	19738	4688	1721	2967	3515	1183	2332
83	28029	10519	17510	3353	1247	2106	2985	932	2053
84	22533	8176	14357	2304	787	1517	2366	747	1619
85-89岁	**71950**	**23844**	**48106**	**7493**	**2352**	**5141**	**6369**	**1864**	**4505**
85	19959	6963	12996	1954	650	1304	1863	559	1304
86	16106	5489	10617	1812	572	1240	1508	458	1050
87	13625	4357	9268	1497	454	1043	1186	341	845
88	11029	3507	7522	1195	371	824	1015	286	729
89	11231	3528	7703	1035	305	730	797	220	577
90-94岁	**26731**	**7583**	**19148**	**2111**	**551**	**1560**	**1481**	**400**	**1081**
90	9464	2811	6653	820	211	609	517	126	391
91	5809	1685	4124	487	126	361	331	96	235
92	4850	1325	3525	409	102	307	290	74	216
93	3687	974	2713	211	58	153	200	56	144
94	2921	788	2133	184	54	130	143	48	95
95-99岁	**7877**	**2137**	**5740**	**520**	**156**	**364**	**390**	**101**	**289**
95	2429	651	1778	161	48	113	107	24	83
96	1794	445	1349	118	34	84	89	22	67
97	1485	400	1085	114	36	78	84	20	64
98	1218	380	838	82	24	58	72	24	48
99	951	261	690	45	14	31	38	11	27
100岁及以上	**840**	**190**	**650**	**51**	**12**	**39**	**19**	**4**	**15**

9-1 续表 12

单位：人

年 龄	满族			侗族			瑶族		
	小计	男	女	小计	男	女	小计	男	女
总 计	**10387958**	**5401812**	**4986146**	**2879974**	**1511959**	**1368015**	**2796003**	**1458842**	**1337161**
0-4岁	**616229**	**323812**	**292417**	**220710**	**122368**	**98342**	**252464**	**136611**	**115853**
0	109359	57808	51551	46068	25384	20684	48737	26433	22304
1	130621	68722	61899	46514	26092	20422	52438	28483	23955
2	126199	66394	59805	44180	24501	19679	51275	27934	23341
3	127301	66712	60589	41826	23016	18810	49780	26883	22897
4	122749	64176	58573	42122	23375	18747	50234	26878	23356
5-9岁	**578813**	**304601**	**274212**	**206464**	**114914**	**91550**	**222668**	**119058**	**103610**
5	126876	66622	60254	40132	22307	17825	46714	24981	21733
6	121403	63744	57659	41812	23377	18435	47791	25666	22125
7	101048	53104	47944	39711	22203	17508	43843	23354	20489
8	117974	62272	55702	39984	22311	17673	41589	22242	19347
9	111512	58859	52653	44825	24716	20109	42731	22815	19916
10-14岁	**560820**	**294360**	**266460**	**224519**	**122094**	**102425**	**195578**	**103667**	**91911**
10	111343	58756	52587	44420	24242	20178	39914	21255	18659
11	100044	52794	47250	44482	24260	20222	37637	20134	17503
12	108773	57194	51579	47400	25764	21636	40876	21369	19507
13	115401	60148	55253	44206	23945	20261	38999	20723	18276
14	125259	65468	59791	44011	23883	20128	38152	20186	17966
15-19岁	**777237**	**395979**	**381258**	**217283**	**115778**	**101505**	**215044**	**112823**	**102221**
15	139419	72577	66842	45675	24704	20971	39599	20989	18610
16	152653	78136	74517	43580	23005	20575	40685	21217	19468
17	163449	82705	80744	45289	23906	21383	44463	23300	21163
18	159328	81009	78319	42709	22798	19911	45434	23820	21614
19	162388	81552	80836	40030	21365	18665	44863	23497	21366
20-24岁	**1071963**	**538439**	**533524**	**237788**	**122195**	**115593**	**274462**	**140824**	**133638**
20	219612	109480	110132	49241	25651	23590	56955	29023	27932
21	212236	106305	105931	46145	23482	22663	54899	28025	26874
22	209359	105860	103499	46233	23637	22596	52769	27096	25673
23	229635	115705	113930	50881	26056	24825	56201	29050	27151
24	201121	101089	100032	45288	23369	21919	53638	27630	26008
25-29岁	**800004**	**405023**	**394981**	**205994**	**105986**	**100008**	**251513**	**131069**	**120444**
25	158613	79786	78827	40244	20458	19786	50683	26097	24586
26	144397	72948	71449	40660	20805	19855	51069	26629	24440
27	147865	74952	72913	39620	20607	19013	47823	25032	22791
28	187561	95102	92459	46398	24009	22389	54198	28420	25778
29	161568	82235	79333	39072	20107	18965	47740	24891	22849

9-1 续表 13 单位：人

年 龄	满 族			侗 族			瑶 族		
	小计	男	女	小计	男	女	小计	男	女
30-34岁	**763869**	**395448**	**368421**	**195466**	**101461**	**94005**	**221029**	**117609**	**103420**
30	160230	82137	78093	38573	19736	18837	47768	25077	22691
31	175063	90161	84902	39025	20231	18794	46743	24968	21775
32	159018	82265	76753	38460	20161	18299	43450	23160	20290
33	131798	68634	63164	35625	18668	16957	38287	20451	17836
34	137760	72251	65509	43783	22665	21118	44781	23953	20828
35-39岁	**837778**	**435127**	**402651**	**260191**	**135093**	**125098**	**223922**	**120037**	**103885**
35	138014	71683	66331	49754	25737	24017	44813	24064	20749
36	153478	79572	73906	55700	29040	26660	47747	25688	22059
37	175093	90858	84235	51931	27076	24855	44771	23983	20788
38	182476	94757	87719	53599	27625	25974	44209	23581	20628
39	188717	98257	90460	49207	25615	23592	42382	22721	19661
40-44岁	**962030**	**497785**	**464245**	**259327**	**134559**	**124768**	**223710**	**118056**	**105654**
40	204497	106330	98167	55474	28611	26863	46956	24806	22150
41	185390	96004	89386	51171	26693	24478	43210	22928	20282
42	204540	105849	98691	58194	30013	28181	49492	26024	23468
43	172380	88771	83609	42840	22271	20569	38858	20360	18498
44	195223	100831	94392	51648	26971	24677	45194	23938	21256
45-49岁	**909621**	**468630**	**440991**	**210172**	**108400**	**101772**	**181754**	**94199**	**87555**
45	205244	105439	99805	51185	26571	24614	45615	23793	21822
46	200559	103190	97369	50340	25696	24644	42427	21948	20479
47	240116	124012	116104	52842	27489	25353	44686	23175	21511
48	162370	83814	78556	40058	20767	19291	33063	17201	15862
49	101332	52175	49157	15747	7877	7870	15963	8082	7881
50-54岁	**766646**	**406955**	**359691**	**128654**	**67081**	**61573**	**129463**	**66688**	**62775**
50	163964	86243	77721	18082	9215	8867	21479	11010	10469
51	135648	72085	63563	19838	10496	9342	21183	11135	10048
52	155762	82814	72948	30554	16043	14511	30685	15836	14849
53	162061	86291	75770	31797	16710	15087	30095	15478	14617
54	149211	79522	69689	28383	14617	13766	26021	13229	12792
55-59岁	**655281**	**355639**	**299642**	**143512**	**74476**	**69036**	**121467**	**62159**	**59308**
55	156294	84507	71787	29191	15084	14107	25462	13180	12282
56	149118	80808	68310	31366	16220	15146	26534	13603	12931
57	125021	67834	57187	29421	15204	14217	25350	12829	12521
58	121364	66234	55130	29617	15511	14106	24231	12473	11758
59	103484	56256	47228	23917	12457	11460	19890	10074	9816
60-64岁	**390175**	**211613**	**178562**	**118378**	**61998**	**56380**	**88899**	**45308**	**43591**
60	99722	54367	45355	26040	13406	12634	21047	10670	10377
61	89857	49268	40589	27398	14725	12673	21311	11330	9981
62	71699	38818	32881	23426	12242	11184	17265	8790	8475
63	65876	35432	30444	21456	11235	10221	14798	7402	7396
64	63021	33728	29293	20058	10390	9668	14478	7116	7362

9-1 续表 14

单位: 人

年 龄	满族			侗族			瑶族		
	小计	男	女	小计	男	女	小计	男	女
65-69岁	**250502**	**134141**	**116361**	**88195**	**45615**	**42580**	**67573**	**33241**	**34332**
65	54452	28854	25598	17055	8727	8328	13807	6733	7074
66	53782	28940	24842	19041	10054	8987	14404	7197	7207
67	48638	26157	22481	17987	9161	8826	13582	6666	6916
68	47038	25170	21868	16557	8494	8063	12716	6266	6450
69	46592	25020	21572	17555	9179	8376	13064	6379	6685
70-74岁	**192645**	**104190**	**88455**	**78126**	**39926**	**38200**	**55725**	**26949**	**28776**
70	43499	23459	20040	17336	8912	8424	13200	6383	6817
71	39848	21616	18232	14794	7527	7267	10485	5089	5396
72	41795	22706	19089	16794	8699	8095	11445	5595	5850
73	35293	19118	16175	14829	7533	7296	10305	4920	5385
74	32210	17291	14919	14373	7255	7118	10290	4962	5328
75-79岁	**132887**	**69521**	**63366**	**51233**	**25167**	**26066**	**37827**	**17360**	**20467**
75	32443	17081	15362	11699	5850	5849	8936	4085	4851
76	28591	14994	13597	11148	5526	5622	8102	3759	4343
77	26870	14184	12686	11313	5558	5755	7713	3630	4083
78	24017	12510	11507	9379	4581	4798	6684	3025	3659
79	20966	10752	10214	7694	3652	4042	6392	2861	3531
80-84岁	**79759**	**40152**	**39607**	**23493**	**10744**	**12749**	**20501**	**8672**	**11829**
80	21989	11148	10841	7400	3505	3895	6088	2614	3474
81	16993	8534	8459	5056	2319	2737	4136	1789	2347
82	16336	8264	8072	5172	2415	2757	4067	1779	2288
83	13785	6926	6859	3454	1491	1963	3437	1422	2015
84	10656	5280	5376	2411	1014	1397	2773	1068	1705
85-89岁	**32239**	**16017**	**16222**	**7782**	**3157**	**4625**	**8445**	**3233**	**5212**
85	9460	4706	4754	2162	922	1240	2360	937	1423
86	7795	3882	3913	2053	826	1227	1971	743	1228
87	6094	3058	3036	1513	586	927	1608	611	997
88	4931	2466	2465	1073	414	659	1266	514	752
89	3959	1905	2054	981	409	572	1240	428	812
90-94岁	**7772**	**3641**	**4131**	**2146**	**757**	**1389**	**2875**	**923**	**1952**
90	2830	1330	1500	753	289	464	1021	362	659
91	1887	902	985	501	177	324	615	197	418
92	1393	656	737	423	136	287	530	150	380
93	971	457	514	267	80	187	389	103	286
94	691	296	395	202	75	127	320	111	209
95-99岁	**1560**	**688**	**872**	**491**	**179**	**312**	**930**	**317**	**613**
95	498	216	282	153	52	101	253	88	165
96	414	185	229	116	46	70	228	90	138
97	276	122	154	100	46	54	162	48	114
98	225	100	125	78	18	60	173	57	116
99	147	65	82	44	17	27	114	34	80
100岁及以上	**128**	**51**	**77**	**50**	**11**	**39**	**154**	**39**	**115**

9-1 续表 15

单位：人

年 龄	白 族			土 家 族			哈 尼 族		
	小计	男	女	小计	男	女	小计	男	女
总 计	**1933510**	**978998**	**954512**	**8353912**	**4307260**	**4046652**	**1660932**	**863370**	**797562**
0-4岁	**123820**	**64100**	**59720**	**604410**	**325118**	**279292**	**140728**	**75860**	**64868**
0	24147	12679	11468	114233	61249	52984	25357	13491	11866
1	26109	13582	12527	122131	65910	56221	32765	17624	15141
2	25339	13025	12314	122205	65908	56297	30056	16101	13955
3	24030	12431	11599	120353	64510	55843	27067	14729	12338
4	24195	12383	11812	125488	67541	57947	25483	13915	11568
5-9岁	**134843**	**69238**	**65605**	**619423**	**330437**	**288986**	**119921**	**66139**	**53782**
5	24370	12582	11788	119102	63645	55457	24410	13465	10945
6	26868	13881	12987	130140	69691	60449	24383	13393	10990
7	26552	13734	12818	121825	64953	56872	23493	12940	10553
8	27200	13731	13469	119705	63687	56018	23806	13143	10663
9	29853	15310	14543	128651	68461	60190	23829	13198	10631
10-14岁	**148343**	**75689**	**72654**	**655005**	**344568**	**310437**	**123553**	**68272**	**55281**
10	30149	15351	14798	124867	66164	58703	24701	13686	11015
11	28785	14907	13878	123087	64974	58113	24374	13566	10808
12	31577	16089	15488	141237	74269	66968	24939	13808	11131
13	29828	15126	14702	133161	69780	63381	24597	13578	11019
14	28004	14216	13788	132653	69381	63272	24942	13634	11308
15-19岁	**157514**	**78444**	**79070**	**705324**	**358335**	**346989**	**133006**	**71734**	**61272**
15	29193	14616	14577	152957	79038	73919	25530	13902	11628
16	29759	14974	14785	146877	74688	72189	26262	14087	12175
17	34213	16625	17588	150775	76399	74376	27464	14727	12737
18	32530	16141	16389	129923	65611	64312	26706	14396	12310
19	31819	16088	15731	124792	62599	62193	27044	14622	12422
20-24岁	**174865**	**86820**	**88045**	**679460**	**335717**	**343743**	**164602**	**84884**	**79718**
20	37773	18474	19299	150712	74583	76129	33443	17391	16052
21	36721	18157	18564	141365	69948	71417	32802	16981	15821
22	33989	16922	17067	131789	65124	66665	32415	16723	15692
23	35293	17582	17711	136753	67674	69079	33749	17266	16483
24	31089	15685	15404	118841	58388	60453	32193	16523	15670
25-29岁	**137291**	**69577**	**67714**	**547163**	**272007**	**275156**	**153818**	**79986**	**73832**
25	27327	13781	13546	103666	51017	52649	31058	16018	15040
26	27908	14082	13826	100396	49212	51184	30138	15771	14367
27	26186	13094	13092	106104	52625	53479	31049	15865	15184
28	29353	15072	14281	129614	65096	64518	31880	16662	15218
29	26517	13548	12969	107383	54057	53326	29693	15670	14023

9-1 续表 16

单位：人

年 龄	白 族			土家族			哈尼族		
	小计	男	女	小计	男	女	小计	男	女
30-34岁	**164589**	**84376**	**80213**	**542539**	**274144**	**268395**	**157204**	**81653**	**75551**
30	26784	13525	13259	101627	50429	51198	29512	15117	14395
31	31082	15794	15288	108188	54862	53326	31192	16364	14828
32	33775	17332	16443	102762	51671	51091	32660	17102	15558
33	34969	18140	16829	100742	51222	49520	30829	15962	14867
34	37979	19585	18394	129220	65960	63260	33011	17108	15903
35-39岁	**184812**	**96163**	**88649**	**753287**	**389405**	**363882**	**149282**	**77747**	**71535**
35	36882	19108	17774	144549	73652	70897	32327	16689	15638
36	38520	20145	18375	156212	79974	76238	32676	17008	15668
37	37127	19248	17879	151656	78701	72955	29860	15562	14298
38	35957	18695	17262	151401	78635	72766	28382	14768	13614
39	36326	18967	17359	149469	78443	71026	26037	13720	12317
40-44岁	**170432**	**88208**	**82224**	**751600**	**390210**	**361390**	**135415**	**69863**	**65552**
40	36093	18790	17303	165875	85871	80004	28266	14570	13696
41	35881	18396	17485	151763	78773	72990	27326	14172	13154
42	36914	19166	17748	166048	86376	79672	28210	14490	13720
43	28420	14824	13596	125689	65033	60656	24868	12829	12039
44	33124	17032	16092	142225	74157	68068	26745	13802	12943
45-49岁	**136554**	**69818**	**66736**	**587610**	**305177**	**282433**	**104411**	**53536**	**50875**
45	33078	17067	16011	138895	72038	66857	25344	12971	12373
46	31105	15895	15210	140623	72588	68035	25403	13059	12344
47	33620	17201	16419	149359	77725	71634	22777	11746	11031
48	27154	13899	13255	112805	58755	54050	19450	10045	9405
49	11597	5756	5841	45928	24071	21857	11437	5715	5722
50-54岁	**85407**	**43161**	**42246**	**343987**	**179713**	**164274**	**71487**	**36072**	**35415**
50	14098	7216	6882	44861	23467	21394	13620	6971	6649
51	12225	6177	6048	50307	26818	23489	12275	6256	6019
52	17640	8963	8677	79465	41538	37927	15838	8029	7809
53	21329	10782	10547	89963	46962	43001	15041	7431	7610
54	20115	10023	10092	79391	40928	38463	14713	7385	7328
55-59岁	**95545**	**47909**	**47636**	**462574**	**238810**	**223764**	**59004**	**29534**	**29470**
55	22306	11326	10980	90371	46604	43767	13735	6916	6819
56	21506	10825	10681	102288	52627	49661	13373	6591	6782
57	18402	9176	9226	97286	50125	47161	11921	6045	5876
58	19123	9465	9658	99975	52053	47922	10354	5207	5147
59	14208	7117	7091	72654	37401	35253	9621	4775	4846
60-64岁	**66683**	**33512**	**33171**	**371347**	**194306**	**177041**	**49303**	**24245**	**25058**
60	14605	7503	7102	76861	39948	36913	10835	5449	5386
61	14775	7499	7276	83865	44819	39046	10615	5363	5252
62	12542	6299	6243	73001	37654	35347	9772	4688	5084
63	13334	6536	6798	72714	38194	34520	9730	4723	5007
64	11427	5675	5752	64906	33691	31215	8351	4022	4329

9-1 续表 17 单位：人

年龄	白族			土家族			哈尼族		
	小计	男	女	小计	男	女	小计	男	女
65-69岁	**53175**	**26363**	**26812**	**271262**	**141423**	**129839**	**36940**	**17688**	**19252**
65	10689	5344	5345	52728	27018	25710	7924	3709	4215
66	11313	5619	5694	56717	30088	26629	7489	3587	3902
67	11236	5577	5659	55368	28678	26690	7380	3621	3759
68	10523	5202	5321	54639	28739	25900	7226	3433	3793
69	9414	4621	4793	51810	26900	24910	6921	3338	3583
70-74岁	**43206**	**20829**	**22377**	**207170**	**107493**	**99677**	**29818**	**13413**	**16405**
70	8491	4242	4249	46339	24481	21858	6708	3094	3614
71	7827	3762	4065	38249	19676	18573	5847	2629	3218
72	9408	4598	4810	46742	24224	22518	6529	2999	3530
73	9127	4358	4769	41057	21228	19829	5582	2414	3168
74	8353	3869	4484	34783	17884	16899	5152	2277	2875
75-79岁	**31795**	**14626**	**17169**	**139101**	**69638**	**69463**	**17391**	**7330**	**10061**
75	7273	3435	3838	30294	15265	15029	4352	1838	2514
76	6838	3097	3741	30575	15306	15269	3630	1566	2064
77	6685	3067	3618	31626	16197	15429	3532	1530	2002
78	5852	2640	3212	25486	12560	12926	3025	1236	1789
79	5147	2387	2760	21120	10310	10810	2852	1160	1692
80-84岁	**16798**	**7256**	**9542**	**75373**	**35435**	**39938**	**9800**	**3691**	**6109**
80	4964	2173	2791	22925	11058	11867	2820	1155	1665
81	3742	1584	2158	16236	7714	8522	2001	742	1259
82	3620	1604	2016	15351	7173	8178	2102	759	1343
83	2516	1110	1406	11963	5508	6455	1574	557	1017
84	1956	785	1171	8898	3982	4916	1303	478	825
85-89岁	**6099**	**2295**	**3804**	**28619**	**12133**	**16486**	**3754**	**1256**	**2498**
85	1786	722	1064	8217	3642	4575	1113	391	722
86	1448	519	929	7331	3158	4173	843	271	572
87	1136	422	714	5688	2293	3395	714	230	484
88	981	349	632	4124	1698	2426	615	211	404
89	748	283	465	3259	1342	1917	469	153	316
90-94岁	**1448**	**518**	**930**	**6824**	**2528**	**4296**	**1123**	**324**	**799**
90	544	202	342	2547	976	1571	405	93	312
91	357	138	219	1503	553	950	246	85	161
92	252	81	171	1292	474	818	222	62	160
93	167	49	118	862	304	558	137	44	93
94	128	48	80	620	221	399	113	40	73
95-99岁	**276**	**93**	**183**	**1669**	**620**	**1049**	**347**	**135**	**212**
95	97	32	65	567	198	369	107	38	69
96	58	20	38	388	131	257	73	23	50
97	60	27	33	305	127	178	74	34	40
98	32	8	24	251	105	146	56	21	35
99	29	6	23	158	59	99	37	19	18
100岁及以上	**15**	**3**	**12**	**165**	**43**	**122**	**25**	**8**	**17**

9-1 续表 18

单位：人

年 龄	哈萨克族			傣 族			黎 族		
	小计	男	女	小计	男	女	小计	男	女
总 计	**1462588**	**747368**	**715220**	**1261311**	**625176**	**636135**	**1463064**	**756992**	**706072**
0-4岁	**133365**	**69192**	**64173**	**90694**	**46161**	**44533**	**121291**	**65281**	**56010**
0	28779	14969	13810	17990	9262	8728	23741	12743	10998
1	27211	14094	13117	19138	9658	9480	24578	13350	11228
2	28102	14535	13567	18877	9518	9359	24859	13475	11384
3	25274	13102	12172	17964	9152	8812	23914	12778	11136
4	23999	12492	11507	16725	8571	8154	24199	12935	11264
5-9岁	**112865**	**58304**	**54561**	**78244**	**39971**	**38273**	**102742**	**54912**	**47830**
5	24152	12478	11674	15734	8032	7702	24451	13023	11428
6	23645	12188	11457	15960	8215	7745	21166	11159	10007
7	23091	12018	11073	15194	7607	7587	18795	10160	8635
8	21440	10997	10443	15204	7808	7396	18671	10025	8646
9	20537	10623	9914	16152	8309	7843	19659	10545	9114
10-14岁	**101321**	**51772**	**49549**	**84076**	**43009**	**41067**	**110797**	**59088**	**51709**
10	20459	10495	9964	16170	8211	7959	19820	10592	9228
11	19639	10062	9577	15929	8168	7761	19884	10634	9250
12	20619	10441	10178	16949	8672	8277	21641	11610	10031
13	20256	10364	9892	17302	8938	8364	23210	12386	10824
14	20348	10410	9938	17726	9020	8706	26242	13866	12376
15-19岁	**117818**	**58494**	**59324**	**99677**	**49717**	**49960**	**148702**	**75544**	**73158**
15	20693	10523	10170	18192	9203	8989	28052	14451	13601
16	21751	10900	10851	18586	9122	9464	28722	14622	14100
17	23633	11649	11984	20532	10172	10360	31388	15835	15553
18	25510	12436	13074	20390	10174	10216	31526	15971	15555
19	26231	12986	13245	21977	11046	10931	29014	14665	14349
20-24岁	**160142**	**80394**	**79748**	**129705**	**64053**	**65652**	**143279**	**73693**	**69586**
20	31416	15677	15739	26235	12863	13372	32388	16430	15958
21	34519	17269	17250	25833	12711	13122	28766	14748	14018
22	31757	15889	15868	25772	12709	13063	27384	13939	13445
23	31676	15961	15715	26271	13078	13193	27370	14386	12984
24	30774	15598	15176	25594	12692	12902	27371	14190	13181
25-29岁	**149577**	**76463**	**73114**	**114019**	**57093**	**56926**	**140892**	**74154**	**66738**
25	30157	15293	14864	25124	12372	12752	27028	14126	12902
26	30852	15779	15073	23882	11945	11937	28763	14774	13989
27	29815	15430	14385	23028	11537	11491	29399	15616	13783
28	30297	15361	14936	22304	11237	11067	29750	15651	14099
29	28456	14600	13856	19681	10002	9679	25952	13987	11965

9-1 续表 19　　　　单位：人

年 龄	哈萨克族			傣 族			黎 族		
	小计	男	女	小计	男	女	小计	男	女
30-34岁	**145723**	**75185**	**70538**	**102824**	**51396**	**51428**	**124265**	**66436**	**57829**
30	31149	16084	15065	20158	9961	10197	29206	15317	13889
31	28667	14861	13806	19682	9928	9754	24618	13311	11307
32	28859	14742	14117	20951	10382	10569	24602	13186	11416
33	26685	13786	12899	20157	10112	10045	21229	11491	9738
34	30363	15712	14651	21876	11013	10863	24610	13131	11479
35-39岁	**136669**	**70364**	**66305**	**109744**	**55336**	**54408**	**122786**	**65582**	**57204**
35	28336	14646	13690	21499	10818	10681	24528	12840	11688
36	28563	14767	13796	22466	11342	11124	25690	13702	11988
37	27586	14236	13350	22367	11284	11083	25177	13610	11567
38	28507	14623	13884	22158	11192	10966	25235	13624	11611
39	23677	12092	11585	21254	10700	10554	22156	11806	10350
40-44岁	**114919**	**59034**	**55885**	**114487**	**56859**	**57628**	**118709**	**62237**	**56472**
40	26932	13923	13009	24888	12215	12673	27032	14118	12914
41	23923	12101	11822	22778	11233	11545	23910	12679	11231
42	24405	12640	11765	23326	11586	11740	25493	13199	12294
43	19528	10043	9485	20245	10215	10030	20648	10855	9793
44	20131	10327	9804	23250	11610	11640	21626	11386	10240
45-49岁	**87553**	**45240**	**42313**	**100880**	**49938**	**50942**	**96215**	**50174**	**46041**
45	20434	10452	9982	21736	10592	11144	21186	10929	10257
46	19866	10170	9696	23032	11562	11470	22029	11411	10618
47	18540	9502	9038	21480	10617	10863	20935	10882	10053
48	17401	9222	8179	19911	9973	9938	20429	10797	9632
49	11312	5894	5418	14721	7194	7527	11636	6155	5481
50-54岁	**63826**	**32587**	**31239**	**71247**	**35288**	**35959**	**60998**	**30825**	**30173**
50	13879	7103	6776	16025	8014	8011	12682	6370	6312
51	12188	6326	5862	13553	6742	6811	11201	5659	5542
52	13775	7098	6677	15939	7914	8025	13394	6812	6582
53	11776	5968	5808	13204	6481	6723	12202	6207	5995
54	12208	6092	6116	12526	6137	6389	11519	5777	5742
55-59岁	**47882**	**23936**	**23946**	**49642**	**24351**	**25291**	**48397**	**24018**	**24379**
55	10099	5072	5027	11483	5652	5831	10927	5551	5376
56	10852	5461	5391	11118	5507	5611	11021	5524	5497
57	9614	4824	4790	9785	4907	4878	9566	4688	4878
58	9995	5006	4989	9103	4366	4737	9476	4701	4775
59	7322	3573	3749	8153	3919	4234	7407	3554	3853
60-64岁	**33898**	**17415**	**16483**	**37579**	**18039**	**19540**	**37897**	**18126**	**19771**
60	8987	4606	4381	8661	4277	4384	9523	4606	4917
61	8299	4380	3919	8271	4035	4236	8269	4062	4207
62	6341	3288	3053	7143	3312	3831	6873	3193	3680
63	5471	2811	2660	7089	3340	3749	6809	3257	3552
64	4800	2330	2470	6415	3075	3340	6423	3008	3415

9-1 续表 20

单位：人

年 龄	哈萨克族			傣 族			黎 族		
	小计	男	女	小计	男	女	小计	男	女
65-69岁	**24640**	**12631**	**12009**	**27437**	**12776**	**14661**	**27635**	**12649**	**14986**
65	5473	2713	2760	5925	2758	3167	6020	2781	3239
66	5222	2711	2511	5725	2733	2992	5509	2605	2904
67	4911	2583	2328	5480	2568	2912	5854	2706	3148
68	4960	2600	2360	5327	2433	2894	5467	2447	3020
69	4074	2024	2050	4980	2284	2696	4785	2110	2675
70-74岁	**16658**	**8535**	**8123**	**22162**	**9764**	**12398**	**25641**	**11051**	**14590**
70	4774	2446	2328	4923	2184	2739	6085	2641	3444
71	3449	1800	1649	4185	1864	2321	4944	2165	2779
72	3100	1589	1511	4506	2054	2452	5211	2241	2970
73	2834	1451	1383	4438	1971	2467	4864	2138	2726
74	2501	1249	1252	4110	1691	2419	4537	1866	2671
75-79岁	**8995**	**4482**	**4513**	**15594**	**6550**	**9044**	**16817**	**7099**	**9718**
75	2127	1041	1086	3571	1489	2082	4350	1802	2548
76	2051	980	1071	3427	1426	2001	3640	1529	2111
77	1814	946	868	3258	1377	1881	3066	1390	1676
78	1672	859	813	2833	1181	1652	3081	1280	1801
79	1331	656	675	2505	1077	1428	2680	1098	1582
80-84岁	**4334**	**2225**	**2109**	**8630**	**3369**	**5261**	**9774**	**3929**	**5845**
80	1442	766	676	2530	1035	1495	2997	1220	1777
81	878	423	455	1745	657	1088	1934	791	1143
82	770	392	378	1780	700	1080	1882	732	1150
83	691	350	341	1355	507	848	1705	689	1016
84	553	294	259	1220	470	750	1256	497	759
85-89岁	**1759**	**833**	**926**	**3355**	**1121**	**2234**	**4332**	**1626**	**2706**
85	533	249	284	1002	356	646	1184	438	746
86	390	197	193	743	250	493	944	355	589
87	332	147	185	650	205	445	882	352	530
88	272	136	136	519	172	347	638	249	389
89	232	104	128	441	138	303	684	232	452
90-94岁	**469**	**200**	**269**	**1008**	**302**	**706**	**1418**	**433**	**985**
90	188	91	97	388	119	269	566	174	392
91	94	34	60	220	71	149	295	91	204
92	81	34	47	184	56	128	223	61	162
93	53	19	34	117	29	88	189	59	130
94	53	22	31	99	27	72	145	48	97
95-99岁	**163**	**78**	**85**	**254**	**73**	**181**	**379**	**114**	**265**
95	43	21	22	73	20	53	112	32	80
96	38	20	18	71	23	48	84	26	58
97	28	16	12	46	13	33	67	26	41
98	30	16	14	48	12	36	64	17	47
99	24	5	19	16	5	11	52	13	39
100岁及以上	**12**	**4**	**8**	**53**	**10**	**43**	**98**	**21**	**77**

9-1 续表 21 单位：人

年 龄	傈僳族			佤 族			畲 族		
	小计	男	女	小计	男	女	小计	男	女
总 计	**702839**	**355374**	**347465**	**429709**	**216439**	**213270**	**708651**	**383213**	**325438**
0-4岁	**52495**	**26625**	**25870**	**26336**	**13418**	**12918**	**55017**	**29998**	**25019**
0	10203	5211	4992	5677	2877	2800	10494	5819	4675
1	11141	5666	5475	5541	2894	2647	11593	6346	5247
2	10602	5396	5206	5335	2727	2608	11672	6342	5330
3	10283	5220	5063	5034	2542	2492	10747	5879	4868
4	10266	5132	5134	4749	2378	2371	10511	5612	4899
5-9岁	**53345**	**27065**	**26280**	**26711**	**13423**	**13288**	**46911**	**24950**	**21961**
5	10005	5069	4936	4483	2247	2236	10219	5428	4791
6	11101	5658	5443	5213	2587	2626	10130	5415	4715
7	10801	5519	5282	5519	2783	2736	8930	4687	4243
8	10635	5424	5211	5613	2814	2799	8763	4717	4046
9	10803	5395	5408	5883	2992	2891	8869	4703	4166
10-14岁	**55191**	**28200**	**26991**	**32206**	**16333**	**15873**	**45116**	**23752**	**21364**
10	11275	5774	5501	6149	3135	3014	8895	4621	4274
11	10260	5314	4946	5990	3021	2969	8318	4396	3922
12	11482	5866	5616	6685	3371	3314	9089	4819	4270
13	10980	5557	5423	6620	3406	3214	9030	4743	4287
14	11194	5689	5505	6762	3400	3362	9784	5173	4611
15-19岁	**57994**	**29093**	**28901**	**38037**	**19001**	**19036**	**59364**	**30529**	**28835**
15	11406	5833	5573	7036	3548	3488	11797	6141	5656
16	11557	5754	5803	7386	3597	3789	11682	6066	5616
17	11786	5906	5880	7635	3709	3926	12127	6128	5999
18	11472	5728	5744	7969	4057	3912	11673	5969	5704
19	11773	5872	5901	8011	4090	3921	12085	6225	5860
20-24岁	**71336**	**35868**	**35468**	**48265**	**23896**	**24369**	**61794**	**31429**	**30365**
20	15371	7588	7783	9844	4861	4983	14532	7331	7201
21	14409	7214	7195	9868	4882	4986	13025	6566	6459
22	13887	7069	6818	9472	4659	4813	11881	5921	5960
23	14229	7255	6974	9122	4605	4517	11781	6079	5702
24	13440	6742	6698	9959	4889	5070	10575	5532	5043
25-29岁	**67364**	**35014**	**32350**	**44081**	**22579**	**21502**	**51559**	**27462**	**24097**
25	13873	7054	6819	9703	4966	4737	10357	5462	4895
26	13522	7043	6479	9326	4824	4502	10254	5491	4763
27	13287	6999	6288	9036	4585	4451	9885	5223	4662
28	14217	7518	6699	8505	4298	4207	11326	6118	5208
29	12465	6400	6065	7511	3906	3605	9737	5168	4569

9-1 续表 22

单位：人

年 龄	傈僳族			佤 族			畲 族		
	小计	男	女	小计	男	女	小计	男	女
30-34岁	**64709**	**33546**	**31163**	**39731**	**20701**	**19030**	**53776**	**29438**	**24338**
30	13527	6735	6792	8881	4490	4391	8875	4822	4053
31	12455	6671	5784	7490	3979	3511	10527	5716	4811
32	13076	6705	6371	7960	4125	3835	11116	6112	5004
33	12297	6473	5824	7117	3711	3406	11055	6117	4938
34	13354	6962	6392	8283	4396	3887	12203	6671	5532
35-39岁	**61503**	**31899**	**29604**	**36948**	**19221**	**17727**	**62945**	**34789**	**28156**
35	12673	6571	6102	8107	4204	3903	12181	6663	5518
36	13077	6860	6217	7706	4047	3659	12382	6844	5538
37	12329	6357	5972	7609	3963	3646	13033	7245	5788
38	12156	6309	5847	7117	3680	3437	12545	6961	5584
39	11268	5802	5466	6409	3327	3082	12804	7076	5728
40-44岁	**55707**	**28451**	**27256**	**35888**	**18209**	**17679**	**61494**	**33808**	**27686**
40	12694	6489	6205	8441	4283	4158	12807	7063	5744
41	11367	5832	5535	7474	3858	3616	12467	6923	5544
42	11471	5893	5578	7153	3559	3594	13083	7182	5901
43	9578	4930	4648	6146	3191	2955	11048	6039	5009
44	10597	5307	5290	6674	3318	3356	12089	6601	5488
45-49岁	**43690**	**22122**	**21568**	**27676**	**14056**	**13620**	**50142**	**27473**	**22669**
45	10313	5197	5116	6530	3290	3240	11866	6623	5243
46	10060	5077	4983	6643	3370	3273	10798	5898	4900
47	9299	4716	4583	5698	2986	2712	12659	6886	5773
48	8478	4399	4079	5193	2585	2608	9628	5309	4319
49	5540	2733	2807	3612	1825	1787	5191	2757	2434
50-54岁	**30325**	**15133**	**15192**	**21037**	**10358**	**10679**	**38791**	**21865**	**16926**
50	6351	3214	3137	4958	2482	2476	7060	3958	3102
51	4812	2440	2372	3764	1835	1929	6594	3804	2790
52	6678	3400	3278	4862	2491	2371	8267	4677	3590
53	6484	3119	3365	3778	1814	1964	8891	4990	3901
54	6000	2960	3040	3675	1736	1939	7979	4436	3543
55-59岁	**27181**	**13242**	**13939**	**14975**	**7405**	**7570**	**37575**	**21011**	**16564**
55	6001	2953	3048	3269	1636	1633	8303	4614	3689
56	6331	3152	3179	3270	1636	1634	8292	4643	3649
57	5259	2509	2750	2869	1410	1459	7356	4055	3301
58	5274	2525	2749	2944	1461	1483	7463	4201	3262
59	4316	2103	2213	2623	1262	1361	6161	3498	2663
60-64岁	**21050**	**10244**	**10806**	**14044**	**6852**	**7192**	**25739**	**14756**	**10983**
60	4846	2437	2409	3520	1710	1810	5814	3331	2483
61	4736	2367	2369	3013	1534	1479	5871	3381	2490
62	3968	1882	2086	2529	1241	1288	5229	2994	2235
63	4067	1936	2131	2417	1195	1222	4525	2579	1946
64	3433	1622	1811	2565	1172	1393	4300	2471	1829

9-1　续表 23　　　　　　　　　　　　　　　　　　　　　　　　　　单位：人

年 龄	傈僳族			佤 族			畲 族		
	小计	男	女	小计	男	女	小计	男	女
65-69岁	**15737**	**7487**	**8250**	**9719**	**4639**	**5080**	**17714**	**10322**	**7392**
65	3416	1650	1766	2445	1095	1350	3610	2155	1455
66	3256	1516	1740	1848	934	914	3968	2310	1658
67	3250	1543	1707	1875	919	956	3523	2026	1497
68	3131	1502	1629	1854	858	996	3222	1891	1331
69	2684	1276	1408	1697	833	864	3391	1940	1451
70-74岁	**11701**	**5509**	**6192**	**7034**	**3300**	**3734**	**16514**	**9457**	**7057**
70	2650	1239	1411	2162	1011	1151	3349	1926	1423
71	2228	1027	1201	1292	596	696	3146	1785	1361
72	2468	1192	1276	1244	600	644	3466	1996	1470
73	2233	1045	1188	1202	567	635	3465	1968	1497
74	2122	1006	1116	1134	526	608	3088	1782	1306
75-79岁	**7524**	**3398**	**4126**	**3818**	**1716**	**2102**	**12424**	**6546**	**5878**
75	1928	879	1049	1014	444	570	2886	1552	1334
76	1607	721	886	749	325	424	2680	1427	1253
77	1495	681	814	673	308	365	2703	1405	1298
78	1286	560	726	721	346	375	2117	1108	1009
79	1208	557	651	661	293	368	2038	1054	984
80-84岁	**3896**	**1686**	**2210**	**2040**	**883**	**1157**	**7561**	**3794**	**3767**
80	1221	532	689	713	337	376	1954	1035	919
81	794	364	430	367	145	222	1625	838	787
82	789	316	473	318	123	195	1651	803	848
83	621	285	336	330	146	184	1257	609	648
84	471	189	282	312	132	180	1074	509	565
85-89岁	**1522**	**595**	**927**	**799**	**316**	**483**	**3142**	**1407**	**1735**
85	455	176	279	223	86	137	973	450	523
86	339	112	227	183	63	120	704	329	375
87	295	127	168	137	55	82	615	260	355
88	231	102	129	130	64	66	482	208	274
89	202	78	124	126	48	78	368	160	208
90-94岁	**442**	**156**	**286**	**270**	**99**	**171**	**891**	**355**	**536**
90	193	70	123	129	51	78	292	117	175
91	83	26	57	43	10	33	231	100	131
92	71	21	50	28	11	17	169	61	108
93	44	12	32	43	16	27	106	41	65
94	51	27	24	27	11	16	93	36	57
95-99岁	**113**	**37**	**76**	**75**	**25**	**50**	**165**	**68**	**97**
95	36	17	19	20	4	16	61	23	38
96	21	7	14	12	4	8	43	17	26
97	22	5	17	14	6	8	28	15	13
98	21	4	17	14	5	9	22	8	14
99	13	4	9	15	6	9	11	5	6
100岁及以上	**14**	**4**	**10**	**19**	**9**	**10**	**17**	**4**	**13**

9-1 续表 24

单位：人

年 龄	高山族			拉祜族			水 族		
	小计	男	女	小计	男	女	小计	男	女
总 计	**4009**	**2029**	**1980**	**485966**	**247667**	**238299**	**411847**	**213644**	**198203**
0-4岁	**275**	**136**	**139**	**33283**	**16846**	**16437**	**35233**	**20019**	**15214**
0	49	20	29	6647	3360	3287	7277	4118	3159
1	56	32	24	7031	3564	3467	7656	4350	3306
2	69	32	37	6840	3435	3405	7136	3977	3159
3	55	27	28	6390	3231	3159	6576	3817	2759
4	46	25	21	6375	3256	3119	6588	3757	2831
5-9岁	**236**	**124**	**112**	**29770**	**15225**	**14545**	**35513**	**19660**	**15853**
5	60	32	28	5867	2945	2922	6237	3521	2716
6	51	24	27	6102	3123	2979	7138	3913	3225
7	38	20	18	5939	3057	2882	7117	3969	3148
8	44	19	25	5832	3019	2813	7172	4012	3160
9	43	29	14	6030	3081	2949	7849	4245	3604
10-14岁	**228**	**106**	**122**	**33295**	**17100**	**16195**	**42335**	**22592**	**19743**
10	34	14	20	6294	3188	3106	8155	4361	3794
11	46	21	25	6306	3188	3118	8500	4587	3913
12	47	21	26	6828	3563	3265	8852	4724	4128
13	53	25	28	6863	3510	3353	8522	4529	3993
14	48	25	23	7004	3651	3353	8306	4391	3915
15-19岁	**351**	**188**	**163**	**38718**	**19896**	**18822**	**37216**	**19376**	**17840**
15	66	41	25	7280	3691	3589	8158	4375	3783
16	51	31	20	7282	3743	3539	7925	4075	3850
17	77	41	36	7596	3942	3654	7664	3911	3753
18	60	30	30	7966	4199	3767	7168	3779	3389
19	97	45	52	8594	4321	4273	6301	3236	3065
20-24岁	**462**	**228**	**234**	**54405**	**27665**	**26740**	**35122**	**17549**	**17573**
20	110	52	58	11391	5689	5702	7154	3540	3614
21	87	47	40	11019	5568	5451	6682	3364	3318
22	106	52	54	10660	5439	5221	7041	3557	3484
23	96	50	46	10774	5503	5271	7429	3725	3704
24	63	27	36	10561	5466	5095	6816	3363	3453
25-29岁	**384**	**182**	**202**	**49034**	**25462**	**23572**	**31904**	**16076**	**15828**
25	91	44	47	10342	5318	5024	6453	3191	3262
26	66	30	36	10175	5229	4946	6329	3197	3132
27	81	31	50	10026	5199	4827	6021	3102	2919
28	73	39	34	9667	5096	4571	6668	3310	3358
29	73	38	35	8824	4620	4204	6433	3276	3157

9-1 续表 25 单位：人

年 龄	高山族			拉祜族			水 族		
	小计	男	女	小计	男	女	小计	男	女
30-34岁	**287**	**126**	**161**	**45131**	**23715**	**21416**	**31919**	**16547**	**15372**
30	57	26	31	9721	4959	4762	6553	3229	3324
31	59	24	35	8411	4493	3918	6291	3341	2950
32	71	29	42	9158	4839	4319	6494	3407	3087
33	42	21	21	8574	4587	3987	5868	3085	2783
34	58	26	32	9267	4837	4430	6713	3485	3228
35-39岁	**301**	**155**	**146**	**43400**	**22833**	**20567**	**32979**	**17142**	**15837**
35	45	23	22	9097	4683	4414	7029	3644	3385
36	59	30	29	9479	5040	4439	7072	3622	3450
37	66	28	38	8880	4766	4114	6301	3277	3024
38	73	44	29	8008	4180	3828	6444	3388	3056
39	58	30	28	7936	4164	3772	6133	3211	2922
40-44岁	**325**	**174**	**151**	**42270**	**21707**	**20563**	**30774**	**15840**	**14934**
40	67	33	34	9539	4943	4596	6691	3403	3288
41	65	31	34	8650	4518	4132	6063	3165	2898
42	61	32	29	8651	4370	4281	6763	3420	3343
43	60	42	18	7488	3863	3625	5407	2768	2639
44	72	36	36	7942	4013	3929	5850	3084	2766
45-49岁	**343**	**175**	**168**	**33337**	**16978**	**16359**	**23676**	**12186**	**11490**
45	72	35	37	7775	3917	3858	5928	3079	2849
46	78	42	36	7501	3815	3686	5799	2980	2819
47	85	46	39	7005	3627	3378	5672	2920	2752
48	60	33	27	6325	3232	3093	4020	2066	1954
49	48	19	29	4731	2387	2344	2257	1141	1116
50-54岁	**243**	**126**	**117**	**24763**	**12532**	**12231**	**15139**	**7579**	**7560**
50	63	28	35	5656	2896	2760	2427	1171	1256
51	31	16	15	4429	2193	2236	2402	1160	1242
52	46	24	22	5782	2926	2856	3443	1759	1684
53	67	37	30	4726	2374	2352	3623	1852	1771
54	36	21	15	4170	2143	2027	3244	1637	1607
55-59岁	**200**	**110**	**90**	**16860**	**8486**	**8374**	**16592**	**8447**	**8145**
55	45	28	17	3973	2036	1937	3510	1826	1684
56	38	23	15	3529	1774	1755	3748	1913	1835
57	41	19	22	3308	1674	1634	3440	1728	1712
58	45	22	23	3090	1550	1540	3183	1601	1582
59	31	18	13	2960	1452	1508	2711	1379	1332
60-64岁	**121**	**67**	**54**	**15371**	**7335**	**8036**	**13564**	**6805**	**6759**
60	27	14	13	3468	1644	1824	3010	1542	1468
61	22	18	4	3172	1576	1596	2942	1509	1433
62	21	8	13	3052	1440	1612	2625	1290	1335
63	32	18	14	3082	1457	1625	2525	1237	1288
64	19	9	10	2597	1218	1379	2462	1227	1235

9-1 续表 26

单位：人

年 龄	高山族			拉祜族			水 族		
	小计	男	女	小计	男	女	小计	男	女
65-69岁	**78**	**45**	**33**	**10472**	**4892**	**5580**	**10666**	**5169**	**5497**
65	19	10	9	2332	1090	1242	2243	1063	1180
66	18	11	7	2079	976	1103	2257	1122	1135
67	9	7	2	2195	1042	1153	2171	1032	1139
68	21	12	9	2011	910	1101	1927	906	1021
69	11	5	6	1855	874	981	2068	1046	1022
70-74岁	**56**	**33**	**23**	**7786**	**3555**	**4231**	**9562**	**4481**	**5081**
70	12	5	7	2002	922	1080	2214	1019	1195
71	4	2	2	1435	647	788	1771	862	909
72	16	10	6	1608	760	848	1904	869	1035
73	11	7	4	1458	632	826	1910	910	1000
74	13	9	4	1283	594	689	1763	821	942
75-79岁	**50**	**23**	**27**	**4423**	**1962**	**2461**	**6006**	**2712**	**3294**
75	5	3	2	1115	523	592	1429	670	759
76	13	7	6	904	391	513	1263	587	676
77	13	4	9	959	418	541	1302	611	691
78	7	1	6	760	323	437	1108	472	636
79	12	8	4	685	307	378	904	372	532
80-84岁	**47**	**19**	**28**	**2343**	**992**	**1351**	**2592**	**1096**	**1496**
80	5	1	4	754	312	442	870	381	489
81	10	6	4	414	169	245	555	239	316
82	9	5	4	458	188	270	555	214	341
83	11	5	6	385	175	210	391	160	231
84	12	2	10	332	148	184	221	102	119
85-89岁	**18**	**10**	**8**	**912**	**337**	**575**	**762**	**280**	**482**
85	3		3	271	104	167	189	82	107
86	5	3	2	200	63	137	183	75	108
87	6	3	3	201	73	128	155	57	98
88	3	3		125	54	71	128	43	85
89	1	1		115	43	72	107	23	84
90-94岁	**2**	**1**	**1**	**299**	**116**	**183**	**234**	**75**	**159**
90	2	1	1	124	45	79	83	23	60
91				52	18	34	52	21	31
92				62	34	28	46	13	33
93				28	9	19	36	13	23
94				33	10	23	17	5	12
95-99岁	**2**	**1**	**1**	**81**	**31**	**50**	**52**	**11**	**41**
95	1		1	17	4	13	20	4	16
96	1	1		15	5	10	16	4	12
97				22	12	10	8	3	5
98				18	8	10	3		3
99				9	2	7	5		5
100岁及以上				**13**	**2**	**11**	**7**	**2**	**5**

9-1 续表 27 单位：人

年 龄	东乡族			纳西族			景颇族		
	小计	男	女	小计	男	女	小计	男	女
总 计	**621500**	**317490**	**304010**	**326295**	**162635**	**163660**	**147828**	**71318**	**76510**
0-4岁	**59299**	**32713**	**26586**	**15836**	**8170**	**7666**	**12890**	**6723**	**6167**
0	11720	6442	5278	3176	1677	1499	2536	1354	1182
1	12089	6768	5321	3287	1657	1630	2903	1515	1388
2	12600	6976	5624	3223	1637	1586	2653	1383	1270
3	11698	6458	5240	3073	1596	1477	2481	1312	1169
4	11192	6069	5123	3077	1603	1474	2317	1159	1158
5-9岁	**52811**	**28754**	**24057**	**17100**	**8648**	**8452**	**11345**	**5857**	**5488**
5	11005	6004	5001	3217	1680	1537	2130	1103	1027
6	10845	5962	4883	3488	1714	1774	2296	1189	1107
7	10482	5663	4819	3233	1700	1533	2278	1235	1043
8	10246	5542	4704	3416	1700	1716	2253	1108	1145
9	10233	5583	4650	3746	1854	1892	2388	1222	1166
10-14岁	**58786**	**31006**	**27780**	**22095**	**11053**	**11042**	**11882**	**6107**	**5775**
10	10598	5693	4905	4325	2188	2137	2441	1278	1163
11	10745	5694	5051	4222	2113	2109	2401	1257	1144
12	13101	6911	6190	4528	2245	2283	2368	1207	1161
13	12190	6406	5784	4458	2258	2200	2383	1187	1196
14	12152	6302	5850	4562	2249	2313	2289	1178	1111
15-19岁	**65182**	**33323**	**31859**	**26293**	**12981**	**13312**	**11831**	**6020**	**5811**
15	13941	7277	6664	5090	2554	2536	2263	1177	1086
16	12357	6333	6024	5165	2526	2639	2385	1198	1187
17	12365	6300	6065	5207	2587	2620	2364	1203	1161
18	13559	6922	6637	5361	2671	2690	2249	1158	1091
19	12960	6491	6469	5470	2643	2827	2570	1284	1286
20-24岁	**65462**	**31837**	**33625**	**30980**	**15130**	**15850**	**16826**	**7982**	**8844**
20	15136	7197	7939	6612	3142	3470	3397	1603	1794
21	13952	6823	7129	6421	3165	3256	3300	1567	1733
22	11781	5709	6072	6582	3271	3311	3385	1555	1830
23	13308	6516	6792	6086	2977	3109	3387	1596	1791
24	11285	5592	5693	5279	2575	2704	3357	1661	1696
25-29岁	**52584**	**26168**	**26416**	**23884**	**12039**	**11845**	**15113**	**7240**	**7873**
25	11812	5780	6032	4879	2461	2418	3510	1734	1776
26	10897	5383	5514	4883	2436	2447	3205	1501	1704
27	10090	5077	5013	4587	2352	2235	2953	1404	1549
28	10830	5424	5406	5123	2558	2565	2798	1310	1488
29	8955	4504	4451	4412	2232	2180	2647	1291	1356

9-1 续表 28

单位：人

年 龄	东乡族			纳西族			景颇族		
	小计	男	女	小计	男	女	小计	男	女
30-34岁	**47579**	**23284**	**24295**	**27673**	**13928**	**13745**	**13752**	**6639**	**7113**
30	10928	5204	5724	4414	2224	2190	2877	1370	1507
31	8484	4245	4239	5276	2667	2609	2585	1241	1344
32	9526	4509	5017	5762	2914	2848	2761	1310	1451
33	9172	4642	4530	5867	2871	2996	2680	1327	1353
34	9469	4684	4785	6354	3252	3102	2849	1391	1458
35-39岁	**48873**	**24231**	**24642**	**33342**	**17125**	**16217**	**12591**	**6011**	**6580**
35	10177	4964	5213	6279	3207	3072	2724	1273	1451
36	9757	4690	5067	6800	3462	3338	2670	1258	1412
37	9402	4570	4832	6715	3435	3280	2523	1221	1302
38	11147	5712	5435	6920	3603	3317	2493	1223	1270
39	8390	4295	4095	6628	3418	3210	2181	1036	1145
40-44岁	**47028**	**23396**	**23632**	**30782**	**15745**	**15037**	**11180**	**5230**	**5950**
40	11366	5441	5925	6419	3238	3181	2477	1114	1363
41	8861	4369	4492	6545	3321	3224	2331	1138	1193
42	9716	4896	4820	6596	3382	3214	2290	1106	1184
43	9030	4563	4467	5085	2638	2447	2005	907	1098
44	8055	4127	3928	6137	3166	2971	2077	965	1112
45-49岁	**33512**	**17533**	**15979**	**25337**	**12863**	**12474**	**8378**	**3927**	**4451**
45	8075	4272	3803	6174	3161	3013	1812	851	961
46	7765	4177	3588	5871	3020	2851	1821	823	998
47	6925	3595	3330	5924	2986	2938	1855	855	1000
48	6786	3582	3204	4921	2493	2428	1562	759	803
49	3961	1907	2054	2447	1203	1244	1328	639	689
50-54岁	**17604**	**8899**	**8705**	**14521**	**7385**	**7136**	**6994**	**3208**	**3786**
50	4638	2352	2286	2829	1482	1347	1502	720	782
51	2958	1479	1479	2093	1046	1047	1474	671	803
52	3402	1738	1664	2956	1497	1459	1595	726	869
53	3505	1768	1737	3443	1744	1699	1305	564	741
54	3101	1562	1539	3200	1616	1584	1118	527	591
55-59岁	**17315**	**8579**	**8736**	**15932**	**7837**	**8095**	**4394**	**2028**	**2366**
55	3471	1784	1687	3584	1821	1763	990	466	524
56	3322	1629	1693	3648	1784	1864	1028	458	570
57	3607	1760	1847	3095	1479	1616	806	378	428
58	3739	1874	1865	3070	1514	1556	884	438	446
59	3176	1532	1644	2535	1239	1296	686	288	398
60-64岁	**17709**	**8671**	**9038**	**12577**	**6153**	**6424**	**4015**	**1771**	**2244**
60	3998	1967	2031	2641	1338	1303	865	374	491
61	3464	1716	1748	2748	1332	1416	988	448	540
62	3436	1704	1732	2587	1255	1332	671	317	354
63	3767	1859	1908	2462	1203	1259	785	341	444
64	3044	1425	1619	2139	1025	1114	706	291	415

9-1 续表 29 单位：人

年 龄	东乡族			纳西族			景颇族		
	小计	男	女	小计	男	女	小计	男	女
65-69岁	**14811**	**7526**	**7285**	**10694**	**5142**	**5552**	**2764**	**1118**	**1646**
65	3348	1649	1699	2200	1067	1133	671	265	406
66	2705	1387	1318	2329	1124	1205	547	225	322
67	3134	1579	1555	2211	1077	1134	563	228	335
68	3144	1613	1531	2064	975	1089	536	211	325
69	2480	1298	1182	1890	899	991	447	189	258
70-74岁	**11291**	**5720**	**5571**	**9429**	**4440**	**4989**	**1987**	**796**	**1191**
70	3057	1538	1519	1892	923	969	569	224	345
71	2021	994	1027	1787	836	951	333	138	195
72	2315	1170	1145	2104	1002	1102	388	166	222
73	2355	1200	1155	1932	875	1057	394	152	242
74	1543	818	725	1714	804	910	303	116	187
75-79岁	**6208**	**3203**	**3005**	**5456**	**2362**	**3094**	**1032**	**389**	**643**
75	1488	776	712	1334	611	723	289	109	180
76	1181	615	566	1162	484	678	209	70	139
77	1274	660	614	1087	459	628	206	89	117
78	1266	643	623	971	417	554	169	66	103
79	999	509	490	902	391	511	159	55	104
80-84岁	**3346**	**1658**	**1688**	**2844**	**1140**	**1704**	**533**	**191**	**342**
80	1110	571	539	842	346	496	186	61	125
81	565	264	301	606	255	351	83	35	48
82	638	320	318	555	231	324	109	45	64
83	664	326	338	469	183	286	70	20	50
84	369	177	192	372	125	247	85	30	55
85-89岁	**1307**	**629**	**678**	**1124**	**386**	**738**	**229**	**61**	**168**
85	344	164	180	320	108	212	67	18	49
86	277	133	144	267	92	175	53	14	39
87	285	140	145	216	73	143	46	17	29
88	227	102	125	184	65	119	30	5	25
89	174	90	84	137	48	89	33	7	26
90-94岁	**561**	**260**	**301**	**336**	**87**	**249**	**62**	**15**	**47**
90	210	95	115	118	34	84	25	6	19
91	98	47	51	73	20	53	9	2	7
92	121	54	67	76	21	55	15	4	11
93	87	37	50	38	7	31	3		3
94	45	27	18	31	5	26	10	3	7
95-99岁	**165**	**75**	**90**	**56**	**20**	**36**	**20**	**3**	**17**
95	47	19	28	22	9	13	2		2
96	34	15	19	14	3	11	2		2
97	35	12	23	8	3	5	6	1	5
98	39	24	15	6	3	3	6	2	4
99	10	5	5	6	2	4	4		4
100岁及以上	**67**	**25**	**42**	**4**	**1**	**3**	**10**	**2**	**8**

9-1 续表 30 单位：人

年 龄	柯尔克孜族			土 族			达 斡 尔 族		
	小计	男	女	小计	男	女	小计	男	女
总 计	**186708**	**94645**	**92063**	**289565**	**148055**	**141510**	**131992**	**64866**	**67126**
0-4岁	**17754**	**9128**	**8626**	**19460**	**10445**	**9015**	**8458**	**4390**	**4068**
0	3535	1823	1712	3965	2157	1808	1634	851	783
1	3551	1773	1778	4004	2135	1869	1772	930	842
2	3756	1915	1841	3914	2141	1773	1741	901	840
3	3525	1829	1696	3686	1938	1748	1708	878	830
4	3387	1788	1599	3891	2074	1817	1603	830	773
5-9岁	**16718**	**8480**	**8238**	**19773**	**10349**	**9424**	**7153**	**3682**	**3471**
5	3456	1770	1686	3857	2022	1835	1588	770	818
6	3390	1724	1666	4087	2132	1955	1570	814	756
7	3583	1808	1775	3924	2038	1886	1271	645	626
8	3202	1622	1580	3725	1968	1757	1369	721	648
9	3087	1556	1531	4180	2189	1991	1355	732	623
10-14岁	**14199**	**7182**	**7017**	**21685**	**11345**	**10340**	**7975**	**4012**	**3963**
10	3039	1532	1507	4347	2307	2040	1362	710	652
11	2781	1411	1370	4018	2053	1965	1362	670	692
12	2891	1465	1426	4439	2352	2087	1580	820	760
13	2715	1381	1334	4335	2229	2106	1709	873	836
14	2773	1393	1380	4546	2404	2142	1962	939	1023
15-19岁	**16824**	**8288**	**8536**	**30961**	**15526**	**15435**	**11098**	**5431**	**5667**
15	2678	1309	1369	5535	2873	2662	2042	1065	977
16	2764	1430	1334	5679	2812	2867	2177	1037	1140
17	3108	1564	1544	6822	3428	3394	2310	1104	1206
18	4026	1937	2089	6685	3306	3379	2251	1114	1137
19	4248	2048	2200	6240	3107	3133	2318	1111	1207
20-24岁	**22999**	**11333**	**11666**	**29455**	**14809**	**14646**	**14033**	**6917**	**7116**
20	4976	2417	2559	7149	3451	3698	2946	1452	1494
21	5006	2411	2595	6118	3071	3047	2940	1460	1480
22	4443	2264	2179	5486	2803	2683	2769	1361	1408
23	4388	2193	2195	5797	2990	2807	2731	1344	1387
24	4186	2048	2138	4905	2494	2411	2647	1300	1347
25-29岁	**19309**	**9880**	**9429**	**23404**	**11924**	**11480**	**12869**	**6470**	**6399**
25	4327	2170	2157	4258	2169	2089	2536	1300	1236
26	4168	2114	2054	4372	2234	2138	2624	1319	1305
27	3851	1973	1878	4381	2193	2188	2565	1278	1287
28	3649	1870	1779	5461	2814	2647	2777	1358	1419
29	3314	1753	1561	4932	2514	2418	2367	1215	1152

9-1 续表 31 单位：人

年龄	柯尔克孜族			土族			达斡尔族		
	小计	男	女	小计	男	女	小计	男	女
30-34岁	**16117**	**8217**	**7900**	**25675**	**13252**	**12423**	**10678**	**5358**	**5320**
30	4016	2051	1965	5156	2638	2518	2215	1136	1079
31	2973	1525	1448	4993	2565	2428	2128	1061	1067
32	3220	1611	1609	5090	2591	2499	2188	1110	1078
33	2670	1409	1261	4876	2539	2337	1942	993	949
34	3238	1621	1617	5560	2919	2641	2205	1058	1147
35-39岁	**14603**	**7551**	**7052**	**28654**	**14836**	**13818**	**12202**	**5989**	**6213**
35	3236	1677	1559	5751	2979	2772	2242	1079	1163
36	3002	1583	1419	5947	3113	2834	2322	1146	1176
37	2949	1526	1423	5759	3009	2750	2554	1216	1338
38	2978	1553	1425	5599	2836	2763	2506	1268	1238
39	2438	1212	1226	5598	2899	2699	2578	1280	1298
40-44岁	**12289**	**6200**	**6089**	**26976**	**13721**	**13255**	**11785**	**5766**	**6019**
40	3276	1638	1638	5878	2969	2909	2682	1349	1333
41	2570	1288	1282	5404	2761	2643	2384	1154	1230
42	2602	1287	1315	5883	3045	2838	2427	1165	1262
43	1899	976	923	4730	2366	2364	2098	1024	1074
44	1942	1011	931	5081	2580	2501	2194	1074	1120
45-49岁	**9022**	**4506**	**4516**	**19947**	**10153**	**9794**	**10798**	**5165**	**5633**
45	2140	1057	1083	4925	2479	2446	2354	1125	1229
46	2143	1097	1046	4939	2572	2367	2440	1140	1300
47	1771	854	917	4581	2336	2245	2578	1276	1302
48	1732	909	823	3793	1897	1896	1948	934	1014
49	1236	589	647	1709	869	840	1478	690	788
50-54岁	**6510**	**3230**	**3280**	**11099**	**5690**	**5409**	**8871**	**4177**	**4694**
50	1789	870	919	1879	979	900	1991	955	1036
51	1102	573	529	1802	942	860	1634	746	888
52	1295	672	623	2288	1198	1090	1827	889	938
53	1188	571	617	2691	1381	1310	1817	861	956
54	1136	544	592	2439	1190	1249	1602	726	876
55-59岁	**5882**	**2966**	**2916**	**11097**	**5639**	**5458**	**6592**	**3058**	**3534**
55	1218	629	589	2516	1302	1214	1617	718	899
56	1348	690	658	2319	1190	1129	1619	741	878
57	1190	611	579	2307	1176	1131	1251	590	661
58	1123	517	606	2175	1088	1087	1118	535	583
59	1003	519	484	1780	883	897	987	474	513
60-64岁	**5132**	**2681**	**2451**	**7856**	**3913**	**3943**	**3634**	**1727**	**1907**
60	1391	721	670	1752	886	866	991	464	527
61	1101	619	482	1835	921	914	853	399	454
62	1023	491	532	1423	718	705	665	325	340
63	849	460	389	1443	693	750	615	304	311
64	768	390	378	1403	695	708	510	235	275

9-1 续表 32 单位：人

年 龄	柯尔克孜族			土 族			达斡尔族		
	小计	男	女	小计	男	女	小计	男	女
65-69岁	**3738**	**1956**	**1782**	**5913**	**2909**	**3004**	**2113**	**980**	**1133**
65	887	454	433	1292	606	686	478	238	240
66	880	438	442	1231	619	612	403	195	208
67	678	367	311	1246	625	621	379	172	207
68	751	385	366	1077	542	535	379	155	224
69	542	312	230	1067	517	550	474	220	254
70-74岁	**2577**	**1381**	**1196**	**3913**	**1889**	**2024**	**1951**	**908**	**1043**
70	787	403	384	974	502	472	438	207	231
71	545	298	247	708	322	386	412	176	236
72	481	268	213	806	387	419	445	217	228
73	404	225	179	764	372	392	336	152	184
74	360	187	173	661	306	355	320	156	164
75-79岁	**1630**	**858**	**772**	**2390**	**1101**	**1289**	**1101**	**533**	**568**
75	380	198	182	616	285	331	299	136	163
76	356	185	171	512	241	271	296	143	153
77	358	183	175	477	216	261	240	119	121
78	294	165	129	403	187	216	139	69	70
79	242	127	115	382	172	210	127	66	61
80-84岁	**924**	**554**	**370**	**893**	**384**	**509**	**451**	**217**	**234**
80	324	181	143	285	112	173	139	65	74
81	221	150	71	164	66	98	95	43	52
82	163	95	68	194	94	100	100	49	51
83	134	79	55	139	61	78	73	37	36
84	82	49	33	111	51	60	44	23	21
85-89岁	**344**	**200**	**144**	**324**	**136**	**188**	**171**	**67**	**104**
85	86	55	31	109	44	65	52	19	33
86	78	45	33	78	33	45	33	16	17
87	72	46	26	55	22	33	28	8	20
88	56	26	30	42	20	22	34	12	22
89	52	28	24	40	17	23	24	12	12
90-94岁	**103**	**43**	**60**	**67**	**24**	**43**	**42**	**11**	**31**
90	51	19	32	25	9	16	14	3	11
91	26	11	15	11	4	7	10	5	5
92	12	7	5	13	5	8	10	2	8
93	7	3	4	6	1	5	2	1	1
94	7	3	4	12	5	7	6		6
95-99岁	**32**	**10**	**22**	**23**	**10**	**13**	**15**	**8**	**7**
95	8	2	6	6	1	5	5	2	3
96	6	3	3	6	3	3	2	2	
97	9	2	7	6	4	2	2	1	1
98	5	1	4	3	1	2	3		3
99	4	2	2	2	1	1	3	3	
100岁及以上	**2**	**1**	**1**				**2**		**2**

9-1 续表 33 单位：人

年龄	仫佬族			羌族			布朗族		
	小计	男	女	小计	男	女	小计	男	女
总计	**216257**	**110516**	**105741**	**309576**	**156539**	**153037**	**119639**	**61230**	**58409**
0-4岁	**17640**	**9322**	**8318**	**16943**	**8694**	**8249**	**9829**	**4981**	**4848**
0	3544	1905	1639	3600	1840	1760	2035	1038	997
1	3696	2006	1690	3535	1816	1719	2010	1012	998
2	3460	1822	1638	3364	1710	1654	2116	1059	1057
3	3631	1907	1724	3279	1696	1583	1873	952	921
4	3309	1682	1627	3165	1632	1533	1795	920	875
5-9岁	**13879**	**7265**	**6614**	**17200**	**8781**	**8419**	**8860**	**4439**	**4421**
5	2883	1512	1371	3143	1603	1540	1736	885	851
6	3057	1593	1464	3437	1808	1629	1836	922	914
7	2709	1441	1268	3444	1770	1674	1745	859	886
8	2624	1355	1269	3444	1778	1666	1724	869	855
9	2606	1364	1242	3732	1822	1910	1819	904	915
10-14岁	**13842**	**7101**	**6741**	**24405**	**12335**	**12070**	**10036**	**5081**	**4955**
10	2657	1358	1299	4146	2084	2062	1896	1006	890
11	2635	1339	1296	4274	2129	2145	1887	942	945
12	2905	1516	1389	5093	2628	2465	2004	993	1011
13	2944	1508	1436	5290	2694	2596	2082	1040	1042
14	2701	1380	1321	5602	2800	2802	2167	1100	1067
15-19岁	**15653**	**7925**	**7728**	**32796**	**16301**	**16495**	**11305**	**5601**	**5704**
15	2786	1469	1317	6548	3298	3250	2120	1061	1059
16	3083	1588	1495	6947	3495	3452	2259	1085	1174
17	3188	1592	1596	7330	3673	3657	2268	1137	1131
18	3428	1682	1746	6444	3113	3331	2316	1186	1130
19	3168	1594	1574	5527	2722	2805	2342	1132	1210
20-24岁	**22221**	**10969**	**11252**	**29295**	**14639**	**14656**	**13094**	**6705**	**6389**
20	4319	2133	2186	6565	3304	3261	2935	1497	1438
21	4400	2214	2186	6141	3038	3103	2655	1330	1325
22	4172	2036	2136	5558	2824	2734	2494	1276	1218
23	4728	2308	2420	5721	2846	2875	2460	1278	1182
24	4602	2278	2324	5310	2627	2683	2550	1324	1226
25-29岁	**21190**	**10766**	**10424**	**21586**	**10856**	**10730**	**11165**	**5826**	**5339**
25	4671	2374	2297	4333	2196	2137	2355	1211	1144
26	4542	2289	2253	3765	1866	1899	2370	1218	1152
27	4223	2251	1972	3718	1848	1870	2238	1168	1070
28	4119	2036	2083	4967	2514	2453	2181	1169	1012
29	3635	1816	1819	4803	2432	2371	2021	1060	961

9-1 续表 34

单位：人

年 龄	仫佬族			羌 族			布朗族		
	小计	男	女	小计	男	女	小计	男	女
30-34岁	**17868**	**9298**	**8570**	**23898**	**12155**	**11743**	**10306**	**5446**	**4860**
30	3533	1849	1684	4287	2193	2094	2160	1143	1017
31	3655	1896	1759	4295	2211	2084	1975	1020	955
32	3564	1847	1717	4470	2261	2209	2084	1075	1009
33	3327	1756	1571	4972	2544	2428	1956	1067	889
34	3789	1950	1839	5874	2946	2928	2131	1141	990
35-39岁	**18320**	**9675**	**8645**	**31764**	**16085**	**15679**	**9733**	**5147**	**4586**
35	3820	2013	1807	6024	3002	3022	2076	1101	975
36	4016	2119	1897	6460	3256	3204	2078	1116	962
37	3517	1845	1672	6580	3321	3259	1961	1063	898
38	3541	1908	1633	6298	3231	3067	1891	973	918
39	3426	1790	1636	6402	3275	3127	1727	894	833
40-44岁	**17989**	**9423**	**8566**	**28656**	**14656**	**14000**	**8948**	**4756**	**4192**
40	3718	1949	1769	6277	3152	3125	1944	1058	886
41	3573	1923	1650	5964	3093	2871	1795	935	860
42	4122	2149	1973	6202	3170	3032	1820	978	842
43	3074	1594	1480	4676	2434	2242	1559	817	742
44	3502	1808	1694	5537	2807	2730	1830	968	862
45-49岁	**14747**	**7742**	**7005**	**20026**	**10448**	**9578**	**7443**	**3903**	**3540**
45	3625	1914	1711	5068	2644	2424	1746	952	794
46	3349	1758	1591	4977	2566	2411	1688	860	828
47	3665	1912	1753	4842	2583	2259	1580	813	767
48	2854	1512	1342	3416	1785	1631	1455	773	682
49	1254	646	608	1723	870	853	974	505	469
50-54岁	**9496**	**4969**	**4527**	**13422**	**6957**	**6465**	**5358**	**2705**	**2653**
50	1383	722	661	2104	1091	1013	1106	528	578
51	1560	815	745	2186	1178	1008	934	479	455
52	2286	1204	1082	3007	1596	1411	1195	620	575
53	2223	1184	1039	3174	1628	1546	1099	564	535
54	2044	1044	1000	2951	1464	1487	1024	514	510
55-59岁	**10053**	**5108**	**4945**	**15716**	**7937**	**7779**	**4165**	**2093**	**2072**
55	2131	1145	986	3258	1644	1614	976	498	478
56	2116	1026	1090	3223	1580	1643	910	469	441
57	2082	1074	1008	3341	1731	1610	796	410	386
58	1944	977	967	3496	1779	1717	812	405	407
59	1780	886	894	2398	1203	1195	671	311	360
60-64岁	**6950**	**3522**	**3428**	**11570**	**6001**	**5569**	**3317**	**1690**	**1627**
60	1724	870	854	2320	1235	1085	741	401	340
61	1660	881	779	2581	1387	1194	717	360	357
62	1256	639	617	2136	1086	1050	637	328	309
63	1170	586	584	2433	1235	1198	648	316	332
64	1140	546	594	2100	1058	1042	574	285	289

9-1 续表 35 单位：人

年龄	仫佬族			羌族			布朗族		
	小计	男	女	小计	男	女	小计	男	女
65-69岁	**5489**	**2629**	**2860**	**10023**	**4914**	**5109**	**2224**	**1129**	**1095**
65	1119	528	591	1937	916	1021	498	259	239
66	1208	604	604	2108	1045	1063	439	217	222
67	1103	527	576	2015	986	1029	411	203	208
68	945	446	499	1936	984	952	433	218	215
69	1114	524	590	2027	983	1044	443	232	211
70-74岁	**4694**	**2206**	**2488**	**6407**	**3109**	**3298**	**1657**	**807**	**850**
70	1017	510	507	1701	828	873	381	187	194
71	945	448	497	1461	701	760	327	154	173
72	1009	473	536	1484	720	764	331	173	158
73	879	421	458	1058	520	538	284	149	135
74	844	354	490	703	340	363	334	144	190
75-79岁	**3341**	**1529**	**1812**	**2649**	**1287**	**1362**	**1172**	**523**	**649**
75	736	342	394	591	287	304	326	148	178
76	742	350	392	457	228	229	238	111	127
77	682	325	357	543	277	266	224	97	127
78	543	254	289	525	252	273	195	81	114
79	638	258	380	533	243	290	189	86	103
80-84岁	**1845**	**734**	**1111**	**2035**	**876**	**1159**	**651**	**263**	**388**
80	546	223	323	536	245	291	223	79	144
81	384	168	216	426	175	251	131	54	77
82	350	138	212	455	194	261	121	54	67
83	309	114	195	312	131	181	93	37	56
84	256	91	165	306	131	175	83	39	44
85-89岁	**716**	**246**	**470**	**895**	**383**	**512**	**274**	**96**	**178**
85	203	77	126	268	113	155	90	38	52
86	158	50	108	246	107	139	53	13	40
87	137	48	89	147	61	86	48	22	26
88	106	28	78	123	58	65	41	12	29
89	112	43	69	111	44	67	42	11	31
90-94岁	**230**	**63**	**167**	**209**	**88**	**121**	**68**	**26**	**42**
90	79	19	60	89	37	52	22	6	16
91	55	17	38	53	24	29	17	8	9
92	38	13	25	25	9	16	17	9	8
93	30	7	23	26	9	17	7	1	6
94	28	7	21	16	9	7	5	2	3
95-99岁	**82**	**22**	**60**	**55**	**23**	**32**	**31**	**12**	**19**
95	26	8	18	24	12	12	9	3	6
96	17	5	12	5	1	4	4	1	3
97	17	4	13	12	3	9	9	4	5
98	13	4	9	8	6	2	5	3	2
99	9	1	8	6	1	5	4	1	3
100岁及以上	**12**	**2**	**10**	**26**	**14**	**12**	**3**	**1**	**2**

9-1 续表 36

单位：人

年 龄	撒拉族			毛南族			仡佬族		
	小计	男	女	小计	男	女	小计	男	女
总 计	**130607**	**66281**	**64326**	**101192**	**52836**	**48356**	**550746**	**289369**	**261377**
0-4岁	**14174**	**7545**	**6629**	**7991**	**4313**	**3678**	**44411**	**24642**	**19769**
0	2638	1378	1260	1678	922	756	8215	4499	3716
1	2966	1542	1424	1637	887	750	8943	5021	3922
2	2898	1588	1310	1591	856	735	9055	5049	4006
3	2993	1607	1386	1553	848	705	8860	4897	3963
4	2679	1430	1249	1532	800	732	9338	5176	4162
5-9岁	**12007**	**6258**	**5749**	**7133**	**3778**	**3355**	**48844**	**26733**	**22111**
5	2560	1356	1204	1495	788	707	8674	4835	3839
6	2590	1315	1275	1504	785	719	9220	5102	4118
7	2343	1237	1106	1468	776	692	9387	5101	4286
8	2290	1185	1105	1348	713	635	9779	5308	4471
9	2224	1165	1059	1318	716	602	11784	6387	5397
10-14岁	**11085**	**5671**	**5414**	**7762**	**4116**	**3646**	**63378**	**33566**	**29812**
10	2405	1281	1124	1413	734	679	12395	6628	5767
11	2175	1104	1071	1416	774	642	12397	6560	5837
12	2244	1130	1114	1638	885	753	13954	7381	6573
13	2144	1111	1033	1701	874	827	12758	6690	6068
14	2117	1045	1072	1594	849	745	11874	6307	5567
15-19岁	**13026**	**6577**	**6449**	**7045**	**3591**	**3454**	**49632**	**25964**	**23668**
15	2441	1283	1158	1537	801	736	11986	6286	5700
16	2520	1286	1234	1404	671	733	10594	5563	5031
17	2668	1362	1306	1431	722	709	10771	5623	5148
18	2767	1394	1373	1451	745	706	9008	4707	4301
19	2630	1252	1378	1222	652	570	7273	3785	3488
20-24岁	**13644**	**6799**	**6845**	**7637**	**3832**	**3805**	**37079**	**18574**	**18505**
20	3056	1525	1531	1409	700	709	8095	4139	3956
21	2911	1461	1450	1410	675	735	7377	3642	3735
22	2659	1328	1331	1550	791	759	7490	3759	3731
23	2614	1287	1327	1714	870	844	7569	3738	3831
24	2404	1198	1206	1554	796	758	6548	3296	3252
25-29岁	**11516**	**5651**	**5865**	**8141**	**4252**	**3889**	**32194**	**16385**	**15809**
25	2212	1070	1142	1673	905	768	5897	2855	3042
26	2259	1088	1171	1636	823	813	5976	3020	2956
27	2369	1163	1206	1542	774	768	6057	3096	2961
28	2475	1245	1230	1731	899	832	7492	3865	3627
29	2201	1085	1116	1559	851	708	6772	3549	3223

9-1 续表 37 单位：人

年 龄	撒拉族			毛南族			仡佬族		
	小计	男	女	小计	男	女	小计	男	女
30-34岁	**10865**	**5370**	**5495**	**8453**	**4474**	**3979**	**39857**	**20650**	**19207**
30	2537	1228	1309	1614	830	784	6592	3403	3189
31	2098	1018	1080	1736	928	808	7116	3662	3454
32	2140	1115	1025	1704	922	782	7584	3961	3623
33	2014	1007	1007	1509	772	737	8167	4204	3963
34	2076	1002	1074	1890	1022	868	10398	5420	4978
35-39岁	**10078**	**5002**	**5076**	**9163**	**5009**	**4154**	**50892**	**26420**	**24472**
35	2148	1069	1079	1903	1005	898	10569	5485	5084
36	2084	1036	1048	1917	1064	853	11488	5916	5572
37	2041	998	1043	1832	1005	827	10020	5251	4769
38	1922	935	987	1722	954	768	9517	4932	4585
39	1883	964	919	1789	981	808	9298	4836	4462
40-44岁	**8863**	**4431**	**4432**	**8933**	**4863**	**4070**	**43836**	**22545**	**21291**
40	2168	1072	1096	1889	981	908	9933	5121	4812
41	1814	873	941	1744	966	778	8860	4498	4362
42	1794	935	859	1971	1109	862	9615	4903	4712
43	1610	804	806	1531	813	718	7154	3666	3488
44	1477	747	730	1798	994	804	8274	4357	3917
45-49岁	**6251**	**3262**	**2989**	**7058**	**3804**	**3254**	**31680**	**16380**	**15300**
45	1599	810	789	1713	947	766	7828	4063	3765
46	1586	884	702	1636	863	773	7979	4117	3862
47	1392	720	672	1828	983	845	8453	4341	4112
48	1056	530	526	1272	688	584	5469	2851	2618
49	618	318	300	609	323	286	1951	1008	943
50-54岁	**4193**	**2111**	**2082**	**4571**	**2428**	**2143**	**18794**	**9919**	**8875**
50	782	372	410	658	349	309	2554	1357	1197
51	657	328	329	733	391	342	2843	1494	1349
52	948	508	440	1064	550	514	4195	2220	1975
53	926	459	467	1090	599	491	4708	2489	2219
54	880	444	436	1026	539	487	4494	2359	2135
55-59岁	**4126**	**2146**	**1980**	**4776**	**2515**	**2261**	**26220**	**13927**	**12293**
55	961	517	444	1057	589	468	5157	2729	2428
56	814	427	387	1050	541	509	5501	2897	2604
57	786	401	385	941	501	440	5674	2997	2677
58	840	445	395	1023	516	507	5774	3115	2659
59	725	356	369	705	368	337	4114	2189	1925
60-64岁	**3708**	**1857**	**1851**	**3799**	**1913**	**1886**	**22194**	**11770**	**10424**
60	938	474	464	846	427	419	4454	2349	2105
61	796	437	359	844	435	409	4985	2726	2259
62	650	320	330	755	371	384	4366	2283	2083
63	689	341	348	687	344	343	4274	2234	2040
64	635	285	350	667	336	331	4115	2178	1937

9-1 续表 38

单位：人

年 龄	撒拉族			毛南族			仡佬族		
	小计	男	女	小计	男	女	小计	男	女
65-69岁	**2839**	**1431**	**1408**	**3222**	**1539**	**1683**	**17513**	**9309**	**8204**
65	614	305	309	664	313	351	3424	1804	1620
66	599	316	283	690	321	369	3757	2042	1715
67	616	320	296	606	286	320	3494	1821	1673
68	538	265	273	615	297	318	3437	1795	1642
69	472	225	247	647	322	325	3401	1847	1554
70-74岁	**2030**	**1044**	**986**	**2493**	**1152**	**1341**	**12321**	**6571**	**5750**
70	544	270	274	580	279	301	2775	1471	1304
71	335	187	148	475	214	261	2385	1269	1116
72	451	230	221	550	257	293	2745	1505	1240
73	362	184	178	430	191	239	2367	1246	1121
74	338	173	165	458	211	247	2049	1080	969
75-79岁	**1246**	**664**	**582**	**1715**	**758**	**957**	**7133**	**3729**	**3404**
75	308	163	145	455	219	236	1759	927	832
76	268	136	132	329	155	174	1534	795	739
77	251	146	105	370	162	208	1512	818	694
78	220	117	103	273	121	152	1267	645	622
79	199	102	97	288	101	187	1061	544	517
80-84岁	**610**	**300**	**310**	**854**	**349**	**505**	**3412**	**1657**	**1755**
80	184	93	91	256	102	154	1056	530	526
81	115	53	62	185	88	97	782	372	410
82	144	77	67	178	63	115	717	350	367
83	83	35	48	135	52	83	528	240	288
84	84	42	42	100	44	56	329	165	164
85-89岁	**238**	**109**	**129**	**308**	**105**	**203**	**1029**	**496**	**533**
85	63	27	36	76	27	49	273	141	132
86	42	20	22	80	28	52	264	122	142
87	53	25	28	58	18	40	219	109	110
88	46	22	24	44	13	31	161	71	90
89	34	15	19	50	19	31	112	53	59
90-94岁	**87**	**45**	**42**	**105**	**34**	**71**	**253**	**96**	**157**
90	31	20	11	38	14	24	92	34	58
91	21	9	12	25	8	17	57	27	30
92	13	4	9	23	8	15	52	15	37
93	12	5	7	15	3	12	20	9	11
94	10	7	3	4	1	3	32	11	21
95-99岁	**20**	**7**	**13**	**31**	**10**	**21**	**68**	**34**	**34**
95	6	3	3	10	3	7	16	10	6
96	5	1	4	8	4	4	16	8	8
97	6		6	9	3	6	11	7	4
98	3	3		4		4	12	5	7
99							13	4	9
100岁及以上	**1**	**1**		**2**	**1**	**1**	**6**	**2**	**4**

9-1 续表 39

单位：人

年龄	锡伯族			阿昌族			普米族		
	小计	男	女	小计	男	女	小计	男	女
总　计	**190481**	**99571**	**90910**	**39555**	**19751**	**19804**	**42861**	**21433**	**21428**
0-4岁	**11618**	**5995**	**5623**	**4026**	**2040**	**1986**	**3239**	**1678**	**1561**
0	1951	962	989	836	414	422	631	326	305
1	2394	1219	1175	914	457	457	772	397	375
2	2351	1216	1135	792	394	398	647	352	295
3	2519	1339	1180	748	385	363	580	279	301
4	2403	1259	1144	736	390	346	609	324	285
5-9岁	**10962**	**5729**	**5233**	**3464**	**1797**	**1667**	**3308**	**1683**	**1625**
5	2366	1249	1117	685	346	339	528	280	248
6	2228	1178	1050	622	341	281	688	334	354
7	1843	977	866	697	338	359	655	333	322
8	2329	1223	1106	722	389	333	705	373	332
9	2196	1102	1094	738	383	355	732	363	369
10-14岁	**11303**	**5786**	**5517**	**3740**	**1959**	**1781**	**3629**	**1841**	**1788**
10	2184	1112	1072	782	410	372	736	385	351
11	2028	1080	948	783	411	372	725	348	377
12	2262	1158	1104	784	391	393	720	369	351
13	2323	1163	1160	699	380	319	732	370	362
14	2506	1273	1233	692	367	325	716	369	347
15-19岁	**15709**	**7743**	**7966**	**3520**	**1718**	**1802**	**4340**	**2191**	**2149**
15	2860	1456	1404	718	350	368	760	393	367
16	3102	1529	1573	725	347	378	839	418	421
17	3146	1514	1632	663	315	348	956	455	501
18	3209	1573	1636	754	392	362	846	423	423
19	3392	1671	1721	660	314	346	939	502	437
20-24岁	**20655**	**10454**	**10201**	**4163**	**2103**	**2060**	**4619**	**2236**	**2383**
20	4290	2098	2192	875	458	417	1061	520	541
21	4096	2056	2040	843	422	421	962	455	507
22	4045	2056	1989	837	401	436	918	459	459
23	4349	2228	2121	840	438	402	902	444	458
24	3875	2016	1859	768	384	384	776	358	418
25-29岁	**14901**	**7533**	**7368**	**3567**	**1789**	**1778**	**3736**	**1954**	**1782**
25	2793	1395	1398	815	423	392	766	406	360
26	2512	1248	1264	786	370	416	771	434	337
27	2829	1433	1396	663	348	315	725	355	370
28	3605	1804	1801	662	326	336	752	396	356
29	3162	1653	1509	641	322	319	722	363	359

9-1 续表 40 单位：人

年 龄	锡伯族			阿昌族			普米族		
	小计	男	女	小计	男	女	小计	男	女
30-34岁	**15154**	**7800**	**7354**	**3031**	**1559**	**1472**	**3637**	**1812**	**1825**
30	3326	1641	1685	603	303	300	658	318	340
31	3383	1756	1627	548	272	276	753	382	371
32	3206	1683	1523	636	335	301	707	375	332
33	2602	1383	1219	649	350	299	710	334	376
34	2637	1337	1300	595	299	296	809	403	406
35-39岁	**15914**	**8309**	**7605**	**2942**	**1449**	**1493**	**3843**	**1964**	**1879**
35	2779	1427	1352	548	272	276	825	412	413
36	3008	1607	1401	587	311	276	787	420	367
37	3466	1827	1639	687	322	365	715	370	345
38	3291	1723	1568	591	293	298	769	369	400
39	3370	1725	1645	529	251	278	747	393	354
40-44岁	**16757**	**8859**	**7898**	**2891**	**1474**	**1417**	**3356**	**1705**	**1651**
40	3645	1890	1755	668	343	325	674	334	340
41	3567	1852	1715	556	303	253	731	373	358
42	3603	1928	1675	604	288	316	730	344	386
43	2707	1436	1271	523	264	259	548	302	246
44	3235	1753	1482	540	276	264	673	352	321
45-49岁	**15390**	**8033**	**7357**	**2276**	**1127**	**1149**	**2537**	**1286**	**1251**
45	3471	1852	1619	525	263	262	661	355	306
46	3487	1823	1664	467	235	232	539	262	277
47	4022	2087	1935	485	242	243	577	291	286
48	2712	1404	1308	462	226	236	518	263	255
49	1698	867	831	337	161	176	242	115	127
50-54岁	**12604**	**6685**	**5919**	**1893**	**933**	**960**	**1444**	**722**	**722**
50	2642	1408	1234	406	211	195	324	180	144
51	2134	1153	981	342	163	179	203	106	97
52	2582	1363	1219	408	183	225	290	141	149
53	2728	1427	1301	409	203	206	339	167	172
54	2518	1334	1184	328	173	155	288	128	160
55-59岁	**11303**	**6239**	**5064**	**1216**	**588**	**628**	**1446**	**706**	**740**
55	2680	1411	1269	298	139	159	360	190	170
56	2634	1437	1197	297	148	149	301	140	161
57	2177	1251	926	228	113	115	293	135	158
58	2021	1109	912	218	108	110	264	131	133
59	1791	1031	760	175	80	95	228	110	118
60-64岁	**6736**	**3823**	**2913**	**932**	**445**	**487**	**1178**	**575**	**603**
60	1819	1015	804	213	101	112	250	140	110
61	1525	906	619	233	115	118	247	110	137
62	1333	763	570	174	86	88	259	122	137
63	1066	597	469	167	74	93	224	109	115
64	993	542	451	145	69	76	198	94	104

9-1 续表 41

单位：人

年 龄	锡伯族			阿昌族			普米族		
	小计	男	女	小计	男	女	小计	男	女
65-69岁	**4425**	**2508**	**1917**	**748**	**320**	**428**	**950**	**423**	**527**
65	937	543	394	165	74	91	182	85	97
66	932	531	401	172	76	96	218	103	115
67	911	511	400	150	65	85	204	92	112
68	854	493	361	133	52	81	200	82	118
69	791	430	361	128	53	75	146	61	85
70-74岁	**3261**	**1926**	**1335**	**506**	**235**	**271**	**791**	**361**	**430**
70	688	405	283	112	49	63	147	66	81
71	669	394	275	96	44	52	169	76	93
72	702	421	281	119	50	69	183	86	97
73	615	360	255	93	51	42	154	69	85
74	587	346	241	86	41	45	138	64	74
75-79岁	**2031**	**1171**	**860**	**363**	**138**	**225**	**471**	**184**	**287**
75	517	301	216	81	36	45	128	50	78
76	457	267	190	76	32	44	107	48	59
77	398	227	171	91	36	55	85	35	50
78	371	207	164	55	22	33	76	27	49
79	288	169	119	60	12	48	75	24	51
80-84岁	**1159**	**643**	**516**	**166**	**49**	**117**	**237**	**83**	**154**
80	340	192	148	48	14	34	68	29	39
81	229	119	110	41	10	31	45	16	29
82	227	119	108	31	8	23	51	22	29
83	194	114	80	22	6	16	38	7	31
84	169	99	70	24	11	13	35	9	26
85-89岁	**450**	**262**	**188**	**86**	**24**	**62**	**76**	**23**	**53**
85	136	69	67	22	9	13	29	12	17
86	97	56	41	16	5	11	10	2	8
87	73	41	32	20	3	17	15	4	11
88	71	47	24	17	6	11	11	3	8
89	73	49	24	11	1	10	11	2	9
90-94岁	**117**	**59**	**58**	**19**	**1**	**18**	**24**	**6**	**18**
90	38	20	18	6		6	10	3	7
91	29	16	13	7	1	6	5	1	4
92	15	8	7	2		2	6	1	5
93	22	10	12	2		2	1	1	
94	13	5	8	2		2	2		2
95-99岁	**30**	**13**	**17**	**6**	**3**	**3**			
95	8	5	3	3	2	1			
96	9	3	6	1		1			
97	7	2	5	2	1	1			
98	3	1	2						
99	3	2	1						
100岁及以上	**2**	**1**	**1**						

9-1 续表 42

单位：人

年 龄	塔吉克族			怒 族			乌孜别克族		
	小计	男	女	小计	男	女	小计	男	女
总 计	**51069**	**26112**	**24957**	**37523**	**18907**	**18616**	**10569**	**5673**	**4896**
0-4岁	**4467**	**2314**	**2153**	**2952**	**1464**	**1488**	**821**	**434**	**387**
0	763	388	375	592	302	290	150	82	68
1	1029	523	506	642	325	317	179	94	85
2	937	488	449	622	303	319	191	101	90
3	897	456	441	557	273	284	165	83	82
4	841	459	382	539	261	278	136	74	62
5-9岁	**4551**	**2235**	**2316**	**2867**	**1399**	**1468**	**742**	**387**	**355**
5	886	423	463	569	299	270	152	83	69
6	926	462	464	599	296	303	127	61	66
7	991	521	470	601	278	323	170	85	85
8	889	445	444	556	282	274	150	81	69
9	859	384	475	542	244	298	143	77	66
10-14岁	**4373**	**2307**	**2066**	**2923**	**1498**	**1425**	**782**	**412**	**370**
10	863	462	401	685	336	349	174	90	84
11	833	466	367	522	265	257	143	87	56
12	959	506	453	552	292	260	169	93	76
13	843	417	426	546	290	256	158	80	78
14	875	456	419	618	315	303	138	62	76
15-19岁	**5322**	**2692**	**2630**	**3141**	**1590**	**1551**	**850**	**427**	**423**
15	854	405	449	600	285	315	154	80	74
16	1013	533	480	633	326	307	157	69	88
17	1166	618	548	592	289	303	150	81	69
18	1235	606	629	703	364	339	201	95	106
19	1054	530	524	613	326	287	188	102	86
20-24岁	**6146**	**3127**	**3019**	**3742**	**1929**	**1813**	**1217**	**632**	**585**
20	1312	663	649	797	422	375	244	115	129
21	1273	678	595	733	383	350	239	132	107
22	1206	611	595	736	362	374	252	135	117
23	1149	579	570	713	374	339	253	137	116
24	1206	596	610	763	388	375	229	113	116
25-29岁	**5345**	**2734**	**2611**	**3625**	**1838**	**1787**	**954**	**557**	**397**
25	1125	564	561	712	353	359	192	123	69
26	1129	593	536	754	362	392	194	98	96
27	1081	590	491	760	386	374	216	127	89
28	1019	504	515	755	398	357	190	111	79
29	991	483	508	644	339	305	162	98	64

9-1 续表 43

单位：人

年 龄	塔吉克族			怒 族			乌孜别克族		
	小计	男	女	小计	男	女	小计	男	女
30-34岁	**4556**	**2334**	**2222**	**3311**	**1685**	**1626**	**819**	**479**	**340**
30	1070	552	518	728	376	352	163	100	63
31	884	454	430	679	348	331	154	83	71
32	897	440	457	658	324	334	160	93	67
33	797	440	357	575	301	274	147	87	60
34	908	448	460	671	336	335	195	116	79
35-39岁	**3955**	**2056**	**1899**	**2943**	**1533**	**1410**	**892**	**488**	**404**
35	857	468	389	623	335	288	181	104	77
36	887	457	430	614	319	295	169	84	85
37	760	386	374	659	345	314	177	100	77
38	804	437	367	527	270	257	200	113	87
39	647	308	339	520	264	256	165	87	78
40-44岁	**3022**	**1512**	**1510**	**2897**	**1512**	**1385**	**751**	**428**	**323**
40	783	380	403	732	377	355	180	100	80
41	654	328	326	594	305	289	143	78	65
42	641	302	339	596	314	282	147	89	58
43	479	265	214	443	239	204	126	69	57
44	465	237	228	532	277	255	155	92	63
45-49岁	**2214**	**1137**	**1077**	**2343**	**1174**	**1169**	**730**	**367**	**363**
45	506	254	252	533	280	253	174	92	82
46	544	295	249	573	276	297	152	81	71
47	412	211	201	487	255	232	169	78	91
48	436	225	211	451	222	229	147	78	69
49	316	152	164	299	141	158	88	38	50
50-54岁	**1917**	**980**	**937**	**1710**	**840**	**870**	**559**	**279**	**280**
50	493	239	254	377	175	202	111	63	48
51	331	165	166	275	125	150	95	48	47
52	362	207	155	407	225	182	124	58	66
53	369	185	184	335	159	176	103	51	52
54	362	184	178	316	156	160	126	59	67
55-59岁	**1418**	**731**	**687**	**1397**	**694**	**703**	**465**	**252**	**213**
55	354	174	180	297	152	145	105	57	48
56	307	170	137	315	157	158	92	54	38
57	270	140	130	266	124	142	101	51	50
58	281	140	141	252	123	129	87	48	39
59	206	107	99	267	138	129	80	42	38
60-64岁	**1337**	**680**	**657**	**1266**	**640**	**626**	**356**	**186**	**170**
60	364	173	191	309	158	151	92	56	36
61	291	155	136	290	157	133	83	36	47
62	258	122	136	225	117	108	73	37	36
63	249	124	125	235	112	123	65	38	27
64	175	106	69	207	96	111	43	19	24

9-1 续表 44

单位：人

年 龄	塔吉克族			怒 族			乌孜别克族		
	小计	男	女	小计	男	女	小计	男	女
65-69岁	**967**	**481**	**486**	**840**	**404**	**436**	**277**	**147**	**130**
65	249	117	132	189	94	95	57	36	21
66	210	104	106	161	77	84	54	26	28
67	175	89	86	170	81	89	65	34	31
68	181	91	90	154	67	87	59	29	30
69	152	80	72	166	85	81	42	22	20
70-74岁	**685**	**360**	**325**	**684**	**320**	**364**	**198**	**107**	**91**
70	211	102	109	182	88	94	52	27	25
71	116	67	49	133	53	80	37	22	15
72	113	60	53	127	70	57	34	19	15
73	119	63	56	120	49	71	41	20	21
74	126	68	58	122	60	62	34	19	15
75-79岁	**413**	**215**	**198**	**463**	**211**	**252**	**88**	**50**	**38**
75	117	48	69	128	53	75	23	12	11
76	91	49	42	100	52	48	25	12	13
77	67	42	25	82	39	43	8	5	3
78	76	48	28	83	37	46	18	13	5
79	62	28	34	70	30	40	14	8	6
80-84岁	**219**	**123**	**96**	**265**	**120**	**145**	**44**	**29**	**15**
80	93	46	47	87	45	42	13	9	4
81	31	18	13	70	26	44	7	3	4
82	51	35	16	47	19	28	13	7	6
83	26	14	12	26	13	13	4	4	
84	18	10	8	35	17	18	7	6	1
85-89岁	**119**	**62**	**57**	**90**	**40**	**50**	**19**	**9**	**10**
85	35	19	16	28	15	13	10	5	5
86	24	9	15	19	8	11	4	2	2
87	22	12	10	10	5	5			
88	23	15	8	15	5	10	4	1	3
89	15	7	8	18	7	11	1	1	
90-94岁	**30**	**22**	**8**	**42**	**10**	**32**	**1**		**1**
90	15	12	3	18	6	12			
91	4	2	2	11	4	7	1		1
92	5	3	2	7		7			
93	5	4	1	4		4			
94	1	1		2		2			
95-99岁	**13**	**10**	**3**	**16**	**3**	**13**	**3**	**2**	**1**
95	3	2	1	4	1	3	1	1	
96	4	3	1	5		5			
97	2	1	1	4	2	2	1		1
98	2	2		1		1	1	1	
99	2	2		2		2			
100岁及以上				**6**	**3**	**3**	**1**	**1**	

9-1 续表 45 单位：人

年 龄	俄罗斯族			鄂温克族			德昂族		
	小计	男	女	小计	男	女	小计	男	女
总 计	**15393**	**7284**	**8109**	**30875**	**14668**	**16207**	**20556**	**10039**	**10517**
0-4岁	**739**	**380**	**359**	**2388**	**1193**	**1195**	**1920**	**954**	**966**
0	135	75	60	443	218	225	423	232	191
1	154	76	78	500	227	273	396	194	202
2	138	70	68	507	256	251	381	191	190
3	172	84	88	442	239	203	380	182	198
4	140	75	65	496	253	243	340	155	185
5-9岁	**734**	**360**	**374**	**1786**	**896**	**890**	**1724**	**853**	**871**
5	138	62	76	376	186	190	385	190	195
6	149	72	77	418	215	203	355	170	185
7	145	73	72	293	138	155	348	166	182
8	140	64	76	328	176	152	323	167	156
9	162	89	73	371	181	190	313	160	153
10-14岁	**907**	**446**	**461**	**2158**	**1034**	**1124**	**1619**	**813**	**806**
10	173	91	82	366	187	179	320	162	158
11	175	83	92	362	181	181	332	161	171
12	173	87	86	447	201	246	340	168	172
13	199	92	107	460	231	229	306	149	157
14	187	93	94	523	234	289	321	173	148
15-19岁	**1222**	**599**	**623**	**3218**	**1600**	**1618**	**1662**	**873**	**789**
15	238	119	119	596	295	301	324	179	145
16	252	121	131	644	325	319	327	161	166
17	247	128	119	641	324	317	338	174	164
18	246	111	135	676	345	331	321	173	148
19	239	120	119	661	311	350	352	186	166
20-24岁	**1543**	**703**	**840**	**3515**	**1670**	**1845**	**2363**	**1106**	**1257**
20	309	136	173	749	341	408	444	205	239
21	348	155	193	696	328	368	488	236	252
22	325	151	174	715	354	361	482	219	263
23	320	151	169	682	320	362	481	224	257
24	241	110	131	673	327	346	468	222	246
25-29岁	**1071**	**496**	**575**	**3131**	**1537**	**1594**	**2107**	**997**	**1110**
25	205	82	123	703	345	358	502	220	282
26	199	85	114	647	291	356	424	202	222
27	240	123	117	611	321	290	418	194	224
28	236	111	125	631	324	307	404	206	198
29	191	95	96	539	256	283	359	175	184

9-1 续表 46

单位：人

年 龄	俄罗斯族			鄂温克族			德 昂 族		
	小计	男	女	小计	男	女	小计	男	女
30-34岁	**1088**	**530**	**558**	**2541**	**1261**	**1280**	**1781**	**874**	**907**
30	226	115	111	583	289	294	409	197	212
31	226	95	131	514	255	259	365	186	179
32	229	102	127	490	234	256	366	179	187
33	177	96	81	460	248	212	300	149	151
34	230	122	108	494	235	259	341	163	178
35-39岁	**1521**	**729**	**792**	**2915**	**1356**	**1559**	**1472**	**695**	**777**
35	291	132	159	505	228	277	283	143	140
36	289	141	148	608	290	318	310	138	172
37	350	178	172	622	279	343	285	128	157
38	285	133	152	605	298	307	307	138	169
39	306	145	161	575	261	314	287	148	139
40-44岁	**1453**	**724**	**729**	**2798**	**1287**	**1511**	**1571**	**772**	**799**
40	373	216	157	646	289	357	371	187	184
41	270	132	138	568	261	307	337	164	173
42	317	141	176	611	278	333	318	152	166
43	236	122	114	466	221	245	274	139	135
44	257	113	144	507	238	269	271	130	141
45-49岁	**1402**	**681**	**721**	**2324**	**1070**	**1254**	**1252**	**631**	**621**
45	310	162	148	519	233	286	279	146	133
46	302	134	168	491	236	255	314	167	147
47	345	157	188	574	268	306	264	126	138
48	252	137	115	441	214	227	205	100	105
49	193	91	102	299	119	180	190	92	98
50-54岁	**1136**	**541**	**595**	**1688**	**737**	**951**	**1032**	**519**	**513**
50	242	106	136	414	182	232	235	130	105
51	200	98	102	324	137	187	183	97	86
52	229	111	118	347	149	198	269	132	137
53	223	103	120	331	151	180	183	89	94
54	242	123	119	272	118	154	162	71	91
55-59岁	**772**	**383**	**389**	**1029**	**471**	**558**	**642**	**310**	**332**
55	184	88	96	278	130	148	143	67	76
56	165	82	83	255	130	125	147	72	75
57	147	76	71	183	83	100	119	59	60
58	140	67	73	183	72	111	113	67	46
59	136	70	66	130	56	74	120	45	75
60-64岁	**553**	**251**	**302**	**538**	**221**	**317**	**489**	**231**	**258**
60	129	62	67	151	65	86	132	67	65
61	136	71	65	128	59	69	97	43	54
62	104	40	64	104	37	67	100	53	47
63	94	42	52	81	32	49	96	46	50
64	90	36	54	74	28	46	64	22	42

9-1 续表 47

单位：人

年 龄	俄罗斯族			鄂温克族			德 昂 族		
	小计	男	女	小计	男	女	小计	男	女
65-69岁	**454**	**190**	**264**	**311**	**120**	**191**	**333**	**162**	**171**
65	89	42	47	74	26	48	75	37	38
66	91	43	48	65	30	35	61	31	30
67	102	43	59	49	21	28	68	36	32
68	105	40	65	52	20	32	65	30	35
69	67	22	45	71	23	48	64	28	36
70-74岁	**374**	**138**	**236**	**289**	**112**	**177**	**275**	**123**	**152**
70	73	27	46	80	32	48	66	24	42
71	82	30	52	47	15	32	55	22	33
72	90	39	51	63	25	38	58	29	29
73	65	21	44	52	24	28	47	25	22
74	64	21	43	47	16	31	49	23	26
75-79岁	**250**	**90**	**160**	**168**	**68**	**100**	**153**	**64**	**89**
75	75	31	44	50	19	31	38	11	27
76	43	16	27	45	20	25	39	15	24
77	48	12	36	42	13	29	29	16	13
78	39	14	25	19	11	8	24	11	13
79	45	17	28	12	5	7	23	11	12
80-84岁	**117**	**35**	**82**	**54**	**27**	**27**	**84**	**35**	**49**
80	37	15	22	10	4	6	25	12	13
81	15	5	10	14	7	7	13	6	7
82	40	7	33	9	4	5	15	7	8
83	13	2	11	9	6	3	18	5	13
84	12	6	6	12	6	6	13	5	8
85-89岁	**46**	**6**	**40**	**20**	**6**	**14**	**63**	**23**	**40**
85	12	2	10	8	3	5	17	8	9
86	16	3	13	3	1	2	15	2	13
87	4		4	4	1	3	18	5	13
88	6	1	5	2		2	6	4	2
89	8		8	3	1	2	7	4	3
90-94岁	**8**	**2**	**6**	**4**	**2**	**2**	**10**	**3**	**7**
90	3	1	2	1	1		4	1	3
91	1		1				1		1
92	3	1	2	1	1		4	1	3
93									
94	1		1	2		2	1	1	
95-99岁	**3**		**3**				**2**		**2**
95									
96	1		1				2		2
97	1		1						
98	1		1						
99									
100岁及以上							**2**	**1**	**1**

9-1 续表 48

单位：人

年 龄	保安族			裕固族			京 族		
	小计	男	女	小计	男	女	小计	男	女
总 计	**20074**	**10016**	**10058**	**14378**	**7325**	**7053**	**28199**	**14416**	**13783**
0-4岁	**2203**	**1173**	**1030**	**779**	**382**	**397**	**2589**	**1440**	**1149**
0	459	257	202	147	76	71	540	300	240
1	455	234	221	152	71	81	542	297	245
2	509	292	217	161	78	83	489	273	216
3	419	216	203	160	84	76	529	305	224
4	361	174	187	159	73	86	489	265	224
5-9岁	**1832**	**954**	**878**	**873**	**457**	**416**	**2265**	**1283**	**982**
5	354	199	155	158	87	71	451	252	199
6	379	193	186	160	80	80	476	259	217
7	339	178	161	189	100	89	433	239	194
8	364	192	172	182	86	96	426	248	178
9	396	192	204	184	104	80	479	285	194
10-14岁	**1832**	**951**	**881**	**1012**	**524**	**488**	**1863**	**1097**	**766**
10	402	203	199	188	107	81	408	231	177
11	331	166	165	186	91	95	356	203	153
12	330	158	172	208	114	94	364	222	142
13	347	188	159	213	106	107	367	231	136
14	422	236	186	217	106	111	368	210	158
15-19岁	**2086**	**1033**	**1053**	**1073**	**540**	**533**	**2415**	**1292**	**1123**
15	433	221	212	239	114	125	513	295	218
16	387	192	195	216	113	103	476	249	227
17	385	192	193	232	125	107	523	268	255
18	443	195	248	205	102	103	441	238	203
19	438	233	205	181	86	95	462	242	220
20-24岁	**2107**	**1005**	**1102**	**1257**	**590**	**667**	**2922**	**1499**	**1423**
20	536	240	296	253	127	126	614	334	280
21	421	206	215	262	122	140	587	296	291
22	415	194	221	261	129	132	549	283	266
23	368	192	176	239	104	135	576	275	301
24	367	173	194	242	108	134	596	311	285
25-29岁	**1393**	**709**	**684**	**1028**	**552**	**476**	**2320**	**1183**	**1137**
25	316	151	165	205	109	96	511	259	252
26	282	150	132	212	108	104	504	266	238
27	264	140	124	197	113	84	442	218	224
28	274	137	137	187	105	82	441	230	211
29	257	131	126	227	117	110	422	210	212

9-1 续表 49

单位：人

年 龄	保安族			裕固族			京 族		
	小计	男	女	小计	男	女	小计	男	女
30-34岁	**1359**	**611**	**748**	**1194**	**623**	**571**	**2111**	**1050**	**1061**
30	303	134	169	230	119	111	461	215	246
31	222	92	130	246	127	119	483	250	233
32	246	121	125	238	124	114	417	216	201
33	279	104	175	227	129	98	362	184	178
34	309	160	149	253	124	129	388	185	203
35-39岁	**1617**	**795**	**822**	**1446**	**752**	**694**	**2073**	**1065**	**1008**
35	333	144	189	245	117	128	427	214	213
36	303	161	142	293	142	151	398	216	182
37	320	150	170	287	144	143	367	191	176
38	367	178	189	315	173	142	421	201	220
39	294	162	132	306	176	130	460	243	217
40-44岁	**1634**	**839**	**795**	**1636**	**863**	**773**	**2106**	**1001**	**1105**
40	406	188	218	374	196	178	472	208	264
41	332	170	162	310	171	139	414	203	211
42	303	152	151	343	173	170	440	201	239
43	300	169	131	293	152	141	361	178	183
44	293	160	133	316	171	145	419	211	208
45-49岁	**977**	**485**	**492**	**1201**	**609**	**592**	**1986**	**957**	**1029**
45	261	131	130	296	154	142	421	194	227
46	220	121	99	295	159	136	430	199	231
47	194	93	101	299	141	158	485	245	240
48	188	77	111	229	115	114	437	219	218
49	114	63	51	82	40	42	213	100	113
50-54岁	**687**	**335**	**352**	**656**	**330**	**326**	**1273**	**590**	**683**
50	161	63	98	112	58	54	211	99	112
51	115	56	59	91	40	51	234	101	133
52	136	76	60	137	69	68	293	143	150
53	144	73	71	167	84	83	278	123	155
54	131	67	64	149	79	70	257	124	133
55-59岁	**613**	**309**	**304**	**721**	**361**	**360**	**1215**	**596**	**619**
55	140	73	67	175	82	93	261	130	131
56	136	67	69	178	102	76	282	134	148
57	119	71	48	132	56	76	248	127	121
58	101	41	60	113	55	58	228	115	113
59	117	57	60	123	66	57	196	90	106
60-64岁	**561**	**272**	**289**	**535**	**293**	**242**	**879**	**390**	**489**
60	143	58	85	112	55	57	215	98	117
61	142	76	66	142	78	64	198	91	107
62	88	42	46	93	49	44	172	75	97
63	98	48	50	104	65	39	165	66	99
64	90	48	42	84	46	38	129	60	69

9-1 续表 50 单位：人

年 龄	保安族			裕固族			京 族		
	小计	男	女	小计	男	女	小计	男	女
65-69岁	**492**	**223**	**269**	**422**	**213**	**209**	**668**	**317**	**351**
65	134	57	77	79	33	46	143	74	69
66	84	39	45	98	53	45	136	70	66
67	104	41	63	88	46	42	127	65	62
68	101	55	46	81	37	44	128	49	79
69	69	31	38	76	44	32	134	59	75
70-74岁	**327**	**160**	**167**	**281**	**133**	**148**	**567**	**269**	**298**
70	87	45	42	58	26	32	141	73	68
71	59	26	33	59	33	26	113	57	56
72	51	26	25	60	21	39	122	60	62
73	78	41	37	60	32	28	101	39	62
74	52	22	30	44	21	23	90	40	50
75-79岁	**200**	**93**	**107**	**168**	**61**	**107**	**416**	**200**	**216**
75	60	25	35	53	21	32	92	39	53
76	42	18	24	35	11	24	86	40	46
77	31	13	18	26	12	14	99	53	46
78	29	18	11	15	7	8	71	37	34
79	38	19	19	39	10	29	68	31	37
80-84岁	**87**	**38**	**49**	**65**	**31**	**34**	**279**	**100**	**179**
80	28	10	18	17	8	9	76	29	47
81	16	6	10	14	8	6	53	21	32
82	19	11	8	16	7	9	61	22	39
83	17	8	9	6	4	2	46	15	31
84	7	3	4	12	4	8	43	13	30
85-89岁	**44**	**19**	**25**	**20**	**9**	**11**	**164**	**54**	**110**
85	11	4	7	2	1	1	34	13	21
86	15	8	7	4		4	42	15	27
87	6	3	3	6	5	1	32	4	28
88	5	2	3	5	1	4	28	11	17
89	7	2	5	3	2	1	28	11	17
90-94岁	**13**	**7**	**6**	**8**	**2**	**6**	**71**	**27**	**44**
90	6	4	2	4		4	27	9	18
91	1		1	4	2	2	15	3	12
92							7	3	4
93	4	1	3				12	8	4
94	2	2					10	4	6
95-99岁	**10**	**5**	**5**	**3**		**3**	**14**	**5**	**9**
95	3	3		1		1	6	3	3
96	1		1	2		2	2		2
97	2	1	1				2	1	1
98	2	1	1				2	1	1
99	2		2				2		2
100岁及以上							**3**	**1**	**2**

9-1　续表 51　　　　单位：人

年　龄	塔塔尔族			独龙族			鄂伦春族		
	小计	男	女	小计	男	女	小计	男	女
总　计	**3556**	**1899**	**1657**	**6930**	**3349**	**3581**	**8659**	**4033**	**4626**
0-4岁	**264**	**137**	**127**	**603**	**317**	**286**	**648**	**329**	**319**
0	50	24	26	108	57	51	124	65	59
1	65	34	31	109	54	55	146	72	74
2	63	42	21	135	73	62	121	59	62
3	44	17	27	113	56	57	121	66	55
4	42	20	22	138	77	61	136	67	69
5-9岁	**217**	**119**	**98**	**543**	**271**	**272**	**527**	**251**	**276**
5	48	31	17	107	63	44	127	63	64
6	42	22	20	103	41	62	101	49	52
7	43	21	22	124	59	65	113	56	57
8	34	16	18	100	46	54	91	41	50
9	50	29	21	109	62	47	95	42	53
10-14岁	**206**	**106**	**100**	**579**	**277**	**302**	**656**	**308**	**348**
10	47	26	21	124	61	63	121	52	69
11	38	21	17	131	63	68	113	58	55
12	38	19	19	121	50	71	144	63	81
13	46	25	21	93	46	47	143	63	80
14	37	15	22	110	57	53	135	72	63
15-19岁	**266**	**122**	**144**	**611**	**293**	**318**	**861**	**431**	**430**
15	34	10	24	117	54	63	148	71	77
16	42	25	17	123	68	55	153	84	69
17	73	38	35	133	58	75	191	102	89
18	58	25	33	100	45	55	196	93	103
19	59	24	35	138	68	70	173	81	92
20-24岁	**346**	**164**	**182**	**811**	**409**	**402**	**1088**	**551**	**537**
20	59	29	30	148	78	70	228	114	114
21	80	40	40	154	85	69	254	130	124
22	69	36	33	154	89	65	214	118	96
23	65	27	38	174	81	93	184	86	98
24	73	32	41	181	76	105	208	103	105
25-29岁	**340**	**195**	**145**	**766**	**352**	**414**	**915**	**424**	**491**
25	62	43	19	155	73	82	172	95	77
26	63	34	29	168	75	93	200	97	103
27	69	38	31	157	72	85	190	79	111
28	71	38	33	156	72	84	174	62	112
29	75	42	33	130	60	70	179	91	88

9-1 续表 52

单位：人

年 龄	塔塔尔族			独龙族			鄂伦春族		
	小计	男	女	小计	男	女	小计	男	女
30-34岁	**299**	**164**	**135**	**591**	**281**	**310**	**723**	**329**	**394**
30	67	34	33	143	62	81	167	69	98
31	48	27	21	118	61	57	162	68	94
32	65	36	29	116	51	65	149	77	72
33	60	39	21	103	51	52	108	44	64
34	59	28	31	111	56	55	137	71	66
35-39岁	**354**	**194**	**160**	**515**	**256**	**259**	**811**	**373**	**438**
35	74	45	29	111	48	63	137	50	87
36	77	45	32	98	54	44	153	60	93
37	65	27	38	131	67	64	183	83	100
38	69	38	31	105	49	56	168	86	82
39	69	39	30	70	38	32	170	94	76
40-44岁	**284**	**152**	**132**	**467**	**215**	**252**	**700**	**298**	**402**
40	71	37	34	106	45	61	150	55	95
41	54	30	24	96	41	55	162	68	94
42	64	32	32	91	47	44	121	50	71
43	43	27	16	83	39	44	119	53	66
44	52	26	26	91	43	48	148	72	76
45-49岁	**256**	**154**	**102**	**378**	**188**	**190**	**646**	**255**	**391**
45	53	33	20	86	42	44	142	61	81
46	56	28	28	77	32	45	139	53	86
47	57	35	22	87	47	40	164	66	98
48	62	43	19	74	36	38	114	43	71
49	28	15	13	54	31	23	87	32	55
50-54岁	**200**	**102**	**98**	**301**	**132**	**169**	**409**	**176**	**233**
50	39	18	21	58	21	37	94	39	55
51	30	14	16	52	24	28	77	42	35
52	41	22	19	91	44	47	82	34	48
53	45	25	20	53	17	36	77	32	45
54	45	23	22	47	26	21	79	29	50
55-59岁	**164**	**91**	**73**	**209**	**105**	**104**	**285**	**148**	**137**
55	30	17	13	45	16	29	72	39	33
56	43	23	20	37	21	16	65	33	32
57	25	12	13	45	24	21	52	31	21
58	34	18	16	36	21	15	45	21	24
59	32	21	11	46	23	23	51	24	27
60-64岁	**116**	**67**	**49**	**193**	**90**	**103**	**164**	**67**	**97**
60	29	20	9	63	25	38	49	19	30
61	25	13	12	37	20	17	39	17	22
62	25	14	11	31	14	17	28	11	17
63	14	9	5	27	17	10	24	11	13
64	23	11	12	35	14	21	24	9	15

9-1 续表 53

单位：人

年 龄	塔塔尔族			独龙族			鄂伦春族		
	小计	男	女	小计	男	女	小计	男	女
65-69岁	**102**	**46**	**56**	**123**	**53**	**70**	**108**	**45**	**63**
65	20	10	10	34	18	16	25	9	16
66	17	8	9	15	5	10	26	9	17
67	26	8	18	24	6	18	21	12	9
68	20	12	8	21	11	10	24	11	13
69	19	8	11	29	13	16	12	4	8
70-74岁	**74**	**45**	**29**	**110**	**48**	**62**	**74**	**28**	**46**
70	23	14	9	42	14	28	21	8	13
71	18	8	10	19	8	11	12	6	6
72	20	16	4	14	8	6	22	9	13
73	6	3	3	17	10	7	14	3	11
74	7	4	3	18	8	10	5	2	3
75-79岁	**42**	**25**	**17**	**67**	**36**	**31**	**23**	**9**	**14**
75	9	6	3	21	8	13	6	2	4
76	8	4	4	9	6	3	5	3	2
77	10	7	3	16	11	5	3	2	1
78	8	5	3	11	7	4	8	2	6
79	7	3	4	10	4	6	1		1
80-84岁	**17**	**12**	**5**	**29**	**10**	**19**	**15**	**9**	**6**
80	3	2	1	15	7	8	5	4	1
81	5	4	1	1		1	1	1	
82	5	4	1	4	2	2	3		3
83	3	2	1	7		7	5	3	2
84	1		1	2	1	1	1	1	
85-89岁	**6**	**4**	**2**	**22**	**9**	**13**	**6**	**2**	**4**
85	3	2	1	3	1	2	1	1	
86	1	1		2	1	1	4		4
87	1		1	8	3	5	1	1	
88	1	1		5	2	3			
89				4	2	2			
90-94岁	**3**		**3**	**5**	**2**	**3**			
90	2		2	2	2				
91				2		2			
92									
93	1		1	1		1			
94									
95-99岁				**4**	**2**	**2**			
95				1	1				
96				1		1			
97				2	1	1			
98									
99									
100岁及以上				**3**	**3**				

9-1 续表 54

单位：人

年 龄	赫哲族			门巴族			珞巴族		
	小计	男	女	小计	男	女	小计	男	女
总 计	**5354**	**2651**	**2703**	**10561**	**5261**	**5300**	**3682**	**1803**	**1879**
0-4岁	**353**	**189**	**164**	**884**	**488**	**396**	**392**	**202**	**190**
0	66	37	29	202	126	76	77	36	41
1	83	50	33	205	117	88	85	51	34
2	81	40	41	199	111	88	87	45	42
3	57	32	25	150	78	72	68	39	29
4	66	30	36	128	56	72	75	31	44
5-9岁	**281**	**154**	**127**	**1005**	**508**	**497**	**368**	**181**	**187**
5	61	40	21	168	86	82	77	34	43
6	65	33	32	200	100	100	63	29	34
7	53	28	25	255	122	133	86	44	42
8	52	29	23	189	97	92	71	44	27
9	50	24	26	193	103	90	71	30	41
10-14岁	**284**	**146**	**138**	**1038**	**508**	**530**	**384**	**177**	**207**
10	51	28	23	169	86	83	81	42	39
11	50	24	26	209	104	105	71	31	40
12	66	32	34	232	123	109	77	40	37
13	63	32	31	207	98	109	74	33	41
14	54	30	24	221	97	124	81	31	50
15-19岁	**444**	**216**	**228**	**1171**	**560**	**611**	**464**	**229**	**235**
15	72	35	37	197	80	117	87	48	39
16	85	46	39	270	128	142	89	46	43
17	86	38	48	222	104	118	92	34	58
18	91	49	42	248	141	107	94	50	44
19	110	48	62	234	107	127	102	51	51
20-24岁	**819**	**353**	**466**	**1217**	**604**	**613**	**396**	**201**	**195**
20	199	82	117	314	138	176	95	49	46
21	178	77	101	248	119	129	81	44	37
22	164	77	87	220	113	107	63	32	31
23	153	67	86	211	121	90	84	35	49
24	125	50	75	224	113	111	73	41	32
25-29岁	**524**	**255**	**269**	**998**	**537**	**461**	**308**	**151**	**157**
25	106	55	51	221	112	109	67	29	38
26	114	46	68	212	117	95	57	27	30
27	96	56	40	225	118	107	65	32	33
28	123	54	69	184	102	82	61	34	27
29	85	44	41	156	88	68	58	29	29

9-1 续表 55

单位：人

年 龄	赫哲族			门巴族			珞巴族		
	小计	男	女	小计	男	女	小计	男	女
30-34岁	**439**	**194**	**245**	**805**	**387**	**418**	**245**	**124**	**121**
30	89	43	46	204	94	110	48	21	27
31	99	42	57	146	68	78	42	19	23
32	107	42	65	179	95	84	58	23	35
33	67	34	33	138	68	70	48	28	20
34	77	33	44	138	62	76	49	33	16
35-39岁	**454**	**246**	**208**	**757**	**375**	**382**	**275**	**138**	**137**
35	92	58	34	152	81	71	49	22	27
36	84	46	38	168	84	84	58	30	28
37	89	45	44	159	62	97	48	27	21
38	100	49	51	151	84	67	64	32	32
39	89	48	41	127	64	63	56	27	29
40-44岁	**411**	**200**	**211**	**660**	**350**	**310**	**228**	**106**	**122**
40	97	46	51	135	88	47	54	23	31
41	81	37	44	161	82	79	49	27	22
42	73	38	35	135	67	68	49	19	30
43	77	42	35	123	55	68	43	24	19
44	83	37	46	106	58	48	33	13	20
45-49岁	**396**	**186**	**210**	**571**	**272**	**299**	**176**	**87**	**89**
45	97	46	51	110	59	51	34	14	20
46	86	38	48	126	55	71	42	22	20
47	100	50	50	119	59	60	39	16	23
48	63	29	34	137	68	69	38	22	16
49	50	23	27	79	31	48	23	13	10
50-54岁	**312**	**162**	**150**	**432**	**197**	**235**	**116**	**58**	**58**
50	70	35	35	116	53	63	36	16	20
51	57	29	28	95	47	48	29	18	11
52	79	44	35	73	29	44	24	17	7
53	56	33	23	81	39	42	20	6	14
54	50	21	29	67	29	38	7	1	6
55-59岁	**252**	**137**	**115**	**280**	**138**	**142**	**84**	**43**	**41**
55	47	24	23	49	20	29	25	12	13
56	47	29	18	72	41	31	11	5	6
57	53	24	29	57	30	27	17	9	8
58	60	33	27	61	33	28	12	7	5
59	45	27	18	41	14	27	19	10	9
60-64岁	**149**	**90**	**59**	**233**	**103**	**130**	**97**	**42**	**55**
60	35	21	14	58	29	29	22	6	16
61	31	22	9	63	30	33	16	6	10
62	25	15	10	35	12	23	31	15	16
63	32	15	17	32	12	20	15	9	6
64	26	17	9	45	20	25	13	6	7

9-1 续表 56

单位：人

年 龄	赫哲族			门巴族			珞巴族		
	小计	男	女	小计	男	女	小计	男	女
65-69岁	**72**	**39**	**33**	**206**	**95**	**111**	**52**	**22**	**30**
65	13	9	4	37	18	19	10	6	4
66	13	8	5	44	22	22	6	2	4
67	15	5	10	45	15	30	15	6	9
68	15	10	5	44	25	19	9	1	8
69	16	7	9	36	15	21	12	7	5
70-74岁	**72**	**36**	**36**	**134**	**66**	**68**	**42**	**21**	**21**
70	19	8	11	37	19	18	8	2	6
71	14	8	6	30	17	13	12	5	7
72	10	7	3	23	7	16	11	8	3
73	9	1	8	26	12	14	7	4	3
74	20	12	8	18	11	7	4	2	2
75-79岁	**55**	**32**	**23**	**92**	**34**	**58**	**25**	**12**	**13**
75	18	12	6	14	4	10	4	2	2
76	16	9	7	16	7	9	4	1	3
77	10	6	4	18	10	8	8	4	4
78	6	3	3	21	5	16	5	4	1
79	5	2	3	23	8	15	4	1	3
80-84岁	**29**	**16**	**13**	**48**	**25**	**23**	**17**	**5**	**12**
80	14	7	7	14	7	7	9	3	6
81	4	4		14	7	7	2		2
82	3	1	2	7	3	4	4	1	3
83	7	4	3	8	4	4	2	1	1
84	1		1	5	4	1			
85-89岁	**8**		**8**	**25**	**13**	**12**	**9**	**3**	**6**
85	3		3	8	3	5	3	1	2
86				2	1	1	3	1	2
87	2		2	2	2		1		1
88	1		1	6	4	2	2	1	1
89	2		2	7	3	4			
90-94岁				**4**	**1**	**3**	**3**		**3**
90				1		1	2		2
91				1		1			
92				2	1	1			
93							1		1
94									
95-99岁				**1**		**1**	**1**	**1**	
95				1		1	1	1	
96									
97									
98									
99									
100岁及以上									

9-1 续表 57 单位：人

年龄	基诺族			其他未识别的民族			外国人加入中国籍		
	小计	男	女	小计	男	女	小计	男	女
总 计	**23143**	**11744**	**11399**	**640101**	**334908**	**305193**	**1448**	**557**	**891**
0-4岁	**1865**	**961**	**904**	**54599**	**31155**	**23444**	**78**	**37**	**41**
0	395	203	192	10468	5990	4478	24	9	15
1	390	194	196	10952	6313	4639	16	8	8
2	383	205	178	11072	6397	4675	15	7	8
3	375	192	183	10945	6165	4780	12	9	3
4	322	167	155	11162	6290	4872	11	4	7
5-9岁	**1335**	**644**	**691**	**68316**	**36971**	**31345**	**56**	**32**	**24**
5	264	135	129	11051	6121	4930	10	6	4
6	278	133	145	12602	7000	5602	10	4	6
7	248	114	134	13306	7236	6070	14	9	5
8	251	119	132	14505	7720	6785	4		4
9	294	143	151	16852	8894	7958	18	13	5
10-14岁	**1611**	**793**	**818**	**85077**	**44644**	**40433**	**39**	**19**	**20**
10	284	140	144	17300	9179	8121	7	4	3
11	292	129	163	17052	8988	8064	7	5	2
12	351	180	171	18903	9745	9158	11	4	7
13	307	155	152	16600	8713	7887	7	4	3
14	377	189	188	15222	8019	7203	7	2	5
15-19岁	**1905**	**1023**	**882**	**56172**	**29381**	**26791**	**75**	**36**	**39**
15	354	186	168	14416	7426	6990	12	6	6
16	386	222	164	11957	6289	5668	19	12	7
17	360	182	178	11319	5838	5481	7	2	5
18	406	213	193	9832	5207	4625	18	10	8
19	399	220	179	8648	4621	4027	19	6	13
20-24岁	**2404**	**1220**	**1184**	**47598**	**23830**	**23768**	**157**	**52**	**105**
20	502	264	238	10252	5153	5099	41	14	27
21	507	263	244	9714	4889	4825	32	9	23
22	490	243	247	9391	4691	4700	25	9	16
23	458	236	222	10107	5087	5020	34	13	21
24	447	214	233	8134	4010	4124	25	7	18
25-29岁	**1975**	**1026**	**949**	**38400**	**19613**	**18787**	**112**	**35**	**77**
25	434	222	212	7533	3792	3741	16	4	12
26	458	239	219	7308	3821	3487	19	6	13
27	396	200	196	6579	3314	3265	27	3	24
28	402	207	195	8528	4311	4217	23	12	11
29	285	158	127	8452	4375	4077	27	10	17

9-1 续表 58

单位：人

年 龄	基诺族			其他未识别的民族			外国人加入中国籍		
	小计	男	女	小计	男	女	小计	男	女
30-34岁	**1750**	**905**	**845**	**46883**	**24100**	**22783**	**124**	**40**	**84**
30	343	177	166	9007	4503	4504	31	11	20
31	331	163	168	9207	4873	4334	21	9	12
32	327	163	164	8846	4495	4351	31	8	23
33	359	186	173	9181	4735	4446	18	4	14
34	390	216	174	10642	5494	5148	23	8	15
35-39岁	**2218**	**1149**	**1069**	**51647**	**27641**	**24006**	**134**	**47**	**87**
35	411	209	202	10218	5341	4877	23	8	15
36	491	248	243	11293	6045	5248	24	7	17
37	484	263	221	10413	5587	4826	27	8	19
38	436	226	210	9789	5196	4593	35	12	23
39	396	203	193	9934	5472	4462	25	12	13
40-44岁	**2183**	**1087**	**1096**	**46862**	**24455**	**22407**	**148**	**44**	**104**
40	506	252	254	10434	5403	5031	36	9	27
41	476	239	237	9066	4740	4326	24	10	14
42	456	221	235	10794	5671	5123	35	9	26
43	333	166	167	7903	4097	3806	24	7	17
44	412	209	203	8665	4544	4121	29	9	20
45-49岁	**1593**	**794**	**799**	**33102**	**17127**	**15975**	**109**	**39**	**70**
45	364	190	174	8455	4378	4077	24	7	17
46	387	187	200	8291	4328	3963	27	8	19
47	350	159	191	8012	4172	3840	23	11	12
48	294	160	134	5628	2911	2717	20	8	12
49	198	98	100	2716	1338	1378	15	5	10
50-54岁	**1213**	**593**	**620**	**23729**	**12357**	**11372**	**84**	**32**	**52**
50	270	125	145	3793	1943	1850	20	7	13
51	228	109	119	3548	1823	1725	11	7	4
52	283	142	141	4888	2621	2267	12	4	8
53	212	114	98	6037	3176	2861	23	8	15
54	220	103	117	5463	2794	2669	18	6	12
55-59岁	**830**	**413**	**417**	**27506**	**14034**	**13472**	**76**	**32**	**44**
55	165	73	92	6110	3146	2964	21	11	10
56	185	100	85	6243	3173	3070	19	8	11
57	190	95	95	5934	2990	2944	15	6	9
58	151	77	74	5702	2938	2764	12	5	7
59	139	68	71	3517	1787	1730	9	2	7
60-64岁	**826**	**436**	**390**	**19792**	**10167**	**9625**	**61**	**30**	**31**
60	191	94	97	3756	1897	1859	13	5	8
61	218	124	94	4256	2252	2004	13	7	6
62	152	77	75	3734	1863	1871	14	10	4
63	137	76	61	4184	2173	2011	12	3	9
64	128	65	63	3862	1982	1880	9	5	4

9-1 续表 59　　单位：人

年龄	基诺族			其他未识别的民族			外国人加入中国籍		
	小计	男	女	小计	男	女	小计	男	女
65-69岁	**471**	**242**	**229**	**14848**	**7428**	**7420**	**69**	**32**	**37**
65	108	46	62	3056	1503	1553	16	7	9
66	88	52	36	2982	1524	1458	16	4	12
67	99	49	50	3056	1561	1495	12	6	6
68	101	56	45	3143	1521	1622	14	11	3
69	75	39	36	2611	1319	1292	11	4	7
70-74岁	**383**	**194**	**189**	**12476**	**6135**	**6341**	**46**	**24**	**22**
70	96	51	45	2496	1244	1252	10	5	5
71	79	43	36	2452	1187	1265	13	10	3
72	96	42	54	2782	1381	1401	6	3	3
73	56	28	28	2656	1333	1323	7	3	4
74	56	30	26	2090	990	1100	10	3	7
75-79岁	**295**	**150**	**145**	**6905**	**3322**	**3583**	**42**	**14**	**28**
75	83	44	39	1547	759	788	6	1	5
76	58	22	36	1305	639	666	11	4	7
77	63	40	23	1286	621	665	11	4	7
78	55	28	27	1469	730	739	8	3	5
79	36	16	20	1298	573	725	6	2	4
80-84岁	**170**	**60**	**110**	**4116**	**1815**	**2301**	**17**	**9**	**8**
80	49	17	32	1274	565	709	5	2	3
81	33	12	21	796	350	446	2		2
82	33	12	21	805	349	456	5	4	1
83	29	9	20	751	338	413	4	2	2
84	26	10	16	490	213	277	1	1	
85-89岁	**85**	**40**	**45**	**1527**	**564**	**963**	**9**	**2**	**7**
85	26	12	14	377	156	221	1		1
86	14	6	8	366	137	229	2	1	1
87	16	7	9	309	106	203	1		1
88	13	9	4	264	101	163	2	1	1
89	16	6	10	211	64	147	3		3
90-94岁	**19**	**9**	**10**	**426**	**137**	**289**	**8**	**1**	**7**
90	12	7	5	161	54	107	1		1
91	3	2	1	88	24	64	2		2
92	1		1	81	24	57	2		2
93	1		1	47	19	28	1		1
94	2		2	49	16	33	2	1	1
95-99岁	**10**	**3**	**7**	**113**	**31**	**82**	**4**		**4**
95	4	1	3	40	10	30	2		2
96	2	1	1	34	8	26	2		2
97	2		2	17	5	12			
98	1	1		12	5	7			
99	1		1	10	3	7			
100岁及以上	**2**	**2**		**7**	**1**	**6**			

9-2 各地区少数民族年龄构成和抚养比

单位：人、%

地区	人口数				占总人口比重			抚养比		
	合计	0-14岁	15-64岁	65岁及以上	0-14岁	15-64岁	65岁及以上	总抚养比	少儿抚养比	老年抚养比
全国	**111966349**	**25114312**	**79022278**	**7829759**	**22.43**	**70.58**	**6.99**	**41.69**	**31.78**	**9.91**
北京	801214	99335	644489	57390	12.40	80.44	7.16	24.32	15.41	8.90
天津	331417	41525	265089	24803	12.53	79.99	7.48	25.02	15.66	9.36
河北	2992877	623772	2174244	194861	20.84	72.65	6.51	37.65	28.69	8.96
山西	93647	12804	74506	6337	13.67	79.56	6.77	25.69	17.19	8.51
内蒙古	5055626	974299	3843966	237361	19.27	76.03	4.69	31.52	25.35	6.17
辽宁	6643149	1041770	5110040	491339	15.68	76.92	7.40	30.00	20.39	9.62
吉林	2185705	251560	1738373	195772	11.51	79.53	8.96	25.73	14.47	11.26
黑龙江	1374810	175062	1087191	112557	12.73	79.08	8.19	26.46	16.10	10.35
上海	276163	34632	231174	10357	12.54	83.71	3.75	19.46	14.98	4.48
江苏	384926	52111	316052	16763	13.54	82.11	4.35	21.79	16.49	5.30
浙江	1214697	176242	1016500	21955	14.51	83.68	1.81	19.50	17.34	2.16
安徽	395642	74877	290022	30743	18.93	73.30	7.77	36.42	25.82	10.60
福建	796855	133765	623956	39134	16.79	78.30	4.91	27.71	21.44	6.27
江西	152310	31818	112113	8379	20.89	73.61	5.50	35.85	28.38	7.47
山东	725889	126430	547164	52295	17.42	75.38	7.20	32.66	23.11	9.56
河南	1121585	227694	810959	82932	20.30	72.30	7.39	38.30	28.08	10.23
湖北	2468535	477091	1752404	239040	19.33	70.99	9.68	40.87	27.22	13.64
湖南	6551409	1379713	4587816	583880	21.06	70.03	8.91	42.80	30.07	12.73
广东	2067321	182484	1857968	26869	8.83	89.87	1.30	11.27	9.82	1.45
广西	17107665	3665083	11853336	1589246	21.42	69.29	9.29	44.33	30.92	13.41
海南	1425418	319260	1023312	82846	22.40	71.79	5.81	39.29	31.20	8.10
重庆	1937109	509383	1234489	193237	26.30	63.73	9.98	56.92	41.26	15.65
四川	4907804	1437656	3185078	285070	29.29	64.90	5.81	54.09	45.14	8.95
贵州	12404400	3651566	7739273	1013561	29.44	62.39	8.17	60.28	47.18	13.10
云南	15349186	3522497	10823176	1003513	22.95	70.51	6.54	41.82	32.55	9.27
西藏	2756902	715686	1889237	151979	25.96	68.53	5.51	45.93	37.88	8.04
陕西	189636	23604	150565	15467	12.45	79.40	8.16	25.95	15.68	10.27
甘肃	2410446	565822	1667792	176832	23.47	69.19	7.34	44.53	33.93	10.60
青海	2643202	703458	1798037	141707	26.61	68.02	5.36	47.00	39.12	7.88
宁夏	2214983	612454	1485523	117006	27.65	67.07	5.28	49.10	41.23	7.88
新疆	12985821	3270859	9088434	626528	25.19	69.99	4.82	42.88	35.99	6.89

9-2a 各地区少数民族年龄构成和抚养比(城市)

单位：人、%

地区	人口数				占总人口比重			抚养比		
	合计	0-14岁	15-64岁	65岁及以上	0-14岁	15-64岁	65岁及以上	总抚养比	少儿抚养比	老年抚养比
全国	**17732874**	**2741221**	**14059679**	**931974**	**15.46**	**79.29**	**5.26**	**26.13**	**19.50**	**6.63**
北京	656802	76122	531262	49418	11.59	80.89	7.52	23.63	14.33	9.30
天津	258352	27728	208707	21917	10.73	80.78	8.48	23.79	13.29	10.50
河北	499404	82412	387564	29428	16.50	77.61	5.89	28.86	21.26	7.59
山西	64874	9205	50841	4828	14.19	78.37	7.44	27.60	18.11	9.50
内蒙古	1201468	218139	926416	56913	18.16	77.11	4.74	29.69	23.55	6.14
辽宁	1820674	252675	1440530	127469	13.88	79.12	7.00	26.39	17.54	8.85
吉林	878886	89616	703294	85976	10.20	80.02	9.78	24.97	12.74	12.22
黑龙江	416538	46774	330196	39568	11.23	79.27	9.50	26.15	14.17	11.98
上海	208484	25419	173219	9846	12.19	83.09	4.72	20.36	14.67	5.68
江苏	202976	26104	164428	12444	12.86	81.01	6.13	23.44	15.88	7.57
浙江	396747	48075	345668	3004	12.12	87.13	0.76	14.78	13.91	0.87
安徽	139152	23619	105290	10243	16.97	75.67	7.36	32.16	22.43	9.73
福建	265162	38477	220710	5975	14.51	83.24	2.25	20.14	17.43	2.71
江西	25621	3228	20927	1466	12.60	81.68	5.72	22.43	15.43	7.01
山东	363259	56768	280941	25550	15.63	77.34	7.03	29.30	20.21	9.09
河南	390424	63630	296182	30612	16.30	75.86	7.84	31.82	21.48	10.34
湖北	312950	45881	252061	15008	14.66	80.54	4.80	24.16	18.20	5.95
湖南	489680	83659	384618	21403	17.08	78.54	4.37	27.32	21.75	5.56
广东	1412395	93210	1310513	8672	6.60	92.79	0.61	7.77	7.11	0.66
广西	2169628	362305	1706920	100403	16.70	78.67	4.63	27.11	21.23	5.88
海南	110791	18219	89889	2683	16.44	81.13	2.42	23.25	20.27	2.98
重庆	181034	30018	144838	6178	16.58	80.01	3.41	24.99	20.73	4.27
四川	189344	28212	150616	10516	14.90	79.55	5.55	25.71	18.73	6.98
贵州	1023867	235320	747337	41210	22.98	72.99	4.02	37.00	31.49	5.51
云南	1053991	179846	820452	53693	17.06	77.84	5.09	28.46	21.92	6.54
西藏	173238	25072	138552	9614	14.47	79.98	5.55	25.03	18.10	6.94
陕西	131190	14999	105017	11174	11.43	80.05	8.52	24.92	14.28	10.64
甘肃	367970	62801	280212	24957	17.07	76.15	6.78	31.32	22.41	8.91
青海	291767	60803	216695	14269	20.84	74.27	4.89	34.64	28.06	6.58
宁夏	397345	79258	297219	20868	19.95	74.80	5.25	33.69	26.67	7.02
新疆	1638861	333627	1228565	76669	20.36	74.96	4.68	33.40	27.16	6.24

9-2b 各地区少数民族年龄构成和抚养比（镇）

单位：人、%

地 区	人口数				占总人口比重			抚养比		
	合计	0-14岁	15-64岁	65岁及以上	0-14岁	15-64岁	65岁及以上	总抚养比	少儿抚养比	老年抚养比
全 国	**19035879**	**4010187**	**13931606**	**1094086**	**21.07**	**73.19**	**5.75**	**36.64**	**28.78**	**7.85**
北 京	56463	9245	44308	2910	16.37	78.47	5.15	27.43	20.87	6.57
天 津	36298	5673	29266	1359	15.63	80.63	3.74	24.03	19.38	4.64
河 北	791368	164910	584792	41666	20.84	73.90	5.27	35.32	28.20	7.12
山 西	14320	2092	11270	958	14.61	78.70	6.69	27.06	18.56	8.50
内蒙古	1260663	250143	953118	57402	19.84	75.60	4.55	32.27	26.24	6.02
辽 宁	1102694	173326	856765	72603	15.72	77.70	6.58	28.70	20.23	8.47
吉 林	400469	46484	317181	36804	11.61	79.20	9.19	26.26	14.66	11.60
黑龙江	185591	25302	145122	15167	13.63	78.19	8.17	27.89	17.43	10.45
上 海	37924	5241	32314	369	13.82	85.21	0.97	17.36	16.22	1.14
江 苏	59608	8460	49265	1883	14.19	82.65	3.16	20.99	17.17	3.82
浙 江	330819	50332	277600	2887	15.21	83.91	0.87	19.17	18.13	1.04
安 徽	124029	25114	89711	9204	20.25	72.33	7.42	38.25	27.99	10.26
福 建	139704	23716	111470	4518	16.98	79.79	3.23	25.33	21.28	4.05
江 西	33925	5762	26840	1323	16.98	79.12	3.90	26.40	21.47	4.93
山 东	156313	29590	115304	11419	18.93	73.76	7.31	35.57	25.66	9.90
河 南	357997	77976	256655	23366	21.78	71.69	6.53	39.49	30.38	9.10
湖 北	472734	91950	348464	32320	19.45	73.71	6.84	35.66	26.39	9.27
湖 南	1425519	298618	1034629	92272	20.95	72.58	6.47	37.78	28.86	8.92
广 东	242752	29347	209426	3979	12.09	86.27	1.64	15.91	14.01	1.90
广 西	3123218	609821	2284696	228701	19.53	73.15	7.32	36.70	26.69	10.01
海 南	251213	55372	183326	12515	22.04	72.98	4.98	37.03	30.20	6.83
重 庆	424222	107781	286954	29487	25.41	67.64	6.95	47.84	37.56	10.28
四 川	625823	147510	450033	28280	23.57	71.91	4.52	39.06	32.78	6.28
贵 州	1934556	526127	1298965	109464	27.20	67.15	5.66	48.93	40.50	8.43
云 南	2417505	528297	1760821	128387	21.85	72.84	5.31	37.29	30.00	7.29
西 藏	308584	67065	228391	13128	21.73	74.01	4.25	35.11	29.36	5.75
陕 西	33123	4749	25933	2441	14.34	78.29	7.37	27.73	18.31	9.41
甘 肃	335180	70992	244518	19670	21.18	72.95	5.87	37.08	29.03	8.04
青 海	535732	138045	372692	24995	25.77	69.57	4.67	43.75	37.04	6.71
宁 夏	326745	90062	222002	14681	27.56	67.94	4.49	47.18	40.57	6.61
新 疆	1490788	341085	1079775	69928	22.88	72.43	4.69	38.06	31.59	6.48

9-2c 各地区少数民族年龄构成和抚养比(乡村)

单位：人、%

地区	人口数				占总人口比重			抚养比		
	合计	0-14岁	15-64岁	65岁及以上	0-14岁	15-64岁	65岁及以上	总抚养比	少儿抚养比	老年抚养比
全国	**75197596**	**18362904**	**51030993**	**5803699**	**24.42**	**67.86**	**7.72**	**47.36**	**35.98**	**11.37**
北京	87949	13968	68919	5062	15.88	78.36	5.76	27.61	20.27	7.34
天津	36767	8124	27116	1527	22.10	73.75	4.15	35.59	29.96	5.63
河北	1702105	376450	1201888	123767	22.12	70.61	7.27	41.62	31.32	10.30
山西	14453	1507	12395	551	10.43	85.76	3.81	16.60	12.16	4.45
内蒙古	2593495	506017	1964432	123046	19.51	75.74	4.74	32.02	25.76	6.26
辽宁	3719781	615769	2812745	291267	16.55	75.62	7.83	32.25	21.89	10.36
吉林	906350	115460	717898	72992	12.74	79.21	8.05	26.25	16.08	10.17
黑龙江	772681	102986	611873	57822	13.33	79.19	7.48	26.28	16.83	9.45
上海	29755	3972	25641	142	13.35	86.17	0.48	16.04	15.49	0.55
江苏	122342	17547	102359	2436	14.34	83.67	1.99	19.52	17.14	2.38
浙江	487131	77835	393232	16064	15.98	80.72	3.30	23.88	19.79	4.09
安徽	132461	26144	95021	11296	19.74	71.74	8.53	39.40	27.51	11.89
福建	391989	71572	291776	28641	18.26	74.43	7.31	34.35	24.53	9.82
江西	92764	22828	64346	5590	24.61	69.37	6.03	44.16	35.48	8.69
山东	206317	40072	150919	15326	19.42	73.15	7.43	36.71	26.55	10.16
河南	373164	86088	258122	28954	23.07	69.17	7.76	44.57	33.35	11.22
湖北	1682851	339260	1151879	191712	20.16	68.45	11.39	46.10	29.45	16.64
湖南	4636210	997436	3168569	470205	21.51	68.34	10.14	46.32	31.48	14.84
广东	412174	59927	338029	14218	14.54	82.01	3.45	21.93	17.73	4.21
广西	11814819	2692957	7861720	1260142	22.79	66.54	10.67	50.28	34.25	16.03
海南	1063414	245669	750097	67648	23.10	70.54	6.36	41.77	32.75	9.02
重庆	1331853	371584	802697	157572	27.90	60.27	11.83	65.92	46.29	19.63
四川	4092637	1261934	2584429	246274	30.83	63.15	6.02	58.36	48.83	9.53
贵州	9445977	2890119	5692971	862887	30.60	60.27	9.13	65.92	50.77	15.16
云南	11877690	2814354	8241903	821433	23.69	69.39	6.92	44.11	34.15	9.97
西藏	2275080	623549	1522294	129237	27.41	66.91	5.68	49.45	40.96	8.49
陕西	25323	3856	19615	1852	15.23	77.46	7.31	29.10	19.66	9.44
甘肃	1707296	432029	1143062	132205	25.30	66.95	7.74	49.36	37.80	11.57
青海	1815703	504610	1208650	102443	27.79	66.57	5.64	50.23	41.75	8.48
宁夏	1490893	443134	966302	81457	29.72	64.81	5.46	54.29	45.86	8.43
新疆	9856172	2596147	6780094	479931	26.34	68.79	4.87	45.37	38.29	7.08

9-3 各民族年龄构成和抚养比

单位：人、%

民族	人口数				占总人口比重			抚养比		
	合计	0-14岁	15-64岁	65岁及以上	0-14岁	15-64岁	65岁及以上	总抚养比	少儿抚养比	老年抚养比
总计	**1332810869**	**221322621**	**992561090**	**118927158**	**16.61**	**74.47**	**8.92**	**34.28**	**22.30**	**11.98**
汉族	1220844520	196208309	913538812	111097399	16.07	74.83	9.10	33.64	21.48	12.16
蒙古族	5981840	1176100	4519839	285901	19.66	75.56	4.78	32.35	26.02	6.33
回族	10586087	2240825	7570206	775056	21.17	71.51	7.32	39.84	29.60	10.24
藏族	6282187	1610477	4300313	371397	25.64	68.45	5.91	46.09	37.45	8.64
维吾尔族	10069346	2604995	6981173	483178	25.87	69.33	4.80	44.24	37.31	6.92
苗族	9426007	2400822	6351186	673999	25.47	67.38	7.15	48.41	37.80	10.61
彝族	8714393	2374038	5827283	513072	27.24	66.87	5.89	49.54	40.74	8.80
壮族	16926381	3430164	12011977	1484240	20.27	70.97	8.77	40.91	28.56	12.36
布依族	2870034	760184	1876415	233435	26.49	65.38	8.13	52.95	40.51	12.44
朝鲜族	1830929	153669	1472139	205121	8.39	80.40	11.20	24.37	10.44	13.93
满族	10387958	1755862	7934604	697492	16.90	76.38	6.71	30.92	22.13	8.79
侗族	2879974	651693	1976765	251516	22.63	68.64	8.73	45.69	32.97	12.72
瑶族	2796003	670710	1931263	194030	23.99	69.07	6.94	44.78	34.73	10.05
白族	1933510	407006	1373692	152812	21.05	71.05	7.90	40.75	29.63	11.12
土家族	8353912	1878838	5744891	730183	22.49	68.77	8.74	45.41	32.70	12.71
哈尼族	1660932	384202	1177532	99198	23.13	70.90	5.97	41.05	32.63	8.42
哈萨克族	1462588	347551	1058007	57030	23.76	72.34	3.90	38.24	32.85	5.39
傣族	1261311	253014	929804	78493	20.06	73.72	6.22	35.65	27.21	8.44
黎族	1463064	334830	1042140	86094	22.89	71.23	5.88	40.39	32.13	8.26
傈僳族	702839	161031	500859	40949	22.91	71.26	5.83	40.33	32.15	8.18
佤族	429709	85253	320682	23774	19.84	74.63	5.53	34.00	26.58	7.41
畲族	708651	147044	503179	58428	20.75	71.01	8.24	40.83	29.22	11.61
高山族	4009	739	3017	253	18.43	75.26	6.31	32.88	24.49	8.39
拉祜族	485966	96348	363289	26329	19.83	74.76	5.42	33.77	26.52	7.25
水族	411847	113081	268885	29881	27.46	65.29	7.26	53.17	42.06	11.11
东乡族	621500	170896	412848	37756	27.50	66.43	6.07	50.54	41.39	9.15
纳西族	326295	55031	241321	29943	16.87	73.96	9.18	35.21	22.80	12.41
景颇族	147828	36117	105074	6637	24.43	71.08	4.49	40.69	34.37	6.32
柯尔克孜族	186708	48671	128687	9350	26.07	68.92	5.01	45.09	37.82	7.27
土族	289565	60918	215124	13523	21.04	74.29	4.67	34.60	28.32	6.29
达斡尔族	131992	23586	102560	5846	17.87	77.70	4.43	28.70	23.00	5.70
仫佬族	216257	45361	154487	16409	20.98	71.44	7.59	39.98	29.36	10.62
羌族	309576	58548	228729	22299	18.91	73.88	7.20	35.35	25.60	9.75
布朗族	119639	28725	84834	6080	24.01	70.91	5.08	41.03	33.86	7.17
撒拉族	130607	37266	86270	7071	28.53	66.05	5.41	51.39	43.20	8.20
毛南族	101192	22886	69576	8730	22.62	68.76	8.63	45.44	32.89	12.55
仡佬族	550746	156633	352378	41735	28.44	63.98	7.58	56.29	44.45	11.84
锡伯族	190481	33883	145123	11475	17.79	76.19	6.02	31.25	23.35	7.91
阿昌族	39555	11230	26431	1894	28.39	66.82	4.79	49.65	42.49	7.17
普米族	42861	10176	30136	2549	23.74	70.31	5.95	42.23	33.77	8.46
塔吉克族	51069	13391	35232	2446	26.22	68.99	4.79	44.95	38.01	6.94
怒族	37523	8742	26375	2406	23.30	70.29	6.41	42.27	33.15	9.12
乌孜别克族	10569	2345	7593	631	22.19	71.84	5.97	39.19	30.88	8.31
俄罗斯族	15393	2380	11761	1252	15.46	76.40	8.13	30.88	20.24	10.65
鄂温克族	30875	6332	23697	846	20.51	76.75	2.74	30.29	26.72	3.57
德昂族	20556	5263	14371	922	25.60	69.91	4.49	43.04	36.62	6.42
保安族	20074	5867	13034	1173	29.23	64.93	5.84	54.01	45.01	9.00
裕固族	14378	2664	10747	967	18.53	74.75	6.73	33.79	24.79	9.00
京族	28199	6717	19300	2182	23.82	68.44	7.74	46.11	34.80	11.31
塔塔尔族	3556	687	2625	244	19.32	73.82	6.86	35.47	26.17	9.30
独龙族	6930	1725	4842	363	24.89	69.87	5.24	43.12	35.63	7.50
鄂伦春族	8659	1831	6602	226	21.15	76.24	2.61	31.16	27.73	3.42
赫哲族	5354	918	4200	236	17.15	78.45	4.41	27.48	21.86	5.62
门巴族	10561	2927	7124	510	27.72	67.46	4.83	48.25	41.09	7.16
珞巴族	3682	1144	2389	149	31.07	64.88	4.05	54.12	47.89	6.24
基诺族	23143	4811	16897	1435	20.79	73.01	6.20	36.97	28.47	8.49
其他未识别的民族	640101	207992	391691	40418	32.49	61.19	6.31	63.42	53.10	10.32
外国人加入中国籍	1448	173	1080	195	11.95	74.59	13.47	34.07	16.02	18.06

9-4 各地区少数民族分性别、健康状况的60岁及以上老年人口(长表数据)

单位：人

地区	60岁及以上少数民族人口			健康		
	合计	男	女	小计	男	女
全国	**1178598**	**569497**	**609101**	**467001**	**249779**	**217222**
北京	9503	4664	4839	3937	2081	1856
天津	3800	1831	1969	1609	849	760
河北	29874	15284	14590	11742	6717	5025
山西	842	401	441	414	225	189
内蒙古	35433	16780	18653	14325	7517	6808
辽宁	75778	38898	36880	32452	18691	13761
吉林	26645	12870	13775	8801	4899	3902
黑龙江	15928	8303	7625	6578	3812	2766
上海	1817	865	952	849	431	418
江苏	2130	1052	1078	1011	559	452
浙江	3327	1702	1625	1586	883	703
安徽	4145	1993	2152	1666	897	769
福建	5713	3245	2468	2561	1603	958
江西	1130	683	447	485	320	165
山东	7727	3499	4228	4149	2080	2069
河南	12002	5776	6226	5963	3107	2856
湖北	36768	18900	17868	11574	6778	4796
湖南	88986	44800	44186	33724	18798	14926
广东	3838	1835	2003	1945	956	989
广西	231772	104801	126971	99523	49876	49647
海南	12158	5416	6742	3809	1912	1897
重庆	28611	15087	13524	10503	6065	4438
四川	45662	21405	24257	18609	9600	9009
贵州	151980	73533	78447	62352	32877	29475
云南	151163	69875	81288	64075	32737	31338
西藏	20650	9178	11472	5032	2442	2590
陕西	2062	1006	1056	869	476	393
甘肃	30218	14777	15441	10355	5634	4721
青海	21388	10260	11128	6477	3521	2956
宁夏	18023	9141	8882	6531	3741	2790
新疆	99525	51637	47888	33495	19695	13800

9-4 续表

单位：人

地 区	基本健康			不健康，但生活能自理			生活不能自理		
	小计	男	女	小计	男	女	小计	男	女
全 国	**478065**	**220284**	**257781**	**193057**	**82799**	**110258**	**40475**	**16635**	**23840**
北 京	4082	1944	2138	1118	479	639	366	160	206
天 津	1716	781	935	343	147	196	132	54	78
河 北	11655	5656	5999	5316	2392	2924	1161	519	642
山 西	319	138	181	89	33	56	20	5	15
内蒙古	13824	6145	7679	5766	2439	3327	1518	679	839
辽 宁	29355	13827	15528	11753	5355	6398	2218	1025	1193
吉 林	11740	5380	6360	5268	2214	3054	836	377	459
黑龙江	6356	3079	3277	2543	1208	1335	451	204	247
上 海	773	346	427	146	56	90	49	32	17
江 苏	871	376	495	181	87	94	67	30	37
浙 江	1239	583	656	412	195	217	90	41	49
安 徽	1727	787	940	603	250	353	149	59	90
福 建	2262	1204	1058	785	397	388	105	41	64
江 西	474	262	212	144	84	60	27	17	10
山 东	2651	1046	1605	759	308	451	168	65	103
河 南	4160	1892	2268	1520	637	883	359	140	219
湖 北	15263	7543	7720	8177	3805	4372	1754	774	980
湖 南	37622	18063	19559	15063	6876	8187	2577	1063	1514
广 东	1502	712	790	329	138	191	62	29	33
广 西	92189	39725	52464	34241	13016	21225	5819	2184	3635
海 南	5099	2281	2818	2704	1049	1655	546	174	372
重 庆	12136	6184	5952	4788	2309	2479	1184	529	655
四 川	18461	8227	10234	6754	2881	3873	1838	697	1141
贵 州	59080	27367	31713	25645	11144	14501	4903	2145	2758
云 南	60653	26498	34155	20517	8413	12104	5918	2227	3691
西 藏	10021	4449	5572	4465	1866	2599	1132	421	711
陕 西	889	402	487	234	99	135	70	29	41
甘 肃	12479	5858	6621	6250	2816	3434	1134	469	665
青 海	9253	4415	4838	4516	1891	2625	1142	433	709
宁 夏	7494	3628	3866	3305	1462	1843	693	310	383
新 疆	42720	21486	21234	19323	8753	10570	3987	1703	2284

9-5 各地区少数民族分性别、主要生活来源的60岁及以上老年人口(长表数据)

单位：人

地区	60岁及以上人口			劳动收入		
	合计	男	女	小计	男	女
全国	**1178598**	**569497**	**609101**	**405193**	**231793**	**173400**
北京	9503	4664	4839	338	268	70
天津	3800	1831	1969	193	142	51
河北	29874	15284	14590	9211	6430	2781
山西	842	401	441	56	35	21
内蒙古	35433	16780	18653	7136	4633	2503
辽宁	75778	38898	36880	22516	15227	7289
吉林	26645	12870	13775	4560	3071	1489
黑龙江	15928	8303	7625	3044	2215	829
上海	1817	865	952	49	35	14
江苏	2130	1052	1078	171	122	49
浙江	3327	1702	1625	1140	786	354
安徽	4145	1993	2152	968	640	328
福建	5713	3245	2468	1698	1246	452
江西	1130	683	447	300	234	66
山东	7727	3499	4228	1800	1090	710
河南	12002	5776	6226	3117	1983	1134
湖北	36768	18900	17868	16650	9472	7178
湖南	88986	44800	44186	36342	21553	14789
广东	3838	1835	2003	935	562	373
广西	231772	104801	126971	86998	45045	41953
海南	12158	5416	6742	4586	2387	2199
重庆	28611	15087	13524	12633	7413	5220
四川	45662	21405	24257	17734	9403	8331
贵州	151980	73533	78447	55909	31142	24767
云南	151163	69875	81288	53496	28321	25175
西藏	20650	9178	11472	5059	2662	2397
陕西	2062	1006	1056	214	147	67
甘肃	30218	14777	15441	7585	4395	3190
青海	21388	10260	11128	4561	2805	1756
宁夏	18023	9141	8882	5268	3391	1877
新疆	99525	51637	47888	40926	24938	15988

9-5 续表 1

单位：人

地 区	离退休金养老金			失业保险金			最低生活保障金		
	小计	男	女	小计	男	女	小计	男	女
全 国	**157730**	**99979**	**57751**				**71145**	**33868**	**37277**
北 京	7778	3946	3832				189	86	103
天 津	2852	1464	1388				82	25	57
河 北	5314	3400	1914				1628	840	788
山 西	533	310	223				29	6	23
内蒙古	9226	5675	3551				2962	1281	1681
辽 宁	20870	12552	8318				2617	1431	1186
吉 林	10419	5841	4578				1582	582	1000
黑龙江	5394	3053	2341				551	279	272
上 海	1630	783	847				8	2	6
江 苏	1558	801	757				32	11	21
浙 江	395	252	143				127	76	51
安 徽	1332	728	604				209	111	98
福 建	593	449	144				194	128	66
江 西	218	152	66				55	32	23
山 东	2423	1319	1104				189	85	104
河 南	3645	1957	1688				445	201	244
湖 北	3426	2456	970				1701	904	797
湖 南	6131	4493	1638				2820	1552	1268
广 东	721	407	314				152	87	65
广 西	21035	14379	6656				8976	4622	4354
海 南	1692	905	787				668	294	374
重 庆	1895	1312	583				1844	1044	800
四 川	2643	1729	914				4237	1924	2313
贵 州	9343	7246	2097				13557	6488	7069
云 南	12429	8948	3481				6419	2880	3539
西 藏	1534	903	631				1480	637	843
陕 西	1258	670	588				125	46	79
甘 肃	1929	1336	593				2387	1118	1269
青 海	1636	1226	410				1543	691	852
宁 夏	2545	1649	896				1756	859	897
新 疆	15333	9638	5695				12581	5546	7035

9-5 续表 2

单位：人

地区	财产性收入			家庭其他成员供养			其他		
	小计	男	女	小计	男	女	小计	男	女
全国	**3915**	**2113**	**1802**	**521120**	**192427**	**328693**	**19495**	**9317**	**10178**
北京	28	14	14	1111	327	784	59	23	36
天津	4	2	2	632	182	450	37	16	21
河北	84	50	34	13054	4247	8807	583	317	266
山西	3	3		213	45	168	8	2	6
内蒙古	241	133	108	15108	4759	10349	760	299	461
辽宁	402	223	179	28369	8989	19380	1004	476	528
吉林	239	130	109	9315	3018	6297	530	228	302
黑龙江	236	131	105	6310	2420	3890	393	205	188
上海	3	2	1	116	37	79	11	6	5
江苏	5	2	3	354	112	242	10	4	6
浙江	38	22	16	1587	548	1039	40	18	22
安徽	15	7	8	1561	479	1082	60	28	32
福建	32	24	8	3125	1357	1768	71	41	30
江西	2	1	1	532	252	280	23	12	11
山东	17	11	6	3175	934	2241	123	60	63
河南	57	27	30	4505	1511	2994	233	97	136
湖北	64	41	23	14263	5696	8567	664	331	333
湖南	191	95	96	41840	16221	25619	1662	886	776
广东	6	2	4	1968	741	1227	56	36	20
广西	558	250	308	110643	38900	71743	3562	1605	1957
海南	36	25	11	4902	1692	3210	274	113	161
重庆	67	33	34	11597	4979	6618	575	306	269
四川	79	45	34	20057	7878	12179	912	426	486
贵州	338	172	166	70261	27268	42993	2572	1217	1355
云南	362	181	181	77159	28956	48203	1298	589	709
西藏	54	24	30	11714	4589	7125	809	363	446
陕西	8	4	4	411	116	295	46	23	23
甘肃	75	45	30	17663	7584	10079	579	299	280
青海	97	54	43	12913	5157	7756	638	327	311
宁夏	105	63	42	8017	3023	4994	332	156	176
新疆	469	297	172	28645	10410	18235	1571	808	763

9-6 各民族分年龄、性别的死亡人口(2009.11.1-2010.10.31)

单位：人

民 族	合 计			0岁		
	合计	男	女	小计	男	女
总 计	**7421990**	**4293783**	**3128207**	**60217**	**32026**	**28191**
汉 族	6823973	3937020	2886953	43526	23378	20148
蒙古族	24817	15455	9362	309	172	137
回 族	47198	27664	19534	1054	573	481
藏 族	39143	21133	18010	1434	757	677
维吾尔族	52855	31018	21837	2232	1229	1003
苗 族	52259	31466	20793	2182	1077	1105
彝 族	52195	31585	20610	1597	849	748
壮 族	92308	55667	36641	1474	763	711
布依族	18944	11321	7623	1079	496	583
朝鲜族	10337	6133	4204	17	8	9
满 族	46716	28915	17801	213	114	99
侗 族	17354	10245	7109	638	310	328
瑶 族	14343	8997	5346	378	196	182
白 族	11687	6690	4997	302	149	153
土家族	45272	26593	18679	824	456	368
哈尼族	10540	6367	4173	758	367	391
哈萨克族	6809	4403	2406	228	148	80
傣 族	7627	4341	3286	154	81	73
黎 族	6456	3961	2495	211	92	119
傈僳族	5045	2982	2063	293	141	152
佤 族	3132	1873	1259	100	45	55
畲 族	4072	2616	1456	35	18	17
高山族	10	7	3			
拉祜族	3657	2201	1456	253	154	99
水 族	3481	2137	1344	132	59	73
东乡族	2632	1440	1192	257	97	160
纳西族	2036	1128	908	25	17	8
景颇族	1062	640	422	15	12	3
柯尔克孜族	881	517	364	34	16	18
土 族	1663	983	680	47	24	23
达斡尔族	547	363	184	3	2	1
仫佬族	859	539	320	21	12	9
羌 族	1535	896	639	13	6	7
布朗族	671	393	278	34	19	15
撒拉族	467	268	199	20	10	10
毛南族	559	346	213	8	5	3
仡佬族	3109	1931	1178	105	60	45
锡伯族	682	463	219	5	4	1
阿昌族	202	127	75	5	3	2
普米族	236	145	91	37	25	12
塔吉克族	233	131	102	14	6	8
怒 族	324	185	139	16	8	8
乌孜别克族	30	21	9	2	1	1
俄罗斯族	57	34	23			
鄂温克族	121	86	35			
德昂族	141	81	60	4	3	1
保安族	84	43	41	2	1	1
裕固族	63	39	24			
京 族	186	110	76	5	3	2
塔塔尔族	17	10	7			
独龙族	64	41	23	1	1	
鄂伦春族	35	21	14			
赫哲族	10	5	5			
门巴族	119	71	48	2		2
珞巴族	44	28	16	1	1	
基诺族	102	57	45	2	2	
其他未识别的民族	2956	1829	1127	116	56	60
外国人加入中国籍	33	22	11			

9-6 续表 1

单位：人

民族	1-4岁			5-9岁			10-14岁		
	小计	男	女	小计	男	女	小计	男	女
总计	**39591**	**23119**	**16472**	**21183**	**13621**	**7562**	**23088**	**15243**	**7845**
汉族	30029	17737	12292	16569	10814	5755	18636	12552	6084
蒙古族	153	98	55	70	39	31	96	63	33
回族	613	365	248	276	172	104	303	197	106
藏族	1552	799	753	858	455	403	726	396	330
维吾尔族	1514	860	654	478	302	176	455	247	208
苗族	830	493	337	428	266	162	468	300	168
彝族	1074	584	490	618	372	246	625	381	244
壮族	787	478	309	501	320	181	373	220	153
布依族	345	206	139	193	124	69	178	108	70
朝鲜族	8	6	2	8	3	5	13	9	4
满族	150	95	55	99	62	37	97	69	28
侗族	222	139	83	115	67	48	90	57	33
瑶族	218	109	109	96	64	32	80	45	35
白族	117	66	51	57	42	15	41	28	13
土家族	409	230	179	274	188	86	244	160	84
哈尼族	352	205	147	104	68	36	109	77	32
哈萨克族	154	85	69	65	42	23	59	36	23
傣族	141	76	65	37	24	13	50	34	16
黎族	124	78	46	46	31	15	77	43	34
傈僳族	63	38	25	35	20	15	41	27	14
佤族	152	81	71	20	12	8	54	30	24
畲族	20	12	8	8	6	2	12	7	5
高山族									
拉祜族	120	58	62	22	14	8	42	24	18
水族	38	21	17	32	20	12	15	11	4
东乡族	109	50	59	50	23	27	33	18	15
纳西族	11	7	4	7	4	3	17	12	5
景颇族	25	13	12	8	3	5	7	3	4
柯尔克孜族	26	7	19	11	6	5	6	3	3
土族	17	10	7	4	1	3	13	7	6
达斡尔族	1	1		1	1		3	2	1
仫佬族	5	1	4	3	2	1	4	2	2
羌族	6	2	4	2	1	1	11	6	5
布朗族	52	22	30	4	2	2	3	2	1
撒拉族	28	9	19	4	2	2	13	6	7
毛南族	6	2	4				1	1	
仡佬族	33	20	13	32	20	12	26	14	12
锡伯族	2	1	1				1	1	
阿昌族	6	1	5	1		1			
普米族	5	5		1	1		2		2
塔吉克族	7	1	6				2	2	
怒族	1	1		3		3	2	2	
乌孜别克族	1		1						
俄罗斯族									
鄂温克族							1	1	
德昂族	17	10	7	1		1	1	1	
保安族				1	1		1	1	
裕固族				1	1				
京族	2	1	1				3	3	
塔塔尔族									
独龙族	1	1					3	3	
鄂伦春族									
赫哲族									
门巴族	2	2		3	2	1	4	4	
珞巴族	2	1	1						
基诺族	1	1							
其他未识别的民族	39	30	9	37	24	13	47	28	19
外国人加入中国籍	1	1							

9-6 续表 2

单位：人

民 族	15-19岁			20-24岁			25-29岁		
	小计	男	女	小计	男	女	小计	男	女
总 计	**40469**	**28088**	**12381**	**62552**	**43738**	**18814**	**60661**	**42497**	**18164**
汉 族	33915	23746	10169	52717	37073	15644	50100	35283	14817
蒙古族	201	136	65	350	256	94	430	327	103
回 族	487	321	166	732	506	226	653	485	168
藏 族	865	478	387	1228	684	544	1254	688	566
维吾尔族	794	485	309	1200	765	435	1195	754	441
苗 族	577	393	184	874	597	277	920	664	256
彝 族	781	532	249	1141	772	369	1368	927	441
壮 族	623	466	157	970	719	251	1166	851	315
布依族	207	136	71	265	191	74	317	232	85
朝鲜族	30	21	9	51	31	20	63	45	18
满 族	276	192	84	425	332	93	415	298	117
侗 族	134	94	40	164	111	53	165	126	39
瑶 族	118	84	34	195	131	64	259	185	74
白 族	109	72	37	185	134	51	132	83	49
土家族	333	225	108	462	309	153	455	300	155
哈尼族	131	95	36	207	156	51	221	141	80
哈萨克族	103	72	31	241	170	71	250	176	74
傣 族	134	104	30	163	119	44	147	104	43
黎 族	108	83	25	114	87	27	152	105	47
傈僳族	83	55	28	138	88	50	153	115	38
佤 族	39	22	17	80	50	30	123	94	29
畲 族	32	23	9	39	27	12	45	31	14
高山族									
拉祜族	68	44	24	137	94	43	139	95	44
水 族	37	24	13	40	28	12	70	52	18
东乡族	37	23	14	67	43	24	62	41	21
纳西族	14	9	5	23	14	9	17	10	7
景颇族	15	12	3	34	23	11	53	39	14
柯尔克孜族	23	17	6	38	25	13	33	24	9
土 族	17	10	7	21	15	6	37	27	10
达斡尔族	9	7	2	10	10		17	13	4
仫佬族	5	5		15	11	4	21	16	5
羌 族	22	14	8	23	18	5	22	14	8
布朗族	8	7	1	11	7	4	11	9	2
撒拉族	11	7	4	17	9	8	8	6	2
毛南族	4	3	1	9	6	3	4	4	
仡佬族	33	22	11	44	34	10	41	30	11
锡伯族	7	4	3	14	12	2	11	7	4
阿昌族	2		2	8	7	1	7	6	1
普米族	4	2	2	5	4	1	8	4	4
塔吉克族	3	2	1	4	2	2	8	5	3
怒 族	5	3	2	7	7		13	7	6
乌孜别克族									
俄罗斯族									
鄂温克族	2	1	1	3	3		7	5	2
德昂族	3	1	2	2	1	1	6	5	1
保安族	3	2	1	3		3	1	1	
裕固族				1		1			
京 族				1	1		2	2	
塔塔尔族				2	1	1			
独龙族				6	5	1	6	6	
鄂伦春族				1		1	1	1	
赫哲族				1		1			
门巴族	4	1	3	2	2		4	3	1
珞巴族	1	1		1	1		3	2	1
基诺族	2	1	1	1		1	2	1	1
其他未识别的民族	50	31	19	60	47	13	64	48	16
外国人加入中国籍									

9-6 续表 3

单位：人

民 族	30-34岁			35-39岁			40-44岁		
	小计	男	女	小计	男	女	小计	男	女
总 计	**79960**	**55804**	**24156**	**140531**	**98382**	**42149**	**216353**	**149111**	**67242**
汉 族	66806	46597	20209	121723	84885	36838	191689	131456	60233
蒙 古 族	466	351	115	833	630	203	1264	915	349
回 族	805	543	262	1189	866	323	1538	1070	468
藏 族	1330	749	581	1638	944	694	1750	1062	688
维吾尔族	1294	834	460	1578	1033	545	1839	1207	632
苗 族	1269	913	356	1857	1335	522	2301	1623	678
彝 族	1781	1266	515	2308	1681	627	2690	1996	694
壮 族	1742	1372	370	2604	1997	607	3726	2841	885
布 依 族	406	298	108	589	426	163	814	601	213
朝 鲜 族	99	81	18	171	138	33	295	221	74
满 族	477	351	126	903	645	258	1634	1207	427
侗 族	274	201	73	462	323	139	632	458	174
瑶 族	320	236	84	491	375	116	679	501	178
白 族	237	172	65	327	236	91	414	306	108
土 家 族	610	399	211	1183	836	347	1719	1193	526
哈 尼 族	296	203	93	359	272	87	462	324	138
哈萨克族	258	182	76	320	251	69	416	315	101
傣 族	195	147	48	215	167	48	304	216	88
黎 族	164	133	31	219	182	37	318	252	66
傈 僳 族	179	122	57	239	179	60	301	213	88
佤 族	125	84	41	133	101	32	166	120	46
畲 族	66	47	19	101	72	29	155	114	41
高 山 族									
拉 祜 族	127	87	40	174	127	47	197	140	57
水 族	66	46	20	83	62	21	121	88	33
东 乡 族	61	40	21	74	52	22	82	53	29
纳 西 族	35	20	15	47	32	15	83	61	22
景 颇 族	72	53	19	80	66	14	68	54	14
柯尔克孜族	27	16	11	43	28	15	34	24	10
土 族	33	19	14	57	42	15	71	52	19
达斡尔族	15	11	4	33	26	7	34	24	10
仫 佬 族	15	14	1	28	22	6	39	32	7
羌 族	37	21	16	73	48	25	66	45	21
布 朗 族	19	11	8	26	17	9	23	18	5
撒 拉 族	12	7	5	11	6	5	16	9	7
毛 南 族	18	10	8	21	12	9	26	20	6
仡 佬 族	66	47	19	116	98	18	125	90	35
锡 伯 族	10	9	1	16	11	5	22	17	5
阿 昌 族	5	4	1	11	10	1	10	8	2
普 米 族	7	4	3	6	3	3	13	9	4
塔吉克族	6	3	3	6	5	1	8	3	5
怒 族	12	7	5	12	9	3	17	14	3
乌孜别克族	1	1					1	1	
俄罗斯族				3	2	1	1	1	
鄂温克族	9	8	1	9	8	1	10	9	1
德 昂 族	7	4	3	6	5	1	8	5	3
保 安 族	1		1	4	2	2	5	2	3
裕 固 族	1	1					2	1	1
京 族	3	3		2	2		10	7	3
塔塔尔族							1		1
独 龙 族	4	3	1	4	1	3	7	6	1
鄂伦春族	3	2	1	6	4	2	2	1	1
赫 哲 族							2	1	1
门 巴 族	2	2		4	4		8	6	2
珞 巴 族	1	1		3	3		4	1	3
基 诺 族	2	2		6	3	3	4	2	2
其他未识别的民族	83	66	17	124	98	26	125	94	31
外国人加入中国籍	1	1		1		1	2	2	

9-6 续表 4 单位：人

民 族	45-49岁			50-54岁			55-59岁		
	小计	男	女	小计	男	女	小计	男	女
总 计	**262531**	**179446**	**83085**	**337397**	**226888**	**110509**	**494339**	**324817**	**169522**
汉 族	235238	160183	75055	306527	206028	100499	453161	297710	155451
蒙 古 族	1649	1155	494	2011	1392	619	2326	1540	786
回 族	1793	1253	540	2091	1371	720	3034	1913	1121
藏 族	1852	1137	715	1858	1122	736	2441	1453	988
维吾尔族	2239	1396	843	3055	1686	1369	4405	2452	1953
苗 族	2085	1475	610	2297	1605	692	3314	2214	1100
彝 族	2674	1983	691	2575	1766	809	3221	2160	1061
壮 族	4152	3153	999	4635	3392	1243	5965	4258	1707
布 依 族	748	560	188	873	638	235	1208	862	346
朝 鲜 族	533	411	122	722	541	181	908	632	276
满 族	2361	1670	691	3246	2288	958	3943	2734	1209
侗 族	676	461	215	678	462	216	1018	635	383
瑶 族	741	566	175	783	556	227	998	726	272
白 族	424	285	139	465	316	149	687	446	241
土 家 族	1681	1168	513	1702	1125	577	2886	1856	1030
哈 尼 族	506	353	153	516	355	161	595	399	196
哈萨克族	441	309	132	450	296	154	559	381	178
傣 族	419	281	138	432	256	176	523	336	187
黎 族	329	259	70	350	260	90	422	293	129
傈 僳 族	257	168	89	270	165	105	351	231	120
佤 族	203	145	58	207	123	84	206	133	73
畲 族	156	105	51	205	143	62	245	176	69
高 山 族	1		1				2	1	1
拉 祜 族	253	171	82	225	151	74	253	171	82
水 族	152	112	40	173	125	48	236	179	57
东 乡 族	91	56	35	70	44	26	110	57	53
纳 西 族	106	71	35	93	65	28	127	83	44
景 颇 族	62	42	20	84	63	21	79	48	31
柯尔克孜族	35	21	14	49	34	15	66	41	25
土 族	76	50	26	97	66	31	127	80	47
达斡尔族	53	44	9	59	37	22	74	50	24
仫 佬 族	33	28	5	29	23	6	56	42	14
羌 族	62	49	13	72	50	22	110	73	37
布 朗 族	27	14	13	43	30	13	45	38	7
撒 拉 族	22	17	5	16	12	4	22	11	11
毛 南 族	21	14	7	25	21	4	29	23	6
仡 佬 族	133	96	37	118	83	35	211	133	78
锡 伯 族	34	26	8	40	30	10	60	43	17
阿 昌 族	11	7	4	15	9	6	5	3	2
普 米 族	8	7	1	12	10	2	12	10	2
塔吉克族	6	6		9	4	5	20	11	9
怒 族	18	12	6	25	13	12	35	20	15
乌孜别克族				3	2	1	4	4	
俄罗斯族	7	5	2	4	3	1	3	2	1
鄂温克族	10	8	2	12	9	3	15	9	6
德 昂 族	8	4	4	12	6	6	5	4	1
保 安 族	4	3	1	1		1	3	1	2
裕 固 族	3	2	1	5	3	2	2	2	
京 族	7	5	2	7	3	4	12	7	5
塔塔尔族	2	2		1	1		2	2	
独 龙 族	4	3	1	2	1	1	2	2	
鄂伦春族	3	2	1	4	3	1	3	1	2
赫 哲 族	1	1							
门 巴 族	4	3	1	10	4	6	7	4	3
珞 巴 族	3	1	2	2	2		4	1	3
基 诺 族	4	4		5	4	1	4	2	2
其他未识别的民族	110	84	26	126	91	35	175	117	58
外国人加入中国籍				1		1	3	2	1

9-6 续表 5

单位：人

民族	60-64岁			65-69岁			70-74岁		
	小计	男	女	小计	男	女	小计	男	女
总　计	**586160**	**377069**	**209091**	**695662**	**435007**	**260655**	**999653**	**599394**	**400259**
汉　族	535619	345092	190527	636190	398441	237749	922989	554630	368359
蒙古族	2349	1508	841	2377	1491	886	3372	1898	1474
回　族	3845	2314	1531	4791	2856	1935	6337	3669	2668
藏　族	3428	1973	1455	3861	2203	1658	4412	2387	2025
维吾尔族	6256	3582	2674	6505	3719	2786	6659	3773	2886
苗　族	4101	2637	1464	5065	3090	1975	6994	4117	2877
彝　族	4337	2769	1568	5137	3144	1993	6440	3755	2685
壮　族	7096	4870	2226	8957	5906	3051	11834	7069	4765
布依族	1571	1061	510	2015	1286	729	2461	1433	1028
朝鲜族	1002	687	315	1140	702	438	1637	945	692
满　族	3883	2538	1345	4215	2628	1587	5688	3433	2255
侗　族	1257	787	470	1755	1106	649	2611	1567	1044
瑶　族	1111	752	359	1363	895	468	1828	1125	703
白　族	805	502	303	1037	603	434	1529	912	617
土家族	3540	2208	1332	4479	2753	1726	6171	3665	2506
哈尼族	871	564	307	975	635	340	1326	777	549
哈萨克族	643	400	243	746	484	262	653	389	264
傣　族	586	370	216	704	412	292	915	503	412
黎　族	509	340	169	572	356	216	787	430	357
傈僳族	380	223	157	457	257	200	587	332	255
佤　族	327	196	131	292	165	127	307	173	134
畲　族	248	192	56	293	218	75	487	335	152
高山族	1	1		1	1		2	1	1
拉祜族	351	206	145	311	175	136	368	212	156
水　族	272	183	89	367	230	137	507	303	204
东乡族	189	119	70	243	134	109	353	188	165
纳西族	162	102	60	193	115	78	281	148	133
景颇族	92	58	34	96	47	49	96	44	52
柯尔克孜族	77	44	33	73	42	31	90	42	48
土　族	148	96	52	200	116	84	224	125	99
达斡尔族	50	29	21	36	21	15	61	36	25
仫佬族	62	38	24	82	53	29	117	77	40
羌　族	113	70	43	183	116	67	180	100	80
布朗族	68	46	22	52	29	23	77	43	34
撒拉族	35	22	13	36	20	16	70	43	27
毛南族	57	43	14	56	46	10	67	41	26
仡佬族	264	154	110	339	207	132	444	261	183
锡伯族	52	40	12	52	36	16	73	52	21
阿昌族	16	11	5	16	13	3	26	16	10
普米族	17	8	9	22	18	4	24	15	9
塔吉克族	25	16	9	25	13	12	30	17	13
怒　族	28	12	16	22	18	4	33	15	18
乌孜别克族	3	2	1	1	1		6	5	1
俄罗斯族	7	6	1	10	5	5	4	3	1
鄂温克族	10	8	2	8	4	4	13	8	5
德昂族	16	7	9	9	4	5	10	6	4
保安族	12	9	3	7	4	3	10	3	7
裕固族	5	4	1	6	6		14	8	6
京　族	12	10	2	19	11	8	24	16	8
塔塔尔族	1		1	1	1		4	3	1
独龙族	5	2	3	7	2	5	5	2	3
鄂伦春族	3	3		3	2	1	4	1	3
赫哲族	1	1		2	1	1	1		1
门巴族	6	3	3	8	3	5	12	8	4
珞巴族	2	1	1	2	2		4	2	2
基诺族	12	9	3	6	5	1	12	5	7
其他未识别的民族	221	140	81	238	152	86	377	225	152
外国人加入中国籍	1	1		4	4		6	3	3

9-6 续表 6 单位：人

民族	75-79岁			80-84岁			85岁及以上		
	小计	男	女	小计	男	女	小计	男	女
总　计	**1162694**	**657140**	**505554**	**1081704**	**553704**	**528000**	**1057245**	**438689**	**618556**
汉　族	1087016	615078	471938	1018846	521495	497351	1002677	414842	587835
蒙古族	2886	1622	1264	2214	1160	1054	1461	702	759
回　族	6779	3833	2946	5694	3006	2688	5184	2351	2833
藏　族	3577	1739	1838	2830	1250	1580	2249	857	1392
维吾尔族	4919	2848	2071	3423	2084	1339	2815	1762	1053
苗　族	7046	4004	3042	5269	2751	2518	4382	1912	2470
彝　族	5840	3104	2736	4687	2230	2457	3301	1314	1987
壮　族	12529	6898	5631	11140	5520	5620	12034	4574	7460
布依族	2364	1248	1116	1857	869	988	1454	546	908
朝鲜族	1577	858	719	1209	513	696	854	281	573
满　族	6644	3788	2856	6373	3498	2875	5674	2973	2701
侗　族	2720	1534	1186	2064	1065	999	1679	742	937
瑶　族	1820	1089	731	1472	764	708	1393	598	795
白　族	1840	988	852	1634	800	834	1345	550	795
土家族	6984	4001	2983	6180	3215	2965	5136	2306	2830
哈尼族	1128	643	485	943	477	466	681	256	425
哈萨克族	572	328	244	370	208	162	281	131	150
傣　族	957	460	497	868	398	470	683	253	430
黎　族	763	409	354	609	305	304	582	223	359
傈僳族	534	278	256	419	199	220	265	131	134
佤　族	281	160	121	174	74	100	143	65	78
畲　族	627	406	221	637	379	258	661	305	356
高山族	2	2		1	1				
拉祜族	271	134	137	199	82	117	147	62	85
水　族	500	303	197	365	183	182	275	108	167
东乡族	308	171	137	222	113	109	214	118	96
纳西族	276	140	136	271	129	142	248	89	159
景颇族	67	22	45	48	23	25	61	15	46
柯尔克孜族	76	44	32	85	49	36	55	34	21
土　族	232	133	99	150	74	76	92	36	56
达斡尔族	36	19	17	31	18	13	21	12	9
仫佬族	113	69	44	108	49	59	103	43	60
羌　族	157	90	67	209	92	117	174	81	93
布朗族	64	31	33	67	35	32	37	13	24
撒拉族	55	29	26	33	24	9	38	19	19
毛南族	80	41	39	64	32	32	63	22	41
仡佬族	408	243	165	341	207	134	230	112	118
锡伯族	96	55	41	88	51	37	99	64	35
阿昌族	28	16	12	15	7	8	15	6	9
普米族	18	8	10	19	8	11	16	4	12
塔吉克族	21	10	11	17	11	6	22	14	8
怒　族	34	19	15	22	11	11	19	7	12
乌孜别克族	2	1	1	3	3		3		3
俄罗斯族	8	4	4	5	3	2	5		5
鄂温克族	7	2	5	3	3		2		2
德昂族	7	3	4	6	5	1	13	7	6
保安族	13	6	7	6	4	2	7	3	4
裕固族	9	6	3	8	3	5	6	2	4
京　族	18	12	6	22	9	13	37	15	22
塔塔尔族	2		2	1		1			
独龙族	1		1	2	1	1	4	2	2
鄂伦春族	1		1	1	1				
赫哲族	1		1	1	1				
门巴族	12	6	6	17	9	8	8	5	3
珞巴族	4	2	2	4	4		3	2	1
基诺族	12	6	6	13	4	9	14	6	8
其他未识别的民族	345	194	151	341	192	149	278	112	166
外国人加入中国籍	7	3	4	4	3	1	2	2	

9-7 各地区分年龄、性别的少数民族死亡人口状况

单位：人

地区	合计			0岁		
	合计	男	女	小计	男	女
全国	**598017**	**356763**	**241254**	**16691**	**8648**	**8043**
北京	2026	1233	793	3	1	2
天津	899	518	381	2	1	1
河北	15055	9122	5933	118	53	65
山西	344	198	146			
内蒙古	20102	12590	7512	271	157	114
辽宁	33162	20076	13086	103	59	44
吉林	10597	6448	4149	25	11	14
黑龙江	5986	3861	2125	11	8	3
上海	369	211	158	2	2	
江苏	876	479	397	6	5	1
浙江	1495	898	597	8	6	2
安徽	1692	1000	692	30	21	9
福建	2821	1869	952	28	9	19
江西	774	486	288	7	3	4
山东	2718	1534	1184	14	7	7
河南	5377	3196	2181	10	8	2
湖北	15366	8890	6476	263	154	109
湖南	34864	20588	14276	397	219	178
广东	2066	1286	780	48	23	25
广西	97277	58966	38311	1546	830	716
海南	6101	3769	2332	203	82	121
重庆	12941	7570	5371	198	105	93
四川	27991	16365	11626	546	287	259
贵州	79432	48364	31068	4079	1994	2085
云南	97693	57890	39803	3849	1957	1892
西藏	15819	8476	7343	621	320	301
陕西	901	530	371	1		1
甘肃	13386	7564	5822	692	328	364
青海	15707	8701	7006	622	336	286
宁夏	10082	6007	4075	411	229	182
新疆	64098	38078	26020	2577	1433	1144

9-7 续表 1

单位：人

地区	1-4岁			5-9岁			10-14岁		
	小计	男	女	小计	男	女	小计	男	女
全　国	**9562**	**5382**	**4180**	**4614**	**2807**	**1807**	**4452**	**2691**	**1761**
北　京	3	2	1				1	1	
天　津	3	2	1				2	2	
河　北	57	37	20	43	30	13	40	29	11
山　西							1		1
内蒙古	106	71	35	51	27	24	77	51	26
辽　宁	94	55	39	66	37	29	62	44	18
吉　林	13	10	3	14	8	6	16	10	6
黑龙江	17	8	9	4	2	2	12	11	1
上　海				2	2				
江　苏	2	1	1	3	2	1	1		1
浙　江	11	6	5	5	5		5	3	2
安　徽	4	3	1				2	2	
福　建	20	16	4	7	6	1	4	2	2
江　西	2		2	4	4		3	1	2
山　东	8	5	3	4	3	1	2		2
河　南	15	8	7	13	9	4	12	9	3
湖　北	104	50	54	50	26	24	57	40	17
湖　南	287	165	122	175	117	58	120	74	46
广　东	21	12	9	13	9	4	13	9	4
广　西	805	477	328	502	319	183	402	242	160
海　南	117	75	42	38	22	16	67	37	30
重　庆	129	75	54	78	52	26	87	58	29
四　川	811	442	369	526	300	226	473	285	188
贵　州	1280	774	506	762	501	261	787	493	294
云　南	1925	1065	860	691	439	252	775	488	287
西　藏	543	277	266	217	102	115	216	116	100
陕　西	6	4	2	1	1		3	1	2
甘　肃	403	207	196	141	71	70	139	74	65
青　海	759	398	361	526	290	236	409	221	188
宁　夏	252	142	110	106	63	43	134	92	42
新　疆	1765	995	770	572	360	212	530	296	234

9-7 续表 2

单位：人

地区	15-19岁			20-24岁			25-29岁		
	小计	男	女	小计	男	女	小计	男	女
全国	**6554**	**4342**	**2212**	**9835**	**6665**	**3170**	**10561**	**7214**	**3347**
北京	5	2	3	10	6	4	16	13	3
天津	4	2	2	7	5	2	9	6	3
河北	111	72	39	165	129	36	147	108	39
山西	1	1		2	2		4	4	
内蒙古	167	112	55	296	218	78	376	286	90
辽宁	178	133	45	282	219	63	273	195	78
吉林	42	26	16	62	45	17	66	49	17
黑龙江	26	19	7	43	30	13	47	27	20
上海	3	2	1	3	2	1	6	5	1
江苏				5	3	2	8	3	5
浙江	6	4	2	8	6	2	19	15	4
安徽	12	6	6	16	11	5	18	11	7
福建	26	18	8	34	26	8	34	23	11
江西	7	5	2	11	5	6	8	5	3
山东	6	4	2	30	25	5	22	14	8
河南	24	16	8	47	28	19	37	29	8
湖北	107	73	34	147	96	51	152	90	62
湖南	200	149	51	366	242	124	316	227	89
广东	25	16	9	42	30	12	41	29	12
广西	631	476	155	1016	762	254	1238	916	322
海南	103	75	28	102	79	23	152	109	43
重庆	98	62	36	104	72	32	132	88	44
四川	552	342	210	810	529	281	1003	643	360
贵州	933	636	297	1207	854	353	1306	972	334
云南	1224	851	373	1895	1320	575	2042	1420	622
西藏	259	143	116	433	229	204	440	246	194
陕西	3	2	1	13	7	6	7	7	
甘肃	192	107	85	253	149	104	225	156	69
青海	494	277	217	636	353	283	616	330	286
宁夏	160	110	50	221	163	58	237	169	68
新疆	955	601	354	1569	1020	549	1564	1019	545

9-7 续表 3

单位：人

地区	30-34岁			35-39岁			40-44岁		
	小计	男	女	小计	男	女	小计	男	女
全 国	**13154**	**9207**	**3947**	**18808**	**13497**	**5311**	**24664**	**17655**	**7009**
北 京	10	8	2	26	14	12	37	24	13
天 津	5	3	2	8	5	3	16	13	3
河 北	143	104	39	309	220	89	518	373	145
山 西	4	2	2	6	4	2	8	4	4
内蒙古	400	305	95	709	531	178	1018	743	275
辽 宁	348	256	92	605	443	162	1127	821	306
吉 林	94	68	26	197	144	53	352	262	90
黑龙江	65	50	15	129	100	29	229	181	48
上 海	6	4	2	5	4	1	8	6	2
江 苏	6	2	4	11	4	7	24	15	9
浙 江	25	12	13	38	26	12	60	36	24
安 徽	23	18	5	28	22	6	40	28	12
福 建	33	21	12	67	47	20	105	75	30
江 西	15	13	2	19	13	6	31	21	10
山 东	19	11	8	43	21	22	71	49	22
河 南	63	40	23	101	75	26	183	141	42
湖 北	211	141	70	383	281	102	567	384	183
湖 南	427	300	127	808	558	250	1205	823	382
广 东	64	47	17	78	55	23	114	80	34
广 西	1853	1467	386	2764	2139	625	3986	3068	918
海 南	156	128	28	209	181	28	312	248	64
重 庆	127	78	49	378	250	128	501	339	162
四 川	1142	749	393	1409	920	489	1429	961	468
贵 州	1899	1398	501	2841	2142	699	3516	2602	914
云 南	2689	1916	773	3545	2626	919	4413	3234	1179
西 藏	460	254	206	586	328	258	709	409	300
陕 西	11	7	4	21	13	8	30	21	9
甘 肃	240	155	85	378	276	102	440	301	139
青 海	666	367	299	746	442	304	789	491	298
宁 夏	292	198	94	297	203	94	357	250	107
新 疆	1658	1085	573	2064	1410	654	2469	1652	817

9-7 续表 4

单位：人

地区	45-49岁			50-54岁			55-59岁		
	小计	男	女	小计	男	女	小计	男	女
全国	**27293**	**19263**	**8030**	**30870**	**20860**	**10010**	**41178**	**27107**	**14071**
北京	60	47	13	90	62	28	140	83	57
天津	34	18	16	53	35	18	53	37	16
河北	762	555	207	1004	701	303	1142	762	380
山西	11	8	3	20	12	8	23	17	6
内蒙古	1402	1001	401	1676	1163	513	1946	1298	648
辽宁	1653	1141	512	2287	1605	682	2846	1984	862
吉林	541	401	140	783	561	222	969	673	296
黑龙江	324	246	78	431	323	108	567	394	173
上海	10	5	5	13	8	5	17	12	5
江苏	24	14	10	31	21	10	59	39	20
浙江	62	41	21	82	49	33	82	65	17
安徽	63	43	20	61	44	17	105	77	28
福建	112	74	38	153	117	36	188	134	54
江西	28	23	5	32	20	12	43	30	13
山东	86	62	24	129	90	39	179	135	44
河南	223	160	63	292	190	102	443	292	151
湖北	619	431	188	641	414	227	912	570	342
湖南	1212	813	399	1399	950	449	2122	1400	722
广东	118	82	36	135	91	44	116	79	37
广西	4431	3412	1019	4784	3552	1232	6326	4541	1785
海南	341	272	69	340	251	89	403	283	120
重庆	444	314	130	426	279	147	897	552	345
四川	1208	809	399	1361	862	499	1766	1146	620
贵州	3228	2364	864	3503	2476	1027	5117	3493	1624
云南	4898	3481	1417	4982	3345	1637	6095	4023	2072
西藏	938	569	369	874	524	350	1091	636	455
陕西	45	27	18	42	28	14	55	38	17
甘肃	469	328	141	449	298	151	737	439	298
青海	673	417	256	644	403	241	861	493	368
宁夏	354	244	110	402	245	157	579	350	229
新疆	2920	1861	1059	3751	2141	1610	5299	3032	2267

9-7 续表 5

单位：人

地区	60-64岁			65-69岁			70-74岁		
	小计	男	女	小计	男	女	小计	男	女
全国	**50541**	**31977**	**18564**	**59472**	**36566**	**22906**	**76664**	**44764**	**31900**
北京	117	80	37	161	107	54	287	168	119
天津	76	46	30	73	49	24	115	69	46
河北	1176	741	435	1290	817	473	2164	1262	902
山西	23	15	8	29	19	10	55	30	25
内蒙古	1932	1236	696	1932	1195	737	2727	1560	1167
辽宁	2799	1820	979	3055	1855	1200	3689	2157	1532
吉林	1010	667	343	1143	721	422	1589	948	641
黑龙江	660	452	208	637	393	244	883	538	345
上海	20	14	6	17	9	8	28	19	9
江苏	59	40	19	85	59	26	123	69	54
浙江	87	67	20	83	57	26	172	114	58
安徽	127	88	39	153	98	55	224	137	87
福建	174	132	42	208	165	43	330	234	96
江西	64	48	16	66	46	20	108	64	44
山东	211	125	86	249	162	87	361	214	147
河南	483	306	177	559	364	195	744	450	294
湖北	1201	729	472	1534	900	634	2076	1209	867
湖南	2569	1655	914	3176	1997	1179	5042	3070	1972
广东	148	97	51	139	93	46	240	159	81
广西	7464	5096	2368	9361	6145	3216	12402	7478	4924
海南	473	313	160	525	325	200	782	430	352
重庆	1061	644	417	1303	812	491	1772	1048	724
四川	2546	1531	1015	3016	1794	1222	3242	1839	1403
贵州	6222	4099	2123	8063	5032	3031	10639	6291	4348
云南	7918	5010	2908	9262	5680	3582	12152	6987	5165
西藏	1525	856	669	1685	923	762	1857	970	887
陕西	79	56	23	123	72	51	142	77	65
甘肃	1070	630	440	1536	890	646	1935	1061	874
青海	1186	708	478	1366	775	591	1663	930	733
宁夏	772	467	305	969	576	393	1215	705	510
新疆	7289	4209	3080	7674	4436	3238	7906	4477	3429

9-7 续表 6 单位：人

地区	75-79岁			80-84岁			85岁及以上		
	小计	男	女	小计	男	女	小计	男	女
全国	**75678**	**42062**	**33616**	**62858**	**32209**	**30649**	**54568**	**23847**	**30721**
北京	358	232	126	328	188	140	374	195	179
天津	160	89	71	151	83	68	128	53	75
河北	2370	1351	1019	2079	1121	958	1417	657	760
山西	65	33	32	53	27	26	39	20	19
内蒙古	2280	1259	1021	1626	846	780	1110	531	579
辽宁	4557	2478	2079	4689	2471	2218	4449	2303	2146
吉林	1527	879	648	1245	589	656	909	376	533
黑龙江	804	477	327	610	338	272	487	264	223
上海	55	30	25	82	45	37	92	42	50
江苏	137	84	53	133	58	75	159	60	99
浙江	245	143	102	260	145	115	237	98	139
安徽	275	168	107	250	124	126	261	99	162
福建	386	271	115	426	274	152	486	225	261
江西	131	82	49	100	61	39	95	42	53
山东	431	234	197	422	205	217	431	168	263
河南	790	450	340	703	363	340	635	258	377
湖北	2301	1304	997	2240	1179	1061	1801	819	982
湖南	5744	3311	2433	4988	2617	2371	4311	1901	2410
广东	259	148	111	217	110	107	235	117	118
广西	13148	7318	5830	11732	5803	5929	12886	4925	7961
海南	708	384	324	552	272	280	518	203	315
重庆	2096	1228	868	1682	897	785	1428	617	811
四川	2555	1356	1199	2020	921	1099	1576	649	927
贵州	10324	5743	4581	7691	3946	3745	6035	2554	3481
云南	11916	6336	5580	9926	4745	5181	7496	2967	4529
西藏	1457	703	754	1152	532	620	756	339	417
陕西	147	86	61	112	57	55	60	26	34
甘肃	1752	934	818	1222	638	584	1113	522	591
青海	1371	711	660	966	487	479	714	272	442
宁夏	1326	757	569	1058	572	486	940	472	468
新疆	6003	3483	2520	4143	2495	1648	3390	2073	1317

9-7a 各地区分年龄、性别的少数民族死亡人口状况(城市)

单位：人

地 区	合 计			0岁		
	合计	男	女	小计	男	女
全 国	**36781**	**22737**	**14044**	**324**	**174**	**150**
北 京	1601	958	643	2	1	1
天 津	716	397	319	1	1	
河 北	1185	735	450	8	2	6
山 西	193	110	83			
内 蒙 古	2317	1491	826	26	14	12
辽 宁	4676	2910	1766	11	5	6
吉 林	3862	2335	1527	5	1	4
黑 龙 江	1207	744	463	3	3	
上 海	358	206	152	2	2	
江 苏	383	223	160	2	2	
浙 江	127	81	46	1	1	
安 徽	382	236	146	6	6	
福 建	285	198	87	3	1	2
江 西	88	51	37			
山 东	879	516	363	5	1	4
河 南	1231	713	518	2	1	1
湖 北	454	288	166	3	1	2
湖 南	560	349	211	2	2	
广 东	322	221	101	2	2	
广 西	3389	2176	1213	18	8	10
海 南	156	109	47	3	1	2
重 庆	168	96	72	3	2	1
四 川	211	136	75	15	8	7
贵 州	1488	997	491	37	20	17
云 南	3195	1961	1234	45	22	23
西 藏	194	110	84	4	2	2
陕 西	387	241	146			
甘 肃	985	598	387	17	8	9
青 海	394	245	149	11	8	3
宁 夏	1193	714	479	26	18	8
新 疆	4195	2592	1603	61	31	30

9-7a　续表 1　　单位：人

地　区	1-4岁			5-9岁			10-14岁		
	小计	男	女	小计	男	女	小计	男	女
全　国	**178**	**110**	**68**	**93**	**58**	**35**	**113**	**74**	**39**
北　京	1		1						
天　津	2	1	1				1	1	
河　北	1	1		2	1	1	2	2	
山　西									
内蒙古	14	8	6	2	1	1	11	8	3
辽　宁	11	8	3	2		2	7	5	2
吉　林	1	1					3	2	1
黑龙江									
上　海				1	1				
江　苏	2	1	1	1		1	1		1
浙　江	2	2		1	1		1		1
安　徽	2	2					1	1	
福　建	2	2		2	2				
江　西									
山　东	3	2	1	1		1			
河　南	1	1		1	1		3	2	1
湖　北	4	2	2	1		1	3	3	
湖　南	1	1		2	2		2	1	1
广　东	4	3	1	2	2		1	1	
广　西	18	11	7	16	8	8	11	8	3
海　南	9	5	4				3	1	2
重　庆	4	2	2	1	1		5	4	1
四　川				3	2	1	2	2	
贵　州	12	9	3	11	8	3	6	4	2
云　南	22	10	12	5	3	2	10	3	7
西　藏				3	3		2	1	1
陕　西	1		1				1		1
甘　肃	9	4	5	4	3	1	6	3	3
青　海	2	1	1	3	2	1	3	2	1
宁　夏	12	8	4	10	5	5	9	6	3
新　疆	38	25	13	19	12	7	19	14	5

9-7a 续表 2

单位：人

地区	15-19岁			20-24岁			25-29岁		
	小计	男	女	小计	男	女	小计	男	女
全　国	**215**	**146**	**69**	**378**	**259**	**119**	**393**	**280**	**113**
北　京	3	2	1	9	5	4	13	11	2
天　津	1	1		6	4	2	3	2	1
河　北	9	4	5	10	7	3	3	2	1
山　西	1	1		1	1		2	2	
内蒙古	15	8	7	30	21	9	27	20	7
辽　宁	18	16	2	26	20	6	33	21	12
吉　林	14	8	6	17	14	3	23	14	9
黑龙江	5	3	2	5	2	3	6	1	5
上　海	2	1	1	3	2	1	4	4	
江　苏							3	2	1
浙　江				4	3	1	4	4	
安　徽	2	2					1		1
福　建				3	3		4	4	
江　西	1	1							
山　东	1	1		8	7	1	6	4	2
河　南	7	4	3	10	5	5	5	2	3
湖　北	3	1	2	5	3	2	2	1	1
湖　南	2	2		8	3	5	7	5	2
广　东	9	5	4	15	13	2	18	13	5
广　西	17	11	6	33	25	8	40	30	10
海　南	1	1		3	3		4	3	1
重　庆				3	3		1	1	
四　川	1	1		4	2	2	1	1	
贵　州	16	14	2	21	15	6	19	15	4
云　南	43	32	11	43	28	15	53	41	12
西　藏				4	2	2	1		1
陕　西				6	3	3	1	1	
甘　肃	6	5	1	11	9	2	2	2	
青　海	3	2	1	4	2	2	1		1
宁　夏	12	10	2	22	13	9	18	11	7
新　疆	23	10	13	64	41	23	88	63	25

9-7a 续表 3

单位：人

地区	30-34岁			35-39岁			40-44岁		
	小计	男	女	小计	男	女	小计	男	女
全　国	**608**	**436**	**172**	**982**	**745**	**237**	**1337**	**969**	**368**
北　京	8	6	2	19	10	9	20	14	6
天　津	3	2	1	5	4	1	13	10	3
河　北	10	6	4	29	23	6	37	30	7
山　西	3	1	2				3	2	1
内蒙古	33	25	8	64	49	15	84	59	25
辽　宁	43	34	9	69	48	21	136	91	45
吉　林	24	20	4	75	63	12	102	70	32
黑龙江	6	3	3	22	14	8	45	35	10
上　海	6	4	2	5	4	1	8	6	2
江　苏	3	1	2	2	1	1	6	3	3
浙　江	3	1	2	5	5		8	6	2
安　徽	5	5		2	2		11	8	3
福　建				5	3	2	11	7	4
江　西				1	1				
山　东	5	5		10	8	2	25	21	4
河　南	15	7	8	21	16	5	43	32	11
湖　北	3	1	2	18	12	6	13	9	4
湖　南	13	9	4	17	13	4	31	19	12
广　东	33	25	8	21	19	2	30	23	7
广　西	62	52	10	97	61	36	165	119	46
海　南	5	5		7	7		6	5	1
重　庆				4	3	1	7	4	3
四　川	1	1		3	2	1	4	4	
贵　州	48	30	18	63	48	15	94	73	21
云　南	81	59	22	122	101	21	104	78	26
西　藏	3	2	1	8	5	3	7	6	1
陕　西	2	1	1	7	6	1	10	9	1
甘　肃	19	14	5	26	20	6	40	32	8
青　海	9	6	3	16	13	3	24	18	6
宁　夏	29	23	6	40	27	13	45	32	13
新　疆	133	88	45	199	157	42	205	144	61

9-7a 续表 4 单位：人

地区	45-49岁			50-54岁			55-59岁		
	小计	男	女	小计	男	女	小计	男	女
全国	**1791**	**1290**	**501**	**2140**	**1519**	**621**	**2772**	**1887**	**885**
北京	45	37	8	67	47	20	110	65	45
天津	26	12	14	39	28	11	45	31	14
河北	43	28	15	62	40	22	80	53	27
山西	6	4	2	13	7	6	13	11	2
内蒙古	147	109	38	185	125	60	192	130	62
辽宁	249	179	70	267	200	67	355	246	109
吉林	190	141	49	299	224	75	331	225	106
黑龙江	68	48	20	86	65	21	81	52	29
上海	9	5	4	12	8	4	15	11	4
江苏	6	5	1	17	10	7	28	18	10
浙江	6	3	3	3	2	1	8	7	1
安徽	14	11	3	19	15	4	24	17	7
福建	19	12	7	14	12	2	16	14	2
江西	4	3	1	3	1	2	3	2	1
山东	35	24	11	48	33	15	61	46	15
河南	64	54	10	70	46	24	103	75	28
湖北	12	7	5	26	15	11	40	28	12
湖南	26	17	9	31	24	7	54	33	21
广东	20	14	6	24	18	6	13	7	6
广西	156	118	38	166	121	45	292	211	81
海南	10	8	2	14	9	5	17	13	4
重庆	8	2	6	8	5	3	11	8	3
四川	11	8	3	13	8	5	21	13	8
贵州	76	61	15	63	43	20	104	80	24
云南	168	119	49	158	119	39	191	117	74
西藏	15	10	5	11	6	5	12	8	4
陕西	20	12	8	21	15	6	25	17	8
甘肃	45	33	12	63	44	19	65	48	17
青海	22	13	9	23	18	5	29	22	7
宁夏	40	30	10	57	39	18	89	53	36
新疆	231	163	68	258	172	86	344	226	118

9-7a 续表 5 单位：人

地区	60-64岁			65-69岁			70-74岁		
	小计	男	女	小计	男	女	小计	男	女
全　国	**3123**	**2075**	**1048**	**3622**	**2268**	**1354**	**5161**	**3133**	**2028**
北　京	96	63	33	130	85	45	216	119	97
天　津	61	37	24	58	39	19	92	53	39
河　北	122	86	36	139	89	50	164	96	68
山　西	13	7	6	15	10	5	30	16	14
内蒙古	164	102	62	218	128	90	336	202	134
辽　宁	387	261	126	463	286	177	652	392	260
吉　林	329	221	108	431	278	153	641	380	261
黑龙江	114	75	39	122	72	50	200	115	85
上　海	20	14	6	17	9	8	27	19	8
江　苏	25	18	7	36	27	9	57	38	19
浙　江	11	9	2	6	5	1	11	7	4
安　徽	24	16	8	42	27	15	49	31	18
福　建	17	13	4	18	14	4	38	29	9
江　西	16	12	4	7	5	2	15	8	7
山　东	72	48	24	85	57	28	119	76	43
河　南	98	56	42	120	66	54	188	108	80
湖　北	42	33	9	43	32	11	61	46	15
湖　南	44	30	14	45	33	12	89	60	29
广　东	13	8	5	14	9	5	29	24	5
广　西	294	228	66	318	224	94	460	303	157
海　南	12	10	2	15	9	6	14	9	5
重　庆	9	7	2	12	8	4	19	12	7
四　川	11	7	4	10	8	2	21	15	6
贵　州	138	91	47	169	125	44	187	124	63
云　南	272	183	89	291	177	114	406	267	139
西　藏	19	13	6	23	14	9	22	14	8
陕　西	35	26	9	50	32	18	53	32	21
甘　肃	89	48	41	110	69	41	153	78	75
青　海	45	30	15	42	21	21	55	35	20
宁　夏	85	53	32	108	56	52	154	100	54
新　疆	446	270	176	465	254	211	603	325	278

9-7a 续表 6 单位：人

地区	75-79岁			80-84岁			85岁及以上		
	小计	男	女	小计	男	女	小计	男	女
全国	**5384**	**3188**	**2196**	**4317**	**2340**	**1977**	**3850**	**1786**	**2064**
北京	293	184	109	257	147	110	312	162	150
天津	128	63	65	124	65	59	108	43	65
河北	176	115	61	160	80	80	128	70	58
山西	37	18	19	32	17	15	24	13	11
内蒙古	329	209	120	260	166	94	180	107	73
辽宁	764	472	292	616	326	290	567	300	267
吉林	609	348	261	470	220	250	298	105	193
黑龙江	201	122	79	142	76	66	101	58	43
上海	55	30	25	80	44	36	92	42	50
江苏	54	35	19	60	28	32	80	34	46
浙江	14	10	4	20	7	13	19	8	11
安徽	63	38	25	60	32	28	57	23	34
福建	40	31	9	48	31	17	45	20	25
江西	17	6	11	14	9	5	7	3	4
山东	132	77	55	125	62	63	138	44	94
河南	168	96	72	152	75	77	160	66	94
湖北	64	38	26	49	27	22	62	29	33
湖南	71	45	26	70	31	39	45	19	26
广东	24	11	13	25	11	14	25	13	12
广西	483	280	203	377	217	160	366	141	225
海南	8	6	2	15	10	5	10	4	6
重庆	27	16	11	24	9	15	22	9	13
四川	31	21	10	31	19	12	28	14	14
贵州	186	125	61	130	68	62	108	44	64
云南	461	254	207	371	201	170	349	147	202
西藏	29	16	13	18	5	13	13	3	10
陕西	72	47	25	54	26	28	29	14	15
甘肃	138	77	61	84	55	29	98	46	52
青海	59	31	28	24	15	9	19	6	13
宁夏	190	105	85	122	64	58	125	61	64
新疆	461	262	199	303	197	106	235	138	97

9-7b 各地区分年龄、性别的少数民族死亡人口状况(镇)

单位：人

地区	合计			0岁		
	合计	男	女	小计	男	女
全国	**64857**	**39143**	**25714**	**1355**	**735**	**620**
北京	102	70	32			
天津	73	45	28			
河北	2470	1412	1058	10	5	5
山西	50	29	21			
内蒙古	3326	2144	1182	43	26	17
辽宁	4031	2435	1596	9	7	2
吉林	1594	952	642	7	5	2
黑龙江	574	367	207			
上海	7	2	5			
江苏	159	81	78	1	1	
浙江	132	76	56	2	1	1
安徽	531	304	227	12	7	5
福建	234	143	91	2	2	
江西	155	98	57	2	1	1
山东	654	367	287	1	1	
河南	1704	1038	666	1	1	
湖北	1477	876	601	25	15	10
湖南	4414	2650	1764	44	21	23
广东	305	184	121	11	4	7
广西	10673	6489	4184	121	70	51
海南	745	460	285	23	10	13
重庆	1384	848	536	21	14	7
四川	1522	946	576	65	34	31
贵州	5841	3654	2187	223	119	104
云南	10072	6105	3967	318	162	156
西藏	1732	968	764	58	35	23
陕西	155	95	60	1		1
甘肃	1228	701	527	50	26	24
青海	3156	1757	1399	88	46	42
宁夏	1294	760	534	42	21	21
新疆	5063	3087	1976	175	101	74

9-7b 续表 1

单位：人

地区	1-4岁			5-9岁			10-14岁		
	小计	男	女	小计	男	女	小计	男	女
全 国	**829**	**464**	**365**	**511**	**318**	**193**	**502**	**308**	**194**
北 京	1	1							
天 津							1	1	
河 北	9	4	5	6	3	3	8	6	2
山 西									
内蒙古	24	17	7	10	4	6	15	10	5
辽 宁	8	3	5	6	3	3	8	6	2
吉 林	2	2		3	2	1	3	1	2
黑龙江	3	2	1				1	1	
上 海									
江 苏									
浙 江	1	1		1	1				
安 徽	2	1	1						
福 建	1	1							
江 西	1		1				1		1
山 东	1		1	1	1				
河 南	4	1	3	1	1		4	3	1
湖 北	10	5	5	1	1		6	4	2
湖 南	32	17	15	18	12	6	16	12	4
广 东	1	1		6	5	1	3	1	2
广 西	64	43	21	49	32	17	45	27	18
海 南	13	10	3	9	4	5	12	6	6
重 庆	10	7	3	14	9	5	6	6	
四 川	28	16	12	20	10	10	24	16	8
贵 州	80	47	33	54	39	15	53	37	16
云 南	156	88	68	57	40	17	71	48	23
西 藏	39	20	19	19	9	10	18	9	9
陕 西									
甘 肃	23	13	10	18	11	7	10	5	5
青 海	164	84	80	172	103	69	139	72	67
宁 夏	53	32	21	14	10	4	17	12	5
新 疆	99	48	51	32	18	14	41	25	16

9-7b 续表 2

单位：人

地区	15-19岁			20-24岁			25-29岁		
	小计	男	女	小计	男	女	小计	男	女
全 国	**771**	**492**	**279**	**1075**	**727**	**348**	**1186**	**800**	**386**
北 京									
天 津	1		1	1	1		2		2
河 北	18	11	7	22	14	8	36	27	9
山 西				1	1		1	1	
内蒙古	27	19	8	39	32	7	66	45	21
辽 宁	20	13	7	28	21	7	34	27	7
吉 林	8	4	4	5	3	2	12	10	2
黑龙江	2	1	1	3	1	2	2		2
上 海							2	1	1
江 苏				1		1	3		3
浙 江	1	1		1	1		3	2	1
安 徽	3	2	1	6	4	2	4	3	1
福 建	2	2		4	2	2	1		1
江 西				2	1	1	2	2	
山 东	2		2	8	6	2	6	3	3
河 南	12	8	4	13	8	5	11	9	2
湖 北	13	10	3	16	9	7	20	12	8
湖 南	28	22	6	50	33	17	42	26	16
广 东	3	2	1	5	4	1	6	5	1
广 西	69	51	18	116	94	22	119	82	37
海 南	10	8	2	20	13	7	21	14	7
重 庆	5	5		12	11	1	18	11	7
四 川	15	8	7	28	14	14	53	36	17
贵 州	82	56	26	93	70	23	100	76	24
云 南	116	89	27	189	139	50	212	166	46
西 藏	33	16	17	45	26	19	48	31	17
陕 西				2	2		1	1	
甘 肃	14	7	7	20	11	9	14	8	6
青 海	195	95	100	193	108	85	185	88	97
宁 夏	19	13	6	32	23	9	21	18	3
新 疆	73	49	24	120	75	45	141	96	45

9-7b 续表 3

单位：人

地 区	30-34岁			35-39岁			40-44岁		
	小计	男	女	小计	男	女	小计	男	女
全 国	**1535**	**1058**	**477**	**2150**	**1523**	**627**	**2778**	**2020**	**758**
北 京				2	1	1	3	2	1
天 津				1	1		2	2	
河 北	25	14	11	51	37	14	78	52	26
山 西	1	1		2	2				
内蒙古	74	57	17	126	87	39	192	144	48
辽 宁	60	44	16	81	57	24	151	106	45
吉 林	10	8	2	24	18	6	43	27	16
黑龙江	4	2	2	16	13	3	19	18	1
上 海									
江 苏	1	1		3		3	3	3	
浙 江	3	2	1	5	3	2	7	4	3
安 徽	4	4		12	10	2	10	8	2
福 建	4	2	2	8	5	3	7	5	2
江 西	5	5		4	3	1	5	3	2
山 东	6	3	3	11	6	5	14	10	4
河 南	19	16	3	28	21	7	65	54	11
湖 北	22	17	5	40	26	14	59	41	18
湖 南	57	42	15	86	53	33	147	97	50
广 东	7	4	3	10	5	5	14	10	4
广 西	218	161	57	281	214	67	424	327	97
海 南	20	13	7	22	18	4	44	36	8
重 庆	20	11	9	40	26	14	54	40	14
四 川	49	36	13	66	49	17	107	84	23
贵 州	149	107	42	213	158	55	275	220	55
云 南	290	221	69	446	342	104	445	327	118
西 藏	58	29	29	81	46	35	77	42	35
陕 西	3	2	1	4	3	1	5	2	3
甘 肃	21	14	7	36	25	11	27	19	8
青 海	225	118	107	208	118	90	190	119	71
宁 夏	35	24	11	37	24	13	41	33	8
新 疆	145	100	45	206	152	54	270	185	85

9-7b 续表 4

单位：人

地区	45-49岁			50-54岁			55-59岁		
	小计	男	女	小计	男	女	小计	男	女
全　国	**3314**	**2326**	**988**	**3689**	**2508**	**1181**	**4697**	**3152**	**1545**
北　京	3	2	1	8	5	3	9	8	1
天　津	3	2	1	4	3	1	4	4	
河　北	129	92	37	184	121	63	176	115	61
山　西	3	3		5	4	1	2	1	1
内蒙古	276	207	69	284	194	90	319	219	100
辽　宁	235	161	74	336	230	106	370	250	120
吉　林	93	65	28	110	77	33	148	108	40
黑龙江	27	21	6	36	22	14	66	46	20
上　海				1		1	2	1	1
江　苏	8	4	4	9	7	2	6	4	2
浙　江	5	4	1	9	4	5	8	5	3
安　徽	21	14	7	18	10	8	37	24	13
福　建	10	7	3	10	9	1	23	15	8
江　西	9	8	1	9	4	5	6	4	2
山　东	24	17	7	30	23	7	40	33	7
河　南	62	46	16	99	69	30	143	98	45
湖　北	75	49	26	71	48	23	94	64	30
湖　南	157	104	53	200	130	70	299	202	97
广　东	20	16	4	21	13	8	18	14	4
广　西	494	374	120	584	404	180	804	588	216
海　南	39	28	11	37	27	10	61	38	23
重　庆	55	41	14	43	31	12	99	62	37
四　川	79	52	27	90	63	27	92	70	22
贵　州	274	197	77	294	216	78	368	251	117
云　南	525	356	169	525	359	166	654	442	212
西　藏	137	88	49	96	60	36	140	85	55
陕　西	4	4		3	3		11	10	1
甘　肃	46	35	11	55	30	25	79	44	35
青　海	174	110	64	135	87	48	155	84	71
宁　夏	48	29	19	46	29	17	71	41	30
新　疆	279	190	89	337	226	111	393	222	171

9-7b 续表 5

单位：人

地 区	60-64岁			65-69岁			70-74岁		
	小计	男	女	小计	男	女	小计	男	女
全 国	**5452**	**3539**	**1913**	**6135**	**3850**	**2285**	**8159**	**4819**	**3340**
北 京	4	3	1	12	9	3	11	9	2
天 津	9	6	3	8	5	3	8	6	2
河 北	203	117	86	210	125	85	343	197	146
山 西	3	2	1	2	1	1	10	4	6
内蒙古	300	190	110	284	188	96	483	289	194
辽 宁	331	199	132	368	220	148	468	275	193
吉 林	168	105	63	184	112	72	221	131	90
黑龙江	73	49	24	67	44	23	96	59	37
上 海							1		1
江 苏	11	8	3	13	8	5	22	10	12
浙 江	3	3		6	5	1	13	8	5
安 徽	36	22	14	41	24	17	82	50	32
福 建	19	14	5	15	11	4	26	19	7
江 西	8	5	3	18	11	7	17	10	7
山 东	45	29	16	67	44	23	80	42	38
河 南	168	120	48	162	109	53	234	145	89
湖 北	110	70	40	141	86	55	181	105	76
湖 南	362	246	116	400	259	141	627	395	232
广 东	32	20	12	23	17	6	29	20	9
广 西	862	619	243	1009	707	302	1355	824	531
海 南	63	44	19	58	35	23	77	49	28
重 庆	126	91	35	122	79	43	196	121	75
四 川	137	88	49	154	101	53	171	97	74
贵 州	459	324	135	543	347	196	741	421	320
云 南	773	493	280	953	595	358	1203	706	497
西 藏	183	101	82	176	98	78	217	120	97
陕 西	14	9	5	15	10	5	33	18	15
甘 肃	102	64	38	144	71	73	202	116	86
青 海	178	107	71	199	121	78	234	133	101
宁 夏	102	62	40	119	71	48	161	92	69
新 疆	568	329	239	622	337	285	617	348	269

9-7b 续表 6

单位：人

地区	75-79岁			80-84岁			85岁及以上		
	小计	男	女	小计	男	女	小计	男	女
全国	**7971**	**4535**	**3436**	**6648**	**3393**	**3255**	**6100**	**2576**	**3524**
北京	12	11	1	22	13	9	15	6	9
天津	10	7	3	11	4	7	8	3	5
河北	373	196	177	334	173	161	255	103	152
山西	9	5	4	7	2	5	4	2	2
内蒙古	344	199	145	244	132	112	176	85	91
辽宁	508	270	238	522	283	239	488	260	228
吉林	223	130	93	176	84	92	154	60	94
黑龙江	71	31	40	57	37	20	31	20	11
上海				1		1			
江苏	30	16	14	21	8	13	27	11	16
浙江	24	12	12	19	12	7	21	7	14
安徽	82	52	30	74	37	37	87	32	55
福建	22	14	8	27	17	10	53	18	35
江西	31	20	11	17	11	6	18	10	8
山东	113	55	58	103	46	57	102	48	54
河南	252	144	108	232	113	119	194	72	122
湖北	223	129	94	206	110	96	164	75	89
湖南	690	414	276	624	330	294	535	235	300
广东	33	15	18	31	16	15	32	12	20
广西	1397	764	633	1265	596	669	1397	512	885
海南	97	53	44	70	38	32	49	16	33
重庆	217	126	91	170	83	87	156	74	82
四川	132	78	54	115	57	58	97	37	60
贵州	791	469	322	549	290	259	500	210	290
云南	1203	689	514	1014	493	521	922	350	572
西藏	152	79	73	96	46	50	59	28	31
陕西	32	18	14	14	7	7	13	6	7
甘肃	141	83	58	115	64	51	111	55	56
青海	146	88	58	93	46	47	83	30	53
宁夏	171	97	74	125	64	61	140	65	75
新疆	442	271	171	294	181	113	209	134	75

9-7c 各地区分年龄、性别的少数民族死亡人口状况(乡村)

单位：人

地区	合计			0岁		
	合计	男	女	小计	男	女
全国	**496379**	**294883**	**201496**	**15012**	**7739**	**7273**
北京	323	205	118	1		1
天津	110	76	34	1		1
河北	11400	6975	4425	100	46	54
山西	101	59	42			
内蒙古	14459	8955	5504	202	117	85
辽宁	24455	14731	9724	83	47	36
吉林	5141	3161	1980	13	5	8
黑龙江	4205	2750	1455	8	5	3
上海	4	3	1			
江苏	334	175	159	3	2	1
浙江	1236	741	495	5	4	1
安徽	779	460	319	12	8	4
福建	2302	1528	774	23	6	17
江西	531	337	194	5	2	3
山东	1185	651	534	8	5	3
河南	2442	1445	997	7	6	1
湖北	13435	7726	5709	235	138	97
湖南	29890	17589	12301	351	196	155
广东	1439	881	558	35	17	18
广西	83215	50301	32914	1407	752	655
海南	5200	3200	2000	177	71	106
重庆	11389	6626	4763	174	89	85
四川	26258	15283	10975	466	245	221
贵州	72103	43713	28390	3819	1855	1964
云南	84426	49824	34602	3486	1773	1713
西藏	13893	7398	6495	559	283	276
陕西	359	194	165			
甘肃	11173	6265	4908	625	294	331
青海	12157	6699	5458	523	282	241
宁夏	7595	4533	3062	343	190	153
新疆	54840	32399	22441	2341	1301	1040

9-7c 续表 1 单位：人

地区	1-4岁			5-9岁			10-14岁		
	小计	男	女	小计	男	女	小计	男	女
全国	**8555**	**4808**	**3747**	**4010**	**2431**	**1579**	**3837**	**2309**	**1528**
北京	1	1					1	1	
天津	1	1							
河北	47	32	15	35	26	9	30	21	9
山西							1		1
内蒙古	68	46	22	39	22	17	51	33	18
辽宁	75	44	31	58	34	24	47	33	14
吉林	10	7	3	11	6	5	10	7	3
黑龙江	14	6	8	4	2	2	11	10	1
上海				1	1				
江苏				2	2				
浙江	8	3	5	3	3		4	3	1
安徽							1	1	
福建	17	13	4	5	4	1	4	2	2
江西	1		1	4	4		2	1	1
山东	4	3	1	2	2		2		2
河南	10	6	4	11	7	4	5	4	1
湖北	90	43	47	48	25	23	48	33	15
湖南	254	147	107	155	103	52	102	61	41
广东	16	8	8	5	2	3	9	7	2
广西	723	423	300	437	279	158	346	207	139
海南	95	60	35	29	18	11	52	30	22
重庆	115	66	49	63	42	21	76	48	28
四川	783	426	357	503	288	215	447	267	180
贵州	1188	718	470	697	454	243	728	452	276
云南	1747	967	780	629	396	233	694	437	257
西藏	504	257	247	195	90	105	196	106	90
陕西	5	4	1	1	1		2	1	1
甘肃	371	190	181	119	57	62	123	66	57
青海	593	313	280	351	185	166	267	147	120
宁夏	187	102	85	82	48	34	108	74	34
新疆	1628	922	706	521	330	191	470	257	213

9-7c 续表 2

单位：人

地 区	15-19岁			20-24岁			25-29岁		
	小计	男	女	小计	男	女	小计	男	女
全 国	**5568**	**3704**	**1864**	**8382**	**5679**	**2703**	**8982**	**6134**	**2848**
北 京	2		2	1	1		3	2	1
天 津	2	1	1				4	4	
河 北	84	57	27	133	108	25	108	79	29
山 西							1	1	
内蒙古	125	85	40	227	165	62	283	221	62
辽 宁	140	104	36	228	178	50	206	147	59
吉 林	20	14	6	40	28	12	31	25	6
黑龙江	19	15	4	35	27	8	39	26	13
上 海	1	1							
江 苏				4	3	1	2	1	1
浙 江	5	3	2	3	2	1	12	9	3
安 徽	7	2	5	10	7	3	13	8	5
福 建	24	16	8	27	21	6	29	19	10
江 西	6	4	2	9	4	5	6	3	3
山 东	3	3		14	12	2	10	7	3
河 南	5	4	1	24	15	9	21	18	3
湖 北	91	62	29	126	84	42	130	77	53
湖 南	170	125	45	308	206	102	267	196	71
广 东	13	9	4	22	13	9	17	11	6
广 西	545	414	131	867	643	224	1079	804	275
海 南	92	66	26	79	63	16	127	92	35
重 庆	93	57	36	89	58	31	113	76	37
四 川	536	333	203	778	513	265	949	606	343
贵 州	835	566	269	1093	769	324	1187	881	306
云 南	1065	730	335	1663	1153	510	1777	1213	564
西 藏	226	127	99	384	201	183	391	215	176
陕 西	3	2	1	5	2	3	5	5	
甘 肃	172	95	77	222	129	93	209	146	63
青 海	296	180	116	439	243	196	430	242	188
宁 夏	129	87	42	167	127	40	198	140	58
新 疆	859	542	317	1385	904	481	1335	860	475

9-7c 续表 3

单位: 人

地区	30-34岁			35-39岁			40-44岁		
	小计	男	女	小计	男	女	小计	男	女
全国	**11011**	**7713**	**3298**	**15676**	**11229**	**4447**	**20549**	**14666**	**5883**
北京	2	2		5	3	2	14	8	6
天津	2	1	1	2		2	1	1	
河北	108	84	24	229	160	69	403	291	112
山西				4	2	2	5	2	3
内蒙古	293	223	70	519	395	124	742	540	202
辽宁	245	178	67	455	338	117	840	624	216
吉林	60	40	20	98	63	35	207	165	42
黑龙江	55	45	10	91	73	18	165	128	37
上海									
江苏	2		2	6	3	3	15	9	6
浙江	19	9	10	28	18	10	45	26	19
安徽	14	9	5	14	10	4	19	12	7
福建	29	19	10	54	39	15	87	63	24
江西	10	8	2	14	9	5	26	18	8
山东	8	3	5	22	7	15	32	18	14
河南	29	17	12	52	38	14	75	55	20
湖北	186	123	63	325	243	82	495	334	161
湖南	357	249	108	705	492	213	1027	707	320
广东	24	18	6	47	31	16	70	47	23
广西	1573	1254	319	2386	1864	522	3397	2622	775
海南	131	110	21	180	156	24	262	207	55
重庆	107	67	40	334	221	113	440	295	145
四川	1092	712	380	1340	869	471	1318	873	445
贵州	1702	1261	441	2565	1936	629	3147	2309	838
云南	2318	1636	682	2977	2183	794	3864	2829	1035
西藏	399	223	176	497	277	220	625	361	264
陕西	6	4	2	10	4	6	15	10	5
甘肃	200	127	73	316	231	85	373	250	123
青海	432	243	189	522	311	211	575	354	221
宁夏	228	151	77	220	152	68	271	185	86
新疆	1380	897	483	1659	1101	558	1994	1323	671

9-7c 续表 4

单位：人

地区	45-49岁			50-54岁			55-59岁		
	小计	男	女	小计	男	女	小计	男	女
全 国	**22188**	**15647**	**6541**	**25041**	**16833**	**8208**	**33709**	**22068**	**11641**
北 京	12	8	4	15	10	5	21	10	11
天 津	5	4	1	10	4	6	4	2	2
河 北	590	435	155	758	540	218	886	594	292
山 西	2	1	1	2	1	1	8	5	3
内蒙古	979	685	294	1207	844	363	1435	949	486
辽 宁	1169	801	368	1684	1175	509	2121	1488	633
吉 林	258	195	63	374	260	114	490	340	150
黑龙江	229	177	52	309	236	73	420	296	124
上 海	1		1						
江 苏	10	5	5	5	4	1	25	17	8
浙 江	51	34	17	70	43	27	66	53	13
安 徽	28	18	10	24	19	5	44	36	8
福 建	83	55	28	129	96	33	149	105	44
江 西	15	12	3	20	15	5	34	24	10
山 东	27	21	6	51	34	17	78	56	22
河 南	97	60	37	123	75	48	197	119	78
湖 北	532	375	157	544	351	193	778	478	300
湖 南	1029	692	337	1168	796	372	1769	1165	604
广 东	78	52	26	90	60	30	85	58	27
广 西	3781	2920	861	4034	3027	1007	5230	3742	1488
海 南	292	236	56	289	215	74	325	232	93
重 庆	381	271	110	375	243	132	787	482	305
四 川	1118	749	369	1258	791	467	1653	1063	590
贵 州	2878	2106	772	3146	2217	929	4645	3162	1483
云 南	4205	3006	1199	4299	2867	1432	5250	3464	1786
西 藏	786	471	315	767	458	309	939	543	396
陕 西	21	11	10	18	10	8	19	11	8
甘 肃	378	260	118	331	224	107	593	347	246
青 海	477	294	183	486	298	188	677	387	290
宁 夏	266	185	81	299	177	122	419	256	163
新 疆	2410	1508	902	3156	1743	1413	4562	2584	1978

9-7c 续表 5

单位：人

地区	60-64岁			65-69岁			70-74岁		
	小计	男	女	小计	男	女	小计	男	女
全国	**41966**	**26363**	**15603**	**49715**	**30448**	**19267**	**63344**	**36812**	**26532**
北京	17	14	3	19	13	6	60	40	20
天津	6	3	3	7	5	2	15	10	5
河北	851	538	313	941	603	338	1657	969	688
山西	7	6	1	12	8	4	15	10	5
内蒙古	1468	944	524	1430	879	551	1908	1069	839
辽宁	2081	1360	721	2224	1349	875	2569	1490	1079
吉林	513	341	172	528	331	197	727	437	290
黑龙江	473	328	145	448	277	171	587	364	223
上海									
江苏	23	14	9	36	24	12	44	21	23
浙江	73	55	18	71	47	24	148	99	49
安徽	67	50	17	70	47	23	93	56	37
福建	138	105	33	175	140	35	266	186	80
江西	40	31	9	41	30	11	76	46	30
山东	94	48	46	97	61	36	162	96	66
河南	217	130	87	277	189	88	322	197	125
湖北	1049	626	423	1350	782	568	1834	1058	776
湖南	2163	1379	784	2731	1705	1026	4326	2615	1711
广东	103	69	34	102	67	35	182	115	67
广西	6308	4249	2059	8034	5214	2820	10587	6351	4236
海南	398	259	139	452	281	171	691	372	319
重庆	926	546	380	1169	725	444	1557	915	642
四川	2398	1436	962	2852	1685	1167	3050	1727	1323
贵州	5625	3684	1941	7351	4560	2791	9711	5746	3965
云南	6873	4334	2539	8018	4908	3110	10543	6014	4529
西藏	1323	742	581	1486	811	675	1618	836	782
陕西	30	21	9	58	30	28	56	27	29
甘肃	879	518	361	1282	750	532	1580	867	713
青海	963	571	392	1125	633	492	1374	762	612
宁夏	585	352	233	742	449	293	900	513	387
新疆	6275	3610	2665	6587	3845	2742	6686	3804	2882

9-7c 续表 6

单位：人

地区	75-79岁			80-84岁			85岁及以上		
	小计	男	女	小计	男	女	小计	男	女
全 国	**62323**	**34339**	**27984**	**51893**	**26476**	**25417**	**44618**	**19485**	**25133**
北 京	53	37	16	49	28	21	47	27	20
天 津	22	19	3	16	14	2	12	7	5
河 北	1821	1040	781	1585	868	717	1034	484	550
山 西	19	10	9	14	8	6	11	5	6
内蒙古	1607	851	756	1122	548	574	754	339	415
辽 宁	3285	1736	1549	3551	1862	1689	3394	1743	1651
吉 林	695	401	294	599	285	314	457	211	246
黑龙江	532	324	208	411	225	186	355	186	169
上 海				1	1				
江 苏	53	33	20	52	22	30	52	15	37
浙 江	207	121	86	221	126	95	197	83	114
安 徽	130	78	52	116	55	61	117	44	73
福 建	324	226	98	351	226	125	388	187	201
江 西	83	56	27	69	41	28	70	29	41
山 东	186	102	84	194	97	97	191	76	115
河 南	370	210	160	319	175	144	281	120	161
湖 北	2014	1137	877	1985	1042	943	1575	715	860
湖 南	4983	2852	2131	4294	2256	2038	3731	1647	2084
广 东	202	122	80	161	83	78	178	92	86
广 西	11268	6274	4994	10090	4990	5100	11123	4272	6851
海 南	603	325	278	467	224	243	459	183	276
重 庆	1852	1086	766	1488	805	683	1250	534	716
四 川	2392	1257	1135	1874	845	1029	1451	598	853
贵 州	9347	5149	4198	7012	3588	3424	5427	2300	3127
云 南	10252	5393	4859	8541	4051	4490	6225	2470	3755
西 藏	1276	608	668	1038	481	557	684	308	376
陕 西	43	21	22	44	24	20	18	6	12
甘 肃	1473	774	699	1023	519	504	904	421	483
青 海	1166	592	574	849	426	423	612	236	376
宁 夏	965	555	410	811	444	367	675	346	329
新 疆	5100	2950	2150	3546	2117	1429	2946	1801	1145

第十卷　全国分县各民族人口

10-1 全国各县分性别的各民族合计人口、汉族人口

单位：人

地 区	合 计			汉 族		
	合计	男	女	小计	男	女
全 国	**1332810869**	**682329104**	**650481765**	**1220844520**	**625032848**	**595811672**
北京市	**19612368**	**10126430**	**9485938**	**18811154**	**9729984**	**9081170**
市辖区	**18827262**	**9727900**	**9099362**	**18072775**	**9354602**	**8718173**
东城区	573180	284906	288274	543473	270272	273201
西城区	674531	338835	335696	638380	321126	317254
崇文区	346073	169572	176501	331432	162714	168718
宣武区	568784	283735	285049	526160	262855	263305
朝阳区	3545137	1824922	1720215	3404757	1756349	1648408
丰台区	2112162	1078178	1033984	2040357	1043148	997209
石景山区	616083	316238	299845	595013	305814	289199
海淀区	3280670	1694525	1586145	3146121	1629626	1516495
门头沟区	290476	147785	142691	285636	145439	140197
房山区	944832	485713	459119	916854	470872	445982
通州区	1184256	610533	573723	1136058	586639	549419
顺义区	876620	455205	421415	845075	439406	405669
昌平区	1660501	889306	771195	1594204	855840	738364
大兴区	1365112	738570	626542	1316300	712774	603526
怀柔区	372887	196954	175933	341326	180752	160574
平谷区	415958	212923	203035	411629	210976	200653
市辖县	**785106**	**398530**	**386576**	**738379**	**375382**	**362997**
密云县	467680	236488	231192	432532	219479	213053
延庆县	317426	162042	155384	305847	155903	149944
天津市	**12938693**	**6907091**	**6031602**	**12607276**	**6739522**	**5867754**
市辖区	**11090783**	**5948246**	**5142537**	**10803047**	**5802832**	**5000215**
和平区	273477	138195	135282	264510	133965	130545
河东区	860852	433031	427821	841918	423500	418418
河西区	870632	428075	442557	846890	416632	430258
南开区	1018196	517193	501003	986072	501547	484525
河北区	788451	420238	368213	769095	410609	358486
红桥区	531526	274061	257465	493446	255219	238227
东丽区	598966	335320	263646	583500	326856	256644
西青区	713060	367537	345523	700242	360739	339503
津南区	593063	336006	257057	579839	328718	251121
北辰区	669121	348526	320595	636116	332005	304111
武清区	951078	504396	446682	933962	496422	437540
宝坻区	799157	427643	371514	791056	423547	367509
滨海新区	2423204	1418025	1005179	2376401	1393073	983328
市辖县	**1847910**	**958845**	**889065**	**1804229**	**936690**	**867539**
宁河县	416143	222153	193990	412164	220308	191856
静海县	646978	336287	310691	640250	332891	307359
蓟县	784789	400405	384384	751815	383491	368324
河北省	**71854210**	**36430286**	**35423924**	**68861333**	**34894643**	**33966690**
石家庄市	**10163788**	**5087913**	**5075875**	**10072024**	**5043824**	**5028200**
长安区	479801	237380	242421	470779	232895	237884
桥东区	410116	213329	196787	404020	210033	193987
桥西区	596164	282651	313513	584195	277194	307001
新华区	625119	304252	320867	612660	298404	314256
井陉矿区	95170	48408	46762	94995	48319	46676
裕华区	628572	306409	322163	618146	301349	316797
井陉县	309882	158588	151294	309620	158497	151123
正定县	466807	229267	237540	462980	227526	235454
栾城县	355775	178211	177564	355135	177906	177229

10-1　续表 1　　　　单位：人

地　区	合　计			汉　族		
	合计	男	女	小计	男	女
行唐县	406353	203863	202490	405554	203708	201846
灵寿县	333558	168818	164740	333267	168748	164519
高邑县	186478	95635	90843	186383	95597	90786
深泽县	250264	129676	120588	250002	129562	120440
赞皇县	244799	126233	118566	244742	126197	118545
无极县	502662	253533	249129	488734	246491	242243
平山县	433429	220805	212624	432872	220700	212172
元氏县	418466	212801	205665	418226	212684	205542
赵县	571077	294492	276585	570813	294368	276445
辛集市	615919	306944	308975	614517	306269	308248
藁城市	775110	386589	388521	766764	382574	384190
晋州市	537679	271218	266461	537375	271085	266290
新乐市	487652	244242	243410	479719	240266	239453
鹿泉市	432936	214569	218367	430526	213452	217074
唐山市	**7577289**	**3871292**	**3705997**	**7326721**	**3744971**	**3581750**
路南区	311076	160363	150713	305584	157400	148184
路北区	743504	371162	372342	730027	364470	365557
古冶区	358461	179907	178554	353752	177591	176161
开平区	262571	133779	128792	253393	129043	124350
丰南区	595467	307368	288099	578958	298694	280264
丰润区	916092	469030	447062	894644	458432	436212
滦县	554315	283066	271249	545100	278546	266554
滦南县	584518	295444	289074	570327	288115	282212
乐亭县	526222	268491	257731	519717	265194	254523
迁西县	390128	201178	188950	382177	197485	184692
玉田县	684833	348804	336029	654976	333352	321624
唐海县	184931	105915	79016	182758	104530	78228
遵化市	737011	372554	364457	644937	326418	318519
迁安市	728160	374231	353929	710371	365701	344670
秦皇岛市	**2987605**	**1516194**	**1471411**	**2514216**	**1272229**	**1241987**
海港区	765254	380458	384796	715196	355306	359890
山海关区	178769	94499	84270	163935	86729	77206
北戴河区	85647	40116	45531	82104	38552	43552
青龙满族自治县	496726	260581	236145	112513	60328	52185
昌黎县	559697	282925	276772	552869	279745	273124
抚宁县	517073	262457	254616	508672	258669	250003
卢龙县	384439	195158	189281	378927	192900	186027
邯郸市	**9174683**	**4617598**	**4557085**	**9127818**	**4594470**	**4533348**
邯山区	385626	193820	191806	378129	190012	188117
丛台区	363778	180833	182945	358964	178432	180532
复兴区	192023	100846	91177	189420	99487	89933
峰峰矿区	503911	262577	241334	502755	262003	240752
邯郸县	462012	233020	228992	461103	232560	228543
临漳县	600600	293925	306675	600515	293900	306615
成安县	377398	182261	195137	377110	182197	194913
大名县	767035	382886	384149	749768	374451	375317
涉县	413057	213403	199654	412901	213367	199534
磁县	677884	342468	335416	677106	342122	334984
肥乡县	351690	176526	175164	351678	176522	175156
永年县	943935	478209	465726	943725	478112	465613
邱县	227578	114609	112969	217344	109412	107932
鸡泽县	274328	138569	135759	274278	138557	135721
广平县	268993	131277	137716	268955	131266	137689
馆陶县	309032	153922	155110	308929	153876	155053
魏县	809193	401542	407651	809116	401520	407596
曲周县	427610	215528	212082	427501	215487	212014
武安市	819000	421377	397623	818521	421187	397334

10-1　续表 2

单位：人

地　区	合　计			汉　族		
	合计	男	女	小计	男	女
邢台市	**7104103**	**3606588**	**3497515**	**7083881**	**3596509**	**3487372**
桥东区	269603	135486	134117	264815	133080	131735
桥西区	400551	206685	193866	396000	204308	191692
邢台县	466323	236302	230021	465616	235962	229654
临城县	204086	104021	100065	203905	103946	99959
内丘县	266620	134857	131763	266582	134834	131748
柏乡县	190225	96748	93477	190199	96742	93457
隆尧县	506552	256960	249592	506317	256842	249475
任县	327926	166750	161176	327848	166714	161134
南和县	325332	165451	159881	325268	165430	159838
宁晋县	764828	387650	377178	764666	387592	377074
巨鹿县	374634	188768	185866	374564	188745	185819
新河县	169858	84598	85260	169836	84587	85249
广宗县	283851	141871	141980	283399	141656	141743
平乡县	300029	153399	146630	299978	153378	146600
威县	556624	282452	274172	552016	280197	271819
清河县	386231	198443	187788	385829	198242	187587
临西县	343384	176228	167156	340042	174540	165502
南宫市	469030	237148	231882	468900	237100	231800
沙河市	498416	252771	245645	498101	252614	245487
保定市	**11194382**	**5650947**	**5543435**	**11001855**	**5549577**	**5452278**
新市区	463398	228947	234451	452945	223736	229209
北市区	387339	192393	194946	372357	184485	187872
南市区	287784	141420	146364	277781	136357	141424
满城县	406677	209560	197117	402283	206884	195399
清苑县	631659	320880	310779	628098	318913	309185
涞水县	339063	172582	166481	319337	161940	157397
阜平县	205299	103815	101484	205149	103776	101373
徐水县	563030	283898	279132	552809	278792	274017
定兴县	517874	257422	260452	503213	249101	254112
唐县	529067	260900	268167	528691	260709	267982
高阳县	345160	173932	171228	343903	173331	170572
容城县	258179	131354	126825	256467	130487	125980
涞源县	260678	137399	123279	260396	137270	123126
望都县	250014	126774	123240	249611	126544	123067
安新县	437378	224555	212823	436694	224277	212417
易县	537564	272911	264653	506966	256544	250422
曲阳县	588559	296755	291804	588468	296715	291753
蠡县	505572	259012	246560	504877	258640	246237
顺平县	295764	149704	146060	295353	149577	145776
博野县	245504	123946	121558	245395	123913	121482
雄县	359506	183290	176216	350806	178156	172650
涿州市	603535	303125	300410	591939	297077	294862
定州市	1165182	587316	577866	1136262	572728	563534
安国市	370317	185386	184931	366894	183694	183200
高碑店市	640280	323671	316609	625161	315931	309230
张家口市	**4345485**	**2225425**	**2120060**	**4281675**	**2193016**	**2088659**
桥东区	339372	172795	166577	327746	166764	160982
桥西区	287900	142284	145616	278714	137613	141101
宣化区	370569	185891	184678	362646	181851	180795
下花园区	62764	32288	30476	62206	31993	30213
宣化县	273506	141702	131804	272870	141444	131426
张北县	318669	162009	156660	314788	160061	154727

10-1 续表 3　　　　单位：人

地　区	合　计			汉　族		
	合计	男	女	小计	男	女
康保县	204975	103811	101164	202913	102808	100105
沽源县	174619	90011	84608	169460	87413	82047
尚义县	151639	76685	74954	150576	76146	74430
蔚县	450236	235171	215065	449414	234913	214501
阳原县	258086	131517	126569	257800	131440	126360
怀安县	210914	107146	103768	210449	107000	103449
万全县	211706	107737	103969	211216	107541	103675
怀来县	352307	181121	171186	344357	177195	167162
涿鹿县	333932	175944	157988	329829	173668	156161
赤城县	238169	124243	113926	235127	122586	112541
崇礼县	106122	55070	51052	101564	52580	48984
承德市	**3473201**	**1782914**	**1690287**	**1974169**	**1008353**	**965816**
双桥区	424897	212796	212101	344030	173283	170747
双滦区	146878	75640	71238	109842	56893	52949
鹰手营子矿区	62454	31951	30503	56675	29068	27607
承德县	388554	203187	185367	338738	176104	162634
兴隆县	314730	161297	153433	287646	147767	139879
平泉县	446939	229622	217317	283105	145577	137528
滦平县	287986	147635	140351	106766	53970	52796
隆化县	372030	191904	180126	154286	78580	75706
丰宁满族自治县	357029	183768	173261	98421	50485	47936
宽城满族自治县	250304	131854	118450	56030	30603	25427
围场满族蒙古族自治县	421400	213260	208140	138630	66023	72607
沧州市	**7134062**	**3647202**	**3486860**	**6896710**	**3527230**	**3369480**
新华区	228341	115203	113138	196000	99169	96831
运河区	308454	153920	154534	290220	144872	145348
沧县	669019	343798	325221	646119	331560	314559
青县	402137	204920	197217	376742	192115	184627
东光县	356502	180638	175864	355487	180137	175350
海兴县	201538	103259	98279	197916	101432	96484
盐山县	436812	225823	210989	433722	224271	209451
肃宁县	334639	171392	163247	331051	169666	161385
南皮县	366232	188309	177923	364203	187322	176881
吴桥县	282410	141700	140710	281697	141355	140342
献县	579831	294951	284880	574110	292081	282029
孟村回族自治县	202571	105057	97514	149766	78085	71681
泊头市	584308	296563	287745	568002	288489	279513
任丘市	822455	418945	403510	815677	415651	400026
黄骅市	548507	288402	260105	523124	275300	247824
河间市	810306	414322	395984	792874	405725	387149
廊坊市	**4358839**	**2233100**	**2125739**	**4246174**	**2175324**	**2070850**
安次区	367670	187390	180280	363997	185526	178471
广阳区	500396	251212	249184	482251	242183	240068
固安县	418689	213077	205612	411187	209373	201814
永清县	356481	181675	174806	349122	177938	171184
香河县	343372	178957	164415	337677	175963	161714
大城县	477773	245797	231976	476899	245472	231427
文安县	500967	259291	241676	489459	252635	236824
大厂回族自治县	118474	60083	58391	91802	46834	44968
霸州市	622975	320113	302862	615755	316266	299489
三河市	652042	335505	316537	628025	323134	304891
衡水市	**4340773**	**2191113**	**2149660**	**4336090**	**2189140**	**2146950**
桃城区	522147	259945	262202	520475	259229	261246
枣强县	394469	198790	195679	394267	198707	195560
武邑县	315693	159102	156591	315526	159045	156481

10-1 续表 4

单位：人

地　　区	合计			汉族		
	合计	男	女	小计	男	女
武强县	214549	108300	106249	214499	108285	106214
饶阳县	280498	141867	138631	280379	141813	138566
安平县	328512	167943	160569	328308	167862	160446
故城县	487025	246440	240585	486454	246191	240263
景县	528693	266845	261848	528125	266544	261581
阜城县	341087	172258	168829	340761	172176	168585
冀州市	362013	181208	180805	361810	181139	180671
深州市	566087	288415	277672	565486	288149	277337
山西省	**35712101**	**18338760**	**17373341**	**35618454**	**18290925**	**17327529**
太原市	**4201592**	**2151719**	**2049873**	**4177528**	**2138886**	**2038642**
小店区	804537	410370	394167	800057	408067	391990
迎泽区	592007	288623	303384	586200	285687	300513
杏花岭区	643584	325299	318285	638813	322826	315987
尖草坪区	415705	215952	199753	412789	214205	198584
万柏林区	749255	393481	355774	744967	391116	353851
晋源区	221431	113394	108037	220712	113002	107710
清徐县	343861	177070	166791	343493	176794	166699
阳曲县	120228	63457	56771	120134	63417	56717
娄烦县	105841	55810	50031	105738	55765	49973
古交市	205143	108263	96880	204625	108007	96618
大同市	**3318054**	**1689841**	**1628213**	**3309353**	**1685512**	**1623841**
城区	723013	360634	362379	717044	357583	359461
矿区	500155	257013	243142	499377	256617	242760
南郊区	405864	207718	198146	405069	207310	197759
新荣区	108482	56303	52179	108298	56226	52072
阳高县	272488	138206	134282	272482	138203	134279
天镇县	206009	103102	102907	205846	103066	102780
广灵县	182613	94333	88280	182498	94329	88169
灵丘县	234004	122459	111545	234004	122459	111545
浑源县	343486	173495	169991	343326	173398	169928
左云县	156163	78998	77165	156155	78995	77160
大同县	185777	97580	88197	185254	97326	87928
阳泉市	**1368502**	**710304**	**658198**	**1365123**	**708523**	**656600**
城区	193106	97079	96027	191501	96258	95243
矿区	242994	124792	118202	242566	124570	117996
郊区	286055	153486	132569	285446	153092	132354
平定县	335265	172940	162325	335080	172889	162191
盂县	311082	162007	149075	310530	161714	148816
长治市	**3334565**	**1710681**	**1623884**	**3310727**	**1698564**	**1612163**
城区	483628	239887	243741	462787	229364	233423
郊区	281213	144199	137014	280702	143929	136773
长治县	340963	171172	169791	340325	170829	169496
襄垣县	270216	141621	128595	269985	141495	128490
屯留县	263844	136501	127343	263727	136447	127280
平顺县	150955	77759	73196	150907	77719	73188
黎城县	158541	82177	76364	158505	82166	76339
壶关县	291609	146375	145234	291101	146124	144977
长子县	353266	181124	172142	352754	180842	171912
武乡县	182549	97012	85537	182504	96979	85525
沁县	172205	89893	82312	172150	89872	82278
沁源县	158702	86129	72573	158554	86060	72494
潞城市	226874	116832	110042	226726	116738	109988

10-1 续表 5

单位：人

地区	合计			汉族		
	合计	男	女	小计	男	女
晋城市	**2279146**	**1153981**	**1125165**	**2272959**	**1150847**	**1122112**
城区	476945	240291	236654	473349	238479	234870
沁水县	213016	112630	100386	212823	112530	100293
阳城县	388789	194815	193974	387974	194415	193559
陵川县	231360	118089	113271	230639	117740	112899
泽州县	484174	248125	236049	483784	247892	235892
高平市	484862	240031	244831	484390	239791	244599
朔州市	**1714857**	**895412**	**819445**	**1713330**	**894586**	**818744**
朔城区	505294	261976	243318	504641	261601	243040
平鲁区	203793	107223	96570	203619	107118	96501
山阴县	238885	124647	114238	238695	124549	114146
应县	327973	170234	157739	327909	170199	157710
右玉县	112063	60185	51878	111848	60071	51777
怀仁县	326849	171147	155702	326618	171048	155570
晋中市	**3249425**	**1694946**	**1554479**	**3243690**	**1692027**	**1551663**
榆次区	635651	320345	315306	632544	318738	313806
榆社县	134648	71372	63276	134599	71343	63256
左权县	161314	86727	74587	161229	86659	74570
和顺县	144178	76430	67748	144123	76390	67733
昔阳县	227896	120535	107361	227809	120499	107310
寿阳县	211014	115739	95275	210783	115584	95199
太谷县	298783	153413	145370	298247	153123	145124
祁县	265310	138336	126974	265148	138216	126932
平遥县	502712	261291	241421	502178	261160	241018
灵石县	261402	141438	119964	260954	141112	119842
介休市	406517	209320	197197	406076	209203	196873
运城市	**5134779**	**2615684**	**2519095**	**5126261**	**2611373**	**2514888**
盐湖区	680036	337444	342592	678774	336816	341958
临猗县	572508	290798	281710	572246	290661	281585
万荣县	439364	223480	215884	439312	223466	215846
闻喜县	404150	207043	197107	403845	206879	196966
稷山县	347425	176586	170839	347228	176502	170726
新绛县	332473	169663	162810	331379	169117	162262
绛县	281643	142723	138920	280496	142135	138361
垣曲县	231018	119918	111100	229948	119377	110571
夏县	352821	182761	170060	352512	182609	169903
平陆县	258241	132147	126094	256796	131412	125384
芮城县	394849	200637	194212	394532	200465	194067
永济市	444724	225614	219110	444361	225418	218943
河津市	395527	206870	188657	394832	206516	188316
忻州市	**3067503**	**1581660**	**1485843**	**3064328**	**1580366**	**1483962**
忻府区	544683	270071	274612	543729	269792	273937
定襄县	217468	109439	108029	217229	109400	107829
五台县	299391	153426	145965	299032	153228	145804
代县	214091	111142	102949	213793	110999	102794
繁峙县	266800	138247	128553	266712	138191	128521
宁武县	161164	86206	74958	161065	86148	74917
静乐县	156846	83179	73667	156784	83171	73613
神池县	106538	56992	49546	106516	56976	49540
五寨县	107632	54886	52746	107618	54881	52737
岢岚县	84395	44797	39598	84373	44783	39590
河曲县	145136	77090	68046	144932	76987	67945
保德县	160035	85298	74737	159837	85134	74703
偏关县	112111	57902	54209	112058	57861	54197
原平市	491213	252985	238228	490650	252815	237835

10-1　续表 6　　　　单位：人

地　区	合　计			汉　族		
	合计	男	女	小计	男	女
临汾市	**4316610**	**2200819**	**2115791**	**4309307**	**2197110**	**2112197**
尧都区	944050	471813	472237	942182	470900	471282
曲沃县	237033	120616	116417	236352	120265	116087
翼城县	311471	156710	154761	309227	155620	153607
襄汾县	442614	222169	220445	442313	221981	220332
洪洞县	733420	371532	361888	733207	371452	361755
古县	91798	48771	43027	91723	48722	43001
安泽县	82012	43936	38076	81808	43839	37969
浮山县	127831	66119	61712	127715	66037	61678
吉县	106407	54736	51671	106197	54618	51579
乡宁县	233167	123313	109854	233112	123271	109841
大宁县	64501	33365	31136	64497	33362	31135
隰县	103617	54000	49617	103599	53990	49609
永和县	63649	32968	30681	63646	32966	30680
蒲县	107339	59257	48082	107312	59236	48076
汾西县	144791	74857	69934	144734	74824	69910
侯马市	240005	121413	118592	239018	120903	118115
霍州市	282905	145244	137661	282665	145124	137541
吕梁市	**3727068**	**1933713**	**1793355**	**3725848**	**1933131**	**1792717**
离石区	320142	162118	158024	320069	162079	157990
文水县	421199	214566	206633	421137	214557	206580
交城县	230521	118050	112471	230405	117979	112426
兴县	279373	146216	133157	279325	146190	133135
临县	579077	300447	278630	579053	300433	278620
柳林县	320676	172883	147793	320597	172814	147783
石楼县	111815	58414	53401	111760	58360	53400
岚县	174182	90118	84064	174145	90110	84035
方山县	143809	76778	67031	143767	76772	66995
中阳县	141374	75444	65930	141351	75435	65916
交口县	119918	63123	56795	119898	63114	56784
孝义市	468770	243456	225314	468416	243257	225159
汾阳市	416212	212100	204112	415925	212031	203894
内蒙古自治区	**24706291**	**12838243**	**11868048**	**19650665**	**10306496**	**9344169**
呼和浩特市	**2866615**	**1462776**	**1403839**	**2498647**	**1283874**	**1214773**
新城区	567255	287064	280191	479266	244975	234291
回民区	394555	195547	199008	330516	165384	165132
玉泉区	383365	197369	185996	339353	175473	163880
赛罕区	635599	323741	311858	530265	272636	257629
土默特左旗	312532	162482	150050	275006	142610	132396
托克托县	200840	104839	96001	190929	99784	91145
和林格尔县	169856	86236	83620	154606	79370	75236
清水河县	93887	48981	44906	93058	48575	44483
武川县	108726	56517	52209	105648	55067	50581
包头市	**2650364**	**1368885**	**1281479**	**2499508**	**1293931**	**1205577**
东河区	512045	259157	252888	479435	243284	236151
昆都仑区	726838	376043	350795	683181	353951	329230
青山区	600284	307959	292325	564601	290595	274006
石拐区	35803	18990	16813	34272	18153	16119
白云鄂博矿区	26050	13496	12554	23923	12434	11489
九原区	195831	102662	93169	189606	99563	90043
土默特右旗	276453	145791	130662	264866	139819	125047
固阳县	175574	91795	83779	173003	90615	82388
达尔罕茂明安联合旗	101486	52992	48494	86621	45517	41104
乌海市	**532902**	**282386**	**250516**	**496725**	**264028**	**232697**
海勃湾区	296177	155757	140420	276645	146107	130538
海南区	103355	56876	46479	95677	52847	42830
乌达区	133370	69753	63617	124403	65074	59329

10-1 续表 7

单位：人

地区	合计			汉族		
	合计	男	女	小计	男	女
赤峰市	**4341245**	**2234825**	**2106420**	**3355733**	**1737729**	**1618004**
红山区	434785	218985	215800	331964	169196	162768
元宝山区	325170	165562	159608	273347	139539	133808
松山区	573571	299399	274172	419932	219807	200125
阿鲁科尔沁旗	272205	141553	130652	163368	86556	76812
巴林左旗	327765	165778	161987	203277	104120	99157
巴林右旗	175543	91185	84358	96581	51542	45039
林西县	200619	100784	99835	188577	94964	93613
克什克腾旗	211155	115298	95857	179997	99685	80312
翁牛特旗	433298	221982	211316	365708	187778	177930
喀喇沁旗	293246	150861	142385	144107	74369	69738
宁城县	546845	282510	264335	476329	246784	229545
敖汉旗	547043	280928	266115	512546	263389	249157
通辽市	**3139153**	**1597918**	**1541235**	**1592279**	**821929**	**770350**
科尔沁区	898895	454853	444042	523861	269775	254086
科尔沁左翼中旗	514741	261945	252796	129280	67311	61969
科尔沁左翼后旗	379237	194766	184471	97660	50987	46673
开鲁县	396166	200521	195645	332460	168972	163488
库伦旗	167020	86332	80688	65406	34317	31089
奈曼旗	401509	202805	198704	246138	125397	120741
扎鲁特旗	279371	142730	136641	135731	71232	64499
霍林郭勒市	102214	53966	48248	61743	33938	27805
鄂尔多斯市	**1940653**	**1106242**	**834411**	**1748549**	**1007646**	**740903**
东胜区	582544	338255	244289	543801	318718	225083
达拉特旗	322101	172294	149807	307810	165089	142721
准格尔旗	356501	203975	152526	328115	189063	139052
鄂托克前旗	68282	37896	30386	49873	28533	21340
鄂托克旗	148844	85066	63778	122131	71319	50812
杭锦旗	111102	59212	51890	87736	47284	40452
乌审旗	124527	70962	53565	96438	56601	39837
伊金霍洛旗	226752	138582	88170	212645	131039	81606
呼伦贝尔市	**2549252**	**1311859**	**1237393**	**2098380**	**1087529**	**1010851**
海拉尔区	344934	175840	169094	274329	143141	131188
阿荣旗	278744	143310	135434	252406	129726	122680
莫力达瓦达斡尔族自治旗	276912	142497	134415	221101	114148	106953
鄂伦春自治旗	223752	113726	110026	200585	102226	98359
鄂温克族自治旗	134979	70330	64649	81670	43453	38217
陈巴尔虎旗	58244	30658	27586	29048	15959	13089
新巴尔虎左旗	40258	21024	19234	9921	5752	4169
新巴尔虎右旗	36356	19845	16511	8977	5760	3217
满洲里市	249472	128853	120619	226752	117846	108906
牙克石市	352173	183206	168967	319451	167005	152446
扎兰屯市	366323	187603	178720	318331	163080	155251
额尔古纳市	76667	39126	37541	57984	29881	28103
根河市	110438	55841	54597	97825	49552	48273
巴彦淖尔市	**1669915**	**887011**	**782904**	**1568497**	**836231**	**732266**
临河区	541721	279075	262646	514747	266272	248475
五原县	260480	132969	127511	252141	128907	123234
磴口县	117091	60153	56938	106318	54794	51524
乌拉特前旗	293269	160280	132989	280714	153986	126728
乌拉特中旗	134204	80360	53844	111163	68266	42897
乌拉特后旗	65207	39137	26070	50683	31489	19194
杭锦后旗	257943	135037	122906	252731	132517	120214

10-1　续表 8

单位：人

地　区	合　计			汉　族		
	合计	男	女	小计	男	女
乌兰察布市	**2143590**	**1094705**	**1048885**	**2063614**	**1056256**	**1007358**
集宁区	356135	174988	181147	334447	165195	169252
卓资县	136965	73272	63693	134225	71964	62261
化德县	123535	62378	61157	121024	61223	59801
商都县	234417	118873	115544	231049	117312	113737
兴和县	220067	112606	107461	211608	108391	103217
凉城县	185954	97012	88942	180728	94334	86394
察哈尔右翼前旗	164434	84803	79631	159620	82447	77173
察哈尔右翼中旗	149483	77605	71878	145381	75591	69790
察哈尔右翼后旗	150174	76383	73791	141100	71816	69284
四子王旗	176818	90749	86069	161389	83226	78163
丰镇市	245608	126036	119572	243043	124757	118286
兴安盟	**1613246**	**828637**	**784609**	**874391**	**456215**	**418176**
乌兰浩特市	327081	164064	163017	214451	108340	106111
阿尔山市	68311	38267	30044	56378	32338	24040
科尔沁右翼前旗	299834	154946	144888	142638	74953	67685
科尔沁右翼中旗	251461	128098	123363	38019	20513	17506
扎赉特旗	392346	203752	188594	225335	117677	107658
突泉县	274213	139510	134703	197570	102394	95176
锡林郭勒盟	**1028022**	**536795**	**491227**	**681876**	**364987**	**316889**
二连浩特市	74179	38151	36028	59172	30863	28309
锡林浩特市	245886	126599	119287	180384	95066	85318
阿巴嘎旗	43574	23575	19999	20862	12156	8706
苏尼特左旗	33652	17878	15774	13929	7859	6070
苏尼特右旗	71063	36808	34255	48675	25699	22976
东乌珠穆沁旗	93962	50801	43161	41629	24166	17463
西乌珠穆沁旗	87614	47790	39824	34531	21039	13492
太仆寺旗	112339	56971	55368	104358	53000	51358
镶黄旗	28450	14762	13688	12297	6793	5504
正镶白旗	54443	27734	26709	36191	18845	17346
正蓝旗	81967	42812	39155	46372	25187	21185
多伦县	100893	52914	47979	83476	44314	39162
阿拉善盟	**231334**	**126204**	**105130**	**172466**	**96141**	**76325**
阿拉善左旗	173494	94537	78957	127045	70852	56193
阿拉善右旗	25430	13919	11511	18879	10650	8229
额济纳旗	32410	17748	14662	26542	14639	11903
辽宁省	**43746323**	**22147745**	**21598578**	**37103174**	**18737977**	**18365197**
沈阳市	**8106171**	**4095172**	**4010999**	**7340343**	**3700587**	**3639756**
和平区	700992	351519	349473	642498	322473	320025
沈河区	849267	419282	429985	781538	385765	395773
大东区	782867	389874	392993	729805	363270	366535
皇姑区	925176	461173	464003	850734	424333	426401
铁西区	1017564	509923	507641	956020	478378	477642
苏家屯区	474779	242224	232555	419932	213868	206064
东陵区	411110	214991	196119	336810	176066	160744
沈北新区	423323	216726	206597	343615	175117	168498
于洪区	670843	347820	323023	595197	308031	287166
辽中县	476081	242186	233895	446237	226095	220142
康平县	316819	160877	155942	263479	132901	130578
法库县	399587	204966	194621	362462	185357	177105
新民市	657763	333611	324152	612016	308933	303083
大连市	**6690432**	**3375745**	**3314687**	**6299249**	**3175204**	**3124045**
中山区	339527	162460	177067	327320	156857	170463
西岗区	305742	154909	150833	296252	149989	146263
沙河口区	693140	336695	356445	664053	322976	341077

10-1 续表 9

单位：人

地区	合计			汉族		
	合计	男	女	小计	男	女
甘井子区	1321778	685984	635794	1259980	653816	606164
旅顺口区	324773	163509	161264	311031	156757	154274
金州区	1102773	543984	558789	992500	489075	503425
长海县	77951	40300	37651	76481	39500	36981
瓦房店市	942197	489013	453184	863591	446937	416654
普兰店市	741230	375226	366004	722297	364955	357342
庄河市	841321	423665	417656	785744	394342	391402
鞍山市	**3645884**	**1850084**	**1795800**	**3101473**	**1569745**	**1531728**
铁东区	549284	273279	276005	531984	264220	267764
铁西区	282014	141412	140602	271942	136256	135686
立山区	437339	220658	216681	426335	214739	211596
千山区	275447	139732	135715	261663	132541	129122
台安县	332542	169338	163204	327341	166458	160883
岫岩满族自治县	475381	243456	231925	29655	15146	14509
海城市	1293877	662209	631668	1252553	640385	612168
抚顺市	**2138090**	**1080753**	**1057337**	**1559382**	**785801**	**773581**
新抚区	252631	124039	128592	234822	114995	119827
东洲区	320949	162401	158548	299109	151259	147850
望花区	384514	197341	187173	342971	175523	167448
顺城区	472920	235886	237034	416087	207117	208970
抚顺县	162588	83924	78664	128910	66389	62521
新宾满族自治县	254118	129292	124826	43093	22511	20582
清原满族自治县	290370	147870	142500	94390	48007	46383
本溪市	**1709538**	**873808**	**835730**	**1179025**	**603752**	**575273**
平山区	349130	175994	173136	313022	157702	155320
溪湖区	252671	132180	120491	216661	113655	103006
明山区	409576	205390	204186	349247	175031	174216
南芬区	82917	41931	40986	61523	30798	30725
本溪满族自治县	296218	152083	144135	97160	49555	47605
桓仁满族自治县	319026	166230	152796	141412	77011	64401
丹东市	**2444697**	**1239795**	**1204902**	**1605244**	**815304**	**789940**
元宝区	215905	105992	109913	193579	95426	98153
振兴区	466343	233940	232403	419185	210368	208817
振安区	183328	91539	91789	149816	75706	74110
宽甸满族自治县	407713	213982	193731	170717	92030	78687
东港市	627475	319561	307914	562193	286357	275836
凤城市	543933	274781	269152	109754	55417	54337
锦州市	**3126463**	**1566255**	**1560208**	**2277636**	**1128609**	**1149027**
古塔区	287599	142383	145216	256677	127026	129651
凌河区	409606	198848	210758	368162	178994	189168
太和区	394594	195016	199578	349367	172493	176874
黑山县	615085	307716	307369	485449	239376	246073
义县	396602	202359	194243	233341	117277	116064
凌海市	508079	258731	249348	432664	218229	214435
北镇市	514898	261202	253696	151976	75214	76762
营口市	**2428534**	**1243569**	**1184965**	**2274705**	**1162274**	**1112431**
站前区	310634	155687	154947	297620	149117	148503
西市区	164873	82912	81961	157377	79160	78217
鲅鱼圈区	431087	222788	208299	371257	191500	179757
老边区	125454	64621	60833	121971	62714	59257
盖州市	691595	355463	336132	635874	325122	310752
大石桥市	704891	362098	342793	690606	354661	335945
阜新市	**1819339**	**913619**	**905720**	**1552622**	**778135**	**774487**
海州区	270757	132013	138744	254262	123919	130343
新邱区	81816	40312	41504	74776	36789	37987

10-1　续表 10　　单位：人

地　区	合　计			汉　族		
	合计	男	女	小计	男	女
太平区	166044	82432	83612	157047	77905	79142
清河门区	60751	30268	30483	55384	27677	27707
细河区	211288	107244	104044	191572	96846	94726
阜新蒙古族自治县	664971	337646	327325	523428	265853	257575
彰武县	363712	183704	180008	296153	149146	147007
辽阳市	**1858768**	**945546**	**913222**	**1730079**	**876305**	**853774**
白塔区	224352	109516	114836	212019	103446	108573
文圣区	193414	94953	98461	183582	90040	93542
宏伟区	142734	72570	70164	133188	67582	65606
弓长岭区	90785	46426	44359	88072	44937	43135
太子河区	137852	72266	65586	128243	66970	61273
辽阳县	573509	295096	278413	521646	267082	254564
灯塔市	496122	254719	241403	463329	236248	227081
盘锦市	**1392493**	**703258**	**689235**	**1339339**	**676140**	**663199**
双台子区	208384	104132	104252	202392	100945	101447
兴隆台区	468080	237798	230282	444881	225900	218981
大洼县	430913	217569	213344	416411	210267	206144
盘山县	285116	143759	141357	275655	139028	136627
铁岭市	**2717732**	**1378537**	**1339195**	**2112098**	**1066629**	**1045469**
银州区	363076	180940	182136	332603	165764	166839
清河区	89997	45994	44003	42997	22276	20721
铁岭县	339045	174555	164490	307961	158082	149879
西丰县	290635	147906	142729	141076	70804	70272
昌图县	847924	427858	420066	829973	418365	411608
调兵山市	241431	122029	119402	232788	117583	115205
开原市	545624	279255	266369	224700	113755	110945
朝阳市	**3044641**	**1547066**	**1497575**	**2828570**	**1437083**	**1391487**
双塔区	414085	204686	209399	392107	193799	198308
龙城区	211102	108860	102242	204263	105252	99011
朝阳县	486774	247419	239355	461903	234110	227793
建平县	505437	256468	248969	488295	247626	240669
喀喇沁左翼蒙古族自治县	360419	181637	178782	285127	144929	140198
北票市	496164	249906	246258	467953	235571	232382
凌源市	570660	298090	272570	528922	275796	253126
葫芦岛市	**2623541**	**1334538**	**1289003**	**1903409**	**962409**	**941000**
连山区	605186	301724	303462	547836	271026	276810
龙港区	244053	126468	117585	214641	111018	103623
南票区	120969	60718	60251	111938	55793	56145
绥中县	586620	301289	285331	300437	152637	147800
建昌县	520537	266423	254114	498592	255093	243499
兴城市	546176	277916	268260	229965	116842	113123
吉林省	**27452815**	**13907218**	**13545597**	**25267110**	**12792641**	**12474469**
长春市	**7674439**	**3877174**	**3797265**	**7401465**	**3738386**	**3663079**
南关区	876959	427158	449801	836030	408064	427966
宽城区	680631	350623	330008	663731	341644	322087
朝阳区	827189	423349	403840	786206	403029	383177
二道区	619940	308473	311467	590639	293926	296713
绿园区	810551	410785	399766	785201	398087	387114
双阳区	377803	189775	188028	336703	168577	168126
农安县	960759	490234	470525	955604	487701	467903
九台市	611670	309776	301894	563414	283585	279829
榆树市	1160568	586900	573668	1143323	577565	565758
德惠市	748369	380101	368268	740614	376208	364406

10-1 续表 11 单位：人

地区	合计			汉族		
	合计	男	女	小计	男	女
吉林市	**4413157**	**2233750**	**2179407**	**4035809**	**2039109**	**1996700**
昌邑区	658960	330383	328577	588448	294239	294209
龙潭区	527350	269229	258121	450316	229325	220991
船营区	491989	247995	243994	444215	223413	220802
丰满区	296822	145770	151052	273340	134277	139063
永吉县	394486	201156	193330	347826	176710	171116
蛟河市	447226	226997	220229	417489	212089	205400
桦甸市	444843	226250	218593	434303	220676	213627
舒兰市	645702	328088	317614	608821	308701	300120
磐石市	505779	257882	247897	471051	239679	231372
四平市	**3385156**	**1715479**	**1669677**	**3148254**	**1594115**	**1554139**
铁西区	278741	134597	144144	270137	130909	139228
铁东区	334884	170112	164772	311477	157930	153547
梨树县	782630	402162	380468	775362	398233	377129
伊通满族自治县	475245	241615	233630	307312	154963	152349
公主岭市	1092936	552907	540029	1070284	541332	528952
双辽市	420720	214086	206634	413682	210748	202934
辽源市	**1176239**	**598230**	**578009**	**1095751**	**554922**	**540829**
龙山区	294278	146089	148189	279872	138771	141101
西安区	177978	91454	86524	173925	89221	84704
东丰县	355078	181476	173602	320853	162935	157918
东辽县	348905	179211	169694	321101	163995	157106
通化市	**2324439**	**1183624**	**1140815**	**2125722**	**1079213**	**1046509**
东昌区	360071	179200	180871	342073	170108	171965
二道江区	146631	74105	72526	139626	70419	69207
通化县	247140	129412	117728	209624	110126	99498
辉南县	359329	182547	176782	335080	169734	165346
柳河县	363836	185828	178008	330523	168086	162437
梅河口市	615154	314208	300946	561858	285599	276259
集安市	232278	118324	113954	206938	105141	101797
白山市	**1296127**	**660809**	**635318**	**1257000**	**640385**	**616615**
浑江区	364723	184321	180402	354861	179139	175722
江源区	254293	130462	123831	250041	128198	121843
抚松县	297960	152585	145375	292585	149662	142923
靖宇县	131631	68266	63365	126666	65570	61096
长白朝鲜族自治县	72550	36964	35586	61931	31609	30322
临江市	174970	88211	86759	170916	86207	84709
松原市	**2880086**	**1455739**	**1424347**	**2791242**	**1410077**	**1381165**
宁江区	612816	306564	306252	586433	293234	293199
前郭尔罗斯蒙古族自治县	607640	306723	300917	557290	280883	276407
长岭县	639205	325029	314176	634390	322629	311761
乾安县	301438	151633	149805	299063	150385	148678
扶余县	718987	365790	353197	714066	362946	351120
白城市	**2032356**	**1032194**	**1000162**	**1946109**	**987939**	**958170**
洮北区	517434	257962	259472	501074	249897	251177
镇赉县	298301	155265	143036	283527	147758	135769
通榆县	353482	179588	173894	326403	165617	160786
洮南市	432122	219011	213111	408903	206870	202033
大安市	431017	220368	210649	426202	217797	208405
延边朝鲜族自治州	**2270816**	**1150219**	**1120597**	**1465758**	**748495**	**717263**
延吉市	562959	280099	282860	275107	139214	135893
图们市	134452	67768	66684	61179	31253	29926
敦化市	483464	244758	238706	453718	229573	224145
珲春市	241777	124304	117473	144318	75268	69050
龙井市	177234	89893	87341	66564	34521	32043
和龙市	189532	97300	92232	97821	50626	47195
汪清县	255411	129934	125477	183578	93368	90210
安图县	225987	116163	109824	183473	94672	88801

10-1 续表 12

单位：人

地区	合计			汉族		
	合计	男	女	小计	男	女
黑龙江省	**38313991**	**19426106**	**18887885**	**36939181**	**18696097**	**18243084**
哈尔滨市	**10635971**	**5402739**	**5233232**	**10119432**	**5129847**	**4989585**
道里区	923762	469114	454648	902444	458122	444322
南岗区	1343857	684292	659565	1298272	660716	637556
道外区	906421	459594	446827	881635	446675	434960
平房区	190253	96997	93256	182409	92877	89532
松北区	236848	123119	113729	230105	119496	110609
香坊区	916408	457799	458609	881188	439742	441446
呼兰区	764534	378543	385991	746904	369211	377693
阿城区	596856	302132	294724	527154	265050	262104
依兰县	388319	197866	190453	374383	190043	184340
方正县	203853	103541	100312	200164	101592	98572
宾县	551271	280897	270374	545857	277627	268230
巴彦县	590555	299435	291120	585062	296360	288702
木兰县	277685	142215	135470	273145	139713	133432
通河县	210650	107392	103258	207557	105823	101734
延寿县	242455	125193	117262	232904	120018	112886
双城市	825634	424808	400826	696039	355963	340076
尚志市	585386	301595	283791	562626	289405	273221
五常市	881224	448207	433017	791584	401414	390170
齐齐哈尔市	**5367003**	**2710067**	**2656936**	**5223888**	**2634106**	**2589782**
龙沙区	354987	177582	177405	343744	171786	171958
建华区	292579	144428	148151	279839	138108	141731
铁锋区	331951	171856	160095	323386	167142	156244
昂昂溪区	80109	40991	39118	73986	37674	36312
富拉尔基区	256159	129359	126800	244139	123181	120958
碾子山区	72151	36059	36092	70303	35065	35238
梅里斯达斡尔族区	165852	84165	81687	146540	74147	72393
龙江县	572764	292703	280061	555615	283347	272268
依安县	480035	244546	235489	477519	243064	234455
泰来县	302027	155162	146865	288556	148331	140225
甘南县	368734	186999	181735	365865	185447	180418
富裕县	276537	140916	135621	262228	133406	128822
克山县	403175	201602	201573	399184	199256	199928
克东县	264285	130085	134200	261713	128638	133075
拜泉县	519766	263105	256661	515352	260478	254874
讷河市	625892	310509	315383	615919	305036	310883
鸡西市	**1862165**	**950892**	**911273**	**1798883**	**917125**	**881758**
鸡冠区	365385	185461	179924	354949	179729	175220
恒山区	160180	81697	78483	157042	79851	77191
滴道区	103646	53303	50343	100967	51810	49157
梨树区	76361	39162	37199	75483	38679	36804
城子河区	127290	65005	62285	123353	62971	60382
麻山区	30097	15310	14787	28417	14429	13988
鸡东县	273871	140452	133419	257943	132187	125756
虎林市	317884	162631	155253	311718	159194	152524
密山市	407451	207871	199580	389011	198275	190736
鹤岗市	**1058665**	**536776**	**521889**	**1034454**	**523749**	**510705**
向阳区	110916	55493	55423	109762	54940	54822
工农区	140070	70274	69796	137634	68962	68672
南山区	119047	60418	58629	117093	59411	57682
兴安区	74396	38040	36356	73133	37391	35742

10-1 续表 13 单位：人

地　区	合　计			汉　族		
	合计	男	女	小计	男	女
东山区	175239	89891	85348	172339	88371	83968
兴山区	44803	22834	21969	43777	22322	21455
萝北县	220131	111230	108901	212996	107490	105506
绥滨县	174063	88596	85467	167720	84862	82858
双鸭山市	**1462626**	**741730**	**720896**	**1423082**	**719621**	**703461**
尖山区	251368	126088	125280	246928	123696	123232
岭东区	58012	30276	27736	56616	29517	27099
四方台区	62633	32375	30258	61330	31632	29698
宝山区	129814	66319	63495	127721	65174	62547
集贤县	299890	151797	148093	294129	148422	145707
友谊县	110790	55549	55241	107489	53773	53716
宝清县	400487	202967	197520	382865	193012	189853
饶河县	149632	76359	73273	146004	74395	71609
大庆市	**2904532**	**1464252**	**1440280**	**2803435**	**1412841**	**1390594**
萨尔图区	328808	166414	162394	320393	162146	158247
龙凤区	352404	178142	174262	342541	173015	169526
让胡路区	564534	281851	282683	551235	275151	276084
红岗区	169522	86343	83179	166280	84656	81624
大同区	234557	117559	116998	231388	115974	115414
肇州县	387463	196556	190907	385926	195663	190263
肇源县	388828	195625	193203	373552	187786	185766
林甸县	244578	123578	121000	243241	122847	120394
杜尔伯特蒙古族自治县	233838	118184	115654	188879	95603	93276
伊春市	**1148126**	**574363**	**573763**	**1123273**	**561218**	**562055**
伊春区	145954	71583	74371	142173	69674	72499
南岔区	118593	59336	59257	117028	58489	58539
友好区	53493	26701	26792	52332	26088	26244
西林区	52741	27047	25694	52049	26680	25369
翠峦区	44960	22426	22534	44730	22295	22435
新青区	43061	21521	21540	42307	21099	21208
美溪区	41028	21350	19678	40725	21183	19542
金山屯区	39218	19931	19287	37771	19166	18605
五营区	33988	17174	16814	32601	16431	16170
乌马河区	31416	15859	15557	30980	15616	15364
汤旺河区	30979	15664	15315	30448	15366	15082
带岭区	32259	15992	16267	31749	15716	16033
乌伊岭区	21147	10678	10469	20694	10419	10275
红星区	21845	10887	10958	21355	10622	10733
上甘岭区	19496	9602	9894	18956	9317	9639
嘉荫县	68579	34961	33618	66813	34004	32809
铁力市	349369	173651	175718	340562	169053	171509
佳木斯市	**2552097**	**1306592**	**1245505**	**2484866**	**1269516**	**1215350**
向阳区	233855	115732	118123	228008	112800	115208
前进区	171530	86047	85483	169065	84738	84327
东风区	161740	82429	79311	159156	81100	78056
郊区	314586	162420	152166	306706	158012	148694
桦南县	468698	239691	229007	453329	230969	222360
桦川县	202827	103628	99199	197458	100745	96713
汤原县	255211	130321	124890	239892	122170	117722
抚远县	126694	68565	58129	125019	67670	57349
同江市	179791	92690	87101	174528	89579	84949
富锦市	437165	225069	212096	431705	221733	209972
七台河市	**920471**	**471513**	**448958**	**887246**	**452973**	**434273**
新兴区	236768	122067	114701	230297	118537	111760
桃山区	230293	116994	113299	224112	113592	110520
茄子河区	153926	80399	73527	149363	77837	71526
勃利县	299484	152053	147431	283474	143007	140467

10-1　续表 14　　　　　　　　　　　　　　　　　　　　单位：人

地　区	合　计			汉　族		
	合计	男	女	小计	男	女
牡丹江市	**2798723**	**1413360**	**1385363**	**2616386**	**1317736**	**1298650**
东安区	200160	101481	98679	191221	96734	94487
阳明区	240214	121487	118727	227811	114985	112826
爱民区	275289	132903	142386	266356	128557	137799
西安区	249491	122853	126638	220132	107927	112205
东宁县	200716	103138	97578	191963	98583	93380
林口县	368956	188876	180080	357079	182172	174907
绥芬河市	132315	67985	64330	130539	66986	63553
海林市	400859	203175	197684	367451	185822	181629
宁安市	437452	219763	217689	381497	190153	191344
穆棱市	293271	151699	141572	282337	145817	136520
黑河市	**1673899**	**847863**	**826036**	**1624327**	**821307**	**803020**
爱辉区	211313	108005	103308	194661	99407	95254
嫩江县	495519	251070	244449	485377	245658	239719
逊克县	101411	51217	50194	95051	47820	47231
孙吴县	102821	52296	50525	97040	49220	47820
北安市	436444	218050	218394	429794	214340	215454
五大连池市	326391	167225	159166	322404	164862	157542
绥化市	**5418153**	**2741591**	**2676562**	**5304811**	**2680272**	**2624539**
北林区	877114	440529	436585	821635	411732	409903
望奎县	458525	229766	228759	436923	218264	218659
兰西县	424562	206829	217733	422380	205504	216876
青冈县	474422	243406	231016	473255	242674	230581
庆安县	386162	197107	189055	382675	195290	187385
明水县	320695	164563	156132	314077	160571	153506
绥棱县	331343	168476	162867	328661	167067	161594
安达市	472826	240541	232285	469795	238943	230852
肇东市	903067	460521	442546	897867	457506	440361
海伦市	769437	389853	379584	757543	382721	374822
大兴安岭地区	**511560**	**264368**	**247192**	**495098**	**255786**	**239312**
加格达奇区	154359	77684	76675	147902	74472	73430
松岭区	33555	19287	14268	31761	18303	13458
新林区	50859	25962	24897	49907	25458	24449
呼中区	45039	23436	21603	44374	23077	21297
呼玛县	51861	26848	25013	49675	25686	23989
塔河县	92473	47676	44797	90616	46698	43918
漠河县	83414	43475	39939	80863	42092	38771
上海市	**23019196**	**11854916**	**11164280**	**22743033**	**11716435**	**11026598**
市辖区	**22315474**	**11495595**	**10819879**	**22042632**	**11358734**	**10683898**
黄浦区	429891	213415	216476	424723	210866	213857
卢湾区	248779	120762	128017	245995	119420	126575
徐汇区	1085130	539751	545379	1072075	533407	538668
长宁区	690571	334570	356001	680330	329997	350333
静安区	246788	118817	127971	243470	117216	126254
普陀区	1288881	650774	638107	1274087	643491	630596
闸北区	830496	419209	411287	822966	415572	407394
虹口区	852476	422514	429962	843696	418280	425416
杨浦区	1313222	664774	648448	1298613	657508	641105
闵行区	2429372	1259640	1169732	2389670	1240048	1149622
宝山区	1904886	1016282	888604	1887371	1007243	880128
嘉定区	1471231	789508	681723	1451226	778875	672351
浦东新区	5044430	2606153	2438277	4985897	2576633	2409264

10-1 续表 15

单位：人

地 区	合 计			汉 族		
	合计	男	女	小计	男	女
金山区	732438	372691	359747	725462	369230	356232
松江区	1582398	826408	755990	1557129	813789	743340
青浦区	1081022	575044	505978	1066713	567320	499393
奉贤区	1083463	565283	518180	1073209	559839	513370
市辖县	**703722**	**359321**	**344401**	**700401**	**357701**	**342700**
崇明县	703722	359321	344401	700401	357701	342700
江苏省	**78660941**	**39626707**	**39034234**	**78276015**	**39442857**	**38833158**
南京市	**8003744**	**4142501**	**3861243**	**7904437**	**4092779**	**3811658**
玄武区	651957	342821	309136	643821	338748	305073
白下区	601961	305412	296549	585632	297119	288513
秦淮区	405955	213350	192605	399491	210047	189444
建邺区	427089	225556	201533	417114	220289	196825
鼓楼区	826074	414115	411959	812558	407516	405042
下关区	445117	236811	208306	440414	234402	206012
浦口区	710298	372290	338008	702526	368491	334035
栖霞区	644295	330694	313601	638220	327717	310503
雨花台区	391293	212594	178699	387022	210203	176819
江宁区	1145628	591017	554611	1137537	587007	550530
六合区	915625	466469	449156	903852	460590	443262
溧水县	421323	217519	203804	420253	217067	203186
高淳县	417129	213853	203276	415997	213583	202414
无锡市	**6374399**	**3306295**	**3068104**	**6323588**	**3280269**	**3043319**
崇安区	229003	117156	111847	228265	116764	111501
南长区	378491	191538	186953	377514	191025	186489
北塘区	336894	173983	162911	335519	173190	162329
锡山区	681413	355840	325573	671820	350790	321030
惠山区	691077	368299	322778	684225	364640	319585
滨湖区	1226841	642198	584643	1217737	637648	580089
江阴市	1595138	822326	772812	1583009	816365	766644
宜兴市	1235542	634955	600587	1225499	629847	595652
徐州市	**8577225**	**4313811**	**4263414**	**8564931**	**4307992**	**4256939**
鼓楼区	490855	247096	243759	489199	246310	242889
云龙区	345393	174042	171351	344448	173586	170862
九里区	160561	84522	76039	160332	84411	75921
贾汪区	430712	220088	210624	430275	219879	210396
泉山区	539693	277824	261869	536360	275908	260452
丰县	963531	486511	477020	961129	485340	475789
沛县	1141935	574727	567208	1141200	574397	566803
铜山县	1086564	532783	553781	1085965	532597	553368
睢宁县	1039315	512262	527053	1038745	512151	526594
新沂市	920628	464345	456283	920064	464116	455948
邳州市	1458038	739611	718427	1457214	739297	717917
常州市	**4592431**	**2341100**	**2251331**	**4553228**	**2320789**	**2232439**
天宁区	513794	259306	254488	511988	258374	253614
钟楼区	505762	256442	249320	503602	255312	248290
戚墅堰区	105184	55158	50026	103011	54037	48974
新北区	597144	311543	285601	592815	309176	283639
武进区	1569034	813258	755776	1547794	801915	745879
溧阳市	749522	375696	373826	746360	374157	372203
金坛市	551991	269697	282294	547658	267818	279840
苏州市	**10459890**	**5334473**	**5125417**	**10386962**	**5296803**	**5090159**
沧浪区	395046	196517	198529	392899	195516	197383
平江区	964067	490422	473645	955756	486282	469474
金阊区	290830	146003	144827	289457	145339	144118

10-1　续表 16　　单位：人

地　区	合　计			汉　族		
	合计	男	女	小计	男	女
虎丘区	572071	290350	281721	567724	288211	279513
吴中区	1157120	586619	570501	1148801	582616	566185
相城区	692947	362388	330559	684537	357747	326790
常熟市	1510453	758458	751995	1502655	754287	748368
张家港市	1246762	631019	615743	1240486	627866	612620
昆山市	1644860	866440	778420	1633070	860073	772997
吴江市	1273880	641493	632387	1263999	636408	627591
太仓市	711854	364764	347090	707578	362458	345120
南通市	**7283622**	**3443092**	**3840530**	**7261591**	**3435299**	**3826292**
崇川区	869049	435088	433961	864999	433024	431975
港闸区	266326	135452	130874	265383	134985	130398
通州区	1138738	526279	612459	1134386	524614	609772
海安县	866337	404695	461642	863840	404155	459685
如东县	995983	478054	517929	992527	477424	515103
启东市	972525	447908	524617	971200	447360	523840
如皋市	1267066	604253	662813	1264205	603660	660545
海门市	907598	411363	496235	905051	410077	494974
连云港市	**4393482**	**2225490**	**2167992**	**4386875**	**2222931**	**2163944**
连云区	232097	121740	110357	231477	121408	110069
新浦区	587380	308138	279242	585903	307398	278505
海州区	231046	117586	113460	230717	117430	113287
赣榆县	950486	469403	481083	950089	469270	480819
东海县	952668	474186	478482	950836	473681	477155
灌云县	817509	417608	399901	816232	417080	399152
灌南县	622296	316829	305467	621621	316664	304957
淮安市	**4801662**	**2387443**	**2414219**	**4792741**	**2383681**	**2409060**
清河区	530012	275522	254490	528037	274483	253554
楚州区	984983	491843	493140	984107	491622	492485
淮阴区	789747	389339	400408	787568	388392	399176
清浦区	330664	166007	164657	329737	165550	164187
涟水县	859787	420602	439185	858193	419963	438230
洪泽县	326459	159748	166711	326203	159653	166550
盱眙县	658759	327149	331610	658112	326936	331176
金湖县	321251	157233	164018	320784	157082	163702
盐城市	**7262200**	**3650872**	**3611328**	**7247136**	**3646485**	**3600651**
亭湖区	904514	460855	443659	902630	460099	442531
盐都区	711322	359985	351337	710492	359748	350744
响水县	509880	262329	247551	508824	261811	247013
滨海县	957215	485584	471631	955370	484838	470532
阜宁县	843464	425714	417750	841986	425395	416591
射阳县	897073	449659	447414	895570	449238	446332
建湖县	741764	375789	365975	740965	375599	365366
东台市	990306	478906	511400	987282	478445	508837
大丰市	706662	352051	354611	704017	351312	352705
扬州市	**4460066**	**2196448**	**2263618**	**4442238**	**2188900**	**2253338**
广陵区	341043	173511	167532	338807	172366	166441
邗江区	576909	290554	286355	575049	289726	285323
维扬区	474611	237196	237415	472357	236160	236197
宝应县	752425	362946	389479	751472	362681	388791
仪征市	564021	286409	277612	561956	285560	276396
高邮市	744685	359914	384771	738512	357400	381112
江都市	1006372	485918	520454	1004085	485007	519078
镇江市	**3114105**	**1595880**	**1518225**	**3095612**	**1586446**	**1509166**
京口区	601876	317558	284318	596354	314636	281718
润州区	296539	154821	141718	293427	153134	140293

10-1 续表 17 单位：人

地区	合计			汉族		
	合计	男	女	小计	男	女
丹徒区	302345	152400	149945	301284	151926	149358
丹阳市	960662	486281	474381	955072	483514	471558
扬中市	334977	170801	164176	334331	170476	163855
句容市	617706	314019	303687	615144	312760	302384
泰州市	**4618937**	**2308945**	**2309992**	**4608787**	**2305112**	**2303675**
海陵区	594656	295837	298819	593176	295163	298013
高港区	283807	142484	141323	282450	141809	140641
兴化市	1253548	641297	612251	1251849	640685	611164
靖江市	684360	348823	335537	682216	347719	334497
泰兴市	1073921	525763	548158	1071684	525290	546394
姜堰市	728645	354741	373904	727412	354446	372966
宿迁市	**4719178**	**2380357**	**2338821**	**4707889**	**2375371**	**2332518**
宿城区	796626	403513	393113	794677	402655	392022
宿豫区	641059	321444	319615	640434	321248	319186
沭阳县	1541083	773142	767941	1539379	772533	766846
泗阳县	831112	423219	407893	824815	420104	404711
泗洪县	909298	459039	450259	908584	458831	449753
浙江省	**54426891**	**27965641**	**26461250**	**53212194**	**27320326**	**25891868**
杭州市	**8700373**	**4457154**	**4243219**	**8565289**	**4387018**	**4178271**
上城区	344594	170617	173977	342357	169510	172847
下城区	526096	266656	259440	523003	265101	257902
江干区	998783	529106	469677	988860	522981	465879
拱墅区	551874	286478	265396	548782	284893	263889
西湖区	820017	421010	399007	811339	416656	394683
滨江区	319027	167580	151447	313844	164785	149059
萧山区	1511290	765573	745717	1476957	747866	729091
余杭区	1170290	601883	568407	1156350	594840	561510
桐庐县	406450	206647	199803	393438	200028	193410
淳安县	336843	166055	170788	335646	165577	170069
建德市	430750	217344	213406	425825	214957	210868
富阳市	717694	369483	348211	693314	356970	336344
临安市	566665	288722	277943	555574	282854	272720
宁波市	**7605689**	**3883564**	**3722125**	**7451095**	**3802332**	**3648763**
海曙区	373742	186890	186852	371038	185342	185696
江东区	366648	179365	187283	364180	178234	185946
江北区	361242	185058	176184	357173	182990	174183
北仑区	612267	321489	290778	598271	313927	284344
镇海区	418500	220364	198136	411095	216318	194777
鄞州区	1359198	697036	662162	1324004	678286	645718
象山县	503279	253374	249905	499821	251558	248263
宁海县	646074	331001	315073	634575	324983	309592
余姚市	1010659	512316	498343	982472	497496	484976
慈溪市	1462383	746733	715650	1423235	726561	696674
奉化市	491697	249938	241759	485231	246637	238594
温州市	**9122102**	**4797359**	**4324743**	**8820390**	**4632379**	**4188011**
鹿城区	1293266	677507	615759	1257526	657264	600262
龙湾区	749303	406678	342625	709711	384499	325212
瓯海区	996870	537574	459296	957863	515092	442771
洞头县	87683	43635	44048	85503	42481	43022
永嘉县	789154	417513	371641	760645	401692	358953
平阳县	761664	393942	367722	737850	381497	356353
苍南县	1184643	619630	565013	1153646	603718	549928
文成县	212077	110682	101395	204532	106882	97650
泰顺县	233443	122949	110494	220040	116075	103965
瑞安市	1424667	743814	680853	1381098	719945	661153
乐清市	1389332	723435	665897	1351976	703234	648742

10-1 续表 18　　　　单位：人

地区	合计			汉族		
	合计	男	女	小计	男	女
嘉兴市	**4501657**	**2269227**	**2232430**	**4441972**	**2238961**	**2203011**
南湖区	612663	309970	302693	607423	307282	300141
秀洲区	589219	302089	287130	574913	294743	280170
嘉善县	574187	294425	279762	564528	289294	275234
海盐县	430940	216181	214759	428604	214950	213654
海宁市	806966	405366	401600	798069	400913	397156
平湖市	671834	332806	339028	664110	328966	335144
桐乡市	815848	408390	407458	804325	402813	401512
湖州市	**2893542**	**1470472**	**1423070**	**2848001**	**1447037**	**1400964**
吴兴区	757165	381456	375709	751140	378118	373022
南浔区	536054	272095	263959	525952	266767	259185
德清县	491789	250741	241048	481478	245420	236058
长兴县	641982	328240	313742	635093	325221	309872
安吉县	466552	237940	228612	454338	231511	222827
绍兴市	**4912239**	**2469399**	**2442840**	**4821364**	**2423163**	**2398201**
越城区	883836	438052	445784	868880	430365	438515
绍兴县	1030847	526407	504440	1001883	511552	490331
新昌县	380444	194372	186072	377831	193200	184631
诸暨市	1157938	580569	577369	1133923	567771	566152
上虞市	779412	383307	396105	764230	375799	388431
嵊州市	679762	346692	333070	674617	344476	330141
金华市	**5361572**	**2777642**	**2583930**	**5179125**	**2677000**	**2502125**
婺城区	761662	394561	367101	740801	382769	358032
金东区	315583	164146	151437	306927	159468	147459
武义县	349899	182627	167272	330732	172369	158363
浦江县	437346	230214	207132	415499	218051	197448
磐安县	174665	87826	86839	173657	87376	86281
兰溪市	560514	284960	275554	554732	282303	272429
义乌市	1234015	647079	586936	1189497	622471	567026
东阳市	804398	402282	402116	786532	392343	394189
永康市	723490	383947	339543	680748	359850	320898
衢州市	**2122661**	**1082602**	**1040059**	**2095500**	**1069363**	**1026137**
柯城区	464527	235553	228974	458987	232831	226156
衢江区	341436	182148	159288	337346	180079	157267
常山县	241368	122243	119125	240091	121586	118505
开化县	245088	119580	125508	243674	118991	124683
龙游县	362380	188570	173810	351712	182949	168763
江山市	467862	234508	233354	463690	232927	230763
舟山市	**1121261**	**588414**	**532847**	**1109813**	**582152**	**527661**
定海区	464184	241134	223050	460339	239127	221212
普陀区	378805	198417	180388	373686	195601	178085
岱山县	202164	110084	92080	200149	108845	91304
嵊泗县	76108	38779	37329	75639	38579	37060
台州市	**5968838**	**3081620**	**2887218**	**5853315**	**3017762**	**2835553**
椒江区	653765	338445	315320	645977	334057	311920
黄岩区	632123	321453	310670	622263	316158	306105
路桥区	616622	325663	290959	602443	317482	284961
玉环县	616346	325511	290835	590604	311197	279407
三门县	328887	169665	159222	326891	168665	158226
天台县	382812	191920	190892	381838	191486	190352
仙居县	342676	173458	169218	340754	172572	168182
温岭市	1366794	710722	656072	1324123	686893	637230
临海市	1028813	524783	504030	1018422	519252	499170

10-1 续表 19

单位：人

地　区	合　计			汉　族		
	合计	男	女	小计	男	女
丽水市	**2116957**	**1088188**	**1028769**	**2026330**	**1043159**	**983171**
莲都区	451418	233100	218318	426479	220546	205933
青田县	336542	174912	161630	331341	172164	159177
缙云县	358917	182500	176417	354855	180416	174439
遂昌县	190165	97241	92924	176164	90524	85640
松阳县	185051	94581	90470	179430	92085	87345
云和县	111591	58012	53579	100788	52577	48211
庆元县	141541	71948	69593	140089	71237	68852
景宁畲族自治县	107106	55642	51464	91922	48037	43885
龙泉市	234626	120252	114374	225262	115573	109689
安徽省	**59500468**	**30245513**	**29254955**	**59104826**	**30054506**	**29050320**
合肥市	**5702466**	**2982490**	**2719976**	**5657982**	**2959422**	**2698560**
瑶海区	861022	446436	414586	854879	443315	411564
庐阳区	609239	314197	295042	604244	311698	292546
蜀山区	1022321	547663	474658	1010811	541489	469322
包河区	817686	450249	367437	811352	446786	364566
长丰县	671343	342814	328529	669885	342146	327739
肥东县	861960	439900	422060	854448	436006	418442
肥西县	858895	441231	417664	852363	437982	414381
芜湖市	**2263123**	**1165745**	**1097378**	**2252536**	**1161150**	**1091386**
镜湖区	533330	273561	259769	529507	271649	257858
弋江区	309514	158269	151245	307719	157413	150306
鸠江区	319820	177298	142522	318325	176431	141894
三山区	144378	74833	69545	143914	74704	69210
芜湖县	294039	149384	144655	292794	149109	143685
繁昌县	257764	131900	125864	256943	131538	125405
南陵县	404278	200500	203778	403334	200306	203028
蚌埠市	**3164467**	**1612771**	**1551696**	**3130809**	**1596032**	**1534777**
龙子湖区	243123	123067	120056	235822	119433	116389
蚌山区	334426	167490	166936	325629	163228	162401
禹会区	249361	127195	122166	244750	124982	119768
淮上区	145874	73831	72043	145678	73742	71936
怀远县	1028066	523605	504461	1026932	523107	503825
五河县	621973	319949	302024	612363	314857	297506
固镇县	541644	277634	264010	539635	276683	262952
淮南市	**2333896**	**1212024**	**1121872**	**2301792**	**1195382**	**1106410**
大通区	180917	91874	89043	180520	91671	88849
田家庵区	593981	307001	286980	589060	304560	284500
谢家集区	320251	163401	156850	312359	159315	153044
八公山区	175993	89853	86140	172145	87880	84265
潘集区	395684	208623	187061	389176	205231	183945
凤台县	667070	351272	315798	658532	346725	311807
马鞍山市	**1366302**	**704432**	**661870**	**1357291**	**700523**	**656768**
金家庄区	128004	65979	62025	126865	65379	61486
花山区	303855	154896	148959	300743	153394	147349
雨山区	309672	162362	147310	307213	161136	146077
当涂县	624771	321195	303576	622470	320614	301856
淮北市	**2114276**	**1070553**	**1043723**	**2111220**	**1069099**	**1042121**
杜集区	324398	164804	159594	323942	164583	159359
相山区	467358	234027	233331	465778	233310	232468
烈山区	321565	165685	155880	320890	165348	155542
濉溪县	1000955	506037	494918	1000610	505858	494752

10-1　续表 20

单位：人

地　区	合　计			汉　族		
	合计	男	女	小计	男	女
铜陵市	**723958**	**369663**	**354295**	**721009**	**368183**	**352826**
铜官山区	287765	145725	142040	286074	144860	141214
狮子山区	114297	60509	53788	113875	60269	53606
郊区	72301	37222	35079	72111	37119	34992
铜陵县	249595	126207	123388	248949	125935	123014
安庆市	**5311379**	**2685349**	**2626030**	**5295634**	**2678199**	**2617435**
迎江区	251080	126363	124717	247232	124480	122752
大观区	275003	137295	137708	268957	134284	134673
宜秀区	254431	126045	128386	253451	125587	127864
怀宁县	592750	302983	289767	592355	302847	289508
枞阳县	838712	423191	415521	837563	422918	414645
潜山县	500292	252543	247749	499996	252444	247552
太湖县	515283	266073	249210	514858	265912	248946
宿松县	571025	292465	278560	570590	292180	278410
望江县	526712	265415	261297	525264	264774	260490
岳西县	321636	161967	159669	321487	161926	159561
桐城市	664455	331009	333446	663881	330847	333034
黄山市	**1358980**	**690085**	**668895**	**1355748**	**688929**	**666819**
屯溪区	217637	108527	109110	216805	108097	108708
黄山区	147620	76491	71129	147177	76338	70839
徽州区	95529	49265	46264	95321	49200	46121
歙县	409247	207799	201448	408418	207622	200796
休宁县	250457	128289	122168	250003	128153	121850
黟县	80722	40417	40305	80574	40387	40187
祁门县	157768	79297	78471	157450	79132	78318
滁州市	**3937868**	**1999579**	**1938289**	**3898838**	**1980321**	**1918517**
琅琊区	310427	154876	155551	307568	153534	154034
南谯区	251894	129794	122100	249858	128743	121115
来安县	432021	216021	216000	430633	215433	215200
全椒县	383885	194102	189783	379129	191754	187375
定远县	779174	405278	373896	761771	396289	365482
凤阳县	644895	331937	312958	639765	329307	310458
天长市	602840	300772	302068	600638	300055	300583
明光市	532732	266799	265933	529476	265206	264270
阜阳市	**7599913**	**3762319**	**3837594**	**7528385**	**3727718**	**3800667**
颍州区	691698	343952	347746	681202	338848	342354
颍东区	519562	262476	257086	513385	259464	253921
颍泉区	557687	274118	283569	553450	272014	281436
临泉县	1543218	749979	793239	1538749	747948	790801
太和县	1361145	683983	677162	1348227	677859	670368
阜南县	1168112	567532	600580	1159865	563737	596128
颍上县	1196535	602139	594396	1175807	591836	583971
界首市	561956	278140	283816	557700	276012	281688
宿州市	**5352924**	**2698929**	**2653995**	**5340147**	**2692964**	**2647183**
埇桥区	1647642	832594	815048	1645153	831521	813632
砀山县	800408	405678	394730	791767	401339	390428
萧县	1130916	565488	565428	1130333	565275	565058
灵璧县	975308	491900	483408	974879	491788	483091
泗县	798650	403269	395381	798015	403041	394974
巢湖市	**3873102**	**1967100**	**1906002**	**3861863**	**1962336**	**1899527**
居巢区	780711	394213	386498	779431	393657	385774
庐江县	973850	491156	482694	972074	490534	481540
无为县	1180069	599655	580414	1177746	598741	579005
含山县	376436	191498	184938	375904	191311	184593
和县	562036	290578	271458	556708	288093	268615

10-1 续表 21 单位：人

地区	合计			汉族		
	合计	男	女	小计	男	女
六安市	**5611701**	**2861086**	**2750615**	**5572506**	**2842114**	**2730392**
金安区	789699	405402	384297	788336	404775	383561
裕安区	854645	443207	411438	853354	442602	410752
寿县	1008116	503392	504724	981578	490529	491049
霍邱县	1380368	719777	660591	1371930	715522	656408
舒城县	749273	365049	384224	748417	364712	383705
金寨县	514456	263935	250521	513997	263766	250231
霍山县	315144	160324	154820	314894	160208	154686
亳州市	**4850657**	**2459168**	**2391489**	**4799776**	**2434187**	**2365589**
谯城区	1409436	717269	692167	1369523	697488	672035
涡阳县	1212054	619265	592789	1203375	614965	588410
蒙城县	1062080	537029	525051	1061453	536809	524644
利辛县	1167087	585605	581482	1165425	584925	580500
池州市	**1402518**	**706180**	**696338**	**1398583**	**704540**	**694043**
贵池区	595268	298506	296762	594208	298124	296084
东至县	468280	236259	232021	466229	235278	230951
石台县	92238	46518	45720	92016	46462	45554
青阳县	246732	124897	121835	246130	124676	121454
宣城市	**2532938**	**1298040**	**1234898**	**2520707**	**1293407**	**1227300**
宣州区	772490	390693	381797	768963	389561	379402
郎溪县	320627	164468	156159	319157	164048	155109
广德县	487243	251311	235932	483716	249825	233891
泾县	299555	155332	144223	298711	155013	143698
绩溪县	156127	79841	76286	155821	79745	76076
旌德县	120039	61655	58384	119774	61574	58200
宁国市	376857	194740	182117	374565	193641	180924
福建省	**36894217**	**18981054**	**17913163**	**36097362**	**18544219**	**17553143**
福州市	**7115369**	**3630096**	**3485273**	**7020903**	**3579487**	**3441416**
鼓楼区	687705	339021	348684	682514	336473	346041
台江区	446891	224281	222610	445758	223702	222056
仓山区	762746	396776	365970	756251	393112	363139
马尾区	231929	117596	114333	230142	116588	113554
晋安区	792491	408549	383942	782657	403414	379243
闽侯县	662118	343796	318322	657628	341250	316378
连江县	561490	284416	277074	545270	276066	269204
罗源县	207677	110107	97570	189764	100694	89070
闽清县	237643	122003	115640	236388	121391	114997
永泰县	249455	129462	119993	246214	127686	118528
平潭县	357760	177499	180261	352017	174417	177600
福清市	1234838	627553	607285	1218714	618390	600324
长乐市	682626	349037	333589	677586	346304	331282
厦门市	**3531347**	**1832194**	**1699153**	**3448883**	**1788224**	**1660659**
思明区	929998	456490	473508	914070	448747	465323
海沧区	288739	155656	133083	281230	151383	129847
湖里区	931291	491222	440069	904697	477105	427592
集美区	580857	309941	270916	565113	301341	263772
同安区	496129	260670	235459	484233	254013	230220
翔安区	304333	158215	146118	299540	155635	143905
莆田市	**2778508**	**1379116**	**1399392**	**2741722**	**1357531**	**1384191**
城厢区	413853	206017	207836	410375	203954	206421
涵江区	470097	236702	233395	459080	230352	228728
荔城区	499110	249897	249213	491801	245573	246228
秀屿区	570741	273517	297224	567458	271543	295915
仙游县	824707	412983	411724	813008	406109	406899

10-1 续表 22

单位：人

地　区	合　计			汉　族		
	合计	男	女	小计	男	女
三明市	**2503388**	**1308101**	**1195287**	**2470696**	**1289243**	**1181453**
梅列区	176539	90408	86131	174133	89133	85000
三元区	198958	102848	96110	197110	101846	95264
明溪县	102667	53116	49551	101928	52716	49212
清流县	136248	72451	63797	134021	71067	62954
宁化县	272443	138170	134273	266724	134922	131802
大田县	311631	165011	146620	309969	164010	145959
尤溪县	352067	186141	165926	349839	184973	164866
沙县	226669	118547	108122	223882	116978	106904
将乐县	148867	77710	71157	147884	77083	70801
泰宁县	110278	57645	52633	109619	57224	52395
建宁县	119979	60743	59236	119328	60380	58948
永安市	347042	185311	161731	336259	178911	157348
泉州市	**8128533**	**4207539**	**3920994**	**7899527**	**4079538**	**3819989**
鲤城区	404817	207614	197203	393812	201398	192414
丰泽区	529640	275978	253662	515857	268316	247541
洛江区	187189	94723	92466	178857	90036	88821
泉港区	313539	153631	159908	295497	144474	151023
惠安县	944231	457643	486588	917633	443475	474158
安溪县	977435	505585	471850	965863	499543	466320
永春县	452217	232206	220011	449386	230773	218613
德化县	277867	143100	134767	276376	142304	134072
石狮市	636700	341333	295367	618691	330891	287800
晋江市	1986447	1065855	920592	1894298	1012952	881346
南安市	1418451	729871	688580	1393257	715376	677881
漳州市	**4809983**	**2468870**	**2341113**	**4734241**	**2427381**	**2306860**
芗城区	538186	269556	268630	527739	263860	263879
龙文区	167463	87048	80415	162593	84169	78424
云霄县	415835	215664	200171	414537	214892	199645
漳浦县	802971	408970	394001	781998	397697	384301
诏安县	597798	307810	289988	586271	301434	284837
长泰县	206809	107520	99289	203749	105731	98018
东山县	211505	107630	103875	211254	107523	103731
南靖县	333969	170338	163631	332737	169686	163051
平和县	498533	260089	238444	496440	258977	237463
华安县	159152	82206	76946	157031	81197	75834
龙海市	877762	452039	425723	859892	442215	417677
南平市	**2645548**	**1358661**	**1286887**	**2610220**	**1339480**	**1270740**
延平区	467875	239648	228227	463505	237400	226105
顺昌县	191588	97382	94206	185226	94180	91046
浦城县	304583	153947	150636	301931	152552	149379
光泽县	134113	68568	65545	130523	66715	63808
松溪县	125472	64179	61293	124160	63399	60761
政和县	171715	91115	80600	170697	90523	80174
邵武市	275112	140818	134294	269655	137650	132005
武夷山市	233554	121317	112237	231613	120180	111433
建瓯市	452174	231583	220591	449116	229899	219217
建阳市	289362	150104	139258	283794	146982	136812
龙岩市	**2559545**	**1320167**	**1239378**	**2517918**	**1296733**	**1221185**
新罗区	662429	353119	309310	654693	348413	306280
长汀县	393390	198069	195321	391657	197012	194645
永定县	362658	188933	173725	360599	187562	173037
上杭县	374047	187410	186637	347523	173142	174381
武平县	278182	139334	138848	277667	139068	138599
连城县	248645	126691	121954	248459	126599	121860
漳平市	240194	126611	113583	237320	124937	112383

10-1 续表 23

单位：人

地区	合计			汉族		
	合计	男	女	小计	男	女
宁德市	**2821996**	**1476310**	**1345686**	**2653252**	**1386602**	**1266650**
蕉城区	429260	221304	207956	407253	209889	197364
霞浦县	461176	242303	218873	423592	222285	201307
古田县	323700	168518	155182	315860	164164	151696
屏南县	137724	71794	65930	137048	71478	65570
寿宁县	175874	92611	83263	173951	91605	82346
周宁县	112701	59260	53441	111157	58438	52719
柘荣县	88387	46095	42292	86605	45183	41422
福安市	563640	297685	265955	501313	264324	236989
福鼎市	529534	276740	252794	496473	259236	237237
江西省	**44567797**	**23003521**	**21564276**	**44415487**	**22919893**	**21495594**
南昌市	**5042566**	**2633846**	**2408720**	**5022564**	**2623337**	**2399227**
东湖区	575489	286584	288905	573365	285497	287868
西湖区	503821	252887	250934	501887	251881	250006
青云谱区	316723	164103	152620	315945	163695	152250
湾里区	63963	33236	30727	63141	32917	30224
青山湖区	897843	485643	412200	893495	483186	410309
南昌县	1018675	532770	485905	1015678	531269	484409
新建县	795412	427313	368099	789000	423900	365100
安义县	180194	93031	87163	179661	92746	86915
进贤县	690446	358279	332167	690392	358246	332146
景德镇市	**1587477**	**826128**	**761349**	**1585898**	**825366**	**760532**
昌江区	192203	100481	91722	192112	100429	91683
珠山区	281358	141818	139540	280508	141368	139140
浮梁县	303563	159495	144068	303207	159340	143867
乐平市	810353	424334	386019	810071	424229	385842
萍乡市	**1854515**	**938753**	**915762**	**1851018**	**937036**	**913982**
安源区	534560	267394	267166	533371	266789	266582
湘东区	358990	183166	175824	358552	182982	175570
莲花县	236328	118370	117958	235418	117910	117508
上栗县	467214	238500	228714	466841	238365	228476
芦溪县	257423	131323	126100	256836	130990	125846
九江市	**4728778**	**2402409**	**2326369**	**4718172**	**2397140**	**2321032**
庐山区	302228	157881	144347	300227	156876	143351
浔阳区	402758	199530	203228	400252	198344	201908
九江县	315219	159909	155310	314962	159812	155150
武宁县	360269	183476	176793	357603	181989	175614
修水县	739986	369511	370475	739736	369451	370285
永修县	376107	194191	181916	375564	193943	181621
德安县	222322	114516	107806	221582	114129	107453
星子县	245526	127640	117886	245437	127618	117819
都昌县	716370	360295	356075	715609	359916	355693
湖口县	275797	141741	134056	275679	141686	133993
彭泽县	353149	179332	173817	352942	179265	173677
瑞昌市	419047	214387	204660	418579	214111	204468
新余市	**1138874**	**598003**	**540871**	**1134977**	**595843**	**539134**
渝水区	839488	440125	399363	835997	438168	397829
分宜县	299386	157878	141508	298980	157675	141305
鹰潭市	**1125156**	**590971**	**534185**	**1120517**	**588506**	**532011**
月湖区	214229	109533	104696	213350	109070	104280
余江县	352476	184849	167627	351435	184284	167151
贵溪市	558451	296589	261862	555732	295152	260580
赣州市	**8368447**	**4257863**	**4110584**	**8311204**	**4225106**	**4086098**
章贡区	642653	325821	316832	638391	323499	314892
赣县	546964	281321	265643	546088	280816	265272

10-1　续表 24

单位：人

地　　区	合　　计			汉　　族		
	合计	男	女	小计	男	女
信丰县	664047	335239	328808	656896	331159	325737
大余县	289378	148018	141360	283401	144520	138881
上犹县	257464	131821	125643	254455	130053	124402
崇义县	187234	95302	91932	185287	94238	91049
安远县	340740	174756	165984	339309	173960	165349
龙南县	300301	147761	152540	299343	147224	152119
定南县	172771	86723	86048	172515	86596	85919
全南县	180691	91097	89594	179786	90656	89130
宁都县	794806	414902	379904	793076	413860	379216
于都县	853457	420062	433395	849734	418016	431718
兴国县	719830	371466	348364	714312	368223	346089
会昌县	445137	228413	216724	441697	226411	215286
寻乌县	288207	148225	139982	284844	146280	138564
石城县	278246	143821	134425	277177	143160	134017
瑞金市	618885	314406	304479	617470	313610	303860
南康市	787636	398709	388927	777423	392825	384598
吉安市	**4810339**	**2498021**	**2312318**	**4785452**	**2483844**	**2301608**
吉州区	338523	171278	167245	337961	170950	167011
青原区	200176	104292	95884	197571	102924	94647
吉安县	464295	242144	222151	463614	241792	221822
吉水县	501337	266647	234690	500019	265878	234141
峡江县	184483	97918	86565	183635	97480	86155
新干县	329830	174655	155175	329203	174439	154764
永丰县	428276	225799	202477	422067	222105	199962
泰和县	512225	261865	250360	507607	258835	248772
遂川县	535974	279545	256429	533918	278394	255524
万安县	301699	153695	148004	298797	152071	146726
安福县	385631	198628	187003	384959	198370	186589
永新县	475580	244342	231238	474546	243820	230726
井冈山市	152310	77213	75097	151555	76786	74769
宜春市	**5419591**	**2824148**	**2595443**	**5414338**	**2821709**	**2592629**
袁州区	1045952	536732	509220	1044816	536280	508536
奉新县	312956	162478	150478	312531	162272	150259
万载县	476856	244647	232209	476596	244600	231996
上高县	326697	168897	157800	326095	168602	157493
宜丰县	274046	142240	131806	273050	141726	131324
靖安县	144800	75786	69014	144319	75519	68800
铜鼓县	135139	70151	64988	134950	70066	64884
丰城市	1336392	708100	628292	1336072	707936	628136
樟树市	555120	285682	269438	554879	285609	269270
高安市	811633	429435	382198	811030	429099	381931
抚州市	**3912307**	**2037160**	**1875147**	**3904502**	**2032692**	**1871810**
临川区	1089888	569861	520027	1089257	569548	519709
南城县	306236	156809	149427	306112	156746	149366
黎川县	230086	119420	110666	229926	119324	110602
南丰县	287932	148732	139200	287506	148471	139035
崇仁县	347837	181262	166575	347689	181188	166501
乐安县	345766	182893	162873	340919	179997	160922
宜黄县	224039	115135	108904	223783	115003	108780
金溪县	294826	153446	141380	294440	153256	141184
资溪县	111983	56571	55412	111560	56349	55211
东乡县	438319	230994	207325	438194	230923	207271
广昌县	235395	122037	113358	235116	121887	113229

10-1 续表 25 单位：人

地区	合计			汉族		
	合计	男	女	小计	男	女
上饶市	**6579747**	**3396219**	**3183528**	**6566845**	**3389314**	**3177531**
信州区	416219	205170	211049	414844	204457	210387
上饶县	700267	360520	339747	697515	358885	338630
广丰县	752953	383314	369639	752680	383225	369455
玉山县	574369	295527	278842	573247	295049	278198
铅山县	426998	221267	205731	424261	219761	204500
横峰县	184870	95793	89077	183396	94846	88550
弋阳县	353379	185981	167398	352450	185452	166998
余干县	887616	463696	423920	886923	463394	423529
鄱阳县	1296757	675772	620985	1296358	675610	620748
万年县	359098	187599	171499	359029	187582	171447
婺源县	334020	169724	164296	333812	169664	164148
德兴市	293201	151856	141345	292330	151389	140941
山东省	**95792719**	**48446944**	**47345775**	**95066830**	**48090616**	**46976214**
济南市	**6813984**	**3423904**	**3390080**	**6687428**	**3362427**	**3325001**
历下区	754136	386087	368049	743345	380986	362359
市中区	713581	362397	351184	683617	347528	336089
槐荫区	476811	243771	233040	462374	236707	225667
天桥区	688415	347853	340562	668506	338047	330459
历城区	1124306	571050	553256	1113519	566306	547213
长清区	578740	285406	293334	571752	282199	289553
平阴县	331712	162972	168740	331339	162849	168490
济阳县	517948	256802	261146	505527	250598	254929
商河县	564125	281313	282812	552636	275577	277059
章丘市	1064210	526253	537957	1054813	521630	533183
青岛市	**8715087**	**4391744**	**4323343**	**8638387**	**4353959**	**4284428**
市南区	544847	269325	275522	539676	266852	272824
市北区	558218	273007	285211	554012	270967	283045
四方区	462497	234305	228192	459213	232686	226527
黄岛区	524206	288425	235781	516630	284175	232455
崂山区	379469	193084	186385	374845	190909	183936
李沧区	512389	256496	255893	504929	252804	252125
城阳区	737209	362904	374305	714542	351243	363299
胶州市	843054	420446	422608	836505	417576	418929
即墨市	1177201	591648	585553	1170121	588073	582048
平度市	1357424	682778	674646	1355504	682015	673489
胶南市	868348	441681	426667	864837	439941	424896
莱西市	750225	377645	372580	747573	376718	370855
淄博市	**4530597**	**2272512**	**2258085**	**4506024**	**2260398**	**2245626**
淄川区	731848	365867	365981	730606	365255	365351
张店区	929242	477681	451561	924474	475181	449293
博山区	463013	229264	233749	462004	228813	233191
临淄区	642831	322798	320033	630807	316750	314057
周村区	362294	176161	186133	360268	175139	185129
桓台县	504011	250470	253541	503635	250366	253269
高青县	347867	173440	174427	347311	173352	173959
沂源县	549491	276831	272660	546919	275542	271377
枣庄市	**3729140**	**1943932**	**1785208**	**3714929**	**1936872**	**1778057**
市中区	535515	270113	265402	527966	266367	261599
薛城区	481450	250086	231364	480523	249656	230867
峄城区	364238	189599	174639	364027	189506	174521
台儿庄区	279474	145608	133866	277066	144400	132666
山亭区	464804	244428	220376	463934	244004	219930
滕州市	1603659	844098	759561	1601413	842939	758474

10-1　续表 26

单位：人

地　区	合　计			汉　族		
	合计	男	女	小计	男	女
东营市	**2035338**	**1030852**	**1004486**	**2028452**	**1027486**	**1000966**
东营区	756676	384153	372523	752446	382002	370444
河口区	247595	125934	121661	246337	125321	121016
垦利县	242292	122443	119849	241868	122228	119640
利津县	281252	139999	141253	281056	139929	141127
广饶县	507523	258323	249200	506745	258006	248739
烟台市	**6968202**	**3522519**	**3445683**	**6944736**	**3510891**	**3433845**
芝罘区	830054	416636	413418	825463	414296	411167
福山区	600468	311704	288764	593522	308021	285501
牟平区	467907	235622	232285	466620	235092	231528
莱山区	329304	162293	167011	324897	160134	164763
长岛县	44025	22290	21735	43952	22249	21703
龙口市	688255	347992	340263	687025	347294	339731
莱阳市	878591	444069	434522	877834	443847	433987
莱州市	883896	448574	435322	882336	447718	434618
蓬莱市	451109	225888	225221	450656	225633	225023
招远市	566244	284990	281254	565525	284590	280935
栖霞市	589620	299686	289934	589213	299537	289676
海阳市	638729	322775	315954	637693	322480	315213
潍坊市	**9086241**	**4600438**	**4485803**	**9051541**	**4584051**	**4467490**
潍城区	415118	208841	206277	414021	208292	205729
寒亭区	424106	217295	206811	423307	216938	206369
坊子区	512161	259032	253129	511534	258862	252672
奎文区	692643	356416	336227	690426	355249	335177
临朐县	834314	424816	409498	833785	424625	409160
昌乐县	615910	312326	303584	615516	312242	303274
青州市	940355	471061	469294	916322	458939	457383
诸城市	1086222	549076	537146	1085001	548740	536261
寿光市	1139454	580569	558885	1137260	579652	557608
安丘市	926894	470776	456118	926412	470657	455755
高密市	895582	447238	448344	894773	446989	447784
昌邑市	603482	302992	300490	603184	302866	300318
济宁市	**8081905**	**4118415**	**3963490**	**8030766**	**4093417**	**3937349**
市中区	588861	295582	293279	572458	287414	285044
任城区	652151	334147	318004	647163	331707	315456
微山县	633357	335764	297593	632592	335313	297279
鱼台县	437146	224623	212523	434404	223263	211141
金乡县	625262	320797	304465	622282	319298	302984
嘉祥县	818188	422056	396132	816308	421162	395146
汶上县	684617	341934	342683	683351	341331	342020
泗水县	536087	270705	265382	533579	269392	264187
梁山县	730652	371772	358880	730033	371592	358441
曲阜市	640498	314778	325720	637020	313218	323802
兖州市	618394	311091	307303	612149	307989	304160
邹城市	1116692	575166	541526	1109427	571738	537689
泰安市	**5494207**	**2742039**	**2752168**	**5422884**	**2706560**	**2716324**
泰山区	760045	382102	377943	741243	372766	368477
岱岳区	975380	484209	491171	955100	474090	481010
宁阳县	754647	373907	380740	747922	370591	377331
东平县	741566	370468	371098	738558	368970	369588
新泰市	1315942	664875	651067	1302252	657965	644287
肥城市	946627	466478	480149	937809	462178	475631
威海市	**2804771**	**1413199**	**1391572**	**2780325**	**1401713**	**1378612**
环翠区	844310	425997	418313	828462	417860	410602
文登市	673625	338374	335251	670895	337336	333559
荣成市	714355	360716	353639	710962	359037	351925
乳山市	572481	288112	284369	570006	287480	282526

10-1 续表 27

单位：人

地区	合计			汉族		
	合计	男	女	小计	男	女
日照市	**2801013**	**1415966**	**1385047**	**2796645**	**1414165**	**1382480**
东港区	920511	463238	457273	918149	462064	456085
岚山区	400067	205177	194890	399647	204999	194648
五莲县	484883	245926	238957	484464	245826	238638
莒县	995552	501625	493927	994385	501276	493109
莱芜市	**1298529**	**653394**	**645135**	**1293917**	**651090**	**642827**
莱城区	989535	495881	493654	985623	493900	491723
钢城区	308994	157513	151481	308294	157190	151104
临沂市	**10039440**	**5103107**	**4936333**	**9993000**	**5081545**	**4911455**
兰山区	1159181	595572	563609	1151233	591511	559722
罗庄区	510945	264599	246346	504720	261345	243375
河东区	633522	324444	309078	633173	324329	308844
沂南县	822727	412693	410034	820681	411929	408752
郯城县	936166	474158	462008	931598	471950	459648
沂水县	998331	497657	500674	992983	495158	497825
苍山县	1161932	598415	563517	1156269	595609	560660
费县	923475	474254	449221	920491	473079	447412
平邑县	900167	456774	443393	894784	454566	440218
莒南县	886376	445908	440468	884830	445268	439562
蒙阴县	489537	245613	243924	488863	245308	243555
临沭县	617081	313020	304061	613375	311493	301882
德州市	**5568235**	**2818739**	**2749496**	**5494009**	**2781640**	**2712369**
德城区	679535	346814	332721	669006	341527	327479
陵县	569007	286735	282272	546942	275728	271214
宁津县	449891	227473	222418	446018	225544	220474
庆云县	294684	151069	143615	290623	149035	141588
临邑县	511105	255364	255741	496508	248074	248434
齐河县	602042	303931	298111	599099	302441	296658
平原县	442948	223019	219929	437553	220322	217231
夏津县	500514	253997	246517	500333	253910	246423
武城县	376063	190503	185560	373773	189351	184422
乐陵市	652415	336297	316118	651238	335724	315514
禹城市	490031	243537	246494	482916	239984	242932
聊城市	**5789863**	**2938609**	**2851254**	**5734396**	**2910649**	**2823747**
东昌府区	1229768	625296	604472	1218450	619662	598788
阳谷县	770725	392743	377982	768101	391454	376647
莘县	958827	488795	470032	946965	482760	464205
茌平县	520016	261335	258681	518915	260782	258133
东阿县	352630	175326	177304	352489	175277	177212
冠县	764864	391713	373151	750313	384200	366113
高唐县	473422	237225	236197	472717	236888	235829
临清市	719611	366176	353435	706446	359626	346820
滨州市	**3748474**	**1884028**	**1864446**	**3726572**	**1873068**	**1853504**
滨城区	682717	337844	344873	681240	337134	344106
惠民县	602491	300413	302078	601817	300093	301724
阳信县	427014	216033	210981	415546	210212	205334
无棣县	418687	213756	204931	412593	210680	201913
沾化县	351672	176699	174973	351325	176466	174859
博兴县	487116	246934	240182	486209	246506	239703
邹平县	778777	392349	386428	777842	391977	385865
菏泽市	**8287693**	**4173547**	**4114146**	**8222819**	**4140685**	**4082134**
牡丹区	1346717	678657	668060	1333205	671853	661352
曹县	1365675	685823	679852	1338855	672142	666713
单县	1063243	535852	527391	1061595	534983	526612
成武县	612016	306653	305363	611664	306511	305153
巨野县	860581	432084	428497	858527	431065	427462
郓城县	1040690	525031	515659	1040349	524921	515428
鄄城县	721898	362707	359191	718809	361165	357644
定陶县	565793	285357	280436	554483	279586	274897
东明县	711080	361383	349697	705332	358459	346873

10-1　续表 28　　　　单位：人

地区	合计			汉族		
	合计	男	女	小计	男	女
河南省	**94029939**	**47493063**	**46536876**	**92908354**	**46924281**	**45984073**
郑州市	**8627089**	**4422318**	**4204771**	**8481672**	**4351001**	**4130671**
中原区	905491	465346	440145	877953	451910	426043
二七区	712646	363265	349381	696479	355438	341041
管城回族区	645932	336548	309384	621888	324684	297204
金水区	1588716	813096	775620	1554309	796391	757918
上街区	131549	65276	66273	129367	64185	65182
惠济区	269579	132566	137013	266554	131128	135426
中牟县	727440	374331	353109	717919	369687	348232
巩义市	807911	411355	396556	806357	410512	395845
荥阳市	613804	310697	303107	600858	304275	296583
新密市	797256	410906	386350	793745	409117	384628
新郑市	758128	387552	370576	752819	385041	367778
登封市	668637	351380	317257	663424	348633	314791
开封市	**4676483**	**2370764**	**2305719**	**4602852**	**2334658**	**2268194**
龙亭区	127784	61890	65894	123712	59937	63775
顺河回族区	232296	114173	118123	212634	104603	108031
鼓楼区	143175	69917	73258	137425	67188	70237
禹王台区	130604	64612	65992	127842	63309	64533
金明区	262258	134689	127569	254356	130797	123559
杞县	956533	490986	465547	947987	486715	461272
通许县	567495	290539	276956	562990	288282	274708
尉氏县	879713	452442	427271	876208	450757	425451
开封县	698799	357707	341092	687257	351946	335311
兰考县	677826	333809	344017	672441	331124	341317
洛阳市	**6549941**	**3306567**	**3243374**	**6483415**	**3272923**	**3210492**
老城区	163176	79909	83267	161103	78931	82172
西工区	372941	189497	183444	365975	186132	179843
瀍河回族区	177939	89740	88199	154128	78037	76091
涧西区	619221	311597	307624	609941	307077	302864
吉利区	69076	34328	34748	68695	34146	34549
洛龙区	523726	259645	264081	521468	258640	262828
孟津县	414637	208155	206482	413634	207511	206123
新安县	470198	240811	229387	469595	240537	229058
栾川县	342848	179062	163786	336365	174963	161402
嵩县	507052	255315	251737	505685	254557	251128
汝阳县	408009	207103	200906	407500	206855	200645
宜阳县	636491	320518	315973	635698	320159	315539
洛宁县	421262	211637	209625	415473	208702	206771
伊川县	756669	382505	374164	755960	382165	373795
偃师市	666696	336745	329951	662195	334511	327684
平顶山市	**4904701**	**2523143**	**2381558**	**4837223**	**2488814**	**2348409**
新华区	389866	201221	188645	381846	197362	184484
卫东区	302603	152923	149680	296807	150131	146676
石龙区	54912	30612	24300	54715	30517	24198
湛河区	286661	145544	141117	277741	140903	136838
宝丰县	490269	252298	237971	485263	249729	235534
叶县	777203	398729	378474	760194	389660	370534
鲁山县	789901	407693	382208	783714	404651	379063
郏县	571524	297312	274212	560163	291565	268598
舞钢市	313828	163058	150770	312266	162276	149990
汝州市	927934	473753	454181	924514	472020	452494

10-1 续表 29 单位：人

地　区	合　计			汉　族		
	合计	男	女	小计	男	女
安阳市	**5173188**	**2502912**	**2670276**	**5167453**	**2500397**	**2667056**
文峰区	442885	218580	224305	441169	217833	223336
北关区	245624	120480	125144	244922	120119	124803
殷都区	243874	124298	119576	242751	123739	119012
龙安区	214456	110247	104209	214233	110148	104085
安阳县	849057	404328	444729	848846	404268	444578
汤阴县	430803	209067	221736	430626	209004	221622
滑县	1263289	632977	630312	1261917	632424	629493
内黄县	693498	350310	343188	693396	350265	343131
林州市	789702	332625	457077	789593	332597	456996
鹤壁市	**1569208**	**804272**	**764936**	**1567641**	**803561**	**764080**
鹤山区	131421	68077	63344	131354	68042	63312
山城区	230968	118775	112193	230617	118587	112030
淇滨区	272332	138195	134137	271824	137965	133859
浚县	665338	340640	324698	665153	340599	324554
淇县	269149	138585	130564	268693	138368	130325
新乡市	**5708191**	**2873482**	**2834709**	**5660511**	**2849567**	**2810944**
红旗区	391290	192977	198313	387110	190981	196129
卫滨区	193506	95509	97997	190454	94035	96419
凤泉区	144298	76472	67826	143867	76188	67679
牧野区	317994	157913	160081	313274	155666	157608
新乡县	339942	173454	166488	336897	171918	164979
获嘉县	402950	203118	199832	400010	201524	198486
原阳县	659380	333046	326334	652617	329614	323003
延津县	469280	239287	229993	468406	238854	229552
封丘县	743837	381278	362559	731696	374998	356698
长垣县	809535	403756	405779	809159	403601	405558
卫辉市	495744	249899	245845	492147	248191	243956
辉县市	740435	366773	373662	734874	363997	370877
焦作市	**3540101**	**1796311**	**1743790**	**3468067**	**1760094**	**1707973**
解放区	295695	151325	144370	288523	147719	140804
中站区	106064	53347	52717	99033	49797	49236
马村区	139533	73982	65551	138555	73494	65061
山阳区	324121	165176	158945	319229	162749	156480
修武县	287814	148499	139315	286504	147871	138633
博爱县	436319	222672	213647	415514	212026	203488
武陟县	713945	362339	351606	702780	356833	345947
温县	421796	211670	210126	421690	211614	210076
沁阳市	447701	223839	223862	435762	217825	217937
孟州市	367113	183462	183651	360477	180166	180311
濮阳市	**3598740**	**1796273**	**1802467**	**3591080**	**1792647**	**1798433**
华龙区	655674	329441	326233	653213	328265	324948
清丰县	635927	317790	318137	635439	317567	317872
南乐县	458487	220770	237717	457736	220413	237323
范县	469874	234041	235833	468993	233645	235348
台前县	332124	167289	164835	331060	166795	164265
濮阳县	1046654	526942	519712	1044639	525962	518677
许昌市	**4307488**	**2206634**	**2100854**	**4248460**	**2176891**	**2071569**
魏都区	498087	246529	251558	487230	241281	245949
许昌县	767449	393836	373613	759347	389778	369569
鄢陵县	551611	287092	264519	550767	286672	264095
襄城县	671315	339483	331832	657150	332354	324796
禹州市	1131896	587465	544431	1114368	578485	535883
长葛市	687130	352229	334901	679598	348321	331277

10-1　续表 30

单位：人

地　区	合　计			汉　族		
	合计	男	女	小计	男	女
漯河市	**2544266**	**1299682**	**1244584**	**2519294**	**1287280**	**1232014**
源汇区	323954	161430	162524	317247	158192	159055
郾城区	493680	254743	238937	487920	251876	236044
召陵区	477340	243111	234229	470624	239785	230839
舞阳县	538447	274466	263981	536656	273563	263093
临颍县	710845	365932	344913	706847	363864	342983
三门峡市	**2234018**	**1148433**	**1085585**	**2223458**	**1143087**	**1080371**
湖滨区	325628	165167	160461	323137	163952	159185
渑池县	346434	175802	170632	345109	175106	170003
陕县	343679	178927	164752	343160	178652	164508
卢氏县	352449	183265	169184	348390	181192	167198
义马市	144779	74981	69798	144279	74736	69543
灵宝市	721049	370291	350758	719383	369449	349934
南阳市	**10263660**	**5280744**	**4982916**	**10062923**	**5170463**	**4892460**
宛城区	887234	454163	433071	859069	439931	419138
卧龙区	924578	464285	460293	908175	456001	452174
南召县	557153	292619	264534	534304	278899	255405
方城县	922467	472494	449973	906944	464657	442287
西峡县	444414	231608	212806	440856	229661	211195
镇平县	859564	448921	410643	818947	424275	394672
内乡县	575210	293834	281376	560543	284923	275620
淅川县	685683	351119	334564	679790	347400	332390
社旗县	633786	326260	307526	628034	323135	304899
唐河县	1282262	663728	618534	1271325	658245	613080
新野县	629210	319578	309632	621069	315341	305728
桐柏县	393942	203103	190839	391342	201801	189541
邓州市	1468157	759032	709125	1442525	746194	696331
商丘市	**7362975**	**3683893**	**3679082**	**7244817**	**3624791**	**3620026**
梁园区	787984	398178	389806	768558	388745	379813
睢阳区	748408	379327	369081	733708	371921	361787
民权县	703428	348583	354845	678346	336115	342231
睢县	711136	353394	357742	693312	344347	348965
宁陵县	523403	259222	264181	503316	249070	254246
柘城县	778158	386270	391888	766580	380349	386231
虞城县	954785	479535	475250	954002	479135	474867
夏邑县	915291	456221	459070	907569	452371	455198
永城市	1240382	623163	617219	1239426	622738	616688
信阳市	**6109106**	**3066246**	**3042860**	**6081930**	**3053092**	**3028838**
浉河区	594391	291148	303243	588985	288679	300306
平桥区	635651	318836	316815	633001	317762	315239
罗山县	504577	255781	248796	502560	254745	247815
光山县	585353	299475	285878	585206	299445	285761
新县	275304	139144	136160	275166	139092	136074
商城县	495526	244817	250709	495254	244712	250542
固始县	1023929	520057	503872	1010241	513074	497167
潢川县	630376	314308	316068	628424	313346	315078
淮滨县	570197	281043	289154	570105	280999	289106
息县	793802	401637	392165	792988	401238	391750
周口市	**8953793**	**4425662**	**4528131**	**8824855**	**4361415**	**4463440**
川汇区	505171	252259	252912	487729	243900	243829
扶沟县	625819	317609	308210	619679	314481	305198
西华县	787918	403445	384473	779215	399062	380153
商水县	940792	462379	478413	938538	461301	477237

10-1 续表 31

单位：人

地区	合计			汉族		
	合计	男	女	小计	男	女
沈丘县	983583	482409	501174	966104	473498	492606
郸城县	1003910	496608	507302	1003765	496546	507219
淮阳县	1089699	534112	555587	1065390	522186	543204
太康县	1102952	550324	552628	1072034	534769	537265
鹿邑县	910251	432053	478198	905263	429438	475825
项城市	1003698	494464	509234	987138	486234	500904
驻马店市	**7231234**	**3641356**	**3589878**	**7175521**	**3613578**	**3561943**
驿城区	721723	370895	350828	711203	365743	345460
西平县	700152	353002	347150	686672	346090	340582
上蔡县	1084210	534698	549512	1082939	534159	548780
平舆县	748398	373514	374884	742232	370409	371823
正阳县	645034	317668	327366	640767	315507	325260
确山县	406021	198081	207940	403918	197154	206764
泌阳县	810409	424811	385598	805764	422454	383310
汝南县	769995	391111	378884	764767	388544	376223
遂平县	493930	257976	235954	490636	256312	234324
新蔡县	851362	419600	431762	846623	417206	429417
省直辖县级行政区划	**675757**	**344371**	**331386**	**667182**	**340022**	**327160**
济源市	675757	344371	331386	667182	340022	327160
湖北省	**57237727**	**29391247**	**27846480**	**54769192**	**28128850**	**26640342**
武汉市	**9785388**	**5033091**	**4752297**	**9696947**	**4987519**	**4709428**
江岸区	895957	447333	448624	888605	443590	445015
江汉区	685699	347568	338131	681272	345331	335941
硚口区	829665	419116	410549	825077	416637	408440
汉阳区	584098	304534	279564	581034	302749	278285
武昌区	1214287	618210	596077	1199399	610563	588836
青山区	485607	249776	235831	481452	247595	233857
洪山区	1390243	739303	650940	1355730	721923	633807
东西湖区	452053	235027	217026	449383	233550	215833
汉南区	114970	60055	54915	114727	59918	54809
蔡甸区	618994	321698	297296	616452	320262	296190
江夏区	790117	404289	385828	782020	400291	381729
黄陂区	874938	445292	429646	873208	444310	428898
新洲区	848760	440890	407870	848588	440800	407788
黄石市	**2429318**	**1259260**	**1170058**	**2425066**	**1257210**	**1167856**
黄石港区	224314	110076	114238	223170	109544	113626
西塞山区	233708	119350	114358	233143	119066	114077
下陆区	176614	93068	83546	175520	92503	83017
铁山区	57327	29405	27922	56955	29215	27740
阳新县	827631	427271	400360	827324	427179	400145
大冶市	909724	480090	429634	908954	479703	429251
十堰市	**3340841**	**1751833**	**1589008**	**3328982**	**1745767**	**1583215**
茅箭区	399449	204668	194781	397489	203732	193757
张湾区	368471	195248	173223	366381	194074	172307
郧县	558355	292044	266311	557079	291403	265676
郧西县	447482	235050	212432	444116	233322	210794
竹山县	417079	223970	193109	416637	223748	192889
竹溪县	315259	168282	146977	314336	167833	146503
房县	390991	204387	186604	390058	203906	186152
丹江口市	443755	228184	215571	442886	227749	215137
宜昌市	**4059686**	**2080389**	**1979297**	**3587723**	**1837966**	**1749757**
西陵区	512074	260743	251331	491084	250421	240663
伍家岗区	214194	108280	105914	207247	104900	102347
点军区	103696	52919	50777	101728	52306	49422

10-1　续表 32　　　　单位：人

地　区	合　计			汉　族		
	合计	男	女	小计	男	女
猇亭区	61230	32902	28328	59822	32159	27663
夷陵区	520186	268646	251540	516922	266976	249946
远安县	184532	96756	87776	184304	96632	87672
兴山县	170630	89392	81238	169254	88776	80478
秭归县	367107	189341	177766	364938	188560	176378
长阳土家族自治县	388228	202555	185673	135476	71273	64203
五峰土家族自治县	188923	98429	90494	29036	15334	13702
宜都市	384598	195298	189300	371169	189128	182041
当阳市	468293	236455	231838	465768	235221	230547
枝江市	495995	248673	247322	490975	246280	244695
襄樊市	**5500307**	**2783478**	**2716829**	**5485376**	**2776082**	**2709294**
襄城区	473202	236053	237149	470516	234739	235777
樊城区	821531	411802	409729	817630	409807	407823
襄阳区	904957	461519	443438	903351	460700	442651
南漳县	533661	273122	260539	533304	272962	260342
谷城县	523607	262478	261129	523043	262220	260823
保康县	254596	133100	121496	254166	132887	121279
老河口市	471482	235712	235770	469113	234524	234589
枣阳市	1004741	510830	493911	1003157	510082	493075
宜城市	512530	258862	253668	511096	258161	252935
鄂州市	**1048668**	**551366**	**497302**	**1047342**	**550692**	**496650**
梁子湖区	142608	74205	68403	142539	74183	68356
华容区	237333	125190	112143	237143	125083	112060
鄂城区	668727	351971	316756	667660	351426	316234
荆门市	**2873687**	**1461065**	**1412622**	**2860219**	**1453764**	**1406455**
东宝区	360984	182806	178178	358728	181655	177073
掇刀区	271970	137542	134428	270575	136773	133802
京山县	636776	322914	313862	635079	322074	313005
沙洋县	581443	302897	278546	577245	300367	276878
钟祥市	1022514	514906	507608	1018592	512895	505697
孝感市	**4814542**	**2479051**	**2335491**	**4809676**	**2476831**	**2332845**
孝南区	908266	458839	449427	905361	457471	447890
孝昌县	588666	303958	284708	588459	303877	284582
大悟县	614902	317540	297362	614659	317466	297193
云梦县	524799	274488	250311	524389	274294	250095
应城市	593812	306465	287347	593445	306272	287173
安陆市	568590	288029	280561	568251	287878	280373
汉川市	1015507	529732	485775	1015112	529573	485539
荆州市	**5691707**	**2899608**	**2792099**	**5658339**	**2882757**	**2775582**
沙市区	600330	305830	294500	593262	302052	291210
荆州区	553756	280088	273668	546218	276380	269838
公安县	881128	440041	441087	879308	439199	440109
监利县	1162770	601369	561401	1161827	600935	560892
江陵县	331344	167977	163367	330124	167273	162851
石首市	577022	290267	286755	575760	289747	286013
洪湖市	819446	429810	389636	816817	428472	388345
松滋市	765911	384226	381685	755023	378699	376324
黄冈市	**6162069**	**3178651**	**2983418**	**6158157**	**3177025**	**2981132**
黄州区	366769	187205	179564	365560	186636	178924
团风县	338609	177757	160852	338254	177605	160649
红安县	602148	309007	293141	602106	308993	293113
罗田县	544650	288997	255653	544409	288945	255464
英山县	357296	181833	175463	357245	181825	175420
浠水县	872649	444640	428009	872338	444529	427809
蕲春县	727805	371774	356031	727134	371488	355646
黄梅县	858806	447044	411762	858294	446838	411456
麻城市	849090	433322	415768	849009	433277	415732
武穴市	644247	337072	307175	643808	336889	306919

10-1 续表 33

单位：人

地　区	合　计			汉　族		
	合计	男	女	小计	男	女
咸宁市	**2462583**	**1264784**	**1197799**	**2458961**	**1263005**	**1195956**
咸安区	512517	263302	249215	511886	263006	248880
嘉鱼县	319196	164899	154297	318948	164791	154157
通城县	380758	194116	186642	380620	194069	186551
崇阳县	410623	206468	204155	410319	206354	203965
通山县	361079	187813	173266	360923	187746	173177
赤壁市	478410	248186	230224	476265	247039	229226
随州市	**2162222**	**1096250**	**1065972**	**2160488**	**1095430**	**1065058**
曾都区	618582	311216	307366	617970	310902	307068
随县	787730	401861	385869	787081	401556	385525
广水市	755910	383173	372737	755437	382972	372465
恩施土家族苗族自治州	**3290294**	**1674095**	**1616199**	**1491307**	**754543**	**736764**
恩施市	749574	377775	371799	444761	224802	219959
利川市	654094	334206	319888	266773	135378	131395
建始县	412038	207431	204607	258547	129120	129427
巴东县	420840	215018	205822	208321	106188	102133
宣恩县	310368	160382	149986	103051	51978	51073
咸丰县	300618	153228	147390	51125	26820	24305
来凤县	242870	122615	120255	108208	53445	54763
鹤峰县	199892	103440	96452	50521	26812	23709
省直辖县级行政区划	**3616415**	**1878326**	**1738089**	**3600609**	**1870259**	**1730350**
仙桃市	1175085	613294	561791	1170357	610881	559476
潜江市	946277	476281	469996	941693	474014	467679
天门市	1418913	748097	670816	1417822	747551	670271
神农架林区	76140	40654	35486	70737	37813	32924
湖南省	**65700762**	**33776459**	**31924303**	**59149353**	**30385867**	**28763486**
长沙市	**7040952**	**3579624**	**3461328**	**6963792**	**3541911**	**3421881**
芙蓉区	523997	263665	260332	514293	258753	255540
天心区	475221	237357	237864	466454	233295	233159
岳麓区	801781	398862	402919	781912	389667	392245
开福区	567166	288320	278846	561018	285067	275951
雨花区	724048	366550	357498	711227	360247	350980
长沙县	979472	514434	465038	966605	507354	459251
望城县	523660	266165	257495	520221	264603	255618
宁乡县	1166138	587816	578322	1163801	586935	576866
浏阳市	1279469	656455	623014	1278261	655990	622271
株洲市	**3857100**	**1969989**	**1887111**	**3838020**	**1960057**	**1877963**
荷塘区	309061	157559	151502	305849	155870	149979
芦淞区	247518	123025	124493	244847	121727	123120
石峰区	283179	149469	133710	279449	147348	132101
天元区	215392	110035	105357	212740	108613	104127
株洲县	383598	197063	186535	383101	196935	186166
攸县	693458	350639	342819	692425	350138	342287
茶陵县	575436	292197	283239	574687	291788	282899
炎陵县	202071	107758	94313	198553	105711	92842
醴陵市	947387	482244	465143	946369	481927	464442
湘潭市	**2752171**	**1403112**	**1349059**	**2739942**	**1397097**	**1342845**
雨湖区	501848	255221	246627	495874	252074	243800
岳塘区	458455	237952	220503	454910	235914	218996
湘潭县	917616	468394	449222	916350	468023	448327
湘乡市	788216	398776	389440	787097	398413	388684
韶山市	86036	42769	43267	85711	42673	43038

10-1 续表 34

单位：人

地区	合计			汉族		
	合计	男	女	小计	男	女
衡阳市	**7148344**	**3707589**	**3440755**	**7130594**	**3699107**	**3431487**
珠晖区	331094	167381	163713	328226	165856	162370
雁峰区	212914	106650	106264	211125	105696	105429
石鼓区	231592	116272	115320	230327	115737	114590
蒸湘区	298686	153710	144976	295620	151972	143648
南岳区	59681	30255	29426	59623	30229	29394
衡阳县	1103677	578005	525672	1103019	577889	525130
衡南县	954619	504374	450245	953349	503724	449625
衡山县	384196	197025	187171	383948	196930	187018
衡东县	630029	319773	310256	629586	319623	309963
祁东县	979855	510033	469822	978410	509872	468538
耒阳市	1151554	597899	553655	1149972	596889	553083
常宁市	810447	426212	384235	807389	424690	382699
邵阳市	**7071735**	**3671019**	**3400716**	**6613567**	**3432769**	**3180798**
双清区	307980	158427	149553	303336	156087	147249
大祥区	340605	171300	169305	332464	167346	165118
北塔区	104609	52402	52207	102009	51178	50831
邵东县	896619	466851	429768	894629	466095	428534
新邵县	743073	388254	354819	741949	387907	354042
邵阳县	915600	477577	438023	911792	475798	435994
隆回县	1095392	577224	518168	1074956	566964	507992
洞口县	770473	398901	371572	753820	389994	363826
绥宁县	351139	180785	170354	136332	68461	67871
新宁县	560742	290426	270316	541730	280448	261282
城步苗族自治县	250633	129245	121388	94051	46841	47210
武冈市	734870	379627	355243	726499	375650	350849
岳阳市	**5476084**	**2833087**	**2642997**	**5466017**	**2828856**	**2637161**
岳阳楼区	814369	411380	402989	809968	409509	400459
云溪区	176672	92171	84501	175750	91675	84075
君山区	240468	125315	115153	239835	124875	114960
岳阳县	716829	391804	325025	716247	391556	324691
华容县	708898	363450	345448	708499	363310	345189
湘阴县	680875	347139	333736	680155	346884	333271
平江县	947574	487170	460404	946689	486995	459694
汨罗市	692080	354293	337787	690964	353854	337110
临湘市	498319	260365	237954	497910	260198	237712
常德市	**5714623**	**2881031**	**2833592**	**5304732**	**2669872**	**2634860**
武陵区	620580	304415	316165	602172	295720	306452
鼎城区	836839	421042	415797	818497	411873	406624
安乡县	525844	267186	258658	525145	266864	258281
汉寿县	800019	404826	395193	786140	398037	388103
澧县	826655	410838	415817	816971	406049	410922
临澧县	400839	200729	200110	392228	196410	195818
桃源县	853662	436465	417197	844031	431406	412625
石门县	599287	304238	295049	271062	133973	137089
津市市	250898	131292	119606	248486	129540	118946
张家界市	**1478149**	**754897**	**723252**	**365496**	**183107**	**182389**
永定区	441804	226269	215535	85276	45831	39445
武陵源区	52724	26834	25890	5284	2813	2471
慈利县	602736	306846	295890	249195	121726	127469
桑植县	380885	194948	185937	25741	12737	13004
益阳市	**4307933**	**2190041**	**2117892**	**4292023**	**2182839**	**2109184**
资阳区	409062	207251	201811	408179	206831	201348
赫山区	836455	419766	416689	833773	418725	415048

10-1 续表 35 单位：人

地 区	合计			汉族		
	合计	男	女	小计	男	女
南县	725288	368398	356890	723259	367461	355798
桃江县	769863	394694	375169	761512	390646	370866
安化县	900995	461547	439448	900200	461302	438898
沅江市	666270	338385	327885	665100	337874	327226
郴州市	**4583531**	**2375678**	**2207853**	**4504668**	**2334411**	**2170257**
北湖区	419784	216619	203165	413739	213354	200385
苏仙区	402750	204878	197872	398725	202825	195900
桂阳县	696922	363879	333043	694646	362726	331920
宜章县	579340	302633	276707	573153	299317	273836
永兴县	572655	295882	276773	572409	295787	276622
嘉禾县	296811	154938	141873	296360	154926	141434
临武县	338445	175191	163254	337169	174598	162571
汝城县	330260	172131	158129	276771	143824	132947
桂东县	226562	121137	105425	226301	120976	105325
安仁县	382708	196938	185770	382627	196907	185720
资兴市	337294	171452	165842	332768	169171	163597
永州市	**5194275**	**2705361**	**2488914**	**4662305**	**2426475**	**2235830**
零陵区	532705	273588	259117	526899	270905	255994
冷水滩区	488010	250026	237984	485348	248701	236647
祁阳县	852204	436007	416197	847548	433955	413593
东安县	546744	282558	264186	544158	281309	262849
双牌县	164947	86827	78120	157501	82725	74776
道县	606299	327262	279037	576907	310043	266864
江永县	231898	121404	110494	92443	47652	44791
宁远县	702562	374262	328300	688067	366965	321102
蓝山县	328385	170040	158345	310800	160992	149808
新田县	328982	170616	158366	322347	167271	155076
江华瑶族自治县	411539	212771	198768	110287	55957	54330
怀化市	**4741673**	**2447003**	**2294670**	**2909574**	**1479935**	**1429639**
鹤城区	552622	281659	270963	505795	258408	247387
中方县	236649	122642	114007	233134	120924	112210
沅陵县	582582	302061	280521	293680	148461	145219
辰溪县	453565	235151	218414	410722	212146	198576
溆浦县	741014	379487	361527	669526	337553	331973
会同县	318686	165023	153663	113196	55211	57985
麻阳苗族自治县	343309	178108	165201	8073	4533	3540
新晃侗族自治县	244322	131267	113055	29575	14679	14896
芷江侗族自治县	339161	174104	165057	124528	61523	63005
靖州苗族侗族自治县	245116	127674	117442	61972	32488	29484
通道侗族自治县	206651	107082	99569	27785	14981	12804
洪江市	477996	242745	235251	431588	219028	212560
娄底市	**3784634**	**1950231**	**1834403**	**3776163**	**1946562**	**1829601**
娄星区	496744	253303	243441	493032	251550	241482
双峰县	854069	441065	413004	852754	440662	412092
新化县	1111160	572688	538472	1110440	572489	537951
冷水江市	327146	168033	159113	326049	167357	158692
涟源市	995515	515142	480373	993888	514504	479384
湘西土家族苗族自治州	**2549558**	**1307797**	**1241761**	**582460**	**302869**	**279591**
吉首市	302065	151835	150230	81680	42067	39613
泸溪县	275370	140357	135013	110377	57210	53167
凤凰县	346814	179454	167360	83918	43302	40616
花垣县	288581	148786	139795	46779	24798	21981
保靖县	278169	144351	133818	50905	27018	23887
古丈县	127297	66247	61050	13280	7225	6055
永顺县	429672	221250	208422	41946	23145	18801
龙山县	501590	255517	246073	153575	78104	75471

10-1　续表 36　　单位：人

地区	合计			汉族		
	合计	男	女	小计	男	女
广东省	**104320459**	**54400538**	**49919921**	**102253138**	**53273872**	**48979266**
广州市	**12701948**	**6639745**	**6062203**	**12489074**	**6523038**	**5966036**
荔湾区	898200	456844	441356	886212	450334	435878
越秀区	1157666	577859	579807	1142366	570170	572196
海珠区	1558663	799563	759100	1545133	792949	752184
天河区	1432426	759046	673380	1413495	749117	664378
白云区	2223150	1198119	1025031	2163476	1163959	999517
黄埔区	457930	252497	205433	449794	247941	201853
番禺区	1764828	908909	855919	1724619	887489	837130
花都区	945005	491802	453203	930810	483398	447412
南沙区	259900	142374	117526	254271	139072	115199
萝岗区	373656	202456	171200	363660	196708	166952
增城市	1037109	544485	492624	1024612	537633	486979
从化市	593415	305791	287624	590626	304268	286358
韶关市	**2826246**	**1439912**	**1386334**	**2778592**	**1414173**	**1364419**
武江区	294708	146016	148692	292637	145046	147591
浈江区	393521	209307	184214	390540	207221	183319
曲江区	303371	156042	147329	300461	154514	145947
始兴县	205452	101330	104122	198384	97539	100845
仁化县	200354	101773	98581	197788	100458	97330
翁源县	331320	167049	164271	328995	165899	163096
乳源瑶族自治县	177471	90167	87304	155251	78696	76555
新丰县	206091	105214	100877	205828	105076	100752
乐昌市	397779	206751	191028	396039	205544	190495
南雄市	316179	156263	159916	312669	154180	158489
深圳市	**10358381**	**5613545**	**4744836**	**9921394**	**5377385**	**4544009**
罗湖区	923421	464767	458654	907722	457256	450466
福田区	1317511	680575	636936	1290135	667538	622597
南山区	1088345	587305	501040	1063758	574565	489193
宝安区	4499284	2503891	1995393	4235567	2359741	1875826
龙岗区	2320460	1263100	1057360	2220184	1207361	1012823
盐田区	209360	113907	95453	204028	110924	93104
珠海市	**1562530**	**813809**	**748721**	**1523641**	**793467**	**730174**
香洲区	892685	459921	432764	872758	449726	423032
斗门区	415882	215921	199961	406237	210820	195417
金湾区	253963	137967	115996	244646	132921	111725
汕头市	**5389328**	**2703834**	**2685494**	**5368717**	**2692798**	**2675919**
龙湖区	536356	270028	266328	534307	268985	265322
金平区	810284	402384	407900	807924	401140	406784
濠江区	267463	129280	138183	266929	129017	137912
潮阳区	1626357	819292	807065	1619895	815973	803922
潮南区	1288165	651666	636499	1283313	648977	634336
澄海区	800399	401469	398930	796133	399042	397091
南澳县	60304	29715	30589	60216	29664	30552
佛山市	**7197394**	**3876536**	**3320858**	**6937449**	**3723754**	**3213695**
禅城区	1101077	574102	526975	1081136	563023	518113
南海区	2588844	1409931	1178913	2478037	1344215	1133822
顺德区	2464784	1329357	1135427	2376617	1277601	1099016
三水区	622645	337875	284770	591317	319512	271805
高明区	420044	225271	194773	410342	219403	190939
江门市	**4450703**	**2276607**	**2174096**	**4359932**	**2228260**	**2131672**
蓬江区	719146	370667	348479	695637	357375	338262
江海区	254313	130501	123812	245997	125904	120093

10-1 续表 37

单位：人

地区	合计			汉族		
	合计	男	女	小计	男	女
新会区	849155	432077	417078	831632	422379	409253
台山市	941095	476691	464404	932385	474104	458281
开平市	699242	350451	348791	686028	343302	342726
鹤山市	494938	258875	236063	477802	248887	228915
恩平市	492814	257345	235469	490451	256309	234142
湛江市	**6994832**	**3651062**	**3343770**	**6960033**	**3640099**	**3319934**
赤坎区	303824	152153	151671	302219	151282	150937
霞山区	487093	251941	235152	483838	250380	233458
坡头区	333239	174719	158520	332282	174333	157949
麻章区	487712	254692	233020	486328	254030	232298
遂溪县	886452	460029	426423	885384	459758	425626
徐闻县	698474	364865	333609	692582	362014	330568
廉江市	1443099	765030	678069	1428864	763521	665343
雷州市	1427664	745887	681777	1424490	744303	680187
吴川市	927275	481746	445529	924046	480478	443568
茂名市	**5817494**	**3023779**	**2793715**	**5801451**	**3018436**	**2783015**
茂南区	820821	429699	391122	818341	428533	389808
茂港区	396775	204960	191815	395692	204761	190931
电白县	1218716	642526	576190	1217343	642290	575053
高州市	1288665	672606	616059	1282312	670070	612242
化州市	1178809	611243	567566	1175500	610231	565269
信宜市	913708	462745	450963	912263	462551	449712
肇庆市	**3916467**	**2005288**	**1911179**	**3877979**	**1983581**	**1894398**
端州区	479342	242443	236899	473428	239389	234039
鼎湖区	164690	85271	79419	162814	84135	78679
广宁县	423941	216765	207176	423205	216434	206771
怀集县	813032	400673	412359	806929	397401	409528
封开县	398258	200516	197742	397732	200337	197395
德庆县	341211	175426	165785	340527	175171	165356
高要市	753120	392874	360246	744207	387701	356506
四会市	542873	291320	251553	529137	283013	246124
惠州市	**4598402**	**2421743**	**2176659**	**4487726**	**2359766**	**2127960**
惠城区	1579818	823019	756799	1537950	800236	737714
惠阳区	764816	416887	347929	741085	403041	338044
博罗县	1038198	547437	490761	1009075	530835	478240
惠东县	908390	476945	431445	901522	472930	428592
龙门县	307180	157455	149725	298094	152724	145370
梅州市	**4238461**	**2123914**	**2114547**	**4236370**	**2123000**	**2113370**
梅江区	380771	192903	187868	380107	192477	187630
梅县	554745	274107	280638	554454	273988	280466
大埔县	374666	187489	187177	374523	187439	187084
丰顺县	478974	237864	241110	478455	237640	240815
五华县	1050528	530612	519916	1050522	530610	519912
平远县	230045	115505	114540	229896	115461	114435
蕉岭县	205849	102422	103427	205770	102402	103368
兴宁市	962883	483012	479871	962643	482983	479660
汕尾市	**2935469**	**1504665**	**1430804**	**2932105**	**1503097**	**1429008**
城区	492262	252173	240089	491709	251894	239815
海丰县	793408	413354	380054	790889	412175	378714
陆河县	291534	148276	143258	291413	148236	143177
陆丰市	1358265	690862	667403	1358094	690792	667302
河源市	**2950195**	**1475097**	**1475098**	**2932383**	**1464962**	**1467421**
源城区	463907	236947	226960	459073	234199	224874
紫金县	640133	318132	322001	639157	317665	321492
龙川县	694480	340861	353619	692688	339873	352815
连平县	337002	168618	168384	334849	167277	167572
和平县	374709	186883	187826	373848	186412	187436
东源县	439964	223656	216308	432768	219536	213232

10-1　续表 38

单位：人

地　　区	合　　计			汉　　族		
	合计	男	女	小计	男	女
阳江市	**2421748**	**1273345**	**1148403**	**2405881**	**1264869**	**1141012**
江城区	676857	348771	328086	672663	346597	326066
阳西县	452625	243120	209505	451812	242798	209014
阳东县	442762	240783	201979	439049	238588	200461
阳春市	849504	440671	408833	842357	436886	405471
清远市	**3698412**	**1894516**	**1803896**	**3541068**	**1812565**	**1728503**
清城区	811233	424151	387082	797682	416434	381248
佛冈县	302906	154922	147984	301385	154032	147353
阳山县	356095	178044	178051	352644	176291	176353
连山壮族瑶族自治县	90515	46835	43680	36275	18021	18254
连南瑶族自治县	129258	65096	64162	58044	28994	29050
清新县	698811	358132	340679	695690	356486	339204
英德市	941952	482827	459125	937054	480345	456709
连州市	367642	184509	183133	362294	181962	180332
东莞市	**8220207**	**4446224**	**3773983**	**7814059**	**4222624**	**3591435**
中山市	**3121275**	**1656632**	**1464643**	**3000704**	**1588193**	**1412511**
潮州市	**2669466**	**1355495**	**1313971**	**2647929**	**1342282**	**1305647**
湘桥区	452469	222341	230128	448443	220148	228295
潮安县	1334796	691097	643699	1317902	680307	637595
饶平县	882201	442057	440144	881584	441827	439757
揭阳市	**5884347**	**2994460**	**2889887**	**5876670**	**2990462**	**2886208**
榕城区	746354	383432	362922	742560	381190	361370
揭东县	1159118	594294	564824	1157945	593736	564209
揭西县	825727	423407	402320	825091	423129	401962
惠来县	1097596	548701	548895	1097029	548455	548574
普宁市	2055552	1044626	1010926	2054045	1043952	1010093
云浮市	**2367154**	**1210330**	**1156824**	**2359981**	**1207061**	**1152920**
云城区	318145	165958	152187	315842	164613	151229
新兴县	431635	218556	213079	429475	217367	212108
郁南县	388732	200097	188635	388134	199752	188382
云安县	269636	139095	130541	269249	138964	130285
罗定市	959006	486624	472382	957281	486365	470916
广西壮族自治区	**46023761**	**23924704**	**22099057**	**28916096**	**15156624**	**13759472**
南宁市	**6658742**	**3452717**	**3206025**	**3124990**	**1647708**	**1477282**
兴宁区	398789	212365	186424	187537	101119	86418
青秀区	709721	360628	349093	431966	223054	208912
江南区	567999	297424	270575	309983	166158	143825
西乡塘区	1153305	591325	561980	696973	364796	332177
良庆区	344768	184507	160261	96806	53569	43237
邕宁区	259721	136295	123426	15714	8354	7360
武鸣县	544478	283243	261235	72920	39937	32983
隆安县	300215	156473	143742	11260	6501	4759
马山县	390900	197481	193419	68493	36176	32317
上林县	343590	174973	168617	54322	29125	25197
宾阳县	782255	411430	370825	632243	336310	295933
横县	863001	446573	416428	546773	282609	264164

10-1 续表 39

单位：人

地区	合计			汉族		
	合计	男	女	小计	男	女
柳州市	**3758704**	**1960125**	**1798579**	**1838648**	**973333**	**865315**
城中区	160217	82260	77957	116613	60236	56377
鱼峰区	356296	182496	173800	239264	122867	116397
柳南区	492043	255577	236466	339351	177130	162221
柳北区	428043	218727	209316	305660	157516	148144
柳江县	562351	296525	265826	149437	83034	66403
柳城县	353796	183776	170020	148785	80693	68092
鹿寨县	421019	228205	192814	207905	116183	91722
融安县	285641	150983	134658	166149	88227	77922
融水苗族自治县	402054	208915	193139	114917	60700	54217
三江侗族自治县	297244	152661	144583	50567	26747	23820
桂林市	**4747963**	**2456581**	**2291382**	**4013296**	**2077235**	**1936061**
秀峰区	156504	76958	79546	142149	70282	71867
叠彩区	170628	85297	85331	157874	78973	78901
象山区	275284	135742	139542	250733	123974	126759
七星区	297029	154017	143012	263869	136285	127584
雁山区	76193	34894	41299	68516	32079	36437
阳朔县	272223	140323	131900	239303	122804	116499
临桂县	443994	233438	210556	405883	214100	191783
灵川县	350832	183224	167608	326330	170549	155781
全州县	633174	332989	300185	605552	319510	286042
兴安县	329507	170084	159423	316587	163803	152784
永福县	233504	122560	110944	198656	103983	94673
灌阳县	233598	124325	109273	214819	115252	99567
龙胜各族自治县	154889	80221	74668	34189	18314	15875
资源县	146824	76422	70402	117140	61065	56075
平乐县	370455	193282	177173	291735	150705	141030
荔浦县	352472	181777	170695	283331	145474	137857
恭城瑶族自治县	250853	131028	119825	96630	50083	46547
梧州市	**2882200**	**1494853**	**1387347**	**2817576**	**1462256**	**1355320**
万秀区	138842	69682	69160	136855	68637	68218
蝶山区	206880	103936	102944	198284	99687	98597
长洲区	185574	94737	90837	178800	90960	87840
苍梧县	550368	286045	264323	545755	283837	261918
藤县	835470	436341	399129	831364	434839	396525
蒙山县	192953	101243	91710	157098	82111	74987
岑溪市	772113	402869	369244	769420	402185	367235
北海市	**1539251**	**800856**	**738395**	**1509315**	**786079**	**723236**
海城区	348544	176469	172075	336954	170156	166798
银海区	176785	94416	82369	165238	88021	77217
铁山港区	142715	74125	68590	141658	73611	68047
合浦县	871207	455846	415361	865465	454291	411174
防城港市	**866927**	**476343**	**390584**	**485455**	**267988**	**217467**
港口区	155236	88780	66456	125440	71841	53599
防城区	362888	196750	166138	241452	131379	110073
上思县	204094	112234	91860	16363	9351	7012
东兴市	144709	78579	66130	102200	55417	46783
钦州市	**3079721**	**1638285**	**1441436**	**2754644**	**1464400**	**1290244**
钦南区	617047	333552	283495	533419	288865	244554
钦北区	581381	319257	262124	356528	196383	160145
灵山县	1152674	600232	552442	1137437	594192	543245
浦北县	728619	385244	343375	727260	384960	342300
贵港市	**4118808**	**2133891**	**1984917**	**3510825**	**1826513**	**1684312**
港北区	578365	297440	280925	375618	195077	180541
港南区	507962	261049	246913	497604	257759	239845
覃塘区	407547	204304	203243	188072	98058	90014
平南县	1128030	594399	533631	1050921	550968	499953
桂平市	1496904	776699	720205	1398610	724651	673959

10-1　续表 40

单位：人

地　区	合　计			汉　族		
	合计	男	女	小计	男	女
玉林市	**5487368**	**2857653**	**2629715**	**5445348**	**2843772**	**2601576**
玉州区	1056743	555743	501000	1042678	549722	492956
容县	633139	322614	310525	628906	322097	306809
陆川县	762372	395404	366968	758997	394611	364386
博白县	1342504	703311	639193	1337004	702651	634353
兴业县	560394	295049	265345	550055	289956	260099
北流市	1132216	585532	546684	1127708	584735	542973
百色市	**3466758**	**1782226**	**1684532**	**518413**	**276152**	**242261**
右江区	372825	190232	182593	94899	50603	44296
田阳县	313253	158608	154645	32514	17525	14989
田东县	356810	181819	174991	41780	22514	19266
平果县	434289	222814	211475	29303	16601	12702
德保县	297907	156353	141554	6176	3569	2607
靖西县	498524	259434	239090	6354	3870	2484
那坡县	153686	79270	74416	11401	6221	5180
凌云县	185869	97065	88804	84570	44467	40103
乐业县	148504	76964	71540	69843	36328	33515
田林县	225043	115089	109954	60724	32236	28488
西林县	138647	71330	67317	13187	7286	5901
隆林各族自治县	341401	173248	168153	67662	34932	32730
贺州市	**1954072**	**1011406**	**942666**	**1630866**	**841613**	**789253**
八步区	613461	312347	301114	556173	283036	273137
平桂管理区	392029	204431	187598	354858	184634	170224
昭平县	340647	179571	161076	308923	162433	146490
钟山县	351124	182336	168788	295834	152169	143665
富川瑶族自治县	256811	132721	124090	115078	59341	55737
河池市	**3369251**	**1729426**	**1639825**	**542808**	**287735**	**255073**
金城江区	330131	170463	159668	79639	42653	36986
南丹县	278350	147120	131230	75903	41336	34567
天峨县	155017	80464	74553	58405	30500	27905
凤山县	161457	82145	79312	59116	30248	28868
东兰县	213028	108307	104721	18231	9357	8874
罗城仫佬族自治县	298261	153114	145147	75333	39573	35760
环江毛南族自治县	272328	141653	130675	16284	8878	7406
巴马瑶族自治县	224637	114130	110507	31584	16451	15133
都安瑶族自治县	516629	260223	256406	16399	8190	8209
大化瑶族自治县	360802	184012	176790	23164	12246	10918
宜州市	558611	287795	270816	88750	48303	40447
来宾市	**2099711**	**1087203**	**1012508**	**486799**	**267326**	**219473**
兴宾区	910282	470909	439373	239344	132356	106988
忻城县	312441	159577	152864	12046	6405	5641
象州县	285202	147990	137212	74985	41031	33954
武宣县	353253	184468	168785	110898	60098	50800
金秀瑶族自治县	124037	64754	59283	22495	12686	9809
合山市	114496	59505	54991	27031	14750	12281
崇左市	**1994285**	**1043139**	**951146**	**237113**	**134514**	**102599**
江州区	316738	169796	146942	63893	37042	26851
扶绥县	379118	201336	177782	59775	33692	26083
宁明县	337133	177913	159220	65224	36470	28754
龙州县	221768	112205	109563	11317	6133	5184
大新县	296555	151262	145293	6979	3920	3059
天等县	330814	170613	160201	4161	2276	1885
凭祥市	112159	60014	52145	25764	14981	10783

10-1 续表 41

单位：人

地区	合计			汉族		
	合计	男	女	小计	男	女
海南省	**8671485**	**4592283**	**4079202**	**7246067**	**3853244**	**3392823**
海口市	**2046170**	**1060095**	**986075**	**1994789**	**1036239**	**958550**
秀英区	349541	186456	163085	341851	182415	159436
龙华区	593018	303914	289104	578314	297405	280909
琼山区	479958	251224	228734	468396	246014	222382
美兰区	623653	318501	305152	606228	310405	295823
三亚市	**685408**	**362796**	**322612**	**454173**	**244451**	**209722**
省直辖县级行政区划	**5939907**	**3169392**	**2770515**	**4797105**	**2572554**	**2224551**
五指山市	104119	55710	48409	35994	20061	15933
琼海市	483217	255908	227309	462427	246966	215461
儋州市	932356	506475	425881	860408	468329	392079
文昌市	537426	274980	262446	530985	273078	257907
万宁市	545597	292045	253552	458018	247239	210779
东方市	408309	215598	192711	323986	171765	152221
定安县	284614	151727	132887	278755	149332	129423
屯昌县	256931	135804	121127	229775	122516	107259
澄迈县	467161	256982	210179	460439	254186	206253
临高县	427873	227902	199971	427445	227722	199723
白沙黎族自治县	167918	91044	76874	57051	31983	25068
昌江黎族自治县	223839	119793	104046	137334	74127	63207
乐东黎族自治县	458875	241790	217085	281783	148027	133756
陵水黎族自治县	320468	170071	150397	146714	78027	68687
保亭黎族苗族自治县	146684	79174	67510	45382	25686	19696
琼中黎族苗族自治县	174076	93999	80077	60174	33129	27045
西沙群岛	444	390	54	435	381	54
重庆市	**28846170**	**14608870**	**14237300**	**26909061**	**13617247**	**13291814**
市辖区	**15693490**	**7947973**	**7745517**	**15247144**	**7721021**	**7526123**
万州区	1563050	779146	783904	1544422	769730	774692
涪陵区	1066714	537905	528809	1059033	534569	524464
渝中区	630090	312711	317379	624092	309802	314290
大渡口区	301042	152964	148078	299166	152015	147151
江北区	738003	375554	362449	732389	372649	359740
沙坪坝区	1000013	506426	493587	986461	499439	487022
九龙坡区	1084419	556280	528139	1076421	552063	524358
南岸区	759570	386052	373518	750797	381299	369498
北碚区	680360	343858	336502	672741	340254	332487
万盛区	255776	128968	126808	253620	127959	125661
双桥区	50116	25330	24786	49983	25265	24718
渝北区	1345410	683644	661766	1333881	677909	655972
巴南区	918692	473142	445550	914282	470765	443517
黔江区	445012	229691	215321	118840	61984	56856
长寿区	770009	390060	379949	768788	389586	379202
江津区	1233149	627687	605462	1230693	626751	603942
合川区	1293028	651531	641497	1282032	647064	634968
永川区	1024708	518100	506608	1017097	514171	502926
南川区	534329	268924	265405	532406	267747	264659
市辖县	**13152680**	**6660897**	**6491783**	**11661917**	**5896226**	**5765691**
綦江县	801041	404511	396530	796149	402349	393800
潼南县	639985	323257	316728	639267	323130	316137
铜梁县	600086	297588	302498	598618	297207	301411

10-1　续表 42

单位：人

地　区	合　计			汉　族		
	合计	男	女	小计	男	女
大足县	671243	341724	329519	670685	341589	329096
荣昌县	661253	329366	331887	659350	328527	330823
璧山县	586034	297752	288282	584440	297111	287329
梁平县	687525	349316	338209	687019	349160	337859
城口县	192967	98387	94580	192831	98344	94487
丰都县	649182	327027	322155	647740	326436	321304
垫江县	704458	354462	349996	703573	354066	349507
武隆县	351038	180010	171028	340238	174879	165359
忠县	751424	378446	372978	743430	374508	368922
开县	1160336	584846	575490	1160016	584722	575294
云阳县	912912	456793	456119	910044	455356	454688
奉节县	834259	426888	407371	828411	423948	404463
巫山县	495072	254793	240279	489891	252053	237838
巫溪县	414073	209870	204203	413510	209571	203939
石柱土家族自治县	415050	210866	204184	90292	45462	44830
秀山土家族苗族自治县	501590	255904	245686	217747	110275	107472
酉阳土家族苗族自治县	578058	296694	281364	37106	19326	17780
彭水苗族土家族自治县	545094	282397	262697	251560	128207	123353
四川省	**80417528**	**40827834**	**39589694**	**75509724**	**38343974**	**37165750**
成都市	**14047625**	**7138705**	**6908920**	**13920685**	**7076943**	**6843742**
锦江区	690422	344711	345711	685045	342113	342932
青羊区	828140	407655	420485	818394	402882	415512
金牛区	1200776	617967	582809	1185982	610259	575723
武侯区	1375699	707631	668068	1354674	696908	657766
成华区	938785	483749	455036	933355	480842	452513
龙泉驿区	767203	382695	384508	760431	379983	380448
青白江区	381792	192964	188828	379597	191927	187670
新都区	775703	392432	383271	772526	390803	381723
温江区	457070	229040	228030	452625	226971	225654
金堂县	717227	363823	353404	715962	363286	352676
双流县	1279930	658746	621184	1266761	652585	614176
郫县	896162	478729	417433	883463	471900	411563
大邑县	502199	255164	247035	500595	254604	245991
蒲江县	239562	119099	120463	238862	118833	120029
新津县	302199	151289	150910	300876	150713	150163
都江堰市	657996	331637	326359	642338	324496	317842
彭州市	762887	383326	379561	759544	381834	377710
邛崃市	612753	306862	305891	611182	306239	304943
崇州市	661120	331186	329934	658473	329765	328708
自贡市	**2678899**	**1339594**	**1339305**	**2674110**	**1337690**	**1336420**
自流井区	346403	171471	174932	345079	170770	174309
贡井区	260607	131440	129167	260213	131291	128922
大安区	382245	189571	192674	381830	189390	192440
沿滩区	272809	135295	137514	272437	135172	137265
荣县	590640	295962	294678	589152	295395	293757
富顺县	826195	415855	410340	825399	415672	409727
攀枝花市	**1214121**	**628899**	**585222**	**1038825**	**541028**	**497797**
东区	364326	187959	176367	352028	181858	170170
西区	162557	84571	77986	154210	80330	73880
仁和区	260294	136970	123324	209603	111761	97842
米易县	219227	111941	107286	177711	91152	86559
盐边县	207717	107458	100259	145273	75927	69346

10-1 续表 43

单位：人

地区	合计			汉族		
	合计	男	女	小计	男	女
泸州市	**4218427**	**2138060**	**2080367**	**4145889**	**2101027**	**2044862**
江阳区	575231	284380	290851	572823	283265	289558
纳溪区	451401	231411	219990	451203	231303	219900
龙马潭区	344601	168816	175785	343682	168436	175246
泸县	840336	421097	419239	839142	420773	418369
合江县	709476	362450	347026	704749	359920	344829
叙永县	584299	303796	280503	545630	283770	261860
古蔺县	713083	366110	346973	688660	353560	335100
德阳市	**3615758**	**1827143**	**1788615**	**3606576**	**1822565**	**1784011**
旌阳区	735070	373115	361955	730338	370567	359771
中江县	1186762	607498	579264	1186110	607345	578765
罗江县	212185	106789	105396	211956	106719	105237
广汉市	591115	296501	294614	589759	295683	294076
什邡市	412758	205319	207439	412076	204991	207085
绵竹市	477868	237921	239947	476337	237260	239077
绵阳市	**4613871**	**2336711**	**2277160**	**4463996**	**2260506**	**2203490**
涪城区	866727	439046	427681	856289	433906	422383
游仙区	488604	249271	239333	485048	247027	238021
三台县	1042064	529098	512966	1040802	528651	512151
盐亭县	417221	210259	206962	414783	209163	205620
安县	366802	184754	182048	362283	182805	179478
梓潼县	302246	153404	148842	301537	153061	148476
北川羌族自治县	197108	101490	95618	126612	65514	61098
平武县	170959	88971	81988	118581	61793	56788
江油市	762140	380418	381722	758061	378586	379475
广元市	**2484122**	**1251498**	**1232624**	**2474052**	**1246346**	**1227706**
利州区	516424	262539	253885	512819	260539	252280
元坝区	168489	86590	81899	168123	86375	81748
朝天区	174333	88162	86171	173886	87936	85950
旺苍县	385787	195002	190785	385424	194809	190615
青川县	222253	115117	107136	217659	112844	104815
剑阁县	457656	229939	227717	457428	229881	227547
苍溪县	559180	274149	285031	558713	273962	284751
遂宁市	**3252619**	**1642115**	**1610504**	**3249699**	**1641370**	**1608329**
船山区	656760	329342	327418	656357	329185	327172
安居区	639125	328405	310720	638546	328328	310218
蓬溪县	553239	282309	270930	552727	282210	270517
射洪县	924531	460531	464000	924015	460376	463639
大英县	478964	241528	237436	478054	241271	236783
内江市	**3702847**	**1878205**	**1824642**	**3696173**	**1875634**	**1820539**
市中区	501285	252173	249112	500511	251775	248736
东兴区	749810	377658	372152	748677	377168	371509
威远县	626482	317861	308621	625395	317498	307897
资中县	1192060	612719	579341	1190927	612561	578366
隆昌县	633210	317794	315416	630663	316632	314031
乐山市	**3235759**	**1631205**	**1604554**	**3075484**	**1550657**	**1524827**
市中区	662814	325113	337701	658919	323250	335669
沙湾区	187180	97640	89540	186657	97407	89250
五通桥区	312086	156640	155446	311452	156382	155070
金口河区	49157	25552	23605	42535	22300	20235
犍为县	434409	219242	215167	433363	218753	214610
井研县	282222	139153	143069	281680	138979	142701
夹江县	338346	169533	168813	337654	169248	168406
沐川县	216737	113367	103370	216408	113266	103142
峨边彝族自治县	139210	72463	66747	85661	45312	40349
马边彝族自治县	176530	90023	86507	86465	44422	42043
峨眉山市	437068	222479	214589	434690	221338	213352

10-1　续表 44　　　　单位：人

地　区	合　计			汉　族		
	合计	男	女	小计	男	女
南充市	**6278614**	**3187415**	**3091199**	**6270182**	**3183739**	**3086443**
顺庆区	701927	345962	355965	699757	345037	354720
高坪区	549313	282364	266949	548640	282074	266566
嘉陵区	607635	319655	287980	607145	319430	287715
南部县	929923	459723	470200	929463	459624	469839
营山县	749734	381641	368093	749555	381613	367942
蓬安县	567373	290390	276983	567314	290377	276937
仪陇县	930028	481092	448936	929753	481042	448711
西充县	513746	262458	251288	513649	262418	251231
阆中市	728935	364130	364805	724906	362124	362782
眉山市	**2950545**	**1471587**	**1478958**	**2938039**	**1466005**	**1472034**
东坡区	821853	407721	414132	818098	405881	412217
仁寿县	1233074	617483	615591	1227089	614862	612227
彭山县	285889	143907	141982	284245	143077	141168
洪雅县	300217	149336	150881	299675	149210	150465
丹棱县	141953	70141	71812	141781	70091	71690
青神县	167559	82999	84560	167151	82884	84267
宜宾市	**4471896**	**2299731**	**2172165**	**4382069**	**2253037**	**2129032**
翠屏区	836340	422539	413801	833322	420989	412333
宜宾县	813053	416319	396734	812116	415895	396221
南溪县	335811	171954	163857	335263	171707	163556
江安县	399829	205986	193843	399643	205954	193689
长宁县	339972	177020	162952	338618	176362	162256
高县	411123	212080	199043	408189	210589	197600
珙县	379798	198418	181380	362765	189560	173205
筠连县	329053	170643	158410	312547	161948	150599
兴文县	377166	196876	180290	336390	175314	161076
屏山县	249751	127896	121855	243216	124719	118497
广安市	**3205476**	**1603068**	**1602408**	**3201891**	**1602203**	**1599688**
广安区	858159	427981	430178	856776	427596	429180
岳池县	778639	387162	391477	777772	387084	390688
武胜县	585624	291884	293740	585047	291690	293357
邻水县	704695	357032	347663	704174	356862	347312
华蓥市	278359	139009	139350	278122	138971	139151
达州市	**5468097**	**2795541**	**2672556**	**5425684**	**2773629**	**2652055**
通川区	478276	237498	240778	477476	237084	240392
达县	1111159	569383	541776	1110760	569246	541514
宣汉县	1006826	518997	487829	966456	497982	468474
开江县	430877	221371	209506	430682	221318	209364
大竹县	876884	451961	424923	876621	451828	424793
渠县	1156481	591051	565430	1156371	591016	565355
万源市	407594	205280	202314	407318	205155	202163
雅安市	**1507258**	**766602**	**740656**	**1426963**	**726237**	**700726**
雨城区	355572	178197	177375	352502	176905	175597
名山县	256484	130403	126081	254777	129645	125132
荥经县	147955	75756	72199	145132	74378	70754
汉源县	324408	166538	157870	294283	150962	143321
石棉县	123600	63632	59968	91496	47527	43969
天全县	134152	67480	66672	133284	67131	66153
芦山县	109027	55139	53888	108550	54874	53676
宝兴县	56060	29457	26603	46939	24815	22124

10-1 续表 45

单位：人

地区	合计			汉族		
	合计	男	女	小计	男	女
巴中市	**3283148**	**1669951**	**1613197**	**3282903**	**1669859**	**1613044**
巴州区	1126167	571095	555072	1125990	571036	554954
通江县	687369	351070	336299	687369	351070	336299
南江县	606992	309836	297156	606925	309804	297121
平昌县	862620	437950	424670	862619	437949	424670
资阳市	**3665057**	**1846908**	**1818149**	**3661256**	**1845490**	**1815766**
雁江区	905729	455859	449870	904284	454902	449382
安岳县	1141347	582654	558693	1140426	582549	557877
乐至县	546767	275888	270879	546122	275728	270394
简阳市	1071214	532507	538707	1070424	532311	538113
阿坝藏族羌族自治州	**898708**	**467224**	**431484**	**220679**	**125891**	**94788**
汶川县	100771	53183	47588	43913	24464	19449
理县	46556	25275	21281	10018	6953	3065
茂县	104829	53643	51186	6806	4018	2788
松潘县	72309	37686	34623	24827	13826	11001
九寨沟县	81394	43272	38122	55619	30497	25122
金川县	65976	33495	32481	14568	7961	6607
小金县	77731	40537	37194	26208	14070	12138
黑水县	60704	31358	29346	6146	4315	1831
马尔康县	58437	30678	27759	13515	8324	5191
壤塘县	39173	19939	19234	2377	1390	987
阿坝县	72391	37662	34729	4304	2670	1634
若尔盖县	74619	37675	36944	4811	2964	1847
红原县	43818	22821	20997	7567	4439	3128
甘孜藏族自治州	**1091872**	**563642**	**528230**	**199198**	**115678**	**83520**
康定县	130142	70276	59866	50126	29376	20750
泸定县	83386	43136	40250	68445	36064	32381
丹巴县	59696	30622	29074	12334	7130	5204
九龙县	62133	33646	28487	21770	12914	8856
雅江县	50225	26732	23493	5310	3797	1513
道孚县	55396	28522	26874	4973	2989	1984
炉霍县	46558	24172	22386	5176	3428	1748
甘孜县	68523	34555	33968	3935	2409	1526
新龙县	50393	25514	24879	3558	2019	1539
德格县	81503	41782	39721	2235	1510	725
白玉县	56290	26688	29602	2340	1540	800
石渠县	80834	41299	39535	1647	1085	562
色达县	58606	29143	29463	2635	1652	983
理塘县	69046	36037	33009	4465	2783	1682
巴塘县	48649	24572	24077	2785	1742	1043
乡城县	33170	17763	15407	3907	2938	969
稻城县	31113	15780	15333	2190	1405	785
得荣县	26209	13403	12806	1367	897	470
凉山彝族自治州	**4532809**	**2344030**	**2188779**	**2155371**	**1128440**	**1026931**
西昌市	712434	365946	346488	529825	271645	258180
木里藏族自治县	131726	70102	61624	29587	18156	11431
盐源县	350176	185425	164751	146485	80815	65670
德昌县	214405	109364	105041	148439	75859	72580
会理县	430066	221839	208227	350093	181734	168359
会东县	362944	193624	169320	333239	178091	155148
宁南县	170673	87790	82883	123439	63294	60145
普格县	155740	81515	74225	26739	14156	12583
布拖县	160151	82105	78046	5684	3086	2598
金阳县	165121	85119	80002	29846	15677	14169
昭觉县	251836	128378	123458	6550	3625	2925

10-1 续表 46

单位：人

地区	合计			汉族		
	合计	男	女	小计	男	女
喜德县	165906	85414	80492	17908	9323	8585
冕宁县	351245	180449	170796	205198	106098	99100
越西县	269896	137100	132796	56077	28977	27100
甘洛县	195100	102037	93063	45410	24386	21024
美姑县	221505	111616	109889	3629	2088	1541
雷波县	223885	116207	107678	97223	51430	45793
贵州省	**34748556**	**17905471**	**16843085**	**22344156**	**11517873**	**10826283**
贵阳市	**4322611**	**2221896**	**2100715**	**3610233**	**1856295**	**1753938**
南明区	829326	423080	406246	704207	358797	345410
云岩区	956906	486084	470822	821329	415845	405484
花溪区	358981	183442	175539	239246	122800	116446
乌当区	376971	196121	180850	306635	160187	146448
白云区	264496	138819	125677	215447	113406	102041
小河区	248070	129557	118513	204462	106694	97768
开阳县	358248	184470	173778	322996	166280	156716
息烽县	212897	110119	102778	201104	104175	96929
修文县	248926	128905	120021	228735	118556	110179
清镇市	467790	241299	226491	366072	189555	176517
六盘水市	**2851332**	**1493973**	**1357359**	**2125906**	**1114273**	**1011633**
钟山区	616210	320668	295542	513119	267302	245817
六枝特区	495162	255140	240022	359219	184593	174626
水城县	704615	374281	330334	401534	214728	186806
盘县	1035345	543884	491461	852034	447650	404384
遵义市	**6127082**	**3116640**	**3010442**	**5450132**	**2767218**	**2682914**
红花岗区	656592	332083	324509	632527	319627	312900
汇川区	438279	222175	216104	415015	210422	204593
遵义县	942904	483010	459894	930978	477111	453867
桐梓县	521840	267311	254529	514842	263908	250934
绥阳县	380083	192736	187347	378094	191827	186267
正安县	389634	197953	191681	352720	178592	174128
道真仡佬族苗族自治县	244159	121338	122821	64112	29291	34821
务川仡佬族苗族自治县	321657	163808	157849	30971	14611	16360
凤冈县	313128	158908	154220	263843	131079	132764
湄潭县	377358	189590	187768	368107	185095	183012
余庆县	234739	118843	115896	216892	109387	107505
习水县	523180	267539	255641	516896	264444	252452
赤水市	237052	119810	117242	232741	117685	115056
仁怀市	546477	281536	264941	532394	274139	258255
安顺市	**2297612**	**1186013**	**1111599**	**1478796**	**768409**	**710387**
西秀区	765399	390920	374479	612606	314192	298414
平坝县	297990	154415	143575	219276	114556	104720
普定县	378452	197675	180777	310608	162410	148198
镇宁布依族苗族自治县	284063	146488	137575	132888	69232	63656
关岭布依族苗族自治县	301363	157115	144248	109148	58300	50848
紫云苗族布依族自治县	270345	139400	130945	94270	49719	44551
铜仁地区	**3093204**	**1577421**	**1515783**	**927216**	**460657**	**466559**
铜仁市	361670	186121	175549	111264	54206	57058
江口县	172761	90147	82614	66480	32861	33619
玉屏侗族自治县	118525	62300	56225	23096	12049	11047
石阡县	304387	156067	148320	89888	44649	45239
思南县	499336	251102	248234	247423	120418	127005
印江土家族苗族自治县	284220	143576	140644	44072	22615	21457
德江县	367920	185829	182091	50602	25554	25048
沿河土家族自治县	449819	227345	222474	42477	21658	20819
松桃苗族自治县	486748	249823	236925	243634	122649	120985
万山特区	47818	25111	22707	8280	3998	4282

10-1 续表 47 单位：人

地区	合计			汉族		
	合计	男	女	小计	男	女
黔西南布依族苗族自治州	**2804612**	**1439828**	**1364784**	**1700052**	**880556**	**819496**
兴义市	783120	406478	376642	619790	321691	298099
兴仁县	417919	216241	201678	320744	166515	154229
普安县	254247	131242	123005	186493	96470	90023
晴隆县	246809	126475	120334	110478	57124	53354
贞丰县	303883	154306	149577	170274	87287	82987
望谟县	251966	125400	126566	53097	27347	25750
册亨县	190413	96503	93910	41054	21806	19248
安龙县	356255	183183	173072	198122	102316	95806
毕节地区	**6537498**	**3387605**	**3149893**	**4845699**	**2515970**	**2329729**
毕节市	1137383	580890	556493	1027130	524818	502312
大方县	776324	403863	372461	548471	285711	262760
黔西县	695947	362100	333847	528443	276194	252249
金沙县	560575	294677	265898	493583	259504	234079
织金县	784119	407997	376122	426622	222136	204486
纳雍县	670272	345082	325190	338295	174327	163968
威宁彝族回族苗族自治县	1263521	660040	603481	971292	510317	460975
赫章县	649357	332956	316401	511863	262963	248900
黔东南苗族侗族自治州	**3481891**	**1817730**	**1664161**	**756587**	**396364**	**360223**
凯里市	479011	250361	228650	121627	64078	57549
黄平县	263363	133487	129876	92163	47701	44462
施秉县	130464	66753	63711	63357	32868	30489
三穗县	155735	80249	75486	54596	27023	27573
镇远县	203622	106356	97266	110967	57358	53609
岑巩县	162444	84728	77716	85313	42959	42354
天柱县	263850	138200	125650	6487	2885	3602
锦屏县	154869	79516	75353	17561	8854	8707
剑河县	180624	95935	84689	12005	6098	5907
台江县	112319	58745	53574	4864	2627	2237
黎平县	391047	203389	187658	52291	28905	23386
榕江县	286322	151199	135123	54715	30242	24473
从江县	290960	153445	137515	18755	11536	7219
雷山县	117190	63372	53818	10338	5597	4741
麻江县	167641	87024	80617	35118	18662	16456
丹寨县	122430	64971	57459	16430	8971	7459
黔南布依族苗族自治州	**3232714**	**1664365**	**1568349**	**1449535**	**758131**	**691404**
都匀市	443721	227779	215942	154242	81138	73104
福泉市	283904	147713	136191	215021	112395	102626
荔波县	144865	75193	69672	14204	8129	6075
贵定县	231118	118453	112665	117585	61950	55635
瓮安县	380318	195654	184664	360053	184999	175054
独山县	265212	135759	129453	65535	35214	30321
平塘县	228560	117963	110597	93159	48460	44699
罗甸县	257236	131196	126040	82435	42913	39522
长顺县	191129	99147	91982	84217	44638	39579
龙里县	180865	93533	87332	110350	58528	51822
惠水县	342647	175514	167133	140474	72874	67600
三都水族自治县	283139	146461	136678	12260	6893	5367

10-1　续表 48　　　　单位：人

地　区	合　计			汉　族		
	合计	男	女	小计	男	女
云南省	**45966766**	**23856696**	**22110070**	**30617580**	**16017198**	**14600382**
昆明市	**6432209**	**3306182**	**3126027**	**5542394**	**2858605**	**2683789**
五华区	855521	428426	427095	743235	373729	369506
盘龙区	809881	418353	391528	726222	375645	350577
官渡区	853371	444247	409124	765548	398650	366898
西山区	753813	385363	368450	655623	336329	319294
东川区	271917	140925	130992	254010	131775	122235
呈贡县	310843	165133	145710	279050	148835	130215
晋宁县	283784	144141	139643	254897	130529	124368
富民县	145554	73853	71701	124804	63772	61032
宜良县	419399	212571	206828	383403	194422	188981
石林彝族自治县	246218	127137	119081	163586	85984	77602
嵩明县	287095	146613	140482	262635	133846	128789
禄劝彝族苗族自治县	396404	201405	194999	277487	142504	134983
寻甸回族彝族自治县	457068	233492	223576	357338	183407	173931
安宁市	341341	184523	156818	294556	159178	135378
曲靖市	**5855055**	**3074983**	**2780072**	**5442014**	**2861220**	**2580794**
麒麟区	740747	379781	360966	703638	360960	342678
马龙县	184989	94608	90381	170808	87499	83309
陆良县	622397	325133	297264	611957	319986	291971
师宗县	392361	205979	186382	324869	171201	153668
罗平县	549680	288488	261192	476300	250394	225906
富源县	722640	381260	341380	661718	349035	312683
会泽县	908292	484733	423559	869106	464422	404684
沾益县	431058	225792	205266	405243	211955	193288
宣威市	1302891	689209	613682	1218375	645768	572607
玉溪市	**2303518**	**1181282**	**1122236**	**1560281**	**806530**	**753751**
红塔区	495129	249639	245490	415147	211006	204141
江川县	280889	142213	138676	262609	133286	129323
澄江县	169366	85602	83764	158844	80611	78233
通海县	300800	152192	148608	250985	127694	123291
华宁县	214650	110578	104072	156200	81144	75056
易门县	177110	92755	84355	122396	64939	57457
峨山彝族自治县	162831	83927	78904	55925	30579	25346
新平彝族傣族自治县	285344	151068	134276	90773	50959	39814
元江哈尼族彝族傣族自治县	217399	113308	104091	47402	26312	21090
保山市	**2506491**	**1285247**	**1221244**	**2248140**	**1156354**	**1091786**
隆阳区	935618	470883	464735	805353	405904	399449
施甸县	305223	154971	150252	281529	142825	138704
腾冲县	644765	336234	308531	595955	312616	283339
龙陵县	277319	146526	130793	260751	138196	122555
昌宁县	343566	176633	166933	304552	156813	147739
昭通市	**5213521**	**2738001**	**2475520**	**4683470**	**2465304**	**2218166**
昭阳区	787837	405836	382001	656515	339558	316957
鲁甸县	390654	204595	186059	309323	163515	145808
巧家县	516349	280329	236020	493514	267904	225610
盐津县	369881	194185	175696	355893	187092	168801
大关县	263225	139366	123859	241522	128145	113377
永善县	394267	210431	183836	364488	194919	169569
绥江县	153091	79693	73398	152079	79273	72806
镇雄县	1328371	696342	632029	1219066	638688	580378
彝良县	521838	274000	247838	450502	237369	213133
威信县	385865	199823	186042	342587	177566	165021
水富县	102143	53401	48742	97981	51275	46706

10-1 续表 49

单位：人

地区	合计			汉族		
	合计	男	女	小计	男	女
丽江市	**1244769**	**642374**	**602395**	**537893**	**283669**	**254224**
古城区	211151	106229	104922	75385	39049	36336
玉龙纳西族自治县	214697	112002	102695	36847	21414	15433
永胜县	392024	198580	193444	261311	132318	128993
华坪县	168028	90061	77967	113324	61958	51366
宁蒗彝族自治县	258869	135502	123367	51026	28930	22096
普洱市	**2542898**	**1339502**	**1203396**	**991585**	**529492**	**462093**
思茅区	296565	155060	141505	187971	99635	88336
宁洱哈尼族彝族自治县	185719	96929	88790	88101	46187	41914
墨江哈尼族自治县	360507	193807	166700	89383	48279	41104
景东彝族自治县	359527	186391	173136	187901	98010	89891
景谷傣族彝族自治县	291672	156008	135664	157244	84209	73035
镇沅彝族哈尼族拉祜族自治县	208606	110882	97724	96637	51493	45144
江城哈尼族彝族自治县	121545	63831	57714	30473	16771	13702
孟连傣族拉祜族佤族自治县	135538	69700	65838	28452	15721	12731
澜沧拉祜族自治县	491884	259473	232411	118022	64830	53192
西盟佤族自治县	91335	47421	43914	7401	4357	3044
临沧市	**2429497**	**1274678**	**1154819**	**1523662**	**800747**	**722915**
临翔区	323708	166001	157707	262979	134923	128056
凤庆县	458322	237642	220680	324208	167417	156791
云县	449460	237666	211794	241344	125958	115386
永德县	369702	199612	170090	296687	160579	136108
镇康县	176356	94843	81513	129398	69206	60192
双江拉祜族佤族布朗族傣族自治县	176549	92976	83573	102114	54229	47885
耿马傣族佤族自治县	296302	152517	143785	146173	76145	70028
沧源佤族自治县	179098	93421	85677	20759	12290	8469
楚雄彝族自治州	**2684169**	**1374454**	**1309715**	**1796847**	**930468**	**866379**
楚雄市	588620	300893	287727	459541	236057	223484
双柏县	159867	83752	76115	82362	43704	38658
牟定县	208726	106957	101769	165661	85688	79973
南华县	236133	120161	115972	138038	71096	66942
姚安县	197676	100091	97585	144734	74008	70726
大姚县	273315	139987	133328	178309	92547	85762
永仁县	109304	56775	52529	41857	22833	19024
元谋县	215795	110125	105670	134817	70227	64590
武定县	271963	138724	133239	128477	67071	61406
禄丰县	422770	216989	205781	323051	167237	155814
红河哈尼族彝族自治州	**4500896**	**2341328**	**2159568**	**1928601**	**1015939**	**912662**
个旧市	459781	240531	219250	271595	142344	129251
开远市	322693	165707	156986	144726	76206	68520
蒙自市	417156	216229	200927	187362	99715	87647
屏边苗族自治县	153964	80750	73214	56482	30588	25894
建水县	531456	270618	260838	326004	168632	157372
石屏县	299114	150686	148428	122066	62527	59539
弥勒县	539725	277380	262345	313525	163000	150525
泸西县	400734	212272	188462	347595	185037	162558
元阳县	396777	212209	184568	49093	26746	22347
红河县	296480	154754	141726	13015	7173	5842
金平苗族瑶族傣族自治县	356227	188133	168094	51522	28257	23265
绿春县	222180	116623	105557	5421	3236	2185
河口瑶族自治县	104609	55436	49173	40195	22478	17717
文山壮族苗族自治州	**3517946**	**1838545**	**1679401**	**1501848**	**794258**	**707590**
文山县	481505	247547	233958	232257	120493	111764
砚山县	463261	240194	223067	157502	82332	75170
西畴县	255286	133795	121491	205657	108045	97612
麻栗坡县	277960	145557	132403	161246	85408	75838

10-1 续表 50

单位：人

地　区	合　计			汉　族		
	合计	男	女	小计	男	女
马关县	367507	192380	175127	181133	96292	84841
丘北县	477441	252281	225160	165646	88700	76946
广南县	787449	417462	369987	297401	158921	138480
富宁县	407537	209329	198208	101006	54067	46939
西双版纳傣族自治州	**1133515**	**587386**	**546129**	**340431**	**186860**	**153571**
景洪市	519935	269139	250796	200850	109457	91393
勐海县	331850	171326	160524	55709	31166	24543
勐腊县	281730	146921	134809	83872	46237	37635
大理白族自治州	**3456323**	**1751987**	**1704336**	**1751879**	**904363**	**847516**
大理市	652045	325748	326297	208113	108716	99397
漾濞彝族自治县	102305	52684	49621	32150	17101	15049
祥云县	455605	230990	224615	373769	190603	183166
宾川县	348754	178232	170522	271459	139049	132410
弥渡县	313156	158156	155000	281742	142875	138867
南涧彝族自治县	211433	107403	104030	102860	53132	49728
巍山彝族回族自治县	304368	153317	151051	168979	85823	83156
永平县	175163	89910	85253	101548	52813	48735
云龙县	199880	105783	94097	30695	18551	12144
洱源县	268313	135045	133268	83131	43596	39535
剑川县	169973	85889	84084	9432	5837	3595
鹤庆县	255328	128830	126498	88001	46267	41734
德宏傣族景颇族自治州	**1211440**	**624774**	**586666**	**629147**	**336164**	**292983**
瑞丽市	180627	93391	87236	104108	57314	46794
潞西市	389891	200090	189801	204083	107783	96300
梁河县	154175	80024	74151	103190	54184	49006
盈江县	305167	158989	146178	134458	73189	61269
陇川县	181580	92280	89300	83308	43694	39614
怒江傈僳族自治州	**534337**	**282900**	**251437**	**65995**	**41611**	**24384**
泸水县	184835	98867	85968	34433	21305	13128
福贡县	98616	50541	48075	2922	1727	1195
贡山独龙族怒族自治县	37894	20094	17800	3642	2373	1269
兰坪白族普米族自治县	212992	113398	99594	24998	16206	8792
迪庆藏族自治州	**400182**	**213073**	**187109**	**73393**	**45614**	**27779**
香格里拉县	172988	91830	81158	38436	23395	15041
德钦县	66589	35948	30641	6238	5110	1128
维西傈僳族自治县	160605	85295	75310	28719	17109	11610
西藏自治区	**3002165**	**1542652**	**1459513**	**245263**	**151158**	**94105**
拉萨市	**559423**	**287437**	**271986**	**121065**	**71513**	**49552**
城关区	279074	144376	134698	107607	61905	45702
林周县	50246	25130	25116	1170	896	274
当雄县	46463	23403	23060	815	561	254
尼木县	28149	14279	13870	590	398	192
曲水县	31860	16244	15616	1832	1417	415
堆龙德庆县	52249	27285	24964	6886	4799	2087
达孜县	26708	13756	12952	968	653	315
墨竹工卡县	44674	22964	21710	1197	884	313
昌都地区	**657505**	**338097**	**319408**	**25825**	**16651**	**9174**
昌都县	116500	60517	55983	13132	8005	5127
江达县	76026	39218	36808	1639	1236	403
贡觉县	40434	20534	19900	1131	803	328
类乌齐县	49870	25195	24675	746	476	270
丁青县	69888	36168	33720	1315	809	506
察雅县	56789	28517	28272	706	397	309

10-1 续表 51 单位：人

地区	合计			汉族		
	合计	男	女	小计	男	女
八宿县	39021	19790	19231	1545	1063	482
左贡县	44320	22501	21819	943	580	363
芒康县	81399	43417	37982	2560	1816	744
洛隆县	47491	23988	23503	872	565	307
边坝县	35767	18252	17515	1236	901	335
山南地区	**328990**	**166270**	**162720**	**18393**	**12274**	**6119**
乃东县	59615	30330	29285	9710	5727	3983
扎囊县	35473	17599	17874	547	364	183
贡嘎县	45708	23096	22612	1632	1168	464
桑日县	17261	8790	8471	463	316	147
琼结县	17093	8326	8767	468	350	118
曲松县	14280	7188	7092	294	199	95
措美县	13641	6775	6866	349	274	75
洛扎县	18453	9215	9238	300	236	64
加查县	23434	12556	10878	2678	2108	570
隆子县	34141	17381	16760	1178	985	193
错那县	15124	7438	7686	478	342	136
浪卡子县	34767	17576	17191	296	205	91
日喀则地区	**703292**	**361611**	**341681**	**25810**	**16844**	**8966**
日喀则市	120374	61696	58678	15754	9389	6365
南木林县	74930	39274	35656	639	417	222
江孜县	63503	31790	31713	1048	772	276
定日县	50818	25787	25031	472	338	134
萨迦县	47304	24489	22815	222	163	59
拉孜县	49286	25245	24041	661	475	186
昂仁县	51472	26113	25359	439	326	113
谢通门县	42280	22047	20233	736	557	179
白朗县	42551	22242	20309	376	240	136
仁布县	27826	14333	13493	238	159	79
康马县	20522	10343	10179	260	187	73
定结县	20319	10785	9534	1052	965	87
仲巴县	22147	11338	10809	370	284	86
亚东县	12920	6269	6651	868	583	285
吉隆县	14972	7890	7082	905	732	173
聂拉木县	17568	9330	8238	1251	910	341
萨嘎县	14036	7261	6775	242	135	107
岗巴县	10464	5379	5085	277	212	65
那曲地区	**462381**	**239023**	**223358**	**12982**	**8568**	**4414**
那曲县	108781	56286	52495	7376	4613	2763
嘉黎县	32356	16473	15883	565	414	151
比如县	60179	31450	28729	1058	726	332
聂荣县	32376	16030	16346	369	257	112
安多县	37802	19200	18602	667	467	200
申扎县	20285	10355	9930	447	330	117
索县	43621	22322	21299	792	554	238
班戈县	36842	18269	18573	322	233	89
巴青县	48284	27162	21122	795	541	254
尼玛县	41855	21476	20379	591	433	158
阿里地区	**95465**	**49802**	**45663**	**7367**	**5327**	**2040**
普兰县	9657	5028	4629	862	687	175
札达县	6883	3456	3427	443	327	116
噶尔县	16901	9285	7616	4235	2934	1301
日土县	9738	5042	4696	625	434	191
革吉县	15483	8093	7390	199	155	44
改则县	22177	11297	10880	553	436	117
措勤县	14626	7601	7025	450	354	96

10-1　续表 52　　　　单位：人

地　区	合　计			汉　族		
	合计	男	女	小计	男	女
林芝地区	**195109**	**100412**	**94697**	**33821**	**19981**	**13840**
林芝县	54702	28442	26260	21684	12427	9257
工布江达县	29929	15061	14868	1634	954	680
米林县	22834	11589	11245	2825	1736	1089
墨脱县	10963	5852	5111	1036	720	316
波密县	33480	17620	15860	3755	2345	1410
察隅县	27255	13702	13553	1965	1206	759
朗县	15946	8146	7800	922	593	329
陕西省	**37327379**	**19287575**	**18039804**	**37137743**	**19191534**	**17946209**
西安市	**8467838**	**4340803**	**4127035**	**8372246**	**4292669**	**4079577**
新城区	589739	300510	289229	577459	294358	283101
碑林区	614710	317020	297690	604623	311761	292862
莲湖区	698513	351125	347388	664980	334469	330511
灞桥区	595124	305035	290089	591166	302957	288209
未央区	806811	421476	385335	798302	416871	381431
雁塔区	1178529	610595	567934	1163535	603158	560377
阎良区	278604	143676	134928	277365	142996	134369
临潼区	655875	330703	325172	654128	329808	324320
长安区	1083285	547062	536223	1076734	544011	532723
蓝田县	514026	261002	253024	513527	260691	252836
周至县	562768	291651	271117	562327	291445	270882
户县	556377	287369	269008	555543	287042	268501
高陵县	333477	173579	159898	332557	173102	159455
铜川市	**834437**	**432203**	**402234**	**831594**	**430695**	**400899**
王益区	200231	101250	98981	198768	100522	98246
印台区	217509	114550	102959	216818	114132	102686
耀州区	325537	168278	157259	324871	167927	156944
宜君县	91160	48125	43035	91137	48114	43023
宝鸡市	**3716737**	**1918290**	**1798447**	**3698623**	**1909280**	**1789343**
渭滨区	448189	227518	220671	443258	225070	218188
金台区	394538	201594	192944	389699	199187	190512
陈仓区	595075	305929	289146	593971	305423	288548
凤翔县	483471	246773	236698	483118	246593	236525
岐山县	459064	236734	222330	458543	236492	222051
扶风县	416402	217612	198790	416265	217549	198716
眉县	299990	155871	144119	299702	155729	143973
陇县	248901	129675	119226	246542	128473	118069
千阳县	123959	64425	59534	122594	63734	58860
麟游县	90728	48415	42313	90692	48395	42297
凤县	105492	56581	48911	103423	55534	47889
太白县	50928	27163	23765	50816	27101	23715
咸阳市	**5096001**	**2616681**	**2479320**	**5081965**	**2609945**	**2472020**
秦都区	507093	250518	256575	503873	248978	254895
杨陵区	201172	104138	97034	198689	102870	95819
渭城区	438327	223417	214910	432115	220560	211555
三原县	403524	202890	200634	403123	202699	200424
泾阳县	487749	246333	241416	487714	246312	241402
乾县	527088	273065	254023	527013	273033	253980
礼泉县	447771	231431	216340	447513	231303	216210
永寿县	184642	95810	88832	184597	95791	88806
彬县	323256	171462	151794	323138	171384	151754

10-1 续表 53

单位：人

地区	合计			汉族		
	合计	男	女	小计	男	女
长武县	167570	89509	78061	167423	89432	77991
旬邑县	261566	138556	123010	261417	138476	122941
淳化县	193377	100008	93369	193339	100006	93333
武功县	411312	210433	200879	411312	210433	200879
兴平市	541554	279111	262443	540699	278668	262031
渭南市	**5286077**	**2682710**	**2603367**	**5280161**	**2679735**	**2600426**
临渭区	877142	440577	436565	875042	439557	435485
华县	322148	163629	158519	321905	163491	158414
潼关县	155463	80418	75045	155299	80339	74960
大荔县	693392	348768	344624	692933	348541	344392
合阳县	436441	219303	217138	436222	219195	217027
澄城县	386150	193216	192934	385881	193095	192786
蒲城县	743000	377647	365353	742901	377603	365298
白水县	279679	143951	135728	279039	143623	135416
富平县	743385	380206	363179	742983	379977	363006
韩城市	391164	202114	189050	390360	201689	188671
华阴市	258113	132881	125232	257596	132625	124971
延安市	**2187009**	**1149068**	**1037941**	**2185502**	**1148062**	**1037440**
宝塔区	475234	243604	231630	474895	243387	231508
延长县	125391	64897	60494	125362	64881	60481
延川县	168375	88111	80264	168370	88109	80261
子长县	216910	112882	104028	216903	112876	104027
安塞县	171552	91533	80019	171515	91507	80008
志丹县	140489	75102	65387	140293	74954	65339
吴起县	145061	77368	67693	144935	77283	67652
甘泉县	77188	40844	36344	77160	40819	36341
富县	149727	78766	70961	149692	78748	70944
洛川县	220684	116996	103688	220621	116963	103658
宜川县	117203	60283	56920	117156	60261	56895
黄龙县	49392	25910	23482	49140	25782	23358
黄陵县	129803	72772	57031	129460	72492	56968
汉中市	**3416196**	**1756525**	**1659671**	**3401562**	**1749212**	**1652350**
汉台区	534923	269930	264993	529872	267422	262450
南郑县	471634	239481	232153	471209	239305	231904
城固县	464903	235049	229854	464002	234633	229369
洋县	383981	198891	185090	383741	198794	184947
西乡县	341812	175533	166279	337628	173489	164139
勉县	388123	197340	190783	387418	196984	190434
宁强县	308885	159667	149218	307940	159176	148764
略阳县	201645	110877	90768	199886	109882	90004
镇巴县	246817	130557	116260	246608	130446	116162
留坝县	43398	22976	20422	43187	22859	20328
佛坪县	30075	16224	13851	30071	16222	13849
榆林市	**3351436**	**1769701**	**1581735**	**3347243**	**1767213**	**1580030**
榆阳区	637617	328115	309502	636900	327716	309184
神木县	455493	255305	200188	454534	254671	199863
府谷县	260585	149473	111112	260022	149031	110991
横山县	288053	149964	138089	288015	149941	138074
靖边县	355939	185611	170328	355664	185473	170191
定边县	319370	167129	152241	317931	166367	151564
绥德县	296088	152075	144013	296055	152064	143991
米脂县	154953	80196	74757	154905	80172	74733
佳县	204666	106259	98407	204611	106249	98362
吴堡县	75748	39483	36265	75712	39455	36257
清涧县	128938	67435	61503	128916	67421	61495
子洲县	173986	88656	85330	173978	88653	85325

10-1 续表 54 单位：人

地区	合计			汉族		
	合计	男	女	小计	男	女
安康市	**2629906**	**1389650**	**1240256**	**2607956**	**1378480**	**1229476**
汉滨区	870126	450999	419127	856300	444116	412184
汉阴县	246147	130722	115425	245892	130615	115277
石泉县	171097	92101	78996	170792	91952	78840
宁陕县	70435	38345	32090	67890	37004	30886
紫阳县	283947	151237	132710	282120	150235	131885
岚皋县	154157	83023	71134	153449	82659	70790
平利县	192959	102771	90188	192361	102463	89898
镇坪县	50966	26742	24224	50931	26734	24197
旬阳县	426677	226565	200112	425022	225671	199351
白河县	163395	87145	76250	163199	87031	76168
商洛市	**2341742**	**1231944**	**1109798**	**2330891**	**1226243**	**1104648**
商州区	531696	278268	253428	531171	277968	253203
洛南县	441613	231291	210322	441496	231225	210271
丹凤县	295349	154448	140901	295150	154355	140795
商南县	221569	115153	106416	221405	115080	106325
山阳县	422255	223597	198658	422058	223507	198551
镇安县	275862	147010	128852	266474	142080	124394
柞水县	153398	82177	71221	153137	82028	71109
甘肃省	**25575263**	**13064193**	**12511070**	**23164817**	**11841566**	**11323251**
兰州市	**3616163**	**1849819**	**1766344**	**3456788**	**1768723**	**1688065**
城关区	1278745	648495	630250	1212392	614707	597685
七里河区	561020	294935	266085	527101	277328	249773
西固区	364050	187051	176999	356242	182881	173361
安宁区	288510	148362	140148	278239	142973	135266
红古区	136101	70018	66083	123733	63767	59966
永登县	418789	210239	208550	403997	203234	200763
皋兰县	131785	66858	64927	131505	66719	64786
榆中县	437163	223861	213302	423579	217114	206465
嘉峪关市	**231853**	**123806**	**108047**	**227059**	**121171**	**105888**
金昌市	**464050**	**241691**	**222359**	**457018**	**237748**	**219270**
金川区	228561	118555	110006	222706	115362	107344
永昌县	235489	123136	112353	234312	122386	111926
白银市	**1708752**	**877941**	**830811**	**1683387**	**864359**	**819028**
白银区	294400	152916	141484	289491	149759	139732
平川区	192399	101233	91166	189785	99833	89952
靖远县	454925	232949	221976	451450	231186	220264
会宁县	541273	275590	265683	528857	269318	259539
景泰县	225755	115253	110502	223804	114263	109541
天水市	**3262549**	**1645317**	**1617232**	**3046746**	**1537408**	**1509338**
秦州区	643906	327383	316523	632039	321328	310711
麦积区	553268	283444	269824	549800	281687	268113
清水县	266908	134311	132597	262051	131821	130230
秦安县	515423	256842	258581	513331	255788	257543
甘谷县	559713	275210	284503	559709	275207	284502
武山县	437268	225321	211947	437179	225285	211894
张家川回族自治县	286063	142806	143257	92637	46292	46345
武威市	**1815059**	**933487**	**881572**	**1740223**	**895631**	**844592**
凉州区	1010295	521047	489248	1004003	517872	486131
民勤县	241251	123635	117616	240975	123463	117512
古浪县	388720	198747	189973	387551	198182	189369
天祝藏族自治县	174793	90058	84735	107694	56114	51580

10-1 续表 55 单位：人

地区	合计			汉族		
	合计	男	女	小计	男	女
张掖市	**1199515**	**612594**	**586921**	**1172936**	**599056**	**573880**
甘州区	507433	258704	248729	502178	256197	245981
肃南裕固族自治县	33653	17912	15741	15325	8345	6980
民乐县	219356	113855	105501	218832	113629	105203
临泽县	134328	68441	65887	133895	68232	65663
高台县	143446	72610	70836	142127	71974	70153
山丹县	161299	81072	80227	160579	80679	79900
平凉市	**2068033**	**1040622**	**1027411**	**1905232**	**956867**	**948365**
崆峒区	504848	257813	247035	375271	191083	184188
泾川县	281145	139316	141829	279334	138389	140945
灵台县	183937	92652	91285	177288	89280	88008
崇信县	102116	54004	48112	101032	53433	47599
华亭县	189333	99597	89736	167230	88189	79041
庄浪县	382827	186211	196616	382164	185903	196261
静宁县	423827	211029	212798	422913	210590	212323
酒泉市	**1095947**	**565860**	**530087**	**1045649**	**539382**	**506267**
肃州区	428346	216367	211979	421441	212500	208941
金塔县	147460	75783	71677	146256	75198	71058
瓜州县	148798	79419	69379	135396	72371	63025
肃北蒙古族自治县	14979	9121	5858	10044	6645	3399
阿克塞哈萨克族自治县	10545	6093	4452	7380	4475	2905
玉门市	159792	84455	75337	142971	75571	67400
敦煌市	186027	94622	91405	182161	92622	89539
庆阳市	**2211191**	**1122421**	**1088770**	**2206122**	**1119832**	**1086290**
西峰区	377528	191458	186070	375827	190582	185245
庆城县	261898	134998	126900	261610	134847	126763
环县	302918	155986	146932	302313	155678	146635
华池县	120875	62838	58037	120813	62806	58007
合水县	145722	74788	70934	145670	74763	70907
正宁县	180909	90938	89971	178979	89941	89038
宁县	405614	201394	204220	405460	201329	204131
镇原县	415727	210021	205706	415450	209886	205564
定西市	**2698624**	**1373166**	**1325458**	**2669493**	**1358156**	**1311337**
安定区	420614	214398	206216	411224	209489	201735
通渭县	349539	173686	175853	349225	173545	175680
陇西县	453259	231946	221313	452044	231324	220720
渭源县	324215	167031	157184	323237	166561	156676
临洮县	507386	255502	251884	504922	254311	250611
漳县	192957	99716	93241	192591	99529	93062
岷县	450654	230887	219767	436250	223397	212853
陇南市	**2567718**	**1336964**	**1230754**	**2514590**	**1309973**	**1204617**
武都区	555004	290388	264616	542885	284267	258618
成县	242343	124749	117594	235759	121504	114255
文县	218796	113667	105129	212415	110410	102005
宕昌县	274313	143554	130759	266167	139325	126842
康县	180061	95624	84437	179714	95467	84247
西和县	393272	201756	191516	392985	201609	191376
礼县	458237	239991	218246	449415	235446	213969
徽县	200294	103111	97183	191014	98431	92583
两当县	45398	24124	21274	44236	23514	20722

10-1 续表 56

单位：人

地区	合计			汉族		
	合计	男	女	小计	男	女
临夏回族自治州	**1946677**	**985235**	**961442**	**772872**	**392768**	**380104**
临夏市	274466	138883	135583	129628	65703	63925
临夏县	326123	164618	161505	189597	96600	92997
康乐县	233173	116487	116686	92715	46074	46641
永靖县	180161	92314	87847	156449	80278	76171
广河县	227466	114378	113088	4894	2846	2048
和政县	185083	93536	91547	75852	38441	37411
东乡族自治县	284507	146485	138022	27569	14066	13503
积石山保安族东乡族撒拉族自治县	235698	118534	117164	96168	48760	47408
甘南藏族自治州	**689132**	**355270**	**333862**	**266702**	**140492**	**126210**
合作市	90290	46668	43622	28747	15365	13382
临潭县	137001	70099	66902	96684	49853	46831
卓尼县	100522	51955	48567	29302	15154	14148
舟曲县	132108	67790	64318	86484	44991	41493
迭部县	52166	26711	25455	6564	3821	2743
玛曲县	54745	29176	25569	4292	2975	1317
碌曲县	35630	18319	17311	3257	2088	1169
夏河县	86670	44552	42118	11372	6245	5127
青海省	**5626723**	**2913793**	**2712930**	**2983521**	**1574280**	**1409241**
西宁市	**2208708**	**1136779**	**1071929**	**1635217**	**846447**	**788770**
城东区	359688	186721	172967	222105	116468	105637
城中区	296987	149025	147962	263191	132159	131032
城西区	242627	123629	118998	212109	108216	103893
城北区	299002	155066	143936	270082	140261	129821
大通回族土族自治县	435937	223746	212191	228412	119446	108966
湟中县	437835	228532	209303	321117	169011	152106
湟源县	136632	70060	66572	118201	60886	57315
海东地区	**1396845**	**717019**	**679826**	**778304**	**405274**	**373030**
平安县	102975	52454	50521	79225	40640	38585
民和回族土族自治县	350118	181138	168980	159139	84051	75088
乐都县	260184	133142	127042	224628	114780	109848
互助土族自治县	356437	185777	170660	263456	138153	125303
化隆回族自治县	203317	102123	101194	43926	23071	20855
循化撒拉族自治县	123814	62385	61429	7930	4579	3351
海北藏族自治州	**273304**	**141316**	**131988**	**98068**	**52451**	**45617**
门源回族自治县	147710	76439	71271	58208	30729	27479
祁连县	46473	23869	22604	10351	5793	4558
海晏县	37788	19227	18561	19913	10338	9575
刚察县	41333	21781	19552	9596	5591	4005
黄南藏族自治州	**256716**	**130194**	**126522**	**15617**	**9177**	**6440**
同仁县	92601	47207	45394	7933	4637	3296
尖扎县	55325	27825	27500	5113	2920	2193
泽库县	69416	35038	34378	818	531	287
河南蒙古族自治县	39374	20124	19250	1753	1089	664
海南藏族自治州	**441691**	**225965**	**215726**	**109699**	**58946**	**50753**
共和县	122966	62675	60291	33386	18121	15265
同德县	64369	33245	31124	5301	3094	2207
贵德县	101771	51849	49922	48754	25483	23271
兴海县	76025	39427	36598	9775	5782	3993
贵南县	76560	38769	37791	12483	6466	6017
果洛藏族自治州	**181682**	**95385**	**86297**	**11934**	**7697**	**4237**
玛沁县	51245	27439	23806	6769	4327	2442
班玛县	27185	14138	13047	1398	895	503
甘德县	34840	18282	16558	829	529	300
达日县	30995	16109	14886	1191	777	414
久治县	26081	13485	12596	957	621	336
玛多县	11336	5932	5404	790	548	242

10-1 续表 57

单位：人

地区	合计			汉族		
	合计	男	女	小计	男	女
玉树藏族自治州	**378439**	**194762**	**183677**	**11685**	**8733**	**2952**
玉树县	120447	62085	58362	6237	4657	1580
杂多县	58268	29714	28554	1556	1117	439
称多县	55619	28988	26631	1326	1079	247
治多县	30037	15118	14919	875	607	268
囊谦县	85825	44307	41518	976	772	204
曲麻莱县	28243	14550	13693	715	501	214
海西蒙古族藏族自治州	**489338**	**272373**	**216965**	**322997**	**185555**	**137442**
格尔木市	215214	117951	97263	150264	83679	66585
德令哈市	78184	41427	36757	55189	29580	25609
乌兰县	38272	21683	16589	22307	13392	8915
都兰县	76623	41265	35358	40644	22863	17781
天峻县	33923	20897	13026	12772	10101	2671
芒崖行政委员会	31017	17884	13133	28742	16625	12117
柴旦行政委员会	13671	9523	4148	10893	7753	3140
冷湖行政委员会	2434	1743	691	2186	1562	624
宁夏回族自治区	**6301350**	**3227404**	**3073946**	**4086367**	**2103760**	**1982607**
银川市	**1993088**	**1030563**	**962525**	**1505992**	**783280**	**722712**
兴庆区	678306	341245	337061	556888	281177	275711
西夏区	329310	168973	160337	260644	134043	126601
金凤区	282554	145948	136606	206449	107602	98847
永宁县	218260	112877	105383	168542	87365	81177
贺兰县	222981	116466	106515	172001	90735	81266
灵武市	261677	145054	116623	141468	82358	59110
石嘴山市	**725482**	**374579**	**350903**	**578372**	**299507**	**278865**
大武口区	286669	149359	137310	255334	132974	122360
惠农区	185803	96302	89501	150529	78263	72266
平罗县	253010	128918	124092	172509	88270	84239
吴忠市	**1273792**	**650830**	**622962**	**611992**	**315252**	**296740**
利通区	379346	193326	186020	153447	78933	74514
红寺堡区	165016	84836	80180	64629	33510	31119
盐池县	146560	75974	70586	142519	73835	68684
同心县	318153	160875	157278	35293	17946	17347
青铜峡市	264717	135819	128898	216104	111028	105076
固原市	**1228156**	**619390**	**608766**	**684609**	**344995**	**339614**
原州区	411854	208086	203768	224559	113339	111220
西吉县	354321	177454	176867	155382	77131	78251
隆德县	160754	81348	79406	143141	72308	70833
泾源县	101026	50805	50221	19945	10243	9702
彭阳县	200201	101697	98504	141582	71974	69608
中卫市	**1080832**	**552042**	**528790**	**705402**	**360726**	**344676**
沙坡头区	378606	194023	184583	355256	182134	173122
中宁县	312921	159134	153787	235781	120124	115657
海原县	389305	198885	190420	114365	58468	55897
新疆维吾尔自治区	**21815815**	**11270147**	**10545668**	**8829994**	**4674383**	**4155611**
乌鲁木齐市	**3112559**	**1610775**	**1501784**	**2331654**	**1221303**	**1110351**
天山区	696277	348290	347987	423961	214610	209351
沙依巴克区	664716	337162	327554	541358	277648	263710
新市区	730307	382539	347768	614235	324230	290005
水磨沟区	390943	203951	186992	330989	175020	155969

10-1 续表 58

单位：人

地区	合计			汉族		
	合计	男	女	小计	男	女
头屯河区	172796	92119	80677	131686	71488	60198
达坂城区	40657	22643	18014	21155	12254	8901
米东区	333676	180112	153564	229243	124892	104351
乌鲁木齐县	83187	43959	39228	39027	21161	17866
克拉玛依市	**391008**	**203310**	**187698**	**319265**	**168084**	**151181**
独山子区	69361	36153	33208	54114	28713	25401
克拉玛依区	261445	135729	125716	218228	114485	103743
白碱滩区	50422	26363	24059	38566	20534	18032
乌尔禾区	9780	5065	4715	8357	4352	4005
吐鲁番地区	**622903**	**327854**	**295049**	**155863**	**90288**	**65575**
吐鲁番市	273385	142270	131115	60206	34309	25897
鄯善县	231297	122072	109225	71983	41739	30244
托克逊县	118221	63512	54709	23674	14240	9434
哈密地区	**572400**	**300886**	**271514**	**396955**	**211130**	**185825**
哈密市	472175	247317	224858	347526	183577	163949
巴里坤哈萨克自治县	75442	40038	35404	40099	21886	18213
伊吾县	24783	13531	11252	9330	5667	3663
昌吉回族自治州	**1428587**	**757038**	**671549**	**1075852**	**573358**	**502494**
昌吉市	426253	221686	204567	321137	167825	153312
阜康市	165006	87821	77185	119049	64186	54863
呼图壁县	210201	112628	97573	161628	87239	74389
玛纳斯县	237558	126798	110760	203772	109148	94624
奇台县	210566	112513	98053	154098	82633	71465
吉木萨尔县	113284	61674	51610	77415	42289	35126
木垒哈萨克自治县	65719	33918	31801	38753	20038	18715
博尔塔拉蒙古自治州	**443680**	**229399**	**214281**	**288220**	**150341**	**137879**
博乐市	235585	120952	114633	158052	81704	76348
精河县	141593	73989	67604	94101	49765	44336
温泉县	66502	34458	32044	36067	18872	17195
巴音郭楞蒙古自治州	**1278486**	**664714**	**613772**	**757983**	**399919**	**358064**
库尔勒市	549324	281262	268062	405356	209802	195554
轮台县	116166	61235	54931	28745	16261	12484
尉犁县	96068	50206	45862	62645	33327	29318
若羌县	35580	20067	15513	21758	12987	8771
且末县	65572	34148	31424	18515	10341	8174
焉耆回族自治县	127628	67101	60527	53680	28564	25116
和静县	160804	84344	76460	83247	44584	38663
和硕县	72556	38111	34445	48478	25687	22791
博湖县	54788	28240	26548	35559	18366	17193
阿克苏地区	**2370809**	**1225608**	**1145201**	**542713**	**291072**	**251641**
阿克苏市	535657	273975	261682	277808	143938	133870
温宿县	233933	121934	111999	55217	30583	24634
库车县	462588	240245	222343	71479	40568	30911
沙雅县	257502	134552	122950	37807	20872	16935
新和县	172064	88393	83671	12433	7070	5363
拜城县	229252	118129	111123	33304	18295	15009
乌什县	197990	102254	95736	10549	5835	4714
阿瓦提县	237562	123417	114145	42706	23052	19654
柯坪县	44261	22709	21552	1410	859	551
克孜勒苏柯尔克孜自治州	**525570**	**267660**	**257910**	**35629**	**19937**	**15692**
阿图什市	240368	121782	118586	20039	10622	9417
阿克陶县	199065	101438	97627	7270	4266	3004
阿合奇县	38876	19872	19004	3947	2326	1621
乌恰县	47261	24568	22693	4373	2723	1650

10-1 续表 59

单位：人

地　区	合计			汉族		
	合计	男	女	小计	男	女
喀什地区	**3979321**	**2015637**	**1963684**	**318281**	**168537**	**149744**
喀什市	506640	253082	253558	106654	55751	50903
疏附县	311960	159435	152525	6423	3359	3064
疏勒县	312455	157845	154610	21296	10863	10433
英吉沙县	262067	134636	127431	3751	1998	1753
泽普县	206936	104397	102539	33300	17737	15563
莎车县	762385	387967	374418	29629	16239	13390
叶城县	454328	229250	225078	22389	11831	10558
麦盖提县	258978	130581	128397	47979	25062	22917
岳普湖县	147688	74096	73592	8449	4498	3951
伽师县	381767	192930	188837	8860	5031	3829
巴楚县	336274	171883	164391	26637	14422	12215
塔什库尔干塔吉克自治县	37843	19535	18308	2914	1746	1168
和田地区	**2014362**	**1028276**	**986086**	**72279**	**40290**	**31989**
和田市	322300	163950	158350	41212	22706	18506
和田县	269941	137086	132855	583	341	242
墨玉县	500114	256594	243520	13336	7606	5730
皮山县	258210	130956	127254	2797	1572	1225
洛浦县	232916	118966	113950	3688	1990	1698
策勒县	147050	74801	72249	2724	1488	1236
于田县	249899	128584	121315	5271	3115	2156
民丰县	33932	17339	16593	2668	1472	1196
伊犁哈萨克自治州	**2482592**	**1276240**	**1206352**	**874379**	**456118**	**418261**
伊宁市	515082	257515	257567	205889	105721	100168
奎屯市	166261	83979	82282	154544	78350	76194
伊宁县	372590	192268	180322	56837	29961	26876
察布查尔锡伯自治县	179744	92866	86878	63793	33890	29903
霍城县	352689	181327	171362	149776	77691	72085
巩留县	164860	84944	79916	43114	22462	20652
新源县	282718	147620	135098	99935	52734	47201
昭苏县	148187	76774	71413	35877	19210	16667
特克斯县	142718	75088	67630	26291	14570	11721
尼勒克县	157743	83859	73884	38323	21529	16794
塔城地区	**1219369**	**644316**	**575053**	**801541**	**427937**	**373604**
塔城市	161037	83693	77344	102475	54145	48330
乌苏市	298907	157248	141659	219302	115511	103791
额敏县	187112	99894	87218	99156	53309	45847
沙湾县	365196	195043	170153	295004	158387	136617
托里县	93098	47935	45163	26151	14181	11970
裕民县	51919	27697	24222	29829	16123	13706
和布克赛尔蒙古自治县	62100	32806	29294	29624	16281	13343
阿勒泰地区	**603283**	**313716**	**289567**	**232563**	**124172**	**108391**
阿勒泰市	190064	96984	93080	100965	52376	48589
布尔津县	66758	34461	32297	19198	10140	9058
富蕴县	87886	45787	42099	18548	10246	8302
福海县	81845	44025	37820	50597	27704	22893
哈巴河县	82507	43559	38948	23354	12974	10380
青河县	58858	30670	28188	9761	5307	4454
吉木乃县	35365	18230	17135	10140	5425	4715
自治区直辖县级行政区划	**770886**	**404718**	**366168**	**626817**	**331897**	**294920**
石河子市	380130	193713	186417	349149	178499	170650
阿拉尔市	158593	85730	72863	142554	77471	65083
图木舒克市	135727	73184	62543	42742	25948	16794
五家渠市	96436	52091	44345	92372	49979	42393

10-2　全国各县分性别的蒙古族、回族、藏族人口

单位：人

地　区	蒙古族			回　族			藏　族		
	小计	男	女	小计	男	女	小计	男	女
全　国	**5981840**	**2999520**	**2982320**	**10586087**	**5373741**	**5212346**	**6282187**	**3155625**	**3126562**
北京市	**76736**	**36758**	**39978**	**249223**	**122993**	**126230**	**5575**	**2746**	**2829**
市辖区	**74721**	**35841**	**38880**	**244174**	**120392**	**123782**	**5556**	**2738**	**2818**
东城区	2476	1238	1238	12306	5975	6331	190	98	92
西城区	2986	1403	1583	13345	6519	6826	223	118	105
崇文区	1146	542	604	6858	3230	3628	49	22	27
宣武区	2340	1137	1203	27002	13417	13585	113	63	50
朝阳区	12925	6123	6802	47214	23083	24131	1464	713	751
丰台区	7187	3440	3747	25069	12384	12685	336	176	160
石景山区	2455	1217	1238	5829	2829	3000	86	37	49
海淀区	17353	8105	9248	31803	15327	16476	2028	947	1081
门头沟区	634	275	359	955	488	467	1	1	
房山区	2208	1096	1112	7031	3590	3441	185	111	74
通州区	4261	2018	2243	22929	11448	11481	113	64	49
顺义区	2976	1440	1536	5323	2656	2667	61	19	42
昌平区	9260	4565	4695	17439	8819	8620	510	244	266
大兴区	4154	2132	2022	20377	10251	10126	163	106	57
怀柔区	1687	803	884	531	282	249	29	16	13
平谷区	673	307	366	163	94	69	5	3	2
市辖县	**2015**	**917**	**1098**	**5049**	**2601**	**2448**	**19**	**8**	**11**
密云县	1473	689	784	4551	2355	2196	9	3	6
延庆县	542	228	314	498	246	252	10	5	5
天津市	**20328**	**9817**	**10511**	**177734**	**88336**	**89398**	**1775**	**911**	**864**
市辖区	**18016**	**8772**	**9244**	**171851**	**85355**	**86496**	**1755**	**905**	**850**
和平区	576	257	319	5444	2510	2934	74	30	44
河东区	1190	577	613	11212	5592	5620	29	18	11
河西区	1782	812	970	11922	5806	6116	116	55	61
南开区	2150	994	1156	18024	8822	9202	161	90	71
河北区	908	449	459	13636	6748	6888	785	350	435
红桥区	625	327	298	34049	16693	17356	20	15	5
东丽区	1075	660	415	7395	3731	3664	89	66	23
西青区	1641	697	944	3316	1806	1510	132	63	69
津南区	850	446	404	6709	3431	3278	21	14	7
北辰区	1314	608	706	26317	13110	13207	61	34	27
武清区	1055	436	619	10282	5113	5169	34	18	16
宝坻区	707	289	418	2817	1467	1350	51	39	12
滨海新区	4143	2220	1923	20728	10526	10202	182	113	69
市辖县	**2312**	**1045**	**1267**	**5883**	**2981**	**2902**	**20**	**6**	**14**
宁河县	295	160	135	1385	692	693	2	1	1
静海县	513	261	252	2749	1377	1372	7	3	4
蓟县	1504	624	880	1749	912	837	11	2	9
河北省	**180849**	**92087**	**88762**	**570170**	**286331**	**283839**	**1935**	**869**	**1066**
石家庄市	**4133**	**1990**	**2143**	**51439**	**25553**	**25886**	**615**	**261**	**354**
长安区	496	245	251	4133	2032	2101	36	12	24
桥东区	329	201	128	2925	1491	1434	18	9	9
桥西区	817	373	444	3448	1626	1822	330	135	195
新华区	779	354	425	5114	2470	2644	45	21	24
井陉矿区	7	4	3	52	29	23			
裕华区	814	381	433	3031	1434	1597	90	55	35
井陉县	20	11	9	49	23	26	4	2	2
正定县	107	47	60	2703	1308	1395	11	2	9
栾城县	45	25	20	166	82	84	6	2	4

10-2 续表 1　　　　单位：人

地　　区	蒙古族			回　族			藏　族		
	小计	男	女	小计	男	女	小计	男	女
行唐县	49	18	31	34	17	17	21	6	15
灵寿县	16	4	12	22	11	11	3	1	2
高邑县	5	3	2	43	21	22			
深泽县	10	5	5	121	57	64			
赞皇县	2	1	1	36	24	12			
无极县	61	29	32	13362	6872	6490	8	1	7
平山县	18	8	10	21	11	10	2		2
元氏县	17	7	10	40	19	21	2	1	1
赵县	17	8	9	49	30	19	1		1
辛集市	59	25	34	891	427	464	8	3	5
藁城市	48	20	28	7732	3815	3917	11	4	7
晋州市	10	3	7	61	29	32	4	3	1
新乐市	155	97	58	7077	3564	3513	13	2	11
鹿泉市	252	121	131	329	161	168	2	2	
唐山市	**8835**	**3845**	**4990**	**26912**	**13486**	**13426**	**222**	**92**	**130**
路南区	379	207	172	1371	697	674	28	18	10
路北区	698	335	363	3825	1845	1980	24	11	13
古冶区	141	72	69	2896	1390	1506	11	3	8
开平区	341	174	167	5879	2969	2910	7	5	2
丰南区	556	285	271	481	251	230	3	1	2
丰润区	1560	689	871	1250	627	623	12	4	8
滦县	658	188	470	708	336	372	11	2	9
滦南县	274	103	171	38	16	22	7	1	6
乐亭县	194	83	111	408	240	168	9	4	5
迁西县	172	69	103	131	65	66	3	1	2
玉田县	1712	721	991	1652	855	797	71	20	51
唐海县	177	107	70	213	141	72	13	12	1
遵化市	1459	618	841	2440	1198	1242	14	9	5
迁安市	514	194	320	5620	2856	2764	9	1	8
秦皇岛市	**4282**	**1887**	**2395**	**9470**	**4671**	**4799**	**65**	**18**	**47**
海港区	2537	1166	1371	4377	2157	2220	42	10	32
山海关区	483	253	230	3476	1711	1765	5	3	2
北戴河区	245	102	143	270	100	170	5	3	2
青龙满族自治县	278	102	176	79	38	41	4		4
昌黎县	294	104	190	974	520	454	5	2	3
抚宁县	264	113	151	91	46	45	1		1
卢龙县	181	47	134	203	99	104	3		3
邯郸市	**656**	**359**	**297**	**41043**	**20356**	**20687**	**41**	**19**	**22**
邯山区	255	171	84	5602	2745	2857	18	14	4
丛台区	108	49	59	3623	1756	1867	5	3	2
复兴区	74	41	33	1967	1011	956	2	1	1
峰峰矿区	38	15	23	804	422	382			
邯郸县	51	27	24	533	269	264	2		2
临漳县	13	9	4	15	8	7			
成安县	8		8	56	27	29			
大名县	11	3	8	17166	8413	8753			
涉县	13	4	9	26	16	10	2		2
磁县	11	4	7	636	309	327			
肥乡县				6	3	3	2	1	1
永年县	7	4	3	86	38	48	1		1
邱县	5	3	2	10210	5188	5022			
鸡泽县	1		1	20	7	13	7		7
广平县	6	1	5	19	6	13			
馆陶县				81	38	43			
魏县	3	2	1	30	15	15	2		2
曲周县	13	5	8	57	28	29			
武安市	39	21	18	106	57	49			

10-2　续表 2　　　　单位：人

地　区	蒙古族			回　族			藏　族		
	小计	男	女	小计	男	女	小计	男	女
邢台市	**503**	**264**	**239**	**15985**	**7961**	**8024**	**90**	**51**	**39**
桥东区	91	44	47	4002	1984	2018	12	8	4
桥西区	244	130	114	2418	1204	1214	17	16	1
邢台县	9	5	4	566	270	296	2		2
临城县	6	6		94	46	48	1		1
内丘县	7	5	2	11	8	3			
柏乡县				10	4	6			
隆尧县	31	20	11	136	73	63			
任县	7	4	3	41	20	21	3	2	1
南和县	3	1	2	25	11	14			
宁晋县	16	7	9	19	8	11	1		1
巨鹿县	10	5	5	19	6	13	5		5
新河县	1		1	5	4	1	2		2
广宗县	9	5	4	402	196	206	16	7	9
平乡县	3	2	1	31	13	18	3		3
威县	1		1	4522	2235	2287	12	9	3
清河县	25	10	15	262	140	122	1		1
临西县	2	2		3299	1671	1628	1		1
南宫市	17	9	8	44	22	22	2		2
沙河市	21	9	12	79	46	33	12	9	3
保定市	**5891**	**2879**	**3012**	**84189**	**42249**	**41940**	**353**	**169**	**184**
新市区	839	457	382	6132	2939	3193	9	2	7
北市区	706	356	350	5580	2743	2837	147	107	40
南市区	481	246	235	5460	2707	2753	35	22	13
满城县	98	69	29	207	137	70	6	4	2
清苑县	128	55	73	1148	586	562	5	2	3
涞水县	88	43	45	1900	950	950	5	2	3
阜平县	17	4	13	32	14	18	3		3
徐水县	334	145	189	5173	2564	2609	7		7
定兴县	192	74	118	1485	750	735	8	2	6
唐县	29	15	14	156	78	78			
高阳县	203	100	103	72	35	37	29	3	26
容城县	305	120	185	56	26	30			
涞源县	6	3	3	108	46	62	9	4	5
望都县	35	21	14	64	34	30	11	3	8
安新县	111	47	64	108	52	56	6	2	4
易县	286	135	151	9625	4874	4751	17	2	15
曲阳县	3	1	2	33	15	18			
蠡县	24	11	13	80	40	40			
顺平县	26	10	16	104	52	52	1	1	
博野县	9	2	7	22	9	13	1	1	
雄县	364	192	172	1194	594	600	4	2	2
涿州市	743	351	392	3862	1930	1932	23	7	16
定州市	103	47	56	27900	14055	13845	7	1	6
安国市	33	15	18	2985	1500	1485	5		5
高碑店市	728	360	368	10703	5519	5184	15	2	13
张家口市	**10060**	**5134**	**4926**	**31447**	**15923**	**15524**	**126**	**52**	**74**
桥东区	1025	540	485	6834	3383	3451	24	16	8
桥西区	979	453	526	5902	3046	2856	8	4	4
宣化区	506	256	250	4657	2314	2343	4	1	3
下花园区	22	10	12	278	143	135	21	17	4
宣化县	113	42	71	113	54	59	2	1	1
张北县	918	453	465	2430	1252	1178	5	1	4

10-2 续表 3

单位：人

地区	蒙古族			回族			藏族		
	小计	男	女	小计	男	女	小计	男	女
康保县	200	72	128	1753	897	856	2		2
沽源县	481	248	233	1354	710	644	3	1	2
尚义县	271	133	138	719	380	339	4		4
蔚县	81	32	49	27	10	17	12	2	10
阳原县	81	19	62	25	12	13	6	1	5
怀安县	135	44	91	45	22	23	4	2	2
万全县	80	31	49	28	14	14	4	1	3
怀来县	240	86	154	5433	2703	2730	12	3	9
涿鹿县	103	42	61	1195	628	567	13	2	11
赤城县	953	539	414	568	301	267	2		2
崇礼县	3872	2134	1738	86	54	32			
承德市	**136311**	**70997**	**65314**	**28983**	**14533**	**14450**	**100**	**39**	**61**
双桥区	7943	3856	4087	9936	4808	5128	33	13	20
双滦区	2252	1117	1135	1398	701	697	5	1	4
鹰手营子矿区	649	294	355	403	216	187	1	1	
承德县	3170	1496	1674	465	238	227	3	1	2
兴隆县	807	311	496	134	63	71	9	5	4
平泉县	14357	7250	7107	8119	4094	4025	8	5	3
滦平县	849	362	487	2296	1173	1123	4	1	3
隆化县	34642	18111	16531	2162	1132	1030	9	2	7
丰宁满族自治县	18447	9714	8733	2193	1142	1051	19	6	13
宽城满族自治县	793	377	416	305	151	154	4	1	3
围场满族蒙古族自治县	52402	28109	24293	1572	815	757	5	3	2
沧州市	**2838**	**1400**	**1438**	**215993**	**108974**	**107019**	**52**	**19**	**33**
新华区	273	142	131	30331	14990	15341			
运河区	652	341	311	14415	7036	7379	3	1	2
沧县	62	27	35	18480	9369	9111	8	2	6
青县	241	98	143	22926	11569	11357	6	5	1
东光县	9	3	6	858	442	416	1		1
海兴县	16	6	10	3522	1798	1724			
盐山县	15	7	8	3010	1520	1490	6		6
肃宁县	100	46	54	2939	1503	1436	8	1	7
南皮县	34	14	20	1828	918	910			
吴桥县	70	30	40	600	309	291			
献县	46	15	31	5483	2796	2687	1		1
孟村回族自治县	9	4	5	52677	26909	25768			
泊头市	26	9	17	15951	7978	7973	4	1	3
任丘市	793	388	405	2517	1254	1263	10	5	5
黄骅市	234	142	92	24062	12380	11682	2	2	
河间市	258	128	130	16394	8203	8191	3	2	1
廊坊市	**6867**	**3143**	**3724**	**63276**	**31888**	**31388**	**243**	**137**	**106**
安次区	437	219	218	959	479	480	105	79	26
广阳区	853	413	440	12205	6106	6099	19	9	10
固安县	363	158	205	4886	2443	2443	11	4	7
永清县	200	79	121	6034	3049	2985	1		1
香河县	490	214	276	3005	1545	1460	10	3	7
大城县	244	84	160	135	66	69	3	1	2
文安县	338	146	192	4502	2310	2192	3		3
大厂回族自治县	473	209	264	24422	12215	12207	35	19	16
霸州市	394	213	181	4342	2231	2111	6	1	5
三河市	3075	1408	1667	2786	1444	1342	50	21	29
衡水市	**473**	**189**	**284**	**1433**	**737**	**696**	**28**	**12**	**16**
桃城区	179	77	102	414	195	219	5		5
枣强县	29	11	18	28	15	13	1		1
武邑县	30	8	22	31	12	19	3		3

10-2　续表 4

单位：人

地　区	蒙古族			回　族			藏　族		
	小计	男	女	小计	男	女	小计	男	女
武强县	5	3	2	4	3	1	2	1	1
饶阳县	6	3	3	6	5	1			
安平县	17	7	10	38	19	19			
故城县	51	20	31	381	188	193	5	4	1
景县	29	16	13	407	219	188			
阜城县	55	10	45	12	3	9	6	2	4
冀州市	18	4	14	36	19	17			
深州市	54	30	24	76	59	17	6	5	1
山西省	**5070**	**2707**	**2363**	**59709**	**30210**	**29499**	**1047**	**494**	**553**
太原市	**1660**	**862**	**798**	**11725**	**5928**	**5797**	**503**	**236**	**267**
小店区	414	195	219	1732	827	905	314	146	168
迎泽区	248	104	144	3648	1823	1825	71	35	36
杏花岭区	227	114	113	3008	1516	1492	18	6	12
尖草坪区	329	195	134	1047	586	461	63	35	28
万柏林区	341	194	147	1808	928	880	12	4	8
晋源区	40	22	18	336	173	163	6	4	2
清徐县	18	15	3	25	14	11	3	1	2
阳曲县	15	4	11	5	3	2	4	1	3
娄烦县	4	3	1	24	12	12	7	1	6
古交市	24	16	8	92	46	46	5	3	2
大同市	**769**	**343**	**426**	**5168**	**2627**	**2541**	**59**	**22**	**37**
城区	358	158	200	4274	2155	2119	21	11	10
矿区	76	24	52	330	181	149	8	3	5
南郊区	175	86	89	214	111	103	4	2	2
新荣区	56	29	27	9	9		4	2	2
阳高县				5	3	2			
天镇县	28	10	18	4	1	3	6		6
广灵县	2		2	2		2	5		5
灵丘县									
浑源县	17	10	7	1		1	6	1	5
左云县									
大同县	57	26	31	329	167	162	5	3	2
阳泉市	**521**	**301**	**220**	**1496**	**784**	**712**	**9**	**5**	**4**
城区	59	26	33	1127	578	549			
矿区	30	15	15	174	95	79	5	4	1
郊区	51	35	16	161	86	75	3	1	2
平定县	24	7	17	5	2	3	1		1
盂县	357	218	139	29	23	6			
长治市	**191**	**112**	**79**	**22125**	**11159**	**10966**	**15**	**5**	**10**
城区	96	62	34	20167	10146	10021	8	2	6
郊区	37	18	19	309	162	147			
长治县	10	6	4	509	255	254			
襄垣县	15	7	8	67	30	37	1		1
屯留县	14	6	8	24	13	11	2	2	
平顺县				2	2				
黎城县	1		1	13	7	6			
壶关县	3	2	1	488	245	243			
长子县	6	2	4	410	213	197	2	1	1
武乡县	3	3		11	9	2			
沁县				9	6	3	1		1
沁源县				28	14	14	1		1
潞城市	6	6		88	57	31			

10-2 续表 5

单位：人

地区	蒙古族			回族			藏族		
	小计	男	女	小计	男	女	小计	男	女
晋城市	**150**	**96**	**54**	**4965**	**2507**	**2458**	**15**	**4**	**11**
城区	107	66	41	3078	1524	1554	6	2	4
沁水县	4	2	2	71	44	27			
阳城县	8	5	3	607	318	289	3	2	1
陵川县				690	344	346			
泽州县	8	6	2	218	117	101	6		6
高平市	23	17	6	301	160	141			
朔州市	**311**	**152**	**159**	**185**	**108**	**77**	**32**	**7**	**25**
朔城区	96	48	48	109	61	48	15	5	10
平鲁区	31	22	9	14	12	2	6	1	5
山阴县	44	25	19	8	3	5	7		7
应县	20	6	14	5	3	2	2		2
右玉县	58	27	31	32	19	13			
怀仁县	62	24	38	17	10	7	2	1	1
晋中市	**398**	**229**	**169**	**2164**	**1104**	**1060**	**36**	**12**	**24**
榆次区	189	108	81	1799	896	903	11	2	9
榆社县	2	1	1	15	9	6			
左权县	15	13	2	6	4	2			
和顺县	3	3		1	1		3	2	1
昔阳县	6		6	8	5	3			
寿阳县	10	4	6	32	20	12	3	1	2
太谷县	64	34	30	190	94	96	10	3	7
祁县	25	20	5	32	27	5	1	1	
平遥县	22	11	11	32	19	13	5	3	2
灵石县	31	21	10	20	13	7			
介休市	31	14	17	29	16	13	3		3
运城市	**173**	**90**	**83**	**6284**	**3175**	**3109**	**144**	**56**	**88**
盐湖区	35	19	16	948	469	479	11	3	8
临猗县	8	3	5	126	64	62	11	7	4
万荣县	2	1	1	13	3	10			
闻喜县	4	2	2	142	71	71	24	10	14
稷山县	5	2	3	139	63	76	8		8
新绛县	8	5	3	1045	524	521	6	2	4
绛县	26	16	10	870	437	433	3		3
垣曲县	42	22	20	529	267	262	9	3	6
夏县	1		1	205	102	103	35	15	20
平陆县	2	1	1	1353	693	660	15	6	9
芮城县	11	4	7	244	139	105	8	4	4
永济市	9	5	4	226	115	111	4	1	3
河津市	20	10	10	444	228	216	10	5	5
忻州市	**553**	**345**	**208**	**293**	**192**	**101**	**165**	**118**	**47**
忻府区	61	31	30	84	36	48	5	1	4
定襄县	16	7	9	22	10	12	4		4
五台县	145	90	55	46	42	4	51	42	9
代县	47	26	21	17	10	7	73	67	6
繁峙县	10	4	6	4	2	2	3		3
宁武县	20	10	10	36	33	3	1	1	
静乐县	7	2	5	4	4				
神池县	2	1	1	8	4	4	2	2	
五寨县	1		1	3	2	1			
岢岚县									
河曲县	70	41	29	12	7	5	11	2	9
保德县	129	114	15	16	15	1	1	1	
偏关县	11	5	6	10	9	1			
原平市	34	14	20	31	18	13	14	2	12

10-2　续表 6　　　　单位：人

地　区	蒙古族			回　族			藏　族		
	小计	男	女	小计	男	女	小计	男	女
临汾市	**242**	**123**	**119**	**5158**	**2548**	**2610**	**54**	**24**	**30**
尧都区	115	48	67	1424	684	740	2	1	1
曲沃县	5	4	1	619	304	315			
翼城县	14	7	7	1931	971	960	7	4	3
襄汾县	9	7	2	85	44	41	6	1	5
洪洞县	22	9	13	89	36	53	6	1	5
古县	5	5		15	10	5			
安泽县	4	1	3	26	11	15	3	2	1
浮山县	7	2	5	30	15	15			
吉县				195	103	92			
乡宁县	2	1	1	3	1	2	9	4	5
大宁县	1		1						
隰县	3	2	1						
永和县									
蒲县	1	1		11	5	6			
汾西县	1	1		5	2	3	7	3	4
侯马市	43	27	16	643	320	323	4	3	1
霍州市	10	8	2	82	42	40	10	5	5
吕梁市	**102**	**54**	**48**	**146**	**78**	**68**	**15**	**5**	**10**
离石区	14	6	8	12	9	3			
文水县	1		1	14	9	5	1		1
交城县	7	3	4						
兴县	1	1		2	1	1			
临县	2		2	3		3	1		1
柳林县	9	9		10	8	2	5	2	3
石楼县				7	7				
岚县	1		1	2	1	1	2		2
方山县	2	1	1	3	1	2			
中阳县	2	1	1	5	3	2			
交口县	1		1	2	1	1			
孝义市	41	29	12	64	28	36	4	2	2
汾阳市	21	4	17	22	10	12	2	1	1
内蒙古自治区	**4226090**	**2108197**	**2117893**	**221483**	**113289**	**108194**	**3259**	**1821**	**1438**
呼和浩特市	**285969**	**138533**	**147436**	**41403**	**20780**	**20623**	**454**	**209**	**245**
新城区	69965	33187	36778	5594	2774	2820	73	37	36
回民区	35683	16133	19550	22020	11006	11014	39	20	19
玉泉区	33905	16689	17216	5403	2846	2557	66	31	35
赛罕区	88356	42851	45505	4962	2442	2520	92	55	37
土默特左旗	33793	18058	15735	1732	863	869	76	22	54
托克托县	7734	3957	3777	1050	597	453	46	23	23
和林格尔县	13620	6164	7456	304	109	195	28	6	22
清水河县	681	344	337	37	21	16	11	5	6
武川县	2232	1150	1082	301	122	179	23	10	13
包头市	**85121**	**41940**	**43181**	**36747**	**18425**	**18322**	**316**	**159**	**157**
东河区	10054	4731	5323	18343	9080	9263	50	24	26
昆都仑区	24600	12336	12264	6632	3370	3262	72	35	37
青山区	20218	9662	10556	6584	3288	3296	51	29	22
石拐区	941	497	444	342	200	142	26	11	15
白云鄂博矿区	1410	684	726	263	126	137	4	2	2
九原区	3982	1918	2064	1249	657	592	31	20	11
土默特右旗	8439	4359	4080	2128	1126	1002	42	15	27
固阳县	1350	612	738	869	409	460	24	14	10
达尔罕茂明安联合旗	14127	7141	6986	337	169	168	16	9	7
乌海市	**18952**	**9119**	**9833**	**11732**	**6336**	**5396**	**311**	**202**	**109**
海勃湾区	12565	6024	6541	3642	1899	1743	185	117	68
海南区	3007	1394	1613	3873	2192	1681	102	70	32
乌达区	3380	1701	1679	4217	2245	1972	24	15	9

10-2 续表 7

单位：人

地　区	蒙古族			回　族			藏　族		
	小计	男	女	小计	男	女	小计	男	女
赤峰市	**829824**	**416745**	**413079**	**31234**	**15856**	**15378**	**64**	**34**	**30**
红山区	68484	32814	35670	15910	7864	8046	15	9	6
元宝山区	39582	19776	19806	1802	973	829			
松山区	113782	58472	55310	3654	1936	1718	4	3	1
阿鲁科尔沁旗	103284	52073	51211	153	80	73	8	4	4
巴林左旗	113854	56135	57719	638	308	330	8	3	5
巴林右旗	76489	38395	38094	400	215	185			
林西县	8124	3831	4293	1717	873	844	8	3	5
克什克腾旗	26381	13136	13245	3012	1545	1467	2	1	1
翁牛特旗	63045	31720	31325	273	156	117	1		1
喀喇沁旗	126118	64490	61628	384	208	176	11	8	3
宁城县	63140	32055	31085	1709	873	836			
敖汉旗	27541	13848	13693	1582	825	757	7	3	4
通辽市	**1441275**	**721612**	**719663**	**12462**	**6293**	**6169**	**46**	**20**	**26**
科尔沁区	314958	154198	160760	8486	4238	4248	26	9	17
科尔沁左翼中旗	378775	191213	187562	160	72	88	3	2	1
科尔沁左翼后旗	275544	140661	134883	513	270	243	1	1	
开鲁县	53480	26157	27323	1428	737	691	2	2	
库伦旗	96646	49378	47268	1207	626	581			
奈曼旗	149141	74188	74953	71	35	36	8	2	6
扎鲁特旗	136796	68111	68685	317	164	153	6	4	2
霍林郭勒市	35935	17706	18229	280	151	129			
鄂尔多斯市	**176912**	**89078**	**87834**	**4450**	**2734**	**1716**	**1066**	**715**	**351**
东胜区	32760	15727	17033	1165	677	488	366	260	106
达拉特旗	12651	6278	6373	594	325	269	67	43	24
准格尔旗	25905	13508	12397	494	262	232	88	63	25
鄂托克前旗	18189	9219	8970	131	80	51	1	1	
鄂托克旗	24629	12401	12228	1280	817	463	349	212	137
杭锦旗	22673	11506	11167	171	117	54	83	50	33
乌审旗	27679	14079	13600	193	148	45	17	12	5
伊金霍洛旗	12426	6360	6066	422	308	114	95	74	21
呼伦贝尔市	**230007**	**112986**	**117021**	**29766**	**15071**	**14695**	**80**	**38**	**42**
海拉尔区	42321	19249	23072	9112	4560	4552	9	3	6
阿荣旗	6986	3508	3478	169	86	83	6	3	3
莫力达瓦达斡尔族自治旗	6627	3378	3249	179	91	88	2	2	
鄂伦春自治旗	7991	3979	4012	698	356	342	1	1	
鄂温克族自治旗	26424	13362	13062	1293	674	619	10	6	4
陈巴尔虎旗	24757	12441	12316	644	350	294	5	2	3
新巴尔虎左旗	29409	14759	14650	66	48	18	1	1	
新巴尔虎右旗	26495	13543	12952	42	26	16	1	1	
满洲里市	12775	6099	6676	2732	1357	1375	2		2
牙克石市	15033	7342	7691	5159	2613	2546	8	5	3
扎兰屯市	17816	8893	8923	1265	621	644	33	13	20
额尔古纳市	7037	3327	3710	6145	3105	3040	2	1	1
根河市	6336	3106	3230	2262	1184	1078			
巴彦淖尔市	**75485**	**37397**	**38088**	**19994**	**10317**	**9677**	**444**	**189**	**255**
临河区	16871	7752	9119	7901	3984	3917	150	64	86
五原县	4928	2355	2573	2845	1461	1384	67	14	53
磴口县	4862	2370	2492	5255	2693	2562	72	27	45
乌拉特前旗	10363	5117	5246	950	481	469	40	19	21
乌拉特中旗	21825	11329	10496	629	374	255	41	27	14
乌拉特后旗	14005	7282	6723	291	207	84	31	24	7
杭锦后旗	2631	1192	1439	2123	1117	1006	43	14	29

10-2　续表 8

单位：人

地　区	蒙古族			回　族			藏　族		
	小计	男	女	小计	男	女	小计	男	女
乌兰察布市	**62320**	**29743**	**32577**	**7382**	**3648**	**3734**	**104**	**35**	**69**
集宁区	15637	6835	8802	3369	1660	1709	17	8	9
卓资县	1662	769	893	471	242	229	14	3	11
化德县	1939	890	1049	265	146	119	3		3
商都县	2754	1270	1484	265	123	142	10	3	7
兴和县	7576	3787	3789	397	202	195	2		2
凉城县	1719	827	892	255	117	138	24	7	17
察哈尔右翼前旗	4127	2029	2098	391	196	195	4	2	2
察哈尔右翼中旗	3063	1507	1556	607	307	300	10	3	7
察哈尔右翼后旗	8752	4397	4355	53	31	22	8	5	3
四子王旗	13968	6876	7092	701	303	398	9	2	7
丰镇市	1123	556	567	608	321	287	3	2	1
兴安盟	**665826**	**335423**	**330403**	**2941**	**1489**	**1452**	**41**	**21**	**20**
乌兰浩特市	91374	45282	46092	1965	973	992	8	5	3
阿尔山市	9765	4817	4948	302	154	148	9	5	4
科尔沁右翼前旗	143720	72982	70738	97	49	48	2	2	
科尔沁右翼中旗	209767	105744	104023	158	80	78	1		1
扎赉特旗	159468	82166	77302	300	163	137	9	5	4
突泉县	51732	24432	27300	119	70	49	12	4	8
锡林郭勒盟	**309764**	**153317**	**156447**	**10825**	**5510**	**5315**	**49**	**26**	**23**
二连浩特市	14349	6946	7403	122	64	58	8	4	4
锡林浩特市	55643	26678	28965	4245	2091	2154	21	7	14
阿巴嘎旗	22104	11078	11026	145	78	67	7	5	2
苏尼特左旗	19527	9905	9622	38	24	14	4	4	
苏尼特右旗	21636	10696	10940	272	156	116	1	1	
东乌珠穆沁旗	51145	25946	25199	373	218	155	2	2	
西乌珠穆沁旗	51856	26017	25839	476	265	211			
太仆寺旗	4296	2081	2215	344	177	167			
镶黄旗	16038	7889	8149	21	14	7	2	2	
正镶白旗	17702	8614	9088	66	31	35	1		1
正蓝旗	31280	15446	15834	988	495	493	2	1	1
多伦县	4188	2021	2167	3735	1897	1838	1		1
阿拉善盟	**44635**	**22304**	**22331**	**12547**	**6830**	**5717**	**284**	**173**	**111**
阿拉善左旗	33087	16455	16632	12190	6609	5581	185	113	72
阿拉善右旗	6331	3127	3204	79	57	22	31	23	8
额济纳旗	5217	2722	2495	278	164	114	68	37	31
辽宁省	**657869**	**330787**	**327082**	**245798**	**123200**	**122598**	**1881**	**890**	**991**
沈阳市	**108413**	**54447**	**53966**	**71403**	**35588**	**35815**	**459**	**235**	**224**
和平区	4207	2070	2137	6433	3154	3279	70	23	47
沈河区	5056	2501	2555	15575	7636	7939	43	15	28
大东区	4219	2015	2204	6919	3356	3563	14	7	7
皇姑区	5707	2748	2959	11387	5569	5818	55	29	26
铁西区	6159	3122	3037	8286	4111	4175	12	6	6
苏家屯区	3516	1764	1752	2473	1289	1184	15	8	7
东陵区	5246	2736	2510	1783	898	885	38	22	16
沈北新区	7261	3630	3631	2538	1326	1212	146	80	66
于洪区	8650	4390	4260	5725	2970	2755	29	24	5
辽中县	2801	1331	1470	3013	1554	1459	9	6	3
康平县	30567	15502	15065	110	65	45	5	3	2
法库县	16319	8316	8003	3228	1661	1567	5	3	2
新民市	8705	4322	4383	3933	1999	1934	18	9	9
大连市	**30645**	**15129**	**15516**	**15533**	**7801**	**7732**	**254**	**137**	**117**
中山区	1044	494	550	951	446	505	9	7	2
西岗区	1043	580	463	803	374	429	4	3	1
沙河口区	3175	1418	1757	2586	1217	1369	21	10	11

10-2 续表 9

单位：人

地区	蒙古族			回族			藏族		
	小计	男	女	小计	男	女	小计	男	女
甘井子区	7550	3976	3574	3325	1726	1599	114	77	37
旅顺口区	2236	1142	1094	369	152	217	5	2	3
金州区	9068	4215	4853	2076	1005	1071	91	34	57
长海县	466	258	208	10	6	4			
瓦房店市	2314	1188	1126	3087	1641	1446	4	2	2
普兰店市	1302	579	723	1548	807	741	5	2	3
庄河市	2447	1279	1168	778	427	351	1		1
鞍山市	**8746**	**4317**	**4429**	**20005**	**10048**	**9957**	**28**	**11**	**17**
铁东区	1393	750	643	3109	1513	1596	7	4	3
铁西区	388	205	183	3252	1617	1635	2		2
立山区	725	383	342	2932	1473	1459	9	5	4
千山区	1254	642	612	1201	591	610	1		1
台安县	333	88	245	1690	867	823			
岫岩满族自治县	1653	859	794	1713	864	849	2		2
海城市	3000	1390	1610	6108	3123	2985	7	2	5
抚顺市	**4729**	**2332**	**2397**	**12716**	**6323**	**6393**	**46**	**24**	**22**
新抚区	409	222	187	3157	1532	1625	1	1	
东洲区	467	230	237	2039	1004	1035			
望花区	1369	729	640	2413	1231	1182	23	9	14
顺城区	1366	698	668	4255	2102	2153	10	8	2
抚顺县	383	161	222	86	46	40	10	5	5
新宾满族自治县	316	106	210	150	76	74	1	1	
清原满族自治县	419	186	233	616	332	284	1		1
本溪市	**5086**	**2684**	**2402**	**23753**	**11732**	**12021**	**36**	**21**	**15**
平山区	1003	523	480	5304	2584	2720	12	6	6
溪湖区	1126	648	478	10596	5332	5264	8	6	2
明山区	1419	757	662	6932	3357	3575	10	5	5
南芬区	160	69	91	180	87	93			
本溪满族自治县	864	433	431	484	247	237			
桓仁满族自治县	514	254	260	257	125	132	6	4	2
丹东市	**25944**	**13834**	**12110**	**14867**	**7377**	**7490**	**31**	**17**	**14**
元宝区	867	402	465	3574	1760	1814	5	4	1
振兴区	1938	1007	931	5821	2881	2940	1	1	
振安区	1674	769	905	922	444	478	1		1
宽甸满族自治县	1621	848	773	378	196	182	2	2	
东港市	2384	1209	1175	491	254	237	6	2	4
凤城市	17460	9599	7861	3681	1842	1839	16	8	8
锦州市	**30043**	**13929**	**16114**	**20459**	**10185**	**10274**	**231**	**91**	**140**
古塔区	1944	982	962	5171	2522	2649	11	5	6
凌河区	2723	1258	1465	3183	1521	1662	8	3	5
太和区	3219	1374	1845	1215	570	645	156	56	100
黑山县	5117	2327	2790	3479	1782	1697	17	9	8
义县	12251	6023	6228	3608	1827	1781	16	6	10
凌海市	2308	891	1417	1355	702	653	2		2
北镇市	2481	1074	1407	2448	1261	1187	21	12	9
营口市	**5525**	**2661**	**2864**	**13703**	**6929**	**6774**	**125**	**36**	**89**
站前区	739	368	371	4257	2135	2122	90	23	67
西市区	267	140	127	3728	1824	1904	5	3	2
鲅鱼圈区	2165	1057	1108	1821	950	871	7	2	5
老边区	439	231	208	223	127	96	3	1	2
盖州市	1011	470	541	1490	776	714	6	1	5
大石桥市	904	395	509	2184	1117	1067	14	6	8
阜新市	**202995**	**101914**	**101081**	**7011**	**3475**	**3536**	**26**	**11**	**15**
海州区	8115	3887	4228	2130	1037	1093			
新邱区	5559	2769	2790	541	270	271	2		2

10-2 续表 10 单位：人

地 区	蒙古族			回 族			藏 族		
	小计	男	女	小计	男	女	小计	男	女
太平区	5388	2655	2733	1064	535	529	1	1	
清河门区	1491	693	798	988	511	477	9	4	5
细河区	10970	5566	5404	1345	670	675	6	4	2
阜新蒙古族自治县	133282	67721	65561	358	170	188	6	2	4
彰武县	38190	18623	19567	585	282	303	2		2
辽阳市	**5489**	**2637**	**2852**	**7245**	**3723**	**3522**	**459**	**207**	**252**
白塔区	885	412	473	1894	951	943	4	4	
文圣区	518	245	273	1925	947	978	4	3	1
宏伟区	690	374	316	673	341	332	1	1	
弓长岭区	183	84	99	46	32	14	1	1	
太子河区	585	311	274	436	229	207	438	191	247
辽阳县	1238	534	704	684	350	334	9	5	4
灯塔市	1390	677	713	1587	873	714	2	2	
盘锦市	**5302**	**2610**	**2692**	**3755**	**1933**	**1822**	**20**	**14**	**6**
双台子区	511	270	241	479	248	231	1	1	
兴隆台区	2299	1183	1116	1692	867	825	12	8	4
大洼县	1544	725	819	1529	793	736	7	5	2
盘山县	948	432	516	55	25	30			
铁岭市	**11295**	**5510**	**5785**	**11133**	**5657**	**5476**	**57**	**31**	**26**
银州区	1575	770	805	3618	1812	1806	10	6	4
清河区	288	150	138	193	98	95	2	1	1
铁岭县	1363	652	711	461	215	246			
西丰县	614	273	341	801	413	388	5	2	3
昌图县	4456	2189	2267	148	78	70	13	9	4
调兵山市	1577	795	782	829	416	413	4	1	3
开原市	1422	681	741	5083	2625	2458	23	12	11
朝阳市	**176743**	**89483**	**87260**	**13766**	**7079**	**6687**	**45**	**29**	**16**
双塔区	15585	7687	7898	1105	542	563	3	2	1
龙城区	5737	3025	2712	317	160	157	3	3	
朝阳县	23729	12764	10965	34	17	17	7	7	
建平县	13480	6923	6557	1699	858	841	4	4	
喀喇沁左翼蒙古族自治县	73020	35560	37460	1220	673	547	14	10	4
北票市	24808	12636	12172	509	255	254	3	1	2
凌源市	20384	10888	9496	8882	4574	4308	11	2	9
葫芦岛市	**36914**	**19300**	**17614**	**10449**	**5350**	**5099**	**64**	**26**	**38**
连山区	9807	5019	4788	1937	951	986	9	6	3
龙港区	3156	1680	1476	859	432	427	18	7	11
南票区	3331	1829	1502	88	43	45			
绥中县	2091	1059	1032	5621	2924	2697	17	8	9
建昌县	14779	7803	6976	1648	858	790	5	2	3
兴城市	3750	1910	1840	296	142	154	15	3	12
吉林省	**145039**	**71851**	**73188**	**118799**	**59299**	**59500**	**652**	**264**	**388**
长春市	**12963**	**6034**	**6929**	**47933**	**23810**	**24123**	**355**	**120**	**235**
南关区	3409	1452	1957	8265	3925	4340	150	37	113
宽城区	1049	546	503	3709	1908	1801	6	4	2
朝阳区	3051	1553	1498	6366	3110	3256	112	52	60
二道区	1148	460	688	6311	3115	3196	7	4	3
绿园区	1877	909	968	4859	2421	2438	43	10	33
双阳区	539	255	284	5216	2570	2646	8	2	6
农安县	1231	580	651	742	375	367	21	8	13
九台市	241	118	123	7403	3810	3593			
榆树市	152	46	106	2166	1103	1063	7	3	4
德惠市	266	115	151	2896	1473	1423	1		1

10-2 续表 11

单位：人

地　区	蒙古族			回　族			藏　族		
	小计	男	女	小计	男	女	小计	男	女
吉林市	**7096**	**3564**	**3532**	**30814**	**15230**	**15584**	**97**	**49**	**48**
昌邑区	1710	914	796	5471	2623	2848	35	25	10
龙潭区	1019	532	487	3587	1793	1794	8	6	2
船营区	1320	723	597	12894	6387	6507	35	8	27
丰满区	1440	680	760	1560	699	861	7	3	4
永吉县	370	171	199	2583	1315	1268			
蛟河市	294	127	167	984	487	497	8	6	2
桦甸市	269	129	140	1023	541	482	1		1
舒兰市	231	104	127	1652	829	823	3	1	2
磐石市	443	184	259	1060	556	504			
四平市	**8270**	**3631**	**4639**	**9670**	**4867**	**4803**	**13**	**5**	**8**
铁西区	981	388	593	760	349	411	3		3
铁东区	534	258	276	1201	610	591	2	1	1
梨树县	645	272	373	136	79	57	1		1
伊通满族自治县	400	143	257	5630	2850	2780	7	4	3
公主岭市	728	321	407	1198	604	594			
双辽市	4982	2249	2733	745	375	370			
辽源市	**1327**	**634**	**693**	**2760**	**1400**	**1360**	**5**	**1**	**4**
龙山区	289	118	171	1729	860	869	2	1	1
西安区	107	62	45	329	154	175			
东丰县	515	253	262	605	331	274	1		1
东辽县	416	201	215	97	55	42	2		2
通化市	**1943**	**897**	**1046**	**6997**	**3615**	**3382**	**78**	**36**	**42**
东昌区	421	200	221	2474	1279	1195	15	8	7
二道江区	237	122	115	805	423	382	8	2	6
通化县	232	111	121	113	51	62	19	14	5
辉南县	340	163	177	997	525	472	2		2
柳河县	178	63	115	676	349	327	13	4	9
梅河口市	362	155	207	1152	588	564	13	3	10
集安市	173	83	90	780	400	380	8	5	3
白山市	**976**	**494**	**482**	**3898**	**1959**	**1939**	**14**	**11**	**3**
浑江区	302	156	146	1091	549	542	3	2	1
江源区	238	118	120	937	466	471	1		1
抚松县	113	68	45	738	372	366	6	6	
靖宇县	133	68	65	125	64	61	4	3	1
长白朝鲜族自治县	97	40	57	33	18	15			
临江市	93	44	49	974	490	484			
松原市	**54718**	**27729**	**26989**	**6754**	**3314**	**3440**	**42**	**16**	**26**
宁江区	10280	5089	5191	5037	2437	2600	11	2	9
前郭尔罗斯蒙古族自治县	41133	21077	20056	846	418	428	12	5	7
长岭县	1607	676	931	166	86	80	8	5	3
乾安县	835	416	419	170	91	79	4	1	3
扶余县	863	471	392	535	282	253	7	3	4
白城市	**54710**	**27471**	**27239**	**3603**	**1875**	**1728**	**21**	**12**	**9**
洮北区	6991	3309	3682	1315	634	681	8	5	3
镇赉县	12364	6138	6226	99	67	32			
通榆县	21905	11180	10725	416	218	198	2		2
洮南市	11326	5749	5577	700	372	328	9	5	4
大安市	2124	1095	1029	1073	584	489	2	2	
延边朝鲜族自治州	**3036**	**1397**	**1639**	**6370**	**3229**	**3141**	**27**	**14**	**13**
延吉市	964	434	530	1589	794	795	15	8	7
图们市	135	71	64	292	149	143			
敦化市	520	234	286	2722	1377	1345			
珲春市	539	235	304	612	312	300	3	2	1
龙井市	137	69	68	289	142	147	4		4
和龙市	155	68	87	397	208	189	1	1	
汪清县	306	146	160	167	79	88			
安图县	280	140	140	302	168	134	4	3	1

10-2　续表 12　　　　　　　　　　　　　　　　　　单位：人

地　区	蒙古族			回　族			藏　族		
	小计	男	女	小计	男	女	小计	男	女
黑龙江省	**125483**	**63393**	**62090**	**101749**	**51338**	**50411**	**589**	**312**	**277**
哈尔滨市	**13538**	**6973**	**6565**	**36500**	**18163**	**18337**	**260**	**148**	**112**
道里区	814	442	372	3409	1677	1732	2	2	
南岗区	3629	1905	1724	7698	3844	3854	108	72	36
道外区	970	494	476	7800	3741	4059	4	3	1
平房区	326	195	131	672	348	324	1	1	
松北区	704	394	310	460	244	216	6	6	
香坊区	2119	1014	1105	5420	2646	2774	85	40	45
呼兰区	1246	540	706	1579	766	813	35	16	19
阿城区	546	240	306	4469	2291	2178	7	4	3
依兰县	331	195	136	2268	1202	1066			
方正县	128	61	67	252	127	125	1		1
宾县	107	52	55	175	95	80	3	1	2
巴彦县	196	87	109	282	152	130	3	1	2
木兰县	113	64	49	431	221	210			
通河县	109	56	53	127	66	61	1	1	
延寿县	238	135	103	105	61	44	1		1
双城市	1539	875	664	336	163	173	3	1	2
尚志市	254	147	107	739	373	366			
五常市	169	77	92	278	146	132			
齐齐哈尔市	**21034**	**10111**	**10923**	**16355**	**8295**	**8060**	**64**	**27**	**37**
龙沙区	1068	535	533	2255	1122	1133	8	5	3
建华区	1517	738	779	3785	1870	1915	7	2	5
铁锋区	967	520	447	1992	1021	971	7	3	4
昂昂溪区	394	174	220	416	209	207	2	1	1
富拉尔基区	648	331	317	2888	1438	1450	10	5	5
碾子山区	211	98	113	321	169	152	1		1
梅里斯达斡尔族区	1284	637	647	383	197	186	4	3	1
龙江县	2122	822	1300	1258	646	612	2		2
依安县	285	155	130	530	283	247	4	2	2
泰来县	8908	4221	4687	302	180	122	3	1	2
甘南县	390	187	203	143	82	61			
富裕县	1959	1051	908	221	124	97	9	3	6
克山县	284	157	127	453	238	215	1		1
克东县	222	104	118	182	92	90			
拜泉县	127	59	68	331	157	174	4	1	3
讷河市	648	322	326	895	467	428	2	1	1
鸡西市	**2895**	**1601**	**1294**	**2609**	**1380**	**1229**	**40**	**20**	**20**
鸡冠区	715	396	319	1090	575	515	21	12	9
恒山区	327	205	122	177	95	82			
滴道区	128	75	53	328	170	158	1		1
梨树区	46	23	23	10	4	6			
城子河区	77	45	32	133	68	65	3	3	
麻山区	51	23	28	38	21	17	1		1
鸡东县	475	255	220	92	45	47	6	1	5
虎林市	537	295	242	187	110	77	2	1	1
密山市	539	284	255	554	292	262	6	3	3
鹤岗市	**875**	**436**	**439**	**5959**	**2979**	**2980**	**4**	**4**	
向阳区	38	13	25	627	299	328			
工农区	103	53	50	1268	637	631			
南山区	70	39	31	1458	743	715			
兴安区	56	26	30	802	405	397			

10-2 续表 13 单位：人

地　区	蒙古族			回　族			藏　族		
	小计	男	女	小计	男	女	小计	男	女
东山区	100	46	54	612	311	301			
兴山区	46	19	27	794	397	397			
萝北县	343	176	167	150	70	80	3	3	
绥滨县	119	64	55	248	117	131	1	1	
双鸭山市	**2205**	**1201**	**1004**	**4437**	**2279**	**2158**	**20**	**11**	**9**
尖山区	265	150	115	867	445	422	1	1	
岭东区	89	51	38	715	360	355	1	1	
四方台区	117	76	41	281	141	140			
宝山区	129	61	68	912	471	441	3	2	1
集贤县	228	129	99	997	515	482	1	1	
友谊县	111	58	53	87	50	37	4	1	3
宝清县	1055	569	486	545	283	262	9	5	4
饶河县	211	107	104	33	14	19	1		1
大庆市	**64349**	**32109**	**32240**	**4879**	**2459**	**2420**	**52**	**27**	**25**
萨尔图区	1866	889	977	1067	525	542	5	4	1
龙凤区	1936	977	959	1130	571	559	5	2	3
让胡路区	2882	1376	1506	1290	625	665	27	12	15
红岗区	729	389	340	220	115	105	3	2	1
大同区	2210	1078	1132	64	33	31			
肇州县	296	153	143	216	117	99	1		1
肇源县	12762	6399	6363	104	56	48	3		3
林甸县	176	64	112	241	127	114	1	1	
杜尔伯特蒙古族自治县	41492	20784	20708	547	290	257	7	6	1
伊春市	**1021**	**531**	**490**	**7644**	**3893**	**3751**	**4**	**1**	**3**
伊春区	197	82	115	1322	648	674			
南岔区	80	39	41	702	354	348	2	1	1
友好区	24	11	13	616	314	302			
西林区	51	28	23	229	116	113			
翠峦区	14	8	6	4	2	2			
新青区	42	24	18	330	169	161			
美溪区	12	8	4	116	62	54			
金山屯区	61	42	19	1157	599	558			
五营区	27	11	16	1039	539	500			
乌马河区	49	23	26	95	51	44			
汤旺河区	31	16	15	191	100	91			
带岭区	9	3	6	139	64	75			
乌伊岭区	29	17	12	118	72	46	2		2
红星区	26	15	11	258	133	125			
上甘岭区	25	15	10	296	154	142			
嘉荫县	133	78	55	84	44	40			
铁力市	211	111	100	948	472	476			
佳木斯市	**2431**	**1315**	**1116**	**4143**	**2081**	**2062**	**36**	**22**	**14**
向阳区	250	118	132	1270	606	664	4	3	1
前进区	106	60	46	470	239	231	1		1
东风区	70	40	30	515	246	269	1		1
郊区	273	141	132	965	502	463			
桦南县	717	409	308	103	53	50	11	6	5
桦川县	158	93	65	125	69	56	7	3	4
汤原县	181	94	87	306	157	149			
抚远县	172	97	75	40	25	15	1		1
同江市	274	147	127	67	37	30	3	3	
富锦市	230	116	114	282	147	135	8	7	1
七台河市	**1390**	**774**	**616**	**1647**	**817**	**830**	**16**	**6**	**10**
新兴区	363	211	152	409	196	213	1		1
桃山区	365	202	163	584	297	287	15	6	9
茄子河区	303	164	139	137	67	70			
勃利县	359	197	162	517	257	260			

10-2　续表 14

单位：人

地　区	蒙古族			回　族			藏　族		
	小计	男	女	小计	男	女	小计	男	女
牡丹江市	**2817**	**1481**	**1336**	**5972**	**2974**	**2998**	**58**	**29**	**29**
东安区	174	87	87	1140	565	575	1	1	
阳明区	235	118	117	578	303	275			
爱民区	483	196	287	812	369	443	21	11	10
西安区	359	188	171	1124	548	576	15	6	9
东宁县	185	115	70	137	74	63	1		1
林口县	406	229	177	226	115	111	5	3	2
绥芬河市	179	104	75	53	33	20	1	1	
海林市	344	184	160	320	162	158	7	4	3
宁安市	247	122	125	1507	761	746	7	3	4
穆棱市	205	138	67	75	44	31			
黑河市	**5051**	**2735**	**2316**	**5327**	**2743**	**2584**	**8**	**7**	**1**
爱辉区	1262	669	593	1438	741	697			
嫩江县	1507	819	688	2104	1075	1029	2	2	
逊克县	473	254	219	179	100	79			
孙吴县	376	208	168	99	48	51	1	1	
北安市	403	218	185	1175	599	576	5	4	1
五大连池市	1030	567	463	332	180	152			
绥化市	**3385**	**1834**	**1551**	**4341**	**2273**	**2068**	**23**	**8**	**15**
北林区	775	415	360	800	431	369	10	4	6
望奎县	287	157	130	76	40	36	2	1	1
兰西县	164	76	88	115	64	51			
青冈县	81	51	30	71	35	36	2		2
庆安县	86	53	33	26	12	14	1		1
明水县	180	92	88	99	51	48	2		2
绥棱县	143	79	64	62	30	32			
安达市	269	125	144	1618	833	785	1	1	
肇东市	1145	644	501	1056	545	511	4	1	3
海伦市	255	142	113	418	232	186	1	1	
大兴安岭地区	**4492**	**2292**	**2200**	**1936**	**1002**	**934**	**4**	**2**	**2**
加格达奇区	1801	864	937	1093	555	538	2	1	1
松岭区	569	305	264	143	85	58			
新林区	233	129	104	266	137	129			
呼中区	233	128	105	54	29	25			
呼玛县	254	129	125	92	46	46			
塔河县	358	194	164	87	48	39			
漠河县	1044	543	501	201	102	99	2	1	1
上海市	**11238**	**5295**	**5943**	**78163**	**39480**	**38683**	**2406**	**1031**	**1375**
市辖区	**11159**	**5255**	**5904**	**77853**	**39320**	**38533**	**2373**	**1017**	**1356**
黄浦区	216	100	116	3151	1590	1561	42	25	17
卢湾区	125	55	70	1636	830	806	8	4	4
徐汇区	786	365	421	5644	2710	2934	206	97	109
长宁区	554	233	321	3923	1833	2090	48	26	22
静安区	179	77	102	1745	857	888	17	7	10
普陀区	750	304	446	8235	4227	4008	120	44	76
闸北区	318	165	153	3928	1932	1996	473	215	258
虹口区	421	181	240	4439	2204	2235	62	28	34
杨浦区	1043	494	549	6280	3135	3145	134	53	81
闵行区	1570	732	838	8130	4090	4040	227	105	122
宝山区	760	383	377	6018	3060	2958	126	38	88
嘉定区	445	243	202	2989	1594	1395	264	105	159
浦东新区	2532	1228	1304	15216	7797	7419	222	99	123

10-2 续表 15

单位：人

地　区	蒙古族			回　族			藏　族		
	小计	男	女	小计	男	女	小计	男	女
金山区	130	62	68	553	282	271	50	18	32
松江区	808	369	439	2901	1491	1410	201	75	126
青浦区	206	117	89	1463	823	640	71	27	44
奉贤区	316	147	169	1602	865	737	102	51	51
市辖县	**79**	**40**	**39**	**310**	**160**	**150**	**33**	**14**	**19**
崇明县	79	40	39	310	160	150	33	14	19
江苏省	**10691**	**5160**	**5531**	**130757**	**67024**	**63733**	**3358**	**1451**	**1907**
南京市	**3133**	**1517**	**1616**	**68466**	**34854**	**33612**	**962**	**439**	**523**
玄武区	432	203	229	4822	2483	2339	146	59	87
白下区	334	175	159	13459	6796	6663	188	90	98
秦淮区	100	49	51	5313	2711	2602	13	4	9
建邺区	121	55	66	8534	4507	4027	6	2	4
鼓楼区	509	251	258	9487	4583	4904	118	51	67
下关区	99	39	60	3823	1940	1883	18	9	9
浦口区	281	133	148	4305	2193	2112	110	45	65
栖霞区	393	200	193	2583	1252	1331	130	80	50
雨花台区	153	90	63	2736	1459	1277	13	9	4
江宁区	533	245	288	3245	1678	1567	176	70	106
六合区	139	59	80	10010	5167	4843	19	6	13
溧水县	28	13	15	101	61	40	20	12	8
高淳县	11	5	6	48	24	24	5	2	3
无锡市	**1051**	**474**	**577**	**4172**	**2294**	**1878**	**275**	**133**	**142**
崇安区	38	17	21	257	131	126	5	2	3
南长区	75	41	34	332	190	142	10	2	8
北塘区	60	29	31	354	185	169	16	7	9
锡山区	147	71	76	465	273	192	28	14	14
惠山区	74	34	40	485	289	196	21	9	12
滨湖区	421	175	246	1095	545	550	100	50	50
江阴市	110	49	61	766	441	325	37	12	25
宜兴市	126	58	68	418	240	178	58	37	21
徐州市	**595**	**312**	**283**	**7177**	**3635**	**3542**	**150**	**60**	**90**
鼓楼区	40	27	13	1245	589	656	44	10	34
云龙区	37	16	21	709	350	359	4		4
九里区	9	7	2	156	83	73	1	1	
贾汪区	10	4	6	278	140	138	2	1	1
泉山区	249	163	86	1589	831	758	32	27	5
丰县	91	44	47	2070	1077	993	13	5	8
沛县	39	14	25	393	195	198	6		6
铜山县	18	4	14	187	90	97	8		8
睢宁县	8		8	89	50	39	4	2	2
新沂市	9	4	5	311	160	151	9	5	4
邳州市	85	29	56	150	70	80	27	9	18
常州市	**539**	**266**	**273**	**3544**	**1999**	**1545**	**554**	**231**	**323**
天宁区	59	29	30	558	300	258	18	10	8
钟楼区	53	21	32	604	328	276	330	138	192
戚墅堰区	19	12	7	113	72	41	6	5	1
新北区	132	70	62	560	324	236	22	6	16
武进区	199	95	104	1218	699	519	114	51	63
溧阳市	38	21	17	155	91	64	34	14	20
金坛市	39	18	21	336	185	151	30	7	23
苏州市	**2226**	**1132**	**1094**	**9871**	**5171**	**4700**	**448**	**219**	**229**
沧浪区	142	63	79	823	401	422	14	4	10
平江区	424	197	227	1756	908	848	52	23	29
金阊区	99	50	49	594	319	275	7	1	6

10-2　续表 16　　　　单位：人

地　区	蒙古族			回族			藏族		
	小计	男	女	小计	男	女	小计	男	女
虎丘区	202	115	87	735	369	366	24	12	12
吴中区	281	146	135	1009	508	501	68	34	34
相城区	110	62	48	493	287	206	23	9	14
常熟市	100	56	44	946	446	500	49	31	18
张家港市	159	69	90	587	334	253	34	13	21
昆山市	410	209	201	1587	859	728	105	58	47
吴江市	200	111	89	760	432	328	47	19	28
太仓市	99	54	45	581	308	273	25	15	10
南通市	**582**	**247**	**335**	**1285**	**671**	**614**	**420**	**171**	**249**
崇川区	223	114	109	512	259	253	90	43	47
港闸区	62	31	31	66	43	23	256	108	148
通州区	81	37	44	178	92	86	14	3	11
海安县	46	10	36	91	38	53	11	3	8
如东县	19	7	12	86	47	39	9	5	4
启东市	40	16	24	126	71	55	24	5	19
如皋市	90	24	66	119	59	60	8	1	7
海门市	21	8	13	107	62	45	8	3	5
连云港市	**250**	**118**	**132**	**2336**	**1284**	**1052**	**53**	**14**	**39**
连云区	67	29	38	161	85	76	1		1
新浦区	108	56	52	505	265	240	7	3	4
海州区	11	5	6	116	63	53	1		1
赣榆县	19	6	13	147	91	56	6		6
东海县	30	18	12	456	239	217	28	8	20
灌云县	3		3	851	486	365	1		1
灌南县	12	4	8	100	55	45	9	3	6
淮安市	**85**	**35**	**50**	**5698**	**2862**	**2836**	**40**	**16**	**24**
清河区	41	19	22	1387	716	671	7	3	4
楚州区	9	2	7	317	148	169	7	3	4
淮阴区	7	4	3	1738	876	862	2	1	1
清浦区	13	4	9	746	388	358	5	3	2
涟水县	3	1	2	1163	566	597	8	1	7
洪泽县	4	2	2	96	48	48	1	1	
盱眙县	3		3	198	102	96	5	2	3
金湖县	5	3	2	53	18	35	5	2	3
盐城市	**303**	**128**	**175**	**2547**	**1354**	**1193**	**112**	**49**	**63**
亭湖区	78	33	45	556	293	263	27	13	14
盐都区	29	10	19	153	74	79	18	13	5
响水县	24	11	13	746	432	314	2	1	1
滨海县	20	9	11	564	305	259	6	1	5
阜宁县	22	5	17	148	73	75	9	4	5
射阳县	40	20	20	113	60	53	16	6	10
建湖县	12	7	5	46	16	30	7	2	5
东台市	38	13	25	131	49	82	14	3	11
大丰市	40	20	20	90	52	38	13	6	7
扬州市	**398**	**171**	**227**	**10746**	**5050**	**5696**	**98**	**34**	**64**
广陵区	67	38	29	1825	938	887	5	1	4
邗江区	65	29	36	695	339	356	5	3	2
维扬区	75	33	42	1356	626	730	30	16	14
宝应县	34	13	21	223	115	108	7	2	5
仪征市	44	13	31	547	278	269	6	3	3
高邮市	66	29	37	5179	2273	2906	17	3	14
江都市	47	16	31	921	481	440	28	6	22
镇江市	**1062**	**586**	**476**	**7288**	**3799**	**3489**	**100**	**43**	**57**
京口区	648	367	281	3446	1765	1681	39	15	24
润州区	231	131	100	2384	1266	1118	18	10	8

10-2 续表 17 单位：人

地 区	蒙古族			回 族			藏 族		
	小计	男	女	小计	男	女	小计	男	女
丹徒区	39	19	20	203	98	105	2	1	1
丹阳市	98	51	47	453	248	205	25	9	16
扬中市	19	8	11	102	51	51	3	2	1
句容市	27	10	17	700	371	329	13	6	7
泰州市	**355**	**133**	**222**	**1007**	**507**	**500**	**79**	**23**	**56**
海陵区	81	32	49	352	165	187	19	7	12
高港区	29	11	18	127	66	61	8	3	5
兴化市	34	17	17	137	80	57	15	5	10
靖江市	56	36	20	174	95	79	12	6	6
泰兴市	71	19	52	125	63	62	13	1	12
姜堰市	84	18	66	92	38	54	12	1	11
宿迁市	**112**	**41**	**71**	**6620**	**3544**	**3076**	**67**	**19**	**48**
宿城区	24	9	15	947	510	437	7	1	6
宿豫区	9	3	6	166	76	90	6	1	5
沭阳县	14	3	11	560	304	256	29	8	21
泗阳县	40	15	25	4804	2572	2232	13	4	9
泗洪县	25	11	14	143	82	61	12	5	7
浙江省	**6872**	**3452**	**3420**	**38192**	**20732**	**17460**	**2850**	**1274**	**1576**
杭州市	**2103**	**1021**	**1082**	**7239**	**3882**	**3357**	**538**	**259**	**279**
上城区	105	44	61	777	412	365	13	7	6
下城区	166	81	85	727	390	337	21	13	8
江干区	366	169	197	1197	669	528	48	24	24
拱墅区	120	59	61	564	307	257	11	4	7
西湖区	464	240	224	1180	586	594	165	77	88
滨江区	140	66	74	547	319	228	64	44	20
萧山区	176	92	84	873	498	375	85	42	43
余杭区	240	112	128	759	386	373	68	24	44
桐庐县	113	53	60	97	48	49	8	3	5
淳安县	13	7	6	38	15	23			
建德市	61	31	30	89	46	43	20	3	17
富阳市	72	39	33	278	145	133	25	13	12
临安市	67	28	39	113	61	52	10	5	5
宁波市	**1150**	**589**	**561**	**4277**	**2281**	**1996**	**330**	**137**	**193**
海曙区	87	44	43	522	278	244	12	4	8
江东区	90	45	45	316	157	159	7	3	4
江北区	116	54	62	314	167	147	14	3	11
北仑区	220	127	93	429	234	195	17	5	12
镇海区	77	46	31	243	130	113	13	6	7
鄞州区	181	79	102	834	454	380	43	21	22
象山县	27	13	14	91	49	42	5	2	3
宁海县	53	22	31	216	103	113	24	7	17
余姚市	85	41	44	553	302	251	80	39	41
慈溪市	191	107	84	638	340	298	110	47	63
奉化市	23	11	12	121	67	54	5		5
温州市	**694**	**341**	**353**	**12109**	**6686**	**5423**	**223**	**101**	**122**
鹿城区	132	67	65	1584	844	740	38	16	22
龙湾区	87	54	33	685	391	294	35	22	13
瓯海区	130	60	70	1196	693	503	38	25	13
洞头县	5	3	2	1652	864	788	1	1	
永嘉县	62	32	30	211	126	85	14	8	6
平阳县	63	20	43	892	497	395	18	6	12
苍南县	25	10	15	2877	1596	1281	21	3	18
文成县				10	1	9	3	1	2
泰顺县	2	1	1	23	10	13			
瑞安市	109	57	52	2585	1468	1117	23	7	16
乐清市	79	37	42	394	196	198	32	12	20

10-2　续表 18

单位：人

地　区	蒙古族			回　族			藏　族		
	小计	男	女	小计	男	女	小计	男	女
嘉兴市	**727**	**361**	**366**	**4056**	**2185**	**1871**	**132**	**60**	**72**
南湖区	165	77	88	1663	882	781	23	10	13
秀洲区	82	43	39	707	383	324	21	11	10
嘉善县	67	38	29	331	182	149	29	15	14
海盐县	70	35	35	200	106	94	5	1	4
海宁市	168	77	91	440	241	199	19	8	11
平湖市	78	37	41	416	228	188	21	8	13
桐乡市	97	54	43	299	163	136	14	7	7
湖州市	**214**	**104**	**110**	**793**	**398**	**395**	**179**	**84**	**95**
吴兴区	81	39	42	245	128	117	21	13	8
南浔区	25	15	10	213	103	110	113	53	60
德清县	49	25	24	84	38	46	18	9	9
长兴县	28	12	16	109	56	53	13	2	11
安吉县	31	13	18	142	73	69	14	7	7
绍兴市	**426**	**218**	**208**	**1711**	**881**	**830**	**809**	**345**	**464**
越城区	112	54	58	459	245	214	34	16	18
绍兴县	129	68	61	568	304	264	619	256	363
新昌县	12	4	8	24	11	13	4		4
诸暨市	106	58	48	423	222	201	22	6	16
上虞市	50	26	24	201	84	117	119	65	54
嵊州市	17	8	9	36	15	21	11	2	9
金华市	**663**	**360**	**303**	**4196**	**2328**	**1868**	**337**	**172**	**165**
婺城区	136	71	65	351	179	172	18	9	9
金东区	38	16	22	132	73	59	9	6	3
武义县	26	15	11	112	54	58	7	5	2
浦江县	13	11	2	112	53	59	205	105	100
磐安县	23	11	12	15	6	9	2		2
兰溪市	29	8	21	46	22	24	1		1
义乌市	196	120	76	2957	1675	1282	60	32	28
东阳市	137	73	64	254	140	114	15	9	6
永康市	65	35	30	217	126	91	20	6	14
衢州市	**106**	**53**	**53**	**332**	**163**	**169**	**28**	**9**	**19**
柯城区	38	24	14	206	94	112	9	3	6
衢江区	15	7	8	45	31	14	6	3	3
常山县	5	2	3	13	4	9	2		2
开化县	10	2	8	10	3	7	2		2
龙游县	12	5	7	24	18	6	2	1	1
江山市	26	13	13	34	13	21	7	2	5
舟山市	**199**	**110**	**89**	**1148**	**636**	**512**	**31**	**10**	**21**
定海区	79	36	43	307	170	137	12	5	7
普陀区	67	37	30	629	354	275	10	2	8
岱山县	47	34	13	183	95	88	7	3	4
嵊泗县	6	3	3	29	17	12	2		2
台州市	**393**	**210**	**183**	**1846**	**1052**	**794**	**192**	**78**	**114**
椒江区	72	40	32	191	109	82	23	12	11
黄岩区	32	14	18	530	299	231	17	10	7
路桥区	46	23	23	266	150	116	26	13	13
玉环县	72	36	36	156	89	67	29	8	21
三门县	10	7	3	44	24	20	11	6	5
天台县	6	3	3	34	16	18	5		5
仙居县	1		1	17	8	9	7		7
温岭市	109	65	44	432	259	173	37	15	22
临海市	45	22	23	176	98	78	37	14	23

10-2 续表 19　　　　　单位：人

地区	蒙古族			回族			藏族		
	小计	男	女	小计	男	女	小计	男	女
丽水市	**197**	**85**	**112**	**485**	**240**	**245**	**51**	**19**	**32**
莲都区	91	40	51	286	146	140	21	9	12
青田县	24	8	16	79	41	38	8	6	2
缙云县	28	16	12	42	19	23	3	1	2
遂昌县	23	10	13	20	5	15	8	1	7
松阳县	2	1	1	29	12	17	7	1	6
云和县	5	2	3	3	3		1		1
庆元县	12	3	9	4	2	2	1		1
景宁畲族自治县	5	1	4	1	1		1		1
龙泉市	7	4	3	21	11	10	1	1	
安徽省	**2809**	**1260**	**1549**	**328062**	**165284**	**162778**	**1279**	**511**	**768**
合肥市	**974**	**482**	**492**	**30255**	**15481**	**14774**	**540**	**257**	**283**
瑶海区	150	72	78	4293	2185	2108	82	43	39
庐阳区	91	42	49	3704	1845	1859	12	4	8
蜀山区	324	183	141	7548	3918	3630	346	172	174
包河区	318	159	159	3496	1792	1704	44	20	24
长丰县	15	4	11	870	423	447	6	1	5
肥东县	40	9	31	4883	2543	2340	38	11	27
肥西县	36	13	23	5461	2775	2686	12	6	6
芜湖市	**208**	**94**	**114**	**5276**	**2723**	**2553**	**60**	**23**	**37**
镜湖区	54	19	35	2999	1520	1479	26	15	11
弋江区	62	23	39	1075	532	543	5		5
鸠江区	62	40	22	536	313	223	8	4	4
三山区	6	3	3	76	37	39			
芜湖县	8	2	6	73	38	35	4	1	3
繁昌县	9	5	4	394	213	181	5	2	3
南陵县	7	2	5	123	70	53	12	1	11
蚌埠市	**136**	**57**	**79**	**32008**	**16137**	**15871**	**40**	**9**	**31**
龙子湖区	16	7	9	7183	3578	3605	4	1	3
蚌山区	90	36	54	8144	3991	4153	24	7	17
禹会区	17	12	5	4376	2102	2274	7	1	6
淮上区				125	60	65	1		1
怀远县	9	2	7	935	454	481	4		4
五河县	1		1	9423	5050	4373			
固镇县	3		3	1822	902	920			
淮南市	**139**	**68**	**71**	**30595**	**15887**	**14708**	**12**	**4**	**8**
大通区	13	4	9	288	147	141			
田家庵区	97	48	49	3961	1964	1997	6	2	4
谢家集区				7803	4035	3768	1		1
八公山区	11	6	5	3764	1939	1825	1		1
潘集区	14	7	7	6395	3334	3061	3	1	2
凤台县	4	3	1	8384	4468	3916	1	1	
马鞍山市	**153**	**83**	**70**	**5281**	**2628**	**2653**	**17**	**6**	**11**
金家庄区	15	7	8	789	423	366	5	3	2
花山区	37	18	19	2396	1176	1220	6	1	5
雨山区	68	44	24	1499	732	767	3	2	1
当涂县	33	14	19	597	297	300	3		3
淮北市	**91**	**38**	**53**	**2072**	**1016**	**1056**	**34**	**12**	**22**
杜集区	3	2	1	392	197	195			
相山区	76	31	45	1023	484	539	30	11	19
烈山区	7	5	2	587	305	282	1		1
濉溪县	5		5	70	30	40	3	1	2

10-2 续表 20

单位：人

地区	蒙古族			回族			藏族		
	小计	男	女	小计	男	女	小计	男	女
铜陵市	**86**	**50**	**36**	**1692**	**887**	**805**	**21**	**8**	**13**
铜官山区	70	46	24	1184	599	585	6	3	3
狮子山区	4		4	211	118	93	11	5	6
郊区	5	2	3	58	32	26	1		1
铜陵县	7	2	5	239	138	101	3		3
安庆市	**172**	**63**	**109**	**11881**	**5877**	**6004**	**51**	**19**	**32**
迎江区	14	8	6	3512	1715	1797	11	5	6
大观区	30	16	14	5728	2888	2840	2		2
宜秀区	14	8	6	725	338	387	3	2	1
怀宁县	11	1	10	207	90	117	5	1	4
枞阳县	18	1	17	149	64	85	6	1	5
潜山县	17	5	12	55	35	20	7	2	5
太湖县	9	5	4	80	34	46	7	3	4
宿松县	10	3	7	130	77	53	2	1	1
望江县	15	5	10	1091	545	546	3	1	2
岳西县	4		4	31	14	17	2		2
桐城市	30	11	19	173	77	96	3	3	
黄山市	**42**	**17**	**25**	**517**	**275**	**242**	**16**	**8**	**8**
屯溪区	16	8	8	270	143	127	3	2	1
黄山区	7	1	6	91	52	39	2		2
徽州区	2	2		15	7	8	1		1
歙县	2		2	36	15	21	2	1	1
休宁县	10	5	5	33	18	15	1		1
黟县	3		3	9	5	4			
祁门县	2	1	1	63	35	28	7	5	2
滁州市	**135**	**50**	**85**	**34266**	**17834**	**16432**	**58**	**16**	**42**
琅琊区	31	15	16	2375	1132	1243	5		5
南谯区	5	3	2	1633	862	771	6	5	1
来安县	16	5	11	690	376	314	9		9
全椒县	12	5	7	4087	2079	2008	1		1
定远县	21	8	13	16844	8811	8033	14	7	7
凤阳县	14	6	8	4822	2556	2266	15	2	13
天长市	25	3	22	1054	561	493	6	2	4
明光市	11	5	6	2761	1457	1304	2		2
阜阳市	**141**	**50**	**91**	**68410**	**33594**	**34816**	**88**	**30**	**58**
颍州区	42	21	21	10235	4986	5249	7	5	2
颍东区	9	6	3	5781	2827	2954	7	3	4
颍泉区	14	4	10	4080	2069	2011	4	2	2
临泉县	11	2	9	4097	1975	2122	2		2
太和县	21	7	14	12432	6010	6422	33	5	28
阜南县	21	6	15	7668	3606	4062	6	3	3
颍上县	16	3	13	20019	10027	9992	20	11	9
界首市	7	1	6	4098	2094	2004	9	1	8
宿州市	**91**	**42**	**49**	**10302**	**5173**	**5129**	**79**	**21**	**58**
埇桥区	58	29	29	1232	629	603	36	12	24
砀山县	16	7	9	8450	4272	4178	14	4	10
萧县	6	2	4	197	79	118	15	3	12
灵璧县	8	3	5	60	23	37	13	2	11
泗县	3	1	2	363	170	193	1		1
巢湖市	**124**	**42**	**82**	**5854**	**3181**	**2673**	**134**	**53**	**81**
居巢区	19	7	12	430	210	220	7	3	4
庐江县	26	7	19	410	254	156	58	15	43
无为县	52	19	33	849	511	338	31	16	15
含山县	19	5	14	167	89	78	1		1
和县	8	4	4	3998	2117	1881	37	19	18

10-2 续表 21

单位：人

地区	蒙古族			回族			藏族		
	小计	男	女	小计	男	女	小计	男	女
六安市	**65**	**25**	**40**	**37045**	**18343**	**18702**	**16**	**4**	**12**
金安区	12	4	8	1125	538	587	2	2	
裕安区	11	6	5	1035	513	522	2		2
寿县	7	1	6	26157	12785	13372	4		4
霍邱县	14	8	6	7888	4059	3829	2		2
舒城县	14	3	11	477	258	219	5	2	3
金寨县	5	2	3	224	108	116	1		1
霍山县	2	1	1	139	82	57			
亳州市	**97**	**30**	**67**	**49102**	**24492**	**24610**	**59**	**24**	**35**
谯城区	43	17	26	39254	19554	19700	13	4	9
涡阳县	18	5	13	8353	4216	4137	11	6	5
蒙城县	19	7	12	248	126	122	20	7	13
利辛县	17	1	16	1247	596	651	15	7	8
池州市	**49**	**23**	**26**	**2238**	**1117**	**1121**	**8**	**1**	**7**
贵池区	22	11	11	352	154	198	3		3
东至县	17	6	11	1739	885	854	3	1	2
石台县	1		1	35	17	18	1		1
青阳县	9	6	3	112	61	51	1		1
宣城市	**106**	**46**	**60**	**1268**	**639**	**629**	**46**	**16**	**30**
宣州区	39	19	20	702	352	350	19	7	12
郎溪县	14	4	10	82	43	39	3		3
广德县	11	3	8	67	29	38	3		3
泾县	17	8	9	133	80	53			
绩溪县	6	3	3	34	14	20	3	1	2
旌德县	3	1	2	55	25	30	1		1
宁国市	16	8	8	195	96	99	17	8	9
福建省	**5830**	**2948**	**2882**	**115978**	**65663**	**50315**	**1739**	**711**	**1028**
福州市	**764**	**392**	**372**	**11313**	**6241**	**5072**	**276**	**127**	**149**
鼓楼区	232	116	116	1083	561	522	32	16	16
台江区	35	15	20	238	127	111	8	3	5
仓山区	93	55	38	642	358	284	66	29	37
马尾区	23	15	8	183	106	77	5	1	4
晋安区	135	70	65	596	321	275	33	15	18
闽侯县	100	51	49	444	214	230	41	21	20
连江县	3	1	2	1176	727	449	6	2	4
罗源县	14	5	9	36	23	13	5	1	4
闽清县	8	3	5	15	10	5	9	4	5
永泰县	5	4	1	12	7	5	1		1
平潭县	10	5	5	5191	2787	2404	27	19	8
福清市	67	31	36	1497	897	600	20	10	10
长乐市	39	21	18	200	103	97	23	6	17
厦门市	**1229**	**588**	**641**	**7378**	**3998**	**3380**	**349**	**154**	**195**
思明区	544	253	291	4055	2168	1887	128	41	87
海沧区	96	50	46	322	190	132	64	32	32
湖里区	259	125	134	1494	812	682	47	23	24
集美区	238	107	131	896	468	428	59	26	33
同安区	61	34	27	273	170	103	25	11	14
翔安区	31	19	12	338	190	148	26	21	5
莆田市	**207**	**138**	**69**	**17269**	**10267**	**7002**	**61**	**31**	**30**
城厢区	36	20	16	606	350	256	7	4	3
涵江区	18	12	6	3239	1954	1285	22	13	9
荔城区	43	27	16	1465	915	550	9	4	5
秀屿区	21	16	5	2336	1402	934	3	1	2
仙游县	89	63	26	9623	5646	3977	20	9	11

10-2 续表 22

单位：人

地区	蒙古族			回族			藏族		
	小计	男	女	小计	男	女	小计	男	女
三明市	**143**	**69**	**74**	**1720**	**985**	**735**	**299**	**112**	**187**
梅列区	44	19	25	231	126	105	241	89	152
三元区	26	15	11	222	120	102	27	8	19
明溪县				215	130	85	3	1	2
清流县	4	4		97	49	48	4	3	1
宁化县	1		1	24	13	11			
大田县	3	2	1	418	241	177	1	1	
尤溪县	10	2	8	27	15	12	8	3	5
沙县	8	4	4	83	58	25	4	2	2
将乐县	17	9	8	37	18	19	2		2
泰宁县	4	2	2	25	13	12	1	1	
建宁县	3	3		14	7	7	2	1	1
永安市	23	9	14	327	195	132	6	3	3
泉州市	**2704**	**1395**	**1309**	**64961**	**36270**	**28691**	**370**	**133**	**237**
鲤城区	69	42	27	1244	655	589	30	14	16
丰泽区	168	74	94	3085	1656	1429	44	11	33
洛江区	36	12	24	2743	1748	995	7	3	4
泉港区	1765	914	851	10924	5523	5401	20	2	18
惠安县	203	92	111	17050	8824	8226	23	8	15
安溪县	9	4	5	34	15	19	36	6	30
永春县	14	9	5	301	184	117	7	1	6
德化县	3		3	54	30	24	2		2
石狮市	87	44	43	5500	3370	2130	33	15	18
晋江市	279	169	110	23311	13842	9469	107	54	53
南安市	71	35	36	715	423	292	61	19	42
漳州市	**455**	**202**	**253**	**990**	**507**	**483**	**191**	**70**	**121**
芗城区	74	38	36	431	203	228	66	27	39
龙文区	17	9	8	49	36	13	1		1
云霄县	3	1	2	8	5	3	1		1
漳浦县	39	19	20	43	22	21	14	4	10
诏安县	4	2	2	2	1	1	2	1	1
长泰县	38	23	15	33	22	11	5	1	4
东山县	4	1	3	15	8	7			
南靖县	44	22	22	8	4	4	4	2	2
平和县	6	2	4	14	5	9	4		4
华安县	10	7	3	10	2	8	4	1	3
龙海市	216	78	138	377	199	178	90	34	56
南平市	**165**	**78**	**87**	**1502**	**859**	**643**	**62**	**29**	**33**
延平区	33	14	19	253	135	118	11	6	5
顺昌县	6	3	3	69	32	37	3		3
浦城县	2	2		35	24	11	6	2	4
光泽县	6	2	4	36	21	15	1	1	
松溪县	2		2	18	10	8	1		1
政和县	4	1	3	21	12	9	7	2	5
邵武市	46	24	22	827	500	327	17	10	7
武夷山市	31	11	20	132	72	60	7	3	4
建瓯市	14	8	6	47	18	29	1	1	
建阳市	21	13	8	64	35	29	8	4	4
龙岩市	**103**	**64**	**39**	**510**	**288**	**222**	**114**	**46**	**68**
新罗区	43	25	18	230	125	105	54	15	39
长汀县	12	10	2	58	28	30	5	3	2
永定县	22	15	7	21	14	7	7	5	2
上杭县	12	7	5	30	19	11	13	3	10
武平县	3		3	41	21	20			
连城县				4	2	2	3	2	1
漳平市	11	7	4	126	79	47	32	18	14

10-2 续表 23

单位：人

地区	蒙古族			回族			藏族		
	小计	男	女	小计	男	女	小计	男	女
宁德市	**60**	**22**	**38**	**10335**	**6248**	**4087**	**17**	**9**	**8**
蕉城区	14	3	11	108	66	42	1	1	
霞浦县	2		2	1477	920	557			
古田县	12	3	9	1618	968	650	2		2
屏南县	4	1	3	28	14	14	6	4	2
寿宁县	3	1	2	7	3	4			
周宁县				8	4	4	1		1
柘荣县				11	5	6			
福安市	2	1	1	2102	1351	751	1		1
福鼎市	23	13	10	4976	2917	2059	6	4	2
江西省	**3479**	**1770**	**1709**	**8902**	**4679**	**4223**	**1150**	**595**	**555**
南昌市	**1823**	**939**	**884**	**3140**	**1683**	**1457**	**626**	**326**	**300**
东湖区	121	67	54	663	339	324	103	48	55
西湖区	57	31	26	521	271	250	13	6	7
青云谱区	69	32	37	186	118	68	5	2	3
湾里区	125	39	86	95	51	44	19	6	13
青山湖区	525	287	238	516	305	211	127	75	52
南昌县	266	153	113	311	152	159	56	29	27
新建县	653	327	326	834	443	391	283	150	133
安义县	7	3	4	14	4	10	20	10	10
进贤县									
景德镇市	**96**	**53**	**43**	**356**	**183**	**173**	**10**	**6**	**4**
昌江区	4	1	3	22	14	8	2	1	1
珠山区	68	37	31	280	147	133	2	2	
浮梁县	21	14	7	32	12	20	5	3	2
乐平市	3	1	2	22	10	12	1		1
萍乡市	**85**	**44**	**41**	**183**	**94**	**89**	**40**	**15**	**25**
安源区	70	35	35	146	75	71	31	12	19
湘东区	3	2	1	11	5	6	3	1	2
莲花县				17	9	8			
上栗县	2	1	1	4	2	2	4	1	3
芦溪县	10	6	4	5	3	2	2	1	1
九江市	**416**	**188**	**228**	**3082**	**1563**	**1519**	**80**	**41**	**39**
庐山区	197	99	98	581	290	291	28	16	12
浔阳区	140	58	82	1608	803	805	30	14	16
九江县	3		3	40	18	22			
武宁县	11	4	7	33	19	14	4	3	1
修水县				18	6	12	3		3
永修县	12	5	7	16	7	9	1		1
德安县	27	9	18	103	53	50	8	5	3
星子县	3		3	8	2	6			
都昌县	3		3	607	329	278	1	1	
湖口县	10	6	4	22	13	9	1		1
彭泽县	5	2	3	28	12	16	2	1	1
瑞昌市	5	5		18	11	7	2	1	1
新余市	**169**	**96**	**73**	**387**	**225**	**162**	**149**	**104**	**45**
渝水区	155	88	67	346	203	143	147	103	44
分宜县	14	8	6	41	22	19	2	1	1
鹰潭市	**56**	**27**	**29**	**290**	**146**	**144**	**21**	**10**	**11**
月湖区	29	17	12	96	51	45	2	1	1
余江县	5	3	2	76	40	36	6	3	3
贵溪市	22	7	15	118	55	63	13	6	7
赣州市	**184**	**92**	**92**	**476**	**267**	**209**	**59**	**24**	**35**
章贡区	131	63	68	321	176	145	28	12	16
赣县									

10-2　续表 24　　　　单位：人

地区	蒙古族			回族			藏族		
	小计	男	女	小计	男	女	小计	男	女
信丰县	8	3	5	14	10	4	5	2	3
大余县									
上犹县									
崇义县	2	1	1	5	4	1	2		2
安远县	5	2	3	41	25	16	6	3	3
龙南县	3	2	1	4	2	2			
定南县	4	3	1	5	2	3	2		2
全南县	3	2	1	12	5	7	2		2
宁都县	2	1	1	4	2	2			
于都县	4	1	3	18	15	3	1	1	
兴国县				14	8	6	3	2	1
会昌县	6	5	1	5	1	4	2		2
寻乌县	4	2	2	6	2	4	2	2	
石城县	3	2	1						
瑞金市				2	1	1	1	1	
南康市	9	5	4	25	14	11	5	1	4
吉安市	**196**	**106**	**90**	**257**	**139**	**118**	**60**	**25**	**35**
吉州区	45	22	23	116	77	39	2	1	1
青原区	68	32	36	38	19	19	24	10	14
吉安县	9	6	3	22	10	12			
吉水县	5	2	3	4	1	3			
峡江县				4		4	2		2
新干县	7	3	4	12	5	7	3	1	2
永丰县	8	5	3	2		2	4	2	2
泰和县	28	21	7	19	10	9			
遂川县	11	7	4	9	3	6	2	1	1
万安县	6	5	1	7	4	3	1		1
安福县	9	3	6	11	3	8	3	1	2
永新县				6	4	2			
井冈山市				7	3	4	19	9	10
宜春市	**130**	**69**	**61**	**237**	**118**	**119**	**41**	**12**	**29**
袁州区	43	19	24	94	42	52	13	4	9
奉新县	9	3	6	26	14	12	2		2
万载县	17	6	11	11	2	9	7		7
上高县	6	3	3	20	10	10	1		1
宜丰县	10	6	4	16	12	4			
靖安县	17	15	2	10	7	3	8	7	1
铜鼓县	2	2		11	6	5	4		4
丰城市	2	1	1	20	11	9	2		2
樟树市	14	7	7	19	9	10	3	1	2
高安市	10	7	3	10	5	5	1		1
抚州市	**182**	**97**	**85**	**120**	**65**	**55**	**17**	**10**	**7**
临川区	75	35	40	62	35	27	8	4	4
南城县	35	20	15	7	4	3			
黎川县									
南丰县	9	7	2	5	1	4			
崇仁县	1		1	7	3	4			
乐安县	30	15	15	10	8	2			
宜黄县	8	6	2	13	8	5			
金溪县	1		1	9	3	6			
资溪县	6	4	2				4	3	1
东乡县	3	3		3	2	1	1	1	
广昌县	14	7	7	4	1	3	4	2	2

10-2 续表 25

单位：人

地 区	蒙古族			回 族			藏 族		
	小计	男	女	小计	男	女	小计	男	女
上饶市	**142**	**59**	**83**	**374**	**196**	**178**	**47**	**22**	**25**
信州区	46	19	27	124	64	60	12	2	10
上饶县	15	9	6	19	11	8	4	3	1
广丰县	3	1	2	14	5	9	4	3	1
玉山县	1		1	17	7	10			
铅山县	24	12	12	16	9	7	1		1
横峰县	4	1	3	3		3	2	1	1
弋阳县	7	4	3	13	9	4	2	2	
余干县	9		9	73	37	36	16	7	9
鄱阳县	16	4	12	53	31	22	3	1	2
万年县	4	4							
婺源县	1	1		10	8	2	1	1	
德兴市	12	4	8	32	15	17	2	2	
山东省	**17669**	**8448**	**9221**	**535679**	**269871**	**265808**	**2146**	**875**	**1271**
济南市	**3069**	**1383**	**1686**	**107465**	**53020**	**54445**	**345**	**142**	**203**
历下区	504	229	275	7527	3536	3991	41	23	18
市中区	532	252	280	26770	13268	13502	42	20	22
槐荫区	169	90	79	13198	6406	6792	6	3	3
天桥区	535	261	274	17336	8431	8905	24	17	7
历城区	738	317	421	5848	2856	2992	155	58	97
长清区	158	64	94	5482	2754	2728	28	2	26
平阴县	41	20	21	103	48	55			
济阳县	70	25	45	12055	6111	5944	17	4	13
商河县	33	16	17	11294	5677	5617	5	1	4
章丘市	289	109	180	7852	3933	3919	27	14	13
青岛市	**4466**	**2200**	**2266**	**5986**	**3069**	**2917**	**452**	**209**	**243**
市南区	421	193	228	1114	547	567	34	14	20
市北区	326	159	167	710	350	360	46	18	28
四方区	300	136	164	645	344	301	18	9	9
黄岛区	966	522	444	1038	595	443	88	49	39
崂山区	366	169	197	632	311	321	94	38	56
李沧区	576	281	295	532	273	259	32	13	19
城阳区	528	271	257	560	249	311	53	26	27
胶州市	249	124	125	191	95	96	14	6	8
即墨市	302	129	173	162	99	63	22	13	9
平度市	89	37	52	81	31	50	21	7	14
胶南市	269	144	125	273	153	120	25	14	11
莱西市	74	35	39	48	22	26	5	2	3
淄博市	**1784**	**941**	**843**	**17250**	**8694**	**8556**	**67**	**20**	**47**
淄川区	112	44	68	549	275	274	6	1	5
张店区	324	170	154	2635	1379	1256	7	5	2
博山区	76	26	50	560	282	278	25	2	23
临淄区	1079	616	463	9697	4822	4875	1	1	
周村区	140	65	75	1286	652	634	22	9	13
桓台县	40	14	26	38	17	21	5	2	3
高青县	9	3	6	11	5	6			
沂源县	4	3	1	2474	1262	1212	1		1
枣庄市	**127**	**53**	**74**	**13043**	**6623**	**6420**	**37**	**6**	**31**
市中区	28	9	19	7284	3620	3664	2	1	1
薛城区	46	22	24	635	309	326	6	1	5
峄城区	2		2	186	90	96	1		1
台儿庄区	2		2	2364	1203	1161	11		11
山亭区	4	1	3	722	406	316	5	1	4
滕州市	45	21	24	1852	995	857	12	3	9

10-2　续表 26

单位：人

地　区	蒙古族			回　族			藏　族		
	小计	男	女	小计	男	女	小计	男	女
东营市	**646**	**312**	**334**	**2295**	**1157**	**1138**	**40**	**22**	**18**
东营区	435	208	227	1545	776	769	33	16	17
河口区	99	47	52	519	260	259	5	4	1
垦利县	42	22	20	113	64	49	2	2	
利津县	11	2	9	37	10	27			
广饶县	59	33	26	81	47	34			
烟台市	**2071**	**1018**	**1053**	**2419**	**1303**	**1116**	**107**	**50**	**57**
芝罘区	450	213	237	499	267	232	24	13	11
福山区	641	346	295	529	319	210	22	12	10
牟平区	50	26	24	229	108	121	2		2
莱山区	399	180	219	552	275	277	14	2	12
长岛县	12	8	4	8	3	5			
龙口市	192	96	96	142	90	52	11	8	3
莱阳市	36	15	21	61	33	28	1		1
莱州市	109	53	56	197	90	107	13	9	4
蓬莱市	85	45	40	65	37	28	2	1	1
招远市	47	20	27	56	40	16	2	1	1
栖霞市	24	4	20	52	24	28	10	3	7
海阳市	26	12	14	29	17	12	6	1	5
潍坊市	**937**	**408**	**529**	**22328**	**11323**	**11005**	**213**	**90**	**123**
潍城区	87	34	53	352	182	170	41	24	17
寒亭区	68	27	41	87	56	31	8		8
坊子区	39	12	27	45	17	28	10	4	6
奎文区	241	112	129	534	273	261	28	11	17
临朐县	33	10	23	201	101	100	10	2	8
昌乐县	15	5	10	61	31	30	5	1	4
青州市	92	43	49	20654	10455	10199	12	4	8
诸城市	63	27	36	67	30	37	51	29	22
寿光市	219	113	106	238	130	108	7	4	3
安丘市	27	7	20	39	18	21	19	3	16
高密市	35	12	23	43	24	19	17	5	12
昌邑市	18	6	12	7	6	1	5	3	2
济宁市	**310**	**118**	**192**	**46598**	**23479**	**23119**	**168**	**38**	**130**
市中区	44	17	27	15907	7973	7934	76	17	59
任城区	69	33	36	4523	2211	2312	15	2	13
微山县	13	7	6	586	339	247	1		1
鱼台县	1		1	2643	1340	1303	4		4
金乡县	8	3	5	2610	1330	1280	2	1	1
嘉祥县	27	11	16	1629	828	801	7		7
汶上县	9	1	8	1120	556	564	10	2	8
泗水县	2	1	1	2466	1300	1166	4	1	3
梁山县	10	3	7	226	121	105	7	4	3
曲阜市	43	7	36	2915	1448	1467	11	4	7
兖州市	35	11	24	5813	2922	2891	24	6	18
邹城市	49	24	25	6160	3111	3049	7	1	6
泰安市	**378**	**142**	**236**	**68377**	**34365**	**34012**	**296**	**149**	**147**
泰山区	181	75	106	17781	8841	8940	63	33	30
岱岳区	88	32	56	19320	9774	9546	208	106	102
宁阳县	36	12	24	6399	3227	3172	1		1
东平县	16	4	12	2932	1483	1449	3	2	1
新泰市	30	13	17	13453	6822	6631	7	3	4
肥城市	27	6	21	8492	4218	4274	14	5	9
威海市	**1907**	**954**	**953**	**1161**	**585**	**576**	**59**	**26**	**33**
环翠区	1255	622	633	893	451	442	35	16	19
文登市	131	60	71	51	24	27	6	1	5
荣成市	401	223	178	134	69	65	11	8	3
乳山市	120	49	71	83	41	42	7	1	6

10-2 续表 27

单位：人

地区	蒙古族			回族			藏族		
	小计	男	女	小计	男	女	小计	男	女
日照市	**399**	**188**	**211**	**950**	**483**	**467**	**56**	**22**	**34**
东港区	292	143	149	446	234	212	19	9	10
岚山区	59	30	29	42	26	16	16	8	8
五莲县	21	5	16	23	8	15	9	3	6
莒县	27	10	17	439	215	224	12	2	10
莱芜市	**94**	**45**	**49**	**3704**	**1907**	**1797**	**10**	**2**	**8**
莱城区	61	28	33	3290	1702	1588	7	2	5
钢城区	33	17	16	414	205	209	3		3
临沂市	**388**	**167**	**221**	**38776**	**19886**	**18890**	**53**	**13**	**40**
兰山区	140	57	83	6437	3301	3136	10	3	7
罗庄区	29	16	13	6059	3177	2882			
河东区	10	6	4	75	40	35	6	1	5
沂南县	18	5	13	1214	645	569	2		2
郯城县	27	14	13	4154	2140	2014	9	2	7
沂水县	19	5	14	4845	2455	2390	1		1
苍山县	14	8	6	5484	2777	2707	2	1	1
费县	27	11	16	2083	1050	1033	3	3	
平邑县	49	17	32	4081	2091	1990	7	1	6
莒南县	14	5	9	986	519	467	6	1	5
蒙阴县	13	2	11	578	293	285	2	1	1
临沭县	28	21	7	2780	1398	1382	5		5
德州市	**440**	**234**	**206**	**70559**	**35320**	**35239**	**38**	**13**	**25**
德城区	180	102	78	8305	4091	4214	11	7	4
陵县	36	21	15	21865	10925	10940	1	1	
宁津县	16	5	11	3757	1896	1861	3		3
庆云县	14	5	9	3988	2013	1975			
临邑县	71	45	26	14279	7133	7146	8	2	6
齐河县	11	3	8	2741	1399	1342	4		4
平原县	22	10	12	5277	2656	2621	2		2
夏津县	19	7	12	110	60	50	2	1	1
武城县	14	8	6	2212	1118	1094			
乐陵市	8	2	6	1122	555	567	3	1	2
禹城市	49	26	23	6903	3474	3429	4	1	3
聊城市	**228**	**102**	**126**	**53449**	**27113**	**26336**	**101**	**44**	**57**
东昌府区	107	52	55	10506	5243	5263	57	28	29
阳谷县	22	10	12	2395	1208	1187	9	5	4
莘县	21	8	13	11630	5951	5679	9	1	8
茌平县	12	3	9	997	519	478	4		4
东阿县	8	4	4	43	23	20	4	2	2
冠县	17	5	12	14406	7455	6951	6	1	5
高唐县	16	10	6	551	271	280	5	3	2
临清市	25	10	15	12921	6443	6478	7	4	3
滨州市	**270**	**131**	**139**	**18660**	**9477**	**9183**	**45**	**15**	**30**
滨城区	112	59	53	579	306	273	2		2
惠民县	21	12	9	513	255	258			
阳信县	40	26	14	11364	5761	5603			
无棣县	29	7	22	5800	2926	2874	2		2
沾化县	5	1	4	127	88	39			
博兴县	20	9	11	126	63	63	26	9	17
邹平县	43	17	26	151	78	73	15	6	9
菏泽市	**155**	**52**	**103**	**62659**	**32067**	**30592**	**59**	**14**	**45**
牡丹区	46	20	26	13151	6648	6503	22	9	13
曹县	11	4	7	26624	13608	13016	3	2	1
单县	15		15	1426	760	666	6	1	5
成武县	10	5	5	85	48	37	2	1	1
巨野县	31	11	20	1869	964	905	3		3
郓城县	12	4	8	166	74	92	5		5
鄄城县	4	1	3	2914	1493	1421	10		10
定陶县	10	1	9	11236	5757	5479	1		1
东明县	16	6	10	5188	2715	2473	7	1	6

10-2 续表 28

单位：人

地区	蒙古族			回族			藏族		
	小计	男	女	小计	男	女	小计	男	女
河南省	**63473**	**39117**	**24356**	**957964**	**479252**	**478712**	**1811**	**598**	**1213**
郑州市	**3878**	**1935**	**1943**	**124361**	**60804**	**63557**	**386**	**174**	**212**
中原区	636	307	329	23950	11650	12300	43	12	31
二七区	822	411	411	12174	5775	6399	101	53	48
管城回族区	308	142	166	22281	10929	11352	23	13	10
金水区	1638	832	806	26685	12830	13855	88	43	45
上街区	34	18	16	1672	828	844			
惠济区	101	55	46	2510	1187	1323	36	13	23
中牟县	58	25	33	8885	4481	4404	8	1	7
巩义市	42	17	25	1062	554	508	17	8	9
荥阳市	27	13	14	12693	6344	6349	9	3	6
新密市	40	15	25	3261	1694	1567	7	2	5
新郑市	143	76	67	4311	2061	2250	43	16	27
登封市	29	24	5	4877	2471	2406	11	10	1
开封市	**660**	**332**	**328**	**62049**	**30623**	**31426**	**236**	**86**	**150**
龙亭区	132	62	70	3110	1437	1673	3	1	2
顺河回族区	144	73	71	18597	9046	9551	12	6	6
鼓楼区	14	6	8	581	294	287	88	40	48
禹王台区	104	56	48	2357	1113	1244	6	3	3
金明区	180	93	87	6842	3343	3499	7	6	1
杞县	29	15	14	7176	3626	3550	43	6	37
通许县	8	4	4	4420	2237	2183	17	1	16
尉氏县	17	9	8	2682	1351	1331	41	18	23
开封县	12	3	9	11064	5558	5506	17	5	12
兰考县	20	11	9	5220	2618	2602	2		2
洛阳市	**1972**	**1086**	**886**	**51597**	**25204**	**26393**	**142**	**38**	**104**
老城区	47	20	27	1858	869	989	1	1	
西工区	240	114	126	5384	2577	2807	17	8	9
瀍河回族区	82	39	43	23222	11384	11838	5	3	2
涧西区	388	189	199	6621	3158	3463	10	4	6
吉利区	15	9	6	237	123	114	1		1
洛龙区	265	115	150	1173	493	680	22	12	10
孟津县	803	537	266	130	67	63	18	5	13
新安县	9	4	5	493	240	253	6		6
栾川县	70	40	30	175	91	84			
嵩县	11	7	4	561	296	265	41	4	37
汝阳县	6	2	4	464	238	226			
宜阳县	15	4	11	627	303	324	5		5
洛宁县	5	2	3	5673	2865	2808	1	1	
伊川县	6	1	5	647	328	319	6		6
偃师市	10	3	7	4332	2172	2160	9		9
平顶山市	**4033**	**2188**	**1845**	**55160**	**27886**	**27274**	**80**	**35**	**45**
新华区	539	250	289	6245	3013	3232	11	7	4
卫东区	450	184	266	4577	2244	2333	3	2	1
石龙区	12	3	9	147	69	78			
湛河区	1379	780	599	6812	3486	3326	2	1	1
宝丰县	18	4	14	4144	2132	2012	14	6	8
叶县	1551	927	624	12491	6421	6070	5		5
鲁山县	11	6	5	5384	2700	2684	12	5	7
郏县	17	9	8	11248	5706	5542	3		3
舞钢市	26	14	12	1131	607	524	26	12	14
汝州市	30	11	19	2981	1508	1473	4	2	2

10-2 续表 29

单位：人

地区	蒙古族			回族			藏族		
	小计	男	女	小计	男	女	小计	男	女
安阳市	**754**	**380**	**374**	**2830**	**1384**	**1446**	**197**	**25**	**172**
文峰区	96	29	67	956	447	509	14	7	7
北关区	29	16	13	453	220	233	2		2
殷都区	49	22	27	794	387	407	7	3	4
龙安区	23	4	19	92	48	44	1		1
安阳县	11	3	8	27	14	13	5	2	3
汤阴县	4	1	3	62	42	20	6		6
滑县	531	297	234	406	208	198	156	11	145
内黄县	9	6	3	25	11	14	2	1	1
林州市	2	2		15	7	8	4	1	3
鹤壁市	**84**	**32**	**52**	**945**	**478**	**467**	**18**	**5**	**13**
鹤山区	9	5	4	33	18	15			
山城区	28	9	19	193	105	88			
淇滨区	41	17	24	251	116	135	6	2	4
浚县	5		5	79	34	45	6	1	5
淇县	1	1		389	205	184	6	2	4
新乡市	**1878**	**1050**	**828**	**43230**	**21780**	**21450**	**68**	**18**	**50**
红旗区	156	74	82	3404	1639	1765	8	3	5
卫滨区	69	33	36	2685	1314	1371	3		3
凤泉区	15	7	8	344	226	118			
牧野区	203	99	104	3822	1809	2013	13	8	5
新乡县	8	3	5	2975	1515	1460			
获嘉县	1148	708	440	1612	814	798	9	2	7
原阳县	17	9	8	6580	3354	3226	4		4
延津县	1		1	837	421	416	2	1	1
封丘县	10	1	9	12064	6267	5797	4	1	3
长垣县	19	9	10	242	120	122	12		12
卫辉市	21	13	8	3443	1652	1791	4	1	3
辉县市	211	94	117	5222	2649	2573	9	2	7
焦作市	**337**	**165**	**172**	**70007**	**35185**	**34822**	**44**	**17**	**27**
解放区	129	66	63	6512	3225	3287	14	6	8
中站区	8	3	5	6988	3532	3456			
马村区	8	3	5	931	465	466	6	2	4
山阳区	132	68	64	4080	1994	2086	6	3	3
修武县	12	3	9	1216	608	608	1		1
博爱县	24	10	14	20742	10626	10116	7	3	4
武陟县	7	2	5	11059	5473	5586	2		2
温县	1		1	85	44	41	4	2	2
沁阳市	11	7	4	11823	5950	5873	4	1	3
孟州市	5	3	2	6571	3268	3303			
濮阳市	**233**	**110**	**123**	**5123**	**2571**	**2552**	**56**	**20**	**36**
华龙区	151	75	76	1214	589	625	24	8	16
清丰县	13	7	6	220	117	103	2		2
南乐县	5	3	2	629	321	308	4		4
范县	23	8	15	551	276	275	3	1	2
台前县	4	2	2	969	481	488	1		1
濮阳县	37	15	22	1540	787	753	22	11	11
许昌市	**287**	**145**	**142**	**56660**	**28612**	**28048**	**69**	**27**	**42**
魏都区	200	98	102	9890	4781	5109	31	17	14
许昌县	15	10	5	7784	3943	3841	14	3	11
鄢陵县	2		2	804	409	395	3		3
襄城县	25	12	13	14007	7064	6943	1	1	
禹州市	37	23	14	17294	8886	8408	18	5	13
长葛市	8	2	6	6881	3529	3352	2	1	1

10-2　续表 30　　　　单位：人

地　区	蒙古族			回　族			藏　族		
	小计	男	女	小计	男	女	小计	男	女
漯河市	**96**	**47**	**49**	**23913**	**11953**	**11960**	**28**	**5**	**23**
源汇区	27	15	12	6482	3141	3341	9	2	7
郾城区	23	8	15	5352	2683	2669	6		6
召陵区	22	9	13	6464	3224	3240	7	3	4
舞阳县	3	1	2	1762	901	861	1		1
临颍县	21	14	7	3853	2004	1849	5		5
三门峡市	**270**	**151**	**119**	**8359**	**4205**	**4154**	**25**	**10**	**15**
湖滨区	83	48	35	1658	802	856	19	9	10
渑池县	13	4	9	495	255	240	1		1
陕县	13	9	4	430	230	200	1		1
卢氏县	69	43	26	3859	1965	1894	2		2
义马市	37	18	19	408	196	212	1	1	
灵宝市	55	29	26	1509	757	752	1		1
南阳市	**48139**	**31119**	**17020**	**129090**	**65347**	**63743**	**203**	**69**	**134**
宛城区	864	443	421	26509	13452	13057	16	8	8
卧龙区	3741	2118	1623	11458	5535	5923	60	26	34
南召县	1633	1082	551	5624	2839	2785	54	16	38
方城县	58	27	31	14771	7493	7278	10	5	5
西峡县	789	485	304	2457	1313	1144	7	2	5
镇平县	24164	16220	7944	16263	8356	7907	18		18
内乡县	8679	5559	3120	3708	1926	1782	9	3	6
淅川县	4144	2741	1403	1450	807	643	3		3
社旗县	1474	972	502	4183	2114	2069			
唐河县	88	36	52	9987	5070	4917	12	5	7
新野县	1558	953	605	6477	3257	3220	8	2	6
桐柏县	148	84	64	2209	1134	1075	3	1	2
邓州市	799	399	400	23994	12051	11943	3	1	2
商丘市	**208**	**97**	**111**	**115799**	**58139**	**57660**	**87**	**18**	**69**
梁园区	96	44	52	18534	9054	9480	19	5	14
睢阳区	41	32	9	14396	7264	7132	2	1	1
民权县	21	6	15	25001	12448	12553	2		2
睢县	1		1	17768	9021	8747	4	2	2
宁陵县	6	1	5	20008	10121	9887	8	1	7
柘城县	6		6	11472	5891	5581	7	2	5
虞城县				743	386	357	7	2	5
夏邑县	2		2	7535	3782	3753	10		10
永城市	35	14	21	342	172	170	28	5	23
信阳市	**207**	**88**	**119**	**24110**	**12238**	**11872**	**54**	**9**	**45**
浉河区	112	48	64	4621	2142	2479	9	4	5
平桥区	24	12	12	1855	937	918	4		4
罗山县	9	4	5	1766	943	823	6		6
光山县	6	1	5	20	10	10	14	1	13
新县	2		2	50	21	29			
商城县	7	3	4	158	79	79	1		1
固始县	36	18	18	13085	6778	6307	19	4	15
潢川县	7	2	5	1770	911	859			
淮滨县				82	42	40			
息县	4		4	703	375	328	1		1
周口市	**185**	**76**	**109**	**123609**	**61820**	**61789**	**68**	**20**	**48**
川汇区	57	31	26	16757	8093	8664			
扶沟县	2		2	6066	3105	2961	2		2
西华县	16	8	8	8523	4340	4183	3		3
商水县	9		9	2056	1024	1032	5		5

10-2 续表 31

单位：人

地区	蒙古族			回族			藏族		
	小计	男	女	小计	男	女	小计	男	女
沈丘县	2		2	17434	8903	8531	4	2	2
郸城县				132	62	70			
淮阳县	65	22	43	23547	11621	11926	27	10	17
太康县	12	6	6	30811	15516	15295	6		6
鹿邑县	7	3	4	2282	1144	1138	14	5	9
项城市	15	6	9	16001	8012	7989	7	3	4
驻马店市	**183**	**81**	**102**	**52934**	**26874**	**26060**	**30**	**11**	**19**
驿城区	72	34	38	9814	4821	4993	9	5	4
西平县	16	6	10	12958	6678	6280	3		3
上蔡县	13	3	10	1039	508	531	8	2	6
平舆县	12	4	8	5985	3038	2947			
正阳县	11	2	9	4158	2139	2019	3	2	1
确山县	5		5	1835	901	934			
泌阳县	24	12	12	4379	2299	2080	3	1	2
汝南县	4	1	3	5129	2548	2581			
遂平县	15	10	5	2978	1577	1401	2		2
新蔡县	11	9	2	4659	2365	2294	2	1	1
省直辖县级行政区划	**69**	**35**	**34**	**8188**	**4149**	**4039**	**20**	**11**	**9**
济源市	69	35	34	8188	4149	4039	20	11	9
湖北省	**10318**	**5415**	**4903**	**67185**	**34858**	**32327**	**2175**	**974**	**1201**
武汉市	**4187**	**2106**	**2081**	**21777**	**11114**	**10663**	**1437**	**658**	**779**
江岸区	197	107	90	3652	1827	1825	43	20	23
江汉区	124	68	56	1815	922	893	15	7	8
硚口区	117	67	50	1529	812	717	11	7	4
汉阳区	77	46	31	1185	625	560	13	8	5
武昌区	617	313	304	4482	2213	2269	161	88	73
青山区	137	76	61	1531	765	766	29	12	17
洪山区	2239	1073	1166	5586	2879	2707	1085	473	612
东西湖区	115	67	48	513	291	222	16	9	7
汉南区	5	1	4	37	23	14			
蔡甸区	95	55	40	328	172	156	5	5	
江夏区	428	222	206	918	464	454	48	26	22
黄陂区	34	11	23	177	103	74	11	3	8
新洲区	2		2	24	18	6			
黄石市	**138**	**66**	**72**	**787**	**413**	**374**	**24**	**15**	**9**
黄石港区	40	15	25	259	132	127	13	10	3
西塞山区	20	10	10	209	111	98			
下陆区	55	33	22	165	82	83	6	5	1
铁山区	12	7	5	29	16	13	2		2
阳新县	3		3	29	15	14			
大冶市	8	1	7	96	57	39	3		3
十堰市	**337**	**170**	**167**	**8305**	**4298**	**4007**	**50**	**22**	**28**
茅箭区	131	59	72	969	468	501	15	7	8
张湾区	92	52	40	889	481	408	16	7	9
郧县	14	6	8	1020	534	486	1		1
郧西县	7	5	2	3296	1712	1584	1		1
竹山县	1	1		405	202	203			
竹溪县	7	4	3	481	247	234	7	3	4
房县	35	21	14	794	405	389	2	1	1
丹江口市	50	22	28	451	249	202	8	4	4
宜昌市	**469**	**270**	**199**	**2175**	**1108**	**1067**	**97**	**43**	**54**
西陵区	285	176	109	1336	665	671	61	26	35
伍家岗区	49	26	23	330	169	161	11	3	8
点军区	3	1	2	23	11	12	4	3	1

10-2 续表 32

单位：人

地区	蒙古族			回族			藏族		
	小计	男	女	小计	男	女	小计	男	女
猇亭区	8	7	1	16	9	7	1	1	
夷陵区	33	18	15	56	36	20	2	2	
远安县	3	2	1	2	1	1			
兴山县	5	3	2	10	4	6	1	1	
秭归县	6	3	3	17	9	8	7	3	4
长阳土家族自治县	8	2	6	10	5	5	1		1
五峰土家族自治县	1		1	2		2			
宜都市	15	7	8	46	27	19	2		2
当阳市	21	9	12	37	19	18	5	3	2
枝江市	32	16	16	290	153	137	2	1	1
襄樊市	**440**	**215**	**225**	**9612**	**4975**	**4637**	**79**	**35**	**44**
襄城区	86	37	49	1141	571	570	22	6	16
樊城区	178	86	92	2668	1371	1297	24	17	7
襄阳区	44	27	17	961	506	455	6	3	3
南漳县	2		2	222	125	97	2	1	1
谷城县	3	1	2	367	185	182	4	1	3
保康县	15	10	5	207	124	83	8	2	6
老河口市	68	37	31	2008	1032	976	4	2	2
枣阳市	27	9	18	1160	594	566	2		2
宜城市	17	8	9	878	467	411	7	3	4
鄂州市	**62**	**35**	**27**	**190**	**97**	**93**	**13**	**5**	**8**
梁子湖区				2	1	1			
华容区	1		1	29	17	12	2	1	1
鄂城区	61	35	26	159	79	80	11	4	7
荆门市	**231**	**116**	**115**	**3396**	**1842**	**1554**	**75**	**33**	**42**
东宝区	71	24	47	330	173	157	54	25	29
掇刀区	13	5	8	245	131	114	3	2	1
京山县	46	29	17	133	69	64	1	1	
沙洋县	38	23	15	370	222	148	6	3	3
钟祥市	63	35	28	2318	1247	1071	11	2	9
孝感市	**167**	**76**	**91**	**1169**	**567**	**602**	**43**	**18**	**25**
孝南区	127	65	62	715	335	380	20	12	8
孝昌县				64	32	32	3	1	2
大悟县	6	1	5	54	22	32	4		4
云梦县	7	2	5	180	95	85	9	3	6
应城市	5	3	2	29	17	12	2		2
安陆市	13	4	9	32	14	18	3	2	1
汉川市	9	1	8	95	52	43	2		2
荆州市	**704**	**376**	**328**	**7011**	**3633**	**3378**	**102**	**50**	**52**
沙市区	199	108	91	1821	942	879	30	15	15
荆州区	295	144	151	815	407	408	53	28	25
公安县	10	9	1	268	149	119	10	5	5
监利县	41	25	16	533	294	239	3		3
江陵县	5	5		89	49	40	4	2	2
石首市	15	4	11	839	422	417			
洪湖市	131	76	55	2221	1156	1065			
松滋市	8	5	3	425	214	211	2		2
黄冈市	**162**	**78**	**84**	**341**	**168**	**173**	**68**	**22**	**46**
黄州区	93	49	44	134	67	67	28	14	14
团风县	12	6	6	24	13	11	9	4	5
红安县				1	1		1	1	
罗田县	4	3	1	15	7	8	11		11
英山县	1	1		4	2	2	2		2
浠水县	11	2	9	52	27	25	4		4
蕲春县	26	10	16	14	7	7	8	2	6
黄梅县	8	3	5	71	34	37	2		2
麻城市				5	5		2	1	1
武穴市	7	4	3	21	5	16	1		1

10-2 续表 33

单位：人

地区	蒙古族			回族			藏族		
	小计	男	女	小计	男	女	小计	男	女
咸宁市	**158**	**84**	**74**	**2268**	**1225**	**1043**	**32**	**12**	**20**
咸安区	59	35	24	200	106	94	14	6	8
嘉鱼县	6	4	2	68	36	32			
通城县	1		1	18	10	8	1		1
崇阳县	18	6	12	157	91	66	8	1	7
通山县	49	25	24	50	22	28	4	1	3
赤壁市	25	14	11	1775	960	815	5	4	1
随州市	**37**	**19**	**18**	**841**	**470**	**371**	**22**	**9**	**13**
曾都区	26	17	9	188	100	88	18	9	9
随县	6	1	5	438	245	193	2		2
广水市	5	1	4	215	125	90	2		2
恩施土家族苗族自治州	**3004**	**1683**	**1321**	**3096**	**1705**	**1391**	**115**	**44**	**71**
恩施市	357	154	203	484	235	249	62	24	38
利川市	1624	967	657	213	120	93	12	2	10
建始县	316	184	132	1344	739	605	12	5	7
巴东县	19	8	11	46	23	23	17	8	9
宣恩县	53	26	27	231	148	83	8	4	4
咸丰县	47	27	20	507	281	226	1		1
来凤县	6	2	4	248	146	102	2	1	1
鹤峰县	582	315	267	23	13	10	1		1
省直辖县级行政区划	**222**	**121**	**101**	**6217**	**3243**	**2974**	**18**	**8**	**10**
仙桃市	134	83	51	3690	1968	1722	7	2	5
潜江市	83	35	48	2133	1066	1067	7	4	3
天门市				316	169	147	4	2	2
神农架林区	5	3	2	78	40	38			
湖南省	**3693**	**1824**	**1869**	**94705**	**49291**	**45414**	**1622**	**758**	**864**
长沙市	**1279**	**632**	**647**	**5172**	**2527**	**2645**	**619**	**325**	**294**
芙蓉区	122	57	65	614	294	320	32	15	17
天心区	211	95	116	687	340	347	31	19	12
岳麓区	380	173	207	1317	600	717	156	68	88
开福区	80	43	37	781	395	386	8	2	6
雨花区	225	105	120	987	468	519	83	49	34
长沙县	192	128	64	590	331	259	178	92	86
望城县	15	6	9	107	52	55	35	14	21
宁乡县	44	20	24	27	15	12	92	66	26
浏阳市	10	5	5	62	32	30	4		4
株洲市	**144**	**79**	**65**	**977**	**549**	**428**	**40**	**26**	**14**
荷塘区	33	17	16	200	101	99	5	1	4
芦淞区	21	9	12	241	129	112	4	2	2
石峰区	47	32	15	323	203	120	8	6	2
天元区	28	14	14	134	65	69	5	4	1
株洲县	2		2	12	5	7			
攸县	7	4	3	21	14	7	9	8	1
茶陵县				18	13	5	1		1
炎陵县	4	3	1	11	11		1	1	
醴陵市	2		2	17	8	9	7	4	3
湘潭市	**218**	**111**	**107**	**745**	**389**	**356**	**91**	**42**	**49**
雨湖区	115	59	56	338	172	166	23	13	10
岳塘区	70	38	32	231	126	105	13	9	4
湘潭县	14	8	6	71	37	34	13	7	6
湘乡市	15	5	10	89	49	40	14	3	11
韶山市	4	1	3	16	5	11	28	10	18

10-2　续表 34　　　　　　　　　　　　　　　　　　　　　　　　　　　　单位：人

地　区	蒙古族			回　族			藏　族		
	小计	男	女	小计	男	女	小计	男	女
衡阳市	**293**	**164**	**129**	**903**	**488**	**415**	**115**	**54**	**61**
珠晖区	45	25	20	309	175	134	17	11	6
雁峰区	28	16	12	108	65	43	19	12	7
石鼓区	29	13	16	57	25	32	3	1	2
蒸湘区	96	58	38	175	92	83	27	12	15
南岳区				5	2	3			
衡阳县	6	2	4	8	4	4	6	1	5
衡南县	18	11	7	61	32	29	17	8	9
衡山县	2	1	1	6	3	3	1		1
衡东县	5	2	3	11	1	10	2	1	1
祁东县	12	1	11	62	26	36	7	1	6
耒阳市	51	35	16	93	62	31	13	5	8
常宁市	1		1	8	1	7	3	2	1
邵阳市	**84**	**36**	**48**	**29863**	**15439**	**14424**	**87**	**37**	**50**
双清区	9	6	3	3826	1937	1889	2	2	
大祥区	17	8	9	5518	2690	2828	7	4	3
北塔区	2		2	1972	971	1001	2		2
邵东县	3		3	937	470	467	4	2	2
新邵县	4		4	318	191	127	5	4	1
邵阳县	1		1	3076	1648	1428	5	1	4
隆回县	12	5	7	11584	6059	5525	18	5	13
洞口县	10	6	4	500	262	238	28	12	16
绥宁县	7	5	2	188	112	76	4	2	2
新宁县	3	1	2	25	12	13	1	1	
城步苗族自治县	12	5	7	1654	928	726	7	2	5
武冈市	4		4	265	159	106	4	2	2
岳阳市	**245**	**111**	**134**	**914**	**470**	**444**	**166**	**71**	**95**
岳阳楼区	119	54	65	513	255	258	98	43	55
云溪区	13	8	5	77	51	26	6	3	3
君山区	14	9	5	20	11	9	5	3	2
岳阳县	22	5	17	39	23	16	6	5	1
华容县	9	2	7	47	20	27	8	3	5
湘阴县	19	10	9	95	48	47	16	8	8
平江县	11	3	8	24	13	11	10	1	9
汨罗市	18	7	11	43	24	19	13	4	9
临湘市	20	13	7	56	25	31	4	1	3
常德市	**221**	**106**	**115**	**33497**	**17232**	**16265**	**88**	**31**	**57**
武陵区	76	32	44	6829	3295	3534	24	6	18
鼎城区	49	23	26	9740	4976	4764	20	7	13
安乡县	14	6	8	124	73	51			
汉寿县	17	9	8	11145	5826	5319	5	1	4
澧县	11	6	5	1696	938	758	18	10	8
临澧县	12	7	5	56	29	27	5	1	4
桃源县	13	8	5	3372	1801	1571	7	1	6
石门县	17	8	9	155	86	69	3	1	2
津市市	12	7	5	380	208	172	6	4	2
张家界市	**428**	**244**	**184**	**1410**	**761**	**649**	**17**	**9**	**8**
永定区	103	50	53	380	192	188	11	7	4
武陵源区	6	2	4	20	9	11			
慈利县	12	6	6	61	27	34	2	1	1
桑植县	307	186	121	949	533	416	4	1	3
益阳市	**94**	**42**	**52**	**8515**	**4520**	**3995**	**51**	**16**	**35**
资阳区	27	15	12	346	191	155	2	1	1
赫山区	28	12	16	329	151	178	11	5	6

10-2 续表 35

单位：人

地区	蒙古族			回族			藏族		
	小计	男	女	小计	男	女	小计	男	女
南县	17	8	9	437	245	192	5	1	4
桃江县	13	4	9	7253	3854	3399	6	3	3
安化县	3		3	58	29	29	13	4	9
沅江市	6	3	3	92	50	42	14	2	12
郴州市	**93**	**43**	**50**	**517**	**269**	**248**	**53**	**23**	**30**
北湖区	32	15	17	211	118	93	12	7	5
苏仙区	21	8	13	103	51	52	12	4	8
桂阳县	8	3	5	7	1	6	5	2	3
宜章县	7	5	2	15	6	9	3	1	2
永兴县	3	1	2	28	11	17	4	1	3
嘉禾县				1		1			
临武县	9	4	5	47	28	19	4	2	2
汝城县	3	1	2	5	2	3	5	2	3
桂东县	1	1							
安仁县				16	5	11			
资兴市	9	5	4	84	47	37	8	4	4
永州市	**154**	**64**	**90**	**444**	**217**	**227**	**60**	**27**	**33**
零陵区	31	14	17	105	43	62	14	8	6
冷水滩区	34	12	22	133	68	65	13	6	7
祁阳县	8	3	5	39	17	22	5		5
东安县	6	1	5	65	39	26	6	3	3
双牌县	1		1	14	9	5	1		1
道县				6	1	5	2		2
江永县	20	11	9	57	32	25	7	3	4
宁远县	16	9	7	8	1	7	1		1
蓝山县	8	1	7	1		1	3	2	1
新田县				2	1	1			
江华瑶族自治县	30	13	17	14	6	8	8	5	3
怀化市	**226**	**104**	**122**	**3869**	**2115**	**1754**	**99**	**52**	**47**
鹤城区	111	51	60	566	280	286	50	28	22
中方县	3	2	1	27	12	15	1		1
沅陵县	32	14	18	213	112	101	9	3	6
辰溪县	9	4	5	134	63	71	2		2
溆浦县	7	2	5	1741	1014	727	2		2
会同县	10	5	5	16	8	8	9	6	3
麻阳苗族自治县	1		1	4	2	2	5	5	
新晃侗族自治县	5	1	4	322	168	154	4	2	2
芷江侗族自治县	4	2	2	132	71	61	1		1
靖州苗族侗族自治县	26	12	14	553	307	246	11	7	4
通道侗族自治县	2	1	1	34	19	15	1		1
洪江市	16	10	6	127	59	68	4	1	3
娄底市	**64**	**26**	**38**	**513**	**257**	**256**	**107**	**36**	**71**
娄星区	33	13	20	219	111	108	55	18	37
双峰县	14	6	8	45	19	26	16	7	9
新化县	2		2	53	27	26	9	3	6
冷水江市	4	1	3	87	45	42	9	3	6
涟源市	11	6	5	109	55	54	18	5	13
湘西土家族苗族自治州	**150**	**62**	**88**	**7366**	**4058**	**3308**	**29**	**9**	**20**
吉首市	86	36	50	844	433	411	12	4	8
泸溪县	11	5	6	40	21	19	2		2
凤凰县	15	7	8	1538	850	688	11	3	8
花垣县	3	3		52	25	27	1		1
保靖县	17	3	14	103	54	49			
古丈县	1		1	33	13	20	1		1
永顺县	1	1		1004	570	434			
龙山县	16	7	9	3752	2092	1660	2	2	

10-2　续表 36　　　　单位：人

地　区	蒙古族			回　族			藏　族		
	小计	男	女	小计	男	女	小计	男	女
广东省	**14331**	**7495**	**6836**	**45073**	**24357**	**20716**	**5604**	**2723**	**2881**
广州市	**3173**	**1608**	**1565**	**14032**	**7509**	**6523**	**841**	**407**	**434**
荔湾区	166	83	83	1200	650	550	83	35	48
越秀区	389	171	218	4296	2343	1953	49	15	34
海珠区	325	152	173	1721	836	885	79	37	42
天河区	721	371	350	1817	927	890	122	47	75
白云区	527	288	239	2655	1482	1173	169	92	77
黄埔区	153	76	77	308	172	136	19	13	6
番禺区	437	208	229	993	489	504	171	84	87
花都区	113	69	44	238	148	90	44	21	23
南沙区	31	21	10	121	72	49	14	9	5
萝岗区	148	81	67	295	171	124	27	16	11
增城市	137	71	66	291	158	133	44	24	20
从化市	26	17	9	97	61	36	20	14	6
韶关市	**142**	**74**	**68**	**297**	**181**	**116**	**48**	**23**	**25**
武江区	31	13	18	42	29	13	8	4	4
浈江区	48	28	20	111	69	42	14	11	3
曲江区	15	8	7	37	16	21	13	6	7
始兴县	2	2		7	4	3			
仁化县	11	6	5	23	14	9	1	1	
翁源县	3		3	10	5	5	1		1
乳源瑶族自治县	7	3	4	23	14	9	4	1	3
新丰县				4	2	2			
乐昌市	19	10	9	26	21	5	4		4
南雄市	6	4	2	14	7	7	3		3
深圳市	**5191**	**2727**	**2464**	**13189**	**7190**	**5999**	**1045**	**572**	**473**
罗湖区	615	333	282	1542	809	733	111	59	52
福田区	1364	664	700	2947	1476	1471	180	90	90
南山区	1012	540	472	2163	1142	1021	128	69	59
宝安区	1354	738	616	4249	2444	1805	381	223	158
龙岗区	725	393	332	1992	1140	852	217	111	106
盐田区	121	59	62	296	179	117	28	20	8
珠海市	**816**	**368**	**448**	**1892**	**947**	**945**	**158**	**67**	**91**
香洲区	619	276	343	1448	714	734	94	38	56
斗门区	47	24	23	169	96	73	44	21	23
金湾区	150	68	82	275	137	138	20	8	12
汕头市	**174**	**88**	**86**	**392**	**201**	**191**	**99**	**51**	**48**
龙湖区	56	30	26	77	34	43	11	4	7
金平区	59	30	29	100	48	52	22	13	9
濠江区	7	4	3	6	4	2	6	5	1
潮阳区	21	10	11	74	40	34	38	19	19
潮南区	16	5	11	70	41	29	15	7	8
澄海区	14	8	6	63	33	30	7	3	4
南澳县	1	1		2	1	1			
佛山市	**945**	**505**	**440**	**2889**	**1641**	**1248**	**736**	**390**	**346**
禅城区	114	56	58	319	177	142	208	96	112
南海区	399	209	190	964	544	420	304	166	138
顺德区	306	163	143	1340	759	581	165	90	75
三水区	81	46	35	172	105	67	47	29	18
高明区	45	31	14	94	56	38	12	9	3
江门市	**266**	**147**	**119**	**793**	**471**	**322**	**278**	**126**	**152**
蓬江区	136	75	61	385	237	148	40	22	18
江海区	19	9	10	22	12	10	22	8	14

10-2 续表 37　　　　　　　　　　　　　　　　　　　　　　　　单位：人

地　区	蒙古族			回　族			藏　族		
	小计	男	女	小计	男	女	小计	男	女
新会区	33	20	13	125	78	47	72	30	42
台山市	21	8	13	63	30	33	16	5	11
开平市	22	13	9	39	17	22	57	24	33
鹤山市	26	16	10	151	93	58	64	36	28
恩平市	9	6	3	8	4	4	7	1	6
湛江市	**172**	**72**	**100**	**234**	**95**	**139**	**121**	**28**	**93**
赤坎区	26	12	14	44	19	25	14	7	7
霞山区	46	19	27	89	38	51	5	2	3
坡头区	5	3	2	20	5	15	6	3	3
麻章区	35	11	24	26	10	16	3	2	1
遂溪县	7	5	2	5	3	2	7		7
徐闻县	5	2	3	3	1	2			
廉江市	28	13	15	16	7	9	44	3	41
雷州市	4	2	2				2	2	
吴川市	16	5	11	31	12	19	40	9	31
茂名市	**62**	**20**	**42**	**188**	**71**	**117**	**177**	**45**	**132**
茂南区	5	2	3	48	16	32	28	15	13
茂港区	1	1		6	2	4	10		10
电白县	5	1	4	48	17	31	17	1	16
高州市	34	8	26	65	32	33	77	24	53
化州市	3	1	2	13	2	11	19	1	18
信宜市	14	7	7	8	2	6	26	4	22
肇庆市	**272**	**150**	**122**	**783**	**394**	**389**	**174**	**83**	**91**
端州区	108	51	57	310	152	158	30	13	17
鼎湖区	14	6	8	54	33	21	29	16	13
广宁县	4	3	1	72	33	39	18	12	6
怀集县	1	1		7	4	3	2	2	
封开县	7	5	2	10	8	2	23	5	18
德庆县	3	2	1	68	29	39	8	3	5
高要市	20	12	8	170	82	88	43	24	19
四会市	115	70	45	92	53	39	21	8	13
惠州市	**767**	**421**	**346**	**1592**	**891**	**701**	**499**	**227**	**272**
惠城区	485	260	225	838	460	378	307	127	180
惠阳区	178	100	78	394	214	180	71	39	32
博罗县	75	43	32	277	160	117	80	47	33
惠东县	28	17	11	54	38	16	25	13	12
龙门县	1	1		29	19	10	16	1	15
梅州市	**44**	**20**	**24**	**32**	**11**	**21**	**19**	**5**	**14**
梅江区	30	11	19	21	8	13	9	1	8
梅县	6	4	2	1		1	4	3	1
大埔县				5	2	3			
丰顺县				1		1	1		1
五华县									
平远县	2	1	1	2	1	1	1		1
蕉岭县				2		2	1	1	
兴宁市	6	4	2				3		3
汕尾市	**19**	**7**	**12**	**38**	**20**	**18**	**9**	**1**	**8**
城区	12	4	8	10	5	5			
海丰县	4	3	1	22	12	10	8		8
陆河县	2		2	3	1	2			
陆丰市	1		1	3	2	1	1	1	
河源市	**51**	**29**	**22**	**120**	**64**	**56**	**13**	**7**	**6**
源城区	28	15	13	74	37	37			
紫金县	8	5	3	12	3	9	3	2	1
龙川县	5	2	3	10	6	4	2	1	1
连平县	4	2	2	9	8	1	1		1
和平县	1	1		8	3	5	1	1	
东源县	5	4	1	7	7		6	3	3

10-2　续表 38

单位：人

地　区	蒙古族			回　族			藏　族		
	小计	男	女	小计	男	女	小计	男	女
阳江市	**45**	**24**	**21**	**89**	**45**	**44**	**34**	**8**	**26**
江城区	10	4	6	21	8	13	5	1	4
阳西县	3	1	2	1		1	4	1	3
阳东县	16	13	3	51	29	22	6	3	3
阳春市	16	6	10	16	8	8	19	3	16
清远市	**153**	**86**	**67**	**426**	**235**	**191**	**58**	**23**	**35**
清城区	66	33	33	178	102	76	11	5	6
佛冈县	13	8	5	33	16	17			
阳山县	4	2	2	4	1	3	4	2	2
连山壮族瑶族自治县	6	6		12	5	7			
连南瑶族自治县	3	1	2	10	2	8			
清新县	28	17	11	53	26	27	10	4	6
英德市	16	11	5	110	71	39	27	10	17
连州市	17	8	9	26	12	14	6	2	4
东莞市	**1535**	**872**	**663**	**6267**	**3429**	**2838**	**873**	**457**	**416**
中山市	**403**	**230**	**173**	**1511**	**791**	**720**	**296**	**147**	**149**
潮州市	**39**	**19**	**20**	**141**	**77**	**64**	**55**	**26**	**29**
湘桥区	16	5	11	69	41	28	15	7	8
潮安县	19	13	6	68	36	32	34	18	16
饶平县	4	1	3	4		4	6	1	5
揭阳市	**35**	**14**	**21**	**116**	**61**	**55**	**29**	**14**	**15**
榕城区	13	7	6	36	25	11	11	4	7
揭东县	2	1	1	3	3		4	2	2
揭西县	5	1	4	24	9	15	3	3	
惠来县	8	2	6	36	19	17	2	2	
普宁市	7	3	4	17	5	12	9	3	6
云浮市	**27**	**14**	**13**	**52**	**33**	**19**	**42**	**16**	**26**
云城区	11	5	6	25	18	7	7	3	4
新兴县	6	2	4	13	9	4	6	1	5
郁南县	1	1		5	2	3	19	10	9
云安县	5	4	1	3		3	4		4
罗定市	4	2	2	6	4	2	6	2	4
广西壮族自治区	**3017**	**1485**	**1532**	**32319**	**16420**	**15899**	**815**	**393**	**422**
南宁市	**1003**	**469**	**534**	**4930**	**2365**	**2565**	**241**	**130**	**111**
兴宁区	97	49	48	521	249	272	13	7	6
青秀区	283	135	148	2030	938	1092	71	39	32
江南区	94	38	56	459	214	245	16	5	11
西乡塘区	363	165	198	1546	768	778	79	43	36
良庆区	70	39	31	188	96	92	30	17	13
邕宁区	3		3	26	13	13			
武鸣县	10	5	5	42	22	20	6	4	2
隆安县	2	2		5	3	2	7	6	1
马山县	5	4	1	6	4	2	3	2	1
上林县	6	2	4	5	4	1	3		3
宾阳县	43	19	24	80	42	38	6	2	4
横县	27	11	16	22	12	10	7	5	2

10-2 续表 39 单位：人

地区	蒙古族			回族			藏族		
	小计	男	女	小计	男	女	小计	男	女
柳州市	**469**	**252**	**217**	**5693**	**2823**	**2870**	**62**	**31**	**31**
城中区	147	78	69	797	363	434	21	11	10
鱼峰区	86	46	40	1092	530	562	5		5
柳南区	100	54	46	1304	660	644	10	6	4
柳北区	62	29	33	1328	634	694	7	3	4
柳江县	2	1	1	107	56	51	2	1	1
柳城县	3	2	1	27	14	13	4	1	3
鹿寨县	45	30	15	902	493	409	11	8	3
融安县	16	8	8	59	30	29			
融水苗族自治县	7	3	4	64	34	30	2	1	1
三江侗族自治县	1	1		13	9	4			
桂林市	**646**	**320**	**326**	**17505**	**8926**	**8579**	**184**	**87**	**97**
秀峰区	49	24	25	1763	872	891	13	7	6
叠彩区	42	23	19	1710	827	883	6	3	3
象山区	106	52	54	4454	2239	2215	15	7	8
七星区	162	91	71	2721	1357	1364	41	22	19
雁山区	55	26	29	895	476	419	8	4	4
阳朔县	7	3	4	368	194	174	7	2	5
临桂县	40	12	28	1458	771	687	7	3	4
灵川县	55	31	24	2029	1078	951	12	4	8
全州县	22	12	10	46	20	26	4		4
兴安县	21	10	11	194	103	91	3	2	1
永福县	9	3	6	1049	536	513	10	3	7
灌阳县	3	1	2	231	127	104	2	1	1
龙胜各族自治县	10	4	6	119	71	48	7	3	4
资源县	3	1	2	55	27	28	5	1	4
平乐县	30	16	14	267	154	113	13	9	4
荔浦县	22	6	16	100	54	46	19	9	10
恭城瑶族自治县	10	5	5	46	20	26	12	7	5
梧州市	**48**	**22**	**26**	**233**	**117**	**116**	**18**	**6**	**12**
万秀区	4	2	2	38	20	18			
蝶山区	23	10	13	83	41	42	1		1
长洲区	9	6	3	64	35	29	10	3	7
苍梧县	4	2	2	15	5	10	6	3	3
藤县	1		1	5	2	3			
蒙山县	5	1	4	14	8	6			
岑溪市	2	1	1	14	6	8	1		1
北海市	**291**	**145**	**146**	**408**	**221**	**187**	**30**	**16**	**14**
海城区	173	92	81	257	144	113	23	14	9
银海区	94	39	55	112	56	56	3	2	1
铁山港区	10	8	2	8	7	1	1		1
合浦县	14	6	8	31	14	17	3		3
防城港市	**22**	**11**	**11**	**95**	**58**	**37**	**10**	**4**	**6**
港口区	16	9	7	50	27	23	4	2	2
防城区	3		3	31	18	13	1		1
上思县	2	1	1				1	1	
东兴市	1	1		14	13	1	4	1	3
钦州市	**56**	**22**	**34**	**256**	**135**	**121**	**47**	**15**	**32**
钦南区	48	21	27	205	115	90	24	8	16
钦北区	3	1	2	22	14	8	4		4
灵山县	3		3	19	4	15	15	7	8
浦北县	2		2	10	2	8	4		4
贵港市	**81**	**31**	**50**	**325**	**166**	**159**	**66**	**30**	**36**
港北区	37	16	21	71	36	35	25	12	13
港南区	11	3	8	10	2	8	10	3	7
覃塘区	2	1	1	6	3	3	5	2	3
平南县	11	6	5	204	108	96	12	8	4
桂平市	20	5	15	34	17	17	14	5	9

10-2　续表 40　　　　单位：人

地区	蒙古族			回族			藏族		
	小计	男	女	小计	男	女	小计	男	女
玉林市	**70**	**34**	**36**	**372**	**179**	**193**	**55**	**16**	**39**
玉州区	37	21	16	173	81	92	18	8	10
容县	6	1	5	9		9	7	2	5
陆川县	6	5	1	20	7	13	5	2	3
博白县	7	3	4	21	6	15	13	3	10
兴业县	4	2	2	13	2	11	1		1
北流市	10	2	8	136	83	53	11	1	10
百色市	**92**	**47**	**45**	**568**	**329**	**239**	**29**	**14**	**15**
右江区	24	12	12	310	176	134	12	5	7
田阳县	6	4	2	9	6	3	1	1	
田东县	6	4	2	27	17	10	2	1	1
平果县	16	10	6	49	26	23	2	1	1
德保县	5	2	3	7	4	3	1	1	
靖西县	8	4	4	100	64	36	2		2
那坡县	1		1	8	5	3	1		1
凌云县									
乐业县	6	2	4	4	1	3	5	3	2
田林县	6	4	2	17	12	5			
西林县	10	3	7	20	11	9	1		1
隆林各族自治县	4	2	2	17	7	10	2	2	
贺州市	**28**	**17**	**11**	**596**	**355**	**241**	**8**	**4**	**4**
八步区	17	10	7	91	48	43	2	1	1
平桂管理区	1	1		21	8	13	1	1	
昭平县	1		1	9	2	7			
钟山县	5	4	1	54	34	20	3		3
富川瑶族自治县	4	2	2	421	263	158	2	2	
河池市	**123**	**69**	**54**	**1054**	**596**	**458**	**19**	**8**	**11**
金城江区	43	24	19	250	137	113	5	2	3
南丹县	26	15	11	148	86	62	2	2	
天峨县	5	4	1	26	19	7	2	1	1
凤山县	1	1		9	4	5			
东兰县	1		1	3		3			
罗城仫佬族自治县	7	3	4	39	24	15			
环江毛南族自治县	7	3	4	60	35	25	1		1
巴马瑶族自治县	6	3	3	20	11	9			
都安瑶族自治县	8	2	6	140	85	55	2	2	
大化瑶族自治县	5	4	1	9	7	2	1		1
宜州市	14	10	4	350	188	162	6	1	5
来宾市	**47**	**27**	**20**	**201**	**111**	**90**	**35**	**28**	**7**
兴宾区	21	16	5	131	70	61	35	28	7
忻城县	7	3	4	30	19	11			
象州县	7	4	3	19	10	9			
武宣县	9	3	6	5	2	3			
金秀瑶族自治县	1		1	8	6	2			
合山市	2	1	1	8	4	4			
崇左市	**41**	**19**	**22**	**83**	**39**	**44**	**11**	**4**	**7**
江州区	3	2	1	30	19	11	4	1	3
扶绥县	7	2	5	12	5	7	1		1
宁明县	10	4	6	5	2	3	2	1	1
龙州县	6	4	2	13	6	7	2	1	1
大新县	3	1	2	4	1	3			
天等县	5	4	1	4	1	3	1		1
凭祥市	7	2	5	15	5	10	1	1	

10-2 续表 41　　　　单位：人

地　　区	蒙古族			回　族			藏　族		
	小计	男	女	小计	男	女	小计	男	女
海南省	**3463**	**1679**	**1784**	**10670**	**5405**	**5265**	**248**	**111**	**137**
海口市	**1281**	**578**	**703**	**1754**	**842**	**912**	**119**	**50**	**69**
秀英区	76	42	34	150	85	65	3	2	1
龙华区	342	163	179	531	263	268	28	12	16
琼山区	469	193	276	375	145	230	39	16	23
美兰区	394	180	214	698	349	349	49	20	29
三亚市	**687**	**324**	**363**	**7841**	**3988**	**3853**	**42**	**22**	**20**
省直辖县级行政区划	**1495**	**777**	**718**	**1075**	**575**	**500**	**87**	**39**	**48**
五指山市	59	22	37	120	50	70	5	1	4
琼海市	26	10	16	56	33	23	12	7	5
儋州市	108	53	55	147	88	59	23	9	14
文昌市	13	5	8	28	7	21	6	3	3
万宁市	156	88	68	68	38	30	4	2	2
东方市	41	17	24	27	15	12	6	2	4
定安县	9	2	7	9	3	6	6	5	1
屯昌县	7	1	6	20	8	12	1		1
澄迈县	19	16	3	17	11	6	2	1	1
临高县	1	1		4	3	1			
白沙黎族自治县	101	54	47	13	4	9			
昌江黎族自治县	234	113	121	435	244	191	1		1
乐东黎族自治县	2	1	1	25	12	13			
陵水黎族自治县	644	346	298	21	10	11	17	6	11
保亭黎族苗族自治县	70	44	26	39	20	19	2	1	1
琼中黎族苗族自治县	4	3	1	46	29	17	2	2	
西沙群岛	1	1							
重庆市	**5688**	**2890**	**2798**	**9056**	**4658**	**4398**	**3086**	**1250**	**1836**
市辖区	**4127**	**2007**	**2120**	**7754**	**3994**	**3760**	**2738**	**1152**	**1586**
万州区	116	46	70	376	208	168	41	20	21
涪陵区	106	49	57	85	43	42	29	13	16
渝中区	130	70	60	950	467	483	81	29	52
大渡口区	30	12	18	179	96	83	19	6	13
江北区	106	57	49	497	254	243	79	40	39
沙坪坝区	388	209	179	996	528	468	1034	459	575
九龙坡区	166	105	61	690	371	319	83	40	43
南岸区	276	140	136	815	439	376	147	65	82
北碚区	251	106	145	499	233	266	268	94	174
万盛区	12	5	7	48	26	22	9	5	4
双桥区	3	2	1	21	10	11	5	1	4
渝北区	275	141	134	752	379	373	168	55	113
巴南区	85	49	36	182	94	88	68	33	35
黔江区	27	17	10	78	27	51	17	5	12
长寿区	25	10	15	60	30	30	31	17	14
江津区	31	17	14	113	63	50	37	15	22
合川区	1887	869	1018	986	481	505	438	171	267
永川区	203	99	104	387	222	165	171	75	96
南川区	10	4	6	40	23	17	13	9	4
市辖县	**1561**	**883**	**678**	**1302**	**664**	**638**	**348**	**98**	**250**
綦江县	23	9	14	19	9	10	9	3	6
潼南县	11	5	6	19	10	9	75	11	64
铜梁县	17	7	10	27	15	12	46	13	33

10-2 续表 42 单位：人

地区	蒙古族			回族			藏族		
	小计	男	女	小计	男	女	小计	男	女
大足县	35	23	12	13	3	10	46	10	36
荣昌县	14	6	8	610	307	303	42	17	25
璧山县	20	14	6	39	21	18	32	10	22
梁平县	17	9	8	7	3	4	1		1
城口县	2		2	7	1	6	4		4
丰都县	12	4	8	13	5	8	8	3	5
垫江县	9	1	8	20	9	11	12	9	3
武隆县	30	14	16	9	3	6	8	1	7
忠县	5	2	3	9	6	3	12	1	11
开县	2		2	94	47	47	5		5
云阳县	6	5	1	31	14	17	4		4
奉节县	12	4	8	26	15	11	12	8	4
巫山县	1	1		4	3	1	13	7	6
巫溪县	2	1	1	5	3	2	5	1	4
石柱土家族自治县	37	18	19	14	8	6	4	2	2
秀山土家族苗族自治县	13	5	8	19	9	10	4	1	3
酉阳土家族苗族自治县	2	2		25	17	8	6	1	5
彭水苗族土家族自治县	1291	753	538	292	156	136			
四川省	**36646**	**18350**	**18296**	**104544**	**52797**	**51747**	**1496524**	**747138**	**749386**
成都市	**4139**	**2044**	**2095**	**20898**	**10149**	**10749**	**32332**	**14695**	**17637**
锦江区	215	114	101	913	416	497	989	409	580
青羊区	510	255	255	2086	947	1139	1578	753	825
金牛区	556	300	256	3378	1708	1670	3506	1804	1702
武侯区	869	411	458	3194	1574	1620	4460	2229	2231
成华区	236	129	107	1259	629	630	584	277	307
龙泉驿区	133	73	60	561	295	266	1299	444	855
青白江区	25	11	14	1406	696	710	151	54	97
新都区	90	52	38	816	430	386	408	158	250
温江区	189	71	118	432	199	233	1092	495	597
金堂县	61	23	38	129	64	65	143	58	85
双流县	614	269	345	1300	586	714	3325	1439	1886
郫县	409	213	196	1796	898	898	3664	1878	1786
大邑县	10	4	6	41	24	17	773	159	614
蒲江县	25	19	6	16	5	11	231	85	146
新津县	25	15	10	70	34	36	414	148	266
都江堰市	89	47	42	2543	1191	1352	7062	3134	3928
彭州市	43	20	23	816	383	433	961	407	554
邛崃市	19	7	12	53	19	34	522	110	412
崇州市	21	11	10	89	51	38	1170	654	516
自贡市	**54**	**27**	**27**	**496**	**277**	**219**	**836**	**365**	**471**
自流井区	29	18	11	233	132	101	315	139	176
贡井区	10	6	4	25	16	9	29	7	22
大安区	4	1	3	22	10	12	118	77	41
沿滩区	4	1	3	11	6	5	133	71	62
荣县	5	1	4	164	93	71	68	24	44
富顺县	2		2	41	20	21	173	47	126
攀枝花市	**550**	**282**	**268**	**3483**	**1781**	**1702**	**412**	**229**	**183**
东区	133	59	74	722	347	375	118	50	68
西区	93	46	47	316	166	150	116	83	33
仁和区	78	48	30	614	315	299	114	68	46
米易县	69	33	36	1477	759	718	39	15	24
盐边县	177	96	81	354	194	160	25	13	12

10-2 续表 43　　单位：人

地区	蒙古族			回族			藏族		
	小计	男	女	小计	男	女	小计	男	女
泸州市	**135**	**75**	**60**	**1126**	**585**	**541**	**568**	**272**	**296**
江阳区	52	31	21	552	272	280	372	195	177
纳溪区				44	27	17	9	4	5
龙马潭区	19	11	8	187	99	88	82	37	45
泸县	19	9	10	37	19	18	50	15	35
合江县	32	20	12	102	62	40	34	12	22
叙永县	5	2	3	183	93	90	10	4	6
古蔺县	8	2	6	21	13	8	11	5	6
德阳市	**250**	**152**	**98**	**1953**	**963**	**990**	**1664**	**774**	**890**
旌阳区	93	49	44	1285	614	671	919	480	439
中江县	12	4	8	100	40	60	71	12	59
罗江县				8	3	5	109	27	82
广汉市	44	31	13	243	149	94	247	142	105
什邡市	18	13	5	225	111	114	81	24	57
绵竹市	83	55	28	92	46	46	237	89	148
绵阳市	**325**	**181**	**144**	**7332**	**3570**	**3762**	**17424**	**8933**	**8491**
涪城区	189	108	81	1268	584	684	1478	778	700
游仙区	64	37	27	473	244	229	476	293	183
三台县	10	4	6	331	161	170	226	67	159
盐亭县	4	4		2064	1012	1052	105	29	76
安县	10	7	3	734	365	369	354	152	202
梓潼县	4	2	2	319	172	147	132	66	66
北川羌族自治县	5	2	3	299	144	155	2491	1310	1181
平武县	7	4	3	1065	519	546	11818	6110	5708
江油市	32	13	19	779	369	410	344	128	216
广元市	**59**	**28**	**31**	**7468**	**3751**	**3717**	**585**	**378**	**207**
利州区	40	18	22	2324	1165	1159	390	277	113
元坝区	2	1	1	107	60	47	5	2	3
朝天区	3	1	2	336	178	158	10	2	8
旺苍县	6	5	1	129	66	63	30	24	6
青川县	3		3	4408	2206	2202	19	7	12
剑阁县	2	1	1	11	4	7	22	12	10
苍溪县	3	2	1	153	72	81	109	54	55
遂宁市	**46**	**11**	**35**	**122**	**46**	**76**	**851**	**311**	**540**
船山区	7	3	4	36	16	20	125	54	71
安居区	4	1	3	11	4	7	201	44	157
蓬溪县	3		3	12	4	8	84	8	76
射洪县	12	1	11	34	11	23	229	94	135
大英县	20	6	14	29	11	18	212	111	101
内江市	**67**	**28**	**39**	**2457**	**1245**	**1212**	**832**	**332**	**500**
市中区	29	12	17	145	76	69	173	98	75
东兴区	17	7	10	480	239	241	200	93	107
威远县	5	2	3	54	23	31	176	67	109
资中县	8	4	4	21	4	17	94	7	87
隆昌县	8	3	5	1757	903	854	189	67	122
乐山市	**200**	**98**	**102**	**1524**	**737**	**787**	**1258**	**628**	**630**
市中区	99	44	55	566	263	303	460	222	238
沙湾区	1	1		39	19	20	26	19	7
五通桥区	12	5	7	67	30	37	203	115	88
金口河区	5	5		39	18	21	25	11	14
犍为县	6	3	3	460	224	236	118	67	51
井研县	2	1	1	14	7	7	25	2	23
夹江县	14	5	9	52	31	21	20	7	13
沐川县	6	2	4	70	31	39	11	3	8
峨边彝族自治县	2	1	1	15	5	10	24	7	17
马边彝族自治县	1	1		25	15	10	22	8	14
峨眉山市	52	30	22	177	94	83	324	167	157

10-2 续表 44

单位：人

地区	蒙古族			回族			藏族		
	小计	男	女	小计	男	女	小计	男	女
南充市	**96**	**43**	**53**	**4215**	**2067**	**2148**	**717**	**222**	**495**
顺庆区	43	23	20	357	151	206	344	83	261
高坪区	13	4	9	166	87	79	111	47	64
嘉陵区	11	2	9	43	23	20	27	6	21
南部县	8	4	4	65	22	43	63	9	54
营山县				15	4	11	19	3	16
蓬安县				3	1	2	7	3	4
仪陇县	3		3	6	3	3	17	1	16
西充县	6	3	3	6	2	4	13	5	8
阆中市	12	7	5	3554	1774	1780	116	65	51
眉山市	**119**	**52**	**67**	**2580**	**1499**	**1081**	**1386**	**604**	**782**
东坡区	42	20	22	150	74	76	456	170	286
仁寿县	43	16	27	2350	1385	965	291	97	194
彭山县	18	9	9	46	21	25	575	326	249
洪雅县	10	3	7	16	12	4	37	6	31
丹棱县	1	1		7	2	5	10	1	9
青神县	5	3	2	11	5	6	17	4	13
宜宾市	**107**	**66**	**41**	**2276**	**1194**	**1082**	**573**	**276**	**297**
翠屏区	40	27	13	1333	697	636	303	158	145
宜宾县	6	3	3	67	38	29	19	11	8
南溪县	5	2	3	261	141	120	117	51	66
江安县	3		3	10	4	6	10	3	7
长宁县	12	11	1	36	15	21	85	40	45
高县	7	5	2	405	214	191	20	10	10
珙县	17	11	6	54	31	23	4	1	3
筠连县	7	3	4	62	27	35	5		5
兴文县	6	3	3	42	24	18	5	2	3
屏山县	4	1	3	6	3	3	5		5
广安市	**46**	**15**	**31**	**400**	**187**	**213**	**552**	**180**	**372**
广安区	22	11	11	72	24	48	362	103	259
岳池县	9	2	7	27	6	21	75	4	71
武胜县	5	1	4	270	144	126	7	1	6
邻水县	7	1	6	23	10	13	102	70	32
华蓥市	3		3	8	3	5	6	2	4
达州市	**46**	**18**	**28**	**366**	**195**	**171**	**259**	**147**	**112**
通川区	18	5	13	196	98	98	78	41	37
达县	6	1	5	33	12	21	87	41	46
宣汉县	6	3	3	20	14	6	77	58	19
开江县	6	4	2	3	3		5	2	3
大竹县				99	59	40	7	5	2
渠县	4	3	1	1		1	3		3
万源市	6	2	4	14	9	5	2		2
雅安市	**1494**	**806**	**688**	**688**	**338**	**350**	**27964**	**13889**	**14075**
雨城区	76	29	47	426	203	223	1356	453	903
名山县	16	12	4	31	23	8	1237	623	614
荥经县	8	5	3	13	5	8	273	97	176
汉源县	1366	746	620	100	52	48	3969	2066	1903
石棉县	7	4	3	44	24	20	11706	5858	5848
天全县	5	1	4	22	7	15	418	161	257
芦山县	6	2	4	43	19	24	218	133	85
宝兴县	10	7	3	9	5	4	8787	4498	4289

10-2 续表 45　　　　单位：人

地区	蒙古族			回族			藏族		
	小计	男	女	小计	男	女	小计	男	女
巴中市	**2**	**1**	**1**	**99**	**54**	**45**	**6**		**6**
巴州区	2	1	1	65	34	31	5		5
通江县									
南江县				34	20	14	1		1
平昌县									
资阳市	**26**	**9**	**17**	**179**	**69**	**110**	**700**	**224**	**476**
雁江区	8	3	5	94	43	51	198	76	122
安岳县	9	4	5	15	2	13	198	24	174
乐至县	1		1	22	7	15	185	91	94
简阳市	8	2	6	48	17	31	119	33	86
阿坝藏族羌族自治州	**171**	**78**	**93**	**26873**	**13749**	**13124**	**489777**	**245640**	**244137**
汶川县	52	24	28	931	442	489	17550	8919	8631
理县	3	1	2	177	101	76	22265	11167	11098
茂县	8		8	2074	1038	1036	1754	873	881
松潘县	20	10	10	10722	5528	5194	29699	14720	14979
九寨沟县	30	11	19	3217	1600	1617	20944	10327	10617
金川县	11	6	5	3103	1584	1519	47553	23542	24011
小金县	3	3		2589	1351	1238	48045	24639	23406
黑水县				54	32	22	53815	26601	27214
马尔康县	13	8	5	623	277	346	42462	21066	21396
壤塘县	7	5	2	50	28	22	36487	18378	18109
阿坝县	18	8	10	1690	887	803	65569	33636	31933
若尔盖县	5	2	3	1385	731	654	68010	33750	34260
红原县	1		1	258	150	108	35624	18022	17602
甘孜藏族自治州	**459**	**247**	**212**	**2231**	**1314**	**917**	**854860**	**427678**	**427182**
康定县	118	62	56	765	413	352	77380	39291	38089
泸定县	230	130	100	110	58	52	9789	4477	5312
丹巴县	6	4	2	508	229	279	44296	21976	22320
九龙县	12	10	2	34	20	14	17136	8520	8616
雅江县	11	5	6	25	19	6	44668	22743	21925
道孚县	7	3	4	84	54	30	50190	25391	24799
炉霍县	2	1	1	56	30	26	41214	20645	20569
甘孜县	7	1	6	127	95	32	64283	31956	32327
新龙县	10	5	5	35	32	3	46731	23427	23304
德格县	2	1	1	66	43	23	79114	40168	38946
白玉县	3	2	1	97	64	33	53755	25023	28732
石渠县	14	4	10	40	33	7	79004	40097	38907
色达县	1		1	119	92	27	55727	27325	28402
理塘县	11	5	6	77	70	7	64263	33040	31223
巴塘县	4	3	1	19	11	8	45751	22772	22979
乡城县	8	6	2	17	14	3	28868	14523	14345
稻城县	9	2	7	36	25	11	28707	14249	14458
得荣县	4	3	1	16	12	4	23984	12055	11929
凉山彝族自治州	**28255**	**14089**	**14166**	**17778**	**9027**	**8751**	**62968**	**31361**	**31607**
西昌市	1620	797	823	14652	7406	7246	3037	1460	1577
木里藏族自治县	8018	4049	3969	112	62	50	42236	21073	21163
盐源县	17833	8863	8970	416	246	170	6101	3017	3084
德昌县	388	186	202	681	323	358	55	21	34
会理县	49	20	29	287	145	142	60	27	33
会东县	17	8	9	107	54	53	18	9	9
宁南县	55	30	25	127	76	51	49	26	23
普格县	15	5	10	219	130	89	34	16	18
布拖县	10	7	3	48	21	27	15	11	4
金阳县	36	20	16	30	18	12	12	3	9
昭觉县	1	1		13	6	7	14	7	7

10-2　续表 46　　　　　　　　　　　　　　　　　　　　　　　　　　　　单位：人

地　区	蒙古族			回　族			藏　族		
	小计	男	女	小计	男	女	小计	男	女
喜德县	7	6	1	77	35	42	70	33	37
冕宁县	132	61	71	381	179	202	5755	2858	2897
越西县	25	13	12	433	227	206	2518	1269	1249
甘洛县	22	9	13	53	24	29	2956	1513	1443
美姑县	16	10	6	25	10	15	9	4	5
雷波县	11	4	7	117	65	52	29	14	15
贵州省	**41561**	**23203**	**18358**	**184788**	**95009**	**89779**	**1281**	**585**	**696**
贵阳市	**4368**	**2291**	**2077**	**10052**	**5093**	**4959**	**379**	**189**	**190**
南明区	1032	542	490	2879	1492	1387	87	43	44
云岩区	1365	714	651	3701	1861	1840	109	54	55
花溪区	317	140	177	848	400	448	33	13	20
乌当区	451	231	220	798	397	401	26	11	15
白云区	322	166	156	726	370	356	41	24	17
小河区	346	186	160	156	96	60	41	21	20
开阳县	33	16	17	90	43	47	9	5	4
息烽县	28	13	15	29	13	16	3	1	2
修文县	67	40	27	92	49	43	4	3	1
清镇市	407	243	164	733	372	361	26	14	12
六盘水市	**3262**	**1871**	**1391**	**17682**	**9390**	**8292**	**123**	**58**	**65**
钟山区	957	538	419	4016	2065	1951	52	22	30
六枝特区	951	550	401	1962	1023	939	17	5	12
水城县	680	390	290	4345	2282	2063	21	12	9
盘县	674	393	281	7359	4020	3339	33	19	14
遵义市	**515**	**278**	**237**	**1766**	**950**	**816**	**168**	**90**	**78**
红花岗区	112	63	49	510	282	228	48	27	21
汇川区	118	57	61	924	513	411	85	49	36
遵义县	47	24	23	82	41	41	4	2	2
桐梓县	10	4	6	50	24	26	4	2	2
绥阳县	9	7	2	9	1	8	1		1
正安县	4	2	2	41	19	22	1	1	
道真仡佬族苗族自治县	44	17	27	27	13	14	2	1	1
务川仡佬族苗族自治县	6	3	3	10	5	5	7	3	4
凤冈县	26	13	13	20	9	11	7	1	6
湄潭县	68	46	22	12	6	6	1	1	
余庆县	53	34	19	51	22	29			
习水县	7	4	3	12	7	5	2	1	1
赤水市	9	3	6	12	5	7	4	2	2
仁怀市	2	1	1	6	3	3	2		2
安顺市	**1093**	**597**	**496**	**13968**	**7136**	**6832**	**42**	**19**	**23**
西秀区	270	137	133	4723	2432	2291	18	10	8
平坝县	90	51	39	8177	4148	4029	5	1	4
普定县	439	234	205	162	89	73	4	1	3
镇宁布依族苗族自治县	111	62	49	655	340	315	4	2	2
关岭布依族苗族自治县	147	91	56	185	97	88	10	5	5
紫云苗族布依族自治县	36	22	14	66	30	36	1		1
铜仁地区	**7682**	**4228**	**3454**	**2655**	**1427**	**1228**	**63**	**28**	**35**
铜仁市	215	108	107	1342	759	583	18	5	13
江口县	33	15	18	121	75	46	4	2	2
玉屏侗族自治县	23	10	13	169	82	87	3	1	2
石阡县	3093	1729	1364	728	366	362	1	1	
思南县	4222	2307	1915	48	17	31	19	10	9
印江土家族苗族自治县	27	16	11	29	22	7	4	2	2
德江县	14	8	6	32	15	17	5	1	4
沿河土家族自治县	6	5	1	7	3	4	2	2	
松桃苗族自治县	40	23	17	91	39	52	6	3	3
万山特区	9	7	2	88	49	39	1	1	

10-2 续表 47 单位：人

地区	蒙古族			回族			藏族		
	小计	男	女	小计	男	女	小计	男	女
黔西南布依族苗族自治州	**1182**	**677**	**505**	**27269**	**14047**	**13222**	**62**	**29**	**33**
兴义市	846	472	374	6525	3314	3211	25	8	17
兴仁县	48	29	19	10396	5362	5034	10	5	5
普安县	28	16	12	5385	2814	2571	7	3	4
晴隆县	95	65	30	500	245	255	4	2	2
贞丰县	24	11	13	1098	583	515	2	1	1
望谟县	9	6	3	87	42	45			
册亨县	2		2	140	69	71			
安龙县	130	78	52	3138	1618	1520	14	10	4
毕节地区	**21899**	**12404**	**9495**	**106601**	**54569**	**52032**	**147**	**63**	**84**
毕节市	1267	718	549	719	383	336	17	6	11
大方县	12598	7000	5598	174	96	78	27	15	12
黔西县	1944	1089	855	258	132	126	5	1	4
金沙县	124	66	58	55	35	20	8	3	5
织金县	1952	1117	835	1874	1045	829	24	8	16
纳雍县	2474	1458	1016	312	163	149	23	10	13
威宁彝族回族苗族自治县	1161	719	442	101696	51898	49798	43	20	23
赫章县	379	237	142	1513	817	696			
黔东南苗族侗族自治州	**318**	**182**	**136**	**2448**	**1203**	**1245**	**117**	**40**	**77**
凯里市	145	88	57	863	423	440	17	6	11
黄平县	3		3	88	54	34	2		2
施秉县	14	6	8	77	38	39	2	1	1
三穗县	13	4	9	16	8	8	6	1	5
镇远县	66	38	28	261	131	130	2		2
岑巩县	10	7	3	86	43	43	8	2	6
天柱县	8	6	2	84	38	46	7		7
锦屏县	5	2	3	98	55	43	5		5
剑河县	7	4	3	15	5	10	5		5
台江县				26	11	15			
黎平县	19	12	7	221	98	123	16	6	10
榕江县	12	7	5	103	46	57	24	13	11
从江县	5	2	3	218	111	107	3	2	1
雷山县				70	31	39	8	4	4
麻江县	8	5	3	128	67	61	3		3
丹寨县	3	1	2	94	44	50	9	5	4
黔南布依族苗族自治州	**1242**	**675**	**567**	**2347**	**1194**	**1153**	**180**	**69**	**111**
都匀市	685	342	343	1277	613	664	61	20	41
福泉市	30	17	13	118	77	41	11	3	8
荔波县	8	6	2	36	18	18	5	2	3
贵定县	21	9	12	129	78	51	6	2	4
瓮安县	55	33	22	82	37	45	21	7	14
独山县	12	6	6	174	88	86	4	2	2
平塘县	3	1	2	44	18	26	8	3	5
罗甸县	143	95	48	47	26	21	5	1	4
长顺县	59	36	23	59	31	28	13	6	7
龙里县	53	28	25	52	25	27	27	16	11
惠水县	170	101	69	188	102	86	18	7	11
三都水族自治县	3	1	2	141	81	60	1		1

10-2 续表 48

单位：人

地区	蒙古族			回族			藏族		
	小计	男	女	小计	男	女	小计	男	女
云南省	**22624**	**12104**	**10520**	**698265**	**351169**	**347096**	**142257**	**71239**	**71018**
昆明市	**3578**	**1810**	**1768**	**158384**	**78484**	**79900**	**3009**	**1497**	**1512**
五华区	889	427	462	19690	9445	10245	1138	527	611
盘龙区	646	357	289	19028	9266	9762	458	240	218
官渡区	534	268	266	12607	6252	6355	336	177	159
西山区	588	284	304	18145	8844	9301	454	237	217
东川区	48	28	20	4180	2086	2094	26	11	15
呈贡县	176	68	108	6068	3024	3044	341	164	177
晋宁县	66	34	32	2615	1242	1373	23	10	13
富民县	11	2	9	598	316	282	7	2	5
宜良县	111	65	46	4852	2385	2467	22	10	12
石林彝族自治县	32	19	13	349	192	157	10	5	5
嵩明县	44	23	21	16145	8188	7957	69	36	33
禄劝彝族苗族自治县	254	136	118	1000	491	509	15	6	9
寻甸回族彝族自治县	22	11	11	48892	24491	24401	5	3	2
安宁市	157	88	69	4215	2262	1953	105	69	36
曲靖市	**2169**	**1291**	**878**	**68252**	**34760**	**33492**	**193**	**93**	**100**
麒麟区	448	241	207	7555	3756	3799	65	26	39
马龙县	16	11	5	2833	1394	1439	3	2	1
陆良县	33	16	17	3575	1778	1797	8	1	7
师宗县	47	24	23	3203	1641	1562	3	1	2
罗平县	50	28	22	3040	1609	1431	9	2	7
富源县	1092	657	435	3071	1691	1380	62	34	28
会泽县	23	12	11	15624	7867	7757	17	10	7
沾益县	347	235	112	10367	5406	4961	18	15	3
宣威市	113	67	46	18984	9618	9366	8	2	6
玉溪市	**7139**	**3546**	**3593**	**48284**	**24106**	**24178**	**127**	**67**	**60**
红塔区	382	181	201	11096	5353	5743	85	42	43
江川县	18	4	14	87	43	44	4		4
澄江县	7	2	5	5594	2728	2866			
通海县	6240	3120	3120	15339	7845	7494	10	9	1
华宁县	76	35	41	7508	3648	3860	2	2	
易门县	30	15	15	1271	666	605	7	4	3
峨山彝族自治县	312	144	168	5883	2979	2904	6	2	4
新平彝族傣族自治县	40	25	15	1306	719	587	7	4	3
元江哈尼族彝族傣族自治县	34	20	14	200	125	75	6	4	2
保山市	**103**	**64**	**39**	**12436**	**6378**	**6058**	**129**	**67**	**62**
隆阳区	29	19	10	3496	1757	1739	74	41	33
施甸县	5	2	3	898	441	457	9	5	4
腾冲县	32	19	13	6776	3492	3284	35	17	18
龙陵县	26	19	7	269	150	119	9	4	5
昌宁县	11	5	6	997	538	459	2		2
昭通市	**324**	**192**	**132**	**180962**	**91337**	**89625**	**74**	**38**	**36**
昭阳区	73	41	32	102999	51935	51064	29	16	13
鲁甸县	6	4	2	69124	34815	34309	5	3	2
巧家县	11	6	5	492	261	231	7	4	3
盐津县	9	6	3	177	90	87	1		1
大关县	3	1	2	5735	2953	2782	1		1
永善县	51	30	21	1560	800	760	10	4	6
绥江县	1	1		24	14	10	2		2
镇雄县	155	98	57	275	161	114	2		2
彝良县	3		3	419	218	201	2	2	
威信县	2		2	21	16	5			
水富县	10	5	5	136	74	62	15	9	6

10-2 续表 49

单位：人

地区	蒙古族			回族			藏族		
	小计	男	女	小计	男	女	小计	男	女
丽江市	**429**	**223**	**206**	**4615**	**2291**	**2324**	**5199**	**2482**	**2717**
古城区	131	61	70	1061	510	551	1238	631	607
玉龙纳西族自治县	28	17	11	156	91	65	1850	848	1002
永胜县	6	4	2	2675	1301	1374	1096	513	583
华坪县	189	111	78	623	340	283	93	47	46
宁蒗彝族自治县	75	30	45	100	49	51	922	443	479
普洱市	**980**	**560**	**420**	**13221**	**6935**	**6286**	**123**	**66**	**57**
思茅区	200	95	105	1992	979	1013	46	27	19
宁洱哈尼族彝族自治县	172	95	77	1318	727	591	11	6	5
墨江哈尼族自治县	124	91	33	590	316	274	5	2	3
景东彝族自治县	11	5	6	1712	819	893	28	16	12
景谷傣族彝族自治县	16	6	10	1950	1089	861	11	5	6
镇沅彝族哈尼族拉祜族自治县	357	206	151	2127	1173	954	5	1	4
江城哈尼族彝族自治县	13	8	5	355	196	159	3	2	1
孟连傣族拉祜族佤族自治县	20	13	7	334	169	165	2	1	1
澜沧拉祜族自治县	62	39	23	2789	1436	1353	9	5	4
西盟佤族自治县	5	2	3	54	31	23	3	1	2
临沧市	**118**	**66**	**52**	**10081**	**5369**	**4712**	**161**	**77**	**84**
临翔区	31	21	10	1398	702	696	49	20	29
凤庆县	14	11	3	2331	1193	1138	14	9	5
云县	6	3	3	3902	2146	1756	28	13	15
永德县	6	4	2	492	310	182	23	10	13
镇康县	32	13	19	742	398	344	21	13	8
双江拉祜族佤族布朗族傣族自治县	8	5	3	90	41	49	11	8	3
耿马傣族佤族自治县	17	8	9	987	507	480	11	3	8
沧源佤族自治县	4	1	3	139	72	67	4	1	3
楚雄彝族自治州	**173**	**89**	**84**	**21127**	**10584**	**10543**	**208**	**104**	**104**
楚雄市	94	47	47	9097	4521	4576	113	56	57
双柏县	4	3	1	253	125	128	3	3	
牟定县				180	78	102	4	1	3
南华县	3	3		2006	1030	976	5	2	3
姚安县	3		3	905	442	463	14	10	4
大姚县	8	4	4	410	204	206	22	16	6
永仁县	7	4	3	657	341	316	9	5	4
元谋县	24	11	13	1579	792	787	3	1	2
武定县	6	1	5	1005	532	473	2		2
禄丰县	24	16	8	5035	2519	2516	33	10	23
红河哈尼族彝族自治州	**1221**	**658**	**563**	**74767**	**37785**	**36982**	**150**	**82**	**68**
个旧市	283	150	133	19509	9857	9652	29	21	8
开远市	284	154	130	16460	8202	8258	23	13	10
蒙自市	234	127	107	3750	1863	1887	35	23	12
屏边苗族自治县	12	8	4	95	51	44	2	1	1
建水县	78	37	41	14233	7323	6910	15	9	6
石屏县	61	33	28	854	419	435	3	1	2
弥勒县	108	60	48	7270	3619	3651	24	6	18
泸西县	36	18	18	12238	6243	5995	6	1	5
元阳县	24	16	8	71	31	40			
红河县	30	12	18	33	19	14	2	2	
金平苗族瑶族傣族自治县	11	8	3	91	53	38	3	1	2
绿春县				31	20	11			
河口瑶族自治县	60	35	25	132	85	47	8	4	4
文山壮族苗族自治州	**5655**	**3193**	**2462**	**24774**	**12424**	**12350**	**114**	**53**	**61**
文山县	762	409	353	5874	2890	2984	34	23	11
砚山县	271	162	109	11378	5769	5609	32	15	17
西畴县	734	417	317	55	21	34	3		3
麻栗坡县	1550	864	686	62	42	20	17	5	12

10-2　续表 50　　　　单位：人

地　区	蒙古族			回　族			藏　族		
	小计	男	女	小计	男	女	小计	男	女
马关县	1289	701	588	314	160	154	6	2	4
丘北县	118	78	40	5610	2810	2800	1		1
广南县	903	550	353	1378	674	704	7	4	3
富宁县	28	12	16	103	58	45	14	4	10
西双版纳傣族自治州	**265**	**141**	**124**	**4449**	**2298**	**2151**	**51**	**33**	**18**
景洪市	160	89	71	1910	982	928	29	18	11
勐海县	40	20	20	1902	964	938	6	5	1
勐腊县	65	32	33	637	352	285	16	10	6
大理白族自治州	**250**	**136**	**114**	**71998**	**35798**	**36200**	**1321**	**556**	**765**
大理市	152	82	70	18515	9105	9410	549	261	288
漾濞彝族自治县	1		1	2970	1452	1518	95	48	47
祥云县	17	12	5	680	329	351	34	13	21
宾川县	8	6	2	783	375	408	42	16	26
弥渡县	12	5	7	1655	809	846	31	16	15
南涧彝族自治县	9	3	6	2555	1275	1280	6	4	2
巍山彝族回族自治县	11	6	5	22725	11375	11350	7	1	6
永平县	5	1	4	13581	6811	6770	10	5	5
云龙县	11	7	4	526	297	229	20	14	6
洱源县	11	8	3	6500	3207	3293	243	105	138
剑川县	5	3	2	1209	629	580	62	8	54
鹤庆县	8	3	5	299	134	165	222	65	157
德宏傣族景颇族自治州	**130**	**75**	**55**	**2800**	**1455**	**1345**	**130**	**77**	**53**
瑞丽市	85	51	34	654	336	318	29	17	12
潞西市	23	8	15	810	399	411	67	38	29
梁河县	5	4	1	199	107	92	3	1	2
盈江县	6	5	1	641	322	319	12	10	2
陇川县	11	7	4	496	291	205	19	11	8
怒江傈僳族自治州	**46**	**26**	**20**	**547**	**336**	**211**	**1772**	**931**	**841**
泸水县	32	16	16	254	172	82	92	55	37
福贡县	1	1		44	26	18	18	6	12
贡山独龙族怒族自治县	2	2		35	17	18	1583	826	757
兰坪白族普米族自治县	11	7	4	214	121	93	79	44	35
迪庆藏族自治州	**44**	**34**	**10**	**1568**	**829**	**739**	**129496**	**65016**	**64480**
香格里拉县	18	14	4	1298	672	626	68957	34633	34324
德钦县	17	13	4	116	78	38	48862	24474	24388
维西傈僳族自治县	9	7	2	154	79	75	11677	5909	5768
西藏自治区	**307**	**187**	**120**	**12630**	**8263**	**4367**	**2716388**	**1368355**	**1348033**
拉萨市	**165**	**92**	**73**	**6412**	**4144**	**2268**	**429104**	**210120**	**218984**
城关区	144	73	71	5406	3497	1909	163725	77607	86118
林周县	4	4		157	87	70	48857	24116	24741
当雄县	1	1		56	36	20	45517	22760	22757
尼木县	1	1		83	55	28	27417	13798	13619
曲水县	4	4		87	62	25	29894	14731	15163
堆龙德庆县	10	8	2	389	259	130	44768	22100	22668
达孜县	1	1		92	55	37	25609	13029	12580
墨竹工卡县				142	93	49	43317	21979	21338
昌都地区	**36**	**27**	**9**	**576**	**428**	**148**	**627651**	**319120**	**308531**
昌都县	13	10	3	225	171	54	102857	52148	50709
江达县	4	3	1	33	22	11	74316	37932	36384
贡觉县				71	52	19	39116	19624	19492
类乌齐县	1	1		26	17	9	49034	24666	24368
丁青县	3	2	1	99	80	19	68374	35218	33156
察雅县	5	3	2	29	15	14	56002	28084	27918

10-2 续表 51　　　　单位：人

地区	蒙古族			回族			藏族		
	小计	男	女	小计	男	女	小计	男	女
八宿县	1	1		7	5	2	37401	18681	18720
左贡县	1	1					43355	21908	21447
芒康县	4	3	1	53	44	9	76142	40152	35990
洛隆县	1	1		21	14	7	46575	23394	23181
边坝县	3	2	1	12	8	4	34479	17313	17166
山南地区	**17**	**7**	**10**	**1011**	**646**	**365**	**308408**	**152718**	**155690**
乃东县	5	2	3	563	347	216	49140	24136	25004
扎囊县	1		1	61	32	29	34857	17197	17660
贡嘎县				33	15	18	44004	21884	22120
桑日县				21	13	8	16771	8457	8314
琼结县	1		1	12	6	6	16601	7965	8636
曲松县				26	16	10	13956	6969	6987
措美县	1		1	21	12	9	13262	6483	6779
洛扎县	2	2		18	16	2	18130	8958	9172
加查县	3	1	2	184	141	43	20524	10269	10255
隆子县	3	1	2	37	27	10	32750	16279	16471
错那县	1	1		17	14	3	13996	6778	7218
浪卡子县				18	7	11	34417	17343	17074
日喀则地区	**24**	**13**	**11**	**1434**	**943**	**491**	**671664**	**341466**	**330198**
日喀则市	11	8	3	976	658	318	103241	51392	51849
南木林县				17	10	7	74259	38837	35422
江孜县	3		3	89	57	32	62311	30931	31380
定日县				39	24	15	50051	25267	24784
萨迦县				4	1	3	47056	24314	22742
拉孜县				99	67	32	48487	24681	23806
昂仁县				15	10	5	51005	25772	25233
谢通门县	2		2	22	14	8	41497	21458	20039
白朗县				51	26	25	42111	21965	20146
仁布县				8	6	2	27562	14156	13406
康马县	2	1	1	6	4	2	20241	10144	10097
定结县				12	6	6	17219	8757	8462
仲巴县				16	11	5	21709	10996	10713
亚东县	2	2		26	16	10	12006	5653	6353
吉隆县	2	1	1	17	4	13	14046	7153	6893
聂拉木县				23	17	6	14908	7717	7191
萨嘎县	2	1	1	8	6	2	13783	7119	6664
岗巴县				6	6		10172	5154	5018
那曲地区	**21**	**14**	**7**	**1230**	**900**	**330**	**447429**	**229096**	**218333**
那曲县	10	8	2	801	600	201	100439	50952	49487
嘉黎县				16	12	4	31752	16029	15723
比如县	7	3	4	60	47	13	58684	30471	28213
聂荣县				20	13	7	31977	15753	16224
安多县	2	2		144	96	48	36951	18614	18337
申扎县	2	1	1	16	11	5	19801	10003	9798
索县				77	51	26	42703	21687	21016
班戈县				15	13	2	36498	18016	18482
巴青县				34	24	10	47440	26586	20854
尼玛县				47	33	14	41184	20985	20199
阿里地区	**21**	**18**	**3**	**253**	**189**	**64**	**87493**	**43988**	**43505**
普兰县	5	5		18	13	5	8712	4266	4446
札达县	2	2		13	9	4	6407	3103	3304
噶尔县	10	8	2	143	107	36	12352	6100	6252
日土县	3	2	1	4	2	2	9071	4576	4495
革吉县				6	4	2	15261	7919	7342
改则县	1	1		56	44	12	21536	10795	10741
措勤县				13	10	3	14154	7229	6925

10-2 续表 52

单位：人

地区	蒙古族			回族			藏族		
	小计	男	女	小计	男	女	小计	男	女
林芝地区	**23**	**16**	**7**	**1714**	**1013**	**701**	**144639**	**71847**	**72792**
林芝县	9	7	2	851	491	360	30840	14862	15978
工布江达县				231	125	106	27988	13944	14044
米林县				370	223	147	17511	8603	8908
墨脱县	1	1		6	6		1052	577	475
波密县	2	2		143	95	48	29327	15029	14298
察隅县	9	5	4	10	7	3	23078	11379	11699
朗县	2	1	1	103	66	37	14843	7453	7390
陕西省	**6976**	**3509**	**3467**	**138716**	**69739**	**68977**	**6345**	**2827**	**3518**
西安市	**4469**	**2236**	**2233**	**65276**	**32312**	**32964**	**1923**	**891**	**1032**
新城区	302	166	136	9860	4861	4999	82	41	41
碑林区	550	320	230	6196	3081	3115	76	40	36
莲湖区	344	187	157	30854	15249	15605	45	31	14
灞桥区	265	126	139	2641	1355	1286	48	25	23
未央区	490	260	230	4542	2315	2227	306	128	178
雁塔区	1307	602	705	6544	3205	3339	427	199	228
阎良区	77	51	26	473	236	237	30	21	9
临潼区	150	84	66	554	296	258	521	234	287
长安区	846	365	481	2275	1043	1232	316	149	167
蓝田县	16	6	10	137	77	60	18	7	11
周至县	30	16	14	344	177	167	9	1	8
户县	66	38	28	302	131	171	28	6	22
高陵县	26	15	11	554	286	268	17	9	8
铜川市	**151**	**83**	**68**	**2301**	**1183**	**1118**	**3**	**2**	**1**
王益区	66	42	24	1280	623	657			
印台区	55	28	27	480	278	202	2	2	
耀州区	30	13	17	518	271	247	1		1
宜君县				23	11	12			
宝鸡市	**248**	**131**	**117**	**15279**	**7527**	**7752**	**82**	**32**	**50**
渭滨区	116	59	57	3572	1726	1846	22	10	12
金台区	46	25	21	4250	2073	2177	11	7	4
陈仓区	31	13	18	894	416	478	13	4	9
凤翔县	7	5	2	235	122	113	1		1
岐山县	7	3	4	426	196	230	7	3	4
扶风县	3	2	1	97	51	46	7	1	6
眉县	13	8	5	78	38	40	7	4	3
陇县				2341	1191	1150	2	1	1
千阳县	2	1	1	1324	667	657			
麟游县				28	15	13	3	1	2
凤县	22	14	8	1973	1000	973	6		6
太白县	1	1		61	32	29	3	1	2
咸阳市	**601**	**280**	**321**	**6293**	**3083**	**3210**	**3970**	**1749**	**2221**
秦都区	199	94	105	2325	1100	1225	68	20	48
杨陵区	205	92	113	673	353	320	143	53	90
渭城区	122	64	58	1747	845	902	3741	1671	2070
三原县	18	8	10	238	119	119	7	3	4
泾阳县				33	21	12			
乾县				71	30	41			
礼泉县				258	128	130			
永寿县	4	1	3	28	13	15	1		1
彬县				76	40	36	1		1

10-2 续表 53

单位：人

地区	蒙古族			回族			藏族		
	小计	男	女	小计	男	女	小计	男	女
长武县	4	4		119	66	53	2	2	
旬邑县				149	80	69			
淳化县	13	1	12	8		8	6		6
武功县									
兴平市	36	16	20	568	288	280	1		1
渭南市	**308**	**158**	**150**	**4458**	**2239**	**2219**	**127**	**60**	**67**
临渭区	74	38	36	1492	737	755	47	21	26
华县	12	6	6	131	74	57			
潼关县				136	68	68	4	2	2
大荔县	1	1		457	225	232			
合阳县	23	14	9	167	85	82	11	1	10
澄城县	17	7	10	198	89	109	16	6	10
蒲城县				91	42	49			
白水县	17	7	10	601	307	294	11	7	4
富平县	19	6	13	312	185	127	13	6	7
韩城市	117	62	55	479	242	237	21	15	6
华阴市	28	17	11	394	185	209	4	2	2
延安市	**108**	**64**	**44**	**664**	**433**	**231**	**18**	**7**	**11**
宝塔区	29	20	9	145	91	54	7	3	4
延长县				25	14	11			
延川县				4	1	3			
子长县	5	5							
安塞县	1	1		20	12	8	1	1	
志丹县	1		1	128	98	30			
吴起县	12	6	6	84	52	32	1	1	
甘泉县							2	1	1
富县	4	2	2	21	13	8	2		2
洛川县	3		3	39	26	13	2		2
宜川县				44	20	24			
黄龙县	46	23	23	56	28	28			
黄陵县	7	7		98	78	20	3	1	2
汉中市	**214**	**118**	**96**	**11498**	**5732**	**5766**	**74**	**32**	**42**
汉台区	89	50	39	3855	1875	1980	48	23	25
南郑县	32	11	21	198	90	108	5	2	3
城固县	52	33	19	532	267	265	4	1	3
洋县	2	1	1	73	31	42	5	2	3
西乡县	8	5	3	4051	2006	2045			
勉县	21	8	13	343	178	165			
宁强县	4	4		860	461	399	3	1	2
略阳县	5	5		1342	692	650	6	2	4
镇巴县	1	1		45	19	26	1		1
留坝县				199	113	86	2	1	1
佛坪县									
榆林市	**719**	**356**	**363**	**2319**	**1394**	**925**	**76**	**24**	**52**
榆阳区	225	92	133	236	143	93	4	1	3
神木县	268	140	128	325	255	70	8	4	4
府谷县	99	61	38	184	167	17	10	9	1
横山县	10	5	5	6	3	3	3		3
靖边县	64	28	36	159	86	73	12	2	10
定边县	23	11	12	1352	711	641	7	5	2
绥德县	1		1	18	8	10	5		5
米脂县	5	2	3	16	10	6	1		1
佳县	4	3	1	13	4	9	18		18
吴堡县	12	12		3	3		5		5
清涧县	3		3	7	4	3	2	2	
子洲县	5	2	3				1	1	

10-2　续表 54　　　　　　　　　　　　　　　　　　　　　　　　　　　　　　　单位：人

地　区	蒙古族			回　族			藏　族		
	小计	男	女	小计	男	女	小计	男	女
安康市	**84**	**43**	**41**	**20888**	**10736**	**10152**	**27**	**10**	**17**
汉滨区	52	28	24	13396	6691	6705	15	8	7
汉阴县	1		1	160	81	79	1		1
石泉县	1		1	232	120	112	3	1	2
宁陕县	4	1	3	2490	1323	1167			
紫阳县	3	2	1	1763	984	779	2		2
岚皋县	2		2	649	342	307	2	1	1
平利县				528	289	239	1		1
镇坪县				9	3	6			
旬阳县	9	4	5	1534	825	709	2		2
白河县	12	8	4	127	78	49	1		1
商洛市	**74**	**40**	**34**	**9740**	**5100**	**4640**	**45**	**20**	**25**
商州区	18	9	9	196	98	98	9	5	4
洛南县	3	1	2	44	27	17	5	3	2
丹凤县	27	17	10	71	38	33	14	6	8
商南县	9	4	5	53	26	27	8	4	4
山阳县	4	2	2	133	63	70	4	1	3
镇安县	11	6	5	9197	4822	4375	2		2
柞水县	2	1	1	46	26	20	3	1	2
甘肃省	**10935**	**5351**	**5584**	**1258641**	**642356**	**616285**	**488359**	**245262**	**243097**
兰州市	**3134**	**1427**	**1707**	**109515**	**56258**	**53257**	**11444**	**5000**	**6444**
城关区	1637	673	964	49886	25617	24269	4557	2204	2353
七里河区	263	156	107	23971	12312	11659	661	328	333
西固区	126	60	66	5644	3013	2631	183	92	91
安宁区	351	174	177	5681	3019	2662	1439	737	702
红古区	30	15	15	11340	5730	5610	131	68	63
永登县	119	66	53	6709	3450	3259	3022	916	2106
皋兰县	3	2	1	106	63	43	97	39	58
榆中县	605	281	324	6178	3054	3124	1354	616	738
嘉峪关市	**97**	**54**	**43**	**2701**	**1494**	**1207**	**465**	**236**	**229**
金昌市	**176**	**90**	**86**	**3900**	**2236**	**1664**	**422**	**207**	**215**
金川区	147	74	73	3445	1913	1532	223	113	110
永昌县	29	16	13	455	323	132	199	94	105
白银市	**192**	**96**	**96**	**21959**	**11598**	**10361**	**685**	**337**	**348**
白银区	61	35	26	3134	2001	1133	176	100	76
平川区	82	44	38	2317	1233	1084	37	17	20
靖远县	12	6	6	3379	1714	1665	3	1	2
会宁县	6	1	5	12182	6164	6018	88	35	53
景泰县	31	10	21	947	486	461	381	184	197
天水市	**106**	**49**	**57**	**214084**	**107024**	**107060**	**246**	**98**	**148**
秦州区	71	34	37	10903	5538	5365	99	52	47
麦积区	29	13	16	2860	1429	1431	80	40	40
清水县	1		1	4832	2480	2352	4	1	3
秦安县	3	1	2	2026	1046	980	55	5	50
甘谷县				1	1				
武山县	2	1	1	39	16	23	7		7
张家川回族自治县				193423	96514	96909	1		1
武威市	**830**	**448**	**382**	**4283**	**2423**	**1860**	**56381**	**27993**	**28388**
凉州区	126	55	71	2344	1271	1073	1844	725	1119
民勤县	27	11	16	130	100	30	77	32	45
古浪县	4		4	475	267	208	492	196	296
天祝藏族自治县	673	382	291	1334	785	549	53968	27040	26928

10-2 续表 55　　单位：人

地区	蒙古族			回族			藏族		
	小计	男	女	小计	男	女	小计	男	女
张掖市	**577**	**261**	**316**	**4066**	**2097**	**1969**	**9709**	**4923**	**4786**
甘州区	209	92	117	1975	1005	970	1178	510	668
肃南裕固族自治县	302	152	150	581	305	276	8035	4223	3812
民乐县	19	4	15	241	133	108	187	69	118
临泽县	9	1	8	85	44	41	94	38	56
高台县	8	3	5	811	412	399	101	37	64
山丹县	30	9	21	373	198	175	114	46	68
平凉市	**64**	**34**	**30**	**162329**	**83492**	**78837**	**74**	**21**	**53**
崆峒区	31	18	13	129257	66519	62738	46	19	27
泾川县				1811	927	884			
灵台县	1		1	6645	3370	3275	1	1	
崇信县	7	5	2	1061	564	497	1		1
华亭县	19	9	10	22029	11371	10658	4		4
庄浪县	1		1	642	308	334	13		13
静宁县	5	2	3	884	433	451	9	1	8
酒泉市	**5199**	**2565**	**2634**	**12546**	**6841**	**5705**	**4774**	**2333**	**2441**
肃州区	554	293	261	2731	1543	1188	653	285	368
金塔县	21	7	14	274	161	113	609	281	328
瓜州县	54	27	27	5249	2801	2448	2454	1223	1231
肃北蒙古族自治县	4331	2136	2195	112	61	51	252	129	123
阿克塞哈萨克族自治县	7	3	4	176	107	69	42	22	20
玉门市	37	20	17	1691	945	746	473	246	227
敦煌市	195	79	116	2313	1223	1090	291	147	144
庆阳市	**74**	**44**	**30**	**4640**	**2381**	**2259**	**88**	**41**	**47**
西峰区	46	26	20	1441	739	702	64	30	34
庆城县	2	2		266	140	126	3	2	1
环县	1	1		597	304	293	3	1	2
华池县				53	28	25	1	1	
合水县	2	1	1	45	23	22			
正宁县	18	12	6	1894	981	913	7	2	5
宁县				125	59	66	4	1	3
镇原县	5	2	3	219	107	112	6	4	2
定西市	**37**	**18**	**19**	**25206**	**13027**	**12179**	**2644**	**1280**	**1364**
安定区	18	10	8	8985	4662	4323	50	29	21
通渭县	3	1	2	274	135	139	22	1	21
陇西县				1157	598	559	15	6	9
渭源县	3	1	2	794	415	379	148	34	114
临洮县	5	2	3	512	283	229	1224	531	693
漳县	3	3		314	157	157	14	6	8
岷县	5	1	4	13170	6777	6393	1171	673	498
陇南市	**64**	**35**	**29**	**35410**	**17952**	**17458**	**17056**	**8624**	**8432**
武都区	17	13	4	5145	2616	2529	6815	3394	3421
成县	3		3	6462	3181	3281	35	13	22
文县	25	11	14	386	188	198	5857	2989	2868
宕昌县	6	2	4	3695	1903	1792	4324	2220	2104
康县	4	3	1	293	144	149	6		6
西和县	4	3	1	274	142	132	1		1
礼县	1		1	8804	4542	4262	5		5
徽县	1	1		9208	4633	4575	13	8	5
两当县	3	2	1	1143	603	540			

10-2　续表 56

单位：人

地　区	蒙古族			回　族			藏　族		
	小计	男	女	小计	男	女	小计	男	女
临夏回族自治州	**221**	**128**	**93**	**614905**	**313461**	**301444**	**7806**	**2897**	**4909**
临夏市	60	38	22	119648	60698	58950	1020	501	519
临夏县	35	20	15	103687	52217	51470	1963	495	1468
康乐县	17	7	10	127020	63619	63401	151	48	103
永靖县	54	27	27	15817	8256	7561	843	350	493
广河县	2	2		122251	63403	58848	14	6	8
和政县	10	5	5	48832	25369	23463	528	183	345
东乡族自治县	2	1	1	6287	3718	2569	166	46	120
积石山保安族东乡族撒拉族自治县	41	28	13	71363	36181	35182	3121	1268	1853
甘南藏族自治州	**164**	**102**	**62**	**43097**	**22072**	**21025**	**376565**	**191272**	**185293**
合作市	48	21	27	11636	5958	5678	48966	24874	24092
临潭县	8	4	4	23197	11775	11422	16972	8397	8575
卓尼县	18	9	9	713	383	330	69672	36000	33672
舟曲县	7	2	5	134	81	53	45452	22702	22750
迭部县	12	6	6	281	165	116	45160	22633	22527
玛曲县	10	7	3	693	438	255	49716	25734	23982
碌曲县	5		5	1500	794	706	30767	15384	15383
夏河县	56	53	3	4943	2478	2465	69860	35548	34312
青海省	**99815**	**50744**	**49071**	**834298**	**423527**	**410771**	**1375059**	**693995**	**681064**
西宁市	**13701**	**6964**	**6737**	**359138**	**181876**	**177262**	**121667**	**61287**	**60380**
城东区	1810	837	973	112248	56795	55453	10150	5328	4822
城中区	1579	745	834	14233	7180	7053	12035	5945	6090
城西区	1585	763	822	12918	6434	6484	10307	5421	4886
城北区	1536	761	775	13288	6849	6439	8143	4037	4106
大通回族土族自治县	4655	2588	2067	129605	65276	64329	28006	14025	13981
湟中县	656	340	316	74405	38163	36242	39597	19823	19774
湟源县	1880	930	950	2441	1179	1262	13429	6708	6721
海东地区	**6242**	**3569**	**2673**	**273672**	**137199**	**136473**	**132381**	**66368**	**66013**
平安县	324	177	147	16989	8467	8522	4950	2432	2518
民和回族土族自治县	104	56	48	134549	68568	65981	13470	6782	6688
乐都县	5582	3227	2355	4553	2264	2289	17914	8812	9102
互助土族自治县	178	80	98	7674	3862	3812	21203	10315	10888
化隆回族自治县	31	15	16	100570	49257	51313	46576	23817	22759
循化撒拉族自治县	23	14	9	9337	4781	4556	28268	14210	14058
海北藏族自治州	**13670**	**6917**	**6753**	**86150**	**43849**	**42301**	**66586**	**33337**	**33249**
门源回族自治县	2753	1446	1307	66990	33926	33064	14276	7310	6966
祁连县	4492	2192	2300	16238	8260	7978	13465	6611	6854
海晏县	5495	2776	2719	1570	761	809	9791	4845	4946
刚察县	930	503	427	1352	902	450	29054	14571	14483
黄南藏族自治州	**35894**	**18011**	**17883**	**16741**	**8466**	**8275**	**175978**	**88255**	**87723**
同仁县	260	122	138	3864	1938	1926	68882	34670	34212
尖扎县	72	33	39	11866	5904	5962	37949	18796	19153
泽库县	19	11	8	266	161	105	68076	34213	33863
河南蒙古族自治县	35543	17845	17698	745	463	282	1071	576	495
海南藏族自治州	**3096**	**1731**	**1365**	**30203**	**15419**	**14784**	**292885**	**146707**	**146178**
共和县	2140	1076	1064	7038	3537	3501	78463	38888	39575
同德县	405	385	20	608	400	208	57656	29124	28532
贵德县	106	35	71	13267	6718	6549	37669	18598	19071
兴海县	216	115	101	6239	3209	3030	59215	29971	29244
贵南县	229	120	109	3051	1555	1496	59882	30126	29756
果洛藏族自治州	**107**	**57**	**50**	**1739**	**1144**	**595**	**166895**	**85831**	**81064**
玛沁县	72	36	36	1113	706	407	42688	21987	20701
班玛县	13	9	4	103	67	36	25618	13133	12485
甘德县	5	2	3	78	46	32	33860	17654	16206
达日县	5	4	1	224	157	67	29477	15105	14372
久治县	5	2	3	150	108	42	24892	12708	12184
玛多县	7	4	3	71	60	11	10360	5244	5116

10-2 续表 57

单位：人

地区	蒙古族			回族			藏族		
	小计	男	女	小计	男	女	小计	男	女
玉树藏族自治州	**62**	**33**	**29**	**827**	**597**	**230**	**365169**	**184935**	**180234**
玉树县	32	14	18	292	203	89	113672	57065	56607
杂多县	1	1		237	169	68	56306	28322	27984
称多县	2	1	1	66	59	7	54147	27787	26360
治多县	16	8	8	94	73	21	28954	14365	14589
囊谦县	4	3	1	73	46	27	84712	43457	41255
曲麻莱县	7	6	1	65	47	18	27378	13939	13439
海西蒙古族藏族自治州	**27043**	**13462**	**13581**	**65828**	**34977**	**30851**	**53498**	**27275**	**26223**
格尔木市	3818	1907	1911	43780	23009	20771	9021	4715	4306
德令哈市	7895	3881	4014	5601	3015	2586	5199	2657	2542
乌兰县	6800	3386	3414	3923	2077	1846	2483	1332	1151
都兰县	7572	3772	3800	9444	4931	4513	16795	8473	8322
天峻县	110	56	54	1028	653	375	19223	9591	9632
芒崖行政委员会	394	196	198	1065	614	451	286	157	129
柴旦行政委员会	419	233	186	924	640	284	395	280	115
冷湖行政委员会	35	31	4	63	38	25	96	70	26
宁夏回族自治区	**6661**	**3174**	**3487**	**2173820**	**1102835**	**1070985**	**656**	**316**	**340**
银川市	**4838**	**2274**	**2564**	**457878**	**232690**	**225188**	**494**	**238**	**256**
兴庆区	2161	994	1167	108968	53992	54976	135	59	76
西夏区	1258	580	678	60185	30647	29538	259	122	137
金凤区	927	450	477	70828	35741	35087	50	26	24
永宁县	105	56	49	48742	25017	23725	10	5	5
贺兰县	191	87	104	49976	25200	24776	30	20	10
灵武市	196	107	89	119179	62093	57086	10	6	4
石嘴山市	**1048**	**527**	**521**	**141140**	**71985**	**69155**	**64**	**35**	**29**
大武口区	713	348	365	27223	14272	12951	27	19	8
惠农区	188	105	83	33954	17352	16602	12	6	6
平罗县	147	74	73	79963	40361	39602	25	10	15
吴忠市	**405**	**186**	**219**	**658466**	**333847**	**324619**	**52**	**25**	**27**
利通区	138	70	68	224546	113674	110872	13	5	8
红寺堡区	13	6	7	100187	51218	48969	1		1
盐池县	50	22	28	3818	2009	1809			
同心县	3	3		282815	142899	139916			
青铜峡市	201	85	116	47100	24047	23053	38	20	18
固原市	**118**	**61**	**57**	**542993**	**274132**	**268861**	**26**	**10**	**16**
原州区	115	60	55	186811	94518	92293	24	10	14
西吉县				198920	100312	98608			
隆德县				17597	9035	8562			
泾源县	1	1		81079	40560	40519			
彭阳县	2		2	58586	29707	28879	2		2
中卫市	**252**	**126**	**126**	**373343**	**190181**	**183162**	**20**	**8**	**12**
沙坡头区	163	80	83	22546	11488	11058	6	3	3
中宁县	61	30	31	76757	38800	37957	12	5	7
海原县	28	16	12	274040	139893	134147	2		2
新疆维吾尔自治区	**156280**	**79063**	**77217**	**983015**	**506076**	**476939**	**8316**	**4346**	**3970**
乌鲁木齐市	**10454**	**4868**	**5586**	**280186**	**143012**	**137174**	**1621**	**869**	**752**
天山区	2872	1303	1569	53750	26662	27088	208	103	105
沙依巴克区	2587	1210	1377	39569	19447	20122	246	115	131
新市区	2802	1271	1531	44390	22479	21911	392	214	178
水磨沟区	1116	516	600	15674	7722	7952	327	192	135

10-2　续表 58

单位：人

地　区	蒙古族			回　族			藏　族		
	小计	男	女	小计	男	女	小计	男	女
头屯河区	329	175	154	17342	9046	8296	259	144	115
达坂城区	18	10	8	10716	5830	4886	17	9	8
米东区	610	311	299	81098	42624	38474	128	65	63
乌鲁木齐县	120	72	48	17647	9202	8445	44	27	17
克拉玛依市	**2348**	**1139**	**1209**	**8238**	**4220**	**4018**	**166**	**99**	**67**
独山子区	453	211	242	1911	993	918	36	26	10
克拉玛依区	1078	531	547	5171	2636	2535	121	68	53
白碱滩区	262	122	140	962	497	465	9	5	4
乌尔禾区	555	275	280	194	94	100			
吐鲁番地区	**273**	**150**	**123**	**35078**	**17902**	**17176**	**124**	**67**	**57**
吐鲁番市	119	74	45	17784	8950	8834	82	45	37
鄯善县	122	57	65	10625	5384	5241	37	18	19
托克逊县	32	19	13	6669	3568	3101	5	4	1
哈密地区	**2028**	**1004**	**1024**	**17117**	**8857**	**8260**	**576**	**310**	**266**
哈密市	919	452	467	15881	8180	7701	548	297	251
巴里坤哈萨克自治县	1102	549	553	306	203	103	26	11	15
伊吾县	7	3	4	930	474	456	2	2	
昌吉回族自治州	**5214**	**2709**	**2505**	**136013**	**70966**	**65047**	**1502**	**767**	**735**
昌吉市	1526	777	749	66472	34067	32405	437	231	206
阜康市	344	181	163	18533	9715	8818	201	116	85
呼图壁县	200	104	96	15494	8162	7332	258	123	135
玛纳斯县	141	69	72	8063	4168	3895	296	136	160
奇台县	1187	622	565	11130	6008	5122	170	89	81
吉木萨尔县	1801	949	852	15661	8495	7166	97	46	51
木垒哈萨克自治县	15	7	8	660	351	309	43	26	17
博尔塔拉蒙古自治州	**25125**	**12733**	**12392**	**23180**	**11931**	**11249**	**271**	**125**	**146**
博乐市	10623	5226	5397	10883	5575	5308	161	71	90
精河县	4786	2440	2346	9326	4836	4490	56	27	29
温泉县	9716	5067	4649	2971	1520	1451	54	27	27
巴音郭楞蒙古自治州	**43484**	**22045**	**21439**	**60451**	**30823**	**29628**	**547**	**269**	**278**
库尔勒市	5532	2595	2937	10450	5151	5299	195	98	97
轮台县	35	20	15	490	269	221	18	10	8
尉犁县	43	22	21	402	202	200	15	7	8
若羌县	37	19	18	1162	617	545	51	27	24
且末县	7	3	4	199	112	87	22	9	13
焉耆回族自治县	2868	1511	1357	29480	15066	14414	84	41	43
和静县	25599	13079	12520	6184	3175	3009	128	65	63
和硕县	5527	2863	2664	6351	3270	3081	27	10	17
博湖县	3836	1933	1903	5733	2961	2772	7	2	5
阿克苏地区	**617**	**359**	**258**	**11334**	**5916**	**5418**	**1097**	**578**	**519**
阿克苏市	267	139	128	3487	1742	1745	340	169	171
温宿县	29	17	12	606	314	292	359	189	170
库车县	176	98	78	2311	1233	1078	56	32	24
沙雅县	61	54	7	1933	1009	924	36	21	15
新和县	2		2	288	163	125	5	4	1
拜城县	30	19	11	727	385	342	17	10	7
乌什县	18	11	7	995	532	463	17	8	9
阿瓦提县	30	19	11	971	527	444	267	145	122
柯坪县	4	2	2	16	11	5			
克孜勒苏柯尔克孜自治州	**40**	**23**	**17**	**447**	**243**	**204**	**51**	**28**	**23**
阿图什市	19	10	9	158	80	78	20	8	12
阿克陶县	11	7	4	151	85	66	22	12	10
阿合奇县	4	2	2	77	39	38	7	7	
乌恰县	6	4	2	61	39	22	2	1	1

10-2 续表 59　　单位：人

地区	蒙古族			回族			藏族		
	小计	男	女	小计	男	女	小计	男	女
喀什地区	**234**	**125**	**109**	**4816**	**2446**	**2370**	**158**	**81**	**77**
喀什市	28	16	12	1118	533	585	30	16	14
疏附县	2	1	1	44	21	23	8	3	5
疏勒县	11	5	6	148	80	68	1		1
英吉沙县				50	25	25	1	1	
泽普县	49	31	18	887	442	445	38	20	18
莎车县	52	22	30	709	361	348	6	3	3
叶城县	20	8	12	665	337	328	25	15	10
麦盖提县	18	9	9	449	229	220	24	7	17
岳普湖县	8	4	4	56	26	30	16	8	8
伽师县	26	17	9	37	19	18			
巴楚县	16	10	6	622	355	267	4	3	1
塔什库尔干塔吉克自治县	4	2	2	31	18	13	5	5	
和田地区	**65**	**29**	**36**	**1189**	**651**	**538**	**97**	**52**	**45**
和田市	43	22	21	701	383	318	26	14	12
和田县				169	92	77			
墨玉县	3		3	89	56	33	4	1	3
皮山县				21	12	9	22	12	10
洛浦县	4	2	2	42	20	22	3		3
策勒县	7	3	4	39	17	22	11	5	6
于田县	8	2	6	97	55	42	31	20	11
民丰县				31	16	15			
伊犁哈萨克自治州	**29390**	**15050**	**14340**	**277238**	**142281**	**134957**	**446**	**229**	**217**
伊宁市	1757	767	990	35019	17269	17750	68	33	35
奎屯市	580	276	304	2713	1230	1483	81	41	40
伊宁县	161	79	82	65527	33706	31821	20	7	13
察布查尔锡伯自治县	407	201	206	10100	5114	4986	42	21	21
霍城县	548	288	260	75325	38603	36722	92	49	43
巩留县	1888	946	942	25912	13401	12511	20	15	5
新源县	201	105	96	21316	11164	10152	61	30	31
昭苏县	11557	5963	5594	4704	2484	2220	8	6	2
特克斯县	4141	2121	2020	20132	10641	9491	14	8	6
尼勒克县	8150	4304	3846	16490	8669	7821	40	19	21
塔城地区	**30524**	**15590**	**14934**	**85233**	**44687**	**40546**	**947**	**506**	**441**
塔城市	1343	630	713	13951	7243	6708	38	15	23
乌苏市	7009	3641	3368	34419	17873	16546	197	109	88
额敏县	4987	2622	2365	7296	3967	3329	249	135	114
沙湾县	429	211	218	23903	12592	11311	425	229	196
托里县	425	213	212	1060	555	505	2		2
裕民县	110	62	48	3726	2004	1722	15	8	7
和布克赛尔蒙古自治县	16221	8211	8010	878	453	425	21	10	11
阿勒泰地区	**5376**	**2663**	**2713**	**23656**	**12486**	**11170**	**241**	**124**	**117**
阿勒泰市	2402	1172	1230	6841	3534	3307	106	57	49
布尔津县	1433	725	708	4240	2252	1988	9	5	4
富蕴县	199	100	99	1863	1000	863	7	6	1
福海县	204	102	102	2723	1443	1280	85	39	46
哈巴河县	372	177	195	6017	3221	2796	30	16	14
青河县	737	374	363	1240	658	582			
吉木乃县	29	13	16	732	378	354	4	1	3
自治区直辖县级行政区划	**1108**	**576**	**532**	**18839**	**9655**	**9184**	**472**	**242**	**230**
石河子市	624	305	319	15092	7646	7446	316	159	157
阿拉尔市	144	81	63	880	481	399	40	18	22
图木舒克市	21	14	7	326	214	112	49	27	22
五家渠市	319	176	143	2541	1314	1227	67	38	29